Novíssimo

Dermival Ribeiro Rios

Minidicionário Escolar
Língua Portuguesa

COM DIVISÃO SILÁBICA

Copyright © 2025 do texto e ilustrações: Editora DCL

Editor: Rogério Rosa
Preparação: Ana Paula Ribeiro
Revisão técnica: Carmen Barbosa
Telma Baeza
Revisão de provas: Eder Fábio Odorize Veiga
Elmo Batista Odorize Veiga
Nelson José Camargo
Diagramação: Casa Editoral Maluhy & Co.
Equipe DCL

**Texto em conformidade com as novas regras
ortográficas do Acordo da Língua Portuguesa.**

**Dados Internacionais de Catalogação na Publicação (CIP)
(Câmara Brasileira do Livro, SP, Brasil)**

Rios, Dermival Ribeiro
    Minidicionário escolar da língua portuguesa / Dermival Ribeiro
Rios. — São Paulo : DCL, 2025.

    ISBN 978-65-5658-334-1

    1. Português - Dicionários I. Título

07-3717   CDD-469.3

Índice para catálogo sistemático:
1. Português: Dicionário   469.3

Impresso na Índia

Editora DCL – Difusão Cultural do Livro
Av. Marquês de São Vicente, 1619, Cj. 2612 — Barra Funda
CEP 01139-003 — São Paulo — SP
Tel.: (11) 3932-5222
www.editoradcl.com.br

Apresentação

A linguagem é um produto social e como tal é influenciada pelas constantes mudanças culturais, históricas, regionais, dentre outras; por isso este dicionário não é uma obra concluída.

Na escolha cuidadosa de cada verbete, estivemos atentos para a questão da mutabilidade da língua portuguesa e você verá que incluímos palavras novíssimas que, devido ao crescente uso da informática (e da Internet) se transformaram em vocábulos cotidianos. Entram nesta lista palavras como *notebook, link, site, laptop,* entre muitas outras.

O educador *Dermival Ribeiro Rios*, autor deste dicionário, contou com uma equipe de colaboradores que procurou manter, na escolha dos verbetes, todo o dinamismo da nossa língua.

Também cientes das constantes necessidades do uso correto da gramática em todas as atividades – lembre-se: escrever corretamente é fundamental nos dias de hoje – acrescentamos ao dicionário temas como noções de redação e elaboração de correspondências, gentílicos dos países e estados brasileiros etc.; tudo isso para que você possa encontrar aqui uma orientação segura e precisa de questões sempre atuais.

Para finalizar, queremos convidá-lo a – sob qualquer pretexto – entrar em contato conosco, pois o aperfeiçoamento desta obra só será possível com as valiosas observações dos leitores.

Os Editores

Sumário

Dúvidas Ortográficas mais comuns..V

Tabela Periódica...VIII

Mapas...X

Regiões do Brasil...XVIII

Bandeiras dos Estados Brasileiros..XIX

Dimensões Astronômicas..XX

Miniatlas do Corpo Humano...XXI

Correspondência Escrita...XXXIV

Redação..XL

Informações sobre esta obra..XLVI

Gentílicos de Países...L

Abreviaturas usadas neste Dicionário..LVI

Dicionário de A/Z...1

V

DÚVIDAS ORTOGRÁFICAS MAIS COMUNS					
TIPO	USA-SE	REGRAS	EXEMPLOS	EXCEÇÕES	OBSERVAÇÕES
AM OU ÃO	AM	No final dos verbos no passado ou no presente (nunca no futuro do presente).	subiram comeram escaparam eram	—	forma átona
	ÃO	No final dos verbos no futuro do presente do indicativo.	subirão comerão escaparão serão	—	forma tônica
C ou Ç	C	Antes de *a, o* e *u.*	carpinteiro comandante curso	—	Tem valor de /k/
	Ç	Em palavras de origem árabe, africana ou tupi; nos sufixos *-ação, -ção, -aça, -aço, -iça, -uça* e *uço,* após ditongos e nas correlações *ter-tenção* e *t-ç*	açaí, açafrão, açúcar, Iguaçu, caçula, muçulmano, exportação, abolição, barcaça, copaço, elevadiça, quebradiço, dentuça, buço, caiçara, louça, eleição, contercontenção, obterobtenção	Não se usa ç antes de *e* ou *i* Ex.: graça-gracinha ameaçadorameacei	—
E ou I	E	Nas formas dos verbos terminados em -OAR e -UAR; no prefixo *ante-* (que indica anterioridade) e nos ditongos nasais *ãe* e *õe.*	abençoe, perdoe, pontue, continue, antepenúltimo, antepasto, mãe, leões, pães, põe	—	
	I	Nas formas dos verbos terminados por -AIR, -OER e -UIR; com o verbo CRIAR e seus derivados; no prefixo *anti-.*	cai, cais; mói, móis; possui, possuis; crio, criada, criatura; malcriação antibiótico, antiaéreo	—	
G ou J	G	Em substantivos terminados por *-agem, -igem* e *-ugem,* em palavras terminadas por *-ágio, -égio, -ígio* e *ógio;* em palavras derivadas de outras já grafadas com *g;* após a inicial(em geral).	garagem, vertigem, ferrugem, pedágio, egrégio, litígio, relógio, refúgio, vaginal (vagina); gesso (engessar); ingerido (ingerir); agitação, agente, ágil, agência	—	Antes de *e* ou *i* apresentam o mesmo som. Nos verbos de terminação *-ger* e *-gir* temos acomodação gráfica: -antes de *e* e *i,* usa-se *g* (reger, regido/ fingir, fingido) -antes de *a* e *o,* usa-se *j* (rejamos, rejo/ finja, finjo)
	J	Em palavras derivadas de outras já grafadas com *j;* na terminação *-aje;* nas formas dos verbos terminados em -JAR; em palavras de origem tupi.	laranjinha, laranjeira, (laranja) sujeira, sujíssimo, (sujo) laje, ultraje, traje, arrojado (arrojar); despejei (despejar) moji, pajé	anjo: angelical	

VI

DÚVIDAS ORTOGRÁFICAS MAIS COMUNS					
TIPO	USA-SE	REGRAS	EXEMPLOS	EXCEÇÕES	OBSERVAÇÕES
H	H	Na composição dos dígrafos *ch*, *lh* e *nh*; no início ou no final de interjeições; no início de algumas palavras, determinadas pela etimologia; em palavras compostas separadas por hífen.	chave, chiqueiro, ilha, malha, linha, caminho, Ah!, Hein?!, Oh!, Ih!, hábito, harmonia, helicóptero, hematoma, hiena, hidrante, homossexual, honestidade, humor, húmus, anti-higiênico, anti-herói, super-homem	Em algumas palavras, o *h* etimológico foi abolido, mas ainda aparece nas formas derivadas dessas palavras: erva – herbívoro, herbáceo; inverno – hibernal, hibernar	Chamado de letra muda, pois não representa nenhum fonema, o *h* (agá) só se mantém no idioma em função da tradição escrita ou da etimologia. Bahia (estado) conservou o *h* etimológico em sua grafia por tradição; o substantivo é escrito sem *h* (baía).
M ou N	M	Antes de *p* e *b*.	rampa tempo tombo samba	—	—
	N	Antes das demais consoantes.	pente canja mensalidade pendência	—	—
O ou U	O	Nas formas derivadas de uma palavra com *o*, nas formas derivadas de palavras grafadas com *ão* ou *om*.	mosca (mosquito) sorte (sortudo) gole (engolir) sabão (ensaboar) tom (tonalidade) som (soar)	—	—
	U	Nos ditongos *eu* e *iu*, que formam a terminação do passado de alguns verbos.	comeu partiu bebeu dormiu	—	—
R ou RR	R	No início de palavras e depois de consoantes (com valor de /R/); entre vogais (com valor de /r/).	relógio, rapidez tenro, genro amarelo, biruta	—	—
	RR	Entre vogais (com valor de /R/).	carroça cachorro derradeiro	—	—

VII

DÚVIDAS ORTOGRÁFICAS MAIS COMUNS					
TIPO	USA-SE	REGRAS	EXEMPLOS	EXCEÇÕES	OBSERVAÇÕES
S ou SS	S	No início de palavras e depois de consoantes (com valor de /s/). Entre vogais, com o prefixo *trans-* e na palavra *obséquio* (com valor de /z/).	salada, setor tensão, salsa tesoura, bisão transatlântico	—	—
	SS	Somente entre vogais.	pássaro assassino pêssego assessor	—	—
X ou CH	X	Após ditongos; depois da sílaba inicial *en-*; palavras de origem indígena, africana ou traduzidas do inglês e após a sílaba inicial *me-*.	baixela, caixão, peixe, enxuto, enxerido, enxergar, abacaxi, xavante, xampu, xangô, mexer, mexerica, mexicano	encher (e seus derivados), encharcar (e seus derivados), en- chova, caucho, recauchutar, recauchuta- gem, mecha	
	CH	Em palavras derivadas de outras grafadas com *ch*, na palavra *encher* e suas derivadas.	charco (encharcar) chumaço (enchumaçar) cheio, enchi, encheu	—	—
Z	Z	Nas palavras derivadas de outras grafadas com *z*, nos sufixos *-ez* e *-eza*, que formam substantivos femininos a partir de adjetivos.	juiz (ajuizado), juíza reluzir (reluz, reluzente) maciez (macio) riqueza (rico) estupidez (estúpido) nobreza (nobre)	—	—
SC ou XC	SC	Em certas palavras, por razões etimológicas.	acrescentar acréscimo adolescência ascensão consciência crescer, descer fascinar, nascer piscina etc.	—	—
	XC	Em certas palavras, por razões etimológicas.	exceção exceder excelência excelente excedente	—	—

VIII

Tabela

Grupo	1 1A	2 2A	3 3B	4 4B	5 5B	6 6B	7 7B	8

Elementos de transição

1

(1) **H** 1
Hidrogênio
1,0

2

(3) **Li** 2,1
Lítio
6,94

(4) **Be** 2,2
Berílio
9,01

3

(11) **Na** 2,8,1
Sódio
22,98

(12) **Mg** 2,8,2
Magnésio
24,3

4

(19) **K**
Potássio
39,09

(20) **Ca**
Cálcio
40,07

(21) **Sc**
Escândio
44,95

(22) **Ti**
Titânio
47,86

(23) **V**
Vanádio
50,94

(24) **Cr**
Cromo
51,99

(25) **Mn**
Manganês
54,93

(26) **Fe**
Ferro
55,84

5

(37) **Rb**
Rubídio
85,46

(38) **Sr**
Estrôncio
87,82

(39) **Y**
Ítrio
88,9

(40) **Zr**
Zircônio
91,22

(41) **Nb**
Nióbio
92,9

(42) **Mo**
Molibdênio
95,96

(43) **Tc**
Tecnécio
(98)

(44) **Ru**
Rutênio
101,07

6

(55) **Cs**
Césio
132,9

(56) **Ba**
Bário
137,32

(57-71) **La-Lu**

(72) **Hf**
Háfnio
178,49

(73) **Ta**
Tântalo
180,94

(74) **W**
Tungstênio
183,84

(75) **Re**
Rênio
186,2

(76) **Os**
Ósmio
190,23

7

(87) **Fr**
Frâncio
(223)

(88) **Ra**
Rádio
(226)

(89-103) **Ac-Lr**

(104) **Rf**
Ruterfórdio
(267)

(105) **Db**
Dúbnio
(268)

(106) **Sg**
Seabórgio
(271)

(107) **Bh**
Bóhrio
(272)

(108) **Hs**
Hássio
(270)

Série dos Lantanídios

(57) **La**
Lantânio
138,9

(58) **Ce**
Cério
140,1

(59) **Pr**
Praseodímio
140,9

(60) **Nd**
Neodímio
144,24

(61) **Pm**
Promécio
(145)

Série dos Actinídios

(89) **Ac**
Actínio
(227)

(90) **Th**
Tório
232,03

(91) **Pa**
Protactínio
231,03

(92) **U**
Urânio
238,02

(93) **Np**
Netúnio
(237)

Números dos grupos (a numeração dos grupos de 1 a 18 é a recomendada atualmente pela IUPAC)

1
1A

Número atômico — Distribuição eletrônica
Número do período

(1)
H
Hidrogênio
1,0

Símbolo

Massa atômica referente ao isótopo 12 do Carbono (¹²C).
( ) ► elemento radioativo

- **Metais representativos alcalinos**
- **Metais representativos alcalinoterrosos**
- **Outros metais representativos**
- **Metais de transição externa**

Atualizada em 2007 pela IUPAC (União Internacional de Química Pura e Aplicada)
O nome do elemento 111 foi aceito em 1º de novembro de 2004.
Os nomes dos elementos 104-109 foram aceitos em 1997 (fonte: União Internacional de Química Pura e Aplicada – IUPAC, ano 2
O elemento 110 recebeu o nome de Darmstadtio na 42ª Assembleia Geral realizada em Ottawa, Canadá.
Os nomes dos elementos 112-118 são temporários, baseados nas recomendações de 1978 (fonte: União Internacional de Químic

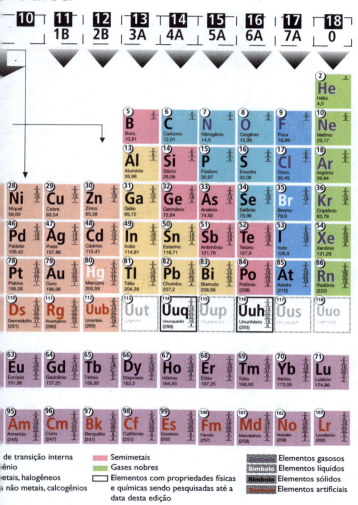

X

XI

PLANISFÉRIO Político

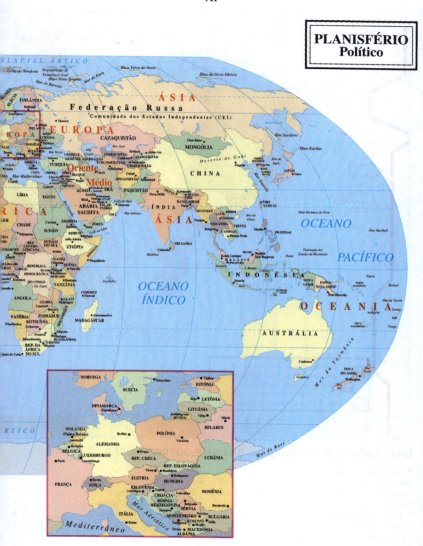

XII

DIFERENÇA HORÁRIA ENTRE O BRASIL E OUTROS PAÍSES

África do Sul	+5
Alemanha	+4
Argentina	0
Austrália:	
Zona Ocidental: Parth	+11
Zona Central: Porto Darwin	+12½
Zona Oriental: Melbourne, Sydney	+13
Bélgica	+4
Bolívia	–1

Canadá:	
Zona Este: Montreal, Ottawa, Quebec	–2
Zona Central: Winnipeg	–3
Zona das Montanhas: Regina	–4
Zona do Pacífico: Vancouver	–5
Chile	–1
China	+11
Equador	–2
Egito	+5

XIII

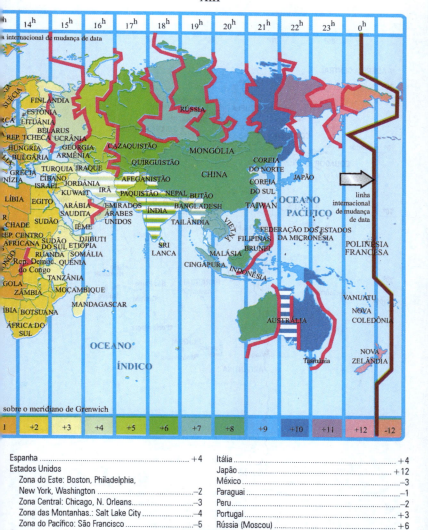

Espanha	+4
Estados Unidos	
Zona do Este: Boston, Philadelphia, New York, Washington	–2
Zona Central: Chicago, N. Orleans	–3
Zona das Montanhas.: Salt Lake City	–4
Zona do Pacífico: São Francisco	–5
França	+4
Grã-Bretanha	+3
Israel	+5
Itália	+4
Japão	+12
México	–3
Paraguai	–1
Peru	–2
Portugal	+3
Rússia (Moscou)	+6
Turquia	+5
Uruguai	0
Venezuela	–1½

XIV

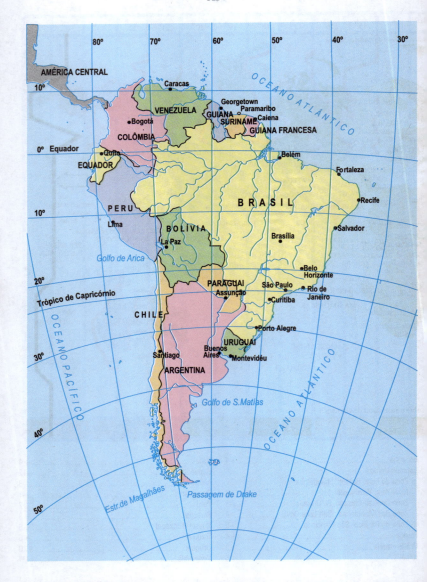

Relevo do Brasil

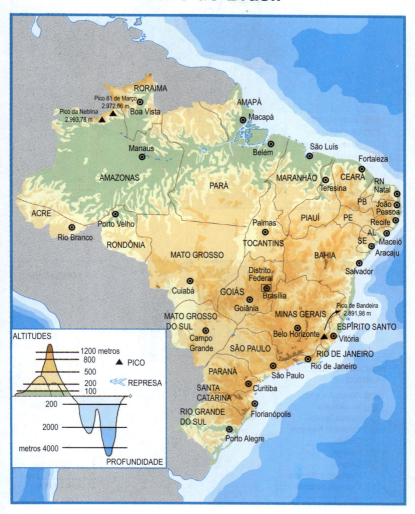

XVI

CLIMA DO BRASIL

- Litorâneo úmido
- Equatorial úmido
- Equatorial semiúmido
- Tropical semiárido
- Tropical
- Tropical de altitude
- Subtropical úmido

POPULAÇÃO

PRINCIPAIS FORMAÇÕES PRIMITIVAS

- Floresta Amazônica
- Mata Atlântica
- Floresta Tropical
- Floresta de Araucárias
- Cerrado
- Caatinga
- Campos
- Vegetação do Pantanal
- Vegetação Litorânea

XVII

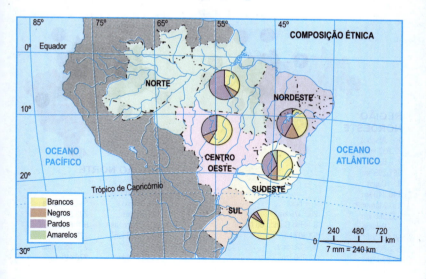

Regiões do Brasil

REGIÃO SUDESTE
1 – Espírito Santo
46.184 km²
2 – Minas Gerais
588.384 km²
3 – Rio de Janeiro
43.910 km²
4 – São Paulo
248.809 km²

REGIÃO SUL
1 – Paraná 199.709 km²
2 – Rio Grande do Sul
282.062 km²
3 – Santa Catarina
95.443 km²

REGIÃO CENTRO-OESTE
1 – Mato Grosso
906.807 km²
2 – Mato Grosso do Sul
358.159 km²
3 – Goiás
341.289 km²

REGIÃO NORDESTE
1 – Alagoas
27.933 km²
2 – Bahia
567.295 km²
3 – Ceará
146.348 km²
4 – Maranhão
333.366 km²
5 – Paraíba
56.585 km²
6 – Pernambuco
98.938 km²
7 – Piauí
252.378 km²
8 – Rio Grande do Norte
53.307 km²
9 – Sergipe
22.050 km²

REGIÃO NORTE
1 – Acre
153.150 km²
2 – Amapá
143.454 km²
3 – Amazonas
1.577.820 km²
4 – Pará
1.253.164 km²
5 – Rôndonia
238.513 km²
6 – Roraima
225.116 km²
7 – Tocantins
278.421 km²

Bandeiras dos Estados Brasileiros

Brasília – BR
Brasília
Brasileiro

Acre – AC
Rio Branco
Acriano

Alagoas – AL
Maceió
Alagoano

Amapá – AP
Macapá
Amapaense

Amazonas – AM
Manaus
Amazonense

Bahia – BA
Salvador
Baiano

Ceará – CE
Fortaleza
Cearense

Espírito Santo – ES
Vitória
Capixaba

Goiás – GO
Goiânia
Goiano

Maranhão – MA
São Luís
Maranhense

Mato Grosso – MT
Cuiabá
Mato-grossense

Mato G. do Sul – MS
Campo Grande
Mato-grossense-do-sul

Minas Gerais – MG
Belo Horizonte
Mineiro

Pará – PA
Belém
Paraense

Paraíba – PB
João Pessoa
Paraibano

Paraná – PR
Curitiba
Paranaense

Pernambuco – PE
Recife
Pernambucano

Piauí – PI
Teresina
Piauiense

Rio de Janeiro – RJ
Rio de Janeiro
Fluminense

Rio G. do Norte – RN
Natal
Rio-grandense-do-norte

Rio Grande do Sul – RS
Porto Alegre
Gaúcho

Rondônia – RO
Porto Velho
Rodoniense

Roraima – RR
Boa Vista
Roraimense

Santa Catarina – SC
Florianópolis
Catarinense

São Paulo – SP
São Paulo
Paulista

Sergipe – SE
Aracaju
Sergipano

Tocantins – TO
Palmas
Tocantinense

Distrito Federal – DF
Brasília
Brasiliense

Dimensões Astronômicas

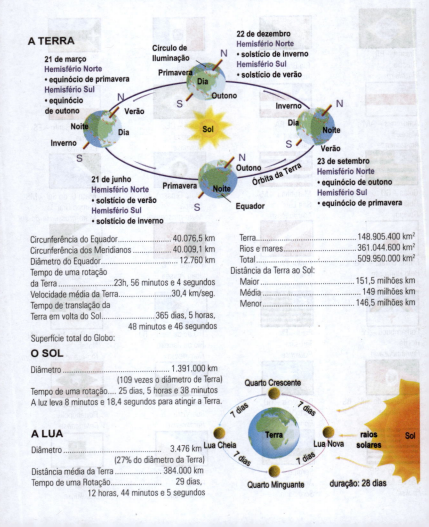

A TERRA

21 de março
Hemisfério Norte
• equinócio de primavera
Hemisfério Sul
• equinócio de outono

22 de dezembro
Hemisfério Norte
• solstício de inverno
Hemisfério Sul
• solstício de verão

21 de junho
Hemisfério Norte
• solstício de verão
Hemisfério Sul
• solstício de inverno

23 de setembro
Hemisfério Norte
• equinócio de outono
Hemisfério Sul
• equinócio de primavera

Circunferência do Equador .... 40.076,5 km
Circunferência dos Meridianos .... 40.009,1 km
Diâmetro do Equador .... 12.760 km
Tempo de uma rotação
da Terra .... 23h, 56 minutos e 4 segundos
Velocidade média da Terra .... 30,4 km/seg.
Tempo de translação da
Terra em volta do Sol .... 365 dias, 5 horas,
48 minutos e 46 segundos

Superfície total do Globo:

Terra .... 148.905.400 km²
Rios e mares .... 361.044.600 km²
Total .... 509.950.000 km²
Distância da Terra ao Sol:
Maior .... 151,5 milhões km
Média .... 149 milhões km
Menor .... 146,5 milhões km

O SOL

Diâmetro .... 1.391.000 km
(109 vezes o diâmetro de Terra)
Tempo de uma rotação .... 25 dias, 5 horas e 38 minutos
A luz leva 8 minutos e 18,4 segundos para atingir a Terra.

A LUA

Diâmetro .... 3.476 km
(27% do diâmetro da Terra)
Distância média da Terra .... 384.000 km
Tempo de uma Rotação .... 29 dias,
12 horas, 44 minutos e 5 segundos

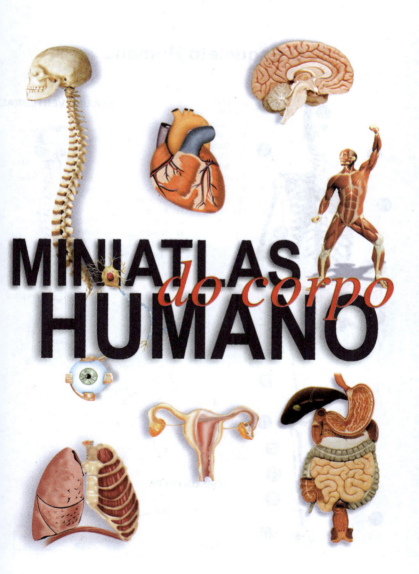

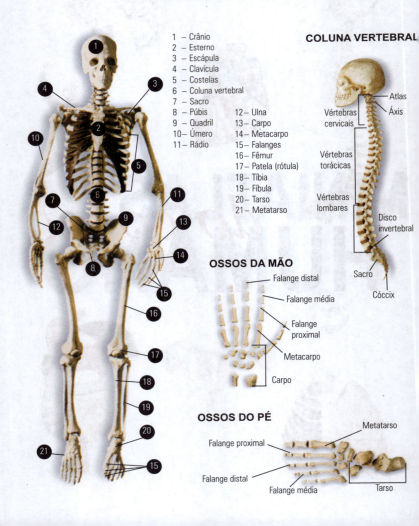

XXIII

Os Músculos do Corpo Humano

VISTA ANTERIOR

1 – Aponeurose epicraniana
2 – Zigomáticos
3 – Occiptofrontal
4 – Flexores para o carpo e de dedos
5 – Bíceps do braço
6 – Orbicular do olho
7 – Orbicular da boca
8 – Mental
9 – Trapézio
10 – Peitoral
11 – Esternocleidomastoideo
12 – Deltoide
13 – Serrátil
14 – Bíceps do braço
15 – Reto do abdome
16 – Pectíneo
17 – Reto da coxa
18 – Braquiorradial
19 – Vasto medial
20 – Grácil
21 – Sartório
22 – Adutor longo
23 – Vasto lateral
24 – Gastrocnêmio
25 – Tibial anterior
26 – Fibular curto
27 – Retináculo dos músculos extensores

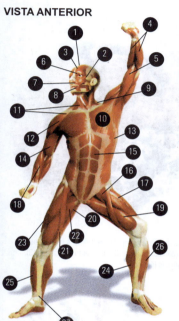

VISTA POSTERIOR

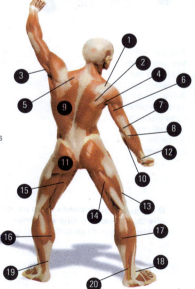

1 – Deltoide
2 – Infraespinhal
3 – Tríceps
4 – Redondo
5 – Trapézio
6 – Tríceps do braço
7 – Branquirradial
8 – Flexor ulnar do carpo
9 – Grande dorsal
10 – Cubital anterior
11 – Glúteo máximo
12 – Extensor comum dos dedos
13 – Trato iliotibial
14 – Bíceps da coxa
15 – Semitendinoso
16 – Gastrocnêmio, cabeça medial
17 – Gastrocnêmio, cabeça lateral
18 – Retináculo dos músculos extensores
19 – Tendão calcâneo
20 – Sóleo

XXIV

O Coração Humano

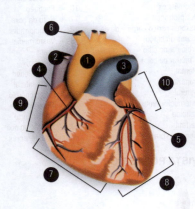

Tipos de células sanguíneas: glóbulos vermelhos (1), glóbulos brancos (2), filamentos de fibrina (3), plaquetas (4).

1 – Aorta ascendente
2 – Veia cava superior
3 – Artéria pulmonar
4 – Artéria coronária direita
5 – Artéria coronária esquerda
6 – Tronco braquiocefálico
7 – Ventrículo direito
8 – Ventrículo esquerdo
9 – Átrio direito
10 – Átrio esquerdo

O sangue desoxigenado entra no átrio direito, enquanto o átrio esquerdo recebe sangue oxigenado.

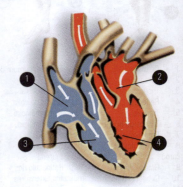

1 – Átrio direito
2 – Átrio esquerdo
3 – Ventrículo direito
4 – Ventrículo esquerdo

Sistema Digestório e Sistema Urinário

ESQUEMA DO SISTEMA URINÁRIO

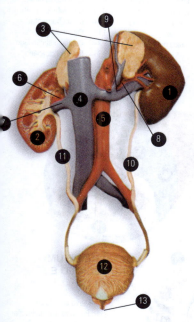

1 – Rim esquerdo
2 – Rim direito
3 – Glândulas suprarrenais
4 – Veia cava inferior
5 – Aorta
6 – Artéria renal direita
7 – Veia renal direita
8 – Artéria renal esquerda
9 – Veia renal esquerda
10 – Ureter esquerdo
11 – Ureter direito
12 – Bexiga urinária
13 – Uretra

VISTA FRONTAL DO SISTEMA DIGESTÓRIO

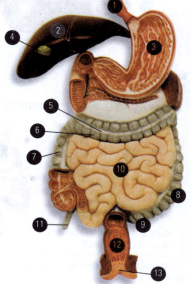

1 – Esôfago
2 – Fígado
3 – Estômago
4 – Vesícula biliar
5 – Tênia do colo
6 – Colo transverso
7 – Colo ascendente
8 – Colo descendente
9 – Colo sigmoide
10 – Intestino delgado *(jejuno e íleo)*
11 – Apêndice cecal
12 – Reto
13 – Ânus

Estrutura Interna do Sistema Respiratório

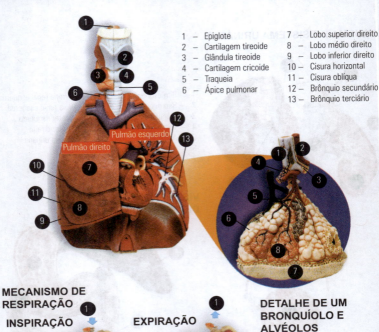

1 – Epiglote
2 – Cartilagem tireoide
3 – Glândula tireoide
4 – Cartilagem cricoide
5 – Traqueia
6 – Ápice pulmonar
7 – Lobo superior direito
8 – Lobo médio direito
9 – Lobo inferior direito
10 – Cisura horizontal
11 – Cisura oblíqua
12 – Brônquio secundário
13 – Brônquio terciário

MECANISMO DE RESPIRAÇÃO

INSPIRAÇÃO

1 – O ar é puxado para os pulmões
2 – Os pulmões são expandidos
3 – Ao contrair-se, o diafragma abaixa suas cúpulas
4 – Músculos intercostais internos se contraem, elevando as costelas

EXPIRAÇÃO

1 – O ar é forçado para fora dos pulmões
2 – Os pulmões são contraídos
3 – Ao relaxar-se, o diafragma sobe
4 – Músculos intercostais internos relaxam

DETALHE DE UM BRONQUÍOLO E ALVÉOLOS

1 – Nervo brônquico
2 – Ramo da veia pulmonar
3 – Bronquíolo terminal
4 – Veia brônquica
5 – Ramo da artéria pulmonar
6 – Alvéolos
7 – Epitélio
8 – Rede capilar alveolar

Sistema Nervoso Humano e Tecido Nervoso

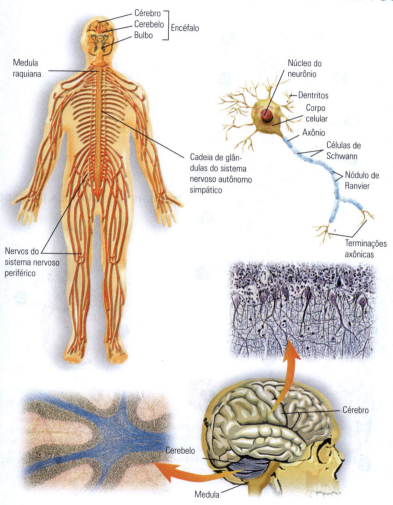

Sistema Endócrino

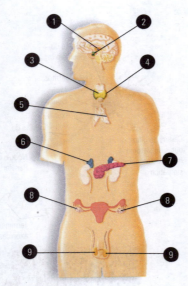

1 – Hipotálamo
2 – Hipófise
3 – Tireoide
4 – Paratireoide
5 – Timo
6 – Suprarrenal
7 – Pâncreas
8 – Ovários
9 – Testículos

DETALHE DA GLÂNDULA TIREOIDE

1 – Glândula tireoide
2 – Cartilagem tireoide
3 – Cartilagem cricoide
4 – Traqueia

DETALHE DO PÂNCREAS

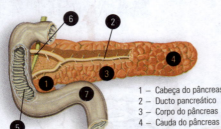

1 – Cabeça do pâncreas
2 – Ducto pancreático
3 – Corpo do pâncreas
4 – Cauda do pâncreas
5 – Prega circular
6 – Ducto biliar
7 – Duodeno

O Cérebro

CORTE SAGITAL DO CÉREBRO

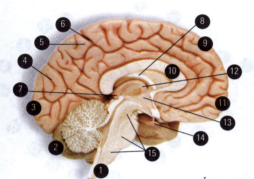

1 – Medula espinhal
2 – Cerebelo
3 – Lobo occipital
4 – Sulco parietoccipital
5 – Lobo parietal
6 – Sulco central
7 – Glândula pineal
8 – Fórnix
9 – Hemisfério cerebral
10 – Corpo caloso
11 – Lobo frontal
12 – Tálamo
13 – Hipotálamo
14 – Hipófise (glândula)
15 – Tronco cerebral

ANATOMIA EXTERNA DO CÉREBRO

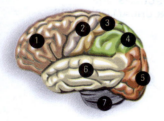

1 – Lobo frontal
2 – Giro pré-central
3 – Giro pós-central
4 – Lobo parietal
5 – Lobo occipital
6 – Lobo temporal
7 – Cerebelo

ÁREAS DO CÉREBRO COM FUNÇÃO ESPECÍFICA

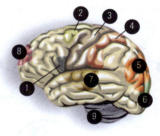

1 – Fala
2 – Movimentos coordenados
3 – Movimentos básicos
4 – Tato
5 – Associação visual
6 – Visão
7 – Audição
8 – Comportamento e emoção
9 – Equilíbrio e coordenação muscular

Visão

GLOBO OCULAR: CORTE HORIZONTAL

1 – Múculo reto lateral
2 – Lentes
3 – Esclera
4 – Ligamento ciliar
5 – Mácula
6 – Córnea
7 – Nervo óptico
8 – Dura-máter
9 – Pupila
10 – Íris
11 – Veia central da retina
12 – Artéria central da retina
13 – Câmera anterior
14 – Câmera posterior
15 – Vaso sanguíneo da retina
16 – Corpo ciliar
17 – Corioide
18 – Retina
19 – Músculo reto medial

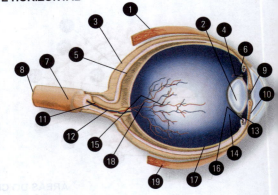

MÚSCULOS QUE CIRCUNDAM OS OLHOS

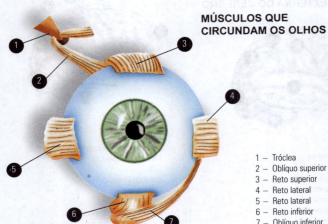

1 – Tróclea
2 – Oblíquo superior
3 – Reto superior
4 – Reto lateral
5 – Reto lateral
6 – Reto inferior
7 – Oblíquo inferior

Órgãos Genitais Femininos Internos

REGIÃO PÉLVICA FEMININA

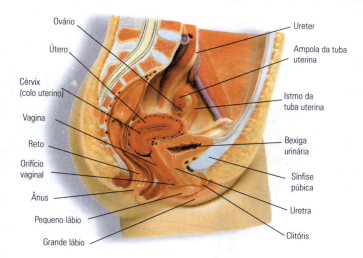

SISTEMA GENITAL FEMININO

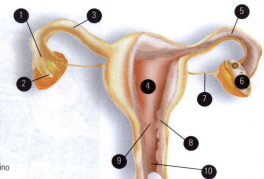

1 – Ampola da tuba uterina
2 – Fímbrias da tuba uterina
3 – Istmo da tuba uterina
4 – Cérvix (colo uterino)
5 – tuba uterina
6 – Ovário
7 – Ligamento ovariano
8 – Corpo uterino
9 – Orifício externo do colo uterino
10 – Vagina

XXXII

Órgãos Genitais Masculinos Internos

REGIÃO PÉLVICA MASCULINA

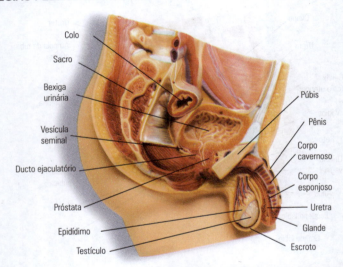

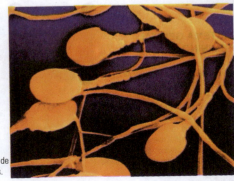

Ao lado, detalhe de espermatozoides.

Minidicionário Escolar

Língua Portuguesa

Correspondência escrita
Informações sobre esta obra
Abreviaturas usadas neste dicionário

Correspondência Escrita

De todas as formas de comunicação, destacamos aqui, pela importância, a *correspondência escrita*, que pode ser:

- **Familiar ou social:** correspondência trocada entre familiares, amigos etc.
- **Oficial:** correspondência trocada entre órgãos públicos;
- **Comercial:** correspondência trocada entre empresas.

Qualquer que seja a forma de correspondência escrita, deseja-se de quem a escreve: *clareza* (para que a mensagem seja corretamente compreendida[1]); *correção* (para demonstrar o cuidado do remetente para com o bom uso da linguagem); *estética* (para que o destinatário tenha boa impressão de quem a enviou). Veja abaixo alguns exemplos de correspondências escritas:

Convite

É a correspondência que solicita o comparecimento de alguém a um determinado lugar. Deve conter: nome de quem convida, motivo do convite; local e horário.

Com alegria, convidamos você e sua família para a festa de aniversário de nossa filha Jandira, que será realizada no dia 23 de maio, às 15h, em nossa residência, na Rua Tremembés, 1045.

Pedro e Elvira

Ata

É o relato resumido dos assuntos tratados numa reunião ou assembleia. Escrita em livro próprio pelo secretário, a ata não tem espaço em branco e, por isso, os períodos são contínuos, sem mudança de linha. Os erros que, por acaso, forem cometidos, são corrigidos com a ressalva *digo* e a forma correta *em seguida*. Da ata constam: título (*Ata da primeira reunião* etc.); texto; fecho; assinatura do secretário, do presidente e dos presentes.

Ata da oitava reunião do conselho fiscal do Condomínio Marumbi. Aos dez dias de março de dois mil e sete, às vinte horas, em primeira convocação, reuniu-se o Conselho Fiscal do Condomínio Marumbi para examinar, aprovar ou não aprovar as contas de fevereiro p.p. Após os exames dos documentos, os conselheiros aprovaram as cartas, digo, as contas. Sem mais a tratar, o presidente encerrou a reunião. E, para constar, eu, Armando Nascimento de Jesus, lavrei esta ata que, depois de aprovada, será assinada por mim, pelo presidente e pelos conselheiros.

---

1. Feita a redação, perguntar-se: quem vai ler entenderá o que realmente quero dizer?

Requerimento

É a correspondência usada para pedir a determinada autoridade pública providências a respeito de algo. Constam de um requerimento: invocação (cargo da autoridade a que se destina precedido do tratamento conveniente, por extenso); nome e identificação do requerente (nacionalidade, estado civil, endereço, número da Cédula de Identidade e do CPF e de outros documentos que se façam necessários); exposição do que se deseja e justificativa; fecho [2]; data; assinatura.

ILUSTRÍSSIMO SENHOR PREFEITO
MUNICIPAL DE BOTUCATU

JAIME GONÇALVES, brasileiro, casado, residente na Rua das Flores, 1671, portador de CI n.º 247.550-8 e CPF n.º 338.400.529, funcionário público municipal PO-2, vem mui respeitosamente requerer que V. Sª se digne a conceder-lhe, na forma da Lei, adicional de 5% (cinco por cento) em seus vencimentos, por ter completado cinco anos de serviço.

Nestes termos,
Pede deferimento.
Botucatu, 5 de fevereiro de 2008

Recibo

É um documento escrito no qual uma pessoa física ou jurídica declara ter recebido de outrem o que estiver especificado em seu conteúdo. Deve ser feito com cópia para quem o assina [3]. Contém: título (geralmente apenas a palavra *Recibo* no alto do papel); valor (quando se tratar de dinheiro [4]); texto (declaração do recebimento, identificação do pagador, especificação do que se recebeu e suas características e motivo do recebimento); data; assinatura do recebedor e sua identificação. Em certos casos, é aconselhável que duas testemunhas assinem o recibo e estejam identificadas.

RECIBO

Recebi de Eduardo Gomes, residente na Rua Lopes Alves, 94, portador do CPF 449.135.419-12, a quantia de R$ 150,00 (cento e cinquenta reais), referente à revisão geral da instalação elétrica de sua residência.

São Paulo, 4 de fevereiro de 2008
Giacomo Santoro
CPF 013.543.649.00
R. do Sapateiro, 118

---

2. Incluem-se aqui o uso do papel adequado e a ausência de borrões e rasuras.

3. Nas papelarias, há impressos próprios para recibo, mas nada impede que sejam redigidos manualmente, digitados ou datilografados.

4. Quando emitido por pessoa jurídica (firma), pode haver obrigatoriedade de retenção de Imposto de Renda na Fonte. Nesse caso, o fato deve ser mencionado com os respectivos valores bruto e líquido.

RECIBO

Mão de obra: R$ 1500,00
Retenção de IR: <u>R$ 240,00</u>
Líquido a receber: R$ 1260,00

Recebi da firma PALUMISA — Painéis Luminosos S.A., inscrita no CGC/MF sob o n.º 79.455.322/001-45, a quantia de R$ 1260,00 (hum mil, duzentos e sessenta reais), referente aos serviços de assentamento de 50m^2 (cinquenta metros quadrados) de piso cerâmico no pátio do prédio da empresa.

Teresina, 15 de janeiro de 2008
Cássio Dorneles Pisa
CPF 766.890.146-05
R. Dalva Ferreira Fanchin, 97

Edital

É a mensagem dirigida a vários destinatários para convocar, avisar ou informar. Para que ninguém alegue desconhecer seu conteúdo, o edital é publicado em jornal ou afixado em local visível. Deve conter: timbre; título e número (*Edital n.º 25/96*, por exemplo); ementa (resumo do assunto); texto (explicação do assunto); localidade e data; assinatura sobre o nome civil datilografado; cargo de quem o assina. Quando assinado por subalterno, pode haver a necessidade de visto [5] e assinatura de seu superior.

CONDOMÍNIO DO EDIFÍCIO DE PISA
EDITAL N.º 02/96

Convocação para Assembleia-Geral Ordinária

Pelo presente Edital, ficam os senhores condôminos do Edifício Torre de Pisa convocados para a Assembleia-Geral Ordinária, a realizar-se no salão de festas do Edifício, a 5 de fevereiro de 1996, às 20h em primeira convocação ou às 20h30 em segunda e última convocação, seja qual for número de presentes.

Constam da ordem do dia:

1. Prestação de contas da administração;
2. Eleição de síndico, vice-síndico e conselheiros fiscais;
3. Outros assuntos de interesse geral.

Salvador, 25 de janeiro de 2008
Jacinto Pena Rosa

---

5. Com o sentido de dar o visto, diz-se visar. Os dicionários não registram vistar.

Ofício

É documento usado na correspondência entre órgãos públicos. Datilografado em papel ofício, geralmente timbrado, deve conter: número do ofício; data; ementa (resumo do assunto); invocação (cargo do destinatário, precedido do tratamento conveniente); texto (explicação clara do assunto indicado na ementa); despedida; assinatura sobre o nome datilografado; cargo de quem assinou. Na parte inferior da página, escrevem-se em linhas diferentes: tratamento adequado (pode ser abreviado); nome civil do destinatário; cargo que ocupa precedido de DD. (Digníssimo); endereço completo[6]. Na parte inferior da página, indicam-se as iniciais de quem redigiu o ofício e de quem o datilografou. O ofício é dobrado em forma de Z para ser colocado no envelope.

GOVERNO DO ESTADO DO RIO GRANDE DO NORTE

Secretaria de Administração
Setor Oeste — Natal

Of. n.º 48/96. Natal, 28 de janeiro de 2008

Ementa: Encontro de Educadores.

Senhor Diretor:
Comunicamos a V.S.ª que a Escola Estadual "Bruno Facchini" foi incluída na relação de participantes do XX Encontro de Educadores a realizar-se entre os dias 20 e 25 de fevereiro, nesta cidade. Para tanto, solicitamos sejam indicados, até 10 de fevereiro, três representantes dessa Escola para participarem do Encontro.
Nada mais havendo no momento, subscrevemo-nos.

Atenciosamente,

Benedito Sampar
COORDENADOR

Ilmo. Sr.
Pedro Vicci
DD. Diretor da Escola Estadual
"Bruno Facchini"
Rua Paranhor, 164
86061-230 — Natal — RN
AS/BH

---

6. Estes dados serão repetidos no envelope.

Carta Comercial

É correspondência que trata exclusivamente de negócios. Geralmente é escrita em papel *in-octavo* (15 x 21 cm), mas nada impede o uso de papel ofício. Contém: iniciais do setor e número da carta; localidade e data; endereço completo [7]; referência (resumo do assunto); invocação (cargo do destinatário, precedido do tratamento adequado); texto (exposição clara do assunto indicado na referência); despedida; assinatura sobre o nome datilografado; cargo de quem assina. Na parte inferior da página, escrevem-se as iniciais de quem a redigiu e de quem a datilografou.

RAMBO REPRESENTAÇÕES
Rua Parque do Lago, 87
86450-00 — Goiânia — GOIÁS

Goiânia, 10 de janeiro de 2008

À
Fábrica de Fernandes S.A.
Rua Caburé, 201
86090-040 — Brasília — DF
Ref.: Pedido de representação.

Senhor Presidente:

Estabelecido nesta cidade há quinze anos com escritório de representações, desfruto de boas relações comerciais em todo o Norte Pioneiro. Assim, julgo-me apto a representar essa indústria com a certeza de incrementar a venda de seus produtos.

Para uma avaliação adequada de meu potencial, encaminho a V.S^a, *curriculum vitae* e relação das empresas por mim representadas, nas quais podem ser obtidas informações sobre o meu trabalho.

Aguardando qualquer decisão, subscrevo-me.

Respeitosamente,

Baltazar Soares Mota
REPRESENTANTE COMERCIAL

RP/JBS

---

7. Estes dados serão repetidos no envelope.

Curriculum Vitae

É o documento de apresentação de uma pessoa para fins de concurso a uma vaga trabalhista. Dele constam: identificação pessoal (nome, sexo etc.); documentação (identidade, CPF, Carteira de Trabalho etc.); escolaridade (cursos feitos ou em andamento); experiência profissional (empresas nas quais trabalhou, período, cargo etc.). As informações devem ser sucintas e dispostas com clareza e cuidado estético. Os documentos citados poderão, quando solicitados, pormenorizar essas informações. Os dados mais importantes são escolaridade e experiência profissional.

Maria Antonieta Guimarães

Dados Pessoais
Brasileira
Solteira
35 anos
Rua Rio Grande do Norte, 567 – Mandaqui/SP
XXXX-9876
mariaantonieta@gmail.com.br

Experiência profissional de nove anos

Objetivo: Gerente de Marketing / Supervisora de Pesquisa de Mercado

Formação Acadêmica
Pós-graduada em Marketing pela Michigan University (dezembro de 1999).
Graduada em Marketing pela Faculdade MLP (dezembro de 1996).

Idiomas
Inglês fluente
Espanhol fluente

Cursos
Pesquisa de Mercado – Universidade AAA – abril de 2000.
Marketing Estratégico – Instituição de Ensino CCC – setembro de 1997.

Experiência Profissional
[Atual ou Último]
DDD Tintas S/A
Cargo Inicial: Gerente de Marketing   Cargo Final: Gerente de Marketing
Permanência: 4 anos   Período: mar/2002 até hoje
[Anterior]
EEE Alimentos Ltda
Cargo Inicial: Analista de Pesquisa   Cargo Final: Gerente de Marketing
Permanência: 3 anos e 3 meses   Período: junho/1998 a set/2001

Habilidades / Qualificações
Ampla experiência em pesquisas de mercado e planejamento estratégico de comunicação. Resultados comprovadamente eficientes.

Capacitação Profissional
Experiência no desenvolvimento de novos produtos, planejamento estratégico de ações de marketing, criação e implementação de novas ferramentas da área e implementação de CRM.

São Paulo, 09 de março de 2006.

Redação

Todos sabemos que a redação é um item fundamental em qualquer concurso público. Nos exames vestibulares, não importa para que curso, a redação também sempre está presente. E é exatamente aí que muitos candidatos se atrapalham.

Não há receita infalível para escrever bem, e as dificuldades serão maiores se o candidato não tiver como hábito a leitura atenta sobre a maioria dos assuntos e facilidade para escrever. Seja como for, aqui estão algumas orientações úteis, em ambos os casos.

Há três classificações fundamentais de redação:

Descrição

Envolve uma sequência de aspectos: forma, tamanho, cor, matiz, quantidade etc. Equivale ao registro de uma imagem fotográfica. Pessoas, objetos ou paisagens (com todos os seus pormenores) podem ser o ponto de partida de uma descrição.

Veja os exemplos a seguir: no primeiro, a autora descreve uma pessoa. No segundo, o autor descreve um ambiente.

Baseando-se nas explicações e nos exemplos que demos, faça descrições, seguindo ou não estas sugestões de assunto:

a) um(a) vizinho(a)

b) uma rua

c) um parque

d) uma casa

e) o anoitecer

f) uma cidade

Em seguida, peça a um professor que avalie o que você escreveu.

NHÔ RUFA

Chamava-se Rufino o preto velho cuja carapinha em desalinho a neve dos anos manchara de branco. Não sei a sua idade, mas meu avô dizia que "Negro quando pinta tem três vezes trinta". Talvez carregasse por noventa anos aquele corpo magro e dolorido.

As pálpebras empapuçadas deixavam entrever, dos olhos, apenas um risco preto que mirava com ódio a meninada que o acompanhava e divertia-se às suas custas.

A pele preta era opaca e sem viço, próprio da idade avançada. Seu nariz achatado parecia esborrachado. O lábio inferior, bem vermelho e grosso, pendia desgovernado, dificultando a fala.

Os pés grandes e descalços, sempre inchados, permitiam-lhe apenas um caminhar trôpego, arrastado e cansado. Usava um velho capote de cor indefinida onde predominava o pó da estrada, e um chapéu de feltro, maltratado pelas intempéries, tão deformado pela falta de forro a ponto de parecer uma tigela desabada sobre os olhos.

Trazia a tiracolo um bodoque (que é um arco para atirar bolotas de barro) e, no outro ombro, uma velha aljava de couro, velha e encardida, repleta das ditas bolotas de barro seco, sua arma contra os meninos. Estes diziam que Nhô Rufa tinha bicho-de-pé e gritavam-lhe de longe, em coro:

— Bichento! Bichento!

FANCHIN, Dalva Ferreira. *Piraí do Sul, sua gente e suas histórias*. Curitiba, Imprensa da Assembleia Legislativa do Paraná, 1984, p. 90.

A FAZENDA

Pior fazenda que a do Espigão, nenhuma. Já arruinara três donos, o que fazia dizer aos praguentos: Espiga é o que aquilo é!

Os cafezais em vara, ano sim, ano não, batidos de pedra ou esturrados de geada, nunca deram de si colheita de entupir tulha. Os pastos ensapezados, enguanxumados, ensamambaiados nos topes, eram acampamentos de cupins com entremeios de macegas mortiças, formigantes de carrapatos. Boi entrado ali punha-se logo de costelas à mostra, encaroçado de bernes, triste e dolorido de meter dó.

As capoeiras substitutas das matas nativas revelavam pela indiscrição das tabocas a mais safada das terras secas. Em tal solo a mandioca bracejava a medo varetinhas nodosas; a cana caiana assumia aspecto de caninha, e esta virava um taquariço magrela dos que passam incólumes entre os cilindros moedores. Piolhavam os cavalos. Os porcos escapos à peste encruavam na magrém faraônica das vacas egípcias.

Por todos os cantos imperava o ferrão das saúvas, dia e noite entregues à tosa dos cupins para que em outubro se toldasse o céu de nuvens de içás, em saracoteios amorosos com enamorados savitus.

LOBATO, Monteiro. *Urupês*. 13.ª ed.,São Paulo, Brasiliense, 1996, p. 234-5

Narração

Envolve uma sequência de acontecimentos que compreende começo, meio e fim. Equivale ao registro de uma história, de um *causo*, de uma anedota, de uma *piada*. Se você contar uma história (real ou ficitícia), você estará fazendo uma *narração*.

Exemplos:

A BORBOLETA PRETA

A borboleta, depois de esvoaçar muito em torno de mim, pousou-me na testa. Sacudi-a, ela foi pousar na vidraça; e, porque eu a sacudisse de novo, saiu dali e veio parar em cima de um velho retrato de meu pai. Era negra como a noite. O gesto brando com que, uma vez posta, começou a mover as asas, tinha um certo ar escarninho, que me aborreceu muito. Dei de ombros, saí do quarto; mas tornando lá, minutos depois, e achando-a ainda no mesmo lugar, senti um repelão dos nervos, lancei a mão de uma toalha, bati-lhe e ela caiu.

Não caiu morta; ainda torcia o corpo e movia as farpinhas da cabeça. Apiedei-me; tomei-a na palma da mão e fui depô-la no peitoril da janela. Era tarde; a infeliz expirou dentro de alguns segundos. Fiquei um pouco aborrecido, incomodado.

— Também por que diabo não era ela azul? disse comigo.

E esta reflexão, — uma das mais profundas que se tem feito, desde a invenção das borboletas, — me consolou do malefício, e me reconciliou comigo mesmo.

MACHADO DE ASSIS. *Memórias póstumas de Brás Cubas.* 5ª ed., São Paulo, Ática, 1975, p. 52.

É importante lembrar que a redação pode ser: curta ou longa; ter diálogos[8] ou não; ter como assunto um caso real ou fictício; ser séria, engraçada ou triste. Quem escreve é que decide como narrará o fato. Caso queira treinar sua capacidade narrativa, escreva sobre estes assuntos:

a) Isso aconteceu comigo.

b) Se não fosse o meu cachorro

c) Foi aí que tomei uma decisão!

d) Por essa eu não esperava...

e) Pode crer que é pura verdade.

f) Ia tranquilamente pela rua...

Em seguida peça a um professor que avalie seus textos.

8. Ver exemplo.

CASTIGO MERECIDO

Numa das suas viagens a São Paulo, o Juventino não pôde conseguir, de forma alguma, um quarto em hotel ou pensão onde pudesse hospedar-se.

Percorreu a cidade toda, e nada! Tudo cheio, completamente lotado.

Finalmente, após longas e infrutíferas caminhadas, resolveu ir para a casa de seu irmão, residente em bairro afastado do centro da grande metrópole. Pegou a mala deixada na portaria de um dos hotéis em que havia procurado cômodo, tomou um táxi e foi para a casa do parente, certo de ali encontrar o desejado cantinho onde pudesse passar alguns dias.

Chegou e foi bem recebido. Como, porém, a casa era pequena, teve de acomodar-se no mesmo quarto em que dormia um sobrinho de poucos meses. De madrugada, acordou com a bexiga cheia, desesperado por esvaziá-la. Levantou-se, procurou o vaso noturno por todos os cantos e não o encontrou. Para ir até o banheiro, tinha de atravessar o quarto onde dormia o casal, precisaria acender as luzes e, com todo esse movimento, poderia acordar o irmão e a cunhada.

Como fazer, então, para sair daquela aflitiva situação?

Depois de muito pensar, pegou o garoto, passou-o para a sua cama e esvaziou a bexiga ali mesmo no colchãozinho do berço...

Aliviado, o Juventino, ao pegar outra vez o garotinho para pô-lo novamente no berço, viu que o safadinho havia feito coisa muito pior em sua cama...

VALENTE, Décio. *Coisas que acontecem...* 1.ª ed. São Paulo, L. Oren, 1969, p. 66-7.

Dissertação

Envolve uma sequência de juízos, de considerações, de reflexões sobre algum assunto, a partir da qual se estabelece uma opinião.

Para quem vai fazer uma dissertação é importante:

a) examinar o tema, entendê-lo e relacioná-lo a alguma situação conhecida;

b) anotar as ideias (argumentos favoráveis e contrários) que envolvem o tema;

c) decidir a posição (favorável ou contrária) que vai defender;

d) fazer um rol do vocabulário (elenco de palavras) que se refere ao assunto;

e) rascunhar a dissertação a partir do tema, com rápida introdução que ressalte dados históricos, opiniões gerais etc.

f) apresentar os argumentos, começando pelos mais simples, ressaltando os contrários e enaltecendo os favoráveis;

g) concluir o trabalho, à vista dos argumentos, com a posição que está defendendo;

h) ao revisar o texto é preciso: eliminar o que for supérfluo ou ineficaz, como repetições e frases sem sentido; alterar, se preciso, a ordem dos argumentos; corrigir os erros de concordância, de regência, de pontuação, de ortografia e de acentuação.

i) reler o texto, analisando-o como supõe que o examinador o analisará e, se necessário, modificá-lo;

j) passar a limpo, com uma letra clara e legível.

Exemplos:

NASCEM OS HOMENS IGUAIS

Nascem os homens iguais; um mesmo, igual princípio os anima, os conserva, e também os debilita, e acaba. Somos organizados pela mesma forma, por isso estamos sujeitos às mesmas paixões, e às mesmas vaidades. Para todos nasce o Sol; a Aurora a todos desperta para o trabalho; o silêncio da noite anuncia a todos o descanso. O tempo que insensivelmente corre, e se distribui em anos, meses e horas, para todos se compõe do mesmo número de instantes. Essa transparente região a todos abraça; todos acham nos elementos um patrimônio comum, livre, e indefectível; todos respiram o ar; a todos sustenta a terra; as qualidades da água, e do fogo, a todos se comunicam. O mundo não foi feito mais em benefício de uns, que de outros, para todos é o mesmo; e para o uso de todos têm igual direito; ou seja pela ordem da natureza, ou seja pela ordem da sua mesma instituição; todos achamos no mundo as mesmas partes essenciais. Que cousa é a vida para todos mais do que um enleio de vaidades, e um giro sucessivo entre o gosto, a dor, a alegria, a tristeza, a aversão, e o amor?

AIRES, Matias. *Reflexões sobre a vaidade dos homens, ou discursos morais sobre os efeitos da vaidade.* 9.ª ed., José Olympio, Rio, 1953, p.p. 117-8.

A PÁTRIA

Um célebre poeta polaco, descrevendo em magníficos versos uma floresta encantada do seu país, imaginou que as aves e os animais ali nascidos, se por acaso longe se achavam, quando sentiam aproximar-se a hora da sua morte, voavam ou corriam e vinham todos expirar à sombra das árvores do bosque imenso onde tinham nascido. O amor da pátria não pode ser explicado por mais bela e delicada imagem. Coração sem amor é um campo árido, quase sempre, ou sempre, cheio de espinhos e sem uma única flor que nele se abra e amenize. Haveria somente um homem em quem palpitasse coração tão seco, tão enregelado e sem vida de sentimentos: o homem que não amasse o lugar de seu nascimento. Depois dos pais, que recebem nosso primeiro grito, o solo pátrio recebe os nossos primeiros passos; é um duplo receber, que é duplo dar. As ideias grandes e generosas dilatam o horizonte da pátria; a religião, a língua, os costumes, as leis, o governo, as aspirações fazem de uma nação uma grande família, e de um país imenso a pátria de cada membro dessa família. Mas, deixem-me dizer assim, a grande não pode fazer olvidar a pequena pátria; dessa árvore que se chama a nação, o país, não há quem não sinta que a raiz é a família e o berço a pátria.

MACEDO, Joaquim Manuel. *Apud* OLIVEIRA, Cleófano de. *Flor do Lácio.* 6.ª ed., São Paulo, Saraiva, 1961, p. 287.

Todos os assuntos (e são tantos!) que permitam opinar, quer sob um aspecto, quer sob outro, são temas de dissertação. Apresentaremos em seguida algumas frases para aproveitamento como temas dissertativos. Releia a orientação abaixo e escreva algumas dissertações sobre os temas propostos:

a) A presença da mulher no mercado de trabalho

b) O aumento dos índices de criminalidade

c) O caráter comercial do futebol

d) "Queixamo-nos da fortuna para desculpar nossa preguiça" (Marquês de Maricá).

e) "A civilização é uma violência do homem à natureza" (Graça Aranha).

f) "Quem labora e cultiva a terra, nela deposita a sementeira e alicerça a casa-abrigo da família, deve possuí-la como proprietário" (Getúlio Vargas).

Em seguida, peça a avaliação de um professor em relação aos textos escritos.

Informações Sobre esta Obra

Uma obra como esta não pode nascer do simples acaso, e sim da necessidade comprovada. Os minidicionários existentes, apesar do valor inegável de alguns, não respondem a muitos questionamentos dos estudantes em geral e dos professores, quanto ao sentido correto de uma palavra e seu emprego ortográfico e gramatical adequado.

Palavras estrangeiras ou aportuguesadas

São inúmeras as palavras estrangeiras de uso corrente que registramos e que são amplamente utilizadas pelos meios de comunicação, como por exemplo, *avant-première*, *boom*, *cassete*, *design*, *free-lance*, *handicap*, *jazz*, *know-how*, *marketing*, *pool*, *slide* etc.

Em número maior ainda, são as já aportuguesadas, como *ateliê*, *balé*, *beisebol*, *cachê*, *disquete*, *dossiê*, *haicai*, *quitinete*, *locaute* etc.

A. F. Coutinho

Os verbetes vêm registrados em negrito, com divisão silábica, para facilitar sua localização, seguidos da indicação da pronúncia (quando necessário) entre parênteses, e da classe gramatical, em itálico cinza. Em seguida, os vários sentidos da palavra.
Exemplo:

Ba.de.jo (*é* ou *ê*) *s.m.* Nome comum a vários peixes marinhos, semelhantes às garoupas.

Isto significa que **badejo** é um substantivo masculino (*s.m.*) de timbre aberto (*é*) ou fechado (*ê*), que, portanto, deve-se pronunciar *badéjo* ou *badêjo*.

Indicação da pronúncia

Todas as palavras que poderiam oferecer dúvida quanto à pronúncia vêm com a indicação necessária esclarecedora.

Às vezes uma palavra de timbre fechado no masculino singular muda de timbre no feminino e no plural. Isso também foi registrado.
Exemplo:

Por.co (ô) *s.m.* **1.** Mamífero quadrúpede, paquiderme, da ordem dos Artiodáctilos, muito usado na alimentação do homem. **2.** Carne desse animal. **3.** FIG Indivíduo sujo, imundo. *adj.* **4.** Sujo, imundo. **5.** Indecente, torpe, obsceno. • *Col.*: vara, manada. • *Fem.* e *pl.*: porca (ó) e porcos (ó).

Igualmente indicamos a pronúcia do **x** quando equivale a *cs*, *ss* e *z*. Exemplos:

Apoplexia (x=cs)   Máximo (x=ss)   Inexistente (x=z)
Exalar (x=z)   Conexão (x=cs)   ·   Proximidade (x=ss)

Classificação gramatical

As classes gramaticais vêm logo após a palavra-base (ou após a indicação da pronúncia) sem maiores dificuldades para o consultante, exceto quando substantivo ou adjetivo, pelas características especiais de registro. Assim:

Con.de.co.ra.do *adj.* e *s.m.* Que, ou aquele que recebeu condecoração.
ou
Con.den.sa.dor *adj.* **1.** Que condensa. *s.m.* **2.** O que condensa. **3.** Dispositivo que armazena ou conserva cargas elétricas.

Os adjetivos de 2 gêneros vêm assim registrados:

Con.de.ná.vel *adj.2g.* **1.** Passível de condenação. **2.** Abominável, censurável.

⇒ O que significa que **condenável** tem esta única forma, tanto para o masculino como para o feminino.
Exemplos: *Uma prática* ***condenável****. Um procedimento* ***condenável****.*
Bem assim os substantivos (ou adjetivos e substantivos) de 2 gêneros:

Abs.ti.nen.te *adj.* e *s.2g.* ⇒ **E.co.no.mis.ta** *s.2g.*

Algumas palavras são comuns aos 2 gêneros e aos dois números. É o caso de **traquinas**
Exemplificando:
Menino ***traquinas*** ⇒ *Menina* ***traquinas***
Meninos ***traquinas*** ⇒ *Meninas* ***traquinas***
Eram todos uns ***traquinas*** ⇒ *Eram todas umas* ***traquinas***
Alguns adjetivos, ainda que no singular, podem ser comuns aos dois gêneros e aos dois números, como, por exemplo, *cinza*
Calça ***cinza*** ⇒ *calças* ***cinza***
Calção ***cinza*** ⇒ *calções* ***cinza***
Há substantivos que são comuns aos dois números (singular e plural), e vêm assim registrados:

Ô.ni.bus *s.m.2n.*

Exemplos:
O ônibus estava lotado.
Os ônibus estavam lotados.
Alguns substantivos são usados indiferentemente no masculino ou no feminino. Estão assim registrados:

Su.é.ter *s.2g.* Espécie de blusa fechada de malha ou de lã. ● *Pl.: suéteres.*

Registramos o feminino de vários substantivos que poderiam oferecer alguma dificuldade, e fizemos – quando necessário – observação quanto ao emprego.
Exemplos:

Em.bai.xa.dor *s. m.* A mais alta categoria de representante diplomático de um Estado junto de outro Estado; emissário. ● *Fem.*: *embaixatriz* (mulher de embaixador) e *embaixadora* (a diplomata).

Gênero

O gênero vem sempre registrado antes do termo a ser definido.
Exemplos:

Dan.ça.ri.no *s. m.*
Cas.ca.tei.ro *adj.* e *s. m.*
Gre.vis.ta *s. 2g.* e *adj. 2g.*
Ar.ro.gan.te *adj. 2g.*

Quando o feminino de uma determinada palavra pode oferecer alguma dúvida, também merece registro.
Exemplos:

An.fi.tri.ão *s. m.* ● *Fem.*: *anfitriã* ou *anfitrioa* (p. us.)
Be.ber.rão *adj.* e *s. m.* ● *Fem.*: *beberrona*.
He.breu *adj.* e *s. m.* ● *Fem.*: *hebreia*.
Ta.be.li.ão *s. m.* ● *Fem.*: *tabeliã*, *tabelioa*

Número

Registramos todos os plurais que poderiam trazer alguma dificuldade.

A) PLURAIS EM ÃO

A.la.zão *adj.* e *s. m.* ● *Pl.*: *alazães* ou *alazões*.
An.fi.tri.ão *s. m.* ● *Pl.*: *anfitriões*.
Zan.gão *s. m.* ● *Pl.*: *zangões*.

B) PLURAIS DE COMPOSTOS

Estão invariavelmente indicados.
Exemplos:

Al.to-fa.lan.te *s. m.* ● *Pl.*: *alto-falantes*.
Ca.chor.ro-quen.te *s. m.* ● *Pl.*: *cachorros-quentes*.
Cou.ve-flor *s. f.* ● *Pl.*: *couves-flores*.
Pé de mo.le.que *s. m.* ● *Pl.*: *pés de moleque*.
Su.per-ho.mem *s. m.* ● *Pl.*: *super-homens*.
Sur.do-mu.do *adj.* e *s. m.* ● *Pl.* do adj.: *surdo-mudos*, pl. do subs.: *surdos-mudos*.

C) OUTROS

Com a intenção de solucionar dúvidas, ampliamos consideravelmente o registro de plurais, sempre que julgamos conveniente. É exemplo o registro do plural de palavras terminadas em *ável, ével, ível, al, el, il, ol, ês, z, r,* etc.:

Ab.dô.men *s.m.* ● *Pl.: abdomens* ou *abdômenes.*
A.lu.guel *s.m.* ● *Pl.: aluguéis.*
E.mir *s.m.* ● *Pl.: emires.*
Gi.ras.sol *s.m.* ● *Pl.: girassóis.*

COLETIVOS, AUMENTATIVOS, DIMINUTIVOS

Sempre que preciso, registramos o *coletivo* de certos substantivos. Não descuidamos, também, do registro de *aumentativos* e *diminutivos.*
Exemplos:

Ca.sa *s.f.* ● *Aum.: casarão.* ● *Dim.: casebre, casinhola.* ● *Col.: casario, casaria.*

ANTÔNIMOS

Procuramos sanar uma das deficiências dos chamados minidicionários com um amplo registro de antônimos, como se pode facilmente verificar.

Frá.gil *adj.2g.* ● *Ant.: duro, resistente.*

Mais: São dezenas as *Notas* e *Observações* (**Obs.:**) encontradas. Visam esclarecer, tirar dúvidas, sugerir etc.
Exemplos:

Con.va.les.cen.ça *s.f.* ● Não diga "convalescência".

GRAU

Indicam-se os superlativos absolutos sintéticos, sempre, nos adjetivos de origem, e quando necessário em verbetes próprios:

Á.gil *adj.2g.* ● *Sup.abs.sint.: agílimo* e *agilíssimo.*
Cru.el *adj.2g.* ● *Sup.abs.sint.: crudelíssimo, cruelíssimo.*
Ne.gro (ê) *adj.* ● *Sup.abs.sint.: negríssimo, nigérrimo.*
Sá.bio *adj.* ● *Sup.abs.sint.: sapientíssimo.*

Gentílicos de Países

A

Afeganistão	*afegane, afegão*
África do Sul	*sul-africano*
Albânia	*albanês*
Alemanha	*alemão*
Andorra	*andorrano*
Angola	*angolano*
Antígua	*antiguano*
Arábia Saudita	*saudita*
Argélia	*argelino*
Argentina	*argentino*
Armênia	*armênio*
Austrália	*australiano*
Áustria	*austríaco*
Azerbaijão	*azerbaijano*

B

Bahamas	*bahamense*
Bangladesh	*bengalês*
Barbados	*barbadiano*
Barein	*barenita*
Belarus	*(CEI) bielo-russo*
Bélgica	*belga*
Belize	*belizenho*
Benin	*beninense*
Bolívia	*boliviano*
Botsuana	*bechuano*
Brasil	*brasileiro*
Brunei	*bruneano*
Bulgária	*búlgaro*
Burundi	*burundinês*
Butão	*butanês*

C

Cabo Verde	*cabo-verdiano*
Camarões	*camaronês*
Camboja	*cambojano*
Canadá	*canadense*
Cazaquistão	*(CEI) cazaque*
Chade	*chadiano*
Chile	*chileno*
China	*chinês*
Chipre	*cipriota*
Cingapura	*cingapuriano*
Colômbia	*colombiano*
Congo	*congolês*
Coreia do Norte	*norte-coreano*
Coreia do Sul	*sul-coreano*
Costa do Marfim	*marfinense*
Costa Rica	*costarriquenho*
Croácia	*croata*
Cuba	*cubano*

D

Dinamarca	*dinamarquês*
Djibuti	*djibutiano*
Dominica	*dominicano*

E

Egito	*egípcio*
El Salvador	*salvadorenho*
Emirados Árabes Unidos	*árabe*
Equador	*equatoriano*
Eslovênia	*esloveno*
Espanha	*espanhol*
Estados Unidos	*norte-americano*
Estônia	*estoniano*
Etiópia	*etíope*

F

Fiji	*fijiano*
Filipinas	*filipino*
Finlândia	*finlandês*
França	*francês*

G

Gabão	*gabonense*
Gâmbia	*gambiano*
Gana	*ganense*
Geórgia	*georgiano*
Granada	*granadino*
Grécia	*grego*
Guatemala	*guatemalteco*
Guiana	*guianense*
Guiné	*guineano*
Guiné-Bissau	*guineense*
Guiné Equatorial	*guinéu-equatoriano*

H

Haiti	*haitiano*
Holanda	*holandês*
Honduras	*hondurenho*
Hungria	*húngaro*

I

Iêmen	*iemenita*
Ilhas Comores	*comorense*
Índia	*indiano*
Indonésia	*indonésio*
Inglaterra	V. Reino Unido
Irã	*iraniano*
Iraque	*iraquiano*
Irlanda	*irlandês*
Irlanda do Norte	V. Reino Unido
Islândia	*islandês*
Israel	*israelense*
Itália	*italiano*

J

Jamaica	*jamaicano*
Japão	*japonês*
Jordânia	*jordaniano*

K

Kuait	*kuaitiano*

L

Laos	*laociano*
Lesoto	*lesoto*
Letônia	*letão*
Líbano	*libanês*
Libéria	*liberiano*
Líbia	*líbio*
Liechtenstein	*liechtensteiniense*
Lituânia	*lituano*
Luxemburgo	*luxemburguês*

M

Madagascar	*malgaxe*
Malásia	*malasiano*
Malauí	*malauiano*
Maldivas	*maldivo*
Mali	*malinês*
Malta	*maltês*
Marrocos	*marroquino*
Maurício	*mauriciano*
Mauritânia	*mauritano*
México	*mexicano*
Mianmar	*(Ex-Birmânia) birmanês*
Moçambique	*moçambicano*
Moldova	*(CEI) moldovo*
Mônaco	*monegasco*
Mongólia	*mongol*

N

Namíbia	*namíbio*
Nauru	*nauruano*
Nepal	*nepalês*
Nicarágua	*nicaraguense*
Níger	*nigerino*
Nigéria	*nigeriano*
Noruega	*norueguês*
Nova Zelândia	*neozelandês*

O

Omã	*omani*

P

Panamá	*panamenho*
Papua-Nova Guiné	*papuásio*
Paquistão	*paquistanês*
Paraguai	*paraguaio*
Peru	*peruano*
Polônia	*polonês*
Porto Rico	*porto-riquenho*
Portugal	*português*

Q

Qatar	*qatariano*
Quênia	*queniano*
Quirguistão	*(CEI) quirguiz*

R

República Eslovaca	*eslovaco*
República Tcheca	*tcheco*
República Centro-Africana	*centro-africano*
República Dominicana	*dominicano*
Romênia	*romeno*
Ruanda	*ruandês*
Rússia	*russo*

S

Samoa Ocidental	*samoano*
San Marino	*samarinês*
Santa Lúcia	*santa-lucense*
São Cristóvão e Névis	*são-cristovense*
São Tomé e Príncipe	*são-tomense*
São Vicente e Granadinas	*são-vicentino*
Seicheles	*seichelense*
Senegal	*senegalês*
Serra Leoa	*leonês*
Sérvia	*sérvio*
Síria	*sírio*
Somália	*somali*
Sri Lanka	*cingalês*
Sudão	*suidanês*
Suécia	*sueco*
Suíça	*suíço*
Suriname	*surinamês*

T

Tadjiquistão	*(CEI) tadjique*
Tailândia	*tailandês*
Taiwan	*chinês*
Tanzânia	*tanzaniano*
Togo	*togolês*
Tonga	*tonganês*
Trinidad e Tobago	*trinitino*
Tunísia	*tunisiano*
Turcomenistão	*turcomeno*
Turquia	*turco*
Tuvalu	*tuvaluano*

U

Ucrânia	*ucraniano*
Uganda	*ugandense*
Uruguai	*uruguaio*
Uzbequistão (CEI)	*uzbeque*

V

Vanuatu	*vanuatuense*
Vaticano	*vaticano*
Venezuela	*venezuelano*
Vietnã	*vietnamita*

Z

Zâmbia	*zambiano*
Zimbábue	*zimbabuano*

Gentílicos de Estados
(Quando houver mais de um gentílico, prefira o primeiro)

SUL

Paraná (PR): *paranaense.*
Santa Catarina (SC): *catarinense, barriga-verde.*
Rio Grande do Sul (RS): *gaúcho, rio-grandense-do-sul.*

SUDESTE

São Paulo (SP): *paulista, bandeirante.*
Rio de Janeiro (RJ): *fluminense.*
Minas Gerais (MG): *mineiro, montanhês.*
Espírito Santo (ES): *capixaba, espírito-santense.*

CENTRO-OESTE

Mato Grosso do Sul (MS): *mato-grossense-do-sul, sul-mato-grossense.*
Mato Grosso (MT): *mato-grossense.*
Goiás (GO): *goiano.*

NORDESTE

Bahia (BA): *baiano.*
Sergipe (SE): *sergipano.*
Alagoas (AL): *alagoano.*
Pernambuco (PE): *pernambucano.*
Paraíba (PB): *paraibano.*
Piauí (PI): *piauiense.*
Ceará (CE): *cearense*
Maranhão (MA): *maranhense.*
Rio Grande do Norte (RN): *rio-grandense-do-norte, norte-rio-grandense, potiguar.*

NORTE

Rondônia (RO): *rondoniense, rondoniano.*
Acre (AC): *acriano.*
Amazonas (AM): *amazonense.*
Roraima (RR): *roraimense.*
Pará (PA): *paraense.*
Amapá (AP): *amapaense.*
Tocantins (TO): *tocantinense.*

Gentílicos Brasileiros
(Quando houver mais de um gentílico, prefira o primeiro)

A

Anápolis (GO)	*anapolino*
Apucarana (PR)	*apucaranense*
Aracaju (SE)	*aracajuense, aracajuano*

B

Bauru (SP)	*bauruense*
Belém (PA)	*belenense*
Belo Horizonte (MG)	*belo-horizontino*
Boa Vista (RR)	*boa-vistense*
Brasília (DF)	*brasiliense*

C

Cambé (PR)	*cambeense*
Campina Grande (PB)	*campinense*
Campinas (SP)	*campineiro*
Campo Grande (MS)	*campo-grandense*
Campo Mourão (PR)	*campo-mourense*
Campos (RJ)	*campista*
Canoas (RS)	*canoense*
Carapicuíba (SP)	*carapicuibano*
Cariacica (ES)	*cariaciquense*
Cascavel (PR)	*cascavelense*
Caxias do Sul (RS)	*caxiense*
Cianorte (PR)	*cianortense*
Contagem (MG)	*contagense*
Cuiabá (MT)	*cuiabano*
Curitiba (PR)	*curitibano*

D

Diadema (SP)	*diademense*
Duque de Caxias (RJ)	*caxiense*

E

Erexim (RS)	*erexinense*

F

Feira de Santana (BA)	*feirense*
Florianópolis (SC)	*florianopolitano*
Fortaleza (CE)	*fortalezense*
Foz do Iguaçu (PR)	*iguaçuense*

G

Goiânia (GO)	*goianiense*
Governador Valadares (MG)	*valadarense*
Guarapuava (PR)	*guarapuavano*
Guarulhos (SP)	*guarulhense*

I

Ilhéus (BA)	*ilheense*
Imperatriz (MA)	*imperatrizense*
Ipatinga (MG)	*ipatinguense*
Itabuna (BA)	*itabunense*

J

Jaboatão (PE)	*jaboatãoense*
Jacarezinho (PR)	*jacarezinhense*
Jequié (BA)	*jequieense*
João Pessoa (PB)	*pessoense*
Joinville (SC)	*joinvilense*
Juiz de Fora (MG)	*juiz-forano, juiz-forense*
Jundiaí (SP)	*jundiaiense*

L

Londrina (PR)	*londrinense*

M

Macapá (AP)	*macapaense*
Maceió (AL)	*maceioense*
Manaus (AM)	*manauense, manauara*
Maringá (PR)	*maringaense*
Mauá (SP)	*mauaense*
Moji das Cruzes (SP)	*mojiano*
Montes Claros (MG)	*montes-clarense, montes-clarino*

N

Natal (RN)	*natalense*
Niterói (RJ)	*niteroiense*
Nova Iguaçu (RJ)	*iguaçuano*

O

Olinda (PE)	*olindense*
Osasco (SP)	*osasquense*
Palmas (TO)	*palmense*

P

Paranaguá (PR)	*parnanguara*
Pelotas (RS)	*pelotense*
Petrópolis (RJ)	*petropolitano*
Piracicaba (SP)	*piracicabano*
Ponta Grossa (PR)	*ponta-grossense*
Porto Alegre (RS)	*porto-alegrense*
Porto Velho (RO)	*porto-velhense*

R

Recife (PE)	*recifense*
Ribeirão Preto (SP)	*ribeirão-pretano*
Rio Branco (AC)	*rio-branquense*
Rio de Janeiro (RJ)	*carioca*

S

Salvador (BA)	*soteropolitano, salvadorense*
Santarém (MA)	*santareno*
Santo André (SP)	*andreense*
Santos (SP)	*santista*
São Bernardo do Campo (SP)	*são-bernardense*
São Gonçalo (RN)	*gonçalense*
São João do Meriti (RJ)	*meritiense*
São José do Rio Preto (SP)	*rio-pretense, rio-pretano*
São José dos Campos (SP)	*joseense*
São José dos Pinhais (PR)	*são-joseense*
São Luís (MA)	*ludovicense, são-luisense*
São Paulo [cidade] (SP)	*paulistano*
São Vicente (SP)	*vicentino*
Sorocaba (SP)	*sorocabano*

T

Taubaté (SP)	*taubateano*
Teresina (PI)	*teresinense*
Toledo (PR)	*toledano*

U

Uberaba (MG)	*uberabense*
Uberlândia (MG)	*uberlandense*
Umuarama (PR)	*umuaramense*

V

Vila Velha (ES)	*vila-velhense*
Vitória (ES)	*vitoriense, capixaba*
Vitória da Conquista (BA)	*conquistense*
Volta Redonda (RJ)	*volta-redondense*

Abreviaturas Usadas Neste Dicionário

A

a = are(s)
a. ou *arr.* = arroba(s)
A = ampère
A. ou AA. = autor, autores
AA = Alcoólicos Anônimos
ABI = Associação Brasileira de Imprensa
abr. abr = abril
abs. = absoluto
a.C. = antes de Cristo
AC = Acre [Estado do]
A/C = ao(s) cuidado(s)
ACÚST = Acústica
A.D. = *anno Domini* (no ano do Senhor); aguarda deferimento.
adapt. = adaptação
adj. = adjetivo
adj.2g. = adjetivo de dois gêneros
adj.2g.2n. = adjetivo de dois gêneros e dois números.
ad lit. = *ad litteram* (ao pé da letra)
ADM = Administração, Administrador
adv. = advérbio
ADV = Advocacia
AERON = Aeronáutica
Ag = prata (*argentum*)
AGRIC = Agricultura
AGRON = Agronomia
AI = Anistia Internacional
al. ou *alem.* = alemão
Al = alumínio
AL = Alagoas [Estado de]
Al. = Alameda (toponimicamente)
ÁLG = Álgebra
alm. = almirante
ALQ = Alquimia
AM = Amazonas [Estado do]
am.° = amigo (fem. *am.ª*)
ANAT = Anatomia
ANTIG ou ANT = antigo
antôn. = antônimo(s)
antr. = antropônimo
ANTROP = Antropologia
ap. = aprovado; *apud* (citado por, em)
ap. ou *apart.* = apartamento
AP = Amapá [Estado do]
Apae ou APAE = Associação de Pais e Amigos dos Excepcionais
APORT = aportuguesamento
ár. = árabe
arc. = arcaico
ARIT = Aritmética
Arq. = Arquivo(s)
ARQUEOL = Arqueologia
ARQUIT = Arquitetura
art. = artigo
art.def. = artigo definido
art.fem. = artigo feminino
art.indef. = artigo indefinido

ART GRÁF = Artes Gráficas
ass. = assinado
Assemb. = Assembleia
ASTROFÍS = Astrofísica
ASTROL = Astrologia
ASTRON = Astronomia
ASTRONÁUT = Astronáutica
át. = átomo
at.te = atenciosamente
aum. = aumentativo
AUTOM = Automobilística
aux. = auxiliar
aux.° = auxílio
AV = aviação, aviador, avião
Av. = Avenida (toponimicamente)

B

Ba = bário
BA = Bahia [Estado da]
BACTER = Bacteriologia
B.-Art. ou *Bel.-Art.* = Belas-Artes
BASQ = Basquetebol
BB = Banco do Brasil
B.el = bacharel; *B.éis* = bacharéis
Bi = bismuto
Bibl. = Biblioteca
Bibliogr. = Bibliografia
bibliogr. = bibliográfico
BIBLIOT = Biblioteconomia
BIOFÍS = Biofísica
BIOL = Biologia
BIOQUÍM = Bioquímica
BNDES = Banco Nacional de Desenvolvimento Econômico e Social
BOT = Botânica
Br = bromo
BRAS = Brasileiro ou Brasileirismo
BURL = Burlesco

C

c. = cerca de
c/ = com; conta (comercialmente)
C = carbono
Ca = cálcio
Cad. = caderno(s)
cálc. = cálculo
cap. = capitão
Cap. = Capital
CARP = Carpintaria
CART ou CARTOGR = Cartografia
CBD = Confederação Brasileira de Desportos
CBF = Confederação Brasileira de Futebol
c/c = conta corrente
Cd = cádmio
Ce = cério
CE = Ceará [Estado do]
CEF = Caixa Econômica Federal

CEI = Comunidade de Estados Independentes, criada em 1991, para substituir a URSS
c.el = coronel
cent. = centavo(s)
Cf. = compare ou confronte
CGT = Confederação Geral dos Trabalhadores
CH = Chulo
chin. = chinês
CIA = Agência Central de Inteligência (Central Intelligence Agency, dos EUA)
C.ia ou *Cia.* = Companhia (comercial ou militar)
CIBERN = Cibernética
Cid. = Cidade
CIÊNC.POL = Ciência Política
CIN = Cinema
CIR = Cirúrgico
Circ. = Circular
cit. = citação, citado(a)(s)
CITOL = Citologia
cl = centilitro(s)
Cl = cloro
cm = centímetro(s)
cm/s = centímetro por segundo
CNBB = Conferência Nacional dos Bispos do Brasil
CNP = Conselho Nacional do Petróleo
Co = cobalto
CO = Centro-Oeste
Cód. = Código
col. = coletivo; coluna
com. = comandante; comendador
COM = Comércio
comp. = companhia (militarmente); composto; comparado
Comun. = Comunicação, Comunicações
conces. = concessiva
cond. = condicional
conj. = conjunção
conjug. = conjugação
cons. = consoante
Cons. = Conselho
CONSTR = Construção
CONSTR NAV = Construção Naval
CONTAB = Contabilidade
contr. = contração
Coop. = Cooperativa
coord. = coordenativa
Cr = cromo
CRONOL = Cronologia
Cu = cobre
CUL = Culinária
CUT = Central Única dos Trabalhadores
Cx. = caixa(s)

lvii

D

d/ = dia(s) (comercialmente)
dal = decalitro(s)
dam = decâmetro(s)
dam² = decâmetro(s) quadrado(s)
D.A.S.P., DASP ou **Dasp** = Departamento Administrativo do Serviço Público
d.C. = depois de Cristo
DD. = digníssimo
d.ᵉ = deve
déb. = débito
Dec. = Decreto
def. = definido
dem. = demonstrativo
DEMOGR = Demografia
Dep. = Departamento
deprec. = depreciativo
der. = derivado(s)
DES = Desenho
desc. ou **desc.º** = desconto
desp. = despesa; desporto
DESUS = Desuso
Detran = Departamento Estadual de Trânsito
dez., dez.º = dezembro
DF = Distrito Federal
dic. = dicionário
dif. = diferente
dim. = diminutivo
DIPL ou DIPLOM = Diplomacia
dit. = ditongo
DIR = Direito
dl = decilitro
dm = decímetro
dm² = decímetro quadrado
DNER ou **D.N.E.R.** = Departamento Nacional de Estradas de Rodagem
DNOS ou **D.N.O.S.** = Departamento Nacional de Obras de Saneamento
Dr., Drs. = Doutor, Doutores
dr.º = dinheiro (comercialmente)
dz. = dúzia(s)

E

E ou **E.** = Este
E. e **EE.** = editor, editores
E.C. = era cristã
ECOL = Ecologia
econ. = empregado
econ. = econômico
ECON = Economia
ECON POLÍT = Economia Política
ECT = Empresa Brasileira de Correios e Telégrafos
ed. = edição, editor
EDIT = Editoração
EDUC = Educação
el. = elemento
el.comp. = Elemento de composição
eletr. = eletricista
elétr. = elétrico
ELETR = Eletricidade
ELETRÔN = Eletrônica
Embrapa = Empresa Brasileira de Pesquisa Agropecuária
Embratel = Empresa Brasileira de Telecomunicações

Em.ᵐᵒ = Eminentíssimo
Encicl. = Enciclopédia
ENG = Engenharia
eng.º ou **eng.** = engenheiro
ENG.CIV = Engenharia Civil
ENG.ELÉTR = Engenharia Elétrica
ENG.ELETRÔN = Engenharia Eletrônica
ENG.IND = Engenharia Industrial
ENG.NUCL = Engenharia Nuclear
ENTOM = Entomologia
epíst. = epístola(s)
Equit. = Equitação
ES = Espírito Santo [Estado do]
esc. = escudo(s); escolar
Esc. = Escola
ESCULT = Escultura
ESG = Escola Superior de Guerra
ESGR = Esgrima
esp. = espanhol
ESP = Esporte
ESPIR = Espiritismo
Esper. = Esperanto
ESTAT = Estatística
ÉT = Ética
etc. = *et cetera* (e outros; e assim por diante)
etim. = etimologia
ETNOGR = Etnografia
ETNOL = Etnologia
E.U.A. = Estados Unidos da América
euf. = eufemismo
Evang. = Evangelho
evang. = evangélico
ex. = exemplo(s)
Ex.º ou **Exa.** = Excelência
EXÉRC = Exército
Ex.ᵐᵃ ou **Exma.** = Excelentíssima
Ex.ᵐᵒ ou **Exmo.** = Excelentíssimo

F

f., fl. ou **fol.** = folha (pl. **fls.** ou **fols.**)
f. ou *fem.* = feminino
F. = Fulano
Fáb. = Fábrica
FAB ou **F.A.B.** = Força Aérea Brasileira
Fac. = Faculdade
FAE = Fundação de Assistência ao Estudante
FAM = Familiar
FAO = Organização das Nações Unidas para a Alimentação e Agricultura (Food and Agriculture Organization)
farm. = farmacêutico
FARM = Farmácia, Farmacologia
fasc. = fascículo(s)
Faz. = Fazenda
Fe = ferro
FERR = Ferroviário
FEB = Força Expedicionária Brasileira
Fed. = Federação
fem. = feminino
fev, fev. ou **fev.º** = fevereiro
FGTS = Fundo de Garantia do Tempo de Serviço
FGV = Fundação Getúlio Vargas
FIFA ou **Fifa** = Federação Internacional do Football Association
FIG = Figuradamente

FILOL = Filologia
FILOS = Filosofia
Finame = Agência Especial de Financiamento Industrial
FINOR = Fundo de Investimento do Nordeste
FÍS = Física
FÍS.NUCL = Física Nuclear
FÍS.QUÍM = Físico-Química
FISIOL = Fisiologia
fl. ou *flex.* = flexão, flexões
FMI = Fundo Monetário Internacional
F.º = filho (comercialmente)
FOLCL = Folclore
fot. = fotógrafo, fotográfico
FOT = Fotografia
f.paral. = forma paralela
f.red. = forma reduzida
fr. = francês
Franc.º = Francisco
FRASEOL = Fraseologia
FUNAI ou **Funai** = Fundação Nacional do Índio
FUNRURAL ou **Funrural** = Fundo de Assistência e Previdência do Trabalhador Rural
fut. = futuro
FUT = Futebol
fut.ind. = futuro do indicativo
fut.pres. = futuro do presente
fut.pret. = futuro do pretérito
fut.subj. = futuro do subjuntivo

G

g = grama(s)
g ou **gr** = grado
gên. = gênero
g. ou **gr.** = grau(s)
GAL = galicismo
g/cm³ = grama por centímetro cúbico
g.ᵈᵉ = grande
gen. = general; genitivo
Geneal. = Genealogia
GENÉT = Genética
GEOFÍS = Geofísica
GEOGR = Geografia
GEOGR.POL = Geografia Política
GEOL = Geologia
GEOM = Geometria
ger. = geral; gerúndio
germ. = germânico
GÍR = Gíria
gloss. = glossário(s)
GO = Goiás [Estado de]
gót. = gótico
Gov. = Governo
gr. = grão (peso); grátis; grego
GRÁF Gráfica, gráfico
GRAM = Gramática
Grav. = Gravura

ABREVIATURAS USADAS NESTE DICIONÁRIO

lviii

H

h = hora(s): 9 h e 30 min
ha = hectare(s)
hab. = habitante(s)
He = hélio
hebr. = hebraico
HERÁLD = Heráldica
hg = hectograma(s)
ICTIOL = Ictiologia
HIDROGR = Hidrografia
HIDROL = Hidrologia
Hig. = Higiene
HIST = História
HIST.BRAS = História Brasileira
HIST.NAT = História Natural
hl = hectolitro(s)
hm = hectômetro(s)
hm^2 = hectômetro(s) quadrado(s)
hol. = holandês
hom. = homônimo
HORTIC = Horticultura
H.P. = *horse-power* (cavalo-vapor)
hz = hertz

I

I = iodo
ib. ou **ibid.** = ibidem (no mesmo lugar)
IBGE = Instituto Brasileiro de Geografia e
    Estatística
IBOPE = Instituto Brasileiro de Opinião
    Pública e Estatística
ICTIOL = Ictiologia
id. = idem (do mesmo autor, o mesmo)
i.e. = isto é
il. = ilustrado; ilustrações
Il. = Ilustração
Il.^{ma} ou **Ilma.** = Ilustríssima
Il.^{mo} ou **Ilmo.** = Ilustríssimo
Imigr. = Imigração
imob. = imobiliário
imper. ou **imperat.** = imperativo
imperf. = imperfeito
imperf. ind. = imperfeito do indicativo
imperf. subj. = imperfeito do subjuntivo
impess. = impessoal
INCRA ou Incra = Instituto Nacional de
    Colonização e Reforma Agrária
IND = Indústria
indef. = indefinido
inf. = infantil; infinitivo; infantaria;
    infante; informativo
inf.pess. = infinitivo pessoal
infer. = inferioridade
INFORM = Informática
ingl. = inglês
INL = Instituto Nacional do Livro
INSS = Instituto Nacional de Seguridade
    Social
INRI ou I.N.R.I. = *Iesus Nazarenus Rex
    Iudaeorum* (Jesus Nazareno, Rei dos
    Judeus)
INSS = Instituto Nacional do Seguro
    Social
int. = intransitivo
INT = internacional
interj. = interjeição
interrog. = interrogativo, interrogação
IR = Imposto de Renda

J

Ir = irídio
Ir. = Irmã(o) (religiosa/o)
ir. ou **irl.** = irlandês
irreg. = irregular
isr. = isrealita
it. ou **ital.** = italiano

J

jan, jan. e **jan.^{o}** = janeiro
jap. = japonês
Jr. ou **J.^{or}** = Júnior
JORN = Jornalismo
jul ou **jun.** = julho
jun ou **jun.** = junho
JUR = jurídico
Jur. ou **Jurispr.** = Jurisprudência
JUST = Justiça
juv. = juvenil

K

K = *Kalium* (potássio)
kg = quilograma(s)
km = quilômetro(s)
km^2 = quilômetro quadrado
km^3 = quilômetro cúbico
km/h = quilômetro(s) por hora
kW = quilowatt
kWh = quilowatt-hora

L

l = litro(s)
l., l.^{o} ou **liv.** = livro
L ou L. = Leste
L. = largo (toponimicamente)
Lab. = Laboratório
lat. = latim; latitude
LBA = Legião Brasileira de Assistência
Lég. = légua (pl. **légs.**)
Legisl. = Legislação; Legislatura
Li = lítio
ling. = linguagem
LING = Linguística
LITER = Literatura
LITURG = Liturgia
loc. = locução, locuções
loc.adj. = locução adjetiva
loc.adv. = locução adverbial
loc.cit. = *loco citato* (no lugar citado)
loc.conj. = locução conjuntiva
loc.interj. = locução interjetiva
loc.prep. = locução prepositiva
loc.subst. = locução substantiva
log. = logaritmo
LÓG = Lógica
long. = longitude
Lt.^{da} ou **Ltda.** = limitada
    (comercialmente)
LUS = Lusitano

M

m = metro(s)
$m.$ = masculino
m^2 = metro(s) quadrado(s)
m^3 = metro(s) cúbico(s)

$m/$ = meu(s), minha(s)
    (comercialmente)
M.^{a} = Maria
MA = Maranhão [Estado do]
Maç = Maçonaria
mai, mai. = maio
maiúsc. = maiúsculo
maj. = major
máq. = máquina
MAM = Museu de Arte Moderna
mar, mar., m.^{ço} = março
MARINH = Marinha
MARC = Marcenaria
masc. ou *m.* = masculino
MAT = Matemática
MAT.FIN = Matemática Financeira
m/c = minha carta ou minha conta
M.D. = muito digno
M.^{e} = Madre
MEC = Mecânica
MEC = Ministério da Educação e Cultura
MED = Medicina
MED.VET = Medicina Veterinária
MED.LEG = Medicina Legal
MED.NUCL = Medicina Nuclear
M.^{el} = Manuel
mens. = mensal
MERC = Mercadologia
METAL = Metalurgia
METEOR = Meteorologia
METRIF = Metrificação
MICROBIOL = Microbiologia
MIL = Militar
MINER = Mineralogia
MITOL = Mitologia
min ou m = minuto(s): *7 h e 32 min*
minúsc. = minúsculo
MG = Minas Gerais [Estado de]
mg = miligrama(s)
m/h = metro(s) por hora
ml = mililitro(s)
mm = milímetro(s)
mm^2 = milímetro quadrado
mm^3 = milímetro cúbico
MM. = meritíssimo
Mme = Madame
m/min = metro por minuto
mod. = moderno
m.-q.-perf. = mais-que-perfeito
m.-q.-perf. ind. = mais-que-perfeito do
    indicativo
m.-q.-perf. subj. = mais que perfeito do
    subjuntivo
MS = Mato Grosso do Sul [Estado do]
m/s = metro por segundo
MT = Mato Grosso [Estado do]
m.^{to} = muito
Mun. = Município
m.us. = mais usado
Mus. = Museu
MÚS = Música

ABREVIATURAS USADAS NESTE DICIONÁRIO

lix

N

$n/$ = nosso(s) ou nossa(s) (comercialmente)
n. = número; nascido, nasceu; nome
N = nitrogênio
N ou N. = Norte
nac. = nacionalidade
NÁUT = Náutica
n/c = nossa carta, nossa conta (comercialmente)
N. da E. = nota da editora
N. da R. = nota da redação
N. do A. = nota do autor
N. do E. = nota do editor
N. do T. = nota do tradutor
NE ou N.E. = Nordeste
neg. = negativo
NEOL = neologismo
Ni = níquel
n/l = nossa(s) letra(s) (comercialmente)
NO ou N.O. = Noroeste
nom. = nominal; nominativo
nov, nov. ou *nov.°* = novembro
num. = numeral
NUMISM = Numismática
num.mult. = numeral multiplicativo
num.card. = numeral cardinal
num.frac. = numeral fracionário
num.ord. = numeral ordinal
n.pr. = nome próprio
NW ou N.W. = Noroeste

O

O = oxigênio
O ou W. = Oeste
$o/$ ordem (comercialmente)
OAB = Ordem dos Advogados do Brasil
ob. = obra(s)
ob. cit. = obra(s) citada(s)
obj. = objeto
obr.° = obrigado
obs. ou *Obs.* = observação, observações
obsol. = obsoleto
OBST = Obstetrícia
OCEAN = Oceanografia
OCULT = Ocultismo
ODONT = Odontologia
OEA ou O.E.A. = Organização dos Estados Americanos
OLP ou O.L.P. = Organização para a Libertação da Palestina
ONOMAT = onomatopeia; onomatopaico
ONU = Organização das Nações Unidas
op. cit. = *opus citatum* (na obra citada)
Opep = Organização dos Países Exportadores de Petróleo
ÓPT = Óptica
or. = origem
Orat. = Oratória
ord. = ordinal (numeral)
Org. = Organização
ORNIT = Ornitologia
OTAN ou Otan = Organização do Tratado do Atlântico Norte
out, out. ou *out.°* = outubro

P

P = fósforo
p. ou *pág.* = página (pl.: *pp.* ou *págs.*)
p. = pronominal
p. = palmo (pl.: *ps.*); pé (medida); por; próximo (comercialmente)
P. ou P.° = Padre (pl.: **PP.** ou **P.°ˢ**)
PA = Pará [Estado do]
pág., págs. = página, páginas
pal. = palavra(s)
PALEONT = Paleontologia
parl. = parlamentar
Parl. = Parlamento
part. = particípio
pass. = passado
PATOL = Patologia
PB = Paraíba [Estado da]
p/c = por conta
P.D. = pede deferimento
PE = Pernambuco [Estado de]
PED = Pediatria, Pedologia
PEDAG = Pedagogia
PEJ = Pejorativo
peq. = pequeno
perf. = perfeito
perf.ind. = perfeito do indicativo
perf.subj. = perfeito do subjuntivo
pess. = pessoal
p.ex. = por exemplo
p.f. = próximo futuro
P.F. = por favor
pg. = pago, pagou
PI = Piauí [Estado do]
PINT = Pintura
PIS = Plano de Integração Social
pl. = plural
plást. = plástico
PLEB = Plebeísmo
POÉT = Poética
pol. = polonês
POLÍT = Política
POP = Popular(es)
POP ANTIG = Popular Antigo
Pop. = população
port. = português
Port. = Portugal
poss. = possessivo
p.p. = por procuração; próximo passado
PR = Paraná [Estado do]
pron. = pronominal
pred. = predicativo; predicado
pref. = prefixo
prep. = preposição
pres. = presente
pres.ind. = presente do indicativo
pres.subj. = presente do subjuntivo
pret. = pretérito
Prev. Soc. = Previdência Social
prim. = primário
Proc. Dados = Processamento de Dados
PROCON ou Procon = Coordenadoria de Proteção e Defesa do Consumidor
prof. = professor (pl.: *profs.*)
prof.ᵃ = professora (pl.: *prof.ᵃˢ*)
pron. = pronome; pronominal
pron.dem. = pronome demonstrativo
pron.ind. = pronome indefinido
pron.interr. = pronome interrogativo
pron.pess. = pronome pessoal
pron.poss. = pronome possessivo
pron.reflex. = pronome reflexivo
pron.rel. = pronome relativo
Propag. = Propaganda
Prov. = Providência; Província
prov. = provincianismo ou provincialismo
P.S. = *post scriptum* (pós-escrito)
PSICAN = Psicanálise
PSICOL = Psicologia
PSIQ = Psiquiatria
Pt = platina

Q

q ou *q.* = que
q.ᵈᵒ = quando
Q.G. = Quartel-General
QUÍM = Química
QUÍM.NUCL = Química Nuclear
quinz. = quinzenal
q.v. = queira ver

R

R. Rei; rua (toponimicamente), réu (em linguagem jurídica), reprovado (em linguagem escolar)
Ra = *radium* (rádio)
rad. = radical
RÁD = Rádio
RADIOL = Radiologia
RADIOTEC = Radiotecnologia
rec. = receita
rec.° = recebido (comercialmente)
RECR = Recreação
ref. = reformado; referido; referente
REG = Regional
rel. = relativo; relação
REL = Religião
Rem.ᵗʳ = Remetente
Rep. = República
Repart. = Repartição
RESTR = restritivo, restritivamente
RET = Retórica
Rev. ou Rev.ᵈᵒ = Reverendo
Rev.ᵐᵒ = Reverendíssimo
RJ = Rio de Janeiro [Estado do]
RN = Rio Grande do Norte [Estado do]
RO = Rondônia [Estado de]
rom. = romano; romeno
rpm = rotação por minuto
rps = rotação por segundo
RR = Roraima [Estado de]
RS = Rio Grande do Sul [Estado do]
Ru = rutênio (metal)
rubr. = rubrica
rus. = russo

S

s ou *seg* = segundo(s)
s. = substantivo
$s/$ = seu(s) ou sua(s) (comercialmente)
S = *sulphur* (enxofre)
S ou S. = Sul
S. = São
S.A. ou S/A = Sociedade Anônima

ABREVIATURAS USADAS NESTE DICIONÁRIO

ABREVIATURAS USADAS NESTE DICIONÁRIO

S.A. = Sua Alteza (pl.: *SS.AA.* = Suas Altezas)
sát. = sátira(s)
s/c = sua carta ou sua conta (comercialmente)
SC = Santa Catarina [Estado de]
s.d. = *sine die* (sem data)
s.2g. = substantivo de dois gêneros
s.2g. e 2n. = substantivo de dois gêneros e dois números
s.2n. = substantivo de dois números
SE = Sergipe [Estado de]
SE ou S.E. = Sudeste
S.E. = salvo erro
SEBRAE ou Sebrae = Serviço Brasileiro de Apoio às Micro e Pequenas Empresas
séc. = século (pl.: *sécs.*)
secr. = secretário
Secret. = Secretaria
seg. = seguinte (pl.: *segs.* ou *ss* = seguintes)
sem. = semana(s); semanal; semestre(s)
S.Em.ª = Sua Eminência (pl.: *S.Em.ᵃˢ* = Suas Eminências)
Semiol. = Semiologia
Semiót. = Semiótica
SENAC ou Senac = Serviço Nacional de Aprendizagem Comercial
SENAI ou Senai = Serviço Nacional de Aprendizagem Industrial
set, set. ou *set.º* = setembro
S.Ex.ª = Sua Excelência (pl.: *S.Ex.ᵃˢ* = Suas Excelências)
S.Ex.ª Rev.ᵐᵃ = Sua Excelência Reverendíssima (pl.: *S.Ex.ᵃˢ Rev.ᵐᵃˢ* = Suas Excelências Reverendíssimas)
s.f. = substantivo feminino
s.f.2n. = substantivo feminino de dois números
s.f. e m. = substantivo feminino e masculino.
s.f.pl. = substantivo feminino plural
sider = Siderurgia
silv = Silvicultura
S.Il.ᵐᵃ = Sua Ilustríssima (pl.: *S.Il.ᵐᵃˢ* = Suas Ilustríssimas)
símb. = símbolo
sin. = sinônimo(s)
sind. = sindical
Sind. = Sindicato
sing. = singular
sint. = sintético
S.M. = Sua Majestade (pl.: *SS.MM.* = Suas Majestades)
s.m. = substantivo masculino
s.m.2n. = substantivo masculino de dois números
s.m. e f. = substantivo masculino e feminino
s.m.pl. = substantivo masculino plural
SNI = Serviço Nacional de Informações
SO ou SW = Sudoeste
s/o = sua ordem (comercialmente)
Soc. = Sociedade (comercialmente)
SOCIOL = Sociologia
SP = São Paulo [Estado de]
s.p. = substantivo próprio

SPC = Serviço de Proteção ao Crédito
Sr., Srs. = Senhor, Senhores
Sr.ª (Sra.) ou *Sr.ᵃˢ (Sras.)* = Senhora, Senhoras
Sr.ᵗᵃ, Srta. = Senhorita
S.S. = Sua Santidade (pl.: *SS.SS.* = Suas Santidades)
S.S.ª (S.Sa.) ou *S.S.ᵃˢ (S.Sas.)* = Sua Senhoria ou Suas Senhorias
S.ᵗᵃ ou *Sta.* = Santa
S.ᵗᵒ ou *Sto.* = Santo
subfam. = subfamília
subj. = subjuntivo
subord. = subordinativo(a)
Suc. = sucursal
SUDENE ou Sudene = Superintendência do Desenvolvimento do Nordeste
suf. = sufixos
suj. = sujeito
SUNAB ou Sunab = Superintendência Nacional de Abastecimento
sup. = superlativo; superior
superl. ou *sup.* = superlativo
superl.abs.sint. = superlativo absoluto sintético
supl. = suplemento
SW = sudoeste

T

t = tonelada(s)
T. = tara
Tr. ou *Trav.* = travessa (toponimicamente)
Tab. = Tabela
TAQUIGR = Taquigrafia
tb. = também
t.d. = transitivo direto
TEAT = Teatro
téc. = técnico
TEC = Tecnologia
tel. = telefone; telegrama
TELECOM = Telecomunicações
TELEV = Televisão
TEOL = Teologia
ten. ou *t.ᵗᵉ* = tenente
TEOS = Teosofia
TERAP = Terapia ou Terapêutica
term. = terminação
Territ. = Território
test. = testemunha
test.º = testamento
TFR = Tribunal Federal de Recursos
t.i. ou *t.ind.* = transitivo indireto
TIP = Tipologia, Tipografia
ton. = tonel ou tonéis
top. = topônimo
TOPOGR = Topografia
trad. = tradução; tradutor
Tráf. = Tráfego
Trav. ou *T.* = travessa (toponimicamente)
Trib. = Tribuna; Tribunal
TRIG = Trigonometria
trim. = trimestre(s)
TSE = Tribunal Superior Eleitoral
t.ᵗᵉ ou *ten.* = tenente
tupi-guar. = tupi-guarani
TUR = Turismo
TV = Televisão

U

U = Urânio (metal)
UBE = União Brasileira de Escritores
UDR = União Democrática Ruralista
Umb. = Umbanda
UNE = União Nacional dos Estudantes
UNESCO ou Unesco = Organização das Nações Unidas para a Educação, Ciência e Cultura
unid. = unidade
univ. = universitário; universal
Univ. = Universidade; Universo
URB = Urbanismo
URSS = União das Repúblicas Socialistas Soviéticas
us. = usado(s)
USA = *United States of America* (Estados Unidos da América)
USP = Universidade de São Paulo

V

v = volt(s); vara(s) (medida)
v. = verbo
v/ = vosso(s) ou vossa(s) (comercialmente)
V.A. = Vossa Alteza (pl.: *VV.AA.* = Vossas Altezas)
var. = variante(s)
V.Em.ª e V.Em.ᵃˢ = Vossa Eminência e Vossas Eminências
vern. = vernáculo
VET = Veterinária
V.Ex.ª = Vossa Excelência (pl.: *V.x.ᵃˢ* = Vossas Excelências)
V.Ex.ª Rev.ᵐᵃ = Vossa Excelência Reverendíssima (pl.: *V.x.ᵃˢ Rev.ᵐᵃˢ* = Vossas Excelências Reverendíssimas)
v.g. = *verbi gratia*
Vig. = Vigário
VIN = Vinicultura
v.int. = verbo intransitivo
v.int. e p. = verbo intransitivo e pronominal
VIROL = Virologia
VIT = Viticultura
V.M. = Vossa Majestade (pl.: *VV.MM.* = Vossas Majestades)
v/o = vossa ordem (comercialmente)
voc. = vocábulo; vocativo
Vocab. = Vocabulário
vog. = vogal
vol., vols. = volume, volumes
v.p. = verbo pronominal
V.Rev.ª = Vossa Reverência (pl.: *V.Rev.ᵃˢ* = Vossas Reverências)
V.Rev.ᵐᵃ = Vossa Reverendíssima (pl.: *V.Rev.ᵐᵃˢ* = Vossas Reverendíssimas)
V.S. = Vossa Santidade
V.S.ª ou *V.Sa.* = Vossa Senhoria (pl.: *V.S.ᵃˢ* ou *V.Sas.* = Vossas Senhorias)
v.t. = verbo transitivo (direto, indireto)
v.t. e int. = verbo transitivo e intransitivo
v.t. e p. = verbo transitivo e pronominal
vulg. = vulgar

W

W = watt

W = tungstênio

W ou $W.$ = Oeste

W.C. = *water closet* (banheiro)

W.O. = *walk-over* (no esporte, vitória pelo não comparecimento ou desistência do adversário)

X

x = incógnita; primeira incógnita em Matemática

X = abrev. com que se encobre um nome

X.P.T.O. = *Cristo*; coisa ou qualidade excepcional

Y

y = segunda incógnita em Matemática

yd = *yard* (jarda ou jardas)

Z

z = terceira incógnita em Matemática

Zn = zinco (metal)

zool = Zoologia

zootec = Zootecnia

Zr = zircônio (metal)

Minidicionário Escolar

Língua Portuguesa

a A

A/a¹ *s.m.* **1.** Primeira letra do alfabeto português e primeira vogal, de nome *á*. **2.** Minúsculo e seguido de ponto, é abrev. de *arroba(s)*. **3.** Maiúsculo e seguido de ponto, é abrev. de *Autor*. (Pl.: *AA*). *num.* **4.** O primeiro numa série indicada pelas letras do alfabeto.

A² (lat. *illa*) **1.** *art.def.*, feminino de *o*. **2.** *pron.pess.* oblíquo, da 3ª pess. sing., feminino. **3.** *pron.dem.* feminino, equivalente a *aquela*.

A³ *prep.* Exprime variadas relações e, com frequência, substitui outras preposições.

À 1. Contr. da *prep.* a com o *art.fem.* **a**: *Fui à casa de Maria.* **2.** Contr. da *prep.* a com o *pron.dem.* a: *Esta camisa é igual à de Val.*

Ab- *pref.* latino indicativo de *movimento, separação, falta, excesso, oposição*: ab-*rogar*, ab*sorver*, ab*uso*. • Obs.: Tem hífen quando a palavra a que se liga começa por r.

A.ba *s.f.* **1.** Parte anexa e pendente de certas peças do vestuário e de alguns objetos. **2.** Rebordo de chapéu. **3.** Terras limítrofes, contíguas; sopé, costa, orla, ribanceira. **4.** Riba, margem. **5.** Costela inferior do boi. **6.** FIG Proteção, abrigo. Dim. irreg.: *abeta*.

A.ba.ca.te *s.m.* **1.** Fruto comestível do abacateiro, de casca áspera e cor verde ou violeta, de polpa macia e caroço duro. **2.** Abacateiro.

A.ba.ca.tei.ral *s.m.* Aglomeração de abacateiros.

A.ba.ca.tei.ro *s.m.* BOT Árvore brasileira da família das lauráceas, muito cultivada no Brasil por seu fruto, o abacate.

A.ba.ca.xi *s.m.* **1.** Fruto do abacaxizeiro, em forma de cone, de casca grossa, esponjosa, infrutescência carnosa comestível e gosto forte, rico em vitaminas *A, B* e *C*. **2.** GÍR Trabalho complicado, difícil de fazer. **3.** GÍR Tudo o que é desagradável, complicado, prejudicial etc.; dificuldade. **4.** Pessoa maçante. ◆ **Descascar um abacaxi**: resolver um problema difícil.

A.ba.ca.xi.zal *s.m.* Aglomeração de abacaxizeiros.

A.ba.ca.xi.zei.ro *s.m.* BOT Planta monocotiledônea da família das bromeliáceas originária da América do Sul, hoje cultivada também no Havaí, Malásia, Tailândia e outras áreas tropicais, cujos frutos se juntam para produzir a fruta, denominada *abacaxi*; abacaxi.

A.ba.ci.al *adj.2g.* Relativo ou pertencente a abade, abadessa ou abadia.

Á.ba.co *s.m.* Máquina de calcular antiga, provavelmente originária da Mesopotâmia (c. de 3500 a.C.), que evoluiu a partir de uma simples tábua dotada de sulcos e concreções para uma prancheta retangular com fileiras de arames nos quais correm pequenas bolas ou botões, usada para cálculos aritméticos.

A.ba.de *s.m.* **1.** Superior de uma abadia. **2.** Superior de uma ordem religiosa. • *Fem.: abadessa.*

A.ba.di.a *s.f.* Igreja ou paróquia dirigida por abade ou abadessa.

A.ba.fa.do *adj.* **1.** Sufocante, irrespirável. **2.** Dissimulado, oculto, encoberto. **3.** Dominado, vencido. **4.** Contido, reprimido. **5.** Extremamente ocupado. • *Ant.: revelado.*

A.ba.fa.dor (ô) *adj.* **1.** Que abafa; asfixiante, abafante. **2.** Próprio para abafar. *s.m.* **3.** Aquilo que abafa ou agasalha.

A.ba.fan.te *adj.2g.* Que impede ou dificulta a respiração; sufocante.

A.ba.far *v.t.* **1.** Cobrir, para conservar o calor ou dificultar a evaporação. **2.** Sufocar, asfixiar. **3.** Enroupar, agasalhar. **4.** Escurecer, nublar. **5.** Impedir a divulgação. **6.** FIG Encobrir, ocultar. **7.** Sobrepujar, vencer. **8.** GÍR Furtar, surrupiar. *v.int.* **9.** Não poder respirar; sufocar-se. **10.** FIG Desanimar, sucumbir. **11.** GÍR Sobressair a todos. *v.p.* **12.** Agasalhar-se, encher-se de roupa.

A.bai.xar *v.t.* **1.** Tornar baixo ou mais baixo. **2.** Reduzir. **3.** Fazer descer. **4.** Diminuir a altura de. **5.** Diminuir a importância, o valor de uma coisa. **6.** Diminuir, minorar, abrandar. *v.p.* **7.** Curvar-se, dobrar-se. **8.** FIG Humilhar-se, rebaixar-se. • *Ant.: elevar, exaltar.*

A.bai.xa-som *s.m.* Série de anteparos inclinados postos nas aberturas dos campanários para dirigir o som em direção ao solo.

A.bai.xa-voz *s.m.* Espécie de dossel que cobre o púlpito. • *Pl.: abaixa-vozes.*

A.bai.xo *adv.* **1.** Em lugar ou posição menos alta. **2.** *interj.* indicativa de reprovação, de protesto: *morra!, fora!*

A.bai.xo-as.si.na.do *s.m.* Documento subscrito por várias pessoas, quase sempre dirigido à autoridade pública, que contém pedido, reivindicação, solidariedade, protesto etc.; subscrição. • *Pl.: abaixo-assinados.*

A.ba.je.ru *s.m.* **1.** BOT Arbusto da família das rosáceas, de fruto arroxeado e sabor doce. **2.** Fruto dessa planta.

A.ba.jou.ja.do *adj.* **1.** Que é ou finge ser bajoujo. **2.** Atoleimado.

A.ba.jou.ja.men.to *s.m.* Aparvalhamento.

A.ba.jur *s.m.* Peça que se coloca diante ou ao redor de lâmpadas, candeeiros etc. para amortecer a intensidade da luz ou dirigir a luminosidade para determinado ponto. • *Pl.: abajures.*

A.ba.la.da *adj.* **1.** Ato ou efeito de abalar(-se). *s.f.* **2.** Fuga precipitada; partida repentina; correria.

A.ba.lar *v.t.* **1.** Diminuir a solidez (uma coisa), sacudindo-a. **2.** Provocar oscilação em. **3.** Mexer, mover. **4.** Enfraquecer, diminuir, prejudicar. **5.** Impelir, impulsionar. **6.** Tirar, arrancar. **7.** Atacar, avançar. **8.** Comover, impressionar. **9.** Fazer mudar de opinião; demover, dissuadir. *v.p.* **10.** Mover-se ao amor, à piedade, à simpatia. **11.** Retirar-se, partir. **12.** Dar-se o trabalho. **13.** Chocar-se, comover-se. **14.** Perder a firmeza. **15.** Prostrar-se, abater-se. **16.** Arrojar-se, atrever-se.

A.ba.lá.vel *adj.2g.* **1.** Que pode ser abalado. **2.** Impressionável.

A.ba.li.za.do *adj.* **1.** Marcado com balizas. **2.** De grande competência; ilustre, distinto, notável.

A.ba.li.za.dor (ô) *adj.* **1.** Que abaliza. *s.m.* **2.** Vara empregada na medição de terras; baliza.

A.ba.li.za.men.to *s.m.* Ato ou efeito de abalizar.

A.ba.li.zar *v.t.* **1.** Marcar ou demarcar com balizas. **2.** Assinalar, distinguir. *v.p.* **3.** Tornar-se notável, distinto; sobressair.

A.ba.lo *s.m.* **1.** Ato ou efeito de abalar(-se). **2.** Trepidação, oscilação, estremecimento. **3.** Tremor (de terra); terremoto. **4.** Quebrantamento, moleza. **5.** Alvoroço, desordem. **6.** Comoção, sobressalto, susto. **7.** Retirada, fuga, partida repentina. **8.** (BA) Certa rede de pesca. ◆ **Abalo sísmico**: terremoto.

A.bal.ro.a.men.to *s.m.* **1.** Ato ou efeito de abalroar. **2.** Choque de dois navios. **3.** Investida impetuosa; choque violento.

A.bal.ro.ar *v.t.* **1.** Atracar com balroas. **2.** Acometer com ímpeto. **3.** Chocar, colidir, bater com força. **4.** Chocar-se, ir de encontro a (navio, veículo etc.). **5.** Disputar com.

A.bal.sar *v.t.* Meter na balsa ou balseiro.

A.ba.na.dor (ô) *adj.* **1.** Que abana. *s.m.* **2.** Aquele que abana. **3.** Ventarola, abano. **4.** Ventilador. • *Fem.: abanadora.*

ABANAR — ABERTA

A.ba.nar *v.t.* **1.** Mover o abano para refrescar. **2.** Agitar, sacudir com abano, leque etc. **3.** Demover, dissuadir. **4.** Mover ou sacudir a cabeça de um lado para o outro em sinal de negação, dúvida ou compaixão. *v.int.* **5.** Tremer. *v.p.* **6.** Refrescar(-se), movendo abano, leque etc.

A.ban.ca.do *adj.* **1.** Sentado em banco. **2.** Guarnecido com bancos.

A.ban.car *v.int.* e *p.* **1.** Sentar-se em banco ou qualquer outro assento. **2.** Sentar-se à mesa. *v.t.* **3.** Guarnecer com bancos.

A.ban.da.lhar *v.t.* e *p.* **1.** Tornar(-se) bandalho, tornar(-se) sórdido. **2.** Dar-se ao desprezo. **3.** Acanalhar(-se), aviltar(-se), desmoralizar(-se).

A.ban.do.nar *v.t.* **1.** Deixar, largar. **2.** Deixar só; desamparar, desprezar. **3.** Fugir de; desertar. **4.** Renunciar a, desistir de. *v.p.* **5.** Entregar-se, dar-se. **6.** Deixar-se vencer pela fadiga ou pelo vício. **7.** Render-se, expor-se.

A.ban.do.no *s.m.* **1.** Ato ou efeito de abandonar(-se). **2.** Desamparo, rejeição, desprezo. **3.** Desleixo, descuido, negligência. **4.** Renúncia, esquecimento, desistência. **5.** Solidão, afastamento. **6.** Indolência, moleza. **7.** *gír* Renúncia a um direito, a um bem.

A.ba.no *s.m.* **1.** Objeto em forma de leque, com o qual se aviva o fogo, agita o ar etc. **2.** *gír* Orelha, ouvido.

A.ban.tes.ma (ê) *s.f.* pop **1.** Coisa muito grande ou que mete medo. **2.** Fantasma, duende.

A.ba.rá *s.m.* Iguaria da cozinha afro-baiana, feita de feijão-fradinho cozido, enrolada em folha de bananeira e servida em forma de um bolinho, com vatapá, camarão etc., com ou sem pimenta.

A.bar.ca.dor (ô) *adj.* **1.** Que abarca ou monopoliza. *s.m.* **2.** O que abarca; monopolista.

A.bar.can.te *adj.2g.* Abarcador.

A.bar.car *v.t.* **1.** Cingir com os braços. **2.** Abranger, compreender, envolver. **3.** Alcançar, conseguir. **4.** Conter em si, encerrar. **5.** Dominar, subordinar. **6.** Empreender várias coisas ao mesmo tempo. **7.** Atravessar, monopolizar.

A.bar.ro.tar *v.t.* **1.** Encher, cobrir com barrotes. **2.** Encher em demasia. *v.t.* e *p.* **3.** Encher(-se) demais; atulhar. **4.** Encher-se de comida; empanturrar(-se).

A.bas.ta.do *adj.* **1.** Que tem bastante. **2.** Provido do necessário. **3.** Farto, repleto. *adj.* e *s.m.* **4.** Diz-se de, o homem rico, endinheirado. ● *Ant.:* pobre.

A.bas.tan.ça *s.f.* **1.** Suficiência de meios. **2.** Fartura, abundância, riqueza. *s.f.pl.* **3.** Bens, riquezas.

A.bas.tar *v.t.* **1.** Prover do que é bastante ou necessário. *v.int.* **2.** Ser bastante ou suficiente; bastar. *v.p.* **3.** Abastecer-se, prover-se.

A.bas.tar.dar *v.t.* **1.** Fazer perder a legitimidade; fazer degenerar. **2.** Falsificar, viciar, corromper. *v.p.* **3.** Corromper-se, degenerar-se.

A.bas.te.ce.dor (ô) *adj.* e *s.m.* Que, ou o que abastece; fornecedor.

A.bas.te.cer *v.t.* **1.** Prover, fornecer. **2.** Fornecer a aeronave, veículo etc. em particular o combustível. *v.p.* **3.** Prover-se, munir-se do necessário.

A.ba.ta.ta.do *adj.* **1.** Que tem forma ou aparência de batata; mal acabado. **2.** Grosseiro, largo.

A.ba.ta.tar *v.t.* **1.** Dar forma de batata a. *v.p.* **2.** Tornar-se grosso e disforme.

A.ba.te *s.m.* **1.** Ato ou efeito de abater. **2.** Redução de preço; desconto. **3.** Matança de animais para o consumo. **4.** Derrubada de árvores.

A.ba.te.dou.ro *s.m.* **1.** Lugar onde se abatem reses, aves etc. para posterior consumo humano. ● *Var.:* abatedoiro.

A.ba.ter *v.t.* **1.** Lançar por terra. **2.** Derrubar. **3.** Enfraquecer, debilitar. **4.** Tornar triste. **5.** Matar (gado, aves). **6.** Reduzir o preço; descontar. **7.** Vencer, sobrepujar, submeter. *v.t.* e *p.* **8.** Abaixar, descer. *v.int.* **9.** Vir abaixo; cair por terra, desabar. *v.p.* **10.** Desabar-se. **11.** Desanimar-se, entristecer-se. **12.** Ficar abatido, revelar (na fisionomia) sinais de doença, de contrariedade, de desgosto. **13.** Humilhar-se, rebaixar-se. **14.** Arrojar-se (a ave de rapina sobre a presa).

A.ba.ti.do *adj.* **1.** Abaixado, arriado. **2.** Derrubado. **3.** Humilhado, rebaixado, prostrado. **4.** Vencido. **5.** Enfraquecido, debilitado. **6.** Desanimado, deprimido. **7.** Morto (diz-se em especial do gado).

A.ba.ti.men.to *s.m.* **1.** Ato ou efeito de abater(-se) (física ou moralmente). **2.** Depressão, acabrunhamento, desânimo. **3.** Humilhação, desonra. **4.** Fraqueza de ânimo; depressão. **5.** Desconto, redução. **6.** Matança (de reses). **7.** Derrubada (de árvores). **8.** Queda, desmoronamento. ● *Ant.:* vigor, energia.

A.ba.u.lar *v.t.* **1.** Dar ou tomar forma de baú; arquear. **2.** Tornar convexo.

A.ba.ú.na *adj.* **1.** De raça pura. **2.** Pertencente ou relativo aos abaúnas, indígenas de tez escura. *s.m.* **3.** Indígena dessa raça.

A.ba.xi.al (cs) *adj.2g.* fís Que está fora do eixo óptico.

Abc *s.m.* Abecê.

Ab.di.car *v.t.* e *int.* **1.** Renunciar voluntariamente a (cargo, dignidade etc.). **2.** Abrir mão; desistir.

Ab.di.ca.ti.vo *adj.* Concernente a, ou que envolve abdicação.

Ab.di.cá.vel *adj.2g.* Que se pode abdicar.

Ab.do.me *s.m.* Cavidade do corpo humano, entre o tórax e a bacia, que encerra os principais órgãos do sistema digestório, urinário e genital; barriga, ventre.

Ab.dô.men *s.m.* Abdome. ● *Pl.:* abdomens ou abdômenes.

Ab.do.mi.nal *adj.2g.* Relativo ao abdome.

Ab.du.ção *s.f.* **1.** Ato ou efeito de abduzir. **2.** Movimento que afasta um membro ou parte dele da linha média do corpo.

Ab.du.zir *v.t.* **1.** Exercer abdução em. **2.** Afastar (membro) do plano médio do corpo. **3.** Desviar, afastar.

A.be.be.rar *v.t.* e *int.* **1.** Dar de beber (a); saciar a sede. *v.p.* **2.** Dessedentar(-se). **3.** Retirar ensinamentos; instruir-se.

A.be.cê *s.m.* **1.** Forma substantivada de *ABC*; as primeiras letras; o abecedário, o alfabeto. **2.** fig O conjunto dos princípios básicos de qualquer conhecimento ou matéria. ◆ *Var.:* á-bê-cê.

A.be.ce.dá.ri.o *adj.* **1.** Relativo ao abecê ou alfabeto. *s.m.* **2.** O conjunto das letras do alfabeto. **3.** Livro de ensinar o alfabeto; abecê.

A.bei.rar *v.t.* **1.** Chegar à beira de; beirar. **2.** Pôr perto de; aproximar. **3.** Avizinhar-se. *v.p.* **4.** Aproximar-se, avizinhar-se de.

A.be.ja.ru.co *s.m.* ornit Abelharuco. **2.** Pessoa enfadonha.

A.be.lha (ê) *s.f.* **1.** Inseto que produz cera e mel.

A.be.lha-a.fri.ca.na *s.f.* Inseto himenóptero muito agressivo, proveniente da África, introduzido no Brasil em 1956. ● *Pl.:* abelhas-africanas.

A.be.lha-mes.tra *s.f.* Abelha responsável por gerar outras abelhas; rainha. ● *Pl.:* abelhas-mestras.

A.be.lhu.do *adj.* **1.** Metediço, intrometido, bisbilhoteiro, atrevido, indiscreto. **2.** Astuto, habilidoso. **3.** Diligente, apressado.

A.ben.ço.ar *v.t.* **1.** Lançar a bênção a. **2.** Proteger, amparar, fazer feliz. **3.** Louvar, bendizer, glorificar.

A.ber.ra.ção *s.f.* **1.** Ato ou efeito de aberrar. **2.** astron Diferença entre a direção observada de uma estrela e sua direção verdadeira, em consequência do deslocamento aparente da luz em vista do movimento da Terra. **3.** Nome que se dá a certos defeitos de lentes ou espelhos. **4.** fig Desregramento do espírito; erro de julgamento. **5.** Deformidade, anomalia, irregularidade. **6.** Desarranjo, desordem.

A.ber.ran.te *adj.2g.* Que aberra, que contraria a norma ou o padrão comum. **2.** Anormal, excepcional.

A.ber.rar *v.int.* **1.** Afastar-se da verdade, do caminho reto. **2.** Desviar-se das normas, do padrão comum. **3.** Constituir-se em aberração.

A.ber.ta *s.f.* **1.** Claro, fenda, abertura. **2.** Canal, vala. **3.** Lugar onde o campo rompe a selva e chega até à margem de um rio. **4.** Lugar, na floresta ou na caatinga, onde as árvores rareiam; clareira. **5.** Parte da floresta cultivada para lavoura ou pasto. **6.** Solução, saída. **7.** Pequena baía; enseada.

ABERTO — ABOTOADURA

A.ber.to *adj.* **1.** Que não tem cobertura; não fechado. **2.** Que se abriu. **3.** Descoberto. **4.** Patente, manifesto, declarado. **5.** Largo, amplo. **6.** Desanuviado. **7.** Franco, sincero, leal, simples. **8.** Acessível, tratável. **9.** Livre, transponível. **10.** Claro, luminoso. **11.** Acentuado, distinto, forte. **12.** Inaugurado. **13.** CONTAB Não saldado. **14.** Não cicatrizado (ferimento). *s.m.* **15.** Espaço vazio, abertura.

A.ber.tu.ra *s.f.* **1.** Ato ou efeito de abrir(-se). **2.** Orifício, buraco, fenda. **3.** Boca, entrada. **4.** FOT Orifício através do qual a luz penetra no interior da câmara fotográfica. **5.** Parte superior de certas peças do vestuário, por onde elas se abrem e se abotoam. **6.** Solenidade de inauguração; estreia. **7.** MÚS Introdução ou prelúdio instrumental a uma ópera ou cantata. **8.** Franqueza, sinceridade. **9.** Facilidade no trato. **10.** POLFr, disposição para o diálogo.

A.bes.pi.nhar *v.t.* e *p.* Irritar(-se), aborrecer(-se) enfurecer(-se) a cada instante e por qualquer motivo.

A.bes.ta.lhar.se *v.p.* Tornar-se tolo ou imbecil.

A.be.to (ê) *s.m.* **1.** BOT Nome comum a diversas árvores semelhantes ao pinheiro. **2.** Madeira dessa árvore.

A.bi.ei.ro *s.m.* BOT Árvore frutífera da família das sapotáceas que produz o abiu.

A.bi.o *s.m.* Fruto doce e refrigerante do abieiro; abiu.

A.bi.o.se *s.f.* **1.** Incapacidade para a vida. **2.** Vida latente.

A.bis.coi.tar *v.t.* **1.** POP Conseguir, alcançar; ganhar, lucrar. **2.** Cozer como biscoito.

A.bis.mar *v.t.* **1.** Lançar, precipitar no abismo. **2.** Causar pasmo, espanto; assombrar. *v.p.* **3.** Degradar-se, perder-se moralmente. **4.** Concentrar-se.

A.bis.mo *s.m.* **1.** Precipício profundo, buraco sem fundo. **2.** Grande profundidade. **3.** Voragem, sorvedouro. **4.** Tudo o que é imenso. **5.** O extremo, o último grau.

A.bis.sal *adj.* **1.** Relativo a abismo. **2.** Que vive nas profundezas. **3.** Que diz respeito às profundidades dos oceanos. **4.** Diz-se de um tipo de rocha ígnea.

A.bis.sí.ni.o *adj.* **1.** Relativo ou pertencente à Abissínia, hoje Etiópia (África). *s.m.* **2.** O natural ou habitante da Abissínia.

A.biu *s.m.* **1.** Fruto doce e refrigerante do abieiro; abio. **2.** Abieiro.

Ab.je.ção *s.f.* **1.** Último grau de baixeza moral. **2.** Aviltamento, baixeza, opróbrio. **3.** Infâmia.

Ab.je.to *adj.* **1.** Em que existe abjeção. **2.** Desprezível, indigno, baixo, vil.

Ab.ju.rar *v.int.* **1.** Renunciar publicamente a (religião, crença, opinião); renegar. *v.t.* **2.** Abandonar, rejeitar. **3.** Retratar-se, desdizer-se.

A.bla.ção *s.f.* **1.** Ato cirúrgico de cortar ou extirpar uma parte do corpo (em geral um tumor). **2.** Extração, supressão, corte. **3.** GRAM Aférese.

A.bla.ti.vo *s.m.* **1.** Caso da declinação latina que indica origem, instrumento etc. *adj.* **2.** Relativo ao ablativo.

A.blu.ção *s.f.* **1.** Ato ou efeito de abluir; lavagem. **2.** Ritual de purificação pela água. **3.** Parte do ritual em que o padre derrama água sobre os dedos após a comunhão.

Ab.ne.ga.ção *s.f.* **1.** Ato ou efeito de abnegar. **2.** Desprendimento do interesse próprio. **3.** Dedicação extrema.

Ab.ne.gar *v.t.* **1.** Abster-se de; renunciar a. **2.** Dedicar-se ao serviço de Deus, em benefício do próximo. *v.p.* **3.** Renunciar à própria vontade; sacrificar-se.

A.bó.ba.da *s.f.* **1.** Cobertura encurvada, que em geral forma o teto. **2.** Elemento encurvado das pontes, destinado a suportar o tabuleiro. **3.** Tudo o que tenha forma de teto arqueado. ♦ **Abóbada celeste:** o céu. ♦ **Abóbada palatina:** o céu da boca.

A.bo.ba.do *adj.* **1.** Um tanto bobo. **2.** Atoleimado, palerma, amalucado. ♦ *Var.:* abobalhado.

A.bo.ba.lha.do *adj.* Bobo; tolo.

A.bó.bo.ra *s.f.* **1.** BOT Nome comum a vários tipos de frutos comestíveis da família das cucurbitáceas; jerimum. **2.** Aboboreira. *s.m.* **3.** FIG Homem irresoluto, fraco, preguiçoso.

A.bo.bo.ral *s.m.* Plantação de aboboreiras; aboboral.

A.bo.bri.nha *s.f.* **1.** BOT Variedade de abóbora pequena usada, geralmente, quando ainda não está madura na culinária. **2.** POP Conversa fiada.

A.bo.ca.nhar *v.t.* **1.** Apanhar com a boca ou com os dentes. **2.** Morder. **3.** Apoderar-se de, por meio de esperteza ou velhacaria. **4.** FIG Caluniar, difamar. **5.** Conseguir, obter.

A.boi.ar *v.t.* e *int.* **1.** Guiar uma boiada com canto monótono e triste. **2.** Trabalhar com bois. **3.** Prender a boia. **4.** Fazer flutuar por meio de. **5.** Flutuar, boiar.

A.boi.o *s.m.* Canto tristonho e sem palavras, marcado exclusivamente por vogais, com que os vaqueiros guiam as boiadas.

A.bo.le.tar *v.t.* **1.** Alojar ou aquartelar (soldados) em casas particulares. *v.p.* **2.** Instalar-se.

A.bo.li.ção *s.f.* **1.** Ato ou efeito de abolir ou anular. **2.** Extinção de qualquer instituição, lei, prática ou costume. **3.** Extinção, revogação.

A.bo.li.ci.o.nis.mo *s.m.* Conjunto das doutrinas e ações favoráveis à extinção do tráfico e à Abolição da Escravatura.

A.bo.li.ci.o.nis.ta *adj.2g.* **1.** Relativo ao abolicionismo. *s.2g.* **2.** Pessoa partidária do abolicionismo.

A.bo.lir *v.t.* **1.** Acabar, extinguir. **2.** Pôr fora de uso. **3.** Revogar, suprimir.

A.bo.ma.so *s.m.* Quarta cavidade do estômago dos ruminantes, também chamado *coagulator* e *coalheira*.

A.bo.mi.nar *v.t.* **1.** Odiar, reprovar, detestar. **2.** Sentir horror a; repugnar. *v.p.* **3.** Ter horror a si próprio; odiar-se, detestar-se.

A.bo.mi.ná.vel *adj.2g.* **1.** Que se deve abominar. **2.** Detestável, odioso.

A.bo.na.do *adj.* **1.** Que se abonou; afiançado, avalizado. **2.** POP Cheio de dinheiro; endinheirado, rico.

A.bo.na.dor (ô) *adj.* e *s.m.* Que ou aquele que abona.

A.bo.nar *v.t.* **1.** Declarar bom ou verdadeiro. **2.** Ficar por fiador de; afiançar, garantir. **3.** Justificar (falta ao trabalho). **4.** Adiantar (dinheiro). *v.p.* **5.** Apadrinhar-se, apoiar-se.

A.bo.no *s.m.* **1.** Ato ou efeito de abonar. **2.** Garantia, fiança. **3.** Defesa ou reforço (de opinião etc.). **4.** Elogio, defesa, aprovação. **5.** Citação usada como garantia do uso de uma palavra, em defesa de um conceito etc. **6.** Perdão por falta ao trabalho. **7.** Complementação de salário.

A.bor.da.gem *s.f.* **1.** Ato ou efeito de abordar. **2.** Assalto a um navio. **3.** Tratamento dado a um assunto.

A.bor.dar *v.t.* **1.** Abalroar (navio), para o acometer ou tomar. **2.** Atracar, chegar, encostar. **3.** Aproximar-se de (alguém), com propósito determinado.

A.bo.rí.gi.ne ou **a.bo.rí.ge.ne** *adj.2g.* e *s.2g.* **1.** Diz-se do, ou o ser originário do país ou da região onde vive. **2.** Nativo, primitivo, indígena.

A.bor.re.cer *v.t.* **1.** Sentir horror a. **2.** Causar aborrecimento a; desgostar. *v.int.* **3.** Causar aversão. **4.** Entediar, enfadar. *v.p.* **5.** Ficar mal-humorado; enfastiar-se, enfadar-se.

A.bor.re.ci.do *adj.* **1.** Que se aborreceu. **2.** Enfadonho, tedioso.

A.bor.tar *v.int.* **1.** Ato de expulsar ou extrair o feto do útero. **2.** Não ter êxito; fracassar. **3.** Falhar, malograr-se.

A.bor.ti.vo *adj.* **1.** Que cessa antes de seu termo habitual. *adj.* e *s.m.* **2.** Diz-se de, ou substância capaz de provocar o aborto.

A.bor.to (ô) *s.m.* **1.** Ato ou efeito de abortar. **2.** Expulsão natural ou provocada de um embrião ou feto antes do tempo mínimo necessário à sua sobrevivência fora da mãe. **3.** MED Interrupção da gravidez antes da 28ª semana. **4.** POP Trabalho de péssima aparência. **5.** Coisa monstruosa. **6.** Ser disforme; monstro. **7.** FIG Insucesso.

A.bo.to.a.du.ra *s.f.* **1.** Ato ou efeito de meter os botões nas casas. **2.** Jogo de botões removíveis, em geral usados nos punhos das camisas.

ABOTOAR — ABSORÇÃO

A.bo.to.ar *v.t.* **1.** Pôr os botões nas casas. **2.** Pregar botões em. **3.** Deitar botões ou gomos (a planta). **4.** Germinar, fechar em botões. **5.** Matar. *v.int.* **6.** GÍR Morrer. *v.p.* **7.** Fechar-se com botões. **8.** FIG Adquirir ilicitamente.

A.bra.ca.da.bra *s.m.* **1.** Palavra cabalística a que se atribuíam poderes milagrosos (como curar ou evitar doenças). **2.** Palavra ou frase sem sentido ou ininteligível.

A.bra.ça.dei.ra *s.f.* Peça constituída de um braço munido com cinta que contorna a peça que se quer prender ou segurar; braçadeira.

A.bra.çar *v.t.* **1.** Rodear, cingir com os braços. **2.** Enlaçar, cingir, envolver. **3.** Circundar, cercar. **4.** Abranger, conter, encerrar. **5.** Admitir, adotar, seguir. *v.p.* **6.** Entrelaçar-se, juntar-se, unir(-se).

A.bra.ço *s.m.* **1.** Ato ou efeito de abraçar(-se). **2.** Amplexo. **3.** BOT Cirro, gavinha, elo. **4.** Ligação, fusão.

A.bran.dar *v.t.* e *p.* **1.** Tornar(-se) brando ou mais brando; suavizar. **2.** Aplacar, suavizar. **3.** Serenar, mitigar, moderar. **4.** Comover(-se), enternecer(-se). *v.int.* **5.** Serenar, amainar. *v.p.* **6.** Diminuir a intensidade. **7.** Tornar-se dócil ou humano.

A.bran.ger *v.t.* **1.** Conter na própria área. **2.** Cingir, abraçar. **3.** Apreender, perceber. **4.** Compreender, abarcar (no tempo). **5.** Bastar, ser suficiente. *v.t.* e *p.* **6.** Compreender(-se), incluir (-se).

A.bra.sa.dor *adj.* **1.** Que abrasa ou queima. **2.** Que inflama ou arrebata. **3.** Muito quente (diz-se, em geral, do sol).

A.bra.sa.men.to *s.m.* **1.** Ato ou efeito de abrasar. **2.** Queima, combustão. **3.** Veemência, entusiasmo, ardor, paixão.

A.bra.são *s.m.* **1.** Desgaste por atrito ou fricção. **2.** Esfoladura. **3.** Desgaste da rocha pela ação de água do mar.

A.bra.sar *v.t.* **1.** Tornar em brasas. **2.** Queimar, inflamar. **3.** Aquecer, esquentar muito. **4.** Excitar, exaltar, inflamar. *v.p.* **5.** Arder, queimar-se. **6.** Entusiasmar-se.

A.bra.si.lei.rar *v.t.* **1.** Tornar brasileiro. **2.** Adaptar ao gênio brasileiro. **3.** Pronunciar à moda dos brasileiros. *v.t.* e *p.* **4.** Adaptar(-se) ao estilo brasileiro.

A.bra.si.vo *adj.* e *s.m.* **1.** Que, ou o que pode produzir abrasão. **2.** Diz-se de, ou qualquer substância muito dura, capaz de, por atrito, desbastar, polir, afiar.

A.bre-a.las *s.m.2n.* Grupo que abre desfile carnavalesco.

A.breu.gra.fi.a *s.f.* Exame radiográfico do tórax, em tamanho reduzido (filme de 35 mm), de imagens que depois serão examinadas numa tela fluoroscópica, inventado pelo médico brasileiro Manuel de Abreu (1894-1962).

A.bre.vi.a.ção *s.f.* **1.** Ato ou efeito de abreviar; redução, encurtamento. **2.** Redução de uma palavra sem prejuízo de sua compreensão, como em *foto, cine, quilo, tevê* (vez de *fotografia, cinema, quilograma, televisão*). **3.** A palavra que resulta dessa redução. ♦ Cf. *abreviatura*.

A.bre.vi.ar *v.t.* **1.** Tornar breve ou mais breve. **2.** Encurtar, sintetizar, resumir. **3.** Dar a impressão de menos longo. **4.** Antecipar, precipitar. *v.int.* **5.** Encurtar, resumir (um relato). **6.** Ganhar tempo.

A.bre.vi.a.tu.ra *s.f.* Redução da escrita de uma palavra ou de uma expressão, utilizando a letra inicial da palavra como em *h* [*hora* ou *horas*] e *s.* [*substantivo*], *adj.* ou mais letras como em *ed.* [*edição*], *esp.* [*espanhol*] e *juríd.* [*jurídico*], ou a letra inicial e a final da palavra como em *Sr.* [*senhor*], *Dr.* [*doutor*]. ♦ Cf. *abreviação*.

A.bri.có *s.m.* Fruto do abricoteiro, maior que o damasco.

A.bri.co.tei.ro *s.m.* BOT Árvore sapotácea originária da África, que produz o abricó, e cuja madeira é empregada em construção. ♦ Pl.: *abricoteiros-do-mato*.

A.bri.co.zei.ro *s.m.* Abricoteiro.

A.bri.dei.ra *s.f.* **1.** Qualquer bebida alcoólica que se toma como aperitivo. **2.** POP Cachaça, aguardente.

A.bri.dor (ô) *adj.* e *s.m.* **1.** Que, ou o que abre. *s.m.* **2.** Instrumento para abrir latas, garrafas etc.

A.bri.gar *v.t.* **1.** Dar abrigo a; acolher, agasalhar. **2.** Resguardar do rigor do tempo. **3.** Proteger, amparar, pôr a salvo. **4.** Acolher, agasalhar. **5.** Isentar, eximir. *v.p.* **6.** Resguardar-se, acolher-se à proteção de.

A.bri.go *s.m.* (dev. de *abrigar*). **1.** Lugar que abriga da chuva, do perigo etc. **2.** Cobertura, agasalho (capote, casaco etc.). **3.** FIG Refúgio, proteção. **4.** FIG Amparo, socorro. **5.** Enseada, baía, ancoradouro. **6.** MIL Lugar, em geral subterrâneo, que protege de bombardeios de artilharia, aviação etc.

A.bril *s.m.* O quarto mês do ano, com 30 dias.

A.bri.lhan.tar *v.t.* e *p.* **1.** Tornar(-se) brilhante. *v.t.* **2.** Dar maior destaque a; realçar.

A.brir *v.t.* **1.** Mover (porta ou janela fechada ou cerrada). **2.** Descerrar. **3.** Separar, afastar (o que está junto). **4.** Fazer uma incisão; rasgar, cortar. **5.** Romper o invólucro de. **6.** Dar início a; começar. **7.** Inaugurar, instalar. **8.** Criar, instituir. **9.** Descobrir, desvendar, manifestar. **10.** Gravar, talhar. **11.** Estabelecer (crédito). **12.** Decretar (falência) judicialmente. **13.** Pôr-se a chorar. *v.int.* **14.** Desabrochar, desabotoar (a flor). **15.** Desanuviar (o tempo). **16.** Açuçar, estimular. *v.p.* **17.** Rasgar-se, romper-se. **18.** Desabrochar, surgir. **19.** Mover-se (porta ou janela). **20.** FAM Fazer confidências; desabafar.

Ab-ro.gar *v.t.* **1.** Colocar fora de uso; suprimir. **2.** Abolir, revogar (lei, decreto etc.).

A.bro.lho (ô) *s.m.pl.* **1.** Rochedos ou cachopos ocultos no mar; escolhos. **2.** FIG Dificuldades, mágoas, desgostos, amarguras.

Ab.rup.to *adj.* **1.** Quase a pique, quase vertical. **2.** Escarpado, íngreme. **3.** FIG Áspero, rude. **4.** Repentino, inesperado. ♦ Existe também a pronúncia *a.brup.to*.

A.bru.ta.lha.do *adj.* **1.** Próprio de bruto. **2.** Com modos de bruto. **3.** Grosseiro, rude.

Abs- *pref.* -AB-.

Abs.ces.so *s.m.* **1.** MED Acúmulo de pus numa cavidade do corpo, em consequência de um processo infeccioso. **2.** Apostema.

Abs.cis.sa *s.f.* GEOM Uma das duas coordenadas retilíneas que determinam a posição de um ponto no plano e no espaço.

Abs.côn.di.to *adj.* Escondido.

Ab.sen.te.ís.mo *s.m.* **1.** Falta de assiduidade. **2.** Não comparecimento sistemático a determinado lugar. **3.** Abstenção do exercício do voto.

Ab.sen.tis.mo *s.m.* **1.** Sistema de exploração agrícola, em que há um gerente intermediário entre o cultivador e o proprietário ausente. **2.** Estado de alheamento ao ambiente, ao mundo exterior.

Ab.si.de *s.f.* **1.** Em certas igrejas, recinto semicircular ou poligonal onde fica o altar-mor. **2.** ASTRON Círculo que os astros descrevem em seu movimento.

Ab.sin.to *s.m.* **1.** BOT Planta herbácea, aromática e amarga. **2.** Bebida alcoólica aromatizada com essa planta. **3.** FIG Amargura.

Ab.so.lu.tis.mo *s.m.* **1.** Sistema de governo em que a autoridade do governante é absoluta. **2.** Tirania, despotismo.

Ab.so.lu.tis.ta *adj.2g.* **1.** Relativo ou pertencente ao absolutismo. *adj.2g.* e *s.2g.* **2.** Diz-se de, ou pessoa adepta do absolutismo.

Ab.so.lu.to *adj.* **1.** Que não depende de nada ou de ninguém. **2.** Ilimitado, irrestrito, absoluto. **3.** Autoritário, despótico, tirano. **4.** Sem restrição, completo. **5.** Incontestável. **6.** Incondicional. **7.** Diz-se de uma substância absolutamente pura. **8.** Diz-se do poder político exercido sem qualquer restrição ou controle, ou da pessoa que o exerce. **9.** Pleno, total. **10.** GRAM Diz-se do adjetivo que não é suscetível a grau de comparação. **11.** GRAM Diz-se da oração de sentido completo. ♦ **Em absoluto:** de modo nenhum.

Ab.sol.ver *v.t.* **1.** Declarar ou julgar inocente. **2.** Perdoar pecados a. **3.** Desobrigar, isentar. *v.int.* **4.** Relevar de culpa imputada ou da pena que lhe corresponde. *v.p.* **5.** Desligar-se (de compromisso); desculpar-se.

Ab.sor.ção *s.f.* **1.** QUÍM Propriedade que apresentam os sólidos e os líquidos de reter certas substâncias (gasosas ou líquidas) na totalidade do seu volume.

ABSORTO — ACALANTO

Ab.sor.to (ô) *adj.* **1.** Concentrado em seus pensamentos; enlevado. **2.** Distraído, atônito. **3.** Pensativo, preocupado.

Ab.sor.ven.te *adj.2g.* **1.** Que absorve; absorvedor. **2.** FIG Que exige dedicação total. **3.** Muito atraente; dominador. *s.m.* **4.** MED Produto que tem a propriedade de absorver outro. **5.** Substância que absorve a umidade da atmosfera.

Ab.sor.ver *v.t.* **1.** Embeber em si. **2.** Sorver. **3.** Preocupar inteiramente. **4.** Aspirar. **5.** Requerer toda a atenção de. *v.p.* **6.** Aplicar-se detidamente; concentrar-se.

Abs.tê.mio *adj.* e *s.m.* Diz-se de, ou aquele que se abstém de bebidas alcoólicas.

Abs.ten.ção *s.f.* **1.** Ato ou efeito de abstrair; desistência. **2.** Recusa voluntária a participar de uma votação. **3.** Privação, abstinência. **4.** Alheamento do espírito.

Abs.ter *v.t.* **1.** Conter, deter. **2.** Privar, impedir. **3.** Privar-se do exercício de um direito ou de uma função. **4.** Praticar a abstinência. *v.p.* **5.** Não intervir. **6.** Privar-se de um direito.

Abs.ti.nên.cia *s.f.* **1.** Ato ou efeito de se abster. **2.** Ato de privar-se dos desejos da carne, por penitência. **3.** Privação voluntária de um alimento ou de práticas sexuais; jejum.

Abs.ti.nen.te *adj.* e *s.2g.* **1.** Que, ou pessoa que pratica a abstinência. **2.** Abstêmio. **3.** Asceta, penitente.

Abs.tra.ção *s.f.* **1.** Ato ou efeito de abstrair(-se); abstraimento. **2.** Ideia abstrata. **3.** Arroubamento do espírito; distração.

Abs.tra.ci.o.nis.mo *s.m.* Em Belas-Artes, corrente estética não figurativa, que procura representar de forma abstrata as qualidades ou propriedades de uma coisa.

Abs.tra.ci.o.nis.ta *adj.2g.* **1.** Relativo ao abstracionismo. *s.2g.* **2.** Artista que pratica o abstracionismo.

Abs.tra.ir *v.t.* **1.** Separar, apartar (o que estava unido). **2.** Não levar em conta; prescindir. **3.** Pôr de parte. *v.p.* **4.** Alhear-se, distrair-se. **5.** Concentrar-se, absorver-se.

Abs.tra.to *adj.* **1.** Que designa uma qualidade separada do objeto a que pertence. **2.** Que resulta de abstração. **3.** Distraído, absorto. ◆ **Arte abstrata:** em sentido amplo, qualquer arte que não representa objetos reconhecíveis; em sentido mais restrito, forma de arte moderna em que o tradicional conceito europeu de arte como imitação da natureza é abandonado. ◆ **Substantivo abstrato:** o que designa sentimentos, qualidades, estados ou atos abstraídos de seres que os possuem: *saudade, beleza, ódio, amor* etc.

Abs.tru.so *adj.* **1.** Difícil de compreender. **2.** Oculto.

Ab.sur.do *adj.* **1.** Contrário à razão, ao bom-senso. **2.** Disparatado, incoerente, despropositado, tolo. **3.** Contraditório, ilógico, paradoxal. *s.m.* **4.** Contrassenso. **5.** Coisa absurda; absurdidade. **6.** Tolice, disparate, asneira. ◆ **Teatro do absurdo:** movimento teatral originado na França no início dos anos 1950, que se caracteriza por apresentar personagens bizarros, que se comportam sem motivação aparente, e tramas absurdas ou mesmo inexistentes.

A.bu.li.a *s.f.* MED Ausência ou diminuição mórbida da vontade.

A.bun.dân.ci.a *s.f.* **1.** Grande quantidade. **2.** Fartura, abastança. **3.** Opulência, riqueza. **4.** Excesso, exagero.

A.bun.dan.tis.mo *s.m.* Produção em abundância, a fim de que seja acessível a todos.

A.bur.gue.sar *v.t.* **1.** Dar modos de burguês a. *v.p.* **2.** Tornar-se burguês. **3.** Adquirir modos ou valores burgueses.

A.bu.sa.do *adj.* **1.** Que abusa. **2.** Aborrecido, entediado, enfadonho. **3.** Atrevido, abelhudo, confiado, intrometido.

A.bu.sar *v.t.* **1.** Usar mal (de alguma coisa). **2.** Se utilizar de forma inadequada. **3.** Faltar à confiança. **4.** Ultrapassar os limites de. **5.** Ultrajar o pudor. **6.** Desvirgirar, estuprar, deflorar. **7.** Aborrecer. *v.int.* **8.** Cometer abusos.

A.bu.so *s.m.* **1.** Mau uso. **2.** Uso exagerado ou injusto; injustiça. **3.** Desordem, descomedimento, excesso. **4.** Ultraje ao pudor. **5.** Aborrecimento, importunação.

A.bu.tre *s.m.* **1.** Ave de rapina, em geral diurna. **2.** FIG Indivíduo sem escrúpulos, que tira proveito da desgraça alheia. **3.** FIG Usurário.

A.c. Abrev. de antes de Cristo.

AC Sigla do Estado do Acre.

-a.ça *suf.* 'Aumento': *barcaça*.

Aça *adj.* e *s.2g.* Albino, sararã.

A.ca.ba.do *adj.* **1.** Completado, terminado, completo, pronto. **2.** Primoroso, completo, perfeito em seu gênero. **3.** Usado, gasto. **4.** Abatido, envelhecido. *s.m.* **5.** Remate, perfeição, acabamento.

A.ca.ba.na.do *adj.* **1.** Em forma de cabana. **2.** Diz-se do animal que tem as orelhas ou os chifres caídos. **3.** Diz-se dessas orelhas ou chifres.

A.ca.ba.nar *v.t.* **1.** Dar forma de cabana a. **2.** Inclinar-se para baixo ou para dentro (falando-se dos chifres e das orelhas dos animais).

A.ca.bar *v.t.* **1.** Concluir, pôr termo. **2.** Levar a cabo. **3.** Aperfeiçoar. **4.** Dar cabo de; matar. *v.int.* e *p.* **5.** Ter fim, acabar-se. **6.** Consumir-se, esgotar-se. **7.** Envelhecer, desgastar-se.

A.ca.bo.cla.do *adj.* Que tem feições de caboclo; acaipirado, rústico.

A.ca.bru.nha.dor *adj.* **1.** Que acabrunha. **2.** Deprimente. **3.** Aflitivo.

A.ca.bru.nhar *v.t.* **1.** Prostrar, oprimir. **2.** Afligir, magoar, contristar. **3.** Abater, humilhar. *v.int.* **4.** Causar acabrunhamento a. *v.p.* **5.** Abater-se, desanimar-se, entristecer-se.

A.ca.çá *s.m.* **1.** Prato da cozinha afro-brasileira, espécie de bolo de arroz ou de milho moído, embrulhado e cozido em folhas verdes de bananeira. **2.** Fubá muito fino, fermentado com água e açúcar e servido como refrigerante. **3.** Coisa que embriaga. **4.** Refrigério.

A.ca.ça.par *v.t.* **1.** Assemelhar ao caçapo. **2.** Achatar, abater. *v.p.* **3.** Encolher-se; esconder-se agachando.

A.ca.cha.par *v.t.* e *p.* POP O mesmo que *acaçapar.*

A.cá.cia *s.f.* BOT Planta ornamental da família das leguminosas, de flores roxas, róseas, vermelhas ou amarelas reunidas em pequenos cachos.

A.ca.de.mi.a *s.f.* **1.** Originariamente, escola criada em Atenas por Platão em 380 a.C., que se tornou famoso centro filosófico. **2.** Escola de ensino técnico ou científico. **3.** Estabelecimento de ensino universitário. **4.** Qualquer escola: *Academia de dança.* **5.** Corporação de estudantes. **6.** Entidade que congrega sábios ou literatos. **7.** Local onde se reúnem os acadêmicos.

A.ca.de.mi.a *s.f.* **1.** Figura modelada em gesso, usada no estudo das formas humanas e em exercícios de desenho. **2.** Figura desenhada segundo um modelo nu.

A.ca.de.mi.cis.mo *s.m.* **1.** Relativo à academia; de modos acadêmicos. **2.** Academismo.

A.ca.dê.mi.co *adj.* **1.** Relativo a, ou próprio de academia ou de acadêmico. *s.m.* **2.** Estudante de curso superior. **3.** Membro de uma academia (de letras, ciências etc.).

A.ca.de.mi.zar *v.t.* e *p.* **1.** Tornar(-se) acadêmico. *v.int.* **2.** Frequentar academia.

A.ca.fa.jes.ta.do *adj.* Que tem modos de cafajeste.

A.ca.fa.jes.tar *v.p.* Tornar-se cafajeste.

A.ça.frão *s.m.* BOT Planta bulbosa da família das iridáceas, de estigma laranja-avermelhado e aromatizante, usado na cozinha, o mesmo que *açaflor.*

A.ça.frão-da-ter.ra *s.m.* Erva da família das zingiberáceas, cujos frutos capsulares são utilizados na medicina e na culinária. ● *Pl.: açafrões-da-terra.*

A.ça.í *s.m.* Fruto comestível do açaizeiro, de que também se faz uma bebida fermentada muito apreciada; açaizeiro.

A.ça.i.zal *s.m.* Terreno onde crescem os açaís.

A.ça.i.zei.ro *s.m.* BOT Palmeira da Amazônia que produz o açaí.

A.ca.ju *s.m.* **1.** BOT Nome comum a várias árvores, algumas das quais fornecem boa madeira para a movelaria; mogno. *adj.2g.* e *2n.* **2.** De cor castanho-avermelhada como o mogno. *adj.* e *s.m.* **3.** Diz-se de, ou essa cor.

A.ca.lan.tar *v.t.* Acalantar.

A.ca.lan.to *s.m.* Canção para adormecer criança, também chamada *berceuse, cantiga de ninar* e *dorme-nenê.*

ACALCANHAR — ACENAR

A.cal.ca.nhar *v.t.* **1.** Pisar com o calcanhar. **2.** Entortar, com o andar, o tacão do calçado. *v.int.* **3.** Ficar acalcanhado (calçado).

A.ca.len.tar *v.t.* **1.** Embalar (crianças), aconchegando ao peito. **2.** Aquecer nos braços; amimar. **3.** Manter no íntimo; alimentar, animar. ◆ *Var.: acalantar.*

A.ca.len.to *s.m.* Acalanto.

A.cal.mar *v.t. e p.* **1.** Tornar calmo ou mais calmo. **2.** Pacificar, serenar. **3.** Suavizar. *v.int.* **4.** Sossegar.

A.ca.lo.ra.do *adj.* **1.** Cheio de calor e vivacidade. **2.** Em que há calor. **3.** Entusiasmado, vivo. **4.** Veemente. **5.** Excitado.

A.ca.lo.rar *v.t.* **1.** Dar calor a; aquecer. **2.** Animar, entusiasmar, excitar. *v.p.* **3.** Excitar-se.

A.ca.mar *v.t.* **1.** Dispor em camadas. **2.** Deitar no chão ou em outra superfície. **3.** Deitar ou pôr na cama. **4.** Abater, humilhar. *v.int.* **5.** Cair doente, ficar de cama; adoecer. *v.p.* **6.** Abater-se (o pasto seco).

A.çam.bar.car *v.t. e p.* **1.** Tomar para si; apoderar-se. **2.** Reter (mercadorias), para vender com exclusividade. **3.** Monopolizar, abarcar.

A.cam.par *v.t., int. e p.* Instalar(-se), estabelecer(-se) no campo, de maneira provisória.

A.ca.na.lhar *v.t. e p.* Tornar(-se) canalha, desprezível; acafajestar(-se), desmoralizar(-se).

A.ca.nha.do *adj.* **1.** Tímido, introvertido, sem desembaraço. **2.** De tamanho menor que o necessário ou desejado; estreito, apertado. **3.** Pouco generoso; mesquinho, sovina.

A.ca.nha.men.to *s.m.* **1.** Ato ou efeito de acanhar. **2.** Falta de desembaraço. **3.** Vergonha, timidez. **4.** Parcimônia.

A.ca.nhar *v.t.* **1.** Impedir o desenvolvimento de. **2.** Tornar menor. **3.** Deprimir, envergonhar, humilhar. **4.** Restringir, encurtar. *v.p.* **5.** Envergonhar-se, tornar-se tímido. **6.** Acovardar-se, ter medo.

A.can.to *s.m.* BOT Planta ornamental de folhas longas, espinhosas e recortadas, notáveis pela beleza, vulgarmente chamada *erva-gigante*.

A.can.to.nar *v.t.* **1.** Distribuir (tropas) por cantões ou aldeias. *v.p.* **2.** Distribuir-se (a tropa) por cantões, para descanso.

A.ção *s.f.* **1.** Movimento. **2.** O que resulta de uma força; energia. **3.** O que resulta do fato de agir, de atuar; atuação. **4.** Acontecimento, ato, feito. **5.** Comportamento, procedimento. **6.** Batalha. **7.** Título representativo de capital e que se passa aos que fazem parte de companhia ou sociedade comercial ou industrial; cota-parte. **8.** Tema geral de um quadro ou de uma obra literária. **9.** DIR Recurso em que se pede ao juiz que mande outra pessoa fazer aquilo que é de sua obrigação. **10.** GRAM Expressão de certos verbos e substantivos. **11.** JUR Processo forense; demanda, pleito.

A.ção de gra.ças *s.f.* Ato em que se agradece por um benefício recebido.

-a.çar *suf.* Dá ideia de aumento, continuidade, frequência, repetição: *adelgaçar, enfumaçar, esmurraçar, espicaçar, esvoaçar*.

A.ca.rá² *s.m.* Acepipe afro-brasileiro, acarajé.

A.ca.rá² Designação de diversos peixes da família dos ciclídeos, tanto de água doce quanto de água salgada; cará.

A.ca.re.ar *v.t.* **1.** Pôr em presença umas das outras testemunhas cujos depoimentos ou declarações não estão concordes. **2.** Confrontar, cotejar.

A.ca.ri *s.m.* **1.** Nome de vários peixes de água doce, da família dos loricarídeos; cascudo. **2.** ZOOL Certo macaco amazônico, também chamado *macaco-inglês*. **3.** BOT Planta da família das leguminosas.

A.ca.rí.a.se ou **a.ca.ri.no.se** *s.f.* **1.** Infestação com ácaros. **2.** Doença cutânea, pruriginosa, produzida por ácaros; sarna.

A.ca.ri.ci.ar *v.t.* Fazer carícias em; acarinhar, afagar.

A.ca.ri.ci.da *adj. e s.m.* Diz-se de, ou medicamento que combate os ácaros.

A.ca.ri.nhar *v.t.* **1.** Tratar com carinho. **2.** Acariciar, amimar, afagar.

A.car.nei.ra.do *adj.* **1.** Semelhante a carneiro. **2.** FIG Terno, meigo, doce.

Á.ca.ro *s.m.* Designação genérica dos pequenos acarinos, os quais se desenvolvem na farinha, no queijo e em várias outras substâncias alimentares, ou vivem como parasitas em animais ou plantas.

A.car.pe.tar *v.t.* Revestir com carpetes; carpetar.

A.ca.sa.lar *v.t.* **1.** Reunir (macho e fêmea) para a procriação. **2.** Formar casais ou pares. **3.** FIG Reunir, emparelhar. **4.** FIG Ajuntar, misturar. *v.p.* **5.** Juntar-se para formação de um casal. **6.** POP Amancebar-se.

A.ca.so *s.m.* **1.** Acontecimento imprevisto ou imprevisível. **2.** Casualidade, acidente, sorte, fortuna. *adv.* **3.** Talvez, porventura. **4.** Casualmente, acidentalmente. ◆ *Ao acaso:* a esmo, à toa. ◆ *Por acaso:* casualmente.

A.cas.ta.nha.do *adj.* De cor quase castanha.

A.ca.tar *v.t.* **1.** Respeitar, considerar, reverenciar, honrar, venerar. **2.** Adotar, seguir (opinião, conselho etc.). **3.** Obedecer, observar.

A.ca.to *s.m.* Acatamento; obediência.

A.ca.ũ *s.m.* ORNIT Ave de rapina da família dos falconídeos que se alimenta principalmente de ofídios e cujo canto o povo julga de mau agouro; cauã.

A.ca.u.te.lar *v.t.int. e p.* **1.** Ter cuidado com. **2.** Pôr(-se) de sobreaviso. **3.** Prevenir(-se), resguardar(-se), precaver(-se). **4.** Vigiar, defender.

A.ca.u.te.la.tó.rio *adj.* Próprio para acautelar; preventivo.

A.ca.va.lar *v.t.* **1.** Amontoar, sobrepor (coisas) umas sobre as outras. **2.** Cobrir a égua (o garanhão) para o acasalamento; padrear.

A.ce.bo.la.do *adj.* **1.** Em forma de cebola. **2.** Preparado com muita cebola: *Filé acebolado*.

A.ce.der *v.t. e int.* **1.** Concordar, aquiescer, anuir. **2.** Consentir em algo. **3.** Concordar em. **4.** Acrescentar, juntar.

A.ce.fa.li.a *s.f.* **1.** Ausência congênita de cabeça. **2.** Estado de acéfalo.

A.cé.fa.lo *adj.* **1.** Sem cabeça. **2.** Sem direção ou sentido. **3.** Sem chefe ou dirigente. **4.** Sem inteligência. **5.** Desorientado. **6.** Idiota.

A.cei.ro *s.m.* **1.** Aquele que trabalha em aço. **2.** Terreno desbastado em volta das propriedades, matas ou coivaras para evitar nas queimadas a propagação do fogo de uma parte a outra. *adj.* **3.** Relativo ao aço. **4.** Forte, agudo como o aço.

A.cei.ta.ção *s.f.* **1.** Ato ou efeito de aceitar. **2.** Acolhida, recepção por parte do público. **3.** Aprovação, aprovação.

A.cei.tan.te *adj.2g.* **1.** Que aceita. *s.2g.* **2.** Pessoa que aceita uma letra de câmbio, pondo-lhe o aceite.

A.cei.tar *v.t.* **1.** Consentir em receber (coisa oferecida). **2.** Assumir, por escrito, a obrigação de pagar (promissória, duplicata etc.) no vencimento. **3.** Admitir, reconhecer. **4.** Estar de acordo; consentir.

A.cei.tá.vel *adj.2g.* **1.** Que se pode aceitar. **2.** Satisfatório, admissível, plausível. **3.** Regular.

A.cei.te *s.m.* **1.** Ato ou efeito de aceitar (promissória, duplicata etc.). **2.** Declaração (em promissória, letra de câmbio etc.) pela qual o sacado ou terceira pessoa se compromete a liquidar o débito na data marcada. *adj.* **3.** Aceito.

A.ce.le.ra.ção *s.f.* **1.** Ato ou efeito de acelerar. **2.** Aumento ou diminuição de velocidade. **3.** Rapidez na execução; pressa, diligência. **4.** Irreflexão, precipitação.

A.ce.le.ra.dor *v.t. e equale.* *s.m.* **2.** O que acelera. **3.** Pedal do veículo automóvel que provoca a aceleração do veículo.

A.ce.le.ra.men.to *s.m.* Aceleração.

A.ce.le.rar *v.t.* **1.** Tornar célere. **2.** Aumentar a velocidade de (veículo). **3.** Apressar, fazer mais rápido. **4.** Instigar, estimular. **5.** Adquirir velocidade. **6.** Ganhar em celeridade.

A.cel.ga *(é)* *s.f.* BOT Hortaliça caracterizada por um grande pecíolo chato e um grande talo, de que só se consomem as folhas.

A.ce.lu.lar *adj.* Não formado por células.

A.cém *s.m.* Carne magra do lombo do boi, entre a pá e o cachaço.

A.ce.nar *v.t. e int.* **1.** Fazer acenos. **2.** Transmitir sinais com as mãos, a cabeça, os olhos etc. **3.** Indicar, dar a entender, induzir.

ACENDALHA — ACIDENTAL

A.cen.da.lha *s.f.* Folhas, gravetos, cascas, tudo o que for fácil de queimar.

A.cen.de.dor *adj.* 1. Que acende. 2. Excitante. 3. Irritante. *s.m.* 4. O que acende. 5. Instrumento para acender (em especial, cigarro); isqueiro. 6. FIG Aquilo que estimula, excita, irrita.

A.cen.der *v.t.* 1. Pôr fogo a; queimar. 2. Fazer arder. 3. Atear fogo; incendiar. 4. Entusiasmar, estimular, animar. 5. Provocar, instigar, atiçar. *v.p.* 6. Tomar fogo; atear-se. 7. Inflamar-se. 8. Enlevar-se, transportar-se. 9. Assanhar-se. 10. Cintilar, fulgurar. 11. Fazer-se mais rude.

A.cen.di.do *adj.* 1. Que se acendeu. 2. Inflamado, abrasado. 3. Entusiasmado.

A.ce.no *s.m.* 1. Sinal, gesto feito com as mãos, os braços, os olhos etc. 2. Convite, chamamento. 3. FIG Sedução, tentação.

A.cen.to *s.m.* 1. GRAM Sinal que serve para marcar a pronúncia das vogais. 2. Tom de voz; timbre, sotaque. 3. Intensidade de pronúncia. 4. MÚS Destaque dado a certas notas da escrita musical, para reforçar-lhes a intensidade ou duração.

A.cen.tu.ar *v.t.* 1. Empregar acentos ortográficos em. 2. Pronunciar com clareza ou intensidade. 3. Dar ênfase ou relevo a. 4. Exprimir-se com força; ressaltar, sublinhar, destacar. 5. FIG Frisar, salientar. 6. FIG Determinar rigorosamente. *v.t.* e *p.* 7. Exprimir-se com vigor. 8. Evidenciar-se.

-á.ceo *suf.* "Semelhança', 'pertinência": *sebáceo*.

A.cep.ção *s.f.* 1. Sentido em que se toma uma palavra ou se emprega um termo. 2. Significado. 3. Escolha, predileção.

A.ce.pi.pe *s.m.* 1. Guisado saboroso e benfeito. 2. Iguaria delicada. 3. Guloseima, pitéu, petisco.

A.ce.pi.pei.ro *adj.* e *s.m.* Que, ou pessoa que gosta de acepipes; guloso.

A.ce.rar *v.t.* 1. Dar a têmpera do aço a; temperar. 2. Tornar aguçado, cortante. 3. Afiar, amolar, aguçar. 4. Avigorar, fortalecer. 5. FIG Tornar incisivo, mordaz.

A.cer.bo (é *ou* ê) *adj.* 1. Azedo, amargo, acre. 2. Áspero ao gosto. 3. Ríspido, severo, duro. 4. Cruel, pungente, terrível.

A.cer.ca *adv.* Usa-se na locução *acerca de*. ♦ Acerca de: a respeito de, relativamente a, sobre.

A.cer.car *v.t.* 1. Pôr perto; avizinhar. 2. Aproximar-se, avizinhar-se.

A.ce.ro.la *s.f.* 1. Arbusto originário das Antilhas, cujo fruto, semelhante a uma cereja, possui elevado teor de vitamina C; é largamente utilizado em sucos.

A.cér.ri.mo *adj.* Sup.abs.sint. de *acre*.

A.cer.tar *v.t.* 1. Descobrir, encontrar, achar. 2. Dar com a solução correta de um problema. 3. Igualar. 4. Ajustar, combinar, harmonizar. 5. Dar, bater. 6. Atingir o alvo. *v.int.* 7. Pensar bem; agir com acerto. 8. Acontecer por acaso; coincidir.

A.cer.to (ê) *s.m.* 1. Ato ou efeito de acertar. 2. Acordo, ajuste. 3. Tino, juízo, sensatez. 4. Prudência, ponderação, sabedoria. 5. Acaso, sorte.

A.cer.vo (ê) *s.m.* 1. Montão, pilha, cúmulo. 2. Grande quantidade; massa 3. Inventário. 4. O conjunto das obras de uma biblioteca, museu etc.

A.ce.so (ê) *adj.* 1. Que se acendeu. 2. Que está em brasa; ardente. 3. Rubro, avermelhado. 4. Vivo, brilhante. 5. FIG Inflamado, irritado.

A.ces.são *s.f.* 1. Ato ou efeito de aceder ou consentir. 2. Aumento, acréscimo. 3. Aproximação, chegada. 4. Promoção a posto superior.

A.ces.sar *v.t.* 1. INFORM Ter acesso ao arquivo de dados de um computador. 2. Entrar em contato com, para utilização.

A.ces.sí.vel *adj.2g.* 1. A que se pode chegar; alcançável. 2. Que se pode alcançar ou possuir. 3. Afável, comunicativo. 4. Compreensível, inteligível. 5. Módico, razoável.

A.ces.so *s.m.* 1. Ato de chegar ou entrar. 2. Chegada, aproximação. 3. Admissão, ingresso. 4. Promoção. 5. Fenômeno fisiológico ou paralógico que aparece e desaparece com certa rapidez. 6. Ataque súbito; crise. 7. Ímpeto, impulso. 8. Passagem, trânsito. 9. INFORM Comunicação com a unidade que armazena informações num computador.

A.ces.só.ri.o *adj.* 1. Que não é essencial; secundário. 2. Que está junto a uma coisa sem fazer parte integrante dela. 3. Não fundamental; dispensável. 4. Que acompanha o principal. *s.m.* 5. Aquilo que se juntou à coisa principal. 6. Complemento

A.ce.su.me *s.m.* Animação em excesso; assanhamento.

A.ce.ta.to *s.m.* QUÍM Substância resultante da combinação do ácido acético com uma base (hidrato ou álcool).

A.cé.ti.co *adj.* 1. Relativo ao vinagre; azedo. 2. QUÍM Diz-se do ácido que se encontra no vinagre.

A.ce.ti.le.no *s.m.* Gás proveniente da ação da água sobre o carboneto de cálcio, usado em iluminação.

A.ce.ti.na.do *adj.* Semelhante ao cetim; aveludado.

A.ce.ti.le.to *s.m.* Sal derivado de acetileno.

A.ce.ti.nar *v.t.* Tornar macio e lustroso como o cetim; amaciar.

A.ce.to.na *s.f.* A mais simples das cetonas, que é um líquido inflamável, volátil e fragrante, obtido por destilação seca do acetato de cálcio, usado como solvente.

A.cha *s.f.* Pedaço de madeira rachada, para o fogo; cavaco, lasca (de pau).

A.cha.ca.di.ço *adj.* 1. Sujeito a achaques. 2. Adoentado, enfermiço.

A.cha.car *v.t.* 1. Maltratar, incomodar, molestar; adoecer. 2. GÍR Molestar (alguém) para extorquir dinheiro. 3. Pedir dinheiro a. 4. Tachar, acusar.

A.cha.do *adj.* 1. Encontrado, descoberto. 2. Inventado. *s.m.* 3. Ato ou efeito de achar. 4. A coisa achada. 5. Invento, descoberta. 6. Pechincha. 7. Algo que veio mesmo a calhar a um determinado fim.

A.cha.ma.lo.ta.do *adj.* Que se achamalotou; semelhante ao chamalote.

A.cha.que *s.m.* 1. MED Padecimento mórbido e quase habitual num indivíduo. 2. Mal-estar, indisposição, incômodo. 3. Vício, pecha, defeito moral. 4. Lamúria.

A.char *v.t.* 1. Encontrar por acaso ou procurando; topar. 2. Descobrir, inventar. 3. Verificar, averiguar. 4. Julgar, supor, considerar. *v.p.* 5. Estar, encontrar-se. 6. Conhecer-se, sentir, julgar-se.

A.cha.tar *v.t.* 1. Tornar chato; aplanar. 2. Humilhar, aniquilar ou abater moralmente. 3. Vencer, derrotar. *v.p.* 4. Tornar-se chato. 5. abater.

A.che.ga (ê) *s.f.* 1. Aditamento, acréscimo. 2. Auxílio, subsídio.

A.che.gar *v.t.* e *p.* 1. Ligar(-se), unir(-se). 2. Aproximar(-se), avizinhar(-se).

A.chi.na.do *adj.* Que se assemelha aos chineses ou à cultura chinesa.

A.chin.ca.lha.ção *s.f.* Ato ou efeito de achincalhar; achincalhe.

A.chin.ca.lhar *v.t.* 1. Ridicularizar, chacotear. 2. Rebaixar, escarnecer.

A.chin.ca.lhe *s.m.* Chacota, escárnio, zombaria.

-a.cho *suf.* Diminuição agravada por conotação pejorativa ou minorada por conotação expressiva: *capacho*.

A.cho.co.la.ta.do *adj.* e *s.m.* 1. Que tem a cor ou o sabor de chocolate; semelhante a chocolate. 2. Misturado, temperado com chocolate.

A.cho.co.la.tar *v.t.* Dar cor de chocolate a.

-á.cia *suf.* 'Qualidade': *perspicácia*.

A.ci.a.ri.a *s.f.* Estabelecimento industrial que se ocupa da fabricação de aço.

A.ci.ca.te *s.m.* 1. Antiga espora de um só aguilhão. 2. FIG Incentivo, estímulo.

A.ci.cu.lar *adj.2g.* Em forma de agulha; aciculiforme.

A.ci.den.ta.do *adj.* 1. Que apresenta altos e baixos (terreno); desigual, irregular. 2. Em que houve acidente. 3. Cheio de acidentes, dificuldades: *Viagem* acidentada. 4. Agitado, desastrado. *adj.* e *s.m.* 5. Diz-se de, ou pessoa que sofreu um acidente

A.ci.den.tal *adj.2g.* 1. Casual, fortuito, imprevisto. 2. Não essencial; acessório, eventual.

ACIDENTAR — ACONCHEGO

A.ci.den.tar v.t. **1.** Produzir acidente em. **2.** Alterar (o tom das notas musicais) com acidentes. **3.** Tornar acidentado ou desigual (terreno). **4.** Produzir acidentes em. v.p. **5.** Ser vítima de acidente. **6.** Acidentar-se, provocar acidente em si próprio.

A.ci.den.te s.m. **1.** Acontecimento fortuito, em geral lamentável, infeliz. **2.** Desastre, desgraça. **3.** Variação de terreno. **4.** Acesso repentino de doença; desmaio, vertigem. **5.** MÚS Cada um dos sinais (*sustenido, bemol, bequadro* etc.) que alteram o tom da escala musical para cima ou para baixo.

A.ci.dez s.f. **1.** Qualidade de ácido. **2.** Sabor azedo; travo. **3.** Azedume (de fruta verde ou não madura, de vinho ainda novo).

A.ci.di.fi.car v.t. **1.** Converter em ácido. **2.** Tornar ácido ou azedo; azedar. v.p. **3.** Converter-se em ácido.

Á.ci.do s.m. **1.** QUÍM Designação genérica das substâncias capazes de, em solução aquosa, libertar íons hidrogênio. **2.** Que tem sabor azedo; acre. **3.** FIG Desagradável.

A.ci.do.se s.f. MED Estado patológico do diabete grave no qual o sangue apresenta uma reação ácida.

A.ci.du.la.do adj. **1.** Que se acidulou. **2.** Levemente ácido. **3.** Zangado.

A.ci.du.lar v.t. e p. **1.** Tornar(-se) acídulo ou ácido. **2.** Acidificar.

A.cí.du.lo adj. Um tanto ácido.

A.ci.ma adv. **1.** Em lugar mais elevado. **2.** Sobre. **3.** Para o alto, para cima. **4.** Anteriormente, supra.

A.cin.te s.m. **1.** Ação premeditada para irritar alguém. **2.** Maldade, malevolência. **3.** Provocação, propósito. adv. **4.** De propósito, intencionalmente.

A.cin.zen.tar v.t. e p. Tornar(-se) cinzento ou um tanto cinzento.

A.ci.o.nal adj.2g. Relativo a ação.

A.ci.onar v.t. **1.** Pôr em ação, pôr em movimento. **2.** Promover na Justiça ação contra; processar. v.int. **3.** Gesticular, esbravejar.

A.ci.o.nis.ta s.2g. Pessoa física ou jurídica que possui uma ou mais ações de empresa industrial ou comercial.

A.cir.rar v.t. **1.** Incitar, açular (cães). **2.** Exasperar, instigar, irritar. **3.** Estimular (o apetite). v.p. **4.** Exasperar-se, irritar-se.

A.cla.ma.ção s.f. **1.** Ato ou efeito de aclamar. **2.** Grito de alegria ou entusiasmo de uma multidão. **3.** Ovação.

A.cla.mar v.t. **1.** Aplaudir ou aprovar por meio de gritos de júbilo, palmas, vivas etc. **2.** Eleger (alguém) por aclamação, isto é, sem que seja necessário escrutínio. **3.** Proclamar, aprovar. **4.** Saudar. v.int. **5.** Clamar em sinal de aprovação.

A.cla.rar v.t. **1.** Tornar claro ou mais claro. **2.** Alumiar, iluminar. **3.** Esclarecer, elucidar. **4.** Purificar, clarificar. **5.** Tornar sensível, distinto. **6.** Explicar alguma coisa a alguém. v.p. **7.** Fazer-se claro, visível.

A.cli.mar v.t. **1.** Habituar a um clima. **2.** Acostumar-se a (novo clima, ambiente, meio). **3.** Ambientar-se.

A.cli.ma.tar v.t. e p. Aclimar(-se).

A.cli.ma.ti.zar v.t. e p. Aclimar(-se).

A.cli.ve s.m. **1.** Ladeira (considerada de baixo para cima); rampa, vertente. adj.2g. **2.** Disposto em subida. **3.** Íngreme. • Ant.: *declive*.

Ac.ne s.f. Afecção cutânea, comum na adolescência, que afeta as glândulas sebáceas e se caracteriza por espinhas, principalmente no rosto.

Ac.nei.co adj. Relativo à acne ou afetado por acne.

Ac.ne.mi.a s.f. **1.** Falta congênita das pernas. **2.** Atrofia das panturrilhas.

-aço suf. 'Aumento': *amigaço*.

-a.co suf. **1.** 'Origem, nacionalidade': *austríaco*. **2.** 'Relação': *cardíaco*.

A.ço s.m. **1.** Liga de ferro com menos de 2% de carbono, endurecido pela têmpera. **2.** Arma branca. **3.** FIG O que é forte, resistente. **4.** FIG Vigor, força, energia. **5.** FIG Fortaleza, resistência.

A.co.ber.tar v.t. **1.** Tapar com coberta. **2.** Encobrir, ocultar. **3.** Proteger. **4.** Dissimular. v.p. **5.** Cobrir-se com coberta, manta etc.

A.co.bre.ar v.t. Dar cor ou aspecto de cobre a.

A.co.car v.t. **1.** Acariciar, amimar muito (criança). **2.** Acocorar.

A.ço.dar v.t. **1.** Apressar, acelerar. **2.** Instigar (cães). **3.** Ir no encalço de. v.p. **4.** Precipitar-se. **5.** Agir de forma impensada.

A.coi.mar v.t. **1.** Impor coima a. **2.** Castigar, punir. **3.** Tachar, acusar. v.p. **4.** Reconhecer-se culpado.

A.coi.tar v.t. **1.** Recolher em coito. **2.** Dar coito ou guarida a. **3.** Homiziar, esconder, abrigar. v.p. **4.** Abrigar-se, refugiar-se, resguardar-se.

A.çoi.tar v.t. **1.** Dar com açoite. **2.** Fustigar, surrar, castigar. **3.** Devastar. v.p. **4.** Disciplinar-se.

A.çoi.te s.m. **1.** Instrumento de tiras de couro, para punir. **2.** Látego, azorrague. **3.** Golpe aplicado com açoite.

A.co.lá adv. Naquele lugar (próximo); lá; além.

A.col.cho.a.do adj. **1.** Cheio ou forrado com colchão; estofado. s.m. **2.** Pano tecido como colcha. **3.** Espécie de almofada; almofadado.

A.col.cho.ar v.t. **1.** Rechear com lã, paina ou coisa semelhante, à maneira de um colchão. **2.** Lavrar ou tecer à maneira de colcha.

A.co.lhe.dor adj. e s.m. Que, ou o que acolhe bem; hospitaleiro.

A.co.lher v.t. **1.** Receber, dar acolhida a. **2.** Agasalhar, abrigar, hospedar. **3.** Escutar, atender, deferir, despachar. **4.** Admitir. **5.** Ter em conta de. v.p. **6.** Abrigar-se, refugiar-se.

A.co.li.tar v.t. **1.** Servir de acólito a. **2.** Acompanhar, ajudar. v.int. **3.** Servir de acólito.

A.có.li.to s.m. **1.** O que tem o quarto grau das ordens eclesiásticas menores; coroinha. **2.** Aquele que acompanha e serve aos superiores. **3.** Auxiliar, ajudante. **4.** Cúmplice.

A.co.me.te.dor adj. e s.m. Que, ou aquele que acomete.

A.co.me.ter v.t. **1.** Investir, assaltar, atacar. **2.** Ir sobre ou contra; abalroar. **3.** Aproximar-se de. **4.** FIG Dominar, invadir moralmente. **5.** Manifestar-se (doença, paixão etc.) de forma intensa e repentina. v.int. **6.** Encetar briga; atacar.

A.co.me.ti.da s.f. Ato ou efeito de acometer; acometimento.

A.co.me.ti.men.to s.m. **1.** Ato ou efeito de acometer. **2.** Ataque súbito; investida. **3.** Empreendimento.

A.co.mo.da.do adj. **1.** Quieto, tranquilo, sossegado, pacífico. **2.** Adequado, adaptado, apropriado. **3.** Conformado, sossegado, sem ambição. **4.** Hospedado, alojado. **5.** Bem instalado. **6.** Módico, razoável.

A.co.mo.da.dor adj. Que acomoda.

A.co.mo.dar v.t. **1.** Pôr em ordem. **2.** Ajeitar, arrumar. **3.** Dar acomodação a. **4.** Agasalhar, hospedar, alojar. **5.** Harmonizar, apaziguar, conciliar. **6.** Empregar, colocar. **7.** Adaptar. v.p. **8.** Alojar-se. **9.** Retirar-se para seus aposentos. **10.** Conformar-se, adaptar-se.

A.co.mo.da.tí.cio adj. **1.** Que se acomoda com facilidade. **2.** Próprio para acomodar. **3.** Transigente, tolerante.

A.com.pa.drar-se v.p. **1.** Ligar por compadrio; tornar compadre. **2.** Familiarizar. **3.** Tornar-se íntimo; familiarizar-se.

A.com.pa.nha.do adj. Que está junto com ou seguido de.

A.com.pa.nhan.te adj.2g. **1.** Que acompanha. s.2g. **2.** Pessoa que acompanha outra. **3.** Músico que (ao violão, piano etc.) acompanha quem canta.

A.com.pa.nhar v.t. **1.** Ir em companhia de. **2.** Seguir na mesma direção. **3.** Observar a marcha, a evolução de. **4.** Ser da mesma política ou opinião que. **5.** Participar dos mesmos sentimentos. **6.** MÚS Executar o acompanhamento. **7.** Aliar, juntar, unir. **8.** Ilustrar, documentar, adornar. v.p. **9.** Cercar-se, rodear-se. **10.** Cantar, fazendo o acompanhamento ao mesmo tempo.

A.con.che.gan.te adj.2g. Que aconchega, acolhe agradavelmente; acolhedor, aconchegado.

A.con.che.gar v.t. e p. **1.** Aproximar(-se), agasalhar(-se). **2.** Tornar(-se) próximo. **3.** Achegar(-se).

A.con.che.go (ê) s.m. **1.** Ato ou efeito de aconchegar(-se). **2.** Amparo, proteção. **3.** Abrigo, agasalho. **4.** Bom trato, carinho. **5.** Conforto.

ACONDICIONAR — AÇUCARAR

A.con.di.ci.o.nar *v.t.* **1.** Dotar de certa condição ou qualidade. **2.** Condicionar. **3.** Arrumar, dispor. **4.** Embalar (objeto) da melhor forma possível, para evitar que se quebre ou estrague. **5.** Embrulhar, empacotar. **6.** Preservar da deterioração.

A.con.se.lhar *v.t.* **1.** Dar conselho a. **2.** Recomendar, avisar, advertir. **3.** Convencer, persuadir. *v.p.* **4.** Pedir ou tomar conselho.

A.con.se.lhá.vel *adj.2g.* Que se pode ou deve aconselhar.

A.con.te.cer *v.int.* **1.** Realizar-se inopinadamente. **2.** Suceder, ocorrer, sobrevir. **3.** Passar a ser realidade. **4.** Registrar-se (fato, acontecimento).

A.con.te.ci.men.to *s.m.* **1.** Aquilo que acontece. **2.** Episódio, fato, ocorrência. **3.** Ato ou fato memorável. **4.** Sucesso, eventualidade, fato. **5.** Pessoa ou coisa que constitui grande êxito.

A.co.pla.men.to *s.m.* **1.** Ato ou efeito de acoplar-se. **2.** Ligação ou interação entre dois sistemas, através da qual a energia de um é transferida para o outro. **3.** Ligação para transmitir forças de tração a veículos independentes. **4.** ASTRONÁUT União ou engate de dois elementos de uma nave espacial.

A.co.plar *v.t.* **1.** Estabelecer acoplamento em. *v.p.* ASTRONÁUT Juntar-se por acoplamento.

A.cór.dão *s.m.* **1.** DIR Decisão proferida em grau de recurso por um tribunal coletivo. **2.** Sentença. ● *Pl.: acórdãos.*

A.cor.dar *v.t.* **1.** Tirar do sono; despertar. **2.** Ativar, reanimar. **3.** Chegar a um acordo; concordar, combinar. *v.int.* **4.** Sair do sono; despertar. **5.** Pôr-se de acordo; concordar. *v.p.* **6.** Recordar-se, lembrar.

A.cor.de¹ *s.m.* **1.** MÚS Qualquer combinação de três ou mais notas musicais soando simultaneamente. *adj.* **2.** Afinado, harmônico.

A.cor.de² *adj.* **1.** Que está de acordo. **2.** Concorde, cordato.

A.cor.de.ão *s.m.* MÚS Nome comum a vários instrumentos de sopro de palheta livre, compostos de teclas metálicas que são postas em vibração por um fole; sanfona.

A.cor.de.om *s.m.* Acordeão.

A.cor.do (ô) *s.m.* **1.** Concordância de sentimentos ou ideias. **2.** Concórdia, harmonia, conformidade. **3.** Ajuste, combinação, pacto.

A.ço.ri.a.no *adj.* **1.** Relativo aos Açores (ilhas do Atlântico, na Europa). *s.m.* **2.** O natural ou habitante dessas ilhas.

A.co.ro.ço.ar *v.t.* **1.** Animar, encorajar, entusiasmar. *v.p.* **2.** Cobrar alento; animar-se.

A.cor.ren.tar *v.t.* **1.** Prender com corrente. **2.** Amarrar, prender, encadear. **3.** Subjugar, escravizar. *v.p.* **4.** Pôr-se ou ficar na dependência; sujeitar-se.

A.cor.rer *v.t.* e *int.* **1.** Ir ou vir em socorro de (alguém); acudir, socorrer. **2.** Prevenir, remediar.

A.cos.sar *v.t.* **1.** Ir no encalço de. **2.** Perseguir com empenho, com ardor. **3.** Encurralar.

A.cos.ta.men.to *s.m.* **1.** Ato ou efeito de acostar. **2.** Numa rodovia, parte contígua à pista para eventual parada de veículos e trânsito de pedestres.

A.cos.tar *v.t.* **1.** Encostar, recostar, apoiar. **2.** Suportar. *v.int.* **3.** Aproximar-se até tocar. **4.** Navegar junto à costa. *v.p.* **5.** Deitar-se, recostar-se.

A.cos.tu.mar *v.t.* **1.** Fazer contrair hábito, costume. **2.** Habituar, afazer. *v.p.* **3.** Habituar-se, fazer por hábito. **4.** Ambientar-se, familiarizar-se.

A.co.to.ve.lar *v.t.* **1.** Dar ou tocar com o cotovelo em. **2.** Dar cotoveladas ou encontrões em; esbarrar. **3.** Provocar, instigar. *v.p.* **4.** Encontrar-se em lugar muito cheio; comprimir-se.

A.çou.gue *s.m.* **1.** Lugar onde se vende carne fresca e/ou congelada no varejo. **2.** Corte, talho. **3.** FIG Matança, carnificina. **4.** Lugar onde há desordem, vozerio.

A.çou.guei.ro *s.m.* **1.** Pessoa que abate animais. **2.** Dono ou empregado de açougue; magarefe. **3.** FIG Homem sanguinário; carniceiro. **4.** FIG Cirurgião incompetente.

A.co.var.dar *v.t.* e *p.* **1.** Tornar-se covarde. **2.** Intimidar-se. **3.** Tirar a coragem a. **4.** Fazer perder o ânimo. **5.** Encher-se de medo; amedrontar(-se).

A.cra.ci.a *s.f.* **1.** Ausência de governo, de autoridade. **2.** Anarquia. **3.** MED Falta de forças; debilidade, fraqueza, impotência.

A.cra.ni.a *s.f.* Ausência parcial ou total do crânio.

A.cre¹ *s.m.* Medida agrária de alguns países, equivalente a 40,47 ares.

A.cre² *adj.* **1.** De sabor ácido ou amargo. **2.** De aroma forte. **3.** Áspero, desagradável. **4.** Azedo.

A.cre.di.ta.do *adj.* **1.** Que tem crédito. **2.** Recebido por legítimo. **3.** Credenciado, qualificado, autorizado. **4.** Que merece confiança.

A.cre.di.tar *v.t.* **1.** Crer na existência de. **2.** Dar crédito a; abonar. **3.** Crer, confiar em. **4.** Conferir poderes a (alguém) para representar uma nação perante um país estrangeiro. **5.** Aceitar por bom ou verdadeiro. *v.p.* **6.** Adquirir crédito.

A.cre.do.ce *adj.2g.* e *s.m.* ⇒ **Agridoce.**

A.cres.cen.tar *v.t.* **1.** Tornar maior; aumentar, ampliar. **2.** Dizer em aditamento ao que já se disse; prosseguir. **3.** Adicionar, ajuntar, anexar, agregar. *v.p.* **4.** Aumentar-se, juntar-se.

A.cres.cer *v.t.* e *int.* **1.** Fazer maior. **2.** Aumentar, crescer.

A.crés.ci.mo *s.m.* **1.** Aquilo que se acrescenta. **2.** Aumento, adição.

A.cri.an.çar *v.int.* Proceder como criança, infantilmente.

A.cri.a.no *adj.* **1.** Relativo ou pertencente ao Acre, Estado brasileiro da Região Norte. *s.m.* **2.** O natural ou habitante do Acre.

A.crí.li.co *adj.* **1.** Diz-se de um ácido obtido mediante a oxidação da acroleína, cujos ésteres se polimerizam em vidros orgânicos. *s.m.* **2.** Nome dado aos polímeros assim obtidos.

A.cri.mô.nia *s.f.* **1.** Sabor amargo; azedume. **2.** Tom mordaz. **3.** Aspereza, severidade. **4.** Causticidade, mordacidade.

A.cri.so.lar *v.t.* **1.** Purificar no crisol. **2.** Depurar, aperfeiçoar, purificar. *v.p.* **3.** Purificar-se.

A.cro.ba.ci.a *s.f.* **1.** Arte, exercício ou profissão de acrobata. **2.** Peripécia. **3.** Agilidade esportiva.

A.cro.ba.ta *s.2g.* **1.** Pessoa que faz exercícios ginásticos em trapézio, corda, cavalo etc. **2.** Equilibrista, malabarista, funâmbulo, saltimbanco. ◆ *Var.: acróbata.*

A.cro.bá.ti.co *adj.* **1.** Próprio de acrobata. **2.** Relativo à acrobata ou à acrobacia.

A.cro.fo.bi.a *s.f.* Medo mórbido de altura.

A.cró.fo.bo *adj.* e *s.m.* Que, ou pessoa que sofre de acrofobia.

A.cro.má.ti.co *adj.* **1.** Que não tem ou não toma cor. **2.** OPT Diz-se de um tipo de lente que impede a dispersão dos raios luminosos.

A.cro.me.ga.li.a *s.f.* Doença caracterizada pelo aumento dos ossos chatos das mãos, dos pés, dos órgãos abdominais e da face.

A.crô.ni.mo *s.m.* Palavra formada das primeiras letras ou sílabas de uma expressão, como EMBRATEL (Empresa Brasileira de Telecomunicações).

A.cró.po.le *s.f.* Santuário ou fortaleza situada na parte mais elevada das cidades gregas, na Antiguidade.

A.crós.ti.co *s.m.* Modalidade de composição poética na qual o conjunto das letras iniciais, mediais ou finais de cada verso forma nome de pessoa ou coisa.

ACTH *s.m.* Hormônio da hipófise que estimula o córtex da glândula suprarrenal.

Ac.tí.nia *s.f.* Animal marinho da ordem dos actiniários, o mesmo que *anêmona-do-mar.*

Ac.tí.nio *s.m.* Elemento químico radioativo.

A.cu.ar *v.t.* **1.** Perseguir a caça, obrigando-a a se refugiar. **2.** Perseguir o adversário, colocando-o em posição da qual não possa fugir. **3.** Entocar, cercar, perseguir. **4.** FIG Deixar alguém em má situação.

A.çú.car *s.m.* **1.** Substância orgânica de sabor doce, branca, inodora, solúvel em água, obtida por meio de tratamento industrial dado ao caldo da cana-de-açúcar e da beterraba. **2.** Qualquer substância doce. **3.** FIG Suavidade, delicadeza. **4.** FIG Lisonja, adulação. ● *Pl.: açúcares.*

A.çu.ca.rar *v.t.* **1.** Adoçar com açúcar. **2.** FIG Tornar melífluo (a voz). **3.** FIG Suavizar, tornar meigo. *v.int.* **4.** Adquirir a consistência do açúcar. *v.p.* **5.** Petrificar-se, cristalizar-se (doce).

AÇÚCAR-CANDE — ADERENTE

A.çú.car-can.de *s.m.* Açúcar refinado, cristalizado e translúcido. ● Pl.: *açúcares-cande*.

A.çu.ca.rei.ro *s.m.* **1.** Recipiente em que se serve o açúcar. **2.** Fabricante ou comerciante de açúcar. *adj.* **3.** Relativo à indústria ou ao comércio do açúcar.

A.çu.ce.na *s.f.* **1.** BOT Planta ornamental da família das Amarilidáceas, de flores coloridas, variedade de lírio; amarílis. **2.** A flor da açucena.

A.çu.dar *v.t.* **1.** Represar (água) no açude. *v.int.* **2.** Construir açudes.

A.çu.de *s.m.* **1.** Construção destinada a represar a água dos rios. **2.** Represa, barragem.

A.cu.dir *v.t.* **1.** Acorrer. **2.** Ir em auxílio ou em socorro. **3.** Socorrer, auxiliar. **4.** Retorquir, responder de imediato. **5.** Obedecer, atender. **6.** Vir à lembrança, ocorrer. *v.int.* **7.** Socorrer. **8.** Atender a chamado, convite etc. *v.p.* **9.** Socorrer-se, valer-se (de pessoa ou coisa).

A.cu.i.da.de *s.f.* **1.** Qualidade do que é agudo. **2.** Agudeza de percepção. **3.** Perspicácia, finura. **4.** Intensidade.

A.cu.lar *v.t.* **1.** Incitar (o cão) a morder. **2.** Incitar, provocar, excitar, atiçar.

A.cú.leo *s.m.* **1.** Ponta aguçada; aguilhão, ferrão. **2.** Parte aguçada da casca de certos vegetais. **3.** Estímulo, incitamento. **4.** Desgosto, sofrimento.

A.cul.tu.ra.ção *s.f.* **1.** Influência recíproca de elementos culturais entre grupos de indivíduos. **2.** Adaptação de um indivíduo ou de um grupo à cultura que o rodeia.

A.cul.tu.rar *v.t. e p.* Mudar por processo de aculturação ou submeter(-se) a tal processo.

A.cum.pli.ci.ar *v.t. e p.* Tornar(-se) cúmplice.

A.cu.mu.la.ção *s.f.* **1.** Ato ou efeito de acumular(-se). **2.** Acúmulo, amontoamento. **3.** Acréscimo, aumento.

A.cu.mu.la.da *s.f.* Sistema de aposta de turfe em que o rateio de um páreo soma-se ao de outro, o produto destes a um terceiro e assim sucessivamente.

A.cu.mu.la.dor (ô) *adj.* **1.** Que acumula. *s.m.* **2.** Aquele que acumula. **3.** Aparelho que converte energia química em energia elétrica.

A.cu.mu.lar *v.t.* **1.** Amontoar, ajuntar. **2.** Exercer simultaneamente dois cargos públicos. *v.p.* **3.** Pôr-se em cúmulo ou montão. **4.** Juntar-se, amontoar-se.

A.cú.mu.lo *s.m.* **1.** Ato ou efeito de acumular. **2.** Acumulação, acréscimo. **3.** Concentração, sobrecarga.

A.cu.pun.tu.ra *s.f.* **1.** Processo terapêutico que consiste na introdução de agulhas em determinadas partes do corpo, para tratamento de certas perturbações funcionais ou para aliviar dores ou mesmo induzir à anestesia. **2.** Picada feita com agulha.

A.cu.rar *v.t.* **1.** Tratar de pessoa ou coisa com desvelo, cuidado. **2.** Aperfeiçoar, aprimorar, apurar. *v.p.* **3.** Esmerar-se em.

A.cu.sa.ção *s.f.* **1.** Ato ou efeito de acusar; acusamento. **2.** Imputação de culpa ou crime; incriminação; denúncia. **3.** A parte que acusa.

A.cu.sa.dor (ô) *adj. e s.m.* **1.** Que, ou o que acusa. **2.** Denunciante, delator.

A.cu.sar *v.t.* **1.** Declarar culpado; culpar, incriminar. **2.** Imputar erro, culpa ou crime a alguém. **3.** Revelar, confessar. **4.** Delatar, denunciar. **5.** Mostrar, denotar. **6.** Comunicar, participar. *v.int.* **7.** Fazer acusações. *v.p.* **8.** Declarar-se ou reconhecer-se culpado. **9.** Acentuar-se.

A.cu.sa.ti.vo *adj.* **1.** Relativo ou pertencente à acusação. **2.** Que serve para acusar. *s.m.* **3.** Gram das declinações grega, latina e de outras línguas, que indica a ação expressa pelo verbo.

A.cús.ti.ca *s.f.* **1.** Parte da Física que trata do som. **2.** Ciência que estuda a formação, propagação e propriedade dos sons e todas as suas aplicações.

A.cús.ti.co *adj.* **1.** Relativo à acústica e aos sons. **2.** Que concerne à orelha. *s.m.* **3.** Aquele que é especializado em acústica.

A.cu.tân.gu.lo *adj.* Diz-se do triângulo que tem os três ângulos agudos.

A.cu.tís.si.mo *adj.* Extremamente agudo; agudíssimo.

Ad-, ar- ou **as-** *pref.* 'Aproximação': *Adjacente, arruar, assentar*.

-a.da *suf.* **1.** 'Coleção': *bicharada*. **2.** 'Porção contida em': *pratada*. **3.** Produto alimentício: *feijoada*. **4.** 'Golpe ou movimento realizado com': *bolada, coronhada*. **5.** 'Ação ou resultado da ação': *cantada*.

A.da.ga *s.f.* Espécie de punhal comprido.

A.dá.gio¹ *s.m.* **1.** Sentença breve que contém uma regra de conduta. **2.** Máxima, provérbio.

A.dá.gio² *s.m.* **1.** Trecho musical de andamento vagaroso, pouco mais vigoroso que o *lento*. *adv.* **2.** Mús Devagar, sem pressa.

A.da.man.ti.no *adj.* **1.** Que possui a dureza ou o brilho do diamante. **2.** FIG Íntegro, inatacável, inquebrantável.

A.da.mas.ca.do *adj.* **1.** Diz-se do tecido cujos lavores e ornatos lembram o damasco. **2.** Tirante a damasco (cor). **3.** Com gosto de damasco.

A.dap.ta.ção *s.f.* **1.** Ato ou operação de adaptar. **2.** Modificação visando a determinado fim. **3.** Acomodação, adequação. **4.** Transposição de uma obra literária para o teatro, cinema etc.

A.dap.ta.dor (ô) *adj.* **1.** Que adapta. *s.m.* **2.** O que adapta. **3.** Pessoa que faz uma adaptação.

A.dap.tar *v.t.* **1.** Ajustar uma coisa a outra. **2.** Tornar apto. **3.** Apropriar; ajustar, adequar. *v.p.* **4.** Ajustar-se, acomodar-se, aclimar-se.

A.de.ga (é) *s.f.* Compartimento da casa, em geral subterrâneo, onde se guardam o vinho e outras bebidas.

A.de.jar *v.int.* **1.** Dar voos curtos e repetidos sem direção determinada. **2.** Bater asas. **3.** Esvoaçar, voejar. **4.** Pairar voando sobre. **5.** FIG Agitar-se de leve. **6.** Mover-se.

A.del.ga.çar *v.t., int. e p.* **1.** Tornar(-se) delgado ou menos grosso. **2.** Fazer(-se) delgado, tênue, fino. **3.** Rarear, adensar. **4.** Emagrecer. **5.** Diminuir, restringir. **6.** Desbastar.

A.de.mais *adv.* Além disso; além do mais.

A.de.ma.ne *s.m.* **1.** Gesto afetado, amaneirado. **2.** Trejeito. **3.** Aceno, sinal.

A.den.do *s.m.* **1.** Aquilo que se acrescenta a um trabalho escrito ou um livro, para completá-lo. **2.** Apêndice, suplemento. **3.** Aquilo que se ajunta a uma obra para completá-la.

A.de.no.car.ci.no.ma *s.m.* Tumor maligno epitelial.

A.de.noi.de *adj.* **1.** MED Que tem forma de adenoma. **2.** Que tem forma de gânglio ou glândula.

A.de.no.ma *s.f.* Tumor glandular.

A.de.no.ví.rus *s.m.* Vírus que provoca infecções das vias respiratórias do ser humano.

A.den.sar *v.t. e p.* **1.** Fazer-se denso, espesso. **2.** Condensar.

A.den.trar *v.t. e p.* **1.** Penetrar fundo, embrenhar-se. **2.** Fazer entrar. *v.int.* **3.** Entrar, penetrar. *v.p.* **4.** Introduzir-se. **5.** Internar-se.

A.den.tro *adv.* Para a parte interior; para dentro.

A.dep.to *s.m.* **1.** O que segue uma doutrina ou um líder; seguidor. **2.** O que conhece os princípios de uma doutrina, religião etc. ou é iniciado nelas. **3.** Partidário, prosélito. **4.** Sequaz. **5.** O que segue moda etc.

A.de.qua.ção *s.f.* **1.** Ato ou efeito de adequar(-se). **2.** Adaptação, ajustamento.

A.de.qua.do *adj.* **1.** Que se adequou. **2.** Apropriado, conforme, próprio. **3.** Proporcionado, justo. **4.** Que corresponde perfeitamente a um objetivo.

A.de.quar *v.t.* **1.** Tornar próprio, conveniente, oportuno. **2.** Ajustar, proporcionar, adaptar. **3.** Estar de acordo. *v.p.* **4.** Ajustar-se, adaptar-se. **5.** Apropriar-se. **6.** Acomodar-se, amoldar-se.

A.de.re.çar *v.t. e p.* **1.** Adornar(-se), ornar(-se) com adereços. **2.** Enfeitar(-se).

A.de.re.ço (ê) *s.m.* **1.** Objeto de adorno. **2.** Enfeite, ornato; joia.

A.de.ren.te *adj.2g.* **1.** Que adere. **2.** Que gruda ou cola. **3.** Unido, pegado, preso. *s.m.* **4.** Aquele que adere. **5.** Adepto, partidário.

ADERIR — ADOÇADO

A.de.rir *v.t.* **1.** Fazer pegar ou unir em. **2.** Prender-se firmemente. **3.** Estar ou ficar intimamente ligado. **4.** Unir, fechar, juntar. *v.int.* **5.** Estar ou ficar intimamente ligado, unido, colado. **6.** Dar adesão. **7.** Assentir, anuir. **8.** Perseverar. *v.p.* **9.** Tornar(-se) adepto de um partido, causa etc.

A.der.nar *v.int.* e *p.* **1.** Inclinar-se, submergindo de um lado (o navio). *v.p.* **2.** POP Virar(-se) o recipiente derramando o conteúdo que continha.

A.de.são *s.f.* **1.** Ato ou efeito de aderir. **2.** Ação de pessoa ou grupo favorável a um líder, causa ou partido. **3.** Aderência, união. **4.** Aprovação, acordo, consentimento. **5.** Cooperação. **6.** Inscrição num partido ou associação.

A.de.sis.mo *s.m.* **1.** Adesão política praticada por inescrupulosos. **2.** Tendência a aderir por interesse a novas e vantajosas situações.

A.de.si.vo *adj.* **1.** Que adere ou cola. **2.** Que faz aderir; aderente. *s.m.* **3.** Material, usualmente um líquido, usado para colar materiais sólidos. **4.** Espécie de esparadrapo que adere à pele.

A.des.tra.dor (ô) *s.m.* **1.** O que adestra. **2.** Profissional que adestra animais; treinador.

A.des.trar *v.t.* e *p.* **1.** Tornar(-se) destro, hábil, desembaraçado. **2.** Doutrinar, ensinar, treinar. **3.** Habilitar(-se), preparar(-se).

A.deus *interj.* **1.** Usada nas despedidas, com o sentido de *Deus te acompanhe! s.m.* **2.** Despedida, separação, partida.

A.di.a.men.to *s.m.* **1.** Ato ou efeito de adiar, de transferir para outra ocasião, para outra data; dilação, prorrogação.

A.di.an.ta.men.to *s.m.* e *p.* **1.** Ato ou efeito de adiantar(-se). **2.** Pagamento antecipado. **3.** Empréstimo. **4.** Progresso, avanço, melhoria. **5.** FAM Intrometimento, abelhudice.

A.di.an.tar *v.t.* **1.** Mover para diante. **2.** Acelerar, apressar, antecipar. **3.** Pagar antecipadamente parte ou total de (quantia ajustada). **4.** Afirmar com antecipação. *v.int.* **5.** Avançar (o mecanismo do relógio). **6.** Ir para diante. **7.** Andar depressa; avançar. **8.** Marchar à frente. *v.p.* **9.** Apropriar-se indebitamente. **10.** FAM Atrever-se.

A.di.an.te *adv.* **1.** À frente. **2.** Para a frente. **3.** Na frente; em primeiro lugar. *interj.* **4.** À frente, avante!

A.di.ar *v.t.* **1.** Transferir para outro dia. **2.** Deixar para mais tarde; protelar, procrastinar, retardar.

A.di.ção *s.f.* **1.** Ato ou efeito de adir ou adicionar. **2.** A primeira das operações fundamentais da Aritmética. **3.** Soma, acréscimo.

A.di.ci.o.nal *adj.2g.* **1.** Que se adiciona ou acrescenta. **2.** Acessório, suplementar, complementar. *s.m.* **3.** Aquilo que se adiciona.

A.di.ci.o.nar *v.t.* **1.** Juntar, acrescentar, aumentar em número. **2.** Fazer a adição de; aditar, somar, incorporar.

A.di.do *s.m.* **1.** Funcionário agregado a outro, a corporação ou a quadro, para auxiliar. *adj.* **2.** Agregado, junto, anexo.

A.dim.plen.te *adj.* DIR Que cumpre em tempo hábil uma obrigação contratual.

A.di.po.so (ô) *adj.* **1.** Que tem gordura; gorduroso. **2.** Obeso, muito gordo.

A.dir *v.t.* e *p.* **1.** Acrescentar(-se), agregar(-se); juntar(-se), unir (-se). *v.int.* **2.** Fazer aditamentos.

A.di.ta.men.to *s.m.* **1.** Ato ou efeito de aditar, de acrescentar; soma. **2.** Acréscimo, suplemento.

A.di.tar *v.t.* **1.** Adicionar, acrescentar ao que está feito; somar.

A.di.ti.vo *adj.* **1.** Que se adita ou soma; adicional. *s.m.* **2.** Acréscimo.

A.di.to *s.m.* **1.** Projeto de emenda a uma lei em tramitação. **2.** Produto que se adiciona a uma substância para melhorar suas propriedades.

A.di.vi.nha *s.f.* **1.** *Fem* de adivinho; vidente, pitonisa. **2.** Bruxa, feiticeira. **3.** Coisa para adivinhar; adivinhação, enigma.

A.di.vi.nhar *v.t.* **1.** Conhecer algo antes que aconteça. **2.** Prever por meios sobrenaturais ou artifícios hábeis. **3.** Pressentir, pressagiar. **4.** Decifrar, interpretar. **5.** Presumir, supor.

A.di.vi.nho *s.m.* Aquele que se julga capaz de adivinhar.

Ad.ja.cên.cia *s.f.* **1.** Situação contígua; contiguidade. **2.** Proximidade, vizinhança.

Ad.ja.cen.te *adj.2g.* **1.** Contíguo, próximo, junto, vizinho. **2.** Que está ao lado.

Ad.je.ti.var *v.t.* **1.** Empregar como adjetivo. **2.** Qualificar. **3.** Aplicar adjetivo a. **4.** Acompanhar de adjetivo. *v.int.* **5.** Empregar adjetivos.

Ad.je.ti.vo *s.m.* **1.** Palavra que acompanha substantivo ou a ele se refere, indicando qualidade ou estado. *adj.* **2.** Que serve para qualificar.

Ad.ju.di.car *v.t.* **1.** Dar ou entregar, por decisão ou sentença judicial ou administrativa. **2.** Considerar como autor da causa. **3.** Atribuir. *v.p.* **4.** Chamar a si; apropriar-se.

Ad.ju.di.ca.tá.rio *s.m.* Aquele a quem se adjudica alguma coisa.

Ad.jun.ção *s.f.* **1.** Ato ou efeito de adjungir. **2.** Junção de uma pessoa ou coisa a outra.

Ad.jun.to *adj.* **1.** Unido, próximo, junto. *s.m.* **2.** Auxiliar, ajudante. **3.** Associado, sócio. **4.** Mutirão, adjutório. **5.** GRAM Termo que modifica outro, principal ou acessório.

Ad.ju.tó.rio *s.m.* **1.** Ajuda, socorro, auxílio. **2.** (NE) Mutirão. **3.** POP Clister, purgante.

Ad.mi.nis.tra.ção *s.f.* **1.** Ato ou efeito de administrar. **2.** Direção, governo. **3.** Gerência de negócios públicos ou privados. **4.** O corpo de funcionários administrativos de uma repartição pública ou empresa particular. **5.** Repartição ou secretaria de que é chefe o administrador. **6.** Ato de ministrar (sacramento) ou administrar (medicamentos).

Ad.mi.nis.tra.dor (ô) *adj.* **1.** Que administra ou dirige; administrante. *s.m.* **2.** O encarregado de uma administração. **3.** Gerente, superintendente.

Ad.mi.nis.trar *v.t.* **1.** Gerir, exercer a administração de (negócios públicos ou particulares). **2.** Dirigir um negócio, um serviço. **3.** Dar a tomar, ministrar (sacramento, remédio). **4.** Ministrar, aplicar, conferir. *v.int.* **5.** Exercer as funções de administrador; governar.

Ad.mi.nis.tra.ti.vo *adj.* **1.** Relativo à administração. **2.** Que administra.

Ad.mi.ra.ção *s.f.* **1.** Ato ou efeito de admirar. **2.** Pasmo, assombro, espanto. **3.** Apreciação. **4.** Afeição, respeito, veneração. **5.** Pessoa ou coisa admirada.

Ad.mi.ra.dor (ô) *adj.* e *s.m.* **1.** Que, ou aquele que admira, aprecia, dá valor. **2.** Que, ou o que sente inclinação amorosa por alguém; apaixonado.

Ad.mi.rar *v.t.* **1.** Ver com espanto, admiração, pasmo. **2.** Sentir admiração; apreciar, prezar muito. **3.** Extasiar-se diante de; assombrar, espantar. **4.** Experimentar sentimento de admiração a. **5.** Contemplar. *v.int.* **6.** Causar admiração. **7.** Sentir espanto, admiração. **8.** Ficar maravilhado.

Ad.mi.ra.ti.vo *adj.* **1.** Que envolve admiração. **2.** Que causa admiração; maravilhoso. **3.** Cheio de admiração.

Ad.mi.rá.vel *adj.2g.* **1.** Digno de admiração. **2.** Maravilhoso, notável. **3.** Adorável, encantador.

Ad.mis.são *s.f.* **1.** Ato ou efeito de admitir. **2.** O fato de ser admitido. **3.** Entrada, ingresso. **4.** DESUS Antigo curso preparatório ao exame de admissão ao curso secundário. **5.** DESUS Esse exame.

Ad.mi.tir *v.t.* **1.** Aceitar como bom, legítimo ou verdadeiro. **2.** Concordar, consentir com. **3.** Deixar entrar; aceitar, acolher, receber. **4.** Supor. **5.** Permitir, tolerar. **6.** Aceitar como bom. **7.** Abraçar, seguir.

Ad.mo.es.tar *v.t.* **1.** Advertir de falta. **2.** Fazer ver. **3.** Censurar ou repreender com brandura. **4.** Advertir, avisar.

A.D.N *s.m.* Sigla de ácido desoxirribonucleico, também us. DNA.

Ad.no.mi.nal *adj.2g.* **1.** Que diz respeito à adnominação; paronomástico. **2.** Que determina um substantivo, ao qual é subordinado, delimitando sua significação, acrescentando-lhe alguma noção, qualificando-o, quantificando-o etc. (diz-se de adjunto).

-a.do *suf.* **1.** 'Titulação, instituição': *magistrado.* **2.** 'Território subordinado a um titular': *sindicado.* **3.** 'Posse, abundância': *aglomerado.* **4.** 'Caráter, semelhança': *branquiado.*

A.do.be *s.m.* Adobo.

A.do.bo (ô) *s.m.* Tijolo cru, seco ao sol.

A.do.ça.do *adj.* **1.** Tornado doce; açucarado. **2.** Suavizado, atenuado.

ADOÇANTE — ADVERSO

A.do.çan.te *adj.* e *s.m.* Que, ou substância que adoça: *Ela usa adoçante no café.*

A.do.ção *s.f.* 1. Ato ou efeito de adotar. 2. Aceitação voluntária e legal de uma criança como filho.

A.do.çar *v.t.* 1. Pôr açúcar; adociçar. 2. Tornar doce; açucarar. 3. FIG Suavizar, moderar, abrandar. 4. Aplanar. 5. Polir, alisar. 6. Temperar ou aguar tintas para que percam sua cor viva. *v.p.* 7. Tornar-se menos ríspido.

A.do.ci.car *v.t.* 1. Tornar adoçado. 2. Atenuar, abrandar. *v.p.* 3. Tornar-se melífluo; mostrar afetação.

A.do.e.cer *v.int.* 1. Ficar doente. 2. Contrair doença. 3. POP Menstruar. *v.t.* e *p.* 4. Tornar(-se) doente.

A.do.en.ta.do *adj.* Um tanto doente; enfermiço.

A.do.en.tar *v.t.* Tornar doente ou adoentado.

A.doi.da.do *adj.* 1. Um tanto doido; desatinado. 2. Estouvado, imprudente, amalucado.

A.do.les.cên.ci.a *s.f.* Período da vida humana que sucede à infância (mais ou menos dos 13 aos 20 anos).

A.do.les.cen.te *adj.2g.* 1. Que está na adolescência; jovem. 2. Próprio da adolescência. 3. Que está no começo, no início. *s.2g.* 4. Pessoa que está na adolescência.

A.dô.nis *s.m.2n.* Jovem de rara beleza e elegância, galante e presumido.

A.do.ra.ção *s.f.* 1. Ato ou efeito de adorar, de prostrar-se ante uma divindade. 2. Amor excessivo. 3. Veneração, reverência, culto, devotamento.

A.do.ra.dor *adj.* Que, ou o que adora.

A.do.rar *v.t.* 1. Prostrar-se ante uma divindade, para render-lhe culto. 2. Venerar, idolatrar. 3. Amar extremamente. 4. Amar-se mutuamente ao extremo.

A.do.rá.vel *adj.2g.* 1. Digno, merecedor de adoração. 2. Admirável. 3. Encantador: *É uma pessoa* adorável.

A.dor.me.cer *v.int.* 1. Pegar no sono. 2. Começar a dormir. 3. Parar, cessar. *v.t.* 4. Fazer dormir. 5. Provocar sono em. 6. FIG Acalmar. 7. FIG Ter diminuída a intensidade; entorpecer.

A.dor.me.ci.men.to *s.m.* 1. Ato ou efeito de adormecer. 2. Sensação de peso e formigamento em uma parte do corpo. 3. Dormência.

A.dor.nar *v.t.* 1. Enfeitar(-se), tornar(-se) atraente. 2. Embelezar(-se). *v.t.* 3. Engalanar (o estilo). 4. Enriquecer com conhecimentos; ilustrar.

A.dor.no *(ô) s.m.* 1. Ornato, enfeite, atavio. 2. Aquilo que enfeita ou decora. 3. Apuro (de linguagem).

A.do.tar *v.t.* 1. Passar a usar. 2. Optar ou decidir-se por. 3. Pôr em prática. 4. Assumir, aprovar. 5. Escolher, tomar tal comportamento ou linguagem. 6. Escolher. 7. Admitir em seu meio, considerar como um dos seus. 8. Admitir, usar. 9. Receber, assumir como filho.

A.do.ti.vo *adj.* 1. Relativo à adoção. 2. Que foi adotado: *Filho* adotivo 3. Que adotou: *Pai* adotivo. 4. Alheio, estranho.

Ad.qui.rir *v.t.* 1. Obter, conseguir. 2. Alcançar por compra ou outro meio; comprar. 3. Granjear. 4. Haver, conseguir. 5. Apanhar, contrair.

A.dre.de *adv.* 1. De caso pensado, de propósito, intencionalmente. 2. Com antecedência, antecipadamente.

Ad-re.nal *adj.2g.* Situado ao lado ou sobre o rim.

A.dre.na.li.na *s.f.* Hormônio produzido pelas glândulas suprarrenais, capaz de acelerar o ritmo cardíaco e aumentar a pressão arterial.

A.dri.á.ti.co *adj.* Relativo ao mar Adriático ou a suas imediações.

A.dri.ça *s.f.* NÁUT Cabo para içar e fixar bandeira, vela etc.

A.dro *s.m.* Espaço aberto à frente ou em volta de uma igreja.

Ad-ro.gar *v.t.* Adotar ou tomar por adoção (pessoa de maior idade).

Ads.cri.to *adj.* Inscrito para determinado serviço; arrolado.

Ad.sor.ção *s.f.* 1. Ação ou efeito de absorver; absorvimento. 2. Ato ou efeito de fazer desaparecer ou transformar alguma coisa, incorporando-a ou assimilando-a a uma outra. ● *Pl.:* adsorções.

Ads.trin.gen.te *adj.2g.* 1. Que adstringe. 2. Que aperta a mucosa da boca. *s.m.* 3. Qualquer produto adstringente.

Ads.trin.gir *v.t.* 1. Apertar, contrair. 2. FIG Constranger, obrigar. *v.p.* 3. Restringir-se, limitar-se.

Ads.tri.to *adj.* 1. Apertado. 2. Exíguo. 3. Unido, contraído. 4. Restrito. 5. Dependente, sujeito.

A.du.a.na *s.f.* 1. Alfândega. 2. Impostos alfandegários. 3. Bairro de gente em terra de mouros.

A.du.a.nei.ro *adj.* 1. Relativo à aduana ou alfândega. 2. Alfandegário.

A.du.bar *v.t.* 1. Fertilizar a terra com adubo (mineral ou orgânico). 2. Curtir (peles). 3. Temperar, condimentar. 4. FIG Enfeitar, ataviar.

A.du.bo *s.m.* 1. Substância (animal, vegetal ou química) que se mistura à terra para torná-la mais fértil. 2. Fertilizante. 3. Tempero, condimento. 4. FIG Adorno, atavio.

A.du.ção *s.f.* Ato ou efeito de aduzir.

A.du.e.la *(é) s.f.* 1. Cada uma das fasquias encurvadas com que se forma o corpo de tonéis, pipas etc. 2. Ripa que forma o vão das umbreiras das portas. ◆ **Ter uma aduela de menos:** ter pouco juízo.

A.du.la.dor *(ô) adj.* e *s.m.* 1. Que, ou o que adula. 2. Puxa-saco, bajulador.

A.du.lar *v.t.* 1. Bajular. 2. Elogiar servilmente ou por interesse.

A.dul.te.ra.ção *s.f.* e *p.* 1. Ato ou efeito de adulterar(-se). 2. Fraude. 3. Alteração criminosa; falsificação.

A.dul.te.ra.do *adj.* Que sofreu adulteração; falsificado.

A.dul.te.ra.dor *(ô) adj.* Que, ou aquele que adultera.

A.dul.te.rar *v.t.* 1. Falsificar, alterar, corromper. *v.int.* 2. Cometer adultério. *v.p.* 3. Corromper-se, estragar-se.

A.dul.te.ri.no *adj.* 1. Nascido de adultério: *Filho* adulterino. 2. Falsificado.

A.dul.té.rio *s.m.* 1. Infidelidade conjugal. 2. Falsificação.

A.dúl.te.ro *adj.* 1. Que pratica adultério. 2. Falsificado, alterado. *s.m.* 3. Homem que pratica adultério.

A.dul.to *adj.* e *s.m.* Que, ou o ser que chegou ao termo do desenvolvimento físico.

A.dun.car *v.t.* e *p.* Tornar(-se) adunco.

A.dun.co *adj.* 1. Recurvado. 2. Curvo como uma garra ou um gancho.

A.dus.tão *s.f.* 1. Cauterização pelo fogo. 2. Calor excessivo; abrasamento.

A.du.zir *v.t.* 1. Apresentar ou expor (razões, argumentos). 2. Conduzir, introduzir.

Ád.ve.na *adj.* e *s.2g.* Que, ou aquele que não é nascido no país; estrangeiro, forasteiro, adventício.

Ad.ven.tí.cio *adj.* 1. Que é chegado de fora; forasteiro, estranho. 2. Não hereditário. 3. Acidental, casual.

Ad.ven.tis.mo *s.m.* Doutrina dos adventistas, seita protestante fundada no séc. XIX na América do Norte, que dá grande ênfase à segunda vinda de Cristo à Terra.

Ad.ven.tis.ta *adj.2g.* 1. Relativo ou pertencente ao adventismo ou aos adventistas. *s.2g.* 2. Pessoa que segue o adventismo.

Ad.ven.to *s.m.* 1. Vinda, chegada. 2. Aparecimento, começo. 3. Início, instituição. 4. Período das quatro semanas anteriores ao Natal.

Ad.vér.bio *s.m.* Palavra que modifica verbo, adjetivo ou outro advérbio, para expressar afirmação, negação, intensidade, tempo etc.

Ad.ver.sá.rio *adj.* e *s.m.* 1. Que, ou aquele que luta contra, que (ou quem) se opõe a. 2. Inimigo, rival, opositor.

Ad.ver.sa.ti.vo *adj.* 1. Oposto, adverso. 2. GRAM Que indica oposição ou diferença entre o que precede e o que segue.

Ad.ver.si.da.de *s.f.* 1. Má sorte, infelicidade, infortúnio. 2. Contrariedade, contratempo.

Ad.ver.so *(é) adj.* 1. Contrário, oposto, hostil. 2. Impróprio, desfavorável.

ADVERTÊNCIA — AFÉRESE

Ad.ver.tên.cia *s.f.* **1.** Ato ou efeito de advertir. **2.** Aviso, reprimenda, admoestação. **3.** Ameaça. **4.** Espécie de prefácio colocado no início de um livro.

Ad.ver.tir *v.t.* **1.** Fazer advertência a. **2.** Censurar, admoestar. **3.** Avisar, prevenir. **4.** Chamar a atenção para. **5.** Observar, reparar em. **6.** Fazer notar.

Ad.vir *v.int.* **1.** Acontecer por acidente. **2.** Ocorrer casualmente.

Ad.vo.ca.ci.a *s.f.* **1.** Ato de advogar. **2.** Profissão de advogado.

Ad.vo.ca.tí.cio *adj.* Relativo à advocacia.

Ad.vo.ga.do *s.m.* **1.** Bacharel em Direito legalmente habilitado a defender em juízo. **2.** Defensor, patrono.

Ad.vo.gar *v.t.* **1.** Defender em juízo. **2.** Defender, pleitear. *v.int.* **3.** Exercer a advocacia.

Ae.des (lat.) *s.m.2g.* **1.** Gênero de mosquito da fam. dos culicídeos, abundantes na região tropical e subtropical, mas de distribuição cosmopolita, vetores de doenças.

A.e.ra.ção *s.f.* **1.** Ato ou efeito de arejar. **2.** Renovação do ar; ventilação, arejamento.

A.é.reo *adj.* **1.** Relativo ou semelhante ao ar. **2.** Formado de ar. **3.** Que vive ou se desenvolve no ar. **4.** Que se desloca no ar. **5.** Fantasioso, imaginoso. **6.** Distraído, desatento. **7.** Sem base, vão, fútil.

A.e.res.pa.ci.al *adj.2g.* ⇒ Aeroespacial.

A.e.rí.co.la *adj.* e *s.2g.* Que ou aquele que vive no ar.

A.e.ro.bar.co *s.m.* Veículo marítimo dotado de asas em seção de hidrofólio, as quais, instaladas sob o casco, o elevam e sustentam acima do nível da água quando em navegação.

A.e.ró.bi.ca *s.f.* Método de ginástica cujos movimentos rítmicos combinados com respiração intensificada servem para ativar a circulação e a oxigenação dos tecidos.

A.e.ró.bi.co *adj.* **1.** Relativo à aerobiose. **2.** Relativo à aeróbica.

A.e.ró.bi.o *adj.* e *s.m.* Diz-se de, ou ser que respira oxigênio.

A.e.ro.clu.be *s.m.* Centro para formação de pilotos civis.

A.e.ro.di.nâ.mi.ca *s.f.* Parte da Física que estuda os fenômenos que acompanham todo movimento relativo entre um corpo e o ar que o envolve.

A.e.ro.du.to *s.m.* Condutor ou duto de ar nas instalações de ventilação.

A.e.ro.es.pa.ci.al *adj.2g.* Relativo ao aeroespaço, à Aeronáutica ou à Astronáutica.

A.e.ro.es.pa.ço *s.m.* Invólucro atmosférico da Terra para onde são lançados os veículos espaciais dirigíveis, foguetes e satélites artificiais.

A.e.ro.fó.lio *s.m.* Peça adaptada a um carro de corrida para melhorar sua aerodinâmica e dar-lhe maior estabilidade.

A.e.ro.fo.to.gra.me.tri.a *s.f.* Técnica de fotogrametria que utiliza fotografias aéreas.

A.e.ro.gra.fo *s.m.* O que descreve o ar.

A.e.ro.gra.ma *s.m.* **1.** Carta franqueada por impressão que, dobrada, é também o envelope. **2.** Mensagem transmitida pelo telégrafo sem fio.

A.e.ró.li.to *s.m.* Pedra que dos espaços celestes cai sobre a Terra; meteorito. ♦ *Var.: aerolito.*

A.e.ro.mo.ça (ô) *s.f.* Funcionária que a bordo de aviões presta serviços indispensáveis à segurança e ao conforto dos passageiros.

A.e.ro.mo.de.lis.mo *s.m.* Modalidade esportiva praticada com aeromodelos.

A.e.ro.mo.de.lis.ta *adj.2g.* e *s.2g.* **1.** Que ou o que projeta, constrói aeromodelos. **2.** Que ou aquele que pratica o aeromodelismo.

A.e.ro.mo.de.lo *s.m.* Modelo ou miniatura de aeronave us. para fins experimentais, esportivos ou recreativos.

A.e.ro.nau.ta *s.2g.* **1.** Navegador aéreo. **2.** Pessoa que sobe ao ar em balões; aerostata.

A.e.ro.náu.ti.ca *s.f.* **1.** Ciência, prática e arte da navegação aérea. **2.** A força aérea de um país.

A.e.ro.na.val *adj.2g.* **1.** Que diz respeito simultaneamente às forças aérea e naval. **2.** Concernente à força aérea da Marinha de Guerra.

A.e.ro.na.ve *s.f.* Nome que se dá a qualquer dos aparelhos por meio dos quais se navega no ar.

A.e.ro.na.ve.ga.ção *s.f.* Navegação aérea.

A.e.ro.pla.no *s.m.* Engenho mais pesado que o ar, propulsionado por motor e de asas fixas, variáveis em tamanho, desempenho e função, que inclui desde o avião monomotor até os grandes aviões de linha comerciais, de caça ou supersônicos.

A.e.ro.por.to (ô) *s.m.* Lugar especialmente destinado a pouso e decolagem de aeronaves, com instalações necessárias ao atendimento dos passageiros e dos aparelhos.

A.e.ro.por.tu.á.rio *adj.* **1.** Relativo aos aeroportos. *s.m.* **2.** Aquele que trabalha em aeroporto.

A.e.ros.sol *s.m.* Dispersão de gás de partículas sólidas ou líquidas bem pulverizadas, naturais (como a *neblina*) ou fabricadas (como a *fumaça*) ou ♦ *Var.: aerosol.*

A.e.ros.tá.ti.co *adj.* Que se refere a aeróstatos ou à aerostática.

A.e.rós.ta.to *s.m.* **1.** Balão que se eleva e sustenta na atmosfera. **2.** Dirigível, zepelim.

A.e.ro.ter.res.tre *adj.* Que se refere simultaneamente às forças de terra e de ar.

A.e.ro.trans.por.ta.do *adj.* Diz-se de tropas ou materiais transportados por via aérea até o local de seu destino.

A.e.ro.trans.por.tar *v.t.* e *p.* Transportar(-se) por via aérea (ger. forças e equipamentos militares).

A.e.ro.vi.a *s.f.* **1.** Espaço reservado à navegação aérea. **2.** Empresa de navegação aérea. **3.** Linha de transportes aéreos.

A.e.ro.vi.á.rio *adj.* **1.** Relativo ao transporte aéreo. *s.m.* **2.** Aquele que trabalha em aerovia.

A.é.ti.co *adj.* Contrário à ética, oposto à moral.

A.fã *s.m.* **1.** Ânsia, cuidado. **2.** Fadiga, esforço. **3.** Diligência; trabalho penoso, lida.

A.fa.bi.li.da.de *s.f.* **1.** Qualidade de afável. **2.** Delicadeza de maneiras. **3.** Cortesia, agrado.

A.fa.gar *v.t.* **1.** Fazer carinhos, afagos em; acariciar. **2.** Amimar. **3.** Acalentar, alimentar.

A.fa.go *s.m.* **1.** Demonstração de carinho. **2.** Mimo, carícia.

A.fa.ma.do *adj.* **1.** Que tem renome. **2.** Famoso, célebre, insigne, notável.

A.fa.mar *v.t.* **1.** Tornar(-se) famoso ou célebre; notabilizar(-se).

A.fa.nar *v.t.* **1.** Procurar, buscar com afã. **2.** GÍR Furtar, surrupiar. *v.p.* **3.** Trabalhar com afã; fatigar-se.

A.fan.dan.ga.do *adj.* Parecido com o fandango.

A.fa.si.a *s.f.* **1.** Perda total ou parcial da voz, em consequência de lesão no cérebro. **2.** FILOS Indiferença, indecisão ante uma dificuldade.

A.fá.si.co *adj.* **1.** Relativo à afasia. *adj.* e *s.m.* **2.** Diz-se de, ou aquele que sofre de afasia.

A.fas.tar *v.t.* **1.** Pôr de parte, de lado. **2.** Apartar. **3.** Pôr distante, atirar para longe. *v.p.* **4.** Distanciar-se, recuar. **5.** Pôr-se longe.

A.fá.vel *adj.2g.* **1.** De trato fácil e cortês. **2.** Cativante, gentil, agradável.

A.fa.zer *v.t.* e *p.* Habituar(-se), acostumar(-se), adaptar(-se).

A.fec.ção *s.f.* MED Qualquer fenômeno mórbido do organismo animal; doença.

A.fei.ção *s.f.* **1.** Afeto, amor, amizade. **2.** Simpatia. **3.** Pendor, inclinação.

A.fei.ço.ar *v.t.* **1.** Inspirar afeição a. **2.** Dar feição ou forma a; amoldar. **3.** Modelar. *v.p.* **4.** Tomar feição ou forma. **5.** Adaptar-se, acomodar-se.

A.fei.to *adj.* Que se afez; acostumado, habituado.

A.fe.mi.na.do *adj.* Efeminado, maricas.

A.fe.mi.nar *v.t.* e *p.* Efeminar(-se).

A.fe.ren.te *adj.2g.* Que conduz ou leva.

A.fé.re.se *s.f.* **1.** Supressão de letra ou letras no princípio de uma palavra: *té* por *até*. **2.** CIR Ato de cortar, de amputar.

AFERIR — AFOGUEAR

A.fe.rir *v.t.* **1.** Conferir (pesos e medidas etc.) com o respectivo padrão oficial. **2.** Pôr a marca da aferição em. **3.** Cotejar, confrontar, comparar. **4.** Avaliar. **5.** PSICOL Aplicar testes a um grupo de referência e dar-lhes valores numerados, em função da repartição estatística dos resultados.

A.fer.rar *v.t.* **1.** Prender com ferro. **2.** Segurar. **3.** Ancorar (o navio). **4.** FIG Agarrar, prender. *v.int.* **5.** Lançar arpão; ancorar. *v.p.* **6.** Entregar-se com afinco. **7.** Obstinar-se, agarrar-se.

A.fer.ro.ar *v.t.* **1.** Picar, ferir com ferrão (boi). **2.** Instigar, provocar. **3.** Afligir, magoar.

A.fer.ro.lhar *v.t.* **1.** Fechar com ferrolho. **2.** Prender, encarcerar. *v.p.* **3.** Trancar-se, fechar-se.

A.fer.ven.tar *v.t.* **1.** Submeter a uma rápida fervura. **2.** Pôr a ferver; ferventar. **3.** Estimular, excitar. *v.p.* **4.** Afobar-se, impacientar-se.

A.fer.vo.rar *v.t.* **1.** Pôr em fervura, em ebulição; aferventar. *v.t. e p.* **2.** tornar(-se) ardoroso.

A.fe.ta.ção *s.f.* **1.** Ato ou efeito de afetar. **2.** Atitude de presunção ou vaidade. **3.** Falta de naturalidade; simulação. **4.** Pedantismo, presunção.

A.fe.ta.do *adj.* **1.** Que sofreu afecção. **2.** Que mostra afetação; que não é natural. **3.** Pedante, presunçoso, vaidoso. **4.** POP Tuberculoso.

A.fe.tar *v.t.* **1.** Fingir, simular, aparentar. **2.** Molestar, incomodar. **3.** Exagerar artificialmente gestos ou palavras para despertar a atenção. **4.** Tornar rebuscado, amaneirado (o estilo). **5.** Atingir (algum órgão). *v.p.* **6.** Esmerar-se ridiculamente. **7.** Revelar afetação. Part.: *afetado* e *afeto*.

A.fe.ti.vo *adj.* **1.** Relativo a afeto, a sentimento. **2.** Em que há afeto. **3.** Dado a afetos. **4.** Afetuoso, sentimental, afeiçoado, dedicado.

A.fe.to *s.m.* **1.** Afeição, simpatia, amizade. **2.** Sentimento de afeição por alguém. *adj.* **3.** Dedicado, aplicado. **4.** Entregue ao estudo, análise ou exame de alguém. **5.** Submetido, entregue.

A.fe.tu.o.si.da.de *s.f.* Qualidade de afetuoso.

A.fe.tu.o.so (ô) *adj.* **1.** Que tem ou indica afeto. **2.** Carinhoso, terno, meigo, afável.

Affair (afér) (fr.) *s.m.* **1.** Caso, assunto, questão. **2.** Relação amorosa fora do casamento.

A.fi.a.do *adj.* De gume bem cortante; amolado, aguçado.

A.fi.an.çar *v.t.* **1.** Ser fiador de. **2.** Responsabilizar-se por; garantir. **3.** Assegurar, afirmar.

A.fi.ar *v.t.* **1.** Dar fio ou gume a. **2.** Amolar, aguçar, apontar. **3.** FIG Tornar picante, mordaz (ironia, sátira). **4.** Preparar para a maledicência.

A.fi.ci.o.na.do *adj. e s.m.* Diz-se de, ou aquele que se interessa muito por determinada arte, ciência ou esporte; entusiasta.

A.fi.gu.rar *v.t.* **1.** Dar figura ou forma a. **2.** Representar, pela escultura ou pintura. **3.** Expor, mostrar. *v.p.* **4.** Representar-se na mente; parecer.

A.fi.la.do *adj.* Delgado, fino, delicado.

A.fi.lar *v.t.* **1.** Adelgaçar, afinar, afiar. *v.t. e p.* **2.** Tornar(-se) fino, adelgaçar(-se).

A.fi.lha.do *s.m.* **1.** Pessoa do sexo masculino em relação a seu padrinho e a sua madrinha. **2.** O protegido em relação ao protetor. *adj.* **3.** FIG Protegido, favorecido.

A.fi.li.ar *v.t. e p.* **1.** Agregar(-se), juntar(-se) a uma corporação, grêmio ou sociedade. **2.** Inscrever-se como membro ou sócio.

A.fim *adj.2g.* **1.** Que tem afinidade ou semelhança com outro; parecido; congênere: *Assuntos* afins. **2.** Semelhante, próximo. **3.** Que tem parentesco por afinidade. **4.** Contíguo. **5.** FIG Partidário, amigo. *s.m.* **6.** Parente por afinidade.

A.fi.nal *adv.* Finalmente, no final, por fim.

A.fi.nar *v.t.* **1.** Tornar fino; adelgaçar. **2.** MÚS Temperar ou harmonizar com os outros (instrumentos). **3.** Pôr no devido tom. **4.** Depurar, purificar (metais). **5.** FIG Apurar. **6.** Tirar fino, passar raspando. *v.p.* **7.** Fazer-se fino, delgado. **8.** FAM Zangar-se, agastar-se. *v.int.* **9.** Ficar fino; emagrecer. **10.** GÍR Acovardar-se. **11.** Concordar, harmonizar-se, concertar-se.

A.fin.car *v.t.* **1.** Plantar estaca. **2.** Espetar, cravar, fincar. *v.p.* **3.** Aferrar-se, insistir, teimar.

A.fin.co *s.m.* Insistência, perseverança.

A.fi.ni.da.de *s.f.* **1.** Qualidade de afim. **2.** Parentesco que se contrai com a família do marido ou da mulher em virtude do casamento. **3.** Relação, analogia. **4.** Conformidade. **5.** Coincidência de gostos ou de sentimentos; simpatia.

A.fir.mar *v.t.* **1.** Asseverar, assegurar. **2.** Declarar com firmeza. **3.** Confirmar, corroborar, comprovar. **4.** Fixar, firmar. **5.** Tornar firme. *v.int.* **6.** Declarar a verdade, a existência de alguma coisa. *v.p.* **7.** Olhar bem, para se certificar.

A.fir.ma.ti.va *s.f.* **1.** Declaração que afirma. **2.** Confirmação, afirmação. **3.** FILOS Proposição que afirma.

A.fir.ma.ti.vo *adj.* **1.** Que envolve afirmação. **2.** Que afirma ou confirma; positivo.

A.fi.ve.lar *v.t.* **1.** Pôr fivela em. **2.** Prender, unir com fivela.

A.fi.xar (cs) *v.t.* **1.** Tornar fixo; fixar. **2.** Pregar, colar em lugar público.

A.fi.xo (cs) *s.m.* Designação genérica dos prefixos, infixos e sufixos.

A.flau.ta.do *adj.* Com aparência ou sonoridade de flauta.

A.fli.ção *s.f.* **1.** Grande padecimento físico ou moral. **2.** Agonia, atribulação, inquietação, angústia, tormento, ansiedade.

A.fli.gir *v.t.* **1.** Causar aflição a. **2.** Angustiar, preocupar, atormentar. **3.** Desgostar profundamente. *v.p.* **4.** Agoniar-se, inquietar-se.

A.fli.ti.vo *adj.* **1.** Que causa aflição; penoso. **2.** Que revela aflição; consternador.

A.fli.to *adj.* **1.** Cheio de ansiedade; angustiado. **2.** Preocupado, agoniado.

A.flo.gís.ti.co *adj.* **1.** Que arde sem fazer chama. **2.** MED Que combate a inflamação.

A.flo.ra.ção *s.f.* Ato ou efeito de aflorar.

A.flo.ra.men.to *s.m.* **1.** Afloração. **2.** GEOL Exposição diretamente observável da parte superior de uma rocha, veio etc.

A.flo.rar *v.t.* **1.** Nivelar (uma superfície) com outra. **2.** Assomar, emergir; vir à superfície. **3.** Acariciar.

A.flu.ên.cia *s.f.* **1.** Corrente abundante e contínua (de água, de líquidos). **2.** Grande quantidade (de pessoas ou coisas); abundância.

A.flu.en.te *adj.2g.* **1.** Que aflui; que corre abundantemente. **2.** Abundante, copioso. *s.m.* **3.** Rio que vai desaguar em outro rio ou num lago.

A.flu.ir *v.t. e int.* **1.** Correr para (determinada direção). **2.** Convergir. **3.** Abundar, chegar em grande quantidade. **4.** Convergir, concorrer.

A.flu.xo (cs) *s.m.* **1.** Ato ou efeito de afluir. **2.** Afluência, fluxo (de pessoas ou de coisas).

A.fo.ba.ção *s.f.* **1.** Azáfama, pressa, afobamento. **2.** Cansaço. **3.** Nervosismo, atrapalhação.

A.fo.ba.do *adj.* **1.** Precipitado. **2.** Atrapalhado, embaraçado.

A.fo.ba.men.to *s.m.* Afobação.

A.fo.bar *v.t.* **1.** Atrapalhar(-se), perturbar(-se), apressar(-se), precipitar(-se).

A.fo.ci.nhar *v.t.* **1.** Escavar com o focinho; fuçar. *v.int.* **2.** Cair de focinho. *v.p.* **3.** Enterrar-se no chão.

A.fo.far *v.int. e p.* **1.** Tornar(-se) fofo, macio. **2.** FIG Envaidecer(-se), enfatuar-se. **3.** Ficar fofo.

A.fo.ga.di.lho *s.m.* Pressa, precipitação. ◆ De afogadilho: precipitadamente.

A.fo.ga.dor (ô) *adj.* **1.** Que afoga, que sufoca. *s.m.* **2.** O que afoga. **3.** Colar ou gargantilha quase justa ao pescoço.

A.fo.gar *v.t.* **1.** Asfixiar por imersão. **2.** Privar da respiração por asfixia; abafar. **3.** Impedir o crescimento de. **4.** Embargar, interromper. *v.int.* **5.** Sufocar-se, asfixiar-se. *v.p.* **6.** Matar-se ou morrer por submersão. **7.** Parar (o motor do veículo) por excesso de combustível.

A.fo.gue.a.do *adj.* **1.** Submetido a um fogo intenso; abrasado, ardente. **2.** Avermelhado, muito corado.

A.fo.gue.ar *v.t.* **1.** Submeter a fogo. **2.** Queimar, enrubescer. *v.p.* **3.** Abrasar-se, entusiasmar-se. **4.** Inflamar-se, entusiasmar-se.

AFOITAR — AGIOTAGEM

A.foi.tar *v.t.* **1.** Tornar afoito. **2.** Encorajar, estimular, animar. **3.** Induzir, incitar. *v.p.* **4.** Animar-se, encorajar-se.

A.foi.to *adj.* **1.** Sem medo, audaz, corajoso, impetuoso, atrevido, ousado. **2.** Apressado, ansioso.

A.fo.ni.a *s.f.* Perda ou diminuição da voz, em geral provocada por inflamação na laringe.

A.fô.ni.co *adj.* **1.** Que sofre de afonia. **2.** Privado de voz, rouco.

A.fo.ra *adv.* **1.** Fora. **2.** Com exclusão de. **3.** Exteriormente. *prep.* **4.** Além de. **5.** Exceto, fora.

A.fo.ra.men.to *s.m.* **1.** Ato ou efeito de aforar. **2.** Contrato pelo qual o proprietário transmite a outrem o domínio útil de um imóvel (terras ou terreno), mediante o pagamento de uma certa quantia anual chamada *foro*.

A.fo.ris.mo *s.m.* Sentença ou máxima breve e conceituosa.

A.fo.ris.ta *s.2g.* Pessoa que faz ou cita aforismos.

A.for.mo.se.ar *v.t.* e *p.* **1.** Tornar(-se) formoso. **2.** Adornar(-se), embelezar(-se).

A.for.tu.na.do *adj.* **1.** Feliz, venturoso, ditoso. **2.** De recursos, de posses.

A.for.tu.nar *v.t.* **1.** Tornar ditoso ou feliz. **2.** Dar fortuna.

A.fo.xé *s.m.* **1.** Rancho negro do carnaval baiano, em que se cantam canções em língua africana. **2.** Instrumento de fricção das cerimônias afro-brasileiras, usado também em orquestras populares.

A.fres.co (ê) *s.m.* **1.** Método de pintura feita sobre parede, com base de gesso ou argamassa. **2.** Grande pintura mural.

A.fre.ta.men.to *s.m.* **1.** Ato ou efeito de afretar. **2.** Ato ou efeito de alugar (qualquer tipo de veículo).

A.fre.tar *v.t.* **1.** Tomar por aluguel (embarcação alheia) para transporte de carga ou passageiro. **2.** Alugar (qualquer veículo) para transporte de passageiros ou carga.

A.fri.ca.nis.mo *s.m.* **1.** O estudo das coisas da África. **2.** O problema africano. **3.** Costumes ou modos africanos. **4.** Palavra ou expressão de origem africana.

A.fri.ca.nis.ta *adj.* e *s.2g.* Diz-se de, ou pessoa dada ao estudo das coisas da África.

A.fri.ca.ni.zar *v.t.* Dar aspecto ou feição de coisa africana a.

A.fri.ca.no *adj.* **1.** Relativo ou pertencente à África. *s.m.* **2.** O natural ou habitante da África.

A.fro *adj.* Da África; africano.

A.fro.di.sí.a.co *adj.* **1.** Que excita os desejos sexuais; lúbrico, libidinoso. *adj.* e *s.m.* **2.** Diz-se de, ou medicamento ou substância que restaura ou aumenta o apetite sexual.

A.fron.ta *s.f.* **1.** Injúria lançada em rosto. **2.** Desonra, infâmia; ultraje. **3.** FAM Aperto, angústia.

A.fron.ta.do *adj.* **1.** Que sofreu afronta; injuriado, ultrajado. **2.** Cansado, aflito. **3.** Colocado frente a frente; acareado.

A.fron.tar *v.t.* **1.** Infligir afronta a. **2.** Insultar. **3.** Importunar, vexar. **4.** Encarar de frente; confrontar, comparar, cotejar. *v.p.* **5.** Encontrar-se cara a cara; defrontar-se. **6.** Fatigar-se, esfalfar-se.

A.frou.xa.men.to *s.m.* **1.** Ato ou efeito de afrouxar. **2.** Relaxamento dos músculos; lassidão. ◆ *Var.: afroixamento.*

A.frou.xar *v.t.* **1.** Tornar frouxo; desapertar. *v.int.* **2.** Alargar-se, soltar-se. **3.** Diminuir de rapidez. **4.** Entibiar. **5.** Moderar a animação ou o empenho por. *v.p.* **6.** Tornar-se frouxo. **7.** Perder em vigor. ◆ *Var.: afroixar.*

Af.ta *s.f.* MED Pequena ulceração superficial que aparece nas mucosas, principalmente na boca.

Af.to.sa *s.f.* MED.VET Doença infecciosa e contagiosa, que atinge bovinos, ovinos, caprinos, suínos e, às vezes, o homem; o mesmo que *febre aftosa* e *aftose*.

Af.to.se *s.f.* Aftosa.

A.fu.gen.tar *v.t.* **1.** Pôr em fuga; obrigar a fugir. **2.** Espantar, afastar, repelir.

A.fun.dar *v.t.* **1.** Impelir para o fundo. **2.** Fazer ir ao fundo. *v.int.* **3.** Lançar-se ao fundo. *v.p.* **4.** Ir ao fundo; submergir-se. **5.** Penetrar profundamente; abismar-se, desaparecer. **6.** FIG Arruinar-se.

A.fu.ni.lar *v.t.* **1.** Dar forma de funil a. **2.** Tomar a forma de funil. *v.p.* **3.** Estreitar-se à maneira de funil.

A.gá *s.m.* **1.** Nome da letra *h.* **2.** Certa dignidade militar entre os turcos.

A.ga.char *v.t.* **1.** Esconder, ocultar. *v.p.* **2.** Abaixar-se, curvar-se. **3.** Humilhar-se, submeter-se.

A.ga.pe *s.m.* **1.** Refeição que os antigos cristãos tomavam em comum. **2.** Banquete ou almoço de confraternização. **3.** POÉT Relação íntima entre duas pessoas.

A.gar.ra.ção *s.f.* Agarramento.

A.gar.ra.do *adj.* **1.** Seguro ou preso com força. **2.** FAM Muito econômico. **3.** Avarento, sovina. **4.** Muito afeiçoado.

A.gar.ra.men.to *s.m.* **1.** Ato ou efeito de agarrar(-se). **2.** Afeição exagerada; grande amizade. **3.** Grande apego ao dinheiro. **4.** Avareza, sovinice.

A.gar.rar *v.t.* **1.** Prender com garra. **2.** Segurar; apanhar. **3.** Valer-se de. **4.** Pegar em; tomar. *v.int.* **5.** Segurar, pegar. **6.** POP Tomar uma resolução; decidir-se. *v.p.* **7.** Segurar-se, prender-se. **8.** Chegar-se, unir-se. **9.** Recorrer à proteção de; socorrer-se. **10.** Tornar-se importuno.

A.ga.sa.lhar *v.t.* **1.** Dar agasalho a. **2.** Cobrir com agasalho. **3.** Aquecer, abrigar. **4.** Receber com bons modos. *v.p.* **5.** Abrigar-se, hospedar-se. **6.** Cobrir-se com roupas.

A.ga.sa.lho *s.m.* **1.** Ato ou efeito de agasalhar. **2.** Acolhimento benévolo. **3.** Hospedagem. **4.** Abrigo. **5.** Roupa que protege da chuva ou do frio. **6.** FIG Proteção, amparo.

A.gas.tar (lat. *vastare*) *v.t.*, *int.* e *p.* Aborrecer(-se), zangar(-se), encolerizar(-se), irritar(-se).

Á.ga.ta *s.f.* MINER Pedra semipreciosa, variedade de quartzo fibroso, constituída de zonas diversamente coloridas.

A.ga.te *s.m.* Ferro esmaltado; ágata, ágates.

A.ga.ve *s.f.* BOT Planta monocotiledônea do gênero *Agave*, originária das Américas Central e do Sul, empregada como ornamental ou no fabrico de fibras têxteis.

-a.gem *suf.* **1.** 'Ação ou resultado de ação': *postagem.* **2.** 'Coleção': *ramagem.*

A.gên.cia *s.f.* **1.** Escritório onde se tratam negócios. **2.** Filial de repartição pública, banco ou casa comercial. **3.** Estabelecimento que se encarrega de trabalhos por conta de terceiros.

A.gen.ci.a.dor (ô) *adj.* e *s.m.* Que, ou aquele que agencia; ativo, empreendedor.

A.gen.ci.ar *v.t.* **1.** Fazer por obter. **2.** Tratar (de negócios) como representante ou agente. **3.** Promover. **4.** Granjear. **5.** Procurar, diligenciar, fazer por encontrar.

A.gen.da *s.f.* **1.** Livrinho onde se anota, dia a dia, o que se tem por fazer. **2.** Livrinho de lembranças.

A.gen.dar *v.t.* Incluir, relacionar na agenda; programar.

A.gen.te *adj.2g.* **1.** Que opera ou age. *s.2g.* **2.** Pessoa que trata de negócio por conta alheia. **3.** Quem pratica a ação. **4.** Pessoa encarregada da direção de uma agência. *s.m.* **5.** Causa, motivo.

A.gi.gan.tar *v.t.* **1.** Tornar gigante. **2.** Engrandecer muito; exagerar. *v.p.* **3.** Exagerar-se. **4.** Crescer muito.

A.gil *adj.2g.* **1.** Ligeiro, rápido. **2.** Que se move com facilidade e presteza. **3.** Destro, hábil. **4.** FIG Vivo, lesto. ● *Pl.: ágeis.* ● *Ant.: lento.* ● *Sup.abs.sint.: agílimo e agilíssimo.*

A.gi.li.za.ção *s.f.* Ato ou efeito de agilizar.

A.gi.li.zar *v.t.* e *p.* **1.** Fazer de maneira ágil ou tornar-se mais ágil; imprimir rapidez, velocidade a.

A.gi.li.zá.vel *adj.2g.* Que se pode agilizar, tornar-se mais ágil, rápido.

A.gio *s.m.* **1.** Lucro sobre a diferença de valor da moeda. **2.** Juro de dinheiro emprestado. **3.** Especulação sobre a baixa e a alta de valores. **4.** Lucro excessivo; usura.

A.gi.o.ta *adj.* e *s.2g.* **1.** Diz-se de, ou pessoa que pratica a agiotagem. **2.** Especulador. **3.** Usurário.

A.gi.o.ta.gem *s.f.* **1.** Especulação exagerada sobre títulos e mercadorias, em vista dos respectivos lucros. **2.** Empréstimo a juros muito altos.

AGIR — AGRÔNOMO

A.gir *v.t.* **1.** Praticar na qualidade de agente. **2.** Atuar; funcionar, operar. **3.** Proceder.

A.gi.ta.ção *s.f.* **1.** Ato ou efeito de agitar(-se). **2.** Atividade desordenada. **3.** Movimento, oscilação. **4.** Perturbação da ordem estabelecida; conflito, sublevação. **5.** Tumulto, inquietação. ● *Ant.: calma.*

A.gi.ta.di.ço *adj.* Que facilmente se agita.

A.gi.ta.do *adj.* **1.** Que se agitou. **2.** Excitado. **3.** Inquieto, perturbado. ● *Ant.: calmo.*

A.gi.ta.dor (ô) *adj.* **1.** Que agita. *s.m.* **2.** Aquele que agita. **3.** O que promove desordem ou tumulto. **4.** Revolucionário, ativista.

A.gi.tar *v.t.* **1.** Mover com frequência. **2.** Sacudir em diversos sentidos. **3.** Abalar, comover. **4.** Discutir (uma questão) com veemência. **5.** Perturbar. **6.** Suscitar. *v.p.* **7.** Debater-se. **8.** Mexer-se, mover-se. **9.** Inquietar-se, alterar-se.

A.gi.to *s.m.* **1.** Estado de agitação, de excitação. **2.** *m.q.* muvuca ('aglomeração ruidosa').

A.glo.me.ra.ção *s.f.* **1.** Ato ou efeito de aglomerar. **2.** Ajuntamento de coisas ou pessoas; acúmulo, afluência.

A.glo.me.ra.do *s.m.* **1.** Aglomeração. **2.** Argamassa de cimento e pedra britada. **3.** Chapa que resulta da prensagem de partículas de madeira, usada na construção de móveis. **4.** BOT Conjunto de órgãos que formam uma massa compacta. *adj.* **5.** Junto, apinhado, amontoado.

A.glo.me.rar *v.t. e p.* Juntar(-se), reunir(-se), apinhar(-se), amontoar(-se).

A.glu.ti.nar *v.t.* **1.** Fazer aderir; colar, unir, ligar. **2.** Reunir. **3.** GRAM Formar (palavras) por aglutinação.

Ag.nos.ti.cis.mo *s.m.* Sistema filosófico segundo o qual o conhecimento absoluto é inacessível ao homem.

Ag.nós.ti.co *adj.* **1.** Relativo ao agnosticismo. **2.** Adepto do agnosticismo.

A.go.gô *s.m.* MÚS Instrumento de percussão, de origem africana, em forma de ferradura, usado no candomblé.

A.go.ni.a *s.f.* **1.** Fase final de uma doença, que precede a morte. **2.** Ânsia mortal. **3.** FIG Sofrimento, amargura. **4.** FIG Dor intensa; aflição, angústia. **5.** FIG Desfecho próximo; declínio. **6.** Desejo intenso de conseguir uma coisa; ânsia. **7.** BRAS Pressa, açodamento.

A.go.ni.ar *v.t.* **1.** Causar agonia, aflição, náusea a. **2.** Afligir. *v.int.* **3.** Agonizar. *v.p.* **4.** Apoquentar-se, angustiar-se. **5.** Indispor-se do estômago; sentir náuseas.

A.gô.ni.co *adj.* **1.** Relativo à agonia; opressivo. **2.** Diz-se do período imediatamente anterior à morte.

A.go.ni.zar *v.t.* **1.** Causar agonia a; afligir. *v.int.* **2.** Estar moribundo ou à morte; padecer agonia. **3.** Aproximar-se do fim.

A.go.ra *adv.* **1.** Nesta hora, neste momento, no presente. **2.** Neste instante; já. *conj.* **3.** O mesmo que ora. *conj.* **4.** Mas, porém.

Á.go.ra *s.f.* Na Grécia antiga, praça pública onde se realizavam as assembleias políticas.

A.go.ra.fo.bi.a *s.f.* Estado mórbido caracterizado pelo medo de atravessar locais abertos como largos, praças e jardins.

A.go.rá.fo.bo *adj. e s.m.* Que, ou aquele que sofre de agorafobia.

A.gos.to (ô) *s.m.* Oitavo mês do ano, com 31 dias.

A.gou.rar *v.t.* **1.** Fazer agouro de. **2.** Prever, adivinhar. *v.int.* **3.** Ter mau agouro. **4.** Predizer, vaticinar. **5.** Conjecturar; antever. *v.p.* **6.** Prever o que está para acontecer a si mesmo.

A.gou.ren.to *adj.* **1.** De mau agouro. **2.** Que acredita em agouros. **3.** Azarento.

A.gou.ro *s.m.* **1.** Vaticínio, pressentimento, predição, profecia. **2.** Presságio de coisa má. ● *Var.: agoiro.*

A.gra.ci.ar *v.t.* **1.** Condecorar, premiar. **2.** Conceder graça ou mercê a. **3.** Indultar, anistiar. **4.** Honrar com o título de.

A.gra.dar *v.t.* **1.** Causar agrado. **2.** Parecer bem. **3.** Aprazer, contentar, satisfazer. **4.** BRAS Fazer agrados ou festas a; amimar. *v.int.* **5.** Causar boa impressão; ser agradável.

A.gra.dá.vel *adj.2g.* **1.** Capaz de agradar. **2.** Que agrada. **3.** Amável. **4.** Atraente. ● *Ant.: desagradável.*

A.gra.de.cer *v.t.* **1.** Mostrar ou demonstrar gratidão (a alguém). **2.** Demonstrar gratidão (a alguém) por (alguma coisa). **3.** Retribuir com agradecimento. *v.int.* **4.** Manifestar, exprimir a gratidão.

A.gra.do *s.m.* **1.** Satisfação, delicadeza, manifestação de carinho. **2.** Afabilidade, cortesia. **3.** BRAS Mimo, afago.

A.grá.rio *adj.* **1.** Relativo ao campo, à agricultura, à propriedade agrícola, à população agrícola. **2.** Da terra; rural.

A.gra.va.do *adj.* **1.** Que sofreu agravo ou injustiça; ofendido. **2.** MED Piorado. *s.m.* **3.** DIR A parte contrária ao agravante. **4.** Aquele que sofreu agravo.

A.gra.van.te *adj.2g.* **1.** Que agrava; que torna mais grave. *s.2g.* **2.** Circunstância que torna o crime mais grave. **3.** DIR Aquele que interpõe agravo contra despacho judicial.

A.gra.var *v.t.* **1.** Tornar mais grave, mais pesado. **2.** Tornar pior; exacerbar. **3.** Oprimir com peso ou carga. **4.** Aumentar, majorar. **5.** Interpor agravo (recurso judicial). **6.** Magoar, ofender. *v.p.* **7.** Ofender-se, magoar-se. **8.** Tornar-se mais grave; piorar.

A.gra.vo *s.m.* **1.** Ofensa, injúria, afronta. **2.** Recurso judicial contra uma pretensa ou real injustiça. **3.** Motivo grave de queixa. **4.** Agravamento (de doença).

A.gre.dir *v.t.* **1.** Ofender. **2.** Atacar (sem ser provocado); acometer. **3.** Ir contra. **4.** Injuriar, provocar. **5.** Bater em; surrar.

A.gre.ga.do *adj.* **1.** Reunido, junto. *s.m.* **2.** Que vive numa casa como pessoa da família. **3.** Trabalhador rural que mora e trabalha em terra alheia.

A.gre.gar *v.t.* **1.** Ajuntar, associar. **2.** Acrescentar. **3.** Amontoar, acumular. **4.** Ajuntar, anexar. *v.p.* **5.** Associar-se, reunir-se.

A.gre.mi.a.ção *s.f.* **1.** Reunião de indivíduos em grêmio. **2.** Ajuntamento em assembleia. **3.** Associação.

A.gre.mi.ar *v.t.* **1.** Reunir (pessoas) em grêmio ou assembleia. **2.** Associar. *v.p.* **3.** Associar-se, reunir-se.

A.gres.são *s.f.* **1.** Ato ou efeito de agredir. **2.** Estado de motivação dos animais que leva à luta ou comportamento agressivo, comum na defesa própria, na de seus recursos ou território. **3.** Provocação, insulto, ofensa. **4.** Ataque, investida.

A.gres.si.vo *adj.* **1.** Que envolve agressão; hostil. **2.** Voltado para o ataque. **3.** Que agride ou tende a agredir.

A.gres.sor (ô) *adj. e s.m.* Que, ou aquele que agride ou ataca; provocador.

A.gres.te (é) *adj.* **1.** Relativo ao campo, sobretudo se não cultivado. **2.** Campestre. **3.** Tosco, rústico. **4.** Áspero, rigoroso. **5.** Rude, indelicado. **6.** Zona do Nordeste brasileiro, entre a zona da mata e a caatinga, caracterizada por vegetação escassa e solo pedregoso.

A.gri.ão *s.m.* **1.** Planta hortense da família das crucíferas, rica em vitamina C, cujas folhas são muito utilizadas em salada. **2.** A própria folha.

A.grí.co.la *adj.2g.* **1.** Relativo à agricultura. *s.2g.* **2.** Agricultor.

A.gri.cul.tor (ô) *s.m.* O que se dedica à agricultura; lavrador, fazendeiro.

A.gri.cul.tu.ra *s.f.* Ciência ou prática do cultivo da terra.

A.gri.do.ce *adj.2g.* **1.** Azedo e doce ao mesmo tempo. **2.** FIG Em que há prazer e amargura. ● *Var.: acre-doce.*

A.gri.lho.ar *v.t.* **1.** Prender com grilhões. **2.** Acorrentar, prender. **3.** Ligar, associar. **4.** FIG Escravizar, oprimir. **5.** FIG Constranger.

A.gri.men.sar *v.t.* Medir (terrenos agrícolas).

A.gri.men.sor *s.m.* Aquele que pratica a agrimensura; medidor de terras.

A.gri.men.só.rio *adj.* Relativo à agrimensão.

A.gri.men.su.ra *s.f.* **1.** Medição de terras, campos etc. **2.** Agrimensão. **3.** Arte ou técnica dessa medição.

A.gro.in.dús.tria *s.f.* Atividade industrial que beneficia produtos provenientes da agricultura.

A.gro.in.dus.tri.al *adj.2g.* Relativo à agroindústria.

A.gro.no.mi.a *s.f.* Ciência que se ocupa do estudo das relações entre as plantas cultivadas, o solo, o clima e as técnicas do cultivo dos campos.

A.grô.no.mo *s.m.* O especialista em agronomia.

AGROPECUÁRIA — AIDS

A.gro.pe.cu.á.ria *s.f.* Teoria e prática das relações mútuas da agricultura e da pecuária.

A.gro.tó.xi.co (cs) *s.m.* Produto químico utilizado na proteção e tratamento de culturas e criações em agropecuária, também chamado *defensivo agrícola, pesticida.*

A.gro.vi.a *s.f.* Toda e qualquer via de ligação (terrestre, marítima, fluvial) entre os centros de produção agrícola, os centros de intermediação e/ou a armazenagem e os centros de consumo final.

A.gro.vi.la *s.f.* Núcleo populacional construído para servir de abrigo e oferecer assistência aos que trabalham na construção de estradas de desbravamento.

A.gru.pa.men.to *s.m.* 1. Ato ou efeito de agrupar(-se). 2. Reunião de pessoas ou coisas. 3. Grupo organizado.

A.gru.par *v.t.* 1. Reunir, dispor em grupos. 2. Formar grupo; grupar. *v.p.* 3. Juntar-se, reunir-se em grupo.

A.gru.ra *s.f.* 1. Qualidade de agro; azedume. 2. Aspereza, escabrosidade. 3. FIG Desgosto, dissabor, amargura.

Á.gua *s.f.* 1. Líquido incolor, inodoro e insípido, composto de hidrogênio e oxigênio. ◆ **Água benta**: a que é usada pelos católicos em algumas cerimônias religiosas de bênçãos e purificações. ◆ **Água destilada**: água isenta de sais minerais, usada na produção de remédios. ◆ **Água potável**: a que se pode beber. ◆ **Águas passadas**: fatos consumados.

A.gua.çal *s.m.* Pântano, charco.

A.gua.cei.ro *s.m.* 1. Chuva forte, repentina e geralmente de pouca duração; bátega, chuvarada. 2. Contratempo, infortúnio.

A.gua.cen.to *adj.* Impregnado de água; encharcado.

Á.gua com a.çú.car *adj.* Diz-se da obra (romance, novela etc.) de narrativa simples, convencional, de texto meloso.

A.gua.da *s.f.* 1. Abastecimento de água potável que o navio faz para a viagem. 2. Lugar onde se faz tal abastecimento. 3. Nascente ou córrego.

Á.gua-de-chei.ro *s.f.* POP Perfume.

Á.gua de co.co *s.f.* Albume (endosperma) líquido do coco, us. como bebida refrigerante e por suas propriedades nutritivas e medicinais. ◆ *Pl.: águas de coco.*

Á.gua-de-co.lô.nia *s.f.* Solução de álcool e essências aromáticas (limão, lavanda etc.), usada para perfumar. ◆ *Pl.: águas-de-colônia.*

Á.gua de flor *s.f.* Água destilada com flores, esp. flor de laranjeira, com efeito aromatizante. ◆ *Pl.: águas de flor.*

A.gua.do *adj.* 1. Misturado com água. 2. Sem gosto; insípido. 3. Estragado, imperfeito. 4. POP Diz-se de quem está com água na boca, com vontade de comer certa coisa (doce etc.).

Á.gua-for.te *s.f.* 1. Nome vulgar do ácido nítrico. 2. Gravura em metal obtida com o emprego da água-forte. ◆ *Pl.: águas-fortes.*

Á.gua-for.tis.ta *s.2g.* Gravador ou gravadora que trabalha com água-forte. ◆ *Pl.: águas-fortistas.*

Á.gua-fur.ta.da *s.f.* Espécie de sótão em que as janelas abrem sobre o telhado. ◆ *Pl.: águas-furtadas.*

Á.gua-ma.ri.nha *s.f.* Pedra semipreciosa, variedade verde-azulada do berilo. ◆ *Pl.: águas-marinhas.*

A.gua.pé *s.m.* BOT Nome comum a várias plantas aquáticas, flutuantes, de crescimento rápido.

A.guar *v.t.* 1. Misturar com água. 2. Regar, borrifar. 3. Interromper o gosto ou a alegria de. *v.int.* 4. POP Sentir um grande desejo. 5. Ter aguamento (o animal).

A.guar.dar *v.t.* 1. Ficar à espera; esperar por. 2. Permanecer na expectativa de. 3. Vigiar, observar, espreitar. 4. Acatar, respeitar.

A.guar.den.te *s.f.* Bebida alcoólica (40 a 60%) extraída de várias frutas, plantas (cana-de-açúcar), sementes etc., após fermentação e destilação; cachaça.

A.guar.rás *s.f.* Essência de terebintina ou produto artificial usada como solvente em pintura e esmaltação.

Á.gua-vi.va *s.f.* Nome vulgar das grandes medusas. ◆ *Pl.: águas-vivas.*

A.gu.çar *v.t.* 1. Tornar agudo. 2. Afiar, amolar. 3. FIG Excitar, estimular. *v.int.* e *p.* 4. Tornar-se agudo. 5. Excitar-se, estimular-se.

A.gu.dez *s.f.* Agudeza.

A.gu.de.za (ê) *s.f.* 1. Qualidade de agudo ou cortante. FIG Sutileza, argúcia, perspicácia. 3. Gravidade, intensidade. 4. Estado agudo de uma doença.

A.gu.di.zar *v.t.* 1. Tornar agudo; dar uma forma aguda a. *v.t.* e *p.* 2. Tornar(-se) agudo, intenso, violento (o estado de uma doença). 3. Tornar(-se) grave, inquietante, perigoso; agravar(-se), exacerbar(-se).

A.gu.do *adj.* 1. Que termina em ponta. 2. Afiado. 3. Fino, penetrante. 4. Sutil, perspicaz. 5. Vivo, intenso. 6. Grave, violento. 7. MED De curso rápido e grave. 8. GRAM Diz-se de vocábulo oxítono. 9. Diz-se de som de elevada frequência.

A.guen.tar *v.t.* 1. Suportar (peso, carga, trabalho). 2. Sofrer, tolerar, resistir. *v.t.* e *p.* 3. Sustentar(-se), manter(-se).

A.guer.ri.do *adj.* 1. Habituado à guerra. 2. Corajoso, valente.

A.guer.rir *v.t.* 1. Incitar à guerra. 2. Habituar (o corpo ou o espírito) a estado exaustivo, a lutas, trabalhos e contrariedades. 3. Tornar valoroso. *v.p.* 4. Exercitar-se nas armas, na guerra.

Á.guia *s.f.* 1. ORNIT Nome comum às várias aves de rapina diurnas, de grande porte (2,50 m de envergadura), que habitam as altas montanhas. 2. Insígnia, estandarte. 3. FIG Homem de alto engenho e perspicácia. 4. FIG Espírito superior; gênio. 5. FAM Pessoa astuta; espertalhão, velhaco.

A.gui.lhão *s.m.* 1. Ponta de ferro fixada na extremidade de um bastão; ferrão, aguilhada. 2. FIG Tudo aquilo que incita a agir. 3. FIG Estímulo, incentivo. 4. FIG Sofrimento pungente.

A.gui.lho.a.da *s.f.* Picada com aguilhão; ferroada.

A.gui.lho.ar *v.t.* 1. Picar ou ferir com aguilhão. 2. Espicaçar. 3. FIG Estimular, incitar. 4. FIG Fazer sofrer (física ou moralmente).

A.gu.lha *s.f.* 1. Pequena haste fina de aço, temperada e polida, aguçada de um lado e com um orifício do outro para enfiar linha, e que serve para coser. 2. Extremidade aguda. 3. Ponteiro de relógio. 4. Pequena peça de aço cuja ponta penetra nós sulcos do disco fazendo vibrar o diafragma das vitrolas. 5. Peça do carburador do automóvel que regula a entrada de combustível na cuba. 6. Ponto de junção das espáduas dos animais. 7. Trilho móvel para desvio de trens. 8. Certa variedade de peixe.

A.gu.lha.da *s.f.* 1. Ferimento com agulha. 2. Cada uma das enfiadas de linha. 3. Dor semelhante à provocada por picada de agulha.

A.gu.lhei.ro *s.m.* 1. Estojo ou almofada para guardar agulhas. 2. Fabricante de agulhas. 3. Ferroviário que manobra as agulhas nas linhas férreas.

A.gu.lhe.ta (ê) *s.f.* 1. Ponta metálica dos atacadores. 2. Extremidade do tubo de bomba. 3. Agulha para enfiar fitas ou cordões.

Ah *interj.* que exprime admiração, desejo, dúvida, assombro, ironia, dor etc.

Ai *interj.* indicativa de grito de dor ou lamento, mas que pode também expressar alegria, excitação.

A.í¹ *adv.* 1. Nesse lugar. 2. A esse lugar. 3. Nesse ponto, nesse ponto. 4. Pelo mundo, por aí afora. 5. Nesse caso; então.

A.í² *interj.* que serve para aplaudir, para incentivar, ou exprime aplauso, ironia: Aí, hein, cara...

Ai.a *s.f.* 1. Criada de dama nobre; camareira. 2. Dama de companhia. 3. Preceptora de crianças, em casa de famílias nobres.

Ai.a.to.lá *s.m.* Título dos líderes islâmicos xiitas, inferior apenas ao imã.

-ai.co *suf.* 'Referência, pertinência': *judaico.*

Ai.dé.ti.co *adj.* Diz-se daquele que contraiu AIDS. *s.m.* 2. Indivíduo doente de AIDS; sidético (preconceituoso).

Aids *s.f.* (abrev. do ingl. *Acquired Immunological Deficiency Syndrome*) Síndrome da Imunodeficiência Adquirida (SIDA), doença grave, contagiosa, fatal, consequência da infecção pelo vírus HIV, transmissível por via sexual ou sanguínea.

AIMORÉ — ALARMAR

Ai.mo.ré *adj.2g.* **1.** Relativo aos Aimorés. *s.2g.* **2.** Indígena da tribo dos Aimorés.

-ai.na *suf.* 'Abundância': *bocaina*.

A.in.da *adv.* **1.** Até agora, até então, até o momento. **2.** Novamente. **3.** Um dia, futuramente. **4.** Nem mesmo. **5.** Mesmo assim. **6.** Pelo menos. **7.** Além disso. **8.** Não obstante. **9.** Também.

Ai.pim *s.m.* BOT Planta comestível, também conhecida por *mandioca, mandioca-doce* e *macaxeira*.

Ai.po *s.m.* BOT Planta herbácea, usada como condimento, o mesmo que *salsão*.

Ai.qui.dô *s.m.* MIN Arte marcial japonesa, de natureza predominantemente defensiva, com técnicas que buscam a neutralização de ataques adversários por meio de movimentos de rotação e esquiva, nos quais a própria força do oponente é us. para desequilibrá-lo e vencê-lo.

Air bag (ér-bég) (ing.) *s.m.* Bolsa de ar que infla automaticamente quando o carro sofre um impacto violento, protegendo, sobretudo, rosto e tórax do motorista e dos passageiros.

Ai.ro.so (ô) *adj.* **1.** Esbelto, elegante, gracioso. **2.** Digno, decente. **3.** Gentil, amável, polido.

A.is.tó.ri.co *adj.* Não histórico; alheio à história, mais us. que *anistórico*.

A.jae.zar *v.t.* **1.** Adornar (cavalo de montaria) de jaezes. *v.p.* **2.** Enfeitar-se, adornar-se.

A.jan.ta.ra.do *adj.* e *s.m.* Diz-se de, ou refeição servida bem mais tarde que a hora habitual do almoço e que serve também de jantar.

A.jar.di.nar *v.t.* **1.** Dar forma de jardim a. **2.** Transformar em jardim.

A.jei.tar *v.t.* **1.** Acomodar. **2.** Pôr a jeito ou de jeito. **3.** Dar jeito. **4.** Harmonizar. *v.p.* **5.** Pôr-se a jeito; acomodar-se.

A.jo.e.lha.men.to *s.m.* Posição de quem está de joelhos.

A.jo.e.lhar *v.t., int.* e *p.* **1.** Pôr(-se) de joelhos. **2.** Fraquejar, submeter-se.

A.jou.jar *v.t.* **1.** Ligar com ajoujo. **2.** Unir, ligar moralmente. **3.** Fazer vergar ao peso da carga. **4.** Unir, juntar. *v.p.* **5.** Unir-se, juntar-se. **6.** Deixar-se dominar.

A.jou.jo *s.m.* **1.** Cordão, correia ou corrente para prender animais dois a dois pelo pescoço. **2.** Par de animais assim unidos. **3.** FIG União forçada.

A.ju.da *s.f.* **1.** Ato ou efeito de ajudar. **2.** Auxílio, socorro, favor. **3.** Assistência.

A.ju.dan.te *adj.* e *s.2g.* **1.** Que, ou pessoa que ajuda outra. **2.** Pessoa que ajuda; auxiliar. **3.** Funcionário às ordens de outro; assistente.

A.ju.dar *v.t.* **1.** Prestar ajuda a. **2.** Auxiliar, assistir, socorrer. **3.** Favorecer, facilitar. **4.** Dar ajuda, prestar auxílio. **5.** Auxiliar (alguém) a fazer alguma coisa. *v.p.* **6.** Valer-se, servir-se. **7.** Auxiliar-se reciprocamente.

A.ju.i.za.do *adj.* Sensato, prudente, discreto, judicioso.

A.ju.i.zar *v.t.* **1.** Julgar, avaliar. **2.** Levar a juízo (uma demanda). *v.int.* **3.** Supor, conjeturar. *v.p.* **4.** Julgar-se, considerar-se.

A.ju.i.zá.vel *adj.2g.* Que se pode ajuizar ou demandar.

A.jun.ta.men.to *s.m.* **1.** Ato ou efeito de ajuntar. **2.** Reunião, aglomeração de pessoas.

A.jun.tar *v.t.* **1.** Reunir, convocar. **2.** Acumular, amealhar, poupar. **3.** Unir; pôr junto. **4.** Acrescentar; adicionar. *v.p.* **5.** Unir-se, juntar--se. **6.** POP Amasiar-se, amigar-se.

A.ju.ra.men.tar *v.t.* **1.** Fazer jurar; juramentar. *v.p.* **2.** Obrigar-se com juramento.

A.jus.tar *v.t.* **1.** Unir bem. **2.** Tornar justo, exato. **3.** Inteirar, completar. **4.** Combinar, acordar. **5.** Acertar nos mínimos detalhes. **6.** Estipular. **7.** Liquidar contas. **8.** Colocar as peças (de uma máquina), nos devidos lugares. **9.** Amoldar, adaptar. *v.p.* **10.** Adaptar-se, acomodar-se. **11.** Adornar-se, enfeitar-se.

A.jus.te *s.m.* **1.** Ato ou efeito de ajustar (contas). **2.** Pacto, acordo, trato. **3.** Convenção, contrato.

A.ju.tó.rio *s.m.* Adjutório, mutirão, ajuda.

-al *suf.* **1.** 'Relação': *artesanal*. **2.** 'Coletivo': *cafezal*.

AL Sigla do Estado de Alagoas.

A.la *s.f.* **1.** Fileira, fila, renque. **2.** Resguardo lateral de ponte. **3.** Parte lateral de um edifício. **4.** Extremo ou flanco de um exército disposto para a batalha. **5.** Cada um dos grupos de um partido político. **6.** Subdivisão de uma escola de samba. **7.** Asa.

A.la.bar.da *s.f.* ANT Arma que constava de longa haste de madeira, rematada em ferro largo e pontiagudo, atravessado por outro em forma de meia-lua.

A.la.bas.tri.no *adj.* **1.** Semelhante a, ou que tem alguma das propriedades do alabastro. **2.** Muito branco. **3.** Puro.

A.la.bas.tro *s.m.* MINER Mármore branco ou claro, macio e translúcido, que é uma variedade, de partículas finas, do mineral gipsita.

Á.la.cre *adj.* **1.** Alegre, jovial. **2.** Vivo, alegre. **3.** Entusiasmado, animado.

A.la-di.rei.ta *s.2g.* Jogador que ataca e defende pela lateral direita do campo. • *Pl.*: *alas-direitas*.

A.la.do *s.f.* **1.** Que tem asas. **2.** Em forma de asas.

A.la-es.quer.da *s.2g.* Jogador que ataca e defende pela lateral esquerda do campo. • *Pl.*: *alas-esquerdas*.

A.la.ga.di.ço *adj.* **1.** Sujeito a alagar-se. **2.** Lamacento, paludoso, pantanoso. *s.m.* **3.** Solo úmido, utilizado para o cultivo do arroz. **4.** Terreno alagadiço.

A.la.ga.men.to *s.m.* **1.** Ato ou efeito de alagar. **2.** Cheia, inundação. **3.** FIG Destruição, ruína.

A.la.gar *v.t.* **1.** Tornar em lago. **2.** Cobrir de água; inundar. **3.** Cobrir ou encher de qualquer líquido. **4.** Invadir. *v.p.* **5.** Encher-se ou cobrir-se de água. **6.** Naufragar. **7.** Arruinar, destruir. **8.** Subverter-se.

A.la.go.a.no *adj.* **1.** Relativo ou pertencente a Alagoas, Estado da Região Nordeste. *s.m.* **2.** O natural ou habitante de Alagoas.

A.la.mar *s.m.* Galão de fio metálico ou de seda, lã etc., que guarnece e abotoa a frente de um vestuário. • Também se usa no pl.: *alamares*.

A.lam.bi.ca.do *adj.* **1.** Destilado no alambique. **2.** Presumido, afetado. **3.** Complicado, obscuro.

A.lam.bi.car *v.t.* **1.** Destilar no alambique. **2.** Tornar afetado; arrevesar. *v.p.* **3.** Tornar-se presunçoso.

A.lam.bi.que *s.m.* Aparelho para destilação, formado de caldeira, capacete e serpentina.

A.lam.bra.do *adj.* **1.** Cerca de arame. *adj.* **2.** Diz-se de terreno cercado com arame.

A.la.me.da (ê) *s.f.* **1.** Rua larga ou avenida orlada de álamos. **2.** Qualquer rua ou avenida plantada de quaisquer árvores; aleia.

A.lar *v.t.* **1.** Içar, levantar, fazer subir. **2.** Dar asa(s) a. **3.** Fazer voar. **4.** Criar asas. **5.** Desferir voo. *v.p.* **6.** Elevar-se, voando. **7.** Engrandecer-se.

A.la.ran.ja.do *adj.* **1.** Que tem forma, cor ou gosto de laranja. **2.** Diz-se da cor situada entre o amarelo e o vermelho. *s.m.* **3.** A própria cor.

A.lar.de *s.m.* **1.** Ostentação, aparato. **2.** Bazófia, fanfarrice.

A.lar.de.ar *v.t.* **1.** Fazer alarde. **2.** Gabar-se, bazofiar. *v.int.* **3.** Contar bazófias.

A.lar.ga.men.to *s.m.* **1.** Ato ou efeito de alargar. **2.** Estado do que se alargou; dilatação. **3.** Ampliação.

A.lar.gar *v.t.* **1.** Tornar largo ou mais largo. **2.** Dilatar, estender. **3.** Despertar, afrouxar. **4.** Ampliar, desenvolver. **5.** Prolongar; dar maior duração a. *v.int.* e *p.* **6.** Fazer-se ou tornar-se mais largo.

A.la.ri.do *s.m.* **1.** Clamor de vozes. **2.** Celeuma, algazarra, gritaria. **3.** Choradeira, lamúria.

A.lar.ma *s.m.* Alarme.

A.lar.man.te *adj.2g.* **1.** Que causa alarme. **2.** Que assusta ou inquieta. **3.** Inquietante.

A.lar.mar *v.t.* **1.** Dar voz de alarma; inquietar, assustar. *v.p.* **2.** Assustar-se, alvoroçar-se.

ALARME — ALCOOLIZAR

A.lar.me *s.m.* **1.** Grito para pegar em armas. **2.** Aviso de perigo. **3.** Inquietação provocada por ameaça de perigo real ou imaginário. **4.** Sinal usado para dar aviso de algum perigo. **5.** Pavor súbito; tumulto, confusão. ◆ *Var.: alarma.*

A.lar.mis.mo *s.m.* Disseminação de boatos ou notícias alarmantes, que provocam inquietação, medo, confusão.

A.lar.mis.ta *adj. e s.2g.* **1.** Diz-se de, ou pessoa que espalha boatos inquietantes. **2.** Boateiro. **3.** Pessimista.

A.lar.ve *s.2g.* **1.** Pessoa rude ou palerma. **2.** Comilão, glutão.

A.las.tra.men.to *s.m.* Ato ou efeito de alastrar(-se).

A.las.tran.te *adj.2g.* Que se alastra.

A.las.trar *v.t.* **1.** Pôr lastro; lastrar. *v.int.* e p. **2.** Estender-se gradualmente. **3.** Espalhar-se, disseminar-se, propagar-se (doença).

A.las.trim *s.m.* Doença eruptiva epidêmica, aparentada à varíola e à catapora.

A.la.ti.nar *v.t.* Dar feição latina a.

A.la.ú.de *s.m.* MÚS Instrumento de cordas dedilháveis, usado na Europa nos séculos XVI e XVII.

A.la.van.ca *s.f.* **1.** Engenho simples constituído por barra de ferro ou madeira resistente, que se emprega para mover ou levantar pesos. **2.** Qualquer barra usada com essa mesma finalidade. **3.** Meio de ação; expediente.

A.la.zão *adj. e s.m.* Diz-se de, ou cavalo que tem cor de canela. ● *Pl.: alazães* ou *alazões.* ● *Fem.: alazã.*

Al.ba *s.f.* Antiga composição poética de origem provençal, cujo tema era uma cena acontecida ao amanhecer. ◆ *Var.: alva.*

Al.ba.nês *adj.* **1.** Relativo à Albânia, país da Europa; albano. *s.m.* **2.** O natural ou habitante da Albânia. **3.** Língua falada na Albânia.

Al.bar.da *s.f.* **1.** Sela grosseira, enchumaçada de palha, para animais de carga. **2.** FIG Opressão, vexame.

Al.bar.dão *s.m.* Albarda grande.

Al.ba.troz *s.m.* ORNIT Ave palmípede marinha, muito voraz, de até 3 m de envergadura.

Al.ber.gar *v.t.* **1.** Recolher em albergue. **2.** Hospedar, abrigar em albergue. *v.p.* **3.** Agasalhar-se. **4.** Abrigar-se, hospedar-se.

Al.ber.ga.ri.a *s.f.* **1.** Lugar onde se dá albergue. **2.** Estalagem, pousada, hospedaria.

Al.ber.gue *s.m.* **1.** Hospedaria. **2.** Casa de pouso; hospedagem. **3.** Lugar em que se recolhe alguém por caridade. **4.** Refúgio, abrigo. ◆ *Albergue noturno:* lugar próprio para abrigar mendigos à noite.

Al.bi.nis.mo *s.m.* Anomalia congênita caracterizada pela ausência total ou parcial do pigmento da pele, dos pelos, da íris e da corioide.

Al.bi.no *adj. e s.m.* Diz-se de, ou aquele que sofre de albinismo; aça.

Al.bor *s.m.* Alvor.

Al.bor.noz (ó) *s.m.* Manto de lã com capuz, usado pelos árabes.

Al.bum *s.m.* **1.** Livro de folhas de cartolina ou papel forte, próprias para emoldurar ou guardar retratos, selos etc. **2.** Livro destinado a receber desenhos, versos, pensamentos, autógrafos etc. ● *Pl.: álbuns.*

Al.bu.me *s.m.* **1.** Clara de ovo. **2.** Tecido nutritivo que envolve o embrião de algumas sementes. **3.** Endosperma. ◆ *Var.: albúmen* ● *pl.: albumens.*

Al.bu.mi.na *s.f.* Substância que se encontra na clara do ovo, no leite, no plasma etc.

Al.bur.no *s.m.* **1.** A parte mais nova do lenho das árvores. **2.** Peixe de água doce, da família dos ciprinídeos, de até 15 cm de comprimento.

Al.ça *s.f.* **1.** Argola, presilha ou puxadeira que serve para erguer ou segurar alguma coisa. **2.** Laçada. **3.** Sola que os sapateiros colocam sobre a forma do sapato para torná-la mais alta. **4.** Asa. **5.** Suspensório.

Al.cá.cer *s.m.* **1.** Castelo, fortaleza, palácio. **2.** Habitação suntuosa.

Al.ca.cho.fra (ô) *s.f.* BOT Planta hortense, de folhas espinhosas e uso medicinal, cujo receptáculo se constitui ainda em verdura muito apreciada.

Al.ca.cho.fral *s.m.* Plantação de alcachofras.

Al.ca.çuz *s.m.* **1.** BOT Planta de raiz adocicada, medicinal. **2.** O suco dessa planta.

Al.ça.da *s.f.* **1.** Jurisdição, competência, responsabilidade. **2.** DIR Órbita da competência ou de poderes de um órgão judicial.

Al.ca.gue.tar *v.t.* e *int.* GÍR Delatar, dedurar, caguetar.

Al.ca.gue.te *adj.* e *s.2g.* **1.** GÍR Diz-se de, ou pessoa que, paga pela polícia, se insinua no mundo do crime para delatar criminosos **2.** Dedo-duro, delator.

Al.cai.de *s.m.* **1.** Antigo governador de comarca ou província. **2.** Autoridade administrativa espanhola. **3.** Prefeito municipal.

Al.cai.de.vo.lho, *adj.* velho, imprestável. **5.** POP Pessoa muito velha, gagá.

Ál.ca.li *s.m.* **1.** Nome dado, em geral, às bases químicas e especialmente as correspondentes do lítio, sódio, potássio, rubídio e césio. **2.** BOT Substância que faz a soda.

Al.ca.li.no *adj.* **1.** Relativo a, ou que contém álcali. **2.** Que tem caráter básico (química).

Al.ca.loi.de *s.m.* Substância orgânica natural nitrogenada, encontrada nos caules, raízes, cascas ou folhas das plantas, cuja molécula contém pelo menos um átomo de nitrogênio salificável, como a morfina, a cocaína, a cafeína e a atropina, alguns usados na farmacologia por suas propriedades úteis.

Al.can.çar *v.t.* **1.** Chegar a. **2.** Ir até. **3.** Obter, conseguir. **4.** Atingir, completar. **5.** Apanhar. **6.** Tocar com a mão em. **7.** Entender, perceber. **8.** Bastar. *v.int.* **9.** Conseguir o que se pretende.

Al.can.ce *s.m.* **1.** Distância atingível pela vista ou pelo projétil de uma arma. **2.** Ato de alcançar. **3.** Busca, encalço. **4.** Inteligência, acuidade. **5.** Importância, valor.

Al.can.do.rar-se *v.p.* **1.** Elevar-se, guindar-se. **2.** Exaltar-se, ufanar-se.

Al.can.til *s.m.* **1.** Monte íngreme e com escabrosidade. **2.** Despenhadeiro a pique. **3.** Píncaro, pico, culminância.

Al.ça.pão *s.m.* **1.** Porta ou tampa horizontal que se fecha de cima para baixo e dá entrada para um porão ou desvão do telhado. **2.** Abertura que comunica um pavimento com outro inferior. **3.** Armadilha para pássaros. **4.** Cilada, embuste.

Al.ca.par.ra *s.f.* Botão da alcaparreira, aromático, usado como condimento e como digestivo.

Al.ca.par.ral *s.m.* Lugar onde crescem alcaparras.

Al.ca.par.rei.ra *s.f.* BOT Planta hortense, espinhosa, que dá a alcaparra.

Al.çar *v.t.* **1.** Elevar, altear. **2.** Celebrar com exaltação; louvar. **3.** Edificar, erigir. *v.int.* **4.** Fugir (a criação mansa) para lugares ermos. *v.p.* **5.** Sublevar-se, erguer-se. **6.** Extraviar-se, tornar-se selvagem (o gado). **7.** Sobressair.

Al.ca.tei.a *s.f.* **1.** Bando de lobos, de animais ferozes. **2.** Bando de malfeitores. ◆ *De alcateia:* à espera.

Al.ca.tra *s.f.* Peça de carne, situada onde termina o fio do lombo na rês, junto aos rins.

Al.ca.trão *s.m.* Produto residual da destilação de diversas madeiras ou do carvão de pedra.

Al.ce *s.m.* Espécie de veado de grande porte, de pescoço curto e chifres palmados, encontrado na Escandinávia, Sibéria, Canadá e Alasca.

Al.ce.ar *v.t.* **1.** Colocar alças em. **2.** Alçar, erguer, levantar.

Ál.co.ol *s.m.* **1.** Substância orgânica, líquida e inflamável, obtida da destilação de certos produtos fermentados. **2.** Qualquer bebida alcoólica.

Al.co.ó.la.tra *s.2g.* Pessoa viciada em bebidas alcoólicas.

Al.co.ó.li.co *adj.* **1.** Que contém álcool. **2.** Concernente ou relativo ao álcool. *s.m.* **3.** Alcoólatra.

Al.co.o.lis.mo *s.m.* **1.** MED Doença resultante do abuso de bebidas alcoólicas. **2.** Vício de tomar álcool.

Al.co.o.li.zar *v.t.* **1.** Misturar com álcool (qualquer líquido). **2.** Embriagar, embebedar. *v.p.* **3.** Embebedar-se, embriagar-se.

ALCORÃO — ALFANDEGAGEM

Al.co.rão *s.m.* Livro sagrado do islamismo, que contém as revelações feitas a Maomé (escreve-se com inicial maiúscula: *Alcorão*). ● *Pl.: Alcorões* ou *Alcorães*.

Al.co.va (ó) *s.f.* **1.** Quarto interno, sem janelas. **2.** Quarto de mulher. **3.** Dormitório de casal. **4.** Esconderijo.

Al.co.vi.tar *v.t.* **1.** Servir de intermediário em relações amorosas. **2.** Intrigar, mexericar. **3.** Inculcar, servindo de alcoviteiro.

Al.co.vi.tei.ro *s.m.* **1.** Homem que alcovita. **2.** Mexeriqueiro, leva e traz. **3.** Indivíduo intermediário de prostitutas; cafetão. ● *Fem.: alcoviteira.*

Al.cu.nha *s.f.* **1.** Apelido que se põe a qualquer pessoa. **2.** Epíteto depreciativo derivado de qualquer particularidade física ou moral.

Al.cu.nhar *v.t.* Pôr alcunha em; apelidar.

Al.de.a.men.to *s.m.* **1.** Ato ou efeito de aldear. **2.** Pequeno conjunto de casas ou cabanas. **3.** Povoação de índios, dirigida por missionário ou autoridade leiga.

Al.de.ão *adj.* **1.** Relativo à aldeia. **2.** Simplório, rústico, camponês. *s.m.* **3.** Habitante de aldeia. ● *Pl.: aldeãos, aldeões, aldeães.* ● *Fem.: aldeã* ou *aldeoa*.

Al.de.ar *v.t.* **1.** Dividir em aldeias. **2.** Povoar de aldeias. **3.** Reunir, formando aldeias. **4.** Congregar, reunir formando aldeia.

Al.dei.a *s.f.* **1.** Povoação pequena, de categoria inferior à vila. **2.** Povoação rústica. **3.** Povoação indígena. Dim.: *aldeola, aldeota*.

Al.de.í.do *s.m.* QUÍM Composto orgânico formado pela desidrogenação ou oxigenação de um álcool.

Al.de.o.la *s.f.* Pequena aldeia.

Al.dra.ba *s.f.* **1.** Tranqueta para fechar porta. **2.** Argola metálica com que se bate à porta, chamando a atenção de quem está dentro.

A.le.a.tó.rio *adj.* **1.** Que depende de acontecimentos futuros incertos. **2.** Casual, fortuito, incerto.

A.le.crim *s.m.* **1.** BOT Arbusto de odor agradável, muito usado como medicamento ou em rituais afro-brasileiros. **2.** Qualquer das partes (folha, ramo ou flor) desse arbusto.

A.le.ga.ção *s.f.* **1.** Ato ou efeito de alegar. **2.** Aquilo que se alega. **3.** Justificativa, explicação. **4.** Argumento, prova.

A.le.gar *v.t.* **1.** Citar (um fato) como prova. **2.** Apresentar como desculpa ou pretexto. **3.** Expor em juízo razões, argumentos, fatos.

A.le.go.ri.a *s.f.* **1.** Exposição de um pensamento sob forma figurada. **2.** Ficção que representa um objeto para dar ideia de outro. **3.** Série continuada de metáforas que significam uma coisa nas palavras e outra no sentido.

A.le.grar *v.t.* **1.** Tornar ou pôr alegre. **2.** Pôr ligeiramente embriagado. *v.p.* **3.** Sentir alegria, ficar satisfeito.

A.le.gre *adj.* **1.** Que tem ou sente alegria; contente, satisfeito **2.** Ligeiramente embriagado. **3.** Vivo e vistoso (cor). ● *Ant.: triste.*

A.le.gri.a *s.f.* **1.** Qualidade de alegre. **2.** Contentamento que se manifesta em palavras, ações. **3.** Júbilo, satisfação. **4.** Festa, divertimento. **5.** Vivacidade. **6.** Prazer moral. ● *Ant.: tristeza.*

A.le.gro *s.m.* MÚS Composição ou parte de uma composição de andamento vivo ou ligeiro.

A.lei.a *s.f.* **1.** Caminho ladeado de árvores. **2.** Alameda.

A.lei.ja.do *adj.* e *s.m.* **1.** Que, ou aquele que tem algum membro mutilado, deformado e incapaz de seu uso natural. **2.** Manco, estropiado, paralítico.

A.lei.jão *s.m.* **1.** Falta ou grande deformação de membro, órgão ou função. **2.** Defeito (físico, moral, artístico). **3.** Monstro, pessoa muito disforme.

A.lei.jar *v.t.* **1.** Causar aleijão a. **2.** Deformar, mutilar. **3.** Deturpar. **4.** Magoar, ferir moralmente. *v.int.* **5.** Ficar aleijado. *v.p.* **6.** Tornar-se aleijado. **7.** Magoar-se muito.

A.lei.tar *v.t.* **1.** Criar com leite. **2.** Dar de mamar a; amamentar.

A.le.lu.ia *s.f.* **1.** Canto de alegria ou de ação de graças. **2.** O sábado em que se comemora a Ressurreição de Cristo. *interj.* **3.** Exclamação de alegria e/ou consolação.

A.lém *adv.* **1.** Acolá, lá. **2.** Do lado de lá. **3.** Mais adiante. **4.** Mais longe. *s.m.* **5.** O que vem após a morte. **6.** A eternidade; o outro mundo.

A.le.mão *adj.* **1.** Relativo ou pertencente à Alemanha, país da Europa. *s.m.* **2.** O natural ou habitante da Alemanha. **3.** Idioma falado na Alemanha. ● *Pl.: alemães.* ● *Fem.: alemã.*

A.lém-tú.mu.lo *s.m.* Vida que vem depois da morte. ● *Pl.: além--túmulos.*

A.len.ta.do *adj.* **1.** Que tem alento. **2.** Esforçado, valente. **3.** Forte, robusto, corpulento. **4.** Farto, substancial. **5.** Animado.

A.len.tar *v.t.* **1.** Dar alento a; animar, encorajar. **2.** Alimentar, nutrir. **3.** Excitar, estimular. *v.int.* **4.** Tomar alento. **5.** Respirar, resfolegar. *v.p.* **6.** Encorajar-se, animar-se.

A.len.to *s.m.* **1.** Fôlego, hálito, respiração. **2.** Aragem, sopro. **3.** Ânimo, coragem. **4.** Alimento, sustento. **5.** Força, vigor. **6.** POÉT Entusiasmo, inspiração.

A.lér.ge.no *s.m.* Agente causador de alergia (poeira, veneno de animais etc.).

A.ler.gi.a *s.f.* **1.** Hipersensibilidade do organismo a determinadas substâncias e agentes físicos. **2.** Ojeriza.

A.lér.gi.co *adj.* **1.** Relativo a alergia. **2.** Que possui caráter incompatível com. **3.** Causado por alergia. **4.** Que tem alergia. *s.m.* **5.** MED Aquele que sofre de alergia.

A.ler.gis.ta *adj.2g.* e *s.2g.* Especialista no diagnóstico e tratamento das moléstias alérgicas; alergologista.

A.ler.go.lo.gi.a *s.f.* Parte da Medicina que se ocupa das alergias.

A.ler.go.lo.gis.ta *adj.* e *s.2g.* Especialista em alergologia.

A.ler.ta *adj.* **1.** Atento, vigilante. *s.m.* **2.** Sinal ou aviso para estar vigilante. *adv.* **3.** Atentamente; com cautela. **4.** *interj.* que indica ordem ou incita à atenção, em especial diante de perigo: *sentido!, cuidado!*

A.ler.tar *v.t.* e *int.* **1.** Tornar ou deixar alerta. **2.** Pôr-se alerta. **3.** Pôr-se de sobreaviso. **4.** Dar o alerta; prevenir.

A.le.vi.no *s.m.* Filhote de peixe, que ainda se alimenta das reservas nutritivas de seu saco vitelino.

A.le.xan.dri.no[1] *adj.* **1.** Relativo ou pertencente à Alexandria (Egito). *s.m.* **2.** O natural ou habitante da Alexandria.

A.le.xan.dri.no[2] *adj.* **1.** Relativo a Alexandre Magno, rei da Macedônia (356-325 a.C.). *s.m.* **2.** Diz-se de, ou verso de doze sílabas, com acento na sexta e na décima segunda.

Al.fa *s.m.* **1.** Primeira letra do alfabeto grego e siríaco. **2.** FIG Princípio, começo. **3.** Símbolo matemático. *s.f.* **4.** BOT Gramínea usada no fabrico de papel.

Al.fa.be.tar *v.t.* Colocar em ordem alfabética.

Al.fa.bé.ti.co *adj.* **1.** Do alfabeto. **2.** Que está segundo a ordem das letras do alfabeto. **3.** Diz-se da língua ou escrita que utiliza o alfabeto.

Al.fa.be.ti.za.dor (ô) *adj.* e *s.m.* Que ou aquele que alfabetiza.

Al.fa.be.ti.zan.do *s.m.* Aquele que vai ser ou está sendo alfabetizado.

Al.fa.be.ti.zar *v.t.* **1.** Ensinar a ler e a escrever. **2.** Dar instrução primária a.

Al.fa.be.to *s.m.* **1.** Conjunto das letras usadas na escrita de uma língua, dispostas de forma convencional; abecedário. **2.** Primeiras noções de qualquer ciência ou arte; rudimentos.

Al.fa.ce *s.f.* BOT Planta hortícola muito usada em saladas.

Al.fa.fa *s.f.* BOT Planta leguminosa, proveniente da Ásia, importante forragem, muito usada na alimentação do gado.

Al.fai.a *s.f.* **1.** Artefato de uso ou adorno doméstico. **2.** Joia, enfeite, baixela. **3.** Tapeçaria em geral. **4.** Paramento de igreja. **5.** Utensílio agrícola.

Al.fai.a.ta.ri.a *s.f.* Oficina ou loja de trabalho do alfaiate

Al.fai.a.te *s.m.* Aquele que costura, principalmente, roupas de homem.

Al.fân.de.ga *s.f.* **1.** Repartição ou administração pública onde se cobram os direitos de entrada e saída de mercadorias; aduana. **2.** O edifício onde funciona essa repartição. **3.** FIG Lugar de algazarra e desordem.

Al.fan.de.ga.gem *s.f.* **1.** Cobrança de taxas aduaneiras. **2.** Armazenamento de mercadorias na alfândega.

ALFANDEGAR — ALICERÇAR

Al.fan.de.gar *v.t.* **1.** Expedir ou remeter (algo) seguindo os trâmites estabelecidos pela alfândega. **2.** Depositar ou armazenar na alfândega. **3.** Estabelecer alfândega em.

Al.fan.je *s.m.* **1.** Sabre mourisco de folha curva, curta e larga, com o fio do lado convexo. **2.** Gadanha.

Al.fa.nu.mé.ri.co *adj.* **1.** Que combina letras do alfabeto e números (diz-se de sistema de codificação). **2.** Que funciona com base nesse sistema (diz-se de dispositivo).

Al.far.rá.bio *s.m.* Livro antigo, de leitura cansativa.

Al.far.ra.bis.ta *s.2g.* Aquele que vende ou coleciona livros velhos ou alfarrábios.

Al.far.ro.ba *s.f.* Fruto da alfarrobeira, de polpa açucarada e propriedades antidiarreicas.

Al.far.ro.bei.ra *s.f.* Árvore da família das leguminosas, típica de clima temperado, de até 10 m de altura, que produz a alfarroba.

Al.fa.va.ca *s.f.* BOT Nome comum a várias plantas usadas na culinária, muitas das quais cultivadas em jardins pelo aroma e beleza das folhas.

Al.fa.ze.ma *s.f.* BOT Arbusto europeu aromático, de cujas flores se extrai precioso óleo aromático utilizado em perfumaria; lavanda.

Al.fe.res *s.m.* Antigo posto militar, correspondente hoje a segundo-tenente.

Al.fi.ne.ta.da *s.f.* **1.** Picada de alfinete. **2.** Dor muito aguda e rápida. **3.** FIG Dito picante, maldoso, crítico; provocação.

Al.fi.ne.tar *v.t.* **1.** Picar com alfinetes. **2.** Dar forma de alfinete a. **3.** FIG Ferir com palavras; satirizar, criticar.

Al.fi.ne.te (ê) *s.m.* **1.** Pequena haste fina de metal, aguçada de um lado e terminando do outro por cabeça, que serve para pregar ou segurar peças do vestuário. **2.** Joia que se prega na gravata. **3.** Haste metálica para segurar os cabelos ou o chapéu de senhoras. **4.** Coisa de pouco valor.

Al.fom.bra *s.f.* **1.** Tapete espesso e fofo; alcatifa. **2.** Chão coberto de relva ou grama.

Al.for.je (ô) *s.m.* Saco duplo, fechado nas extremidades e aberto no meio, o que permite equilibrar a carga sobre bestas ou no ombro das pessoas; picuá.

Al.for.ri.a *s.f.* Liberdade concedida ao escravo; libertação.

Al.for.ri.ar *v.t.* Dar alforria a (escravo); libertar. *v.p.* **2.** Libertar-se, livrar-se.

Al.ga *s.f.* Organismo vivo que é uma planta clorofilada, sem raízes, flores, sementes ou caule, que vive no fundo ou na superfície das águas, capaz de produzir sua própria alimentação através da fotossíntese.

Al.ga.ra.vi.a *s.f.* **1.** Linguagem confusa, difícil de entender. **2.** Confusão de vozes. **3.** Aquilo que se diz ou escreve de forma confusa.

Al.ga.ra.vi.ar *v.t.* **1.** Exprimir em algaravia. *v.int.* **2.** Falar ou escrever confusamente.

Al.ga.ris.mo *s.m.* Cada um dos símbolos gráficos utilizados para a representação de um número.

Al.gar.vi.o *adj.* **1.** Do Algarve (Portugal). **2.** Falador, tagarela. *s.m.* **3.** O natural ou habitante do Algarve.

Al.ga.zar.ra *s.f.* **1.** Vozearia confusa; gritaria. **2.** Tumulto, alarido.

Ál.ge.bra *s.f.* Parte da Matemática em que os números são representados por letras.

Al.ge.bris.ta *s.2g.* Especialista em Álgebra.

Al.ge.ma *s.f.* **1.** Instrumento de ferro para prender os braços pelos pulsos. **2.** Grilheta. **3.** FIG Obstáculo moral; prisão, opressão.

Al.ge.mar *v.t.* **1.** Prender com algema ou algemas. **2.** FIG Constranger, oprimir, coagir.

Al.gi.bei.ra *s.f.* Bolso que integra o vestuário.

Ál.gi.do *adj.* **1.** Muito frio; gelado. **2.** Gélido, glacial.

Al.go *pron.indef.* **1.** Alguma coisa, qualquer coisa. *adv.* **2.** Um tanto, um pouco.

Al.go.dão *s.m.* **1.** BOT Algodoeiro. **2.** Penugem que envolve a semente do algodoeiro. **3.** Fio ou tecido que se fabrica com essa penugem. **4.** Penugem que cobre a superfície de alguns órgãos vegetais.

Al.go.do.al *s.m.* Plantação de algodoeiros.

Al.go.do.a.ri.a *s.f.* Fábrica de fios ou tecidos de algodão; cotonifício.

Al.go.do.ei.ro *s.m.* **1.** BOT Nome dado a várias plantas da família das Malváceas, cultivadas em todo o mundo pela fibra (o algodão) que produzem em torno da semente. *adj.* **2.** Relativo ao algodão. **3.** Referente à fabricação do algodão.

Al.goi.dar *s.m.* *adj.2g.* Que se assemelha a uma alga.

Al.go.rit.mo *s.m.* Procedimento ou conjunto de instruções que desempenham uma operação matemática ou simbólica em número finito de etapas.

Al.goz (ô) *s.m.* **1.** Pessoa cruel, desumana. **2.** Torturador, seviciador. **3.** Carrasco, verdugo.

Al.guém *pron.indef.* **1.** Alguma pessoa. *s.m.* **2.** Pessoa, ser, indivíduo.

Al.gui.dar *s.m.* Vaso de barro ou metal, espécie de bacia, com vários usos domésticos.

Al.gum *pron.indef.* **1.** Um, entre dois ou mais. **2.** Qualquer. **3.** Um pouco de, um tanto de. **4.** Nenhum. **5.** Pouco. **6.** Qualquer dinheiro.

Al.gu.res *adv.* **1.** Em alguma parte. **2.** Em algum lugar que não aqui. *s.m.* **3.** Algum lugar, alguma parte.

-a.lha *suf.* 'Quantidade': *muralha*.

Al.lha.da *s.f.* **1.** Punhado de alhos. **2.** Guisado com muito alho. **3.** Trapalhada, dificuldade, encrenca.

Al.lhal *s.m.* **1.** Plantação de alho. **2.** Extenso aglomerado de alhos em determinada área. **3.** Lugar onde se guardam alhos.

-a.lhão *suf.* 'Aumento': *espertalhão*.

-a.lhaz *suf.* 'Aumento': *pratalhaz*.

Al.lhe.ar *v.t.* **1.** Tornar alheio. **2.** Transferir para outrem o domínio de. **3.** Alienar. **4.** Enlouquecer, desvairar. **5.** Perturbar. **6.** Indispor. **7.** Privar-se de, perder. **8.** Afastar, desviar. *v.p.* **9.** Tornar-se alheio. **10.** Arrebatar-se, extasiar-se. **11.** Apartar-se. **12.** Renunciar a.

Al.he.a.tó.rio *adj.* Que alheia.

Al.lhei.o *adj.* **1.** Que não é nosso. **2.** Desatento, distraído. **3.** Não informado. **4.** Estranho, contrário. **5.** Impróprio. **6.** Alienado, louco. *s.m.* **7.** O que não é nosso. *s.m.pl.* **8.** Estranhos.

Al.lhei.ro *s.m.* **1.** Aquele que vende ou cultiva alho. **2.** Viveiro de alhos.

-a.lho *suf.* 'Inferioridade'; 'depreciação': *paspalho*.

Al.lho *s.m.* BOT Planta hortense cujo bulbo é usado como condimento culinário. Col.: *réstia*, *enfiada*.

Al.lho-por.ro (ô) *s.m.* Variedade de alho cujos bulbos e folhas são usados como condimento.

Al.hu.res *adv.* Em outro lugar; noutra parte.

A.li *adv.* **1.** Naquele lugar ou àquele lugar. **2.** Tempo impreciso.

A.li.á *s.f.* Nome que se dá à fêmea do elefante no Sri Lanka.

A.li.a.do *adj.* e *s.m.* **1.** Ligado para a ação. **2.** Unido a outro ou a outros para defesa da mesma causa. **3.** Que, ou aquele que contraiu aliança; partidário. **4.** Solidário com alguém. **5.** Cúmplice, comparsa.

A.li.an.ça *s.f.* **1.** Ato ou efeito de aliar(-se). **2.** Pacto de amizade e cooperação. **3.** Acordo entre partidos políticos com objetivo eleitoral ou governamental. **4.** Anel simbólico de noivado ou de casamento. **5.** FIG Casamento. **6.** FIG União, mistura.

A.li.ar *v.t.* **1.** Unir, juntar. **2.** Combinar, harmonizar. **3.** Fazer ligação. **4.** Confederar, agrupar. *v.p.* **5.** Coligar-se, associar-se. **6.** Unir-se por casamento. **7.** Unir-se, ligar-se.

A.li.ás *adv.* **1.** De mais a mais. **2.** Ou por outra. **3.** Por outro lado. **4.** Além disso. **5.** Além do mais.

Á.li.bi *s.m.* Meio de defesa pelo qual o acusado prova encontrar-se, no momento do crime, em lugar diverso daquele em que este ocorreu.

A.li.ca.te *s.m.* Pequena torquês ou tenaz.

A.li.cer.çar *v.t.* **1.** Fazer o alicerce de. **2.** Fundamentar, basear. **3.** Cimentar, consolidar.

ALICERCE — ALMOÇO

A.li.cer.ce *s.m.* **1.** Maciço de alvenaria que serve de base às paredes de um edifício; fundação. **2.** Aquilo que fundamenta ou sustenta. **3.** Base, fundamento, apoio.

A.li.ci.an.te *adj.* e *s.2g.* **1.** Que, ou aquele que alicia. **2.** Sedutor, subornador.

A.li.ci.ar *v.t.* **1.** Atrair a si. **2.** Subornar. **3.** Angariar. **4.** Convocar, convidar. **5.** Seduzir, atrair.

A.li.e.na.ção *s.f.* **1.** Ato ou efeito de alienar(-se). **2.** Cessão de bens. **3.** Arroubamento de espírito. **4.** Enlevo. **5.** Loucura. **6.** Indiferença para com os problemas políticos e sociais.

A.li.e.na.do *adj.* **1.** Que tem ou sofre de alienação. **2.** Cuja posse foi transferida. **3.** Demente, louco. *s.m.* **4.** Pessoa que não toma conhecimento dos problemas sociais nem tem consciência dos próprios direitos. **5.** Que endoideceu.

A.li.e.nar *v.t.* **1.** Transferir (uma propriedade) a outrem; doar. **2.** Perder, abandonar (um direito, uma qualidade). **3.** Apartar, afastar, desviar. **4.** Arrebatar, extasiar. **5.** Perturbar, alucinar. *v.p.* **6.** Perturbar-se, alucinar-se. **7.** Extasiar-se. **8.** Mostrar-se indiferente a certos assuntos. **9.** Enlouquecer.

A.li.e.na.tá.rio *s.m.* DIR Pessoa a quem é transferido um direito por alienação.

A.li.e.ní.ge.na *adj.* e *s.2g.* **1.** Que, ou quem tem origem em outro país, em outro lugar. **2.** Estranho, forasteiro. **3.** FIG Habitante de outros planetas.

A.li.e.nis.ta *adj.2g.* **1.** Que diz respeito ao tratamento de alienados. *s.2g.* **2.** MED Especialista no tratamento de alienados; psiquiatra.

A.li.gá.tor *s.m.* ZOOL Réptil da América do Norte, de até 5 m de comprimento, de cabeça mais larga e mais curta que a dos crocodilos africanos.

A.li.gei.rar *v.t.* **1.** Tornar ligeiro; apressar. **2.** Tornar menos pesado ou mais leve. **3.** Aliviar, abrandar. **4.** Adestrar, habilitar. *v.p.* **5.** Tornar-se ligeiro. **6.** Aliviar-se, mitigar-se.

A.li.jar *v.t.* **1.** Lançar fora da embarcação. **2.** Aliviar (a carga). **3.** Pôr de lado, preterir. **4.** Desembaraçar-se de. **5.** Atirar, arremessar. *v.p.* **6.** Desembaraçar-se, desobrigar-se.

A.li.má.ria *s.f.* **1.** Qualquer animal irracional, sobretudo quadrúpede; animália. **2.** Animal de carga. **3.** FIG Pessoa estúpida.

A.li.men.ta.ção *s.f.* **1.** Ato ou efeito de alimentar(-se). **2.** Modo de alimentar(-se). **3.** Tudo o que serve para alimentar. **4.** Comida, alimento. **5.** Abastecimento.

A.li.men.tan.do *s.m.* Quem recebe pensão alimentícia.

A.li.men.tar¹ *v.t.* **1.** Dar ou ministrar alimento a. **2.** Nutrir, sustentar. **3.** Abastecer, prover do necessário. **4.** FIG Fazer durar. **5.** FIG Incentivar. *v.int.* **6.** Servir de alimento. *v.t.* e *p.* **7.** Sustentar (-se), nutrir(-se). **8.** Conservar(-se), manter(-se).

A.li.men.tar² *adj.* **1.** Relativo a alimento. **2.** Próprio para alimentar; alimentício.

A.li.men.tá.rio *s.m.* ⇒ Alimentando.

A.li.men.tí.cio *adj.* **1.** Que alimenta ou sustenta. **2.** Relativo à alimentação. **3.** Próprio para alimentar; nutritivo. ♦ **Pensão alimentícia:** JUR diz-se da pensão que o pai e/ou responsável dá ao(s) filho(s) para alimentação.

A.li.men.to *s.m.* **1.** Tudo o que alimenta ou nutre. **2.** Comida, mantimento. **3.** Alimentação; sustento. **4.** O que conserva, mantém ou fomenta.

A.lí.nea *s.f.* **1.** Linha com que se abre um parágrafo. **2.** Subdivisão de artigo, regulamento etc., indicada geralmente pelas letras do alfabeto.

A.li.nha.do *adj.* **1.** Posto em linha reta. **2.** Disposto em alas. **3.** Que se traja com esmero e elegância; elegante.

A.li.nha.men.to *s.m.* **1.** Ato ou efeito de alinhar(-se); alinho. **2.** Apuro, esmero. **3.** Direção do eixo de uma estrada, rua, canal etc. **4.** GRÁF Disposição correta dos tipos em linhas horizontais e colunas verticais, obedecendo às margens.

A.li.nhar *v.t.* **1.** GRÁF Dispor (um texto ou outros elementos gráficos) em linha reta. **2.** Proceder ao alinhamento da. **3.** Polir, apurar, aperfeiçoar. **4.** FIG Adornar. *v.p.* **5.** Dispor-se em linha reta. **6.** Enfileirar-se. **7.** Nivelar-se, medir-se, ombrear.

A.li.nha.var *v.t.* **1.** Coser com pontos para fixar os tecidos antes de entrar na máquina. **2.** Fazer mal ou às pressas (algum serviço). **3.** Esboçar. **4.** Iniciar, entabular.

A.li.nha.vo *s.m.* **1.** Ato ou efeito de alinhavar. **2.** Costura provisória, a pontos largos. **3.** FIG Delineamento, esboço (de um negócio, de um escrito qualquer etc.).

A.lí.quo.ta (co) *adj.* e *s.f.* **1.** Diz-se de, ou parte que está contida num todo um número exato de vezes. **2.** O percentual tributado.

A.li.sar *v.t.* **1.** Tornar liso. **2.** Tornar plano. **3.** Amaciar, aplanar. **4.** Desenrugar. **5.** Passar a mão de leve para aquietar; afagar. **6.** Abrandar, serenar. **7.** Adoçar. **8.** Pentear, desencrespar (o cabelo).

A.lis.ta.men.to *s.m.* **1.** Ato ou efeito de alistar(-se). **2.** Recrutamento para o serviço militar. **3.** Relação de pessoas alistadas.

A.lis.tan.do *s.m.* Indivíduo que vai ser alistado.

A.lis.tar *v.t.* **1.** Pôr em lista. **2.** Arrolar, relacionar. **3.** Inscrever; recrutar. *v.p.* **4.** Assentar praça, fazer-se soldado. **5.** Tornar-se partidário de.

A.li.te.ra.ção *s.f.* RET Figura que consiste no emprego sucessivo de fonemas consoantes idênticos numa frase.

A.li.te.rar *v.t.* e *int.* Praticar a aliteração.

A.li.vi.ar *v.t.* **1.** Tornar mais leve. **2.** Suavizar, minorar. **3.** Consolar. **4.** Tornar menos pesado (luto). **5.** Descarregar. **6.** Isentar, desobrigar, dispensar. *v.int.* **7.** Serenar, abrandar. *v.p.* **8.** Livrar-se, desobrigar-se. **9.** GÍR Roubar. **10.** POP Dar à luz.

A.lí.vio *s.m.* **1.** Diminuição de dor, peso, trabalho etc. **2.** Repouso, descanso. **3.** Consolo, refrigério.

A.li.zar *s.m.* **1.** Revestimento de madeira que cobre as ombreiras de portas e janelas. **2.** Peça que se assemelha a uma régua e que, fixada na altura do encosto das cadeiras, serve para proteger a parede. **3.** Faixa de madeira, de azulejos ou outro material, us. para cobrir a parte da parede rente ao chão; rodapé. **4.** Lambri.

Al.ja.va *s.f.* Bolsa ou estojo que se trazia pendente ao ombro e em que se guardavam as flechas.

Al.jô.far *s.m.* **1.** Pérola miúda. **2.** Gotas de água; orvalho. **3.** POÉT Lágrimas de mulher bonita. ♦ *Pl.:* aljôfares.

Al.ma *s.f.* **1.** Espírito humano. **2.** Parte espiritual e imortal do homem. **3.** Princípio vital. **4.** Conjunto das faculdades intelectuais e morais do homem. **5.** Indivíduo, pessoa. **6.** Habitante. **7.** Caráter, índole. **8.** Princípio afetivo, animador, agente. **9.** Chefe, cabeça. **10.** Ente querido. **11.** Peça interior do violino, por baixo do cavalete. **12.** Interior da boca de fogo. **13.** Chancela ou sinete de carta. **14.** POP Assombração, fantasma.

Al.ma.ço *adj.* e *s.m.* Diz-se de, ou papel de escrever, tamanho ofício, de folha dupla, pautado ou não, vendido em cadernos ou maços.

Al.ma.na.que *s.m.* **1.** Calendário. **2.** Livrinho ou folheto que, além do calendário do ano, contém indicações úteis, literatura amena, horóscopos, previsões etc.

Al.mei.rão *s.m.* BOT Planta hortense, espécie de chicória amarga.

Al.me.jar *v.t.* **1.** Desejar ardentemente, com ânsia. **2.** Anelar, ansiar, aspirar a. *v.int.* **3.** Estar moribundo; agonizar.

Al.mi.ran.ta.do *s.m.* **1.** Dignidade ou posto de almirante. **2.** Edifício onde se reúnem os almirantes.

Al.mi.ran.te *s.m.* **1.** Posto máximo na Marinha de Guerra brasileira, preenchido somente em tempo de guerra. *adj.* e *s.m.* **2.** Diz-se de, ou navio que leva a bordo o almirante.

Al.mís.car *s.m.* **1.** Substância odorífera e amargosa, segregada pelo almiscareiro, utilizada em perfumaria e farmácia. **2.** Odor muito ativo.

Al.mis.ca.rar *v.t.* e *p.* **1.** Perfumar(-se) com almíscar. **2.** Perfumar (-se) em excesso.

Al.mis.ca.rei.ro *s.m.* ZOOL Mamífero ruminante da Ásia, que tem no ventre uma bolsa onde se acumula o almíscar.

Al.mo.ço (ô) *s.m.* **1.** A primeira refeição substancial do dia, que se toma em geral por volta das 12 horas. **2.** Os pratos que constituem essa refeição.

ALMOCREVE — ALTERNÂNCIA

Al.mo.cre.ve *s.m.* Aquele que vive de alugar ou conduzir animais de carga.

Al.mo.fa.da *s.f.* **1.** Espécie de saco cheio de substância macia ou elástica, para travesseiro, encosto, assento ou ornato. **2.** Coxim. **3.** Recheio cilíndrico de palha armado com um pique para fazer rendas de bilros. **4.** Parte do carro em que se assenta o cocheiro. **5.** Caixinha de latão revestida de feltro, para tinta de carimbo.

Al.mo.fa.di.nha *s.f.* **1.** Pequena almofada. *s.m.* **2.** Rapaz que se traja com apuro exagerado. **3.** POP ANTIG Homem casquilho, janota, afeminado.

Al.mo.fa.riz *s.m.* **1.** Recipiente de aço, de ágata, de ferro etc., usado para triturar e homogeneizar substâncias sólidas, principalmente temperos. **2.** Pilão, gral.

Al.môn.de.ga *s.f.* Bolinho de bacalhau ou carne picada, com ovos e temperos.

Al.mo.to.li.a *s.f.* Vaso cônico, com bico e tampa, para azeite ou outros líquidos, ou para lubrificar mecanismos.

Al.mo.xa.ri.fa.do *s.m.* Depósito, em empresa particular ou repartição pública, de matérias-primas, objetos e materiais diversos.

Al.mo.xa.ri.fe *s.2g.* Funcionário que, numa empresa, é o responsável pelo almoxarifado.

A.lo.car *v.t.* **1.** Colocar num determinado lugar. **2.** Destinar (verbas, recursos) para determinado fim ou entidade.

A.lóc.to.ne *adj.2g.* **1.** Que não é originário do país ou região onde vive. *s.2g.* **2.** Pessoa alóctone. ● *Ant.: autóctone.*

A.lo.cu.ção *s.f.* Discurso breve, proferido em ocasiões solenes.

Á.lo.e *s.2g.2n.* **1.** BOT Planta medicinal; babosa. **2.** Resina que se extrai dessa planta. ◆ *Var.: aloés.*

A.lo.ga.mi.a *s.f.* Fenômeno pelo qual o pólen de uma flor alcança o estigma de outra, fecundando-a.

A.loi.ra.do *adj.* ⇒ *Alourado.*

A.lo.ja.men.to *s.m.* **1.** Ato ou efeito de alojar(-se). **2.** Lugar onde se acomodam os internos de um colégio ou hospital. **3.** Lugar onde uma pessoa se aloja. **4.** Aposento, hospedaria, estalagem. **5.** Lugar onde se aquartelam tropas em campanha ou em trânsito. **6.** Quartel. **7.** TEC Caixa, base, apoio, suporte.

A.lo.jar *v.t.* **1.** Dar alojamento a. **2.** Hospedar. **3.** Agasalhar. **4.** Conter, recolher, comportar. **5.** Armazenar, pôr em loja. **6.** TEC Acamar, assentar em encaixe, cavidade etc. *v.p.* **7.** Agasalhar-se, hospedar-se.

A.lon.ga.men.to *s.m.* **1.** Ato ou efeito de alongar. **2.** Aumento de comprimento ou duração. **3.** Prolongamento, demora. **4.** Apartamento, separação. **5.** Distância, extensão.

A.lon.gar *v.t.* **1.** Tornar longo ou mais longo. **2.** Aumentar a duração ou prolongar, dilatar. **3.** Olhar ao longe. **4.** Apartar, distanciar-se. *v.p.* **5.** Estender-se. **6.** Afastar-se.

A.lo.pa.ta (pá) *s.2g.* Médico ou médica que exerce a alopatia. ◆ *Var.: alópata.* Opõe-se a *homeopata.*

A.lo.pa.ti.a *s.f.* MED Sistema de tratamento pelo uso de medicamentos capazes de produzir no organismo efeitos contrários aos da doença. ● Opõe-se a *homeopatia.*

A.lo.pá.ti.co *adj.* Relativo à alopatia. Opõe-se a *homeopático.*

A.lo.pe.ci.a *s.f.* Queda geral ou parcial dos cabelos da cabeça, das sombrancelhas ou da barba.

A.lo.pé.ci.co *adj.* **1.** Relativo à alopecia. *adj.* e *s.m.* **2.** Que ou aquele que sofre de alopecia.

A.lou.ra.do *adj.* Tirado ao louro.

A.lou.rar *v.t.* e *p.* Tornar(-se) louro.

Al.pa.ca *s.f.* **1.** Mamífero ruminante da América do Sul, de pescoço comprido e pelagem muito apreciada. **2.** A lã desse animal. **3.** Tecido feito com essa lã.

Al.par.ca.ta *s.f.* Alpercata. ◆ *Var.: alpargata.*

Al.par.dra.da *s.f.* **1.** Grande alpendre, sustentado por esteios ou colunas, que se liga a alguma construção. **2.** Varanda coberta.

Al.per.ca.ta *s.f.* Sandália feita de uma sola presa ao pé por tiras de couro ou pano, também chamada *alparcata* e *alpargata.*

Al.pi.nis.mo *s.m.* Esporte que consiste em escalar rochas e montanhas; montanhismo.

Al.pi.nis.ta *adj.2g.* **1.** Relativo ao alpinismo. *s.2g.* **2.** Pessoa que pratica o alpinismo.

Al.pi.no *adj.* **1.** Dos Alpes; alpestre. **2.** Relativo aos Alpes ou às altas montanhas. **3.** Que nasce ou cresce nos Alpes.

Al.pis.te *s.m.* BOT Gramínea usada na alimentação de aves domésticas. ◆ *Var.: alpista.*

Al.que.brar *v.t.* **1.** Curvar. **2.** Enfraquecer, abater, debilitar. **3.** Prostrar. *v.int.* e *p.* **4.** Dobrar a espinha, por fraqueza ou doença. **5.** Debilitar(-se).

Al.quei.re *s.m.* **1.** Antiga medida de capacidade para secos e líquidos, correspondente a 13,8 litros. **2.** Medida agrária que corresponde a 24.200 m^2 (2,42 ha), em São Paulo, e a 48.400 m^2 (4,84 ha) em Minas Gerais, Goiás e Rio de Janeiro e a 27.225 m^2 (2,72 ha) nos Estados do Nordeste.

Al.qui.mi.a *s.f.* Química da Idade Média e da Renascença, que procurava descobrir o elixir da vida, a panaceia e, sobretudo, a pedra filosofal, fórmula secreta para transformar os metais em ouro.

Al.qui.mis.ta *s.2g.* **1.** Pessoa que se dedicava à alquimia. FIG Mágico, mistificador.

Al.ta *s.f.* **1.** Elevação ou aumento de preços. **2.** Subida de cotação na bolsa. **3.** Permissão médica que o doente recebe para deixar o hospital. **4.** Parada, descanso, demora. **5.** Licença para deixar o serviço militar. **6.** Volta ao serviço após um período de afastamento. **7.** A elite, a alta sociedade.

Al.ta-cos.tu.ra *s.f.* **1.** Conjunto dos grandes costureiros. **2.** Moda sofisticada, elegante. ● *Pl.: altas-costuras.*

Al.ta-fi.de.li.da.de *s.f.* **1.** Técnica que possibilita a gravação e reprodução de sons com um mínimo de distorções. **2.** Eletrola ou aparelho cujo funcionamento se baseia nessa técnica. ● *Pl.: altas-fidelidades.*

Al.ta.na.ri.a *s.f.* **1.** Qualidade de altaneiro. **2.** Soberba insolente. **3.** Orgulho. **4.** Qualidade da caça que voa alto. **5.** Caçada feita com ave de rapina ensinada que, voando alto, cai sobre a presa.

Al.ta.nei.ro *adj.* **1.** Que voa muito alto. **2.** Que se eleva muito. **3.** Altivo, orgulhoso, soberbo. **4.** Empolado (estilo).

Al.tar *s.m.* **1.** Espécie de mesa de pedra para os holocaustos nas religiões pagãs. **2.** Mesa onde se celebram a missa e outras cerimônias do culto. **3.** Mesa a que se assentam os dignitários maçônicos. **4.** Ara.

Al.tar-mor *s.m.* O altar principal de uma igreja, que geralmente fica ao fundo do templo. ● *Pl.: altares-mores.*

Al.ta-ro.da *s.f.* A alta sociedade. ● *Pl.: altas-rodas.*

Al.te.ar *v.t.* **1.** Tornar alto ou mais alto. **2.** Elevar-se. **3.** Aumentar. **4.** Crescer, avultar. **5.** Tornar mais excelente ou mais sublime. *v.p.* **6.** Tornar-se alto ou mais alto. **7.** Mostrar-se zangado com alguém ou por alguma coisa.

Al.te.rar *v.t.* **1.** Mudar, modificar. **2.** Decompor. **3.** Desfigurar. **4.** Corromper, falsificar. **5.** Perturbar. **6.** Inquietar. **7.** Irritar, excitar. *v.p.* **8.** Modificar-se. **9.** Irar-se, enfurecer-se. **10.** Alvoroçar-se, amotinar-se.

Al.ter.ca.ção *s.f.* **1.** Ato ou efeito de altercar. **2.** Disputa. **3.** Discussão acalorada; bate-boca; **4.** Controvérsia, rixa.

Al.ter.car *v.t.* **1.** Debater, discutir acaloradamente. *v.t.* e *int.* **2.** Discutir com ardor. **3.** Provocar polêmicas; polemizar.

Alter ego (lat.) *s.m.* Pessoa na qual se deposita inteira confiança.

Al.ter.na.ção *s.f.* Alternância, revezamento; alternativa.

Al.ter.na.do *adj.* Diz-se do que se reveza na sucessão, ora um ora outro.

Al.ter.na.dor (ô) *adj.* **1.** Que alterna. *s.m.* **2.** Dispositivo elétrico destinado a produzir tensões e correntes alternadas; gerador elétrico. **3.** Dispositivo que converte energia mecânica em elétrica.

Al.ter.nân.cia *s.f.* Ato ou efeito de alternar.

ALTERNAR — ÁLVEO

Al.ter.nar *v.t.* **1.** Estar ou ir ora um ora outro, sucessivamente. **2.** Intercalar, revezar. **3.** Trocar entre si os meios de uma proposição. **4.** Surgir, aparecer (ora uma coisa, ora outra). *v.p.* **5.** Suceder-se alternadamente.

Al.ter.na.ti.va *s.f.* **1.** Sucessão de duas ou mais coisas, uma de cada vez. **2.** Ação revezada. **3.** Afirmação de que entre duas proposições contraditórias, sendo verdadeira uma, a outra é falsa. **4.** Opção entre duas ou mais pessoas, possibilidades ou coisas. **5.** Dilema. **6.** Mudança, alternação.

Al.ter.na.ti.vo *adj.* **1.** Que segue sucessão alternada. **2.** Diz-se das coisas de que se pode escolher a mais conveniente. **3.** Que permite escolha. **4.** Diz-se de um movimento de vaivém.

Al.te.ro.so (ô) *adj.* **1.** De grande altura. **2.** Alto e majestoso. **3.** Soberbo, altivo, altaneiro. **4.** Grandioso, imponente. **5.** De grande calado (navio).

Al.te.za (ê) *s.f.* **1.** Qualidade de alto. **2.** Grandeza. **3.** Elevação moral; nobreza. **4.** Sublimidade, sobranceria. **5.** Poder, governo. **6.** Tratamento dado antigamente aos reis e, hoje, apenas aos príncipes.

Al.tí.me.tro *s.m.* Instrumento utilizado nos aviões para medir a altitude acima do solo ou do mar.

Al.ti.pla.no *s.m.* Planalto.

Al.tis.so.nan.te *adj.2g.* **1.** Que soa muito alto; estridente. **2.** Retumbante, pomposo.

Al.tis.ta *s.2g.* **1.** Pessoa que especula ou joga na alta do câmbio ou das cotações da bolsa. **2.** Pessoa que eleva o preço das mercadorias. *adj.2g.* **3.** Relativo ao altista; próprio de altista. ◆ *Cf. autista.*

Al.ti.tu.de *s.f.* **1.** Altura vertical de um lugar acima do nível do mar. **2.** Lugar elevado.

Al.ti.vez (ê) *s.f.* **1.** Qualidade de altivo. **2.** Arrogância, orgulho. **3.** Dignidade.

Al.ti.vo *adj.* **1.** Elevado, alto. **2.** Majestoso. **3.** Ilustre, nobre, magnânimo. **4.** Arrogante, orgulhoso.

Al.to *adj.* **1.** Que tem altura maior do que a maioria. **2.** De grande extensão vertical. **3.** Elevado, erguido. **4.** Caro, excessivo. **5.** Ilustre, insigne, importante. **6.** Que soa forte. **7.** Arrojado. **8.** Remoto. **9.** Intrincado, difícil de compreender. **10.** POP Bêbado. *s.m.* **11.** Altura, elevação. **12.** Cume, cimo. **13.** O céu. **14.** Instrumento de cordas, semelhante à rabeca, porém maior. *adv.* **15.** A grande altura.

Al.to-as.tral *adj.2g. e s.2g.* **1.** Que ou quem é simpático, agradável, interessante, estimulante (supostamente por influência positiva astral). **2.** Acontecimento ou ocasião benfazeja (supostamente por influência positiva astral); sucesso. ● *Pl.:* como adj.: *alto--astrais;* como subst.: *altos-astrais.*

Al.to-cú.mu.lo *s.m.* METEOR Formação de nuvens dispostas em grandes flocos, a cerca de 4.000 m de altitude. ● *Pl.: altos-cúmulos.*

Al.to-es.tra.to *s.m.* Nuvem cujo formato lembra uma espécie de véu espesso e acinzentado e que se situa a uma altitude que varia entre 2.000 m e 6.000 m. ● *Pl.: altos-estratos.*

Al.to-fa.lan.te *s.m.* **1.** Dispositivo utilizado para converter sinais elétricos de áudio em som. **2.** Megafone. ● *Pl.: alto-falantes.*

Al.to-for.no *s.m.* Forno destinado à fundição de minério de ferro, sob alta temperatura. ● *Pl.: altos-fornos.*

Al.to-mar *s.m.* **1.** Região marítima afastada do litoral; mar alto, mar largo, pego. **2.** Parte do mar que fica fora das águas territoriais de uma nação; mar alto, mar livre, mar pleno. ● *Pl.: altos-mares.*

Al.to-re.le.vo (ê) *s.m.* Obra de escultura em que as figuras se destacam quase inteiramente do fundo. ● *Pl.: altos-relevos.* ◆ *Ant.: baixo-relevo.*

Al.tru.ís.mo *s.m.* **1.** Preferência do bem de outrem em sacrifício do próprio. **2.** Amor desinteressado ao próximo. **3.** Bondade, caridade; abnegação, filantropia.

Al.tru.ís.ta *adj.2g.* **1.** Relativo ao altruísmo. *adj. e s.2g.* **2.** Que ou pessoa que pratica o altruísmo; abnegado, filantropo.

Al.tu.ra *s.f.* **1.** Dimensão vertical de um corpo a partir da base para cima. **2.** Eminência, colina, elevação. **3.** Cimo, cume. **4.** Momento, instante. **5.** Ponto, lugar. **6.** Categoria. **7.** Importância, valia.

8. Estatura, tamanho. **9.** O céu, o firmamento. **10.** Agudeza de um som musical.

A.lu.á *s.m.* Bebida refrigerante feita de cascas de abacaxi, milho, farinha de arroz ou pão, sumo de limão e açúcar.

A.lu.a.do *adj.* **1.** Influenciado pela lua. **2.** Amalucado, lunático. **3.** Que está no cio (animal).

A.lu.a.r-se *v.p.* Tornar-se lunático; adoidar-se, amalucar-se.

A.lu.ci.na.ção *s.f.* **1.** Ato ou efeito de alucinar(-se). **2.** Aparente percepção de objeto externo não presente no momento. **3.** Ilusão, delírio, devaneio. **4.** Impulso de cólera. **5.** Obscurecimento passageiro das faculdades mentais.

A.lu.ci.nar *v.t.* **1.** Causar alucinação a. **2.** Privar do entendimento ou da razão. **3.** Desvairar, enlouquecer. **4.** Apaixonar perdidamente. **5.** Fascinar, encantar. *v.int.* **6.** Causar delírio ou desvario. *v.p.* **7.** Perder a razão, o entendimento.

A.lu.ci.nó.ge.no *adj. e s.m.* Que, ou substância que provoca alucinações.

A.lu.de *s.m.* Avalanche.

A.lu.dir *v.t.* Fazer alusão; referir-se.

A.lu.gar *v.t.* **1.** Tomar ou dar de aluguel; locar. **2.** Assalariar, assoldadar. *v.p.* **3.** Assalariar-se.

A.lu.guel *s.m.* **1.** Cessão de uso e posse de prédio, objeto ou serviço, por tempo e preço determinado; arrendamento. **2.** O próprio preço; arrendamento. ● *Pl.: aluguéis.* ◆ *Var.: aluguer.*

A.lu.ir *v.t.* **1.** Abalar, sacudir. **2.** Derrubar por baixo. **3.** Arruinar. *v.int. e p.* **4.** Cair, ruir, desmoronar(-se).

A.lum.brar *v.t. e p.* Iluminar(-se), inspirar(-se).

A.lu.me *s.m.* Sulfato duplo de alumínio e potássio; pedra-ume. ◆ *Var.: alúmen.*

A.lu.mi.ar *v.t.* **1.** Dar luz a. **2.** Aclarar, iluminar. **3.** Fazer ver. **4.** FIG Esclarecer, instruir. *v.int.* **5.** Brilhar, resplandecer. **6.** Dar claridade. *v.p.* **7.** ilustrar-se, instruir-se. **8.** Resplandecer.

A.lu.mí.nio *s.m.* QUÍM Metal branco-prateado, de símbolo Al e número atômico 13, massa atômica 26,98, maleável, bom condutor de calor e eletricidade.

A.lu.mi.ni.zar *v.t.* Revestir com camada fina e regular de alumínio.

A.lu.nis.sar *v.int.* ASTRONÁUT **1.** Pousar na Lua. *v.t.* **2.** Fazer descer na Lua (a astronave).

A.lu.no *s.m.* **1.** Aquele que recebe de algum mestre educação e instrução. **2.** Discípulo, educando, aprendiz.

A.lu.são *s.f.* **1.** Ato ou efeito de aludir. **2.** Referência vaga e indireta. **3.** POP Picuinha, carapuça. **4.** Jogo de palavras e ideias fundado na semelhança.

A.lu.si.vo *adj.* **1.** Que contém alusão. **2.** Relativo, referente.

A.lu.vi.ão *s.f.* ou *s.m.* **1.** Acumulação sucessiva de lodo, areia, cascalho etc. depositados nas costas e nas margens e embocaduras dos rios, em consequência de inundações. **2.** Inundação, cheia. **3.** Humo, terra fértil. **4.** FIG Grande quantidade, grande número.

Al.va *s.f.* **1.** Clarão indeciso que precede a aurora. **2.** A primeira luz do dia; alvor. **3.** Veste talar de pano branco. **4.** A parte branca do globo ocular; esclera. **5.** Casta de uva branca. ◆ *Var.: alba.*

Al.va.cen.to *adj.* Quase branco; cinzento claro. ◆ *Sinôn.: alvadio.*

Al.vai.a.de *s.m.* Carbonato artificial de chumbo.

Al.var *adj.* **1.** Tirante a alvo. **2.** Estúpido, atoleimado. **3.** Grosseiro, ingênuo.

Al.va.rá *s.m.* **1.** Documento passado por autoridade pública em favor de alguém, autorizando ou confirmando a prática de um ato, estado ou direito. **2.** Permissão, licença.

Al.ve.drio *s.m.* Vontade própria; arbítrio.

Al.ve.jan.te *adj.2g.* **1.** Que alveja ou branqueia. *s.m.* **2.** Produto utilizado no branqueamento de outros ou roupas domésticas.

Al.ve.jar *v.t.* **1.** Tornar alvo ou mais alvo. **2.** Branquear. **3.** Tomar como alvo ou ponto de mira. *v.int.* **4.** Tornar-se branco.

Al.ve.na.ri.a *s.f.* **1.** Obra composta de pedras ou de tijolos, ligados por argamassa. **2.** Pedra tosca, sem acabamento. **3.** Mister ou ofício de pedreiro.

Al.veo *s.m.* **1.** Leito de rio. **2.** Sulco, canal.

ALVEOLITE — AMARGURAR

Al.ve.o.li.te *s.f.* Inflamação dos alvéolos, dentários ou pulmonares; alveolita.

Al.vé.o.lo *s.m.* **1.** Célula do favo de mel; casulo. **2.** Cavidade onde se implantam os dentes. **3.** Pequenas valas de alicerce. **4.** Pequena cavidade em que terminam os brônquios.

Al.vi.ni.ten.te *adj.2g.* **1.** De brancura imaculada. **2.** Branco brilhante.

Al.vís.sa.ras *s.f.pl.* **1.** Prêmio que se dá a quem anuncia boas novas. **2.** Boas notícias, boas novas. *interj.* **3.** Com que se saúdam boas notícias.

Al.vis.sa.rei.ro *adj.* **1.** Promissor, auspicioso. *s.m.* **2.** Aquele que dá, promete ou recebe alvíssaras. **3.** Aquele que anuncia alvíssaras.

Al.vi.trar *v.t.* Propor, sugerir, aconselhar.

Al.vi.tre *s.m.* **1.** Arbítrio. **2.** Conselho, opinião, parecer.

Al.vo *adj.* **1.** Branco, claro, níveo. **2.** FIG Puro, cândido. *s.m.* **3.** Cor branca; branco. **4.** Ponto em que se procura acertar com tiro; mira. **5.** FIG Objeto, assunto. **6.** FIG Intuito, objetivo, fim; motivo principal. ● *Sup.abs.sint.: alvíssimo.*

Al.vor (ô) *s.m.* **1.** A primeira luz da manhã; alva. **2.** Brancura, alvura. **3.** FIG Início, princípio. ● *Pl.: alvores* (ó).

Al.vo.ra.da *s.f.* **1.** O amanhecer. **2.** FIG O desabrochar da vida; juventude, mocidade. **3.** Toque militar nos quartéis, de madrugada. **4.** Qualquer toque de música que se faz de madrugada.

Al.vo.re.cer *v.int.* **1.** Começar a amanhecer. **2.** Romper o dia. **3.** Começar a manifestar-se; aparecer. *s.m.* **4.** O romper do dia; alvorada.

Al.vo.ro.çar *v.t.* **1.** Pôr em alvoroço. **2.** Agitar, amotinar. *v.p.* **3.** Assustar-se, sobressaltar-se, inquietar-se.

Al.vo.ro.ço (ô) *s.m.* **1.** Grande agitação. **2.** Pressa, azáfama. **3.** Alarido, tumulto. **4.** Motim. **5.** Entusiasmo. **6.** Gritaria, algazarra.

Al.vu.ra *s.f.* **1.** Qualidade de alvo; brancura. **2.** FIG Candura, pureza.

Alz.hei.mer ⇒ Mal de Alzheimer.

AM Sigla do Estado do Amazonas.

-a.ma, -a.me ou **-u.me** *suf.* 'Quantidade, abundância, coleção': *buracama, enxame, urdume.*

- A.ma *s.f.* **1.** Mulher que amamenta filho alheio. **2.** Aia, governanta. **3.** A dona da casa, a patroa em relação aos criados.

A.ma.bi.li.da.de *s.f.* **1.** Qualidade de amável. **2.** Delicadeza, urbanidade. **3.** Palavra ou gesto amável. **4.** Fineza, favor. **5.** Meiguice, carinho.

A.ma.chu.car *v.t.* e *p.* Machucar(-se).

A.ma.ci.ar *v.t.* **1.** Tornar macio. **2.** Abrandar, suavizar. *v.t.* e *int.* **3.** Fazer funcionar (motor novo ou retificado) a baixa velocidade. *v.int.* e *p.* **4.** Tornar-se macio. **5.** Acalmar-se, serenar.

A.ma de lei.te *s.f.* Mulher que amamenta criança alheia; ama, babá. ● *Pl.: amas de leite.*

A.ma.do *adj.* **1.** Que é objeto de amor. **2.** Querido com predileção. *s.m.* **3.** Homem a quem se ama.

A.ma.dor *adj.* **1.** Que ama. **2.** Que é feito por amador. *adj.* e *s.m.* **3.** Amante, namorado. **4.** Diz-se de, ou aquele que gosta muito de uma coisa. **5.** Diz-se de, ou aquele que cultiva uma arte ou esporte por mero prazer, sem fazer disso um meio de vida; entusiasta, aficionado. Opõe-se a *profissional.*

A.ma.do.ris.mo *s.m.* **1.** Categoria, condição daquele que pratica uma arte ou esporte na condição de amador. **2.** Regime ou prática oposta ao profissionalismo. **3.** Falta de técnica adequada à realização de um trabalho. Opõe-se a *profissionalismo.*

A.ma.du.re.cer *v.t.* **1.** Tornar maduro. **2.** FIG Estudar, ponderar. **3.** Tornar prudente, sensato. *v.int.* **4.** Tornar-se maduro, experiente. **5.** Atingir completo desenvolvimento.

Â.ma.go *s.m.* **1.** Medula ou cerne das plantas. **2.** Centro, interior. **3.** A parte mais íntima de uma pessoa. **4.** A parte central, essencial de uma coisa. **5.** Alma, cerne. **6.** Essência.

A.mai.nar *v.t.* **1.** Colher (as velas). **2.** FIG Diminuir, serenar, abrandar. **3.** Aquietar. *v.int.* e *p.* **4.** Serenar(-se), acalmar(-se).

A.mal.di.ço.ar *v.t.* **1.** Lançar maldição sobre. **2.** Abominar, execrar, maldizer. **3.** Blasfemar; praguejar contra.

A.mál.ga.ma *s.m.* ou *s.f.* **1.** Liga de mercúrio com outro metal. **2.** FIG Mistura, fusão (de coisas ou pessoas heterogêneas).

A.mal.ga.mar *v.t.* **1.** Combinar o mercúrio com outro metal. **2.** Fazer amálgama de. **3.** Misturar, juntar. *v.p.* **4.** Combinar-se.

A.ma.lu.ca.do *adj.* **1.** Que parece maluco. **2.** Um tanto maluco; adoidado.

A.ma.lu.car *v.t.* e *p.* Tornar(-se) um tanto maluco.

A.ma.men.tar *v.t.* **1.** Dar de mamar a; aleitar. **2.** Nutrir, alimentar. **3.** Dar vida ou alento a.

A.man.ce.bar-se *v.p.* **1.** Tomar concubina. **2.** Amasiar-se, amigar-se.

A.ma.nei.ra.do *adj.* **1.** Sem naturalidade; afetado. **2.** FIG Rebuscado, pretensioso.

A.ma.nhã *adv.* **1.** No dia seguinte àquele em que estamos. *s.m.* **2.** O dia seguinte. **3.** O futuro.

A.ma.nhar *v.t.* **1.** Dar amanho a. **2.** Lavrar, cultivar (a terra). *v.p.* **3.** Ajeitar-se, acomodar-se.

A.ma.nhe.cer *v.int.* **1.** Romper, raiar o dia. **2.** Madrugar. *v.t.* e *int.* **3.** Manifestar-se. *v.t.* **4.** Estar ou chegar o amanhecer. *s.m.* **5.** O romper do dia; o alvorecer. **6.** FIG Princípio, começo.

A.man.sar *v.t.* e *p.* **1.** Tornar(-se) manso; domesticar(-se). **2.** Acalmar(-se), sossegar(-se). **3.** Moderar(-se), refrear(-se).

A.man.te *adj.2g.* **1.** Que ama. *s.2g.* **2.** Pessoa que ama. **3.** Pessoa que tem com outra relação extramatrimonial. **4.** Amásio(a), namorado(a).

A.man.tei.ga.do *adj.* **1.** Semelhante à manteiga na consistência, na cor ou no sabor. **2.** Untado com manteiga. *s.m.* **3.** Pequeno biscoito feito com manteiga.

A.ma.nu.en.se *s.2g.* ANT Escrevente de repartição pública.

A.ma.pa.en.se *adj.2g.* **1.** Relativo ou pertencente ao Estado do Amapá (Região Norte). *s.2g.* **2.** Pessoa natural ou habitante do Amapá.

A.mar *v.t.* **1.** Ter amor a. **2.** Querer (muito bem) a. **3.** Gostar muito de. **4.** Desejar; ter amor a; estar enamorado de. **5.** Possuir; ter relações sexuais com. *v.int.* **6.** Ser capaz de amar. **7.** Praticar relações sexuais.

A.ma.ra.gem *s.f.* Ato de pousar (o hidroavião) na água; amerissagem.

A.ma.ran.to *s.m.* **1.** BOT Planta herbácea, ornamental, de cor vermelha e aveludada. **2.** A flor dessa planta.

A.ma.rar *v.int.* **1.** Fazer-se ao mar largo (o navio). **2.** Pousar na água (o hidroavião). *v.p.* **3.** Alagar-se, inundar-se. **4.** Arrasar-se de lágrimas.

A.ma.re.lão *adj.* **1.** Diz-se de um tipo de arroz. *s.m.* **2.** Moléstia que dá à pele uma cor amarelada; ancilostomíase.

A.ma.re.lar *v.t.int.* e *p.* Tingir(-se) de amarelo; amarelecer(-se).

A.ma.re.len.to *adj.* **1.** Amarelado. **2.** Doente de febre amarela.

A.ma.re.le.za (ê) *s.f.* **1.** A cor amarela em todos os seus matizes. **2.** Palidez, aspecto amarelado.

A.ma.re.li.dão *s.f.* **1.** Qualidade de amarelo. **2.** Palor, palidez.

A.ma.re.li.nha *s.f.* Jogo recreativo infantil, de pular num só pé sobre casas riscadas no chão.

A.ma.re.lo *adj.* **1.** Da cor do ouro ou da gema do ovo. **2.** FIG Pálido, descorado. **3.** Contrafeito. *s.m.* **4.** A cor amarela.

A.mar.fa.nhar *v.t.* **1.** Machucar, deixando sinais de vincos ou dobras. **2.** Amarrotar, amassar. **3.** Magoar, humilhar.

A.mar.gar *v.t.* **1.** Tornar amargo ou amargoso. **2.** Tornar desagradável, penoso. **3.** Sofrer as consequências de. **4.** Padecer, suportar. *v.int.* **5.** Ter sabor amargo. **6.** Causar amargura, desgosto. ◆ **Ser de amargar**: ser desagradável, ser aborrecido.

A.mar.go *adj.* **1.** Que tem sabor desagradável, como o fel. **2.** Amargoso; sem açúcar. **3.** Doloroso, penoso, triste. **4.** Cruel, ofensivo, insultante. **5.** POP Azedo. *s.m.* **6.** Sabor amargo; amargor. ● *Sup.abs.sint.: Amaríssimo.*

A.mar.gor (ô) *s.m.* **1.** Qualidade de amargo. **2.** Sabor amargo. **3.** Amargura, sofrimento.

A.mar.gu.rar *v.t.* **1.** Causar amargura a. **2.** Tornar acrimonioso. **3.** Angustiar, afligir. *v.p.* **4.** Angustiar-se, afligir-se.

AMARÍLICO — AMENDOEIRA

A.ma.rí.li.co *adj.* Referente à febre amarela.

A.ma.rí.lis *s.f.2n.* **1.** BOT Planta ornamental da família das amarilidáceas, de belas flores e cheiro suave, também chamada *açucena*. **2.** A flor dessa planta. ◆ *Var.: amarílides.*

A.ma.rís.si.mo *adj.* Extremamente amargo. *Sup.abs.sint.* de *amargo*

A.mar.ra *s.f.* **1.** Cabo grosso ou corrente que prende o navio à âncora ou boia. **2.** FIG Apoio, proteção.

A.mar.rar *v.t.* **1.** Segurar com amarra. **2.** Acorrentar, prender. **3.** Ligar fortemente. **4.** Opor obstáculos a. **5.** Dificultar. **6.** Carregar (as feições), mostrando-se aborrecido. **7.** Prender por laços morais. *v.int.* **8.** NÁUT Atracar, fundear. *v.p.* **9.** POP Ficar apaixonado. **10.** POP Casar-se. **11.** Obstinar-se, teimar.

A.mar.ro.tar *v.t.* **1.** Contundir com pancadas. *v.t.* e *p.* **2.** Machucar(-se), amarfanhar(-se).

A.ma-se.ca (ê) *s.f.* Criada que cuida das crianças sem as amamentar; ama, babá. ◆ *Pl.: amas-secas.*

A.ma.si.ar-se *v.p.* Amigar-se; viver maritalmente.

A.ma.si.o *s.m.* Mancebia, concubinato.

A.má.sio *s.m.* Homem que vive em mancebia; amante.

A.mas.sar *v.t.* **1.** Converter em massa ou pasta. **2.** Misturar, preparar (argamassa etc.). **3.** Esmagar, pisar. **4.** Achatar. **5.** Amarrotar. **6.** Deprimir. **7.** Confundir, vencer. *v.p.* **8.** Ligar-se, misturar-se, confundir-se.

A.ma.tu.tar-se *v.p.* Adquirir modos de matuto; tornar-se matuto; acaipirar-se.

A.má.vel *adj.2g.* **1.** Agradável. **2.** Cortês, delicado, lhano. **3.** Digno de ser amado. ◆ *Sup.abs.sint.: amabilíssimo.*

A.ma.vi.o *s.m.* Amavios.

A.ma.zo.na *s.f.* **1.** Mulher aguerrida. **2.** Mulher que monta a cavalo; cavaleira. **3.** Mulher aldaz e decidida.

A.ma.zo.nen.se *adj.2g.* **1.** Relativo ou pertencente ao Estado do Amazonas (Região Norte). *s.2g.* **2.** Pessoa natural ou habitante do Amazonas.

A.ma.zô.ni.co *adj.* Relativo à Amazônia ou ao rio Amazonas. ◆ **Região Amazônica (ou Região Norte):** Região geográfica e administrativa que abrange os Estados do Amazonas, Pará, Tocantins, Acre, Rondônia, Amapá e Roraima.

A.ma.zô.ni.da *adj.2g.* e *s.2g.* Relativo à Amazônia.

Âm.bar *s.m.* **1.** Substância sólida, parda ou preta, de cheiro almiscarado, utilizada na indústria de perfumaria. **2.** A cor cinzenta.

Âm.bar-a-ma.re.lo *s.m.* Resina fóssil, dura mas frágil, semitransparente, de cor entre o acastanhado e o amarelado, proveniente de um pinheiro da era terciária (*Pinus succinifer*) e empr. na fabricação de piteiras, cachimbos e objetos ornamentais (contas de colares, rosários etc.). ◆ *Pl.: âmbares-amarelos.*

Âm.bar-gris ou **âm.bar-cin.zen.to** *s.m.* Substância sólida de cor cinza, branca, amarela ou preta, odor almiscarado e consistência de cera, formada no intestino dos cachalotes e us. como fixador de perfumes. ◆ *Pl.: âmbares-grises; âmbares-cinzentos.*

Am.bi *el.comp.* 'duplicidade': ambivalente.

Am.bi.ção *s.f.* **1.** Desejo veemente (de poder, glória, riqueza etc.). **2.** Aspiração imoderada; pretensão. **3.** Cupidez, ganância. **4.** Cobiça.

Am.bi.ci.o.nar *v.t.* **1.** Ter ambição de. **2.** Pretender. **3.** Desejar ardentemente.

Am.bi.ci.o.so (ô) *adj.* **1.** Que tem ou denota ambição. *adj.* e *s.m.* **2.** Diz-se de, ou indivíduo que não se contenta com o que tem.

Am.bi.des.tro (ê) *adj.* e *s.m.* **1.** Que, ou quem se utiliza das duas mãos com a mesma habilidade. *adj.* **2.** Muito habilidoso; jeitoso.

Am.bi.ên.cia *s.f.* Meio no qual se vive; ambiente.

Am.bi.en.ta.lis.mo *s.m.* Movimento que visa a defender o meio ambiente das agressões perpetradas pelo homem (poluição do ar e das águas, matança de animais, desmatamento etc.). ◆ *Cf. ecologia.*

Am.bi.en.ta.lis.ta *s.2g.* Pessoa adepta do ambientalismo. ◆ *Cf. ecologista.*

Am.bi.en.tar *v.t.* e *p.* Adaptar(-se) a um ambiente; acostumar(-se).

Am.bi.en.te *adj.2g.* **1.** Que envolve ou cerca (uma pessoa ou coisa) por todos os lados. **2.** Diz-se do ar que nos rodeia. *s.m.* **3.** FIG Diz-se do meio em que se vive. *s.m.* **4.** O meio em que se vive; ambiência. **5.** Espaço, recinto.

Am.bi.gui.da.de *s.f.* **1.** Qualidade de ambíguo. **2.** Obscuridade, incerteza. **3.** Falta de definição. ◆ *Ant.: clareza.*

Am.bí.guo *adj.* **1.** Em que pode haver mais de um sentido ou significado. **2.** Duvidoso. **3.** Perplexo, hesitante. **4.** Equívoco; dúbio; incerto. **5.** Diz-se de órgão vegetal que não tem forma determinada. ◆ *Ant.: claro.*

Âm.bi.to *s.m.* **1.** Espaço compreendido dentro de certos limites. **2.** Circuito, circunferência. **3.** Campo de ação. **4.** Redondeza; periferia.

Am.bi.va.len.te *adj.2g.* Em que há ambivalência.

Am.bos *pron.* Um e outro; os dois.

Am.bro.si.a *s.f.* **1.** MITOL Manjar dos deuses. **2.** Comida ou bebida deliciosa. **3.** Doce feito de leite e ovos. **4.** Planta aromática e medicinal.

Am.bu.lân.cia *s.f.* **1.** Veículo destinado à condução de doentes e feridos; assistência. **2.** Hospital militar móvel, que segue a tropa em campanha. **3.** Estado do que é ambulante.

Am.bu.lan.te *adj.2g.* **1.** Que anda. **2.** Que vai de terra em terra, de rua em rua; errante. *adj.* e *s.2g.* **3.** Diz-se de, ou o vendedor que não tem lugar fixo para trabalhar.

Am.bu.la.tó.rio *s.m.* **1.** Que se move de um lado para outro. *s.m.* **2.** Espécie de enfermaria onde se fazem curativos, pequenas cirurgias ou se prestam primeiros socorros.

-ame *suf.* ⇒ -Ama.

A.me.a.ça *s.f.* **1.** Palavra ou gesto de intimidação. **2.** Promessa de castigo ou malefício. **3.** Indício ou prenúncio de doença ou desgraça; ameaço. **4.** Aquilo que constitui um perigo, um risco grave para alguma coisa.

A.me.a.ça.dor (ô) *adj.* **1.** Que ameaça. **2.** Diz-se do tempo que prenuncia temporal. *s.m.* **3.** Aquele que ameaça; fanfarrão.

A.me.a.çar *v.t.* **1.** Dirigir ameaças a. **2.** Amedrontar, intimidar. **3.** Pôr em perigo. **4.** Fazer prever (o que é mau). **5.** Estar iminente. **6.** Tentar acovardar alguém. *v.int.* **7.** Fazer ameaças.

A.me.a.ço *s.m.* Indício, sintoma ou começo de doença.

A.me.a.lhar *v.int.* **1.** Regatear na compra ou na venda. **2.** Ser econômico ou sovina. *v.t.* **3.** Guardar em mealheiro. **4.** Juntar pouco a pouco; economizar. **5.** Dividir em pequenas parcelas.

A.me.ba *s.f.* Protista sem membrana, comensal ou parasita, encontrado normalmente em ambientes aquáticos.

A.me.bí.a.se *s.f.* MED Doença intestinal causada por amebas.

A.me.dron.tar *v.t.* **1.** Meter medo a; assustar, atemorizar. **2.** Levar, induzir pelo medo. *v.p.* **3.** Atemorizar-se.

A.mei.a *s.f.* **1.** Cada um dos pequenos parapeitos denteados que guarnecem a parte superior das muralhas de castelos e fortalezas. **2.** Motivo decorativo com essa disposição.

A.mêi.joa *s.f.* Molusco bivalve muito apreciado como alimento; cernambi.

A.mei.xa *s.f.* **1.** Fruto carnoso e comestível da ameixeira. **2.** Ameixeira.

A.mei.xei.ra *s.f.* BOT Planta das zonas temperadas que dá a ameixa.

A.mém *adv.* **1.** Assim seja. *s.m.* **2.** Anuência, concordância. **3.** Aprovação incondicional e sistemática (de determinações alheias).

A.mên.doa *s.f.* **1.** Fruto ou semente da amendoeira. **2.** Qualquer semente contida num caroço.

A.men.do.ei.ra *s.f.* BOT Árvore frutífera, de clima temperado, porte médio, flores brancas e frutos alongados, dos quais se consome a semente (amêndoa).

AMENDOIM — AMORDAÇAR

A.men.do.im *s.m.* **1.** bot Planta herbácea, originária da América do Sul, muito cultivada nas áreas tropicais e subtropicais do mundo, que produz uma vagem com duas a quatro sementes comestíveis. **2.** Semente comestível dessa planta, da qual também se extrai um óleo muito empregado na indústria e na alimentação.
A.me.ni.a *s.f.* ⇒ Amenorreia.
A.me.ni.da.de *s.f.* **1.** Qualidade de ameno. **2.** Serenidade, suavidade. **3.** Frescura. **4.** Deleite, encanto. **5.** Sensação de bem-estar.
A.me.nis.ta *s.2g.* Pessoa dada ao amenismo, que concorda com tudo.
A.me.ni.zar *v.t.* e *p.* **1.** Tornar(-se) ameno; amenizar(-se). **2.** Tornar(-se) menos árduo ou difícil. **3.** Abrandar(-se).
A.me.no *adj.* **1.** Que agrada e deleita. **2.** De trato suave, afável. **3.** Aprazível, delicado. **4.** Sem os rigores das intempéries; temperado.
A.me.nor.rei.a *s.f.* MED Ausência de menorreia.
A.me.ri.ca.nis.mo *s.m.* **1.** Admiração pelas coisas e pela vida da América, em especial dos Estados Unidos. **2.** Tudo o que se refere à cultura e às tradições do continente americano.
A.me.ri.ca.nis.ta *s.2g.* Pessoa que se dedica ao estudo das civilizações e das línguas do continente americano.
A.me.ri.ca.ni.zar *v.t.* **1.** Dar feições ou modos de americano a. *v.p.* **2.** Tornar-se semelhante aos americanos no caráter, nas maneiras, no estilo etc.
A.me.ri.ca.no *adj.* **1.** Relativo ou pertencente à América (Continente). *s.m.* **2.** O natural de qualquer país da América (Continente). *adj.* e *s.m.* **3.** Norte-americano.
A.me.rí.cio *s.m.* Elemento químico artificial e radioativo de número atômico 95 da família dos actinídeos, obtido em reatores nucleares. ◆ *Símb.*: Am (tabela periódica).
A.me.rín.dio *adj.* **1.** Concernente aos índios da América. *s.m.* **2.** O indígena americano.
A.me.ris.sa.gem *s.f.* Ato ou efeito de amerissar; amaragem.
A.me.ris.sar *v.int.* Pousar (aeronave) na superfície da água.
A.mes.qui.nhar *v.t.* **1.** Tornar mesquinho. **2.** Apoucar. **3.** Dar com mesquinhez. *v.p.* **4.** Mostrar-se avarento. **5.** Humilhar-se, deprimir-se. **6.** Lamentar-se, queixar-se.
A.mes.tra.dor (ô) *adj.* e *s.m.* Que, ou aquele que amestra.
A.mes.trar *v.t.* **1.** Tornar mestre. **2.** Treinar, ensinar. **3.** Instruir, industriar. *v.p.* **4.** Tornar-se mestre. **5.** Instruir-se, adestrar-se.
A.me.tis.ta *s.f.* MINER Pedra semipreciosa, variedade violeta de quartzo, transparente, e de coloração variando do violeta ao roxo.
A.mi.an.to *s.m.* MINER Variedade branca de asbesto, de fibras muito finas e sedosas, incombustível.
A.mi.cal *adj.2g.* Amigável, amistoso.
A.míg.da.la *s.f.* ⇒ Amígdala.
A.míg.da.li.te *s.f.* MED Inflamação das amígdalas. ◆ *Var.*: amigdalite.
A.mi.do *s.m.* Polissacarídeo presente nos vegetais.
A.mi.gar *v.t.* **1.** Tornar amigo. *v.p.* **2.** Tomar-se amante; amancebar-se.
A.mi.gá.vel *adj.2g.* **1.** Feito ou dito de amigos. **2.** Próprio de amigos. **3.** Entre amigos.
A.míg.da.la *s.f.* Massa de tecido, esp. a que existe nos dois lados da garganta.
A.mig.da.li.te *s.f.* Amidalite.
A.mi.go *adj.* **1.** Que ama, estima, aprecia. **2.** Aliado. **3.** Amigável, amistoso. *s.m.* **4.** Homem ligado a outrem por laços de amizade. **5.** Companheiro, amante. **6.** Defensor, aliado, protetor. **7.** Partidário, simpatizante. **8.** Propício, favorável. ◆ *Ant.*: inimigo. ◆ *Aum.*: amigaço, amigalhaço, amigão. ◆ *Sup.abs.sint.*: amicíssimo.
A.mi.go da on.ça *s.m.* Amigo falso, hipócrita, infiel; amigo-urso. ◆ *Pl.*: amigos da onça.
A.mi.go-ur.so *s.m.* Amigo da onça. ◆ *Pl.*: amigos-ursos.
A.mi.lá.ceo *adj.* Semelhante ao amido ou que o contém.
A.mi.lo *s.m.* Amido.
A.mi.no.á.ci.do *s.m.* QUÍM Ácido orgânico em que parte do hidrogênio não ácido foi substituída por um ou mais radicais aminados.

A.mi.se.ra.ção *s.f.* Piedade pela infelicidade de outrem; compaixão, miseração.
A.mis.to.so (ô) *adj.* **1.** Amigável. **2.** Próprio de amigo. **3.** Que denota amizade. *s.m.* **4.** Encontro esportivo fora do campeonato e sem contagem de pontos.
A.mi.u.da.do *adj.* Frequente, repetido.
A.mi.u.dar *v.t.* **1.** Executar amiúde ou frequentemente. **2.** Tornar miúdo. **3.** Esmiuçar. *v.int.* **4.** Cantar (o galo) a curtos intervalos. *v.p.* **5.** Suceder amiúde. **6.** Verificar-se com frequência.
A.mi.ú.de *adv.* Repetidas vezes; frequentemente.
A.mi.za.de *s.f.* **1.** Sentimento fiel de ternura, estima, afeição. **2.** Simpatia, dedicação. **3.** Benevolência, bondade.
Am.né.sia *s.f.* Diminuição ou perda total da memória, temporária ou definitivamente. ◆ *Var.*: amnesia.
Am.né.si.co *adj.* **1.** Relativo à amnésia. **2.** Que sofre de amnésia; falta de memória. *s.m.* **3.** Indivíduo que sofre de amnésia.
Âm.nio *s.m.* ANAT Membrana que envolve o embrião dos vertebrados superiores, que contém o líquido amniótico que protege e banha o feto.
Am.ni.o.cen.te.se *s.f.* Retirada de líquido amniótico do abdome materno para fins de análise.
Am.ni.os.co.pi.a *s.f.* Exame direto do líquido amniótico e das membranas, realizado no final de uma gravidez.
A.mo *s.m.* **1.** Dono da casa, em relação aos empregados. **2.** Patrão.
A.mo.fi.nar *v.t.* e *p.* Afligir(-se), apoquentar(-se), aborrecer(-se).
A.mo.jar *v.t.* **1.** Ordenhar. *v.int.* e *p.* **2.** Encher-se de leite ou de suco.
A.mo.la.dor (ô) *adj.* **1.** Que amola. **2.** Importuno, cacete. *s.m.* **3.** Aquele que amola facas, tesouras etc.
A.mo.lar *v.t.* **1.** Tornar cortante por fricção; afiar, aguçar. **2.** Afiar na pedra (de amolar) ou no rebolo. **3.** POP Maçar, enfadar, molestar, importunar.
A.mol.dar *v.t.* **1.** Ajustar-se ao molde; ajustar. *v.t.* e *p.* **2.** Modelar(-se), conformar(-se). **3.** Acostumar(-se), adaptar(-se). **4.** Aborrecer(-se), maçar(-se).
A.mo.le.ca.do *adj.* **1.** Diz-se de quem pratica ações de moleque. **2.** Irresponsável; pueril.
A.mo.le.car *v.t.* **1.** Ridicularizar, aviltar. *v.p.* **2.** Tornar-se semelhante a moleque. **3.** Rebaixar-se, ridicularizar-se.
A.mo.le.cer *v.t.* **1.** Tornar mole, macio. **2.** Tirar o ânimo, a energia a. **3.** Abrandar. **4.** Apiedar, comover. *v.int.* e *p.* **5.** Tornar-se mole.
A.mol.gar *v.t.* **1.** Deformar, amassando ou esmagando. **2.** Obrigar a ceder. **3.** Acomodar, ajustar. **4.** Subjugar, sujeitar. **5.** Derrotar, vencer. **6.** Forçar, obrigar. *v.int.* e *p.* **7.** FIG Ceder, render-se. **8.** FIG Sujeitar-se, submeter-se.
A.mô.nia *s.f.* Solução aquosa do amoníaco.
A.mo.ní.a.co *s.m.* Gás incolor, de cheiro forte, solúvel em água, formado pela combinação de um átomo de nitrogênio e três de hidrogênio.
A.mon.to.ar *v.t.* **1.** Pôr em monte ou montão. **2.** Empilhar ou juntar sem ordem. **3.** Apinhar, aglomerar. *v.p.* **4.** Acumular-se, multiplicar-se.
A.mor (ô) *s.m.* **1.** Afeição profunda. **2.** O objeto dessa afeição. **3.** Conjunto de fenômenos cerebrais e afetivos que constituem o instinto sexual. **4.** Coisa ou pessoa bonita, preciosa. **5.** Afeto a pessoa ou coisa. **6.** Relação amorosa. **7.** Entusiasmo, paixão. **8.** Inclinação sexual forte por outra pessoa. **9.** A pessoa amada. **10.** Veneração. **11.** Caridade.
A.mo.ra *s.f.* Infrutescência da amoreira, muito utilizada na alimentação, em especial como geleia.
A.mo.ral *adj.2g.* **1.** Nem contrário nem conforme à moral. **2.** Que não possui o senso da moral.
A.mo.ra.li.da.de *s.f.* Caráter ou qualidade de amoral.
A.mo.rá.vel *adj.2g.* **1.** Em que há carinho, ternura, meiguice. **2.** Carinhoso, terno, meigo. **3.** Digno de ser amado; amável. **4.** Ameno, agradável.
A.mor.da.çar *v.t.* **1.** Pôr mordaça em. **2.** Impedir de falar, de opinar; reprimir.

AMOREIRA — ANALGÉSICO

A.mo.rei.ra *s.f.* Nome comum a várias árvores da família das Moráceas, que dão a amora, e cujas folhas servem de alimento ao bicho-da-seda.

A.mo.rei.ral *s.m.* Lugar plantado de amoreiras.

A.mor.fi.a *s.f.* Ausência de forma definida ou determinada.

A.mor.fo (ô) *adj.* 1. Sem forma determinada. 2. Informe. 3. Diz-se do mineral sem estrutura cristalina.

A.mor.nar *v.t.* Aquecer levemente; mornar.

A.mo.ro.so (ô) *adj.* 1. Que tem ou sente amor. 2. Propenso ao amor. 3. Que exprime amor; carinhoso, terno. 4. Suave, meigo.

A.mor-pró.prio *s.m.* 1. Orgulho, respeito a si mesmo. 2. Sentimento de dignidade própria; brio. ● *Pl.: amores-próprios.*

A.mor.ta.lhar *v.t.* Envolver em mortalha.

A.mor.te.ce.dor *adj.* 1. Que amortece. *s.m.* 2. Aquilo que amortece. 3. Peça de automóveis, de outros veículos, de máquinas etc., para amortecer o choque ou a trepidação.

A.mor.te.cer *v.t.* 1. Fazer ficar morto. 2. Entorpecer. 3. Enfraquecer, abrandar, abafar (o som). 4. Suavizar. *v.int.* e *p.* 5. Perder o vigor, diminuir de intensidade. 6. Perder parte da força ou do impulso. 7. Entorpecer. 8. Perder o brilho.

A.mor.ti.zar *v.t.* Pagar, extinguir (dívidas) pouco a pouco.

A.mos.tra *s.f.* 1. Ato ou efeito de amostrar. 2. Pequena parte de um todo, que permite formar juízo deste. 3. Exemplar, modelo. 4. Indício, sinal, prova. 5. Demonstração; exemplo.

A.mos.tra.gem *s.f.* ESTAT Técnica de pesquisa cujo resultado pode representar o universo pesquisado com uma margem de erro aceitável.

A.mo.ti.na.dor (ô) *adj.* e *s.m.* Que, ou o que promove um motim.

A.mo.ti.nar *v.t.* e *p.* 1. Pôr(-se), levantar(se) em motim. 2. Sublevar(-se), revoltar(-se).

A.mo.ví.vel *adj.2g.* 1. Suscetível de remoção, de transferência. 2. Que não é vitalício. ● *Ant.: inamovível.*

Am.pa.rar *v.t.* 1. Dar ou servir de amparo a. 2. Dar meios de vida a. 3. Escorar. 4. Defender, proteger, patrocinar. *v.t.* e *p.* 5. Abrigar(-se), resguardar(-se).

Am.pa.ro *s.m.* 1. Auxílio, socorro. 2. Proteção, patrocínio. 3. Pessoa ou coisa que ampara. 4. Esteio, escora. 5. Abrigo, refúgio. 6. Ato de amparar(-se).

Am.pe.ra.gem *s.f.* Intensidade de uma corrente elétrica expressa em ampères.

Am.pè.re *s.m.* FÍS Unidade prática de intensidade das correntes elétricas, de símbolo *A*.

Am.ple.xo (cs) *s.m.* Abraço apertado.

Am.pli.a.ção *s.f.* 1. Ato ou efeito de ampliar(-se). 2. O que se ampliou. 3. Foto ampliada. 4. Aumento. ● *Ant.: redução.*

Am.pli.a.dor (ô) *adj.* e *s.m.* Que, ou o que amplia.

Am.pli.ar *v.t.* e *p.* 1. Tornar(-se) amplo ou mais amplo. 2. Aumentar (em área); alargar(-se), dilatar. 3. Prorrogar(-se); aumentar. 4. Expor, desenvolver. 5. FOT Reproduzir em formato maior. ● *Ant.: reduzir.*

Am.pli.dão *s.f.* 1. Qualidade de amplo. 2. Largueza, extensão. 3. Espaço indefinido. 4. Grande extensão; vastidão. 5. O céu.

Am.pli.fi.ca.dor *adj.* 1. Que amplifica. *s.m.* 2. O que amplifica. 3. Aparelho utilizado na reprodução do som.

Am.pli.fi.car *v.t.* 1. Fazer maior. 2. Tornar mais amplo; ampliar. 3. Aumentar. 4. Alongar além do necessário. 5. Desenvolver, expor além da medida. 6. Aumentar com a ajuda de um amplificador.

Am.pli.tu.de *s.f.* 1. Qualidade do que abrange grande amplidão. 2. Extensão, vastidão. 3. Grandeza, âmbito.

Am.plo *adj.* 1. Espaçoso, largo. 2. Muito extenso. 3. Dilatado. 4. Vasto, largo. 5. Rico, farto, abundante. 6. Sem restrições; ilimitado.

Am.po.la (ô) *s.f.* 1. Recipiente ou tubo de vidro, fechado, em que se guardam remédios para injetar. 2. O conteúdo desse tubo. ◆ *Var.: empola.*

Am.pu.lhe.ta (ê) *s.f.* Aparelho constituído de dois vasos cônicos de vidro que se comunicam nos vértices por um pequeno orifício, destinado a medir o tempo pela passagem de certa quantidade de areia finíssima do vaso superior para o inferior; relógio de areia.

Am.pu.ta.ção *s.f.* 1. Ato ou efeito de amputar. 2. Operação cirúrgica que consiste em cortar e separar do corpo um membro ou parte dele. 3. FIG Diminuição, corte, restrição.

Am.pu.tar *v.t.* 1. Fazer a amputação de; mutilar. 2. Retirar uma parte de (alguma coisa). 3. FIG Cortar, restringir, eliminar.

A.mu.a.do *adj.* Que tem amuo; zangado, enfadado, amolado, mal-humorado.

A.mu.ar *v.int.* 1. Demonstrar amuo. 2. Teimar, insistir muito. 3. Aborrecer-se, agastar-se. *v.t.* 4. Causar amuo a. *v.p.* 5. Ficar amuado ou mal-humorado.

A.mu.la.tar *v.t.* e *p.* Adquirir ou tomar cor ou feições de mulato.

A.mu.le.to (ê) *s.m.* Objeto que os supersticiosos trazem consigo, e a que se atribui o poder de dar sorte e afastar malefícios ou desgraças. 2. Talismã.

A.mu.lhe.rar *v.p.* Efeminar-se.

A.mu.o *s.m.* 1. Enfado, mau-humor. 2. Aborrecimento. 3. Zanga passageira; arrufo. 4. Apatia (do animal) por fadiga, fome etc.

A.mu.ra.da *s.f.* 1. Prolongamento do costado do navio, acima do convés descoberto. 2. Bordo de embarcação. 3. Muro, paredão.

A.mu.ra.lhar *v.t.* Cercar de muralhas ou muros; murar.

A.mu.rar *v.t.* Amuralhar.

An- *pref.* 'Negação, privação': *anarquia.*

A.na- *pref.* 1. 'Inversão': *anagrama.* 2. 'Repetição': *anabatista.*

A.nã *adj.* e *s.f.* Fem de anão. 2. Diz-se de, ou estrela de dimensão reduzida.

A.na.ba.tis.mo *s.m.* Doutrina dos anabatistas, que somente admite o batismo para as pessoas adultas.

A.na.ba.tis.ta *s.2g.* 1. Relativo ao anabatismo. 2. Adepto do anabatismo, seita religiosa que só admite o batismo do adulto.

A.na.bo.li.zan.te *adj.* e *s.m.* Diz-se de, ou substância que favorece o anabolismo, capaz de provocar aumento da massa muscular.

A.na.con.da *s.f.* Sucuri.

A.na.co.re.ta (ê) *s.2g.* 1. Religioso que vive na solidão. 2. Pessoa dada à contemplação, que vive isolada do convívio social.

A.na.crô.ni.co *adj.* 1. Contrário aos usos da época a que se refere. 2. Que está fora de moda, do uso ou do tempo. 3. Retrógrado, antiquado. 4. Que apresenta disparidade de datas.

A.na.cro.nis.mo *s.m.* 1. Erro de data, quanto a acontecimentos ou pessoas. 2. Fato anacrônico. 3. Qualidade de anacrônico.

A.na.cro.ni.zar *v.t.* Cometer anacronismo.

A.na.e.ró.bio *adj.* 1. BIOL Diz-se do micro-organismo capaz de viver sem o oxigênio do ar. 2. Esse micro-organismo. ● *Ant.: aeróbio.*

A.na.fi.lá.ti.co *adj.* 1. MED Relativo à anafilaxia. 2. Afetado de anafilaxia. ◆ **Choque anafilático** • MED conjunto de reações alérgicas violentas, proveniente da penetração de determinadas substâncias num organismo.

A.na.fi.la.xi.a (cs) *s.f.* Reação do organismo a determinadas substâncias.

A.na.fro.di.sí.a.co *adj.* e *s.m.* Diz-se de substância, remédio que inibe o desejo sexual.

A.na.gra.ma *s.m.* Palavra formada pela transposição das letras de outra palavra, como em *amor/roma.*

A.ná.gua *s.f.* Espécie de saia geralmente branca, que se veste debaixo do vestido.

A.nais *s.m.pl.* 1. História ou narração organizada ano por ano. 2. Publicação anual de sociedades, academias etc.

A.nal *adj.2g.* 1. Do, ou relativo ao ânus. 2. Que se processa pelo ânus.

A.nal.fa.be.to *adj.* 1. Que não sabe ler nem escrever. 2. Muito ignorante. *s.m.* 3. Indivíduo analfabeto.

A.nal.gé.si.co *adj.* e *s.m.* Que, ou medicamento que atenua ou suprime a dor.

ANALISAR — ANDRÓGENO

A.na.li.sar v.t. **1.** Fazer análise de. **2.** Decompor um todo em suas partes. **3.** Estudar, examinar.

A.ná.li.se s.f. **1.** Decomposição de um todo em suas partes constituintes. **2.** Exame de cada parte de um todo. **3.** Exame detalhado. **4.** Ensaio, experiência. **5.** Crítica. **6.** GRAM Exame dos elementos que constituem uma palavra ou frase. **7.** O mesmo que *psicanálise*.

A.na.lis.ta s.2g. **1.** Pessoa que faz análises. **2.** Médico(a) que pratica a psicanálise; psicanalista. **3.** Observador.

A.na.lí.ti.co adj. **1.** Em que entra a análise. **2.** Que procede por análise. **3.** Psicanalítico.

A.na.lo.gi.a s.f. **1.** Ponto de semelhança entre coisas diferentes. **2.** Semelhança. **3.** GRAM Princípio pelo qual a linguagem tende a uniformizar-se, reduzindo formas irregulares e menos frequentes a outras regulares e frequentes.

A.na.ló.gi.co adj. **1.** Que se funda na analogia. **2.** Que tem analogia. **3.** Semelhante a.

A.ná.lo.go adj. **1.** Em que há analogia ou semelhança. **2.** Comparável, correspondente, semelhante, similar. ● Ant.: *diferente*.

A.na.nás s.m. **1.** BOT Nome comum a diversas plantas da América, de infrutescência comestível; abacaxi. **2.** A infrutescência dessas plantas; abacaxi. ● Pl.: *ananases*.

A.na.na.sei.ro s.m. Planta que produz o ananás.

A.não s.m. **1.** Homem, animal ou planta de altura muito abaixo da normal. **2.** Indivíduo que não atingiu desenvolvimento completo; raquítico. adj. **3.** Que não atingiu desenvolvimento completo; raquítico. **4.** Muito pequeno. ● Fem.: *anã.* ● Pl.: *anões* ou *anãos.*

A.nar.qui.a s.f. **1.** Negação do princípio da autoridade. **2.** Falta de governo ou de chefe. **3.** Sociedade política constituída sem governo. **4.** FIG Desordem, baderna, confusão.

A.nar.quis.mo s.m. Doutrina baseada numa apreciação otimista da natureza humana, segundo a qual o Estado deve ser abolido e a sociedade deve organizar-se de modo voluntário, sem o uso da força ou a imposição de obrigações. **2.** Desordem geral.

A.nar.quis.ta adj.2g. **1.** Relativo ao anarquismo. **2.** Dado à anarquia. s.2g. **3.** Pessoa partidária do anarquismo.

A.nar.qui.zar v.t. **1.** Tornar anárquico. **2.** Incitar à anarquia; sublevar. **3.** Desmoralizar. v.p. **4.** Tornar(-se) anárquico.

A.nás.tro.fe s.f. Inversão da ordem natural entre duas palavras dentro de um mesmo constituinte ou sintagma (p.ex., seu olhar de ira cheio por seu olhar cheio de ira).

A.ná.te.ma s.m. **1.** Sentença que expulsa do seio da Igreja; excomunhão. **2.** Execração, maldição, opróbrio. **3.** Pessoa detestada.

A.na.te.ma.ti.zar v.t. **1.** Lançar anátema; excomungar, condenar. **1.** Repudiar.

A.na.to.mi.a s.f. **1.** Ciência que se ocupa da estrutura dos organismos e órgãos que são geralmente visíveis a olho nu. **2.** Conformação do corpo; compleição. **3.** Ação de dissecar qualquer corpo. **4.** FIG Exame, análise minuciosa.

A.na.to.mis.ta adj. e s.2g. Diz-se de, ou pessoa especialista em anatomia.

A.na.to.mi.zar v.t. e int. **1.** Abrir, cortar segundo os preceitos da anatomia; dissecar. **2.** Estudar minuciosamente; investigar.

A.na.va.lhar v.t. Ferir com navalha.

-an.ca suf. 'Aumentativo ou pejorativo': *lavanca, potranca.*

-an.ça ou **-ân.cia** suf. 'Ação ou resultado da ação': *andança, tolerância.*

An.ca s.f. **1.** Cada uma das proeminências laterais do corpo humano, da cintura à articulação da coxa. **2.** Quadril, nádega, cadeira. **3.** Porção traseira de certos quadrúpedes; garupa.

An.ces.tral adj.2g. **1.** Que diz respeito aos antepassados. **2.** Primitivo. **3.** Muito remoto; antiquíssimo. s.2g. **4.** Ascendente de uma pessoa ou de uma família anterior aos pais.

An.cho adj. **1.** Espaçoso, largo, amplo. **2.** Vaidoso.

An.cho.va (ô) s.f. Peixe marítimo, de pequeno porte, geralmente usado em conserva. ● Var.: *enchova.*

An.ci.ão adj. e s.m. **1.** Diz-se de, ou homem velho e, em geral, respeitável. **2.** Antiquado, velho. **3.** Venerável; respeitável. ● Fem.: *anciã.* ● Pl.: *anciãos.*

An.ci.lós.to.mo s.m. **1.** ZOOL Gênero de nematoides que se fixam no intestino delgado. **2.** Nematoide desse gênero.

An.ci.los.to.mo.se ou **na.ci.los.to.mí.a.se** s.f. MED Doença parasitária causada pela presença de ancilóstomos no intestino. ● Sinón.: *opilação, amarelão.* ● Var.: *ancilostomíase.*

An.ci.nho s.m. Instrumento agrícola dentado, próprio para juntar palha, feno etc.

-an.ço suf. 'Lugar': *barranco.*

-an.ço suf. 'Ação ou resultado da ação': *alcanço.*

Ân.co.ra s.f. **1.** Peça de ferro que, presa ao navio por uma corrente e lançada no fundo da água, o mantém fixo. **2.** Enfeite ou distintivo em forma de âncora. **3.** FIG Apoio seguro; esteio, arrimo. **4.** Símbolo religioso da esperança. s.m. **5.** Pessoa que lê e comenta as notícias de um telejornal.

An.co.ra.dou.ro s.m. **1.** Lugar onde a embarcação lança âncora. **2.** Lugar de ancorar; amarração. ● Var.: *ancoradoiro.*

An.co.rar v.t. e int. **1.** Lançar âncora; fundear. **2.** Basear, estribar. **3.** Estabelecer-se, fixar-se. v.p. **4.** Basear-se, apoiar-se, estribar-se.

An.da s.f. **1.** Cada uma das peças de madeira sobre as quais se colocava o esquife. **2.** Espécie de leito portátil, sustentado por peças de madeira, que podia ser carregado por homens ou animais de carga; andor. **3.** Perna de pau. Mais us. no plural.

An.da.ço s.m. **1.** Pequena epidemia. **2.** POP Incômodo ligeiro. **3.** POP Diarreia, disenteria.

An.da.dor (ô) adj. **1.** Que anda muito; andejo. **2.** Que é veloz ou ligeiro no andar.

An.da.du.ra s.f. **1.** Modo de andar. **2.** Ritmo de andar. **3.** Certo tipo de marcha das cavalgaduras. **4.** Velocidade.

An.dai.me s.m. Estrado provisório de madeira sobre o qual trabalham operários num edifício.

An.da.luz adj. **1.** Relativo ou pertencente à Andaluzia (Espanha). s.m. **2.** O natural ou habitante da Andaluzia. ● Pl.: *andaluzes.*

An.da.men.to s.m. **1.** Ato ou efeito de andar; andança. **2.** Prosseguimento, marcha, curso de um negócio. **3.** MÚS Grau de rapidez ou lentidão com que se deve executar um determinado trecho musical.

An.dan.ça s.f. **1.** Ato de andar ou viajar. **2.** Viagem. **3.** FAM Lida, faina, trabalho.

An.dan.te adj.2g. **1.** Que anda; errante. **2.** Que vagueia de um lado para outro à procura de aventuras. **3.** Corrente. s.2g. **4.** Transeunte.

An.dar v.int. **1.** Caminhar, locomover-se. **2.** Decorrer (o tempo). **3.** Funcionar, trabalhar. **4.** Passar a vida. **5.** Continuar, prosseguir. **6.** Proceder, agir. **7.** Viajar, ser transportado. **8.** Correr os devidos trâmites. **9.** Fazer-se acompanhar. v.t. **10.** Percorrer a pé. s.m. **11.** Maneira de andar; andadura, passo.

An.da.ri.lho s.m. **1.** O que anda muito; caminheiro. **2.** O que anda a pé.

An.de.jo (ê) adj. **1.** Que anda por muitas terras. **2.** Que anda ou caminha muito. **3.** Que não para em casa. s.m. **4.** Indivíduo andejo.

An.di.no adj. **1.** Da cordilheira dos Andes (América do Sul). **2.** Relativo aos Andes. s.m. **3.** O natural ou habitante dos Andes.

An.di.ro.ba s.f. **1.** BOT Árvore brasileira, de madeira útil. **2.** Fruto dessa árvore.

-an.do suf. 'Estado, profissão futura': *magistrando.*

An.dor (ô) s.m. **1.** Padiola portátil e ornamentada, sobre a qual se conduzem as imagens nas procissões. **2.** Liteira.

An.do.ri.nha s.f. Certo pássaro de arribação, que se alimenta de insetos.

An.dra.jos s.m.pl. Veste(s) esfarrapada(s); trapo(s), farrapo(s).

An.dro.ceu s.m. Órgão masculino (estame) da flor.

An.dro.fo.bi.a s.f. Aversão ao sexo masculino.

An.dró.ge.no adj. **1.** BIOL Diz-se do fator que origina ou estimula os caracteres masculinos. s.m. **2.** Hormônio sexual masculino presente em ambos os sexos.

ANDROIDE — ANILINA

An.droi.de *adj.2g.* **1.** Semelhante ao homem. *s.m.* **2.** Autômato com figura humana.

An.dro.pau.sa *s.f.* Diminuição da atividade sexual do homem.

A.ne.do.ta *s.f.* **1.** Relato rápido de um fato jocoso. **2.** Historieta engraçada. **3.** Piada, pilhéria.

A.ne.do.tá.rio *s.m.* Coleção ou livro de anedotas.

A.nel *s.m.* **1.** Qualquer objeto circular como argola. **2.** Aro, geralmente de metal precioso, mais ou menos trabalhado e adornado, que se traz no dedo como ornato ou símbolo. **3.** Elo. **4.** Cada elo de uma corrente. **5.** Caracol ou espiral (de cabelo). **6.** Cada uma das espirais de um réptil. **7.** Faixa luminosa. ● *Pl.: anéis.*

A.ne.la.do *adj.* **1.** Em forma de anel. **2.** Encaracolado (o cabelo). **3.** Desejado com ânsia.

A.ne.lar¹ *v.t.* **1.** Encaracolar (o cabelo). **2.** Dar forma de anel a. **3.** Desejar com ardor. *adj.* **4.** Em forma de anel; aneliforme. **5.** Relativo a anel; anular.

A.ne.lí.deos *s.m.pl.* ZOOL Animais de corpo dividido em segmentos semelhantes a anéis, como a minhoca e a sanguessuga.

A.ne.lo *s.m.* **1.** Desejo intenso, veemente. **2.** Anseio.

A.ne.mi.a *s.f.* **1.** MED Diminuição da hemoglobina do sangue circulante, com ou sem diminuição proporcional dos glóbulos vermelhos. **2.** Fraqueza, debilidade. **3.** Desalento.

A.nê.mi.co *adj.* **1.** Que sofre de anemia. **2.** Relativo a anemia. **3.** Fraco, débil. *s.m.* **4.** Indivíduo que sofre de anemia.

A.ne.mô.me.tro *s.m.* Instrumento para medir a velocidade do ar, particularmente a força e velocidade dos ventos, utilizado em meteorologia, túneis aerodinâmicos etc.

A.nê.mo.na *s.f.* BOT Planta exótica e ornamental, largamente distribuída. **2.** A flor dessa planta.

A.nê.mo.na-do-mar *s.m.* Cnidário marinho solitário e provido de tentáculos; actínia. ● *Pl.: anêmonas-do-mar.*

-â.neo *suf.* 'Relação': *instantâneo*.

A.ne.quim *s.m.* Espécie feroz de tubarão, conhecido ainda por *cação-anequim* e *tubarão-branco*.

A.nes.te.si.a *s.f.* MED Perda ou diminuição da sensibilidade geral, ou de uma região do corpo, com o fim de aliviar ou evitar a dor, em particular no curso de uma intervenção cirúrgica; anestesia.

A.nes.te.si.ar *v.t.* Provocar anestesia em.

A.nes.té.si.co *adj.* e *s.m.* Que, ou medicamento que adormece ou tira a sensibilidade.

A.nes.te.sis.ta *s.2g.* Médico(a) que aplica a anestesia.

A.nes.té.ti.co *adj.* Anestésico.

A.né.ti.co *adj.* Sem ética; antiético.

A.neu.ris.ma *s.m.* **1.** MED Dilatação de uma artéria causada pelo enfraquecimento de suas paredes. **2.** Tumor causado pela dilatação de uma artéria.

A.ne.xar *v.t.* **1.** Juntar, ligar. **2.** Reunir. **3.** Juntar, como anexo, a uma coisa considerada como principal. **4.** Acrescentar. *v.p.* **5.** Reunir-se (um país) a outro; incorporar-se.

A.ne.xim (ch) *s.m.* **1.** Dito sentencioso. **2.** Adágio, rifão, ditado. **3.** Estribilho.

A.ne.xo (ch) *adj.* **1.** Ligado, preso. **2.** Apenso, juntado. **3.** Incorporado. **4.** Dependente. *s.m.* **5.** Qualquer coisa que se junta a uma parte principal. **6.** Prédio dependente de outro ou que o complementa.

An.fe.ta.mi.na *s.f.* MED Substância estimulante, capaz de provocar insônia e euforia.

An.fi- *pref.* **1.** 'Duplicidade': *anfigonia*. **2.** 'Ao redor': *anfíte0*.

An.fí.bio *adj.* e *s.m.* **1.** Diz-se de, ou animal ou planta que vive tanto na terra quanto na água, como as rãs, sapos, as salamandras. **2.** Diz-se do indivíduo que segue duas opiniões diversas. **3.** Diz-se de, ou avião que pousa tanto em terra quanto na água.

An.fi.te.a.tro *s.m.* **1.** Antigo edifício oval ou circular, com degraus, nos teatros, escolas, praças de touros. **2.** Antigo circo para combates de feras e gladiadores e para jogos e representações.

An.fi.tri.ão *s.m.* **1.** O que recebe convivas. **2.** Aquele que hospeda pessoas de suas relações. **3.** O dono da casa. ● *Fem.: anfitriã* ou *anfitrioa.* ● *Pl.: anfitriões.*

Ân.fo.ra *s.f.* Vaso grande de cerâmica, de duas asas, no qual os antigos gregos e romanos armazenavam azeite, vinho etc.

An.frac.tu.o.so (ô) *adj.* **1.** Cheio de saliências ou sinuosidades irregulares. **2.** Disforme.

An.ga.ri.ar *v.t.* **1.** Obter, pedindo a um e a outro. **2.** Atrair com palavras; agenciar. **3.** Recolher, obter.

An.ge.li.cal *adj.2g.* Que se assemelha aos anjos; angélico.

Ân.ge.lus *s.m.2n.* **1.** Prece, geralmente chamada *ave-maria* ou *trindade.* **2.** Toque de sino que lembra aos fiéis a hora da ave-maria.

An.gi.co *s.m.* BOT Árvore muito útil por sua madeira dura.

An.gi.na *s.f.* MED Inflamação localizada nas amídalas e partes adjacentes. **2.** Dor espasmódica sufocante.

An.gi.o.lo.gi.a *s.f.* ANAT Parte da Anatomia que trata do sistema cardiovascular.

An.gi.o.lo.gis.ta *s.2g.* Especialista em Angiologia.

An.gi.o.plas.ti.a *s.f.* Intervenção cirúrgica destinada a reparar um vaso deformado, estreitado ou dilatado.

An.gi.os.per.ma *s.f.* BOT Espécime das angiospermas, plantas com flores, frutos e sementes.

An.gli.ca.nis.mo *s.m.* **1.** Igreja protestante da Inglaterra. **2.** GRAM Anglicismo.

An.gli.ca.no *adj.* **1.** Relativo ou pertencente ao anglicanismo. **2.** Partidário do anglicanismo. *s.m.* **3.** Aquele que professa o anglicanismo.

An.go.rá *adj.* **1.** Diz-se de certa raça de gato, coelho etc., apreciada pela finura e comprimento do pelo. **2.** Diz-se da lã ou do tecido feito com o pelo de qualquer desses animais. **3.** Diz-se de qualquer um desses animais. *s.m.* **4.** Gato, coelho etc. angorá. **5.** A lã ou o tecido angorá.

An.gra *s.f.* Pequena baía; enseada aberta.

An.gu *s.m.* **1.** Massa que consiste de farinha de milho (fubá), mandioca ou arroz, escaldada ao fogo. **2.** POP Confusão, intriga. **3.** Coisa confusa, embaraçada. **4.** Mistura, embrulhada.

An.gu.lar *adj.2g.* **1.** Que forma ângulo ou ângulos. **2.** Relativo a ângulo ou a ângulos. **3.** Em forma de ângulo.

An.gu.lo *s.m.* **1.** Esquina, canto. **2.** GEOM Espaço compreendido entre duas linhas ou dois planos que se cortam; parte saliente ou reentrante. ◆ **Ângulo agudo:** o que tem menos de 90 graus. ◆ **Ângulo obtuso:** o que tem mais de 90 graus. ◆ **Ângulo reto:** o formado por duas linhas que se cortam perpendicularmente.

An.gu.lo.so (ô) *adj.* **1.** Cheio de ângulos. **2.** Que tem esquinas ou saliências pontiagudas. **3.** Magro, ossudo.

An.gús.tia *s.f.* **1.** Grande ansiedade ou aflição. Desespero. **2.** Ânsia. **3.** Carência, falta. **4.** Sofrimento, aflição, atribulação.

An.gus.ti.ar *v.t.* **1.** Causar angústia a. **2.** Afligir, atormentar. *v.p.* **3.** Afligir-se; sentir angústia.

A.nhan.gue.ra *s.m.* Diabo velho, gênio manhoso e velhaco, na mitologia indígena. ◆ *Var. pros.: anhanguera.*

A.nho *s.m.* Cordeiro.

A.nhu.ma *s.f.* Ave brasileira, do tamanho de um peru, que habita lugares pantanosos.

A.ni.a.gem *s.f.* Tecido grosseiro, de juta ou outra fibra, para sacos e fardos.

A.nil *s.m.* **1.** Substância corante azul, que se extrai das folhas da anileira e de outras plantas leguminosas. **2.** A cor azul. *adj.2g.* e *2n.* **3.** Azul. ◆ *Pl.do s.: anis.*

A.ni.lho *s.m.* **1.** Pequena argola para enfiar cordões ou para proteger furos de ilhós. **2.** Aparelho de ferro, composto de duas argolas ou dois olhais, unidos por um perno em torno do qual giram, e que serve para amarração do navio a duas âncoras; anilha. **3.** Anel de couro ou metálico que serve de passador em várias peças do arreamento. **4.** Parte da coleira que enlaça o pescoço do animal.

A.ni.li.na *s.f.* Matéria corante, de emprego industrial.

ANIMAÇÃO — ANTECEDÊNCIA

A.ni.ma.ção *s.f.* **1.** Ato ou efeito de animar(-se). **2.** Calor, ardor em uma ação, comportamento. **3.** Movimento, grande atividade de um grupo. **4.** Alegria, entusiasmo. **5.** Vivacidade, calor. **6.** No cinema, projeto que dá a ilusão de movimento a desenhos, bonecos ou objetos etc.

A.ni.ma.do *adj.* **1.** Entusiasmado, bem disposto. **2.** Que tem vida, calor.

A.ni.ma.dor *adj.* e *s.m.* **1.** Que, ou o que anima ou incentiva. *s.m.* **2.** Pessoa que, em rádio, televisão ou casa de espetáculos, procura manter a atenção e o interesse do público.

A.ni.mal *s.m.* **1.** Ser vivo, dotado de movimento e sentimento próprio. **2.** Animal irracional. **3.** Pessoa grosseira, estúpida, muito ignorante. *adj.2g.* **4.** Bruto, rude. **5.** Irracional. **6.** Carnal; material. **7.** Próprio de animal. **8.** *gír* Fora de série; fantástico. ● *Aum. do s.*: *animalaço* ou *animalão*.

A.ni.ma.les.co (ê) *adj.* **1.** Relativo aos animais. **2.** Próprio de animal. **3.** Baixo, vil, carnal.

A.ni.ma.li.da.de *s.f.* **1.** Caráter de animal. **2.** Conjunto dos atributos puramente animais.

A.ni.ma.lis.mo *s.m.* **1.** Qualidade ou característica de animal. **2.** Corrente artística que se caracteriza por tomar os animais como tema. **3.** Sistema hoje abandonado, segundo o qual o embrião existe todo formado no esperma.

A.ni.ma.li.zar *v.t.* e *p.* Rebaixar-se ao estado de animal; embrutecer(-se).

A.ni.mar *v.t.* **1.** Dar alma ou vida a. **2.** Tornar animado. **3.** Dar aparência de vida a (o que é inanimado). **4.** Acelerar. **5.** Entusiasmar. **6.** Encorajar, alentar. **7.** Fomentar. **8.** Incitar, inflamar, estimular. *v.p.* **9.** Tornar-se alegre; criar ânimo, coragem. **10.** Tornar-se movimentado. **11.** Decidir-se. **12.** Atrever- se.

A.ní.mi.co *adj.* Da alma; relativo à alma; psíquico.

A.ni.mis.mo *s.m.* **1.** Crença que atribui alma a todas as coisas e fenômenos naturais. **2.** Concepção filosófica que atribui alma análoga à alma humana a todos os seres do universo.

A.ni.mis.ta *adj.2g.* **1.** Relativo ao animismo. *s.2g.* **2.** Pessoa adepta do animismo.

Â.ni.mo *s.m.* **1.** Disposição de espírito; índole. **2.** Valor, vontade. **3.** Coragem, entusiasmo. *interj.* **4.** Coragem!

A.ni.mo.si.da.de *s.f.* **1.** Aversão persistente; antipatia. **2.** Violência em discussão ou debate. **3.** Prevenção. **4.** Rancor.

A.ni.mo.so (ô) *adj.* **1.** Que tem ânimo. **2.** Corajoso.

A.ni.nhar *v.t.* **1.** Pôr(-se) ou recolher(-se) em ninho. **2.** Abrigar(-se), agasalhar(-se).

Â.nion *s.m.* Íon de carga elétrica negativa.

A.ni.qui.lar *v.t.* **1.** Reduzir a nada. **2.** Destruir, exterminar. **3.** Abater, prostrar, humilhar. *v.p.* **4.** Abater-se, humilhar-se.

A.nis *s.f.* **1.** Erva cuja essência é utilizada em licores e xaropes; erva-doce. **2.** A semente dessa erva. **3.** Licor aromatizado com a essência dessa erva. ● *Pl.*: *anises*.

A.ni.se.te (ê) *s.m.* Licor de anis.

A.nis.ti.a *s.f.* **1.** Perdão, quase sempre coletivo, concedido principalmente a adversários políticos. **2.** Perdão geral; esquecimento.

A.nis.ti.ar *v.t.* **1.** Conceder anistia a. **2.** Perdoar.

A.nis.tó.ri.co *adj.* **1.** Que não participa da história. **2.** Avesso, antagônico à história; anti-histórico.

A.ni.ver.sa.ri.an.te *adj.* e *s.2g.* Que, ou pessoa que aniversaria.

A.ni.ver.sa.ri.ar *v.t.* **1.** Fazer anos. **2.** Comemorar aniversário.

A.ni.ver.sá.rio *adj.* *s.m.* **1.** Diz-se de, ou o dia em que se completam anos ou se comemora um dia qualquer.

An.jo *s.m.* **1.** Ente espiritual que, segundo algumas religiões, habita o céu. **2.** Criança vestida de anjo nas procissões. **3.** Criança sossegada. **4.** Criança morta. **5.** Pessoa cheia de virtudes; pessoa bondosa. Col.: *teoria* [de anjos], *coorte* [de anjos]

-ano *suf.* **1.** 'origem, procedência': *peruano*. **2.** 'relação': *balzaquiano*.

A.no *s.m.* **1.** Tempo que a Terra gasta numa translação em torno do Sol. **2.** Espaço de 12 meses ou 365 dias. **3.** Aniversário natalício; idade. **4.** Período de frequência escolar, o mesmo que ano letivo.

A.no.di.ni.a *s.f.* Ausência de dores.

A.nó.di.no *adj.* **1.** Que mitiga as dores. **2.** Calmante. **3.** *fig* Inócuo, inofensivo. **4.** Insignificante, inexpressivo.

A.noi.te.cer *v.int.* **1.** Fazer-se noite. **2.** Ir chegando a noite. **3.** Estar ao chegar ao cair da noite. *v.t.* **4.** *fig* Escurecer. **5.** Dormir. *s.m.* **6.** O cair da noite.

A.no-luz *s.m.* **1.** Unidade astronômica de comprimento. **2.** Distância percorrida pela luz em um ano. ● *Pl.*: *anos-luz.*

A.no.ma.li.a *s.f.* **1.** Irregularidade, anormalidade. **2.** O que se desvia da norma, da média. **3.** Deformação, monstruosidade.

A.nô.ni.mo *adj.* **1.** Sem nome. **2.** Que não tem o nome ou a assinatura do autor. **3.** Pouco conhecido, obscuro. *s.m.* **4.** Aquele cujo nome é desconhecido.

A.no-no.vo *s.m.* **1.** Ano que entra. **2.** Meia-noite do dia 31 de dezembro. **3.** Dia primeiro de janeiro; ano-bom. ● *Pl.*: *anos-novos.*

A.no.ra.que *s.m.* **1.** Agasalho dos esquimós. **2.** Casaco com capuz.

A.no.réc.ti.co *adj.* e *s.m.* ⇒ **Anoréxico.**

A.no.ré.ti.co *adj.* e *s.m.* ⇒ **Anoréxico.**

A.no.re.xi.a (cs) *s.f.* **1.** Falta de apetite. **2.** Fastio.

A.no.ré.xi.co (cs) *adj.* **a.no.réc.ti.co** ou **a.no.ré.ti.co** *adj.* e *s.m.* **1.** Que(m) tem anorexia. *adj.* **2.** Relativo a anorexia.

A.nor.mal *adj.2g.* **1.** Que foge à norma ou ao padrão. **2.** Contrário às normas. **3.** Anômalo, defeituoso, tarado. *adj.* e *s.2g.* **4.** Que, ou quem tem defeito físico ou mental. ● *Ant.*: *normal.*

A.no.tar *v.t.* **1.** Apor notas a. **2.** Esclarecer com comentários. **3.** Apontar; tomar nota de.

A.no.xia *s.f.* Ausência de oxigênio no ar, no sangue arterial ou nos tecidos.

An.qui.nhas *s.f.pl.* Armação de arame que as mulheres usavam para atrear os quadris e dar maior roda às saias.

An.sei.o *s.m.* **1.** Desejo ardente; aspiração, ânsia. **2.** Ato de padecer ou sucumbir sob convulsões.

Ân.sia *s.f.* **1.** Aflição, angústia com sensação de aperto no coração. **2.** *fig* Tormento de espírito causado principalmente pelo sentimento de expectativa e incerteza. **3.** Desejo ardente; anseio. **4.** Estertor.

An.si.ar *v.t.* **1.** Causar ânsia a. **2.** Afligir. **3.** Desejar com veemência. **4.** Anelar, almejar. *v.int.* e *p.* **5.** Ter, sofrer ânsias; angustiar-se.

An.si.e.da.de *s.f.* **1.** Grande inquietude; aflição, angústia. **2.** Desejo ardente. **3.** Impaciência, sofreguidão.

An.si.o.lí.ti.co *adj.* e *s.m.* Que ou o que alivia a ansiedade (diz-se de droga); tranquilizante.

An.si.o.so (ô) *adj.* **1.** Cheio de ânsia. **2.** Aflito, inquieto. **3.** Que arde em desejo.

An.ta *s.f.* **1.** *zool* Mamífero perissodáctilo, um dos maiores animais da fauna brasileira; tapir. *s.f.* **2.** Pessoa pouco inteligente.

An.ta.gô.ni.co *adj.* Oposto, contrário.

An.ta.go.nis.mo *s.m.* **1.** Estado de oposição, velada ou declarada, entre duas ideias, dois sistemas ou duas pessoas. **2.** Rivalidade, incompatibilidade.

An.ta.go.nis.ta *adj.* e *s.2g.* **1.** Diz-se de, ou pessoa que atua em sentido contrário a outra. **2.** Adversário, opositor.

An.ta.go.ni.zar *v.t.* e *p.* Tornar(-se) antagônico; fazer oposição a; contrariar(-se).

An.ta.nho *s.m.* **1.** Tempos antigos. *adv.* **2.** Antigamente, outrora.

An.tár.ti.co *adj.* Do polo sul. ● Cf. *ártico.*

An.te- *pref.* 'Precedência': *antepasto.*

-an.te *suf.* equivale a *-nte*, designa ação: *cantante.*

An.te *prep.* **1.** Diante de; em presença de; em consequência de. *adv.* **ANT 2.** Antes. Obs.: Tem hífen antes de **h** e e: *antecâmara, antediluviano, anteface, ante-histórico, anteontem, anteprojeto, antessala, antevéspera.*

An.te.bra.ço *s.m.* Parte do braço compreendida entre o cotovelo e o pulso.

An.te.câ.ma.ra *s.f.* **1.** Aposento anterior à câmara. **2.** Sala de espera; antessala.

An.te.ce.dên.cia *s.f.* **1.** Ato ou efeito de anteceder. **2.** Estado de que antecede. **3.** Precedência, anterioridade.

ANTECEDENTE — ANTIDEPRESSIVO

An.te.ce.den.te *adj.2g.* Que antecede; precedente.

An.te.ce.der *v.t.* **1.** Vir, chegar, estar ou ficar antes de. **2.** Preceder. **3.** Realizar antes do tempo.

An.te.ces.sor (ô) *s.m.* **1.** Aquele que antecede ou precede. **2.** Predecessor. ● *Ant.: sucessor*.

An.te.ci.pa.ção *s.f.* **1.** Ato ou efeito de antecipar. **2.** Previsão, precaução, prevenção.

An.te.ci.par *v.t.* **1.** Fazer, dizer, sentir antes do tempo devido. **2.** Comunicar antecipadamente. **3.** Vir ou chegar mais cedo. **4.** Prever, prognosticar. **5.** Antecipar. *v.p.* **6.** Agir ou proceder com antecipação; adiantar-se. ● *Ant.: adiar*.

An.te.da.ta *s.f.* Em documento ou outro escrito, data falsa e anterior àquela em que este foi elaborado.

An.te.da.tar *v.t.* Pôr data anterior em.

An.te.di.lu.vi.a.no *adj.* **1.** Que ocorreu ou existiu antes do dilúvio. **2.** FIG Muito antigo.

An.te.go.zar *v.t.* Gozar antecipadamente; prelibar.

An.te.go.zo (ô) *s.m.* Gozo antecipado.

An.te-his.tó.ri.co *adj.* Pré-histórico. ● Cf. *anistórico* e *anti-histórico*. ● *Pl.: ante-históricos*.

An.te.mão *adv.* Preliminarmente. ● De antemão: previamente, antecipadamente.

An.te.me.ri.di.a.no *adj.* Que antecede ao meio-dia.

An.te.na *s.f.* **1.** Verga fixa ao mastro, na qual se prende a vela latina. **2.** Cada um dos apêndices móveis situado na cabeça dos insetos e crustáceos. **3.** FÍS Dispositivo que se instala a certa altura do solo ou no telhado dos edifícios, para recepção ou transmissão de radiações eletromagnéticas.

An.te.na.do *adj.* Provido de antenas.

An.te.nis.ta *adj.2g.* e *s.2g.* Que(m) ou o que instala e/ou conserta antena.

An.te.nup.ci.al *adj.2g.* Anterior ao casamento.

An.te.on.tem *adv.* No dia anterior ao ontem.

An.te.pa.rar *v.t.* **1.** Pôr anteparo em. *v.t.* e *p.* **2.** Defender(-se), resguardar(-se).

An.te.pa.ro *s.m.* Resguardo, defesa, precaução.

An.te.pas.sa.do *adj.* **1.** Antecedente. **2.** Que passou antes. *s.m.* **3.** Ascendente (em especial o que é anterior aos avós).

An.te.pas.to *s.m.* Iguaria servida antes da refeição principal, como aperitivo.

An.te.pe.núl.ti.mo *adj.* Que precede o penúltimo.

An.te.por *v.t.* e *p.* **1.** Pôr(-se) antes. **2.** Colocar(-se) à frente; antecipar(-se).

An.te.pro.je.to *s.m.* **1.** Esboço ou estudo preparatório de um projeto. **2.** Preliminares de um plano.

An.te.ra BOT Parte do estame onde se desenvolve o pólen.

An.te.ri.or (ô) *adj.* **1.** Que está, vem ou fica antes. **2.** Que existiu ou aconteceu antes; precedente. ● *Ant.: posterior*.

An.tes *adv.* **1.** Em tempo anterior; de preferência, pelo contrário. **2.** Dantes, antigamente.

An.tes.sa.la *s.f.* Sala de espera. ● *Pl.: antessalas*.

An.te.ver *v.t.* Ver antes; prever.

An.te.vés.pe.ra *s.f.* Dia anterior à véspera.

An.ti- *pref.* indicativo de *oposição: antiamericano*. Obs.: Tem hífen antes de **h** e **i**: *anti-higiênico, anti-horário, antirrábico, antissocial, anti-inflacionário, antitérmico* etc.

An.ti.a.bor.ti.vo *adj.* MED Que evita o aborto.

An.ti.á.ci.do *adj.* e *s.m.* **1.** Que ou o que impede aderências, esp. em utensílios de cozinha (diz-se de revestimento).

An.ti.a.é.reo *adj.* Que protege dos ataques aéreos.

An.ti.al.co.ó.li.co *adj.* **1.** Que combate o alcoolismo. *s.m.* **2.** Substância que anula ou modifica os efeitos do álcool.

An.ti.al.co.o.lis.mo *s.m.* Posição, disposição ou atitude contrária ao alcoolismo.

An.ti.a.lér.gi.co *adj.* **1.** Que combate a alergia. *s.m.* **2.** Droga utilizada no tratamento ou na prevenção das alergias.

An.ti.a.me.ri.ca.no *adj.* e *s.m.* Que ou o que se opõe aos americanos ou à América (esp. os E.U.A.), aos seus usos e costumes e/ou à sua política.

An.ti.ar.te *s.f.* Arte baseada em propostas antagônicas das formas tradicionais ou na rejeição total de práticas artísticas e valores estéticos consolidados, em favor do choque, da arbitrariedade e/ou do *nonsense* [Exemplos: o dadaísmo, as propostas de Marcel Duchamp (1887-1968) etc.].

An.ti.as.má.ti.co *adj.* e *s.m.* Que ou o que combate a asma (diz-se de substância ou medicamento).

An.ti.bac.te.ri.a.no *adj.* e *s.m.* Que ou o que impede ou inibe o desenvolvimento de bactérias (diz-se de agente ou substância).

An.ti.bi.ó.ti.co *adj.* **1.** Substância medicamentosa de elevado poder de combate às infecções, como a *penicilina*. *adj.* **2.** Relativo aos antibióticos.

An.ti.ble.nor.rá.gi.co *adj.* e *s.m.* Que ou o que combate a blenorragia (diz-se de substância).

An.ti.can.ce.rí.ge.no *adj.* e *s.m.* Que ou o que combate o câncer.

An.ti.ca.pi.ta.lis.mo *s.m.* Posição, doutrina ou movimento contra o capitalismo.

An.ti.ca.pi.ta.lis.ta *adj.2g.* e *s.2g.* Contrário ao capitalismo ou aos capitalistas e a seus hábitos e instituições.

An.ti.cas.pa *s.m.* Produto, substância que evita ou combate a caspa.

An.ti.ci.clo.ne *s.m.* Sistema de ventos brandos que giram, de acordo com a rotação da Terra, no sentido dos ponteiros do relógio no hemisfério norte e no sentido contrário no hemisfério sul.

An.ti.cle.ri.cal *adj.2g.* Contrário ao clero e a suas ideias, influência e participação.

An.ti.clí.max (cs) *s.m.2n.* **1.** Figura que consiste em empregar, numa mesma frase, uma gradação de intensidade de sentido descendente, ger. após outra ascendente. **2.** Cena significativamente menos relevante do que o clímax que a antecede. **3.** Clímax irreal ou improvável, não convincente.

An.ti.co.a.gu.lan.te *s.m.* Substância que impede a formação de coágulos, especialmente do sangue.

An.ti.co.mer.ci.al *adj.2g.* Que se opõe aos interesses, às normas ou aos usos do comércio (econ.).

An.ti.co.mu.nis.mo *s.m.* Doutrina, opinião ou movimento contrários ao comunismo.

An.ti.co.mu.nis.ta *adj.2g.* e *s.2g.* Relativo a anticomunismo ou partidário dessa doutrina.

An.ti.con.cep.ção *s.f.* Conjunto dos métodos que visam evitar, de modo reversível e temporário, a fecundação de um óvulo por um espermatozoide, ou, quando há fecundação, evitar que ocorra a nidação do ovo; contracepção.

An.ti.con.cep.ci.o.nal *adj.* e *s.m.* Diz-se de, ou substância que evita a concepção de filhos.

An.ti.con.for.mis.mo *s.m.* Atitude de oposição às normas estabelecidas, à moral vigente, às tradições convencionais; inconformismo.

An.ti.cons.ti.tu.ci.o.nal *adj.* Contrário à Constituição política de um país.

An.ti.con.vul.si.vo *adj.* e *s.m.* Que ou o que previne ou combate as convulsões (diz-se de substância); anticonvulsivante.

An.ti.cor.po (ô) *s.m.* Substância de origem celular que protege o organismo contra substâncias estranhas nele introduzidas.

An.ti.cor.ro.si.vo *adj.* e *s.m.* Diz-se de, ou produto que protege contra a corrosão.

An.ti.cris.to *s.m.* Segundo o Novo Testamento (Bíblia Sagrada), impostor que virá, antes do fim dos tempos, para tentar alcançar a vitória sobre o cristianismo.

An.ti.de.mo.cra.ta *adj.* Contrário à democracia.

An.ti.de.mo.crá.ti.co *adj.* Contrário, hostil à democracia; antidemocrata.

An.ti.de.pres.si.vo *adj.* e *s.m.* Diz-se de, ou substância que combate a depressão.

ANTIDERRAPANTE — ANTÍLOPE

An.ti.der.ra.pan.te *s.m.* **1.** Dispositivo que aumenta a aderência do pneu ao solo. *adj.* **2.** Diz-se do pneu, sola de tênis etc. que apresenta essa qualidade.

An.ti.de.to.nan.te *adj.2g.* e *s.m.* Que ou o que impede que a gasolina detone quando submetida à alta compressão num motor de combustão interna (diz-se de aditivo).

An.ti.di.ar.rei.co *adj.* e *s.m.* Que ou o que age contra a diarreia (dize-se de substância).

An.ti.dif.té.ri.co *adj.* e *s.m.* Que ou o que combate a difteria (diz--se de substância).

An.ti.di.vor.cis.ta *adj.2g.* e *s.2g.* Que ou aquele que se opõe ao divórcio.

An.ti.dog.má.ti.co *adj.* Referente ao ou próprio do antidogmatismo.

An.ti.dog.ma.tis.mo *s.m.* Doutrina ou disposição contrária ao dogmatismo.

An.ti.dog.ma.tis.ta *adj.2g.* e *s.2g.* Relativo a antidogmatismo ou partidário dessa doutrina.

An.ti.do.ping (ing.) *adj.2g.2n.* **1.** Que se opõe ao *doping*. **2.** Que indentifica *dopings*.

An.ti.do.to *s.m.* **1.** Medicamento que combate a ação de um veneno. **2.** Contraveneno. **3.** Remédio contra um mal moral. *adj.* **4.** Diz-se de tudo o que combate a ação nociva dos venenos.

An.ti.e.co.nô.mi.co *adj.* Que vai de encontro aos princípios da Economia.

An.ti.e.pi.dê.mi.co *adj.* Que combate epidemia. (dize-se de campanha, medida etc.).

An.ti.e.pi.lép.ti.co *adj.* e *s.m.* Que ou o que evita ou combate ataques epilépticos; antepiléptico.

An.ti.es.cor.bú.ti.co *adj.* e *s.m.* Que ou o que age contra o escorbuto (diz-se de substância ou medicamento).

An.ti.es.cra.vis.ta *adj.2g.* e *s.2g.* Que(m) é contra a escravidão.

An.ti.es.pas.mó.di.co ou **an.tis.pas.mó.di.co** *adj.* e *s.m.* Que ou o que combate espasmos (diz-se de substância ou medicamento); antispástico.

An.ti.es.por.ti.vo *adj.* **1.** Que não se atém à retidão esportiva. **2.** Que se opõe ao esporte ou ao espírito esportivo.

An.ti.es.tá.ti.co *adj.* e *s.m.* Que evita, remove ou reduz a formação de eletricidade estática; que diminui as interferências atmosféricas de origem elétrica nas comunicações sem fio.

An.ti.es.té.ti.co *adj.* **1.** Oposto à estética. **2.** Em que não há bom gosto nem amor à beleza. **3.** Sem arte.

An.ti.é.ti.co *adj.* Contrário à ética, oposto à moral.

An.ti.fe.bril *adj.* e *s.m.* Que, ou substância que combate a febre.

An.ti.flo.gís.ti.co *adj.* e *s.m.* Anti-inflamatório.

An.ti.fo.na *s.f.* Versículo cantado antes e depois de um salmo ou canto bíblico, e depois repetido em coro.

An.ti.fra.se *s.f.* Emprego de uma palavra ou frase com sentido oposto ao verdadeiro [Usa-se para efeito estilístico, para obedecer a um tabu, ou por ironia, como, p.ex.: *Muito bonito!*, *Que coisa feia!*].

An.ti.fún.gi.co *adj.* e *s.m.* Fungicida.

An.ti.ge.no *s.m.* MED Substância orgânica nociva que, ao ser inoculada no organismo, desenvolve o anticorpo.

An.ti.gi.nás.ti.ca *s.f.* Variedade de ginástica de movimentos suaves, que propõe conscientizar o praticante sobre o funcionamento do seu corpo, fazendo com que relaxe a musculatura superficial e profunda e corrija os defeitos posturais.

An.ti.go *adj.* **1.** Que existiu outrora. **2.** De tempo remoto. **3.** Antiquado; desusado. **4.** Que sucedeu no passado. **5.** Que existe há longo tempo. **6.** Muito velho. ● *Ant.:* novo, moderno.

An.ti.go.ver.na.men.tal *adj.2g.* Que é contrário ou hostil ao Governo, ao Poder Executivo, à política ministerial; oposicionista, antigovernista.

An.ti.go.ver.nis.ta *adj.* e *s.2g.* **1.** Diz-se de, ou pessoa contrária ao governo. **2.** Oposicionista.

An.ti.gri.pal *adj.* e *s.m.* Diz-se de, ou medicamento que combate a gripe.

An.ti.gua.lha *s.f.* Antiqualha.

An.ti.gui.da.de *s.f.* **1.** Qualidade de antigo. **2.** O tempo remoto. **3.** Os antigos. **4.** O tempo de serviço (em cargo ou função). ◆ *Var.:* antiguidade(s).

An.ti-hel.mín.ti.co *adj.* e *s.m.* (remédio) Contra vermes. ● *Pl.:* anti-helmínticos.

An.ti-he.rói *s.m.* Oposto do herói, esp. personagem de ficção a quem faltam atributos físicos e/ou morais característicos do herói clássico. ● *Pl.:* anti-herói. ● *Fem.:* anti-heroína.

An.ti-hi.dro.fó.bi.co *adj.* e *s.m.* Que ou o que combate a hidrofobia (diz-se de medicamento). ● *Pl.:* anti-hidrofóbicos.

An.ti-hi.gi.ê.ni.co *adj.* Contrário à higiene. ● *Pl.:* anti-higiênicos.

An.ti-hi.per.ten.si.vo *adj.* e *s.m.* Que ou o que baixa a pressão sanguínea (diz-se de medicamento). ● *Pl.:* anti-hipertensivos.

An.ti-hip.nó.ti.co *adj.* e *s.m.* Diz-se de ou substância que tira o sono; antipnótico. ● *Pl.:* anti-hipnóticos.

An.ti-his.ta.mí.ni.co *adj.* e *s.m.* Diz-se de ou agente us. no controle de alergias, em enjoos de viagem e tratamento de úlcera; funciona tb. contra o mal de Parkinson, como antitussígeno, ansiolítico, antisséptico, antiemético. ● *Pl.:* anti-histamínicos.

An.ti-his.té.ri.co *adj.* e *s.m.* Que ou o que combate a histeria (diz--se de medicamento). ● *Pl.:* anti-histéricos.

An.ti-his.tó.ri.co *adj.* Contrário aos fatos históricos. ● *Pl.:* anti-históricos.

An.ti-ho.rá.rio *adj.* Cuja rotação é contrária à dos ponteiros do relógio (diz-se de sentido); antitrigonométrico. ● *Pl.:* anti-horários.

An.ti-hu.ma.ni.tá.rio *adj.* Que se opõe aos ideais da humanidade. ● *Pl.:* anti-humanitários.

An.ti-ic.té.ri.co *adj.* e *s.m.* Que ou o que atua contra a icterícia (diz-se de substância ou medicamento).

An.ti-im.pe.ri.a.lis.mo *s.m.* Teoria, movimento ou posição que se opõe ao imperialismo.

An.ti-im.pe.ri.a.lis.ta *adj.2g.* e *s.2g.* Relativo a anti-imperialismo ou adepto dessa teoria, movimento ou posição.

An.ti-in.fec.ci.o.so (ô) *adj.* e *s.m.* Que ou o que combate a infecção (diz-se de substância, medicamento etc.).

An.ti-in.fla.ci.o.ná.rio *adj.* Que é contrário à inflação ou a combate.

An.ti-in.fla.ma.tó.rio *adj.* e *s.m.* Que ou o que combate as inflamações (diz-se de substância ou medicamento); antiflogístico.

An.ti-in.te.lec.tu.al *adj.2g.* e *s.2g.* **1.** Que ou o que contraria um ponto de vista intelectual. **2.** Que ou o que é hostil aos intelectuais.

An.ti-in.te.lec.tu.a.lis.mo *s.m.* **1.** Oposição sistemática ao que é intelectual ou que diz respeito aos intelectuais. **2.** Irracionalismo.

An.ti-in.te.lec.tu.a.lis.ta *adj.2g.* e *s.2g.* Relativo a anti-intelectualismo ou partidário dessa posição.

An.ti.ju.dai.co *adj.* e *s.m.* Que(m) é contra os judeus.

An.ti.ju.rí.di.co *adj.* Que contraria as normais jurídicas; ilegal, injurídico.

An.ti.lha.no *adj.* **1.** Relativo ou pertencente às Antilhas (América Central). *s.m.* **2.** O natural ou habitante das Antilhas.

An.ti.li.be.ral *adj.2g.* e *s.2g.* Que ou aquele que se opõe ao liberalismo.

An.ti.li.be.ra.lis.mo *s.m.* Posição, doutrina ou movimento contra o liberalismo.

An.ti.lo.ga.rit.mo *s.m.* **1.** Número correspondente a um logaritmo dado. **2.** Logaritmo inverso; número cujo logaritmo é um número dado.

An.ti.lo.gi.a *s.f.* **1.** Contradição ou confronto em ideias e argumentações. **2.** Oposição incoerente entre ideias ou sentenças de um mesmo discurso, livro ou autor. **3.** Contradição entre dois dispositivos legais. **4.** Associação de sintomas contraditórios que impede a determinação precisa de um diagnóstico.

An.ti.ló.gi.co *adj.* **1.** Contrário à lógica. **2.** Que encerra antilogia.

An.ti.lo.pe *s.m.* ZOOL Mamífero ruminante da África e da Ásia, notável pela esbelteza de forma e rapidez da carreira.

ANTIMAGNÉTICO — ANTISEPSIA

An.ti.mag.né.ti.co *adj.* Que resiste à magnetização ou aos efeitos de um campo magnético.

An.ti.ma.lá.ri.co *adj.* e *s.m.* Que ou o que evita ou combate a malária (diz-se de medicamento); antipalúdico, antipalustre.

An.ti.mar.xis.mo (cs) *s.m.* Posição, doutrina ou movimento contra o marxismo.

An.ti.mar.xis.ta (cs) *adj.2g.* e *s.2g.* Que ou aquele que se opõe ao marxismo.

An.ti.ma.té.ria *s.f.* Matéria hipotética, cujos constituintes seriam átomos formados por antipartículas.

An.ti.mi.có.ti.co *adj.* e *s.m.* Que ou o que combate micoses (diz-se de medicamento).

An.ti.mi.cro.bi.a.no *adj.* Que ou o que destrói micróbios ou impede seu desenvolvimento (diz-se de substância); antimicróbico.

An.ti.mi.li.ta.ris.mo *s.m.* **1.** Sistema político contrário ao militarismo. **2.** Atitude hostil à guerra.

An.ti.mi.li.ta.ris.ta *adj.2g.* **1.** Relativo ao antimilitarismo. *s.2g.* **2.** Pessoa adepta do antimilitarismo.

An.ti.mís.sil *adj.* e *s.m.* Diz-se de, ou arma ou dispositivo que combate a ação dos mísseis.

An.ti.mo.nár.qui.co *adj.* **1.** Relativo a ou próprio do antimonarquismo. *adj.* e *s.m.* **2.** Adversário do monarquismo ou da monarquia.

An.ti.mo.nar.quis.mo *s.m.* Doutrina, atuação ou posição contrária ao monarquismo ou à monarquia; antirrealismo.

An.ti.mô.nio *s.m.* QUÍM Elemento químico empregado na Medicina e na indústria.

An.ti.na.ci.o.nal *adj.2g.* Que se opõe à nação; contrário ao gosto, usos, costumes e interesses nacionais.

An.ti.na.ci.o.na.lis.mo *s.m.* Doutrina, movimento ou atitude contrária ao nacionalismo.

An.ti.na.ci.o.na.lis.ta *adj.2g.* e *s.2g.* Relativo a antinacionalismo ou partidário dessa doutrina.

An.ti.na.tu.ral *adj.2g.* Contrário às leis da natureza.

An.ti.na.zis.mo *s.m.* Ideologia, movimento ou prática contrárias ao nazismo.

An.ti.na.zis.ta *adj.2g.* e *s.2g.* **1.** Partidário do antinazismo. **2.** Relativo ao antinazismo.

An.ti.ne.frí.ti.co *adj.* e *s.m.* Que ou o que combate doenças renais (diz-se de substância).

An.ti.ne.vrál.gi.co *adj.* Diz-se de, ou substância que combate as nevralgias.

An.ti.no.mi.a *s.f.* **1.** Contradição entre duas leis ou princípios. **2.** Oposição recíproca.

An.ti.nu.cle.ar *adj.2g.* **1.** Contrário ao uso de armamentos nucleares e à instalação de usinas atômicas. **2.** Que protege de efeitos da radiação nuclear.

An.ti.o.fí.di.co *adj.* e *s.m.* Diz-se de, ou medicamento que combate veneno de cobras.

An.ti.o.vu.la.tó.rio *adj.* e *s.m.* Que inibe a ovulação (diz-se da substância).

An.ti.o.xi.dan.te *s.m.* Termo genérico para designar os compostos que evitam a reação de uma substância ao entrar em contato com o oxigênio do ar.

An.ti.pa.ci.fis.mo *s.m.* Doutrina, movimento ou atitude contrária à paz universal.

An.ti.pa.ci.fis.ta *adj.2g.* e *s.2g.* Relativo a antipacifismo ou partidário desse movimento.

An.ti.pa.pa *s.m.* Aquele a que, elevado ao papado por trâmites não canônicos, se atribuem a dignidade e a autoridade papais.

An.ti.pa.pa.do *s.m.* **1.** Dignidade ou função de antipapa. **2.** Tempo que dura esse pontificado.

An.ti.pa.pis.mo *s.m.* **1.** Opinião ou atitude dos que não reconhecem a autoridade do verdadeiro papa. **2.** Estado da Igreja Católica durante o governo de um antipapa.

An.ti.pa.pis.ta *adj.2g.* e *s.2g.* Relativo a antipapismo ou partidário dessa opinião ou atitude.

An.ti.pa.ra.si.tá.rio *adj.* e *s.m.* Que ou o que inibe ou destrói parasitas (diz-se de medicamento); antiparasítico.

An.ti.par.tí.cu.la *s.f.* Partícula cuja totalidade ou alguns de seus números quânticos têm valores opostos aos de outra partícula de mesma massa.

An.ti.pa.ti.a *s.f.* **1.** Aversão espontânea e instintiva; repulsa. **2.** Falta de simpatia. **3.** Incompatibilidade, desarmonia.

An.ti.pá.ti.co *adj.* **1.** Que inspira antipatia. **2.** Desagradável.

An.ti.pa.ti.zar *v.t.* **1.** Ter ou sentir antipatia. **2.** Implicar, embirrar.

An.ti.pa.tri.o.ta *adj.2g.* Que ou aquele que é contra a sua pátria ou não a ama; despatriota.

An.ti.pa.tri.ó.ti.co *adj.* Que se opõe aos interesses da pátria; despatriótico.

An.ti.pa.tri.o.tis.mo *s.m.* **1.** Ausência de patriotismo; despatriotismo. **2.** Atitude antipatriótica.

An.ti.pe.da.gó.gi.co *adj.* Que se opõe aos princípios da pedagogia.

An.ti.pers.pi.ran.te *adj.2g.* e *s.m.* Que reduz o suor (diz-se da substância).

An.ti.pi.ré.ti.co *adj.* e *s.m.* Antitérmico, antifebril.

An.ti.pla.ca *adj.* Que inibe a formação de placa dentária.

An.tí.po.da *s.m.* **1.** Habitante da Terra que se encontra em local diametralmente oposto ao de outro habitante. *adj.* **2.** Contrário, oposto.

An.ti.pó.lio *adj.2g.* e *s.f.* Contra a poliomielite (diz-se da vacina).

An.ti.po.lu.en.te *adj.2g.* e *s.m.* Diz-se de processo ou substância cuja utilização visa reduzir a poluição ambiental.

An.ti.po.lu.i.ção *adj.2g.* **1.** Contra a poluição. **2.** Que não polui o meio ambiente. • *Pl.: antipoluições.*

An.ti.pro.te.ci.o.nis.mo *s.m.* Oposição ao protecionismo.

An.ti.pro.te.ci.o.nis.ta *adj.2g.* e *s.2g.* Que ou o que se opõe ao protecionismo.

An.ti.pru.ri.gi.no.so (ô) *adj.* e *s.m.* Que ou o que combate prurido (diz-se de substância); antiprurido.

An.ti.qua.do *adj.* **1.** Tornado antigo. **2.** Fora de moda ou de uso. **3.** Desusado, obsoleto; arcaico. • *Ant.: atual.*

An.ti.qua.lha *s.f.* **1.** Coisa antiga, desusada. **2.** Objetos antigos, coisas velhas, o mesmo que *antigualha.*

An.ti.quar *v.t.p.* Tornar(-se) antigo, desusado, obsoleto, arcaico.

An.ti.quá.rio *s.m.* Estudioso, colecionador ou comerciante de antiguidades.

An.ti.quís.si.mo *adj.* Muito antigo.

An.tir.rá.bi.co *adj.* Diz-se de, ou droga que combate a raiva ou hidrofobia. • *Pl.: antirrábicos.*

An.tir.ra.ci.o.nal *adj.* Contrário à razão. • *Pl.: antirracionais.*

An.tir.ra.ci.o.na.lis.mo *s.m.* Oposição ao racionalismo. • *Pl.: antirracionalismos.*

An.tir.ra.ci.o.na.lis.ta *adj.2g.* e *s.2g.* Que(m) se opõe ao racionalismo. • *Pl.: antirracionalistas.*

An.tir.ra.quí.ti.co *adj.* e *s.m.* Que ou o que evita ou combate o raquitismo (diz-se de substância). • *Pl.: antirraquíticos.*

An.tir.re.gi.men.tal *adj.2g.* Que infringe ou contraria o regimento de uma entidade. • *Pl.: antirregimentais.*

An.tir.reu.má.ti.co *adj.* e *s.m.* Que ou o que combate o reumatismo (diz-se de substância). • *Pl.: antirreumáticos.*

An.tir.re.vo.lu.ção *s.f.* Atuação ou movimento político contrários à revolução. • *Pl.: antirrevoluções.*

An.tir.re.vo.lu.ci.o.ná.ri.o *adj.* e *s.m.* Que ou aquele que se opõe à revolução política. • *Pl.: antirrevolucionários.*

An.tir.ru.í.do *adj.* Projetado para eliminar ruídos (diz-se de dispositivo, acessório). • *Pl.: antirruídos.*

An.tis.se.mi.ta *adj.2g.* Diz-se de, ou pessoa inimiga dos semitas e, particularmente, dos judeus. • *Pl.: antissemitas.*

An.tis.se.mi.tis.mo *s.m.* Doutrina ou atitude de hostilidade aos judeus ou de quem prega medidas discriminatórias contra eles. • *Pl.: antissemitismos.*

An.ti.sep.si.a *s.f.* **1.** MED Conjunto dos métodos destinados à destruição dos micróbios. **2.** Desinfecção.

ANTISSÉPTICO — APACHE

An.tis.sép.ti.co *adj.* e *s.m.* Que impede a contaminação e combate a infecção (diz-se do medicamento).

An.tis.si.fi.lí.ti.co *adj.* e *s.m.* Que combate a sífilis (diz-se da substância). ● *Pl.: antissifilíticos.*

An.tis.so.ci.al *adj.2g.* **1.** Contrário à sociedade. **2.** Inimigo de festas e reuniões; misantropo. **3.** Grosseiro, rude, indelicado. ● *Pl.: antissociais.*

An.tis.so.ci.a.lis.mo *s.m.* Posição, doutrina ou movimento contra o socialismo. ● *Pl.: antissocialismos.*

An.tis.so.ci.a.lis.ta *adj.2g.* e *s.2g.* Que ou aquele que se opõe ao socialismo.

An.tis.pas.mó.di.co *adj.* e *s.m.* ⇒ **Antiespasmódico.**

An.tis.pás.ti.co *adj.* e *s.m.* ⇒ **Antiespasmódico.**

An.ti.ta.ba.gis.mo *s.m.* Política, movimento, opinião contra o tabagismo.

An.ti.ta.ba.gis.ta *adj.2g.* e *s.2g.* Relativo a ou adepto do antitabagismo.

An.ti.tér.mi.co *adj.* e *s.m.* Diz-se de, ou substância usada no combate à febre; antifebril, antipirético.

An.ti.ter.ro.ris.mo *s.m.* Movimento ou atitude contrária ao terrorismo.

An.ti.ter.ro.ris.ta *adj.2g.* e *s.2g.* Relativo a antiterrorismo ou partidário desse movimento.

An.tí.te.se *s.f.* **1.** Oposição entre palavras e ideias. **2.** Contraste entre pessoas ou coisas.

An.ti.te.tâ.ni.ca *s.f.* Vacina contra o tétano.

An.ti.te.tâ.ni.co *adj.* e *s.m.* Que, ou substância que combate o tétano.

An.ti.tó.xi.co (cs) *adj.* **1.** Contrário aos tóxicos. **2.** Que age contra toxina ou veneno. *s.m.* **3.** Contraveneno, antídoto.

An.ti.trus.te *adj.2g.2n.* O que restringe ou se opõe à formação de trustes, cartéis e combinações monopolísticas similares.

An.ti.tús.si.co *adj.* e *s.m.* Antitussígeno.

An.ti.tus.sí.ge.no *adj.* e *s.m.* Que ou o que combate a tosse (diz-se de substância); antitússico, antitussivo.

An.ti.va.ri.ó.li.co *adj.* e *s.m.* Que ou o que combate, previne ou trata a varíola.

An.ti.ve.ne.no *s.m.* Soro antitóxico contra o veneno de serpentes, insetos ou outros animais.

An.ti.ver.mi.no.so (ó) *adj.* e *s.m.* Que afugenta ou destrói os vermes; vermífugo.

An.ti.vi.ral ou **an.ti.vi.ró.ti.co** *adj.* e *s.m.* Diz-se de, ou substância que combate um vírus.

An.ti.ví.rus *s.m.* e *2n.* Programa de proteção do computador que detecta e elimina os vírus (certos programas danosos) nele existentes, assim como impede sua instalação e propagação.

An.to.lhos (ô) *s.m.pl.* **1.** Espécie de pala para resguardar da luz os olhos doentes. **2.** Peça de couro que se põe ao lado dos olhos dos animais, a fim de obrigá-los a olhar só para a frente; viseira.

An.to.lo.gi.a *s.f.* Coleção de trechos selecionados (em prosa ou verso). **2.** Coletânea, seleta.

An.to.ní.mia *s.f.* Emprego ou utilização de antônimos.

An.tô.ni.mo *adj.* e *s.m.* **1.** Diz-se de, ou palavra de significação oposta. **2.** Contrário, oposto. ● *Ant.: sinônimo.*

An.to.no.má.sia *s.f.* **1.** Substituição de um nome próprio por um comum ou por uma expressão que o dê a entender. **2.** Alcunha, cognome, apelido.

An.traz *s.m.* Infecção furunculosa; carbúnculo.

An.tro *s.m.* **1.** Cova funda e escura. **2.** Gruta, caverna. **3.** Abismo. **4.** Casa ou lugar de perdição, vícios e corrupção.

An.tro.po.cên.tri.co *adj.* Relativo ao antropocentrismo.

An.tro.po.cen.tris.mo *s.m.* FILOS Doutrina que considera o homem como o centro do universo e a ele refere todas as coisas.

An.tro.po.cen.tris.ta *adj.2g.* Relativo ao antropocentrismo.

An.tro.po.fa.gi.a *s.f.* Condição, estado ou ato de antropófago; canibalismo.

An.tro.pó.fa.go *adj.* e *s.m.* Que, ou aquele que come carne humana.

An.tro.poi.de *adj.2g.* **1.** Que lembra a figura humana. *s.m.* **2.** Macaco semelhante ao homem.

An.tro.po.lo.gi.a *s.f.* Ciência que estuda o homem, sua origem, evolução, costumes, instituições culturais etc.

An.tro.po.ló.gi.co *adj.* **1.** Que se assemelha ao homem. **2.** Antromomórfico.

An.tro.po.mor.fo *adj.* **1.** Que se assemelha ao homem. **2.** Antromomórfico.

An.tro.po.ni.mia *s.f.* Estudo da Etimologia e História dos antropônimos.

An.tro.pô.ni.mo *s.m.* Nome próprio de pessoa.

An.tro.po.pi.te.co *s.m.* Nome que se dá aos antropoides fósseis intermediários entre o macaco e o homem.

An.tú.rio *s.m.* BOT Nome dado a diversas plantas ornamentais.

A.nu *s.m.* Anum.

A.nu.al *adj.2g.* **1.** Que dura ou é válido por um ano. **2.** Que se faz ou ocorre todos os anos. **3.** Que se publica, se paga etc. uma vez por ano.

A.nu.a.li.da.de *s.f.* **1.** Qualidade do que é anual. **2.** Anuidade.

A.nu.á.rio *s.m.* Publicação anual.

A.nu.ên.cia *s.f.* **1.** Ato ou efeito de anuir. **2.** Concordância, consentimento, aprovação.

A.nu.i.da.de *s.f.* **1.** Pagamento que cobre o período de um ano. **2.** Prestação anual, que se forma de amortização e juros.

A.nu.ir *v.t.* **1.** Dar consentimento ou aprovação. **2.** Estar de acordo. **3.** Autorizar, aquiescer, consentir.

A.nu.la.ção *s.f.* Ato ou efeito de anular(-se); suspensão.

A.nu.lar¹ *adj.* **1.** Em forma de anel. **2.** Em que se usa pôr anel (dedo). *s.m.* **3.** Dedo entre o médio e o mínimo.

A.nu.lar² *v.t.* e *p.* **1.** Tornar(-se) nulo. **2.** Reduzir(-se) a nada. **3.** Desfazer(-se), destruir(-se).

A.num *s.m.* Nome comum a várias aves de cor preta, da família dos cuculídeos, que se alimentam de carrapatos.

A.nun.ci.a.ção *s.f.* **1.** Ato ou efeito de anunciar. **2.** Mensagem, notícia. **3.** Mensagem do arcanjo Gabriel à Virgem Maria, anunciando-lhe que seria a mãe de Jesus. **4.** O dia fixado pela Igreja Católica para a comemoração deste anúncio. **5.** Obra de arte que representa esse acontecimento.

A.nun.ci.ar *v.t.* **1.** Noticiar; fazer saber. **2.** Fazer publicidade. **3.** Pressagiar, prenunciar, predizer. **4.** Servir de sinal; manifestar. *v.int.* **5.** Publicar anúncios (propagandas). *v.p.* **6.** Prevenir de sua própria presença ou chegada.

A.nún.cio *s.m.* **1.** Notícia, aviso em jornal ou local público. **2.** Propaganda. **3.** Vaticínio, previsão.

A.nu.ro *adj.* **1.** Desprovido de cauda. *s.m.* **2.** Animal anfíbio que em estado adulto não possui cauda; batráquio.

A.nu.ros *s.m.pl.* Ordem dos anfíbios a que pertencem a rã, o sapo, a perereca.

Â.nus *s.m.2n.* Abertura na extremidade terminal do intestino, que dá saída às fezes.

A.nu.vi.ar *v.t.* e *p.* **1.** Cobrir(-se) de nuvens. **2.** Escurecer(-se), nublar(-se).

An.ver.so *s.m.* **1.** Face de medalha ou moeda onde se encontra a efígie ou emblema. **2.** O lado principal de um objeto que apresenta dois lados opostos. Opõe-se a *verso* e *reverso*.

-an.zil *suf.* 'Aumento': *corpanzil.*

An.zol *s.m.* **1.** Pequeno gancho, terminado em farpa, para pescar. **2.** FIG Ardil, engodo para seduzir.

-ão *suf.* **1.** 'Aumento': *pingão.* **2.** 'Origem': *cortesão.* **3.** 'Ação ou resultado da ação': *raspão.*

A.on.de *adv.* Para onde, a que lugar.

A.or.ta *s.f.* ANAT Grande artéria que nasce no ventrículo esquerdo do coração.

AP Sigla do Estado do Amapá.

A.pa.che *adj.2g.* **1.** Relativo ou pertencente aos Apaches, indígenas do sudoeste dos EUA. *s.2g.* **2.** Indígena dessa tribo. **3.** Malfeitor, sanguinário (preconceituoso).

APADRINHAR — APÁTRIDA

A.pa.dri.nhar *v.t.* **1.** Servir de padrinho a. **2.** Acoitar. **3.** Defender, proteger. *v.p.* **4.** Pôr-se sob a proteção de. **5.** Abonar-se, autorizar-se.

A.pa.ga.do *adj.* **1.** Que não tem fogo ou luz; extinto. **2.** Que já não arde. **3.** FIG Que não tem brilho. **4.** Escurecido, sombrio. **5.** Que não tem cultura. **6.** Que não sobressai. ● *Ant.*: aceso.

A.pa.ga.dor (ô) *adj.* **1.** Que apaga. *s.m.* **2.** O que apaga; extintor. **3.** Feltro colado a um suporte plástico ou de madeira, para apagar o que se escreve no quadro-negro.

A.pa.gão *s.m.* Interrupção no fornecimento de eletricidade. ♦ Cf. blecaute. ● *Pl.*: apagões.

A.pa.gar *v.t.* **1.** Extinguir (o fogo ou a luz). **2.** Abafar. **3.** Fazer desaparecer (o que estava escrito, desenhado ou pintado). **4.** Desvanecer, desbotar. **5.** Deixar de apresentar fogo ou luz. *v.int.* **6.** Entrar em estado letárgico por ingestão de álcool ou droga. **7.** POP Morrer. *v.t. e p.* **8.** Embaciar(-se), escurecer (o brilho, o lugar). **9.** Diminuir ou impedir manifestações de sentimentos, paixões etc.

A.pai.xo.nar *v.t.* **1.** Inspirar ou excitar paixão a. **2.** Exaltar, entusiasmar, arrebatar. **3.** Consternar, prostrar. *v.p.* **4.** Dedicar-se com ardor ou gosto a (alguma coisa). **5.** Encher-se de paixão, a favor ou contra. **6.** Encolerizar-se.

A.pa.la.vrar *v.t.* **1.** Ajustar sob palavra. **2.** Combinar de viva voz. *v.p.* **3.** Comprometer-se, empenhar-se. **4.** Obrigar-se sob palavra.

A.pa.ler.mar *v.t. e p.* Tornar(-se) palerma; aparvalhar.

A.pal.pa.de.la *s.f.* Ato de apalpar uma vez. ♦ Às apalpadelas: às cegas; tateando.

A.pal.par *v.t.* **1.** Tocar com a mão para conhecer pelo tato; tatear. **2.** Examinar, experimentar. **3.** Sondar a opinião, o ânimo de. *v.p.* **4.** Tocar-se com a mão (à procura de alguma coisa ou para examinar algo).

A.pa.ná.gio *s.m.* **1.** Aquilo que é inerente a alguma coisa. **2.** Privilégio. **3.** Atributo, dom.

A.pa.nha *s.f.* **1.** Ato ou efeito de apanhar. **2.** Colheita (em especial de frutos de árvores).

A.pa.nha.do *adj.* **1.** Que se apanhou. **2.** Colhido ou recolhido com a mão. **3.** Surpreendido. *s.m.* **4.** Resumo, síntese.

A.pa.nhar *v.t.* **1.** Colher, recolher. **2.** Pegar com a mão; tomar. **3.** Tomar, pegar (veículo). **4.** Alcançar, agarrar. **5.** Capturar, prender. **6.** Caçar, pescar. **7.** Apropriar-se. **8.** Contrair (doença). **9.** Ser atingido por (chuva, vento etc.). *v.int.* **10.** Levar pancadas. **11.** Perder (luta, jogo etc.). **12.** Fazer colheita; colher.

A.pa.ni.gua.do *adj. e s.m.* **1.** Protegido, favorito. **2.** Afilhado.

A.pa.ra *s.f.* Fragmento que sai de objeto que se corta ou desbasta. (V. também *aparas*).

A.pa.ra.dei.ra *s.f.* Parteira curiosa, não diplomada.

A.pa.ra.de.la *s.f.* Ato ou efeito de aparar ('cortar algo') suavemente.

A.pa.ra.dor (ô) *adj.* **1.** Que apara. *s.m.* **2.** Aquele que apara. **3.** Móvel onde se guardam toalhas e louças, e onde se põem as travessas com comida durante as refeições; bufê.

A.pa.ra.fu.sar *v.t.* **1.** Apertar, fixar ou segurar por meio de parafusos; parafusar. **2.** Meditar, cismar.

A.pa.ra.gem *s.f.* Ato ou efeito de aparar.

A.pa.rar *v.t.* **1.** Tomar, segurar ou receber (coisa que cai, coisa jogada). **2.** Cortar alguma porção inútil de. **3.** Açucar, adelgaçar, apontar. **4.** Aplainar. **5.** Tirar as desigualdades a.

A.pa.ra.to *s.m.* **1.** Ostentação, pompa. **2.** Adorno. **3.** Disposição para festividade cerimoniosa ou faustosa. **4.** Conjunto de instrumentos para fazer alguma coisa.

A.par.cei.rar *v.t.* **1.** Tomar como parceiro; associar. *v.p.* **2.** Entrar em parceria.

A.pa.re.cer *v.t.i. e int.* **1.** Tornar-se visível, começar a ser visto. **2.** Surgir. **3.** Destacar-se. **4.** Dar na vista. **5.** Acontecer, ocorrer. **6.** Ser publicado. **7.** FIG Brilhar; fazer-se notar.

A.pa.re.ci.men.to *s.m.* **1.** Ato ou efeito de aparecer. **2.** Surgimento, ocorrência, acontecimento.

A.pa.re.lha.gem *s.f.* **1.** Ato de aparelhar (madeira). **2.** Conjunto de aparelhos.

A.pa.re.lha.men.to *s.m.* **1.** Ato ou efeito de aparelhar(-se). **2.** Aparelho, aparelhagem.

A.pa.re.lhar *v.t.* **1.** Prover daquilo que é necessário. **2.** Arrear (a cavalgadura). **3.** Desbastar, lavrar. **4.** Dispor as peças para uso (numa obra). **5.** Preparar, dispor. *v.p.* **6.** Aprontar-se, dispor-se, preparar-se convenientemente.

A.pa.re.lho (ê) *s.m.* **1.** Arranjo prévio de materiais ou coisas para a execução de uma obra ou para a feitura de alguma coisa. **2.** Todo gênero de aprestos para a guerra. **3.** Conjunto dos instrumentos necessários para uma operação cirúrgica. **4.** Conjunto de órgãos animais ou vegetais que desempenham certas funções vitais. **5.** Coleção de peças para serviço de jantar, café, chá etc.; baixela. **6.** Latrina, privada. **7.** O corpo do médium; médium.

A.pa.rên.cia *s.f.* **1.** Aspecto exterior de alguma coisa; exterioridade. **2.** O que se mostra à primeira vista. **3.** Mostra enganosa; ilusão. **4.** Probabilidade, verossimilhança.

A.pa.ren.ta.do *adj.* **1.** Que tem parentesco. **2.** Ligado, aliado; afim.

A.pa.ren.tar *v.t.* **1.** Parecer, simular. **2.** Estabelecer parentesco entre. **3.** Inculcar (qualidade etc., que não possui). **4.** Ligar por parentesco. *v.p.* **5.** Parecer-se. **6.** Contrair parentesco.

A.pa.ren.te *adj.* **1.** Que parece ser, mas não é. **2.** Suposto, falso, enganador. **3.** Provável, verossímil. **4.** Que aparece; visível.

A.pa.ri.ção *s.f.* **1.** Visão de um ser sobrenatural; fantasma. **2.** Presença rápida de uma pessoa. **3.** Ato ou efeito de aparecer; aparecimento.

A.par.ta.men.to *s.m.* **1.** Ato ou efeito de apartar. **2.** Separação, afastamento. **3.** Ausência. **4.** Parte independente de um prédio de habitação coletiva, destinada a residência particular. *Abrev.*: ap. ou *apart.*

A.par.tar *v.t.* **1.** Desunir, separar. **2.** Pôr de parte. **3.** Separar conforme as qualidades. **4.** Sulcar. **5.** Cortar. **6.** Afugentar. **7.** Separar, apaziguar (os que estão brigando). *v.p.* **8.** Separar-se, afastar-se. **9.** Ausentar-se, retirar-se. **10.** Divorciar-se.

A.par.te *s.m.* **1.** Interrupção que se faz a um orador no meio de seu discurso. **2.** Aquilo que uma personagem diz em cena, como se falando consigo ou com o público. **3.** Separação (do gado vacum); apartação.

A.par.te.ar *v.t.* **1.** Dirigir apartes a. **2.** Interromper quem fala com apartes.

A.part.heid (ing.) *s.m.* Sistema político-social de segregação entre negros e brancos na África do Sul (extinto em 1994).

A.part.ho.tel *s.m.* **1.** Prédio de apartamentos com serviços de hotelaria, tais como refeitório, lavandería etc. **2.** Apartamento de tais prédios. ● *Pl.*: apart-hotéis.

A.par.ti.dá.rio *adj.* Indiferente a partidos.

A.par.va.lha.do *adj.* **1.** Abobalhado; parvo, idiota. **2.** Atrapalhado, desorientado.

A.par.va.lhar *v.t.* **1.** Tornar(-se) parvo. **2.** Atrapalhar(-se), desnortear(-se) e desorientar(-se). **3.** Espantar(-se), assustar(-se).

A.pas.cen.tar *v.t.* **1.** Levar ao pasto ou à pastagem. **2.** Pastorear. **3.** Guardar durante o pasto. *v.p.* **4.** Nutrir-se. **5.** Entreter-se, recrear-se.

A.pas.si.va.dor (ô) *adj.* **1.** Que apassiva. **2.** GRAM Diz-se do pronome se, quando empregado na voz passiva.

A.pas.si.var *v.t.* **1.** Tornar passivo, inerte ou indiferente. **2.** GRAM Colocar (o verbo) na voz passiva. *v.p.* **3.** Tornar-se passivo, indiferente.

A.pa.te.ta.do *adj.* Atoleimado, aparvalhado, tolo.

A.pa.ti.a *s.f.* **1.** Estado de indiferença; insensibilidade, indiferença. **2.** Ausência de paixões. **3.** Falta de energia; indolência, inércia.

A.pá.ti.co *adj.* **1.** Que tem apatia; indiferente, insensível. **2.** Incapaz de paixões.

A.pá.tri.da *adj. e s.2g.* Diz-se de, ou pessoa sem pátria, sem nacionalidade.

APAVORAR — APLICADO

A.pa.vo.rar v.t. **1.** Causar pavor a. **2.** Aterrar; assustar. v.int. **3.** Infundir pavor. v.p. **4.** Encher-se de pavor. **5.** Sentir medo; assustar-se.

A.pa.zi.guar v.t. **1.** Pacificar, acalmar. v.p. **2.** Pôr-se em paz. **3.** Pacificar-se, acalmar-se. **4.** Tranquilizar-se.

A.pe.ar v.t. **1.** Fazer descer; desmontar. **2.** Demolir, derrubar. v.int. **3.** Descer de veículo ou de animal de montaria.

A.pe.dre.jar v.t. **1.** Atirar pedras contra alguém ou alguma coisa. **2.** Ferir ou matar a pedradas. **3.** FIG Insultar, ofender. v.int. **4.** Perseguir com desprezo; ofender.

A.pe.gar-se v.t. **1.** Contagiar, contaminar. **2.** Colar, pegar. v.p. **3.** Unir-se, juntar-se. **4.** Recorrer, valer-se de. **5.** Dedicar-se. **6.** Afeiçoar-se, amoldar-se.

A.pe.go (ê) s.m. **1.** Sentimento de afeição, simpatia, devotamento por pessoa, animal ou coisa. **2.** Agarramento, afeição. **3.** Constância, insistência.

A.pe.la.ção s.f. **1.** Ato ou efeito de apelar. **2.** DIR Recurso de decisão final para instância superior. **3.** Subterfúgio ou ardil para sair de alguma dificuldade; último recurso.

A.pe.lar v.t. **1.** Invocar auxílio, socorro, providência. **2.** DIR Recorrer por apelação a juiz ou tribunal superior. **3.** Dirigir apelo. **4.** Valer-se de alguém ou de alguma coisa. v.int. **5.** ESP Usar (o jogador ou o desportista) de recurso indevido para se livrar de uma situação difícil.

A.pe.la.ti.vo adj. **1.** Relativo à apelação. **2.** Que chama. **3.** GRAM Diz-se do nome comum aos indivíduos de uma mesma classe ou espécie.

A.pe.li.dar v.t. Pôr alcunha ou apelido em.

A.pe.li.do s.m. **1.** Sobrenome ou cognome para diferenciar indivíduos ou famílias. **2.** Denominação ou título distintivo para designar alguma característica ou qualidade importante. **3.** Designação injuriosa relativa a algum defeito individual. **4.** Alcunha, cognome.

A.pe.lo (ê) s.m. **1.** Ato ou efeito de apelar. **2.** Convocação, chamamento, convite. **3.** Invocação. **4.** Concitação. **5.** DIR Apelação, recurso.

A.pe.nas adv. **1.** Só, somente, unicamente. conj. **2.** Logo que, assim que; mal.

A.pên.di.ce s.m. **1.** Coisa anexa a outra, da qual é acessória; anexo. **2.** Parte saliente de um corpo. **3.** ANAT Tubo até 10 cm de comprimento nos seres humanos, no lado interior do ceco (a primeira parte do intestino grosso). **4.** Parte acessória de um órgão principal, distinta pela forma ou posição. **5.** Complemento ou suplemento no fim de uma obra.

A.pen.di.ci.te s.f. MED Inflamação do apêndice, em forma crônica ou aguda, mais comum em crianças e adultos jovens.

A.pen.sar v.t. Acrescentar, juntar, anexar.

A.pen.so adj. **1.** Junto, anexo. s.m. **2.** O que está anexo ou junto. **3.** DIR Documento anexado aos autos.

A.per.ce.ber v.t. **1.** Munir, prover. **2.** Aparelhar, aprestar. **3.** Avisar, notificar. v.p. **4.** Preparar-se, aparelhar-se (para alguma coisa). **5.** Perceber, notar. **6.** Dar-se conta de. **7.** Prover-se, abastecer-se.

A.per.fei.ço.ar v.t. **1.** Concluir, com perfeição e esmero. **2.** Melhorar. v.p. **3.** Tornar-se melhor. **4.** Adquirir maior grau de perfeição; aprimorar-se.

A.per.ga.mi.nha.do adj. Semelhante ao pergaminho.

A.pe.ri.ti.vo adj. **1.** Que abre ou estimula o apetite. s.m. **2.** Aquilo que se faz para abrir o apetite. **3.** Qualquer bebida que se toma antes das refeições.

A.per.re.ar v.t. **1.** Fazer perseguir por cães ou perros. **2.** Perturbar, atormentar, amolar. v.p. **3.** Irritar-se, apoquentar-se.

A.per.ta.do adj. **1.** Que se apertou, uniu, comprimiu etc. **2.** Pouco largo; ajustado. **3.** Que está em dificuldade financeira. **4.** Difícil, dificultoso. **5.** Severo, rigoroso.

A.per.tar v.t. **1.** Comprimir; estreitar, restringir. **2.** Segurar em volta, com força. **3.** Instar com. **4.** Arrochar. v.int. **5.** Tornar-se mais estreito. **6.** Ficar mais difícil. v.p. **7.** Juntar-se, unir-se. **8.** Tornar-se intenso ou mais intenso.

A.per.to (ê) s.m. **1.** Ato ou efeito de apertar(-se), de comprimir. **2.** Situação difícil; apertura. **3.** Austeridade, rigor. **4.** Grande embaraço. **5.** Angústia, aflição. **6.** Apuro. **7.** Pressa, urgência.

A.per.tu.ra s.f. Aperto.

A.pe.sar usado nas locuções prepositivas *apesar de* e *apesar de que*. ◆ Apesar de: a despeito de; não obstante. **Apesar de que:** ainda que; embora.

A.pe.te.ce.dor (ô) adj. Que apetece ou deseja.

A.pe.te.cer v.t. **1.** Ter apetite de. **2.** Desejar muito; pretender. **3.** Despertar apetite ou grande desejo.

A.pe.tên.cia s.f. **1.** Vontade, desejo que leva a satisfazer uma inclinação natural ou a desejar um alimento. **2.** Apetite.

A.pe.ti.te s.m. **1.** Vontade ou desejo de comer. **2.** Desejo de satisfazer um gozo. **3.** Ânimo, disposição. **4.** Desejo carnal; libido. **5.** Desejo, ambição. **6.** Gosto especial, predileção.

A.pe.ti.to.so (ô) adj. **1.** Que desperta o apetite. **2.** Gostoso, saboroso. **3.** Ambicioso, cobiçoso. **4.** Atraente, sensual, desejável.

A.pe.tre.chos (ê) s.m.pl. **1.** Coisas necessárias para a execução de uma obra ou trabalho. **2.** Munições e instrumentos de guerra. ◆ *Var.: petrechos.*

A.pi.á.rio adj. **1.** Relativo a abelhas. s.m. **2.** Lugar onde se criam abelhas.

Á.pi.ce s.m. **1.** O ponto mais elevado; cume, vértice. **2.** Extremo superior ou ponta de alguma coisa. **3.** BIOL Ponta de um órgão animal ou vegetal. **4.** O ponto mais árduo ou delicado de uma discussão. **5.** O extremo da perfeição; apuro, requinte. **6.** Auge, clímax. **7.** Espaço de tempo muitíssimo curto.

A.pi.cul.tor (ô) s.m. Criador de abelhas.

A.pi.cul.tu.ra s.f. Técnica ou arte de criação de abelhas para obtenção do mel e geleia real (o alimento preparado pelas abelhas para as jovens rainhas).

A.pi.e.dar v.t. e p. **1.** Mover(-se) à piedade. **2.** Ter compaixão; compadecer(-se), condoer(-se).

A.pi.men.ta.do adj. **1.** Temperado com pimenta. **2.** Picante, excitante. **3.** Diz-se da linguagem mordaz ou cheia de malícia. **4.** Malicioso.

A.pi.men.tar v.t. **1.** Temperar com pimenta. **2.** Excitar o apetite. **3.** Tornar picante, mordaz. **4.** Estimular, excitar.

A.pi.na.jé s.2g. **1.** Indígena pertencente ao grupo dos apinajés. s.m. **2.** Língua da família linguística jê, falada pelos apinajés. adj.2g. **3.** Relativo a apinajé ou aos apinajés.

A.pi.nha.do adj. Totalmente cheio; superlotado.

A.pi.nhar v.t. **1.** Aglomerar, juntar (como os pinhões numa pinha); aglomerar, amontoar. v.p. **2.** Aglomerar-se, unir-se apertadamente.

A.pi.tar v.int. **1.** Tocar apito. **2.** Dar sinal por meio de apito. **3.** ESP POP Arbitrar (jogo). **4.** GÍR Ter autoridade; mandar. **5.** POP Fugir.

A.pi.to s.m. **1.** Pequeno instrumento para assobiar, dirigir manobras, pedir socorro etc. **2.** Silvo, assobio. **3.** Opinião.

A.pla.car v.t. **1.** Tornar plácido; apaziguar, sossegar. **2.** Abrandar, moderar. v.p. **3.** Tornar-se plácido, tranquilo. **4.** Ceder em força ou intensidade; abrandar-se.

A.plai.nar v.t. Alisar com plaina; aplanar.

A.plau.dir v.t. e int. **1.** Festejar com aplausos; aclamar. **2.** Bater palmas. **3.** Aprovar, louvar. **4.** Ficar satisfeito com. **5.** Elogiar publicamente. v.p. **6.** Ficar satisfeito.

A.plau.so s.m. **1.** Ato de aplaudir por gestos ou palavras. **2.** Louvor, aprovação. **3.** Manifestação de aprovação ou entusiasmo com palmas, vozes, ruídos etc. **4.** Júbilo com que alguém ou alguma coisa é recebido. **5.** Elogio público.

A.pli.ca.bi.li.da.de adj. Que se pode aplicar; cabível.

A.pli.ca.ção s.f. **1.** Ato ou efeito de aplicar(-se). **2.** Atenção ou assiduidade no trabalho. **3.** Concentração da inteligência ou da atenção. **4.** Diligência, esforço penoso. **5.** Emprego. **6.** Adaptação. **7.** Enfeite sobreposto a um vestido, blusa etc. **8.** Emprego de capital para produzir rendimentos.

A.pli.ca.do adj. **1.** Que se aplicou. **2.** Sobreposto. **3.** Aderente. **4.** Zeloso, diligente, dedicado.

APLICAR — APOSTÓLICO

A.pli.car *v.t.* **1.** Pôr em prática. **2.** Apor. **3.** Empregar. **4.** Receitar, ministrar (remédio). **5.** Sobrepor. **6.** Infligir, impor. **7.** Acomodar, adequar. *v.p.* **8.** Consagrar-se, dedicar-se com determinação a estudo ou trabalho.

A.pli.ca.ti.vo *s.m.* Programa de computador ou um conjunto de programas voltado para uma aplicação genérica (como a edição de textos ou o desenho de gráficos) e que pode ser ajustado às necessidades específicas dessa aplicação.

A.plomb (fr.) *s.m.* **1.** Grande autoconfiança; naturalidade verbal e gestual. **2.** Confiança exagerada em si mesmo; arrogância.

Ap.nei.a *s.f.* Parada respiratória mais ou menos longa.

A.po- *pref.* 'Afastamento': *apogeu*.

A.po.ca.lip.se *s.m.* **1.** O último livro da Bíblia, que traz revelações sobre o fim do mundo (escreve-se com inicial maiúsc.: *Apocalipse*). **2.** FIG Linguagem enigmática. **3.** Grande flagelo.

A.pó.co.pe *s.f.* GRAM Metaplasmo que consiste na supressão de letra(s) ou sílaba(s) no final de uma palavra, como em *moto* (em vez de *motocicleta*), *mui* (em vez de *muito*).

A.pó.cri.fo *adj.* **1.** Que não é autêntico. **2.** De autor desconhecido. **3.** Falso, duvidoso, suspeito. ● *Ant.*: *verdadeiro*.

A.po.dar *v.t.* **1.** Dirigir apodos a. **2.** Zombar, mofar. **3.** Apelidar pejorativamente.

Á.po.de *adj.2g.* Que não tem pés.

A.po.de.ra.men.to *s.m.* Tomada de posse de algo.

A.po.de.rar-se *v.p.* Tomar posse; apossar-se.

A.po.do (ô) *s.m.* **1.** Apelido pejorativo; alcunha, cognome. **2.** Zombaria, mofa, motejo.

A.po.dre.cer *v.t.* **1.** Tornar podre. **2.** Corromper, estragar. *v.int.* **3.** Ficar podre. **4.** Corromper-se (moralmente), perverter-se.

A.pó.fi.se *s.f.* **1.** ANAT Parte saliente de um osso ou órgão. **2.** Prolongamento posterior das vértebras da espinha.

A.po.geu *s.m.* **1.** Ponto em que a órbita da Lua, cometa ou satélite se encontra mais afastada da Terra. **2.** FIG O mais alto grau; o ponto culminante; clímax. ● *Ant.*: *perigeu*.

A.poi.ar *v.t.* **1.** Dar apoio a; patrocinar. **2.** Proteger. **3.** Confirmar. **4.** Fundamentar. **5.** Robustecer. **6.** Aprovar, aplaudir. **7.** Dar mais força a. *v.t.* e *p.* **8.** Firmar(-se), sustentar(-se). **9.** Prestar auxílio mútuo.

A.poi.o (ô) *s.m.* **1.** Tudo aquilo que serve para amparar, firmar ou sustentar. **2.** Base, esteio, sustentáculo. **3.** Ajuda, proteção. **4.** Socorro, auxílio. **5.** Prova, argumento. **6.** Qualquer coisa que se autorize ou prove. **7.** Aprovação, assentimento, aplauso.

A.pó.li.ce *s.f.* **1.** Certificado escrito de uma obrigação mercantil, para indenização de prejuízos. **2.** Ação de companhia comercial ou industrial. **3.** Título de dívida público; bônus.

A.po.lí.neo *adj.* **1.** Relativo a Apolo, deus da mitologia greco-romana. **2.** Belo como o deus Apolo.

A.po.lí.ti.co *adj.* **1.** Não político. **2.** Que não serve a interesses partidários. *adj.* e *s.m.* **3.** Que, ou aquele que não se interessa por política.

A.po.lo.gi.a *s.f.* **1.** Discurso ou escrito de defesa ou louvor de alguém ou de alguma coisa. **2.** Elogio, louvor.

A.po.lo.gis.ta *adj.2g.* **1.** Relativo à apologia. *adj.2g.* e *s.2g.* **2.** Que ou o que faz apologia de (alguém ou alguma coisa). **3.** Que ou quem é partidário, defensor apaixonado de (alguém ou alguma coisa).

A.pó.lo.go *s.m.* Alegoria moral em que figuram, raciocinando e falando, animais ou coisas inanimadas; fábula.

A.pon.ta.dor *s.m.* **1.** O que aponta. **2.** O objeto que serve para aguçar a ponta de lápis. **3.** O encarregado de anotar o ponto dos operários. **4.** O livro onde se apontam serviços ou faltas dos operários. **5.** O que serve de ponto no teatro.

A.pon.ta.men.to *s.m.* **1.** Ato ou efeito de apontar. **2.** Breve anotação escrita para ajudar a memória; lembrança, lembrete. **3.** Nota, registro, anotação. **4.** Plano, anotação sucinta de uma obra ou trabalho por executar.

A.pon.tar *v.t.* **1.** Fazer a ponta de; aguçar. **2.** Mostrar, indicar (com o dedo, gestos etc.). **3.** Citar, mencionar. **4.** Expor, alegar. **5.** Mostrar-se, aparecer. **6.** Despontar. **7.** Marcar com ponto; assinalar. **8.** Registrar a presença ou ausência de (alunos, operários etc.). **9.** Tomar nota de; anotar. **10.** Sugerir. *v.int.* **11.** Abrolhar, germinar. **12.** Surgir, aparecer, despontar.

A.po.pléc.ti.co *adj.* **1.** MED Relativo ou pertencente à apoplexia. **2.** Sujeito a apoplexia. **3.** Irritado, acalorado. *s.m.* **4.** O que tem disposição para apoplexia. ● *Var.*: *apoplético*.

A.po.ple.xi.a (cs) *s.f.* **1.** MED Hemorragia cerebral, caracterizada pela privação dos sentidos e dos movimentos. **2.** Derrame cerebral.

A.po.quen.tar *v.t.* e *p.* Aborrecer(-se), afligir(-se), importunar(-se), irritar(-se), incomodar(-se) com pequenas coisas.

A.por (ô) *v.t.* **1.** Pôr junto ou em cima. **2.** Acrescentar, juntar. **3.** Aplicar em ou dar (assinatura).

A.por.ri.nhar *v.t.* e *p.* POP Aborrecer(-se), importunar(-se), apoquentar(-se).

A.por.tar *v.t.* **1.** Conduzir ao porto (o navio). **2.** Chegar ao porto. **3.** Desembarcar. **4.** Encaminhar a algum lugar.

A.por.tu.gue.sar *v.t.* **1.** Tornar português. **2.** LING Dar forma portuguesa a. **3.** Acomodar aos usos e costumes portugueses. *v.p.* **4.** Adquirir modos de português. **5.** Naturalizar-se português.

A.pós *prep.* **1.** Atrás de, depois de. *adv.* **2.** Depois, em seguida.

A.po.sen.ta.do.ri.a *s.f.* **1.** Ato ou efeito de aposentar. **2.** Estado daquele que se aposentou. **3.** Quantia recebida mensalmente pelo aposentado. **4.** Hospedagem, agasalho.

A.po.sen.tar *v.t.* e *p.* **1.** Deixar o serviço, depois da prestação de certo número de anos de trabalho, ou por invalidez, recebendo uma determinada quantia mensal. **2.** Deixar o serviço ativo; reformar-se. **3.** Jubilar. **4.** Conceder aposentadoria a. **5.** Dar aposento ou pousada a. **6.** Abrigar(-se), agasalhar(-se). **7.** Pôr de parte ou de lado.

A.pos.sar *v.t.* **1.** Dar posse a; empossar. *v.p.* **2.** Tomar (indevidamente) posse de. **3.** Apoderar-se.

A.pos.ta *s.f.* **1.** Acordo entre pessoas que afirmam coisas diferentes, no qual a que erra deve pagar à outra algo previamente determinado. **2.** A coisa ou quantia que se aposta. **3.** Desafio, porfia. **4.** Jogo, risco.

A.pos.ta.dor (ô) *adj.* e *s.m.* Que, ou aquele que aposta.

A.pos.tar *v.t.* **1.** Fazer aposta de. **2.** Jogar, arriscar. **3.** Disputar, pleitear. **4.** Assegurar, sustentar. **5.** Ser partidário de.

A.pos.ta.si.a *s.f.* **1.** Abjuração. **2.** Deserção da fé. **3.** Abandono de crença, grupo, partido ou opinião.

A.pós.ta.ta *adj.* e *s.2g.* Que, ou pessoa que comete apostasia.

A.pos.te.ma *s.m.* MED Abscesso que termina por supuração; postema.

A.pos.te.mar *v.t.* **1.** Corro per, estragar. *v.int.* **2.** Criar apostema. *v.p.* **3.** Supurar. **4.** Zangar-se, irritar-se.

A posteriori (lat.) Diz-se da afirmação, conhecimento ou ideia proveniente da experiência concreta.

A.pos.ti.la *s.f.* **1.** Aditamento ou notação à margem de um escrito. **2.** Notas complementares ou resumo essencial de um texto ou dos comentários de aula. **3.** Resumo de aulas ou preleções, distribuído em cópias aos alunos ou ouvintes.

A.pos.to (ô) *adj.* **1.** Que se apôs. **2.** Sobreposto; adjunto. *s.m.* **3.** GRAM Termo da oração que, colocado ao lado de um substantivo ou pronome, sem auxílio de preposição, serve para esclarecer-lhe o sentido.

A.pos.to.la.do *s.m.* **1.** Missão ou atividade de apóstolo. **2.** Ação de propagar e defender uma doutrina, ideia ou virtude.

A.pos.to.lar *v.t.* **1.** Pregar como apóstolo. *v.int.* **2.** Pregar doutrina religiosa; evangelizar. *adj.2g.* **3.** Próprio de apóstolo; apostólico. **4.** FIG Edificante.

A.pos.tó.li.co *adj.* **1.** Que procede dos apóstolos. **2.** Conforme a missão e exemplo dos apóstolos. **3.** Que emana da Santa Sé. **4.** Relativo ao papa; papal.

APÓSTOLO — APROVISIONAR

A.pós.to.lo *s.m.* **1.** Cada um dos doze discípulos de Jesus Cristo. **2.** Pregador, missionário. **3.** Aquele que se dedica à propagação e defesa de uma doutrina.

A.pós.tro.fe *s.f.* RET Figura de estilo em que o orador ou escritor se dirige a coisas ou pessoas presentes ou ausentes, reais ou fictícias.

A.pós.tro.fo *s.m.* GRAM Sinal gráfico (') que indica supressão de letra ou letras.

A.pos.tu.ra *s.f.* Postura.

A.po.té.cio *s.m.* Órgão de frutificação em forma de taça, no qual se abrigam os esporos; é característico dos discomicetos e tb. presente nos líquens formados por esses fungos; discocarpo.

A.pó.te.ma *s.m.* **1.** Em um cone ou tronco de cone, a própria geratriz ('reta', 'curva'). **2.** Em um tronco de pirâmide, altura de qualquer um dos trapézios isósceles que constituem a sua superfície lateral. **3.** Em uma pirâmide regular, altura de qualquer triângulo que pertence à sua superfície lateral. **4.** Em um polígono regular, altura de um triângulo com vértice no centro do polígono e cuja base é um dos lados desse polígono.

A.po.te.o.se *s.f.* **1.** Exaltação máxima. **2.** Cena gloriosa em peça de teatro. **3.** Glorificação, esplendor. **4.** Honras ou louvores extraordinários prestados a uma ou mais pessoas.

A.pou.car *v.t.* **1.** Reduzir(-se) a pouco ou aos poucos. **2.** Tornar menor; diminuir. **3.** Apresentar como de pouca importância; menosprezar. **4.** Amesquinhar, humilhar. **5.** Tirar o ânimo, a energia. *v.p.* **6.** Rebaixar-se, humilhar-se.

Ap.proach (ing.) *s.m.* **1.** Visão, enfoque sobre determinada prática, situação, problema etc. **2.** Modo particular de lidar com uma situação, problema etc.; atitude. • *Pl.:* approaches.

A.pra.zar *v.t.* **1.** Marcar prazo ou tempo para fazer alguma coisa. **2.** Convocar. **3.** Designar (lugar certo). **4.** Combinar, ajustar.

A.pra.zer *v.t.* e *int.* **1.** Causar prazer; agradar. *v.p.* **2.** Gostar de; contentar-se com.

A.pra.zí.vel *adj.2g.* **1.** Que apraz; alegre, agradável. **2.** Diz-se de lugar de clima agradável e de belo panorama. **3.** Ameno, suave.

A.pre.çar *v.t.* **1.** Perguntar o preço de. **2.** Ajustar, marcar o preço de.

A.pre.ci.a.dor (ô) *adj.* e *s.m.* Que, ou o que aprecia.

A.pre.ci.ar *v.t.* **1.** Dar apreço; gostar de. **2.** Admirar, considerar, prezar. **3.** Avaliar, julgar.

A.pre.ci.á.vel *adj.2g.* Digno de apreço ou estima; considerável.

A.pre.ço (ê) *s.m.* Estima, admiração ou consideração em que uma coisa é tida. • *Ant.: desapreço.*

A.pre.en.der *v.t.* **1.** Fazer apreensão. **2.** Tomar, prender. **3.** Confiscar, apropriar-se judicialmente de. **4.** Entender, compreender bem.

A.pre.en.são *s.f.* **1.** Ato ou efeito de apreender; tomada. **2.** Ato de retirar pessoa ou coisa do poder de alguém. **3.** Preocupação por incerteza do futuro; receio, temor.

A.pre.en.si.vo *adj.* **1.** Que apreende. **2.** Que sente apreensão. **3.** Preocupado, receoso.

A.pre.en.sor (ô) *adj.* e *s.m.* Que, ou o que apreende.

A.pre.go.ar *v.t.* **1.** Anunciar com pregão. **2.** Divulgar, publicar. **3.** Declarar em voz alta ou em público. **4.** Denunciar. *v.t.* e *p.* **5.** Proclamar(-se).

A.pren.der *v.t.* e *int.* **1.** Tomar conhecimento de. **2.** Ficar sabendo. **3.** Reter na memória. **4.** Entender; informar-se.

A.pren.diz *s.m.* **1.** O que aprende ofício ou arte. **2.** Novato, principiante.

A.pren.di.za.do *s.m.* Aprendizagem.

A.pre.sar *v.t.* **1.** Tomar como presa. **2.** Capturar, aprisionar. **3.** Agarrar, como as aves de rapina. **4.** Apresilhar; prender.

A.pre.sen.ta.ção *s.f.* **1.** Ato ou efeito de apresentar(-se). **2.** Ato de identificar e qualificar alguém ou alguma coisa, perante um público. **3.** Modo de apresentar-se (coisa ou pessoa). **4.** Aparência externa; aspecto. **5.** Exibição, mostra.

A.pre.sen.ta.dor *adj.* e *s.m.* **1.** Que, ou o que apresenta; apresentante. *s.m.* **2.** Pessoa encarregada de apresentar programa de televisão (de variedades ou jornalístico).

A.pre.sen.tar *v.t.* **1.** Expor, exibir, mostrar. **2.** Oferecer à vista. **3.** Pôr diante ou na presença de. **4.** Expressar, manifestar. **5.** Passar às mãos de; entregar. **6.** Recomendar. **7.** Dirigir. **8.** Encaminhar. **9.** Exprimir. *v.p.* **10.** Comparecer, fazer-se presente. **11.** Mostrar-se em público. **12.** Identificar-se. **13.** Afigurar-se, parecer. **14.** Surgir.

A.pre.sen.tá.vel *adj.2g.* **1.** Que se pode apresentar. **2.** Que é digno de apresentação. **3.** Bem apessoado; de boa aparência.

A.pres.sa.do *adj.* **1.** Que tem pressa. **2.** Pronto, ativo. **3.** Impaciente. **4.** Acelerado, rápido. **5.** Que peca pela pressa; precipitado.

A.pres.sa.men.to *s.m.* Ato, processo ou efeito de apressar(-se).

A.pres.sar *v.t.* **1.** Dar pressa a. **2.** Ativar; acelerar. **3.** Antecipar, abreviar. **4.** Instigar, estimular. *v.p.* **5.** Tornar-se diligente, breve, rápido. **6.** Dar-se pressa.

A.pres.su.rar *v.t.* e *p.* Apressar(-se), acelerar(-se), abreviar(-se).

A.pres.tar *v.t.* **1.** Aprontar; aparelhar; preparar com prontidão. *v.p.* **2.** Dispor-se, preparar-se.

A.pri.mo.rar *v.t.* **1.** Tornar primoroso. **2.** Aperfeiçoar, esmerar. *v.p.* **3.** Aperfeiçoar-se, esmerar-se. **4.** Esforçar-se por atingir a perfeição.

A priori (lat.) Diz-se da afirmação, conhecimento ou ideia que não tem sua base nos fatos já demonstrados, ou é anterior a esses fatos.

A.pris.co *s.m.* **1.** Curral (em especial o de ovelhas); redil. **2.** Albergue. **3.** Toca, covil. **4.** A casa; o lar.

A.pri.si.o.nar *v.t.* **1.** Fazer prisioneiro. **2.** Meter em prisão; prender, encarcerar. **3.** Capturar.

A.pro.ar *v.t.* **1.** Dirigir a embarcação para algum rumo. **2.** Dirigir, encaminhar. *v.int.* **3.** Chegar, ancorar. **4.** Arribar.

A.pro.ba.ti.vo *adj.* **1.** Que aprova. **2.** Que contém aprovação. • *Var.: aprovativo.*

A.pro.fun.dar *v.t.* **1.** Tornar mais fundo. *v.p.* **2.** Fazer(-se) profundo. **3.** Tornar(-se) mais profundo. **4.** Examinar, estudar detidamente. **5.** Penetrar muito dentro. **6.** Investigar a fundo; examinar-se, estudar-se.

A.pron.ta.men.to *s.m.* Ato, processo ou efeito de aprontar; aprontação, aprestamento.

A.pron.tar *v.t.* e *p.* **1.** Preparar(-se), aparelhar(-se). **2.** Pôr(-se) pronto. **3.** FAM Vestir-se.

A.pro.po.si.ta.do *adj.* **1.** Que vem a propósito; que apresenta pertinência; oportuno, adequado. **2.** Que apresenta equilíbrio; sensato, ponderado.

A.pro.pri.a.ção *s.f.* **1.** Ato ou efeito de apropriar(-se). **2.** Acomodação, adaptação.

A.pro.pri.a.do *adj.* **1.** Próprio, adequado, conveniente. **2.** Útil, oportuno. **3.** Acomodado. **4.** Proporcionado. • *Ant.: inapropriado.*

A.pro.pri.ar *v.t.* **1.** Tornar próprio. **2.** Acomodar ao modo conveniente; adaptar. **3.** Adequar, atribuir. *v.p.* **4.** Apossar-se ou apoderar-se de alguma coisa como própria. **5.** Fazer-se proprietário.

A.pro.va.ção *s.f.* **1.** Ato ou efeito de aprovar. **2.** Anuência, consentimento. **3.** Homologação, confirmação. **4.** Beneplácito, aplauso, louvor. **5.** Ato pelo qual o aluno ou candidato é considerado habilitado em prova ou concurso.

A.pro.va.do *adj.* **1.** Que teve aprovação. **2.** Julgado bom ou aceitável; apto. **3.** Autorizado, habilitado.

A.pro.var *v.t.* **1.** Dar aprovação a. **2.** Considerar bom. **3.** Consentir em. **4.** Confirmar com a aprovação. **5.** Pôr à prova. **6.** Justificar. **7.** Julgar apto ou habilitado (o candidato) depois de exame. **8.** Autorizar, sancionar.

A.pro.vei.ta.dor *adj.* e *s.m.* Que, ou aquele que aproveita ou se aproveita (de uma situação qualquer, em benefício próprio).

A.pro.vei.tar *v.t.* **1.** Tornar proveitoso, útil ou rendoso. **2.** Empregar bem. **3.** Utilizar. *v.t.* e *int.* **4.** Tirar proveito indevido ou exagerado. **5.** Dar proveito, ser útil. *v.t.* e *p.* **6.** Tirar proveito. **7.** Valer-se, prevalecer-se.

A.pro.vi.si.o.nar *v.t.* **1.** Prover de mantimentos, de coisas necessárias. **2.** Prover, abastecer.

APROXIMAÇÃO — ARACAJUENSE

A.pro.xi.ma.ção (ss) *s.f.* **1.** Ato ou efeito de aproximar(-se). **2.** MAT Operação com que nos aproximamos do valor de uma quantidade. **3.** Avaliação por pouco mais ou menos; estimativa aproximada.

A.pro.xi.mar (ss) *v.t.* **1.** Colocar perto ou mais perto. **2.** Apressar **3.** Fazer chegar. *v.p.* **4.** Ficar mais perto. **5.** Colocar-se mais perto; acercar-se. **6.** Pôr-se próximo. **7.** Ser iminente. **8.** Acercar-se, avizinhar-se. **9.** FIG Ter semelhança; parecer-se.

A.pru.ma.do *adj.* **1.** Erguido a prumo. **2.** Perfeitamente vertical. **3.** Hirto, teso. **4.** FIG Correto e altivo (homem). **5.** Melhorado de finanças.

A.pru.mar *v.t.* e *p.* **1.** Levantar(-se) a prumo ou em linha vertical, endireitar. **2.** Melhorar(-se) de finanças, de saúde, de sorte. **3.** Vestir-se com esmero. **4.** Empertigar-se.

A.pru.mo *s.m.* **1.** Posição vertical. **2.** FIG Altivez, sobranceria, segurança.

Ap.ti.dão *s.f.* **1.** Qualidade de apto. **2.** Disposição natural ou adquirida para qualquer coisa. **3.** Competência. **4.** Capacidade; idoneidade.

Ap.to *adj.* **1.** Que tem aptidão. **2.** Legalmente habilitado. **3.** Competente, capaz, idôneo. **4.** Adequado. ● *Ant.: inapto.*

A.pud (lat.) *prep.* Segundo (alguém, um livro etc.).

A.pu.nha.lar *v.t.* e *p.* **1.** Ferir(-se) ou matar(-se) com punhal. **2.** FIG Ofender profundamente; causar dor violenta. **3.** FIG Magoar muito.

A.pu.par *v.t.* **1.** Perseguir com apupos ou vaias; vaiar, escarnecer. **2.** Criticar.

A.pu.po *s.m.* Vaia, gritos zombeteiros, arruaça, troça. ● *Ant.: aplauso.*

A.pu.rar *v.t.* **1.** Tornar puro. **2.** Purificar, aperfeiçoar. **3.** Escolher, deixando o pior. **4.** Fazer seleção de. **5.** Afinar (metais). **6.** Redigir, escolhendo as palavras mais apropriadas e elegantes. **7.** Obter, conseguir. **8.** Averiguar, indagar. **9.** Irritar a paciência de. **10.** Açuçar, firmar. **11.** Contar (votos). **12.** Contar quantias (de receita, de ganho, de lucro). *v.p.* **13.** Impacientar-se, irritar-se. **14.** Vestir-se com esmero, com elegância.

A.pu.ro *s.m.* **1.** Ato ou efeito de apurar. **2.** Apuração. **3.** Coisa apurada. **4.** Esmero ou capricho no falar, no vestir ou no escrever. **5.** Aperto, dificuldade, embaraço. **6.** Refinamento, requinte.

A.qua.cul.tor *adj.* e *s.m.* ⇒ Aquicultor.

A.qua.cul.tu.ra *s.f.* ⇒ Aquicultura.

A.qua.pla.na.gem *s.f.* **1.** Pouso (de hidravião) sobre a água; amerissagem. **2.** Deslizamento sobre a água de um veículo como o aquaplano, ou semelhante a ele. **3.** Perda de controle ou de equilíbrio de um veículo, causada pela falta de aderência dos pneus à pista molhada.

A.qua.pla.nar *v.int.* **1.** Deslizar sobre a água (o hidravião). **2.** Deslizar sobre a água (aquaplano ou qualquer veículo semelhante a ele). **3.** Deslizar (um veículo) em pista molhada, com perda de controle, equilíbrio, direção.

A.qua.re.la *s.f.* **1.** Tinta que se dilui em água, leve e transparente. **2.** Pintura sobre papel, em que se usa essa tinta.

A.qua.ri.a.no *adj.* e *s.m.* Diz-se de, ou aquele que nasceu sob o signo de Aquário.

A.quá.rio *s.m.* **1.** Reservatório com água ou tanque onde vivem plantas, peixes ou outros animais aquáticos, em geral ornamentais. **2.** ASTROL Um dos signos do zodíaco (21/1 a 19/2).

A.qua.ri.o.fi.li.a *s.f.* Técnica de criação de peixes ornamentais em aquário.

A.qua.ri.ó.fi.lo *s.m.* O que se dedica à aquariofilia.

A.quar.te.lar *v.t.int.* e *p.* **1.** Meter em quartel. **2.** Alojar(-se) em quartel. **3.** Alojar(se), hospedar(-se).

A.quá.ti.co *adj.* **1.** Relativo à água. **2.** Que vive na água ou sobre ela. **3.** Que se pratica na água.

A.qua.vi.a *s.f.* Hidrovia.

A.que.ce.dor (ô) *adj.* **1.** Que aquece. *s.m.* **2.** Aparelho para aquecer casas (em banheiros etc.).

A.que.cer *v.t.* e *p.* **1.** Tornar(-se) quente. **2.** Esquentar(-se). **3.** Animar(-se), entusiasmar(-se). **4.** Encolerizar(-se), irar(-se). **5.** ESP Exercitar-se antes da prova ou do jogo. *v.int.* **6.** Animar-se.

A.que.ci.men.to *s.m.* **1.** Ato ou efeito de aquecer(-se). **2.** Calefação. **3.** Elevação de temperatura.

A.que.du.to *s.m.* Canal, galeria ou encanamento que conduz a água de um lugar para outro.

A.que.le (ê) *pron.dem.* Indica o que está mais ou menos distante da pessoa que fala e daquela com quem se fala.

À.que.le Comb. da prep. a com o pron.dem. aquele.

A.quém *prep.* e *adv.* **1.** Do lado ou da parte de cá. **2.** Em posição ou condição inferior; abaixo. **3.** Menos. ● *Ant.: além.*

A.qui *adv.* **1.** Neste ou a este lugar. **2.** Cá. **3.** Nesta ocasião. **4.** Nisto. **5.** Este ponto, este momento.

A.qui.cul.tor *s.m.* O que pratica a aquicultura. ◆ *Var.: aquacultor.*

A.qui.cul.tu.ra *s.f.* Arte ou técnica de criar animais ou peixes aquáticos. ◆ *Var.: aquacultura.*

A.qui.es.cer *v.t.* e *int.* **1.** Consentir, condescender. **2.** Ceder, anuir.

A.qui.e.tar *v.t.* e *p.* **1.** Pôr(-se) quieto; tranquilizar(-se). **2.** Ficar quieto; acalmar(-se), sossegar(-se).

A.qui.fe.ro *adj.* Que contém água.

A.qui.la.tar *v.t.* **1.** Determinar os quilates de (ouro, prata etc.). **2.** Avaliar, apreciar, julgar. *v.t.* e *p.* **3.** Aperfeiçoar(-se), apurar (-se).

A.qui.li.no *adj.* **1.** Relativo à águia; próprio da águia. **2.** Recurvo como o bico da águia. **3.** Penetrante como os olhos da águia.

A.qui.lo *pron.dem.* **1.** Aquela coisa ou aquelas coisas. **2.** PEJ Aquela pessoa.

À.qui.lo *contr.* da prep. a com o pron.dem. aquilo.

A.qui.nho.ar *v.t.* **1.** Dividir em quinhões; dar em quinhão; partilhar. **2.** Dar de quinhão; dotar, distribuir. **3.** Favorecer. *v.p.* **4.** Tomar para si algum quinhão.

A.qui.si.ção *s.f.* **1.** Ato ou efeito de adquirir. **2.** Obtenção, compra. **3.** A coisa adquirida.

A.quo.so (ô) *adj.* **1.** Que contém água. **2.** Da natureza da água. **3.** Semelhante à água.

Ar- *pref.* ⇒ Ad-.

-ar *suf.* 'Relação': *consular, nuclear.*

Ar *s.m.* **1.** Mistura gasosa que constitui a atmosfera. **2.** Vento, aragem. **3.** Clima. **4.** Espaço vazio. **5.** FIG Graça ou elegância de porte; postura. **6.** Expressão do rosto; aspecto, aparência, fisionomia. **7.** Mostra, indício.

A.ra *s.f.* **1.** Altar. **2.** Constelação austral (escreve-se com inicial maiúscula).

Á.ra.be *adj.2g.* **1.** Relativo ao povo semítico de língua árabe. **2.** Diz-se de certa raça de cavalo de sela, originário da Arábia, muito vigoroso e resistente. *s.2g.* **3.** Pessoa que é membro do povo árabe. *s.m.* **4.** Língua semítica falada principalmente no N. da África, Oriente Próximo e Arábia; arábico.

A.ra.bes.co (ê) *s.m.* **1.** Ornato geométrico de folhagens, flores, frutos e figuras entrelaçadas, utilizada em pintura, baixos-relevos, mosaicos e estamparias de tecidos. **2.** Garatuja, rabisco.

A.rá.bi.as *s.f.pl.* Terras exóticas, fantásticas; lugares indeterminados com gente e/ou coisas incomuns, extraordinárias.

A.rá.bi.co *adj.* **1.** Dos árabes ou da Península Arábica. **2.** Difundido pelos árabes. **3.** Diz-se dos sinais difundidos pelos árabes, para a escrita dos números decimais: (0... 1... 2... 3... 4... 5... 6... 7... 8... 9...) **4.** Diz-se de certa variedade de café. *s.m.* **5.** Essa variedade de café.

A.ra.bis.mo *s.m.* Expressão própria da língua ou da cultura árabe.

A.ra.bis.ta *adj.* e *s.2g.* Diz-se de, ou pessoa estudiosa da língua e civilização árabe.

A.ra.bi.zar *v.t.* e *p.* Dar ou tomar feição árabe.

A.ra.çá *s.m.* **1.** Fruto comestível do araçazeiro. *adj.2g.* **2.** Diz-se do bovino de pelo claro, mesclado de escuro.

A.ra.ca.ju.a.no *adj.* **1.** Relativo ou pertencente a Aracaju, capital do Estado de Sergipe. *s.m.* **2.** O natural ou habitante de Aracaju.

A.ra.ca.ju.en.se *adj.* e *s.2g.* Aracajuano.

ARAÇAZAL — ARDIL

A.ra.ça.zal *s.m.* Terreno coberto de araçazeiros.

A.ra.ça.zei.ro *s.m.* BOT Arbusto que produz o araçá; araçá.

A.rac.ní.deo *adj.* **1.** Relativo ou pertencente aos Aracnídeos. *s.m.* **2.** Espécie da classe dos Aracnídeos (aranhas, escorpiões etc.).

A.rac.no.fo.bi.a *s.f.* Medo de aranha.

A.ra.do¹ *s.m.* Instrumento agrícola para arar a terra.

A.ra.do² *adj.* Lavrado, sulcado.

A.ra.gem *s.f.* **1.** Vento brando. **2.** Brisa, viração. **3.** FIG Ocasião propícia. **4.** FIG Ensejo, boa fortuna, sorte.

A.ra.ma.do *adj.* **1.** Fechado por cerca de arame. *s.m.* **2.** Cerca de arame.

A.ra.mai.co *adj.* **1.** Relativo aos arameus. *s.m.* **2.** Língua semítica do Oriente antigo.

A.ra.me *s.m.* **1.** Liga de cobre, zinco ou outros metais. **2.** Qualquer fio de metal flexível. **3.** GÍR Dinheiro.

A.ran.de.la *s.f.* **1.** Peça fixa na parede para receber vela ou lâmpada elétrica. **2.** Prato de barro, com água, no qual se põe vaso de flores que se deseja preservar das formigas.

A.ra.nha *s.f.* **1.** ENTOM Aracnídeo, com espécies venenosas ou não, que pode produzir uma teia característica. **2.** Viatura leve, de duas rodas.

A.ra.nhar *v.int.* Andar vagarosamente (como a aranha).

A.ra.nhi.ço *s.m.* **1.** Aranha pequena. **2.** FIG Pessoa frágil.

A.ra.nhol *s.m.* **1.** Lugar da teia onde se esconde a aranha. **2.** Lugar cheio de teias de aranha. **3.** Armadilha para apanhar pássaros, semelhante a uma teia de aranha.

A.ran.zel *s.m.* **1.** Conversa ou discurso tedioso, prolixo; arenga; lengalenga. **2.** Rolo, confusão, briga. ◆ *Pl.: aranzéis.*

A.ra.pon.ga *s.f.* **1.** ORNIT Ave de canto estridente, como as pancadas do ferreiro na bigorna (também chamada *ferreiro* e *ferrador*). **2.** POP Pessoa de voz estridente e que só fala gritando.

A.ra.pu.ca *s.f.* **1.** Armadilha em forma de pirâmide para apanhar pássaros, formada por pauzinhos cada vez menores; armadilha. **2.** FIG Casa velha, esburacada. **3.** FIG Casa de comércio de má fama. **4.** Negociata. **5.** FIG Engodo, cilada. *adj.* **6.** Em que há ardil.

A.rar *v.t.* **1.** Lavrar, sulcar (a terra) com o arado. **2.** Sulcar as águas; navegar.

A.ra.ra *s.f.* **1.** Ave de bela plumagem, espécie de papagaio em que prevalecem as cores mais vivas: amarelo, vermelho e azul. Voz: *palrar, grasnar.* **2.** POP Tolo, pateta.

A.ra.ru.ta *s.f.* **1.** BOT Planta herbácea, de cujo rizoma se extrai uma fécula alimentícia. **2.** Essa fécula.

A.ra.ti.cu *s.m.* **1.** BOT Nome dado a várias plantas do cerrado (gênero *Anona*). **2.** O fruto dessas plantas. ◆ *Var.: araticum.*

A.ra.tu *s.m.* Certo crustáceo.

A.rau.cá.ria *s.f.* Pinheiro brasileiro, de madeira útil e sementes (pinhões) alimentícias, também chamado *pinheiro-do-paraná.*

A.rau.to *s.m.* **1.** O que apregoa. **2.** Porta-voz, mensageiro.

Ar.bi.trar *v.t.* **1.** Julgar, resolver ou dirigir como árbitro. **2.** Determinar por arbítrio. **3.** Decidir por arbitramento. **4.** Decidir, seguindo a própria consciência. **5.** Julgar, sentenciar.

Ar.bi.tra.ri.e.da.de *s.f.* **1.** Qualidade de arbitrário. **2.** Procedimento arbitrário ou caprichoso; prepotência, capricho.

Ar.bi.trá.rio *adj.* **1.** Que resulta de arbítrio. **2.** Que depende só da vontade. **3.** Despótico. **4.** Que não respeita leis ou regras; ilegal, injusto.

Ar.bí.trio *s.m.* **1.** Decisão que depende da própria vontade de quem decide. **2.** Julgamento de juízes. **3.** Opinião, voto. **4.** Parecer, decisão; escolha. **5.** Expediente, alvitre. **6.** Cálculo estimativo do valor de uma mercadoria.

Ár.bi.tro *s.m.* **1.** Pessoa que decide as questões alheias com o assentimento das partes interessadas ou por determinação oficial; mediador. **2.** ESP Pessoa escolhida para dirigir uma partida, fazer respeitar as regras do jogo etc.; juiz. **3.** Autoridade suprema. ◆ *Fem.: árbitra.*

Ar.bo.res.cen.te *adj.2g.* Diz-se da planta que tem o porte e a aparência de uma árvore.

Ar.bo.re.to (ê) *s.m.* **1.** Lugar onde se cultivam árvores, arbustos e plantas herbáceas para fins científicos, exibição ao público etc. **2.** Mata que apresenta considerável quantidade de plantas lenhosas.

Ar.bo.rí.co.la *adj.* Que habita árvores.

Ar.bo.ri.cul.tu.ra *s.f.* Cultura de árvores e arbustos frutíferos ou ornamentais destinados a jardins.

Ar.bo.ri.zar *v.t.* Plantar árvores em.

Ar.bus.to *s.m.* **1.** Árvore pequena. **2.** Vegetal lenhoso, ramificado desde a base, de modo a não se poder distinguir seu tronco principal.

Arc-, arce-, arque ou **ar.qui-** *pref.* 'Oposição, acima de, superioridade': *arcâneo, arcebispo, arquétipo, arquiavô.*

Ar.ca *s.f.* **1.** Grande caixa de tampa chata. **2.** Espécie de baú ou cofre onde se guardam valores.

Ar.ca.bou.ço *s.m.* **1.** O conjunto dos ossos do corpo; esqueleto. **2.** O tórax ou o peito. **3.** Armação que sustenta uma construção.

Ar.ca.buz *s.m.* Arma de fogo antiga, de cano largo e curto, portátil, espécie de bacamarte.

Ar.ca.da *s.f.* **1.** Série de arcos próximos. **2.** Construção em forma de arco. **3.** ANAT Curva óssea. **4.** MÚS Movimento do arco sobre as cordas do instrumento.

Ár.ca.de *adj.2g.* **1.** Relativo à Arcádia, região da Grécia. *s.2g.* **2.** Pessoa natural da Arcádia. **3.** Literato membro de uma arcádia.

Ar.cá.dia *s.f.* **1.** da *Arcádia,* região da Grécia. **2.** Academia literária dos sécs. XVII e XVIII, que cultivava o classicismo, e cujos membros adotavam nomes simbólicos.

Ar.ca.dis.mo *s.m.* **1.** Influência das arcádias; bucolismo. **2.** Escola literária que, no Brasil, alcançou seu maior desenvolvimento no séc. XVIII, em Minas Gerais.

Ar.cai.co *adj.* Antigo, velho, antiquado, obsoleto. ● *Ant.: atual.*

Ar.ca.ís.mo *s.m.* **1.** Expressão arcaica. **2.** Modo de falar ou escrever antiquado. **3.** Coisa antiga. **4.** Velharia.

Ar.ca.i.zar *v.t.* e *p.* **1.** Tornar(-se) arcaico. **2.** Empregar arcaísmos.

Ar.can.jo *s.m.* Anjo de categoria superior.

Ar.ca.no *s.m.* **1.** Segredo profundo; mistério. **2.** Lugar recôndito. **3.** Medicamento misterioso; elixir. *adj.* **4.** Que encerra mistério; secreto. **5.** Oculto, misterioso, cabalístico.

Ar.ção *s.m.* Parte arqueada e saliente da sela.

Ar.car *v.t.* **1.** Arquear, curvar. **2.** Guarnecer de arcos. **3.** Assumir, enfrentar. **4.** Suportar o ônus.

Ar.caz *s.m.* Grande arca com gavetões, usada nas sacristias.

Ar.ce- *pref.* ⇒ Arc-.

Ar.ce.bis.pa.do *s.m.* **1.** Dignidade, função de arcebispo. **2.** Jurisdição ou residência oficial do arcebispo.

Ar.ce.bis.po *s.m.* O primeiro em dignidade entre os bispos, responsável por uma arquidiocese.

Ar.cho.te *s.m.* **1.** Facho recoberto de breu, que se acende para iluminar. **2.** Tocha portátil.

Ar.co *s.m.* **1.** GEOM Parte de uma linha curva. **2.** Arma feita de vara flexível, encurvada e amarrada nas pontas por uma corda que, quando retesada, arremessa a flecha. **3.** MÚS Vara provida de crina com que se tangem violino e instrumentos semelhantes. **4.** ARQUIT Curva que descreve uma abóbada. **5.** O que tem forma de círculo. **6.** FUT Meta, gol.

Ar.co-í.ris *s.m.2u.* Meteoro luminoso, semelhante a um arco, no qual se distinguem as sete cores do espectro solar.

Ar-con.di.ci.o.na.do *s.m.* Aparelho com que se regula a temperatura de um ambiente fechado.

Ar.den.te *adj.2g.* **1.** Que arde. **2.** Que está em chamas. **3.** Muito quente. **4.** Que tem gosto picante ou acre. **5.** Que é muito vivo; brilhante. **6.** FIG Ardoroso, impetuoso, intenso.

Ar.der *v.t.* e *int.* **1.** Estar abrasado ou em chamas. **2.** Inflamar-se, abrasar-se. **3.** Estar aceso. **4.** Brilhar, cintilar. **5.** Sentir-se apaixonado, colérico ou entusiasmado. **6.** Desejar com ardor. **7.** Estar sobressaltado ou inquieto. *v.int.* **8.** Estar aceso.

Ar.dil *s.m.* **1.** Ato em que há astúcia. **2.** Manha, artimanha. **3.** Estratagema, estratégia. **4.** Armadilha, cilada.

ARDILOSO — ARISTOTÉLICO

Ar.di.lo.so (ô) *adj.* **1.** Que faz uso de ardis. **2.** Astuto, sagaz, velhaco. **3.** Enganador.

-ar.do (ô) *suf.* 'Relação': *bastardo.*

Ar.dor (ô) *s.m.* **1.** Calor intenso. **2.** Grande atividade. **3.** Paixão; amor excessivo. **4.** Energia, vivacidade. **5.** Fervor espiritual. **6.** Sabor picante.

Ar.dó.sia *s.f.* **1.** Espécie de xisto pardacento. **2.** Pedra, lousa de escrever.

Ár.duo *adj.* **1.** De acesso difícil. **2.** Íngreme, escarpado. **3.** Penoso, difícil, trabalhoso. **4.** Espinhoso, áspero.

A.re *s.m.* Unidade de medida agrária (símbolo: *a*), equivalente a 100 metros quadrados.

Área *s.f.* **1.** Superfície plana, delimitada. **2.** Extensão indefinida. **3.** Campo em que se pratica determinada atividade. **4.** Espaço fechado. **5.** Recinto. **6.** Esfera, domínio. **7.** Campo de ação; especialidade. **8.** Espaço descoberto na parte interna de casa ou edifício.

A.re.al *s.m.* **1.** Lugar em que há muita areia. **2.** Orla de terra, coberta de areia, que confina com o mar; praia.

A.re.ão *s.m.* Grande areal.

A.re.ar *v.t.* **1.** Cobrir com areia. **2.** Esfregar com areia para dar brilho.

A.re.en.to *adj.* Que tem muita areia; arenoso.

A.rei.a *s.f.* **1.** Substância proveniente das rochas em desagregação, encontrada sob a forma de grãos mais ou menos finos, nas praias, leitos dos rios, desertos etc. **2.** Qualquer pó. **3.** MED Cálculo na bexiga ou nos rins. **4.** Terreno estéril.

A.re.jar *v.t.* **1.** Pôr ou expor ao ar. **2.** Ventilar. *v.int.* **3.** Tomar novo ar, novo alento. **4.** Espairecer. *v.p.* **5.** Refrescar-se, espairecer-se. **6.** Expor-se ao ar.

A.re.na *s.f.* **1.** Área central, nos antigos circos romanos, onde combatiam gladiadores e feras. **2.** Área central, em certos teatros, onde os atores representam. **3.** Estrado onde ocorrem as lutas de boxe; ringue. **4.** Terreno circular, fechado, para corridas de touros e outros espetáculos. **5.** FIG Campo de discussão.

A.ren.ga *s.f.* **1.** Falação enfadonha e impertinente. **2.** Discurso longo, fastidioso, impertinente; aranzel. **3.** FAM Intriga, encrenca. **4.** Altercação, disputa.

A.ren.gar *v.t. e int.* **1.** Discursar com prolixidade e enfadonhamente. *v.t.* **2.** Dirigir arenga a. *v.int.* **3.** Fazer papel de intrigante; mexericar, intrigar. **4.** FAM Altercar, disputar.

A.re.ni.to *s.m.* GEOL Rocha que resulta da sedimentação natural da areia.

A.re.no.so (ô) *adj.* **1.** Onde há muita areia. **2.** Misturado com areia. **3.** Da natureza da areia. **4.** Arenífero.

A.ren.que *s.m.* ICTIOL Peixe migratório, espécie de sardinha grande (cerca de 30 cm de comprimento) de considerável importância comercial.

A.ré.o.la *s.f.* **1.** Pequena área. **2.** Canteiro de jardins. **3.** Círculo de coloração forte em redor do bico do seio; halo. **4.** ASTRON Circunferência irisada em torno da Lua ou do Sol.

A.res.ta *s.f.* **1.** Esquina, borda, canto. **2.** Qualquer linha originada pelo encontro de duas superfícies. **3.** Barba da espiga de alguns cereais. **4.** Canto, esquina. **5.** Coisa sem importância; insignificância, bagatela. **6.** ARQUIT Ângulo saliente.

-a.réu *suf.* 'Aumento': *fogaréu.*

Ar.far *v.int.* **1.** Respirar com dificuldade; ofegar. **2.** Palpitar, ofegar. **3.** Balouçar, oscilar no sentido longitudinal (a embarcação). **4.** Erguer, levantar.

Ar.ga.mas.sa *s.f.* Material aglutinante de assentamento de tijolos, ladrilhos etc., ou de revestimento das alvenarias, preparado com areia, água e cal ou cimento.

Ar.gên.teo *adj.* **1.** Da cor da prata; prateado. **2.** Feito de prata. **3.** Que soa como prata.

Ar.gi.la *s.f.* **1.** Barro empregado na confecção de cerâmica e que, amassado com água e modelado, adquire grande dureza sob a ação do calor; greda. **2.** Barro. **3.** Coisa que se quebra com facilidade. **4.** FIG Fragilidade.

Ar.go.la *s.f.* **1.** Anel metálico para prender ou puxar qualquer coisa. **2.** Círculo de metal, madeira etc. **3.** Aro. **4.** Peça de forma circular em que se prendiam escravos ou criminosos. **5.** Aldrava. **6.** Brinco circular, em geral usado por mulheres. **7.** Aparelho de ginástica esportiva, composto de dois aros de ϙ̃q̃o.

Ar.go.nau.ta *s.2g.* **1.** Navegador ousado, explorador de mares. **2.** Certo molusco.

Ar.gô.nio *s.m.* QUÍM Elemento gasoso, incolor e inodoro, símbolo A, peso atômico 44,944, nº atômico 18.

Ar.gú.cia *s.f.* **1.** Agudeza intelectual. **2.** Sutileza de espírito; perspicácia. **3.** Finura de observação. **4.** Dito espirituoso. **5.** Sagacidade, esperteza.

Ar.guei.ro *s.m.* **1.** Corpo pequeno encontrado no ar ou na água. **2.** Cisco que entra nos olhos; pó. **3.** Coisa insignificante.

Ar.gui.ção *s.f.* **1.** Ato ou efeito de arguir. **2.** Argumentação. **3.** Sabatina, exame oral. **4.** Acusação, recriminação, censura.

Ar.guir *v.t.* **1.** Censurar, acusar, repreender, reprovar. **2.** Examinar, questionando ou interrogando. **3.** Revelar, provar, demonstrar. **4.** Acusar de falta; acoimar. *v.p.* **5.** Acusar-se de falta ou dar-se por convencido de algum erro.

Ar.gu.men.ta.ção *s.f.* **1.** Ato ou arte de argumentar. **2.** Discussão, controvérsia. **3.** Conjunto ou reunião de argumentos.

Ar.gu.men.tar *v.t. e int.* **1.** Apresentar argumentos, razões. **2.** Apresentar como argumento. **3.** Tirar ilações; deduzir, inferir. **4.** Alegar. *v.int.* **5.** Objetar, discutir, altercar.

Ar.gu.men.to *s.m.* **1.** Prova que serve para afirmar ou negar um fato. **2.** Aquilo que mostra a verdade de alguma coisa. **3.** Assunto, enredo, tema (de peça teatral, filme etc.). **4.** Sumário, resumo (de obra literária). **5.** FAM Discussão, altercação, contenda.

Ar.gu.to *adj.* **1.** De espírito vivo, penetrante; engenhoso. **2.** Do som agudo e afinado; canoro.

-a.ri.a *suf.* **1.** 'Local, estabelecimento': *carpintaria, padaria.* **2.** 'Quantidade': *pedraria.* **3.** 'Ação própria de': *porcaria.*

Á.ria *s.f.* **1.** Conjunto das feições do rosto. **2.** Peça musical para uma única voz. **3.** Melodia, canto. **4.** Cantiga, modinha.

A.ri.a.nis.mo *s.m.* Doutrina nazista, que pregava a superioridade dos brancos da Europa (descendentes dos povos arianos) sobre judeus e outras etnias.

A.ri.a.no *adj.* **1.** Dos árias, raça de que descendem os povos brancos da Europa. **2.** Relativo ao arianismo. *s.m.* **3.** Indivíduo ariano. **4.** Adepto do arianismo. *adj. e s.m.* **5.** Que, ou aquele que nasceu sob o signo de Áries (21 de março a 20 de abril).

Á.ri.do *adj.* **1.** Sem umidade, seco. **2.** Que não produz; estéril. **3.** Duro, insensível. **4.** Escasso, avaro. **5.** Aborrecido, enfadonho, cansativo.

Á.ri.es *s.2g.* **1.** Primeira constelação zodiacal, situada entre Peixes e Touro; Carneiro. **2.** Primeiro signo do zodíaco (de 21 de março a 21 de abril); Carneiro.

A.ri.e.te *s.m.* **1.** Máquina de guerra antiga para derrubar portas ou muralhas de cidades sitiadas. **2.** Máquina para elevar água. **3.** POÉT Carneiro.

-á.rio *suf.* **1.** 'Relação': *mesário.* **2.** 'Profissão': *ferroviário.* **3.** 'Local': *rodoviário.*

A.ri.ra.nha *s.f.* ZOOL Mamífero brasileiro, em extinção, de pele preciosa, maior que a lontra e com ela parecido, encontrado nos grandes rios brasileiros.

A.ris.co *adj.* **1.** Que não se deixa domesticar. **2.** Que rejeita carinhos; tímido, arredio. **3.** Desconfiado, bravio, intratável.

A.ris.to.cra.ci.a *s.f.* **1.** Forma de governo cujo poder pertence aos fidalgos, aos nobres. **2.** Classe de fidalgos, dos nobres; fidalguia. **3.** Classe superior pela cultura, saber ou merecimentos.

A.ris.to.cra.ta *adj. e s.2g.* **1.** Que, ou pessoa que pertence à aristocracia. **2.** Nobre, fidalgo. **3.** Que, ou pessoa de maneiras distintas e qualidades da aristocracia. **4.** Que, ou pessoa partidária da aristocracia.

A.ris.to.té.li.co *adj.* Relativo ao filósofo grego Aristóteles (384-321 a.C.) ou à sua doutrina.

ARISTOTELISMO — ARQUIMILIONÁRIO

A.ris.to.te.lis.mo *s.m.* Doutrina do filósofo Aristóteles e de seus discípulos.

A.rit.mé.ti.ca *s.f.* **1.** Ciência que estuda as propriedades dos números e as operações que com eles podem ser feitas. **2.** Tratado ou compêndio de aritmética. ♦ *Var.: arimética.*

Ar.le.quim *s.m.* **1.** Personagem da antiga comédia italiana, que usava roupa de várias cores, e cuja função era divertir o público, nos intervalos de cada apresentação. **2.** Palhaço, farsante. **3.** Fantasia carnavalesca inspirada na roupa do arlequim. **4.** Homem volúvel. **5.** Indivíduo irresponsável, fanfarrão, brigão.

Ar.ma. *s.f.* **1.** Todo e qualquer instrumento de ataque ou de defesa. **2.** Qualquer recurso ofensivo ou defensivo. **3.** Recurso, expediente. **4.** Cada uma das categorias táticas do exército (artilharia, cavalaria, engenharia, infantaria etc.).

Ar.ma.ção *s.f.* **1.** Ato ou efeito de armar. **2.** Tudo o que serve para revestir, dispor, aprestar etc. as várias partes de um todo. **3.** Madeiramento de um edifício. **4.** Prateleiras de loja. **5.** Aparelhos de pesca. **6.** Preparação. **7.** Aparelhamento. **8.** POP Treta, armadilha.

Ar.ma.da *s.f.* **1.** Marinha de guerra. **2.** Conjunto das forças navais de um país. **3.** POP Proeza, artimanha.

Ar.ma.di.lha *s.f.* **1.** Laço ou artifício para apanhar caça. **2.** Arapuca, ratoeira. **3.** Meio astucioso para enganar alguém. **4.** Cilada, estratagema, ardil. **5.** Artifício traiçoeiro. **6.** Mentira.

Ar.ma.dor (ô) *s.m.* **1.** O que arma. **2.** Decorador de igrejas, salas etc. **3.** Aquele que equipa, mantém e explora comercialmente uma embarcação mercante, como proprietário ou locador. **4.** Gancho de ferro que prende a rede de dormir.

Ar.ma.du.ra *s.f.* **1.** Conjunto das armas e das defesas (couraça, capacete) dos antigos guerreiros. **2.** Conjunto das peças de sustentação de uma escultura. **3.** MÚS Conjunto dos acidentes colocados no início de uma partitura musical. **4.** Tudo o que serve para fortalecer uma obra.

Ar.ma.ge.dão ou **Ar.ma.ge.dom** *s.m.* **1.** Segundo o livro do Apocalipse ou das Revelações (16:14-16), local e cena da derradeira batalha entre as forças do Bem e do Mal. **2.** Batalha que ocorre nesse local. **3.** Grande guerra final ou confrontação decisiva. ♦ *Pl.: armagedões.*

Ar.ma.men.tis.mo *s.m.* Doutrina que preconiza o aumento do material bélico de um país, ou dos países, como um meio de evitar as guerras.

Ar.ma.men.tis.ta *adj.2g.* **1.** Relativo ao armamentismo. *s.2g.* **2.** Pessoa partidária do armamentismo.

Ar.ma.men.to *s.m.* **1.** Ato ou efeito de armar. **2.** Conjunto das armas de uma unidade, de um país, de um exército. **3.** Preparativos de guerra.

Ar.mar *v.t.* **1.** Prover de armas. **2.** Fornecer armamento a. **3.** Vestir armadura. **4.** Tramar, maquinar. **5.** Fortalecer, aparelhar. **6.** Equipar. *v.int.* **7.** Preparar-se para a guerra. *v.p.* **8.** Prover-se de armas. **9.** Prevenir-se, preparar-se, fortalecer-se. **10.** Resguardar-se.

Ar.ma.ri.a *s.f.* **1.** Depósito, oficina de armas. **2.** Arsenal. **3.** Grande quantidade de armas. **4.** Arte heráldica.

Ar.má.rio *s.m.* Móvel de madeira, ou vão aberto na parede, com prateleiras e gavetas, para a guarda de objetos.

Ar.ma.zém *s.m.* **1.** Estabelecimento comercial para a venda de bebidas e gêneros alimentícios, no atacado e no varejo. **2.** Mercearia. **3.** Depósito de material bélico.

Ar.ma.ze.nar *v.t.* **1.** Guardar ou recolher em armazém. **2.** Conter em depósito. **3.** Acumular(-se). *v.int.* **4.** Fazer provisões.

Ar.mei.ro *s.m.* **1.** Indivíduo que fabrica, vende ou conserta armas. **2.** Depósito de armas.

Ar.mi.nho *s.m.* **1.** Pequeno mamífero das regiões frias do hemisfério norte, de pele macia e muito alva. **2.** A pele ou o pelo desse animal. **3.** Qualidade de alvo; alvura, brancura. **4.** Pompom com que as mulheres passavam pó de arroz no rosto.

Ar.mis.tí.cio *s.m.* **1.** Trégua de curta duração. **2.** Suspensão temporária de guerra; trégua, cessar-fogo.

Ar.mo.ri.a.do *adj.* Que se apresenta com ornamentos pintados ou esculpidos de armas, brasão ou brasões; armorejado.

Ar.mo.ri.al *s.m.* **1.** Livro onde se registram os brasões de armas. *adj.* **2.** Relativo aos brasões.

Ar.nês *s.m.* **1.** Antiga armadura completa de um guerreiro. **2.** Equipamento completo de um cavalo (de sela ou de tiro). **3.** FIG Proteção, amparo moral. ♦ *Pl.: arneses.*

Ar.ni.ca *s.f.* **1.** BOT Gênero de erva medicinal. **2.** BOT Planta desse gênero. **3.** FARM Tintura de propriedades medicinais extraída dessa planta.

A.ro *s.m.* **1.** Pequeno arco. **2.** Guarnição circular. **3.** Argola, anel. **4.** Cinto de ferro nas rodas dos carros. **5.** Marco das portas.

A.ro.ei.ra *s.f.* BOT Árvore de grande porte e lenho muito duro, cuja casca é tida como medicinal, também chamada *corneira* e *pimenteira-do-peru.*

A.ro.ma *s.f.* **1.** Essência aromática de alguns vegetais. **2.** Cheiro agradável; fragrância, perfume.

A.ro.ma.te.ra.pi.a *s.f.* O uso de extratos de plantas aromáticas, e de óleos essenciais, em massagens e outros tipos de tratamento.

A.ro.má.ti.co *adj.* **1.** De cheiro agradável; perfumado. **2.** QUÍM Diz-se de um composto que se caracteriza pela presença de, no mínimo, um anel benzênico.

A.ro.ma.ti.zar *v.t.* e *p.* **1.** Tornar(-se) aromático. **2.** Perfumar(-se) com substâncias aromáticas.

A.ro.mo.te.ra.pi.a *s.f.* Terapêutica baseada na ingestão, inalação ou massagem do corpo com óleos vegetais ou essências aromáticas.

Ar.pão *s.m.* **1.** Instrumento de ferro com feitio de seta, usado na caça submarina e na pesca de grandes peixes e cetáceos. **2.** Fisga, arpéu. **3.** GÍR Seringa para aplicação de droga. **4.** Certo movimento da capoeira.

Ar.pe.jar *v.int.* MÚS Produzir arpejos. ♦ Cf. *harpejar.*

Ar.pe.jo (ê) *s.m.* MÚS Modulação prolongada, sucessiva e rápida, dos diversos sons de um compasso num instrumento de cordas.

Ar.po.ar *v.t.* **1.** Ferir com, ou cravar no arpão (ou arpéu) em. **2.** FIG Agarrar, seduzir.

Ar.que- *pref.* ⇒ Arc-.

Ar.que.ar *v.t.* **1.** Dar curva em forma de arco a; arcar. **2.** Dobrar, vergar. **3.** Avaliar a capacidade interna de uma embarcação. *v.p.* **4.** Tomar a forma de arco; dobrar-se.

Ar.quei.ro *s.m.* **1.** Fabricante ou vendedor de arco. **2.** O (soldado) que luta com arco. **3.** FUT Goleiro.

Ar.que.jar *v.int.* **1.** Respirar com dificuldade, sofrendo. **2.** Arfar, ansiar. **3.** Estar ofegante; ofegar.

Ar.que.jo (ê) *s.m.* **1.** Ato ou efeito de arquejar. **2.** Respiração difícil. **3.** Ânsia.

Ar.que.o.lo.gi.a *s.f.* Ciência que se ocupa do estudo do passado da humanidade, feito usualmente por escavações, objetos antigos, monumentos etc.

Ar.que.ó.lo.go *s.m.* Especialista em arqueologia.

Ar.qué.ti.po *s.m.* **1.** Modelo ideal dos seres criados; protótipo. **2.** Modelo, padrão, exemplar.

Ar.qui- Prefixo grego indicativo de: 1) superioridade; 2) principal. ♦ **Obs.:** Exige hífen antes de palavra começada por **h** e **i** as: *arqui--inimigo, arquirrival, arquisseguro* etc.

Ar.qui.ban.ca.da *s.f.* Série de assentos dispostos em fileiras de diferentes níveis, como degraus de uma escada, para facilitar a visão dos espectadores em estádios, anfiteatros, circos etc.

Ar.qui.di.o.ce.se *s.f.* Área sujeita à administração eclesiástica de um arcebispo; arcebispado.

Ar.qui.du.ca.do *s.m.* Dignidade ou território de arquiduque.

Ar.qui.du.que *s.m.* Título de nobreza superior a duque. ♦ *Fem.: arquiduquesa.*

Ar.qui.du.que.sa (ê) *s.f.* **1.** Esposa de arquiduque. **2.** Título das princesas da Casa da Áustria.

Ar.qui.e.pis.co.pa.do *s.m.* Arcebispado.

Ar.qui-i.ni.mi.go *s.m.* Inimigo supremo.

Ar.qui.mi.li.o.ná.rio *adj.* e *s.m.* Que, ou aquele que é muitas vezes milionário; multimilionário.

ARQUIPÉLAGO — ARREGANHAR

Ar.qui.pé.la.go *s.m.* **1.** Col. de *ilha*. **2.** Grupo mais ou menos numeroso de ilhas espalhadas no mar, mas próximas umas das outras, separadas apenas por estreitos e canais.

Ar.qui.te.tar *v.t.* **1.** Traçar planos. **2.** Planejar, idear. **3.** Trabalhar (numa obra) como arquiteto. **4.** Edificar, construir (casa, edifício etc.).

Ar.qui.te.to *s.m.* **1.** Profissional graduado em arquitetura, que concebe e dirige a construção de edifícios de todo tipo. **2.** O que projeta ou idealiza uma coisa. **3.** Idealizador, criador, construtor.

Ar.qui.te.tu.ra *s.f.* **1.** Arte de projetar e construir prédios. **2.** O conjunto das obras de arquitetura de uma cidade, país, época etc. **3.** Estilo de construção. **4.** Plano, projeto; propósito. **5.** FIG Forma, estrutura, contextura de um todo.

Ar.qui.tra.ve *s.f.* Viga mestra que se assenta horizontalmente sobre os capitéis das colunas.

Ar.qui.var *v.t.* **1.** Guardar em arquivo. **2.** Sustar o andamento de (inquérito, processo etc.). **3.** Catalogar, registrar.

Ar.qui.vis.ta *s.2g.* Pessoa que cuida de um arquivo.

Ar.qui.vo *s.m.* **1.** Lugar onde se guardam documentos. **2.** Acervo de documentos. **3.** Móvel que facilita o manuseio desses documentos. **4.** Registro; anais. **5.** INFORM Conjunto de informações armazenadas no sistema computacional, usualmente em disco rígido, disquete ou fita magnética.

-ar.ra *suf.* 'Aumento': *bocarra*.

Ar.ra.bal.de *s.m.* Parte de uma cidade situada na sua periferia; subúrbio.

Ar.rai.a¹ *s.f.* **1.** Certo peixe de corpo achatado, o mesmo que *raia*. **2.** Papagaio de papel.

Ar.rai.a² *s.f.* Plebe, arraia-miúda.

Ar.rai.al *s.m.* **1.** Festa campestre, com barracas de comida, diversões etc. **2.** Acampamento. **3.** Pequena povoação; lugarejo.

Ar.rai.a-mi.ú.da *s.f.* A plebe, o populacho, o povo simples, a ralé, arraia. • *Pl.*: *arraias-miúdas*.

Ar.rai.ga.men.to *s.m.* Ato ou efeito de arraigar(-se); arraigo, arreigamento.

Ar.rai.gar *v.t.* **1.** Lançar ou criar raízes. **2.** Firmar pela raiz; enraizar. *v.p.* **3.** Fixar-se, estabelecer-se; enraizar-se.

Ar.rais *s.m.2n.* Mestre ou dono de barco.

Ar.ran.car *v.t.* **1.** Fazer sair, puxando. **2.** Extinguir, erradicar. **3.** Tirar, extrair com força. **4.** Conseguir à custa de muita insistência ou importunação. **5.** Despertar, suscitar. *v.t.* e *p.* **6.** Partir ou sair de um lugar com ímpeto e de repente; fugir.

Ar.ran.ca-ra.bo *s.m.* **1.** POP Discussão, bate-boca. **2.** Briga, rolo, sururu. • *Pl.*: *arranca-rabos*.

Ar.ran.char *v.t.* **1.** Reunir em rancho. **2.** Dar pousada. **3.** Reunir-se em mesa comum de refeições. *v.int.* e *p.* **4.** Estabelecer pouso provisoriamente.

Ar.ra.nha-céu *s.m.* Prédio muito alto, com muitos andares. • *Pl.*: *arranha-céus*.

Ar.ra.nhão *s.m.* **1.** Ato ou efeito de arranhar. **2.** Pequena escoriação. **3.** Ferida superficial na pele. **4.** Ranhura que prejudica uma superfície lisa.

Ar.ra.nhar *v.t.* **1.** Ferir levemente (a pele) com as unhas ou objeto áspero ou pontiagudo. **2.** Conhecer pouco (de qualquer coisa). *v.int.* **3.** Ser áspero. *v.p.* **4.** Ferir-se com as unhas etc.

Ar.ran.jar *v.t.* **1.** Pôr ou dispor em certa ordem. **2.** Ordenar, compor. **3.** Decorar, enfeitar. **4.** Consertar, arrumar. **5.** Obter, adquirir, agenciar, conseguir. **6.** Conciliar, resolver. *v.p.* **7.** Obter boa situação; avir-se.

Ar.ran.jo *s.m.* **1.** Ato ou efeito de arranjar. **2.** Boa ordem ou disposição. **3.** Governo ou economia doméstica. **4.** Mobília, utensílios, louças etc. **5.** Cabedal, fortuna. **6.** FAM Conciliação, acordo, entendimento. **7.** Acordo fraudulento. **8.** CH Amásia.

Ar.ran.que *s.m.* **1.** Ato ou efeito de arrancar, de partir com ímpeto; arranco. **2.** Dispositivo de pôr em movimento máquina ou motor. **3.** Início de movimento (de motor ou máquina).

-ar.rão *suf.* 'Aumento': *homenzarrão*.

Ar.ras *s.f.pl.* **1.** Garantia ou sinal de um contrato. **2.** Dotes que um noivo garante à noiva.

Ar.ra.sa.dor (ô) *adj.* e *s.m.* Que, ou o que arrasa, derruba, destrói.

Ar.ra.sar *v.t.* **1.** Tornar raso. **2.** Igualar, aplainar. **3.** Vencer o adversário com argumentos inquestionáveis. **4.** Humilhar, descompor com injúrias. **5.** Demolir, derrubar. *v.t.* e *p.* **6.** Abater(-se) muito, moral ou fisicamente. **7.** Arruinar-se, acabar.

Ar.ras.tão *s.m.* **1.** Esforço para arrastar. **2.** Vara que nasce junto ao pé da videira. **3.** Certa rede de pesca usada em águas pouco profundas (junto à praia).

Ar.ras.tar *v.t.* **1.** Levar à força. **2.** Levar de rastos. **3.** Obrigar, forçar. **4.** Atrair, levar após si. **5.** Impelir. **6.** Mover ou puxar com dificuldade. **7.** Falar morosamente. *v.p.* **8.** Rastejar. **9.** Passar muito lentamente (tempo). **10.** Tramitar muito lentamente. **11.** Viver com dificuldade.

-ar.raz *suf.* 'Aumento': *pratarraz*.

Ar.ra.zo.ar *v.t.* **1.** Argumentar, discorrer. **2.** Discutir. **3.** Expor o direito de uma causa, alegando as razões.

Ar.re.ar *v.t.* **1.** Pôr arreios em (animal de sela). **2.** Guarnecer de móveis. **3.** Adereçar, mobiliar. *v.p.* **4.** Enfeitar-se, ataviar-se.

Ar.re.a.ta *s.f.* Corda ou cabresto com que se prendem as bestas para as conduzir.

Ar.re.ba.nhar *v.t.* **1.** Reunir ou juntar em rebanho. **2.** Recolher, juntar. *v.p.* **3.** Juntar-se, reunir-se.

Ar.re.ba.ta.dor (ô) *adj.* e *s.m.* Que, ou o que arrebata, extasia, encanta, seduz.

Ar.re.ba.tar *v.t.* **1.** Tirar com violência. **2.** Arrancar. **3.** Enlevar, empolgar, extasiar. **4.** Causar a perda de. **5.** Levar para o outro mundo. **6.** Arrastar ou transportar com ímpeto.

Ar.re.ben.ta.ção *s.f.* **1.** Ato ou efeito de arrebentar(-se). **2.** Marulho das ondas de encontro à praia ou a um recife. **3.** Ato de lançar gomos (planta).

Ar.re.ben.ta.men.to *s.m.* Ato ou efeito de arrebentar.

Ar.re.ben.tar *v.t.* e *int.* **1.** Quebrar com violência. **2.** Explodir; estourar. **3.** Irromper violentamente. **4.** Quebrar com ruído. **5.** Brotar como fonte. **6.** Falir, arruinar-se.

Ar.re.bi.ta.do *adj.* **1.** Revirado na ponta (nariz). **2.** FIG Esperto, vivo. **3.** Pernóstico, petulante. **4.** Irascível, genioso.

Ar.re.bi.tar *v.t.* **1.** Revirar para cima (ponta, extremidade, aba). *v.p.* **2.** Levantar-se com altivez. **3.** Revirar-se para cima. **4.** Abespinhar-se, irritar-se.

Ar.re.bol *s.m.* **1.** Vermelhidão da aurora ou do pôr do Sol; rosicler. **2.** Princípio, início. • *Pl.*: *arrebóis*.

Ar.re.ca.dar *v.t.* **1.** Cobrar impostos. **2.** Cobrar, receber, recolher. **3.** Alcançar, conseguir. **4.** Ter em lugar seguro.

Ar.re.ci.fe *s.m.* Recife.

Ar.re.dar *v.t.* **1.** Desviar, remover para trás. **2.** Pôr de parte. **3.** Afastar, apartar. *v.int.* e *p.* **4.** Desviar-se, apartar-se. **5.** Pôr-se de longe.

Ar.re.di.o *adj.* **1.** Que passou a viver longe de todos, afastado dos amigos e dos locais que frequentava. **2.** Arisco, esquivo. **3.** Diz-se da rês que se desgarrou do rebanho ou da manada.

Ar.re.don.dar *v.t.* **1.** Tornar redondo. **2.** Abaular. **3.** Tornar mais harmonioso. **4.** Completar (uma quantia). **5.** FIG Aumentar. *v.p.* **6.** Tornar(-se) saliente. **7.** Tornar mais harmonioso.

Ar.re.dor *adv.* **1.** Ao redor, em volta de. **2.** Circunvizinho.

Ar.re.fe.cer *v.int.* **1.** Tornar-se frio; fazer esfriar. **2.** Abater o entusiasmo; fazer perder o ânimo. **3.** Abrandar, moderar. *v.p.* **4.** Perder a energia, o entusiasmo.

Ar.re.ga.çar *v.t.* **1.** Puxar, dobrar para cima (as calças, as mangas da camisa). **2.** Recolher a borda de (vestido). *v.p.* **3.** Levantar(-se), erguer(-se) enrolando ou enrugando.

Ar.re.ga.lar *v.t.* Abrir e esbugalhar (os olhos).

Ar.re.ga.nhar *v.t.* **1.** Mostrar (os dentes), apartando os lábios. **2.** Abrir, enrugando ou encrespando. *v.int.* **3.** Abrir fendas. *v.p.* **4.** Rir para se oferecer. **5.** Rir-se, escarnecer. **6.** Abrir as pernas inteira e acintosamente.

ARREGIMENTAR — ARROMBA

Ar.re.gi.men.tar *v.t.* **1.** Agrupar, reunir (unidades militares) em regimento. **2.** Enfileirar. **3.** FIG Fazer entrar num grupo ou partido. **4.** Associar.

Ar.re.glo (ê) *s.m.* **1.** (RS) Ato ou efeito de arreglar. **2.** Arranjo, acordo. **3.** Adaptação de peça teatral. **4.** GÍR Quantia que a polícia recebe para não exercer repressão. ◆ *Var.:* POP *arrego* (ê).

Ar.rei.o *s.m.* **1.** Arreamento. **2.** Aparelhamento dos cavalos de tiro ou sela. **3.** Adorno, atavio, enfeite, ornato.

Ar.re.li.a *s.f.* **1.** Zanga, aborrecimento, mau humor, azucrinação. **2.** Gozação, troça. **3.** Rixa, quizila. **4.** Encrenca. **5.** Divertimento, pagodeira.

Ar.re.li.ar *v.t.* **1.** Fazer ou causar arrelia. **2.** Irritar. **3.** Vaiar, apupar. **4.** POP Gozar, troçar. *v.p.* **5.** Tornar-se impaciente; zangar-se, irritar-se.

Ar.re.ma.tar *v.t.* **1.** Concluir. **2.** Fazer remate de pontos em (costura). **3.** Dar segunda sacha a (milho). **4.** Comprar em leilão, por ter feito o lance mais alto. *v.int.* **5.** Gritar como leiloeiro. **6.** FUT Concluir uma série de jogadas, chutando a bola com a intenção de fazer o gol. **7.** Terminar, finalizar. *v.p.* **8.** Acabar-se, concluir-se. ◆ *Var.:* *rematar*.

Ar.re.ma.te *s.m.* **1.** Ato ou efeito de arrematar. **2.** Finalização, conclusão, remate.

Ar.re.me.dar *v.t.* **1.** Imitar de modo grotesco. **2.** Imitar a fala ou os gestos de alguém, geralmente por zombaria. **3.** Parecer, ter semelhança com.

Ar.re.me.do (ê) *s.m.* **1.** Ato ou efeito de arremedar. **2.** Imitação ridícula. **3.** Cópia. **4.** Aparência. **5.** Simulacro, farsa.

Ar.re.mes.são *s.m.* **1.** Impulso de arremessar. **2.** O que se arremessa.

Ar.re.mes.sar *v.t.* **1.** Atirar com ímpeto. **2.** Lançar para longe. **3.** Impelir, impulsionar. *v.p.* **4.** Fazer (cavalo, veículo) partir com ímpeto. **5.** Acometer, investir. **6.** Arrojar-se, lançar-se com força. **7.** Expor-se, arriscar-se.

Ar.re.me.ter *v.t.* **1.** Investir, assaltar, arrojar-se contra. **2.** Afrontar. **3.** Arremessar. **4.** Fazer sair com ímpeto. *v.int.* **5.** Avançar com ímpeto; arrojar-se.

Ar.re.me.ti.da *s.f.* **1.** Ato ou efeito de arremeter. **2.** Investida, ataque furioso e precipitado. **3.** Ato arrojado.

Ar.ren.da.dor (ô) *adj.* e *s.m.* Que, ou o que dá em arrendamento.

Ar.ren.da.men.to *s.m.* **1.** Ato ou efeito de arrendar. **2.** Preço pelo qual se arrenda. **3.** Aluguel, locação.

Ar.ren.dar *v.t.* **1.** Dar ou tomar em arrendamento. **2.** Dar forma de renda a; rendilhar.

Ar.ren.da.tá.rio *s.m.* O que toma (alguma coisa) em arrendamento; inquilino.

Ar.re.pa.nhar *v.t.* **1.** Fazer dobras ou rugas em; enrugar. **2.** Apanhar, recolher. **3.** Poupar com sovinice. *v.p.* **4.** Enrugar-se.

Ar.re.pen.der-se *v.p.* **1.** Ter pesar (de faltas ou delitos cometidos); penitenciar-se. **2.** Mudar de parecer, de opinião ou procedimento. **3.** Retratar-se.

Ar.re.pen.di.men.to *s.m.* **1.** Ato ou efeito de arrepender(-se). **2.** Pesar do que se fez ou pensou. **3.** Remorso. **4.** Mudança de opinião, convicção ou deliberação; desistência.

Ar.re.pi.a.men.to *s.m.* Ato ou efeito de arrepiar(-se).

Ar.re.pi.ar *v.t.* **1.** Levantar, eriçar (o cabelo). **2.** Horripilar. **3.** Causar horror a; causar arrepios em. *v.int.* **4.** Causar arrepios, tremer de frio ou medo. *v.p.* **5.** Eriçar-se, levantar-se. **6.** Tremer de frio. **7.** Apavorar-se. ◆ *De arrepiar*: assustador.

Ar.re.pi.o *s.m.* Estremecimento provocado por medo, emoção violenta ou frio.

Ar.res.tan.te *adj.* e *s.2g.* Que, ou pessoa que requer arresto.

Ar.res.to *s.m.* **1.** Apreensão judicial de bens para pagamento de dívida. **2.** Embargo, penhora.

Ar.re.ve.sa.do *adj.* **1.** Feito ao revés ou às avessas. **2.** Confuso, intrincado, obscuro. **3.** Difícil de pronunciar (palavra).

Ar.ri.ar *v.t.* **1.** Abaixar pouco a pouco por meio de cabos. **2.** Ficar exausto, desanimado. **3.** Pôr no chão para aliviar. *v.int.* **4.** Afrouxar, desalentar. *v.p.* **5.** Cair ou vergar sob peso. **6.** Perder as forças, o ânimo.

Ar.ri.ba *adv.* **1.** Para cima, acima. *interj.* **2.** Adiante.

Ar.ri.ba.ção *s.f.* **1.** Ato ou efeito de arribar. **2.** Parada provisória durante a migração de um lugar para outro; migração. **3.** Convalescença, restabelecimento. ◆ *Aves de arribação*: aquelas que migram para outras regiões, geralmente em bandos.

Ar.ri.bar *v.t.* **1.** Dirigir-se ou chegar (o navio) a um porto obrigado por temporal. *v.int.* **2.** Melhorar ou restabelecer-se (um doente). **3.** Partir para lugar ignorado; migrar.

Ar.ri.ei.ro *s.m.* **1.** O que guia pela estrada as bestas de carga; tropeiro. **2.** Aquele que inspeciona e cura os animais da tropa. **3.** FIG Indivíduo rude, sem educação, que usa palavras insultuosas.

Ar.ri.mar *v.t.* **1.** Encostar, apoiar. **2.** Pôr em rima. **3.** Pôr em ordem; arrumar. **4.** Servir de arrimo a; amparar. *v.p.* **5.** Agregar-se, juntar-se. **6.** Socorrer-se, valer-se de.

Ar.ri.mo *s.m.* **1.** Amparo, proteção. **2.** Coisa ou pessoa em que ou em quem a gente se apoia, se ampara. **3.** Apoio, suporte, escora. ◆ *Arrimo de família*: aquele que trabalha para manter a família.

Ar.ris.ca.do *adj.* **1.** Que oferece riscos. **2.** Que se expõe a risco. **3.** Temerário, ousado, audaz. **4.** Perigoso.

Ar.ris.car *v.t.* **1.** Pôr em risco ou perigo. **2.** Sujeitar à sorte. *v.p.* **3.** Expor-se ao risco; aventurar-se.

Ar.rit.mi.a *s.f.* **1.** Ausência de ritmo. **2.** Irregularidade e desigualdade nas contrações cardíacas, o mesmo que *arritmia cardíaca*.

Ar.ri.vis.mo *s.m.* Desejo de alcançar êxito a qualquer custo.

Ar.ri.vis.ta *adj.2g.* Pessoa ambiciosa, que quer vencer na vida a qualquer custo.

Ar.ri.zo.tô.ni.co *adj.* GRAM Diz-se da forma verbal em que o acento tônico recai na terminação e não na raiz, como em *nós amamos, ela se adequava* etc. ◆ Cf. *rizotônico*.

-ar.ro *suf.* 'Aumento': *casmurro*.

Ar.ro.ba (ô) *s.f.* Peso antigo de 32 arráteis, igual a 14,688 kg, hoje arredondado em 15 kg.

Ar.ro.char *v.t.* **1.** Apertar (carga) com arrocho. **2.** Apertar muito. **3.** FIG Pressionar, oprimir. *v.int.* **4.** Ser exigente. **5.** FIG Criar dificuldades. *v.p.* **6.** Apertar muito; comprimir-se. ◆ Cf. *arroxar*.

Ar.ro.cho (ô) *s.m.* **1.** Ato ou efeito de arrochar. **2.** Pau com que se torcem as cordas para apertar fardos, cargas etc. **3.** Correia com argola na extremidade para prender e apertar carga levada por um animal. **4.** FIG Situação difícil; aperto ou dificuldade econômica.

Ar.ro.gân.cia *s.f.* **1.** Atitude altaneira. **2.** Altivez, orgulho, soberba. **3.** Audácia, coragem. **4.** Insolência, atrevimento.

Ar.ro.gan.te *adj.2g.* **1.** Que tem ou revela arrogância. **2.** Altivo, orgulhoso, soberbo. **3.** Audacioso, corajoso. **4.** Atrevido, insolente.

Ar.ro.gar *v.t.* **1.** Tomar como próprio; apropriar-se de. *v.p.* **2.** Atribuir a si; tomar como seu.

Ar.roi.o *s.m.* Pequeno curso de água menor que um riacho e maior que um regato; córrego.

Ar.ro.ja.do *adj.* **1.** Que revela ou em que há arrojo. **2.** Que apresenta características inovadoras; ousado, destemido. **3.** Violento, impetuoso.

Ar.ro.jar *v.t.* **1.** Lançar com ímpeto. **2.** Atirar com força; arremessar. **3.** Levar ou trazer de rojo; arrastar. *v.p.* **4.** Lançar-se com ímpeto. **5.** Arremessar-se, precipitar-se. **6.** Atrever-se, ousar. **7.** Aviltar-se.

Ar.ro.jo ou **ar.ro.ja.men.to** (ô) *s.m.* **1.** Ato ou efeito de arrojar ou atirar. **2.** Ousadia, audácia, atrevimento. **3.** Apresentação pomposa; solenidade. **4.** Aparato, ostentação.

Ar.ro.lar *v.t.* **1.** Meter em rol. **2.** Descrever (bens) em inventário; inventariar.

Ar.ro.lhar *v.t.* **1.** Colocar rolha em; rolhar. **2.** Fazer calar. **3.** Intimidar. *v.int.* e *p.* **4.** Calar-se ou fugir, vencido ou acovardado.

Ar.rom.ba *s.f.* Cantiga ruidosa para viola. ◆ *De arromba*: de espantar; espetacular.

ARROMBADOR — ARTILHARIA

Ar.rom.ba.dor (ô) *adj.* **1.** Que arromba. *s.m.* **2.** O que arromba. **3.** Ladrão que usa gazua, chave falsa, pé de cabra etc. para arrombar portas etc.

Ar.rom.bar *v.t.* **1.** Fazer rombo em. **2.** Abrir à força. **3.** Romper, pôr abaixo. **4.** Abrir com gazua, chave falsa etc. **5.** Despedaçar, quebrar. **6.** FIG Abater, humilhar. **7.** Causar ruína a; arruinar. **8.** Derrotar.

Ar.ros.tar *v.t.* **1.** Olhar de frente; enfrentar, encarar sem medo. **2.** Afrontar. **3.** Fazer face a; resistir. *v.p.* **4.** Defrontar-se.

Ar.ro.tar *v.int.* **1.** Dar ou soltar arrotos. *v.t.* FIG Blasonar, bravatear, alardear valentia, vangloriar-se.

Ar.ro.te.ar *v.t.* **1.** Limpar, cultivar (terreno inculto). **2.** Educar.

Ar.ro.to (ô) *s.m.* Emissão sonora, pela boca, de gases do estômago; eructação.

Ar.rou.bo *s.m.* Êxtase, enlevo, arrebatamento.

Ar.ro.xe.a.do *adj.* Um tanto roxo.

Ar.roz *s.m.* **1.** BOT Gramínea tropical anual, geralmente cultivada em campos encharcados. **2.** O grão dessa planta é base alimentar de muitos países, inclusive o Brasil. **3.** Prato preparado com esses grãos.

Ar.ro.zal *s.m.* Área plantada de arroz.

Ar.ru.a.ça *s.f.* **1.** Desordem de rua. **2.** Motim, bagunça, assuada.

Ar.ru.a.cei.ro *adj.* **1.** Que faz arruaças. *s.m.* **2.** Indivíduo que vive fazendo arruaças; desordeiro.

Ar.ru.a.men.to *s.m.* **1.** Ato ou efeito de arruar. **2.** A disposição das ruas de uma cidade.

Ar.ru.ça.do *adj.* Que se tornou ruço; encanecido.

Ar.ru.da *s.f.* BOT Nome comum a várias plantas de folhas aromáticas e medicinais.

Ar.ru.e.la *s.f.* Pequena chapa redonda de aço, com furo circular, por onde passa o parafuso.

Ar.ru.far *v.t.* e *p.* **1.** Tornar(-se) irritado, amuado. **2.** Irritar(-se), enfadar(-se).

Ar.ru.i.nar *v.t.* **1.** Reduzir a ruínas. **2.** Causar ruína a; danificar. **3.** Estragar, combalir (a saúde). **4.** Comprometer financeiramente; empobrecer. *v.int.* **5.** Estragar-se. **6.** Piorar, agravar. *v.p.* **7.** Estragar-se, corromper-se. **8.** Cair em ruína; ficar na miséria; falir.

Ar.ru.i.var *v.t.* **1.** Tornar ruivo. **2.** Tingir de ruivo.

Ar.ru.lhar *v.int.* **1.** Emitir ruído como os pombos. **2.** Cantar como os pombos e as rolas. **3.** Murmurar meiguices. **4.** Proferir frases amorosas. **5.** Cantar acalantos ou cantigas de ninar.

Ar.ru.lho *s.m.* **1.** Ato ou efeito de arrulhar. **2.** Canto para adormecer crianças. **3.** FIG Meiguice, carícia.

Ar.ru.ma.ção *s.f.* **1.** Ato ou efeito de arrumar. **2.** Boa ordem ou disposição. **3.** POP Emprego, colocação. **4.** POP Negociata, arranjo, traficância.

Ar.ru.ma.dei.ra *s.f.* **1.** Criada de quarto. **2.** Empregada que cuida da arrumação e limpeza da casa.

Ar.ru.ma.de.la *s.f.* Arrumação rápida, superficial.

Ar.ru.mar *v.t.* **1.** Colocar em ordem; acomodar, arranjar. **2.** Organizar. **3.** Conseguir, obter. *v.p.* **4.** Estabelecer-se. **5.** Conseguir boa situação; arranjar-se. **6.** FAM Vestir-se, aprontar-se.

Ar.se.nal *s.f.* **1.** Depósito de material de guerra. **2.** Depósito, arquivo. **3.** Grande quantidade de armas. **4.** Lugar onde se constrói ou se conserta navio de guerra.

Ar.sê.ni.co *s.m.* **1.** QUÍM Substância mineral venenosa, de símbolo As e nº atômico 33, usada na fabricação de inseticidas e em medicina. *adj.* **2.** Diz-se do ácido derivado do arsênio, muito tóxico.

Ar.te *s.f.* **1.** Realização de uma ideia. **2.** Modo, maneira. **3.** Conjunto de normas para a perfeita execução de qualquer coisa. **4.** Belas-artes. **5.** Profissão, ofício. **6.** Dom, jeito, habilidade. **7.** POP Traquinada, travessura, diabrura. **8.** Astúcia, engano. **9.** Tudo o que, em jornal ou revista, puder ser apresentado em forma de tabelas, mapas, quadros e gráficos. **10.** Forma reduzida de *arte-final*. ◆ **Arte cinética**: a que incorpora movimentos reais ou imaginários. ◆ **Arte conceitual**: nome dado a várias formas de arte nas quais a ideia da obra é considerada mais importante do que o próprio produto acabado (se é que ele existe). ◆ **Arte**

indígena: as artes da cerâmica, do trançado e de enfeites do corpo. ◆ **Arte moderna**: termo que designa a arte de vanguarda do final do século XIX e início do século XX, na Europa (Courbet e Manet, na França) e a partir de 1922, no Brasil, com Anita Malfatti e Tarsila do Amaral. ◆ **Arte primitiva**: a arte das sociedades não incluídas nas grandes civilizações ocidentais e orientais, como a arte da civilização pré-colombiana na América.

Ar.te.fa.to *s.m.* Qualquer objeto ou produto de trabalho mecânico.

Ar.te-fi.nal *s.f.* Trabalho de arte (ilustração, cartaz, capa de livro ou disco etc.) pronto para a reprodução gráfica; arte. ◆ *Pl.: artes-finais*.

Ar.te-fi.na.lis.ta *s.2g.* GRÁF Pessoa que executa artes-finais. ◆ *Pl.: artes-finalistas*.

Ar.tei.ro *adj.* Astuto, sagaz, ardiloso, traquinas, travesso.

Ar.te.lho (ê) *s.m.* **1.** O tornozelo. **2.** POP Dedo do pé.

Ar.té.ria *s.f.* **1.** Vaso sanguíneo com uma parede muscular elástica, que leva o sangue do coração às diversas partes do corpo. **2.** Via de comunicação urbana de tráfego intenso. **3.** Avenida ou rua importante.

Ar.te.rios.cle.ro.se *s.f.* MED Esclerose ou endurecimento das paredes das artérias, dificultando ou impedindo a circulação normal do sangue.

Ar.te.sa.nal *adj.2g.* **1.** Relativo a artesão ou artesanato. **2.** Que é feito segundo o método tradicional, individual. Opõe-se a *industrial*.

Ar.te.sa.na.to *s.m.* **1.** Ofício, de função utilitária, praticado pelo artesão. **2.** Obra, peça de artesão. **3.** O conjunto dos artesãos de um lugar, época etc.

Ar.te.são *s.m.* **1.** Aquele que executa uma arte que depende do trabalho das mãos. ◆ *Fem.: artesã.* ◆ *Pl.: artesãos.* **2.** ARQUIT Lavor arquitetônico que se aplica em abóbadas, voltas de arcos e tetos. ◆ *Pl.: artesões*.

Ar.te.si.a.no *adj.* Diz-se de poço aberto por meio de broca ou sonda, e de onde a água jorra sem bombeamento.

Ár.ti.co *adj.* Do norte; boreal. Opõe-se a *antártico*.

Ar.ti.cu.la.ção *s.f.* **1.** Ato ou efeito de articular(-se). **2.** Lugar onde pode ocorrer movimento entre duas ou mais partes de um esqueleto ou de tecidos rígidos. **3.** Ato de articular, de pronunciar distintamente as palavras. **4.** Ponto de união de dois segmentos de um caule; nó. **5.** Trama. **6.** DIR Articulado.

Ar.ti.cu.lar[1] *v.t.* **1.** Unir pelas articulações. **2.** Unir, juntar. **3.** Pronunciar (palavras) com distinção e clareza.

Ar.ti.cu.lar[2] *adj.2g.* Relativo às articulações.

Ar.ti.cu.lis.ta *adj.2g.* Pessoa que escreve artigo para jornal, revista etc.

Ar.ti.fi.ce *s.2g.* **1.** Pessoa que se dedica a uma arte; artista. **2.** O que fabrica artefatos. **3.** Artesão, operário. **4.** Autor. **5.** FIG Inventor, maquinador.

Ar.ti.fi.ci.al *adj.2g.* **1.** Que é produzido pela técnica e não pela natureza; sintético. **2.** Sem naturalidade; estudado, afetado. **3.** Falso, postiço, dissimulado. ◆ *Ant.: natural*.

Ar.ti.fi.ci.a.lis.mo *s.m.* Artificialidade.

Ar.ti.fí.cio *s.m.* **1.** Modo pelo qual se realiza um artefato, uma obra. **2.** Meio, arte, processo. **3.** Sutileza; habilidade. **4.** Ardil, astúcia (a fim de enganar). **5.** Artimanha, subterfúgio. **6.** Fraude, disfarce. **7.** Explosivo pirotécnico.

Ar.ti.go *s.m.* **1.** GRAM Partícula que se antepõe aos substantivos, individualizando-os de maneira precisa ou vaga. **2.** Cada um dos itens em que se divide um escrito. **3.** Cada um dos pontos de um libelo, de uma alegação. **4.** Matéria, assunto, tema. **5.** Gênero jornalístico que trata interpretação ou opinião de quem o assina. **6.** Parte, em geral numerada, de lei, decreto, regimento etc. **7.** Objeto de negócio. **8.** Ponto doutrinário. *Abrev.: art..*

Ar.ti.lha.ri.a *s.f.* **1.** Tropa de artilheiros. **2.** Conjunto de peças, canhões e mais bocas de fogo para atirar projéteis a grande distância. **3.** Uma das armas do Exército. **4.** Estudo para utilização do material de artilharia. **5.** Fogo que a artilharia despende.

ARTILHEIRO — ASPERGIR

Ar.ti.lhei.ro *s.m.* **1.** Militar da arma de artilharia. **2.** FUT Jogador que marcou o maior número de gols (de uma partida, de uma equipe, de um campeonato).

Ar.ti.ma.nha *s.f.* **1.** Artifício enganoso. **2.** Manha, astúcia, ardil.

Ar.ti.o.dác.ti.lo *adj.* **1.** Relativo aos artiodáctilos. **2.** Que tem os dedos em número par. *s.m.* **3.** Animal artiodáctilo. ♦ *Var.: artiodátilo.*

Ar.tis.ta *s.2g.* **1.** Pessoa que exerce uma arte (pintor, escultor, ator, músico, cantor etc.). **2.** Pessoa que cultiva as belas-artes. **3.** Artesão, artífice, operário. **4.** FIG Pessoa muito jeitosa ou habilidosa. *adj.2g.* **5.** Relativo às artes. **6.** Que tem o gosto da arte. **7.** Engenhoso, astucioso.

Ar.tís.ti.co *adj.* **1.** Relativo às artes, aos artistas ou às obras de arte. **2.** Feito com arte. **3.** Estético; harmonioso.

Art nouveau (fr.) Estilo decorativo que floresceu em parte da Europa e nos Estados Unidos, de cerca de 1890 até a Primeira Guerra Mundial, cuja característica principal era o uso de linhas assimétricas sinuosas, inspiradas em formas vegetais.

Ar.tri.te *s.f.* MED Inflamação numa articulação.

Ar.trí.ti.co *adj.* **1.** Relativo a artrite. *adj.* e *s.m.* **2.** Que, ou o que padece de artrite ou de artritismo.

Ar.tro.pa.ti.a *s.f.* MED Qualquer doença das articulações.

Ar.tró.po.de *adj.2g.* **1.** Relativo aos artrópodes. *s.m.* **2.** Espécime dos artrópodes, invertebrados de pernas articuladas.

Ar.vo.rar *v.t.* **1.** ANT Arborizar. **2.** Hastear, içar (bandeira etc.). **3.** Erigir, erguer. **4.** Afetar ares de; alardear. *v.p.* **5.** Assumir por decisão própria ofício, encargo, título etc.; arrogar-se.

Ár.vo.re *s.f.* BOT Planta lenhosa, de tronco alto, que só se ramifica a considerável altura do solo. Col.: *arvoredo, bosque, floresta.* Dim. irreg.: *arvéstula.*

Ar.vo.re.cer *v.int.* **1.** Transformar-se em árvore. **2.** Crescer como árvore.

Ar.vo.re.do (ê) *s.m.* Lugar plantado de árvores; bosque.

Ar.vo.re.ta (ê) *s.f.* Pequena árvore.

As- *pref.* ⇒ Ad-.

Ás *s.m.* **1.** Carta de baralho marcada com um só ponto. **2.** Pessoa que se sobressai por seus próprios méritos, principalmente nos esportes; campeão. **3.** FIG Pessoa exímia.

A.sa¹ *s.f.* **1.** Cada um dos membros das aves e dos pássaros, próprio para o voo, ou como auxiliar de corrida (galináceos), ou de nado (pinguins). **2.** Órgão (par) de voo dos morcegos. **3.** Excrescências (um ou dois pares) membranosas ou córneas dos insetos. **4.** Cada uma das partes laterais de uma aeronave, que serve para lhe dar sustentação. ♦ *Arrastar a asa:* FAM fazer a corte; galantear.

A.sa² *s.f.* Apêndice semicircular ou em forma de argola, pelo qual se seguram certos utensílios.

A.sa-del.ta *s.f.* Estrutura metálica apropriada para voo livre, coberta por uma vela, sob a qual se sustenta uma pessoa.

A.sa.do *adj.* **1.** Que possui asas; alado. *s.m.* **2.** Vaso com asas.

As.bes.to *s.f.* Mineral filamentoso, mais ou menos flexível, incombustível e infusível.

As.cen.dên.cia *s.f.* **1.** Ato ou efeito de elevar-se. **2.** Ascensão. **3.** Superioridade. **4.** Domínio resultante da superioridade moral. **5.** Estirpe, progênie; antepassado. ♦ *Ant.: descendência.*

As.cen.den.te *adj.2g.* **1.** Que ascende; antepassado, ancestral. *s.2g.* **2.** O pai e a mãe. ♦ *Ant.: descendente.*

As.cen.der *v.t.* e *int.* **1.** Subir, elevar-se. **2.** Atingir determinada importância.

As.cen.si.o.nis.ta *s.2g.* Pessoa que faz ascensão a pontos elevados (como montanhas) ou sobe aos ares em balões.

As.cen.so *s.m.* **1.** Ascensão. **2.** FIG Promoção à alta dignidade.

As.cen.sor (ô) *s.m.* Cabine móvel que transporta verticalmente cargas num edifício em construção.

As.cen.so.ris.ta *s.2g.* Pessoa que maneja o ascensor e, por extensão, um elevador, fazendo-o subir e descer; cabineiro.

As.ce.se *s.f.* Exercício de devoção que visa a perfeição espiritual pela meditação, disciplina de vida e recolhimento.

As.ce.ta *s.2g.* Pessoa que pratica a ascese.

As.cé.ti.ca *s.f.* Parte da teologia que trata da ascese cristã.

As.ce.ti.cis.mo *s.m.* Ascetismo.

As.cé.ti.co *adj.* **1.** Que se refere ao ascetismo ou aos ascetas. **2.** Devoto, místico.

As.ce.tis.mo *s.m.* **1.** Doutrina moral, filosófica ou religiosa centrada na ascese. **2.** Modo de vida rude e austera, com privação dos prazeres materiais.

As.cí.dia *s.f.* Animal marinho, geralmente séssil e transparente.

As.ci.te *s.f.* Acúmulo de líquido na cavidade peritoneal; barriga-d'água.

-as.co *suf.* 'Aumento': *Carrasco.*

As.co¹ *s.m.* **1.** Repugnância por coisa torpe ou imunda. **2.** Nojo, náusea. **3.** Aversão, repulsa.

As.co² *s.m.* Célula-mãe em forma de saco, onde estão os esporos responsáveis pela reprodução sexuada dos ascomicetos.

As.cór.bi.co *adj.* Diz-se do ácido encontrado principalmente nas frutas cítricas.

As.fal.to *s.m.* **1.** Variedade de betume preto, compacto e quebradiço, com que se pavimentam estradas e vias públicas; betume. **2.** Substância obtida do breu de petróleo, subproduto residual da refinação, com que se pavimentam ruas e estradas; piche. **3.** FIG A rua, a estrada.

As.fi.xi.a (cs) *s.f.* **1.** Falta de ar. **2.** Suspensão da respiração; sufocação. **3.** FIG Cerceamento, estrangulação. **4.** Interrupção do desenvolvimento.

As.fi.xi.ar (cs) *v.t.* **1.** Sufocar, abafar. **2.** Não poder respirar livremente. **3.** Matar por asfixia; causar asfixia a. *v.p.* **4.** Não poder respirar livremente. **5.** Suicidar-se por asfixia.

A.si.á.ti.co *adj.* **1.** Da Ásia (continente); próprio da Ásia ou de seus habitantes. **2.** FIG Exagerado, excessivo (luxo). **3.** Indolente, preguiçoso. **4.** Prolixo, difuso no estilo. *s.m.* **5.** O natural da Ásia.

A.si.lar *v.t.* **1.** Dar asilo a. **2.** Recolher em asilo. **3.** Abrigar, hospedar. *v.p.* **4.** Procurar asilo, amparo, proteção. **5.** Refugiar-se. **6.** Abrigar-se em asilo.

A.si.lo *s.m.* **1.** Abrigo que os países ou suas legações concedem aos estrangeiros perseguidos pelos respectivos governos por questões políticas. **2.** Lugar onde se recolhem órfãos, idosos, mendigos e inválidos. **3.** Lugar onde se fica em segurança. **4.** Refúgio, guarida.

A.si.ni.no *adj.* **1.** Próprio de asno. **2.** Relativo ao asno. **3.** Falta de compreensão; estúpido, bronco, asnático. **4.** Brutal. *s.m.* **5.** ZOOL Espécime dos asininos.

As.ma *s.f.* Doença do sistema respiratório, que consiste essencialmente em acessos de sufocação.

As.má.ti.co *adj.* **1.** Relativo à asma. *adj.* e *s.m.* **2.** Diz-se de, ou aquele que sofre de asma.

As.ne.ar *v.int.* Dizer ou fazer asneiras.

As.nei.ra *s.f.* **1.** Coisa de asno. **2.** Ato ou dito tolo. **3.** Disparate, burrice, estupidez. **4.** Ato ou palavra obscena.

As.no *s.m.* **1.** Animal de carga. **2.** Jumento, burro. **3.** FIG Indivíduo estúpido, ignorante, rude. **4.** Cabeçudo, imbecil, idiota.

As.pa *s.f.* **1.** Instrumento de suplício em forma de X. **2.** Insígnia em forma de cruz (+). **3.** Pl. Sinal gráfico (") para destacar citações, palavras etc.

As.par.go *s.m.* BOT Planta cujo talo, carnoso quando novo, é comestível.

As.par.ta.me *s.m.* Sucedâneo do açúcar, pouco calorífico, usado como adoçante.

As.pec.to *s.m.* **1.** Maneira pela qual uma pessoa ou coisa se apresenta à vista; aparência. **2.** Cada um dos lados pelo qual uma coisa, um fenômeno ou um fato se apresenta à nossa observação; ponto de vista, ângulo. **3.** FIG Semblante, fisionomia, rosto, ar. ♦ *Var.: aspeto.*

As.pe.re.za (ê) *s.f.* **1.** Qualidade de áspero. **2.** Escabrosidade, rugosidade. **3.** Dureza, rigor, inclemência (do tempo). **4.** Acidez, amargor.

As.per.gir *v.t.* **1.** Borrifar com o hissope. **2.** Orvalhar, respingar, salpicar. **3.** Regar, molhar leve e superficialmente.

ÁSPERO — ASSIMETRIA

Ás.pe.ro *adj.* **1.** Que tem rugosidade. **2.** Escabroso, rugoso. **3.** Desagradável (ao tato, ao paladar, à vista, ao ouvido). **4.** Rijo, duro. **5.** Grosseiro, rude, ríspido, intratável. **6.** Azedo, acre.

As.pér.ri.mo *adj.* Muito áspero; asperíssimo.

As.per.só.rio *s.m.* Instrumento com que se asperge água benta; hissope.

Ás.pi.de *s.2g.* ZOOL Certa víbora europeia.

As.pi.ra.ção *s.f.* **1.** Ato ou efeito de aspirar. **2.** Inalação, inspiração. **3.** Desejo veemente de alcançar um determinado objetivo. **4.** Ambição, anelo. **5.** GRAM Pronunciação de certos fonemas acompanhada de sopro claramente perceptível.

As.pi.ra.dor (ô) *adj.* **1.** Que aspira. *s.m.* **2.** Aparelho próprio para aspirar (pó, partículas etc.).

As.pi.ran.te *adj.2g.* **1.** Que aspira ou absorve. *s.2g.* **2.** Pessoa que aspira a título, dignidade, emprego etc. **3.** Graduação militar que precede a oficial. **4.** Desportista de nível inferior a profissional.

As.pi.rar *v.t.* **1.** Atrair (o ar) aos pulmões. **2.** Inspirar. **3.** Cheirar, sorver. **4.** Absorver, chupar. **5.** GRAM Pronunciar um fonema com aspiração. **6.** Desejar ardentemente. **7.** Almejar, pretender (título, posto etc.).

As.pi.ri.na *s.f.* FARM Medicamento analgésico e antipirético.

As.que.ro.so (ô) *adj.* **1.** Que causa asco. **2.** Sujo, imundo. **3.** Sórdido, indigno, torpe; repelente.

As.sa.car *v.t.* Inventar e espalhar calúnias.

As.sa.dei.ra *s.f.* Vasilha (de barro, louça, alumínio, ferro etc.) em que se colocam alimentos para assar.

As.sa.do *adj.* **1.** Que se assou; tostado. Que foi vítima de assadura; irritado. *s.m.* **2.** Qualquer alimento assado, em especial carne.

As.sa.du.ra *s.f.* **1.** Ato ou efeito de assar. **2.** Inflamação cutânea provocada por atrito ou calor.

As.sa.la.ri.a.do *adj.* e *s.m.* **1.** Que, ou aquele que vive de salário; salariado. **2.** Que, ou aquele que está a soldo de outro. **3.** Jagunço, guarda-costas.

As.sa.la.ri.ar *v.t.* **1.** Dar salário a; remunerar. *v.p.* **2.** GÍR Deixar-se subornar ou corromper. **3.** Empregar-se por salário.

As.sal.tar *v.t.* **1.** Atacar de repente. **2.** Roubar sob ameaça de morte. **3.** Investir com ímpeto. **4.** Assediar. **5.** Acometer à traição, de súbito. **6.** Lembrar de repente; ocorrer.

As.sal.to *s.m.* **1.** Ataque impetuoso. **2.** Ataque súbito e violento para roubar, sequestrar etc. **3.** Acontecimento inesperado. **4.** Instância. **5.** Combate simulado, em esgrima. **6.** No pugilismo e outras lutas, cada período de tempo (em geral de três minutos) de combate efetivo. **7.** Acesso repentino de doença, paixão, remorso etc. **8.** FIG Pedido insistente, tentação forte.

As.sa.nha.men.to *s.f.* **1.** Ato ou efeito de assanhar(-se). **2.** Alvoroço. **3.** Excitação erótica. **4.** Cólera, fúria.

As.sa.nhar *v.t.* **1.** Provocar a sanha ou raiva de. **2.** Irritar. **3.** Tornar revolto; desgrenhar. *v.p.* **4.** Alvoroçar-se, exceder-se. **5.** Encolerizar-se. **6.** Tornar-se caudaloso (rio) ou tempestuoso (mar).

As.sar *v.t.* **1.** Causar grande calor. **2.** Cozer no fogo. **3.** Abrasar. **4.** Causar assadura ou inflamação em.

As.sas.si.nar *v.t.* **1.** Matar alguém premeditadamente ou à traição. **2.** Matar alguém. **3.** Arruinar, aniquilar. **4.** FIG Fazer malfeito. **5.** Representar, tocar, cantar mal (peça, música etc.).

As.sas.si.na.to *s.m.* **1.** Ato ou efeito de assassinar. **2.** Homicídio cometido com premeditação ou emboscada. **3.** Ato de extrema violência.

As.sas.sí.nio *s.m.* Assassinato.

As.sas.si.no *s.m.* **1.** Aquele que pratica assassínio. **2.** Aquele que aniquila ou destrói. *adj.* **3.** Que assassina ou mata. **4.** Homicida, matador. **5.** Destruidor, tirano. **6.** FIG Mortífero.

As.saz *adv.* **1.** Bastante, suficientemente. **2.** Muito.

As.se.ar *v.t.* **1.** Limpar (lavando, pintando, polindo etc.). **2.** Purificar, desinfetar. *v.p.* **3.** Fazer a própria higiene. **4.** Limpar-se. **5.** Vestir-se com esmero.

As.se.cla *s.2g.* **1.** Aquele que segue pessoa ou partido com cegueira e subserviência. **2.** Partidário, sequaz. **3.** Capanga, guarda-costas.

As.se.di.ar *v.t.* **1.** Pôr assédio ou cerco a. **2.** Bloquear. **3.** Cercar, sitiar. **4.** Importunar com pedidos ou pretensões insistentes. **5.** Enfadar, maçar.

As.sé.dio *s.m.* Cerco com bloqueio; sítio; importunação, insistência importuna.

As.se.gu.rar *v.t.* **1.** Tornar uma coisa certa, duradoura. **2.** Tornar seguro; garantir, afiançar. **3.** Afirmar com convicção, assegurar. *v.p.* **4.** Tornar-se seguro; apoiar-se. **5.** Fiar-se.

As.sei.o *s.m.* **1.** Ato ou efeito de assear(-se); limpeza, higiene. **2.** Apuro no trajar. **3.** Capricho; esmero. **4.** Correção; nitidez.

As.sel.va.jar *v.t.* **1.** Tornar selvagem ou grosseiro; embrutecer. *v.p.* **2.** Abrutalhar-se, embrutecer-se.

As.sem.blei.a *s.f.* **1.** Grupo de pessoas que se reúnem para tratar de interesses comuns. **2.** Associação, sociedade. **3.** Congresso; corpo de representantes do povo.

As.se.me.lhar *v.t.* **1.** Tornar parecido ou semelhante. **2.** Comparar com. **3.** Julgar semelhante. *v.p.* **4.** Parecer-se; ser semelhante a.

As.se.nho.re.ar *v.t.* **1.** Dominar como senhor ou dono; conquistar. *v.p.* **2.** Tornar-se dono ou senhor. **3.** Apoderar-se, apossar-se.

As.sen.ta.men.to *s.m.* **1.** Ato ou efeito de assentar; Assento; lançamento; nota, registro por escrito.

As.sen.tar *v.t.* **1.** Fazer (alguém) tomar assento. **2.** Presumir, supor. **3.** Armar, instalar. **4.** Basear-se, firmar-se. **5.** Combinar, condizer. **6.** Armar, montar, instalar. **7.** Anotar por escrito, registrar. **8.** Estipular, determinar. **9.** Dar, aplicar. *v.int.* **10.** Combinar, concordar. **11.** Resolver, decidir. **12.** Tomar juízo; tornar-se comedido. *v.int.* e *p.* **13.** Tomar assento; sentar-se.

As.sen.te *adj.2g.* **1.** Firme, assentado, sólido. **2.** Firmado, resolvido, combinado. **3.** Tranquilo.

As.sen.tir *v.t.* Dar assentimento ou aprovação; concordar, consentir, aquiescer.

As.sen.to *s.m.* **1.** Objeto em que a pessoa se assenta (banco, cadeira, poltrona etc.). **2.** Apoio, base. **3.** Sítio, residência. **4.** Sossego, descanso, tranquilidade. **5.** Firmeza, resolução. **6.** Juízo, discrição. **7.** Ajuste, pacto. **8.** Termo de ato oficial. **9.** Anotação, registro.

As.sep.si.a *s.f.* **1.** Desinfecção. **2.** Prática moderna de tornar todos os equipamentos em contato com ferimentos cirúrgicos, ou com quaisquer ferimentos, livres de bactérias que possam provocar infecções. **3.** Asseio, limpeza.

As.sép.ti.co *adj.* **1.** Relativo à assepsia. **2.** Que está isento de germes patogênicos.

As.ser.ção *s.f.* **1.** Proposição que se tem como verdadeira. **2.** Afirmação, assertiva. ◆ *Pl.: asserções.*

As.ses.sor (ô) *s.m.* **1.** O que dá assistência a um magistrado ou autoridade, no exercício de suas funções. **2.** Assistente, auxiliar, adjunto.

As.ses.so.rar *v.t.* Servir de assessor a; auxiliar.

As.ses.so.ri.a *s.f.* **1.** Ato ou efeito de assessorar. **2.** Órgão de assessoramento. **3.** Cargo de assessor.

As.ses.só.rio *adj.* Relativo a assessor. ◆ Cf. *acessório.*

As.ses.tar *v.t.* **1.** Apontar e dirigir para atirar (arma de fogo); disparar; apontar. **2.** Pôr (um instrumento de óptica) na direção de.

As.se.ve.rar *v.t.* **1.** Afirmar com segurança; garantir. **2.** Dar como certo.

As.se.xu.a.do (cs) *adj.* Desprovido de sexo.

As.se.xu.al. (cs) *adj.2g.* Que se reproduz sem fecundação.

As.si.du.i.da.de *s.f.* **1.** Qualidade de assíduo; frequência, constância. **2.** Pontualidade no cumprimento de um dever, serviço, hábito etc.

As.sí.duo *adj.* **1.** Que comparece com regularidade; constante. **2.** Que não falta às suas obrigações; aplicado. **3.** Regular, pontual, constante.

As.sim *adv.* **1.** Deste, desse ou daquele modo. **2.** Do mesmo modo. **3.** Ao mesmo tempo. *conj.* **4.** Portanto, por consequência. **5.** De sorte que.

As.si.me.tri.a *s.f.* Falta de simetria; dessimetria.

ASSIMILAÇÃO — ASTÊNICO

As.si.mi.la.ção *s.f.* **1.** Ato ou efeito de assimilar. **2.** Apropriação ou fusão (de formas, ideias ou culturas). **3.** Incorporação, apropriação. **4.** Função orgânica que transforma o alimento digerido em substância do corpo (carne, ossos, nervos).

As.si.mi.lar *v.t.* **1.** Fazer a assimilação de. **2.** Estabelecer comparação. **3.** Compenetrar-se de. **4.** Compreender. **5.** Tornar semelhante. *v.p.* **6.** Tornar-se semelhante; identificar-se.

As.si.na.la.do *adj.* **1.** Que se assinalou. **2.** Que tem ou leva marca ou sinal; marcado. **3.** Célebre, notável.

As.si.na.lar *v.t.* **1.** Marcar com sinal. **2.** Particularizar, apontar. **3.** Dar a conhecer; distinguir. **4.** Marcar (o gado) por meio de corte na orelha. *v.p.* **5.** Dar-se a conhecer, distinguir-se. **6.** Determinar, prescrever.

As.si.nan.te *s.2g.* **1.** Pessoa que assina; subscritor. **2.** Pessoa que fez assinatura de jornal, revista etc.

As.si.nar *v.t.* **1.** Pôr assinatura em; subscrever. **2.** Fazer assinatura de (jornal, revista etc.). **3.** Determinar, demarcar. **4.** Tomar uma assinatura de. **5.** Destinar, aplicar. *v.p.* **6.** Escrever o próprio nome.

As.si.na.tu.ra *s.f.* **1.** Ato ou efeito de assinar. **2.** O nome escrito; firma. **3.** Modo de assinar. **4.** Ajuste pelo qual se adquire, em geral mediante pagamento, direito a receber por certo tempo (jornal, revista etc.), assistir a espetáculo, viajar etc. **5.** O preço desse ajuste.

As.sín.cro.no *adj.* **1.** Que não é sincrônico, que não apresenta sincronia ou sincronismo; assincrônico. **2.** Que gira com uma velocidade diferente da do sincronismo, sem uma relação constante entre a frequência da força eletromotriz e a velocidade (diz-se do motor elétrico de indução, alimentado por corrente alternada). **3.** Que não é controlado por dispositivo temporizador, que não mantém sincronia.

As.sin.to.má.ti.co *adj.* Que não tem sintomas clínicos.

As.sí.rio *adj.* **1.** Relativo ou pertencente à Assíria (Região da antiga Mesopotâmia, hoje Iraque). *s.m.* **2.** O natural ou habitante da Assíria. **3.** Língua falada na Assíria.

As.si.sa.do *adj.* Que tem siso; prudente, sensato, ajuizado.

As.sis.tên.cia *s.f.* **1.** Ato ou efeito de assistir. **2.** O conjunto dos espectadores (num teatro, cinema, circo etc.). **3.** Presença, assiduidade. **4.** POP Ambulância que transporta acidentados e feridos para o hospital. **5.** Auxílio, amparo. **6.** Socorro médico.

As.sis.ten.te *adj.2g.* **1.** Que assiste ou dá assistência. *s.2g.* **2.** Pessoa presente a um ato, cerimônia etc. **3.** Espectador. **4.** Auxiliar de médico, professor etc. **5.** Auxiliar, assessor. *s.f.* **6.** Parteira.

As.sis.tir *v.t. e int.* **1.** Estar presente; comparecer. **2.** Ajudar, socorrer, proteger, auxiliar. **3.** Caber (direito, razão), favorecer. **4.** Residir, habitar. **5.** Acompanhar, principalmente em ato público ou na qualidade de auxiliar ou assessor. **6.** Acompanhar e tratar no parto ou em doença. **7.** Dar conforto moral ou material.

As.so.a.lhar *v.t.* **1.** Pôr assoalho em. **2.** Expor ao sol. **3.** Tornar público; propalar. **4.** Divulgar maldosamente. *v.p.* **5.** Vangloriar-se, gabar-se.

As.so.a.lho *s.m.* Piso de madeira; soalho.

As.so.ber.ba.do *adj.* **1.** Que se tornou soberbo. **2.** Insolente, altivo. **3.** Sobrecarregado de serviço; atarefado. **4.** Rico, cheio de. **5.** Dominado.

As.so.bi.ar *v.int.* **1.** Soltar assobios. **2.** Silvar, apitar. *v.t.* **3.** Vaiar, reprovar com assobios. **4.** Reproduzir assobiando. ◆ *Var.:* assoviar.

As.so.bi.o *s.m.* **1.** Som provocado pelo ar que passa pelos lábios comprimidos. **2.** Instrumento de assobiar; apito. **3.** Voz aguda de certas aves. **4.** Sibilo das cobras. **5.** Som agudo; apito, silvo. ◆ *Var.:* assovio.

As.so.bra.da.do *adj.* Que tem dois pavimentos.

As.so.ci.a.ção *s.f.* **1.** Ato ou efeito de associar(-se). **2.** Sociedade que congrega pessoas de interesses comuns. **3.** Agremiação. **4.** Convenção, encontro (de ideias).

As.so.ci.a.ci.o.nis.mo *s.m.* FILOS Sistema filosófico segundo o qual a associação de ideias explica todas as operações intelectuais e o conjunto da vida mental.

As.so.ci.a.ci.o.nis.ta *adj.2g.* **1.** Relativo ou pertencente ao associacionismo. *s.2g.* **2.** Pessoa partidária do associacionismo.

As.so.ci.a.do *adj.* **1.** Que se associou. *s.m.* **2.** Aquele que faz parte de uma sociedade ou associação. **3.** Congregado; sócio.

As.so.ci.ar *v.t.* **1.** Reunir em sociedade. **2.** Agregar, ajuntar. **3.** Tomar como associado. **4.** Aliar, agrupar. **5.** Prender, ligar. **6.** Conviver, privar. *v.p.* **7.** Juntar-se, reunir-se em sociedade; aliar-se. **8.** Tornar-se sócio. **9.** FIG Manifestar solidariedade; contribuir, colaborar.

As.so.la.dor (ô) *adj. e s.m.* Que, ou o que assola; devastador.

As.so.lar *v.t.* **1.** Pôr a raso; arrasar, destruir. **2.** Devastar, arruinar, aniquilar, exterminar.

As.so.mar *v.t.* **1.** Surgir, aparecer em ponto alto ou extremo. **2.** Mostrar-se, manifestar-se; aparecer. **3.** Mostrar-se, deixar-se ver.

As.som.bra.ção *s.f.* **1.** Alma do outro mundo. **2.** Fantasma ou ser que assombra. **3.** Visão, duende. **4.** Susto provocado por encontro ou aparição de objeto ou coisa sobrenatural.

As.som.brar *v.t.* **1.** Cobrir de sombra; ensombrar. **2.** Provocar assombro em. **3.** Assustar, aterrorizar. **4.** Causar admiração. *v.int.* **5.** Paralisar de susto. *v.p.* **6.** Ficar espantado. **7.** Assustar-se, aterrorizar-se. **8.** Maravilhar-se, sobressaltar-se.

As.som.bro *s.m.* **1.** Grande espanto. **2.** Susto, pavor. **3.** Pessoa ou coisa que produz terror, medo. **4.** Prodígio, maravilha. **5.** Grande admiração; pasmo.

As.som.bro.so (ô) *adj.* **1.** Que causa assombro, terror, espanto. **2.** Fantástico, extraordinário, espantoso.

As.so.mo *s.m.* **1.** Ato de assomar ou aparecer. **2.** Aparência, indício; sinal, suspeita. **3.** Zanga, irritação. **4.** Acesso.

As.so.nân.cia *s.f.* **1.** Semelhança de sons em palavras ou sílabas. **2.** Tipo de rima imperfeita.

As.so.nan.te *adj.2g.* Em que há assonância.

As.so.prar *v.t. e int.* **1.** Soprar. **2.** FIG Inchar, exagerar.

As.so.pro (ô) *s.m.* Sopro.

As.so.re.a.men.to *s.m.* **1.** Acúmulo de areias ou de terra num rio ou porto, provocado por enchentes ou por construções. **2.** Ação ou método de aterrar mecanicamente (na construção de diques, barragens).

As.so.re.ar *v.t.* Produzir assoreamento em.

As.so.vi.ar *v.t. e int.* Assobiar.

As.so.vi.o *s.m.* Assobio.

As.su.ã *s.f.* Suã.

As.su.a.da *s.f.* **1.** Arruaça, desordem, motim, tumulto. **2.** Apupo, vaia. **3.** Vozearia.

As.su.ar *v.t.* Insultar com vaia; vaiar.

As.su.mir *v.t.* **1.** Tomar sobre si ou para si (ônus etc.). **2.** Entrar no exercício de (cargo). **3.** Investir-se, atribuir-se. **4.** Ostentar, adotar. **5.** Atingir.

As.sun.ção *s.f.* **1.** Ato ou efeito de assumir. **2.** Festa católica (15 de agosto) que celebra a subida da Virgem Maria ao céu (escreve-se com inicial maiúscula). **3.** Elevação a cargo ou dignidade.

As.sun.tar *v.t.* **1.** Prestar atenção a; bisbilhotar. **2.** Olhar, reparar. **3.** Observar, escutar. **4.** Refletir, meditar.

As.sun.to *s.m.* Argumento, objeto, matéria de que se trata; tema.

As.sus.ta.dor (ô) *adj.* Que causa susto ou receio. **2.** Apavorante, horrível. **3.** Extraordinário. **4.** Aquele que assusta.

As.sus.tar *v.t.* **1.** Meter susto em. **2.** Amedrontar, intimidar. *v.int.* **3.** Apanhar susto. *v.p.* **4.** Encher-se de susto; ter susto ou medo.

As.ta.tí.nio *s.m.* Elemento químico artificial de número atômico 85 da família dos halógenos (símb.: At).

As.te.ca *s.2g.* **1.** Indivíduo dos astecas, povo que vivia na América, antigamente conhecida como *Méxica* (daí México), antes da conquista espanhola. *s.m.* **2.** Dialeto desse povo. *adj.2g.* **3.** Relativo aos astecas.

As.te.ni.a *s.f.* MED Estado geral de fadiga (física e psíquica) e de esgotamento; fraqueza, debilidade.

As.tê.ni.co *adj.* **1.** Relativo à astenia. **2.** Aquele que sofre de astenia.

ASTERISCO — ATEMORIZADOR

As.te.ris.co *s.m.* Sinal gráfico (*), usado para vários fins, entre os quais remeter a uma nota ou observação; em grupo de três (***), indica omissão de palavra(s), frase(s) etc.

As.te.roi.de *adj.* **1.** Que tem aparência de estrela. *s.m.* **2.** ASTRON Nome dado aos pequenos corpos celestes que gravitam em torno do Sol.

As.tig.ma.ta *adj.2g.* **1.** Relativo ao astigmatismo. *s.2g.* **2.** Pessoa que sofre de astigmatismo.

As.tig.má.ti.co *adj.* **1.** Relativo ao astigmatismo. **2.** Em que há astigmatismo. *s.m.* **3.** Aquele que tem astigmatismo.

As.tig.ma.tis.mo *s.m.* MED Anomalia da visão provocada por defeito na curvatura do globo ocular.

As.tra.cã *s.m.* **1.** Pele de cordeiro, de pelo frisado, usada em agasalhos. **2.** Tecido lustroso, que imita o astracã.

As.trá.ga.lo *s.m.* Pequeno osso do tarso, de forma quase cúbica.

As.tral *adj.* **1.** Relativo ou pertencente aos astros. **2.** Sideral. *s.m.* **3.** Estado de espírito. *v.p.* POP Aura, clima.

-as.tro *suf.* 'Aumento e depreciação': *poetastro*.

As.tro *s.m.* **1.** ASTRON Nome comum a todos os corpos celestes (exceto os meteoros), tenham ou não luz própria. **2.** FIG Homem eminente, ilustre. **3.** FIG Desportista ou artista notável; ator (cinema, teatro, televisão) célebre.

As.tro.fí.si.ca *s.f.* Parte da Astronomia que estuda a luminosidade e constituição física e química dos objetos astronômicos, especialmente as estrelas.

As.tro.fí.si.co *adj.* **1.** Relativo à astrofísica. *s.m.* **2.** Aquele que é versado em astrofísica.

As.tro.lá.bio *s.m.* ASTRON Antigo instrumento usado para observar a posição e determinar a altura dos astros acima do horizonte.

As.tro.lo.gi.a *s.f.* Suposta arte de predizer o futuro sobre eventos mundanos e a vida das pessoas pela descrição de supostas influências de corpos celestes, principalmente do Sol, da Lua e dos planetas.

As.tro.lo.go *s.m.* Aquele que pratica a astrologia.

As.tro.nau.ta *s.2g.* **1.** Viajante de astronave. **2.** Tripulante de nave espacial. **3.** Navegador do espaço.

As.tro.náu.ti.ca *s.f.* Ciência e técnica do voo espacial tripulado.

As.tro.na.ve *s.f.* Veículo espacial, destinado a viagens interplanetárias; nave espacial.

As.tro.no.mi.a *s.f.* Ciência que trata do estudo e entendimento do universo além dos limites da Terra.

As.tro.nô.mi.co *adj.* **1.** Relativo à Astronomia. **2.** FIG Diz-se de valores ou números muito elevados. **3.** Exagerado, altíssimo (preço).

As.trô.no.mo *s.m.* Cientista que estuda o universo.

As.tú.cia *s.f.* **1.** Esperteza para enganar. **2.** Manha, sagacidade. **3.** Estratagema, ardil. **4.** Travessura, traquinada.

As.tu.ci.o.so (ô) *adj.* **1.** Que tem ou em que há astúcia. **2.** Ardiloso, manhoso, sagaz.

As.tu.to *adj.* **1.** Que revela astúcia; sagaz, astucioso. **2.** Ladino, sagaz. **3.** Manhoso.

-a.ta *suf.* 'Ação ou resultado da ação': *negociata*.

A.ta *s.f.* **1.** Registro escrito do que se passou numa sessão ou reunião. **2.** Fruto da ateira; pinha, fruta-do-conde. **3.** ENTOM Gênero de formigas a que pertence a saúva.

A.ta.ba.lho.ar *v.t.* **1.** Fazer ou dizer mal e às pressas ou impensadamente. **2.** Dizer sem ordem nem propósito. *v.int.* **3.** Agir precipitadamente. *v.p.* **4.** Atrapalhar-se, confundir-se.

A.ta.ba.que *s.m.* Espécie de tambor comum couro de um só lado, percutido com as mãos, usado em cerimônias afro-brasileiras, rodas de samba etc.

A.ta.ca.dis.ta *adj. e s.2g.* Que, ou comerciante que vende por atacado. ● *Ant.:* varejista.

A.ta.ca.do *adj. e s.m.* Que, ou aquele que sofreu ataque. ◆ Por atacado: em grande quantidade.

A.ta.can.te *adj.2g.* **1.** Que ataca ou agride. **2.** Agressor. *s.2g.* **3.** Pessoa que ataca. **4.** Assaltante, agressor. **5.** ESP Jogador da linha de ataque, no futebol.

A.ta.car *v.t.* **1.** Tomar ofensiva contra. **2.** Manifestar-se de súbito (doença, desejo). **3.** Acometer; investir. **4.** Agredir. **5.** Injuriar, hostilizar. **6.** Combater. **7.** Abotoar. *v.int.* **8.** Efetuar ataque. **9.** No futebol, investir contra a defesa do time adversário em busca do gol. *v.p.* **10.** Investir reciprocamente. ● *Ant.: defender*.

A.ta.du.ra *s.f.* **1.** Ato ou efeito de atar. **2.** Tudo que serve para atar. **3.** Faixa ou tira de gaze usada em curativos. **4.** Liame, vínculo.

A.ta.fu.lhar *v.t.* e *p.* **1.** Encher(-se) em demasia; abarrotar(-se). **2.** Comer demais.

A.ta.lai.a *s.f.* **1.** Vigia, sentinela. *s.f.* **2.** Ponto elevado de onde se vigia. **3.** Torre de vigia.

A.ta.lai.ar *v.t.int.* **1.** Ficar de atalaia; vigiar. *v.t.* **2.** Defender, proteger, guardar. *v.p.* **3.** Pôr-se sobreaviso; precaver-se.

A.ta.lhar *v.t.* **1.** Impedir de correr, de andar, de crescer, de falar etc. **2.** Cortar, interromper. **3.** Encurtar (caminho), seguindo por atalho. *v.int.* **4.** Tomar por atalho, para encurtar caminho. *v.p.* **5.** Ficar confuso, indeciso.

A.ta.lho *s.m.* **1.** Caminho fora da estrada comum, pelo qual se encurta a distância. **2.** Remate, corte. **3.** Embaraço, obstáculo. **4.** FIG Expediente para evitar demoras.

A.ta.man.car *v.t.* **1.** Consertar ou remendar grosseiramente. **2.** Fazer mal e às pressas.

A.ta.na.zar *v.t.* FIG Atenazar.

A.ta.pe.tar *v.t.* Cobrir(-se) com tapete ou como que de tapete.

A.ta.que *s.m.* **1.** Ato ou efeito de atacar. **2.** Assalto, investida. **3.** Acontecimento súbito, acesso repentino (de doença). **4.** Agressão, injúria, ofensa.

A.tar *v.t.* **1.** Apertar com laçada ou nó. **2.** Prender, ligar. **3.** Atrelar, pear. **4.** Unir, vincular. **5.** Expor ou redigir com nexo. **6.** Não se decidir. *v.p.* **7.** Prender-se, ligar-se. **8.** Enlear-se, embaraçar-se, prender-se.

A.ta.ran.ta.do *adj.* Estonteado, desorientado.

A.ta.ran.tar *v.t.* e *p.* Atrapalhar(-se), estontear(-se), perturbar(-se), aturdir(-se).

A.ta.re.far *v.t.* Sobrecarregar(-se) de tarefas, de trabalhos.

A.tar.ra.ca.do *adj.* **1.** Apertado, arrochado. **2.** FIG Diz-se de indivíduo baixo e musculoso.

A.tar.ra.xar *v.t.* Apertar com tarraxa; prender; aparafusar. ◆ *Var.:* tarraxar.

A.tas.ca.dei.ro *s.m.* Atoleiro, lamaçal.

A.tas.car *v.t.* e *p.* **1.** Meter(-se) em atascadeiro. **2.** Enlamear(-se). **3.** FIG Degradar-se em vícios.

A.ta.ú.de *s.m.* Caixão funerário de luxo; féretro.

A.ta.vi.o *s.m.* **1.** Adorno um tanto exagerado, demonstrando falta de gosto. **2.** Enfeite, adereço.

A.ta.vis.mo *s.m.* **1.** Herança de certos caracteres físicos ou psíquicos de ascendentes remotos. **2.** Hábitos ancestrais.

A.ta.za.nar *v.t.* **1.** POP Importunar, apoquentar, atenazar. **2.** FIG Torturar, afligir.

A.té *prep.* **1.** Preposição que indica limite de tempo, ação, quantidade, fim, ou extensão de um termo para outro no espaço e no tempo. *adv.* **2.** Ainda; também; mesmo; inclusive.

A.te.ar *v.t.* **1.** Soprar, avivar, fazer lavrar (o fogo). **2.** Excitar, fomentar, provocar. **3.** Originar, estimular; avivar. **4.** Lançar. **5.** Pegar. *v.int.* **6.** Alastrar-se, grassar. *v.p.* **7.** Avivar-se, desenvolver-se (o fogo); aumentar, crescer. **8.** Tornar-se mais intenso. **9.** Encolerizar-se, irritar-se.

A.te.ís.mo *s.m.* Doutrina que nega a existência de Deus; descrença religiosa.

A.te.ís.ta *s.2g.* **1.** Pessoa que segue o ateísmo, que não acredita em Deus. *adj.2g.* **2.** Relativo ao ateísmo; ateístico.

A.te.lhar *v.t.* Cobrir de telhas.

A.te.li.ê *s.m.* **1.** Oficina de pintor, fotógrafo, escultor etc. **2.** Local de trabalho de artistas.

Atelier (fr.) *s.m.* Ateliê.

A.te.lo.car.di.a *s.f.* Desenvolvimento imperfeito do coração.

A.te.mo.ri.za.ção *s.f.* Ato ou efeito de atemorizar.

A.te.mo.ri.za.dor *adj.* e *s.m.* Que, ou que causa temor; assustador.

ATEMORIZAR — ATLÂNTICO

A.te.mo.ri.zar *v.t.* **1.** Causar temor a. **2.** Aterrar, intimidar; espavorir. **3.** Sentir medo ou temor. **4.** Intimidar-se, assustar-se.
A.te.na.zar *v.t.* **1.** Apertar com tenaz. **2.** Causar intensa dor física ou moral. **3.** Torturar, mortificar. **4.** FIG Importunar, aborrecer. ♦ *Var.: atazanar, atanazar*.
A.ten.ção *s.f.* **1.** Aplicação da mente em alguma coisa. **2.** Concentração; estudo, meditação. **3.** Ponderação. **4.** Vigilância, cuidado. **5.** Cortesia, urbanidade, delicadeza. **6.** Consideração, cuidado especial. *interj.* **7.** Cuidado!
A.ten.ci.o.so (ô) *adj.* **1.** Que presta atenção. **2.** Feito com atenção e cuidado. **3.** Delicado. **4.** Polido, cortês, urbano. **5.** Obsequioso.
A.ten.den.te *adj.2g.* **1.** Que atende. *adj.* e *s.2g.* **2.** Diz-se de, ou pessoa que, em hospitais e consultórios, sem possuir diploma de enfermagem, cuida dos doentes.
A.ten.der *v.t.* **1.** Dar, prestar atenção. **2.** Tomar em consideração; considerar. **3.** Acatar, seguir. **4.** Deferir. **5.** Escutar e responder. **6.** Tomar em consideração, ter em vista. **7.** Servir. *v.int.* **8.** Estar atento. **9.** Receber (em casa, consultório etc.).
A.te.neu *s.m.* **1.** Lugar público onde os antigos literatos gregos liam suas obras. **2.** Nome dado a certos estabelecimentos de ensino secundário; academia.
A.te.ni.en.se *adj.2g.* **1.** Relativo ou pertencente a Atenas (Grécia). *s.2g.* **2.** Pessoa natural ou habitante de Atenas.
A.ten.ta.do *s.m.* (de *atentar²*). **1.** Ato violento, em geral de inspiração política, praticado contra pessoas ou instituições. **2.** Ofensa à lei e à moral. **3.** Ato que se choca com o direito, com a tradição. *adj.* **4.** POP Endiabrado, levado.
A.ten.tar¹ *v.t.* (de *atento + ar*). **1.** Reparar em; ver com atenção, notar, observar. **2.** Considerar; ponderar; refletir sobre.
A.ten.tar² *v.t.* e *int.* **1.** Perpetrar ou cometer um atentado. **2.** Empreender, intentar, cometer.
A.ten.ta.tó.rio *adj.* **1.** Que constitui ou em que há atentado. **2.** Ofensivo ou prejudicial à liberdade de outrem.
A.ten.to *adj.* **1.** Que presta atenção. **2.** Vigilante. **3.** Que revela interesse; estudioso, aplicado. **4.** Atencioso, cortês.
A.te.nu.an.te *adj.2g.* **1.** Que atenua. *s.f.* **2.** DIR Circunstância que diminui o grau de responsabilidade do réu.
A.te.nu.ar *v.t.* **1.** Tornar mais tênue ou delgado. **2.** Abrandar, amenizar. **3.** Suavizar, minorar. **4.** Debilitar. *v.p.* **5.** Tornar-se mais tênue ou menos grave.
A.te.ros.cle.ro.se *s.f.* MED Arteriosclerose provocada por ateromas. ♦ *Cf. arteriosclerose*.
A.te.ros.cle.ró.ti.co *adj.* **1.** Referente a ou próprio da aterosclerose. *adj.* e *s.m.* **2.** Indivíduo que apresenta aterosclerose.
A.ter.ra.do *adj.* **1.** Em que houve aterro. **2.** Coberto de terra. *s.m.* **3.** Lugar que se aterrou. **4.** Terra firme no centro ou às margens dos pântanos.
A.ter.ra.gem *s.f.* **1.** Ato ou efeito de aterrar ou cobrir com terra. **2.** AERON Aterrissagem.
A.ter.rar¹ *v.t.* **1.** Pôr por terra. **2.** Cobrir com terra. *v.int.* **3.** Aterrissar. *v.p.* **4.** Cobrir-se de terra.
A.ter.rar² *v.t.* **1.** Provocar grande medo; apavorar. *v.p.* **2.** Aterrorizar-se, atemorizar-se.
A.ter.ris.sa.gem *s.f.* Ato ou efeito de aterrissar ou pousar em terra; aterragem.
A.ter.ris.sar *v.t.* e *int.* Pousar (aeronave, astronave) em terra; aterrar.
A.ter.ro (ê) *s.m.* **1.** Ato de aterrar ou terraplenar. **2.** Porção de terra ou entulho com que se nivela um terreno. **3.** Lugar onde se faz aterro.
A.ter.ro.ri.zar *v.t.* e *p.* Encher(-se) de terror; apavorar(-se), aterrar(-se).
A.ter-se *v.p.* **1.** Aproximar-se, encostar-se. **2.** Pôr toda a confiança em; fiar-se, apoiar-se, arrimar-se. **3.** Conformar-se.
A.tes.ta.do *s.m.* **1.** Declaração escrita e assinada que alguém faz sobre a verdade de um fato; certidão, certificado. **2.** Demonstração, prova. *adj.* **3.** Certificado, testemunhado. **4.** Muito cheio, abarrotado.

A.tes.tar *v.t.* **1.** Passar atestado de. **2.** Certificar por escrito. **3.** Afirmar como testemunha, servir de prova.
A.teu *adj.* e *s.m.* **1.** Que, ou aquele que não crê em Deus. **2.** Que, ou o que nega a existência de qualquer divindade. ♦ *Fem.: ateia*.
A.ti.çar *v.t.* **1.** Atear, avivar, espertar (o fogo). **2.** FIG Incitar, instigar. **3.** Excitar. **4.** Fomentar, provocar. *v.p.* **5.** Enfurecer-se, irritar-se, irar-se.
-á.til *suf.* 'Passividade': *volátil*.
A.ti.la.do *adj.* **1.** Escrupuloso, correto. **2.** Fino, sagaz. **3.** Ponderado, sensato, ajuizado, discreto.
A.ti.la.men.to *s.m.* **1.** Qualidade do que é atilado. **2.** Tino, discrição, sagacidade. **3.** Esmero, elegância, primor. **4.** Exatidão, pontualidade.
A.ti.lar *v.t.* **1.** Executar com minúcia e esmero. **2.** Apurar, aperfeiçoar. *v.p.* **3.** Tornar-se atilado, fino. **4.** Tornar-se hábil, esperto. **5.** Ornar-se, ataviar-se.
A.ti.lho *s.m.* **1.** Fio, fita, tira estreita de pano, cordão etc., que serve para amarrar ou atar. **2.** O que serve para atar; barbante, atadura. **3.** Estopim. **4.** Feixe de espigas de milho (em geral, duas espigas).
Á.ti.mo *s.m.* **1.** Porção mínima. **2.** Instante, momento. ♦ **Num átimo:** num instante.
A.ti.nar *v.t.* e *int.* **1.** Descobrir pelo tino ou por conjetura. **2.** Dar com, acertar com. **3.** Encaminhar-se por algum indício. **4.** Encontrar, perceber. **5.** Dar com o que se procura.
A.ti.nen.te *adj.2g.* Relativo a, que diz respeito a; concernente, pertencente.
A.tin.gir *v.t.* **1.** Chegar a. **2.** Tocar de leve; alcançar. **3.** Conseguir, obter. **4.** FIG Ferir, atacar. *v.t.* e *int.* **5.** Compreender, perceber.
A.tí.pi.co *adj.* **1.** Que se afasta do normal, do típico. **2.** Que difere do tipo normal.
A.ti.ra.dei.ra *s.f.* Badoque, estilingue.
A.ti.ra.do *adj.* **1.** Que se atirou. **2.** Lançado, arremessado. **3.** Ousado, atrevido, petulante.
A.ti.ra.dor *adj.* **1.** Que atira. *s.m.* **2.** Aquele que atira. **3.** Recruta que presta o serviço militar em Tiro de Guerra. **4.** Soldado que atira com arma de fogo; fuzileiro.
A.ti.rar *v.t.* **1.** Arremessar, lançar. **2.** Disparar arma de fogo ou de arremesso. **3.** Alvejar. *v.int.* **4.** Dar tiros. *v.p.* **5.** Lançar-se, atrever-se, arrojar-se. **6.** Deixar-se admirar; entregar-se.
A.ti.tar *v.t.* **1.** Soltar atitos; assobiar. **2.** Soltar gritos agudos.
A.ti.to *s.m.* Grito agudo que soltam certas aves quando enraivecidas; pio, silvo.
A.ti.tu.de *s.f.* **1.** Postura do corpo. **2.** Norma de procedimento; ação, comportamento. **3.** Propósito, disposição. **4.** Reação ou atitude em relação a pessoa(s), objeto(s), circunstância(s).
A.ti.va *s.f.* Condição dos que se acham em atividade (nas polícias militares ou nas forças armadas).
A.ti.va.do *adj.* Que se ativou.
A.ti.var *v.t.* **1.** Acelerar, intensificar. *v.t.* e *p.* **2.** Tornar(-se) ativo ou mais ativo. **3.** Providenciar com urgência. **4.** Tornar-se mais intenso. **5.** Avivar(-se).
A.ti.vi.da.de *s.f.* **1.** Qualidade ou estado de ativo. **2.** Diligência, prontidão. **3.** Ocupação de uma pessoa. **4.** Profissão, modo de vida. **5.** Capacidade de agir. ♦ *Ant.: inatividade*.
A.ti.vis.mo *s.m.* Sistema de conduta que privilegia a ação direta e vigorosa, como por exemplo o uso da força para fins políticos.
A.ti.vis.ta *adj.* e *s.2g.* Diz-se de, ou pessoa partidária do ativismo; militante.
A.ti.vo *adj.* **1.** Que age, que atua; atuante. **2.** Que põe em prática. **3.** Diligente, expedito. **4.** Apto a agir com rapidez. **5.** Vivo, enérgico. **6.** Diz-se de vulcão que está ou poderá entrar em erupção. **7.** Diz-se do verbo (ou da voz desse verbo) em que o sujeito pratica a ação. *s.m.* **8.** COM Conjunto de bens, valores e créditos que forma o patrimônio de uma empresa. **9.** Capital em circulaçãọ. Opõe-se a *passivo*.
A.tlân.ti.co *adj.* **1.** Relativo ou pertencente ao Atlântico; que vive no Atlântico. *s.m.* **2.** O próprio oceano Atlântico.

ATLAS — ATRIBULAÇÃO

A.tlas *s.m.2n.* **1.** Coleção de mapas ou cartas geográficas. **2.** ANAT A primeira vértebra do pescoço, que sustenta a cabeça.

A.tle.ta *s.2g.* **1.** Pessoa que pratica esportes ou se dedica a exercícios físicos. **2.** Ginasta. **3.** Jogador, esportista. **4.** FIG Pessoa robusta e de musculatura bem desenvolvida.

A.tle.tis.mo *s.m.* **1.** Prática de esportes, jogos ou exercícios atléticos, como corridas, saltos, arremessos, lançamentos etc., destinados a manter ou melhorar a forma física do homem. **2.** O conjunto desses esportes.

At.mos.fe.ra *s.f.* **1.** Envoltório gasoso da Terra, constituído de oxigênio, nitrogênio e outros gases. **2.** O ar que respiramos. **3.** Ambiente mental, social ou moral em que se vive; meio social. **-a.to** *suf.* **1.** 'Titulação, instituição': *pensionato* **2.** 'Atividade, ofício': *artesanato*. **3.** 'Sal': *clorato*.

A.to¹ *s.m.* **1.** Aquilo que se fez ou se pode fazer. **2.** O que se está fazendo. **3.** Modo de proceder. **4.** Solenidade, cerimônia.

A.to² *s.m.* Cada uma das partes em que se divide uma peça teatral, um balé etc.

A.to³ *s.m.* Decisão ou deliberação do poder público; edito.

à to.a *adj.2g.e 2n.* **1.** Insignificante, reles, vil, desprezível: *Indivíduo à toa*. **2.** Irrefletido, sem objetivo, sem importância. **3.** Fácil de fazer: *Um trabalhinho à toa*.

A.to.a.lha.do *adj.* **1.** Tecido como toalha. **2.** Forrado com toalha. *s.m.* **3.** O tecido atoalhado.

A.to.bá *s.f.* Certa ave marinha da fam. dos pelicaniformes, de bico reto, corpo marrom e barriga branca, que se alimenta de peixe.

A.to.cai.ar *v.t.* Tocaiar.

A.to.char *v.t.* **1.** Firmar com tocho ou cunha. **2.** Abarrotar, atulhar, encher em excesso. **3.** Atravancar.

A.tol *s.m.* Tipo de recife de coral, em forma de ferradura, que circunda (ou quase circunda) uma lagoa.

A.to.la.dou.ro *s.m.* Atoleiro. ◆ *Var.: atoladoiro*.

A.to.lar *v.t.* **1.** Meter(-se) a atoleiro, enterrar(-se) no lodo. **2.** Atascar(-se). **3.** Meter(-se), enlear-se em dificuldades. **4.** Entregar(-se) aos vícios e prazeres.

A.to.lei.ro *s.m.* **1.** Terreno pantanoso. **2.** Lamaçal, atascadeiro. **3.** FIG Situação crítica, difícil, complicada; dificuldade. **4.** Degradação.

A.to.mi.za.dor (ô) *s.m.* **1.** Artefato que reduz líquidos a gotículas. *adj.* **2.** Que atomiza.

A.to.mi.zar. *v.t. e p.* **1.** Reduzir(-se) a átomo ou a dimensão mínima. **2.** Reduzir(-se) a gotículas. **3.** *v.t.* Dividir em partes menores, obliterando a visão do todo; pulverizar, fragmentar, subdividir. **4.** *v.t.* Aspergir com vaporizador; borrifar, vaporizar, nebulizar.

Á.to.mo *s.m.* **1.** Constituinte fundamental da matéria, formado de *nêutrons* e *prótons*, em volta dos quais gravitam *elétrons*. **2.** Corpo muito pequeno; partícula. **3.** FIG Insignificância, bagatela.

A.to.nal *adj.* Caracterizado por atonalidade.

A.to.na.li.da.de *s.f.* Ausência de uma tonalidade musical prontamente reconhecível numa música em que as doze notas da escala cromática são utilizadas sem uma referência central de tom.

A.to.na.lis.mo *s.m.* Sistema musical que utiliza a atonalidade.

A.to.ni.a *s.f.* **1.** Debilidade geral; fraqueza. **2.** Diminuição da tonicidade normal de um órgão contrátil. **3.** FIG Inércia, marasmo.

A.tô.ni.to *adj.* **1.** Assombrado (de susto ou admiração). **2.** Espantado, maravilhado, estupefato. **3.** Tonto, perturbado.

A.to.no *adj.* Sem acento tônico; não acentuado.

A.to.pe.tar *v.t.* **1.** NÁUT Içar até o tope do navio. **2.** Chegar ao tope de. **3.** Encher muito; atulhar, abarrotar.

A.tor (ô) *s.m.* **1.** Agente do ato. **2.** O que representa em teatro, cinema, televisão; artista. **3.** FIG O que sabe fingir. ◆ *Fem.: atriz*.

A.tor.do.ar *v.t., int. e p.* **1.** Estontear(-se), por efeito de pancada, estrondo, queda, grande comoção ou por efeito de narcótico ou álcool. **2.** Aturdir(-se). **3.** Confundir(-se), desorientar(-se). **4.** Aborrecer(-se). **5.** Deslumbrar(-se), maravilhar(-se).

A.tor.men.tar *v.t.* **1.** Infligir tormento(s) a. **2.** Molestar, torturar. *v.t. e p.* **3.** Torturar(-se), afligir(-se), mortificar(-se), importunar(-se).

A.tó.xi.co (cs) *adj.* Sem toxidade; que não tem veneno.

A.tra.bi.li.á.rio *adj.* **1.** Que tem atrabile. **2.** De mau humor; irascível, colérico. **3.** Triste, hipocondríaco, melancólico.

A.tra.ca.dou.ro *s.m.* Lugar onde embarcações atracam; atracador. ◆ *Var.: atracadoiro*.

A.tra.ção *s.f.* **1.** Ato ou efeito de atrair. **2.** Poder de encanto; atrativo. **3.** Fascínio, encanto. **4.** Pendor, propensão, inclinação. **5.** Distração, divertimento. **6.** FÍS Força que atrai.

A.tra.car *v.t.* **1.** Amarrar um barco à terra. **2.** Encostar um barco a outro ou ao cais. *v.int.* **3.** Encostar-se ao cais. *v.p.* **4.** Entrar em luta corporal; engalfinhar-se.

A.tra.en.te *adj.2g.* **1.** Que atrai, seduz, fascina. **2.** Agradável, encantador. **3.** Sedutor, insinuante. **4.** Que prende a atenção. ◆ *Ant.: repelente*.

A.trai.ço.ar *v.t.* **1.** Cometer traição. **2.** Ser infiel; trair; enganar. *v.p.* **3.** Revelar involuntariamente um segredo; trair-se, comprometer-se.

A.tra.ir *v.t.* **1.** Trazer para si. **2.** Exercer atração sobre; seduzir, fascinar. **3.** Provocar, suscitar. **4.** Prender a atenção. **5.** Fazer aderir a uma ideia, partido, doutrina, opinião etc.; aliciar. *v.int.* **6.** Exercer atração.

A.tra.pa.lhar *v.t. e p.* Confundir(-se), perturbar(-se); embaraçar-se.

A.trás *adv.* **1.** Detrás, após, na parte posterior. **2.** À procura de. **3.** Antes, anteriormente. ◆ *Ant.: adiante*.

A.tra.sar *v.t.* **1.** Pôr para trás; recuar. **2.** Demorar, adiar, retardar. **3.** Sustar o desenvolvimento de. **4.** Lesar, prejudicar. **5.** Não chegar no horário estabelecido. *v.p.* **6.** Ficar para trás. ◆ *Ant.: adiantar*.

A.tra.so *s.m.* **1.** Ato ou efeito de atrasar ou de se atrasar. **2.** Retardamento, demora. **3.** Falta de cultura, de civilidade. **4.** Rudeza, ignorância. **5.** Decadência. **6.** Primitivismo.

A.tra.ti.vo *adj.* **1.** Que tem o poder de atrair. **2.** Que atrai ou encanta; atraente. *s.m.* **3.** Tudo aquilo que atrai; atração. **4.** Sedução. **5.** Formosura, beleza. **6.** Tendência, inclinação.

A.tra.van.car *v.t.* **1.** Obstruir com travancas. **2.** Estorvar, embaraçar. **3.** Espalhar (coisas) sem ordem. **4.** FIG Sobrecarregar. *v.p.* **5.** Meter-se de permeio.

A.tra.vés *adv.* De lado a lado. ◆ **Através de:** por entre; de um lado para outro; por intermédio de.

A.tra.ves.sa.dor (ô) *s.m.* Aquele que se interpõe entre o produtor e o vendedor (ou entre o produtor e o consumidor), adquirindo grandes quantidades de mercadorias destinadas ao mercado para forçar a alta e vendê-las com grandes lucros; monopolizador.

A.tra.ves.sar *v.t.* **1.** Passar através ou por cima de. **2.** Pôr ao través ou obliquamente; cruzar. **3.** Passar além de; transpor. **4.** Impedir. **5.** Contrariar. **6.** Comprar (gêneros) em grosso para revender mais caro. **7.** Ir do início ao fim de. *v.int.* **8.** Passar de uma parte para outra. *v.p.* **9.** Pôr-se obliquamente; opor-se. **10.** Contrapor-se. **11.** Cruzar-se.

A.tre.lar *v.t.* **1.** Prender, jungir, engatar com trela. **2.** Unir veículo por meio de dispositivos apropriados. **3.** Seduzir, dominar alguém com promessas. *v.p.* **4.** Seguir permanentemente. **5.** Prender-se, agarrar-se.

A.tre.ver-se *v.p.* **1.** Ousar, afoitar-se, confiando nas próprias forças; arriscar-se, atirar-se. **2.** Decidir-se, animar-se.

A.tre.vi.do *adj.* **1.** Que se atreve; ousado, afoito. **2.** Irreverente, desaforado.

A.tri.bu.i.ção *s.f.* **1.** Ato ou efeito de atribuir. **2.** Função conferida a alguém; competência. **3.** Prerrogativa, privilégio.

A.tri.bu.ir *v.t.* **1.** Considerar como autor, origem ou causa. **2.** Conceder, dar, outorgar. **3.** Supor. *v.p.* **4.** Tomar a si; arrogar-se; reivindicar.

A.tri.bu.la.ção *s.f.* **1.** Ato ou efeito de atribular(-se). **2.** Tribulação, tormento, vexame. **3.** Infelicidade, adversidade.

ATRIBUTO — AUMENTATIVO

A.tri.bu.to *s.m.* **1.** Qualidade própria de um ser. **2.** Predicado. **3.** Símbolo, signo, sinal. **4.** Emblema distintivo.

A.tri.ção *s.f.* **1.** Ato ou efeito de atritar. **2.** Fricção sobre um corpo, para aumentar o calor. **3.** Desgaste. **4.** TEOL Pesar de haver ofendido a Deus.

Á.trio *s.m.* **1.** Pátio interno de acesso a um edifício; saguão. **2.** Espécie de vestíbulo ou adro, nos templos romanos. **3.** Espaço entre a escadaria e a porta principal, nas residências modernas. **4.** ANAT Parte inferior da caixa do tímpano. **5.** Cada uma das duas cavidades situadas na parte superior do coração, acima dos ventrículos.

A.tri.tar *v.t.* **1.** Provocar atrito em. **2.** Friccionar, roçar. **3.** Afligir, penalizar. *v.p.* **4.** Friccionar-se (um corpo com outro). **5.** Irritar-se, brigar.

A.tri.to *s.m.* **1.** FÍS Força que se opõe ao movimento de uma superfície sobre outra. **2.** Fricção entre dois corpos. **3.** Desavença, desentendimento, conflito.

A.triz *s.f.* **1.** Mulher que representa em teatro, cinema, televisão. **2.** FIG Mulher dissimulada ou que sabe fingir ou simular.

A.tro.a.da *s.f.* Estrondo, grande ruído.

A.tro.ar *v.t.* **1.** Fazer estremecer com estrondo. **2.** Aturdir, atordoar. *v.int.* **3.** Roncar fortemente (motor). **4.** Ecoar, trovejar.

A.tro.ci.da.de *s.f.* **1.** Qualidade de atroz. **2.** Ação atroz; desumanidade, barbaridade. **3.** Crueldade; sevícia.

A.tro.cís.si.mo *adj.* Extremamente atroz.

A.tro.fi.a *s.f.* **1.** Definhamento por falta de nutrição ou de exercício (de órgão, membro etc.). **2.** Decadência, definhamento.

A.tro.fi.ar *v.t.* **1.** Causar atrofia a. **2.** Enfraquecer. *v.p.* **3.** Debilitar-se, definhar-se. **4.** Não crescer. **5.** Sofrer atrofia.

A.tro.pe.lar *v.t.* **1.** Calcar, passando por cima. **2.** Empurrar. **3.** Esbarrar em alguém (veículo etc.). **4.** Dar (alguém) encontrão violento em. **5.** Levar de tropel, desordenadamente. **6.** Postergar, preterir. *v.p.* **7.** Encontrar-se confusamente; entrechocar-se, abalroar-se.

A.tro.pe.lo (ê) *s.m.* **1.** Ato ou efeito de atropelar; atropelamento. **2.** Precipitação, correria, confusão, balbúrdia, desordem.

A.troz (ó) *adj.* **1.** Sem piedade. **2.** Horrível de suportar; intolerável. **3.** Pungente, aflitivo. **4.** Desumano, impiedoso, cruel.

A.tu.a.ção *s.f.* **1.** Ato ou efeito de atuar. **2.** Desempenho. **3.** Ação.

A.tu.al *adj.2g.* **1.** De sua época; do presente. **2.** Contemporâneo. **3.** Que não é antiquado. **4.** Real, efetivo. ● *Ant.: passado; antigo.*

A.tu.a.li.da.de *s.f.* **1.** Qualidade ou natureza do que é atual. **2.** A época atual. **3.** Fato do momento atual.

A.tu.a.li.zar *v.t. e p.* **1.** Tornar(-se) atual. **2.** Modernizar(-se); manter(-se) em dia ou atualizado.

A.tu.an.te *adj.2g.* **1.** Diz-se de quem atua, de quem age. **2.** Influente, ativo. **3.** Eficaz.

A.tu.ar *v.int.* **1.** Exercer ação, atividade; agir. *v.t.* **2.** Exercer influência ou pressão; influir. **3.** Pôr em ação. *v.int.* **4.** ESP Arbitrar (partida de futebol, vôlei etc.).

A.tu.á.ria *s.f.* Estudo teórico dos seguros.

A.tu.á.rio *s.m.* **1.** Especialista em atuária. **2.** Funcionário de companhia de seguros. ● *Fem.: atuária.*

A.tu.ca.nar *v.t.* **1.** Dar bicadas em. *v.t. e p.* **2.** Causar transtorno a (alguém ou a si próprio); aborrecer(-se), apoquentar(-se), importunar(-se).

A.tu.lhar *v.t.* **1.** Encher até não caber mais. **2.** Impedir, atrapalhar. *v.p.* **3.** Encher-se completamente.

A.tum *s.m.* Peixe do Atlântico (2,40 m e até 320 kg), de carne muito apreciada e grande importância comercial, cuja espécie mais comum é a *Thunnus thynus*.

A.tu.rar *v.t.* **1.** Tolerar, suportar. **2.** Sofrer, aguentar (coisa ou pessoa desagradável). **3.** Continuar, persistir. *v.int.* **4.** Durar por tempo; perdurar.

A.tur.di.do *adj.* **1.** Atordoado, perturbado. **2.** Atônito, pasmado.

A.tur.dir *v.t.* **1.** Causar espanto; assombrar, surpreender. *v.t. e p.* **2.** Atordoar(-se), perturbar(-se). **3.** Estontear(-se).

Au.dá.cia *s.f.* **1.** Impulso que leva a praticar ações extraordinárias. **2.** Ousadia, arrojo. **3.** Insolência, atrevimento; petulância. **4.** Intrepidez. ● *Ant.: timidez.*

Au.da.ci.o.so (ô) *adj.* **1.** Que tem ou denota audácia. **2.** Audaz, decidido. **3.** Ousado, arriscado, temerário. **4.** Valente, destemido. **5.** Atrevido, insolente. ● *Ant.: tímido.*

Au.di.ção *s.f.* **1.** O sentido por meio do qual se percebem os sons. **2.** Ato ou efeito de ouvir, escutar; audiência. **3.** Concerto musical.

Au.di.ên.cia *s.f.* **1.** Ato ou processo de ouvir, escutar. **2.** Recepção dada por uma autoridade a pessoas que lhe pretendem falar. **3.** Conjunto de ouvintes ou espectadores de um programa de rádio ou televisão. **4.** Sessão de tribunal.

Au.dio *s.m.* **1.** Sinal sonoro; som. **2.** Transmissão, recepção ou reprodução de sons. **3.** Equipamento utilizado para esse fim. **4.** Dispositivo em equipamento de TV, cinema ou vídeo que capta e reproduz o som. **5.** Componente sonoro de filme, transmissão de TV, vídeo ou CD-ROM. **6.** Em um roteiro, *script* ou *storyboard*, indicação relativa ao uso do som (locução, diálogo, ruído, música). **7.** Sinal, equipamento ou fenômeno que envolve frequências na faixa da audição humana.

Au.dio.cas.se.te *s.m.* Fita K7 gravada.

Au.dio.li.vro *s.m.* Livro gravado.

Au.dio.lo.gi.a *s.f.* Ciência que estuda a audição.

Au.di.ó.lo.go *s.m.* Audiologista.

Au.dio.me.tri.a *s.f.* Medida da acuidade auditiva.

Au.diô.me.tro *s.m.* Instrumento elétrico para medir os limites da audição; sonômetro.

Au.dio.tex.to *s.m.* Gravação empregada em sistemas de atendimento telefônico, serviços de caixa eletrônico etc.

Au.dio.vi.su.al *adj.2g.* **1.** Relativo simultaneamente à audição e à visão. **2.** Diz-se do método de ensino que se utiliza do som e da imagem ao mesmo tempo (por meio de discos, filmes, vídeos etc.).

Au.di.ta.gem *s.f.* ⇒ Auditoria.

Au.di.tar *v.t.* Fazer a auditoria de.

Au.di.ti.vo *adj.* Relativo ou pertencente à orelha ou à audição.

Au.di.tor (ô) *s.m.* **1.** Aquele que ouve; ouvinte. **2.** Juiz togado com exercício da Justiça Militar. **3.** Perito contador encarregado de examinar contas.

Au.di.to.ri.a *s.f.* **1.** Cargo de auditor. **2.** Lugar onde o auditor exerce suas funções. **3.** Análise minuciosa da contabilidade de uma empresa ou instituição.

Au.di.tó.rio *s.m.* **1.** O conjunto de ouvintes (de conferência, concerto, peça teatral etc.). **2.** Sala para conferências, concertos etc.

Au.dí.vel *adj.2g.* **1.** Que se ouve. **2.** Que se pode ouvir. ● *Ant.: inaudível.*

Au.fe.rir *v.t.* Colher, obter, lucrar, ter.

Au.ge *s.m.* **1.** O ponto mais elevado; pináculo, zênite. **2.** O grau mais desenvolvido; apogeu, fastígio.

Au.gu.rar *v.t.* **1.** Agourar, predizer, vaticinar. **2.** Desejar, fazer votos.

Áu.gu.re *s.m.* **1.** Sacerdote romano que fazia previsões pela análise do voo das aves. **2.** Adivinho.

Au.gú.rio *s.m.* **1.** Adivinhação dos áugures. **2.** Presságio, vaticínio, agouro.

Au.gus.to *adj.* **1.** Que inspira respeito; venerando. **2.** Majestoso, magnífico. **3.** Grandioso. **4.** Elevado, sublime.

Au.la *s.f.* **1.** Sala onde se leciona; classe. **2.** Explanação feita por professor para um grupo de alunos. **3.** O que se aprende; lição.

Áu.li.co *adj.* **1.** Relativo à corte; da corte. **2.** Próprio de cortesão. *s.m.* **3.** Palaciano, cortesão.

Au.men.tar *v.t.* **1.** Tornar maior; ampliar. **2.** Adicionar, acrescentar. **3.** Progredir, desenvolver-se. **4.** Agravar, exacerbar. *v.int.* **5.** Tornar-se maior; crescer. *v.p.* **6.** Fazer-se maior; crescer, dilatar-se.

Au.men.ta.ti.vo *adj.* **1.** Que aumenta. **2.** GRAM Diz-se do, ou o grau em que a significação da palavra aparece aumentada, como em *casarão* (aum. de *casa*), *mocetona* (aum. de *moça*) etc. **3.** A palavra assim formada.

AUMENTO — AUTÓGRAFO

Au.men.to *s.m.* **1.** Ato ou efeito de aumentar; acréscimo. **2.** Elevação de salário, do custo de vida. **3.** Incremento. **4.** Ampliação.

Au.ra *s.f.* **1.** Vento brando, mais agitado que a aragem. **2.** Fama, popularidade. **3.** MED Conjunto de fenômenos que antecedem o ataque epiléptico. **4.** ESPIR Zona luminosa em torno do corpo humano.

Áu.reo *adj.* **1.** Da cor do ouro. **2.** Feito ou coberto de ouro. **3.** Precioso como o ouro. **4.** FIG Brilhante, magnífico, esplêndido.

Au.ré.o.la *s.f.* **1.** Coroa luminosa em volta da cabeça dos santos, nas imagens; diadema. **2.** Esplendor moral. **3.** FIG Glória, prestígio.

Au.re.o.lar *adj.* **1.** Em forma de auréola. *v.t.* **2.** Cingir com auréola; coroar. **3.** FIG Glorificar. *v.t.* e *p.* **4.** Glorificar(-se), elevar(-se).

Au.rí.cu.la *s.f.* **1.** ANAT Pavilhão do ouvido; orelha. **2.** ANAT Cada uma das cavidades superiores do coração. **3.** Tufo de pena da cabeça de certas aves.

Au.rí.fe.ro *adj.* Que contém ou produz ouro.

Au.ri.ver.de *adj.2g.* De cor verde e ouro; verde e amarelo.

Au.ro.ra *s.f.* **1.** Claridade que precede o nascer do Sol; alvorada, madrugada. **2.** O nascente, o oriente. **3.** FIG Início (da vida), começo, princípio. **4.** Juventude. **5.** Certa árvore ornamental.

Au.ro.ral *adj.2g.* Relativo à aurora.

Aus.cul.ta.dor (ô) *adj.* **1.** Que ausculta. *s.m.* **2.** O que ausculta. **3.** Aparelho de auscultar.

Aus.cul.tar *v.t.* **1.** Aplicar o ouvido ou aparelho a (costas, peito, ventre etc.), para perceber os ruídos do organismo. **2.** Procurar conhecer. **3.** Sondar, inquirir.

Au.sên.cia *s.f.* **1.** Falta de presença ou comparecimento. **2.** Falta, carência. **3.** Afastamento. **4.** MED Perda momentânea da consciência. **5.** PSICOL Lapso de memória. ◆ *Ant.: presença.*

Au.sen.tar-se *v.p.* Afastar-se momentaneamente; sair, retirar-se.

Au.sen.te *adj.2g.* **1.** Não presente. **2.** Afastado do lugar em questão; distante. *s.m.* **3.** O que se ausentou. **4.** O que se mudou para longe, para outro domicílio.

Aus.pí.cio *s.m.* **1.** Presságio, augúrio, vaticínio. **2.** Promessa, voto.

Aus.pi.ci.o.so (ô) *adj.* **1.** De bom augúrio. **2.** Promissor, animador. **3.** Marcado pelo sucesso.

Aus.te.ro (é) *adj.* **1.** Rígido de caráter. **2.** Severo, ríspido. **3.** Sério, sisudo. **4.** Íntegro. **5.** Acerbo, acre. **6.** Escuro, sombrio (cor).

Aus.tral[1] *adj.2g.* Que fica do lado do austro ou sul; meridional. ◆ *Ant.: boreal, setentrional.*

Aus.tral[2] *s.m.* Antiga moeda da Argentina.

Au.tar.qui.a *s.f.* **1.** Qualidade daquilo que se basta a si mesmo. **2.** Entidade de recursos próprios e vida autônoma, com relativa independência do poder, auxiliar da administração pública.

Au.ten.ti.car *v.t.* **1.** Tornar autêntico. **2.** Atestar a veracidade ou exatidão de (documento). **3.** Certificar conforme fórmulas legais; legalizar.

Au.ten.ti.ci.da.de *s.f.* **1.** Caráter ou qualidade do que é autêntico; verdadeiro. **2.** Veracidade, legitimidade.

Au.tên.ti.co *adj.* **1.** Do autor a quem se atribui. **2.** Legítimo. **3.** Verdadeiro. **4.** Lídimo, genuíno. **5.** Feito segundo os requisitos legais. **6.** Legalizado. **7.** De origem ou qualidade comprovada; incontestado.

Au.tis.mo *s.m.* PSIQ Doença que leva o indivíduo a alhear-se do mundo exterior, ensimesmando-se, e a criar como que um mundo próprio para si mesmo.

Au.tis.ta *adj.2g.* **1.** Relativo ao autismo. **2.** Que apresenta autismo. *s.2g.* Pessoa que apresenta autismo. ◆ *Cf. altista.*

Au.to[1] *s.m.* **1.** Comédia ou drama antigo. **2.** Ato público. **3.** Solenidade. **4.** Registro escrito e autenticado de um ato.

Au.to[2] *s.m.* Forma reduzida de *automóvel.*

Au.to[3] *Elem. de comp.* que exprime a ideia de *próprio, de si mesmo.* Obs.: Tem hífen antes de o, h: *autoanálise, autobiografia, autoestrada, autoindução, auto-ônibus, autossuficiente.*

Au.to.a.cu.sa.ção *s.f.* **1.** Ação de acusar a si mesmo; confissão do crime ou da contravenção praticada. **2.** Ato de censurar-se, culpar-se ou incriminar-se, geralmente em grau injustificado,

por escrúpulo, baixa-estima, depressão, morbidez, entre outras coisas. ● Pl.: *autoacusações.*

Au.to.a.de.si.vo *adj.* e *s.m.* Diz-se de ou etiqueta, papel ou impresso que tem um dos lados recoberto de substância adesiva, o que possibilita sua colagem instantânea. ● Pl.: *autoadesivos.*

Au.to.a.fir.ma.ção *s.f.* Ato ou efeito de autoafirmar-se; afirmação.

Au.to.bi.o.gra.fi.a *s.f.* Vida de uma pessoa, escrita por ela própria.

Au.to.bi.o.grá.fi.co *adj.* Relativo à autobiografia.

Au.to.cen.su.ra *s.f.* Repressão censória do próprio comportamento, palavras, ações, escritos etc.

Au.to.cla.ve *s.f.* Aparelho de desinfecção e esterilização de instrumentos por meio de vapor a alta pressão e temperatura.

Au.to.com.bus.tão *s.f.* Combustão espontânea. ● Pl.: *autocombustões.*

Au.to.com.pai.xão *s.f.* Pena de si mesmo. ● Pl.: *autocompaixões.*

Au.to.con.fi.an.ça *s.f.* Confiança em si próprio.

Au.to.con.tro.le *s.m.* **1.** Controle de si próprio. **2.** Domínio dos próprios impulsos.

Au.to.cra.ci.a *s.f.* Sistema de governo em que o poder é exercido por um chefe absoluto; despotismo.

Au.to.cra.ta *adj.* e *s.2g.* Diz-se de, ou governante absoluto e independente.

Au.to.crí.ti.ca *s.f.* Crítica que alguém faz de si mesmo, de sua obra, de suas atitudes etc.

Au.to.crí.ti.co *adj.* Que faz autocrítica.

Autocross (ing.) *s.m.* Competição automobilística em pista de terra batida.

Au.tóc.to.ne *adj.* e *s.2g.* Diz-se de, ou habitante primitivo de uma terra ou região; nativo, aborígine.

Au.to de fé *s.m.* Cerimônia do Tribunal de Execução. Inquisição. ● Pl.: *autos de fé.*

Au.to.de.fe.sa *s.f.* **1.** JUR Defesa de um direito feita pelo próprio titular, quando fisicamente atacado. **2.** Resistência de um organismo às influências externas.

Au.to.des.tru.i.ção *s.f.* Ato ou efeito de autodestruir-se. ● Pl.: *autodestruições.*

Au.to.de.ter.mi.na.ção *s.f.* POLÍT Direito de um povo (país) de determinar livremente seu destino.

Au.to.di.da.ta *adj.* e *s.2g.* Diz-se de, ou pessoa que se instruiu por si própria, sem frequentar escolas e sem o auxílio de professores.

Au.to.di.dá.ti.ca *s.f.* Prática em que o indivíduo estuda e adquire instrução por si mesmo, dispensando a orientação de professores.

Au.to.dro.mo *s.m.* Conjunto de pistas e edifícios para corrida de automóveis.

Au.to.es.co.la *s.f.* Escola de formação de motoristas. ● Pl.: *autoescolas.*

Au.to.es.tra.da *s.f.* Rodovia para altas velocidades, com pistas duplas, sem cruzamentos de nível etc. ● Pl.: *autoestradas.*

Au.to.fa.gi.a *s.f.* Nutrição de um organismo à custa de substância de seu próprio corpo.

Au.to.fe.cun.da.ção *s.f.* Fecundação sem participação de outro indivíduo; autogamia. ● Pl.: *autofecundações.*

Au.to.fi.nan.ci.a.men.to *s.m.* Procedimento que visa ao aumento da capacidade produtiva de uma empresa através da aplicação de recursos próprios, utilizando para tal os lucros obtidos, que deixam de ser distribuídos entre os acionistas e os fundos de reserva.

Au.to.ga.mi.a *s.f.* **1.** Autofertilização. **2.** Fecundação de uma flor através do próprio pólen, característica das flores hermafroditas; autofecundação, autofertilização, autopolinização.

Au.to.gê.ne.se *s.f.* Geração espontânea.

Au.tó.ge.no *adj.* Que gera a si mesmo; diz-se da solda de duas peças do mesmo metal que se faz da fusão parcial deles.

Au.to.ges.tão *s.f.* **1.** Gerenciamento de uma empresa pelos próprios trabalhadores. **2.** Gestão de uma coletividade por ela própria.

Au.tó.gra.fo *s.m.* **1.** Assinatura do próprio punho do autor. **2.** Documento ou texto redigido pelo próprio autor.

AUTO-HIPNOSE — AVANTE

Au.to-hip.no.se *s.f.* Hipnose feita em si mesmo.

Au.to.i.mu.ne *adj.2g.* **1.** Referente a autoimunidade. **2.** Produzido por autoimunidade. ● *Pl.: autoimunes.*

Au.to.i.mu.ni.da.de *s.f.* Estado patológico de um organismo atingido por suas próprias defesas imunitárias; autoalergia. ● *Pl.: autoimunidades.*

Au.to.in.du.ção *s.f.* **1.** Fenômeno de indução eletromagnética causado por um campo magnético gerado pelas variações de uma corrente elétrica no próprio circuito. **2.** Produção de uma voltagem em um circuito pela variação da corrente no mesmo. **3.** Autoindutância. ● *Pl.: autoinduções.*

Au.to.i.no.cu.la.ção *s.f.* Inoculação com um vírus existente no próprio corpo do indivíduo. ● *Pl.: autoinoculações.* ● *autoinoculações.*

Au.to.lo.ca.do.ra *s.f.* Locadora de veículos automóveis.

Au.to.ma.ção *s.f.* **1.** Termo genérico para indicar o desempenho e o controle automáticos dos processos mecânicos e industriais. **2.** Utilização de equipamentos e sistemas automáticos, em especial os sistemas de fabricação ou sistemas de processamento de dados, que exigem pouca ou nenhuma intervenção humana; automatização. **3.** Criação de autômatos.

Au.to.má.ti.co *adj.* **1.** Próprio de autômato. **2.** Que se realiza por meios mecânicos. **3.** Feito de forma inconsciente ou por força do hábito; maquinal.

Au.to.ma.ti.zar *v.t.* Tornar automático.

Au.tô.ma.to *s.m.* **1.** Máquina que se move por meios mecânicos. **2.** Figura que imita os movimentos humanos; robô. **3.** fig Pessoa incapaz de pensar ou agir por si mesma. **4.** Títere, boneco.

Au.to.me.di.ca.ção *s.f.* Ato ou efeito de automedicar-se.

Au.to.me.di.car-se *v.p.* Usar medicamentos sem prescrição médica.

Au.to.mo.bi.lis.mo *s.m.* Competição esportiva praticada com automóveis.

Au.to.mo.bi.lis.ta *s.2g.* Pessoa que pratica o automobilismo.

Au.to.mo.de.lis.mo *s.m.* **1.** Ciência ou técnica de projetar e construir modelos reduzidos de automóveis. **2.** Passatempo que gira em torno dessa atividade.

Au.to.mo.ti.vo *adj.* **1.** Relativo ao automóvel. **2.** Que se move por si mesmo; automotor.

Au.to.mo.tor *adj.* Diz-se de veículo dotado de tração própria.

Au.to.mo.triz *s.f.* Veículo que se move mecanicamente, especialmente a motor de explosão, que atua sobre as rodas por meio de um sistema de transmissão.

Au.to.mó.vel *adj.2g.* **1.** Que se move por si mesmo; automotivo. *s.m.* **2.** O que se move por seus próprios meios. **3.** Veículo motorizado que se move mecanicamente sobre rodas, para o transporte de passageiros e bagagens.

Au.to.ni.mia *s.f.* Uso autônomo de uma palavra ou signo.

Au.to.no.mi.a *s.f.* **1.** Faculdade ou direito que tem um país de se governar por si mesmo. **2.** Direito ou faculdade que tem uma nação de se reger por leis próprias. **3.** Independência. **4.** Liberdade moral ou intelectual.

Au.tô.no.mo *adj.* **1.** Que não está sujeito a um país estrangeiro e se rege por suas próprias leis. **2.** Independente, livre. **3.** Que professa as próprias opiniões. **4.** *s.m.* Pessoa que trabalha por conta própria.

Au.to.pe.ça *s.f.* **1.** Peça destinada a veículo automóvel. **2.** Estabelecimento onde se vendem tais peças.

Au.to.pis.ta *s.f.* Autoestrada.

Au.to.pro.mo.ver-se *v.p.* Alardear seus próprios atos, atributos ou méritos; promover-se.

Au.tóp.sia *s.f.* **1.** Exame de si mesmo. **2.** med Exame de cadáver para verificar o estado dos órgãos e a causa da morte; necropsia. ● *Var.: autopsia.*

Au.top.si.ar *v.t.* **1.** Fazer a autópsia em (cadáver). **2.** fig Examinar minuciosamente.

Au.to.pu.ni.ção *s.f.* Ato de punir a si mesma. ● *Pl.: autopunições.*

Au.to.pu.nir-se *v.p.* Castigar a si mesmo.

Au.tor *s.m.* **1.** A causa principal; o agente. **2.** Inventor, fundador. **3.** Criador de obra literária ou científica. **4.** O que pratica uma ação; agente. **5.** dir O que intenta demanda judicial.

Au.to.ra.ma *s.m.* Autódromo em miniatura, geralmente elétrico, para corrida de carrinhos de brinquedo.

Au.tor.re.tra.to *s.m.* Retrato de uma pessoa feito por ela própria. ● *Pl.: autorretratos.*

Au.to.ri.da.de *s.f.* **1.** Direito ou poder de mandar e se fazer obedecer. **2.** Influência resultante de estimo ou prestígio; ascendência. **3.** Pessoa que tem tal poder. **4.** Credibilidade. **5.** Pessoa que domina um assunto; perito.

Au.to.ri.tá.rio *adj.* **1.** Que não admite contradição. **2.** Que usa com rigor de toda sua autoridade. **3.** Dominador, despótico; impositivo. **4.** Violento.

Au.to.ri.zar *v.t.* **1.** Dar autorização para. **2.** Conceder licença; permitir, consentir. **3.** Conferir poder, autoridade a a. **4.** Confirmar, abonar.

Au.tos *s.m.pl.* jur As peças de um processo.

Au.tos.ser.vi.ço *s.m.* Sistema em que o próprio comprador se serve. ● *Pl.: autosserviços.*

Au.tos.su.fi.ci.en.te *adj.2g.* Que se basta a si mesmo. ● *Pl.: autossuficientes.*

Au.tos.su.ges.tão *s.f.* Sugestão que a pessoa exerce sobre si mesma. ● *Pl.: autossugestões.*

Au.tos.sus.ten.tá.vel *adj.2g.* Que se sustenta por si mesmo. ● *Pl.: autossustentáveis.*

Au.to.trans.plan.te *s.m.* Transplante de tecido ou órgão no corpo de onde foi retirado.

Au.to.va.ci.na *s.f.* Vacina preparada a partir de culturas de organismos existentes em secreções ou tecidos do próprio paciente.

Au.tu.ar *v.t.* Lavrar auto (de multa, apreensão etc.) contra alguém; processar.

Au.xi.li.ar¹ (ss) *adj.2g.* **1.** Que auxilia. **2.** Diz-se da peça, do componente etc., que não é o principal. *s.2g.* **3.** Pessoa que ajuda ou auxilia; colaborador, assistente.

Au.xi.li.ar² *v.t.* Ajudar, prestar auxílio a; socorrer.

Au.xí.lio (ss) *s.m.* **1.** Ajuda, socorro, assistência, amparo. **2.** Subsídio, contribuição. **3.** pop Esmola.

A.va.ca.lhar *v.t.* **1.** Desmoralizar. *v.p.* **2.** Deprimir-se, desdizer-se. **3.** Desmoralizar-se.

A.val *s.m.* **1.** Garantia de pagamento dada por terceiro. **2.** Caução, fiança. **3.** fig Apoio moral ou intelectual. ● *Pl.: avales e avais.*

A.va.lan.cha *s.f.* **1.** Queda rápida de geleiras. **2.** Invasão súbita de pessoas ou animais. **3.** Grande número de coisas que incomodam. **4.** Massa de objetos que caem. ● *Var.: avalanche.*

A.va.li.ar *v.t.* **1.** Determinar o valor, o preço de. **2.** Apreciar o mérito de. **3.** Reconhecer a força, a grandeza de. **4.** Fazer ideia de. **5.** Estimar, aferir. *v.p.* **6.** Reputar-se, ter em conta.

A.va.lis.ta *s.2g.* **1.** Pessoa que garante por meio de aval. **2.** Fiador, responsável, abonador.

A.va.li.zar *v.t.* **1.** Conceder aval a; abonar, afiançar. **2.** fig Apoiar.

A.van.ça.do *adj.* **1.** Que vai na dianteira. **2.** Adiantado. **3.** Muito liberal; progressista. **4.** Moderno. **5.** Saliente, atrevido. **6.** Exótico, excêntrico.

A.van.ça.men.to *s.m.* Avanço.

A.van.çar *v.int.* **1.** Caminhar para a frente; adiantar-se. **2.** Decorrer, passar. *v.t.* **3.** Fazer ir para diante. **4.** Expor, aventar (ideia, proposta). **5.** Proferir (palavra arrojada). **6.** Prosseguir, continuar (uma obra). **7.** Praticar, executar. **8.** Investir contra; atacar. *v.p.* **9.** Dirigir-se, investir, internar-se, marchar para a frente.

A.van.ço *s.m.* **1.** Ação de marchar adiante. **2.** Dianteira. **3.** Melhoria, progresso. **4.** Dianteira, vantagem. ● *Ant.: recuo.*

A.van.ta.ja.do *adj.* **1.** Que tem vantagem ou superioridade. **2.** Maior do que o comum; corpulento.

A.van.ta.jar-se *v.t.* **1.** Levar vantagem sobre. **2.** Exceder. **3.** Elevar, promover. **4.** Levar vantagem a; sobressair. **5.** Aperfeiçoar-se.

A.van.te *adv.* **1.** Para diante, adiante. *interj.* **2.** Para a frente! *s.m.* **3.** No futebol, atacante.

AVANT-GARDE — AVULSO

A.vant-gar.de (fr.) s.f. Ver Vanguarda. ● Pl.: avant-gardes.

A.vant-pre.mi.è.re (avã premié) (fr.) s.f. Pré-estreia. ● Pl.: avant--premières.

A.va.ran.da.do adj. **1.** Que tem varanda. s.m. **2.** Casa com varanda. **3.** Espécie de alpendre.

A.va.ren.to adj. e s.m. **1.** Que, ou indivíduo sordidamente apegado ao dinheiro. **2.** Avaro, sovina, unha de fome.

A.va.re.za (ê) s.f. Apego exagerado e sórdido ao dinheiro, à riqueza; mesquinhez, sovinice.

A.va.ri.a s.f. **1.** Qualquer dano causado ao navio ou à sua carga. **2.** Deterioração, prejuízo.

A.va.ri.ar v.t. **1.** Causar avaria ou dano a. **2.** Deteriorar; estragar. v.p. **3.** Sofrer avaria; estragar-se.

A.va.ro adj. e s.m. Avarento.

A.vas.sa.la.dor adj. e s.m. Que, ou o que avassala.

A.vas.sa.lar v.t. **1.** Tornar vassalo. **2.** Dominar; oprimir. **3.** Sujeitar, escravizar. v.p. **3.** Tornar-se vassalo. **5.** Reduzir-se à obediência; submeter-se.

A.va.tar s.m. **1.** Cada uma das sucessivas encarnações de uma divindade, e, no hinduísmo, em especial do deus Vixnu. **2.** Transfiguração, metamorfose.

A.ve¹ s.f. Vertebrado com o corpo coberto de penas e os membros anteriores transformados em asas, boca prolongada em bico, ovíparo.

A.ve² **1.** interj. indicativa de saudação: salve!, viva! interj. **2.** indicativa de espanto. s.m. **3.** Saudação.

A.vei.a s.f. **1.** BOT Gramínea que produz grão alimentício. **2.** O próprio grão. **3.** Farinha do grão dessa planta.

-á.vel suf. Equivale a -Vel.

A.ve.lã s.f. Fruto da aveleira, que contém semente comestível, rica em óleo.

A.ve.lei.ra s.f. BOT Arbusto frutífero do hemisfério norte, que fornece a avelã.

A.ve-ma.ri.a s.f. Oração em louvor à Virgem Maria.

A.ve.na s.f. POÉT Antiga flauta pastoril.

A.ven.ca s.f. BOT Nome comum a várias plantas ornamentais.

A.ve.ni.da s.f. Rua larga, em geral extensa e orlada de árvores. ● Abrev.: Av.

A.ven.tal s.m. Peça de pano, couro ou plástico que serve para resguardar a roupa.

A.ven.tar v.t. **1.** Expor e agitar ao vento. **2.** Arremessar. **3.** Lembrar, sugerir. **4.** Descobrir pelo faro. **5.** Suspeitar, pressentir. v.int. **6.** Tomar vento ou ar. v.p. **7.** Ocorrer-se **8.** Irritar-se.

A.ven.tu.ra s.f. **1.** Empresa ou experiência arriscada. **2.** Perigo, risco. **3.** Sucesso imprevisto. **4.** Acontecimento romanesco. **5.** Proeza de cavalaria. **6.** Acaso, sorte. **7.** Ligação amorosa.

A.ven.tu.rar v.t. **1.** Arriscar. **2.** Expor à ventura, ao acaso. **3.** Dizer ou fazer à ventura, ao acaso. v.int. **4.** Tentar a sorte. v.p. **5.** Arriscar--se, abalançar-se, expor-se.

A.ven.tu.rei.ro adj. **1.** Que vive de aventuras ou ama a aventura. **2.** Incerto, precário. **3.** Audacioso, temerário. s.m. **4.** Aquele que procura aventura. **5.** O que não tem meio certo de vida.

A.ver.bar v.t. **1.** Escrever em verba, à margem de. **2.** Anotar, registrar. **3.** Tachar, apodar.

A.ve.ri.gua.ção s.f. **1.** Ato ou efeito de averiguar. **2.** Investigação, inquérito, indagação.

A.ve.ri.guar v.t. **1.** Inquirir, indagar, investigar. **2.** Informar-se de, certificar-se de. v.p. **3.** Certificar-se. **4.** Comparar-se, cotejar-se.

A.ver.são s.f. **1.** Sentimento que nos afasta de uma pessoa ou coisa. **2.** Grande repugnância; antipatia, animosidade.

A.ves.sas (ê) s.f.pl. Coisas opostas, contrárias. ● **Às avessas:** ao contrário, ao avesso.

A.ves.so (ê) s.m. **1.** Lado oposto à parte principal. **2.** O lado contrário ao lado direito (tecido). **3.** O contrário, o reverso. **4.** O lado escondido (de alguém ou de alguma coisa). adj. **5.** Contrário a; hostil.

A.ves.truz s.2g. **1.** A maior das aves (atinge até 2 m de alt. e pode chegar a 100 kg de peso), dotada de grande força e velocidade, vive nas regiões desérticas da África e Arábia. **2.** FIG pessoa excêntrica, esquisita. **Estômago de avestruz:** aquele que digere tudo.

A.vi.a.ção s.f. **1.** Navegação aérea realizada por meio de aparelhos mais pesados que o ar. **2.** O conjunto dos aviões. **3.** Técnica do estudo e construção de aviões.

A.vi.a.dor (ô) s.m. **1.** Piloto de avião. adj. **2.** Especializado em aviação.

A.vi.ão s.m. **1.** Qualquer aparelho de navegação aérea, com asas, mais pesado que o ar. **2.** POP Mulher bonita e de belas formas físicas.

A.vi.ar v.t. **1.** Executar, concluir, acabar. **2.** Livrar-se; despachar, matar. **3.** Preparar ou manipular medicamento prescrito em (receita). v.p. **4.** Pôr-se a caminho, apressar-se.

A.vi.á.rio adj. **1.** Relativo a aves. s.m. **2.** Viveiro de aves. **3.** Estabelecimento onde se abatem e vendem aves; avícola.

A.vi.cul.tor (ô) s.m. Que pratica a avicultura.

A.vi.cul.tu.ra s.f. Técnica de criar e multiplicar aves, em especial para a produção de carne e ovos.

A.vi.dez (ê) s.f. **1.** Qualidade de ávido. **2.** Desejo ardente; sofreguidão. **3.** Ambição (de riquezas), avidez, cobiça. **4.** Avareza.

Á.vi.do adj. **1.** Que deseja ardentemente. **2.** Ansioso, curioso. **3.** Sôfrego, sedento, faminto. **4.** Voraz, esfaimado. **5.** Avarento.

A.vil.tar v.t. e p. **1.** Tornar(-se) vil, desprezível. **2.** Rebaixar(-se), desonrar(-se), humilhar(-se). **3.** Baixar exageradamente o preço de; depreciar(-se).

A.vi.na.gra.do adj. Com sabor de vinagre; envinagrado.

A.vin.do adj. Que se aveio; ajustado, harmonizado.

A.vi.os s.m.pl. Objetos, apetrechos necessários a determinados fins; aviamentos.

A.vir v.t. **1.** Pôr em concórdia, em harmonia. **2.** Ajustar, combinar. v.p. **3.** Pôr-se de acordo; conciliar-se, acomodar-se, entender-se.

A.vi.sa.do adj. **1.** Que recebeu aviso. **2.** Discreto, sensato. **3.** Ajuizado; prudente, cauteloso.

A.vi.sar v.t. **1.** Dar aviso ou ciência de. **2.** Informar, cientificar. **3.** Prevenir. v.p. **4.** Precaver-se, acautelar-se.

A.vis.tar v.t. **1.** Enxergar, divisar. **2.** Alcançar com a vista; ver. v.p. **3.** Encontrar-se casualmente. **4.** Ver-se mutuamente. **5.** Ter entrevista com.

A.vi.ta.mi.no.se s.f. MED Conjunto de fenômenos patológicos devidos à insuficiência ou má absorção das vitaminas pelo organismo.

A.vi.var v.t. **1.** Tornar mais vivo ou mais ardente. **2.** Dar brilho. **3.** Realçar; despertar. **4.** Apressar, acelerar. **5.** FIG Refrescar, retocar. v.int. e p. **6.** Reanimar-se, realçar-se.

A.vi.zi.nhar v.t. **1.** Aproximar-se de. **2.** Pôr perto de. **3.** Chegar-se para perto. v.p. **4.** Pôr-se perto de; aproximar-se. **5.** Ser quase semelhante.

A.vo s.m. Cada uma das partes, quando a unidade foi dividida em mais de dez partes iguais (mais us. no pl.: avos).

A.vó s.f. A mãe do pai ou da mãe.

A.vô s.m. O pai do pai ou da mãe.

A.vo.a.do adj. **1.** Que anda com a cabeça no ar. **2.** Tonto, adoidado. **3.** Distraído, confuso, trapalhão.

A.vo.car v.t. **1.** Chamar a si; atrair. **2.** Fazer voltar. **3.** Arrogar-se, atribuir-se. **4.** DIR Deslocar (uma causa) para outro tribunal.

A.vo.en.go adj. **1.** Procedente de avós. **2.** Antigo, ancestral, velho. **3.** Herdado de avós.

A.vo.en.gos s.m.pl. Os antepassados, os avós.

A.vo.lu.mar v.t. **1.** Aumentar o volume de. **2.** Tornar maior. **3.** FIG Exagerar. v.p. **4.** Tornar-se volumoso, aumentar (em volume, número ou quantidade).

À-von.ta.de s.m. Desembaraço, naturalidade. ● Pl.: à-vontades.

A.vul.so adj. **1.** Arrancado à força. **2.** Desligado do corpo (ou da coleção) a que pertence; solto. s.m. **3.** Impresso em folhas soltas.

AVULTAR — AZULEJO

A.vul.tar *v.t.* e *int.* **1.** Pôr em relevo. **2.** Tomar vulto. **3.** Aumentar (em volume, em quantidade); crescer. **4.** FIG Exagerar. **5.** Atingir, chegar, importar. **6.** Subir, elevar-se. **7.** Ganhar vulto.

A.vun.cu.lar *adj.* Relativo ao tio ou à tia materna.

A.xa.dre.za.do *adj.* Semelhante a um tabuleiro de xadrez (papel, tecido etc.).

A.xi.al (cs) *adj.2g.* **1.** Relativo ao eixo. **2.** Que tem forma ou serve de eixo.

A.xi.la (cs) *s.f.* Cavidade na parte inferior da junção do braço ao tronco; sovaco.

A.xi.o.ma (cs *ou* ss) *s.m.* **1.** Proposição imediatamente evidente por si mesma e por isso não exige demonstração. **2.** Provérbio, sentença que encerra uma verdade indiscutível; máxima. **3.** Coisa óbvia.

-az *suf.* 'Aumento': *galgaz*.

A.za.do *adj.* **1.** Que dá azo. **2.** Oportuno, propício.

A.zá.fa.ma *s.f.* **1.** Muita pressa, acompanhada de esforço e atrapalhação. **2.** Precipitação. **3.** Urgência. **4.** Trabalho muito ativo. **5.** Roda-viva.

A.za.gai.a *s.f.* Lança curta de arremesso, o mesmo que *zagaia*.

A.za.lea *s.f.* BOT Planta de terreno seco e flores muito ornamentais. ◆ *Var.: azaleia.*

A.zar *s.m.* **1.** Má sorte. **2.** Infortúnio, revés. **3.** Lance adverso. **4.** Casualidade, acaso, sorte.

A.za.rão *adj.* e *s.m.* Diz-se de, ou cavalo (ou égua) com pouca chance, nas corridas, e por isso recebe poucas apostas; zebra.

A.za.rar *v.t.* **1.** Dar azar, dar má sorte a. *v.p.* **2.** POP Ter insucesso; fracassar.

A.ze.dar *v.t.*, *int.* e *p.* **1.** Tornar(-se) azedo. **2.** Irritar(-se), exasperar(-se). **3.** Tornar-se irritante, acrimonioso. **4.** Coalhar (o leite).

A.ze.di.a *s.f.* Azedume, acidez.

A.ze.do (ê) *adj.* **1.** De sabor semelhante ao do vinagre. **2.** Ácido, acre. **3.** Diz-se do alimento que a fermentação estragou. **4.** FIG Satírico, mordaz. **5.** FIG Irritado, de mau humor, ríspido. *s.m.* **6.** Sabor ácido; acidez. **7.** Desgosto.

A.ze.du.me *s.m.* **1.** Sabor ácido. **2.** Sabor de vinagre. **3.** Amargor. **4.** FIG Cólera, irritação, exasperação.

A.zei.tar *v.t.* **1.** Temperar ou untar com azeite. **2.** Lubrificar.

A.zei.te *s.m.* **1.** Óleo de azeitona. **2.** Óleo extraído de outros vegetais ou de gordura animal. ◆ *Estar nos seus azeites:* estar irritado, aborrecido, mal-humorado.

A.zei.to.na *s.f.* Fruto da oliveira, do qual se extrai o azeite, de largo uso na culinária; oliva.

A.zei.to.na.do *adj.* **1.** Tirante à cor da azeitona. **2.** Que adquiriu essa cor.

A.ze.nha *s.f.* Moinho de roda movido a água.

A.ze.vi.che *s.m.* **1.** Carvão fóssil, de cor preta e brilhante, usado em joalheria. **2.** FIG Qualquer coisa muito preta.

A.zi.a *s.f.* Acidez, azedume no estômago; pirose.

A.zi.a.go *adj.* **1.** Que anuncia desgraças, azar, infortúnio. **2.** De mau agouro; agourento. **3.** Infausto, infeliz.

Á.zi.mo *adj.* Diz-se do pão sem fermento.

A.zi.nha.vre *s.f.* Camada verde que se forma nos objetos de cobre quando expostos ao ar e à umidade; zinabre.

-á.zio *suf.* 'Aumento': *balmázio.*

A.zo *s.m.* **1.** Ocasião favorável. **2.** Ensejo, pretexto, motivo.

A.zo.a.do *adj.* **1.** Atordoado, tonto, azucrinado, perturbado. **2.** FIG Zangado, irritado.

A.zo.a.men.to *s.m.* **1.** Ato ou efeito de azoar(-se); azoada. **2.** Barulho, ruído. **3.** Zanga passageira.

A.zor.ra.gue *s.m.* **1.** Açoite de várias correias; chicote. **2.** FIG Castigo, punição.

A.zo.to (ô) *s.m.* Nome antigo do nitrogênio.

A.zou.ga.do *adj.* **1.** Inquieto, tréfego, vivo. **2.** Enfurecido.

A.zou.gue *s.m.* **1.** Nome popular do mercúrio. **2.** FAM Indivíduo muito vivo, esperto, buliçoso.

AZT° *s.m.* Sigla de azidotimidina [Substância que desde 1964 era usada como anticancerígeno e a partir de 1987 vem sendo adotada no tratamento da AIDS.].

A.zu.cri.nar *v.t.* e *p.* Importunar(-se), apoquentar(-se), chatear(-se).

A.zul *adj.* **1.** Da cor do céu diurno sem nuvens. **2.** Da cor da safira; anil. *s.m.* **3.** A cor azul em suas várias gradações. **4.** POÉT O firmamento, o céu.

A.zu.le.jar *v.t.* Guarnecer de azulejos.

A.zu.le.jo (ê) *s.m.* Ladrilho vitrificado, com desenhos coloridos ou não, para forrar ou guarnecer paredes.

b B

B/b *s.m.* **1.** Segunda letra do alfabeto português e primeira consoante, de nome *bê*. *num.* **2.** O segundo, numa série indicada pelas letras do alfabeto.

Ba QUÍM Símbolo do *bário*.

Ba.ba *s.f.* **1.** Saliva viscosa que escorre da boca. **2.** Mucosidade que segregam certos animais, como a lesma. *s.m.* **3.** FUT (NE) Pelada, racha.

Ba.bá¹ *s.f.* Ama de criança; ama-seca; governanta.

Ba.bá² *s.m.* Arbusto da família das solanáceas, de folhas pontiagudas e frutos comestíveis em forma de bagas.

Ba.ba.çu *s.m.* BOT Palmeira do N e NE do Brasil, totalmente aproveitável, cujas sementes comestíveis fornecem um óleo alimentício de uso industrial. ◆ *Var.: baguaçu.*

Ba.ba.çu.al *s.m.* Babaçual.

Ba.ba de mo.ça *s.f.* Doce feito com leite de coco, leite, açúcar e ovos. ◆ *Pl.: babas de moça.*

Ba.ba.do *adj.* **1.** Molhado de baba. **2.** FAM Enamorado, muito apaixonado. **3.** FIG Atoleimado, embasbacado, abobado. *s.m.* **4.** Guarnição de pregas em vestidos, saias etc. **5.** GÍR Conversa fiada. **6.** GÍR Problema, dificuldade. **7.** GÍR Ponto a ser esclarecido.

Ba.ba.dor *s.m.* POP Babadouro.

Ba.ba.dou.ro *s.m.* Resguardo de pano etc. que se ata ao pescoço das crianças, para evitar que se sujem com baba ou comida; babador. ◆ *Var.: babadoiro.*

Ba.ba.lo.ri.xá *s.m.* **1.** Sacerdote graduado do culto iorubano; babalaô, babaloxá. **2.** Pai de santo.

Ba.ba.qua.ra *adj. e s.2g.* **1.** Que ou o que se revela bobo; parvo, pateta, babaca.

Ba.ba.qui.ce *s.f.* **1.** Ato ou dito de quem é babaca; bobagem, bobajada, idiotice. **2.** Aquilo que peca pela superficialidade, que não desperta interesse.

Ba.bar *v.t.* **1.** Molhar com baba. **2.** Molhar, umedecer. **3.** Salivar. **4.** Expelir (baba). *v.p.* **5.** Gostar muito; ter muito amor.

Ba.bau *interj.* POP Indica fim, término: *adeus!, acabou-se!, foi-se!*

Ba.bel *s.f.* Confusão de línguas ou vozes; grande algazarra, gritaria, desordem, barafunda.

Ba.bi.lô.nia *s.f.* **1.** Tudo o que é muito grande. **2.** Grande confusão; babel, desordem, balbúrdia.

Ba.bi.lô.ni.co *adj.* **1.** Relativo à babilônia. **2.** De grandes proporções e muita confusão.

Ba.bo.sa *s.f.* Planta de folhas carnosas, que fornece um líquido de utilidade medicinal, usado como tônico capilar.

Ba.bo.sei.ra *s.f.* **1.** Disparate, tolice, asneira. **2.** Sujeira de babão ou baboso. **3.** Qualquer obra malfeita.

Ba.bu.gem *s.f.* **1.** Baba. **2.** Espuma feita pela água agitada. **3.** Quaisquer restos, em especial de comida. **4.** Bagatela.

Ba.bu.í.no *s.m.* Espécie de macaco africano, de cauda curta e focinho alongado, de hábitos gregários, que vive nas rochas.

Ba.bu.jar *v.t. e p.* **1.** Sujar(-se) com baba ou babugem. **2.** Adular, lisonjear servilmente. **3.** Corromper, viciar, aviltar. **4.** (N e NE) Tocar de leve na comida; lambiscar.

Baby-sítter *(bêibi síter) (ing.) s.2g.* Pessoa que se contrata para tomar conta de crianças temporariamente e/ou por tempo pré-determinado, em especial à noite, na ausência dos pais.

Ba.ca.ba *s.f.* **1.** BOT Palmeira de palmito e drupas (frutos) comestíveis. **2.** Fruto da bacaba ou da bacabaçu.

Ba.ca.lhau *s.m.* **1.** Nome comum a vários peixes marítimos, muito apreciados pela carne e pelo óleo de seu fígado, rico em vitamina A e D. **2.** FIG Trançado de tiras de couro, usado para açoitar escravos no Brasil. **3.** Relho, chicote. **4.** FIG Pessoa muito magra. **5.** POP Servente de circo.

Ba.ca.lho.a.da *s.f.* **1.** Grande quantidade de bacalhau. **2.** Prato feito com bacalhau.

Ba.ca.lho.ei.ro *adj.* **1.** Relativo à pesca do bacalhau. *s.m.* **2.** Negociante de bacalhau. **3.** Barco utilizado na pesca ou no transporte do bacalhau.

Ba.ca.na *adj.2g.* **1.** GÍR Bom, excelente, genial, notável. **2.** Agradável, bonito. **3.** Ricaço, endinheirado. **4.** GÍR Grã-fino.

Ba.ca.nal *s.f.* **1.** Festa dissoluta, com muita desordem e confusão. **2.** Devassidão, orgia.

Ba.can.te *s.f.* **1.** Sacerdotisa de Baco, deus do vinho, que participava das bacanais dançando seminua. **2.** Mulher desavergonhada.

Ba.ca.rá *s.m.* **1.** Jogo de cartas entre um banqueiro e vários jogadores. **2.** Cristal lavrado, de Baccarat (França).

Ba.ce.lo *s.m.* **1.** Vara que se tira de uma videira adulta, para que, plantada, venha a formar uma nova vinha. **2.** Vinha nova.

Ba.cha.rel *s.m.* **1.** Aquele que recebeu grau de formatura numa faculdade. **2.** O que se formou numa faculdade. **3.** POP Advogado. **4.** FAM Indivíduo tagarela. ◆ *Pl.: bacharéis.*

Ba.cha.re.la.do *s.m.* **1.** Grau de bacharel. **2.** Curso ao fim do qual se obtém esse grau.

Ba.cha.re.lan.do *s.m.* Aquele que está para bacharelar-se.

Ba.cha.re.lar *v.int.* **1.** Falar muito e pretensiosamente. *v.p.* **2.** Colar grau de bacharel.

Ba.cha.re.la.to *s.m.* Bacharelado.

Ba.ci.a *s.f.* **1.** Vaso redondo e largo, de louça ou metal, próprio para lavagens. **2.** ANAT Cavidade óssea que termina inferiormente o esqueleto do tronco, servindo-lhe de base. **3.** Conjunto de vertentes que margeiam um rio.

Ba.ci.lo *s.m.* Bactéria em forma de bastonete.

Ba.ci.o *s.m.* Urinol, penico.

Background *(béc-gráund) (ing.) s.m.* **1.** Tudo o que constitui o fundo de uma cena (vozes, ruídos, música etc.). **2.** Tudo o que constitui a base ou os antecedentes de um fato. **3.** Tudo o que constitui a base intelectual, técnica ou científica de uma pessoa.

Backup *(becáp) (ing.) adj. e s.m.* **1.** Diz-se de, ou procedimento ou unidade reserva que se utiliza quando há falha no procedimento ou unidade do computador original. **2.** Diz-se de, ou cópia ou reprodução de um arquivo que se mantém como reserva.

Ba.ço *s.m.* **1.** MED Órgão glandular, situado à esquerda do abdome, por baixo das falsas costelas. **2.** Que tem pouco ou nenhum brilho; embaçado. **3.** Amulatado, moreno.

Bacon *(bêicon) (ing.) s.m.* Toucinho especial, magro, salgado e defumado.

Ba.co.ri.nho *s.m.* **1.** *Dím.* de *bácoro*; leitão. **2.** Bebê, criança.

Bá.co.ro *s.m.* Porco pequeno; leitão.

Bac.té.ri.a *s.f.* **1.** Micro-organismo unicelular. **2.** Bacilo, micróbio.

Bac.te.ri.ci.da *adj. e s.m.* Que, ou droga que destrói bactérias.

BACTERIÓFAGO — BAIXA-MAR

Bac.te.ri.ó.fa.go *adj.* e *s.m.* Diz-se de ou vírus que se multiplica no interior de bactérias, com frequência tendo como resultado destruí-las.

Bac.te.ri.o.lo.gi.a *s.f.* Ciência que tem por objeto o estudo das bactérias.

Bac.te.ri.o.lo.gis.ta *s.2g.* Pessoa especialista em bacteriologia; bacteriólogo.

Bac.te.ri.o.pe.xi.a (cs) *s.f.* MED Fixação das bactérias em órgão ou tecido.

Bac.te.ri.os.ta.se ou **bac.te.ri.ós.ta.se** *s.f.* Condição em que a proliferação de bactérias se encontra inibida.

Bá.cu.lo *s.m.* **1.** Bastão pastoral (em especial de bispo ou arcebispo). **2.** Cajado, bastão, bengala.

Ba.cu.ri *s.m.* **1.** BOT Fruto do bacurizeiro, de polpa branca, macia, consumida crua ou em compota. **2.** GÍR Menino.

Ba.cu.ri.zei.ro *s.m.* BOT Árvore grande e ornamental, que produz o bacuri.

Ba.da.lar *v.t.* **1.** Tocar o sino. **2.** Fazer soar; badalejar, bater. **3.** FIG Falar demais, ser um linguarudo. **4.** Divulgar mexericos; fofocar. *v.int.* **5.** GÍR Bajular, puxar o saco. **6.** POP Exibir-se em acontecimentos sociais.

Ba.da.lo *s.m.* **1.** Peça de metal, suspensa no interior de sinos, sinetas etc., para os fazer soar. **2.** POP A língua. **3.** POP Bajulação.

Ba.de.jo (*é* ou *ê*) *s.m.* Nome comum a vários peixes marinhos, semelhantes às garoupas.

Ba.der.na *s.f.* **1.** Súcia de rapazes; malta. **2.** Pândega. **3.** Briga, confusão. **4.** Bagunça, desordem.

Ba.der.nei.ro *adj.* e *s.m.* **1.** Que, ou indivíduo dado a badernas. **2.** Bagunceiro.

Ba.du.la.que *s.m.* **1.** Guisado de fígado e bofes, em pedaços pequenos. **2.** Cosmético. **3.** Pingente.

Ba.e.ta (*ê*) *s.f.* Tecido felpudo e grosseiro de lã.

Ba.fa.fá *s.f.* POP Confusão, discussão, briga.

Ba.fe.jar *v.t.* **1.** Aquecer com o bafo. **2.** Soprar brandamente. **3.** FIG Ajudar, favorecer, proteger. **4.** Inspirar. **5.** Acariciar, acalentar.

Ba.fe.jo (*ê*) *s.m.* **1.** Ato ou efeito de bafejar. **2.** Leve sopro; alento, expiração. **3.** FIG Aura de sorte. **4.** FIG Proteção, favor, auxílio.

Ba.fi.o *s.m.* **1.** Cheiro desagradável, proveniente da umidade e falta de renovação do ar em ambiente fechado. **2.** Bolor, mofo.

Ba.fo *s.m.* **1.** Ar exalado dos pulmões. **2.** Sopro leve e quente. **3.** Calor, mormaço. **4.** Hálito forte. **5.** FIG Favor, bafejo, proteção. **6.** FIG Aconchego, abrigo.

Ba.fô.me.tro *s.m.* Aparelho que mede a dosagem alcoólica do ar expirado pelo testado (em geral, motorista).

Ba.fo.ra.da *s.f.* **1.** Expiração de hálito desagradável. **2.** Golfada de fumaça (de cigarro, charuto, cachimbo). **3.** FIG Bravata, fanfarronice.

Ba.ga *s.f.* **1.** Fruto mole, sem caroço. **2.** Pingo de orvalho; gota de suor. **3.** Semente da mamona.

Ba.ga.cei.ra *s.f.* **1.** Lugar dos bagaços. **2.** Resto, restolho. **3.** Conjunto de coisas que não prestam. **4.** Aguardente feita com o bagaço da uva; cachaça. **5.** FIG Plebe, ralé, gentalha.

Ba.ga.ço *s.m.* **1.** O que resta de frutos ou caules espremidos. **2.** Coisa usada demais, imprestável. **3.** Grupo de desordeiros. **4.** PEJ Meretriz velha.

Ba.ga.gei.ro *adj.* **1.** Que transporta bagagens. *s.m.* **2.** Carregador de bagagens. **3.** Nos automóveis, estrutura metálica no teto para transportar volumes; porta-bagagem. **4.** Carro ou vagão de bagagens.

Ba.ga.gem *s.f.* **1.** Conjunto de malas, baús, sacolas, bolsas etc., que o viajante leva consigo. **2.** Carga. **3.** Conjunto de obras de um escritor. **4.** Soma de conhecimentos, experiências etc. **5.** FIG Empecilho, estorvo.

Ba.ga.na *s.f.* **1.** Ponta já fumada de cigarro ou charuto; guimba. **2.** Alimento de péssima qualidade.

Ba.ga.te.la *s.f.* **1.** Coisa sem importância. **2.** Objeto de pouco valor. **3.** Insignificância, ninharia.

Ba.go *s.m.* **1.** Cada um dos frutos do cacho de uva. **2.** Fruto parecido à uva. **3.** GÍR Testículo. **4.** Caroço. **5.** POP Dinheiro. **6.** Grão de chumbo.

Ba.gre *s.m.* Nome comum a vários peixes de cabeça comprida e corpo liso (sem escamas).

Ba.gue.te *s.f.* Pão cilíndrico e alongado originário da França.

Ba.gu.lho *s.m.* **1.** Semente de certos frutos, como a uva e a pera. **2.** GÍR Pessoa muito feia ou envelhecida. **3.** Objeto sem valor ou imprestável. **4.** GÍR Produto de furto ou de roubo.

Ba.gun.ça *s.f.* GÍR **1.** Desordem, confusão. **2.** GÍR Algazarra, tumulto. **3.** Máquina para remover aterro.

Ba.gun.cei.ro *adj.* e *s.m.* POP Que, ou aquele que faz bagunça; desordeiro.

Bai.a *s.f.* **1.** Compartimento individual de cavalos, touros e bezerros. **2.** Compartimento de um pavilhão de criação destinado a um ou mais animais.

Ba.í.a *s.f.* **1.** Pequeno golfo, de boca estreita. **2.** Lagoa ou lago que se comunica com um rio.

Bai.a.cu *s.m.* **1.** Nome de vários peixes marinhos, peçonhentos, de corpo cheio de escamas, espinhos ósseos ou placas dérmicas, capaz de inflar o estômago e flutuar. **2.** POP Indivíduo baixo e gordo.

Bai.a.na *s.f.* **1.** Veste tradicional das negras e mestiças da capital da Bahia. **2.** Mulher que usa tal roupa. **3.** Capa de couro utilizada para conduzir roupa e outros objetos sobre a sela, também chamada *carona*.

Bai.a.no *adj.* **1.** Relativo ao Estado da Bahia (Região Nordeste). **2.** O natural ou habitante da Bahia. *s.m.* PEJ (S) Nortista.

Bai.ão *s.m.* **1.** Dança e canto popular nordestino, rápido, vivaz e sapateado, ao som da viola, da sanfona etc.

Bai.la *s.f.* **1.** Baile, bailado. **2.** Campo para torneio; estacada, liça. ♦ **Vir à baila:** vir a propósito, ser falado.

Bai.la.do *s.m.* **1.** Ação teatral, musicada, representada por meio de dança. **2.** Balé. **3.** Baile. *adj.* **4.** Relativo à dança.

Bai.lar *v.int.* **1.** Dançar. **2.** FIG Oscilar, tremer. *v.t.* **3.** Executar, dançando.

Bai.la.ri.no *s.m.* Nome dado ao profissional do balé ou bailado teatral; dançarino.

Bai.le *s.m.* **1.** Reunião de pessoas para dançar. **2.** Dança alegre e festiva. **3.** Lugar próprio para a prática da dança.

Bai.nha *s.f.* **1.** Estojo, em geral de couro, onde se introduzem facas, facões etc. **2.** Dobra cosida na orla do tecido para que este não se desfie. **3.** Base achatada da folha, que a prende ao caule, envolvendo-o parcial ou totalmente.

Bai.o *adj.* **1.** Da cor do ouro desmaiado. **2.** Diz-se do cavalo de pelo castanho, com crina e extremidades pretas. *s.m.* **3.** Cavalo dessa cor.

Bai.o.ne.ta (*ê*) *s.f.* Arma pontiaguda, espécie de sabre que se adapta ao fuzil (séc. XVII).

Bair.ris.mo *s.m.* **1.** Qualidade ou ação de bairrista. **2.** Amor exagerado a seu bairro, cidade, região, estado etc.

Bair.ro *s.m.* **1.** Cada uma das partes em que se divide a área urbana de uma cidade. **2.** Arrabalde, subúrbio.

Bai.ta *adj.2g.* **1.** POP Muito grande, imenso. **2.** Valente, destemido. **3.** Célebre, famoso.

Bai.u.ca *s.f.* Pequena taberna suja, muito mal frequentada; bodega.

Bai.xa *s.f.* **1.** Depressão de um terreno. **2.** Situação desfavorável; decadência, declínio. **3.** Redução de altura ou valor. **4.** Lugar onde há pouca água no mar ou num rio. **5.** Perda (por morte, aprisionamento ou ferimento). **6.** Queda (na bolsa), na cotação de títulos etc. ♦ **Ter baixa:** ser dispensado do serviço militar.

Bai.xa.da *s.f.* **1.** Planície entre montanhas. **2.** Depressão de terreno ao pé de uma colina.

Bai.xa-mar *s.f.* **1.** Maré baixa. **2.** Vazante das águas do mar. ♦ *Pl.:* baixa-mares.

BAIXAR — BALDAQUIM

Bai.xar *v.t.* **1.** Tornar baixo ou mais baixo. **2.** Fazer descer. **3.** Dirigir para baixo. **4.** Reduzir o preço, o valor de. **5.** Expedir (aviso, ordem, instrução). **6.** Internar-se para tratamento de saúde. **7.** Aparecer, ir. *v.int.* **8.** Diminuir de altura. **9.** Perder em importância, em influência. **10.** Arrefecer (a temperatura). **11.** Inclinar-se, curvar-se. **12.** Humilhar-se.

Bai.xa.ri.a *s.f.* **1.** Pessoa, coisa, ação ou circunstância grosseira, má, desagradável, antissocial, violenta, ordinária etc.; baixo-astral. **2.** Figuração de acompanhamento na região grave. **3.** Grupo de instrumentos tocando na região grave.

Bai.xel *s.m.* Embarcação (navio, barco) de pequeno porte.

Bai.xe.la *s.f.* O conjunto dos utensílios (copos, talheres etc.) utilizados no serviço de mesa.

Bai.xe.za (ê) *s.f.* **1.** Qualidade de baixo; caráter do que está embaixo. **2.** Pouca elevação. **3.** Humilhação. **4.** Ação vil; covardia, indignidade.

Bai.xi.o *s.m.* **1.** Banco de areia sobre o qual a água do mar ou do rio tem pouca profundidade, constituindo perigo para a navegação. **2.** FIG Dificuldade, estorvo.

Bai.xis.ta *adj. e s.2g.* **1.** Diz-se de, ou especulador que na bolsa de valores manobra para provocar a baixa das cotações. *s.2g.* **2.** MÚS Músico que toca o baixo (instrumento musical).

Bai.xo *adj.* **1.** De pouca altura; pequeno. **2.** Que está a pequena altura. **3.** Que está inferior a seu nível. **4.** Pouco fundo. **5.** Ordinário. **6.** Que tem som grave. **7.** Que mal se ouve. **8.** De pouco preço; barato. **9.** Reles, ordinário. **10.** Desprezível, vil. *s.m.* **11.** MÚS A mais grave das vozes masculinas. **12.** MÚS Cantor que tem essa voz. **13.** MÚS O instrumento de diapasão mais grave de sua família de instrumentos. **14.** A parte inferior de uma montanha. *adv.* **15.** Em um lugar pouco elevado. **16.** Inferior ao normal. **17.** Em voz baixa.

Bai.xo-as.tral *adj.2g. e s.2g.* **1.** Que o quem é mal-humorado, infeliz, queixoso, deprimido, pessimista, ou desagradável, maçante [Atribuem-se tais características à influência maléfica dos astros do zodíaco.]. **2.** Que tem elementos de fracasso (diz-se de pessoa, coisa, fase, circunstância etc., adversas). **3.** Desagradável, deprimente, maçante (diz-se de situação). **4.** Em que há grosseria, violência (diz-se de situação); baixaria. ● *Pl.*: baixos-astrais.

Bai.xo-re.le.vo (ê) *s.m.* Escultura na qual as figuras não sobressaem com todo vulto, mas ficam como se encravadas no plano. ● *Pl.*: baixos-relevos. ● *Ant.*: alto-relevo.

Bai.xo.te *adj. e s.m.* **1.** Diz-se de homem um tanto baixo. **2.** Essa pessoa. ● *Fem.*: baixota.

Bai.xo-ven.tre *s.m.* Parte inferior do ventre, abaixo do umbigo. ● *Pl.*: baixos-ventres.

Bai.xu.ra *s.f.* Lugar baixo, inferior ao nível do mar.

Ba.jar *v.int.* Criar ou produzir vagens.

Ba.jó *s.m.* Vestido curto usado em certas regiões da Índia e no Timor.

Ba.jou.jar *v.t.* **1.** Adular, bajular. **2.** Acariciar.

Ba.ju.la.dor (ô) *adj. e s.m.* **1.** Que, ou aquele que bajula; adulador. **2.** Xereta, puxa-saco.

Ba.ju.lar *v.t.* Lisonjear, adular servilmente, visando a alguma vantagem.

Ba.ju.li.ce *s.f.* Bajulação.

Ba.la *s.f.* **1.** Projétil de arma de fogo. **2.** Pacote com dez resmas de papel. **3.** Pequeno bloco de açúcar refinado em mistura com outras substâncias e solidificado; caramelo, rebuçado, bombom. ● *Aum.*: balaço, balázio.

Ba.la.ço *s.m. Aum.* de bala; tiro de bala. ● *Sinôn.*: balázio.

Ba.la.da *s.f.* **1.** Poema composto de três oitavas ou três décimas, com a mesma rima e o mesmo verso final, seguidas de uma meia estrofe (quadra ou quintilha). **2.** Pequeno poema narrativo, histórico, lendário ou fantástico. **3.** MÚS Certa peça instrumental de origem romântica, de melodia repetitiva, que em geral narra, de forma indireta e dramática, alguma história originária de um incidente trágico envolvendo costumes locais ou de uma lenda.

Ba.lai.o *s.m.* **1.** Cesto de palha, de talhas de palmeira ou de cipó, com ou sem tampa. **2.** Revoltoso da balaiada (1839-1840).

Ba.la.lai.ca *s.f.* Instrumento musical de três cordas e de tampo triangular, usado pelos camponeses russos.

Ba.lan.ça *s.f.* **1.** Instrumento para determinar o peso dos objetos. **2.** FIG Ponderação, equilíbrio. **3.** Confronto, comparação. **4.** Emblema de justiça. **5.** Nome de uma constelação do zodíaco.

Ba.lan.çar *v.t.* **1.** Pôr em balanço. **2.** Fazer oscilar. **3.** Mover de um lado para outro, alternadamente. **4.** Equilibrar, contrapesar. **5.** FIG Examinar, comparar. *v.p.* **6.** Dar balanços ao corpo. **7.** Mover-se de um lado para outro.

Ba.lan.ce.a.do *adj.* **1.** Que se balanceou. **2.** Diz-se de alimentação ou ração equilibrada, ou seja, que contém a quantidade e a qualidade necessárias à pessoa ou animal a que se destina.

Ba.lan.ce.ar *v.t. e p.* **1.** Balançar(-se). **2.** Fazer o balanceamento das rodas de (veículo).

Ba.lan.ce.te (ê) *s.m.* **1.** Balanço periódico de saldos devedores e credores com a intenção de controlar as operações de uma empresa, e de servir de subsídio para o *balanço* anual. **2.** Balanço parcial.

Ba.lan.cim *s.m.* **1.** Balanceiro. **2.** AUTOM Braço de comando da bomba mecânica de gasolina.

Ba.lan.ço *s.m.* **1.** Ato de balançar, que resulta de movimentos oscilatórios. **2.** Movimento alternado em sentidos opostos; oscilação. **3.** Abalo, sacudidela. **4.** Agitação, revolta. **5.** Levantamento contábil da situação econômico-financeira de uma empresa comercial, que descreve minuciosamente seu ativo e passivo.

Ba.lan.gan.dãs *s.m.pl.* Ornamentos (figas, corações etc.) usados em geral pelas negras baianas em dias de festa; enfeites, bijuterias (colares, brincos, pulseiras).

Ba.lão *s.m.* **1.** Globo de papel que se lança ao ar, em especial nos festejos de São João. **2.** Espécie de aeronave que se utiliza de um gás mais leve que o ar para se elevar e manter na atmosfera. **3.** Aeróstato. **4.** Curva fechada para retorno de veículos. **5.** FIG Notícia exagerada; balela.

Ba.lão de en.sai.o *s.m.* **1.** Recipiente esférico de vidro, empregado em laboratórios químicos. **2.** FIG Tentativa; notícia que se solta para sondar a opinião pública. ● *Pl.*: balões de ensaio.

Ba.lão-son.da *s.m.* **1.** Pequeno balão com gás hélio ou hidrogênio, cuja ascensão é observada com teodolito para colher dados destinados ao cálculo da direção e da velocidade do vento nas diferentes altitudes, e verificar a altura da base às nuvens; balão-piloto. **2.** Balão livre munido de instrumentos de medição dos elementos meteorológicos ou do dispositivo eletrônico para determinação dos ventos em altitude, ou ambos; balão de sondagem, balão estratosférico. ● *Pl.*: balões-sonda e balões-sondas.

Ba.la.ta *s.f.* **1.** BOT Árvore frutífera do Norte brasileiro. **2.** Látex seco e duro dessa árvore, usado principalmente no fabrico de material para correias de transmissão e de bolas de golfe. **3.** Goma-resina extraída de algumas plantas.

Ba.la.us.tra.da *s.f.* **1.** Série, fileira de balaústres. **2.** Grade de pequena altura para proteção ou apoio.

Ba.la.us.tra.do *adj.* Guarnecido ou cercado com balaústre.

Ba.la.ús.tre *s.m.* **1.** Cada um dos pilares que formam o resguardo de um terraço, escada etc. **2.** Coluneta, gradeado.

Ba.lá.zio *s.m.* Balaço.

Ba.bu.ci.ar *v.t.* **1.** Articular (palavras) imperfeitamente, como as crianças. *v.int.* **2.** Exprimir-se de modo confuso e com pouco conhecimento da matéria.

Bal.búr.dia *s.f.* **1.** Grande desordem, acompanhada de vozeria. **2.** Confusão, tumulto, algazarra.

Bal.cão *s.m.* **1.** Mesa comprida na qual, nas lojas, se atendem os fregueses. **2.** Galeria de teatro, situada em geral por cima da orquestra. **3.** Sacada, varanda, platô.

Bal.co.nis.ta *s.2g.* Pessoa que trabalha em balcão de loja; caixeiro.

Bal.da *s.f.* **1.** Mania, falta habitual. **2.** Tique, cacoete. **3.** Carta sem serventia (no jogo do baralho).

Bal.da.quim *s.m.* Baldaquino.

BALDAQUINO — BANCADA

Bal.da.qui.no *s.m.* **1.** Tecido com que eram forrados os dosséis. **2.** Espécie de dossel sustentado por colunas e que serve de cúpula ou coroa de um altar ou trono. **3.** Cobertura em porta externa para proteger da chuva.

Bal.dar *v.t.* **1.** Frustrar, malograr; empregar com mau resultado. *v.p.* **2.** Ser ineficaz. **3.** Desfazer-se de cartas inúteis (baralho).

Bal.de *s.m.* **1.** Vaso de metal, madeira, plástico etc., para tirar água de poços, receber despejos de lavatórios etc. **2.** O conteúdo desse vaso.

Bal.de.ar *v.t.* **1.** Tirar com balde; passar (líquidos) de um vaso para outro. **2.** Passar (mercadorias, passageiros, bagagens etc.) de um veículo para outro. **3.** Aguar, molhar. **4.** Sacudir, balouçar. *v.int.* e *p.* **5.** Amalucar-se. *v.p.* **6.** Lançar-se, passar-se para outro lado.

Bal.di.o *adj.* **1.** Inculto, agreste. **2.** Diz-se de terreno sem cultivo, sem proveito. *s.m.* **3.** Terreno abandonado ou não cultivado.

Ba.lé *s.m.* Forma teatral de dança que combina passos com música, cenários e figurinos, num conjunto integrado. ◆ *Var.:* **balê**.

Ba.le.ar *v.t.* Ferir ou matar à bala.

Ba.le.ei.ra *s.f.* Embarcação utilizada na pesca da baleia; baleeiro.

Ba.le.ei.ro *s.m.* **1.** O mesmo que *baleeira*. **2.** Aquele que pesca baleias. *adj.* **3.** Relativo a baleias.

Ba.lei.a *s.f.* **1.** ZOOL Nome comum aos mamíferos marinhos da ordem dos cetáceos, carnívoros, de grande porte, alguns podendo pesar até 120 toneladas e medir 35 m de comprimento. **2.** PEJ Indivíduo de dimensões avultadas.

Ba.lei.ro *s.m.* Vendedor de balas ou rebuçados em tabuleiros portáteis.

Ba.le.la *s.f.* **1.** Notícia falsa. **2.** Dito sem fundamento; mentira.

Ba.le.o.te *s.m.* Filhote de baleia.

Ba.li.do *s.m.* **1.** Voz da ovelha ou do carneiro; balir. **2.** FIG Queixa, queixume.

Ba.lir *v.int.* **1.** Soltar balidos (o carneiro, a ovelha); balar. *s.m.* **2.** Balido.

Ba.lís.ti.ca *s.f.* Ramo da Física que tem por objeto o estudo do movimento dos projéteis, especialmente os propulsionados por arma de fogo.

Ba.li.za *s.f.* **1.** Marca ou sinal indicativo de certas normas de trânsito. **2.** Marca, sinal. **3.** Boia, estaca etc., que serve de referência à navegação. **4.** Estaca ou qualquer objeto que marca um limite. **5.** Confim, limite. *s.2g.* **6.** Pessoa que, em desfiles cívicos, vai à frente agitando arma ou vara, fazendo demonstrações de destreza ou ordenando os movimentos do conjunto.

Ba.li.zar *v.t.* **1.** Abalizar; indicar por meio de balizas. **2.** Marcar, demarcar. **3.** Distinguir. **4.** Limitar; separar. **5.** Determinar a grandeza de.

Bal.let (fr.) *s.m.* Ver **Balé**. ● *Pl.:* ***ballets***.

Bal.ne.á.rio *adj.* **1.** Relativo a banho. *s.m.* **2.** Recinto público destinado a banhos. **3.** Estância de águas minerais.

Ba.lo.fo (ô) *adj.* **1.** Volumoso, mas pouco denso e, por isso, de pouco peso. **2.** Empolado, inchado. **3.** FIG Que impressiona e pouco vale; oco, vão, fofo. **4.** Gorducho.

Ba.lo.nis.mo *s.m.* Hábito de soltar balões ou esporte de neles voar.

Ba.lo.nis.ta *adj.2g.* e *s.2g.* Relativo a balonismo ou indivíduo que se dedica a essa atividade ou a esse esporte.

Ba.lou.çar *v.t.* **1.** Balançar. **2.** Abanar, sacudir. *v.int.* e *p.* **3.** Mover(-se) de um lado para outro; oscilar. ◆ *Var.:* **baloiçar**.

Bal.sa *s.f.* **1.** BOT Árvore de madeira leve e resistente, utilizada na fabricação de jangadas. **2.** A madeira dessa árvore. **3.** Espécie de jangada grande, na qual se transportam cargas e passageiros, em geral a pequenas distâncias.

Bal.sâ.mi.co *adj.* **1.** Da natureza do bálsamo. **2.** Aromático, perfumado. **3.** Animador, confortador.

Bál.sa.mo *s.m.* **1.** BOT Planta que produz o bálsamo. **2.** Resina aromática, segregada de certos vegetais. **3.** Perfume, aroma. **4.** FIG Conforto, alívio, consolo.

Ba.lu.ar.te *s.m.* **1.** Construção avançada, alta e saliente das fortalezas. **2.** Fortaleza inexpugnável, lugar seguro. **3.** Sustentáculo, defesa, apoio, suporte. **4.** Pessoa que sustenta uma opinião, que mantém uma causa, um ideal etc.

Bal.za.qui.a.na *adj.* e *s.f.* FAM Diz-se de, ou mulher de mais ou menos 30 anos, em alusão ao romance *A mulher de trinta anos*, de Honoré de Balzac.

Bam.ba *adj.* e *s.2g.* **1.** Diz-se de, ou indivíduo valentão, arruaceiro. **2.** Diz-se de, ou pessoa perita em determinado assunto ou atividade.

Bam.bi.ne.la *s.f.* Cortina de duas partes, que ornamenta interiormente portas e janelas.

Bam.bo *adj.* **1.** Frouxo, lasso, não esticado. **2.** Sem firmeza, indeciso.

Bam.bo.lê *s.m.* Aro de metal ou plástico, usado como brinquedo ou em apresentação de ginástica, que gira com o movimento do corpo, dos braços, pernas etc.

Bam.bo.le.ar *v.t.*, *int.* e *p.* **1.** Balancear o corpo, os quadris; gingar. **2.** Rebolar(-se); saracotear(-se).

Bam.bu *s.m.* **1.** BOT Planta graminácea que atinge vários metros de altura; taboca, taquara. **2.** Vara de pesca.

Bam.bu.al *s.m.* Bambuzal.

Bam.bur.rar *v.int.* **1.** Nas lavras de diamante, achar um diamante de grande valor, por bambúrrio. **2.** Enriquecer inesperadamente.

Bam.búr.rio *s.m.* **1.** Sorte inesperada, sobretudo no jogo. **2.** Sorte, acaso.

Bam.bu.zal *s.m.* Mata de bambus; bambual.

Ba.nal *adj.* **1.** Sem originalidade. **2.** Trivial, vulgar, comum.

Ba.na.li.da.de *s.f.* **1.** Caráter do que é banal. **2.** Vulgaridade, trivialidade. **3.** Coisa ou ação banal.

Ba.na.li.za.ção *s.f.* Ato de banalizar(-se).

Ba.na.li.zar *v.t.* e *p.* Tornar(-se) banal ou vulgar; vulgarizar(-se).

Ba.na.na *s.f.* **1.** Fruto da bananeira. **2.** Certo gesto grosseiro. **3.** Carga de dinamite, geralmente em cartuchos. *s.2g.* **4.** FIG e PEJ Pessoa sem energia ou vontade própria; palerma.

Ba.na.na.da *s.f.* Doce feito com a polpa da banana.

Ba.na.na-d'á.gua *s.f.* Variedade de banana comprida, com polpa amarela, doce, comestível ao natural e muito empregada em doces industriais ou caseiros; banana-anã, banana-caturra, banana--nanica. ● *Pl.:* ***bananas-d'água***.

Ba.na.nal *s.m.* Plantação de bananas.

Ba.na.na-na.ni.ca *s.f.* Variedade de banana de polpa doce, largamente cultivada em todo o mundo; banana-anã. ● *Pl.:* ***bananas-nanicas***.

Ba.na.na-ou.ro *s.f.* Variedade de banana pequena de casca muito fina. ● *Pl.:* ***bananas-ouro(s)***.

Ba.na.na-são-to.mé *s.f.* Banana doce que se come assada. ● *Pl.:* ***bananas-são-tomé***.

Ba.na.na-split (ing.) *s.f.* Sorvete servido sobre fatias de banana e coberto com calda. ● *Pl.:* ***bananas-split***.

Ba.na.nei.ra *s.f.* BOT Grande erva cujos frutos, largamente consumidos, se dispõem em cachos.

Ba.na.nei.ral *s.m.* Bananal.

Ba.na.ni.cul.tor (ô) *s.m.* Agricultor que se dedica à bananicultura.

Ba.na.ni.cul.tu.ra *s.f.* Cultura de bananas.

Ban.ca *s.f.* **1.** Mesa de trabalho. **2.** Mesa para escrever. **3.** Secretária, carteira. **4.** Mesa especial para os trabalhos em oficinas. **5.** Escritório de advocacia. **6.** Jogo de azar. **7.** Quantia posta na mesa para arriscar-se no jogo. **8.** Comissão examinadora de concursos e provas escolares. **9.** Local de venda de revistas, jornais etc. **10.** Local onde se vende e compra peixe, verduras, frutas etc., nas feiras.

Ban.ca.da *s.f.* **1.** Banco comprido. **2.** Espécie de grande mesa, muitas vezes com gaveta e prateleiras, e aparelhada com instrumentos de trabalho, nas oficinas de carpinteiros, serralheiros etc. **3.** Conjunto de bancos dispostos sob determinada ordem. **4.** Representação de um partido e de um bloco na Câmara e no Senado, nas Assembleias Estaduais e Câmaras de Vereadores.

BANCAR — BANZADO

Ban.car *v.int.* **1.** Ser o responsável por uma banca de jogo. **2.** Fazer jogo. *v.t.* **3.** Tomar ares de. **4.** Fingir-se de; passar por. **5.** Financiar. *v.pred.* **6.** Dar-se ares de; fingir ser (o que não é).

Ban.cá.rio *adj.* **1.** Relativo ou pertencente a banco. *s.m.* **2.** Funcionário de banco ou casa bancária.

Ban.car.ro.ta (ó) *s.f.* **1.** Falência fraudulenta ou resultante de má administração. **2.** Estado de insolvência; quebra. **3.** Ruína, decadência.

Ban.co *s.m.* **1.** Assento estreito e comprido, com ou sem encosto para várias pessoas. **2.** Escabelo. **3.** Tamborete. **4.** Mesa sobre a qual trabalham certos artífices. **5.** Estabelecimento comercial de crédito. **6.** Acumulação de areia, lama e seixos que se forma no leito dos rios e nos mares, próximo à costa. **7.** Banco de areia, recife, baixio. **8.** Lugar à margem do campo ou quadra onde se assentam os jogadores da reserva em certos esportes. ♦ **Banco de sangue:** seção de hospital onde se conserva sangue humano para transfusões.

Ban.da *s.f.* **1.** Parte lateral; lado. **2.** Faixa de tecido que serve para ligar ou segurar uma coisa. **3.** Listra larga que se põe à borda de um vestuário. **4.** Cinta dos oficiais de exército. **5.** Conjunto de músicos que cantam, tocam instrumentos de sopro e percussão. **6.** Conjunto de música popular. **7.** Grupo, facção.

Ban.da.gem *s.f.* Conjunto de ataduras ou bandas com que se envolve um ferimento.

Ban.da.lho *s.m.* **1.** Indivíduo desprezível, sem dignidade nem brio. **2.** Trapo, farrapo humano.

Ban.da.ri.lha *s.f.* Farpa enfeitada com bandeiras ou fitas, que o toureiro crava no cachaço do touro.

Ban.de.ar *v.t.* **1.** Agitar, mover para uma e outra banda (alguma coisa). **2.** Hesitar entre dois partidos, duas opiniões etc. *v.int.* **3.** Passar para o lado oposto, mudando de opinião, de partido. *v.t.* e *p.* **4.** Reunir(-se) em bando ou partido. **5.** Mudar de opinião ou partido.

Ban.dei.ra *s.f.* **1.** Pedaço de pano retangular, de uma ou mais cores, às vezes com legenda, que se hasteia num pau, e é distintivo de nação, estado, cidade, corporação etc. **2.** Pavilhão, estandarte. **3.** Lema. **4.** Facção, partido. **5.** Chapa metálica do taxímetro do automóvel que, ao ser baixada, põe a funcionar o marcador do preço da corrida. **6.** Adjutório, mutirão. **7.** Inflorescência da cana-de-açúcar. **8.** Expedição armada (sécs. XVI e XVII) que se destinava ao desbravamento do Brasil Central ou à caça de índios para os escravizar.

Ban.dei.ra.da *s.f.* **1.** Importância fixa marcada pelo taxímetro dos carros de praça quando se inicia a corrida. **2.** Sinal dado com bandeira.

Ban.dei.ran.te *s.m.* **1.** Aquele que fazia parte de uma bandeira ou expedição destinada a descobrir minas ou apresar selvagens. *s.f.* **2.** Menina adolescente que pratica o bandeirantismo. *adj.* e *s.2g.* **3.** Diz-se de, ou pessoa natural do Estado de São Paulo; paulista.

Ban.dei.ran.tis.mo *s.m.* Sistema educativo extraescolar semelhante ao escotismo, mas destinado a meninas.

Ban.dei.ri.nha *s.f.* **1.** *Dim. de bandeira.* *s.2g.* **2.** Político versátil ou volúvel. **3.** Auxiliar do árbitro de futebol que, com uma bandeirinha na mão, acena para indicar faltas, saídas da bola etc.; juiz de linha.

Ban.de.ja (ê) *s.f.* **1.** Espécie de tabuleiro de madeira, matéria plástica, louça etc., para serviço de mesa. **2.** No basquete, certa jogada em que o atacante arremessa a bola à cesta num salto que dá dois passos dentro do garrafão.

Ban.di.do *s.m.* **1.** Homem que vive de roubos. **2.** Salteador, bandoleiro, ladrão. **3.** Criminoso. **4.** Pessoa de maus instintos.

Ban.di.tis.mo *s.m.* **1.** Condição ou vida própria de bandido. **2.** Costumes de bandido. **3.** Criminalidade.

Ban.do *s.m.* **1.** Grupo de pessoas ou animais. **2.** As pessoas de um partido ou facção. **3.** Quadrilha de malfeitores. **4.** Corja, malta, súcia.

Ban.dô *s.m.* Penteado feminino em que o cabelo é repartido em duas metades iguais ao longo da cabeça.

Ban.dô *s.m.* Banda ornamental de madeira que se coloca sobre portas e janelas para ocultar o trilho das cortinas.

Ban.do.lei.ro *s.m.* **1.** Bandido que age em bando, sob as ordens de um chefe. **2.** pop Mentiroso, trapaceiro. *adj.* **3.** Errante, andejo. **4.** Ocioso, vadio.

Ban.do.lim *s.m.* Instrumento em formato de pera, com oito cordas agrupadas duas a duas, que se fazem vibrar com uma palheta.

Ban.du.lho *s.m.* pop Barriga, ventre, pandulho.

Ban.dur.ra *s.f.* Instrumento musical, espécie de bandolim curto, de muitas cordas.

Ban.ga.lô *s.m.* **1.** Casa de campo, na Índia. **2.** Tipo de casa de campo ou praia que lembra o bangalô indiano.

Ban.guê *s.m.* **1.** Padiola para conduzir cadáveres, principalmente de negros escravos. **2.** Padiola para conduzir materiais de construção. **3.** Engenho de açúcar primitivo, movido a tração animal.

Ban.gue-ban.gue *s.m.* **1.** Filme que retrata episódios da conquista do Oeste norte-americano, cheio de lutas, tiroteios, índios etc. **2.** Qualquer filme semelhante, de mocinho e bandido. **3.** Luta, briga, pancadaria, tiroteio. ♦ *Sínon.:* *faroeste, western* (ing.). ♦ *Pl.:* *bangue-bangues.*

Ban.gue.la *adj.* e *s.2g.* Diz-se de, ou pessoa a quem falta um ou mais dentes da frente; diz-se de, ou pessoa desdentada.

Ba.nha *s.f.* **1.** Gordura animal, especialmente de porco.

Ba.nha.do *s.m.* **1.** Pântano coberto de vegetação. **2.** Brejo. *adj.* **3.** Metido em banho. **4.** Molhado, umedecido. **5.** Diz-se de objeto que tem somente a superfície em metal precioso.

Ba.nhar *v.t.* **1.** Dar banho a. **2.** Lavar. **3.** Molhar, umedecer. **4.** Embeber, mergulhar. **5.** Passar em ou junto de. **6.** fig Penetrar, impregnar. *v.p.* **7.** Tomar banho.

Ba.nhei.ra *s.f.* **1.** Recipiente próprio para se tomar banho de imersão. **2.** Automóvel grande e velho. **3.** No futebol, a linha de impedimento.

Ba.nhei.ro *s.m.* **1.** Compartimento da casa, destinado a banhos. **2.** Aposento com vaso sanitário. **3.** pop Privada, latrina.

Ba.nhis.ta *s.2g.* Pessoa que vai a banhos numa praia, numa estação de águas etc.

Ba.nho *s.m.* **1.** Ato ou resultado de banhar(-se). **2.** Líquido em que se dá ou toma banhos. **3.** Lavagem, asseio. **4.** Lugar onde se toma banho. **5.** Exposição do corpo a raios solares, gases etc. **6.** Solução de material para tingimento de roupas. **7.** gír esp Derrota por larga margem de pontos ou gols. **8.** Presídio, prisão, galé.

Ba.nho-ma.ri.a *s.m.* Processo de aquecer substância, mergulhando em água fervente o recipiente que a contém. ♦ *Pl.:* *banhos-maria(s).*

Ba.ni.do *adj.* **1.** Que sofreu banimento. **2.** Expatriado por sentença. **3.** Posto para fora; expulso.

Ba.nir *v.t.* **1.** Desterrar, exilar. **2.** Expulsar da pátria por sentença com perda dos direitos políticos. **3.** Excluir, proscrever.

Ban.jo *s.m.* Instrumento musical de cordas, com caixa de tambor, braço longo e estreito.

Ban.jo.ís.ta *s.2g.* mús Pessoa que toca banjo.

Ban.quei.ro *s.m.* **1.** Dono ou sócio de banco ou de casa bancária. **2.** Diretor de banco. **3.** O que executa operações bancárias. **4.** O que possui banca de jogo de roleta ou de bicho. **5.** fig Homem muito rico.

Ban.que.ta (ê) *s.f.* Pequeno banco sem encosto.

Ban.que.te (ê) *s.m.* **1.** Refeição solene e aparatosa, da qual participam muitos convidados. **2.** Festim.

Ban.que.te.ar *v.t.* **1.** Dar banquete a, ou em honra de. *v.p.* **2.** Participar de banquete. **3.** Comer regaladamente.

Ban.to *s.m.* **1.** Indivíduo dos bantos, raça negra do sul da África, a que pertenciam, entre outros, *angolas, cabindas, banguelas, congos, moçambiques.* *adj.* **2.** Dos bantos.

Ban.za¹ *s.f.* Na África, residência de régulo.

Ban.za² *s.f.* pop Espécie de guitarra de origem africana; cítara.

Ban.za.do *adj.* **1.** Pasmado, surpreso. **2.** Muito decepcionado.

BANZÉ — BARONATO

Ban.zé *s.m.* **1.** Festa popular ruidosa, constituída de danças e cantos ao som da viola. **2.** Disputa, rixa. **3.** Barulho, confusão.

Ban.zo *s.m.* **1.** Nostalgia mortal que atacava os negros africanos trazidos ao Brasil. **2.** Melancólico, triste, pensativo.

Ba.o.bá *s.m.* Gigantesca árvore africana, um dos maiores vegetais conhecidos no mundo, cujo tronco pode ter mais de 20 m de circunferência.

Ba.que *s.m.* **1.** Ruído de um corpo que cai ao bater sobre outro. **2.** Queda, choque, tombo. **3.** Ruína, desastre súbito. **4.** Palpitação forte. **5.** Decepção brusca.

Ba.que.ar *v.int.* **1.** Cair com baque, subitamente. **2.** Arruinar-se, falir. *v.p.* **3.** Prostrar-se.

Ba.que.li.ta *s.f.* Nome comum de várias resinas sintéticas e plásticas, largamente comercializadas. ◆ *Var.: baquelite.*

Ba.que.ta (ê) *s.f.* **1.** Pequena vara com que se toca tambor e outros instrumentos. **2.** FAM Perna fina.

Bar *s.m.* **1.** Lugar onde se vendem bebidas; botequim. **2.** Balcão em frente ao qual as pessoas consomem bebidas, quase sempre de pé ou sentadas em bancos altos. **3.** Balcão onde se guardam bebidas. **4.** Sala com bar.

Ba.ra.fun.da *s.f.* **1.** Mistura desordenada de pessoas ou coisas. **2.** Confusão, desordem, bagunça. **3.** Algazarra, tumulto.

Ba.ra.fus.tar *v.t.* **1.** Entrar, precipitada e bruscamente. *v.int.* **2.** Agitar-se, debater-se desordenadamente.

Ba.ra.lha.da *s.f.* Desordem, barafunda, confusão.

Ba.ra.lhar *v.t.* Confundir, misturar (as cartas do baralho); embaralhar. *v.t.* e *p.* Confundir(-se), misturar(-se).

Ba.ra.lho *s.m.* Coleção das 52 cartas de jogar, distribuídas em naipes.

Ba.rão *s.m.* **1.** Título de nobreza, o mais baixo da escala nobiliárquica, imediatamente inferior ao de visconde. **2.** Pessoa empoada. ● *Fem.: baronesa* (ê).

Ba.ra.ta *s.f.* **1.** ENTOM Nome comum a vários insetos domésticos de corpo chato e hábitos noturnos. **2.** Certo tipo de automóvel antigo.

Ba.ra.te.ar *v.t.* **1.** Vender por preço mais baixo que o anterior. **2.** Dar pouco valor a. *v.int.* **3.** Diminuir de preço ou valor. ● *Ant.: encarecer.*

Ba.ra.tei.o *s.m.* Barateamento.

Ba.ra.tei.ro *adj.* e *s.m.* Diz-se de, ou profissional, comerciante ou casa comercial que vende barato.

Ba.ra.ti.nar *v.t.* e *p.* **1.** Fazer perder ou perder a serenidade, a clareza mental, o controle da situação; desnortear(-se), desorientar(-se), perturbar(-se). **2.** Ficar sob a ação de entorpecente.

Ba.ra.to *adj.* **1.** De preço baixo ou módico. **2.** Que cobra (ou onde se cobra) preço baixo. **3.** Comum, vulgar. *s.m.* **4.** Porcentagem que o banqueiro de um jogo paga ao dono da casa de jogos. **5.** GÍR Coisa muito boa ou bonita. **6.** GÍR O que causa prazer. **7.** GÍR Estímulo e/ou excitação causados por drogas. *adv.* **8.** Por preço módico.

Bá.ra.tro *s.m.* Precipício, abismo, profundeza.

Ba.ra.ú.na *s.f.* BOT Árvore da família das leguminosas, de madeira muito dura.

Bar.ba *s.f.* **1.** O conjunto dos pelos que crescem no rosto do homem. **2.** Pelos do focinho ou do bico de certos animais. ● *Aum.: barbaça.* ● *Dim.: barbicha.*

Bar.ba-a.zul *s.m.* **1.** Homem que ficou viúvo várias vezes. **2.** Homem que conquista muitas mulheres ou que tem muitas mulheres; mulherengo.

Bar.ba.da *s.f.* **1.** O beiço inferior do cavalo. **2.** Cavalo que, por ser superior aos adversários de páreo, não pode perder. **3.** Competição esportiva cujo ganhador se tem como certo. **4.** Qualquer páreo fácil ou que assim se presume.

Bar.ba.do *adj.* e *s.m.* **1.** Que, ou o que tem barba. **2.** Homem adulto. **3.** Certo peixe.

Bar.ban.te *s.m.* Cordão delgado, geralmente de algodão, para atar.

Bar.ba.ri.da.de *s.f.* **1.** Ato ou procedimento de bárbaro. **2.** Crueldade, selvageria. **3.** Erro grosseiro. **4.** (S) *interj.* que exprime espanto.

Bar.bá.rie *s.f.* **1.** Barbaria. **2.** Estado ou condição de bárbaro. **3.** Selvageria, ferocidade.

Bar.ba.ris.mo *s.m.* **1.** Estado ou condição de bárbaro. **2.** Ato praticado por bárbaro. **3.** GRAM Vício de linguagem que consiste em erro de pronúncia, grafia, gênero etc. **4.** GRAM Emprego de palavras ou construções estrangeiras; estrangeirismo.

Bar.ba.ri.zar *v.t.* e *p.* **1.** Fazer ou tornar(-se) bárbaro; embrutecer(-se). *v.int.* **2.** Dizer ou escrever barbarismos.

Bár.ba.ro *adj.* **1.** Sem civilização, sem lei. **2.** Rude. **3.** Cruel, feroz, desumano. **4.** Contrário às regras ou ao uso. **5.** POP Formidável, sensacional, admirável, maravilhoso. ● *Ant.: civilizado.*

Bar.ba.ta.na *s.f.* **1.** Membrana exterior do peixe. **2.** Lâmina córnea implantada no céu da boca das baleias e outros mamíferos aquáticos. **3.** Pequena haste flexível utilizada na armação de certas roupas.

Bar.be.a.dor (ô) *s.m.* Aparelho próprio para barbear.

Bar.be.ar *v.t.* **1.** Raspar a barba, com navalha ou aparelho apropriado. *v.p.* **2.** Fazer a própria barba.

Bar.be.a.ri.a *s.f.* **1.** Loja ou salão de barbeiro. **2.** Ofício ou profissão de barbeiro.

Bar.bei.ra.gem *s.f.* **1.** Ato ou efeito de barbeirar, de conduzir mal um veículo; imperícia. **2.** Incompetência ou inabilidade em qualquer coisa.

Bar.bei.ro *s.m.* **1.** Aquele cuja profissão é fazer e aparar barbas, cortar cabelos etc. **2.** Mau condutor de veículos, principalmente automóveis. **3.** Indivíduo inábil em sua profissão. **4.** ENTOM Espécie de percevejo hematófago, transmissor da doença de Chagas.

Bar.be.la¹ *s.f.* **1.** Pele pendente do pescoço do boi. **2.** Saliência adiposa no queixo; papada (do homem).

Bar.be.la² *adj.* Diz-se de uma variedade de trigo.

Bar.bi.cha *s.f.* **1.** Barba pequena e rala. **2.** A barba do bode. *s.m.* **3.** Aquele que deixa crescer barba no queixo; barbichas.

Bar.bi.lhão *s.m.* ZOOL Apêndice carnoso de cada lado da boca de certos peixes e aves.

Bar.bi.tú.ri.co *adj.* **1.** Diz-se de um ácido de ação hipnógena. *s.m.* **2.** Medicamento de efeito hipnótico ou sedativo, largamente utilizado contra a insônia.

Bar.bu.do *adj.* e *s.m.* Que ou aquele que tem muita barba.

Bar.ca *s.f.* **1.** Embarcação larga e pouco profunda, empregada no transporte de carga e passageiros, geralmente a pequenas distâncias. **2.** Cantiga de barqueiros. ● *Aum.: barcaça.*

Bar.ca.ça *s.f.* **1.** Embarcação para carga e descarga de mercadorias ou para transporte de passageiros de navios que não podem atracar no porto. **2.** Grande barca.

Bar.ca.ro.la *s.f.* **1.** Canção romântica dos gondoleiros de Veneza (Itália). **2.** Peça musical cujo ritmo sugere o balanço duma barca.

Bar.co *s.m.* **1.** Nome dado a qualquer embarcação de pequeno porte, sem cobertura. **2.** Qualquer embarcação.

Bar.do *s.m.* **1.** Nome dado pelos celtas a seus poetas heroicos. **2.** Poeta, vate, trovador. **3.** Cerca de silvado.

Bar.ga.nha *s.f.* **1.** Ato ou efeito de barganhar. **2.** Troca, permuta. **3.** Transação fraudulenta; trapaça. ◆ *Var.: berganha.*

Bar.ga.nhar *v.t.* Permutar, trocar, negociar. ◆ *Var.: berganhar.*

Bá.rio *s.m.* QUÍM Metal alcalinoterroso, de símbolo Ba e número atômico 56.

Ba.rí.to.no *s.m.* **1.** Voz de homem entre o tenor e o baixo. **2.** Cantor que tem essa voz.

Bar.la.ven.to *s.m.* **1.** NÁUT Direção de onde sopra o vento. **2.** Bordo do navio voltado para essa direção. ● *Ant.: sotavento.*

Bar.na.bé *s.m.* POP Funcionário público de baixa categoria e mal remunerado.

Ba.rô.me.tro *s.m.* FÍS Instrumento usado para medir a pressão atmosférica.

Ba.ro.na.to *s.m.* Título ou dignidade de barão.

BARONESA — BASILAR

Ba.ro.ne.sa (ê) *s.f.* **1.** Mulher com a dignidade de barão ou casada com barão. **2.** Planta que desce das lagoas para os rios nas cheias de inverno.

Bar.quei.ro *s.m.* Aquele que dirige barco ou barca.

Bar.ra *s.f.* **1.** Entrada apertada de porto. **2.** Pedaço grosso de madeira, ferro etc. **3.** Bloco retangular de sabão. **4.** Debrum, orla, fímbria. **5.** Cinta, tira. **6.** Desembocadura. **7.** Certo aparelho de ginástica.

Bar.ra.ca *s.f.* **1.** Abrigo de lona, náilon etc. **2.** Tenda, abrigo precário. **3.** Casa mal construída; cabana. **4.** FAM Grande guarda-sol de praia.

Bar.ra.cão *s.m.* **1.** Grande barraca. **2.** Abrigo ou telheiro para guardar utensílios ou depositar materiais de construção. **3.** Toldo de lona. **4.** Casa modesta e de poucos cômodos; choupana, barraco.

Bar.ra.co *s.m.* **1.** Habitação modesta de tijolo ou madeira, nos bairros pobres, coberta de zinco, telha ou palha. **2.** Choupana, cabana.

Bar.ra.cu.da *s.f.* Peixe marinho muito agressivo, de até 2 m de comprimento.

Bar.ra.gem *s.f.* **1.** Estrutura utilizada para obstruir transversalmente um curso de água. **2.** Represa, açude. **3.** Obstrução, impedimento.

Bar.ra-lim.pa *adj.* e *s.2g.* Diz-se de, ou pessoa amiga, leal etc. • *Pl.: barras-limpas.*

Bar.ran.co *s.m.* **1.** Lugar escavado por enxurradas ou pela ação do homem. **2.** Precipício, despenhadeiro, ribanceira. **3.** Estorvo, embaraço.

Bar.ran.quei.ro *adj.* e *s.m.* **1.** Diz-se do, ou o habitante das margens do rio São Francisco, na Bahia e em Minas Gerais.

Bar.ra-pe.sa.da *adj.2g.* e *s.2g.* **1.** Que aquilo que é de difícil solução; barra. **2.** Que aquele que é suspeito, desonesto; barra suja. • *Pl.: barras-pesadas.*

Bar.rar *v.t.* **1.** Atravessar com barras. **2.** Impedir com barras. **3.** Impedir o avanço. **4.** Impedir, obstar. **5.** Enganar, ludibriar. **6.** Excluir, afastar.

Bar.rei.ra *s.f.* **1.** Morro de barro ou de saibro, que em geral fornece material para aterro ou para o fabrico de produtos cerâmicos. **2.** Tapume formado por peças de madeira ou metal. **3.** Parapeito construído com paus, próximos e alinhados. **4.** Estacada. **5.** Posto fiscal que, na divisa dos Estados, faz o controle de veículos e mercadorias. **6.** O que constitui um obstáculo entre duas pessoas ou dois grupos. **7.** Obstáculo, dificuldade. **8.** Alvo, ponto. **9.** Lugar de onde se extrai barro; barreiro. **10.** No futebol, grupo de jogadores que se posicionam em linha, entre a bola e o gol, quando da cobrança de falta pelo time adversário.

Bar.rei.ro *s.m.* **1.** Lugar de onde se tira barro para o fabrico de tijolos, telhas etc.; barreira. **2.** ORNIT Nome dado ao pássaro *joão-de-barro.*

Bar.re.la *s.f.* **1.** Operação que consiste na passagem de água quente por uma camada de cinza, a qual serve para branquear a roupa. **2.** água suja, água de barrela. **3.** lixívia.

Bar.ren.to *adj.* **1.** Que tem muito barro. **2.** Da cor do barro.

Bar.re.ta.da *s.f.* **1.** Ato de tirar o barrete ou chapéu da cabeça, em cumprimento a alguém. **2.** Mesura afetada; rapapé.

Bar.re.te (ê) *s.m.* **1.** Carapuça. **2.** Cobertura quadrangular que os clérigos usam na cabeça; gorro.

Bar.ri.ca *s.f.* **1.** Vasilha de tanoaria, em forma de pipa ou tonel, de 200 a 250 litros. **2.** Mulher baixa e gorda.

Bar.ri.ca.da *s.f.* Trincheira constituída de barricas ou outros obstáculos quaisquer, como pedras, toros de madeira, carros etc.

Bar.ri.ga *s.f.* **1.** Cavidade do corpo dos animais que contém os principais órgãos do sistema digestório, além de outros. **2.** Ventre, abdome. **3.** Qualquer saliência. **4.** Gravidez. **5.** JORN Publicação com grave erro de informação.

Bar.ri.ga.da *s.f.* **1.** Pancada com a barriga; pançada. **2.** Barriga cheia. **3.** POP Prenhez. **4.** Vísceras de animais abatidos. **5.** Conjunto dos filhotes nascidos de um só parto.

Bar.ri.ga-d'á.gua *s.f.* POP Doença caracterizada pelo acúmulo de líquido na barriga. • *Pl.: barrigas-d'água.*

Bar.ri.ga-ver.de *s.2g.* POP Alcunha dos naturais do Est. de Santa Catarina. • *Pl.: barrigas-verdes.*

Bar.ri.gu.do *adj.* **1.** Pançudo. **2.** Que tem grande barriga. *s.m.* **3.** ZOOL Nome dado a várias espécies de macacos.

Bar.ril *s.m.* **1.** Pequeno tonel de madeira, bojudo, usado para guardar ou transportar líquidos. **2.** O conteúdo de um barril; barrilada.

Bar.ri.le.te (ê) *s.m.* Pequeno barril.

Bar.ri.lha *s.f.* **1.** Cinza feita das hastes da barrilheira. **2.** Nome popular do carbonato de sódio.

Bar.ris.ta *adj.* e *s.2g.* Diz-se de, ou ginasta que faz acrobacias em barras fixas.

Bar.ro *s.m.* **1.** Terra vermelha, amarelada etc., utilizada na fabricação de telhas, tijolos, vasos etc. **2.** Argila, lama. **3.** FIG Coisa frágil. **4.** FIG Coisa de pouco valor. **5.** FAM Fezes.

Bar.ro.ca *s.f.* **1.** Escavação provocada por erosão. **2.** Amontoamento de barro. **3.** Despenhadeiro.

Bar.ro.co (ô) *s.m.* **1.** Estilo que predominou em vários setores das artes, de meados do século XVI ao século XVIII, caracterizado por extravagâncias e rebuscamentos. *adj.* **2.** Relativo ao barroco. **3.** Que tem as características do barroco. **4.** FIG Muito ornamentado; rebuscado, empolado (estilo).

Bar.ro.quis.mo *s.m.* **1.** Tendência com efeitos barrocos. **2.** Extravagância.

Bar.ro.te *s.m.* **1.** Viga de madeira onde se pregam as tábuas dos soalhos e tetos.

Ba.ru.lha.da *s.f.* Barulheira, gritaria.

Ba.ru.lhei.ra *s.f.* **1.** Grande barulho. **2.** Zoada, zoeira, algazarra, confusão.

Ba.ru.lhen.to *adj.* **1.** Que faz muito barulho. **2.** Rumoroso, ruidoso. **3.** Desordeiro, rixoso.

Ba.ru.lho *s.m.* **1.** Ruído, rumor. **2.** Briga, confusão. **3.** Tumulto, alvoroço. **4.** Motim, desordem, revolta. **5.** Provocação ostensiva; alarde.

Ba.sal *adj.2g.* **1.** Que se refere a base ('apoio', 'princípio'). **2.** Que indica o patamar mínimo de atividade de um organismo em completo repouso.

Ba.sal.to *s.m.* MINER Rocha vulcânica, densa ou finamente granulada, espécie de mármore negro, também chamado *pedra-ferro.*

Bas.ba.que *adj.* e *s.2g.* Diz-se de, ou pessoa que fica de boca aberta diante de qualquer acontecimento; palerma, parvo, tolo.

Bas.co *adj.* **1.** Relativo ao País Basco (Norte da Espanha e Sul da França). *s.m.* **2.** Indivíduo dos bascos. **3.** Língua não europeia falada pelos bascos. • *Sinôn.: vasco, vasconço.*

Bás.cu.la *s.f.* Balança decimal para fardos pesados.

Bas.cu.lan.te *adj.2g.* **1.** Que funciona com um movimento de básculo. *s.m.* **2.** Janela basculante. **3.** Parte móvel que, nos veículos, se inclina para despejar a carga. **4.** Caminhão equipado com caçamba basculante.

Ba.se *s.f.* **1.** O que suporta o peso de um corpo. **2.** Pedestal, alicerce. **3.** Tudo o que serve de fundamento ou apoio. **4.** Princípio, fundamento. **5.** Número com que se define um sistema de numeração. **6.** MÚS Tônica de um acorde. **7.** QUÍM Elemento que, reagindo com um ácido, produz sal. **8.** Preparo intelectual; conhecimentos. **9.** POLÍT O conjunto dos militantes de um partido, em oposição aos dirigentes.

Ba.se.a.do *adj.* **1.** Assentado sobre uma base; fundamentado. **2.** Experimentado, experiente. **3.** Sagaz, astucioso. *s.m.* **4.** POP Cigarro de maconha.

Ba.se.ar *v.t.* **1.** Servir de base a. **2.** Estabelecer a base de. **3.** Fundamentar. *v.p.* **4.** Firmar-se, apoiar-se em. **5.** Originar-se.

Bá.si.co *adj.* **1.** Que serve de base. **2.** Essencial, fundamental. **3.** QUÍM Que tem reação alcalina.

Ba.si.lar *adj.2g.* **1.** Que serve de base; básico. **2.** Que está situado na base. **3.** Essencial, fundamental, básico.

BASÍLICA — BATISMO

Ba.sí.li.ca *s.f.* Igreja católica grande, suntuosa, que tem alguns privilégios sobre as demais; igreja principal.

Ba.si.lis.co *s.m.* **1.** Réptil fantástico que tinha o poder de destruir pelo olhar ou com o bafo. **2.** Canhão antigo.

Bas.que.te *s.m.* Basquetebol, esporte de fazer passar uma bola por um cesto.

Bas.que.te.bo.lis.ta *s.2g.* **1.** Aquele que pratica basquetebol. **2.** Aquele que conhece bem ou tem muito interesse em basquetebol.

Bas.sê *s.m.* Cão corredor, de corpo comprido, pernas curtas e longas orelhas, originário da França.

Bas.ta *interj.* **1.** Chega!; Não mais!; Cessar! *s.m.* **2.** Interrupção, ponto final.

Bas.tan.te *adj.* **1.** Que basta ou satisfaz. **2.** Que é suficiente; necessário. **3.** Numeroso. *adv.* **4.** Satisfatoriamente. **5.** Muito, assaz. *pron.indef.* **6.** Muito, numeroso.

Bas.tão *s.m.* **1.** Bordão que se traz na mão para servir de apoio ou de arma; bengala, cajado. **2.** Insígnia de certas dignidades.

Bas.tar *v.t., int.* e *p.* Ser bastante, suficiente ou autossuficiente.

Bas.tar.do *adj.* e *s.m.* **1.** Diz-se de filho de pais não legitimamente casados. **2.** Diz-se de animal que não é de raça pura. **3.** Diz-se de tipo de letra inclinada e cheia. **4.** Diz-se de certa casta de uva preta tempora, de bagos duros, muito unidos e doces.

Bas.ti.ão *s.m.* Trincheira avançada, que serve de anteparo ao ângulo saliente de uma fortaleza; baluarte.

Bas.ti.dor (ô) *s.m.* **1.** Caixilho de madeira onde se prega e retesa o tecido para bordar. **2.** Armação do cenário que fica nas partes laterais do palco.

Bas.to *s.m.* **1.** Espesso, cerrado, denso. **2.** Abundante, copioso, numeroso.

Bas.to.ne.te (ê) *s.m.* Pequeno bastão.

Ba.ta *s.f.* **1.** Espécie de roupão abotoado de cima a baixo, usado por médicos, professores etc., no exercício de suas funções. **2.** Vestimenta feminina leve e folgada, de uso caseiro.

Ba.ta.lha *s.f.* **1.** Ação militar de vastas proporções entre exércitos. **2.** Esforços para vencer grandes dificuldades. **3.** Qualquer combate ou luta. **4.** Discussão, polêmica. **5.** Certo jogo de cartas entre dois parceiros. **6.** Árvore silvestre da família das lauráceas.

Ba.ta.lhão *s.m.* **1.** Corpo de infantaria que faz parte de um regimento e se subdivide em companhias. **2.** FAM Grande número de pessoas juntas.

Ba.ta.lhar *v.t.* e *int.* **1.** Dar batalha. **2.** Entrar em batalha. **3.** Combater. **4.** Discutir, polemizar, argumentar. **5.** Procurar convencer (alguém). *v.p.* **6.** Empenhar-se, esforçar-se.

Ba.ta.ta *s.f.* **1.** BOT Nome por que são conhecidas várias plantas que dão tubérculos subterrâneos e em geral comestíveis, das quais as mais conhecidas são a batata-doce e a batata-inglesa. **2.** Qualquer tubérculo. **3.** Nariz muito grosso e muito chato. **4.** Erro de pronúncia. **5.** Batatada.

Ba.ta.ta-ba.ro.a *s.f.* Planta de grandes raízes amarelas, muito utilizada na alimentação humana e de animais, originária dos Andes, muito cultivada na Ásia e na América do Sul, inclusive no Brasil. ● *Pl.*: batatas-baroas.

Ba.ta.ta.da *s.f.* **1.** Grande quantidade de batatas. **2.** Doce de batatas. **3.** Erro grosseiro; asneira.

Ba.ta.ta-do.ce *s.f.* BOT Variedade de batata de raízes alimentícias utilizadas na alimentação humana. ● *Pl.*: batatas-doces.

Ba.ta.ta-in.gle.sa *s.f.* BOT Variedade de batata de raízes alimentícias muito utilizada na alimentação humana; também chamada batatinha. ● *Pl.*: batatas-inglesas.

Ba.ta.tal *s.m.* Plantação de batatas.

Ba.ta.vo *adj.* **1.** Relativo aos batavos, povos germânicos que habitavam o delta do Reno. *adj.* e *s.m.* **2.** Holandês.

Ba.te.a.da *s.f.* Porção de minério que uma bateia pode conter.

Ba.te-bo.ca *s.m.* **1.** Discussão acalorada; altercação. ● *Pl.*: bate-bocas.

Ba.te-bo.la *s.m.* FUT Pelada, baba. ● *Pl.*: bate-bolas.

Ba.te.dei.ra *s.f.* **1.** Aparelho que bate o leite para fazer a manteiga. **2.** Aparelho para bater o melado, nos engenhos de açúcar. **3.** Aparelho para bater bolos e quitutes diversos, na cozinha. **4.** Doença que ataca os suínos. **5.** POP Palpitação do coração. **6.** Maleita.

Ba.te.dor *adj.* e *s.m.* **1.** Que ou o que bate. *s.m.* **2.** Policial que, em veículo automóvel, abre caminho para uma autoridade ou visitante ilustre passar. **3.** FIG Precursor. **4.** Operário ou artífice que cunha moeda. **5.** O que bate o terreno para levantar a caça. **6.** Instrumento para debulhar milho. **7.** Caminho por onde passa o gado para a aguada.

Ba.te-es.ta.cas *s.m.2n.* Aparelho que serve para enterrar no solo estacas de ferro, concreto ou madeira, a fim de que sobre elas se construam os alicerces de um edifício.

Ba.te.ga *s.f.* Pancada de chuva, aguaceiro forte; toró.

Ba.tei.a *s.f.* Gamela de madeira em que, nos garimpos, se lavam areias auríferas ou cascalhos diamantíferos.

Ba.tel *s.m.* Pequeno barco a remo. ● *Pl.*: batéis.

Ba.te.la.da *s.f.* **1.** A carga de um batel. **2.** FIG Grande quantidade de víveres.

Ba.te.lei.ro *s.m.* **1.** O que dirige um batel. **2.** Dono de batel.

Ba.ten.te *s.m.* **1.** Ombreira onde bate a porta ao fechar. **2.** Orla de madeira que guarnece a entrada da casa ou compartimento. **3.** Folha que se fecha primeiro em porta ou janela de duas folhas. **4.** POP Trabalho efetivo de onde se tira o sustento.

Ba.te-pa.po *s.m.* **1.** Conversa amigável, despretensiosa, apenas para passar o tempo; papo. **2.** Conversa animada. ● *Pl.*: bate-papos.

Ba.te-pron.to *s.m.* **1.** Ato ou efeito de rebater uma bola que mal toca o chão (p.ex., no futebol, no tênis). **2.** Resposta rápida a uma pergunta ou sugestão. ● *Pl.*: bate-prontos.

Ba.ter *v.t.* **1.** Dar pancada(s) em; martelar. **2.** Agitar, remexer com força. **3.** Vencer, derrotar. **4.** Percorrer. **5.** Sovar, socar. **6.** Agitar (as asas). **7.** Alcançar, atingir. **8.** Soar, indicando as horas. **9.** GÍR Furtar, surripiar. *v.t.* e *int.* **10.** Incidir em; cair sobre. *v.int.* **11.** Dar horas. **12.** Espancar. **13.** Latejar, pulsar. **14.** Combater, lutar. **15.** Sustentar polêmica ou discussão.

Ba.te.ri.a *s.f.* **1.** Fortificação com peças assestadas. **2.** Fração de um corpo de artilharia. **3.** Conjunto dos utensílios de cozinha. **4.** Associação de pilhas ou acumuladores elétricos. **5.** Conjunto dos instrumentos de percussão de uma banda ou de uma orquestra. **6.** Série de bombas. **7.** Conjunto de objetos agrupados para um mesmo fim.

Ba.te.ris.ta *s.2g.* Músico que toca a bateria.

Ba.ti.cum *s.m.* **1.** Barulho de sapateados e palmas, nos batuques. **2.** Sucessão de marteladas. **3.** Pulsação forte do coração e das artérias. **4.** (NE) Falatório.

Ba.ti.da *s.f.* **1.** Ato ou efeito de bater. **2.** Choque de um corpo contra outro. **3.** Encontrão, trombada. **4.** Colisão de veículos. **5.** Diligência policial realizada em lugares suspeitos. **6.** Movimento alternativo; pulsação. **7.** Bebida preparada com aguardente, fruta (limão, maracujá, coco etc.) e açúcar ou mel. **8.** O efeito de bater ou percutir um instrumento para marcar o ritmo de uma música **9.** Rastro, trilha (na mata).

Ba.ti.do *adj.* **1.** Que levou pancada. **2.** Trombado. **3.** Espancado, sovado. **4.** Comum, vulgar. **5.** Derrotado, vencido. **6.** Envelhecido, gasto pelo uso. **7.** Apisoado.

Ba.ti.men.to *s.m.* **1.** Ato ou efeito de bater. **2.** Embate. **3.** Choque impetuoso. **4.** MED Palpitação, pulsação.

Ba.ti.na *s.f.* **1.** Veste talar de abades, padres, seminaristas e estudantes de certas escolas. **2.** Estado eclesiástico.

Ba.ti.que *s.m.* **1.** Método manual de estampar tecido que consiste em revestir com cera partes dele, imergi-lo numa solução corante, retirar a camada de cera por fervura e repetir a operação para cada cor que se empregue. **2.** A impressão assim produzida. **3.** O tecido estampado por esse processo. **4.** Imitação desse tecido.

Ba.tis.mo *s.m.* **1.** O primeiro dos sete sacramentos da Igreja Católica. **2.** Ato de administrar esse sacramento. **3.** Admissão solene no grêmio de uma religião ou seita. **4.** Iniciação. **5.** Ato ou

BATISTA — BEIRA-MAR

cerimônia de pôr nome em pessoas ou objetos. **6.** Adulteração (pelo acréscimo de água etc.).

Ba.tis.ta¹ *adj.2g.* **1.** Relativo ao batismo. **2.** Relativo à doutrina dos batistas. *s.2g.* **3.** Pessoa que batiza. **4.** Pessoa que segue a doutrina batista. **5.** Doutrina cristã que confere o batismo apenas aos adultos.

Batista² *s.f.* Tecido de linho fino e trama cerrada; cambraia.

Ba.tis.té.rio *s.m.* **1.** Recinto da igreja onde fica a pia do batismo. **2.** Certidão de batismo.

Ba.ti.za.do *adj.* **1.** Que acaba de receber o batismo. *s.m.* **2.** O ato de batizar. **3.** A festa em que se comemora o batismo de alguém.

Ba.ti.zar *v.t.* **1.** Administrar o batismo a; pôr nome ou alcunha a. **2.** Dar nome, inaugurando seu funcionamento. **3.** Adulterar (leite, vinho etc.) adicionando(-lhes) água. **4.** Receber o batismo.

Ba.tom *s.m.* Cosmético em forma de pequeno bastão, que as mulheres usam para avivar os lábios.

Ba.trá.quio *adj.* e *s.m.* Diz-se de, ou animal anuro, vertebrado, da classe dos anfíbios, como a rã, a *perereca*, o *sapo*.

Ba.tu.car *v.int.* **1.** Martelar, fazer barulho com pancadas de ritmo acelerado. **2.** Dançar o batuque. **3.** Tocar piano sem habilidade. **4.** POP Trabalhar muito. **5.** Bater, martelar.

Ba.tu.que *s.m.* **1.** Ato ou efeito de batucar. **2.** Denominação genérica das danças acompanhadas de sapateados, palmas, cantigas e toque de tambor; batucada. **3.** Designação genérica das danças de origem africana ao som de instrumentos de percussão.

Ba.tu.quei.ro *s.m.* **1.** Aquele que frequenta batuques ou batucadas. **2.** Aquele que faz batucadas.

Ba.tu.ta *s.f.* **1.** Vareta com que os maestros regem as orquestras. *adj.2g.* **2.** Exímio, inteligente, entendido. *adj.* e *s.2g.* **3.** Diz-se de, ou indivíduo hábil, notável, exímio em alguma atividade.

Ba.ú *s.m.* **1.** Caixa retangular, de couro ou madeira, com tampa convexa. **2.** GÍR Pessoa muito rica. **3.** GÍR Barriga.

Bau.ni.lha *s.f.* **1.** BOT Nome comum a plantas trepadeiras ornamentais, cujo fruto é considerado afrodisíaco; baunilheira. **2.** Substância extraída dessas plantas.

Bau.ru *s.m.* Sanduíche quente, preparado com pão, tomate, presunto e queijo.

Bau.xi.ta (cs *ou* ch) *s.f.* MINER Rocha semelhante à argila, principal minério de alumínio.

Bá.va.ro *adj.* **1.** Da região da Baviera (Alemanha). **2.** Relativo ou pertencente à Baviera. *s.m.* **3.** O natural ou habitante da Baviera.

Ba.zar *s.m.* **1.** Mercado público, geralmente coberto, nos países do Oriente e norte da África. **2.** Loja onde se vendem objetos de armarinho.

Ba.zó.fia *s.f.* **1.** Impostura, fanfarrice, gabolice. **2.** Conversa mole, conversa fiada; prosa.

Ba.zu.ca *s.f.* MIL Arma portátil antitanque, em forma de tubo.

Bcg *s.f.* Forma abreviada de Bacilo de Calmette e Guérin: vacina utilizada contra a tuberculose.

Be QUÍM Símbolo do Berílio.

Bê *s.m.* Nome da letra *B/b*.

Bê-á-bá *s.m.* **1.** Alfabeto. **2.** Exercício de soletração. **3.** FIG Primeiras lições de qualquer coisa. ● *Pl.: bê-a-bás, beabás.* ◆ *Var.: be-a-bá.*

Be.a.ta *s.f.* **1.** *Fem de beato.* **2.** Mulher muito devota. **3.** Mulher que finge devoção. **4.** POP Ponta de cigarro.

Be.a.ti.fi.car *v.t.* **1.** Declarar beato em cerimônia de beatificação. *v.t.* **2.** Tornar(-se) feliz, bem-aventurado.

Be.a.ti.tu.de *s.f.* **1.** Felicidade eterna que os bem-aventurados encontram no céu. **2.** Felicidade suprema. **3.** Tratamento honorífico que às vezes é dispensado ao papa.

Be.a.to *adj.* **1.** Ditoso, feliz. **2.** Que recebeu a beatificação. **3.** Que indica falsa devoção. *s.m.* **4.** Aquele que recebeu a beatificação. **5.** Aquele que aparenta grande devoção religiosa.

Bê.ba.do *adj.* **1.** Embriagado, ébrio. **2.** Estonteado (pela luz, pela alegria etc.). *s.m.* **3.** Aquele que se dá ao vício da embriaguez. **4.** Alcoólatra.

Be.bê *s.m.* Criança de colo. ● *Dim.: bebezinho.*

Be.be.dei.ra *s.f.* **1.** Estado de quem se embriagou. **2.** Ato de embebedar-se. ● *Sinôn.: pileque, pifão, borracheira, camunheca, carraspana.*

Bê.be.do *adj.* e *s.m.* Bêbado.

Be.be.dou.ro *s.m.* **1.** Lugar onde se põe água para os animais beberem. **2.** Instalação mecânica com esguicho ou dotada de torneira, com água para beber. ◆ *Var.: bebedoiro.*

Be.ber *v.t.* **1.** Engolir (líquido). **2.** Ingerir. **3.** Absorver o conteúdo de; receber conhecimentos. **4.** Sorver, tragar. **5.** Gastar em bebidas. *v.int.* **6.** Embriagar-se.

Be.be.ra.gem *s.f.* **1.** Cozimento medicinal de ervas. **2.** Bebida desagradável.

Be.be.ri.car *v.t.* **1.** Beber em pequenos goles, degustando. *v.int.* **2.** Beber pouco a pouco, mas com frequência. ◆ *Var.: beberricar.*

Be.ber.rão *adj.* e *s.m.* Que ou quem é dado à embriaguez; ébrio, bêbado. ● *Fem.: beberrona.*

Be.bi.da *s.f.* **1.** Qualquer líquido que se bebe. **2.** Líquido alcoólico para se beber. **3.** Ato ou vício de beber.

Be.ca *s.f.* **1.** Veste talar, preta, usada por professores, diplomandos em grau superior e funcionários judiciais. **2.** A magistratura.

Be.ça *s.f. elem.* usado na locução adverbial *à beça*. ◆ *À beça: em grande quantidade; muito.*

Be.ca.pe *s.m.* Aport. do ing. *backup.*

Be.co (ê) *s.m.* Rua curta e estreita, em geral sem saída. ◆ *Beco sem saída: situação difícil.*

Be.del *s.m.* **1.** Empregado de estabelecimento de ensino, que faz a chamada e aponta as faltas. **2.** Inspetor de alunos.

Be.de.lho (ê) *s.m.* **1.** Ferrolho de porta. ◆ *Meter o bedelho: intrometer-se onde não é (ou foi) chamado.*

Be.du.í.no *s.m.* **1.** Árabe nômade do deserto. **2.** FIG Homem asselvajado, de difícil trato.

Be.ge *adj.* **1.** De cor amarela ligeiramente acastanhada. *s.m.* **2.** A própria cor.

Be.gô.nia *s.f.* **1.** BOT Planta ornamental, de flores grandes e coloridas, da qual se conhecem cerca de 600 espécies, muitas das quais brasileiras. **2.** A própria flor dessa planta.

Bei.ço *s.m.* **1.** Cada uma das duas partes carnudas que formam o contorno da boca. **2.** Lábio. **3.** Rebordo, orla (de vasilha). ● *Aum.: beição, beiçorra.*

Bei.ço.la *s.f.* **1.** Beiço grande e saliente. *s.2g.* **2.** Pessoa beiçuda.

Bei.çu.do *adj.* **1.** De beiço grande. *s.m.* **2.** Indivíduo que tem os lábios inferiores grandes e grossos.

Bei.ja-flor *s.m.* Pequena ave de bico comprido e voo muito veloz, que se nutre do néctar das flores, de que se conhecem cerca de 500 espécies, todas da América; colibri. ● *Pl.: beija-flores.*

Bei.ja-mão *s.m.* Ato ou cerimônia de beijar a mão em sinal de respeito. ● *Pl.: beija-mãos.*

Bei.ja-pé *s.m.* Cerimônia de beijar o pé, que se realiza na quinta-feira santa. ● *Pl.: beija-pés.*

Bei.jar *v.t.* **1.** Encostar, pousar os lábios em. **2.** Oscular. **3.** FIG Tocar de leve; roçar. *v.p.* **4.** Trocar beijos.

Bei.jo *s.m.* **1.** Ato ou efeito de beijar; ósculo. **2.** BOT Beijo-de-frade. ◆ *Beijo da paz: beijo dado em sinal de reconciliação.* ◆ *Beijo de Judas: beijo de traidor.*

Bei.jo.ca *s.f.* Beijo rápido, com estalido; bicota ou bitoca.

Bei.jo.quei.ro *adj.* e *s.m.* Que ou aquele que gosta de beijocar.

Bei.ju *s.m.* Bolo feito de massa de tapioca ou de mandioca passada na peneira, assado em forno ou caçarola. ◆ *Var.: biju.*

Bei.ra *s.f.* **1.** Borda, orla, margem. **2.** Aba de telhado. **3.** Beiral. **4.** Proximidade, vizinhança.

Bei.ra.da *s.f.* **1.** Parte que está na beira. **2.** Margem, beira, beiral. **3.** Arredores, cercanias. **4.** POP Um bocado.

Bei.ral *s.m.* **1.** Parte do telhado que se projeta além do prumo das paredes externas. **2.** Beirada, aba.

Bei.ra-mar *s.f.* **1.** A costa marítima. **2.** A praia, o litoral. **3.** Cantiga popular. ● *Pl.: beira-mares.*

BEIRÃO — BENEMÉRITO

Bei.rão adj. 1. Da Beira (Portugal). 2. Relativo ou pertencente à Beira. s.m. 3. O natural ou habitante da Beira. ◆ Var.: beirense. ● Fem.: beiroa.

Bei.rar v.t. 1. Caminhar à beira ou à margem de. 2. Estar à beira ou próximo de; andar por.

Bei.ru.te s.m. Sanduíche feito com pão sírio.

Bei.se.bol (ingl. baseball) s.m. Jogo de bola, muito popular nos Estados Unidos da América, disputado entre duas equipes de 9 jogadores cada uma. ● Pl.: beisebóis.

Be.la.do.na s.f. bot Planta herbácea medicinal, empregada no preparo de vários medicamentos.

Be.las-ar.tes s.f.pl. Artes que têm por finalidade a realização do belo, como a arquitetura, a pintura, a música, a escultura.

Bel.chi.or (xiór) s.m. 1. Mercador de objetos, roupas etc. velhos e usados. 2. Ferro-velho.

Bel.da.de s.f. 1. Mulher muito bela; pop avião. 2. Formosura, graça, beleza.

Be.le.nen.se adj.2g. 1. Relativo a Belém, capital do Pará. s.2g. 2. Pessoa natural ou habitante de Belém.

Be.le.za (ê) s.f. 1. Qualidade do belo; perfeição de formas. 2. Harmonia de proporções. 3. Mulher bela e sedutora. 4. Coisa boa, agradável ou muito gostosa.

Be.li.che s.m. 1. Compartimento dos camarotes dos navios onde se colocam as camas. 2. Móvel com duas ou mais camas superpostas.

Be.li.cis.mo s.m. 1. Doutrina ou tendência que advoga a guerra ou o armamentismo; espírito belicoso. 2. A prática dessa tendência.

Bé.li.co adj. Relativo à, ou próprio da guerra.

Be.li.co.si.da.de s.f. Caráter ou qualidade de belicoso.

Be.li.co.so (ô) adj. 1. De ânimo aguerrido. 2. Guerreiro, combativo. 3. Que incita à guerra. 4. Dado a rixas e brigas.

Be.li.da s.f. Névoa ou mancha esbranquiçada na córnea do olho.

Be.li.ge.rân.cia s.f. Estado ou qualidade de beligerante.

Be.li.ge.ran.te adj. e s.2g. Que ou o que faz ou está em guerra.

Be.lis.car v.t. 1. Dar beliscão em. 2. Ferir de leve. 3. Comer uma porção mínima; lambiscar. v.int. 4. Comer pouco.

Be.lo adj. 1. Em que há beleza. 2. Que tem aspecto ou forma agradável. 3. De formas perfeitas e harmoniosas; lindo. 4. Robusto, vigoroso. 5. Elevado, sublime, grandioso. 6. Bom, generoso. 7. Aprazível, ameno. 8. Feliz, próspero. 9. Lucrativo. s.m. 10. Caráter, natureza do que é belo. 11. O que desperta sentimento de admiração. 12. O que é excelente, perfeito. ◆ Ant. (acep. 1 a 3): feio.

Be.lo-ho.ri.zon.ti.no adj. 1. Relativo a Belo Horizonte, capital do Estado de Minas Gerais. s.m. 2. O natural ou habitante de Belo Horizonte. ● Pl.: belo-horizontinos.

Be.lo.na.ve s.f. Navio de guerra.

Bel-pra.zer s.m. Vontade própria, arbítrio, talante.

Bel.tra.no s.m. Pessoa indeterminada (citada depois da identificada como fulano, e antes de uma terceira, chamada sicrano).

Bel.ve.der s.m. Pequeno mirante ou terraço de onde se descortina um bonito e amplo panorama. ◆ Var.: belvedere.

Bel.ze.bu s.m. O príncipe dos demônios, segundo o Novo Testamento (Bíblia Sagrada); satanás.

Bem-, ben- ou **be.ne-** pref. 'Bem, bom': bem-acabado, bendizer, benevolência.

Bem num. 1. O que é bom. 2. O que está de acordo com a moral. 3. Virtude (● Ant.: mal). 4. Felicidade, ventura. 5. Proveito, vantagem, benefício, interesse, utilidade (● Ant.: desvantagem). 6. Pessoa amada. pron.ind. 7. Bastante, muito. adv. 8. Convenientemente (● Ant.: mal). 9. Muito, bastante (● Ant.: pouco). 10. Com perfeição. 11. Convenientemente. 12. Com saúde.

Bem-a.ca.ba.do adj. Cujo acabamento é bom ou perfeito; realizado com capricho; executado com finura. ● Pl.: bem-acabados.

Bem-a.pes.so.a.do adj. De boa aparência; elegante. ● Pl.: bem-apessoados.

Bem-a.ven.tu.ra.do adj. 1. Muito feliz, muito venturoso. 2. Afortunado, ditoso. s.m. 3. O que possui a felicidade celestial; beato, santo. ● Pl.: bem-aventurados.

Bem-a.ven.tu.ran.ça s.f. 1. A suprema felicidade. 2. A glória eterna; o céu. ● Pl.: bem-aventuranças.

Bem-bom s.m. Comodidade, bel-prazer. ● Pl.: bem-bons.

Bem-dis.pos.to (ô) adj. Em bom estado de ânimo e de saúde. ● Pl.: bem-dispostos.

Bem-do.ta.do adj. 1. Cheio de dotes, de virtudes. 2. pop De pênis grande. ● Pl.: bem-dotados.

Bem-es.tar s.m. 1. Estado de perfeita satisfação. 2. Disposição, ânimo. 3. Conforto, tranquilidade. 4. Comodidade. ● Pl.: bem-estares. ◆ Ant.: mal-estar.

Bem-me-quer s.m. 1. bot Erva de flores amarelas dispostas em capítulos, também chamada malmequer. 2. A própria flor. ● Pl.: bem-me-queres.

Bem-nas.ci.do adj. 1. Que nasceu para o bem. 2. Que descende de família nobre; ilustre. ● Pl.: bem-nascidos.

Be.mol s.m. mús Sinal que indica abaixamento de um semitom na nota que está à sua direita. ◆ Opõe-se a sustenido. ● Pl.: bemóis.

Bem-pos.to (ô) adj. Elegante, bem vestido. ● Pl.: bem-postos.

Bem-que.rer¹ s.m. 1. Pessoa a quem se ama; o ser amado. 2. Benquerença. ● Pl.: bem-quereres.

Bem-que.rer² v.t. Querer bem; gostar muito.

Bem-su.ce.di.do adj. 1. Que está a ter ou teve bom sucesso; florescente. 2. Cuja situação financeira é próspera; rico, endinheirado. ● Pl.: bem-sucedidos.

Bem-te-vi s.m. Ave insetívora da ordem dos passeriformes, família dos tiranídeos, que vive nos campos, cujo canto lembra o próprio nome. ● Pl.: bem-te-vis.

Bem-vin.do adj. 1. Desejado, (bem) esperado, recebido cordialmente. 2. Que veio na hora certa. ● Fem.: bem-vinda. ● Pl.: bem-vindos.

Bem-vis.to adj. Estimado, considerado, benquisto. ● Pl.: bem-vistos.

Ben- pref. ⇒ Bem-.

Bên.ção s.f. 1. Ato ou efeito de abençoar. 2. Ato ou palavra de quem benze ou consagra. 3. Graça concedida por Deus. 4. Acontecimento feliz. ● Pl.: bênçãos.

Ben.di.to adj. 1. Abençoado, louvado. 2. Feliz, ditoso. s.m. 3. Canto religioso que se inicia pela palavra bendito. 4. entom Certo inseto, também chamado louva-a-deus.

Ben.di.zer v.t. 1. Falar bem de; louvar, glorificar. ◆ Ant.: maldizer.

Be.ne- pref. ⇒ Bem-.

Be.ne.di.ti.no s.m. 1. Religioso da ordem de São Bento. 2. Homem erudito ou muito paciente. adj. 3. Relativo à ordem de São Bento.

Be.ne.fi.cên.cia s.f. 1. Inclinação à prática do bem. 2. Ato de fazer bem a alguém. 3. Prática de obras de caridade ou filantropia.

Be.ne.fi.cen.te adj.2g. 1. Que beneficia. 2. Que se mostrou benéfico. 3. Que faz o bem; caridoso.

Be.ne.fi.cen.tís.si.mo adj. 1. Extremamente benéfico.

Be.ne.fi.ci.ar v.t. 1. Fazer benefício a. Melhorar, consertar. 3. Submeter (produtos agrícolas) ao processo de beneficiamento. 4. Apurar, limpar. 5. Conferir benefícios e si mesmo.

Be.ne.fi.ci.á.rio adj. 1. Relativo a benefício. adj. e s.m. 2. Diz-se de, ou aquele que recebe ou usufrui um benefício ou vantagem. 3. Diz-se do segurado ou dependente que tem direito a certos benefícios e serviços.

Be.ne.fi.ci.á.vel adj.2g. Que se pode ou deve beneficiar.

Be.ne.fí.cio s.m. 1. Favor, mercê. 2. Vantagem, proveito. 3. Auxílio ou vantagem por força da legislação social. 4. Cargo eclesiástico, na Igreja Católica. 5. Melhoramento, benfeitoria.

Be.né.fi.co adj. 1. Que faz bem aos outros. ◆ Ant.: maléfico. ◆ Sup.abs.sint.: beneficentíssimo. 2. Favorável, salutar. ◆ Ant.: prejudicial.

Be.ne.mé.ri.to adj. e s.m. 1. Que ou aquele que merece o bem. 2. Diz-se de, ou aquele que é digno de honras ou louvores por serviços prestados. 3. Ilustre.

BENEPLÁCITO — BETACAROTENO

Be.ne.plá.ci.to *s.m.* Aprovação, licença, consentimento, permissão.

Be.nes.se (é) *s.2g.* 1. Rendimento de uma paróquia. 2. Pé de altar. 3. Lucro que não advém de esforço ou trabalho.

Be.ne.vo.lên.cia *s.f.* 1. Qualidade de benévolo. 2. Boa vontade para com alguém. 3. Afeto, estima. 4. Tolerância, cordialidade. • *Ant.: malevolência.*

Be.né.vo.lo *adj.* 1. Benevolente, bondoso. 2. Que é feito desobrigadamente, a título gratuito. 3. Bem intencionado; favorável. • *Ant.: malévolo.*

Ben.fa.ze.jo (ê) *adj.* 1. Que gosta de fazer o bem. 2. Inclinado à piedade. 3. Útil, benéfico. • *Ant.: malfazejo.*

Ben.fei.tor *adj.* e *s.m.* 1. Que, ou aquele que pratica o bem. 2. Que, ou aquele que faz benefícios. 3. Protetor.

Ben.fei.to.ri.a *s.f.* Melhoria que se faz numa propriedade, e que a valoriza.

Ben.ga.la *s.f.* Bastão de madeira, junco etc., sobre o qual se apoia a mão quando se anda.

Ben.ga.la.da *s.f.* Golpe dado com bengala.

Be.nig.no *adj.* 1. Que gosta de fazer o bem. 2. Bondoso, benévolo, generoso, indulgente (falando de pessoas). 3. Suave, brando.

Ben.ja.mim *s.m.* 1. O filho predileto, geralmente o mais moço. 2. A pessoa mais jovem de um grupo. 3. Dispositivo que serve para ligar vários aparelhos elétricos numa só tomada.

Ben.jo.ei.ro *s.m.* BOT Nome comum a várias árvores de flores brancas e propriedades medicinais, cuja resina, aromática, é utilizada na indústria de perfume; estoraque.

Ben.jo.im *s.m.* Bálsamo obtido de benjoeiro, utilizado em farmácia e perfumaria; estoraque.

Ben.que.ren.ça *s.f.* Estima, afeto, amor; o querer bem. • *Ant.: malquerença.*

Ben.quis.to *adj.* Querido, estimado por todos. • *Ant.: malquisto.*

Ben.ti.nho *s.m.* Objeto que os católicos trazem junto ao peito.

Ben.to *adj.* 1. Que foi benzido ou consagrado pela benção eclesiástica. 2. Santificado.

Ben.ze.dei.ro *s.m.* Homem que, à semelhança da benzedeira, também aplica benzeduras; curandeiro.

Ben.ze.du.ra *s.f.* Ato ou efeito de benzer, acompanhado de rezas supersticiosas.

Ben.ze.no *s.m.* Produto químico volátil, incolor, inflamável e tóxico, formado por seis átomos de hidrogênio e seis de carbono, também conhecido como *benzina* e *benzol.*

Ben.zer *v.t.* 1. Deitar a benção sobre. 2. Fazer o sinal da cruz sobre. 3. Abençoar. 4. Fazer benzeduras em. *v.p.* 5. Fazer o sinal da cruz; persignar-se. • *Part.: benzido, bento.*

Ben.zi.na *s.f.* Benzeno impuro, utilizado como solvente.

Ben.zo.di.a.ze.pi.na *s.f.* Designação de vários fármacos semelhantes à diazepina, usados em medicina por suas propriedades ansiolíticas.

Be.ó.cio *adj.* e *s.m.* 1. Diz-se de, ou indivíduo ignorante, curto de inteligência ou simplório. 2. FIG Simplório, ingênuo.

Be.qua.dro *s.m.* 1. MÚS Acidente musical que faz retornar ao tom normal uma nota anteriormente alterada por sustenido ou bemol. 2. Sinal indicativo desse acidente.

Be.que *s.m.* 1. Extremidade superior da proa do barco ou navio. 2. Jogador de futebol que atua na defesa; zagueiro.

Ber.çá.rio *s.m.* Compartimento em que, nas maternidades, hospitais, igrejas etc., ficam os berços destinados a recém-nascidos.

Ber.ço (ê) *s.m.* 1. Leito de criança. 2. A primeira infância. 3. FIG Lugar de nascimento ou origem. 4. Lugar onde uma coisa tem início; começo. 5. Nascente de rio.

Ber.ga.mo.ta *s.f.* 1. BOT Variedade de pera muito aromática. 2. Nome que em certos lugares se dá à tangerina.

Be.ri.bé.ri *s.m.* PATOL Doença caracterizada por enfraquecimento e desgoverno das pernas, provocada por deficiência de vitamina B.

Be.rí.lio *s.m.* QUÍM Elemento de símbolo Be, número atômico 4, derivado do berilo.

Be.ri.lo *s.m.* Mineral constituído de silicato de berílio e alumínio, pedra semipreciosa com diversas variedades gemológicas, como a variedade amarela da esmeralda e a água-marinha.

Be.rim.bau *s.m.* Instrumento musical de origem africana, feito de uma vara resistente, cujas extremidades se ligam por um fio de metal, ao qual se adere uma meia cabaça que serve como caixa de ressonância; urucungo.

Be.rin.je.la *s.f.* 1. BOT Planta solanácea originária da Índia, de flores roxas e fruto também roxo, comestível. 2. O fruto dessa planta.

Be.rin.je.la-bris.si.al *s.f.* Variedade de berinjela da família das solanáceas, às vezes ornamental. • *Pl.: Berinjelas-brissiais.*

Ber.lin.da *s.f.* 1. Carruagem de quatro rodas, com quatro a seis lugares recobertos por uma capota, puxada a cavalo. 2. Certo jogo de prendas.

Ber.li.nen.se *adj.2g.* 1. Relativo a Berlim, capital da Alemanha (Europa). *s.2g.* 2. Pessoa natural de Berlim.

Ber.lo.que *s.m.* 1. Pequeno enfeite, colocado na corrente do relógio, pulseira etc. 2. Penduricalho. • *Cf. berliques.*

Ber.mu.da *s.f.* Tipo de calção que vai usque até os joelhos.

Ber.ne *s.m.* 1. ZOOL Larva de certa mosca, que penetra na pele de alguns animais (principalmente bovídeos) e do homem. 2. Tumor.

Ber.ran.te *adj.* 1. Que berra. Diz-se de cor muito viva, que choca a vista. 3. Escandaloso, indiscreto. *s.m.* 4. GÍR Revólver, berro. 5. Buzina de chifre de boi, usada por boiadeiros para tanger o gado.

Ber.rar *v.int.* 1. Dar berros (animais). 2. Chamar em altos brados. 3. Bradar, invocar. 3. Gritar, vociferar. 5. Reclamar, pedir com estardalhaço. *v.t.* 6. Dizer aos berros; vociferar.

Ber.rei.ro *s.m.* 1. Choradeira de criança. 2. Muitos e frequentes berros; gritaria.

Ber.ro *s.m.* 1. Voz ou grito de alguns animais (boi, cabrito, ovelha etc.). 2. Grito alto e áspero, de gente. 3. Brado, clamor. 4. POP Revólver, berrante.

Ber.ru.ga *s.f.* Verruga.

Be.sou.ro *s.m.* ZOOL Nome comum a vários insetos coleópteros, que zumbem fortemente ao voar.

Bes.ta¹ (é) *s.f.* Arma antiga, formada de arco, cabo ou corda, com a qual se disparavam setas.

Bes.ta² (ê) *s.f.* 1. Quadrúpede, em especial o de grande porte. 2. Animal de carga. 3. (NE) Égua. 4. Pessoa muito curta de inteligência. *s.2g.* 5. Pessoa muito estúpida ou pretensiosa. *adj.2g.* 6. Tolo, ignorante, estúpido. 7. Ingênuo, estúpido, aparvalhado. 8. Pedante, pretensioso.

Bes.ta.lhão *adj.* e *s.m.* 1. Diz-se de, ou indivíduo paspalhão, parvo, pateta. 2. Diz-se de, ou indivíduo ignorante, estúpido.

Bes.tar *v.int.* 1. Dizer ou praticar asneira. 2. Praticar inconveniências. 3. Andar a esmo, sem rumo certo. 4. Vadiar, vagabundear.

Bes.tei.ra *s.f.* 1. Asneira, tolice, disparate. 2. Ato impensado. 3. Bobagem, ingenuidade. 4. Coisa ou valor insignificante.

Bes.ti.al *adj.2g.* 1. Próprio de besta. 2. Brutal, rude, grosseiro. 3. Estúpido, absurdo. 4. Feio, repugnante.

Bes.ti.a.li.zar *v.t.* Bestificar.

Bes.ti.a.ló.gi.co *adj.* 1. Disparatado, despropositado. *s.m.* 2. POP Discurso disparatado e sem nexo.

Bes.ti.ce *s.f.* Asneira, tolice.

Bes.ti.fi.ca.do *adj.* Pasmado, atônito, aparvalhado.

Best-seller (béct-sélar) (ing.) *s.m.* 1. Livro de grande vendagem, em certo período. 2. PEJ Livro para leitores pouco exigentes.

Bes.tun.to *s.m.* POP Alguém com pouco juízo.

Be.su.n.tar *v.t.* e *p.* Sujar(-se) com substância gordurosa; lambuzar(-se).

Be.ta (é) *s.f.* A segunda letra do alfabeto grego.

Be.ta.blo.que.a.dor (ô) *adj.* e *s.m.* Relativo a ou classe de substâncias que atuam no tratamento de distúrbios do ritmo dos batimentos cardíacos, da hipertensão e da angina.

Be.ta.ca.ro.te.no *s.m.* Provitamina A frequente em frutas e vegetais amarelo e verde-escuros.

BETÃO — BIFÁSICO

Be.tão *s.m.* Mistura de areia, cascalho e cimento; concreto.

Be.ter.ra.ba *s.f.* **1.** BOT Planta de raiz carnuda e comestível, da qual se extrai açúcar semelhante ao da cana-de-açúcar. **2.** A raiz dessa planta.

Be.to.nei.ra *s.f.* Máquina utilizada no preparo do betão para as construções; misturador.

Be.tu.me *s.m.* **1.** Substância natural escura, pegajosa e inflamável, que serve, entre outras coisas, para tapar junturas nas paredes. **2.** Asfalto.

Be.xi.ga *s.f.* **1.** ANAT Reservatório membranoso, situado na parte inferior do abdome, e que recebe a urina vinda dos ureteres. **2.** Pequeno tubo cheio de tinta a óleo, para pintar quadros. **3.** Vesícula natatória de alguns peixes. **4.** POP Varíola.

Be.zer.ro (ê) *s.m.* **1.** Cria masculina da vaca, até um ano de idade; novilho. **2.** Pele de vitelo curtida. ● *Voz.: berrar, mugir.*

Bi- *pref.* 'duplicidade, repetição': *bienal, bicampeonato, bissexual.* (Usa-se sempre sem hífen.).

Bi.a.nu.al *adj.2g.* Semestral. ◆ Cf. *bienal*.

Bi.be.lô *s.m.* **1.** Pequeno objeto decorativo que se coloca sobre móveis. **2.** Objeto de pouco valor; futilidade.

Bi.be.lo.tis.ta *adj.2g.* e *s.2g.* Artífice, fabricante, comerciante ou colecionador de bibelôs.

Bí.bli.a *s.f.* **1.** A Sagrada Escritura, que compreende o Velho e o Novo Testamento (escreve-se com inicial maiúscula: *Bíblia*). **2.** Obra fundamental de uma especialidade. *adj.* e *s.2g.* **3.** FIG e POP Protestante.

Bi.bli.o.can.to *s.m.* Peça em formato de "L" que apoia livros.

Bi.bli.o.fi.li.a *s.f.* Amor aos livros, em especial os livros raros e belos.

Bi.bli.o.fil.me *s.m.* Microfilme de página de um livro.

Bi.bli.ó.fi.lo *s.m.* Aquele que ama ou coleciona livros raros ou preciosos.

Bi.bli.o.gra.fi.a *s.f.* **1.** Descrição dos caracteres exteriores dos livros. **2.** Relação de obras sobre determinado assunto ou de determinado autor. **3.** Seção ou coluna de jornal ou revista destinada ao registro de publicações recentes.

Bi.bli.o.lo.gi.a *s.f.* **1.** Conjunto de disciplinas (bibliotecologia, biblioteconomia, bibliografia etc.) cujo centro de interesse é o livro. **2.** Origem e descrição do livro.

Bi.bli.o.ma.ni.a *s.f.* Mania de colecionar livros.

Bi.bli.o.te.ca *s.f.* **1.** Grande quantidade ou coleção de livros para uso público ou particular, dispostos ordenadamente, para estudo ou consulta. **2.** Edifício, sala ou lugar onde se instalam esses livros. **3.** Móvel onde se guardam e ordenam livros.

Bi.bli.o.te.cá.rio *adj.* **1.** Relativo a biblioteca. *s.m.* **2.** Técnico em Biblioteconomia.

Bi.bli.o.te.co.no.mi.a *s.f.* Ciência e técnica de organizar e administrar bibliotecas.

Bi.bli.o.te.co.no.mo *s.m.* Especialista em Biblioteconomia; biblioteconomista.

Bi.bo.ca *s.f.* **1.** Barranco produzido por enxurrada. **2.** Buraco, fenda. **3.** Casa de palha pequenina e sem conforto; casebre, palhoça. **4.** Pequena venda; bodega, baiúca.

Bi.ca *s.f.* **1.** Tubo, telha ou cano por onde escorre e cai água de fonte, reservatório etc. **2.** Orifício por onde esguicha ou escorre qualquer líquido.

Bi.ca.ma *s.f.* Tipo de cama que traz em sua parte inferior uma outra, embutida, que eventualmente serve de cama.

Bi.ca.me.ra.lis.mo *s.m.* Regime político com duas câmaras legislativas, como no Brasil.

Bi.car *v.t.* **1.** Picar com o bico. **2.** Mexer com alguém. *v.t.* e *int.* **3.** Bebericar. *v.p.* **4.** Ficar um tanto embriagado.

Bi.car.bo.na.do *adj.* QUÍM Que contém duas proporções de carbono.

Bi.cen.te.ná.rio *adj.* **1.** Que tem dois séculos (200 anos). *s.m.* **2.** O segundo centenário.

Bí.ceps *s.m.2n.* Nome dado a dois músculos do organismo, nos quais uma extremidade se fixa por dois tendões. ◆ *Var.: bicípite.*

Bi.cha *s.f.* **1.** Nome comum a todos os vermes e répteis de corpo alongado. **2.** Brinquedo infantil que imita uma cobra ou lagarto. **3.** Aguardente, cachaça. *s.m.* GÍR **4.** Homossexual masculino; veado.

Bi.cha.do *adj.* Que tem bicho; carcomido ou roído pelos bichos.

Bi.cha.ra.da *s.f.* **1.** Bicharia. **2.** PEJ Grupo de homossexuais.

Bi.chei.ra *s.f.* Ferida nos animais, cheia de bichos, de vermes.

Bi.chei.ro *s.m.* **1.** No jogo do bicho, o que registra e recebe as apostas. **2.** O banqueiro desse jogo.

Bi.cho *s.m.* **1.** Qualquer dos animais terrestres, exceto o homem, as aves e os peixes; pessoa muito feia. **2.** Pessoa rude, intratável. **3.** Estudante novato, calouro (de faculdade). **4.** POP Pessoa que se destaca em alguma atividade. **5.** POP Sujeito, indivíduo, cara. **6.** FAM Piolho. **7.** ESP Gratificação paga aos jogadores por uma vitória ou, em certas circunstâncias, empate.

Bi.cho-ca.be.lu.do *s.m.* Lagarta muito peluda; taturana. ● *Pl.: bichos-cabeludos.*

Bi.cho-car.pin.tei.ro *s.m.* Escaravelho.

Bi.cho-da-se.da *s.m.* Nome com que se designa tanto a lagarta como a mariposa *Bombyx mori*, de cujo casulo se extrai o fio da seda, de uso industrial. ● *Pl.: bichos-da-seda.*

Bi.cho-de-pé *s.m.* ENTOM Inseto que se alimenta de sangue de diversos mamíferos, e cuja fêmea penetra na pele do homem, em geral na região dos pés, para depositar seus ovos. ● *Sinôn.: bicho-de-porco.* ◆ *Var.: bicho-do-pé.*

Bi.cho-gri.lo *s.m.* Indivíduo que segue o estilo da contracultura (p.ex., no modo de agir e pensar, no vestuário); hippie. ● *Pl.: bichos-grilo* e *bichos-grilos.*

Bi.cho-pau *s.m.* Inseto que se assemelha a um galho seco. ● *Pl.: bichos-paus.*

Bi.ci.cle.ta *s.f.* **1.** Velocípede de duas rodas iguais, alinhadas uma atrás da outra, com um selim, manobrado por guidom e pedais. **2.** FUT Certo chute em que o jogador, tendo o gol adversário às suas costas, salta e, em posição horizontal, sem contato com o solo, chuta a bola sobre a própria cabeça.

Bi.co *s.m.* **1.** Extremidade córnea da boca das aves e de outros animais. **2.** A boca humana. **3.** Ponta ou extremo agudo de alguns instrumentos ou objetos **4.** Trabalho ocasional que permite ganho complementar à renda principal; biscate. **5.** Dívida pequena. **6.** Dificuldade, embaraço.

Bi.co-de-ja.ca *s.m.* **1.** Variedade de lapidação de cristal de que resultam pequenas pirâmides salientes, uma ao lado da outra, cujo conjunto se assemelha à casca do fruto da jaqueira. **2.** Cristal ou vidro comum moldado que imita a lapidação do tipo bico de jaca. **3.** Peça de cristal lapidado na técnica do bico de jaca. ● *Pl.: bicos de jaca.*

Bi.co de pa.pa.gai.o¹ Excrescência óssea da coluna vertebral, muito dolorosa. ● *Pl.: bicos de papagaio.*

Bi.co-de-pa.pa.gai.o² *s.m.* **1.** BOT Planta cactácea ornamental. **2.** Nariz adunco. ● *Pl.: bicos-de-papagaio.*

Bi.co.lor (ô) *adj.2g.* De duas cores.

Bi.côn.ca.vo *adj.* Que tem duas faces côncavas opostas.

Bi.cu.do *adj.* **1.** De bico grande. **2.** Pontiagudo. **3.** POP Zangado, irritado. **4.** Espinhoso, complicado, difícil. **5.** ORNIT Nome comum a diversas aves.

Bi.cús.pi.de *adj.2g.* **1.** Diz-se da folha cujo vértice, fendido, termina em duas partes divergentes. **2.** ANAT Diz-se da valva mitral do coração.

Bi.dê *s.m.* **1.** Aparelho sanitário destinado à lavagem das partes íntimas. **2.** Criado-mudo, mesa de cabeceira.

Bi.e.la *s.f.* Haste rígida que, em certos maquinismos, serve para comunicar movimento entre duas peças afastadas.

Bi.e.nal *adj.2g.* **1.** Relativo a dois anos. **2.** Que dura dois anos. **3.** Que se realiza de dois em dois anos. *s.f.* **4.** Acontecimento cultural ou artístico que se faz de dois em dois anos.

Bi.ê.nio *s.m.* Espaço de dois anos consecutivos.

Bi.fá.si.co *adj.* Eletrotéc. Que tem duas fases (duas entradas e duas saídas); difásico.

BIFE — BIOGRAFIA

Bi.fe *s.m.* **1.** Fatia de carne frita ou grelhada. **2.** Corte na pele, por descuido, ao barbear-se, fazer as unhas etc. **3.** GÍR Bofetada, tapa.

Bi.fi.dus (bi) (lat.) *s.m.* Bactéria empregada como aditivo alimentar em alguns laticínios.

Bi.fo.cal *adj.2g.* **1.** Que tem dois focos. **2.** Diz-se das lentes de óculos com dois focos, um para corrigir a visão a curta distância (inferior) e outro para longa distância (superior). *s.m.* **3.** Óculos bifocais.

Bi.fur.car *v.t.* **1.** Separar, abrir em dois ramos. *v.p.* **2.** Abrir-se ou separar-se em dois (ramos, caminhos).

Bi.ga *s.f.* Antigo carro romano de duas rodas, puxado por dois cavalos.

Bi.ga.mi.a *s.f.* Estado de bígamo.

Bí.ga.mo *adj.* e *s.m.* Diz-se de, ou pessoa que tem dois cônjuges ao mesmo tempo.

Bi.go.de *s.m.* **1.** Barba que se deixa crescer sobre o lábio superior. **2.** Jogo de cartas. **3.** Quinau, descompostura. **4.** Pássaro fringilídeo, cuja listra branca sob os olhos lembra um bigode; coleiro.

Bi.go.dei.ra *s.f.* POP Bigode farto, hirsuto e maltratado.

Bi.gor.na *s.f.* **1.** Utensílio de ferro sobre o qual se batem e amoldam metais quentes, saídos da forja. **2.** ANAT Segundo ossículo da orelha média. ◆ **Entre a bigorna e o martelo**: entre duas dificuldades.

Bi.guá *s.f.* ORNIT Ave preta, de dorso cinza, pescoço longo e bico recurvado; mergulhão.

Bi.gue-ban.gue *s.m.* **1.** A explosão cósmica que deu origem à criação do universo, segundo a teoria do bigue-bangue. ◆ Pl.: *bigue-bangues*.

Bi.ju *s.m.* Beiju.

Bi.ju.í *s.f.* Pequena abelha preta.

Bi.ju.te.ri.a *s.f.* **1.** Objeto de material não precioso, mas trabalhado com certo primor, para enfeite ou ornato. **2.** Quinquilharia. **3.** Casa onde se fabrica ou vende bijuteria.

-bil *suf.* ⇒ -Vel.

Bi.la.bi.al *adj.2g.* **1.** Relativo aos dois lábios. **2.** GRAM Diz-se da consoante que se pronuncia com a junção dos dois lábios, como *p*, *m* e *b*.

Bi.la.te.ral *adj.2g.* **1.** Que tem dois lados. **2.** Diz-se do contrato ou acordo em que as partes tomam sobre si obrigações recíprocas.

Bi.le *s.f.* Bílis, produzida pelo fígado na digestão dos alimentos.

Bi.lha *s.f.* **1.** Vaso bojudo de gargalo estreito, geralmente de barro, para conter água e outros líquidos. **2.** Moringa, quartinha.

Bi.lhão *num.* e *s.m.* Mil milhões. ◆ Var.: *bilião*.

Bi.lhar *s.m.* **1.** Jogo de bolas de marfim, em que o jogador, com o taco, impele as bolas sobre uma mesa apropriada forrada e cercada de faixas elásticas. **2.** A mesa ou casa onde se pratica esse jogo.

Bi.lhe.te (ê) *s.m.* **1.** Pequena comunicação escrita. **2.** Senha de admissão em espetáculos, reuniões etc. **3.** Passagem de bonde, trem, ônibus etc. **4.** Cédula de habilitação em jogos de rifa e loteria.

Bi.lhe.tei.ro *s.m.* **1.** Aquele que vende bilhetes para espetáculos públicos. **2.** O que vende bilhetes para espetáculos, loteria, passagens etc.

Bi.lhe.te.ri.a *s.f.* **1.** Lugar onde se vendem bilhetes e/ou ingressos. **2.** Cota do sucesso de um espetáculo ou de um artista, calculada pela receita. **3.** A renda de um jogo, de uma disputa, de uma festa etc.

Bi.li.ão *num.* Bilhão.

Bi.li.ar.dá.rio *adj.* e *s.m.* Bilionário; multimilionário.

Bi.lín.gue *adj.* **1.** Que tem duas línguas. **2.** Que fala duas línguas. **3.** Que está escrito em duas línguas diferentes. *s.2g.* **4.** Texto escrito em duas línguas diferentes.

Bi.lin.guis.mo *s.m.* **1.** Caráter de bilíngue. **2.** Capacidade de uma pessoa usar duas línguas distintas, como as ambas fossem sua língua materna, optando ora por uma ora por outra conforme o momento.

Bi.li.o.ná.rio *adj.* e *s.m.* Diz-se do indivíduo que é duas vezes bilionário; multimilionário.

Bi.li.o.né.si.mo *num.ord.* (*adj.* e *s.m.*) **1.** Que ou o que ocupa, numa sequência, a posição do número 1 bilhão. *num.frac.* (*adj.* e *s.m.*) **2.** Que ou o que corresponde a cada uma das partes iguais em que pode ser dividido 1 bilhão.

Bi.li.o.so (ô) *adj.* **1.** Relativo à bílis. **2.** Que contém muita bílis. **3.** FIG De mau gênio. **4.** FIG Dado à cólera; colérico, irascível.

Bí.lis *s.f.* **1.** Líquido esverdeado, segregado pelo fígado; fel. **2.** FIG Irritabilidade, mau humor.

Bil.ro *s.m.* **1.** Peça de madeira ou metal, semelhante ao fuso, com que se fazem rendas de almofada. **2.** A renda feita com bilros. **3.** FIG homem pequeno e janota; manequim.

Bil.tre *s.m.* **1.** Homem desprezível, vil, salafrário. **2.** Patife.

Bí.ma.no *adj.* Que tem duas mãos.

Bim.ba.lhar *v.int.* **1.** Repicar, tocar, dobrar (sino). *s.m.* **2.** Ato de repicar (o sino).

Bi.men.sal *adj.* Que aparece ou se realiza duas vezes por mês; quinzenal. ◆ Cf. *bimestral*.

Bi.mes.tral *adj.* **1.** Que se publica, aparece ou se realiza de dois em dois meses. **2.** Que dura dois meses. ◆ Cf. *bimensal*.

Bi.mes.tre *s.m.* Período de dois meses.

Bi.mo.tor (ô) *adj.* e *s.m.* Diz-se de, ou a aeronave de dois motores.

Bi.na.ci.o.nal *adj.2g.* **1.** Composto de duas nações ou nacionalidades. **2.** Pertencente a duas nações ou nacionalidades.

Bi.ná.rio *adj.* **1.** Que tem duas unidades, dois elementos. **2.** MÚS Que tem dois tempos (compasso).

Bin.go *s.m.* Jogo semelhante ao de víspora, com prêmios, em que são usados cartões com números, que devem ser preenchidos à medida que os números que constam do cartão sejam sorteados.

Bi.nó.cu.lo *s.m.* Instrumento óptico portátil, formado por duas lunetas focalizáveis simultaneamente, para ver objetos afastados, principalmente nos teatros, no turfe etc.

Bi.nô.mio *s.m.* Qualquer expressão algébrica de potência variável, formada por duas variáveis ou constantes.

Bi.o.ci.clo *s.m.* **1.** Conjunto de etapas por que passa um determinado ser vivo, do nascimento à morte. **2.** Qualquer das três principais subdivisões da biosfera: *geociclo*, *talassociclo* e *limnociclo*.

Bi.o.ci.ên.cia *s.f.* Estudo interdisciplinar dos seres vivos; biologia.

Bi.o.com.bus.tí.vel *adj.2g.* e *s.m.* Combustível produzido a partir de matéria orgânica, como vegetais ou lixo.

Bi.o.de.gra.dá.vel *adj.2g.* Diz-se da substância que se decompõe pela ação de micro-organismos no próprio meio ambiente.

Bi.o.di.ver.si.da.de *s.f.* **1.** conjunto de todas as espécies de seres vivos existentes na biosfera; diversidade. **2.** conjunto de todas as espécies de seres vivos existentes em determinada região ou época; diversidade.

Bi.o.e.co.lo.gi.a *s.f.* Ecologia que se ocupa da inter-relação de plantas e animais com o seu ambiente comum.

Bi.o.e.co.ló.gi.co *adj.* Relativo ou pertencente à bioecologia.

Bi.o.e.co.ló.gis.ta *s.2g.* Especialista em bioecologia.

Bi.o.e.lé.tri.co *adj.* Diz-se dos órgãos vivos especializados na produção de eletricidade.

Bi.o.e.ner.gi.a *s.f.* Energia renovável obtida pela transformação química da biomassa.

Bi.o.es.pe.le.o.lo.gi.a *s.f.* Estudo dos seres vivos das cavernas.

Bi.o.es.ta.tís.ti.ca *s.f.* Processo e métodos estatísticos aplicados à análise de fenômenos biológicos.

Bi.o.es.ta.tís.ti.co *adj.* Relativo à bioestatística. *s.m.* **2.** Especialista em bioestatística.

Bi.ó.fa.go *adj.* e *s.m.* Que, ou o que se alimenta de organismos vivos.

Bi.o.fi.li.a *s.f.* Instinto de conservação; amor à vida.

Bi.o.gás *s.m.* Combustível produzido pela decomposição de matéria orgânica.

Bi.o.gê.ne.se *s.f.* Princípio que defende a origem de um ser vivo a partir de outro ser vivo e nunca de matéria não viva.

Bi.o.gra.far *v.t.* **1.** Escrever a biografia.

Bi.o.gra.fi.a *s.f.* História da vida de uma pessoa escrita por outra pessoa.

BIÓGRAFO — BISSETRIZ OU BISSECTRIZ

Bi.ó.gra.fo *s.m.* Autor de uma ou mais biografias.

Bi.o.lo.gi.a *s.f.* Ciência que tem por objeto o estudo dos seres vivos e as leis da vida.

Bi.ó.lo.go *s.m.* Especialista em Biologia.

Bi.o.lu.mi.nes.cên.cia *s.f.* **1.** Produção de luz por elementos vivos.

Bio.mag.ne.tis.mo *s.m.* Magnetismo animal.

Bi.o.mas.sa *s.f.* Massa ou quantidade total da matéria viva numa área específica.

Bi.om.bo *s.m.* Anteparo ou divisória geralmente de madeira, às vezes forrado com papel, couro, pano etc., para dividir, delimitar ou decorar um aposento.

Bi.o.me.di.ci.na *s.f.* **1.** Medicina clínica baseada nos princípios das ciências naturais (Biologia, Bioquímica, Biofísica etc.). **2.** Parte da medicina que se aplica na pesquisa de medicamentos apropriados à conservação da vida, das funções vitais, e que também se refere às condições ambientais requeridas pelos astronautas dentro das naves espaciais. **3.** Campo da biologia especializado no estudo das características morfológicas e fisiológicas da espécie humana.

Bi.o.mé.di.co *adj.* Que se refere tanto à biologia quanto à Medicina.

Bi.o.me.tri.a *s.f.* Conjunto das técnicas de mensuração dos seres vivos e dos métodos estatísticos de tratamento dessas medidas.

Bi.ô.ni.co *adj.* **1.** Relativo ou pertencente à biônica. *adj.* e *s.m.* **2.** Diz-se de, ou político nomeado para função pública para a qual deveria ter sido escolhido pelo voto popular, p.ex.: *Na Ditadura, o Brasil teve prefeitos, governadores e senadores biônicos*.

Bi.óp.sia *s.f.* Retirada de fragmento de tumor, órgão ou tecido para exame. ◆ *Var.: biopsia*.

Bi.o.quí.mi.co *adj.* **1.** Relativo à Bioquímica. **2.** Especialista em Bioquímica.

Bi.or.rit.mo *s.m.* Gráfico que pretende representar as oscilações das atividades fisiológica, mental e emocional de uma pessoa.

Bi.os.fe.ra *s.f.* Parte da Terra e sua atmosfera, onde pode haver vida humana; ecosfera.

Bi.os.sis.te.ma *s.m.* Ecossistema.

Bi.os.so.ci.o.lo.gi.a *s.f.* Estudo das bases biológicas do comportamento social dos animais e, por extensão, dos seres humanos; Sociobiologia.

Bi.o.téc.ni.ca ou **bi.o.tec.no.lo.gi.a** *s.f.* **1.** Estudo e desenvolvimento de organismos geneticamente modificados e sua utilização para fins produtivos. **2.** Tecnologia desenvolvida a partir de conhecimentos de uma ou de várias áreas da Biologia, normalmente com finalidade produtiva.

Bi.o.té.rio *s.m.* Reserva de animais vivos, para a produção de soros e vacinas, estudos laboratoriais etc.

Bi.ó.ti.co *adj.* Relativo aos seres vivos.

Bi.ó.ti.po *s.m.* Conjunto de características fundamentais comuns a uma série de indivíduos. ◆ *Var.: biotipo*.

Bi.o.vu.lar *adj.2g.* Relativo a ou que deriva de dois óvulos (diz-se de gêmeos).

Bip (ingl. *bip*) *s.m.* Som ou sinal emitido pelo bíper.

Bi.par.ti.da.ris.mo *s.m.* Existência de apenas dois partidos políticos importantes.

Bi.par.tir *v.t.* e *p.* Dividir(-se) ao meio ou em duas partes; bifurcar(-se).

Bi.par.ti.te *adj.* Formado por dois elementos, por dois grupos.

Bi.pe *s.m.* **1.** Som ou sinal emitido pelo bíper. **2.** Aparelho portátil que emite um sinal e ao mesmo tempo registra um número de telefone para contato.

Bí.pe.de *adj.* **1.** Que tem dois pés. *s.m.* **2.** Animal que anda sobre dois pés.

Bí.per *s.m.* (ing. *beeper*) Aparelho portátil que emite um sinal e ao mesmo tempo registra um número de telefone para contato.

Bi.po.lar *adj.* Que tem dois polos.

Bi.quei.ra *s.f.* **1.** Remate que se ajusta à ponta de alguma coisa. **2.** Peça de metal ou de couro que, por vezes, guarnece o bico das calçados; ponteira. **3.** Tubo de metal ou telha que sobressai à

fachada de uma casa e por onde se escoam as águas das chuvas. **4.** Piteira, boquilha.

Bi.quí.ni *s.m.* Maiô de duas peças, de dimensões bastante reduzidas. ◆ *Var.: biquíne*.

Bir.ba *s.f.* **1.** Égua nova, mas já apta para o trabalho. **2.** Certo jogo de cartas, originário da canastra. *s.2g.* **3.** Matuto, caipira.

Bir.ita *s.f.* **1.** Cachaça, pinga. **2.** Bebida alcoólica em geral.

Bi.rô *s.m.* **1.** Escrivaninha. **2.** Escritório. **3.** Repartição.

Bi.ros.ca *s.f.* **1.** Pequeno estabelecimento comercial. **2.** Botequim, boteco. **3.** Jogo infantil com bolinhas de gude.

Bir.ra *s.f.* **1.** Teima, capricho, zanga. **2.** Antipatia.

Bi.ru.ta *s.f.* **1.** Aparelho que lembra uma sacola cônica, disposto horizontalmente, que se fixa no alto de um mastro nos aeroportos e campos de aviação, para indicar a direção do vento. *adj.* e *s.2g.* **2.** Diz-se de, ou pessoa inquieta ou amalucada.

Bis *s.m.* **1.** Repetição. *adv.* **2.** Duas vezes. *interj.* **3.** Outra vez.

Bis- *pref.* ⇒ Bi-.

Bi.são *s.m.* ZOOL Grande bovídeo selvagem da América do Norte e Europa, em extinção.

Bi.sar *v.t.* Repetir (música etc.), atendendo ao pedido de *bis*.

Bis.bi.lho.tar *v.int.* **1.** Fazer mexericos. **2.** Intrometer-se na vida alheia. *v.t.* **3.** Esquadrinhar.

Bis.bi.lho.tei.ro *s.m.* Mexeriqueiro, intrigante.

Bis.ca *s.f.* **1.** Jogo de cartas. **2.** POP Pessoa de mau caráter, falsa, hipócrita. **3.** GÍR Meretriz.

Bis.cai.a *s.f.* Mulher de maus costumes.

Bis.can.tar *v.int.* Celebrar duas missas no mesmo dia.

Bis.ca.te *s.m.* **1.** Obra ou trabalho de pouca monta; bico. **2.** Coisa sem valor. **3.** GÍR Prostituta, meretriz.

Bis.ca.tei.ro *s.m.* O que vive de biscates.

Bis.coi.tei.ra *s.f.* Vaso para guardar biscoitos.

Bis.coi.to *s.m.* **1.** Massa de farinha ou fécula, ovos e, por vezes, açúcar, bem cozida ao forno. **2.** FAM Bofetada, bolacha.

Biscuit (biçcuí) (fr.) *s.m.* Objeto ornamental de porcelana fina não vidrada.

Bi.se.gre *s.m.* Brunidor de sapateiro para os saltos do calçado e rebordos da sola.

Bi.sel *s.m.* Borda de vidro de espelho cortada obliquamente; chanfradura.

Bis.mú.ti.co *adj.* **1.** Relativo ao bismuto. **2.** Que contém bismuto.

Bis.mu.tis.mo *s.m.* Intoxicação provocada pela administração de sais de bismuto.

Bis.mu.to *s.m.* Metal branco-avermelhado, de símbolo Bi e número atômico 83, facilmente redutível a pó, usado como medicamento sob a forma de compostos.

Bis.na.ga *s.f.* **1.** Tubo de folha de chumbo, próprio para conter vaselina, tinta a óleo, pasta de dentes etc. **2.** Pequeno esguicho que contém água aromática, usado antigamente durante o carnaval. **3.** Longo pão cilíndrico, fino nas pontas.

Bis.ne.to *s.m.* Filho do neto ou da neta.

Bi.so.nho *adj.* **1.** Pouco experiente em alguma coisa. **2.** Novato, principiante. **3.** Acanhado, tímido. **4.** Inábil.

Bi.son.te *s.m.* ZOOL Bisão.

Bis.pa.do *s.m.* **1.** Território da jurisdição espiritual de um bispo; episcopado. **2.** Palácio episcopal; episcopado.

Bis.par *v.t.* **1.** Observar com atenção. **2.** Perceber, descobrir. **3.** Fugir.

Bis.po *s.m.* **1.** Prelado que governa uma diocese. **2.** Uma das peças do jogo de xadrez.

Bis.sec.ção *s.f.* Divisão ou secção em duas partes iguais. ◆ *Var.: bissecção*.

Bis.se.ma.nal *adj.2g.* Que aparece ou se realiza duas vezes por semana.

Bis.se.triz ou **bis.sec.triz** *s.f.* GEOM Semirreta que parte do vértice de um ângulo e forma com seus lados, ângulos adjacentes iguais.

BISSEXTO — BOCA

Bis.sex.to (ê) *adj.* **1.** Diz-se do ano de 366 dias, no qual o mês de fevereiro tem 29 dias. **2.** Diz-se de quem se dedica apenas esporadicamente a uma atividade, em especial à literatura: *poeta bissexto*. *s.m.* **3.** O dia que, de quatro em quatro anos, se acrescenta ao mês de fevereiro.

Bis.se.xu.al (cs) *adj.* **1.** Que reúne os dois sexos; andrógino. **2.** Que sente atração por pessoa dos dois sexos.

Bis.trô *s.m.* **1.** Restaurante simples no qual se servem pratos e bebidas, típico da França. **2.** Estabelecimento semelhante, localizado fora da França e, eventualmente, não ao estilo francês.

Bis.tu.ri *s.m.* Instrumento cirúrgico, em forma de pequena faca, para praticar incisões.

Bit (do ing. *binary digit = dígito binário*) *s.m.* Unidade de medida correspondente à menor quantidade de informação capaz de ser transmitida por um sistema.

Bi.to.la *s.f.* **1.** Medida reguladora. **2.** Padrão, norma. **3.** Gabarito. **4.** Largura de via férrea. **5.** NÁUT Grossura de um cabo.

Bi.to.la.do *adj.* **1.** Medido com bitola. **2.** FIG Curto de compreensão; acanhado.

Bi.to.lar *v.t.* **1.** Medir com bitola. **2.** Estabelecer bitola. **3.** Julgar, avaliar. **4.** Restringir a ideia ou o raciocínio de alguém a normas rígidas.

Bi.tran.si.ti.vo *adj.* e *s.m.* Que é ou verbo duplamente transitivo pois que pede simultaneamente dois complementos: objeto direto e objeto indireto; biobjetivo, transitivo direto e indireto, transitivo relativo (p.ex.: o verbo *dar*, em *dar agasalho aos pobres*).

Bi.tri.bu.ta.ção *s.f.* **1.** Ato ou efeito de bitributar; dupla tributação. **2.** Incidência de dois tributos sobre uma mesma mercadoria ou um mesmo ato.

Bi.va.lên.cia *s.f.* Dupla valência; caráter ou condição de bivalente.

Bi.va.len.te *adj.2g.* **1.** Que funciona como predicado e requer dois argumentos (diz-se de elemento). **2.** Em que há apenas dois valores de verdade que uma proposição pode tomar: verdadeiro ou falso (diz-se de pensamento lógico). **3.** Associado aos pares em sinapses. **3.1** Ligado a dois outros átomos ou grupos. **4.** Que possui valência dois; divalente. **5.** Que possui dois usos, duas funções.

Bi.val.ve *adj.* Que tem duas valvas (concha etc.).

Bi.va.que *s.m.* **1.** Acampamento militar ou estação provisória ao ar livre. **2.** Tenda de campanha.

Bi.zan.ti.no *adj.* **1.** Relativo a Bizâncio, antiga cidade da Turquia (Europa), fundada pelos gregos no século VII a.C. **2.** Sutil e fútil. *s.m.* **3.** O natural de Bizâncio. **4.** Estilo ou arte que se cultivou em Bizâncio.

Bi.zar.ro *adj.* Esquisito, extravagante.

Black-out (blécaut) (ing.) *s.m.* **1.** Blecaute. **2.** Queda; parada brusca. **3.** Queda de energia elétrica repentina. **4.** Escurecimento completo. ● *Pl.: Blackouts.*

Bla.gue *s.f.* Gozação.

Blan.dí.cia *s.f.* **1.** Afago, carícia. **2.** Meiguice, carinho.

Blas.fe.mar *v.t.* **1.** Ultrajar com blasfêmia. *v.int.* **2.** Dizer blasfêmias.

Blas.fe.mo (ê) *adj.* **1.** Que profere blasfêmias; blasfemador. *s.m.* **2.** O que fala ou escreve blasfêmias. **3.** O que ultraja e insulta. **4.** Ímpio.

Bla.so.nar *v.t.* **1.** Vangloriar-se; alardear-se. **2.** Jactar-se de supostas valentias.

Blas.to.ma *s.m.* Tumor que apresenta desenvolvimento localizado, independente; tumor verdadeiro.

Blazer (ing.) *s.m.* Paletó esportivo. ● *Pl.: Blazers.*

Ble.far *v.int.* **1.** Iludir no jogo, aparentando ter boas cartas. **2.** Esconder uma situação precária; tapear, iludir, lograr.

Ble.fe (é) *s.m.* **1.** Ato ou efeito de blefar. **2.** Engano, logro.

Ble.fis.ta *adj.* e *s.2g.* Que, ou quem costuma aplicar blefes.

Blin.dar *v.t.* Revestir de chapas de aço.

Blitz (blíts) (al.) *s.f.* Operação policial com muitos agentes e veículos, executada com excepcional rapidez. ● *Pl.: Blitze.*

Blo.co *s.m.* **1.** Porção sólida e volumosa de uma substância pesada. **2.** Caderno de papel, com folhas destacáveis. **3.** FIG Coligação de elementos, grupos ou partidos políticos. **4.** Grupo ou sociedade recreativa. **5.** Grupo carnavalesco. ◆ **Em bloco:** grosso, em conjunto.

Blo.que.ar *v.t.* **1.** Pôr bloqueio a. **2.** Cercar, sitiar. **3.** Impedir, dificultar.

Blues (bluç) (ing.) *s.m.* Canção popular lamentosa norte-americana, de origem negra.

Blu.sa *s.f.* **1.** Veste larga e leve, usada por operários, colegiais etc. **2.** Espécie de casaco ou corpete leve e largo usado pelas mulheres.

Blu.são *s.m.* **1.** Blusa grande. **2.** Tipo de camisa masculina, usada como traje informal. **3.** Blusa comprida com ou sem gola e mangas, usada pelas mulheres por cima da saia, calça etc. **4.** Espécie de agasalho de tecido encorpado, por vezes impermeável, ou couro, náilon etc., com mangas compridas e fechado por botões ou zíper, que se usa em lugar de casaco; jaqueta. ● *Pl.: blusões.*

Blush (blâxi) (ing.) *s.m.* Cosmético avermelhado com que as mulheres cobrem as maçãs do rosto.

Bo.a-fé *s.f.* **1.** Crença simples. **2.** Falta de malícia; credulidade. **3.** Simplicidade, confiança. ◆ *Ant.:* má-fé. ◆ **De boa-fé:** sem maldade, simples.

Bo.a-noi.te *s.f.* BOT Planta trepadeira de grandes e perfumadas flores. ● *Pl.: boas-noites.*

Bo.a-pin.ta *adj.2g.* e *s.2g.* Que ou quem agrada fisicamente, veste-se bem, tem boa aparência e boas maneiras. ● *Pl.: boas-pintas.*

Bo.a-pra.ça *adj.2g.* e *s.2g.* Que ou quem é caloroso, simpático e confiável, bom companheiro ou camarada, capaz de despertar bons sentimentos. ● *Pl.: boas-praças.*

Bo.a-tar.de *s.f.* **1.** BOT Nome comum a várias espécies de plantas. ● *Pl.: boas-tardes.*

Bo.a.te *s.f.* Estabelecimento de vida noturna, com serviços de bar e pista de dança, geralmente com números de música ao vivo etc.

Bo.a.tei.ro *adj.* e *s.m.* Que, ou indivíduo que espalha boatos.

Bo.a.to *s.m.* Notícia anônima e falsa que corre pelo público.

Bo.a-vi.da *s.2g.* **1.** Pessoa que não é muito amiga do trabalho. **2.** Ociosidade. ● *Pl.: boas-vidas.*

Bo.ba.gem *s.f.* Ato, procedimento, gracejo ou dito de bobo, de palhaço. **2.** Asneira, tolice.

Bo.ba.lhão *s.m.* **1.** Bobão, tontão. **2.** Palerma. **3.** Homem muito bobo.

Bo.be.a.da *s.f.* Ato de bobear.

Bo.be.ar *v.int.* **1.** Dizer bobagens. **2.** Portar-se como um bobo. **3.** Perder uma boa oportunidade.

Bo.bei.ra *s.f.* **1.** Qualidade ou condição de bobo ('tolo'). **2.** Atitude de tolo; bobice. **3.** Condição ou estado de quem pode ser facilmente enganado; desatenção, credulidade.

Bo.bi.na *s.f.* **1.** Carrinho de madeira, plástico ou metal para enrolar fio. **2.** Carretel. **3.** Grande rolo de papel contínuo para impressões gráficas de grande tiragem.

Bo.bo (ô) *s.m.* **1.** Indivíduo que, na Idade Média, vivia nos palácios a divertir reis, príncipes e toda a nobreza com palhaçadas e ditos engraçados. **2.** Truão, bufão. **3.** Indivíduo tolo ou que diz asneiras. **4.** GÍR Relógio de bolso. *adj.* **5.** Palerma, idiota, tolo. **6.** Sem importância. **7.** Espantado, admirado.

Bo.bó *s.m.* **1.** Iguaria da cozinha afro-brasileira, preparada com feijão-mulatinho, banana-da-terra vertolenga e ainda de gosto adstringente, azeite de dendê, e em geral muita pimenta. **2.** Palerma, boboca.

Bo.ca (ô) *s.f.* **1.** Cavidade ou abertura pela qual o homem e outros animais ingerem os alimentos. **2.** Qualquer abertura ou corte que dê a ideia de boca. **3.** FIG Pessoa a alimentar. **4.** Órgão da fala. **5.** Entrada de rio, canal etc. **6.** Entrada, abertura. **7.** Abertura na parte superior de frascos, garrafas etc.; gargalo. **8.** Princípio ou fim de rua. **9.** POP Emprego arranjado, colocação vantajosa, mordomia. **10.** FAM Pessoa que come bem e de tudo. **11.** Forma reduzida de *boca de fumo*. ◆ **Boca da noite:** o anoitecer. ◆ *Aum.:* bocarra.

BOCA DE FOGO — BOLA AO CESTO

Bo.ca de fo.go *s.f.* Peça de artilharia. • *Pl.: bocas de fogo*.

Bo.ca-de-le.ão *s.f.* Tipo de planta ornamental com flores de várias cores. • *Pl.: bocas-de-leão*.

Bo.ca de lo.bo *s.f.* Tampa grelhada de bueiro, para drenagem de águas pluviais. • *Pl.: bocas de lobo*.

Bo.ca.do *s.m.* **1.** Porção de alimento que cabe na boca; bocada. **2.** Porção que se tira com os dentes. **3.** Boa porção. **4.** Quinhão, pedaço. **5.** Parte do freio que entra na boca da cavalgadura. **6.** Certa quantidade.

Bo.ca do li.xo *s.f.* Zona de baixo meretrício, frequentada por proxenetas, marginais, viciados e traficantes de tóxicos etc. • *Pl.: bocas do lixo*.

Bo.cai.na *s.f.* **1.** Depressão em serra ou cordilheira. **2.** Vale.

Bo.cai.u.va *s.f.* Variedade de coqueiro de frutos (drupas) comestíveis.

Bo.çal *adj.* e.*s.2g.* **1.** Diz-se de, ou pessoa estúpida, rude, grosseira. **2.** Ignorante.

Bo.ca-li.vre *s.f.* **1.** Reunião com entrada franca onde são servidas comidas e bebidas. **2.** FIG Mau uso ou uso fraudulento de cargos ou funções públicas.

Bo.ca-ri.ca *s.2g.* **1.** Lugar ou oportunidade de ganhar sustento sem esforço; boca. **2.** Casamento com pessoa abastada. **3.** Local favorável à prática de furtos (esp. por falta de policiamento). • *Pl.: bocas-ricas*.

Bo.car.ra *s.f.* **1.** *Aum. de boca*. **2.** Boca grande; boca muito aberta.

Bo.ca.xim *s.m.* Entretela para enchumaçar.

Bo.ce.jo (ê) *s.m.* **1.** Ato de bocejar. **2.** Ato involuntário de abrir a boca, com a aspiração e em seguida a expiração prolongada do ar, denotando sono, enfado, aborrecimento.

Bo.ce.ta (ê) *s.f.* **1.** Pequena caixa, cilíndrica ou oval. **2.** Caixa de rapé. **3.** CH Vulva. • **Boceta ou Caixa de Pandora:** MITOL Caixa que a primeira mulher, Pandora, recebeu de Zeus com todos os males do mundo; foi aberta por seu marido, Epimeteu, que terminou espalhando esses males a toda a terra, ficando em seu fundo apenas a esperança.

Bo.cha *s.f.* **1.** Jogo que consiste em atirar bolas de madeira, que deverão aproximar-se o mais possível de uma outra bola, pequena. **2.** A bola usada nesse jogo.

Bo.che.cha (ê) *s.f.* Proeminência carnuda de cada uma das faces.

Bo.che.char *v.int.* **1.** Fazer bochechos. *v.t.* **2.** Agitar na boca (um líquido) em os bochechos.

Bo.che.cho (ê) *s.m.* **1.** Ato de bochechar. **2.** Porção de líquido que se põe na boca e se agita movimentando as bochechas.

Bo.che.chu.do *adj.* Que tem grandes bochechas.

Bo.chin.che *s.m.* **1.** Espécie de batuque. **2.** Baile popular. **3.** Sururu, briga. **4.** Má administração.

Bó.cio *s.m.* **1.** Hipertrofia da glândula tireoide. **2.** Papo, papeira.

Bo.có *adj.* e.*s.2g.* **1.** POP Tolo, parvo, simplório. **2.** Pequena mala ou alforje de couro não curtido, ainda com o pelo do animal, usada para guardar fumo etc.

Bo.da (ô) *s.f.* Bodas.

Bo.de *s.m.* **1.** ZOOL Mamífero ruminante, em geral provido de barbicha, macho da cabra. **2.** Caprino em geral. **3.** POP Complicação, encrenca. **4.** FIG Homem de cavanhaque, homem muito feio. **5.** PEJ Mestiço, mulato. • *Fem.: cabra.* • *Col.: manada, rebanho*.

Bo.de.a.do *adj.* **1.** Exausto; deprimido. **2.** Prostrado por uso de drogas.

Bo.de.co *s.m.* Filhote de pirarucu (peixe).

Bo.de.ga *s.f.* **1.** Taberna suja ou pouco asseada; baiuca, botequim. **2.** Casa suja.

Bo.di.sat.va *s.m.* No budismo *maaiana*, indivíduo que, prestes a se tornar um *buda*, adia a superação final do sofrimento humano (*nirvana*), no intuito de aprofundar sua compaixão por todas as criaturas.

Bo.do.que *s.m.* Aro em forma de V, a que se amarram duas tiras de borracha, e com que se atiram pequenas pedras; o mesmo que *estilingue, atiradeira, badoque, funda* etc.

Bo.dum *s.m.* **1.** Cheiro característico de bode não castrado. **2.** Transpiração malcheirosa de uma pessoa; catinga, inhaca.

Body-board (ing.) *s.m.* **1.** Prancha usada para praticar o esporte *body-board*. **2.** Esporte radical que se assemelha ao *surf*, com manobras velozes pré-estabelecidas. • *Pl.: body-boards*.

Bo.ê.mia *s.f.* **1.** Vida despreocupada e alegre. **2.** Pândega, vadiagem. • *Var. pop.: boemia (í)*.

Bo.ê.mio *adj.* **1.** Da Boêmia, região da República Tcheca (Europa). *s.m.* **2.** O natural ou habitante dessa região. **3.** O dialeto dos boêmios. **4.** Gitano, cigano. *adj.* e *s.m.* **5.** Diz-se de, ou aquele que vive na vadiagem, despreocupadamente.

Bó.er *adj.* e *s.2g.* Diz-se de, ou pessoa descendente, sul-africano, dos colonizadores holandeses da África do Sul.

Bo.fe *s.m.* **1.** POP O pulmão. **2.** POP Pessoa sem qualquer atrativo estético. **3.** Mulher feia. **4.** FIG Caráter, índole, gênio.

Bo.fe.ta.da *s.f.* **1.** Pancada no rosto, com a mão espalmada. **2.** FIG Insulto, desfeita muito grande.

Bo.go.ta.no *adj.* **1.** Relativo ou pertencente a Bogotá, capital da Colômbia (América do Sul). *s.m.* **2.** O natural ou habitante de Bogotá.

Boi *s.m.* **1.** ZOOL Mamífero ruminante, utilizado para carga e alimentação. **2.** Bovino doméstico, castrado. **3.** A principal personagem do bumba-meu-boi. **4.** GÍR Meretriz de baixa categoria. • *Fem.: vaca.* • *Col.: boiada, manada.* • *Voz.: berrar, mugir*.

Bói (ing. *office-boy*) *s.m.* Jovem que, nos escritórios, faz pequenos serviços internos e externos.

Boi.a *s.f.* **1.** Corpo flutuante que serve para indicar o caminho às embarcações. **2.** Pedaço de cortiça nas redes de pesca, para evitar que afundem. **3.** Corpo flutuante utilizado para se aprender a nadar ou no salvamento de náufragos. **4.** Peça flutuante que, nas caixas-d'água, vai fechando a torneira à medida que a caixa vai enchendo. **5.** Comida de quartel. **6.** Qualquer comida, qualquer refeição.

Boi.a.da *s.f.* **1.** *Col. de bois*. **2.** Manada de bois.

Boi.a.dei.ro *adj.* e *s.m.* **1.** Que, ou aquele que conduz ou toma conta de uma boiada. *s.m.* **2.** Capataz de gado. **3.** Comprador de gado para revenda. **4.** Víra-bosta (ave).

Boi.a-fri.a *adj.* e *s.2g.* Diz-se de, ou trabalhador rural que, sem relação empregatícia, é contratado para serviços temporários nas fazendas, para onde leva diariamente sua refeição e às vezes tem de ingeri-la fria. • *Pl.: boias-frias*.

Boi.ão *s.m.* Vaso bojudo e de boca larga, usado para doces e conservas, pomadas etc.

Boi.ar *v.int.* **1.** Permanecer na superfície da água; flutuar. **2.** GÍR Ficar sem entender um assunto. *v.t.* **3.** Ligar, prender a boia.

Boi-bum.bá *s.m.* Bumba-meu-boi. • *Pl.: bois-bumbás ou boi--bumbás*.

Boi.co.rá *s.f.* Bacoral.

Boi.co.te *s.m.* **1.** Ato ou efeito de boicotar. **2.** Recusa sistemática de relações sociais ou comerciais, como represália.

Boil.er (ing.) *s.m.* Caldeira elétrica que se usa para aquecer água. • *Pl.: boilers*.

Boi.na *s.f.* Espécie de boné chato, sem pala e sem costura.

Boi.ta.tá *s.m.* **1.** FOLCL Fogo-fátuo. **2.** Coca com que se assustam as crianças; papão.

Boi.u.na *s.f.* **1.** (AM) Cobra grande, preta; mãe-d'água. **2.** Nome dado na Amazônia à sucuri. **3.** FOLCL Navio mal-assombrado.

Bo.jo (ô) *s.m.* **1.** Saliência convexa de certos vasos. **2.** Ventre desenvolvido; barriga grande. **3.** Interior, cavidade. **4.** A parte mais íntima de uma coisa. **5.** Capacidade.

Bo.ju.do *adj.* Que tem bojo grande; arredondado.

Bo.la *s.m.* **1.** Qualquer corpo esférico ou arredondado. **2.** Globo, esfera. **3.** Objeto de forma esférica, feita de plástico, couro etc., usado em vários esportes; pelota. **4.** FIG Cabeça, juízo, siso. **5.** FIG Pessoa gorda e baixa. **6.** Comida envenenada com que se matam cães, gatos etc.

Bo.la ao ces.to *s.m.* Basquetebol. • *Pl.: bolas ao cesto*.

BOLACHA — BOMBOM

Bo.la.cha *s.f.* **1.** Massa chata e seca de farinha de trigo. **2.** Biscoito. **3.** POP Bofetada.

Bo.la.da *s.f.* **1.** Pancada com bola. **2.** Arremesso de bola no respectivo jogo. **3.** POP Grande soma de dinheiro.

Bo.la-de-ne.ve *s.f.* Arbusto nativo da Europa e Ásia. É uma espécie do gênero botânico *Viburnum* pertencente à família das *Adoxaceas*, conhecida popularmente como "bola-de-neve". ● *Pl.: bolas-de-neve.*

Bo.lar¹ *adj.* Que pode ser reduzido a bola ou a bolo.

Bo.lar² *v.t.* **1.** Acertar ou tocar com a bola. **2.** POP Conceber, planejar, arquitetar, imaginar. *v.int.* **3.** Conceber uma ideia.

Bol.bo *s.m.* Bulbo.

Bol.che.vi.que *adj.* e *s.2g.* Bolchevista.

Bold (ing.) *s.m.* Negrito. ● *Pl.: bolds.*

Bol.do (ô) *s.m.* BOT Certa planta originária do Chile, da família das monimiáceas, de folhas e caule medicinais, popularmente chamada *árvore-de-pinguço.*

Bo.le.a.dei.ras *s.f.pl.* Apetrecho dos gaúchos para capturar o gado em campo aberto, constante de três bolas (duas de mesmo tamanho e uma menor) de pedra ou de ferro envolvidas em couro espesso e ligadas entre si por meio de cordas também de couro, e que, lançadas pelo boleador, enredam e prendem o animal.

Bo.le.ar *v.t.* **1.** Dar forma de bola a. **2.** Arredondar, tornear. **3.** Enredar um animal com as boleadeiras. **4.** Arremessar, atirar. **5.** FIG Cativar, fascinar. **6.** Pegar de surpresa.

Bo.lei.a *s.f.* **1.** Peça de pau fixa na lança da carruagem e onde se prendem os tirantes. **2.** Assento do cocheiro. **3.** Cabine do motorista, no caminhão.

Bo.le.ro (é) *s.m.* **1.** Dança e música espanhola, variante do fandango. **2.** Certa dança e canto cubanos, de ritmo binário. **3.** Canção e dança de ritmo binário, conhecidas como *bolero mexicano*, muito comuns no Brasil. **4.** Casaco curto, que as mulheres usam por cima da blusa ou do vestido.

Bo.le.tim *s.m.* **1.** Pequeno escrito noticioso. **2.** Publicação periódica oficial. **3.** Periódico noticioso de empresa, associação etc. **4.** Registro de currículo escolar. **5.** Relatório sucinto sobre o estado de um doente etc. **6.** Comunicado telegráfico.

Bo.le.to¹ (ê) *s.m.* Articulação arredondada da perna do cavalo ou do bovino, acima do pé.

Bo.le.to² (ê) *s.m.* Documento utilizado para pagamento de contas em bancos e/ou instituições financeiras.

Bo.lha (ô) *s.f.* **1.** Empola ou vesícula que se forma sobre a pele. **2.** Glóbulo de ar à superfície dos líquidos em ebulição ou em fermentação. **3.** GÍR Pessoa enfadonha, sem iniciativa.

Bo.li.che *s.m.* **1.** Jogo que consiste em atirar uma bola, da extremidade de uma pista assoalhada, para derrubar, na outra, dez pinos próprios, verticalmente colocados. **2.** Casa onde se pratica esse jogo.

Bó.li.de *s.2g.* Corpo celeste que cai sobre a Terra com grande velocidade e com tal temperatura que fica luminoso. ● *Var.:* POP *bólido.*

Bo.li.na *s.f.* NÁUT Cabo que sustenta a vela.

Bo.li.nar *v.t.* **1.** Alar com a bolina. **2.** Fazer ir (o navio) à bolina. *v.int.* **3.** Navegar, ir à bolina. **4.** POP Apalpar ou procurar contatos libidinosos em aglomerações, veículos coletivos, cinema etc.

Bo.lo (ô) *s.m.* **1.** Massa de farinha, com açúcar, ovos etc., cozida ao forno ou frita. **2.** Soma de dinheiro formada por apostas, multas e perdas dos parceiros no jogo. **3.** Bolada. **4.** FAM Pancada com palmatória. **5.** Ajuntamento de gente. **6.** Rolo, confusão. **7.** Logro, burla.

Bo.lo.nhês *adj.* **1.** Relativo ou pertencente à cidade de Bolonha (Itália). *s.m.* **2.** O natural ou habitante de Bolonha.

Bo.lor (ô) *s.m.* **1.** Fungos que se desenvolvem sobre matérias orgânicas em decomposição (móveis, roupas etc.); mofo. **2.** Decadência, decrepitude.

Bo.lo.ta *s.f.* **1.** Fruto do carvalho (glande). **2.** Pequena bola.

Bol.sa (ô) *s.f.* **1.** Carteira para dinheiro, documentos etc. **2.** Qualquer saquinho que se fecha por meio de cordões, no qual as mulheres carregam objetos de uso pessoal, dinheiro etc. **3.** FIG Dinheiro para despesas ordinárias. **4.** Local onde se reúnem corretores etc. para negociar títulos, ações e mercadorias. **5.** Cavidade de rocha cheia de substâncias minerais. **6.** Subvenção para estudos, viagem, estágios etc. **7.** Distensão da pele sob os olhos, formada por fadiga, idade ou doença. **8.** ANAT cavidade em forma de saco ou bolsa; escroto.

Bol.são *s.m.* **1.** Grande bolsa ('recipiente'). **2.** Aquilo que constitui um foco de algo, distinto da realidade que o circunda. **3.** Acumulação de algo (água, gás etc.), isolado do que o circunda. **4.** Área em que permanece ilhado um contingente de tropas, após a ocupação do território circundante por outro exército. ● *Pl.: bolsões.*

Bol.sis.ta *adj.2g.* **1.** Relativo às bolsas (de estudos etc.). *s.2g.* **2.** Pessoa que opera nas bolsas de valores. **3.** Pessoa a quem foi concedida bolsa de estudos, pesquisa, viagem etc.

Bol.so (ô) *s.m.* **1.** Espécie de pequeno saco preso a uma peça do vestuário, interna ou externamente, com abertura por onde se guardam objetos, dinheiro etc. **2.** Fole ou tufo que formam os vestidos mal talhados.

Bom *adj.* **1.** Que tem bondade, que pratica o bem. **2.** Virtuoso, indulgente. **3.** Que adquire certo grau de perfeição. **4.** Que tem aptidão profissional; competente. **5.** Que cumpre perfeitamente com os seus deveres. **6.** Honesto, consciencioso. **7.** Feliz, favorável. **8.** Seguro, garantido. **9.** Ameno, aprazível, agradável. **10.** Saboroso, saudável. **11.** Proveitoso. **12.** Homem virtuoso. **13.** O que é bom. ● *Ant.: mau, ruim.* ● *Sup.abs.sint.: ótimo, boníssimo.*

Bom.ba *s.f.* **1.** Máquina para elevar ou esgotar líquidos. **2.** Aparelho para aspergir ou vaporizar certos líquidos (inseticidas etc.). **3.** Aparelho para extrair leite do seio das mulheres. **4.** Aparelho para encher câmaras de ar. **5.** Projétil com substância explosiva que explode com estampido. **6.** Alusão ofensiva. **7.** FAM Acontecimento lamentável ou inesperado. **8.** POP Reprovação em exame. **9.** No futebol, chute muito forte.

Bom.ba.cha *s.f.pl.* Calça larga, apertada no tornozelo, muito usada pelos gaúchos no campo.

Bom.ba.do *adj.* Que toma remédio para superdesenvolver os músculos.

Bom.bar.dão *s.m.* **1.** O saxofone baixo; bombardino. **2.** Trombone de pistões. ● *Pl.: bombardões.*

Bom.bar.dei.o *s.m.* **1.** Ato ou efeito de bombardear. **2.** Ataque com bombas.

Bom.bar.dei.ro *adj.* e *s.m.* Diz-se de, ou avião empregado em bombardeio.

Bom.bar.di.no *s.m.* MÚS Instrumento de sopro, espécie de trompa.

Bom.ba-re.ló.gio *s.f.* Artefato explosivo que contém uma espécie de relógio e detona conforme a hora programada no aparelho. ● *Pl.: bombas-relógios* ou *bombas-relógio.*

Bom.bás.ti.co *adj.* **1.** Estrondoso, retumbante. **2.** FIG Extravagante, pretensioso (diz-se de discurso, estilo etc.).

Bom.be.ar *v.t.* **1.** Manobrar (gases ou líquidos) por meio de bomba. **2.** Reprovar em exame.

Bom.bei.ro *s.m.* **1.** Soldado que combate incêndios. **2.** O que instala ou conserta encanamentos de água; encanador.

Bôm.bi.ce *s.m.* Nome alatinado (*bombix*) do *bicho-da-seda.*

Bom.bi.lha *s.f.* (Sul) Canudo com que se toma o chimarrão.

Bôm.bix (cs) ou **bôm.bi.ce** *s.m.* Design. comum às mariposas do gên. *Bombix*, da fam. dos bombicídeos, conhecidas como *bicho-da-seda.* ● *Pl.: bômbices.*

Bom.bo *s.m.* **1.** Tambor muito grande; zabumba. **2.** Músico que toca esse tambor. ● *Var.: bumbo.*

Bom.bo.ca.do *s.m.* Doce de gema de ovo com açúcar, coco, amêndoas picadas etc. ● *Pl.: bons-bocados.*

Bom.bom *s.m.* Guloseima de chocolate ou massa de açúcar, às vezes com recheio de frutas, licor etc.

BOMBONA — BORLETA

Bom.bo.na (ô) *s.f.* Frasco bojudo destinado ao transporte e armazenamento de gases, produtos químicos etc.

Bom.bo.nei.ra *s.f.* Recipiente apropriado para guardar doces ou bombons.

Bom.bor.do *s.m.* O lado esquerdo da embarcação, considerando-se a proa como a sua frente. ● *Ant.*: *estibordo* e *boreste*.

Bom di.a *s.m.* Cumprimento que se dirige a alguém na parte da manhã. ● *Pl.*: *bons dias*.

Bom-mo.ço *s.m.* Indivíduo que, hipocritamente, se apresenta ou procede como se fosse sério, honesto, sem sê-lo. ● *Pl.*: *bons-moços*.

Bom-tom *s.m.* Maneiras distintas, trato fino de quem tem boa educação. 2. Civilidade. 3. Etiqueta.

Bo.na.chão *adj.* e *s.m.* Que, ou o que é dotado de bondade natural e que é simples, ingênuo e paciente. ● *Fem.*: *bonachona*.

Bo.nan.ça *s.f.* 1. Bom tempo no mar, depois de tempestade. 2. Calmaria. 3. FIG Tranquilidade, calma, sossego.

Bonbonnière (bomboniér) (fr.) *s.f.* Estabelecimento comercial onde se vendem bombons, doces, chocolates etc.

Bon.da.de *s.f.* 1. Qualidade de bom. 2. Inclinação para o bem. 3. Favor, mercê. 4. Amabilidade, cortesia. 5. Ternura, brandura. ● *Ant.*: *maldade*.

Bon.de *s.m.* 1. Veículo elétrico que corre sobre trilhos, destinado ao transporte urbano e suburbano de passageiros.

Bo.né *s.m.* 1. Cobertura para a cabeça, de copa redonda, sem abas, com pala sobre a testa. 2. Quepe.

Bo.ne.ca *s.f.* 1. Figura que imita uma mulher ou uma menina, destinada para brinquedo de criança. 2. Em encadernação etc., pequeno chumaço usado para envernizar. 3. Espiga de milho ainda em formação. 4. Mulher (ou menina-moça) muito bonita. 5. PEJ Indivíduo efeminado.

Bo.ne.co *s.m.* 1. Brinquedo de criança que imita um homem ou um menino. 2. ART GRÁF Modelo gráfico simulado de jornal, livro ou revista, confeccionado do mesmo formato que se pretende imprimir. 3. Marionete, fantoche. ● **Boneco de engonço:** boneco que é movido por meio de cordões.

Bo.ne.quei.ro *adj.* e *s.m.* 1. Fabricante e/ou vendedor de bonecos ou bonecas. 2. Que ou quem faz mover bonecos em espetáculos.

Bon.gô *s.m.* MÚS Instrumento de percussão de origem cubana, constituído por dois pequenos tambores unidos por uma barra de metal, e que são tocados com baquetas ou com os dedos.

Bo.ni.fi.car *v.t.* Conceder bônus; premiar. 2. Conceder vantagens pecuniárias; beneficiar.

Bo.ni.fra.te *s.m.* 1. Boneco de engonço. 2. Pessoa que se deixa manipular pelos outros; fantoche.

Bo.ni.to *adj.* 1. Agradável à vista, ao ouvido, ao espírito; formoso, belo. 2. Bom, vantajoso. 4. Nobre, generoso. *s.m.* 5. Aquilo que é bonito. 6. Ação brilhante. ● *Ant.*: *feio*.

Bo.no.mi.a *s.f.* 1. Bondade natural. 2. Falta de malícia. 3. Extrema credulidade. 4. Qualidade de quem é bom, simples, crédulo.

Bon.sai *s.m.* 1. Arte e técnica de cultivar árvores ornamentais em tamanho reduzido. 2. Árvore assim cultivada.

Bô.nus *s.m.* 1. Prêmio ou vantagem que as empresas concedem, fora do acordo, a seus associados. 2. Prêmio dado por casas comerciais a seus fregueses. 3. Título da dívida pública.

Bon vivant (bõ vivã) (fr.) *s.m.* Homem de disposição alegre, que sabe gozar a vida.

Bon.zo *s.m.* 1. Sacerdote ou monge budista. 2. FIG Hipócrita, dissimulado.

Book.mak.er (ing.) *s.2g.* Corretor ilegal de apostas, clandestino. ● *Pl.*: *bookmakers*.

Boom (bum) (ing.) *s.m.* 1. Rápida expansão na economia, às vezes caracterizando uma prosperidade repentina e enganosa. 2. O período no qual se verifica o *boom* 3. Aumento, explosão.

Boot *s.m.* Execução do procedimento de partida de um computador. ● *Pl.*: *boots*.

Bo.quei.ra *s.f.* 1. MED Designação popular da estomatite angular. 2. Pequena inflamação no canto dos lábios.

Bo.quei.rão *s.m.* 1. Bocarra. 2. Abertura de rio ou canal. 3. Garganta de serra pela qual passa rio. 4. Travessa ou viela que desemboca em rio ou mar. 5. Braço de mar. 6. Cova grande e profunda.

Bo.qui.a.ber.to *adj.* 1. De boca aberta de espanto ou admiração. 2. Admirado, pasmado.

Bó.rax (cs) *s.m.* QUÍM Borato de sódio, incolor, usado como branqueador. ● *Var.*: *bórace*. ● *Pl.*: *bóraces*.

Bor.bo.le.ta (ê) *s.f.* 1. ENTOM Designação comum aos insetos lepidópteros alados diurnos. 2. FIG Pessoa volúvel, inconstante. 3. Aparelho giratório para contagem de passageiros ou espectadores; catraca, roleta. 4. BOT Nome comum a certas plantas ornamentais.

Bor.bo.le.te.ar *v.int.* 1. Ir de um lado a outro como borboleta. 2. FIG Devanear, fantasiar, divagar.

Bor.bo.rig.mo *s.m.* Conjunto dos ruídos provocados pelos gases nos intestinos.

Bor.bo.tão *s.m.* 1. Jato impetuoso que faz um líquido ao sair de um lugar; jorro, golfada. 2. Lufada, rajada.

Bor.bo.tar *v.t.* 1. Expelir, lançar em borbotões. 2. Fazer ou dizer em profusão. 3. Jorrar com violência.

Bor.bu.lha *s.f.* 1. Vesícula na epiderme, de conteúdo aquoso. 2. Bolha de ar à superfície da água. 3. Fervura de água. 4. Olho ou rebento de planta. 5. FIG Defeito.

Bor.bu.lhar *v.int.* 1. Sair em borbulhas, bolhas ou gotas. 2. Sair em magotes, com ímpeto. 3. BOT Cobrir-se de borbulhas; germinar.

Bor.co (ô) *s.m. elem.* usado na loc. adv. *de borco*. ● **De borco:** com a boca para baixo; de bruços; emborcado.

Bor.da *s.f.* 1. Extremidade de uma superfície. 2. Orla, fímbria, beira, margem.

Bor.da.dei.ra *s.f.* 1. Mulher que borda por profissão. 2. Máquina de bordar.

Bor.da.do *s.m.* 1. Trabalho decorativo em relevo, feito sobre tecido à linha, fio de lã etc. 2. Obra de bordadura.

Bor.dão *s.m.* 1. Pau grosso que serve para arrimo. 2. Cajado, bastão. 3. Palavra ou frase que se repete frequentemente, por cacoete. 4. MÚS A corda mais grossa de um instrumento, que dá a nota mais grave.

Bor.de.jar *v.int.* 1. Navegar (a embarcação) em ziguezague, conforme o vento. 2. Cambalear.

Bor.de.jo (ê) *s.m.* Ato ou efeito de bordejar.

Bor.del *s.m.* 1. Casa de prostituição. 2. Prostíbulo, lupanar.

Bor.de.rô *s.m.* Relação de títulos que um cliente entrega ao banco para cobrança ou desconto.

Bor.do¹ *s.m.* 1. Interior do navio. 2. Cada uma das duas partes em que se divide o casco da embarcação. 3. Espaço existente dentro de trem, ônibus etc. 4. Borda, beira, extremidade. 5. FIG Disposição de espírito.

Bor.do² (ô) *s.m.* 1. BOT Nome comum a várias árvores da América do Norte. 2. Madeira dessa árvore.

Bor.dô *adj.* 1. Diz-se da cor semelhante à do vinho tinto originário de Bordeaux ou Bordéus (França). *s.m.* 2. A própria cor. 3. Vinho originário da região de Bordeaux.

Bor.du.na *s.f.* 1. O cacete usado pelos índios. 2. (NE) Qualquer cacete grosso.

Bo.re.al *adj.* Situado do lado norte do Equador; setentrional. ● Opõe-se a *austral* ou *meridional*.

Bo.res.te *s.m.* O lado direito do navio, olhando-se da popa à proa; estibordo. ● *Ant.*: *bombordo*.

Bo.ri.ca.do *adj.* Que contém ácido bórico.

Bó.ri.co *adj.* 1. Diz-se do ácido em que o boro é trivalente e tem poder desinfetante. 2. Diz-se, em especial, dos compostos em que o boro é combinado com oxigênio.

Bor.la (ó) *s.f.* 1. Ornamento de passamanaria, que consiste em um botão do qual pendem fios em forma de campânula. 2. Barrete doutoral.

Bor.le.ta (ê) *s.f.* Pequena borla.

BORNAL — BOXE

Bor.nal *s.m.* **1.** Saco de pano ou couro para provisões, ferramentas etc. **2.** Saco que se pendura ao focinho das cavalgaduras para que nele comam a ração; embornal.

Bo.ro *s.m.* Elemento químico não metálico, sólido, símbolo *B*, número atômico 5, de propriedades próximas às do carbono.

Bo.ro.ro (ô) *adj.2g.* **1.** Da tribo dos Bororos (Mato Grosso). *s.2g.* **2.** Indígena dos Bororos.

Bor.ra (ô) *s.f.* **1.** Sedimento de um líquido. **2.** Fezes. **3.** Resíduo (em especial da seda). **4.** Ralé, escória. **5.** FIG Ninharia, bagatela.

Bor.ra-bo.tas *s.m.2n.* **1.** Mau engraxate. *s.2g.2n.* **2.** FIG Pessoa sem qualquer importância; joão-ninguém.

Bor.ra.cha *s.f.* **1.** Substância obtida pela coagulação do látex de várias plantas tropicais, especialmente da seringueira, por processos químico-industriais. **2.** Seringa feita com borracha, usada em clísteres. **3.** Pedacinho de borracha usado em escritório ou por escolares para apagar traços de desenho ou de escrita. **4.** Nome vulgar do látex.

Bor.ra.chei.ra *s.f.* **1.** Bebedeira. **2.** Grosseria, disparate. **3.** Coisa malfeita.

Bor.ra.chei.ro *s.m.* **1.** O que conserta pneus. **2.** O que extrai o leite da mangabeira; seringueiro.

Bor.ra.cho *s.m.* **1.** Filhote de pombo. **2.** Bêbado no mais alto grau. *adj.* e *s.m.* **3.** Beberrão.

Bor.ra.chu.do *s.m.* **1.** Mosquito de picada dolorosa, sugador de sangue, o mesmo que *pium*. **2.** POP Cheque sem fundo. *adj.* e *s.m.* **3.** Bêbado, mal. **4.** Inchado, rotundo.

Bor.ra.dor (ô) *s.m.* **1.** Pintor grosseiro. **2.** Mau escritor, que borra inutilmente o papel com seus escritos. **3.** Caderno de rascunho. **4.** COM Livro em que os negociantes registram suas operações e que serve de base à escrituração normal.

Bor.ra.lha *s.f.* Cinzas quentes; brasa.

Bor.ra.lhei.ra *s.f.* Lugar onde fica a borralha.

Bor.ra.lhei.ro *adj.* e *s.m.* **1.** Diz-se de, ou quem gosta de estar junto do borralho, na cozinha. **2.** Que, ou quem sai pouco de casa; caseiro.

Bor.ra.lho *s.m.* **1.** Braseiro coberto de cinzas; cinzas quentes. **2.** FIG Lareira, lar.

Bor.rão *s.m.* **1.** Nódoa de tinta; borralha. **2.** Caderno de rascunho. **3.** Borrador (livro). **4.** FIG Ação indecorosa; nódoa.

Bor.rar *v.t.* **1.** Manchar com borrões. **2.** Sujar o escrito. **3.** Sujar de fezes; defecar. **4.** Pintar grosseiramente. **5.** Sujar, enodoar. *v.p.* **6.** Sujar-se. **7.** Ter grande medo.

Bor.ras.ca *s.f.* **1.** Vento forte com chuva, súbito, impetuoso, mas de pouca duração. **2.** Tempestade; furacão. **3.** FIG Ímpeto de mau-humor, de cólera. **4.** FIG Ocorrência súbita de contrariedades.♦ *Ant.: calmaria.*

Bor.re.go (ê) *s.m.* **1.** Carneiro de até um ano. **2.** FAM Criança muito mansa. **3.** FAM Pessoa sossegada, pacífica.

Bor.re.li.o.se *s.f.* Febre provocada por borrélias.

Bor.ri.fa.dor (ô) *s.m.* **1.** Que borrifa. **2.** Utensílio para borrifar.

Bor.ri.far *v.t.* **1.** Salpicar com borrifos. **2.** Molhar ligeiramente. **3.** Orvalhar. *v.int.* **4.** Chuviscar. ♦ *Var.: esborrifar.*

Bor.ze.guim *s.m.* **1.** Tipo de botina, cujo cano se fecha com cordões. **2.** Calçado de couro grosseiro.

Bos *s.f.* Gênero de mamíferos ruminantes, da família dos bovídeos, que inclui o boi selvagem e o doméstico, entre outras espécies.

Bos.que *s.m.* **1.** Grande porção de árvores reunidas. **2.** Pequena mata ou pequena floresta.

Bos.que.jo (ê) *s.m.* **1.** Plano geral de uma obra; esboço. **2.** Descrição resumida. **3.** Rascunho.

Bos.sa *s.f.* **1.** Inchação formada em consequência de uma contusão; galo. **2.** Protuberância arredondada na superfície óssea do crânio de certos animais. **3.** Protuberância dorsal de alguns animais (camelo, dromedário); corcova, corcunda. **4.** FIG Queda, aptidão, pendor, jeito.

Bos.ta *s.f.* **1.** Excremento de gado ou de qualquer animal. **2.** POP Fezes. **3.** POP Coisa de má qualidade, coisa que não presta. *s.m.* **4.** Pessoa desprezível, que só traz problemas para os outros.

Bo.ta *s.f.* Calçado de cano alto, que envolve o pé, a perna e, por vezes, a coxa.

Bo.ta-fo.ra *s.m.* **1.** Festa de despedida aos que vão viajar; despedida festiva. **2.** Liquidação.

Bo.tâ.ni.ca *s.f.* Ciência que estuda os vegetais.

Bo.tâ.ni.co *adj.* **1.** Relativo à Botânica. **2.** Relativo ao reino vegetal. *s.m.* **3.** Cientista que se dedica à Botânica.

Bo.tão *s.m.* **1.** BOT Gomo da planta, que dá origem a novos ramos, folhas ou flores. **2.** A flor antes de desabrochar. **3.** Verruga, tumor da pele. **4.** Pequena peça arredondada para fechar o vestuário, a qual entra na casa correspondente.

Bo.tar *v.t.* **1.** Lançar, atirar fora. **2.** Vestir, calçar. **3.** Pôr, colocar. **4.** Guardar, depositar. **5.** Atribuir, imputar. **6.** Preparar, arranjar. *v.int.* **7.** Pôr ovos (a ave fêmea).

Bo.te *s.m.* **1.** NÁUT Escaler pequeno, para pequenos serviços no porto. **2.** Golpe com arma branca. **3.** Estocada, cutilada. **4.** Investida, ataque. **5.** Salto da cobra ao morder, ou de qualquer animal predador sobre sua presa.

Bo.te.co *s.m.* FAM e PEJ Botequim.

Bo.te.lha *s.f.* Garrafa, frasco.

Bo.te.quim *s.m.* Casa onde se vendem bebidas, café etc.; bar.

Bo.ti.ca *s.f.* ANTIG Farmácia.

Bo.ti.cão *s.m.* **1.** Tenaz de longos braços para arrancar dentes. **2.** Pinça usada para a extração de fragmentos ósseos. ♦ *Pl.: boticões.*

Bo.ti.cá.rio *s.m.* **1.** ANTIG Farmacêutico. **2.** Dono de botica. ♦ *Fem.: boticária.*

Bo.ti.ja *s.f.* **1.** Vaso cilíndrico, de gargalo curto, boca estreita e uma pequena asa. **2.** FIG Pessoa baixa e gorda. ♦ *Com a boca na botija:* em flagrante.

Bo.ti.jão *s.m.* Bujão (de gás).

Bo.ti.na *s.f.* Bota masculina de cano curto, muito usada pelas pessoas do campo.

Bo.to (ô) *s.m.* **1.** ZOOL Mamífero cetáceo de até 2 m de comprimento, marinho ou de água doce; golfinho. *adj.* **2.** De gume embotado.

Bo.to.cu.do *adj.* **1.** Relativo aos botocudos. **2.** Selvagem. **3.** FIG Matuto, caipira. *s.m.* **4.** Indígena da tribo dos botocudos.

Bo.to.ei.ra *s.f.* Abertura em forma de casa, na lapela dos casacos masculinos, em que se coloca um distintivo ou se enfia uma flor.

Bo.to.ei.ro *s.m.* O que faz ou vende botões.

Bo.to.que *s.m.* Rodela que alguns indígenas botocudos introduziam nos lóbulos da orelha e do beiço inferior.

Bo.tu.li.smo *s.m.* MED Intoxicação alimentar infecciosa provocada pelo bacilo anaeróbio *Clostridium botulinum*, resultante da ingestão de carnes e conservas deterioradas.

Bou.ba *s.f.* **1.** MED Doença infecciosa, semelhante à sífilis, endêmica em certas regiões tropicais, causada pelo espiroqueta *Treponema pertenue*. **2.** VET Doença contagiosa dos galináceos.

Bou.ben.to *adj.* e *s.m.* Diz-se de, ou aquele que tem bouba.

Bou.ça *s.f.* Terreno de pastagem.

Bou.çar *v.t.* Roçar e queimar o mato em terreno para lavoura. ♦ *Var.: boiçar.*

Bou.cei.ra *s.f.* Estopa mais grosseira que primeiramente se tira do linho; tomento. ♦ *Var.: boiceira.*

Boudoir (buduar) (fr.) *s.m.* Quarto de senhora, adornado com requinte.

Bo.ví.deo *adj.* **1.** Relativo à família dos bovídeos. *s.m.* **2.** Mamífero dessa família.

Bo.vi.no *adj.* **1.** Relativo ao boi ou próprio dele. *s.m.* **2.** Animal bovino.

Bo.xe (cs) *s.m.* **1.** Esporte no qual dois lutadores trocam socos, segundo a observância de certas regras; pugilismo. **2.** Armadura metálica que se enfia nos dedos e com que se dão socos; soqueira. **3.** Compartimento de cavalariça; baia. **4.** Compartimento de uma garagem para um automóvel. **5.** Parte de um banheiro, para o

BOXEADOR — BREGA

chuveiro. **6.** Compartimento de central telefônica, mercado etc. **7.** JORN Texto curto que, em jornal ou revista, aparece próximo ao texto principal; normalmente associado a outro texto mais longo; *box*.

Bo.xe.a.dor (cs) *s.m.* Lutador de boxe; pugilista.

Bo.xe.ar (cs) *v.int.* Lutar boxe.

Bo.zó *s.m.* Certo jogo de dados.

BPS Sigla de *bits por segundo*.

Bra.bo *adj.* **1.** Bravo, valente. **2.** Violento, impetuoso. **3.** Malfeito, ruim. **4.** Espesso, denso.

Bra.ça *s.f.* Antiga medida de comprimento, equivalente a 2,20 m.

Bra.ça.da *s.f.* **1.** O que se pode abranger ou levar com os braços. **2.** Movimento feito pelos braços, especialmente pelo nadador.

Bra.ça.dei.ra *s.f.* **1.** Correia ou faixa por onde se enfia o braço. **2.** Presilha que segura a cortina. **3.** Faixa que se põe no braço. **4.** Correia, faixa, peça etc. para reforçar, prender etc.

Bra.ce.jar *v.t. e int.* **1.** Agitar os braços; gesticular. **2.** Agitar com os braços. **3.** Balançar; agitar-se.

Bra.ce.le.te (ê) *s.m.* Tipo de argola que as mulheres usam no braço, junto ao pulso; pulseira.

Bra.co *s.m.* Raça de cão perdigueiro, de caça, de orelhas caídas e pelo curto.

Bra.ço *s.m.* **1.** Membro superior do corpo humano. **2.** Parte estreita de mar ou rio que penetra terra a dentro. **3.** Peça que vai do encosto ao assento do sofá ou cadeira, para descanso ou apoio. **4.** FIG Força, trabalho. **5.** FIG Poder, autoridade. **6.** Sustentáculo, arrimo. **7.** Homem ou mulher (visto como trabalhador braçal). ◆ **Não dar o braço a torcer**: obstinar-se teimosamente em sua opinião, não se confessar vencido.

Bra.ço de fer.ro *s.m.* **1.** Indivíduo que exerce a sua autoridade com rigor. **2.** Disputa em que se mede forças. ● *Pl.*: *braços de ferro*.

Brác.te.a *s.f.* BOT Folha, em geral modificada, que rodeia o pedúnculo de flor ou da inflorescência.

Bra.dar *v.t.* **1.** Falar gritando; gritar. **2.** Soltar brados. **3.** Pedir, reclamar em voz alta. **4.** Propalar, divulgar.

Bra.do *s.m.* **1.** Ato ou efeito de bradar. **2.** Clamor, grito, berro. **3.** Reclamação em voz alta. **4.** Fama, renome.

Bra.gui.lha *s.f.* Abertura dianteira das bragas, calças, calções etc.

Brai.le *s.m.* Sistema de escrita utilizado pelos cegos, que usa caracteres constituídos por pontos em relevo, para representar as diversas letras do alfabeto, os sinais de pontuação e os algarismos de 0 a 9.

Brain.storm.ing (ing.) *s.m.* Técnica de discussão em grupo para solução de problemas. ● *Pl.*: *brainstormings*.

Bra.ma *s.f.* Cio dos veados.

Brâ.ma.ne *adj.2g.* **1.** Bramânico. *s.m.* **2.** Indivíduo da mais alta casta hindu, que dominou na Índia até 1947. **3.** Sacerdote da religião de Brama.

Bra.mar *v.int.* **1.** Berrar, dar ou soltar bramidos (como o veado, o tigre, o boi etc.). **2.** Protestar aos gritos. *v.p.* **3.** Irritar-se.

Bra.mi.do *s.m.* **1.** Rugido (de feras, do mar, do vento etc.). **2.** Grito furioso. **3.** Som muito forte; estampido.

Brâ.mi.ne *adj.2g. e s.m.* Brâmane.

Bra.mir *v.int.* **1.** Dar bramidos (o animal); berrar, uivar. **2.** Gritar como as feras. **3.** Fazer grande estrondo.

Bran.ca.cen.to *adj.* Quase branco.

Bran.co *adj.* **1.** Que tem a cor da neve ou do leite. **2.** De cor clara. **3.** FIG Pálido, descorado. **4.** Prateado. **5.** Assustado. **6.** Que tem cãs; grisalho, encanecido. **7.** FIG Puro, inocente. **8.** Que não foi escrito ou preenchido. *s.m.* **9.** A cor branca. **10.** Homem de raça branca. **11.** Espaço livre deixado em uma escrita. **12.** Incapacidade de recordar-se de algo. **13.** Vazio. ◆ **Em branco**: 1) não escrito; 2) sem entender nada.

Bran.dir *v.t.* **1.** Agitar com a mão antes de arremessar, ou para ameaçar. **2.** Menear; acenar com. *v.int.* **3.** Oscilar, vibrar.

Bran.do *adj.* **1.** Que cede facilmente ao tato ou à pressão. **2.** Que tem pouca atividade, pouco vigor. **3.** Flexível, mole. **4.** Macio, tenro. **5.** Meigo, delicado. **6.** Suave, manso. **7.** Sem firmeza moral; fraco.

Bran.du.ra *s.f.* **1.** Qualidade de brando. **2.** Mansidão, suavidade. **3.** Ternura, meiguice. **4.** Moderação, comedimento.

Bran.que.ar *v.t.* **1.** Tornar branco ou mais branco. **2.** Cobrir com cal ou outra substância branca. **3.** Limpar. **4.** FIG Purificar. *v.int. e p.* **5.** Tornar-se branco; alvejar; encanecer. **6.** Limpar-se, purificar-se.

Brân.quia *s.f.* ZOOL Órgão respiratório de alguns animais aquáticos, como os peixes; guelra.

Bran.qui.cen.to *s.f.* Brancacento, esbranquiçado.

Bran.qui.nha *s.f.* POP Cachaça.

Bra.sa *s.f.* **1.** Carvão incandescente, sem chama. **2.** Incandescência. **3.** Calor intenso. **4.** Afogueamento, ardor.

Bra.são *s.m.* **1.** Escudo de armas. **2.** Insígnia de pessoas, famílias nobres, corporação, cidade etc. **3.** FIG Glória, honra.

Bra.sei.ro *s.m.* **1.** Vaso para brasas. **2.** Fogareiro em que se prepara a comida.

Bra.si.lei.ri.ce *s.f.* **1.** Coisa própria de brasileiro. **2.** Atos ou modos próprios de brasileiro. **3.** Palavra ou expressão abrasileirada.

Bra.si.lei.ris.mo *s.m.* **1.** GRAM Locução, palavra ou construção próprias dos brasileiros. **2.** Caráter do que é brasileiro. **3.** Sentimento nacional do brasileiro. **4.** Brasilidade.

Bra.si.lei.ro *adj.* **1.** Relativo ou pertencente ao Brasil. **2.** Próprio do Brasil. *s.m.* **3.** O natural do Brasil. **4.** Alcunha dada pelos portugueses ao compatriota que voltava rico do Brasil.

Bra.si.li.a.na *s.f.* Coleção de livros, publicações ou estudos sobre o Brasil.

Bra.si.li.a.nis.ta *adj. e s.2g.* Diz-se de, ou estrangeiro que se dedica ao estudo da história, dos problemas ou dos costumes brasileiros.

Bra.sí.li.co *adj.* **1.** Brasileiro. **2.** Relativo ao povo e às coisas indígenas do Brasil.

Bra.si.li.da.de *s.f.* **1.** Qualidade ou caráter de brasileiro. **2.** Sentimento de amor ao Brasil.

Bra.si.li.en.se *adj. e s.2g.* **1.** Brasileiro. *adj.2g.* **2.** De, ou relativo a Brasília, capital do Brasil. *s.2g.* **3.** Pessoa natural de Brasília.

Bra.va.ta *s.f.* **1.** Ameaça arrogante de falso valentão. **2.** Fanfarronada, jactância, bazófia, vanglória.

Bra.vi.o *adj.* **1.** Agreste, rude, selvagem. **2.** Áspero, bruto. **3.** Agitado, tempestuoso. *s.m.* **4.** Terreno não cultivado, coberto de vegetação rasteira.

Bra.vo *adj.* **1.** Que não teme o perigo; intrépido, impetuoso. **2.** Valente, corajoso, valoroso. **3.** Notável, extraordinário. **4.** Furioso, colérico, enfurecido. **5.** Revolto, violento, tempestuoso. **6.** Bravio, feroz. **7.** Silvestre, agreste. *s.m.* **8.** Homem de grande coragem. *interj.* **9.** Que exprime aplauso, admiração: *muito bem!* ◆ *Ant.*: *covarde; manso*.

Bra.vu.ra *s.f.* Caráter, qualidade ou ação de bravo; arrojo, coragem, valentia. ◆ *Ant.*: *covardia, mansidão*.

Break.down (ing.) *s.m.* **1.** Pane (em máquinas). **2.** Crise nervosa. ● *Pl.*: *breakdowns*.

Breakfast (brékfest) (ing.) *s.m.* Café da manhã; desjejum. ● *Aport.*: *brequefeste*.

Bre.ar *v.t.* **1.** Revestir com uma camada de breu. **2.** (NE) Sujar, emporcalhar.

Bre.ca *s.f.* ANT **1.** Cãibra. **2.** Sanha, furor. ◆ **Levado da breca**: travesso, traquinas.

Bre.car *v.t.* **1.** Acionar o breque de (veículo) para fazê-lo parar; frear. **2.** Refrear. *v.int.* **3.** Apertar o breque; frear.

Bre.cha *s.f.* **1.** Abertura ou fenda em muro, tapume etc. **2.** Ferimento extenso e profundo. **3.** Perda, dano. **4.** Lacuna, falta. **5.** Espaço vazio.

Bre.chó *s.m.* Loja de objetos usados; belchior, bricabraque.

Bre.ga *adj.2g.* **1.** Que tem a pretensão de ser requintado e fino, mas é de mau gosto; cafona. **2.** Vulgar.

BREGUEÇO — BRONCOPNEUMONIA

Bre.gue.ço (ê) *s.m.* **1.** Roupa velha e usada. **2.** Cacareco, quinquilharia, traste. **3.** Objeto pessoal, pertence; qualquer objeto. **4.** Coisa complicada, atrapalhada.

Bre.jal *s.m.* Brejo extenso.

Bre.jei.ro *adj.* **1.** Relativo a brejo. **2.** Vadio, patife, vagabundo, canalha. **3.** Lascivo, impudico. **4.** Engraçado, brincalhão. **5.** Grosseiro, reles. *s.m.* **6.** Moleque, vadio. **7.** Patife, sem-vergonha. **8.** Indivíduo dado a galanteios.

Bre.jo (é) *s.m.* **1.** Terreno alagadiço e pantanoso. **2.** Atoleiro, charco, pântano.

Bre.nha *s.f.* **1.** Mata espessa e emaranhada; matagal. **2.** FIG Coisa complicada; confusão, complicação. **3.** Cabelo emaranhado. **4.** FIG Segredo, mistério.

Bre.que *s.m.* Freio de veículo.

Bre.tão *adj.* **1.** Relativo ou pertencente à Grã-Bretanha (Europa) ou à província da Bretanha (França). *s.m.* **2.** O natural da Grã--Bretanha ou da província francesa da Bretanha. **3.** Dialeto falado na Bretanha.

Breu *s.m.* **1.** Substância semelhante ao pez, obtida por destilação do alcatrão da hulha, madeira, petróleo etc. **2.** Pez negro.

Bre.ve *adj.2g.* **1.** Que dura pouco. **2.** Rápido, instantâneo. **3.** Curto, sucinto. **4.** Efêmero, transitório. **5.** Ligeiro, leve. *adv.* **6.** Em pouco tempo, brevemente. *s.f.* **7.** MÚS Figura que equivale a duas semibreves. *s.m.* **8.** Carta pontifícia, que contém declaração ou resolução de caráter particular.

Bre.vê *s.m.* Diploma que possibilita pilotar aviões.

Bre.vi.á.rio *s.m.* **1.** Livro que contém as preces diárias de um sacerdote católico. **2.** FIG Sinopse, resumo. **3.** Livro predileto.

Bre.vi.da.de *s.f.* **1.** Caráter ou qualidade de breve. **2.** Concisão. **3.** Docinho de polvilho, açúcar, ovos etc.

Bri.ca.bra.que *s.m.* **1.** Conjunto de objetos de arte, artesanato, antiguidades, móveis, roupas etc. **2.** Estabelecimento que se dedica à compra e venda desses objetos. **3.** Belchior.

Bri.da *s.f.* **1.** Parte do arreio de um cavalo formado pelo freio e pela rédea. **2.** Rédea. ♦ **A toda a brida:** em disparada.

Brid.ge (bridge) (ing.) *s.m.* Certo jogo de baralho, com 52 cartas.

Brief.ing (ing.) *s.m.* Conjunto de informações básicas que visam à realização de um trabalho.

Bri.ga *s.f.* **1.** Luta sem graves consequências. **2.** Rixa, desavença. **3.** Conflito.

Bri.ga.da *s.f.* **1.** Brigada militar, em geral de dois regimentos e destinada a missões específicas. **2.** Conjunto de duas ou três baterias de campanha. **3.** Grupo de pessoas unida para alcançar um determinado objetivo.

Bri.ga.dei.ro *s.m.* **1.** ANT Comandante de uma brigada. **2.** General da Aeronáutica. **3.** Doce feito com leite condensado e chocolate.

Bri.ga.dei.ro-do-ar *s.m.* **1.** Posto da Aeronáutica, imediatamente inferior a major-brigadeiro e superior a capitão de mar e guerra. **2.** Oficial que ocupa esse posto.

Bri.ga.lha.da *s.f.* Briga constante.

Bri.gão *adj.* e *s.m.* Que, ou aquele que é dado a brigas; brigão.

Bri.gar *v.int.* **1.** Lutar braço a braço. **2.** Contender, discutir, discordar. **3.** Disputar, pleitear.

Bri.gue *s.m.* ANT Navio a vela de dois mastros, dos quais o maior é inclinado para trás.

Bri.guen.to *adj.* e *s.m.* Brigão.

Bri.lhan.te *adj.2g.* **1.** Que brilha. **2.** Resplandecente, refulgente. **3.** FIG Magnífico, suntuoso. **4.** Inteligente, talentoso. **5.** Cativante, fascinante. **6.** Ilustre. *s.m.* **7.** Diamante lapidado.

Bri.lhan.ti.na *s.f.* Vaselina perfumada para tornar lustrosos e fixar os cabelos.

Bri.lho *s.m.* **1.** Luz viva. **2.** Esplendor. **3.** Cintilação. **4.** Limpidez. **5.** Talento, habilidade. **6.** FIG Vivacidade de estilo ou de espírito. **7.** Viveza das cores. **8.** FIG Fama, glória. **9.** FIG Pompa, suntuosidade.

Brim *s.m.* Tecido forte de linho ou algodão.

Brin.ca.dei.ra *s.f.* **1.** Ato ou efeito de brincar. **2.** Divertimento, principalmente entre crianças. **3.** Entretenimento, passatempo. **4.** Festa familiar. **5.** Baile improvisado. **6.** Graceio, pilhéria.

Brin.ca.lhão *adj.* e *s.m.* Que, ou aquele que vive a brincar. ● Fem.: brincalhona.

Brin.car *v.int.* e *p.* **1.** Divertir-se infantilmente. **2.** Folgar, entreter-se. **3.** Dizer ou fazer alguma coisa por brincadeira. *v.t.* **4.** Escarnecer, zombar. **5.** Adornar, ataviar.

Brin.co *s.m.* **1.** Adorno ou joia que se usa na orelha. **2.** Coisa fina, delicada, feita com esmero. **3.** FIG Pessoa fina, delicada.

Brin.dar *v.t.* **1.** Beber à saúde de, em honra ou pelo êxito de. **2.** Oferecer, dar presente. *v.int.* **3.** Levantar um brinde. **4.** Trocar brindes.

Brin.de *s.m.* **1.** Ato ou efeito de brindar. **2.** Palavras de saudação a alguém no ato de beber. **3.** Oferta, dádiva.

Brin.que.do (ê) *s.m.* **1.** Objeto com que as crianças brincam. **2.** Jogo de criança. **3.** Brincadeira, divertimento.

Bri.o *s.m.* **1.** Sentimento da própria dignidade. **2.** Pudor, vergonha, amor-próprio. **3.** Valentia, garbo, galhardia.

Bri.o.che *s.m.* Pãozinho de origem francesa, feito de farinha, manteiga e ovos.

Bri.que.te (ê) *s.m.* **1.** Aglomerado de minério e carbono us. na redução dos óxidos; briquete. **2.** Pasta compacta, ger. em forma de tijolo, composta de pó de carvão e um aglutinante (argila, breu etc.), utilizada como combustível.

Bri.sa *s.f.* **1.** Vento brando, suave; aragem. **2.** GÍR Falta de dinheiro.

Bri.ta *s.f.* Pedra britada.

Bri.ta.dei.ra *s.f.* Máquina utilizada para quebrar grandes blocos de pedra, minério etc.

Bri.tâ.ni.co *adj.* **1.** Relativo ou pertencente à Grã-Bretanha (Europa); inglês. *s.m.* **2.** O natural ou habitante da Grã-Bretanha; inglês.

Bri.tar *v.t.* **1.** Partir, quebrar (a pedra) em fragmentos. **2.** Quebrar, espedaçar, triturar. **3.** Moer, pisar. **4.** Reduzir a nada.

Bro.a (ô) *s.f.* **1.** Pão feito de fubá de milho ou arroz. **2.** FIG Mulher gorda.

Bro.ca *s.f.* **1.** Instrumento de arestas cortantes, para abrir buracos. **2.** Pua. **3.** Furo, orifício. **4.** Qualquer dos insetos que corroem ou perfuram a madeira.

Bro.ca.do *adj.* **1.** Furado com broca. *s.m.* **2.** Estofo de seda lavrado com fios de ouro ou prata e seda.

Bro.car.do *s.m.* Máxima jurídica ou filosófica; aforismo, sentença, provérbio, rifão.

Bro.cha *s.f.* Prego curto de cabeça larga e chata.

Bro.chan.te *adj.2g.* e *s.m.* **1.** Pintor de construção civil. **2.** Aprendiz de pintor; aquele que trabalha com serviços auxiliares ao do pintor e faz pintura corrida, aparelha superfícies etc. **3.** Que ou o que desestimula sexualmente, faz brochar. **4.** Que ou o que tira o entusiasmo, o ânimo; desanimador.

Bro.char *v.t.* **1.** Juntar e costurar as folhas de um livro. **2.** Pregar brochas (no calçado etc.).

Bro.che *s.m.* **1.** Adorno ou joia com que as mulheres se enfeitam. **2.** Espécie de colchete para fechar pastas, livros etc. **3.** ART GRÁF Foto ou ilustração aplicada sobre outra foto ou ilustração maior, também chamado *destaque*.

Bro.che.te *s.f.* **1.** Espeto para grelhar carnes. **2.** Alimento assim preparado.

Bro.chu.ra *s.f.* **1.** Ato de brochar livros. **2.** Livro de capa mole.

Bró.co.lis *s.m.pl.* BOT Planta hortense semelhante à couve-flor, muito utilizada em culinária.

Bro.co.los *s.m.pl.* BOT Brócolis.

Bro.cos *s.m.pl.* Brócolis.

Bro.me.to *s.m.* Sal ou éster do ácido bromídrico.

Bro.mo *s.m.* QUÍM Elemento químico, líquido e venenoso, de símbolo Br e número atômico 35.

Bron.ca *s.f.* **1.** POP Repreensão, censura. **2.** Protesto, reclamação.

Bron.co *adj.* **1.** Obtuso, burro, estúpido. **2.** Áspero, rude. **3.** grosseiro, tosco.

Bron.cop.neu.mo.ni.a *s.f.* MED Inflamação dos pulmões e dos brônquios, provocada por uma infecção viral ou bacteriana.

BRÔNQUIO — BUJARRONA

Brôn.quio *s.m.* Ramificação inferior do tubo traqueal que penetra nos pulmões.

Bron.qui.te *s.f.* MED Inflamação dos brônquios, a mais comum das afecções respiratórias.

Bron.tos.sau.ro *s.m.* O maior dos dinossauros vegetarianos, de pescoço e rabo longos, que pesava mais de trinta toneladas.

Bron.ze *s.m.* **1.** Liga de cobre e estanho, na qual às vezes entram outros metais. **2.** Escultura de bronze. **3.** Sino. **4.** Artilharia. **5.** POP Dinheiro. **6.** FIG Insensibilidade, dureza.

Bron.ze.a.dor *adj.* e *s.m.* **1.** Que, ou o que bronzeia. *s.m.* **2.** Substância própria para bronzear a pele, em geral quando submetida à ação dos raios solares.

Bron.ze.ar *v.t.* **1.** Dar cor ou aspecto de bronze a. *v.p.* **2.** Tornar-se bronzeado; queimar-se, amorenar-se.

Bro.tar *v.t.* **1.** Produzir, criar, lançar brotos. **2.** Dar saída. **3.** Proferir, soltar da boca. **4.** Nascer, desabrochar. **5.** Surgir, irromper. **6.** Derivar.

Bro.to (ô) *s.m.* **1.** Ato ou efeito de brotar. **2.** Rebento, gomo. **3.** POP Brotinho (acep. 2); mocinha. **4.** POP Namorado ou namorada.

Bro.to.e.ja (ê) *s.f.* MED Erupção cutânea formada por pequenas vesículas, acompanhada de coceira; borbulha.

Brown.ie (ing.) *s.m.* Bolo chato de chocolate servido em pequenas porções de formato quadrado ou retangular. ♦ *Pl.:* brownies.

Brows.er (ing.) *s.m.* ⇒ Navegador. ♦ *Pl.:* browsers.

Broxa *s.f.* **1.** Pincel grande que serve para caiações ou pinturas simples. *adj.* e *s.m.* **2.** CH Diz-se de, ou indivíduo sem potência sexual. ♦ Cf. brocha e broche.

Bru.a.ca *s.f.* **1.** Mala de couro cru, na qual se transportam objetos sobre cavalgaduras. **2.** FIG Mulher velha, feia e desmazelada.

Bru.ce.lo.se *s.f.* MED Doença infecciosa bacteriana, comum ao homem e a certos animais.

Bru.ços *s.m.pl. elem.* usado na expressão de bruços. ♦ de bruços: com a barriga e rosto voltados para o chão.

Bru.ma *s.f.* **1.** Cerração, nevoeiro espesso (sobretudo no mar). **2.** FIG Falta de clareza, de nitidez. **3.** FIG Incerteza; mistério.

Bru.nir *v.t.* **1.** Engomar. **2.** Polir, alisar, tornar brilhante. **3.** FIG Aprimorar, aperfeiçoar.

Brus.co *adj.* **1.** Áspero, bruto, indelicado (gestos, modos). **2.** Desagradável (tempo). **3.** Súbito, repentino, inesperado.

Brush.ing (ing.) *s.m.* Tratamento e penteado dos cabelos mecha a mecha, com ajuda de escova redonda e de secador elétrico manual; escova ♦ *Pl.:* brushings.

Bru.tal *adj.2g.* **1.** Próprio de bruto, de irracional. **2.** Cruel, desumano. **3.** Excessivo. **4.** Grosseiro, selvagem. **5.** Violento, furioso. ♦ *Ant.:* cortês.

Bru.ta.li.da.de *s.f.* **1.** Qualidade de brutal. **2.** Ação própria de bruto. **3.** Braveza, ferocidade. **4.** Grosseria, estupidez. ♦ *Ant.:* cortesia.

Bru.ta.mon.te *s.m.* Brutamontes.

Bru.to *adj.* **1.** Que está como saiu da natureza. **2.** Que não foi trabalhado nem polido. **3.** FIG Grosseiro, tosco. **4.** FIG Grande, desmedido. **5.** Violento, selvagem; bárbaro. **6.** Sem desconto. *s.m.* **7.** Animal irracional. **8.** Indivíduo rude, violento, agressivo.

Bru.xa *s.f.* **1.** Mulher que faz feitiçaria. **2.** Mulher feia e má; megera. **3.** Panela de ferro com orifícios para servir de braseiro. **4.** Boneca de pano.

Bru.xa.ri.a *s.f.* **1.** Ato atribuído a bruxas. **2.** Mandinga, feitiço, sortilégio. **3.** Fato extraordinário e inexplicável.

Bru.xis.mo *s.m.* Vício que consiste na fricção violenta e exagerada dos dentes durante o sono.

Bru.xu.le.ar (esp. *brujulear*). *v.int.* **1.** Oscilar, tremeluzir, brilhar frouxamente (luz de lamparina, vela etc.). **2.** Estar prestes a extinguir-se (a luz). **3.** FIG Agonizar.

Bu.bão *s.m.* MED Íngua.

Bu.bui.a *s.f.* **1.** Ato de flutuar no ritmo da correnteza. **2.** Coisa leve que flutua.

Bu.cal *adj.2g.* Relativo à boca; oral.

Bu.cha *s.f.* **1.** Tudo o que se mete no cano das armas de fogo, para comprimir e sustentar a carga. **2.** Bocado de comida que se põe de uma vez na boca. **3.** Planta cujo fruto filamentoso é usado como esponja para lavar pratos etc. **4.** FIG Coisa importuna ou incômoda. **5.** Logro. **6.** Pessoa insignificante, mas cuja presença incomoda.

Bu.cha.da *s.f.* **1.** Bucho e entranhas de animais. **2.** Prato feito das vísceras e intestinos do carneiro ou do bode. **3.** Erro grosseiro; burrada.

Bu.cho *s.m.* **1.** Estômago dos animais, excetuando as aves. **2.** POP Estômago, barriga, pança. **3.** POP Mulher muito feia. **4.** GÍR Prostituta reles. ♦ Cf. buxo.

Bu.clê *s.m.* Tecido grosso de lã ou de algodão, utilizado principalmente na confecção de tapetes.

Bu.ço *s.m.* **1.** Os primeiros cabelos, finos e curtos, que nascem no lábio superior do adolescente. **2.** Penugem no lábio superior de algumas mulheres.

Bu.có.li.co *adj.* **1.** Relativo à vida do campo e dos pastores. **2.** Campestre; rude. **3.** Simples, puro, gracioso.

Bu.co.lis.mo *s.m.* **1.** Gênero de poesia pastoril. **2.** Poesia ou prosa que exalta a vida campestre.

Bu.dis.mo *s.m.* Doutrina religiosa fundada por Buda (560-480 a.C.), na Índia.

Bu.dis.ta *adj.2g.* **1.** Relativo a Buda ou ao budismo. *s.2g.* **2.** Pessoa adepta do budismo.

Bu.dlei.a *s.f.* Arbusto ornamental da família das loganiáceas, originário do Japão, mas muito cultivado no Brasil.

Bu.ei.ro *s.m.* **1.** Abertura para escoamento de água. **2.** Tubo de esgoto; boca de lobo. **3.** Canal que serve de respiradouro a uma fornalha; chaminé.

Bú.fa.lo *s.m.* Nome comum aos mamíferos bovinos, de chifres achatados e voltados para baixo. ● *Fem.:* búfala.

Bu.fan.te *adj.2g.* Folgado, como que inflado (diz-se de roupa ou parte dela).

Bu.fão *s.m.* **1.** ANT Personagem ridícula e que fazia rir. **2.** Bobo, palhaço. *adj.* **3.** Engraçado, ridículo.

Bu.far *v.int.* **1.** Expelir o ar pela boca, com força, por enfado etc. **2.** Irritar-se. **3.** CH Soltar bufa.

Bu.fê *s.m.* **1.** Armário onde se guarda a baixela e os demais aprestos necessários para uma refeição. **2.** Serviço especializado de comidas e bebidas, servidas em festas e reuniões. **3.** Essas iguarias. ● *Var.:* bufete.

Buff.er (ing.) *s.m.* **1.** Área de armazenamento temporário de dados à espera de processamento. **2.** Circuito que isola e protege um sistema contra danos nas entradas de circuitos ou periféricos.

Bu.fo *s.m.* **1.** Ato ou efeito de bufar. **2.** Ator encarregado de fazer o público rir. **3.** Bufão, cômico, palhaço. *adj.* **4.** Ridículo, bufão.

Bug (ing.) *s.m.* Defeito, falha ou erro no código de um programa que provoca seu mau funcionamento. ● *Pl.:* bugs.

Bu.ga.lho *s.m.* POP Globo ocular; olho.

Bu.gan.ví.lia *s.f.* **1.** BOT Planta trepadeira ornamental. **2.** A flor dessa planta; primavera.

Bug.gy (ing.) *s.m.* **1.** Pequeno cabriolé aberto. **2.** Veículo aberto que trafega em qualquer tipo de terreno, com motor atrás, carroceria simplificada e pneus muito largos. ● *Pl.:* buggies.

Bu.gi.ar *v.int.* **1.** Fazer bugiarias, macaquices; agir como um bugio. **2.** Bater estacas com o bugio ('maquinismo').

Bu.gi.gan.ga *s.f.* **1.** Coisa de pouco ou nenhum valor. **2.** Bagatela, quinquilharia.

Bu.gi.o *s.m.* **1.** ZOOL Espécie de macaco; símio, guariba. **2.** FIG Pessoa desengonçada e feia. ● *Fem.:* bugia.

Bu.gre *s.m.* **1.** Índio brasileiro (especialmente o bravio, aguerrido). **2.** FIG Indivíduo selvagem, grosseiro. ● *Fem.:* bugra.

Bu.jão *s.m.* **1.** Tampa de atarraxar com que se vedam orifícios em tanques, tonéis, pipas, veículos automóveis etc. **2.** Vaso bojudo para gás, de uso doméstico; botijão.

Bu.jar.ro.na *s.f.* Vela triangular içada na proa de uma embarcação.

BULA — BUZINA

Bu.la *s.f.* **1.** Selo que se prendia aos antigos documentos emitidos por papas e outros soberanos. **2.** Folheto com a composição e indicações de uso de um medicamento.

Bul.bo *s.m.* **1.** Caule subterrâneo, cujo tipo é a cebola. **2.** Expansão, em forma de bulbo, da medula espinhal. **3.** ANAT Qualquer parte orgânica globulosa. ● *Dim.:* bulbilho.

Bul.dô.zer *s.m.* Veículo de terraplenagem, tipo de trator de lagarta ('correia') equipado com lâmina frontal de aço, usado em escavações; trator de lâmina.

Bu.le *s.m.* Vaso de louça ou de metal, com tampa, asa e bico, em que se serve chá, café etc.

Bu.le.var *s.m.* Rua larga, arborizada; avenida. ● *Pl.:* bulevares.

Bu.lha *s.f.* Barulho, confusão de sons ou gritos.

Bu.lhu.fas *s.f.pl.* Nada, coisa nenhuma.

Bu.lí.cio *s.m.* **1.** Rumor prolongado e indefinido. **2.** Murmúrio, sussurro.

Bu.li.ço.so (ô) *adj.* **1.** Que se movimenta sem parar. **2.** Agitado, irrequieto, travesso.

Bu.li.mi.a *s.f.* Distúrbio que se manifesta por uma necessidade compulsiva de ingerir uma quantidade excessiva de alimentos.

Bu.lir *v.t.* **1.** Mexer, tocar de leve em. **2.** Tocar. **3.** Pôr as mãos em. **4.** Incomodar, provocar, mexer, aborrecer, caçoar. *v.int.* e *p.* **5.** Mover-se, mexer-se.

Bum.ba-meu-boi *s.m.* Folguedo popular e dramático do Nordeste, cuja principal personagem é um ator fantasiado de boi; bumba-boi. ● *Pl.:* bumbas-meu-boi.

Bum.bo *s.m.* ⇒ Bombo.

Bu.me.ran.gue *s.m.* Objeto usado para caçar e para guerra na Austrália e outros lugares, cuja forma varia, sendo a mais conhecida a peça arqueada de madeira que, após descrever curva, retorna às mãos do lançador.

Bun.da *s.f.* **1.** CH As nádegas. *adj.* e *s.2g.* **2.** POP Diz-se de, ou pessoa sem valor, reles, ordinária.

Bun.da-mo.le *adj.2g.* e *s.2g.* GÍR **1.** Pessoa fraca, covarde; pusilânime. **2.** Pessoa pouco ativa, desanimada. ● *Pl.:* bundas-moles.

Bun.dão *adj.* e *s.m.* GÍR **1.** Indivíduo tolo ou retrógrado, desanimado, maçante. **2.** Bunda grande. **3.** Jagunço; criminoso. **4.** Que é tolo ou retrógrado, maçante, desanimado. **5.** Grupo de jagunços, garimpeiros e criminosos, ligados a políticos, que assolaram o sertão. ● *Fem.:* bundona ● *Pl.:* bundões.

-bun.do *suf.* 'Agente': vagabundo.

Bunker (bânquer) (ing.) *s.m.* Abrigo, geralmente subterrâneo, usado em tempo de guerra.

Bu.quê *s.m.* **1.** Pequeno ramalhete ou ramo de flores. **2.** O aroma do vinho.

Bu.ra.co *s.m.* **1.** Qualquer abertura num corpo. **2.** Furo, orifício. **3.** Cova, toca. **4.** Certo tipo de cartas. **5.** FAM Complicação, dificuldade. **6.** FIG Lacuna.

Bu.ra.quei.ra *s.f.* **1.** Terreno cheio de buracos. **2.** Local afastado de qualquer povoação.

Bur.bu.re.jar *v.int.* Rumorejar, como água, em borbotões.

Bur.bu.ri.nho *s.m.* **1.** Ruído prolongado de muitas vozes. **2.** Murmúrio, sussurro. **3.** Agitação, tumulto, desordem.

Bureau (birô) (fr.) *s.m.* **1.** Escrivaninha com gavetas. **2.** Repartição, órgão.

Bu.rel *s.m.* **1.** Tecido grosseiro de lã, de cor escura. **2.** Hábito de frade ou de freira, feito desse tecido.

Bur.go *s.m.* **1.** Castelo fortificado. **2.** Povoação que se forma em volta desse castelo. **3.** Pequena povoação; pequeno povoado.

Bur.go.mes.tre *s.m.* Magistrado principal em alguns departamentos de países germânicos, p.ex.: Alemanha, Bélgica, Suíça etc.

Bur.guês *adj.* **1.** Relativo à burguesia. **2.** Diz-se de coisas ou pessoas vulgares, de espírito tacanho e pouco duvidoso. **3.** Homem prático, metódico. **4.** Pessoa da classe média ou da classe dirigente (em oposição aos operários e trabalhadores rurais). **5.** PEJ Comodista.

Bur.gue.si.a *s.f.* **1.** Qualidade de burguês. **2.** Classe social dominante no regime capitalista, surgida mais propriamente a partir do séc. XIX.

Bu.ril *s.m.* **1.** Instrumento usado para trabalhos de gravura em metal e madeira. **2.** Instrumento semelhante para gravar ou lavrar pedra.

Bu.ri.lar *v.t.* **1.** Lavrar com buril; gravar. **2.** Trabalhar uma coisa com extremo cuidado. **3.** Retocar, apurar, aperfeiçoar (linguagem, estilo etc.).

Bu.ri.ti *s.m.* **1.** BOT Variedade de palmeira muito comum no Brasil. **2.** O fruto dessa palmeira.

Bu.ri.ti.zal *s.m.* Mata de buritis.

Bur.lar *v.t.* Enganar, ludibriar, fraudar.

Bur.les.co (ê) *adj.* **1.** Que é de comicidade exagerada. **2.** Cômico, caricato. **3.** Grotesco, ridículo.

Bu.ro.cra.ci.a *s.f.* **1.** A classe dos funcionários públicos. **2.** Influência exercida por esses funcionários no governo do país. **3.** Administração com excesso de papelada, formalidades etc.

Bu.ro.cra.ta *s.2g.* Funcionário pertencente à burocracia, em especial os de Secretarias de Estado.

Bu.ro.crá.ti.co *adj.* Relativo à burocracia ou aos burocratas.

Bur.ra *s.f.* **1.** Fêmea do *burro*; jumenta. **2.** Cofre de segurança para a guarda de dinheiro, joias etc.

Bur.ra.da *s.f.* **1.** Porção de burros. **2.** Ato próprio de burro. **3.** Asneira, tolice.

Bur.ri.ce *s.f.* **1.** Ato ou dito de burro ou parvo. **2.** Estupidez, besteira, tolice, burrada. **3.** Teimosia.

Bur.ri.co *s.m.* Burro pequeno; jumento.

Bur.ri.fi.car *v.t.* **1.** Tornar estúpido. *v.p.* **2.** Tornar-se estúpido; tornar-se bruto; embrutecer-se.

Bur.ri.nho *s.m.* **1.** Burro pequeno. **2.** Motor de pequena força, que aciona uma bomba de incêndio, a bordo dos navios. **3.** Bomba para puxar líquidos.

Bur.ro *s.m.* **1.** Animal híbrido, produto do cruzamento do jumento com a égua ou do cavalo com a jumenta; asno. **2.** FIG Indivíduo a quem falta inteligência; bronco, estúpido. *adj.* **3.** Tolo, grosseiro, ignorante. ● **Pra burro:** em grande quantidade; muito.

Bur.si.te *s.f.* MED Inflamação das bolsas serosas das articulações.

Bus.ca *s.f.* **1.** Ato ou efeito de buscar. **2.** Investigação, pesquisa. **3.** Procura. **4.** Exame, revista. **5.** Batida policial.

Bus.ca-pé *s.m.* Peça de fogo de artifício que arde ziguezagueando pelo chão. ● *Pl.:* busca-pés.

Bus.car *v.t.* **1.** Tratar de descobrir. **2.** Procurar. **3.** Investigar. **4.** Tender para. **5.** Tratar de obter. **6.** Tentar. **7.** Cobiçar, ambicionar. **8.** Imaginar, inventar.

Bu.si.lis *s.m.* A principal dificuldade na solução de um problema.

Bús.so.la *s.f.* **1.** Instrumento caracterizado por uma caixa circular com uma agulha magnética montada sobre um eixo vertical, usado para orientação. **2.** Tudo que serve de guia ou norte.

Bus.to *s.m.* **1.** Parte do corpo humano, da cintura para cima. **2.** Obra de arte que representa a figura humana da cintura para cima. **3.** Os seios da mulher.

Bu.ta.no *s.m.* Gás empregado como combustível.

Bu.ti.á *s.f.* **1.** BOT Espécie de palmeira de amêndoa oleaginosa. **2.** O fruto comestível dessa planta.

Bu.ti.que *s.f.* Pequena loja onde se vendem em especial artigos de vestuário e bijuterias.

But.ton (ing.) *s.m.* Espécie de broche, com mensagens políticas, frases, desenhos, símbolos ou outras mensagens, que se usa por gosto ou para indicar a adesão a algum movimento, causa, ideia etc.; botão. ● *Pl.:* buttons.

Bu.tu.ca *s.f.* Mutuca.

Bu.zi.na *s.f.* **1.** Instrumento dos automóveis e veículos similares para sinalização acústica de advertência. **2.** Trombeta de chifre usada por boiadeiros; berrante. **3.** Trombeta retorcida, de couro ou de metal, especialmente usada na caça. **4.** Instrumento metálico, usado a bordo, para levar longe a voz. *s.2g.* **5.** Indivíduo petulante.

BÚZIO — BÚZIO

6. Fanfarrão, valentão. *adj.* **7.** POP Irascível, irritadiço. **8.** Valentão, blasonador. **9.** Atrevido, desaforado.

Bú.zio *s.f.* **1.** Concha de moluscos, univalve, de forma espiral, cônica ou ovoide, com abertura larga. **2.** Buzina feita dessa concha.

By-pass (ing.) *s.m.* **1.** Desvio de direção ou caminho; contorno. **2.** Desvio de direção ou caminho; contorno, *shunt.* ● *Pl.: by-passes.*

Byte (baite) (ing.) *s.m.* Unidade básica de informática (termo usado para designar um conjunto de *bits*).

c C

C/c *s.m.* **1.** Terceira letra do alfabeto português, de nome *cê*, segunda consoante. **2.** Maiúscula (C) designa 100, na numeração romana. *num.* **3.** O terceiro, numa série indicada pelas letras do alfabeto.

Ca QUÍM Símbolo do *cálcio*.

Cã¹ *s.m.* Título de certos príncipes asiáticos.

Ca.a.ba *s.f.* **1.** Templo muçulmano, em Meca, ao qual todo adepto do muçulmanismo deve fazer ao menos uma peregrinação. **2.** A pedra negra que, segundo os muçulmanos, veio do céu e ali se encontra.

Ca.a.po.ra *s.m.* **1.** Caipora. **2.** Homem do mato; caipira.

Ca.a.tin.ga *s.f.* **1.** Tipo de vegetação arbustiva característica do sertão nordestino, dotada de pouca folhagem e caule retorcido e espinhento, escassa vegetação rasteira, com grande ocorrência de cactos e gravatás. **2.** Zona em que a vegetação é de caatinga. ● *Var.: catinga.*

Ca.ba.ça¹ *s.f.* **1.** BOT Planta cujo fruto tem a forma aproximada de uma pera grande; cabaceiro-amargoso. **2.** Vaso feito da casca inteira e seca desse fruto, que serve de recipiente para líquidos. **3.** Qualquer vaso semelhante a uma cabaça.

Ca.ba.ça² *s.m.* **1.** Gêmeo que nasce em segundo lugar. **2.** Débil mental.

Ca.bal *adj.* **1.** Levado a cabo. **2.** Pleno, completo, perfeito. **3.** Severo, idôneo, rigoroso.

Ca.ba.la *s.f.* **1.** Ciência oculta dos israelitas. **2.** Manobra secreta. **3.** Maquinação, conspiração.

Ca.ba.lar *v.int.* **1.** Fazer cabala. **2.** Tramar, intrigar, conspirar. *v.t.* **3.** Pedir (voto) para um candidato.

Ca.ba.le.ta (ê) *s.f.* MÚS Pequena ária de rápida retenção.

Ca.ba.lís.ti.co *adj.* **1.** Relativo ou pertencente à cabala judaica. **2.** Relativo ou pertencente ao ocultismo. **3.** Misterioso, enigmático; secreto.

Ca.ba.na *s.f.* **1.** Pequena casa precária e rústica. **2.** Choupana em geral coberta de colmo; choça, casebre.

Ca.ba.ré *s.m.* **1.** Casa noturna de diversões, onde se bebe, dança e eventualmente se assiste a espetáculos de variedades; café-concerto. **2.** Prostíbulo.

Ca.be.ça (ê) *s.f.* **1.** A parte superior do corpo humano e dos outros animais bípedes, onde se encontram o crânio e a face, contendo a boca, o cérebro e os órgãos da visão, audição, olfato e paladar. **2.** Parte anterior do corpo de diversos animais. **3.** Caixa craniana do homem, particularmente o cérebro. **4.** O crânio. **5.** Parte superior do crânio, onde nascem os cabelos. **6.** Extremidade bojuda de um objeto; começo. **7.** FIG Espírito, imaginação. **8.** Razão, bom senso. **9.** Caráter, inteligência, talento. **10.** Pessoa muito culta ou inteligente. **11.** Vontade. **12.** Autoridade, direção. **13.** Animal por pessoa considerados como unidade. **14.** A frente de um cortejo. *s.m.* **15.** Chefe, líder. ● *Aum.: cabeçorra, cabeção.*

Ca.be.ça.da *s.f.* **1.** Pancada ou golpe dado com a cabeça. **2.** FUT Ato de rebater a bola com a cabeça. **3.** Cabresto com campainha, que se põe no animal que vai à frente, para que os outros o sigam. **4.** Ato mal-sucedido; mau negócio. **5.** POP Tolice, asneira, desatino. ● *Dar uma cabeçada:* cometer um erro.

Ca.be.ça-de-ne.gro *s.f.* **1.** BOT Arbusto medicinal. **2.** Bomba junina de alto poder de detonação. ● *Pl.: cabeças-de-negro.*

Ca.be.ça-de-ou.ro *s.m.* Ave passeriforme da família dos piprídeos, de cabeça amarela com nuca orlada de escarlate, de até 9 cm de comprimento, que ocorre no Amazonas, Amapá, Peru, Colômbia, Venezuela e Guianas.

Ca.be.ça de pon.te *s.f.* Certa posição provisória ocupada por força militar em território inimigo.

Ca.be.ça de por.co *s.f.* (RJ) POP Casa de cômodos; cortiço. ● *Pl.: cabeças de porco.*

Ca.be.ça-de-pra.ta *s.m.* Ave passeriforme da família dos piprídeos, em cuja cabeça traz um barrete de cores iridescentes, de até 8,8 cm de comprimento, encontrada ao sul do Baixo Amazonas.

Ca.be.ça-de-pre.go *s.f.* **1.** Larva encontrada em águas estagnadas. **2.** Pequeno furúnculo cutâneo. ● *Pl.: cabeças-de-prego.*

Ca.be.ça.lho *s.m.* **1.** Parte superior de carta, requerimento etc. **2.** Título de livro. **3.** Temão do carro a que se prende a canga; cabeçalha.

Ca.be.ce.ar *v.int.* **1.** Menear a cabeça, pendê-la com sono. **2.** Inclinar, desviar (a cabeça). **3.** Fazer gesto ou sinal com a cabeça. **4.** FUT Fazer jogada com a cabeça.

Ca.be.cei.ra *s.f.* **1.** O lado da cama onde se descansa a cabeça. **2.** Cada um dos lados mais estreitos de uma mesa retangular ou oval. **3.** Nas igrejas, o altar-mor. **4.** Dianteira, vanguarda. **5.** O mesmo que *cabeceiras.*

Ca.be.ço (ê) *s.m.* **1.** Cume arredondado de um monte; outeiro. **2.** TIP Cabeçalho.

Ca.be.çor.ra (ô) *s.f.* Aum. de *cabeça*; cabeça grande.

Ca.be.ço.te *s.m.* **1.** Cada uma das testeiras do banco em que trabalham marceneiros e carpinteiros. **2.** Parte dianteira superior da sela. **3.** Cada uma das duas peças de ferro em que se fixa o objeto que se torneia. **4.** Parte superior de um motor de combustão interna. **5.** Peça que, num gravador, serve para o registro e a leitura do som gravado.

Ca.be.çu.do *adj.* **1.** De cabeça grande. *adj. e s.m.* **2.** Diz-se do indivíduo obstinado, teimoso, caturra. *s.m.* **3.** Ave cinzenta, de até 13 cm de comprimento. **4.** Peixe de rio.

Ca.be.dal *s.m.* **1.** O acúmulo dos bens materiais ou intelectuais e morais de alguém. **2.** Bens, riqueza, capital. **3.** Estimativa que se faz de coisas e pessoas. **4.** Couro preparado para o fabrico de calçados, solas etc. **5.** Pequena régua para desempenar madeira; desempeno.

Ca.be.de.lo (ê) *s.m.* **1.** Pequeno cabo. **2.** Pequeno monte de areia à foz dos rios.

Ca.be.lei.ra *s.f.* **1.** O conjunto dos cabelos da cabeça, sobretudo quando compridos. **2.** Crina, juba. **3.** Cabelos postiços; peruca. **4.** Cabelo comprido. **5.** ASTRON Parte da nebulosidade de um cometa, em particular quando se aproxima do Sol. **6.** Homem aferrado a usos e costumes antigos. **7.** (N e NE) Indivíduo perverso; salteador, cangaceiro, criminoso.

Ca.be.lei.rei.ro *s.m.* **1.** Aquele que, por profissão, corta ou penteia o cabelo dos outros. **2.** Lugar de trabalho desse profissional.

Ca.be.lo (ê) *s.m.* **1.** Cada um dos pelos que crescem na cabeça ou, por extensão, em qualquer parte do corpo humano. **2.** O conjunto desses pelos. **3.** Pelo comprido de alguns animais. **4.** Crina. **5.** Mola espiralada de aço que regula o movimento dos relógios de pulso ou de bolso.

CABELUDO — CACAREJAR

Ca.be.lu.do *adj.* **1.** Que tem muito cabelo. **2.** Que tem cabelos compridos. **3.** Coberto de cabelos. **4.** Peludo. **5.** Muito difícil; complicado, intrincado: *É um problema cabeludo.* **6.** Obsceno, imoral: *Anedota cabeluda.* **s.m. 7.** Indivíduo que tem muito cabelo ou que os tem longos. **8.** Nome de um macaco.

Ca.ber *v.t.* **1.** Poder ser contido. **2.** Ter cabimento. **3.** Poder entrar ou passar por. **4.** FIG Ser compatível. **5.** Cumprir, competir. **6.** Poder ser compreendido. **7.** Tocar em partilha. **8.** Poder fazer-se. *v.int.* **9.** Vir a propósito. **10.** Ser oportuno ou admissível.

Ca.bi.de *s.m.* Móvel com pequenos braços, ou peça apropriada, onde se penduram roupas, chapéus etc.

Ca.bi.de.la *s.f.* **1.** Reunir fígado, pescoço, pernas, moela e outros miúdos de aves para cozimento. **2.** Guisado feito com esses miúdos e o sangue da ave. **3.** FIG Misturada, balbúrdia.

Ca.bi.do *s.m.* **1.** Corporação dos cônegos de uma igreja, catedral ou colegiado. *adj.* **2.** Que tem cabimento ou valia; merecido.

Ca.bi.men.to *s.m.* **1.** Cabida, valimento, aceitação. **2.** Oportunidade, ensejo, conveniência. **3.** Propósito, justificativa.

Ca.bi.ne *s.f.* **1.** Pequeno compartimento nos navios, aviões, trens, caminhões etc. **2.** Posto de sinais nas estradas de ferro. **3.** Boxe para se falar ao telefone. **4.** Posto de vigia; guarita. **5.** Casinha em que os banhistas trocam de roupa. **6.** Numa seção eleitoral etc., lugar onde se vota. ◆ *Var.: cabina.*

Ca.bi.nei.ro *s.m.* **1.** Sinaleiro de estrada de ferro. **2.** FERR Guarda ou vigia de carro-dormitório. **3.** Ascensorista.

Ca.bis.bai.xo *adj.* **1.** De cabeça baixa, inclinada. **2.** FIG Abatido. **3.** FIG Humilhado, envergonhado.

Ca.bi.ú.na¹ *s.m.* Suco espesso da mandioca.

Ca.bi.ú.na² *s.f.* **1.** BOT Árvore alta, da família das leguminosas--papilionáceas, de cor preta, usada em marcenaria, carpintaria e construção naval e civil. *adj.* **2.** Cor de cabiúna; preto. *s.m.* **3.** Escravo que desembarcou clandestinamente no Brasil após a lei de repressão ao tráfico.

Ca.bi.ú.na-do-cam.po *s.f.* Árvore da família das leguminosas--papilionáceas, de flores roxas, que ocorre de São Paulo a Minas Gerais. ◆ *Pl.: cabiúnas-do-campo.*

Ca.bi.ú.na-do-cer.ra.do *s.f.* Árvore do cerrado, da família das leguminosas, de madeira parecida ao jacarandá-da-baía, e por isso chamado *jacarandá-do-cerrado.* ◆ *Pl.: cabiúnas-do-cerrado.*

Ca.bí.vel *adj.2g.* **1.** Que pode ter cabimento. **2.** Admissível, oportuno.

Ca.bo *s.m.* **1.** Ponta de terra que avança mar a dentro; promontório. **2.** Posto militar, apenas superior a soldado e marinheiro. **3.** Extremidade pela qual se segura ou maneja um objeto ou instrumento. **4.** Rabo, cauda. **5.** CH Ânus. **6.** Feixe de fios metálicos. **7.** Fim, termo, extremo, limite. **8.** Amarra.

Ca.bo.clo (ô) *adj.* **1.** Da cor de cobre; bronzeado. **2.** Próprio de caboclo. **3.** Nativo, nacional. **4.** Mestiço de branco com índio. **5.** Indígena brasileiro de cor bronzeada. **6.** Homem do sertão de cor morena e cabelos lisos. **7.** FIG Indivíduo desconfiado. **8.** Indivíduo traiçoeiro, de maus instintos.

Ca.bo de guer.ra *s.m.* General que fez campanhas ilustres. ◆ *Pl.: cabos de guerra.*

Ca.bo.gra.ma *s.m.* Telegrama transmitido por meio de cabo submarino.

Ca.bo.ré *s.m.* ⇒ Caburé.

Ca.bo.ta.gem *s.f.* Navegação mercante e costeira.

Ca.bo.ti.no *s.m.* **1.** Comediante reles. **2.** Mau ator. **3.** FIG Indivíduo que faz alarde em torno do próprio nome; exibicionista. **4.** Charlatão, impostor. **5.** Hipócrita, tartufo.

Ca.bra *s.f.* **1.** ZOOL Mamífero ruminante, fêmea do *bode.* *s.m.* **2.** POP Mestiço de mulato e negro; mestiço. **3.** Indivíduo valentão, provocador. **4.** Capanga, cangaceiro. **5.** Qualquer indivíduo, qualquer sujeito. ◆ *Col.: fato, rebanho.*

Ca.bra-ce.ga *s.f.* Brinquedo de crianças, em que uma delas, de olhos vendados, procura agarrar outra, que a substituirá com a venda. ◆ *Pl.: cabras-cegas.*

Ca.bra-ma.cho *s.m.* Sujeito destemido, valentão.

Ca.brea *s.f.* **1.** NÁUT Cabo grosso. **2.** Tipo de guindaste potente, utilizado em construções ou nos portos marítimos para içar fardos pesados.

Ca.brei.ro *adj.* **1.** Que guarda cabras. **2.** Esperto. **3.** POP Sonso, desconfiado. **4.** POP Meio zangado; irritado. *s.m.* **5.** Pastor de cabras. **6.** Indivíduo esperto, diligente.

Ca.bres.tan.te *s.m.* Máquina para içar a amarra da âncora e outros pesos.

Ca.bres.to (ê) *s.m.* **1.** Espécie de rédea sem freio, com que se prendem as cavalgaduras pela cabeça. **2.** Boi manso que serve de guia aos touros. **3.** FIG Tudo aquilo que submete; freio.

Ca.bril *s.m.* **1.** Curral onde se criam cabras. *adj.2g.* **2.** Próprio de cabra. **3.** Áspero, agreste, rústico.

Ca.bri.o.la *s.f.* **1.** Salto de cabra ou a ele semelhante; cambalhota, pulo. **2.** Mudança súbita de opinião.

Ca.bri.o.lé *s.m.* **1.** Carruagem leve, de duas rodas e capota móvel, puxado por um só cavalo. **2.** Automóvel cupê conversível para duas pessoas.

Ca.bri.ta *s.f.* **1.** ZOOL Cabra ainda nova; cabra pequena. **2.** Mulata nova. **3.** Pé de cabra.

Ca.bri.tar *v.int.* Andar aos saltos como cabrito; pular, saltar.

Ca.bri.to *s.m.* **1.** Bode novo; filhote de cabra. **2.** FIG Criança traquina. **3.** Indivíduo moreno; mulato.

Ca.bru.ú.va *s.f.* **1.** BOT Árvore leguminosa de grande porte, de madeira aromática e resistente. **2.** Madeira dessa árvore. **3.** Bebida feita com aguardente, açúcar e gengibre.

Ca.bro.cha *s.f.* **1.** Mulata jovem, de lábios grossos. *s.m.* **2.** Mulato jovem.

Ca.bu.la *adj.* **1.** Manhoso, astuto. *s.f.* **2.** Falta às aulas. **3.** Azar, caiporismo. *adj.* e *s.2g.* **4.** Diz-se de, ou estudante que falta às aulas, para vadiar.

Ca.bu.lo.so (ô) *adj.* **1.** Que dá cábula ou azar. **2.** Importuno, cacete, maçador.

Ca.bu.ré *s.m.* **1.** Nome comum às pequenas corujas da família dos estrigídeos, de hábitos semidiurnos. **2.** Indivíduo que só sai à noite. **3.** Cafuzo, caboclo de pouca idade. **4.** Sujeito feio e melancólico. **5.** Sertanejo, matuto. **6.** Vaso de feitiço. **7.** Espécie de gamela com que se apura o cascalho das bateias, nos garimpos, à cata de ouro etc.

Ca.ca *s.f.* **1.** Excremento humano; fezes. **2.** Sujeira, porcaria (na linguagem infantil).

Ca.ça *s.f.* **1.** Ato ou efeito de caçar; caçada. **2.** Arte de caçar. **3.** Qualquer um dentre os animais que se caçam. **4.** Animais selvagens. **5.** FIG Perseguição, busca. *s.m.* **6.** Avião de caça.

Ca.ça-do.tes *s.2g.* Pessoa pobre que procura casamento com pessoa rica.

Ca.cam.ba *s.f.* **1.** Balde preso a uma corda para tirar água do poços. **2.** Carroçaria de caminhão, em geral basculante, em que se transportam pedras, terra, areia etc. **3.** Receptáculo de escavadeiras, guindastes, dragas etc. **4.** POP Veículo velho, imprestável. **5.** Estribo em forma de chinela.

Ca.ça-mi.nas *s.m.2n.* Embarcação apropriada para detectar e destruir minas submarinas.

Ca.ça-ní.queis *s.m.* Aparelho destinado a jogos de azar, que funciona introduzindo-se-lhe uma moeda através de abertura apropriada.

Ca.ção *s.m.* ICTIOL Peixe de corpo alongado, da mesma família do tubarão, com predadores de peixes.

Ca.ça.pa *s.f.* Cada uma das bolsas que recolhe as bolas embocadas, no jogo de sinuca.

Ca.çar *v.t.* **1.** Perseguir ou apanhar (aves e outros animais) a tiro, laço, rede etc. **2.** Apanhar, conseguir. **3.** Perseguir como se faz às feras: *a polícia caçou o ladrão até prendê-lo.* **4.** POP Procurar, catar, buscar. *v.int.* **5.** Andar à caça. ◆ *Cf. cassar.*

Ca.ca.re.co *s.m.* Cacarecos. ◆ *Var.: cacaréus.*

Ca.ca.re.jar *v.int.* **1.** Cantar (a galinha e outras aves). **2.** Palrar enfadonhamente. **3.** Tagarelar monotonamente.

CACARIA — CADEIA

Ca.ca.ri.a s.f. **1.** Grande quantidade de cacos; monte de cacos. **2.** Antro de ladrões.

Ca.ça.ro.la s.f. **1.** Panela de metal com cabo e tampa. **2.** Frigideira com tampa.

Ca.ca.tu.a s.f. Espécie de papagaio branco da Austrália, da família dos psitacídeos, de grande porte, bico grande, cauda curta e penacho erétil. ◆ Var.: catatua.

Ca.cau s.m. **1.** O fruto do cacaueiro. **2.** A semente desse fruto, de que se faz chocolate e manteiga. ◆ Suco de cacau: suco colhido das sementes do cacau mole, do qual se faz uma bebida refrigerante.

Ca.cau.al¹ s.m. Plantação de cacaueiros.

Ca.cau.al² s.m. Cobra da família dos colubrídeos, de hábitos noturnos, arborícola, que se alimenta de rãs e lagartos, encontrada nas regiões tropicais do Brasil.

Ca.cau.ei.ro s.m. BOT Arbusto que produz o cacau.

Ca.cau.i.cul.tor s.m. O produtor de cacau.

Ca.cau.i.cul.tu.ra s.f. Cultivo de cacau.

Ca.cau.zei.ro s.m. Cacaueiro.

Ca.ce.ta.da s.f. **1.** Ato de bater com cacete. **2.** Paulada, bordoada. **3.** Coisa ou situação maçante; caceteação.

Ca.ce.te (ê) s.m. **1.** Pau curto; porrete, bordão, bastão, clava. **2.** CH O pênis. adj. **3.** Que é importuno, chato, maçante; que abusa da paciência.

Ca.ce.te.ar v.t. **1.** Bater com cacete em; espancar. **2.** Importunar, aborrecer, maçar.

Ca.cha.ça s.f. **1.** Aguardente feita pela fermentação e destilação do mel da cana. **2.** Qualquer bebida alcoólica. **3.** Paixão (por pessoa ou coisa). **4.** Inclinação forte; gosto, tendência. **5.** Mania, vício. s.m. **6.** Bêbado. ● Sínôn.: água que passarinho não bebe, aguardente, bagaceira, birita, branquinha, cana, caninha, cobertor de pobre, mata-bicho, parati, pinga.

Ca.cha.ção s.m. Pancada no cachaço; pescoção.

Ca.cha.cei.ro adj. e s.m. **1.** Que, ou aquele que se embriaga habitualmente com cachaça ou qualquer outra bebida. **2.** Beberrão; pau-d'água.

Ca.cha.ço s.m. **1.** Parte posterior do pescoço; nuca. **2.** Pescoço grosso. **3.** Arrogância, soberba. **4.** Reprodutor suíno.

Ca.cha.lo.te s.m. Mamífero cetáceo de até 20 m de comprimento, da família dos fiseterídeos, que fornece óleo e espermacete; cacharréu.

Ca.cha.re.la s.m. ⇒ Caxaréu.

Ca.cha.re.lo s.m. ⇒ Caxaréu.

Ca.chê s.m. Pagamento feito por apresentação ou audição a cantor, ator, músico etc.

Ca.che.ar v.int. **1.** Tornar-se cacheado (o cabelo). **2.** Espigar (o arroz etc.). v.p. **3.** Ondular, encrespar (o cabelo).

Ca.che.col (fr. cache-col) s.m. Manta longa e estreita para agasalhar o pescoço e o peito. ● Pl.: cachecóis.

Ca.che.nê (fr. cache-nez) s.m. Espécie de echarpe comprida, para agasalhar o pescoço e a parte inferior do rosto, inclusive a boca e o nariz.

Ca.chim.ba.da s.f. **1.** O tabaco que se mete no cachimbo. **2.** Fumaça que se aspira do cachimbo de uma vez.

Ca.chim.bo s.m. **1.** Aparelho para fumar, formado de um tubo por onde se aspira a fumaça, e de um fornilho onde se põe o fumo. **2.** Buraco, no castiçal, em que se introduz a vela. **3.** Nome comum a várias plantas da famílias das gesneriáceas.

Ca.cho s.m. **1.** Conjunto ou reunião de frutos ou flores, dispostos em torno de um pedúnculo comum. **2.** Grupo de coisas dispostas à maneira de cacho. **3.** Anel (ou caracol) de cabelo. **4.** POP Caso amoroso.

Ca.cho.ei.ra s.f. Grande queda-d'água, em rio ou ribeirão; catarata.

Ca.cho.la s.f. Cabeça, cachimônia.

Ca.chor.ra.da s.f. **1.** Bando de cachorros. **2.** FIG Ação vil, malévola, indecorosa. **3.** Indignidade, sujeira. **4.** Gente vil; ralé.

Ca.chor.ro (ô) s.m. **1.** Cão novo ou pequeno. **2.** Qualquer cão. **3.** Homem mau caráter, desaforado, canalha, indigno. **4.** FAM Menino traquinas. ● Pl.: cachorros (ô).

Ca.chor.ro-quen.te s.m. Sanduíche feito de pão e salsicha, a que se adicionam temperos diversos. ● Pl.: cachorros-quentes.

Ca.ci.fe s.m. Quantia correspondente à cota de cada parceiro para entrar num jogo, ou que se paga por determinado tempo em que se fica à mesa de jogo.

Ca.cim.ba s.f. **1.** Poço cavado até um lençol de água. **2.** Poço de água; cisterna. **3.** Olho-d'água, fonte.

Ca.ci.que s.m. **1.** Chefe de tribos indígenas de várias regiões americanas. s.2g. **2.** Chefe político que dispõe do voto de muitos eleitores; mandachuva.

Ca.co s.m. **1.** Pedaço de louça, vidro ou barro, quebrado. **2.** Fragmento de dente. **3.** Objeto quebrado ou sem valor; cacarecos. **4.** FAM Pessoa envelhecida, acabada ou doente. **5.** Cabeça, juízo. **6.** GÍR No teatro, palavra ou frase que o ator acrescenta ao texto original. **7.** Espécie de arreio de montaria.

Ca.ço.ar v.int. e t. Fazer troça; escarnecer, zombar.

Ca.co.e.te (ê) s.m. **1.** Vício renitente. **2.** Mau hábito. **3.** Mania, tique, sestro. **4.** Palavra ou expressão que uma pessoa usa insistentemente numa conversa: veja, olhe bem etc.

Ca.có.fa.to s.m. GRAM Vício de linguagem que consiste na união das sílabas finais de uma palavra com as iniciais da seguinte, resultando na formação de uma nova palavra de sentido desagradável ou obsceno. ◆ Var.: cacófaton.

Ca.co.gra.far v.t. Escrever com erro de grafia.

Cac.tá.cea s.f. BOT Espécie da família das cactáceas.

Cac.to s.m. Designação comum a várias plantas cactáceas, de caule grosso e espinhento, e de flores vivas. ◆ Var.: cáctus.

Ca.çu.á s.m. Cesto grande e oblongo, de cipó, vime ou talas de bambus, que se prende às cangalhas e serve para transportar gêneros em animais de carga.

Ca.cun.da s.f. **1.** Costas, dorso. **2.** Corcunda. **3.** FIG Consciência, responsabilidade.

Ca.da pron.indef. **1.** Designa uma unidade num grupo de coisas, animais ou pessoas de que é parte. **2.** Qualquer.

Ca.da.fal.so s.m. Estrado erguido em praça pública para a execução de condenados; patíbulo, forca. ◆ Cf. catafalco.

Ca.dar.ço s.m. **1.** Cordão ou fita estreita de seda, algodão, linho etc.; barbilho, cordão. **2.** Amarrilho de sapatos.

Ca.das.trar v.int. **1.** Inventariar, elencar os bens e posses públicas. v.t. **2.** Fazer o cadastro de.

Ca.das.tro s.m. **1.** Registro público dos bens imóveis de determinado território. **2.** Registro do valor, natureza, extensão etc. dos bens de raiz de certa região. **3.** Censo, recenseamento, arrolamento. **4.** Registro que os bancos, firmas, casas comerciais etc. mantêm de seus clientes. **5.** Registro de informações comerciais; ficha cadastral.

Ca.dá.ver s.m. **1.** Corpo de pessoa morta destinado à autópsia. **2.** Defunto. **3.** Pessoa extremamente fraca ou doente. ● Pl.: cadáveres.

Ca.da.vé.ri.co adj. **1.** De cadáver; próprio de cadáver. **2.** FIG Moribundo, desfigurado, muito magro.

Ca.dê pron. POP Que é ou onde está.

Ca.de.a.do s.m. **1.** Fechadura portátil, cujo aro se introduz em duas argolas fixas às peças que se deseja unir, e que se abre com chave ou com segredo. **2.** Sujeição.

Ca.dei.a s.f. **1.** Corrente de elos metálicos. **2.** Corrente com que se prende um animal (no carro de bois etc.). **3.** Série ininterrupta de coisas semelhantes. **4.** Sucessão de fatos e acontecimentos. **5.** Série, enfiada. **6.** Encadeamento, sequência. **7.** Conjunto de estabelecimentos comerciais da mesma natureza (hotéis, lojas etc.) ligados a um mesmo grupo econômico. **8.** Edifício público onde se prendem delinquentes e suspeitos; cárcere, prisão. **9.** FIG Sujeição, servidão. **10.** Laço moral.

CADEIRA — CAIBRO

Ca.dei.ra *s.f.* **1.** Assento com encosto, para uma só pessoa. **2.** Funções do professor. **3.** Cátedra de professor. **4.** Matéria, disciplina de um curso. **5.** Dignidade eclesiástica.

Ca.dei.ri.nha *s.f.* **1.** Cadeira pequena. **2.** Espécie de liteira antiga, com uma cadeira e varais, conduzida por dois homens. **3.** Maria-cadeira.

Ca.de.la *s.f.* **1.** A fêmea do cão; cachorra. **2.** CH Mulher de mau comportamento. **3.** PEJ Meretriz, prostituta.

Ca.dên.cia *s.f.* **1.** Harmonia entre os passos da dança, ou entre o movimento e a música. **2.** Compasso, ritmo. **3.** Pausa de uma frase musical. **4.** Harmonia na disposição das palavras. **5.** Suavidade de estilo. **6.** Ritmo no passo militar.

Ca.den.ci.ar *v.t.* **1.** Dar cadência, dar ritmo a. *v.int.* **2.** Dar equilíbrio ou harmonia ao verso, à frase.

Ca.den.te *adj.* **1.** Que vai caindo: **Estrela cadente**. **2.** Que tem cadência; ritmado.

Ca.der.ne.ta *(ê)* *s.f.* **1.** Livrinho de lembranças. **2.** Pequeno caderno. **3.** Pequeno livro para o registro das notas e frequências escolares. **4.** Livreto em que se registram compras a crédito em armazém, empório etc.

Ca.der.no *s.m.* **1.** Conjunto de folhas de papel cortadas e costuradas. **2.** Conjunto de cinco folhas de papel dobradas e metidas uma na outra. **3.** JORN Cada um dos conjuntos de folhas dobradas, com no mínimo quatro páginas, que compõem o jornal. **4.** Publicação periódica. **5.** Cada uma das partes em que se divide um grande jornal.

Ca.de.te *(ê)* *s.m.* **1.** O aluno de escola militar superior do Exército ou da Aeronáutica. **2.** Aspirante a oficial.

Ca.di.nho *s.m.* **1.** Vaso empregado em operações químicas, como a fusão de metais e outros minerais; crisol. **2.** A parte do fogo onde se dá a fusão. **3.** FIG Lugar onde as coisas se misturam.

Cád.mio *s.m.* Elemento químico, que é um metal branco análogo ao zinco, dúctil e maleável, de símbolo Cd e número atômico 48.

Ca.du.car *v.int.* **1.** Tornar-se caduco. **2.** Perder as forças; declinar, envelhecer. **3.** Perder o uso da razão, por força da idade avançada. **4.** Deixar de ter valor; cair em desuso. **5.** Tornar-se nulo; prescrever por extinção do prazo fixado.

Ca.du.ceu *s.m.* **1.** Vara delgada, com duas serpentes enroscadas e com duas asas na extremidade superior, insígnia do deus Mercúrio. **2.** Emblema da Medicina e da Farmácia.

Ca.du.ci.da.de *s.f.* **1.** Qualidade ou estado de caduco. **2.** Velhice, decrepitude, decadência.

Ca.du.co *adj.* **1.** Que está prestes a cair. **2.** Que perdeu a força, o viço. **3.** Que perdeu em parte o juízo por força da idade avançada. **4.** DIR Que perdeu o valor; que se tornou nulo. **5.** Diz-se do que está superado. **6.** Desusado, obsoleto.

Ca.du.quez *(ê)* *s.f.* Caducidade.

Ca.du.qui.ce *s.f.* **1.** Estado, dito ou ação de caduco, em consequência da velhice; idiotice. **2.** Estado de decadência. **3.** Estado ou condição do que é superado, obsoleto. **4.** Caducidade.

Ca.e.té *adj.* **1.** Relativo aos caetés. *s.2g.* **2.** Indígena da tribo dos caetés.

Ca.fa.jes.te *s.m.* **1.** Indivíduo desclassificado, desprezível, inescrupuloso e de péssimo comportamento. **2.** Canalha, vagabundo.

Ca.far.na.um *s.m.* **1.** Depósito de coisas imprestáveis. **2.** Lugar de desordem, onde se amontoam muitos objetos. **3.** Confusão, miscelânea.

Ca.fé *s.m.* **1.** Fruto do cafeeiro, de grande interesse econômico. **2.** Bebida preparada desse fruto. **3.** Estabelecimento onde se serve café e outras bebidas. **4.** Refeição matinal; o desjejum.

Ca.fé com lei.te *s.m.* **1.** A cor bege ou semelhante ao bege da mistura de café com leite. **2.** Cor análoga, resultante da mistura de cor clara e escura. *adj.2g.* **3.** Cuja cor tende ao creme mais ou menos escuro, como a mistura de café com leite. **4.** Diz-se dessa cor. **5.** Diz-se de política pela qual, nas três primeiras décadas do séc. XX, os Estados de São Paulo (grande produtor e exportador de café) e Minas Gerais (grande produtor de café e laticínios) dividiam o poder federal segundo um acordo que estipulava

esp. a alternância de paulistas e mineiros na presidência da República. *adj.2g.* *s.m.* **6.** Diz-se de ou casamento, amasiamento etc. de negro com branco. **7.** Diz-se de ou amásio de prostituta de condição muito baixa. **8.** Que ou aquele que é moreno claro ou mulato claro. **9.** Em certas brincadeiras infantis, diz-se de ou aquele (ger. criança menor) a quem as regras se aplicam de modo especial ou mais brando, ou que é tolerado no jogo, mas sem dele participar efetivamente ou interferir no seu andamento. • *Pl.*: *cafés com leite*.

Ca.fé-con.cer.to *(é)* *s.m.* Casa de diversão em que se toma café ou outra bebida ao som de música. • *Pl.*: *cafés-concertos* ou *cafés-concerto*.

Ca.fe.ei.ro *s.m.* **1.** BOT Arbusto da família das rubiáceas (*Coffea arabica*), que produz o café. *adj.* **2.** Relativo ao café: **Comércio cafeeiro**.

Ca.fe.i.cul.tor *s.m.* Agricultor que se dedica especialmente à cafeicultura.

Ca.fe.i.cul.tu.ra *s.f.* Plantação, lavoura de café.

Ca.fe.í.na *s.f.* Substância orgânica, estimulante do sistema nervoso central (coração, cérebro), encontrada no café, no mate, no guaraná e em outros vegetais.

Ca.fe.tão *s.m.* GÍR Indivíduo que vive à custa de prostitutas; cáften. • *Fem.*: *cafetina*.

Ca.fe.tei.ra *s.f.* Aparelho eletroeletrônico destinado ao preparo do café ou a contê-lo depois de pronto.

Cá.fi.la *s.f.* **1.** Caravana de camelos que transportam mercadorias, na Ásia e na África. **2.** Grande quantidade de camelos. **3.** FIG Bando, corja.

Ca.fo.na *adj.* *e* *s.2g.* **1.** GÍR Diz-se de, ou aquele que é ridículo e de mau gosto (especialmente no trajar). **2.** Diz-se de, ou pessoa grosseira, sem modos. **3.** Brega, suburbano.

Caf.ta *s.f.* Iguaria árabe de carne moída, amassada com farinha de trigo e especiarias, assada em espeto, cozida em forno ou frita em forma de bolinhos.

Caf.ten *s.m.* Cafetão. • *Pl.*: *caftens*. • *Fem.*: *caftina*.

Ca.fu.a *s.f.* **1.** Quarto escuro. **2.** Cubículo onde eram postos de castigo os alunos indisciplinados. **3.** Habitação miserável. **4.** Antro, furna. **5.** Esconderijo.

Ca.fun.dó *s.m.* Lugar ermo, longínquo e de acesso difícil.

Ca.fu.né *s.m.* Carícia que se faz a alguém, passando-lhe de leve dedos e unhas pelos cabelos.

Ca.fu.zo *adj.* *e* *s.m.* **1.** Diz-se de, ou mestiço de negro e índio; caburé. **2.** Mestiço de pele escura e cabelos lisos. *adj.* **3.** Relativo a cafuzo. ◆ *Var.*: *cafuz*.

Cá.ga.do *s.m.* **1.** Nome comum a várias tartarugas de água doce. *adj.* *e* *s.m.* **2.** FIG Diz-se de, ou homem lerdo, preguiçoso.

Cai.a.na¹ *adj.* *e* *s.f.* **1.** Diz-se de, ou certa variedade de cana-de--açúcar. **2.** POP Cachaça.

Cai.a.na² *s.m.* Grande morcego da família dos vespertilionídeos, encontrado no Rio São Francisco; cabano.

Cai.a.pó *adj.2g.* **1.** Relativo aos caiapós, povo indígena jê que vive no Pará. *s.2g.* **2.** Indígena caiapó.

Cai.a.pó² *s.m.* Envoltório de palha para proteção de garrafas.

Cai.a.pó³ *s.m.* FOLCL Bailado popular do interior de São Paulo e Minas Gerais, em que homens e mulheres fantasiados de índios, sob o comando de um cacique, pulam e dançam ao som de tambores, reco-recos e caixas.

Cai.a.que *s.m.* **1.** Pequena embarcação esquimó, feita de uma armação de madeira e peles costuradas, com apenas uma abertura para o navegante sentado, e impelida com um remo de duas pás. **2.** Pequena embarcação esportiva, a remo, construída de material plástico, para uma ou mais pessoas. **3.** Caíque.

Cai.ar *v.t.* **1.** Pintar com água de cal. **2.** Revestir de qualquer pó branco.

Cãi.bra *s.f.* Contração involuntária e dolorosa de um músculo ou de um grupo de músculos. ◆ *Var.*: *câimbra*.

Cai.bro *s.m.* Peça de madeira que sustenta as ripas dos telhados e, às vezes, as tábuas do soalho.

CAIÇARA — CALANGO

Cai.ça.ra s.f. **1.** Espécie de cerca feita de varas ou ramos. **2.** Estacada que, nas tabas indígenas, circundava a povoação. **3.** Galhos de árvores postos dentro da água para atrair os peixes. **4.** Cerca de pau a pique em redor de uma plantação, para evitar a entrada de gado. s.2g. **5.** Caipira do litoral paulista. **6.** Pescador que vive na praia. PEJ **7.** Indivíduo estúpido. **8.** Malandro, vadio. adj.2g. **9.** Relativo aos caiçaras do litoral paulista.

Ca.í.do adj. **1.** Que caiu; tombado, prostrado. **2.** Abatido, triste. **3.** Caído de amores; enamorado, apaixonado.

Cai.ei.ra s.f. **1.** Fábrica de cal. **2.** Forno em que se faz a cal.

Cai.mão s.m. Espécie de crocodilo da América do Sul, representado por cinco espécies.

Câim.bra s.f. Cãibra.

Ca.i.men.to s.m. **1.** Inclinação, declive. **2.** Queda, ruína. **3.** FIG Abatimento, prostração. **4.** Modo como assenta uma roupa em quem a veste. **5.** Inclinação amorosa muito forte.

Ca.in.gan.gue adj.2g. **1.** Relativo aos caingangues. s.2g. **2.** Indivíduo dos caingangues, povo indígena jê que habita o sul e o sudeste brasileiros.

Cai.pi.ra s.2g. **1.** Pessoa do mato ou da roça. **2.** Roceiro, tabaréu, matuto. **3.** Indivíduo acanhado, tímido; tabaréu, capiau. **4.** Certo jogo de parada, com um único dado ou com roleta. adj. **5.** De maneiras acanhadas. PEJ **6.** Rude, inculto.

Cai.pi.ri.nha s.f. Bebida feita de aguardente, limão, açúcar e gelo.

Cai.pi.ris.mo s.m. Acanhamento; tolice; caipirada.

Cai.po.ra s.m. **1.** Ente da mitologia indígena, morador das matas, que segundo a crença popular, dá má sorte a quem os encontra. **2.** Homem do mato. s.2g. **3.** Pessoa que dá ou tem azar. **4.** Pessoa que faz infeliz os que dela se aproximam. adj.2g. **5.** Que tem azar; azarento. **6.** Que é infeliz em tudo o que intenta; azarento.

Cai.po.ris.mo s.m. **1.** Estado de caipora. **2.** Infortúnio; má sorte; azar. **3.** Infelicidade constante. **4.** Série de malogros.

Ca.ir v.int. **1.** Ir ao chão. **2.** Tombar, descambar. **3.** Baixar (a temperatura). **4.** Deixar-se enganar. **5.** Deixar-se vencer; sucumbir. **6.** Harmonizar. **7.** Descer, abaixar. **8.** Perder a força ou a intensidade de. **9.** Decair. **10.** Desvalorizar-se (moedas, títulos etc.). **11.** Ser apeado do poder. **12.** Abrandar, serenar. v.t. **13.** Incorrer, chegar, sobrevir de repente. ♦ **Cair em si:** perceber o erro que foi cometido ou que está prestes a cometer. ♦ **Cair de nariz:** dar uma queda batendo de cara no chão. ♦ **Cair na vida:** vadiar, entregar-se ao meretrício; prostituir-se.

Cai.ro.ta adj.2g. **1.** Pertencente ou relativo ao Cairo, capital do Egito. s.2g. **2.** Pessoa natural ou habitante do Cairo.

Cais s.m. **1.** Parte de um porto de rio ou do mar, para embarque e desembarque de passageiros e carga. **2.** Plataforma, atracadouro.

Cai.su.ma s.m. Bebida fermentada de frutas (pupunhas ou milho cozido e mascado).

Cai.ti.tu s.m. ZOOL Mamífero da família do porco (taiaçuídeos), que vive em bandos nas matas brasileiras, também chamado porco-do-mato, queixada.

Cai.xa s.f. **1.** Arca, estojo, cofre-forte. **2.** Repartição em que se guardam valores, dinheiro, títulos etc. **3.** Instrumento musical de percussão. **4.** Tabuleiro que, nas tipografias, recebe os tipos. s.2g. **5.** Profissional que, num estabelecimento comercial ou financeiro, trabalha no caixa. s.m. **6.** Livro contábil em que se registram entradas e saídas de dinheiro. **7.** Seção ou guichê de banco e outros estabelecimentos que paga ou recebe dinheiro, cheque etc.

Cai.xa-alta s.f. **1.** Em tipografia, letra maiúscula. adj.2g. e s.2g. **2.** Que(m) é muito rico. ♦ Pl.: caixas-altas.

Cai.xa-bai.xa s.f. **1.** Em tipografia, letra minúscula. adj.2g. e s.2g. **2.** Que(m) está sem dinheiro. ♦ Pl.: caixas-baixas.

Cai.xa-d'á.gua s.f. Reservatório de água. ♦ Pl.: caixas-d'água.

Cai.xa-for.te s.f. Recinto de alta segurança, ger. num banco, empresa, instituição etc., reforçado e protegido contra roubo e incêndio, onde se guardam valores (dinheiro, joias, documentos importantes etc.); casa-forte, cofre-forte. ♦ Pl.: caixas-fortes.

Cai.xão s.m. **1.** Caixa grande. **2.** Caixa abaulada para conduzir defuntos. **3.** Féretro, ataúde, esquife. **4.** Nome de uma parte do leme. **5.** Caixa de munições. **6.** Certa borboleta diurna.

Cai.xa-pre.gos s.m. Lugar muito longe; cafundó.

Cai.xa-pre.ta s.f. AERON Aparelho registrador instalado em uma aeronave, e que permite, após um acidente, reconstituir as condições em que este se deu.

Cai.xei.ro s.m. **1.** Empregado que, numa casa comercial, atende ao balcão; balconista. **2.** Aquele que faz entregas a domicílio das mercadorias compradas; entregador.

Cai.xei.ro-vi.a.jan.te s.m. Aquele que viaja de cidade em cidade vendendo os produtos de determinada firma. ♦ Pl.: caixeiros-viajantes.

Cai.xe.ta (ê) s.f. Caixa pequena, em geral para doces como goiabada, bananada etc.

Cai.xi.lho s.m. **1.** Parte de uma janela guarnecida de vidros. **2.** Moldura para quadros ou estampas; moldura.

Cai.xi.nha s.f. **1.** Caixa pequena. **2.** Gorjeta.

Cai.xo.te s.m. Caixa tosca de tamanho médio, para transporte de mercadorias (especialmente frutas e legumes).

Ca.já s.m. **1.** BOT Cajazeira. **2.** Fruto da cajazeira, ácida e aromática, utilizada no fabrico de doces, sucos, geleias etc.

Ca.ja.do s.m. **1.** Bordão ou bastão de pastor. **2.** FIG Amparo, arrimo, proteção.

Ca.ja.zei.ro (à) s.m. BOT Cajazeira.

Ca.ju s.m. **1.** Pedúnculo comestível do fruto do cajueiro, erroneamente considerado o fruto, largamente utilizado em doces, sucos e outras bebidas. **2.** (N e NE) POP Ano de existência.

Ca.ju.a.da s.f. **1.** Bebida refrigerante feita do suco do caju, água e açúcar. **2.** Doce de caju. **3.** FIG Balbúrdia, confusão.

Ca.ju.al s.m. Cajueiral.

Ca.ju.ei.ro s.m. BOT Árvore brasileira cujo fruto (a castanha), torrada, tem excelente sabor.

Ca.ju.í.na s.f. Espécie de vinho não alcoólico feito do sumo do caju.

Ca.ju.zei.ro s.m. Cajueiro.

Cal s.f. Substância branca pulverulenta obtida da calcinação de pedras calcárias. ♦ Pl.: cales (Portugal) e cais.

Ca.la¹ s.f. **1.** Pequena abertura que se faz no fruto para verificar se está maduro. **2.** Enseada estreita entre rochedos.

Ca.la² s.f. Erva africana da família das aráceas, ornamental, também chamada copo-de-leite.

Ca.la.bou.ço s.m. **1.** Prisão ou cela subterrânea; masmorra. **2.** Cárcere escuro e sombrio. **3.** FIG Lugar ou aposento sombrio, triste. ♦ Var.: calaboiço.

Ca.la.bre s.m. **1.** Máquina de guerra antiga. **2.** NÁUT Corda grossa, usada em barcos; amarra.

Ca.la.brês adj. **1.** Relativo ou pertencente à Calábria (Itália). s.m. **2.** O natural ou habitante da Calábria. **3.** Dialeto italiano falado nessa região.

Ca.la.do¹ adj. **1.** Que não revela o que sente ou sabe. **2.** Que não diz nada. **3.** Que guarda segredo. **4.** Silencioso, taciturno, discreto.

Ca.la.do² s.m. **1.** Profundidade da água disponível num canal navegável. **2.** Espaço ocupado pelo navio dentro d'água.

Ca.la.fe.tar v.t. **1.** Vedar com estopa alcatroada. **2.** Tapar, vedar (fendas, buracos).

Ca.la.frio s.m. **1.** POP Sensação de frio, acompanhada de tremor ou contrações. **2.** Contração da pele, causada por frio ou por excitação nervosa como o medo.

Ca.la.mar s.m. ZOOL Lula.

Ca.la.mi.da.de s.f. **1.** Desgraça pública, que abrange uma cidade, região, país, e até mesmo o mundo. **2.** Grande desgraça que atinge uma pessoa ou uma família. **3.** Catástrofe, desastre. **4.** FIG Pessoa ou coisa cheia de defeitos.

Ca.lan.go s.m. **1.** ZOOL Nome comum aos pequenos lagartos de cauda muito comprida, da família dos Teiídeos. **2.** Certa dança popular do sudeste do Brasil. ♦ Var.: calango.

CALÃO — CALHORDA

Ca.lão *s.m.* Linguajar próprio de ladrões, malandros etc.; gíria. ◆ **Baixo calão**: linguagem caracterizada por termos obscenos ou demasiadamente grosseiros.

Ca.lar *v.int.* **1.** Não falar; silenciar. **2.** Não dizer o que sabe. *v.t.* **3.** Não dizer; ocultar. **4.** Fazer calar. **5.** Encaixar (a baioneta) no fuzil. **6.** Fazer descer; abaixar. *v.p.* **7.** Cessar de falar.

Cal.ça *s.f.* **1.** Peça do vestuário que cobre separadamente as pernas e que vai da cintura aos pés, também chamada *calças*. **2.** Peça íntima, também chamada *calcinha*, de uso feminino.

Cal.ça.da *s.f.* **1.** Parte mais alta e lateral da rua, destinada ao trânsito de pedestres; passeio. **2.** Rua ou caminho revestido de pedra.

Cal.ça.dão *s.m.* Calçada ou passeio de grande largura e extensão, ger. com elementos paisagísticos. ● *Pl.*: *calçadões*.

Cal.ça.dei.ra *s.f.* Utensílio em forma de meia-cana, que ajuda a calçar o sapato.

Cal.ça.do *s.m.* Usado para cobrir e proteger os pés.

Cal.ça.men.to *s.m.* **1.** Ato ou efeito de calçar. **2.** Pavimentação de estradas, ruas etc. com pedras, asfalto ou concreto.

Cal.câ.neo *s.m.* **1.** Osso do tarso que forma o calcanhar; o calcanhar. *adj.* **2.** Relativo a esse osso.

Cal.ca.nhar *s.m.* **1.** A parte posterior do pé humano. **2.** Salto do calçado; tacão.

Cal.ca.nhar de a.qui.les *s.m.* O ponto fraco ou vulnerável de alguém. ● *Pl.*: *calcanhares de aquiles*.

Cal.ção *s.m.* Espécie de calça curta, que não passa do joelho, usado para banhos, prática desportiva etc.

Cal.car¹ *v.t.* **1.** Pisar com os pés. **2.** Comprimir (desenho, estampa) sobre papel, com força, para que os traços e as cores se reproduzam. **3.** Tornar compacto (terra etc.). **4.** Pressionar, apertar. **5.** FIG Humilhar, abater. **6.** Modelar, decalcar. **7.** Reprimir, conter.

Cal.car² *s.m.* BOT Espora formada de uma sépala encontrada na corola ou no cálice das flores.

Cal.çar *v.t.* **1.** Revestir (pés, mãos, pernas) com o vestuário adequado. **2.** Empedrar ou pavimentar (ruas etc.). **3.** Pôr calço ou cunha em; fixar com calços. **4.** Cobrir, revestir. *v.int.* e *p.* **5.** Ajustar-se bem. **6.** Suster (a cavalgadura) o veículo nas descidas.

Cal.cá.rio *s.m.* Que contém cálcio. **2.** Que tem cal. **3.** Diz-se de terreno em cuja composição há predominância da cal. *s.m.* **4.** Rocha formada essencialmente de carbonato de cálcio.

Cal.ças *s.f.pl.* **1.** O mesmo que *calça* (acep. 1). **2.** O mesmo que *calcinhas*.

Cal.cei.ro *s.m.* Alfaiate que faz calças.

Cal.cei.tei.ro *s.m.* Aquele que calça estradas, ruas, praças etc. com pedras justapostas.

Cal.ci.fi.ca.ção *s.f.* **1.** Ato ou efeito de calcificar(-se). **2.** MED Ossificação anormal dos tecidos orgânicos moles.

Cal.ci.nar *v.t.* **1.** Transformar (o carbonato de cálcio) em óxido de cálcio, para obter a cal. **2.** Secar ou reduzir a carvão ou a cinza pela ação do fogo. **3.** Aquecer muito, reduzindo a carvão ou a cinza. **4.** Queimar. **5.** FIG Excitar, inflamar.

Cal.ci.nha *s.f.* Peça do vestuário íntimo feminino; também se diz *calça* e *calcinhas*.

Cál.cio *s.m.* QUÍM Metal branco-amarelado, mole, maleável, de símbolo Ca, número atômico 20, extraído da cal.

Cal.ço *s.m.* Tudo o que, colocado sob um objeto (máquina, móvel etc.) serve para o aprumar, elevar ou nivelar.

Cal.cu.la.do.ra (ô) *s.f.* Máquina de calcular.

Cal.cu.lar *v.t.* **1.** Realizar um cálculo. **2.** Determinar por meio de cálculo. **3.** Computar, avaliar, contar. **4.** Ter em conta. **5.** Avaliar, estimar, prever. **6.** Conjeturar, supor. *v.int.* **7.** Fazer cálculos matemáticos.

Cal.cu.lis.ta *adj.* e *s.2g.* **1.** Que, ou pessoa que calcula; calculador. **2.** Diz-se de, ou pessoa ambiciosa, cujas ações visam exclusivamente a seus interesses próprios.

Cál.cu.lo *s.m.* **1.** Operação que busca encontrar o resultado de determinadas combinações quantitativas ou numéricas. **2.** MAT Parte que trata da resolução dos problemas aritméticos ou algébricos. **3.** Conta. **4.** FIG Plano, ideia, suposição. **5.** Avaliação; conjectura. **6.** MED Concreção que se forma nos reservatórios musculomembranosos (bexiga, vesícula biliar etc.) e nos canais excretores das glândulas, e que comporta, geralmente, sais minerais. **7.** Sentimento de cobiça; interesse.

Cal.da *s.f.* **1.** Solução de água e açúcar em ponto grosso, fervidos juntos. **2.** Sumo fervido de alguns frutos. **3.** Resíduo da destilação do álcool ou da aguardente.

Cal.dá.rio *adj.* Relativo a águas termais.

Cal.de.ar *v.t.* **1.** Pôr em brasa; tornar incandescente por meio do fogo. **2.** Submeter à têmpera (o ferro etc.). **3.** Soldar, ligar (metais em brasa), reforçando-os. **4.** Converter em calda (substâncias sólidas), misturando com água ou outro líquido. **5.** Misturar. **6.** FIG Mestiçar.

Cal.dei.ra *s.f.* **1.** Recipiente grande de metal para aquecer água ou outro líquido, produzir vapor etc. **2.** Depressão de terreno; cratera. **3.** Depressão no fundo de um vale; cisterna. **4.** GEOL Cratera vulcânica de grandes dimensões.

Cal.dei.ra.da *s.f.* **1.** O conteúdo de uma caldeira. **2.** Prato feito de muitas variedades de peixes cozidos. **3.** Embrulhada, salsada. **4.** Chuvarada.

Cal.dei.rão *s.m.* **1.** Panela de metal grande, para cozinha. **2.** Tacho de barro. **3.** Grande caldeira. **4.** Reservatório natural em lajedos etc., onde se acumula a água da chuva. **5.** Lugar onde não se toma pé em rios. **6.** Estado, local ou situação de grande agitação.

Cal.dei.rei.ro *s.m.* **1.** Aquele que faz caldeiras e outros utensílios de metal, ou os conserta. **2.** Operário que trabalha em caldeira.

Cal.do *s.m.* **1.** Substância líquida preparada pelo cozimento de carne, feijão ou outras substâncias alimentares em água. **2.** Suco que se extrai de vegetais: Caldo de cana. **3.** POP Mergulho forçado que se dá em alguém que está nadando. **4.** GÍR Sangue.

Ca.le.che *s.f.2g.* Carruagem de quatro rodas e dois assentos; sege. ◆ *Var.*: *caleça*.

Ca.le.fa.ção *s.f.* **1.** Ato ou efeito de aquecer; aquecimento. **2.** Sistema de aquecimento de recintos internos para neutralizar a ação do frio.

Ca.lei.dos.có.pio *s.m.* FÍS Calidoscópio.

Ca.le.jar *v.t.* **1.** Tornar caloso; endurecer. **2.** Habituar ao sofrimento. *v.int.* **3.** Criar calos. *v.p.* **4.** Tornar(-se) insensível.

Ca.len.dá.rio *s.m.* **1.** Folhinha, tabela ou folheto onde se indicam os dias, semanas e meses do ano, as fases da Lua, os dias santos, os feriados; almanaque. **2.** Conjunto das divisões do ano. **3.** Tabela ou folheto com as datas de início e fim de certas atividades; programação.

Ca.len.das *s.f.pl.* O primeiro dia de cada mês, entre os antigos romanos.

Ca.lên.du.la *s.f.* **1.** BOT Planta ornamental, cujas folhas são utilizadas como tempero e cujas flores têm propriedades terapêuticas. **2.** A flor dessa planta.

Ca.lha *s.f.* **1.** Cano (de zinco, cobre ou plástico), aberto em cima, por onde escoam as águas dos telhados. **2.** Rego ou meia-cana por onde escoam líquidos, grãos etc.

Ca.lha.ma.ço *s.m.* **1.** Livro grande e velho; alfarrábio, cartapácio.

Ca.lham.be.que *s.m.* **1.** Embarcação velha, que não inspira confiança. **2.** POP Automóvel antigo ou mal conservado. **3.** Traste velho e de pouco valor.

Ca.lhar *v.int.* **1.** Caber na calha. **2.** Vir a tempo ou a propósito; convir. **3.** Ser próprio. **4.** Cair bem; adaptar-se. **5.** Coincidir, acertar. **6.** GÍR Agradar, aprazer. *v.t.* **7.** Acontecer, suceder.

Ca.lhau *s.m.* **1.** Pedaço de rocha dura (com 3 ou mais cm de diâmetro), maior que o seixo. **2.** Artigo ou anúncio de pouco interesse.

Ca.lhor.da *adj.* e *s.2g.* Diz-se de, ou pessoa desprezível; canalha, patife, cafajeste.

CALIBRADOR — CAMAIURÁ

Ca.li.bra.dor (ô) *adj.* **1.** Que calibra. *s.m.* **2.** Aparelho próprio para calibrar.

Ca.li.brar *v.t.* **1.** Dar o conveniente calibre a (bocas de fogo, tubo etc.). **2.** Medir o calibre de. **3.** Dar a pressão adequada a (pneus, câmaras de ar etc.). **4.** POP Embriagar.

Ca.li.bre *s.m.* **1.** Diâmetro interior do cano de arma de fogo ou de qualquer órgão cilíndrico (artéria, veia etc.). **2.** Diâmetro exterior de um projétil. **3.** Capacidade de um vaso. **4.** Dimensão, tamanho, volume. **5.** Calibrador. **6.** FAM Qualidade, caráter das pessoas.

Ca.li.ça *s.f.* Fragmentos de gesso etc., resultantes da demolição de obra de alvenaria.

Cá.li.ce *s.m.* **1.** Pequeno copo com pé, para licores, vinhos finos etc. **2.** O conteúdo do cálice. **3.** Recipiente onde é consagrado o vinho eucarístico durante a missa. **4.** Invólucro exterior da flor. **5.** FIG Lance doloroso; dor. **6.** ANAT Canal excretor da urina, situado nos rins.

Ca.li.ci.da *s.m.* FARM Medicamento que destrói ou extrai calos.

Ca.li.dos.có.pio *s.m.* FÍS Aparelho óptico formado por um tubo de cartão ou de metal, com pequenos fragmentos de vidro colorido que se refletem em pequenos espelhos inclinados, apresentando a cada movimento combinações variadas e agradáveis.

Ca.li.fa *s.m.* Título de soberano muçulmano.

Ca.li.fa.do *s.m.* Dignidade ou governo de califa.

Ca.li.fór.nia *s.f.* Fonte de riqueza; fortuna.

Ca.li.fór.nio *s.m.* Elemento químico de símbolo Cf, número atômico 98, obtido pelo bombeamento do cúrio.

Ca.li.gra.fi.a *s.f.* **1.** Letra bonita. **2.** Arte de bem escrever à mão. **3.** Maneira própria de uma pessoa escrever à mão; letra.

Ca.lí.gra.fo *s.m.* **1.** Aquele que tem letra muito bonita. **2.** Especialista em caligrafia.

Ca.lip.so *s.m.* Gênero musical do Caribe (América Central).

Ca.lis.ta *s.2g.* **1.** Profissional que trata dos pés. **2.** Pessoa especialista em extrair calos, desencravar unhas etc.

Cá.lix (s) *s.m.* Cálice.

Call-girl (ing.) *s.f.* Prostituta que atende seus clientes pelo telefone. ● *Pl.: call-girls.*

Cal.ma *s.f.* **1.** Calor atmosférico, em geral sem vento; calmaria. **2.** A hora mais quente do dia. **3.** Bonança, quietação. **4.** Sossego de espírito; tranquilidade. **5.** Estagnação do comércio ou dos negócios da Bolsa.

Cal.man.te *adj.2g.* **1.** Que acalma ou abranda. *s.m.* **2.** Medicamento que acalma ou tranquiliza; sedativo.

Cal.mar *v.t.* Acalmar.

Cal.ma.ri.a *s.f.* **1.** Cessação completa do vento ou do movimento das ondas. **2.** Grande calor, sem vento. **3.** Estado de calmo. **4.** Tranquilidade geral; sossego. **5.** FIG Falta de notícias ou fatos de interesse.

Cal.mo *adj.* **1.** Que está em calmaria. **2.** Em que há calma. **3.** Quente, calmoso. **4.** Sossegado, tranquilo, sereno.

Cal.mo.so (ô) *adj.* **1.** Muito quente (o tempo); abafadiço. **2.** Em que há calma ou calor.

Ca.lo *s.m.* **1.** Endurecimento da pele por compressão ou atrito continuado. **2.** Calosidade. **3.** FIG Dureza moral, insensibilidade provocada pelo hábito.

Ca.lom.bo *s.m.* **1.** Inchaço ou tumor duro. **2.** Qualquer ondulação; qualquer montículo.

Ca.lor (ô) *s.m.* **1.** FÍS Energia que provoca a evaporação dos líquidos, que funde os sólidos e dilata os corpos. **2.** Temperatura alta. **3.** Sensação que se experimenta num ambiente aquecido, ou junto a um objeto quente. **4.** FIG Animação; entusiasmo. **5.** Energia, veemência, vigor. **6.** FIG Acolhimento cordial. **7.** Carinho, ternura. **8.** Brio, coragem.

Ca.lo.ren.to *adj.* **1.** Diz-se de pessoa muito sensível ao calor. **2.** Onde faz calor; quente.

Ca.lo.ri.a *s.f.* **1.** FÍS Unidade com que se mede a quantidade de calor. **2.** Nome geralmente dado à *quilocaloria* (1.000 calorias), utilizada para determinar o valor calórico dos alimentos. ● **Pequena caloria:** calor necessário para elevar de um grau centígrado

a temperatura de um grama de água. ● **Grande caloria:** calor necessário para elevar de um grau centígrado um quilograma de água.

Ca.ló.ri.co *adj.* Relativo a calor ou a caloria.

Ca.lo.rí.fe.ro *adj.* **1.** Que tem ou produz calor; calorífico. *s.m.* **2.** Aparelho para aquecimento de aposentos, vagões etc.

Ca.lo.ro.so (ô) *adj.* **1.** Calmoso. **2.** Cheio de calor, de animação, de entusiasmo; entusiasta. **3.** Eloquente, veemente. **4.** Cordial, afetuoso.

Ca.lo.si.da.de *s.f.* Parte endurecida da pele, em razão de atrito; calo.

Ca.lo.ta *s.f.* **1.** GEOM Parte de uma superfície esférica interceptada por um plano, também chamada *calota esférica*. **2.** Peça que se adapta externamente às rodas dos automóveis.

Ca.lo.te *s.m.* Dívida não paga ou contraída por quem não tem a intenção de pagá-la.

Ca.lo.te.ar *v.t. e int.* Passar ou pregar calote.

Ca.lo.tei.ris.mo *s.m.* Hábito de calotear; procedimento de caloteiro.

Ca.lo.tei.ro *adj. e s.m.* Diz-se de, ou aquele que caloteia, que não paga suas dívidas, apesar de poder pagá-las.

Ca.lou.ro *s.m.* **1.** Estudante do primeiro ano de uma faculdade. **2.** Pessoa inexperiente em uma atividade. ● *Var.: caloiro.* ● *Ant.: veterano.*

Ca.lu.da *interj.* empregada para impor silêncio.

Ca.lun.du *s.m.* **1.** Mau humor, irritação, amuo, irascibilidade. **2.** Veneta.

Ca.lun.ga *s.m.* **1.** Divindade secundária do culto bando. **2.** Imagem dessa divindade. **3.** Boneco pequeno. **4.** Boneco desenhado por menino ou para menino. **5.** Qualquer coisa de tamanho reduzido. **6.** ZOOL Ratinho preto do mato; camundongo. **7.** Nome de várias plantas da família das simarubáceas.

Ca.lú.nia *s.f.* **1.** Afirmação falsa contra a honra e a reputação de alguém. **2.** Mentira, falsidade, invenção. **3.** Imputação infundada; difamação.

Ca.lu.ni.ar *v.t.* **1.** Levantar calúnia(s) ou acusações falsas contra. *v.int.* **2.** Dizer calúnias.

Cal.va *s.f.* **1.** Parte da cabeça da qual caiu o cabelo; careca. **2.** Espaço de terreno sem vegetação.

Cal.vá.rio *s.m.* **1.** Colina onde se deu a crucificação de Cristo. **2.** Longo sofrimento. **3.** Martírio, tormento.

Cal.ví.cie *s.f.* Estado de calvo; ausência total ou parcial de cabelos na cabeça.

Cal.vi.nis.mo *s.m.* Sistema religioso instituído pelo reformador protestante francês Calvino (séc. XVI).

Cal.vi.nis.ta *adj.2g.* **1.** Relativo ao calvinismo. *adj. e s.2g.* **2.** Diz-se de, ou pessoa adepta do calvinismo.

Cal.vo *adj.* **1.** Sem cabelo na cabeça ou em parte dela; careca. **2.** Sem vegetação alguma. **3.** FIG Evidente. *s.m.* **4.** Indivíduo que tem calvície; careca.

Ca.ma *s.f.* **1.** Qualquer lugar em que pessoas ou animais se deitam para descansar ou dormir. **2.** Móvel para repousar ou dormir, sobre o qual se usa pôr colchão. **3.** Camada de material macio. **4.** Pequena elevação de terra preparada para servir de sementeira.

Ca.ma-be.li.che *s.f.* Beliche. ● *Pl.: camas-beliches.*

Ca.ma.da *s.f.* **1.** Qualquer matéria estendida uniformemente sobre uma superfície. **2.** Porção de substância sobreposta a outra ou a outras. **3.** Categoria, classe. **4.** Estrato, classe social. **5.** Cada uma das partes diferentes que indicam o período de formação, a densidade, a antiguidade ou a constituição de uma coisa: Camadas atmosféricas, camadas geológicas etc.

Ca.ma.feu *s.m.* Pedra semipreciosa, fina, cinzelada de modo a formar uma figura em relevo.

Ca.mai.u.rá *adj.* **1.** Relativo aos camaiurás, indígenas do grupo dos tupis, que vivem às margens do Rio Xingu. *s.2g.* **2.** Indígena dos camaiurás.

CAMALEÃO — CAMISETA

Ca.ma.le.ão *s.m.* **1.** zool Lagarto lacertílio, arborícola, que tem a propriedade de mudar de cor. **2.** zool Nome dado a vários répteis lacertílios brasileiros. **3.** zool Iguana. **4.** fig Indivíduo hipócrita, inconstante, que vive mudando de opinião conforme suas conveniências; interesseiro.

Câ.ma.ra *s.f.* **1.** Compartimento de uma casa. **2.** Quarto de dormir. **3.** Assembleia deliberativa constituída em corpo legislativo: **Câmara Federal. 4.** Local onde se reúne uma assembleia. **5.** Associação onde se reúnem industriais e comerciantes que compartilham os mesmos interesses: **Câmara de Comércio Exterior. 6.** Nome de certos tribunais. **7.** Qualquer compartimento fechado **8.** Parte das armas de fogo onde se colocam a carga e os cartuchos. **9.** telev O mesmo que câmera. *s.m.* **10.** Pessoa que opera a câmera; câmera.

Ca.ma.ra.da *s.2g.* **1.** Pessoa com quem se convive. **2.** Uma pessoa qualquer. **3.** Cara, sujeito. **4.** Amigo cordial. **5.** Trabalhador avulso nas fazendas; peão. **6.** Tratamento usado pelos militantes comunistas para se identificarem uns com os outros. **7.** Amásio, amante. *adj.2g.* **8.** Que denota camaradagem, amizade; amigo. **9.** Simpático. **10.** Bom, agradável. **11.** Acessível: **Preço camarada.**

Câ.ma.ra de ar *s.f.* Tubo de borracha que circunda a camba no interior dos pneus, munido de orifício por onde se faz entrar o ar.
● *Pl.: câmaras de ar.*

Ca.ma.rão *s.m.* **1.** Pequeno crustáceo de carne muito apreciada. **2.** Gancho que se fixa no teto para suspender lustres, armações etc.

Ca.ma.ri.ro¹ *s.m.* **1.** Criado nobre de câmara real. **2.** Empregado de quarto em navios, hotéis etc. **3.** Funcionário de emissora de televisão que cuida da roupagem dos intérpretes.

Ca.ma.ri.ro² *s.m.* Rede de pescar camarões; camaroeiro.

Ca.ma.ri.lha *s.f.* Grupo de pessoas que cercam o chefe e buscam influir nas suas decisões.

Ca.ma.rim *s.m.* **1.** Pequena câmara. **2.** Recinto, nos teatros, em que os artistas se vestem e se caracterizam para entrar em cena.

Ca.ma.ri.nha *s.f.* **1.** Pequeno quarto de dormir; alcova. **2.** Pequena prateleira ao canto de uma sala.

Ca.ma.ro.ei.ro *s.m.* **1.** Rede de pescar camarões. **2.** Pescador de camarões.

Ca.ma.ro.te *s.m.* **1.** Compartimento especial, de onde se assiste a espetáculos em teatros etc. **2.** Pequeno quarto de dormir, nos navios; cabina.

Cam.ba.da *s.f.* **1.** Porção de objetos pendurados ou enfiados; cambulhada. **2.** Molho de chaves. **3.** fig Porção de pessoas de má índole. **4.** fig Súcia, corja, canalha.

Cam.ba.i.o *adj.* e *s.m.* **1.** Torto ou gasto de um lado. *adj.* e *s.m.* **2.** Que, ou aquele que tem as pernas tortas; cambeta.

Cam.ba.la.cho *s.m.* **1.** Combinação em que há intenção de dolo. **2.** Tramoia, negociata, conchavo, conluio.

Cam.ba.le.ar *v.int.* **1.** Caminhar oscilando, sem firmeza nas pernas. **2.** fig Mostrar-se inseguro.

Cam.ba.pé *s.m.* **1.** pop Rasteira. **2.** fig Armadilha, tramoia.

Cam.bar *v.int.* **1.** Entortar para um lado. **2.** Entortar as pernas ao andar.

Cam.ba.xir.ra *s.f.* Nome comum a diversas aves da família dos trogloditídeos, entre as quais a garrincha.

Cam.be.ta (ê) *adj.* e *s.2g.* Cambaio, coxo, manco.

Cam.bi.ar *v.t.* e *int.* **1.** Fazer operações de câmbio. **2.** Permutar, trocar (especialmente moeda). **3.** Mudar, transformar. **4.** Mudar gradualmente de cor.

Cam.bi.á.rio *adj.* **1.** Relativo aos títulos de crédito cambiais ou às disposições legais que regulam seu uso.

Câm.bio *s.m.* **1.** Troca de uma coisa por outra. **2.** Compra, venda ou troca de moedas, letras, notas etc. de um país pelos de outro. **3.** Taxa em que é efetuada essa operação. **4.** Peça de automóvel utilizada para trocar as marchas.

Cam.bo.ta *s.f.* **1.** Parte circular da roda dos carros, onde se prendem os raios e sobre a qual é fixado o aro. **2.** Cambalhota.

Cam.brai.a *s.f.* Tecido muito fino e transparente, de linho ou algodão.

Cam.bri.a.no *s.m.* **1.** (inicial maiúsc.) Período mais antigo da era paleozóica, em que se verifica a presença de grande parte dos grupos de invertebrados e começam a surgir as plantas terrestres. *adj.* **2.** Cambriano.

Cam.bu.cá *s.m.* **1.** bot Árvore de fruto comestível. **2.** O fruto do cambucá e o do cambucazeiro.

Cam.bu.ca.zei.ro *s.m.* bot Árvore que produz um fruto adstringente e doce.

Cam.bu.ci *s.m.* **1.** bot Árvore de pequeno porte, cujas bagas são utilizadas para fazer refrescos ou aromatizar aguardente. **2.** O fruto dessa árvore.

Cam.bu.qui.ra *s.f.* **1.** Broto da aboboreira. **2.** Guisado feito desses brotos e carne.

Cam.bu.rão *s.m.* Carro de polícia para o transporte de presos.

Ca.mé.lia *s.f.* **1.** bot Arbusto ornamental, de belas flores sem perfume. **2.** A flor desse arbusto.

Ca.me.lo (ê) *s.m.* **1.** zool Mamífero ruminante, com duas corcovas, utilizado como meio de transporte nas regiões desérticas. **2.** Aparelho para levantar peso nos navios. **3.** fig Indivíduo estúpido. ● *Col.: cáfila.*

Ca.me.lô *s.m.* Vendedor ambulante de quinquilharias em praça pública.

Câ.me.ra *s.f.* **1.** Câmara. **2.** Em cinema e televisão, máquina de filmar; filmadora. *s.2g.* **3.** Pessoa que opera câmera de televisão ou cinema; *camera-man.*

Ca.mer.len.go *s.m.* Cardeal que preside à Câmara Apostólica, entre a morte de um papa e a eleição do papa seguinte.

Ca.mi.ca.se *s.m.* **1.** Piloto japonês que, ao fim da II Guerra Mundial, projetava-se com seu avião contra alvos inimigos, numa ação suicida. **2.** O avião que se prestava a esses ataques. *adj.* **3.** Relativo a ataque aéreo suicida.

Ca.mi.nha.da *s.f.* **1.** Ato ou efeito de caminhar. **2.** Extensão de caminho percorrido ou por percorrer. **3.** Passeio longo, a pé.

Ca.mi.nhan.te *adj.2g.* e *s.2g.* Que, ou pessoa que caminha; andarilho.

Ca.mi.nhão *s.m.* Veículo construído especialmente para o transporte de cargas pesadas. ◆ *Var.: camião* (Portugal).

Ca.mi.nhar *v.int.* **1.** Andar, percorrer caminho a pé. **2.** Locomover-se, pôr-se em movimento. **3.** Navegar, velejar. *v.t.* **4.** Percorrer a pé (certa distância); andar.

Ca.mi.nhei.ro *adj.* e *s.m.* Que, ou aquele que anda bem e depressa a pé; andarilho, caminhante.

Ca.mi.nho *s.m.* **1.** Via, estrada, vereda destinada ao trânsito de pedestres ou de veículos. **2.** Estrada que leva de um lugar a outro; vereda, picada. **3.** Passagem. **4.** Direção, destino, via. **5.** Itinerário normal. **6.** Distância entre dois pontos. **7.** A extensão que se percorre ao caminhar. **8.** fig Norma de conduta; tendência. **9.** fig Rumo, direção. **10.** fig Carreira, profissão.

Ca.mi.nho.nei.ro *s.m.* Motorista de caminhão ou carreta. ◆ *Var.: camioneiro.*

Ca.mi.nho.ne.ta (ê) *s.f.* Caminhonete.

Ca.mi.nho.ne.te (ê) *s.f.* Veículo automóvel para transporte de passageiro ou pequena carga. ◆ *Var.: camionete* (é), *camioneta* (ê).

Ca.mi.sa *s.f.* **1.** Peça do vestuário, especialmente masculino, que vai do pescoço à altura dos quadris. **2.** Invólucro da maçaroca do milho. **3.** Membrana embrionária do trigo. **4.** Invólucro da luz em certas lâmpadas. **5.** Argamassa com que se reboca uma construção.

Ca.mi.sa de for.ça *s.f.* Espécie de colete de tecido forte, que envolve os braços e impede os movimentos. ● *Pl.: camisas de força.*

Ca.mi.sa de mei.a *s.f.* Camiseta.

Ca.mi.sa de vê.nus (ê) *s.f.* Camisinha. ● *Pl.: camisas de vênus.*

Ca.mi.sa.ri.a *s.f.* Fábrica ou loja onde se fazem ou vendem camisas.

Ca.mi.sei.ro *s.m.* **1.** Fabricante ou vendedor de camisas. **2.** Móvel onde se guardam camisas etc.; camiseira.

Ca.mi.se.ta (ê) *s.f.* Camisa de mangas curtas, de meia, lã ou seda, que se usa diretamente sobre a pele; camisa de meia.

CAMISINHA — CANCÃ

Ca.mi.si.nha *s.f.* Envoltório de borracha que cobre o pênis por ocasião do ato sexual, impedindo a fecundação da mulher e protegendo os parceiros da transmissão um ao outro de doenças venéreas como a AIDS; camisa de vênus.

Ca.mi.so.la *s.f.* Vestimenta semelhante a um vestido, que as mulheres usam para dormir.

Ca.mo.mi.la *s.f.* **1.** Nome comum a várias plantas medicinais de flores aromáticas e amargas, com as quais se prepara um chá calmante e digestivo; macela. **2.** A flor dessa planta. ◆ *Var.: camomilha.*

Ca.mo.ni.a.no *adj.* **1.** Relativo ao poeta português Luís de Camões. **2.** Que segue o estilo de Camões. *s.m.* **3.** Estudioso da obra de Camões.

Ca.mo.nis.ta *adj. e s.2g.* Camoniano.

Ca.mor.ra (ô) *s.f.* **1.** Associação de malfeitores, semelhante à máfia napolitana. **2.** Qualquer grupo de malfeitores semelhante à camorra italiana. **3.** Conchavo, conciliábulo. **4.** (S) Rixa, contenda.

Cam.pa *s.f.* **1.** Pedra ou lousa que cobre a sepultura; sepulcro. **2.** Sepultura. **3.** Pequeno sino para sinais.

Cam.pa.i.nha *s.f.* **1.** Pequena sineta de mão. **2.** Ornato arquitetônico que tem a forma dessa sineta. **3.** Pequena sineta de uso doméstico tocada eletricamente. **4.** BOT Nome de diversas plantas. **5.** ANAT Nome vulgar da úvula.

Cam.pal *adj.2g.* **1.** Relativo ao campo; do campo. **2.** Diz-se de batalha travada em campo aberto. **3.** Diz-se de missa ao ar livre.

Cam.pa.na *s.f.* **1.** Sino pequeno; campainha. **2.** Corpo de campo corintho, em forma de sino invertido.

Cam.pa.ná.rio *s.m.* **1.** Abertura de torre de igreja onde estão os sinos. **2.** A aldeia, a freguesia, a vila. **3.** Grupo, panelinha literária.

Cam.pa.nha *s.f.* **1.** Campo aberto e extenso; planície. **2.** Conjunto de batalhas numa guerra. **3.** Série de operações de duração determinada, para se alcançar um fim. **4.** Batalha, guerra. **5.** Esforço para conseguir alguma coisa; cruzada. **6.** Conjunto organizado de publicidade em jornais, rádio, televisão etc., com o objetivo de atingir determinado objetivo.

Cam.pâ.nu.la *s.f.* **1.** Pequeno vaso em forma de sino. **2.** BOT Gênero de ervas da família das campanuláceas. **3.** Flor dessas plantas.

Cam.pe.ão *s.m.* **1.** O que combatia em campo fechado, nas liças e torneios. **2.** O vencedor de uma competição esportiva, duma luta etc. **3.** Defensor, paladino. ● *Fem.: campeã.*

Cam.pe.ar *v.t. e int.* **1.** Andar no campo, a cavalo, à procura de gado. **2.** Buscar, procurar. **3.** Acampar, estar em acampamento. **4.** Viver no campo. **5.** Fazer alarde de; ostentar. **6.** POP Buscar, procurar.

Cam.pei.ro *adj.* **1.** Relativo ao campo. **2.** Que trabalha no campo. **3.** Que serve para usos campestres. **4.** ZOOL Diz-se de um veado que vive nos descampados.

Cam.pe.o.na.to *s.m.* Certame esportivo em que o vencedor recebe o título de campeão.

Cam.pe.si.no *s.m.* Do campo; rústico; campestre.

Cam.pes.tre *adj.2g.* **1.** Relativo ao campo; do campo. **2.** Rural, campesino.

Cam.pi.na *s.f.* Campo extenso, pouco acidentado e sem árvores, coberto de vegetação herbácea.

Cam.ping (ing.) *s.m.* Campismo.

Cam.pis.mo *s.m.* **1.** Atividade coletiva esportiva ou turística que consiste em viajar e acampar ao ar livre, em barracas ou tendas. **2.** Terreno preparado para acampar.

Cam.po *s.m.* **1.** Extensão de terras sem mata, com ou sem árvores esparsas. **2.** Prado, várzea. **3.** Espaço, área, praça destinada a competições esportivas. **4.** Planície, descampado. **5.** Liça, arena. **6.** Azo, ensejo. **7.** Lugar onde se trava qualquer tipo de luta. **8.** Perspectiva, assunto, matéria. **9.** Acampamento militar.

Cam.po-gran.den.se *adj.2g.* **1.** Relativo ou pertencente a Campo Grande, capital do Mato Grosso do Sul. *s.2g.* **2.** Pessoa natural de Campo Grande. ● *Pl.: campo-grandenses.*

Cam.po.li.na *s.2g.* Raça brasileira de cavalo de sela.

Cam.po.nês *s.m.* **1.** O que trabalha no campo ou nele habita; agricultor. *adj.2g.* **2.** Do campo; rural. **3.** Grosseiro, rústico.

Cam.po-san.to *s.m.* Cemitério. ● *Pl.: campos-santos.*

Campus (câm) (lat.) *s.m.* O terreno e os prédios de uma universidade ou colégio. ● *Pl.: campi* (câm).

Ca.mu.fla.gem *s.f.* **1.** Ato ou efeito de camuflar. **2.** O que se usa para camuflar ou adquirir falsa aparência; disfarce.

Ca.mu.flar *v.t.* **1.** Dissimular, disfarçar (coisa ou pessoa) de modo a torná-la despercebida ou irreconhecível. **2.** Disfarçar, na guerra, para dificultar a visibilidade.

Ca.mun.don.go *s.m.* ZOOL Pequeno rato doméstico.

Ca.mur.ça *s.f.* **1.** ZOOL Espécie de cabra montês de chifres revirados, que vive na Europa, Ásia Menor e Cáucaso. **2.** A pele curtida desse animal, usada no fabrico de luvas, calçados etc. *adj.2g.* **3.** De pelo amarelo claro.

Ca.na *s.f.* **1.** Forma reduzida de *cana-de-açúcar*. **2.** POP Cachaça. **3.** POP Bebedeira. **4.** POP Prisão, xadrez, cadeia. **5.** Polícia. **6.** Qualquer objeto cilíndrico e alongado semelhante à cana. **7.** Osso mais ou menos longo do corpo humano. **8.** BOT Colmo de várias plantas gramíneas (bambu, taquara etc.).

Ca.na-cai.a.na *s.f.* BOT Variedade de cana. ● *Pl.: canas-caianas.*

Ca.na-de-a.çú.car *s.f.* BOT Planta de que se fabrica açúcar (sacarose), aguardente e álcool. ● *Pl.: canas-de-açúcar.*

Ca.nal *s.m.* **1.** Escavação, fosso, sulco etc., por onde corre água. **2.** Leito de rio. **3.** Ligação artificial entre rios, mares etc., que serve à navegação. **4.** Braço de mar; estreito. **5.** Cavidade ou tubo destinado a dar passagem a gases ou líquidos ou a alojar órgãos. **6.** Cano, tubo. **7.** Caminho, trâmite, via; meio, intermédio. **8.** RADIOTEC e TELEV Faixa de frequência, destinada às emissões de rádio ou de televisão. **9.** ART GRÁF Espaço em branco que separa verticalmente duas colunas de texto, em jornal ou revista, sempre que não estejam divididas por fios.

Ca.na.le.te (ê) *s.m.* Pequeno canal.

Ca.na.lha *s.f.* **1.** Escória social; ralé. *adj. e s.2g.* **2.** Diz-se de, ou pessoa infame, vil, desprezível. **3.** Patife, biltre.

Ca.na.lha.da *s.f.* **1.** Canalhice. **2.** Ajuntamento de canalhas.

Ca.na.lhi.ce *s.f.* **1.** Ato ou procedimento de canalha; baixeza. **2.** Falta de moral e de honestidade.

Ca.na.lí.cu.lo *s.m.* Pequeno canal ou sulco.

Ca.na.li.za.ção *s.f.* **1.** Ato ou efeito de canalizar. **2.** Conjunto de canos ou canais que formam uma rede.

Ca.na.li.zar *v.t.* **1.** Abrir, colocar canos em. **2.** Pôr canos de esgoto em. **3.** Regularizar o curso de um rio. **4.** Dirigir, encaminhar.

Ca.na.neu *adj.* **1.** De Canaã, nome antigo da Palestina. *s.m.* **2.** O natural de Canaã. ● *Fem.: cananeia.*

Ca.na.pé *s.m.* **1.** Sofá para duas ou mais pessoas, provido de encosto e braços. **2.** Fatia pequena de pão na qual se põem os mais diversos condimentos e se serve como aperitivo.

Ca.na.ri.no *adj.* **1.** Relativo ao arquipélago das Canárias (África); canário. **2.** O natural de qualquer ilha do arquipélago das Canárias; canário.

Ca.ná.rio *s.m.* **1.** ORNIT Pássaro de canto melodioso, de cor geralmente amarela, originário das Ilhas Canárias. **2.** FIG Pessoa que canta muito bem. *adj. e s.m.* **3.** Canarino. ● *Fem.: canária.*

Ca.nas.tra *s.f.* **1.** Cesta larga e pouco alta, de verga e de fasquias de madeira, com ou sem tampa. **2.** Mala de couro, quadrada ou retangular. **3.** Jogo de cartas. **4.** Espádua, costas, corcunda. **5.** ZOOL Grande tatu do Brasil.

Ca.nas.trão *s.m.* **1.** Canastra grande. **2.** Certa raça de porco brasileiro, que produz muita banha. **3.** GÍR Mau ator. ● *Fem.: canastrona.*

Ca.na.vi.al *s.m.* Plantação de cana-de-açúcar.

Ca.na.vi.ei.ro *adj.* Relativo à cultura da cana: Economia canavieira.

Can.cã *s.m.* Dança de origem francesa, que associa gestos e largo levantamento de pernas, desempenhada por mulheres.

CANÇÃO — CANIBALISMO

Can.ção *s.f.* **1.** Composição poética destinada geralmente a ser cantada. **2.** Modinha. **3.** Canto, cantiga.

Can.ce.la *s.f.* Espécie de portão de madeira, gradeado, comum nas chegadas de fazendas, nas separações de pastagens e roças etc.; porteira.

Can.ce.la.men.to *s.m.* **1.** Ato ou efeito de cancelar. **2.** Anulação de um registro. **3.** Supressão.

Can.ce.lar *v.t.* **1.** Riscar (o que estava escrito), para que fique sem efeito. **2.** Anular, suprimir, tornar sem efeito. **3.** Fechar, encerrar (um processo). **4.** Desistir de; suspender.

Cân.cer *s.m.* **1.** ASTRON Constelação do zodíaco. **2.** MED Nome comum dos tumores malignos. **3.** FIG Cancro. **4.** ZOOL Gênero de caranguejo comestível europeu. ● *Pl.: cânceres*.

Can.ce.ri.a.no *adj.* e *s.m.* **1.** Que ou aquele que nasceu sob o signo de Câncer. *adj.* **2.** Relativo ou pertencente a esse signo.

Can.ce.rí.ge.no *adj.* MED Que pode produzir câncer.

Can.ce.ro.so (ô) *adj.* **1.** Da natureza do câncer. *adj.* e *s.m.* **2.** Diz-se de, ou o que está doente de câncer.

Can.cha *s.f.* **1.** Lugar onde se realizam corridas de cavalos. **2.** Local onde se realizam jogos esportivos (futebol, tênis etc.). **3.** POP Experiência, prática, tarimba.

Can.ci.o.nei.ro *s.m.* **1.** Coleção ou livro de canções e outras poesias. **2.** Coleção de antigas poesias líricas portuguesa ou espanhola.

Can.ci.o.nis.ta *s.2g.* Pessoa que compõe canções.

Can.ço.ne.ta (ê) *s.f.* **1.** Pequena canção musicada, geralmente maliciosa. **2.** Modinha.

Can.ço.ne.tis.ta *s.2g.* **1.** Pessoa que faz cançonetas. **2.** Cantor(a) de cançonetas.

Can.cro *s.m.* **1.** Tumor maligno; qualquer tumor. **2.** Nome dado a duas úlceras venéreas, uma chamada de *mole*, outra de *dura*. **3.** Mal que vai, lentamente, arruinando um organismo.

Can.dan.go *s.m.* **1.** Nome que os africanos davam aos portugueses. **2.** Operário que ajudou a construir Brasília, em geral originário do Nordeste. **3.** Qualquer um dos primeiros habitantes de Brasília.

Can.de (ing. *candy*) *adj.* **1.** Diz-se de uma espécie de açúcar refinado, cristalizado e meio transparente. *s.m.* **2.** Guloseima açucarada e cristalizada (bala, pirulito, chiclete etc.). ◆ *Var.: cândi*.

Can.de.ei.ro *s.m.* **1.** Aparelho que produz luz por meio de óleo ou gás inflamável, mecha ou camisa incandescente. **2.** Guia de carro de boi ou de tropa.

Can.dei.a *s.f.* **1.** Pequeno candeeiro, em geral de lata, com bico para a torcida. **2.** BOT Nome comum a diversas árvores e arbustos.

Can.de.la.bro *s.m.* **1.** Castiçal grande, com ramificações, em cada uma das quais há uma luz. **2.** Arbusto da família das poligaláceas.

Can.den.te *adj.2g.* **1.** Que está em brasa; incandescente. **2.** FIG Ardoroso, arrebatado. **3.** FIG Ferino, agudo.

Cân.di.da *s.f.* **1.** Design. comum aos fungos ascomicetos do gên. *Candida*, causadores de micoses comp. de pé de atleta, vaginite, afta e sapinhos e responsáveis tb. por determinadas alterações no vinho. **2.** Aguardente de cana; cachaça.

Can.di.da.tar-se *v.p.* Declarar-se ou apresentar-se como candidato.

Can.di.da.to *s.m.* **1.** O que aspira a cargo eletivo (vereador, deputado, sindicalista etc.). **2.** Pretendente a emprego, função etc.

Can.di.da.tu.ra *s.f.* **1.** Apresentação de candidato ao sufrágio eleitoral. **2.** Decisão ou ato de concorrer.

Can.di.dez (ê) *s.f.* **1.** Qualidade de cândido. **2.** Candura, singeleza.

Can.di.dí.a.se *s.f.* Infecção por fungos da espécie *Candida* ou *Monilia albicans*, que acometem ger. a comissura labial, a boca, a orofaringe, a vagina e o trato gastrintestinal; moníliase.

Cân.di.do *adj.* **1.** Muito alvo; imaculado. **2.** Que tem candura. **3.** FIG Puro, inocente; singelo.

Can.dom.blé *s.m.* **1.** Culto afro-brasileiro, muito praticado principalmente na Bahia, com cantos e danças acompanhados de percussão e oferendas; macumba. **2.** Local ou casa onde é praticado o candomblé; terreiro.

Can.don.ga *s.f.* **1.** Carinho fingido. **2.** Adulação, lisonja. **3.** Mexerico, intriga.

Can.don.guei.ro *s.m.* **1.** Lisonjeiro. **2.** Impostor. **3.** Mentiroso.

Can.du.ra *s.f.* **1.** Qualidade de cândido; candidez, candor. **2.** FIG Ingenuidade, inocência, pureza de alma.

Ca.ne.ca *s.f.* Pequeno vaso de metal ou cerâmica, com asa, para líquidos.

Ca.ne.co *s.m.* **1.** Caneca estreita e alta. **2.** POP Taça (de competição esportiva).

Ca.ne.la *s.f.* **1.** BOT Planta originária do Ceilão, de casca odorífera e medicinal. **2.** Essa casca, usada como especiaria. **3.** Condimento obtido dessa casca. **4.** Parte dianteira da perna entre o pé e o joelho.

Ca.ne.la.da *s.f.* Pancada na canela da perna.

Ca.ne.lei.ra *s.f.* **1.** BOT Canela (planta). **2.** Peça com que os jogadores de futebol protegem a perna de chutes. **3.** Operária ou dispositivo que enrola o fio em canelas para a tecelagem.

Ca.ne.ta (ê) *s.f.* **1.** Pequeno tubo no qual se encaixa a pena com que se escreve à tinta. **2.** Instrumento semelhante com que se escreve à tinta. **3.** CIR Cabo ou pinça com que se segura o cautério. ● *Debaixo das canetas*: drible de futebol.

Ca.ne.ta-tin.tei.ro *s.f.* Caneta que possui depósito de tinta. ● *Pl.: canetas-tinteiro ou canetas-tinteiros*.

Cân.fo.ra *s.f.* Substância aromática e medicinal que se extrai da canforeira.

Can.fo.rei.ra *s.f.* BOT Árvore laurácea originária da China, de que se extrai a cânfora.

Can.ga *s.f.* **1.** Peça de madeira com a qual se unem bois pelo cachaço, para juntos puxarem o arado ou o carro; jugo. **2.** FIG Opressão, domínio.

Can.ga.cei.ro *s.m.* Bandido, malfeitor do sertão do Nordeste brasileiro que, em bando e fortemente armado, atacava vilas etc.

Can.ga.ço *s.m.* **1.** O conjunto das armas dos cangaceiros. **2.** Gênero de vida ou ação de cangaceiro.

Can.ga.lha *s.f.* **1.** Armação de madeira e ferro, que se coloca sobre o pelo dos animais para sustentar e equilibrar a carga. **2.** POP Cangalhas.

Can.ga.pé *s.m.* Pontapé pérfido e súbito na barriga da perna de outrem.

Can.go.te *s.m.* **1.** POP Parte posterior do pescoço. **2.** Nuca, cerviz, cachaço. ◆ *Var. erud.: cogote*.

Can.gu.ru *s.m.* ZOOL Mamífero marsupial da Austrália, que tem as patas traseiras mais longas que as dianteiras, sendo por isso capaz de dar grandes saltos.

Ca.nha.da *s.f.* Planície estreita entre montanhas.

Câ.nha.mo *s.m.* **1.** BOT Planta originária da Ásia, frequentemente cultivada por suas fibras, utilizadas na indústria têxtil. **2.** Fibra ou fio extraído dessa planta. **3.** Maconha.

Ca.nhão *s.m.* **1.** Peça de artilharia, de cano longo, próprio para tiro horizontal de grande alcance. **2.** O cano grosso das pernas das asas das aves. **3.** Parte superior do cano da bota. **4.** POP Mulher feia e sem atrativos. ● *Pl.: canhões*.

Ca.nhes.tro (ê) *adj.* **1.** Feito às canhas, às avessas. **2.** Desajeitado, desengonçado. **3.** FIG Acanhado.

Ca.nho.na.ço *s.m.* **1.** Tiro de canhão. **2.** Fato ou notícia que produz grande abalo.

Ca.nho.na.da *s.f.* Descarga de canhão; tiroteio de canhão.

Ca.nho.ne.ar *v.t.* **1.** Atacar com tiros de canhão; bombardear. **2.** Censurar, criticar.

Ca.nho.nei.o *s.m.* **1.** Ato de canhonear. **2.** Série de tiros de canhão.

Ca.nho.to (ô) *adj.* **1.** Esquerdo. **2.** Que habitualmente se serve da mão esquerda em lugar da direita. **3.** Desastrado, inábil. *s.m.* **4.** Indivíduo canhoto. **5.** Parte que não se destaca num talão de recibos, cheques etc. **6.** POP O demônio. ● *Ant.: destro*.

Ca.ni.bal *s.2g.* **1.** Antropófago. **2.** Ser que devora outros da mesma espécie. **3.** FIG Indivíduo feroz, bárbaro, cruel.

Ca.ni.ba.lis.mo *s.m.* **1.** Estado de canibal. **2.** Estado de um ser devorar outro da mesma espécie. **3.** Selvageria, barbaridade.

CANIBALIZAR — CÃO

Ca.ni.ba.li.zar v.t. **1.** Aproveitar peça(s) [de equipamento desativado] para reposição em outro igual ou similar.

Ca.ni.cie s.f. **1.** Estado de brancura dos cabelos, mais ou menos geral. **2.** FIG Velhice.

Ca.ni.ço s.m. **1.** Cana fina. **2.** Cana fina e comprida da qual pende um fio com anzol. **3.** Perna fina. **4.** FIG Pessoa alta e magra; magricela.

Ca.ní.cu.la s.f. **1.** Parte do verão ou do dia em que faz mais calor. **2.** Período de grande calor atmosférico.

Ca.ni.cu.lar adj.2g. **1.** Relativo à canícula ou à sua época. **2.** Calmoso, muito quente.

Ca.ni.cul.tor s.m. Criador de cães.

Ca.ni.cul.tu.ra s.f. Criação de cães.

Ca.nil s.m. Lugar onde se alojam ou criam cães.

Ca.ni.na.na s.f. **1.** ZOOL Cobra não venenosa de até 3 m de comprimento. **2.** FIG Pessoa má ou gênio.

Ca.nin.dé s.m. **1.** Grande arara azul e amarela. **2.** Faca longa e pontiaguda usada pelos sertanejos cearenses.

Ca.ni.nha s.f. **1.** Dim. de cana. **2.** Caniço. **3.** POP Cachaça, aguardente.

Ca.ni.no adj. **1.** Relativo a cão. adj. e s.m. **2.** Diz-se de, ou dente situado entre os incisivos e os pré-molares. **3.** Diz-se de fome insaciável.

Câ.nion s.m. Grande desfiladeiro sinuoso por onde corre um rio.

Ca.ni.tar s.m. Cocar de penas usado pelos índios.

Ca.ni.ve.ta.da s.f. Golpe ou picada de canivete.

Ca.ni.ve.te (é) s.m. **1.** Espécie de pequena faca de uma ou mais lâminas movediças que se fecham sobre o cabo. **2.** Pequeno peixe de água doce.

Can.ja s.f. **1.** Caldo de galinha com arroz. **2.** FIG Coisa fácil de fazer; sopa.

Can.je.rê s.m. **1.** Reunião de pessoas, para a prática da feitiçaria. **2.** Feitiço, mandinga.

Can.ji.ca s.f. **1.** (N e NE) Papa de milho verde ralado, com leite, açúcar e canela etc. **2.** (S) Milho branco, cozido e temperado com leite, açúcar, leite de coco etc.; mungunzá.

Can.ji.rão s.m. Vaso de boca larga e asa, em geral utilizado para vinho.

Ca.no s.m. **1.** Qualquer tubo para escoamento de água, gás etc. **2.** Calha, bica. **3.** Parte da bota que reveste a perna. **4.** Parte tubular da luva. **5.** Tubo de arma de fogo por onde sai o projétil.

Ca.no.a (ô) s.f. Pequena embarcação a remo, estreita, de um só casco.

Ca.no.a.gem s.f. **1.** Ato de conduzir uma canoa. **2.** Corrida de canoas, em geral em rio encachoeirado.

Ca.no.ei.ro s.m. **1.** Aquele que conduz uma canoa. **2.** Aquele que faz ou vende canoas.

Câ.non s.m. **1.** Decisão de concílio. **2.** Regra geral donde se inferem regras particulares ou especiais. **3.** Norma, padrão. **4.** Relação, tabela. **5.** A parte central da missa católica. **6.** A lista dos santos canonizados pela Igreja Católica. ◆ Var.: *cânone*. ● Pl.: *cânones*.

Câ.no.ne s.m.pl. Decisões da Igreja em relação a pontos de fé ou de disciplina.

Ca.no.ni.ca.to s.m. Dignidade de cônego.

Ca.nô.ni.co adj. **1.** Relativo aos cânones. **2.** Que estabelece regras; normativo, canonical.

Ca.no.ni.za.ção s.f. Ato ou efeito de canonizar.

Ca.no.ni.zar v.t. **1.** Declarar santo. **2.** Inscrever no cânon ou rol dos santos. **3.** FIG Glorificar, consagrar.

Ca.no.ro (ó) adj. **1.** De canto harmonioso e suave. **2.** Sonoro, melodioso.

Can.sa.ço s.m. **1.** Fraqueza resultante de excesso de trabalho ou de doença. **2.** Fadiga, canseira.

Can.san.ção s.f. BOT Nome de várias plantas da família das urticáceas, cujos pelos queimam a pele.

Can.sar v.t. **1.** Causar cansaço a; fatigar, esfalfar. **2.** Aborrecer, molestar. v.int. **3.** Sentir fadiga ou cansaço.

Can.sei.ra s.f. **1.** Esforço para conseguir qualquer coisa. **2.** Cansaço; lida.

Can.ta.da s.f. **1.** Ato ou efeito de cantar. **2.** Tentativa de sedução ou suborno, por palavras ou modos hábeis.

Can.ta.dor s.m. **1.** Que canta. **2.** s.m. Cantor ou poeta popular do Nordeste, que narra histórias de cordel ao som da viola.

Can.ta.nhe.den.se adj.2g. **1.** De Cantanhede, cidade e município do Maranhão. **2.**2g. **2.** Pessoa natural ou habitante de Cantanhede.

Can.tan.te adj.2g. **1.** Que canta. **2.**2g. **2.** Pessoa que canta. s.m. **3.** GÍR Malandro, vigarista. **4.** POP O galo.

Can.tão s.m. Divisão territorial e administrativa da Suíça e de alguns outros países europeus.

Can.ta.ri.a s.f. Pedra lavrada, para construções.

Cân.ta.ro s.m. Vaso de cerâmica, grande e bojudo, com uma ou duas asas.

Can.ta.ro.lar v.t. e int. **1.** Cantar a meia voz. **2.** Cantar sem afinação.

Can.ta.ta s.f. **1.** Composição poética para ser cantada. **2.** Composição musical para orquestra e vozes. **3.** POP Palavreado astucioso; lábia. **4.** GÍR Proposta amorosa; sedução.

Can.tei.ro s.m. **1.** Porção de terra para cultivo de flores, hortaliças etc., ou para viveiro de plantas. **2.** Artífice que lavra pedra de cantaria. **3.** Escultor que trabalha em pedra.

Cân.ti.co s.m. **1.** Hino religioso, solene, consagrado a Deus ou a uma divindade. **2.** Ode, poema, canto.

Can.ti.ga s.f. **1.** Poesia cantada. **2.** Quadra para cantar. **3.** Canção, modinha. **4.** História pouco verossímil, contada com a intenção de enganar. **5.** POP Conversa.

Can.til s.m. Recipiente usado por soldados e excursionistas para sua provisão de água.

Can.ti.le.na s.m. **1.** Cantiga suave. **2.** Pequena canção. **3.** Toada monótona. **4.** Repetição importuna; queixume.

Can.ti.na s.f. **1.** Lugar ou café em quartéis, escolas etc., onde se vendem comidas e bebidas. **2.** Restaurante especializado em comida italiana e vinhos.

Can.ti.nei.ro s.m. Aquele que vende ou atende nas cantinas.

Can.ti.nho s.m. Pequeno espaço.

Can.to s.m. **1.** Ato ou efeito de cantar. **2.** Emissão melodiosa da voz humana. **3.** Cantoria. **4.** Poesia lírica; canção. **5.** Composição musical para ser cantada. **6.** Cada uma das divisões de um poema épico. **7.** Ponto em que dois lados ou duas paredes se encontram. **8.** Esquina, ângulo, quina. **9.** Lugar escondo, longínquo.

Can.to.chão s.m. **1.** Canto litúrgico, arrastado, para uma só voz. **2.** Doutrina muito repetida ou muito sabida. ● Pl.: *cantochãos*.

Can.to.nei.ra s.f. Armário ou prateleira que se ajusta a um canto da casa.

Can.to.nei.ro s.m. Aquele que tem sob sua responsabilidade a conservação de um cantão de estrada.

Can.tor adj. e s.m. **1.** Que, ou aquele que canta por profissão. s.m. **2.** Poeta que celebra um grande feito ou um herói; poeta. ● Fem.: *cantora*.

Can.to.ri.a s.f. **1.** Concerto de vozes, música vocal. **2.** Canto confuso e enfadonho. **3.** Atividade do cantador nordestino.

Ca.nu.do s.m. **1.** Cano estreito e comprido. **2.** Tubo fino, de palha, plástico etc., que se usa para sorver bebidas. **3.** POP Diploma, em geral universitário. **4.** GÍR Situação difícil; atrapalhação.

Câ.nu.la s.f. Tubo delgado, flexível ou rígido, para inserção em um orifício ou órgão.

Ca.nu.ti.lho s.m. Canudinho de vidro, para enfeite ou guarnição de vestuário feminino.

Can.yon s.m. ⇒ Cânion.

Can.zar.rão s.m. Aum. de cão; cão enorme.

Can.zo.a.da s.f. **1.** Aglomeração de cães; cachorrada. **2.** FIG Grupo de vadios, de vagabundos.

Cão s.m. **1.** ZOOL Mamífero carnívoro, quadrúpede, domesticado pelo homem desde a Pré-História. **2.** FIG Indivíduo mau, vil. **3.** POP Demônio. **4.** Peça das armas de fogo portáteis que percute a cápsula. ● Fem.: *cadela*. ● Aum.: *canzarrão*. ● Col.: *matilha*.

CAOLHO — CAPITULAR

Ca.o.lho (ô) *adj.* e *s.m.* **1.** Diz-se de, ou o que não tem um olho. **2.** Diz-se de, ou o que tem um olho torto. **3.** Vesgo, zarolho.

Ca.os *s.m.* **1.** Confusão geral dos elementos e da matéria, antes da criação do mundo. **2.** FIG Grande confusão ou desordem.

Ca.ó.ti.co *adj.* **1.** Em que há caos. **2.** Muito confuso; babélico. **3.** Desordenado.

Cão-ti.nho.so (ô) *s.m.* POP O demônio, o tinhoso. ● *Pl.:* cães-tinhosos.

Ca.pa¹ *s.f.* **1.** Peça do vestuário que se usa sobre toda a roupa, para proteger do frio ou da chuva. **2.** Agasalho; cobertura. **3.** Cobertura de papel, plástico etc. para proteger livros, cadernos etc. **4.** FIG Acolhimento, proteção. **5.** FIG Pretexto, aparência.

Ca.pa² *s.m.* Nome da décima letra do alfabeto grego.

Ca.pa.ção *s.f.* **1.** Ato ou efeito de capar os animais; castração. **2.** Ato de capar ou cortar (rebentos de plantas).

Ca.pa.ce.te (ê) *s.m.* **1.** Armadura de copa oval para a cabeça, usada por militar em campanha, operário em serviço, motociclista etc. **2.** Peça côncava que cobre a caldeira do alambique.

Ca.pa.cho *s.m.* **1.** Tapete de fibras grossas, para se limpar os pés antes de entrar em casa. **2.** FIG Indivíduo sem brio, servil; lambe-botas; pelego.

Ca.pa.ci.da.de *s.f.* **1.** Espaço interior de um corpo vazio; o que este corpo é capaz de conter. **2.** Possibilidade legal. **3.** Qualidade de capaz; competência, aptidão. **4.** FIG Pessoa de muita competência e sabedoria; talento, sumidade.

Ca.pa.ci.ta.ção *s.f.* Ato ou efeito de capacitar(-se); habilitação, aptidão. ● *Pl.:* capacitações.

Ca.pa.ci.tar *v.t.* e *p.* **1.** Tornar(-se) capaz; habilitar(-se). **2.** Ficar convencido; convencer(-se).

Ca.pa.ci.tor (ô) *s.m.* Aparelho que tem a capacidade de acumular carga elétrica; condensador.

Ca.pa.do *s.m.* **1.** Porco, carneiro ou bode castrado, geralmente cevado e gordo. *adj.* **2.** Que se capou; castrado.

Ca.pa.dó.cio *adj.* **1.** Relativo à Capadócia (Ásia Menor); capádoce. *s.m.* **2.** O natural da Capadócia; capádoce. **3.** Tipo pernóstico e maneiroso. *adj.* **4.** Diz-se de, ou indivíduo de maneiras acanhadas, ou que é trapaceiro, charlatão.

Ca.pan.ga *s.f.* **1.** Pequena bolsa usada a tiracolo, na qual se levam pequenos objetos; embornal. *s.m.* **2.** Valentão posto a serviço de quem lhe paga. **3.** Guarda-costas, jagunço. **4.** Assassino profissional.

Ca.pão *s.m.* **1.** Frango capado e cevado. **2.** Cordeiro ou outro animal castrado, que se engorda para consumo. **3.** Porção de mata isolado no meio do campo.

Ca.par *v.t.* **1.** Suprir ou inutilizar (em um animal) os órgãos da reprodução; castrar. **2.** Cortar os rebentos de (plantas); podar. **3.** Mutilar.

Ca.pa.taz *s.m.* **1.** Chefe de um grupo de homens encarregados de trabalhos braçais. **2.** Administrador de uma fazenda; feitor.

Ca.pa.ta.zi.a *s.f.* Cargo ou função de capataz.

Ca.paz *adj.2g.* **1.** Que tem capacidade; que tem competência. **2.** Em condições de realizar uma determinada obra. **3.** Apto, hábil. **4.** Competente, idôneo. ● *Sup.abs.sint.:* capacíssimo.

Cap.ci.o.so (ô) *adj.* **1.** Que engana ou logra. **2.** Que procura induzir em erro. **3.** Astucioso, manhoso.

Ca.pe.ar *v.t.* **1.** Encobrir, esconder com capa. **2.** FIG Disfarçar, ocultar. **3.** FIG Enganar, iludir. **4.** Provocar com capa (os touros).

Ca.pe.la *s.f.* **1.** Pequena igreja de um só altar. **2.** Compartimento reservado ao culto em escola, hospital, seminário etc. **3.** Coroa ou grinalda de flores e de folhas.

Ca.pe.lão *s.m.* Sacerdote encarregado de uma capela ou que dá assistência espiritual a regimentos militares, escolas, hospitais etc. ● *Pl.:* capelães.

Ca.pe.lo (ê) *s.m.* **1.** Capuz de frade. **2.** Espécie de murça que os doutores põem sobre os ombros em certos atos. **3.** Cobertura superior de uma chaminé, para evitar a entrada de chuva e do vento. **4.** Chapéu de cardeal. **5.** Dignidade de cardeal.

Ca.pen.ga *adj.* e *s.2g.* **1.** Diz-se de, ou indivíduo coxo, manco, perneta, torto. *adj.* **2.** Coxo, manco. **3.** Claudicante.

Ca.pen.gar *v.int.* Coxear, mancar.

Ca.pe.ta (ê) *s.m.* **1.** Diabo. *s.2g.* **2.** Criança traquinas, travessa.

Ca.pe.ta.gem *s.f.* Ato ou procedimento de capeta; diabrura.

Ca.pi.au *s.m.* Matuto, caipira, jeca. ● *Fem.:* capioa.

Ca.pi.lar *adj.* **1.** Relativo a cabelo. **2.** Fino como cabelo. *s.m.* **3.** Vaso microscópico que estabelece comunicação entre pequenas veias e artérias.

Ca.pim *s.m.* **1.** BOT Nome comum a diversas gramíneas e ciperáceas, que na maioria, se prestam à alimentação do gado. **2.** POP Dinheiro, salário.

Ca.pi.na *s.f.* **1.** Ato ou efeito de capinar; sacha. **2.** POP Repreensão, reprimenda.

Ca.pi.nar *v.t.* **1.** Limpar (um terreno, uma plantação) de capim ou qualquer erva daninha. **2.** Carpir. **3.** GÍR Ir embora, fugir.

Ca.pin.cho *s.m.* (S) O macho da capivara.

Ca.pin.zal *s.m.* Terreno coberto de capim.

Ca.pi.on.go *adj.* **1.** Tristonho, macambúzio. **2.** Diz-se de quem tem um olho defeituoso.

Ca.pis.car *v.t.* **1.** Entender um pouco. **2.** Perceber (a intenção).

Ca.pi.tal *adj.2g.* **1.** De muita importância, fundamental, principal. **2.** Que se refere à pena de morte. *s.f.* **3.** Cidade principal ou administrativa de um país, estado, região. **4.** TIP Letra maiúscula. *s.m.* **5.** Conjunto dos bens de uma pessoa e que lhe proporciona uma renda mediante empréstimo, aplicação ou investimento. **6.** Capital em dinheiro aplicado em qualquer investimento. **7.** Dinheiro que constitui o fundo de uma empresa. **8.** A parte de uma dívida relativo a juro. **9.** Valor disponível.

Ca.pi.ta.lis.mo *s.m.* **1.** Influência ou supremacia do capital. **2.** Sistema socioeconômico em que os trabalhadores livres vendem sua força de trabalho aos donos do capital (capitalistas), detentores dos meios de produção.

Ca.pi.ta.lis.ta *adj.2g.* **1.** Relativo a capital ou a capitalismo. *s.2g.* **2.** Pessoa que financia um negócio. **2.** Pessoa que vive das rendas de seu capital.

Ca.pi.ta.li.zar *v.t.* **1.** Converter em capital. **2.** Acumular dinheiro, juntar capitais. **3.** Poupar.

Ca.pi.ta.ne.ar *v.t.* **1.** Comandar como capitão. **2.** Dirigir, chefiar, governar.

Ca.pi.ta.ni.a *s.f.* **1.** Dignidade ou posto de capitão. **2.** Sede da administração de um porto. **3.** Comando, chefia. **4.** Cada uma das antigas divisões administrativas do Brasil Colônia. ● Cf. *capitânia*.

Ca.pi.tâ.nia *s.f.* **1.** Nau principal na qual viaja o comandante (capitão) de uma frota ou esquadra. *adj.f.* **2.** Diz-se dessa nau. ● Cf. *capitania*.

Ca.pi.tão *s.m.* **1.** Oficial do Exército e da Aeronáutica graduado abaixo de major e acima de primeiro-tenente. **2.** Comandante de navio. **3.** Chefe militar. **4.** Chefe, cabeça, caudilho. **5.** ESP Jogador que comanda sua equipe em campo, e a representa perante o árbitro. **6.** FAM Urinol. ● *Pl.:* capitães. ● *Fem.:* capitoa, capitã.

Ca.pi.tão.do.ma.to *s.m.* Indivíduo responsável pela captura de escravos fugidos. ● *Pl.:* capitães do mato.

Ca.pi.ta.ri *s.m.* (AM) O macho da tartaruga.

Ca.pi.tel *s.m.* **1.** Parte superior de coluna, onde se assenta a arquitrave ou o início de um arco. **2.** Cabeça de foguete.

Ca.pi.tó.lio *s.m.* **1.** Fortaleza e templo de Roma antiga, dedicado a Júpiter. **2.** FIG Triunfo, glória, esplendor.

Ca.pi.to.so (ô) *adj.* Que sobe à cabeça (vinho); embriagante.

Ca.pi.tu.lar¹ *adj.2g.* **1.** Relativo a capítulo. **2.** Diz-se do recurso gráfico que consiste na utilização de letra grande e ornada no início de um texto ou de capítulo de livro. *s.f.* **3.** A própria letra.

Ca.pi.tu.lar² *v.t.* **1.** Descrever por capítulo. **2.** Entregar-se mediante certas condições. **3.** Combinar. **4.** Tachar de. **5.** Classificar. *v.int.* **6.** Transigir, ceder. **7.** Render-se.

CAPÍTULO — CARAMBOLA

Ca.pí.tu.lo *s.m.* **1.** Divisão ou parte de livro, lei, tratado, orçamento etc. **2.** Assembleia de autoridades religiosas; congregação. **3.** Inflorescência formada de flores sésseis numerosas e muito juntas, reunidas num único receptáculo.

Ca.pi.va.ra *s.f.* ZOOL O maior dos mamíferos roedores, de até 1 m de comprimento e 50 kg de peso. ● *Masc.: capincho.*

Ca.pi.xa.ba *adj.* e *s.2g.* **1.** Espírito-santense. *s.m.* **2.** Pequeno estabelecimento agrícola. *s.f.* **3.** Arbusto da família das euforbiáceas (*Mollinedia schotiana*).

Ca.pô *s.m.* AUTOM Cobertura que protege o motor dos veículos de combustão interna.

Ca.po.ei.ra *s.f.* **1.** Mato que cresceu em lugar antes limpo. **2.** Viveiro grande para criação ou alojamento de capões e demais aves domésticas. **3.** Espécie de cesto fechado usado para transportar galinhas e capões. **4.** Jogo atlético de ataque e defesa, de movimentos rápidos e característicos, introduzido no Brasil pelos negros bantos de Angola. *s.2g.* **5.** Pessoa que pratica esse jogo; capoeirista.

Ca.po.ta *s.f.* **1.** Cobertura de automóveis e outros veículos, que pode ser móvel (nos veículos conversíveis) ou não. **2.** Espécie de touca usada antigamente por mulheres e crianças.

Ca.po.tar *v.int.* **1.** Tombar, virar (ficando com a capota para o chão e as rodas para cima). **2.** Tombar (automóveis, aviões).

Ca.po.te *s.m.* **1.** Casaco militar que se usa sobre a túnica. **2.** Casaco longo, de tecido grosso e mangas compridas, que se usa em tempo de frio.

Ca.po.tei.ro *s.m.* Pessoa que faz, reforma ou conserta capotas para veículos.

Cap.puc.ci.no (it.) *s.m.* Bebida quente, composta de café e leite, que se pode servir com canela em pó e creme chantili. ● *Pl.: cappuccini.* ● *Var.: capucino.*

Ca.pri.char *v.t.* e *int.* **1.** Fazer algo com capricho, apuro, zelo. **2.** Empenhar-se, esmerar-se.

Ca.pri.cho *s.m.* **1.** Desejo impulsivo, sem razão aparente. **2.** Obstinação. **3.** Fantasia, extravagância. **4.** Brio, pundonor. **5.** Aplicação, esmero, primor.

Ca.pri.cho.so (ô) *adj.* **1.** Que tem ou denota capricho. **2.** Feito por capricho; cuidadoso. **3.** Obstinado, teimoso.

Ca.pri.cor.ni.a.no *adj.* e *s.m.* Diz-se de, ou quem nasceu sob o signo de Capricórnio (de 22 de dezembro a 20 de janeiro).

Ca.pri.cór.ni.o *s.m.* **1.** (inicial maiúsc.) Décima constelação zodiacal, situada ao sul do equador celeste, entre Sagitário e Aquário. **2.** Décimo signo do Zodíaco (de 22 de dezembro a 20 de janeiro). *adj.* **3.** Que possui chifres como a cabra.

Ca.pri.no *adj.* **1.** Relativo à cabra e ao bode. **2.** Espécie dos caprinos, mamíferos herbívoros da família das cabras (bodes). *s.m.* **3.** Pequeno invólucro ou receptáculo com medicamento em pó, pasta ou líquido. **2.** Invólucro membranoso de algumas sementes. **3.** Vaso de laboratório em forma de calota esférica. **4.** Qualquer medicamento envolto em película gelatinosa. **5.** Qualquer fruto seco que se abre ao amadurecer. **6.** Tubo onde fica a substância explosiva de uma arma de fogo. **7.** Compartimento da nave espacial onde ficam os astronautas.

Cáp.su.la *s.f.* **1.** Pequeno invólucro ou receptáculo com medicamento em pó, pasta ou líquido. **2.** Invólucro membranoso de algumas sementes. **3.** Vaso de laboratório em forma de calota esférica. **4.** Qualquer medicamento envolto em película gelatinosa. **5.** Qualquer fruto seco que se abre ao amadurecer. **6.** Tubo onde fica a substância explosiva de uma arma de fogo. **7.** Compartimento da nave espacial onde ficam os astronautas.

Cap.tar *v.t.* **1.** Atrair por insinuação ou astúcia. **2.** Granjear, obter. **3.** Pegar, colher. **4.** Recolher, aproveitar (água de fonte, represa). **5.** Compreender. **6.** Trazer para dentro do âmbito da audição ou da visão (falando-se do receptor de rádio ou televisão).

Cap.tor (ô) *s.m.* Aquele que captura ou apreende.

Cap.tu.ra *s.f.* **1.** Ato ou efeito de capturar. **2.** Apresamento, arresto; prisão.

Cap.tu.rar *v.t.* **1.** Deter, aprisionar; prender. **2.** Apanhar. **3.** Apreender.

Ca.pu.chi.nho *adj.* e *s.m.* **1.** Diz-se de, ou frade da ordem franciscana. **2.** FIG Diz-se de, ou pessoa de vida austera.

Ca.pu.cho *s.m.* **1.** Semente preta do algodão. **2.** Capuz. **3.** Frade capuchinho. **4.** Penitente austero. *adj.* **5.** Austero, rigoroso (no cumprimento das práticas religiosas). **6.** Misantropo, solitário.

Ca.pu.lho *s.m.* **1.** BOT Invólucro da flor. **2.** Cápsula onde o algodão se desenvolve.

Caput (cáput) (lat.) *s.m.* **1.** Capítulo, parágrafo. **2.** Resumo, síntese.

Ca.puz *s.m.* **1.** Cobertura para a cabeça, em geral presa ao hábito, à capa ou casacão. **2.** Hábito de monge em geral.

Ca.qué.ti.co *adj.* **1.** Relativo à caquexia. **2.** Que padece de caquexia.

Ca.que.xi.a (cs) *s.f.* Estado de fraqueza e desnutrição profunda.

Ca.qui *s.m.* Fruto comestível do caquizeiro, vermelho e doce quando maduro.

Cá.qui *adj.2g.* **1.** Da cor de barro ou castanho-amarelada. *s.m.* **2.** A própria cor. **3.** Brim castanho-amarelado, usado especialmente em fardamentos militares.

Ca.qui.zei.ro *s.m.* BOT Árvore asiática muito cultivada no Brasil por seu fruto, o caqui.

Ca.ra *s.f.* **1.** Parte anterior da cabeça; rosto. **2.** Semblante, fisionomia. **3.** Aparência, aspecto. **4.** Lado da moeda que geralmente contém um rosto. ● Opõe-se a *coroa*. **5.** FIG Ousadia, coragem. *s.m.* **6.** POP Pessoa que não se conhece. **7.** POP Indivíduo, sujeito. ◆ **Cara a cara:** frente a frente.

Ca.rá *s.m.* **1.** ICTIOL Peixe de água doce, o mesmo que *acará.* **2.** BOT Planta trepadeira de raiz comestível. **3.** Essa raiz, também chamada *inhame.*

Ca.ra.bi.na *s.f.* **1.** Arma de fogo, de cano longo e estriado. **2.** Fuzil, rifle.

Ca.ra.ça *s.f.* **1.** Máscara de papelão. **2.** Cara grande e cheia. **3.** Boi ou cavalo com uma malha branca no focinho.

Ca.ra.ca.rá *s.m.* ORNIT Nome comum a várias aves de rapina da família dos falconídeos, de hábitos semelhantes aos dos abutres, em especial a espécie *Polyborus plancus brasiliensis*, também chamada *carancho* e *carcará.*

Ca.ra.col *s.m.* **1.** Molusco de concha, de casca fina e espiralada, terrestre ou de água doce. **2.** Lesma. **3.** Espiral. **4.** Caminho ou escada em espiral. **5.** Anel de cabelo enrolado em espiral.

Ca.rac.te.re *s.m.* **1.** Sinal escrito ou impresso que faz parte de um sistema de escrita; caráter. **2.** INFORM e TELECOM Qualquer símbolo (letra, sinal gráfico, número, cifra etc.) usado para representar dados a serem processados ou transmitidos.

Ca.rac.te.rís.ti.ca *s.f.* Aquilo que caracteriza ou distingue.

Ca.rac.te.rís.ti.co *adj.* **1.** Que caracteriza. **2.** Distintivo. **3.** Típico, particular, próprio. *s.m.* **3.** Traço ou qualidade que distingue um indivíduo, grupo ou tipo.

Ca.rac.te.ri.zar *v.t.* **1.** Determinar o caráter de. **2.** Individualizar, distinguir. **3.** Pintar e trajar (ator, atriz) para que se assemelhe à personagem que vai representar. **4.** Fazer a própria caracterização. *v.p.* **5.** Distinguir-se, assinalar-se.

Ca.ra.cu *adj.* e *s.m.* **1.** Diz-se de, ou certa raça bovina de pelo liso e curto. *s.m.* **2.** Medula dos ossos do boi. **3.** (RS) Resistência, coragem.

Ca.ra de pau *adj.* e *s.2g.* Diz-se de, ou indivíduo cínico, sem-vergonha. ● *Pl.: caras de pau.*

Ca.ra.du.ra *adj.* e *s.2g.* Diz-se de, ou pessoa cínica, desavergonhada.

Ca.ra.du.ris.mo *s.m.* **1.** Qualidades ou modos de caradura. **2.** Cinismo, falta de vergonha.

Ca.ra.já¹ *adj.2g.* **1.** Relativo aos carajás. *s.2g.* **2.** Indivíduo dos carajás, povo indígena que vive nos Estados de Tocantins, Pará e Mato Grosso.

Ca.ra.já² *s.m.* Espécie de taquara de rama sempre verde, de lugares úmidos.

Ca.ra.man.chão *s.m.* Construção ligeira de ripas, ferros, canas ou estacas revestidas de trepadeiras, nos jardins. ● *Var.: caramanchão.*

Ca.ram.ba *interj.* POP designativa de surpresa, ironia, impaciência, desagrado.

Ca.ram.bo.la *s.f.* **1.** Fruto da caramboleira, de gomos alongados. **2.** A bola vermelha do jogo do bilhar. **3.** Ato de uma bola tocar em duas outras, de uma só vez, no bilhar. **4.** FIG Embuste, logro, engano, tramoia.

CARAMBOLAR — CARDINALÍCIO

Ca.ram.bo.lar *s.f.* **1.** Fazer carambolas (bilhar). **2.** Contar mentiras. **3.** Fazer carambolices ou intrigas; intrigar, iludir.

Ca.ram.bo.lei.ra *s.f.* BOT Árvore ornamental que dá a carambola.

Ca.ra.me.lo *s.m.* **1.** Guloseima feita de açúcar derretido pela ação do fogo. **2.** Bala, rebuçado, bombom. **3.** Calda de açúcar queimado com que se cobrem certos doces.

Ca.ra-me.ta.de *s.f.* FAM O cônjuge em relação ao outro. ● *Pl.: caras-metades.*

Ca.ra.min.guás *s.m.pl.* **1.** Objetos de pouco valor, que se levam em viagem. **2.** Mobília de casa pobre. **3.** Dinheiro miúdo; trocados.

Ca.ra.mi.nho.las *s.f.pl.* Invenções, fantasias; mentiras, patranhas.

Ca.ra.mu.jo *s.m.* **1.** Espécie de molusco aquático, provido de canela espiralada. **2.** Variedade de couve. **3.** Indivíduo casmurro, esquisitão.

Ca.ra.mu.nha *s.f.* **1.** Choro de criança. **2.** Careta de criança quando chora. **3.** Lamúria, queixa.

Ca.ran.gue.ja (ê) *s.f.* **1.** NÁUT Verga da vela grande, latina, em navios de dois mastros. **2.** Verga da mezena, em navios de três mastros. **3.** Variedade de ameixa.

Ca.ran.gue.jar *v.int.* Andar como caranguejo. **2.** Vacilar.

Ca.ran.gue.jei.ra *adj. e s.f.* ENTOM Diz-se de, ou aranha grande, peluda, de picada venenosa para pequenos animais, mas dolorida e inócua no homem, também chamada *aranha-caranguejeira.*

Ca.ran.gue.jo (ê) *s.m.* **1.** Crustáceo de que há várias espécies comestíveis, encontrado em rios e mangues. **2.** FIG Indivíduo lerdo.

Ca.ran.gue.jo.la *s.f.* **1.** Armação de madeira, pouco sólida. **2.** Amontoado de coisas sobrepostas e mal seguras. **3.** Máquina complicada.

Ca.ran.to.nha *s.f.* **1.** Cara grande e feia. **2.** Carranca, caraça. **3.** Careta, esgar.

Ca.rão *s.m.* **1.** Cara grande e disforme; carantonha. **2.** Repreensão, censura.

Ca.ra.o.quê *s.m.* **1.** Tipo de espetáculo no qual qualquer pessoa pode cantar ao microfone, acompanhada pelos músicos da casa ou por fundos instrumentais já gravados. **2.** Estabelecimento comercial que oferece esse tipo de entretenimento.

Ca.ra.pa.ça *s.f.* **1.** Cobertura óssea, córnea ou quitinosa que, como um escudo, protege o dorso ou parte do dorso de um animal (tartaruga, tatu, cágado etc.). **2.** Casca inteira da tartaruga que compreende a carapaça dorsal e o plastão. **3.** BOT V. *frústula.* **4.** Qualquer cobertura protetora dura. **5.** Maneira atitude ou estado de espírito, tais como indiferença ou hostilidade, com que muitas pessoas pretendem proteger-se ou isolar-se de influências externas.

Ca.ra.pau *s.m.* **1.** ICTIOL Peixe do mar muito apreciado, também conhecido por *cavalinha.* **2.** FIG Indivíduo muito magro.

Ca.ra.pe.tão *s.m.* Grande mentira; patranha.

Ca.ra.pi.na *s.2g.* POP Carpinteiro.

Ca.ra.pi.nha *s.f.* Cabelo crespo e lanoso, próprio da raça negra.

Ca.ra-pin.ta.da *adj.2g. e s.2g.* (jovem) Que pinta o rosto em manifestações políticas de rua. ● *Pl.: caras-pintadas.*

Ca.ra.pu.ça *s.f.* **1.** Espécie de touca para a cabeça. **2.** FIG Repreensão ou censura indireta, que encerra crítica que pode ajustar-se bem à pessoa com quem falamos a outra que nos ouve; alusão.

Ca.ra.tê *s.m.* Luta de origem japonesa, em que se usam as mãos e os pés, no ataque e na defesa.

Ca.ra.te.ca *s.2g.* Pessoa que luta caratê.

Ca.rá.ter *s.m.* **1.** Sinal ou figura usada na escrita. **2.** Cunho. **3.** Tipo de imprensa. **4.** Qualidade inerente a certos estados, a certos modos, a certos cargos. **5.** Aquilo que moralmente distingue uma pessoa de outra. **6.** Sinal distintivo. **7.** Aspecto psicológico da individualidade. **8.** Gênio, índole. **9.** Firmeza de vontade. **10.** Aspecto, fisionomia. ● *Pl.: caracteres* (té).

Ca.ra.va.na *s.f.* **1.** Grupo de mercadores e viajantes que se juntam para atravessar o deserto em segurança. **2.** Grupo de pessoas que viajam juntas a qualquer lugar. **3.** Grupo de veículos que viajam juntos e em fila.

Ca.ra.va.nei.ro *s.m.* Guia de caravanas.

Ca.ra.ve.la *s.f.* **1.** Tipo antigo de barco a vela, comprido e estreito, com um a quatro mastros. **2.** Antiga moeda de prata. **3.** Vara de mandioca. **4.** Espécie de água-viva.

Car.bo.i.dra.to *s.m.* Cada um dos compostos neutros de carbono, hidrogênio e oxigênio, que incluem os açúcares, amidos, dextranos, glicogênios, celuloses e pentosanas; glicídio.

Car.bo.na.to *s.m.* Qualquer um dos sais do ácido carbônico.

Car.bo.ní.fe.ro *adj.* **1.** Que contém ou produz carvão. **2.** *adj.* Relativo ao período carbonífero. *s.m.* **3.** Período geológico compreendido entre o devoniano e o permiano, que teve a duração aproximada de 65 milhões de anos.

Car.bo.ni.zar *v.t.* **1.** Reduzir a carvão. Queimar completamente; calcinar. *v.p.* **3.** Reduzir-se a carvão.

Car.bo.no *s.m.* QUÍM Corpo simples, de símbolo C e número atômico 6, parte integrante de milhares de compostos naturais e artificiais. **2.** Espécie de papel usado na cópia de escrita e desenhos.

Car.bu.ra.dor *s.m.* Aparelho dos motores de explosão onde o combustível se mistura com o ar.

Car.bu.ran.te *adj.* **1.** Que produz carburação. *s.m.* **2.** Combustível usado nos motores a explosão.

Car.bu.rar *v.t.* **1.** Submeter (o ferro a ser transformado em aço) à ação do carbono. **2.** Misturar o combustível com o ar, na proporção ideal à combustão.

Car.bu.re.to (ê) *s.m.* QUÍM Carboneto.

Car.ca.ça *s.f.* **1.** Esqueleto ou ossada de animal; arcabouço. **2.** FAM O corpo humano, em especial velho, alquebrado, cansado. **3.** Esqueleto de navio em construção ou casco velho de navio.

Car.ca.ma.no *s.m.* PEJ Italiano.

Car.ca.rá *s.m.* Caracará.

Car.ce.ra.gem *s.f.* **1.** Ato ou efeito de encarcerar. **2.** Despesa com a manutenção dos presos.

Cár.ce.re *s.m.* **1.** Lugar onde ficam presos os condenados. **2.** Prisão, cadeia, calabouço. **3.** FIG Impedimento, obstáculo.

Car.ce.rei.ro *s.m.* Guarda de cárcere ou cadeia.

Car.ci.nó.ge.no *s.m.* Agente que provoca o desenvolvimento de um carcinoma no organismo.

Car.ci.no.ma *s.f.* MED Câncer ou tumor maligno.

Car.ci.no.se (ó) *s.f.* **1.** MED Câncer disseminado pelo corpo. **2.** Doença de caráter canceroso.

Car.co.ma *s.f.* **1.** Caruncho (bicho que rói a madeira). **2.** Pó de madeira carcomida. **3.** FIG Tudo o que corrói, destrói ou arruína.

Car.co.mer *v.t.* **1.** Roer, destruir (como a carcoma faz com a madeira). **2.** FIG Destruir aos poucos; arruinar.

Car.da *s.f.* **1.** Ato ou operação de cardar; cardagem. **2.** Espécie de pente de ferro para cardar. **3.** Utensílio (como um escova de arame, por ex.), para levantar a felpa de um tecido. **4.** Máquina que desembaraça e limpa materiais têxteis.

Car.da.mo.mo *s.m.* BOT Planta de sementes aromáticas, usadas como condimento ou cujo óleo é empregado para aromatizar bebidas.

Car.dá.pio *s.m.* Lista, relação dos pratos de uma refeição, com o preço de cada um; menu.

Car.dar *v.t.* Desenrolar, destrinçar (lã, algodão ou qualquer fibra têxtil) passando pela carda.

Car.de.al *s.m.* **1.** Prelado do Sacro Colégio Pontifício. **2.** Designação de várias aves de cor predominante vermelha. *adj.2g.* **3.** Principal, fundamental. ● *Col.: consistório, conclave.*

Cár.dia *s.f.* ANAT Abertura superior do estômago, que se comunica com o esôfago.

Car.dí.a.co *adj.* Relativo ao coração. *adj. e s.m.* **2.** Diz-se de, ou pessoa doente do coração.

Car.di.gã *s.m.* Casaco de malha aberto na frente e sem gola.

Car.di.nal *adj.2g.* **1.** Principal, fundamental, cardeal. **2.** Diz-se do numeral que representa uma quantidade absoluta. ● Opõe-se a *ordinal.*

Car.di.na.la.to *s.m.* Dignidade de cardeal (prelado).

Car.di.na.lí.cio *adj.* Relativo a cardeal ou a cardinalato.

CARDIOGRAFIA — CARNAVALESCO

Car.di.o.gra.fi.a *s.f.* **1.** Registro gráfico das pulsações cardíacas; eletrocardiografia. **2.** Capítulo da Anatomia que descreve o coração.

Car.di.o.grá.fi.co *adj.* Relativo a cardiografia.

Car.di.ó.gra.fo *s.m.* Aparelho que registra os movimentos do coração; eletrocardiógrafo.

Car.di.o.gra.ma *s.m.* Curva ou traçado de registro gráfico dos movimentos cardíacos; eletrocardiograma.

Car.di.o.lo.gi.a *s.f.* Parte da Medicina que se ocupa das doenças do coração e do aparelho circulatório.

Car.di.o.lo.gis.ta *adj. e s.2g.* Diz-se de, ou médico ou médica especialista em cardiologia.

Car.di.o.pa.ta *adj. e s.2g.* Que, ou pessoa que sofre de cardiopatia.

Car.di.o.pa.ti.a *s.f.* MED Nome comum a qualquer afecção do coração.

Car.di.o.pul.mo.nar *adj.2g.* Relativo tanto ao coração como aos pulmões.

Car.di.o.vas.cu.lar *adj.2g.* Relativo tanto ao coração como aos vasos sanguíneos.

Car.du.me *s.m.* **1.** Bando de peixes. **2.** FIG Aglomeração, ajuntamento de coisas. **3.** Multidão de pessoas.

Ca.re.ca *adj.2g.* **1.** Sem pelos na cabeça; liso; calvo. *s.f.* **2.** Calva, calvície. *adj. e s.2g.* **3.** Diz-se de, ou pessoa careca. ● *Ant.: cabeludo.*

Ca.re.cen.te *adj.2g.* Que carece; aquele que tem falta de; necessitado; carente.

Ca.re.cer *v.t.* **1.** Não ter, não possuir (coisa necessária). **2.** Precisar, necessitar.

Ca.rei.ro *adj. e s.m.* Que, ou aquele que vende ou cobra caro.

Ca.rên.cia *s.f.* **1.** Falta do necessário. **2.** Precisão, necessidade.

Ca.ren.te *adj.2g.* **1.** Que tem carência. **2.** Necessitado.

Ca.res.ti.a *s.f.* **1.** Qualidade de escasso. **2.** Carência, escassez (em especial de alimentos). **3.** Alta de preço motivada pela escassez.

Ca.re.ta (ê) *s.f.* **1.** Trejeito do rosto. **2.** Momice, carantonha, esgar. *adj. e s.2g.* **3.** GÍR Diz-se de, ou pessoa antiquada, apegada aos padrões ou costumes tradicionais; quadrado. **4.** GÍR Diz-se de, ou pessoa que não usa drogas. **5.** GÍR Diz-se de, ou pessoa que não aceita os hábitos ou procedimentos de determinados grupos.

Ca.re.tei.ro *adj. e s.m.* Que, ou aquele que faz caretas.

Ca.re.ti.ce *s.f.* GÍR Qualidade, ato, procedimento de pessoa careta.

Car.ga *s.f.* **1.** Aquilo que é, ou pode ser transportado por homem, animal, carro, navio etc. **2.** Ação de carregar. **3.** Modo de ataque de uma tropa. **4.** Investida violenta; ataque. **5.** Acumulação de eletricidade. **6.** Quantidade de eletricidade que um acumulador é capaz de conter. **7.** Porção de pólvora para arma de fogo ou mina. **8.** Coisa que oprime, incomoda, pesa; responsabilidade, peso. **9.** Grande quantidade. **10.** O que está sob a responsabilidade de alguém. **11.** Fardo, ônus.

Car.ga-d'á.gua *s.f.* **1.** Chuva forte. **2.** Besteira, asneira. ● *Pl.: cargas-d'água.*

Car.go *s.m.* **1.** Encargo, incumbência. **2.** Obrigação, responsabilidade. **3.** Função pública ou particular.

Car.go.so *adj.* **1.** (RS) Impertinente, teimoso. **2.** Vaidoso.

Car.guei.ro *adj.* **1.** Destinado ao transporte de cargas. *s.m.* **2.** Navio, caminhão etc. que transporta exclusivamente cargas. **3.** O que guia bestas de carga.

Ca.ri.bé *s.m.* Iguaria feita com a polpa do abacate.

Ca.ri.be.nho *adj. e s.m.* Relativo ao Caribe ou o que é seu natural ou habitante.

Ca.ri.bo.ca *s.2g.* Descendente de europeu e índio ou caboclo; curibaca.

Ca.ri.ca.to *adj.* **1.** Da natureza da caricatura. **2.** Ridículo, grotesco, engraçado. *s.m.* **3.** Ator que representa personagem ridícula.

Ca.ri.ca.tu.ra *s.f.* **1.** Desenho, humorístico ou não, que acentua propositadamente características marcantes do rosto de uma pessoa. **2.** Imitação grotesca. **3.** Pessoa ridícula.

Ca.ri.ca.tu.ris.ta *s.2g.* Artista que faz caricaturas.

Ca.rí.cia *s.f.* **1.** Afago, meiguice, carinho. **2.** Manifestação física suave e afetuosa.

Ca.ri.da.de *s.f.* **1.** Amor a Deus e ao próximo, no cristianismo. **2.** Ajuda, donativo. **3.** Bondade, benevolência, compaixão. **4.** Obra de caridade; humanitarismo, filantropia.

Ca.ri.do.so (ô) *adj.* **1.** Em que há caridade. **2.** Que pratica a caridade. **3.** Indulgente, bondoso, caritativo.

Cá.rie *s.f.* MED Ulceração que ataca dentes e ossos e os destrói progressivamente. **2.** FIG Destruição progressiva.

Ca.ri.jó *adj. e s.2g.* **1.** Diz-se de, ou galo ou galinha pedrês (salpicado de preto e branco). *adj.* **2.** Relativo aos carijós, indígenas descendentes dos guaranis. *s.2g.* **3.** Indígena dos carijós.

Ca.ril *s.m.* Condimento indiano em pó, feito de várias especiarias, especialmente do açafrão, muito utilizado na culinária.

Ca.ri.má *s.f.* Massa azeda da mandioca, de que se fazem bolos secos ao sol.

Ca.rim.bar *v.t.* **1.** Marcar com carimbo; selar. **2.** Marcar. **3.** POP Reprovar.

Ca.rim.bo *s.m.* **1.** Instrumento de metal, madeira ou borracha para marcar a tinta ou em relevo. **2.** Marca deixada por esse instrumento. **3.** Selo, sinete.

Ca.ri.nho *s.m.* **1.** Carícia, afago, meiguice. **2.** Amor, ternura.

Ca.ri.nho.so (ô) *adj.* **1.** Cheio de carinho, de meiguice. **2.** Que trata com carinho. **3.** Meigo, afetuoso.

Ca.ri.o.ca *adj.* **1.** Que é, ou o natural da cidade do Rio de Janeiro. **2.** Diz-se de, ou café a que, depois de pronto, se adiciona água. *adj.2g.* **3.** Diz-se de uma variedade de feijão.

Ca.ris.ma *s.m.* **1.** Dom da graça divina. **2.** Conjunto de qualidades excepcionais inerentes a certos líderes. **3.** Magnetismo pessoal.

Ca.ris.má.ti.co *adj.* **1.** Que tem carisma. **2.** Em que há carisma.

Ca.ri.ta.ti.vo *adj.* Dado à caridade; caridoso, compassivo.

Ca.riz *s.m.* **1.** Aparência da atmosfera. Cara, semblante. **3.** POP Cara grande; carão.

Car.lin.ga *s.f.* NÁUT Peça de madeira onde se encaixa o mastro grande. **2.** Nas aeronaves, espaço destinado ao piloto, o mesmo que *cabina*.

Car.lo.vín.gio *adj.* Carolíngio.

Car.ma *s.m.* **1.** As primeiras noções da lei de causa e efeito, segundo a qual a cada ação corresponderá, no plano moral ou físico, uma reação, revelando as causas do destino do homem. **2.** POP Peso do destino que uma pessoa carrega. **3.** POP Aspecto.

Car.me.li.ta *adj. e s.2g.* **1.** Diz-se de, ou religioso da ordem mendicante fundada em Monte Carmelo (Síria). *adj.* **2.** Relativo a essa ordem.

Car.me.sim *adj.2g. e s.m.* Diz-se de, ou cor vermelha muito viva.

Car.me.si.na.do *adj.* Revestido de carmesim.

Car.mim *s.m.* **1.** Cor vermelha muito viva. **2.** Substância corante vermelha que se extrai da cochonilha e de outros vegetais.

Car.mo.na *s.f.* Ferrolho que se coloca em toda a extensão de uma porta ou janela e que se encaixa em cima e embaixo ao mesmo tempo.

Car.na.ção *s.f.* **1.** A cor da carne humana. **2.** Representação do corpo humano nu e com sua cor natural.

Car.na.du.ra *s.f.* **1.** Aparência exterior da carne. **2.** Compleição, musculatura.

Car.nal *adj.2g.* **1.** Relativo à carne. **2.** Relativo à natureza animal; lascivo, sensual. **3.** Consanguíneo (primo). ● Opõe-se a *espiritual*.

Car.na.ú.ba *s.f.* **1.** BOT Palmeira do Brasil, de cujas folhas se extrai cera. **2.** A cera extraída dessa palmeira.

Car.na.u.bal *s.m.* Bosque de carnaúbas.

Car.na.val *s.m.* **1.** Os dias (originariamente, três) de folia e folguedos que precedem a Quarta-Feira de Cinzas. **2.** Festejos próprios desses dias. **3.** Orgia, desordem, confusão.

Car.na.va.les.co *adj.* **1.** Relativo ao Carnaval. **2.** Próprio do Carnaval. **3.** Grotesco, extravagante. *s.m.* **4.** Folião do Carnaval. **5.** Profissional responsável pelo visual, alegorias e apresentação de uma Escola de Samba nos desfiles de carnaval.

CARNE — CARREGAR

Car.ne *s.f.* **1.** Tecido muscular do homem e dos animais, principalmente a parte vermelha dos músculos. **2.** O tecido muscular dos animais terrestres que serve de alimento ao homem. **3.** Natureza animal; concupiscência, sensualidade. **4.** Natureza humana, do ponto de vista da sensibilidade. **5.** Consanguinidade. **6.** Polpa comestível de um fruto.

Car.nê *s.m.* **1.** Pequeno caderno de apontamentos. **2.** Talão onde são registrados os pagamentos de compras a crédito.

Car.ne.ar *v.int.* **1.** Abater o gado e preparar a carne para secar. **2.** Charquear. *v.t.* **3.** Matar e esquartejar.

Car.ne de sol *s.f.* Carne levemente salgada e seca ao sol. ◆ *Pl.:* carnes de sol.

Car.ne.gão *s.m.* Porção de matéria purulenta e dura que se forma em certos tumores e furúnculos. ◆ *Var.: carnição.*

Car.nei.ro *s.m.* **1.** Quadrúpede ruminante e lanígero do gênero *Ovis*, há muito domesticado por sua carne, lã e outros produtos. **2.** Carne desse animal. **3.** FIG Pessoa submissa, sem vontade própria. **4.** Cova com chão e paredes de alvenaria, levantadas do solo, para receber defuntos. **5.** Jazigo, sepulcro. ◆ *Fem.: ovelha.*

Car.ne-se.ca *s.f.* Charque. ◆ *Pl.: carnes-secas.*

Car.ni.ça *s.f.* **1.** Carne de animal em decomposição; podridão. **2.** Lugar onde se carneia a rês. **3.** Pessoa de que todos se aproveitam, que serve de alvo a motejo. **4.** Brinquedo infantil que consiste em pular por cima das costas do outro. **5.** Carnificina, matança.

Car.ni.ça.ri.a *s.f.* **1.** Ato de preparar carne para a venda. **2.** Lugar onde se retalha e vende carne; açougue. **3.** Mortandade, matança.

Car.ni.cei.ro *adj.* **1.** Que se alimenta de carniça. **2.** Que se alimenta de carne; carnívoro. **3.** FIG Cruel, sanguinário. *s.m.* **4.** O que vende carne no atacado aos açougueiros. **5.** Magarefe, açougueiro. **6.** POP e PEJ Cirurgião inábil.

Car.ni.fi.ci.na *s.f.* Matança, mortandade.

Car.ní.vo.ro *adj.* **1.** Que se alimenta de carne ou a prefere como alimento. *s.m.* **2.** Animal carnívoro.

Car.no.so (ô) *adj.* **1.** Cheio ou coberto de carne; carnudo. **2.** BOT Que possui mesocarpo suculento. **3.** BOT De polpa espessa e suculenta.

Car.nu.do *adj.* **1.** Que tem muita carne; carnoso. **2.** Musculoso, roliço. **3.** BOT Diz-se de fruto de polpa espessa; carnoso.

Ca.ro *adj.* **1.** De preço alto, elevado. **2.** Que se obtém com muitas dificuldades. **3.** De grande valor ou estima. **4.** Prezado, querido, estimado. *adv.* **5.** Por alto preço. ◆ *Ant.: barato.*

Ca.ro.chi.nha *s.f.* Pequeno besouro, inexistente no Brasil. ◆ *Histórias da carochinha:* histórias fantasiosas para crianças; lendas, lérias.

Ca.ro.ço (ô) *s.m.* **1.** Endocarpo duro de certos frutos, como o da manga e o do pêssego. **2.** Semente de vários frutos (como o algodão). **3.** Glândula inflamada. **4.** POP Tumor cutâneo. **5.** POP Íngua.

Ca.ro.çu.do *adj.* **1.** Cheio de caroços. **2.** Que tem empolas.

Ca.ro.la *adj.* e *s.2g.* **1.** Diz-se de, ou pessoa muito assídua à igreja. **2.** Diz-se de, ou pessoa exageradamente devota; papa-hóstias, beato, misseiro.

Ca.ro.lín.gio *adj.* **1.** Do tempo do imperador Carlos Magno (742-814). **2.** Relativo à dinastia de Carlos Magno.

Ca.ro.na *s.f.* **1.** Peça dos arreios usada por baixo do lombilho. **2.** Viagem gratuita em qualquer veículo. *s.2g.* **3.** Pessoa que viaja de carona ou sem pagar passagem.

Ca.ró.ti.da *s.f.* Cada uma das duas grandes artérias que levam o sangue da aorta à cabeça.

Car.pa *s.f.* **1.** Ato de carpir; capina. **2.** Peixe ciprinoide de água doce, muito apreciado.

Car.pac.cio (it.) *s.m.* Entrada italiana, composta de finas camadas de filé bovino, de peixe ou de outro tipo, servida fria com molho que tem como base a maionese, azeite de oliva e limão. ◆ *Pl.: carpacci.*

Car.pe.lo (é) *s.m.* **1.** BOT Folha modificada que forma o gineceu. **2.** Folhelho da espiga de milho.

Car.pe.te (é) *s.m.* Espécie de tapete que cobre por completo um cômodo, é geralmente colado.

Car.pi.dei.ra *s.f.* **1.** (NE) Mulher a quem se pagava para chorar nos funerais. **2.** Mulher que vive a lastimar-se. **3.** Máquina agrícola de carpir ou capinar.

Car.pi.na *s.2g.* Carpinteiro.

Car.pin.ta.ri.a *s.f.* **1.** Arte ou ofício de carpinteiro. **2.** Oficina de carpinteiro.

Car.pin.tei.ro *s.m.* **1.** Aquele que trabalha em obras de madeira. **2.** No teatro, aquele que prepara e arma o cenário no palco.

Car.pir *v.t.* **1.** Limpar de mato; capinar. **2.** Arrancar os cabelos em sinal de dor; prantear, lastimar. *v.int.* e *p.* **3.** Chorar, lamuriar-se. **4.** Prantear-se, lastimar-se.

Car.po *s.m.* **1.** Cada um dos oito ossos que compõem o esqueleto do punho ou pulso. **2.** BOT Fruto.

Car.pó.fa.go *adj.* e *s.m.* Que (m) se alimenta de frutos; frugívoro.

Car.que.ja *s.f.* **1.** Arbusto leguminoso e medicinal, de gosto amargo, possui propriedades benfazejas ao estômago. **2.** Nome de uma ave.

Car.qui.lha *s.f.* Dobra, ruga, prega.

Car.ra.da *s.f.* Carga que um carro transporta de uma vez.

Car.ran.ca *s.f.* **1.** Rosto sombrio, carregado. **2.** Cara ou cabeça, geralmente disforme, que serve de ornato arquitetônico; cabeça de proa. **3.** Figura de madeira, disforme, que orna a proa de certas embarcações.

Car.ran.ça *adj.* e *s.2g.* Diz-se de, ou pessoa muito apegada ao passado, ao modo de vida dos antigos.

Car.ra.pa.ti.ci.da *adj.* e *s.m.* Diz-se de, ou produto que serve para matar carrapatos.

Car.ra.pa.to *s.m.* **1.** Pequeno parasita que adere à epiderme de pessoas, aves ou animais, sugando-lhes o sangue. **2.** FIG Pessoa importuna, que não larga outra. **3.** Indivíduo atarracado. **4.** BOT Mamona.

Car.ra.pe.ta (ê) *s.f.* Pequeno pião com uma pequena haste , que se faz girar com os dedos.

Car.ra.pi.cho *s.m.* **1.** Porção de cabelo atado no alto ou na parte posterior da cabeça. **2.** Pequeno nó. **3.** Cabelo pixaim. **4.** Nome de várias plantas, de semente espinhosa que se prendem às roupas ou aos pelos dos animais; sensitiva. **5.** A semente dessas plantas.

Car.ras.co *s.m.* **1.** O mesmo que *carrascal*. **2.** Executor de pena de morte. **3.** Verdugo, tirano, algoz. **4.** FIG Homem cruel, desumano. **5.** BOT Carrasqueiro.

Car.ras.pa.na *s.f.* **1.** POP Bebedeira. **2.** POP Carão, repreensão, pito.

Car.re.ar *v.t.* **1.** Conduzir em carro. **2.** Causar, ocasionar: *Seu ato carreou problemas para todos.* **3.** Arrastar, levar. *v.int.* **4.** Guiar carros.

Car.re.a.ta *s.f.* Passeata de veículos automotores, para fins de campanha ou manifestação política, comemoração etc.

Car.re.ga.ção *s.f.* **1.** Ato ou efeito de carregar; carga. **2.** FIG Grande quantidade. **3.** Doença, principalmente a venérea. **4.** POP Boato. ◆ *De carregação:* de qualidade inferior.

Car.re.ga.dei.ra *s.f.* **1.** Nome que também se dá à saúva obreira. **2.** NÁUT Cabo delgado com que se colhem e carregam as velas do navio.

Car.re.ga.dor (ô) *adj.* **1.** Que carrega. *s.m.* **2.** Aquele que vive de carregar bagagens de passageiros etc. **3.** Aquele que conduz carga ou passageiros. **4.** O que efetua o carregamento de mercadorias em caminhões, navios etc.

Car.re.ga.men.to *s.m.* **1.** Ato ou efeito de carregar. **2.** O conjunto ou porção de coisas que constituem uma carga. **3.** A própria carga. **4.** FIG Opressão, peso.

Car.re.gar *v.t.* **1.** Pôr carga em. **2.** Levar ou conduzir (carga). **3.** Trazer consigo. **4.** Saturar, impregnar. **5.** Tornar sombrio, triste. **6.** Abastecer, encher. **7.** Atribuir, imputar. **8.** Atacar com impetuosidade. **9.** Meter a pólvora ou projéteis em. **10.** Aumentar, exagerar. **11.** Tornar mais forte, mais intensa (as cores). **12.** Acumular eletricidade em. *v.p.* **13.** Fazer-se sombrio. **14.** Escurecer-se, entristecer-se.

CARREIRA — CARTOMANCIA

Car.rei.ra *s.f.* **1.** Corrida veloz. **2.** Trilha, rastro. **3.** Curso, trajetória. **4.** Risca de cabelo. **5.** Esfera de atividade; profissão. **6.** Fileira, renque. **7.** Modo de vida; procedimento. **8.** Corrida de cavalos. **9.** Percurso habitual de aviões e navios. **10.** Páreo (no turfe).

Car.rei.ris.mo *s.m.* Modo de agir de quem lança mão de quaisquer meios e expedientes para atingir o objetivo que tem em vista.

Car.rei.ris.ta *adj.* e *s.2g.* **1.** Que, ou pessoa sem escrúpulos, que pratica o carreirismo. **2.** Diz-se de, ou pessoa que frequenta corridas de cavalo.

Car.rei.ro *adj.* **1.** Relativo a carro. *s.m.* **2.** Guia ou condutor de carro de bois. **3.** Caminho estreito; atalho. **4.** Caminho de formigas. **5.** Caminho habitual da caça.

Car.re.ta *s.f.* **1.** Pequeno carro; carroça. **2.** Veículo de artilharia. **3.** Grande reboque de caminhão; jamanta. **4.** Caminhão de carroçaria grande utilizado para transportar automóveis.

Car.re.tei.ro *s.m.* **1.** Motorista de carreta ou de caminhão de carga. **2.** Aquele que faz carretos. **3.** Diz-se do barco utilizado para a carga e descarga de navios. **4.** Certo tipo de arroz.

Car.re.tel *s.m.* **1.** Bobina. **2.** Pequeno cilindro, com rebordos, a que se enrolam fios de linha, de arame, fita etc. **3.** Molinete.

Car.re.ti.lha *s.f.* **1.** Roldana pequena. **2.** Pequena roda dentada, com um cabo, para cortar folheados, pastéis, marcar tecidos etc.

Car.re.to (ê) *s.m.* **1.** Ato de transportar (carga) a frete. **2.** Preço desse carreto; frete.

Car.ril *s.m.* **1.** Sulco deixado no solo pelas rodas do carro. **2.** Trilho de ferro para bondes, trens etc.

Car.ri.lhão *s.m.* **1.** Conjunto de sinos com diferentes tons, com que se tocam peças de música. **2.** Ária tocada nesses sinos. **3.** Relógio grande, de pêndulo, que dá horas por música.

Car.ri.nho *s.m.* **1.** Carro pequeno. **2.** Carro que serve de brinquedo para crianças. **3.** Carro para transportar bebês. **4.** Carretel (de linha).

Car.ro *s.m.* **1.** Veículo de rodas para transporte de pessoas e carga. **2.** Conteúdo de um carro. **3.** Veículo automóvel. **4.** Vagão, nas estradas de ferro. **5.** Carretel de linha.

Car.ro.ça *s.f.* **1.** Carro pequeno e grosseiro, puxado por boi, burro ou cavalo, para o transporte de cargas. **2.** pop Veículo automóvel lento e pouco seguro; calhambeque.

Car.ro.cão *s.m.* **1.** Carroça grande. **2.** Grande carro de bois, coberto, em que se transportam pessoas. **3.** mat Expressão algébrica com muitos termos para calcular. **4.** O seis duplo, no jogo de dominó.

Car.ro.ça.ri.a *s.f.* Carroceria.

Car.ro.cei.ro *s.m.* **1.** Condutor de carroça. **2.** fig e pop Indivíduo grosseiro, rude.

Car.ro.ce.ri.a *s.f.* Parte do automóvel ou caminhão onde vão os passageiros ou a carga. • *Var.: carroçaria.*

Car.ro.ci.nha *s.f.* Veículo gradeado, próprio para recolher cães vadios nas vias públicas.

Car.ro.for.te *s.m.* Espécie de caminhonete blindada utilizada no transporte de grandes somas de dinheiro e outros valores. • *Pl.: carros-fortes.*

Car.ro-guin.cho *s.m.* Veículo próprio para recolher ou puxar outro; guincho. • *Pl.: carros-guinchos e carros-guincho.*

Car.ro-pi.pa *s.m.* Veículo adaptado para transportar água. • *Pl.: carros-pipas e carros-pipa.*

Car.ros.sel *s.m.* Construção giratória, com pequenos veículos ou cavalos de madeira, nos quais as crianças se divertem nos parques de diversões, feiras e quermesses.

Car.ru.a.gem *s.f.* Carro luxuoso de quatro rodas e suspensão, sobre molas, puxado por cavalos, e destinado ao transporte de pessoas.

Car.ta *s.f.* **1.** Comunicação manuscrita ou datilografada, em geral metida num envelope fechado, endereçada a uma ou várias pessoas; missiva. **2.** Nome dado a diversos títulos ou documentos oficiais. **3.** Estatuto. **4.** A Constituição de um país. **5.** Diploma. **6.** Cada um dos cartões que formam o baralho.

Car.ta.da *s.f.* **1.** Ato de jogar uma carta. **2.** Lance no jogo de cartas. **3.** fig Ação súbita e ousada.

Car.ta.gi.nês *adj.* **1.** Relativo a Cartago (África); púnico. *s.m.* **2.** O natural de Cartago.

Car.tão *s.m.* **1.** Papel muito encorpado; papelão. **2.** Retângulo de cartão com espaço para inscrição, insígnia etc.

Car.tão-pos.tal *s.m.* Espécie de cartão que traz em uma das faces uma ilustração, reservando a outra a mensagens simples; postal. • *Pl.: cartões-postais.*

Car.tão-res.pos.ta *s.m.* Impresso próprio para retorno de informações, na forma de questionário, formulário, ordem de compra, contratação de serviços etc., ger. com porte postal previamente pago, enviado ao público-alvo por meio de mala-direta ou encartado em uma publicação (revista, jornal ou livro); carta-resposta. • *Pl.: cartões-resposta.*

Car.ta.pá.cio *s.m.* **1.** Livro grande e antigo; calhamaço. **2.** Coleção de papéis manuscritos à semelhança de livro.

Car.taz *s.m.* **1.** Papel grande de anúncio comercial ou de exposições, espetáculos etc., para afixação em lugar público. **2.** pop Conceito elevado. **3.** Renome, fama, prestígio, popularidade.

Car.te.a.do *adj.* e *s.m.* Diz-se de, ou qualquer um dos jogos de baralho.

Car.te.a.men.to *s.m.* Ação de cartear.

Car.te.ar *v.t.* **1.** Dar cartas (no jogo). **2.** Jogar cartas. *v.p.* **3.** Trocar cartas; corresponder-se por cartas.

Car.tei.o ou **car.te.a.men.to** *s.m.* Ato ou efeito de cartear(-se).

Car.tei.ra *s.f.* **1.** Bolsa para guardar dinheiro, documentos etc. **2.** Pequeno estojo para cigarros, também chamado *maço*. **3.** Mesa para escrita ou estudo. **4.** Secretária, escrivaninha. **5.** Nome de várias seções dos estabelecimentos de crédito. **6.** Documento pessoal: **carteira de identidade, carteira de motorista, carteira de trabalho.**

Car.tei.ro *s.m.* Empregado do correio para a distribuição de cartas e demais correspondências; estafeta, mensageiro.

Car.tel *s.m.* **1.** Carta de desafio. **2.** Provocação. **3.** Acordo comercial entre empresas produtoras, que se organizam em sindicatos e determinam os preços de seus produtos, suprimindo a livre concorrência.

Car.te.la *s.f.* **1.** Mostruário portátil de rendas, fitas etc. **2.** Cada um dos cartões retangulares usado no jogo do bingo etc.

Cár.ter *s.m.* mec Invólucro estanque e rígido que encerra mecanismo de propulsão, transmissão etc. de um automóvel, com óleo para lubrificação. • *Pl.: cárteres.*

Car.te.si.a.nis.mo *s.m.* **1.** Nome dado ao sistema filosófico do francês René Descartes (1596-1650) e seus seguidores. **2.** Influência de Descartes na Filosofia.

Car.ti.la.gem *s.f.* anat Tecido elástico que reveste especialmente as superfícies articulares dos ossos.

Car.ti.la.gi.no.so (ô) *adj.* **1.** Relativo a, ou que tem cartilagem. **2.** Diz-se do peixe cujo esqueleto é constituído de cartilagens.

Car.ti.lha *s.f.* **1.** Livro em que se aprende a ler. **2.** Compêndio de doutrina cristã. **3.** Tratado elementar de qualquer matéria.

Car.to.fi.li.a *s.f.* **1.** Colecionismo de cartões-postais. **2.** Trabalho, passatempo ou ciência que se ocupa dos cartões-postais.

Car.to.fi.lis.ta *adj.2g.* **1.** Relativo à cartofilia. *s.2g.* **2.** Quem coleciona ou cuida de cartões-postais.

Car.tó.fi.lo *s.m.* Colecionador de cartões-postais; cartofilista.

Car.to.gra.fi.a *s.f.* **1.** Conjunto de estudos e operações científicas, técnicas e artísticas que orienta os trabalhos de elaboração de cartas geográficas. **2.** Descrição ou tratado sobre mapas.

Car.tó.gra.fo *s.m.* Especialista em traçar cartas geográficas, geológicas etc.

Car.to.gra.ma *s.m.* Mapa geográfico no qual são representados diagramaticamente dados estatísticos de várias espécies e vários meios (sombreado, coloração variada, pontos, curvas etc.).

Car.to.la *s.f.* **1.** Chapéu masculino preto, de copa alta e redonda. *s.m.* **2.** Homem importante e influente, que despreza a opinião geral. **3.** pej Alto dirigente de clube de futebol.

Car.to.man.ci.a (cí) *s.f.* Pretensa adivinhação pelas cartas do baralho.

CARTONADO — CASINHOLA

Car.to.na.do *adj.2g.* **1.** Feito de papel resistente. **2.** Diz-se do livro encadernado em cartão.

Car.to.na.gem *s.f.* **1.** Fabrico ou oficina de artefatos de cartão. **2.** Encadernação de livros em papel-cartão.

Car.tó.rio *s.m.* **1.** Lugar onde funcionam os tabelionatos, os ofícios de notas e os registros públicos. **2.** Arquivo de notas ou títulos de um tabelião ou dos processos e documentos de um escrivão.

Car.tu.cha.me *s.m.* Porção de cartuchos para armas de fogo.

Car.tu.chei.ra *s.f.* Bolsa de couro, usada a tiracolo, para guardar cartuchos de armas de fogo.

Car.tu.cho *s.m.* **1.** Canudo de papel ou papelão para doce etc. **2.** Estojo cilíndrico que contém carga de arma de fogo. **3.** POP Pistolão, proteção. ◆ Cf. *cartuxo*.

Car.tum (ingl. *cartoon*) *s.m.* Desenho ou série de desenhos caricaturais, satíricos ou humorísticos, com ou sem legendas, geralmente utilizado para fazer crítica de costumes. ● *Pl.:* cartuns.

Car.tu.nis.ta *s.2g.* Pessoa que cria cartuns.

Ca.run.cho *s.m.* **1.** ENTOM Inseto que corrói a madeira; carcoma. **2.** Tudo o que destrói lentamente. **3.** Raça brasileira de suínos para a produção de banha. **4.** FIG Velhice.

Ca.ru.ru *s.m.* **1.** BOT Nome comum a várias plantas herbáceas da família das amarantáceas, algumas das quais de propriedades medicinais e usos culinários. **2.** Prato feito dessa planta. **3.** Prato feito de quiabo cortado, a que se acrescenta camarão (ou peixe), em geral temperado com azeite de dendê e pimenta.

Car.va.lho *s.m.* **1.** BOT Árvore que produz a bolota, e cuja madeira, dura e resistente, é muito empregada em construções e na indústria de móveis. **2.** A madeira dessa árvore.

Car.vão *s.m.* **1.** Corpo resultante da combustão incompleta de substâncias vegetais, minerais ou animais. **2.** Qualquer substância carbonizada pela ação do fogo. **3.** Lápis de carvão para desenho. **4.** Desenho feito a carvão.

Car.vo.a.ri.a *s.f.* Lugar onde se fabrica, armazena ou vende carvão vegetal.

Car.vo.ei.ro *adj.* **1.** Relativo a carvão. *s.m.* **2.** Aquele que faz, transporta ou vende carvão.

Ca.sa *s.f.* **1.** Morada, vivenda, mansão, lar. **2.** Qualquer construção destinada à moradia. **3.** Abertura em que entram os botões da roupa. **4.** Divisão do tabuleiro de xadrez, de damas, do gamão etc. **5.** Posição do algarismo em relação aos que lhe formam um número. **6.** Família nobre; estirpe. **7.** Alvéolo dos favos das abelhas. ● *Aum.:* casarão. ● *Dim.:* casebre, casinhola. ● *Col.:* casario, casaria.

Ca.sa.ca *s.f.* **1.** Peça do vestuário de cerimônia para homem, preta, curta na frente e com abas compridas atrás. **2.** Antigo traje dos militares. **3.** FAM Repreensão, descompostura. **4.** Ave da família dos falconídeos. **5.** Nome de duas aves da família dos mimídeos. ◆ Virar (a) casaca: mudar de opinião, de partido, de time.

Ca.sa.cão *s.m.* **1.** Casaco amplo e grande, para agasalho. **2.** Sobretudo, capote.

Ca.sa.co *s.m.* **1.** Peça do vestuário masculino, com mangas, que se usa sobre o colete ou camisa. **2.** Paletó, sobretudo. **3.** Peça do vestuário feminino, semelhante ao casaco.

Ca.sa.do *adj.* **1.** Que casou; ligado pelo casamento. **2.** Combinado, harmonizado.

Ca.sa.dou.ro *adj.* **1.** Em idade de casar. **2.** Que pretende casar. ◆ *Var.:* casadoiro.

Ca.sa-for.te *s.f.* m.q. Caixa-forte. ● *Pl.:* casas-fortes.

Ca.sa-gran.de *s.f.* **1.** Casa do senhor de engenho, no Brasil Colônia e no Império. **2.** Casa de dono de engenho ou de fazenda. ● *Pl.:* casas-grandes.

Ca.sal *s.m.* **1.** Pequeno povoado. **2.** Par formado de homem e mulher, macho e fêmea. **3.** O marido e a mulher. **4.** Par, dupla.

Ca.sa.ma.ta *s.f.* **1.** Abrigo subterrâneo, blindado. **2.** Subterrâneo abobadado, que serve à guarda de pólvora e matérias explosivas ou para abrigar canhões.

Ca.sa.ma.ta.do *adj.* Em forma de casamata.

Ca.sa.men.tei.ro *adj.* **1.** Relativo a casamento. *adj.* e *s.m.* **2.** Que, ou o que arranja ou promove casamentos.

Ca.sa.men.to *s.m.* **1.** União legítima de homem e mulher. **2.** Festa ou cerimônia em que se celebra essa união. **3.** FIG União, combinação. ◆ *Ant.: divórcio.*

Ca.sa.no.va *s.m.* Indivíduo que se dedica com grande empenho a conquistas amorosas; mulherengo.

Ca.sar *v.t.* **1.** Dar em casamento. **2.** FIG Juntar, unir. **3.** Colocar junto (o dinheiro das apostas) *v.int.* **4.** Unir pelos laços conjugais. *v.p.* **5.** Unir-se em casamento. **6.** Juntar-se, unir-se. **7.** Harmonizar-se, aliar-se.

Ca.sa.rão *s.m.* **1.** *Aum. de casa;* casa grande. **2.** Edifício de um só pavimento, grande, mal dividido e sem arte.

Ca.sa.ri.o *s.m.* Série ou agrupamento de casas.

Cas.bá *s.f.* **1.** Cidadela e palácio do soberano, nas cidades árabes do Norte da África. **2.** Partes altas e fortificadas de uma cidade árabe; bairros que a circundam, esp. bairro árabe em cidade europeia do Norte da África.

Cas.ca *s.f.* **1.** Invólucro exterior de plantas, frutas, ovos, pão, tubérculos etc. **2.** Exterioridade, aparência, superficialidade. **3.** Arrufo, zanga, amuo. **4.** Nome de várias plantas. *adj.* **5.** Avarento, sovina.

Cas.ca.bu.lho *s.m.* **1.** Monte de cascas. **2.** FIG bagatela. **3.** Estudante novato; calouro.

Cas.ca-gros.sa *s.2g.* FAM Pessoa rude, grosseira, mal-educada. ● *Pl.:* cascas-grossas.

Cas.ca.lho *s.m.* **1.** Pedra britada. **2.** Lascas de pedra; seixos (geralmente misturados com areia grossa). **3.** Calhau roliço.

Cas.ca.lho.so (ô) *adj.* Em que há cascalho; cascalhento.

Cas.cão *s.m.* **1.** Casca dura e grossa. **2.** Crosta endurecida. **3.** Camada pedregosa, ainda não petrificada. **4.** Crosta de sujidade na pele de alguém. **5.** POP Crosta endurecida de ferida que se cicatriza.

Cas.ca.ta *s.f.* **1.** Pequena queda de água, natural ou artificial; queda-d'água. **2.** JORN Texto inexpressivo, desprovido de análise ou interpretação inédita, feito apenas para ocupar espaço. **3.** GÍR Mentira, conversa fiada. **4.** GÍR Bazófia, gabolice.

Cas.ca.tei.ro *adj.* e *s.m.* **1.** Diz-se de, ou indivíduo que diz cascatas. **2.** Gabola, fanfarrão.

Cas.ca.vel *s.f.* **1.** Guizo. *s.2g.* **2.** ZOOL Cobra venenosa, que tem na cauda um guizo ou chocalho, também chamada *boicininga*. *s.f.* **3.** Pessoa (em geral, mulher) traiçoeira, de mau gênio e linguaruda. ● *Pl.:* cascavéis.

Cas.co *s.m.* **1.** Os ossos do crânio. **2.** O couro cabeludo. **3.** Unha de cavalo, burro, boi e outros animais. **4.** A quilha e o costado do navio. **5.** Garrafa vazia; vasilhame. **6.** Espécie de capacete. **7.** FIG Juízo, inteligência.

Cas.cu.do *adj.* **1.** De casca grossa. **2.** Que tem a pele dura. *s.m.* **3.** ICTIOL Nome de vários peixes de água doce, também chamados *acari*. **4.** ENTOM Gênero de insetos coleópteros; besouro. **5.** Pancada na cabeça dada com o nó dos dedos; coque.

Ca.se.ar *v.t.* Fazer casa ou casas para botões em (peças do vestuário).

Ca.se.bre *s.m.* **1.** Casa pequena e pobre ou em ruínas. **2.** Casa velha. **3.** Choupana, cabana.

Ca.se.í.na *s.f.* QUÍM Proteína existente no leite e que constitui a base do queijo.

Ca.sei.ro *adj.* **1.** Relativo a casa; doméstico. **2.** Usado em casa. **3.** Feito em casa. ● *Opõe-se a industrializado:* Doce caseiro. **4.** Amigo de viver em casa; pacato. **5.** FIG Modesto, simples. *s.m.* **6.** O que toma conta da casa (principalmente do campo) de alguém.

Ca.ser.na *s.f.* **1.** Habitação de soldados, dentro do quartel, ou de uma praça fortificada. **2.** Quartel. **3.** Vida militar.

Ca.si.mi.ra *s.f.* Tecido de lã fina, usado em geral na indumentária masculina; Calça de casimira.

Ca.si.nho.la (ó) *s.f.* Casa pequena e pobre, o mesmo que *casebre*. ◆ *Var.:* casinholo (ô).

CASMURRO — CATALISAR

Cas.mur.ro *adj.* **1.** Que é teimoso ou ensimesmado. **2.** De poucas palavras; silencioso. **3.** Triste. *s.m.* **4.** Indivíduo calado e metido consigo.

Ca.so *s.m.* **1.** Acontecimento, fato. **2.** Hipótese, circunstância. **3.** Dificuldade, obstáculo. **4.** POP Relação ou aventura amorosa, romance. **5.** Manifestação individual de doença. **6.** Situação particular. **7.** Historieta, conto, história. **8.** Cada uma das formas tomadas por substantivos, adjetivos e pronomes, conforme sua função na frase. *conj.* **9.** Se; no caso em que.

Ca.só.rio *s.m.* POP Casamento.

Cas.pa *s.f.* Pequenas escamas que se formam na pele, em especial no couro cabeludo.

Cas.pen.to *adj.* Cheio de caspas; casposo.

Cás.pi.te *interj.* que indica contrariedade, impaciência.

Cas.quen.to *adj.* De casca grossa; cascudo.

Cas.que.te (é) *s.m.* Gorro de pano, próprio de uniformes militares ou estudantis; boné.

Cas.qui.lho *adj.* e *s.m.* **1.** Diz-se de, ou indivíduo que se veste com exagerado apuro. **2.** Almofadinha, janota. **3.** MEC Bucha cilíndrica formada por duas ou mais partes.

Cas.qui.nha *s.f.* **1.** Pequena casca. **2.** Película de metal precioso ou madeira fina para revestimento. *s.m.* **3.** POP Indivíduo avaro, sovina. ● **Tirar (uma, sua) casquinha**: ter participação em alguma coisa boa; tirar vantagem.

Cas.sa *s.f.* Tecido fino e transparente, de algodão ou de linho.

Cas.sa.ção *s.f.* **1.** Ato ou efeito de cassar. **2.** Ato ou efeito de privar dos direitos políticos. **3.** Cancelamento, anulação.

Cas.sar *v.t.* **1.** Tornar sem efeito (mandato, licença etc.). **2.** Invalidar, anular. **3.** Privar dos direitos políticos.

Cas.sa.ta *s.f.* Sorvete de origem napolitana, em camadas de diferentes sabores, com discreto recheio de bolo e frutas cristalizadas.

Cas.se.te (sé) *adj.* e *s.m.* **1.** Diz-se de, ou dispositivo formado de dois carretéis e uma fita magnética, para reprodução de som e imagens em gravadores, videocassetes etc. ● Como *adj.* é invariável: **fitas cassete**. *s.m.* **2.** O aparelho (gravador etc.) que utiliza esse sistema.

Cas.se.te.te (té) *s.m.* Pequeno cacete de madeira ou borracha, com alça numa das extremidades, usado por policiais militares.

Cas.si.no *s.m.* **1.** Lugar de reunião para jogos de azar, dança ou outras diversões, em especial nas estações balneares. **2.** Clube ou salão de quartel destinado ao recreio dos oficiais.

Cas.si.te.ri.ta *s.f.* MINER Principal minério do estanho.

Cast (ing.) *s.m.* Elenco. ● *Pl.*: *casts*.

Cas.ta *s.f.* **1.** Cada uma das classes em que se divide a sociedade na Índia. **2.** Classe social distintamente separada das outras por diferenças de riqueza, posição social, profissão etc. **3.** Classe, raça, linhagem. **4.** Gênero. **5.** FIG Qualidade, natureza.

Cas.ta.nha *s.f.* **1.** Fruto do castanheiro. **2.** Infrutescência do cajueiro. **3.** Pancada na cabeça.

Cas.ta.nha-de-ca.ju *s.f.* **1.** Amêndoa que forma o fruto do caju. ● *Pl.*: *castanhas-de-caju*.

Cas.ta.nha-do-pa.rá *s.f.* BOT Semente da castanheiro-do-pará, comestível, nutritiva, que também fornece óleo.

Cas.ta.nhei.ro *s.m.* BOT Nome comum a várias árvores do gênero *Castanea*, que produzem as castanhas comuns.

Cas.ta.nhei.ro-do-bra.sil *s.m.* BOT Castanheiro-do-pará.

Cas.ta.nhei.ro-do-pa.rá *s.m.* BOT Árvore da região amazônica, de grande porte, que produz frutos de até 25 sementes, as chamadas castanhas-do-pará, comestíveis e muito nutritivas.

Cas.ta.nho *adj.* **1.** Pardo-acinzentado como a castanha; marrom. *s.m.* **2.** A própria cor; marrom.

Cas.ta.nho.las *s.f.pl.* Instrumento de percussão muito popular na Espanha, formado de duas peças de madeira ou marfim que se ligam por um cordel entre si e aos dedos do tocador, que as bate uma na outra.

Cas.tão *s.m.* Remate de metal ou marfim, que se aplica no punho de bengalas etc.

Cas.te.lão *s.m.* Senhor feudal, dono de um castelo. ● *Pl.*: *castelões*, *castelãos*. ● *Fem.*: *castelã*, *castelôa* ou *castelona*.

Cas.te.lha.no *adj.* **1.** Relativo a Castela, região da Espanha. *s.m.* **2.** O natural de Castela. **3.** Idioma falado em Castela, adotado como língua oficial da Espanha.

Cas.te.lo *s.m.* **1.** Residência fortificada de senhor feudal, na Idade Média. **2.** Palácio real ou senhorial, fortificado. **3.** Praça forte, com muralhas, fosso etc.; fortaleza. **4.** A parte mais elevada do convés do navio. **5.** Amontoado de coisas; acumulação.

Cas.ti.çal *s.m.* Utensílio com bocal onde se colocam velas de cera para alumiar.

Cas.ti.ço *adj.* **1.** De boa casta, de boa raça. **2.** Puro, vernáculo, correto. **3.** Purista.

Cas.ti.da.de *s.f.* **1.** Qualidade de casto. **2.** Virtude da pureza. **3.** Abstinência completa dos prazeres sexuais.

Cas.ti.gar *v.t.* **1.** Punir severamente. **2.** Repreender; corrigir. **3.** Violar, ferir. *v.p.* **4.** Penitenciar-se, castigar-se.

Cas.ti.go *s.m.* **1.** Sofrimento aplicado a quem errou; punição. **2.** Correção severa. **3.** Mortificação, importunação.

Cast.ing (ing.) *s.m.* Escalação de elenco para um espetáculo qualquer. ● *Pl.*: *castings*.

Cas.to *adj.* **1.** Que tem pureza de alma e de corpo. **2.** Que se abstém de prazeres sexuais ilícitos. **3.** Puro, inocente, sem mescla.

Cas.tor *s.m.* **1.** Mamífero roedor semiaquático da Europa e América do Norte. **2.** De desse roedor, de cor marrom-clara. **3.** Chapéu feito desse pelo. **4.** Essa cor.

Cas.tra.ção *s.f.* Ato ou operação de castrar ou tirar, total ou parcialmente, os órgãos da reprodução.

Cas.trar *v.t.* **1.** Extrair os órgãos reprodutores (testículos ou ovários) de um animal. **2.** POP Capar. **3.** Anular a personalidade de.

Ca.su.al *adj.* **1.** Que depende do acaso; ocasional. **2.** Fortuito, acidental; eventual.

Ca.su.a.ri.na *s.f.* BOT Gênero de aves cujas penas lembram as penas do casuar.

Ca.su.ís.mo *s.m.* **1.** Apego à letra da lei. **2.** Explicação doutrinária ou moral por meio de casos concretos. **3.** Registro de casos observados. **4.** Procedimento que visa a defender interesses imediatos de pessoas ou grupos, sem se considerar os preceitos gerais.

Ca.su.lo *s.m.* Invólucro filamentoso, construído por algumas lagartas, como o bicho-da-seda.

Ca.su.lo.so (ô) *adj.* Que tem forma ou aparência de casulo.

Ca.ta- *pref.* 'Movimento para baixo': *catacumba*.

Ca.ta *s.f.* **1.** Ato ou efeito de catar. **2.** Busca, procura. **3.** Colheita; separação dos grãos enegrecidos e mirrados do café. **4.** Escavação para a mineração.

Ca.ta.clis.mo *s.m.* **1.** Grande desastre, capaz de modificar a superfície da Terra. **2.** Grande inundação; dilúvio. **3.** Convulsão social. **4.** Calamidade, catástrofe.

Ca.ta.cre.se (cré) *s.f.* Emprego de um termo figurado por falta de termo próprio, como **perna da mesa**, **dente de alho**, **braço de rio** etc.

Ca.ta.cum.ba *s.f.* **1.** Nome dado às escavações subterrâneas onde se escondiam os primitivos cristãos e que serviam para sepultar seus mortos. **2.** Subterrâneo que serve de túmulo. ● *Pl.*: *catacumbas*.

Ca.ta.du.ra *s.f.* Aspecto do rosto; semblante.

Ca.ta.lão *adj.* **1.** Relativo à Catalunha, região do nordeste da Espanha. *s.m.* **2.** O natural da Catalunha. **3.** Dialeto falado nessa região. ● *Fem.*: *catalã*. ● *Pl.*: *catalães*.

Ca.ta.lep.si.a *s.f.* Doença nervosa, de índole histérica, caracterizada pela rigidez dos músculos e suspensão total dos movimentos.

Ca.ta.li.sa.dor (ô) *adj.* e *s.m.* **1.** Diz-se de, ou substância que acelera ou retarda uma ação química. **2.** FIG Que, ou o que é estimulante, dinamizador.

Ca.ta.li.sar *v.t.* **1.** Agir como catalisador em uma reação. **2.** FIG Estimular, dinamizar.

CATÁLISE — CATRE

Ca.tá.li.se *s.f.* Fenômeno da aceleração das reações químicas pela presença de uma substância (catalisador) que, depois da reação, se encontra inalterada em sua natureza e massa.

Ca.ta.lo.gar *v.t.* **1.** Relacionar em catálogo. *v.t.* e *int.* **2.** POP Classificar, inventariar.

Ca.tá.lo.go *s.m.* Lista, relação ou descrição sumária e metódica, geralmente em ordem alfabética, de documentos, coisas, pessoas etc.

Ca.ta.ma.rã *s.m.* **1.** Espécie de jangada a vela, construída de pranchas, us. no oceano Índico (antigo Ceilão, hoje Sri Lanka). **2.** Embarcação leve formada por dois cascos independentes e paralelos, ligados entre si por peças transversais, formando estrutura sobre a qual se monta uma plataforma que pode conter uma cabine; pode ser a vela ou a motor. **3.** Flutuador estreito que se assemelha à base dessa embarcação, como ocorre em alguns hidroaviões.

Ca.ta.na *s.f.* **1.** Espada japonesa pequena e curva. **2.** Faca comprida e larga usada na Índia. **3.** FIG A língua humana.

Ca.tan.du.va *s.f.* Mato rasteiro e espinhento, que nasce em terreno ruim. ◆ *Var.: catanduba.*

Ca.ta-pi.o.lho *s.m.* FAM O dedo polegar. ● *Pl.: cata-piolhos.*

Ca.ta.plas.ma *s.f.* Espécie de pasta medicamentosa aplicada, entre dois panos, sobre a pele de uma região dorida ou inflamada do corpo.

Ca.ta.po.ra *s.f.* Nome vulgar da varicela.

Ca.ta.pul.ta *s.f.* Arma de guerra antiga usada para arremessar pedras e outros projéteis.

Ca.tar *v.t.* **1.** Buscar, procurar. **2.** Observar ou examinar com atenção. **3.** Pesquisar. **4.** Procurar e matar (parasitas): *Sentou no batente da porta e catou piolhos na neta a tarde inteirinha.* **5.** Recolher um por um: *Catei todo o feijão que caiu no chão.*

Ca.ta.ra.ta *s.f.* **1.** Queda-d'água de grandes proporções. **2.** MED Perda da transparência da lente do olho ou da sua cápsula, impossibilitando a chegada dos raios luminosos à retina.

Ca.ta.ri.nen.se *adj.2g.* **1.** Relativo ao Estado de Santa Catarina. *s.2g.* **2.** Pessoa natural de Santa Catarina; barriga-verde.

Ca.tar.rei.ra *s.f.* **1.** Grande quantidade de catarro. **2.** Defluxo com muito catarro.

Ca.tar.ren.to *adj.* **1.** Que tem muito catarro. **2.** Propenso ao catarro.

Ca.tar.ro *s.m.* **1.** Secreção das mucosas inflamadas. **2.** Resfriado, defluxo.

Ca.tar.se (se=ce) *s.f.* **1.** Ação purgativa dos intestinos; evacuação. **2.** Purgação, purificação.

Ca.tás.tro.fe *s.f.* **1.** Acontecimento lastimoso. **2.** Desfecho de uma tragédia. **3.** Grande desgraça; calamidade.

Ca.tas.tró.fi.co *adj.* **1.** Que tem o caráter de catástrofe. **2.** Funesto, trágico, lastimoso.

Ca.tas.tro.fis.mo *s.m.* **1.** Tendência a crer na iminência de riscos e perigos. **2.** Inquietação por tal possibilidade.

Ca.ta.tau *adj.* e *s.m.* **1.** Diz-se de, ou indivíduo de pequena estatura. *s.m.* **2.** Falatório, discussão. **3.** Discurso longo.

Ca.ta-ven.to *s.m.* **1.** Aparelho destinado a indicar a velocidade e direção do vento. **2.** Aparelho que utiliza o cata-vento para puxar água dos poços. **3.** FIG Pessoa volúvel, inconstante. ● *Pl.: cata-ventos.*

Ca.te.cis.mo *s.m.* **1.** Livro elementar de instrução religiosa. **2.** Princípios fundamentais de uma doutrina, ciência, seita etc.

Ca.te.cú.me.no *s.m.* Aquele que se prepara e instrui para receber o batismo; neófito.

Cá.te.dra *s.f.* **1.** Cadeira de professor titular ou catedrático. **2.** O mais alto posto na carreira de professor. **3.** Oratória religiosa. **4.** O púlpito, a cadeira pontifícia.

Ca.te.dral *s.f.* **1.** Igreja principal de uma diocese, onde está a cátedra do bispo; sé, matriz. **2.** FIG Instituição importante, respeitável.

Ca.te.drá.ti.co *adj.* **1.** Relativo à cátedra. **2.** De catedrático. *s.m.* **3.** Professor-titular de escolas secundárias e superiores. **4.** Aquele que conhece profundamente determinado assunto.

Ca.te.go.ri.a *s.f.* **1.** Grupo de pessoas ou coisas de uma mesma natureza; classe. **2.** Grupo, série. **3.** Espécie, natureza. **4.** Gradação em uma hierarquia; posição social. **5.** Em certos esportes, a divisão dos concorrentes conforme o peso.

Ca.te.gó.ri.co *adj.* **1.** Relativo a categoria. **2.** Claro, explícito. **3.** Decisivo, terminante.

Ca.te.go.ri.zar *v.t.* Dispor, distribuir por categorias.

Ca.te.gu.te *s.m.* CIR Fio de intestinos de carneiro, usado para suturas.

Ca.tê.nu.la *s.f.* Pequena cadeia.

Ca.te.que.se (é) *s.f.* **1.** Instrução metódica e oral sobre coisas religiosas, por meio de perguntas e respostas. **2.** Divulgação de ensinamentos; ensino. **3.** Doutrinação.

Ca.te.qui.zar *v.t.* **1.** Iniciar (alguém ou um grupo) na religião cristã. **2.** Instruir em alguma crença. **3.** FIG Aliciar, doutrinar, tentar convencer.

Ca.te.re.tê *s.m.* Dança rural, de origem ameríndia, com sapateados e palmas ao som da viola.

Ca.te.te (ê) *adj.2g.* **1.** Diz-se de certo tipo de galinha pequena, de pernas curtas e penugem lisa. **2.** Variedade de milho de espiga e grãos pequenos; cateto. **3.** ZOOL Caititu, cateto.

Ca.te.ter (tér) *s.m.* MED Espécie de sonda que se insere no corpo, para retirar líquidos, introduzir sangue, medicamento ou soro, realizar sondagens etc. ● *Pl.: cateteres.*

Ca.te.te.ris.mo *s.m.* Sondagem feita por meio do cateter.

Ca.te.to (ê) *s.m.* **1.** GEOM Cada um dos lados menores de um triângulo retângulo. **2.** Linha perpendicular. **3.** ZOOL Caititu. **4.** Catete (milho).

Ca.ti.li.ná.ria *s.f.* Acusação veemente; censura acerba.

Ca.tim.bó *s.m.* **1.** Baixo espiritismo; feitiçaria. **2.** O cachimbo usado pelo mestre durante o ritual. **3.** Indivíduo ridículo.

Ca.tin.ga *s.f.* **1.** Mau cheiro que exala do corpo humano por falta de limpeza; bodum, morrinha, fartum. **2.** Sovinice, avareza, mesquinharia. *s.2g.* **3.** Pessoa avarenta, mesquinha.

Cá.tion ou **ca.ti.on.te** *s.m.* FÍS Átomo ou grupo de átomos com carga elétrica positiva. ◆ *Var.: cation, cationte, catiom, catião.*

Ca.ti.ra.pa.po *s.m.* **1.** Empurrão ou pancada leve. **2.** Tapa, tabefe, bofetada.

Ca.ti.ta *adj.* **1.** Que se veste com elegância, com esmero; elegante. *s.f.* **2.** Vela de popa em algumas embarcações pequenas.

Ca.ti.van.te *adj.2g.* **1.** Que cativa ou seduz. **2.** Atraente, insinuante, sedutor.

Ca.ti.var *v.t.* **1.** Tornar cativo. **2.** Ganhar a simpatia de. *v.t.* e *int.* **3.** Aprisionar, capturar. **4.** Prender, ligar. **5.** FIG Seduzir, atrair. *v.p.* **6.** Tornar-se cativo. **7.** Enamorar-se; render-se.

Ca.ti.vei.ro *s.m.* **1.** Estado de cativo; ausência de liberdade. **2.** Servidão, escravidão. **3.** Lugar onde se está cativo.

Ca.ti.vo *adj.* **1.** Que não goza de liberdade. **2.** Encarcerado, preso. **3.** FIG Extremamente grato. **4.** Seduzido, atraído. **5.** Prisioneiro de guerra. *s.m.* **6.** Indivíduo cativo; escravo.

Cá.to.do *s.m.* FÍS Eletrodo ou polo negativo de uma pilha ou gerador elétrico. ◆ *Var.: catodo, catódio.*

Ca.to.lé *s.m.* Catulé.

Ca.to.li.ci.da.de *s.f.* **1.** Qualidade de católico. **2.** A totalidade dos povos que professam o catolicismo. **3.** Conformidade com o catolicismo.

Ca.tó.li.co *adj.* **1.** Relativo ao catolicismo. *adj.* e *s.m.* **2.** Diz-se do, ou o que professa a religião católica.

Ca.tra.ca *s.f.* **1.** Espécie de torniquete colocado em veículos de transporte coletivo, estações (ferroviárias, rodoviárias etc.), recinto de representações etc., para contagem automática de passageiros e espectadores; borboleta. **2.** Peça do mecanismo da bicicleta.

Ca.tre *s.m.* **1.** Cama dobrável, em geral usada em viagens. **2.** Cama pobre. **3.** Cama de viagem. **4.** Leito baixo, de lona.

CATUABA — CAVALO-MARINHO

Ca.tu.a.ba *s.f.* **1.** BOT Arbusto tido como medicinal e afrodisíaco. *s.m.* **2.** Indivíduo forte, robusto, resistente.

Ca.tu.al. *s.m.* **1.** Funcionário público que exercia determinada função (governador da cidade, chefe da polícia, inspetor dos mercados ou juiz criminal). **2.** Intendente de negócios com os estrangeiros.

Ca.tu.car *v.t.* Cutucar.

Ca.tur.ra *adj.* e *s.2g.* **1.** Diz-se de, ou pessoa teimosa, agarrada a velhos costumes, ou que gosta de contradizer e discutir. *s.f.* **2.** BOT Mamona.

Ca.tur.ri.ce *s.f.* **1.** Teimosia infundada. **2.** Ato ou procedimento de caturra; obstinação.

Cau.bói (ing.: *cowboy*) *s.m.* **1.** Vaqueiro. **2.** Bangue-bangue, faroeste (filme).

Cau.ção *s.f.* **1.** Cautela, precaução. **2.** Depósito de valores, títulos ou papéis de crédito, para garantir uma dívida ou tornar efetiva a responsabilidade de um encargo. **3.** Fiança, penhor, garantia.

Cau.ca.si.a.no *adj.* **1.** Pertencente ao Cáucaso, região da Ásia; caucásico, caucásio. *s.m.* **2.** O natural do Cáucaso. **3.** Grupo de línguas faladas nessa região.

Cau.cho *s.m.* **1.** BOT Árvore da família das moráceas (*Castilloa ulei*), de cujo látex se faz uma borracha de qualidade inferior. **2.** Látex coagulado dessa árvore. **3.** A borracha que se faz desse látex.

Cau.ci.o.nar *v.t.* Dar em caução ou garantia; garantir.

Cau.da *s.f.* **1.** Apêndice posterior e móvel do corpo de alguns animais; rabo. **2.** O conjunto das penas que se inserem no uropígio. **3.** Parte do vestido que se arrasta como cauda. **4.** A parte posterior ou o prolongamento de certas coisas. **5.** Rastro luminoso que acompanha os cometas. **6.** Parte posterior da fuselagem de um avião. **7.** Fim de uma fila. ◆ Cf. **calda**.

Cau.dal¹ *adj.2g.* **1.** Relativo à cauda. *s.2g.* **2.** Nadadeira da cauda dos peixes.

Cau.dal² *adj.2g.* **1.** Torrencial, caudaloso, impetuoso. *s.2g.* **2.** Corrente caudalosa; cachoeira.

Cau.da.lo.so (ô) *adj.* **1.** Que tem ou leva água em abundância (rio); caudal. **2.** Volumoso, impetuoso.

Cau.da.tá.rio *s.m.* **1.** Serviçal que levanta e conduz a cauda das vestes reais. **2.** O que acompanha ou vai na cauda. **3.** Indivíduo servil, bajulador. **4.** Afluente (de rio). *adj.* **5.** Servil, subserviente.

Cau.im *s.m.* Bebida indígena feita de mandioca ou milho fermentados.

Cau.le *s.m.* Haste de uma planta, que sustenta folhas, flores e frutos; tronco. ◆ *Dim.*: *caulículo*.

Cau.lim *s.m.* Argila pura, branca, de que se faz porcelana fina, laca, papel etc.

Cau.sa *s.f.* **1.** Aquilo que faz com que uma coisa exista. **2.** Agente, motivo. **3.** Razão, princípio, origem. **4.** Fato, acontecimento. **5.** Ação ou processo judicial; demanda. **6.** Partido, facção.

Cau.sa.dor (ô) *adj.* e *s.m.* Que, ou o que é causa de.

Cau.sí.di.co *s.m.* **1.** O que trata de causas forenses. **2.** PEJ Advogado desprovido de ética, que em geral explora a boa-fé de seu constituinte; rábula.

Cau.so *s.m.* POP Conto, história, caso.

Cáus.ti.co *adj.* **1.** Que queima ou cauteriza os tecidos; corrosivo. **2.** Que faz críticas ferinas. **3.** FIG Mordaz. *s.m.* **4.** Substância química que queima ou corrói. **5.** Indivíduo enfadonho ou satírico.

Cau.te.la *s.f.* **1.** Cuidado, prudência, precaução. **2.** Certificado comprobatório de depósito ou penhor; caução.

Cau.te.lo.so (ô) *adj.* Cheio de cautela; cuidadoso, prudente.

Cau.te.ri.zar *v.t.* **1.** Aplicar cautério a. **2.** Destruir tecidos, pela ação do calor, por substâncias cáusticas ou pelo frio. **3.** FIG Corrigir, empregando meios enérgicos. **4.** Sanear. **5.** Destruir, extirpar. **6.** Afligir.

Cau.to *adj.* Que tem cautela; cauteloso, prudente, precavido. ◆ *Ant.*: *incauto*.

Ca.va *s.f.* **1.** Ato ou efeito de cavar. **2.** Cova, fosso. **3.** Lugar cavado. **4.** Corte no vestuário, para se ajustarem as mangas.

Ca.va.cão *s.m.* Grande zanga; arrufo.

Ca.va.co *s.m.* **1.** Estilha ou lasca de madeira; apara, graveto. **2.** Conversa rápida, despretensiosa e sem um tema determinado; bate-papo. **3.** Contrariedade.

Ca.va.dei.ra *s.f.* Peça de ferro, com gume, que se adapta à extremidade de um cilindro de madeira, usada para abrir, no chão, os buracos onde se vai jogar a semente.

Ca.va.do *adj.* **1.** Escavado, aberto. **2.** Fundo. **3.** Revolto pela ação dos ventos (o mar). **4.** Côncavo. *s.m.* **5.** Lugar que se cavou. **6.** Escavação, buraco. **7.** Cava do vestuário.

Ca.va.la *s.f.* Variedade de peixe marinho de alto valor nutritivo e de grande importância comercial.

Ca.va.lar *adj.2g.* **1.** Referente a, ou próprio de cavalo. **2.** Da espécie do cavalo. **3.** Excessivo, exagerado, gigantesco.

Ca.va.la.ri.a. *s.f.* **1.** Multidão de cavalos. **2.** Multidão de gente a cavalo. **3.** Arma do Exército, que, antigamente, fazia operações de reconhecimento e vigilância montada (hoje, blindada). **4.** Tropa da Polícia Militar que serve a cavalo. **5.** Equitação. **6.** Façanha de cavaleiro. **7.** Nome de uma instituição militar medieval.

Ca.va.la.ri.a.no *s.m.* Soldado de cavalaria.

Ca.va.la.ri.ça *s.f.* **1.** Casa onde se recolhem cavalos. **2.** Cocheira, estrebaria.

Ca.va.la.ri.ço *s.m.* Empregado de cavalariça.

Ca.va.lei.ro *s.m.* **1.** Homem que sabe andar a cavalo; o que sabe cavalgar. **2.** Soldado de cavalaria. **3.** Aquele que pertence a uma ordem de cavalaria. **4.** FIG Homem nobre, ilustre; paladino. *adj.* **5.** Que anda a cavalo. **6.** Referente à cavalaria. **7.** Sobranceiro, denodado. ◆ **A cavaleiro**: por cima. ◆ Cf. **cavalheiro**. ◆ *Fem.*: *cavaleira, amazona*.

Ca.va.lei.ro.so *adj.* **1.** Próprio de cavaleiro. **2.** Altivo, denodado, brioso.

Ca.va.le.te (ê) *s.m.* **1.** Armação em que se colocam as telas para pintar, ou o quadro-negro, nas escolas. **2.** Antigo instrumento de tortura. **3.** TIP Mesa que sustenta os caixotins tipográficos. **4.** Pequena peça de madeira ou metal com que se levantam as cordas de alguns instrumentos musicais. **5.** Armação ou banqueta para apoiar peças (de madeira) em que trabalham carpinteiros, mecânicos etc.

Ca.val.ga.da *s.f.* **1.** Grupo de pessoas a cavalo. **2.** Marcha de um grupo de cavaleiros; cavalhada, cavalgata.

Ca.val.ga.du.ra *s.f.* **1.** Animal de sela. **2.** FIG Indivíduo estúpido, grosseiro, malcriado.

Ca.val.gar *v.int.* **1.** Montar ou andar a cavalo. **2.** FIG Sentar-se escarranchado. **3.** Montar (sobre). **4.** FIG Passar, saltar por cima de; galgar.

Ca.val.ga.ta *s.f.* Cavalgada.

Ca.va.lha.da *s.f.* Cavalgada; manada de cavalos.

Ca.va.lhei.ris.mo *s.m.* **1.** Qualidade de cavalheiro. **2.** Ação própria de cavalheiro. **3.** Procedimento nobre. **4.** Delicadeza. **5.** Distinção. ◆ *Ant.*: *grosseria*.

Ca.va.lhei.ro *s.m.* **1.** Homem nobre, distinto, de educação esmerada. **2.** Par de uma dama, na dança. **3.** Tratamento cerimonioso, correspondente a *senhor*. *adj.* **4.** Nobre, brioso, distinto. **5.** Cavalheiresco. ◆ *Fem.*: *dama*. ◆ Cf. **cavaleiro**.

Ca.va.lo *s.m.* **1.** ZOOL Quadrúpede doméstico, solípede. **2.** Ramo ou tronco sobre o qual se faz um enxerto. **3.** Peça do jogo de xadrez. **4.** POP Carta do baralho, também chamada *valete*. **5.** Unidade dum corpo de cavalaria. **6.** MED Doença venérea. **7.** ICTIOL Nome de alguns peixes. **8.** FIG Pessoa rude, abrutalhada; cavalgadura. ◆ **Cavalo de batalha**: questão difícil de ser resolvida. ◆ *Fem.*: *égua*. ◆ *Col.*: *manada, tropa*. ◆ *Voz.*: *rinchar, relinchar, ornejar, zurrar*.

Cavalo de pau *s.m.* Manobra súbita e perigosa em que o motorista usa os freios e gira o volante para inverter a direção do veículo. ◆ *Pl.*: *cavalos de pau*.

Ca.va.lo-ma.ri.nho *s.m.* ICTIOL Pequeno peixe cuja cabeça se assemelha à do cavalo. ◆ *Pl.*: *cavalos-marinhos*.

CAVALO-VAPOR — CEIFAR

Ca.va.lo-va.por *s.m.* Força capaz de elevar, num segundo, o peso de 75 kg a um metro de altura. ● *Pl.: cavalos-vapor.*

Ca.va.nha.que *s.m.* Barba que se deixa crescer no queixo, aparada em ponta; barbicha.

Ca.va.que.ar *v.t. e int.* **1.** FAM Conversar amigável e despretensiosamente. **2.** Irritar-se com uma indelicadeza.

Ca.va.qui.nho *s.m.* MÚS Espécie de viola de quatro cordas.

Ca.var *v.t.* **1.** Revolver (a terra) com enxada, picareta ou instrumento análogo. **2.** Extrair da terra, cavando. **3.** Fazer escavação em. **4.** Cavar em torno de. **5.** Tornar côncavo. **6.** Sulcar. **7.** Abrir cava em (vestuário). *v.t. e int.* **8.** Obter por meios ilícitos, reprováveis. **9.** Conseguir à custa de grande esforço.

Ca.vei.ra *s.f.* **1.** Esqueleto ósseo da cabeça. **2.** Cabeça descarnada. **3.** FIG Rosto magro e macilento.

Ca.vei.ro.so *adj.* **1.** Com aparência de caveira. **2.** Extremamente magro.

Ca.ver.na *s.f.* **1.** Grande cavidade encontrada no interior da terra. **2.** Gruta, furna. **3.** Cada uma das peças que assenta sobre a quilha formando o arcabouço do navio. **4.** MED Escavação ulcerosa do pulmão ou do rim, geralmente por tuberculose.

Ca.ver.no.so (ô) *adj.* **1.** Que tem caverna. **2.** Semelhante a caverna. **3.** Diz-se de som cavo, abafado e rouco, como o saído de uma caverna.

Ca.vi.ar *s.m.* CUL Iguaria feita das ovas do esturjão, muito apreciada.

Ca.vi.da.de *s.f.* **1.** Parte cavada ou vazia de um corpo sólido; concavidade. **2.** Buraco, depressão. **3.** Cova. **4.** Caverna.

Ca.vi.la.ção *s.f.* **1.** Astúcia para induzir em erro; sofisma. **2.** Ardil, fraude. **3.** Promessa dolosa. **4.** Ironia maliciosa; falsidade.

Ca.vi.la.gem *s.f.* Cavilação.

Ca.vi.lha *s.f.* Espécie de pino de metal ou madeira, que se usa para tapar orifícios, juntar ou segurar peças de madeira etc.

Ca.vi.ta.ção *s.f.* Formação de cavernas ou de cavidades.

Ca.vi.ú.na *s.f.* Madeira muito escura, utilizada na indústria de móveis; caiúna.

Ca.vo *adj.* **1.** Oco, escavado, côncavo. **2.** Cavernoso, profundo, rouco (som, voz).

Ca.vou.car *v.t.* **1.** Abrir cavoucos em. *v.int.* **2.** Abrir cavoucos. **3.** Trabalhar com afinco.

Ca.xam.bu *s.m.* **1.** Dança parecida ao batuque, dançada ao som de uma espécie de tambor. **2.** Nome dado a esse tambor.

Ca.xam.bu.en.se *adj.2g.* **1.** De Caxambu, cidade e município de Minas Gerais. *s.2g.* **2.** Pessoa natural desse município.

Ca.xan.gá *s.m.* Variedade de caranguejo.

Ca.xa.re.la *s.m.* O macho da baleia, quando adulto (em oposição à madrijo, que é a fêmea). ● *Var.: caxarelo, caxaréu.*

Ca.xa.réu *s.m.* Macho adulto de baleia.

Ca.xe.mi.ra *s.f.* Tecido fino de lã, originário da Índia.

Ca.xe.ta (ê) *s.f.* BOT Arvoreta da família das bignoniáceas, de madeira útil. ● *Cf. cacheta.*

Ca.xi.as *adj. e s.2g.* **1.** Diz-se de, ou pessoa extremamente exigente quanto às suas obrigações. **2.** Diz-se de, ou chefe ou superior muito exigente.

Ca.xin.gó *adj.2g. e s.2g.* Que ou aquele que coxeia, manca; coxo.

Ca.xin.gue.lê *s.m.* ZOOL Pequeno mamífero roedor, arborícola e de hábitos solitários; esquilo, serelepe.

Ca.xum.ba *s.f.* **1.** MED Inflamação infecciosa e contagiosa das parótidas. **2.** Trasorelho, papeira.

CD Sigla de *compact disc.* ● *Pl.: CDs.*

Cd-rom (ingl.) *s.m.* Disco que pode conter textos, sons, imagens, vídeos etc.

Cê *s.m.* Nome da letra C/c. ● *Pl.: cês ou cc.*

CE Sigla do Estado do Ceará.

Ce.ar *v.t.* **1.** Comer à noite. *v.int.* **2.** Comer a ceia; jantar.

Ce.a.ren.se *adj.2g.* **1.** Relativo ou pertencente ao Estado do Ceará (Região Nordeste). *s.2g.* **2.** Pessoa natural do Ceará.

Ce.bo.la (ô) *s.f.* **1.** BOT Planta hortense, muito usada como condimento. **2.** O bulbo dessa planta. **3.** Qualquer bulbo. **4.** POP Relógio grande de algibeira, também chamado de *cebolão.* ● *Col.: réstia.*

Ce.bo.lão *s.m.* **1.** Cebola grande. **2.** Relógio grande de bolso.

Ce.bo.li.nha *s.f.* **1.** BOT Variedade de cebola pequena, própria para conserva. **2.** Erva usada como tempero.

Ce.ce.ar *v.int.* **1.** Pronunciar os *ss* e os *cc* apoiando a ponta da língua nos dentes. **2.** Falar afetadamente, pronunciando o *z* como *ç. v.t.* **3.** Pronunciar ceceando.

Cê-ce.di.lha *s.m.* Nome do ç. ● *Pl.: cês-cedilhas.*

Ce.co *s.m.* ANAT Parte inicial e mais larga do intestino grosso.

Ce.den.te *adj. e s.2g.* Que, ou pessoa que cede (direitos, privilégios).

Ce.der *v.t.* **1.** Transferir (a outrem) direitos, privilégios. **2.** Abandonar a própria opinião. **3.** Curvar-se a uma solução; aceitá-la. **4.** Anuir; entrar em acordos. **5.** Renunciar, desistir. **6.** Conformar-se. *v.int.* **7.** Diminuir, abrandar.

Ce.di.ço *adj.* **1.** Sabido de todos; corriqueiro, rotineiro. **2.** FIG Antigo, velho, obsoleto. **3.** Estagnado, parado.

Ce.di.lha *s.f.* Sinal gráfico (,) que se usa debaixo do *c* antes do *a, o, u,* para lhes dar valor de *ss.*

Ce.di.lhar *v.t.* Pôr a cedilha no *c.*

Ce.dí.vel *adj.2g.* Que se pode ceder.

Ce.do (ê) *adv.* **1.** Antes de tempo próprio. **2.** Dentro de pouco tempo. **3.** De madrugada, no começo da manhã. **4.** De pronto, logo. ● *Ant.: tarde.*

Ce.dro *s.m.* **1.** BOT Árvore de grande porte e resistência, comum especialmente nas florestas do Líbano. **2.** Madeira dessa árvore, avermelhada e odorífera, hoje rara, em razão de seu largo uso no fabrico de móveis.

Cé.du.la *s.f.* **1.** Documento escrito, de várias naturezas. **2.** Título de dívida pública; apólice. **3.** Papel que representa moeda de curso legal: *Tirou do bolso uma cédula de R$ 50,00 e pagou a conta.* **4.** Papel próprio para se votar; o voto.

Ce.fa.lei.a *s.f.* MED Dor de cabeça forte e crônica.

Ce.fá.li.co *adj.* Pertencente à cabeça ou ao encéfalo.

Ce.fa.ló.po.de *adj.* **1.** Que tem pés na cabeça. **2.** Relativo aos Cefalópodes. *s.m.* **3.** Molusco dessa classe.

Ce.ga *s.f. Fem de cego.*

Ce.gar *v.t.* **1.** Tornar cego; impedir de ver. **2.** FIG Alucinar; desvairar. **3.** Deslumbrar. **4.** Iludir. **5.** Entupir; ofuscar; embotar. **6.** Tirar fio ou gume de (facas, tesouras e outros instrumentos). *v.int.* **7.** Perder a vista. **8.** Perder a cabeça. *v.p.* **9.** Enganar-se; iludir-se.

Ce.gas *s.f.pl.* Termo usado na expressão *às cegas:* sem ver, sem conhecer; às escuras; descuidadamente.

Ce.go *adj.* **1.** Privado da visão. **2.** A quem a paixão tira o juízo. **3.** FIG Alucinado, transtornado, inconsciente. **4.** Embotado; como o fio gasto: *faca cega.* **5.** Diz-se do nó difícil ou impossível de desatar. **6.** Tenebroso. *s.m.* **7.** Homem privado da visão. **8.** FIG Aquele que se recusa a enfrentar a realidade. **9.** ANTIG Baixio.

Ce.go.nha *s.f.* **1.** ORNIT Grande ave pernalta de arribação. **2.** POP Caminho longo, próprio para transportar automóveis. **3.** Engenho primitivo para tirar água; burra. ● *Col.: bando.* ● *Voz.: gloterar, grasnar.*

Ce.guei.ra *s.f.* **1.** Ausência completa da visão de um ou de ambos os olhos. **2.** Estado de cego. **3.** FIG Fanatismo. **4.** Extrema afeição a alguém ou alguma coisa. **5.** Falta de discernimento provocada por paixão etc. **6.** Paixão, obcecação. **7.** Ignorância; alucinação.

Cei.a *s.f.* **1.** Refeição que se toma à noite; jantar. **2.** Quadro que representa a última ceia de Jesus com seus discípulos.

Cei.fa *s.f.* **1.** Ato ou operação de ceifar; colheita. **2.** Tempo em que se opera a ceifa; tempo de colheita. **3.** FIG Grande destruição ou mortandade.

Cei.fa.dei.ra *s.f.* Máquina de ceifar; ceifeira.

Cei.far *v.t.* **1.** Segar, abater (searas maduras). **2.** FIG Cortar. **3.** Arrebatar; destruir. **4.** FIG Tirar a vida a. *v.int.* **5.** Deitar as mãos para fora no andar (a cavalgadura).

CELA — CENTENA

Ce.la *s.f.* **1.** Pequeno quarto de dormir; alcova. **2.** Cubículo. **3.** Aposento de frade ou de freira, nos conventos. **4.** Quarto de preso, nas cadeias e penitenciárias. **5.** Cada uma das cavidades dos favos das abelhas; alvéolo.

Ce.le.bér.ri.mo *sup.abs.sint.* de *célebre.*

Ce.le.bra.ção *s.f.* **1.** Ato ou efeito de celebrar. **2.** Festividade comemorativa.

Ce.le.brar *v.t.* **1.** Realizar, comemorar com solenidade. **2.** Publicar com louvor. **3.** Exaltar, enaltecer. **4.** Exaltar ou realçar com ironia. **5.** Rezar, dizer (missa). *v.int.* **6.** Dizer missa.

Cé.le.bre *adj.2g.* **1.** Notável; que tem grande fama. **2.** Que é comentado, falado. **3.** FAM Excêntrico, singular, esquisito. ● *Sup.abs.sint.: celebérrimo e celebríssimo.*

Ce.le.bri.da.de *s.f.* **1.** Qualidade de célebre. **2.** Notoriedade, fama, glória, renome. **3.** Pessoa ou coisa célebre.

Ce.lei.ro *s.m.* **1.** Local onde se recolhem cereais e outras provisões. **2.** FIG Região fértil, que produz cereais em grande quantidade. ◆ Cf. *seleiro.*

Ce.le.ra.do *adj.* e *s.m.* **1.** Que, ou aquele que praticou ou é capaz de praticar crimes. **2.** Criminoso, malfeitor.

Cé.le.re *adj.2g.* Muito veloz; rápido, ligeiro. ● *Sup.abs.sint.: celérrimo e celeríssimo.*

Ce.les.te *adj.2g.* **1.** Relativo ao céu. **2.** Do céu; divinal. **3.** Da divindade ou a ela relativo. **4.** Sobrenatural. **5.** FIG Perfeito, extraordinário, superior.

Ce.les.ti.al *adj.2g.* **1.** Celeste. **2.** Que vem do céu. **3.** Que está no céu. ◆ *Ant.: infernal.*

Ce.leu.ma *s.f.* Vozearia de pessoas que trabalham. **2.** Canto ou algazarra de barqueiros. **3.** Barulho, algazarra de pessoas que reclamam, protestam, reivindicam. **4.** Controvérsia, discussão.

Ce.li.ba.tá.rio *adj.* e *s.m.* Diz-se de, ou pessoa que preferiu não casar; solteirão.

Ce.li.ba.ta.ris.mo *s.m.* Sistema de vida dos celibatários.

Ce.li.ba.to *s.m.* Estado de celibatário.

Ce.lo.fa.ne *s.m.* **1.** Película transparente de celulose, usada como papel delgado e transparente para embrulho ou adorno. *adj.* **2.** Diz-se dessa película.

Cel.so *adj.* **1.** Alto, elevado. **2.** Sublime, excelso.

Cel.ta *adj.2g.* **1.** Relativo aos celtas. *s.m.* **2.** Indivíduo da raça céltica. **3.** Idioma falado pelos celtas.

Cel.ti.be.ro *adj.* **1.** Diz-se de antigo povo que viveu na Celtibéria (antiga Espanha, na Península Ibérica), resultado da miscigenação dos celtas com os iberos; celtibérico. *s.m.* **2.** O natural da Celtibéria.

Cé.lu.la *s.f.* **1.** *Dim.* de cela. **2.** Unidade fundamental, geralmente microscópica, de todos os seres vivos. **3.** Cada uma das cavidades do favo; alvéolo. **4.** Casulo de semente. **5.** ANAT Pequeno interstício no tecido esponjoso dos ossos. **6.** Viga formada pelo conjunto das asas de um aeroplano. **7.** Grupo de pessoas que propagam ou defendem certas ideias políticas.

Cé.lu.la-o.vo *s.f.* Célula resultante da fertilização, e ainda não dividida. ● *Pl.: células-ovos e células-ovo.*

Ce.lu.lar *adj.2g.* **1.** Formado por células. **2.** Que se cumpre em cela. *adj.* **3.** Diz-se de certo tipo de telefone sem fio, pessoal e portátil, que recebe e faz chamadas a grandes distâncias. *s.m.* **4.** O próprio telefone.

Ce.lu.li.te *s.f.* MED Inflamação do tecido celular subcutâneo.

Ce.lu.loi.de *s.m.* Substância sólida, inflamável, elástica e transparente feita da mistura de nitrocelulose, cânfora e álcool, empregada na fabricação de vários objetos.

Ce.lu.lo.se (ó) *s.f.* **1.** QUÍM e BIOL Princípio básico constituinte das membranas das células vegetais, com vários empregos industriais. **2.** Pasta ou polpa usada na fabricação de papel.

Cem *num.* **1.** Dez vezes dez; um cento. **2.** Numerosos, muitos. ◆ *Ord. e frac.: centésimo.*

Ce.mi.té.rio *s.m.* **1.** Lugar em que se enterram os mortos. **2.** Região insalubre e epidêmica, onde morrem muitas pessoas. **3.** Lugar onde existem muitos objetos deteriorados, destruídos: Cemitério de automóveis. **4.** FIG Lugar deserto e silencioso.

Cem.pas.so *s.m.* Medida de superfície, com cem passos em quadro.

Ce.na *s.f.* **1.** Em teatro, cada uma das subdivisões de um ato. **2.** Parte do teatro onde os atores representam. **3.** Arte dramática. **4.** Encenação, drama. **5.** FIG Lugar onde se realiza um fato; palco. **6.** Fato espetaculoso. **7.** Cenário, panorama, paisagem. ◆ Cf. *sena.*

Ce.ná.cu.lo *s.m.* **1.** Sala onde se tomava a ceia; sala de jantar, refeitório. **2.** Lugar onde Jesus Cristo tomou a última ceia com os discípulos. **3.** Reunião de pessoas que professam as mesmas ideias. **4.** Academia. **5.** Panorama, paisagem. *adj.* **6.** Relativo à cena.

Ce.ná.rio[1] *s.m.* **1.** Decoração de teatro, televisão etc. **2.** Panorama, vista. **3.** Lugar onde se passa um fato.

Ce.ná.rio[2] *adj.* Relativo a ceia; cenatório.

Ce.na.ris.ta *s.2g.* Cenógrafo.

Ce.nho *s.m.* **1.** Semblante, fisionomia (especialmente quando sombria, carregada). **2.** Certa doença que dá no casco das cavalgaduras.

Ce.ni.co *s.m.* Relativo ou pertencente à cena ou ao teatro; teatral.

Ce.nó.bio *s.m.* **1.** Comunidade religiosa; convento, mosteiro. **2.** Habitação de cenobitas.

Ce.no.gra.fi.a *s.f.* Arte de projetar e pintar cenários em teatro, cinema ou televisão.

Ce.nó.gra.fo *s.m.* Especialista em cenografia; cenarista.

Ce.no.tá.fio *s.m.* Túmulo ou monumento fúnebre em memória de alguém cujo corpo não jaz ali sepultado; túmulo honorário.

Ce.no.téc.ni.ca *s.f.* Técnica de executar e pôr em funcionamento projetos de cenografia.

Ce.nou.ra *s.f.* **1.** BOT Planta hortense originária da Europa e Ásia, de raiz alongada, vermelho-alaranjada, rica em açúcar, comestível. **2.** A raiz dessa planta. ● *Var.: cenoira.*

Ce.no.zoi.co *s.m.* **1.** A mais moderna das eras geológicas, de aproximadamente 65 milhões de anos. *adj.* **2.** Relativo ou pertencente a essa era.

Cen.so *s.m.* **1.** Recenseamento total da população. **2.** Alistamento, rol. **3.** Rendimento dos cidadãos que, antigamente, servia de base para o exercício de certos direitos políticos. **4.** Renda anual pela posse de uma terra etc. ◆ Cf. *senso.*

Cen.sor (ô) *s.m.* **1.** O que censura; crítico. **2.** Funcionário público encarregado da censura de obras literárias e artísticas, espetáculos, músicas etc., muito comum no Brasil durante parte do regime militar (1964-1975). **3.** O que, nos colégios, é encarregado da manutenção da disciplina.

Cen.su.ra *s.f.* **1.** Cargo ou dignidade de censor. **2.** Exame de matéria de jornal, revista, filme etc. ou de uma obra artística a ser exibida ou divulgada. **3.** Corporação encarregada desse trabalho. **4.** Crítica, repreensão, admoestação. ◆ *Ant.: elogio.*

Cen.su.rar *v.t.* **1.** Fazer a censura de; criticar. **2.** Reprovar, condenar. **3.** Notar. **4.** Repreender. **5.** Impugnar. ◆ *Ant.:* (acep. 1 e 2): *elogiar.*

Cent- *pref.* 'Cem': *centímetro.*

Cen.tau.ro *s.m.* **1.** MITOL Monstro da mitologia grega, metade homem e metade cavalo. **2.** ASTRON Constelação do hemisfério sul.

Cen.ta.vo *s.m.* **1.** A centésima parte. **2.** Moeda divisionária de alguns países, inclusive o Brasil: Gastou R$ 21,20 (vinte e um reais e vinte centavos).

Cen.tei.o *s.m.* **1.** BOT Planta gramínea originária da Ásia, largamente cultivada por seus grãos, muito utilizados na alimentação humana e na produção de álcool. **2.** Semente dessa planta, de que se faz pão.

Cen.te.lha (ê) *s.f.* **1.** Faísca luminosa; fagulha. **2.** FIG Inspiração. **3.** FIG Brilho momentâneo.

Cen.te.na *s.f.* **1.** Cem unidades; cento. **2.** Unidade de terceira ordem, no sistema decimal de numeração. **3.** FIG Grande quantidade.

CENTENÁRIO — CERIMÔNIA

Cen.te.ná.rio *s.m.* **1.** O que atingiu cem anos. **2.** Espaço de cem anos. **3.** Aniversário que se comemora aos cem anos. *adj.* **4.** Relativo a cem anos. **5.** Que tem cem anos; secular.

Cen.té.si.mo *s.m.* **1.** Diz-se de cada uma das cem partes iguais em que se divide uma coisa. **2.** A centésima parte da unidade monetária de certos países.

Cen.ti.a.re *s.m.* **1.** A centésima parte do are. **2.** Um metro quadrado, em agrimensura. • *Abrev.: ca.*

Cen.ti.gra.do *s.m.* A centésima parte do grado. ◆ Cf. *centígrado*.

Cen.tí.gra.do *adj.* **1.** Dividido em cem graus (unidade de ângulo). *s.m.* **2.** Um grau, na escala de temperatura centesimal. ◆ Cf. *centigrado*.

Cen.ti.gra.ma *s.m.* A centésima parte do grama. • *Abrev.: cg.*

Cen.ti.li.tro *s.m.* A centésima parte do litro. • *Abrev.: cl.*

Cen.tí.me.tro *s.m.* A centésima parte do metro. • *Abrev.: cm.*

Cên.ti.mo *s.m.* A centésima parte da moeda de diversos países (Bolívia, França, Paraguai, Costa Rica, Holanda, Argélia, Tanzânia, Quênia, Somália etc.); centésimo.

Cen.to *s.m.* **1.** Grupo de cem objetos ou cem unidades. **2.** O número cem. **3.** Centena.

Cen.to.pei.a *s.f.* zool Animal invertebrado de muitas patas; V. lacraia.

Cen.tral *adj.2g.* **1.** Que se acha no centro. **2.** Referente a centro. **3.** fig Fundamental, principal. *s.f.* **4.** Estação distribuidora: Central de abastecimento.

Cen.tra.li.zar *v.t.* **1.** Reunir no mesmo centro; atrair. *v.p.* **2.** Concentrar-se.

Cen.trar *v.t.* **1.** Determinar um centro em. **2.** Colocar no centro; concentrar. **3.** fig Orientar em certo sentido. *v.t. e int.* **4.** fut Chutar a bola das extremas (ou do meio do campo) em direção à meta adversária.

Cen.trí.fu.ga *s.f.* Máquina para fazer centrifugação, cujo motor é capaz de girar em alta velocidade; centrifugadora.

Cen.trí.fu.go *adj.* **1.** Que se afasta ou tende a afastar-se do centro **2.** Que usa o método da centrifugação. ◆ *Ant.: centrípeto.*

Cen.tris.ta *adj.2g.* **1.** polít Relativo a partido ou grupo de centro numa assembleia. *s.2g.* **2.** Pessoa que pertence a um partido de centro.

Cen.tro *s.m.* **1.** O meio de um objeto. **2.** Núcleo, âmago. **3.** Coração, íntimo. **4.** Clube, cassino. **5.** Ponto para onde as coisas convergem, como para sua posição de repouso. **6.** Fundo. **7.** Lugar principal, central, de cidade, vila etc. **8.** Meio de qualquer coisa. **9.** Posição política dos que se situam entre os extremos da direita e da esquerda. **10.** Assembleia. **11.** Associação literária ou cultural. **12.** Lugar onde se reúnem os membros dessa associação.

Cen.tro.a.van.te *s.2g.* No futebol, jogador que atua no centro da linha de ataque; ponta de lança.

Cen.tro-o.es.te *s.m.* **1.** Região geográfica do Brasil, que compreende os Estados de Goiás (GO), Mato Grosso (MT), Mato Grosso do Sul (MS) e o Distrito Federal (DF). *adj.* **2.** Relativo ao Centro-Oeste ou dele procedente. • *Pl.: centro-oestes.*

Cen.tu.pli.car *v.t.* **1.** Multiplicar por cem. **2.** Tornar cem vezes maior. **3.** fig Aumentar muito.

Cên.tu.plo *s.m.* **1.** O produto da multiplicação por cem. *adj.* **2.** Cem vezes maior; centuplicado.

Cen.tú.ria *s.f.* **1.** Espaço de cem anos; século. **2.** Grupo de cem objetos da mesma espécie; centena. **3.** Companhia de cem soldados, entre os romanos.

Cen.tu.ri.ão *s.m.* Comandante de uma centúria romana.

CEP Sigla de Código de Endereçamento Postal.

Ce.pa¹ *s.f.* Cebola.

Ce.pa² *(ê) s.f.* **1.** Videira; tronco da videira. **2.** Parte inferior dos troncos das árvores, com as raízes, que se utiliza para fazer carvão. **3.** fig Tronco, origem de uma família ou linhagem.

Ce.po *(ê) s.m.* **1.** Pedaço de madeira cortado transversalmente. **2.** Tronco (de madeira); cepa. **3.** Pedaço de madeira que se prende às pernas dos animais para que não fujam. **4.** Armadilha para caçar aves, coelhos etc. **5.** fig Pessoa lerda, pesada, indolente.

Cep.ti.cis.mo *s.m.* ⇒ Ceticismo.

Cép.ti.co *adj. e s.m.* Cético.

Ce.pu.do *adj.* **1.** Semelhante a cepo ('pedaço ou tronco', 'madeira'). **2.** Mal executado; mal-acabado, malfeito, tosco.

Ce.ra *(ê) s.f.* **1.** Substância mole produzida pelas abelhas. **2.** Substância vegetal análoga à animal, chamada *cera vegetal*. **3.** Preparado usado para dar brilho a assoalhos. **4.** pop Trabalho negligente e vagaroso.

Ce.râ.mi.ca *s.f.* Arte ou processo de fabricar objetos de argila. **2.** Qualquer objeto assim produzido.

Ce.ra.mis.ta *adj. e s.2g.* Que, ou quem trabalha em cerâmica.

Ce.ra.ti.na *s.f.* Proteína que constitui o principal elemento da camada córnea da pele. ◆ *Var.: queratina.*

Cer.ca *(ê) s.f.* **1.** Obra feita de diversos materiais (lascas de bambu, ripas de madeira, arame esticado etc.) com que se circunda e fecha um espaço. **2.** Cercado, ripado; muro. *adv.* **3.** Perto, próximo.

Cer.ca.do *s.m.* **1.** Terreno fechado por cerca, muro, sebe ou valado. **2.** Lavoura cercada para impedir a entrada de animais. *adj.* **3.** Rodeado ou circundado com cerca.

Cer.ca.du.ra *s.f.* **1.** Tudo que guarnece o contorno de qualquer coisa. **2.** Cerca, estacado.

Cer.ca.ni.a *s.f.pl.* **1.** Arredores, vizinhança. **2.** Proximidades, imediações. • Também se diz no sing.: *cercania*.

Cer.car *v.t.* **1.** Fechar com cerca. **2.** Circundar, cingir, rodear. **3.** Pôr cerco militar a; sitiar. **4.** Seguir, perseguir. **5.** Encerrar, abranger. **6.** Estar em volta de. **7.** Assediar. **8.** Cumular, prodigalizar. *v.p.* **9.** Fazer-se acompanhar: *O rapaz se cercava das piores companhias.*

Cer.ce *adv.* Pela raiz, pela base; rente.

Cer.ce.a.men.to *s.m.* **1.** Ato ou efeito de cercear. **2.** Corte rente. **3.** Limitação, restrição: *Cerceamento da liberdade de expressão.*

Cer.ce.ar *v.t.* **1.** Aparar em roda. **2.** Cortar pela raiz. **3.** Destruir, desfazer. **4.** Limitar, restringir. **5.** Diminuir, depreciar.

Cer.ce.io *s.m.* Cerceamento.

Cer.ci.lho *s.m.* Coroa ou tonsura grande usada por alguns religiosos.

Cer.co *(ê) s.m.* **1.** Ato ou efeito de cercar. **2.** Bloqueio, sítio. **3.** Assédio militar. **4.** Insistência importuna junto a alguém, com perguntas, pretensões etc.: assédio. **5.** Lugar cercado. **6.** Coisas que circundam. **7.** Círculo, roda. **8.** Circuito.

Cer.da *(ê) s.f.* Pelo espesso e resistente de certos mamíferos como o javali, o porco-montês etc.

Cer.do *(ê) s.m.* Porco.

Ce.re.al *s.m.* **1.** Nome das plantas (arroz, trigo, aveia, centeio etc.) que produzem grãos de que se faz o pão. **2.** Grão dessas plantas.

Ce.re.a.lí.fe.ro *adj.* **1.** Relativo a cereais. **2.** Que produz ou fornece cereais.

Ce.re.be.lo *(bê) s.m.* Porção posteroinferior do encéfalo.

Ce.re.bral *adj.2g.* **1.** Relativo ao cérebro. **2.** Que afeta o cérebro. **3.** Que diz respeito ao espírito, ao pensamento. *s.2g.* **4.** Pessoa que trabalha principalmente com o cérebro. **5.** Intelectivo, intelectual.

Ce.re.bro *s.m.* **1.** Massa de substância nervosa, que constitui a parte superior e principal do encéfalo. **2.** Sede da inteligência, do juízo. **3.** Pessoa dotada de excepcionais qualidades intelectuais. **4.** fig Talento, inteligência.

Ce.re.ja *(ê) s.f.* **1.** Fruto vermelho-escuro da cerejeira, de sabor agridoce. **2.** Fruto de outras plantas, semelhante ao da cerejeira. *adj.2g. e 2n.* **3.** Que tem a cor vermelha da cereja.

Ce.re.jei.ra *s.f.* **1.** Árvore da Europa cujo fruto é a cereja e cuja madeira é utilizada na fabricação de móveis de luxo e instrumentos musicais. **2.** Árvore pequena com frutos geralmente vermelhos. **3.** Madeira dessas árvores.

Ce.rí.fe.ro *adj.* Que produz cera.

Ce.ri.mô.nia *s.f.* **1.** Forma exterior de um culto religioso. **2.** Pompa e formalidades em festas públicas. **3.** Conjunto de formalidades que a civilidade prescreve. **4.** Preceitos de cortesia entre pessoas educadas que não se tratam como familiares. **5.** Etiqueta, protocolo. **6.** Cortesia incômoda. **7.** Embaraço; acanhamento. ◆ *Sem cerimônia*: à vontade, sem constrangimento.

108

CERIMONIAL — CGC

Ce.ri.mo.ni.al *adj.2g.* **1.** Que diz respeito a cerimônia. *s.m.* **2.** Conjunto de formalidades que devem ser observadas numa cerimônia religiosa ou numa solenidade pública. **3.** Livro que contém essas formalidades. **4.** Etiqueta, protocolo.

Ce.ri.mo.ni.o.so (ô) *adj.* **1.** Em que há cerimônia. **2.** Cheio de cerimônias; mesureiro. **3.** Que se comporta com cerimônia. **4.** Diz-se da cortesia protocolar ou de quem a usa; formal.

Cé.rio *s.m.* QUÍM Metal do grupo das terras raras, de símbolo Ce e número atômico 58.

Cer.ne *s.m.* **1.** A parte mais interna e mais dura do tronco das árvores. **2.** Parte intata da madeira queimada. **3.** Parte de um tronco imerso que fica fora da água. **4.** FIG Parte mais essencial; âmago, coração.

Ce.rol *s.m.* **1.** Massa de cera, pez e sebo, com que os sapateiros enceram as linhas para coser a sola. **2.** Mistura de cola e vidro moído que as crianças passam na linha de empinar o papagaio, para cortar as de outrem.

Ce.ro.plas.ti.a *s.f.* Arte de moldar em cera; realização de modelos em cera.

Ce.ro.plás.ti.ca *s.f.* Ceroplastia.

Cer.ra.ção *s.f.* **1.** Nevoeiro espesso. **2.** Neblina, bruma. **3.** Escuridão (do tempo); trevas. ◆ Cf. *serração* (do verbo *serrar*).

Cer.rar *v.t.* **1.** Fechar, tapar; cobrir. **2.** Unir; apertar. **3.** Terminar. **4.** Atingir (a cavalgadura) a idade em que os dentes estão completamente desenvolvidos. *v.p.* **5.** Fechar-se; escurecer, cobrir-se de nuvens (diz-se do céu, do dia). **6.** Apertar-se, unir-se. **7.** Encerrar-se. ◆ Cerrar os olhos: morrer.

Cer.ro (ê) *s.m.* **1.** Outeiro, colina. **2.** Monte pequeno e penhascoso; morro.

Cer.ta *s.f.* Usado nas loc. adv. **à certa, na certa** e **pela certa.** ◆ à certa, na certa e pela certa: *sem dúvida, certamente.*

Cer.ta.me *s.m.* **1.** Discussão, debate. **2.** Concurso literário, científico, desportivo etc.; competição. **3.** Combate, pugna.

Cer.tâ.men *s.m.* Certame. ● *Pl.: certamens e certâmenes.*

Cer.tei.ro *adj.* **1.** Que acerta bem, que atinge o alvo. **2.** Bem dirigido; acertado. **3.** Preciso, correto.

Cer.te.za (ê) *s.f.* **1.** Qualidade de certo. **2.** Coisa certa. **3.** Conhecimento exato. **4.** Convicção. **5.** Estabilidade; firmeza. **6.** FILOS Convicção que o espírito tem de que uma coisa é tal qual ele a concebe. ◆ **Com certeza:** sem dúvida; por certo; certamente. ● Ant.: *incerteza.*

Cer.ti.dão *s.f.* Documento legal em que são transcritos fielmente registros feitos anteriormente em cartório; atestado.

Cer.ti.fi.ca.do *adj.* **1.** Dado como certo; asseverado. **2.** Contido em certidão. *s.m.* **3.** Conteúdo de certidão. **4.** Certidão; atestado. **5.** Documento particular com que se certifica um fato.

Cer.ti.fi.car *v.t.* **1.** Dar como certo. **2.** Afirmar a certeza de. **3.** Passar certidão de; cientificar. **4.** Convencer da certeza ou verdade (de alguma coisa); asseverar. *v.p.* **5.** Convencer-se da certeza.

Cer.to *adj.* **1.** Verdadeiro. **2.** Indubitável; evidente. **3.** Realizado com antecedência; aprazado. **4.** Em que não há erro; infalível. **5.** Convencido. **6.** Regular, ajustado. **7.** Exato, preciso. **8.** Certeiro. *pron.* **9.** Um; qualquer. **10.** Alguns; determinado. **11.** Fixo. **12.** Bastante, um tanto considerável. **13.** Que obedece à rédea; adestrado. *s.m.* **14.** Coisa certa, segura. *adv.* **15.** Certamente, com certeza.

Ce.rú.leo *adj.* Da cor do céu; azulado.

Ce.ru.me *s.m.* Humor espesso e amarelado, que se forma no conduto auditivo externo, vulgarmente chamado *cera do ouvido.*

Cer.ve.ja (ê) *s.f.* **1.** Bebida levemente alcoólica fermentada, feita de cevada, lúpulo e outros cereais. **2.** O conteúdo de uma garrafa ou lata de cerveja.

Cer.ve.ja.ri.a *s.f.* **1.** Fábrica de cerveja. **2.** Casa onde se vende ou se toma cerveja.

Cer.vi.cal *adj.2g.* ANAT Relativo à cerviz ou ao colo do útero ou da bexiga.

Cer.viz *s.f.* **1.** A parte posterior do pescoço; nuca, cachaço. **2.** Cabeça. **3.** MED Colo do útero; cérvix.

Cer.vo *s.m.* ZOOL Mamífero cervídeo das áreas pantanosas do Brasil, Bolívia, Paraguai e Uruguai, de pelo castanho-claro, também chamado *veado-galheiro.*

Cer.zi.dei.ra *s.f.* Fem de *cerzidor*; mulher que cerze. **2.** NÁUT Espécie de cabo das testas das gáveas.

Cer.zir *v.t.* **1.** Coser, remendar (um tecido) com pontos miúdos, de maneira que não se note o conserto. **2.** FIG Unir; juntar. *v.t. e int.* **3.** Intercalar.

Ce.sa.ri.a.na *adj. e s.f.* CIR Diz-se de, ou operação em que se abre o ventre materno para extrair o recém-nascido; cesárea.

Cé.sio *s.m.* QUÍM Metal alcalino de símbolo Cs e número atômico 55, prateado, sólido e mole.

Ces.sa.ção *s.f.* **1.** Ato ou efeito de cessar, de parar. **2.** Trégua, interrupção; fim. ◆ Cf. *sessação.*

Ces.sar *v.int.* **1.** Parar; interromper-se. **2.** Acabar. *v.t.* **3.** Não continuar; interromper; fazer parar. **4.** Deixar, desistir. ◆ Cf. *sessar.*

Ces.sar-fo.go *s.m.* Interrupção dos combates.

Ces.sio.ná.rio *adj.* **1.** Que faz cessão. **2.** Que aceita a cessão. *s.m.* **3.** Aquele que faz, ou em favor de quem se faz a cessão de bens ou de direitos.

Ces.ta (ê) *s.f.* **1.** Utensílio de vime ou de verga entrançada, com asa, para guardar ou transportar qualquer coisa. **2.** Quantidade de objetos que uma cesta pode conter; cestada. **3.** ESP No basquete, aro guarnecido de rede, por onde se faz passar a bola. **4.** ESP Ponto marcado cada uma das vezes em que a bola passa pela rede, no basquete.

Ces.tei.ro *s.m.* O que faz ou vende cestos.

Ces.ti.nha *s.2g.* Jogador(a) de basquetebol que faz o maior número de pontos numa partida ou no campeonato.

Ces.to (ê) *s.m.* **1.** Cesta pequena, sem asa. **2.** Utensílio semelhante a uma cesta, e mais fundo, sem tampa; balaio, cabaz.

Ces.to.bol *s.m.* Basquetebol, bola-ao-cesto.

Ce.su.ra *s.f.* **1.** Ação de cortar. **2.** Incisão feita com bisturi ou instrumento semelhante. **3.** METRIF Lugar no verso onde um grupo tônico termina e um outro começa.

Ce.tá.ceo *adj.* **1.** Relativo aos grandes mamíferos aquáticos. *s.m.* **2.** Qualquer um desses mamíferos, como a baleia, o golfinho etc.

Ce.ti.cis.mo *s.m.* **1.** Sistema filosófico segundo o qual o homem não pode atingir a verdade absoluta. **2.** Estado de quem duvida de tudo. **3.** FIG Incredulidade; descrença.

Cé.ti.co *adj.* **1.** Relativo ao ceticismo; descrente. *s.m.* **2.** Adepto do ceticismo. **3.** Aquele que duvida de tudo.

Ce.tim *s.m.* **1.** Tecido de seda ou algodão, lustroso e macio. **2.** Qualquer coisa macia como cetim.

Ce.tro *s.m.* **1.** ANT Bastão de apoio usado por reis e generais. **2.** O poder ou a autoridade real. **3.** FIG Poder, autoridade.

Céu *s.m.* **1.** Espaço infinito em que giram os astros. **2.** Parte desse espaço limitada pelo horizonte. **3.** Lugar habitado por Deus e pelos anjos, e lugar para onde, segundo se crê, vão as almas dos justos. **4.** FIG A divindade; a providência divina. *s.m.* **5.** Firmamento.

Ce.va *s.f.* **1.** Lugar onde se engordam animais. **2.** Local onde se coloca alimento para atrair peixe, ou qualquer caça em geral; cevadouro. **3.** Chiqueiro. **4.** Ato ou efeito de cevar(-se). **5.** Engodo, isca.

Ce.va.da *s.f.* **1.** BOT Planta gramínea, cujos grãos constituem o principal cereal para a fabricação da cerveja, bem como fornecem uma farinha alimentícia utilizada na produção de pães. **2.** Grão dessa planta.

Ce.va.do *adj.* **1.** Diz-se de animal que esteve na ceva e, por isso, está gordo. **2.** Farto, saciado (pessoa ou animal). *s.m.* **3.** Porco que se cevou. **4.** Homem gordo.

Ce.var *v.t.* **1.** Tornar gordo; engordar. **2.** Nutrir. **3.** Pôr isca em. **4.** Fomentar; satisfazer. *v.p.* **5.** Saciar-se, fartar-se. **6.** Enriquecer-se, locupletar-se.

CFA Sigla de Comunidade Financeira Africana.

CFC Sigla de clorofluorcarboneto.

CGC Sigla de Cadastro Geral de Contribuinte.

CER / CGC

CHÁ — CHANTILI

Chá *s.m.* **1.** BOT Arbusto (*Thea sinensis*), de frutos verdes e carnosos, de cujas folhas se faz uma infusão apreciada em todo o mundo; chá-da-índia. **2.** As folhas secas desse arbusto. **3.** Infusão dessas folhas. **4.** Reunião em que se serve chá. **5.** Infusão medicinal de diversas plantas. **6.** FIG Gosto, inclinação. ◆ Cf. *xá*.

Chã *s.f.* **1.** Terreno plano; planície. **2.** Carne da parte interna da coxa do boi; chã de dentro.

Cha.bu *s.m.* (NE) Explosão chocha que fazem os buscapés e outros fogos de artifício, por defeito de fabricação.

Cha.cal *s.m.* Mamífero carnívoro, espécie de cão selvagem e feroz das pradarias e florestas da Ásia e África.

Chá.ca.ra *s.f.* **1.** Habitação campestre, perto da cidade, com moradia, horta, pomar etc. **2.** Casa de campo. **3.** Terreno onde se cultivam e vendem hortaliças, legumes ou plantas para jardim.

Cha.ci.na *s.f.* **1.** Ato ou efeito de chacinar. **2.** Matança de pessoas; carnificina, mortandade. **3.** Carne de porco e outros animais espostejada, salgada e curada para provisão.

Cha.ci.nar *v.t.* **1.** Praticar chacina em. **2.** Partir em postas e salgar (carne). **3.** Matar, assassinar.

Cha.co.a.lhar *v.t.* **1.** Agitar, chocalhar; balançar. **2.** Fazer soar o chocalho. **3.** Sacudir, abalar. **4.** Molestar, importunar.

Cha.co.ta *s.f.* **1.** Zombaria, mofa, troça. **2.** Antiga canção popular, com alusões satíricas.

Cha.cri.nha *s.f.* FAM Reunião informal para um pequeno grupo de amigos.

Chá-da-ín.dia *s.m.* Chá (acep. 1).

Chã de den.tro *s.f.* Chã. ● *Pl.: chãs de dentro.*

Chã de fo.ra *s.f.* Carne da parte externa da coxa do boi. ● *Pl.: chãs de fora.*

Chá de pa.ne.la *s.m.* Reunião que se oferece à noiva para presenteá-la com objetos de utilidades domésticas. ● *Pl.: chás de panelas.*

Cha.fa.riz *s.m.* **1.** Fonte artificial com uma ou várias bicas, por onde corre água, que serve para uso da população, como bebedouro de animais ou simples ornamento; fonte. **2.** Bebedouro público. **3.** FIG Pessoa que chora muito e com frequência.

Cha.fur.dar *v.t., int.* e *p.* **1.** Revolver-se na chafurda, na lama. **2.** Tornar-se imundo. **3.** Perverter-se, atolar-se (em vícios).

Cha.ga *s.f.* **1.** Ferida aberta. **2.** Incisão na casca das árvores. **3.** Coisa que penaliza; desgraça. **4.** FIG Tudo aquilo que provoca sofrimento; dor, mágoa.

Cha.la.ça *s.f.* **1.** Gracejo pesado ou insolente. **2.** Dito humorístico; sátira. **3.** Caçoada, zombaria.

Cha.la.na *s.f.* Barco de fundo chato para transporte de mercadorias em rios.

Cha.lé *s.m.* Casa em estilo suíço ou semelhante, em geral de madeira e sem platibanda, com teto de duas águas; casa rústica.

Cha.lei.ra *s.f.* **1.** Vaso metálico onde se aquece água, se faz chá. **2.** FUT GÍR Lance dado à bola com a face lateral do pé. *adj.* e *s.2g.* **3.** POP Bajulador servil.

Chal.rar *v.int.* **1.** Palrar. **2.** Falar demasiadamente; falar à toa; tagarelar. **3.** Chilrear (pássaro).

Chal.re.ar *v.t.* Chalrar.

Cha.ma *s.f.* **1.** Flama, labareda, luz. **2.** O que inflama a alma; ardor, paixão. **3.** Pássaro que se coloca numa gaiola para chamar ou atrair outros; chamariz.

Cha.ma.da *s.f.* **1.** Ato ou efeito de chamar; chamado, chamamento. **2.** Ato de chamar pelo nome (pessoas), para verificar a presença. **3.** Toque de reunir. **4.** Sabatina. **5.** Sinal num texto para chamar a atenção para notas, rodapés etc. **6.** JORN Texto curto, publicado na primeira página, que resume as informações explicadas em outra página do jornal. **7.** Ligação telefônica: *Fez uma chamada de mais de 10 minutos.* **8.** POP Censura, advertência, pito. **9.** Traço convencional com que o revisor chama a atenção para um erro em uma prova.

Cha.ma.lo.te *s.m.* **1.** Tecido de lã de camelo. **2.** Tecido de seda cujo brilho forma ondulações.

Cha.mar *v.t.* **1.** Dizer em voz alta o nome de alguém. **2.** Escolher para emprego ou cargo. **3.** Verificar se está presente. **4.** Acordar. **5.** Trazer, fazer vir. **6.** Avocar. **7.** Dar nome de; apelidar. **8.** Convocar para reunião. **9.** Atrair. **10.** Ter por nome.

Cha.ma.riz *s.m.* **1.** Aquilo que chama ou atrai. **2.** FIG Isca, engodo. **3.** Ave para atrair outras.

Chá-ma.te *s.m.* Mate. ● *Pl.: chás-mate e chás-mates.*

Cha.ma.ti.vo *adj.* Que chama vivamente a atenção; muito vistoso: *Ela surgiu à porta, esfuziante num vestido chamativo.*

Cham.bre *s.m.* **1.** Roupão caseiro, que se veste ao levantar da cama. **2.** Traje feminino, branco e leve, para se usar em casa.

Cha.me.go (ê) *s.m.* **1.** Amizade muito íntima; apego. **2.** Namoro, paixão violenta. **3.** Amizade íntima; apego. **4.** Excitação para atos libidinosos. **5.** Excitação, inquietação.

Cha.me.jan.te *adj.2g.* Que chameja.

Cha.me.jar *v.int.* **1.** Deitar, lançar chamas. **2.** Arder; flamejar. **3.** Brilhar, cintilar, faiscar. **4.** Arder em cólera, paixão etc. *v.t.* **5.** Dardejar; expelir. **6.** Passar pelas chamas, para desinfetar.

Cha.mi.né *s.f.* **1.** Tubo que comunica a fornalha, através do fogão, com o exterior e serve para dar saída à fumaça. **2.** Fogão para aquecer a sala; estufa. **3.** Lareira. **4.** Tudo o que serve para a ventilação dos edifícios. **5.** Parte do cachimbo em que se põe o fumo. **6.** GEOL Conduto vulcânico, por onde escapam as matérias fluidas.

Cham.pa.nha (fr. *champagne*) *s.m.* Vinho espumante, branco ou rosado, originário de Champagne (norte da França) ou de igual tipo e de outra procedência. ◆ *Var.: champanhe.*

Cham.pa.nhe *s.m.* ⇒ **Champanha.**

Champignon (fr.) *s.m.* Nome que se dá ao cogumelo comestível.

Champinhom *s.m.* Cogumelo comestível.

Cha.mus.car *v.t.* **1.** Passar rapidamente pelo fogo para queimar de leve; crestar. *v.p.* **2.** Queimar(-se) de leve. **3.** Sair sorrateiramente; esgueirar-se.

Cha.mus.co *s.m.* **1.** Queima leve de coisa que se passou pelo fogo. **2.** Cheiro de coisa queimada.

Chan.ça *s.f.* **1.** Dito zombeteiro; gracejo, gozação. **2.** Presunção, vaidade.

Chan.ce *s.f.* **1.** Oportunidade, ocasião favorável. **2.** Sorte, acaso.

Chan.ce.la *s.f.* **1.** Selo pendente. **2.** Rubrica gravada em sinete para suprir assinatura em documentos ou pôr a marca da repartição. **3.** Ato de chancelar ou carimbar. **4.** FIG Consentimento, aprovação, permissão.

Chan.ce.ler (lér) *s.m.* **1.** Antigo magistrado, a quem competia a guarda do selo real. **2.** Funcionário encarregado de autenticar documentos oficiais. **3.** Chefe do governo, na Alemanha (Europa). **4.** Ministro das Relações Exteriores.

Chan.chã *s.f.* Espécie de pica-pau, cujo nome deriva de seu canto, também chamado *pica-pau-do-campo*.

Chan.cha.da *s.f.* **1.** Peça de teatro de pouco ou nenhum valor, onde predominam piadas ou graças vulgares, a pornografia etc. e pouca ou nenhuma ideia etc. **2.** Gênero de cinema brasileiro que vigorou nas décadas de 1940 e 1950, de grande aceitação popular, pelo apelo ao riso fácil.

Chan.frar *v.t.* **1.** Cortar em forma de meia-lua. **2.** Falar mal de alguém ausente.

Cha.nís.si.mo *adj. superl. abs. sint.* de *chão.*

Chan.ta.ge.ar *v.t.* Fazer chantagem.

Chan.ta.gem *s.f.* Ato de extorquir dinheiro ou favores sob ameaça de revelações escandalosas, comprometedoras etc.

Chan.ta.gis.ta *adj.* e *s.2g.* Diz-se de, ou pessoa que pratica chantagens.

Chan.ti.li (fr. *chantilly*) *s.m.* Creme branco, doce, mais ou menos espesso, originalmente feito de creme de leite batido e açúcar, que acompanha uma sobremesa, geralmente adicionado a frutas e bolos.

110 CHANUCÁ — CHARLATEIRA

Cha.nu.ca ou **ha.nu.ca** (heb.) *s.m.* Festa judaica, tb. conhecida como festa da Consagração ou das Luzes, com oito dias de duração, próxima ao Natal, que comemora a vitória da revolta dos macabeus, em 165 a.C., contra a dominação sírio-helênica da Judeia sob o seléucida Antíoco IV.

Chão *adj.* **1.** Horizontalmente plano; liso. **2.** Franco, lhano. **3.** Honesto, honrado. **4.** Singelo, vulgar, rasteiro. **5.** Simples, fácil. *s.m.* **6.** A superfície sólida da terra. **7.** O pavimento da casa, o assoalho. **8.** Lugar onde se nasceu ou se vive. **9.** Pequena propriedade rural. ● *Fem.*: *chã.* ● *Sup.abs.sint.*: *chaníssimo.*

Cha.pa *s.f.* **1.** Folha metálica. **2.** Lâmina em que se abre um desenho para ser reproduzido. **3.** Frase, expressão ou outro qualquer elemento literário que se repete em solenidades etc.; lugar-comum, frase feita. **4.** Lista de candidatos a cargos eletivos: *O Sindicato apresentou duas chapas.* **5.** Radiografia. **6.** Dentadura postiça. **7.** POP Camarada, amigo, companheiro íntimo.

Cha.pa.da *s.f.* **1.** Clareira. **2.** Esplanada no alto do monte, da serra. **3.** Planalto. **4.** Pancada em cheio. **5.** GÍR Bofetada.

Cha.pa.dão *s.m.* **1.** Série sucessiva de chapadas. **2.** Chapada muito extensa.

Cha.par *v.t.* **1.** Guarnecer com chapa. **2.** Dar forma de chapa a. **3.** Marcar, cunhar. **4.** Esbofetear. *v.p.* **5.** Estatelar-se. **6.** Embriagar-se.

Cha.pe.ar *v.t.* **1.** Revestir com chapa (uma peça ou conjunto de peças). **2.** Revestir (parede etc.) com argamassa, cimento ou barro arremessado de certa distância e através de uma peneira.

Cha.pe.lei.ra *s.f.* **1.** Caixa de guardar chapéus. **2.** Mulher que fabrica ou vende chapéus. **3.** Cabide para chapéus.

Cha.pe.lei.ro *s.m.* Fabricante ou vendedor de chapéus.

Cha.péu *s.m.* **1.** Cobertura de feltro, palha etc. com capa e abas, para a cabeça. **2.** Qualquer objeto em forma de chapéu: *guarda--chuva, guarda-sol.* **3.** Dignidade cardinalícia. ● *Aum.*: *chapelão.* ● *Dim.*: *chapeleta* (ê) ou *chapelete* (ê).

Cha.péu-chi.le *s.m.* Chapéu do chile.

Cha.péu-co.co *s.m.* Chapéu de homem, de feltro rígido, de copa estreita e arredondada, e abas ligeiramente reviradas nos lados; chapéu-de-coco. ● *Pl.*: *chapéus-cocos e chapéus-coco.*

Cha.péu de chu.va *s.m.* Guarda-chuva. ● *Pl.*: *chapéus de chuva.*

Cha.péu de co.co *s.m.* Chapéu-coco. ● *Pl.*: *chapéus de coco.*

Cha.péu-de-cou.ro *s.m.* BOT Nome comum a duas plantas cujas folhas são usadas na medicina popular. ● *Pl.*: *chapéus-de-couro.*

Cha.péu-de-fra.de *s.m.* **1.** Diamante cristalizado, chato e irregular. **2.** Pequeno cristal de diamante. **3.** (SP) Arbusto bignoniáceo, também chamado *bolsa-de-pastor e bucho.* ● *Pl.*: *chapéus de frade.*

Cha.péu de sol[1] *s.m.* **1.** Guarda-sol. **2.** Guarda-chuva. ● *Pl.*: *chapéus de sol.*

Cha.péu-de-sol[2] *s.m.* BOT Árvore de casca rugosa, que fornece uma madeira branca e pouco resistente; amendoeira-da-praia. ● *Pl.*: *chapéus-de-sol.*

Cha.péu do chi.le *s.m.* Variedade fina de chapéu panamá; chapéu--chile. ● *Pl.*: *chapéus do chile.*

Cha.péu-pa.na.má *s.m.* Chapéu masculino, de palha fina e flexível, feito com fibras trançadas de bombonaça e de outras plantas da América Central; panamá. ● *Pl.*: *chapéus-panamá e chapéus-panamás.*

Cha.péu-ve.lho *s.m.* (SP) Café malfeito. ● *Pl.*: *chapéus-velhos.*

Cha.peu.zi.nho *s.m.* **1.** *Dim.* de *chapéu.* **2.** POP Q acento circunflexo.

Cha.pim *s.m.* **1.** Antigo calçado feminino. **2.** Coturno usado antigamente na representação das tragédias gregas. **3.** Pássaro conirrostro.

Cha.pi.nei.ro *s.m.* O que faz ou vende chapins.

Cha.pi.nhar *v.t. e int.* **1.** Agitar (a água, a lama) com as mãos ou os pés. **2.** Chafurdar, atolar-se.

Cha.pi.nhei.ro *s.m.* Água empoçada.

Cha.pis.co *s.m.* **1.** Ato ou efeito de chapiscar. **2.** Argamassa fluida de cimento e areia que se faz aderir à parede em osso para formar uma base irregular, áspera e rústica, sobre a qual se fixa o reboco. **3.** Revestimento e acabamento de parede feito com esse material e pelo mesmo processo. **4.** Obra assim executada.

Cha.po *s.m.* (N) Comum, vulgar.

Cha.po.ta *s.f.* Ato ou efeito de chapotar.

Cha.po.tar *v.t.* Cortar os galhos inúteis; podar.

Cha.prão *s.m.* Pranchão com que se espreme a massa da mandioca ralada.

Cha.priz *s.m.* Sapato para mulher.

Cha.puz *s.m.* Pedaço de madeira que se junta a uma peça para nela se fixar alguma coisa (prego etc.); chumaço. ● *De chapuz*: *de cabeça para baixo.*

Cha.pu.zar *v.t.* **1.** Lançar na água de cabeça para baixo ou de chapuz. *v.p.* **2.** Pôr-se de cabeça para baixo. **3.** Agachar-se.

Cha.ra.da *s.f.* **1.** Espécie de enigma em que se deve adivinhar uma palavra composta de outras palavras indicadas por sílabas. **2.** FIG Linguagem obscura. **3.** Discurso ininteligível. **4.** Problema, dificuldade.

Cha.ra.de.ar *v.int.* Compor ou decifrar charadas.

Cha.ra.dis.mo *s.m.* Arte de compor ou decifrar charadas e enigmas.

Cha.ra.dis.ta *adj. e s.2g.* Que, ou pessoa que compõe ou decifra charadas.

Cha.ra.dís.ti.co *adj.* Referente a charada ou charadista.

Cha.ram.ba *s.f.* Dança dos Açores.

Cha.ra.me.la *s.f.* **1.** Instrumento musical antigo, semelhante à clarineta. **2.** POP Charanga. **3.** Registro grave da clarineta.

Cha.ra.me.lei.ro *s.m.* O que toca charamela.

Cha.ran.ga *s.f.* **1.** Pequena banda de música, formada principalmente de instrumentos de sopro e bumbos. **2.** POP Automóvel velho e em mau estado de conservação.

Cha.ran.guei.ro *s.m.* Tocador de charanga.

Cha.rão *s.m.* **1.** Verniz de laca. **2.** Obra envernizada com charão. **3.** Ave psitaciforme que ocorre no Rio Grande do Sul, ameaçada de extinção, também chamada *papagaio-da-serra.*

Char.co *s.m.* **1.** Água estagnada e muito suja. **2.** Lodaçal, atoleiro, brejo.

Char.co.so (ô) *adj.* Em que há charcos; lamacento.

Char.cu.ta.ri.a *s.f.* Loja ou produtos de charcutaria.

Char.cu.tei.ro *s.m.* O que trabalha em charcutaria, prepara e vende carne de porco, linguiça, salames etc.

Char.cu.te.ri.a *s.f.* → Charcutaria.

Char.ge *s.f.* Desenho satírico ou humorístico, em geral de caráter político sobre assunto de grande atualidade que, de preferência, faz parte do noticiário do dia.

Char.gis.ta *s.2g.* Pessoa que faz charges e caricaturas.

Cha.ri.va.ri *s.m.* Desordem, tumulto, berreiro, vozearia.

Char.la *s.f.* Conversa a toa: *É um indivíduo cheio de charla.*

Char.la.dor *adj. e s.m.* Diz-se de, ou aquele que charla.

Char.lar *v.t.* Falar ou conversar à toa; tagarelar.

Char.la.ta.na.ri.a *s.f.* Modos de agir e falar de charlatão; charlatanismo.

Char.la.ta.ne.ar *v.int.* Agir como charlatão.

Char.la.ta.nes.co (ê) *adj.* **1.** Próprio de charlatão. **2.** Em que há charlatanismo.

Char.la.ta.ni.ce *s.f.* Qualidade de charlatão; charlatanismo.

Char.la.ta.nis.mo *s.m.* **1.** Qualidade ou atitude de charlatão; charlatanice. **2.** Ato de explorar a credulidade ou a boa-fé das pessoas.

Char.la.tão *s.m.* **1.** Vendedor ambulante de drogas e elixires, cujas virtudes apregoa exageradamente. **2.** Indivíduo que explora a boa-fé do público. **3.** PEJ Médico incompetente. **4.** Falso médico; impostor. *adj.* **5.** Intrujão, impostor. ● *Pl.*: *charlatães, charlatões.* ● *Fem.*: *charlatona.*

Char.la.tei.ra *s.f.* Espécie de dragona de metal dourado, sem franjas, de certos uniformes militares.

CHARLESTON — CHERNE

Char.les.ton (ing.) *s.m.* Variante de foxtrote sincopado, em compasso quaternário, muito em voga na década de 1920, cujo passo característico consiste em balançar os joelhos para dentro e para fora e afastar as pernas, com um giro rápido e brusco dos calcanhares.

Char.lo.te *s.m.* Antiga espécie de sapato de tecido de malha fina, usualmente com um motivo de gato desenhado a cores.

Char.me *s.m.* Atração, fascínio, sedução, beleza, graça.

Char.mo.so (ô) *adj.* **1.** Que tem charme. **2.** Sedutor, encantador, fascinante, atraente.

Char.ne.ca *s.f.* **1.** Terreno inculto, árido, onde somente vegetam ervas rasteiras e silvestres. **2.** FIG estilo monótono.

Char.que *s.m.* Carne bovina sem ossos, em mantas, salgada e seca ao sol, também chamada *carne-seca* e *jabá.*

Char.que.a.da *s.f.* Lugar onde se prepara o charque.

Char.que.ar *v.t.* e *int.* Preparar o charque.

Char.re.te (ê) *s.f.* Carro leve, de duas rodas grandes, puxado por um, ou, raramente, por dois cavalos.

Char.ro *s.m.* Grosseiro, rude.

Char.ru.a *s.f.* **1.** Arado grande, com jogo dianteiro de rodas e uma só aiveca. **2.** Navio grande e lento. **3.** FIG O campo, a agricultura.

Char.ter (ing.) *s.m.* **1.** Avião alugado. ● *Pl.: charters.*

Cha.ru.ta.ri.a *s.f.* Loja onde se vendem charutos, cigarros, fumo e objetos de fumantes; tabacaria.

Cha.ru.tei.ra *s.f.* Estojo para guardar charutos.

Cha.ru.to *s.m.* **1.** Rolo de folhas secas de tabaco, para fumar. **2.** Bolo em forma de charuto. **3.** Pequena embarcação de um só remo, para recreio. **4.** Bebida feita com mel de abelha e vinho. **5.** Bolo ou outro alimento em forma de charuto.

Chas.si *s.m.* **1.** Quadro que suporta o peso de um vagão ferroviário. **2.** Quadro de aço sobre o qual é montada a carroceria de veículos motorizados. **3.** Base, estrado.

Chat (ing.) Forma de comunicação através de computadores (ger. a Internet), similar a uma conversação, no qual se trocam, em tempo real, mensagens escritas: bate-papo *on-line*, bate-papo virtual.

Cha.ta *s.f.* Embarcação de duas proas, fundo chato e pequeno calado.

Cha.te.ar *v.int.* **1.** Amolar, aborrecer. *v.t.* e *p.* **2.** Aborrecer(-se), irritar(-se).

Cha.ti.ce *s.f.* **1.** Qualidade de chato. **2.** Coisa chata, enfadonha; amolação; chatice. **3.** Baixeza, pequenez.

Cha.to *adj.* **1.** De superfície plana; sem relevo; liso. **2.** FIG Vulgar; rasteiro. **3.** Importuno, maçador, inconveniente. *s.m.* **4.** Inseto parasita do homem, espécie de piolho encontrado principalmente nos pelos da região pubiana.

Chau.vi.nis.mo (xô) *s.m.* **1.** Nacionalismo exagerado, agressivo e ridículo. **2.** Atitude própria do chauvinista.

Cha.vão *s.m.* **1.** Molde ou fôrma para bolos. **2.** FIG Modelo, padrão. **3.** Fórmula já muito repetida, de falar ou escrever; lugar-comum, clichê.

Cha.ve *s.f.* **1.** Instrumento de metal, utilizado para girar a lingueta da fechadura. **2.** Nome dado a vários instrumentos destinados a abrir, fechar, apertar, montar e desmontar certos aparelhos. **3.** Instrumento com que se dá corda a relógios. **4.** Peça móvel que, em instrumentos de sopro, serve para fechar o orifício. **5.** Agulha de via férrea. **6.** Aquilo que facilita ou explica alguma coisa. **7.** Lugar que fecha um território e pode servir de ponto estratégico contra o inimigo. **8.** Sinal gráfico para abranger com uma só designação diferentes objetos ou termos. **9.** Insígnia de posse. **10.** ARQUIT A parte central e superior de uma construção. **11.** Princípio ou remate de um soneto ou de outro trabalho literário. **12.** Tudo o que inicia, prepara ou explica. **13.** Cavilha que atravessa a extremidade inferior do fuso do lugar. **14.** Palma (da mão). **15.** Largura inferior (do pé). **16.** Trespasse de um negócio. **17.** ZOOL Molusco marinho. ● **Debaixo de** (ou sob) **sete chaves:** muito bem guardado. ● *Dim.: chaveta* (ê). ● *Col.: molho, penca, chavaria.*

Cha.vei.ro *s.m.* **1.** Aquele que guarda chaves. **2.** Aparelho para prender chaves. **3.** Quadro com ganchos, em que se dependuram as chaves; porta-chaves. **4.** Aquele que faz ou conserta chaves. **5.** Carcereiro.

Cha.ve.lho (ê) *s.m.* Chifre, corno; antena.

Chá.ve.na *s.f.* Xícara de louça ou taça para chá, café e outras bebidas, quentes ou frias.

Cha.ve.ta (ê) *s.f.* **1.** Peça que segura as rodas na extremidade de um eixo. **2.** Peça para segurar a cavilha. **3.** Haste em que jogam as dobradiças. **4.** Pequena chave como sinal ortográfico. **5.** (SP) Peça de madeira para prender a tiradeira à canga.

Che.car *v.t.* **1.** Conferir, verificar a validade, o preço, a informação, a autenticidade, a exatidão de. **2.** Comparar, confrontar, conferir.

Check.list (ing.) *s.f.* Relação de nomes de pessoas ou de coisas. ● *Pl.: checklists.*

Check.up (checáp) (ing.) *s.m.* **1.** Conjunto de exames (médicos, clínicos e laboratoriais), através dos quais se verifica o estado de saúde de uma pessoa. **2.** Conjunto de exames e testes para se diagnosticar as condições de algo: *Fez um check up completo no carro.*

Cheese.burg.er (ing.) *s.m.* Hambúrguer com queijo fatiado derretido. ● *Pl.: cheeseburgers.*

Chef (fr.) *s.m.* Profissional responsável pela cozinha de um restaurante. ● *Pl.: chefs.*

Che.fão *s.m.* ⇒ Mandachuva.

Che.fa.tu.ra *s.f.* Chefia.

Che.fe *s.2g.* **1.** Pessoa que chefia, dirige, comanda. **2.** Superior hierárquico. **3.** Funcionário ou funcionária que um serviço e orienta outros funcionários; líder. ● *Aum.: chefão.* ● *Dim.: chefinho, chefete.*

Che.fi.ar *v.t.* Dirigir como chefe; comandar, governar.

Che.ga (ê) *s.m.* **1.** Repreensão, censura. *interj.* **2.** indicativa de cessação: *basta!*

Che.ga.do *adj.* **1.** Que chegou. **2.** Em grau muito próximo; próximo. **3.** Estreitamente ligado por afeição; íntimo, afeiçoado. **4.** Vizinho, contíguo. **5.** Que está muito perto; próximo. **6.** Junto, pegado.

Che.gar *v.int.* **1.** Terminar viagem. **2.** Atingir certo lugar. **3.** Aproximar. **4.** Alcançar o perto. **5.** Começar, ter início. **6.** Acontecer, suceder. **7.** Nascer, vir ao mundo. **8.** Ser suficiente; bastar. **9.** Ir embora, retirar-se. **10.** Conseguir, lograr. **11.** Igualar-se, comparar-se. *v.t.* **12.** Atingir, alcançar. **13.** Pôr perto; aproximar. **14.** Oferecer como preço para compra. *v.p.* **15.** Aproximar-se de, avizinhar-se de. **16.** Conformar-se.

Chei.a *s.f.* **1.** Enchente de rio; inundação. **2.** FIG Porção, grande quantidade. **3.** Uma das fases da Lua.

Chei.o *adj.* **1.** Pleno, lotado, completo. **2.** Compacto, maciço. **3.** Nutrido, gordo. **4.** GÍR Farto, aborrecido. **5.** Diz-se do traço não interrompido. ● *Ant.: vazio.*

Chei.rar *v.t.* **1.** Tomar o cheiro de. **2.** Introduzir no nariz (rapé, droga etc.). **3.** Ter aparência ou semelhança. **4.** Indagar, pesquisar, bisbilhotar. **5.** Suspeitar. *v.int.* **6.** Exalar cheiro. **7.** Cheirar mal.

Chei.ro *s.m.* **1.** Impressão produzida no sentido do olfato pelas partículas odoríferas. **2.** Cheiro agradável; aroma, perfume, fragrância. **3.** Mau cheiro, fedor. **4.** Faro, olfato. **5.** Aparência, vestígio, indício.

Chei.ro.so (ô) *adj.* **1.** De cheiro agradável. **2.** Perfumado, aromático.

Chemisier (chemisiê) (fr.) *adj.2g.* e *2n.* Diz-se da roupa feminina de feitio semelhante à camisa social.

Che.ni.le *s.f.* **1.** Fio aveludado de lã, algodão, seda ou raiom, com fibras proeminentes. **2.** Tecido feito com esse tipo de fio.

Che.que *s.m.* Ordem de pagamento à vista, contra o titular de conta corrente de um banco.

Cher.ne *s.m.* Peixe marinho da família dos serranídeos, que chega a mais de 2 m de comprimento.

CHIADO — CHOQUE

Chi.a.do s.m. **1.** Som agudo, desagradável e prolongado de certos animais (como ratos) ou de superfícies polidas. **2.** Ruído que às vezes ocorre nas reproduções de discos, fitas etc. *adj.* **3.** Que chia.

Chi.ar v.int. **1.** Fazer chiado. **2.** Emitir som agudo, estridente. **3.** Ranger. **4.** FAM Esbravejar de cólera. **5.** Abespinhar-se. **6.** POP Manifestar descontentamento; reclamar, protestar.

Chi.ba.ta s.f. **1.** Vara de cipó ou de junco. **2.** Vara comprida e delgada para fustigar. **3.** Chicote.

Chi.ca.na s.f. **1.** Contestação judicial ou sutileza capciosa. **2.** Sofisma, cavilação. **3.** Ardil, astúcia. ● *Pl.: chicanas*.

Chi.ca.ne (fr.) s.m. ⇒ Chicana ('passagem; obstáculo'). ● Pl.: *chicanes*.

Chi.ca.nei.ro adj. e s.m. Diz-se do, ou o que é dado a chicanas; trapaceiro.

Chi.ca.no adj. e s.m. Diz-se de ou norte-americano de ascendência latino-americana, esp. mexicana.

Chi.cle.te s.m. Goma perfumada extraída do chicle, usada como goma de mascar; chicle.

Chi.có.ria s.f. Planta hortense, originária da Índia, cujas folhas novas, lisas ou crespas, são usadas em salada.

Chi.co.ta.da s.f. Pancada com chicote.

Chi.co.tar v.t. Chicotear.

Chi.co.te s.m. **1.** Cordel entrelaçado ou trança de couro, com cabo ou sem ele, geralmente usado para castigar animais. **2.** Relho, azorrague. **3.** NÁUT Extremidade de qualquer cabo. **4.** Movimento rápido e sacudido da locomotiva.

Chi.co.te.ar v.t. Bater com chicote em; açoitar.

Chi.co.te-quei.ma.do s.m. Jogo infantil em que uma criança corre atrás das outras tentando bater-lhes com um lenço enrolado à semelhança de chicote. ● Pl.: *chicotes-queimados*.

Chi.fom s.m. Tecido fino feito de seda ou raiom.

Chi.frar v.t. **1.** Dar chifradas em. **2.** Ferir com chifres. **3.** POP Cometer adultério; cornear, trair.

Chi.fre s.m. **1.** Corno, chavelho. **2.** FIG Cada uma das pontas da bigorna. **3.** Objeto em forma de chifre.

Chi.fru.do adj. **1.** Que tem grandes chifres. adj. e s.m. **2.** POP Diz-se de, ou marido cuja mulher o traiu; corno.

Chi.li s.m. Molho de pimenta vermelha muito forte.

Chi.li.que s.m. **1.** Ataque de nervos. **2.** POP Perda temporária dos sentidos; desmaio, vertigem.

Chil.re.ar v.int. **1.** Pipilar, gorjear. **2.** Emitir sons repetidos a pequenos intervalos. **3.** FIG Palrar, tagarelar. ◆ Var.: *chilrar*.

Chil.rei.o s.m. **1.** Ato ou efeito de chilrear; gorjeio. **2.** Som agudo e trinado dos pássaros.

Chim adj. e s.2g. Chinês.

Chi.man.go s.m. Var.: *ximango*.

Chi.mar.rão adj. e s.m. **1.** Diz-se de, ou mate cevado, sem açúcar. **2.** Diz-se de, ou gado bovino que foge para o mato e se torna selvagem. **3.** Diz-se de, ou cão sem dono, cão bravio, que, fora de casa, se nutre de animais que mata.

Chim.pan.zé s.m. **1.** ZOOL Grande macaco antropoide, que ocorre nas florestas da África equatorial, considerado o parente mais próximo da espécie humana. **2.** FIG Homem muito feio e desajeitado.

Chin.chi.la s.f. **1.** ZOOL Mamífero roedor que habita as montanhas do Chile e do Peru, do tamanho do coelho, de pele cinza e pelos sedosos. **2.** A pele desse animal é muito utilizada no fabrico de casacos finos.

Chi.ne.la s.f. Chinelo.

Chi.ne.la.da s.f. Pancada com chinela ou chinelo.

Chin.frim s.m. **1.** Desordem, balbúrdia, algazarra. **2.** Tumulto, banzé. **3.** Baile popular. adj.2g. **4.** Reles, insignificante.

Chi.nó s.m. Cabeleira postiça; peruca.

Chi.o s.m. Voz aguda dos ratos e de certos pássaros; chiado.

Chip (ing.) s.m. Pastilha de silício que forma uma pequena superfície de material semicondutor que pode comportar um ou mais circuitos integrados. ● Pl.: *chips*.

Chi.que adj.2g. **1.** Elegante no trajar. **2.** Elegante, bonito, catita. **3.** De bom gosto. s.m. **4.** Elegância.

Chi.quê s.m. **1.** POP Recusa fingida em aceitar ou fazer algo; afetação. **2.** POP Elegância afetada.

Chi.quei.ro s.m. **1.** Curral onde se criam ou recolhem porcos; pocilga. **2.** FIG Casa ou lugar imundo; imundície. **3.** Tapagem, no leito do rio, para deter os peixes arrastados pela correnteza.

Chis.pa s.f. **1.** Raio de luz ou brilho momentâneo. **2.** Faísca, fagulha. **3.** FIG Inteligência viva. **4.** FIG Talento, gênio.

Chis.pa.da s.f. Corrida rápida; disparada.

Chis.par v.int. **1.** Lançar chispas; faiscar. **2.** FIG Agastar-se. **3.** Encolerizar-se. **4.** Correr em disparada. v.t. **5.** Lançar de si (fogo).

Chis.pe s.m. Pé de porco.

Chis.te s.m. Dito espirituoso, engraçado; pilhéria, gracejo.

Chis.to.so (ô) adj. Que tem chiste; espirituoso.

Chi.ta s.f. **1.** Tecido ordinário de algodão, estampado e colorido. **2.** BOT Nome de várias plantas orquidáceas. **3.** adj. Chitado (gado).

Chi.tão s.m. Chita de grandes estamparias.

Cho.ça (ó) s.f. **1.** Habitação mais rústica e grosseira que a choupana; palhoça. **2.** GÍR Cadeia, prisão.

Cho.ca.dei.ra s.f. Aparelho para chocar ovos; incubadora.

Cho.ca.gem s.f. Ato ou efeito de chocar (ovos).

Cho.ca.lhar v.int. **1.** Fazer soar o chocalho. **2.** Produzir som semelhante ao de chocalho. **3.** FIG Dar gargalhadas. v.t. **4.** Agitar, sacudir, fazendo soar como chocalho. **5.** FIG Propalar, divulgar.

Cho.ca.lho s.m. **1.** Instrumento de metal, semelhante a uma campainha, que se coloca ao pescoço dos animais. **2.** Brinquedo de criança constituído de cabaça, com pedrinhas dentro.

Cho.can.te adj. **1.** Que choca ou ofende; desagradável. **2.** Que causa admiração ou espanto; maravilhoso: *Ela estava chocante naquele vestido azul*.

Cho.car v.t. **1.** Cobrir e aquecer (os ovos) para lhes desenvolver o germe. **2.** FIG Premeditar. **3.** Maquinar, acariciar com os olhos. **4.** Contemplar com desejo ou inveja. **5.** Ir de encontro a. **6.** Impressionar desagradavelmente. **7.** Escandalizar. v.int. **8.** Estar no choco. **9.** Apodrecer, deteriorar-se. v.pr. **10.** Esbarrar-se reciprocamente; entrebater-se: *Os carros se chocaram de frente!*

Cho.car.ri.ce s.f. Gracejo atrevido e grosseiro; chalaça.

Cho.cho (ô) adj. **1.** Que tem suco, miolo ou grão; seco. **2.** Goro (ovo). **3.** Chato, insípido. **4.** Fútil, fraco, débil. **5.** Sem préstimo, enfraquecido.

Cho.co (ô) adj. **1.** Diz-se do ovo no qual o germe está se desenvolvendo. **2.** Que está incubando: *Galinha choca*. **3.** Goro, podre, estragado (ovo). s.m. **4.** Ato ou efeito de chocar (ovos). **5.** Período ou tempo de incubação.

Cho.co.la.te s.m. **1.** Pó ou pasta alimentícia, feita de cacau, açúcar e várias substâncias aromáticas. **2.** Bebida preparada com essa pasta ou esse pó, açúcar e outras substâncias. adj.2g. e 2n. **3.** Da cor do chocolate.

Cho.co.la.tei.ra s.f. **1.** Vasilha em que se prepara o chocolate (bebida). **2.** Vaso em que se aquece água, se faz café; chaleira. **3.** GÍR Cabeça, cara.

Cho.fer s.m. **1.** Motorista profissional de automóvel, ônibus, caminhão etc. **2.** Qualquer motorista.

Cho.fre (ô) s.m. **1.** Choque repentino. **2.** Tiro contra a ave que se levanta. **3.** Pancada do taco na bola de bilhar. ◆ De chofre: de repente, de súbito.

Chol.dra (ô) s.f. **1.** POP Coisa imprestável ou desprezível. **2.** Ralé, plebe. **3.** Confusão, balbúrdia.

Cho.pa.ri.a s.f. Casa que se vende chope.

Cho.pe (ô) s.m. Cerveja fria de barril.

Cho.pe.ri.a s.f. Choparia.

Cho.que s.m. **1.** Embate violento entre dois corpos. **2.** Carro de choque. **3.** Encontro violento de forças militares. **4.** Querela violenta; briga. **5.** Luta, embate. **6.** FIG Conflito, oposição. **7.** Comoção, abalo (físico ou emocional). **8.** Golpe, revés. **9.** Sensação produzida por uma descarga elétrica.

CHORADEIRA — CIBERESPAÇO

Cho.ra.dei.ra *s.f.* **1.** Choro continuado, impertinente. **2.** Lamentação, lamúria.

Cho.ra.min.gar *v.int.* **1.** Chorar amiúde e por motivos fúteis. **2.** Chorar baixinho. *v.t.* **3.** Proferir com voz de lamúria. **4.** Cantar em lamentos.

Cho.ra.min.gas *s.2g.* e *2n.* Pessoa que choraminga; chorão.

Cho.rão *adj.* e *s.m.* **1.** Diz-se de, ou aquele que tem o hábito de chorar ou choramingar. **2.** Diz-se de, ou aquele que chora muito. **3.** FIG Diz-se de, ou namorado muito apaixonado. *s.m.* **4.** BOT Espécie de salgueiro de ramos pendentes. **5.** BOT Nome de várias plantas cujos ramos se inclinam e pendem de vasos ou paredes. **6.** ZOOL Espécie de macaco do Brasil. **7.** Ave da família dos psitacídeos, de coloração verde.

Cho.rar *v.int.* **1.** Derramar, verter lágrimas. **2.** Sentir ou manifestar grande dor (física ou moral); lastimar-se. **3.** Produzir som análogo à voz dos que pranteiam. **4.** Exprimir dor, tristeza etc. *v.t.* **5.** Deplorar; sentir profunda saudade ou desgosto pela perda, falta ou ausência de. **6.** Arrepender-se de (culpas, faltas). **7.** Queixar-se dos próprios males. ● *Fem.*: (acep. 1 a 3): *chorona*.

Cho.ri.nho *s.m.* **1.** Pranto silencioso e ligeiro. **2.** Choro. **2.1** Variante do choro tende a andamento vivo e corrido, em que a linha melódica tende a prevalecer sobre os jogos instrumentais. **3.** Aguardente de cana; cachaça. **4.** Porção extra de bebida.

Cho.ro (ô) *s.m.* **1.** Ato ou efeito de chorar. **2.** Pranto, lamento. **3.** Conjunto instrumental, constituído de flauta, violão, cavaquinho, pandeiro e reco-reco. **4.** Gênero de música tocada por esse conjunto. **5.** Pequena quantidade de bebida que o garçom serve além da dose normal. ● *Ant.*: *riso*.

Cho.ro.so (ô) *adj.* **1.** Que chora ou chorou. **2.** Magoado, sentido. **3.** Que faz chorar. **4.** Que causa pena ou tristeza.

Chor.ri.lho *s.m.* **1.** Sequência rápida; série. **2.** Conjunto de coisas ou de pessoas mais ou menos semelhantes.

Cho.ru.me.la *s.f.* **1.** POP Coisa sem importância; ninharia, bagatela. **2.** (S) Lengalenga, cantilena.

Chou.pa.na *s.f.* **1.** Casa rústica, coberta de palha ou de colmo. **2.** Choça, cabana.

Chou.ri.ço *s.m.* **1.** Tripa cheia de carne ou massa, com gordura e temperos e curada na fumaça. **2.** Chouriça (acep. 1).

Cho.ver *v.int.* **1.** Cair água em gotas das nuvens. **2.** FIG Cair da atmosfera. **3.** Cair do alto como chuva. **4.** FIG Cair ou sobrevir em abundância. **5.** Derramar; fazer cair.

Chu.char¹ *v.t.* **1.** Sugar, chupar. **2.** Mamar. **3.** LUS Apanhar, levar. **4.** POP Caçoar, mandar de.

Chu.char² *v.t.* POP Cutucar, futucar.

Chu.chu *s.m.* **1.** BOT Planta hortense de caule ramificado, de fruto comestível quando verde. **2.** O fruto dessa planta. **3.** POP Mulher bonita, atraente.

Chu.é *adj.2g.* **1.** Insignificante, reles, simples (o vestido). **2.** Mal trajado. **3.** Magro.

Chu.la *s.f.* FOLCL Espécie de dança e música popular.

Chu.lé *s.m.* **1.** Sujidade entre os dedos dos pés, causada pelo suor. **2.** Mau cheiro que essa sujidade exala.

Chu.le.ar *v.t.* Coser a orla de um tecido, para que não se desfie.

Chu.li.pa *s.f.* POP Golpe com o lado exterior do pé nas nádegas de outrem.

Chu.lo *adj.* **1.** Grosseiro, rude, obsceno. **2.** Usado pela ralé.

Chu.ma.çar *v.t.* Guarnecer de *chumaço*; estofar.

Chu.ma.cei.ra *s.f.* **1.** Espécie de coxim sobre o qual gira um eixo; bucha. **2.** Pedaço de madeira ou de couro sobre o qual se move o remo, nas bordas das embarcações.

Chu.ma.ce.te (ê) *s.m.* *Dim.* de chumaço; pequeno chumaço.

Chu.ma.ço *s.m.* **1.** Pasta de algodão ou de outra substância flexível, entre o corpo e o pano de um vestuário, para lhe alterar a forma. **2.** Substância com que se estofa alguma coisa. **3.** Pedaço de algodão ou gaze usado em curativos ou na toalete.

Chum.ba.da *s.f.* **1.** Chumbo que se põe nas extremidades das redes de pesca. **2.** Quantidade de chumbo que se gasta num tiro. **3.** Ferimento com tiro de chumbo miúdo.

Chum.ba.do *adj.* **1.** Guarnecido de chumbo. **2.** Soldado preso com chumbo. **3.** Que tem pelo branco, vermelho ou castanho, com manchas pretas. **4.** POP Embriagado. **5.** Dominado por paixão amorosa. **6.** Atingido por doença contagiosa.

Chum.bar *v.t.* **1.** Guarnecer de chumbo. **2.** Soldar, prender ou obturar com chumbo ou com outra substância metálica. **3.** Pôr selo de chumbo em. **4.** Ferir com tiro de chumbo, ou com arma de fogo. **5.** FIG Embriagar; reprovar em exame. *v.t.* **6.** Soldar. **7.** FIG Prender, unir.

Chum.bo *s.m.* **1.** Metal azulado de símbolo Pb e número atômico 82, mole, flexível e pesado, que tem várias aplicações. **2.** Grãos (de chumbo) para carregar armas de caça. **3.** Projétil de arma de fogo. **4.** Pedaços de chumbo que guarnecem as redes e as linhas de pesca. **5.** FIG Coisa muito pesada. **6.** POP Juízo, tino. **7.** POP Reprovação em exame.

Chu.pa-flor *s.m.* Beija-flor. ● *Pl.*: *chupa-flores*.

Chu.pão *adj.* **1.** Que chupa. *s.m.* **2.** Ato de chupar com força. **3.** Mancha sanguínea resultante da compressão dos lábios sobre a epiderme. **4.** Beijo sensual, prolongado e ruidoso. **5.** Chupança (inseto). ● *Pl.*: *chupões*. ● *Fem.*: *chupona*.

Chu.par *v.t.* **1.** Sorver, sugar; absorver. **2.** FIG Comer. **3.** Lucrar. **4.** Alcançar, conseguir. **5.** Extrair com a boca o suco de. **6.** Aplicar os lábios a (alguma coisa) como que a sugar. **7.** Consumir, gastar, malbaratar.

Chu.pe.ta (ê) *s.f.* Bico de borracha para bebês; chucha, bico. **2.** Bico de mamadeira.

Chu.pim *s.m.* **1.** Ave passeriforme icterídea, comum nos pastos, que põe ovos em ninhos de tico-ticos, que lhe criam os filhotes; arumará, boiadeiro. **2.** FIG Pessoa que vive à custa de outra.

Chur.ras.ca.ri.a *s.f.* Restaurante que serve especialmente churrasco.

Chur.ras.co *s.m.* Pedaço de carne assada sobre brasas, em espeto ou sobre grelha.

Chur.ras.quei.ra *s.f.* Grelha ou aparelho para preparar churrasco.

Chur.ras.quei.ro *s.m.* Cozinheiro especializado no preparo de churrasco.

Chur.ro *s.m.* Cilindro de massa estriada, frito e ger. passado em açúcar e canela [No Brasil, é freq. recheá-los com doce.].

Chus.ma *s.f.* **1.** Multidão (de pessoas) em alvoroço. **2.** Grande quantidade de coisas; quantidade.

Chu.tar *v.t.* e *int.* **1.** Dar chutes em. **2.** Desprezar, pôr de lado. **3.** GÍR Soltar palpites; tentar acertar por adivinhação. **4.** GÍR Mentir.

Chu.te *s.m.* **1.** FUT Pontapé dado na bola; pontapé. **2.** GÍR Tentativa de acerto; palpite. **3.** GÍR Mentira, balela.

Chu.va *s.f.* **1.** Água que cai em gotas das nuvens. **2.** Aquilo que cai do ar em abundância. **3.** Bebedeira, embriaguez.

Chu.va.da *s.f.* Chuvarada.

Chu.vei.ra.da *s.f.* Banho rápido de chuveiro forte.

Chu.vei.ro *s.m.* **1.** Aparelho constituído de um ralo por onde cai a água do alto sobre o corpo, nos banhos. **2.** Compartimento onde está esse aparelho. **3.** Chuva repentina, abundante e passageira; chuvarada. **4.** FUT Chuveirinho.

Chu.vis.car *v.int.* Cair chuvisco; garoar.

Chu.vis.co *s.m.* **1.** Chuva fina e miúda; garoa. **2.** Doce em forma de pingo, feito de ovo e açúcar.

Chu.vo.so (ô) *adj.* **1.** Em que chove muito: *Tempo chuvoso.* **2.** Que traz ou ameaça chuva.

Ci.a.ne.to (ê) *s.m.* QUÍM Qualquer sal do ácido cianídrico; cianureto.

Ci.a.no.se *s.f.* MED Coloração azulada, lívida ou escura da pele, devida à má oxigenação do sangue arterial.

Ci.a.nu.re.to (ê) *s.m.* Cianeto.

Ci.á.ti.ca *adj.* e *s.f.* Diz-se de, ou dor aguda no nervo ciático, que abrange toda a coxa e a perna.

Ci.á.ti.co *adj.* **1.** Relativo aos quadris ou ao ísquio. *s.m.* **2.** Nome do maior nervo da coxa.

Ci.be.res.pa.ço *s.m.* **1.** Espaço das comunicações por redes de computação. **2.** Realidade virtual.

CIBERNÉTICA — CIMO

Ci.ber.né.ti.ca *s.f.* **1.** Estudo do funcionamento e controle das máquinas de calcular, cérebros eletrônicos, autômatos etc. **2.** Ciência que estuda o sistema de controle e de comunicação nos organismos vivos (homens e animais).

Ci.ber.né.ti.co *adj.* Relativo à Cibernética.

CIC *s.m.* Sigla de Cartão de Identificação do Contribuinte.

Ci.ca *s.f.* **1.** BOT Certa palmeira ornamental. **2.** Travo, adstringência peculiar a determinadas frutas verdes.

Ci.ca.triz *s.f.* **1.** Sinal de ferida depois de curada. **2.** FIG Sinal de estrago ou destruição. **3.** Impressão duradoura deixada por uma ofensa, ingratidão, desgraça: *A separação deixou nela profunda cicatriz.* **4.** Lembrança dolorosa.

Ci.ca.tri.za.ção *s.f.* **1.** Ato ou efeito de cicatrizar(-se). **2.** Formação de cicatrizes.

Ci.ca.tri.zar *v.t.* **1.** Fechar, refazer os tecidos de um corte, ferida. **2.** Dissipar (impressão desagradável). **3.** FIG Apaziguar, sanar, curar. *v.int.* **4.** Fechar-se (falando de ferida).

Cí.ce.ro (de *Cícero*, n. p.) *s.m.* **1.** TIP Unidade de medida das linhas de composição tipográfica. **2.** FIG Orador eloquente.

Ci.ce.ro.ne *s.2g.* **1.** Pessoa que guia visitantes ou turistas, ou mostrando-lhes o que há de importante numa cidade ou região, ou passando-lhes informações úteis. **2.** Intérprete.

Ci.ci.ar *v.int.* **1.** Pronunciar as palavras em cício. **2.** Sibilar brandamente. **3.** Rumorejar levemente. *v.t.* **4.** Dizer em voz baixa; segredar.

Ci.ci.o *s.m.* **1.** Rumor brando, como o da vibração nos ramos das árvores. **2.** Murmúrio de palavras em voz baixa; sussurro.

Ci.clo.mo.tor (ô) *s.m.* Bicicleta dotada de motor.

Ci.clo.ne *s.m.* **1.** METEOR Tempestade violenta, acompanhada de ventos muito fortes. **2.** Furacão. **3.** Vento forte e giratório.

Ci.clo.pe *s.m.* **1.** MITOL Gigante fabuloso com um só olho na testa. **2.** Variedade de crustáceo que vive nas águas estagnadas.

Ci.cló.pi.co *adj.* **1.** Relativo a ciclope. **2.** FIG Gigantesco, colossal.

Ci.clo.vi.a *s.f.* Pista especial e exclusiva para o trânsito de bicicletas.

Ci.cu.ta *s.f.* **1.** BOT Nome comum a várias plantas venenosas (gêneros *Cicuta*, *Conium* e *Anthricus*), de flores dispostas em umbelas, encontradas principalmente nas regiões temperadas. **2.** Veneno que se extrai da cicuta-da-europa.

Ci.da.da.ni.a *s.f.* Qualidade ou condição de cidadão.

Ci.da.dão *s.m.* **1.** Habitante da cidade. **2.** Indivíduo no gozo dos direitos civis e políticos de um Estado. **3.** FAM Indivíduo, pessoa. ● *Fem.*: *cidadã.* ● *Pl.*: *cidadãos.*

Ci.da.de *s.f.* **1.** Povoação de categoria superior à de vila. **2.** Conjunto dos habitantes de uma cidade: *Toda a cidade estava na rua.* **3.** Parte central ou centro comercial e financeiro de uma grande cidade. ● Opõe-se a *bairro.* **4.** Vasto formigueiro de saúvas, constituído de vários compartimentos chamados panelas.

Ci.da.de.la *s.f.* **1.** Fortaleza ou reduto fortificado de uma cidade. **2.** FIG Centro principal. **3.** FUT Arco, meta, gol.

Ci.dra *s.f.* Fruto da cidreira, que é uma baga de polpa ácida, casca espessa e aromática, utilizada no fabrico de doces e em perfumaria.

Ci.drei.ra *s.f.* BOT Arbusto medicinal da família das rutáceas, semelhante ao limoeiro, que produz a cidra.

Ci.ên.cia *s.f.* **1.** Saber que se adquire pela leitura e pela meditação. **2.** Conjunto de conhecimentos coordenados relativamente a determinado objeto e método próprio. **3.** Conhecimento prático usado para uma dada finalidade. **4.** Erudição, saber, instrução.

Ci.en.te *adj.2g.* **1.** Que tem ciência ou conhecimento de alguma coisa. **2.** Sabedor, informado; cônscio. *s.m.* **3.** Visto ou assinatura em documento, com que se confirma ter conhecimento de seu conteúdo.

Ci.en.tí.fi.co *adj.* **1.** Concernente à ciência ou às ciências. **2.** Realizado sob o rigor da ciência. *s.m.* **3.** Certo currículo de nível médio (segundo grau).

Ci.en.tis.ta *s.2g.* Pessoa que cultiva uma ciência; sábio.

Ci.fo.se *s.f.* MED Curvatura para trás da coluna vertebral.

Ci.fra *s.f.* **1.** Zero. **2.** Caracteres, sinais ou palavras convencionais de uma escrita, apenas compreendidos por certas pessoas. **3.** Explicação ou chave de uma escrita enigmática ou secreta. **4.** Monograma de um nome. **5.** Montante ou valor total de uma coisa. V. tb. *cifras.*

Ci.fra.do *adj.* Escrito em cifra ou em caracteres secretos.

Ci.frão *s.m.* Sinal ($) usado para expressar unidade monetária em vários países.

Ci.frar *v.t.* **1.** Escrever em cifra. **2.** Resumir, reduzir. **3.** Escrever em código, secretamente. *v.p.* **4.** Reduzir-se, resumir-se.

Ci.ga.no *s.m.* **1.** Homem de raça errante, de origem indiana, que vive de vários expedientes, como do artesanato, da quiromancia e da barganha de animais. **2.** Indivíduo errante. **3.** PEJ Homem astuto, velhaco. **4.** PEJ Negociante sem escrúpulos. *adj.* **5.** Nômade, errante. **6.** Trapaceiro, velhaco. **7.** Astuto, esperto.

Ci.gar.ra *s.f.* **1.** Nome comum a vários insetos homópteros, saltadores, cujo macho emite um som estrídulo. **2.** Campainha elétrica que produz som semelhante ao da cigarra. **3.** Certo tipo de crustáceo, que vive agarrado à língua ou em outras partes de alguns peixes. **4.** Ave passeriforme da Amazônia, também chamada *chorão.*

Ci.gar.rei.ra *s.f.* Caixinha ou estojo onde se guardam cigarros; porta-cigarros.

Ci.gar.ri.lha *s.f.* **1.** Cigarro cujo invólucro é feito de folhas do próprio fumo. **2.** Charuto pequeno e de fumo inferior.

Ci.gar.ro *s.m.* Pequena porção de tabaco enrolado em papel fino ou palha de milho, para se fumar.

Ci.la.da *s.f.* **1.** Lugar oculto onde se aguarda o inimigo ou a caça. **2.** Emboscada, armadilha. **3.** Traição, deslealdade.

Ci.lha *s.f.* Cinta de pano ou couro com que se aperta a sela ou a carga por baixo do ventre das cavalgaduras.

Ci.li.ar *adj.* **1.** Relativo aos cílios. **2.** Diz-se da vegetação das margens de rios, lagoas e lagos.

Ci.lí.cio *s.m.* **1.** Túnica, cordão ou cinto largo, que se trazia sobre a pele como penitência. **2.** Martírio ou suplício a que alguém se submete resignadamente. **3.** FIG Tormento, aflição.

Ci.lin.dra.da *s.f.* Capacidade dos cilindros de um motor de explosão.

Ci.lin.drar *v.t.* Submeter à pressão de cilindro.

Ci.lín.dri.co *adj.* **1.** Em forma de cilindro. **2.** Reduzido ao cilindro.

Ci.lin.dro *s.m.* **1.** Corpo roliço e alongado, de diâmetro igual em todo o comprimento. **2.** Rolo para laminar metais, imprimir papel, ilustrar tecidos etc. **3.** Peça em forma de tubo, em que se move o pistom do motor, de um compressor, de uma bomba etc.

Cí.lio *s.m.* **1.** Cada um dos pelos que guarnecem as pálpebras; pestana. **2.** Cada um dos pelos que guarnecem certos órgãos vegetais. **3.** Filamentos finíssimos, peculiares a certos organismos rudimentares e a algumas algas, os quais estão sempre em movimento.

Ci.ma *s.f.* **1.** A parte mais elevada. **2.** Cume, topo, cimeira. ● Em cima de: sobre. ● *Ant.*: baixo.

Ci.ma.lha *s.f.* **1.** A parte superior da cornija. **2.** Arquitrave, epistílio. **3.** A parte superior da parede, onde se assentam os beirais do telhado; arquitrave.

Cím.ba.lo *s.m.* MÚS Instrumento de percussão, formado por dois pratos de metal que se faz bater um contra o outro; prato.

Ci.men.tar *v.t.* **1.** Ligar ou cobrir com cimento. **2.** FIG Fortalecer, consolidar, firmar. *v.p.* **3.** Firmar-se, consolidar-se.

Ci.men.to *s.m.* **1.** Aglomerante obtido por cozimento de calcários naturais ou artificiais que contém no mínimo 19% de argila, posteriormente reduzida a pó. **2.** Chão revestido de cimento. **3.** Composto aglutinante usado pelos dentistas para obturar dentes. **4.** FIG Alicerce, base, fundamento.

Ci.mé.rio *adj.* Lúgubre, infernal, atroz.

Ci.mi.tar.ra *s.f.* Espada de lâmina curva e larga, de um só gume.

Ci.mo *s.m.* **1.** O alto das coisas. **2.** Cume, pico. **3.** FIG O grau mais elevado.

CINAMOMO — CIRCUM-

Ci.na.mo.mo *s.m.* Árvore ornamental da família das meliáceas, de pequenas flores roxas e aromáticas, originárias da Ásia e da Austrália, mas muito cultivadas no Brasil.

Cin.ca.da *s.f.* **1.** Erro ou falta cometida por imperícia; erro, gafe, falha. **2.** Veja *cinca*.

Cin.cer.ro (ê) *s.m.* Campainha que se pendura ao pescoço do animal de carga que serve de guia aos demais.

Cin.co *num.* **1.** Quatro mais um. *s.m.* **2.** O número cinco. **3.** Algarismo que representa esse número. • *Ord. e frac.:* quinto.

Cin.dir *v.t.* **1.** Cortar, separar. **2.** Partir ao meio; dividir.

Ci.ne *s.m.* Forma reduzida de *cinema* (sala, casa onde se exibem filmes).

Ci.ne.as.ta *s.2g.* **1.** Técnico em cinema; cinegrafista. **2.** Pessoa que dirige um filme.

Ci.ne.clu.be *s.m.* Entidade cujo objetivo é a difusão da cultura cinematográfica.

Ci.ne.gra.fis.ta *s.2g.* **1.** Técnico em cinema. **2.** Operador de câmera cinematográfica para reportagens jornalísticas.

Ci.ne.ma *s.m.* **1.** Arte de compor e realizar filmes cinematográficos. **2.** Estabelecimento ou sala de projeções cinematográficas.

Ci.ne.má.ti.ca *s.f.* FÍS Parte da mecânica que se ocupa do movimento, independente das causas.

Ci.ne.ma.to.gra.fi.a *s.f.* Conjunto dos processos utilizados para o registro e a projeção fotográfica do movimento; cinema.

Ci.ne.ma.tó.gra.fo *s.m.* **1.** Antigo aparelho destinado a registrar e depois projetar cenas animadas numa tela. **2.** Nome primitivo do cinema.

Ci.ne.ra.ma *s.m.* Processo de filmagem e projeção que utiliza simultaneamente e sincronizadamente três câmeras e três projetores, dando a ilusão de relevo.

Ci.ne.rar *v.t.* Reduzir a cinzas; incinerar.

Ci.ne.rá.rio *adj.* **1.** Relativo a cinzas. *adj. e s.m.* **2.** Diz-se de, ou urna que contém restos mortais.

Ci.né.reo *adj.* POÉT Cinzento.

Ci.né.ti.ca *s.f.* Cinemática.

Cin.gir *v.t.* **1.** Pôr à cinta. **2.** Cercar, rodear. **3.** Constranger, reprimir. **4.** Unir, apertar. **5.** Pôr à cintura. **6.** Envolver em roda; limitar. *v.p.* **7.** Limitar-se, restringir-se.

Cí.ni.co *adj.* **1.** Relativo a cinismo. **2.** Em que há cinismo. **3.** Que ostenta práticas imorais. **4.** Impudente, desavergonhado. *s.m.* **5.** Indivíduo cínico. **6.** Aquele que é partidário do cinismo.

Ci.nis.mo¹ *s.m.* **1.** Desprezo pelas convenções sociais e pela moral. **2.** Impudência, descaramento.

Ci.nis.mo² *s.m.* FILOS Doutrina e modo de vida dos filósofos gregos Antístenes de Atenas (444-365 a. C.) e Diógenes de Sínope (413-323 a. C.), fundadores da escola cínica, que pregavam oposição radical aos valores culturais vigentes, uma vez que diziam ser impossível conciliar as leis e convenções morais e culturais vigentes às exigências de uma vida conforme a natureza.

Cin.quen.tão *adj. e s.m.* Diz-se do, ou aquele que tem entre 50 e 59 anos; quinquagenário. • *Fem.:* cinquentona.

Cin.quen.te.ná.rio *s.m.* **1.** Quinquagésimo aniversário. *adj.* **2.** Que tem cinquenta anos.

Cin.ti.la.ção *s.f.* **1.** Ato ou efeito de cintilar. **2.** Brilho trepidante. **3.** Fulgor, esplendor.

Cin.ti.lan.te *adj.2g.* **1.** Que cintila. **2.** Muito brilhante; resplandecente. **3.** FIG Vivo, fulgurante.

Cin.ti.lar *v.int.* Brilhar com uma espécie de trepidação rápida, resplandecente; irradiar.

Cin.to *s.m.* **1.** Fita de tecido ou correia que aperta a cintura com uma só volta. **2.** Cinturão, cós. **3.** Muro circular; cercado.

Cin.tu.ra *s.f.* **1.** Parte média e mais estreita do tronco humano, situada abaixo do peito e acima dos quadris; cinta. **2.** A parte do vestuário que contorna a cintura; cinta.

Cin.tu.rão *s.m.* **1.** Cinto largo, geralmente de couro; boldrié. **2.** Faixa, zona.

Cin.za *s.f.* **1.** Pó ou resíduo que fica de uma substância queimada. **2.** FIG Aniquilamento, destruição. **3.** Luto. **4.** Humilhação, dor, mortificação. *adj.2g. e 2n.* **5.** Cor de cinza, cinzento. • Como adj. é invariável: *calça* cinza, *calções* cinza. *s.m.* **6.** A cor cinza; cinzento.

Cin.zei.ro *s.m.* **1.** Lugar onde cai a cinza, a lenha no fogão. **2.** Objeto de metal, louça, plástico, madeira etc. onde são lançadas as cinzas de cigarro ou charuto. **3.** Monte de cinzas. **4.** Árvore da família das voquisiáceas.

Cin.zel *s.m.* Instrumento cortante usado para gravar ou esculpir.

Ci.o *s.m.* Apetite sexual intenso dos animais mamíferos, como o gato, o cão etc., em determinadas épocas do ano.

Ci.o.so (ô) *adj.* **1.** Que revela ciúme; ciumento. **2.** Invejoso. **3.** Zeloso, cuidadoso. **4.** Interessado.

Ci.pe.rá.cea *s.f.* BOT Espécime das ciperáceas.

Ci.pe.rá.ceas *s.f.pl.* BOT Família de plantas monocotiledôneas, herbáceas, a que pertencem a tiririca e o papiro.

Ci.pe.rá.ceo *adj.* Relativo à família das ciperáceas.

Ci.po *s.m.* **1.** ARQUIT Pequena coluna sem capitel. **2.** Pedra tumular ou coluna onde se colocava o esquife.

Ci.pó *s.m.* **1.** BOT Nome dado às plantas sarmentosas ou trepadeiras que pendem das árvores e nelas se trançam. **2.** A haste dessas plantas. **3.** GÍR Vara, chicote.

Ci.po.al *s.m.* **1.** Emaranhado de cipós. **2.** FIG Negócio intrincado, de difícil saída. **3.** Embrulhada, enrascada.

Ci.pres.te *s.m.* **1.** BOT Árvore ornamental, encontrada especialmente nos cemitérios, cujos ramos são usados como símbolo de luto. **2.** FIG Morte, luto.

Ci.pri.ni.cul.tu.ra *s.f.* Criação de ciprinídas, geralmente carpas; ciprinocultura.

Ci.ran.da *s.f.* **1.** Peneira grossa para separar grãos, areia etc. **2.** Nome de uma dança e cantiga de roda infantil, de origem portuguesa.

Cir.ca.di.a.no *adj.* **1.** Relativo à duração de um dia ou de cerca de 24 horas. **2.** Diz-se do processo rítmico que ocorre no organismo todos os dias mais ou menos à(s) mesma(s) hora(s), independentemente de fatores sincrônicos externos.

Cir.cen.se *adj.2g.* **1.** Relativo a circo. **2.** De circo.

Cir.co *s.m.* **1.** Grande recinto onde se realizavam jogos públicos, na antiga Roma; anfiteatro. **2.** Pavilhão, recinto circular e coberto, onde se realizam espetáculos equestres, ginásticos e acrobáticos etc.

Cir.cui.to *s.m.* **1.** Circunferência, contorno. **2.** Linha que limita uma área fechada; perímetro. **3.** Volta, giro. **4.** O que circunda; cerco, cerca. **5.** Redor, periferia. **6.** Sucessão de fenômenos periódicos. **7.** FIG Circunlóquio. **8.** Digressão, rodeio. **9.** Trajeto de provas esportivas, em que se volta geralmente ao ponto de partida. **10.** ELETR Curto-circuito.

Cir.cu.la.ção *s.f.* **1.** Ato ou efeito de circular. **2.** Giro, trânsito. **3.** Movimento contínuo; curso, marcha. **4.** Passagem, movimentação. **5.** FISIOL Circulação regular e contínua do sangue, através dos vasos, por todo o organismo, mais conhecida por *circulação sanguínea*.

Cir.cu.la.dor (ô) *adj.* **1.** Que faz circular. *s.m.* **2.** Aparelho que faz circular água, ar etc.

Cir.cu.lar¹ *adj.2g.* **1.** Relativo a círculo. **2.** Que tem a forma de círculo. **3.** Que volta ao ponto de onde partiu. *adj.2g. e s.f.* **4.** Diz-se de, ou carta, aviso, ofício ou manifesto enviado a diversas pessoas.

Cir.cu.lar² *v.t.* **1.** Percorrer à roda. **2.** Rodear, cercar. *v.int.* **3.** Girar. **4.** Espalhar-se, propagar-se. **5.** Passar de mão em mão. **6.** Ter curso (moeda).

Cír.cu.lo *s.m.* **1.** Porção de plano limitado por uma circunferência. **2.** Circo. **3.** Cinto, aro, anel. **4.** Giro, rodeio. **5.** Qualquer objeto circular. **6.** Extensão, área, limite. **7.** Circunscrição territorial; área. **8.** FIG Associação de pessoas reunidas para determinado fim; assembleia, grêmio.

Circum- ou **circun-** *pref.* 'Em volta de': *circunstância, circunflexo.*

CIRCUMPOLAR — CIVIL

Cir.cum.po.lar *adj.2g.* Que está, se efetua ou viceja em volta do polo ou perto dele.

Cir.cu.na.ve.ga.ção *s.f.* Ato ou efeito de circunavegar.

Cir.cu.na.ve.gar *v.t.* 1. Navegar em volta de. *v.int.* 2. Navegar à roda da Terra, de uma ilha ou de um continente, retornando ao ponto de partida.

Cir.cun.ci.dar *v.t.* Praticar a circuncisão em.

Cir.cun.ci.são *s.f.* 1. Corte ou excisão do prepúcio aos recém--nascidos ou neófitos, entre os judeus. 2. FIG Corte, supressão.

Cir.cun.dar *v.t.* 1. Estar ou andar em torno ou em volta de. 2. Rodear, cingir, cercar. *v.p.* 3. Cercar-se, rodear-se.

Cir.cun.fe.rên.cia *s.f.* GEOM Linha curva fechada e plana, que tem todos os pontos equidistantes de um ponto interior chamado centro; circuito.

Cir.cun.fe.ren.te *adj.2g.* Que anda à roda; que gira.

Cir.cun.fle.xo (cs) *adj.* 1. De forma curva; arqueado. 2. Recurvado em roda. *s.m.* 3. GRAM Acento gráfico (^) que se sobrepõe às vogais *a, e, o* para lhes dar som fechado ou nasalizado.

Cir.cun.ja.cen.te *adj.2g.* Circunvizinho.

Cir.cun.ló.quio *s.m.* 1. Rodeio de palavras. 2. Uso excessivo de palavras; perífrase.

Cir.cuns.cre.ver *v.t.* 1. Escrever, traçar em redor. 2. Abranger, conter. 3. Limitar, restringir. *v.p.* 4. Limitar-se, moderar-se.

Cir.cuns.cri.ção *s.f.* 1. Ato ou efeito de circunscrever. 2. Divisão territorial administrativa.

Cir.cuns.cri.to *adj.* 1. Limitado de todos os lados por uma linha. 2. Restringido, restrito. 3. Localizado.

Cir.cuns.pec.ção *s.f.* 1. Qualidade de circunspecto. 2. Exame de uma coisa, considerando-se-lhe todos os lados ou aspectos. 3. Prudência, ponderação, moderação. 4. Seriedade. 5. Discrição. • *Ant.: leviandade, imprudência.* • *Var.: circunspeção.*

Cir.cuns.pec.to *adj.* 1. Que olha à volta de si. 2. Em que há circunspecção ou prudência. 3. Prudente, cauteloso. 4. Sério, sisudo, respeitável. • *Ant.: leviano, imprudente.* • *Var.: circunspeto.*

Cir.cuns.tân.cia *s.f.* 1. Particularidade que acompanha um fato, uma situação. 2. Acidente que atenua ou agrava. 3. Situação, condição (de alguém, de alguma coisa) num momento dado. 4. Requisito, condição; hipótese. 5. Motivo, causa. 6. Pompa, cerimônia.

Cir.cuns.tan.ci.ar *v.t.* 1. Referir com todas as circunstâncias. 2. Pormenorizar, esmiuçar.

Cir.cuns.tan.te *adj.2g.* 1. Que está à volta. *s.2g.* 2. Pessoa que está presente.

Cir.cun.vi.zi.nhan.ça *s.f.* 1. Adjacência, proximidade. 2. Área ou população vizinha; arredores, cercanias.

Cir.cun.vi.zi.nho *adj.* 1. Situado em volta de; circunjacente. 2. Confinante, limítrofe.

Ci.ri.gue.la *s.f.* Fruto de caroço grande e polpa adocicada, comum no Nordeste.

Cí.rio *s.m.* 1. Vela grande de cera. 2. Romaria na qual se conduz um círio de uma localidade para outra. 3. Variedade de cacto. • *Cf. sírio.*

Cir.ro-cú.mu.lo *s.m.* METEOR Nuvem fina e branca, com aspecto de grânulos, situada a altitudes entre os 6.000 e os 12.000 m. • *Pl.: cirros-cúmulos e cirros-cúmulo.*

Cir.ro.se *s.f.* 1. MED Inflamação ou esclerose do fígado, cuja causa mais frequente é o alcoolismo. 2. Inflamação crônica de um órgão.

Ci.rur.gi.a *s.f.* Parte da Medicina que trata de certas lesões por meios operatórios.

Ci.rur.gi.ão *s.m.* 1. Médico que se dedica especialmente à cirurgia; médico operador. 2. POP Médico. • *Fem.: cirurgiã.* • *Pl.: cirurgiões e cirurgiãs.*

Cis- *pref.* 'Aquém': *cisandino.*

Ci.são *s.f.* 1. Ato ou efeito de cindir. 2. Desacordo, divergência. 3. Separação entre os membros de um grupo; dissidência, divisão. • *Pl.: cisões.*

Cis.car *v.t.* 1. Limpar de ciscos, gravetos, detritos (terreno). 2. Açular, incitar (cães). 3. FIG Limpar. *v.int.* 4. Juntar com o ciscador folhas secas e outros detritos. 5. Revolver o solo ou o chão (a galinha), à procura de alimentos. *v.int.* e *p.* 6. POP Safar-se, escapulir-se.

Cis.co *s.m.* 1. Pó ou miudeza de carvão. 2. Detritos, lixo. 3. Partícula que caiu no olho; argueiro.

Cis.ma¹ *s.m.* 1. Ato ou efeito de separar(-se) a uma comunidade, de uma religião, de um partido político. 2. Dissidência de crença ou religião.

Cis.ma² *s.f.* 1. Ato ou efeito de cismar. 2. Preocupação, inquietação. 3. Pensamento fixo. 4. Devaneio. 5. Suspeita, receio infundado ou supersticioso. 6. Capricho, teima. 7. Implicância, antipatia.

Cis.mar *v.int.* 1. Ficar absorto em pensamentos. 2. Andar apreensivo. 3. Desconfiar, suspeitar (de alguma coisa). 4. Pensar insistentemente em. 5. Meter na cabeça; convencer-se de.

Cis.ne *s.m.* 1. ORNIT Ave palmípede aquática, de plumagem ordinariamente branca e pescoço comprido e gracioso. 2. ASTRON Nome de uma constelação.

Cis.pla.ti.no *adj.* Situado aquém do Rio da Prata (América do Sul). • *Ant.: transplatino.*

Cis.ter.na *s.f.* 1. Reservatório, abaixo do nível do solo, onde se conservam águas pluviais. 2. Reservatório subterrâneo de água potável; caçimba, poço estreito.

Cis.ti.cer.co.se *s.f.* MED Infecção causada pelo cisticerco.

Cis.ti.te *s.f.* MED Inflamação da bexiga urinária.

Cis.to *s.m.* MED Quisto.

Ci.ta.ção *s.f.* 1. Ato ou efeito de citar. 2. Texto ou opinião citado(a). 3. Palavras ou frases de pessoas, em geral célebres. 4. Intimação judicial. 5. Documento que contém intimação.

Ci.ta.di.no *adj.* 1. Relativo a cidade; da cidade. *adj.* e *s.m.* 2. Habitante de uma cidade.

Ci.tar *v.t.* 1. DIR Intimar para comparecer em juízo ou cumprir uma ordem judicial. 2. Notificar. 3. Mencionar ou transcrever como prova, exemplo ou autoridade. 4. Mencionar o nome de. 5. Provocar (o touro).

Cí.ta.ra *s.f.* MÚS Antigo instrumento musical de cordas semelhante à lira, porém maior.

Ci.to.lo.gi.a *s.f.* Parte da Biologia que se ocupa das células em geral.

Ci.to.plas.ma *s.m.* Parte da célula excluídos o núcleo e o vacúolo, limitada externamente por uma membrana.

Ci.to.plas.má.ti.co *adj.* Citoplásmico.

Cí.tri.co *adj.* 1. Relativo às plantas do gênero *Citrus*, como a laranja e o limão. 2. Diz-se de um ácido que existe em abundância em diversos vegetais, em especial no suco do limão e do abacaxi.

Ci.tri.cul.tor (ô) *s.m.* Aquele que se dedica à citricultura.

Ci.tri.no *adj.* 1. Da cor do limão ou da cidra. *s.m.* 2. Fruto cítrico. 3. Variedade de quartzo amarelado e transparente; falso topázio.

Ci.tro.ne.la *s.f.* Designação científica da erva-cidreira e de várias plantas de aroma semelhante ao do limão.

Ci.ú.me *s.m.* 1. Sentimento doloroso produzido em alguém pelo receio de que a pessoa amada prefira outrem. 2. Despeito invejoso; inveja. 3. Rivalidade, competição.

Ci.u.men.to *adj.* e *s.m.* 1. Que, ou o que tem ciúme. 2. Que, ou o que vive atormentado pelo medo da infidelidade.

Cí.vel *adj.2g.* 1. JUR Que se refere ao direito civil. *s.m.* 2. Jurisdição dos tribunais em que se julgam causas cíveis. • *Pl.: cíveis.*

Ci.vi.co *adj.* 1. Que se refere aos cidadãos, considerado quanto a seus direitos e deveres e em sua vida política. 2. Próprio de cidadão; patriótico.

Ci.vil *adj.2g.* 1. Relativo ao cidadão, enquanto membro da sociedade. 2. Concernente às relações dos cidadãos entre si. 3. Que não tem caráter militar nem eclesiástico. 4. FIG Civilizado, polido, cortês. *s.2g.* 5. Pessoa que não é militar nem eclesiástica; paisano (a). *s.m.* 6. Casamento civil. • *Pl.: civis.* • *Cf. cível.*

CIVILIDADE — CLIENTELA

Ci.vi.li.da.de *s.m.* **1.** Doutrina ou programa de partido que propugna o exercício do governo pelos civis. **2.** Observância das conveniências, normas de boas maneiras, em sociedade. **3.** Polidez. ● *Ant.: incivilidade.*

Ci.vi.li.za.ção *s.f.* **1.** Ato ou efeito de civilizar. **2.** Estado de desenvolvimento econômico, social e político a que chegam certas sociedades.

Ci.vi.li.zar *v.t.* **1.** Trazer a civilização a. **2.** Incutir civilidade em. *v.t. e p.* **3.** Fazer ou tornar(-se) bem educado, polido, cortês. **4.** Instruir-(se).

Ci.vis.mo *s.m.* **1.** Virtude do cidadão que se dedica ao bem da pátria e ao respeito de seus símbolos; patriotismo. **2.** Dedicação ao interesse público.

Ci.zâ.nia *s.f.* **1.** BOT Gramínea nociva, identificada ao *joio*. **2.** FIG Desarmonia, discórdia.

Clã *s.m.* **1.** Tribo formada de pessoas de descendência comum. **2.** Aglomeração de famílias que são ou se presumem descendentes de ancestrais comuns. **3.** Parentela. **4.** FIG Grei, partido, facção.

Cla.mar *v.t.* **1.** Dizer em alta voz; bradar, gritar. **2.** Exigir, reclamar. *v.int.* **3.** Protestar, queixar-se em voz alta. **4.** Vociferar. **5.** Implorar, bradando.

Cla.mor (ô) *s.m.* **1.** Ato ou efeito de clamar. **2.** Grito, brado. **3.** Súplica em voz alta. **4.** Queixa, reclamação.

Clan.des.ti.no *adj.* **1.** Que é feito às escondidas, secretamente. **2.** Que fere as leis e a moral; ilegal. *s.m.* **3.** Indivíduo que se introduz às escondidas em navio, avião etc., para viajar sem pagar passagem.

Cla.que *s.f.* Grupo de pessoas alugadas para aplaudir ou vaiar um espetáculo, um artista, um político etc.

Cla.ra *s.f.* **1.** A parte branca do ovo. **2.** ⇒ **Esclerótica** · **3.** ⇒ Clareira.

Cla.ra.boi.a *s.f.* **1.** Abertura, ordinariamente envidraçada, no alto dos edifícios. **2.** Janela redonda ou fresta por onde entra luz numa casa.

Cla.rão *s.m.* **1.** Grande claridade. **2.** Luz muito viva e instantânea. **3.** Brilho ou cintilação rápida. **4.** FIG Luz intelectual; inspiração. **5.** Indício. **6.** Esclarecimento. **7.** Clareira.

Cla.re.ar *v.t.* **1.** Tornar claro; esclarecer. *v.int.* **2.** Tornar-se claro. **3.** Fazer-se dia. **4.** Romper a aurora. **5.** Fazer inteligível. **6.** Limpar-se de nuvens; desanuviar-se.

Cla.rei.ra *s.f.* **1.** Espaço sem árvore, dentro de bosque ou mata. **2.** FIG Vão, lacuna, vazio.

Cla.re.za (ê) *s.f.* **1.** Qualidade de claro ou inteligível. **2.** Transparência, limpidez, nitidez. **3.** FIG Perspicácia. ● *Ant.: obscuridade.*

Cla.ri.da.de *s.f.* **1.** Qualidade de claro (no sentido físico). **2.** Alvura, brancura. **3.** Luz viva, intensa; clarão. **4.** Foco luminoso.

Cla.ri.fi.car *v.t. e p.* **1.** Tornar(-se) claro, limpo, puro. **2.** Tornar(-se) límpido. **3.** Purificar-se; arrepender-se.

Cla.rim *s.m.* **1.** Instrumento semelhante à corneta, de som agudo e claro. *s.2g.* **2.** Musicista que toca esse instrumento.

Cla.ri.ne.ta (ê) *s.f.* **1.** MÚS Instrumento de sopro, feito de madeira, com bocal de palheta, provido de orifícios e chaves, como a flauta. *s.2g.* **2.** Clarinetista.

Cla.ri.ne.tis.ta *s.2g.* MÚS Músico que toca a clarineta.

Cla.ri.vi.dên.cia *s.f.* **1.** Para o Espiritismo, faculdade que permite ao médium ver os espíritos, sem o uso dos implementos visuais do organismo. **2.** Qualidade de clarividente.

Cla.ro *adj.* **1.** Que alumia, que ilumina. **2.** Que recebe muita luz. **3.** Luminoso, brilhante. **4.** Que percebe bem. **5.** Perceptível, bem visível. **6.** Evidente. **7.** Nítido, límpido, puro. **8.** Fácil de entender. **9.** Bem audível. **10.** Alto (voz). **11.** Branco. *s.m.* **12.** Espaço em branco; lacuna. **13.** Parte mais clara de um objeto. **14.** Clareira, intervalo. **15.** Cada uma das extremidades de certas redes. **16.** Pé de página incompleta. *adv.* **17.** Com clareza. **18.** *interj.* que exprime certeza, convicção. ● *Ant.: escuro; confuso.*

Cla.ro-es.cu.ro *s.m.* **1.** Impressão do contraste dos claros com os escuros. **2.** Combinação e boa distribuição de sombra e luz em uma pintura. ● *Pl.: claros-escuros e claro-escuros.*

Clas.se *s.f.* **1.** Cada uma das divisões de um conjunto. **2.** Grupo, seção, categoria. **3.** Cada uma das grandes divisões de um reino. **4.** A sala de aula. **5.** O conjunto dos alunos de uma sala de aula e seus professores. **6.** Categoria ou camada social. **7.** Conjunto de pessoas que exercem a mesma profissão. **8.** Educação, refinamento, boas maneiras. **9.** Alta qualidade. **10.** POP Distinção, valor.

Clas.si.cis.mo *s.m.* **1.** Qualidade ou caráter do que é clássico. **2.** Escola literária ou artística (séc. XVI) cujos seguidores se inspiraram na Antiguidade greco-romana. **3.** O estilo ou a literatura clássica.

Clás.si.co *adj.* **1.** Relativo à Antiguidade greco-romana. **2.** Relativo aos autores dos séculos XVI e XVII. **3.** Autorizado por autores tidos como modelares. **4.** Que constitui modelo em belas-artes. **5.** Famoso, consagrado. **6.** Tradicional. **7.** FAM De praxe, habitual. *s.m.* **8.** Autor de obra clássica ou consagrada. **9.** Partidário do classicismo. **10.** FUT Jogo entre clubes famosos e tradicionalmente rivais.

Clas.si.fi.ca.do *adj.* **1.** Que se classificou. *s.m.* **2.** Anúncio de pequeno formato, feito nas seções especializadas de jornais e revistas, também chamado *anúncio classificado*.

Clas.si.fi.car *v.t.* **1.** Distribuir em classe. **2.** Arrumar, pôr em ordem (papéis, documentos). **3.** Organizar. **4.** Determinar as categorias de (um conjunto); qualificar. **5.** Determinar a ordem dos candidatos aprovados em concurso, torneio etc. *v.p.* **6.** Ser aprovado; qualificar-se.

Clau.di.car *v.int.* **1.** Manquejar, coxear. **2.** FIG Fraquejar, vacilar. **3.** Faltar ao cumprimento de seus deveres. **4.** FAM Cometer falta; errar, falhar.

Claus.tro *s.m.* **1.** Pátio interior de convento ou mosteiro. **2.** Convento, mosteiro. **3.** FIG Vida monástica.

Claus.tro.fo.bi.a *s.f.* MED Aversão mórbida a recinto fechado e a pequenos espaços. ● Opõe-se a *agorafobia*.

Claus.tró.fo.bo *adj. e s.m.* Que, ou o que sofre de claustrofobia.

Cláu.su.la *s.f.* **1.** Condição que é parte de um ato, contrato ou qualquer outro documento público ou particular. **2.** Artigo, disposição. **3.** Preceito, norma.

Clau.su.ra *s.f.* **1.** Recinto fechado. **2.** Reclusão em claustro. **3.** Vida claustral. **4.** Recolhimento.

Cla.va *s.f.* Pau curto e mais grosso numa das extremidades, usado como arma; maça.

Cla.ve *s.f.* MÚS Sinal que se põe no princípio da pauta para indicar o nome das notas e determinar o grau de elevação na escala dos sons.

Cla.ví.cu.la *s.f.* Osso largo, par, situado na parte dianteira do ombro e que articula com o esterno e o úmero.

Clá.vu.la *s.f.* **1.** Pequena clava. **2.** Porção flagelar das antenas dos insetos.

Cle.mên.cia *s.f.* **1.** Disposição para perdoar. **2.** Bondade, indulgência. **3.** Brandura, doçura. **4.** Suavidade, amenidade.

Clep.si.dra *s.f.* Relógio antigo, cujo mecanismo era posto em movimento pela ação da água.

Clep.to.ma.ni.a *s.f.* MED Impulso mórbido e irresistível para o furto.

Clé.ri.go *s.m.* O que recebeu ordens sacras (a partir da tonsura), por oposição a *leigo*; padre, prelado, sacerdote.

Cle.ro *s.m.* **1.** Corporação dos sacerdotes. **2.** A classe clerical.

Cli.car *v.int.* **1.** Produzir ou dar clique (som, estalido). *v.t.* **2.** Fotografar. **3.** Pressionar (uma tecla, dispositivo etc. que opera uma mudança qualquer). **3.1** Ato de premir (um dos botões do *mouse*).

Cli.chê *s.m.* **1.** Chapa metálica onde está gravada, em relevo, uma imagem destinada a ser reproduzida por impressão; matriz. **2.** Chapa fotográfica negativa. **3.** Cada uma das edições que um jornal divulga no mesmo dia, com inclusão de notícias de última hora. **4.** FIG Lugar-comum, chavão, chapa.

Cli.en.te *s.2g.* **1.** Pessoa que habitualmente recorre aos serviços de um médico, advogado, empresa etc. **2.** Freguês. ● *Col.: clientela.*

Cli.en.te.la *s.f.* Conjunto de clientes; freguesia.

CLIENTELISMO — COAXAR

Cli.en.te.lis.mo *s.m.* **1.** Prática eleitoreira de certos políticos que consiste em privilegiar uma clientela ('conjunto de indivíduos dependentes') em troca de seus votos; troca de favores entre quem detém o poder e quem vota. **2.** O efeito dessa prática.

Cli.ma *s.m.* **1.** Conjunto de condições meteorológicas que caracterizam determinada região ou país. **2.** Extensão de terra, onde a temperatura é quase idêntica. **3.** Terra, país. **4.** FIG Atmosfera moral; ambiente.

Cli.ma.té.rio *s.m.* Término do período de reprodução da mulher, caracterizado pelo fim do período menstrual e início da menopausa.

Cli.ma.ti.za.ção *s.f.* ⇒ Aclimação.

Clí.max (cs) *s.m.* **1.** Grau máximo. **2.** Ponto culminante; apogeu, auge. **3.** O orgasmo.

Clí.ni.ca *s.f.* **1.** MED Estudo médico feito sobre o corpo do doente. **2.** Exercício da Medicina. **3.** Estabelecimento hospitalar; sanatório. **4.** Casa de saúde.

Cli.ni.car *v.int.* Exercer a clínica; praticar a Medicina.

Clí.ni.co *adj.* **1.** MED Relativo à clínica, a tratamento de doentes. *s.m.* **2.** Médico que exerce a Medicina clínica.

Cli.pa.gem *s.f.* **1.** Serviço profissional de apuração, coleção e fornecimento de recortes de matérias publicadas em jornais e revistas a respeito de determinado tópico, pessoa, instituição etc. **2.** Conjunto de recortes que se entrega ao interessado. **3.** Conjunto de sinopses das principais notícias na mídia impressa e/ou eletrônica.

Cli.pe *s.m.* **1.** Joia formada de uma placa de metal ou de pedraria. **2.** Pequeno prendedor de papel, feito de plástico ou metal. **3.** Redução de *videoclipe*.

Clip.ping (ing.) *s.m.* **1.** Recorte de jornal. **2.** Clipagem. ● *Pl.*: *clippings*.

Cli.que *s.m.* Ruído ou estalido seco.

Clis.ter *s.m.* **1.** Injeção de água simples ou de líquido medicamentoso nos intestinos, por meio de seringa ou irrigador. **2.** Lavagem intestinal. ● *Pl.*: *clísteres*.

Clí.tó.ris *s.m.* ANAT Pequeno órgão erógeno e erétil da mulher, situado na parte superior da vulva; grelo.

Clo.a.ca *s.f.* **1.** Cano ou fossa destinada a receber dejeções e outras imundícies. **2.** Esgoto. **3.** Sentina, latrina. **4.** FIG Lugar imundo, que cheira mal. **5.** Câmara onde se abrem o canal intestinal, o aparelho genital e o aparelho urinário das aves, répteis, anfíbios e muitos peixes.

Clo.na.gem *s.f.* Processo de obtenção de um clone.

Clo.nar *v.t.* Produzir clones ou cópias de seres vivos: *Cientistas sugeriram na semana passada que seria uma boa ideia clonar os gênios da humanidade ainda vivos* (VEJA, 5/3/97).

Clo.ne *s.m.* **1.** Grupo de organismos com patrimônio genético idêntico. **2.** Grupo de células descendentes de uma única célula-mãe. **3.** Cópia idêntica de outro ser vivo produzida artificial e assexuadamente: *"Dolly é o que a ciência chama de clone [...]. Como teve origem na célula da mama de sua mãe, a ovelha recebeu o nome em homenagem a Dolly Parton, a cantora caipira americana de seios proeminentes"*.

Clo.rar *v.t.* **1.** Tratar (água, álcool) com o cloro. **2.** Substituir numa molécula um átomo de hidrogênio por um átomo de cloro.

Clo.re.to (ê) *s.m.* QUÍM Qualquer sal proveniente do ácido clorídrico.

Clo.rí.dri.co *adj.* QUÍM Diz-se de um ácido formado pela combinação de cloro e hidrogênio.

Clo.ro *s.m.* QUÍM Corpo simples, símbolo Cl e número atômico 17, cor esverdeada, sabor cáustico e odor sufocante, que se liquefaz facilmente quando submetido a pressão.

Clo.ro.fi.la *s.f.* BOT Substância das células vegetais, essencial para a fotossíntese e que dá cor verde às plantas.

Clo.ro.fór.mio *s.m.* Substância líquida, oleaginosa, incolor, aromática e muito volátil, usada como anestésico e solvente.

Clo.ro.se *s.f.* **1.** MED Anemia peculiar às mulheres jovens, causada por deficiência de ferro. **2.** BOT Doença dos vegetais, caracterizada pelo embranquecimento ou amarelecimento das partes normalmente verdes, em geral pela carência de ferro.

Clo.se (ô) (ing.) *s.m.* Fotografia ou imagem de câmara de televisão ou cinema, feita em primeiro plano, na qual a imagem fica muito próxima e ampliada.

Closet (ing.) *s.m.* Aposento privativo onde se guardam roupas e objetos pessoais.

Close-up (clôsáp) (ing.) *s.m.* Close.

Clown (cláun) (ing.) *s.m.* Palhaço.

Clu.be *s.m.* **1.** Associação política, recreativa ou literária. **2.** Sociedade de pessoas para um fim comum. **3.** Grêmio, agremiação. **4.** Casa ou lugar onde um clube tem sua sede.

CNBB Sigla de Conferência Nacional dos Bispos do Brasil.

Co– *pref.* indicativo de *contiguidade, companhia.* ● Tem hífen quando o segundo elemento inicia-se com h: *coabitação, coadministrar, coautor, coavalista, codiretor, coedição, coexistência, colateral, coobrigação, coocupar, cooperar, coopositor, coopta, copiloto, coprodução, coproprietário, corresponsável,* co-herdeiro.

Co.a.bi.tar *v.t.* e *int.* **1.** Habitar em comum. **2.** Viver em comum, como marido e mulher.

Co.a.ção¹ *s.f.* Ato ou efeito de coar; coa.

Co.a.ção² *s.f.* Ato ou efeito de coagir; coerção, constrangimento.

Co.ad.ju.tor (ô) *adj.* **1.** Que coadjuva. *s.m.* **2.** Sacerdote ou bispo adjunto de um pároco ou de um arcebispo.

Co.ad.ju.van.te *adj.* e *s.2g.* **1.** Diz-se de, ou pessoa que coadjuva; auxiliar, ajudante. **2.** Diz-se de, ou ator ou atriz que desempenha papel secundário num filme.

Co.ad.ju.var *v.t.* Cooperar, secundar, ajudar.

Co.a.dor (ô) *adj.* **1.** Que coa. *s.m.* **2.** Espécie de saquinho para coar café etc. **3.** Filtro para coar líquidos.

Co.a.du.nar *v.t.* **1.** Reunir em um. **2.** Juntar, incorporar. *v.p.* **3.** Combinar-se, harmonizar-se.

Co.a.gir *v.t.* Forçar, obrigar, constranger.

Co.a.gu.la.ção *s.f.* **1.** Ato ou efeito de coagular(-se). **2.** Fenômeno pelo qual um líquido, como leite ou sangue, passa ao estado sólido.

Co.a.gu.lar *v.t.* **1.** Promover a solidificação de; coalhar. **2.** Tornar consistente. *v.int.* e *p.* **3.** Solidificar-se, coalhar. **4.** FIG Congelar-se.

Co.á.gu.lo *s.m.* **1.** Parte coagulada de um líquido. **2.** Aquilo que promove a coagulação.

Co.a.la *s.m.* ZOOL Marsupial australiano, arborícola e sem cauda, semelhante a um pequeno urso, que se alimenta de folhas e brotos de eucaliptos.

Co.a.lha.da *s.f.* **1.** Leite coalhado. **2.** Coalho.

Co.a.lhar *v.t.* **1.** Coagular. **2.** FIG Encher completamente; cobrir. *v.int.* e *p.* **3.** Coagular(-se), solidificar(-se).

Co.a.lhei.ra *s.f.* **1.** Quarta e última cavidade do estômago dos ruminantes, que se usa para coalhar o leite; coagulador. **2.** Abomaso. **3.** Peça do arreio, que se coloca no pescoço dos animais.

Co.a.lho *s.m.* **1.** Parte do leite obtida pela coagulação, com que se faz o queijo; coalhada.

Co.a.li.zão *s.f.* **1.** Acordo político ou aliança de partidos visando a um fim comum; coligação. **2.** Aliança ou liga entre nações.

Co.ar *v.t.* **1.** Fazer passar (um líquido) por filtro ou coador; filtrar. **2.** Fazer correr pau dentro de molde (o metal em fusão). **3.** Passar, fazer chegar furtivamente. **4.** Fazer passar através de. **5.** Introduzir; penetrar pouco a pouco. **6.** FIG Insinuar-se. **7.** Penetrar vencendo obstáculos. *v.p.* **8.** Insinuar-se, infiltrar-se.

Co.au.tor *s.m.* **1.** Aquele que, juntamente com outrem, produz trabalho (especialmente obra artística ou literária); colaborador. **2.** JUR Aquele que, juntamente com outro ou outros, é autor numa causa cível ou criminal. ● *Pl.*: *coautores*.

Co.a.xar *v.int.* **1.** Soltar a voz, gritar (o sapo, a rã). **2.** Gritar como as rãs. *s.m.* **3.** A voz do sapo ou da rã; coaxo.

COAXIAL — CODA

Co.a.xi.al (cs) *adj.2g.* **1.** Que tem eixos coincidentes. **2.** Montado sobre um mesmo eixo, ou sobre eixos concêntricos.

Co.a.xo *s.m.* **1.** Ato de coaxar. **2.** Voz dos sapos e das rãs; coaxar.

Co.bai.a *s.f.* **1.** ZOOL Pequeno mamífero roedor, da América do Sul, também chamado *porquinho-da-índia.* **2.** FIG Qualquer animal ou pessoa que se submete, para fins científicos, a experiências. **3.** FIG Objeto ou campo de experiência.

Co.bal.to *s.m.* **1.** QUÍM Metal branco-prateado, duro, pouco fusível, símbolo Co e número atômico 27, de vasta aplicação na indústria. **2.** FIG Cor azul-escura viva.

Co.ber.to *adj.* **1.** Que se cobriu. **2.** Agasalhado, resguardado; vestido. **3.** Forrado. **4.** Cheio, repleto. **5.** Excedido (lance). **6.** Nublado (tempo). **7.** Protegido, defendido. *s.m.* **8.** Lugar encoberto. **9.** Telheiro, coberta. **10.** Alpendre, cobertura.

Co.ber.tor (ô) *s.m.* **1.** Peça encorpada e felpuda, que se usa na cama como agasalho para o corpo. **2.** Colcha, coberta.

Co.ber.tu.ra *s.f.* **1.** Ato ou efeito de cobrir. **2.** Tudo aquilo que serve para cobrir. **3.** Cremes e confeitos que cobrem bolos e sorvetes. **4.** Meio de proteção; defesa, proteção. **5.** Respaldo. **6.** Fundos que garantem liquidação de um contrato. **7.** Apartamento construído sobre a laje de cobertura de um edifício. **8.** Área geográfica de um ou mais países na qual certas emissoras de rádio ou TV podem ser captadas.

Co.bi.ça *s.f.* **1.** Ato ou efeito de cobiçar. **2.** Desejo imoderado de possuir bens materiais. **3.** Ambição desmedida de riqueza. **4.** Avidez, ganância.

Co.bi.çar *v.t.* **1.** Ter cobiça de. **2.** Desejar ardentemente; ambicionar.

Co.bi.ço.so (ô) *adj.* **1.** Que cobiça; ambicioso. **2.** Cheio de cobiça; ávido.

Cobol (ing.) *s.m.* Linguagem de processamento de dados que utiliza o inglês e foi concebida para uso universal nas aplicações comerciais.

Co.bra *s.f.* **1.** ZOOL Qualquer réptil ofídio; serpente. **2.** Objeto que tem forma ou aparência de serpente. **3.** FIG Pessoa de má índole. No jogo do bicho, o grupo que abrange as dezenas 33, 34, 35 e 36, e corresponde ao número 9. *s.2g.* **4.** GÍR Pessoa que conhece profundamente determinado assunto, ofício ou arte.

Co.bra.dor (ô) *adj.* e *s.m.* Diz-se de, ou aquele que faz cobranças.

Co.bran.ça *s.f.* **1.** Ato ou efeito de cobrar. **2.** Arrecadação do dinheiro cobrado.

Co.brar *v.t.* **1.** Proceder à cobrança de. **2.** Receber (aquilo que nos pertence ou nos é devido); recuperar. **3.** Exigir uma troca (recibo). **4.** Possuir-se de. **5.** Tomar, conquistar. **6.** Adquirir, tomar. *v.p.* **7.** Refazer-se, reanimar-se. **8.** Recuperar-se.

Co.bre *s.m.* **1.** Metal simples, símbolo Cu e número atômico 29, largamente empregado na indústria. **2.** POP Dinheiro. V. tb. *cobres.*

Co.brei.ro *s.m.* Dermatose, mais propriamente chamada *cobrelo.*

Co.brir *v.t.* **1.** Pôr alguma coisa sobre (outra), para abrigar ou ocultar; tapar. **2.** Encher, ocupar inteiramente. **3.** Proteger, defender. **4.** Encobrir, dissimular. **5.** Envolver. **6.** Vestir. **7.** Ultrapassar. **8.** Ser bastante para pagar. **9.** Padrear, fecundar (falando-se dos animais). **10.** Exceder, ultrapassar. *v.t.* e *int.* **11.** Ocultar ou resguardar, pondo (alguma coisa) em cima, diante ou em redor. *v.p.* **12.** Pôr chapéu, barrete ou capuz na cabeça. **13.** Resguardar-se, defender-se. **14.** Toldar-se.

Co.ca¹ *s.f.* Ato ou efeito de cocar ou espreitar.

Co.ca² *s.f.* **1.** BOT Planta medicinal, de cujas folhas se extraem vários alcaloides, entre os quais a cocaína. **2.** Folha seca dessa planta, que os povos andinos usam como estimulante. **3.** Forma reduzida de *cocaína.*

Co.ça *s.f.* **1.** POP Ato ou efeito de coçar(-se). **2.** Sova, surra.

Co.ca.da *s.f.* **1.** Doce seco, de coco ralado. **2.** GÍR Pancada com a cabeça; cabeçada. *s.2g.* **3.** (BA) Pessoa que leva e traz recados ou bilhetes de namorados; alcoviteiro.

Co.ca.í.na *s.f.* Alcaloide que se extrai das folhas de coca, empregada na medicina como anestésico e, muitas vezes, como droga, por ser narcótico.

Co.ca.i.nô.ma.no *s.m.* O viciado em cocaína.

Co.car¹ *s.m.* **1.** Enfeite de penas que alguns índios usam na cabeça. **2.** Penacho, laço ou distintivo que se usa na cabeça, no chapéu etc.

Co.car² *v.t.* e *int.* **1.** Estar ou ficar à coca ou à espreita de; observar, espionar. **2.** Acalentar.

Co.çar *v.t.* **1.** Roçar, esfregar com as unhas ou com um objeto áspero (a parte do corpo onde há um prurido). **2.** FAM Bater em; sovar. *v.p.* **3.** Esfregar ou roçar a própria pele. **4.** FIG Lutar com dificuldades.

Coc.ção *s.f.* **1.** Ato ou efeito de cozer ou cozinhar; cozimento. **2.** Digestão dos alimentos no estômago.

Cóc.cix (cs) *s.m.* ANAT Pequeno osso que termina inferiormente a coluna vertebral. ◆ *Var.: coccige.*

Có.ce.ga *s.f.* (mais us. no pl.) sensação que gera vontade de rir, causada por toques em certos pontos do corpo. ● *Pl.: cócegas.*

Co.cei.ra *s.f.* Comichão forte; prurido.

Co.che (ô) *s.m.* **1.** Carruagem antiga e luxuosa; sege. **2.** Carro fúnebre.

Co.chei.ra *s.f.* **1.** Lugar onde se guardam coches ou outras carruagens. **2.** Estrebaria de cavalos; cavalariça.

Co.chei.ro *s.m.* Aquele que conduz os cavalos de uma carruagem ou coche.

Co.chi.char *v.t.* e *int.* **1.** FAM Falar em voz baixa; murmurar. **2.** Intrigar, enredar, mexericar. **3.** Dizer em voz baixa; segredar.

Co.chi.cho¹ *s.m.* Ato ou efeito de cochichar; cochichada.

Co.chi.cho² *s.m.* **1.** ORNIT Pássaro insetívoro, parecido à calandra. **2.** Brinquedo infantil cujo som imita a voz desse pássaro. **3.** Chapéu velho e amarrotado. **4.** V. *cochicolo.*

Co.chi.lar *v.int.* **1.** Cabecear com sono. **2.** Dormir levemente; dormitar. **3.** FIG Descuidar-se, distrair-se; errar.

Co.chi.lo *s.m.* **1.** Ato ou efeito de cochilar. **2.** FIG Descuido, distração. **3.** Engano, lapso provocado por desatenção.

Co.chi.ni.lha *s.f.* Cochonilha.

Co.cho (ô) *s.m.* **1.** Tabuleiro onde os pedreiros conduzem a cal amassada. **2.** Caixa onde gira a mó dos amoladores. **3.** (BA) Caixa grande de madeira onde se coloca o cacau em grãos para fermentar, antes da secagem. **4.** Vasilha, geralmente feita de madeira escavada, para água ou comida para o gado.

Co.cho.ni.lha *s.f.* **1.** Inseto de cuja fêmea se extrai uma substância vermelha, usada como corante. **2.** A própria substância. ◆ *Var.: cochinilha.*

Co.ci.en.te *s.m.* Quociente.

Cock.pit (ing.) *s.m.* Espaço onde se aloja o piloto nos aviões, nos carros de corrida ou em algumas embarcações. ● *Pl.: cockpits.*

Coco¹ (ó) *s.m.* Bactéria de forma arredondada.

Coco² (ó) *s.m.* Medida japonesa para cereais, equivalente a seis alqueires.

Co.co (ô) *s.m.* **1.** BOT Coqueiro. **2.** Fruto do coqueiro, em especial o do *coqueiro-da-baía,* largamente utilizado na culinária brasileira. **3.** POP Cabeça, crânio. **4.** FOLCL Cantiga popular nordestina, ao som da viola. **5.** POP Dinheiro.

Co.cô *s.m.* **1.** Penteado feminino em que se faz um caracol de cabelo no alto da cabeça; birote. **2.** Na linguagem infantil, a galinha.

Co.cô *s.m.* Excremento.

Có.co.ras *s.f.pl.* Usado na locução adverbial **de cócoras:** agachado, sentado sobre os calcanhares.

Co.co.ri.car *v.int.* Cantar (o galo).

Co.co.ro.te *s.m.* Pancada com os nós dos dedos na cabeça de outrem; cascudo.

Co.co.ta *s.f.* Menina entre 12 e 15 anos, que vive em festas e espetáculos sempre acompanhada de pessoa do sexo oposto.

Co.cu.ru.to *s.m.* **1.** O alto da cabeça. **2.** Saliência de terra, em forma de montículo. **3.** O ponto mais alto de uma colina. **4.** O ponto mais alto de uma coisa.

Co.da *s.f.* MÚS Fragmento musical posto como apêndice conclusivo de uma composição (sonata, sinfonia etc.) em que há repetições.

CODEÍNA — COLAGEM

Co.de.í.na s.f. QUÍM Alcaloide derivado do ópio, utilizado em farmácia por seu efeito sedativo.

Co.di.fi.ca.dor (ô) s.m. **1.** Aquele que codifica. adj. **2.** Que codifica ou reduz a código.

Co.di.fi.car v.t. **1.** Reduzir a código. **2.** Reunir em código. **3.** Transformar em códice; compilar.

Có.di.go s.m. **1.** Compilação de leis ou regulamentos. **2.** Coleção metódica e ordenada de leis ou de dispositivo relativas a um assunto especial; lei. **3.** Conjunto de convenções e usos; preceito, norma, regra. **4.** Linguagem, secreta ou não, em que entram palavras, às quais, convencionalmente, se dão significações diferentes das que normalmente possuem. **5.** Norma, regra.

Co.di.no.me s.m. Nome codificado, que serve para encobrir o nome verdadeiro de uma pessoa ou coisa.

Co.dor.na s.f. ORNIT Ave galinácea do campo, de coloração pardo-avermelhada no dorso, estrias amareladas nos lados, largas estrias pretas, garganta branca, abdome amarelado etc. e hábitos solitários, também chamada codorniz, inhambu. • Col.: bando. • Voz.: piar.

Co.e.di.ção s.f. Edição de uma obra realizada por dois ou mais editores. • Pl.: coedições.

Co.e.fi.ci.en.te s.m. **1.** Número ou letra que se coloca à esquerda de uma quantidade algébrica. **2.** Fator, multiplicador. **3.** Grau, nível.

Co.e.lhei.ra s.f. **1.** Lugar destinado à criação de coelhos. **2.** Coalheira (peça de arreio).

Co.e.lhei.ro adj. e s.m. Que, ou o que caça coelhos.

Co.e.lho (ê) s.m. ZOOL Mamífero quadrúpede lagomorfo (selvagem ou doméstico), originário da Europa. • Fem.: coelha. • Col.: bando. • Voz.: chiar, guinchar.

Co.en.tro s.m. BOT Planta hortense e aromática, cujas folhas, de odor característico, são usadas como condimento em culinária.

Co.er.ção s.f. **1.** Ação, direito legal, poder das autoridades de coagir. **2.** Coação, repressão.

Co.er.ci.ti.vo adj. Coercivo.

Co.er.ci.vo adj. **1.** Capaz de exercer coerção. **2.** Que age pela intimidação, pela coação. **3.** Que pode tirar a liberdade.

Co.e.rên.cia s.f. **1.** Estado ou qualidade de coerente. **2.** Harmonia, coesão ou nexo entre fatos ou ideias. • Ant.: incoerência.

Co.e.ren.te adj. **1.** Que tem coerência ou nexo. **2.** Lógico. **3.** Conforme. **4.** Que procede com coerência. • Ant.: incoerente.

Co.e.são s.f. **1.** Ligação recíproca das moléculas dos corpos. **2.** FIG Harmonia, concordância; conexão lógica; união.

Co.e.xis.tir (z) v.t. e int. **1.** Existir ao mesmo tempo. **2.** Conviver.

Co.fi.ar v.t. Alisar com a mão; afagar (a barba, o bigode, o cabelo).

Co.fo (ô) s.m. Samburá.

Co.fre s.m. **1.** Móvel em forma de caixa, onde se guarda qualquer coisa. **2.** Caixa de ferro à prova de fogo e com fechaduras de segredo, para guardar dinheiro, joias, documentos e outros objetos de valor. **3.** Tesouro, erário.

Co.gi.tar v.t. **1.** Pensar demoradamente. **2.** Ter o propósito, a intenção de. v.int. **3.** Meditar, refletir.

Cog.na.to adj. e s.m. **1.** Que, ou o que é da mesma origem; derivado. **2.** GRAM Diz-se de, ou vocábulo que provém da uma raiz comum.

Cog.ni.ção s.f. **1.** Ato ou faculdade de conhecer. **2.** FILOS Aquisição de um conhecimento.

Cog.no.me s.m. **1.** Apelido, alcunha. **2.** Sobrenome familiar.

Cog.no.mi.nar v.t. **1.** Alcunhar, apelidar. **2.** Adotar o cognome de.

Co.gu.me.lo s.m. BOT Fungo que se parece com um guarda-sol, alguns comestíveis e outros venenosos.

Co-her.dei.ro s.m. Aquele que é herdeiro juntamente com outro ou outros. • Pl.: co-herdeiros.

Co.i.bi.ção s.f. Ato ou efeito de coibir; proibição. • Ant.: consentimento.

Co.i.bir v.t. **1.** Fazer cessar. **2.** Impedir que continue. **3.** Reprimir, refrear. v.p. **4.** Refrear-se, reprimir-se, conter-se; privar-se.

Coi.ce s.m. **1.** Golpe dado por quadrúpedes com as patas traseiras. **2.** Recuo de uma arma de fogo ao ser disparada. **3.** Ingratidão, brutalidade, grosseria.

Coi.fa s.f. **1.** Rede com que as mulheres envolvem e suspendem os cabelos. **2.** Parte das membranas que envolvem o feto, ao nascer. **3.** Revestimento terminal das raízes. **4.** Invólucro, envoltório. **5.** Equipamento usado em cozinha para sugar vapores.

Coi.ma s.f. **1.** Pena pecuniária que se impõe a quem se apodera de pequenos bens alheios. **2.** Multa imposta ao proprietário de animal que pasta em propriedade alheia ou a danifica. **3.** Multa, castigo.

Co.in.ci.dên.cia s.f. **1.** Ato ou efeito de coincidir. **2.** Igualdade de duas ou mais coisas. **3.** Realização simultânea de dois ou mais fatos. **4.** FIG Concurso de circunstâncias.

Co.in.ci.dir v.t. **1.** Ser idêntico em formas ou dimensões. **2.** Ajustar-se perfeitamente. **3.** Dar-se ao mesmo tempo. **4.** Combinar, concordar. v.int. **5.** Ser igual ou idêntico.

Co.ió s.m. **1.** Namorado ridículo. adj. **2.** Tolo, bobo, sandeu.

Co.ir.mão s.m. **1.** Confrade de ordem religiosa. adj. **2.** Diz-se do primo cujos pais são irmãos. **3.** Diz-se do que é filiado; sócio, membro.

Coi.sa s.f. **1.** Qualquer ser inanimado. **2.** Assunto, matéria. **3.** Negócio. **4.** Ato, condição, causa. **5.** Espécie. **6.** Mistério, enigma. **7.** Causa, motivo. **8.** Propriedade. **9.** Fato, realidade. **10.** Algo que não se deseja ou não se sabe denominar. **11.** POP Diabo. **12.** Faniquito.

Coi.sa à to.a s.2g. **1.** Pessoa ordinária, reles, desprezível. **2.** O diabo. • Pl.: coisas à toa.

Coi.sa-fei.ta s.f. Esconjuro, feitiçaria, despacho, mandinga. • Pl.: coisas-feitas.

Coi.sa-ru.im s.m. POP Diabo, demônio, espírito mau. • Pl.: coisas-ruins.

Coi.si.fi.car v.t. **1.** Reduzir (o ser humano ou elementos a ele ligados) a simples elementos materiais. **2.** Tratar como coisa.

Coi.ta.do adj. e s.m. **1.** Digno de pena. **2.** Desgraçado, infeliz, sofredor, necessitado.

Coi.tei.ro s.m. Indivíduo que dá coito ou asilo a bandidos ou os protege.

Coi.to¹ s.m. Relação sexual; cópula, acasalamento.

Coi.to² s.m. **1.** Lugar onde se asilavam os criminosos. **2.** Asilo, refúgio. • Var.: couto.

Coi.va.ra s.f. Monte de ramagens não destruídas pelo fogo da queimada, e que se juntam para serem incineradas a fim de limpar o terreno a ser cultivado.

Co.la¹ s.f. **1.** Substância glutinosa e pegadiça. **2.** Grude. **3.** Cópia fraudulenta em prova, exame etc.; fila.

Co.la² s.f. Gênero de árvores da família das esterculiáceas, de origem africana, de frutos capsulares e sementes grandes.

Co.la³ s.f. **1.** Cauda, rabo. **2.** POP Encalço, rastro.

Co.la.bo.ra.ção s.f. **1.** Trabalho em comum. **2.** Ajuda, auxílio, contribuição. **3.** Participação em obra literária, científica etc. **4.** Artigo de jornal ou revista escrito por pessoa que não faz parte de sua redação.

Co.la.bo.ra.ci.o.nis.ta adj. e s.2g. Diz-se de, ou o nacional de um país ocupado, que colabora ou busca entendimento com as forças invasoras de ocupação.

Co.la.bo.ra.dor adj. e s.m. **1.** Que, ou o que colabora; auxiliar. **2.** Que, ou aquele que escreve ocasionalmente para jornais ou revistas, sem que exista uma relação de emprego.

Co.la.bo.rar v.t. **1.** Trabalhar junto, na mesma obra. **2.** Auxiliar, ajudar. **3.** Escrever ocasionalmente para jornais ou revistas.

Co.la.ção s.f. **1.** Concessão de título, direito, grau, dignidade. **2.** Ato de praticar cola em exames. **3.** Ato de unir ou grudar alguma coisa em outra. **4.** Refeição leve em dias de jejum. **5.** Confronto, cotejo, comparação.

Co.la.gem s.f. **1.** Ato ou efeito de colar². **2.** Bel.-art. Técnica que consiste em reunir e colar fragmentos de material impresso sobre uma superfície. **3.** Bel.-art. A obra formada desse trabalho.

COLÁGENO — COLIGIR

Co.lá.ge.no *s.m.* QUÍM Proteína fibrosa, que é o principal constituinte dos tecidos conectivos animais.

Co.lap.so *s.m.* **1.** Diminuição da excitabilidade nervosa. **2.** Prostração repentina. **3.** Perda dos sentidos; desmaio. **4.** Qualquer diminuição repentina de poder, de força. **5.** Situação anormal e grave; crise. **6.** Paralisação.

Co.lar¹ *s.m.* Ornato que se usa no pescoço.

Co.lar² *v.t.* **1.** Unir com cola. **2.** Pregar, grudar. **3.** Conferir benefício eclesiástico e vitalício a. **4.** Investir na posse de (título, direito, grau). **5.** Receber (grau superior). *v.int.* **6.** Copiar num exame escrito, sem que o examinador perceba; plagiar. **7.** POP Dar certo: A desculpa colou. *v.p.* **8.** Unir-se a; aconchegar-se.

Co.la.ri.nho *s.m.* **1.** Gola cosida ou adaptada à camisa, em volta do pescoço. **2.** GÍR Camada de espuma num copo de cerveja ou de chope.

Co.la.ri.nho-bran.co *s.m.* Design. comum aos trabalhadores assalariados ou autônomos (profissionais liberais, executivos, funcionários públicos, empregados de escritório etc.) que, dado o caráter de suas funções, se vestem ger. com certo grau de formalidade. ● *Pl.: colarinhos-brancos.*

Co.la.te.ral *adj.2g.* **1.** Que está ao lado ou que corre lado a lado; paralelo. **2.** Que é parente, mas não em linha reta; transversal. **3.** Que serve para confirmar; adicional.

Co.la-tu.do *s.f.* Substância adesiva usada antigamente para colar os mais diversos corpos quebrados.

Col.cha (ô) *s.f.* Cobertura de cama, às vezes estampada ou com lavores, geralmente usada sobre os lençóis.

Col.chão *s.m.* Coxim grande, cheio de substância flexível, que se usa sobre o estrado da cama.

Col.chei.a *s.f.* MÚS Figura de notação musical equivalente à oitava parte de semibreve ou à metade da semínima.

Col.cho.ne.te *s.m.* Colchão pequeno e portátil.

Col.dre (ó) *s.m.* **1.** Espécie de bolso de couro, pendente de cada lado do arção da sela, para armas de fogo. **2.** Estojo de couro preso à cintura para revólver.

Co.le.a.do *adj.* **1.** Em forma de colo ou pescoço. **2.** Sinuoso, flexuoso.

Co.le.a.men.to *s.m.* Coleio.

Co.le.ar *v.int.* **1.** Mover o colo (a serpente). **2.** Andar fazendo curvas como serpente; serpear. **3.** Mover-se sinuosamente, aos ziguezagues. *v.p.* **4.** Mover-se (a serpente). **5.** Andar ou mover-se como a serpente.

Co.le.ção *s.f.* **1.** Porção de coisas que têm entre si alguma relação, ou que são da mesma natureza. **2.** O conjunto das coisas que se juntam por mania, capricho, amor à arte, fim educativo etc. **3.** Série de obras que tratam da mesma matéria; coletânea.

Co.le.cio.na.dor (ô) *s.m.* Aquele que coleciona.

Co.le.ga *s.2g.* **1.** Pessoa da mesma corporação, profissão, classe ou função. **2.** FAM Companheiro de estudos, de trabalho, de brincadeiras; camarada, amigo.

Co.le.gi.al *adj.2g.* **1.** Relativo a colégio. *s.2g.* **2.** Aluno ou aluna de colégio; estudante. *s.m.* **3.** Nome dado também ao curso de 2° grau.

Co.lé.gio *s.m.* **1.** Corporação cujos membros têm a mesma categoria ou dignidade: *Colégio eleitoral.* **2.** Estabelecimento de ensino médio. **3.** Escola (primária ou secundária). **4.** O conjunto dos alunos dessa escola.

Co.le.guis.mo *s.m.* Sentimento de solidariedade, companheirismo e lealdade para com os colegas.

Co.lei.ra *s.f.* **1.** Espécie de colar, de malha ou pelos, que cinge o pescoço dos animais. **2.** Colar, argola. **3.** Sujeito velhaco. **4.** ORNIT Certo pássaro canoro, também chamado *coleiro.*

Có.le.ra *s.2g.* **1.** Impulso violento contra o que nos ofende ou indigna; ira, raiva. **2.** MED Doença infecciosa e transmissível, às vezes epidêmica, caracterizada por abundante diarreia e desidratação, mortal se não for tratada a tempo.

Co.lé.ri.co *adj.* **1.** Propenso à cólera, à ira. **2.** Cheio de cólera; indignado. *adj.* e *s.m.* MED **3.** Diz-se de, ou pessoa afetada pela cólera.

Co.les.te.rol *s.m.* QUÍM Substância branca, cristalina, não solúvel na água, de grande importância no metabolismo humano. ● *Pl.: colesteróis.*

Co.les.te.ro.le.mi.a *s.f.* Hipercolesterolemia.

Co.le.ta¹ (é) *s.f.* **1.** Ato ou efeito de coletar. **2.** Recolhimento de donativos para despesas comuns ou obras beneficentes e de caridade. **3.** O total ou montante arrecadado.

Co.le.ta² (é) *s.f.* Trança de cabelo que os toureiros espanhóis usam na parte posterior da cabeça.

Co.le.ta.do *adj.* e *s.m.* Que, ou aquele que é tributário de certo imposto; contribuinte.

Co.le.tar *v.t.* **1.** Tributar, arrecadar. **2.** Recolher contribuições ou cotas. **3.** Reunir (dados, informações) para pesquisa. **4.** BOT Colher (plantas para estudo). *v.p.* **5.** Cotizar-se.

Co.le.te (ê) *s.m.* **1.** Peça de vestuário, sem mangas nem gola, usado por cima da camisa. **2.** Espartilho de senhoras. **3.** Cinto ortopédico para males de coluna. **4.** Vestimenta de borracha ou de náilon, impermeável e inflável, que possibilita a um náufrago não afundar (também se diz *colete salva-vidas*).

Co.le.ti.vi.da.de *s.f.* Natureza ou qualidade de coletivo; a sociedade, o conjunto social; comunidade.

Co.le.ti.vis.mo *s.m.* Sistema social e econômico segundo o qual se devem tornar comuns a todos os membros da sociedade os meios de produção.

Co.le.ti.vo *adj.* **1.** Que abrange ou diz respeito a muitas pessoas ou a muitas coisas; comum. *s.m.* **2.** Veículo para transporte de grande número de passageiros; ônibus. **3.** FUT Jogo-treino entre dois times. *adj.* e *s.m.* GRAM Diz-se do, ou o substantivo que designa um conjunto de seres ou coisas.

Co.le.to *adj.* **1.** Reunido, escolhido, compilado. **2.** Recolhido, arrecadado.

Co.le.tor (ô) *s.m.* **1.** Aquele que recebe coletas ou que arrecada alguma coisa; cobrador, recebedor. **2.** O que colige, reúne, compila (alguma coisa); compilador. **3.** Qualquer recipiente onde se juntam coisas. **4.** Cano coletor de esgoto. *adj.* **5.** Que colige, que reúne.

Co.lhei.ta *s.f.* **1.** Ato ou efeito de colher (produtos agrícolas). **2.** Conjunto dos produtos agrícolas colhidos de uma só vez ou num ano.

Co.lher¹ (é) *s.f.* **1.** Utensílio de mesa composto de uma concha e um cabo, destinado a levar certos alimentos à boca. **2.** Porção de líquido que esse utensílio é capaz de conter; colherada. **3.** Instrumento que lembra uma colher, usado em vários ofícios, como o de pedreiro.

Co.lher² (ê) *v.t.* **1.** Tirar do pé, apanhar, cortar (flores, frutos). **2.** Pegar. **3.** Coletar, arrecadar. **4.** Conseguir, obter. **5.** Concluir, inferir. **6.** Aprender, compreender.

Co.lhe.ra.da *s.f.* Conteúdo de uma colher cheia.

Co.li.ba.ci.lo *s.m.* Bactéria presente na água, no leite e em certos alimentos que vive como parasita no intestino.

Co.li.bri *s.m.* ORNIT Beija-flor.

Có.li.ca *s.f.* MED Qualquer dor abdominal aguda, no homem e nos animais, provocada por espasmos ou devida à contração de um órgão oco.

Co.li.dir *v.t.* **1.** Ir de encontro; encontrar, chocar-se. *v.int.* **2.** Ser contraditório ou conflitante; contradizer-se. **3.** Chocar-se, abalroar, ir de encontro.

Co.li.for.me *s.m.* **1.** Bacilo ou parasita da flora intestinal. *adj.2g.* **2.** Relativo a esse bacilo.

Co.li.ga.ção *s.f.* **1.** União de diversas pessoas, corporações, partidos, nações etc.; aliança. **2.** Trama, conluio.

Co.li.gar *v.t.* e *p.* **1.** Associar(-se), unir(-se) por coligação. **2.** Unir(-se), aliar(-se).

Co.li.gir *v.t.* **1.** Juntar, formar coleção. **2.** Reunir, ajuntar (o que estava esparso). **3.** Inferir, concluir.

COLINA — COMANDO

Co.li.na¹ *s.f.* **1.** Pequena elevação de terreno; outeiro, morro. **2.** Encosta, quebrada.

Co.li.na² *s.f.* QUÍM Base cristalina ou líquida xaroposa, distribuída em produtos animais e vegetais, combinada em lecitinas, que constitui uma vitamina do complexo B essencial para o metabolismo de gorduras.

Co.lí.rio *s.m.* **1.** Medicamento que se aplica em gotas nos olhos. **2.** FAM Pessoa muito bonita, cuja visão faz bem aos olhos.

Co.li.são *s.f.* **1.** Choque, trombada. **2.** Luta entre grupos ou partidos. **3.** Conflito de deveres. **4.** Dificuldade de opção. **5.** GRAM Vício de linguagem caracterizado pela sucessão de sons da mesma espécie.

Co.li.seu *s.m.* Anfiteatro romano; circo.

Co.li.te *s.f.* MED Inflamação do cólon.

Col.lant (fr.) *s.m.* **1.** Roupa de malha elástica fina que adere ao corpo. **2.** Veste íntima feminina que combina a calcinha e as meias numa única peça; meia-calça. **3.** Roupa feminina inteiriça e colante, que une sutiã e calcinha. ◆ *Pl.*: collants.

Col.mei.a (é) *s.f.* **1.** Cortiço ou instalação de abelhas; enxame. **2.** FIG Grande quantidade de coisas ou de gente apinhada. ◆ *Var. pros.*: colmeia. ◆ *Col.*: colmeal.

Col.mo (ô) *s.m.* **1.** BOT Caule das gramíneas, entre a raiz e a espiga. **2.** FIG Palha com que se cobrem as casas no campo. **3.** Choupana, cabana.

Co.lo *s.m.* **1.** Parte do corpo que une a cabeça ao tórax; pescoço. **2.** O peito da mulher. **3.** Espaço formado entre o abdome e as coxas, na posição sentada do corpo. **4.** Parte de um objeto em forma de colo. **5.** ANAT Cólon.

Co.lo.ca.ção *s.f.* **1.** Ato ou efeito de colocar. **2.** Situação, posição. **3.** Lugar (numa classificação). **4.** Arrumação. **5.** Emprego, lugar para trabalhar. **6.** GRAM Disposição dos vocábulos na frase. **7.** Mercado ou distribuição para uma mercadoria; saída, venda. **8.** Exposição, argumento.

Co.lo.car *v.t.* **1.** Dispor. **2.** Empregar. **3.** Coordenar. **4.** Pôr (em algum lugar ou situação). **5.** Localizar, situar, acomodar. **6.** FIG Arranjar emprego. **7.** Pôr à venda; vender. **8.** Conseguir emprego. **9.** Empregar(-se), conseguir trabalho. **10.** Tomar posição; instalar-se.

Co.loi.de *adj.2g.* **1.** Coloidal (acep. 1). *s.m.* **2.** Sistema físico-químico no qual partículas se encontram suspensas em um fluido. **3.** Corpo que não se cristaliza ou somente se cristaliza muito dificilmente.

Co.lom.bi.na *s.f.* **1.** Personagem da antiga comédia italiana que compõe o triângulo amoroso com o *Pierrô* e *Arlequim*. **2.** Certa fantasia carnavalesca. **3.** Mulher vestida com essa fantasia.

Có.lon *s.m.* ANAT Parte do intestino grosso; colo.

Co.lô.nia¹ *s.f.* **1.** Grupo de imigrantes que se estabelecem em terra estrangeira. **2.** Possessão, em geral ultramarina, de um Estado; protetorado. **3.** Estabelecimento correcional para menores, criminosos etc. **4.** Grupo de animais da mesma espécie e que vivem juntos.

Co.lô.nia² *s.f.* Forma reduzida de *água-de-colônia*.

Co.lo.ni.a.lis.mo *s.m.* **1.** Prática, processo histórico de estabelecimento de colônias. **2.** Época colonial. **3.** Interesse ou paixão pelas colônias ou especialização em colônias e/ou colonos. **4.** Orientação política ou sistema ideológico de que uma nação lança mão para manter sob seu domínio, total ou parcial, os destinos de uma outra, procurando submetê-la nos setores econômico, político e cultural. **5.** Inferioridade ou sujeição (de uma comunidade, território, país ou nação dominada por outra, ger. mais desenvolvida); condição de colonizado. **6.** Traço linguístico próprio de uma ou mais colônias. **7.** Atitude, teoria ou doutrina favorável à colonização.

Co.lo.ni.zar *v.t.* **1.** Estabelecer colônia em. **2.** Promover a colonização de. **3.** Povoar de colonos.

Co.lo.no *s.m.* **1.** Membro de uma colônia. **2.** Trabalhador rural que trabalha e mora na propriedade alheia; camponês.

Co.ló.qui.al *adj.2g.* **1.** Relativo ao colóquio. **2.** Diz-se da linguagem falada que se usa diariamente.

Co.ló.qui.o *s.m.* **1.** Conversação ou palestra entre duas ou mais pessoas. **2.** Reunião. **3.** Seminário, simpósio.

Co.lo.ran.te *adj.2g.* Que colora; corante.

Co.lo.rar *v.t.* Colorir.

Co.lo.ra.tu.ra *s.f.* **1.** Linha melódica vocal muito ornamentada e com valores rápidos. *adj.* e *s.2g.* **2.** Diz-se de ou voz de soprano de grande extensão, capaz de realizar vocalises rápidos e limpos no registro agudo. **3.** Diz-se de ou cantora que possui tal voz.

Co.lo.rau *s.m.* **1.** Pó vermelho usado como condimento. **2.** Condimento feito de pimentão, urucu etc.

Co.lo.rir *v.t.* **1.** Dar cor ou cores a; matizar. **2.** Tornar brilhante. **3.** Adornar, enfeitar; descrever viva e imaginosamente. *v.int.* e *p.* **4.** Ficar colorido, tomar cor. ◆ *Obs.*: Não possui a 1ª pes. sing. do presente do indicativo nem todo o presente do subjuntivo.

Co.lo.ri.zar *v.t.* **1.** Dar cores a; colorir. **2.** Colorir filmes realizados originalmente em preto e branco pelo processo de colorização.

Co.los.sal *adj.2g.* **1.** Que tem proporções de colosso; gigantesco. **2.** Imenso, vastíssimo.

Co.los.so *s.m.* **1.** Estátua gigantesca, imensa. **2.** FIG Pessoa agigantada. **3.** Objeto de grandes dimensões ou animal de grande estatura. **4.** Coisa excelente, excepcional. **5.** Grande quantidade, multidão.

Co.los.tro (ô) *s.m.* O primeiro líquido segregado pela glândula mamária após o parto, rico em proteínas e imunoglobulinas, que precede a produção do leite.

Co.lum.bí.neo *ou* **.bi.no** *adj.* Relativo ao pombo ou à pomba.

Co.lu.na *s.f.* **1.** Pilar cilíndrico que sustenta abóbadas, entablamentos etc., ou serve de ornato em edifícios. **2.** Pilastra. **3.** FIG Sustentáculo, apoio. **4.** Monumento comemorativo que tem forma de pilar. **5.** Tropa de soldados em formação compacta, quando em marcha sobre um objetivo. **6.** Linha vertical de algarismos ou números. **7.** Conjunto de objetos dispostos verticalmente; pilha. **8.** Cada uma das divisões verticais das páginas de um jornal ou revista. **9.** Volume líquido ou gasoso dentro de um vaso. **10.** BOT Segmento especial das orquídeas, constituído do pistilo e do estame. **11.** A coluna vertebral ou espinha dorsal. ◆ *Dim.*: colunelo (*s.m.*) ou coluneta (ê, *s.f.*). ◆ *Col.*: colunata.

Co.lu.nis.ta *s.2g.* Pessoa que assina uma coluna acerca de economia, de artes, vida social, de literatura etc. em jornal ou revista.

Com- *pref.* ⇒ Co-

Com *prep.* que indica ligação, cooperação, companhia, modo, instrumento etc.

Co.ma¹ *s.f.* **1.** Cabeleira farta, abundante. **2.** Crinas, juba. **3.** Penacho. **4.** ASTRON A parte luminosa em redor do núcleo dos cometas. **5.** Copa de árvore.

Co.ma² *s.f.* **1.** MÚS Intervalo musical entre duas notas inarmônicas. **2.** MÚS Pausa de colcheia.

Co.ma³ *s.m.* **1.** MED Estado mórbido semelhante ao sono, com perda total da sensibilidade e da motilidade, mas mantendo a respiração e a circulação. **2.** Insensibilidade, apatia.

Co.ma.dre *s.f.* **1.** Madrinha, em relação aos pais do afilhado. **2.** FAM Amiga, companheira. **3.** FAM Parteira. **4.** Urinol chato, usado pelos doentes que não podem erguer-se da cama. **5.** Mulher mexeriqueira. ◆ *Masc.*: compadre.

Co.man.da *s.f.* Talão de controle de pedidos feitos em bares, restaurantes etc.

Co.man.di.ta *s.f.* Sociedade em que há um ou mais sócios que entram com capital, sem tomar parte da administração.

Co.man.di.tá.rio *adj.* e *s.m.* Diz-se de. ou membro de uma sociedade em comandita.

Co.man.do *s.m.* **1.** Ato ou efeito de comandar. **2.** Poder de quem comanda; chefia, liderança. **3.** Direção superior de tropas. **4.** Ordem. **5.** Grupo militar especializado em ações rápidas contra objetivos determinados. **6.** Qualquer grupo de estratégia de ação

COMARCA — COMISERAÇÃO

semelhante. **7.** Dispositivo que aciona uma determinada operação. **8.** A própria operação.

Co.mar.ca *s.f.* Divisão judiciária de um Estado sob a alçada de um juiz de direito e subdivida em distritos.

Com.ba.lir *v.t.* **1.** Tornar fraco ou abatido; debilitar, enfraquecer. **2.** Abater, abalar. **3.** Deteriorar, apodrecer. *v.p.* **4.** Enfurecer-se, abalar-se.

Com.ba.te *s.m.* **1.** Ato ou efeito de combater. **2.** Luta entre forças militares. **3.** Qualquer luta. **4.** Encontro, peleja, demanda, disputa. **5.** Combate singular; duelo.

Com.ba.ten.te *adj.2g.* **1.** Que combate. *s.2g.* **2.** Pessoa que combate ou pode combater; guerreiro, soldado.

Com.ba.ter *v.t.* **1.** Bater-se contra. **2.** Esforçar-se por dominar ou vencer. **3.** FIG Opor-se a. **4.** Discutir, contestar. **5.** Lutar contra; batalhar.

Com.ba.ti.vo *adj.* Que tem temperamento de combatente.

Com.bi.na.ção *s.f.* **1.** Ato ou efeito de combinar(-se). **2.** Ajuste, acordo, ligação. **3.** Roupa feminina formada de saia e corpinho em uma só peça. **4.** Conjunto ordenado dos números do segredo de um cofre, fechadura etc. que permite sua abertura.

Com.bi.nar *v.t.* **1.** Agrupar, reunir, dispor em certa ordem. **2.** Misturar. **3.** Ajustar, pactuar. *v.int.* **4.** Harmonizar, estar de acordo, entender-se.

Com.boi.o (ô) *s.m.* **1.** Porção de veículos que, juntos, se dirigem a um mesmo destino. **2.** Conjunto de carros de munições e mantimentos que acompanham forças militares. **3.** Navio carregado com escolta de embarcações de guerra. **4.** Leva de feridos ou prisioneiros de guerra. **5.** Grupo de animais que transportam carga; tropa. **6.** Conjunto de veículos ferroviários puxados pela mesma locomotiva. **7.** Trem, composição ferroviária.

Com.bu.ren.te *adj.* **1.** Que queima. **2.** Que produz a combustão. *s.m.* **3.** Corpo que, combinando-se com outro, dá lugar a uma combustão.

Com.bus.tão *s.f.* **1.** Ato ou efeito de queimar. **2.** Estado de um corpo que arde, produzindo calor ou calor e luz. **3.** FIG Guerra, conflagração.

Com.bus.tí.vel *adj.2g.* **1.** Que arde. **2.** Que tem a propriedade de arder, de se consumir pela combustão; combustivo. **3.** Que inflama com facilidade. *s.m.* **4.** Substância (lenha, carvão, óleo etc.) que serve para queimar.

Co.me.çar *v.t.* **1.** Dar início, começo a; principiar. *v.int.* **2.** Ter começo ou princípio. ● *Ant.:* terminar.

Co.me.ço (ê) *s.m.* **1.** Ato ou efeito de começar. **2.** Primeira parte de uma coisa. **3.** O primeiro momento da existência de uma coisa. **4.** Princípio, origem. ● *Ant.:* fim.

Co.mé.dia *s.f.* **1.** Obra ou representação teatral onde predomina a sátira ou a graça. **2.** A arte do teatro. **3.** Companhia dramática. **4.** FIG Fato ridículo. **5.** Fingimento, simulação.

Co.me.di.an.te *s.2g.* **1.** Ator ou atriz de comédia; cômico. **2.** Ator (atriz), intérprete. **3.** FIG Pessoa que não demonstra seus verdadeiros sentimentos; pessoa fingida. **4.** Impostor, farsante.

Co.me.di.do *adj.* **1.** Que tem comedimento. **2.** Moderado, sóbrio, prudente, discreto.

Co.me.dir *v.t.* **1.** Regular convenientemente; medir. *v.t. e p.* **2.** Moderar(-se), conter(-se).

Co.me.mo.rar *v.t.* **1.** Trazer à memória; lembrar. **2.** Festejar um fato importante.

Co.men.da *s.f.* **1.** Benefício outrora concedido a eclesiástico e a cavaleiros de ordens militares. **2.** Distinção honorífica. **3.** Insígnia de comendador.

Co.men.da.dor (ô) *s.m.* Dignitário de ordem militar ou religiosa a quem foi conferida uma comenda.

Co.men.sal *s.2g.* **1.** Cada um dos que comem habitualmente à mesma mesa; conviva. **2.** BIOL Organismo que vive dentro de outro, sem que lhe seja útil ou prejudicial.

Co.men.su.rar *v.t.* **1.** Medir duas ou mais grandezas com a mesma unidade. **2.** Medir. **3.** Comparar, proporcionar.

Co.men.tar *v.t.* **1.** Explicar, interpretando ou anotando. **2.** Explanar. **3.** Fazer comentário ou comentários sobre. **4.** Criticar, analisar. **5.** Discutir, interpretar (textos, notícias etc.).

Co.men.tá.rio *s.m.* **1.** Série de notas explicativas com que se esclarece ou critica uma obra literária ou científica. **2.** Interpretação, análise. **3.** Anotação. **4.** FIG Ponderação, observação. **5.** Crítica maliciosa.

Co.men.ta.ris.ta *s.2g.* **1.** Autor ou autora de comentário. **2.** Pessoa que comenta fatos, notícias etc. **3.** Pessoa responsável por comentar em rádio, televisão etc.

Co.mer *v.t.* **1.** Tomar o alimento. **2.** Introduzir (alimento) na boca, mastigar e engolir. **3.** Roer. **4.** Consumir. **5.** Gastar, dissipar. **6.** Acreditar ingenuamente. **7.** Lograr, enganar. **8.** CH Possuir sexualmente. **9.** FIG Omitir. *v.int.* **10.** Tirar proveito, lucrar. *s.m.* **11.** Comida, alimento.

Co.mer.ci.al *adj.* **1.** Do comércio. **2.** Relativo ao comércio. **3.** Destinado à venda ou à compra. **4.** De qualidade média inferior. *s.m.* **5.** Anúncio veiculado em rádio ou televisão. **6.** Almoço trivial, geralmente servido em horário comercial.

Co.mer.ci.a.li.zar *v.t.* Fazer objeto de comércio.

Co.mer.ci.an.te *adj.2g.* Que, ou pessoa que tem o comércio por profissão; negociante.

Co.mer.ci.ar *v.int.* Exercer ou ter comércio; negociar.

Co.mer.ci.á.rio *s.m.* O empregado no comércio.

Co.mér.cio *s.m.* **1.** Compra, venda ou troca de qualquer produto; negócio. **2.** A classe dos comerciantes. **3.** O conjunto das casas de comércio. **4.** Estabelecimento comercial.

Co.mes.tí.vel *adj.* **1.** Que se pode, ou é bom para comer. *s.m.* **2.** O que é próprio para se comer; o que se come.

Co.me.ta (ê) *s.m.* **1.** Astro de cauda luminosa que gira em volta do Sol. **2.** Caixeiro-viajante. **3.** Pessoa que aparece raramente ao local de serviço.

Co.me.ter *v.t.* **1.** Fazer, praticar um ato. **2.** Perpetrar. **3.** Atacar, acometer. **4.** Tentar, empreender. **5.** Confiar, encarregar. *v.p.* **6.** Aventurar-se, expor-se.

Co.me.ti.men.to *s.m.* **1.** Empreendimento ou empresa arrojada ou de grande vulto. **2.** O ato cometido.

Co.me.zai.na *s.f.* **1.** POP Refeição abundante e alegre, sem qualquer preocupação com etiqueta. **2.** Patuscada de comes e bebes.

Co.me.zi.nho *adj.* **1.** Fácil de compreender; simples, evidente. **2.** FIG Usual, caseiro.

Co.mi.chão *s.f.* **1.** Prurido, coceira. **2.** FIG Desejo veemente. **3.** Vontade irresistível de fazer uma coisa; inquietação.

Co.mí.cio *s.m.* Reunião de cidadãos em praça pública para tratar de assuntos de interesse público ou de uma classe, ou para ouvir as plataformas políticas de candidatos a cargos eletivos.

Cô.mi.co *adj.* **1.** Relativo a comédia. **2.** Burlesco, engraçado. **3.** Que provoca riso; divertido, ridículo. *s.m.* **4.** O que faz rir. **5.** Ator de comédias; comediógrafo.

Co.mi.da *s.f.* **1.** O que se come. **2.** Alimento, sustento. **3.** Refeição.

Co.mi.go *pron.* **1.** Em minha companhia. **2.** Junto a mim. **3.** A meu respeito. **4.** Para mim. **5.** Para com a minha pessoa. **6.** De mim para mim. **7.** Em meu poder.

Co.mi.go-nin.guém-po.de *s.m.2n.* Planta (*Dieffenbachia maculata*) da fam. das aráceas, nativa da Amazônia, de folhas verdes com máculas brancacentas irregulares e frutos bacáceos, é planta cáustica e venenosa, bastante cultivada como ornamental; aningapara.

Co.mi.lan.ça *s.f.* **1.** Ato de comer muito. **2.** Grande quantidade de comida. **3.** POP Negócio desonesto. **4.** POP Roubalheira, negociata (em geral na política).

Co.mi.lão *adj.* e *s.m.* Que, ou aquele que come muito; glutão. ● *Fem.: comilona.*

Co.mi.nar *v.t. e int.* Impor, decretar, prescrever (castigo, pena).

Co.mi.nho *s.m.* **1.** BOT Planta hortense da família das umbelíferas, cujos grãos são empregados como condimento e em farmacologia. **2.** FIG Mexerico, intriga.

Co.mi.se.ra.ção *s.f.* Ato de comiserar-se; compaixão, pena, dó.

COMISSÃO — COMPLEMENTAR

Co.mis.são s.f. 1. Ato de cometer ou encarregar. 2. Missão, encargo, incumbência. 3. Cargo ou mandato temporário. 4. Grupo de pessoas encarregadas de tratar conjuntamente um assunto. 5. Reunião de tais pessoas para esse fim. 6. Local onde se realiza essa reunião. 7. Retribuição paga pelo comitente ao comissionado; percentagem.

Co.mis.sa.ri.a.do s.m. 1. Cargo ou funções de comissário. 2. Lugar onde o comissário exerce suas funções.

Co.mis.sá.rio s.m. 1. Aquele que exerce comissão. 2. Representante do governo em funções de administração. 3. Funcionário da aviação comercial que presta assistência aos passageiros; aeromoço. 4. Autoridade policial. 5. Agente, delegado.

Co.mis.sio.nar v.t. 1. Encarregar de comissão. 2. Delegar poder. 3. Enviar como comissário. 4. Encarregar. 5. Confiar. 6. Dar comissão (na compra ou venda de uma mercadoria).

Co.mi.tê s.m. 1. Grupo de pessoas encarregadas de determinadas missões; comissão. 2. Grupo de dirigentes de um partido político. 3. Sede de campanha de candidato a cargo eletivo.

Co.mi.ti.va s.f. 1. Grupo de pessoas que acompanham. 2. Companhia, séquito, cortejo.

Commodity (ing.= *mercadoria*) s.f. Mercadoria em estado bruto ou produto primário como chá, café, estanho, cobre etc. • *Pl.: commodities*.

Co.mo conj. 1. Da mesma forma que, quando, porque, porquanto, visto que. 2. Segundo, conforme. adv. 3. De que modo, de que maneira. prep. 4. À maneira de; na qualidade de.

Co.mo.ção s.f. 1. MED Abalo violento, produzido principalmente no sistema nervoso. 2. Viva emoção. 3. Abalo físico. 4. Motim, revolta.

Cô.mo.da s.f. Móvel de madeira, com gavetas.

Co.mo.di.da.de s.f. 1. Qualidade do que é cômodo ou agradável. 2. Conforto, bem-estar.

Co.mo.dis.ta adj. e s.2g. Diz-se de, ou pessoa que só pensa em sua comodidade e bem-estar; egoísta.

Cô.mo.do adj. 1. Confortável, prático. 2. Útil, vantajoso. 3. Tranquilo, calmo, sossegado. 4. Favorável, adequado. s.m. 5. Acomodação, aposento (de uma casa). • *Ant.: incômodo*.

Co.mo.ve.dor (ô) adj. Comovente.

Co.mo.ven.te adj.2g. 1. Que comove ou enternece. 2. Tocante, emocionante.

Co.mo.ver v.t. 1. Agitar, abalar. 2. Tocar. 3. FIG Causar comoção a. 4. Emocionar, enternecer. v.p. 5. Enternecer-se, sensibilizar-se. 6. Decidir-se, resolver-se.

Com.pac.tar v.t. 1. Tornar compacto. 2. Comprimir (o que é fofo).

Com.pac.to adj. 1. Que tem muito unidas as partes componentes. 2. Maciço, comprimido, concentrado. 3. Numeroso, copioso. 4. Resumido, conciso. 5. Que ocupa pouco espaço. s.m. 6. MÚS Disco de 33 ou 45 rpm, com uma ou duas faixas gravadas em cada lado. 7. Programa de rádio ou televisão que resume os principais momentos de um acontecimento.

Com.pac.tu.ar v.t. Pactuar com outrem.

Com.pa.de.cer v.t. 1. Ter compaixão de; deplorar. 2. Conformar-se com. 3. Suportar, tolerar. v.p. 4. Condoer-se; sentir compaixão.

Com.pa.dre s.m. 1. Padrinho, em relação aos pais do afilhado e vice-versa. 2. FIG Amigo íntimo, companheiro. 3. Sujeito astuto e manhoso. 4. Cúmplice em conluio, em velhacarias. • *Fem.: comadre*.

Com.pa.dri.o s.m. 1. Ligação ou relação entre compadres. 2. FIG Familiaridade, cordialidade, intimidade. 3. Proteção exagerada ou injusta; favoritismo.

Com.pai.xão s.f. Sentimento de pesar; comiseração, dó, piedade.

Com.pa.nhei.ris.mo s.m. 1. Relações próprias de companheiros. 2. Lealdade de companheiros.

Com.pa.nhi.a s.f. 1. Ato ou efeito de acompanhar. 2. O que acompanha. 3. Reunião de pessoas para o mesmo fim; corporação. 4. Comitiva, séquito. 5. Convivência. 6. Trato íntimo. 7. Sociedade comercial ou industrial. 8. MIL Unidade militar de escalão inferior a batalhão.

Com.pa.rar v.t. 1. Estabelecer paralelo entre. 2. Cotejar; examinar simultaneamente confrontando. 3. Ter como igual ou semelhante. v.p. 4. Pôr-se em confronto; igualar-se.

Com.par.ti.lhar v.t. Ter ou tomar parte em; participar de.

Com.par.ti.men.tar v.t. Dividir em compartimentos.

Com.par.ti.men.to s.m. 1. Cada uma das divisões de uma gaveta, câmara, quarto. 2. Cada um dos aposentos de uma casa (quarto, sala etc.).

Com.par.tir v.t. 1. Tomar parte em; compartilhar. 2. Dividir em (uma coisa) compartimentos; compartimentar. 3. Distribuir, repartir.

Com.pas.sar v.t. 1. Medir com compasso. 2. Regular (a música) marcando o compasso. 3. Espaçar. 4. Fazer mover lentamente. 5. Moderar. v.p. 6. Mover-se pausadamente.

Com.pas.sí.vel adj.2g. Que se compadece com facilidade.

Com.pas.si.vi.da.de s.f. Qualidade de compassivo.

Com.pas.si.vo adj. 1. Sensível aos males alheios. 2. Que tem ou revela compaixão.

Com.pas.so s.m. 1. Instrumento que serve para traçar circunferências e para marcar medidas. 2. Medida dos tempos, em música; ritmo, cadência. 3. Medida, regra.

Com.pa.ti.bi.li.zar v.t. e p. 1. Tornar(-se) compatível. 2. Dar-se bem com outros. 3. Fazer boa harmonia social. 4. Coadunar(-se).

Com.pa.tí.vel adj. 1. Que pode coexistir ou concordar com outro. 2. Conciliável. 3. Admissível. • *Ant.: incompatível*.

Com.pa.tri.o.ta adj. e s.2g. Diz-se de, ou pessoa do mesmo país que outra; patrício.

Com.pe.lir v.t. 1. Obrigar, forçar. 2. Coagir, constranger. 3. Empurrar, impelir.

Com.pên.dio s.m. 1. Resumo de doutrinas; síntese de um assunto extenso. 2. Livro ou manual escolar. 3. Lista completa; inventário.

Com.pe.ne.tra.do adj. Intimamente convencido; convicto.

Com.pe.ne.trar v.t. 1. Fazer penetrar bem. v.p. 2. Convencer-se intimamente; persuadir-se.

Com.pen.sa.ção s.f. Ato ou efeito de compensar ou recompensar; indenização.

Com.pen.sa.do adj. 1. Em que há compensação. 2. Reparado, indenizado. adj. e s.m. 3. Diz-se de, ou certo tipo de madeira formada por três ou mais folhas, usada na indústria moveleira.

Com.pen.sar v.t. 1. Contrabalançar; equilibrar. 2. Suprir a falta de. 3. Neutralizar a perda com o ganho, o mal com o bem. 4. Recompensar. v.p. 5. Pagar-se, ressarcir-se.

Com.pen.sa.tó.rio adj. Que compensa ou envolve compensação.

Com.pe.tên.cia s.f. 1. Direito, faculdade legal que tem um funcionário ou tribunal, de apreciar e julgar um pleito ou questão. 2. Capacidade, aptidão. 3. Idoneidade. 4. Habilitação. 5. Concorrência à mesma pretensão. 6. Pessoa de grande autoridade em determinado assunto; sumidade. • *Ant.: incompetência*.

Com.pe.ti.dor (ô) adj. 1. Que leve à competição; competitivo. adj. e s.m. 2. Que, ou aquele que compete. 3. Concorrente. 4. Adversário, rival.

Com.pe.tir v.t. 1. Concorrer na mesma pretensão (com outrem); pretender igualar; rivalizar. 2. Pertencer por direito; caber, tocar. 3. Ser da competência ou da atribuição de; caber. v.p. 4. Rivalizar-se, emular-se.

Com.pi.la.dor (ô) adj. e s.m. Que, ou aquele que faz compilação.

Com.pi.lar v.t. Coligir, reunir (documentos, leis e outros escritos de várias procedências ou natureza).

Com.pla.cên.cia s.f. 1. Desejo de comprazer. 2. Condescendência, benevolência. 3. Apreciação lisonjeira.

Com.pla.cen.te adj.2g. 1. Que tem complacência. 2. Benévolo, tolerante, condescendente.

Com.plei.ção s.f. 1. Constituição do corpo de alguém. 2. Disposição de espírito; temperamento. 3. Inclinação, índole.

Com.ple.men.tar[1] adj.2g. Referente a, ou que serve de complemento.

Com.ple.men.tar[2] v.t. e p. Completar.

COMPLEMENTO — COMPUTADOR

Com.ple.men.to *s.m.* **1.** Aquilo que se acrescenta a alguma coisa para remate ou acabamento. **2.** Ato ou efeito de completar. **3.** GRAM Palavra ou locução que integra a significação de uma palavra, frase ou oração, completando ou precisando-lhe o sentido. **4.** GEOM O que falta a um ângulo agudo para se igualar ao ângulo reto.

Com.ple.tar *v.t.* **1.** Tornar completo. **2.** Levar (trabalho) a bom termo. **3.** Terminar, concluir. **4.** Perfazer, atingir. *v.p.* **5.** Fazer-se completo; integralizar-se.

Com.ple.to *adj.* **1.** Que tem todas as partes de que necessita. **2.** A que nada falta; concluído. **3.** Perfeito, acabado. **4.** Total, cabal. **5.** Que tem todas as qualidades exigidas. **6.** Cheio. **7.** Cumprido, satisfeito. *s.m.* **8.** Aquilo que está completo.

Com.ple.tu.de *s.f.* Qualidade, estado ou propriedade do que é completo, perfeito, acabado.

Com.ple.xo (cs) *adj.* **1.** Que abrange ou contém vários elementos ou partes. **2.** Que pode ser considerado sob diferentes aspectos. **3.** Que não é simples; complicado. *s.m.* **4.** PSICOL Conjunto de desejos ou recordações que, em forma encoberta ou recalcada, exerce forte influência na personalidade. ● *Ant.: simples*.

Com.pli.ca.dor (ô) *adj. e s.m.* Que, ou o que complica.

Com.pli.car *v.t.* **1.** Tornar complexo, intrincado, confuso. **2.** Embaraçar. **3.** Reunir (coisas heterogêneas). **4.** Dificultar a compreensão ou a resolução de. **5.** Implicar, envolver. *v.p.* **6.** Tornar-se complicado, difícil. **7.** Enredar-se.

Com.plô *s.m.* **1.** Conspiração contra o Estado. **2.** Qualquer conspiração; conjura, intriga, conluio.

Com.po.nen.te *adj.* **1.** Que compõe. **2.** Que forma parte ou entra na composição de alguma coisa.

Com.por (ô) *v.t.* **1.** Formar ou construir de várias partes. **2.** Criar, produzir, inventar. **3.** Escrever. **4.** GRÁF Dispor os caracteres tipográficos para impressão. **5.** Reconstituir, recompor, arranjar. **6.** Pôr em ordem. **7.** Adornar. **8.** Combinar, ajustar. **9.** Reparar, consertar. **10.** Alinhar. **11.** Tornar sereno, apaziguar. **12.** Tranquilizar. *v.int.* **13.** Escrever música. *v.p.* **14.** Constituir-se de; ser composto. **15.** Harmonizar-se.

Com.por.ta.men.to *s.m.* **1.** Modo de comportar-se. **2.** Maneira de ser, de agir, de reagir. **3.** Procedimento, conduta.

Com.por.tar *s.f.* **1.** Suportar, tolerar, aguentar. **2.** Sofrer. **3.** Conter em si. *v.p.* **4.** Conduzir-se adequadamente; portar-se bem.

Com.po.si.ção *s.f.* **1.** Ato ou efeito de compor(-se). **2.** Organização, constituição. **3.** Arranjo, disposição. **4.** Produção literária, científica ou artística. **5.** Exercício de redação escolar. **6.** Proporção entre as partes de um todo. **7.** Conjunto dos carros de um comboio, nas estradas de ferro. **8.** Trabalho de compositor tipográfico. **9.** Trabalho, produção.

Com.po.si.tor (ô) *s.m.* **1.** Aquele que compõe (música). **2.** ART GRÁF Tipógrafo, linotipista. **3.** ART GRÁF Componedor.

Com.pos.to (ô) *adj.* **1.** Constituído por mais de um elemento. **2.** Que não é simples. **3.** Ordenado, bem disposto. **4.** FIG Sério, circunspecto. *s.m.* **5.** Substância ou corpo composto de vários outros. **6.** AGRIC Produto que resulta da compostagem. **7.** Complexo de várias coisas combinadas.

Com.pos.tu.ra *s.f.* **1.** Correção de maneiras, indicativa de boa educação. **2.** Atitude conveniente. **3.** Comedimento, modéstia. **4.** Concerto, arranjo. **5.** Falsificação, imitação.

Com.po.ta *s.f.* Doce de frutas cozidas em calda de açúcar.

Com.po.tei.ra *s.f.* Vaso sem tampa para guardar compota e outros doces em calda, ou para servir esses doces à mesa.

Com.pra *s.f.* **1.** Ato ou efeito de comprar. **2.** Aquilo que se comprou. **3.** FIG Ato ou efeito de tirar do baralho certo número de cartas, em alguns jogos. **4.** As cartas tiradas. **5.** FIG Suborno, peita.

Com.prar *v.t.* **1.** Adquirir por dinheiro. **2.** FIG Conseguir, obter, alcançar. **3.** FIG Subornar, corromper (com dinheiro ou favores). **4.** Tirar uma ou mais cartas (jogo). **5.** Adquirir por compra.

Com.pra.zer *v.t.* **1.** Ser agradável. **2.** Fazer o gosto ou a vontade. **3.** Condescender. *v.int.* **4.** Fazer-se agradável. *v.p.* **5.** Deleitar-se, regozijar-se.

Com.pre.en.der *v.t.* **1.** Abranger; conter ou encerrar em si. **2.** Constar de. **3.** Entender. **4.** Perceber as intenções de. *v.p.* **5.** Estar incluído ou contido; encerrar-se.

Com.pre.en.são *s.f.* **1.** Ato ou possibilidade de compreender. **2.** Faculdade de compreender; percepção. **3.** Benevolência, indulgência, tolerância. ● *Ant.: incompreensão*.

Com.pres.sa *s.f.* Chumaço de pano embebido em água ou medicamento, que se aplica a alguma parte dorida ou machucada do corpo.

Com.pres.são *s.f.* **1.** Ato ou efeito de comprimir, de reduzir um corpo a um volume menor. **2.** Redução, diminuição. **3.** FIG Opressão, repressão.

Com.pres.sor (ô) *adj.* **1.** Que comprime. *s.m.* **2.** O que comprime. **3.** Aparelho para comprimir nervos ou vasos. **4.** Máquina (rolo) que serve para comprimir e consolidar o terreno. **5.** Máquina que serve para comprimir um fluido (como o ar).

Com.pri.do *adj.* **1.** Longo, extenso (no sentido longitudinal). **2.** Que dura ou parece durar muito. **3.** Diz-se de pessoa alta; alto.

Com.pri.men.to *s.m.* **1.** Extensão de um objeto, considerado de uma à outra extremidade. **2.** Extensão de linha. **3.** Tamanho, grandeza. ♦ *Cf. cumprimento*.

Com.pri.mi.do *adj.* **1.** Que se comprimiu; compresso. **2.** Reduzido a menor volume. *s.m.* **3.** O que sofreu compressão. **4.** Substância medicamentosa comprimida em forma de pastilha.

Com.pri.mir *v.t.* **1.** Sujeitar a compressão. **2.** Reduzir a menor volume; diminuir. **3.** FIG Oprimir, reprimir. **4.** Confranger, afligir. *v.p.* **5.** Encolher-se, reduzir-se.

Com.pro.ba.tó.rio *adj.* **1.** Que contém prova ou provas do que se diz. **2.** Que comprova; comprovativo.

Com.pro.me.ter *v.t.* **1.** Empenhar. **2.** Arriscar, aventurar. **3.** Expor a algum perigo ou expor a algum embaraço. **4.** Colocar em má situação. *v.p.* **5.** Empenhar a reputação; expor-se. **6.** Assumir compromisso. **7.** Arriscar-se.

Com.pro.mis.so *s.m.* **1.** Qualquer promessa ou obrigação mais ou menos solene. **2.** Ajuste, pacto, acordo; contrato, convenção. **3.** Encontro, reunião, entrevista, obrigação social. **4.** Dívida a pagar em determinada data. **5.** Acordo entre adversários políticos. **6.** Comprometimento.

Com.pro.va.ção *s.f.* **1.** Ato ou efeito de comprovar. **2.** Prova que acompanha outra ou outras. **3.** Nota com que se comprova uma despesa; comprovante.

Com.pro.van.te *adj.2g.* **1.** Que comprova. **2.** Recibo ou outro documento com que se comprova uma despesa.

Com.pro.var *v.t.* **1.** Corroborar. **2.** Concorrer para provar. **3.** Demonstrar, evidenciar. **4.** Confirmar.

Com.pul.são *s.f.* **1.** Ato ou efeito de compelir. **2.** PSIQ Tendência irresistível que leva uma pessoa a praticar até mesmo uma ação que desaprova.

Com.pul.sar *v.t.* **1.** Manusear ou examinar, lendo. **2.** Consultar, pesquisar documentos etc.

Com.pul.si.vo *adj.* **1.** Que compele. **2.** Que se caracteriza pela compulsão.

Com.pul.só.ria *s.f.* **1.** Mandado de juiz superior para instância inferior. **2.** Aposentadoria obrigatória por limite de idade, por determinação judicial ou outra disposição legal: *Aos 70 anos foi aposentado por força de compulsória*.

Com.pul.só.rio *adj.* **1.** Que compele ou obriga; obrigatório. **2.** Realizado por compulsória.

Com.pun.ção *s.f.* **1.** Pesar de haver cometido falta grave ou ação má. **2.** Sentimento de culpa; arrependimento.

Com.pun.gir *v.t.* **1.** Magoar; mover à compunção. *v.p.* **2.** Afligir-se; arrepender-se com pesar.

Com.pu.ta.ção *s.f.* **1.** Ato ou efeito de computar. **2.** Cômputo, cálculo. **3.** Profissão exercida com computadores.

Com.pu.ta.dor *adj.* **1.** Que computa. *s.m.* **2.** O que computa. **3.** Aparelho eletrônico capaz de ordenar, pesquisar, calcular e editar informações, obedecendo a um conjunto ordenado de operações.

COMPUTAR — CONCILIAR

Com.pu.tar *v.t.* **1.** Fazer o cômputo de. **2.** Incluir na conta ou soma. **3.** Calcular, orçar. **4.** Usar o computador.

Côm.pu.to *s.m.* **1.** Cálculo para regular o calendário eclesiástico. **2.** Contagem, cálculo.

Co.mum *adj.2g.* **1.** Relativo a todos ou a muitos. ● *Ant.: particular.* **2.** Vulgar, trivial. **3.** Normal, habitual. **4.** Feito em sociedade ou em comunidade. **5.** De pouco valor ou importância. *s.m.* **6.** O que é normal, comum; o trivial. **7.** A maior parte, a maioria. ● *Ant.: raro.* ● *Sup.abs.sint.: comuníssimo.*

Co.mu.na *s.f.* **1.** Povoação que, na Idade Média, se emancipava do feudalismo. **2.** Circunscrição administrativa em alguns países, correspondente a município. **3.** Conjunto dos cidadãos que aí vivem. **4.** POP Comunista.

Co.mun.gar *v.t.* **1.** Ministrar o sacramento da eucaristia a. **2.** Receber o sacramento da eucaristia. **3.** Partilhar as mesmas crenças, ideias, sentimentos ou opiniões. **4.** Estar de acordo. *v.int.* **5.** Receber a comunhão.

Co.mu.nhão *s.f.* **1.** Ato ou efeito de dar ou receber o sacramento da Eucaristia. **2.** União (de pessoas) na crença religiosa. **3.** União no mesmo estado de espírito.

Co.mu.ni.ca.ção *s.f.* **1.** Ato ou efeito de se comunicar ou transmitir alguma coisa. **2.** Aviso, mensagem, informação. **3.** Participação, transmissão. **4.** Meio de ligação, passagem ou ligação entre dois lugares. **5.** Trato, convivência.

Co.mu.ni.ca.do *adj.* **1.** Participado, transmitido. *s.m.* **2.** Escrito ou artigo dirigido ao jornal. **3.** Aviso ou informação oficial ou particular.

Co.mu.ni.ca.dor (ô) *adj.* **1.** Que comunica. *s.m.* **2.** Aquele que comunica. **3.** Apresentador de programa de rádio ou televisão.

Co.mu.ni.can.te *adj.2g.* Que comunica.

Co.mu.ni.car *v.t.* **1.** Fazer saber. **2.** Participar; transmitir informação. **3.** Pegar por contágio. **4.** Ter comércio com. **5.** Tratar. **6.** Conviver com. **7.** Estabelecer comunicação entre. *v.p.* **8.** Transmitir-se por contágio. **9.** Propagar-se, transmitir-se. **10.** Ter passagem comum; ligar-se. **11.** Ter relações; corresponder-se.

Co.mu.ni.ca.ti.vo *adj.* Que se comunica facilmente; franco, expansivo.

Co.mu.ni.da.de *s.f.* **1.** Qualidade do que é comum. **2.** Comunhão. **3.** Identidade. **4.** Participação em comum. **5.** Congregação, agremiação religiosa ou civil. **6.** Casa onde vive uma comunidade religiosa; comuna.

Co.mu.nis.mo *s.m.* Sistema econômico e político que só admite a propriedade estatal dos meios de produção (terra, fábrica, minas etc.), das mercadorias e bens produzidos, tanto materiais como espirituais.

Co.mu.nis.ta *adj.2g.* **1.** Relativo ao comunismo. *s.2g.* **2.** Pessoa adepta do comunismo ou membro de um partido comunista.

Co.mu.ni.tá.rio *adj.* Que diz respeito à comunidade.

Co.mu.ta.dor (ô) *adj.* **1.** Que comuta. *s.m.* **2.** O que comuta. **3.** FÍS Interruptor de corrente elétrica.

Co.mu.tar *v.t.* DIR Permutar, mudar (pena) por outra menor; atenuar.

Con.ca.te.na.ção *s.f.* **1.** Ato ou efeito de concatenar. **2.** Encadeamento lógico de ideias; nexo.

Con.ca.te.nar *v.t.* **1.** Encadear, prender, ligar, relacionar (ideias ou fatos). **2.** Relacionar, associar.

Côn.ca.vo *adj.* **1.** Cavado, escavado. **2.** Mais elevado nas bordas que no centro. ● *Ant.: convexo.*

Côn.ca.vo-con.ve.xo (cs) *adj.* Côncavo de um lado e convexo do outro. ● *Fem.: côncavo-convexa.* ● *Pl.: côncavo-convexos.*

Con.ce.ber *v.t.* **1.** Sentir em si o germe de; gerar. **2.** FIG Começar a ter. **3.** Formar no espírito ou no coração. **4.** Entender, compreender. **5.** Meditar. **6.** Assumir. **7.** Imaginar.

Con.ce.der *v.t.* **1.** Dar, outorgar, facultar. **2.** Permitir, consentir, concordar. **3.** Admitir por hipótese.

Con.cei.to *s.m.* **1.** Ideia, noção; opinião. **2.** Juízo, apreciação, julgamento. **3.** Reputação, fama. **4.** Avaliação do aproveitamento escolar.

Con.cei.tu.a.ção *s.f.* **1.** Ação ou efeito de dar ou criar um conceito; definição, formulação. **2.** Ação ou efeito de avaliar; avaliação, julgamento. ● *Pl.: conceituações.*

Con.cei.tu.a.do *adj.* **1.** Que goza de bom conceito. **2.** Que tem boa reputação; reputado, respeitado.

Con.cei.tu.ar *v.t.* **1.** Fazer conceito de, ou sobre. **2.** Julgar, avaliar; classificar.

Con.cen.tra.ção *s.f.* **1.** Ato ou efeito de concentrar(-se). **2.** Fixação num ponto, num local. **3.** Fixação do espírito num só pensamento. **4.** Aplicação intensa da inteligência num só assunto. **5.** Reunião ou confinamento de pessoas. **6.** Lugar onde ocorre essa reunião. **7.** Meditação, abstração.

Con.cen.tra.do *adj.* **1.** Reunido em um centro; centralizado. **2.** Diz-se do que é limitado, restrito. **3.** Calado, meditativo; absorto. **4.** Diz-se de substância à qual se reduziu a parte aquosa; condensado.

Con.cen.trar *v.t.* **1.** Reunir num mesmo ponto; centralizar. **2.** QUÍM Extrair de (um líquido) a parte aquosa. **3.** Tornar mais denso, mais forte. **4.** Reunir. **5.** Aplicar, empregar (a atenção) de modo intenso ou exclusivo. **6.** Meditar profundamente; absorver-se.

Con.cên.tri.co *adj.* Que tem um centro comum.

Con.cep.ção *s.f.* **1.** Ato de conceber ou fato de ser concebido ou gerado; fertilização. ● *Sinôn.: geração.* **2.** Faculdade de compreender. **3.** Compreensão, percepção. **4.** Noção, ideia. **5.** FIG Obra, criação do espírito. **6.** Fantasia, ficção.

Con.cer.nen.te *adj.* **1.** Que diz respeito a. **2.** Relativo, referente.

Con.cer.nir *v.t.* **1.** Dizer respeito, referir-se a. **2.** Relacionar com.

Con.cer.ti.na *s.f.* MÚS Tipo de acordeão de caixa poligonal, com pequenos botões.

Con.cer.tis.ta *s.2g.* **1.** Músico que toma parte em concertos. **2.** Solista de concerto.

Con.cer.to (ê) *s.m.* **1.** Ato ou efeito de concertar. **2.** MÚS Conjunto de trechos musicais executados por um grupo de instrumentos ou vozes. **3.** Sessão musical; recital. **4.** Composição musical extensa e desenvolvida. **5.** Consonância de sons ou vozes. **6.** Acordo, pacto entre duas ou mais pessoas. **7.** Boa ordem ou disposição; simetria. ● *Cf. conserto.*

Con.ces.são *s.f.* **1.** Ato ou efeito de conceder. **2.** Autorização, licença. **3.** Privilégio concedido pelo Estado para determinada exploração. **4.** Condescendência, favor.

Con.ces.sio.ná.ria *s.f.* Empresa que recebeu uma concessão e, portanto, tem representação para vender o produto de determinado fabricante: *Concessionária de automóveis.*

Con.ces.sio.ná.rio *adj.* e *s.m.* Diz-se de ou pessoa particular, física ou jurídica, a quem se outorgou, e que explora, uma concessão, seja de serviços de utilidade pública, seja de venda de determinado produto ou serviço para certo fabricante numa região, cidade ou bairro etc.

Con.ces.si.vo *adj.* Relativo a concessão.

Con.ces.sor (ô) *adj.* e *s.m.* Que, ou aquele que concede.

Con.cha *s.f.* **1.** Invólucro calcário dos moluscos. **2.** Objeto ou ornato que tem a forma desse invólucro. **3.** Concreção córnea que reveste o corpo dos quelônios; carapaça. **4.** Colher côncava para servir a sopa; prato de balança. **5.** ANAT Pavilhão do ouvido. **6.** MÚS Parte côncava das chaves dos instrumentos musicais de sopro. **7.** Peça de metal que se usa nas gavetas em lugar dos puxadores. **8.** Concavidade. **9.** Enseada.

Con.cha.vo *s.m.* **1.** Ato ou efeito de conchavar. **2.** Acordo, conluio, cambalacho.

Con.ci.da.dão *s.m.* Indivíduo que é da mesma cidade ou país que outrem; compatrício, compatriota.

Con.ci.li.a.ção *s.f.* **1.** Ato ou efeito de conciliar(-se). **2.** Acordo entre duas pessoas em litígio.

Con.ci.li.ar *v.t.* **1.** Estabelecer acordo entre. **2.** Harmonizar, congraçar. **3.** Atrair, captar. **4.** Aliar, unir. **5.** Alcançar. *v.p.* **6.** Pôr-se de acordo; congraçar-se. **7.** Aliar-se, unir-se.

CONCÍLIO — CONDENADO

Con.cí.lio *s.m.* **1.** Assembleia de altos prelados católicos, para deliberar sobre assuntos doutrinários ou disciplinares. **2.** Qualquer assembleia de pessoas convocada para deliberar sobre um determinado assunto.

Con.ci.são *s.f.* **1.** Qualidade de conciso. **2.** Brevidade, laconismo, precisão. ● *Ant.: prolixidade.*

Con.ci.so *adj.* **1.** Em que há concisão. **2.** Breve e claro. **3.** Sucinto, resumido, lacônico. ● *Ant.: prolixo.*

Con.cla.mar *v.t.* **1.** Bradar, clamar simultaneamente. **2.** Convocar para reuniões, assembleias etc. **3.** Gritar em tumulto. *v.int.* **4.** Dar brados; bradar. **5.** Aclamar, eleger.

Con.cla.ve *s.m.* **1.** Assembleia de cardeais para eleger o novo papa. **2.** Lugar onde ela se realiza. **3.** Reunião, assembleia para qualquer fim.

Con.clu.ir *v.t.* **1.** Pôr fim a. **2.** Acabar, terminar. **3.** Assentar, ajustar definitivamente. **4.** Deduzir, inferir. *v.int.* **5.** Terminar de falar. **6.** Ser concludente.

Con.clu.são *s.f.* **1.** Ato ou efeito de concluir ou levar a cabo. **2.** Término, fim, acabamento. **3.** Consequência de um argumento; dedução, ilação. **4.** Proposição, argumento. ● *Ant.: início, começo.*

Con.co.mi.tân.cia *s.f.* Qualidade de concomitante; simultaneidade.

Con.co.mi.tan.te *adj.2g.* Que se manifesta ou se produz ao mesmo tempo que outro(s); simultâneo.

Con.cor.dân.cia *s.f.* **1.** Ato ou efeito de concordar. **2.** Conformidade, harmonia, consonância. **3.** GRAM Correspondência de flexão entre duas ou mais palavras variáveis. ● *Ant.: discordância.*

Con.cor.dan.te *adj.2g.* **1.** Que está de acordo; concorde. **2.** Coerente.

Con.cor.dar *v.t.* **1.** Pôr ou estar de acordo. **2.** Conciliar, concertar. **3.** Ter a mesma posição ou opinião. **4.** Convir em. **5.** GRAM Pôr ou estar em concordância: *O verbo concorda com o sujeito.* **6.** Convir, assentir. *v.int.* **7.** Estar de acordo; harmonizar. ● *Ant.: discordar.*

Con.cor.da.ta *s.f.* **1.** Tratado ou convenção acerca de assuntos religiosos, entre um Estado e a Santa Sé. **2.** COM Benefício legal permitido a um comerciante insolvente relativo ao pagamento de suas dívidas em prazos estabelecidos, com o objetivo de evitar-lhe a falência.

Con.cor.da.tá.rio *adj.* **1.** Relativo a concordata. **2.** Que pleiteou concordata. *s.m.* **3.** Pessoa ou empresa a que foi concedida concordata.

Con.cor.dá.vel *adj.2g.* Sobre que pode haver acordo.

Con.cor.de *adj.2g.* Que está de acordo ou é da mesma opinião; conforme, concordante. ● *Ant.: discorde.*

Con.cór.dia *s.f.* **1.** Harmonia de vontades. **2.** Concordância, paz. ● *Ant.: discórdia.*

Con.cor.rên.cia *s.f.* **1.** Pretensão de mais de um à mesma coisa. **2.** Rivalidade comercial ou industrial. **3.** Disputa, competição entre pessoas que visam a um mesmo fim. **4.** Afluência simultânea de pessoas a um mesmo local.

Con.cor.ren.te *adj.2g.* **1.** Que concorre ou faz concorrência. **2.** Que tende a encontrar-se. *s.2g.* **3.** Pessoa que concorre; competidor. **4.** Aquele que pleiteia, com outro ou outros, o mesmo cargo, posto, vaga etc. **5.** Candidato, rival.

Con.cor.rer *v.int.* **1.** Juntar-se (para fim comum). **2.** Cooperar. **3.** Afluir (a um mesmo ponto); convergir. **4.** Ter a mesma pretensão que outrem. **5.** Ser a causa de. **6.** Contribuir para. **7.** Fazer concurso, disputar provas esportivas. **8.** Competir. **9.** Coexistir.

Con.cor.ri.do *adj.* Muito frequentado.

Con.cre.ção *s.f.* **1.** Ato ou efeito de se condensar, de tornar concreto. **2.** BOT Depósito de partículas inorgânicas no interior dos tecidos vegetais. **3.** MED Formação de produtos sólidos na cavidade dos órgãos de excreção e secreção. **4.** MED Ossificação anormal.

Con.cre.cio.na.do *adj.* MINER Em que há concreção.

Con.cres.cên.cia *s.f.* BOT Ato de crescerem certos órgãos vegetais, unidos e simultaneamente.

Con.cres.cen.te *adj.2g.* BOT Que apresenta concrescência.

Con.cres.ci.bi.li.da.de *s.f.* Qualidade do que é concrescível.

Con.cres.cí.vel *adj.2g.* Que pode tornar-se concreto.

Con.cre.ta.gem *s.f.* **1.** Ato ou efeito de concretar. **2.** Lançamento de concreto.

Con.cre.tar *v.t.* **1.** Lançar o concreto nas fôrmas de construção de peça de uma estrutura. *v.p.* **2.** Fazer concreto; coagular-se.

Con.cre.tis.mo *s.m.* **1.** Mentalidade e comportamento em níveis simples e concretos (em oposição aos abstratos) relacionados à sensação. **2.** Primazia do que é concreto. **3.** Movimento artístico que procura apresentar obras concretas, desvinculadas da imitação da natureza.

Con.cre.tis.ta *adj.* e *s.2g.* **1.** Relativo ao concretismo. **2.** Pessoa adepta do concretismo em arte.

Con.cre.ti.za.ção *s.f.* Ato ou efeito de concretizar.

Con.cre.ti.zar *v.t.* e *p.* **1.** Tornar(-se) concreto. **2.** Alcançar (um objetivo). **3.** Realizar(-se). **4.** Aparecer subitamente.

Con.cre.to *adj.* **1.** Que tem existência material. **2.** Material, corpóreo. ● *Opõe-se a* abstrato. **3.** Que exprime alguma coisa de real. ● *Opõe-se a* imaginário, hipotético. **4.** Diz-se do número que designa a espécie das unidades de que é formado, como *9 livros, 3 horas. s.m.* **5.** Aquilo que é concreto; concreção. **6.** Material de construção feito de cimento, areia e pedra britada.

Con.cu.bi.na *s.f.* **1.** Mulher que vive maritalmente e sem estar casada. **2.** Amante, amásia.

Con.cu.bi.na.gem *s.f.* Concubinato.

Con.cu.bi.nar-se *v.p.* Viver em concubinato; amancebar-se.

Con.cu.bi.na.to *s.m.* **1.** Estado de quem é concubina. **2.** Estado de quem tem concubina; mancebia.

Con.cú.bi.to *s.m.* **1.** Ajuntamento carnal; cópula. **2.** Coabitação.

Con.cu.nha.do *s.m.* Indivíduo em relação ao cunhado ou à cunhada de seu cônjuge.

Con.cu.pis.cên.cia *s.f.* **1.** Desejo ardente de gozos materiais. **2.** Apetite sexual exagerado; lascívia.

Con.cu.pis.cen.te *adj.2g.* Que tem concupiscência; luxurioso, lascivo, sensual.

Con.cur.sa.do *adj.* e *s.m.* Que, ou aquele que foi aprovado em concurso.

Con.cur.so *s.m.* **1.** Ato ou efeito de concorrer. **2.** Afluência, concorrência. **3.** Ajuntamento. **4.** Encontro, conjuntura. **5.** Colaboração. **6.** Ajuda, cooperação. **7.** Prestação de provas, com ou sem apresentação de documentos e títulos, para admissão a emprego para o qual só se admite um número limitado de candidatos aprovados em razão do número de vagas.

Con.cus.são *s.f.* **1.** Choque violento. **2.** Comoção forte; abalo. **3.** FIG Extorsão praticada por funcionário público no exercício de suas funções.

Con.cus.sio.ná.rio *adj.* e *s.m.* Que, ou aquele que pratica concussão.

Con.da.do *s.m.* **1.** Dignidade de conde. **2.** ANT Jurisdição ou território de conde. **3.** Divisão administrativa de certos países.

Con.dão *s.m.* **1.** Poder sobrenatural, prodigioso, a que se atribui influência benéfica ou maléfica. **2.** Dom, prerrogativa, privilégio.

Con.de *s.m.* **1.** Título de nobreza, entre o de visconde e o de marquês. **2.** Pessoa que tem esse título. ● *Fem.: condessa.* **3.** Valete (no baralho).

Con.de.co.ra.ção *s.f.* **1.** Insígnia honorífica ou de ordem militar; comenda. **2.** Ação de condecorar.

Con.de.co.ra.do *adj.* e *s.m.* Que, ou aquele que recebeu condecoração.

Con.de.co.rar *v.t.* **1.** Conferir (título honorífico) a. **2.** Agraciar. **3.** Distinguir com alguma condecoração ou insígnia. **4.** Nobilitar. *v.p.* **5.** Dar a si próprio uma honraria, uma condecoração.

Con.de.na.ção *s.f.* **1.** Ato ou efeito de condenar. **2.** A pena infligida; multa. **3.** FIG Reprovação, censura.

Con.de.na.do *adj.* **1.** Sentenciado como criminoso. **2.** Irremediavelmente perdido. **3.** Incurável. **4.** FIG Reprovado, rejeitado. *s.m.* **5.** Aquele que sofreu condenação. **6.** Criminoso, facínora, homem mau.

CONDENADOR — CONE

Con.de.na.dor *adj.* **1.** Que condena; condenatório. **2.** Que reprova ou censura. *s.m.* **3.** Aquele que condena.

Con.de.nar *v.t.* **1.** Declarar culpado; sentenciar. **2.** Obrigar, forçar a. **3.** Proferir sentença condenatória contra. **4.** Declarar. **5.** Tachar. *v.p.* **6.** Culpar-se, obrigar-se.

Con.de.na.tó.rio *adj.* Que condena ou envolve condenação.

Con.de.ná.vel *adj.2g.* **1.** Passível de condenação. **2.** Abominável, censurável.

Con.den.sa.ção *s.f.* **1.** Ato ou efeito de condensar. **2.** Passagem de um corpo gasoso ao estado líquido ou sólido. **3.** Resumo, síntese.

Con.den.sa.do *adj.* **1.** Que sofreu condensação. **2.** Produto que sofreu condensação.

Con.den.sa.dor *adj.* **1.** Que condensa. *s.m.* **2.** O que condensa. **3.** Dispositivo que armazena ou conserva cargas elétricas.

Con.den.sar *v.t.* **1.** Tornar denso ou mais denso. **2.** Reduzir a menor volume. **3.** Engrossar. **4.** Tornar consistente. **5.** Liquefazer (gás, vapor). **6.** FIG Exprimir em poucas palavras ou concisamente. **7.** Resumir, sintetizar. **8.** Juntar, reunir. *v.p.* **9.** Tornar-se denso. ● *Ant.:* dilatar.

Con.den.sa.ti.vo *adj.* Que condensa; condensador.

Con.den.sá.vel *adj.2g.* Que se pode condensar.

Con.des.cen.dên.cia *s.f.* **1.** Ato ou efeito de condescender. **2.** Qualidade de quem é condescendente; tolerância, complacência.

Con.des.cen.den.te *adj.2g.* **1.** Que mostra condescendência. **2.** Indulgente, transigente, complacente.

Con.des.cen.der *v.t.* **1.** Ceder voluntariamente ou por bondade; transigir. **2.** Consentir por tolerância.

Con.des.sa (ê) *s.f.* **1.** Mulher de conde. **2.** Mulher que recebeu título correspondente ao de conde.

Con.des.tá.vel *s.m.* **1.** Nome que, em certos países, se dava ao chefe supremo do exército. **2.** Título do infante que, nas grandes solenidades, ficava à direita do trono real.

Con.di.ção *s.f.* **1.** Posição social. **2.** Categoria. **3.** Qualidade que se requer. **4.** Cláusula. **5.** Obrigação, exigência. **6.** Temperamento, índole.

Con.di.cen.te *adj.2g.* Condizente.

Con.di.cio.na.do *adj.* **1.** Imposto como condição; adequado. **2.** Diz-se do ar que, depurado, apresenta temperatura e grau de umidade adequados para recinto fechado.

Con.di.cio.na.dor (ô) *adj.* e *s.m.* **1.** Que, ou o que condiciona. *s.m.* **2.** Aparelho para condicionar ou regular a temperatura e o grau do ar, também chamado *ar-condicionado* e *condicionador de ar*.

Con.di.cio.nal *adj.* **1.** Dependente de condição. **2.** Que encerra condição. **3.** GRAM Dizia-se do modo verbal que exprime ideia ou circunstância de condição (hoje chamado *futuro do pretérito*). *s.m.* **4.** Modo ou oração condicional.

Con.di.cio.na.men.to *s.m.* Ato ou efeito de condicionar-se ou acostumar-se a novas condições.

Con.di.cio.nar *v.t.* **1.** Pôr condições a. **2.** Impor como condição. **3.** Ser a condição de (um fato); regular. *v.p.* **4.** Acostumar-se às novas condições.

Con.di.ções *s.f.pl.* **1.** Circunstâncias, situação. **2.** Estado (falando-se de coisas): *O prédio está em boas condições.*

Con.dig.ni.da.de *s.f.* Caráter ou qualidade de condigno.

Con.dig.no *adj.* **1.** Proporcional ao mérito, ao valor. **2.** Merecido, devido. **3.** Competente.

Côn.di.lo *s.m.* ANAT Saliência articular de um osso, arredondada de um lado e achatada do outro.

Con.di.loi.de *adj.2g.* Em forma de côndilo.

Con.di.lo.ma *s.m.* Excrescência de aspecto verrugoso no ânus ou nos órgãos genitais.

Con.di.men.ta.ção *s.f.* Ato ou efeito de condimentar.

Con.di.men.ta.do *adj.* **1.** Que foi temperado com condimento. **2.** FIG Que apresenta toques picantes: *É um texto condimentado.*

Con.di.men.tar *v.t.* Deitar condimento em (uma iguaria); temperar.

Con.di.men.tí.cio *adj.* Condimentoso.

Con.di.men.to *s.m.* **1.** Substância aromática, em geral de origem vegetal, usada para realçar o sabor dos alimentos. **2.** Tempero, adubo.

Con.di.men.to.so (ô) *adj.* Que condimenta; condimentício.

Con.dis.cí.pu.lo *s.m.* **1.** Companheiro de escola ou de estudos. **2.** O que frequenta o mesmo ano ou classe.

Con.di.zen.te *adj.2g.* **1.** Que condiz. **2.** Em acordo; adequado; harmônico.

Con.di.zer *v.int.* Estar em harmonia; dizer bem.

Con.do.er *v.t.* **1.** Despertar compaixão em. *v.p.* **2.** Compadecer-se; ter dó.

Con.do.í.do *adj.* Que se compadece de outrem; penalizado.

Con.do.lên.cia *s.f.* Sentimento de quem se condói; compaixão.

Con.do.lên.cias *s.f.pl.* Sentimento de simpatia e expressão de pesar à dor de outrem; pêsames.

Con.dom *s.m.* Tipo de preservativo.

Con.do.mí.nio *s.m.* **1.** Direito de propriedade exercido juntamente com outro ou outros. **2.** Contribuição de cada condômino, ou seu inquilino, para cobrir despesas comuns em prédio de apartamentos.

Con.dô.mi.no *s.m.* **1.** Dono juntamente com outro ou outros; coproprietário. **2.** O que participa de um condomínio.

Con.dor (ô) *s.m.* Grande ave de rapina (*Vultur gryphus*), diurna, dos Andes, espécie de abutre, atualmente sob ameaça de extinção. ● *Col.: bando.* ● *Voz.: crocitar, grasnar.* ● *Pl.: condores.*

Con.do.rei.ris.mo *s.m.* Estilo dos poetas condoreiros; condorismo.

Con.do.rei.ro *adj.* **1.** Relativo a condor. **2.** Em literatura, diz-se do estilo elevado, sublime. **3.** Diz-se do autor que tem esse estilo: *Castro Alves foi um poeta condoreiro. s.m.* **4.** Poeta condoreiro.

Condottiere (it.) *s.m.* Capitão de soldados mercenários, em especial na Renascença italiana (séc. XIV a XVI); aventureiro.

Con.dral.gi.a *s.f.* PATOL Dor na cartilagem.

Con.dri.fi.ca.ção *s.f.* Formação de tecido cartilaginoso.

Con.dri.fi.ca.do *adj.* Diz-se do tecido transformado em cartilagem.

Con.dri.na *s.f.* Substância que se extrai das cartilagens.

Con.droi.de *adj.2g.* Semelhante à cartilagem.

Con.dro.ma *s.m.* PATOL Tumor benigno formado por tecido cartilaginoso.

Con.du.ção *s.f.* **1.** Ato de conduzir(-se). **2.** Maneira de alguém se conduzir, de proceder. **3.** POP Meio de transporte; veículo. **4.** Leva, magote.

Con.du.cen.te *adj.2g.* **1.** Que leva ou conduz. **2.** Que conduz a um fim; tendente. **3.** Útil ao intento.

Con.du.í.te *s.m.* Tubo usado em instalação elétrica.

Con.du.ta *s.f.* **1.** Ato ou efeito de conduzir(-se). **2.** Guia. **3.** Condução, direção. **4.** FIG Comportamento, procedimento.

Con.du.tân.cia *s.f.* Capacidade de um condutor de transferir energia.

Con.du.ti.bi.li.da.de *s.f.* Propriedade que os corpos apresentam de conduzir calor, eletricidade etc.

Con.du.tí.vel *adj.2g.* **1.** Que se pode conduzir. **2.** Que apresenta condutibilidade.

Con.du.ti.vi.da.de *s.f.* Capacidade que um meio apresenta de transferir energia; condutância.

Con.du.ti.vo *adj.* Que conduz; condutor.

Con.du.to *s.m.* **1.** Caminho, via por onde se escoa um fluido. **2.** ANAT Canal.

Con.du.tor (ô) *s.m.* **1.** Aquele que conduz. **2.** Guia, orientador, dirigente. **3.** Caminho, via. **4.** FÍS Corpo que transmite eletricidade, calor, som. **5.** Cano que recebe a água das calhas e a conduz ao solo. ● *Ant.: isolante.*

Con.du.zir *v.t.* **1.** Levar de um ponto a outro. **2.** Guiar; dirigir. **3.** Acompanhar por honra ou civilidade. **4.** Acompanhar; transportar. **5.** FÍS Transmitir (calor, eletricidade). **6.** Prolongar-se. **7.** Ir ter a. *v.p.* **8.** Portar-se, proceder.

Co.ne *s.m.* **1.** GEOM Sólido, de base circular ou elíptica, terminado em ponta. **2.** Qualquer objeto cônico.

CONECTAR — CONFIRMANTE

Co.nec.tar *v.t.* **1.** Estabelecer as conexões de (aparelho elétrico). **2.** Unir, ligar por conexão.

Co.nec.ti.vo *adj.* **1.** Que serve para unir ou ligar; que estabelece conexão. *s.m.* **2.** GRAM Palavra (como uma conjunção, p. ex.) que estabelece relação entre outras ou que liga orações em um período.

Co.nec.tor (ô) *s.m.* Peça de encaixe que liga duas outras entre si.

Cô.ne.go *s.m.* **1.** Padre secular, que faz parte de um cabido. **2.** Religioso que vive em comunidade.

Co.ne.xão (cs) *s.f.* **1.** Ato ou efeito de conectar. **2.** Ligação, união. **3.** Nexo, coerência. **4.** Relação de dependência; analogia. **5.** Peça usada para unir dois canos, dois fios etc. **6.** Transferência de passageiros de uma condução para outra.

Co.ne.xo (cs) *adj.* Em que há conexão; ligado.

Co.ne.zi.a *s.f.* **1.** Canonicato. **2.** Rendimento do canonicato. **3.** FIG Sinecura, prebenda.

Con.fa.bu.la.ção *s.f.* Ato ou efeito de confabular.

Con.fa.bu.lar *v.t. e int.* **1.** Conversar por passatempo. **2.** Falar, trocar ideias. **3.** Conspirar, tramar.

Con.fec.ção *s.f.* **1.** Ato ou efeito de confeccionar. **2.** Conclusão de uma obra. **3.** Roupa fabricada em série. **4.** Fábrica onde se fazem essas roupas.

Con.fec.cio.nar *v.t.* **1.** FAM Preparar, manipular. **2.** Fazer, executar. **3.** Compor, organizar.

Con.fe.de.ra.ção *s.f.* **1.** Ato ou efeito de confederar. **2.** Conjunto de Estados autônomos subordinados a um poder central. **3.** Aliança de várias nações para um fim comum. **4.** Agrupamento de associações ou federações para a defesa de interesses comuns. **5.** Liga, associação.

Con.fe.de.ra.do *adj.* Unido por confederação; coligado.

Con.fe.de.rar *v.t. e p.* **1.** Unir em confederação. **2.** Associar-se para um fim comum (em geral, político).

Con.fe.de.ra.ti.vo *adj.* Relativo a confederação.

Con.fei.ço.ar *v.t.* FARM Preparar (medicamento) com várias drogas. Confeccionar bolos, confeitos e outros doces.

Con.fei.tar *v.t.* **1.** Cobrir com açúcar. **2.** FIG Adoçar para iludir. **3.** FIG Disfarçar, dissimular, iludir.

Con.fei.ta.ri.a *s.f.* Casa onde se fabricam ou vendem confeitos (biscoitos, pastéis, doces, bolos etc.).

Con.fei.tei.ra *s.f.* **1.** Mulher que faz ou vende doces; doceira. **2.** Prato em que se servem doces.

Con.fei.tei.ro *s.m.* Aquele que faz ou vende confeitos e outros doces; doceiro.

Con.fei.to *s.m.* **1.** Semente pequena ou amêndoa coberta de açúcar e seca no fogo. **2.** Pastilhas de várias cores para confeitar doces e bolos. **3.** Bala, doce, rebuçado.

Con.fei.tor *s.m.* Doceiro, confeiteiro.

Con.fe.rên.cia *s.f.* **1.** Ato ou efeito de conferir. **2.** Confrontação, comparação. **3.** Conversação entre duas ou mais pessoas sobre assunto de interesse comum. **4.** Palestra feita para um público sobre diferentes questões (políticas, literárias, técnicas, científicas etc.).

Con.fe.ren.ci.ar *v.t.* **1.** Discutir ou tratar em conferência. *v.int.* **2.** Fazer conferência ou preleção. **3.** Discutir, conversar com outro ou outros determinado assunto.

Con.fe.ren.cis.ta *s.2g.* Pessoa que faz conferência ou palestra sobre assuntos literários, científicos etc.

Con.fe.ren.te *adj.2g.* **1.** Que confere. *s.2g.* **2.** Pessoa que confere um trabalho feito por outro.

Con.fe.ri.ção *s.f.* Ato de conferir.

Con.fe.rir *v.t.* **1.** Comparar, confrontar. **2.** Verificar se está certo. **3.** Tratar ou discutir negócios. **4.** Dar, conceder (prêmio ou honraria). *v.int.* **5.** Estar exato.

Con.fes.sa.do *adj.* Que se confessou.

Con.fes.san.do *s.m.* Aquele que vai se confessar.

Con.fes.sar *v.t.* **1.** Declarar, revelar. **2.** Manifestar, patentear. **3.** Reconhecer a verdade, a realidade. **4.** Declarar (pecados). **5.** Ouvir em confissão. *v.int.* **6.** Declarar, reconhecer. *v.p.* **7.** Fazer a confissão dos seus pecados. **8.** Reconhecer-se.

Con.fes.sio.nal *adj.2g.* **1.** Relativo a confissão. **2.** Relativo a uma crença religiosa.

Con.fes.sio.ná.rio *s.m.* **1.** Lugar onde o padre ouve as confissões dos penitentes. **2.** Sacramento da penitência. **3.** A confissão.

Con.fes.so¹ (é) *adj.* **1.** Que confessou suas culpas. **2.** Declarado, reconhecido. **3.** Monge que vivia em mosteiro.

Con.fes.so² (è) *s.m.* **1.** A confissão, o sacramento da penitência. **2.** Qualquer confissão.

Con.fes.sor (ô) *s.m.* **1.** Sacerdote que ouve as confissões e ministra o sacramento da penitência. **2.** FAM Confidente.

Con.fes.só.rio *adj.* Relativo à confissão.

Con.fe.te (é) *s.m.* **1.** Rodelinhas de papel coloridas que se atiram aos punhados, durante certas festividades, em especial no carnaval e na micareta. **2.** POP Elogio, galanteio.

Con.fi.a.bi.li.da.de *s.f.* Qualidade do que é confiável.

Con.fi.a.do *adj.* **1.** Que tem confiança. **2.** POP Atrevido, malcriado, petulante. *s.m.* **3.** Indivíduo confiado.

Con.fi.an.ça *s.f.* **1.** Segurança íntima com que se faz alguma coisa. **2.** Firmeza de ânimo. **3.** Crédito. **4.** Boa fama. **5.** Convicção íntima acerca da probidade, talento ou discrição de alguém. **6.** Intimidade, amizade, familiaridade. **7.** POP Insolência, atrevimento. • *Ant.:* *desconfiança, receio.*

Con.fi.an.te *adj.2g.* **1.** Que confia. **2.** Que tem confiança em si; seguro.

Con.fi.ar *v.int.* **1.** Ter confiança ou fé; acreditar. **2.** Comunicar, revelar em confidência. **3.** Entregar com segurança. *v.p.* **4.** Fiar-se, acreditar.

Con.fi.á.vel *adj.2g.* Em que se pode confiar ou acreditar.

Con.fi.dên.cia *s.f.* **1.** Comunicação de um segredo. **2.** Confiança na discrição e lealdade de uma pessoa.

Con.fi.den.ci.al *adj.2g.* **1.** Que se diz ou se faz em confidência. **2.** Reservado, sigiloso, secreto. *s.m.* **3.** Comunicação ou ordem sob sigilo.

Con.fi.den.ci.ar *v.t.* **1.** Dizer em segredo, em confiança. **2.** Contar confidencialmente. *v.p.* **3.** Trocar confidências.

Con.fi.den.ci.o.so (ô) *adj.* **1.** Relativo a confidência. **2.** Revelado em confidência.

Con.fi.den.te *adj.2g. e s.2g.* Que, ou pessoa que confessa ou que se confessa; confesso.

Con.fi.gu.ra.ção *s.f.* **1.** Forma exterior dos corpos. **2.** Aspecto, aparência, feitio. **3.** ASTRON Forma aparente de um grupo de astros.

Con.fi.gu.rar *v.t.* **1.** Dar figura ou forma a. *v.p.* **2.** Tomar a forma ou figura. **3.** Revestir-se dos atributos que caracterizam um delito ou uma ação.

Con.fim *adj.2g.* Que confina; confinante.

Con.fi.na.do *adj.* **1.** Que está em confinamento (animal); isolado. **2.** Limitado, demarcado.

Con.fi.na.men.to *s.m.* **1.** Ato ou efeito de confinar(-se). **2.** Obrigação legal de residir dentro de determinados limites. **3.** Sistema de criação de animais em instalações fechadas.

Con.fi.nan.te *adj.2g.* Que confina.

Con.fi.nar *v.t.* **1.** Ter limite comum. **2.** Circunscrever, demarcar. **3.** Encarcerar. *v.p.* **4.** Limitar(-se).

Con.fi.ni.da.de *s.f.* Qualidade de confinante.

Con.fins *s.m.pl.* **1.** Raias, fronteiras. **2.** Os pontos mais distantes de um país ou de uma região.

Con.fir.ma.ção *s.f.* **1.** Ato ou efeito de confirmar; ratificação. **2.** REL Sacramento (crisma) que confirma o batismo.

Con.fir.ma.dor (ô) *adj. e s.m.* Que, ou o que confirma.

Con.fir.man.te *adj.2g.* **1.** Confirmativo. *s.m.* REL **2.** O que ministra a confirmação.

CONFIRMAR — CONGELADO

Con.fir.mar *v.t.* **1.** Afirmar categoricamente (o que já tinha por verdade); ratificar. **2.** Demonstrar, comprovar. **3.** Tornar mais firme. **4.** REL Conferir o sacramento da confirmação a. *v.p.* **5.** Tornar-se mais firme. **6.** Receber confirmação; verificar-se.

Con.fir.ma.ti.vo *adj.* Que confirma; confirmante.

Con.fir.ma.tó.rio *adj.* Em que há confirmação.

Con.fis.ca.ção *s.f.* Confisco.

Con.fis.car *v.t.* Apreender em benefício do fisco; arrestar.

Con.fis.co *s.m.* Ato ou efeito de confiscar.

Con.fis.são *s.m.* **1.** Ato ou efeito de confessar(-se). **2.** Revelação dos pecados ao confessor. **3.** Declaração dos próprios erros ou culpas. **4.** FIG Confidência, desabafo.

Con.fi.ten.te *adj.2g.* e *s.2g.* **1.** Que ou aquele que revela ao confessor ou a Deus os seus pecados para deles ser absolvido. **2.** Que ou aquele que revela um ato censurável que cometeu ou reconhece a sua culpa na acusação que lhe é imputada. **2.1** Diz-se de ou a parte que faz uma confissão em juízo. **3.** Que ou aquele que revela o que sabe, sente ou pensa sobre determinada coisa. **4.** Diz-se de ou pessoa que faz confidências ou desabafa. **5.** Que ou aquele que proclama uma crença ou doutrina.

Confiteor (fi) (lat.) *s.m.* Oração que se inicia por essa palavra, e que os católicos recitam antes de se confessarem ao padre.

Con.fla.gra.ção *s.f.* **1.** Incêndio que se alastra por todos os lados. **2.** FIG Violenta agitação de ânimo. **3.** FIG Revolução política, guerra generalizada.

Con.fla.grar *v.t.* **1.** Incendiar totalmente; abrasar. **2.** FIG Agitar, abalar, convulsionar. **3.** Levar à guerra. **4.** Pôr em completa agitação.

Con.fli.tan.te *adj.2g.* Que está em conflito; discordante.

Con.fli.tar *v.t.* e *int.* Estar em conflito, em oposição; colidir.

Con.fli.to *s.m.* **1.** Embate de pessoas que lutam. **2.** Desavença, pendência. **3.** Luta armada de alguma duração. **4.** Oposição, antagonismo.

Con.fli.tu.o.so (ô) *adj.* **1.** Relativo a conflito. **2.** De caráter irascível; briguento. .

Con.flu.ên.cia *s.f.* **1.** Ponto de junção de dois ou mais rios. **2.** Ação de fluir para um mesmo ponto; convergência. **3.** Afluência.

Con.flu.en.te *adj.2g.* **1.** Que conflui. *s.m.* **2.** Rio que deságua em outro; afluente.

Con.flu.ir *v.t.* **1.** Afluir, correr (para o mesmo ponto); convergir. *v.int.* **2.** Juntarem-se (dois rios).

Con.for.ma.ção *s.f.* **1.** Forma, configuração, feitio. **2.** Disposição, conformidade, resignação.

Con.for.ma.do *adj.* e *s.m.* **1.** Que, ou o que conforma, acomoda. **2.** Que, ou aquele que se conforma, que se resigna.

Con.for.mar *v.t.* **1.** Dar forma ou conformação a. **2.** Configurar, conciliar, harmonizar. *v.p.* **3.** Ser conforme, corresponder. **4.** Concordar; amoldar-se, resignar-se.

Con.for.ma.ti.vo *adj.* Destinado a conformar.

Con.for.me *adj.* **1.** Que tem a mesma forma. **2.** Semelhante, idêntico. **3.** Concorde. **4.** Resignado. **5.** Que está nos devidos termos. *adv.* **6.** Em conformidade. *prep.* **7.** De acordo com; segundo, consoante. **8.** Talvez. *conj.* **9.** Como, segundo.

Con.for.mi.da.de *s.f.* **1.** Qualidade do que é conforme. **2.** Analogia. **3.** Qualidade de quem se conforma; resignação.

Con.for.mis.mo *s.m.* Atitude de pessoa que aceita tudo, que se conforma com tudo.

Con.for.mis.ta *adj.* e *s.2g.* Diz-se de, ou pessoa que aceita resignadamente todas as situações.

Con.for.ta.do *adj.* **1.** Que recebeu conforto; fortalecido, animado. **2.** Agasalhado, aconchegado.

Con.for.ta.dor (ô) *adj.* e *s.m.* Que, ou aquele que conforta.

Con.for.tan.te *adj.2g.* **1.** Que conforta. **2.** Que traz conforto.

Con.for.tar *v.t.* **1.** Dar forças a; fortificar. **2.** Aliviar (a dor) de. **3.** FIG Animar, consolar. *v.p.* **4.** Buscar ânimo, conforto ou consolo.

Con.for.tá.vel *adj.2g.* **1.** Em que há conforto. **2.** Que oferece comodidade. **3.** Que conforta. **4.** Cômodo, adequado. ● *Ant.:* desconfortável.

Con.for.to (ô) *s.m.* **1.** Bem-estar material; comodidade. **2.** Aquilo que conforta. **3.** FIG Alívio moral. **4.** Ato de confortar(-se). ● *Ant.:* desconforto.

Con.fra.de *s.m.* **1.** Membro de confraria. **2.** O que exerce a mesma profissão que outrem. **3.** Colega, companheiro, camarada.

Con.fran.ge.dor *adj.* Que confrange.

Con.fran.ger *v.t.* **1.** Apertar. **2.** Moer, esmigalhar. **3.** FIG Atormentar, afligir, angustiar. *v.p.* **4.** Afligir-se.

Con.fran.gi.do *adj.* **1.** Contraído de dor. **2.** Angustiado, atormentado.

Con.fran.gi.men.to *s.m.* Ato ou efeito de confranger(-se).

Con.fra.ri.a *s.f.* **1.** Associação religiosa ou de caridade; irmandade. **2.** Grupo de pessoas que se associam visando a um interesse comum. **3.** Associação, sociedade.

Con.fra.ter.nar *v.t.* Confraternizar (acep. 1).

Con.fra.ter.ni.da.de *s.f.* Amizade como de irmãos; ligação fraterna. Relação que une companheiros da mesma confraria ou pessoas da mesma profissão ou atividade.

Con.fra.ter.ni.za.ção *s.f.* Ato ou efeito de confraternizar.

Con.fra.ter.ni.zar *v.t.* **1.** Tratar como a irmão; confraternar. **2.** Conviver fraternalmente. **3.** Concordar em sentimentos ou ideias. *v.int.* **4.** Trocar cumprimentos fraternos.

Con.frei *s.m.* BOT Erva de origem europeia, cujas folhas têm propriedades medicinais e são usadas em chás.

Con.frei.ra *s.f.* Fem de confrade.

Con.fron.ta.ção *s.f.* **1.** Ato ou efeito de confrontar(-se). **2.** Comparação; cotejo. **3.** Acareação de acusados ou testemunhas.

Con.fron.ta.ções *s.f.pl.* Limites de uma propriedade, de um prédio.

Con.fron.ta.do *adj.* Comparado.

Con.fron.tan.te *adj.2g.* Que, ou o que confronta.

Con.fron.tar *v.t.* **1.** Pôr frente a frente; acarear. **2.** Comparar, cotejar. *v.p.* **3.** Pôr-se frente a frente; fazer face, defrontar-se.

Con.fron.te *adj.2g.* **1.** Que está em frente a; confrontante, defronte. **2.** Que se delimita com; fronteiriço. *adv.* **3.** Defronte, em frente.

Con.fron.to *s.m.* **1.** Ato ou efeito de confrontar. **2.** Comparação, cotejo. **3.** Paralelo. **4.** Briga, luta.

Con.fu.ci.a.no *adj.* Relativo a, ou próprio do filósofo chinês Confúcio.

Con.fu.cio.nis.mo *s.m.* FILOS Doutrina religiosa do filósofo chinês Confúcio (551-479) e de seus seguidores.

Con.fu.cio.nis.ta *adj.* e *s.2g.* Diz-se de, ou pessoa sectária da religião e da moral de Confúcio.

Con.fun.di.do *adj.* **1.** Que se confundiu. **2.** Aturdido, atordoado. **3.** Embaraçado, envergonhado.

Con.fun.dir *v.t.* **1.** Reunir desordenadamente. **2.** Misturar; baralhar. **3.** Tomar (uma coisa) por outra. **4.** Não distinguir. **5.** Envergonhar. *v.p.* **6.** Misturar-se; fazer confusão.

Con.fun.dí.vel *adj.2g.* Sujeito a confusão.

Con.fu.são *s.f.* **1.** Ato ou efeito de confundir. **2.** Desordem. **3.** Bagunça, baderna. **4.** Multidão desordenada. **5.** Falta de clareza. **6.** Perplexidade, enleio. **7.** Vergonha, pejo. **8.** Perturbação.

Con.fu.so *adj.* **1.** Misturado sem ser possível distinção. **2.** Tumultuado, desordenado. **3.** Obscuro, mal distinto. **4.** Equivocado; duvidoso.

Con.fu.ta.ção *s.f.* Ato ou efeito de confutar; refutação.

Con.fu.tar *v.t.* Demonstrar a falsidade de; refutar.

Con.ga *s.f.* Dança e música originárias de Cuba.

Con.ga.da *s.f.* (PE e AL) FOLCL Bailado popular dramático em que se representa a coroação de um rei do Congo.

Con.ge.la.ção *s.f.* **1.** Ato ou efeito de congelar(-se). **2.** Solidificação, congelamento.

Con.ge.la.do *adj.* **1.** Convertido em gelo. **2.** Frio como gelo; gelado. **3.** Que conserva o mesmo valor. **4.** Diz-se de dinheiro ou crédito que não pode ser transferido para o estrangeiro, por força de lei. *s.m.* **5.** Alimento congelado.

CON / CON

CONGELADOR — CONJECTURA

Con.ge.la.dor *adj.* **1.** Que congela. *s.m.* **2.** O que congela. **3.** Aparelho doméstico para congelar alimentos; *freezer*.

Con.ge.la.men.to *s.m.* **1.** Ato ou efeito de congelar(-se); congelação. **2.** Situação de uma dívida que, por um determinado período, não pode ser satisfeita, nem objeto de exigência de qualquer espécie (correção etc.). **3.** Fixação de valores para produtos e serviços, com o objetivo de proteger a economia popular.

Con.ge.lar *v.t.* **1.** Converter em gelo. **2.** Solidificar pela ação do frio. **3.** Tornar frio como gelo. **4.** FIG Entorpecer; embargar. **5.** Fixar preços (para produtos, serviços). *v.p.* **6.** Transformar-se em gelo; cristalizar-se. **7.** Embaraçar-se, embargar-se (a voz).

Con.ge.lá.vel *adj.2g.* Que pode ser congelado.

Con.ge.mi.nar *v.t. e p.* Multiplicar(-se), redobrar(-se).

Con.gê.ne.re *adj.2g.* **1.** Do mesmo gênero, da mesma espécie, da mesma natureza. **2.** Semelhante, idêntico.

Con.gê.ni.to *adj.* **1.** Que nasce com o indivíduo; inato. **2.** Inerente.

Con.gé.rie *s.f.* **1.** Reunião de várias coisas diferentes; massa, montão. **2.** FIG Acervo.

Con.ges.tão *s.f.* MED Acúmulo anormal de sangue nos vasos de um órgão.

Con.ges.tio.na.do *adj.* **1.** Que sofreu congestão. **2.** FIG Vermelho, afogueado, rubro (rosto). **3.** Paralisado, engarrafado (trânsito) por excesso de veículos etc.

Con.ges.tio.na.men.to *s.m.* **1.** Ato ou efeito de congestionar(-se). **2.** Paralisação total ou parcial do trânsito, ocasionada por excesso de veículos, acidente etc.; engarrafamento.

Con.ges.tio.nar *v.t.* **1.** Provocar congestão em. **2.** Produzir congestionamento; engarrafar (trânsito). *v.p.* **3.** Sofrer congestão. **4.** Tornar-se congestionado (trânsito).

Con.ges.ti.vo *adj.* Que indica possibilidade de congestão.

Con.ges.to *adj.* Congestionado.

Con.glo.ba.ção *s.f.* Ato ou efeito de conglobar(-se).

Con.glo.bar *v.t.* **1.** Juntar, dando a forma de globo ou bola. **2.** Amontoar, acumular. **3.** Resumir, sintetizar. *v.p.* **4.** Adquirir forma de globo, de novelo; enovelar-se. **5.** Resumir-se.

Con.glo.me.ra.ção *s.f.* Reunião em massa.

Con.glo.me.ra.do *adj.* **1.** Reunido, amontoado. *s.m.* **2.** União de partes num todo. **3.** Grupo econômico-financeiro formado de várias empresas. **4.** FIG Estrutura feita de partes diversas. **5.** Amontoado, aglomeração.

Con.glo.me.rar *v.t.* **1.** Amontoar ou reunir em uma só massa. *v.p.* **2.** Amontoar-se, juntar-se.

Con.go *adj. e s.m.* **1.** (natural) Do Congo, África. *s.m.* **2.** Dança dramática afro-brasileira.

Con.go.len.se *adj. e s.2g.* Congolês.

Con.go.lês *adj.* **1.** Relativo ao Congo, país da África; congolense, conguês. *s.m.* **2.** O natural ou habitante do Congo; congolense, conguês.

Con.go.nha *s.f.* BOT Nome de várias plantas semelhantes ao mate, de cujas folhas se faz chá.

Con.gos.ta (ô) *s.f.* Rua estreita e longa.

Con.go.te *s.m.* Cangote.

Con.gra.ça.dor *adj. e s.m.* Conciliador, pacificador.

Con.gra.ça.men.to *s.m.* Ato ou efeito de congraçar(-se).

Con.gra.çar *v.t.* **1.** Reconciliar, fazer as pazes, harmonizar (pessoas desavindas). *v.p.* **2.** Tornar-se amigo. **3.** Fazer as pazes. **4.** Harmonizar-se, reconciliar-se.

Con.gra.tu.la.ção *s.f.* Felicitação, parabéns.

Con.gra.tu.la.ções *s.f.pl.* Cumprimentos, felicitações, parabéns, saudações.

Con.gra.tu.la.dor (ô) *adj. e s.m.* Que, ou aquele que se congratula.

Con.gra.tu.lan.te *adj. e s.2g.* Que congratula.

Con.gra.tu.lar *v.t.* **1.** Dirigir congratulações a. *v.p.* **2.** Regozijar-se (com alguém) por algum acontecimento feliz. **3.** Felicitar-se (por ter feito ou evitado alguma coisa).

Con.gra.tu.la.tó.rio *adj.* Que exprime ou encerra congratulações.

Con.gre.ga.ção *s.f.* **1.** Ato ou efeito de congregar(-se). **2.** Assembleia, reunião. **3.** Associação religiosa regular. **4.** Companhia de frades ou freiras. **5.** Divisão da cúria. **6.** Conselho de professores de uma escola de nível médio ou superior.

Con.gre.ga.do *adj.* **1.** Que se congregou; associado. **2.** Junto, reunido. *s.m.* **3.** Membro de congregação religiosa.

Con.gre.gar *v.t.* **1.** Juntar, convocar, reunir. *v.p.* **2.** Reunir-se (em congresso). **3.** Juntar-se; existir simultaneamente.

Con.gres.sio.nal *adj.2g.* Congressista.

Con.gres.sis.ta *adj.2g.* **1.** Referente a congresso; congressional. *s.2g.* **2.** Membro de um congresso.

Con.gres.so *s.m.* **1.** Reunião solene de diplomatas de vários países para adotarem assuntos internacionais. **2.** Reunião de pessoas versadas em determinada matéria para discutirem questões de interesse comum; conferência. **3.** Reunião de delegados. **4.** O conjunto dos dois órgãos do Poder Legislativo (Câmara Federal e Senado); assembleia, parlamento.

Con.gro *s.m.* Peixe teleósteo, do Atlântico e Mediterrâneo, sem escamas, de até 3 m de comprimento.

Côn.grua *s.f.* Pensão que era concedida aos curas ou párocos.

Con.gru.ên.cia *s.f.* **1.** Relação, harmonia (de uma coisa com o fim a que se propõe). **2.** Proporção, coerência. **3.** Conveniência, propriedade. ● *Ant.: incongruência.*

Con.gru.en.te *adj.2g.* **1.** Coerente. **2.** Harmonioso, apropriado.

Con.gruo *adj.* Congruente.

Con.guês *adj. e s.m.* **1.** Congolês. *s.m.* **2.** A língua falada no Congo.

Co.nha.que *s.m.* **1.** Aguardente de vinho, fabricado em Cognac (França) ou com as mesmas características dele. **2.** Qualquer bebida semelhante.

Co.nhe.ce.dor (ô) *adj. e s.m.* **1.** Que, ou aquele que conhece. **2.** Entendedor, perito.

Co.nhe.cer *v.t.* **1.** Fazer ideia, ter noção de. **2.** Ter relações ou convivência com. **3.** Reconhecer. **4.** Apreciar, julgar. **5.** Avaliar; distinguir. **6.** Ser versado em. **7.** Ter relações sexuais com. **8.** Sentir, experimentar. *v.int.* **9.** Reconhecer; tomar conhecimento. *v.p.* **10.** Ter perfeito conhecimento de si próprio. **11.** Ter noção da própria capacidade. ● *Ant.: desconhecer, ignorar.*

Co.nhe.ci.do *adj.* **1.** De que há conhecimento; sabido. **2.** Afamado, célebre. *s.m.* **3.** Aquilo que se conhece. **4.** Pessoa que conhecemos. ● *Ant.: desconhecido, ignorado.*

Co.nhe.ci.men.to *s.m.* **1.** Ato ou efeito de conhecer. **2.** Ideia, noção. **3.** Direito de julgar. **4.** Relações entre pessoas não íntimas. **5.** Capacidade de conhecer a si próprio. **6.** Consciência. **7.** Experiência, prática. **8.** Recibo (de contribuição paga). **9.** Nota de despacho de mercadorias. ● *Ant.: ignorância.*

Co.nhe.ci.men.tos *s.m.pl.* Instrução, cultura, cabedal científico; saber.

Cô.ni.co *adj.* Relativo a, ou em forma de cone.

Co.ní.fe.ra *s.f.* BOT Planta da ordem das Coníferas.

Co.ní.fe.ras *s.f.pl.* BOT Ordem de plantas de folhas pequenas ou aciculiformes e fruto em forma de cone, que ocorrem em diversos climas, principalmente o temperado.

Co.ni.flo.ro *adj.* BOT Que tem flores cônicas.

Co.ni.for.me *adj.2g.* Que tem forma de cone; cônico.

Co.nim.bri.cen.se *adj. e s.2g.* Relativo a Coimbra.

Co.nim.bri.gen.se *adj. e s.2g.* Relativo a Coimbra.

Co.nir.ros.tro *adj.* **1.** De cone grosso, cônico e curto. *s.m.* **2.** Espécie dos conirrostros.

Co.nir.ros.tros *s.m.pl.* Nome dado às aves passeriformes, de bico grosso, forte e cônico, como os fringilídeos, ploceídeos e alguns tanagrídeos.

Co.ni.val.ve *adj.2g.* Que tem cone ou valva cônica.

Co.ni.vên.cia *s.f.* **1.** Qualidade de conivente. **2.** Cumplicidade dissimulada; conluio.

Co.ni.ven.te *adj.2g.* **1.** Diz-se de quem finge não ver o erro ou o mal que o outro pratica. **2.** Cúmplice.

Con.jec.tu.ra *s.f.* **1.** Suposição, hipótese. **2.** Opinião fundada em indícios ou possibilidades; presunção. ● *Var.: conjetura.*

CONJECTURAL — CONSELHEIRAL

Con.jec.tu.ral *adj.2g.* Que se apoia em conjecturas. ♦ *Var.: conjetural.*

Con.jec.tu.rar *v.t.* **1.** Julgar por conjeturas. **2.** Suspeitar, presumir. *v.int.* **3.** Fazer conjeturas. ♦ *Var.: conjeturar.*

Con.ju.ga.ção *s.f.* **1.** Ato ou efeito de conjugar, de juntar. **2.** Ligação, reunião, conjunção. **3.** GRAM Conjunto das flexões de um verbo, dispostas sistematicamente.

Con.ju.ga.do *adj.* **1.** Que se conjugou. **2.** Junto, ligado.

Con.ju.gal *adj.2g.* **1.** Relativo aos cônjuges. **2.** Que se refere ao casamento.

Con.ju.gar *v.t.* **1.** Prender ao mesmo jugo. **2.** Unir, ligar conjuntamente. **3.** Associar. **4.** GRAM Enunciar ordenadamente as flexões de (um verbo).

Côn.ju.ge *s.m.* Cada um dos esposos (o marido ou a mulher) em relação ao outro.

Con.ju.mi.nar *v.t. e p.* POP Ligar-se, unir-se.

Con.jun.ção *s.f.* **1.** Junção, ligação, encontro, união. **2.** Ensejo, conjuntura. **3.** Ocorrência simultânea; concorrência. **4.** União sexual. **5.** GRAM Partícula que liga duas orações, ou partes coordenadas de uma oração. **6.** ASTRON Encontro aparente de dois astros no mesmo ponto do zodíaco.

Con.jun.cio.nal *adj.2g.* **1.** Relativo a conjunção. **2.** GRAM Diz-se da oração que se liga a outra por meio de uma conjunção.

Con.jun.tar *v.t. e int.* Ligar, juntar.

Con.jun.ti.va *s.f.* ANAT Membrana que forra a parte externa do globo ocular, ligando-à à pálpebra.

Con.jun.ti.val *adj.2g.* Pertencente ou relativo à conjuntiva.

Con.jun.ti.vi.te *s.f.* MED Inflamação da conjuntiva.

Con.jun.ti.vo *adj.* **1.** Que junta, que une. **2.** GRAM Que liga palavras ou proposições, como a conjunção. **3.** Que equivale a uma conjunção.

Con.jun.to *adj.* **1.** Junto simultaneamente. **2.** Ligado, unido. *s.m.* **3.** Reunião de partes ou pessoas que formam um todo. **4.** MÚS Grupo de músicos que se reúnem para cantar e/ou executar peças de música erudita ou popular. **5.** Traje feminino formado de saia e blusa (ou casaco), ou vestido e casaco. **6.** MAT Agrupamento de unidades chamadas elementos. **7.** Complexo. **8.** Totalidade; grupo.

Con.jun.tu.ra *s.f.* **1.** Concurso de circunstâncias. **2.** Acontecimento, ocorrência. **3.** Ocasião, ensejo, oportunidade. **4.** Dificuldade, situação embaraçosa.

Con.ju.tu.ral *adj.* Relativo a, ou próprio de conjuntura.

Con.ju.ra *s.f.* **1.** Conjuro. **2.** Conjuração.

Con.ju.ra.ção *s.f.* **1.** Ato ou efeito de conjurar. **2.** Conspiração contra o Estado ou autoridade estabelecida.

Con.ju.ra.do *adj.* **1.** Que se conjurou. *s.m.* **2.** Aquele que participou de uma conjuração.

Con.ju.ra.dor *s.m.* Aquele que faz conjuros.

Con.ju.ran.te *adj.2g.* Que conjura.

Con.ju.rar *v.t.* **1.** Esconjurar, exorcizar. **2.** Evitar, afastar (um perigo). **3.** Intentar por meio de conspiração; maquinar. **4.** Rogar com instância. *v.p.* **5.** Ligar-se por juramento. **6.** Entrar numa conspiração queixar-se.

Con.ju.ra.tó.rio *adj.* Relativo a, ou que encerra conjura.

Con.ju.ro *s.m.* **1.** Invocação de magia. **2.** Palavras imperativas dirigidas ao demônio ou às almas do outro mundo. **3.** Exorcismo.

Con.lui.a.do *adj.* **1.** Que se conluiou. **2.** Acertado em conluio.

Con.lui.ar *v.t. e p.* Unir(-se) em conluio.

Con.lui.o *s.m.* **1.** Maquinação, trama. **2.** Combinação entre duas ou mais pessoas para prejudicar outrem.

Co.nos.co (ô) *pron.* **1.** Em nossa companhia. **2.** Em nosso poder. **3.** A nosso respeito. **4.** De nós para nós.

Co.no.ta.ção *s.f.* **1.** Ligação que se nota entre duas ou mais coisas que se comparam entre si. **2.** Em linguística, sentido acessório, às vezes subjetivo, que se sobrepõe à significação básica (denotação) de um termo ou de um conceito.

Co.no.tar *v.t.* Expressar uma conotação.

Co.no.ta.ti.vo *adj.* Que encerra conotação.

Con.quan.to *conj.* Ainda que, posto que, não obstante, embora.

Con.quis.ta *s.f.* **1.** Ato ou efeito de conquistar. **2.** Obtenção, alcance. **3.** Pessoa ou coisa conquistada; troféu. **4.** FAM Namoro; namorada.

Con.quis.ta.do *adj.* **1.** Que conquistou. **2.** Obtido por luta ou à custa de grande esforço. **3.** Dominado, vencido.

Con.quis.ta.dor *adj.* **1.** Que conquista. **2.** FIG Namorador. *s.m.* **3.** O que conquista; dominador. **4.** FIG O que é dado a conquistas amorosas. **5.** Sedutor, namorador.

Con.quis.tar *v.t.* **1.** Tomar à força de armas. **2.** Vencer. **3.** Subjugar, conseguir. **4.** Alcançar à força de trabalho. **5.** FIG Ganhar, granjear (amizade, amor, ódio etc.). **6.** FAM Fazer-se amar por.

Con.quis.tá.vel *adj.2g.* Que se pode conquistar.

Con.sa.bi.do *adj.* Sabido por muitos.

Con.sa.gra.ção *s.f.* **1.** Ato ou efeito de consagrar(-se). **2.** Confirmação solene. **3.** Sanção. **4.** Reconhecimento, honra, homenagem. **5.** Tributo. **6.** Parte da missa em que o sacerdote consagra a hóstia e o cálice.

Con.sa.gra.do *adj.* **1.** Que se consagrou, que recebeu consagração. **2.** Habitual.

Con.sa.gra.dor (ô) *adj. e s.m.* Que, ou o que consagra.

Con.sa.gra.men.to *adj. e s.2g.* **1.** Que, ou pessoa que consagra. **2.** Diz-se de, ou sacerdote que celebra a missa.

Con.sa.grar *v.t.* **1.** Tornar sagrado; dedicar a Deus. **2.** Converter (pão e vinho) no corpo e sangue de Cristo. **3.** Autorizar; sancionar. **4.** Destinar; votar. **5.** Oferecer por culto e homenagem; sacrificar. *v.int.* **6.** Eleger, aclamar. **7.** Dedicar-se.

Con.san.guí.neo *adj.* **1.** Que é do mesmo sangue, que tem os mesmos ancestrais. **2.** Diz-se dos irmãos que são filhos do mesmo pai. *s.m.* **3.** Parente por consanguinidade. ● Opõe-se a *uterino*.

Con.san.gui.ni.da.de *s.f.* **1.** Qualidade de consanguíneo. **2.** Parentesco entre aqueles que procedem do mesmo pai. **3.** Relação de parentesco entre indivíduos da mesma raça. ● Opõe-se a *uterinidade*.

Cons.ci.ên.cia *s.f.* **1.** Percepção pela qual o homem pode ter noção de sua própria existência e julgar sua própria realidade. **2.** Faculdade que tem a razão, de julgar os próprios atos. **3.** Voz secreta da alma, que aprova ou desaprova nossos atos. **4.** FIG Sinceridade. **5.** Probidade, honradez. **6.** Escrúpulo. **7.** Justiça, retidão. **8.** Conhecimento. **9.** Acuidade, esmero. **10.** Opinião. **11.** Fato que causa remorso. ● *Ant.: inconsciência*.

Cons.ci.en.ci.o.so (ô) *adj.* **1.** Que tem consciência da própria existência. **2.** Que sabe o que faz. **3.** Feito com a consciência; cônscio. ● *Fem. e pl.: conscienciosa e conscienciosos(ô)*.

Cons.ci.en.te *adj.2g.* **1.** Que tem a consciência, a noção do que faz ou sente. **2.** Que age com consciência. *s.m.* **3.** PSICOL O conjunto dos fatos de que em determinados momentos temos consciência. ● Opõe-se a *inconsciente*.

Cons.ci.en.ti.za.ção *s.f.* Ato ou efeito de conscientizar(-se).

Cons.ci.en.ti.zar *v.t.* **1.** Dar consciência. **2.** Levar alguém a tomar consciência dos problemas sociais que o cercam. *v.p.* **3.** Tomar consciência de.

Côns.cio *adj.* **1.** Que conhece o que faz ou o que lhe cumpre fazer. **2.** Ciente, consciente. **3.** Certo, convicto.

Cons.cri.ção *s.f.* Convocação de pessoas para o serviço militar; recrutamento.

Cons.cri.to *adj. e s.m.* Recruta convocado para o serviço militar.

Con.se.cra.tó.rio *adj.* Relativo a consagração.

Con.sec.tá.rio *s.m.* Consequência, efeito.

Con.se.cu.ção *s.f.* **1.** Ato ou efeito de conseguir. **2.** Obtenção. **3.** Realização, execução.

Con.se.cu.ti.vo *adj.* **1.** Que se segue imediatamente na ordem temporal ou numérica. **2.** Sucessivo, imediato.

Con.se.guin.te *adj.* Consecutivo. ♦ Por conseguinte: por consequência, portanto.

Con.se.guir *v.t.* Obter, alcançar; chegar a.

Con.se.lhei.ral *adj.2g.* **1.** Próprio de conselheiro. **2.** Que tem modos ou atitudes graves de conselheiro.

CONSELHEIRESCO — CONSOMÊ

Con.se.lhei.res.co (ê) *adj.* Conselheiral.

Con.se.lhei.ris.mo *s.m.* Modo de ser ou gravidade própria de conselheiro.

Con.se.lhei.ro *adj.* **1.** Que aconselha. *s.m.* **2.** O que aconselha. **3.** Membro de um conselho ou de certos tribunais. **4.** Título honorífico do Império.

Con.se.lho (ê) *s.m.* **1.** Parecer ou opinião que se emite sobre o que convém fazer. **2.** Aviso, advertência, admoestação. **3.** Critério, juízo. **4.** Prudência. **5.** Corpo deliberativo superior; tribunal. **6.** Grupo de pessoas encarregadas de deliberar sobre os mais diversos assuntos.

Con.sen.ci.en.te *adj.2g.* Que consente.

Con.sen.si.al *adj.2g.* Consensual.

Con.sen.so *s.m.* **1.** Acordo de várias pessoas; opinião geral. **2.** Consentimento, anuência.

Con.sen.su.al *adj.* **1.** Relativo a consenso; consensual. **2.** Obtido por consenso.

Con.sen.tâ.neo *adj.* **1.** Adequado, conveniente. **2.** Coerente. **3.** Unânime.

Con.sen.ti.men.to *s.m.* **1.** Ato ou efeito de consentir. **2.** Aprovação tácita. **3.** Anuência, aprovação. **4.** Permissão, licença.

Con.sen.tir *v.t.* **1.** Dar aprovação a; permitir, admitir. **2.** Concordar com. **3.** Dar lugar a; deixar. *v.int.* **4.** Aprovar, concordar.

Con.se.quên.cia *s.f.* **1.** Resultado, reação, efeito. **2.** Conclusão lógica; inferência. **3.** FIG Alcance, significado, importância. ◆ **Por consequência de:** em virtude de.

Con.se.quen.te *adj.2g.* **1.** Que raciocina bem. **2.** Que se deduz ou infere; resultante. **3.** Que se segue naturalmente; coerente.

Con.ser.ta.do *adj.* Emendado, corrigido.

Con.ser.ta.dor *s.m.* Que, ou aquele que conserta.

Con.ser.tar *v.t.* **1.** Reparar, arranjar; restaurar. **2.** Coser, remendar. **3.** Corrigir.

Con.ser.to (ê) *s.m.* **1.** Ato ou efeito de consertar. **2.** Reparo; arranjo, remendo.

Con.ser.va *s.f.* **1.** Líquido ou calda em que se conservam substâncias alimentícias. **2.** Preparado farmacêutico feito com plantas e açúcar. **3.** POP Conservação.

Con.ser.va.ção *s.f.* **1.** Ato ou efeito de conservar(-se). **2.** Estado de pessoa ou coisa preservada de desgaste. **3.** Manutenção; conserva.

Con.ser.va.dor *adj.* **1.** Que se conserva. **2.** Que resiste à idade, ao tempo.

Con.ser.va.dor (ô) *adj.* **1.** Que conserva. **2.** Que ajuda a conservar. **3.** Que se opõe a mudanças políticas. *s.m.* **4.** Aquele que conserva. **5.** Aquele que se opõe a inovações e reformas.

Con.ser.va.do.ris.mo *s.m.* Qualidade de quem quer manter inalterada a ordem estabelecida; conservantismo.

Con.ser.van.te *adj.2g.* **1.** Que conserva; conservador. *s.m.* **2.** Aditivo que impede a deterioração dos alimentos.

Con.ser.van.tis.mo *s.m.* Conservadorismo.

Con.ser.var *v.t.* **1.** Manter em seu lugar ou no estado atual. **2.** Preservar; continuar a ter. **3.** Lembrar-se de. **4.** Preservar em. **5.** Guardar cuidadosamente. **6.** Fazer durar. **7.** Resistir à idade. **8.** Permanecer, durar, continuar.

Con.ser.va.ti.vo *adj.* Próprio para conservar alguma coisa.

Con.ser.va.tó.rio *s.m.* Estabelecimento onde se ensina especialmente música.

Con.ser.vei.ro *s.m.* Aquele que fabrica ou vende conservas.

Con.si.de.ra.ção *s.f.* **1.** Ato ou efeito de considerar. **2.** Importância dada a alguém. **3.** Estima, deferência, respeito. **4.** Ponderação, raciocínio. ● *Ant.:* desconsideração.

Con.si.de.ra.ções *s.f.pl.* **1.** Reflexões, ponderação; exposição fundamentada. **2.** Análise e comentários a respeito de um assunto; opinião.

Con.si.de.ra.do *adj.* **1.** Que goza de consideração. **2.** Respeitado, estimado.

Con.si.de.ran.do *s.m.* **1.** Cada uma das razões que antecede e justifica uma lei ou decisão, e que começa pela palavra *considerando*. **2.** Razão, argumento, motivo.

Con.si.de.rar *v.t.* **1.** Examinar atentamente; ponderar. **2.** Ter em consideração. **3.** Apreciar; estimar. **4.** Refletir; meditar, atentar. *v.int.* **5.** Julgar; reputar. *v.p.* **6.** Crer-se, julgar-se.

Con.si.de.rá.vel *adj.2g.* **1.** Que se deve considerar. **2.** Importante, notável. **3.** Muito grande, avultado: *Foi um prejuízo considerável.*

Con.sig.na.ção *s.f.* **1.** Ato ou efeito de consignar. **2.** Coisa consignada.

Con.sig.na.dor (ô) *adj.* e *s.m.* Que, ou aquele que consigna.

Con.sig.nar *v.t.* **1.** Registrar; assinalar; notar. **2.** Remeter (mercadoria) para que alguém a negocie em comissão. **3.** Designar para o pagamento de dívida. **4.** Determinar ou estabelecer no orçamento público. **5.** Afirmar, declarar.

Con.sig.na.tá.rio *s.m.* Aquele que recebe mercadorias em consignação.

Con.si.go *pron.* **1.** Em sua companhia. **2.** De si para si; dirigido a si. **3.** Em seu poder.

Con.sis.tên.cia *s.f.* **1.** Qualidade de consistente; espessura. **2.** FIG Estabilidade, solidez, firmeza, perseverança.

Con.sis.ten.te *adj.2g.* **1.** Que consta ou consiste. **2.** Compatível, coerente. **3.** Rijo, sólido. **4.** Que subsiste; duradouro.

Con.sis.tir *v.t.* **1.** Resumir-se. **2.** Ter por objeto. **3.** Ser formado ou constituído; fundar-se.

Con.sis.to.ri.al *adj.2g.* Relativo a consistório.

Con.sis.tó.rio *s.m.* Assembleia de cardeais, em Roma, presidida pelo papa.

Con.so.a.da *s.f.* **1.** Refeição rápida que se faz à noite, em dia de jejum. **2.** Ceia de Natal.

Con.so.an.te *adj.2g.* **1.** Que tem consonância. **2.** Designativo de certo tipo de rima. **3.** GRAM Diz-se do fonema que somente forma sílaba consoante. *s.f.* **4.** Letra consoante. *prep.* **5.** Segundo, conforme.

Con.so.ci.ar *v.t.* e *p.* **1.** Tornar(-se) sócio; associar(-se). **2.** Unir (-se), harmonizar(-se).

Con.so.ci.á.vel *adj.2g.* Que se pode consociar.

Con.só.cio *s.m.* **1.** Sócio, em relação a outro. **2.** Colega, companheiro.

Con.so.la.ção *s.f.* **1.** Alívio dado à dor e à aflição de alguém. **2.** Conforto, consolo. **3.** Pessoa ou coisa que consola.

Con.so.la.do *adj.* **1.** Aliviado de dor ou pena. **2.** Alegre, contente.

Con.so.la.dor (ô) *adj.* e *s.m.* Que, ou aquele que consola ou traz consolação; confortador.

Con.so.lar *v.t.* **1.** Aliviar a pena, o sofrimento de. **2.** Dar ânimo ou conforto. **3.** Suavizar, mitigar; aliviar. **4.** Receber consolação. **5.** Pôr termo aos próprios pesares.

Con.so.la.ti.vo *adj.* Consolador.

Con.so.le (só) *s.m.* **1.** Espécie de mesa de sala, encostada à parede, onde se colocam pequenos objetos de adorno; console. **2.** Certo periférico ou terminal de computador.

Con.so.li.da.ção *s.f.* **1.** Ato ou efeito de consolidar(-se). **2.** MED Cicatrização de ferida. **3.** Sutura de ossos fragmentados. **4.** Operação que consiste em se fundirem várias empresas industriais numa só.

Con.so.li.da.do *adj.* **1.** Que se consolidou; sólido, firme. **2.** Diz-se da dívida pública transformada em renda perpétua em benefício dos credores, que podem apenas exigir os juros. *s.m.* **3.** Título de dívida pública consolidada.

Con.so.li.dar *v.t.* **1.** Tornar sólido, seguro ou estável; fortalecer. **2.** Fazer aderir as partes de (osso fraturado). *v.int.* **3.** Tomar consistência. *v.p.* **4.** Tornar-se sólido. **5.** Solidificar-se, materializar--se.

Con.so.li.da.ti.vo *adj.* Próprio para consolidar.

Con.so.lo¹ (ô) *s.m.* **1.** Ato ou efeito de consolar(-se). **2.** Consolação, alívio, conforto; esperança. **3.** Pessoa ou coisa que consola.

Con.so.lo² (ó) *s.m.* Móvel de sala, o mesmo que console.

Con.so.mê *s.m.* CUL Caldo de carne ou de galinha servido em taça apropriada, em lugar de sopa.

CONSONÂNCIA — CONSTRUÇÃO

Con.so.nân.cia *s.f.* 1. Conjunto agradável de sons. 2. Harmonia, conformidade. 3. FIG Acordo, concordância. 4. Esperança. ● *Ant.:* *dissonância.*

Con.so.nan.tal *adj.2g.* 1. Relativo às letras consoantes. 2. Constituído por consoantes.

Con.so.nân.ti.co *adj.* Consonantal.

Con.so.nan.ti.za.ção *s.f.* Transformação de uma semivogal em consoante.

Con.sor.ci.a.ção *s.f.* Consorciamento.

Con.sor.ci.a.do *adj.* e *s.m.* Que, ou aquele que faz parte de um grupo de consórcio.

Con.sor.ci.a.men.to *s.m.* Exploração de um terreno com duas ou mais culturas diferentes ao mesmo tempo; consorciação.

Con.sor.ci.ar *v.t.* e *p.* 1. Associar(-se), ligar(-se). 2. Unir(se) por casamento; casar(-se).

Con.sór.cio *s.m.* 1. União, casamento, matrimônio. 2. Associação. 3. Grupo de pessoas que se cotizam em prestações mensais para a compra de um bem. *adj.* e *s.m.* 4. Que, ou aquele que é sócio juntamente com outro(s).

Con.sor.te *s.2g.* 1. Companheiro na sorte, nos destinos, nos encargos. 2. Cônjuge.

Cons.pec.to *s.m.* Vista, aspecto.

Cons.pi.cu.i.da.de *s.f.* 1. Qualidade de conspícuo. 2. Distinção, notabilidade. 3. Austeridade, seriedade.

Cons.pí.cuo *adj.* 1. Digno de nota. 2. Ilustre, distinto, notável. 3. Sério, respeitável.

Cons.pi.ra.ção *s.f.* 1. Ato ou efeito de conspirar. 2. Conluio secreto; maquinação, trama.

Cons.pi.ra.dor *adj.* e *s.m.* Diz-se do, ou o que conspira ou trama.

Cons.pi.rar *v.t.* 1. Maquinar, tramar. 2. Entrar em conspiração ou conluio. 3. Concorrer, tender. *v.int.* 4. Tomar parte numa conspiração. *v.p.* 5. Unir-se, conluiar-se.

Cons.pi.ra.ta *s.f.* FAM Conspiração de pouca importância.

Cons.pi.ra.ti.vo *adj.* Que conspira ou concorre para determinado fim.

Cons.pur.ca.ção *s.f.* Ato ou efeito de conspurcar(-se).

Cons.pur.ca.dor (ô) *adj.* e *s.m.* Que, ou aquele que conspurca.

Cons.pur.car *v.t.* e *p.* Corromper(-se), macular(-se), manchar (-se), aviltar(-se), sujar(-se), enodoar(-se).

Cons.pur.cá.vel *adj.2g.* Que se pode conspurcar.

Cons.ta *s.m.* JORN Notícia que se divulga como verdadeira; boato.

Cons.tân.cia *s.f.* 1. Reprodução regular de um mesmo fato. 2. Regularidade, frequência. 3. Força moral de quem não se deixa abater. 4. Persistência, perseverança.

Cons.tan.te *adj.2g.* 1. Que tem constância, firmeza de ânimo. 2. Incessante, inabalável. 3. Persistente, perseverante. 4. Consignado, registrado. 5. Não interrompido; frequente. 6. Mencionado, citado. 7. Formado por. *s.f.* 8. Tendência geral permanente.

Cons.tan.ti.no.po.li.ta.no *adj.* 1. Relativo ou pertencente a Constantinopla, hoje Istambul, cidade da Turquia. *s.m.* 2. O natural ou habitante dessa cidade.

Cons.tar *v.int.* 1. Estar escrito ou mencionado. 2. Dizer-se. 3. Passar por certo. 4. Ser do conhecimento de. *v.t.* 5. Chegar ao conhecimento. 6. Estar registrado ou consignado. 7. Ser formado de, ser composto. 8. Deduzir-se, inferir-se.

Cons.ta.ta.ção *s.f.* 1. Ato ou efeito de constatar. 2. Prova, verificação.

Cons.ta.tar *v.t.* 1. Estabelecer a verdade ou a exatidão de (um fato). 2. Tomar conhecimento de. 3. Verificar, averiguar, comprovar.

Cons.te.la.ção *s.f.* 1. Grupo de estrelas que formam uma figura convencional determinada. 2. Grupo de objetos espalhados em pequeno espaço. 3. Grupo de pessoas ilustres.

Cons.te.la.do *adj.* 1. Salpicado de estrelas: *Céu constelado.* 2. Em forma de estrela.

Cons.te.lar *v.t.* 1. Semear ou cobrir de estrelas ou constelações. 2. Reunir em constelações. 3. FIG Iluminar superiormente. 4. Ornar; cravejar; adornar. *v.p.* 5. Cobrir-se de constelações. 6. Ornar-se (de objetos brilhantes como estrelas).

Cons.ter.na.ção *s.f.* 1. Ato ou efeito de consternar(-se). 2. Tristeza angustiosa. 3. Desolação; abatimento, mágoa.

Cons.ter.na.do *adj.* Profundamente triste; abatido, desolado.

Cons.ter.na.dor (ô) *adj.* Que consterna.

Cons.ter.nar *v.t.* 1. Acabrunhar. 2. Desalentar. 3. Causar aflição ou abatimento moral a; magoar. *v.p.* 4. Ficar prostrado pela dor; prostrar-se.

Cons.ti.pa.ção *s.f.* MED Estado mórbido caracterizado por defluxo, tosse, prisão de ventre etc.

Cons.ti.pa.do *adj.* 1. Atacado de constipação; resfriado. *s.m.* 2. Aquele que está resfriado.

Cons.ti.par *v.t.* 1. Causar constipação. *v.p.* 2. Ficar constipado.

Cons.ti.tu.ci.o.nal *adj.2g.* 1. Relativo à Constituição de um país. 2. Diz-se do regime político em que o poder está subordinado a uma Constituição. 3. Próprio da constituição física ou do temperamento de uma pessoa.

Cons.ti.tu.ci.o.na.li.da.de *s.f.* Qualidade do que é constitucional.

Cons.ti.tu.ci.o.na.lis.mo *s.m.* 1. Doutrina que defende o regime constitucional de governo. 2. Sistema político cujo regime é constitucional.

Cons.ti.tu.ci.o.na.lis.ta *adj.2g.* 1. Relativo ao constitucionalismo. *adj.* e *s.2g.* 2. Diz-se de, ou pessoa partidária do regime constitucional de governo. *s.2g.* 3. Jurista especializado em Direito Constitucional.

Cons.ti.tu.ci.o.na.li.zar *v.t.* e *p.* Tornar(-se) constitucional.

Cons.ti.tu.i.ção *s.f.* 1. Ato ou efeito de constituir. 2. Estabelecimento; organização, composição. 3. Compleição física, temperamento. 4. Nomeação, designação. 5. Lei fundamental de um Estado, onde estão os poderes do Governo e os direitos e deveres dos cidadãos (neste sentido, usa-se com inicial maiúscula).

Cons.ti.tu.í.do *adj.* Formado, composto.

Cons.ti.tu.in.te *adj.2g.* 1. Que constituiu. 2. Que tem o poder de constituir. *s.2g.* 3. Deputado de Assembleia ou Câmara que elabora uma Constituição. 4. Pessoa que constitui outra seu representante. *s.f.* 5. Assembleia ou Câmara Constituinte.

Cons.ti.tu.ir *v.t.* 1. Ser o elemento essencial de. 2. Formar; compor; organizar. 3. Estabelecer. 4. Dar procuração a. *v.int.* 5. Nomear, designar. *v.p.* 6. Atribuir-se a qualidade de. 7. Organizar-se, formar-se.

Cons.ti.tu.ti.vo *adj.* 1. Que constitui. 2. Que tem poder de constituir. 3. Essencial, distinto, característico.

Cons.tran.ge.dor (ô) *adj.* Que constrange.

Cons.tran.ger *v.t.* 1. Apertar, forçar, tolher os movimentos de. 2. FIG Coagir, violentar, oprimir. 3. Compelir. *v.p.* 4. Acanhar-se.

Cons.tran.gi.do *adj.* 1. Forçado, coagido. 2. Tímido, acanhado. 3. Apertado.

Cons.tran.gi.men.to *s.m.* 1. Ato ou efeito de constranger. 2. Acanhamento, embaraço. 3. Estado de quem está constrangido. 4. Violência (física ou moral) praticada sobre alguém.

Cons.tri.ção *s.f.* 1. Ato ou efeito de constranger. 2. Estreitamento circular. 3. Constrangimento. 4. Tensão violenta. 5. Embaraço, aperto.

Cons.trin.gen.te *adj.2g.* Que constringe ou fecha circularmente.

Cons.trin.gir *v.t.* 1. Apertar circularmente; cingir apertando. *v.p.* 2. Contrair-se.

Cons.tri.ti.va *adj.* e *s.f.* GRAM Diz-se de, ou a consoante que se emite com bloqueio parcial do fluxo do ar; fricativa.

Cons.tri.ti.vo *adj.* Que produz constrição.

Cons.tri.to *adj.* Que sofreu constrição; apertado, constrangido.

Cons.tri.tor (ô) *adj.* e *s.m.* Diz-se de, ou qualquer músculo que aperta circularmente, ao ponto de reduzir o diâmetro de uma cavidade do corpo.

Cons.tru.ção *s.f.* 1. Ato ou efeito de construir, edificar. 2. Modo de construir. 3. Edifício. 4. Composição, elaboração. 5. Qualquer obra de arte. 6. Organismo. 7. GRAM Disposição sintática das palavras na oração e das orações no período. ● *Ant.: demolição.*

CONSTRUIR — CONTAMINADOR

Cons.tru.ir v.t. **1.** Edificar; proceder à construção de. **2.** Arquitetar, formar, conceber, organizar. **3.** Traçar (figuras geométricas). **4.** Compor. **5. GRAM** Dispor convenientemente as palavras de. v.int. **6.** Fazer construções.

Cons.tru.ti.vis.mo s.m. **1.** Ação construtiva (política, social, literária etc.). **2.** Corrente artística dos inícios do séc. XX, que privilegia uma construção de formas mais ou menos geométricas. **3.** Estilo do teatro soviético das décadas de 1920/1930.

Cons.tru.ti.vis.ta adj.2g. **1.** Relativo ao construtivismo; do construtivismo. s.2g. **2.** Pessoa adepta do construtivismo.

Cons.tru.ti.vo adj. **1.** Que serve para construir. **2.** Que promove o progresso. **3.** Diz-se da crítica de sentido positivo.

Cons.tru.tor (ô) adj. **1.** Que constrói. s.m. **2.** Aquele que constrói. **3.** Empresário de construção civil.

Cons.tru.tu.ra s.f. Empresa contratada para prestar serviços relativos à construção civil.

Con.subs.tan.ci.a.ção s.f. **1.** União de dois ou mais corpos numa única substância. **2.** Segundo a doutrina luterana, presença de Cristo na eucaristia.

Con.subs.tan.ci.al adj.2g. Da mesma substância, da mesma essência, da mesma natureza.

Con.subs.tan.ci.a.li.da.de s.f. Caráter ou qualidade de consubstancial.

Con.subs.tan.ci.ar v.t. **1.** Unir numa só substância. **2.** Consolidar, concretizar, unificar.

Con.su.e.to (é) s.m. Uso, costume.

Con.su.e.tu.di.ná.rio adj. **1.** Ordinário, usual. **2.** Tudo o que tem como fundamento o hábito, os usos e costumes.

Côn.sul s.m. **1.** Agente oficial de uma nação, encarregado de proteger seus compatriotas em território estrangeiro e de fomentar o comércio de seu país. **2.** Cada um dos magistrados supremos na República romana e na primeira República francesa. ● *Fem.: consulesa.* ● *Pl.: cônsules.*

Con.su.la.do s.m. **1.** Cargo de cônsul. **2.** Duração desse cargo. **3.** Escritório ou casa onde o cônsul exerce suas funções.

Con.su.lar adj.2g. Relativo ao cônsul ou ao consulado.

Con.su.len.te adj. e s.2g. Que, ou pessoa que consulta; consultante.

Con.sul.ta s.f. **1.** Ato ou efeito de consultar. **2.** Pedido de opinião, de parecer, de conselho. **3.** Exame realizado pelo médico para diagnosticar a doença e prescrever o tratamento.

Con.sul.ta.dor adj. e s.m. Consulente.

Con.sul.tan.te adj. e s.2g. Consulente.

Con.sul.tar v.t. **1.** Pedir opinião ou conselho. **2.** Deixar-se examinar por um médico. **3.** Buscar informações ou esclarecimentos em. **4.** Examinar, sondar. v.int. **5.** Dar, emitir parecer. **6.** Meditar, refletir.

Con.sul.ti.vo adj. **1.** Relativo à consulta. **2.** Que envolve parecer ou conselho. **3.** Diz-se de certas corporações instituídas para emitir pareceres ou dar conselhos.

Con.sul.tor (ô) s.m. O que responde a consultas ou dá pareceres.

Con.sul.tó.rio s.m. Casa ou lugar onde certos profissionais (médico, dentista etc.) dão ou fazem consultas.

Con.su.ma.ção s.f. **1.** Ato ou efeito de consumar(-se). **2.** Consumo mínimo que os frequentadores de certos clubes ou casas de diversões são obrigados a fazer. **3.** A despesa originada desse consumo.

Con.su.ma.do adj. **1.** Acabado, concluído. **2.** Grande, abalizado. **3.** Que não se pode alterar; irremediável.

Con.su.mar v.t. **1.** Completar. **2.** Ultimar, concluir; aperfeiçoar. v.p. **3.** Concluir-se, ultimar-se. **4.** Tornar-se exímio; aperfeiçoar-se.

Con.su.mi.ção s.f. **1.** Ato ou efeito de consumir(-se). **2.** Tormento, apreensão, inquietação.

Con.su.mi.do adj. Que se consumiu; consumo.

Con.su.mi.dor (ô) adj. **1.** Que consome. s.m. **2.** O que consome, gasta, destrói. **3.** O que compra gêneros ou mercadorias para o próprio consumo e não para comércio.

Con.su.mir v.t. **1.** Gastar, despender. **2.** Extinguir, aniquilar, destruir. **3.** Obliterar. **4.** Comer, beber. **5.** Abater, enfraquecer. **6.** Esbanjar. **7. FIG** Mortificar, afligir. v.p. **8.** Destruir-se, afligir-se, apoquentar-se.

Con.su.mis.mo s.m. Consumo exagerado.

Con.su.mis.ta adj.2g. **1.** Relativo a consumismo. **2.** Em que há consumismo. s.2g. **3.** Aquele que gosta ou tem hábito de consumir ('comprar em demasia'). **4.** Aquele que defende o consumismo.

Con.su.mí.vel adj.2g. Que se pode consumir.

Con.su.mo s.m. **1.** Ato ou efeito de consumir. **2.** Dispêndio, gasto. **3.** Quantidade consumida. **4.** Venda, procura. **5.** Uso que se faz de certos bens e serviços (água, energia elétrica etc.).

Con.sump.ção s.f. **1.** Ato ou efeito de consumir(-se). **2.** Emagrecimento e enfraquecimento progressivos, característicos de certas doenças, como a tuberculose. ● *Var.: consunção.*

Con.sump.ti.vo adj. Que consome. ● *Var.: consuntivo.*

Con.sun.ção s.f. Consumpção.

Con.sun.ti.vo adj. Consumptivo.

Con.ta s.f. **1.** Ato ou efeito de contar. **2.** Cálculo; operação aritmética. **3.** Nota do que se deve. **4.** Relação de débito e crédito. **5.** Cada um dos glóbulos do rosário ou colar. **6.** Atenção, reputação. **7.** Estima, apreço. **8.** Responsabilidade. **9.** Cargo. **10.** Cuidado. **11.** Informação.

Con.tá.bil adj.2g. Relativo à contabilidade.

Con.ta.bi.li.da.de s.f. **1.** Ciência ou técnica de escriturar livros comerciais. **2.** Parte de uma administração especial encarregada das contas. **3.** Escrituração de receita e despesas. **4.** Conjunto das contas de uma empresa, associação etc.

Con.ta.bi.lis.ta s.2g. Pessoa perita em contabilidade ou formada em Ciências Contábeis; contador.

Con.ta.bi.li.za.ção s.f. Ato ou efeito de contabilizar.

Con.ta.bi.li.zar v.t. Registrar, em livros apropriados, uma operação comercial; escriturar.

Con.ta-cor.ren.te s.f. Inscrição em instituição bancária que dá direito a utilizar os serviços da mesma (p.ex., receber salário, guardar dinheiro, emitir cheques, fazer transferência de dinheiro para outro correntista, pagar faturas em sistema de *débito automático* etc.). ● *Pl.: contas-correntes.*

Con.tac.tar v.t. *Var.: contatar.*

Con.tac.to s.m. *Var.: contato.*

Con.tac.to.lo.gi.a s.f. Ramo da oftalmologia que se ocupa das lentes de contato.

Con.ta.do adj. **1.** Que contou. **2.** Calculado, computado. **3.** Narrado, referido. **4.** Imputado, atribuído.

Con.ta.dor (ô) adj. **1.** Que conta ou refere. s.m. **2.** Aquele que conta. **3.** Aquele que é formado em contabilidade; contabilista. **4.** Aparelho destinado a contar e registrar o consumo de água, eletricidade ou gás.

Con.ta.do.ri.a s.f. Repartição onde se faz a contabilidade.

Con.ta.gem s.f. **1.** Ato ou operação de contar. **2.** Cômputo, apuração. **3. FUT** Escore.

Con.ta.gi.an.te adj.2g. Que contagia; contagioso.

Con.ta.gi.ar v.t. **1.** Comunicar (doença epidêmica) a. **2.** Contaminar, propagar (doença). **3. FIG** Corromper, viciar. **4.** Transmitir, comunicar a. v.p. **5.** Contaminar-se.

Con.tá.gio s.m. **1.** Transmissão de doença de um a outro por efeito de contato. **2.** Doença contagiosa. **3.** Transmissão de maus hábitos ou vícios; corrupção. **4.** Imitação involuntária.

Con.ta.gi.o.so (ô) adj. Que se propaga ou transmite por contágio.

Con.ta-go.tas (ô) s.m.2n. Instrumento para escoar líquidos gota a gota.

Container (ingl.) s.m. Contêiner.

Con.ta.mi.na.ção s.f. **1.** Ato ou efeito de contaminar(-se). **2.** Infecção por contato; contágio. **3. FIG** Mancha.

Con.ta.mi.na.do adj. Que se contaminou.

Con.ta.mi.na.dor (ô) adj. e s.m. Que, ou o que contamina.

CONTAMINAR — CONTINUIDADE

Con.ta.mi.nar *v.t.* **1.** Infecctar por contato; contagiar. **2.** FIG Manchar, viciar, corromper. *v.p.* **3.** Infectar-se por contágio; contagiar-se.

Con.ta.mi.ná.vel *adj.2g.* Que pode contaminar-se.

Con.tar *v.t.* **1.** Determinar o número de. **2.** Calcular, computar. **3.** Fazer conta de. **4.** Ter de existência ou idade. **5.** Ter, possuir. **6.** Narrar, referir. **7.** Incluir. **8.** Supor, imaginar. *v.int.* **9.** Fazer contas; calcular. **10.** Ter importância; pesar. **11.** Considerar. *v.p.* **12.** Ter-se na conta de; considerar-se.

Con.tas-cor.ren.tes *s.m.2n.* Livro no qual se escrituram as contas correntes de uma casa comercial.

Con.ta.tar *v.t.* Pôr ou entrar em contato com. ◆ Var.: contactar.

Con.ta.to *s.m.* **1.** Estado de corpos que se tocam. **2.** FIG Proximidade, relação, comunicação (entre pessoas). **3.** Profissional de publicidade responsável pelo bom relacionamento entre a agência e os clientes. **4.** Chave que abre ou fecha um circuito elétrico. ◆ Var.: contacto.

Con.tá.vel *adj.2g.* Que se pode contar.

Con.têi.ner *s.m.* (ing. *container*) Grande caixa de embalagem para transporte, a grande distância, de mercadorias; cofre de carga. ● Pl.: contêineres.

Con.tem.pla.ção *s.f.* **1.** Ato de contemplar. **2.** Estado de quem contempla um espetáculo. **3.** Visão extática; meditação. **4.** Consideração. **5.** Atenção, benevolência.

Con.tem.pla.dor *adj.* e *s.m.* Que, ou aquele que contempla.

Con.tem.plar *v.t.* **1.** Olhar, considerar com admiração, amor ou embevecimento. **2.** Mirar. **3.** Apreciar. **4.** Dar, doar. **5.** Galardoar. *v.int.* **6.** Refletir, meditar. *v.p.* **7.** Mirar-se com desvanecimento.

Con.tem.pla.ti.vo *adj.* **1.** Concernente à contemplação. **2.** Que é dado à contemplação; sonhador.

Con.tem.po.ra.ne.i.da.de *s.f.* Qualidade de contemporâneo.

Con.tem.po.râ.neo *adj.* e *s.m.* **1.** Que, ou aquele que é do mesmo tempo, da mesma época; coetâneo. **2.** Que, ou o que é do tempo presente, de época atual.

Con.tem.po.ri.za.ção *s.f.* Ato de contemporizar.

Con.tem.po.ri.za.dor (ô) *adj.* e *s.m.* Que, ou o que contemporiza.

Con.tem.po.ri.zar *v.int.* **1.** Acomodar-se às circunstâncias; transigir, ceder. *v.t.* **2.** Condescender, transigir. **3.** Entreter para ganhar tempo. **4.** Dar tempo ao tempo.

Con.ten.ção¹ *s.f.* **1.** Ato ou efeito de contender(-se). **2.** Litígio, contenda, controvérsia. ◆ Cf. contensão.

Con.ten.ção² *s.f.* **1.** Ato ou efeito de conter(-se). **2.** Imobilização, impedimento. ◆ Cf. contensão.

Con.ten.ci.o.so (ô) *adj.* **1.** Em que há contenção ou litígio; litigioso. **2.** Duvidoso, incerto.

Con.ten.da *s.f.* **1.** Debate, controvérsia. **2.** Luta, briga. **3.** Questão.

Con.ten.de.dor (ô) *adj.* e *s.m.* Contendor.

Con.ten.der *v.int.* **1.** Ter contenda com. *v.t.* **2.** Lutar, brigar. **3.** Discutir, altercar.

Con.ten.dor (ô) *adj.* e *s.m.* **1.** Que, ou aquele que contende. **2.** Opositor, demandista. **3.** Rival, adversário.

Con.ten.são *s.f.* **1.** Grande aplicação intelectual. **2.** Grande esforço por remover uma dificuldade. ◆ Cf. contenção.

Con.ten.ta.men.to *s.m.* **1.** Estado de quem está satisfeito, contente. **2.** Sentimento de prazer, alegria, satisfação. ● Ant.: descontentamento.

Con.ten.tar *v.t.* e *p.* **1.** Tornar(-se) ou fazer(-se) contente. **2.** Satisfazer(-se).

Con.ten.tá.vel *adj.2g.* Que se pode contentar.

Con.ten.te *adj.2g.* **1.** Que tem o que deseja. **2.** Alegre, feliz, satisfeito.

Con.ten.to *s.m.* Contentamento, satisfação. ◆ a contento: de forma satisfatória; satisfatoriamente.

Con.ter *v.t.* **1.** Ter dentro. **2.** Encerrar em si. **3.** Compreender. **4.** Conservar unido. *v.p.* **5.** FIG Reprimir, moderar. **6.** Estar incluído. *v.p.* **7.** Controlar-se, dominar-se.

Con.tér.mi.no *adj.* **1.** Que confina; adjacente. *s.m.* **2.** Raia, confins, limite.

Con.ter.râ.neo *adj.* e *s.m.* Diz-se do, ou o que é da mesma terra (cidade, vila, povoação etc.).

Con.tes.ta.bi.li.da.de *s.f.* Qualidade de contestável.

Con.tes.ta.ção *s.f.* **1.** Ato ou efeito de contestar. **2.** Contradição, negação. **3.** Debate, polêmica, disputa. **4.** JUR Resposta ao libelo do autor no processo.

Con.tes.ta.do *adj.* **1.** Que é objeto de contestação. **2.** Respondido, contraditado. *s.m.* **3.** O que é objeto de contestação.

Con.tes.ta.dor (ô) *adj.* e *s.m.* Contestante.

Con.tes.tan.te *adj.* e *s.2g.* Que, ou pessoa que contesta; contestador.

Con.tes.tar *v.t.* **1.** Recusar reconhecer (um direito). **2.** Não admitir (uma opinião). **3.** Negar a verdade de (um fato). **4.** Impugnar, contraditar. *v.int.* **5.** Questionar; discutir.

Con.tes.tá.rio *adj.* **1.** Que envolve contestação. *adj.* e *s.m.* **2.** (indivíduo) Que põe em causa a ordem social.

Con.tes.tá.vel *adj.2g.* Que se pode contestar. ● Ant.: incontestável.

Con.tes.te *adj.2g.* **1.** Que comprova, que afirma a mesma coisa que outro. **2.** Concorde em depoimento. **3.** Comprovativo, afirmativo. ● Ant.: inconteste.

Con.te.ú.do *adj.* **1.** Contido. *s.m.* **2.** Aquilo que está contido em alguma coisa; teor de escrito.

Conteur (tér) (fr.) *s.m.* Contista.

Con.tex.to (ês) *s.m.* **1.** Modo pelo qual estão encadeadas as ideias de um texto. **2.** Aquilo que constitui o texto. **3.** Circunstância em que um fato se dá. **4.** Conjunto, totalidade.

Con.tex.tu.al *adj.* Relativo a determinado contexto.

Con.tex.tu.a.li.zar *v.t.* **1.** Prover de contexto. **2.** Incluir ou interpor num texto. **3.** Integrar (algo) num contexto. **4.** Criar um texto que contenha determinada palavra ou expressão (ger. para dirimir dúvidas sobre a aceitabilidade da expressão).

Con.tex.tu.ra (ês) *s.f.* **1.** Ligação entre as partes de um todo. **2.** Urdidura, trama, estrutura.

Con.ti.do *adj.* Compreendido, encerrado.

Con.ti.go *pron.* **1.** Em tua companhia. **2.** De ti para ti; dirigido a ti. **3.** Com a tua pessoa.

Con.ti.guar *v.t.* Tornar contíguo.

Con.ti.gui.da.de *s.f.* **1.** Estado de contíguo. **2.** Proximidade, adjacência.

Con.tí.guo *adj.* **1.** Que está em contato. **2.** Junto, pegado. **3.** Próximo, vizinho, adjacente.

Con.ti.nên.cia *s.f.* **1.** Abstenção ou privação de prazeres. **2.** Abstinência (parcial ou total) de atividade sexual. **3.** Moderação, comedimento, temperança. **4.** Cumprimento ou cortesia militar. **5.** Volume ou capacidade de um recipiente. ● Ant.: incontinência, intemperança.

Con.ti.nen.tal *adj.2g.* Relativo ou pertencente a continente.

Con.ti.nen.te *adj.2g.* **1.** Que encerra ou contém alguma coisa. **2.** Que observa continência. **3.** Sóbrio, moderado. *s.m.* **4.** Considerável extensão de terra, que se pode percorrer sem atravessar o mar. **5.** Cada uma das cinco grandes divisões da Terra. **6.** Aquilo que contém alguma coisa. ● Opõe-se a conteúdo; vaso.

Con.tin.gên.cia *s.f.* **1.** Qualidade de contingente. **2.** Eventualidade, possibilidade de que alguma coisa aconteça ou não.

Con.tin.gen.te *adj.2g.* **1.** Eventual. **2.** Possível de suceder, mas incerto. **3.** Fortuito, ocasional. **4.** Acidental; incerto. *s.m.* **5.** FILOS O que não é essencial. **6.** Destacamento militar.

Con.ti.nu.a.ção *s.f.* **1.** Ato ou efeito de continuar. **2.** Sucessão. **3.** Prolongamento, duração; prosseguimento.

Con.ti.nu.a.do *adj.* **1.** Sem interrupção. **2.** Sucessivo.

Con.ti.nu.ar *v.t.* **1.** Levar adiante. **2.** Prosseguir, não interromper. **3.** Prolongar. **4.** Perseverar, persistir. *v.int.* **5.** Não cessar; perdurar. **6.** Prosseguir. ● Ant.: interromper.

Con.ti.nu.a.ti.vo *adj.* Que indica continuação.

Con.ti.nu.i.da.de *s.f.* Qualidade do que é contínuo; ininterrupto. ● Ant.: interrupção.

CONTINUÍSMO — CONTRAÍDO

Con.ti.nu.ís.mo *s.m.* Tendência ou manobra política para possibilitar a continuidade no poder de uma pessoa, uma família ou um grupo.

Con.ti.nu.ís.ta *adj.* e *s.2g.* Diz-se de, ou pessoa partidária do continuísmo.

Con.tí.nuo *adj.* **1.** Que não cessa; ininterrupto. **2.** Seguido, sucessivo. *s.m.* **3.** O que não tem intervalo. **4.** Empregado subalterno de uma repartição ou estabelecimento, que transmite recados, leva papéis de um setor para outro etc.

Con.tis.ta *s.2g.* Autor ou autora de contos literários.

Con.to *s.m.* **1.** Narração curta de fatos imaginários; historieta. **2.** Invenção, lenda, mentira.

Con.to do vi.gá.rio *s.m.* **1.** Embuste para arrancar dinheiro de alguém, em que o vigarista conta uma história complicada, mas com alguma verossimilhança, e em geral pede ao incauto para guardar um pacote parecendo conter grande soma de dinheiro, mas lhe exige alguma coisa ou importância com garantia, com a qual desaparece. **2.** Qualquer embuste com objetivo semelhante. ● *Pl.*: *contos do vigário.*

Con.tor.ção *s.f.* **1.** Ato ou efeito de contorcer(-se). **2.** Careta, trejeito. **3.** Torção anormal e violenta dos músculos ou dos membros. **4.** Posição forçada e incômoda.

Con.tor.cer *v.t.* **1.** Torcer muito; dobrar. *v.int.* **2.** Fazer contorções; torcer-se com. *v.p.* **3.** Torcer-se de dores; contrair-se.

Con.tor.cio.nis.ta *s.2g.* Acrobata que faz contorções e deslocamentos do corpo.

Con.tor.cis.ta *s.2g.* Contorcionista.

Con.tor.nar *v.t.* **1.** Fazer ou traçar o contorno de. **2.** Dar volta a. **3.** Estender-se em roda de. **4.** Arredondar. **5.** Burilar (frases). **6.** Fugir a.

Con.tor.no (ô) *s.m.* **1.** Linha que limita exteriormente um corpo; periferia. **2.** Delimitação. **3.** O arredondado das formas de um corpo. **4.** FIG Relevo (do estilo).

Con.tra¹ *prep.* **1.** Em oposição a; contrário a. **2.** Em contradição com. **3.** Em direção oposta à de. **4.** Encostado a; em frente de. **5.** De encontro a. **6.** Contrariamente. *s.m.* **7.** Defeito, inconveniente. **8.** Contestação, objeção. **9.** Obstáculo.

Con.tra² *Elem. de comp.* que dá ideia de *oposição, objeção.* ● *Obs.*: Tem hífen antes de *a* e *h*: *contra-atacar, contra-ataque, contrabaixo, contracapa, contracheque, contrafilé, contragolpe, contraindicar, contrainformação, contraofensiva, contraordem, contraproposta, contrarreforma, contrarrevolução, contrassenso.*

Con.tra-al.mi.ran.te *s.m.* Oficial da Marinha de patente imediatamente inferior à de vice-almirante e superior à capitão de mar e guerra. ● *Pl.*: *contra-almirantes.*

Con.tra-a.ta.car *v.t.* Promover contra-ataque.

Con.tra-a.ta.que *s.m.* Ataque em resposta a outro. ● *Pl.*: *contra--ataques.*

Con.tra-a.vi.so *s.m.* Aviso contrário a um anteriormente dado, a fim de anulá-lo ou modificá-lo; contra-anúncio, desaviso. ● *Pl.*: *contra-avisos.*

Con.tra.bai.xis.ta *s.2g.* Músico que toca contrabaixo.

Con.tra.bai.xo *s.m.* **1.** MÚS Voz mais grave que a do baixo. **2.** Cantor que tem essa voz. **3.** O maior e o mais grave instrumento de cordas, da família do violino. **4.** Contrabaixista.

Con.tra.ba.lan.ça.do *adj.* Igualado em peso; compensado.

Con.tra.ba.lan.çar *v.t.* **1.** Equilibrar. **2.** Igualar em peso, força, valor ou mérito. **3.** Compensar, contrabalançar.

Con.tra.ban.de.ar *v.t.* **1.** Introduzir de contrabando. *v.int.* **2.** Tornar-se contrabandista. **3.** Introduzir (mercadoria) clandestinamente, de contrabando.

Con.tra.ban.dis.ta *s.2g.* **1.** Pessoa que faz ou vende contrabando. **2.** POP Muambeiro.

Con.tra.ban.do *s.m.* **1.** Introdução clandestina de mercadorias estrangeiras, sem pagar os direitos devidos. **2.** Essas mercadorias. **3.** POP Muamba. **4.** FAM Ato, procedimento reprovável, praticado às ocultas.

Con.tra.can.to *s.m.* MÚS Melodia secundária que faz o acompanhamento da melodia principal de uma composição.

Con.tra.ção *s.f.* **1.** Ato ou efeito de contrair(-se). **2.** Encolhimento; retraimento (de órgãos ou músculos). **3.** GRAM Redução de duas ou mais vogais a uma só.

Con.tra.ca.pa *s.f.* Cada uma das duas faces internas da capa.

Con.tra.ce.nar *v.int.* **1.** Representar com outros em contracena. **2.** Fingir que dialoga enquanto outros realmente dialogam. *v.t.* **3.** Representar no palco. **4.** Tomar parte numa cena.

Con.tra.cep.ção *s.f.* Conjunto de métodos que visam a impedir temporariamente a concepção.

Con.tra.cep.ti.vo *adj.* **1.** Relativo ou pertencente à contracepção. *s.m.* **2.** Método ou medicamento que impede a concepção.

Con.tra.che.que *s.m.* Documento que comprova o salário do funcionário e o autoriza a recebê-lo; holerite.

Con.tra.cho.que *s.m.* Choque oposto a outro.

Con.tra.ci.fra *s.f.* Chave com que se decifra uma carta enigmática.

Con.tac.ti.bi.li.da.de *s.f. Var.*: *contratibilidade.*

Con.trác.til *adj.2g. Var.*: *contrátil.*

Con.tra.cul.tu.ra *s.f.* Movimento de contestação à cultura dominante, oficial.

Con.tra.dan.ça *s.f.* **1.** Dança rústica de quatro ou mais pares, espécie de quadrilha. **2.** Música que acompanha essa dança. **3.** FAM Mudança frequente de lugar. **4.** Instabilidade.

Con.tra.di.ção *s.f.* **1.** Ato ou efeito de contradizer. **2.** Afirmação contrária ao que se disse. **3.** Incoerência entre atos ou ditos sucessivos. **4.** Oposição, contestação. **5.** Incompatibilidade.

Con.tra.di.ta *s.f.* JUR Testemunha que desmente outra.

Con.tra.di.ta.do *adj.* Contestado, impugnado, contradito.

Con.tra.di.tar *v.t.* **1.** Opor contradita a. **2.** Contestar, impugnar.

Con.tra.di.tá.vel *adj.2g.* Que pode ser contraditado.

Con.tra.di.to *adj.* Contraditado.

Con.tra.di.tor (ô) *adj.* e *s.m.* Que, ou aquele que contradiz ou contesta.

Con.tra.di.tó.ria *s.f.* FILOS Proposição que afirma o que a outra nega.

Con.tra.di.tó.rio *adj.* **1.** Que encerra contradição. **2.** Que se caracteriza pela contradição.

Con.tra.di.zer *v.t.* **1.** Dizer o contrário de; contestar. *v.int.* **2.** Alegar o contrário; fazer oposição. **3.** Dizer o contrário do que antes afirmara.

Con.tra.en.te *adj.2g.* **1.** Que contrai. *adj.* e *s.2g.* **2.** Diz-se de, ou pessoa que contrai uma obrigação por contrato. **3.** Diz-se de, ou quem contrai matrimônio.

Con.tra.es.cri.tu.ra *s.f.* Revogação clandestina de uma escritura pública. ● *Pl.*: *contraescrituras.*

Con.tra.fa.ção *s.f.* **1.** Ato ou efeito de contrafazer. **2.** Imitação fraudulenta. **3.** Fingimento, simulação.

Con.tra.fa.tor (ô) *adj.* **1.** Em que há contrafação. *s.m.* **2.** O que pratica contrafação.

Con.tra.fa.zer *v.t.* **1.** Reproduzir, imitando. **2.** Imitar por zombaria; falsificar. *v.p.* **3.** Fingir-se. **4.** Reprimir a própria vontade.

Con.tra.fé *s.f.* Cópia autêntica de citação ou intimação judicial que se entrega ao citado ou intimado.

Con.tra.fei.to *adj.* **1.** Imitado fraudulentamente. **2.** Falsificado. **3.** FIG Forçado, contrariado, constrangido.

Con.tra.fi.lé *s.m.* Carne macia, tirada de meio do dorso do boi.

Con.tra.for.te *s.m.* **1.** Forro que reforça o calçado na parte que ajusta ao calcanhar. **2.** Qualquer peça que serve para reforçar outra. **3.** Série de montanhas secundárias, que parece servir de apoio à cadeia principal.

Con.tra.gol.pe *s.m.* Golpe em resposta a outro.

Con.tra.gos.to (ô) *s.m.* Falta de vontade ou gosto. ♦ *A contra-gosto*: de má vontade.

Con.traí.do *adj.* **1.** Que sofreu contração; apertado, estreitado. **2.** Que se assumiu. **3.** Tímido, encabulado. **4.** Adquirido.

CONTRAINDICAÇÃO — CONTRAVIR

Con.tra.in.di.ca.ção *s.f.* **1.** Ato ou efeito de contraindicar. **2.** Indicação contrária a outra. **3.** Circunstância que impossibilita o emprego de um medicamento, método terapêutico ou cirúrgico. ● *Pl.: contraindicações.*

Con.tra.in.di.car *v.t.* **1.** Opor-se à indicação de. **2.** Constituir impedimento a (alguma coisa).

Con.tra.ir *v.t.* **1.** Tornar apertado. **2.** Estreitar, encolher. **3.** Realizar (compromisso, matrimônio). **4.** Assumir, tomar sobre si. **5.** Adquirir (doença). **6.** Granjear. *v.p.* **7.** Encolher-se. **8.** Franzir o rosto em descontentamento.

Con.tra.í.vel *adj.2g.* Que se pode contrair.

Con.tral.to *s.m.* **1.** A mais grave das vozes femininas. **2.** Cantora que tem essa voz.

Con.tra.luz *s.f.* **1.** Local pouco iluminado, oposto àquele em que incide luz. **2.** Efeito que se obtém quando a luz incide por trás do objeto, que dessa forma é visto em silhueta, contornado por um halo; *backlight.* **3.** Foco de luz que incide do palco sobre a plateia.

Con.tra.mão *s.f.* **1.** Tráfego em sentido oposto ao permitido. *adj.2g.* **2.** POP Fora de mão; de sentido oposto ao permitido. ● *Pl.: contramãos.*

Con.tra.mar.cha *s.f.* Marcha em sentido contrário ao que se estava fazendo; reviravolta.

Con.tra.me.di.da *s.f.* Medida que anula ou muda outra.'

Con.tra.mes.tre *s.m.* **1.** NÁUT Marinheiro imediato do mestre. **2.** Substituto do mestre ou chefe, numa oficina ou fábrica. ● *Fem.: contramestra.*

Con.tra.mi.na *s.f.* **1.** Mina que se faz para descobrir a do inimigo e destruí-la. **2.** FIG Ardil para prevenir ou frustrar o efeito de outro.

Con.tra.o.fen.si.va *s.f.* Ofensiva que uma tropa realiza em resposta à ofensiva do inimigo. ● *Pl.: contraofensivas.*

Con.tra.o.fer.ta *s.f.* Nova oferta que modifica oferta anterior.

Con.tra.or.dem *s.f.* Ordem que revoga outra dada anteriormente. ● *Pl.: contraordens.*

Con.tra.pa.ren.te *s.2g.* Parente por afinidade ou muito remoto. ● Existe também o feminino *contraparenta.*

Con.tra.par.te *s.f.* **1.** Parte musical que se opõe a outra, principalmente em duetos. **2.** Parte contrária, numa ação judicial.

Con.tra.par.ti.da *s.f.* **1.** Lançamento em conta que, pelo sistema de partidas dobradas, contrapõe-se e corresponde a outro lançamento. **2.** Aquilo que completa; complemento, contraparte. **3.** Correlação, correspondência.

Con.tra.pas.so *s.m.* **1.** Meio passo militar que se dá para acertar a cadência da marcha. **2.** Passo de dança em oposição a outro.

Con.tra.pé *s.m.* Apoio, base.

Con.tra.pe.lo (ê) *s.m.* **1.** Direção contrária à caída natural do pelo; arrepia-cabelo. **2.** O revés do pelo.

Con.tra.pe.sar *v.t.* **1.** Equilibrar por meio de contrapeso. **2.** Equilibrar, ressarcir. **3.** Avaliar, apreciar.

Con.tra.pe.so (ê) *s.m.* **1.** Peso adicional que serve para completar o peso que se pretende. **2.** FIG Aquilo que compensa ou contrabalança; compensação.

Con.tra.pon.te.ar *v.t.* **1.** MÚS Pôr em contraponto. **2.** Contrariar, contraditar.

Con.tra.pon.tís.ti.co *adj.* Referente a contraponto.

Con.tra.pon.to *s.m.* **1.** MÚS Disciplina que ensina a compor música para ser executada por duas ou mais vozes ou instrumentos. **2.** Composição feita segundo as regras dessa disciplina.

Con.tra.por *v.t.* **1.** Pôr diante ou pôr contra; opor. **2.** Pôr em paralelo; comparar. **3.** Refutar. *v.p.* **4.** Opor-se.

Con.tra.po.si.ção *s.f.* Ato ou efeito de contrapor(-se).

Con.tra.pos.to (ô) *adj.* Oposto, contrário.

Con.tra.pro.du.cen.te *adj.* Que produz resultado contrário ao que se esperava; contraditório.

Con.tra.pro.pa.gan.da *s.f.* Propaganda que visa a combater ou anular os efeitos de outra.

Con.tra.pro.por (ô) *v.t.* Apresentar contraproposta.

Con.tra.pro.pos.ta *s.f.* Proposta apresentada como substituição a outra.

Con.tra.pro.va *s.f.* **1.** Prova contrária a outra. **2.** Segunda experiência com que se procura verificar a exatidão da primeira. **3.** TIP Segunda prova tipográfica para se verificar a correção das emendas feitas na prova anterior.

Con.tra.r.re.gra *s.2g.* **1.** Pessoa que, no teatro, cuida para que nada falte em cena, indica as entradas e saídas dos atores etc. *s.f.* **2.** Função exercida por essa pessoa. ● *Pl.: contrarregras.*

Con.tra.r.re.vo.lu.ção *s.f.* Revolução cujo objetivo é anular as conquistas de outra precedente ou evitar uma revolução iminente. ● *Pl.: contrarrevoluções.*

Con.tra.ri.a.do *adj.* Zangado, aborrecido.

Con.tra.ri.ar *v.t.* **1.** Fazer oposição a. **2.** Dizer, querer ou fazer o contrário de; contestar. **3.** Desagradar, molestar; causar descontentamento. **4.** Impugnar. **5.** Ficar contrariado. *v.p* **6.** Estar ou agir em contradição consigo próprio; contradizer-se.

Con.tra.ri.e.da.de *s.f.* **1.** Oposição entre coisas. **2.** Dificuldade, embaraço. **3.** Desgosto, aborrecimento.

Con.trá.rio *adj.* **1.** Oposto, contraditório. **2.** Que está em desacordo; inverso. **3.** Que contraria ou contradiz; antagônico. **4.** Desfavorável, nocivo. *s.m.* **5.** Coisa oposta. **6.** Adversário, inimigo. ● *Ant.: favorável.*

Con.tras.se.nha *s.f.* Palavras que devem ser ditas ao se ouvir a senha, para comprovar a condição de aliado. ● *Pl.: contrassenhas.*

Con.tras.sen.so *s.m.* **1.** Absurdo. **2.** Ação ou dito contrário ao bom senso, à razão; disparate. ● *Pl.: contrassensos.*

Con.tras.tan.te *adj.2g.* Que contrasta.

Con.tras.tar *v.t.* **1.** Oferecer contraste. **2.** Contrariar; resistir a. **3.** Estar em oposição; lutar contra.

Con.tras.tá.vel *adj.2g.* Que se pode contrastar.

Con.tras.te *s.m.* **1.** Oposição entre coisas ou pessoas, das quais uma faz sobressair a outra. **2.** Diferença considerável. **3.** Luta, confronto. **4.** Verificação, prova. **5.** Diferença de luz ou de tom em fotografia ou pintura.

Con.tra.ta.ção *s.f.* Ato ou efeito de contratar.

Con.tra.ta.do *adj.* **1.** Que é objeto de contrato devidamente aceito. **2.** Diz-se do funcionário que assinou contrato bilateral para assumir determinada função. *s.m.* **3.** O próprio funcionário.

Con.tra.ta.dor (ô) *s.m.* Aquele que contrata.

Con.tra.tan.te *adj.* e *s.2g.* Que, ou aquele que celebra um contrato.

Con.tra.tar *v.t.* **1.** Fazer contrato de; ajustar, tratar. **2.** Adquirir por contrato. **3.** Assalariar.

Con.tra.tá.vel *adj.2g.* Que se pode contratar.

Con.tra.tem.po *s.m.* **1.** Contrariedade. **2.** Acontecimento desagradável ou imprevisto que atrapalha projetos ou medidas tomadas; acidente. **3.** Passo de uma dança, no minueto.

Con.tra.ti.bi.li.da.de *s.f.* Qualidade de contrátil. ● *Var.: contractibilidade.*

Con.trá.til *adj.2g.* Que facilmente se contrai. ● *Var.: contráctil.*

Con.tra.to *s.m.* **1.** Ato ou efeito de contratar. **2.** Acordo ou convenção entre duas ou mais pessoas, para execução de alguma coisa sob determinadas condições. **3.** Combinação, ajuste, trato. *adj.* **4.** Contraído.

Con.tra.tor.pe.dei.ro *s.m.* Barco de guerra pequeno e rápido para dar caça aos torpedeiros; destróier.

Con.tra.tu.al *adj.2g.* **1.** Relativo a contrato. **2.** Que consta de contrato.

Con.tra.tu.ra *s.f.* **1.** Ato ou efeito de contrair(-se). **2.** Contração involuntária de um músculo.

Con.tra.ven.ção *s.f.* Transgressão de disposições preventivas das leis e regulamentos.

Con.tra.ve.ne.no *s.m.* FARM Medicamento que combate a ação de um veneno; antídoto.

Con.tra.ve.ni.en.te *adj.* e *s.2g.* Contraventor.

Con.tra.ven.tor (ô) *adj.* e *s.m.* Que, ou aquele que pratica contravenção; infrator.

Con.tra.ver.são *s.f.* **1.** Versão contrária. **2.** Inversão.

Con.tra.vir *v.t.* **1.** Transgredir, infringir. **2.** Discordar, divergir. **3.** Responder, retorquir.

CONTRIBUIÇÃO — CONVERSÃO

Con.tri.bu.i.ção *s.f.* **1.** Ato ou efeito de contribuir. **2.** Quantia com que se concorre para algum fim útil. **3.** Tributo, imposto.

Con.tri.bu.in.te *adj.2g.* **1.** Que contribui. *s.2g.* **2.** Pessoa que paga taxas, impostos etc.

Con.tri.bu.ir *v.t.* **1.** Concorrer com outrem (para a realização de um fim); cooperar. **2.** Tomar parte (num resultado ou numa despesa comum). **3.** Pagar contribuição.

Con.tri.bu.ti.vo *adj.* Relativo à contribuição.

Con.tri.ção *s.f.* **1.** Arrependimento das próprias culpas ou pecados. **2.** Dor profunda de haver ofendido a Deus.

Con.tris.ta.ção *s.f.* Ato ou efeito de contristar(-se).

Con.tris.ta.dor *adj.* e *s.m.* Que, ou aquele que contrista.

Con.tris.tar *v.t.* **1.** Tornar triste. *v.p.* **2.** Entristecer-se; afligir-se; penalizar-se.

Con.tri.to *adj.* **1.** Que revela contrição. **2.** Cheio de arrependimento. **3.** Pesaroso.

Con.tro.la.do *adj.* **1.** Submetido a controle. **2.** Que tem controle; comedido.

Con.tro.lar *v.t.* **1.** Exercer o controle de. **2.** Ter sob domínio. **3.** Ser o maior acionista. **ESP** Dominar uma partida. *v.p.* **5.** Conter-se, dominar-se.

Con.tro.lá.vel *adj.2g.* Que pode ser controlado.

Con.tro.le (ô) *s.m.* **1.** Verificação, vigilância, exame de certos atos ou de certos fatos. **2.** Orientação fiscalizadora. **3.** Dispositivo capaz de comandar o funcionamento de um aparelho elétrico ou eletrônico. **4.** Governo, comando, direção. **5.** Domínio de si mesmo. ● *Ant.: descontrole.*

Con.tro.le-re.mo.to *s.m.* Aparelho com o qual se pode manter o controle a distância de uma máquina ou aparelho eletroeletrônico (televisão, vídeo, carrinho etc.). ● *Pl.: controles-remotos.*

Con.tro.vér.sia *s.f.* **1.** Discussão acerca de assunto literário, científico ou religioso. **2.** Disputa intelectual. **3.** Divergência de opiniões; polêmica.

Con.tro.ver.so *adj.* Sujeito a controvérsia; controvertido.

Con.tro.ver.ter *v.t.* Pôr em dúvida; debater, discutir.

Con.tro.ver.ti.do *adj.* Que provoca controvérsia; controverso, polêmico.

Con.tu.do *conj.* Mas, todavia, não obstante, entretanto, no entanto.

Con.tu.má.cia *s.f.* **1.** Teimosia, obstinação extrema. **2.** Obstinada recusa a comparecer em juízo.

Con.tu.ma.cís.si.mo *adj.* Extremamente contumaz.

Con.tu.maz *adj.2g.* **1.** Que, ou pessoa teimosa, desobediente. **2.** Diz-se de, ou quem, sendo citado, se recusa a comparecer em juízo; revel. ● *Sup.abs.sint.: contumacíssimo.*

Con.tu.mé.lia *s.f.* **1.** Injúria, afronta. **2.** Mesura exagerada.

Con.tun.den.te *adj.2g.* **1.** Que contunde. **2.** Que pisa ou tritura. **3.** **FIG** Incisivo, categórico. **4.** Muito veemente e agressivo (discurso, fala).

Con.tun.di.do *adj.* Diz-se daquele que recebeu ou sofreu contusão.

Con.tun.dir *v.t.* **1.** Fazer contusão em. **2.** Ferir, pisar. **3.** **FIG** Ofender, magoar. *v.p.* **4.** Sofrer contusão; machucar-se.

Con.tur.ba.ção *s.f.* **1.** Ato ou efeito de conturbar(-se). **2.** Perturbação de ânimo. **3.** Motim.

·Con.tur.bar *v.t.* e *p.* Perturbar(-se); agitar(-se); alterar(-se).

Con.tur.ba.ti.vo *adj.* Que conturba.

Con.tu.são *s.f.* **1.** Lesão subcutânea produzida por pancada em tecido vivo, sem rompimento da pele. **2.** **FIG** Impressão moral; ressentimento.

Co.nu.bi.al *adj.2g.* Que se refere a conúbio; matrimonial, nupcial.

Co.nú.bio *s.m.* **1.** Núpcias, matrimônio, casamento. **2.** **FIG** Aliança, união.

Con.va.les.cen.ça *s.f.* Ato ou efeito de convalescer. **2.** Estado de transição entre uma doença, que terminou, e o completo restabelecimento da saúde. ● Não diga "convalescência".

Con.va.les.cen.te *adj.* e *s.2g.* Diz-se de, ou pessoa que está em convalescença.

Con.va.les.cer *v.int.* **1.** Entrar em convalescença; recuperar-se. **2.** Ir-se restabelecendo aos poucos.

Con.ven.ção *s.f.* **1.** Ajuste, combinação. **2.** Pacto, convênio. **3.** Tratado, acordo (entre partidos políticos adversários). **4.** Aquilo que se acha taticamente admitido nas relações sociais.

Con.ven.cer *v.t.* **1.** Persuadir de determinada coisa. **2.** Levar (alguém), por meio de raciocínios ou provas, a reconhecer-se culpado. *v.p.* **3.** Adquirir certeza; capacitar-se. **4.** Aceitar a verdade ou a conveniência de uma coisa; persuadir-se.

Con.ven.ci.do *adj.* **1.** Persuadido, convicto. **2.** **FAM** Presunçoso, vaidoso, presumido, imodesto. *s.m.* **3.** Indivíduo presunçoso, vaidoso.

Con.ven.ci.men.to *s.m.* **1.** Ato ou efeito de convencer(-se); convicção. **2.** **FAM** Presunção, vaidade, empáfia.

Con.ven.ci.o.na.do *adj.* **1.** Ajustado por convenção. **2.** Combinado, estabelecido.

Con.ven.ci.o.nal *adj.2g.* **1.** Que diz respeito a convenção ou é resultante de convenção. **2.** Geralmente admitido. **3.** Tradicional, clássico. *s.2g.* **4.** Membro ou participante de uma convenção.

Con.ven.ci.o.na.lis.mo *s.m.* Apego exagerado às convenções sociais; formalismo.

Con.ven.ci.o.na.lis.ta *adj.2g.* **1.** Que se apoia em convenções. **2.** Que tem caráter de convenção. **3.** Diz-se de pessoa muito apegada às convenções. *s.2g.* **4.** Convencional.

Con.ven.ci.o.nar *v.t.* Estabelecer por convenção; pactuar, combinar.

Con.ven.cí.vel *adj.2g.* Que se pode convencer.

Con.ve.ni.ên.cia *s.f.* **1.** Qualidade de conveniente. **2.** Vantagem. **3.** Utilidade, proveito; interesse. **4.** Decoro, decadência.

Con.ve.ni.ên.cias *s.f.pl.* Convenções sociais.

Con.ve.ni.en.te *adj.2g.* **1.** Que convém. **2.** Vantajoso, interessante, útil. **3.** Oportuno, adequado, apropriado. **4.** Interessante, apto. **5.** Decoroso, decente. **6.** Que é conforme às praxes.

Con.vê.nio *s.m.* **1.** Convenção, pacto, acordo entre pessoas ou entidades. **2.** Contrato de prestação de serviços médicos. **3.** Contrato entre dois ou mais órgãos.

Con.ven.tí.cu.lo *s.m.* **1.** Reunião clandestina de conspiradores; conciliábulo. **2.** Lugar onde se faz essa reunião.

Con.ven.ti.lho *s.m.* Lupanar, bordel.

Con.ven.to *s.m.* **1.** Habitação de comunidade religiosa. **2.** Vida em clausura. **3.** **FIG** Casa muito grande ou na qual se vive em recolhimento, sem diversões.

Con.ven.tu.al *adj.2g.* **1.** Relativo a convento; de convento. *s.2g.* **2.** Pessoa que vive em convento.

Con.ver.gên.cia *s.f.* **1.** Ato ou efeito de convergir. **2.** **GEOM** Disposição de duas ou mais linhas que se dirigem para o mesmo ponto. **3.** **FIG** Tendência para um resultado comum.

Con.ver.gen.te *adj.2g.* Que converge.

Con.ver.gir *v.t.* **1.** Dirigir-se, tender (para um mesmo fim, para um mesmo ponto). **2.** Afluir a um mesmo lugar; concorrer.

Con.ver.sa *s.f.* **1.** Ato ou efeito de conversar. **2.** Troca de ideias entre duas ou mais pessoas; conversação. **3.** **POP** Entendimento. **4.** **POP** Mentira.

Con.ver.sa.ção *s.f.* **1.** Ato ou efeito de conversar; conversa. **2.** **FIG** Convivência, familiaridade.

Con.ver.sa.ções *s.f.pl.* Tentativas de entendimento.

Con.ver.sa.dor *adj.* e *s.m.* **1.** Que, ou aquele que gosta de conversar. **2.** Gabola, embromiça.

Con.ver.sa-fi.a.da *s.2g.* **1.** Pessoa dada a não cumprir o que se dispõe a fazer o que promete; papo-furado, furão. **2.** indivíduo que conta vantagem; gabola, garganta. **3.** Pessoa que tem prazer em conversar; conversador. ● *Pl.: conversas-fiadas.*

Con.ver.são *s.f.* **1.** Ato ou efeito de converter(-se). **2.** Transformação. **3.** Alteração de forma sem mudança de substância. **4.** Passagem de uma crença a outra. **5.** Mudança de uma proposição em sua inversa. **6.** Mudança moral para melhor. **7.** Mudança de ideia, opinião, partido. **8.** Mudança de direção de um veículo.

CONVERSAR — COPARTICIPAÇÃO

Con.ver.sar *v.int.* **1.** Falar com alguém; palestrar. **2.** Falar, discutir. **3.** Falar sobre (alguma coisa). **4.** Sondar o pensamento de. **5.** Persuadir alguém a fazer uma coisa.

Con.ver.sá.vel *adj.2g.* **1.** De boa conversação, de bom trato; sociável. **2.** Acessível a entendimento.

Con.ver.si.bi.li.da.de *s.f.* Qualidade de conversível.

Con.ver.sí.vel *adj.2g.* **1.** Que se pode converter. **2.** Que se pode trocar por outro. *adj.* e *s.m.* **3.** Diz-se de, ou certo tipo de automóvel esportivo de capota removível. *s.m.* **4.** Sofá-cama.

Con.ver.si.vo *adj.* Que tem a virtude de converter.

Con.ver.so *adj.* **1.** Convertido, mudado, transformado. *s.m.* **2.** Homem leigo que servia em convento.

Con.ver.sor (ô) *s.m.* **1.** Aparelho que faz conversões. **2.** Máquina usada para transformar corrente contínua em alternada.

Con.ver.ter *v.t.* **1.** Trazer para melhor vida. **2.** Conduzir à verdadeira religião ou à que se julga como tal. **3.** Mudar a natureza de (dívida pública). **4.** Mudar, transformar. **5.** Levar alguém a aderir a ideia, opinião, crença, partido. *v.p.* **6.** Transformar-se. **7.** Mudar de crença, religião ou partido. **8.** Voltar-se, dirigir-se.

Con.ver.ti.bi.li.da.de *s.f.* Qualidade de convertível.

Con.ver.ti.do *adj.* **1.** Mudado, transformado. *s.m.* **2.** Aquele que se converteu; converso.

Con.ver.tí.vel *adj.2g.* Conversível.

Con.vés *s.m.* NÁUT Espaço compreendido entre o mastro grande e o da proa, na cobertura superior do navio acima dos porões, onde os passageiros passeiam. • *Pl.:* conveses.

Con.ves.co.te *s.m.* (p. us.) Piquenique.

Con.ve.xi.da.de (cs) *s.f.* **1.** Qualidade de convexo; esfericidade. **2.** Curvatura exterior. • *Ant.:* concavidade.

Con.ve.xo (cs) *adj.* **1.** Que tem saliência curva. **2.** Arredondado exteriormente. **3.** Curvo, bojudo. • *Ant.:* côncavo.

Con.vic.ção *s.f.* **1.** Efeito de convencer. **2.** Certeza adquirida por demonstração ou por evidência. **3.** Crença fundada em provas. **4.** Persuasão íntima. **5.** Reconhecimento da própria culpa ou do próprio crime.

Con.vic.ções *s.f.pl.* Princípios, ideais, crenças.

Con.ví.cio *s.m.* Ofensa, injúria.

Con.vic.to *adj.* **1.** Convencido, persuadido. **2.** Diz-se do réu cujo crime foi provado.

Con.vi.da.do *adj.* e *s.m.* Que, ou aquele que recebeu convite.

Con.vi.dar *v.t.* **1.** Pedir a presença de. **2.** Chamar, solicitar, instar. **3.** Estimular, impelir. **4.** Atrair o desejo de. *v.p.* **5.** Dar-se por convidado sem o haver sido; oferecer-se.

Con.vi.da.ti.vo *adj.* Que convida; atraente.

Con.vin.cen.te *adj.2g.* Que convence; persuasivo.

Con.vir *v.t.* **1.** Estar de acordo. **2.** Concordar, admitir, servir, coincidir. *v.int.* **3.** Ser útil, proveitoso, conveniente.

Con.vi.te *s.m.* **1.** Ato ou efeito de convidar. **2.** Solicitação, convocação. **3.** Presente, dádiva, gratificação.

Con.vi.va *s.m.* **1.** Pessoa que toma parte num banquete. **2.** Cada uma das pessoas que comem juntas; comensal.

Con.vi.val *adj.2g.* Relativo a convívio ou banquete.

Con.vi.vên.cia *s.f.* **1.** Ato ou efeito de conviver. **2.** Camaradagem; trato diário. **3.** Familiaridade, intimidade.

Con.vi.ver *v.int.* e *t.* **1.** Viver em comum. **2.** Ter convivência com.

Con.ví.vio *s.m.* **1.** Ação ou efeito de conviver. **2.** Banquete, festim. **3.** Trato diário; convivência, familiaridade, intimidade.

Con.vo.ca.ção *s.f.* **1.** Ato ou efeito de convocar. **2.** Convite, chamado.

Con.vo.ca.do *adj.* e *s.m.* Que, ou aquele que recebeu convocação.

Con.vo.car *v.t.* **1.** Chamar para reunião. **2.** Fazer reunião para determinado fim. **3.** Chamar para prestar serviço militar.

Con.vo.ca.tó.rio *adj.* Que serve para convocar.

Con.vol.vu.lá.cea *s.f.* Espécime das convolvuláceas.

Con.vol.vu.lá.ceas *s.f.pl.* BOT Família de plantas, em geral arbustivas ou trepadeiras, a que pertence a batata-doce.

Con.vol.vu.lá.ceo *adj.* Relativo às convolvuláceas.

Con.vos.co (ô) *pron.pess.* Em vossa companhia; para vós; a vosso respeito; junto de vós.

Con.vul.são *s.f.* **1.** Contração brusca e desordenada dos músculos. **2.** Ataque ou acesso brusco. **3.** Revolta política rápida e violenta. **4.** FIG Distúrbio violento; agitação.

Con.vul.si.o.nar *v.t.* **1.** Pôr em convulsão. **2.** Amotinar, excitar. *v.p.* **3.** Cair em convulsão.

Con.vul.si.vo *adj.* **1.** Em que há convulsão; convulso. **2.** Relativo ou pertencente a convulsão. **3.** Acompanhado de convulsão.

Con.vul.so *adj.* Que manifesta convulsão; agitado.

Co.o.nes.ta.ção *s.f.* Ato ou efeito de coonestar.

Co.o.nes.tar *v.t.* **1.** Fazer que pareça honesto. **2.** Dar aparência honesta, honrada a.

Co.o.pe.ra.ção *s.f.* **1.** Ato ou efeito de cooperar. **2.** Trabalho em conjunto; colaboração.

Co.o.pe.ra.dor (ô) *adj.* e *s.m.* Que, ou aquele que coopera; colaborador.

Co.o.pe.rar *v.t.* **1.** Trabalhar em conjunto. **2.** Atuar no mesmo sentido e para o mesmo fim. **3.** Colaborar, ajudar, auxiliar.

Co.o.pe.ra.ti.va *s.f.* **1.** Sociedade comercial formada por membros de um determinado grupamento social ou econômico, cuja finalidade é o benefício de todos eles, ou pela redução de preços dos objetos de consumo, ou pela facilitação de empréstimos etc. **2.** Estabelecimento onde é feita a distribuição desses produtos aos associados.

Co.o.pe.ra.ti.vis.mo *s.m.* Sistema econômico e social que defende a difusão de cooperativas.

Co.o.pe.ra.ti.vis.ta *adj.2g.* **1.** Que diz respeito a sociedades cooperativas ou ao cooperativismo. *s.2g.* **2.** Pessoa adepta do cooperativismo ou que é membro de uma cooperativa.

Co.o.pe.ra.ti.vo *adj.* **1.** Que coopera. **2.** Baseado na cooperação; em que há cooperação.

Co.op.ta.ção *s.f.* Ato ou efeito de cooptar.

Co.op.tar *v.t.* **1.** Agregar, associar. **2.** Admitir na associação ou na sociedade, dispensando as formalidades ou exigências de praxe.

Co.or.de.na.ção *s.f.* **1.** Ato ou efeito de coordenar. **2.** Disposição segundo uma ordem e método; arranjo.

Co.or.de.na.da *adj.* e *s.f.* GRAM Diz-se de, ou cada uma das orações da mesma natureza ligada às outras por conjunção coordenativa (*e, ou, nem* etc.).

Co.or.de.na.do *adj.* Disposto segundo certa ordem, método ou norma.

Co.or.de.na.dor (ô) *adj.* e *s.m.* Que, ou aquele que coordena.

Co.or.de.nar *v.t.* **1.** Dispor segundo determinada ordem e método. **2.** Organizar, arranjar.

Co.or.de.na.ti.vo *adj.* **1.** Relativo a coordenação. **2.** GRAM Que estabelece coordenação.

Co.or.te (oór) *s.f.* **1.** Corpo de infantaria (cerca de 600 homens) entre os romanos; tropa. **2.** Grupo de gente armada. **3.** *Col.* de *anjo*.

Co.pa *s.f.* **1.** Parte superior da ramagem das árvores. **2.** Parte superior do chapéu. **3.** Compartimento de uma casa em que se guardam os aparelhos de mesa, e em geral se fazem refeições. **4.** Torneio esportivo ao fim do qual o vencedor conquista a taça.

Co.pa.ço *s.m.* POP Aum. de *copo*; copázio.

Co.pa.da¹ *s.f.* BOT Árvore de grande copa, ou grande copa de árvore.

Co.pa.da² *s.f.* **1.** Porção de líquido que um copo pode conter. **2.** Copo cheio.

Co.pa.í.ba *s.f.* BOT Árvore da América tropical, de madeira útil, de cuja seiva se obtém um óleo resinoso.

Co.pa.i.bei.ra *s.f.* BOT Copaíba.

Co.pal *adj.* Diz-se das resinas de algumas árvores, utilizadas no fabrico de lacas e de vernizes.

Co.par *v.t.* **1.** Podar (árvore) para formar copa. *v.int.* **2.** Formar copa.

Co.par.ti.ci.pa.ção *s.f.* Ato ou efeito de coparticipar. • *Pl.:* coparticipações.

COPARTICIPAR — CORÃO

Co.par.ti.ci.par *v.int.* Participar juntamente com outro ou outros.

Co.pá.zio *s.m. Aum. de copo;* copo grande; copaço.

Co.pei.ra *s.f.* Mulher que trabalha na copa e serve à mesa.

Co.pei.ro *s.m.* **1.** Homem que cuida da copa. **2.** Preparador de doces e licores.

Co.pe.que *s.m.* Moeda russa antiga.

Có.pia *s.f.* **1.** Reprodução exata de qualquer coisa. **2.** Transcrição. **3.** Fotocópia. **4.** Plágio, imitação. **5.** Retrato. **6.** Grande quantidade; abundância, fartura.

Co.pi.a.dor *s.m.* **1.** Aquele que copia. **2.** Imitador, plagiário. **3.** Livro no qual se copiam cartas e demais documentos no comércio. *adj.* **4.** Que copia.

Co.pi.a.do.ra *s.f.* Máquina que tira cópia de documentos; duplicador.

Co.pi.ar *v.t.* **1.** Fazer cópia de. **2.** Reproduzir, imitando. **3.** Transcrever, imitar. **4.** Reproduzir em negativo (foto). *s.m.* **5.** Alpendre, varanda.

Co.pi.des.ca.do *adj.* Que foi reescrito para ser publicado: *O texto sobre a MPB já está copidescado.*

Co.pi.des.ca.gem *s.f.* **1.** Ato ou efeito de copidescar. **2.** O trabalho de copidescar; copidesque.

Co.pi.des.car *v.t.* Reescrever um texto para publicação.

Co.pi.des.que (ing. *copydesk*) *s.2g.* **1.** EDIT, JORN Trabalho de reescrever textos para publicação; copidescagem. **2.** Redação final de um texto, com vistas a adaptá-lo às normas gramaticais ou ao espaço disponível; copidescagem. *s.2g.* **3.** Pessoa que executa esse trabalho.

Co.pi.la.ção *s.f. Var.:* compilação.

Co.pi.la.dor *adj.* e *s.m. Var.:* compilador.

Co.pi.lar *v.t. Var.:* compilar.

Co.pi.lo.to (ô) *s.m.* Aquele que dirige o avião junto com outro. ● *Pl.:* copilotos.

Co.pi.o.si.da.de *s.f.* Qualidade de copioso; abundância.

Co.pi.o.so (ô) *adj.* **1.** Abundante, numeroso. **2.** Extenso, grande, volumoso.

Co.pir.rai.te *s.m.* APORT pouco usado do ingl. *copyright.*

Co.pis.ta *s.m.* **1.** Aquele que copia, que faz cópias. **2.** Escrevente. **3.** FIG Plagiário, imitador.

Co.pla *s.f.* Pequena composição em versos, originariamente em quadras, para ser cantada.

Co.po *s.m.* **1.** Vaso cilíndrico de vidro utilizado para beber. **2.** O conteúdo de um copo. **3.** Qualquer vaso semelhante a um copo. **4.** FIG Bebedor. ● *Aum.:* copázio.

Co.po-de-lei.te *s.m.* Nome dado ao lírio e a outras plantas de flores brancas, cultivadas como ornamentais. ● *Pl.:* copos-de-leite.

Co.pra *s.f.* Amêndoa ou parte comestível do coco, destinada a fins industriais.

Co.pro.cra.si.a *s.f.* Evacuação involuntária.

Co.pro.cul.tu.ra *s.f.* Isolamento e estudo das matérias presentes nas fezes.

Co.pro.du.zir *v.t.* Realizar (atividade econômica, artística etc.) juntamente com outro(s) indivíduo(s), entidade(s), empresa(s) etc.

Co.pro.fa.gi.a *s.f.* Hábito de ingerir fezes (como os coelhos).

Co.pro.lag.ni.a *s.f.* MED Perversão sexual que consiste na excitação sexual provocada pelo cheiro, visão ou contato com excremento humano.

Co.pro.la.li.a *s.f.* MED Distúrbio mental que leva o indivíduo a dizer obscenidades.

Co.pro.lo.gi.a *s.f.* **1.** Estudo das fezes; escatologia. **2.** Uso de expressões chulas.

Co.pro.ló.gi.co *adj.* Relativo à coprologia.

Co.pro.ma *s.m.* MED Acúmulo de fezes no intestino, à semelhança de tumor.

Co.pro.pri.e.da.de *s.f.* Condomínio.

Co.pro.pri.e.tá.rio *s.m.* Aquele que é dono de uma propriedade juntamente com outro. ● *Pl.:* coproprietários.

Có.pu.la *s.f.* **1.** União, ligação. **2.** O ato sexual; coito.

Co.pu.la.ção *s.f.* O ato de copular; cópula.

Co.pu.la.dor (ô) *adj.* e *s.m.* Que, ou aquele que copula.

Co.pu.lar *v.int.* **1.** Ter cópula; acasalar. **2.** Ligar, unir.

Co.pu.la.ti.vo *adj.* **1.** Que estabelece cópula. **2.** Que liga ou serve para ligar.

Copy (ing.) *s.m.* GÍR JORN Copidescagem: *É necessário dar um copy nessa matéria.*

Copyright (ing.) *s.m.* Direito exclusivo de editar uma obra literária, artística ou científica. ● *Aport.: copirraite.*

Co.que *s.m.* **1.** Pancada na cabeça dada com os dedos. **2.** Penteado que consiste em enrodilhar o cabelo no alto ou de trás da cabeça. **3.** Carvão que resulta da destilação da hulha; carvão de pedra.

Co.quei.ral *s.m.* Plantação de coqueiros.

Co.quei.ro *s.m.* BOT Nome vulgar dado a todas as palmeiras que produzem cocos.

Co.quei.ro-da-ba.í.a *s.m.* BOT Palmeira que produz o *coco-da-baía*, de variado emprego na culinária nacional. ● *Pl.:* coqueiros-da-baía.

Co.que.lu.che *s.f.* **1.** Doença infecciosa própria de criança, também chamada *tosse convulsa* ou *tosse comprida*. **2.** Pessoa ou coisa que, por um momento ou período, é alvo da preferência popular.

Co.que.te (é) *adj.* e *s.f.* Diz-se de, ou mulher faceira, vaidosa, que gosta de chamar a atenção.

Co.que.tel *s.m.* Espécie de aperitivo, preparado com a mistura de várias bebidas alcoólicas, gelo, açúcar e outros ingredientes.

Co.que.te.lei.ra *s.f.* Recipiente em que se preparam coquetéis.

Co.que.tis.mo *s.m.* **1.** Procedimento ou modos de coquete. **2.** Elegância afetada.

Cor- *pref.* ⇒ Co-

Cor[1] (ô) *s.m.* ANT O coração. ● *De cor:* de memória.

Cor[2] (ô) *s.f.* **1.** Qualquer matéria corante. **2.** Cada uma das faixas de um espectro de luz. **3.** FIG Realce, relevo. **4.** Aspecto, aparência. **5.** Caráter. **6.** Pretexto. **7.** Característica particular; feição, tom. **8.** Bandeira, partido, facção.

Co.ra *s.f.* **1.** Ato de corar. **2.** Branqueamento de roupa, cera etc.

Co.ra.ção[1] *s.m.* **1.** Órgão musculoso e cônico, centro da circulação do sangue. **2.** Sede da sensibilidade moral. **3.** Sede das paixões e sentimentos. **4.** Generosidade. **5.** Objeto que se situa no centro. **6.** Âmago, centro. **7.** FIG Caráter, índole. **8.** FIG Afeição, amor. **9.** FIG Coragem, ânimo.

Co.ra.ção[2] *s.f.* Ato de corar.

Co.ra.do *adj.* **1.** Que tem cor; vermelho. **2.** Cheio de pudor; envergonhado. **3.** Exposto ao sol para branquear (roupa). ● *Ant.: pálido.*

Co.ra.dou.ro *s.m.* Lugar onde se estende roupa para corar; quaradouro. ● *Var.: coradoiro.*

Co.ra.gem *s.f.* **1.** Firmeza de ânimo. **2.** Energia ante o perigo, os reveses, os sofrimentos físicos ou morais. **3.** Intrepidez, bravura, ousadia, arrojo. **4.** Atrevimento, cara de pau. *interj.* **5.** indicativa de animação ou excitamento: *eia!* ● *Ant.: covardia.*

Co.ra.jo.so (ô) *adj.* **1.** Que tem coragem. **2.** Destemido, intrépido. **3.** Bravo, valoroso. **4.** Em que há coragem.

Co.ral *adj.2g.* **1.** Relativo a coro. *s.m.* **2.** Grupo de vozes que cantam em coro; canto coral. **3.** Animal antozoário (marinho, carnívoro) semelhante a um vegetal. **4.** Estrutura calcária produzida por esses animais. *s.f.* **5.** Certa cobra listrada, avermelhada, também chamada *cobra-coral*.

Co.ra.li.na *s.f.* Incrustação calcária, variegada, de uma espécie de alga.

Co.ra.li.no *adj.* **1.** Da cor de coral; vermelho. **2.** Relativo a coral.

Co.ra.mi.na *s.f.* Substância usada como estimulante cardíaco.

Co.ran.chim *s.m.* A extremidade da espinha dorsal.

Co.ran.te *adj.2g.* **1.** Que dá cor; que cora. *s.m.* **2.** Substância natural ou sintética, usada para dar cor.

Co.rão *s.m.* Alcorão.

CORAR — CORNISOLO

Co.rar *v.t.* **1.** Dar cor a; tingir. **2.** Branquear pela exposição ao sol. **3.** Fazer surgir a cor vermelha às faces; enrubescer. *v.int.* **4.** Expor ao sol (roupa) para branquear; quarar. *v.int.* e *p.* **5.** Tornar-se corado; enrubescer. **6.** Transparecer pelo rubor das faces a raiva, a vergonha, o medo.

Cor.be.lha (*ê* ou *é*) *s.f.* Cestinho delicado, arranjado artisticamente com flores, doces, frutas ou brindes.

Cor.ça (*ô*) *s.f.* A fêmea do corço ou do veado.

Cor.cel *s.m.* **1.** Cavalo de campanha. **2.** Cavalo veloz. ● *Pl.*: *corcéis*.

Cor.ço (*ô*) *s.m.* Mamífero ruminante da Europa e Ásia (entre 15 e 50 kg), de chifres curtos; veado pequeno.

Cor.co.va *s.f.* **1.** Curva saliente. **2.** Protuberância formada pelo desvio de ossos, como no dromedário (uma corcova) e no camelo (duas corcovas). **3.** Corcunda. **4.** Corcovo, salto.

Cor.co.va.do *adj.* **1.** Que tem corcova. **2.** Certo peixe do mar.

Cor.co.var *v.t.* **1.** Dar forma de corcova a. *v.int.* **2.** Corcovear. *v.p.* **3.** Encurvar-se.

Cor.co.ve.ar *v.int.* e *p.* Dar corcovos ou saltos (o cavalo).

Cor.co.vo (*ô*) *s.m.* Salto do cavalo; pinote, corcova.

Cor.cun.da *s.f.* **1.** Protuberância que ocorre no peito ou nas costas do homem; giba. *adj.2g.* **2.** Diz-se de, ou pessoa que tem corcunda.

Cor.da *s.f.* **1.** Cabo de fios torcidos. **2.** Fio de certos instrumentos musicais. **3.** Lâmina de aço delgada, enrolada em espiral, que ao se desenrolar movimenta as rodas do maquinismo do relógio. **4.** Dobra membranosa da glote.

Cor.da.do *adj.* **1.** Relativo aos cordados. **2.** Espécime dos cordados.

Cor.da.dos *s.m.pl.* Filo de animais que compreende os peixes, os anfíbios, os répteis, as aves e os mamíferos.

Cor.da.gem *s.f.* Cordame.

Cor.da.me *s.m.* **1.** Conjunto de cordas. **2.** Reunião de cabos que aparelham um navio.

Cor.dão *s.m.* **1.** Corda fina; barbante, cordel. **2.** Ornato em forma de cordão. **3.** Corrente que se usa no pescoço. **4.** Grupo de foliões durante o carnaval, a micareta ou certas festas folclóricas.

Cor.da.to *adj.* **1.** Que aceita (as coisas) com boa disposição. **2.** De bom senso; prudente, sensato.

Cor.dei.ro *s.m.* **1.** Filho ainda novo da ovelha; anho. **2.** FIG Pessoa inocente. **3.** Pessoa dócil. ● *Col.*: *rebanho*. ● *Voz.*: *balar, balir*.

Cor.del *s.m.* **1.** Corda fina; barbante, cordão. **2.** Folheto de literatura de cordel, que se expõe à venda quase sempre pendurados em cordéis em feiras, bancas de revistas etc.

Cor.de.lis.ta *s.2g.* Autor(a) de literatura de cordel.

Cor-de-ro.sa *adj.2g.* e *2n.* **1.** Da cor vermelho-clara da rosa silvestre: *Vestido* cor-de-rosa, *vestidos* cor-de-rosa. **2.** FIG Alegre, feliz, próspero. *s.m.* *2n.* **3.** A cor vermelho-clara de algumas rosas; rosa.

Cor.di.al *adj.2g.* **1.** Relativo ao coração. **2.** Afável. **3.** Afetuoso, gentil, amável.

Cor.di.a.li.da.de *s.f.* **1.** Qualidade de cordial. **2.** Afeição sincera. **3.** Franqueza e amenidade no trato. **4.** Sinceridade.

Cor.di.for.me *adj.2g.* BOT Em forma de coração.

Cor.di.lha *s.f.* O atum ao sair do ovo.

Cor.di.lhei.ra *s.f.* Vasta cadeia de montanhas alinhadas longitudinalmente.

Cor.di.te *s.f.* Pólvora sem fumaça, à base de nitrocelulose.

Cor.do.a.lha *s.f.* Conjunto de cordas de várias espécies, em geral utilizadas em embarcações.

Cor.do.a.ri.a *s.f.* Fábrica de cordas ou barbantes.

Cor.do.ei.ro *s.m.* O que fabrica ou vende cordas.

Cor.do.vão *s.m.* Couro de cabra, curtido e preparado para calçado.

Cor.du.ra *s.f.* Qualidade de cordato; sensatez.

Co.re.a.no *adj.* **1.** Relativo ou pertencente à Coreia, país da Ásia. *s.m.* **2.** O natural da Coreia. **3.** A língua falada na Coreia.

Cor.re.da.tor *s.m.* Aquele que é redator juntamente com outrem. ● *Pl.*: *corredatores*.

Co.re.o.gra.fi.a *s.f.* **1.** Arte de dançar. **2.** Arte de compor e arranjar os movimentos e figuras de danças e bailados.

Co.re.ó.gra.fo *s.m.* Aquele que cria e compõe os passos de um balé.

Cor.res.pon.sá.vel *adj.* e *s.2g.* Pessoa que divide a responsabilidade com outrem.

Co.re.to (*ê*) *s.m.* Espécie de quiosque ou edificação levantada em jardim, largo etc. que se destina em especial a apresentações musicais.

Co.reu *s.m.* Pé de verso grego ou latino, formado de uma sílaba longa seguida de outra breve.

Cor.réu *s.m.* Aquele que, com outro (ou outros), é acusado de um mesmo crime. ● *Fem.*: *corré*. ● *Pl.*: *corréus*.

Co.reu.ta *s.2g.* Membro do coro, no teatro clássico; corista.

Cor.go *s.m.* POP Forma sincopada de *córrego*.

Co.ri.á.ceo *adj.* **1.** Duro como couro. **2.** Semelhante a couro.

Co.ri.an.dro *s.m.* Gênero de plantas umbelíferas, a que pertence o coentro.

Co.ri.cu.lo *s.m.* Tira de couro; correia.

Co.ri.do.ra (*ô*) *s.f.* Peixe teleósteo, siluriforme, revestido de placas ósseas em duas séries, com cerca de 30 espécies no Brasil.

Co.ri.feu *s.m.* **1.** Regente do coro, nas tragédias antigas. **2.** FIG Aquele que mais se destaca numa arte, profissão etc. **3.** FIG Caudilho, chefe, cabeça.

Co.rín.don *s.m.* MINER Pedra preciosa, sesquióxido de alumínio.

Co.rin.ga *s.f.* **1.** Pequena vela triangular que se iça na proa das canoas de embono. **2.** Vela quadrangular, pequena, usada à proa das barcaças. *s.m.* **3.** Moço de barcaça. ● *Cf.* *curinga*.

Co.rin.to *s.m.* **1.** Espécie de uva miúda de que se faz passa. **2.** Passa dessa espécie de uva.

Co.ris.ca.ção *s.f.* Ato de coriscar.

Co.ris.ca.da *s.f.* Grande porção de coriscos.

Co.ris.ca.do *adj.* Atingido por corisco ou coisa estimulante e ardente.

Co.ris.can.te *adj.2g.* Que corisca.

Co.ris.car *v.int.* e *t.* **1.** Relampejar, faiscar, brilhar como corisco. **2.** GÍR Mover-se com impressionante agilidade.

Co.ris.co *s.m.* **1.** Faísca elétrica. **2.** Centelha produzida nas nuvens sem que se ouçam trovões.

Co.ris.ta *s.2g.* Artista que canta no coro.

Co.ri.za *s.f.* Inflamação catarral das mucosas do nariz; resfriado, defluxo.

Cor.ja *s.f.* Grupo de pessoas de má fama, desprezíveis; súcia, malta.

Cor.na.da *s.f.* Golpe com os cornos; chifrada.

Cór.nea *s.f.* A membrana externa do olho.

Cor.ne.al *adj.2g.* Relativo à córnea.

Cor.ne.ar *v.t.* **1.** Dar cornadas em. **2.** Ferir com os cornos ou chifres. **3.** FIG Praticar adultério.

Cór.neo *adj.* **1.** Relativo a corno. **2.** Duro como corno.

Cór.ner *s.m.* **1.** FUT Encontro de campo, da linha de fundo com a lateral. **2.** Infração cobrada desse ponto (quando a bola sai pela linha de fundo, após tocada por um jogador de defesa); escanteio.

Cor.ne.ta (*ê*) *s.f.* **1.** Certo instrumento de sopro. **2.** Trombeta, buzina. *s.m.* **3.** Corneteiro.

Cor.ne.tei.ro *s.m.* Aquele que toca corneta.

Cor.ne.tim *s.m.* **1.** Instrumento agudo da família das cornetas. **2.** Músico que toca esse instrumento.

Cor.ni.cur.to *adj.* Que tem cornos curtos.

Cor.ní.fe.ro *adj.* Que tem corno ou excrescência em forma de corno; cornuto.

Cor.ni.for.me *adj.2g.* Em forma de corno ou chifre.

Cor.ni.ja *s.f.* Ornato saliente sobre friso de porta, janela etc.

Cor.ní.pe.de *adj.2g.* De patas córneas.

Cor.ni.so *s.m.* Arbusto araliáceo, espécie de abrunheiro.

Cor.ni.so.lo (*ô*) *s.m.* Fruto do corniso.

CORNO — CORREDOR

Cor.no (ô) *s.m.* **1.** Cada um dos apêndices duros existentes na cabeça de alguns animais; chifre. *adj.* e *s.m.* **2.** CH Diz-se de, ou marido traído pela mulher. *s.m.* **3.** Cada uma das pontas do crescente da lua. **4.** Qualquer objeto semelhante a um corno; bico, ponta. ● **Dor de corno:** fossa, dor de cotovelo.

Cor.nu.có.pia *s.f.* Grande quantidade; abundância; fartura.

Cor.nu.do *adj.* **1.** Que tem cornos; chifrudo. *s.m.* **2.** CH Marido traído pela mulher; corno.

Cor.nu.pe.to *adj.* Que ataca com o corno ou chifre.

Cor.nu.to *adj.* Cornífero.

Co.ro (ô) *s.m.* **1.** Conjunto de pessoas que executam danças ou andam em cadência. **2.** Conjunto de pessoas que cantam juntas. **3.** FIG Grupo de pessoas que têm a mesma opinião.

Co.ro.a (ô) *s.f.* **1.** Adorno com que se cinge a cabeça. **2.** Diadema, grinalda, tiara. **3.** Láurea, prêmio. **4.** Fecho, remate. **5.** O poder real, a monarquia. **6.** Domínio, soberania. **7.** Círculo luminoso em volta do Sol e de outros astros. *s.2g.* **8.** POP Pessoa de meia-idade, no início do envelhecimento.

Co.ro.a.ção *s.f.* **1.** Ato de coroar ou de ser coroado. **2.** Cerimônia usada nessa solenidade.

Co.ro.a-de-fra.de *s.f.* Planta cactácea, muito comum na caatinga. ● *Pl.: coroas-de-frade.*

Co.ro.a-de-vi.ú.va *s.f.* Planta trepadeira, ornamental, com brácteas azul-celeste, também chamada *viuvinha.* ● *Pl.: coroas-de--viúva.*

Co.ro.a.do *adj.* **1.** Que tem coroa. **2.** Laureado, premiado. **3.** Recompensado, aclamado.

Co.ro.a.men.to *s.m.* **1.** Ato ou efeito de coroar. **2.** Remate que termina o alto de um edifício.

Co.ro.ar *v.t.* **1.** Cingir com coroa. **2.** Premiar, compensar. **3.** Encimar. *v.p.* **4.** Cingir a si mesmo uma coroa.

Co.ro.bo.ca *s.f.* (MG e SP) Lugar ermo, deserto.

Co.ro.ca *adj.2g.* **1.** FAM Caduco, decrépito, senil. *s.2g.* **2.** FAM Pessoa velha e decrépita.

Co.ró-co.ró *s.m.* Ave ciconiforme, de cor preta com brilho verde, despenada na parte anterior da cabeça. ● *Pl.: coró-corós.*

Co.ro.gra.fi.a *s.f.* Estudo ou descrição geográfica de uma região, país, província, município.

Co.ro.grá.fi.co *adj.* Relativo à Corografia.

Co.ro.gra.fo *s.m.* Tratadista de Corografia.

Co.ro.i.nha *s.f.* **1.** Coroa pequena. *s.m.* **2.** Rapaz que ajuda o sacerdote nas missas e ladainhas.

Corola (ó) *s.f.* Invólucro da planta formado de pétalas.

Co.ro.lá.rio *adj.* **1.** Afirmação que se retira de uma verdade já demonstrada. **2.** Consequência natural e evidente; dedução.

Co.ro.nal *adj.2g.* **1.** Relativo a coroa. **2.** Em forma de coroa.

Co.ro.ná.ria *s.f.* Cada uma das duas artérias (direita e esquerda) em forma de coroa que irrigam o coração.

Co.ro.na.ri.a.no *adj.* Relativo às artérias coronárias.

Co.ro.na.ri.o.pa.ta *s.2g.* MED Pessoa que sofre das coronárias.

Co.ro.na.ri.o.pa.ti.a *s.f.* MED Qualquer doença das coronárias.

Co.ro.na.ri.te *s.f.* Doença inflamatória das coronárias.

Co.ron.dó *s.m.* Molusco gastrópode, pulmonado, encontrado em água doce e em banhados.

Co.ro.nel *s.m.* **1.** Posto de hierarquia do Exército, entre tenente--coronel e general de brigada. **2.** Grande proprietário de terras e chefe político, no interior do Brasil. **3.** Aquele que, num grupo, paga as despesas. ● *Fem.: coronela.*

Co.ro.ne.la.to *s.m.* Qualidade ou posto de coronel.

Co.ro.ne.lis.mo *s.m.* Influência dos coronéis da terra na política do interior.

Co.ro.nha *s.f.* Parte inferior da espingarda e de outras armas, onde se encaixa o cano.

Co.ro.nha.da *s.f.* Pancada com a coronha.

Co.ro.ni.for.me *adj.2g.* Em forma de coroa.

Co.ro.noi.de *adj.* Que tem forma de bico de gralha.

Co.ro.te *s.m.* Pequeno barril para transporte de água.

Cor.pan.zil ou **cor.pa.ço** *s.m.* **1.** Corpo grande. **2.** Pessoa corpulenta.

Cor.pe.te (ê) *s.m.* Peça do vestuário feminino, geralmente fechada por laços, ajustada ao seio.

Cor.pi.nho *s.m.* ANT Corpete.

Cor.po (ô) *s.m.* **1.** Tudo o que tem extensão e forma. **2.** A estrutura física do homem ou do animal. **3.** QUÍM Porção de matéria. **4.** Existência real e sensível. **5.** Cadáver humano. **6.** A parte principal de um escrito; texto. **7.** Parte principal e central (de algo). **8.** GRÁF Tamanho da letra a ser impressa. **9.** Consistência, densidade. **10.** Parte de um exército. **11.** Batalhão, corporação; classe. **12.** Relevo, realce. **13.** Volume, vulto. ● *Aum.irreg.: corpaço, corpanzil.* ● *Dim.erud.: corpúsculo.*

Cor.po a cor.po *s.m. 2n.* Luta em que os adversários se enfrentam corpo a corpo.

Cor.po.ra.ção *s.f.* **1.** Conjunto de pessoas que têm as mesmas regras, obrigações, direitos e privilégios. **2.** Grupo de indivíduos que administram ou dirigem negócios de interesse comum; associação.

Cor.po.ral *adj.* **1.** Do corpo, relativo ao corpo. **2.** Corpóreo; material. *s.m.* **3.** Pano sobre o qual o sacerdote coloca o cálice e a hóstia no altar.

Cor.po.ra.ti.vis.mo *s.m.* Doutrina política e econômica, fundada no agrupamento das classes produtoras em corporações sob o controle do Estado.

Cor.po.ra.ti.vis.ta *adj.2g.* **1.** Relativo ao corporativismo. *s.2g.* **2.** Pessoa partidária do corporativismo.

Cor.po.ra.ti.vo *adj.* Relativo ou pertencente a corporação.

Cor.pó.reo *adj.* **1.** Relativo a corpo; corporal. **2.** Material, palpável. ● *Ant.: incorpóreo.*

Cor.po.ri.fi.ca.ção *s.f.* Ato ou efeito de corporificar(-se).

Cor.po.ri.fi.car *v.t.* **1.** Atribuir corpo a. **2.** Reunir vários corpos em um só. **3.** Transformar em fatos; realizar. *v.p.* **4.** Tomar corpo; solidificar-se.

Cor.pu.lên.cia *s.f.* **1.** Qualidade de corpulento; obesidade. **2.** Grossura, grandeza de corpo.

Cor.pu.len.to *adj.* **1.** Que tem grande corpo. **2.** Obeso. **3.** Grosso, encorpado. ● *Ant.: magro, franzino.*

Cor.pus (lat.) *s.m.* **1.** Reunião de documentos dados e informações sobre um assunto. **2.** Toda a obra atribuída a um escritor. **3.** LING Conjunto de material recolhido e bem delimitado no tempo e no espaço apto a servir para a descrição linguística. ● *Pl.: corpora.*

Cor.pus.cu.lar *adj.2g.* Relativo aos corpúsculos.

Cor.pús.cu.lo *s.m.* **1.** Corpo pequeníssimo. **2.** Fragmento de matéria que, como poeira, volteia no ar.

Cor.re.a.me *s.m.* Conjunto de correias.

Cor.re.ão *s.m.* **1.** Correia grande. **2.** Cinto largo de couro; cinturão.

Cor.re.a.ri.a *s.f.* Casa onde se vendem correias e outros artigos de couro.

Cor.re.ção *s.f.* **1.** Ato ou efeito de corrigir(-se). **2.** Qualidade de correto. **3.** Exatidão, rigorosidade. **4.** Retoque, polimento. **5.** Admoestação, aviso. **6.** Castigo. ● *Ant.: incorreção.*

Cor.re.cio.nal *adj.2g.* **1.** Relativo ou pertencente à correção. **2.** Diz--se do tribunal que julga, sem júri, causas de menor importância.

Cor.re-cor.re *s.m.* **1.** Debandada, agitação de muita gente correndo. **2.** Lufa-lufa, correria, azáfama. ● *Pl.: corre-corres.*

Cor.re.dei.ra *s.f.* Trecho do rio onde as águas correm com celeridade.

Cor.re.di.ço *adj.* **1.** Que corre ou se move facilmente. **2.** Sem aspereza; liso. **3.** Desembaraçado.

Cor.re.di.o *adj.* Corrediço.

Cor.re.dor (ô) *adj.* **1.** Que corre muito. *s.m.* **2.** Passagem estreita e comprida no interior de uma casa. **3.** Galeria. **4.** Caminho secreto. **5.** Intervalo apertado na fila de um rio. **6.** Porção de terreno estreito e limpo, dentro de um capão. **7.** Osso da canela do boi, muito apreciado pelos sertanejos, pelo abundante tutano que contém. **8.** Atleta que participa de uma corrida de velocidade (a pé, a cavalo ou em veículo).

CORREGEDOR — CORRUGAÇÃO

Cor.re.ge.dor *s.m.* **1.** DIR Juiz cujas atribuições eram equivalentes às dos atuais juízes de Direito. **2.** Magistrado encarregado de fiscalizar periodicamente os institutos penais.

Cor.re.ge.do.ri.a *s.f.* **1.** Cargo ou jurisdição de corregedor. **2.** Área dessa jurisdição.

Cór.re.go *s.m.* **1.** Sulco aberto pelas águas correntes. **2.** Ribeiro pequeno; riacho, regato.

Cor.rei.a *s.f.* **1.** Tira, em geral de couro, que serve para cingir; cinto. **2.** POP Espécie de jogo. ● *Aum.: correão.* ● *Col.: correame.*

Cor.rei.ção *s.f.* **1.** Ato ou efeito de corrigir; correção. **2.** Visita do corregedor aos cartórios de sua alçada; devassa. **3.** Certa variedade de formiga que aparece de tempos em tempos. **4.** Fila de formigas em trabalho.

Cor.rei.o *s.m.* **1.** Repartição pública encarregada do serviço de seleção, transporte e distribuição de correspondência. **2.** Pessoa que faz a entrega de cartas, telegramas etc.; carteiro, estafeta.

Cor.re.la.ção *s.f.* **1.** Relação mútua entre dois termos; correspondência. **2.** Analogia, semelhança.

Cor.re.la.cio.nar *v.t.* **1.** Estabelecer correlação entre. *v.p.* **2.** Ter correlação.

Cor.re.la.tar *v.t.* **1.** Pôr em mútua relação. **2.** Estar em correlação.

Cor.re.la.ti.vo *adj.* Em que há correlação; correlato.

Cor.re.la.to *adj.* Correlativo.

Cor.re.li.gio.ná.rio *s.m.* Diz-se de, ou aquele que pertence à mesma religião ou partido político que outrem.

Cor.re.li.gio.na.ris.mo *s.m.* Solidariedade entre correligionários.

Cor.ren.te *adj.* **1.** Que corre. **2.** Que tem curso. **3.** Que é escrito em estilo fluente. **4.** Que está em curso. **5.** Aceito por todos ou pela maioria; consensual. **6.** Fácil, comum. **7.** Versado, entendido. **8.** Claro, evidente. **9.** Atual. *adv.* **10.** Correntemente. *s.f.* **11.** Curso das águas de um rio, riacho etc. **12.** Correnteza. **13.** Aquilo que é normal, comum. **14.** Decurso de tempo.

Cor.ren.te.za (ê) *s.f.* **1.** Corrente rápida de águas.

Cor.ren.ti.o *adj.* **1.** Que corre com facilidade; usual, vulgar, comum. *s.m.* **2.** O que é geralmente admitido.

Cor.ren.tis.ta *s.2g.* **1.** Pessoa que escritura o livro de contas-correntes. **2.** Pessoa que possui conta-corrente num banco.

Cor.ren.to.so *adj.* Em que há forte corrente; caudaloso.

Cor.rer *v.int.* **1.** Andar em disparada; andar com velocidade. **2.** Dirigir-se com pressa a algum lugar; acorrer. **3.** Passar, decorrer. **4.** Dizer-se. FIG Ter curso, circular. **6.** Percorrer. **7.** Ter seguimento. **8.** Prosseguir. **9.** Escorrer, escoar. **10.** Rolar (a água ou outro líquido). **11.** Ser da responsabilidade de. *v.t.* **12.** Fazer correr. **13.** FIG Estar exposta a. **14.** Visitar; passear. **15.** FIG Expulsar, fazer sair.

Cor.re.ri.a *s.f.* **1.** Corrida desordenada; azáfama. **2.** Desordem, atropelo.

Cor.res.pon.dên.cia *s.f.* **1.** Ato ou efeito de corresponder. **2.** Troca de cartas, telegramas etc. **3.** Relação de conformidade. **4.** Correlação, analogia. **5.** Corrente (de ar).

Cor.res.pon.den.te *s.2g.* **1.** Pessoa que se corresponde com outrem. **2.** Negociante que tem relações pecuniárias etc. com indivíduos ou casas comerciais. **3.** Pessoa que escreve cartas para jornais, revistas etc. **4.** Jornalista que envia notícias de onde está, para o jornal em que trabalha. **5.** Pessoa que trata dos negócios de outra, fora da terra. **6.** Empregado encarregado da correspondência. *adj.2g.* **7.** Que corresponde. **8.** Relativo, relacionado. **9.** Diz-se de certa categoria de sócios de um instituto literário, academia etc.

Cor.res.pon.der *v.t.* **1.** Retribuir. **2.** Ser proporcional. **3.** Retribuir de maneira equivalente. **4.** Estar em correlação. **5.** Fazer jus a. *v.p.* **6.** Trocar correspondência; comunicar-se. **7.** Estar em correlação.

Cor.re.ta.gem *s.f.* **1.** Taxa ou porcentagem do corretor. **2.** A atividade do agente negociador de papéis financeiros.

Cor.re.tar *v.int.* Trabalhar em corretagem.

Cor.re.tis.mo *s.m.* Procedimento correto, impecável.

Cor.re.ti.vo *adj.* **1.** Próprio para corrigir. *s.m.* **2.** Aquilo com que se corrige. **3.** Punição, castigo.

Cor.re.to *adj.* **1.** Corrigido, irrepreensível, íntegro. **2.** Honesto, digno, íntegro. **3.** Esmerado, apurado.

Cor.re.tor (ô) *s.m.* **1.** Pessoa que corrige. **2.** Superior de convento. **3.** Revisor de provas. **4.** Intermediário entre compra e venda, em particular de imóveis, papéis de crédito etc.

Cor.re.to.ra (ô) *s.f.* Entidade que atua no comércio de títulos e valores mobiliários e que possui o monopólio das operações nas bolsas de valores.

Cor.re.to.ri.a *s.f.* Cargo de corretor.

Cor.ri.ção *s.f.* Levantamento da caça por meio de cães.

Cor.ri.car *v.int.* **1.** Andar ligeiramente. **2.** Andar de um lado para outro; vagabundear.

Cor.ri.cas *s.f.pl.* Rugas, pregas.

Cor.ri.da *s.f.* **1.** Ato ou efeito de correr; correria; carreira. **2.** Caminho percorrido entre dois pontos. **3.** Preço a pagar por uma corrida em carro de aluguel (táxi etc.). **4.** Espetáculo com cavalos corredores. **5.** Competição esportiva de velocidade e resistência.

Cor.ri.do *adj.* **1.** Que correu; escoado, passado; **2.** Posto fora; expulso, perseguido. **3.** Envergonhado, vexado. **4.** Gasto, batido; corriqueiro. **5.** Não encaracolado; liso.

Cor.ri.gen.da *s.f.* **1.** Lista de erros para corrigir em livros; errata. **2.** Admoestação, repreensão.

Cor.ri.gi.bi.li.da.de *s.f.* Qualidade de ser corrigido.

Cor.ri.gir *v.t.* e *p.* **1.** Emendar, suprimir os erros. **2.** Endireitar, consertar. **3.** Punir, repreender, castigar. **4.** Censurar. **5.** Mudar de vida; emendar-se.

Cor.ri.gí.vel *adj.2g.* Que se pode corrigir.

Cor.ri.lhei.ro *adj.* e *s.m.* Diz-se de, ou aquele que promove corrilhos; mexeriqueiro.

Cor.ri.lho *s.m.* **1.** Reunião facciosa; conciábulo. **2.** Conluio de intrigantes; mexerico.

Cor.ri.ma.ca *s.f.* Grande quantidade.

Cor.ri.ma.ça *s.f.* **1.** Assuada, vaia. **2.** POP Fugida, tropel.

Cor.ri.mão *s.m.* Peça de apoio ao longo e do ou dos lados de uma escada. ● *Pl.: corrimãos* ou *corrimões*.

Cor.ri.men.to *s.m.* **1.** MED Humor patológico que escorre de um órgão.

Cor.ri.o.la *s.f.* **1.** Assuada, vaia. **2.** Logro, engano. **3.** FIG Grupo de maus elementos; bando, quadrilha.

Cor.ri.quei.ri.ce *s.f.* Qualidade do que é corriqueiro; trivialidade.

Cor.ri.quei.ris.mo *s.m.* **1.** Corriqueirice. **2.** Bazófia, presunção.

Cor.ri.quei.ro *adj.* **1.** Corrente, vulgar, habitual, trivial. **2.** Afetado, presumido. ● *Ant.: raro.*

Cor.ri.xo *s.m.* ORNIT Nome de vários pássaros; chupim.

Cor.ro.bo.ra.ção *s.f.* Ato ou efeito de corroborar(-se).

Cor.ro.bo.ran.te *adj.2g.* Que corrobora.

Corroborar *v.t.* **1.** Dar força a. **2.** Reforçar, fortalecer. **3.** Comprovar, confirmar. *v.p.* **4.** Adquirir força; fortalecer-se.

Cor.ro.bo.ra.ti.vo *adj.* Que é próprio para corroborar; corroborante.

Cor.ro.er *v.t.* **1.** Consumir pouco a pouco. **2.** Corroer, carcomer; danificar. **3.** FIG Desnaturar.

Cor.ro.í.do *adj.* **1.** Gasto, carcomido. **2.** Corrompido, viciado.

Cor.rom.pe.dor *adj.* e *s.m.* Que, ou aquele que corrompe; corruptor.

Cor.rom.per *v.t.* e *p.* **1.** Tornar podre; apodrecer. **2.** Estragar(-se), viciar. **3.** Perverter-se, depravar-se. *v.t.* **4.** Subornar. **5.** Levar, induzir ao mal.

Cor.rom.pi.do *adj.* Pervertido, depravado.

Cor.rom.pi.men.to *s.m.* Corrupção.

Cor.ro.são *s.f.* **1.** Ato ou efeito de corroer(-se). **2.** QUÍM Alteração química corrosiva de um material; estrago, desgaste.

Cor.ro.si.bi.li.da.de *s.f.* Qualidade do que é corrosível.

Cor.ro.sí.vel *adj.2g.* Que pode ser corroído.

Cor.ro.si.vo *adj.* **1.** Que corrói; cáustico. **2.** Que destrói. *s.m.* **3.** Substância que corrói lentamente.

Cor.ru.ção *s.f.* Corrupção.

Cor.ru.chi.ar *v.int.* Chilrear, pipilar (o canário).

Cor.ru.ga.ção *s.f.* Ato ou efeito de corrugar.

CORRUGAR — CORUJINHA

Cor.ru.gar *v.t.* e *p.* Enrugar(-se).

Cor.ru.í.ra *s.f.* ORNIT Nome comum a diversas aves passeriformes, encontradiças nas habitações humanas; carriça.

Cor.rup.ção *s.f.* **1.** Ato ou efeito de corromper(-se); decomposição. **2.** Estrago, dano. **3.** Ato de seduzir por dinheiro ou outros meios, levando a pessoa a se afastar do que é correto; peita, suborno. **4.** Depravação, devassidão, sedução.

Cor.ru.pi.ão *s.m.* ORNIT Ave passeriforme, canoro, encontrado no Nordeste e na Amazônia; sofrê, rouxinol.

Cor.ru.pi.ar *v.int.* Andar às voltas; rodopiar.

Cor.ru.pi.o *s.m.* **1.** Nome comum a vários jogos para crianças. **2.** Espécie de cata-vento, para crianças. **3.** FAM Afã, roda-viva, redemoinho.

Cor.rup.te.la *s.f.* **1.** Modo errado de falar ou escrever. **2.** Alteração, abuso. **3.** Palavra que se escreve ou pronuncia erradamente. ◆ *Var.:* corrutela.

Cor.rup.ti.bi.li.da.de *s.f.* Qualidade de corruptível.

Cor.rup.tí.vel *adj.2g.* **1.** Sujeito a corrupção. **2.** Que pode se deixar subornar; venal. ◆ *Var.:* corrutível. ● *Ant.:* incorruptível.

Cor.rup.to *adj.* **1.** Que sofreu corrupção. **2.** Corrompido, estragado, deformado, alterado. **3.** Desmoralizado, devasso. **4.** Aquele que se deixou corromper ou subornar. ◆ *Var.:* corruto.

Cor.rup.tor *(ô) adj.* e *s.m.* Que, ou o que corrompe; subornador. ◆ *Var.:* corrutor.

Cor.sá.rio *s.m.* **1.** Navio de corso ou pirata. **2.** O comandante desse navio; pirata. *adj.* **3.** Referente a corso.

Cór.si.co *adj.* e *s.m.* Corso[2].

Cor.so¹ *(ó) s.m.* **1.** Investida ou caça que navios particulares, armados, dão aos navios mercantes de nação inimiga. **2.** Pirataria, pilhagem. **3.** Desfile de carros dos carnavais antigos. **4.** Cardume de sardinhas ou outros peixes miúdos. *adj.* e *s.m.* **5.** Que, ou aquele que nasceu ou vive na Córsega (ilha francesa no Mediterrâneo).

Cor.so² *adj.* **1.** Relativo ou pertencente à Córsega, ilha da França no Mediterrâneo. *s.m.* **2.** O natural dessa ilha. **3.** Língua falada na Córsega.

Cor.ta.da *s.f.* **1.** Batida rápida e forte na bola, desferida por jogador em impulsão (us. em diversos esportes, como vôlei, tênis etc., apresenta em cada um deles uma ação particularizada.). **2.** Passagem ou rua, ger. pequena, que atravessa duas vias principais; travessa.

Cor.ta.do *adj.* **1.** Que se cortou. **2.** Talhado, cortado; golpeado. **3.** Interrompido, interceptado. *s.m.* **4.** Apuro, perseguição, roda-viva. **5.** Exigência incessante.

Cor.ta.dor *(ô) adj.* **1.** Que corta; cortante. **2.** POP Namorador. *s.m.* **3.** Pessoa ou utensílio que corta.

Cor.ta-ja.ca *s.f.* **1.** (NE) Espécie de dança sapateada. *s.2g.* **2.** (NE) Bajulador, puxa-saco. ● *Pl.:* corta-jacas.

Cor.ta-mar *s.m.* Quebra-mar. ● *Pl.:* corta-mares.

Cor.ta.men.to *s.m.* Ato de cortar; corte.

Cor.tan.te *adj.2g.* **1.** Que corta. **2.** Agudo, penetrante. **3.** Frio, gélido.

Cor.ta-pa.lha *s.m.* Instrumento com que se corta palha para o gado. ● *Pl.:* corta-palhas.

Cor.ta-pa.pel *s.m.* Espécie de faca de metal, marfim ou outra substância, para cortar papel ou abrir folhas de livros. ● *Pl.:* corta-papéis.

Cor.ta-pau *s.m.* Ave, espécie de pica-pau. ● *Pl.:* corta-paus.

Cor.tar *v.t.* **1.** Dividir em partes com instrumento de gume. **2.** Talhar (tecido) conforme molde ou padrão. **3.** Interromper, interceptar (uma comunicação). **4.** Suprimir, eliminar. **5.** Fazer incisão. **6.** Ferir-se com instrumento cortante. **7.** Cruzar com. **8.** Ultrapassar bruscamente o veículo que estava à frente. **9.** Encurtar distância. *v.int.* **10.** Ter bom fio. *v.p.* **11.** Ferir-se com instrumento cortante.

Cor.te¹ *(ó) s.m.* **1.** Talho com instrumento cortante. **2.** Incisão; amputação. **3.** Ferimento. **4.** Fio, gume. **5.** Modo de cortar roupa, vestido. **6.** Interrupção de uma corrente. **7.** Impedimento,

interrupção. **8.** Supressão, diminuição. **9.** Porção de fazenda necessária para a confecção de uma roupa.

Cor.te² *(ô) s.f.* **1.** Governo real. **2.** Residência real; palácio, paço. **3.** Conjunto de pessoas que cercam o soberano. **4.** Roda de pessoas solícitas em agradar (particularmente a uma dama). **5.** Cortejo, séquito. **6.** Metrópole, capital. **7.** Galanteio.

Cor.te.ja.dor *adj.* **1.** Que corteja. *s.m.* **2.** O que corteja em demasia. **3.** O que faz a corte a alguém; galanteador.

Cor.te.jar *v.t.* **1.** Fazer a corte a; galantear. **2.** Adular. **3.** Procurar obter. **4.** Pretender. **5.** Tratar com cortesia.

Cor.te.jo *(ê) s.m.* **1.** Ato ou efeito de cortejar. **2.** Cumprimento cerimonioso; reverência. **3.** Comitiva pomposa. **4.** Acompanhamento, séquito. **5.** Procissão.

Cor.te.lho *(ê) s.m.* **1.** Pequena corte. **2.** Curral, pocilga.

Cor.tês *adj.* **1.** Que tem ou revela cortesia. **2.** Delicado, gentil, educado. ● *Ant.:* descortês.

Cor.te.sã *s.f.* **1.** Mulher dissoluta, que vive com muito luxo. **2.** ANT A favorita de um soberano.

Cor.te.sa.ni.a *s.f.* Maneiras de cortesão; civilidade.

Cor.te.sa.ni.ce *s.f.* **1.** Cortesia fingida. **2.** Intriga de cortesão.

Cor.te.são *s.m.* **1.** Homem da corte. **2.** Palaciano, áulico; homem adulador. *adj.* **3.** Relativo à corte. ● *Fem.:* cortesã. ● *Pl.:* cortesãos ou cortesões.

Cor.te.si.a *s.f.* **1.** Procedimento de pessoa cortês. **2.** Civilidade, urbanidade, afabilidade. **3.** Respeito.

Cór.tex *(x) s.f.* **1.** Tecido vegetal que constitui a camada externa da casca das árvores. **2.** ANAT Camada superficial de diversos órgãos. ◆ *Var.:* córtice. ● *Pl.:* córtices.

Cor.ti.ça *s.f.* A casca espessa e leve do sobreiro e de outras árvores.

Cor.ti.ça.da *s.f.* Grande quantidade de cortiços.

Cor.ti.cal *adj.2g.* Relativo ao córtex.

Cor.ti.ce *s.m.* Córtex.

Cor.ti.cei.ra *s.f.* **1.** Lugar onde se junta cortiça. **2.** Árvore ornamental, leve e macia, de cujo tronco se fazem canoas e jangadas.

Cor.ti.cei.ro *s.m.* **1.** Relativo à indústria de cortiça. *s.m.* **2.** Aquele que extrai cortiça. **3.** Operário que trabalha em indústria de cortiça.

Cor.ti.cen.to *adj.* Que tem a aparência da cortiça.

Cor.ti.ce.o *adj.* Feito de cortiça.

Cor.ti.cí.fe.ro *adj.* Que produz cortiça.

Cor.ti.ci.for.me *adj.2g.* Semelhante ao córtex ou à cortiça.

Cor.ti.ço *s.m.* **1.** Lugar onde as abelhas se criam e fabricam o mel e a cera. **2.** Habitação coletiva de gente pobre.

Cor.ti.coi.de *adj.2g.* e *s.m.* Diz-se de, ou hormônio secretado pelo córtex da suprarrenal.

Cor.ti.co.so *adj.* Que tem casca grossa.

Cor.ti.cos.te.roi.de *adj.2g.* e *s.m.* Diz-se de ou cada um dos esteroides (p.ex., a cortisona) produzido por síntese ou extraído ao natural da camada cortical das glândulas suprarrenais; corticoide.

Cor.ti.na *s.f.* **1.** Resguardo de pano para janelas ou para enfeite. **2.** Cortinado, véu.

Cor.ti.na.do *s.m.* Armação de cortinas; cortina.

Cor.ti.nar *v.t.* **1.** Armar com cortina. **2.** Ocultar, encobrir.

Cor.ti.sol *s.m.* QUÍM e FARM Principal hormônio secretado pelo córtex da suprarrenal, usado no combate ao reumatismo e como anti-inflamatório.

Cor.ti.so.na *s.f.* QUÍM e FARM Hormônio natural secretado pelo córtex da suprarrenal, usado como anti-inflamatório.

Cor.ti.sô.ni.co *adj.* Relativo à cortisona ou dela derivado.

Co.ru.cão *s.m.* Ave noturna, também chamada acurana.

Co.ru.ja *s.f.* **1.** Nome de diversas aves noturnas. **2.** FIG e PEJ Mulher velha e feia. *adj.* e *s.2g.* **3.** Diz-se de quem (mãe ou pai, avó ou avô, tia ou tio etc.) só vê virtudes nos filhos, netos, sobrinhos etc. **4.** Pessoa de hábitos noturnos.

Co.ru.jei.ra *s.f.* Pequena povoação, em local penhascoso.

Co.ru.ji.nha *s.f.* Inseto lepidóptero, variedade de borboleta.

145

C

COR / COR

CORUMBÁ — COTA-PARTE

Co.rum.bá *s.m.* **1.** Sítio afastado, ermo. **2.** Lugar desprezado, esquecido.

Co.rus.ca.ção *s.f.* **1.** Ato ou efeito de coruscar. **2.** Brilho súbito e rápido.

Co.rus.can.te *adj.2g.* **1.** Que lança coriscos. **2.** Cintilante, reluzente, fulgurante.

Co.rus.car *v.int.* **1.** Reluzir, fulgurar; relampejar. **2.** Lançar de si, dardejar.

Co.ru.to *s.m.* Cimo, cume, cocoruto.

Cor.va.cho *s.m.* Corvo pequeno.

Cor.vei.a *s.f.* Trabalho coletivo gratuito, que os camponeses deviam ao rei ou ao senhor feudal, durante um certo número de dias.

Cor.ve.ja.men.to *s.m.* Ato ou efeito de corvejar.

Cor.ve.jar *v.int.* **1.** Soltar a voz (o corvo); crocitar. *v.t.* **2.** FIG Ruminar, repisar (uma ideia).

Cor.ve.ta (ê) *s.f.* Navio de guerra de três mastros, menor que a fragata.

Cor.ví.deo *adj.* Relativo ao corvo.

Cor.vi.na *s.f.* ICTIOL Peixe de rio ou de mar, que atinge até 70 cm de comprimento.

Cor.vi.ne.ta (ê) *s.f.* Corvina.

Cor.vi.no *adj.* Relativo a corvo.

Cor.vo (ô) *s.m.* Ave de cor negra. • *Pl.*: *corvos* (ó).

Cós *s.m.2n.* Parte do tecido que rodeia a calça, na região da cintura.

Cos.co.rão *s.m.* **1.** Casca dura que se forma ao cicatrizar-se uma ferida. **2.** Doce, também chamado *sonho*.

Cos.co.ro (ó) *s.m.* **1.** Crosta. **2.** Enrugamento da pele.

Cós.co.ro *adj.* LUS Encrespado, endurecido.

Cos.cu.vi.lhar *v.int.* Mexericar, bisbilhotar.

Cos.cu.vi.lhei.ra *s.f.* Mexeriqueira, alcoviteira.

Cos.cu.vi.lhei.ro *adj.* e *s.m.* Que, ou aquele que coscuvilha; mexeriqueiro.

Cos.cu.vi.lhi.ce *s.f.* Bisbilhotice, mexerico, intriga.

Cos.se.du.ra *s.f.* Ato ou efeito de coser(-se).

Cos.se.no *s.m.* **1.** Em um ângulo de um triângulo retângulo, razão entre o cateto adjacente e a hipotenusa. **2.** Função de uma variável que satisfaz a equação diferencial $y'' + y = 0$ e em que para $x = 0$, a função e sua derivada tomam os valores 1 e 0, respectivamente. • *Pl.*: *cossenos*.

Co.ser *v.t.* **1.** Unir com pontos de agulha. *v.int.* **2.** Costurar. *v.p.* **3.** Encostar-se, colar-se. • Cf. *cozer*.

Co.si.car *v.t.* **1.** Fazer pequenos trabalhos de costura. **2.** Coser, consertando.

Co.si.do *adj.* Costurado. • Cf. *cozido*.

Cos.sig.na.tá.rio *s.m.* O que é signatário com outrem. • *Pl.*: *cossignatários*.

Cos.mé.ti.ca *s.f.* **1.** Ciência que trata da higiene e/ou embelezamento físico de uma pessoa, através do uso de produtos próprios. **2.** A indústria que envolve essa ciência, esp. no que se refere a pesquisa, fabricação e comercialização destes produtos. **3.** Conjunto destes produtos de higiene e/ou beleza.

Cos.mé.ti.co *adj.* e *s.m.* Diz-se de, ou ingrediente com que se procura conservar ou restabelecer a beleza da pele e dos cabelos.

Cós.mi.co *adj.* **1.** Relativo ao cosmo. **2.** Da matéria de que os astros são formados.

Cos.mo *s.m.* **1.** O universo e suas leis. **2.** O universo em seu conjunto. **3.** O espaço intersideral. • *Var.*: *cosmos*.

Cos.mo.go.ni.a *s.f.* Teoria que se ocupa da formação do universo.

Cos.mo.gô.ni.co *adj.* Relativo à cosmogonia.

Cos.mo.lo.gi.a *s.f.* Ramo da astronomia que estuda a estrutura e a evolução do universo em seu todo, preocupando-se tanto com a origem quanto com a evolução.

Cos.mo.nau.ta *s.2g.* Passageiro de um engenho espacial; astronauta.

Cos.mo.náu.ti.ca *s.f.* Astronáutica.

Cos.mo.na.ve *s.f.* Astronave.

Cos.mo.po.li.ta *adj.2g.* Diz-se de, ou pessoa que passa a vida viajando pelo mundo, ou se considera cidadão do mundo todo.

Cos.mo.po.li.tis.mo *s.m.* Caráter ou qualidade de cosmopolita.

Cos.mos *s.m.* Cosmo.

Cos.quen.to *adj.* Muito sensível a cócegas.

Cos.sa.co *s.m.* **1.** Indivíduo dos cossacos, povo guerreiro e cavaleiro das estepes do sul da ex-URSS. **2.** FIG Homem rude e feroz.

Cos.ta *s.f.* **1.** Porção de terra ao longo do mar; litoral. **2.** Encosta, declive. **3.** Zona à margem de qualquer região.

Cos.ta.do *s.m.* **1.** Lombo, costa, dorso. **2.** Parte do casco do navio formada de pranchas que revestem as cavernas.

Cos.ta-mar.fi.nen.se *adj.2g.* **1.** Relativo à Costa do Marfim, país da África. **2.** Pessoa natural da Costa do Marfim.

Cos.ta-mar.fi.ni.a.no *adj.* e *s.m.* Costa-marfinense.

Cos.ta-ri.que.nho *adj.* e *s.m.* Costarriquenho.

Cos.ta-ri.quen.se *adj.* e *s.2g.* Costarriquenho.

Cos.tar.ri.que.nho *adj.* **1.** Relativo à Costa Rica, país da América Central; costarriquense ou costa-riquense. *s.m.* **2.** O natural de Costa Rica; costarriquense ou costa-riquense. • *Forma paral.*: *costa-riquenho*.

Cos.tar.ri.quen.se *adj.* e *s.2g.* Costarriquenho.

Cos.tas *s.f.pl.* **1.** A parte traseira do tronco humano. **2.** Parte posterior de vários objetos ou de várias coisas; fundos. **3.** Parte do instrumento cortante que se opõe ao fio. **4.** Encosto. **5.** Verso, reverso.

Cos.te.ar *v.t.* **1.** Navegar ao longo da costa de. *v.p.* **2.** Chegar-se, aproximar-se.

Cos.tei.ra *s.f.* Serra íngreme à beira-mar.

Cos.tei.ro *adj.* **1.** Relativo à costa. **2.** Que navega junto à costa.

Cos.te.la *s.f.* **1.** Cada um dos ossos que formam a caixa torácica. **2.** Cavername de navio. **3.** POP Esposa, mulher.

Cos.te.le.ta (ê) *s.f.* **1.** Costela de certos animais (carneiro, porco, vitela), com carne aderente. **2.** Parte do cabelo e da barba que se deixa crescer nos lados do rosto; suíça. • *Pl.*: Na acepção 2, usa-se comumente costeletas.

Cos.tu.ma.do *adj.* e *s.m.* Que, ou o que é de costume; habitual.

Cos.tu.mar *v.t.* **1.** Ter por costume ou hábito. *v.t.* e *p.* **2.** Acostumar(-se). *v.int.* **3.** Ficar habituado.

Cos.tu.me *s.m.* **1.** Hábito, praxe, prática. **2.** Particularidade. **3.** Uso geralmente observado. **4.** Moda. **5.** Vestuário de homem ou de mulher. **6.** Traje próprio e característico.

Cos.tu.mei.ro *adj.* Habitual, usual.

Cos.tu.mes *s.m.pl.* **1.** Maneira de conduzir-se. **2.** Procedimento, comportamento. **3.** Usos peculiares de um país, de uma região, de um grupo.

Cos.tu.ra *s.f.* **1.** Arte ou ofício de coser ou costurar. **2.** Peça cosida uma à outra. **3.** Cicatriz. **4.** Fenda.

Cos.tu.rar *v.t.* **1.** Unir em ponto de agulha; coser. **2.** Unir os cadernos de um livro. *v.int.* **3.** Trabalhar em costura. **4.** Ultrapassar (um carro) ziguezagueando.

Cos.tu.rei.ra *s.f.* Mulher que se dedica ao trabalho de costura; modista.

Cos.tu.rei.ro *s.m.* Homem que trabalha em costura ou cria trajes; estilista, modista.

Co.ta *s.f.* **1.** Armadura de malhas de ferro, espécie de gibão. **2.** Percentagem. **3.** Quinhão, parcela. **4.** Fração do capital de uma sociedade. • *Var.*: *quota* (pron.: *cóta*).

Co.ta.ção *s.f.* **1.** Ato ou efeito de cotar. **2.** Indicação de preços de mercadorias, títulos etc. **3.** FIG Apreço, conceito, reputação.

Co.ta.do *adj.* **1.** Bem conceituado. **2.** Apreciado, estimado. **3.** Que tem boa cotação na praça. **4.** Apto a vencer uma disputa.

Co.tan.gen.te *s.f.* Tangente do complemento de um ângulo. • *Pl.*: *cotangentes*.

Co.ta-par.te *s.f.* **1.** Parte que cabe a cada pessoa na divisão de um todo (objeto, propriedade, direito, herança etc.); quinhão. **2.** Cota ('fração'). **3.** Quantia com a qual uma pessoa deve contribuir para a formação de um capital ou de uma soma com destinação específica. • *Pl.*: *cotas-partes*.

COTAR — CRÂNIO

Co.tar *v.t.* **1.** Notar ou assinalar por meio de cotas. **2.** Indicar o nível, a altura de. **3.** Fixar o preço. **4.** Taxar, avaliar. **5.** Acusar, tachar.

Co.te.ja.dor (ô) *adj.* e *s.m.* Que, ou aquele que coteja.

Co.te.jar *v.t.* Examinar, confrontando; confrontar, comparar.

Co.te.jo (ê) *s.m.* **1.** Ato ou efeito de cotejar. **2.** Comparação, confronto.

Co.ti.di.a.no *adj.* **1.** De todos os dias; diário. *s.m.* **2.** O que se faz diariamente; o habitual. ◆ *Var.*: quotidiano.

Co.ti.lé.do.ne *s.m.* A primeira folha quando a semente germina.

Co.tis.ta *adj.* e *s.2g.* Diz-se de, ou pessoa que tem cotas de capital em sociedades mercantis. ◆ *Var.*: quotista.

Co.ti.za.ção *s.f.* Ato ou efeito de cotizar(-se). ◆ *Var.*: quotização.

Co.ti.zar *v.t.* **1.** Distribuir por cota. *v.p.* **2.** Juntar-se a outro ou outros para pagar uma despesa comum. ◆ *Var.*: quotizar(-se).

Co.to (ô) *s.m.* **1.** Resto de vela, tocha ou archote. **2.** Aquilo que resta de um rabo, braço ou perna a que se amputou uma parte; cotoco.

Co.tó *s.m.* **1.** Faca pequena e ordinária. **2.** Coisa pequena. *adj.* **3.** Diz-se do indivíduo que tem um braço ou perna mutilada, ou do animal que tem apenas um coto de rabo.

Co.to.co (ô) *s.m.* Parte que fica de um braço ou da cauda, depois de amputada; coto.

Co.to.ne.te (é) *s.m.* Algodão firmemente enrolado nas extremidades de uma espécie de palito plástico flexível, usado para a limpeza dos ouvidos, do nariz etc.

Co.to.ni.cul.tor (ô) *s.m.* Agricultor que se dedica à cotonicultura.

Co.to.ni.cul.tu.ra *s.f.* Cultura do algodão.

Co.to.ni.fí.cio *s.m.* Fábrica de tecidos de algodão; algodoaria.

Co.to.ve.la.da *s.f.* Pancada com o cotovelo.

Co.to.ve.lo (ê) *s.m.* **1.** Articulação do braço com o antebraço. **2.** Ângulo fechado de rio, estrada etc. **3.** Ângulo saliente. **4.** Peça de tubulação para junção de curva.

Co.to.vi.a *s.f.* ornit Ave passeriforme migratória que ocorre no centro e sul da Europa, notável por seu canto. ◆ *Voz.*: gorjear, trilar. ◆ *Col.*: bando.

Co.tur.no *s.m.* **1.** Antigo borzeguim usado pelos atores trágicos. **2.** Bota militar de cano alto, fechado com cordões.

Cou.de.la.ri.a *s.f.* Estabelecimento para criação e aperfeiçoamento de raças cavalares; haras.

Cou.ra *s.f.* Antigo gibão de couro para guerreiros; couraça.

Cou.ra.ça *s.f.* **1.** Armadura de aço para as costas e o peito. **2.** fig Aquilo que serve de proteção contra a maledicência e o azar.

Cou.ra.ça.do *adj.* **1.** Revestido de metal; blindado. *s.m.* **2.** Navio de alto-mar, protegido por espessa blindagem; encouraçado.

Cou.ra.çar *v.t.* **1.** Revestir de couraça; blindar. **2.** fig Proteger-se. **3.** Tornar-se invulnerável.

Cou.ra.ma *s.f.* **1.** Grande quantidade de couros. **2.** Vestimenta de couro dos vaqueiros e sertanejos.

Cou.ro *s.m.* **1.** Pele curtida de animais. **2.** fam A pele da cabeça humana. **3.** fut Pelota, bola. **4.** Castigo, surra. ◆ *Col.*: courama (*s.f.*).

Cou.tei.ro *s.m.* Coiteiro.

Cou.to *s.m.* **1.** Lugar onde os criminosos poderiam asilar-se. **2.** Asilo, abrigo, esconderijo, covil. ◆ *Var.*: coito.

Cou.ve *s.f.* Planta hortense, comestível.

Cou.ve-flor *s.f.* Variedade de couve muito apreciada na culinária. ◆ *Pl.*: couves-flores.

Cou.vert (fr.) *s.m.* **1.** Conjunto de apetrechos (toalha, guardanapo, talheres etc.) que se põe sobre a mesa para um repasto; serviço. **2.** Conjunto de alimentos que integram o serviço, num restaurante comercial (gel. pão, manteiga, pastas, azeitonas etc.) e que precedem a refeição propriamente dita; entrada. **3.** O que se paga por essa entrada e/ou pelo serviço de atendimento à mesa num restaurante. **4.** Número de pessoas à mesa a quem deve ser servido o *couvert*. ◆ *Pl.*: couverts.

Co.va *s.f.* **1.** Abertura na terra. **2.** Buraco, fossa, cavidade. **3.** Furna, gruta. **4.** Covil, antro. **5.** Sepultura ligeira e tosca; tumba. **6.** A morte, o fim da vida.

Cô.va.do *s.m.* Medida de comprimento, que equivalia a 66 centímetros ou três palmos.

Co.var.de *adj.* e *s.2g.* Que, ou quem não tem coragem; medroso, pusilânime, poltrão. ◆ *Ant.*: corajoso. ◆ *Var.*: cobarde.

Co.var.di.a *s.f.* **1.** Ação ou procedimento próprio de covarde. **2.** Pusilanimidade, medo. **3.** Ação ou comportamento que revela perversidade. ◆ *Var.*: cobardia.

Co.ve.ar *v.int.* Abrir covas para plantar.

Co.vei.ro *s.m.* Aquele que abre covas em cemitério.

Co.vil *s.m.* **1.** Cova de feras. **2.** Esconderijo de bandidos, de gente desclassificada. **3.** Choça.

Co.vi.nha *s.f.* **1.** Cova pequena. **2.** Pequena depressão natural no queixo ou nas faces.

Co.vo¹ *s.m.* Espécie de redil de pesca feito de esteiras.

Co.vo² (ô) *adj.* Côncavo, fundo.

Co.vo.a.da *s.f.* Série de covas.

Cow.boy (ing.) *s.m.* ⇒ Caubói. ◆ *Pl.*: cowboys.

Co.xa *s.f.* Parte da perna que vai do quadril ao joelho, cujo osso é o fêmur.

Co.xe.ar *v.int.* **1.** Andar com inclinação para um dos lados. **2.** Mancar, capengar.

Co.xi.a *s.f.* **1.** Prancha em que se circula de popa à proa em certas embarcações. **2.** Corredor estreito; passagem estreita. **3.** Espaço ocupado por um cavalo na estrebaria. **4.** No palco, espaço situado atrás dos bastidores.

Co.xi.lha *s.f.* (S) Morro ou colina de diminuta altitude e longo declive, dos pampas gaúchos.

Co.xim *s.m.* **1.** Almofada para assento. **2.** Parte do arreio em que se assenta o cavaleiro.

Co.xi.nha *s.f.* Salgado frito com recheio de frango.

Co.xi.ni.lho *s.m.* Coxonilho.

Co.xo (ô) *adj.* e *s.m.* **1.** Que, ou o que coxeia. **2.** Capenga, manco. **3.** fig Incompleto, imperfeito.

Co.xo.ni.lho *s.m.* Peça de tecido felpudo, de lã ou de algodão, que se põe sobre a sela. ◆ *Var.*: coxinilho. ◆ *Cf.* cochonilha.

Co.ze.du.ra *s.f.* **1.** Ato ou efeito de cozer ou cozinhar. **2.** Concentração de um xarope. **3.** A parte sólida de um caldo.

Co.zer *v.t.* **1.** Preparar (alimentos) pela ação do fogo. **2.** Submeter à ação do fogo; cozinhar. *v.int.* **3.** Preparar alimentos no fogo. ◆ *Cf.* coser.

Co.zi.do *adj.* **1.** Que passou pela ação da cozedura. **2.** Que se cozeu. *s.m.* **3.** Prato preparado de carne cozida, banana, batata, abóbora, legumes etc. ◆ *Cf.* cosido.

Co.zi.men.to *s.m.* Ato ou efeito de cozer; cozedura.

Co.zi.nha *s.f.* **1.** Local aparelhado onde se preparam comidas pela ação do fogo. **2.** Arte de preparar os alimentos; preparação da comida. **3.** O conjunto das características da alimentação de um país ou de uma região: *Cozinha italiana* etc.

Co.zi.nhar *v.t.* **1.** Preparar (alimentos) ao fogo; cozer. **2.** fig Preparar. *v.int.* **3.** Preparar comida.

Co.zi.nhei.ra *s.f.* Mulher responsável pela cozinha; mulher que cozinha.

Co.zi.nhei.ro *s.m.* Aquele que cozinha por profissão; mestre-cuca.

CPF *s.m.* Sigla de Cadastro de Pessoa Física.

Cra.ca *s.f.* Nome dado a certos crustáceos marítimos e hermafroditas.

Cra.chá *s.m.* **1.** Insígnia identificadora, que se traz ao peito, em empresas, congressos, repartições públicas etc.; distintivo. **2.** Insígnia honorífica; condecoração.

Crack (ing.) *s.m.* Droga mais potente e mais mortal que a cocaína; craque.

Cra.ni.a.no *adj.* Relativo ao crânio.

Crâ.nio *s.m.* **1.** Caixa óssea do cérebro formando a parte superior e posterior da cabeça. **2.** Pessoa extremamente inteligente; gênio.

CRÁPULA — CRESTAR

Crá.pu.la *s.f.* **1.** Modo extravagante de vida; devassidão, libertinagem. *s.m.* **2.** Sujeito sem caráter. **3.** Indivíduo vil, canalha.

Cra.que *s.m.* **1.** Jogador de futebol de grandes qualidades. **2.** Cavalo de corrida várias vezes campeão. **3.** O ato de quebrar-se com ruído. **4.** Sucessão de falências bancárias. **5.** Ruína financeira que tais falências provocam. **6.** Forma aportuguesada de *crack*. *s.2g.* **7.** Pessoa exímia em qualquer atividade. *interj.* **8.** Voz de coisa que se quebra com ruído.

Cra.se *s.f.* **1.** Contração de duas ou mais vogais numa só (em especial dois *aa* = à).

Cra.se.ar *v.t.* Pôr o acento de crase em.

Cras.so *adj.* **1.** Denso, grosso; cerrado. **2.** Grosseiro. **3.** Total, completo. **4.** Muito grande.

Cra.te.ra *s.f.* **1.** Abertura do vulcão, por onde escorre a lava. **2.** Espécie de vaso antigo, sem gargalo e em que se servia o vinho.

Cra.u.ro.se *s.f.* Ressecamento de um órgão.

Cra.va.ção *s.f.* **1.** Ato ou efeito de cravar(-se). **2.** Ato de engastar pedras preciosas.

Cra.var *v.t.* **1.** Fazer penetrar à força e de maneira profunda. *v.p.* **2.** Fincar-se, arraigar-se.

Cra.vei.ra *s.f.* **1.** Padrão para medir a altura das pessoas. **2.** Padrão, medida; bitola. **3.** Régua vertical graduada. **4.** Compasso de sapateiro para medir o pé. **5.** Medida, bitola.

Cra.vei.ro *s.m.* Planta ornamental que produz o cravo.

Cra.ve.ja.dor (ô) *adj.* e *s.m.* **1.** Que, ou aquele que craveja. *s.m.* **3.** Aquele que faz cravos para ferraduras.

Cra.ve.ja.men.to *s.m.* Ato ou efeito de cravejar.

Cra.ve.jar *v.t.* **1.** Fixar por meio de cravos. **2.** Engastar, pregar.

Cra.ve.lha (ê) *s.f.* Peça de madeira ou metal que serve para afinar as cordas de certos instrumentos musicais.

Cra.ve.lho *s.m.* Tarameia.

Cra.vo *s.m.* **1.** Prego de cabeça estreita. **2.** Prego de ferradura. **3.** Prego para as mãos e os pés dos suplicados na cruz. **4.** Flor do craveiro. **5.** Tumor do casco dos animais. **6.** Instrumento musical dotado de teclado e cordas. **7.** Calosidade da sola do pé.

Cra.vo-da-ín.dia *s.m.* Planta cujos botões, secos, são usados como condimento. ● *Pl.*: *cravos-da-índia*.

Crawl (ing.) *s.m.* ⇒ Nado com batimento das pernas e rotação dos braços. ● *Pl.*: *crawls*.

Cray.on (fr.) *s.m.* ⇒ Creiom ● *Pl.*: *crayons*.

Cre.che (è) *s.f.* Casa onde, durante o dia, ficam as crianças cujas mães trabalham.

Cre.den.ci.al *adj.* **1.** Digno de crédito; que dá crédito. **2.** Que dá poderes para a representação do país perante o governo de outro.

Cre.den.ci.ar *v.t.* Dar credencial a.

Cre.di.á.rio *s.m.* Sistema de vendas a crédito, cujo pagamento se faz em prestações.

Cre.di.a.ris.ta *s.2g.* **1.** Pessoa que faz compras pelo crediário. **2.** Comerciante que vende pelo crediário.

Cre.di.bi.li.da.de *s.f.* Qualidade de crível.

Cre.di.tar *v.t.* **1.** Lançar a crédito de. *v.p.* **2.** Constituir-se por credor.

Cre.di.tí.cio *adj.* Referente a crédito público.

Cré.di.to *s.m.* **1.** Boa fama, boa reputação. **2.** Prazo para pagamento. **3.** Confiança, abono. **4.** Prestígio. **5.** Fé, crença. **6.** Autoridade, poder. **7.** Influência, importância. **8.** JORN Informação que se presta ao leitor sobre a origem de seu noticiário e a função do autor de um texto. **9.** Dinheiro em haver. **10.** Reconhecimento ou referência a pessoa, instituição etc. que se publica em trabalho escrito editado. **11.** Referência ou citação que se faz de autor de um trabalho intelectual. ● *Ant.*: *débito, descrédito*.

Cre.do *s.m.* **1.** Oração que começa com a palavra credo (creio). **2.** Regra, princípio, programa de partido. **3.** *interj.* que indica repulsa, espanto ou superstição.

Cre.dor (ô) *adj.* e *s.m.* **1.** Que, ou quem faz jus a uma coisa boa; merecedor, digno. *s.m.* **2.** Indivíduo a quem se deve dinheiro, considerado quanto ao devedor e à dívida.

Cre.du.li.da.de *s.f.* **1.** Qualidade de crédulo. **2.** Simplicidade, ingenuidade.

Cré.du.lo *adj.* **1.** Que crê facilmente. **2.** Simples, ingênuo. *s.m.* **3.** Indivíduo ingênuo. ● *Ant.*: *incrédulo*.

Crei.om (è) *s.m.* **1.** Tipo de lápis colorido (de cera, giz etc.), usado para desenhar. **2.** Desenho feito com esse lápis.

Cre.ma.ção *s.f.* Ato ou efeito de cremar.

Cre.ma.lhei.ra *s.f.* Corrente de ferro com gancho onde se suspende a caldeira sobre o fogo; trilho dentado para via férrea de serra; peça munida de dentes em relógios e outros maquinismo.

Cre.mar *v.t.* Queimar, incinerar (cadáveres).

Cre.ma.tó.rio *adj.* **1.** Relativo a cremação. **2.** Designativo do forno para a cremação de cadáveres. *s.m.* **3.** O próprio forno.

Cre.me *s.m.* **1.** A nata do leite. **2.** Espécie de licor espesso. **3.** Doce feito com leite, ovos etc. **4.** Cor branco-amarelada. *adj.2g.* **5.** Que tem essa cor.

Cre.mo.na *s.f.* Ferragem para prender janelas e portas à parede.

Cren.ça *s.f.* **1.** Ato ou efeito de crer. **2.** Fé religiosa. **3.** Convicção íntima. **4.** Opinião, juízo. ● *Ant.*: *descrença*.

Cren.di.ce *s.f.* **1.** Credulidade popular sem fundamento. **2.** Crença ridícula, absurda. **3.** Superstição, abusão.

Cren.te *adj.* **1.** Que tem fé religiosa. **2.** Que acredita. **3.** Ciente, convicto *s.m.* **4.** Religioso. **5.** Sectário da religião muçulmana. **6.** Sectário do protestantismo. ● *Ant.*: *descrente*.

Cre.o.li.na *s.f.* Líquido antisséptico, que se extrai do alcatrão da hulha.

Cre.o.so.to (ô) *s.m.* Líquido incolor, de cheiro forte, proveniente da destilação de alcatrões.

Cre.pe *s.m.* **1.** Certo tecido transparente. **2.** Fita ou tira de pano negro que se usa em sinal de luto. **3.** Luto, fumo. *adj.* **4.** Diz-se da fita adesiva cujo lado que não adere é rugoso.

Cre.pi.ta.ção *s.f.* **1.** Ato ou efeito de crepitar. **2.** Estalido.

Cre.pi.tan.te *adj.2g.* Que crepita.

Cre.pi.tar *v.t.* e *int.* Estalar à maneira de lenha que se queima, ou do sal que se lança ao fogo.

Cre.pom *s.m.* **1.** Tecido crespo e leve. **2.** Crepe grosso. **3.** Diz-se do papel de seda enrugado.

Cre.pus.cu.lar *adj.2g.* **1.** Relativo a crepúsculo. **2.** Diz-se dos insetos que somente aparecem ao anoitecer.

Cre.pús.cu.lo *s.m.* **1.** Claridade fraca que ainda persiste depois do ocaso do sol; ocaso. **2.** FIG Decadência, declínio.

Crer *v.t.* **1.** Acreditar, aceitar como corretas as palavras de. **2.** Considerar possível. **3.** Julgar; supor, presumir. *v.int.* **4.** Ter fé. ● *Ant.*: *descrer*.

Cres.cen.do *s.m.* MÚS Aumento progressivo de sonoridade. **2.** Aumento progressivo. **3.** Progressão, gradação.

Cres.cen.te *adj.2g.* **1.** Que vai crescendo. **2.** Próspero, progressivo. *s.f.* **3.** Enchente de rio ou maré. *s.m.* **4.** O que cresce. **5.** O que apresenta forma de meia-lua.

Cres.cer *v.int.* **1.** Aumentar. **2.** Aumentar em tamanho, em estatura. **3.** Aumentar em quantidade. **4.** Medrar. **5.** Inchar. *v.t.* e *int.* **6.** Tornar-se superior ou melhor. **7.** Investir contra alguém. ● *Ant.*: *decrescer*.

Cres.ci.do *adj.* **1.** Que cresce; desenvolvido. **2.** Grande, considerável.

Cres.ci.men.to *s.m.* **1.** Ato ou efeito de crescer; aumento. **2.** Aumento do comprimento de um ser (animal ou vegetal). **3.** Desenvolvimento, progressão.

Cres.pei.ra *s.f.* Doença da batata.

Cres.pi.dão *s.f.* Qualidade de crespo; aspereza.

Cres.po (ê) *adj.* **1.** Áspero, rugoso, eriçado. **2.** Anelado, ondulado (o cabelo). **3.** Encapelado, revolto. **4.** Encrespado, perigoso. **5.** Arrogante, ameaçador, rude. ● *Ant.*: *liso, macio*.

Cres.ta.do *adj.* Chamuscado, tostado pelo sol.

Cres.ta.du.ra *s.f.* Queimadura ligeira.

Cres.tar *v.t.* **1.** Queimar de leve; chamuscar, tostar, afoguear. **2.** Ficar tostado; tostar-se.

CRESTOMATIA — CRISTALEIRA

Cres.to.ma.ti.a *s.f.* Antologia, especialmente destinada ao ensino das línguas antigas; seleta.

Cre.tá.ceo *adj.* e *s.m.* **1.** (inicial maiúsc.) Diz-se de ou sistema superior do erátema mesozoico (acima do Jurássico e abaixo do Período terciário do erátema cenozoico). **2.** Diz-se de ou o tempo durante o qual as rochas desse sistema foram formadas (o Período cretáceo), no intervalo de tempo geológico compreendido aproximadamente entre 136 a 65 milhões de anos. ● Obs.: como subst., inicial maiúsc.

Cre.ten.se *adj.2g.* **1.** Relativo ou pertencente à ilha de Creta (Grécia). *s.2g.* **2.** Pessoa natural dessa ilha.

Cre.ti.ni.ce *s.f.* **1.** Qualidade de cretino; imbecilidade, idiotice. **2.** Ato típico de cretino; estupidez.

Cre.ti.nis.mo *s.m.* MED Doença crônica caracterizada pela ausência quase completa das faculdades intelectuais, devida à ausência de secreção tireóidea.

Cre.ti.no *adj.* e *s.m.* **1.** MED Diz-se de, ou indivíduo que sofre de cretinismo; retardado. **2.** FIG Diz-se de, ou indivíduo idiota, imbecil, estúpido, imbecil.

Cre.to.ne *s.m.* Tecido branco e forte, de algodão.

Cri.a *s.f.* **1.** Animal recém-nascido. **2.** Pessoa pobre criada por outrem; irmão de criação.

Cri.a.ção *s.f.* **1.** Ato ou efeito de criar. **2.** O conjunto dos seres criados. **3.** Conjunto de animais criados em casa. **4.** Propagação da espécie.

Cri.a.da *s.f.* **1.** Mulher assalariada para serviços domésticos. **2.** Empregada doméstica.

Cri.a.da.gem *s.f.* A totalidade dos criados de uma casa.

Cri.a.dei.ra *s.f.* Rês destinada à procriação.

Cri.a.do *adj.* **1.** Que se criou. **2.** Produzido, originado. **3.** Amamentado. **4.** Educado. *s.m.* **5.** Indivíduo assalariado para serviços domésticos.

Cri.a.do-mu.do *s.m.* Mesa de cabeceira. ● *Pl.:* criados-mudos.

Cri.a.dor *adj.* **1.** Que cria; fecundante. **2.** Que tem espírito inventivo. **3.** Criativo, inventivo. *s.m.* **4.** Aquele que cria ou criou. **5.** Primeiro autor ou inventor. **6.** Fomentador, gerador. **7.** Aquele que se dedica à criação de gado, de aves etc. ● O Criador: Deus.

Cri.an.ça *s.f.* **1.** Ser humano no começo da existência; menino, menina. **2.** Pessoa infantil ou ingênua como criança.

Cri.an.ça.da *s.f.* **1.** Ação própria de criança. **2.** Infantilidade, leviandade. **3.** Grupo de crianças.

Cri.an.ci.ce *s.f.* Palavras, ações, procedimentos próprios de criança.

Cri.an.ço.la *s.2g.* Rapazote ou moça que age e se comporta como se ainda fosse criança.

Cri.ar *v.t.* **1.** Dar existência a; produzir. **2.** Tirar do nada, gerar. **3.** Fecundar, formar. **4.** Instituir. **5.** Causar, alimentar. **6.** Amamentar. **7.** Adquirir, passar a ter. **8.** Inventar. **9.** Promover a procriação de. **10.** Ser amamentado. *v.p.* **11.** Formar-se, educar-se. **12.** Alimentar-se.

Cri.a.ti.vi.da.de *s.f.* **1.** Qualidade de criativo. **2.** Força criadora, espírito inventivo; inventividade.

Cri.a.ti.vo *adj.* **1.** Que é capaz de criar, de inventar; inventivo. **2.** Diz-se de quem tem grande capacidade de criação, de imaginação.

Cri.a.tó.rio *s.m.* Fazenda ou estabelecimento de criação de gado.

Cri.a.tu.ra *s.f.* **1.** Fato de criar. **2.** Cada ser criado. **3.** Ser que vive de qualquer modo. **4.** Homem ou mulher (por oposição a Deus, o Criador). **5.** Ser esquisito ou estranho; monstro.

Cri.ci.ú.ma *s.f.* Certa planta gramínea.

Cri.cri *s.m.* **1.** Voz imitativa do canto do grilo. **2.** Pequeno gavião. *adj.* e *s.m.* **3.** Diz-se de, ou pessoa de conversa tediosa, chata.

Cri.cri.lar *v.int.* Cantar (o grilo).

Cri.me *s.m.* **1.** Ato grave contra a lei ou anormal. **2.** Delito, culpa, falta. **3.** Impiedade. **4.** Agravo, ofensa. **5.** Transgressão da lei. **6.** Todo ato que provoca a reação organizada da sociedade. **7.** Ato digno de repressão ou castigo. *adj.* **8.** Criminal (em oposição a cível).

Cri.mi.nal *adj.2g.* Relativo a crime.

Cri.mi.na.li.da.de *s.f.* **1.** Qualidade de criminoso. **2.** Perpetração de crimes. **3.** Conjunto de atos criminosos praticados em um meio dado. **4.** A história dos crimes.

Cri.mi.na.lis.ta *adj.* e *s.2g.* Diz-se de, ou advogado ou advogada que trata de questões criminais.

Cri.mi.na.li.zar *v.t.* Considerar, tratar (algo) como crime.

Cri.mi.no.so (ô) *adj.* **1.** Que se refere a crime. **2.** Que cometeu crime; delinquente. **3.** Em que há crime. *s.m.* **4.** Aquele que praticou crime; réu.

Cri.na *s.f.* Pelos do pescoço ou cauda do cavalo e outros animais. ● *Var.:* clina.

Cri.o.gê.ni.co *adj.* **1.** Concernente à criogenia. **2.** Capaz de produzir baixas temperaturas; criógeno.

Cri.o.te.ra.pi.a *s.f.* Processo terapêutico baseado em aplicações de gelo, neve carbônica e outros veículos de frio intenso.

Cri.ou.la.da *s.f.* Grupo de crioulos.

Cri.ou.lo *adj.* **1.** Mestiço, mulato. **2.** Diz-se do negro em geral. **3.** Diz-se da galinha comum. **4.** Sem raça definida (*gado, cavalo etc.*). *s.m.* **5.** Mestiço, mulato. **6.** O negro nascido na senzala. **7.** Cigarro de palha e fumo de rolo.

Crip.ta *s.f.* Galeria subterrânea em igrejas ou conventos, onde eram enterrados os mortos.

Crip.to.co.mu.nis.ta *adj.* e *s.2g.* Diz-se de, ou pessoa que, sendo partidária do comunismo não revela suas tendências.

Crip.to.gra.fi.a *s.f.* Arte de escrever por meio de sinais, convencionados entre duas ou mais pessoas.

Crip.tô.nio *s.m.* Elemento químico de número atômico 36, da família dos gases nobres (símb.: Kr) [Us. em lâmpadas fluorescentes, em fotografia, em *laser* de ultravioleta etc.].

Crí.que.te *s.m.* Jogo inglês de equipe, praticado com bastões de madeira, bola e balizas.

Cris *adj.2g.* Pardacento, obscuro. ● *Var.:* gris.

Cri.sá.li.da *s.f.* **1.** Estado intermediário por que passa o inseto que deixou de ser lagarta e ainda não é borboleta; casulo. **2.** FIG Coisa latente.

Cri.sân.te.mo *s.m.* BOT Planta ornamental nativa do Extremo Oriente, de que se conhecem mais de 200 espécies.

Cri.se *s.f.* **1.** Alteração para pior, sobrevinda no curso de uma doença. **2.** Ataque de nervos. **3.** Deficiência, penúria. **4.** FIG Conjuntura difícil. **5.** Espécie de tecido antigo.

Cris.ma *s.f.* **1.** O sacramento da confirmação da fé católica. *s.m.* **2.** Óleo bento com que se administra a crisma.

Cris.mar *v.t.* **1.** Conferir a crisma a. **2.** Apelidar, alcunhar. **3.** Receber o sacramento da confirmação.

Cri.sol *s.m.* **1.** Cadinho. **2.** FIG Aquilo em que se apuram os sentimentos. **3.** Aquilo que serve para revelar as boas qualidades do indivíduo.

Cri.só.li.ta *s.f.* MINER Pedra semipreciosa cor de ouro. ● *Var.:* crisólito.

Cris.pa.ção *s.f.* **1.** Ato ou efeito de crispar(-se); enrugamento. **2.** MED Contração nervosa ou muscular. **3.** FIG Acesso de impaciência ou irritação.

Cris.pa.du.ra *s.f.* ⇒ Crispação.

Cris.pa.men.to *s.m.* ⇒ Crispação.

Cris.par *v.t.* **1.** Encrespar, franzir. **2.** Contrair. *v.p.* **3.** Contrair-se de maneira espasmódica.

Cris.ta *s.f.* **1.** Excrescência carnosa própria da cabeça dos galos, de certas aves e de alguns répteis; penacho. **2.** O ponto mais elevado, cume. **3.** BOT Nome comum a várias plantas.

Cris.tais *s.m.pl.* Objetos de cristal.

Cris.tal *s.m.* **1.** MINER Espécie de quartzo incolor. **2.** Vidro branco e transparente. **3.** Objeto feito com esse vidro. **4.** O que tem sonoridade muito pura e límpida. **5.** POÉT Transparência, limpidez.

Cris.ta.lei.ra *s.f.* Armário envidraçado para a guarda de cristais, copos etc.

CRISTALINO — CRUCIAR

Cris.ta.li.no *adj.* 1. Relativo a cristal. 2. Límpido como cristal; sem manchas. *s.m.* 3. ANAT Corpo em forma de lente biconvexa transparente, na parte interior do olho e por trás da íris (atualmente chamado de lente).

Cris.ta.li.za.ção *s.f.* Ato ou efeito de cristalizar(-se).

Cris.ta.li.za.do Que se cristalizou.

Cris.ta.li.za.dor (ô) *adj.* 1. Que cristaliza. *s.m.* 2. O tanque onde se faz a cristalização do sal, nas salinas.

Cris.ta.li.zar *v.t.* 1. Fazer tomar a forma e a contextura do cristal. 2. Permanecer num mesmo estado. 3. Fixar (o que estava vago ou pouco definido). *v.p.* 4. Solidificar-se sob forma cristalina. 5. Permanecer sem alteração; estagnar.

Cris.ta.li.zá.vel *adj.2g.* Que se pode cristalizar.

Cris.ta.lo.gra.fi.a *s.f.* Ciência que trata da formação e estrutura dos cristais.

Cris.ta.lo.grá.fico *adj.* Relativo à cristalografia.

Cris.tan.da.de *s.f.* 1. Qualidade do que é cristão. 2. O conjunto dos povos cristãos.

Cris.tão *adj.* 1. Que é batizado e professa o cristianismo. 2. Relativo ao cristianismo. 3. Próprio do cristianismo. *s.m.* 4. Aquele que professa o cristianismo. 5. Criatura humana; pessoa. ● *Fem.*: cristã. ● *Pl.*: cristãos. ● *Sup.abs.sint.*: cristianíssimo.

Cris.tão-no.vo *s.m.* Judeu convertido recentemente ao cristianismo. ● *Pl.*: cristãos-novos.

Cris.tão-ve.lho *s.m.* Cristão que não tem ascendentes judeus.

Cris.ti.a.nis.mo *s.m.* 1. Religião fundada na pessoa, na vida e nos ensinamentos de Jesus Cristo. 2. O conjunto das religiões cristãs.

Cris.ti.a.ni.zar *v.t.* 1. Tornar cristão. 2. Incluir na prática dos cristãos. *v.p.* 3. Tornar-se cristão.

Cris.to *s.m.* 1. (inicial maiúsc.) Aquele que é ungido, consagrado [Designação única e específica para Jesus, o ungido do Senhor.]. 2. alguém que seja considerado salvador, redentor verdadeiro ou falso; messias. 3. Representação plástica de Jesus Cristo crucificado. 4. Comenda, grã-cruz ou insígnias da Ordem de Cristo. 5. Pessoa que se torna vítima de injustiças, maus-tratos, logros, ciladas. 6. Moeda antiga portuguesa; tostão, camocho. 7. Posição em que o ginasta, nas argolas, fica de braços horizontalmente abertos.

Cri.té.rio *s.m.* 1. Norma de julgamento. 2. Faculdade de distinguir o bem do mal, o certo do errado. 3. Raciocínio, juízo. 4. Segurança. 5. Norma, exatidão. 6. Discernimento, tino.

Cri.te.ri.o.so (ô) *adj.* 1. Que revela critério. 2. Ajuizado; judicioso.

Crí.ti.ca *s.f.* 1. Arte de apreciar e julgar o mérito das obras artísticas, literárias e científicas. 2. Juízo fundado no exame dessas obras. 3. Discussão para a elucidação de fatos e textos. 4. Juízo crítico. 5. Censura. 6. Apreciação pormenorizada, desfavorável ou não. 7. Discernimento, critério.

Cri.ti.car *v.t.* 1. Examinar e julgar (obra literária ou outra qualquer), salientando suas qualidade e/ou defeitos). 2. Dizer mal de. 3. Censurar, desaprovar, condenar.

Cri.ti.cá.vel *adj.2g.* Que se pode criticar.

Cri.ti.cis.mo *s.m.* Exercício da crítica; espírito crítico.

Crí.ti.co *adj.* 1. Relativo à crítica. 2. Que encerra crítica. 3. Relativo a crise. 4. Embaraçoso, grave. *s.m.* 5. Aquele que escreve crítica literária. 6. Pessoa que condena; maldizente.

Cri.va.do *adj.* 1. Furado em diversas partes: *Crivado de balas.* 2. Que passou pelo crivo.

Cri.var *v.t.* 1. Passar por crivo. 2. Furar em muitos pontos. 3. Constelar, encher. 4. Ficar transpassado.

Crí.vel *adj.2g.* 1. Em que se pode acreditar. 2. Provável, verossímil, plausível. ● *Ant.*: incrível.

Cri.vo *s.m.* 1. Peneira de arame. 2. Ralo, coador. 3. Tipo de bordado em que se tiram do pano alguns fios na largura e no comprimento até formar uma espécie de labirinto.

Cro.a.ta *adj.2g.* 1. Relativo ou pertencente à Croácia (Europa). *s.2g.* 2. Pessoa natural da Croácia.

Cro.chê *s.m.* Renda ou malha feita com uma só agulha. ◆ *Var.*: croché.

Cro.ci.tar *v.int.* 1. Soltar (o corvo, o condor, o abutre, o gavião etc.) a voz. 2. Grasnar, corvejar.

Cro.ci.to *s.m.* Voz do corvo, do condor e de outras aves.

Cro.co.di.li.a.no *adj.* Relativo ou semelhante a crocodilo.

Cro.co.di.li.a.nos *s.m.pl.* ZOOL Ordem de répteis de grande porte, cujo tipo é o crocodilo.

Cro.co.di.lo *s.m.* ZOOL Grande réptil, aquático.

Crois.sant (fr.) *s.m.* Pãozinho de massa fina e leve, em forma de meia-lua. ● *Pl.*: croyssants.

Cro.ma.do *adj.* Revestido de cromo.

Cro.mar *v.t.* 1. Tratar (tecido, pele, couro etc.) com sais de cromo, ger. para facilitar o tingimento. 2. Recobrir (superfície metálica) com uma película de cromo por proteção ou estética.

Cro.má.ti.co *adj.* 1. Relativo ou pertencente às cores. 2. MÚS Composto de uma série de semitons.

Cro.ma.tis.mo *s.m.* 1. Coloração anormal das folhas ou das partes normalmente verdes de um vegetal. 2. Maneira de empregar as cores. 3. Dispersão da luz.

Crô.mi.co *adj.* 1. Relativo a, ou derivado de cromo. 2. Diz-se dos sais do cromo trivalente.

Cro.mo *s.m.* 1. Elemento químico de símbolo Cr e número atômico 24. 2. TIP Reprodução impressa em cores; estampa colorida.

Cro.mos.sô.mi.co *adj.* Relativo ou pertencente ao cromossomo.

Cro.mos.so.mo *s.m.* BIOL Cada um dos corpúsculos de cromatina encontrados no núcleo de uma célula.

Cro.mo.te.ra.pi.a *s.f.* 1. Método de tratamento empr. contra várias afecções que utiliza luzes de cores e intensidades diversas. 2. Uso terapêutico de matérias corantes como o mercurocromo, o azul de metileno etc.

Crô.ni.ca *s.f.* 1. Narração minuciosa de fatos registrados em ordem cronológica. 2. Comentário publicado em jornais ou outro tipo de periódico sobre fato real ou imaginário. 3. Gênero em que o autor trata de assuntos cotidianos de maneira mais literária que jornalística, publicado em jornal ou revista.

Crô.ni.co *adj.* 1. Que dura por muito tempo. 2. FIG Que é inveterado, perseverante; duradouro.

Cro.nis.ta *s.2g.* Pessoa que escreve crônicas.

Cro.no.gra.ma *s.m.* 1. Inscrição que encerra letras com realce especial, as quais, reunidas, formam uma data expressa em algarismos romanos. 2. Distribuição planejada das fases de execução de um projeto em determinado período de tempo. 3. Registro gráfico feito por um cronógrafo.

Cro.no.lo.gi.a *s.f.* 1. Ciência que trata da fixação das datas. 2. Ordem e data dos fatos históricos.

Cro.no.ló.gi.co *adj.* 1. Relativo ou pertencente à Cronologia. 2. Feito, atendido etc. pelo tempo de entrada ou de chegada.

Cro.no.me.tra.gem *s.f.* Ato ou efeito de cronometrar.

Cro.no.me.trar *v.t.* Marcar, com o cronômetro, a duração de uma ação, de uma prova etc.

Cro.nô.me.tro *s.m.* 1. Instrumento para a medição do tempo. 2. Relógio de grande precisão.

Cro.que.te *s.m.* Bolinho frito, feito de carne picada ou moída, recoberta de farinha de rosca.

Cro.qui *s.m.* Esboço de desenho ou pintura. ● *Pl.*: croquis.

Cros.sô.ver (ing. crossover) *s.m.* 1. Estilo de música que resulta do elemento de dois ou mais estilos, com o objetivo de atingir uma faixa mais ampla de público. *s.2g.* 2. Artista que transita livremente em várias faixas de público. ● *Pl.*: crossôveres.

Cros.ta (ô) *s.f.* 1. Casca, camada grossa e dura de um corpo; códea. 2. Incrustação superficial.

Cró.ton *s.m.* BOT Planta ornamental.

Cru *adj.* 1. Que não está cozido. 2. Não preparado, não acabado. 3. Imaturo. 4. Chocante, ofensivo. 5. Cruel, bárbaro. 6. Desumano. 7. Que não atenua. 8. Brutal, berrante (falando de cores).

Cru.ci.al *adj.2g.* 1. Em forma de cruz. 2. Árduo, duro, difícil.

Cru.ci.an.te *adj.2g.* Que crucia; aflitivo.

Cru.ci.ar *v.t.* 1. Afligir muito. 2. Atormentar, torturar.

CRUCIFERÁRIO — CUINCHO

Cru.ci.fe.rá.rio *s.m.* Aquele que leva a cruz erguida nas cerimônias religiosas, esp. em procissões.

Cru.cí.fe.ras *s.f.pl.* BOT Família de plantas herbáceas, de flores reunidas em cachos, como a couve, a couve-flor e o brócolis.

Cru.ci.fi.ca.ção *s.f.* Ato ou efeito de crucificar; crucifixão.

Cru.ci.fi.ca.do *adj.* **1.** Pregado na cruz. *s.m.* **2.** O que sofreu morte na cruz.

Cru.ci.fi.car *v.t.* **1.** Fazer morrer numa cruz. **2.** Atormentar moralmente; mortificar.

Cru.ci.fi.xão (cs) *s.f.* Crucificação.

Cru.ci.fi.xar (cs) *v.t.* Crucificar.

Cru.ci.fi.xo (cs) *s.m.* Cruz de madeira que traz Jesus Cristo pregado na cruz.

Cru.ci.for.me *adj.2g.* Em forma de cruz.

Cru.el *adj.2g.* **1.** Que revela maldade de caráter. **2.** Desumano, insensível. **3.** Inclemente, cruento. **4.** Bruto, bárbaro. **5.** Que atinge de maneira dolorosa. **6.** Insuportável, atroz. ● *Sup.abs.sint.: crudelíssimo, cruelíssimo.*

Cru.el.da.de *s.f.* **1.** Ato ou procedimento cruel. Ferocidade, desumanidade, barbaridade. **2.** Rigor excessivo.

Cru.en.to *adj.* Em que há derramamento de sangue; cruel. ● *Ant.: incruento.*

Cru.e.za *s.f.* **1.** Estado ou qualidade de cru. **2.** Crueldade, ferocidade.

Cru.me *s.m.* Crúmen.

Crú.men *s.m.* Glândula suborbicular de alguns ruminantes.

Cru.or (ô) *s.m.* **1.** A parte sólida e coagulável do sangue, por oposição ao soro. **2.** Matéria corante do sangue.

Cru.pe *s.m.* MED Espécie de difteria na laringe.

Cru.pi.ê *s.m.* Empregado que dirige o jogo nos cassinos, pagando e recolhendo o dinheiro das apostas.

Crus.tá.ceo *adj.* **1.** Coberto de crosta. *s.m.* **2.** Animal coberto de crosta, como o caranguejo, o camarão etc.

Crus.tá.ceos *s.m.pl.* Classe de animais artrópodes, em sua maioria marinhos, como os camarões e os caranguejos.

Cruz *s.f.* **1.** Instrumento de suplício de madeira, geralmente com duas peças atravessadas uma sobre a outra. **2.** O madeiro em que pregaram Cristo ou a representação desse madeiro. **3.** FIG Penas, aflições, privações a que uma pessoa está sujeita. **4.** Infortúnio, tortura. **5.** Símbolo do cristianismo.

Cru.za *s.f.* **1.** Acasalamento. **2.** Produto desse acasalamento. **3.** Segundo amanho dado a uma terra mediante o corte transversal do primeiro. **4.** Lã extraída de carneiro mestiço.

Cru.za.da *s.f.* **1.** Campanha por uma causa nobre ou em defesa de certas ideias. **2.** Campanha de propaganda de vários tipos. **3.** Passagem, travessia.

Cru.za.das *s.f.pl.* Expedições feitas pelos cristãos à Palestina, entre os anos 1095 e 1269, para levar o cristianismo aos infiéis.

Cru.za.do *adj.* **1.** Disposto em forma de cruz. **2.** Proveniente do cruzamento de raças. **3.** Interceptado. *s.m.* **4.** Nome de várias moedas antigas. **5.** Unidade monetária brasileira, que vigorou de março de 1986 a janeiro de 1989. **6.** Aquele que tomou parte nas Cruzadas.

Cru.za.dor (ô) *s.m.* **1.** O que cruza. **2.** Certo tipo de navio de guerra muito veloz.

Cru.za.men.to *s.m.* **1.** Ato ou efeito de cruzar. **2.** Intersecção de duas vias de circulação. **3.** Encontro de duas coisas.

Cru.zar *v.t.* **1.** Fazer ou dispor em cruz. **2.** Dar aspecto de cruz a. **3.** Percorrer em várias direções. **4.** Atravessar. **5.** Encontrar com alguém que vem em sentido contrário. **6.** Percorrer em várias direções. *v.t.* e *p.* **7.** Juntar, acasalar (animais de raças diferentes). *v.p.* **8.** Ir em direções opostas.

Cru.zei.ro *adj.* **1.** Que tem cruz. *s.m.* **2.** Grande cruz de pedra ou madeira levantada nos adros de algumas igrejas, em estradas, cemitérios etc. **3.** Unidade monetária e moeda brasileira, que esteve em vigor de 1942 a 1986 e de 1990 a 1994). **4.** Os serviços dos navios (ou aviões) que transpõem o mar (ou o ar) em direções diversas. **5.** O tempo de duração desses serviços.

Cru.ze.ta (ê) *s.f.* **1.** Pequena cruz. **2.** NÁUT Armação provisória de vergas e antenas. **3.** Cabide móvel em forma de cruz. **4.** CONSTR Peça de madeira em forma de *T*, usada para nivelamento.

Cu *s.m.* **1.** PEJ CH Ânus.

Cu.an.du *s.m.* Ouriço-cacheiro.

Cu.ba *s.f.* Vasilha grande de madeira, para diversos fins nas indústrias; dorna, tonel.

Cu.ba.gem *s.f.* **1.** Ato ou efeito de cubar. **2.** Método de cubar. **3.** Cálculo da capacidade de um recipiente ou de um espaço.

Cu.ba-li.bre *s.f.* Bebida preparada com rum e refrigerante à base de cola. ● *Pl.: cubas-libres.*

Cu.ba.no *adj.* **1.** Relativo ou pertencente a Cuba, país da América Central. *s.m.* **2.** O natural de Cuba.

Cu.bar *v.t.* **1.** Avaliar em unidades cúbicas. *v.int.* **2.** Ter em unidades cúbicas (um volume de).

Cu.ba.tão *s.m.* Pequeno morro no sopé das cordilheiras.

Cú.bi.co *adj.* **1.** Relativo a cubo. **2.** Em forma de cubo.

Cu.bí.cu.lo *s.m.* **1.** Quarto ou compartimento pequeno. **2.** Cela de religioso. **3.** FAM Casa muito acanhada.

Cu.bis.mo *s.m.* Sistema de pintura em que as linhas são predominantemente retas e em que os objetos são representados em formas geométricas.

Cu.bis.ta *adj.2g.* **1.** Relativo ao cubismo. *s.2g.* **2.** Artista ou obra ligada ao cubismo.

Cu.bi.to *s.m.* ANAT Osso longo do antebraço.

Cu.bo *s.m.* GEOM Sólido com seis faces quadradas iguais.

Cu.ca *s.f.* **1.** Ser fantástico, assustador; bicho-papão. **2.** GÍR Cabeça, bestunto, inteligência. **3.** FAM Cozinheiro (mestre-cuca).

Cu.car ou **cu.car** *v.int.* Cantar (o cuco).

Cu.chê (fr. *couché*) *adj.* Diz-se de um tipo de papel de folha lisa, brilhante.

Cu.co *s.m.* **1.** ORNIT Certa ave europeia, insetívora e migratória, semelhante ao chupim, que costuma pôr seus ovos nos ninhos de outros pássaros. **2.** Relógio de parede em que aparece um pássaro mecânico que imita o canto dessa ave.

Cu.cu.lar *v.int.* ⇒ Cucar.

Cu.e.ca *s.f.* Cuecas.

Cu.e.cas *s.f.pl.* Peça íntima masculina, espécie de ceroulas curtas, que se usa por baixo das calças, da cintura às virilhas.

Cu.ei.ro *s.m.* Peça para envolver especialmente as nádegas e as pernas dos recém-nascidos; fralda.

Cui.a *s.f.* **1.** Casca do fruto da cuieira, cortada ao meio, usada pelos indígenas como prato ou vasilha para diversos usos; cabaça. **2.** Vasilha de barro ou de cabaça. **3.** GÍR Cabeça, bestunto.

Cui.a.ba.na *s.f.* Nome dado a certa formiga.

Cui.a.ba.no *adj.* **1.** Relativo ou pertencente a Cuiabá, capital do Estado de Mato Grosso. *s.m.* **2.** O natural de Cuiabá.

Cu.í.ca *s.f.* **1.** ZOOL Certa variedade de gambá. **2.** MÚS Instrumento rítmico das escolas de samba e cordões carnavalescos, feito de um pequeno barril com uma pele bem esticada numa das bocas, que emite um som rouco e profundo.

Cui.cu.ro ou **cui.cu.ru** *s.2g.* **1.** Indígena pertencente ao grupo dos cuicuros. *s.m.* **2.** Língua da família linguística caribe, falada por esse grupo. *adj.2n.* **3.** Relativo a cuicuro (acp.1 e 2) ou aos cuicuros.

Cui.da.do *adj.* **1.** Que se cuidou. **2.** Pensado, meditado, calculado. *s.m.* **3.** Desvelo, solicitude com que se faz uma coisa. **4.** Diligência, precaução, inquietação de espírito.

Cui.da.do.so (ô) *adj.* **1.** Que tem cuidado. **2.** Diligente, minucioso, zeloso. ● *Fem.: cuidadosa* e ● *Pl.: cuidadosos* (ó).

Cui.dar *v.t.* **1.** Ter atenção. **2.** Pensar, meditar. **3.** Cogitar. **4.** Julgar, supor. **5.** Tomar cuidado. **6.** Tratar de, assistir. *v.p.* **7.** Tratar-se consigo mesmo; prevenir-se, acautelar-se. **8.** Tratar-se (da saúde etc.).

Cui.ei.ra *s.f.* BOT Pequena árvore cujo fruto (a cabaça) é usado como vasilha (cuia) e no fabrico de instrumento musical como o *berimbau*; cabaceira.

Cu.in.cho *s.m.* Ato ou efeito de cuinchar; grunhido.

CUITÉ — CÚPULA

Cui.té *s.m.* **1.** Vaso de cuia ou cabaça. **2.** BOT cuieira.

Cui.ú-cui.ú *s.m.* **1.** ICTIOL Peixe de água doce. **2.** ORNIT Variedade de periquito (ave). ● *Pl.: cuiú-cuiús.*

Cu.jo *pron.* **1.** Do qual (dos quais), de quem; de que. *s.m.* **2.** Indivíduo que não se quer denominar; dito-cujo, fulano, indivíduo. **3.** POP O diabo.

Cu.la.tra *s.f.* **1.** Fundo do cano (na arma de fogo). **2.** Parte posterior do canhão. **3.** Coice. **4.** Retaguarda.

Cú.lex *s.m.* Mosquito.

Cu.li.ná.ria *s.f.* Arte de cozinhar.

Cu.li.ná.rio *adj.* Relativo à cozinha; da cozinha.

Cul.mi.nân.cia *s.f.* O ponto mais alto; zênite, auge, apogeu.

Cul.mi.nan.te *adj.2g.* Que culmina; que é o mais elevado.

Cul.mi.nar *v.t.* **1.** Atingir a culminância. **2.** Finalizar de modo brilhante.

'-cu.lo *suf.* 'Diminuição': *dentículo.*

Cu.lo.te *s.m.* Calças bem largas na parte superior e justas a partir do joelho, usadas por militares e em montaria.

Cul.pa *s.f.* **1.** Ato repreensível ou criminoso. **2.** Pecado. **3.** Delito, crime. **4.** Falta voluntária. **5.** Cumplicidade. **6.** Consequência de se ter praticado ato indevido.

Cul.pa.bi.li.da.de *s.f.* Qualidade ou estado de culpado.

Cul.pa.do *adj.* **1.** Que tem culpa ou culpas. *s.m.* **2.** Aquele que tem culpa ou delinquiu. **3.** Réu, acusado, criminoso. ● *Ant.: inocente.*

Cul.par *v.t.* **1.** Acusar como culpado. **2.** Incriminar, inculpar, acusar. *v.p.* **3.** Confessar-se culpado. ● *Ant.: inocentar(-se).*

Cul.pá.vel *adj.2g.* **1.** A quem se pode atribuir culpa; condenável. **2.** Digno de censura.

Cul.po.so *adj.* Que praticou, ou em que há culpas.

Cul.ti.va.dor (ô) *s.m.* **1.** O que cultiva; cultor. **2.** Agricultor, lavrador. *adj.* **3.** Que cultiva.

Cul.ti.var *v.t.* **1.** Fertilizar (a terra) pelo trabalho. **2.** Dar condições para o nascimento e desenvolvimento de uma planta. **3.** Procurar conservar. **4.** Desenvolver pelo exercício ou estudo. **5.** Dedicar-se a. *v.p.* **6.** Desenvolver-se, aperfeiçoar-se. **7.** Formar-se pela educação; instruir-se.

Cul.ti.vá.vel *adj.2g.* Que se deve ou pode cultivar.

Cul.ti.vo *s.m.* Ato ou modo de cultivar; cultura.

Cul.to *s.m.* **1.** Homenagem à divindade. **2.** O ofício religioso (entre os protestantes). **3.** Adoração, veneração profunda, amor fervoroso. **4.** Respeito, acatamento; reverência. *adj.* **5.** Que adquiriu cultura. **6.** Ilustrado, instruído. ● *Ant.: inculto.*

Cul.tor (ô) *s.m.* **1.** Cultivador. **2.** FIG Aquele que se dedica a determinada ciência ou arte. **3.** Partidário.

Cul.tu.ar *v.t.* **1.** Render culto a. **2.** Tornar objeto de culto.

Cul.tu.ra *s.f.* **1.** Ato ou modo de cultivar a terra. **2.** Categoria de plantação cultivada. **3.** Criação de certos animais (como as abelhas). **4.** Acervo intelectual e espiritual. **5.** Conhecimento em determinada área. **6.** Saber, estudo. **7.** Apuro, esmero. **8.** Sistema de atitudes e modos de agir, costumes e instituições de um povo; adiantamento, civilização.

Cul.tu.ral *adj.2g.* Referente à cultura.

Cul.tu.ris.mo *s.m.* Prática regular de determinados exercícios capazes de desenvolver em especial certos músculos ou grupos de músculos, com fins estéticos e/ou competitivos; fisiculturismo, fisioculturismo.

Cul.tu.ris.ta *adj.2g.* **1.** Relativo a culturismo. *adj.* e *s.2g.* **2.** Que ou aquele que pratica culturismo; fisiculturista, fisioculturista.

Cu.ma.í *s.m.* **1.** BOT Árvore ornamental de fruto comestível. **2.** Esse fruto, do qual se faz refresco.

Cu.ma.ri *s.m.* BOT Cumarim.

Cu.ma.rim *s.m.* BOT Arbusto que produz a pimenta do mesmo nome.

Cum.bu.ca *s.f.* Vasilha para líquidos, feito de cabaça, com uma abertura circular em cima.

Cu.me *s.m.* **1.** Cimo, topo; cumeada. **2.** O ponto mais elevado; píncaro. **3.** FIG O mais alto grau. **4.** Auge, apogeu; fastígio.

Cu.me.a.da *s.f.* Série de cumes de montanhas.

Cu.me.ei.ra *s.f.* **1.** A parte mais alta da montanha. **2.** A parte mais elevada do telhado.

Cúm.pli.ce *adj.* e *s.m.* **1.** Que, ou quem ajudou a praticar um delito ou um crime. **2.** Diz-se de, ou comparsa que participou com outrem de um fato; parceiro. **3.** Que, ou quem ajuda ou favorece.

Cum.pli.ci.da.de *s.f.* Qualidade de cúmplice.

Cum.pri.dor (ô) *adj.* **1.** Que cumpre. *s.m.* **2.** Executor. **3.** FIG Testamenteiro.

Cum.pri.men.tar *v.t.* **1.** Dirigir cumprimentos a; saudar, felicitar. *v.int.* **2.** Apresentar cumprimentos.

Cum.pri.men.to *s.m.* **1.** Ato ou efeito de cumprimentar. **2.** Saudação cortês ou afetuosa. **3.** Homenagem que se rende por dever de cortesia. **4.** Louvor, elogio. **5.** Observância ou completa execução. ● Cf. *comprimento.*

Cum.pri.men.tos *s.m.pl.* Parabéns, felicitações.

Cum.prir *v.t.* **1.** Realizar, obedecer, desempenhar, executar. **2.** Ser necessário, convir. **3.** Preencher, realizar. **4.** Satisfazer. **5.** Pertencer, caber. *v.int.* **6.** Ser necessário. *v.p.* **7.** Realizar-se.

Cu.mu.lar *v.t., int.* e *p.* **1.** Acumular. **2.** Dar ou receber em profusão. *v.p.* **3.** Encher-se, abarrotar-se. **4.** Suceder-se.

Cu.mu.la.ti.vo *adj.* Feito por acumulação.

Cú.mu.lo *s.m.* **1.** Monte de coisas sobrepostas. **2.** Amontoamento, montão. **3.** O grau mais elevado. **4.** Auge, máximo. **5.** Aumento, demasia, acréscimo. **6.** METEOR Cúmulus.

Cú.mu.lo-nim.bo *s.m.* **1.** Nuvem carregada de chuva. ● *Pl.: cúmulos-nimbos* e *cúmulos-nimbo.*

Cú.mu.lus *s.m.* METEOR Nuvens brancas arredondadas em forma de flocos de algodão; cúmulo.

Cu.nei.for.me *adj.* **1.** Em forma de cunha. **2.** Diz-se de certa escrita dos assírios. *s.m.* **3.** ANAT Nome de cada um dos ossos do tarso.

Cu.nha *s.f.* Peça para rachar lenha.

Cu.nhã *s.f.* (AM) Menina índia. **2.** Mulher de caboclo.

Cu.nha.do *s.m.* Irmão de um dos cônjuges em relação ao outro, e vice-versa.

Cu.nha.gem *s.f.* Ato ou operação de cunhar.

Cu.nhar *v.t.* **1.** Imprimir cunho a. **2.** Amoedar. **3.** Inventar, criar. **4.** Tornar saliente.

Cu.nho *s.m.* **1.** Ferro com gravuras, que serve para marcar moedas, medalhas etc. **2.** A marca impressa por esse ferro. **3.** FIG Marca, selo, distintivo, caráter.

Cu.ni.cul.tor *s.m.* Criador de coelhos.

Cu.ni.cul.tu.ra *s.f.* Criação de coelhos.

Cu.pão *s.m.* Cupom. ● *Pl.: cupões.*

Cu.pi.dez (ê) *s.f.* **1.** Qualidade, caráter de cúpido. **2.** Cobiça, ambição. **3.** Desejo sexual imoderado.

Cu.pi.do *s.m.* **1.** Cada um dos gênios alados que volteiam em torno de Vênus e do Amor. **2.** Personificação do amor. **3.** Amor, paixão. **4.** A pessoa amada. ● Cf. *cúpido.*

Cú.pi.do *adj.* **1.** Muito ambicioso; avarento, cobiçoso. **2.** Que revela desejos amorosos: *olhos cúpidos.*

Cu.pim *s.m.* **1.** ENTOM Inseto que ataca plantas, madeira etc.; térmita. **2.** Montículo de terra desses insetos. **3.** Giba de boi. **4.** A carne dessa giba.

Cu.pin.cha *s.2g.* **1.** POP Pessoa protegida por político ou de pessoa influente. **2.** Afilhado; companheiro. **3.** Pessoa muito amiga ou comparsa de outra.

Cu.pin.zei.ro *s.m.* Casa de cupim (inseto).

Cu.pom *s.m.* **1.** Título de juro, anexo a uma ação ou obrigação, e que se corta por ocasião do pagamento. **2.** Cédula de voto em concursos populares, a ser recortada de jornal, revista ou folheto e enviada ao local referido.

Cu.pu.a.çu *s.m.* **1.** Pequena árvore cujos frutos têm polpa doce e aromática, de que se fazem refrescos, sorvetes etc. **2.** O próprio fruto.

Cú.pu.la *s.f.* **1.** A parte côncava e superior de um edifício. **2.** Zimbório, abóbada. **3.** A alta direção de uma empresa, de um partido político etc.

CURA — CURVAR

Cu.ra *s.f.* 1. Ato ou efeito de curar(-se). 2. Tratamento, curativo. 3. Desaparecimento do mal. 4. Fase de purificação do açúcar bruto. 5. Última fase do fabrico do queijo. *s.m.* Pároco, vigário ou prior de aldeia.

Cu.ra.çau *s.m.* Licor feito de casca de laranja, açúcar e cachaça.

Cu.ra.do *adj.* 1. Restabelecido de doença; sarado. 2. Diz-se do queijo que, ao atingir certo tipo de preparo, fica endurecido. 3. Que sofreu o processo de cura.

Cu.ra.dor (ô) *s.m.* 1. Administrador dos bens de um menor, de um ausente, doente etc. 2. Aquele que zela pelos interesses e direitos dos órfãos.

Cu.ra.do.ri.a *s.f.* Cargo, poder ou administração de curador, relativamente a ausentes.

Cu.ran.dei.ra *s.f. Fem de curandeiro.*

Cu.ran.dei.ris.mo *s.m.* Conjunto das práticas do curandeiro.

Cu.ran.dei.ro *s.m.* 1. Aquele que se propõe tratar de certas doenças por meio de práticas secretas. 2. Feiticeiro, pajé. 3. Charlatão, benzedor.

Cu.rar *v.t.* 1. Livrar de doença; medicar. 2. Secar ao fumeiro ou ao sol. 3. Expor ao sol para branquear. *v.int.* 4. Exercer a medicina. 5. Tratar. *v.p.* 6. Sarar, restabelecer-se. 7. Corrigir-se de mau hábito ou de defeito moral.

Cu.ra.re *s.m.* Veneno violento, que os indígenas sul-americanos extraem de um cipó e colocam em suas flechas.

Cu.ra.te.la *s.f.* Encargo de curador, no tocante a loucos, surdos-mudos, pessoas legalmente irresponsáveis etc.

Cu.ra.ti.vo *s.m.* 1. Ato ou efeito de curar. 2. Aplicação de remédio sobre ferimento infectado etc. 3. O material utilizado no curativo. 4. Obturação provisória de um dente. *adj.* 5. Relativo a cura.

Cu.rau *s.m.* Mingau de milho verde; (NE) canjica.

Cu.rá.vel *adj.2g.* Que se pode curar.

Cur.do *adj.* 1. Relativo ou pertencente ao Curdistão (Ásia). *s.m.* 2. O natural do Curdistão. 3. Idioma falado no Curdistão.

Cu.re.ta (ê) *s.f.* MED Instrumento cirúrgico para raspagem.

Cu.re.ta.gem *s.f.* Raspagem de uma cavidade natural (útero) ou óssea com a cureta.

Cu.re.tar (ê) *v.t.* Raspar com a cureta.

Cú.ria *s.f.* 1. Tribunal eclesiástico das dioceses. 2. Lugar de reunião do senado romano. 3. Antiga divisão das tribos romanas.

Cu.ri.al *adj.2g.* 1. Da cúria. 2. FIG Adequado, conveniente. 3. Decente, sensato. 4. Cortês, delicado.

Cu.ri.an.go *s.m.* ORNIT Ave noturna que ocorre nas Américas e em todo o Brasil.

Cu.ri.bo.ca (ó) *s.2g.* Mestiço de branco e índio.

Cu.ri.ma.tá *s.m.* ICTIOL Espécie de salmão que se alimenta de lodo e pode ser criado em açudes.

Cu.ri.ma.tã *s.m.* ICTIOL ⇒ Curimatá.

Cu.rin.ga *s.m.* 1. Carta que, em certos jogos, muda de valor e colocação, conforme o jogo que o jogador tem em mão; dunga. 2. Jogador que atua em várias posições. 3. Indivíduo esperto e inescrupuloso. ◆ Cf. *coringa.*

Cu.ri.ó *s.m.* ORNIT Pássaro canoro, muito apreciado para criação, encontrado nas Américas e em todo o Brasil.

Cú.rio *s.m.* Elemento químico artificial de número atômico 96, da família dos actinídeos (símb.: Cm) [Us. como fonte de calor em baterias termonucleares.].

Cu.ri.o.sa *s.f.* POP Parteira sem habilitação legal.

Cu.ri.o.si.da.de *s.f.* 1. Desejo de ver e saber o que se passa. 2. Bisbilhotice, abelhudice, indiscrição. 3. Desejo de aprender, de informar-se. 4. Interesse, gosto por objetos incomuns, raros. 5. Coisa rara, original, incomum etc.; preciosidade, raridade.

Cu.ri.o.so *adj.* 1. Desejoso de saber. 2. Diligente, indiscreto. 3. Que desperta interesse. 4. Raro, original. 5. Que merece atenção; interessante. *s.m.* 6. Profissional sem diploma. 7. Curandeiro.

Cu.ri.ti.ba.no *adj.* 1. Relativo ou pertencente a Curitiba, capital do Estado do Paraná. *s.m.* 2. O natural dessa cidade.

Cur.ra *s.f.* CH Estupro praticado na mulher por dois ou mais homens.

Cur.ral *s.m.* 1. Local para o recolhimento do gado e outros animais de criação. 2. Armadilha para a pesca de peixe. 3. FIG Lugar sujo, imundo; antro, espelunca.

Cur.rar *v.t.* CH Praticar a curra.

Cur.ri.cu.lar *adj.2g.* Relativo a currículo.

Cur.rí.cu.lo *s.m.* 1. Conjunto de dados biográficos, estado civil, estudos feitos, cursos (pós-graduação, doutorado etc.) livros publicados etc. do candidato a cargo, exame, concurso etc., também chamado *curriculum vitae.* 2. As matérias que constam de um curso.

Curriculum vitae (lat.= *carreira de vida*) *s.m.* Currículo.

Cur.ru.pi.ra *s.m.* ⇒ Curupira.

Cur.ry (ing.) *s.m.* ⇒ Caril ● Pl.: curries.

Cur.sar *v.t.* 1. Percorrer, andar. 2. Fazer os estudos (numa escola); frequentar.

Cur.si.lho *s.m.* Movimento da Igreja Católica que busca uma reflexão sobre a fé.

Cur.si.vo *s.m.* 1. Denominação da letra manuscrita miúda e ligeira. *adj.* 2. FIG Sem esforço ou rebuscamento; leve, ligeiro.

Cur.so *s.m.* 1. Ato ou efeito de correr. 2. Movimento numa direção; sentido, direção. 3. Carreira, caminho. 4. Leito ou comprimento de um rio. 5. Encadeamento. 6. Voga, aceitação. 7. Série de lições relativas a uma determinada matéria. 8. Circulação.

Cur.sor *s.m.* 1. O que corria no estádio; corredor. *Astronomia.* 2. Fio móvel que atravessa o campo de um micrômetro, e que serve para medir o diâmetro aparente de um astro. 3. Pequena lâmina ou ponta muito fina que desliza facilmente ao longo de uma peça em certos instrumentos, como régua, compasso, alça de pontaria. 4. Figura que se movimenta na tela assinalando um ponto exclusivo.

Cur.ta *s.f.* Forma reduzida de *curta-metragem.*

Cur.ta-me.tra.gem *s.m.* Filme cujo tempo de exibição não ultrapassa os 25 minutos, em geral com finalidade educativa ou publicitária; curta. ● Pl.: curta-metragens.

Cur.ti.ção *s.f.* 1. Ato ou efeito de curtir. 2. GÍR Êxtase provocado pelo uso de drogas. 3. GÍR Prazer intenso em alguma coisa.

Cur.ti.do *adj.* 1. Preparado por curtume ou curtimento. 2. FIG Calejado, experimentado. 3. Requeimado, ressecado.

Cur.ti.dor (ô) *adj.* e *s.m.* Diz-se de, ou aquele que curte (couro).

Cur.tir *v.t.* 1. Preparar peles, couro, para torná-los imputrescíveis. 2. Expor às intempéries. 3. Ressecar ou tornar rijo. 4. GÍR Aproveitar ao máximo. 5. GÍR Experimentar (os efeitos de uma droga).

Cur.to *adj.* 1. De pouco comprimento. 2. Limitado, pequeno. 3. De pouca duração. 4. Breve, rápido. 5. Escasso. 6. Sucinto, lacônico. 7. Tímido, pouco atilado (de inteligência). ● *Ant.: comprido.*

Cur.to-cir.cui.to *s.m.* Diminuição acidental de um circuito por defeito na instalação elétrica. ● Pl.: curtos-circuitos.

Cur.tu.me *s.m.* 1. Lugar ou estabelecimento onde se curtem peles e couros. 2. O próprio ato de os curtir. 3. Substância com que se curte.

Cu.ru.mi *s.f.* Curumim: *"A morte, quando aconteceu, ele era curumi de dez anos de idade"* (Adonias Filho, *As Velhas*, pág. 6).

Cu.ru.mim *s.m.* 1. Menino indígena. 2. (AM) Menino. ◆ *Var.: curumi.*

Cu.ru.pi.ra *s.m.* MITOL Ente fantástico que, segundo superstição popular, habita as matas e tem o calcanhar para diante e os dedos para trás.

Cu.ru.ru *s.m.* 1. Denominação comum de alguns sapos grandes de pele enrugada. 2. FOLCL Antiga dança popular de roda. 3. Desafio cantado.

Cur.va *s.f.* 1. Linha gerada por um ponto que muda constantemente de direção. 2. Linha arqueada. 3. Trecho sinuoso de estrada ou de rua. 4. Arco. 5. Linha que representa graficamente as variações de um fenômeno. 6. Curvatura; volta.

Cur.va.do *adj.* 1. Que tem curva. 2. Inclinado para diante. 3. Inclinado para baixo (pessoa).

Cur.var *v.t.* 1. Tornar curvo; dobrar. 2. Tomar a forma curva. *v.p.* 3. Apresentar forma curva. 4. FIG Humilhar-se.

CURVATURA — CZARISTA

Cur.va.tu.ra *s.f.* **1.** Estado de curvo; forma curva. **2.** Parte recurvada de um uma coisa.

Cur.ve.ta (ê) *s.f.* Movimento de cavalo, levantando e dobrando as patas dianteiras e abaixando a garupa.

Cur.vi.lí.neo *adj.* **1.** Formado de linhas curvas. **2.** De forma curva; curvo. **3.** Que segue direção curva.

Cur.vo *adj.* **1.** Que não é reto. **2.** Torto, torcido. **3.** Curvado, recurvado. **4.** FIG Abatido, prostrado. ● *Ant.: reto.*

Cus.cuz *s.m. 2n.* Certo prato de farinha de milho ou de arroz cozido a vapor. ● No pl. é invariável: o *cuscuz*, os *cuscuz.*

Cus.cu.zei.ra *s.f.* ⇒ Cuscuzeiro.

Cus.cu.zei.ro *s.m.* Vasilha em que se faz o cuscuz.

Cus.pa.ra.da *s.f.* Emissão de grande quantidade de cuspe.

Cus.pe *s.m.* POP Substância segregada ou expelida pela boca; saliva.

Cus.pi.da *s.f.* Ato ou efeito de cuspir; cusparada.

Cús.pi.de *s.f.* **1.** Extremidade aguda. **2.** Ápice, cume.

Cus.pi.de.la *s.f.* Pequena cuspida.

Cus.pi.dor (ô) *adj.* e *s.m.* Que, ou o que cospe muito.

Cus.pi.nhar *v.t.* Cuspir amiúde e pouco de cada vez.

Cus.pir *v.int.* e *t.* **1.** Lançar da boca o cuspe ou a saliva. **2.** Expelir pela boca. **3.** FIG Encher de ultrajes. **4.** Proferir (ameaças). **5.** FIG Atirar, arremessar.

Cus.po *s.m.* Cuspe.

Cus.ta *s.f.* **1.** Dispêndio, custo, trabalho. **2.** Expensas. ◆ À custa de: com o sacrifício de.

Cus.tar *v.t.* e *int.* **1.** Ter preço; valer. **2.** Trazer consequências. **3.** Ser difícil ou trabalhoso. *v.t.* **4.** Ser motivo de desgosto. **5.** Obter-se por meio de, a troco de, à custa de. **6.** Ter dificuldade. **7.** Tardar, demorar.

Cus.tas *s.f.pl.* DIR Despesas com processo judicial ou cartório.

Cus.te.ar *v.t.* e *int.* **1.** Correr com as despesas de. **2.** Fornecer numerário para.

Cus.tei.o *s.m.* **1.** Ato ou efeito de custear. **2.** Conjunto de despesas feitas com qualquer empresa ou atividade: **Custeio agrícola.**

Cus.to *s.m.* **1.** Numerário que se paga por uma coisa. **2.** Valor em dinheiro. **3.** Dificuldade, esforço. **4.** Tardança.

Cus.tó.dia *s.f.* **1.** Ato ou efeito de guardar; guarda. **2.** Lugar onde se guarda alguém ou alguma coisa; detenção. **3.** Relicário onde se coloca a hóstia consagrada. **4.** FIG Proteção, guarda.

Cus.to.di.ar *v.t.* **1.** Ter custódia. **2.** Pôr em lugar seguro. **3.** FIG Proteger, guardar.

Cus.tó.dio *adj.* **1.** Que tem a função de guardar ou proteger alguém ou algo. **2.** Padre franciscano que substituía o provincial na ausência deste. **3.** Criança ainda sem batismo. **4.** Oficial romano que fiscalizava as eleições dos magistrados, para que se evitassem possíveis fraudes. **5.** Na Roma antiga, capitão de armas.

Cus.to.so (ô) *adj.* **1.** Que custa muito. **2.** Caro, valioso, precioso. **3.** Difícil, trabalhoso, duro, penoso.

Cu.tâ.neo *adj.* ANAT Da pele; relativo à pele.

Cu.te.la.da *s.f.* Pancada ou golpe com cutelo.

Cu.te.la.ri.a *s.f.* **1.** Oficina de cuteleiro. **2.** Arte ou obra de cuteleiro.

Cu.te.lei.ro *s.m.* Fabricante ou vendedor de instrumentos cortantes (tesouras, alicates, facas, navalhas etc.).

Cu.te.lo *s.m.* Instrumento semicircular de ferro, cortante, utilizado em açougues etc.

Cu.ti.a *s.f.* Mamífero roedor semelhante a um coelho, encontrado nas matas da América do Sul. ◆ Cf. *cutícula.*

Cu.tí.cu.la *s.f.* **1.** Película que circunda a unha. **2.** Película. **3.** A flor da pele.

Cu.ti.cu.lar *adj.* Relativo à cutícula ou à cútis.

Cu.ti.la.da *s.f.* Golpe de cutelo, sabre, espada etc.

Cú.tis *s.f.2n.* **1.** Pele das pessoas; epiderme. **2.** Tez.

Cu.tu.ca.da *s.f.* Ato ou efeito de cutucar.

Cu.tu.cão *s.m.* Cutucada grande.

Cu.tu.car *v.t.* **1.** Tocar levemente (em alguém) com o dedo, o cotovelo ou algum objeto para advertir ou chamar a atenção. **2.** Ferir de leve com instrumento cortante ou pontiagudo.

Cu.ver (é) (Aport. do fr. *couvert*) *s.m.* Aperitivos e tira-gostos etc. servidos antes da refeição principal; entrada. ◆ **Cuver artístico:** Importância que se paga em bares, boates, restaurantes etc., quando se apresenta cantor ou conjunto musical.

Czar *s.m.* Título do imperador da Rússia. ● *Fem.: czarina.* ◆ *Var.: tzar* (fem.: *tzarina*). ● *PL.: czares.*

Czar.da *s.f.* Dança húngara. ◆ *Var.: xarda.*

Cza.ré.vi.che *s.m.* Príncipe herdeiro, filho do czar. ◆ *Var.: tzaréviche.*

Cza.ris.mo *s.m.* **1.** Poder do czar. **2.** Regime político vigente na Rússia até a Revolução de 1917. ◆ *Var.: tzarismo.*

Cza.ris.ta *adj.2g.* **1.** Relativo ao czarismo. *s.2g.* **2.** Pessoa partidária do czarismo. ◆ *Var.: tzarista.*

d D

D/d *s.m.* **1.** Quarta letra do alfabeto português, de nome *dê*, terceira consoante. **2.** Maiúscula *(D)* designa 500, na numeração romana.

Dá.blio *s.m.* Nome da letra *W* do alfabeto português, de símbolo *W/w*. ● *Pl.: dáblios* ou *ww.*

-da.de *suf.* 'Qualidade': *capacidade.*

Dá.di.va *s.f.* **1.** O que é dado; presente, brinde, oferenda. **2.** Graça, favor.

Da.di.vo.so (ô) *adj.* Que gosta de dar; generoso, liberal.

Da.do *s.m.* **1.** Pequeno cubo, que se usa em certos jogos. **2.** Elemento, princípio. **3.** Base para formação de juízo ou de cálculo. **4.** Ponto de partida em que se assenta uma discussão. **5.** Dormente de pedra. *adj.* **6.** FIG Afável, tratável. **7.** Lícito, permitido. **8.** Gratuito, ofertado. **9.** Habituado, propenso. **10.** Determinado. **11.** Datado.

Dai.qui.ri *s.m.* Bebida à base de rum claro com lima ou limão, açúcar e gelo picado.

Da.lai-la.ma *s.m.* Chefe supremo do budismo no Tibete (China).

Dá.lia *s.f.* BOT Planta ornamental de raízes tuberosas, muito cultivada pela beleza de suas flores. **2.** A flor dessa planta.

Dál.ma.ta *adj.2g.* **1.** Relativo à Dalmácia (Iugoslávia); dalmatense. *s.2g.* **2.** Pessoa natural da Dalmácia; dalmatense. *s.m.* **3.** Cão grande, de até 50 cm de altura, de pelo branco e curto com manchas pretas ou pardas, originário da Dalmácia.

Dal.tô.ni.co *adj.* **1.** Relativo a daltonismo. **2.** Que sofre de daltonismo. *s.m.* **3.** Aquele que sofre de daltonismo.

Dal.to.nis.mo *s.m.* MED Incapacidade de diferenciar cores, notadamente o vermelho e o verde, provocada por distúrbios da visão.

Da.ma *s.f.* **1.** Mulher nobre; senhora. **2.** Atriz renomada. **3.** A parceira numa dança. **4.** Uma das peças dos jogos de xadrez e damas. **5.** Carta de baralho, com a figura de uma mulher.

Da.mas.co *s.m.* **1.** Fruto comestível do damasqueiro. **2.** Estofo de seda ou de lã tecido com fios da mesma cor e ornamentado com flores ou desenhos em relevo, que se fabricava em Damasco. **3.** Tecido que imita o damasco. **4.** Cor vermelho-acinzentada.

Da.mas.quei.ro *s.m.* BOT Árvore de flores grandes, que produz fruto comestível chamado *damasco.*

Da.na.ção *s.f.* **1.** Ato ou efeito de danar(-se). **2.** Fúria, raiva. **3.** Perturbação, excitação. **4.** Confusão, balbúrdia, trapalhada. **5.** Condenação (da alma) ao inferno). **6.** Desgraça, infortúnio.

Da.na.do *adj.* **1.** Raivoso, hidrófobo. **2.** Condenado ao inferno. **3.** Zangado, irado. **4.** Endiabrado, perverso, ruim, mau. **5.** Incrível, extraordinário. **6.** FAM Traquinas, travesso. **7.** FAM Hábil, esperto, jeitoso. **8.** Muito zangado. **9.** Valente. **10.** Arruinado, estragado. *s.m.* **11.** O que foi condenado ao inferno. **12.** Indivíduo ousado, que faz coisas extraordinárias.

Dan.ça *s.f.* **1.** Arte de dançar. **2.** Sequência cadenciada e harmoniosa de passos, geralmente ao som e compasso de música; baile. **3.** FIG Negócio intrincado, difícil ou arriscado. **4.** Labuta. **5.** Encrenca, embrulhada.

Dan.çar *v.t.* **1.** Praticar a dança; bailar. **2.** Mover-se com certa cadência. *v.int.* **3.** GÍR Sair-se mal; não alcançar o que pretendia. **4.** GÍR Perder o emprego.

Dan.ça.ri.no *s.m.* **1.** Homem que dança por profissão; bailarino. **2.** Homem que dança bem. *adj.* **3.** Referente a dança.

Dan.ce.te.ri.a *s.f.* Estabelecimento onde se dança.

Danc.ing (ing.) *s.m.* Casa pública onde se dança; salão de danças. ● *Pl.: dancings.*

Dan.di *s.m.* Homem que se traja com muito apuro; almofadinha.

Dan.dis.mo *s.m.* **1.** Pretensão à elegância. **2.** Bom-tom extremado. **3.** Futilidade.

Da.nês *s.m.* Dinamarquês.

Da.ni.fi.car *v.t.* **1.** Causar dano a. **2.** Estragar, arruinar; deteriorar. *v.p.* **3.** Sofrer dano; prejudicar-se.

Da.ni.nho *adj.* **1.** Que causa dano. **2.** Endiabrado, traquinas, travesso (criança). **3.** Malvado, irascível.

Da.no *s.m.* **1.** Mal ou ofensa que se faz a alguém. **2.** Estrago ou prejuízo causado por alguém em coisas alheias; perda.

Dan.tes.co *adj.* Que se parece com as cenas horríveis passadas no "Inferno" como descrito na *Divina Comédia*, de Dante Alighieri (1265-1321).

-dão *suf.* 'Qualidade': *escuridão.*

Dar *v.t.* **1.** Ceder gratuitamente. **2.** Entregar. **3.** Doar, presentear, ofertar. **4.** Ceder para uso ou serviço. **5.** Encontrar, topar. **6.** Notar, ver, perceber. **7.** Ostentar, aparentar. **8.** Arremessar, fazer bater. **9.** Supor, admitir. **10.** Castigar corporalmente; bater. **11.** Infligir. **12.** Criar, produzir. **13.** Bastar, ser suficiente. **14.** Chegar, parar. **15.** Ter comunicação. **16.** Considerar, fazer passar. **17.** Soar (horas). **18.** Declarar, emitir. *v.p.* **19.** Entregar-se, render-se. **20.** Combinar-se, harmonizar-se. **21.** Considerar-se, julgar-se. **22.** Ocorrer, acontecer: *O fato deu-se às 20 horas.*

Dar.de.jar *v.t.* **1.** Arremessar dardo contra. **2.** Ferir com dardo; flechar. **3.** Brilhar muito; cintilar, fulgurar.

Dar.do *s.m.* **1.** Arma de arremesso, espécie de pequena lança com ponta de ferro. **2.** FIG Coisa que fere ou magoa. **3.** Aguilhão de alguns insetos. **4.** FIG Censura acre, dito picante ou mordaz.

DARF Sigla de Documento de Arrecadação da Receita Federal.

Da.ta *s.f.* **1.** Indicação exata do dia, mês e ano em que se deu um fato. **2.** Tempo, época. **3.** Porção, faixa de terra.

Da.ta.ção *s.f.* **1.** Ato ou efeito de datar. **2.** Certo processo de determinação da idade, muito usado em Paleontologia.

Da.ta.do *adj.* **1.** Que traz uma data ('registro'); que tem uma data precisa; que menciona a data ou época em que foi feito, escrito etc. **2.** Cuja data ('época') foi possível determinar. **3.** Característico de uma época determinada, ou pertencente a ela. **4.** Desprovida de atualização; com interesse apenas histórico; passado. **5.** Fora de moda; ultrapassado; passado.

Da.ti.lo.gra.far *v.t.* Escrever à máquina. ● *Var.: dactilografar.*

Da.ti.ló.gra.fo *s.m.* Aquele que sabe datilografia, que escreve à máquina. ● *Var.: dactilógrafo.*

Da.ti.los.co.pi.a *s.f.* Estudo das impressões digitais com fins de identificação. ● *Var.: Dactiloscopia.*

Da.ti.vo *s.m.* Caso gramatical grego e latino, que indica a relação de objeto indireto.

D.c. Abrev. de *depois de Cristo.*

DDC Sigla de Discagem Direta a Cobrar.

DDD Sigla de Discagem Direta à Distância.

DDI Sigla de Discagem Direta Internacional.

Ddt *s.m.* Dedetê.

DE — DECILITRO

De *prep.* de amplo uso, designativa de variadas relações, tais como de *posse, proveniência, lugar, modo, causa, tempo, situação, instrumento* etc.

Dê *s.m.* Nome da letra *D/d.* • *Pl.:* dês.

De.am.bu.lar *v.int.* Caminhar sem rumo certo; vaguear.

De.ão *s.m.* Dignitário eclesiástico logo abaixo do bispo ou arcebispo, que preside ao cabido; decano. • *Pl.:* deãos, deões, deães.

De.ba.cle (fr. *débâcle*) *s.f.* **1.** Ruína financeira. **2.** Desastre, catástrofe. **3.** Derrota (militar).

De.bai.xo *adv.* Em lugar ou situação inferior; por baixo. ♦ Debaixo de: sob, embaixo de.

De.bal.de *adv.* Em vão, inutilmente.

De.ban.da.da *s.f.* **1.** Ato ou efeito de debandar. **2.** Fuga desordenada. **3.** Confusão.

De.ban.dar *v.t.* **1.** Pôr em fuga desordenada. *v.int.* e *p.* **2.** Pôr-se em debandada. **3.** Fugir, dispersar-se.

De.ba.te *s.m.* **1.** Contenda por meio de palavras ou argumentos; contestação. **2.** Briga por meio de argumentos. **3.** Troca de opiniões. **4.** Controvérsia, altercação; discussão.

De.ba.ter *v.t.* **1.** Contestar por meio de palavras ou argumentos. **2.** Disputar; questionar. **3.** Participar de um debate. *v.p.* **4.** Agitar-se muito, resistindo ou procurando soltar-se.

De.be.lar *v.t.* **1.** Dominar, vencer. **2.** Curar (doença); destruir. **3.** Refrear, reprimir. **4.** Combater.

De.bên.tu.re *s.f.* **1.** Título de dívida amortizável, que vence juros e correção monetária. **2.** Título de crédito ao portador. **3.** Obrigação ao portador.

De.bi.car *v.t.* **1.** Tocar com o bico (o passarinho). **2.** Comer pequena quantidade; provar. **3.** Comer sem apetite, em pequena quantidade; lambiscar. **4.** FIG Escarnecer, troçar, zombar.

Dé.bil *adj.2g.* **1.** Fraco, frágil, franzino. **2.** Que tem pouca força ou energia. **3.** Pusilânime, frouxo. **4.** Pouco perceptível. **5.** Insignificante, diminuto, pequeno. **6.** GÍR Tolo, bobo.

De.bi.li.ta.ção *s.f.* **1.** Ato ou efeito de debilitar(-se). **2.** Enfraquecimento progressivo. **3.** Perda de forças.

De.bi.tar *v.t.* e *p.* **1.** Inscrever(-se) como devedor. **2.** Tornar(-se) ou constituir(-se) devedor.

Dé.bi.to *s.m.* **1.** Aquilo que se deve; dívida. **2.** Compromisso, obrigação. **3.** Conta devedora. • *Ant.:* crédito.

De.bo.char *v.t.* **1.** Zombar, escarnecer. **2.** Não levar em conta. **3.** Desafiar com zombarias. *v.p.* **4.** Tornar(-se) devasso; depravar-se.

De.bo.che *s.m.* **1.** Caçoada, zombaria, troça. **2.** Desregramento dos costumes; devassidão, libertinagem.

De.bre.ar *v.t.* Colocar (o motor do automóvel) em ponto morto; desengatar.

De.bru.çar *v.t.* **1.** Inclinar, curvar. *v.p.* **2.** Inclinar o busto para a frente. **3.** Curvar-se, inclinar-se.

De.brum *s.m.* Fita ou tira que, dobrada, se cose sobre a orla de tecido etc.; orla.

De.bu.lha *s.f.* **1.** Ato ou efeito de debulhar. **2.** Operação que consiste em separar o grão da espiga ou do invólucro, quer manualmente, quer pelo pisoteio dos animais, ou ainda por processos mecânicos.

De.bu.lhar *v.t.* **1.** Despegar os grãos ou sementes de. **2.** Chorar muito. **3.** FIG Desmanchar-se, desfazer-se.

De.bu.tan.te *s.f.* **1.** Moça adolescente, geralmente de 15 anos, que estreia na vida social. *adj.2g.* **2.** Que estreia; iniciante.

De.bu.tar *v.int.* Estrear (especialmente na vida social).

Dé.ca.da *s.f.* **1.** Série de dez; dezena. **2.** Espaço de dez anos; decênio.

De.ca.dên.cia *s.f.* **1.** Ruína. **2.** Enfraquecimento, declínio, queda. **3.** Estado do que decai.

De.ca.e.dro *adj.* e *s.m.* GEOM Diz-se de, ou sólido que tem dez faces ou lados.

De.cá.go.no *adj.* e *s.m.* GEOM Diz-se de, ou polígono de dez ângulos e dez faces ou lados.

De.ca.ir *v.int.* **1.** Cair à situação inferior; declinar. **2.** Ir em decadência. *v.t.* **3.** Sofrer diminuição. **4.** Perder a posse ou a posição.

De.cal.car *v.t.* **1.** Reproduzir (desenho) calcando. **2.** FIG Plagiar, imitar servilmente.

De.cal.co.ma.ni.a *s.f.* Processo de reproduzir, calcando com a mão, desenhos impressos com tinta especial.

De.cá.lo.go *s.m.* **1.** Os dez mandamentos da lei de Deus, entregues a Moisés no Monte Sinai. **2.** Princípios, norma.

De.cal.que *s.m.* **1.** Ato ou efeito de decalcar. **2.** Desenho decalcado. **3.** Cópia, plágio, reprodução.

De.ca.na.to *s.m.* **1.** Dignidade, qualidade ou função de decano ou deão. **2.** ASTROL Cada uma das três divisões, em dez graus, de cada signo do zodíaco.

De.ca.no *s.m.* O membro mais velho ou mais antigo de uma classe ou corporação; deão.

De.can.ta.ção *s.f.* Processo rápido de análise que permite separar dois líquidos não miscíveis, ou um sólido de um líquido.

De.can.ta.dor (ô) *adj.* e *s.m.* **1.** Que ou o que celebra em canto ou verso. **2.** Que ou o que tece elogios; enaltecedor, engrandecedor. **3.** Que ou o que faz previsões, vaticínios.

De.can.tar *v.t.* **1.** Fazer a decantação; purificar. **2.** Celebrar em cantos ou versos. **3.** Exaltar, engrandecer.

De.cant.er (ing.) *s.m.* **1.** Frasco us. para decantar ou guardar líquidos decantados. **2.** Garrafa de vidro ou cristal de bela forma e/ou trabalhada, us. para servir vinho; decantadeira. • *Pl.:* decanters.

De.ca.pi.tar *v.t.* **1.** Cortar a cabeça de; degolar. **2.** FIG Privar do líder, do chefe.

De.cas.sé.gui *adj.* e *s.m.2g.* Que ou aquele que se fixa, mas apenas temporariamente, no Japão, para trabalhar freq. como mão de obra direta.

De.ca.tlo *s.m.* **1.** Conjunto de dez provas atléticas que tem por objetivo conhecer o decatleta, o atleta mais completo. **2.** Prova mista constituída de dez etapas, realizadas cinco de cada vez em dois dias [Consiste em corrida de 100 m, salto em distância, lançamento de peso, salto em altura, corrida de 400 m, corrida de 110 m com barreiras, lançamento de disco, salto em altura com vara, lançamento de dardo e corrida de 1.500 m.].

De.ce.nal *adj.2g.* **1.** Que dura dez anos. **2.** Que acontece de dez em dez anos.

De.cên.cia *s.f.* **1.** Qualidade de decente; decoro, compostura. **2.** Honradez, probidade. **3.** Moralização. • *Ant.:* indecência.

De.ce.par *v.t.* **1.** Cortar rente como um cepo. **2.** Cortar, separando do corpo de que faz parte. **3.** Mutilar, amputar. **4.** FIG Eliminar, destruir.

De.cep.ção *s.f.* **1.** Surpresa desagradável por não se encontrar o que se esperava. **2.** Desapontamento, desilusão.

De.cer.to *adv.* Com certeza; por certo.

De.ces.so *s.m.* **1.** Morte, óbito. **2.** FUT GÍR Rebaixamento de um clube à divisão inferior por ter sido o último classificado na categoria.

De.ci.bel *s.m.* Unidade de medida da intensidade do som.

De.ci.di.do *adj.* **1.** Que se decidiu; resolvido, firmado. **2.** Resoluto, determinado, firme. **3.** Valente, corajoso, destemido.

De.ci.dir *v.t.* **1.** Dar decisão a; resolver. **2.** Determinar. **3.** Sentenciar. **4.** Convencer; persuadir; induzir. **5.** Dar decisão. *v.p.* **6.** Inclinar-se a favor de, ou contra. **7.** Resolver-se, optar.

De.cí.duo *adj.* Que cai; caduco.

De.ci.fra.ção *s.f.* **1.** Ato ou efeito de decifrar. **2.** Compreensão, adivinhação.

De.ci.frar *v.t.* **1.** Descobrir o sentido de uma escrita cifrada ou de um texto mal escrito; decodificar. **2.** Interpretar, adivinhar. **3.** Revelar, esclarecer o que está oculto, misterioso.

De.ci.gra.ma *s.m.* Unidade de massa equivalente à décima parte de um grama. • *Abrev.:* dg.

De.ci.li.tro *s.m.* Unidade de capacidade equivalente à décima parte do litro. • *Abrev.:* dl.

DECIMAL — DEDURAR

De.ci.mal *adj.2g.* **1.** Que procede por múltiplos ou submúltiplos de dez. *s.f.* **2.** Cada um dos algarismos de uma fração decimal.

De.cí.me.tro *s.m.* Unidade de comprimento que equivale à décima parte do metro. ● *Abrev.: dm.*

Dé.ci.mo *num.* **1.** Que, em uma ordem ou série, ocupa o lugar correspondente a 10. **2.** Ínfima fração; pouco ou quase nada. *s.m.* **3.** Parte contida 10 vezes num todo; a décima parte.

De.ci.são *s.f.* **1.** Ato ou efeito de decidir(-se). **2.** Qualidade de quem decide com rapidez e segurança. **3.** Coragem, intrepidez. **4.** Certeza, acordo. **5.** Deliberação ou sentença após discussão ou exame prévio.

De.ci.si.vo *adj.* **1.** Que decide. **2.** Em que não há dúvida. **3.** Definitivo, categórico, insofismável, terminante. **4.** Grave, crítico.

De.ci.só.rio *adj.* Que tem o poder de decidir.

Deck (ingl.) *s.m.* ⇒ Deque. ● *Pl.: decks.*

De.cla.mar *v.t.* **1.** Recitar em voz alta, com gestos e entonação própria. **2.** Proclamar. **3.** Gritar, bradar. *v.int.* **4.** Falar alto e com pompa; discursar em tom solene.

De.cla.ra.ção *s.f.* **1.** Ato ou efeito de declarar. **2.** Aquilo que se declara. **3.** Lista pormenorizada: *Declaração do Imposto de Renda.* **4.** Documento, prova escrita. **5.** Depoimento. **6.** Rol, inventário. **7.** Confissão de amor.

De.cla.rar *v.t.* **1.** Pronunciar. **2.** Manifestar, expor; patentear. **3.** Esclarecer. **4.** Divulgar, publicar. *v.p.* **5.** Confessar-se, descobrir- se; revelar-se. **6.** Manifestar-se a favor ou contra alguém.

De.cli.na.ção *s.f.* **1.** Ato ou efeito de declinar. **2.** Arco de um círculo máximo da esfera entre o Equador e determinado astro. **3.** Medida do ângulo formado pela direção de um meridiano e pela agulha magnética. **4.** O conjunto de casos, de terminações em latim, grego etc. (substantivo, adjetivo e pronome). **5.** GRAM Flexão de substantivos, adjetivos e pronomes, quanto ao gênero, ao número e ao grau. **6.** Declive.

De.cli.nar *v.t.* **1.** Eximir-se a. **2.** Rejeitar, desviar. **3.** Nomear; declarar, revelar (nomes). **4.** Aplicar as variações dos casos às palavras declináveis. *v.int.* **5.** Aproximar-se do fim. **6.** Desviar-se ou afastar-se de um ponto ou direção.

De.clí.nio *s.m.* **1.** Proximidade do fim. **2.** Diminuição de grandeza, de brilho; decadência. **3.** Queda.

De.cli.ve *s.m.* **1.** Inclinação de terreno, considerado de cima para baixo; descida. **2.** *adj.* Inclinado em descida. ● *Ant.: aclive.*

De.coc.ção *s.f.* **1.** Operação que consiste em retirar de uma planta seus princípios ativos pela ação de um líquido em ebulição. **2.** O produto assim obtido.

De.co.di.fi.car ou **des.co.di.fi.car** *v.t.* **1.** Passar (mensagem codifi- cada) para outro código, em linguagem inteligível; mudar um código em outro; descodificar, decifrar, decodizar. **2.** Interpretar o significado de palavra ou sentença de uma dada língua natural, considerada como código. **3.** Interpretar (um código), conver- tendo os dados a seu formato original.

De.co.lar *v.int.* Levantar voo (aeronave).

De.com.por *v.t.* **1.** Separar os elementos componentes de. **2.** Analisar ou estudar por partes. **3.** Corromper, apodrecer, estragar. **4.** Alterar, modificar profundamente. *v.p.* **5.** Separarem- -se os elementos constitutivos de. **6.** Alterar-se profundamente, corromper-se, estragar-se.

De.com.po.si.ção *s.f.* Ato ou efeito de decompor(-se).

De.co.ra.dor (ô) *adj.* e *s.m.* **1.** Diz-se de, ou aquele que decora ou aprende de cor. *s.m.* **2.** Profissional que cuida da decoração de residências, lojas etc.

De.co.rar *v.t.* **1.** Aprender de cor. **2.** Procurar guardar na memória aquilo que leu; memorizar. **3.** Guarnecer, ornar com decoração. **4.** Enfeitar; ornamentar.

De.co.ro (ô) *s.m.* **1.** Decência, honra, pundonor. **2.** Beleza moral resultante da honestidade. **3.** Conformidade do estilo com o assunto.

De.co.ro.so (ô) *adj.* **1.** Que tem o que em que há decoro. **2.** Honroso. **3.** Digno, honesto, decente. ● *Ant.: indecoroso.*

De.cor.rên.cia *s.f.* Decurso, consequência.

De.cor.rer *v.int.* **1.** Passar, escoar-se (o tempo). **2.** Suceder, acontecer. *v.t.* **3.** Originar-se, derivar.

De.co.tar *v.t.* e *int.* **1.** Aparar por cima ou em redor (ramos de árvore ou arbusto). *v.t.* **2.** Cortar um vestido de maneira que fique o peito mais ou menos a descoberto.

De.co.te *s.m.* **1.** Ato ou efeito de decotar. **2.** Corte feito no vestuário para deixar o colo a descoberto.

De.cre.pi.dez *s.f.* Estado ou qualidade de decrépito; caducidade.

De.cré.pi.to *adj.* **1.** Muito velho e já debilitado pela idade; caduco. **2.** Arruinado, gasto, carcomido.

De.cre.pi.tu.de *s.f.* **1.** Estado de uma pessoa decrépita. **2.** Extrema velhice; ancianidade, caduquice.

De.cres.cer *v.int.* **1.** Tornar-se menor; diminuir. **2.** Ceder; abater. **3.** Enfraquecer.

De.crés.ci.mo *s.m.* Decrescimento, diminuição.

De.cre.tar *v.t.* **1.** Ordenar, determinar por decreto ou lei. **2.** Julgar, sentenciar. **3.** Determinar, decidir. **4.** Prescrever. *v.int.* **5.** Dar ordens.

De.cre.to *s.m.* **1.** Determinação escrita, emanada de chefe de Estado, de governo ou de outra autoridade superior. **2.** Desígnio, vontade superior.

De.cre.to-lei *s.m.* Decreto do chefe do Governo, com força de lei. ● *Pl.: decretos-leis.*

De.cú.bi.to *s.m.* Posição de quem está deitado.

De.cu.pli.car *v.t.* e *p.* Multiplicar(-se) por dez; tornar(-se) dez vezes maior.

Dé.cu.plo *adj.* **1.** Que é dez vezes maior. **2.** Que vale dez vezes mais. *s.m.* **3.** Quantidade dez vezes maior.

De.cur.so *s.m.* **1.** Ato ou efeito de decorrer. **2.** Percurso. **3.** Sucessão; tempo decorrido. **4.** Transcurso; duração. *adj.* **5.** Que decorreu; transcorrido.

De.da.da *s.f.* **1.** Porção de substância que aderiu ao dedo. **2.** Nódoa que o dedo deixou num objeto. **3.** Marca, sinal que o dedo deixa numa coisa.

De.dal *s.m.* Proteção metálica usada no dedo médio para empurrar a agulha, quando se cose.

De.dar *v.t.* e *int.* **1.** GÍR Apontar com o dedo. **2.** GÍR Delatar, incriminar, alcaguetar.

De.dei.ra *s.f.* **1.** Dedo de luva ou pedaço de estofo, couro etc. com que se protege o dedo. **2.** MÚS Peça que o violonista usa no polegar, para fazer vibrar as cordas graves.

De.de.tê *s.m.* Produto inseticida, esp. para baratas.

De.de.ti.zar *v.t.* Aplicar DDT ou outro inseticida em; desinsetizar.

De.di.ca.ção *s.f.* **1.** Ato ou efeito de dedicar(-se). **2.** Grande afeto ou devoção; sacrifício, devotamento. **3.** Desprendimento de si próprio em favor de outrem ou de uma ideia.

De.di.car *v.t.* **1.** Consagrar, tributar. **2.** Celebrar, festejar. **3.** Ofe- recer por dedicação. *v.p.* **4.** Consagrar-se, devotar-se; dar-se, empenhar-se. **5.** Sacrificar-se por.

De.di.ca.tó.ria *s.f.* Palavras escritas, com que se oferece a alguém uma publicação, um trabalho, um retrato etc.

De.di.lhar *v.t.* **1.** Fazer vibrar com os dedos as cordas de instrumento musical. **2.** MÚS Executar com os dedos, em instrumento de cordas, um trecho de música.

De.do *s.m.* **1.** Cada um dos prolongamentos articulados que terminam as mãos e os pés. **2.** Cada uma das partes da luva, correspondente a um dedo. **3.** Medida equivalente à grossura de um dedo. **4.** FIG Capacidade, aptidão.

De.do-du.rar *v.t.* e *int.* GÍR Dedurar.

De.do-du.ro *adj.* e *s.m.* GÍR Que, ou aquele que espiona para delatar. **2.** Delator, alcaguete.

De.du.ção *s.f.* **1.** Ato ou efeito de deduzir. **2.** Consequência tirada de um princípio. **3.** FILOS Modo ou processo de raciocinar, partindo da causa para os efeitos, do princípio para as consequências, do geral para o particular. **4.** Abatimento. ● *Ant.: aumento, acréscimo.*

De.du.rar *v.t.* e *int.* GÍR Dedar, delatar, alcaguetar.

DEDUTIVO — DEÍSMO

De.du.ti.vo *adj.* Que procede por dedução. • *Ant.*: indutivo.

De.du.zir *v.int.* **1.** Tirar dedução; concluir. *v.t.* **2.** Tirar como consequência; inferir. **3.** Descontar, tirar, subtrair. • *Ant.*: acrescentar.

De.fa.sa.gem *s.f.* **1.** Diferença de fase entre dois fenômenos. **2.** FIG Diferença, discrepância, atraso, descompasso.

De.fault (ing.) *s.m.* Valor presumido. • *Pl.*: defaults.

De.fe.car *v.int.* **1.** Expelir os excrementos; evacuar. **2.** Purificar um líquido. **3.** Separar as impurezas de (um líquido). **4.** Limpar, purgar.

De.fec.ção *s.f.* **1.** Abandono de partido, crença etc. **2.** Deserção; falta.

De.fec.tí.vel *adj.* Falho, imperfeito, incompleto. • *Ant.*: indefectível.

De.fec.ti.vo *adj.* **1.** A que falta alguma coisa. **2.** Imperfeito, defeituoso, incompleto. **3.** GRAM Diz-se do verbo de conjugação incompleta.

De.fei.to *s.m.* **1.** Imperfeição (física ou moral). **2.** Mancha, pecha, senão, vício, deformidade. **3.** Irregularidade que, num objeto, lhe estraga a aparência, ou lhe causa enfraquecimento, ou lhe impede a utilização. **4.** Falha, imperfeição.

De.fen.der *v.t.* **1.** Dar auxílio a; proteger, amparar. **2.** Falar a favor de; interceder por; procurar desculpar ou justificar. **3.** Patrocinar ou advogar a causa de. **4.** Abrigar, resguardar. **5.** Proibir, vedar. **6.** Agir como advogado, em defesa de alguém, numa demanda. **7.** Advogar, patrocinar. **8.** Valer, socorrer. *v.p.* **9.** Repelir ataque ou agressão (física ou moral). **10.** Proteger-se. **11.** Desculpar-se.

De.fe.nes.trar *v.t.* **1.** Atirar (alguém ou algo) janela afora, violentamente. **2.** Dar cabo de (alguém); demitir expressamente; marginalizar, alijar.

De.fen.si.va *s.f.* **1.** O conjunto de todos os meios de defesa ou proteção. **2.** Situação ou estado de quem se defende. • *Ant.*: ofensiva.

De.fen.si.vo *adj.* **1.** Próprio para defender. *s.m.* **2.** Preservativo.

De.fen.sor (ô) *adj.* e *s.m.* Que, ou aquele que defende; protetor, patrono; advogado. • *Ant.*: acusador.

De.fe.rên.cia *s.f.* **1.** Respeito aos sentimentos, desejos e gostos de alguém. **2.** Respeito, consideração.

De.fe.ri.men.to *s.m.* Ato ou efeito de deferir. • *Ant.*: indeferimento.

De.fe.rir *v.t.* Atender ao que se requer. • *Ant.*: indeferir.

De.fe.sa (ê) *s.f.* **1.** Ato ou efeito de defender. **2.** Aquilo que serve para defender. **3.** Contestação de uma acusação. **4.** Cada um dos dentes caninos de certos animais.

De.fi.ci.ên.cia *s.f.* **1.** Defeito que uma coisa tem ou falha que apresenta na quantidade, qualidade ou valor. **2.** Falta, carência, falha.

De.fi.ci.en.te *adj.2g.* **1.** Em que há deficiência. **2.** Imperfeito, falho. *s.2g.* **3.** Pessoa portadora de qualquer tipo de deficiência física (cego, aleijado etc.) ou mental.

Dé.fi.cit *s.m.* **1.** Diferença para menos, da receita sobre a despesa. **2.** O que falta. • *Ant.*: superávit.

De.fi.nhar *v.t.* **1.** Enfraquecer, emagrecer. *v.int.* **2.** Consumir-se aos poucos, murchar, secar, decair.

De.fi.ni.ção *s.f.* **1.** Ato ou efeito de definir(-se). **2.** Decisão em matéria duvidosa. **3.** Notícia. • *Ant.*: indefinição.

De.fi.ni.do *adj.* **1.** Que se definiu. **2.** Determinado, exato, claro. **3.** Que determina o substantivo de modo preciso (artigo). • *Ant.*: indefinido.

De.fi.nir *v.t.* **1.** Enunciar os atributos e as qualidades próprias e exclusivas de. **2.** Explicar o significado de. **3.** Demarcar, fixar. *v.p.* **4.** Tomar resolução; decidir-se por. **5.** Explicar-se, exprimir-se.

De.fi.ni.ti.vo *adj.* **1.** Próprio para definir. **2.** Que explica, resolve, ordena. **3.** Decisivo, categórico.

De.fla.ção *s.f.* **1.** Diminuição do excesso de papel-moeda em circulação. **2.** Queda contínua do nível geral de preços. • *Ant.*: inflação.

De.fla.cio.nis.ta *adj.2g.* **1.** Relativo à deflação. *adj.* e *s.2g.* **2.** Diz-se de, ou pessoa partidária da deflação.

De.fla.gra.ção *s.f.* **1.** Ato ou efeito de deflagrar. **2.** Ocorrência súbita e por vezes violenta.

De.fla.grar *v.t.* **1.** Arder, explodindo ou lançando chama. **2.** Irromper de repente, como incêndio. **3.** Provocar, desencadear, iniciar: *Deflagrar o movimento rebelde.* *v.p.* **4.** Atear (um incêndio, uma guerra).

De.flo.rar *v.t.* **1.** Violar a virgindade de. **2.** BOT Tirar as flores a; desflorar.

De.flu.xo (cs ou ss) *s.m.* Inflamação da mucosa nasal, acompanhada de corrimento.

De.for.ma.ção *s.f.* Ato ou efeito de deformar.

De.for.mar *v.t.* **1.** Mudar a forma primitiva, deixando imperfeito, defeituoso. **2.** Modificar, alterar. *v.p.* **3.** Perder a forma primitiva.

De.for.mi.da.de *s.f.* **1.** Anomalia ou vício, na conformação; aleijão. **2.** Vício, depravação.

De.frau.da.ção *s.f.* **1.** Ato ou efeito de defraudar. **2.** Usurpar por meio de fraude.

De.frau.dar *v.t.* **1.** Espoliar com fraude. **2.** Fraudar habilmente. **3.** Burlar, lograr, lesar, esbulhar.

De.fron.tar *v.t.* **1.** Pôr-se de frente a; encarar, enfrentar. **2.** Pôr defronte de. **3.** Deparar, topar. *v.p.* **4.** Enfrentar-se, confrontar-se.

De.fron.te *adv.* Em frente de, face a face; diante, fronteiro.

De.fu.ma.dor (ô) *adj.* **1.** Que defuma. *s.m.* **2.** Defumadouro.

De.fu.mar *v.t.* **1.** Expor ao fumo. **2.** Secar na fumaça. **3.** Perfumar com fumaça de substâncias aromáticas.

De.fun.to *adj.* **1.** Que faleceu; falecido. *s.m.* **2.** Pessoa que faleceu; morto.

De.ge.lar *v.t.* **1.** Fazer cessar o congelamento; descongelar. **2.** Aquecer, reanimar. *v.p.* **3.** Derreter-se, descongelar-se. **4.** Aquecer-se.

De.ge.lo (ê) *s.m.* **1.** Liquefação do gelo e da neve em consequência de elevação da temperatura. **2.** FIG Alívio de uma tensão, de uma situação crítica.

De.ge.ne.ra.ção *s.f.* **1.** Ato ou efeito de degenerar. **2.** Depravação. **3.** Degenerescência.

De.ge.ne.rar *v.t.* **1.** Deturpar, corromper. *v.int.* e *p.* **2.** Perder as qualidades naturais próprias ou da raça. **3.** Corromper-se, depravar-se. **4.** Alterar-se, modificar-se.

De.glu.tir *v.t.* Engolir, ingerir (alimento), fazendo passar da boca ao estômago.

De.go.la *s.f.* Decepamento da cabeça; decaptação.

De.go.lar *v.t.* **1.** Cortar o pescoço ou a cabeça de; decapitar. *v.p.* **2.** Cortar a própria garganta; decapitar-se.

De.gra.da.ção *s.f.* **1.** Ato ou efeito de degradar. **2.** Destituição de grau, dignidade etc. de maneira infamante. **3.** Aviltamento, baixeza. **4.** Depravação.

De.gra.dar *v.t.* **1.** Privar de grau, dignidade cargo ou encargo de maneira degradante. **2.** Deteriorar, estragar. **3.** FIG Aviltar, envilecer. **4.** Rebaixar. *v.p.* **5.** Tornar-se desprezível; aviltar-se.

De.gre.do (ê) *s.m.* **1.** Pena de desterro imposta pela justiça a certos criminosos; banimento. **2.** Lugar onde é cumprida essa pena.

De.grin.go.lar *v.int.* **1.** Cair, descer precipitadamente do alto a baixo; rolar. **2.** Provocar a queda de. *v.p.* **3.** Desmantelar-se; arruinar-se.

De.gus.ta.ção *s.f.* **1.** Ato ou efeito de degustar. **2.** Processo de julgamento de vinho ou outro alimento com base na impressão causada pelo odor e pelo paladar.

De.gus.tar *v.t.* **1.** Avaliar o gosto ou sabor de. **2.** Provar, experimentar.

Dei.da.de *s.f.* **1.** Divindade. **2.** FIG Mulher muito formosa.

De.i.fi.car *v.t.* **1.** Incluir no número dos deuses; endeusar, divinizar. **2.** Fazer a apoteose de.

De.ís.mo *s.m.* Sistema dos que creem em Deus como força infinita e causa de todos os fenômenos do Universo, mas rejeitam toda espécie de revelação divina.

DEITAR — DEMONSTRAR

Dei.tar *v.t.* **1.** Estender ao comprido. **2.** Colocar na cama. **3.** Pôr a chocar. **4.** Dirigir (a vista). **5.** Derramar, lançar de si. **6.** Atribuir (alguma falta ou culpa). *v.p.* **7.** Estender-se (no chão etc.). **8.** Esconder-se. **9.** Estender-se (na cama) para dormir ou descansar.

Dei.xa *s.f.* **1.** Ato ou efeito de deixar; deixação. **2.** Legado, herança. **3.** Palavra que indica nos papéis dos atores que um acabou de falar e que outro vai começar. **4.** Qualquer sinal com que, dissimulando, se induz alguém a fazer alguma coisa.

Dei.xar *v.t.* **1.** Largar, soltar. **2.** Abandonar. **3.** Afastar-se; renunciar a. **4.** Pôr de lado. **5.** Consentir, permitir. **6.** Adiar. **7.** Demitir-se. **8.** Transmitir como legado. *v.p.* **9.** Permitir-se, não resistir.

Déjà vu (fr.) *s.m.* Sensação de já ter vivido antes a mesma situação.

De.je.ção *s.f.* **1.** FISIOL Evacuação de excrementos. **2.** As próprias matérias fecais.

De.je.jum *s.m.* Ato de dejejuar; desjejum.

De.je.to (é) *s.m.* Ação de evacuar excrementos.

De.la.ção *s.f.* **1.** Ato ou efeito de delatar. **2.** Denúncia, acusação.

De.la.tar *v.t.* **1.** Denunciar o autor de um crime. **2.** Denunciar; revelar. ♦ Cf. *dilatar*.

De.la.tor *adj. e s.m.* Que, ou aquele que delata ou denuncia.

De.le.ga.ção *s.f.* **1.** Ato ou efeito de delegar. **2.** Comissão para agir em nome de outrem. **3.** DIR Cessão, cedência.

De.le.ga.ci.a *s.f.* **1.** Casa onde o delegado de polícia desempenha suas funções. **2.** Repartição onde o delegado (de polícia, da Fazenda etc.) exerce suas funções.

De.le.ga.do *s.m.* **1.** Enviado, comissário. **2.** Aquele que representa outrem, sob sua autorização; representante, emissário. **3.** Funcionário titular de uma delegacia de polícia.

De.lei.te *s.m.* **1.** Prazer íntimo e suave; gozo, gosto. **2.** Doçura, delícia.

De.le.tar *v.t.* Destruir, eliminar, apagar ou rasurar, em port., o termo é tido como malformado; o verbo correspondente ao ingl. *to delete* é o verbo *delir*, que não é empregado nese sentido.

De.le.té.rio *adj.* **1.** Nocivo à saúde; prejudicial, danoso. **2.** Que corrompe; destrutivo. **3.** Desmoralizador.

Del.fim *s.m.* **1.** Cetáceo marinho, também chamado *golfinho*. **2.** ASTRON Constelação boreal. **3.** Título do herdeiro do trono, na antiga monarquia francesa.

Delga.do *adj.* **1.** Que tem pouca grossura. **2.** Magro, esguio, fino. **3.** Pouco espesso; sutil, tênue. *s.m.* **4.** A parte delgada de alguns objetos. ♦ *Ant.: espesso, grosso*.

De.li.be.ra.ção *s.f.* **1.** Ato ou efeito de deliberar. **2.** Resolução, determinação, decisão. **3.** Reflexão, meditação.

De.li.be.rar *v.t.* **1.** Decidir depois de exame e profunda reflexão. **2.** Refletir, ponderar. **3.** Tomar decisão; resolver. *v.p.* **4.** Determinar-se.

De.li.ca.de.za (ê) *s.f.* **1.** Qualidade do que ou de quem é delicado. **2.** Fineza, cortesia, gentileza. **3.** Fraqueza, debilidade, suavidade, esmero, apuro.

De.li.ca.do *adj.* **1.** Atencioso, cortês. **2.** Franco. **3.** Frágil, mole, delgado. **4.** Elegante, suave, meigo. **5.** De fácil alteração. **6.** Mimoso, apurado, sensível. **7.** Complicado, difícil. **8.** Arriscado.

De.li.ca.tés.sen *s.f.pl.* **1.** Iguarias finas, petiscos. *s.f.* **2.** Casa comercial em que se vendem essas iguarias.

De.lí.cia *s.f.* **1.** Deleite, gozo, encanto. **2.** Volúpia; prazer intenso.

De.li.ci.o.so (ô) *adj.* **1.** Que provoca delícia; agradável, magnífico. **2.** Perfeito, bem acabado.

De.li.mi.tar *v.t.* **1.** Fixar os limites ou os extremos de. **2.** Restringir, circunscrever, limitar.

De.li.ne.a.dor (ô) *adj. e s.m.* Que, ou o que delineia.

De.li.ne.ar *v.t.* **1.** Fazer os traços gerais de. **2.** Esboçar, descrever sucintamente. **3.** Rascunhar, traçar. **4.** Planejar, projetar. **5.** Demarcar.

De.lin.quen.te *adj. e s.2g.* Diz-se de, ou pessoa que delinquiu; criminoso.

De.lí.rio *s.m.* **1.** MED Perturbação das faculdades mentais, acompanhada de alucinações. **2.** Desvario, alucinação. **3.** Excesso de sentimento. **4.** Exaltação de espírito; desvario. **5.** FIG Entusiasmo.

De.li.to *s.m.* **1.** Fato que a lei declara punível. **2.** Crime, transgressão, falta, pecado.

De.lon.ga *s.f.* Demora, retardamento; adiamento.

De.lon.gar *v.t.* **1.** Tornar demorado; adiar, retardar. *v.p.* **2.** Demorar-se, prolongar-se.

Del.ta *s.m.* **1.** Nome da quarta letra do alfabeto grego, cuja maiúscula tem a forma de um triângulo. **2.** GEOGR Terreno triangular compreendido entre os braços extremos de um rio que deságua por muitas bocas.

De.ma.go.gi.a *s.f.* **1.** Preponderância de facções populares no governo. **2.** Atitude política que se caracteriza pela exploração das paixões e boa-fé do povo.

De.mais *adv.* **1.** Excessivamente, demasiadamente; por demais; muito. *adj.* **2.** Excessivo. *pron.indef.* **3.** Os outros, os restantes.

De.man.da *s.f.* **1.** Ação judicial proposta e disputada contenciosamente. **2.** DIR Ação judicial; causa, litígio. **3.** Combate, guerra, peleja. **4.** Contenda, discussão. **5.** ECON Procura.

De.man.dar *v.t.* **1.** Ir em procura de. **2.** Exigir ou ter necessidade de. **3.** Reclamar; pedir, requerer. **4.** Perguntar. **5.** Intentar ação judicial contra. *v.int.* **6.** Propor demanda; litigar.

De.mão *s.f.* **1.** Camada de tinta ou cal; mão. **2.** Cada uma das vezes em que se retoma um trabalho ou um assunto. **3.** Repassada, retoque. **4.** Auxílio, ajuda. ● *Pl.: demãos*.

De.mar.car *v.t.* **1.** Traçar, assinalar os limites de; limitar. **2.** Delimitar; definir. **3.** Determinar, fixar, distinguir, separar. **4.** Balizar.

De.ma.si.a *s.f.* **1.** Aquilo que é demais ou sobeja. **2.** Excesso, sobejo. **3.** FIG Desregramento, intemperança, abuso. **4.** Temeridade.

De.ma.si.a.do *adj.* **1.** Excessivo, exagerado. **2.** Supérfluo, excedente. **3.** Desregrado, abusivo, descomedido. *adv.* **4.** Excessivamente, demasiadamente.

De.mên.cia *s.f.* **1.** MED Estado de demente. **2.** Alienação mental; insânia, loucura, insensatez. **3.** Falta de juízo.

De.men.te *adj. e s.2g.* **1.** Diz-se de, ou aquele que perdeu o juízo; louco. **2.** POP Insensato, extravagante.

De.mé.ri.to *s.m.* **1.** Falta de merecimento; falta de mérito. *adj.* **2.** Que perdeu o merecimento; desmerecedor. ● *Ant.: mérito*.

De.mis.si.o.ná.rio *adj.* **1.** Que pediu demissão, mas aguarda no cargo que ela se efetive. *s.m.* **2.** O próprio funcionário.

De.mi.tir *v.t.* **1.** Destituir de cargo ou encargo. **2.** Despedir; licenciar, exonerar. *v.p.* **3.** Pedir demissão; exonerar-se. ● *Ant.: admitir*.

De.mo *s.m.* **1.** FAM Demônio, diabo. **2.** Indivíduo turbulento ou astucioso.

De.mo.cra.ci.a *s.f.* **1.** Forma de governo em que a soberania deriva do povo e é exercida por ele, por meio de representantes eleitos pelo voto popular. **2.** País em que existe essa forma de governo.

De.mo.crá.ti.co *adj.* **1.** Relativo à democracia. **2.** Popular. ● *Ant.: aristocrático*.

De.mo.dê *adj.* Que saiu de moda; que já não está mais na moda.

De.mo.gra.fi.a *s.f.* Ciência que se ocupa do crescimento quantitativo das populações humanas e de suas variações.

De.mo.lir *v.t.* **1.** Derrubar, desmantelar (construção). **2.** Arrasar, arruinar, aniquilar, destruir. ● *Obs.: Só tem as formas em que ao l (letra L) se segue e ou i: demole, demolirão etc.*

De.mô.nio *s.m.* **1.** Gênio do mal. **2.** Espírito maligno; diabo, satanás. **3.** FIG Pessoa má, perversa. **4.** FIG Pessoa (em especial criança) travessa, irrequieta.

De.mo.nis.mo *s.m.* Crença em demônios.

De.mons.tra.ção *s.f.* **1.** Ato ou efeito de demonstrar; argumento, prova. **2.** Tudo que serve para demonstrar; indício, sinal. **3.** Lição prática e experimental. **4.** Exibição, apresentação.

De.mons.trar *v.t.* **1.** Provar por meio de raciocínio concludente. **2.** Provar, revelar, manifestar. **3.** Indicar por sinais exteriores. **4.** Ensinar pela prática. **5.** Apresentar, exibir.

DEMONSTRATIVO — DEPRAVAÇÃO

De.mons.tra.ti.vo *adj.* **1.** Que demonstra; convincente. *adj. e s.m.* **2.** GRAM Diz-se do, ou o pronome que indica a ordem ou lugar do nome.

De.mo.ra *s.f.* **1.** Ato ou efeito de demorar(-se). **2.** Atraso, delonga, tardança. ♦ *Ant.: pressa.*

De.mo.rar *v.t.* **1.** Mudar de lugar; deslocar. **2.** Deter, atrasar, retardar. **3.** Ficar, permanecer. **4.** Fazer esperar. **5.** Fazer parar. *v.p.* **6.** Parar nas mesmas condições. **7.** Estar situado. **8.** Jazer. **9.** Habitar, morar.

De.mo.ver *v.t.* **1.** Dissuadir. **2.** Fazer renunciar a (pretensão). *v.p.* **3.** Abalar-se, mover-se d'um lugar para outro.

Den.dê *s.m.* BOT Espécie de palmeira africana aclimatada no Brasil. **2.** Fruto dessa árvore, de que se extrai um óleo usado como tempero. **3.** Esse óleo.

De.de.zei.ro *s.m.* Dendê (palmeira).

De.ne.gar *v.t.* **1.** Negar. **2.** Não conceder, indeferir. **3.** Não admitir. **4.** Desmentir. *v.p.* **5.** Recusar-se.

De.ne.gre.cer *v.t.* Denegrir.

De.ne.grir *v.t.* **1.** Tornar negro; escurecer. **2.** Difamar, manchar, macular. **3.** Atacar a reputação, o talento de alguém. **4.** Desacreditar.

Den.go *s.m.* Dengue, faceirice.

Den.go.so *adj.* **1.** Cheio de dengues, de denguice; faceiro. **2.** Manhoso, astuto. **3.** Diz-se de criança birrenta ou manhosa.

Den.gue[1] *adj.2g.* **1.** Afetado, dengoso, presumido. **2.** Vaidoso. *s.m.* **3.** Birra, manha ou choradeira de criança. **4.** Melindre mulheril. **5.** Faceirice, dengo.

Den.gue[2] *s.f.* Doença febril e às vezes hemorrágica, das regiões tropicais, provocada pela picada de um mosquito, caracterizada por dores musculares e ósseas.

De.ni.grir ou **de.ne.grir** *v.t. e p.* **1.** Tornar(-se) negro ou escuro; obscurecer(-se). **2.** Diminuir a pureza, o valor de; conspurcar (-se), manchar(-se).

De.no.da.do *adj.* Ousado, arrebatado, intrépido; impetuoso.

De.no.do (ô) *s.m.* Ousadia, intrepidez, arrebatamento; coragem, ímpeto.

De.no.mi.na.ção *s.f.* **1.** Ato ou efeito de denominar. **2.** Designação, nome.

De.no.mi.na.dor (ô) *adj. e s.m.* **1.** Que, ou o que denomina. *s.m.* **2.** ARIT Termo da fração, que indica em quantas partes a unidade foi dividida.

De.no.mi.nar *v.t.* **1.** Dar nome a uma pessoa ou coisa; nomear. **2.** Ter nome. *v.p.* **3.** Apelidar, designar. **4.** Nomear-se, chamar-se.

De.no.ta.ção *s.f.* **1.** Ato ou efeito de denotar. **2.** Indicação, sinal.

De.no.tar *v.t.* **1.** Mostrar; designar por meio de notas ou sinais. **2.** Significar por denotação; exprimir. **3.** Simbolizar, marcar.

Den.si.da.de *s.f.* **1.** Qualidade de denso; espessura. **2.** FÍS Relação entre a massa de um corpo e seu volume.

Den.si.dão *s.f.* Densidade, espessura.

Den.so *adj.* **1.** Espesso, grosso. **2.** Comprimido, compacto. **3.** Que contém muita massa num volume relativamente pequeno. **4.** Espesso, basto. **5.** FIG Carregado, escuro.

Den.ta.da *s.f.* Corte feito com os dentes; mordida.

Den.tar *v.t.* **1.** Dar dentada em; morder. **2.** Dentear, recortar. *v.int.* **3.** Começar a ter dentes.

Den.te *s.m.* **1.** Cada uma das peças ósseas das arcadas maxilares que servem para mastigar ou morder. **2.** Tudo o que se assemelha a um dente na forma ou disposição. **3.** Cada uma das pontas ou saliências que guarnecem a engrenagem de certos objetos.

Den.te.ar *v.t.* **1.** Formar dentes em. **2.** Recortar em dentes. **3.** Chanfrar, dentar.

Den.ti.ção *s.f.* **1.** Formação e nascimento dos dentes. **2.** O conjunto dos dentes.

Den.ti.fri.co *adj.* Que serve para limpar os dentes.

Den.ti.na *s.f.* O marfim dos dentes.

Den.tis.ta *s.2g.* Profissional que trata dos dentes e de moléstias dentárias; o mesmo que *cirurgião-dentista, odontólogo e odontologista.*

Den.tre Comb. da *prep.* de com a *prep.* entre; do meio de.

Den.tro *adv.* Na parte ou do lado interior; interiormente. ♦ Estar por dentro: conhecer, saber.

Den.tu.ça *s.f.* FAM Os dentes da frente, quando grandes e salientes.

Den.tu.ço *adj. e s.m.* Diz-se, ou aquele que tem dentuça; dentudo.

De.nu.dar *v.t. e p.* Desnudar(-se), pôr(-se) a descoberto.

De.nún.cia *s.f.* **1.** Ato ou efeito de denunciar; delação. **2.** Acusação secreta ou pública, que se faz de alguém por falta ou crime cometidos. **3.** Indícios ou sinal de alguma coisa oculta.

De.nun.ci.ar *v.t.* **1.** Delatar. **2.** Acusar em segredo. **3.** Revelar, oferecer denúncia contra alguém. **4.** Considerar, reputar. *v.p.* **5.** Dar-se a conhecer; revelar-se. **6.** Delatar-se, trair-se.

De.pa.rar *v.t.* **1.** Fazer aparecer de repente. **2.** Encontrar inesperadamente. **3.** Topar, avistar por acaso. *v.p.* **4.** Surgir inesperadamente.

De.par.ta.men.to *s.m.* **1.** Cada um dos ramos especiais em uma administração. **2.** Seção, divisão, setor (em repartição ou empresa pública ou particular). **3.** Divisão administrativa da França e alguns outros países.

De.pau.pe.rar *v.t.* **1.** Tornar pobre. **2.** Esgotar ou exaurir os recursos ou as forças de. *v.p.* **3.** Enfraquecer-se, debilitar-se, extenuar-se.

De.pe.nar *v.t.* **1.** Tirar as penas; deplumar. **2.** FIG Tirar dinheiro a alguém de forma astuciosa.

De.pen.dên.cia *s.f.* **1.** Estado de dependente; subordinação, sujeição. **2.** Construção anexa a uma outra. **3.** Cada um dos aposentos de uma casa. ♦ *Ant.: independência.*

De.pen.den.te *adj.2g.* **1.** Que depende ou está sujeito; subordinado. *s.2g.* **2.** Pessoa que vive a expensas de outra, por não ter recursos próprios. **3.** Pessoa viciada em drogas; viciado, toxicômano. ♦ *Ant.: independente.*

De.pen.du.rar *v.t. e p.* Pendurar(-se).

De.pe.ni.car *v.t.* **1.** Arrancar ou tirar pouco a pouco as penas, os cabelos de. **2.** Tirar com os dedos pedacinhos de comida para comer.

De.pe.re.cer *v.int.* **1.** Perecer pouco a pouco. **2.** Debilitar-se, enfraquecer-se.

De.pi.lar *v.t.* **1.** Escabelar. **2.** Pelar; tirar os pelos.

De.pi.la.tó.rio *adj.* **1.** Que depila. *adj. e s.m.* **2.** Diz-se de, ou medicamento próprio para retirar o pelo.

De.plo.rar *v.t.* **1.** Lamentar profundamente. *v.p.* **2.** Lastimar-se, queixar-se, lamentar-se, prantear-se.

De.plo.rá.vel *adj.2g.* **1.** Digno de pena; lamentável, lastimável. **2.** Detestável.

De.po.en.te *s.2g.* JUR Pessoa que depõe em juízo como testemunha; testemunha. *adj.* **2.** GRAM Diz-se do verbo de forma passiva com significação ativa ou vice-versa.

De.poi.men.to *s.m.* **1.** Ato ou efeito de depor. **2.** Aquilo que as testemunhas afirmam em juízo. **3.** FIG Testemunho, prova.

De.pois *adv.* **1.** Posteriormente. **2.** Após, atrás, em seguida, além disso. ♦ Depois de: atrás de, em seguida a.

De.por (ô) *v.t.* **1.** Pôr de parte ou no chão (alguma coisa que se trazia). **2.** Declarar em juízo o que se sabe. **3.** Destronar. **4.** Destituir, demitir. **5.** Despojar alguém do cargo que ocupa. **6.** Depositar.

De.por.ta.ção *s.f.* Ato ou efeito de mandar para fora do país; degredo, banimento.

De.por.tar *v.t.* Impor a pena de deportação a; banir, desterrar, degredar. ♦ *Ant.: repatriar.*

De.po.si.ção *s.f.* Ato ou efeito de depor; destituição.

De.po.si.tá.rio *s.m.* **1.** Indivíduo que recebe em depósito. **2.** FIG Confidente.

De.pó.si.to *s.m.* **1.** O fato de confiar ou de dar à guarda. **2.** O que se depositou. **3.** Lugar onde se guardam temporariamente objetos; armazém. **4.** Sedimento. **5.** Reservatório.

De.pra.va.ção *s.f.* **1.** Ato ou efeito de depravar. **2.** Perversão. **3.** Decadência. **4.** Degeneração dos costumes.

DEPRAVADO — DESABRIGO

De.pra.va.do adj. 1. Que se depravou; corrompido; pervertido. s.m. 2. Indivíduo dado a depravações.

De.pra.var v.t. e p. Corromper(-se), perverter(-se) (no sentido físico ou moral); degenerar(-se).

De.pre.ci.a.ção s.f. 1. Ato ou efeito de depreciar. 2. Desvalorização, baixa de valor. 3. FIG Menosprezo, desprezo.

De.pre.ci.a.dor (ô) adj. e s.m. Que, ou aquele que deprecia.

De.pre.ci.ar v.t. 1. Desvalorizar. 2. Menosprezar, rebaixar. v.p. 3. Perder o valor; desvalorizar-se. 4. Perder a estima.

De.pre.ci.a.ti.vo adj. Em que há depreciação; pejorativo.

De.pre.ci.á.vel adj.2g. Sujeito a depreciação.

De.pre.da.ção s.f. 1. Ato ou efeito de depredar. 2. Roubo, saque. 3. Dano causado à propriedade alheia. 4. Malversação.

De.pre.dar v.t. 1. Roubar, saquear. 2. Devastar, destruir, assolar. 3. Estragar propositadamente, em sinal de protesto, revolta ou por perversidade.

De.pre.en.der v.t. 1. Chegar ao conhecimento de. 2. Compreender; deduzir.

De.pres.sa adv. 1. Com pressa, com rapidez. 2. Em breve tempo. interj. 3. Rápido!

De.pres.são s.f. 1. Ato ou efeito de deprimir(-se). 2. Abaixamento por efeito de pressão; diminuição. 3. Período crítico de enfraquecimento econômico. 4. Baixa de terreno. 5. ANAT Cavidade pouco profunda. 6. MED ou PSIQ Abatimento (físico ou moral).

De.pri.mir v.t. 1. Abater física ou moralmente. 2. Debilitar, enfraquecer. 3. Humilhar, aviltar, rebaixar.

De.pu.rar v.t. 1. Tornar puro ou mais puro; limpar. v.p. 2. Purificar-se, limpar-se.

De.pu.ra.ti.vo adj. 1. Que depura. s.m. 2. Medicamento próprio para purificar o sangue.

De.pu.ta.do adj. 1. Enviado para tratar certos negócios. s.m. 2. Membro de uma assembleia legislativa estadual ou da Câmara Federal. 3. Membro de certas corporações.

De.que s.m. 1. Piso dos pavimentos descobertos a bordo; convés. 2. Área plana horizontal (terraço, patamar ou plataforma) feita de tábuas ger. paralelas.

Dér.bi (ingl. derby) s.m. 1. Corrida de cavalos, em competição. 2. Qualquer disputa acirrada, em competição esportiva.

De.ri.va s.f. Desvio de rota (de navio, avião), por efeito de vento forte etc.

De.ri.va.ção s.f. 1. Ato ou efeito de derivar. 2. GRAM Processo de formação de palavras por meio de afixos. 3. FIG Origem. 4. MED Ato ou processo de desviar.

De.ri.var v.t. 1. Desviar do seu curso. 2. Formar (uma palavra) de outra. 3. Dirigir (para rios ou regatos). 4. Decorrer; originar; provir. 5. Seguir, ser levado. v.p. 6. Originar-se, provir. 7. Descender.

De.ri.va.ti.vo adj. 1. GRAM Que implica ou denota derivação. 2. MED Agente que produz a derivação. s.m. 3. Ocupação ou divertimento que tem por objetivo afastar uma preocupação ou uma ideia fixa, fazer esquecer uma contrariedade.

Der.ma s.m. Derme.

Der.ma.ti.te s.f. MED Qualquer afecção cutânea que atinge a derme a e epiderme.

Der.ma.to.lo.gi.a s.f. Ramo da Medicina que trata das doenças da pele.

Der.ma.to.se s.f. MED Designação genérica das moléstias da pele.

Der.me s.f. Camada profunda da pele. ◆ Var.: derma.

Der.mi.te s.f. MED Dermatite.

Der.ra.dei.ro adj. 1. Último; final. 2. Que vem atrás ou depois; extremo.

Der.ra.ma s.f. 1. Ato ou efeito de derramar. 2. Tributo local, repartido proporcionalmente aos rendimentos de cada contribuinte.

Der.ra.mar v.t. 1. Aparar, cortar os ramos de. 2. Esparzir, espalhar. 3. Verter. 4. Fazer correr (um líquido). 5. Deixar cair por fora (um líquido); entornar. 6. Repartir, distribuir. 7. Vulgarizar. v.p. 8. Espalhar-se, difundir-se, propagar-se.

Der.ra.me s.m. 1. Derramamento. 2. MED Acúmulo de líquido ou de gases numa cavidade natural do organismo. 3. POP Hemorragia, geralmente cerebral.

Der.ra.par v.int. Escorregar de lado (um veículo de rodas), desgovernando-se; deslizar.

Der.re.a.do adj. Que não pode endireitar o corpo (animal ou pessoa); cansado, abatido, exausto.

Der.re.dor adv. À roda, ao redor, em volta.

Der.re.gar v.t. Abrir novos regos para receberem e escoarem águas pluviais.

Der.re.te.du.ra s.f. Ação de derreter.

Der.re.ter v.t. 1. Tornar líquido. 2. Fundir. 3. Enternecer; abrandar. 4. Amofinar. v.p. 5. Tornar-se líquido. 6. Comover, enternecer profundamente. 7. Exceder-se em amabilidades.

Der.re.ti.men.to s.m. 1. Ato ou efeito de derreter. 2. FIG Requebro, denguice; afetação.

Der.ri.bar v.t. 1. Lançar por terra. 2. Fazer cair. 3. Aniquilar, destruir. 4. Vencer, subjugar. 5. Abater, demolir. 6. Obrigar a demitir-se. v.p. 7. Lançar-se por terra.

Der.ro.ca.da s.f. 1. Desmoronamento, destruição. 2. FIG Ruína, degringolada.

Der.ro.ca.men.to s.m. Ato ou efeito de derrocar.

Der.ro.car v.t. 1. Desmoronar. 2. Destruir. 3. Abater, humilhar. 4. Degringolar. v.p. 5. Desmoronar-se; ruir.

Der.ro.gar v.t. Abolir ou revogar parcialmente (uma lei).

Der.ro.ta s.f. 1. Ato ou efeito de derrotar. 2. Perda, insucesso. 3. Grande estrago. 4. Grande revés. 5. Ruína; fracasso. ◆ Ant.: vitória.

Der.ro.tar v.t. 1. Destroçar; desbaratar. 2. Vencer em competência, discussão ou jogo. 3. Cansar, prostrar. 4. Inutilizar. 5. Desviar da rota (navio). v.int. 6. Perder o rumo; desencaminhar-se.

Der.ru.ba.da s.f. Ato de abater grande número de árvores de uma mata a fim de preparar o terreno para plantações.

Der.ru.bar v.t. e p. 1. Derribar. v.t. 2. Atirar ao chão com violência. 3. Depor, destituir. 4. Extenuar, prostrar. 5. Agir deslealmente em prejuízo de outrem. 6. Fazer cair; lançar por terra.

Der.ru.ir v.t. 1. Fazer cair; derrubar, desmoronar. 2. Anular, destruir. v.p. 3. Desmoronar-se, ruir.

Der.vi.xe s.m. Religioso muçulmano que fez voto de pobreza. ◆ Var.: dervis.

Dês prep. Desde.

De.sa.ba.far v.t. 1. Desagasalhar, descobrir. 2. Desobstruir, desimpedir. 3. Respirar livremente. 4. Refrescar. 5. Expandir (o íntimo). 6. Desafrontar, desagravar. 7. Livrar-se de um problema, de uma aflição etc. v.int. 8. Dizer de modo franco o que sente ou pensa. v.p. 9. Desagasalhar-se, descobrir-se.

De.sa.ba.fo s.m. 1. Ato ou efeito de desabafar(-se). 2. Alívio, desafogo. 3. Pequena vingança.

De.sa.ba.la.do adj. 1. Precipitado, apressado, arrebatado. 2. POP Excessivo, desmedido, descomunal.

De.sa.ba.men.to s.m. Ato ou efeito de desabar, ruir.

De.sa.bar v.t. 1. Abaixar a aba de. v.int. 2. Vir a baixo, cair, desmoronar, ruir. 3. Cair com força, desencadear-se (chuva, tempestade etc.).

De.sa.bi.li.tar v.t. Tornar (uma pessoa) inapta para algum serviço.

De.sa.bi.ta.do adj. Deserto, ermo, que não tem moradores.

De.sa.bi.tu.ar v.t. 1. Fazer perder o hábito. v.t. e p. 2. Desacostumar(-se).

De.sa.bo.nar v.t. 1. Desacreditar, depreciar. 2. Perder o crédito, a autoridade; desaprovar. v.p. 3. Perder o crédito.

De.sa.bo.toar v.t. 1. Tirar das casas os botões de. 2. Abrir, descerrar. 3. Dizer tudo aquilo que pensa; desabafar.

De.sa.bri.do adj. 1. Áspero, ríspido. 2. Violento, insolente. 3. Grosseiro, rude.

De.sa.bri.gar v.t. 1. Tirar do abrigo. 2. Desamparar, desproteger. v.p. 3. Sair do abrigo.

De.sa.bri.go s.m. 1. Falta de abrigo. 2. Desamparo, abandono.

DESABROCHAR — DESAMBIÇÃO

De.sa.bro.char v.t. **1.** Despertar (o que estava preso com broche). **2.** Desabotoar, abrir, desprender. v.int. **3.** Principiar a abrir (a flor). **4.** Principiar a manifestar-se. v.p. **5.** Soltar-se, despertar-se.

De.sa.bro.cho (ô) s.m. Desabrochamento.

De.sa.bu.sa.do adj. **1.** Livre de preconceitos ou abusões. **2.** Petulante, confiado, atrevido.

De.sa.ca.sa.lar v.t. Separar (os que estavam acasalados).

De.sa.ca.tar v.t. **1.** Faltar com o devido respeito a. **2.** Menoscabar, desprezar. **3.** Afrontar, vexar. **4.** Profanar.

De.sa.ca.to s.m. **1.** Ato ou efeito de desacatar. **2.** Irreverência. **3.** Profanação. **4.** Falta de respeito. ● Ant.: acatamento.

De.sa.cau.te.lar v.t. **1.** Não ter cautela com. v.p. **2.** Agir sem cautela; descuidar-se. **3.** Desprevenir-se; ser imprevidente.

De.sa.cei.tar v.t. Não aceitar; rejeitar.

De.sa.ce.le.ra.ção s.f. Redução da velocidade de um corpo em movimento acelerado.

De.sa.ce.le.rar v.t. Reduzir a aceleração de.

De.sa.cer.to (ê) s.m. **1.** Falta de acerto; erro. **2.** Tolice.

De.sa.col.che.tar v.t. Desapertar, desprendendo os colchetes.

De.sa.co.mo.dar v.t. **1.** Tirar a acomodação de. **2.** Tirar do lugar. **3.** Incomodar, inquietar, desalojar. v.p. **4.** Incomodar-se, inquietar-se.

De.sa.com.pa.nha.do adj. Sem companhia; solitário.

De.sa.com.pa.nhar v.t. **1.** Deixar de acompanhar. **2.** Deixar de proteger, de prestar auxílio ou apoio a. **3.** Desamparar. **4.** Deixar de concordar com.

De.sa.con.che.gar v.t. **1.** Tirar o aconchego a. **2.** Desconcertar, desarranjar.

De.sa.con.se.lhar v.t. Dissuadir; aconselhar a não tomar uma resolução. ● Ant.: aconselhar.

De.sa.cor.ço.ar v.t. e int. **1.** Desanimar, desencorajar. v.p. **2.** Perder a coragem.

De.sa.cor.da.do adj. **1.** Que perdeu os sentidos; desmaiado. **2.** Estonteado, esquecido.

De.sa.cor.do (ô) s.m. **1.** Falta de acordo, de união, de harmonia. **2.** Divergência.

De.sa.co.ro.ço.ar v.t. e int. Tirar a motivação.

De.sa.cos.tu.mar v.t. **1.** Tirar o costume. v.p. **2.** Perder o costume; desabituar-se.

De.sa.cre.di.tar v.t. **1.** Fazer perder o crédito ou a reputação. **2.** Depreciar; desmerecer. **3.** Desabonar, difamar. v.p. **4.** Perder o crédito, a reputação.

De.sa.fei.ção s.f. **1.** Perda ou falta de afeição. **2.** Desamor. **3.** Hostilidade.

De.sa.fei.ço.ar v.t. **1.** Tirar a feição a; desfigurar. v.p. **2.** Perder a afeição por; desafeiçoar-se.

De.sa.fei.to adj. Desabituado, desacostumado.

De.sa.fer.ro.lhar v.t. **1.** Abrir o ferrolho de. **2.** FIG Soltar, pôr em liberdade. v.p. **3.** Soltar-se.

De.sa.fe.ta.ção s.f. Singeleza, despretensão.

De.sa.fe.to adj. **1.** Que não tem afeto. s.m. **2.** Ausência de afeto. **3.** Adversário, inimigo.

De.sa.fi.ar v.t. **1.** Provocar (um adversário). **2.** Chamar a desafio; afrontar. **3.** Não recear; estimular.

De.sa.fi.nar v.t. e int. **1.** Perder ou fazer perder a afinação, destoar. v.t. **2.** Confundir; perturbar. v.int. **3.** Desentender-se. v.p. **4.** Perder a afinação.

De.sa.fi.o s.m. **1.** Ato ou efeito de desafiar. **2.** Provocação, despique. **3.** Chamamento à luta. **4.** Competição entre dois cantadores populares do Nordeste.

De.sa.fi.ve.lar v.t. Desapertar a fivela de.

De.sa.fo.gar v.t. **1.** Libertar do que afoga ou sufoca. **2.** Desafrontar, desoprimir. **3.** Aliviar. **4.** Despertar. **5.** Tornar livre. **6.** Expandir. **7.** Dizer (o que se pensa ou sente); desabafar.

De.sa.fo.go (ô) s.m. **1.** Ato ou efeito de desafogar. **2.** Alívio, desembaraço.

De.sa.fo.gue.ar v.t. Tirar o calor de; refrigerar.

De.sa.fo.ra.do adj. **1.** Atrevido, malcriado, insolente; inconveniente. **2.** DIR Isento do pagamento de um foro.

De.sa.fo.ro (ô) s.m. **1.** Ato contrário aos princípios da boa educação; pouca-vergonha. **2.** Atrevimento, petulância, insolência. **3.** Injúria, afronta.

De.sa.for.tu.na.do adj. **1.** Desfavorecido da fortuna. **2.** Infeliz. ● Ant.: afortunado.

De.sa.fron.ta s.f. **1.** Ato ou efeito de desafrontar(-se). **2.** Desagravo ou satisfação que se tira de uma afronta.

De.sa.ga.sa.lha.do adj. Privado de agasalho; desabrigado.

De.sá.gio s.m. **1.** Perda de ágio. **2.** Desvalorização, depreciação de uma moeda.

De.sa.gra.dar v.t. **1.** Não agradar, descontentar, desgostar, magoar. v.p. **2.** Desgostar-se de (alguém ou algo).

De.sa.gra.do s.m. **1.** Ato ou efeito de desagradar. **2.** Dissabor, descontentamento. **3.** Falta de agrado; aspereza.

De.sa.gra.var v.t. **1.** Vingar (de agravo). **2.** Reparar (ofensa, injúria). **3.** Tornar menos grave. **4.** Atenuar; aliviar. **5.** Desafrontar. v.p. **6.** Vingar-se.

De.sa.gra.vo s.m. **1.** Desafronta. **2.** Reparação de agravo. **3.** Satisfação que alguém tirou de um agravo. **4.** Emenda de agravo por sentença do juízo superior.

De.sa.gre.ga.ção s.f. **1.** Separação de partes que estavam agregadas. **2.** Desunião, dissolução.

De.sa.gre.gar v.t. **1.** Desunir, separar (o que estava unido ou agregado). v.t. e p. **2.** Fragmentar(-se), dissociar(-se).

De.sa.gua.dou.ro s.m. Rego ou valeta para escoamento de águas. ● Var.: desaguadoiro.

De.sa.guar v.t. **1.** Esgotar a água de; enxugar. v.int. **2.** Lançar-se (as águas de um rio) no mar, lago etc. **3.** POP Urinar. v.p. **4.** Despejar-se, esvaziar-se.

De.sai.re s.m. **1.** Falta de elegância, de distinção. **2.** Ato indecoroso. **3.** Infortúnio, desgraça. **4.** Inconveniência, mancha.

De.sai.ro.so (ô) adj. **1.** Em que há desaire. **2.** Inconveniente. **3.** Deselegante. **4.** Indecoroso.

De.sa.jei.ta.do adj. **1.** Sem jeito; desastrado. **2.** Deselegante. **3.** Acanhado, canhestro.

De.sa.ju.dar v.t. e int. **1.** Não ajudar, faltar com a ajuda, com o auxílio. **2.** Prestar ajuda de forma inconveniente ou disparatada; prejudicar, estorvar.

De.sa.ju.i.za.do adj. **1.** Sem juízo. **2.** Insensato; imprudente.

De.sa.jus.tar v.t. **1.** Inadaptar. **2.** Separar, desunir. **3.** Transtornar; desordenar. **4.** Romper (ajuste ou acordo). v.p. **5.** Desfazer o ajuste que tinha com outra pessoa; separar-se.

De.sa.jus.te s.m. Ato ou efeito de desajustar. ● Ant.: ajuste.

De.sa.len.ta.dor (ô) adj. Que desalenta.

De.sa.len.tar v.t. **1.** Fazer perder o alento, o ânimo. **2.** Desencorajar; esmorecer. v.p. **3.** Perder o alento, o ânimo.

De.sa.len.to s.m. **1.** Desânimo, abatimento. **2.** Falta de alento.

De.sal.ge.mar v.t. **1.** Tirar as algemas de. **2.** Pôr em liberdade; libertar, soltar.

De.sa.li.nha.var v.t. Tirar os alinhavos a.

De.sa.li.nho s.m. **1.** Falta de alinho. **2.** Falta de asseio ou de compostura no traje; desafeição.

De.sal.ma.do adj. **1.** Cruel, desumano. **2.** Que mostra maus sentimentos.

De.sa.lo.jar v.t. e int. **1.** Fazer sair do alojamento. **2.** Expulsar, repelir. **3.** Tirar do lugar ou do posto. v.p. **4.** Abandonar o posto ou o alojamento.

De.sa.mar v.t. **1.** Deixar de amar. **2.** Odiar, aborrecer.

De.sa.mar.rar v.t. **1.** Soltar, desprender da amarra. **2.** Libertar, livrar. v.p. **3.** Desatar-se, soltar-se.

De.sa.mar.ro.tar v.t. **1.** Alisar (o que estava amarrotado).

De.sa.mas.sar v.t. **1.** Alisar, desamolgar. **2.** Arranjar.

De.sam.bi.ção s.f. **1.** Falta de ambição ou de interesse; desinteresse. **2.** Abnegação, desprendimento.

DESCARREGAR — DESCONGESTIONAMENTO

Des.car.re.gar *v.t.* **1.** Tirar a carga de. **2.** Tirar a carga de carro, navio etc. **3.** Extrair a carga de (arma de fogo). **4.** Disparar (arma de fogo). **5.** Ficar sem carga (a bateria). **6.** Lançar, arremessar. **7.** FIG Desabafar, libertar, aliviar.

Des.car.ri.lar *v.t.* Descarrilhar.

Des.car.tar *v.t.* e *p.* **1.** Rejeitar (a carta que não serve). **2.** Obrigar a jogar (certas cartas). **3.** Livrar-se de importunos, ou de coisa indesejável.

Des.car.tá.vel *adj.2g.* **1.** Que se pode descartar. **2.** Que se joga fora depois de usado: *Copo descartável*.

Des.car.te *s.m.* **1.** Ato ou efeito de descartar(-se). **2.** As cartas que o jogador rejeita.

Des.ca.sa.do *adj.* **1.** Que se descasou, desligando-se do cônjuge; separado. **2.** Que não combina com seu par; desemparelhado. *s.m.* **3.** Quem não mais se acha no estado de matrimônio.

Des.ca.sar *v.t.* **1.** Anular ou desfazer o casamento; descasalar. **2.** Desirmanar, desemparelhar. *v.p.* **3.** Divorciar-se, separar-se (pessoas casadas). **4.** Desacasalar-se (animais acasalados).

Des.cas.ca.ção *s.f.* Descascamento. ● *Pl.*: *descascações*.

Des.cas.ca.dor (ô) *s.m.* **1.** Aquele que descasca. **2.** Máquina para descascar cereais.

Des.cas.ca.men.to *s.m.* Ato de descascar.

Des.cas.car *v.t.* **1.** Tirar a casca de. FIG **2.** Falar mal de. **3.** Repreender severamente. **4.** Censurar, admoestar. *v.int.* **5.** Largar ou perder a casca.

Des.ca.so *s.m.* **1.** Desprezo. **2.** Desatenção, pouco-caso.

Des.ca.val.gar *v.t.* e *int.* Desmontar, apear, descer da cavalgadura.

Des.cen.dên.cia *s.f.* **1.** Série de indivíduos que procedem de um mesmo tronco. **2.** Prole. ● *Ant.*: *ascendência*.

Des.cen.den.te *adj.2g.* **1.** Que descende. **2.** Que desce. *s.2g.* **3.** Pessoa que descende de outra.

Des.cen.der *v.t.* **1.** Provir por geração. **2.** Descer. **3.** Derivar, originar-se.

Des.cen.so *s.m.* Descida.

Des.cen.tra.lis.mo *s.m.* Teoria política que prega a descentralização.

Des.cen.tra.li.za.ção *s.f.* **1.** Ato ou efeito de descentralizar. **2.** Dispersão ou distribuição de funções e poderes de um governo ou autoridades centrais, pelos corpos governantes ou administrações regionais ou locais.

Des.cen.tra.li.zar *v.t.* **1.** Afastar, separar do centro. **2.** Promover a descentralização.

Des.cen.trar *v.t.* Desviar do centro geométrico.

Des.cer *v.t.* **1.** Pôr em baixo; abaixar. **2.** Apear, desmontar, saltar (do animal de sela). *v.t.* e *int.* **3.** Percorrer, vir de cima para baixo. **4.** Diminuir de nível, de valor. ● *Ant.*: *subir*.

Des.cer.rar *v.t.* **1.** Abrir o que estava cerrado ou fechado. **2.** Descobrir, revelar (o que estava encoberto).

Des.ci.da *s.f.* **1.** Ato ou efeito de descer. **2.** Ladeira (considerada de cima para baixo); declive. **3.** Abaixamento, diminuição. ● *Ant.*: *subida*.

Des.clas.si.fi.car *v.t.* **1.** Degradar; aviltar; desonrar. **2.** Desmoralizar, degradar. **3.** Desacreditar; rebaixar. **4.** Reprovar, eliminar (de prova desportiva ou concurso).

Des.co.ber.ta *s.f.* **1.** Coisa que se descobriu. **2.** Descobrimento; achado. **3.** Invenção, invento.

Des.co.ber.to *adj.* **1.** Que não está coberto; nu. **2.** Destampado. **3.** Denunciado, divulgado. **4.** Sabido, conhecido. **5.** Achado, inventado.

Des.co.brir *v.t.* **1.** Tirar a cobertura de. **2.** Destapar. **3.** Patentear. **4.** Achar; manifestar. **5.** Dar a conhecer. **6.** Encontrar pela primeira vez. **7.** Inventar. **8.** Divulgar, denunciar, delatar. *v.p.* **9.** Tirar o chapéu. **10.** Expor-se, mostrar-se. **11.** Identificar-se.

Des.co.di.fi.car *v.t.* **1.** Passar (mensagem codificada) para outro código, em linguagem inteligível; mudar um código em outro; descodificar, decifrar, decodizar. **2.** Interpretar o significado de palavra ou sentença de uma dada língua natural, considerada

como código. **3.** Interpretar (um código), convertendo os dados a seu formato original.

Des.co.lar *v.t.* **1.** Despregar, desunir (o que estava colado). *v.p.* **2.** Despegar-se.

Des.co.lo.ra.ção *s.f.* Perda da cor natural; desbotamento.

Des.co.lo.rar *v.t.* **1.** Perder a cor natural; descorar, desbotar. **2.** Descolorir.

Des.co.lo.rir *v.t.* **1.** Fazer perder a cor; descolorar. *v.int.* **2.** Perder a cor.

Des.co.me.di.do *adj.* **1.** Que não tem comedimento. **2.** Disparatado. **3.** Inconveniente, impertinente. ● *Ant.*: *comedido*.

Des.co.me.di.men.to *s.m.* **1.** Falta de comedimento. **2.** Excesso, insolência. ● *Ant.*: *comedimento*.

Des.co.me.dir-se *v.p.* **1.** Exceder-se. **2.** Ser inconveniente.

Des.co.mer *v.int.* **1.** Devolver organicamente o que se comeu; defecar. **2.** Devolver de forma grosseira, rude etc. alguma coisa.

Des.com.pas.so *s.m.* **1.** Falta de compasso, de medida. **2.** Irregularidade. **3.** Falta de acordo; desacordo, desarmonia.

Des.com.por *v.t.* **1.** Descoordenar, Tirar do seu lugar; desordenar. **2.** Dar ou passar uma descompostura; censurar. **4.** Injuriar; afrontar. *v.p.* **5.** Desordenar-se, perturbar-se. **6.** Perder a compostura. **7.** Desnudar-se, despir-se.

Des.com.pos.tu.ra *s.f.* **1.** Ato ou efeito de descompor. **2.** Falta de compostura; desalinho. **3.** Censura áspera; reprimenda.

Des.com.pro.me.ter-se *v.t.* **1.** Retirar seu suporte (moral, financeiro etc.). **2.** Desobrigar-se de compromisso. *p.* **2.1** Liberar-se de pacto nupcial.

Des.co.mu.nal *adj.2g.* **1.** Que é fora do comum. **2.** Enorme, colossal, extraordinário.

Des.con.cei.tu.ar *v.t.* **1.** Desacreditar, desabonar. **2.** Desprestigiar. *v.p.* **3.** Perder o bom conceito; desabonar-se.

Des.con.cen.tra.ção *s.f.* **1.** Diminuição ou anulação da concentração, da atenção; distração. **2.** Sistema em que o Estado delega determinados poderes de decisão a representantes ou órgãos locais, sujeitos a uma autoridade central.

Des.con.cen.trar *v.t.* **1.** Tirar ou afastar do centro. **2.** Disseminar (algo) que estava junto, concentrado; dispersar, espalhar. *v.t.* e *p.* **3.** Distrair(-se), dispersar(-se).

Des.con.cer.ta.do *adj.* **1.** Descomposto, desacertado. **2.** Descomedido, desregrado, inconveniente.

Des.con.cer.tar *v.t.* **1.** Fazer perder o concerto, a boa ordem. **2.** Perturbar, desorientar, atrapalhar. **3.** Discordar. **4.** Descompor, desarranjar. *v.p.* **5.** Atrapalhar-se, desarranjar-se. ● Cf. *desconsertar*.

Des.con.cha.var *v.t.* **1.** Desligar, desencaixar. *v.p.* **2.** Perder a harmonia. **3.** Desviar-se.

Des.co.nec.tar *v.t.* **1.** Interromper ou desfazer uma conexão. **2.** Interromper a passagem de (uma corrente elétrica), impedindo sua conexão com a fonte de força. **3.** Pôr afastado; desunir.

Des.co.ne.xão (cs) *s.f.* Ausência de conexão.

Des.co.ne.xo (cs) *adj.* **1.** Sem conexão; desunido. **2.** Ilógico, incoerente. ● *Ant.*: *conexo*.

Des.con.fi.a.do *adj.* **1.** Que não confia. **2.** Que receia ser enganado. **3.** Cheio de suspeitas; suspeitoso.

Des.con.fi.ar *v.t.* **1.** Supor, imaginar, conjeturar. **2.** Deixar de ter confiança; suspeitar. *v.int.* **3.** Mostrar-se desconfiado, receoso, apreensivo. ● *Ant.*: *confiar*.

Des.con.for.me *adj.2g.* **1.** Não conforme. **2.** Diferente. **3.** Enorme, desproporcionado, desmedido.

Des.con.for.to (ô) *s.m.* **1.** Falta de conforto; desconsolo.

Des.con.ge.la.ção *s.f.* Descongelamento.

Des.con.ge.la.men.to *s.m.* Ato ou efeito de descongelar(-se); degelo.

Des.con.ge.lar *v.t.* **1.** Derreter (o que estava congelado). **2.** Fazer voltar à temperatura normal (o que estava congelado). **3.** Liberar (verba, preço). ● *Ant.*: *congelar*.

Des.con.ges.ti.o.na.men.to *s.m.* Ato ou efeito de descongestionar(-se); desobstrução.

DESCONGESTIONANTE — DESDOBRAR

Des.con.ges.tio.nan.te *adj.2g.* e *s.m.* Que, ou medicamento que descongestiona.

Des.con.ges.tio.nar *v.t.* **1.** Livrar de congestão. **2.** Desobstruir as vias respiratórias. **3.** Desobstruir (o trânsito).

Des.co.nhe.cer *v.t.* **1.** Não reconhecer, não conhecer. **2.** Não aceitar, não admitir como tal. **3.** Ignorar. **4.** Estranhar; não se lembrar de. **5.** Ser ingrato a. *v.p.* **6.** Achar-se mudado; não se reconhecer. ◆ *Ant.: conhecer.*

Des.co.nhe.ci.do *adj.* **1.** Que não é conhecido. **2.** Falta de conhecimento. **3.** Ignorado. *s.m.* **4.** Pessoa estranha. **5.** Coisa que se ignora. ◆ *Ant.: conhecido.*

Des.co.nhe.ci.men.to *s.m.* **1.** Ato ou efeito de desconhecer; ignorância. **2.** Ingratidão. ◆ *Ant.: conhecimento.*

Des.con.jun.tar *v.t.* **1.** Tirar das junturas ou das articulações. **2.** Deslocar, desarticular. *v.t.* e *p.* **3.** Desligar(-se), separar(-se), desunir(-se).

Des.con.ju.rar *v.t.* **1.** Esconjurar; exorcizar; arrenegar. **2.** Amaldiçoar, imprecar. **3.** Abominar, execrar.

Des.con.ser.tar *v.t.* **1.** Desarranjar. **2.** Desfazer o conserto. **3.** Tornar defeituoso; estragar, quebrar. ◆ *Cf. desconcertar.*

Des.con.si.de.ra.ção *s.f.* **1.** Falta de consideração, de respeito. **2.** Desatenção. **3.** Ofensa, ultraje. ◆ *Ant.: consideração.*

Des.con.si.de.rar *v.t.* **1.** Não levar em consideração ou não considerar. **2.** Tratar sem consideração. **3.** Desrespeitar; desacatar. ◆ *Ant.: considerar.*

Des.con.so.lar *v.t.* e *p.* **1.** Entristecer(-se); afligir(-se), amargurar(-se). *v.int.* **2.** Causar desconsolação.

Des.con.so.lo (ô) *s.m.* Falta de consolo; desconsolação.

Des.cons.tru.ir *v.t.* **1.** Destruir ou desfazer (algo). **2.** Desfazer para reconstruir (o que está construído, estruturado), freq. fugindo a alguns princípios estabelecidos pela tradição.

Des.con.tar *v.t.* **1.** Diminuir, deduzir, abater. **2.** Pagar ou receber antes do vencimento, mediante desconto. **3.** Não levar em conta, não fazer caso. **4.** Revidar, desforrar.

Des.con.ten.ta.men.to *s.m.* Falta de contentamento; desagrado, desgosto, irritação. ◆ *Ant.: contentamento.*

Des.con.ten.tar *v.t.* **1.** Desgostar; contrariar. *v.p.* **2.** Ficar descontente; desgostar-se.

Des.con.ten.te *adj.2g.* **1.** Não contente. **2.** Desgostoso; aborrecido, triste. ◆ *Ant.: contente.*

Des.con.tex.tu.a.li.zar *v.t.* Retirar do seu contexto habitual.

Des.con.ti.nu.i.da.de *s.f.* Falta de continuidade, qualidade de descontínuo. ◆ *Ant.: continuidade.*

Des.con.tí.nuo *adj.* Não contínuo, interrompido. ◆ *Ant.: contínuo.*

Des.con.to *s.m.* **1.** Ato ou efeito de descontar. **2.** Aquilo que se abate; abatimento, dedução.

Des.con.tra.ção *s.f.* **1.** Ausência de contração; estado de descontraído; relaxamento. **2.** Falta de constrangimento; desembaraço, desenvoltura. ◆ *Pl.: descontrações.*

Des.con.tra.ir *v.t.* e *p.* **1.** Fazer perder ou perder a contração; desfranzir(-se), desoprimir(-se), relaxar(-se). **2.** Fazer perder ou perder o constrangimento, a timidez; desembaraçar(-se).

Des.con.tra.tar *v.t.* Desfazer ou anular um contrato.

Des.con.tro.lar *v.t.* **1.** Desorientar. **2.** Desgovernar, perder o controle, o rumo, a orientação. *v.p.* **3.** Perder o controle; desequilibrar-se, desgovernar-se. ◆ *Ant.: controlar.*

Des.con.tro.le (ô) *s.m.* **1.** Ato ou efeito de descontrolar(-se). **2.** Qualidade de descontrolado. ◆ *Ant.: controle.*

Des.con.ver.sar *v.t.* e *int.* **1.** Mudar de assunto, numa conversação. **2.** FIG Fazer-se de desentendido; dissimular.

Des.co.ran.te *adj.* e *s.2g.* Que, ou o que descora ou tira a cor.

Des.co.rar *v.t.* **1.** Desbotar, descolorir. **2.** Fazer perder a cor. *v.p.* **3.** Perder a cor; desbotar-se.

Des.cor.ço.ar *v.t., int.* e *p.* Desacoroçoar.

Des.cor.tês *adj.2g.* **1.** Fazer perder ou cortês. **2.** Incivil, grosseiro, indelicado. **3.** Desatencioso. ◆ *Ant.: cortês.*

Des.cor.te.si.a *s.f.* **1.** Ato descortês. **2.** Grosseria, indelicadeza, desfeita. ◆ *Ant.: cortesia.*

Des.cor.ti.nar *v.t.* **1.** Abrir as cortinas. **2.** Patentear, mostrar, descobrir. **3.** Distinguir, notar, atinar. **4.** Revelar. **5.** Descobrir ao longe. *v.t.* e *p.* **6.** Patentear(-se), revelar(-se).

Des.cor.ti.no *s.m.* **1.** Ato ou efeito de descortinar. **2.** FIG Percepção clara; finura, perspicácia, argúcia. **3.** Capacidade de antever.

Des.co.ser *v.t.* **1.** Desfazer(-se) a costura de; desmanchar os pontos (da costura); descosturar(-se). **2.** Desfazer o que está estruturado, organizado (um texto, p.ex.); desmanchar. **3.** Desfazer (qualquer coisa) pouco a pouco. **4.** Fazer revelações indiscretas sobre alguém; relatar, divulgar. **5.** Dar corte profundo em; rasgar, dilacerar. **6.** Dar dinheiro. *v.t.* e *int.* **7.** Abrir (as costuras de tabuado de embarcação). **8.** Abrir-se, desabafar-se.

Des.cos.tu.rar *v.t., int.* e *p.* Desfazer a costura ou ter a costura desmanchada.

Des.cre.den.ci.ar *v.t.* Retirar o credenciamento ou as credenciais de; desabonar, desoutorgar.

Des.cré.di.to *s.m.* **1.** Falta ou perda de crédito. **2.** Desonra, má fama. ◆ *Ant.: crédito.*

Des.cren.ça *s.f.* **1.** Falta de crença. **2.** Estado de quem não tem crença religiosa; incredulidade. ◆ *Ant.: crença.*

Des.cren.te *adj.* e *s.2g.* Que, ou quem perdeu a crença ou a fé; incrédulo. ◆ *Ant.: crente.*

Des.crer *v.t.* e *int.* **1.** Perder a fé. **2.** Não ter fé ou não dar crédito. ◆ *Ant.: crer.*

Des.cre.ver *v.t.* **1.** Narrar; fazer a descrição de. **2.** Expor, contar minuciosamente; traçar.

Des.cri.ção *s.f.* **1.** Ato ou efeito de descrever. **2.** Representação de uma coisa por meio de palavras; narração. ◆ *Cf. discrição.*

Des.cri.mi.na.ção *s.f.* Ato de descriminar.

Des.cri.mi.na.li.zar *v.t.* Isentar de culpa; tornar evidente a ausência de crime ou contravenção; absolver, descriminar, impronunciar.

Des.cri.mi.nar *v.t.* **1.** Tirar a culpa de. **2.** Absolver de crime; inocentar. ◆ *Cf. discriminar.* ◆ *Ant.: incriminar.*

Des.cris.ti.a.ni.zar *v.t.* Fazer abandonar a fé cristã; tirar a qualidade de cristão a.

Des.cru.zar *v.t.* **1.** Separar (o que estava cruzado). **2.** Desfazer o cruzamento de.

Des.cui.dar *v.t.* **1.** Não ter o devido cuidado com. **2.** Não fazer caso de. *v.t.* e *p.* **3.** Não cuidar, negligenciar. **4.** Relaxar-se, desleixar-se; esquecer-se.

Des.cui.do *s.m.* **1.** Falta de cuidado, de atenção. **2.** Inadvertência, negligência. **3.** Falta, falha, incúria, lapso, erro.

Des.cul.pa *s.f.* **1.** Ato ou efeito de desculpar(-se). **2.** Indulgência. **3.** Perdão, escusa, evasiva, pretexto. **4.** Absolvição. **5.** Razão para atenuar ou eximir de culpa; justificativa de culpa.

Des.cul.par *v.t.* **1.** Justificar. **2.** Absolver. **3.** Perdoar, pretextar. *v.p.* **4.** Justificar-se. ◆ *Ant.: culpar.*

Des.cum.pri.dor (ô) *adj.* e *s.m.* Que, ou aquele que descumpre.

Des.cum.prir *v.t.* Deixar de cumprir.

Des.cu.rar *v.t.* **1.** Não cuidar de, não tratar de. **2.** Abandonar; desleixar, descuidar.

Des.de (ês) *prep.* A começar de, a contar de, a partir de. ◆ *Desde que:* visto que, uma vez que.

Des.dém *s.m.* **1.** Orgulho que leva a menosprezar o que é digno de atenção. **2.** Altivez, menosprezo, sobrancería.

Des.de.nhar *v.t.* **1.** Mostrar ou ter desdém por. **2.** Desprezar, menosprezar. **3.** Fazer pouco caso de. *v.p.* **4.** Não se dignar.

Des.den.ta.do *adj.* **1.** Sem dentes; que perdeu os dentes. *s.m.* **2.** Banguela. **3.** Animal da ordem dos Desdentados.

Des.di.ta *s.f.* **1.** Falta de sorte. **2.** Desgraça, infelicidade, infortúnio. ◆ *Ant.: sorte.*

Des.di.zer *v.t.* **1.** Contradizer uma afirmação. **2.** Desmentir; negar. **3.** Impugnar. **4.** Discordar. **5.** Não condizer, degenerar. *v.p.* **6.** Negar o que havia dito; retratar-se.

Des.do.brar *v.t.* e *p.* **1.** Abrir as dobras. **2.** Estender(-se) o que estava dobrado. **3.** Desenvolver(-se); incrementar(-se). **4.** Empenhar-se com dedicação.

DESDOURO — DESENCOMENDAR

Des.dou.ro *s.m.* **1.** Ato ou efeito de desdourar(-se). **2.** FIG Mácula; deslustre. **3.** Desonra, descrédito. ● *Ant.: mérito, honraria.* ◆ *Var.: desdoiro.*

De.se.du.ca.ção *s.f.* Ato ou efeito de deseducar.

De.se.du.car *v.t.* **1.** Educar mal ou não educar. **2.** Estragar a educação de.

De.se.jar *v.t.* **1.** Ter desejo de; apetecer; querer. **2.** Ambicionar, cobiçar. **3.** Ter apetite sexual por. *v.int.* **4.** Sentir desejos. **5.** Aspirar a.

De.se.jo (ê) *s.m.* **1.** Ato ou efeito de desejar. **2.** Aspiração veemente; ensejo. **3.** Apetite, vontade de comer, de beber (principalmente na gravidez). **4.** Apetite sexual. **5.** PSICOL Impulso, acompanhado da imagem da sua satisfação.

De.sem.a.ra.nhar *v.t.* **1.** Desenredar (o que estava emaranhado); desembaraçar. **2.** Decifrar, esclarecer (enredo ou mistério).

De.sem.ba.çar *v.t.* Limpar (o que estava embaçado); desempenar.

De.sem.ba.i.nhar *v.t.* Tirar da bainha.

De.sem.ba.ra.ça.do *adj.* **1.** Isento ou livre de embaraços. **2.** Natural, espontâneo. **3.** Expedito, esperto.

De.sem.ba.ra.çar *v.t.* **1.** Livrar de embaraço. **2.** Desimpedir. **3.** Desembaralhar. *v.p.* **4.** Livrar-se de embaraço. **5.** Desenredar-se. **6.** Decifrar, explicar.

De.sem.bar.ca.dou.ro *s.m.* Lugar onde se desembarca. ◆ *Var.: desembarcadoiro.*

De.sem.bar.car *v.t.* **1.** Apear, saltar, deixar a embarcação ou outro veículo. *v.int.* **2.** Descer de navio, de avião.

De.sem.bar.ga.dor (ô) *s.m.* Juiz de corte de apelação ou de tribunal de justiça.

De.sem.bar.que *s.m.* Ato ou efeito de desembarcar.

De.sem.bes.ta.do *adj.* Diz-se do cavalo que tem o hábito de tomar o freio nos dentes e não obedece às rédeas; desenfreado.

De.sem.bo.ca.du.ra *s.f.* **1.** Ato ou efeito de desembocar. **2.** Lugar onde o rio desemboca, o mesmo que *foz*.

De.sem.bo.car *v.t.* **1.** Ir dar, ir ter; abocar. **2.** Confluir, desaguar.

De.sem.bol.sar *v.t.* **1.** Tirar da bolsa ou do bolso para gastar. **2.** Despender, gastar.

De.sem.bol.so (ô) *s.m.* **1.** Ato ou efeito de desembolsar. **2.** O que se pagou ou gastou; despesa, gasto.

De.sem.bre.ar *v.t.* **1.** Limpar o breu, do alcatrão. **2.** Soltar a embreagem de (um veículo); debrear, desengrenar.

De.sem.bre.nhar *v.t.* **1.** Fazer sair das brenhas. *v.p.* **2.** Sair das brenhas; libertar-se.

De.sem.bru.lhar *v.t.* **1.** Tirar do embrulho; desdobrar (o que estava embrulhado). **2.** FIG Esclarecer, desenredar, explicar.

De.sem.bu.char *v.t.* **1.** Confessar, descantalar (o que estava embuchado). **2.** Expor com franqueza (o que se pensa). *v.int.* **3.** Desabafar.

De.sem.bur.rar *v.t.* **1.** Dar instrução a; instruir. **2.** Civilizar. *v.int.* **3.** Polir-se. *v.p.* **4.** Aperfeiçoar-se.

De.se.mol.du.rar *v.t.* Tirar a moldura; desencaixilhar.

De.sem.pa.car *v.t.* Desemperrar, fazer andar (o animal que empacou).

De.sem.pa.co.tar *v.t.* Tirar do pacote; desembrulhar.

De.sem.pa.nar *v.t.* **1.** Tirar os panos de. **2.** FIG Aclarar, esclarecer.

De.sem.pa.re.lhar *v.t.* e *p.* **1.** Separar(-se) [o que estava emparelhado]; desfazer(-se) [um par ou uma parelha]; desemparceirar(-se), separar(-se). *v.t.* **2.** Desmanchar a harmonia de (um par ou um pequeno grupo); desirmanar, desunir. *v.p.* **3.** Casar-se com pessoa de condição social distinta.

De.sem.pa.tar *v.t.* **1.** Tirar o empate a. **2.** Resolver. *v.t.* e *int.* **3.** Decidir(-se).

De.sem.pe.nar *v.t.* **1.** Tirar o empeno; endireitar. *v.p.* **2.** Perder o empeno; aprumar-se, endireitar-se.

De.sem.pe.nhar *v.t.* **1.** Resgatar o que estava empenhado. **2.** Livrar de dívidas. **3.** Representar em cena. **4.** Exercer, executar. *v.p.* **5.** Cumprir as suas obrigações ou compromissos.

De.sem.pe.nho *s.m.* Ato ou efeito de desempenhar.

De.sem.pe.no *s.m.* **1.** Ato ou efeito de desempenar(-se). **2.** FIG Elegância, galhardia, aprumo. **3.** Espécie de régua para verificar a perfeita lisura de uma peça.

De.sem.per.rar *v.t.* **1.** Soltar, desembaraçar. **2.** Tirar a perrice ou teima a. *v.int.* e *p.* **3.** Deixar de estar perro.

De.sem.pi.lhar *v.t.* Tirar dos lugares (que estava empilhado); desarrumar.

De.sem.plu.mar *v.t.* **1.** Tirar as plumas ou penas a; depenar.

De.sem.po.ar *v.t.* **1.** Tirar o pó a. **2.** Tirar o preconceito a. *v.p.* **3.** Perder os preconceitos.

De.sem.po.çar *v.t.* **1.** Tirar do poço ou poça. **2.** Desfazer as poças d'água.

De.sem.po.lei.rar *v.t.* **1.** Tirar do poleiro. **2.** Fazer descer de posição social.

De.sem.pos.sar *v.t.* Desapossar.

De.sem.pre.gar *v.t.* Demitir do emprego ou trabalho; exonerar.

De.sen.ca.bar *v.t.* **1.** Tirar do cabo. *v.p.* **2.** Soltar-se do cabo.

De.sen.ca.bres.tar *v.t.* **1.** Tirar do cabresto. *v.t.* e *p.* **2.** Libertar(-se), soltar(-se); descomedir-se.

De.sen.ca.de.a.men.to *s.m.* Ato de desencadear.

De.sen.ca.de.ar *v.t.* **1.** Soltar, desprender, desunir. **2.** Desatar (o que estava encadeado). **3.** Excitar. **4.** Irritar. **5.** Sublevar. *v.p.* **6.** Cair com ímpeto. **7.** Manifestar-se de repente.

De.sen.cai.xar *v.t.* **1.** Tirar de seu encaixe. **2.** Fazer sair de sua articulação. *v.p.* **3.** Sair do encaixe; desconjuntar-se.

De.sen.cai.xe *s.m.* Ato ou efeito de desencaixar.

De.sen.cai.xo.tar *v.t.* Tirar de caixa ou caixote.

De.sen.ca.la.crar *v.t.* **1.** Livrar de apuros, de dívidas. *v.p.* **2.** Livrar-se de apuros, de dificuldades financeiras.

De.sen.ca.mi.nha.dor (ô) *adj.* e *s.m.* Que, ou aquele que desencaminha; corruptor.

De.sen.ca.mi.nha.men.to *s.m.* Ato ou efeito de desencaminhar(-se).

De.sen.ca.mi.nhar *v.t.* **1.** Desviar do verdadeiro caminho; descaminhar. **2.** Atrair para o mal; corromper, perverter. *v.p.* **3.** Perverter-se, corromper-se; desmoralizar-se.

De.sen.can.ta.men.to *s.m.* Ato ou efeito de desencantar(-se); desencanto.

De.sen.can.tar *v.t.* **1.** Tirar o encanto ou o encantamento de. **2.** Causar decepção a; decepcionar, desiludir. *v.p.* **3.** Desenganar-se, desiludir-se.

De.sen.can.to *s.m.* **1.** Ato ou efeito de desencantar(-se). **2.** Desilusão, desengano, decepção.

De.sen.ca.ra.pi.nhar *v.t.* Desfazer a carapinha; desencrespar, alisar (o cabelo).

De.sen.car.ce.ra.men.to *s.m.* Ato de desencarcerar.

De.sen.car.ce.rar *v.t.* **1.** Tirar do cárcere; soltar. **2.** Pôr em liberdade; libertar. *v.p.* **3.** Sair do cárcere.

De.sen.car.dir *v.t.* **1.** Alvejar, limpar, embranquecer. **2.** Clarear (roupa encardida). **3.** Purificar.

De.sen.car.go *s.m.* Cumprimento ou desobrigação de um encargo, de uma responsabilidade.

De.sen.car.nar *v.int.* Deixar a carne; morrer.

De.sen.car.qui.lhar *v.t.* e *p.* Tirar as carquilhas ou as rugas; desenrugar(-se); alisar(-se).

De.sen.car.re.gar *v.t.* **1.** Desobrigar. **2.** Livrar de encargo ou obrigação. **3.** Destituir de emprego.

De.sen.car.ri.lhar *v.t.* Descarrilar.

De.sen.cas.que.tar *v.t.* **1.** Tirar da cabeça (ideia fixa, mania); dissuadir. **2.** Livrar-se de uma ideia fixa.

De.sen.ca.var *v.t.* Descobrir (o que estava escondido).

De.sen.ci.lhar *v.t.* Tirar as cilhas ou os arreios a; desarrear.

De.sen.co.lher *v.t.* **1.** Estender, espichar. *v.p.* **2.** Perder o encolhimento.

De.sen.co.men.dar *v.t.* Desistir do que havia encomendado.

DESENCONTRAR — DESENVOLTURA

De.sen.con.trar *v.t.* **1.** Quando duas, ou mais, pessoas não se encontram ou seguem direções opostas. *v.int.* e *p.* **2.** Ser incompatível; discordar. *v.p.* **3.** Seguir direções contrárias, opostas. **4.** Não se encontrar.

De.sen.con.tro *s.m.* **1.** Ato ou efeito de desencontrar-se. **2.** Discordância, divergência.

De.sen.co.ra.ja.men.to *s.m.* **1.** Ato ou efeito de desencorajar(-se); desalento, desânimo. **2.** Estado de quem se sente desencorajado.

De.sen.co.ra.jar *v.t.* **1.** Tirar a coragem a; acovardar, desanimar. *v.p.* **2.** Perder a coragem; desanimar-se.

De.sen.cor.do.ar *v.t.* Tirar as cordas a.

De.sen.cor.par *v.t.* **1.** Fazer diminuir o corpo ou volume a. **2.** Afinar, adelgaçar. **3.** Emagrecer.

De.sen.cos.tar *v.t.* e *p.* Desviar(-se), afastar(-se) do encosto; endireitar.

De.sen.cra.var *v.t.* **1.** Tirar os pregos a. **2.** Tirar (cravo ou objeto cravado). **3.** Despregar, tirar (o que estava cravado). **4.** Tirar de apuros.

De.sen.cres.par *v.t.* **1.** Tirar o encrespamento a. **2.** Alisar (o que estava crespo); amaciar. *v.p.* **3.** Desencapelar-se ou amainar-se (o mar).

De.sen.cur.var *v.t.* Endireitar (o que era curvo).

De.sen.di.vi.dar *v.t.* e *p.* Pagar as dívidas de, ou as próprias dívidas; desobrigar(-se).

De.se.ne.vo.ar *v.t.* **1.** Dissipar as névoas ou nuvens de. **2.** Esclarecer, aclarar. **3.** Alegrar. *v.p.* **4.** Tornar-se claro.

De.sen.fa.dar *v.t.* **1.** Tirar o enfado de; distrair, divertir. *v.p.* **2.** Divertir-se, distrair-se.

De.sen.fa.do *s.m.* **1.** Alívio de enfado. **2.** Quietação de espírito. **3.** Recreação, divertimento, distração.

De.sen.fai.xar *v.t.* Tirar as faixas de.

De.sen.far.dar *v.t.* Tirar do fardo; desembalar.

De.sen.fas.ti.ar *v.t.* **1.** Tirar o fastio a. **2.** FIG Recrear. **3.** Tornar suave ou ameno. *v.p.* **4.** Distrair-se.

De.sen.fei.tar *v.t.* **1.** Tirar os enfeites de. *v.p.* **2.** Desadornar(-se), desataviar(-se).

De.sen.fei.ti.çar *v.t.* e *p.* **1.** Livrar(-se) de feitiço; desencantar. **2.** Livrar(-se) de uma paixão.

De.sen.fei.xar *v.t.* Tirar do feixe.

De.sen.fer.ru.jar *v.t.* **1.** Limpar a ferrugem. **2.** Praticar, exercitar (as articulações etc.). *v.p.* **3.** Perder a ferrugem.

De.sen.fi.ar *v.t.* **1.** Tirar do fio (o que estava enfiado). **2.** Tirar (de onde estava enfiada) a linha.

De.sen.fre.ar *v.t.* **1.** Tirar o freio a. **2.** Dar largas a. *v.p.* **3.** Encolerizar-se, irritar-se. **4.** Tornar-se dissoluto. **5.** Exceder-se, descomedir-se.

De.sen.fur.nar *v.t.* **1.** Tirar das furnas. **2.** FAM Trazer de volta ao convívio social. *v.p.* **3.** Voltar ao convívio social.

De.sen.gai.o.lar *v.t.* Tirar da gaiola; libertar, soltar.

De.sen.ga.jar *v.int.* **1.** Deixar o serviço militar. **2.** Deixar de morar no quartel. **3.** Quebrar o compromisso com (pessoa ou empresa com que se estava engajado); desligar-se.

De.sen.gan.char *v.t.* Soltar (o que estava enganchado); separar.

De.sen.gar.ra.far *v.t.* Tirar da garrafa.

De.sen.gas.gar *v.t.* **1.** Tirar o engasgamento a. *v.p.* **2.** Livrar-se do que engasgava.

De.sen.gas.tar *v.t.* Tirar do engaste (pedra preciosa).

De.sen.ga.tar *v.t.* **1.** Soltar ou desprender do engate. **2.** Separar (peças engatadas).

De.sen.ga.te *s.m.* Ato ou efeito de desengatar.

De.sen.go.mar *v.t.* Tirar a goma a.

De.sen.gon.çar *v.t.* **1.** Tirar dos engonços. **2.** Desconjuntar. *v.p.* **3.** FIG Mover-se desajeitadamente ou como se estivesse desconjuntado.

De.sen.gor.dar *v.t.* **1.** Tornar menos gordo. *v.int.* **2.** Emagrecer.

De.sen.gor.du.rar *v.t.* Tirar as manchas de gordura a.

De.sen.gros.sar *v.t.* **1.** Tornar menos grosso. **2.** Desbastar, adelgaçar.

De.sen.gui.çar *v.t.* **1.** Tirar o enguiço a. **2.** Consertar. **3.** Fazer funcionar. *v.p.* **4.** Livrar-se de enguiço.

De.se.nhar *v.t.* **1.** Fazer o desenho de; delinear. **2.** Dar relevo a. **3.** Projetar, traçar. *v.int.* **4.** Exercer a profissão de desenhista. *v.p.* **5.** Representar-se na imaginação. **6.** Destacar-se, ressaltar.

De.se.nhis.ta *s.2g.* Profissional do desenho; pessoa que desenha.

De.se.nho *s.m.* **1.** Representação por meio de linhas e sombras. **2.** Traçado, delineamento; plano. **3.** Conjunto de linhas e contornos de uma figura; contorno, perfil. **4.** Forma, feitio. **5.** FIG Intento, desígnio. **6.** A pessoa ou objeto desenhado.

De.sen.la.ce *s.m.* **1.** Ato ou efeito de desenlaçar. **2.** Solução final, remate; desfecho, epílogo. **3.** FIG Morte.

De.sen.le.ar *v.t.* **1.** Desenrolar. **2.** Livrar de dificuldades. **3.** Desenredar, desemaranhar. *v.p.* **4.** Desembaraçar-se.

De.sen.lei.o *s.m.* Ato ou efeito de desenlear(-se).

De.sen.no.do.ar *v.t.* Tirar as nódoas a.

De.sen.no.ve.lar *v.t.* **1.** Desenrolar. **2.** Achar ou seguir o fio de. *v.p.* **3.** Estender-se; desenrolar-se (o que estava enovelado).

De.sen.qua.drar *v.t.* **1.** Tirar de quadro ou de moldura. *v.p.* **2.** Desajustar-se.

De.sen.ra.i.za.do *adj.* **1.** Que se desenraizou, que perdeu a raiz; desarraigado. **2.** Distante ou desvinculado de seu local de origem, do torrão natal.

De.sen.ra.i.zar *v.t.* e *int.* Desarraigar.

De.sen.ras.car *v.t.* e *p.* Livrar(-se) de embaraços ou dificuldades; desembaraçar(-se), desenredar(-se).

De.sen.re.dar *v.t.* e *p.* Desembaraçar(-se); livrar(-se) de mexericos, de enredos.

De.sen.ri.jar *v.t.* **1.** Tirar a rijeza a. *v.p.* **2.** Perder a rijeza; enfraquecer.

De.sen.ro.lar *v.t.* **1.** Explanar, desdobrar. **2.** Explicar, expor minuciosamente. *v.p.* **3.** Desdobrar-se. desenroscar-se.

De.sen.ros.car *v.t.* **1.** Desatarraxar, soltar. *v.p.* **2.** Livrar-se de dificuldades; desenrolar-se.

De.sen.ru.gar *v.t.* Desencarquilhar; tirar as rugas de.

De.sen.sa.bo.ar *v.t.* Tirar o sabão a.

De.sen.sa.car *v.t.* Tirar do saco.

De.sen.se.bar *v.t.* Tirar o sebo, a gordura a.

De.sen.si.nar *v.t.* Fazer esquecer ou fazer desaprender (o que se tinha aprendido).

De.sen.tai.par *v.t.* **1.** Tirar de entre as taipas. **2.** FIG Libertar, desembaraçar.

De.sen.ta.lar *v.t.* e *p.* **1.** Livrar(-se), de talas ou de dificuldades. **2.** Desembaraçar(-se), desapertar(-se).

De.sen.ten.der *v.t.* **1.** Não entender. **2.** Fingir que não entende. *v.p.* **3.** Não se entenderem reciprocamente; desavir(-se).

De.sen.ten.di.men.to *s.m.* **1.** Falta de entendimento; desinteligência. **2.** Inépcia, estupidez. **3.** Altercação, querela. • *Ant.:* entendimento.

De.sen.ter.ra.men.to *s.m.* Ato ou efeito de desenterrar; exumação.

De.sen.ter.rar *v.t.* **1.** Tirar de sob a terra. **2.** Exumar. **3.** Patentear, descobrir. **4.** FIG Tirar do esquecimento. • *Ant.:* enterrar.

De.sen.to.a.ção *s.f.* Ato ou efeito de desentoar(-se).

De.sen.tor.pe.cer *v.t.* **1.** Fazer sair do entorpecimento. *v.t.* e *p.* **2.** Reanimar(-se), excitar(-se).

De.sen.tor.tar *v.t.* Endireitar (o que estava torto).

De.sen.tra.nhar *v.t.* **1.** Tirar das entranhas. **2.** Estripar. **3.** Arrancar do íntimo, da parte mais guardada. **4.** Revelar. *v.p.* **5.** Tirar do mais interior de si, tirar de seu âmago; desabafar-se.

De.sen.tris.te.cer *v.t.* **1.** Tirar a tristeza a; alegrar. *v.p.* **2.** Perder a tristeza; alegrar-se.

De.sen.tu.lhar *v.t.* **1.** Desobstruir, limpar de (entulho).

De.sen.tu.pir *v.t.* Desobstruir (o que estava entupido).

De.sen.ve.ne.nar *v.t.* Destruir a ação venenosa de.

De.sen.vol.to (ô) *adj.* **1.** Esperto, travesso. **2.** Desembaraçado, atilado. **3.** Impudico, libertino.

De.sen.vol.tu.ra *s.f.* Qualidade de desenvolto. • *Ant.:* acanhamento.

DESENVOLVER — DESFEITO

De.sen.vol.ver *v.t.* **1.** Fazer crescer ou medrar. **2.** Fazer prosperar; propagar. **3.** Dar origem a. **4.** Explanar. **5.** Aumentar, ampliar. **6.** Progredir, melhorar. **7.** Empregar. **8.** Produzir. **9.** Tirar a timidez, o acanhamento. *v.p.* **10.** Aumentar, crescer, progredir. **11.** Perder o acanhamento.

De.sen.vol.vi.do *adj.* **1.** Que possui desenvolvimento ou inteligência. **2.** Crescido, amplificado. **3.** Pormenorizado, minucioso.

De.sen.vol.vi.men.to *s.m.* **1.** Ato ou efeito de desenvolver. **2.** Crescimento, progresso; ampliação. **3.** Parte argumentativa de um discurso, de uma dissertação.

De.sen.xa.bi.do *adj.* **1.** Sem sabor; insípido. **2.** Sem graça, monótono. ◆ *Var.: desenxavido.*

De.se.qui.li.bra.do *adj.* **1.** Sem equilíbrio. **2.** Que perdeu o equilíbrio mental. **3.** Descontrolado, insensato. *s.m.* **4.** Aquele que perdeu o equilíbrio mental; doido, louco.

De.se.qui.li.brar *v.t.* **1.** Instabilizar, perder o centro de gravidade. **2.** Perder o equilíbrio mental. **3.** Desproporcionar. *v.p.* **4.** Perder o equilíbrio.

De.ser.ção *s.f.* Ato ou efeito de desertar.

De.ser.da.do *adj.* **1.** Privado de herança. *adj.* e *s.m.* **2.** Que, ou o que não possui certos bens ou qualidades. **3.** Que, ou o que foi deserdado.

De.ser.dar *v.t.* **1.** Privar de herança. **2.** Excluir da herança ou sucessão.

De.sér.ti.co *adj.* Relativo a, ou semelhante a deserto; árido, inculto.

De.ser.ti.fi.ca.ção *s.f.* Processo de modificação ambiental ou climática que leva à formação de uma paisagem árida ou de um deserto propriamente dito. ● *Pl.: desertificações.*

De.ser.to *adj.* **1.** Desabitado, ermo, abandonado. *s.m.* **2.** Região extremamente árida e despovoada. **3.** Lugar solitário, ermo.

De.ser.tor (ô) *s.m.* **1.** Aquele que desertou do serviço militar. **2.** Militar que abandonou a milícia. **3.** Aquele que abandona uma causa, um partido etc.

De.ses.pe.ran.ça *s.f.* **1.** Falta ou perda de esperança. **2.** Desânimo, desespero.

De.ses.pe.ran.çar *v.t.* **1.** Tirar a esperança de; desanimar. *v.p.* **2.** Perder a esperança; desanimar-se.

De.ses.pe.ro (ê) *s.m.* **1.** Ato ou efeito de desesperar. **2.** Desesperação com irritação. **3.** Enfurecimento, furor, ódio. **4.** Aflição, angústia intensa.

De.ses.ta.bi.li.za.ção *s.f.* **1.** Perda da estabilidade, segurança, solidez; instabilidade. **2.** Incapacitação de (administração, governo) para o funcionamento. ● *Pl.: desestabilizações.*

De.ses.ta.bi.li.zar *v.t.* e *p.* **1.** Fazer perder ou perder a estabilidade; comprometer a solidez, a segurança de (alguém, algo ou si mesmo); descontrolar(-se). **2.** Incapacitar o funcionamento de (administração, governo etc.).

De.ses.ta.ti.zar *v.t.* Transferir (empresas estatais) para a iniciativa privada.

De.ses.ti.ma *s.f.* Falta de estima.

De.ses.ti.mar *v.t.* **1.** Deixar de estimar. **2.** Depreciar, menosprezar, desprezar.

De.ses.ti.mu.la.dor (ô) *adj.* e *s.m.* Que desestimula.

De.ses.ti.mu.lar *v.t.* e *p.* Tirar ou perder o estímulo; desanimar (-se), desencorajar(-se).

Des.fa.ça.tez (ê) *s.f.* Falta de vergonha, cinismo.

Des.fal.car *v.t.* **1.** Suprimir de (um todo) uma parte; tornar incompleto; desinteirar. **2.** Tirar do que é seu; privar(-se), gastar. *v.p.* **3.** Tirar do que é seu; privar-se, gastar. **4.** Tirar fraudulentamente de; dar desfalque em; defraudar, roubar. **5.** Provocar a exclusão de um elemento de (time).

Des.fa.le.cer *v.t.int.* **1.** Fazer perder ou perder momentaneamente as forças físicas; fazer desmaiar ou desmaiar. **2.** Diminuir em força, disposição; enfraquecer, esmorecer, fraquejar. *v.int.* **3.** Reduzir em intensidade, quantidade; decair, minguar.

Des.fa.le.ci.men.to *s.m.* **1.** Perda momentânea das forças físicas; desmaio, vertigem. **2.** Diminuição do ânimo, da disposição; desânimo, esmorecimento. **3.** Inexistência de (algo); ausência, falta, privação. **4.** Passagem para um estado inferior; decaimento, míngua.

Des.fal.que *s.m.* **1.** Supressão de uma parte, retirada de um ou mais elementos de um todo. **2.** Redução de uma quantia, de um montante. **3.** Aquilo que se diminuiu ou reduziu. **4.** Desvio de dinheiro alheio; retirada ilícita; roubo. **5.** Dinheiro desviado fraudulentamente; roubo, alcance. **6.** Jogador ausente de uma partida.

Des.fas.ti.o *s.m.* **1.** Ausência de fastio; apetite. **2.** Prazer de viver, bom humor; desenfado, jovialidade. **3.** Entretenimento, distração, passatempo.

Des.fa.ve.lar *v.t.* **1.** Tirar a favela de (um lugar). *v.t.* e *p.* **2.** Retirar(-se), mudar(-se) da favela.

Des.fa.vor (ô) *s.m.* **1.** Perda do favor de que se desfruta junto a alguém; desgraça. **2.** Desdém, desprezo. **3.** Apreciação desfavorável; desabono, descrédito, prejuízo.

Des.fa.vo.rá.vel *adj.2g.* **1.** Não favorável; contrário, adverso, hostil. **2.** Mal disposto com relação a alguém ou algo. **3.** Que pode trazer dano, prejuízo; desvantajoso, prejudicial.

Des.fa.vo.re.cer *v.t.* **1.** Privar (alguém) de algo que lhe seria vantajoso; pôr (alguém) em situação desfavorável; prejudicar. **2.** Contrariar os interesses de (algo); desajudar.

Des.fa.zer *v.t.* e *p.* **1.** Alterar(-se) de modo que deixe de estar feito, elaborado, construído; restituir ou recuperar a forma primitiva; desmanchar(-se), desmontar(-se), desestruturar(-se). **2.** Pôr(-se) fora da ordem; desalinhar(-se), desarrumar(-se). **3.** Desmanchar(-se) [entrelaçamento de fios, nó]; desdar(-se), desenlaçar(-se). **4.** Eliminar(-se) costura; descosturar(-se). **5.** Separar(-se) [conjunto de pessoas, animais]; desunir(-se), dispersar(-se), dissolver(-se). **6.** Reduzir(-se) a fragmentos, fazer(-se) em pedaços. **7.** Dar(-se) ao conhecimento; esclarecer(-se), elucidar(-se), resolver(-se). *v.t.* **8.** Fazer pouco caso; apoucar, desdenhar, menosprezar. **9.** Refazer (caminho, trajeto); desandar.

Des.fe.char *v.t.* **1.** Tirar ou soltar o que fecha ou sela (algo); abrir. **2.** Dar (golpe violento e certeiro); aplicar. **3.** Lançar (um olhar, a vista) de modo expressivo, incisivo. **4.** Exprimir(-se). *v.t.* e *int.* **5.** Dar tiro com arma de fogo; ser disparado; descarregar, desferir, disparar. **6.** Desferir qualquer arma. **7.** Manifestar-se com exuberância, com liberdade; desatar, irromper. **8.** Apresentar conclusão, desenlace em; concluir, finalizar, terminar. *v.int.* **9.** Iniciar-se repentinamente, com ímpeto; desencadear, prorromper, romper.

Des.fe.cho (ê) *s.m.* **1.** Disparo com arma de fogo. **2.** Arremesso, desferimento com qualquer arma. **3.** Manifestação exuberante, atrevida. **4.** Início impetuoso e repentino de; desencadeamento. **5.** Parte final de uma obra literária, esp. de uma peça teatral quando a trama é, de certa forma, solucionada; catástase, desenlace, epílogo. **6.** Solução que se encontra para um negócio, uma questão ou uma situação difícil ou complicado; conclusão, desenlace, resultado. **7.** Mudança de dentição dos solípedes; bocado.

Des.fei.ta *s.f.* Procedimento ou dito desairoso, que fere alguém em sua dignidade; afronta, desconsideração, insulto.

Des.fei.te.ar *v.t.* Fazer desfeita a; afrontar, insultar, ofender.

Des.fei.to *adj.* **1.** Que se desfez. **2.** Que se desmanchou, que deixou de estar feito ou que voltou ao seu estado anterior; desmanchado, destruído. **2.1** Fora da ordem; desalinhado, desarrumado. **2.2** Desmanchado (diz-se de nó, entrelaçamento); desenlaçado, desatado. **2.3** Que se descosturou; descosturado, descosido. **2.4** Desembrulhado, desenrolado. **2.5** Cuja união foi destruída; desunido, dispersado. **2.6** Derretido, diluído. **2.7** Reduzido a fragmentos. **2.8** Que se espalhou ou desapareceu; dissipado. **2.9** Tornado nulo; anulado, revogado. **2.10** Que deixou de existir; extinto. **2.11** Que foi dissipado (diz-se de

DESFERIR — DESGOVERNAR

bem material); arruinado, gasto. 3. Que se mostra alterado por doença, fadiga ou problemas de ordem emocional; abatido, desfigurado, enfraquecido. **4.** Desvencilhado (do que importuna). **5.** Que alcançou o termo; finalizado, quebrado. **6.** Dado ao conhecimento; esclarecido, elucidado, resolvido. **7.** Convertido em (algo diferente). **8.** Refeito (diz-se de caminho, trajeto). **9.** Que perdeu combate, desafio; derrotado, vencido. **10.** Desmedido, enorme; violento.

Des.fe.rir *v.t.* e *int.* **1.** Soltar (vela); largar. **2.** Produzir sons. *v.t.* **3.** Projetar (algo) de si; despedir, emitir, lançar. **4.** Aplicar (golpe violento); desfechar. **5.** Mover para o alto; alçar, levantar. **6.** Alçar, levantar (voo); voar. **7.** Tocar (instrumento musical de corda) produzindo sons.

Des.fer.rar *v.t.* **1.** Tirar a ferradura de. *v.t.* e *p.* **2.** Fazer perder ou perder a ferradura (o animal).

Des.fi.ar *v.t.* e *p.* **1.** Desmanchar(-se) em fios (um tecido); destecer(-se). *v.t.* **2.** Reduzir (substância) a filamentos; desfibrar. **3.** Desbastar. **4.** Fazer correr entre os dedos cada uma das contas de (rosário, terço). **5.** Soltar-se na forma de fio, a propósito de fumos e vapores; espalhar. **6.** Narrar, expor em sequência; contar, discorrer. **6.1** Relatar, explicar com minúcias; descrever, esmiuçar, pormenorizar.

Des.fi.bra.do *adj.* **1.** Sem fibras. **2.** Reduzido a fibras; desfiado. **3.** Pouco espesso; aguado, ralo. **4.** Observado em minúcias; analisado, esmiuçado. *adj.* e *s.m.* **5.** Que ou aquele a quem falta disposição física; fraco, mole. **6.** Que ou quem revela falta de fibra, de firmeza de caráter e vontade; covarde, desencorajado, fraco.

Des.fi.bri.la.dor (ô) *adj.* e *s.m.* Que ou o que, por meio de dois eletrodos, emite descarga elétrica transmitida ao tórax do paciente com fibrilação cardíaca (diz-se de aparelho eletrônico).

Des.fi.gu.rar *v.t.* e *p.* **1.** Alterar(-se) o aspecto exterior de maneira a tornar (alguém ou algo) quase ou inteiramente irreconhecível; transfigurar. *v.t.* **2.** Tornar feio; afear. **3.** Modificar (algo) alterando-lhe os traços essenciais; dar uma descrição ou interpretação falsa; deturpar, desnaturar, falsear.

Des.fi.la.dei.ro *s.m.* **1.** Passagem apertada entre os contrafortes de uma serra ou cadeia de montanhas; garganta, estreito, passo. **2.** Situação complicada; aperto, embaraço.

Des.fi.lar *v.int.* **1.** Marchar em fila(s); andar um depois do outro. **1.1** Marchar em coluna, esp. em formação de parada, diante de espectadores militares ou civis. **1.2** Caminhar passando sucessivamente diante de uma assistência para a qual se exibem produtos ligados à moda. **2.** Caminhar, no ritmo de bateria, banda, dançando e cantando para plateia disposta ao longo de uma via pública. **3.** Apresentar-se em sequência ao espírito; suceder-se. **4.** Estar presente em; existir. *v.int.* **5.** Mostrar, exibir esses produtos. **6.** Ostentar, exibir.

Des.fi.le *s.m.* **1.** Deslocamento ordenado em fila(s). **1.1** Marcha em coluna, esp. em formação de parada. **1.2** Ato de caminhar sucessivamente diante de uma assistência, exibindo produtos ligados à moda. **2.** Mostra, exibição desses produtos. **3.** Exibição, ostentação. **4.** Exibição em forma de caminhada, durante a qual se canta e dança ao ritmo de bateria, banda. **5.** Sucessão de lembranças, ideias, imagens.

Des.fi.tar *v.t.* e *p.* **1.** Deixar de fitar, desviar(-se) [os olhos, a vista]. **2.** Separar (algo) [do que estava pegado, colado]; despegar, soltar, tirar.

Des.flo.rar *v.t.* e *p.* **1.** Retirar ou perder as flores; deflorar(-se). **2.** Fazer perder ou perder a virgindade; deflorar(-se), desvirginar(-se). *v.t.* **3.** Tirar a pureza, a naturalidade de; alterar, deflorar, deturpar, profanar. **4.** Tocar levemente a superfície de; roçar. **5.** Experimentar, ger. pela primeira vez; encetar, provar. **6.** Desfalcar (boiada ou tropa) de seus melhores animais. **7.** Cansar, inutilizar (um cavalo).

Des.flo.res.ta.men.to *s.m.* Ato ou efeito de desflorestar; desflorestação, desmatamento.

Des.fo.car *v.t.* **1.** Tirar o foco de (algo). **2.** Tornar (algo) impreciso, turvo, fora de foco.

Des.fo.lha.ção *s.f.* **1.** Despojamento das folhas ou pétalas. **2.** Retirada de folha que envolve (espiga de milho). ● *Pl.*: desfolhações.

Des.fo.lhan.te *adj. 2g.* e *s.m.* Que ou o que desfolha ou provoca desfolhação (diz-se esp. de preparado, agente, substância química).

Des.fo.lhar *v.t.* e *p.* **1.** Despojar(-se) das folhas ou pétalas; esfolhar. **2.** Esgotar(-se) aos poucos. *v.t.* **3.** Retirar de (espiga de milho) as folhas que a envolvem; descamisar. **4.** Tirar da bainha (o facão).

Des.for.ra *s.f.* **1.** Reparação de afronta, de ofensa; desagravo, desforro, vingança. **2.** Recuperação do que se perdeu; compensação, indenização. **2.1** Recuperação de vantagem perdida em jogo.

Des.for.rar *v.t.* **1.** Retirar o forro, o revestimento, o teto. *v.t.* e *p.* **2.** Vingar(-se). *v.p.* **3.** Recuperar o que perdeu.

Des.fral.dar *v.t.* **1.** Soltar ao vento (bandeira, pendão, velas); abrir, despregar. **2.** Espalhar (notícia, palavras etc.); divulgar. *v.p.* **3.** Tremer ligeiramente; agitar(-se), tremular.

Des.fran.zir *v.t.* **1.** Desmanchar o franzido ou as pregas de; alisar, desenrugar. *v.t.* e *p.* **2.** Desenrugar(-se) [algo], fazendo perder ou perdendo a contração, o cerramento.

Des.fru.tar *v.t.* **1.** Estar na posse de (vantagem, benefício material ou moral); gozar, lograr, usufruir. **2.** Colher os frutos de (lugar), esp. sem despender esforços no cultivo. **3.** Viver a expensas de (alguém) obtendo indiretamente vantagens e favores. **4.** Deleitar-se com; apreciar. **5.** Fazer (alguém) de objeto de chacota; escarnecer, troçar, zombar.

Des.fru.te ou **des.fru.to** *s.m.* **1.** Ato de desfrutar. **2.** Ato de aproveitar oportunidade ou vantagem; fruição, usufruto. **3.** Máximo rendimento da produção. **4.** Exposição ao ridículo; escárnio, zombaria. **5.** Atitude deplorável, leviana; indignidade. **6.** Aproveitamento amoroso, sexual.

Des.ga.lhar *v.t.* Tirar, cortar o(s) galho(s), o(s) ramo(s) a; esgalhar.

Des.gar.rar *v.t.* e *p.* **1.** Apartar(-se) do rumo, da rota; pôr(-se) fora do seu trajeto ou trajetória; desviar(-se), extraviar(-se). **2.** Afastar (-se) de (alguém, grupo, rebanho); separar(-se), tresmalhar(-se). **3.** Afastar(-se) dos princípios da moral; corromper(-se), esgarrar(-se), perverter(-se). **4.** Distanciar-se de (algo, ger. abstrato). **5.** Exceder no capricho; exagerar, requintar.

Des.gas.tar *v.t.* **1.** Consumir por fricção ou atrito; corroer, carcomer, limar. *v.t.* e *p.* **2.** Gastar(-se) pouco a pouco, consumir(-se) pela ação do tempo, pelo esforço; arruinar(-se), destruir(-se). **3.** Tornar(-se) menos capaz, atuante ou poderoso; enfraquecer (-se). **4.** Fazer a digestão; digerir.

Des.gas.te ou **des.gas.to** *s.m.* **1.** Alteração ou redução da forma, por fricção ou atrito; corrosão. **2.** Consumição pelo tempo, pelo esforço; destruição, envelhecimento, ruína. **3.** Redução da capacidade, do poder; abatimento, enfraquecimento. **4.** Digestão.

Des.ge.lar *v.t., int.* e *p.* ⇒ **Degelar**.

Des.gos.tar *v.t.* **1.** Dar desgosto, descontentamento, contrariedade a; aborrecer, contrariar, desagradar. **2.** Causar intenso desprazer; atormentar, mortificar. *v.t.* e *p.* **3.** Não gostar; deixar de sentir simpatia, amor por; desafeiçoar(-se), desestimar(-se). **4.** Sentir-se ofendido; magoar-se, melindrar-se.

Des.gos.to (ô) *s.m.* **1.** Falta de gosto, de prazer, de alegria; aborrecimento, contrariedade, desprazer. **2.** Estado de espírito de pessoas desgostosas; pesar, tristeza. **3.** Falta de gosto, de simpatia, de amor por; desafeto. **4.** Grande insatisfação; mortificação, tribulação. **5.** Estado de quem se sentiu ofendido; mágoa, melindre. **6.** Aversão por; repugnância.

Des.go.ver.nar *v.t.* **1.** Não governar bem; administrar ou reger mal. *v.t., int.* e *p.* **2.** Fazer deixar ou deixar de estar sob controle (veículo, animal de montaria). *v.t.* e *p.* **3.** Afastar(-se) do bom caminho, do dever; depravar(-se), desencaminhar(-se). *v.p.* **4.** Perder o controle sobre si mesmo; descontrolar-se. **5.** Tornar-se confuso, inseguro; desnortear-se, desorientar-se. *v.t.* e *p.* **6.** Gastar desordenadamente; dilapidar, dissipar, esbanjar.

DESGRAÇA — DESLIGAR

Des.gra.ça *s.f.* **1.** Perda das boas graças de que se desfruta junto a (alguém); desfavor, desvalimento. **2.** Revés da fortuna; azar, desdita, infelicidade. **3.** Acontecimento funesto; calamidade. **4.** Estado de aflição; angústia. **5.** Grande pobreza; miséria. **6.** Pessoa ou coisa desajeitada, irritante, incômoda, digna de lástima.

Des.gra.ça.do *adj.* **1.** Infeliz, vil, desprezível. **2.** Digno de dó. **3.** Pobre, miserável. **4.** Que não tem sorte. *s.m.* **5.** Indivíduo miserável ou que vive em miséria extrema.

Des.gra.cei.ra *s.f.* Sucessão ou série de desgraças.

Des.gra.ci.o.si.da.de *s.f.* Perda das boas graças de que se desfruta junto a (alguém); desfavor, desvalimento.

Des.gra.ci.o.so (ô) *adj.* **1.** Sem graça, sem elegância. **2.** Deselegante, desajeitado.

Des.gre.nhar *v.t.* **1.** Emaranhar, despentear (os cabelos). *v.p.* **2.** Despentear-se, descabelar-se.

Des.gru.dar *v.t. e p.* Despregar(-se), descolar(-se) o que estava grudado.

Des.guar.ne.cer *v.t.* **1.** Privar de guarnição. **2.** Debilitar, enfraquecer. **3.** Desadornar, desenfeitar.

Des.gui.ar *v.int.* Gír Ir embora, afastar-se, dar o fora.

De.si.de.ra.to *s.m.* **1.** Aquilo que se deseja. **2.** Alvo, meta, aspiração.

De.sí.dia *s.f.* **1.** Preguiça, indolência. **2.** Desleixo, descaso, incúria.

De.si.dra.tan.te *adj.2g.* Que desidrata; que produz desidratação; desidratador.

De.si.dra.tar *v.t.* **1.** Extrair a água ou líquido orgânico de. *v.p.* **2.** Perder a água contida no corpo. **3.** Sofrer desidratação.

Design (dizáin) (ing.) *s.m.* **1.** Concepção de um projeto ou modelo. **2.** O produto desse projeto. **3.** Desenho industrial.

De.sig.nar *v.t.* **1.** Indicar, apontar, mostrar. **2.** Dar nomes a. **3.** Dar a conhecer. **4.** Ser o sinal, o símbolo de. **5.** Fixar, determinar. **6.** Classificar, qualificar. **7.** Nomear (para cargo ou emprego).

De.sig.na.ti.vo *adj.* **1.** Que designa. **2.** Próprio para designar.

Designer (dizáiner) (ing.) *s.m.* **1.** O que faz um projeto, um *design*. **2.** Estilista, modelista. **3.** Desenhista industrial ou de produto. **4.** Programador visual.

De.sig.nio *s.m.* **1.** Intento, propósito. **2.** Destino. **3.** Plano, projeto.

De.si.gual *adj.2g.* **1.** Que não é igual; diferente. **2.** Que não é liso ou plano. **3.** Variável, irregular, acidentado. **4.** Desproporcional. **5.** Inconstante, instável, volúvel.

De.si.lu.dir *v.t.* **1.** Desenganar, causar decepção a. *v.p.* **2.** Perder as ilusões; desenganar-se, desesperançar-se.

Des.im.pe.di.do *adj.* Livre, desembaraçado.

Des.im.pe.dir *v.t.* **1.** Tirar o impedimento ou o obstáculo a; desembaraçar, desobstruir. **2.** Facilitar, desatravancar. *v.p.* **3.** Tornar-se desimpedido.

De.sin.cha.men.to *s.m.* Fim ou diminuição de inchaço.

De.sin.char *v.t. e int. e p.* **1.** Fazer perder ou perder a inchação; desintumescer(-se), murchar(-se) *v.t. e p.* **2.** Fazer perder ou perder a soberba, a vaidade; desensoberbecer(-se), humilhar(-se).

De.sin.com.pa.ti.bi.li.zar *v.t.* **1.** Tirar a incompatibilidade a. *v.p.* **2.** Desfazer-se da incompatibilidade.

De.sin.cor.po.rar *v.t.* **1.** Separar (o que estava incorporado). *v.t. e p.* **2.** Desunir(-se), separar(-se), desmembrar(-se).

De.sin.cum.bir-se *v.p.* Dar cumprimento a uma incumbência.

De.sin.de.xar (cs) *v.t.* **1.** Desfazer a indexação. **2.** Extinguir a relação entre certos valores. **3.** Eliminar a correção automática de preços e salários.

De.si.nên.cia *s.f.* **1.** Gram Letra ou sílaba que, posposta ao radical das palavras, as termina. **2.** Extremidade. **3.** Fim, termo.

De.sin.fe.liz *s.f.* Pop Infeliz.

De.sin.fe.tar *v.t.* **1.** Sanear, livrar daquilo que infeta. *v.int.* **2.** Destruir os micróbios vivos.

De.sin.fla.ção *s.f.* Ato ou efeito de desinflacionar; deflação.

De.sin.fla.cio.nar *v.t.* Conter ou reduzir a inflação.

De.sin.fla.ma.ção *s.f.* Ato ou efeito de desinflamar(-se).

De.sin.fla.mar *v.t.* **1.** Tirar ou fazer diminuir a inflamação a. **2.** Desintumescer, desinchar. **3.** Deixar de estar inflamado.

De.sin.for.ma.ção *s.f.* **1.** Ato ou efeito de desinformar. **2.** Informação propositalmente falsa, para levar o adversário e/ou outrem a erro.

De.sin.for.mar *v.t.* Prestar informações incorretas.

De.si.ni.bi.do *adj.* **1.** Sem inibições, sem timidez. **2.** Desembaraçado, desenvolto.

De.sin.qui.e.to *adj.* **1.** Muito inquieto. **2.** Travesso, traquinas (criança); desassossegado.

De.sin.so.fri.do *adj.* Muito impaciente.

De.sin.te.grar *v.t.* **1.** Reduzir a fragmentos; desfazer-se. *v.p.* **2.** Fís Sofrer desintegração. **3.** Perder a integridade; dividir-se.

De.sin.te.li.gên.cia *s.f.* **1.** Falta de acordo, de compreensão; divergência, desacordo. **2.** Discórdia, inimizade, desavença.

De.sin.te.res.sa.do *adj.* **1.** Que não tem interesse. **2.** Que não age movido por interesse; desprendido. **3.** Isento, imparcial.

De.sin.te.res.sar *v.t.* **1.** Tirar o interesse a. *v.p.* **2.** Perder o interesse de. **3.** Não se importar.

De.sin.te.res.se (ê) *s.m.* **1.** Falta de interesse. **2.** Descaso, desídia. **3.** Abnegação, desprendimento. **4.** Imparcialidade.

De.sin.to.xi.car (cs) *v.t.* Eliminar os tóxicos do organismo; desenvenenar.

De.sin.tu.mes.cer *v.t.* **1.** Tirar ou reduzir a intumescência de; desinchar. *v.p.* **2.** Perder a intumescência.

De.sin.tu.mes.ci.men.to *s.m.* Ato ou efeito de desintumescer; desinchação.

De.sip.no.ti.za.ção *s.f.* Interrupção do estado de hipnose. ● *Pl.:* *desipnotizações*.

De.sip.no.ti.zar *v.t.* Eliminar o estado de hipnose em.

De.si.po.te.car *v.t.* Livrar de hipoteca.

De.sir.ma.nar *v.t.* **1.** Tornar desirmanado. **2.** Quebrar os laços de amizade. *v.p.* **3.** Desavir-se.

De.sis.tên.cia *s.f.* Ato ou efeito de desistir; renúncia; abstenção.

De.sis.tir *v.t. e int.* **1.** Não continuar. **2.** Não prosseguir num intento. **3.** Renunciar. ● *Ant.: prosseguir.*

Des.je.ju.ar *v.int. e p.* Fazer a primeira refeição do dia.

Des.je.jum *s.m.* A primeira refeição do dia; café da manhã. ◆ *Var.:* *dejejum.*

Des.jun.gir *v.t.* Soltar, desprender do jugo; desatrelar.

Desktop (désktóp) (ing.) *s.m.* Microcomputador de mesa.

Des.la.çar *v.t.* **1.** Desfazer os laços ou as laçadas de. **2.** Soltar, desprender (o que estava enlaçado).

Des.la.crar *v.t.* **1.** Partir ou tirar o lacre de. **2.** Abrir (o que estava lacrado).

Des.lan.char *v.int.* **1.** Pop Ir para a frente; andar (veículo). **2.** Ir-se embora. **3.** Passar a apresentar bom desempenho.

Des.la.va.do *adj.* **1.** Descarado, cínico, atrevido. **2.** Sem graça.

Des.le.al *adj.2g.* **1.** Que não tem lealdade. **2.** Infiel, pérfido, falso. ● *Ant.: leal.*

Des.le.al.da.de *s.f.* **1.** Falta de lealdade. **2.** Qualidade de desleal. ● *Ant.: lealdade.*

Des.lei.tar *v.t.* Tirar o leite a; desmamar.

Des.lei.xar *v.t.* **1.** Descurar, descuidar. **2.** Desmazelar, negligenciar. *v.p.* **3.** Relaxar-se no cumprimento do dever; descuidar-se.

Des.lei.xo *s.m.* **1.** Relaxamento no cumprimento do dever. **2.** Descuido, negligência, inércia. **3.** Moleza, indolência. ● *Ant.: cuidado, zelo.*

Des.lem.bran.ça *s.f.* Falta de lembrança; esquecimento.

Des.lem.brar *v.t.* **1.** Esquecer, omitir por esquecimento. *v.int.* **2.** Não vir à mente. *v.p.* **3.** Esquecer-se.

Des.li.ga.do *adj.* **1.** Separado, desunido. **2.** Gír Desatencioso, distraído, aéreo. **3.** Afastado, distante.

Des.li.ga.men.to *s.m.* **1.** Ato ou efeito de desligar(-se). **2.** Separação do que estava ligado. **3.** Falta de ligação ou nexo. **4.** Afastamento.

Des.li.gar *v.t.* **1.** Separar ou desatar (o que estava ligado); desprender. **2.** Interromper o circuito elétrico. *v.int. e p.* **3.** Abstrair--se, alhear-se. **4.** Fig Desobrigar-se. *v.p.* **5.** Desatar-se, soltar-se. **6.** Afastar-se, separar-se.

DESLINDAR — DESNÍVEL

Des.lin.dar *v.t.* **1.** Estabelecer as demarcações; remarcar. **2.** Desenredar; desvencilhar. **3.** Descobrir, apurar.

Des.li.za.men.to *s.m.* **1.** Ato ou efeito de deslizar ou escorregar. **2.** Movimento do que desliza.

Des.li.zar *v.int.* **1.** Escorregar de leve, pouco a pouco. **2.** Resvalar, passar de leve. **3.** Afastar-se aos poucos. **4.** Cometer deslize.

Des.li.ze *s.m.* **1.** Ato ou efeito de deslizar; escorregadela. **2.** Desvio do bom caminho. **3.** Quebra da boa conduta. **4.** Erro, engano involuntário.

Des.lo.car *v.t.* **1.** Mudar de um para outro lugar. **2.** Transferir. **3.** Afastar, desviar. **4.** Desarticular, desconjuntar. *v.p.* **5.** Desconjuntar-se, desmanchar-se. **6.** Mudar-se.

Des.lum.bran.te *adj.2g.* **1.** Que deslumbra; ofuscante. **2.** Fascinante, suntuoso, maravilhoso, esplêndido.

Des.lum.brar *v.t.* **1.** Ofuscar a vista pela ação de muita luz. **2.** Perturbar o entendimento de. **3.** Causar assombro a. **4.** Fascinar, maravilhar, encantar. *v.p.* **5.** Deixar-se fascinar ou seduzir.

Des.lus.trar *v.t.* **1.** Tirar o lustre, o brilho. **2.** Desonrar, infamar. *v.p.* **3.** Perder o lustre. **4.** FIG Infamar-se, macular-se.

Des.lus.tre *s.m.* **1.** Ato ou efeito de deslustrar(-se). **2.** FIG Desdouro, desonra.

Des.mai.ar *v.i.*, *int. e p.* **1.** Perder a cor. **2.** Descolorir-se, desbotar. **3.** Esmorecer, desanimar. **4.** Empalidecer. **5.** Perder os sentidos, desfalecer.

Des.mai.o *s.m.* **1.** Perda dos sentidos. **2.** Síncope, desfalecimento. **3.** Delíquio. **4.** Desânimo, abatimento.

Des.ma.ma *s.f.* Desmame.

Des.ma.mar *v.t.* **1.** Fazer perder o hábito de mamar. **2.** FIG Dar autonomia, separar.

Des.ma.me *s.m.* Ato ou efeito de desmamar, de interromper o aleitamento de uma criança ou animal.

Des.man.cha-pra.ze.res *s.2g. e 2n.* Pessoa importuna, que perturba o divertimento ou prazer alheio.

Des.man.char *v.t.* **1.** Desfazer. **2.** Tornar nulo; anular. **3.** Desarranjar, descompor. **4.** Pôr em desalinho. *v.p.* **5.** Dissolver-se, diluir-se; desfazer-se. **6.** Não se realizar.

Des.man.che *s.m.* POP Oficina que desmancha carros e vende peças avulsas; desmancho.

Des.man.cho *s.m.* **1.** Ato ou efeito de desmanchar. **2.** Desordem, transtorno. **3.** FIG Negócio malogrado. **4.** Desmanche.

Des.man.do *s.m.* **1.** Ato ou efeito de desmandar. **2.** Ato de indisciplina; desobediência. **3.** Abuso de poder; desregramento, excesso.

Des.man.te.lar *v.t.* **1.** Derrubar (muralhas, fortificações). **2.** Arruinar. **3.** Desmanchar; demolir. **4.** Deslocar; desorganizar; desarticular. *v.p.* **5.** Vir abaixo; desmoronar-se.

Des.mar.car *v.t.* **1.** Tirar as marcas ou marcos a. **2.** Rescindir, cancelar, desfazer (compromisso). **3.** Tornar enorme ou descomedido.

Des.mas.ca.rar *v.t.* **1.** Descobrir; revelar. **2.** Desmoralizar alguém, mostrando suas intenções ocultas; tirar a máscara de. *v.p.* **3.** Revelar-se, dar-se a conhecer tal qual é.

Des.mas.tre.ar *v.t.* **1.** Tirar os mastros a (embarcação). *v.p.* **2.** Perder os mastros.

Des.ma.ta.men.to *s.m.* Ato ou efeito de desmatar ou tirar a mata; desflorestamento.

Des.ma.tar *v.t.* **1.** Tirar o mato. **2.** Deixar (uma região) sem suas matas ou florestas; desflorestar.

Des.ma.ze.lo (é) *s.m.* **1.** Desleixo, negligência. **2.** Desalinho no vestir.

Des.me.di.do *adj.* **1.** Que excede as medidas. **2.** Enorme, imenso. **3.** Excessivo, exagerado.

Des.mem.brar *v.t.* **1.** Cortar os membros ou algum membro de. **2.** Separar os membros de. **3.** Separar uma ou mais partes de (um todo); dividir. *v.p.* **4.** Separar-se. **5.** Desagregar-se, desligar-se.

Des.me.mo.ri.a.do *adj.* **1.** Que perdeu a memória. **2.** Que é sujeito a esquecimentos. *s.m.* **3.** Indivíduo desmemoriado.

Des.men.ti.do *adj.* **1.** Que se desmentiu. *s.m.* **2.** Declaração com que se desmente; contradita.

Des.men.tir *v.t.* **1.** Declarar que (alguém) não diz a verdade. **2.** Contradizer, negar (o que outrem afirma). **3.** Não corresponder a. *v.p.* **4.** Contradizer-se.

Des.me.re.cer *v.t.* **1.** Ser indigno de. **2.** Apoucar, menoscabar. **3.** Desfazer em. **4.** Rebaixar. *v.int.* **5.** Perder o valor, o merecimento. **6.** Perder o brilho, a cor; desbotar.

Des.me.su.ra.do *adj.* Desmedido, excessivo.

Des.mi.li.ta.ri.zar *v.t.* **1.** Tirar o caráter de militar a. **2.** Desguarnecer de tropas uma zona determinada, por medida de segurança.

Des.mi.ne.ra.li.zar *v.t.* Extrair o mineral de.

Des.mi.o.la.do *adj.* **1.** Sem miolo. **2.** Insensato, imprudente, sem juízo; louco. *s.m.* **3.** Indivíduo desmiolado.

Des.mis.ti.fi.ca.ção *s.f.* Ato ou efeito de desmistificar.

Des.mis.ti.fi.car *v.t.* Desfazer uma mistificação, denunciar um erro, desmascarar.

Des.mi.ti.fi.ca.ção *s.f.* Ato ou efeito de desmitificar.

Des.mi.ti.fi.car *v.t.* Desfazer um mito; tirar o caráter de mito de uma pessoa ou coisa.

Des.mo.bi.li.ar *v.t.* **1.** Desguarnecer de mobília (uma casa, um aposento etc.); desmobilar, desmobilhar.

Des.mo.bi.li.za.ção *s.f.* Ato ou efeito de desmobilizar.

Des.mo.bi.li.zar *v.t.* **1.** Desfazer a mobilização de (um exército). **2.** Licenciar a tropa. **3.** Voltar à condição de civil.

Des.mo.ne.ti.zar *v.t.* Desvalorizar a moeda circulante.

Des.mon.te *s.m.* **1.** Ato ou efeito de desmontar. **2.** Extração de minério das jazidas. **3.** Conjunto de seixos e areia. **4.** Trabalho de nivelar (morro).

Des.mo.ra.li.za.ção *s.f.* **1.** Ato ou efeito de desmoralizar. **2.** Falta ou perda da moralidade. **3.** Corrupção, imoralidade.

Des.mo.ra.li.zan.te *adj.2g.* **1.** Que corrompe, que acarreta a perda do senso de moralidade. **2.** Que abate a força moral, que tira o ânimo; desanimador, desencorajante. **3.** Que acarreta descrédito; desonroso.

Des.mo.ra.li.zar *v.t.* **1.** Abater a moral ou o ânimo de. **2.** Fazer perder a coragem. **3.** Desanimar. **4.** Fazer perder a força moral. **5.** Corromper, perverter. *v.t. e p.* **6.** Perder a reputação. **7.** Tornar (-se) imoral. **8.** Corromper(-se), perverter(-se). **9.** Perder o crédito, a estima.

Des.mo.ro.na.men.to *s.m.* **1.** Ato ou efeito de desmoronar. **2.** Queda de muro, edifício, casa etc. **3.** FIG Destruição, aniquilamento.

Des.mo.ro.nar *v.t.* **1.** Fazer vir abaixo; derrubar, demolir. **2.** FIG Fazer desaparecer; arruinar. *v.p.* **3.** Vir abaixo. **4.** Ruir, desabar. **5.** FIG Perecer, aniquilar-se.

Des.mor.ti.fi.car *v.t.* Tirar a mortificação a.

Des.mo.ti.van.te *adj.2g.* Que desmotiva, desanima.

Des.mo.ti.var *v.t. e p.* Tirar ou fazer perder a motivação de (alguém ou de si mesmo); desestimular(-se).

Des.mu.nhe.ca.do *adj.* **1.** Que desmunheca; efeminado. *s.m.* **2.** Aquele que desmunheca; efeminado.

Des.na.ci.o.na.li.za.ção *s.f.* **1.** Ato ou efeito de desnacionalizar(-se). **2.** ECON POLÍT Participação do capital estrangeiro nas empresas de um país, em tal escala que isto constitui uma forma de domínio econômico (e político) daquele sobre este.

Des.na.ci.o.na.li.zar *v.t.* **1.** Tirar o caráter ou a feição nacional a. *v.p.* **2.** Perder o caráter nacional.

Des.na.sa.la.ção *s.f.* Ato de desnasalar. ◆ *Var.:* desnasalização.

Des.na.sa.lar *v.t.* Tornar o som nasal a. ◆ *Var.:* desnasalizar.

Des.na.ta.dei.ra *s.f.* Aparelho para desnatar.

Des.na.tar *v.t.* Tirar a nata a (o leite).

Des.na.tu.ra.do *adj. e s.m.* **1.** Que, ou aquele que age contra os sentimentos naturais. **2.** Que, ou o que é desumano, cruel.

Des.na.tu.ra.li.zar *v.t.* **1.** Privar dos direitos de cidadão de um país a; expatriar. *v.p.* **2.** Renunciar aos direitos de natural de um país.

Des.ní.vel *s.m.* Diferença de nível.

DESNODOAR — DESPENCAR

Des.no.do.ar *v.t.* Tirar as nódoas a.

Des.nor.te.ar *v.t.* 1. Fazer perder o norte ou o rumo. 2. Desviar do rumo. 3. Confundir. 4. Desorientar; desavorar. *v.p.* 5. Desorientar-se, perturbar-se.

Des.no.ve.lar *v.t.* e *p.* Desenovelar(-se).

Des.nu.cle.a.ri.zar *v.t.* e *p.* 1. Fazer deixar ou deixar de utilizar fontes de energia nuclear em favor de outras fontes energéticas tradicionais. 2. Reduzir ou coibir(-se) a fabricação e/ou a acumulação de armas nucleares em (uma área, nação etc.).

Des.nu.da.men.to *s.m.* Ato ou efeito de desnudar-se.

Des.nu.dar *v.t.* e *p.* 1. Tornar(-se) nu. 2. Pôr(-se) nu, despir(-se). 3. Mostrar(-se), revelar(-se). *v.p.* 4. Abrir a alma, exteriorizando seu estado de espírito.

Des.nu.tri.ção *s.f.* 1. Falta ou insuficiência de nutrição; subnutrição. 2. Emagrecimento.

Des.nu.trir *v.t.* e *p.* 1. Nutrir(-se) mal ou não nutrir(-se). 2. Debilitar(-se), enfraquecer(-se).

De.so.be.de.cer *v.t.* Não obedecer, infringir, transgredir. • *Ant.:* obedecer.

De.so.be.di.ên.cia *s.f.* 1. Falta de obediência. 2. Insubordinação, transgressão. 3. Infração (de uma lei).

De.so.be.di.en.te *adj.2g.* 1. Que não obedece ou costuma desobedecer. *s.2g.* 2. Pessoa desobediente.

De.so.bri.ga.ção *s.f.* 1. Ato ou efeito de desobrigar(-se). 2. Exoneração da obrigação.

De.so.bri.gar *v.t.* 1. Eximir, isentar, livrar de (uma obrigação). *v.p.* 2. Livrar-se da obrigação; desincumbir-se.

De.sobs.tru.ção *s.f.* Ato ou efeito de desobstruir; desimpedimento.

De.sobs.tru.ir *v.t.* 1. Desatravancar, desimpedir (retirando o que obstruía). 2. Desentupir.

De.sobs.tru.ti.vo *adj.* MED Que desobstrui.

De.so.cu.pa.ção *s.f.* 1. Falta de ocupação. 2. Ociosidade, desemprego.

De.so.cu.pa.do *adj.* e *s.m.* 1. Ocioso, vadio, vagabundo. 2. Livre, não ocupado.

De.so.cu.par *v.t.* 1. Sair de (lugar que ocupava). 2. Desembaraçar. 3. Livrar, isentar; desimpedir. *v.p.* 4. Desembaraçar-se. 5. Liberar-se, livrar-se. 6. Ficar ocioso.

De.so.do.ri.zan.te *adj.* e *s.m.* Desodorante.

De.so.do.ri.zar *v.t.* Tirar o odor, o mau cheiro de; desodorar.

De.so.fi.ci.a.li.zar *v.t.* 1. Suprimir a feição, o caráter oficial de.

De.so.la.ção *s.f.* 1. Ato ou efeito de desolar(-se). 2. Ruína, devastação, estrago. 3. Tristeza extrema; consternação.

De.so.la.dor (ô) *adj.* e *s.m.* Que, aquele ou aquilo que causa desolação.

De.so.la.men.to *s.m.* ⇒ Desolação.

De.so.ne.rar *v.t.* e *p.* 1. Livrar(-se) de ônus ou encargo. 2. Exonerar(-se).

De.so.nes.ti.da.de *s.f.* 1. Falta de honestidade. 2. Indignidade.

De.so.nes.to *adj.* 1. Que, ou aquele que não tem honestidade. 2. Impudico, devasso. • *Ant.:* honesto.

De.son.ra *s.f.* Perda da honra; descrédito, desbriamento. • *Ant.:* honra.

De.son.ra.dez (ê) *s.f.* Desonra.

De.son.rar *v.t.* 1. Ofender a honra, o pudor de. 2. Infamar; deslustrar. POP Desvirginar, deflorar. *v.p.* 4. Praticar ato desonesto ou desonroso. 5. Perder a honra. 6. POP Perder a virgindade (a mulher).

De.son.ro.so (ô) *adj.* 1. Em que há desonra. 2. Aviltante, degradante. • *Ant.:* honroso.

De.so.pi.la.ção *s.f.* Ato ou efeito de desopilar; desobstrução.

De.so.pi.lar *v.t.* MED Desobstruir, aliviar.

De.so.pres.são *s.f.* 1. Ato ou efeito de desoprimir. 2. Alívio, desafogo.

De.so.pri.mir *v.t.* 1. Livrar da opressão; aliviar. 2. Libertar. 3. Libertar-se.

De.so.ras *s.f.pl.* Usado na loc. adv. *a desoras.* • **a desoras:** fora de hora; tarde da noite; inoportunamente.

De.sor.dei.ro *adj.* e *s.m.* Que, ou aquele que promove desordens; arruaceiro. • *Ant.:* ordeiro.

De.sor.dem *s.f.* 1. Falta de ordem; desarranjo. 2. Confusão, desalinho. 3. Desvairamento. 4. Motim, rixa. • *Ant.:* ordem, disciplina.

De.sor.de.nar *v.t.* 1. Tirar da ordem. 2. Desarranjar, confundir. 3. Amotinar. *v.p.* 4. Sair da ordem. 5. Descomedir-se.

De.sor.ga.ni.za.ção *s.f.* 1. Falta de organização. 2. Ato ou efeito de desorganizar. 3. Desordem, confusão.

De.sor.ga.ni.zar *v.t.* 1. Desfazer a organização de. 2. Desordenar, desarranjar. *v.p.* 3. Ficar sem organização. 4. Desfazer-se, dissolver-se.

De.so.ri.en.tar *v.t.* 1. Fazer perder a orientação, o caminho. 2. Desnortear. 3. Desvairar, ensandecer. 4. Atrapalhar, perturbar, confundir. *v.p.* 5. Perder o rumo; desnortear-se. 6. Perturbar-se, desvairar-se.

De.so.sar *v.t.* Tirar os ossos a.

De.so.va *s.f.* 1. Ato ou efeito de desovar. 2. Época de reprodução dos peixes e anfíbios.

De.so.var *v.int.* 1. Pôr os ovos (especialmente crustáceos e peixes). 2. POP Parir. *v.t.* 3. Revelar, dizer, desembuchar.

Des.pa.cha.do *adj.* 1. Que obteve despacho; deferido. 2. Despedido do emprego. 3. FIG Expedido, ativo, desembaraçado. 4. FIG Franco, valente.

Des.pa.chan.te *adj.2g.* 1. Que despacha. *s.2g.* 2. Profissional que despacha ou desembaraça mercadorias em alfândegas. 3. Profissional que se encarrega de desembaraçar negócios, encaminhar papéis, obter licenças etc., em especial junto às repartições fiscais, policiais etc. 4. Escritório que faz esses serviços.

Des.pa.char *v.t.* 1. Pôr despacho em, deferindo ou não. 2. Resolver, solucionar. 3. Mandar embora, dispensar. 4. Expedir, enviar. 5. FIG Matar. *v.p.* 6. Fazer às pressas; apressar-se.

Des.pa.cho *s.m.* 1. Solução, resposta, desfecho. 2. Desembaraço, desenvoltura. 3. Nota de deferimento ou indeferimento lançada por autoridade em petição ou requerimento. 4. Provimento em emprego público. 5. FOLCL Oferenda, deixada em encruzilhada, a alguma divindade de macumba, para ela influir sobre alguém ou alguma coisa; feitiçaria, ebó.

Des.pa.ra.fu.sar *v.t.* Tirar os parafusos de; desaparafusar.

Des.pau.té.rio *s.m.* Grande tolice; disparate, despropósito.

Des.pe.da.çar *v.t.* 1. Fazer em pedaços. 2. Partir, rasgar. 3. Fracionar, fragmentar. *v.p.* 4. Quebrar-se, partir-se.

Des.pe.di.da *s.f.* 1. Ato ou efeito de despedir(-se). 2. FIG Termo, conclusão. 3. Ato de dispensar de emprego.

Des.pe.dir *v.t.* 1. Fazer sair. 2. Dispensar os serviços de. 3. Separar-se. 4. Lançar, arremessar; expedir. 5. Lançar de si. 6. Soltar. 7. Aviar, despachar. 8. Exalar. *v.int.* 9. Cessar, terminar. 10. Fazer despedida. 11. Dizer adeus. *v.p.* 12. Apartar-se apresentando cumprimentos. 13. Ir-se.

Des.pe.gar *v.t.* e *p.* 1. Desunir(-se), desatar(-se). 2. Tornar(-se) indiferente. *v.p.* 3. Desgrudar-se, desapegar-se, desafeiçoar-se.

Des.pei.to *s.m.* 1. Irritação produzida por contrariedade ou amor-próprio ferido; desgosto. 2. Ressentimento, mesclado de inveja. • **A despeito de:** apesar de.

Des.pe.jar *v.t.* 1. Desobstruir. 2. Desembaraçar esvaziando (o recipiente) do conteúdo ou carga. 3. Esvaziar; desocupar. 4. Tornar vazio; vazar o conteúdo de. 5. Exaurir. 6. Promover o despejo de (inquilino). 7. Tirar o pejo, a vergonha. 8. Desaguar (rio, córrego) em outro ou no mar.

Des.pe.jo (ê) *s.m.* 1. Ato ou efeito de despejar. 2. Aquilo que se despeja. 3. Lixo, dejeto. 4. FIG Impudor. 5. Desocupação compulsória de um imóvel por força de decisão judicial.

Des.pe.lar *v.t.* 1. Tirar a pele a. 2. Retirar a casca ou a cortiça a (árvore).

Des.pen.car *v.t.* 1. Arrancar da penca ou do cacho. *v.int.* e *p.* 2. Cair desastradamente de grande altura.

DESPENDER — DESRAMAR

Des.pen.der v.t. 1. Fazer despesa de. 2. Dar, distribuir. 3. Gastar, consumir, destinar.

Des.pe.nha.dei.ro s.m. Lugar elevado e escarpado, de difícil acesso; precipício.

Des.pe.nhar v.t. 1. Lançar ou precipitar de grande altura. v.p. 2. Precipitar-se, cair, tombar do alto.

Des.pen.sa s.f. Lugar da casa onde se guardam mantimentos. ◆ Cf. *dispensa*.

Des.pen.te.ar v.t. 1. Desmanchar o penteado de. 2. v.p. Soltar-se, desmanchar-se (o penteado).

Des.per.ce.bi.do adj. 1. Não percebido. 2. A que não se deu atenção. 3. Desatento, distraído.

Des.per.di.çar v.t. 1. Gastar em excesso. 2. Esbanjar, malbaratar.

Des.per.dício s.m. 1. Ato ou efeito de desperdiçar. 2. Gasto ou despesa inútil. 3. Esbanjamento, perda.

Des.per.so.na.li.zar v.t. 1. Mudar a personalidade e caráter a. 2. Perder a própria personalidade.

Des.per.su.a.dir v.t. 1. Fazer mudar de opinião ou posição. 2. Dissuadir. v.p. 3. Dissuadir-se.

Des.per.su.a.são s.f. Ato ou efeito de despersuadir.

Des.per.ta.dor adj. 1. Que desperta. s.m. 2. O que desperta. 3. Relógio com aparelho especial para fazer soar em hora previamente determinada.

Des.per.tar[1] v.t. 1. Acordar, tirar do sono. 2. Estimular, excitar. 3. Fazer nascer. 4. Acordar, espertar.

Des.per.tar[2] s.m. 1. Ato ou efeito de despertar. 2. Ato ou efeito de manifestar.

Des.pe.sa (ê) s.f. 1. Ato ou efeito de despender; gasto. 2. Tudo o que se despende; dispêndio.

Des.pe.ta.lar v.t. 1. Tirar as pétalas de. v.int. Perder as pétalas.

Des.pi.ci.en.do adj. Digno de desdém, de desprezo.

Des.pi.do adj. Nu, sem roupa. 2. Despojado, desprovido, livre.

Des.pi.que s.m. 1. Ato ou efeito de despicar(-se). 2. Desforra, vingança.

Des.pir v.t. 1. Desnudar, tirar a roupa de. 2. Pôr de lado; abandonar. v.p. 3. Tirar a própria roupa; desnudar-se. 4. Despojar-se, desfazer-se.

Des.pis.tar v.t. 1. Fazer perder a pista; desnortear. 2. Iludir a vigilância de; enganar.

Des.plan.te s.m. 1. Posição de esgrima. FIG Ousadia, audácia, atrevimento.

Des.plu.mar v.t. Tirar as plumas a; depenar.

Des.po.jar v.t. 1. Roubar, saquear; defraudar. 2. Espoliar; esbulhar. v.p. 3. Privar-se do que lhe pertence; largar. 4. Despir-se.

Des.po.jo (ô) s.m. 1. Espólio, presa. 2. O que caiu ou se arrancou, tendo servido de revestimento ou adorno.

Des.pol.par v.t. Tirar a polpa de (um fruto).

Des.po.lu.i.ção s.f. Ato ou efeito de despoluir.

Des.po.lu.ir v.t. Livrar da poluição.

Des.pon.tar v.t. 1. Gastar a ponta a. 2. Cortar as pontas a (gado vacum); embotar. 3. Ocorrer, lembrar. v.int. 4. Começar a aparecer. 5. Surgir, nascer. v.p. 6. Fazer sem ponta.

Des.por.te (ó) s.m. Esporte. ◆ Var.: *desporto* (ô).

Des.por.tis.ta adj. e s.2g. Que, ou quem se dedica ao esporte; esportista.

Des.por.to (ô) s.m. Var.: *desporte*.

Des.po.sar v.t. 1. Casar(-se); matrimoniar(-se) com.

Des.po.tis.mo s.m. 1. Poder absoluto e arbitrário; tirania. 2. Autoridade ou ato de déspota. 3. Sistema de governo que se funda no poder absoluto. 4. FIG Grande quantidade. 5. FIG Multidão.

Des.po.vo.a.ção s.f. Despovoamento.

Des.po.vo.ar v.t. 1. Diminuir, suprimir a população de. 2. Tornar ermo, deserto (um lugar). 3. Esvaziar. 4. Ficar sem habitantes.

Des.pra.zer v.t. e int. 1. Desagradar. s.m. 2. Falta de prazer. 3. Desgosto, aborrecimento.

Des.pre.ca.tar-se v.p. Descuidar-se, desacautelar-se, desprevenir-se.

Des.pre.ca.ver v.t. e p. Desacautelar(-se).

Des.pre.gar v.t. 1. Arrancar e soltar (aquilo que estava pregado). 2. Desfazer as pregas de; desenrugar. 3. Desfraldar, estender. 4. FIG Afastar, desviar (os olhos) de. v.p. 5. Soltar-se (bandeira, vela etc.). 6. Desunir-se (o que estava preso); desprender-se.

Des.pren.der v.t. 1. Desamarrar, soltar, libertar. 2. Proferir, emitir. 3. Ter desprendimento (de bens materiais). v.p. 4. Soltar-se, libertar-se.

Des.pren.di.do adj. 1. Que tem desprendimento. 2. Sem ambição; altruísta, abnegado.

Des.pre.o.cu.pa.ção s.f. 1. Estado de quem não tem preocupação. 2. Desinteresse, indiferença.

Des.pre.o.cu.par v.t. 1. Livrar de preocupação. 2. Estar sem cuidado. v.p. 3. Deixar de se preocupar.

Des.pre.pa.ro s.m. Falta de conhecimento, de preparo.

Des.pres.su.ri.za.ção s.f. Ato ou efeito de despressurizar, de fazer cessar a pressurização (em cabine de avião, nave espacial etc.). ◆ Pl.: *despressurizações*.

Des.pres.su.ri.zar v.t. e p. Fazer cessar ou cessar o estado de pressurização em (cabine de avião, nave espacial etc.).

Des.pres.ti.gi.ar v.t. 1. Tirar o prestígio, o mérito a. 2. Desacreditar, depreciar. v.p. 3. Perder o prestígio.

Des.pres.tí.gio s.m. Falta ou perda de prestígio; descrédito.

Des.pre.ten.são s.f. 1. Falta de pretensão. 2. Modéstia, desprendimento, simplicidade.

Des.pre.ve.ni.do adj. 1. Que não se preveniu. 2. Não preparado. 3. Livre de preconceitos, de preocupações. 4. Sem dinheiro no bolso.

Des.pre.ve.nir v.t. 1. Não prevenir, desacautelar. v.p. 2. Desacautelar-se, descuidar-se.

Des.pre.zar v.t. 1. Ter ou sentir desprezo a. 2. Não dar importância a. 3. Não temer. 4. Recusar, rejeitar. 5. Apoucar, menosprezar. v.p. 6. Aviltar-se, rebaixar-se. ◆ Ant.: *prezar, estimar*.

Des.pre.zí.vel adj.2g. 1. Digno de desprezo. 2. Abjeto, miserável, vil; vergonhoso. ◆ Ant.: *respeitável*.

Des.pre.zo (ê) s.m. 1. Desconsideração, desdém. 2. Falta de apreço; menosprezo. ◆ Ant.: *respeito, estima*.

Des.pri.mor (ô) s.m. Falta de primor; descortesia.

Des.pri.mo.ro.so (ô) adj. 1. Que não tem primor. 2. Descortês, indelicado.

Des.pro.por.ção s.f. 1. Falta de proporção. 2. Monstruosidade, desconformidade. 3. Desigualdade; disparidade.

Des.pro.por.cio.nal adj.2g. Desproporcionado.

Des.pro.po.si.ta.do adj. 1. Que não vem a propósito. 2. Inoportuno; desatinado.

Des.pro.pó.si.to s.m. 1. Destempero, descomedimento, estouvamento, inconveniência. 2. Disparate, absurdo. 3. Coisa descomunal; excesso, abundância.

Des.pro.te.ção s.f. Falta de proteção; desamparo.

Des.pro.te.ger v.t. Faltar com a proteção a; desamparar.

Des.pro.vei.to s.m. Desaproveitamento, desperdício.

Des.pro.ver v.t. Privar de provisões ou do necessário.

Des.pro.vi.do adj. 1. A quem falta provisões. 2. Privado de recursos; desprevenido.

Des.pu.dor (ô) s.m. Falta de pudor; sem-vergonhice.

Des.qua.drar v.t. Não quadrar, não condizer.

Des.qua.li.fi.ca.do adj. e s.m. 1. Diz-se de, ou aquele que se desqualificou; desavergonhado. 2. Que, ou o que foi excluído (de prova, certame etc.); desclassificado.

Des.qua.li.fi.car v.t. 1. Tirar as boas qualidades a. 2. Excluir de torneio ou certame; desclassificar. v.p. 3. Tornar-se inapto, indigno.

Des.qui.ta.do adj. e s.m. Diz-se de, ou aquele que se separou por desquite.

Des.qui.te s.m. Dissolução da sociedade conjugal em que se dá a separação material dos cônjuges com a divisão dos bens, sem a dissolução do vínculo matrimonial.

Des.rai.gar v.t. Desarraigar.

Des.ra.mar v.t. Cortar os ramos a (uma árvore); podar.

DESRATIZAR — DESTRO

Des.ra.ti.zar *v.t.* Destruir os ratos de um determinado local.

Des.re.gra.men.to *s.m.* **1.** Falta de regra. **2.** Descomedimento. **3.** Desordem, anarquia. **4.** Licenciosidade, devassidão, intemperança.

Des.re.grar *v.t.* **1.** Tornar irregular, descomedido. *v.p.* **2.** Sair da regra; exceder-se, descomedir-se. **3.** Tornar-se inconveniente.

Des.re.gu.la.men.ta.ção *s.f.* **1.** Ato ou efeito de desregulamentar. **1.1** Eliminação das regras, das normas (esp. governamentais) para qualquer instituição ou corpo coletivo. **1.2** Eliminação das disposições governamentais que normatizam a execução de uma lei, decreto etc. **1.3** Redução da participação, direta ou indireta, do Estado na economia e nos mercados; desregulação [Essa tendência, que surgiu nos países industrializados a partir de 1970, preconiza que as empresas, preços e alocação de recursos são mais eficazmente controlados e administrados pelas forças de mercado do que por regulamentos governamentais.]. ● *Pl.*: *desregulamentações.*

Des.re.gu.la.men.tar *v.t.* **1.** Suprimir o regulamento ou a regulamentação de. **1.1** Anular regras, normas (esp. governamentais) para qualquer instituição ou corpo coletivo. **1.2** Eliminar disposições governamentais que normatizam a execução de uma lei, decreto etc. **1.3** Reduzir (o Estado) sua participação na economia e nos mercados; desregular.

Des.re.gu.lar *v.t.* e *p.* **1.** Fazer deixar ou deixar de estar regulado, de estar ajustado. *v.t.* **2.** Desregulamentar.

Des.res.pei.ta.dor *adj.* e *s.m.* Que, ou aquele que desrespeita.

Des.res.pei.tar *v.t.* **1.** Faltar com o respeito a; desacatar. **2.** Perturbar, alterar.

Des.res.pei.to *s.m.* **1.** Falta de respeito. **2.** Desacato, desaforo, afronta.

Des.res.pei.to.so (ô) *adj.* Em que há desrespeito.

Des.ru.gar *v.t.* Desenrugar, alisar.

Des.sa.li.ni.zar *v.t.* Separar o sal contido em ou livrar (algo) do sal que contém; dessalificar.

Des.san.grar *v.t.* **1.** Tirar o sangue a; sangrar. **2.** FIG Debilitar, enfraquecer. *v.p.* **3.** Esvair-se em sangue.

Des.se.ca.ção *s.f.* Ato ou efeito de dessecar(-se).

Des.se.car *v.t.* **1.** Secar totalmente; enxugar. *v.t.* e *p.* **2.** Tornar(-se) seco, árido. **3.** Tornar-se insensível. **4.** Definhar-se.

Des.se.den.tar *v.t.* **1.** Matar a sede a. *v.p.* **2.** Matar a própria sede. **3.** Saciar(-se).

Des.se.me.lhan.te *adj.2g.* Que não é semelhante; diferente.

Des.sen.si.bi.li.za.ção *s.f.* MED Processo de afastar do indivíduo a sensibilidade.

Des.ser.vi.ço *s.m.* Mau serviço.

Des.ser.vi.do *adj.* **1.** Mal servido. **2.** Privado.

Des.sol.dar *v.t.* **1.** Tirar a solda a; desunir. *v.p.* **2.** Despregar-se (o que estava soldado).

Des.so.ra.do *adj.* **1.** Que perdeu o soro. **2.** FIG Enfraquecido.

Des.so.rar *v.t.* **1.** Enfraquecer. *v.t.* e *p.* **2.** Converter(-se) em soro.

Des.ta.bo.ca.do *adj.* **1.** Que não respeita as conveniências; desbocado. **2.** Falador, brincalhão. **3.** Adoidado, destemido. **4.** Desembaraçado, desenvolto.

Des.ta.ca.do *adj.* **1.** Que não está unido nem agrupado; isolado, separado, solto. **2.** Que sobressai ou se destaca; saliente.

Des.ta.ca.men.to *s.m.* Porção de tropa, que, separada de sua unidade, vai fazer serviço fora de seu regimento.

Des.ta.car *v.t.* **1.** Separar, afastar. **2.** Dar relevo; distinguir. **3.** Enviar (tropas) em destacamento. **4.** Despedir. **5.** Lançar. *v.p.* **6.** Distinguir-se, sobressair. **7.** Separar-se.

Des.tam.par *v.t.* **1.** Tirar o tampo ou a tampa a; romper. *v.int.* **2.** Desatinar; prorromper em impropérios. **3.** Abrir.

Des.tam.pa.tó.rio *s.m.* **1.** Despropósito, destêmpero. **2.** Algazarra, gritaria. **3.** Descompostura ou discussão violenta.

Des.ta.par *v.t.* **1.** Descobrir (o que estava tapado). **2.** Desobstruir; destampar.

Des.ta.que *s.m.* **1.** Qualidade do que se destaca. **2.** Notoriedade, distinção. **3.** Realce, relevo.

Des.tar.te *adv.* Desta maneira, por esta forma.

Des.te.lhar *v.t.* Tirar as telhas de; descobrir.

Des.te.mi.do *adj.* **1.** Que não tem temor. **2.** Corajoso, valente. **3.** Intrépido, arrojado. ● *Ant.*: *covarde.*

Des.te.mor (ô) *s.m.* **1.** Ausência de temor. **2.** Coragem, intrepidez, audácia.

Des.tem.pe.rar *v.t.* **1.** Diminuir a têmpera ou a força a. **2.** Fazer perder a têmpera a (aço). **3.** Alterar o sabor de, tornando-o menos acentuado. **4.** Desafinar. **5.** Desorganizar; desordenar. **6.** Desregrar. **7.** Perder a têmpera. *v.p.* **8.** Descomedir-se, exceder-se.

Des.tem.pe.ro (ê) *s.m.* **1.** Falta de temperança, de moderação; disparate. **2.** Desatino, despropósito, descomedimento. **3.** POP Diarreia.

Des.ter.rar *v.t.* **1.** Condenar ao desterro; exilar, deportar, banir, degredar. **2.** Afastar, afugentar. *v.p.* **3.** Expatriar(-se), emigrar.

Des.ter.ro (ê) *s.m.* **1.** Ato ou efeito de desterrar; expatriação, exílio, degredo. **2.** Lugar onde vive o desterrado. **3.** Solidão.

Des.ti.la.do *adj.* **1.** Que se destilou. *adj.* e *s.m.* **2.** Diz-se de, ou o líquido obtido pelo processo de destilação.

Des.ti.lar *v.t.* **1.** Passar (uma substância) do estado líquido ao gasoso e depois novamente ao líquido, por condensação do vapor obtido. **2.** Deixar cair gota a gota. **3.** FIG Insinuar.

Des.ti.la.ri.a *s.f.* Local ou estabelecimento onde se processa a destilação.

Des.ti.nar *v.t.* **1.** Determinar com antecipação. **2.** Fixar previamente; decidir. **3.** Assinalar. **4.** Reservar (para determinado fim ou emprego). **5.** Remeter. **6.** Dirigir. *v.p.* **7.** Aplicar-se, dedicar-se, consagrar-se.

Des.ti.na.tá.rio *s.m.* Pessoa a quem uma coisa é enviada ou destinada.

Des.tin.gi.men.to *s.m.* Desbotamento, descoloração.

Des.tin.gir *v.t.* **1.** Tirar a cor ou a tinta a. **2.** Desbotar, descorar. *v.int.* e *p.* **3.** Descorar(-se), desbotar(-se).

Des.ti.no *s.m.* **1.** Encadeamento de fatos determinados por leis necessárias ou fatais. **2.** Fatalidade, fado, sorte. **3.** Objetivo, fim a que uma coisa se destina. **4.** Emprego, aplicação. **5.** Existência. **6.** Lugar a que se dirige alguma coisa ou pessoa. **7.** Direção, rumo.

Des.tin.to *adj.* Que se distinguiu.

Des.ti.tu.ir *v.t.* **1.** Privar de autoridade, dignidade ou emprego. **2.** Demitir, exonerar. **3.** Despojar. **4.** Retirar. *v.p.* **5.** Privar-se.

Des.to.ar *v.int.* **1.** Desafinar, soar mal. *v.t.* **2.** Discordar, divergir. **3.** Não ser adequado.

Des.tor.cer *v.t.* **1.** Endireitar o que estava torcido. **2.** Voltar para o sentido oposto. **3.** Desviar. **4.** Desandar. ● Cf. *distorcer.*

Des.tra (ê) *s.f.* A mão direita.

Des.tra.mar *v.t.* Desfazer a trama de; desenredar.

Des.tram.be.lha.do *adj.* **1.** Sem o trambelho que torce a corda. *adj.* e *s.m.* **2.** Diz-se de, ou indivíduo desnorteado ou adoidado.

Des.tran.car *v.t.* **1.** Tirar a tranca ou as trancas de (portas, janelas etc.). **2.** Desimpedir, desatravancar.

Des.tran.çar *v.t.* Desfazer as tranças de.

Des.tra.tar *v.t.* Insultar, descompor, maltratar com palavras.

Des.tra.van.car *v.t.* Desatravancar.

Des.tra.var *v.t.* **1.** Tirar o travão ou as travas a. *v.p.* **2.** Desprender-se (do travão ou das travas). **3.** Soltar-se, desembaraçar-se.

Des.trei.na.do *adj.* Não exercitado, fora de forma.

Des.trei.nar-se *v.p.* Desadestrar-se.

Des.tre.za (ê) *s.f.* **1.** Qualidade de quem é destro. **2.** Habilidade de movimentos. **3.** Aptidão, perícia, arte. **4.** Sagacidade, astúcia, habilidade.

Des.trin.char *v.t.* **1.** Expor ou dizer com minúcia. **2.** Desenredar. **3.** Dividir proporcionalmente um foro. **4.** POP Despedaçar (ave que se vai comer). **5.** Partir, repartir. **6.** Esmiuçar. **7.** POP Resolver um problema, uma dificuldade.

Des.tro (ê) *adj.* **1.** Direito; que fica do lado direito. **2.** Sagaz, astuto. **3.** Desembaraçado. **4.** Ágil, perito. *adj.* e *s.m.* **5.** Que, ou aquele que se serve habitualmente da mão direita. ● *Ant.*: *canhoto.*

DESTROCAR — DETENTOR

Des.tro.car v.t. Desmanchar a troca.

Des.tro.çar v.t. **1.** Pôr em debandada; debandar, dispersar. **2.** Desbaratar, dissipar. **3.** Despedaçar. **4.** Arruinar, devastar.

Des.tro.ço (ô) s.m. **1.** Ato ou efeito de destroçar. **2.** Aquilo que está destroçado.

Des.trói.er (ing. *destroyer*) s.m. Pequeno navio veloz, armado para missão de escolta; contratorpedeiro. ● *Pl.: destroieres.*

Des.tro.nar v.t. **1.** Derrubar do trono, destituir da soberania. **2.** FIG Rebaixar, humilhar, desprestigiar.

Des.tron.car v.t. **1.** Separar do tronco; decepar; desmembrar. **2.** Desgalhar, truncar. **3.** Fazer sair da junta ou articulação; luxar, torcer.

Des.tru.i.ção s.f. **1.** Ato ou efeito de destruir. **2.** Ruína completa.

Des.tru.i.dor adj. e s.m. Que, ou aquele que destrói ou arruína; destrutivo.

Des.tru.ir v.t. **1.** Desfazer, demolir, desmanchar. **2.** Arrasar, devastar, assolar. **3.** Exterminar, desbaratar. **4.** Arruinar, aniquilar. **5.** Desorganizar, transtornar.

Des.tru.ti.vo adj. Que destrói; destruidor.

De.su.ma.ni.da.de s.f. **1.** Falta de humanidade. **2.** Crueldade; ato desumano.

De.su.ma.ni.zar v.t. e p. Desumanar(-se).

De.su.ma.no adj. **1.** Que não tem sentimentos humanos. **2.** Cruel, feroz.

De.su.ni.ão s.f. **1.** Falta de união. **2.** Desavença, discórdia, rixa. **3.** Separação, divisão. ● *Ant.: união.*

De.su.nir v.t. **1.** Desfazer a união. **2.** Separar, desligar (o que estava unido, ligado). **3.** Desmembrar. **4.** Desviar; produzir discórdia. v.p. **5.** Desligar-se, separar-se.

De.su.sa.do adj. **1.** Fora de moda ou de uso; anacrônico.

De.su.sar v.t. **1.** Deixar de usar. **2.** Cair em desuso.

Des.vai.ra.do adj. e s.m. Diz-se de, ou aquele que perdeu o juízo, que está alucinado; desnorteado, perturbado.

Des.vai.ra.men.to s.m. Ato ou efeito de desvairar; alucinação, desvario.

Des.vai.rar v.t. **1.** Alucinar, enlouquecer. **2.** Destinar. v.p. **3.** Perder a cabeça; praticar desatinos. **4.** Desorientar-se. **5.** Vagar, errar.

Des.vai.ro s.m. Desvario.

Des.va.li.a s.f. Falta de valia ou de serventia; desvalimento.

Des.va.li.do adj. **1.** Sem valimento ou valia. **2.** Desprotegido, desamparado. s.m. **3.** Aquele que não tem valimento ou valia. **4.** Miserável.

Des.va.lor (ô) s.m. **1.** Ausência ou perda de valor; depreciação. **2.** Carência de aceitação, de afeto ou de crédito; desestima, descrédito. **3.** Falta de ânimo; abatimento. **4.** Falta de intrepidez; covardia.

Des.va.lo.ri.za.ção s.f. **1.** Ato ou efeito de desvalorizar. **2.** Depreciação; perda de valor. **3.** Perda do valor da moeda de um país em relação ao ouro ou a uma moeda estrangeira tida como padrão.

Des.va.lo.ri.za.dor (ô) adj. e s.m. Que, ou o que desvaloriza.

Des.va.lo.ri.zar v.t. **1.** Depreciar; tirar o valor. v.p. **2.** Perder o valor; depreciar-se.

Des.va.ne.cer v.t. **1.** Fazer desaparecer. **2.** Apagar, dissipar, extinguir. **3.** Diminuir, atenuar. **4.** Causar vaidade a. **5.** Frustrar, baldar. v.p. **6.** Apagar-se, sumir-se. **7.** Desbotar. **8.** Encher-se de orgulho, de vaidade; envaidecer-se, ufanar-se.

Des.va.ne.ci.men.to s.m. **1.** Ato ou efeito de desvanecer(-se). **2.** Orgulho, vaidade, presunção. **3.** Esmorecimento.

Des.van.ta.gem s.f. **1.** Falta de vantagem. **2.** Prejuízo. **3.** Inferioridade de qualquer natureza. ● *Ant.: vantagem.*

Des.van.ta.jo.so (ô) adj. Em que não há vantagem; desfavorável, prejudicial, inconveniente.

Des.vão s.m. **1.** Espaço entre o telhado e o forro de uma casa; água-furtada. **2.** Espaço debaixo de uma escada. **3.** Espaço vazio entre uma coisa e outra. **4.** Recanto, esconderijo. ● *Pl.: desvãos.*

Des.va.ri.o s.m. **1.** Ato de loucura. **2.** Delírio, desatino.

Des.ve.la.men.to s.m. Ato ou efeito de desvelar(-se), ou de revelar(-se).

Des.ve.lar¹ v.t. **1.** Causar vigília a. **2.** Não deixar dormir. v.p. **3.** Ter desvelo. **4.** Encher-se de zelo; dedicar-se, devotar-se.

Des.ve.lar² v.t. **1.** Tirar o véu a. **2.** Revelar; esclarecer. v.p. **3.** Revelar-se, mostrar-se.

Des.ve.lo (ê) s.m. **1.** Dedicação extrema; cuidado carinhoso. **2.** Grande zelo ou carinho. **3.** Vigilância.

Des.ven.ci.lha.men.to s.m. Ato ou efeito de desvencilhar.

Des.ven.ci.lhar v.t. **1.** Desprender, soltar, livrar. v.p. **2.** Livrar-se, desembaraçar-se, libertar-se.

Des.ven.dar v.t. **1.** Tirar a venda de (os olhos). **2.** Descobrir, revelar; esclarecer. v.p. **3.** Tornar-se patente; revelar-se. **4.** Soltar-se, livrar-se.

Des.ven.tu.ra s.f. **1.** Falta de ventura. **2.** Má sorte; infortúnio, desdita.

Des.ves.tir v.t. **1.** Tirar a roupa; despir. v.p. **2.** Despir-se.

Des.vi.ar v.t. **1.** Tirar do caminho, rumo ou destino. **2.** Afastar, livrar. **3.** Apartar, deslocar. **4.** Desencaminhar; desguiar. **5.** Demover, dissuadir. v.p. **6.** Afastar-se, apartar-se. **7.** Separar-se. **8.** Furtar-se; fugir, evitar. **9.** Transviar-se.

Des.vin.car v.t. Tirar os vincos a; alisar.

Des.vin.ci.lhar v.t. e p. ⟹ Desvencilhar.

Des.vin.cu.la.ção s.f. Ato ou efeito de desvincular(-se).

Des.vin.cu.lar v.t. **1.** Desatar ou desligar (o que estava vinculado). **2.** Tornar alienáveis (bens que constituíam vínculo). v.p. **3.** Desligar-se, libertar-se. **4.** Deixar de fazer parte de.

Des.vi.o s.m. **1.** Ato ou efeito de desviar(-se). **2.** Afastamento dos padrões. **3.** Mudança de direção; volta. **4.** Aplicação errada ou indevida. **5.** Recanto, desvão. **6.** Falta, culpa. **7.** Subtração fraudulenta. **8.** Evasiva, subterfúgio. **9.** Linha secundária, ligada à geral, nos caminhos de ferro e destinada a abrigar e depositar veículos.

Des.vi.rar v.t. **1.** Fazer voltar à posição normal. **2.** Virar em sentido contrário; revirar.

Des.vir.gi.nar v.t. Tirar a virgindade a; deflorar.

Des.vi.ri.li.zar v.t. Tirar a virilidade a.

Des.vir.tu.a.men.to s.m. Desvirtuação.

Des.vir.tu.ar v.t. **1.** Tirar a virtude, o mérito, o prestígio de; depreciar. **2.** Julgar desfavoravelmente. **3.** Tomar em mau sentido; deturpar.

Des.vi.ta.li.zar v.t. Privar da vitalidade; enfraquecer.

De.ta.lha.men.to s.m. **1.** Distribuição de serviço ou do contingente para realizá-lo. **2.** Exposição minuciosa; particularização. **3.** Esboço dos traços gerais; delineamento. **4.** Desenho de detalhes em um projeto.

De.ta.lhar v.t. **1.** Expor em detalhes. **2.** Pormenorizar, particularizar, esmiuçar.

De.ta.lhe s.m. Particularidade, pormenor, minúcia.

De.ta.lhis.mo s.m. **1.** Cuidado ou preocupação exagerada com os detalhes ou minúcias. **2.** Numa composição, importância dada pelo artista a cada detalhe ou pormenor. **3.** Processo de desenhar, em separado, com clareza e minúcia, os pormenores construtivos de um projeto arquitetônico.

De.tec.ção s.f. Ação de detectar.

De.tec.tar v.t. **1.** Revelar ou notar o que estava escondido. **2.** Captar, sentir.

De.tec.tor adj. **1.** Que detecta. s.m. **2.** Aquele ou aquilo que detecta. **3.** Aparelho que revela a existência de corpo ou fenômeno não imediatamente aparente (explosivos, minas etc.). ● *Var.: detetor.*

De.ten.ção s.f. **1.** Ato ou efeito de deter. **2.** Punição provisória, menos rigorosa que a pena de reclusão. **3.** Posse ilegítima; apreensão.

Dé.ten.te (fr.) s.f. Diminuição da tensão nas relações entre nações ou governos; melhora das relações internacionais. ● *Pl.: détentes.*

De.ten.to s.m. **1.** Aquele que cumpre pena de detenção. **2.** Aquele que está detido; prisioneiro, preso.

De.ten.tor s.m. Aquele que detém; depositário.

DETER — DF

De.ter *v.t.* **1.** Sustar; fazer parar. **2.** Não ir para frente. **3.** Impedir, interromper. **4.** Fazer cessar. **5.** Reter em seu poder. **6.** Prender, encarcerar. **7.** Adiar. **8.** Espaçar. *v.p.* **9.** Conter-se, reprimir-se. **10.** Cessar de andar. **11.** Ocupar-se longamente.

De.ter.gen.te *adj.* **1.** Próprio para detergir. **2.** Que deterge ou purifica. *s.m.* **3.** Substância usada para fins higiênicos ou nos processos de lavagem.

De.ter.gir *v.t.* Limpar, purificar por meio de detergentes ou agentes químicos.

De.te.ri.o.ra.ção *s.f.* **1.** Ato ou efeito de deteriorar(-se). **2.** Dano, ruína, estrago.

De.te.ri.o.ran.te *adj.2g.* Que deteriora.

De.te.ri.o.rar *v.t.* e *p.* Pôr(-se) em mau estado; adulterar(-se), estragar(-se), danificar(-se).

De.ter.mi.na.ção *s.f.* **1.** Ato ou efeito de determinar(-se). **2.** Ordem superior. **3.** Decisão, resolução. **4.** Afoiteza, coragem.

De.ter.mi.na.do *adj.* **1.** Preciso, fixo, decidido, definido. **2.** Resoluto, firme, expedito. **3.** Certo.

De.ter.mi.nan.te *adj.2g.* **1.** Que determina; determinador. *s.2g.* **2.** Aquilo que determina um fato; causa.

De.ter.mi.nar *v.t.* **1.** Marcar o termo de; delimitar, fixar. **2.** Indicar com precisão. **3.** Definir, ordenar, estabelecer. **4.** Resolver, decidir. **5.** Dar motivo a; causar, ocasionar. *v.p.* **6.** Decidir-se por.

De.ter.mi.na.ti.vo *adj.* **1.** Que determina; que restringe. **2.** GRAM Diz-se do adjetivo que determina e restringe o nome. *s.m.* **3.** O que determina ou restringe.

De.ter.mi.nis.mo *s.m.* FILOS Princípio segundo o qual os fenômenos naturais e as decisões da vontade humana decorrem de certas condições anteriores.

De.ter.mi.nis.ta *adj.2g.* **1.** Relativo ao determinismo. *s.2g.* **2.** Pessoa partidária do determinismo.

De.tes.tar *v.t.* **1.** Abominar, odiar. **2.** Ter aversão ou antipatia a; repelir. **3.** Aborrecer. **4.** Ter aversão mútua.

De.tes.tá.vel *adj.2g.* **1.** Que inspira ódio ou aversão. **2.** Péssimo, abominável, insuportável.

De.te.tar ou **de.tec.tar** *v.t.* **1.** Revelar, descobrir (algo encoberto ou escondido). **2.** Fazer a desmodulação de. **3.** Perceber, descobrir, localizar (algo que se procura), ou estabelecer contato com (algo) por meio de radar, sonar, rádio etc.

De.te.ti.ve *s.m.* **1.** Agente de polícia que investiga crimes. **2.** Investigador que atua por conta própria ou por contrato.

De.te.tor *adj.* e *s.m.* ⇒ Detector.

De.ti.do *adj.* **1.** Retardado, demorado. *adj.* e *s.m.* **2.** Que, ou o que está preso provisoriamente; preso.

De.to.na.dor *adj.* **1.** Diz-se da substância ou corpo que inicia a explosão. *s.m.* **2.** Dispositivo que dispara a carga explosiva.

De.to.nan.te *adj.2g.* Que detona.

De.to.nar *v.int.* **1.** Produzir detonação, produzir explosão. **2.** Fazer explodir. **3.** GÍR Acabar, gastar, consumir rapidamente.

De.tra.ir *v.t.* Difamar, detratar, caluniar.

De.trás *adv.* **1.** Na parte posterior; atrás. **2.** Depois.

De.tra.ta.ção *s.f.* Ato ou efeito de detratar, de desvalorizar o mérito; detração. ● *Pl.:* detratações.

De.tra.tar *v.t.* Falar mal de (alguém); detrair.

De.tra.tor *adj.* e *s.m.* Que, ou aquele que detrai ou difama; maledicente.

De.tri.ção *s.f.* Decomposição por atrito.

De.tri.men.to *s.m.* Dano; perda, prejuízo.

De.trí.ti.co *adj.* Relativo a detritos.

De.tri.to *s.m.* **1.** Resíduo de uma substância. **2.** Resto, fragmento. **3.** Escória, lixo.

De.tur.pa.ção *s.f.* Ato ou efeito de deturpar(-se).

De.tur.par *v.t.* **1.** Desfigurar. **2.** Viciar, corromper; adulterar. **3.** Não dar o verdadeiro sentido. **4.** Manchar, conspurcar. *v.p.* **5.** Alterar--se, adulterar-se.

Deus *s.m.* **1.** Entidade suprema, que as religiões cristãs consideram superior à natureza, ser infinito, perfeito, criador do Universo (emprega-se com *D* maiúsculo). **2.** Divindade. **3.** Qualquer coisa ou imagem que é adorada como um deus. **4.** Qualquer pessoa ou coisa tida como importante. ● *Fem.: deusa, deia* ou *diva*.

Deus-da.rá *elem.* usado na loc. adv. *ao deus-dará*. ◆ **ao deus-dará:** ao acaso, à toa, a esmo.

Deus nos a.cu.da *s.m.* Tumulto, confusão.

De.va.gar *adv.* Vagarosamente; sem pressa; lentamente.

De.va.ne.ar *v.t.* e *int.* **1.** Sonhar, fantasiar. **2.** Pensar em coisas vãs. **3.** Divagar; delirar; desvairar. **4.** Refletir, pensar.

De.va.nei.o *s.m.* **1.** Ato ou efeito de devanear. **2.** Sonho, fantasia, delírio. **3.** Divagação, quimera.

De.vas.sa *s.f.* **1.** Sindicância a um ato criminoso. **2.** Processo que contém as provas de um ato criminoso. **3.** Procura minuciosa. **4.** Sindicância, inquérito.

De.vas.san.te *adj.2g.* **1.** Que devassa. *adj.2g.* e *s.2g.* **2.** Que ou o que tira devassa; inquiridor.

De.vas.sar *v.t.* **1.** Pôr a descoberto. **2.** Divulgar (o que estava vedado). **3.** Pesquisar. **4.** Penetrar, descobrir. **5.** Tornar relaxado ou devasso. *v.int.* **6.** Tirar ou abrir devassa. **7.** Indagar, informar-se.

De.vas.si.dão *s.f.* Libertinagem, corrupção moral; depravação de costumes.

De.vas.so *adj.* **1.** Libertino, licencioso. *s.m.* **2.** Indivíduo dado à devassidão.

De.vas.ta.ção *s.f.* Destruição, ruína proveniente de grande desgraça.

De.vas.ta.dor (ô) *adj.* Destruidor, arrasador.

De.vas.tar *v.t.* Destruir, assolar, arruinar; arrasar.

De.ve.dor (ô) *adj.* e *s.m.* Que, ou aquele que tem dívidas. ● *Ant.:* credor.

De.ver *v.t.* **1.** Ter obrigação de. **2.** Ter dívidas. **3.** Ter de (fazer alguma coisa). **4.** Estar obrigado ao pagamento de. *s.m.* **5.** Aquilo a que se está obrigado (pela lei, pelos costumes, pela moral etc.). **7.** Exercício ou trabalho que o professor passa para os alunos. **7.** Tarefa, obrigação.

De.ve.ras *adv.* **1.** Realmente, verdadeiramente, na verdade. **2.** Em alto grau; muito. **3.** A valer.

De.ver.bal *adj.* Diz-se do substantivo que deriva do verbo.

De.vi.do *s.m.* **1.** Aquilo que se deve. **2.** O que é de direito ou dever; o certo, o justo. *adj.* **3.** Que se deve.

De.vo.ção *s.f.* **1.** Sentimento religioso; piedade. **2.** Práticas religiosas. **3.** Dedicação às coisas religiosas. **4.** Respeito, afeto; veneração.

De.vo.lu.ção *s.f.* **1.** Ato ou efeito de devolver. **2.** Transferência de direito ou de propriedade. **3.** Restituição.

De.vo.lu.ti.vo *adj.* **1.** Que devolve. **2.** Que determina devolução; devolutório.

De.vo.lu.to *adj.* **1.** Adquirido por devolução. **2.** Desocupado, vago, baldio (terreno).

De.vol.ver *v.t.* **1.** Restituir ou fazer voltar ao dono; recambiar. **2.** Dizer em resposta. **3.** Responder que não aceita. **4.** Recusar, rejeitar. **5.** Dar, conceder. **6.** FAM Vomitar.

De.vo.ni.a.no *adj.* Diz-se do período geológico compreendido entre o siluriano e o carbonífero.

De.vo.ra.dor *adj.* e *s.m.* Que, ou o que devora.

De.vo.rar *v.t.* **1.** Comer com avidez; consumir. **2.** Destruir. **3.** Gastar, dissipar. **4.** Assolar; devastar. **5.** Absorver, exaurir. **6.** Percorrer com rapidez. **7.** FIG Ler rapidamente; cobiçar.

De.vo.tar *v.t.* **1.** Oferecer votos. **2.** Dedicar; consagrar. **3.** Tributar. *v.p.* **4.** Dedicar-se, consagrar-se.

De.vo.to (ó) *adj.* **1.** Que tem devoção; piedoso. *s.m.* **2.** Indivíduo muito religioso; beato. **3.** Amigo dedicado.

Dez (é) *num.* Uma dezena. ● *Ord.* e *frac.:* décimo.

De.zem.bro *s.m.* O décimo segundo e último mês do ano, com 31 dias.

De.ze.na *s.f.* Dez unidades.

DF Sigla do Distrito Federal.

DI- — DICOTOMIA

Di- *pref.* **1.** 'Dois': *dígrafo.* **2.** 'Movimento para várias direções': *difração.* **3.** 'Ação contrária': *difamar.*

Di.a- *pref.* 'Através de': *diacústico.*

Di.a *s.m.* **1.** O espaço de tempo que decorre desde o nascer ao pôr do sol. **2.** Espaço de 24 horas. **3.** Ocasião própria, época. **4.** Circunstância. ◆ **Em dia:** pontualmente. ◆ **Dia a dia:** diariamente.

Di.a.a.di.a *s.m.* **1.** O trabalho de todos os dias. **2.** O viver cotidiano, a rotina diária.

Di.a.be.tes (é) *s.2g.2n.* Diabete.

Di.a.bo *s.m.* **1.** Demônio, satanás. **2.** Gênio do mal. **3.** FIG Pessoa má. **4.** Pessoa ardilosa, astuta. **5.** Coisa desconhecida ou indeterminada. ◆ *Fem.: diaba.*

Di.a.bó.li.co *adj.* **1.** Próprio do diabo. **2.** Relativo ao diabo; infernal. **3.** Terrível, satânico. **4.** Pérfido, ardiloso.

Di.a.bru.ra *s.f.* **1.** Coisa diabólica; maldade. **2.** Travessura de criança.

Di.a.cho *s.m.* **1.** Eufemismo usado em lugar de *diabo.* **2.** Coisa indeterminada ou desconhecida.

Di.a.co.na.to *s.m.* Dignidade de diácono; diaconado.

Di.á.co.no *s.m.* **1.** Clérigo que recebeu a segunda das ordens sacras, entre os católicos. **2.** Entre os protestantes, leigo encarregado de administrar os fundos da igreja, assistir os pobres e enfermos etc. ◆ *Fem.: diaconisa.*

Di.a.crí.ti.co *adj.* GRAM Diz-se dos sinais gráficos (*acento agudo, acento grave, acento circunflexo, o trema, o apóstrofo e o til*) utilizados para distinguir a modulação das vogais ou a pronúncia de certas palavras.

Di.a.cro.ni.a *s.f.* LING Sequência das diversas transformações pelas quais, no decurso do tempo, vão passando os fenômenos da língua.

Di.a.crô.ni.co *adj.* Relativo ou pertencente à diacronia.

Di.a.cro.nis.mo *s.m.* **1.** Método diacrônico de estudo linguístico. **2.** Enfoque ou tratamento diacrônico. **3.** Existência de uma característica geológica que transpõe zonas paleontológicas.

Di.a.de.ma *s.m.* **1.** Ornato circular de metal e pedras preciosas com que os soberanos cingem a cabeça. **2.** Ornato semelhante com que as mulheres enfeitam o penteado.

Di.á.fa.no *adj.* **1.** Que, apesar de compacto, deixa passar a luz. **2.** Translúcido; transparente. **3.** FIG Magro. ◆ *Ant.: opaco.*

Di.a.frag.ma *s.m.* **1.** ANAT Músculo que separa a cavidade torácica da abdominal. **2.** BOT Divisão transversal de fruto capsular. **3.** Chapa perfurada usada em certos aparelhos ópticos, e que só deixa passar os raios úteis. **4.** MED Artefato contraceptivo, flexível, introduzido na vagina média. **5.** Membrana vibral de certos aparelhos de acústica como o fonógrafo, a qual serve para fixar e reproduzir o som.

Di.a.frag.má.ti.co *adj.* Referente ou relativo a diafragma.

Di.ag.nos.ti.car *v.t.* **1.** Fazer o diagnóstico de (doença), por meio de sinais e indicações. **2.** Dar como diagnóstico.

Di.ag.nós.ti.co *adj.* **1.** Relativo a diagnose ou diagnóstico. *s.m.* **2.** MED O mesmo que *diagnose.* **3.** Identificação da natureza de um problema etc., por meio de seus indícios exteriores.

Di.a.go.nal *adj.* e *s.f.* **1.** GEOM Diz-se do, ou o segmento de reta que, num polígono ou poliedro, une vértices de ângulos não situados sobre a mesma face. **2.** Diz-se da, ou linha ou direção oblíqua. *adj.2g.* **3.** Oblíquo, inclinado.

Di.a.gra.ma *s.m.* **1.** Representação gráfica de determinado fenômeno. **2.** Representação gráfica, por meio de linha e traços, de uma análise sintática. **3.** Gráfico, esquema, traçado.

Di.a.gra.ma.dor (ô) *s.m.* Profissional que dispõe o texto e os elementos gráficos numa publicação.

Di.a.gra.mar *v.t.* e *int.* Dispor o texto e/ou elementos gráficos numa publicação.

Di.a.le.tal *adj.2g.* Relativo a dialeto.

Di.a.lé.ti.ca *s.f.* **1.** Arte ou técnica de argumentar ou discutir. **2.** Argumentação dialogada.

Di.a.le.to *s.m.* **1.** Linguagem peculiar a uma região. **2.** Variedade regional de uma língua.

Di.á.li.se *s.f.* QUÍM Processo de separação das substâncias coloides das cristaloides que a impurificam, contidas numa dissolução líquida.

Di.a.lo.gal *adj.2g.* **1.** Relativo a diálogo. **2.** Dialogado.

Di.a.ló.gi.co *adj.* Dialogal.

Di.á.lo.go *s.m.* **1.** Fala entre duas ou mais pessoas. **2.** Conteúdo dessa conversação. **3.** Obra literária escrita em forma de diálogo.

Di.a.man.te *s.m.* **1.** A mais dura e brilhante das pedras preciosas, formada por carbono cristalizado. **2.** Joia com diamante engastado. **3.** Utensílio para cortar vidro.

Di.a.man.tí.fe.ro *adj.* Diz-se do terreno que tem diamantes.

Di.a.man.ti.no *adj.* Parecido com o diamante na dureza e no brilho.

Di.a.me.tral *adj.2g.* Relativo ao diâmetro.

Di.â.me.tro *s.m.* GEOM Linha reta que divide um círculo em duas partes iguais.

Di.an.te *adv.* Na parte anterior; em frente de. ◆ **Diante de:** em frente (na presença) de; ante, perante.

Di.an.tei.ra *s.f.* O que está na frente, na vanguarda. ◆ *Ant.: traseira.*

Di.an.tei.ro *adj.* **1.** Que vai adiante. **2.** Que está na vanguarda ou em primeiro lugar.

Di.a.pa.são *s.m.* **1.** MÚS Extensão da escala ou série de sons que pode dar uma voz ou instrumento. **2.** MÚS Instrumento que serve para afinar instrumentos musicais e vozes; lamiré. **3.** FIG Medida, padrão.

Di.a.po.si.ti.vo *s.m.* Fotografia positiva, em vidro ou filme, para projeção; *slide.*

Di.á.ria *s.f.* **1.** Receita ou despesa de cada dia. **2.** Ganho correspondente ao trabalho de um dia. **3.** Quantia que se paga por um dia num hotel, hospital etc. **4.** Importância dada, como ajuda de custo, a funcionário em serviço fora da sede.

Di.á.rio *adj.* **1.** Cotidiano. *s.m.* **2.** Jornal que sai todos os dias. **3.** Relação de viagem. **4.** Livro de assentos comerciais. **5.** Livreto onde se registram os acontecimentos do dia.

Di.a.ris.ta *s.2g.* **1.** Trabalhador que ganha só nos dias em que trabalha ou cujo ganho se calcula por dia. **2.** Redator de jornal diário; jornalista.

Di.ar.rei.a *s.f.* Evacuação intestinal frequente, líquida e abundante.

Di.ar.rei.co *adj.* Que se refere a diarreia.

Di.ás.po.ra *s.f.* **1.** A dispersão dos judeus através dos séculos. **2.** FIG Dispersão dos povos por razões políticas ou religiosas.

Di.ás.to.le *s.f.* **1.** MED Movimento de dilatação do coração e das artérias, em oposição a *sístole.* **2.** GRAM Alongamento de uma sílaba breve; éctase. **3.** GRAM Deslocamento do acento tônico de uma palavra para a sílaba seguinte; hiperbibasmo.

Di.a.tri.be *s.f.* **1.** Crítica severa. **2.** Escrito violento ou injurioso, publicado em jornal ou similar; libelo.

Di.ca *s.f.* **1.** GÍR Modo de dizer. **2.** Indicação, informação, sugestão.

Di.caz *adj.2g.* Mordaz, satírico, severo na crítica.

Dic.ção *s.f.* **1.** Maneira de dizer ou falar. **2.** Pronúncia, articulação correta dos sons das palavras.

Di.cio.ná.rio *s.m.* **1.** Conjunto dos vocábulos de uma língua, ou dos termos próprios de uma ciência ou arte, dispostos alfabeticamente e com o ou os respectivos significados; léxico. **2.** FIG pai dos burros.

Di.cio.na.ris.ta *s.2g.* Autor(a) de dicionário (s); lexicógrafo(a).

Di.cio.na.ri.zar *v.t.* **1.** Incluir, fazer constar (vocábulo) em dicionário: *Já na primeira edição, dicionarizava a palavra aidético.* **2.** Organizar em forma de dicionário. *v.int.* **3.** Escrever ou organizar dicionários.

Di.co.to.mi.a *s.f.* **1.** Divisão em dois ramos ou pedúnculos. **2.** Princípio que assegura a existência única, no ser humano, de corpo e alma.

DI- / DIC

DICOTÔMICO — DILACERAÇÃO

Di.co.tô.mi.co *adj.* **1.** Relativo a ou que apresenta dicotomia; dicótomo. **1.1** Dividido ou subdividido em dois; bifurcado. **1.2** Em que há divisão lógica de um conceito em dois conceitos ger. contrários (diz-se de chave de determinação de plantas).

Di.croi.co *adj.* **1.** Revestido com um filme metálico especial que reflete certas cores e permite que outras o atravessem (diz-se de espelho). **2.** Que apresenta dicroísmo.

Di.cro.má.ti.co *adj.* Que pode apresentar duas cores; dicrômico.

Dic.té.rio *s.m.* Zombaria, escárnio, troça, dichote.

Di.da.ta *s.2g.* **1.** Pessoa que instrui. **2.** Especialista em didática. **3.** Autor de obra didática.

Di.dá.ti.ca *s.f.* Arte e técnica de ensinar.

Di.dá.ti.co *adj.* **1.** Relativo ao ensino. **2.** Próprio para ensinar. **3.** Que torna o ensino eficiente.

Di.é.dri.co *adj.* Relativo aos ângulos diedros.

Di.e.dro (é) *adj.* **1.** Que tem duas faces ou dois planos. **2.** GEOM Diz-se do ângulo formado pelo encontro de dois planos. *s.m.* **3.** Esse ângulo.

Di.e.lé.tri.co *adj.* e *s.m.* Diz-se de, ou substância ou objeto isolador da eletricidade.

Di.en.cé.fa.lo *s.m.* **1.** Porção posterior do encéfalo embrionário. **2.** Região central do cérebro recoberta pelos dois hemisférios cerebrais, cortada pelo terceiro ventrículo cerebral, que contém o tálamo e o hipotálamo.

Di.é.re.se *s.f.* **1.** GRAM Divisão de um ditongo em hiato (duas sílabas). **2.** Sinal ortográfico dessa divisão; trema. **3.** CIR Corte ou separação de tecidos orgânicos, cuja contiguidade poderia ser nociva.

Di.e.ré.ti.co *adj.* **1.** Relativo à diérese. **2.** Em que há diérese.

Diesel (dísel) (ing.) *s.m.* **1.** Designação geral dos motores caracterizados por funcionarem a pressão tão elevada que a autoinflamação do combustível se faz sem interferência de agente exterior. **2.** Veículo equipado com esse motor. *adj.* e *s.m.* **3.** Diz-se do, ou óleo utilizado em tais motores. *adj.* **4.** Diz-se do motor diesel.

Di.et (ing.) *adj.2g.2n.* Não adoçado com açúcar.

Di.e.ta[1] *s.f.* **1.** MED Privação de certos alimentos com fins terapêuticos. **2.** Regime alimentício prescrito a uma pessoa; regime.

Di.e.ta[2] *s.f.* Assembleia legislativa em alguns países.

Di.e.té.ti.ca *s.f.* Parte da Medicina que se ocupa em adaptar a dieta às necessidades de cada pessoa.

Di.e.té.ti.co *adj.* Que diz respeito à dieta.

Di.e.tis.ta *s.2g.* O mesmo que *nutricionista*.

Di.fa.ma.ção *s.f.* **1.** Ato ou efeito de difamar. **2.** Detração, calúnia, infâmia.

Di.fa.ma.dor (ô) *adj.* e *s.m.* Que, ou aquele que difama; caluniador.

Di.fa.man.te *adj.2g.* Que difama.

Di.fa.mar *v.t.* **1.** Infamar, caluniar, desacreditar. **2.** Divulgar infâmias contra alguém.

Di.fa.ma.tó.rio *adj.* Que contém difamação.

Di.fe.ren.ça *s.f.* **1.** Falta de semelhança. **2.** Alteração, diversidade. **3.** Dessemelhança, desigualdade, desproporção. **4.** Divergência de opiniões; controvérsia. **5.** Discriminação. **6.** ARIT Resultado de uma subtração.

Di.fe.ren.çar *v.t.* Diferenciar.

Di.fe.ren.cia.ção *s.f.* Ato ou efeito de diferenciar; diferença.

Di.fe.ren.ci.ar *v.t.* **1.** Estabelecer diferença entre. **2.** Distinguir. **3.** Discriminar. *v.p.* **4.** Tornar-se diferente. **5.** Distinguir-se; diversificar-se.

Di.fe.ren.te *adj.* **1.** Que difere, que é diverso. **2.** Não semelhante. **3.** Variado, alterado; desigual; modificado. **4.** Incomum, invulgar. **5.** POP De amizade abalada, de relações estremecidas.

Di.fe.ri.men.to *s.m.* Ato ou efeito de diferir; adiamento.

Di.fe.rir *v.t.* **1.** Adiar, retardar, delongar, procrastinar. *v.t.* e *int.* **2.** Ser diferente. **3.** Distinguir-se. **4.** Ser de opinião contrária. **5.** Divergir, discordar.

Di.fí.cil *adj.2g.* **1.** Que não é fácil (de entender, resolver ou fazer). **2.** Custoso, dificultoso, complicado. **3.** Trabalhoso, árduo, duro. **4.** Pouco provável. **5.** Obscuro. **6.** Exigente. **7.** Insociável, intratável. ● *Ant.: fácil.* ● *Sup.abs.sint.: dificílimo.*

Di.fi.cul.da.de *s.f.* **1.** Qualidade do que é difícil. **2.** Obstáculo; situação crítica. **3.** Aquilo que é difícil. ● *Ant.: facilidade, simplicidade.*

Di.fi.cul.tar *v.t.* **1.** Tornar difícil ou custoso de fazer. **2.** Pôr impedimentos ou dificuldades a. **3.** Representar como difícil. **4.** Tornar difícil. *v.p.* **5.** Fazer-se difícil.

Di.fi.cul.to.so (ô) *adj.* Que apresenta dificuldades; difícil.

Dif.te.ri.a *s.f.* MED Doença infecciosa e contagiosa causada por um bacilo que se localiza geralmente nas mucosas da boca e garganta.

Dif.té.ri.co *adj.* Referente a difteria; que tem difteria.

Di.fun.dir *v.t.* e *p.* Espalhar(-se), propagar(-se), divulgar(-se).

Di.fu.são *s.f.* **1.** Ato ou efeito de difundir(-se). **2.** Propagação; disseminação. **3.** Prolixidade. **4.** Veiculação de uma mensagem ou notícia pelos meios de comunicação. **5.** Derramamento de fluido.

Di.fu.so *adj.* **1.** Em que há difusão. **2.** MED Não circunscrito; prolixo. ● *Ant.: concentrado.*

Di.fu.sor *adj.* e *s.m.* Que, ou o que difunde, espalha.

Di.ge.rir *v.t.* **1.** Fazer a digestão de. **2.** Estudar com atenção e proveito. **3.** Suportar. **4.** FIG Engolir; aturar.

Di.ges.tão *s.f.* Ato pelo qual os alimentos são convertidos em substâncias assimiláveis pelo organismo.

Di.ges.tí.vel *adj.2g.* Digerível.

Di.ges.to (é) *adj.* **1.** Digerido. *s.m.* **2.** Coleção das decisões dos jurisconsultos romanos mais famosos, transformadas em lei pelo imperador Justiniano (cerca de 483-565); pandectas. **3.** Compilação de decisões ou diretrizes sobre qualquer assunto.

Di.gi.ta.dor (ô) *s.m.* Aquele que digita. ● *Fem.: digitadora.*

Di.gi.tal *adj.2g.* **1.** Relativo ou pertencente a dedo ou dígito. **2.** Planta medicinal (*Digitalis purpurea*), de cujas folhas se extrai a digitalina; dedaleira.

Di.gi.ta.li.zar *v.t.* **1.** Transformar (dados analógicos) em grandezas expressas no sistema binário. **2.** Codificar de modo a permitir o processamento por computador e armazenamento em arquivo. **3.** Administrar digitálicos a.

Di.gi.tar *v.t.* Introduzir dados num computador por meio de teclado.

Dí.gi.to *s.m.* **1.** ARIT Qualquer algarismo arábico entre 0 e 9. **2.** Num sistema de numeração, símbolo empregado para representar um dos inteiros não negativos menores que a base.

Di.gla.di.ar *v.int.* **1.** Lutar, combater com espada ou gládio. *v.p.* **2.** Discutir acaloradamente. **3.** Contender, lutar.

Dig.nar-se *v.p.* **1.** Haver por bem. **2.** Ser servido. **3.** Condescender. **4.** Fazer mercê; ter a bondade de.

Dig.ni.da.de *s.f.* **1.** Respeitabilidade. **2.** Modo de proceder que inspira respeito. **3.** Autoridade; nobreza. **4.** Autoridade moral. **5.** Decoro. **6.** Honestidade, brio. ● *Ant.: indignidade.*

Dig.ni.fi.can.te *adj.2g.* Que dignifica.

Dig.ni.fi.car *v.t.* **1.** Tornar digno; honrar. *v.p.* **2.** Enobrecer-se, engrandecer-se. **3.** Elevar-se a uma dignidade; nobilitar-se.

Dig.ni.tá.rio *s.m.* Aquele que exerce um cargo elevado.

Dig.no *adj.* **1.** Que tem dignidade. **2.** Honesto, decente. **3.** Nobre, merecedor. **4.** Apropriado, conforme.

Dí.gra.fo *s.m.* GRAM Grupo de duas letras que representa um único fonema, um único som (como o *ch* em chão, chave; o *lh* em folha, milho; e o *nh* em senhor, ninho).

Di.gres.são *s.f.* **1.** Ato ou efeito de separar, de afastar, de ir para longe. **2.** Excursão, passeio. **3.** Desvio (no discurso), evasiva. **4.** Desvio de um planeta relativamente ao Sol.

Di.gres.si.vo *adj.* **1.** Que envolve digressão. **2.** Que se afasta ou se desvia.

Di.la.ção *s.f.* Adiamento, prazo, procrastinação. ● Cf. *delação*.

Di.la.ce.ra.ção *s.f.* **1.** Ato de dilacerar(-se). **2.** Despedaçamento.

DILACERANTE — DIREITA

Di.la.ce.ran.te *adj.2g.* **1.** Que dilacera, que tortura. **2.** FIG Aflitivo, cruel.

Di.la.ce.rar *v.t.* **1.** Rasgar em pedaços. **2.** Despedaçar com violência. **3.** Afligir muito; torturar. **4.** Causar grande mágoa. *v.p.* **5.** Ferir-se, despedaçar-se.

Di.la.pi.da.ção *s.f.* **1.** Ato de dilapidar; esbanjamento, desbaratamento. **2.** Roubo, furto.

Di.la.pi.dar *v.t.* **1.** Gastar desmedidamente; esbanjar, dissipar. **2.** Estragar, arruinar. **3.** Demolir. **4.** Apedrejar. • *Ant.: economizar.*

Di.la.ta.ção *s.f.* **1.** Ato ou efeito de dilatar, de alargar, de avolumar. **2.** Desenvolvimento, incremento. **3.** Prorrogação; dilação. **4.** MED Alargamento de um canal (no organismo).

Di.la.ta.dor (ô) *adj.* Que serve ou é próprio para dilatar.

Di.la.tar *v.t.* **1.** Aumentar as dimensões ou o volume de. **2.** Ampliar, estender. **3.** Espalhar, divulgar. **4.** Adiar, retardar. *v.p.* **5.** Aumentar de volume; expandir-se. **6.** Crescer, alargar-se.

Di.le.ção *s.f.* Afeição especial; estima.

Di.le.ma *s.m.* **1.** Argumento composto de duas proposições opostas. **2.** FIG Situação embaraçosa, de que não há saída, a não ser por qualquer dos dois modos, ambos intrincados ou difíceis.

Di.le.má.ti.co *adj.* Relativo a dilema.

Di.le.tan.te *adj.* e *s.2g.* Diz-se de, ou aquele que exerce uma arte exclusivamente por gosto, e não por ofício ou obrigação profissional; amador.

Di.le.tan.tis.mo *s.m.* Qualidade de diletante.

Di.le.to *adj.* **1.** Muito querido. **2.** Preferido no afeto, na estima.

Di.li.gên.cia¹ *s.f.* **1.** Zelo, cuidado. **2.** Atividade. **3.** Empenho, solicitude, providência. **4.** Investigação oficial. **5.** Pesquisa. **5.** Execução de serviços judiciais.

Di.li.gên.cia² *s.f.* Carruagem puxada a cavalos, com suspensão de molas, utilizada para o transporte de passageiros antes do trem e do automóvel.

Di.li.gen.ciar *v.t.* **1.** Esforçar-se por. **2.** Empregar todos os meios para. **3.** Empenhar-se por.

Di.li.gen.te *adj.2g.* **1.** Ativo, zeloso, aplicado. **2.** Ligeiro, rápido.

Di.lu.en.te *adj.2g.* **1.** Que dilui. *s.m.* **2.** Líquido que se mistura ao solvente.

Di.lu.i.ção *s.f.* Ato de diluir(-se); diluimento.

Di.lu.ir *v.t.* **1.** Diminuir a concentração de (uma solução) por adição do líquido conveniente. **2.** Misturar com água. **3.** Desfazer. *v.p.* **4.** Desfazer-se, dissolver-se num líquido. **5.** Atenuar-se, desfazer-se.

Di.lu.vi.al *adj.2g.* Diluviano.

Di.lu.vi.a.no *adj.* **1.** Relativo ao dilúvio universal ou a dilúvio. **2.** FIG Torrencial; muito abundante.

Di.lú.vio *s.m.* **1.** Inundação universal; inundação; grande chuva. **2.** Grande quantidade.

Di.ma.nar *v.t.* **1.** Brotar, fluir. **2.** FIG Derivar, provir, resultar. **3.** Proceder.

Di.men.são *s.f.* **1.** Extensão, em qualquer sentido. **2.** Volume, medida, tamanho. **3.** ÁLG Grau de uma potência ou de uma equação.

Di.men.sio.nal *adj.2g.* Relativo à dimensão.

Di.men.sio.na.men.to *s.m.* Ato ou efeito de dimensionar.

Di.men.sio.nar *v.t.* Determinar as dimensões ou as características.

Di.mer *s.m.* Dispositivo que controla a intensidade da iluminação.

Di.mi.nu.en.do *s.m.* ARIT Número de que se subtrai outro; minuendo.

Di.mi.nu.i.ção *s.f.* **1.** Ato ou efeito de diminuir. **2.** ARIT Subtração.

Di.mi.nu.ir *v.t.* **1.** Subtrair, deduzir. **2.** Tornar menor, reduzir. **3.** Abater, deprimir. *v.int.* **4.** Tornar-se menor. *v.p.* **5.** Aviltar-se, humilhar-se.

Di.mi.nu.ti.vo *adj.* e *s.m.* GRAM Diz-se do, ou o grau do substantivo que se apresenta com a significação diminuída ou atenuada.

Di.mi.nu.to *adj.* Muito pouco, muito pequeno, muito escasso.

Di.nâ.mi.ca *s.f.* FÍS Parte da Mecânica que estuda o movimento e as forças.

Di.nâ.mi.co *adj.* **1.** Relativo ao movimento e às forças ou ao organismo em atividade. **2.** Ativo, enérgico.

Di.na.mis.mo *s.m.* **1.** Grande atividade; energia, vitalidade. **2.** Qualidade de dinâmico. **3.** FILOS Doutrina que não reconhece nos elementos materiais senão forças cuja ação, combinada, determina as propriedades dos corpos.

Di.na.mi.tar *v.t.* Aplicar a dinamite a. **2.** Fazer ir pelos ares por meio de dinamite.

Di.na.mi.te *s.f.* QUÍM Substância explosiva, em cuja composição entra a nitroglicerina.

Di.na.mi.tei.ro *s.m.* Aquele que emprega a dinamite em atentados contra a sociedade.

Di.na.mi.zar *v.t.* **1.** Dar caráter dinâmico a. **2.** Movimentar intensamente.

Dí.na.mo *s.m.* FÍS Gerador que transforma a energia mecânica em elétrica.

Di.na.mo.me.tri.a *s.f.* Avaliação de forças medida pelo dinamômetro.

Di.na.mo.mé.tri.co *adj.* Relativo à dinamometria.

Di.na.mô.me.tro *s.m.* Instrumento destinado a medir forças.

Di.nas.ti.a *s.f.* Série de soberanos pertencentes à mesma família.

Di.nhei.ro *s.m.* **1.** A moeda corrente. **2.** Quantia. **3.** Valor representado por moeda ou papel. **4.** Fortuna, riqueza; bens.

Di.nos.sau.ro *s.m.* Espécie réptil, de grandes dimensões, extinta há milhões de anos.

Di.o.ce.sa.no *adj.* **1.** Que diz respeito a diocese. *s.m.* **2.** Aquele que frequenta com assiduidade uma diocese.

Di.o.ce.se *s.f.* Circunscrição territorial sujeita à administração eclesiástica de um bispo ou arcebispo; bispado.

Di.o.do (ô) *s.m.* ELETR Válvula eletrônica de dois eletrodos (cátodo e ânodo) utilizada como retificador de corrente.

Dí.o.do *s.m.* Diodo.

Di.o.ni.sí.a.co *adj.* **1.** Relativo a Baco ou Dionísio, deus do vinho. **2.** FIG Vibrante, agitado. **3.** Relativo ao entusiasmo criador. **4.** Instintivo, natural, espontâneo.

Di.ó.xi.do (cs) *s.m.* Óxido em cuja molécula há dois átomos de oxigênio; bióxido.

Di.plo.ma *s.m.* **1.** Título ou documento oficial, com que se confere um cargo, dignidade, mercê, privilégio. **2.** Título de habilitação. **3.** Qualquer lei ou decreto. **4.** Documento de conclusão de curso.

Di.plo.ma.ção *s.f.* Ação de diplomar(-se).

Di.plo.ma.ci.a *s.f.* **1.** Conhecimento de direito, interesse e relações internacionais. **2.** O pessoal diplomático. **3.** FIG Finura de trato. **4.** Habilidade nas relações particulares ou públicas; polidez.

Di.plo.ma.do *adj.* **1.** Que tem diploma ou título que certifica certas habilitações. *s.m.* **2.** Aquele que tem diploma.

Di.plo.man.do *s.m.* O que se prepara para receber um diploma; formando.

Di.plo.mar *v.t.* **1.** Conferir diploma a. **2.** Receber diploma. *v.p.* **3.** Formar-se.

Di.plo.ma.ta *s.2g.* **1.** Representante de um Estado junto a outro. **2.** O que trata de diplomacia. **3.** FIG Homem fino e hábil nos negócios ou nas relações sociais. **4.** FIG Pessoa fina.

Díp.te.ro *adj.* ZOOL Que tem duas asas. *s.m.* **2.** Inseto díptero.

Di.que *s.m.* **1.** Construção que serve para represar águas correntes. **2.** Represa, açude. **3.** Barreira, obstáculo.

Di.re.ção *s.f.* **1.** Ato ou efeito de dirigir. **2.** Administração. **3.** Cargo de diretor. **4.** Autoridade(s) que dirige(m); diretoria.

Di.re.cio.nal *adj.* **1.** Relativo à direção. **2.** Diz-se de cada uma das lanternas laterais dos veículos automotores, que indicam por meio de pisca-pisca a direção que eles devem seguir.

Di.re.cio.na.men.to *s.m.* Ato ou efeito de direcionar; direção, orientação, encaminhamento.

Di.re.ci.o.nar *v.t.* **1.** Conferir direção, rumo, orientação a; dirigir, apontar. **2.** Concentrar (atenção, esforços etc.) em.

Di.rei.ta *s.f.* **1.** Lado direito, mão direita. **2.** Regime ou partido político de tendências totalitárias, conservadoras.

DIREITISTA — DISFARCE

Di.rei.tis.ta *adj.* e *s.2g.* Diz-se de, ou pessoa partidária dos regimes da direita.
Di.rei.to *adj.* **1.** Direto. **2.** Que se estende em linha reta. **3.** Aprumado, reto. **4.** Íntegro, justo. **5.** Diz-se daquilo que nos homens e nos animais está do lado oposto ao do coração. **6.** Nos rios, diz-se do lado que fica à mão direita do observador que olha a parte para onde as águas descem. *s.m.* **7.** O que é reto. **8.** O que é moralmente justo. **9.** O que é conforme a lei. **10.** Prerrogativa. **11.** Faculdade legal de praticar ou deixar de praticar um ato. **12.** DIR Ciência das normas obrigatórias que disciplina as relações dos homens numa sociedade. **13.** Jurisprudência. **14.** Regalia. **15.** Tributo, imposto. *adv.* **16.** Em linha reta. **17.** Bem. **18.** De modo correto.
Di.re.ti.va *s.f.* O mesmo que *diretriz* (acep. 1 e 2).
Di.re.ti.vo *adj.* Que dirige; dirigente.
Di.re.to *adj.* **1.** Que vai em linha reta. **2.** Imediato. **3.** Sem intermediário, sem rodeios. **4.** Que incide diretamente sobre pessoa ou bens.
Di.re.tor *adj.* **1.** Que dirige; diretivo. ● *Fem.*: *diretora*. *s.m.* **2.** Aquele que dirige; administrador. **3.** Guia, mentor, orientador. ● *Fem.*: (acep. 2 e 3) *diretora*.
Di.re.to.ri.a *s.f.* **1.** Cargo de diretor. **2.** Gabinete de diretor. **3.** O conjunto dos diretores.
Di.re.tó.rio *adj.* **1.** Que dirige. *s.m.* **2.** Livro ou papel em que se encontram certos preceitos regulamentares. **3.** Conselho encarregado da gerência de negócios públicos ou outros. **4.** Conselho que dirige uma corporação, partido político, associação, entidade estudantil etc.
Di.re.triz *s.f.* **1.** Norma, pauta, critério; diretiva. **2.** Linha reguladora; diretiva.
Di.ri.gen.te *adj.2g.* **1.** Que dirige. *s.2g.* **2.** Pessoa que dirige; diretor ou gerente.
Di.ri.gir *v.t.* **1.** Dar direção a. **2.** Encaminhar. **3.** Comandar. **4.** Governar; guiar. **5.** Endereçar. **6.** Operar os mecanismos e os controles de (veículo). *v.p.* **7.** Ir ter com, encaminhar-se.
Di.ri.gí.vel *adj.2g.* **1.** Que se pode dirigir. *s.m.* **2.** Balão dirigível.
Di.ri.men.te *adj.2g.* **1.** Que dirime. **2.** JUR Que exclui a culpabilidade. **3.** JUR Que isenta de pena.
Di.ri.mir *v.t.* **1.** Solucionar, resolver, decidir (dúvidas, questões). **2.** Anular, suprimir.
Dis.car *v.int.* Fazer girar o disco do aparelho telefônico para estabelecer ligação.
Dis.cen.te *adj.* **1.** Que aprende. **2.** Relativo ou pertencente a aluno. ◆ Corpo discente: o conjunto dos alunos. ● *Ant.*: *docente*.
Dis.cer.nen.te *adj.2g.* Que discerne.
Dis.cer.ni.men.to *s.m.* **1.** Ato ou efeito de discernir. **2.** Prudência. **3.** Critério, juízo. **4.** Apreciação, escolha. **5.** Distinção.
Dis.cer.nir *v.t.* **1.** Perceber distintamente. **2.** Discriminar, separar. **3.** Avaliar bem, medir, estabelecer diferença entre. **4.** Distinguir bem. *v.int.* **5.** Apreciar, julgar.
Dis.ci.for.me *adj.2g.* Em forma de disco; discoide.
Dis.ci.pli.na *s.f.* **1.** Ordem, respeito, obediência às leis. **2.** Matéria de ensino ou estudo. **3.** Ordem que convém ao funcionamento de uma organização (militar, escolar, partidária etc.). **4.** Instrumento de penitência, o mesmo que *disciplinas*. **5.** Regra, método.
Dis.ci.pli.na.do *adj.* Que obedece à disciplina; metódico.
Dis.ci.pli.nar¹ *adj.2g.* Relativo à disciplina.
Dis.ci.pli.nar² *v.t.* **1.** Impor disciplina, ordem. **2.** Acomodar, sujeitar. **3.** Castigar com disciplinas. *v.p.* **4.** Sujeitar-se, submeter-se à disciplina. **5.** Tornar-se disciplinado. **6.** Castigar-se com disciplinas.
Dis.ci.pu.lar *adj.2g.* **1.** Relativo a discípulo. **2.** Referente à condição de discípulo.
Dis.cí.pu.lo *s.m.* **1.** Aquele que recebe ensino ou que aprende; aluno. **2.** Aquele que segue conselhos, exemplo ou ideia de alguém; adepto.
Disc-jó.quei (ing. *disc-jockey*) *s.2g.* **1.** Radialista encarregado da seleção e apresentação das músicas em uma rádio. **2.** Discotecário.

Dis.co *s.m.* **1.** Chapa circular e pesada, utilizada para arremesso, no atletismo. **2.** Objeto circular que contém uma gravação para reprodução em toca-disco. ● *Col.*: *discoteca*. **3.** Chapa redonda e pesada (hoje pesando 2 kg para homens e 1 kg para mulheres), que os atletas arremessam de um círculo. **4.** Prova de atletismo praticada com essa chapa. **5.** Dispositivo de telefone.
Dis.coi.de *adj.2g.* Que tem forma de disco; disciforme.
Dis.cor.dân.cia *s.f.* **1.** Incompatibilidade. **2.** Divergência de opinião. **3.** Disparidade, discrepância. **4.** Dissonância, desarmonia. **5.** Desavença. ● *Ant.*: *concordância*.
Dis.cor.dan.te *adj.2g.* **1.** Não correspondente a. **2.** Que está em desacordo. ● *Ant.*: *concorde*.
Dis.cor.dar *v.t.* e *int.* Divergir, não concordar. ● *Ant.*: *concordar*.
Dis.cor.de *adj.* **1.** Discordante. *s.2g.* **2.** Pessoa que discorda.
Dis.cór.dia *s.f.* **1.** Discordância, desinteligência. **2.** Desarmonia; desavença. **3.** Desordem. ● *Ant.*: *concórdia*.
Dis.cor.rer *v.t.* e *int.* **1.** Correr em diferentes direções. **2.** Derramar-se, espalhar-se. **3.** Fazer pequena viagem. **4.** Vaguear, passear. **5.** Discursar, discutir, tratar. **6.** Analisar, examinar.
Dis.co.te.ca *s.f.* **1.** Coleção, arquivo de discos para fins de estudo ou recreação. **2.** Sala ou edifício onde se colecionam discos. **3.** Boate onde se dança ao som de música gravada.
Dis.co.te.cá.rio *s.m.* Aquele que é encarregado de uma discoteca.
Dis.cre.pân.cia *s.f.* Divergência, diversidade, disparidade.
Dis.cre.pan.te *adj.2g.* **1.** Que discrepa. **2.** Diferente. **3.** Adverso, divergente, discordante.
Dis.cre.par *v.int.* **1.** Divergir de opinião. **2.** Discordar; divergir; contradizer-se.
Dis.cre.to *adj.* **1.** Que tem ou em que há discrição. **2.** Reservado nas palavras e ações. **3.** Que sabe guardar um segredo. **4.** Que não chama a atenção. **5.** Recatado, modesto. **6.** Pouco intenso. ● *Ant.*: *indiscreto*.
Dis.cri.ção *s.f.* **1.** Qualidade de discreto. **2.** Reserva. **3.** Segredo, prudência. **4.** Sensatez, discernimento, entendimento; juízo. **5.** Recato, modéstia; decência. ● *Ant.*: *indiscrição*. ◆ Cf. *descrição*.
Dis.cri.cio.ná.rio *adj.* **1.** Que se faz ou se exerce sem restrições. **2.** Despótico, arbitrário.
Dis.cri.mi.na.ção *s.f.* **1.** Ato ou efeito de discriminar. **2.** Discernimento, separação, distinção.
Dis.cri.mi.nar *v.t.* **1.** Separar distinguindo. **2.** Distinguir, discernir, diferençar.
Dis.cri.mi.na.ti.vo *adj.* Que discrimina.
Dis.cur.sar *v.t.* e *int.* **1.** Falar em público. **2.** Fazer discursos; discorrer.
Dis.cur.sis.ta *adj.2g.* e *s.2g.* Que, ou pessoa que faz discursos.
Dis.cur.so *s.m.* **1.** Conjunto ordenado de frases pronunciadas em público, ou escritas para serem lidas em público. **2.** Arrazoado. **3.** FAM Falatório.
Dis.cus.são *s.f.* **1.** Ato ou efeito de discutir. **2.** Polêmica, controvérsia. **3.** Troca acalorada de palavras; altercação, contenda. **4.** Troca de insultos. **5.** Desentendimento, briga.
Dis.cu.tir *v.t.* **1.** Examinar todos os termos de uma questão, analisar todos os aspectos de um caso. **2.** Debater, questionar. **3.** Pôr em discussão. *v.int.* **4.** Participar de uma discussão; examinar, contender.
Dis.cu.tí.vel *adj.* **1.** Que se pode discutir. **2.** Problemático, duvidoso, contestável. ● *Ant.*: *indiscutível*.
Di.sen.te.ri.a *s.f.* Infecção intestinal, que se manifesta por cólica e evacuações frequentes; diarreia.
Di.sen.té.ri.co *adj.2g.* **1.** Relativo à disenteria. *s.m.* **2.** Doente de disenteria.
Dis.far.çar *v.t.* **1.** Tomar outro aspecto ou aparência para que não seja reconhecido. *v.p.* **2.** Vestir-se de modo que não se conheça. **3.** Tapar, ocultar. **4.** Reprimir, conter. **5.** Mascarar; fingir, dissimular.
Dis.far.ce *s.m.* **1.** Fingimento, dissimulação. **2.** O que serve para disfarçar; máscara.

DISFORME — DISSÍLABO

Dis.for.me *adj.* **1.** Fora da forma usual. **2.** Horrendo, gigantesco, monstruoso, extraordinário.

Dis.fun.ção *s.f.* Mau funcionamento de um órgão ou glândula.

Dis.jun.ção *s.f.* Ação de disjungir, de disjuntar; separação.

Dis.jun.gir *v.t.* **1.** Livrar do jugo. **2.** Separar, desprender.

Dis.jun.ti.vo *adj.* **1.** Que desune, que separa. **2.** Próprio para separar.

Dis.jun.to *adj.* Que está em disjunção; separado, desunido.

Dis.jun.tor (ô) *s.m.* Aparelho mecânico de conexão e proteção, capaz de estabelecer, sustentar e interromper circuitos elétricos sempre que ocorrer sobretensão da corrente.

Dis.la.te *s.m.* Disparate, tolice, despautério.

Dís.par *adj.2g.* Que não tem par; desigual, diferente. ◆ *Pl.:* *díspares.*

Dis.pa.ra.da *s.f.* Corrida impetuosa, desenfreada.

Dis.pa.rar *v.t.* **1.** Arrojar, arremessar, soltar. **2.** Descarregar (arma de fogo). **3.** Soltar com força. **4.** Correr; desembestar. **5.** Apertar o gatilho. **6.** Repelir com energia.

Dis.pa.ra.tar *v.int.* Dizer disparates.

Dis.pa.ra.te *s.m.* **1.** Despautério, despropósito. **2.** Dislate, asneira, tolice.

Dis.pa.ri.da.de *s.f.* **1.** Qualidade de díspar. **2.** Desigualdade, dessemelhança.

Dis.pa.ro *s.m.* **1.** Ato ou efeito de disparar (arma de fogo). **2.** Tiro, detonação.

Dis.pên.dio *s.m.* **1.** Gasto, despesa, consumo. **2.** FIG Prejuízo, dano, perda.

Dis.pen.di.o.so (ô) *adj.* **1.** Custoso, caro. **2.** Que exige grande despesa.

Dis.pen.sa *s.f.* **1.** Isenção de serviço, dever ou encargo. **2.** Escusa, licença. **3.** Desobriga. **4.** Ato ou efeito de dispensar ou de ser desobrigado. ◆ Cf. *despensa.*

Dis.pen.sar *v.t.* **1.** Prescindir. **2.** Não precisar de. **3.** Isentar, desobrigar de. **4.** Dar, conceder, conferir. *v.p.* **5.** Eximir-se; não se sentir obrigado.

Dis.pen.sá.rio *s.m.* Estabelecimento de beneficência, onde se dão consultas e remédios gratuitos ou pouco custosos.

Dis.pen.sá.vel *adj.2g.* Que se pode dispensar. ◆ *Ant.: indispensável.*

Dis.pep.si.a *s.f.* MED Má digestão ou doença proveniente dela.

Dis.per.são *s.f.* **1.** Ato ou efeito de dispersar ou dispersar-se. **2.** Estado de que está disperso. **3.** Separação de pessoas ou de coisas em várias direções. **4.** Desbarato, debandada.

Dis.per.sar *v.t.* **1.** Fazer ir para diferentes partes. **2.** Espalhar; disseminar. **3.** Pôr em debandada. **4.** Desbaratar; afugentar. *v.int.* e *p.* **5.** Espalhar-se, disseminar-se. ◆ *Ant.: concentrar, reunir.*

Dis.per.si.vo *adj.* **1.** Relativo à dispersão. **2.** Que produz dispersão.

Dis.per.so *adj.* **1.** Que sofreu dispersão; disseminado, espalhado. **2.** Separado, dividido. **3.** Posto em debandada.

Dis.pla.si.a *s.f.* Anomalia na malformação do desenvolvimento de um tecido ou de um órgão.

Display (displei) (ing.) *s.m.* Peça publicitária para promoção de venda de um produto, colocada em balcões, vitrines etc.; mostruário.

Dis.pli.cên.cia *s.f.* **1.** Estado de ânimo que leva à tristeza ou ao tédio. **2.** Aborrecimento; desgosto. **3.** Negligência, indiferença, desinteresse. **4.** Descuido ou desleixo no vestir, no proceder.

Dis.pli.cen.te *adj.* **1.** Que tem, denota ou produz displicência. **2.** Indiferente; desleixado. *s.2g.* **3.** Pessoa displicente.

Disp.nei.a *s.f.* MED Dificuldade na respiração.

Disp.nei.co *adj.* **1.** Relativo à dispneia. *adj.* e *s.m.* **2.** Que, ou aquele que sofre de dispneia.

Dis.po.ni.bi.li.da.de *s.f.* **1.** Qualidade de disponível. **2.** Conjunto de coisas disponíveis. **3.** Situação do servidor público temporariamente fora do serviço ativo.

Dis.po.ní.vel *adj.2g.* **1.** Que se pode dispor. **2.** Desembaraçado, livre, desimpedido. ◆ *Ant.: indisponível.*

Dis.por (ô) *v.t.* **1.** Pôr em certa ordem. **2.** Coordenar. **3.** Preparar; planear. **4.** Determinar, prescrever. **5.** Arrumar. **6.** Utilizar; usar livremente. *v.p.* **7.** Preparar-se. **8.** Apresentar-se. **9.** Dedicar-se. **10.** Colocar-se à disposição. **11.** Resolver-se, determinar-se, decidir--se.

Dis.po.si.ção *s.f.* **1.** Ato ou efeito de dispor. **2.** Situação. **3.** Prescrição legal; preceito. **4.** Distribuição ordenada das partes de um discurso. **5.** Tendência, aptidão; temperamento. **6.** Compleição, constituição física. **7.** Estado de saúde ou de espírito. ◆ **Ter à (sua) disposição:** ter ao (seu) alcance, poder dispor de.

Dis.po.si.ti.vo *adj.* **1.** Que contém disposição, ordem, preceito. *s.m.* **2.** Artigo de lei, regra, prescrição. **3.** Mecanismo destinado à obtenção de determinado fim. **4.** Aparelho que se liga a uma máquina ou dispositivo, para realizar uma função adicional ou específica.

Dis.pos.to (ô) *adj.* **1.** Que se dispôs. **2.** Posto, colocado. **3.** Com boa disposição de ânimo; animado. **4.** Propenso, determinado. **5.** Pronto para o que vier a acontecer. *s.m.* **6.** Preceito, dispositivo legal.

Dis.pró.sio *s.m.* Elemento químico, metal de símbolo Dy, número atômico 66 e massa atômica 162,5.

Dis.pu.ta *s.f.* **1.** Contestação, contenda, discussão. **2.** Competição esportiva.

Dis.pu.tar *v.t.* **1.** Tornar objeto de pleito ou discussão. **2.** Lutar pela posse ou aquisição de. **3.** Concorrer a; pleitear. **4.** Procurar obter; conquistar. **5.** Altercar, litigar. **6.** Discorrer. *v.int.* **7.** Discutir, contender.

Dis.que.te *s.m.* Pequeno disco magnético, flexível, no qual se armazenam informações a serem utilizadas em computador.

Dis.rit.mi.a *s.f.* MED Distúrbio do ritmo cardíaco, cerebral etc.

Dis.rit.mi.co *adj.* **1.** Relativo a disritmia ou ao enfermo dessa doença. *s.m.* **2.** Aquele que sofre de disritmia.

Dis.sa.bor (ô) *s.m.* Mágoa, desprazer, desgosto, pesar, contrariedade, aborrecimento; contratempo.

Dis.se.ca.ção *s.f.* CIR e ANAT Ato ou efeito de dissecar. **2.** Operação em que se separam cirurgicamente as partes de um corpo ou órgão. **3.** FIG Análise minuciosa de alguma coisa.

Dis.se.car *v.t.* **1.** Fazer a dissecação de. **2.** Retalhar, cortar. **3.** Abrir um corpo organizado para estudar sua estrutura. **4.** CIR Isolar numa operação qualquer órgão afetado por doença. **5.** FIG Analisar minuciosamente.

Dis.sec.ção *s.f.* Dissecação.

Dis.se.mi.na.ção *s.f.* **1.** Ato ou efeito de disseminar. **2.** Dispersão, difusão. **3.** Vulgarização, propagação.

Dis.se.mi.nar *v.t.* **1.** Semear ou espalhar por diversas partes. *v.t.* e *p.* **2.** Espalhar(-se), vulgarizar(-se), propagar(-se).

Dis.sen.são *s.f.* **1.** Ato ou efeito de dissentir. **2.** Divergência, desavença, contraste, desinteligência.

Dis.sen.tir *v.t.* Discordar, discrepar; divergir. ◆ *Ant.: concordar.*

Dis.ser.ta.ção *s.f.* Exposição desenvolvida, oral ou escrita, de um ponto especial de ciência ou de doutrina; discurso.

Dis.ser.tar *v.t.* **1.** Fazer dissertação. **2.** Discursar, discorrer.

Dis.ser.ta.ti.vo *adj.* **1.** Próprio, característico de dissertação. **2.** Que é necessário responder por escrito, desenvolvendo o tema proposto; discursivo.

Dis.si.dên.cia *s.f.* **1.** Discordância de opiniões. **2.** Cisão, cisma, separação. **3.** Grupo ou partido de dissidentes.

Dis.si.den.te *adj.* e *s.2g.* Que, ou pessoa que discorda da opinião de outrem ou geral, ou se desliga de uma corporação em razão dessa divergência.

Dis.sí.dio *s.m.* **1.** Dissensão, desinteligência. **2.** Oposição. **3.** Conflito entre empregado e empregador, ou entre uma categoria de empregados e uma categoria de empresas.

Dis.sí.la.bo *adj.* **1.** Que tem duas sílabas. *s.m.* **2.** Palavra ou verso de duas sílabas.

DISSIMILAÇÃO — DITOSO

Dis.si.mi.la.ção *s.f.* GRAM Fenômeno que consiste na diferenciação de sons idênticos ou semelhantes numa palavra, podendo chegar à eliminação de um dos sons, como *menhã* (por *manhã*), *redondo* (por *rodondo*), *bateria* (por *bataria*).

Dis.si.mu.la.ção *s.f.* 1. Ato ou efeito de dissimular. 2. Fingimento, disfarce. ♦ *Ant.: franqueza.*

Dis.si.mu.lar *v.t.* 1. Não dar a perceber. 2. Não deixar aparecer; fingir. *v.int.* 3. Disfarçar, ocultar os próprios sentimentos ou desígnios.

Dis.si.pa.ção *s.f.* Ação de dissipar, de desperdiçar.; esbanjamento, desperdício, desbarato.

Dis.si.par *v.t.* 1. Fazer desaparecer ou cessar. 2. Dispersar. 3. Esbanjar; desperdiçar. 4. Desvanecer. *v.p.* 5. Espalhar-se, dispersar-se.

Dis.so.ci.a.ção *s.f.* 1. Ato ou efeito de dissociar; desunião, desagregação. 2. Ruptura ou dissolução da unidade intrapsíquica do indivíduo. 3. QUÍM Decomposição de uma molécula em partes menores.

Dis.so.ci.ar *v.t.* 1. Desagregar, desunir. 2. Separar. 3. Decompor quimicamente. *v.p.* 4. Desagregar-se.

Dis.so.lu.ção *s.f.* 1. Decomposição. 2. Extinção de contrato ou sociedade; dissolvência. 3. Perversão de costumes; devassidão. 4. QUÍM Fenômeno pelo qual uma substância colocada em contato com outra desaparece para formar um conjunto homogêneo, que toma o nome de *solução.*

Dis.so.lu.to *adj.* 1. De costumes pervertidos. 2. Contrário aos bons costumes. 3. Devasso, libertino.

Dis.sol.ven.te *adj.2g.* e *s.m.* Que, ou aquilo que dissolve ou dilui; solvente.

Dis.sol.ver *v.t.* 1. Reduzir à forma líquida; liquefazer. 2. Fazer evaporar. 3. Desagregar; dispersar. 4. Anular, invalidar. 5. Romper (pacto ou contrato). *v.t.* e *p.* 6. Extinguir-se (corporação, assembleia). 7. Entrar em dissolução, solver-se, liquefazer-se. 8. Desmembrar-se, desorganizar-se.

Dis.so.nân.cia *s.f.* Sucessão de sons desarmônicos, por vezes utilizada pelos compositores com intenção expressiva; desafinação. 2. Discordância, desproporção.

Dis.su.a.dir *v.t.* e *p.* Afastar(-se) de um propósito; desaconselhar.

Dis.su.a.são *s.f.* Ato de dissuadir; dispersuasão.

Dis.ta.ná.sia *s.f.* MED Morte lenta e com muito sofrimento (em oposição a *eutanásia*).

Dis.tân.cia *s.f.* 1. Espaço entre duas coisas, pessoas ou entre duas épocas. 2. Grande diferença. 3. Separação; intervalo, afastamento. 4. Intervalo de tempo entre dois momentos; longitude. ♦ **À distância:** um tanto longe.

Dis.tan.cia.men.to *s.m.* 1. Ato ou efeito de distanciar(-se). 2. Afastamento, separação.

Dis.tan.ci.ar *v.t.* e *p.* 1. Pôr(-se) distante. 2. Afastar(-se), apartar(-se), separar(-se).

Dis.tan.te *adj.2g.* 1. Que dista longe. 2. Remoto, afastado. 3. Que se vê ou se ouve ao longe. 4. Reservado, alheado.

Dis.tar *v.t.* e *int.* 1. Estar, ficar, ser distante. 2. Diferenciar-se. 3. Divergir.

Dis.ten.der *v.t.* 1. Estender para diversos sentidos. 2. Desenvolver. 3. Dilatar, inchar. *v.p.* 4. Retesar-se. 5. MED Ter uma distensão (de músculo etc.).

Dis.ten.são *s.f.* 1. Ato ou efeito de distender(-se); estiramento. 2. Dilatação, afrouxamento. 3. MED Torção violenta de um músculo ou dos ligamentos de uma articulação.

Dís.ti.co *s.m.* 1. Frase, sentença ou conceito expresso em dois versos. 2. Rótulo, letreiro.

Dis.tin.ção *s.f.* 1. Ato ou efeito de distinguir, de separar. 2. Elegância de maneiras. 3. Preferência, prerrogativa. 4. Honraria, condecoração. 5. Nota em exame.

Dis.tin.guir *v.t.* 1. Perceber a diferença entre pessoas ou coisas. 2. Diferençar, não confundir. 3. Perceber, ouvir. 4. Divisar, mostrar consideração especial a. 5. Dar distinção em exame. 6. Condecorar. *v.p.* 7. Tornar-se notável. 8. Sobressair, destacar-se.

Dis.tin.ti.vo *adj.* 1. Próprio para distinguir. *s.m.* 2. Coisa que se distingue. 3. Sinal característico; emblema, insígnia, escudo.

Dis.tin.to *adj.* 1. Diferente, diverso. 2. Separado. 3. Que não se confunde com outro. 4. Que teve classificação superior a *bom* em exame. 5. Ilustre, eminente, notável. 6. FIG Elegante, gentil e educado. 7. Que sobressai. 8. Claro, perceptível.

Dis.to.ni.a *s.f.* Contração que afeta de modo regular um ou vários músculos ou membros e, por vezes, o eixo corporal, e que se inicia com um movimento voluntário ou por se estar numa posição fixa, desaparecendo com repouso.

Dis.tô.ni.co *adj.* 1. Referente a distonia ou ao distônico (subst.). *s.m.* 2. Indivíduo que sofre de distonia.

Dis.tor.ção *s.f.* 1. Ato ou efeito de distorcer. 2. Deformação de imagens (em fotografia, ótica, televisão). 3. Interpretação falsa de frases ou do pensamento de alguém; deturpação. 4. MED Estrabismo.

Dis.tor.cer *v.t.* 1. Torcer. 2. Deformar; deturpar. 3. Mudar o sentido de (frase, pensamento de alguém). ♦ Cf. *destorcer.*

Dis.tra.ção *s.f.* 1. Desatenção. 2. Irreflexão, inadvertência. 3. Ato irrefletido. 4. Divertimento, recreação. ♦ *Ant.: atenção.*

Dis.tra.í.do *adj.* e *s.m.* 1. Diz-se de, ou pessoa sujeita a distração. 2. Descuidado; desatento. 3. Entretido, ocupado.

Dis.tra.ir *v.t.* 1. Tornar desatento, esquecido, negligente. 2. Divertir, recrear. *v.p.* 3. Descuidar-se; ficar alheio. 4. Divertir-se.

Dis.tra.tar *v.t.* Anular, desfazer, rescindir (contrato, pacto, acordo). ♦ Cf. *destratar.*

Dis.tri.bu.i.ção *s.f.* 1. Ato ou efeito de distribuir ou repartir. 2. Repartição. 3. Classificação, disposição.

Dis.tri.bu.i.dor *adj.* 1. Que distribui. *s.m.* 2. O que distribui. 3. *Automóv.* Aparelho que distribui a corrente elétrica às velas de um motor.

Dis.tri.bu.ir *v.t.* 1. Repartir. 2. Dar ou entregar a diversas pessoas. 3. Pôr em diversos lugares; espalhar. 4. Pôr em ordem, classificar.

Dis.tri.to *s.m.* 1. Cada uma das partes em que se divide o município. 2. Certos departamentos da administração pública (polícia, saúde etc).

Dis.tro.fi.a *s.f.* MED Distúrbio que resulta da nutrição deficiente de um tecido ou de um órgão.

Dis.tró.fi.co *adj.* 1. Relativo a distrofia. 2. Distrofiado.

Dis.túr.bio *s.m.* 1. Perturbação ou desajuste de um órgão ou aparelho. 2. Sublevação popular. 3. Motim, tumulto.

Di.ta.do *s.m.* 1. O que se dita ou ditou. 2. Escrita feita por ditado. 3. Provérbio, adágio.

Di.ta.dor *s.m.* 1. Aquele que reúne em si todos os poderes públicos. 2. FIG Déspota. 3. Pessoa autoritária.

Di.ta.du.ra *s.f.* 1. Governo em que os poderes do Estado são exercidos de modo autoritário e sem controle, por uma pessoa ou por um grupo de pessoas. 2. Período no qual se exerce esse governo. 3. FIG Tirania, autoritarismo.

Di.ta.me *s.m.* Norma, preceito ditado pela razão ou pela consciência.

Di.tar *v.t.* 1. Sugerir, inspirar. 2. Impor. 3. Pronunciar em voz alta para outrem escrever.

Di.ta.to.ri.al *adj.2g.* Relativo a ditador ou à ditadura.

Di.ti.ram.bo *s.m.* 1. Gênero poético grego, canto coral religioso executado por personagens vestidos de faunos e sátiros, em honra do deus Dionísio. 2. Composição poética que exprime entusiasmo ou delírio. 3. FIG Louvor exagerado.

Di.to *adj.* 1. Que se disse; mencionado. *s.m.* 2. Palavra, sentença, frase. 3. Mexerico. 4. Provérbio, ditado.

Di.to-cu.jo *s.m.* Aquele de quem não se quer dizer o nome. ♦ *Pl.: ditos-cujos.* ♦ *Fem.: dita-cuja.*

Di.ton.ga.ção *s.f.* Formação de ditongos.

Di.ton.go *s.m.* Reunião de duas vogais pronunciadas numa só emissão de voz e numa só sílaba, como o *au* de Laura, o *ei* de peito, o *ou* de touro.

Di.to.so (ô) *adj.* 1. Venturoso, feliz. 2. Que tem boa sorte. ♦ *Ant.: desditoso.*

DIU — DOCEIRO

DIU *s.m.* Sigla de *dispositivo intrauterino*. Peça rígida instalada no útero para evitar gravidez.

Di.u.re.se *s.f.* MED Secreção urinária, normal ou copiosa, natural ou provocada.

Di.u.ré.ti.co *adj.* 1. FARM Que facilita a secreção da urina. *s.m.* 2. Medicamento que provoca a diurese.

Di.ur.no *adj.* 1. Que se faz ou sucede num dia. 2. Que se faz ou sucede de dia. ● *Ant.: noturno.*

Di.u.tur.no *adj.* 1. Que vive muito tempo. 2. Que tem longa duração.

Di.va *s.f.* 1. Deusa, divindade. 2. FIG Mulher muito bela. 3. Cantora notável. 4. Estrela de cinema.

Di.vã *s.m.* Espécie de sofá sem encosto e sem braços.

Di.va.ga.ção *s.f.* 1. Ato ou efeito de divagar. 2. Devaneio, imaginação, fantasia.

Di.va.gar *v.t.* 1. Andar errante; vaguear. 2. Sair do assunto que estava tratando. 3. Discorrer sem nexo. 4. Fantasiar; devanear.

Di.ver.gên.cia *s.f.* 1. Discordância, desacordo. 2. Afastamento, separação. ● *Ant.: convergência.*

Di.ver.gen.te *adj.* 1. Que diverge. 2. Que não se combina.

Di.ver.gir *v.int.* 1. Desviar-se. 2. Afastar-se progressivamente. 3. Discordar, discrepar.

Di.ver.são *s.f.* Distração, recreio, entretenimento.

Di.ver.si.da.de *s.f.* 1. Diferença; dessemelhança. 2. Variedade. 3. Divergência, contradição.

Di.ver.si.fi.ca.ção *s.f.* Ato ou efeito de diversificar.

Di.ver.si.fi.car *v.t.* 1. Tornar ou ser diverso. 2. Estabelecer diferença. *v.int.* 3. Variar, divergir.

Di.ver.so *adj.* 1. Distinto, diferente. 2. Mudado, alterado. 3. Que apresenta vários aspectos. 4. Variado, vários.

Di.ver.ti.cu.li.te *s.f.* MED Inflamação de um ou mais divertículos.

Di.ver.tí.cu.lo *s.m.* ANAT Apêndice que se comunica com um órgão oco (intestino, esôfago, bexiga etc.).

Di.ver.ti.men.to *s.m.* Entretenimento, distração, recreio.

Di.ver.tir *v.t. e p.* 1. Distrair(-se), entreter(-se), recrear(-se). 2. Fazer mudar de fim, de objetivo. 3. Fazer esquecer.

Dí.vi.da *s.f.* 1. Aquilo que se deve. 2. Condição forçada. 3. Obrigação, dever moral. 4. Culpa; pecado.

Di.vi.den.do *s.m.* 1. ARIT Número que se divide por outro, chamado *divisor*. 2. Parte dos lucros de uma empresa, que se deve distribuir pelos sócios ou acionistas; cota-parte.

Di.vi.dir *v.t. e p.* 1. Separar(-se) em partes. *v.t.* 2. Apartar, separar. 3. Demarcar, limitar. 4. Cortar. 5. Classificar. *v.int.* 6. Efetuar uma divisão. *v.p.* 7. Discordar, divergir. 8. Separar-se, desunir-se.

Di.vi.nal *adj.2g.* Perfeito, divino (acep. 3).

Di.vi.na.tó.rio *adj.* Relativo a divinação ou adivinhação.

Di.vin.da.de *s.f.* 1. Qualidade de divino. 2. Natureza, essência divina. 3. Deus, ser divino. 4. Coisa ou pessoa que se adora. 5. FIG Mulher formosa, deidade.

Di.vi.ni.zar *v.t. e p.* 1. Atribuir (a alguém ou a si) caráter divino. 2. Considerar(-se) divino.

Di.vi.no *adj.* 1. Relativo a Deus; de Deus. 2. Sublime, divinal. 3. FAM Perfeito, lindo, maravilhoso, encantador.

Di.vi.sa *s.f.* 1. Raia, marco, limite. 2. Sinal que divide. 3. Emblema, distintivo; lema. 4. Cada um dos galões que indicam patentes militares.

Di.vi.são *s.f.* 1. Ato ou efeito de dividir. 2. Cada uma das partes em que se divide um todo. 3. Compartimento, divisória. 4. Distribuição, partilha. 5. Fragmentação. 6. Parte de um exército, de uma esquadra. 7. Área de jurisdição militar. 8. Classificação, graduação. 9. Classe, grupo. 10. FIG Discórdia, dissensão.

Di.vi.sar *v.t.* 1. Marcar, delimitar. 2. Avistar, enxergar, distinguir. 3. Notar, descobrir.

Di.vi.sio.ná.rio *adj.* Diz-se de moeda secundária, para troços. Divisão de unidade monetária. Que se refere à divisão militar.

Di.vi.sor (ô) *adj. e s.m.* 1. Que, ou o que divide, separa. 2. MAT Número pelo qual se divide outro, chamado *dividendo*.

Di.vi.só.ria *s.f.* 1. Linha que divide ou separa. 2. Parede ou biombo que separa compartimento no interior de uma casa, apartamento etc.

Di.vor.ci.ar *v.t.* 1. Decretar o divórcio de. 2. Separar, desunir. *v.t. e p.* 3. Apartar(-se), separar(-se) judicialmente (os cônjuges).

Di.vór.cio *s.m.* 1. Separação de cônjuges por meio de dissolução judicial do matrimônio. 2. FIG Desunião, desacordo, rompimento.

Di.vor.cis.ta *adj.2g.* Pessoa partidária do divórcio.

Di.vul.ga.ção *s.f.* 1. Ato ou efeito de divulgar. 2. Vulgarização, difusão (de um fato pelos meios de comunicação).

Di.vul.ga.dor *adj. e s.m.* Que, ou aquele que divulga; propagandista.

Di.vul.gar *v.t. e p.* 1. Tornar(-se) público. 2. Fazer(-se) conhecido, publicar(-se), difundir(-se).

Di.zer¹ *v.t.* 1. Exprimir por palavras, por escrito ou por sinais. 2. Proferir, pronunciar. 3. Relatar, contar, declarar; contar, narrar. 5. Aconselhar; determinar, prescrever. *v.p.* 6. Ter-se na conta de; julgar-se.

Di.zer² *s.m.* 1. Linguagem falada. 2. Modo de exprimir; estilo.

Dí.zi.ma *s.f.* Contribuição ou imposto equivalente à décima parte de um rendimento; décima, dízimo.

Di.zi.ma.ção *s.f.* Ato ou efeito de dizimar. Destruição, cerceamento.

Di.zi.mar *v.t.* 1. Matar um (soldado) em cada grupo de dez. 2. Destruir quase completamente. 3. FIG Desbaratar, desfalcar. 4. Arruinar.

Dí.zi.mo *s.m.* 1. A décima parte. 2. Imposto ou contribuição equivalente a um décimo do rendimento.

Dj. (ing.) *s.m.* ⇒ Disc Jockey.

Dna *s.m.* ⇒ ADN.

Dó¹ *s.m.* Compaixão, pena, comiseração; luto.

Dó² *s.m.* MÚS Primeira nota da moderna escala musical.

Do.a.ção *s.f.* 1. Oferta, ato de doar. 2. Legado, dádiva. 3. Aquilo que se doou. 4. Renúncia, entrega.

Do.a.dor *adj. e s.m.* 1. Que, ou aquele que doa. *s.m.* 2. Pessoa que, em vida ou após a morte, permite que um ou mais órgãos seus sejam retirados e transplantados para o organismo de outra ou outras pessoas.

Do.ar *v.t.* 1. Transmitir gratuitamente a outrem (bens etc.). 2. Fazer doação de. 3. Dar, conceder, consagrar, dedicar.

Do.ber.mann (al.) *s.m.* Cão de guarda de porte alto, imponente, de pelo curto liso e cor ger. negra, pertencente à raça Dobermann Pinscher, criada a partir de cruzamentos de pastor de Beauce, Pinscher alemão, *manchester terrier* e galgo.

Do.bra *s.f.* 1. Parte de um objeto que, voltado, fica sobreposta a outra. 2. Vinco, prega.

Do.bra.di.ça *s.f.* Peça de metal, formada de duas chapas, unidas por um eixo comum e sobre que gira a porta, janela etc.; bisagra.

Do.bra.di.ço *adj.* Flexível, fácil de dobrar.

Do.bra.di.nha *s.f.* 1. Partes comestíveis das vísceras do boi ou da vaca. 2. Guisado feito com elas.

Do.bra.du.ra *s.f.* 1. Ato ou modo de dobrar. 2. Curvatura, dobra.

Do.brar *v.t.* 1. Multiplicar por dois. 2. Tornar duas vezes maior; duplicar. 3. Aumentar. 4. Curvar. 5. Abater, domar. 6. Fazer ceder, obrigar. 7. FIG Ceder, vergar. 8. Soar (sino) por ocasião de enterro etc. *v.p.* 9. Curvar-se, inclinar-se. 10. Ceder. 11. Aumentar-se.

Do.bre¹ *s.m.* Toque de sinos que anuncia a morte de uma pessoa.

Do.bre² *adj.2g.* 1. Doble (acep. 1). *s.m.* 2. Repetição da mesma palavra ou expressão em certos lugares da estrofe.

Do.bro (ô) *s.m.* 1. Quantidade duas vezes maior; duplo. 2. Duplicação.

Do.ca *s.f.* 1. Parte de um porto, ladeada de muros ou cais, onde os navios se abrigam e tomam ou deixam carga. 2. Dique, estaleiro. *adj.2g.* 3. Cego de um olho.

Do.ce *adj.2g.* 1. Que não é amargo ou azedo. 2. Meigo, afável, afetuoso. 3. Encantador; ameno, suave. *s.m.* 4. Iguaria feita com açúcar ou mel.

Do.cei.ro *s.m.* Homem que faz ou vende doces; confeiteiro.

DOCÊNCIA — DOMINICAL

Do.cên.cia *s.f.* **1.** Qualidade de docente. **2.** Ensino, magistério; professorado.

Do.cen.te *adj.2g.* **1.** Que ensina. *s.2g.* **2.** Pessoa que ensina; professor. ◆ **Corpo docente:** o conjunto dos professores. ● *Ant.: discente.*

Dó.cil *adj.2g.* **1.** Obediente, submisso. **2.** Fácil de guiar. **3.** Brando, tratável, flexível.

Do.cu.men.ta.ção *s.f.* **1.** Ato ou efeito de documentar. **2.** Conjunto de documentos referentes a uma questão. **3.** Conjunto de conhecimentos e técnicas que possibilitam a coleta, a estocagem, a pesquisa e a circulação de documentos e informações.

Do.cu.men.tar *v.t.* **1.** Juntar documentos a. **2.** Provar com documentos; corroborar com documentos.

Do.cu.men.tá.rio *adj.* **1.** Relativo ou pertencente a documentos. **2.** Que tem valor de documento. *s.m.* **3.** Coleção de documentos. **4.** Curta-metragem que, nos cinemas, é exibido geralmente antes do filme principal. **5.** Filme documentário.

Do.cu.men.ta.ris.ta *adj.2g.* e *s.2g.* Que ou aquele que realiza documentários.

Do.cu.men.to *s.m.* **1.** Aquilo que ensina ou serve de exemplo ou prova. **2.** Título. **3.** Declaração escrita para servir de prova. **4.** Certidão, prova.

Do.çu.ra *s.f.* **1.** Qualidade de doce. **2.** *FIG* Suavidade, brandura.

Do.de.ca.e.dro *s.m.* GEOM Poliedro de doze faces.

Do.de.ca.fo.nis.mo *s.m.* Sistema de composição atonal, composto de 12 sons (sete da escala diatônica e cinco resultantes da alteração cromática) que só entre si são aparentados.

Do.de.ca.go.nal *adj.2g.* Que tem doze ângulos ou que tem por base um decágono.

Do.dói *s.f.* **1.** Doença, dor (na linguagem infantil). *adj.2g.* **2.** Doente.

Do.en.ça *s.f.* **1.** Falta de saúde; perturbação da saúde. **2.** Mal, moléstia; enfermidade. **3.** *FIG* Tarefa laboriosa ou difícil. **4.** Mania, defeito. **5.** Moléstia venérea.

Do.en.te *adj.2g.* **1.** Que tem doença; enfermo. **2.** Achacadiço. **3.** *FIG* Forte paixão; mania, obsessão. ● *Ant.: sadio.*

Do.en.ti.o *adj.* **1.** Que adoece com facilidade. **2.** Que está sempre doente.

Do.er *v.int.* **1.** Causar dor. **2.** Causar dó, compaixão, pena. **3.** Pesar. *v.p.* **4.** Condoer-se; julgar-se ofendido. **5.** Agravar-se. **6.** Arrepender-se.

Do.ge *s.m.* Chefe de Estado nas antigas repúblicas de Veneza e Gênova.

Dog.ma *s.m.* **1.** Ponto de doutrina religiosa, apresentado como fundamental e indiscutível. **2.** Preceito irrefutável.

Dog.má.ti.co *adj.* **1.** Relativo a dogma. **2.** Que exprime uma opinião de forma categórica. **3.** *FIG* Autoritário, categórico.

Dog.ma.tis.mo *s.m.* **1.** Atitude filosófica dos que, fundados nos dogmas, rejeitam categoricamente a contestação e a crítica. **2.** Caráter ou qualidade do que é dogmático, sentencioso.

Dog.ma.ti.zar *v.t.* **1.** Proclamar como dogma. **2.** Ensinar com autoritarismo. *v.int.* **3.** Pregar, estabelecer dogmas. **4.** Dar o valor de indiscutíveis às suas afirmações.

Do.gue (ó) *s.m.* Raça de cães de corpo pequeno, cabeça grande e focinho chato, que se distingue por sua braveza.

Doi.di.ce *s.f.* **1.** Ato ou dito próprio de doido. **2.** Falta de juízo. **3.** Loucura, demência; insensatez. **4.** Imprudência, leviandade, excentricidade, extravagância. **5.** *FIG* Entusiasmo, paixão.

Doi.di.va.nas *s.2g.* e *2n.* FAM Indivíduo leviano, imprudente, estouvado; extravagante.

Doi.do *adj.* **1.** A quem falta juízo. **2.** Alienado, estouvado; arrebatado. **3.** Imprudente, leviano. **4.** FIG Apaixonado, entusiasta. **5.** Contente em extremo. *s.m.* **6.** Louco, alienado, pessoa doida.

Dois *num.* **1.** Um mais um. ◆ *Ord.: segundo.* **2.** Segundo. *s.m.* **3.** Algarismo representativo do número dois.

Dois-pon.tos *s.m.2n.* **1.** Sinal de pontuação (:) correspondente, na escrita, a uma pausa breve da linguagem oral e a uma entoação ger. descendente, e cuja função é preceder uma fala direta, uma citação, uma enumeração, um esclarecimento ou uma síntese do que foi dito antes etc. **2.** Expressão catafórica que enfatiza, na linguagem oral, o que vai ser dito em seguida.

Dois-quar.tos *s.m.2n.* Apartamento de dois quartos.

Dó.lar *s.m.* Moeda de países como: Estados Unidos, Canadá, Austrália entre outros.

Do.la.ri.za.ção *s.f.* **1.** Ato ou efeito de dolarizar. **2.** Aferição de preços etc. com base na cotação em moeda local, do dólar norte-americano.

Do.la.ri.zar *v.t.* **1.** Proceder à dolarização de (uma economia). **2.** Pagar ou receber (dívida) em dólar ou tomando-se como base o valor do dólar.

Dol.by (ing.) *adj.2g.2n.* **1.** Processo de redução do ruído de fundo nos registros sonoros magnéticos, esp. em gravações musicais. **2.** Dispositivo que utiliza esse processo.

Do.lei.ro *adj.* e *s.m.* Que, ou firma ou pessoa que atua no chamado mercado paralelo (câmbio negro) comprando e vendendo dólares norte-americanos.

Do.lên.cia *s.f.* **1.** Qualidade de dolente. **2.** Mágoa, sofrimento, dor. **3.** Lástima.

Do.len.te *adj.2g.* **1.** Que manifesta dor; magoado. **2.** Lamentoso, lastimoso.

Dól.mã *s.m.* Casaco militar curto e justo.

Do.lo *s.m.* **1.** Má-fé; astúcia, engano, traição. **2.** Desejo maligno.

Do.lo.ri.do *adj.* Que manifesta dor; magoado.

Do.lo.ro.so (ô) *adj.* **1.** Que causa dor. **2.** Amargurado, aflitivo. **3.** Magoado, dorido, lastimoso.

Do.lo.so (ô) *adj.* **1.** Enganoso, hipócrita. **2.** Que tem dolo; preconcebido.

Dom *s.m.* **1.** Dote natural. **2.** Dádiva; donativo. **3.** Qualidade moral. **4.** Privilégio, virtude, poder. **5.** Título honorífico que precede os nomes próprios masculino, em certas categorias sociais e religiosas.

Do.ma *s.f.* Ato ou efeito de domar, de amansar.

Do.ma.dor *adj.* e *s.m.* Que, ou aquele que doma ou domestica (animais bravios).

Do.mar *v.t.* **1.** Amansar, domesticar (animal bravio). **2.** Vencer, subjugar, sujeitar. **3.** Refrear; reprimir. *v.p.* **4.** Conter-se, dominar-se. **5.** Civilizar-se.

Do.mes.ti.ca.ção *s.f.* Ato ou efeito de domesticar ou domesticar-se.

Do.mes.ti.car *v.t.* e *p.* **1.** Tornar(-se) doméstico; domar(-se). **2.** Amansar(-se). **3.** Sujeitar(-se). **4.** Civilizar(-se).

Do.més.ti.co *adj.* **1.** Relativo ou pertencente a casa, à vida familiar. **2.** Que vive ou é criado em casa (animal). *s.m.* **3.** Empregado que trabalha em casa de outrem, mediante remuneração. **4.** Servidor, agregado.

Do.mi.ci.li.ar *v.t.* **1.** Dar domicílio a. **2.** Fazer fixar domicílio. *v.p.* **3.** Fixar residência.

Do.mi.cí.lio *s.m.* **1.** Habitação fixa. **2.** Lugar de residência permanente. **3.** Moradia, residência, lar.

Do.mi.na.ção *s.f.* **1.** Ato ou efeito de dominar. **2.** Poder absoluto. **3.** Domínio, soberania, predomínio.

Do.mi.na.dor (ô) *adj.* **1.** Que domina. **2.** Que infunde respeito. *s.m.* **3.** O que subjugou ou conquistou.

Do.mi.nân.cia *s.f.* Qualidade de dominante.

Do.mi.nan.te *adj.2g.* Que domina; dominador.

Do.mi.nar *v.t.* **1.** Exercer domínio ou autoridade sobre. **2.** Prevalecer. **3.** Conter, refrear, subjugar, vencer. **4.** Ocupar inteiramente. *v.p.* **5.** Conter-se.

Do.min.go *s.m.* Primeiro dia da semana.

Do.min.guei.ro *adj.* Relativo ao domingo; que se usa aos domingos.

Do.mi.ni.cal *adj.2g.* **1.** Relativo ao Senhor. **2.** Que se realiza aos domingos; relativo ao domingo.

DOMÍNIO — DOWNLOAD

Do.mí.nio *s.m.* **1.** Dominação. **2.** Poder, autoridade. **3.** Território extenso, pertencente a um indivíduo, a uma empresa ou ao Estado; possessão. **4.** Esfera de ação; alçada. **5.** Âmbito de uma arte ou ciência.

Do.mi.nó *s.m.* **1.** Traje carnavalesco formado de longa túnica com capuz. **2.** Pessoa assim disfarçada. **3.** Jogo composto de 28 peças com pontos marcados.

Dom-jua.nes.co (ê) *adj.* Relativo a *domjuan*; galanteador.

Dom-jua.nis.mo *s.m.* **1.** Conduta de *domjuan*. **2.** Mania de conquistar todas as mulheres.

Do.na *s.f.* **1.** Forma feminina de *dom*. **2.** Título das senhoras de boa sociedade. **3.** Mulher a quem uma coisa pertence. **4.** Esposa, mulher. **5.** POP Mulher, moça.

Do.na.tá.rio *s.m.* **1.** O que recebeu uma doação. **2.** Senhor das antigas capitanias hereditárias.

Do.na.ti.vo *s.m.* Dádiva, presente, óbolo, esmola.

Don.do.ca *s.f.* **1.** Mulher bem situada socialmente, que não precisa fazer esforço na vida e cujas preocupações primam pela futilidade. *adj.* **2.** Arrumada e enfeitada demais (diz-se de mulher).

Do.ni.nha *s.f.* **1.** *Dim.* de *dona*. **2.** Nome de vários pequenos mamíferos carnívoros europeus; fuinha.

Don.ju.án (esp.) *s.m.* libertino sedutor; conquistador, mulherengo.

Do.no *s.m.* **1.** Proprietário, senhor. **2.** Chefe de uma casa.

Don.ze.la *s.f.* **1.** Mulher virgem. **2.** ANT Criada de honra.

Do.pa.gem *s.f.* **1.** Ato, processo ou efeito de dopar alguém ou algum animal, através de substâncias que provoquem alterações no sistema nervoso. **2.** Processo pelo qual se introduz impurezas em uma rede cristalina de um semicondutor de maneira a modificar adequadamente suas propriedades físicas [Diversos condutores eletrônicos têm por base este processo.].

Do.pa.mi.na *s.f.* Mediador químico ($C_8H_{11}NO_2$) presente na suprarrenais, indispensável para a atividade normal do cérebro [Sua ausência provoca a doença de Parkinson.].

Do.par *v.t.* **1.** Administrar a (alguém ou a um animal) droga que modifique artificialmente seu desempenho em competição. **2.** Ministrar drogas com efeito terapêutico, tranquilizante etc. a (um paciente). *v.t.* e *p.* **3.** Provocar, por efeito de droga, um estado mental confuso em (alguém ou em si mesmo); intoxicar(-se) com droga.

Doping (dópin) (ing.) *s.m.* Aplicação de estimulante em cavalo de corrida, ou em participante de prova esportiva (atleta, jogador de futebol etc.).

Dor (ó) *s.f.* **1.** MED Sensação desagradável ou penosa, causada por um estado anômalo do organismo ou parte dele. **2.** Sofrimento físico ou moral. **3.** Dó, pena, compaixão. **4.** Remorso, arrependimento.

Do.ra.van.te *adv.* **1.** De agora em diante. **2.** Daqui para o futuro.

Dor de co.to.ve.lo *s.f.* Despeito provocado pelo ciúme ou pelo fato de se ter sofrido alguma decepção amorosa; cabeça-inchada, dor de canela. ● *Pl.: dores de cotovelo.*

Do.ri.do *adj.* **1.** Que tem ou exprime dor. **2.** Magoado, triste, dolente. **3.** FIG Consternado.

Dor.mên.cia *s.f.* **1.** Estado de dormente. **2.** Torpor, modorra, insensibilidade, sonolência.

Dor.men.te *adj.2g.* **1.** Que dorme. **2.** FIG Que está em torpor, em quietação. **3.** Quieto, sereno, calmo; estagnado. *s.f.* **4.** Nome dado às travessas em que se assentam os trilhos das ferrovias.

Dor.mi.da *s.f.* **1.** Pousada para pernoitar. **2.** Tempo em que se dorme. **3.** Ato ou efeito de dormir.

Dor.mi.nho.co (ô) *adj.* e *s.m.* Que, ou aquele que dorme muito; dormidor.

Dor.mir *v.int.* **1.** Deixar de estar acordado. **2.** Descansar no sono. **3.** Estar quieto, imóvel, sereno. **4.** Não ter ação. **5.** Descuidar-se. **6.** Jazer morto. *v.t.* **7.** Passar dormindo.

Dor.mi.tar *v.int.* **1.** Dormir levemente e pouco. **2.** Estar meio adormecido; cabecear, cochilar.

Do.mi.tó.rio *s.m.* **1.** Aposento onde estão muitas camas (em internato, quartel etc.). **2.** Quarto de dormir. **3.** Mobília para esse quarto.

Dor.sal *adj.2g.* Do dorso ou das costas.

Dor.so (ô) *s.m.* **1.** Parte posterior do corpo humano, entre os ombros e os rins; costas. **2.** Parte superior dos animais; lombo. **3.** Lombada (de livro).

Do.sa.gem *s.f.* Ato ou operação de dosar.

Do.sar *v.t.* **1.** Misturar, combinar nas proporções devidas. **2.** Determinar a quantidade de (um medicamento). **3.** Medir por poucos. **4.** Regular em doses.

Do.se (ó) *s.f.* **1.** Quantidade determinada de cada ingrediente, que entra numa preparação química ou medicamentosa. **2.** Porção de remédio que se toma de uma vez. **3.** Quantidade, porção.

Dos.sel *s.m.* **1.** Armação saliente, forrada e franjada, que encima altar, trono, leito. **2.** FIG Cobertura ornamental. **3.** Cobertura de flores, de verduras.

Dos.si.ê *s.m.* Conjunto de informações e documentos sobre uma pessoa, entidade ou transação.

Do.ta.ção *s.f.* **1.** Ato ou efeito de dotar. **2.** Renda que se destina à manutenção de pessoa, corporação ou entidade. **3.** Quantia prevista para determinado fim; verba.

Do.ta.dor *s.m.* Aquele que dota.

Do.tar *v.t.* **1.** Dar dote a. **2.** Destinar verba. **3.** Conceder, beneficiar (com algum dom natural). *v.p.* **4.** Construir dote para si.

Do.te *s.m.* **1.** Bens que uma pessoa leva (em especial a mulher ao casar ou a freira ao ingressar no convento). **2.** FIG Merecimento, mérito. **3.** Dom natural. **4.** Prenda. **5.** Boas qualidades.

Dou.ra.do *adj.* **1.** Que tem cor de ouro. **2.** Ornado de ouro. *s.m.* **3.** Operação de dourar. **4.** ICTIOL Nome comum a dois peixes fluviais, de carne saborosa, de até 1,40 m de comprimento e 30 kg, muito procurados também para pesca esportiva, um deles da bacia do rio da Prata e outro da bacia do São Francisco. **5.** Nome de um peixe dos mares tropicais e subtropicais, da família dos corifenídeos, de até 2 m de comprimento.

Dou.ra.du.ra *s.f.* **1.** Arte ou operação de dourar. **2.** Camada ou folha de ouro que cobre um objeto.

Dou.rar *v.t.* **1.** Revestir de uma camada de ouro. **2.** Dar cor de ouro a. **3.** FIG Dar brilho a, realçar. **4.** Disfarçar. **5.** Tornar feliz, alegrar. *v.p.* **6.** Tornar-se brilhante, iluminar-se, resplandecer.

Dou.to *adj.* **1.** Diz-se daquele que sabe muito. **2.** Sábio, erudito.

Dou.tor *s.m.* **1.** Aquele que obteve o doutorado conferido por uma universidade, após haver defendido uma tese determinada. **2.** Maneira usual de nomear um homem douto em qualquer ciência. **3.** Teólogo de grande notoriedade.

Dou.to.ra.do *s.m.* **1.** Segundo curso de pós-graduação, que se faz após o de mestrado. **2.** O grau de doutor, conferido por universidade a quem realiza esse curso.

Dou.to.ral *adj.2g.* **1.** Relativo a doutor. **2.** Próprio de doutor; sentencioso.

Dou.to.ra.men.to *s.m.* Ato de doutorar(-se).

Dou.to.ran.do *s.m.* Pessoa que está para receber o grau de doutor.

Dou.to.rar *v.t.* **1.** Conferir o grau de doutor a. *v.p.* **2.** Receber o grau de doutor.

Dou.tri.na *s.f.* **1.** Conjunto de princípios básicos em que se fundamenta um sistema religioso, filosófico ou político; credo. **2.** Rudimentos da fé cristã. **3.** Opinião, em assuntos científicos. **4.** Norma; ensinamento.

Dou.tri.na.ção *s.f.* **1.** Ato ou efeito de doutrinar; prédica. **2.** Instrução em qualquer doutrina.

Dou.tri.nal *adj.2g.* **1.** Relativo a doutrina. **2.** Que encerra doutrina; doutrinário.

Dou.tri.na.men.to *s.m.* ⇒ Doutrinação.

Dou.tri.nar *v.t.* **1.** Instruir em uma doutrina. *v.int.* **2.** Pronunciar ou escrever doutrinas; pregar.

Dou.tri.ná.rio *adj.* **1.** Relativo a doutrina. **2.** Que encerra doutrina.

Download (ing.) *v.t.* ⇒ Baixar. ● *Pl.: downloads.*

DRACONIANO — DUODENO

Dra.co.ni.a.no *adj.* **1.** Relativo ou pertencente a Drácon, legislador ateniense (séc. VII a. C.) famoso pelas leis excessivamente duras que lhe são atribuídas. **2.** Muito severo, muito rigoroso.

Dra.ga *s.f.* Máquina com que se tira areia, lodo, entulho etc. do fundo dos rios, portos etc.

Dra.ga.gem *s.f.* Trabalho ou operação de dragar.

Dra.gão *s.m.* **1.** Animal fabuloso, que é representado com cauda de serpente, garras e asas. **2.** FIG Indivíduo de má índole. **3.** Antigo soldado de cavalaria. **4.** Demônio. **5.** ZOOL Espécie de lagarto. **6.** ASTRON Constelação boreal.

Dra.gar *v.t.* Limpar com draga.

Drá.gea *s.f.* FARM Pílula revestida de substância geralmente doce, para facilitar sua absorção ou amenizar seu gosto ruim.

Dra.go.na *s.m.* Galão, em geral com franjas, usado no ombro pelos militares.

Dra.ma *s.m.* **1.** Peça de teatro, gênero misto entre a comédia e a tragédia. **2.** Narrativa animada de episódios comoventes. **3.** Acontecimento comovedor.

Dra.ma.lhão *s.m.* Drama de pouco valor literário, e abundante em lances políticos ou trágicos.

Dra.má.ti.co *adj.* **1.** Relativo ou pertencente a drama. **2.** Relativo ao teatro. **3.** Que tem caráter ou gênero de drama. **4.** Comovente, patético.

Dra.ma.ti.za.ção *s.f.* Ato ou efeito de dramatizar.

Dra.ma.ti.zar *v.t.* **1.** Dar forma ou intenções dramáticas a. **2.** Tornar dramático. *v.int.* **3.** Fazer drama.

Dra.ma.tur.gi.a *s.f.* **1.** Arte dramática; teatro. **2.** Arte de escrever peças para o teatro.

Dra.ma.túr.gi.co *adj.* Dramatológico.

Dra.ma.tur.go *s.m.* Autor de peças teatrais; teatrólogo.

Dra.pea.men.to *s.m.* Posição das dobras de um tecido ou vestimenta.

Dra.pe.ar *v.t.* **1.** Dispor harmoniosamente (as pregas ou dobras de um pano ou vestimenta). *v.int.* **2.** Ondear, ondular.

Dra.pe.ja.men.to *s.m.* Ato ou efeito de drapejar.

Drás.ti.co *adj.* **1.** Que atua energicamente (medicamento). **2.** FIG Enérgico, severo (medida, atitude etc.). *s.m.* **3.** Purgante enérgico.

Dre.na.gem *s.f.* **1.** Ato ou efeito de drenar. **2.** Saída natural ou auxiliada por drenos, da água acumulada num solo. Conjunto de operações e instalações destinadas a facilitar a saída dessa água.

Dre.nar *v.t.* **1.** Fazer a drenagem de. **2.** MED Fazer sair (líquido etc.) por meio de dreno.

Dre.no *s.m.* **1.** Vala, fosso ou tubo para drenagem. **2.** Canalização. **3.** MED Tubo ou gaze com que se faz sair líquido ou matéria purulenta de uma cavidade ou abscesso.

Dri.blar *v.t.* **1.** FUT Enganar o adversário com a bola ou com gingados de corpo; fintar. **2.** Passar despercebido; enganar, iludir.

Dri.ble *s.m.* FUT Ato ou efeito de driblar; finta.

Drin.que *s.m.* **1.** Bebida (geralmente alcoólica). **2.** Aperitivo; trago, dose.

Dri.ve (ing.) *s.m.* Dispositivo eletroeletrônico us. para ler ou gravar dados sobre meio magnético (disco ou fita). ● *Pl.:* **drives**.

Dri.ver (ing.) *s.m.* Arquivo que contém as funções a serem integradas a um sistema operacional para controlar um determinado periférico. ● *Pl.:* **drivers**.

Dro.ga *s.f.* **1.** Nome genérico de todos os ingredientes que têm aplicação em várias indústrias, bem como em farmácia. **2.** Medicamento, remédio. **3.** Substância entorpecente, alucinógena. **4.** FIG e FAM O que é entediante, desagradável. **5.** FIG Bagatela; o que tem pouca importância ou valor. **6.** Bebida ruim. *interj.* **7.** que indica frustração ou desânimo.

Dro.ga.do *adj.* Que está sob o efeito de droga (acep. 3).

Dro.gar *v.t.* **1.** Administrar medicamento ou droga a; medicar. **2.** Fazer ingerir droga (acep. 3); dopar. *v.p.* **3.** Tomar entorpecentes; intoxicar-se, dopar-se.

Dro.ga.ri.a *s.f.* Estabelecimento onde se vendem drogas; farmácia.

Dro.me.dá.rio *s.m.* Espécie de camelo de pescoço curto e uma só corcova.

Dro.pes *s.m.* Espécie de bala ou caramelo em forma de pequeno disco.

Drui.da *s.m.* Nome dos primitivos sacerdotes, entre os gauleses e bretões.

Drui.í.di.co *adj.* Relativo aos druidas ou ao druidismo.

Drui.dis.mo *s.m.* Religião dos druidas.

Du.al *adj.* **1.** Relativo a dois. **2.** Que designa duas pessoas ou coisas.

Du.a.lis.mo *s.m.* **1.** Sistema que admite a existência de dois princípios que se opõem irredutivelmente. **2.** Coexistência de dois princípios opostos ou complementares.

Du.as-pe.ças *s.m.2n.* **1.** Traje feminino que combina saia e blusa (ou saia e casaco) com base em determinado estilo ou padrão. **2.** Roupa de banho feminina separada em duas partes; maiô de duas-peças, biquíni.

Dú.bio *adj.* **1.** Que se presta a diferentes interpretações. **2.** Duvidoso, hesitante, difícil de definir. **3.** Vago, indeciso.

Du.bi.tá.vel *adj.2g.* Que pode ser posto em dúvida; duvidoso.

Du.bla.gem *s.f.* Substituição dos diálogos originais (ou das partes cantadas) de um filme por outros, comumente em língua diferente.

Du.blar *v.t.* **1.** Proceder à dublagem de. **2.** Fazer gestos de fala ou canto, acompanhando fielmente o som gravado.

Du.blê *s.2g.* Profissional que substitui ator (ou atriz) nas cenas de perigo.

Dúb.nio *s.m.* Elemento sintético de número atômico 105 da família dos actiniídeos (símb.: Db) [Anteriormente denominado *unnilpentium*.].

Du.ca.do *s.m.* **1.** Estado que tem por soberano um duque. **2.** Dignidade de duque. **3.** Moeda de ouro de alguns países.

Du.cal *adj.* De duque, ou a ele relativo.

Du.cen.té.si.mo *s.m.* Ordinal e multiplicativo correspondente a duzentos.

Du.cha *s.f.* **1.** Jorro de água aplicado sobre o corpo de alguém, com fins terapêuticos. **2.** FIG Aquilo que acalma a excitação.

Dúc.til *adj.2g.* **1.** Que pode ser comprimido ou reduzido a fios sem se quebrar. **2.** Maleável, flexível, elástico. **3.** FIG Fácil de amoldar. **4.** Dócil (de caráter).

Duc.to *s.m.* ANAT Canal (no organismo animal).

Du.e.lar *adj.* **1.** Relativo a duelo. *v.int.* **2.** Bater-se em duelo.

Du.e.lis.ta *s.2g.* Pessoa que se bate em duelo.

Du.e.lís.ti.co *adj.* Relativo a duelo.

Du.e.lo *s.m.* **1.** Combate entre duas pessoas, sob certas regras. **2.** Esporte, geralmente a sabre ou florete, entre dois contendores.

Du.en.de *s.m.* Entidade fantástica, que se acreditava aparecer à noite nas casas fazendo travessuras.

Du.e.tar *v.int.* **1.** Fazer um duo. **2.** Exercer (duas pessoas) uma atividade em conjunto.

Du.e.to (ê) *s.m.* **1.** MÚS Composição executada por duas vozes ou por dois instrumentos. **2.** Canto a duas vozes; duo.

Dul.ca.ma.ri.na *s.f.* Princípio alcalino encontrado na dulcamara.

Dul.ci.fi.ca.ção *s.f.* Ato ou efeito de dulcificar(-se).

Dul.ci.fi.can.te *adj.2g.* Que dulcifica.

Dul.çor (ô) *s.m.* Doçura.

Dul.ço.ro.so (ô) *adj.* Cheio de dulçor.

Dumping (dâmpin) (ing.) *s.m.* Lançamento de grande quantidade de produtos a preço abaixo do custo para conquistar mercado e eliminar a concorrência, numa atitude considerada desleal.

Du.na *s.f.* Monte de areia móvel, acumulada pelo vento.

Du.o *s.m.* Dueto.

Du.o.de.ci.mal *adj.2g.* Que se conta ou se divide por doze.

Du.o.dé.ci.mo *num.ord.* **1.** Décimo segundo. *s.m.* **2.** Cada uma das doze partes iguais em que se divide um todo.

Du.o.de.nal *adj.* Relativo ao duodeno.

Du.o.de.no *s.m.* ANAT Primeira porção do intestino delgado, entre o piloro e o jejuno.

DUPLA — DZETA

Du.pla *s.f.* Grupo de duas pessoas ou coisas; par.

Du.plex (cs) *adj.* **1.** De duas partes; duplo. *adj.* e *s.m.* **2.** Diz-se de, ou apartamento constituído de dois pavimentos. ◆ *Var.: dúplex.*

Du.pli.ca.ção *s.f.* Ato ou efeito de duplicar.

Du.pli.ca.dor *adj.* e *s.m.* **1.** Que, ou o que duplica. *s.m.* **2.** Máquina para duplicar impressos; mimeógrafo.

Du.pli.car *v.t.* e *p.* **1.** Dobrar(-se). **2.** Multiplicar(-se) por dois. **3.** Tornar(-se) outro tanto maior.

Du.pli.ca.ta *s.f.* **1.** Título de crédito pelo qual o comprador se obriga a pagar, dentro de certo prazo, a importância da fatura. **2.** Reprodução de um documento. **3.** Segundo exemplar de um selo de coleção.

Dú.pli.ce *num.2g.* **1.** Duplo. *adj.* **2.** Fingido.

Du.plo *num.* **1.** Que contém duas vezes a mesma quantidade. *s.m.* **2.** Produto de uma quantidade ou número duplicado; dobro. **3.** Copo (de chope, cerveja etc.) de capacidade dupla.

Du.que *s.m.* **1.** Título de nobreza, superior ao de marquês. ● *Fem.: duquesa.* **2.** Carta de jogar de dois pontos. **3.** Dois pontos no jogo de véspora.

Du.ra.bi.li.da.de *s.f.* Qualidade do que é durável.

Du.ra.ção *s.f.* **1.** O tempo que uma coisa dura. **2.** Qualidade daquilo que dura; durabilidade.

Du.ra.dou.ro *adj.* **1.** Que dura ou pode durar muito. **2.** Que permanece; durável. ◆ *Var.: duradoiro.*

Du.ra.lu.mí.nio *s.m.* Liga composta de alumínio, cobre, magnésio e manganês.

Du.ra-má.ter *s.f.* ANAT Membrana exterior que envolve o encéfalo e a medula espinhal.

Du.ra.me *s.m.* A parte mais dura do lenho das árvores; cerne. ◆ *Var.: durâmen.*

Du.ran.te *prep.* No tempo de, pelo espaço de.

Du.rão *adj.* e *s.m.* Que ou aquele que possui grande resistência física, moral etc.; forte, firme, exigente, inflexível, valente.

Du.rar *v.int.* **1.** Ser duro; resistir. **2.** Não se gastar. **3.** Ter duração. **4.** Permanecer, prolongar-se. **5.** Existir, viver.

Du.rex *s.m.2n.* Fita adesiva. Marca registrada (*Durex*) que passou a designar seu gênero.

Du.re.za *s.f.* **1.** Rijeza, resistência. **2.** Insensibilidade, crueldade. **3.** Ação de durar.

Du.ro *adj.* **1.** Difícil de quebrar, desgastar, riscar etc. **2.** Rígido, enérgico, forte. **3.** Árduo. **4.** Cruel, implacável. **5.** Ríspido. **6.** Nefasto, funesto. **7.** Ereto. **8.** GÍR Valente, resistente. **9.** Custoso, difícil. **10.** Rigoroso. **11.** GÍR Sem dinheiro, quebrado. *s.m.* **12.** Moeda espanhola do valor de cinco pesetas. ● *Ant.: mole, brando.*

Dú.vi.da *s.f.* **1.** Incerteza na realidade de certo fato. **2.** Compreensão imperfeita. **3.** Dificuldade para se decidir; hesitação. **4.** Dificuldade em acreditar, descrença. **5.** Objeção. **6.** Discussão, questão. ● *Ant.: certeza.*

Du.vi.dar *v.t.* **1.** Estar em, ou mostrar dúvida sobre. **2.** Ter dúvida de. **3.** Não acreditar, não admitir; não crer. **4.** Não estar convencido da verdade ou existência de. **5.** Não confiar; descrer. *v.t.* e *int.* **6.** Hesitar. *v.int.* **7.** Questionar. ● *Ant.: crer.*

Du.vi.do.so (ô) *adj.* **1.** Que dá lugar a dúvidas. **2.** Cheio de dúvidas; indeciso, hesitante. **3.** Que não merece inteira confiança. **4.** Suspeito, desconfiado. **5.** Pouco seguro. **6.** Perigoso, arriscado. **7.** Equívoco, ambíguo; problemático.

Dú.zia *s.f.* Coleção de doze objetos da mesma natureza.

Dvd *s.m.* Tipo de disco de face dupla que utiliza meio óptico regravável de grande densidade.

Dze.ta (ê) *s.m.* A sexta letra do alfabeto grego.

e E

E/e *s.m.* **1.** Quinta letra do alfabeto português e segunda vogal, de nome *é*. ● *Pl.*: *ee* ou *es*. *num.* **2.** O quinto, numa série indicada pelas letras do alfabeto. **3.** *Abrev.* de *Este (Leste)*.

E *conj.* aditiva (une palavras e orações); *conj.* adversativa (equivale a *mas, porém, contudo*).

É *s.m.* Nome da letra *e*. ● *Pl.*: *és* ou *ee*.

E- *pref.* **1.** 'Movimento para fora': *exilar* **2.** 'Movimento para dentro': *elipse*.

-ear *suf.* 'Repetição, duração': *balancear*.

É.ba.no *s.m.* **1.** BOT Árvore da Ásia, da família das ebenáceas. **2.** A madeira escura e resistente dessa árvore. **3.** FIG Cor preta muito forte.

E.bo.la *s.m.* Vírus mortal que causa febre hemorrágica.

E.bo.ni.te *s.f.* Certo tipo de borracha vulcanizada, usada na indústria elétrica como isolante térmico.

-ebre *suf.* 'Diminuição': *casebre*.

E.bri.e.da.de *s.f.* Estado de pessoa ébria; embriaguez.

É.brio *adj.* **1.** Que está embriagado; bêbado, cachaceiro. **2.** FIG Exaltado por paixões. **3.** Alucinado, enfurecido, arrebatado. **4.** Ávido, sedento. **5.** Aturdido, tonto. *s.m.* **6.** Indivíduo que está ou vive embriagado. **7.** Aquele que está ávido, sedento.

E.bu.li.ção *s.f.* **1.** Passagem de um líquido ao estado de vapor, que ocorre acompanhada da formação de bolhas. **2.** Efervescência gasosa que ocorre na fermentação. **3.** Estado de euforia; agitação, excitação. ● *Pl.*: *ebulições*.

E.bu.li.dor (ô) *s.m.* **1.** Aparelho constituído por um resistor elétrico, que se usa para ferver pequenas quantidades de água. *adj.* **2.** Que provoca ebulição.

E.bu.li.en.te *adj.2g.* Que ferve.

E.bu.lir *v.t.* Entrar em ebulição.

E.búr.neo *adj.* **1.** De marfim. **2.** Alvo e liso como marfim.

Ec- *pref.* 'Movimento para fora': *eclipografia*.

-e.cer ou **-es.cer** *suf.* **1.** 'Início de processo': *anoitecer*. **2.** 'Transformação': *florescer*.

E.char.pe *s.f.* Faixa de tecido de lã ou de seda, usada em volta do pescoço ou nos ombros.

E.clâmp.sia *s.f.* MED Crise convulsiva, seguida ou não de coma, que surge no parto ou logo após ele. ● *Var.: eclampsia* (sí).

E.clâmp.ti.ca *s.f.* Mulher que sofre de eclâmpsia.

E.clâmp.ti.co *adj.* Relativo à eclâmpsia.

E.cler *s.m.* Forma red. de *fecho ecler*; zíper.

E.cle.si.ás.ti.co *adj.* **1.** Relativo à igreja; eclesial. ● *Ant.*: *leigo, secular*. **2.** Da igreja ou do clero; eclesial. *s.m.* **3.** Membro do clero; padre, sacerdote, capelão etc.

E.clé.ti.co *adj.* **1.** Relativo ao ecletismo. **2.** Formado com base em diversos gêneros ou opiniões. *s.m.* **3.** Indivíduo eclético.

E.cle.tis.mo *s.m.* FILOS Sistema filosófico que se propõe harmonizar diferentes correntes de pensamento.

E.clip.sar *v.t.* **1.** ASTRON Provocar eclipse em (um astro). **2.** Encobrir, esconder. **3.** FIG Ofuscar. **4.** Exceder, vencer. *v.int.* e *p.* **5.** Encobrir(-se), ocultar(-se). **6.** Perder a fama, apagar(-se).

E.clip.se *s.m.* **1.** Invisibilidade total ou parcial de um astro pela interposição de outro corpo celeste entre ele e o observador, ou entre o astro observado e o Sol. **2.** FIG Desaparecimento momentâneo.

E.clíp.ti.co *adj.* Relativo aos eclipses ou à eclíptica.

E.clo.dir *v.t.* Vir à luz; aparecer, surgir.

É.clo.ga *s.f.* Poema pastoril, em geral dialogado, que canta o amor. ● *Var.: égloga*.

E.clo.são *s.f.* **1.** Ato ou efeito de surgir, de vir à luz. **2.** Aparecimento, surgimento; desabrochamento.

E.clu.sa *s.f.* Cada um dos diques construídos em trechos de rio ou canal onde há grande desnível de água, para permitir a passagem de embarcações de um ao outro nível.

-e.co *suf.* 'Diminuição e depreciação': *jornaleco*.

E.co *s.m.* **1.** Som refletido por um corpo. **2.** Som repetido. **3.** Lugar onde o som é repetido. **4.** FIG Rumor, boato. **5.** Reflexo, repercussão. **6.** Recordação, memória. **7.** Imitação, reprodução. **8.** FIG Vestígio, sinal.

E.co.ar *v.t.* e *int.* **1.** Fazer ou produzir eco. **2.** Fazer voltar ou repercutir (som). **3.** Repetir, repercutir.

E.co.car.di.o.gra.ma *s.m.* Gráfico obtido pela ecocardiografia.

E.co.cí.dio *s.m.* Extermínio deliberado de um ecossistema regional ou comunidade.

E.co.en.ce.fa.lo.gra.ma *s.m.* Gráfico obtido a partir das estruturas internas do crânio.

E.co.gra.far *v.t.* Realizar a ecografia de.

E.co.gra.fi.a *s.f.* V. *ultrassonografia*.

E.co.lo.gi.a *s.f.* **1.** Parte da Biologia que estuda as relações entre os seres vivos com seu ambiente natural, bem como de suas influências recíprocas. **2.** Ciência que estuda a relação do homem com o meio ambiente.

E.co.ló.gi.co *adj.* Relativo à Ecologia.

E.co.lo.gis.ta *s.2g.* **1.** Cientista que se ocupa da Ecologia; ecólogo. **2.** Pessoa que defende a natureza e o meio ambiente; ambientalista.

E.có.lo.go *s.m.* Ecologista.

E.co.no.mês *s.m.* Linguajar de economistas, repleto de termos técnicos e incompreensíveis.

E.co.no.mi.a *s.f.* **1.** Contenção de despesas não essenciais, de gastos. **2.** Poupança. **3.** Controle com o qual se evita o desperdício. **4.** Ciência que se ocupa da produção, distribuição e consumo de bens materiais.

E.co.no.mi.as *s.f.pl.* O que se poupa, o que se evita gastar; poupança, pecúlio.

E.co.no.mi.cis.mo *s.m.* Supervalorização da economia na análise de questões sociais e/ou políticas.

E.co.nô.mi.co *adj.* **1.** Relativo à economia. **2.** Que faz economia ou sabe evitar despesas. **3.** Sóbrio; austero, parcimonioso. **4.** Que consome pouco, relativamente aos serviços prestados.

E.co.no.mis.ta *s.2g.* **1.** Bacharel em Ciências Econômicas. **2.** Pessoa especialista em questões econômicas.

E.co.no.mi.zar *v.t.* e *int.* **1.** Fazer economia (de). **2.** Não desperdiçar; poupar.

E.cos.fe.ra *s.f.* **1.** Conjunto de regiões do universo onde podem existir organismos vivos. **1.1** Biosfera.

E.cos.sis.te.ma *s.m.* ECOL Sistema formado pela influência das ações dos fatores físicos e químicos do ambiente natural e os organismos (plantas, animais, bactérias etc.) que nele vivem, alimentam-se e reproduzem-se.

E.cos.sis.tê.mi.co *adj.* Referente a ecossistema.

ECSTASY — EFLUENTE

Ec.sta.sy (ing.) *s.m.* Droga derivada da anfetamina, alucinógena, euforizante e estimulante. • *Pl.: ecstasies.*

Ec.to.plas.ma *s.m.* ESPIR Plasma que emana de certos médiuns em estado de transe.

Ec.to.plas.má.ti.co *adj.* Referente a ectoplasma.

E.cu.mê.ni.co *adj.* Relativo a toda a terra habitada. **2.** Geral, universal. **3.** Relativo ao ecumenismo.

E.cu.me.nis.mo *s.m.* **1.** Movimento que busca a união de todas as igrejas cristãs (católica, ortodoxa, protestante) em uma só. **2.** Espírito ecumênico.

E.cú.me.no *s.m.* Toda a área habitável da superfície terrestre; o universo.

Ec.ze.ma *s.m.* Doença da pele, inflamatória, com formação de vesícula, coceira e crostas.

E.de.ma *s.m.* MED Inchação ou tumor por infiltração de serosidade em qualquer tecido ou órgão.

E.de.má.ti.co *adj.* Edematoso.

E.de.ma.to.so (ô) *adj.* MED Que tem edema; edemático.

Éden *s.m.* **1.** O paraíso terrestre, segundo a Bíblia (usa-se com maiúscula). **2.** FIG Lugar de delícias. • *Pl.: edens.*

E.dê.ni.co *adj.* Próprio do Éden; paradisíaco.

E.di.ção *s.f.* **1.** Ato ou efeito de editar. **2.** Impressão e publicação de obra literária, científica etc. **3.** Conjunto dos exemplares de uma mesma obra ou publicação, de uma só tiragem ou de várias. **4.** Exemplar que faz parte de uma mesma tiragem. **5.** Noticiário de rádio ou TV. **6.** Seleção e preparo de materiais gravados ou filmados para serem divulgados em programa de rádio ou TV, videoclipe etc.

E.di.fi.ca.ção *s.f.* **1.** Ato ou efeito de edificar. **2.** Instrução. **3.** Construção de edifício. **4.** Casa, edifício. **5.** Bom exemplo.

E.di.fi.ca.dor (ô) *adj.* **1.** Que edifica; edificante. *adj.* e *s.m.* **2.** Que, ou aquele que edifica ou constrói. **3.** FIG Criador, fundador.

E.di.fi.can.te *adj.2g.* **1.** Que edifica. **2.** Instrutivo, virtuoso. **3.** Digno de imitar.

E.di.fí.cio *s.m.* **1.** Construção destinada a servir de abrigo, residência, colégio etc. **2.** Prédio de mais de dois andares. • *Abrev.: edif.*

E.di.fí.cio-ga.ra.gem *s.m.* Prédio, com vários pavimentos, que se destina exclusivamente a abrigar veículos. • *Pl.: edifícios-garagem e edifícios-garagens.*

E.dil *s.m.* **1.** Na Roma antiga, magistrado responsável pela inspeção de edifícios públicos. **2.** Vereador.

E.di.li.co *adj.* Relativo a edil.

E.di.li.da.de *s.f.* **1.** Cargo de edil. **2.** Câmara de Vereadores.

E.di.tal *s.m.* Aviso oficial ou traslado de édito ou postura, para conhecimento de todos, afixado em lugares públicos ou publicado na imprensa.

E.di.tar *v.t.* **1.** Publicar livros, revistas, jornais etc. **2.** Supervisionar ou dirigir a preparação de textos para publicação em livros, jornais ou revistas; editorar.

E.di.to *s.m.* Ordem com força de lei, emanada de autoridade soberana como rei, imperador etc. • *Cf. édito.*

É.di.to *s.m.* Mandado judicial publicado em anúncios chamados editais.

E.di.tor (ô) *adj.* **1.** Que edita ou publica. *s.m.* **2.** Aquele que edita ou que é responsável por uma editoria. **3.** Aquele por conta de quem correm todas as despesas de uma publicação; casa editora. **4.** Programa de computador usado para editar textos ou arquivos de dados, também conhecido como *editor de texto*.

E.di.to.ra (ô) *s.f.* **1.** Estabelecimento onde se editam livros, jornais, revistas etc.; casa editora.

E.di.to.ra.ção *s.f.* Ato ou efeito de editorar ou editar.

E.di.to.rar *v.t.* Editar.

E.di.to.ri.a *s.f.* JORN Cada uma das seções (economia, arte etc.) ou equipes que, numa redação de jornal, revista ou outra publicação, sob a responsabilidade de um editor, é responsável por determinado campo temático: *Editoria de Esportes, Editoria de Arte* etc.

E.di.to.ri.al *adj.* **1.** Relativo ou pertencente a editor. *s.f.* **2.** Casa editora. *adj.* e *s.m.* **3.** Diz-se de, ou artigo principal de um periódico, geralmente escrito pelo redator-chefe.

E.di.to.ri.a.lis.ta *adj.2g.* **1.** Relativo a ou próprio de editorial. *s.2g.* **2.** Autor de editoriais.

-e.do *suf.* 'Coleção': *castanhedo.*

E.dre.dom *s.m.* Cobertura acolchoada para cama, feita com penas, paina, algodão etc. • *Var.: edredão.*

E.du.ca.ção *s.f.* **1.** Ato ou efeito de educar(-se). **2.** Instrução. **3.** Processo de formação das faculdades intelectuais, morais e físicas de um ser humano. **4.** Polidez, civilidade, bons modos.

E.du.ca.cio.nal *adj.2g.* Relativo à educação; educativo.

E.du.ca.dor (ô) *adj.* e *s.m.* **1.** Que, ou o que se ocupa da educação. **2.** Professor, mestre.

E.du.can.dá.rio *s.m.* **1.** Estabelecimento que proporciona instrução. **2.** Colégio, liceu, ginásio, escola.

E.du.can.do *s.m.* **1.** O que recebe educação. **2.** Aluno, discípulo.

E.du.car *v.t.* **1.** Estimular, desenvolver e orientar as aptidões do indivíduo, de acordo com as ideias de uma sociedade determinada. **2.** Aperfeiçoar e desenvolver as faculdades físicas, intelectuais e morais de. **3.** Ensinar, instruir. **4.** Domesticar, adestrar (animais). *v.p.* **5.** Cultivar o espírito; instruir-se.

E.du.ca.ti.vo *adj.* **1.** Relativo à educação; educacional. **2.** Que produz educação. **3.** Instrutivo.

E.dul.co.ran.te *adj.* Que, ou substância que edulcora ou dá sabor açucarado a.

E.dul.co.rar *v.t.* **1.** Dar a um alimento ou a um medicamento um gosto doce, pela adição de substância açucarada. **2.** Abrandar, mitigar.

E.fe *s.m.* Nome da sexta letra do alfabeto (F/f). • *Pl.: efes.*

E.fei.to *s.m.* **1.** Resultado de um ato qualquer. **2.** Fim, objetivo, propósito. **3.** Consequência, resultado. **4.** No futebol, movimento anormal da bola em razão da maneira especial com que o jogador a chutou. **5.** Eficácia, força.

E.fe.mé.ri.de *s.f.* **1.** Data histórica. **2.** Texto publicado em jornal por motivo de aniversário de evento importante na história. **3.** Notícia diária; acontecimento.

E.fê.me.ro *adj.* **1.** Que só dura um dia. **2.** FIG De pouca duração. **3.** Passageiro, transitório. • *Ant.: duradouro.*

E.fe.mi.na.do *adj.* **1.** Que, ou homem que tem modos ou aparência de mulher. **2.** Maricas, adamado. *adj.* **3.** Excessivamente delicado. **4.** Frouxo, mole. • *Var.: afeminado.*

E.fer.ves.cên.cia *s.f.* **1.** Ebulição, fervura. **2.** Comoção política. **3.** Exaltação.

E.fer.ves.cen.te *adj.2g.* **1.** Que ferve ou está em efervescência. **2.** Irascível. **3.** Agitado; tempestuoso. **4.** Que desprende bolhas ao ser misturado a água.

E.fer.ves.cer *v.int.* Entrar em efervescência.

E.fe.ti.vo *adj.* **1.** Que produz efeito. **2.** Que é real, que existe ou se verifica, que se produziu. **3.** Que está em exercício. **4.** Que não tem interrupção; permanente. **5.** Que faz o que diz; eficaz. *s.m.* **6.** O que é real; aquilo que existe de fato. **7.** Conjunto de oficiais, graduados e praças que formam as unidades do Exército, Polícia Militar etc. **8.** COM Ativo líquido (capital) de um comerciante.

E.fe.tu.a.ção *s.f.* Ato de efetuar.

E.fe.tu.ar *v.t.* **1.** Realizar, cumprir, executar. *v.p.* **2.** Cumprir-se, realizar-se.

E.fi.cá.cia *s.f.* **1.** Qualidade de eficaz. **2.** Capacidade de produzir um efeito; eficiência. • *Ant.: ineficácia.*

E.fi.caz *adj.2g.* **1.** Que produz o efeito esperado. **2.** Que produz muito. **3.** Que dá bom resultado. • *Sup.abs.sint.: eficacíssimo.*

E.fi.ci.ên.cia *s.f.* **1.** Ato, capacidade, virtude de produzir um efeito. **2.** Eficácia. **3.** MERC Rendimento. • *Ant.: ineficiência.*

E.fí.gie *s.f.* Figura, representação de imagem de pessoa.

E.flo.res.cên.cia *s.f.* BOT Aparecimento da flor.

E.flu.ên.cia *s.f.* Ato de efluir; eflúvio.

E.flu.en.te *adj.2g.* e *s.m.* Diz-se de, ou fluido que eflui ou se escoa de uma fonte, de forma imperceptível.

EFLUIR — ELETIVO

E.flu.ir *v.int.* Vir, provir.

E.flú.vio *s.m.* **1.** Fluido que exala dos corpos organizados. **2.** Emanação, exalação. **3.** POÉT Aroma, perfume.

E.fun.dir *v.t.* **1.** Tirar para fora. **2.** Verter, derramar. **3.** Propagar. *v.p.* **4.** Espalhar-se, difundir-se.

E.fu.são *s.f.* **1.** Expansão, extravasamento de sentimentos íntimos. **2.** Fervor nas preces e orações. **3.** Fervor, veemência. **4.** MED Escoamento de líquido para fora do órgão que normalmente o contém. **5.** GEOL Derramamento de lava.

E.fu.si.vo *adj.* **1.** Que manifesta efusão. **2.** Expansivo, fervoroso. **3.** GEOL Originado por efusão.

E.gi.de *s.f.* **1.** Escudo. **2.** Amparo, defesa, proteção.

E.gip.to.lo.gi.a *s.f.* Ciência que se ocupa das coisas do antigo Egito.

E.gip.to.ló.gi.co *adj.* Relativo à egiptologia.

E.gip.tó.lo.go *s.m.* Aquele que se dedica à egiptologia.

É.glo.ga *s.f.* Écloga.

E.go *s.m.* **1.** PSICOL O eu de qualquer pessoa. **2.** Experiência que o indivíduo possui de si mesmo.

E.go.cên.tri.co *adj.* Diz-se daquele que considera seu próprio eu como o centro de todo interesse; egoísta.

E.go.cen.tris.mo *s.m.* Tendência de tudo referir ao próprio eu, visto como o centro de todos os interesses; egoísmo. ● *Ant.:* altruísmo.

E.go.ís.mo *s.m.* Amor excessivo a si próprio, sem considerar os interesses dos outros; exclusivismo, egocentrismo.

E.gré.gio *adj.* Nobre, ilustre, distinto, admirável.

E.gres.so *adj.* **1.** Que saiu, que se afastou. **2.** Que deixou de pertencer a uma comunidade. **3.** Que saiu da prisão. *s.m.* **4.** (p. us.) O que saiu (de prisão etc.).

É.gua *s.f.* A fêmea do cavalo.

Eh *interj.* Utilizada para chamar a atenção.

Ei *interj.* Utilizada para cumprimentar ou chamar.

-ei.ma *suf.* 'Qualidade': toleima.

Eins.tê.i.nio ou **eins.te.ô.nio** *s.m.* Elemento químico artificial de número atômico 99 da fam. dos actiniídeos; [símb.: Es].

-ei.ra *suf.* **1.** 'Agente': costureira. **2.** 'Árvore produtora': pessegueira. **3.** 'Coleção, quantidade': cabeleira. **4.** 'Local, receptáculo': biscoiteira.

Ei.ra *s.f.* **1.** Terreiro ou terreno duro e liso onde se faz a debulha, secagem e limpeza dos grãos. **2.** Lugar onde se junta o sal, nas marinhas. ◆ **Sem eira nem beira:** muitíssimo pobre, sem nada de seu.

-ei.rão *suf.* 'Aumento': caldeira.

-ei.ro *suf.* **1.** 'Agente, profissão': ferreiro. **2.** 'Árvore produtora': abacateiro. **3.** 'Quantificação': nevoeiro. **4.** 'Local, receptáculo': celeiro, agulheiro. **5.** 'Origem, nacionalidade': mineiro. **6.** 'Relação': aventureiro.

Eis *adv.* Aqui está.

Ei.ta *interj.* Exprime alegria, espanto.

Ei.to *s.m.* **1.** Série de coisas que se encontram na mesma direção ou carreira. **2.** Parte a ser limpa numa plantação por uma turma ou pessoa. **3.** Roça onde trabalhavam escravos.

Ei.va *s.f.* **1.** Rachadura, fenda (em vidro ou louça). **2.** Nódoa em fruto que começa a apodrecer. **3.** FIG Nódoa ou defeito moral, mácula.

Ei.xo *s.m.* **1.** GEOM Reta que passa pelo centro de um corpo. **2.** Linha que passa pelo centro de um objeto. **3.** Peça em torno da qual a roda gira. **4.** Ponto principal ou centro (de um acontecimento, negócio etc.). **5.** Aliança entre nações politicamente identificadas. **6.** Apoio, sustentáculo.

E.ja.cu.la.ção *s.f.* Ato ou efeito de ejacular.

E.ja.cu.la.dor (ô) *adj.* **1.** Que ejacula. *s.m.* **2.** Aquilo que serve para ejacular.

E.ja.cu.lar *v.t.* **1.** Lançar de si com força (sêmen ou pólen). *v.int.* **2.** Fazer jorrar (o esperma).

E.ja.cu.la.tó.rio *adj.* Relativo à ejaculação do esperma.

-e.jar *suf.* **1.** 'Repetição': pestanejar. **2.** 'Transformação': azulejar.

E.je.ção *s.f.* **1.** Ato ou efeito de ejetar; expulsar. **2.** Ato ou efeito de se expulsar de uma arma de fogo, após o tiro, a cápsula ou estojo que continha a carga de projeção. ● *Pl.:* ejeções.

E.je.tar *v.t.* Fazer sair com força; expulsar, expelir.

E.je.tor (ô) *adj.* e *s.m.* Diz-se de, ou mecanismo ou dispositivo que ejeta qualquer coisa.

-e.jo *suf.* 'Diminuição': vilarejo.

-el *suf.* 'Diminuição': copel. **2.** 'Relação': cintel.

-e.la *suf.* 'Diminuição': viela.

E.la *pron.pess. Fem de ele* (è).

E.lã (élan) (fr.) *s.m.* **1.** Entusiasmo, impulso. **2.** Arrebatamento. **3.** Jeito ou talento especial; estilo.

E.la.bo.ra.ção *s.f.* **1.** Ato ou efeito de elaborar(-se). **2.** Pôr em ordem; ordenar. **3.** Trabalho do organismo que torna os alimentos assimiláveis. **4.** FIG Construção, composição.

E.la.bo.rar *v.t.* **1.** Preparar, organizar com tempo e trabalho. **2.** Tornar assimilável (o alimento).

E.lás.ti.co *adj.* **1.** Que tem elasticidade. **2.** Que pode ser esticado ou comprimido. **3.** Flexível. **4.** Dócil, volúvel. *s.m.* **5.** Fio, tira ou cordel de borracha que serve para apertar ou prender objetos.

El.do.ra.do *s.m.* **1.** País fabuloso, cheio de riquezas e delícias. **2.** Qualquer lugar com essas características.

E.le[1] (é) *s.m.* Nome da letra L/l.

E.le[2] (ê) *pron.pess.masc.*, 3ª pessoa do sing., caso reto.

E.le.fan.te *s.m.* Grande mamífero herbívoro, de pele grossa e tromba desenvolvida. ● *Voz.:* barrir. ● *Col.:* manada. ● *Fem.:* elefanta.

E.le.fan.tí.a.se *s.f.* MED Doença caracterizada pelo espessamento da pele ou inchação (em especial dos pés e pernas).

E.le.fan.ti.no *adj.* **1.** Relativo a elefante. **2.** Semelhante a elefante. **3.** Próprio de elefante.

E.le.gân.ci.a *s.f.* **1.** Qualidade de elegante. **2.** Distinção nas maneiras, no trajar. **3.** Arte de escolher bem as palavras: Escreve com elegância. **4.** Bom gosto. **5.** Graça, encanto. **6.** Gentileza, cortesia.

E.le.gan.te *adj.* e *s.2g.* Diz-se de, ou pessoa que tem elegância ou bom gosto. ● *Sup.abs.sint.: elegantíssimo.*

E.le.ger *v.t.* **1.** Escolher por meio do voto. **2.** Preferir entre dois ou mais. *v.p.* **3.** Ser eleito.

E.le.gi.a *s.f.* **1.** Pequeno poema lírico, em geral terno e melancólico. **2.** Poema ou composição musical sobre tema triste.

E.le.gí.a.co *adj.* **1.** Relativo à elegia. **2.** Que encerra profunda tristeza.

E.le.gí.vel *adj.2g.* Que pode ser eleito. ● *Ant.: inelegível.*

E.lei.ção *s.f.* **1.** Ato ou efeito de eleger. **2.** Pleito eleitoral. **3.** Escolha por meio de votação. **4.** Preferência, opção, escolha.

E.lei.tor *s.m.* Aquele que elege ou tem direito de eleger.

E.lei.to.ra.do *s.m.* Conjunto dos eleitores de um partido, uma cidade, de um país etc.

E.lei.to.ral *adj.2g.* Relativo às eleições.

E.lei.to.ra.lis.ta *adj.2g.* Relativo a eleitoralismo.

E.lei.to.rei.ro *adj.* **1.** Diz-se da ação que visa à conquista de votos e não ao interesse real da comunidade; eleiçoeiro. **2.** Que só aparece à época das eleições.

E.le.men.tar *adj.2g.* **1.** Relativo a elemento. **2.** Básico, rudimentar. **3.** Fundamental, essencial. **4.** Fácil, simples, corriqueiro.

E.le.men.to *s.m.* **1.** Cada uma das partes integrantes e fundamentais de uma coisa. **2.** Corpo formado de uma só substância. **3.** Meio no qual um ser deve viver. **4.** Meio favorito ou capaz. **5.** Meio social, círculo. **6.** Pessoa pertencente a um grupo. **7.** PEJ Indivíduo, sujeito.

E.len.co *s.m.* **1.** Lista, relação. **2.** Relação dos atores de um espetáculo teatral, de um filme, de uma novela de televisão etc. **3.** Grupo de jogadores de um time; plantel. **4.** Grande quantidade.

E.le.pê *s.m.* Disco de 331/3 rotações por minuto; long-play.

E.le.ti.vo *adj.* **1.** Relativo a, ou que envolve eleição. **2.** Que elege, que escolhe.

ELETRACÚSTICA — ELOQUÊNCIA

E.le.tra.cús.ti.ca *s.f.* FÍS Sistema que se ocupa da transformação da energia elétrica em energia acústica e vice-versa.

E.le.tra.cús.ti.co *adj.* Relativo à eletracústica.

E.le.tren.ce.fa.lo.gra.fi.a *s.f.* ⇒ Eletroencefalografia.

E.le.tren.ce.fa.lo.grá.fi.co *adj.* ⇒ Eletroencefalográfico.

E.le.tren.ce.fa.lo.gra.ma *s.m.* MED Eletroencefalograma.

E.le.tri.ci.da.de *s.f.* **1.** FÍS Conjunto dos vários fenômenos relativos à energia elétrica. **2.** Energia elétrica de uso doméstico ou comercial.

E.le.tri.cis.ta *s.2g.* Pessoa que trabalha em aparelhos elétricos ou é especialista em eletricidade.

E.lé.tri.co *adj.* **1.** Que se refere a eletricidade. **2.** Operado ou movido a eletricidade. **3.** Muito rápido; rapidíssimo.

E.le.tri.fi.ca.ção *s.f.* Substituição, pela energia elétrica, da força motriz produzida por outros agentes.

E.le.tri.fi.car *v.t.* **1.** Tornar elétrico. **2.** Promover a eletrificação de.

E.le.tri.zan.te *adj.2g.* **1.** Que eletriza. **2.** FIG Que inflama ou entusiasma; emocionante.

E.le.tri.zar *v.t.* **1.** Desenvolver, excitar propriedades elétricas em (corpos). **2.** Carregar de eletricidade. **3.** FIG Encantar, arrebatar, inflamar (as pessoas). *v.p.* **4.** Entusiasmar-se, excitar-se.

E.le.tro.a.cús.ti.ca ou **e.le.tra.cús.ti.ca** *s.f.* Ramo da física que estuda os fenômenos que envolvem conversão da energia acústica em energia elétrica, e vice-versa.

E.le.tro.car.di.o.gra.fi.a *s.f.* Técnica de registro e interpretação dos eletrocardiogramas.

E.le.tro.car.di.o.grá.fi.co *adj.* Relativo a eletrocardiografia.

E.le.tro.car.di.ó.gra.fo *s.m.* Aparelho que executa o registro gráfico do eletrocardiograma.

E.le.tro.car.di.o.gra.ma *s.m.* MED Registro gráfico das oscilações elétricas do músculo cardíaco; eletro².

E.le.tro.cus.são *s.f.* **1.** Ato de eletrocutar. **2.** Execução na cadeira elétrica.

E.le.tro.cu.tar *v.t.* Matar por descarga elétrica.

E.le.tro.cu.tor (ô) *adj.* **1.** Que causa a morte por eletrocução. *s.m.* **2.** O que mata por eletrocução.

E.le.tro.di.nâ.mi.ca *s.f.* Parte da Física que se ocupa das ações dinâmicas entre correntes elétricas.

E.le.tro.di.nâ.mi.co *adj.* **1.** Relativo à eletrodinâmica. **2.** Produzido por corrente elétrica.

E.le.tro.do (ô) *s.m.* **1.** FÍS Condutor metálico por meio do qual uma corrente elétrica entra num sistema ou sai dele. **2.** Eletrôn. Qualquer componente metálico situado dentro de uma válvula eletrônica. ♦ *Var.: elétrodo.*

E.le.tro.do.més.ti.co *adj.* e *s.m.* Diz-se, ou aparelho elétrico de uso doméstico (geladeira, televisão etc.).

E.le.tro.en.ce.fa.lo.gra.fi.a *s.f.* MED Técnica de registro da atividade bioelétrica do cérebro. ♦ *Var.: eletrencefalografia.*

E.le.tro.en.ce.fa.lo.gra.ma *s.m.* MED Registro gráfico obtido por eletroencefalografia. ♦ *Var.: eletrencefalograma.*

E.le.tro.en.ce.lo.grá.fi.co *adj.* Referente a eletr(o)encefalografia.

E.le.tro.í.mã *s.m.* Ímã cujo campo magnético é induzido artificialmente pela passagem de uma corrente elétrica através de um arame. ♦ *Var.: eletroímã.*

E.le.tro.la *s.f.* Vitrola, toca-discos.

E.le.tró.li.sar *v.t.* Submeter a eletrólise.

E.le.tró.li.se *s.f.* QUÍM Decomposição química provocada pela passagem de corrente elétrica em eletrodos imersos em eletrólitos.

E.le.tró.li.to *s.m.* **1.** Solução condutora de eletricidade. **2.** Substância (ácidos, bases e sais) que conduz corrente elétrica. ♦ *Var.: eletrólito.*

E.le.tro.mag.né.ti.co *adj.* Relativo ao eletromagnetismo.

E.le.tro.mag.ne.tis.mo *s.m.* Parte da Física que trata das leis do movimento que dependem das condições impostas pela carga elétrica e por seus agentes.

E.le.tro.mag.ne.to *s.m.* FÍS V. *eletroímã.*

E.lé.tron *s.m.* FÍS Partícula da constituição dos átomos e moléculas, dotada de carga elétrica negativa.

E.le.tro.ne.ga.ti.vo *adj.* Entre dois eletrodos, diz-se daquele mais baixo de potência, por oposição a *eletropositivo.*

E.le.trô.ni.ca *s.f.* Parte da Física que se ocupa do comportamento dos elétrons em diferentes meios e condições, de certos circuitos elétricos e da fabricação desses componentes.

E.le.trô.ni.co *adj.* **1.** Relativo ao elétron. **2.** Que utiliza elétrons. **3.** Relativo a eletrônica.

E.le.tros.tá.ti.ca *s.f.* Ramo da Física que se ocupa do estudo das leis e fenômenos da eletricidade estática.

E.le.tros.tá.ti.co *adj.* Relativo à Eletrostática.

E.le.tro.tec.ni.a *s.f.* Ciência que se ocupa da produção, transporte e utilização da energia elétrica nas atividades industriais.

E.le.tro.téc.ni.co *adj.* Relativo à eletrotecnia. *adj.* e *s.m.* **2.** Que, ou aquele que é prático em eletricidade.

E.le.va.ção *s.f.* **1.** Ato ou efeito de elevar(-se). **2.** Ponto elevado. **3.** Outeiro, monte, colina. **4.** Ato de ser promovido; promoção. **5.** Alta posição social. **6.** Distinção, nobreza. **7.** Alta, aumento de preço. **8.** Subida, elevação.

E.le.va.do *adj.* **1.** Que tem elevação. **2.** Sublime. **3.** Superior, nobre. **4.** Forte, cheio (som). *s.m.* **5.** Via para tráfego ferroviário ou rodoviário, em geral sobre outra via de circulação de veículos.

E.le.va.dor *s.m.* **1.** Cabina que transporta passageiros ou carga, em direção vertical, para facilitar o acesso aos andares de prédio alto; ascensor. *adj.* **2.** Que eleva. **3.** Que transporta (algo) a um nível superior.

E.le.var *v.t.* **1.** Fazer subir, erguer, levantar. **2.** Aumentar em preço ou número. **3.** Tornar mais forte ou mais alto. **4.** Engrandecer, exaltar. **5.** Promover. *v.p.* **6.** Engrandecer-se, exaltar-se. **7.** Erguer-se, levantar-se. ● *Ant.: abaixar.*

E.le.va.tó.rio *adj.* Que eleva ou serve para elevar.

-elho *suf.* 'Diminuição' *principelho.*

E.li.dir *v.t.* **1.** Eliminar, suprimir. **2.** GRAM Fazer elisão de.

E.li.mi.na.ção *s.f.* Ato ou efeito de eliminar; supressão.

E.li.mi.nar *v.t.* **1.** Suprimir, excluir, expulsar. **2.** Fazer desaparecer. **3.** Fazer sair do organismo: *Eliminar as impurezas.*

E.li.mi.na.tó.ria *s.f.* Matéria, prova ou competição que tem por fim eliminar os concorrentes menos aptos.

E.li.mi.na.tó.rio *adj.* **1.** Que elimina. **2.** Que seleciona.

E.lip.se *s.f.* **1.** GRAM Figura de linguagem que consiste na omissão de uma ou mais palavras na frase, facilmente subentendidas pelo contexto. **2.** GEOM Linha curva, produzida pela seção oblíqua de um cone reto. **3.** Curva plana e fechada.

E.líp.ti.co *adj.* **1.** Relativo a elipse. **2.** Que tem a forma de uma elipse. **3.** Que pertence à elipse ou tem relação com ela. **4.** Diz-se do que está oculto por elipse.

E.li.são *s.f.* GRAM Supressão da vogal final de um vocábulo quando o seguinte começa por vogal (como em *doutro* por *de outro* etc.). **2.** Supressão.

E.li.te *s.f.* **1.** O que há de melhor em um grupo, em razão de certas qualidades valorizadas socialmente. **2.** A alta sociedade; nata, fina flor.

E.li.xir *s.m.* **1.** Licor perfumado, composto de várias substâncias aromáticas dissolvidas no vinho ou no álcool. **2.** Nome de vários medicamentos líquidos. **3.** FIG Bebida deliciosa. **4.** FIG O que há de melhor. ● *Pl.: elixires.*

El.mo (é) *s.m.* Espécie de capacete com penacho, que fazia parte das armaduras ou era posto pelos soldados.

E.lo (é) *s.m.* **1.** Cada uma das argolas de uma cadeia; gavinha. **2.** FIG Ligação, laço, união íntima.

E.lo.cu.ção *s.f.* **1.** Forma de se exprimir, falando ou escrevendo; estilo. **2.** Escolha de palavras ou frases.

E.lo.gi.ar *v.t.* **1.** Falar bem de. **2.** Louvar, enaltecer, gabar. ● *Ant.: censurar, criticar.*

E.lo.gi.o *s.m.* Louvor; discurso em louvor de alguém; encômio; aplauso. ● *Ant.: censura, crítica.*

E.lo.gi.o.so (ô) *adj.* Em que há elogio; lisonjeiro.

E.lo.quên.cia *s.f.* **1.** Arte de bem falar; oratória. **2.** Talento de convencer, deleitar ou comover por meio da fala ou da escrita.

ELOQUENTE — EMBARGAR

E.lo.quen.te *adj.2g.* **1.** Que tem eloquência. **2.** FIG Expressivo. **3.** Persuasivo, convincente, bem falante.

E.lu.ci.da.ção *s.f.* Ato ou efeito de elucidar(-se).

E.lu.ci.dar *v.t.* **1.** Esclarecer, explicar bem; comentar. *v.p.* **2.** Esclarecer-se, informar-se.

E.lu.ci.dá.rio *s.m.* Livro que explica o sentido de coisas pouco inteligíveis.

E.lu.ci.da.ti.vo *adj.* **1.** Que elucida ou esclarece. **2.** Explicativo, esclarecedor.

E.lu.cu.bra.ção *s.f.* **1.** Trabalho intelectual paciente e prolongado. **2.** Meditação, divagação.

E.lu.cu.brar *v.int.* **1.** Trabalhar ou estudar à noite. **2.** Meditar, refletir. *v.t.* **3.** Dedicar-se a longos trabalhos intelectuais.

Em- ou **en-** *pref.* 'Movimento para dentro': *embotijar, enfraquecer*.

Em *prep.* indicativa de *lugar, tempo, modo, causa, fim* e outras relações entre palavras.

-e.ma *suf.* 'Menor unidade significativa': *semantema*.

E.ma *s.f.* A maior (1,30 m de altura) e mais pesada (cerca de 40 kg) ave brasileira, pernalta e corredora, que se assemelha ao avestruz; incapaz de voar, vive em regiões campestres e cerrados.

E.ma.çar *v.t.* Reunir em maço(s).

E.ma.ci.ar *v.t., int.* e *p.* Tornar(-se) magro ou macilento; emagrecer.

E.ma.gre.cer *v.t.* e *p.* **1.** Tornar(-se) magro. **2.** Enfraquecer(-se). **3.** Definhar, debilitar(-se).

E-mail (ing.) *s.m.* Correio eletrônico. ● *Pl.: e-mails.*

E.ma.na.ção *s.f.* **1.** Ato ou efeito de emanar. **2.** Coisa emanada. **3.** Proveniência, origem. **4.** Odor, exalação.

E.ma.nar *v.t.* **1.** Provir, proceder. **2.** Originar-se, decorrer. **3.** Exalar, desprender-se dos corpos. **4.** Disseminar-se em partículas sutis.

E.man.ci.pa.ção *s.f.* **1.** Ato ou efeito de emancipar(-se). **2.** Alforria, libertação.

E.man.ci.par *v.t.* e *p.* **1.** Eximir(-se) do poder paterno ou da curatela. **2.** Tornar(-se) independente. **3.** Dar liberdade a. **4.** Tornar(-se) livre; libertar(-se).

E.ma.nen.te *adj.2g.* Que emana.

E.ma.ra.nha.men.to *s.m.* Ato ou efeito de emaranhar(-se).

E.ma.ra.nhar *v.t.* **1.** Complicar, confundir. *v.p.* **2.** Complicar-se, embaraçar-se.

E.mas.cu.la.ção *s.f.* Ato ou efeito de emascular(-se); castração.

E.mas.cu.lar *v.t.* **1.** Tirar a virilidade a; castrar. *v.p.* **2.** Perder a virilidade, o vigor. **3.** Mostrar-se fraco.

E.mas.sar *v.t.* **1.** Cobrir com massa. **2.** Reduzir a massa; empastar.

Em.ba.ça.men.to *s.m.* **1.** Opacidade. **2.** Grande surpresa, admiração, estupefação.

Em.ba.çar *v.t.* **1.** Tornar baço; empanar. **2.** Tirar o prestígio; ofuscar, embaciar. **3.** Enganar, iludir. *v.int.* **4.** Ficar sem fala de surpresa ou susto.

Em.ba.ci.ar *v.t.* **1.** Fazer perder o brilho; embaçar. **2.** Ofuscar, apagar. **3.** Desonrar, macular. *v.int.* e *p.* **4.** Tornar-se baço; perder o brilho.

Em.ba.i.nhar *v.t.* **1.** Meter na bainha (facão, espada etc.). **2.** Fazer bainha em (vestes).

Em.ba.ir *v.t.* Enganar com embustes; iludir, seduzir.

Em.bai.xa.da *s.f.* **1.** Cargo ou função de embaixador; embaixatura. **2.** Missão junto a um governo; embaixatura. **3.** Comitiva do embaixador. **4.** A casa onde o embaixador exerce as suas funções. **5.** FIG Mensagem particular. **6.** FUT O conjunto de toques curtos e sucessivos dos pés para a cabeça, ombros, joelhos etc., sem deixar que a bola toque o chão.

Em.bai.xa.dor *s.m.* **1.** A mais alta categoria de representante diplomático de um Estado junto de outro Estado; emissário. ● *Fem.: embaixatriz* (mulher de embaixador) e *embaixadora* (a diplomata).

Em.bai.xa.do.ra (ô) *s.f.* Mulher que exerce as funções de embaixador. ◆ Cf. *embaixatriz.*

Em.bai.xa.triz *s.f.* Esposa ou mulher de embaixador. ◆ Cf. *embaixadora.*

Em.bai.xo *adv.* Situado na parte inferior. ◆ Cf. *em cima.*

Em.ba.la.dor (ô) *adj.* e *s.m.* **1.** Que, ou o que embala ou acalenta. **2.** Pessoa especializada em embalagem de produtos.

Em.ba.la.gem *s.f.* **1.** Empacotamento, acondicionamento de mercadorias. **2.** Impulso adquirido com o movimento.

Em.ba.lar¹ *v.t.* **1.** Balouçar a criança para adormecê-la. **2.** Acalentar, acarinhar, afagar. **3.** Embair, iludir.

Em.ba.lar² *v.t.* Pôr em bala em (arma); carregar (arma de fogo) com bala.

Em.ba.lar³ *v.t.* **1.** Pôr em caixa; embrulhar. **2.** Empacotar, acondicionar; enfardar.

Em.ba.lar⁴ *v.t.* **1.** Pôr em funcionamento acelerado (motor etc.). **2.** FIG Sair correndo velozmente. *v.int.* **3.** Tomar impulso, ganhar maior velocidade; acelerar-se.

Em.bal.de *adv.* Em vão, debalde.

Em.ba.lo *s.m.* **1.** Ato ou efeito de embalar, de agitar brandamente (o berço ou a criança). **2.** Balanço. **3.** Impulso; agitação das ondas. **4.** GÍR Festa muito movimentada e barulhenta.

Em.bal.sa.ma.ção *s.f.* Embalsamamento.

Em.bal.sa.ma.dor (ô) *adj.* e *s.m.* Que, ou o que embalsama.

Em.bal.sa.ma.men.to *s.m.* Ato ou efeito de embalsamar; embalsamação.

Em.bal.sa.mar *v.t.* **1.** Perfumar; impregnar de aromas. **2.** Conservar artificialmente um cadáver com substâncias que impedem sua decomposição.

Em.bal.sar *v.t.* **1.** Meter (o vinho ou mosto) em balsa. **2.** Pôr o peixe para salgar.

Em.ba.na.na.men.to *s.m.* Ato ou efeito de embananar; situação difícil, complexa; bananosa.

Em.ba.na.nar *v.t.* e *p.* **1.** GÍR Tornar(-se) confuso; complicar(-se), embaraçar(-se). **2.** Meter(-se) em complicações ou dificuldades.

Em.ban.dei.rar *v.t.* **1.** Ornar com bandeiras. **2.** FIG Enaltecer, lisonjear. *v.p.* **3.** Ornar-se, encher-se de bandeiras.

Em.ba.ra.ça.men.to *s.m.* Ato ou efeito de embaraçar(-se); embaraço.

Em.ba.ra.çar *v.t.* **1.** Causar embaraço a; impedir. **2.** Dificultar. **3.** Embaralhar, emaranhar, enlear. **4.** Perturbar, confundir. *v.p.* **5.** Perturbar-se, atrapalhar-se.

Em.ba.ra.ço *s.m.* **1.** Impedimento, dificuldade, obstáculo. **2.** Hesitação, dúvida. **3.** Perturbação, constrangimento. **4.** Estorvo, impedimento. **5.** Dificuldade de dinheiro. **6.** POP Menstruação.

Em.ba.ra.ço.so (ô) *adj.* **1.** Que causa embaraço. **2.** Em que há embaraço. ● *Fem.* e *pl.: embaraçosa* e *embaraçosos* (ó).

Em.ba.ra.fus.tar *v.t.* e *p.* **1.** Entrar de tropel, desordenadamente. **2.** Transpor, penetrar.

Em.ba.ra.lha.men.to *s.m.* Ato ou efeito de embaralhar.

Em.ba.ra.lhar *v.t.* e *int.* **1.** Baralhar, misturar. **2.** Misturar as cartas do baralho para tirá-las da ordem. **3.** Confundir. *v.p.* **4.** Misturar-se, baralhar-se.

Em.bar.ca.ção *s.f.* **1.** Ato ou efeito de embarcar. **2.** Qualquer construção destinada a navegar; navio, barco.

Em.bar.ca.dor *s.m.* Aquele que embarca mercadorias ao valores por via marítima.

Em.bar.ca.dou.ro *s.m.* Lugar de embarque e desembarque; cais, porto. ◆ Var.: *embarcadoiro.*

Em.bar.ca.men.to *s.m.* Ato ou efeito de embarcar; embarque.

Em.bar.car *v.t.* e *int.* **1.** Pôr(-se) ou meter(-se) dentro de uma embarcação. **2.** Entrar na embarcação, no trem, no avião etc., para viajar; viajar. **3.** Acreditar na conversa de (alguém); ser enganado.

Em.bar.ga.dor (ô) *adj.* e *s.m.* Que, ou aquele que embarga.

Em.bar.ga.men.to *s.m.* Ato ou efeito de embargar; embargo.

Em.bar.gan.te *adj.* e *s.2g.* **1.** Que, ou quem embarga, impede. **2.** Diz-se de, ou pessoa em cujo nome se faz um embargo.

Em.bar.gar *v.t.* **1.** Impedir a execução de uma obra por decisão oficial ou judicial. **2.** Impedir, obstar. **3.** Pôr embargo a. **4.** Reprimir; conter.

EMBARGO — EMBRENHAR

Em.bar.go s.m. 1. Sequestro, retenção de bens ou rendimentos. 2. Medida judicial contra ação de outrem, com o intuito de impedi-lo ou de suspender sua execução. 3. Embaraço, impedimento, obstáculo; estorvo.

Em.bar.que s.m. 1. Ato ou efeito de embarcar. 2. Lugar onde se embarca. 3. O que se embarcou.

Em.bar.ran.car v.int. 1. Ir de encontro a um barranco. v.t. 2. Fazer cair em barranco. 3. Embaraçar, atravancar. v.p. 4. Embaraçar-se. 5. Atolar-se.

Em.bar.ri.gar v.int. Engravidar.

Em.ba.sa.men.to s.m. 1. ARQUIT Parte inferior que serve de base a uma construção, coluna ou estátua; alicerce. 2. FIG Fundamentação, base.

Em.ba.sar v.t. 1. Proceder ao embasamento de. 2. Fundamentar, alicerçar.

Em.bas.ba.ca.men.to s.m. Admiração, espanto.

Em.bas.ba.car v.t. 1. Causar espanto ou admiração. v.int. e p. 2. Ficar boquiaberto; ficar admirado. 3. Pasmar-se.

Em.ba.te s.m. 1. Ato ou efeito de embater. 2. Pancada violenta; choque impetuoso; impacto, colisão. 3. FIG Resistência, oposição.

Em.ba.ter s.m. 1. Produzir embate ou choque, encontrando-se. 2. Esbarrar; ir de encontro. v.p. 3. Colidir, chocar-se.

Em.ba.tu.car v.t. 1. Fazer calar. v.int. 2. Calar-se (por falta de argumento, nervosismo etc.). 3. Empacar, emperrar.

Em.ba.ú.ba s.f. BOT Nome comum a diversas árvores das florestas úmidas do Brasil, da família das moráceas.

Em.be.be.da.men.to s.m. 1. Ato ou efeito de embebedar(-se). 2. Estado de quem se acha espiritualmente perturbado; arrebatamento, êxtase.

Em.be.be.dar v.t. e p. 1. Embriagar(-se). 2. Atordoar(-se). 3. FIG Alucinar-se, extasiar-se.

Em.be.ber v.t. 1. Sorver, beber. 2. Ensopar. 3. Absorver (líquido). 4. Atrair umidade. 5. Impregnar. v.p. 6. Encharcar-se, ensopar-se. 7. Impregnar-se, encher-se. 8. Concentrar-se.

Em.be.bi.ção s.f. Ato de embeber(-se).

Em.bei.çar v.t. 1. Prender pelo beiço. 2. Prender por amor ou sujeição; cativar. 3. Encantar, enlevar. v.p. 4. Apaixonar-se. ◆

Em.be.le.za.dor (ô) adj. e s.m. Que, ou o que embeleza.

Em.be.le.za.men.to s.m. Ato ou efeito de embelezar(-se).

Em.be.le.zar v.t. e p. 1. Tornar(-se) belo. 2. Ornamentar(-se), abrilhantar(-se), enfeitar(-se).

Em.be.ve.cer v.t. 1. Causar enlevo, êxtase em; enlevar. 2. Ficar arrebatado, extasiado, enlevado. v.p. 3. Ficar absorto, extasiado.

Em.be.ve.ci.men.to s.m. Efeito de embevecer(-se); êxtase.

Em.bi.car v.t. 1. Pôr na direção de. 2. Rumar, dirigir-se. 3. Tropeçar. 4. Dar forma de bico a. 5. Erguer em ponta. v.int. 6. Dirigir-se, encaminhar-se. 7. FIG Esbarrar, empacar. v.p. 8. Contender reciprocamente; ter rixa.

Em.bir.ra.ção s.f. 1. Ato ou efeito de embirrar. 2. Teima, implicância. 3. Aversão, antipatia.

Em.bir.ran.te adj.2g. Que embirra; teimoso, birrento.

Em.bir.rar v.t. e int. 1. Persistir em desobedecer. 2. Implicar com. 3. Insistir muito por birra. 4. Obstinar-se. 5. Ficar birrento.

Em.bir.ra.ti.vo adj. Que embirra; embirrento.

Em.bir.ren.to adj. Que provoca embirração; birrento, antipático.

Em.bi.ru.çu s.m. BOT Árvore de madeira mole, também chamada *imbiruçu*.

Em.ble.ma s.m. 1. Figura simbólica; insígnia. 2. Qualquer símbolo (armas, brasão, logotipo etc.). 3. Símbolo, alegoria.

Em.ble.má.ti.co adj. 1. Que serve de emblema. 2. Relativo a emblema.

Em.bo.a.ba s.2g. 1. Alcunha dada pelos descendentes dos bandeirantes paulistas aos portugueses e brasileiros não paulistas, que entravam no sertão em busca de minas de ouro e de pedras preciosas. 2. Forasteiro.

Em.bo.ca.du.ra s.f. 1. Parte do instrumento de sopro que se introduz na boca. 2. Parte do freio que entra na boca da cavalgadura. 3. Foz de um rio. 4. Entrada de rua, estrada etc. 5. FIG Jeito, tendência, propensão.

Em.bo.car v.t. 1. Levar à boca (instrumento de sopro); esvaziar (copo) bebendo. v.int. 2. Introduzir-se, entrar.

Em.bo.çar v.t. Pôr argamassa em; assentar com argamassa; rebocar.

Em.bo.ço (ô) s.m. Revestimento de argamassa em parede irregular, para apainá-la, e que serve de base ao reboco final.

Em.bo.la.ção s.f. Ato de embolar.

Em.bo.la.da s.f. FOLCL Forma poético-musical do NE, em compasso binário e de andamento rápido.

Em.bo.lar v.t. 1. Prender com manilha (animais). v.int. 2. Cair rolando como uma bola. v.int. e p. 3. Emaranhar-se; engalfinhar-se com o adversário, rolando por terra.

Em.bo.le.tar v.t. e p. Drogar(-se).

Em.bo.li.a s.f. MED Obstrução de vaso sanguíneo por um corpo estranho (êmbolo) em migração.

Êm.bo.lo s.m. 1. Disco ou cilindro móvel das seringas, bombas e outros maquinismos. 2. Coágulo sanguíneo, que pode obstruir um vaso.

Em.bo.lo.rar v.int. 1. Criar bolor. 2. Criar mofo; mofar.

Em.bol.sar v.t. 1. Guardar no bolso ou na bolsa. 2. Receber, entrar na posse de (herança, quantia etc.).

Em.bol.so (ô) s.m. 1. Ato ou efeito de embolsar. 2. Recebimento, pagamento.

Em.bo.ne.ca.men.to s.m. Ato ou efeito de embonecar(-se).

Em.bo.ne.car v.t. 1. Enfeitar, ornar, adornar. 2. Tomar a forma de boneca. v.p. 3. Adornar-se, enfeitar-se pretensiosamente.

Em.bo.ra adv. 1. Em boa hora. conj. 2. Ainda assim; apesar de que; ainda que; conquanto; não obstante. interj. 3. Vá-se!, retire-se!, deixe-me!

Em.bor.ca.ção s.f. Ato ou efeito de emborcar; emborcadela.

Em.bor.car v.t. 1. Pôr de boca para baixo (recipiente). 2. Virar de borco. 3. Entornar, derramar, vazar totalmente.

Em.bor.nal s.m. 1. Saco que se coloca no focinho das bestas, com cevada ou milho. 2. Pequeno saco ou bolsa para transporte de alimento, ferramenta etc. ◆ *Var.: bornal.*

Em.bor.ra.char v.t. 1. Revestir com borracha. v.t. e p. 2. Embriagar (-se), embebedar(-se).

Em.bos.ca.da s.f. 1. Lugar onde alguém se esconde para atacar outrem; tocaia. 2. Ataque traiçoeiro. 3. Cilada, traição.

Em.bos.car v.t. 1. Preparar cilada. v.p. 2. Esconder-se, camuflar-se, pôr-se de emboscada ou tocaia.

Em.bo.ta.men.to s.m. Ato ou efeito de embotar(-se).

Em.bo.tar v.t. e p. 1. Tirar o fio, o gume (a). 2. Tornar(-se) sem agudeza ou sensibilidade. 3. Enfraquecer(-se).

Em.bra.be.cer v.int. e p. Tornar-se brabo; embravecer(-se).

Em.bran.de.cer v.t. 1. Tornar brando, flexível; amolecer; abrandecer. 2. Enternecer; comover. v.int. 3. Fazer-se brando; abrandar.

Em.bran.que.cer v.t. 1. Tornar branco; branquear. v.int. e p. 2. Tornar-se branco.

Em.bran.que.ci.men.to s.m. Ato ou efeito de embranquecer(-se); abranquecimento.

Em.bra.ve.cer v.t. 1. Tornar bravo ou feroz. v.p. 2. Enfurecer-se, irritar-se. 3. Encapelar-se (o mar).

Em.bra.a.gem s.f. Dispositivo do automóvel que permite ligar e desligar a força do motor ao eixo de transmissão, usado quando da mudança das marchas.

Em.bre.ar v.t. Acionar a embreagem (automóvel); debrear.

Em.bre.cha.do s.m. 1. Ornato de conchas, pedras, cristais etc., incrustados nas paredes e cascatas de jardins. 2. FAM Visita importuna, desagradável.

Em.bre.char v.t. Ornar com embrechado. Meter, introduzir.

Em.bre.nhar v.t. e p. Ocultar(-se), esconder(-se) nas brenhas ou no mato.

EMBRETAR — EMOCIONANTE

Em.bre.tar *v.t.* **1.** (S) Meter (animais) em brete ou curral. **2.** Sitiar (o inimigo), na guerra. *v.p.* **3.** FIG Meter-se em negócios difíceis.

Em.bri.a.ga.dor (ô) *adj.* Embriagante.

Em.bri.a.ga.men.to *s.m.* **1.** Ato ou efeito de embriagar(-se). **2.** Embriaguez.

Em.bri.a.gar *v.t.* **1.** Embebedar, alcoolizar. **2.** Tornar ébrio. **3.** FIG Extasiar, enlevar, inebriar. *v.p.* **4.** Embebedar-se.

Em.bri.a.guez (ê) *s.f.* **1.** Ato ou efeito de embriagar; bebedeira. **2.** Exaltação, êxtase, enlevação.

Em.bri.ão *s.m.* **1.** ZOOL Ser vivo nas primeiras fases do desenvolvimento. **2.** BOT Célula-ovo fecundada. **3.** MED O feto até o terceiro mês de vida intrauterina. **4.** FIG Princípio, origem.

Em.bri.o.lo.gi.a *s.f.* Parte da Biologia que trata da formação e desenvolvimento do embrião.

Em.bri.o.ló.gi.co *adj.* Relativo à embriologia.

Em.bri.o.lo.gis.ta *s.2g.* Especialista em embriologia.

Em.bri.o.lo.go.so *s.m.* Aquele que se ocupa de ou é versado em embriologia; embriologista.

Em.bri.o.ná.rio *adj.* **1.** BIOL Relativo a embrião. **2.** Que está em embrião. **3.** FIG Em vias de formação. **4.** FIG Em germe, em estado rudimentar.

Em.bro.ca.ção *s.f.* **1.** Líquido medicamentoso, destinado a acalmar as dores e a relaxar os músculos. **2.** Aplicação desse líquido em parte doente do corpo.

Em.bro.ma.ção *s.f.* **1.** Ato ou efeito de embromar. **2.** Engano, logro.

Em.bro.ma.dor (ô) *adj.* e *s.m.* Que, ou aquele que embroma.

Em.bro.mar *v.t.* **1.** POP Demorar em executar um serviço ou tomar uma providência. **2.** Retardar, protelar. **3.** Abusar da boa-fé ou da confiança de; calotear. **4.** Iludir, mentir, enganar.

Em.bru.lha.da *s.f.* **1.** FAM Confusão, desordem, complicação, trapalhada. **2.** Embaraço, dificuldade.

Em.bru.lha.dor (ô) *adj.* e *s.m.* **1.** Que, ou aquele que embrulha. **2.** Empacotador.

Em.bru.lhar *v.t.* **1.** Envolver em papel. **2.** Empacotar, enrolar. **3.** Complicar, embaraçar. **4.** Causar enjoo; nausear, enjoar. **5.** Enganar, iludir. *v.p.* **6.** Envolver-se em coberta etc. **7.** Complicar-se, atrapalhar-se. **8.** Embaraçar-se, misturar-se confusamente.

Em.bru.lho *s.m.* **1.** Pacote, maço, volume. **2.** Engano, logro. **3.** Confusão, briga. **4.** Complicação policial.

Em.bru.te.cer *v.t.* e *p.* **1.** Tornar(-se) bruto, estúpido, asselvajado, insensível. *v.int.* **2.** Causar embrutecimento.

Em.bru.te.ci.men.to *s.m.* **1.** Ato ou efeito de embrutecer(-se). **2.** Estado de quem embruteceu. **3.** Estupidez.

Em.bru.xar *v.t.* Fazer bruxarias; enfeitiçar.

Em.bu.á *s.m.* Nome comum a vários miriápodes, também chamado *ambuá, bicho-bola, bicho-de-ouvido, caramuji, gongolo*.

Em.bu.çar *v.t.* **1.** Cobrir o rosto com embuço ou capote. **2.** Disfarçar, encobrir. *v.t.* e *p.* **3.** Encobrir(-se) até os olhos. **4.** Envolver-se em capa ou capote; disfarçar-se, encobrir-se.

Em.bu.char *v.t.* **1.** Meter no bucho. **2.** Embutir (uma peça) no interior de outra. *v.int.* **3.** Fartar-se de comida. **4.** Ficar desgostoso; amuar-se. **5.** FIG Calar-se.

Em.bu.ço *s.m.* **1.** A parte da capa (ou do capote) com que se cobre o rosto. **2.** Disfarce, dissimulação.

Em.bur.rar *v.int.* e *p.* **1.** Parar e ficar imóvel como um burro. **2.** POP Emperrar, amuar(-se).

Em.bus.te *s.m.* Mentira que se diz para enganar; ardil, engano, logro.

Em.bus.tei.ro *adj.* e *s.m.* Que, ou aquele que é falso, mentiroso, hipócrita.

Em.bu.ti.do *adj.* **1.** Que se embutiu. **2.** Encaixado. **3.** Incrustado, marcheteado. *s.m.* **4.** Obra de mosaico, de marchetaria. **5.** Produto de salsicharia (salsicha, salame, linguiça etc.).

Em.bu.ti.dor (ô) *adj.* e *s.m.* Que, ou aquele que embute.

Em.bu.ti.du.ra *s.f.* Ato ou efeito de embutir.

Em.bu.tir *v.t.* **1.** Meter à força. **2.** Entalhar, marchetar, pregar (peças de marfim, madeira etc.).

E.me *s.m.* Nome da décima terceira letra do alfabeto (M/m). ● *Pl.: emes.*

E.men.da *s.f.* **1.** Ato ou efeito de emendar. **2.** Correção de um texto. **3.** Peça que se junta ou acrescenta a outra, para dar-lhe o comprimento preciso. **4.** Remendo. **5.** Lugar onde se ligam duas peças. **6.** NÁUT Madeiro central na roda da proa. **7.** Cada uma das correções feitas em um texto. **8.** Alteração introduzida num projeto em tramitação no Legislativo. **9.** FIG Regeneração, melhoria de comportamento.

E.men.dar *v.t.* **1.** Corrigir (aquilo que estava errado ou mal feito); modificar. **2.** Colar, ligar. **3.** Acrescentar. *v.p.* **4.** Arrepender-se, corrigir-se.

E.men.ta *s.f.* **1.** Apontamento para a lembrança; nota, lembrete. **2.** DIR Sumário, súmula, resumo.

E.men.tar *v.t.* **1.** Fazer ementa de. **2.** Fazer menção de lembrar.

E.men.tá.rio *s.m.* Livro ou caderno para ementas.

E.mer.gên.cia *s.f.* **1.** Ato ou efeito de emergir. **2.** Situação embaraçosa. **3.** Caso de urgência. **4.** Setor do hospital onde se atendem esses casos. **5.** Circunstância crítica; excrescência.

E.mer.gen.ci.al *adj.2g.* **1.** Relativo a emergência. **2.** Que tem caráter de emergência.

E.mer.gen.te *adj.2g.* **1.** Que emerge ou vem à tona. **2.** Resultante, procedente, decorrente. **3.** Que aparece. **4.** Que se manifesta ou se torna evidente.

E.mer.gir *v.int.* **1.** Surgir acima da água; vir à tona. **2.** Aparecer, surgir, repontar. ● *Ant.: imergir.*

E.mé.ri.to *adj.* **1.** Que tem grande competência ou saber. **2.** Muito versado numa ciência ou arte; insigne. **3.** Ilustre. **4.** Que tem as honras de um cargo ainda que não mais o exerça: *Antônio Cândido é professor emérito da USP.*

E.mi.gra.ção *s.f.* **1.** Ato ou efeito de emigrar. **2.** Grupo de pessoas que emigrou. **3.** ZOOL Passagem anual de certos animais de uma região para outra. ● *Ant.: imigração.*

E.mi.gran.te *adj.* e *s.2g.* **1.** Que, ou pessoa que emigra. **2.** Que, ou quem sai do país onde nasceu para viver em outro. ● *Ant.: imigrante.*

E.mi.grar *v.int.* **1.** Deixar seu país para ir estabelecer-se em outro. **2.** Mudar de terra, de clima. ● *Ant.: imigrar.*

E.mi.nên.cia *s.f.* **1.** Elevação de terreno; superioridade, excelência. **2.** Relevo, elevação moral; tratamento dado aos cardeais. ◆ Cf. *iminência.*

E.mi.nen.te *adj.2g.* **1.** Alto, elevado. **2.** Ilustre, notável. **3.** Sublime, excelente. ● *Sup.abs.sint.: eminentíssimo.* ◆ Cf. *iminente.*

E.mir *s.m.* **1.** Título dado aos chefes de pequenos Estados muçulmanos. **2.** Título dado aos descendentes de Maomé. ● *Pl.: emires.*

E.mi.ra.do *s.m.* **1.** País ou estado governado por um emir. **2.** Duração desse governo. **3.** Dignidade ou funções de emir.

E.mis.são *s.f.* **1.** Ato ou efeito de emitir. **2.** Ato ou efeito de lançar em circulação. **3.** Ato de fazer ouvir.

E.mis.sá.rio *adj.* e *s.m.* Mensageiro, embaixador, representante.

E.mis.sor *s.m.* **1.** Aquele que emite ou envia alguém ou alguma coisa; emitente. *adj.* **2.** Diz-se do banco ou estabelecimento de crédito que emite papel-moeda.

E.mis.so.ra (ô) *s.f.* Empresa de comunicação que produz ou transmite programa de rádio ou televisão.

E.mi.ten.te *s.2g.* Pessoa que emite ou saca um título, criando uma obrigação de pagamento.

E.mi.tir *v.t.* **1.** Exprimir, dizer (opinião, palavra). **2.** Publicar, expedir. **3.** Lançar de si, soltar (luz, gás etc.). **4.** Exalar, emanar. **5.** Pôr em circulação (moeda, título etc.).

E.mo.ção *s.f.* **1.** Comoção, abalo moral. **2.** PSICOL Estado mental caracterizado por intenso sentimento acompanhado de perturbações psicológicas e fisiológicas.

E.mo.cio.nal *adj.2g.* **1.** Relativo a emoção; emocionante. **2.** Que produz emoção.

E.mo.cio.nan.te *adj.2g.* Que causa emoção; comovente, impressionante.

EMOCIONAR — EMPERRAMENTO

E.mo.cio.nar *v.t.* **1.** Dar, causar emoção. **2.** Comover, impressionar, perturbar. *v.p.* **3.** Impressionar-se de forma agradável.

E.mol.du.rar *v.t.* Colocar em moldura; ornar.

E.mo.li.en.te *adj.2g.* **1.** MED Que amolece ou amacia: *Produto emoliente.* *s.2g.* **2.** Medicamento que abranda uma inflamação.

E.mo.lu.men.to *s.m.* **1.** Retribuição, por serviço prestado; gratificação. **2.** Lucro, ganho, provento.

E.mo.ti.vi.da.de *s.f.* Qualidade de emotivo.

E.mo.ti.vo *adj.* **1.** Que revela ou provoca emoção. **2.** Propenso a emoções.

Em.pa.ca.dor (ô) *adj.* **1.** Que empaca; teimoso. *adj.* e *s.m.* **2.** Diz-se do animal (cavalo, burro) que empaca.

Em.pa.car *v.int.* **1.** Emperrar manhosamente; não querer mais caminhar (a cavalgadura). **2.** Não ir adiante, não prosseguir.

Em.pa.cha.men.to *s.m.* **1.** POP Sensação desagradável de quem comeu demasiadamente. **2.** Empacho.

Em.pa.char *v.t.* **1.** Obstruir. **2.** Encher muito, sobrecarregar (o estômago). **3.** Empanturrar-se. **4.** Obstruir-se.

Em.pa.cho *s.m.* **1.** Ato ou efeito de empachar; empachamento. **2.** Embaraço, estorvo.

Em.pa.co.ta.dei.ra *s.f.* Empacotadora.

Em.pa.co.ta.dor (ô) *adj.* e *s.m.* Que, ou aquele que empacota.

Em.pa.co.ta.do.ra *s.f.* Máquina agrícola que serve para empacotar feno, palha etc.

Em.pa.co.ta.men.to *s.m.* Ato ou efeito de empacotar; embalagem.

Em.pa.co.tar *v.t.* Meter em pacote; embalar. *v.int.* GÍR Morrer.

Em.pa.da *s.f.* **1.** CUL Iguaria de massa com recheio de carne, camarão, palmito etc. assada em formas ao forno; empadão. **2.** Empada assada em formas pequenas, mais conhecida por *empadinha.*

Em.pa.dão *s.m.* Empada (acep. 1).

Em.pá.fia *s.f.* **1.** Soberba arrogante. **2.** Orgulho vão; vaidade.

Em.pa.la.ção *s.f.* Antigo suplício que consistia em espetar o condenado pelo ânus numa estaca até as entranhas, onde permanecia até morrer.

Em.pa.lar *v.t.* Submeter à empalação.

Em.pa.lha.ção *s.f.* **1.** Ato ou efeito de empalhar; empalhamento. **2.** Fabricação de objetos (cestas, cadeiras) trançados com hastes flexíveis, em particular de junco ou vime. **3.** FIG Pretexto, ardil para ganhar tempo.

Em.pa.lha.dor (ô) *s.m.* **1.** Aquele que empalha cadeiras e outros móveis. *adj.* e *s.m.* **2.** Diz-se de, ou indivíduo indolente, preguiçoso.

Em.pa.lha.men.to *s.m.* Empalhação.

Em.pa.lhar *v.t.* **1.** Forrar ou cobrir com palhas. **2.** Acondicionar com palha (vidro, louça, fruta etc.) para que não se quebre ou pise. **3.** Encher de palha (pele ou carcaça de animal morto), para conservação. **4.** FIG Atrapalhar (quem está trabalhando). **5.** Empalheirar (acep. 2).

Em.pa.li.de.cer *v.int.* **1.** Perder a cor, o brilho. **2.** Fazer-se pálido. *v.t.* **3.** Tornar pálido. **4.** Deslustrar, desmerecer.

Em.pal.ma.ção *s.f.* Ato ou efeito de empalmar.

Em.pal.mar *v.t.* **1.** Esconder na palma da mão; escamotear. **2.** Furtar com destreza; surripiar.

Em.pa.na.men.to *s.m.* Ato ou efeito de empanar(-se); deslustre.

Em.pan.tur.ra.do *adj.* Que se empanturrou.

Em.pan.tur.ra.men.to *s.m.* Ato ou efeito de empanturrar(-se); empanzinamento.

Em.pa.nar¹ *v.t.* **1.** Cobrir com panos. FIG Ofuscar, obscurecer. **3.** Tirar o brilho; embaciar. **4.** Encobrir, esconder. *v.p.* **5.** Perder o brilho; embaciar-se, deslustrar-se.

Em.pa.nar² *v.t.* Cobrir (carne, peixe etc.) com farinha de trigo e ovo para fritar em seguida.

Em.pan.tur.rar *v.t.* Encher (alguém) de comida; empanzinar. *v.p.* **2.** Comer em excesso; empanzinar-se.

Em.pan.zi.na.dor (ô) *adj.* e *s.m.* Que, ou o que empanzina.

Em.pan.zi.na.men.to *s.m.* Ato ou efeito de empanzinar.

Em.pan.zi.nar *v.t.* e *p.* Encher(-se) de comida; empanturrar(-se).

Em.pa.par *v.t.* **1.** Cobrir de papas. **2.** Ensopar, encharcar. *v.p.* **3.** Embeber-se, ensopar-se.

Em.pa.pe.lar *v.t.* **1.** Revestir de papel (as paredes). **2.** Envolver em papel; embrulhar.

Em.pa.pe.lo (ê) *s.m.* Ato de empapelar fumo, nas fábricas.

Em.pa.pu.ça.men.to *s.m.* Ato ou efeito de empapuçar(-se); inchação.

Em.pa.pu.çar *v.t.* Encher de papos ou pregas. *v.int.* e *p.* **2.** Inchar-se; tornar-se papudo.

Em.par.cei.rar *v.t.* Unir, juntar, emparelhar. *v.p.* **2.** Unir-se em parceria.

Em.pa.re.dar *v.t.* **1.** Encerrar entre paredes; enclausurar. **2.** Obstruir com paredes. *v.p.* **3.** Encerrar-se entre paredes.

Em.pa.re.lhar *v.t.* **1.** Pôr de par a par ou lado a lado. **2.** Unir, ligar. **3.** Reunir (animais de tração) com jugo; jungir. **4.** Tornar ou ser igual; ombrear, igualar-se. **5.** Ficar fronteiro; defrontar. **6.** Ser semelhante. *v.p.* **7.** Tornar-se igual a outro; equiparar-se, empatar.

Em.pas.ta.men.to *s.m.* **1.** Ato ou efeito de empastar(-se). **2.** Empaste.

Em.pas.tar *v.t.* **1.** Cobrir de pasta (o cabelo). *v.p.* **2.** Formar pasta.

Em.pas.te *s.m.* Disposição em pasta; empastamento.

Em.pa.tar *v.t.* **1.** Causar empate a. **2.** ESP Marcar a mesma quantidade de gols (no futebol) ou pontos. **3.** Embaraçar, tolher o seguimento de. **4.** Empregar sem auferir lucros imediatos (dinheiro); investir. **5.** Empregar, aplicar. **6.** Interromper. **7.** Esbarrar, encontrar obstáculo. *v.int.* **8.** Somar o mesmo número de pontos.

Em.pa.te *s.m.* **1.** Ato ou efeito de empatar. **2.** Igualdade de votos numa eleição. **3.** ESP Igualdade de pontos para ambos os times, para ambos os lutadores etc. **4.** Indecisão, irresolução.

Em.pa.ti.a *s.f.* **1.** Identificação profunda, ao ponto de sentir como se fosse o outro. **2.** Ligação ou identificação muito grande.

Em.pá.ti.co *adj.* Relativo à empatia.

Em.pa.vo.nar *v.t.* **1.** Tornar inchado e vaidoso como o pavão. *v.p.* **2.** Pavonear-se.

Em.pe.ci.lho *s.m.* **1.** Estorvo, obstáculo (intencional ou não). **2.** Aquele ou aquilo que embaraça.

Em.pe.ço.nhar *v.t.* **1.** Pôr peçonha em; envenenar. **2.** Corromper, manchar.

Em.pe.der.ni.do *adj.* **1.** Duro como pedra; endurecido. **2.** FIG Inflexível, insensível. **3.** Desapiedado, cruel.

Em.pe.der.nir *v.t.* **1.** Converter em pedra; petrificar. **2.** FIG Tornar duro, insensível. *v.int.* e *p.* **3.** Tornar-se duro, insensível.

Em.pe.drar *v.t.* **1.** Calçar, cobrir (o solo) com pedras. *v.int.* e *p.* **2.** Tornar-se duro como pedra; petrificar-se, empedernir-se.

Em.pe.li.ca.do *adj.* Coberto de pelica. ◆ **Nascer empelicado:** ter muita sorte.

Em.pe.na *s.f.* **1.** Curva que forma a madeira exposta à umidade ou calor. **2.** Cada uma das duas peças inclinadas das tesouras do telhado que vão do frechal à cumeeira. **3.** Cada uma das paredes laterais de um edifício.

Em.pe.na.men.to *s.m.* Ato de empenar ou entortar; empeno.

Em.pe.nar *v.t.* **1.** Fazer torcer. **2.** Entortar (a madeira etc.), pelo calor ou umidade. *v.int.* **3.** Enfeitar de penas. **4.** Sair da linha de prumo. **5.** Criar penas. *v.p.* **6.** Cobrir-se de penas.

Em.pe.nhar *v.t.* **1.** Dar em penhor; hipotecar, empenhorar. **2.** Atrair; dominar. **3.** Forçar, compelir, obrigar. **4.** Empregar, aplicar. *v.p.* **5.** Endividar-se, dando penhor ou hipoteca. **6.** Pôr todo o empenho.

Em.pe.nho *s.m.* **1.** Ato ou efeito de empenhar. **2.** Promessa. **3.** Diligência. **4.** Interesse. **5.** Recomendação, intervenção em favor de alguém.

Em.pe.no *s.m.* **1.** POP Inexatidão num cálculo. **2.** FIG Estorvo, dificuldade.

Em.pe.ri.qui.tar *v.t.* e *p.* Adornar(-se) exageradamente; empetecar(-se).

Em.per.nar *v.int.* Cruzar ou enganchar as pernas.

Em.per.ra.men.to *s.m.* **1.** Ato ou efeito de emperrar(-se); emperro. **2.** O que não tem movimentos fáceis.

EMPERRAR — EMPULHAÇÃO

Em.per.rar *v.t.* **1.** Tornar perro. **2.** Ficar parado por não querer ou não poder mover-se. **3.** Empacar, estacar. **4.** Teimar. **5.** Entravar, imobilizar. *v.pr.* **6.** Enraivecer-se.

Em.per.ro (ê) *s.m.* Emperramento.

Em.per.ti.gar *v.t.* **1.** Tornar teso. *v.p.* **2.** Endireitar-se; pôr-se teso, ereto. **3.** Tomar ares altivos, soberbos.

Em.pes.te.ar *v.t.* **1.** Infectar com peste. *v.t. e p.* **2.** Tornar(-se) pestilento. **3.** FIG Contaminar(-se), corromper(-se). ◆ *Var.:* empestar.

Em.pe.te.car *v.t. e p.* Emperiquitar(-se).

Em.pi.lha.dei.ra *s.f.* Máquina automóvel utilizada no empilhamento de fardos, caixas ou sacos.

Em.pi.lha.men.to *s.m.* Ato ou efeito de empilhar(-se).

Em.pi.lhar *v.t.* **1.** Dispor em pilhas; amontoar. *v.p.* **2.** Amontoar-se em pilhas.

Em.pi.nar *v.t.* **1.** Pôr a pino. **2.** Elevar ao pináculo. **3.** Pôr direito. **4.** Fazer subir aos ares (o papagaio ou pipa). **5.** Vazar, bebendo. **6.** Emborcar. *v.p.* **7.** Pôr-se a pino ou em lugar elevado. **8.** Ensoberbecer-se, ufanar-se. **9.** Levantar-se sobre as patas traseiras (cavalo). **10.** Ficar a prumo.

Em.pi.po.car *v.int.* **1.** Criar bolhas ou borbulhas. **2.** Pipocar.

Em.pí.reo *adj.* **1.** Relativo ou pertencente ao céu. **2.** Superior, supremo. *s.m.* **3.** A parte mais elevada do céu, onde ficam os deuses. **4.** POÉT Céu, firmamento, morada dos santos.

Em.pí.ri.co *adj.* **1.** Relativo ao empirismo. **2.** Que não procede da teoria. **3.** Que se baseia apenas na experiência, na prática.

Em.pi.ris.mo *s.m.* **1.** Teoria filosófica segundo a qual o conhecimento deriva da experiência sensível. **2.** Conhecimento prático originário exclusivamente da experiência.

Em.pla.car *v.t.* **1.** Colocar placa ou chapa em: **Emplacar o veículo. 2.** FIG Chegar a viver: *O artista emplacou 97 anos.*

Em.plas.to *s.m.* Emplastro.

Em.plas.trar *v.t.* Pôr emplastro em; cobrir com emplastro.

Em.plas.tro *s.m.* **1.** Medicamento de uso externo que se aplica diretamente sobre a parte doente. **2.** Pessoa doente, apática, incapaz ou inútil. **3.** POP Pessoa incômoda ou importuna.

Em.plu.ma.ção *s.f.* Ato ou efeito de emplumar(-se).

Em.plu.mar *v.t.* **1.** Ornar de plumas ou penas. *v.p.* **2.** Ornar-se ou enfeitar-se de plumas ou penas; empenar-se. **3.** Vangloriar-se, envaidecer-se.

Em.po.ar *v.t.* **1.** Cobrir de pó; polvilhar. *v.p.* **2.** Aplicar pó de arroz no rosto.

Em.po.bre.cer *v.t., int. e p.* **1.** Tornar(-se) pobre. **2.** Perder a fertilidade (a terra).

Em.po.bre.ci.men.to *s.m.* **1.** Ato ou efeito de empobrecer(-se). **2.** Perda dos bens.

Em.po.çar *v.t.* **1.** Meter em poço ou poça. *v.int.* **2.** Formar poça ou atoleiro. *v.p.* **3.** Atolar-se.

Em.po.ei.rar *v.t.* **1.** Cobrir ou encher de poeira. **2.** Escurecer. *v.p.* **3.** Cobrir-se de poeira.

Em.po.la (ô) *s.f.* **1.** Bolha formada por derramamento de serosidade entre a derme e a epiderme. **2.** Bolha de água quando ferve.

Em.po.lar *v.t.* **1.** Fazer, causar empolas em. **2.** Enfeitar exageradamente (estilo). *v.int.* **3.** Criar empolas. *v.p.* **4.** Criar empolas. **5.** Encapelar-se.

Em.po.lei.rar *v.t.* **1.** Pôr em poleiro. **2.** Fazer subir a. **3.** Nomear (para bom emprego). *v.p.* **4.** Pôr-se sobre o poleiro. **5.** FIG Subir a (poder ou posição elevada); elevar-se.

Em.pol.ga.ção *s.f.* **1.** Ato ou efeito de empolgar(-se). **2.** Animação extrema, muito entusiasmo. ◆ *Pl.: empolgações.*

Em.pol.ga.men.to *s.m.* Ato ou efeito de empolgar(-se); empolgadura.

Em.pol.gan.te *adj.2g.* Que empolga ou arrebata; que impressiona vivamente; impressionante.

Em.pol.gar *v.t.* **1.** Tomar com a mão; segurar. **2.** Aferrar. **3.** Segurar com as garras (diz-se das aves de rapina). **4.** Tomar com violência. **5.** Atrair, entusiasmar-se, ocupar.

Em.pom.ba.ção *s.f.* **1.** Ato de se abastecer de chumbo o reservatório das linotipos. **2.** POP Importunação, impertinência. **3.** Zanga, altercação.

Em.pom.bar *v.t.* GÍR Indispor-se, zangar-se com alguém.

Em.por.ca.lhar *v.t.* **1.** Manchar, sujar, enxovalhar. *v.p.* **2.** Tornar-se porco, imundo. **3.** Enodoar-se. **4.** Degradar-se, aviltar-se.

Em.pó.rio *s.m.* **1.** Lugar importante como centro de comércio. **2.** Armazém de secos e molhados; mercearia. **3.** Estabelecimento onde se vendem objetos de muitas espécies; bazar.

Em.pos.sar *v.t.* **1.** Dar posse a. *v.p.* **2.** Tomar posse. **3.** Assenhorear-se, apoderar-se. ◆ *Cf. empoçar.*

Em.pos.se (ó) *s.m.* Ato ou efeito de empossar(-se).

Em.pos.tar *v.t.* Fazer postas.

Em.pra.zar *v.t.* **1.** Marcar prazo. **2.** Citar para comparecer em juízo ou perante qualquer autoridade, em prazo certo marcado. **3.** Convidar a comparecer em certo e determinado tempo. **4.** Convidar, convocar. *v.p.* **5.** Ajustar (duas ou mais pessoas) prazo certo para se encontrar.

Em.pre.en.de.dor *adj. e s.m.* **1.** Que, ou o que empreende. **2.** Diligente, realizador.

Em.pre.en.der *v.t.* **1.** Tentar fazer alguma coisa (trabalhosa e difícil). **2.** Pôr em execução; fazer.

Em.pre.en.di.men.to *s.m.* **1.** Ato ou efeito de empreender. **2.** O que se empreendeu; cometimento, empresa, realização.

Em.pre.ga.da *s.f.* Criada.

Em.pre.ga.do *adj.* **1.** Que se empregou. **2.** Aplicado, usado. *s.m.* **3.** Aquele que exerce um emprego, público ou particular; funcionário. **4.** Criado.

Em.pre.gar *v.t.* **1.** Dar emprego, uso ou aplicação a. **2.** Dar colocação ou emprego a. **3.** Servir-se de; fazer uso de. **4.** Aproveitar. **5.** Utilizar. **6.** Aplicar, gastar. *v.p.* **7.** Obter emprego; assalariar-se. **8.** Dedicar-se, ocupar-se.

Em.pre.ga.tí.cio *adj.* Referente a emprego ('cargo')

Em.pre.go (ê) *s.m.* **1.** Ato ou efeito de empregar. **2.** Cargo, função. **3.** Trabalho permanente e obrigatório. **4.** Lugar onde se trabalha como empregado. **5.** Uso, aplicação.

Em.prei.ta.da *s.f.* **1.** Obra ajustada para pagamento global, previamente combinado; empreita. **2.** Feito, empreendimento.

Em.prei.tar *v.t.* Combinar (trabalho) por empreitada.

Em.prei.tei.ra *s.f.* Empresa, firma, organização da qual se contratam obras por empreitada.

Em.prei.tei.ro *s.m.* **1.** O que ajusta obra de empreitada. **2.** O que manda fazer a obra que tomou.

Em.pre.nhar *v.t., int. e p.* Tornar(-se) prenhe (mulher ou fêmea); engravidar.

Em.pre.sa (ê) *s.f.* **1.** Associação organizada para explorar um negócio. **2.** Qualquer companhia; firma. **3.** Cometimento, intento.

Em.pre.sar *v.t.* **1.** Apresar, reter, represar. **2.** Produzir, financiar (espetáculo de música, teatro, cinema etc.).

Em.pre.sa.ri.a.do *s.m.* A classe dos empresários.

Em.pre.sa.ri.al *adj.2g.* Relativo a empresa.

Em.pre.sá.rio *s.m.* **1.** Aquele que dirige ou administra uma empresa. **2.** O que é encarregado dos interesses de um desportista, de um artista etc. *adj.* **3.** Referente a empresa.

Em.pres.tar *v.t.* **1.** Ceder temporariamente (alguma coisa a alguém) com a condição de ser restituída. **2.** Dar a juros. **3.** Dar, prestar, comunicar. *v.p.* **4.** Auxiliar-se mutuamente.

Emp.rés.ti.mo *s.m.* **1.** Ato ou efeito de emprestar, de tomar emprestado. **2.** Objeto emprestado. **3.** ECON Entrega de dinheiro a pessoa ou empresa para devolução em tempo prefixado, acrescido de taxas remuneratórias (juros e comissões).

Em.pro.a.do *adj.* **1.** Que tem proa. **2.** Orgulhoso, vaidoso. **3.** Importante, pretensioso.

Em.pro.ar *v.t.* **1.** Aportar em. **2.** Fazer voltar a proa de; aproar. *v.p.* **3.** Tornar-se altivo ou soberbo.

Em.pu.bes.cer *v.int. e p.* **1.** Tornar(-se) púbere; entrar na puberdade. **2.** Criar (ou cobrir-se de) pelos.

Em.pu.lha.ção *s.f.* **1.** Ato de empulhar. **2.** Tapeação, embuste.

EMPULHAR — ENCANECER

Em.pu.lhar *v.t.* **1.** Dizer pulhas a. **2.** Troçar de. **3.** Enganar, iludir.

Em.pu.nha.du.ra *s.f.* Parte por onde se segura arma, instrumento etc.; punho.

Em.pu.nhar *v.t.* **1.** Segurar pelo punho ou cabo; suster. **2.** Pegar, segurar em.

Em.pur.ra *s.f.* Empurrão.

Em.pur.rar *v.t.* **1.** Impelir com força, com violência. **2.** Dar encontrões em. **3.** FIG Impingir; fazer sem vontade. *v.p.* **4.** Dar encontrões.

Em.pu.xão *s.m.* Ato de empuxar; repelão, empuxão.

Em.pu.xar *v.t.* **1.** Empurrar, impelir. **2.** Arrastar para si; induzir.

Em.pu.xo *s.m.* **1.** Ato ou efeito de empuxar. **2.** Força que empurra ou impulsiona; impulsão.

E.mu.de.cer *v.int.* **1.** e *p.* Tornar-se mudo; calar-se. *v.t.* **2.** Fazer calar. **3.** Tornar quieto, calado. *v.p.* **4.** Calar-se.

E.mu.la.ção *s.f.* **1.** Sentimento nobre que leva uma pessoa a igualar ou a exceder as boas ações de outra. **2.** Incentivo, estímulo.

E.mu.lar *v.t.* **1.** Despertar emulação em. *v.p.* **2.** Competir; empenhar-se (em uma mesma pretensão); rivalizar com. **3.** Competir, porfiar.

E.mu.la.ti.vo *adj.* Relativo a ou caracterizado por emulação.

Ê.mu.lo *s.m.* **1.** Aquele com quem se compete. **2.** Competidor, rival.

E.mul.são *s.f.* Preparado farmacêutico de aparência leitosa, que tem por base uma substância gordurosa em suspensão.

E.mul.si.fi.car *v.t.* Fazer passar ao estado de emulsão (um líquido); emulsionar.

E.mul.sio.nar *v.t.* **1.** Fazer emulsão de; emulsificar. **2.** Dispor a emulsão sensível sobre o suporte fotográfico.

E.mul.si.vo *adj.* Que se pode emulsionar.

E.mur.che.cer *v.t.* **1.** Tornar murcho. **2.** Fazer perder o frescor, o viço. *v.int.* e *p.* **3.** Perder o viço; murchar(-se). **4.** Entristecer-se.

En- *pref.* ⇒ Em-

E.nal.te.ce.dor (ô) *adj.* e *s.m.* Que ou o que enaltece.

E.nal.te.cer *v.t.* **1.** Engrandecer, exaltar, elogiar, louvar. **2.** Tornar alto; elevar.

E.na.mo.rar *v.t.* **1.** Encantar, apaixonar por. *v.p.* **2.** Ficar possuído de amor; apaixonar-se, enlevar-se.

E.nau.se.ar *v.t.* e *p.* Nausear(-se).

-en.ça ou **-ên.cia** *suf.* 'Ação ou resultado da ação': *descrença, convalescença.*

En.ca.bar *v.t.* Colocar cabo em (foice, enxada etc.); encaixar.

En.ca.be.çar *v.t.* **1.** Dirigir, ser o cabeça de. **2.** Chefiar (revolta, movimento). **3.** Iniciar. **4.** Vir à frente de. **5.** Ser o primeiro (numa relação etc.). **6.** Constituir-se no título ou no início de um texto qualquer.

En.ca.bres.tar *v.t.* **1.** Pôr cabresto em. **2.** FIG Subjugar, prender, dominar.

En.ca.bu.la.ção *s.f.* Ato ou efeito de encabular(-se); constrangimento.

En.ca.bu.lar *v.t.*, *int.* e *p.* **1.** Encafifar(-se), intrigar(-se). **2.** Aborrecer(-se); irritar(-se). **3.** Vexar(-se), constranger(-se), envergonhar-se.

En.ca.cho.ei.ra.men.to *s.m.* Formação de cachoeira.

En.ca.cho.ei.rar *v.t.* e *p.* Transformar(-se) em, ou formar cachoeira.

En.ca.de.a.men.to *s.m.* **1.** Ato ou efeito de encadear(-se). **2.** Sucessão de coisas que têm relação entre si. **3.** MÚS Sucessão de acordes realizada segundo as regras clássicas da harmonia. **4.** Sucessão, série, ordem.

En.ca.de.ar *v.t.* **1.** Prender com cadeia. **2.** Ligar, unir (uma coisa a outra). **3.** Ligar (falando das ideias). **4.** Ligar por afeto. **5.** Prender, sujeitar. **6.** Ligar, acorrentar. *v.p.* **7.** Ligar-se a outros, segundo uma ordem lógica. **8.** Formar série.

En.ca.der.na.ção *s.f.* **1.** Ato ou efeito de encadernar. **2.** Operação de reunir, coser e guarnecer com capas as folhas de um livro. **3.** Capa de livro encadernado.

En.ca.der.na.dor (ô) *adj.* **1.** Que encaderna. *s.m.* **2.** Especialista em encadernação.

En.ca.der.nar *v.t.* Fazer encadernação de (livros).

En.ca.fi.far *v.t.* **1.** Encabular, intrigar. **2.** Ficar corado. *v.int.* e *p.* **3.** Envergonhar-se, encabular-se. **4.** Não conseguir êxito. *v.p.* **5.** Aborrecer-se, desgostar-se. **6.** Encabular-se.

En.ca.fu.ar *v.t.* **1.** Meter em cafua; encerrar. *v.p.* **2.** Esconder-se, ocultar-se.

En.ca.fur.nar *v.t.* e *p.* ⇒ Encafuar.

En.cai.po.rar *v.int.* e *p.* **1.** Tornar(-se) caipora, infeliz. *v.t.* **2.** Ter azar.

En.cai.xan.te *adj.2g.* Que encaixa ou se encaixa.

En.cai.xar *v.t.* **1.** Meter em caixa ou no encaixe. **2.** Entalhar. **3.** Citar a propósito. *v.int.* **4.** Entrar no encaixe. **5.** Meter, introduzir. *v.p.* **6.** Entrar no encaixe; introduzir-se. **7.** Intrometer-se. **8.** Caber, vir a propósito.

En.cai.xe *s.m.* **1.** Cavidade destinada a uma peça saliente. **2.** União, junção, juntura.

En.cai.xi.lhar *v.t.* Meter em caixilho ou moldura; emoldurar.

En.cai.xo.ta.dor *s.m.* **1.** Operário encarregado de pôr mercadorias em caixa ou caixote. *adj.* **2.** Que encaixa.

En.cai.xo.tar *v.t.* **1.** Meter em caixote ou caixa. **2.** GÍR Sepultar.

En.ca.la.crar *v.t.* e *p.* **1.** Meter(-se) em embaraços, em dificuldades. **2.** Endividar(-se).

En.cal.çar *v.t.* Seguir de perto; ir no encalço de.

En.cal.ço *s.m.* **1.** Ação de seguir de perto para alcançar. **2.** Rastro, pegada, pista.

En.ca.lhar *v.t.* **1.** Dar na praia ou fazer dar em seco (navio ou barco). **2.** *v.int.* Ficar em seco. **3.** Parar. **4.** Não ter seguimento. **5.** Encontrar (veículo) obstáculo e não poder prosseguir. **6.** Não ter saída, não vender (mercadoria). **7.** POP Não conseguir se casar (mulher).

En.ca.lhe *s.m.* **1.** Ato ou efeito de encalhar. **2.** Falta de andamento. **3.** Estorvo, obstáculo. **4.** Exemplares de livros, jornais ou revistas não vendidos e devolvidos ao editor. **5.** Mercadoria que não foi vendida nas lojas.

En.ca.lis.trar *v.t.* **1.** Vexar, envergonhar. *v.int.* **2.** Amuar, embirrar. **3.** Envergonhar-se, vexar-se.

En.ca.lom.bar *v.t.* Criar calombo(s).

En.cal.ve.cer *v.int.* Tornar-se calvo.

En.ca.mi.nha.dor *adj.* e *s.m.* Que, ou o que encaminha.

En.ca.mi.nhar *v.t.* **1.** Mostrar o caminho a. **2.** Guiar, dirigir, conduzir. **3.** Inspirar, aconselhar para o bem; orientar. **4.** Conduzir pelos meios competentes. **5.** Endereçar, enviar. *v.p.* **6.** Dirigir-se, enveredar. **7.** Dispor-se.

En.cam.pa.dor (ô) *adj.* e *s.m.* Que, ou aquele que encampa.

En.cam.par *v.t.* **1.** JUR Rescindir ou anular (um contrato de arrendamento). **2.** Restituir, abandonar (em vista de lesão de interesses). **3.** Tomar (o governo) posse de uma empresa após acordo em que se ajusta a indenização a ser paga.

En.ca.na.dor *s.m.* **1.** O que conserta encanamentos. **2.** Aquele que, numa construção, faz o assentamento dos canos de água e gás; bombeiro.

En.ca.na.men.to *s.m.* **1.** Ato ou efeito de encanar ou conduzir (águas) através de tubulação apropriada. **2.** Tubulação, canalização.

En.ca.nar *v.t.* **1.** Conduzir por cano ou canal; canalizar: *Encanar a água do rio.* **2.** Consertar, pôr (ossos fraturados) em direção para se soldarem. **3.** POP Meter em cana; prender. **4.** GÍR Meter na cabeça; encucar. *v.int.* **5.** Criar canas.

En.can.de.ar *v.t.* **1.** Atrair (o peixe, a caça) com o candeio. **2.** Deslumbrar a vista. **3.** Ficar deslumbrado, com a vista confusa. **4.** FIG Alucinar, estontear, cegar.

En.can.di.lar *v.t.* **1.** Tornar cande; cristalizar (o açúcar). *v.p.* **2.** FIG Apurar-se, aprimorar-se.

En.ca.ne.cer *v.t.* **1.** Tornar branco pouco a pouco. **2.** Fazer criar cãs. *v.int.* **3.** Fazer-se branco. **4.** Criar cãs; envelhecer. **5.** FIG Adquirir experiência. *v.p.* **6.** Fazer-se grisalho. **7.** FIG Debilitar-se.

ENCANGALHAR — ENCENAÇÃO

En.can.ga.lhar *v.t.* Pôr cangalha em.

En.can.gar *v.t.* Pôr canga em; jungir.

En.can.ta.dor (ô) *adj.* 1. Que seduz, encanta, arrebata. 2. Que atrai ou agrada muito. *s.m.* 3. Aquele que faz encantamento; mágico.

En.can.tar *v.t.* 1. Subjugar por meio de operações mágicas. 2. Enfeitiçar. 3. Seduzir, cativar; arrebatar. 4. Causar grande prazer a. *v.p.* 5. Tomar-se de encanto, maravilhar-se.

En.can.to *s.m.* 1. Encantamento. 2. Coisa que encanta, que arrebata os sentidos. 3. Coisa que seduz de modo irresistível. 4. Coisa ou pessoa encantadora. 5. Atração. 6. Maravilha.

En.can.to.ar *v.t.* e *p.* 1. Pôr(-se) ou meter(-se) em um canto. 2. Apartar(-se) do trato social.

En.ca.par *v.t.* Meter em ou cobrir com capa.

En.ca.pe.lar *v.t.* 1. Levantar, encrespar (o mar). *v.int.* e *p.* 2. Enfurecer-se, agitar-se (o mar). ● *Ant.: serenar, amainar.*

En.ca.pe.tar-se *v.p.* Endiabrar-se; tornar-se traquinas.

En.ca.po.tar *v.t.* 1. Cobrir com capa ou capote. 2. Sonegar; esconder. *v.int.* e *p.* 3. Arquear (o cavalo) o pescoço até ficar com o freio no peito. 4. Cobrir-se com capa ou capote. 5. Cobrir-se de nuvens ou de nevoeiro; anuviar-se (o céu).

En.cap.su.lar *v.t.* Encerrar em cápsula.

En.ca.pu.zar *v.t.* 1. Cobrir com capuz. 2. FIG Disfarçar. *v.p.* 3. Cobrir-se com capuz.

En.ca.ra.co.lar *v.t.* 1. Dar forma de caracola. *v.t.* e *p.* 2. Anelar(-se) (o cabelo). 3. Enrolar(-se), envolver(-se) em espiral.

En.ca.ra.me.lar *v.t.* 1. Converter em gelo ou caramelo; congelar. *v.p.* 2. Tornar-se caramelo, por efeito do frio.

En.ca.ra.mu.jar *v.int.* 1. Viver escondido, viver encaramujado. 2. Isolar-se como caramujo.

En.ca.ran.gar *v.t.* 1. Tornar adoentado. *v.int.* 2. Perder o movimento, ficar tolhido. *v.p.* 3. Tornar-se adoentado.

En.ca.ra.pi.nhar *v.t.* 1. Encrespar. 2. Fazer carapinha em. 3. Frisar. *v.int.* e *p.* 4. Tornar-se crespo. 5. Encrespar-se; encaracolar-se (cabelos).

En.ca.ra.pi.tar *v.t.* 1. Pôr no alto. 2. Subir, trepar. *v.p.* 3. Pôr-se, colocar-se no alto. 4. Instalar-se comodamente.

En.ca.ra.pu.çar *v.t.* 1. Pôr a carapuça em. *v.p.* 2. Cobrir-se com carapuça; ocultar-se.

En.ca.rar *v.t.* 1. Olhar de frente, com insistência. 2. FIG Considerar, analisar, estudar. 3. Fitar os olhos. 4. Dar de cara com; topar. 5. Afrontar, arrostar.

En.car.ce.rar *v.t.* 1. Prender em cárcere. 2. Enclausurar, encerrar. *v.p.* 3. Encerrar-se.

En.car.dir *v.t.* e *int.* 1. Encher de cardina; sujar. 2. Lavar mal (roupa), conservando parte da sujeira.

En.ca.re.ce.dor (ô) *adj.* e *s.m.* Que, ou aquele que encarece.

En.ca.re.cer *v.t.* 1. Tornar caro. 2. Fazer subir o preço de. 3. Exagerar. 4. Louvar, elogiar excessivamente. 5. Recomendar com interesse. *v.int.* 6. Subir de preço.

En.ca.re.ci.do *adj.* 1. Que se encarece ou foi encarecido. 2. Cujo preço elevou-se. 3. Louvado com empenho; valorizado, elogiado. 4. Recomendado com grande interesse.

En.car.go *s.m.* 1. Incumbência, obrigação. 2. Ocupação, cargo, condição onerosa. 3. Série de atribuições; emprego. 4. Responsabilidade por dívidas. 5. Pensão, tributo. 6. Remorso: *Encargo de consciência.*

En.car.na.ção *s.f.* 1. Ato ou efeito de encarnar. 2. Imitação da cor da carne das imagens e estátuas. 3. Pintura cor de carne. 4. Mistério pelo qual o filho de Deus se fez homem. 5. No Espiritismo, cada uma das existências do espírito, quando unido ao corpo.

En.car.na.do *adj.* 1. Que é da cor da carne; vermelho. 2. Que encarnou. *s.m.* 3. A cor encarnada.

En.car.na.dor *adj.* e *s.m.* Que, ou o quem dá cor de carne a estátuas, imagens etc.

En.car.nar *v.t.* 1. Dar cor de carne a. 2. Dar rubor a. 3. Dar a cor de carne a estátuas, imagens etc. 4. Tomar forma, vulto. 5. Representar (o ator) um papel. 6. POP Perseguir insistentemente. *v.int.* 7. Converter-se em carne e osso; humanizar-se. 8. Tornar-se homem (diz-se do mistério da Encarnação); humanizar-se. 9. Entranhar-se. *v.p.* 10. Introduzir-se profundamente. 11. Entrar (o espírito) em um corpo.

En.car.ne *s.m.* 1. Ato de encarnar. 2. A carne que se dá de comer aos cães, para acostumá-los a caçar.

En.car.ni.çar *v.t.* 1. Excitar, irritar. *v.p.* 2. Assanhar-se ou enraivecer-se contra a presa. 3. Perseguir sem tréguas.

En.ca.ro.çar *v.int.* 1. Criar, encher-se de caroços. 2. Perder a fluência no discurso, na fala. *v.p.* 3. (NE) POP Cobrir-se de tumores ou erupções cutâneas.

En.car.qui.lhar *v.t.* e *p.* Encolher(-se) de rugas; enrugar(-se).

En.car.ran.car *v.t.* 1. Fazer carranca ou careta. *v.t.*, *int.* e *p.* 2. Tornar(-se) carrancudo. 3. Toldar-se, nublar-se (o céu).

En.car.ra.pi.tar *v.t.* e *p.* ⇒ **Encarapitar**.

En.car.re.ga.do *adj.* 1. Que tem sobre si qualquer encargo. *s.m.* 2. Aquele que está incumbido de qualquer serviço ou negócio.

En.car.re.gar *v.t.* 1. Dar como encargo, missão ou ocupação. 2. Incumbir, recomendar. *v.p.* 3. Tomar obrigação ou encargo; incumbir-se.

En.car.re.go (ê) *s.m.* Ato de encarregar; encargo.

En.car.rei.rar *v.t.* e *p.* 1. Abrir caminho para; encaminhar(-se). 2. Pôr em bom caminho. 3. Pôr em carreira; alinhar em fileira.

En.car.ri.lhar *v.t.* e *int.* Encarrilar.

En.car.tar *v.t.* 1. Prover com carta ou diploma de emprego. *v.int.* 2. Jogar sobre uma carta outra maior, do mesmo naipe. *v.p.* 3. Tirar diploma de emprego, ganhando os respectivos direitos. 4. GRÁF Inserir (folhas soltas ou cadernos) entre as páginas de um livro ou revista.

En.car.te *s.m.* 1. Ato de encartar(-se) num ofício ou profissão, pagando pelo respectivo diploma. 2. Impresso solto, publicitário ou jornalístico, anexado como suplemento a uma edição regular de revista ou jornal.

En.car.tu.char *v.t.* 1. Meter em cartucho. 2. Dar forma de cartucho a.

En.car.vo.ar *v.t.* 1. Converter em carvão. *v.t.* e *p.* 2. Sujar(-se) de carvão.

En.ca.sa.car-se *v.p.* 1. Vestir-se com casaco ou casaca. 2. Pôr traje cerimonioso.

En.cas.que.tar *v.t.* 1. Meter na cabeça. *v.p.* 2. Cobrir a cabeça (com barrete, casquete etc.). 3. Obstinar-se, teimar.

En.cas.te.lar *v.t.* 1. Encerrar em castelo. 2. Pôr em lugar alto. *v.p.* 3. Encerrar-se, recolher-se. 4. FIG Estribar-se, apoiar-se.

En.cas.to.ar *v.t.* 1. Pôr castão em. 2. Embutir (pedras preciosas); engastar, lavrar.

En.ca.tar.rar-se *v.p.* Desenvolver catarro; encatarroar-se.

En.ca.va.car *v.int.* 1. Que deu o cavaco; amuar, zangar-se. 2. Envergonhar-se.

En.ca.va.lar *v.t.* 1. Cavalgar. 2. Tornar encavalado; sobrepor. *v.p.* 3. Pôr-se sobre; montar-se.

En.ca.var *v.t.* 1. Meter na cava ou cavidade. 2. Abrir cava ou cova; escavar.

En.ca.ver.nar *v.t.* 1. Meter em caverna ou covil; encovilar. *v.p.* 2. Esconder-se, ocultar-se.

En.ce.fá.li.co *adj.* Que diz respeito ao encéfalo.

En.cé.fa.lo *s.m.* MED Parte do sistema nervoso contida na cavidade do crânio e que compreende o cérebro, o cerebelo e o bulbo raquiano.

En.ce.fa.lo.gra.ma *s.m.* MED Radiografia do encéfalo.

En.ce.gue.cer *v.t.*, *int.* e *p.* Ficar cego; cegar.

En.ce.lei.rar *v.t.* 1. Guardar em celeiro; armazenar, estocar. 2. FIG Acumular: *Enceleirar bens.*

En.ce.na.ção *s.f.* 1. Ato ou efeito de encenar. 2. Montagem de um espetáculo teatral ou cinematográfico. 3. Maneira afetada de agir; afetação, fingimento.

ENCENADOR — ENCORTINAR

En.ce.na.dor (ô) *adj.* **1**. Que encena. *s.m.* **2**. TEAT Aquele que faz a encenação de um espetáculo; diretor.

En.ce.ra.dei.ra *s.f.* Aparelho destinado a encerar e dar brilho a soalhos.

En.ce.ra.do *adj.* **1**. Coberto de cera; lustrado com cera. **2**. Cor de cera. *s.m.* **3**. Cobertura de lona usada em barcos, caminhões etc.; toldo.

En.ce.ra.dor (ô) *s.m.* Aquele que encera móveis, soalhos etc.

En.ce.rar *v.t.* **1**. Untar ou cobrir de cera; misturar com cera. *v.p.* **2**. Tornar-se cor de cera.

En.cer.ra.men.to *s.m.* **1**. Ato ou efeito de encerrar. **2**. Finalização, remate, conclusão. **3**. Retiro, recolhimento.

En.cer.rar *v.t.* **1**. Guardar, meter (em lugar que se fecha). **2**. Pôr (em lugar seguro). **3**. Resumir, conter, rematar. **4**. Pôr termo a. **5**. Fechar, concluir, terminar. *v.p.* **6**. Enclausurar-se. **7**. Não sair à rua. **8**. Conter-se. **9**. Limitar-se, resumir-se.

En.cer.ro (ê) *s.m.* **1**. Ato ou efeito de encerrar; encerramento. **2**. Local onde se encerra algo ou alguém; clausura, recolhimento, retiro.

En.ces.tar *v.t.* **1**. Fazer entrar no cesto. **2**. Assinalar tento, no jogo de basquetebol.

En.ce.tar *v.t.* **1**. Principiar, começar. **2**. Experimentar pela primeira vez. *v.p.* **3**. Estrear-se.

En.cha.pe.lar-se *v.p.* Cobrir-se com chapéu.

En.char.ca.di.ço *adj.* Que pode encharcar-se; alagadiço.

En.char.car *v.t.* e *p.* **1**. Converter(-se) em charco ou pântano. **2**. Meter(-se) em charco; atolar(-se). **3**. Molhar(-se) muito; ensopar-se. **4**. Beber demais; embriagar-se.

En.chen.te *s.f.* **1**. Cheia de rio que transborda. **2**. FIG Grande quantidade; superabundância, excesso. **3**. Grande afluência de pessoas.

En.cher *v.t.* **1**. Tornar cheio **2**. Ocupar (o espaço vazio); completar. **3**. Cumprir, satisfazer (as exigências) saciar. **4**. Abarrotar, acumular. **5**. GÍR Aborrecer; importunar, chatear, aporrinhar. *v.p.* **6**. Tornar-se cheio. ♦ *Encher de porrada, de bofetada*: Bater muito, esmurrar. ♦ *Ant.*: *esvaziar*.

En.chi.men.to *s.m.* **1**. Ato ou efeito de encher. **2**. Coisa com que se enche. **3**. Chumaço, recheio. **4**. Entulho.

En.chi.quei.rar *v.t.* **1**. Introduzir no chiqueiro (o peixe). **2**. Recolher ao chiqueiro (animais).

En.cho.va (ô) *s.f.* ICTIOL Pequeno peixe de mar, muito usado em conservas. ♦ *Var.*: *anchova*.

En.chu.ma.çar *v.t.* **1**. Pôr chumaço em. **2**. Estofar.

-ên.cia *suf.* ⇒ **-Ença**.

En.cí.cli.ca *s.f.* Carta circular pontifícia, sobre matéria de dogma ou de doutrina.

En.ci.clo.pé.dia *s.f.* **1**. Conjunto de todos os conhecimentos humanos. **2**. Obra que trata de todos os ramos do conhecimento.

En.ci.clo.pé.di.co *adj.* **1**. Relativo a enciclopédia. **2**. Que abrange todos os ramos do saber. **3**. Muito vasto, amplo: *Saber enciclopédico*.

En.ci.clo.pe.dis.ta *s.2g.* **1**. Autor ou colaborador de uma enciclopédia. **2**. Nome dado aos autores da *Enciclopédia* (de Diderot), no séc. XVIII, modelo das modernas enciclopédias.

En.ci.lha.dor (ô) *adj.* e *s.m.* Que, ou aquele que encilha ou sela o cavalo.

En.ci.lhar *v.t.* Apertar com cilhas (o cavalo).

En.ci.mar *v.t.* **1**. Colocar em cima de. **2**. Rematar, coroar. **3**. Colocar sobre. **4**. Alçar, elevar.

En.cin.tar *v.t.* **1**. Guarnecer de cintas. **2**. Circundar, cingir com cinta.

En.ci.u.mar *v.t.* e *p.* Encher(-se) de ciúmes ou zelos.

En.clau.su.rar *v.t.* **1**. Pôr em clausura; meter em convento. **2**. Prender, fechar. **3**. Afastar do convívio. *v.p.* **4**. Encerrar-se em clausura. **5**. Afastar-se da convivência social; isolar-se.

En.cla.ve *s.m.* Encrave.

Ên.cli.se *s.f.* GRAM Fenômeno fonético, que consiste em incorporar-se, na pronúncia, um vocábulo átono ao que vem antes dele, pronunciando-se ambos como se fossem um só (como em *Conte-me o que há*). ● Opõe-se a *próclise*. ♦ Cf. *mesóclise*.

En.clí.ti.co *adj.* GRAM Diz-se do vocábulo que está em ênclise.

En.co.ber.tar *v.t.* e *p.* Acobertar(-se).

En.co.ber.to *adj.* **1**. Escondido, oculto, disfarçado, incógnito. **2**. Clandestino. **3**. Enevoado (o tempo). *s.m.* **4**. O que se mantém oculto ou é misterioso.

En.co.bri.dor *adj.* e *s.m.* **1**. Que, ou aquele que encobre. **2**. Receptador.

En.co.brir *v.t.* **1**. Esconder, ocultar. **2**. Dissimular. **3**. Não deixar de ver ou ouvir. **4**. Disfarçar. **5**. Guardar em si. **6**. Receptar. **7**. Tapar, toldar. **8**. Não dizer; ocultar. *v.int.* **9**. Toldar-se; turvar-se, carregar-se (o tempo). *v.p.* **10**. Esconder-se, ocultar-se, disfarçar-se.

En.co.le.ri.zar *v.t.* **1**. Causar cólera a; irritar, enfurecer. *v.p.* **2**. Encher-se de cólera; zangar-se, irritar-se.

En.co.lha (ô) *s.f.* Encolhimento.

En.co.lher *v.t.*, *int.* e *p.* **1**. Diminuir de dimensão, de tamanho; retrair(-se), contrair(-se). **2**. Abater ou deixar-se abater; reprimir(-se), deprimir(-se). *v.p.* **3**. Enroscar-se sobre si mesmo, por sentir frio, medo, desespero etc. **4**. Sentir-se humilhado, subjugado, rebaixado. *v.int.* **5**. Mostrar(-se) retraído, fechado sobre si mesmo, tímido. *v.t.* **6**. Fazer recuar, pôr para dentro, recolher. *v.int.* **7**. Sofrer contração; contrair-se. **8**. Dar pouco espaço, estreitar(-se).

En.co.lhi.men.to *s.m.* **1**. Ato ou efeito de encolher. **2**. Timidez, acanhamento.

En.co.men.da *s.f.* **1**. Ato ou efeito de encomendar. **2**. Coisa encomendada; pacote. **3**. Caixa ou pacote de mercadorias. **4**. Encargo, incumbência. **5**. Mandinga, feitiço.

En.co.men.da.ção *s.f.* **1**. Recomendação. **2**. Recomendação; orações que o sacerdote recita junto ao defunto antes do sepultamento do corpo.

En.co.men.da.do *adj.* **1**. Feito de encomenda. **2**. Recomendado.

En.co.men.dar *v.t.* **1**. Mandar fazer algo. **2**. Incumbir, encarregar. **3**. Ordenar. **4**. Entregar. **5**. Comissionar. **6**. Recitar orações pela alma de. **7**. Enviar cumprimentos, recados etc. *v.p.* **8**. Entregar-se ou confiar-se à proteção de.

En.co.mi.ar *v.t.* Dirigir encômios; louvar, elogiar.

En.co.mi.as.ta *adj.* e *s.2g.* Diz-se de, ou pessoa que faz discursos eligiosos de alguém ou de alguma coisa; panegirista.

En.cô.mio *s.m.* Louvor, elogio, aplauso.

En.com.pri.dar *v.t.* **1**. Tornar mais comprido. **2**. FIG Dilatar, prolongar. **3**. (NE) Fazer durar: *O autor encompridou a telenovela*.

En.con.car *v.t.* **1**. Dar a forma de telha ou de conca a. **2**. Tornar curvo. *v.int.* **3**. Tomar a forma de telha ou de conca.

En.con.tra.di.ço *adj.* **1**. Que se encontra facilmente. **2**. FIG Vulgar, popular.

En.con.trão *s.m.* Choque, empurrão forte.

En.con.trar *v.t.* **1**. Ir ao encontro de ou de encontro. **2**. Topar com; achar. **3**. Descobrir ou procurava. **4**. Atinar, deparar com. *v.p.* **5**. Dar de frente; topar por acaso.

En.con.tro *s.m.* **1**. Ato ou efeito de encontrar. **2**. Choque, embate. **3**. Duelo, luta, briga. **4**. Jogo entre duas equipes; prélio, partida. **5**. Compensação (de contas). ♦ *Ao encontro de*: na direção de, a favor de. ♦ *De encontro a*: contra; em oposição a.

En.co.ra.jar *v.t.* **1**. Dar coragem a. **2**. Animar, estimular. *v.p.* **3**. Atrever-se a. **4**. Animar-se, estimular-se.

En.cor.do.a.men.to *s.m.* **1**. Ato ou efeito de encordoar. **2**. Conjunto das cordas de um instrumento musical.

En.cor.do.ar *v.t.* **1**. Prover de cordas. **2**. Pôr cordas ou cordões em. *v.int.* **3**. Amuar(-se), zangar-se.

En.cor.par *v.t.* **1**. Dar mais corpo ou grossura a; engrossar. **2**. Aumentar. *v.int.* **3**. Desenvolver-se; criar corpo; crescer.

En.cor.ti.çar *v.t.* **1**. Cobrir com cortiça ou com casca de árvores. *v.int.* **2**. Tomar aparência de cortiça.

En.cor.ti.nar *v.t.* Pôr cortinas em.

ENCORUJAR-SE — ENDOSMOSE

En.co.ru.jar-se *v.p.* Ficar triste, emudecer e fugir de convivência e trato social; esquivar-se.

En.cos.co.rar *v.t.* **1.** Tornar duro como o coscorão; endurecer. *v.p.* **2.** Criar rugas; encarquilhar-se.

En.cos.ta *s.f.* **1.** Declive de morro, monte ou montanha. **2.** Vertente, ladeira.

En.cos.ta.men.to *s.m.* Ato de encostar.

En.cos.tar *v.t.* **1.** Aproximar, pôr junto a. **2.** Arrimar, apoiar, firmar, juntar, associar. **3.** Bater, castigar. **4.** Cerrar, fechar (porta, janela). *v.p.* **5.** Recostar-se, reclinar-se, deitar-se. **6.** Firmar-se, apoiar-se, arrimar-se. **7.** FIG Buscar a proteção de alguém. **8.** FAM Mostrar-se pouco disposto ao trabalho.

En.cos.to (ô) *s.m.* **1.** Espaldar de cadeira. **2.** Costa de um banco; almofada. **3.** Coisa a que outra se encosta ou arrima; apoio. **4.** FIG Amparo, proteção. **5.** Costas de um assento. **6.** ESPIR Influência negativa de espírito que se encostou em alguém.

En.cou.ra.ça.do *adj.* **1.** Que tem couraça. *s.m.* **2.** Couraçado, navio de guerra. ◆ *Var.: couraçado.*

En.cou.ra.çar *v.t. e p.* Couraçar.

En.co.va.do *adj.* **1.** Metido em cova. **2.** Escondido, oculto. **3.** Diz-se dos olhos quase que escondidos dentro das órbitas, ou do rosto que apresenta olhos assim.

En.co.var *v.t.* **1.** Meter em cova; enterrar. **2.** Recolher (mantimentos); enceleirar. **3.** Obrigar a fugir, a recolher ao covil. **4.** Esconder, ocultar. **5.** Tornar encovado. **6.** Convencer, obrigar calar-se. *v.t. e p.* **7.** Tornar-se encovado. **6.** Esconder(-se), ocultar(-se).

En.cra.va.du.ra *s.f.* **1.** Ato de encravar; encravamento. **2.** O conjunto dos cravos da ferradura.

En.cra.var *v.t.* **1.** Fixar ou prender com cravo ou prego; pregar. **2.** Embutir, engastar (pedras preciosas etc.). **3.** Fazer parar. *v.p.* **4.** Fixar-se, engastar-se. **5.** Embutir-se.

En.cra.ve (*enclave*) (fr.) *s.m.* **1.** País ou parte de um país que se situa totalmente dentro das fronteiras de outro. **2.** Qualquer área ou terreno encravado em outro maior. **3.** Grupo distinto isolado dentro de uma unidade maior. ◆ *Var.: enclave.*

En.cra.vo *s.m.* **1.** Encravadura. **2.** Ferimento feito no casco de animal pelos cravos da ferradura. **3.** Coisa difícil de remover-se; dificuldade.

En.cren.ca *s.f.* **1.** Situação complicada ou perigosa; estorvo, embaraço. **2.** Intriga. **3.** Desordem, motim, briga.

En.cren.car *v.t.* **1.** Tornar difícil ou complicada (uma situação). **2.** Pôr em dificuldade. **3.** Procurar encrenca. *v.int.* **4.** Armar encrenca. *v.p.* **5.** Atrapalhar-se, complicar-se.

En.cren.quei.ro *adj. e s.m.* POP Que, ou aquele que arma encrenca; criador de casos.

En.cres.par *v.t.* **1.** Tornar crespo; enrugar. *v.p.* **2.** Arrepiar-se, ouriçar-se (animal). **3.** Agitar-se (o mar). **4.** Irritar-se, indignar-se.

En.cros.tar *v.int.* Criar crosta.

En.cru.a.men.to *s.m.* Ato ou efeito de encruar.

En.cru.ar *v.t.* **1.** Fazer endurecer ou enrijar (o que estava quase cozido). **2.** Endurecer, empedernir. **3.** Exasperar; irritar. *v.int.* **4.** Tornar-se cru. **5.** Enrijar-se. **6.** Tornar-se insensível, cruel. **7.** Irritar-se, exacerbar-se.

En.cru.zi.lha.da *s.f.* Ponto onde vários caminhos, ruas ou estradas se cruzam.

En.cu.bar *v.t.* Recolher em cuba (vinho); envasilhar. ◆ Cf. *incubar*.

En.cu.car *v.t.* POP Meter na cuca, na cachola, na cabeça; encasquetar.

En.cur.ra.lar *v.t.* **1.** Meter no curral. **2.** Encerrar. **3.** Sitiar, cercar (o inimigo). **4.** Encostar à parede; perseguir. *v.p.* **5.** Refugiar-se ou meter-se em lugar sem saída.

En.cur.tar *v.t.* **1.** Tornar curto ou mais curto. **2.** Diminuir, reduzir, abreviar. **3.** Limitar, restringir. *v.p.* **4.** Diminuir-se, reduzir-se.

En.cur.var *v.t.* **1.** Tornar curvo; emborcar. **2.** Abater, humilhar. *v.int.* **3.** Tornar-se curvo; dobrar-se. *v.p.* **4.** Fazer-se curvo. **5.** Rebaixar-se, humilhar-se.

En.de.cha (ê) *s.f.* **1.** Composição triste, formada de quatro versos de cinco sílabas. **2.** Poesia fúnebre. **3.** Canção dolente, melancólica.

En.de.mi.a *s.f.* Surto de doença contagiosa peculiar a uma região, e acomete constantemente as pessoas que ali vivem. ◆ Cf. *epidemia.*

En.de.mi.ci.da.de *s.f.* Qualidade do que é endêmico.

En.dê.mi.co *adj.* **1.** Relativo a endemia. **2.** Peculiar a determinada população ou região. **3.** FIG Que traz prejuízos constantes.

En.de.mo.ni.ar *v.t.* **1.** Meter o demônio no corpo de. *v.t. e p.* **2.** Enfurecer(-se), enraivecer(-se).

En.de.re.çar *v.t.* **1.** Pôr endereço em; sobrescritar. **2.** Dirigir, enviar, endereçar, encaminhar. *v.p.* **3.** Dirigir-se para, destinar-se a.

En.de.re.ço (ê) *s.m.* **1.** Indicação de nome e residência de uma pessoa em sobrecarta, bilhete etc.; sobrescrito. **2.** Residência de alguém. **3.** FIG Destinatário. **4.** Lugar onde se está estabelecido.

En.deu.sar *v.t.* **1.** Pôr entre os deuses. **2.** Extasiar, enlevar. *v.p.* **3.** Atribuir a si próprio qualidades divinas. **4.** Encher-se de orgulho; extasiar-se.

En.di.a.brar *v.t. e p.* Tornar(-se) endiabrado; enfurecer(-se), encapetar(-se).

En.di.nhei.rar *v.t. e p.* Adquirir muito dinheiro; enriquecer.

En.di.rei.tar *v.t.* **1.** Pôr direito (o que estava torto, dobrado ou desviado da linha reta). **2.** Retificar, corrigir. **3.** Dar boa disposição a. **4.** Ir direito. **5.** Atinar, acertar. *v.int.* **6.** Corrigir-se, emendar-se. **7.** Tomar boa direção. **8.** Ficar direito. *v.p.* **9.** Tornar-se direito (o que era torto, curvado, dobrado). **10.** Entrar nos trilhos. **11.** Emendar-se, corrigir-se. **12.** Mudar de roupa; arrumar-se.

En.dí.via *s.f.* Variedade de chicória, também chamada escarola, que embranquece na obscuridade.

En.di.vi.da.men.to *s.m.* Aumento das dívidas de uma pessoa, de uma empresa etc.

En.di.vi.dar *v.t.* **1.** Induzir a contrair dívidas. **2.** Tornar devedor. *v.p.* **3.** Contrair dívidas ou obrigações.

En.do- *pref.* 'Movimento para dentro': *endoérgico.*

En.do.cár.dio *s.m.* ANAT Membrana que reveste interiormente o coração.

En.do.car.di.te *s.f.* MED Inflamação do endocárdio.

En.do.car.po *s.m.* BOT Membrana interior do fruto que fica em contato com a semente.

En.dó.cri.no *adj.* ANAT Relativo às glândulas de secreção interna.

En.do.cri.no.lo.gi.a *s.f.* Parte da Medicina que trata das glândulas de secreção interna e dos hormônios.

En.do.cri.no.lo.gis.ta *s.2g.* Especialista em endocrinologia.

En.do.don.ti.a *s.f.* MED Parte da Odontologia que se ocupa das afecções internas dos dentes, como o tratamento de canais.

En.do.en.ças *s.f.pl.* As solenidades religiosas da quinta-feira santa, quando se celebra a paixão de Cristo.

En.do.ga.mo *adj.* **1.** Relativo à endogamia. *s.m.* **2.** Aquele que se casa somente com membros de sua própria tribo ou classe.

En.doi.de.cer *v.t.* Ficar ou deixar doido; endoidar.

En.do.mé.trio *s.m.* ANAT Mucosa que recobre o interior da cavidade uterina.

En.do.mor.fi.na *s.f.* ⇒ Endorfina.

En.do.plas.ma *s.m.* Parte interna do citoplasma.

En.do.pó.di.to *s.m.* Ramo interno das patas ou apêndices dos artrópodes, geralmente formado de cinco a sete segmentos unidos.

En.dor.fi.na *s.f.* Grupo de grandes moléculas existentes em certas estruturas cerebrais.

En.dos.co.pi.a *s.f.* **1.** Método de diagnóstico pelo exame de cavidades, por meio de aparelhos óticos. **2.** Visão interior.

En.dos.có.pio *s.m.* Instrumento médico, de 6 a 8 mm de diâmetro, usado para examinar certas cavidades do corpo, como as fossas nasais, laringe, estômago etc.

En.dos.mo.se *s.f.* Corrente que se forma de fora para dentro, entre dois líquidos de densidades diferentes, separados por uma membrana porosa.

ENDOSPERMA — ENFORCAR

En.dos.per.ma s.m. BOT Tecido nutritivo das angiospermas, utilizado pelo embrião quando de seu desenvolvimento; albume.

En.dos.sar v.t. **1.** Passar no verso de (uma letra, ordem etc.) a cessão ou endosso a favor de um terceiro. **2.** Passar para a responsabilidade de outrem. **3.** FIG Apoiar, defender.

En.dos.so (ô) s.m. **1.** Ato ou efeito de endossar. **2.** Declaração escrita no reverso de uma letra ou outro título de crédito com a qual se endossa a referida letra ou título.

En.do.ve.no.so (ô) adj. **1.** Através da veia; intravenoso. **2.** Que se aplica na veia.

En.du.re.cer v.t. **1.** Tornar duro, rijo, forte. **2.** Tornar insensível, empedernir. v.int. **3.** Tornar-se duro; enrijar. **4.** Tornar-se insensível. v.p. **5.** Fazer-se duro. **6.** Empedernir-se. **7.** Tornar-se incorrigível. • Ant.: amolecer.

En.du.ro s.m. Corrida de motociclistas para prova de resistência física e regularidade, realizada em caminhos acidentados, de terra, praia etc.

E.ne s.m. Nome da letra N/n. • Pl.: enes.

E.ne.a.go.nal adj.2g. **1.** Que tem nove ângulos. **2.** Relativo ao eneágono.

E.ne.á.go.no s.m. GEOM Polígono de nove ângulos e nove lados. adj. **2.** Eneagonal.

E.ne.gé.si.mo num.ord., adj. e s.m. ⇒ Enésimo.

E.ne.gre.cer v.t. **1.** Tornar negro; escurecer. **2.** FIG Difamar, caluniar. v.int. **3.** Tornar-se negro. **4.** Fazer-se escuro.

É.neo adj. **1.** De bronze. **2.** Semelhante ao bronze.

E.ne.quim s.m. ⇒ Anequim.

E.ner.gé.ti.ca s.f. FILOS Ciência da energia. **2.** Dinamismo puro; espiritualismo.

E.ner.gi.a s.f. **1.** FÍS Capacidade que tem um corpo para realizar um trabalho. **2.** Maneira como se exerce uma força. **3.** Atividade. **4.** Força moral; vigor. **5.** Força de vontade; firmeza. **6.** Qualidade do que é energético.

E.nér.gi.co adj. **1.** Que tem energia. **2.** Em que há energia. **3.** Vigoroso, austero.

E.ner.gú.me.no s.m. **1.** Possesso, violento, endemoninhado. **2.** FIG Indivíduo desnorteado, furioso. **3.** POP Imbecil, idiota. **4.** Aquele que fala e gesticula com veemência.

E.ner.var v.t. **1.** Privar de força; enfraquecer, debilitar. **2.** Afrouxar. v.int. **3.** Causar, produzir esgotamento nervoso. **4.** Perder a força, a energia. v.p. **5.** Irritar-se.

E.ne.vo.ar v.t. **1.** Cobrir de névoa; nublar. **2.** Tornar sombrio. **3.** Entristecer, obscurecer. v.p. **4.** Cobrir-se de nevoeiro. **5.** Escurecer, nublar-se, turvar-se. **6.** Entristecer-se.

En.fa.dar v.t. **1.** Causar aborrecimento, tédio, fastio em. **2.** Molestar, cansar, incomodar. **3.** Irritar. v.p. **4.** Aborrecer-se, agastar-se, chatear-se.

En.fa.do s.m. **1.** Ato ou efeito de enfadar. **2.** Aborrecimento. **3.** Cansaço. **4.** Impressão desagradável. **5.** Chateação, tédio.

En.fa.do.nho adj. **1.** Que causa enfado. **2.** Que cansa; cansativo, importuno. **3.** Maçante, chato.

En.fai.xar v.t. Envolver ou atar com faixa ou faixas.

En.fa.rar v.t. **1.** Causar aborrecimento a; enfadar. v.p. **2.** Aborrecer-se, entediar-se.

En.far.da.dei.ra s.f. Máquina agrícola para enfardar trigo, algodão, feno, alfafa etc.

En.far.dar v.t. **1.** Fazer fardo de. **2.** Empacotar, embrulhar. **3.** Guardar.

En.fa.ri.nhar v.t. **1.** Polvilhar ou cobrir com farinha. • v.p. **2.** Empoar-se.

En.fa.ro s.m. **1.** Ato ou efeito de enfarar. **2.** Fastio, tédio, aborrecimento. **3.** Enjoo, repugnância.

En.far.pe.lar v.t. e p. Vestir(-se) com roupa nova, domingueira.

En.far.rus.car v.t. **1.** Sujar de fuligem. v.int. **2.** Zangar-se, amuar-se. v.p. **3.** Sujar-se de fuligem. **4.** Enevoar-se. **5.** Amuar-se, ficar carrancudo. **6.** Cobrir-se de nuvens escuras (o céu).

En.far.te s.m. **1.** Ato de enfartar(-se); enfartação, enfartamento. **2.** MED Infarto.

En.far.to s.m. MED Infarto.

Ên.fa.se s.f. **1.** Maneira empolgada de se exprimir. **2.** Energia exagerada na fala e no gesto; ostentação. **3.** Realce, destaque.

En.fas.ti.ar v.t. **1.** Tirar o apetite. **2.** Enfadar, entediar, aborrecer. v.int. **3.** Causar fastio, tédio. v.p. **4.** Enfadar-se, aborrecer-se.

En.fa.ti.o.tar-se v.p. **1.** Vestir uma fatiota. **2.** Vestir-se com apuro.

En.fa.ti.zar v.t. **1.** Dar ênfase a. **2.** Realçar, salientar, destacar.

En.fa.tu.ar v.t. **1.** Tornar fátuo ou vaidoso. **2.** Encher de vaidade. v.p. **3.** Tornar-se arrogante, soberbo, vaidoso.

En.fe.ar v.t. e p. Tornar(-se) feio (com alguma má intenção). • Cf. afear.

En.fei.ta.men.to s.m. Ato ou efeito de enfeitar; enfeite.

En.fei.tar v.t. **1.** Pôr enfeites em. **2.** Ataviar, adornar. **3.** FIG Desculpar; disfarçar. **4.** Ornar. v.p. **5.** Ornamentar-se, embelezar-se.

En.fei.te s.m. Ornamento, adorno, atavio.

En.fei.ti.çar v.t. **1.** Fazer mal a, com feitiços. **2.** FIG Atrair, seduzir, abrasar de amor. **3.** FIG Atrair de modo irresistível; encantar. v.p. **4.** Deixar-se vencer pelo feitiço. **5.** Deixar-se cativar.

En.fei.xar v.t. **1.** Atar em feixe. **2.** Enfardar, entrouxar. **3.** Ajuntar, reunir.

En.fer.ma.gem s.f. **1.** Serviço médico auxiliar desempenhado por enfermeira ou enfermeiro. **2.** Tratamento de enfermos. **3.** O conjunto dos enfermeiros.

En.fer.mar v.int. **1.** Tornar-se enfermo; adoecer. v.t. **2.** Mortificar. **3.** Fazer adoecer. **4.** Tirar o vigor a; adoecer.

En.fer.ma.ri.a s.f. Casa ou sala destinada ao tratamento de enfermos, nos hospitais, asilos etc.

En.fer.mei.ro s.m. **1.** Indivíduo licenciado em enfermagem. **2.** Aquele cuja profissão é tratar de enfermo.

En.fer.mi.ço adj. Que está sempre enfermo; doentio. • Ant.: saudável.

En.fer.mi.da.de s.f. **1.** Alteração mais ou menos grave da saúde. **2.** Doença, achaque. **3.** FIG Vício ou mania. • Ant.: saúde.

En.fer.mo (ê) adj. e s.m. **1.** Que, ou pessoa que está doente ou não goza de boa saúde. **2.** FIG Anormal, imperfeito. • Ant.: são.

En.fer.ru.jar v.t. **1.** Criar ferrugem; encher-se de ferrugem. **2.** Cair em desuso. v.t. **3.** Fazer criar ferrugem. v.int. e p. **4.** Criar ferrugem; cobrir-se de ferrugem.

En.fes.ta (é) s.f. **1.** Cume, pico. **2.** Encosta. **3.** FIG Fastígio, auge.

En.fes.ta.do adj. **1.** Dobrado ao meio em sua largura (o pano) e assim enrolado na peça. **2.** FIG Dobrado, reforçado, de compleição robusta.

En.fes.tar v.t. **1.** Dobrar pelo meio em sua largura. **2.** Aumentar (qualquer coisa). **3.** Aborrecer, entediar. v.int. **4.** Exagerar, mentir.

En.feu.dar v.t. Formar feudo em.

En.fi.lei.ra.men.to s.m. Ato ou efeito de enfileirar(-se).

En.fi.lei.rar v.t. **1.** Dispor ou ordenar em fileiras; alinhar. v.p. **2.** Entrar na fileira.

En.fim adv. **1.** Finalmente, afinal. **2.** Em conclusão, em suma.

En.fi.se.ma s.m. MED Estado ocasionado pela infiltração do ar ou formação de um gás nos tecidos.

En.fi.se.ma.to.so (ô) adj. e s.m. Que, ou aquele que sofre de enfisema; enfisemático.

En.fi.ve.lar v.t. Pôr fivela em.

En.flo.rar v.t. **1.** Fazer nascer flores em. **2.** Adornar, ornar de flores. v.int. e p. **3.** Enfeitar de flores. **4.** Criar flores.

En.flo.res.cer v.t. e int. Florescer.

En.fo.car v.t. **1.** FOT Pôr em foco; focalizar. **2.** Pôr em evidência. **3.** Examinar, analisar. • Var.: focar.

En.fo.lhar v.t. **1.** Cobrir de folhas. v.int. e p. **2.** Revestir-se de folhas.

En.fo.que s.m. **1.** Ato de enfocar, de pôr em foco. **2.** Ponto de vista; versão, explicação.

En.for.ca.men.to s.m. Ato ou operação de enforcar.

En.for.car v.t. **1.** Provocar a morte, suspendendo pelo pescoço na forca, em galho de árvore ou lugar alto; estrangular. **2.** Deixar de comparecer às aulas ou ao trabalho em dia útil. v.p. **3.** Suicidar-se por estrangulamento, suspendendo-se pelo pescoço. **4.** POP Casar-se.

ENFORMAR — ENGOLFAR

En.for.mar¹ *v.t.* **1.** Pôr ou meter em forma. **2.** FAM Comer muito.
En.for.mar² *v.t.* **1.** Dar forma a. *v.int.* **2.** Desenvolver-se; tomar corpo, encorpar.
En.for.nar *v.t.* Meter no forno.
En.for.qui.lhar *v.t.* **1.** Dar forma de forquilha a. **2.** Escarranchar, bifurcar.
En.fra.que.cer *v.t.* **1.** Tornar fraco. **2.** Fazer perder as forças a. **3.** Debilitar, desanimar. *v.int.* **4.** Tornar-se fraco. **5.** Debilitar-se, perder as forças, a energia. *v.p.* **6.** Tornar-se fraco; debilitar-se.
En.fra.que.ci.do *adj.* Fraco, debilitado.
En.fra.que.ci.men.to *s.m.* **1.** Diminuição das forças. **2.** Estado do que se enfraqueceu. **3.** Fraqueza, debilidade.
En.fras.car *v.t.* Meter em frasco.
En.fre.ar *v.t.* **1.** Pôr freio; domar. **2.** Apertar o freio de. **3.** FIG Refrear, reprimir; conter. **4.** Moderar. *v.p.* **5.** Reprimir-se, conter-se.
En.fren.ta.men.to *s.m.* Ato ou modo de enfrentar, de encarar (problemas, situações etc.).
En.fren.tar *v.t.* **1.** Encarar, defrontar. **2.** Atacar de frente. *v.p.* **3.** Defrontar-se, resistindo.
En.fro.nhar *v.t.* **1.** Meter em fronha. **2.** Revestir; encapar. *v.p.* **3.** Instruir-se. **4.** Envolver-se. **5.** Ocupar-se muito com: *Enfronhar-se nos estudos.*
En.fu.ma.çar *v.t.* **1.** Encher, cobrir de fumo ou fumaça. **2.** Toldar, empanar, escurecer.
En.fu.mar *v.t.* Enfumaçar.
En.fu.ma.rar *v.t.* Enfumaçar.
En.fu.na.ção *s.f.* Bazófia, presunção, prosápia.
En.fu.na.do *adj.* **1.** Cheio de vento; inchado. **2.** FIG Envaidecido, vaidoso.
En.fu.nar *v.t.* **1.** Encher, tornar bojudo, inflar (as velas do navio). **2.** FIG Tornar orgulhoso. *v.p.* **3.** Encher-se de vento. **4.** Tornar-se bojuda (as velas do navio). **5.** Encher-se de vaidade.
En.fu.ni.lar *v.t.* **1.** Fazer passar por funil; escoar, verter através de funil. *v.t.* e *p.* Afunilar.
En.fu.re.cer *v.t.* **1.** Tornar furioso; irritar, enraivecer. *v.int.* **2.** Ficar furioso, irado. *v.p.* **3.** Irar-se até ficar furioso. **4.** FIG Encapelar-se (o mar).
En.fu.re.ci.men.to *s.m.* Ato ou efeito de enfurecer(-se).
En.fur.nar *v.t.* **1.** Meter em furna. **2.** Esconder. *v.pr.* **3.** Esconder-se, retrair-se. ◆ Cf. *enfunar*(-se).
En.ga.be.la.ção *s.f.* Ato ou efeito de engabelar. ◆ *Var.: engambelação.*
En.ga.be.la.men.to *s.m.* Engabelação.
En.ga.be.lar *v.t.* Iludir com falsas promessas; enganar, seduzir, fraudar. ◆ *Var.: engambelar.*
En.ga.be.lo (ê) *s.m.* **1.** Engabelação. **2.** Engodo, embuste.
En.gai.o.lar *v.t.* **1.** Prender em gaiola. **2.** POP Meter na cadeia; prender. *v.p.* **3.** Viver solitário.
En.ga.jar *v.t.* **1.** Aliciar para serviço pessoal. **2.** Fazer participar de. **3.** Entrar para o serviço militar. *v.p.* **4.** Obrigar-se a serviço por ajuste. **5.** Tomar partido ou posição ativa na defesa de uma ideia, causa ou tese. **6.** Empenhar-se num trabalho ou luta.
En.ga.la.nar *v.t.* **1.** Enfeitar, ornar de galas. **2.** Embelezar, adornar. *v.p.* **3.** Vestir-se ou revestir-se de galas. **4.** Enfeitar-se, ornamentar-se.
En.ga.lar *v.int.* **1.** Levantar o pescoço, arqueando-o (o cavalo). *v.p.* **2.** Ensoberbecer-se, envaidecer-se.
En.gal.fi.nhar-se *v.p.* **1.** Agarrar-se ao adversário. **2.** Brigar corpo a corpo. **3.** Embraçar-se, atracar-se.
En.gam.be.la.ção *s.f. Var.: engabelação.*
En.gam.be.lar *v.t. Var.: engabelar.*
En.gam.be.lo (ê) *s.m.* Engabelo (ê).
En.ga.na.dor *adj.* e *s.m.* Que, ou que engana.
En.ga.nar *v.t.* **1.** Fazer cair em erro. **2.** Iludir, burlar. **3.** Disfarçar, esconder. **4.** Trair (o cônjuge). *v.int.* **5.** Induzir em erro ou engano. *v.pr.* **6.** Iludir-se, cair em erro. **7.** Procurar iludir-se; equivocar-se.
En.gan.char *v.t.* **1.** Segurar, prender com gancho. *v.p.* **2.** Enlaçar-se.

En.ga.no *s.m.* **1.** Ato ou efeito de enganar(-se). **2.** Erro em que se caí por descuido ou astúcia de outrem. **3.** Logro, fraude. **4.** Confusão, equívoco.
En.ga.no.so (ô) *adj.* **1.** Que engana; enganador. **2.** Cheio de enganos; ilusório, falaz, artificioso, simulado.
En.gar.ra.fa.men.to *s.m.* **1.** Ato ou efeito de engarrafar. **2.** Congestionamento do tráfego por acúmulo de veículos ou acidente.
En.gar.ra.far *v.t.* **1.** Pôr em garrafa. *v.int.* e *p.* **2.** Deter-se o trânsito de veículos ou fluir muito vagarosamente.
En.gas.gar *v.t.* **1.** Produzir engasgo em. *v.int.* e *p.* **2.** Ficar com a garganta entupida; sufocar-se. **3.** Atrapalhar-se, embaraçar-se (especialmente ao falar). **4.** Ficar entalado. **5.** Perder o fio do discurso; enlear-se, embaraçar-se.
En.gas.go *s.m.* **1.** Ato ou efeito de engasgar. **2.** FIG Embaraço; atrapalhação.
En.gas.ta.dor (ô) *adj.* e *s.m.* Que, ou aquele que engasta.
En.gas.tar *v.t.* **1.** Embutir, encravar (pedras preciosas) em ouro, prata etc. **2.** Encaixar, encastoar. **3.** FIG Introduzir, intercalar.
En.gas.te *s.m.* **1.** Haste ou guarnição de metal que segura a pedraria nas joias. **2.** Ato de engastar.
En.ga.tar *v.t.* **1.** Ligar, prender, amarrar por meio de engates.
En.ga.te *s.m.* **1.** Ato ou efeito de engatar. **2.** Aparelho para ligar entre si os carros ou as parelhas que puxam o carro; gancho.
En.ga.ti.lhar *v.t.* **1.** Armar o gatilho de. **2.** Preparar (arma de fogo) para disparar. **3.** FIG Compor, preparar.
En.ga.ti.nhar *v.int.* **1.** Andar de gatinhas. **2.** Andar de quatro, como um gato. **3.** FIG Iniciar-se em alguma coisa.
En.ga.ve.tar *v.t.* **1.** Meter em gavetas. **2.** Meter-se um vagão por dentro de outro, numa colisão de trens. **3.** Meter-se (um veículo, um vagão de trem etc.) por dentro de outro, numa colisão. **4.** POP Arquivar (inquérito, processo etc.).
En.ga.zo.par *v.t.* **1.** Lograr, ludibriar, enganar. **2.** Meter em prisão.
En.ge.lhar *v.t.* **1.** Enrugar, fazer secar. *v.int.* e *p.* **2.** Murchar(-se), secar(-se).
En.gen.drar *v.t.* **1.** Produzir, inventar. **2.** Gerar, conceber, imaginar.
En.ge.nhar *v.t.* **1.** Inventar, traçar, idear. **2.** Fazer (coisa que depende de gênio ou engenho). **3.** Maquinar, armar, tramar. **4.** Fabricar, construir artificialmente.
En.ge.nha.ri.a *s.f.* Ciência, arte ou técnica que se ocupa das regras de construções civis, militares e navais.
En.ge.nhei.ro *s.m.* **1.** Indivíduo formado em engenharia. **2.** Aquele que se dedica à arte de construções civis e públicas, como edifícios, estradas, pontes etc.
En.ge.nho *s.m.* **1.** Faculdade inventiva. **2.** Habilidade, talento. **3.** Ardil, astúcia. **4.** Estabelecimento agrícola destinado à cultura da cana e à fabricação do açúcar e do álcool. **5.** Qualquer máquina ou artefato.
En.ge.nho.ca *s.f.* **1.** *Dim.* depreciativo de *engenho*. **2.** Máquina ou aparelho rudimentar. **3.** FIG Arapuca, artimanha.
En.ge.nho.so (ô) *adj.* **1.** Que tem ou revela engenho. **2.** Artificioso, inventivo. ◆ *Fem.* e *pl.: engenhosa* e *engenhosos* (ó).
En.ges.sar *v.t.* Proteger ou envolver com gesso.
En.glo.ba.men.to *s.m.* ou **en.glo.ba.ção** *s.f.* Ato ou efeito de englobar; junção, reunião. ● *Pl.:* englobações.
En.glo.bar *v.t.* **1.** Dar a forma de globo a. **2.** Reunir, compreender em um todo. **3.** Juntar, conglomerar.
-en.go *suf.* 'Relação, posse': *principengo, remelengo.*
En.go.dar *v.t.* **1.** Atrair com engodo. **2.** Enganar com promessas que jamais serão cumpridas. **3.** Lograr, iludir.
En.go.do (ô) *s.m.* **1.** Isca, ceva com que se apanham peixes, aves etc. **2.** Coisa com que se seduz alguém. **3.** Adulação astuciosa. **4.** Lisonja, adulação.
En.gol.far *v.t.* **1.** Meter em golfo. *v.p.* **2.** Penetrar com violência (o vento, as águas) em. **3.** Precipitar-se em. **4.** Entranhar-se. **5.** Absorver-se, enlevar-se (no estudo, trabalho etc.).

ENGOLIR — ENOBRECER

En.go.lir v.t. **1.** Deglutir, passar da boca ao estômago. **2.** Sorver, tragar, devorar, subverter. **3.** Ocultar, sofrer em segredo, dissimular. **4.** FAM Acreditar ingenuamente. **5.** Suportar (coisa desagradável). **6.** Sofrer censura ou dano sem se queixar.

En.go.ma.dei.ra s.f. **1.** Mulher que engoma. **2.** Máquina usada na indústria da tecelagem.

En.go.mar v.t. **1.** Meter em goma e alisar depois com ferro quente. **2.** Molhar em goma.

En.gon.çar v.t. **1.** Pôr engonços em. **2.** Pender em engonços.

En.gon.ço s.m. **1.** Encaixe de duas peças de um artefato, capaz de permitir sua articulação; dobradiça, gonzo. **2.** Boneco de engonço.

En.gor.dar v.t. **1.** Tornar gordo; cevar. v.int. **2.** Tornar-se gordo; nutrir-se. **3.** Alimentar-se bem. **4.** Enriquecer.

En.gor.du.rar v.t. **1.** Untar, besuntar, cobrir com gordura. v.p. **2.** Sujar-se de gordura.

En.gra.ça.do adj. e s.m. Diz-se de, ou que tem graça, que é divertido, espirituoso.

En.gra.ça.men.to s.m. **1.** Ato ou efeito de engraçar(-se). **2.** FAM Atrevimento, confiança. **3.** Galanteio.

En.gra.çar v.t. **1.** Tornar gracioso. **2.** Dar graça a. v.int. e p. **3.** Simpatizar, agradar; gostar. **4.** Meter-se indevidamente na intimidade de. **5.** Troçar, zombar de.

En.gra.da.do s.m. **1.** Armação de madeira ou plástico, para proteger certos objetos (garrafa, móveis, animais etc.), ao serem transportados. adj. **2.** Provido de grade.

En.gra.dar v.t. **1.** Rodear, prover de grades. **2.** Pregar na grade (uma tela) para se aparelhar antes de pintar.

En.gran.de.cer v.t. **1.** Tornar grande. **2.** Elevar em dignidade etc. v.p. **3.** Tornar-se maior. **4.** Tornar-se poderoso, afamado. **5.** Crescer, elevar-se (em honras, em dignidade).

En.gran.zar v.t. **1.** Enfiar contas em (fio ou cordão). **2.** Ligar (os elos de uma cadeia). **3.** Encadear, concatenar. **4.** Travar, engrenar.

En.gra.va.tar-se v.p. **1.** Pôr gravata. **2.** Vestir-se com apuro.

En.gra.vi.dar v.t. Ficar ou tornar(-se) grávida.

En.gra.xa.de.la s.f. **1.** Ato de engraxar superficialmente. **2.** Ligeira mão de graxa.

En.gra.xar v.t. **1.** Passar graxa e lustrar (sapato, arreios etc.) para obter lustro; lustrar. **2.** FIG Bajular, lisonjear. **3.** Corromper.

En.gra.xa.ta.ri.a s.f. Lugar onde se engraxam sapatos; engraxateria.

En.gra.xa.te s.m. Aquele que engraxa sapatos; engraxador.

En.gre.na.gem s.f. **1.** Mecanismo que transmite rotações por meio de rodas ou pinhões denteados, encontrado em inúmeras máquinas, como relógios, veículos, aparelhamento industrial etc. **2.** Conjunto de circunstâncias que se emaranham entre si. **3.** Organização, entrosamento.

En.gre.nar v.t. **1.** Combinar os movimentos de rodas dentadas ou peças de modo que umas sejam condicionadas pelas outras. **2.** Engatar em duas marchas (carro). **3.** Relacionar e ligar atos ou circunstâncias. **4.** FIG Principiar, entabular. v.int. **5.** Entrosar(-se), relacionar-se.

En.gri.nal.dar v.t. **1.** Ornar, enfeitar com grinaldas. v.p. **2.** Ornar(-se), enfeitar(-se). **3.** Adornar(-se).

En.gro.lar v.t. **1.** Cozer ou assar levemente. **2.** Pronunciar (as palavras) ou recitar mal e indistintamente. **3.** Ludibriar, iludir.

En.gros.sar v.t. **1.** Tornar grosso ou mais grosso. **2.** Aumentar em massa, volume ou quantidade. **3.** Dar timbre mais grave a (voz). v.int. e p. **4.** Tornar-se grosso ou mais grosso. v.int. **5.** Mostrar-se grosseiro ou descortês.

En.gru.pir v.t. GÍR Tapear, enganar.

En.gui.a s.f. Peixe semelhante a uma cobra, fluvial e marinho, comprido, roliço e escorregadio; moreia.

En.gui.ça.dor (ô) adj. e s.m. Que, ou aquele que enguiça.

En.gui.çar v.t. **1.** Causar enguiço em. v.t. e int. **2.** Implicar com alguma coisa. v.int. **3.** Parar de funcionar por defeito (automóvel, máquina etc.). **4.** Encrencar.

En.gui.ço s.m. **1.** Quebranto, mau-olhado. **2.** Azar, empecilho. **3.** Desarranjo no funcionamento de máquinas e mecanismos.

En.gu.lhar v.t. **1.** Nausear, enjoar. v.int. **2.** Sentir nojo ou náusea. **3.** Ter ânsias. **4.** Desejar com ardor.

En.gu.lho s.m. **1.** Ato ou efeito de engulhar. **2.** Náusea, enjoo. **3.** Ânsia que precede o vômito. **4.** FIG Tentação, desejo ardente.

-e.nho suf. 'Origem': porto-riquenho.

E.nig.ma s.m. **1.** Proposição obscura, para ser adivinhada. **2.** Coisa obscura ou difícil de definir; charada, mistério. **3.** Pessoa que oculta suas intenções.

-ê.nio suf. 'Carboneto de hidrogênio': acetilênio.

En.jam.brar v.t. **1.** Empenar, torcer-se (uma tábua). **2.** Ficar confuso, envergonhado.

En.jau.la.men.to s.m. **1.** Aprisionamento de fera(s). **2.** Encarceramento, prisão de malfeitor.

En.jau.lar v.t. Meter em jaula; prender.

En.jei.ta.men.to s.m. **1.** Ato ou efeito de enjeitar. **2.** Abandono.

En.jei.tar v.t. **1.** Rejeitar, repelir, recusar. **2.** Abandonar (filho). **3.** Desprezar, repudiar.

En.je.rir-se v.p. Encolher-se de frio ou por doença.

En.jo.a.men.to s.m. **1.** Enjoo. **2.** Aborrecimento, amolação.

En.jo.ar v.t. **1.** Causar enjoo a. **2.** Provocar tédio, enfado. v.int. **3.** Sofrer de enjoos; ter náuseas. **4.** Ter cheiro mau ou enjoativo. v.p. **5.** Enfadar-se, aborrecer-se.

En.jo.a.ti.vo adj. **1.** Que causa enjoo; repugnante. **2.** Entediante, aborrecido, maçante.

En.jo.o s.m. **1.** Mal-estar do estômago, peculiar a algumas pessoas que viajam em navio, trem, ônibus etc. **2.** Náuseas e vômito que acompanham às vezes o estado de gravidez. **3.** Nojo, náusea, engulho. **4.** Aborrecimento, enfado.

En.la.çar v.t. **1.** Prender com laço; laçar. **2.** Prender nos braços; abraçar, estreitar. **3.** Atrair, cativar. v.p. **4.** Ligar-se, unir-se por vínculo moral (afeto, amizade etc.).

En.la.ce s.m. **1.** Ato ou efeito de enlaçar(-se); entrelaçamento, união. **2.** Casamento.

En.lam.bu.zar v.t. e p. Lambuzar.

En.la.me.ar v.t. **1.** Sujar(-se) com lama. **2.** FIG Conspurcar, macular, manchar. v.p. **3.** Sujar-se de lama. **4.** Sujar o próprio nome; aviltar-se.

En.lan.gues.cer v.int. e p. **1.** Tornar-se lânguido. **2.** Perder as forças; debilitar-se.

En.la.ta.men.to s.m. **1.** Ação de enlatar. **2.** Processo de conservação em lata de alimentos industrializados.

En.la.tar[1] v.t. Meter ou pôr em lata.

En.la.tar[2] v.t. Dispor em latadas.

En.le.ar v.t. **1.** Ligar, prender. **2.** Atar com liames. **3.** FIG Perturbar, embaraçar. v.p. **4.** Embaraçar-se, confundir-se.

En.lei.o s.m. **1.** Ato ou efeito de enlear(-se). **2.** Perturbação, confusão. **3.** Embaraço, dúvida, perplexidade. **4.** FIG Encanto, enlevo, atrativo.

En.lei.va.men.to s.m. Ato ou efeito de enleivar.

En.lei.var v.t. **1.** Revestir (terreno) com leiva. **2.** Mover (terras para terraplenagem).

En.le.vo (ê) s.m. **1.** Encanto, arroubo, deleite. **2.** Qualquer coisa que encanta. **3.** Êxtase, arrebatamento.

En.lo.dar v.t. e p. **1.** Enlamear(-se), sujar(-se) de lodo. **2.** FIG Conspurcar(-se).

En.lou.que.cer v.t. **1.** Tornar louco; causar loucura a. v.int. **2.** Ficar louco; perder o uso da razão, perder a cabeça.

En.lou.que.ci.men.to s.m. **1.** Ato ou efeito de enlouquecer; loucura. **2.** Desvario, desatino.

En.lu.a.ra.do adj. Banhado de luar: Noite enluarada.

En.lu.ta.men.to s.m. Pesar, tristeza, desgosto.

En.lu.tar v.t. e p. **1.** Cobrir(-se) de luto ou de tristeza. **2.** Envolver (-se) em trevas. **3.** Escurecer(-se).

En.lu.var v.t. e p. Calçar(-se) de luvas.

-e.no suf. Referência, origem': romeno, esloveno.

E.no.bre.ce.dor (ô) adj. e s.m. Que, ou o que enobrece.

E.no.bre.cer v.t. **1.** Tornar nobre ou ilustre. **2.** Fazer famoso. v.p. **3.** Fazer-se nobre, ilustre. **4.** Engrandecer-se, fazer-se famoso.

ENOBRECIMENTO — ENSANDECIMENTO

E.no.bre.ci.men.to *s.m.* **1.** Ato ou efeito de enobrecer(-se). **2.** Engrandecimento.

E.no.do.a.men.to *s.m.* Desonra.

E.no.do.ar *v.t.* **1.** Encher ou cobrir de nódoas. **2.** FIG Macular, difamar. *v.t.* e *p.* **3.** Sujar(-se). *v.p.* **4.** Desonrar-se por ações indignas.

E.no.ja.men.to *s.m.* Ato ou efeito de enojar(-se).

E.no.jar *v.t.* **1.** Causar nojo ou náusea a. **2.** Enojar; causar enfado, tédio a. **3.** Molestar, incomodar. *v.p.* **4.** Nausear-se, enfadar-se, aborrecer-se.

E.no.jo (ô) *s.m.* **1.** Nojo, náusea, enjoo. **2.** Aborrecimento, enfado. **3.** Luto, tristeza.

E.nor.me *adj.2g.* **1.** Desmarcado. **2.** Que excede as medidas normais. **3.** Muito grande, desproporcional, descomunal. **4.** Muito grave, hediondo: *Praticou um crime enorme.*

E.nor.mi.da.de *s.f.* **1.** Qualidade de enorme. **2.** Excesso de grandeza. **3.** Irregularidade, gravidade. **4.** Dito extravagante. **5.** Disparate, barbaridade.

E.no.ve.la.dei.ra *s.f.* Aparelho com que se formam os novelos, nas fábricas de fiação.

E.no.ve.lar *v.t.* e *p.* **1.** Converter(-se) em novelos. **2.** Tornar(-se) confuso; enredar(-se). **3.** FIG Enredar-se, complicar-se.

En.qua.drar *v.t.* **1.** Pôr, colocar em quadro. **2.** Encaixilhar, emoldurar. *v.p.* **3.** Combinar-se. **4.** Unir-se harmonicamente.

En.quan.to *conj.* No tempo em que; quando. ◆ **Por enquanto:** até agora.

En.que.te (enquête) (fr.) *s.f.* **1.** Pesquisa de opinião. **2.** Reunião de testemunhas sobre um assunto, em geral organizada por rádio, jornal ou televisão.

En.quis.tar *v.t.*, *int.* e *p.* **1.** Formar quisto. **2.** Converter(-se) em quisto. **3.** Encaixar(-se), entalhar(-se).

En.ra.bi.cha.men.to *s.m.* **1.** Ato ou efeito de enrabichar(-se). **2.** Sentimento de encanto e sedução amorosa.

En.ra.bi.char *v.t.* **1.** Dar forma de rabicho a. *v.t.* e *p.* **2.** Seguir, acompanhar como que preso ao rabicho. **3.** Apaixonar-se, enamorar-se.

En.rai.ve.cer *v.t.*, *int.* e *p.* Torna(-se) raivoso; irar(-se), encolerizar(-se).

En.rai.ve.ci.men.to *s.m.* Ato ou efeito de enraivecer(-se); ira.

En.ra.i.za.men.to *s.m.* Ato ou efeito de enraizar(-se).

En.ra.i.zar *v.int.* **1.** Criar ou deitar raízes. **2.** Prender-se pela raiz. **3.** Arraigar. *v.p.* **4.** Criar ou deitar raízes. **5.** Fixar-se. **6.** Fixar residência.

En.ra.mar *v.t.* **1.** Entrelaçar ramos para ornar ou abrigar. **2.** Fazer ramos ou ramalhetes. *v.p.* **3.** Cobrir-se de ramos (a árvore). **4.** Ligar-se, unir-se.

En.ras.ca.da *s.f.* **1.** Situação embaraçosa. **2.** Dificuldade, apuro, complicação.

En.ras.ca.de.la *s.f.* Enrascada, complicação.

En.ras.car *v.t.* **1.** Criar embaraços a. **2.** Lograr, enganar. *v.p.* **3.** Meter-se em dificuldade. **4.** Embaraçar-se, enredar-se.

En.re.da.dor *adj.* e *s.m.* Que, ou aquele que enreda.

En.re.da.men.to *s.m.* Ato ou efeito de enreda(-se).

En.re.dar *v.t.* **1.** Prender, colher na rede. **2.** Emaranhar, embaralhar. **3.** Prender, cativar, apanhar. **4.** Desenvolver o enredo. **5.** FIG Complicar. *v.int.* **6.** Intrigar, mexericar. *v.p.* **7.** Complicar-se, comprometer-se, enlear-se.

En.re.dei.ro *adj.* e *s.m.* Que, ou aquele que enreda; enredadeiro.

En.re.do (ê) *s.m.* **1.** Intriga, ardil, mexerico, confusão, embaraço. **2.** Episódio complicado, misterioso. **3.** Trama, urdidura (de romance, novela, filme etc.); intriga. **4.** Maquinação para se alcançar um intento escuso.

En.re.ge.lar *v.t.* **1.** Tornar muito frio; congelar. **2.** Fazer perder o entusiasmo, o alento, o ânimo a. **3.** Intimidar, causar terror a. *v.int.* **4.** Esfriar muito; ficar frio. **5.** Ficar inerte. *v.p.* **6.** Resfriar-se, congelar-se. **7.** Perder o calor, o entusiasmo.

En.ri.car *v.t.* e *int.* POP Enriquecer.

En.ri.je.cer *v.t.* e *p.* **1.** Tornar(-se) rijo ou rígido. **2.** Fortalecer(-se), robustecer(-se), enrijar(-se).

En.ri.par *v.int.* Pregar ou colocar ripas em.

En.ri.que.cer *v.t.* **1.** Tornar rico. **2.** Aumentar, desenvolver. **3.** Abrilhantar, engrandecer; ornar. **4.** FIG Embelezar. *v.p.* **5.** Ficar ou tornar-se rico. **6.** Tornar-se fértil.

En.ris.tar *v.t.* e *int.* **1.** Pôr em riste (a lança). **2.** Investir, acometer.

En.ro.di.lhar *v.t.* **1.** Fazer em rodilha (pano, laço etc.): enrolar, torcer. **2.** Enredar, complicar. **3.** Enganar, ludibriar. *v.p.* **4.** Enrolar-se.

En.ro.la.ção *s.f.* Ato ou efeito de enrolar, tapear; embromação, enrolada. ◆ *Pl.*: *enrolações.*

En.ro.la.dor *adj.* **1.** Que enrola. **2.** Diz-se daquele que gosta de complicar as coisas, que é confuso; complicado. *s.m.* **3.** POP Indivíduo enrolado.

En.ro.lar *v.t.* **1.** Dobrar em rolo. **2.** Dar forma de rolo a. **3.** Envolver em forma cilíndrica. **4.** Ocultar, esconder, confundir. **5.** Envolver. *v.p.* **6.** Dobrar-se em rolos. **7.** Atrapalhar-se, confundir-se. **8.** GÍR Enganar, embromar, tapear.

En.ros.ca.men.to *s.m.* Ato ou efeito de enroscar(-se); enroscadura.

En.ros.car *v.t.* **1.** Torcer em forma de rosca. **2.** Dar voltas com; enrolar. *v.p.* **3.** Prender-se em ganchos ou vãos apertados. **4.** Meter-se em complicações; encalacrar-se. **5.** Encolher-se.

En.ros.co (ô) *s.m.* **1.** Ato ou efeito de enroscar; enroscadura, enroscamento. **2.** Qualquer coisa que se prenda à linha de pescar.

En.rou.par *v.t.* **1.** Cobrir com roupa; agasalhar. *v.p.* **2.** Cobrir-se com roupa; agasalhar-se, vestir-se.

En.rou.que.cer *v.t.*, *int.* e *p.* Tornar(-se) rouco.

En.rou.que.ci.men.to *s.m.* Ato ou efeito de enrouquecer; rouquidão.

En.ru.bes.cer *v.t.*, *int.* e *p.* **1.** Tornar(-se) vermelho, corado, rubro. **2.** Ruborizar-se; corar.

En.ru.bes.ci.men.to *s.m.* Rubor.

En.ru.gar *v.t.* **1.** Fazer rugas em. **2.** Encarquilhar; encrespar. *v.p.* **3.** Ganhar rugas. **4.** Encarquilhar-se, enigelhar-se.

En.rus.ti.do *adj.* Introvertido, dissimulado; que não se revela; escondido.

En.rus.tir *v.t.* GÍR Esconder, ocultar; surrupiar.

En.sa.bo.a.de.la *s.f.* **1.** Ato ou efeito de ensabear superficialmente. **2.** FIG Sabão, repreensão. **3.** Pequenas noções sobre qualquer ciência ou arte.

En.sa.bo.ar *v.t.* **1.** Lavar com sabão. **2.** FIG Passar sabão no pito em; repreender. *v.p.* **3.** Lavar-se com sabão.

En.sa.ca.dor (ô) *s.m.* **1.** Aquele que ensaca. **2.** Negociante que compra na fonte e vende no atacado ou exporta café.

En.sa.car *v.t.* Meter, guardar em saco(s).

En.sai.ar *v.t.* **1.** Provar, experimentar (algo). **2.** Esforçar-se por; tentar. **3.** Preparar. **4.** Estudar e repetir (música, dança, drama ou comédia), antes de apresentar ao público. *v.t.* e *p.* **5.** Exercitar(-se), adestrar(-se), preparar(-se). *v.int.* **6.** Treinar.

En.sai.brar *v.t.* **1.** Espalhar saibro ou similar em; revestir de saibro ou similar. **2.** No revestimento a macadame, cobrir com saibro (as camadas de pedra britada) para depois compactar.

En.sai.o *s.m.* **1.** Experiência, prova; exame. **2.** Tentativa. **3.** Primeira prova de alguma coisa. **4.** Rápida apresentação de um assunto sem grande profundidade. **5.** Esboço. **6.** Análise, apreciação. **7.** Repetição de peça teatral, composição musical, bailado, para se obter perfeita execução. **8.** Treino.

En.sa.ís.ta *s.2g.* Autor ou autora de ensaio (acep. 4).

En.sal.mou.rar *v.t.* Conservar em salmoura.

En.san.char *v.t.* **1.** Alargar com ensanchas. **2.** Dilatar, ampliar, alargar.

En.san.chas *s.f.pl.* Oportunidade, ensejo; liberdade.

En.san.de.cer *v.t.* e *int.* Tornar(-se) demente ou sandeu; enlouquecer.

En.san.de.ci.men.to *s.m.* Enlouquecimento, loucura.

ENSANGUENTAR — ENTOJAR

En.san.guen.tar v.t. **1.** Cobrir, manchar de sangue. **2.** Macular, manchar. v.p. **3.** Manchar-se de sangue.

En.sa.ri.lhar v.t. **1.** Dobrar em sarilho. **2.** Emaranhar, enredar. v.int. **3.** Andar sem descanso, de um lado para outro.

-em.se suf. 'Origem': *amazonense*.

En.se.a.da s.f. **1.** Reconcâava na costa do mar. **2.** Pequeno porto. **3.** Angra, pequena baía.

En.se.bar v.t. **1.** Untar com sebo. **2.** Pôr nódoas em; manchar. **3.** Sujar por uso seguido.

En.se.jar v.t. **1.** Dar ocasião ou ensejo a. **2.** Esperar a oportunidade de. **3.** Ensaiar.

En.se.jo (ê) s.m. **1.** Ocasião propícia; oportunidade. **2.** Lance.

En.si.for.me adj.2g. Em forma de espada; xifoide.

En.si.la.gem s.f. **1.** Ato ou efeito de ensilar. **2.** Processo de conservação de cereais e forragens verdes em silos.

En.si.lar v.t. Conservar, armazenar cereais em silos.

En.si.mes.ma.do adj. **1.** Voltado para si mesmo. **2.** Metido consigo mesmo. **3.** Introvertido, fechado.

En.si.mes.ma.men.to s.m. **1.** Ato ou efeito de ensimesmar-se; ensimesmação. **2.** Recolhimento, concentração.

En.si.mes.mar-se v.p. **1.** Voltar-se para dentro de si mesmo. **2.** Abstrair-se, interiorizar-se, introverter-se.

En.si.na.men.to s.m. **1.** Ato ou efeito de ensinar. **2.** Doutrina, exemplo, lição.

En.si.nar v.t. **1.** Dar instrução sobre. **2.** Dar, ministrar conhecimentos a (alguém). **3.** Dar ensino a (animais). **4.** Indicar, mostrar. **5.** Mostrar, indicar. **6.** Educar. **7.** Castigar, punir. v.int. **8.** Ministrar ensino; instruir, doutrinar. v.p. **9.** Aprender por si.

En.si.no s.m. **1.** Ato ou efeito de ensinar. **2.** Transmissão de conhecimentos. **3.** Educação, instrução. **4.** Doutrina. **5.** Preceito; disciplina. **6.** Adestramento (de animais).

En.so.la.ra.do adj. Cheio de sol; banhado de sol.

En.som.bra.do adj. **1.** Coberto de sombra; assombreado, sombreado. **2.** Que demonstra tristeza; entristecido, triste.

En.som.brar v.t. **1.** Fazer sombra a. v.p. **2.** Cobrir-se de sombras. **3.** FIG Ficar triste, carrancudo.

En.so.pa.do adj. **1.** Muito molhado. s.m. **2.** Guisado de carne refogada e cozida com legumes, verduras; ensopadinho.

En.so.par v.t. **1.** Molhar muito; encharcar. **2.** Guisar (carne, peixe etc.). v.p. **3.** Molhar-se; embeber-se. **4.** Cevar-se.

En.sur.de.ce.dor (ô) adj. **1.** Que ensurdece; atroador. **2.** Que faz grande barulho ou estrondo.

En.sur.de.cer v.t. **1.** Tornar surdo. **2.** Ocasionar surdez a. **3.** Atordoar, aturdir. **4.** Amortecer, abafar o ruído de. v.int. **5.** Tornar-se surdo.

En.sur.de.ci.men.to s.m. **1.** Ato ou efeito de ensurdecer. **2.** Surdez.

En.ta.bla.men.to s.m. O conjunto formado por arquitrave, friso e cornija.

En.ta.bu.ar v.t. Forrar ou cobrir com tábuas; assoalhar.

En.ta.bu.lar v.t. **1.** Iniciar, empreender, encetar (conversa, negociações etc.). **2.** Dispor, preparar. **3.** Entrar em; abrir. **4.** Estabelecer.

En.tai.par v.t. **1.** Cobrir de taipas. **2.** Encarcerar.

En.ta.lar v.t. e p. **1.** Meter(-se) entre talas ou em lugar apertado. **2.** Meter(-se) em dificuldades.

En.ta.lha.dor (ô) s.m. **1.** O que faz obra de entalhe. **2.** Escultor, gravador em madeira. **3.** Instrumento próprio para entalhar. adj. **4.** Que entalha.

En.ta.lhar v.t. **1.** Talhar ou esculpir em madeira. **2.** Gravar a fundo uma pedra preciosa. **3.** Cinzelar.

En.ta.lhe s.m. **1.** Corte que o entalhador faz na madeira, pedra, metal. **2.** Peça de arte que resulta desse trabalho. ◆ Var.: *entalho*.

En.tan.guir v.t. e p. Tornar(-se) entanguido.

En.tan.to adv. Neste meio tempo, entretanto, neste interim. ◆ No entanto: entretanto, contudo, todavia.

En.tão adv. Nesse ou naquele tempo; nesse momento; naquela ocasião; em tal caso.

En.tar.de.cer v.int. **1.** Fazer-se tarde. **2.** Ir escurecendo. s.m. **3.** O cair da tarde; o ocaso.

En.te s.m. **1.** Coisa, ser, substância, objeto. **2.** Pessoa. **3.** Aquilo que existe ou supomos existir.

En.te.a.do s.m. **1.** Relação de parentesco entre um homem e seu padrasto ou sua madrasta. **2.** FIG Aquele a quem a sorte é adversa.

En.te.di.a.do adj. Cheio de tédio; aborrecido, enfastiado.

En.te.di.ar v.t. **1.** Causar tédio a; tornar tedioso. **2.** Aborrecer. v.p. **3.** Aborrecer-se, chatear-se.

En.te.lhar v.t. **1.** Telhar. **2.** Assentar de maneira imbricada, como telhas.

En.ten.de.dor (ô) adj. **1.** Que entende, que compreende. **2.** Conhecedor, sabedor, apreciador. s.m. **3.** Aquele que entende, que compreende.

En.ten.der¹ v.t. **1.** Ter ideia clara de. **2.** Perceber, compreender. **3.** Saber perfeitamente; conhecer. **4.** Julgar, interpretar. **5.** Ser hábil ou perito em. **6.** Crer, pensar. **7.** Ouvir, perceber. **8.** Deduzir, inferir. **9.** Ter intento, propósito, tenção de. **10.** Meditar, cogitar. **11.** Ocupar-se, cuidar-se. **12.** Ser hábil ou perito. **13.** Ter conhecimento ou prática. **14.** Tomar conhecimento como autoridade. **15.** Exercer mando ou vigilância. **16.** Dizer respeito; relacionar-se. v.p. **17.** Saber o que faz. **18.** Combinar-se, concertar-se. **19.** Ter motivo para fazer alguma coisa. **20.** Dizer respeito. **21.** Pôr-se de acordo.

En.ten.der² s.m. Entendimento, juízo, opinião.

En.ten.di.do adj. e s.m. **1.** Que, ou aquele que entende. **2.** Especialista, perito. adj. **3.** De acordo; combinado, acertado.

En.ten.di.men.to s.m. **1.** Inteligência, percepção, intelecto. **2.** Faculdade de julgar. **3.** Capacidade de julgar, de entender; juízo. **4.** Acordo, combinação.

En.te.ri.te s.f. MED Inflamação do intestino.

En.ter.ne.ce.dor (ô) adj. Que enternece.

En.ter.ne.cer v.t. e p. **1.** Tornar(-se) tenro, amoroso. **2.** Abrandar(-se). **3.** Sensibilizar(-se).

En.ter.ne.ci.men.to s.m. **1.** Ato ou efeito de enternecer. **2.** Ternura, compaixão. **3.** Dó, piedade.

En.te.ro.bac.té.ria s.f. Gênero de bactérias que compreende espécies quase sempre saprófitas do intestino.

En.te.ro.va.ci.na s.f. Vacina tomada por via oral, contra infecções intestinais.

En.te.ro.ví.rus s.m. Qualquer vírus que se instala no intestino.

En.ter.rar v.t. **1.** Colocar debaixo da terra; soterrar, sepultar. **2.** Causar a morte de; assassinar. **3.** Acompanhar o enterro de. **4.** Fazer entrar. **5.** Ocultar. **6.** Levar à ruína, à derrota. **7.** Espetar, cravar profundamente. v.p. **8.** Deitar-se em coisa fofa (colchão etc.). **9.** Perder o crédito, o prestígio; comprometer-se. **10.** Fugir ao convívio; esconder-se.

En.ter.ro (ê) s.m. **1.** Ato de pôr um morto sob a terra; sepultamento. **2.** Cerimônia que acompanha esse ato; funeral. **3.** FIG Abandono, rejeição.

En.te.sar v.t. **1.** Tornar teso ou tenso; retesar. v.int. **2.** Fazer-se teso. v.p. **3.** Estirar-se, tornar-se teso.

En.tes.tar v.t. **1.** Formar testada; confinar, confrontar. **2.** Estar defronte; defrontar. **3.** Aproximar-se de, roçar em.

En.ti.da.de s.f. **1.** Individualidade, ser, indivíduo. **2.** O que constitui a essência de uma coisa. **3.** Tudo que existe ou pode existir. **4.** Sociedade ou associação que dirige as atividades de uma classe.

En.to.a.ção s.f. **1.** Ato ou efeito de entoar um canto. **2.** Tom variado da voz de quem fala e recita; inflexão (da voz).

En.to.ar v.t. **1.** Fazer soar. **2.** Fazer ouvir, cantando. **3.** Começar um canto; cantar uma canção. **4.** Enunciar, proferir. **5.** FIG Louvar.

En.to.cai.ar v.t. e p. Entocar(-se).

En.to.car v.t. **1.** Meter em toca. **2.** Meter-se em toca (a fera). **3.** Esconder-se.

En.to.jar v.t. **1.** Causar náuseas ou nojo a; aborrecer. v.int. **2.** Sentir entojo.

ENTOJO — ENTRESSOLA

En.to.jo (ô) *s.m.* **1.** Nojo que a mulher sente no período da gravidez. **2.** Desejos extravagantes da mulher gestante.

En.to.mo.fi.li.a *s.f.* Tipo de polinização em que os grãos de pólen são transportados por insetos.

En.to.mo.lo.gi.a *s.f.* Parte da Zoologia que estuda os insetos; insetologia.

En.to.mo.ló.gi.co *adj.* Relativo à entomologia.

En.to.mo.lo.gis.ta *s.2g.* Pessoa que se dedica à entomologia; insetologista.

En.to.mó.lo.go *s.m.* Entomologista.

En.to.na.ção *s.f.* **1.** Ato ou efeito de entonar. **2.** Tom de voz que se toma quando se canta, fala, recita ou lê.

En.to.no *s.m.* Soberba, altivez, orgulho, arrogância.

En.ton.te.cer *v.t.* e *int.* **1.** Causar tonturas ou vertigens a. **2.** Ficar tonto, idiota. **3.** Enlouquecer. **4.** Sentir tontura.

En.ton.te.ci.men.to *s.m.* Ato ou efeito de entontecer.

En.tor.nar *v.t.* **1.** Emborcar, despejando; derramar. **2.** Fazer extravasar. **3.** Difundir, espalhar (som, luz). **4.** Dar, distribuir, verter, derramar. **5.** Difundir, espalhar, propagar; irradiar. *v.p.* **6.** Derramar-se (líquido, cereais etc.).

En.tor.pe.cen.te *adj.2g.* **1.** Que entorpece. *s.m.* **2.** Nome dado a qualquer droga ou tóxico que produz sensação de embriaguez.

En.tor.pe.cer *v.t.* **1.** Causar torpor ou entorpecimento a. **2.** Tirar a energia a. **3.** Paralisar. **4.** fig Entibiar, debilitar, enfraquecer. *v.int.* e *p.* **5.** Ficar em torpor.

En.tor.pe.ci.men.to *s.m.* **1.** Ato ou efeito de entorpecer(-se). **2.** Falta de ação. **3.** Torpor, lassidão. **4.** Preguiça.

En.tor.se *s.f.* MED Torcedura violenta com estiramento ou ruptura dos ligamentos de uma articulação.

En.tor.tar *v.t.* e *p.* **1.** Tornar(-se) torto. *v.int.* **2.** Desviar do caminho reto ou do bom caminho; tornar-se torto.

En.tra.da *s.f.* **1.** Ato ou efeito de entrar. **2.** Lugar por onde se entra. **3.** Abertura, boca, pórtico. **4.** Bilhete de ingresso. **5.** Começo. **6.** Ensejo. **7.** Boas relações; familiaridade. **8.** Quantia dada como parcela inicial de uma compra a prazo. **9.** O primeiro prato de um almoço, jantar ou ceia. **10.** Quantia com que se principia um jogo. **11.** HIST.BRAS Expedição que, nos tempos coloniais, partia para o interior do Brasil, a fim de escravizar índios.

En.tra e sai *s.m.2n.* Movimento incessante de entrada e saída de pessoas.

En.tran.çar *v.t.* **1.** Dispor em forma de trança. **2.** Dar a forma de trança a. *v.t.* e *p.* **3.** Entretecer(-se), entrelaçar(-se).

En.tra.nha *s.f.* ANAT Cada uma das vísceras do abdome ou do tórax.

En.tra.nhar *v.t.* **1.** Meter nas entranhas. **2.** Cravar profundamente. **3.** Meter no interior; arraigar. **4.** Fazer penetrar. *v.p.* **5.** Introduzir-se. **6.** Arraigar-se. **7.** Cravar-se. **8.** Dedicar-se profundamente. **9.** Penetrar, embrenhar-se.

En.tran.te *adj.2g.* **1.** Que entra. **2.** Que está para entrar. **3.** Que está em princípio.

En.trar *v.t.* **1.** Passar de fora para dentro; introduzir-se. **2.** Introduzir em. **3.** Transpor. **4.** Invadir. **5.** Apoderar-se de. **6.** Intrometer-se, interferir. *v.int.* **7.** Passar de fora para dentro (falando do lugar onde se acha). **8.** Começar, principiar. **9.** Introduzir-se. **10.** Encaixar, caber. **11.** Participar, tomar parte. **12.** Envolver-se, meter-se. **13.** Agradar, causar boa impressão. **14.** Começar. **15.** Dirigir-se (a alguém) para falar-lhe. **16.** Envolver-se.

En.tra.va.men.to *s.m.* **1.** Ato ou efeito de entravar; entrave, travamento, travação. **2.** Conjunto de traves ou de vigas; travamento, travejamento, vigamento.

En.tra.var *v.t.* **1.** Pôr entraves a. **2.** Embaraçar, obstruir, impedir.

En.tra.ve *s.m.* Obstáculo, estorvo, embaraço.

En.tre.a.ber.to *adj.* Não aberto de todo; meio aberto; semiaberto.

En.tre.a.brir *v.t.* **1.** Abrir pouco; abrir de leve. *v.int.* e *p.* **2.** Começar a desabrochar. **3.** Desanuviar (tempo). **4.** Descerrar(-se).

En.tre.a.to *s.m.* Intervalo entre dois atos de um espetáculo teatral ou lírico.

En.tre.ba.ter-se *v.p.* **1.** Bater um no outro; entrechocar-se, embater-se. **2.** Combater, digladiar-se.

En.tre.cas.ca *s.f.* Parte interna da casca das árvores; entrecasco.

En.tre.cas.co *s.m.* **1.** Parte superior do casco dos animais. **2.** Entrecasca.

En.tre.cer.rar *v.t.* Cerrar incompletamente.

En.tre.cho.car-se *v.p.* **1.** Chocar-se mutuamente. **2.** FIG Estar em oposição, em contradição.

En.tre.cho.que *s.m.* **1.** Ato ou efeito de entrechocar ou entrechocar-se. **2.** Choque entre duas ou mais coisas. **3.** Embate entre forças contrárias.

En.tre.cor.tar *v.t.* e *p.* **1.** Cortar(-se) em cruz. **2.** Interromper a intervalos. **3.** Cruzar-se reciprocamente.

En.tre.cos.to (ô) *s.m.* Pedaço de carne entre as costelas da rês e o espinhaço.

En.tre.cru.zar-se *v.p.* Cruzar-se em diversas direções reciprocamente.

En.tre.fe.char *v.t.* Fechar pouco, fechar incompletamente.

En.tre.fo.lha *s.f.* GRÁF Folha em branco que se intercala entre as páginas impressas de um livro para anotações.

En.tre.ga *s.f.* **1.** Ato ou efeito de entregar(-se). **2.** A coisa entregue. **3.** Cessão, transmissão. **4.** Comprometimento. **5.** Traição; rendição. **6.** JORN Sistema de distribuição em domicílio.

En.tre.ga.dor (ô) *adj.* **1.** Que entrega. *s.m.* **2.** O que entrega. **3.** Delator, traidor. **4.** Distribuidor de jornais.

En.tre.gar *v.t.* **1.** Passar às mãos ou à posse de. **2.** Dar, restituir. **3.** Pagar. **4.** Vender. **5.** Depor. **6.** Denunciar, delatar, trair. *v.p.* **7.** Dedicar-se inteiramente; consagrar-se.

En.tre.gue *adj.2g.* **1.** Que se entregou. **2.** Absorto (em). **3.** Cansado, bambo.

En.tre.guis.mo *s.m.* Política que tende à entrega dos recursos de um país (como o petróleo, os minerais etc.) à exploração estrangeira.

En.tre.la.ça.do *adj.* **1.** Enlaçado, entretecido, emaranhado. *s.m.* **2.** Obra de entrelaçamento. **3.** Conjunto de coisas entrelaçadas.

En.tre.la.ça.men.to *s.m.* **1.** Ato ou efeito de entrelaçar. **2.** Ornato feito de diversas coisas entrelaçadas.

En.tre.la.çar *v.t.* **1.** Enlaçar um com o outro; entretecer. *v.p.* **2.** Enlear-se, entretecer-se, ligar-se.

En.tre.li.nha *s.f.* **1.** Espaço entre duas linhas. **2.** O que se escreve nesse espaço.

En.tre.li.nhar *v.t.* **1.** Escrever nas entrelinhas. **2.** GRÁF Espacejar as linhas de uma composição.

En.tre.lu.zir *v.int.* **1.** Principiar a luzir; luzir fracamente. **2.** Deixar-se ver através de alguma coisa; transluzir. **3.** Bruxulear. *v.t.* **4.** Perceber, divisar. *v.p.* **5.** Entremostrar-se.

En.tre.ma.nhã *s.f.* Crepúsculo matinal.

En.tre.me.ar *v.t.*, *int.* e *p.* **1.** Pôr(-se) ou estar de permeio; misturar. **2.** Misturar(-se), alternar(-se).

En.tre.mei.o *s.m.* **1.** Espaço entre dois pontos ou entre dois extremos. **2.** Renda ou tira bordada entre duas peças lisas.

En.tre.men.tes *adv.* **1.** Nesse meio tempo; nesse ínterim. **2.** Naquela coisa. **3.** Enquanto isso; entretanto.

En.tre.mos.trar *v.t.* e *p.* **1.** Mostrar(-se) incompletamente. **2.** Deixar(-se) entrever.

En.tre.nó *s.m.* BOT Espaço entre os dois nós do talo de um vegetal.

En.tre.o.lhar-se *v.p.* Olhar-se reciprocamente.

En.tre.ou.vir *v.t.* Ouvir de modo vago e indistinto.

En.tre.pau.sa *s.f.* Ligeira interrupção.

En.tre.por *v.t.* **1.** Pôr entre (pessoas ou coisas); interpor-se.
● Conjuga-se pelo *v.* pôr.

En.tre.pos.to (ô) *s.m.* **1.** Grande depósito de mercadorias. **2.** As mercadorias de um Estado ou companhia. **3.** Lugar importante como centro comercial; empório. ● PL.: *entrepostos* (ó).

En.tre.se.me.ar *v.t.* Plantar, semear de permeio.

En.tres.sa.fra *s.f.* Espaço entre duas safras consecutivas de determinado produto.

En.tres.so.la *s.f.* Peça entre a sola e a palmilha do calçado.

ENTRESSOLHAR — ENVERNIZAR

En.tres.so.lhar *v.t.* Fazer entressolho em.

En.tres.so.nhar *v.t.* e *int.* Sonhar de leve e indistintamente; imaginar.

En.tres.sor.rir *v.t.* Sorrir de leve.

En.tre.tan.to *adv.* **1.** Entrementes, nesse meio tempo, naquele tempo. *conj.* **2.** Contudo, todavia.

En.tre.te.ce.du.ra *s.f.* Entretecimento.

En.tre.te.cer *v.t.* **1.** Tecer, entremeando. **2.** Entrelaçar. **3.** Armar, urdir, tramar. *v.p.* **4.** Entrelaçar-se.

En.tre.ci.men.to *s.m.* Ato ou efeito de entretecer(-se).

En.tre.te.la *s.f.* Tecido forte, que se põe entre a fazenda e o forro de uma peça de roupa.

En.tre.tem.po *s.m.* Tempo intermediário; meio tempo; ínterim.

En.tre.te.ni.men.to *s.m.* **1.** Ato ou efeito de entreter(-se). **2.** Divertimento. **3.** Passatempo, recreação, brincadeira. ◆ *Var.: entretimento.*

En.tre.ter *v.t.* **1.** Demorar, deter. **2.** Conservar, manter. **3.** Distrair. **4.** Prender a atenção a. **5.** Suavizar, aliviar. *v.int.* **6.** Servir de distração. *v.p.* **7.** Distrair-se, recrear-se.

En.tre.ti.men.to *s.m.* Entretenimento.

En.tre.va.do *adj.* e *s.m.* **1.** Diz-se de, ou aquele que não se pode mover. **2.** Paralítico.

En.tre.var¹ *v.t.* **1.** Tornar paralítico. **2.** Tolher os movimentos das articulações de. *v.int.* e *p.* **3.** Ficar paralítico.

En.tre.var² *v.t.* Cobrir de trevas; escurecer.

En.tre.ver *v.t.* **1.** Ver imperfeitamente. **2.** Perceber. **3.** Pressentir, prever. *v.p.* **4.** Ter entrevista. **5.** Avistar-se. **6.** Ver-se de tempos a tempos e rapidamente.

En.tre.ve.rar *v.t.* e *p.* **1.** Misturar(-se) [tropas em combate, animais, coisas etc.] em um entrevero, uma desordem, uma confusão; confundir(-se). *v.p.* **2.** Embater-se (com alguém) em um entrevero, uma desordem, uma disputa.

En.tre.ve.ro (vê) *s.m.* **1.** Mistura. **2.** Desordem, confusão. **3.** Conflito verbal.

En.tre.vis.ta *s.f.* **1.** Conferência de duas ou mais pessoas em local de antemão determinado. **2.** Encontro combinado. **3.** Opinião fornecida por palavras. **4.** Informação prestada a jornais, revistas, rádio e televisão, por meio de respostas ao entrevistador. **5.** PSICOL Consulta.

En.trin.chei.rar *v.t.* e *p.* **1.** Fortificar(-se) com trincheiras. **2.** Fortificar(-se), firmar(-se), estribar(-se).

En.tris.te.cer *v.t.*, *int.* e *p.* Tornar(-se) triste; afligir(-se). ● *Ant.: alegrar-se.*

En.tro.nar *v.t.* e *p.* Entronizar.

En.tron.ca.do *adj.* **1.** De grande tronco. **2.** Diz-se de indivíduo espadaúdo, corpulento (em geral de estatura mediana).

En.tron.ca.men.to *s.m.* Ponto de junção de dois ou mais caminhos, duas ou mais estradas de rodagem ou de ferro.

En.tron.car *v.int.* **1.** Criar ou adquirir tronco. **2.** Reunir-se (um caminho a outro). *v.t.* **3.** Fazer reunir; convergir.

En.tro.ni.zar *v.t.* **1.** Elevar ao trono. **2.** Elevar à suprema dignidade. **3.** Fazer a entronização de (imagem do Sagrado Coração de Jesus). **4.** FIG Elevar, exaltar, sublimar. **5.** Elevar (a dignidade ou lugar eminente). *v.p.* **6.** Colocar-se (no trono ou em lugar eminente); dominar. **7.** Exaltar-se.

En.tro.pi.a *s.f.* **1.** Função termodinâmica, que caracteriza o estado de "desordem" de um sistema. **2.** Em Comunicação, média da quantidade de informação das unidades linguísticas.

En.tro.sa.men.to *s.m.* **1.** Ato ou efeito de entrosar(-se). **2.** FIG Coincidência de pontos de vista, de opiniões; acordo, entendimento. **3.** FIG Adaptação, ajuste.

En.tro.sar *v.t.* **1.** Meter os dentes de uma roda pelos vãos de outra. **2.** Combinar, harmonizar; encaixar. *v.int.* e *p.* **3.** Encaixar-se, harmonizar-se. **4.** Adaptar-se, ambientar-se.

En.trou.xar *v.t.* **1.** Fazer trouxa de. **2.** Recolher, arrumar em trouxa.

En.tru.do *s.m.* Antigo folguedo carnavalesco, em que as pessoas se molhavam reciprocamente.

En.tu.bar *v.t.* **1.** Dar forma ou feição de tubo a. **2.** Introduzir tubo em ou por. **2.1** Introduzir tubo em canal ou cavidade de (paciente). **3.** Entrar e surfar dentro de tubo formado por (onda).

En.tu.lhar *v.t.* **1.** Meter ou guardar em tulha (cereais). **2.** Encher com entulho; entupir. *v.p.* **3.** Encher-se, abarrotar-se.

En.tu.lho *s.m.* **1.** Montão de caliça, tijolos, pedras e pedregulhos, proveniente de demolição ou desmoronamento. **2.** Ruína, escombro. **3.** Aquilo que atravanca ou obstrui.

En.tu.pi.men.to *s.m.* **1.** Ato ou efeito de entupir(-se). **2.** Estado do que se acha entupido.

En.tu.pir *v.t.* **1.** Tapar (cano, orifício etc), impedindo o escoamento de líquidos. **2.** Obstruir, entulhar. **3.** Embatucar, fazer calar. *v.p.* **4.** Encher-se, empanturrar-se. **5.** Obstruir-se.

En.tur.mar *v.int.* e *p.* Reunir(-se) em turma.

En.tur.va.ção *s.f.* Ato de enturvar.

En.tur.var *v.t.* **1.** Tornar turvo; perturbar. **2.** Ensombrar, entristecer. *v.p.* **3.** Tornar-se turvo. **4.** Tornar-se obscuro, ininteligível. **5.** Perturbar-se; zangar-se.

En.tu.si.as.mar *v.t.* **1.** Arrebatar de entusiasmo. **2.** Empolgar. **3.** Causar, inspirar entusiasmo a. *v.p.* **4.** Encher-se de entusiasmo; deixar-se arrebatar. ● *Ant.: desanimar(-se).*

En.tu.si.as.mo *s.m.* **1.** Arrebatamento, paixão. **2.** Veemência com que se fala ou escreve. **3.** Transporte. **4.** Grande alegria; animação. **5.** Exaltação criadora; inspiração. ● *Ant.: desânimo.*

En.tu.si.as.ta *adj.* e *s.2g.* Diz-se de, ou pessoa que se entusiasma.

E.nu.me.rar *v.t.* e *int.* **1.** Expor, declarar o número de. **2.** Indicar um a um. **3.** Relacionar metodicamente.

E.nu.me.rá.vel *adj.2g.* Que se pode enumerar ou contar.

E.nun.ci.a.ção *s.f.* **1.** Ato ou maneira de enunciar(-se). **2.** Asserção. **3.** Proposição, declaração, enunciado.

E.nun.ci.a.do *adj.* **1.** Expresso por palavras; declarado. *s.m.* **2.** Exposição sumária; proposição, declaração.

E.nun.ci.ar *v.t.* **1.** Expor, declarar. **2.** Exprimir por escrito ou por palavras. *v.p.* **3.** Exprimir-se, manifestar-se, falar.

En.vai.de.cer *v.t.* **1.** Tornar orgulhoso, vaidoso. *v.p.* **2.** Tornar-se vaidoso; orgulhar-se.

En.vai.de.ci.men.to *s.m.* Ato ou efeito de envaidecer(-se); desvanecimento, envanecimento, orgulho, vaidade.

En.va.sar¹ *v.t.* **1.** Pôr em vaso; envasilhar. **2.** Dar forma de vaso a. **3.** Plantar em vasos.

En.va.sar² *v.t.* **1.** Encher de vasa ou de lodo. **2.** Afundar na vasa, no lodo; atolar.

En.va.si.lhar *v.t.* **1.** Meter em vasilha. **2.** Colocar em pipas, tonéis, garrafas, cubas.

En.ve.lhe.cer *v.t.* e *int.* **1.** Tornar velho; ficar velho. **2.** Perder o frescor, o viço. **3.** Tornar desusado ou inútil. ● *Ant.: rejuvenescer.*

En.ve.lo.par *v.t.* Meter em envelope.

En.ve.lo.pe *s.m.* Envoltório de carta ou cartão ou quaisquer impressos; sobrecarta.

En.ve.ne.na.men.to *s.m.* Ato ou efeito de envenenar(-se); intoxicação.

En.ve.ne.nar *v.t.* **1.** Misturar veneno em. **2.** Ministrar veneno a; intoxicar. **3.** Perverter, corromper; estragar. **4.** Dar mau sentido às palavras de alguém. **5.** Deturpar. *v.p.* **6.** Tomar veneno; intoxicar-se.

En.ve.re.dar *v.t.* **1.** Entrar por uma vereda. **2.** Encaminhar-se, dirigir-se (a determinado lugar). **3.** Guiar, encaminhar.

En.ver.ga.du.ra *s.f.* **1.** NÁUT Largura das velas. **2.** Toda a extensão das asas de uma ave, de ponta a ponta. **3.** FIG Capacidade, competência. **4.** Tamanho, porte. **5.** Importância, monta, peso. **6.** Extensão entre as pontas das asas de um avião.

En.ver.gar *v.t.* **1.** Entortar, vergar. **2.** Vestir. *v.int.* e *p.* **3.** Vergar-se, curvar-se.

En.ver.go.nhar *v.t.* **1.** Causar vergonha ou acanhamento. **2.** Fazer corar de pejo. **3.** Confundir. **4.** Aviltar, deslustrar. *v.p.* **5.** Ficar envergonhado. **6.** Ter acanhamento, pejo.

En.ver.ni.zar *v.t.* **1.** Cobrir de verniz. **2.** Dar polimento a; polir, lustrar.

ENVERRUGAR — EPÍGONO

En.ver.ru.gar *v.t.* e *int.* **1.** Encher-se de verrugas; amarrotar, engelhar-se. **2.** Encher-se de rugas; enrugar-se, encarquilhar-se.

En.ves.gar *v.t.* Tornar vesgo ou enviesado (os olhos).

En.vi.a.do *adj.* **1.** Que se enviou. **2.** Mandado, remetido. *s.m.* **3.** Mensageiro, portador. **4.** Representante diplomático em missão diplomática.

En.vi.ar *v.t.* **1.** Mandar (alguém ou alguma coisa). **2.** Mandar (diplomata ou jornalista) em missão. **3.** Endereçar, remeter. **4.** Expedir, encaminhar. *v.p.* **5.** Atirar-se.

En.vi.dar *v.t.* **1.** Apostar quantia alta e provocar o parceiro a que aceite a parada. **2.** Pôr muito empenho em. *v.p.* **3.** Esforçar-se, empenhar-se.

En.vi.di.lha *s.f.* **1.** Ato ou efeito de envidilhar. **1.1** Operação que consiste em sustentar a vara de videira que restou da poda, prendendo-a à cepa, para encaminhar a frutificação para a ponta das varas, fazendo com que dos olhos junto à base saiam os sarmentos que serão as futuras varas de poda; empa. **2.** Cordão umbilical.

En.vi.dra.ça.men.to *s.m.* Ato ou efeito de envidraçar.

En.vi.dra.çar *v.t.* **1.** Pôr vidros ou vidraças em. **2.** Tornar vítreo. *v.p.* **3.** Empanar-se, embaciar-se.

En.vi.e.sar *v.t.* **1.** Pôr viés. **2.** Cortar obliquamente. **3.** Entortar (parte do corpo). *v.p.* **4.** Ser ou tornar-se enviesado.

En.vi.le.cer *v.t.* **1.** Aviltar, tornar vil e desprezível. **2.** Desonrar. **3.** Deslustrar. *v.int.* e *p.* **4.** Fazer-se vil, abjeto, ignóbil. **5.** Baixar de valor ou preço; perder o valor.

En.vi.u.var *v.t.* **1.** Tornar viúvo, lançar na viuvez. *v.int.* **2.** Ficar viúvo.

En.vol.ta (ó) *s.f.* Confusão, mistura.

En.vol.to (ó) *adj.* **1.** Particípio irregular de *envolver*; envolvido, misturado; enrolado. **2.** Influenciado, dominado.

En.vol.tó.rio *s.m.* **1.** O que serve para envolver. **2.** Invólucro, capa.

En.vol.ver *v.t.* **1.** Cobrir. **2.** Enrolar, embrulhar. **3.** Esconder, ocultar; dissimular. **4.** Dominar; revestir. **5.** Abranger, compreender, conter. **6.** Cobrir, toldar. **7.** Implicar, importar. **8.** Confundir, amontoar confusamente. *v.p.* **9.** Intrometer-se, tomar parte. **10.** Turvar-se. **11.** Misturar-se. **12.** Deixar-se seduzir.

En.xa.da *s.f.* **1.** Instrumento que serve para cavar a terra. **2.** Meio de vida, ofício. **3.** Nome de um peixe brasileiro.

En.xa.dre.zar *v.t.* Dividir em quadros, como um tabuleiro de xadrez.

En.xa.dris.mo *s.m.* Ciência ou arte do jogo de xadrez.

En.xa.dris.ta *s.2g.* **1.** Jogador de xadrez; xadrezista. *adj.2g.* **2.** Relativo ao xadrez.

En.xa.guar *v.t.* Lavar em segunda água para tirar todo o sabão, xampu etc.

En.xa.me *s.m.* **1.** Col. de *abelha*: conjunto de abelhas de uma colmeia. **2.** Ajuntamento, multidão.

En.xa.me.ar *v.t.* **1.** Reunir (as abelhas) em cortiço. **2.** Apinhar-se, aglomerar-se, pulular. *v.int.* **3.** Formar enxame. **4.** Andar em grande número; formigar. *v.p.* **5.** Apinhar-se, aglomerar-se.

En.xa.que.ca (ê) *s.f.* MED Forte dor de cabeça, geralmente unilateral, acompanhada de náusea, vômito etc.

En.xer.gar *v.t.* **1.** Divisar. **2.** Ver distintamente. **3.** Avistar, descortinar. **4.** FIG Perceber, notar, entender. *v.p.* **5.** FAM Conhecer-se, colocar-se no devido lugar.

En.xe.ri.do *adj.* **1.** Intrometido, indiscreto, atrevido. **2.** Metido a conquistador.

En.xe.ri.men.to *s.m.* Ato ou modos de enxerido.

En.xe.rir *v.t.* **1.** Inserir. *v.p.* **2.** Meter-se naquilo que não lhe diz respeito; intrometer-se.

En.xe.rir-se *v.p.* Intrometer-se.

En.xer.tar *v.t.* **1.** Fazer enxertos em. **2.** Introduzir; inserir descabidamente. **3.** Emprenhar. **4.** Introduzir-se.

En.xer.to (ê) *s.m.* **1.** Operação que consiste em introduzir uma parte viva de um vegetal no tronco ou ramo de outro vegetal, para neste se desenvolver. **2.** Planta que foi enxertada.

En.xó *s.f.* Instrumento de carpinteiro, de cabo curto e chapa cortante, que serve para desbastar madeira.

En.xo.fre (ô) *s.m.* QUÍM Elemento simples, não metálico, sólido, amarelo, insípido e inodoro, de símbolo S e número atômico 16.

En.xo.tar *v.t.* Expulsar, fazer retirar, pôr fora empurrando ou gritando.

En.xo.val *s.m.* Conjunto de roupas e adornos de uma noiva, de recém-nascido, de pessoa que se interna em colégio etc.

En.xo.va.lhar *v.t.* **1.** Sujar, manchar. **2.** Emporcalhar, enodoar. **3.** Injuriar, afrontar, aviltar. *v.p.* **4.** Desacreditar-se cometendo ação indecorosa; aviltar-se.

En.xu.gar *v.t.* **1.** Secar a umidade de. *v.int.* e *p.* **2.** Perder a umidade, secar-se. **3.** Fazer desaparecer a umidade do corpo, após o banho. **4.** Secar o próprio corpo; secar-se. ● *Ant.: molhar.*

En.xur.ra.da *s.f.* **1.** Corrente impetuosa de água de chuva. **2.** Cheia, aluvião. **3.** FIG Abundância, grande quantidade.

En.xur.ro *s.m.* **1.** Corrente impetuosa de águas pluviais; enxurrada. **2.** Grande quantidade; chorrilho. **3.** FIG Escória, ralé.

En.xu.to *adj.* **1.** Que não tem umidade; seco. **2.** Limpo de lágrimas. **3.** Não chuvoso. **4.** Diz-se da batata, da mandioca e da abóbora que, depois de cozida, não fica enchancada de água. **5.** Abrigado da chuva. **6.** Diz-se de quem não é gordo nem magro. **7.** Diz-se de estilo literário sem excessos: *Graciliano Ramos é um escritor enxuto.*

En.zi.ma *s.f.* QUÍM Proteína produzida por seres vivos e que funciona como catalisador em reações químicas.

E.o.ce.no *adj.* GEOL Designativo do grupo mais antigo dos terrenos de formação recente.

E.ó.li.co *adj.* **1.** Relativo a vento. **2.** Diz-se do verso denominado *sáfico*.

É.o.lo *s.m.* POÉT Vento forte.

E.pi.car.po *s.m.* Película externa dos frutos.

E.pi.ce.no *adj.* GRAM Diz-se do substantivo de um só gênero (masculino ou feminino), que designa, com uma só forma, a espécie de um animal: o crocodilo, a cobra, o jacaré. (Para particularizar o sexo, usam-se os adjetivos macho e fêmea.) ● Diz-se: o macho da cobra, a fêmea do jacaré; jacaré macho, jacaré fêmeo ou fêmea etc.

E.pi.cên.tri.co *adj.* **1.** Referente a epicentro. **2.** Situado no epicentro.

E.pi.cen.tro *s.m.* Ponto da superfície terrestre onde um tremor de terra é mais intenso.

E.pi.co *adj.* **1.** Relativo à epopeia; próprio da epopeia. **2.** Diz-se de ser celebrado em versos. **3.** Extraordinário, memorável, heroico; homérico. **4.** Fora do comum; incomum. *s.m.* **5.** Autor de epopeia.

E.pi.cu.ris.mo *s.m.* **1.** Escola filosófica grega fundada por Epicuro (341-270 a.C.), baseada no prazer. **2.** Sensualidade, luxúria.

E.pi.cu.ris.ta *adj.* **1.** Relativo ao epicurismo. *adj.* e *s.2g.* **2.** Diz-se de, ou pessoa adepta do epicurismo.

E.pi.de.mi.a *s.f.* MED Doença contagiosa que, numa extensa área, ataca ao mesmo tempo muitas pessoas. **2.** FIG Coisa que se difunde rapidamente.

E.pi.dê.mi.co *adj.* **1.** Relativo a epidemia; contagioso. **2.** FIG Contagiante.

E.pi.der.me *s.f.* ANAT Camada superficial da pele.

E.pi.di.di.mi.te *s.f.* Inflamação do epidídimo.

E.pi.dí.di.mo *s.m.* Órgão alongado que contorna parcialmente os testículos e serve de conduto ao esperma.

E.pi.fa.ni.a *s.f.* **1.** Aparição ou manifestação divina. **2.** Festa religiosa em que se celebra essa aparição. **3.** Festa do dia de Reis (6 de janeiro).

E.pi.gás.trio *s.m.* ANAT Parte superior do abdome, limitada pelas costelas no alto, e embaixo pela região umbilical.

E.pi.glo.te *s.f.* ANAT Válvula que obstrui a glote no momento de deglutição.

E.pí.go.no *s.m.* **1.** Aquele que representa a geração seguinte. **2.** Discípulo ou seguidor de um grande mestre nas letras, nas artes, nas ciências.

EPIGRAFAR — EQUÍVOCO

E.pi.gra.far *v.t.* **1.** Pôr epígrafe em. **2.** Denominar, intitular.

E.pí.gra.fe *s.f.* **1.** Inscrição num edifício que indica a data de construção, destinação, construtores etc. **2.** Palavra, expressão ou frase que serve de tema a uma discussão. **3.** Frase, palavra ou expressão encontrada na parte mais visível de monumento, túmulo etc.

E.pi.gra.ma *s.m.* **1.** Poesia breve e satírica. **2.** Sátira, dito ferino e picante.

E.pi.lep.si.a *s.f.* MED Doença nervosa com manifestações ocasionais, súbitas e rápidas, principalmente convulsões e distúrbios da consciência.

E.pi.lép.ti.co *adj.* **1.** Que se refere à epilepsia. **2.** FIG Furioso, desregrado. *adj.* e *s.m.* **3.** Que, o que sofre de epilepsia. ◆ *Var.: epilético.*

E.pí.lo.go *s.m.* **1.** Resumo, conclusão resumida de um livro, poema ou discurso. **2.** Fecho, remate. **3.** Fim. **4.** Recapitulação, resumo. ◆ *Ant.: prólogo.*

E.pi.ní.cio *s.m.* **1.** Cântico ou poema em que se celebra a vitória de um atleta nos concursos helênicos. **2.** Hino triunfal.

E.pis.co.pa.do *s.m.* **1.** Dignidade, funções e jurisdição de bispo. **2.** Bispado; conjunto de bispo.

E.pi.só.di.co *adj.* **1.** Relativo a episódio. **2.** Que acontece ou se produz de tempos em tempos; intermitente. **3.** Acessório, secundário.

E.pi.só.dio *s.m.* **1.** Incidente ligado à ação principal (em obra literária ou artística). **2.** Fato acessório relacionado com outros. **3.** Parte de um filme, telenovela, romance etc. que se exibe na publica periodicamente. **4.** Fato, acontecimento. **5.** Passagem.

E.pis.te.mo.lo.gi.a *s.f.* **1.** Filosofia da ciência (em sentido estrito); em sentido mais amplo, teoria do conhecimento. **2.** Estudo crítico do conhecimento científico em seus vários ramos.

E.pís.to.la *s.f.* **1.** Cada uma das cartas escritas pelos apóstolos e inseridas no Novo Testamento (Bíblia Sagrada). **2.** Carta. **3.** Parte da missa, em que o celebrante lê ou canta um trecho das epístolas. **4.** O lado direito do altar, onde é lida a epístola. **5.** Composição poética em forma de carta. ◆ *Col.: epistolário.*

E.pi.tá.fio *s.m.* **1.** Inscrição sobre um túmulo. **2.** Breve elogio fúnebre.

E.pi.ta.fis.ta *s.2g.* Pessoa que compõe epitáfios.

E.pi.té.lio *s.m.* ANAT Tecido que reveste a pele e as membranas mucosas.

E.pí.te.to *s.m.* **1.** Palavra ou frase que se junta a um nome de pessoa ou coisa para o qualificar, ou realçar a sua significação. **2.** Alcunha, cognome: *Castro Alves, o poeta dos escravos.*

E.pí.to.me *s.m.* **1.** Resumo de uma obra histórica. **2.** Resumo de livro (em especial, de estudo). **3.** Resumo, sinopse, síntese.

E.pi.zo.o.ti.a *s.f.* VET Doença contagiosa que ataca muitos animais da mesma espécie ao mesmo tempo e no mesmo lugar.

É.po.ca *s.f.* **1.** Momento histórico que é marcado por acontecimento importante. **2.** Era, data. **3.** Período, estação. **4.** Tempo em que um fato acontece. **5.** Tempo presente.

E.po.pei.a *s.f.* **1.** Poema épico em que se narram ações heroicas; épica. **2.** FIG Série de feitos heroicos.

E.po.pei.co *adj.* **1.** Relativo a, ou próprio de epopeia. **2.** Que tem caráter de epopeia; heroico, grandioso.

E.pó.xi *s.m.* Denominação dos compostos formados a partir de um epóxido (p.ex., resinas us. em revestimento, adesivo etc.).

E.qua.ção *s.f.* MAT Expressão que indica a igualdade entre duas grandezas conhecidas e desconhecidas.

E.qua.cio.nar *v.t.* **1.** Colocar em equação. **2.** Encaminhar a solução de (problema). **3.** Resolver (problema).

E.qua.dor *s.m.* Círculo máximo da esfera terrestre, perpendicular à linha que passa nos polos.

E.qua.li.za.ção *s.f.* **1.** Ato ou efeito de equalizar; uniformização, equilíbrio. **1.1** Redução de distorção por meio da introdução de redes capazes de compensar a distorção própria de determinada faixa de frequências.

E.qua.li.za.dor (ô) *s.m.* **1.** O que equaliza ou iguala. **2.** Sistema de controle de tom para compensar a distorção de frequência em sistemas de áudio.

E.qua.li.zar *v.t.* Uniformizar, igualar.

E.quâ.ni.me *adj.2g.* **1.** Que denota equanimidade. **2.** Reto, justo, imparcial.

E.qua.to.ri.al *adj.2g.* **1.** Relativo ao equador. **2.** Situado sobre o equador.

E.ques.tre *adj.2g.* Relativo a equitação.

E.qui.da.de *s.f.* **1.** Caráter do que é feito com justiça e imparcialidade. **2.** Igualdade; moderação. ◆ *Var.: equidade.*

E.quí.deo *adj.* **1.** Relativo ou semelhante ao cavalo. *s.m.* **2.** Espécime dos equídeos.

E.qui.dis.tân.cia *s.f.* Qualidade do que é equidistante.

E.qui.dis.tan.te *adj.2g.* Situado a igual distância.

E.qui.lá.te.ro *adj.* GEOM Que tem todos os lados iguais.

E.qui.li.bra.ção *s.f.* **1.** Ato ou efeito de equilibrar. **2.** Equilíbrio.

E.qui.li.brar *v.t.* **1.** Manter-se no centro de gravidade. **2.** Não oscilar mais para um lado que para o outro. **3.** Manter o equilíbrio. **4.** FIG Harmonizar. *v.int.* e *t.* **5.** Compensar, contrabalançar. *v.p.* **6.** Sustentar-se, aguentar-se. **7.** Manter-se em equilíbrio.

E.qui.lí.brio *s.m.* **1.** Estado de um corpo solicitado por duas ou mais forças que se anulam entre si. **2.** FIG Ponderação, calma, prudência. **3.** FIG Estabilidade mental e emocional. **4.** Proporção, harmonia. **5.** Justa medida.

E.qui.li.bris.ta *s.2g.* **1.** Pessoa que faz exercícios e jogos de equilíbrio. **2.** Pessoa que sabe manobrar uma situação difícil.

E.qui.mo.se *s.f.* MED Mancha de sangue sob a pele, devida a pancada; sangue pisado.

E.qui.no *adj.* **1.** Relativo ao cavalo; cavalar. *s.m.* **2.** Animal equino.

E.qui.nó.cio *s.m.* **1.** Época do ano em que o Sol, ao descrever a eclíptica, corta o equador e faz com que os dias sejam iguais às noites em toda a Terra (o que acontece em 21 ou 22 de março e 22 ou 23 de setembro). **2.** Ponto do equador em que ocorre esse fenômeno. **3.** Movimento em que os raios solares ficam perpendiculares ao equador, fazendo com que os dias e as noites sejam iguais em todos os países do mundo.

E.qui.pa.gem *s.f.* **1.** Tripulação de um navio. **2.** Utensílios necessários para qualquer operação militar. **3.** Conjunto das coisas que se levam em viagem; bagagem.

E.qui.pa.men.to *s.m.* **1.** Ato ou efeito de equipar ou equipar-se. **2.** Tudo do que o militar precisa para entrar em serviço, além do fardamento e armas; equipagem. **3.** Conjunto de instrumentos e instalações necessárias para um trabalho ou profissão.

E.qui.par *v.t.* **1.** Guarnecer, prover (uma embarcação) do necessário para manobra, defesa, sustentação etc. **2.** Aprestar; prover do necessário. *v.p.* **3.** Prover-se do necessário; abastecer-se.

E.qui.pa.ra.ção *s.f.* Ato ou efeito de equiparar(-se).

E.qui.pa.rar *v.t.* **1.** Igualar comparando. **2.** Igualar em condições ou em benefícios. **3.** Tornar igual. *v.p.* **4.** Comparar-se, igualando--se; igualar-se.

E.qui.pe *s.f.* **1.** Conjunto de jogadores que tomam parte numa competição esportiva. **2.** Grupo de pessoas (técnicos, cientistas etc.) que participam de uma tarefa comum.

E.qui.ta.ção *s.f.* Arte ou exercício de andar a cavalo.

E.qui.ta.ti.vo *adj.* **1.** Que tem ou denota equidade. **2.** Reto, justo.

E.qui.va.lên.cia *s.f.* Qualidade de equivalente.

E.qui.va.ler *v.int.* **1.** Ser igual no valor, no peso. **2.** Ter a mesma força. *v.p.* **3.** Serem (duas ou mais coisas) equivalentes.

E.qui.vo.car *v.t.* **1.** Confundir (uma coisa com outra). **2.** Tomar (uma coisa por outra). *v.int.* e *p.* **3.** Enganar-se, confundir-se. **4.** Dizer uma coisa por outra.

E.quí.vo.co *adj.* **1.** Que dá lugar à dúvida. **2.** Que tem duplo sentido; ambíguo. **3.** Confuso. **4.** Suspeito. *s.m.* **5.** Erro, engano. **6.** Confusão, mal-entendido. **7.** Trocadilho, jogo de palavras. **8.** Engano cometido contra a vontade.

ERA — ESBOÇAR

E.ra *s.f.* **1.** Acontecimento ou época que serve de base no cômputo dos anos. **2.** Série de anos que principia num grande acontecimento histórico. **3.** Época, período.

E.rá.rio *s.m.* O dinheiro público.

Ér.bio *s.m.* QUÍM Elemento de símbolo Er e número atômico 68, utilizado na produção de raios *laser*.

E.re.ção *s.f.* **1.** Ato ou efeito de erguer(-se), de erigir(-se). **2.** Estabelecimento, instituição. **3.** Endurecimento e aumento do volume de certos órgãos, como o pênis e o clitóris.

E.réc.til *adj.* Erétil.

E.rec.to *adj.* Ereto.

E.re.mi.ta *s.2g.* Pessoa que vive no ermo, que evita a convivência social. Anacoreta, ermitão.

E.re.mi.té.rio *s.m.* **1.** Habitação de eremita(s). **2.** Lugar afastado; retiro.

É.reo *adj.* Feito de bronze, de arame ou de cobre.

E.ré.til *adj.* **1.** Suscetível de ereção. **2.** Que pode manter-se em estado de ereção. • *Var.: erétil.*

E.re.to *adj.* **1.** Aprumado, teso, direito. **2.** Levantado, erguido. **3.** Não abatido; altivo. • *Var.: erecto.*

Er.go.me.tri.a *s.f.* Técnica de estudo e de medida da atividade muscular.

Er.gô.me.tro *s.m.* Aparelho que mede a atividade muscular.

Er.go.no.mi.a *s.f.* Estudo da organização racional do trabalho.

Er.guer *v.t.* **1.** Levantar, elevar. **2.** Alçar. **3.** Erigir, construir, edificar. **4.** Fazer soar alto. **5.** Endireitar, tornar ereto. **6.** Tornar sobranceiro. **7.** Animar, alentar. *v.p.* **8.** Levantar-se, pôr-se em pé. **9.** Aparecer, surgir.

Er.gui.men.to *s.m.* Ato ou efeito de erguer.

E.ri.çar *v.t.* **1.** Fazer erguer. **2.** Arrepiar. **3.** Encrespar, ouriçar. *v.p.* **4.** Arrepiar-se, ouriçar-se, tornar-se hirto.

E.ri.gir *v.t.* **1.** Levantar, erguer. **2.** Fundar, instituir, criar. *v.p.* **3.** Fazer-se de; arvorar-se.

-e.ri.o *suf.* 'Quantidade': *vozerio.*

E.ri.si.pe.la *s.f.* MED Inflamação contagiosa da pele, caracterizada por vermelhidão e dores, quase sempre acompanhada de febre alta.

E.ri.si.pe.lar *v.int.* Adoecer com erisipela.

E.ri.te.ma *s.m.* MED Avermelhamento da pele ou das mucosas.

E.ri.tró.ci.to *s.m.* Glóbulo vermelho do sangue; hemácia.

Er.mi.da *s.f.* **1.** Capela em lugar ermo. **2.** Pequena igreja campestre; igrejinha.

Er.mi.tão *s.m.* **1.** Eremita. **2.** O que cuida de uma ermida. • *Fem.: ermitã e ermitoa.* • *Pl.: ermitãos, ermitães ou ermitões.*

Er.mi.té.rio *s.m.* Lugar onde vivem os eremitas.

Er.mi.to.a *s.f.* Mulher que cuida de uma ermida; ermitã.

Er.mo (ê) *s.m.* **1.** Lugar despovoado, silencioso e triste. **2.** Solidão, deserto. *adj.* **3.** Isolado, solitário. **4.** Deserto, despovoado.

E.ro.dir *v.t.* Provocar erosão em.

E.ró.ge.no *adj.* **1.** Diz-se de qualquer parte do corpo suscetível de manifestar uma excitação sexual. **2.** Que causa excitação sexual; erotógeno.

E.ro.são *s.f.* Ato ou efeito de carcomer, de corroer lentamente; corrosão.

E.ró.ti.co *adj.* **1.** Lascivo, lúbrico, voluptuoso. **2.** Referente ao amor sexual. **3.** Inspirado pelo amor. *adj.* e *s.m.* **4.** Diz-se de, ou autor de obras eróticas.

Er.ra.di.car *v.t.* **1.** Extirpar; arrancar pela raiz. **2.** Exterminar uma doença vegetal pelo arrancamento e queima das plantas contaminadas: *Os cacauicultores precisam erradicar a vassoura-de-bruxa de seus cacauais.*

Er.ra.di.o *adj.* **1.** Que anda sem destino. **2.** Defeituoso, incorreto. **3.** Errante, nômade. **4.** Perdido, desnorteado, desorientado. **5.** Que cometeu erro.

Er.ran.te *adj.2g.* **1.** Que vagueia, que erra. **2.** Próprio de vagabundo; erradio. **3.** Que anda ao acaso.

Er.rar *v.t.* **1.** Cometer erro em. **2.** Enganar-se, equivocar-se. **3.** Vaguear, vagabundear por. **4.** Cometer erros. **5.** Andar sem destino. **6.** Flutuar, pairar. • *Ant.: acertar.*

Er.ra.ta *s.f.* Lista de erros e devida correção no próprio livro ou em impresso à parte. • Quando relaciona um único erro, denomina-se *erratum.*

Er.re *s.m.* Nome da letra *R/r.* • *Pl.: erres* ou *rr.*

Er.ro (ê) *s.m.* **1.** Ato ou efeito de errar; incorreção. **2.** Desvio do caminho reto. **3.** Falsa opinião; julgamento contrário à verdade. **4.** Equívoco, engano. **5.** Falta, falha, culpa. **6.** Desvario, desregramento. • *Ant.: acerto.*

E.ru.di.ção *s.f.* **1.** Cultura vasta e profunda. **2.** Qualidade de erudito. **3.** Sabedoria.

E.ru.di.tis.mo *s.m.* Ostentação de erudição.

E.ru.di.to *adj.* **1.** Que tem saber variado e profundo; douto. *s.m.* **2.** Aquele que tem grandes conhecimentos.

E.rup.ção *s.f.* **1.** Saída rápida e violenta. **2.** Aparição, na pele ou na mucosa, de manchas, pústulas, borbulhas; exantema. **3.** Saída impetuosa de lavas, cinzas etc. pela cratera de um vulcão.

Er.va *s.f.* **1.** BOT Planta de caule tenro, não lenhoso. **2.** Qualquer planta venenosa que nasce em pastagens. **3.** Hortaliça. **4.** (RS) Erva-mate. **5.** GÍR Dinheiro. **6.** GÍR Maconha.

Er.va-ba.bo.sa *s.f.* **1.** Aloé ('designação comum'). **2.** Erva-andorinha *(Aloe humilis).* • *Pl.: ervas-babosa* e *ervas-babosas.*

Er.va-ci.drei.ra *s.f.* BOT Planta medicinal, de flores brancas, utilizada na medicina popular como calmante. • *Pl.: ervas-cidreiras.*

Er.va-de-pas.sa.ri.nho *s.f.* BOT Nome de várias espécies de plantas parasitas de árvores, cujos frutos servem de alimento aos pássaros. • *Pl.: ervas-de-passarinho.*

Er.va-do.ce *s.f.* BOT Planta hortense, culinária e medicinal, também chamada *anis; funcho.* • *Pl.: ervas-doces.*

Er.val *s.m.* Mato em que predomina a erva-mate.

Er.va-ma.te *s.f.* BOT Planta arbustiva, também chamada *mate, congonha, congonha-verdadeira,* de cujas folhas secas se prepara um chá muito apreciado, também chamado *mate.* • *Pl.: ervas-mates* ou *ervas-mate.*

Er.va.ná.rio *s.m.* Herbanário.

Er.vi.lha *s.f.* **1.** Planta trepadeira, leguminosa, de sementes comestíveis. **2.** Vagem e semente dessa planta.

Er.vi.lhal *s.m.* Terreno cultivado de ervilhas.

Es.ba.fo.rir *v.int.* e *p.* Ter respiração dificultosa, por efeito de cansaço; ofegar.

Es.ba.ga.çar *v.t.* **1.** Fazer-se em cacos ou bagaços. **2.** Despedaçar(-se); arrebentar(-se).

Es.ban.ja.dor (ô) *adj.* e *s.m.* Que, ou aquele que esbanja; gastador, perdulário.

Es.ban.jar *v.t.* **1.** Gastar com excesso. **2.** Dissipar. **3.** Estragar. **4.** Ter em excesso (simpatia, talento, saúde): *Aquele cantor esbanja talento.* • *Ant.: economizar.*

Es.bar.rão *s.m.* **1.** Grande esbarro; choque. **2.** Topada.

Es.bar.rar *v.t.* **1.** Tropeçar, topar. **2.** Ir de encontro. **3.** Deter-se (diante de dificuldades). **4.** Atirar, arremessar. *v.p.* **5.** Acotovelar-se.

Es.ba.ter *v.t.* **1.** Atenuar gradualmente os tons de uma cor na pintura, do mais intenso para o mais claro. *v.p.* **2.** Enfraquecer-se (a cor).

Es.bei.çar *v.t.* **1.** Descair (os beiços). **2.** Arrancar ou quebrar os beiços, as bordas a. *v.p.* **3.** Desbeiçar-se.

Es.bel.to *adj.* **1.** Bem proporcionado. **2.** Magro e elegante; garboso. **3.** Gracioso de formas. **4.** Gentil, airoso.

Es.bir.ro¹ *s.m.* **1.** Empregado inferior da justiça. **2.** Agente de polícia; beleguim.

Es.bir.ro² *s.m.* Escora vertical de madeira, destinada a sustentar um travejamento.

Es.bo.çar *v.t.* **1.** Fazer o esboço de; delinear, planejar. **2.** Traçar ligeiramente; entremostrar.

ESBOÇO — ESCANDALIZAR

Es.bo.ço (ô) *s.m.* **1.** Traçado inicial de uma obra de pintura ou de desenho. **2.** Primeira modelação de um trabalho de escultura. **3.** Traços gerais de uma obra literária ou intelectual. **4.** Resumo, síntese, sumário. **5.** Ensaio. **6.** Começo, sinal. **7.** Vulto, figura indistinta. **8.** FIG Noções gerais, rudimentos.

Es.bo.de.gar *v.t.* Gastar perdulariamente; estragar. *v.p.* **2.** Desmazelar-se, desleixar-se.

Es.bo.far *v.t.* **1.** Causar fadiga a; esfalfar. *v.int.* e *p.* **2.** Trabalhar até perder o fôlego; esbaforir-se, esfalfar-se.

Es.bo.fe.te.ar *v.t.* Dar bofetadas em.

Es.bor.ci.nar *v.t.* **1.** Partir as bordas ou beiras de. **2.** Golpear pelas bordas.

Es.bor.do.ar *v.t.* Dar bordoadas em; espancar.

Es.bór.nia *s.f.* Orgia, farra, bebedeira.

Es.bo.ro.ar *v.t.* e *p.* **1.** Reduzir(-se) a pó; desmoronar(-se). **2.** FIG Despregar-se.

Es.bor.ra.char *v.t.* **1.** Fazer rebentar, achatando ou apertando em extremo; achatar. **2.** Esmurrar, esbofetear. *v.p.* **3.** Cair ao chão, estatelando-se.

Es.bor.ri.far *v.int.* Borrifar.

Es.bran.qui.ça.do *adj.* **1.** Que tende para branco. **2.** Quase branco; alvacento. **3.** Descorado, desbotado.

Es.bra.se.ar *v.t.* **1.** Fazer em brasa. **2.** Esquentar muito. **3.** Corar, ruborizar. **4.** Inflamar, excitar. *v.int.* e *p.* **5.** Fazer-se da cor da brasa; afoguear-se, inflamar-se.

Es.bra.ve.cer *v.int.* Tornar-se bravo; enfurecer-se.

Es.bra.ve.jar[1] *v.int.* **1.** Gritar com raiva. **2.** Enfurecer-se. *v.t.* **3.** Bradar, vociferar; proferir aos gritos.

Es.bra.ve.jar[2] *v.t.* (N e NE) Começar a amansar.

Es.bre.gue *s.m.* **1.** Conflito, questão. **2.** Descompostura, repreensão, ralho, sabão.

Es.bru.gar *v.t.* ⇒ Esburgar.

Es.bu.ga.lhar *v.t.* **1.** Fazer sair os bugalhos a. **2.** Abrir muito (os olhos).

Es.bu.lho *s.m.* Ato ou efeito de esbulhar; espoliação.

Es.bu.ra.car *v.t.* **1.** Fazer, encher de buracos. *v.p.* **2.** Encher-se de buracos.

Es.bur.gar *v.t.* **1.** Tirar a casca de (cereais, frutos etc.); descascar. **2.** Tirar (a carne) dos ossos; descarnar. ♦ *Var.: esbrugar.*

Es.ca.be.che (é) *s.m.* Molho de vinagre e condimentos (azeite, alho, cebola etc.) para peixe ou carne.

Es.ca.be.lo *s.m.* **1.** Banco comprido e largo, cujo assento serve de tampa a uma caixa formada pelo mesmo móvel; escanso. **2.** Pequeno estrado para descanso dos pés. **3.** Banco pequeno.

Es.ca.bi.char *v.t.* **1.** Examinar com cuidado. **2.** Examinar, sondar, investigar. **3.** Limpar (unhas ou dentes) com palito.

Es.ca.bi.ci.da *adj.2g.* e *s.m.* Diz-se de ou agente letal us. contra ácaros que provocam escabiose.

Es.ca.bi.o.se *s.f.* Sarna.

Es.ca.bre.a.do *adj.* **1.** Desconfiado, esquivo, ressabiado. **2.** Encabulado, acanhado. **3.** Zangado, irritado.

Es.ca.bro.so (ô) *adj.* **1.** Árduo, difícil. **2.** Pedregoso, acidentado. **3.** Duro, áspero. **4.** Inconveniente, indecente, indecoroso.

Es.ca.char *v.t.* **1.** Fender, separar à força. **2.** Alargar, escancarar. **3.** Abrir ao meio. **4.** Fazer embatucar; confundir.

Es.ca.da *s.f.* **1.** Série de degraus por onde se sobe ou desce. **2.** FIG Tudo o que serve de meio para alguém vencer na vida. ● *Col.: escadaria.*

Es.ca.da.ri.a *s.f.* Série de escadas separadas por descanso ou patamares.

Es.ca.fan.dris.ta *s.2g.* Mergulhador(a) que, revestido(a) de escafandro, trabalha no fundo do mar.

Es.ca.fan.dro *s.m.* Vestimenta hermeticamente fechada, que reveste os mergulhadores e lhes permite trabalhar debaixo da água.

Es.ca.fe.der-se *v.p.* **1.** Fugir apressadamente, assustado. **2.** Esgueirar-se, safar-se.

Es.ca.la *s.f.* **1.** Linha graduada que nos mapas relaciona as distâncias reais com as figuradas. **2.** Indicação das proporções de um desenho, relativamente às dimensões reais do objeto desenhado. **3.** Graduação de termômetros e barômetros. **4.** MÚS Série de notas dispostas na ordem natural de sons ascendentes ou descendentes. **5.** Gama. **6.** Tabela de serviço; turno. **7.** Lugar de parada de qualquer meio de transporte, em especial de avião e navio; categoria, hierarquia, graduação. **8.** Lista, rol.

Es.ca.la.da *s.f.* **1.** Ato ou efeito de escalar. **2.** Subida à montanha íngreme ou a qualquer ponto elevado. **3.** Aumento progressivo de atividade hostil: *É preocupante a escalada do crime organizado.*

Es.ca.la.fo.bé.ti.co *adj.* **1.** POP Incomum, esquisito, extravagante. **2.** Desajeitado, desengonçado.

Es.ca.lão *s.m.* **1.** Nas grandes embarcações, cada um dos degraus de uma escada de corda, por onde se sobe aos mastros. **2.** Degrau (de escada). **3.** FIG Plano, nível, grau.

Es.ca.lar *v.t.* **1.** Subir a (um lugar) utilizando escada. **2.** Subir (uma montanha, um monte) com seus próprios meios. **3.** Designar para serviço em hora e lugar determinados. **4.** Designar para integrar uma equipe ou desempenhar determinada função. **5.** Roubar, saquear. **6.** Destruir, devastar.

Es.ca.la.vrar *v.t.* **1.** Arranhar. **2.** Golpear; ferir levemente (a pele).

Es.cal.da-pés *s.m.2n.* Banho nos pés com água bem quente, com fins terapêuticos.

Es.cal.dar *v.t.* **1.** Queimar (com líquido ou vapor muito quente). **2.** Lavar em água fervente. **3.** Produzir grande calor em. **4.** Aquecer muito; esterilizar. **5.** Ressecar. **6.** Refogar, guisar. *v.int.* **7.** Estar muito quente ou febril. *v.p.* **8.** Queimar-se.

Es.ca.le.no *adj.* GEOM Diz-se do triângulo cujos lados são desiguais entre si.

Es.ca.ler (é) *s.m.* Pequeno barco com dois remadores por bancada, para serviços de navio ou repartição marítima.

Es.ca.lo.nar *v.t.* **1.** Dispor (as tropas) uma por detrás das outras. **2.** FIG Repartir por certo espaço de tempo; espaçar. **3.** Graduar. **4.** Subir por degraus ou etapas. *v.p.* **5.** Graduar-se. **6.** Agrupar-se.

Es.ca.ló.nia *s.f.* BOT Planta saxifragácea, aromática.

Es.ca.lo.pe *s.m.* Pequena fatia de filé, geralmente de vitela.

Es.cal.pe.lar *v.t.* **1.** Rasgar com escalpelo. **2.** Analisar cuidadosamente; dissecar. **3.** Arrancar a pele do crânio a.

Es.cal.pe.lo (ê) *s.m.* Instrumento cirúrgico usado em dissecações anatômicas; bisturi.

Es.cal.po *s.m.* Punhado de cabelos com a pele do crânio, que algumas tribos ameríndias arrancavam dos inimigos e conservavam como troféu de guerra.

Es.cal.var *v.t.* **1.** Tornar calvo. **2.** Retirar a vegetação a; tornar estéril.

Es.ca.ma *s.f.* **1.** Cada uma das lâminas delgadas que revestem a pele dos peixes e répteis. **2.** Pele seca que se forma ou se desprende da epiderme.

Es.ca.mar *v.t.* Tirar as escamas a.

Es.cam.bar *v.t.* **1.** Tirar as escamas a. *v.p.* FIG Zangar-se, irritar-se.

Es.cam.bo *s.m.* **1.** Troca de uma mercadoria por outra, sem uso da moeda. **2.** Troca, permuta.

Es.ca.mo.so (ô) *adj.* **1.** Que tem escamas. **2.** Coberto de escamas. **3.** FAM Diz-se de indivíduo intratável, pedante, pernóstico.

Es.cân.ca.ra *s.f.* Condição do que é patente, visível. ♦ *Às escâncaras: à vista de todos; abertamente.*

Es.can.ca.rar *v.t.* **1.** Abrir de par em par; abrir muito. **2.** Abrir, franquear. **3.** Mostrar claramente. *v.p.* **4.** Abrir-se completamente, abrir-se de par em par.

Es.can.char *v.t.* **1.** Abrir (as pernas) com quem a monta a cavalo. *v.p.* **2.** Sentar-se abrindo as pernas; escancarar-se.

Es.can.da.li.zar *v.t.* **1.** Causar escândalo a, chocar (por atos ou palavras). **2.** Ofender, melindrar. *v.int.* **3.** Fazer escândalo. *v.p.* **4.** Ofender-se, chocar-se, melindrar-se. **5.** Sofrer escândalo.

ESCÂNDALO — ESCATOLOGIA

Es.cân.da.lo *s.m.* **1.** Procedimento condenável, que causa indignação. **2.** Estado de perplexa indignação provocado por ato ou prática reprovável. **3.** Pessoa ou coisa que escandaliza. **4.** Fato imoral ou revoltante. **5.** Tumulto, confusão.

Es.can.da.lo.so (ô) *adj.* **1.** Que provoca escândalo. **2.** Vergonhoso, indecoroso.

Es.can.di.na.vo *adj.* **1.** Relativo à Escandinávia (região da Europa); nórdico. *s.m.* **2.** O natural da Escandinávia; nórdico.

Es.cân.dio *s.m.* QUÍM Elemento metálico, muito leve, de símbolo Sc e número atômico 21.

Es.can.dir *v.t.* **1.** Medir (versos). **2.** Contar as sílabas métricas dos versos. **3.** Pronunciar, destacando cada sílaba; soletrar.

Es.ca.ne.ar ou **es.ca.ne.ri.zar** *v.t.* **1.** Varrer (algo) com um escâner. **2.** Digitalizar (um documento, página impressa etc.) com a ajuda de um escâner.

Es.câ.ner *s.m.* Equipamento que varre uma imagem com um feixe de luz e codifica suas características sob a forma de dados expressos no sistema binário.

Es.can.ga.lha.ção *s.f.* Estrago; desconjuntamento. ● *Pl.*: escangalhações.

Es.can.ga.lha.men.to *s.m.* Ato ou efeito de escangalhar.

Es.ca.nho.a.men.to *s.m.* **1.** Ato ou efeito de escanhoar(-se). **2.** Repasse da lâmina de barbear em várias direções.

Es.ca.nho.ar *v.t.* e *p.* Barbear(-se) com apuro, passando o barbeador (aparelho de barbear ou navalha) em sentido contrário ao dos pelos. ● Conjuga-se por *abençoar*.

Es.ca.ni.nho *s.m.* **1.** Pequeno compartimento dentro de gaveta, caixa, armário, secretária etc. **2.** Esconderijo; lugar oculto.

Es.can.ti.lhar *v.t.* CARP Cortar obliquamente (uma peça), de modo que os ângulos não fiquem retos. **2.** Enviesar.

Es.ca.pa.da *s.f.* **1.** Ato de fugir ao cumprimento de um dever. **2.** Fuga precipitada. **3.** Saída breve; gazeta, escapulida, escapatória. **4.** Leviandade.

Es.ca.pa.de.la *s.f.* Escapada.

Es.ca.pa.di.ço *adj.* Que escapou; que anda fugido.

Es.ca.pa.men.to *s.m.* **1.** Ato ou efeito de escapar. **2.** Saída apressada; escape. **3.** Tubo que dá saída à fumaça de um motor de explosão, como nos automóveis.

Es.ca.par *v.t.* **1.** Livrar-se de (perigo, acidente desagradável etc.). **2.** Esquivar-se, evitar. **3.** Libertar-se, desembaraçar-se. **4.** Soltar-se. **5.** Subtrair-se. **6.** Deixar sair ou cair por descuido. *v.int.* **7.** Sobreviver. *v.p.* **8.** Fugir, safar-se.

Es.ca.pa.tó.ria *s.f.* **1.** Meio de sair de uma situação embaraçosa. **2.** Subterfúgio, desculpa, pretexto.

Es.ca.pe *s.m.* **1.** Ato ou efeito de escapar(-se). **2.** Escapamento. **3.** Escapatória. **4.** Fuga, saída.

Es.ca.pis.mo *s.m.* **1.** Tendência para fugir ou escapar de uma situação ou de qualquer coisa que pareça complicada, difícil. **2.** Procedimento que resulta dessa tendência.

Es.ca.pis.ta *adj.2g.* e *s.2g.* Que ou aquele que tem acentuada tendência para o escapismo.

Es.ca.po¹ *s.m.* **1.** Mecanismo com que se regula o movimento dos relógios. **2.** Peça do mecanismo do piano, que provoca o recuo do martelo após percutir a nota.

Es.ca.po² *adj.* Livre de perigo; salvo.

Es.ca.pu.la *s.f.* Escapatória, evasão, fuga; saída.

Es.cá.pu.la *s.f.* **1.** Prego de cabeça dobrada em ângulo e que serve para prender objetos. **2.** FIG Apoio, esteio, arrimo. **3.** ANAT Omoplata.

Es.ca.pu.lal *adj.2g.* ANAT Escapular.

Es.ca.pu.lar *adj.2g.* **1.** Relativo à escápula, à omoplata ou ao ombro. *s.m.* **2.** Tira de pano bento usada pelos religiosos; bentinho.

Es.ca.pu.li.da *s.f.* Fuga, escapada.

Es.ca.pu.lir *v.t.* **1.** Deixar fugir, deixar escapar. **2.** Fugir, escapar. *v.int.* **3.** Fugir (de prisão, de poder, de pessoa etc.). *v.int.* e *p.* **4.** Fugir, escapar(-se).

Es.ca.ra *s.f.* MED Crosta enegrecida e dura resultante de queimadura, cauterização etc.

Es.ca.ra.fun.cha.dor *adj.* e *s.m.* Diz-se de, ou aquele que escarafuncha.

Es.ca.ra.fun.char *v.t.* **1.** Esgaravatar com unhas ou com alfinetes. **2.** Remexer, investigar com cuidado.

Es.ca.ra.mu.ça *s.f.* **1.** Combate pouco importante entre forças ligeiras, levemente armadas. **2.** FIG Briga, conflito.

Es.ca.ra.mu.çar *v.int.* **1.** Travar escaramuça(s). *v.t.* **2.** Combater em escaramuças.

Es.ca.ra.ve.lho (ê) *s.m.* Espécie de besouro de cor escura, que vive nos excrementos dos mamíferos herbívoros.

Es.car.céu *s.m.* **1.** Rumor das ondas. **2.** Grande vaga em mar agitado. **3.** FIG Grande gritaria; escândalo, alarido.

Es.car.e.ar *v.t.* Alargar (furo ou abertura) com o escareador, de modo que o prego ou parafuso a ser introduzido fique com a cabeça nivelada com a peça em que se encrava.

Es.car.got (fr.) *s.m.* Nome dado a certos caracóis ou lesmas comestíveis. ● Aport.: escargô.

Es.ca.ri.fi.car *v.t.* Revolver o solo.

Es.ca.ri.o.so (ô) *adj.* Que tem escaras ou escamas.

Es.car.la.te *adj.2g.* **1.** De cor vermelha muito viva. *s.m.* **2.** Cor vermelha, muito viva e rutilante. **3.** Tecido de seda ou lã, que tem essa cor. **4.** Certa tinta vermelha. Como adjetivo é invariável: Lábios escarlate.

Es.car.la.ti.na *s.f.* MED Doença infecciosa e epidêmica, caracterizada pelo surgimento de manchas vermelhas na pele.

Es.car.men.tar *v.t.* **1.** Repreender duramente. **2.** Punir, castigar. *v.t.* e *p.* **3.** Ficar advertido pelo dano ou castigo recebido. **4.** Arrepender-se.

Es.car.nar *v.t.* **1.** Descobrir (um osso) tirando a carne que reveste; descarnar. **2.** Investigar.

Es.car.ne.ce.dor (ô) *adj.* e *s.m.* Que, aquele ou aquilo que escarnece ou zomba.

Es.car.ne.cer *v.t.* **1.** Fazer escárnio de. **2.** Zombar, mofar de.

Es.car.ne.ci.men.to *s.m.* Escárnio.

Es.car.ni.nho *adj.* **1.** Que escarnece. **2.** Em que há escárnio.

Es.cár.nio *s.m.* **1.** Galhofa ofensiva; escárnio, zombaria, sarcasmo. **2.** Menosprezo, desdém.

Es.ca.ro.la *s.f.* Variedade de chicória, muito usada em salada; endívia.

Es.car.pa *s.f.* **1.** Talude ou declive de um fosso. **2.** Rampa ou declive de terreno. **3.** Encosta muito íngreme. **4.** Corte oblíquo.

Es.car.pa.do *adj.* Íngreme, abrupto; de difícil acesso.

Es.car.ra.dei.ra *s.f.* Vaso em que se escarra; cuspideira.

Es.car.ran.char *v.t.* **1.** Abrir muito (as pernas) como quem monta a cavalo. *v.p.* **2.** Montar ou sentar-se à vontade, abrindo muito as pernas.

Es.car.ra.pa.char *v.t.* **1.** Abrir muito (as pernas); escarranchar. *v.p.* **2.** Abrir demasiado as pernas. **3.** Cair, esparramando-se; estatelar-se.

Es.car.rar *v.int.* **1.** Expelir o escarro. *v.t.* **2.** Expelir da boca ou das fauces (catarro, sangue); expectorar.

Es.car.ro *s.m.* **1.** Matéria viscosa, que se expele da boca depois de expectorado; expectoração. **2.** POP Pessoa ou coisa desprezível.

Es.car.var *v.t.* **1.** Cavar superficialmente. **2.** Solapar; aluir, abalar.

Es.cás.se.ar *v.t.* **1.** Dar com escassez, com parcimônia. *v.int.* **2.** Decrescer, minguar, rarear.

Es.cas.sez (ê) *s.f.* **1.** Qualidade de escasso. **2.** Falta, carência, míngua. ● Ant.: fartura.

Es.cas.so *adj.* **1.** Que não é abundante. **2.** Escasso, raro. **3.** Que não basta para o consumo. **4.** Parco, diminuto. ● Ant.: abundante, farto.

Es.ca.to.lo.gi.a *s.f.* **1.** Tratado acerca dos excrementos. **2.** Literatura obscena. **3.** FILOS Teoria ou doutrina do destino do homem após a morte, bem como do Universo após sua desaparição.

ESCAVAÇÃO — ESCORREGADELA

Es.ca.va.ção *s.f.* **1.** Ato ou efeito de escavar. **2.** Desaterro, desentulho. **3.** Local escavado. **4.** FIG Pesquisa, investigação.

Es.ca.va.dei.ra *s.f.* Nome dado a qualquer uma das máquinas usadas para escavar, revolver terra, retirar aterro; escavadora.

Es.ca.va.dor (ô) *adj.* e *s.m.* Que, ou aquele que escava.

Es.ca.var *v.t.* e *int.* **1.** Abrir cova em. **2.** Praticar escavações em. **3.** Cavar em volta de. **4.** FIG Pesquisar, investigar. *v.p.* **5.** Tornar-se oco. **6.** Formar cova ou cavidade (falando de terreno).

Es.ca.vei.ra.do *adj.* **1.** Que se parece a uma caveira. **2.** Muito magro; esquálido. **3.** De rosto descarnado.

Es.cla.re.ce.dor (ô) *adj.* **1.** Que esclarece, torna claro, compreensível. **2.** Que alarga o conhecimento.

Es.cla.re.cer *v.t.* **1.** Iluminar; tornar claro; aclarar. **2.** Tornar compreensível; elucidar. **3.** Ilustrar, abrilhantar. **4.** Dar esclarecimento; explicar. *v.int.* **5.** Iluminar-se; tornar-se límpido. **6.** Obter esclarecimentos. *v.p.* **7.** Ilustrar-se, informar-se, instruir-se.

Es.cla.re.ci.do *adj.* **1.** Tornado claro ou compreensível. **2.** Elucidado, explicado. **3.** Muito bem informado. **4.** Arejado (de inteligência). **5.** Ilustre, preclaro. **6.** Culto, renomado.

Es.cle.ra *s.f.* ANAT Membrana branca e fibrosa do olho.

Es.cle.ro.sar *v.t.* e *p.* Fazer adquirir, ou adquirir esclerose.

Es.cle.ro.se *s.f.* MED Endurecimento, devido ao aumento anormal do tecido conjuntivo.

Es.clu.sa *s.f.* Eclusa, comporta.

Es.co.a.dou.ro *s.m.* Lugar ou cano para escoar águas ou dejetos.

Es.co.a.men.to *s.m.* **1.** Ato ou efeito de escoar. **2.** Plano inclinado por onde se escoam águas.

Es.co.ar *v.t.* **1.** Deixar escorrer; coar. *v.int.* **2.** Esvair-se; fugir furtivamente. **3.** Desaparecer, sumir-se. *v.p.* **4.** Escorrer. **5.** Filtrar-se. **6.** Decorrer, passar. **7.** Desaparecer, sumir-se; esvair-se.

Es.coi.ce.a.men.to *s.m.* Ato de escoicear. **2.** Coice.

Es.coi.ce.ar *v.t.* **1.** Dar coices em. **2.** FIG Agredir, tratar grosseiramente. *v.int.* **3.** Dar coices. ◆ *Var.:* escoucear.

Es.coi.mar *v.t.* **1.** Livrar da coima, pena ou censura, depois de maduro exame. **2.** Livrar de impureza, de defeito; limpar. *v.p.* **3.** Eximir-se, isentar-se, desobrigar-se.

Es.col *s.m.* O que há de melhor e mais distinto numa sociedade, num grupo; nata, elite.

Es.co.la *s.f.* **1.** Casa ou estabelecimento de ensino. **2.** Conjunto de professores e alunos desse estabelecimento. **3.** Método e estilo de um autor ou artista. **4.** Qualquer concepção estética ou intelectual, seguida por várias pessoas. **5.** Sistema. **6.** FIG Aprendizado, experiência. **7.** Tudo o que ensina ou dá experiência; exemplo.

Es.co.la.do *adj.* POP Ladino, sabido, esperto.

Es.co.la-mo.de.lo *s.f.* Estabelecimento de ensino organizado de maneira exemplar, com métodos pedagógicos que primam pela excelência. ◆ *Pl.:* escolas-modelo e escolas-modelos.

Es.co.lar *adj.2g.* **1.** Que diz respeito a, ou relativo à escola. *s.2g.* **2.** Pessoa que frequenta uma escola; estudante, aluno.

Es.co.la.ri.da.de *s.f.* **1.** Tempo de frequência dos alunos na escola. **2.** Rendimento escolar.

Es.co.la.ri.zar *v.t.* Submeter ao ensino escolar.

Es.co.lás.ti.ca *s.f.* **1.** Ensino teológico e filosófico próprio da Idade Média. **2.** PEJ Qualquer doutrina dogmática e intransigente.

Es.co.lha (ô) *s.f.* **1.** Ato ou efeito de escolher. **2.** Preferência, opção. **3.** Eleição, seleção. **4.** Discernimento.

Es.co.lher *v.t.* **1.** Fazer seleção de. **2.** Optar, preferir; eleger.

Es.co.lho (ô) *s.m.* **1.** Rochedo coberto por menos de 20 cm de água à vezes à flor da água; abrolho. **2.** FIG Obstáculo.

Es.co.li.o.se *s.f.* Curvatura lateral da coluna vertebral.

Es.col.ta *s.f.* **1.** Pessoas, veículos etc. que acompanham pessoa ou algo para vigiar, proteger ou guardar. **2.** Acompanhamento, séquito.

Es.col.tar *v.t.* **1.** Acompanhar para guardar, proteger ou homenagear. **2.** Ir ou seguir junto de.

Es.com.bros *s.m.pl.* **1.** Restos de edifício que desabou ou se incendiou. **2.** Ruínas, destroços. **3.** Entulho.

Es.con.de-es.con.de *s.m.* Brincadeira infantil em que um dos participantes procura os outros, que se escondem.

Es.con.der *v.t.* **1.** Pôr em lugar secreto; ocultar. **2.** FIG Disfarçar, dissimular. *v.p.* **3.** Furtar-se às vistas de; disfarçar-se. **4.** Resguardar-se, proteger-se.

Es.con.de.ri.jo *s.m.* Local onde uma pessoa ou coisa se esconde.

Es.con.di.das *s.f.pl. elem.* usado na locução *às escondidas.* ◆ às escondidas: ocultamente, sem ninguém ver.

Es.con.ju.ra.ção *s.f.* **1.** Ato ou efeito de esconjurar; esconjuro. **2.** Exorcismo.

Es.con.ju.rar *v.t.* **1.** Amaldiçoar, arrenegar. **2.** Fazer imprecações contra; amaldiçoar. **3.** Lamentar-se, queixar-se.

Es.con.ju.ra.tó.rio *adj.* Próprio para esconjurar.

Es.con.ju.ro *s.m.* Juramento com maldições; exorcismo; maldição.

Es.con.so *adj.* **1.** Oblíquo, inclinado. **2.** FIG Que não é reto; parcial. **3.** Escondido, oculto. **4.** Lugar oculto; esconderijo.

Es.co.pe.ta (ê) *s.f.* Espingarda de cano curto.

Es.co.po (ô) *s.m.* **1.** Alvo, mira; intento. **2.** Fim, meta, objetivo. ◆ *Pl.:* escopos (ô).

Es.co.pro (ô) *s.m.* Instrumento de ferro e aço com que se lavram pedra, madeira, mármore etc.; cinzel.

Es.co.ra *s.f.* **1.** Trave ou peça (de madeira, de ferro), que se coloca obliquamente de encontro ao que se deseja provisoriamente amparar. **2.** FIG Arrimo, amparo, esteio. **3.** Espera com o fim de atacar; tocaia, cilada.

Es.co.ra.men.to *s.m.* **1.** Ato ou efeito de escorar. **2.** Combinação de escoras para arrimar parede que ameaça ruir.

Es.co.rar *v.t.* **1.** Pôr escoras em. **2.** Amparar(-se). **3.** Apoiar de um lado. **4.** Espreitar para vingar-se. **5.** Armar ciladas. *v.p.* **6.** Apoiar-se, amparar-se. **7.** Fundamentar-se.

Es.cor.bu.to *s.m.* MED Doença de curso lento, caracterizada por hemorragias múltiplas e caquexia progressiva, atribuída à carência de vitamina C.

Es.cor.cha.dor *adj.* e *s.m.* Que, ou aquele que escorcha.

Es.cor.cha.du.ra *s.f.* **1.** Queda da pele ou da casca. **2.** Arranhão.

Es.cor.cha.men.to *s.m.* Ato ou efeito de escorchar.

Es.cor.chan.te *adj.2g.* **1.** Que escorcha. **2.** Abusivamente caro.

Es.cor.char *v.t.* **1.** Tirar a casca ou a pele de; esfolar. **2.** Explorar no preço. **3.** Cobrar impostos muito altos. **4.** Despojar, tirar, roubar. **5.** Ferir, maltratar.

Es.cor.ço (ô) *s.m.* **1.** Redução de uma figura em desenho, segundo as leis da perspectiva. **2.** Figura reduzida em relação ao tamanho natural. **3.** Resumo, síntese.

Es.co.re (score) (ing.) *s.m.* Resultado de uma partida esportiva (futebol, basquete, vôlei etc.), expresso por números; placar, contagem.

Es.có.ria *s.f.* **1.** Matérias que se separam dos metais durante a fusão. **2.** Fezes, restos. **3.** FIG Coisa vil, desprezível. **4.** A camada mais baixa da sociedade; ralé, gentalha.

Es.co.ri.a.ção *s.f.* **1.** Ato ou efeito de escoriar. **2.** Abrasão, esfoladura.

Es.co.ri.ar *v.t.* **1.** Ferir de leve (a pele). *v.p.* **2.** Arranhar-se, ferir-se de leve.

Es.cor.pi.a.no *adj.* e *s.m.* Diz-se de, ou indivíduo nascido sob o signo de Escorpião (23 de outubro a 21 de novembro).

Es.cor.pi.ão *s.m.* **1.** Aracnídeo cuja cauda termina num ferrão provido de veneno; lacrau. **2.** ASTROL Um dos signos do Zodíaco (neste sentido, escreve-se com inicial maiúscula).

Es.cor.pi.ô.ni.co *adj.* Relativo a escorpião.

Es.cor.ra.çar *v.t.* **1.** Expulsar ou pôr fora com desprezo; rejeitar. **2.** Afastar com maus tratos.

Es.cor.re.dor (ô) *s.m.* Nome de vários utensílios de cozinha, em geral plástico, usado para escorrer a água de pratos, do arroz etc.

Es.cor.re.ga *s.f.* Pista deslizante utilizada como divertimento em parque de recreação.

Es.cor.re.ga.de.la *s.f.* **1.** Ato ou efeito de escorregar. **2.** FIG Deslize, falta, inadvertência, descuido.

ESCORREGADIÇO — ESCULACHAR

Es.cor.re.ga.di.ço *adj.* Que escorrega facilmente, por falta de firmeza; escorregadio.

Es.cor.re.ga.dor *adj.* **1.** Que escorrega. *s.m.* **2.** Prancha inclinada, de madeira ou de metal, em que as crianças escorregam por diversão.

Es.cor.re.ga.du.ra *s.f.* Escorregadela, escorregamento.

Es.cor.re.ga.men.to *s.m.* Ato ou efeito de escorregar; escorregadura.

Es.cor.re.gão *s.m.* Escorregadela violenta.

Es.cor.re.gar *v.int.* **1.** Deslizar. **2.** Ir resvalando com o próprio peso ou pela velocidade adquirida. **3.** Cometer erro, falta. **4.** FIG Trair marido ou mulher.

Es.cor.re.go (ê) *s.m.* Escorregadela.

Es.cor.rei.to *adj.* **1.** Que não tem lesão. **2.** Sem defeito; são. **3.** De bom aspecto; sadio. **4.** Correto, apurado, castiço (linguagem).

Es.cor.rên.ci.a *s.f.* **1.** Qualidade daquilo que escorre. **2.** Facilidade no escorrer. **3.** O que escorre.

Es.cor.rer *v.t.* **1.** Fazer correr ou esgotar (líquido com que alguma coisa estava misturada). **2.** Vazar, deixar sair. *v.int.* **3.** Correr em gota, em fio; gotejar. **4.** Suar muito. **5.** Perder o líquido de que se encontrava cheio.

Es.cor.ri.do *adj.* **1.** Que escorreu; escoado. **2.** Esgotado. **3.** Liso.

Es.cor.ri.men.to *s.m.* Ato ou efeito de escorrer.

Es.co.tei.ris.mo *s.m.* Escotismo.

Es.co.tei.ro *s.m.* Rapaz que pratica o escotismo.

Es.co.ti.lha *s.f.* NÁUT Alçapão ou abertura nas cobertas e porão do navio.

Es.co.tis.mo *s.m.* Sistema educativo criado pelo general inglês Baden Powell (1857-1941) em 1909, que visa desenvolver na criança e no adolescente o sentimento do dever cívico.

Es.cou.ce.ar *v.t.* e *int.* Escoicear.

Es.co.va (ô) *s.f.* Utensílio de pelos, cerdas, arame etc., para limpar roupas, sapatos, dentes, ou pentear os cabelos etc.

Es.co.va.ção *s.f.* Ato ou efeito de escovar; escovadela.

Es.co.va.de.la *s.f.* **1.** Ato ou efeito de escovar ligeiramente. **2.** FIG Repreensão, censura; castigo.

Es.co.vão *s.m.* Escova grande para encerar pisos.

Es.co.var *v.t.* **1.** GÍR Limpar com escova. **2.** FIG Repreender, censurar.

Es.co.vei.ro *s.m.* **1.** Fabricante ou vendedor de escovas. **2.** Lugar onde se guardam escovas.

Es.cra.va.tu.ra *s.f.* **1.** Tráfico de escravos; escravidão. **2.** Sacrifício da liberdade pessoal.

Es.cra.vi.dão *s.f.* **1.** Estado ou condição de escravo; cativeiro. **2.** FIG Falta de liberdade pessoal; sujeição, servidão.

Es.cra.vis.mo *s.m.* **1.** Sistema dos escravistas. **2.** Influência da prática da escravatura.

Es.cra.vis.ta *adj.2g.* **1.** Relativo à escravatura. *s.2g.* **2.** Pessoa partidária da escravatura.

Es.cra.vi.zar *v.t.* **1.** Reduzir à condição de escravo. **2.** Tornar-se senhor absoluto de; subjugar, dominar. **3.** FIG Cativar, encantar, prender. **4.** Submeter, sujeitar. *v.p.* **5.** Tornar-se escravo.

Es.cra.vo *adj.* e *s.m.* **1.** Que, ou o que vive em absoluta sujeição a um senhor; cativo. **2.** Que, ou o que está na dependência de outrem. **3.** Que, ou aquele que está dominado por forte paixão; enamorado.

Es.cra.vo.cra.ci.a *s.f.* O poder dos escravocratas.

Es.cra.vo.cra.ta *s.2g.* Pessoa partidária da escravatura.

Es.cre.te *s.m.* Time formado por jogadores de diversos clubes; seleção.

Es.cre.ven.te *s.2g.* **1.** Pessoa que copia escrita ou escreve o que outrem dita; escriturário. **2.** Cargo em certos cartórios e repartições jurídicas.

Es.cre.ver *v.t.* **1.** Representar graficamente por meio de letras (as palavras). **2.** Compor (obra literária). **3.** Redigir carta. **4.** Fixar, gravar. *v.int.* **5.** Conhecer a arte da escrita. **6.** Exercer a atividade ou profissão de escritor. *v.p.* **7.** Corresponder-se por carta.

Es.cre.vi.nha.dor (ô) *adj.* **1.** Que escrevinha. *s.m.* **2.** Escritor de obras sem valor.

Es.cre.vi.nhar *v.t.* **1.** Escrever (coisas fúteis, sem importância). **2.** Escrever mal.

Es.cri.ba *s.m.* **1.** Doutor da lei, entre os judeus. **2.** ANT Escrivão, notário.

Es.cri.nio *s.m.* Pequeno cofre para guardar joias; guarda-joias.

Es.cri.ta *s.f.* **1.** Coisa que se escreve. **2.** Arte de escrever. **3.** Modo pessoal de grafar; caligrafia. **4.** Escrituração comercial.

Es.cri.to *adj.* **1.** Representado em caracteres de escrita. **2.** Divulgado pela escrita ou por meio de impressos. *s.m.* **3.** Bilhete, missiva, papel com escrita. **4.** Documento. **5.** Composição literária ou científica.

Es.cri.tor (ô) *s.m.* Autor de obras literárias ou científicas.

Es.cri.tó.rio *s.m.* **1.** Sala onde se lê e escreve. **2.** Local onde se tratam de negócios; gabinete; repartição.

Es.cri.tu.ra *s.f.* Documento autêntico de um contrato, realizado em cartório; instrumento. ◆ **Sagrada Escritura** ou **As Escrituras**: a Bíblia Sagrada, formada pelo Velho e pelo Novo Testamento.

Es.cri.tu.ral *adj.2g.* COM Relativo a escrituração.

Es.cri.tu.rar *v.t.* **1.** Lançar nos livros mercantis (transações comerciais). **2.** Fazer a escrituração de (livros comerciais). *v.p.* **3.** Contrair obrigações por meio de escritura.

Es.cri.va.ni.nha *s.f.* **1.** Mesa em que se escreve. **2.** Mesa própria para escritório; secretária. **3.** Armário onde se guardam papéis e objetos de escrita.

Es.cri.vão *s.m.* **1.** Oficial público, encarregado de escrever autos, termos de processos, atas e outros documentos legais. **2.** POP Tabelião, notário. ● *Fem.*: *escrivã*. ● *Pl.*: *escrivães*.

Es.cro.que *s.m.* Indivíduo que se apropria dos bens alheios por meio de fraude.

Es.cro.tal *adj.2g.* Relativo ao escroto.

Es.cro.to (ô) *s.m.* **1.** PEJ Pele ou bolsa que envolve os testículos. **2.** CH Pessoa ordinária, de má fama; pessoa sem moral, sem caráter. **3.** Pessoa de mau gosto.

Es.cru.pu.li.zar *v.t.* **1.** Causar escrúpulos a. **2.** Ter ou sentir escrúpulo. *v.int.* **3.** Sentir escrúpulos.

Es.crú.pu.lo *s.m.* **1.** Dúvida de consciência; receio de pecar. **2.** Receio de errar, de enganar-se. **3.** Delicadeza de caráter. **4.** Cuidado ou zelo extremo.

Es.cru.pu.lo.so (ô) *adj.* **1.** Que tem escrúpulo. **2.** Que é muito cuidadoso; meticuloso, caprichoso, atencioso. ● *Fem.* e *pl.*: *escrupulosa* e *escrupulosos* (ô).

Es.cru.tar *v.t.* Investigar, pesquisar.

Es.cru.ti.na.dor (ô) *adj.* e *s.m.* Que, ou aquele que escrutina.

Es.cru.ti.nar *v.int.* Recolher os votos de uma urna, conferir seu número com o dos votantes e apurar em seguida o resultado da votação.

Es.cru.tí.nio *s.m.* **1.** Ato ou efeito de escrutinar. **2.** Contagem ou apuração dos votos que entraram na urna. **3.** FIG Exame minucioso.

Es.cu.dar *v.t.* **1.** Cobrir, defender com escudo. **2.** Proteger. *v.p.* **3.** Cobrir-se (com escudo ou coisa parecida). **4.** Defender-se, proteger-se. **5.** Estribar-se, basear-se, apoiar-se.

Es.cu.dei.ro *s.m.* **1.** Fidalgo que acompanhava um cavaleiro e conduzia seu escudo. **2.** Criado particular. **3.** O primeiro dos títulos da antiga nobreza.

Es.cu.de.ri.a *s.f.* **1.** Empresa proprietária de carros de corrida, com pilotos, técnicos etc. **2.** Equipe que participa de gincana, corrida de automóvel, moto, bicicleta etc.

Es.cu.do *s.m.* **1.** Peça de armadura, que resguarda o corpo do guerreiro contra os golpes de lança ou espada. **2.** Peça em que se representam as armas nacionais ou os brasões da nobreza. **3.** Unidade monetária e moeda de Portugal e Cabo Verde. **4.** FIG Defesa, proteção.

Es.cu.la.char *v.t.* **1.** GÍR Desmoralizar, avacalhar. **2.** Repreender severamente; esculhambar.

ESCULACHO — ESFORÇAR

Es.cu.la.cho *s.m.* **1.** POP Ato ou efeito de esculachar; desmoralização. **2.** Surra, pancada.

Es.cu.lá.pio *s.m.* Médico.

Es.cu.lham.ba.ção *s.f.* **1.** Ato ou efeito de esculhambar; descompostura, desmoralização. **2.** Anarquia, desordem, confusão.

Es.cu.lham.ba.do *adj.* **1.** Esculachado ao máximo. **2.** Estragado, escangalhado. *s.m.* **3.** Indivíduo esculhambado.

Es.cu.lham.bar *v.t.* **1.** Repreender de modo violento. **2.** Esculachar, desmoralizar. **3.** Criticar duramente.

Es.cul.pir *v.t.* **1.** Lavrar ou entalhar em pedra, madeira etc. **2.** Criar uma obra de arte em três dimensões. **3.** Imprimir, gravar. ● Conjuga-se por *abolir*.

Es.cul.tor (ô) *s.m.* Artista que faz esculturas.

Es.cul.tu.ra *s.f.* **1.** Arte de esculpir. **2.** Obra que resulta dessa arte. **3.** Estatuária.

Es.cul.tu.ral *adj.2g.* **1.** Que se refere à escultura. **2.** Que tem formas perfeitas, e pode servir de modelo em escultura: *Mulher de corpo escultural.*

Es.cu.ma *s.f.* Espuma.

Es.cu.ma.dei.ra *s.f.* Espécie de colher cheia de orifícios, para tirar a escuma dos líquidos.

Es.cu.man.te *adj.2g.* Espumante.

Es.cu.mar *v.int.* **1.** Fazer ou deitar escuma; espumar. *v.t.* **2.** Tirar a escuma a. **3.** Lançar em forma de escuma.

Es.cu.mi.lha *s.f.* **1.** Chumbo miúdo, para caça de aves. **2.** Tecido fino e transparente, de lã ou seda. ◆ *Var.: espumilha.*

Es.cu.na *s.f.* Barco à vela pequeno, de dois mastros.

Es.cu.re.ce.dor *adj.* e *s.m.* Que, ou o que escurece.

Es.cu.re.cer *v.t.* **1.** Tornar(-se) escuro ou com pouca luz. **2.** Fazer diminuir a claridade. **3.** Tornar obscuro, ininteligível. **4.** Tirar o brilho; empanar. **5.** Ofuscar, eclipsar. **6.** Toldar a fama de. **7.** FIG Ficar escuro; anoitecer. **8.** Eclipsar-se, empanar-se. *s.m.* **9.** Fim da tarde ou começo da noite.

Es.cu.ri.dão *s.f.* **1.** Falta de luz. **2.** Lugar sombrio. **3.** Negrume da noite. **4.** FIG Cegueira moral ou intelectual; ausência de conhecimento; ignorância.

Es.cu.ro *adj.* **1.** Sem luz. **2.** Sombrio, tenebroso. **3.** Monótono, triste. **4.** Quase negro. **5.** Pouco lícito. **6.** FIG Misterioso, oculto. **7.** Intrincado, difícil. **8.** Sem lustre, sem brilho. *s.m.* **9.** Escuridão, negrume, trevas, noite. **10.** PEJ Pessoa negra ou mulata.

Es.cu.sar *v.t.* **1.** Desculpar, perdoar, tolerar. **2.** Justificar. **3.** Não precisar de; dispensar. **4.** Isentar. *v.int.* **5.** Ser desnecessário; não carecer. **6.** Evitar, recusar. *v.p.* **7.** Desculpar-se, justificar-se. **8.** Eximir-se, desobrigar-se. **9.** Recusar-se.

Es.cu.so *adj.* **1.** Esconso, escondido, recôndito. **2.** FIG Mal frequentado; clandestino, suspeito.

Es.cu.ta *s.f.* **1.** Ato ou efeito de escutar. **2.** Lugar onde se escuta. *s.2g.* **3.** Pessoa que escuta.

Es.cu.tar *v.t.* e *int.* **1.** Dar atenção a. **2.** Tornar-se atento para ouvir. **3.** Perceber, ouvindo. **4.** Dar ouvidos a. **5.** Atender ao conselhos de. **6.** Levar em conta. **7.** Ceder, obedecer.

Es.dru.xu.li.zar *v.t.* e *p.* Tornar(-se) esdrúxulo.

Es.drú.xu.lo *adj.* **1.** GRAM DESUS Vocábulo acentuado na antepenúltima sílaba; proparoxítono. **2.** Diz-se do verso que termina em palavra proparoxítona. **3.** POP Extravagante, esquisito. *s.m.* **4.** Vocábulo ou verso esdrúxulo.

Es.fa.ce.la.men.to *s.m.* Ato ou efeito de esfacelar(-se).

Es.fa.ce.lar *v.t.* **1.** Causar ou provocar esfácelo a; gangrenar. **2.** Estraçalhar, destruir. **3.** Arruinar, estragar. *v.p.* **4.** Arruinar-se, corromper-se. **5.** Despedaçar-se, desfazer-se.

Es.fai.mar *v.t.* **1.** Fazer escassear os mantimentos. **2.** Matar a fome.

Es.fal.fa.ção *s.f.* Ato ou efeito de esfalfar-se.

Es.fal.far *v.t.* e *p.* Cansar(-se) ou fatigar(-se) por excesso de trabalho ou doença.

Es.fa.que.ar *v.t.* **1.** Matar ou ferir a golpes de faca. *v.p.* **2.** Ferir-se reciprocamente a facadas: *Os brigões se esfaquearam.*

Es.fa.re.la.men.to *s.m.* Ato ou efeito de esfarelar.

Es.fa.re.lar *v.t.* **1.** Reduzir a farelo, a pó, a migalha. **2.** Fragmentar. *v.p.* **3.** Desfazer-se em farelos. **4.** Reduzir-se a pó; esfarelar-se.

Es.fa.re.len.to *adj.* **1.** Que esfarela fácil. **2.** De aspecto semelhante ao do farelo.

Es.far.ra.pa.do *adj.* **1.** Que tem as vestes em farrapos; roto. **2.** Sem consistência. **3.** Incoerente, sem sentido. *s.m.* **4.** Pessoa esfarrapada, maltrapilha.

Es.far.ra.pa.men.to *s.m.* Ato de esfarrapar.

Es.far.ra.par *v.t.* **1.** Reduzir, fazer em farrapos (roupa, tecido). **2.** Rasgar, dilacerar.

Es.fe.noi.de *s.m.* ANAT Osso da base do crânio.

Es.fe.ra *s.f.* **1.** GEOM Sólido cuja superfície tem todos os pontos equidistantes do centro; globo. **2.** FUT Pelota, bola. **3.** FIG Condição, estado, classe social. **4.** Ambiente, círculo. **5.** Extensão de atribuições, de poder, de competência.

Es.fé.ri.co *adj.* **1.** Relativo a esfera. **2.** Em forma de esfera; redondo.

Es.fe.ro.grá.fi.ca *adj.* e *s.f.* Diz-se de, ou caneta que tem na ponta uma esfera de metal que regula a saída de tinta especial.

Es.fe.roi.de *adj.* e *s.m.* Diz-se do, ou o sólido que apresenta forma semelhante a uma esfera.

Es.fi.a.par *v.t.* e *p.* Desfazer(-se) em fiapos.

Es.fi.ar *v.t. e int.* Desfiar.

Es.finc.ter *s.m.* ANAT Músculo circular contrátil, que serve para apertar ou alargar vários ductos naturais do corpo. ◆ *Var.: esfíncter.* ● *Pl.: esfíncteres.*

Es.fin.ge *s.f.* **1.** Monstro mitológico, com corpo de leão alado e cabeça humana. **2.** FIG Enigma, mistério. **3.** Pessoa impenetrável, cheia de enigmas.

Es.fín.gi.co *adj.* **1.** Relativo a esfinge. **2.** Enigmático, misterioso.

Es.fir.ra *s.f.* Espécie de pastel de forno, feito de massa de trigo com recheio de carne moída, queijo ou verdura e temperos diversos.

Es.fo.gue.ar *v.t.* **1.** Afoguear. *v.p.* **2.** Afoguear-se. **3.** Apressar-se, atarantar-se.

Es.fo.la *s.f.* Esfoladura.

Es.fo.la.de.la *s.f.* **1.** Esfoladura. **2.** FIG Logro, extorsão.

Es.fo.la.dor (ô) *adj.* **1.** Que esfola. *s.m.* **2.** O que esfola. **3.** Aquele que, no abatedouro ou frigorífico, retira o couro do animal (boi etc.) abatido.

Es.fo.la.du.ra *s.f.* **1.** Ato ou efeito de esfolar(-se). **2.** Arranhadura na pele; escoriação. **3.** Ato de retirar a pele do animal recentemente abatido.

Es.fo.la.men.to *s.m.* Esfoladura.

Es.fo.lar *v.t.* **1.** Tirar a pele de (animal abatido): Esfolar um bode. **2.** Ferir superficialmente. **3.** Vender muito caro a; escorchar. **4.** Extorquir dinheiro a. **5.** Lançar tributos excessivos sobre. **6.** Fazer pagar muito caro. **7.** Arranhar, escoriar. **8.** Lograr. *v.p.* **9.** Arranhar-se, ficar escoriado.

Es.fo.lha *s.f.* Desfolhação.

Es.fo.lha.da *s.f.* **1.** Ato ou efeito de esfolhar. **2.** Descamisada.

Es.fo.lhar *v.t.* e *p.* Desfolhar(-se).

Es.fo.li.a.ção *s.f.* **1.** Desprendimento, em fólios, escamas ou lâminas, dos tecidos animais ou vegetais. **2.** Descamação das células superficiais do epitélio. **3.** Descamação da camada cornificada da epiderme. **4.** Efeito de envenenamento da flora de uma área pura com o intuito de perder suas folhas. **5.** Processo através do qual sucessivas folhas de rocha são extraídas do corpo principal, devido a mudanças de temperatura ou outra causa. ● *Pl.: esfoliações.*

Es.fo.li.ar *v.t.* Separar (a casca de plantas) em lâminas finas e superficiais.

Es.fo.li.a.ti.vo *adj.* Que provoca esfoliação.

Es.fo.me.ar *v.t.* **1.** Privar de alimentação. **2.** Causar fome a.

Es.for.ça.do *adj.* **1.** Que não poupa esforços para o desempenho de suas tarefas. **2.** Denodado, corajoso. **3.** Forte, rijo; robusto.

Es.for.çar *v.t.* **1.** Tornar forte. **2.** Dar força a; avigorar. **3.** Estimular, animar, encorajar. **4.** Aumentar; engrossar. **5.** Corroborar, confirmar. *v.int.* e *p.* **6.** Tornar-se forte; animar-se, ter coragem. **7.** Empregar todas as forças para conseguir alguma coisa.

ESFORÇO — ESMIUÇADOR

Es.for.ço (ô) *s.m.* 1. Ação enérgica do corpo ou do espírito. 2. Ânimo, vigor, coragem. 3. Diligência, zelo. • *Pl.: esforços* (ó).

Es.fran.ga.lhar *v.t.* e *p.* 1. Reduzir(-se) a frangalhos. 2. Esfarrapar, rasgar.

Es.fre.ga *s.f.* 1. Ato ou efeito de esfregar(-se); esfregação. 2. FIG Grande fadiga. 3. POP Repreensão, pito. 4. POP Surra, sova.

Es.fre.ga.dor (ô) *adj.* e *s.m.* Que, ou aquele que esfrega.

Es.fre.gão *s.m.* Pano ou outro objeto com que se esfrega (piso etc.).

Es.fre.gar *v.t.* 1. Roçar (uma coisa com outra). 2. Friccionar, coçar. *v.p.* 3. Roçar-se, friccionar-se. 4. CH Roçar de modo libidinoso.

Es.fri.a.men.to *s.m.* 1. Ato ou efeito de esfriar. 2. Arrefecimento, resfriamento. 3. FIG Enfraquecimento. 4. Doença que ataca os animais, em especial os cavalos.

Es.fu.ma.çar *v.t.* Enegrecer com fumaça; esfumar.

Es.fu.mar *v.t.* 1. Esfumaçar. 2. Desenhar a carvão. 3. Amenizar ou sombrear (desenho). *v.p.* 4. Desfazer-se em fumo. 5. FIG Apagar-se, desaparecer aos poucos.

Es.fu.mi.nho *s.m.* Rolo ou cilindro de pelica ou de papel, aparado em ponta, para esfumar as sombras dos desenhos.

Es.fu.zi.an.te *adj.2g.* 1. Que esfuzia; sibilante. 2. FIG Muito alegre ou muito comunicativo; radiante.

Es.fu.zi.ar *v.int.* 1. Zunir com os projéteis da fuzilaria; sibilar. 2. Soprar rijo e forte.

Es.ga.de.lhar *v.t.* Esguedelhar.

Es.gal.ga.do *adj.* Esguio como um galgo.

Es.ga.lhar *v.t.*, *int.* e *p.* 1. Dividir em novos galhos ou ramos; desgalhar. 2. FIG Abrir, separar (como se faz aos galhos).

Es.ga.na.do *adj.* e *s.m.* 1. Diz-se do, ou o que tem muita fome, ou come com avidez; faminto. 2. FIG Avarento, sovina. *adj.* 3. Estrangulado, sufocado. 4. Estreito; sufocado.

Es.ga.nar *v.t.* 1. Sufocar, estrangular. *v.p.* 2. Suicidar-se por esganamento; enforcar-se. 3. FIG Ser avarento; roer-se de inveja.

Es.ga.ni.çar *v.t.* 1. Tornar aguda (a voz) à semelhança do ganido do cão. 2. Tornar esganiçada ou estrídula (a voz).

Es.gar *s.m.* 1. Gesto de escárnio. 2. Trejeito na face; careta.

Es.ga.ra.tu.jar *v.t.* Escrevinhar, rabiscar.

Es.ga.ra.va.ta.dor (ô) *adj.* Que esgaravata. *s.m.* 2. Instrumento para limpar (dentes, ouvidos, unhas etc.); palito.

Es.ga.ra.va.tar *v.t.* 1. Remexer, revolver (a terra) com as unhas. 2. Limpar com palito (os dentes, os ouvidos); escovar. 3. Limpar, remexer. 4. Remexer com tenaz (as brasas). 5. FIG Pesquisar, esmiuçar. • *Var.: esgravatar.*

Es.gar.çar *v.t.* 1. Dividir (pano), apartando os fios. 2. Desfiar. *v.int.* 3. Desfiar, abrir-se (o tecido). 4. Desfazer-se, fragmentar-se. *v.p.* 5. Romper a casca de (fruta). 6. Desfazer-se, fragmentar-se.

Es.gar.rar *v.int.* e *p.* 1. Fazer mudar ou desviar-se (a embarcação) do rumo pela força do vento ou das marés. 2. Afastar(-se). 3. Desviar(-se) do caminho; extraviar(-se). 3. Fazer seguir ou seguir o mau caminho, levar a proceder mal; desgarrar(-se). *v.t.* 4. Desviar-se, apartar-se, separar-se.

Es.ga.ze.ar *v.t.* 1. Abrir demasiadamente os olhos como um louco, sem fitar nem ver. 2. Desmaiar, desvanecer (a cor de um quadro).

Es.go.e.lar *v.int.* 1. Gritar muito. *v.t.* 2. Esganar, estrangular. 3. Abrir muito as goelas e gritar.

Es.go.tan.te *adj.2g.* 1. Que esgota ou faz perder as forças. 2. Exaustivo, cansativo.

Es.go.tar *v.t.* 1. Tirar até a última gota de. 2. Vazar completamente. 3. Empregar totalmente. 4. Deixar correr inteiramente. 5. Beber, engolir. 6. Secar, consumir, gastar. 7. Empregar totalmente. 8. Aplicar com empenho. 9. Levar tudo. 10. Cansar, tornar exausto. *v.int.* e *p.* 11. Secar-se; exaurir-se. 12. Vender (livro, jornal) até o último exemplar. 13. Gastar-se inteiramente; consumir-se. 14. Perder as forças; extenuar-se.

Es.go.tá.vel *adj.2g.* Que se pode esgotar.

Es.go.to (ô) *s.m.* 1. Abertura ou cano por onde correm ou se esgotam líquidos ou dejetos. 2. Canalização subterrânea para receber as águas das chuvas e os detritos de uma população e despejá-lo em local afastado.

Es.gra.va.tar *v.t.* Esgaravatar.

Es.gri.ma *s.f.* Arte de manejar o sabre, a espada, o florete e outras armas brancas.

Es.gri.mi.dor (ô) *adj.* e *s.m.* Que, ou aquele que esgrime; esgrimista.

Es.gri.mir *v.t.* 1. Jogar, manejar. 2. Vibrar, agitar com intenção hostil. *v.int.* 3. Jogar as armas. 4. Lutar, brigar. 5. Brigar, discutir.

Es.gri.mis.ta *s.2g.* Pessoa que pratica a esgrima com perícia.

Es.grou.vi.a.do *adj.* 1. Esguio e alto como o grou. 2. Que tem o cabelo emaranhado ou revolto; esgrouvinhado.

Es.grou.vi.nha.do *adj.* Esgrouviado.

Es.gue.de.lhar *v.t.* Desgrenhar.

Es.guei.rar *v.t.* 1. Desviar. 2. Dirigir(-se) cautelosamente. *v.p.* 3. Retirar-se sorrateiramente.

Es.gue.lha (ê) *s.f.* 1. Través, soslaio; obliquidade. 2. Pano cortado em viés. • *De esguelha:* De soslaio, de través, obliquamente.

Es.gue.lhar *v.t.* 1. Pôr de esguelha; colocar obliquamente; enviesar. 2. Cortar de esguelha.

Es.gui.cho *s.m.* 1. Ato ou efeito de esguichar. 2. Jato ou repuxo de um líquido. 3. Dispositivo colocado na extremidade de um tubo ou mangueira, com que se esguicha.

Es.gui.o *adj.* Alto e delgado.

Es.la.vo *adj.* 1. Que diz respeito aos eslavos. *s.m.* 2. Indivíduo dos eslavos.

Es.ma.e.cer *v.t.*, *int.* e *p.* 1. Desmaiar, desbotar. 2. Perder a cor, o vigor.

Es.ma.e.ci.men.to *s.m.* Ato ou efeito de esmaecer.

Es.ma.ga.dor (ô) *adj.* 1. Que esmaga. 2. Indiscutível, irretorquível. 3. Insuportável, opressivo. *s.m.* 4. O que esmaga. 5. Qualquer aparelho usado para esmagar.

Es.ma.gar *v.t.* 1. Quebrar, esmigalhar (pisando, machucando, comprimindo). 2. Fazer rebentar, calcando. 3. FIG Oprimir, prostrar, vencer; aniquilar, abater. *v.p.* 4. Ficar violentamente comprimido, calcado.

Es.mal.ta.ção *s.f.* Esmaltagem.

Es.mal.ta.dor *adj.* e *s.m.* Que, ou o que esmalta.

Es.mal.ta.gem *s.f.* 1. Ato ou efeito de esmaltar; esmaltação. 2. Arte de decorar com esmalte. 3. O produto dessa arte.

Es.mal.tar *v.t.* 1. Aplicar esmalte a. 2. FIG Enfeitar, matizar de várias cores. 3. Dar brilho a. 4. Adornar, embelezar.

Es.mal.te *s.m.* 1. Substância vitrificável que, fundida, se aplica sobre metais. 2. ANAT Substância que reveste a coroa dos dentes. 3. FIG Brilho, viço.

Es.me.ral.da *s.f.* 1. Pedra preciosa, de cor verde brilhante. 2. A cor da esmeralda. *adj.2g.* 3. Da cor verde da esmeralda; esmeraldino. • *Como adjetivo é invariável: Olhos esmeralda.*

Es.me.ral.di.no *adj.* Da cor da esmeralda; esmeralda.

Es.me.rar *v.t.* 1. Apurar, aperfeiçoar; polir. *v.p.* 2. Pôr todo o cuidado; apurar-se.

Es.me.ril *s.m.* Pedra dura que, desfeita em pó, serve para polir metais, vidro etc.; mó.

Es.me.ri.lha.ção *s.f.* Ato de esmerilhar.

Es.me.ri.lha.dor (ô) *adj.* e *s.m.* 1. Que, ou aquele que esmerilha. *s.m.* 2. Esmeril.

Es.me.ri.lha.men.to *s.m.* 1. Ato ou efeito de esmerilhar(-se). 2. Ato de passar uma peça no esmeril.

Es.me.ri.lhar *v.t.* 1. Polir com esmeril. 2. FIG Aperfeiçoar, aprimorar, apurar. *v.p.* 3. FAM Apurar-se, esmerar-se. • *Var.: esmerilar.*

Es.me.ro (ê) *s.m.* 1. Grande cuidado; requinte. 2. Capricho, apuro, elegância. • *Ant.: desleixo.*

Es.mi.ga.lha.dor (ô) *adj.* e *s.m.* Que, ou aquele que esmigalha.

Es.mi.ga.lhar *v.t.* 1. Quebrar, esfacelar, fragmentar, estilhaçar. *v.p.* 2. Reduzir-se a migalhas.

Es.mi.u.ça.dor (ô) *adj.* e *s.m.* Que, ou aquele que esmiúça.

ESMIUÇAR — ESPÁTULA

Es.mi.u.çar *v.t.* **1.** Dividir em partes muito pequenas. **2.** Reduzir a pó. **3.** Examinar, observar atenta e minuciosamente. **4.** Explicar, narrar com minúcia.

Es.mo (ê) *s.m.* Cálculo aproximado; estimativa. ◆ **a esmo:** ao acaso; à toa; sem medida exata.

Es.mo.la *s.f.* **1.** O que se dá aos necessitados por caridade; espórtula, óbolo. **2.** FIG Favor. **3.** FIG Donativo, caridade.

Es.mo.la.dor *adj.* **1.** Esmoler. **2.** Que pede esmolas; pedinte.

Es.mo.lam.ba.do *adj.* **1.** Diz-se de, ou aquele que tem a roupa em molambos. *adj.* **2.** Esfarrapado.

Es.mo.lar *v.t.* **1.** Pedir como esmola ou por esmola. *v.int.* **2.** Dar esmola ou como esmola.

Es.mo.re.cer *v.t.* **1.** Tirar o ânimo a. **2.** Desalentar, desanimar. *v.int.* **3.** Perder o ânimo, as forças. **4.** Perder o entusiasmo, a coragem. **5.** Declinar, cair. **6.** Diminuir de intensidade.

Es.mo.re.ci.men.to *s.m.* **1.** Ato ou efeito de esmorecer. **2.** Prostração; falta de ânimo; desalento.

Es.no.ba.dor *adj. e s.m.* Que, ou aquele que esnoba.

Es.no.bar *v.t.* **1.** Tratar (alguém) com desprezo. **2.** Menosprezar. *v.int.* **3.** Agir com esnobismo.

Es.no.be *adj. e s.2g.* **1.** Diz-se de, ou pessoa que mostra esnobismo. **2.** Pernóstico.

Es.no.bis.mo *s.m.* **1.** Admiração tola por tudo que está na moda. **2.** Tendência para desprezar os humildes e apreciar exageradamente os que têm grande prestígio. **3.** Sentimento exagerado de superioridade.

E.so.fa.gi.a.no *adj.* Relativo ao esôfago.

E.so.fá.gi.co *adj.* Esofagiano.

E.so.fa.gi.te *s.f.* Inflamação do esôfago.

E.sô.fa.go *s.m.* ANAT Canal de aproximadamente 24 cm, que liga a faringe ao estômago.

E.so.té.ri.co *adj.* **1.** Diz-se da doutrina secreta que se comunica só aos iniciados. **2.** Diz-se do que é incompreensível aos leigos ou não iniciados. ◆ Cf. *exotérico*.

E.so.te.ris.mo *s.m.* **1.** Conjunto de princípios da doutrina esotérica, que alguns filósofos comunicavam apenas a determinados discípulos; hermetismo. **2.** O ocultismo. ◆ Cf. *exoterismo*.

Es.pa.çar *v.t.* **1.** Deixar espaço, ou abrir intervalos entre. **2.** Dilatar; prorrogar, adiar. **3.** Interromper por tempo variável. **4.** Ampliar, alargar, aumentar. **5.** GRÁF Espacejar.

Es.pa.ce.jar *v.t.* GRÁF Deixar espaço entre (linhas, letras ou palavras); espaçar.

Es.pa.ci.al *adj.2g.* **1.** Relativo a espaço. **2.** Relativo ao espaço sideral.

Es.pa.ço *s.m.* **1.** Extensão indefinida. **2.** Capacidade de terreno, sítio ou lugar. **3.** Intervalo de tempo. **4.** Duração, demora. **5.** Vão, lugar. **6.** Claro existente entre as letras ou as palavras. **7.** ASTRONÁUT O universo todo além do invólucro atmosférico da Terra. **8.** Meio, ambiente. **9.** Lugar íntimo, canto. ◆ **Espaço sideral:** o espaço além do limite extremo do nosso sistema solar. ◆ **a espaços:** de tempos em tempos.

Es.pa.ço.so (ô) *adj.* **1.** Vasto, amplo, extenso. **2.** Que tem muito espaço. ● *Ant.:* estreito. ● *Fem. e pl.:* espaçosa e espaçosos (ó).

Es.pa.da *s.f.* **1.** Arma branca com punho, formada de uma lâmina comprida, estreita e pontiaguda, de um ou dois gumes. **2.** FIG Poder militar. **3.** Nas touradas, o que mata o touro com a espada. *s.m.pl.* **4.** V. *espadas*.

Es.pa.da.chim *s.m.* **1.** O que briga com espada. **2.** Valentão, brigão; duelista.

Es.pa.da-de-são-jor.ge *s.f.* BOT Planta originária da África, cultivada como ornamental por suas folhas longas. ● *Pl.:* espadas-de-são-jorge.

Es.pa.da.na *s.f.* **1.** Jato líquido que lembra uma espada. **2.** Barbatana de peixe. **3.** Casta de uva. **4.** BOT Certa planta de lagos e pântanos.

Es.pa.da.ú.do *adj.* Que tem espáduas largas.

Es.pá.dua *s.f.* ANAT Ombro, omoplata.

Es.pa.gue.te *s.m.* Variedade de macarrão em fios delgados e sem furos.

Es.pai.re.cer *v.t. e p.* Distrair(-se), recrear(-se).

Es.pai.re.ci.men.to *s.m.* **1.** Ato ou efeito de espairecer. **2.** Entretenimento, distração.

Es.pal.da *s.f.* **1.** ANT Espádua, ombro. **2.** Espaldar.

Es.pa.lha.dor (ô) *adj. e s.m.* Que, ou o que espalha, divulga, propala.

Es.pa.lha.fa.to *s.m.* **1.** Gritaria, barulho, estardalhaço. **2.** Alarde exagerado. **3.** FAM Ostentação luxuosa; exagero.

Es.pa.lha.fa.to.so (ô) *adj.* **1.** Em que há espalhafato. **2.** Que se destaca pelo exagero.

Es.pa.lhar *v.t.* **1.** Separar a palha de (os cereais). **2.** Lançar para diferentes lados. **3.** Divulgar, propagar. **4.** Incutir, infundir. *v.p.* **5.** Dispersar-se, difundir-se. **6.** GÍR Ficar muito à vontade.

Es.pal.mar *v.t.* **1.** Tornar plano como a palma da mão. **2.** Achatar, aplanar, alisar. **3.** Dilatar, calcando. **4.** Abrir, distender.

Es.pa.na.dor (ô) *s.m.* Utensílio doméstico para limpar ou tirar o pó, formado por um cabo roliço e, geralmente, penas numa das pontas.

Es.pan.car *v.t.* **1.** Dar pancadas em. **2.** Afastar, afugentar, desfazer, dissipar.

Es.pa.nhol *adj.* **1.** Relativo à Espanha, monarquia da Europa. *s.m.* **2.** O natural da Espanha. **3.** O idioma desse país e de vários outros países da América Latina.

Es.pan.ta.di.ço *adj.* Que se espanta com facilidade.

Es.pan.ta.dor *adj.* **1.** Que espanta; espantoso. *s.m.* **2.** Aquele que espanta ou causa espanto.

Es.pan.ta.lho *s.m.* **1.** Boneco que se põe em meio a plantações e em árvores, para espantar as aves. **2.** Pessoa muito feia. **3.** Pessoa maltratada ou vestida com extravagância. **4.** Espectro.

Es.pan.tar *v.t.* **1.** Causar espanto a. **2.** Fazer fugir com medo. **3.** Admirar, surpreender. *v.int.* **4.** Ser espantoso. *v.p.* **5.** Admirar-se, maravilhar-se. **6.** Assustar-se.

Es.pan.to *s.m.* **1.** Ato ou efeito de espantar. **2.** Impressão forte causada por coisa que sobrevém inesperadamente. **3.** Coisa imprevista; surpresa. **4.** Medo excessivo; susto, terror. **5.** Pasmo, admiração. **6.** Maravilha, assombro.

Es.pa.ra.dra.po *s.m.* Faixa ou fita adesiva para fixar curativos.

Es.par.gir *v.t.* **1.** Espalhar ou derramar (um líquido). **2.** Irradiar; espalhar em gotas, em borrifos; borrifar. *v.p.* **3.** Difundir-se, derramar-se. ◆ *Var.:* esparzir(-se).

Es.par.ra.mar *v.t.* **1.** Espalhar em várias direções; dispersar. *v.int. e p.* **2.** Dispersar-se, espalhar-se.

Es.par.ra.me *s.m.* **1.** Ato ou efeito de esparramar(-se). **2.** Debandada, dispersão. **3.** Aparato, ostentação, exagero. **4.** Barulho, briga. ◆ *Var.:* esparramo.

Es.par.re.la *s.f.* **1.** Armadilha de caçar pássaros. **2.** FIG Cilada, logro, engano. **3.** Espécie de remo colocado na parte traseira da embarcação, e que se usa como leme. ◆ **Cair na esparrela:** ser enganado.

Es.par.so *adj.* **1.** Espalhado em várias direções; derramado. **2.** Solto, avulso, disperso. ● *Ant.:* reunido.

Es.par.ta.no *adj.* **1.** Relativo a Esparta, na antiga Grécia. **2.** FIG Austero, rigoroso; severo. *s.m.* **3.** O natural de Esparta.

Es.par.ti.lho *s.m.* Colete usado antigamente pelas mulheres para cingir o corpo e dar elegância ao tronco.

Es.par.zir *v.t.* Espargir, espalhar.

Es.pas.mo *s.m.* **1.** MED Contração involuntária e convulsiva dos músculos. **2.** Arroubo, êxtase.

Es.pas.mó.di.co *adj.* **1.** Relativo a espasmo. **2.** Que se manifesta por espasmo. **3.** Que provoca espasmo.

Es.pa.ti.far *v.t. e p.* **1.** Fazer(-se) em pedaços; despedaçar(-se). **2.** Dissipar(-se) (os bens).

Es.pá.tu.la *s.f.* **1.** Espécie de faca espalmada de madeira ou metal, que serve para abrir cartas, ou para estender e diluir massas, unguentos etc. **2.** MÚS Extremidade das chaves dos instrumentos de sopro, sobre a qual o executante apoia os dedos, quando toca.

ESPAVENTAR — ESPETACULOSO

Es.pa.ven.tar *v.t.* e *p.* **1.** Assustar(-se), espantar(-se). **2.** Envaidecer(-se), ostentar.

Es.pa.ven.to *s.m.* **1.** Susto, espanto. **2.** FIG Ostentação aparatosa; luxo, pompa.

Es.pa.vo.ri.do *adj.* Amedrontado, apavorado, assustado.

Es.pe.car *v.t.* e *p.* Amparar(-se); escorar(-se) com espeques.

Es.pe.ci.al *adj.2g.* **1.** Relativo a uma espécie. **2.** Exclusivo, privativo. **3.** Peculiar, específico. **4.** Excelente, notável, fora do comum. **5.** Exclusivo. **6.** Grande, enorme. • *Ant.: comum.*

Es.pe.cia.li.da.de *s.f.* **1.** Qualidade de especial. **2.** Coisa especial, peculiaridade, particularidade. **3.** Estudo ou ordem de trabalhos a que alguém se dedica.

Es.pe.cia.lis.ta *adj.* e *s.2g.* **1.** Que, ou pessoa que se dedica a determinada especialidade. **2.** Conhecedor, perito.

Es.pe.cia.li.zar *v.t.* **1.** Mencionar ou tratar de modo especial. **2.** Pôr em primeiro lugar; preferir. *v.p.* **3.** Tornar-se especial. **4.** Distinguir-se, singularizar-se. **5.** Fazer uma especialização, dedicar-se a uma especialidade.

Es.pe.cia.ri.a *s.f.* Substância aromática vegetal (cravo, pimenta, canela etc.) que serve para temperar iguarias.

Es.pé.cie *s.f.* **1.** Classe, categoria. **2.** Qualidade, natureza. **3.** Condição, casta, caráter. **4.** Semelhança externa. **5.** Subdivisão do gênero nas classificações de animais e plantas. **6.** Dinheiro vivo.

Es.pe.ci.fi.ca.ção *s.f.* **1.** Ato ou efeito de especificar. **2.** Descrição circunstanciada.

Es.pe.ci.fi.ca.dor *adj.* e *s.m.* Diz-se de, ou o que especifica.

Es.pe.ci.fi.car *v.t.* **1.** Indicar a espécie de; individualizar. **2.** Determinar de modo preciso e explícito. **3.** Esmiuçar.

Es.pe.ci.fi.ca.ti.vo *adj.* **1.** Que especifica. **2.** Que envolve especificação.

Es.pe.cí.fi.co *adj.* **1.** Relativo à espécie. **2.** Exclusivo, especial. *s.m.* **3.** Medicamento destinado especialmente a combater certas doenças.

Es.pé.ci.me *s.m.* **1.** Exemplar representativo de uma espécie. **2.** Modelo, amostra.

Es.pe.ci.o.so (ô) *adj.* **1.** Que, tendo aparência de verdade, induz em erro. **2.** De aparência enganadora; ilusório. **3.** Formoso, atraente, sedutor.

Es.pec.ta.dor (ô) *s.m.* **1.** Aquele que assiste a um espetáculo (de teatro, de cinema etc.). **2.** Observador; testemunha ocular. • *Col.: assistência, auditório.* • Cf. *expectador.*

Es.pec.tro *s.m.* **1.** Imagem fantástica de pessoa já falecida. **2.** Aparição ilusória; fantasma. **3.** Sombra. **4.** FIG Pessoa muito magra; espantalho.

Es.pe.cu.la.ção *s.f.* **1.** Ato ou efeito de especular. **2.** Investigação teórica e desinteressada, com o objetivo único de chegar ao conhecimento. **3.** Operação comercial com o objetivo de obter lucro em dinheiro. **4.** Negócio em que uma das partes aufere lucros explorando a boa-fé da outra.

Es.pe.cu.la.dor (ô) *s.m.* **1.** Aquele que especula. **2.** Interesseiro, calculista. **3.** O que procura obter vantagem de alguma situação ou circunstância.

Es.pe.cu.lar *v.t.* **1.** Observar. **2.** Indagar, averiguar. **3.** Considerar. **4.** Meter-se em negócios com mira em lucros. *v.int.* **5.** Colher informações minuciosas a cerca de alguma coisa. **6.** Meditar, refletir, raciocinar. **7.** Lançar mão de recursos especiais para iludir alguém em proveito próprio. **8.** Explorar. **9.** Operar na bolsa de valores, na comercialização de títulos etc. **10.** Teorizar, conjecturar.

Es.pe.cu.la.ti.vo *adj.* **1.** Em que há especulação. **2.** Que se ocupa da teoria sem se preocupar com a prática; teórico. **3.** Que tem caráter de especulação. **4.** Relativo à especulação.

Es.pé.cu.lo *s.m.* CIR Instrumento cirúrgico para observar certas cavidades do corpo humano.

Es.pe.da.çar *v.t.* e *p.* Despedaçar(-se).

Es.pe.le.o.lo.gi.a *s.f.* Estudo e exploração de cavernas.

Es.pe.le.o.ló.gi.co *adj.* Relativo à Espeleologia.

Es.pe.le.o.lo.gis.ta *s.2g.* Especialista em Espeleologia.

Es.pe.le.ó.lo.go *s.m.* Espeleologista.

Es.pe.lhan.te *adj.2g.* Que reflete como um espelho; brilhante.

Es.pe.lhar *v.t.* **1.** Tornar liso, polido. **2.** Refletir como um espelho; retratar. *v.p.* **3.** Ver-se em espelho; brilhar. **4.** Evidenciar-se, patentear-se.

Es.pe.lho (ê) *s.m.* **1.** Superfície brilhante e polida, que reflete os raios luminosos e a imagem dos objetos. **2.** Lâmina de vidro ou cristal para as pessoas se verem. **3.** Tudo que reflete ou reproduz um sentimento. **4.** Chapa exterior de uma fechadura. **5.** Superfície tranquila e transparente das águas. **6.** Esboço das páginas de um jornal, cujo espaço aparece dividido entre publicidade e material jornalístico. **7.** Exemplo, modelo.

Es.pe.lun.ca *s.f.* **1.** Covil, antro, caverna. **2.** Casa de jogo (bar, hotel etc.) de ínfima categoria. **3.** Lugar imundo.

Es.pe.que *s.m.* **1.** Escora, estaca. **2.** FIG Amparo, proteção, arrimo.

Es.pe.ra *s.f.* **1.** Ato ou efeito de esperar. **2.** Ponto onde se espera alguém ou a caça. **3.** Tocaia, emboscada.

Es.pe.ra-ma.ri.do *s.m.* Doce de ovos e calda de açúcar levemente queimada.

Es.pe.ran.ça *s.f.* **1.** Ato ou efeito de esperar. **2.** Expectativa de um bem que se deseja. **3.** Fé, confiança. **4.** A segunda das três virtudes teologais (*fé, esperança e caridade*).

Es.pe.ran.çar *v.t.* **1.** Dar esperanças a; animar. *v.p.* **2.** Alimentar esperanças; animar-se.

Es.pe.ran.ço.so (ô) *adj.* **1.** Que dá ou tem esperança. **2.** Cheio de esperança. **3.** Promotor. • *Fem.* e *pl.: esperançosa e esperançosos* (ó).

Es.pe.ran.tis.ta *adj.2g.* **1.** Relativo ao esperanto. *adj.2g.* e *s.2g.* **2.** Especialista em esperanto. **3.** Falante desse idioma. **4.** Adepto do movimento esperantista.

Es.pe.ran.to *s.m.* Língua internacional e artificial idealizada pelo médico e linguista polonês Lazar Zamenhof (1859-1917), para facilitar a comunicação entre as pessoas de todo o mundo.

Es.pe.rar *v.t.* **1.** Ter esperança de ou em. **2.** Ter como provável. **3.** Prever. **4.** Aguardar em emboscada; aguardar. **5.** Ter fé, confiar. *v.int.* **6.** Estar à espera de alguém ou de alguma coisa; aguardar. **7.** Contar com. **8.** Querer, desejar. **9.** Ter fé ou esperança; estar na expectativa. **10.** Estar grávida.

Es.per.di.çar *v.t.* Desperdiçar.

Es.per.ma *s.m.* Líquido produzido pelos órgãos genitais dos animais machos; sêmen.

Es.per.ma.ce.te *s.m.* Substância cristalina e gordurosa extraída do cérebro da baleia, utilizado na fabricação de velas ou nas indústrias farmacêutica e de cosméticos.

Es.per.má.ti.co *adj.* Relativo ao esperma.

Es.per.ma.to.zoi.de *s.m.* BIOL Elemento fecundante do esperma; gameta masculino.

Es.per.mi.ci.da *adj.* e *s.2g.* Diz-se de, ou substância química que, aplicada localmente na vagina, destrói os espermatozoides.

Es.per.ne.ar *v.int.* **1.** Agitar violentamente as pernas; debater-se muito. **2.** Protestar. **3.** Zangar-se, revoltar-se.

Es.per.nei.o *s.m.* **1.** Ação de espernear; batida repetida de pernas. **2.** Insubordinação, reclamação.

Es.per.ta.lhão *adj.* e *s.m.* Diz-se de, ou indivíduo astuto, sagaz, velhaco. • *Fem.: espertalhona.*

Es.per.te.za (ê) *s.f.* **1.** Qualidade, dito ou ação de esperto. **2.** Manha, astúcia.

Es.per.to *adj.* **1.** Acordado, desperto. **2.** Vivo, inteligente, astuto. **3.** Enérgico, ativo. **4.** Morno, quase quente. • Cf. *experto.*

Es.pes.sar *v.t.* **1.** Tornar espesso ou grosso; engrossar. *v.p.* **2.** Alongar o pescoço.

Es.pe.ta.cu.lar *adj.2g.* **1.** Que constitui espetáculo. **2.** Ótimo. **3.** Excelente, sensacional, surpreendente.

Es.pe.tá.cu.lo *s.m.* **1.** Tudo o que atrai à vista ou prende a atenção. **2.** Perspectiva. **3.** Contemplação. **4.** Exibição de trabalho artístico em teatro, cinema etc. **5.** Cena ridícula ou escandalosa; escândalo.

Es.pe.ta.cu.lo.so (ô) *adj.* **1.** Que dá muito na vista; espetacular. **2.** Grandioso, teatral, ostentoso. **3.** Espalhafatoso, escandaloso.

ESPETADA — ESPIROQUETA

Es.pe.ta.da *s.f.* **1.** Ato ou efeito de espetar. **2.** Golpe de espeto. **3.** Enfiada de coisas que são assadas de uma vez no espeto.

Es.pe.tar *v.t.* **1.** Furar, atravessar um espeto ou instrumento pontiagudo. *v.p.* **2.** Furar-se com espeto. **3.** FIG Causar dano a si mesmo. **4.** Sair-se mal. **5.** Comprometer-se.

Es.pe.ti.nho *s.m.* Churrasquinho.

Es.pe.to (ê) *s.m.* **1.** Utensílio de ferro para com ele assar carne, peixe etc. **2.** Pau aguçado numa das extremidades. **3.** Mau negócio. **4.** Pessoa muito magra e alta. **5.** FIG Situação difícil, embaraçosa e incômoda. **6.** Coisa difícil e espinhosa; complicação. *adj.* **7.** Difícil de lidar.

Es.pe.vi.tar *v.t.* **1.** Avivar o lume, o fogo, a chama, cortando o morrão ou remexendo as brasas; excitar. *v.p.* **2.** Apurar-se pretensiosamente no falar. **3.** Agastar-se, irritar-se.

Es.pe.zi.nhar *v.t.* **1.** Pisar, calcar com os pés. **2.** Humilhar, oprimir, rebaixar.

Es.pi.a *s.2g.* **1.** Pessoa que observa as escondidas as ações de alguém. **2.** Aquele que espreita; espião. **3.** Vigia, sentinela. *s.m.* **4.** Pescador que espreita o cardume, para cercá-lo com a rede. *s.f.* **5.** NÁUT Cabo para amarrar embarcações.

Es.pi.a.da *s.f.* Ato de espiar; olhadela.

Es.pi.a.de.la *s.f.* Ato de espiar rapidamente e uma vez; espiada, olhadela.

Es.pi.ão *s.m.* **1.** Indivíduo que espia os atos políticos de um governo. **2.** Aquele que faz espionagem em campo inimigo. **3.** O que observa os atos particulares de alguém. **4.** Delator, dedo-duro. ● *Fem.*: espiã.

Es.pi.ar *v.t.* **1.** Espreitar. **2.** Observar, olhar. **3.** Vigiar ocultamente; espionar. **4.** Aguardar (oportunidade).

Es.pi.ca.ça.men.to *s.m.* **1.** Estímulo, incentivo. **2.** Mágoa, aflição.

Es.pi.ca.çar *v.t.* **1.** Ferir com o bico; picar. **2.** Torturar, afligir, magoar. **3.** Incitar, instigar, estimular.

Es.pi.cha.men.to *s.m.* **1.** Alongamento, prolongamento. **2.** Crescimento.

Es.pi.char *v.t.* **1.** Enfiar (peixes) pelas guelras. **2.** Estender e pregar (couros) no chão para secá-los e esticá-los. **3.** Alongar, estender, esticar. *v.i.nt.* **4.** POP Morrer. *v.p.* **5.** Esticar o corpo; refestelar-se. **6.** Enganar-se, equivocar-se. **7.** Encompridar-se. ● *Ant.*: encolher-se.

Es.pi.ci.for.me *adj.* Em forma de espiga.

Es.pi.ga *s.f.* **1.** Parte do milho, trigo, arroz etc. que contém os grãos. **2.** Inflorescência que apresenta um eixo principal, rodeado de flores sésseis. **3.** FIG Contratempo, maçada. **4.** GÍR Prejuízo, logro. ● *Aum.*: espigão. ● *Dim.*: espícula.

Es.pi.ga.men.to *s.m.* **1.** Produção de espiga. **2.** Crescimento, desenvolvimento.

Es.pi.gão *s.f.* **1.** Espiga grande. **2.** Ângulo formado pelo encontro das águas num telhado; cumeeira. **3.** Edifício muito alto.

Es.pi.gar *v.i.nt.* **1.** Lançar, criar espiga (o milho, o trigo etc.). **2.** Crescer, desenvolver. **3.** Causar prejuízos a (alguém); prejudicar. *v.p.* **4.** Prejudicar-se, comprometer-se.

Es.pi.guei.ro *s.m.* Lugar onde se guardam espigas de milho.

Es.pi.na.fra.ção *s.f.* POP Ato ou efeito de espinafrar; descompostura.

Es.pi.na.frar *v.t.* **1.** Tornar ridículo; ridicularizar. **2.** Desmoralizar, descompor. **3.** Repreender asperamente.

Es.pi.na.fre *s.m.* Planta hortense, comestível, de folhas verde-escuras.

Es.pi.nes.cen.te *adj.2g.* Diz-se do vegetal que cria espinhos.

Es.pin.gar.da *s.f.* Arma de fogo, portátil e de cano comprido, usada na caça.

Es.pi.nha *s.f.* **1.** NÁUT A série de saliências da coluna vertebral. **2.** A própria coluna vertebral. **3.** Certa borbulha da pele, e em particular do rosto; acne. **4.** Osso de peixe. **5.** FIG Embaraço, dificuldade.

Es.pi.nha.ço *s.m.* **1.** Espinha dorsal; coluna vertebral. **2.** Dorso, costas. **3.** Cadeia de montanhas; cordilheira.

Es.pi.nhal *adj.2g.* **1.** Relativo à espinha dorsal. *s.m.* **2.** Espinheiral.

Es.pi.nhar *v.t.* e *p.* **1.** Picar(-se), ferir(-se) com espinho. **2.** Irritar(-se), ofender(-se).

Es.pi.nhei.ral *s.m.* Terreno onde crescem espinheiros.

Es.pi.nhen.to *adj.* Cheio de espinhos ou de espinhas; espinhoso.

Es.pi.nho *s.m.* **1.** Saliência aguda e picante de alguns vegetais; acúleo. **2.** Cerda rija que reveste o corpo de alguns animais, como o ouriço e o porco-espinho. **3.** Pua. **4.** FIG Dificuldade, embaraço. **5.** Aflição, tormento.

Es.pi.nho.so (ô) *adj.* **1.** Espinhento. **2.** Cheio de armadilhas; perigoso. **3.** Árduo, difícil. ● *Fem.* e *pl.*: espinhosa e espinhosos (ô).

Es.pi.ni.for.me *adj.2g.* Que tem forma de espinho.

Es.pi.no.be.ar *v.i.nt.* **1.** Dar pinotes. **2.** Esbravejar.

Es.pi.o.na.gem *s.f.* **1.** Ato ou efeito de espionar. **2.** Encargo ou atividade de espião. **3.** O conjunto dos espiões de um país etc.

Es.pi.o.nar *v.t.* **1.** Espiar, observar, investigar como espião. *v.i.nt.* **2.** Fazer trabalho de espião.

Es.pi.ra *s.f.* **1.** Cada uma das voltas de espiral ou parafuso. **2.** Cada rosca de um parafuso.

Es.pi.ra.ção *s.f.* Ato de espirar; respiração.

Es.pi.ral *adj.2g.* **1.** Que tem forma de espiral. **2.** Enroscado. **3.** Em forma de espiral ou caracol. *s.f.* **4.** Linha curva, não fechada, que se afasta cada vez mais de um ponto fixo, dando várias voltas em torno desse mesmo ponto. **5.** Mola de aço, no centro do colante de um relógio.

Es.pi.ra.lar *v.t.* e *p.* Tornar(-se) espiralado.

Es.pi.rar *v.i.nt.* **1.** Respirar, bafejar, soprar. **2.** Soprar. *v.t.* **3.** Exalar, desprender. ● Cf. *expirar*.

Es.pi.ri.lo *s.m.* **1.** Design. comum às bactérias do gên. *Spirillum*, da fam. das espiriláceas, de forma alongada e espiralada. **2.** Qualquer bactéria espiral e relativamente rígida.

Es.pí.ri.ta *adj.2g.* **1.** Que diz respeito ao espiritismo. *s.2g.* **2.** Pessoa partidária do espiritismo; espiritista.

Es.pi.ri.tei.ra *s.f.* Pequeno fogareiro a álcool.

Es.pi.ri.tis.mo *s.m.* Doutrina fundada na crença de que os espíritos das pessoas falecidas podem comunicar-se com os vivos, por intermédio da mediunidade. ● Cf. *espiritualismo*.

Es.pi.ri.tis.ta *adj.* e *s.2g.* Espírita.

Es.pí.ri.to *s.m.* **1.** Substância incorpórea; alma. **2.** Entidade sobrenatural, como os anjos e demônios. **3.** Ente imaginário, como os duendes e os gnomos. **4.** Conjunto das faculdades intelectuais. **5.** Vida, ânimo. **6.** Inclinação ou tendência para alguma coisa. **7.** Ideia predominante. **8.** Intenção. **9.** Sentido, acepção. **10.** Humor; graça, sutileza. **11.** Caráter, gênio, temperamento. **12.** Antigo.

Es.pí.ri.to-san.ten.se *adj.2g.* **1.** Relativo ao Estado do Espírito Santo (Região Sudeste); capixaba. *s.2g.* **2.** Pessoa natural desse Estado; capixaba.

Es.pi.ri.tu.al *adj.2g.* **1.** Relativo ao espírito. **2.** Da natureza do espírito; imaterial. ● *Ant.*: carnal. **3.** Místico, devoto. **4.** Religioso.

Es.pi.ri.tu.a.lis.mo *s.m.* Doutrina filosófica, fundada na existência de Deus e da alma. ● *Ant.*: materialismo. ● Cf. *espiritismo*.

Es.pi.ri.tu.a.lis.ta *adj.2g.* **1.** Relativo ao espiritualismo. *s.2g.* **2.** Pessoa adepta do espiritualismo. ● *Ant.*: materialista. ● Cf. *espiritista*.

Es.pi.ri.tu.a.li.zar *v.t.* **1.** Converter o sentido literal de (um trecho ou frase) em sentido alegórico. **2.** Assimilar (alguma coisa, na essência e na forma) ao espírito. *v.p.* **3.** Identificar-se com as coisas espirituais.

Es.pi.ri.tu.o.so (ô) *adj.* **1.** Que tem espírito, que tem graça. **2.** Conceituoso. **3.** Engenhoso. ● *Fem.* e *pl.*: espirituosa e espirituosos (ô).

Es.pi.ró.gra.fo *s.m.* Aparelho utilizado para registrar os movimentos respiratórios.

Es.pi.ro.me.tri.a *s.f.* Medição da capacidade respiratória dos pulmões.

Es.pi.rô.me.tro *s.m.* Aparelho com que se faz a espirometria.

Es.pi.ro.que.ta *s.f.* Bactéria do gênero *Spirochaeta*, cuja espécie mais conhecida, o *Treponema pallidum*, é o agente causador da sífilis.

ESPIROQUÉTICO — ESQUADREJAR

Es.pi.ro.qué.ti.co *adj.* Relativo a espiroqueta.

Es.pi.ro.que.to *s.m.* ⇒ Espiroqueta.

Es.pir.rar *v.int.* **1.** Dar espirros. **2.** Crepitar. **3.** Esguichar, saltar (qualquer líquido). **4.** Estalar, faiscar. **5.** Sair às carreiras. **6.** Expelir, lançar de si. **7.** Dar, soltar, emitir.

Es.pir.ro *s.m.* **1.** Ato ou efeito de espirrar. **2.** Expiração violenta e ruidosa pelo nariz e pela boca. **3.** Esguicho. **4.** No bilhar, tacada em falso.

Es.pla.na.da *s.f.* **1.** Planalto, chapada. **2.** Terreno plano e amplo na frente de um edifício.

Es.plên.di.do *adj.* **1.** Brilhante, esplendoroso, magnífico, admirável, grandioso pelo brilho e perfeição. **2.** Pomposo, suntuoso. **3.** Ilustre. **4.** Grandioso, magnífico. **5.** FIG Excelente. ● *Sup.abs.sint.:* esplendíssimo.

Es.plen.dor (ô) *s.m.* **1.** Brilho intenso; fulgor. **2.** Grandeza, intensidade. **3.** Magnificência, suntuosidade, pompa.

Es.plen.do.ro.so (ô) *adj.* **1.** Cheio de esplendor; esplêndido, deslumbrante, irradiante. **2.** Resplandecente.

Es.plê.ni.co *adj.* Referente ao baço; lienal.

Es.ple.ni.te *s.f.* MED Inflamação do baço.

Es.po.car *v.int.* Pipocar, estourar, explodir.

Es.po.co (ô) *s.f.* Estouro.

Es.po.jar *v.t.* **1.** Fazer cair ao chão. *v.p.* **2.** Lançar-se (a besta) em terra, e revolver-se para se coçar.

Es.po.le.ta (ê) *s.f.* **1.** Peça destinada a inflamar a carga dos projéteis ocos. *s.2g.* **2.** Criança travessa; irrequieta. **3.** Alcoviteiro, leva e traz. *s.m.* **4.** Capanga.

Es.po.li.a.ção *s.f.* Ato ou efeito de espoliar.

Es.po.li.a.dor (ô) *adj.* **1.** Que espolia; espoliativo. *s.m.* **2.** Aquele que espolia.

Es.po.li.an.te *adj.2g.* Que espolia; adequado para espoliar.

Es.po.li.ar *v.t.* **1.** Esbulhar da posse de. **2.** Privar de (alguma coisa) ilegitimamente, por fraude ou violência. **3.** Esbulhar, roubar.

Es.pó.lio *s.m.* **1.** Bens que ficam por morte de alguém. **2.** Despojos do inimigo de guerra. **3.** O objeto espoliado.

Es.pon.ja *s.f.* **1.** Animal marinho rudimentar, invertebrado. **2.** Substância leve e porosa proveniente desse animal. **3.** Utensílio esponjoso, em geral de plástico, usado em banhos e na limpeza doméstica. *s.m.* **4.** FIG Indivíduo que bebe muito; beberrão.

Es.pon.jar *v.t.* **1.** Limpar, apagar com esponja. **2.** Apagar da memória; jogar no esquecimento. **3.** Tomar de maneira injusta ou ilegal; explorar, surrupiar, sugar, subtrair. *v.t. e int.* **4.** Absorver, embeber (como esponja). *v.t. e p.* **5.** Passar, gotícula por gotícula, através de (algo); transudar, ressudar, transpirar.

Es.pon.jo.so (ô) *adj.* **1.** Semelhante à esponja. **2.** Da natureza da esponja (na leveza, porosidade e absorvência). ● *Fem. e pl.:* esponjosa e esponjosos (ó).

Es.pon.sais *s.m.pl.* **1.** Promessa ou contrato de casamento. **2.** Cerimônia ou solenidade que antecede o casamento.

Es.pon.sal *adj.2g.* Que diz respeito a esposos.

Es.pon.ta.nei.da.de *s.f.* Qualidade de espontâneo; naturalidade.

Es.pon.tâ.neo *adj.* **1.** Natural, sem artifício. **2.** Que se faz de livre vontade. **3.** Não premeditado. **4.** Agreste, selvagem, silvestre.

Es.pon.tar *v.t.* **1.** Aparar, cortar as pontas a (aves, cabelo etc.). **2.** Começar a surgir; despontar.

Es.po.ra *s.f.* **1.** Instrumento de metal, que se coloca na parte posterior do calçado, para incitar a cavalgadura que se monta; esporão. **2.** FIG Incentivo, estímulo. **3.** BOT Certa planta. **4.** Flor dessa planta.

Es.po.ra.da *s.f.* **1.** Picada com espora. **2.** FIG Incitamento. **3.** FIG POP Repreensão, descompostura.

Es.po.rá.di.co *adj.* **1.** Que acontece raramente. **2.** Espalhado, disperso, raro, acidental. ● *Ant.: constante.* **3.** Diz-se de doenças que atacam acidentalmente pessoas isoladas. ● *Ant.: epidêmico.*

Es.po.rão *s.m.* **1.** Saliência córnea do torso do galo e de outros machos galináceos. **2.** ARQUIT Contraforte de uma parede.

Es.po.rar *v.t.* Esporear.

Es.po.re.ar *v.t.* **1.** Picar com espora. **2.** Fazer agir; estimular, instigar, excitar. **3.** Balançar, sacudir com violência.

Es.por.te *s.m.* **1.** Prática metódica dos exercícios físicos em equipe ou sob forma individual, com a observação de regras específicas. *adj.2g. e 2n.* **2.** Diz-se da roupa leve, não formal, confortável. ● O adjetivo é invariável: *Carros esporte.*

Es.por.tis.ta *adj.2g.* **1.** Relativo ao esporte. *adj. e s.2g.* **2.** Diz-se de, ou pessoa que pratica o esporte ou que se dedica às coisas do esporte.

Es.por.ti.va *s.f.* **1.** Espírito esportivo: *Leva tudo na esportiva.* **2.** Loteria esportiva: *A esportiva desta semana distribui R$ 320.000,00 aos ganhadores.*

Es.por.ti.vo *adj.* **1.** Relativo ao esporte. **2.** Desportivo. **3.** Não cerimonioso; descontraído.

Es.po.sar *v.int.* **1.** Unir pelo matrimônio. **2.** Receber por esposo ou esposa. **3.** Tomar a seu cuidado. **4.** FIG Preconizar, abraçar, prender-se vivamente a. **5.** Adotar. **6.** Unir em matrimônio. *v.p.* **7.** Casar-se.

Es.po.so (ô) *s.m.* Marido. ● *Fem.: esposa* (ô).

Es.pos.te.jar *v.t.* **1.** Cortar em postas. **2.** Esquartejar, despedaçar.

Es.prai.ar *v.t.* **1.** Lançar à praia (o mar, um rio etc.) qualquer objeto ou corpo morto. **2.** Derramar. **3.** Estender, alastrar; alongar. **4.** Dar largas a. *v.int.* **5.** Deixar a praia descoberta (o mar, o rio). *v.p.* **6.** Estender-se pela praia; expandir-se. **7.** Divagar (sobre um assunto). **8.** Alastrar-se, propagar-se. **9.** Alargar-se (em favores, promessas etc.).

Es.pre.gui.ça.dei.ra *s.f.* Cadeira reclinável, em geral de lona, em que se deita para descansar ou dormir a sesta.

Es.pre.gui.çar *v.t.* **1.** Tirar a preguiça a; espertar. *v.int. e p.* **2.** Alongar os membros preguiçosamente, por efeito de sono, preguiça ou moleza. **3.** FIG Expandir-se, alastrar-se.

Es.prei.ta *s.f.* **1.** Ato ou efeito de espreitar. **2.** Observação, vigia. **3.** Espionagem.

Es.prei.tar *v.t.* **1.** Observar às escondidas (o que alguém faz). **2.** Andar à espreita de. **3.** Observar, olhar atentamente. **4.** Perscrutar, indagar. *v.p.* **5.** Observar-se, ter cuidado em si.

Es.pre.me.dor (ô) *adj. e s.m.* Que, ou o que espreme.

Es.pre.mer *v.t.* **1.** Comprimir, apertar para extrair o suco, líquido, o sumo. **2.** Apertar, comprimir. **3.** Estudar todas as particularidades de. **4.** Apurar bem. **5.** Não omitir nada. **6.** Apoquentar, vexar. **7.** Fazer sair. *v.p.* **8.** Apertar-se, comprimir-se.

Es.pul.gar *v.t.* **1.** Limpar das pulgas. **2.** Roubar; surrupiar-se. *v.p.* **3.** Limpar das pulgas.

Es.pu.ma *s.f.* **1.** Conjunto de bolhas esbranquiçadas na superfície de um líquido que se agita, ferve ou fermenta. **2.** Escuma. **3.** Saliva que se forma entre os dentes ou os lábios. **4.** Baba espumosa de alguns animais. **5.** Suor de cavalo.

Es.pu.ma.dei.ra *s.f.* Utensílio para tirar a espuma; escumadeira.

Es.pu.man.te *adj.2g.* **1.** Que lança espuma. **2.** Que forma espuma. **3.** FIG Raivoso, zangado.

Es.pu.mar *v.t. e int.* **1.** Cobrir de espuma. **2.** Produzir espuma. **3.** Estar furioso, zangado.

Es.pu.me.jar *v.int.* **1.** Lançar espuma ou escuma. **2.** Espumar com raiva; irar-se.

Es.pu.men.to *adj.* **1.** Que tem espuma. **2.** Que produz muita espuma; espumoso.

Es.pu.mi.lha *s.f.* ⇒ Escumilha.

Es.pu.mo.so (ô) *adj.* Cheio de espuma.

Es.pú.rio *adj.* **1.** Natural ou ilegítimo (filho); bastardo. **2.** Sem legitimidade. **3.** Ilegal. **4.** FIG Adulterado, falsificado. **5.** Que não é vernáculo (linguagem, estilo). ● *Ant.: legítimo.*

Es.qua.dra *s.f.* **1.** Certa porção de navios de guerra. **2.** Parte de uma companhia de infantaria. **3.** Time, equipe.

Es.qua.drão *s.m.* **1.** Unidade de cavalaria ou da polícia. **2.** Unidade aérea que compreende várias esquadrilhas. **3.** Time de futebol altamente técnico.

Es.qua.dre.jar *v.t.* Serrar ou cortar em ângulo reto, em esquadria.

ESQUADRIA — ESTÁBULO

Es.qua.dri.a *s.f.* **1.** Ângulo reto. **2.** Corte em ângulo reto. **3.** Instrumento com que se traçam ou medem ângulos retos; esquadro. **4.** CONSTR Designação comum a janelas, venezianas etc. (mais us. no plural).

Es.qua.dri.lha *s.f.* **1.** Esquadra de pequenos navios; flotilha. **2.** Grupo de pequenos aviões que voam em conjunto.

Es.qua.dri.nha.men.to *s.m.* Ato ou efeito de esquadrinhar; exame minucioso, perscrutação, esquadrinhadura.

Es.qua.dri.nhar *v.t.* **1.** Examinar atenta e minuciosamente. **2.** Investigar; perscrutar. **3.** Observar, analisar com atenção.

Es.qua.dro *s.m.* Instrumento com que se formam ou medem ângulos retos e se tiram linhas perpendiculares.

Es.quá.li.do *adj.* **1.** Muito pálido. **2.** Lívido. **3.** Sujo, imundo.

Es.quar.te.jar *v.t.* **1.** Dividir (um todo) em quatro partes; partir em quarto. **2.** Lacerar, despedaçar.

Es.que.cer *v.t.* **1.** Deixar sair da memória; olvidar. **2.** Não pensar em. **3.** Não fazer caso de. *v.t. e int.* **4.** Escapar da memória. **5.** Ficar no esquecimento. *v.p.* **6.** Não se lembrar. **7.** Distrair-se, descuidar-se. **8.** Perder a ciência ou a habilidade adquiridas. ● *Ant.: lembrar* (-se).

Es.que.ci.di.ço *adj.* Que se esquece com facilidade; que tem memória fraca; esquecido.

Es.que.ci.do *adj.* **1.** Que se esqueceu. **2.** Perdido da lembrança. **3.** POP Que perdeu a sensibilidade ou o movimento (um membro do corpo). **4.** O que perdeu a memória; pessoa esquecidiça.

Es.que.ci.men.to *s.m.* **1.** Ato ou efeito de esquecer(-se). **2.** Falta de lembranças. **3.** Entorpecimento (de um membro). **4.** Omissão, descuido; distração.

Es.quei.te *s.m.* **1.** Pequena prancha estreita, não muito longa (cerca de 60 cm), dotada de duas ou quatro rodas de patins, sobre a qual alguém se equilibra e desloca, podendo executar saltos, figuras etc., com movimentos e postura semelhantes aos do surfe. **2.** O esporte assim praticado.

Es.que.lé.ti.co *adj.* **1.** Relativo ao esqueleto. **2.** Próprio de esqueleto. **3.** FIG Muito magro.

Es.que.le.to (ê) *s.m.* **1.** ANAT Armação óssea dos corpos vertebrados. **2.** A parte sólida e firme de uma construção. **3.** Armação de uma máquina. **4.** Carcaça, arcabouço. **5.** Madeiramento de uma casa. **6.** FIG Esboço, delineamento. **7.** *s.m.* Pessoa extremamente magra.

Es.que.ma *s.m.* **1.** Figura que representa, não a forma dos objetos, mas suas relações e funções. **2.** Plano secreto ou ilícito. **3.** Resumo, sinopse, esboço.

Es.que.ma.ti.zar *v.t.* **1.** Fazer o esquema de. **2.** Tornar-se esquemático. **3.** Reduzir a seus traços essenciais. **4.** Resumir. **5.** Delinear.

Es.quen.tar *v.t.* **1.** Aumentar o calor de; tornar quente ou mais quente. **2.** Aquentar; acalorar. **3.** FIG Encolerizar, enfurecer. *v.int.* **4.** Aquecer; tornar-se quente. **5.** FAM Preocupar-se. *v.p.* **6.** Acirrar-se; encolerizar-se, enfurecer-se. ● *Ant.: esfriar*(-se).

Es.quer.da (ê) *s.f.* **1.** A mão esquerda. **2.** O lado esquerdo. **3.** A oposição parlamentar. **4.** Conjunto dos partidos que professam opiniões progressistas e defendem as reivindicações populares. ● Opõe-se, em política, à *direita*.

Es.quer.dis.mo *s.m.* **1.** Posicionamento, convicção ou militância de esquerda. **2.** Conjunto de militantes ou simpatizantes da esquerda.

Es.quer.do *adj.* **1.** Do lado oposto ao direito. **2.** FIG Canhoto. **3.** Desastrado, desajeitado. **4.** Torto, vesgo. **5.** Desagradável, constrangedor.

Es.que.te *s.m.* Diálogo curto, geralmente cômico, para ser representado.

Es.qui *s.m.* **1.** Cada um dos dois patins formados por uma lâmina de madeira chata, larga e ligeiramente recurvada nas pontas, com que se desliza sobre a neve ou sobre a água. **2.** Esporte praticado com esquis.

Es.qui.fe *s.m.* **1.** Caixão para transportar o morto à sepultura. **2.** Ataúde.

Es.qui.lo *s.m.* ZOOL Pequeno roedor arborícola europeu; caxinguelê, serelepe.

Es.qui.mó *adj.2g.* **1.** Relativo aos esquimós. *s.2g.* **2.** Homem ou mulher pertencente a esse povo.

Es.qui.na *s.f.* **1.** Ângulo exterior formado por duas paredes convergentes. **2.** Canto formado pelo cruzamento de duas ruas. **3.** Esse cruzamento.

Es.qui.si.ti.ce *s.f.* **1.** Qualidade do que é esquisito. **2.** Ação esquisita. **3.** Excentricidade, extravagância.

Es.qui.si.to *adj.* **1.** Fora do comum. **2.** Não vulgar ou usual. **3.** Raro, singular. **4.** Excêntrico, extravagante. **5.** Impertinente, de gênio desigual. *s.m.* **6.** Lugar ermo, deserto.

Es.quis.tos.so.mo.se *s.f.* MED Doença parasitária crônica causada pelo esquistossomo.

Es.qui.va *s.f.* Ato ou efeito de esquivar-se, de evitar um golpe, desviando o corpo ou a sua parte ameaçada.

Es.qui.var *v.t.* **1.** Evitar, fugir de (pessoa ou coisa que nos ameaça ou desagrada). **2.** Tratar com desdém. **3.** Evitar o trato, desviar. *v.p.* **4.** Retirar-se, afastar-se dissimuladamente. **5.** Furtar-se, eximir-se. **6.** Evitar, fugir (a pessoa ou coisa que se quer evitar). **7.** Deixar de fazer alguma coisa; escapar.

Es.qui.vo *adj.* **1.** Que evita o trato, a convivência. **2.** Insociável, arredio. **3.** Arisco, intratável, indócil.

Es.qui.zo.fre.ni.a *s.f.* MED Psicose que leva o doente a perder o contato com a realidade e viver num mundo imaginário que criou para si.

Es.se¹ *s.m.* Nome da letra S/s. ● *Pl.:* esses.

Es.se² (ê) *pron.dem.* usado para designar o indivíduo ou objeto que está próximo da pessoa com quem se fala.

Es.sên.cia *s.f.* **1.** O que constitui a natureza íntima de uma coisa, seu modo de ser especial. **2.** Ser, existência; substância. **3.** Óleo fino e aromático, que se extrai de certos vegetais. **4.** A ideia principal. **5.** Caráter distintivo.

Es.sen.ci.al *adj.2g.* **1.** Que se refere à essência. **2.** Que é da essência de uma coisa. **3.** Necessário, indispensável. **4.** Peculiar. *s.m.* **5.** Condição principal. **6.** Ponto fundamental; o principal. ● *Ant.: acessório.*

Es.ta.ba.na.do *adj.* Estouvado, desajeitado, atabalhoado, desastrado.

Es.ta.be.le.cer *v.t.* **1.** Fixar, fazer estável. **2.** Firmar; fundar. **3.** Instituir, criar. **4.** Instalar. **5.** Pôr em vigor. **6.** Determinar. **7.** Constituir; organizar. **8.** Pôr casa. **9.** Dar meios de vida a. **10.** Assentar. **11.** Demonstrar. **12.** Mandar, ordenar, determinar. **13.** Firmar, celebrar. *v.p.* **14.** Fixar-se, firmar-se. **15.** Fixar residência. **16.** Pôr-se em vigor; introduzir-se. **17.** Abrir um estabelecimento comercial ou industrial.

Es.ta.be.le.ci.men.to *s.m.* **1.** Ato ou efeito de estabelecer(-se). **2.** Casa comercial ou de ensino. **3.** Instituição, fundação. **4.** Colônia, possessão.

Es.ta.bi.li.da.de *s.f.* **1.** Qualidade de estável. **2.** Firmeza, solidez, segurança. **3.** União. **4.** Consolidação. **5.** Situação de funcionário público estável, cuja demissão sem motivo era proibida por lei.

Es.ta.bi.li.za.ção *s.f.* **1.** Ato ou efeito de estabilizar(-se). **2.** Política econômica cujo objetivo é manter o poder de compra da moeda.

Es.ta.bi.li.za.dor *adj. e s.m.* **1.** Que, ou o que estabiliza. *s.m.* **2.** Dispositivo utilizado para evitar ou amortecer oscilações. **3.** QUÍM Substância que estabiliza uma solução. **4.** FÍS Dispositivo com que se assegura a constância do valor eficaz da corrente num circuito.

Es.ta.bi.li.zar *v.t.* **1.** Estabelecer, tornar estável, inalterável. *v.p.* **2.** Tornar-se fixo, sólido, estável.

Es.tab.lish.ment (ing.) *s.m.* Grupo sociopolítico que exerce sua autoridade, controle ou influência, defendendo seus privilégios; ordem estabelecida, sistema. ● *Pl.:* establishments.

Es.tá.bu.lo *s.m.* Lugar coberto para abrigo do gado (especialmente bovinos); curral de bois.

ESTACA — ESTAPEAR

Es.ta.ca *s.f.* **1.** Pau aguçado que se finca na terra, como suporte de cercas, sebes, redes, tapumes etc. **2.** Esteio, espeque. **3.** Peça longa, de metal ou concreto, que se aprofunda no solo, nas fundações de edifícios. **4.** Ramo de planta que se mete na terra para criar raízes.

Es.ta.ção *s.f.* **1.** Cada uma das quatro divisões do ano. **2.** Quadra do ano; temporada. **3.** Lugar destinado à parada de trens, ônibus, metrô etc. **4.** Porto em que um navio se demora algum tempo. **5.** Posto policial. **6.** Temporada, estância. **7.** Estada ou parada em algum lugar. **8.** Centro transmissor de rádio ou televisão.

Es.ta.car *v.int.* **1.** Parar de repente. **2.** Ficar perplexo, imóvel. **3.** Ficar confuso, embaraçado, atrapalhado. *v.t.* **4.** Firmar, segurar com estacas.

Es.ta.ca.ri.a *s.f.* **1.** Grande quantidade de estacas. **2.** Represa ou dique feito de estacas; estacada.

Es.ta.cio.na.men.to *s.m.* **1.** Ato ou efeito de estacionar, de parar. **2.** Lugar onde se estacionam veículos.

Es.ta.cio.nar *v.t.* **1.** Fazer parada. **2.** Demorar-se. **3.** Ser assíduo frequentador de. **4.** Parar (veículo) por algum tempo num mesmo lugar. **5.** Demorar-se em. *v.int.* **6.** Pôr em estacionamento (um veículo). **7.** Não progredir.

Es.ta.cio.ná.rio *adj.* **1.** Que estaciona. **2.** Que fica num mesmo lugar; imóvel, parado. **3.** Que não progride.

Es.ta.da *s.f.* **1.** Ato ou efeito de estar, permanecer, demorar. **2.** Permanência transitória. **3.** Temporada, demora num mesmo lugar; permanência. ◆ Cf. *estadia*.

Es.ta.dão *s.m.* POP Pompa, fausto, luxo.

Es.ta.di.a *s.f.* **1.** Demora ou permanência que o navio fretado é obrigado a ter no porto, ou de veículo em estacionamento. **2.** Preço pago por essa permanência. ◆ Cf. *estada*.

Es.tá.dio *s.m.* **1.** Antiga arena de jogos públicos. **2.** Campo de jogos esportivos. **3.** Antiga medida itinerária, equivalente a 41,25 m. **4.** Fase, período, época; estação. **5.** Cada período de uma doença.

Es.ta.dis.ta *s.2g.* **1.** Pessoa versada e hábil em negócios ou que tomou parte importante na administração de um país. **2.** Homem de Estado.

Es.ta.do *s.m.* **1.** Modo de estar; disposição. **2.** Situação de uma pessoa ou coisa. **3.** Condição física ou moral. **4.** Modo de vida. **5.** Posição. **6.** Nação, considerada como entidade que tem seu próprio governo e administração; governo. **7.** Registro, inventário. **8.** Estádio; fase. **9.** Ostentação.

Es.ta.do-mai.or *s.m.* **1.** Conjunto de oficiais encarregados de assistir o chefe militar em assuntos estratégicos. **2.** Lugar onde se reúne o estado-maior. ● *Pl.: estados-maiores*.

Es.ta.fa *s.f.* **1.** Fadiga por efeito de grande trabalho; canseira. **2.** Atividade enfadonha; maçada.

Es.ta.fer.mo (ê) *s.m.* **1.** FAM Indivíduo sem préstimo, inútil, incompetente. **2.** FIG Espantalho. **3.** FIG Empecilho, estorvo.

Es.ta.fe.ta (ê) *s.2g.* **1.** Entregador de correspondência postal, a cavalo. **2.** Entregador de telegramas. **3.** Entregador de mensagens. **4.** FIG Mensageiro.

Es.ta.fi.lo.co.co *s.m.* Micróbio que em geral se encontra em grupos formando cachos; é patogênico e é o mais comum dos agentes purulentos (abscessos, fístulas etc.).

Es.tag.fla.ção *s.f.* O fenômeno da estagnação (aumento da taxa de desemprego) combinado com inflação (aumento contínuo de preços).

Es.tá.gio *s.m.* **1.** Tirocínio ou aprendizagem de advogado, médico etc. **2.** Situação transitória, de preparação. **3.** Aprendizagem, experiência. **4.** Fase, etapa.

Es.tag.nar *v.t.* **1.** Impedir que corra (um líquido). **2.** Não circular. **3.** Ficar em estado estacionário. **4.** Paralisar, parar. *v.int. e p.* **5.** Cessar de correr (líquido). **6.** FIG Não fazer progresso algum; parar.

Es.ta.lac.ti.te *s.f.* **1.** GEOL Concreção calcária, formada na abóbada das grutas e subterrâneos pela infiltração lenta das águas. ● Opõe-se a *estalagmite*. **2.** ARQUIT Ornato que imita essa concreção.

Es.ta.la.da *s.f.* **1.** Som de objeto que estala; estalaria. **2.** Desordem, briga, motim. **3.** Bofetada, tapa; estalo. **4.** Mutirão para o trabalho de cobertura de uma casa com folhas de babaçu.

Es.ta.la.dor (ô) *adj. e s.m.* Que ou o que estala; estralador.

Es.ta.la.gem *s.f.* Hospedaria, albergue, pousada.

Es.ta.lag.mi.te *s.f.* GEOL Concreção calcária, formada no solo das grutas e subterrâneos pela queda lenta das águas que filtram pela abóbada ● Opõe-se a *estalactite*.

Es.ta.lão *s.m.* Padrão, medida, craveira ● *Pl.: estalões*.

Es.ta.lar *v.t.* **1.** Partir, quebrar. *v.int.* **2.** Fender-se, rachar. **3.** Crepitar, estourar. **4.** Dar estalo. **5.** Ouvir-se subitamente, com estridor.

Es.ta.lei.ro *s.m.* **1.** Lugar onde se constroem ou consertam embarcações. **2.** Leito de paus sobre forquilhas, em que se põe a secar milho, carne etc.

Es.ta.li.do *s.m.* **1.** Pequeno estalo. **2.** Som produzido por qualquer coisa que se parte. **3.** Som estridente ou repentino.

Es.ta.lo *s.m.* **1.** Som produzido por um corpo que se quebra ou rebenta; crepitação. **2.** Ruído do chicote. **3.** Rumor súbito. ◆ *Var.: estralo*. ● De estalo: repentinamente.

Es.ta.me *s.m.* BOT Órgão masculino da flor.

Es.tam.pa *s.f.* **1.** Figura, imagem ou quadro impresso. **2.** Imagem, figura. **3.** Vestígio, impressão. **4.** O que tem boa aparência. **5.** FIG Perfeição, beleza de formas.

Es.tam.pa.dor *s.m.* **1.** Matriz de aço que serve para realizar impressões em metais, a frio ou a quente. **2.** Operário que estampa. **3.** Máquina que serve para estampar papel, couro etc. *adj.* **4.** Que estampa.

Es.tam.pa.gem *s.f.* Ato ou efeito de estampar; impressão.

Es.tam.par *v.t.* **1.** Imprimir ou gravar imagens etc. sobre (tecido, metal, papel, couro etc). **2.** Mostrar, patentear. **3.** Deixar marca, vestígio, sinal. **4.** Revelar, mostrar. *v.p.* **5.** Imprimir-se, gravar-se, fixar-se. **6.** Patentear-se, mostrar-se.

Es.tam.pa.ri.a *s.f.* **1.** Fábrica onde se estampam tecidos, papéis etc. **2.** Loja onde se vendem estampas.

Es.tam.pi.do *s.m.* **1.** Som de explosão de trovão, de arma de fogo etc.; detonação. **2.** Grande estrondo.

Es.tam.pi.lha *s.f.* **1.** Pequena estampa. **2.** Selo postal ou do tesouro público.

Es.tan.car *v.t.* **1.** Impedir que corra (um líquido). **2.** Vedar, deter. **3.** Pôr a. **4.** Matar, saciar. **5.** Exaurir, esgotar. **6.** Estragar. *v.int. e p.* **7.** Estagnar-se, parar. **8.** Exaurir-se, esgotar-se.

Es.tân.cia *s.f.* **1.** Lugar onde se está ou permanece. **2.** Morada, residência. **3.** Depósito de madeira, lenha, carvão. **4.** Divisão de uma composição poética, o mesmo que *estrofe* e *estança*. **5.** (S) Propriedade rural para o cultivo da terra e criação de gado. **6.** Estação de águas minerais.

Es.tan.ci.ei.ro *s.m.* (S) Dono de estância (propriedade rural).

Es.tan.dar.te *s.m.* **1.** Bandeira militar. **2.** Distintivo ou insígnia de corporações, comunidades religiosas etc. **3.** Bandeira, em geral; insígnia.

Es.tan.de *s.m.* (*stand*) (ing.) Espaço reservado a um participante de exposição.

Es.ta.nha.gem *s.f.* Ato ou efeito de estanhar; estanhadura.

Es.ta.nhar *v.t.* Cobrir com estanho.

Es.ta.nho *s.m.* QUÍM Metal branco-prateado, maleável e de fácil fusão, de símbolo Sn e número atômico 50.

Es.tan.que *adj.2g.* **1.** Bem vedado; que não deixa sair nem entrar líquido. **2.** Que não corre; estagnado, parado (água etc.). **3.** Diz-se da atividade ou ramo do conhecimento que não apresenta relação com outros.

Es.tan.te *s.f.* **1.** Móvel com prateleiras em que se colocam livros, papéis etc. **2.** Móvel que tem na parte superior uma tábua inclinada para facilitar a leitura, no qual se coloca livro, partitura musical etc.

Es.ta.pa.fúr.dio *adj.* **1.** Excêntrico, extravagante; estrambótico. **2.** Estouvado.

Es.ta.pe.ar *v.t.* Molestar esbofeteando.

ESTAQUEAR — ESTERLINO

Es.ta.que.ar *v.t.* **1.** Retesar, guarnecendo com estacas. **2.** Bater com estacas em; estacar. **3.** AGRIC Reproduzir por meio de estacas.

Es.tar *v.lig.* **1.** Ser num dado momento. **2.** Achar-se, encontrar-se (em certo estado ou condição). **3.** Manter-se (em certa posição). *v.int.* **4.** Ficar, permanecer. **5.** Passar (bem ou mal) de saúde ou de vida. **6.** Achar-se (em dado lugar, em dado momento). **7.** Presenciar, assistir. **8.** Consistir. **9.** Concordar.

Es.tar.da.lha.ço *s.m.* **1.** Grande barulho; gritaria. **2.** Estrondo, ruído. **3.** Ostentação ruidosa.

Es.tar.re.ce.dor (ô) *adj.* e *s.m.* Que estarrece.

Es.tar.re.cer *v.t.* **1.** Causar pavor, terror a. **2.** Apavorar, assustar. **3.** Deixar perplexo. *v.int.* e *p.* **4.** Desmaiar; ficar desfalecido.

Es.tar.re.ci.do *adj.* Espantado, assustado, apavorado.

Es.tar.re.ci.men.to *s.m.* **1.** Ato ou efeito de estarrecer. **2.** Estado de estarrecido.

Es.ta.tal *adj.2g.* **1.** Que diz respeito ao Estado. **2.** Do Estado. *s.f.* **3.** Empresa estatal.

Es.ta.te.lar *v.t.* **1.** Atirar ao chão, deitar por terra. **2.** Tornar atônito, imóvel. **3.** Causar grande admiração a. *v.p.* **4.** Estender-se ao comprido no chão por efeito de queda.

Es.tá.ti.ca *s.f.* FÍS Parte da mecânica que trata do equilíbrio das forças.

Es.tá.ti.co *adj.* **1.** Relativo a equilíbrio. **2.** Que está em repouso. **3.** Firme, parado. ◆ Cf. *extático.*

Es.ta.tis.mo *s.m.* **1.** Sistema político no qual o Estado intervém diretamente no setor econômico. **2.** Predominância do Estado na economia.

Es.ta.tís.ti.ca *s.f.* **1.** Ciência que tem por objeto a pesquisa e a comparação dos fatos gerais e particulares verificados no movimento das sociedades. **2.** Descrição de uma região, de um país, sob o ponto de vista da extensão, população, recursos econômicos etc. **3.** Conjunto dos dados numéricos sobre um fenômeno qualquer, pelos quais se chega a certas conclusões.

Es.ta.tís.ti.co *adj.* **1.** Relativo à estatística. *s.m.* **2.** Aquele que é especialista em estatística.

Es.ta.ti.zar *v.t.* **1.** Transformar empresas particulares em empresas estatais (de capital misto ou não). **2.** Reservar-se ao Estado a exploração de certas atividades econômicas (como petróleo, mineração etc.).

Es.tá.tua *s.f.* **1.** Figura inteira, em pleno relevo, modelada, esculpida ou fundida, e que representa um homem, uma mulher, uma divindade, um animal. **2.** FIG Pessoa sem ação, sem movimento. ◆ *Dim.: estatueta.* ◆ *Col.: estatuária.*

Es.ta.tu.á.ria *s.f.* **1.** Arte de fazer estátuas; escultura. **2.** Conjunto e características das estátuas de uma época ou país. ◆ Cf. *estatuaria.*

Es.ta.tu.á.rio *s.m.* **1.** Escultor que faz estátuas. *adj.* **2.** Relativo a estátuas. **3.** Próprio para estátuas.

Es.ta.tu.e.ta (ê) *s.f.* Pequena estátua.

Es.ta.tu.ir *v.t.* Estabelecer, determinar por estatuto, decreto, lei etc.; decretar.

Es.ta.tu.ra *s.f.* **1.** Tamanho de uma pessoa. **2.** Altura de ser vivo. **3.** Tamanho, grandeza.

Es.ta.tu.to *s.m.* Regulamento especial de uma corporação, sociedade, associação.

Es.tá.vel *adj.2g.* **1.** Que apresenta solidez; firme, inalterável. **2.** Permanente, duradouro. **3.** Fixo, invariável. **4.** Diz-se de funcionário que só pode ser dispensado do serviço em certas circunstâncias. ◆ *Ant.: instável.*

-es.te *suf.* 'Relação': *agreste.*

Es.te¹ (é) *s.m.* Leste, oriente.

Es.te² (ê) *pron.dem.* Designativo de pessoa ou coisa que está próxima de quem fala ou à qual nos referimos por último.

Es.te.ar *v.t.* **1.** Segurar com esteios; escorar. **2.** Firmar, apoiar. **3.** Proteger, auxiliar. *v.p.* **4.** Basear-se, apoiar-se.

Es.te.a.ri.na *s.f.* Éster esteárico da glicerina, com o qual se fazem velas.

Es.tei.o *s.m.* **1.** Peça de pedra ou madeira, com que se segura ou escora alguma coisa. **2.** Espeque, escora. **3.** FIG Arrimo; amparo, proteção, apoio.

Es.tei.ra *s.f.* **1.** Tecido de junco, taquara etc., que serve para cobrir o chão e para outros usos. **2.** Sulco ou rasto escumoso que o navio deixa na água por onde passa. **3.** FIG Rumo, direção. **4.** FIG Vestígio, traço, reflexo. **5.** Modelo, norma, exemplo.

Es.tei.ro *s.m.* **1.** Trecho de rio ou de mar que adentra na terra; braço, estuário. **2.** Estero.

Es.te.lar *adj.2g.* Relativo às estrelas.

Es.te.li.o.na.tá.rio *s.m.* Aquele que pratica estelionato.

Es.te.li.o.na.to *s.m.* **1.** Fraude cometida por quem vende ou hipoteca o que já está vendido ou hipotecado. **2.** Obtenção de vantagem ou proveito próprio, em prejuízo alheio, mediante fraude ou logro.

Es.tên.cil *s.m.* Papel parafinado, que serve para copiar desenhos e textos a serem reproduzidos em série no mimeógrafo. ◆ *Pl.: estênceis.*

Es.ten.de.dou.ro *s.m.* Lugar ou varal onde se estendem as roupas para secar; coradouro, estendal. ◆ *Var.: estendedoiro.*

Es.ten.der *v.t.* **1.** Desdobrar no sentido do comprimento e da largura. **2.** Alongar, estirar. **3.** Ampliar; prolongar. **4.** Oferecer, apresentando. **5.** Levar, fazer chegar. *v.int.* **6.** Tornar-se comprido. **7.** Dilatar-se em comprimento. *v.p.* **8.** Alargar-se, dilatar-se. **9.** Ir até. **10.** Alastrar-se, grassar; divulgar-se. **11.** Colocar-se em fileiras. **12.** Estirar-se, ficar deitado. **13.** Abranger. **14.** Escrever ou discorrer longamente (sobre um assunto).

Es.te.no.da.ti.lo.gra.fi.a *s.f.* Trabalho que se refere ao registro de um texto ou da fala de uma pessoa pela estenografia, seguido da datilografia do texto estenografado.

Es.te.no.gra.far *v.t.* Escrever ou registrar (fala, discurso) por meio da estenografia; taquigrafar.

Es.te.no.gra.fi.a *s.f.* Técnica de escrever por sinais, com a mesma rapidez com que se fala; taquigrafia.

Es.te.no.grá.fi.co *adj.* Relativo à estenografia.

Es.ten.tor *s.m.* **1.** Aquele que tem voz muito forte. **2.** Voz muito forte.

Es.te.pe *s.f.* **1.** Planície vasta e raramente cultivada da Ásia central. *s.m.* **2.** Pneu sobressalente.

Es.ter.car *v.t.* Adubar (a terra) com esterco.

Es.ter.çar *v.t.* e *int.* Girar o volante (de um veículo) para a direita ou para a esquerda.

Es.ter.co *s.m.* **1.** Excremento de animal; estrume. **2.** Adubo originado de dejetos de animais, restos de alimentos etc. **3.** Lixo, imundície. **4.** FIG Pessoa ou coisa imunda ou vil.

Es.té.reo¹ *s.m.* Medida de volume para lenha, equivalente a um metro cúbico; estere.

Es.té.reo² *adj.* **1.** Forma reduzida de *estereofônico. s.m.* **2.** Forma reduzida de *estereótipo.*

Es.te.re.o.fo.ni.a *s.f.* Técnica de reproduzir sons registrados ou produzidos pelo rádio, que permite a distribuição espacial das fontes sonoras.

Es.te.re.o.fô.ni.co *adj.* **1.** Relativo à estereofonia. **2.** Diz-se do som obtido graças a dispositivos capazes de produzir a ilusão da perspectiva auditiva.

Es.te.re.ó.ti.po *s.m.* **1.** Impressão por estereotipia. **2.** FIG Chavão, lugar-comum, clichê.

Es.té.ril *adj.2g.* **1.** Infecundo, improdutivo. **2.** Que não dá fruto; inútil. ◆ *Ant.: fértil.*

Es.te.ri.li.da.de *s.f.* **1.** Qualidade de estéril; infertilidade. **2.** FIG Aridez, escassez.

Es.te.ri.li.zan.te *adj.2g.* **1.** Que torna estéril. **2.** Que esteriliza ou destrói os micróbios.

Es.te.ri.li.zar *v.t.* **1.** Tornar estéril ou infecundo. **2.** Destruir os micróbios de (uma substância alimentícia). **3.** Tornar inútil; baldar. *v.p.* **4.** Tornar-se estéril, improdutivo.

Es.ter.li.no *adj.* Diz-se da libra (moeda inglesa). *s.m.* **2.** De alta qualidade; excelente. **3.** A libra esterlina.

ESTERNO — ESTOICISMO

Es.ter.no *s.m.* ANAT Osso achatado situado na parte média e anterior do peito, ao qual se articulam a clavícula e as costelas.

Es.te.roi.de *adj.* e *s.m.* Diz-se de ou composto orgânico que pertence a um grupo caracterizado por um sistema de anéis derivado de três cicloexanos fundidos em uma estrutura não linear, nos quais desempenham papel metabólico e hormonal importante, como p.ex. certos hormônios sexuais.

Es.te.rol *s.m.* esteroide com função álcool predominante na estrutura molecular, comum em plantas e animais, nos quais exerce várias funções fisiológicas.

Es.ter.quei.ra *s.f.* **1.** Estrumeira, lugar onde se junta esterco. **2.** FIG Lugar imundo.

Es.ter.tor (ô) *s.m.* **1.** Som rouco que acompanha a respiração dos moribundos. **2.** FIG A própria agonia dos moribundos.

Es.ter.to.rar *v.int.* **1.** Emitir (moribundo) respiração ruidosa, estertor; agonizar, arquejar. **2.** Ficar com a respiração difícil. **3.** Perder (chama, luz) a intensidade ou apagar-se; bruxulear, extinguir-se.

Es.te.ta *s.2g.* **1.** Pessoa versada em estética. **2.** Pessoa que aprecia e pratica o belo como valor essencial.

Es.té.ti.ca *s.f.* **1.** Ciência que trata das leis gerais do belo. **2.** Caráter estético de uma forma. **3.** Harmonia, beleza. **4.** FIG Plástica, beleza física.

Es.te.ti.cis.mo *s.m.* Maneira de ser esteta (acep. 2).

Es.te.ti.cis.ta *s.2g.* Especialista em assuntos de beleza física (maquiagem, penteado etc.).

Es.té.ti.co *adj.* **1.** Relativo ao sentimento do belo, à sua percepção. **2.** Que tem beleza, elegância. **3.** Artístico; harmonioso; belo.

Es.te.tos.có.pio *s.m.* MED Instrumento com que se faz a auscultação do tórax.

Es.té.via *s.f.* Planta herbácea, da família das compostas, de sabor doce.

Es.ti.a.gem *s.f.* **1.** Tempo sereno e seco que sucede a uma temporada de chuva. **2.** Abaixamento máximo das águas de rio, lago ou represa. **3.** Longo período de seca; falta de chuva.

Es.ti.ar *v.int.* **1.** Serenar ou tornar-se (o tempo); parar, cessar de chover. *v.p.* **2.** Relaxar, afrouxar.

Es.tí.bio *s.m.* Antimônio.

Es.ti.bor.do *s.m.* Lado do navio à direita de quem olha da popa para a proa. ◆ Opõe-se a **bombordo**.

Es.ti.ca.da *s.f.* **1.** Ato de esticar; esticadela, esticamento. **2.** Prolongamento de um divertimento, comemoração, viagem etc., dando-lhe continuação em outros locais. **3.** Passe comprido.

Es.ti.ca.dor (ô) *adj.* e *s.m.* **1.** Que ou o que estica. **2.** Diz-se de ou mecanismo us. para estirar cabos ou barras metálicas flexíveis; tensor. **3.** Diz-se de ou mourão principal de um aramado. **4.** Diz-se de ou caixilho em que se estica o papel sobre o qual se pinta uma aquarela.

Es.ti.car *v.t.* **1.** Retesar; estender. **2.** Puxar, segurando com força. **3.** Espichar, distender. *v.int.* **4.** POP Morrer. ◆ *Ant.: encolher.*

Es.tig.ma *s.m.* **1.** Marca infamante feita com ferro em brasa; ferrete. **2.** Labéu, mancha, nódoa. **3.** Pequena cicatriz de nascença. **4.** BOT Abertura superior do pistilo, por onde entra o pólen. **5.** ZOOL Órgão de respiração dos insetos.

Es.tig.ma.ti.zar *v.t.* **1.** Marcar com estigma. **2.** FIG Censurar, condenar. **3.** Acusar de ação vil.

Es.ti.le.te (ê) *s.m.* **1.** Pequena haste de lâmina fina e pontiaguda. **2.** Instrumento para sondagens. **3.** BOT Parte do pistilo em que assenta o estigma.

Es.ti.lha.çar *v.t.* **1.** Partir em estilhaços. *v.p.* **2.** Quebrar-se, fazer-se em estilhaços.

Es.ti.lha.ço *s.m.* Fragmento, pedaço, lasca, vidro etc. de pedra, metal ou madeira.

Es.ti.lin.gue *s.m.* Bodoque, atiradeira.

Es.ti.lis.ta *s.2g.* **1.** Escritor que usa os recursos da língua de forma pessoal e artística. **2.** Pessoa que tem estilo apurado. **3.** Pessoa que desenha ou cria modelos de roupa etc., e acompanha sua execução; modelista. *adj.2g.* **4.** Diz-se de quem escreve com estilo, com elegância.

Es.ti.li.zar *v.t.* Dar estilo ou forma a.

Es.ti.lo *s.m.* **1.** Maneira ou caráter particular de se expressar em qualquer arte. **2.** Feição especial dos trabalhos de um artista, de um gênero ou de uma época. **3.** Maneira particular de falar ou escrever. **4.** Modo de vestir-se; moda. **5.** Modo de viver. **6.** Praxe, costume.

Es.ti.ma *s.f.* **1.** Afeição, apreço, amizade, afeto. **2.** Consideração; avaliação. **3.** Cálculo, estimativa. ◆ *Ant.: desprezo.*

Es.ti.mar *v.t.* **1.** Avaliar o preço ou valor de. **2.** Ter estima, amizade a. *v.p.* **3.** Tratar-se com estima. **4.** Ter-se em conta de.

Es.ti.ma.ti.va *s.f.* **1.** Cálculo aproximado, feito a esmo. **2.** Avaliação, conjetura.

Es.ti.mu.lan.te *adj.2g.* **1.** Que estimula; excitante. *s.m.* **2.** Medicamento que tem a propriedade de estimular ou excitar (o apetite etc.). **3.** FIG Estímulo, incitamento.

Es.ti.mu.lo *s.m.* **1.** Aquilo que estimula. **2.** Tudo o que dá ânimo, alento, vigor; tudo o que desperta maior atividade ou produz uma excitação. **3.** FIG Incitamento, encorajamento. **4.** FAM Honra, brio, dignidade.

Es.ti.o *s.m.* **1.** Verão. **2.** FIG Idade madura.

Es.ti.o.lar *v.int.* e *p.* **1.** Alterar-se morbidamente (planta, animal). **2.** Enfraquecer(-se), debilitar(-se).

Es.ti.pên.dio *s.m.* Paga, salário, remuneração.

Es.ti.pu.la.dor (ô) *adj.* e *s.m.* Que ou quem estipula; estipulante.

Es.ti.pu.lan.te *adj.2g.* e *s.2g.* **1.** Que ou quem estipula; estipulador. **2.** Que ou quem se obriga a uma prestação em benefício de terceiro; promissário. **3.** Contratante.

Es.ti.pu.lar¹ *v.t.* **1.** Ajustar, combinar. **2.** Convencionar por contrato. **3.** Determinar, impor ou condicionar.

Es.ti.pu.lar² *adj.2g.* Pertencente ou relativo à estípula.

Es.ti.ra.da *s.f.* Estirão.

Es.ti.ra.men.to *s.m.* **1.** Ato ou efeito de estirar(-se). **2.** Alongamento. **3.** Distensão (de músculo etc.).

Es.ti.rão *s.m.* Caminhada longa; estirada.

Es.ti.rar *v.t.* **1.** Estender, puxando; esticar. **2.** Encompridar. **3.** Fazer pontaria; apontar. *v.p.* **4.** Estender-se ao comprido; espichar-se.

Es.tir.pe *s.f.* **1.** Parte da planta que se desenvolve na terra; raiz. **2.** Descendência, linhagem, origem.

Es.ti.va *s.f.* **1.** NÁUT Porão de navio. **2.** Serviço de carga e descarga de navios; estivagem. **3.** O conjunto de estivadores de um porto. **4.** O trabalho dos estivadores. **5.** Conjunto de gêneros alimentícios.

Es.ti.va.dor *s.m.* O que trabalha nos portos, carregando e descarregando navios.

Es.ti.val *adj.2g.* **1.** Relativo a, ou próprio do estio; próprio do verão. **2.** Calmoso.

Es.to.ca.gem *s.f.* **1.** Ato de formar estoque. **2.** Armazenamento.

Es.to.car¹ *v.t.* Dar estocada em; estoquear.

Es.to.car² *v.t.* Fazer estoque de mercadorias ou comida; armazenar.

Es.to.fa.do *adj.* e *s.m.* Diz-se de, ou móvel guarnecido com estofo; alcochoado. ◆ Cf. *estufado.*

Es.to.fa.dor (ô) *s.m.* **1.** Aquele que estofa por ofício. **2.** Vendedor de móveis estofados ou de adornos para móveis. **3.** Operário especializado na confecção ou conserto de móveis estofados ou peças de acabamento do interior de veículos.

Es.to.fa.men.to *s.m.* **1.** Ato ou efeito de estofar. **2.** O trabalho de confecção e montagem de acabamento interior dos veículos.

Es.to.far *v.t.* **1.** Guarnecer, cobrir de estofo; acolchoar. **2.** Executar o estofado e um veículo.

Es.to.fo (ô) *s.m.* **1.** Tecido de algodão, lã, seda, linho etc. **2.** Lã, algodão ou crina ou outro produto com que se revestem interiormente sofás, cadeiras; chumaço.

Es.toi.cis.mo *s.m.* **1.** Escola filosófica que visava tornar o homem insensível aos males físicos e morais. **2.** Resignação na dor ou adversidade. **3.** Rigidez de princípios. **4.** Austeridade.

ESTOJO — ESTREBUCHAR

Es.to.jo (ô) *s.m.* **1.** Caixa pequena com divisões, para guardar objetos miúdos. **2.** Bainha para guardar tesoura, canivete, faca etc.

Es.to.la *s.f.* **1.** Paramento em forma de fita larga, que o sacerdote traz pendente do pescoço sobre a alva. **2.** Peça do vestuário feminino, espécie de xale usado sobre os ombros.

Es.to.ma.cal *adj.2g.* **1.** Relativo ao estômago. **2.** Que faz bem ao estômago.

Es.tô.ma.go *s.m.* **1.** ANAT Porção do tubo digestivo, situada entre o esôfago e o duodeno. **2.** Capacidade de digerir os alimentos. **3.** FIG Disposição; paciência.

Es.to.ma.ti.te *s.f.* MED Inflamação da mucosa da boca e das gengivas.

Es.ton.te.ar *v.t. e int.* **1.** Aturdir, perturbar. **2.** Causar tontura. *v.p.* **3.** Perturbar-se, aturdir-se.

Es.to.pa (ô) *s.f.* **1.** A parte mais grosseira do linho. **2.** Tecido fabricado com essa parte do linho.

Es.to.pim *s.m.* **1.** Fios embebidos em substância explosiva, destinados a comunicar fogo a minas e bombas explosivas; atilho. **2.** FIG Causa imediata que provoca um movimento, uma reação.

Es.to.que *s.m.* **1.** Espécie de espada comprida e pontiaguda, que fere apenas com a ponta. **2.** Conjunto de mercadorias ou matérias-primas armazenadas em loja, depósito etc.

Es.to.quis.ta *s.2g.* Pessoa que estoca mercadorias.

Es.to.re *s.m.* Cortina móvel, para janelas ou carruagem, que se enrola por meio de um dispositivo próprio.

Es.tó.ria *s.f.* **1.** Narrativa de ficção; conto popular, lenda. **2.** Conversa fiada, lorota. ◆ Cf. *história.*

Es.tor.nar *v.t.* Lançar no débito o que se havia lançado erradamente no crédito ou vice-versa.

Es.tor.no (ô) *s.m.* **1.** Ato ou efeito de estornar. **2.** Retificação de erro cometido ao lançar uma parcela no débito ou crédito. **3.** A quantia que se estorna.

Es.tor.ri.car *v.t. e int.* Secar excessivamente, torrando ou quase queimando; esturricar.

Es.tor.va.dor *adj. e s.m.* Que, ou que estorva.

Es.tor.van.te *adj.2g.* Que estorva.

Es.tor.var *v.t.* **1.** Pôr estorvo a. **2.** Impedir, dificultar. **3.** Incomodar. **4.** Tolher a liberdade de movimento a.

Es.tor.vo (ô) *s.m.* **1.** Ato ou efeito de estorvar. **2.** Embaraço, obstáculo, dificuldade; impedimento. **3.** Pessoa que estorva.

Es.tou.fra.ca *s.f.2n.* Galinha-d'angola.

Es.tou.ra.do *adj.* **1.** Que estourou. **2.** FAM Irritadiço, estouvado. **3.** FIG Exausto.

Es.tou.rar *v.int.* **1.** Rebentar em estrondo; dar estouro; explodir. **2.** Fazer-se em pedaços. **3.** Fazer rebentar. **4.** Fazer-se público. **5.** Possuir-se fortemente de (um sentimento); enfurecer-se.

Es.tou.ro *s.m.* **1.** Estampido; explosão. **2.** Ruído de coisa que estoura; estalo. **3.** Repreensão súbita e áspera.

Es.tou.va.do *adj.* **1.** Que age sem pensar ou sem cuidado. **2.** Que tem pouco juízo. **3.** Estabanado. *s.m.* **4.** Indivíduo estouvado.

Es.to.va.í.na *s.f.* Substância anestésica (*cloridrato de amilocaína*).

Es.trá.bi.co *adj.* **1.** Que tem estrabismo. **2.** Vesgo, zarolho, caolho.

Es.tra.bis.mo *s.m.* **1.** MED Doença de indivíduo estrábico, caracterizada por desvio de um ou de ambos os olhos. **2.** Vesguice.

Es.tra.ça.lha.men.to *s.m.* Ato, processo ou efeito de estraçalhar; destruição, aniquilamento.

Es.tra.ça.lhar *v.t. e p.* **1.** Fazer(-se) em pedaços; despedaçar-se; retalhar-se; lacerar-se.

Es.tra.da *s.f.* **1.** Caminho público. **2.** Vereda. **3.** Rumo, direção. **4.** Via, rota, caminho pelo mar. **5.** FIG Modo de proceder. **6.** Expediente, meio para conseguir algum fim. **7.** FIG Rumo, destino. **8.** Caminho, direção.

Es.tra.dei.ro *adj.* **1.** Que anda sempre pelas estradas. **2.** Que tem boa marcha (cavalo). **3.** Velhaco, trapaceiro.

Es.tra.do *s.m.* **1.** Assoalho móvel, construído acima do nível do chão, onde se pisa ou se põe em destaque alguma coisa; tablado. **2.** Parte da cama sobre a qual se assenta o colchão.

Es.tra.ga.do *adj.* **1.** Em mau estado; danificado. **2.** Viciado. **3.** Podre, deteriorado. **4.** Esbanjador. **5.** Diz-se do paladar que prefere o que é grosseiro.

Es.tra.ga.dor (ô) *adj. e s.m.* Que ou o que estraga, deteriora.

Es.tra.gar *v.t.* **1.** Pôr em mau estado. **2.** Deteriorar. **3.** Arruinar, destruir. **4.** Atrapalhar, pôr a perder. **5.** Depravar, corromper. **6.** Fazer mau uso de. *v.p.* **7.** Arruinar-se, corromper-se, deteriorar-se.

Es.tra.go *s.m.* **1.** Dano, avaria. **2.** Prejuízo, perda. **3.** Ruína. **4.** Corrupção, depravação. **5.** Dissipação, desperdício.

Es.tra.la.da *s.f.* Estalada ('ato ou efeito', 'som', 'desordem').

Es.tra.lar *v.t. e int.* Estalar.

Es.tram.bó.li.co *adj.* FAM Estrambótico.

Es.tran.gei.ra.do *adj.* **1.** Que tem modos ou fala de estrangeiro. **2.** Que prefere as coisas estrangeiras.

Es.tran.gei.ri.ce *s.f.* **1.** Maneira, gosto ou costume de estrangeiro. **2.** Afeição demasiada às coisas estrangeiras.

Es.tran.gei.ris.mo *s.m.* Emprego de palavras ou frases estrangeiras (como *staff, stress* etc.); barbarismo.

Es.tran.gei.ro *adj.* **1.** Que é natural de outro país. **2.** Relativo a, ou próprio de estrangeiro; estranho, forasteiro. *s.m.* **3.** Qualquer país, exceto aquele em que se vive; o exterior. **4.** Indivíduo estrangeiro; estranho, forasteiro.

Es.tran.gu.la.ção *s.f.* Estrangulamento.

Es.tran.gu.la.dor *adj. e s.m.* Que, ou aquele que estrangula.

Es.tran.gu.lar *v.t.* **1.** Dificultar a respiração apertando o pescoço; esganar. **2.** Apertar, comprimir. **3.** Sufocar, asfixiar. **4.** Impedir a passagem, o desenvolvimento. **5.** Abafar, reprimir. *v.p.* **6.** Suicidar-se por estrangulação.

Es.tra.nhar *v.t.* **1.** Julgar estranho. **2.** Achar diferente, pouco familiar. **3.** Não reconhecer. **4.** Achar censurável; censurar, repreender. *v.p.* **5.** Desentender-se e agredir-se (duas ou mais pessoas).

Es.tra.nho *adj.* **1.** Contrário ao uso, à ordem, ao bom senso; incomum. **2.** Alheio, estrangeiro. **3.** Desconhecido; misterioso. **4.** Alheio ao meio, forasteiro. *s.m.* **5.** Indivíduo ou coisa estranha.

Es.tran.ja *s.f.* **1.** POP Qualquer terra estrangeira; estrangeiro. **2.** Indivíduo estrangeiro.

Es.tra.ta.ge.ma *s.m.* **1.** Ardil de guerra, para surpreender ou vencer o inimigo. **2.** Astúcia, manha.

Es.tra.té.gia *s.f.* **1.** Ciência de organizar e planejar as operações de guerra. **2.** Estratagema, tática. **3.** FIG Habilidade em dispor as coisas para atingir determinado fim. **4.** FIG Ardil, astúcia, manha.

Es.tra.té.gi.co *adj.* **1.** Relativo à estratégia. **2.** Em que há ardil. **3.** Astucioso, hábil. *s.m.* **4.** Estrategista.

Es.tra.te.gis.ta *s.2g. e s.2g.* Pessoa perita em estratégia.

Es.tra.ti.fi.car *v.t. e p.* **1.** Dispor(-se) em camadas ou estratos; acamar(-se). *v.p.* **2.** Não experimentar mudança, estagnar(-se), fixar(-se) num ponto ou em determinado estado. *v.t.* **3.** Efetuar estratificação. **4.** Dividir em segmentos (população, grupo social etc.) segundo um princípio hierárquico.

Es.tra.to *s.m.* GEOL **1.** Cada uma das camadas dos terrenos. **2.** Capa, camada. **3.** METEOR Nuvens que formam faixas largas e horizontais. **4.** SOCIOL Conjunto de pessoas de um determinado nível social; camada social. ◆ Cf. *extrato.*

Es.tra.tos.fe.ra *s.f.* Camada da atmosfera, a mais ou menos 12 e 80 km do solo, onde há principalmente nitrogênio.

-es.tre *suf.* 'Relação': *pedestre.*

Es.tre.an.te *adj. e s.2g.* **1.** Que, ou pessoa que estreia. **2.** Principiante, novato.

Es.tre.ar *v.t. e int.* **1.** Usar pela primeira vez; inaugurar. **2.** Começar, iniciar. **3.** Apresentar-se ao público pela primeira vez.

Es.tre.ba.ri.a *s.f.* **1.** Casa ou lugar onde se recolhem animais de serviço. **2.** Cavalariça, estábulo.

Es.tre.bu.cha.men.to *s.m.* **1.** Ato de estrebuchar. **2.** Movimento convulsivo de pessoa ou animal que estrebucha.

Es.tre.bu.char *v.int.* **1.** Debater-se. **2.** Agitar pernas e braços, convulsivamente.

ESTREIA — ESTROINA

Es.trei.a *s.f.* **1.** Ato ou efeito de estrear(-se). **2.** Primeira vez que um artista (cantor, ator etc.) se apresenta para o público. **3.** Primeira obra de um escritor ou de um artista. **4.** O fato de funcionar pela primeira vez. **5.** Início de uma carreira, de uma atividade; inauguração.

Es.trei.ta.men.to *s.m.* **1.** Ato ou efeito de estreitar(-se). **2.** FIG Redução, diminuição. **3.** FIG Consolidação, fortalecimento.

Es.trei.tar *v.t.* **1.** Apertar. **2.** Diminuir a largura, o espaço. **3.** Limitar. **4.** Reduzir, encurtar, restringir. **5.** Abraçar com força. *v.t.* e *p.* **6.** Tornar(-se) mais íntimo; achegar-se.

Es.trei.to *adj.* **1.** Que tem pouca largura; apertado. **2.** Unido, justo. **3.** Acanhado, parcimonioso. **4.** Escasso, parco. **5.** Rigoroso, estrito. **6.** FIG Mesquinho. **7.** Íntimo. *s.m.* **8.** Ligação ou canal que une dois mares ou duas partes do mesmo mar. **9.** Desfiladeiro. **10.** Conjuntura perigosa.

Es.tre.la (ê) *s.f.* **1.** ASTRON Astro provido de luz própria e que parece fixo no céu, visível durante a noite. **2.** Qualquer astro. **3.** Destino, sorte. **4.** Artista notável, de grande fama (no teatro, no cinema, na televisão etc.). **5.** Pessoa eminente. **6.** Poder, glória. **7.** Brilho, esplendor. **8.** Pessoa muito bonita. **9.** Tudo o que tem forma de estrela. **10.** Índice de classificação de hotéis, restaurantes etc. ◆ *Col.*: pléiade, constelação.

Es.tre.la-d'al.va *s.f.* O planeta Vênus, quando visível antes do amanhecer, também chamada *estrela-da-manhã* e *estrela matutina*. ● Pl.: *estrelas-d'alva*.

Es.tre.la de da.vi *s.f.* Estrela formada por dois triângulos equiláteros que, superpostos, originam uma estrela de seis pontas que simboliza o judaísmo. ● Pl.: *estrelas de davi*.

Es.tre.la.do *adj.* **1.** Cheio de estrelas. **2.** Enfeitado, adornado. **3.** Diz-se do ovo frito e não mexido.

Es.tre.la-do-mar *s.f.* Animal marinho com formato de uma estrela. ● Pl.: *estrelas-do-mar*.

Es.tre.lar *v.t.* **1.** Encher de estrela. **2.** Matizar. **3.** Frigir (ovos). **4.** Atuar (em cinema, teatro etc.) como estrela ou astro. *v.int.* **5.** Brilhar, cintilar. *v.p.* **6.** Enfeitar-se, matizar-se.

Es.tre.la.to *s.m.* Condição de alguém que atingiu o apogeu em uma carreira ou em uma atividade profissional (falando-se esp. de carreira artística e pública); fama, glória.

Es.tre.lis.mo *s.m.* Modo de ser e agir de quem se supõe uma grande estrela, um grande astro; vedetismo.

Es.tre.ma *s.f.* **1.** Limite de terras. **2.** Marco divisório; divisa, baliza.

Es.tre.ma.du.ra *s.f.* **1.** Confim de uma província ou de um país. **2.** Raia, fronteira, limite.

Es.tre.me *adj.2g.* Puro, genuíno; sem mistura.

Es.tre.me.cer *v.t.* **1.** Causar tremor a. **2.** Abalar, sacudir; fazer tremer. **3.** Assustar. **4.** Amar muito. *v.int.* **5.** Tremer (de medo, de susto etc.).

Es.tre.me.ci.men.to *s.m.* **1.** Ato ou efeito de estremecer. **2.** Tremor. **3.** Afeto profundo, carinho.

Es.tre.mu.nhar *v.t.* Despertar de repente, ainda tonto de sono.

Es.trê.nuo *adj.* **1.** Valente, corajoso. **2.** Diligente, zeloso. **3.** Firme, forte.

Es.tre.par *v.t.* **1.** Ferir com estrepe. *v.p.* **2.** Ferir-se com estrepe. **3.** POP Sair-se ou dar-se mal.

Es.tre.pe *s.m.* **1.** Espinho, abrolho. **2.** Defesa formada por estacas pontiagudas camufladas. **3.** Pedaços de vidro colocados sobre muros para que não sejam escalados. **4.** Dificuldade.

Es.tre.pi.tan.te *adj.2g.* Que produz estrépito, barulho; ruidoso, barulhento.

Es.tre.pi.tar *v.int.* Soar, vibrar com estrépito.

Es.tré.pi.to *s.m.* **1.** Grande estrondo. **2.** Fragor, estampido. **3.** Tumulto, agitação. **4.** Pompa, ostentação, alarde.

Es.tre.pi.to.so (ô) *adj.* **1.** Que provoca ou faz estrépito. **2.** FIG Pomposo, magnificente.

Es.tre.po.li.a ou **es.tri.pu.li.a** *s.f.* **1.** Ato de traquinas; traquinada, travessura, gaiatice. **2.** Grande balbúrdia; confusão, desordem.

Es.trep.to.mi.ci.na *s.f.* FARM Antibiótico de ação bactericida, muito eficaz contra a tuberculose.

Es.tres.se (stress) (ing.) *s.m.* Conjunto de reações (fisiológicas, comportamentais etc.) do organismo às agressões de qualquer natureza por ele sofridas.

Es.tri.a *s.f.* **1.** Sulco estreitíssimo, traço ou aresta na superfície de um corpo. **2.** Meia-cana em coluna ou pilastra. **3.** Sulco na superfície da alma da peça, ou interior do cano de uma arma de fogo.

Es.tri.ar *v.t.* **1.** Fazer estrias em. **2.** Ornar de estrias. **3.** Riscar. **4.** Canelar.

Es.tri.bar *v.t.* **1.** Firmar (os pés) nos estribos. **2.** Firmar, segurar, apoiar. **3.** Fundamentar-se, basear-se. *v.p.* **4.** Firmar-se, apoiar-se, fundamentar-se.

Es.tri.bei.ra *s.f.* Estibo de montar à gineta. ◆ *Perder as estribeiras*: desnortear-se, descontrolar-se.

Es.tri.bi.lhar *v.t.* **1.** Repetir (fala) um estribilho. *int.* **2.** Entoar melodia, cantar (falando-se de aves).

Es.tri.bi.lho *s.m.* **1.** Verso ou versos que se repetem no fim de cada estrofe. **2.** Palavra ou palavras que alguém repete frequentemente. **3.** Coisa muito repetida.

Es.tri.bo *s.m.* **1.** Peça de metal ou madeira em que o cavaleiro firma o pé. **2.** Pequena plataforma posta ao lado das linhas férreas para facilitar o embarque de passageiros. **3.** ANAT Pequeno osso da orelha média. **4.** Degrau lateral de veículos.

Es.tric.ni.na *s.f.* QUÍM Substância cristalina, incolor, muito venenosa, extraída de várias espécies de plantas.

Es.tri.den.te *adj.2g.* **1.** Diz-se de som forte e incomodativo; estrídulo. **2.** Agudo, penetrante.

Es.tri.dor (ô) *s.m.* Som agudo e penetrante; silvo.

Es.tri.du.la.ção *s.f.* Ruído agudo que produzem certos insetos (grilos, cigarras).

Es.tri.du.lan.te *adj.2g.* **1.** Que estridula. **2.** Estridente.

Es.tri.du.lar *v.t.* **1.** Produzir som agudo e penetrante. *v.int.* **2.** Cantar ou dizer com voz estridente.

Es.tri.du.lo *adj.* **1.** Estridente. *s.m.* **2.** Som estridente.

Es.tri.ge *s.f.* **1.** Feiticeira, vampiro. **2.** Coruja, mocho. **3.** Estriga.

Es.tri.lar *v.t.* e *int.* **1.** POP Reclamar com zanga; protestar. **2.** Zangar-se, irritar-se.

Es.tri.lo *s.m.* **1.** Ato ou efeito de estrilar. **2.** POP Zanga, ira, protesto. **3.** Explosão de descontentamento.

Es.trin.gir *v.t.* Comprimir muito, apertar em demasia; constringir.

Es.tri.pa.dor (ô) *adj.* e *s.m.* **1.** Que ou o que tira as tripas a. **2.** Que ou o que tem o ventre rasgado, que ou o que tem as entranhas expostas.

Es.tri.par *v.t.* Tirar as tripas a; destripar.

Es.tri.pu.li.a *s.f.* Desordem, confusão; conflito, travessura. ◆ *Var.*: tropelia.

Es.tri.to *adj.* **1.** Rigoroso, exato. **2.** Completo, absoluto. **3.** Restrito. **4.** Estreito, apertado.

Es.tro *s.m.* **1.** Entusiasmo artístico. **2.** Imaginação criadora. **3.** Desejo sexual (nos animais); cio.

Es.tro.bos.có.pio *s.m.* **1.** Aparelho destinado a observar as fases sucessivas de um movimento periódico muito rápido dos objetos animados, que os mostra como se estivessem em repouso ou animados de movimento muito lento. **1.1** Aparelho que produz a ilusão de movimento através da sucessão rápida de movimento através da sucessão rápida de figuras ordenadas num disco. **2.** Aparelho que permite observar as vibrações da laringe, registrando os movimentos das cordas vocais.

Es.tro.fe *s.f.* Grupo de dois ou mais versos em que se divide um poema; estância.

Es.tro.gê.nio *s.m.* Designação genérica dos hormônios cuja ação está relacionada com o controle da ovulação e com o desenvolvimento de características femininas.

Es.tro.go.no.fe *s.m.* Prato feito originalmente com pedaços de carne bovina (atualmente tb. com carne de aves ou de crustáceos), *sautés* num molho de creme de leite e cogumelos.

Es.troi.na *adj.2g.* **1.** Diz-se de pessoa extravagante, perdulária, amante dos prazeres e da boêmia. *s.2g.* **2.** A própria pessoa.

ESTROMPAR — ESVAZIAR

Es.trom.par v.t. **1.** Gastar. **2.** Deteriorar, estragar. **3.** Fatigar, esfalfar.

Es.tron.ca.men.to s.m. Ato, processo ou efeito de estroncar; desmembramento, deslocamento.

Es.tron.car v.t. e int. Destroncar ('desmembrar', 'separar', 'deslocar'). •

Es.trôn.cio s.m. Elemento químico, metal, símbolo Sr, de peso atômico 87,63 e nº atômico 38.

Es.tron.dan.te ou **es.tron.de.an.te** adj.2g. Que causa estrondo; estrepitante, ribombante.

Es.tron.dar v.int. **1.** Fazer estrondo. **2.** Soar com força. **3.** Clamar, vociferar. **4.** FIG Causar sensação.

Es.tron.de.ar v.int. Estrondar.

Es.tron.do s.m. **1.** Grande ruído. **2.** Som fortíssimo; estampido. **3.** FIG Luxo, pompa, ostentação. **4.** Tumulto, clamor.

Es.tron.do.so (ô) adj. **1.** Estrepitoso, barulhento. **2.** Merecedor de aplausos. **3.** Pomposo, grandioso. • Fem. e pl.: estrondosa e estrondosos (ó).

Es.tro.pi.a.ção s.f. Estropiamento. • Pl.: estropiações.

Es.tro.pi.a.men.to s.m. **1.** Ato ou efeito de estropiar **2.** Adulteração, modificação na forma, sentido ou interpretação de (texto, obra etc.).

Es.tro.pi.ar v.t. **1.** Aleijar, mutilar, deformar. **2.** Fatigar muito; cansar. **3.** FIG Desfigurar, desvirtuar. **4.** FIG Ler ou falar mal. **5.** Executar mal (música).

Es.tro.pí.cio s.m. Dano, prejuízo. ◆ Cf. estrupício.

Es.tru.gi.do adj. **1.** Vibrante devido ao estrondo; estrepitoso. **2.** Refogado, cozido (diz-se de comida). s.m. **3.** Barulho intenso e alto; estrondo. **4.** Ruído sibilante; chiado, zumbido. **5.** Espécie de molho feito com gordura em que ger. se prepara alguma carne.

Es.tru.mar v.t. Adubar com estrume; estercar.

Es.tru.me s.m. Adubo de excremento animal e folhas apodrecidas que serve para fertilizar a terra; esterco, adubo.

Es.tru.mei.ra s.f. Lugar onde se deposita ou onde fermenta o estrume; esterqueira.

Es.tru.pí.do s.m. **1.** Estrépito, estrondo. **2.** Ruído causado por tropel de gente ou animais.

Es.tru.tu.ra s.f. **1.** Disposição das partes de edifício, obras etc. destinados a suportar as cargas. **2.** Esqueleto, arcabouço. **3.** Disposição especial das partes recíprocas; ordem. **4.** Disposição das partes de uma obra literária.

Es.tru.tu.ra.lis.mo s.m. Corrente de pensamento que considera qualquer sistema (linguístico, sociológico etc.) um conjunto de elementos ligados uns aos outros, constituindo uma estrutura.

Es.tru.tu.rar v.t. Dar a estrutura de; organizar.

Es.tu.an.te adj.2g. **1.** Fervente, estuoso. **2.** Agitado. **3.** Que está na plenitude de sua força, de seu entusiasmo.

Es.tu.ar v.t. **1.** Estar muito quente. **2.** Agitar-se, vibrar. **3.** FIG Estar repleto de força, de entusiasmo.

Es.tu.á.rio s.m. Desembocadura de um rio, ampla e funda que forma uma espécie de golfo.

Es.tu.ca.dor (ô) s.m. Operário que trabalha em estuque.

Es.tu.ca.men.to s.m. Revestimento ou trabalho com estuque.

Es.tu.car v.t. Revestir de estuque.

Es.tu.dan.te s.2g. Pessoa que estuda em, ou frequenta um estabelecimento de ensino.

Es.tu.dan.til adj.2g. Que se refere a estudante.

Es.tu.dar v.t. **1.** Aplicar a inteligência ao estudo e aprendizado de. **2.** Fixar na memória; aprender. **3.** Preparar. **4.** Examinar, observar atentamente. **5.** Ponderar, amadurecer. v.int. **6.** Ser estudante. **7.** Exercitar-se, adestrar-se. **8.** Analisar-se: Os boxeadores passaram o 1º round se estudando.

Es.tú.dio s.m. **1.** Oficina de fotógrafo, pintor ou escultor. **2.** Recinto fechado onde se filmam cenas para a televisão e o cinema. **3.** Local devidamente equipado às vezes com auditório,

de onde se transmitem programas ou se realizam gravações para o rádio e a televisão. **4.** Sala de aula, de ensino de dança etc.

Es.tu.di.o.so (ô) adj. **1.** Amante do estudo; aplicado ao estudo. **2.** Atento, diligente. **3.** Apreciador, curioso.

Es.tu.do s.m. **1.** Ato ou efeito de estudar. **2.** Aplicação do espírito para aprender (ciência, arte, técnica). **3.** Trabalho preparatório para a execução de um projeto. **4.** Trabalho literário ou científico sobre dado assunto. **5.** Ensaio, monografia. **6.** Exame, análise. **7.** Afetação, dissimulação. **8.** Peça musical de forma livre.

Es.tu.fa s.f. **1.** Recinto, em forma de caixa para aquecer roupas. **2.** Forno de fogão. **3.** Braseira em forma de caixa, para aquecer casas. **4.** Galeria envidraçada para cultura de plantas exóticas, por meio de calor artificial. **5.** POP Recinto muito quente.

Es.tu.fa.gem s.f. Ação, processo ou efeito de estufar.

Es.tu.fa.men.to s.m. **1.** Colocação ou aquecimento em estufa. **2.** Intumescimento.

Es.tu.far v.t. **1.** Meter ou aquecer em estufa. **2.** Encher de ar. **3.** Inchar, inflar. **4.** Guisar, assar. v.p. **5.** Inchar-se, enfunar-se.

Es.tul.tí.ce s.f. Estultícia.

Es.tul.tí.cia s.f. Qualidade de estulto; tolice.

Es.tul.to s.m. **1.** Néscio, tolo, parvo, inepto. **2.** Insensato.

Es.tu.o.so adj. **1.** Estuante. **2.** Ardente.

Es.tu.pe.fa.ção s.f. **1.** Adormecimento de uma parte do corpo. **2.** FIG Pasmo, assombro, grande espanto.

Es.tu.pe.fa.ci.en.te adj. **1.** Que causa estupefação. s.m. **2.** Entorpecente (droga).

Es.tu.pe.fa.zer v.t. **1.** Entorpecer. **2.** Causar inércia física ou moral. **3.** Deixar estupefato.

Es.tu.pen.do adj. **1.** Admirável. **2.** Fantástico, maravilhoso. **3.** Espantoso, extraordinário. **4.** Monstruoso, assombroso. **5.** Fora do comum, excepcional. **6.** Surpreendente, ótimo.

Es.tu.pi.dez (ê) s.f. **1.** Qualidade ou ato de estúpido. **2.** Falta de inteligência; burrice. **3.** Brutalidade, grosseria, indelicadeza.

Es.tu.pi.di.fi.car v.t. e p. Embrutecer(-se), tornar(-se) estúpido.

Es.tú.pi.do adj. e s.m. **1.** Diz-se de, ou indivíduo bronco, de escassa inteligência. **2.** Diz-se de, ou indivíduo indelicado, brutal, grosseiro. adj. **3.** Que causa aborrecimento. **4.** Que revela estupidez. **5.** Sem sentido, despropositado. **6.** Grosseiro, bruto, mal-educado. ◆ Ant.: sagaz, esperto.

Es.tu.por s.m. **1.** MED Estado de entorpecimento em que o doente, imóvel, não reage a qualquer estímulo externo. **2.** Qualquer paralisia súbita. **3.** Pessoa sem iniciativa. **4.** FIG Pessoa muito feia e má.

Es.tu.po.rar v.t. **1.** Ser atacado de estupor. v.p. **2.** Cansar-se muito. **3.** Deteriorar, estragar-se. **4.** Tornar-se desprezível.

Es.tu.pra.dor adj. e s.m. Que, ou aquele que comete estupro.

Es.tu.prar v.t. Cometer estupro contra; violar; deflorar.

Es.tu.pro s.m. **1.** Crime de violação sexual contra mulher, efetuado com emprego de força, constrangimento ou intimidação. **2.** Violação.

Es.tu.que s.m. **1.** Massa feita de gesso, cal, cola etc. **2.** Revestimento feito com essa massa.

Es.tur.jão s.m. Peixe de cujas ovas se faz o caviar.

Es.tur.rar v.t. Queimar, secar, torrar; esturricar.

Es.tur.ri.car v.t. Estorricar.

Es.va.e.cer v.t., int. e p. Esvanecer-se.

Es.va.e.ci.men.to ou **es.va.ne.ci.men.to** s.m. Ato, processo ou efeito de esvaecer; esvanecimento, desvanecimento.

Es.va.ir v.t. **1.** Fazer evaporar. **2.** Evaporar-se, dissipar-se. **3.** Perder a cor; descolorar-se.

Es.va.ne.cer v.t. e p. **1.** Esvaecer(-se), apagar(-se). **2.** Dissipar-se, dissolver(-se). **3.** Diminuir de intensidade; enfraquecer(-se). **4.** Esvair(-se). v.int. e p. **5.** Perder o ânimo; desanimar. ◆ Var.: esvaecer(-se).

Es.va.zi.ar v.t. **1.** Tornar vazio; esgotar. **2.** Evacuar, desocupar. **3.** FIG Frustrar, baldar. v.p. **4.** Tornar-se vazio. **5.** Frustrar-se.

ESVERDEAR — EVANGELIZAR

Es.ver.de.ar *v.t.* **1.** Tornar verde ou quase verde. **2.** Dar cor verde. *v.int.* **3.** Tomar cor verde ou esverdeada. *v.p.* **4.** Tornar-se verde ou esverdeado.

Es.vo.a.çan.te *adj.2g.* Que esvoaça.

Es.vo.a.çar *v.int.* **1.** Adejar (a ave). **2.** Bater as asas para erguer o voo. **3.** FIG Flutuar ao vento. *v.p.* **4.** Elevar-se em voo; agitar-se.

Es.vur.mar *v.t.* **1.** Espremer o pus (de ferida). **2.** FIG Remexer, pôr a descoberto e criticar (defeito de alguém ou de alguma coisa).

-e.ta *suf.* **1.** 'Origem': *castanheta*. **2.** 'Diminuição': *chupeta*.

E.ta.no *s.m.* Gás inodoro e incolor, usado como combustível e em refrigerantes.

E.ta.nol *s.m.* Álcool comum. ● *Pl.: etanóis*.

E.ta.pa *s.f.* **1.** Cada um dos trajetos a percorrer numa prova esportiva. **2.** Cada uma das fases em que se pode dividir o andamento de um negócio, de uma carreira etc. **3.** FIG Parte, quadra, período. **4.** Fato extraordinário que domina uma época. **5.** MED Fase de uma moléstia. **6.** Fase, estágio.

E.tá.rio *adj.* Que diz respeito à idade.

Etc. Abrev. de *et cetera* (= e as demais coisas).

-e.te *suf.* 'Diminuição': *colchonete*.

É.ter *s.m.* **1.** QUÍM Líquido incolor, volátil e inflamável, de cheiro forte, produzido pela ação recíproca do álcool e um ácido. **2.** FÍS Substância que se imaginava ocupar todo o espaço celeste. ● *Pl.: éteres*.

E.té.reo *adj.* **1.** Relativo a, ou da natureza do éter. **2.** FIG Puro, sublime.

E.ter.ni.da.de *s.f.* **1.** Qualidade do que é eterno. **2.** Duração sem princípio nem fim. **3.** Imortalidade. **4.** A vida eterna. **5.** Tempo muito longo.

E.ter.ni.zar *v.t.* e *p.* **1.** Tornar(-se) eterno. **2.** Imortalizar(-se). **3.** Prolongar(-se) indefinidamente.

E.ter.no *adj.* **1.** Que não teve princípio nem terá fim. **2.** Que dura sempre. **3.** Que parece não ter fim; interminável. **4.** Imortal. **5.** Imutável. **6.** Incessante. ◆ **O Eterno**: Deus. ● *Ant.: transitório*.

É.ti.ca *s.f.* Parte da Filosofia que trata da conduta humana, sob o ponto de vista do bem e do mal.

É.ti.co *adj.* Relativo à ética ou à moral.

E.ti.le.no *s.m.* Hidrocarboneto alifático e olefínico (C_2H_4), obtido do craqueamento da nafta ou da desidrogenação do etano, esp. us. em petroquímica; eteno.

E.tí.li.co *adj.* Diz-se do álcool comum ou etanol.

É.ti.mo *s.m.* Vocábulo do qual outro se originou.

E.ti.mo.lo.gi.a *s.f.* Parte da Gramática que trata da origem e formação das palavras.

E.ti.mo.ló.gi.co *adj.* Relativo à etimologia.

E.ti.mo.lo.gis.ta *s.2g.* **1.** Pessoa que se dedica à etimologia; etimólogo. **2.** Partidário da ortografia etimológica.

E.ti.mó.lo.go *s.m.* Etimologista (acep. 1).

E.ti.o.lo.gi.a *s.f.* **1.** Ciência da origem das coisas. **2.** Parte da Medicina que trata das causas das doenças.

E.ti.o.ló.gi.co *adj.* Relativo à Etiologia; que investiga a causa e origem de algo.

E.ti.que.ta (ê) *s.f.* **1.** Conjunto de cerimônias usadas na corte, na sociedade. **2.** Trato cerimonioso. **3.** Formalidade, protocolo. **4.** Pequeno rótulo, posto sobre um objeto para designar o fabricante ou loja; marca, grife.

E.ti.que.ta.gem *s.f.* Ato ou efeito de etiquetar.

E.ti.que.tar *v.t.* Pôr etiqueta ou rótulo em.

Et.moi.de *s.m.* Osso do crânio encravado no frontal.

Et.ni.a *s.f.* Grupo de pessoas com estrutura familiar, economia e cultura comuns.

Ét.ni.co *adj.* Relativo à etnia; racial.

Et.no.gra.fi.a *s.f.* Descrição de um grupo humano determinado (raça, língua, religião, costumes etc.).

-e.to *suf.* **1.** 'Diminuição': *boleto*. **2.** 'Sal': *brometo*.

E.to.lo.gi.a *s.f.* Tratado acerca dos costumes.

E.tos *s.m.* Distinção característica de um povo, grupo ou cultura.

E.trus.co *adj.* **1.** Da Etrúria, antiga região da Itália. *s.m.* **2.** O natural da Etrúria.

Eu- ou **ev-** *pref.* 'Bem, bom': *euforia, evemia*.

-eu ou **-éu** *suf.* 'Origem, nacionalidade': *hebreu, povoléu*.

Eu *pron.* **1.** A primeira pessoa do singular, caso reto. *s.m.* **2.** A personalidade de quem fala.

Eu.ca.lip.to *s.m.* BOT Árvore muito alta de uso medicinal e na indústria.

Eu.ca.lip.tol *s.m.* Essência extraída das folhas do eucalipto, de propriedades medicinais.

Eu.ca.ris.ti.a *s.f.* **1.** Um dos sete Sacramentos da Igreja Católica. **2.** Comunhão do pão e do vinho consagrados. **3.** Comunhão, ação de graças.

Eu.fe.mis.mo *s.m.* Ato ou maneira de expressar uma ideia triste ou desagradável substituindo o termo próprio por outro ou por uma expressão suave.

Eu.fe.mís.ti.co *adj.* Eufêmico.

Eu.fo.ni.a *s.f.* **1.** Qualidade dos sons agradáveis de ouvir. **2.** Combinação harmoniosa de sons.

Eu.fo.ri.a *s.f.* **1.** Sensação de bem-estar, de otimismo. **2.** Grande alegria; entusiasmo.

Eu.ge.ni.a *s.f.* Ciência que estuda as condições que podem favorecer a reprodução e melhoria da raça humana.

Eu.gê.ni.co *adj.* Relativo à eugenia.

Eu.la.li.a *s.f.* Boa dicção, boa maneira de falar.

Eu.nu.co *s.m.* **1.** Homem castrado que, no Oriente, era guarda de mulheres, principalmente nos haréns. **2.** Homem impotente.

Eu.re.ca *interj.* Heureca.

Eu.ro *s.m.* **1.** Entre os antigos, vento do leste. **2.** Moeda comum da União Europeia.

Eu.ro.dó.lar *s.m.* Dólar norte-americano que circula na Europa.

Eu.ro.pei.za.ção *s.f.* Ato ou efeito de europeizar.

Eu.ro.pei.zar *v.t.* **1.** Dar feição europeia a. *v.p.* **2.** Tomar feição europeia.

Eu.ro.pei.zá.vel (e-i) *adj.2g.* Suscetível de se europeizar.

Eu.ro.peu *adj.* **1.** Relativo ou pertencente à Europa. *s.m.* **2.** O natural de um dos países da Europa. ● *Fem.: europeia*.

Eu.ró.pio *s.m.* Elemento químico metal de número atômico 63, massa atômica 151,965, símbolo Eu, existente em terras-raras.

Eu.ta.ná.sia *s.f.* Prática ilegal pela qual se abrevia a morte, a um doente incurável, sob o pretexto de poupar-lhe mais sofrimentos.

Ev- *pref.* ⟹ Eu-.

E.va.cu.a.ção *s.f.* **1.** Ação de evacuar. **2.** Rejeição de matérias excrementícias; defecação. **3.** FIG Esvaziamento, saída ou retirada (de um lugar, de uma região ou de um país) de habitantes, tropas etc. ● *Pl.: evacuações*.

E.va.cu.ar *v.t.* **1.** Expelir, fazer sair do corpo. **2.** Defecar. **3.** Desocupar, esvaziar, deixar livre.

E.va.dir *v.t.* **1.** Escapar de. **2.** Evitar. **3.** Sofismar. *v.p.* **4.** Escapar-se furtivamente. **5.** Fugir (de uma prisão). **6.** FIG Desaparecer.

E.van.ge.lho *s.m.* **1.** Doutrina de Cristo. **2.** Cada um dos quatro livros no Novo Testamento (Bíblia Sagrada), onde estão registradas a vida e a doutrina de Jesus Cristo. **3.** LITURG Parte do Evangelho, que o padre lê na missa. **4.** FIG Coisa digna de inteiro crédito. **5.** Conjunto de princípios por que se regula uma seita ou um partido. **6.** Norma, doutrina.

E.van.gé.li.co *adj.* **1.** Relativo ao Evangelho. **2.** Conforme os ditames do Evangelho. *adj.* e *s.m.* **3.** Diz-se de, ou aquele que é membro de uma igreja evangélica; protestante.

E.van.ge.lis.mo *s.m.* Doutrina moral, política ou religiosa, fundada no Evangelho.

E.van.ge.lis.ta *s.m.* **1.** Autor de um dos quatro primeiros livros do Novo Testamento (Bíblia Sagrada). *s.2g.* **2.** Pregador do Evangelho.

E.van.ge.li.za.ção *s.f.* Ato ou efeito de evangelizar.

E.van.ge.li.za.dor *adj.* **1.** Que evangeliza. *s.m.* **2.** Evangelista.

E.van.ge.li.zar *v.t.* **1.** Pregar o Evangelho a. **2.** Difundir o Evangelho em. **3.** Vulgarizar ou propalar uma ideia ou doutrina.

EVAPORAÇÃO — EXAUTORAÇÃO

E.va.po.ra.ção *s.f.* **1.** Ato ou efeito de evaporar; exalação. **2.** Passagem de um líquido ao estado de vapor.

E.va.po.rar *v.t.* **1.** Converter em vapor. **2.** Desaparecer, exalar. **3.** Consumir, gastar. *v.int.* e *p.* **4.** Desfazer-se, dissipar-se. **5.** Desaparecer sem ser visto.

E.va.po.ra.ti.vo *adj.* Que produz evaporação; evaporatório.

E.va.po.rá.vel *adj.2g.* Que se pode evaporar.

E.va.são *s.f.* **1.** Ato de evadir(-se), de escapar da prisão. **2.** Fuga às ocultas. *FIG* Subterfúgio, evasiva.

E.va.si.va *s.f.* Pretexto, escapatória, desculpa ardilosa.

E.va.si.vo *adj.* **1.** Que facilita a evasão. **2.** Que serve de subterfúgio; arguicoso, sutil.

E.ven.to *s.m.* **1.** Sucesso, acontecimento. **2.** Acaso, eventualidade. **3.** Reunião social.

E.ven.tu.al *adj.2g.* **1.** Relativo ou subordinado a qualquer acontecimento incerto. **2.** Acidental ou casual, fortuito.

E.ven.tu.a.li.da.de *s.f.* **1.** Caráter de eventual. **2.** Acontecimento fortuito. **3.** Casualidade; contingência.

E.ver.são *s.f.* Destruição, ruína.

E.ver.ter *v.t.* Deitar abaixo; subverter, derrubar.

E.vic.ção *s.f.* JUR Ato judicial pelo qual alguém reivindica o que é seu e que lhe tinha sido tirado.

E.vi.dên.cia *s.f.* **1.** Qualidade ou caráter do que é evidente ou incontestável. **2.** Sinal. **3.** Verdade incontestável.

E.vi.den.ci.ar *v.t.* **1.** Tornar evidente. **2.** Esclarecer, comprovar, demonstrar. *v.p.* **3.** Aparecer com evidência; mostrar-se.

E.vi.den.te *adj.2g.* **1.** Que se conhece ou compreende sem esforço. **2.** Manifesto, visível, irrefutável, claro. **3.** Incontestável; óbvio.

E.vis.ce.rar *v.t.* Tirar as vísceras de; estripar.

E.vi.tar *v.t.* **1.** Esquivar-se de; desviar-se. **2.** Fugir. **3.** Impedir, prevenir.

E.vi.tá.vel *adj.2g.* Que se pode evitar. ● *Ant.: inevitável.*

E.vo.ca.ção *s.f.* Ato ou efeito de evocar.

E.vo.car *v.t.* **1.** Chamar, trazer à lembrança; recordar. **2.** Fazer surgir por meio de invocações, esconjuro, exorcismos.

E.vo.ca.ti.vo *adj.* Próprio para evocar.

E.vo.ca.tó.rio *adj.* Próprio para evocar, que pode ser evocado; evocativo.

E.vo.lar-se *v.p.* **1.** Elevar-se, voando. **2.** Exalar-se, volatizar-se.

E.vo.lu.ção *s.f.* **1.** Desenvolvimento progressivo de um estado a outro. **2.** Transformação progressiva. **3.** Movimento harmônico (de dançarino, avião etc.). **4.** Movimentação coreográfica (de blocos carnavalescos, escolas de samba etc.). **5.** Movimento regular de tropa, de navios de guerra etc.

E.vo.lu.ci.o.nal *adj.2g.* Evolutivo.

E.vo.lu.ci.o.nar *v.t.* e *int.* Evoluir.

E.vo.lu.cio.nis.mo *s.m.* **1.** BIOL Doutrina fundada na ideia de evolução. **2.** Nome dado às doutrinas fundadas na evolução ou transformação biológica das espécies, como o darwinismo etc.

E.vo.lu.cio.nis.ta *s.2g.* **1.** Pessoa partidária do evolucionismo. *adj.2g.* **2.** Relativo ao evolucionismo.

E.vo.lu.ir *v.t.* e *int.* **1.** Desenvolver-se progressivamente. **2.** Transformar-se, modificar-se. **3.** Fazer evoluções. **4.** Atualizar-se quanto às próprias ideias e convicções. **5.** Manobrar, desfilar (unidades militares).

E.vo.lu.ti.vo *adj.* Relativo a evolução.

E.vol.ver *v.int.* Desenvolver-se gradativamente, evoluir.

E.vul.são *s.f.* Ato de arrancar, de extrair com violência.

Ex- *pref.* **1.** 'Movimento para fora': *excluir.* **2.** 'Estado anterior': *ex-deputado.*

E.xa.ção (z) *s.f.* **1.** Cobrança ou arrecadação rigorosa de imposto, dívida, tributo etc. **2.** Exatidão, precisão. **3.** Apuro, perfeição.

E.xa.cer.ba.ção (z) *s.f.* **1.** Ato ou efeito de exacerbar(-se). **2.** Agravamento, recrudescimento.

E.xa.cer.bar (z) *v.t.* e *p.* **1.** Tornar(-se) mais acerbo. **2.** Exasperar. **3.** Tornar(-se) mais acerbo. **4.** Encolerizar(-se). **5.** Tornar mais áspero, mais violento. **6.** Irritar(-se).

E.xa.ge.rar (z) *v.t.* **1.** Dar, atribuir (a crises ou fatos) proporções maiores do que têm ou devem ter na realidade. **2.** Aparentar mais do que sente. **3.** Ampliar, aumentar. *v.int.* e *p.* **4.** Ser exagerado (nas maneiras, nos gestos etc.). **5.** Dizer ou fazer algo em excesso.

E.xa.ge.ro (z...ê) *s.m.* **1.** Excesso na apreciação. **2.** Objeto, coisa de valor ou dimensões exageradas.

E.xa.gi.ta.do (z) *adj.* Muito agitado.

E.xa.gi.tar (z) *v.t.* **1.** Agitar demasiadamente. **2.** Irritar, exasperar.

E.xa.la.ção (z) *s.f.* **1.** Ato de exalar(-se). **2.** Emanação (sob a forma de vapores, odores etc.) de um corpo sólido ou líquido. **3.** Luminosidade rápida, proveniente de substâncias gasosas que escapam do solo e se inflamam ao entrarem em contato com o ar. **4.** Estrela cadente. ● *Pl.: exalações.*

E.xa.lan.te (z) *adj.2g.* Que exala.

E.xa.lar (z) *v.t.* **1.** Soltar de si. **2.** Evolar, evaporar-se.

E.xal.çar (z) *v.t.* e *p.* Elevar(-se), exaltar(-se).

E.xal.ta.ção (z) *s.f.* **1.** Ato ou efeito de exaltar(-se). **2.** Elevação a um grau de mérito mais alto. **3.** Grande excitação de ânimo. **4.** Entusiasmo, louvor entusiástico. **5.** Glorificação.

E.xal.tar (z) *v.t.* **1.** Tornar alto, grandioso. **2.** Realçar. **3.** Louvar, elogiar, glorificar. **4.** Inflamar, delirar. *v.p.* **5.** Enfurecer-se, encolerizar-se, irritar-se.

E.xa.me (z) *s.m.* **1.** Ato ou efeito de examinar(-se). **2.** Aferição de conhecimentos. **3.** Prova de capacidade. **4.** Análise, observação minuciosa. **5.** Inspeção, revista.

E.xa.mi.na.dor (z) *adj.* e *s.m.* Que, ou aquele que examina.

E.xa.mi.nar (z) *v.t.* **1.** Analisar ou observar atentamente. **2.** Submeter (uma pessoa) a exame para verificar suas habilitações. **3.** Observar (o médico) o estado de saúde ou o funcionamento do organismo de alguém. **4.** Ver, sondar. *v.p.* **5.** Analisar a própria consciência; sondar-se.

E.xan.gue (z) *adj.2g.* **1.** Sem sangue. **2.** Esvaído em sangue. **3.** Pálido, lívido. **4.** FIG Débil, enfraquecido.

E.xâ.ni.me (z) *adj.* **1.** Que não tem alento. **2.** Desfalecido, desmaiado, aparentemente morto.

E.xan.te.ma (z) *s.m.* Qualquer erupção cutânea caracterizada por vermelhidão sem pústulas.

E.xa.rar (z) *v.t.* Declarar, registrar, consignar por escrito; lavrar.

E.xas.pe.ra.ção (z) *s.f.* Ato de exasperar(-se).

E.xas.pe.ra.dor (z...ô) *adj.* e *s.m.* Que, aquele ou aquilo que exaspera.

E.xas.pe.ran.te (z) *adj.2g.* Que exaspera; exasperador.

E.xas.pe.rar (z) *v.t.* e *p.* **1.** Irritar(-se) ao extremo. **2.** Exacerbar (-se), encolerizar(-se), enfurecer(-se).

E.xas.pe.ro (z...ê) *s.m.* Exasperação.

E.xa.ti.dão (z) *s.f.* **1.** Qualidade de exato. **2.** Observância rigorosa. **3.** Precisão, rigor. **4.** Pontualidade. **5.** Perfeição, esmero. ● *Ant.: inexatidão.*

E.xa.to (z) *adj.* **1.** Verdadeiro, certo, correto. **2.** Preciso, rigoroso; pontual. **3.** Que cumpre o seu dever. **4.** Honrado. **5.** Conforme o modelo ou o original.

E.xa.tor (z) *s.m.* Cobrador de impostos; coletor.

E.xau.rir (z) *v.t.* **1.** Esgotar completamente. **2.** Gastar, dissipar totalmente; secar. *v.p.* **3.** Esgotar-se, secar-se. **4.** Perder as forças. **5.** Cansar-se, fatigar-se.

E.xau.rí.vel (z) *adj.2g.* Que pode ser exaurido.

E.xaus.tão (z) *s.f.* Ato ou efeito de exaurir(-se); esgotamento. ● *Pl.: exaustões.*

E.xaus.ti.vo (z) *adj.* **1.** Que esgota ou exaure. **2.** Cansativo, extenuante.

E.xaus.to (z) *adj.* **1.** Muito cansado; extenuado. **2.** Com as forças completamente esgotadas.

E.xaus.tor (z...ô) *s.m.* Aparelho que se destina a renovar o ar de um ambiente.

E.xau.to.ra.ção (z) *s.f.* Ato ou efeito de exautorar. ● *Pl.: exautorações.*

EXAUTORAR — EXECUTIVA

E.xau.to.rar (z) *v.t.* **1.** Retirar a autoridade conferida a. **2.** Retirar (de alguém) cargo, insígnia, honrarias etc. **3.** Retirar o prestígio de.

Ex.car.ce.rar *v.t.* Tirar do cárcere; desencarcerar.

Ex cathedra (lat.) Do alto da cátedra.

Ex.ce.ção *s.f.* **1.** Ato ou efeito de excetuar(-se). **2.** Desvio da regra geral, da lei. **3.** Privilégio, prerrogativa. **4.** Restrição, limitação, ressalva. *s.f.* **5.** FIG Pessoa cujas ideias ou atos se afastam do comum.

Ex.ce.den.te *adj.2g.* **1.** Que excede. *s.m.* **2.** Que excede (pessoa ou coisa). **3.** Excesso, sobejo, sobra.

Ex.ce.der *v.t.* **1.** Superar, ultrapassar. **2.** Passar dos limites (em valor, peso, extensão etc.). **3.** Levar vantagem a. *v.p.* **4.** Ir além do natural, do conveniente. **5.** Esmerar-se. **6.** Fatigar-se demais, cansar-se.

Ex.ce.dí.vel *adj.2g.* Que pode ser excedido.

Ex.ce.lên.cia *s.f.* **1.** Qualidade de excelente. **2.** Superioridade, primazia. **3.** Tratamento dado às pessoas de alta hierarquia social. • *Abrev.: Ex.ª*.

Ex.ce.len.te *adj.* **1.** Superior em gênero. **2.** Primoroso, magnífico. **3.** Distinto, exímio. **4.** Muito bom. • *Sup.abs.sint.: excelentíssimo*.

Ex.ce.len.tís.si.mo *adj.* **1.** *sup.abs.sint.* de *excelente*. **2.** Tratamento dado a pessoas de alta hierarquia social. • *Abrev.: Ex.ᵐᵒ* ou *Exmo.*.

Ex.ce.ler *v.t.* e *int.* Destacar-se ou salientar-se muito de outros; ser excelente; excelir.

Ex.cel.si.da.de *s.f.* Excelsitude.

Ex.cel.si.tu.de *s.f.* **1.** Sublimidade. **2.** Excelência; distinção. **3.** Qualidade do que é excelso.

Ex.cel.so *adj.* **1.** Muito alto; elevado; excelente. **2.** FIG Sublime, maravilhoso.

Ex.cen.tri.ci.da.de *s.f.* **1.** Qualidade ou modos de excêntrico. **2.** Originalidade, extravagância, esquisitice.

Ex.cên.tri.co *adj.* **1.** Que está fora do centro. **2.** FIG Original, extravagante, esquisito.

Ex.cep.cio.nal *adj.* **1.** Em que há exceção; fora do usual. **2.** Incomum, extraordinário. *adj.* e *s.2g.* **3.** Diz-se de, ou pessoa que apresenta deficiência física, mental ou sensorial.

Ex.cep.cio.na.li.da.de *s.f.* Qualidade do que é excepcional.

Ex.cer.to *s.m.* Trecho, segmento extraído de um escrito, de uma obra; fragmento. • Usa-se mais no pl.: *excertos*.

Ex.ces.si.vo *adj.* Em que há excesso; exagerado.

Ex.ces.so *s.m.* **1.** Quantidade a mais. **2.** O que excede o limite permitido. **3.** Sobejo, sobra. **4.** Superfluidade, exorbitância. **5.** Extremo, cúmulo. **6.** Falta de moderação. **7.** Descomedimento, desregramento. **8.** Espaço intenso.

Ex.ce.to *adj.* **1.** Excluído. *prep.* **2.** Com exceção de; a não ser, afora, menos, salvo.

Ex.ce.tu.ar *v.t.* **1.** Fazer exceção de. **2.** Excluir, livrar, isentar. • *Ant.: incluir*.

Ex.ci.pi.en.te *s.m.* Substância que se mistura a um medicamento para modificar-lhe o gosto.

Ex.ci.ta.bi.li.da.de *s.f.* **1.** Qualidade do que é excitável. **2.** Propriedade de entrar em ação sob a influência de uma causa ou motivo estimulante. **3.** Nervosismo, apreensão intensa, irritabilidade.

Ex.ci.ta.ção *s.f.* **1.** Ato ou efeito de excitar(-se). **2.** Estado de exaltação. **3.** Provocação.

Ex.ci.ta.men.to *s.m.* Excitação.

Ex.ci.tan.te *adj.* e *s.2g.* **1.** Que, ou o que excita ou estimula o organismo. **2.** Que, ou o que exalta os sentimentos.

Ex.ci.tar *v.t.* **1.** Ativar a ação de. **2.** Despertar, mover, estimular. **3.** Promover, suscitar. **4.** Incitar. **5.** Dar ânimo ou coragem a. **6.** Animar, avivar. **7.** Irritar. *v.p.* **8.** Irritar-se, encolerizar-se. **9.** Exaltar-se, inflamar-se.

Ex.ci.tá.vel *adj.* Que se pode excitar.

Ex.cla.ma.ção *s.f.* **1.** Ato ou efeito de exclamar. **2.** Voz ou grito súbito de surpresa, de admiração, de espanto, de raiva etc. **3.** Sinal gráfico (!) que, na escrita, acompanha uma exclamação.

Ex.cla.mar *v.t.* **1.** Bradar, vociferar, gritar. **2.** Pronunciar em voz alta e em tom de admiração.

Ex.cla.ma.ti.vo *adj.* Que contém exclamação; admirativo.

Ex.cla.ma.tó.rio *adj.* Exclamativo.

Ex.clu.den.te *adj.2g.* Que exclui.

Ex.clu.ir *v.t.* **1.** Afastar, eliminar, retirar, desviar. **2.** Impedir a entrada de. **3.** Pôr de lado. **4.** Rejeitar. **5.** Não admitir; omitir. **6.** Expulsar, pôr fora de. **7.** Privar da posse. *v.p.* **8.** Isentar-se, omitir-se. **9.** Pôr-se de fora, à margem.

Ex.clu.são *s.f.* **1.** Ato ou efeito de excluir(-se). **2.** Eliminação, rejeição; exceção.

Ex.clu.si.ve *adv.* De modo exclusivo; sem inclusão.

Ex.clu.si.vi.da.de *s.f.* **1.** Qualidade do que é exclusivo. **2.** Posse ou direito que não permite a participação de outrem. **3.** JORN Entrevista ou reportagem feita por um único órgão de imprensa ou meio de comunicação (jornal, revista, rádio, televisão).

Ex.clu.si.vis.mo *s.m.* **1.** Sistema ou caráter de exclusão. **2.** Sistema ou feitio de quem repele tudo que é contrário à própria opinião, ou quer tudo para sua satisfação pessoal.

Ex.clu.si.vis.ta *adj.* e *s.2g.* Diz-se de, ou pessoa partidária do exclusivismo; individualista.

Ex.clu.si.vo *adj.* **1.** Que exclui. **2.** Privativo, restrito, especial. **3.** Que cabe por privilégio ou prerrogativa.

Ex.co.gi.tar *v.t.* **1.** Cogitar muito. **2.** Idear, inventar. **3.** Imaginar; cogitar. **4.** Investigar, esquadrinhar. *v.int.* **5.** Refletir, meditar.

Ex.co.gi.tá.vel *adj.2g.* Que se pode excogitar.

Ex.co.mun.ga.do *adj.* **1.** Amaldiçoado; odiado. *s.m.* **2.** Pessoa que sofreu a excomunhão.

Ex.co.mun.gar *v.t.* **1.** Privar dos sacramentos e das orações da Igreja. **2.** Excluir, separar, amaldiçoar.

Ex.co.mu.nhão *s.f.* **1.** Ato ou efeito de excomungar. **2.** FIG Esconjurar, exorcizar. **3.** Condenar, reprovar.

Ex.cre.ção *s.f.* FISIOL Ação pela qual se expele do corpo os resíduos inúteis da alimentação, da respiração etc. **2.** A matéria excretada.

Ex.cre.men.to *s.m.* **1.** Toda matéria sólida ou líquida que os animais expelem do corpo pelos canais naturais. **2.** Matéria fecal; fezes. **3.** FIG Pessoa desprezível.

Ex.cres.cên.cia *s.f.* **1.** Saliência. **2.** Coisa desnecessária ou supérflua. **3.** MED Tumor (papiloma, verruga, lobinho) na superfície de um órgão.

Ex.cre.tar *v.t.* Expelir, evacuar.

Ex.cru.ci.ar *v.t.* Afligir muito; martirizar.

Ex.cur.são *s.f.* **1.** Viagem ou passeio pelos arredores, às vezes em grupo, com fim recreativo ou instrutivo. **2.** Passeio com finalidade turística. **3.** FIG Divagação, digressão.

Ex.cur.sio.nar *v.int.* Realizar excursão.

Ex.cur.sio.nis.mo *s.m.* Gosto e prática das excursões.

Ex.cur.sio.nis.ta *adj.2g.* **1.** Relativo a excursões. *s.2g.* **2.** Pessoa que participa de uma excursão.

Ex.se.cra.ção (z) *s.f.* **1.** Ato ou efeito de execrar. **2.** Ódio profundo. **3.** Imprecação. **4.** Pessoa ou coisa que inspira grande aversão. **5.** Grande aversão. **6.** Abominação, maldição.

Ex.se.cra.dor (z...ô) *adj.* e *s.m.* Que ou aquele que execra; abominador.

Ex.se.cran.do (z) *adj.* Execrável.

Ex.se.crar (z) *v.t.* **1.** Abominar, detestar, amaldiçoar. **2.** Desejar mal a (alguém). *v.p.* **3.** Detestar-se.

Ex.se.cra.ti.vo (z) *adj.* Que se envolve execração.

Ex.se.cra.tó.rio (z) *adj.* Que contém execração.

Ex.se.crá.vel (z) *adj.2g.* **1.** Que merece execração. **2.** Abominável, repugnante; detestável.

Ex.se.cu.ção (z) *s.f.* **1.** Ato ou efeito de executar. **2.** Maneira de tocar uma peça musical ou um instrumento. **3.** Cumprimento de pena de morte. **4.** JUR Penhora e leilão dos bens de um devedor.

Ex.se.cu.tar (z) *v.t.* **1.** Realizar; levar a efeito. **2.** Fazer cumprir. **3.** Penhorar e leiloar os bens de um devedor. **4.** Supliciar em nome da lei. **5.** Justiçar. **6.** Tocar, cantar. **7.** Representar, interpretar.

Ex.se.cu.ti.va (z) *s.f.* Comissão executiva.

EXECUTIVO — EXOTÉRICO

E.xe.cu.ti.vo (z) *adj.* **1.** Que executa; executor. **2.** Que tem a seu cargo fazer cumprir as leis. **3.** Resoluto, decidido, decisivo. *s.m.* **4.** O poder executivo, exercido pelo presidente da República, governador de Estado ou prefeito de Município. **5.** Diretor ou alto funcionário de uma empresa. **6.** Um dos três poderes do Estado democrático, responsável por fazer cumprir as leis e pela administração dos negócios públicos.

E.xe.cu.tor (z...ô) *adj.* **1.** Que executa. *s.m.* **2.** O que executa. **3.** Carrasco, verdugo, algoz.

E.xe.ge.se (z...é) *s.f.* **1.** Crítica e interpretação dos livros do Antigo e Novo Testamento e em geral dos textos sagrados e das leis. **2.** Interpretação ou comentários de textos.

E.xe.ge.ta (z...é) *s.2g.* Pessoa que se dedica à exegese.

E.xe.gé.ti.ca (z) *s.f.* Parte da Teologia que trata da exegese da Bíblia.

E.xem.plar¹ (z) *adj.* **1.** Que serve de exemplo, de modelo. *s.m.* **2.** Modelo original que deve ser copiado. **3.** Cada um dos livros, gravuras, medalhas e objetos que pertencem à mesma tiragem. **4.** Cada um dos indivíduos da mesma espécie (animal, vegetal ou mineral) tomado como modelo.

E.xem.plar² (z) *v.t.* Castigar, corrigir (em geral espancando).

E.xem.plá.rio (z) *s.m.* Livro ou coleção de exemplos.

E.xem.pli.fi.car (z) *v.t.* **1.** Mostrar, citar, dar como exemplo. **2.** Aplicar como exemplo.

E.xem.plo (z) *s.m.* **1.** Tudo o que se pode ou deve ser imitado. **2.** Fato de que se tiram ensinamentos. **3.** Pessoa cujos atos, por serem dignos, devem ser imitados: *Aquela menina é um exemplo para toda sua turma.* **4.** Coisa semelhante àquela de que se trata. **5.** Palavra ou frase citada para confirmar uma regra. ● *Abrev.*: (para o sing. e pl.): *Ex.*.

E.xé.quias (z) *s.f.pl.* Cerimônias ou honras fúnebres, celebradas na igreja.

E.xe.quí.vel (z) *adj.2g.* Que se pode executar; executável. ● *Ant.*: *inexequível.*

E.xer.cer (z) *v.t.* **1.** Preencher os deveres, as obrigações inerentes a (um cargo). **2.** Pôr em ação; exercitar. **3.** Fazer sentir. **4.** Exercitar, praticar.

E.xer.cí.cio (z) *s.m.* **1.** Ato de exercitar ou exercer. **2.** Aquilo com que se exercitam as faculdades morais ou intelectuais. **3.** Estudo teórico ou prático, com que os alunos se desenvolvem no conhecimento de uma matéria. **4.** Atividade física feita por esporte. **5.** Movimento regular, manobra de qualquer companhia militar, tropa, esquadrão etc. **6.** COM Período entre dois balanços ou entre dois orçamentos públicos. **7.** Tarefa escolar.

E.xer.ci.tar (z) *v.t.* **1.** Exercer, praticar. **2.** Pôr em atividade. **3.** Manifestar, desenvolver. **4.** Cultivar. *v.t. e p.* **5.** Adestrar; procurar adquirir força ou perícia, por meio de exercício.

E.xér.ci.to (z) *s.m.* **1.** Conjunto de forças armadas, terrestres, de um país. **2.** Tropas apresentadas para guerra. **3.** FIG Grande número de pessoas; multidão.

E.xer.go (zér) *s.m.* **1.** Espaço, em moedas ou medalhas, destinado à gravação de data ou de inscrição. **2.** Essa data ou inscrição.

E.xi.bi.ção (z) *s.f.* **1.** Ato ou efeito de exibir(-se). **2.** Mostrar(-se), apresentar(-se).

E.xi.bi.cio.nis.mo (z) *s.m.* **1.** Mania ou gosto de exibição. **2.** PSICOL Mania que consiste em gostar de exibir partes íntimas do corpo.

E.xi.bi.cio.nis.ta (z) *adj. e s.2g.* Que, ou pessoa que gostar de exibir-se ou de praticar exibicionismo.

E.xi.bir (z) *v.t.* **1.** Mostrar, expor, tornar patente. **2.** Apresentar em uma exposição. **3.** Fazer exibição ou ostentação de. *v.p.* **4.** Mostrar-se com ostentação; ostentar. **5.** Apresentar em espetáculo público.

E.xi.gên.cia (z) *s.f.* **1.** Ato ou efeito de exigir. **2.** Pedido impertinente. **3.** Insistência; instância.

E.xi.gen.te (z) *adj.2g.* **1.** Que exige, que dificilmente se satisfaz. **2.** Impertinente. **3.** Rigoroso, enérgico.

E.xi.gir (z) *v.t.* **1.** Pedir com autoridade e instância; requerer. **2.** Impor como obrigação ou dever. **3.** Ordenar, intimar. **4.** Determinar, prescrever.

E.xi.gí.vel (z) *adj.2g.* Que se pode exigir.

E.xí.guo (z) *adj.* **1.** Muito pequeno, diminuto. **2.** Parco, escasso, insuficiente, limitado.

E.xi.lar (z) *v.t.* **1.** Expulsar da pátria; banir, desterrar. *v.p.* **2.** Condenar-se a exílio voluntário. **3.** Cumprir exílio ou desterro.

E.xí.lio (z) *s.m.* **1.** Ato ou efeito de exilar(-se). **2.** Expulsão da pátria; desterro, degredo. **3.** O lugar onde reside o exilado.

E.xí.mio (z) *adj.* **1.** Excelente no que faz. **2.** Eminente, perfeito, insigne.

E.xi.mir (z) *v.t. e p.* Isentar(-se), desobrigar(-se), dispensar(-se).

E.xis.tên.cia (z) *s.f.* **1.** Estado do que existe; realidade. **2.** A vida ou o modo de viver. **3.** Tempo durante o qual um ser existe.

E.xis.ten.ci.al (z) *adj.2g.* Relativo à existência.

E.xis.ten.cia.lis.mo (z) *s.m.* FILOS Doutrina baseada nas raízes da existência humana, pela qual o homem é livre para escolher seu destino.

E.xis.ten.cia.lis.ta (z) *adj.2g.* **1.** Relativo ao existencialismo. *s.2g.* **2.** Pessoa partidária do existencialismo.

E.xis.tir (z) *v.int.* **1.** Ser num dado momento. **2.** Ter realidade. **3.** Viver; permanecer. **4.** Durar, persistir.

Ê.xi.to (z) *s.m.* **1.** Resultado bom. **2.** Consequência, efeito, fim. **3.** Saída. **4.** Vitória, sucesso.

Exo- *pref.* 'Posição exterior': *exoplasma.*

Ê.xo.do (z) *s.m.* **1.** Saída, emigração em massa. **2.** Livro da Bíblia que conta a saída dos hebreus do Egito. **3.** ANTIG Fecho das tragédias gregas.

E.xo.es.que.le.to *s.m.* ZOOL Formação esquelética externa de certos animais (a concha dos moluscos, a carapaça dos artrópodes etc.); exosqueleto.

E.xo.ga.mi.a (z) *s.f.* Cruzamento de indivíduos não aparentados ou com grau de parentesco distante.

E.xó.ge.no (z) *adj.* **1.** Que provém do exterior, que se produz no exterior (do organismo, do sistema), ou que é devido a causas externas. **1.1** Que se origina, desenvolve ou reproduz a partir da membrana celular que reveste um órgão ou organismo (diz-se de outro órgão, estrutura etc.). **1.2** Originado na superfície terrestre [p.ex., o caso da denudação, da deposição] (diz-se de processo geológico); exogênico, exogenético.

E.xo.ne.ra.ção (z) *s.f.* **1.** Demissão. **2.** Dispensa de emprego. **3.** Isenção.

E.xo.ne.rar (z) *v.t.* **1.** Demitir, destituir de emprego. **2.** Desobrigar. **3.** Isentar, dispensar. **4.** Evacuar. *v.p.* **5.** Desobrigar-se; demitir-se.

E.xo.rar (z) *v.t.* Pedir com súplicas; implorar.

E.xor.bi.tân.cia (z) *s.f.* **1.** Excesso, exagero. **2.** Preço excessivo.

E.xor.bi.tar (z) *v.t.* **1.** Sair de sua órbita. **2.** Exceder os limites do justo, do razoável. **3.** Exceder, abusar.

E.xor.cis.mar (z) *v.t.* **1.** Fazer exorcismo contra. **2.** Expulsar (demônios ou maus espíritos) por meio do exorcismo. **3.** Esconjurar, conjurar; exorcizar.

E.xor.cis.mo (z) *s.m.* Oração, fórmula ou cerimônia religiosa para esconjurar o demônio ou os espíritos maus; esconjuro.

E.xor.cis.ta (z) *s.2g.* Pessoa que exorciza ou esconjura os demônios; sacerdote cuja função era expulsar os demônios.

E.xor.ci.zar (z) *v.t.* Exorcismar.

E.xór.dio (z) *s.m.* **1.** Introdução de um discurso, de uma fala, de um tratado. **2.** FIG Origem, princípio, começo.

E.xor.nar (z) *v.t.* Pôr ornamento em; adornar, enfeitar, ornar.

E.xor.ta.ção (z) *s.f.* **1.** Ato ou efeito de exortar. **2.** Palavras com que se exorta. **3.** Admoestação, advertência, conselho.

E.xor.ta.dor (z) *adj.* Aquele que exorta.

E.xor.tar (z) *v.t.* **1.** Procurar convencer por meio de palavras. **2.** Aconselhar, persuadir. **3.** Animar. **4.** Encorajar, incitar.

E.xos.fe.ra (z) *s.f.* A parte mais externa da atmosfera de um planeta.

E.xo.té.ri.co (z) *adj.* **1.** Diz-se da doutrina que é ensinada publicamente. **2.** Que todos podem entender. ● Opõe-se a *esotérico.*

EXOTERISMO — EXPLOSIVO

E.xo.te.ris.mo *s.m.* **1.** Qualidade de exotérico. **2.** A doutrina exotérica.

E.xo.ti.ci.da.de (z) *s.f.* Exotismo.

E.xó.ti.co (z) *adj.* **1.** Que provém de país estranho; estrangeiro. **2.** POP Esquisito, excêntrico, extravagante, singular.

E.xo.tis.mo (z) *s.m.* **1.** Caráter do que é exótico. **2.** Coisa exótica. **3.** Gosto pelo incomum, pelo extravagante.

Ex.pan.dir *v.t.* **1.** Alargar, dilatar. **2.** Estender, ampliar. *v.p.* **3.** Desenvolver-se, ampliar-se. **4.** Dar mostras de alegria, entusiasmo, amizade.

Ex.pan.são *s.f.* **1.** Ato ou efeito de expandir(-se). **2.** Ampliação, difusão. **3.** Manifestação entusiástica, desabafo.

Ex.pan.sio.nis.mo *s.m.* Doutrina e atitude política que prega a expansão de um país além de suas fronteiras.

Ex.pan.sio.nis.ta *adj. e s.2g.* **1.** Relativo ao expansionismo. **2.** Pessoa partidária do expansionismo.

Ex.pan.si.vi.da.de *s.f.* Qualidade de expansivo.

Ex.pan.si.vo *adj.* **1.** Que se expande. **2.** FIG Entusiasta. **3.** Franco, comunicativo (pessoa).

Ex.pa.tri.a.ção *s.f.* Ato ou efeito de expatriar(-se); desterro. • Pl.: *expatriações*.

Ex.pa.tri.a.men.to *s.m.* Expatriação.

Ex.pa.tri.ar *v.t.* Expulsar da pátria; exilar, desterrar, banir.

Ex.pec.ta.dor *s.m.* Aquele que tem ou está na expectativa. • Var.: *expetador*. • Cf. *espectador*.

Ex.pec.ta.ti.va *s.f.* **1.** Esperança fundada em promessas ou probabilidades. **2.** Probabilidade. **3.** Esperança de que alguma coisa aconteça. **4.** Atitude prudente de quem espera. • Var.: *expetativa*.

Ex.pec.to.ra.ção *s.f.* Ato ou efeito de expectorar, de expelir (tossindo) escarro.

Ex.pec.to.ran.te *adj.2g.* **1.** Que provoca ou facilita a expectoração. *s.m.* **2.** Medicamento expectorante. • Var.: *expetorante*.

Ex.pec.to.rar *v.t.* **1.** Escarrar. **2.** Expelir do peito. **3.** Proferir, dizer com ira ou violência. *v.int.* **4.** Expelir o escarro. • Var.: *expetorar*.

Ex.pe.di.ção *s.f.* **1.** Ato ou efeito de expedir, distribuir, entregar (correspondência, mercadorias). **2.** Seção onde se faz a expedição. **3.** Remessa de tropas para determinado fim de excursão científica. **4.** Execução rápida. **5.** FIG Desembaraço; expediente.

Ex.pe.di.cio.ná.rio *adj.* **1.** Relativo a expedição. *adj. e s.m.* **2.** Diz-se de, ou indivíduo que faz parte de uma expedição. **3.** Diz-se de, ou o integrante da FEB (Força Expedicionária Brasileira); pracinha.

Ex.pe.di.dor (ô) *adj. e s.m.* Que ou aquele que expede, envia, remete.

Ex.pe.di.en.te *adj.2g.* **1.** Que expede ou facilita. **2.** Desembaraçado. *s.m.* **3.** Meio de resolver uma dificuldade ou chegar a uma solução. **4.** Despacho ordinário e cotidiano de negócios públicos ou particulares; recurso. **5.** Tempo de serviço diário de uma repartição, um escritório etc. **6.** A correspondência de um escritório, repartição etc. **7.** Seção de jornal ou revista em que o órgão publica informações sobre si mesmo: fundador(es), diretor(es), colaborador(es), tiragem etc.

Ex.pe.dir *v.t.* **1.** Despachar, remeter, enviar a seu destino. **2.** Mandar com determinado fim (tropas, navios). **3.** Enunciar verbalmente (ordens). **4.** Promulgar (decreto, portaria). **5.** Expulsar, expelir.

Ex.pe.di.to *adj.* **1.** Ativo, desembaraçado, desenvolto. **2.** Rápido.

Ex.pe.lir *v.t.* **1.** Lançar fora com violência. **2.** Expulsar, arremessar a distância. **3.** Proferir com violência. **4.** Lançar de si; soltar.

Ex.pen.der *v.t.* **1.** Gastar, despender. **2.** Expor em minúcias.

Ex.pen.sas *elem.* da loc. prep. *às expensas de*. • **às expensas de**: à custa de.

Ex.pe.ri.ên.cia *s.f.* **1.** Ato ou efeito de experimentar. **2.** Conhecimento adquirido graças aos dados fornecidos pela própria vida. **3.** Prática, conhecimento. **4.** Ensaio prático para descobrir ou determinar um fenômeno, um fato, uma teoria. **5.** Tentativa; ensaio.

Ex.pe.ri.en.te *adj.2g.* **1.** Que tem ou revela experiência, prático, traquejado. *s.2g.* **2.** Pessoa experiente.

Ex.pe.ri.men.tar *v.t.* **1.** Submeter à experiência, pôr à prova; testar. **2.** Pôr em prática, executar. **3.** Tentar. **4.** Sofrer, suportar. **5.** Alcançar, conseguir, obter. **6.** Ser vítima de. *v.p.* **7.** Adestrar-se, exercitar-se.

Ex.pe.ri.men.to *s.m.* **1.** Experiência, ensaio para a verificação científica de um fenômeno. **2.** Experimentação, experiência.

Expert *adj. e s.m.* Experto.

Ex.per.to (cs) *adj. e s.m.* Diz-se de, ou aquele que é experiente, conhecedor, perito. • Cf. *esperto*.

Ex.pi.a.ção *s.f.* **1.** Ato ou efeito de expiar. **2.** Cumprimento de pena ou castigo. **3.** Penitência.

Ex.pi.ar *v.t.* **1.** Remir (a culpa), cumprindo pena; pagar. **2.** Sofrer as consequências de. *v.p.* **3.** Purificar-se (de crimes ou pecados). • Cf. *espiar*.

Ex.pi.a.tó.rio *adj.* Que serve para expiar ou pagar (crime, pecado).

Ex.pi.ra.ção *s.f.* **1.** Ato ou efeito de expirar. **2.** FISIOL Expulsão dos pulmões para a atmosfera, do ar já utilizado para a respiração. **3.** Fim, termo, vencimento de prazo.

Ex.pi.ran.te *adj.2g.* **1.** Que expira; moribundo. **2.** Que está perto do fim, que está quase acabando. **3.** Que se amorteceu ou desfaleceu.

Ex.pi.rar *v.t.* **1.** Expelir (o ar) dos pulmões; respirar. *v.int.* **2.** Definhar, morrer. **3.** Acabar, terminar. • Cf. *espirar*.

Ex.pi.ra.tó.rio *adj.* Relativo a ou que pode produzir expiração.

Ex.pla.na.ção *s.f.* **1.** Ato ou efeito de explanar. **2.** Explicação.

Ex.pla.na.dor *adj. e s.m.* Que, ou o que explana.

Ex.pla.nar *v.t.* **1.** Explicar com desenvolvimento; tornar fácil ou inteligível. **2.** Expor; esclarecer.

Ex.pla.na.tó.rio *adj.* Que serve ou é apropriado para explanar; explanativo.

Ex.ple.ti.vo *adj.* **1.** Que serve para preencher ou reforçar. *s.m.* **2.** Palavra ou expressão desnecessária ao sentido da frase, mas que se usa para dar-lhe ênfase ou um colorido especial.

Ex.pli.ca.ção *s.f.* **1.** Ato ou efeito de explicar. **2.** Lição. **3.** Análise de um texto; comentário. **4.** Desagravo. **5.** Razão (de uma coisa).

Ex.pli.ca.dor (ô) *adj.* **1.** Que explica. *s.m.* **2.** Aquele que explica as lições aos alunos; professor.

Ex.pli.car *v.t.* **1.** Tornar inteligível ou claro (o que é ambíguo ou obscuro). **2.** Ensinar, expor, explanar. **3.** Justificar, desculpar. **4.** Apresentar razões ou motivos. **5.** Interpretar, comentar. *v.p.* **6.** Exprimir-se; justificar-se.

Ex.pli.ca.ti.vo *adj.* **1.** Que serve para explicar. **2.** Que esclarece; elucidativo.

Ex.pli.cá.vel *adj.2g.* Que se pode explicar. • Ant.: *inexplicável*.

Ex.pli.ci.tar *v.t.* Tornar explícito, claro.

Ex.plí.ci.to *adj.* **1.** Claramente expresso. **2.** Que não admite nenhuma contestação. **3.** Claro, declarado. • Ant.: *implícito*.

Ex.plo.dir *v.int.* **1.** Fazer explosão ou estrondo; estourar. **2.** FIG Aparecer subitamente. **3.** FIG Irritar-se, vociferar.

Ex.plo.ra.ção *s.f.* **1.** Ato ou efeito de explorar. **2.** Investigação, pesquisa. **3.** Abuso da boa-fé de alguém, para auferir lucros ilícitos. **4.** Abuso no preço de (mercadoria, serviço etc.).

Ex.plo.ra.dor *adj.* **1.** Que explora. **2.** Pesquisador; investigador. **3.** Ganancioso, enganador. **4.** Que abusa da bondade de outrem. *s.m.* **5.** O que explora. **6.** Aventureiro, especulador.

Ex.plo.rar *v.t.* **1.** Estudar, examinar, pesquisar minuciosamente para descobrir uma coisa. **2.** Especular. **3.** Tirar partido ou proveito de. **4.** Cobrar abusiva ou desonestamente. **5.** Roubar ardilosamente. **6.** Abusar da boa-fé de. **7.** MED Examinar com atenção os sintomas ou andamento de uma doença.

Ex.plo.ra.tó.rio *adj.* Que serve para explorar.

Ex.plo.rá.vel *adj.2g.* Que pode ser explorado.

Ex.plo.são *s.f.* **1.** Abalo violento acompanhado de detonação e expansão súbita de um gás. **2.** Detonação, estouro. **3.** FIG Aparição repentina. **4.** FIG Clamor, vibração em massa. **5.** FIG Manifestação súbita e violenta de um sentimento (raiva, alegria etc.). **6.** Aumento grande e súbito: Explosão populacional.

Ex.plo.si.vo *s.m.* **1.** Substância inflamável, que pode provocar explosão. *adj.* **2.** Que produz explosão.

EXPOENTE — EXTERIORIDADE

Ex.po.en.te *s.m.* **1.** Aquele que expõe ou alega. **2.** mat Número que indica o grau da potência a que uma qualidade é elevada, e que se coloca à direita e um pouco acima dessa quantidade. **3.** Representante ilustre de sua profissão, de sua classe, de um ramo de saber etc.

Ex.por (ô) *v.t.* **1.** Apresentar, pôr à vista. **2.** Fazer exposição de (produtos industriais, científicos, artísticos etc.). **3.** Submeter à ação de (agentes físicos). **4.** Tornar conhecido, evidente. **5.** Deixar a descoberto. **6.** Explicar, explanar. *v.p.* **7.** Colocar-se em evidência, mostrar-se. **8.** Submeter-se, sujeitar-se. **9.** Arriscar-se.

Ex.por.ta.ção *s.f.* **1.** Ato ou efeito de exportar. **2.** Os artigos exportados. **3.** Ato de vender para o exterior os produtos nacionais. ● *Ant.: importação.*

Ex.por.ta.dor *adj.* **1.** Que exporta. *s.m.* **2.** Negociante que exporta. ● *Ant.: importador.*

Ex.por.tar *v.t.* **1.** Enviar, remeter, vender para fora do país. **2.** Transportar para fora do município, do Estado, os artigos nele produzidos. ● *Ant.: importar.*

Ex.po.si.ção *s.f.* **1.** Ato ou efeito de expor(-se). **2.** Coisas expostas. **3.** Exposição ao público. **4.** Lugar onde se faz exposição. **5.** Narração minuciosa. **6.** Alegação. **7.** O fato de estar submetido à ação ou à influência de.

Ex.po.si.ti.vo *adj.* **1.** Que se refere a exposição. **2.** Que expõe, declara, elucida, descreve, apresenta.

Ex.po.si.tor (ô) *s.m.* **1.** Pessoa ou empresa que participa de uma exposição. **2.** Aquele que expõe um tema, matéria etc.

Ex.pos.to (ô) *adj.* **1.** Que está à vista; que está patente. *s.m.* **2.** Aquilo que se expôs. **3.** O que foi abandonado em lugar visível (criança).

Ex.pres.são *s.f.* **1.** Ato ou efeito de exprimir(-se). **2.** Ato de comunicar alguma coisa (pela fala, gesto, fisionomia, palavra escrita etc.). **3.** Maneira pela qual algo se manifesta. **4.** Aspecto facial determinado pelo estado físico ou emocional. **5.** Vigor, expressividade, ânimo. **6.** Maneira de se exprimir artisticamente. **7.** Manifestação. **8.** Caráter. **9.** Significação. **10.** Personificação. **11.** mat Representação algébrica do valor de uma quantia. **12.** gram Construção vocabular que encerra um sentido específico, como em quebrar a cara (*dar-se mal*) etc. **13.** Locução; frase; dito.

Ex.pres.sar *v.t. e p.* Exprimir(-se), manifestar(-se).

Ex.pres.sá.vel *adj.2g.* Que pode ser expressado, expresso ou exprimido.

Ex.pres.sio.nis.mo *s.m.* Movimento artístico do início do séc. XX, em música e artes plásticas, caracterizado por uma visão emocional e subjetiva do mundo do artista sobrepondo-se aos valores, juízos e verdades objetivas ou convencionais.

Ex.pres.sio.nis.ta *adj.2g.* **1.** Relativo ao expressionismo. *s.2g.* **2.** Artista adepto do expressionismo.

Ex.pres.so *adj.* **1.** Que se exprime em termos claros e positivos. **2.** Impresso ou gravado de modo visível; retratado. **3.** Enviado rapidamente. **4.** Categórico, terminante. *s.m.* **5.** Meio de transporte (trem, ônibus etc.) que vai ao destino sem parar em todas as estações.

Ex.pri.mir *v.t.* **1.** Dar a entender ou conhecer por gestos, palavras ou ações. **2.** Representar por meio de trabalho artístico. **3.** Revelar, manifestar. *v.p.* **4.** Manifestar-se, mostrar-se.

Ex.pri.mí.vel *adj.2g.* Que pode ser expresso, exprimido; que se pode enunciar.

Ex.pro.bar *v.t. Var.: exprobrar.*

Ex.pro.pri.a.ção *s.f.* **1.** Ato ou efeito de expropriar. **2.** A coisa expropriada. **3.** Ato de privar o proprietário daquilo que lhe pertence. ● *Pl.: expropriações.*

Ex.pro.pri.a.dor (ô) *adj. e s.m.* Que ou aquele que expropria.

Ex.pro.pri.ar *v.t.* Retirar a propriedade ou posse de alguém por conveniência ou necessidade pública; desapropriar.

Ex.pug.na.ção *s.f.* Ato ou efeito de expugnar. ● *Pl.: expugnações.*

Ex.pug.nar *v.t.* **1.** Tomar ou conquistar pela força das armas. **2.** Impor derrota a; abater, vencer.

Ex.pug.ná.vel *adj.2g.* Que pode ser expugnado, conquistado, derrotado.

Ex.pul.são *s.f.* **1.** Ato ou efeito de expulsar ou excluir. **2.** Ato de evacuar (algo) do organismo; evacuação.

Ex.pul.sar *v.t.* **1.** Fazer sair à força ou por castigo. **2.** Degredar, desterrar. **3.** Evacuar, expelir.

Ex.pul.si.vo *adj.* Que provoca expulsão; que tem a propriedade de expulsar ou de facilitar a expulsão.

Ex.pul.so *adj. e part. de expulsar;* que se expulsou; posto fora à força.

Ex.pul.sor (ô) *adj. e s.m.* **1.** Que ou aquele que expulsa. *s.m.* **2.** Na linotipo, bloco de lâminas que expele a linha-bloco do molde, fazendo-a passar à galé; ejetor.

Ex.pul.triz *s.f.* Aquela que expulsa.

Ex.pun.gir *v.t.* **1.** Fazer desaparecer (uma escrita) para pôr outra em seu lugar; apagar, delir, eliminar. **2.** Tornar limpo, isento, livre.

Ex.pur.ga.dor (ô) *adj. e s.m.* Que ou aquele que expurga.

Ex.pur.gar *v.t.* **1.** Purgar completamente; purificar. **2.** Livrar do que é nocivo ou prejudicial. **3.** Emendar, corrigir. **4.** Descascar. *v.p.* **5.** Apurar-se, corrigir-se.

Ex.pur.go *s.m.* **1.** Ato ou efeito de expurgar. **2.** Liberação de impurezas. **3.** Ato de afastar (uma ou mais pessoas) de uma coletividade por questões políticas.

Ex.su.da.ção *s.f.* Líquido que, transudando pelos poros de uma planta ou um animal, adquire consistência viscosa na superfície onde aparece. ● *Pl.: exsudações.*

Ex.su.dar *v.t.* **1.** Suar, transpirar. **2.** Manifestar, patentear.

Ex.su.da.to (essu) *s.m.* Líquido com alto teor de proteínas séricas e leucócitos, produzido como reação a danos nos tecidos e vasos sanguíneos.

Ex.sur.gir (essu) *v.int.* Levantar-se, erguer-se.

Êx.ta.se *s.m.* **1.** Arrebatamento do espírito. **2.** Embevecimento, enlevo. **3.** Contemplação das coisas sobrenaturais. **4.** Pasmo. **5.** Arroubo, transporte.

Ex.ta.si.ar *v.t.* **1.** Causar êxtase a. **2.** Enlevar, encantar, arrebatar, deslumbrar. *v.p.* **3.** Cair em êxtase; maravilhar-se.

Ex.tá.ti.co *adj.* **1.** Posto em êxtase. **2.** Maravilhado, admirado, perplexo, pasmado. ◆ *Cf. estático.*

Ex.tem.po.râ.neo *adj.* **1.** Que vem fora do tempo próprio. **2.** Que não é oportuno, que não vem a propósito.

Ex.ten.são *s.f.* **1.** Efeito de estender(-se). **2.** Qualidade do que é extenso. **3.** Porção de espaço ou de tempo; duração. **4.** Importância, alcance. **5.** Desenvolvimento, tamanho; comprimento. **6.** Ramal telefônico de uma mesma linha. **7.** Ampliação do sentido (palavra). **8.** mús Intervalo entre os sons extremos (o mais grave e o mais agudo) de voz ou instrumento; intensidade.

Ex.ten.si.vo *adj.* **1.** Que se pode estender; extensível. **2.** Que se aplica a mais de um caso. **3.** Que constitui uma extensão de sentido. **4.** Extenso, amplo.

Ex.ten.so *adj.* **1.** Que tem extensão. **2.** Comprido, longo. **3.** Não resumido, desenvolvido.

Ex.ten.sor (ô) *adj.* **1.** Que faz ou serve para estender. *s.m.* **2.** O que estende. **3.** Nome de um aparelho de ginástica.

Ex.te.nu.a.ção *s.f.* **1.** Diminuição considerável da força, do vigor; debilidade. **2.** Figura que atenua ou apouca as circunstâncias de um acontecimento.

Ex.te.nu.a.dor (ô) *adj. e s.m.* Que ou o que extenua, enfraquece, debilita.

Ex.te.nu.ar *v.t.* **1.** Esgotar as forças a. **2.** Debilitar; enfraquecer em extremo. **3.** Exaurir; gastar, abater. *v.p.* **4.** Cansar-se demais. **5.** Debilitar-se, enfraquecer-se.

Ex.te.ri.or *adj.2g.* **1.** Que está por fora ou na parte de fora; externo. **2.** Que se refere aos países estrangeiros. **3.** Feito para uso externo. **4.** Superficial, aparente. *s.m.* **5.** Parte externa de um corpo, exposta à vista. **6.** As nações estrangeiras. **7.** Aparência, exterioridade, aspecto.

Ex.te.ri.o.ri.da.de *s.f.* Qualidade do que é exterior.

EXTERIORIZAR — EXTREMOSO

Ex.te.ri.o.ri.zar *v.t.* **1.** Tornar exterior. **2.** Manifestar, mostrar. **3.** Evidenciar. **4.** Deixar transparecer. *v.p.* **5.** Manifestar-se, externar-se.

Ex.ter.mi.na.ção *s.f.* **1.** Ato ou efeito de exterminar. **2.** Extermínio, destruição.

Ex.ter.mi.na.dor *adj. e s.m.* Que, ou o que extermina.

Ex.ter.mi.nar *v.t.* **1.** Eliminar matando. **2.** Fazer desaparecer. **3.** Aniquilar. **4.** Reprimir. **5.** Acabar com, eliminar.

Ex.ter.mí.nio *s.m.* **1.** Ato ou efeito de exterminar. **2.** Destruição ou assolação com mortandade. **3.** Ruína total.

Ex.ter.na *s.f.* Filmagem realizada ao ar livre, em cinema, televisão, telejornal etc. ◆ *s.f.pl.* **Externas** Transmissão feita por unidades móveis, fora dos estúdios.

Ex.ter.nar *v.t. e p.* Exteriorizar(-se) manifestar(-se), patentear(-se).

Ex.ter.na.to *s.m.* Estabelecimento de ensino que só admite alunos externos. ● *Ant.: internato.*

Ex.ter.no *adj.* **1.** Que está por fora, que vem de fora; exterior. *adj. e s.m.* **2.** Diz-se de, ou aluno que não mora no colégio onde estuda.

Ex.tin.ção *s.f.* **1.** Ato ou efeito de extinguir-se. **2.** Cessação, destruição, extermínio.

Ex.tin.guir *v.t.* **1.** Apagar (fogo). **2.** FIG Acalmar, abrandar, amortecer. **3.** Exterminar totalmente. **4.** Acabar com, aniquilar. **5.** Pagar (dívida). *v.p.* **6.** Cessar (de queimar, de brilhar). **7.** Consumir-se, esgotar-se. **8.** FIG Morrer de forma serena.

Ex.tin.guí.vel *adj.* Que se pode extinguir.

Ex.tin.to *adj.* **1.** Que se extinguiu; apagado. **2.** Que deixou de existir. **3.** Acabado; abolido. *s.m.* **4.** Aquele que morreu; morto.

Ex.tin.tor *adj.* **1.** Que extingue. *s.m.* **2.** Aparelho para extinguir fogo.

Ex.tir.pa.ção *s.f.* **1.** Ato ou efeito de extirpar. **2.** Ablação ('remoção'). ● *Pl.: extirpações.*

Ex.tir.pa.dor (ô) *adj. e s.m.* Que ou o que extirpa.

Ex.tir.pa.men.to *s.m.* Extirpação.

Ex.tir.par *v.t.* **1.** Arrancar pela raiz. **2.** Cortar, extrair (um cisto etc.). **3.** FIG Extinguir, exterminar.

Ex.tir.pá.vel *adj.2g.* Que pode ser extirpado.

Ex.tor.quir *v.t.* **1.** Adquirir, obter sob ameaça ou violência. **2.** Tomar, roubar. **3.** Apossar-se injustamente.

Ex.tor.são *s.f.* **1.** Ato ou efeito de extorquir. **2.** Imposto excessivo. **3.** Emprego de força ou ameaça para obtenção de bens alheios. **4.** Contribuição forçada para determinado fim.

Ex.tor.si.vo *adj.* Que constitui uma extorsão.

Ex.tra- Prefixo latino. Exige hífen antes de palavra começada por a e h: extra-humano. *extraoficial, extrassensorial, extraordinário* etc.

Ex.tra *s.2g.* **1.** Pessoa que faz um serviço acidental ou suplementar. **2.** Pessoa que figura em peça teatral, filme ou novela para fazer número rápido; figurante. *s.m.* **3.** Despesa extraordinária em restaurante ou hotel. *adj.* **4.** Forma abreviada de *extraordinário*.

Ex.tra.ção *s.f.* **1.** Ato ou efeito de extrair ou arrancar. **2.** Consumo, venda. **3.** Operação aritmética ou algébrica para se conhecer a raiz de uma potência. **4.** Sorteio de tômbolas e loterias.

Ex.tra.clas.se *adj.* Que se faz fora de aula.

Ex.tra.con.ju.gal *adj.2g.* Que está fora dos direitos e deveres conjugais; estranho ao matrimônio.

Ex.tra.di.tar *v.t.* Entregar por extradição.

Ex.tra.es.co.lar *adj.2g.* Estranho à escola. ● *Pl.: extraescolares.*

Ex.tra.ga.lác.ti.co *adj.* Que procede de ou se situa fora da Via-Láctea; anagaláctico.

Ex.tra.ir *v.t.* **1.** Tirar de dentro. **2.** Arrancar, extirpar. **3.** Sugar, chupar. **4.** Tirar. **5.** Derivar.

Ex.tra.ju.di.ci.al *adj.2g.* Feito fora da via judicial ou do que recomenda o Direito.

Ex.tra.ma.tri.mo.ni.al *adj.2g.* Extraconjugal.

Ex.tra.mu.ros *adv. adj.2g.2n.* Fora dos muros, das muralhas, dos limites (de uma cidade, vila etc.).

Ex.tra.o.fi.ci.al *adj.* Que não tem origem oficial. ● *Pl.: extraoficiais.*

Ex.tra.or.di.ná.rio *adj.* **1.** Fora do ordinário, que não é conforme à ordem; anormal. **2.** Adicional. **3.** Admirável, espantoso. **4.** Muito distinto; insigne. **5.** Excessivo. **6.** Estranho, raro, esquisito. **7.** Excepcional. *s.m.* **8.** Despesa além da prevista ou da habitual. **9.** Acontecimento imprevisto, inesperado.

Ex.tra.po.la.ção *s.f.* **1.** Ato ou efeito de extrapolar. **2.** Qualquer processo de obtenção dos valores de uma função fora de um intervalo, mediante o conhecimento de seu comportamento dentro desse intervalo.

Ex.tra.po.lar *v.t. e int.* **1.** Ultrapassar os limites. **2.** Ir além de. **3.** Exceder, exorbitar.

Ex.tras.sen.sí.vel *adj.2g.* **1.** Que é muito sensível. **2.** Que não é percebido diretamente pelos sentidos. ● *Pl.: extrassensíveis.*

Ex.tras.sen.so.ri.al *adj.2g.* Que está além do domínio dos sentidos. ● *Pl.: extrassensoriais.*

Ex.tras.sís.to.le *s.f.* Contração do coração que provoca alteração no ritmo cardíaco. ● *Pl.: extrassístoles.*

Ex.tra.ter.re.no *adj.* De fora da Terra.

Ex.tra.ter.res.tre *adj. e s.2g.* Que, ou o que é de fora da Terra.

Ex.tra.ter.ri.to.ri.al *adj.2g.* Situado fora do território.

Ex.tra.ti.vis.mo *s.m.* **1.** Qualidade de extrativo. **2.** Prática que consiste em extrair ou arrancar (produtos naturais).

Ex.tra.to *s.m.* **1.** Coisa que se extraiu de outra. **2.** Produto da extração. **3.** Fragmento, trecho. **4.** Cópia, reprodução. **5.** Produto extraído de substância animal ou vegetal. **6.** Essência aromática; perfume.

Ex.tra.u.te.ri.no *adj.* Que se realiza ou ocorre fora do útero. ● *Pl.: extrauterinos.*

Ex.tra.va.gân.cia *s.f.* **1.** Qualidade de extravagante. **2.** Excentricidade, esquisitice. **3.** Dissipação, esbanjamento. **4.** Ação ou dito extravagante. **5.** Capricho; desregramento.

Ex.tra.va.gan.te *adj.2g.* **1.** Que anda ou está fora do seu lugar. **2.** Excêntrico, esquisito. **3.** Disperso, solto, vago, afastado do bom senso ou da razão. **4.** Estranho, original. **5.** Perdulário, esbanjador. *s.2g.* **6.** Pessoa de vida irregular e dissipadora.

Ex.tra.va.sa.men.to *s.m.* **1.** Ato ou efeito de extravasar(-se); extravasação, extravaso. **2.** Derramamento da seiva ou resina de uma planta.

Ex.tra.va.são *s.f.* ⇒ **Extravasamento.** ● *Pl.: extravasões.*

Ex.tra.va.sar *v.t.* **1.** Fazer transbordar (de vaso); derramar. **2.** FIG Manifestar de modo impetuoso, expandir (sentimentos). *v.t., int. e p.* **3.** Derramar-se em abundância; transbordar-se.

Ex.tra.vi.ar *v.t.* **1.** Desviar do caminho certo; desencaminhar. **2.** Perverter. **3.** Iludir. **4.** Perder. *v.p.* **5.** Desviar-se do caminho. **6.** Sumir-se.

Ex.tra.vi.o *s.m.* **1.** Ato ou efeito de extraviar(-se). **2.** Desvio, descaminho. **3.** Sumiço. **4.** Subtração fraudulenta de dinheiro. **5.** FIG Perversão moral; corrupção.

Ex.tre.mar *v.t.* **1.** Levar ao extremo; exceder, exagerar. *v.p.* **2.** Destacar-se, distinguir-se. **3.** Levar às últimas consequências.

Ex.tre.ma-un.ção *s.f.* Sacramento pelo qual o doente é ungido com óleo dos enfermos, para seu alívio espiritual e corporal. ● *Pl.: extremas-unções.*

Ex.tre.mi.da.de *s.f.* **1.** Parte extrema. **2.** Limite, término, fim. **3.** Ponta, extremo. **4.** Parte inferior. **5.** FIG Miséria ou aflição extrema.

Ex.tre.mis.ta *adj.2g.* **1.** Relativo ao extremismo. *s.2g.* **2.** Pessoa adepta de atitudes extremas. **3.** Pessoa ou organização que defende ação política violenta.

Ex.tre.mo *adj.* **1.** Que está no ponto mais afastado. **2.** Distante, longínquo. **3.** Que está no último grau ou intensidade. **4.** Derradeiro, último. **5.** Exagero, excesso. *s.m.* **6.** O ponto mais distante. **7.** O que é oposto ou contrário. **8.** Extremidade; termo.

Ex.tre.mo.sa *s.f.* Pequena árvore da família das Litráceas (*Lagerstroemia indica*), originária da Índia, cultivada por causa de suas lindas flores rosa-avermelhadas; minerva-dos jardins.

Ex.tre.mo.so (ô) *adj.* **1.** Capaz de praticar extremos por alguém. **2.** Muito afetuoso.

EXTRÍNSECO — -EZ

Ex.trín.se.co *adj.* Que não pertence à essência de uma coisa; exterior. • *Ant.: intrínseco.*

Ex.tro.ver.são *s.f.* **1.** Qualidade do que é extrovertido. **2.** Atitude do indivíduo que dirige sua energia psíquica para o exterior e, por isso, parece aberto, ávido de contato e confiante, adaptando-se a seu ambiente, segundo a teoria de C.G. Jung. • *Pl.: extroversões.*

Ex.tro.ver.ter-se *v.p.* Tornar-se extrovertido.

Ex.tro.ver.ti.do *adj.* **1.** Voltado para fora. *adj.* e *s.m.* **2.** Que ou aquele que manifesta características de extroversão.

E.xu (ch) *s.m.* Nome de um orixá, representante das potências contrárias ao homem, assimilado pelas religiões afro-brasileiras ao demônio, e por temor também cultuado.

E.xu.be.rân.cia (z) *s.f.* **1.** Grande abundância. **2.** Fartura. **3.** Viço, pleno vigor.

E.xu.be.ran.te (z) *adj.2g.* **1.** Que existe em grande quantidade. **2.** Superabundante, copioso. **3.** Cheio, repleto. **4.** FIG Cheio de vigor e animação; viçoso.

E.xul.ta.ção (z) *s.f.* Ato ou efeito de exultar; júbilo. • *Pl.: exultações.*

E.xul.tan.te (z) *adj.* **1.** Que exulta. **2.** Que demonstra muita alegria.

E.xul.tar (z) *v.int.* Regozijar-se, alegrar-se muito; rejubilar-se.

E.xu.mar (z) *v.t.* **1.** Desenterrar (cadáver); tirar da sepultura. **2.** FIG Tirar do esquecimento. • *Ant.: inumar.*

E.xu.ma.ção (z) *s.f.* Ato ou efeito de exumar.

Ex-vo.to (ês) *s.m.* Quadro, imagem, modelagem em cera, de partes do corpo, que se expõe na sacristia da igreja em cumprimento de promessa. • *Pl.: ex-votos.*

-ez ou **-e.za** *suf.* 'Qualidade': *timidez, gentileza.*

f F

F/f *s.m.* **1.** Sexta letra do alfabeto português e quarta consoante, de nome *efe*. **2.** Símbolo químico do flúor. *num.* **3.** O sexto, numa série indicada pelas letras do alfabeto.

Fá *s.m.* **1.** MÚS Quarta nota da escala musical, subsequente ao *mi*. **2.** Sinal representativo dessa nota.

Fã *s.2g.* **1.** Pessoa que tem grande admiração por um escritor ou artista (de rádio, cinema ou televisão). **2.** Pessoa que tem grande admiração por alguém.

F.A.B. *s.f.* Sigla de Força Aérea Brasileira.

Fá.bri.ca *s.f.* **1.** Ato ou efeito de fabricar. **2.** Estabelecimento ou lugar onde se fabrica alguma coisa. **3.** Fabrico, procedência. **4.** Causa, origem.

Fa.bri.ca.ção *s.f.* Ato, maneira ou meio de fabricar; fabrico.

Fa.bri.ca.dor (ô) *adj.* e *s.m.* Que, ou o que fabrica.

Fa.bri.can.te *s.2g.* **1.** Dono de uma fábrica. **2.** Quem fabrica ou orienta a fabricação. **3.** Pessoa que inventa.

Fa.bri.car *v.t.* **1.** Fazer por meios mecânicos. **2.** Fazer na fábrica; manufaturar. **3.** Inventar, idear. **4.** Maquinar, tramar.

Fa.bril *adj.2g.* **1.** Relativo à fábrica ou ao fabricante. **2.** Manufatureiro.

Fá.bu.la *s.f.* **1.** Narração imaginária. **2.** Texto alegórico, cujos personagens são geralmente animais, do qual se extrai uma lição de moral. **3.** Mito, ficção. **4.** Ilusão, mentira. **5.** Quantia elevada em dinheiro.

Fa.bu.la.ção *s.f.* **1.** Narração fabulosa. **2.** Maneira de arrumar os fatos que compõem a trama de uma história. **3.** Mentira.

Fa.bu.la.dor (ô) *adj.* e *s.m.* Que, ou aquele que fabula.

Fa.bu.lar¹ *v.int.* **1.** Contar ou compor fábula. **2.** Inventar histórias; mentir. *v.t.* **3.** Apresentar em forma de ficção ou fábula.

Fa.bu.lar² *adj.2g.* Relativo à fábula; fabuloso.

Fa.bu.lá.rio *s.m.* Coleção de fábulas.

Fa.bu.lis.ta *s.2g.* **1.** Autor de fábulas. **2.** FIG Pessoa que mente; mentiroso.

Fa.bu.lo.so (ô) *adj.* **1.** Relativo a fábula. **2.** Imaginário, fictício, alegórico. **3.** Maravilhoso, grandioso. **4.** Fascinante. **5.** Ótimo, perfeito.

Fa.ca *s.f.* **1.** Instrumento cortante de lâmina curta, de uso comum na cozinha. **2.** Instrumento cirúrgico. ● *Aum.:* facalhão, facalhaz.

Fa.ca.da *s.f.* **1.** Golpe de faca. **2.** FIG Surpresa triste, dolorosa. **3.** Ofensa, agressão. **4.** GÍR Pedido de dinheiro emprestado. **5.** GÍR Cobrança extorsiva por serviço ou mercadoria.

Fa.ça.nha *s.f.* **1.** Feito heroico, notável; proeza. **2.** FIG Ato heroico ou de difícil execução.

Fa.ção *s.m.* **1.** Faca grande. **2.** Instrumento cortante de lâmina comprida e resistente, usado na lavoura para roçagem etc.

Fac.ção *s.f.* **1.** Parte divergente de um grupo ou partido. **2.** Partido político. **3.** Bando sedicioso.

Fac.ci.o.so (ô) *adj.* **1.** Sedicioso, revoltoso. **2.** Que é apaixonado por uma facção; sectário, parcial.

Fa.ce *s.f.* **1.** Parte anterior da cabeça humana. **2.** Semblante, rosto, cara. **3.** A maçã do rosto. **4.** Aparência, aspecto. **5.** Fachada, frente. **6.** Situação de um negócio ou assunto. **7.** Cada um dos lados de algo. **8.** Anverso de moeda ou medalha. **9.** Superfície (da Terra).

Fa.ce.ar *v.t.* **1.** Fazer faces nos lados em. **2.** Mostrar-se à frente ou à face de. **3.** Ficar em frente; defrontar.

Fa.cei.ri.ce *s.f.* **1.** Aspecto risonho. **2.** Ostentação de elegância; garbo.

Fa.cei.ro *adj.* **1.** Que gosta de ostentar elegância; casquilho, janota. **2.** Garrido, vistoso. **3.** Alegre, contente.

Fa.ce.ta (ê) *s.f.* **1.** Pequena face. **2.** Cada uma das superfícies regulares de uma pedra preciosa. **3.** ANAT Porção circunscrita da superfície de um osso; prisma.

Fa.ce.tar *v.t.* Fazer facetas em; lapidar.

Fa.cha.da *s.f.* **1.** A parte do edifício que dá para a via pública; frente. **2.** O rosto de um livro. **3.** Aparência de um indivíduo ou coisa; rosto, cara.

Fa.cho *s.m.* **1.** Archote. **2.** Matéria inflamável que se acende de noite para iluminar ou sinalizar; farol.

Fá.cil *adj.* **1.** Que se faz ou executa sem dificuldade. **2.** Que se compreende sem dificuldade. **3.** Simples, claro. **4.** Espontâneo. **5.** De honestidade duvidosa (diz-se da mulher); vulgar. ● *Ant.:* difícil. ● *Sup.abs.sint.:* facílimo.

Fa.ci.li.da.de *s.f.* **1.** Qualidade de fácil. **2.** Destreza em fazer alguma coisa; aptidão, dom.

Fa.ci.li.tar *v.t.* **1.** Tornar ou fazer fácil; auxiliar. *v.int.* **2.** Descuidar-se, relaxar-se. *v.p.* **3.** Prestar-se, prontificar-se.

Fa.cí.no.ra *s.m.* **1.** Indivíduo contumaz na prática de grandes crimes. **2.** Indivíduo perverso e criminoso.

Fã-clu.be *s.m.* **1.** Conjunto de fãs de um artista ou associação que os agrupa. **2.** Grupo de indivíduos que admira um outro indivíduo qualquer. ● *Pl.:* fã-clubes.

Fac-sí.mi.le *(fac símile)* (lat.) *s.m.* Reprodução fotomecânica de um documento (manuscrito, impresso ou datilografado); fax. ● *Pl.:* fac-símiles.

Fac.ti.bi.li.da.de *s.f.* Qualidade do que é factível.

Fac.tí.vel *adj.2g.* Que pode ser feito; possível. ● *Var.:* fatível.

Fac.tu.al *adj.2g.* **1.** Baseado em fatos; real. **2.** Relativo a fato ou fatos.

Fa.cul.da.de *s.f.* **1.** Poder, meio ou direito de fazer. **2.** Dom natural; talento, jeito. **3.** Potência moral. **4.** Capacidade. **5.** Licença, permissão legal. **6.** Ocasião, ensejo. **7.** Escola superior. **8.** Prédio onde funciona essa escola.

Fa.cul.tar *v.t.* **1.** Tornar fácil; facilitar, permitir. **2.** Possibilitar, proporcionar.

Fa.cul.ta.ti.vo *adj.* **1.** Não obrigatório; que se pode fazer ou não. *s.m.* **2.** Aquele que exerce legalmente a Medicina.

Fa.cún.dia *s.f.* **1.** Faculdade de falar muito e frequentemente. **2.** Eloquência.

Fa.da *s.f.* **1.** Entidade fantástica, dotada de poderes mágicos. **2.** Mulher muito bela e bondosa.

Fa.dar *v.t.* **1.** Determinar a sorte de. **2.** Predestinar. **3.** Conceder, favorecer.

Fa.dá.rio *s.m.* **1.** Destino, fado, sorte. **2.** Vida de trabalhos e desgostos. **3.** Lida incessante.

Fa.di.ga *s.f.* **1.** Cansaço resultante de trabalho intenso. **2.** Faina, lida.

Fa.di.gar *v.t.* Fatigar.

Fa.dis.ta *s.2g.* **1.** Pessoa que compõe ou canta fados. *s.m.* **2.** Vadio, malandro, desordeiro. *adj.2g.* **3.** Relativo a, ou próprio de fadista.

FADO — FAMIGERADO

Fa.do *s.m.* **1.** Sorte, destino. **2.** Aquilo que tem de acontecer. **3.** Canção popular portuguesa, dolente e fatalista. **4.** Dança dessa canção. **5.** FOLCL Dança de roda e canção de origem brasileira.

Fa.go.te *s.m.* **1.** MÚS Instrumento de sopro, de madeira, usado principalmente em orquestras. *s.2g.* **2.** Pessoa que toca esse instrumento; fagotista.

Fa.go.tis.ta *s.2g.* Músico que toca fagote.

Fa.guei.ro *adj.* **1.** Que afaga. **2.** Carinhoso, meigo. **3.** Ameno, agradável. **4.** Suave. **5.** FIG Contente, satisfeito.

Fa.gu.lha *s.f.* **1.** Centelha, faísca. *s.2g.* **2.** Indivíduo apressado e falador. ◆ *Var.: faúlha.*

Fa.gu.lhar *v.int.* **1.** Despedir fagulhas. **2.** Cintilar, brilhar.

Fa.gu.lhen.to *adj.* **1.** Que fagulha. **2.** Muito agitado; buliçoso, irrequieto.

Fahr.en.heit *(al.) adj.2g.2n.* Relativo a, próprio ou do medido de acordo com a escala Fahrenheit [símb.: F].

Fai.an.ça *s.f.* Louça de barro vidrado ou esmaltado.

Fai.na (âi) *s.f.* **1.** Qualquer trabalho penoso, demorado, constante e obrigatório. **2.** Labuta, azáfama.

Fai.são *s.m.* Certa ave galiforme, originária da Ásia Central, de bela plumagem colorida e brilhante. ◆ *Fem.: faisoa ou faisã.* ● *Pl.: faisões ou faisões.*

Fa.ís.ca *s.f.* **1.** Centelha, raio, fagulha. **2.** Palheta de ouro apanhada na terra ou areia de mina lavrada. **3.** Objeto que cintila muito.

Fa.is.car *v.t.* **1.** Emitir, lançar de si (centelhas, clarões etc.). **2.** Brilhar como se soltasse faíscas, rápida e tremulamente. *v.int.* **3.** FIG Lançar como faíscas; brilhar, cintilar. **4.** Deslumbrar. **5.** Procurar palhetas de ouro na terra ou na areia das minas já lavradas.

Fai.xa *s.f.* **1.** Qualquer tira que se aplica sobre uma superfície ou envolvendo um volume. **2.** Tira de tecido, couro etc., que serve para cingir a cintura; cinta ou cinto. **3.** Listra, banda. **4.** Atadura. **5.** Cada uma das músicas gravadas em um disco, CD etc. **6.** Intervalo entre dois limites. **7.** Porção de terra estreita e comprida.

Fai.xa-pre.ta *s.2g.* Pessoa que atingiu o último estágio do caratê ou do judô e por isso recebeu a faixa preta. ● *Pl.: faixas-pretas.*

Fa.ju.to *adj.* **1.** GÍR Que não é verdadeiro; adulterado, falso. **2.** Ridículo, brega, cafona.

Fa.la *s.f.* **1.** Ato ou capacidade de falar. **2.** Voz articulada; discurso; diálogo. **3.** Modo de falar; linguajar. **4.** Palavra, frase, dito. **5.** Interpelação, interrogação.

Fa.la.ção *s.f.* Discurso, fala.

Fa.lá.cia *s.f.* **1.** Qualidade de quem é falaz. **2.** Engano, logro. **3.** Sofisma.

Fa.la.ci.o.so (ô) *adj.* **1.** Que tem ou em que há falácia. **2.** Enganoso.

Fa.la.do *adj.* **1.** Notável, famoso; celebrado. **2.** Sobre que houve discussão ou comentário. **3.** Discutido, comentado. **4.** Combinado, ajustado. **5.** Que tem má fama.

Fa.la.dor (ô) *adj.* **1.** Que fala muito. **2.** Indiscreto, maldizente. *s.m.* **3.** Aquele que fala muito. **4.** Indivíduo indiscreto. ◆ *Fem.: faladora ou faladeira.*

Fa.lan.ge *s.f.* **1.** Corpo de soldados de infantaria, na Grécia antiga. **2.** Comuna societária, multidão. **3.** ANAT Cada um dos ossos dos dedos da mão ou do pé.

Fa.lan.ge.ta (ê) *s.f.* ANAT A terceira e última falange dos dedos, onde crescem as unhas, também chamada *falange ungueal.*

Fa.lan.gi.nha *s.f.* ANAT A segunda falange dos dedos.

Fa.lan.te *adj.* e *s.2g.* **1.** Que, ou pessoa que fala muito; tagarela. **2.** Que, ou pessoa que formula oralmente a mensagem. ● *Opõe-se a ouvinte.*

Fa.lar *v.int.* **1.** Proferir palavras. **2.** Orar, pregar. **3.** Fazer um discurso; discursar. **4.** Exprimir por palavras. *v.t.* **5.** Proferir. **6.** Conversar a respeito de. **7.** Dizer, referir. **8.** Contar, narrar. *s.m.* **9.** Linguajar, fala; dialeto. **10.** Ato ou efeito de falar.

Fa.las.trão *adj.* e *s.m.* Diz-se de, ou indivíduo que fala muito. ● *Fem.: falastrona.*

Fa.la.tó.rio *s.m.* **1.** Ruído de muitas vozes. **2.** Maledicência, boato.

Fa.laz *adj.2g.* Enganoso, ilusório; vão; que engana. ● *Sup.abs.sint.: falacíssimo.*

Fal.cão *s.m.* ORNIT Ave de rapina, de bico curto, forte e arqueado; gavião.

Fal.ca.tru.a *s.f.* **1.** Artifício para enganar. **2.** Ardil, fraude, logro.

Fal.co.a.ri.a *s.f.* **1.** Arte de preparar falcões para a caça. **2.** Caçada com falcões. **3.** Lugar onde se criam ou adestram falcões.

Fa.le.cer *v.t.* **1.** Não chegar, faltar. **2.** Não ter, carecer. **3.** Não ser suficiente; faltar, escassear. **4.** Perder a vida; morrer, expirar.

Fa.le.ci.men.to *s.m.* Ato ou efeito de falecer; morte.

Fa.lên.cia *s.f.* **1.** Ato ou efeito de falir. **2.** Estado caracterizado pela incapacidade de pagamento de compromissos comerciais vencidos; quebra, bancarrota. **3.** Fracasso, insucesso. **4.** FIG Decadência completa; fracasso.

Fa.lé.sia *s.f.* Qualquer rocha alta e íngreme, à beira-mar.

Fa.lha *s.f.* **1.** Fenda, racha. **2.** Parte não preenchida. **3.** Aquilo que falta em alguma coisa. **4.** Falta, defeito, omissão; equívoco. **5.** FIG Deslize, senão. **6.** Defeito físico ou moral.

Fa.lhar *v.int.* **1.** Não suceder como se esperava. **2.** Malograr-se. **3.** Negar fogo (tiro). *v.t.* **4.** Não acertar; errar. **5.** Não ocorrer; faltar.

Fa.lho *adj.* **1.** Que tem falha ou falhas. **2.** A que falta alguma coisa. **3.** A quem falta algo, carente. **4.** Deficiente, defeituoso.

Fa.lir *v.int.* **1.** Passar judicialmente por uma falência. **2.** Não ter com que pagar os credores. **3.** Fracassar, malograr-se.

Fa.lí.vel *adj.* **1.** Que pode falhar ou enganar-se. **2.** Sujeito a erro ou engano. ● *Ant.: infalível.*

Fa.lo *s.m.* **1.** Representação do pênis ereto, símbolo da virilidade e da fecundação, entre alguns povos do Oriente. **2.** O próprio pênis.

Fal.sá.rio *s.m.* **1.** Falsificador de papel-moeda, documentos etc. **2.** O que jura falso.

Fal.se.a.men.to *s.m.* Ato ou efeito de falsear; distorção.

Fal.se.ar *v.t.* **1.** Tornar falso; falsificar. **2.** Dar ação falsa a. **3.** Faltar. *v.int.* **4.** Pisar em falso. **5.** Atraiçoar, enganar. ● *Conjuga-se por atear.*

Fal.se.ta (ê) *s.f.* **1.** POP Falsidade, deslealdade. **2.** Promessa não cumprida.

Fal.se.te (ê) *s.m.* Voz esganiçada com que se procura imitar a do soprano.

Fal.si.da.de *s.f.* **1.** Qualidade de falso. **2.** Mentira, calúnia. **3.** Hipocrisia, perfídia.

Fal.si.fi.ca.ção *s.f.* **1.** Ato ou efeito de falsificar. **2.** A coisa falsificada.

Fal.si.fi.ca.dor (ô) *adj.* e *s.m.* Que, ou aquele que falsifica.

Fal.si.fi.car *v.t.* **1.** Alterar ou imitar com o objetivo de fraudar ou enganar. **2.** Adulterar, rasurar.

Fal.si.fi.cá.vel *adj.2g.* Que se pode falsificar.

Fal.so *adj.* **1.** Que é contrário à verdade ou à realidade. **2.** Inexato. **3.** Fingido, dissimulado. **4.** Feito à imitação do verdadeiro para enganar; falsificado. **5.** Que se faz passar pelo que não é. **7.** Desleal, traidor. *s.m.* **8.** O que não representa a verdade; falsário. *adv.* **9.** Com falsidade.

Fal.ta *s.f.* **1.** Ato ou efeito de faltar. **2.** Ausência, privação. **3.** Imperfeição de uma obra. **4.** ESP Desrespeito a uma das regras de certos jogos esportivos; infração. **5.** Cobrança dessa infração. **6.** Defeito, imperfeição. **7.** Falha moral, culpa, pecado.

Fal.tar *v.int.* **1.** Não existir. **2.** Haver carência. **3.** Deixar de cumprir. **4.** Estar em falta ou necessidade. **5.** Enganar, iludir. **6.** Morrer, falecer.

Fal.to *adj.* DESUS Carecido, necessitado, desprovido; falho.

Fa.ma *s.f.* **1.** Reputação, crédito, conceito. **2.** Renome, celebridade; glória. **3.** Voz geral.

Fa.mé.li.co *adj.* **1.** Atormentado pela fome; faminto. **2.** FIG Insaciável, ávido.

Fa.mi.ge.ra.do *adj.* Que tem fama (em especial quando má); célebre, afamado (pejorativamente).

FAMÍLIA — FARISAÍSMO

Fa.mí.lia *s.f.* **1.** Grupo de pessoas ligadas por laços de casamento ou parentesco. **2.** Pai, mãe e filhos. **3.** Linhagem, estirpe. **4.** Filhos, prole. **5.** Grupo de animais ou plantas com caracteres comuns. **6.** Conjunto de palavras com a mesma raiz. **7.** TIP Conjunto de fontes (desenhos de letras) que apresenta as mesmas características fundamentais, independentemente de suas variações (como itálico, negrito, redondo).

Fa.mi.li.ar *adj.* **1.** Relativo ou pertencente à família. **2.** Que é de família. **3.** Que vive na mesma casa. **4.** Doméstico. **5.** Bem conhecido por ter sido bem estudado, praticado, ouvido etc. *s.m.* **6.** Pessoa de família. **7.** Pessoa íntima.

Fa.mi.li.a.ri.zar *v.t. e p.* **1.** Tornar(-se) familiar, íntimo. **2.** Acostumar(-se), habituar(-se), aclimatar(-se).

Fa.min.to *adj.* **1.** Que tem muita fome; esfomeado. **2.** Que deseja ardentemente; ávido, sôfrego.

Fa.mo.so (ô) *adj.* **1.** Que tem fama. **2.** Notável, ilustre, célebre. **3.** Extraordinário. **4.** Superior, excelente, muito bom. **5.** Conhecido popularmente. ● *Antôn.:* obscuro.

Fa.nar *v.t. e p.* Perder o frescor; murchar(-se).

Fa.ná.ti.co *adj.* **1.** Relativo a fanatismo. **2.** Que se apaixona excessivamente por uma causa. **3.** Admirador exaltado, ardoroso. **4.** Apaixonado, viciado. *s.m.* **5.** Aquele que se diz inspirado por revelação divina.

Fa.na.tis.mo *s.m.* **1.** Exaltação religiosa. **2.** Obstinação de princípios. **3.** Admiração excessiva por pessoa ou coisa; dedicação.

Fa.na.ti.zar *v.t. e p.* **1.** Tornar(-se) fanático. *v.t.* **2.** Inspirar fanatismo.

Fan.dan.go *s.m.* **1.** Dança popular espanhola executada por um casal, com acompanhamento de violão e castanholas. **2.** Baile popular do Brasil, ao som da viola. **3.** Qualquer baile. **4.** POP Briga, rolo.

Fan.far.ra *s.f.* **1.** Banda de música formada por metais e instrumentos de percussão; charanga. **2.** Música para essa banda.

Fan.far.rão *s.m.* **1.** Indivíduo que se gaba de valente sem o ser. **2.** Indivíduo que se gaba do que não faz nem é capaz de fazer. **3.** Gabola, farofeiro. ● *Fem.:* fanfarrona.

Fan.far.ri.ce *s.f.* Qualidade, ato ou dito de fanfarrão; bazófia, jactância.

Fan.far.ro.na.da *s.f.* Bravata, fanfarrice.

Fan.far.ro.ni.ce *s.f.* Fanfarrice.

Fa.nho.so (ô) *adj.* e *s.m.* **1.** Diz-se de, ou pessoa de voz anasalada; fanho. *adj.* **2.** Diz-se dessa voz.

Fa.ni.qui.to *s.m.* FAM Ligeiro ataque de nervos, sem gravidade; vertigem, chilique, treco.

Fan.ta.si.a *s.f.* **1.** Faculdade criadora pela qual o homem inventa ou evoca imagens. **2.** Devaneio, divagação. **3.** Obra de imaginação. **4.** Traje fantasioso que se usa no carnaval. **5.** Gosto particular. **6.** Capricho extravagante; excentricidade. **7.** Joia falsa; imitação. **8.** PSICOL Desejo criado pela imaginação de uma pessoa, que inconscientemente o coloca em cena de forma disfarçada; fantasma.

Fan.ta.si.ar *v.t.* **1.** Criar na fantasia, na imaginação. **2.** Imaginar, idealizar. *v.int.* **3.** Devanear, divagar. *v.p.* **4.** Usar fantasia; mascarar-se.

Fan.ta.si.o.so (ô) *adj.* **1.** Criado na fantasia. **2.** Imaginoso, irreal.

Fan.ta.sis.ta *adj.* e *s.2g.* Que, ou aquele que fantasia; imaginoso.

Fan.tas.ma *s.m.* **1.** Imagem alucinatória, sobrenatural. **2.** Alma do outro mundo. **3.** Espectro, assombração. **4.** Aparência vã. **5.** Pessoa muito magra e muito pálida. **6.** *Psicol.* Fantasia. *adj.2g.* **7.** Que não existe na vida real, ou só existe no papel: *Funcionário fantasma; Conta bancária fantasma.*

Fan.tas.ma.gó.ri.co *adj.* **1.** Relativo a fantasmagoria. **2.** Ilusório, irreal, fantástico.

Fan.tás.ti.co *adj.* **1.** Relativo à fantasia, à imaginação; imaginário. **2.** Criado pela fantasia. **3.** Extraordinário, excepcional, incrível. **4.** Extravagante. **5.** Diz-se da obra artística que transcende o real. *s.m.* **6.** O que pertence aos domínios da imaginação.

Fan.to.che *s.m.* **1.** Boneco que se faz mover por meio de cordéis ou com a mão. **2.** Títere, bonifrate. **3.** FIG Pessoa que procede ou fala sob a orientação ou a mando de outra.

Fan.zi.ne *s.m.* Revista para fãs, esp. sobre ficção científica, música e cinema.

F.A.O. *s.f.* Sigla de Organização das Nações Unidas de Agricultura e Alimentos.

Fa.quei.ro *s.m.* **1.** Estojo para talheres. **2.** Jogo completo de facas ou talheres.

Fa.quir *s.m.* **1.** Indivíduo muçulmano, que vive de esmolas e em grande ascetismo. **2.** Indivíduo que se exibe deitado sobre cama de pregos, jejuando, deixando-se picar ou ferir sem dar sinais de sensibilidade. ● *Pl.:* faquires. ● *Fem.:* faquiresa (ê).

Fa.rân.do.la *s.f.* **1.** Dança de roda provençal. **2.** Música dessa dança. **3.** Bando de maltrapilhos.

Fa.ra.ó *s.m.* **1.** Soberano do antigo Egito. **2.** Espécie de jogo de cartas.

Fa.ra.ô.ni.co *adj.* **1.** Dos faraós ou de sua época. **2.** FIG Imponente, monumental.

Far.da *s.f.* Traje, uniforme para uma classe de indivíduos (estudante, militar, funcionário etc.).

Far.da.men.to *s.m.* **1.** Farda de uma corporação militar. **2.** Uniforme completo. **3.** Conjunto de fardas.

Far.dão *s.m.* **1.** Farda muito vistosa. **2.** Vestimenta de gala dos membros da Academia Brasileira de Letras.

Far.dar *v.t.* **1.** Vestir com farda. **2.** Prover de fardamento. *v.p.* **3.** Vestir farda ou uniforme.

Far.de.ta (ê) *s.f.* **1.** Farda pequena. **2.** Veste militar para exercícios ou faxinas; jaleco.

Far.do *s.m.* **1.** Coisa ou conjunto de coisas mais ou menos volumosas e pesadas, acondicionadas para transporte. **2.** Volume de carga. **3.** Pacote, embrulho. **4.** FIG Aquilo que é moralmente pesado, difícil de suportar. **5.** FIG Aquilo que impõe grandes responsabilidades.

Fa.re.ja.dor (ô) *adj.* e *s.m.* Que, ou aquele que fareja.

Fa.re.jar *v.t.* **1.** Seguir, buscar pelo cheiro ou olfato. **2.** Examinar com o faro; cheirar. **3.** FIG Adivinhar, pressentir, descobrir. *v.int.* **4.** Tomar o faro.

Fa.re.lo *s.m.* **1.** A parte grosseira do trigo e de outros cereais que se separa depois de peneirada. **2.** Serradura da madeira. **3.** FIG Substância que se obtém da farinha. **4.** Fécula ou amido. **5.** Coisa insignificante; migalha, fragmento.

Far.fa.lha.dor *adj.* **1.** Farfalhante. *s.m.* **2.** Aquele que fala muito e sem sentido; farfalhão.

Far.fa.lhan.te *adj.2g.* Que farfalha.

Far.fa.lhar *v.int.* **1.** Fazer barulho como de folhagem agitada pelo vento. **2.** Falar sem tino; fanfarronar.

Fa.ri.ná.ceo *adj.* **1.** Da natureza da farinha. **2.** Com aparência de farinha. *s.m.* **3.** Substância que se obtém da farinha. **4.** Fécula, amido.

Fa.rin.ge *s.f.* ANAT Canal músculo-membranoso que vai da boca ao esôfago.

Fa.rin.gi.te *s.f.* MED Inflamação da faringe.

Fa.ri.nha *s.f.* **1.** Pó que se obtém moendo a raiz da mandioca. **2.** Pó obtido pela trituração dos grãos dos cereais ou de qualquer substância farinácea. **3.** POP Prosápia, gabolice. **4.** Espécie, raça.

Fa.ri.nhei.ra *s.f.* **1.** Mulher que fabrica ou vende farinha. **2.** Vaso em que se serve a farinha (de milho ou de mandioca) às refeições; farinheiro.

Fa.ri.nhen.to *adj.* **1.** Semelhante à farinha. **2.** Que se esfarinha com facilidade. **3.** Coberto de farinha.

Fa.ri.nho.so (ô) *adj.* Farinhento.

Fa.ri.sai.co *adj.* **1.** Relativo aos fariseu ou ao farisaísmo. **2.** FIG Falso, hipócrita.

Fa.ri.sa.ís.mo *s.m.* **1.** Caráter, atitude ou doutrina dos fariseus. **2.** Hipocrisia, falsidade.

FARISEU — FATIGAR

Fa.ri.seu s.m. **1.** Originalmente, membro de uma seita judaica surgida no séc. II a.C., que cumpria com rigor máximo as prescrições da lei mosaica. **2.** Aquele que segue apenas formalmente uma religião. **3.** O que ostenta santidade falsa. **4.** Homem hipócrita, fingido e orgulhoso. ● *Fem.: fariséia.*

Far.ma.cêu.ti.co *adj.* **1.** Relativo à farmácia. **2.** Preparado em farmácia. s.m. **3.** Especialista em Farmácia, com habilitação de nível superior. **4.** Prático de farmácia. **5.** O que trabalha em farmácia; boticário.

Far.má.cia s.f. **1.** Parte da Farmacologia que ensina a preparar os medicamentos e a conhecer e conservar as drogas. **2.** Local onde são preparados e vendidos esses medicamentos; botica.

Fár.ma.co s.m. Qualquer substância química usada como medicamento.

Far.ma.co.lo.gi.a s.f. Parte da Medicina que estuda os medicamentos e seu emprego.

Far.ma.co.ló.gi.co *adj.* Relativo à Farmacologia.

Far.ma.co.lo.gis.ta s.2g. Especialista em Farmacologia; farmacólogo.

Far.ma.có.lo.go s.m. Farmacologista.

Far.ma.co.pei.a s.f. Livro que ensina a compor e preparar medicamentos.

Far.nel s.m. **1.** Provisões para viagem ou simples passeio. **2.** Saco para provisões; embornal.

Fa.ro s.m. **1.** Olfato dos animais. **2.** Ato de cheirar. **3.** FIG Indício. **4.** FIG Intuição, perspicácia.

Fa.ro.es.te s.m. **1.** Gênero cinematográfico, criado nos EUA, que trata da conquista do Oeste, no séc. XIX. **2.** Filme desse gênero; bangue-bangue. **3.** FAM Região assolada por crimes e violências, onde vigora a lei do mais forte.

Fa.ro.fa s.f. **1.** Farinha de milho ou de mandioca torrada com manteiga ou banha e às vezes ovos, carne etc. **2.** Bazófia, ostentação, bravata.

Fa.ro.fei.ro *adj.* e s.m. **1.** Diz-se de, ou aquele que tem farofa ou jactância. **2.** Diz-se de, ou aquele que vai à praia ou viaja em ônibus levando sua própria comida.

Fa.rol s.m. **1.** Torre ou outra construção elevada, junto ao mar, em cuja parte superior há um foco luminoso, para orientar à noite os navegantes. **2.** Lâmpada ou lampião, usado a bordo, para iluminação e para transmissão de sinais. **3.** Lanterna de automóveis. **4.** (SP) Sinal, semáforo. **5.** FIG Coisa que alumia. **6.** Norte, direção. **7.** Aquele que esclarece, que guia. **8.** Anel com brilhante excessivamente grande. **9.** POP Falsa aparência; ostentação.

Fa.ro.lei.ro s.m. **1.** Guarda de farol. *adj.* e s.m. **2.** GÍR Que, ou aquele que é dado a fanfarrices; fanfarrão.

Fa.ro.le.te (ê) s.m. **1.** Pequeno farol ou lanterna dos automóveis. **2.** Lanterna cilíndrica de bolso, de forte potência.

Far.pa s.f. **1.** Ponta penetrante, em forma de ângulo agudo. **2.** Haste com ponta metálica para picar touros em corridas. **3.** Lasca de madeira, que acidentalmente se introduz na pele. **4.** FIG Tira de coisa rasgada; farrapo. **5.** FIG Crítica mordaz.

Far.par v.t. Farpear.

Far.pe.la s.f. **1.** Roupa melhor de pessoa pobre. **2.** Gancho agudo em que terminam, de cada um, as agulhas de crochê.

Far.ra s.f. **1.** Folia (em geral noturna), pândega, orgia. **2.** Festa licenciosa. **3.** Brincadeira alegre; caçoada.

Far.ra.po s.m. **1.** Pedaço de pano velho; trapo. **2.** Roupa muito usada e rota; molambo. **3.** FIG Pedaço, fragmento. **4.** HIST.BRAS Farroupilha. s.m. **5.** Pessoa maltrapilha: *Ele está um farrapo humano.*

Far.re.ar v.int. **1.** Andar na farra. **2.** Fazer farra(s); foliar.

Far.ris.ta s.2g. Pessoa amiga de farras.

Far.rou.pi.lha s.2g. **1.** Indivíduo maltrapilho. **2.** HIST.BRAS Revolucionário da Guerra dos Farrapos.

Far.sa s.f. **1.** Peça de teatro, burlesca, de um só ato; pantomima. **2.** Coisa burlesca. **3.** Embuste, impostura.

Far.san.te s.2g. **1.** Artista que apresenta farsas; comediante. **2.** Pessoa ridícula; palhaço, brincalhão. **3.** Pessoa sem seriedade; impostor, embusteiro. *adj.2g.* **4.** Diz-se de farsante.

Far.tar v.t. **1.** Saciar a fome ou a sede a. **2.** Satisfazer (desejos, instintos). **3.** Causar aborrecimento a. **4.** Cansar, aborrecer, enfastiar. **5.** Encher, abarrotar. v.p. **6.** Encher-se de comida ou bebida. **7.** Sentir-se farto. **8.** Cansar-se, aborrecer-se; exaurir-se.

Far.to *adj.* **1.** Saciado, satisfeito. **2.** Nutrido, nédio. **3.** Cheio, saturado, entediado, enfastiado. **4.** Em que há fartura, abundância.

Far.tu.ra s.f. **1.** Estado de farto. **2.** Grande quantidade de comida, de víveres. **3.** Cópia, abundância. ● *Ant.: escassez.*

Fas.cí.cu.lo s.m. Cada um dos cadernos de uma obra impressa, que se publica e vende por partes.

Fas.ci.na.ção s.f. **1.** Ato ou efeito de fascinar. **2.** Atração irresistível; fascínio. **3.** Enlevo, encanto, feitiço.

Fas.ci.na.dor *adj.* **1.** Fascinante. s.m. **2.** Aquele que fascina.

Fas.ci.nan.te *adj.2g.* Que fascina ou cativa.

Fas.ci.nar v.t. **1.** Subjugar com o olhar. **2.** Atrair irresistivelmente; encantar, deslumbrar, enfeitiçar.

Fas.cí.nio s.m. **1.** Fascinação, encantamento. **2.** Atração irresistível. **3.** Quebranto, mau-olhado.

Fas.cis.mo s.m. **1.** Sistema político totalitário, implantado na Itália de 1922 a 1945, por Benito Mussolini, e cujo símbolo era o fascio (feixe de varas dos antigos lictores romanos). **2.** Controle ditatorial e opressivo.

Fas.cis.ta *adj.2g.* **1.** Relativo ao fascismo. s.2g. **2.** Pessoa partidária do fascismo.

Fa.se s.f. **1.** ASTRON Cada um dos aspectos da Lua e de alguns astros sem luz própria, planeta ou satélite, enquanto descrevem a sua órbita. **2.** Aspecto diverso que uma coisa mutável vai sucessivamente apresentando. **3.** MED Cada um dos vários aspectos pelos quais pode passar uma doença; estágio. **4.** Estado de oscilação em um dado momento. **5.** Lapso de tempo entre duas épocas ou acontecimentos; etapa. **6.** Período com características definidas.

Fa.se.o.lar *adj.2g.* Que tem forma de feijão.

Fast-food (fést fúd) (ing.) Lanchonete que prepara e serve rapidamente determinados tipos de alimentos (hambúrguer, lasanha, pizza, frango frito etc.).

Fas.ti.di.o.so (ô) *adj.* Que dá fastio; tedioso, enfadonho.

Fas.ti.en.to *adj.* **1.** Fastidioso, tedioso. **2.** Rabugento, chato.

Fas.tí.gio s.m. **1.** O ponto mais elevado; auge. **2.** Eminência, cume. **3.** FIG Plenitude, esplendor.

Fas.ti.gi.o.so (ô) *adj.* Que se acha em posição eminente; que está no fastígio.

Fas.ti.o s.m. **1.** Falta de apetite. **2.** Repugnância, aversão. **3.** Aborrecimento, desgosto, tédio.

Fas.tu.o.so (ô) *adj.* Que tem fasto ou fausto; pomposo.

Fa.tal *adj.2g.* **1.** Marcado, prescrito pelo destino. **2.** Que tem de ser. **3.** Decisivo, irrevogável, improrrogável. **4.** Que põe termo. **5.** Que acarreta desgraça. **6.** Prejudicial, funesto, nocivo.

Fa.ta.li.da.de s.f. **1.** Qualidade de fatal. **2.** Destino inevitável. **3.** Coincidência deplorável, acaso infeliz. **4.** Infortúnio, adversidade, desgraça. **5.** Consequência.

Fa.ta.lis.mo s.m. **1.** Sistema daqueles que tudo atribuem à fatalidade, ao destino. **2.** Atitude de quem se abandona aos acontecimentos.

Fa.ta.lis.ta *adj.2g.* **1.** Relativo ao fatalismo. s.2g. **2.** Pessoa partidária do fatalismo; pessimista.

Fa.ti.a s.f. **1.** Pedaço fino e mais ou menos comprido de alimento sólido (pão, queijo, presunto, bolo, melancia etc.). **2.** Talhada, naco. **3.** Lucro, quinhão, parte.

Fa.ti.ar v.t. Partir, cortar em fatias, em pedaços.

Fa.tí.di.co *adj.* **1.** Que profetiza. **2.** Que traz desgraças; sinistro, trágico. **3.** Fatal, profético.

Fa.ti.gar v.t. **1.** Causar fadiga ou cansaço a. v.int. e p. **2.** Cansar-se, esfalfar-se. **3.** FIG Enfastiar-se, fadigar-se, aborrecer-se. ◆ *Var.: fadigar.*

FATIOTA — FECUNDIDADE

Fa.ti.o.ta *s.f.* Fato, traje, vestuário.

Fa.to¹ *s.m.* **1.** O que é real ou verdadeiro. **2.** Sucesso, acontecimento. **3.** Ato que na realidade se praticou.

Fa.to² *s.m.* Vestuário, roupa.

Fa.to³ *s.m.* **1.** Manada ou rebanho pequeno (especialmente de cabras). **2.** (NE) Intestinos de qualquer animal. **3.** Vísceras do gado.

Fa.tor (ô) *s.m.* **1.** O que determina ou executa uma coisa. **2.** Qualquer elemento que concorra para determinado resultado. **3.** MAT Cada uma das quantidades que se multiplicam para formar um produto (p. ex.: em 8 x 5 = 40, *8* e *5* são fatores de 40).

Fa.to.ra.ção *s.f.* Ato ou operação de fatorar.

Fa.tu.al *adj.2g.* Relativo a um ou mais fatos.

Fá.tuo *adj.* **1.** Muito tolo; néscio. **2.** Insensato. **3.** Pretensioso, vaidoso. **4.** Efêmero, passageiro.

Fa.tu.ra *s.f.* **1.** Ato ou modo de fazer. **2.** Relação discriminada das mercadorias vendidas e seus respectivos preços.

Fa.tu.ra.men.to *s.m.* **1.** Ato ou efeito de faturar. **2.** Total dos recebimentos obtidos por uma pessoa ou empresa em certo período, com a venda de bens ou serviços.

Fa.tu.rar *v.t.* **1.** Fazer a fatura de (mercadorias vendidas). **2.** Incluir na fatura (uma mercadoria).

Fa.tu.ris.ta *s.2g.* Pessoa que faz a relação ou a fatura (de mercadorias vendidas).

Fau.na *s.f.* O conjunto das espécies animais que vivem numa determinada região, país etc.

Fau.no *s.m.* **1.** Divindade mitológica romana, campestre, cabeluda, dotada de cornos grandes. **2.** FIG Homem libidinoso; sátiro.

Faus.to *s.m.* **1.** Venturoso, feliz, ditoso. *s.m.* **2.** Pompa, ostentação. **3.** Grande luxo.

Faus.to.so (ô) *adj.* Aparatoso, cheio de ostentação.

Fa.va *s.f.* **1.** BOT Planta leguminosa, hortense, nutritiva e de propriedades medicinais. **2.** Vagem ou semente dessa planta. **3.** VET Doença do céu da boca dos equídeos. **4.** Doença que ataca os olhos dos galináceos.

Fa.ve.la *s.f.* Conjunto de casebres ou cortiços, geralmente construídos num morro e densamente povoados.

Fa.ve.la.do *s.m.* Aquele que mora em favela.

Fa.vo *s.m.* **1.** Alvéolo de cera em que a abelha deposita o mel. **2.** Conjunto desses alvéolos. **3.** FIG Coisa muito doce, agradável.

Fa.vor (ô) *s.m.* **1.** Mercê, graça; gentileza. **2.** Liberalidade, benefício. **3.** Proteção, defesa. **4.** Indulgência, benevolência. **5.** Abono, garantia.

Fa.vo.rá.vel *adj.* **1.** Conveniente, propício, vantajoso. **2.** Que é em favor de alguém. **3.** Que auxilia ou ajuda; indulgente. ● *Ant.: desfavorável.*

Fa.vo.re.cer *v.t.* **1.** Ser favorável a. **2.** Dotar de boas qualidades. **3.** Oferecer condições propícias; beneficiar. **4.** Proteger com parcialidade. *v.p.* **5.** Beneficiar-se, valer-se de.

Fa.vo.re.ci.men.to *s.m.* Ato de favorecer(-se); auxílio, proteção.

Fa.vo.ri.tis.mo *s.m.* **1.** Proteção dada a favorito. **2.** Proteção dada por influências escusas ou pessoais.

Fa.vo.ri.to *adj.* e *s.m.* **1.** Que, ou aquele que goza da preferência ou simpatia de alguém; preferido, predileto. **2.** Que ou aquele que, dentre todos, tem maiores condições de vitória; cotado.

Fax (cs) (lat. *fac simile*) *s.m.2n.* **1.** Aparelho que recebe e transmite documentos por linha telefônica. **2.** A cópia por ele recebida ou transmitida. ● O pl. é invariável: *um fax, dez fax.*

Fa.xi.na *s.f.* **1.** MIL Serviço de limpeza, nas casernas. **2.** Serviço de limpeza em geral.

Fa.xi.nar *v.t.* Fazer serviço de faxina.

Fa.xi.nei.ro *s.m.* **1.** Pessoa encarregada da faxina ou da limpeza geral do quartel. **2.** Aquele que faz faxina.

Faz-de-con.ta *s.m.2n.* Fantasia, ilusão, imaginação.

Fa.ze.dor (ô) *s.m.* **1.** Aquele que faz ou fabrica alguma coisa. **2.** Aquele que cumpre ou executa.

Fa.zen.da *s.f.* **1.** Grande estabelecimento rural de lavoura ou criação de gado; herdade. **2.** Prédio rústico. **3.** Tesouro público; finanças. **4.** Bens, haveres. **5.** Tecido, pano. **6.** Qualidade, caráter.

Fa.zen.dá.rio *adj.* **1.** Relativo à fazenda pública; financeiro. *s.m.* **2.** Funcionário público lotado na Secretaria da Fazenda.

Fa.zen.dei.ro *s.m.* Dono de fazenda (propriedade rural).

Fa.zer *v.t.* **1.** Dar existência ou forma a; criar. **2.** Manufaturar, fabricar. **3.** Compor, escrever: Fazer um romance. **4.** Proferir, pronunciar: Fez um belo discurso de formatura. **5.** Dispor, arrumar. **6.** Fingir, simular. **7.** Representar um papel. **8.** Diligenciar, esforçar-se. **9.** Produzir, gerar. *v.int.* **10.** Proceder. *v.impess.* **11.** Expressa tempo decorrido: *Faz* [ou *deve fazer*] 10 anos que eles casaram (e nunca: *Fazem* [ou *devem fazer*] 10 anos...). *v.p.* **12.** Fingir-se. **13.** Fixar-se, estabelecer-se. **14.** Transformar-se, tornar-se.

Fa.zi.men.to *s.m.* Ato ou efeito de fazer.

Faz-tu.do *s.2g.2n.* Pessoa que se dedica a fazer variados serviços ou negócios. ● O pl. é invariável: *o faz-tudo, os faz-tudo.*

Fé *s.f.* **1.** Crença nas doutrinas religiosas. **2.** A primeira das três virtudes (fé, esperança e caridade). **3.** Crença fervorosa. **4.** Confiança (em alguém ou em alguma coisa). **5.** Afirmação de algum fato. **6.** Confirmação, prova. **7.** Fidelidade a compromissos e promessas; lealdade, garantia.

Fê *s.m.* Nome da letra *f.*

Fe.al.da.de *s.f.* Qualidade de feio; feiura.

Feature (ing. = traço facial) Gênero jornalístico que, indo além do caráter factual e imediato da notícia, se aprofunda e busca uma dimensão mais atemporal.

F.E.B. *s.f.* Sigla de Força Expedicionária Brasileira.

Fe.be (é) *s.f.* POÉT A Lua.

Fe.bre¹ *s.f.* **1.** Estado de morbidez que se caracteriza pelo aumento da temperatura do corpo. **2.** Ânsia de possuir. **3.** Desejo ardente; volúpia. **4.** Exaltação, paixão descontrolada. **5.** Grande perturbação do espírito. ● *Dim.: febrícula.*

Fe.bre² *adj.2g.* **1.** Diz-se da moeda que não tem o peso legal. *s.m.* **2.** Falta de peso legal nas moedas.

Fe.bren.to *adj.* **1.** Que tem febre; febril. **2.** Indivíduo acometido de febre.

Fe.bri.fu.go *adj.* e *s.m.* Diz-se de, ou medicamento que combate a febre.

Fe.bril *adj.* **1.** Relativo a febre. **2.** Que tem febre. **3.** Exaltado, nervoso, arrebatado.

Fe.cal *adj.* **1.** Relativo a fezes. **2.** Constituído de fezes.

Fe.cha.du.ra *s.f.* Mecanismo de metal que, por meio da lingueta, e com auxílio de chave, fecha portas ou gavetas etc.

Fe.cha.men.to *s.m.* **1.** Ato ou feito de fechar(-se). **2.** Realização de um negócio etc. **3.** JORN Conclusão do trabalho de edição de um jornal.

Fe.char *v.t.* **1.** Unir as duas partes de. **2.** Tapar a abertura de. **3.** Aferrolhar portas e janelas. **4.** Impedir o acesso de. **5.** Obstruir, impedir. **6.** Fazer cessar o funcionamento de. **7.** Cerrar. **8.** Concluir, terminar. *v.int.* e p. **9.** Cicatrizar, sarar. **10.** Encerrar-se em algum lugar. **11.** Não dizer o que sabe.

Fe.cho (ê) *s.m.* **1.** Ferrolho de porta. **2.** Qualquer peça com que se fecha alguma coisa. **3.** FIG Acabamento, remate, fim. **4.** Pedra com que se remata abóbada.

Fé.cu.la *s.f.* Substância farinácea feita de raízes ou tubérculos; amido.

Fe.cun.da.ção *s.f.* **1.** Ato ou efeito de fecundar, gerar, reproduzir. **2.** Reprodução.

Fe.cun.dan.te *adj.2g.* Que fecunda; fecundador.

Fe.cun.dar *v.int.* e p. **1.** Tornar(-se) fecundo, fértil ou produtivo; conceber. **2.** Fertilizar. **3.** FIG Fomentar, fortalecer.

Fe.cun.di.da.de *s.f.* **1.** Qualidade de fecundo. **2.** Abundância. **3.** BIOL Capacidade reprodutora. **4.** Abundância, fertilidade. **5.** FIG Qualidade de quem produz muito.

FECUNDO — FENECER

Fe.cun.do *adj.* **1.** Que fecunda. **2.** Que não é estéril; fértil. **3.** Inventivo, criador. **4.** Que dispõe de recursos. **5.** Que escreve muitas obras: *Coelho Neto foi um fecundo escritor.* **6.** Cheio, copioso.

Fe.de.go.so *s.m.* **1.** Nome de várias plantas, algumas das quais com propriedades medicinais. *adj.* **2.** Que exala mau cheiro; fétido.

Fe.de.lho (ê) *s.m.* **1.** Criança de pouca idade. **2.** Menino metido a homem.

Fe.den.ti.na *s.f.* Mau cheiro; cheiro repugnante; fedor.

Fe.der *v.int.* **1.** Exalar mau cheiro. *v.t.* **2.** Causar enfado ou aborrecimento.

Fe.de.ra.ção *s.f.* **1.** União política de estados ou nações. **2.** Aliança ou associação de entidades para um fim comum: *Federação Baiana de Futebol.*

Fe.de.ral *adj.2g.* Relativo à federação; nacional.

Fe.de.ra.lis.mo *s.m.* Sistema de governo que consiste na reunião de vários Estados numa só nação, conservando eles autonomia fora dos negócios de interesse comum.

Fe.de.ra.lis.ta *adj.2g.* **1.** Relativo ao federalismo. *s.2g.* **2.** Pessoa partidária do federalismo.

Fe.de.ra.li.zar *v.t.* Constituir um Estado em regime de federação.

Fe.de.rar *v.t.* Unir em federação; confederar.

Fe.dor (ô) *s.m.* Mau cheiro; cheiro desagradável; fedentina.

Fe.do.ren.to *adj.* Que tem mau cheiro ou fedor; fétido.

Feedback (fíd-bék) (ing. = realimentação) *s.m.* **1.** Processo pelo qual um sistema ou programa é modificado de acordo com as respostas à ação desse sistema (é usado, para designar o retorno da mensagem). **2.** Controle exercido pelo emissor de uma mensagem sobre aqueles que a recebem.

Fe.é.ri.co *adj.* **1.** Que pertence ao mundo das fadas; mágico. **2.** Deslumbrante, maravilhoso.

Fei.ção *s.f.* **1.** Jeito ou feitio dado às coisas, ou o que elas já possuam. **2.** Aparência, aspecto. **3.** Maneira, modo. **4.** Índole, caráter.

Fei.jão *s.m.* **1.** Semente ou vagem do feijoeiro. **2.** Prato feito com feijão cozido e devidamente temperado. **3.** Alimento.

Fei.jão com ar.roz *s.m.* FAM Coisa trivial, muito comum.

Fei.jo.a.da *s.f.* **1.** Prato feito com feijão (em geral feijão-preto), toucinho, carne-seca, paio, lombo de porco etc. **2.** POP Balbúrdia, trapalhada, confusão.

Fei.jo.al *s.m.* Plantação de feijões.

Fei.jo.ei.ro *s.m.* Designação comum a várias leguminosas cujo fruto (vagem) é o feijão; feijão.

Fei.o *adj.* **1.** Que é desagradável à vista. **2.** Que é de mau gosto. **3.** Contrário à decência, à conveniência. **4.** Indecoroso, indecente, torpe, vil. **5.** Insuportável, difícil. **6.** Triste, desventurado. *s.m.* **7.** Indivíduo feio. **8.** Coisa feia. ● *Ant.: belo; digno, decente.* ● *Sup.abs.sint.: feíssimo.*

Fei.o.so *adj.* e *s.m.* Diz-se de, ou quem é um tanto feio.

Fei.ra *s.f.* **1.** Lugar público onde, em dias prefixados, se expõem e vendem mercadorias. **2.** Denominação complementar dos cinco dias mediais da semana. **3.** Compras que se fazem na feira ou no mercado. **4.** Balbúrdia. **5.** Exposição de produtos industriais, pecuários etc.: *Feira do livro infantil; Feira de exposições.*

Fei.ran.te *s.m.* **1.** Aquele que vende na feira. **2.** Aquele que compra na feira. *adj.2g.* **3.** Relativo à feira.

Fei.rar *v.t.* Negociar na feira.

Fei.ta *s.f.* **1.** Ato, obra. **2.** Ocasião, vez.

Fei.ti.ça.ri.a *s.f.* **1.** Encantamento, sortilégio. **2.** Emprego de feitiços. **3.** Arte, ação ou obra de feiticeiro.

Fei.ti.cei.ro *adj.* **1.** Que enfeita, encanta ou agrada. *s.m.* **2.** Aquele que faz feitiço. **3.** Bruxo, mandingueiro.

Fei.ti.ço *adj.* **1.** Falso, artificial. *s.m.* **2.** Ato ou efeito de enfeitiçar. **3.** Malefício de feiticeiro ou feiticeira. **4.** Objeto a que se atribuem qualidades sobrenaturais; amuleto, simpatia. **5.** FIG Fascínio, encanto.

Fei.ti.o *s.m.* **1.** Feição, configuração, maneira, forma ou talho. **2.** O trabalho de um artífice; mão de obra. **3.** Jeito, comportamento. **4.** Caráter, índole.

Fei.to *adj.* **1.** Acostumado, afeito. **2.** Assente, resolvido. **3.** Acabado, terminado. **4.** Conformado, proporcionado (corpo). *s.m.* **5.** Tudo o que se faz; ato, façanha.

Fei.tor *s.m.* **1.** Gestor ou administrador de bens alheios. **2.** Aquele que fiscaliza os serviços de trabalhadores, particularmente escravos; capataz. **3.** Caseiro. *adj.* e *s.m.* **4.** Que, ou o que faz ou fabrica; fabricante.

Fei.to.ri.a *s.f.* **1.** Administração exercida por feitor. **2.** Cargo de feitor. **3.** Casa ou escritório de feitor.

Fei.tu.ra *s.f.* **1.** Maneira, modo como uma coisa é feita, executada. **2.** Obra, trabalho.

Fei.u.ra *s.f.* Qualidade de feio; fealdade.

Fei.xe *s.m.* **1.** Porção amarrada de lenha, vara, capim etc. **2.** Molho, braçada. **3.** Grande porção de qualquer coisa; acervo. **4.** Elo, ligação.

Fel *s.m.* **1.** ANAT Nome vulgar da bílis. **2.** Mau humor. **3.** Azedume, amargor. **4.** Coisa muito amarga. ● *Pl.: féis* (Brasil) ou *feles* (Portugal).

Felds.pa.to *s.m.* Mineral duro e luminoso, que forma a base das rochas eruptivas.

Fe.li.ci.da.de *s.f.* **1.** Estado de quem é feliz. **2.** Ocorrência favorável. **3.** Bem-estar, contentamento. **4.** Ventura. **5.** Bom êxito, sucesso. **6.** Precisão, exatidão. ● *Ant.: infelicidade.*

Fe.li.ci.tar *v.t.* e p. **1.** Dar felicidade a. **2.** Tornar feliz. **3.** Cumprimentar, congratular-se com.

Fe.lí.deo *adj.* **1.** Relativo aos felídeos. *s.m.* **2.** ZOOL Animal da família dos felídeos; felino.

Fe.li.no *adj.* **1.** Relativo ao gato. **2.** Que é semelhante ao gato. **3.** FIG Hábil, ágil. **4.** FIG Fingido, traiçoeiro.

Fe.liz *adj.* **1.** Que goza de felicidade. **2.** Afortunado, ditoso. **3.** Contente, alegre. **4.** Abençoado. **5.** Bem-sucedido, próspero. **6.** Lembrado, imaginado. **7.** Favorável. ● *Ant.: infeliz, desgraçado.* ● *Sup.abs.sint.: felicíssimo.*

Fe.li.zar.do *adj.* e *s.m.* FAM Diz-se de, ou indivíduo que tem muita sorte e é extremamente feliz.

Fe.lo.ni.a *s.f.* **1.** Revolta de vassalo contra o senhor. **2.** Traição, perfídia, deslealdade.

Fel.pa (ê) *s.f.* **1.** Pelo saliente em certos tecidos. **2.** Penugem de animais. **3.** Lanugem de folhas ou frutos; felpo. **4.** Casca miúda; carepa. **5.** Qualidade, índole, caráter.

Fel.pu.do *adj.* **1.** Que tem muita felpa; felpado. **2.** Diz-se do tecido de algodão com felpas nas duas faces, empregado no fabrico de toalhas e roupões de banho etc.

Fel.tro (ê) *s.m.* Estofo que se obtém por empastamento da lã ou pelo, aplicado especialmente no fabrico de chapéus, chinelos etc.

Fê.mea *s.f.* **1.** Qualquer ser do sexo feminino. **2.** A mulher. **3.** Peça na qual se encaixa outra, chamada macho.

Fê.meo *adj.* **1.** Relativo a, ou próprio da fêmea. **2.** BOT Que não tem estames.

Fe.mi.nis.mo *s.m.* Sistema dos que defendem para a mulher os mesmos direitos civis e políticos que tem o homem.

Fe.mi.nis.ta *adj.2g.* **1.** Relativo ao feminismo. *s.2g.* **2.** Pessoa partidária do feminismo.

Fe.mo.ral *adj.2g.* Relativo ao fêmur.

Fê.mur *s.m.* ANAT Osso longo e único da coxa humana; coxa. ● *Pl.: fêmures.*

Fen.da *s.f.* Abertura estreita num objeto rachado; racha, fresta, greta.

Fen.der *v.t.* **1.** Abrir fenda em. **2.** Separar no sentido do comprimento; rachar. **3.** Rasgar. **4.** Dividir, separar. **5.** FIG Sulcar (os mares, os ares). **6.** Fazer estremecer. **7.** Rachar-se. *v.p.* **8.** Abrir-se em fenda ou nas rachas.

Fen.di.men.to *s.m.* Ato ou efeito de fender(-se).

Fe.ne.cer *v.int.* **1.** Findar, acabar, extinguir-se. **2.** Morrer, murchar. *v.t.* **3.** Ter o seu fim.

FENECIMENTO — FERROVIÁRIO

Fe.ne.ci.men.to *s.m.* **1.** Ato ou efeito de fenecer. **2.** Morte, falecimento.

Fení.cio *adj.* **1.** Relativo à Fenícia (Ásia antiga) ou seus habitantes. *s.m.* **2.** O habitante da Fenícia.

Fê.ni.co *adj.* **1.** Diz-se de um ácido extraído do alcatrão da hulha; ácido fênico **2.** Relativo a fenol.

Fe.ni.cop.te.rí.deos *s.m.pl.* Família de aves ciconiformes, de pernas longas e bico grosso, encontradas em terras alagadas e representadas pelos flamingos.

Fê.ni.gue *s.m.* Moeda divisionária, relativa à centésima parte do marco.

Fê.nix (s) *s.f.* **1.** Ave fabulosa que vivia séculos e, queimada, renascia das próprias cinzas. *s.f.* **2.** FIG Ser de rara beleza. **3.** Constelação austral. ◆ *Var.: fênice.*

Fe.no *s.m.* Erva ceifada e seca para alimento de animais.

Fe.nol *s.m.* Substância sólida, desinfetante encontrado no alcatrão.

Fe.no.me.nal *adj.2g.* **1.** Que tem o caráter de fenômeno. **2.** Admirável, singular. **3.** Extraordinário, surpreendente. **4.** Assombroso, espantoso.

Fe.nô.me.no *s.m.* **1.** Qualquer manifestação ou aparência material ou espiritual. **2.** Tudo o que pode ser percebido pelos sentidos ou pela consciência. **3.** Fato natural constatado e suscetível de estudo. **4.** Tudo o que na natureza é momentâneo e sucede poucas vezes. **5.** Aquilo que é raro e surpreendente; maravilha. **6.** Pessoa que se distingue por algum dote extraordinário.

Fe.nó.ti.po *s.m.* BIOL Aspecto externo do ser vivo, determinado por sua formação genética e por fatores relacionados ao meio em que vive.

Fe.ra *s.f.* **1.** Animal selvagem, bravio e carnívoro. **2.** FIG Pessoa muito cruel e má. **3.** POP Pessoa exímia numa atividade (especialmente no esporte). **4.** *adj.* Hábil ao extremo; fera.

Fe.ra.ci.da.de *s.f.* **1.** Qualidade de feraz. **2.** Fecundidade, fertilidade. ◆ *Cf. ferocidade.*

Fé.re.tro *s.m.* Caixão de defunto; ataúde, esquife.

Fé.ria *s.f.* **1.** Dia de semana. **2.** Salário de trabalhadores. **3.** A soma desses salários. **4.** Renda diária, semanal ou mensal de uma casa comercial.

Fe.ri.a.do *adj.* **1.** Em que há férias. *s.m.* **2.** Dia ou tempo em que se suspende o trabalho.

Fe.ri.da *s.f.* **1.** Lesão produzida no organismo por golpe, choque, instrumento perfurante ou cortante; ferimento. **2.** FIG Ofensa, injúria, desgosto, mágoa, dor.

Fe.ri.men.to *s.m.* **1.** Ato ou efeito de ferir(-se). **2.** Lesão provocada por arma, pancada etc. **3.** Golpe, machucadura.

Fe.ri.no *adj.* **1.** Próprio de fera; feroz. **2.** FIG Mordaz, sarcástico. **3.** FIG Cruel, sanguinário.

Fe.rir *v.t.* **1.** Fazer ferida em. **2.** Causar ferimento; cortar, golpear. **3.** Travar (combate). **4.** FIG Magoar, ofender. **5.** Dar golpes ou pancadas em. **6.** Lesar, machucar. **7.** Reproduzir chispas ou lume. *v.p.* **8.** Cortar-se, fazer ferimento em si próprio. **9.** Magoar-se, contristar-se.

Fer.men.ta.ção *s.f.* **1.** Ato ou efeito de fermentar. **2.** Alteração química provocada pela presença de um fermento. **3.** Combinação, mistura. **4.** FIG Agitação, excitação, efervescência de ânimos.

Fer.men.tar *v.t.* **1.** Produzir fermentação em. **2.** FIG Agitar, fomentar. *v.int.* **3.** Estar em fermentação. **4.** Decompor-se pela fermentação.

Fer.men.ta.ti.vo *adj.* Que produz a fermentação.

Fer.men.to *s.m.* **1.** Substância que provoca fermentação em outra substância; levedura. **2.** Massa de farinha que azedou. **3.** FIG O que origina ou provoca paixão ou ódio.

Fér.mio *s.m.* Elemento químico artificial de número atômico 100 da família dos actiníídeos [símb.: Fm].

Fer.nan.do-no.ro.nhen.se *adj.2g.* **1.** Relativo a Fernando de Noronha (Região Nordeste). *s.2g.* **2.** Pessoa natural desse local. ◆ *Pl.: fernando-noronhenses.*

Fe.ro *adj.* **1.** Feroz, selvagem; desumano. **2.** Violento, impetuoso. **3.** Encarniçado, cruel. **4.** Forte, vigoroso, robusto. **5.** Rijo, áspero, duro. *s.m.* **6.** Jactância, fanfarronada, bravata.

Fe.ro.ci.da.de *s.f.* **1.** Qualidade ou caráter de feroz. **2.** Ação feroz. **3.** Arrogância, orgulho.

Fe.ror.mô.nio ou **fe.ro.mô.nio** *s.m.* Substância, secretada por alguns animais, com funções de atração sexual, demarcação de trilhas ou comunicação entre indivíduos; feromônio.

Fe.roz *adj.* **1.** Que tem índole ou natureza de fera. **2.** Selvagem, bravio. **3.** Cruel, desumano, perverso. **4.** Insolente, arrogante. **5.** Enorme, extraordinário. ● *Sup.abs.sint.: ferocíssimo.*

Fer.ra.brás *s.2g.2n.* Indivíduo metido a valentão; fanfarrão.

Fer.ra.dor (ô) *s.m.* **1.** Aquele que tem por ofício ferrar animais. **2.** O mesmo que araponga (ave).

Fer.ra.du.ra *s.f.* Peça de ferro com que se guarnece a face inferior das patas das cavalgaduras.

Fer.ra.gei.ro *s.m.* Negociante de ferragens.

Fer.ra.gem *s.f.* **1.** Conjunto das peças de ferro que entram na construção de uma obra ou de um artefato. **2.** Objetos ou guarnição de ferro.

Fer.ra.gis.ta *adj.2g.* e *s.2g.* ⇒ Ferrageiro

Fer.ra.men.ta *s.f.* **1.** Conjunto dos instrumentos e utensílios utilizados na execução de uma arte ou ofício. **2.** Qualquer um desses instrumentos ou utensílios.

Fer.rão *s.m.* **1.** Aguilhão. **2.** Ponta de ferro. **3.** Dardo de certos insetos. **4.** Jaçanã (ave).

Fer.rar *v.t.* **1.** Ornar ou guarnecer com ferro. **2.** Pôr ferradura em. **3.** Marcar com ferro quente (gado). **4.** Entregar-se totalmente. **5.** Cravar, enterrar. **6.** Perseguir ou prejudicar alguém. **7.** FIG Fazer algo com afinco. *v.p.* **8.** GÍR Sair-se mal; fracassar. **9.** Aferrar-se, apegar-se.

Fer.ra.ri.a *s.f.* **1.** Fábrica de artefatos de ferro. **2.** Oficina de ferreiro. **3.** Grande porção de ferro.

Fer.rei.ro *s.m.* **1.** Operário que trabalha em ferro. **2.** ORNIT Ave brasileira, também chamada *araponga.* *adj.* **3.** Que tem o pelo da cor de rato.

Fer.re.nho *adj.* **1.** Que tem a cor ou a natureza do ferro. **2.** FIG Pertinaz, obstinado. **3.** FIG Inflexível, intransigente. **4.** Desumano, cruel.

Fér.reo *adj.* **1.** Feito de ferro. **2.** Que contém ferro ou sinais de ferro; ferruginoso. **3.** FIG Forte como ferro; duro. **4.** FIG Imbatível, inflexível.

Fer.re.te (ê) *s.m.* **1.** Instrumento com que se marcavam escravos e criminosos. **2.** Instrumento para marcar o gado. **3.** FIG Sinal ignominioso; labéu. **4.** Estigma, mácula.

Fer.ro *s.m.* **1.** Metal duro, cinzento-azulado, maleável e tenaz, de símbolo Fe e número atômico 26, abundante em todas as regiões da Terra, com numerosas aplicações na indústria e na arte. **2.** Designação de vários instrumentos e utensílios feitos desse metal. **3.** A lâmina de uma arma. **4.** A arma assassina. **5.** Instrumento de ferro com que se marca o gado; ferrete. **6.** Marca deixada pelo ferro (acep. 5). **7.** Arrelia, zanga.

Fer.ro.a.da *s.f.* **1.** Picada com ferrão. **2.** FIG Censura mordaz. **3.** FIG Crítica ferina.

Fer.ro.ar *v.t.* **1.** Dar ferroadas em. **2.** FIG Censurar, ferretoar.

Fer.ro.lho (ô) *s.m.* Tranqueta de ferro corrediça, para fechar portas e janelas.

Fer.ro.mo.de.lis.mo *s.m.* **1.** Ciência ou técnica de projetar e construir modelos reduzidos de trens, composições, vagões etc. **2.** Prática que consiste em manipular, manobrar ferromodelos. **3.** Passatempo que gira em torno dessa atividade.

Fer.ro-ve.lho *s.m.* **1.** Estabelecimento que comercializa sucata. **2.** Coisas de pouco valor comercial; sucata. ● *Pl.: ferros-velhos.*

Fer.ro.vi.a *s.f.* Via férrea.

Fer.ro.vi.á.rio (ô) *adj.* **1.** Relativo a ferrovia. *s.m.* **2.** Aquele que trabalha em empresa ferroviária.

FERRUGEM — FIBROSE

Fer.ru.gem *s.f.* **1.** Substância pulverulenta avermelhada, que se forma à superfície do ferro exposto à umidade. **2.** Óxido que se forma sobre outros metais. **3.** Doença do trigo e de outras gramíneas.

Ferry boat (férri bôut) (ing.) *s.m. loc.* Balsa para o transporte de passageiros, veículos e mercadorias.

Fér.til *adj.* **1.** Que é fecundo, que produz muito e com facilidade. **2.** Abundante, farto. **3.** Diz-se do espírito inventivo e criador. **4.** Inventivo, engenhoso. **5.** Rico. ● *Ant.: árido, estéril.*

Fer.ti.li.da.de *s.f.* **1.** Qualidade do que é fértil. **2.** Riqueza de imaginação. **3.** Abundância, fartura. ● *Ant.: esterilidade.*

Fer.ti.li.za.ção *s.f.* Ato ou efeito de fertilizar(-se).

Fer.ti.li.za.dor **1.** Que fertiliza. *s.m.* **2.** O que fertiliza; adubo, fertilizante.

Fer.ti.li.zan.te *adj.* **1.** Que fertiliza. *adj. e s.m.* **2.** Diz-se de, ou produto que contém nutrientes (potássio, fósforo, nitrogênio etc.) para plantas; adubo.

Fer.ti.li.zar *v.t.* **1.** Tornar fértil ou produtivo. **2.** Dar fertilidade a; fecundar. *v.int.* e p. **3.** Tornar-se fértil.

Fer.ve.dou.ro *s.m.* **1.** Grande ajuntamento de seres que se movem. **2.** FIG Agitação que lembra fervura; alvoroço. **3.** Inquietação, desassossego. ● *Var.: fervedoiro.*

Fer.ven.tar *v.t.* Aferventar.

Fer.ven.te *adj.* **1.** Que ferve, que está em ebulição. **2.** Ardente, veemente, fervoroso.

Fer.ver *v.int.* **1.** Estar ou ficar em ebulição; escaldar. **2.** FIG Atingir um grau de grande intensidade. **3.** Agitar-se muito; fervilhar. *v.t.* **4.** Cozer.

Fér.vi.do *adj.* **1.** Muito quente; abrasador. **2.** Zeloso. **3.** Arrebatado, indômito. **4.** FIG Apaixonado, fogoso.

Fer.vi.lhar *v.int.* **1.** Ferver amiúde ou com frequência. **2.** FIG Ser ou aparecer em grande número. **3.** FIG Pulular, abundar. **4.** Agitar-se frequentemente. **5.** Agitar-se, andar de um lado para outro.

Fer.vor (ô) *s.m.* **1.** Ato ou efeito de ferver. **2.** Atividade, diligência. **3.** Ardor, paixão. **4.** Zelo ardente em questões de religião. **5.** Grande desejo. **6.** Exaltação. **7.** Impetuosidade, violência.

Fer.vo.ro.so (ô) *adj.* **1.** Que tem fervor. **2.** Cheio de fervor ou devoção. **3.** Ativo, diligente. **4.** Veemente, impetuoso.

Fer.vu.ra *s.f.* **1.** Ato ou efeito de ferver. **2.** Estado de um líquido a ferver; ebulição. **3.** FIG Agitação, fervor, alvoroço.

Fes.ce.ni.no *adj.* Obsceno, licencioso (escrito, linguagem): *Poesia fescenina.*

Fes.ta *s.f.* **1.** Solenidade alegre por algum acontecimento; comemoração. **2.** Solenidade religiosa. **3.** Divertimento, alegria. ● *Aum.: festança.* ● *Dim.: festim.*

Fes.tan.ça *s.f.* **1.** Grande festa. **2.** Festa ruidosa e muito animada.

Fes.tão *s.m.* **1.** POP Festança. **2.** Ramalhete de flores; grinalda. **3.** ARQUIT Ornato em forma de grinalda.

Fes.tei.ro *adj.* **1.** Que gosta de festas. **2.** Que faz carícias; meigo. *s.m.* **3.** Aquele que promove ou dirige festa. **4.** O que é escolhido para patrocinar festa religiosa.

Fes.te.ja.dor (ô) *adj. e s.m.* Que, ou aquele que festeja.

Fes.te.jar *v.t.* **1.** Fazer festa a, ou em honra de; celebrar. **2.** Afagar, acariciar. **3.** Acolher com prazer e alegria; aplaudir.

Fes.te.jo (ê) *s.m.* **1.** Ato ou efeito de festejar. **2.** Solenidade, festividade. **3.** Afago, carícias.

Fes.tim *s.m.* **1.** Pequena festa. **2.** Festa familiar; banquete. **3.** Festa licenciosa; bacanal. **4.** Cartucho sem projétil, utilizado para simular tiros.

Fes.ti.val *s.m.* **1.** Festivo. **2.** Grande festa. **3.** Espetáculo em honra ou benefício de alguém. **4.** Festa artística de competição que se realiza periodicamente: *Festival de rock; Festival de teatro.*

Fes.ti.vi.da.de *s.f.* **1.** Solenidade, comemoração de data cívica ou religiosa com festas. **2.** Demonstração de alegria; regozijo.

Fes.ti.vo *adj.* **1.** Relativo ou pertencente a festa. **2.** Que denota festa. **3.** Alegre, divertido; cordial.

Fes.to¹ *s.m.* **1.** Dobra de uma peça de tecido ao meio e em toda extensão. **2.** Largura de uma peça de tecido.

Fes.to² *adj.* Festivo.

Fes.to.ar *v.t.* Ornar com festões; engrinaldar.

Fe.ti.che *s.m.* **1.** Tudo aquilo a que se atribui poder sobrenatural e feitiço; feitiço. **2.** Pessoa a que se tem cega dedicação. **3.** PSICAN Objeto ou parte do corpo que substitui os caracteres sexuais como atração erótica.

Fe.ti.chis.mo *s.m.* **1.** Adoração de fetiches. **2.** Amor, não a uma pessoa, mas a um objeto de uso dessa pessoa.

Fé.ti.do *adj.* **1.** Que exala mau cheiro. **2.** Fedorento, pútrido. *s.m.* **3.** POP Fedor.

Fe.to¹ *s.m.* **1.** FISIOL Produto de concepção, a partir do terceiro mês da gravidez. **2.** Embrião, germe.

Fe.to² *s.m.* BOT Nome dado a várias plantas, o mesmo que samambaia e sambambaia.

Feu.da.lis.mo *s.m.* **1.** Regime feudal. **2.** Conjunto de leis e costumes, baseado em mútuas obrigações de vassalos e senhores feudais, que vigorou durante a Idade Média.

Feu.da.tá.rio *adj. e s.m.* **1.** Que, ou aquele que paga feudo. **2.** Vassalo. **3.** FIG Dependente, subordinado.

Feu.do *s.m.* **1.** Terras concedidas pelo senhor a um vassalo com a obrigação de fé, homenagem, prestação de certos serviços e pagamento de foro ou tributo. **2.** FIG Domínio, zona de influência.

Fe.ve.rei.ro *s.m.* Segundo mês do ano, com 28 (ou 29, quando o ano é bissexto) dias.

Fe.zes (é) *s.f.pl.* **1.** Sedimento de líquido; borra. **2.** Escória de metais. **3.** Matérias fecais. **4.** Desgostos, amarguras. **5.** FIG Escória social, ralé. **6.** FIG A parte pior ou mais desprezível (das pessoas ou das coisas).

FGTS *s.m.* sigla de Fundo de Garantia do Tempo de Serviço.

Fi.a.ção *s.f.* **1.** Ato, modo ou preparação de fiar. **2.** Fábrica de fibras têxteis.

Fi.a.cre *s.m.* Carruagem de tração animal, com quatro rodas e quatro lugares.

Fi.a.da *s.f.* Fileira de pedras ou tijolos; enfiada, fila.

Fi.a.do *adj.* **1.** Que se fiou ou teceu; tecido. **2.** Comprado ou vendido a crédito. *s.m.* **3.** Objeto ou coisa vendida a crédito. *adv.* **4.** A crédito: *Comprei tudo fiado.*

Fi.a.dor (ô) *s.m.* **1.** Pessoa que assegura o cumprimento da obrigação moral ou comercial de outra; avalista. **2.** Descanso de espingarda. **3.** Correia de freio. **4.** DIR Caução, abonação.

Fi.am.bre *s.m.* Carne especialmente preparada para se comer fria.

Fi.an.ça *s.f.* **1.** Abonação, garantia; penhor. **2.** O fato de fiar ou caucionar uma obrigação alheia. **3.** Quantia caucionada. **4.** Responsabilidade; confiança.

Fi.an.dei.ro *adj. e s.m.* Que, ou aquele que fia ou tece. ● *Fem.: fiandeira.*

Fi.a.po *s.m.* Fio muito fino; fiozinho.

Fi.ar *v.t.* e *int.* **1.** Reduzir a fio (substância filamentosa). **2.** FIG Urdir, tramar. **3.** Ser diferente. **4.** Mudar de figura. **5.** Tornar-se mais sério. **6.** Ser fiador de; abonar. **7.** Vender a crédito. **8.** Depositar confiança em; acreditar, confiar. *v.p.* **9.** Confiar em alguém.

Fi.as.co *s.m.* **1.** Insucesso ridículo e vexatório. **2.** Má figura; fracasso, malogro.

Fi.bra *s.f.* **1.** ANAT Cada um dos filamentos que constituem o músculo. **2.** Filamento do linho e de outras substâncias têxteis. **3.** Qualquer fio ou filamento. **4.** FIG Energia, firmeza, caráter, valor.

Fi.bri.la *s.f.* **1.** Pequena fibra. **2.** Cada uma das ramificações das raízes.

Fi.bri.la.ção *s.f.* **1.** MED Contração muito rápida das fibrilas musculares do miocárdio. **2.** Liberação de fibrilas durante a refinação do papel.

Fi.broi.de *adj.2g.* Semelhante a fibras.

Fi.bro.ma *s.m.* MED Tumor benigno do tecido conjuntivo.

Fi.bro.mus.cu.lar *adj.2g.* Que diz respeito simultaneamente aos tecidos fibroso e muscular.

Fi.bro.se *s.f.* MED Formação patológica de tecido fibroso.

FIBROSO — FILHOTISMO

Fi.bro.so (ô) *adj.* **1.** Relativo ou pertencente a fibras. **2.** Que tem ou contém fibras.

Fí.bu.la *s.f.* ANAT Um dos ossos da perna.

-fi.car *suf.* 'Transformação': *modificar*.

Fi.car *v.t.* e *int.* **1.** Conservar-se ou estacionar em algum lugar. **2.** Restar, sobrar, estar situado. **3.** Ajustar-se bem ou mal. **4.** Adquirir por compra, doação etc. *v.int.* **5.** Continuar, persistir, permanecer. **6.** Ajustar, concordar, tratar. **7.** GÍR Flertar, namoriscar descompromissadamente. *v.p.* **8.** Obrigar-se, comprometer-se. **9.** Deter-se, demorar-se. **10.** Guardar-se.

Fic.ção *s.f.* **1.** Ato ou efeito de fingir. **2.** Arte de imaginar; simulação. **3.** Invenção, coisa imaginária. **4.** Literatura cujo enredo é criado pela imaginação do autor.

Fi.cha *s.f.* **1.** Tento com que se paga na roleta, ou se marcam pontos no jogo. **2.** Conjunto de informações relativas à vida (privada ou não) de uma pessoa, em geral registradas no cartão, para fins diversos. **3.** Papeleta que se recebe pelo pagamento adiantado em caixas de bares etc. **4.** Moeda que corresponde ao preço de um telefonema urbano.

Fi.char *v.t.* Anotar ou registrar em fichas; catalogar.

Fi.chá.rio *s.m.* **1.** Coleção de fichas. **2.** Móvel, arquivo de fichas, cartões ou dossiês classificados.

Fic.tí.cio *adj.* **1.** Que é irreal; ilusório. **2.** Que só existe na imaginação; imaginário. **3.** Simulado, aparente. ● *Ant.: real, verdadeiro.*

Fí.cus *s.m.2n.* BOT Planta ornamental, muito usada na arborização de ruas; fico.

Fi.dal.go *s.m.* **1.** Indivíduo que tem título de nobreza. **2.** POP Homem que vive de rendimentos. **3.** POP Indivíduo de maneiras refinadas, e que se traja com elegância. *adj.* **4.** Relativo à fidalguia. **5.** Próprio de fidalgo. **6.** Que tem privilégios de nobreza. **7.** Generoso, hospitaleiro. **8.** Nobre, distinto, requintado.

Fi.de.dig.no *adj.* **1.** Que é digno de fé. **2.** Que merece crédito.

Fi.de.li.da.de *s.f.* **1.** Qualidade de fiel. **2.** Lealdade, firmeza. **3.** Constância de hábitos, afeições, sentimentos. **4.** Grande precisão. **5.** Semelhança entre o original e a cópia; exatidão. ● *Ant.: infidelidade.*

Fi.dú.cia *s.f.* Confiança, segurança.

Fi.ei.ra *s.f.* **1.** Aparelho que reduz a fio qualquer metal. **2.** Fileira, renque, fila. **3.** Veio mineral. **4.** Barbante com que se faz girar o pião. **5.** POP Linha de pesca.

Fi.el *adj.* **1.** Que cumpre seus compromissos. **2.** Exato, pontual. **3.** Que guarda fidelidade. **4.** Que não falha. **5.** Constante, perseverante. **6.** Leal, verdadeiro. **7.** Exato, preciso. **8.** Conforme, idêntico. **9.** Que não engana o cônjuge. **10.** Diz-se da memória que conserva com fidelidade, que não falha. *adj.* e *s.2g.* **11.** Que, ou quem é membro de uma igreja ou segue uma doutrina. ● *Ant.: infiel, falso.*

FIESP *s.m.* Sigla de Federação das Indústrias do Estado de São Paulo.

Fi.ga *s.f.* **1.** FOLCL Amuleto em forma de mão fechada com o polegar entre o indicador e o médio. **2.** Sinal que se faz pondo os dedos como figa, para esconjurar ou repelir esconjuro.

Fí.ga.do *s.m.* **1.** ANAT Víscera volumosa do sistema digestório. **2.** FIG Caráter, índole, inclinação.

Fi.go *s.m.* Infrutescência comestível da figueira.

Fi.guei.ra *s.f.* BOT Nome de algumas árvores que produzem o figo.

Fi.gu.ra *s.f.* **1.** Forma externa de uma coisa. **2.** Aspecto, aparência. **3.** Gravura, estampa. **4.** Configuração de pessoa humana. **5.** Personalidade marcante. **6.** Desenho, representação, ilustração. **7.** POP Rosto, cara. **8.** Imagem, símbolo. **9.** Importância social. **10.** GEOM Espaço limitado por linhas ou superfícies. **11.** *Estilist.* Recurso que embeleza, enfatiza ou dá mais originalidade e expressividade ao texto. **12.** Pessoa distinta, respeitosa. **13.** Pessoa exótica.

Fi.gu.ra.ça *s.f.* Pessoa incomum.

Fi.gu.ra.do *adj.* **1.** Em que há figuras ou alegorias; metafórico. **2.** Imitado. **3.** Hipotético, suposto.

Fi.gu.ran.te *s.2g.* Personagem geralmente muda, que aparece em peças de teatro, em filmes e na televisão, também chamado *extra*.

Fi.gu.rão *s.m.* **1.** FAM Personagem importante. **2.** Ato que dá nas vistas. **3.** Alarde, ostentação. **4.** PEJ Indivíduo finório, espertalhão. ● *Fem.: figurona.*

Fi.gu.rar *v.t.* **1.** Fazer a figura de. **2.** Representar por meio de figura. **3.** Aparecer em cena como figurante. **4.** Representar, simbolizar. **5.** Imaginar, supor. *v.int.* **6.** Entrar no número ou na lista de. *v.p.* **7.** Imaginar-se.

Fi.gu.ri.nha *s.f.* Pequena figura (em geral para as crianças colecionarem).

Fi.gu.ri.no *s.m.* **1.** Figura ou desenho que representa o vestuário da moda. **2.** Revista de modas. **3.** Modelo, padrão, tipo. **4.** FIG Exemplo.

Fi.la *s.f.* **1.** Série de coisas, animais ou pessoas dispostas uma após outra; fileira, enfiada. *s.m.* **2.** Cão de guarda muito bravo, também chamado *cão de fila*.

Fi.la.men.to *s.m.* **1.** Cada um dos fios muito delgados que nascem das raízes das plantas. **2.** Fio de diâmetro muito pequeno; fibra. **3.** Denominação dos fios que se observam na textura de certos metais. **4.** Fio longo e solto; fibra.

Fi.lan.tro.po (ô) *adj.* e *s.m.* **1.** Que, ou aquele que é dotado de filantropia. **2.** Altruísta, humanitário. ● *Ant.: misantropo.*

Fi.lão *s.m.* **1.** Fieira, veio de metal nas minas. **2.** Assunto que se desenvolve com facilidade. **3.** Ponte, matriz. **4.** Pão alongado, de tamanho e peso variáveis.

Fi.lar *v.t.* **1.** Agarrar à força; segurar, prender. **2.** Segurar com os dentes. **3.** Açular (cão). **4.** Verificar vagarosamente (as cartas recebidas em certos jogos de baralho). **5.** Pedir e obter sem pagar. **6.** Conseguir de graça. *v.int.* **7.** Segurar com os dentes (a presa). **8.** POP Espiar, observar. **9.** GÍR Colar (numa prova ou exame). **10.** Agarrar-se com os dentes; segurar-se.

Fi.lá.ria *s.f.* Nome dado aos vermes menatódeos, da família dos filarídeos, cuja espécie *Wuchereria bancrofti* pode causar, no ser humano, a elefantíase.

Fi.la.ri.o.se *s.f.* Infecção provocada pela presença de filárias no organismo.

Fi.lar.mô.ni.ca *s.f.* Orquestra ou banda de música, particular, mantida por uma associação, sociedade etc.

Fi.la.te.li.a *s.f.* **1.** Tratado, estudo ou coleção metódica dos selos postais. **2.** Hábito e gosto de colecionar selos.

Fi.lé *s.m.* **1.** Músculo do boi, do porco e de outros animais, localizado entre os rins e as costeletas. **2.** Bife feito com essa carne. **3.** Pedaço longitudinal da carne de peixe, frango etc. **4.** Trabalho de agulha, feito em forma de rede.

Fi.lé-mig.non *s.m.* **1.** Peça de carne extraída da ponta do lombo do boi. **2.** Essa peça cortada em fatias mais ou menos finas e preparada de diversas maneiras; filé. **3.** O melhor quinhão, o que é da melhor qualidade, o fino, a nata; o que tem os maiores atrativos ou que oferece as maiores compensações; filé. ● *Pl.: filés-mignons.*

Fi.le.te (ê) *s.m.* **1.** Fio delgado; fiozinho. **2.** Orla, debrum. **3.** Espiral de parafuso. **4.** ANAT Cada uma das ramificações tênues dos nervos. **5.** ARQUIT Guarnição ou moldura estreita.

Fi.lho *s.m.* **1.** Indivíduo do sexo masculino em relação aos pais. **2.** Natural, descendente. **3.** Tratamento carinhoso que os mais velhos dispensam aos mais novos. **4.** Qualquer indivíduo em relação à terra onde nasceu, à escola onde estudou etc. **5.** O homem em relação a Deus. **6.** BOT Gomo das plantas.

Fi.lhó *s.2g.* Bolinho de farinha e ovos, frito em azeite, geralmente passado em calda de açúcar. ● *Var.: filhós.*

Fi.lho-fa.mí.lia ou **fi.lho-fa.mí.lias** *s.m.* **1.** Filho submetido ao pátrio poder. **2.** Filho de família rica. ● *Pl.: filhos-famílias.*

Filhós *s.2g.* ⇒ Filhó.

Fi.lho.te *s.m.* **1.** Filho pequeno. **2.** Cria de animal. **3.** Indivíduo protegido. **4.** GÍR Aquele que é inexperiente.

Fi.lho.tis.mo *s.m.* Proteção escandalosa, como de pai para filho; favoritismo.

FILIAÇÃO — FIRMEZA

Fi.li.a.ção *s.f.* **1.** Ato ou efeito de filiar(-se). **2.** Descendência dos filhos em relação aos pais. **3.** Ato de adotar como filho. **4.** Admissão numa comunidade. **5.** Vinculação, encadeamento, ligação. **6.** Conexão. **7.** FIG Origem. **8.** Relação, dependência.

Fi.li.al *adj.2g.* **1.** Relativo a filho. **2.** Próprio de filho. *s.f.* **3.** Estabelecimento dependente da matriz; sucursal.

Fi.li.ar *v.t.* **1.** Adotar como filho. **2.** Admitir em seita, corporação. *v.p.* **3.** Nascer, provir, originar-se. **4.** Entrar em corporação, partido etc.

Fi.li.for.me *adj.2g.* Delgado como um fio.

Fi.li.gra.na *s.f.* **1.** Obra de fios de ouro ou prata, cuidadosamente entrelaçados e soldados. **2.** Trabalho delicado. **3.** Desenho ou marca-d'água próprio de certos tipos de papel, visível apenas por transparência.

Fi.lis.teu *adj.* e *s.m.* **1.** Diz-se de, ou povo natural da Filisteia (Palestina antiga). **2.** Bárbaro, grosseiro. ● *Fem.: filisteia*.

Fil.ma.do.ra *s.f.* Máquina de filmar.

Fil.me *s.m.* **1.** Rolo de película de celuloide ou nitrocelulose, convenientemente preparado para receber imagens fotográficas. **2.** Sequência de cenas cinematográficas; película, fita.

Fil.mo.te.ca *s.f.* **1.** Coleção de filmes. **2.** Local onde se guardam filmes cinematográficos ou microfilmes.

Fi.lo *s.m.* Unidade taxonômica que compreende organismos presumivelmente de uma descendência comum.

Fi.ló *s.m.* Tecido fino, leve e transparente, de algodão, seda ou náilon; tule.

Fi.lo.ge.ni.a *s.f.* Filogênese.

Fi.lo.so.far *v.int.* **1.** Ocupar-se de meditações de Filosofia. **2.** Raciocinar acerca de qualquer assunto. **3.** Meditar, cismar, matutar, pensar. **4.** Argumentar com sutileza.

Fi.lo.so.fi.a *s.f.* **1.** Estudo geral dos seres, dos princípios e das causas. **2.** Os valores, o sentido, os fatos e princípios gerais da existência, bem como a conduta e destino do homem. **3.** Doutrina ou sistema particular de um filósofo célebre, de uma escola ou de uma época. **4.** Tratado ou compêndio de filosofia. **5.** Razão, sabedoria.

Fil.trar *v.t.* **1.** Fazer passar por filtro; coar. **2.** Fazer ou deixar passar através de. **3.** Inocular, instilar. **4.** Não deixar passar. **5.** Reter; penetrar. **6.** FIG Escolher, selecionar. *v.int.* e *p.* **7.** Passar através do filtro. **8.** Introduzir-se pouco a pouco; infiltrar-se.

Fil.tro *s.m.* **1.** Aparelho que contém substância porosa para purificar líquidos. **2.** Papel grosso, feltro ou outro corpo por onde se coam líquidos; coador. **3.** Talha para filtrar água potável. **4.** Beberagem mágica que se supunha despertar o amor na pessoa a quem se dava. **5.** Dispositivo para evitar ruídos indesejáveis em aparelhos de som.

Fim *s.m.* **1.** Termo, conclusão, final. **2.** Ponto a que se quer chegar. **3.** Fim, mira, alvo. **4.** Propósito, intenção. **5.** Causa, motivo. **6.** Termo final; morte. ● *Ant.: início, começo*.

Fím.bria *s.f.* **1.** Orla inferior de vestido. **2.** Franja, guarnição. **3.** Borda.

Fi.mo.se *s.f.* MED Estreitamento na abertura do prepúcio, que impede que a glande se descubra.

Fi.nal *adj.2g.* **1.** Do fim. **2.** Derradeiro, último. **3.** Que põe termo. *s.m.* **4.** Fim, remate, desfecho. *s.f.* **5.** A prova final e decisiva (numa competição, num concurso). **6.** A partida final que decide um campeonato.

Fi.na.li.da.de *s.f.* **1.** Fim a que algo se destina. **2.** Intuito, objetivo, propósito.

Fi.na.lís.si.ma *s.f.* ESP A partida da decisão final, que define o campeão e o vice-campeão.

Fi.na.lis.ta *s.2g.* Atleta ou conjunto desportivo que se classifica para a competição final.

Fi.na.li.zar *v.t.* **1.** Concluir. **2.** Acabar, terminar. **3.** Pôr fim a. *v.int.* e *p.* **4.** Ter fim, acabar-se.

Fi.nan.ças *s.f.pl.* **1.** Erário, tesouro público. **2.** Situação financeira. **3.** Dinheiro que se possui. **4.** Ciência dos problemas financeiros ou econômicos.

Fi.nan.cei.ra *s.f.* COM Sociedade de crédito e financiamento.

Fi.nan.ci.ar *v.t.* **1.** Custear as despesas de. **2.** Fornecer dinheiro, fundos, capitais etc. para um empreendimento qualquer.

Fi.nan.cis.ta *s.2g.* **1.** Pessoa versada em finanças. **2.** Pessoa que faz investimentos de capital de grande monta.

Fi.nar *v.t.* **1.** Dar fim a. *v.int.* **2.** Acabar, findar. *v.int.* e *p.* **3.** Definhar-se, debilitar-se. **4.** Consumir-se. **5.** Morrer.

Fin.ca.men.to *s.m.* **1.** Ato ou efeito de fincar(-se); fincagem. **2.** Ato de cravar para imprimir firmeza. **3.** Estabelecimento de modo profundo e definitivo; arraigamento, enraizamento.

Fin.ca-pé *s.m.* **1.** Ato de firmar o pé com força. **2.** FIG Persistência, insistência, porfia, obstinação. **3.** FIG Empenho. ● *Pl.: finca-pés.*

Fin.car *v.t.* **1.** Cravar, pregar. **2.** Apoiar com força. **3.** Arraigar, enraizar. *v.p.* **4.** Ficar firme ou imóvel. **5.** Insistir, teimar.

Fin.dar *v.t.* **1.** Finalizar, concluir. **2.** Pôr fim a. **3.** *v.int.* Ter fim, acabar. **4.** Desaparecer.

Fi.nes.se (fr.) *s.f.* **1.** Agudeza de espírito; sutileza, finura, sagacidade. **2.** Finura de maneiras, de procedimento; bom gosto. **3.** No *bridge* e em jogos afins, ato de livrar-se de uma carta perigosa sem que os parceiros a aproveitem para vencer. ● *Pl.: finesses.*

Fi.ne.za (ê) *s.f.* **1.** Qualidade de fino ou delgado; finura. **2.** Obséquio, graça, amabilidade, gentileza. **3.** Delicadeza, perfeição, primor.

Fin.gir *v.t.* **1.** Aparentar, simular. **2.** Inventar, fantasiar; fabular. **3.** *v.int.* Simular. **4.** Ser falso, hipócrita. *v.p.* **5.** Querer passar por (aquilo que não é); aparentar.

Fi.ni.to *adj.* **1.** Que tem fim. **2.** Limitado. **3.** Provisório, contingente. **4.** Transitório. *s.m.* **5.** FILOS O que tem fim. ● *Ant.: infinito.*

Fi.no *adj.* **1.** Que não é grosso; delgado. **2.** Que revela bom gosto. **3.** De boa qualidade; apurado. **4.** Excelente, aprazível. **5.** Tênue, delicado. **6.** Cortês, educado. **7.** Delicado. **8.** Astuto, ladino, manhoso. **9.** Agudo. **10.** Bem-educado. *s.m.* **11.** Aquilo que é fino. **12.** Coisa excelente, delicada.

Fi.nó.rio *adj.* e *s.m.* Espertalhão, manhoso, ladino.

Fin.ta *s.f.* **1.** Imposto extraordinário. **2.** Derrama paroquial. **3.** ESGR Golpe simulado, para desnortear o adversário. **4.** ESP Negaça para enganar o jogador que está sem a bola e procura tomá-la; drible. **5.** Logro, calote.

Fi.nu.ra *s.f.* **1.** Qualidade ou condição de fino. **2.** Delicadeza. **3.** Astúcia, malícia. **4.** Argúcia, discernimento.

Fi.o *s.m.* **1.** Fibra extraída de plantas têxteis. **2.** Linha que se fiou ou teceu. **3.** Linha extrema do gume de um instrumento cortante. **4.** Porção de metal flexível e de diâmetro muito pequeno em relação ao comprimento. **5.** Ligação entre as partes de um todo. **6.** Conexão, encadeamento. **7.** Substância que as aranhas e outros insetos segregam. **8.** Traço contínuo que, em diagramação, é usado para separar textos ou delimitar qualquer material gráfico.

Fi.or.de *s.m.* Golfo estreito e profundo entre montanhas altas.

FIRJAN *s.f.* Sigla de Federação das Indústrias do Estado do Rio de Janeiro.

Fir.ma *s.f.* **1.** Assinatura ou rubrica em carta ou documento. **2.** Nome de firma comercial ou industrial. **3.** Razão social.

Fir.ma.men.to *s.m.* **1.** Abóbada celeste; céu. **2.** Base, fundamento, sustentáculo.

Fir.mar *v.t.* **1.** Fazer firme; fixar. **2.** Tornar estável; assegurar. **3.** Pôr a própria firma em; assinar. **4.** Confirmar; sancionar. **5.** Pactuar; contratar. **6.** Abonar, avalizar. *v.int.* **7.** Ficar (o tempo) firme. *v.p.* **8.** Tornar-se firme, estável. **9.** Consolidar-se. **10.** Basear-se, fundamentar-se, apoiar-se, amparar-se.

Fir.me *adj.2g.* **1.** Fixo, estável. **2.** Que não se move. **3.** Seguro, garantido. **4.** Imutável, inabalável, imperturbável. **5.** Constante. **6.** Resoluto, determinado, decidido. **7.** Contumaz, obstinado, tenaz. **8.** Que não desbota (cor). **9.** Que não treme (voz). **10.** Que não varia; estável.

Fir.me.za (ê) *s.f.* **1.** Qualidade ou estado de firme. **2.** Força, vigor. **3.** Segurança, estabilidade. **4.** Solidez. **5.** Determinação, persistência, constância. **6.** Energia moral.

FIRULA — FLANCO

Fi.ru.la *s.f.* **1.** GÍR Floreio, rodeio, circunlóquio. **2.** No futebol, demonstração de domínio da bola, de virtuosismo ao lidar com ela.

Fis.cal *adj.2g.* **1.** Relativo ao fisco. *s.2g.* **2.** Empregado(a) com funções de fiscalizar. **3.** Empregado(a) do fisco. **4.** Pessoa que zela pela observância das normas de uma entidade ou de uma instituição; censor.

Fis.ca.li.zar *v.t.* **1.** Velar pela execução de. **2.** Examinar. **3.** Vigiar. **4.** Censurar, sindicar (os atos de outrem). **5.** Verificar. *v.int.* **6.** Exercer as funções de fiscal.

Fis.co *s.m.* **1.** Fazenda pública, erário. **2.** Ramo da administração pública encarregado da cobrança de impostos.

Fis.ga **1.** Arpão para pescar. **2.** Parte do anzol ou do arpão que fisga o peixe; fisgo. **3.** Forquilha de estilingue ou bodoque. **4.** Fenda, greta.

Fis.ga.da *s.f.* **1.** Golpe de fisga. **2.** POP Dor aguda, violenta e rápida; pontada.

Fis.gar *v.t.* **1.** Agarrar com fisga ou arpão. **2.** FIG Deter, prender. **3.** FAM Despertar amor em; enfeitiçar. **4.** POP Perceber logo, pegar no ar; pegar.

Fí.si.ca *s.f.* Ciência que tem por objeto o estudo dos corpos, suas leis e propriedades.

Fí.si.co-quí.mi.ca *s.f.* **1.** Conjunto das características físicas e químicas de um fenômeno. **2.** Ramo da ciência que compreende a Física e a Química em seus domínios comuns.

Fí.si.co-quí.mi.co *adj.* **1.** Relativo à Físico-Química. *s.m.* **2.** O especialista em Físico-Química.

Fí.si.cul.tu.ris.mo ou **fi.si.o.cul.tu.ris.mo** *s.m.* Exercitação que visa desenvolver, junto com dieta alimentar especial, o volume muscular; *bodybuilding*.

Fí.si.cul.tu.ris.ta ou **fi.si.o.cul.tu.ris.ta** *adj.2g.* **1.** Relativo ao ou próprio do fisiculturismo. *adj.* e *s.2g.* **2.** Que ou aquele que pratica o fisiculturismo.

Fi.si.o.lo.gi.a *s.f.* **1.** Ciência que trata das funções dos órgãos nos seres vivos. **2.** Tratado de Fisiologia.

Fi.si.o.lo.gis.mo *s.m.* **1.** Atitude política dos que se locupletam nos cargos ou funções públicas. **2.** Adesão sistemática às pessoas ou partidos no poder.

Fi.si.o.no.mi.a *s.f.* **1.** Aspecto peculiar e característico do rosto de uma pessoa. **2.** Semblante, expressão, ar, cara. **3.** FIG Aspecto, aparência (das coisas). **4.** Conjunto de caracteres.

Fi.si.o.quí.mi.ca *s.f.* ⇒ Físico-Química.

Fi.si.o.quí.mi.co *adj.* e *s.m.* ⇒ Físico-Químico.

Fi.si.o.te.ra.pi.a *s.f.* Tratamento das doenças por meio de agentes físicos (água, ar, luz, calor, eletricidade etc.).

Fis.são *s.f.* FÍS Rutura de um núcleo atômico pelo bombardeio de nêutrons, acompanhada da liberação de grande quantidade de energia; cisão, ruptura.

Fis.su.ra *s.f.* **1.** Fenda, abertura, racha. **2.** MED Fratura incompleta de um osso. **3.** GÍR Desejo incontrolável.

Fís.tu.la *s.m.* **1.** MED Canal estreito e profundo por onde se elimina o pus a partir de um foco purulento. **2.** POÉT Flauta pastoril.

Fi.ta *s.f.* **1.** Tecido estreito e comprido, que serve para ligar, ornar. **2.** Faixa, tira. **3.** Apara (de madeira), maravalha. **4.** POP História arranjada para iludir os ingênuos. **5.** POP Filme cinematográfico; película. **6.** Ação que tem como objetivo impressionar; manha, fingimento. **7.** Birra de criança. **8.** Namoro.

Fi.tar *v.t.* **1.** Fixar, firmar (a vista, a atenção) em. **2.** Endireitar (as orelhas, falando-se de animais). *v.p.* **3.** Olhar-se atenta e mutuamente.

Fi.ti.lho *s.m.* **1.** Fita estreita, para debruns. **2.** Fita estreita de tecido ou plástico, para atar.

Fi.to¹ *s.m.* **1.** Alvo, mira, objetivo. **2.** Propósito, intenção, intuito.

Fi.to² *adj.* **1.** Atento. **2.** Fixo, cravado; firme.

Fi.to.ge.ni.a *s.f.* **1.** Parte da Botânica que trata da origem, germinação e crescimento das plantas. **2.** Desenvolvimento dos vegetais; vegetação.

Fi.to.ge.o.gra.fi.a *s.f.* BOT Parte da Biogeografia que se ocupa da distribuição geográfica dos vegetais sobre a face da Terra.

Fi.to.lo.gi.a *s.f.* DES Botânica.

Fi.to.plânc.ton *s.m.* Organismo vegetal que vive em suspensão na água do mar.

Fi.to.te.ra.pi.a *s.f.* Tratamento das doenças através do uso de plantas frescas ou dessecadas.

Fi.ú.za *s.f.* Fé, confiança.

Fi.ve.la *s.f.* Peça de metal, dentada, em que se prende cabelo, cinto etc.

Fi.xa.ção (cs) *s.f.* **1.** Ato ou efeito de fixar. **2.** QUÍM Operação que consiste em tornar fixo um corpo volátil. **3.** PSICOL Função da memória de reter imagens ou ideias.

Fi.xa.dor (cs...ô) *adj.* **1.** Que fixa, ou apresenta a propriedade de fixar. *s.m.* **2.** Aparelho para fixar. **3.** Produto com que se fixam os cabelos.

Fi.xar (cs) *v.t.* **1.** Tornar fixo ou estável. **2.** Prender. **3.** Pregar, firmar, assentar. **4.** Estabelecer. **5.** Reter na memória. **6.** Olhar fixamente. **7.** Aprazar, marcar. *v.p.* **8.** Tornar-se firme. **9.** Estabelecer-se. **10.** Fitar-se.

Fi.xo (cs) *adj.* **1.** Cravado, estável, firme. **2.** Espetado no chão. **3.** Determinado, aprazado. **4.** Que não perde a cor; que não desbota. **5.** Seguro, estável. *s.m.* **6.** O que não se move. **7.** Parte não variável dos vencimentos. ● Neste sentido, opõe-se a *eventual*.

Flá.ci.do *adj.* **1.** Sem elasticidade. **2.** Mole, sem firmeza; fofo. **3.** Frouxo. **4.** Brando, lânguido. ● Ant.: *firme, duro.*

Fla.ge.lo *s.m.* **1.** Azorrague para açoitar; chicote. **2.** FIG Tormento, tortura. **3.** Calamidade pública.

Fla.gra *s.m.* POP Flagrante.

Fla.gran.te *adj.* **1.** Designativo do delito em que um indivíduo é surpreendido ao praticá-lo. **2.** Manifesto, evidente, patente. *s.m.* **3.** Ato de surpreender alguém praticando um delito. **4.** Fotografia instantânea de um fato. **5.** Ensejo, momento, ocasião. ● Cf. *fragrante.*

Fla.ma *s.f.* **1.** Chama, ardor, vivacidade. **2.** Paixão amorosa intensa. **3.** Entusiasmo. ● Dim.: *flâmula.*

Fla.mar *v.t.* Desinfetar passando ligeiramente pelas chamas; flambar.

Flam.bar *v.t.* **1.** Flamar. **2.** Colocar uma certa quantidade de bebida alcoólica sobre o alimento, ateando-lhe fogo em seguida.

Flam.boy.ant (fr.) *s.m.* **1.** Árvore de até 15 m (*Delonix regia*), nativa de Madagascar, de folhas bipenadas, flores vermelhas ou cor de laranja e vagens lenhosas, castanho-escuras, com várias sementes, cultivada como ornamental, empregada em arborização urbana e dotada de propriedades medicinais; flor-do--paraíso, pau-rosa, trambolhão. **2.** Árvore de até 15 m (*Colvillea racemosa*) da mesma fam., nativa de Madagascar, de folhas bipenadas, com cerca de 90 cm de comprimento, muito vistosas e semelhantes a frondes de fetos, flores vermelho-vivas e vagens sublenhosas, de cultivo restrito. ● Pl.: *flamboyants.*

Flam.bu.ai.ã (fr. *flamboyant*) *s.m.* BOT Árvore ornamental de folhagem alta, flores vistosas vermelhas ou alaranjadas e bom sombreamento.

Fla.me.jar *v.int.* **1.** Lançar chamas. *v.t.* e *int.* **2.** Brilhar, esplandecer; brilhar como chama.

Fla.men.go *adj.* **1.** Relativo a Flandres (região entre a França e a Bélgica). *s.m.* **2.** Indivíduo natural de Flandres. **3.** Um dos idiomas falados nessa região. **4.** ORNIT Flamingo (ave).

Fla.min.go *s.m.* **1.** Nome comum a várias aves marinhas de pescoço comprido, bico curvado e plumagem geralmente rosa com tendência para o vermelho. **2.** Cor vermelho-alaranjada. *adj.* **3.** Diz-se dessa cor.

Fla.mu.la *s.f.* **1.** Pequena chama. **2.** Galhardete. **3.** Espécie de bandeirola.

Fla.nar *v.int.* Passear ociosamente e sem destino; vadiar.

Flan.co *s.m.* **1.** Parte lateral do tronco entre o osso ilíaco e as últimas costelas. **2.** Parte lateral; lado. **3.** NÁUT Costado do navio. **4.** MIL Parte lateral de um corpo de tropas. **5.** Falda de monte.

FLANDRES — FLUTUAR

Flan.dres *s.m.2n.* Lata ou folha fina de ferro estanhado; folha-de-flandres.

Fla.ne.la *s.f.* Tecido de lã ou de algodão, de superfície pilosa e macia.

Fla.ne.li.nha *s.m.* **1.** Pequena flanela. **2.** Indivíduo que toma conta de carros nas ruas das grandes cidades.

Flan.que.ar *v.t.* **1.** Atacar ou defender pelos flancos. **2.** Andar ao lado de; ladear. **3.** Defender pelos flancos.

Flap (ing.) *s.m.* ⇒ **Flape.**

Fla.pe *s.m.* Parte da asa de um avião que pode ser deslocada por rotação em torno de um eixo paralelo à envergadura, a fim de alterar a forma geral e as características aerodinâmicas.

Flash (flésh) (ing.) *s.m.* **1.** Lâmpada elétrica de clarão intenso e instantâneo, que possibilita fotografar em lugares de luminosidade deficiente. **2.** Notícia prévia e resumida.

Flash back (flésh béck) (ing.) *s.m.* **1.** Em literatura ou cinema, registro de um fato vivido no passado. **2.** FIG Recordação, lembrança.

Flat (flét) (ing.) *s.m.* Apartamento em hotel ou complexo hoteleiro.

Fla.to *s.m.* **1.** Movimento de ar; flatulência. **2.** Desmaio, ataque histérico. **3.** FIG Vaidade, jactância.

Fla.to.so (ô) *adj.* Que causa flatos.

Fla.tu.lên.cia *s.f.* **1.** Acúmulo de gases no estômago ou nos intestinos. **2.** Emissão desses gases pelo ânus. **3.** FIG Vaidade, flato.

Flau.ta *s.f.* **1.** MÚS Instrumento de sopro, cilíndrico e sem palheta. **2.** FAM Indolência, vadiação.

Flau.te.ar *v.int.* **1.** Tocar flauta. **2.** Faltar à palavra. **3.** Levar a vida sem trabalhar. **4.** Vadiar, vagabundear. *v.t.* **5.** POP Enganar, iludir com subterfúgio. **6.** GÍR Troçar, zombar.

Flau.tim *s.m.* Instrumento musical de sopro semelhante à flauta, porém menor e mais fino, dando a oitava superior.

Fla.vo.noi.de *s.m.* Cada uma das substâncias encontradas em certas plantas cítricas e empregada como tônicos circulatórios.

Flé.bil *adj.2g.* **1.** Choroso, plangente, lacrimoso. **2.** Débil, fraco.

Fle.bi.te *s.f.* MED Inflamação de uma ou mais veias.

Fle.cha *s.f.* **1.** Haste de extremidade geralmente munida de um ferro em forma de triângulo, chanfrado na base e arremessado por arco; seta. **2.** Objeto semelhante a uma flecha. **3.** Sinal em forma de flecha, indicativo de direção. ◆ *Var.: frecha.*

Flec.tir *v.t.* **1.** Fazer a flexão de. **2.** Dobrar, vergar. ◆ *Var.: fletir.*

Flei.mão *s.m.* Inflamação supurada do tecido conjuntivo que provoca abscesso. ◆ *Var.: flegmão.*

Fler.te (ê) *s.m.* Namoro ligeiro, sem compromisso; paquera.

Fleu.ma *s.2g.* **1.** Um dos quatro humores do organismo humano. **2.** Frieza de ânimo; serenidade. **3.** Impassibilidade. ◆ *Var.: flegma.* ● *Ant.: entusiasmo.*

Fle.xão (cs) *s.f.* **1.** Ato ou efeito de curvar-se ou dobrar-se. **2.** Curvatura, dobradura. **3.** GRAM Variação das desinências nas palavras declináveis e conjugáveis.

Fle.xi.bi.li.zar (cs) *v.t.* Tornar flexível.

Fle.xí.vel (cs) *adj.* **1.** Que é fácil de dobrar sem quebrar. **2.** Que se adapta a coisas novas ou diversas. **3.** Volúvel, mutável. **4.** Condescendente, maleável. **5.** Dócil, subserviente. ● *Ant.: inflexível.*

Flí.per *s.m.* Fliperama.

Fli.pe.ra.ma *s.m.* Aparelho formado por uma prancha inclinada e um quadro de contagem luminoso, em que o jogador atira cinco bolas metálicas, uma a uma, com o objetivo de fazê-las tocar em peças elétricas e marcar pontos.

Flo.co *s.m.* **1.** Fio de lã que voa à menor aragem; felpa. **2.** Tufo de pelos da cauda de alguns animais. **3.** Partícula de neve que cai lentamente e esvoaça como felpa branca. ● *Dim.: flóculo.*

Fló.cu.lo *s.m.* Floco extremamente fino e leve.

Flor (ô) *s.f.* **1.** Órgão vegetal reprodutor, constituído de cálice, corola, androceu e gineceu. **2.** Escol, nata. **3.** O despertar da vida. **4.** FIG Tudo o que encanta o espírito. **5.** Pessoa amável, delicada. **6.** Beleza, encanto. ● *Col.: braçada, ramalhete.*

Flo.ra *s.f.* **1.** Conjunto das plantas de determinada região. **2.** Tratado sobre essas plantas. **3.** Conjunto das plantas utilizadas para determinado fim. ● *Dim.erud.: flórula.*

Flo.ral *adj.2g.* **1.** Da flor. **2.** Relativo a flores. **3.** Próprio de flor. **4.** Que contém só flores.

Flo.rão *s.m.* ARQUIT Ornato circular em forma de flor, colocado no centro de um teto.

Flor-de-lis *s.f.* BOT Planta bulbosa ornamental de flores grandes. ● *Pl.: flores-de-lis.*

Flo.re.ar *v.t.* **1.** Fazer brotar flores. **2.** Ornar com flores. **3.** Enfeitar, ornamentar. **4.** Ornar com imagens e enfeites literários. **5.** Agitar com destreza. *v.int.* **6.** Produzir flores. **7.** Fazer figura; brilhar.

Flo.rei.ra *s.f.* **1.** Vaso ou jarra para flores. **2.** Vendedora de flores; florista.

Flo.ren.ti.no *adj.* **1.** Relativo a Florença, cidade da Itália (Europa). *s.m.* **2.** O natural dessa cidade.

Flo.res.cer *v.int.* **1.** Lançar ou produzir flores. **2.** Prosperar, desenvolver-se. **3.** Frutificar. **4.** Distinguir-se. *v.t.* **5.** Fazer brotar flores. **6.** Dar realce, brilho.

Flo.res.ta *s.f.* **1.** Porção de árvores de grande porte. **2.** Selva, mata. **3.** Labirinto, confusão. **4.** Grande número de coisas juntas.

Flo.res.tar *v.t.* **1.** Guarnecer de árvores (um terreno desprovido de vegetação). **2.** Reflorestar.

Flo.re.te (ê) *s.m.* Arma branca, composta de cabo e haste de metal, prismática e pontiaguda, usada na esgrima.

Flo.ri.a.no.po.li.ta.no *adj.* e *s.m.* Relativo a Florianópolis, capital do Estado de Santa Catarina, ou o que é seu natural ou habitante.

Flo.ri.cul.tu.ra *s.f.* **1.** Arte de cultivar flores. **2.** Loja onde se vendem flores e se fazem arranjos florais.

Flo.ri.do *adj.* **1.** Coberto de flores. **2.** Ornado de flores. **3.** Cheio de viço. **4.** Elegante (estilo, linguagem).

Flo.rí.fe.ro *adj.* Que tem ou produz flores.

Flo.rim *s.m.* Unidade monetária e moeda da Hungria (Europa).

Flo.rir *v.int.* **1.** Florescer, desabrochar. *v.t.* **2.** Tornar florido. **3.** Enfeitar de flores. **4.** Enfeitar, adornar. **5.** Desenvolver-se. ● *Conjuga-se por falir.*

Flo.ris.ta *s.2g.* **1.** Pessoa que vende ou cultiva flores. **2.** Pessoa que fabrica flores artificiais.

Flu.en.te *adj.* **1.** Que corre ou escorre com facilidade **2.** Natural, espontâneo, fácil. **3.** Corrente, habitual.

Flui.do (úi) *adj.* **1.** Fluente. **2.** Que corre como um líquido; corrente. **3.** Fácil, claro. **4.** Frouxo, mole, brando. *s.m.* **5.** Nome genérico de qualquer líquido ou gás. **6.** Influência misteriosa que acomete alguém.

Flu.ir *v.int.* **1.** Correr em estado líquido; passar. **2.** Correr em abundância; jorrar. **3.** FIG Derivar, nascer, proceder.

Flu.mi.nen.se *adj.2g.* **1.** Relativo ao Estado do Rio de Janeiro (Região Sudeste). *s.2g.* **2.** Pessoa natural desse Estado.

Flú.or *s.m.* QUÍM Elemento químico, de símbolo F, número atômico 9 e massa atômica 19, que constitui um gás de cor amarelo-pálida e odor forte.

Flu.o.ra.ção *s.f.* Ato ou processo de fluorar.

Flu.o.rar *v.t.* **1.** Tratar com flúor. **2.** Adicionar flúor à água de abastecimento.

Flu.o.res.cên.cia *s.f.* FÍS Iluminação especial que apresentam certas substâncias expostas à ação dos raios químicos.

Flu.o.res.cen.te *adj.2g.* FÍS Que tem a propriedade da fluorescência.

Flu.tís.so.no *adj.* Que soa como as vagas.

Flu.tu.a.ção *s.f.* **1.** Ato ou efeito de flutuar. **2.** Ondulação de um corpo. **3.** Oscilação, variação. **4.** Inconstância, volubilidade.

Flu.tu.a.dor *adj.* **1.** Que flutua; flutuante. *s.m.* **2.** Cais flutuante de madeira para atracação de pequenas embarcações.

Flu.tu.an.te *adj.* **1.** Que flutua. **2.** Ondulante, oscilante. **3.** FIG Irresoluto, indeciso. **4.** Vacilante.

Flu.tu.ar *v.int.* **1.** Manter-se à superfície de um líquido; boiar. **2.** Pairar no ar. **3.** Agitar-se, tremular ao sopro do vento. **4.** Vacilar, hesitar, oscilar.

FLUVIAL — FOLHETINESCO

Flu.vi.al *adj.* **1.** Relativo a rio. **2.** Que é próprio de rio. **3.** Que vive nos rios. ◆ Cf. *pluvial.*

Flu.xo (cs) *s.m.* **1.** Ato ou modo de fluir. **2.** Movimento de avanço (enchente) e recuo (vazante) das águas do mar. **3.** Enchente fluvial. **4.** O correr de um líquido; escoamento. **5.** FIG Curso, corrente. **6.** Abundância, torrente. **7.** Grande quantidade de uma coisa em movimento contínuo. **8.** Mênstruo.

FM *s.f.* Sigla de frequência modulada.

F.M.I. *s.m.* Sigla de Fundo Monetário Internacional.

Fo.bi.a *s.f.* **1.** Designação genérica das diferentes espécies de medo angustiante ou mórbido; aversão. **2.** Medo exagerado.

Fó.bi.co *adj.* Relativo à fobia.

Fo.ca *s.f.* **1.** Mamífero aquático e carnívoro das regiões polares. *s.m.* **2.** GÍR Repórter novato, inexperiente. **3.** Aquele que é iniciante em qualquer atividade. *adj.* **4.** Inexperiente.

Fo.ca.li.zar *v.t.* **1.** Regular a distância focal de. **2.** Pôr no foco (máquina fotográfica). **3.** Pôr em foco, em evidência; analisar. **4.** Enfocar.

Fo.car *v.t.* Focalizar.

Fo.ci.nhei.ra *s.f.* **1.** Correia que passa por cima das ventas do cavalo. **2.** Mordaça (de cães).

Fo.ci.nho *s.m.* **1.** Parte da cabeça de certos animais que compreende as ventas, a boca e o queixo. **2.** POP O rosto humano; cara. **3.** CONSTR Saliência boleada do piso de um degrau.

Fo.ci.nhu.do *adj.* **1.** Que tem focinho grande. **2.** FIG Macambúzio, carrancudo.

Fo.co *s.m.* **1.** FÍS Ponto para onde convergem os raios da luz, depois de refratados em uma lente ou refletidos em um espelho. **2.** Fonte de luz. **3.** Ponto de convergência. **4.** Sede, centro. **5.** MED Sede principal de qualquer doença. **6.** Local onde se concentra o pus.

Fo.fo (ô) *adj.* **1.** Que cede facilmente à pressão; que é agradável ao tato. **2.** Macio, mole, elástico. **3.** FIG Que alardeia prosápia. **4.** Afetado, vaidoso. **5.** FAM Gracioso e bonito. **6.** Envaidecido, ancho.

Fo.fo.ca *s.f.* **1.** POP Mexerico, enredo, intriga. **2.** POP Conversa fiada, mentira.

Fo.fo.car *v.int.* POP Fazer fofoca; mexericar, bisbilhotar.

Fo.fo.quei.ro *adj.* e *s.m.* POP Diz-se de, ou aquele que faz ou divulga fofocas; mexeriqueiro.

Fo.ga.ça *s.f.* **1.** Bolo ou pão cozido; folar, bola (ô). **2.** Certa formação típica dos terrenos diamantinos.

Fo.ga.cho *s.m.* **1.** Chama súbita. **2.** Pequena labareda. **3.** FIG Sensação de calor no rosto, por emoção ou estado mórbido. **4.** Manifestação de mau gênio. **5.** Assomo, repente, arrebatamento.

Fo.gão *s.m.* Aparelho de metal ou ferro, com uma ou várias bocas e com ou sem forno, em que se acende o fogo para cozinhar; lareira.

Fo.ga.rei.ro *s.m.* Pequeno fogão portátil de barro ou ferro para cozinhar ou aquecer.

Fo.ga.réu *s.m.* **1.** Fogueira, lume. **2.** Fogo que se expande em labaredas. **3.** POP Fogo intenso, grande.

Fo.go (ô) *s.m.* **1.** Toda combustão acompanhada de desenvolvimento de luz, calor e, geralmente, de chamas. **2.** Chama, labareda. **3.** Fogão, lareira. **4.** FIG Vivacidade. **5.** FIG Ardor, paixão, excitação. **6.** FIG Ardência sexual. **7.** FIG Embriaguez, bebedeira. **8.** Disparo de arma de fogo.

Fo.go-a.pa.gou *s.f.2n.* Variedade de ave columbiforme, espécie de rola, cujo canto lembra seu nome popular, encontrada nos campos secos e nos serrados.

Fo.go-fá.tuo *s.m.* Emanação fosfórica que no verão se inflama espontaneamente nos cemitérios e pântanos. ● Pl.: *fogos-fátuos.*

Fo.go-sel.va.gem *s.m.* MED Certa moléstia de pele. ● Pl.: *fogos-selvagens.*

Fo.go.so (ô) *adj.* **1.** Que tem fogo ou calor; abrasador. **2.** Caloroso, veemente, vivo. **3.** Ardente, impetuoso, violento. **4.** Colérico, irascível.

Fo.guei.ra *s.f.* **1.** Fogo resultante de monte de lenha ou de outro combustível. **2.** Exaltação, ardor. **3.** Incandescência.

Fo.gue.ta.da *s.f.* Os estampidos provocados pelo espoucar de muitos foguetes; foguetório.

Fo.gue.te (ê) *s.m.* **1.** Peça de composição combustível, que é lançada ao ar pela ação de gases liberados pela combustão. **2.** ASTRONÁUT Veículo de propulsão para mísseis, espaçonaves, satélites artificiais etc. **3.** Engenho bélico, usado para arremessar uma carga explosiva contra um alvo a grande distância. **4.** FAM Descompostura, repreensão. **5.** Pessoa ativa, despachada. *adj.2g.* **6.** Vivo, irrequieto.

Fo.gue.tei.ro *s.m.* **1.** Fabricante ou vendedor de foguetes e outros fogos de artifício. *adj.2.* **2.** Irrequieto, sapeca: *Menino fogueteiro.*

Fo.gue.tó.rio *s.m.* Grande quantidade de foguetes que estouram ao mesmo tempo; queima de foguetes; foguetada.

Fo.guis.ta *s.2g.* Indivíduo encarregado de alimentar o fogo das caldeiras de máquinas a vapor.

Foi.ce *s.f.* Instrumento agrícola, curvo e com gume, para ceifar. ◆ *Var.: fouce.*

Fo.jo (ô) *s.m.* **1.** Caverna onde se acoitam animais ferozes. **2.** Cova dissimulada com galhos de árvores e terra, para apanhar feras. **3.** Caverna. **4.** Lugar fundo em rio.

Fol.clo.re *s.m.* Conjunto de tradições populares (crenças, superstições, contos, músicas, festas, lendas, artes etc.), de uma época ou de uma região.

Fol.cló.ri.co *adj.* Relativo a folclore.

Fol.clo.ris.mo *s.m.* Estudo das tradições populares.

Fol.clo.ris.ta *s.2g.* Pessoa que se dedica ao estudo do folclore.

Fôl.der *s.m.* Impresso promocional feito numa única folha de papel com duas ou mais dobras.

Fo.le *s.m.* Utensílio que absorve o ar por um orifício e o expele com força por um tubo.

Fô.le.go *s.m.* **1.** Movimento de aspiração e expiração do ar; respiração. **2.** Ato de assoprar ou impelir o ar com a boca. **3.** POP Pulmão. **4.** Descanso, folga, pausa para refazer as forças. **5.** Ânimo. **6.** FIG Desafogo, alívio.

Fol.ga *s.f.* **1.** Descanso. **2.** Tempo de descanso. **3.** Interrupção do trabalho. **4.** Recreio. **5.** Repouso, ócio. **6.** FIG Abastança, largueza. **7.** FIG Desafogo, alívio.

Fol.gan.ça *s.f.* **1.** Ato de descansar, de recuperar-se de uma atividade fatigante ou penosa. **2.** A folga ou ócio disso resultante. **3.** Ato de entregar-se ao divertimento, à brincadeira. **4.** A festa, o folguedo disso resultante.

Fol.gar *v.t.* **1.** Dar folga ou descanso a; descansar. **2.** Desapertar, alargar. **3.** Ter alívio nos afazeres. *v.int.* e *p.* **4.** Ter prazer; divertir-se. **5.** Ter alívio ou descanso.

Fol.ga.zão *adj.* **1.** Que gosta de folgar. **2.** Que diverte a si e aos outros. **3.** Alegre, galhofeiro. ● *Fem.: folgazã, folgazona.* ● *Pl.: folgazões e folgazãos.*

Fol.gue.do (ê) *s.m.* **1.** Ato ou efeito de folgar, de brincar. **2.** Divertimento, pândega.

Fo.lha (ô) *s.f.* **1.** BOT Órgão apendicular, geralmente verde, que se desenvolve nos ramos e nos caules das plantas. **2.** Lâmina de instrumentos e armas cortantes. **3.** O que está impresso ou escrito em uma folha. **4.** Pedaço de papel de dimensão variável. **5.** Relação, rol. **6.** Parte móvel de porta ou janela. **7.** Lista de salários. **8.** Registro de serviços prestados. **9.** Jornal, periódico.

Fo.lha de flan.dres *s.f.* Lâmina de ferro que passou por um banho de estanho; lata, flandres. ● Pl.: *folhas de flandres.*

Fo.lha.do *adj.* **1.** Cheio de folhas. **2.** Em forma de folhas.

Fo.lha.gem *s.f.* **1.** Porção de folhas de uma planta. **2.** Ornato que imita folhas. **3.** BOT Nome de várias plantas ornamentais.

Fo.lhar *v.t.* **1.** Fazer produzir folhas em. **2.** Prover de folhas. **3.** Ornar com folhagem. **4.** Lavrar ou pintar folhagem. **5.** Folhear.

Fo.lhe.ar *v.t.* **1.** Percorrer as folhas de (um livro). **2.** Ler superficialmente (um livro ou parte dele), passando rapidamente suas páginas. **3.** Revestir com lâminas de madeira.

Fo.lhe.tim *s.m.* **1.** Seção literária de um periódico. **2.** Fragmento de romance publicado em jornal diário.

Fo.lhe.ti.nes.co *adj.* **1.** Referente a folhetins. **2.** Que tem as características de um folhetim (romance).

FOLHETINISTA — FORJAR

Fo.lhe.ti.nis.ta *s.2g.* Pessoa que escreve folhetins.

Fo.lhe.to (ê) *s.m.* Brochura de poucas folhas; opúsculo.

Fo.lhi.nha *s.f.* 1. Folha pequena. 2. Calendário em folhas coladas na parte superior e destinadas a serem destacadas uma a uma, dia a dia.

Fo.lho.so (ô) *s.m.* 1. O terceiro estômago dos ruminantes. 2. Folhudo.

Fo.lhu.do *adj.* Que tem muitas folhas; copado.

Fo.li.a *s.f.* 1. Espetáculo ou dia festivo. 2. Dança em ritmo acelerado ao som de pandeiro. 3. Brincadeira barulhenta; pândega. 4. Discussão, briga.

Fo.li.á.ceo *adj.* 1. Semelhante à folha; foliado. 2. Feito de folhas.

Fo.li.ão *s.m.* 1. Indivíduo amigo da folia. 2. Histrião, farsante. 3. Indivíduo que se diverte no carnaval ou na micareta. ● *Fem.: foliona.*

Fo.li.ar¹ *v.int.* Tomar parte em folia; farrear, divertir-se.

Fo.li.ar² *adj.* Relativo a folhas.

Fo.lí.cu.lo *s.m.* ANAT Nome dado a vários órgãos em forma de saco. 2. Pequeno fole.

Fo.lí.o.lo *s.m.* 1. BOT Cada limbo parcial de uma folha composta. 2. BOT Pequena folha.

Fo.me *s.f.* 1. Grande vontade de comer. 2. Falta do necessário. 3. Míngua de víveres. 4. Miséria, penúria. 5. FIG Desejo ardente; ambição.

Fo.men.ta.ção *s.f.* 1. Ato de fomentar. 2. Fomento. 3. Aplicação externa de uma medicação quente na epiderme.

Fo.men.ta.dor *adj.* 1. Que fomenta. *s.m.* 2. Aquele que fomenta ou promove alguma coisa.

Fo.men.tar *v.t.* 1. Desenvolver. 2. Promover ou estimular o progresso de. 3. Incitar, impulsionar. 4. Friccionar (a pele) com medicamento.

Fo.men.to *s.m.* 1. Ato ou efeito de fomentar. 2. Impulso que se dá ao progresso. 3. FIG Estímulo, impulso. 4. Medicamento que, com fricção, se aplica na pele. 5. Proteção, auxílio.

Fo.na.ção *s.f.* Conjunto de fenômenos que resultam na produção da voz.

Fo.na.do *adj.* Por intermédio do telefone.

Fo.ne *s.m.* 1. Forma reduzida de *telefone.* 2. Parte do telefone que se leva ao ouvido, e que reúne um microfone a uma cápsula receptora para a transmissão e recepção da voz.

Fo.ne.ma *s.m.* LING Som elementar, vocálico ou consonântico, da linguagem falada.

Fo.né.ti.ca *s.f.* GRAM Ciência que se ocupa do estudo dos fonemas, do ponto de vista de sua articulação ou da sua recepção auditiva.

Fo.ne.ti.cis.ta *s.2g.* Filólogo especialista em Fonética; fonetista.

Fo.né.ti.co *adj.* Relativo ou pertencente à Fonética.

Fo.ni.a.tri.a *s.f.* Parte da Medicina que se ocupa dos distúrbios da voz.

Fo.no.au.di.o.lo.gi.a *s.f.* Estudo da fonação, da audição, das suas pertubações e tratamento destas.

Fo.no.au.di.ó.lo.go *s.m.* Profissional universitário que se ocupa da Fonoaudiologia.

Fo.no.gra.fi.a *s.f.* FÍS Procedimento mecânico de registro ou de reprodução das vibrações dos corpos sonoros. 2. FILOL Modo de representar graficamente os sons das palavras.

Fo.nó.gra.fo *s.m.* Aparelho que reproduz mecanicamente os sons gravados em discos; gramofone.

Fo.no.gra.ma *s.m.* 1. Sinal gráfico que representa um som. 2. Inscrição do som, obtida por meio de aparelhos registradores, em fonética experimental. 3. Som gravado. Disco, placa, filme em que o som está gravado. 4. Telegrama que se dita por telefone, empregando um código de deletração a fim de assegurar a exatidão.

Fo.no.lo.gi.a *s.f.* Ciência dos sons da linguagem.

Fo.no.ló.gi.co *adj.* Relativo à Fonologia.

Fo.no.lo.gis.ta *s.2g.* Fonólogo.

Fo.nó.lo.go *s.m.* Especialista em Fonologia; fonólogo.

Fo.no.te.ca *s.f.* 1. Coleção de documentos sonoros (discos, fitas, CDs etc.). 2. Lugar onde se guardam e ouvem esses documentos.

Fon.tal *adj.* 1. Relativo à fonte; fontanal. 2. FIG Que dá origem; gerador, primário.

Fon.ta.ne.la *s.f.* ANAT Espaço cartilaginoso que crianças recém-nascidas apresentam na caixa craniana, antes da ossificação completa; moleira.

Fon.te *s.f.* 1. Manancial de água que nasce do solo. 2. Chafariz. 3. FIG Causa, origem. 4. Origem de uma informação. 5. Aquilo que produz alguma coisa. 6. Texto original de (uma obra). 7. Cada um dos lados da região temporal; têmpora, fronte. 8. ELETR Circuito que fornece energia elétrica. 9. FÍS Região ou ponto que fornece energia para um sistema. 10. TIP Conjunto de matrizes do mesmo caráter e o corpo necessários a uma composição tipográfica. 11. Pessoa que fornece informações a um jornalista.

Fo.ra *adv.* 1. Na face externa; exteriormente. 2. Em país estranho. 3. Em lugar diverso do da residência habitual. *prep.* 4. Exceto; com exclusão de. *interj.* 5. Voz para expulsar: rua!, saia!

Fo.ra da lei *adj.* e *s.2g.2n.* Indivíduo que vive à margem da lei; marginal.

Fo.ra.gi.do *adj.* e *s.m.* 1. Que, ou aquele que se esconde para escapar à justiça; homiziado. 2. Perseguido, acossado. 3. Refugiado em terra estranha; expatriado.

Fo.ra.gir-se *v.p.* 1. Fugir à ação da justiça; evadir-se, fugir. 2. Homiziar-se.

Fo.ras.tei.ro *adj.* e *s.m.* 1. Que, ou quem é de fora. 2. Estranho, peregrino, estrangeiro.

For.ca (ô) *s.f.* 1. Aparelho empregado no suplício da estrangulação. 2. Cadafalso, patíbulo. 3. Corda com que uma pessoa se enforca. 4. FIG Laço, cilada, armadilha. 5. PEJ Venda, boteco.

For.ça (ô) *s.f.* 1. Qualquer causa capaz de produzir ou acelerar movimentos. 2. Faculdade de operar, de mover-se. 3. Robustez, vigor muscular. 4. Violência. 5. Necessidade, obrigação. 6. Autoridade, poder. 7. Virtude. 8. Grande quantidade, abundância. 9. Viveza de cores. 10. Destreza, habilidade. 11. Contingente, destacamento militar.

For.ca.do *s.m.* 1. Utensílio agrícola, formado de uma haste terminada em dois ou mais pontas de ferro. 2. Tijolo mais delgado e largo que o comum.

For.ça.do *adj.* 1. Compelido, obrigado. 2. Aberto à força; arrombado. 3. Não natural, afetado, contrafeito. *s.m.* 4. O condenado a trabalhos forçados.

For.çar *v.t.* 1. Compelir, obrigar. 2. Conseguir ou obter por força. 3. Entrar à força em; arrombar, quebrar. 4. Violentar, constranger. 5. Estuprar. 6. Aumentar, exagerar. 7. Subornar, corromper.

For.ça-ta.re.fa *s.f.* Agrupamento especial de navios de guerra ou de tropas, encarregado de missão especial, durante a II Guerra Mundial.

For.ce.jar *v.t.* e *int.* 1. Fazer esforço por; empenhar-se. 2. Lutar com o objetivo de resistir ou vencer.

For.ce.jo (ê) *s.m.* Ato ou efeito de forcejar; esforço.

Fór.ceps *s.m.2n.* Instrumento com que se extrai a criança do útero; fórcipe.

For.ço.so (ô) *adj.* 1. Necessário, inevitável, fatal. 2. POP Forte, musculoso. 3. Violento, impetuoso. ● *Ant.: desnecessário.*

Fo.rei.ro *s.m.* 1. Aquele que tem o direito de uso de um prédio, pelo qual paga foro ao senhorio direto. *adj.* 2. Relativo a foro. 3. Que paga foro.

Fo.ren.se *adj.2g.* 1. Relativo ao foro judicial. 2. Que se usa no foro ou nos tribunais.

For.ja *s.f.* 1. Conjunto de fornalha, fole e bigorna para trabalho em ferro ou metal. 2. Oficina de ferreiro.

For.ja.dor (ô) *adj.* 1. Que forja. *s.m.* 2. POP Autor de falsidades ou intrigas.

For.jar *v.t.* 1. Aquecer e trabalhar na forja. 2. Compor, fazer, fabricar. 3. Imaginar, idear, inventar. 4. Falsificar.

FORMA — FORTALECEDOR

For.ma¹ *s.f.* **1.** Modo, maneira de ser. **2.** Modo sob o qual uma coisa se manifesta ou apresenta. **3.** Modo, maneira. **4.** Bom estado, aparência. **5.** Configuração, formato. **6.** Alinhamento de tropa. **7.** Caráter de estilo em composição literária, musical ou plástica.

For.ma² (ô) *s.f.* **1.** Peça de madeira do feitio do pé, sobre que o sapateiro cose as peças do calçado. **2.** Molde, para vários usos. **3.** Armação de chapéu de senhora. **4.** GRÁF A composição já disposta e apertada, pronta a entrar na máquina. **5.** Molde para vários usos. **6.** Vasilha em que se assam bolos ou pudins.

For.ma.ção *s.f.* **1.** Ato ou efeito de formar. **2.** Disposição de maneira ordenada. **3.** Maneira de constituição de uma mentalidade ou caráter. **4.** Educação, instrução, caráter. **5.** Conjunto de aviões em voo.

For.ma.dor (ô) *adj. e s.m.* Que, ou o que forma.

For.mal *adj.* **1.** Relativo a forma. **2.** Que diz respeito à aparência e não à essência. **3.** Que cumpre as formalidades. **4.** Claro, patente, evidente. **5.** Expresso, explícito. **6.** Positivo. **7.** Metódico, convencional. **8.** Decisivo, peremptório. *s.m.* **9.** JUR Carta de partilhas.

For.ma.li.da.de *s.f.* **1.** Praxe, preceito. **2.** Maneira de proceder. **3.** JUR Condição necessária a que um ato seja legítimo. **4.** Ato de pouca importância. **5.** Fórmula. **6.** Cerimônia ditada pela civilidade, a que não se dá verdadeira importância; etiqueta.

For.ma.lis.mo *s.m.* **1.** Apego demasiado a etiquetas, a formalidades. **2.** Tendência artística para valorizar a forma em detrimento da essência, do conteúdo.

For.ma.lis.ta *adj.2g.* **1.** Relativo ao formalismo. *s.2g.* **2.** Pessoa adepta do formalismo. **3.** Pessoa amiga de formalidades.

For.ma.li.za.ção *s.f.* **1.** Ato ou efeito de formalizar(-se). **2.** Procedimento por meio do qual um sistema de conhecimentos é considerado em suas estruturas formais, por meio de símbolos algébricos, axiomas, normas sintáticas e desenvolvimentos lógicos, e assim purificado de seus conteúdos empíricos ou materiais.

For.ma.li.zar *v.t.* **1.** Dar forma a; formar. **2.** Realizar segundo fórmulas ou formalidades. *v.p.* **3.** Melindrar-se, ofender-se.

For.mão *s.m.* Ferramenta com que se talha madeira.

For.mar *v.t.* **1.** Criar dando forma. **2.** Ter a forma de. **3.** Assemelhar-se a. **4.** Conhecer. **5.** Constituir. **6.** Fabricar, fazer. **7.** Dispor em certa ordem, em linha. **8.** Instruir, educar. **9.** Estabelecer, determinar. **10.** Promover ou facilitar a formatura. *v.int.* **11.** Entrar em formatura. *v.p.* **12.** Tomar forma. **13.** Desenvolver-se, progredir. **14.** Adquirir a formatura (especialmente universitária); diplomar-se. **15.** Originar-se, derivar-se.

For.ma.ta.ção *s.f.* Operação que define um padrão capaz de possibilitar o armazenamento de dados, num computador.

For.ma.tar *v.t.* Realizar formatação em.

For.ma.to *s.m.* Feitio ou dimensão de uma coisa; tamanho.

Fór.mi.ca *s.f.* Material sintético laminado, usado no revestimento de móveis, mesas, cadeiras, balcões etc.

For.mi.cida *adj.2g.* **1.** Que mata formigas. *s.m.* **2.** Preparado químico para matar formigas.

For.mi.dá.vel *adj.* **1.** Que apresenta grandes ou extraordinárias dimensões. **2.** Que impõe respeito. **3.** Gigantesco, descomunal, enorme. **4.** Notável, extraordinário. **5.** Terrível, pavoroso. **6.** Que provoca admiração ou entusiasmo. **7.** POP Ótimo, muito bom.

For.mi.ga *s.f.* **1.** Designação comum a todos os insetos himenópteros da família dos formicídeos. **2.** FIG Pessoa econômica, trabalhadeira. **3.** FAM Pessoa que gosta muito de doces.

For.mi.ga.men.to *s.m.* **1.** Comichão, prurido. **2.** Dormência provocada por má circulação, caracterizada pela sensação de formigas passando sobre a pele. **3.** FIG Movimento, agitação de muitas coisas ou pessoas; formigueiro.

For.mi.gar *v.int.* **1.** Sentir formigamento. *v.t. e int.* **2.** Haver em abundância; fervilhar, pulular.

For.mi.guei.ro *s.m.* **1.** Ninho de formigas. **2.** Grande quantidade de formigas. **3.** Ajuntamento de pessoas em grande número. **4.** Essas pessoas. **5.** FIG Desassossego, impaciência.

For.mol *s.m.* QUÍM Preparado usado como antisséptico. ● *Pl.:* *formóis*.

For.mo.so (ô) *adj.* **1.** Que tem feições ou formas harmoniosas, agradáveis. **2.** Belo, bonito, benfeito. ● *Ant.:* *feio*.

For.mo.su.ra *s.f.* **1.** Qualidade de pessoa ou do que é formoso. **2.** Coisa ou pessoa formosa. **3.** Beleza, perfeição. ● *Ant.:* *fealdade*.

Fór.mu.la *s.f.* **1.** Modelo que contém os termos precisos para regular certos atos. **2.** Forma prescrita ou de praxe. **3.** Expressão matemática de que se pode fazer aplicação em muitos casos. **4.** Receita médica. **5.** QUÍM conjunto de letras, algarismos e outros sinais que apresenta as moléculas de um corpo composto. **6.** Palavras que se usam invariavelmente na celebração de um ato solene.

For.mu.la.ção *s.f.* Ato ou efeito de formular.

For.mu.lar *v.t.* **1.** Reduzir a uma fórmula. **2.** Expor ou enunciar com precisão. **3.** Planejar ou conceber. **4.** Receitar (remédios), aviar (receitas).

For.mu.lá.rio *s.m.* **1.** Coleção de fórmulas. **2.** Modelo impresso de fórmula (acep. 1), no qual se preenchem os dados pedidos. **3.** Livro de orações.

For.na.da *s.f.* **1.** Aquilo que se coze cada vez no mesmo forno. **2.** FIG Coisas que se fazem juntas de uma vez.

For.na.lha *s.f.* **1.** Parte de uma máquina ou do fogão em que arde o combustível. **2.** Lugar muito quente. **3.** Calor intenso.

For.ne.ce.dor (ô) *adj. e s.m.* Que, ou aquele que fornece mercadorias; abastecedor.

For.ne.cer *v.t.* **1.** Abastecer de, ou prover do necessário. **2.** Facilitar, proporcionar. **3.** Dar, distribuir. **4.** Produzir, gerar. *v.p.* **5.** Abastecer-se, prover-se.

For.ne.ci.men.to *s.m.* Ato ou efeito de fornecer; abastecimento.

For.ni.car *v.int.* **1.** Cometer o pecado da fornicação. **2.** Praticar o coito; copular. *v.t.* **3.** Proceder a fornicação com.

For.ni.do *adj.* **1.** Abastecido, provido. **2.** Robusto, corpulento.

For.nir *v.t.* **1.** Prover, abastecer. **2.** Tornar robusto, nutrido. **3.** Tornar basto, encorpado.

For.no (ô) *s.m.* **1.** Construção, geralmente abobadada, com porta lateral, para cozer pão, assar carne etc. **2.** Construção semelhante, para cozer louça, cal etc. **3.** Parte do fogão em que se preparam assados. **4.** FIG Casa ou lugar muito quente.

Fo.ro¹ (ó) *s.m.* **1.** Praça pública, na antiga Roma. **2.** Local para debates. **3.** Reunião com o fim de debater um ou vários assuntos.

Fo.ro² (ó) *s.m.* **1.** Quantia que o foreiro de um prédio paga anualmente ao senhorio direto. **2.** Domínio útil de um prédio. **3.** Encargo. **4.** Uso ou privilégio estabelecido por direito. **5.** Lugar onde funcionam os órgãos do Poder Judiciário, cartórios etc., também chamado *fórum*. **6.** Jurisdição, alçada.

For.qui.lha *s.f.* **1.** Forcado de três pontas; garfo. **2.** Vara, estaca bifurcada.

For.ra *s.f.* POP Desforra, vingança.

For.ra.dor (ô) *adj. e s.m.* Que, ou aquele que forrageia.

For.ra.gem (ô) *s.f.* Erva para alimentação do gado.

For.rar *v.t.* **1.** Pôr forro em. **2.** Reforçar com entretela. **3.** Cobrir com pano ou outro tecido; revestir. **4.** Tornar forro ou livre. *v.p.* **5.** Tirar desforra.

For.re.ta (ê) *s.2g.* Pessoa sovina, avarenta.

For.ro (ô) *s.m.* **1.** Tecido com que se guarnecem internamente roupas, calçados etc. **2.** Tudo que serve para encher ou reforçar interiormente algum artefato. **3.** Revestimento de sofás, cadeira etc. **4.** Tábuas que revestem o teto das casas. **5.** Espaço entre o telhado e o teto de quartos ou salas. **6.** Revestimento de paredes e edifícios. **7.** Revestimento exterior do fundo dos navios, amuradas. **8.** Liberto da escravidão. **9.** Livre, desembaraçado, desobrigado. ● *Pl.:* *forros* (ô).

For.ró *s.m.* POP Arrasta-pé, baile popular.

For.ro.bo.dó *s.m.* **1.** POP Baile reles, arrasta-pé. **2.** Festança, pagodeira. **3.** Confusão, desordem, rolo.

For.ta.le.ce.dor (ô) *adj. e s.m.* Que, ou o que fortalece.

FORTALECER — FRAÇÃO

For.ta.le.cer *v.t.* e *p.* **1.** Tornar(-se) forte ou mais forte. **2.** Fortificar(-se), robustecer(-se). *v.t.* **3.** Dar coragem a; encorajar, animar. **4.** Guardar com forças militares.

For.ta.le.ci.do *adj.* **1.** Tornado forte. **2.** Robustecido. **3.** Encorajado, animado.

For.ta.le.ci.men.to *s.m.* Ato ou efeito de fortalecer(-se).

For.ta.len.se *adj.2g.* ⇒ Fortalezense.

For.ta.le.za (ê) *s.f.* **1.** Qualidade do que (ou de quem) é forte. **2.** Força, vigor, solidez, segurança. **3.** Força moral. **4.** Energia. **5.** Constância. **6.** Fortificação. **7.** Praça de guerra.

For.ta.le.zen.se *adj.2g.* **1.** Relativo a Fortaleza, capital do Estado do Ceará (Região Nordeste). *s.2g.* **2.** Pessoa natural dessa capital.

For.te *adj.* **1.** Que tem força. **2.** Valente, rijo, sólido, resistente. **3.** Corpulento. **4.** FIG Pesado, gordo. **5.** Que tem muito poder. **6.** Seguro, inabalável. **7.** Muito importante. **8.** Desagradável ao gosto ou ao olfato. **9.** Que contém muito álcool (bebida). *s.m.* **10.** Obra de fortificação, fora de um centro povoado. **11.** Castelo; bastião. **12.** Lado ou feição por onde se oferece mais resistência. *s.2g.* **13.** Pessoa forte, rija, resistente. ● *Ant.:* fraco.

For.ti.dão *s.f.* **1.** Qualidade do que é forte. **2.** Aspereza, rispidez.

For.ti.fi.ca.ção *s.f.* **1.** Forte, fortaleza. **2.** Ato ou operação de fortificar.

For.ti.fi.ca.dor (ô) *adj.* Que fortifica; fortificante.

For.ti.fi.can.te *adj.* **1.** Que fortifica. *s.m.* **2.** O que fortifica. **3.** Preparado farmacêutico para restauração das forças.

For.ti.fi.car *v.t.* **1.** Tornar forte ou mais forte; fortalecer. **2.** Guarnecer de forte ou fortalezas. **3.** Auxiliar, reforçar. *v.p.* **4.** Defender-se com fortificações; fortalecer-se. **5.** Manter-se firme. ● *Ant.:* enfraquecer(-se).

For.tim *s.m.* Pequeno forte.

For.tui.to *adj.* Casual, imprevisto, acidental, inesperado.

For.tu.na *s.f.* **1.** Aquilo que sucede por acaso. **2.** Acontecimento imprevisto. **3.** Sorte (boa ou má). **4.** Destino, fado, sina. **5.** Casualidade, eventualidade. **6.** Boa sorte, bom êxito, ventura. **7.** Pessoa muito rica. **8.** Grande soma de dinheiro. **9.** Bens, haveres, riqueza.

Fó.rum *s.m.* Foro[1].

Fos.co (ô) *adj.* **1.** Embaciado, fosco, sem brilho. **2.** Não transparente; escuro. **3.** Alterado, perturbado. **4.** FIG Covarde.

Fos.fa.to *s.m.* QUÍM Sal proveniente da combinação do ácido fosfórico com uma base.

Fos.fo.res.cên.cia *s.f.* Brilho que certos corpos apresentam na escuridão, por ter absorvido radiação de outra fonte.

Fos.fó.ri.co *adj.* **1.** Relativo ao fósforo. **2.** Que brilha como fósforo. **3.** Que contém fósforo.

Fós.fo.ro *s.m.* **1.** Elemento químico luminoso na obscuridade, e que se inflama ao contato com o ar. **2.** Palito que tem numa das extremidades um preparado que se inflama com o atrito ou fricção. **3.** GÍR Pessoa sem importância. **4.** QUÍM Elemento de número atômico 15, não metálico, de símbolo P.

Fos.sa *s.f.* **1.** Escavação, buraco, cova. **2.** Cavidade subterrânea, em que se recolhem excrementos e imundícies. **3.** Covinha no queixo ou na face. **4.** ANAT Nome de certas depressões ou cavidades mais ou menos profundas do organismo, cuja entrada é geralmente mais larga que o fundo. **5.** POP Forte depressão moral. ● *Dim.irreg.:* fosseta (ê). ● *Dim.erud.:* fóssula.

Fós.sil *adj.2g.* **1.** Que se extrai da terra, cavando. **2.** FIG Desusado, antiquado, retrógrado. *s.m.* **3.** Tudo que se extrai do seio da terra. **4.** Restos de matéria orgânica, animal ou vegetal, envolvidos nas camadas rochosas onde são conservados há milhões de anos. ● *Pl.:* fósseis.

Fos.si.lis.mo *s.m.* **1.** Tudo o que é contrário ao progresso. **2.** Qualidade do que é retrógrado.

Fos.si.lis.ta *adj.* e *s.2g.* Que ou aquele que manifesta fossilismo.

Fos.si.li.za.ção *s.f.* **1.** Ato, processo ou efeito de fossilizar(-se). **2.** Passagem de um corpo ao estado fóssil, normalmente por petrificação.

Fos.si.li.zar *v.t.* e *p.* Tornar(-se) fóssil.

Fos.so (ô) *s.m.* **1.** Cova, fossa, valado. **2.** Cavidade defensiva em torno de fortificações. **3.** Vala para condução de águas; sarjeta. ● *Pl.:* fossos (ó).

Fo.te.lé.tri.co *adj.* ⇒ Fotoelétrico.

Fo.to *s.f.* Forma abreviada de fotografia.

Fo.to.com.po.si.ção *s.f.* Processo de composição de texto por meio fotográfico ou fotoeletrônico, também chamada composição a frio (em oposição à linotipia ou composição a quente).

Fo.to.com.po.si.tor *s.m.* Especialista em fotocomposição.

Fo.to.com.po.si.to.ra *s.f.* Máquina utilizada para a fotocomposição.

Fo.to.có.pia *s.f.* **1.** Processo de reprodução de documentos escritos ou impressos. **2.** Prova obtida por esse processo.

Fo.to.co.pi.a.do.ra (ô) *s.f.* Máquina que faz fotocópias.

Fo.to.e.lé.tri.co ou **fo.te.lé.tri.co** *adj.* Capaz de liberar elétrons ao ser exposto à radiação eletromagnética (fótons).

Fo.to.fo.bi.a *s.f.* Horror à luz.

Fo.to.fó.bi.co *adj.* Relativo à fotofobia.

Fo.to.fo.bo *s.m.* Aquele que tem fotofobia.

Fo.to.gê.ni.co *adj.* Diz-se de pessoa que aparece bem em fotografia.

Fo.to.gra.far *v.t.* **1.** Reproduzir pela fotografia; retratar. **2.** FIG Descrever com rigorosa exatidão.

Fo.to.gra.fi.a *s.f.* **1.** Arte ou processo de fixar numa chapa sensível, com o auxílio da luz, a imagem dos objetos. **2.** Reprodução dessa imagem; retrato. **3.** Estúdio de fotógrafo. **4.** FIG Cópia fiel.

Fo.to.grá.fi.co *adj.* **1.** Concernente a fotografia. **2.** Que se obtém pela fotografia.

Fo.tó.gra.fo *s.m.* Pessoa que se dedica à fotografia, que exerce essa arte.

Fo.to.li.tar *v.t.* Produzir o fotolito de.

Fo.to.li.to *s.m.* GRÁF Filme ou chapa de metal com imagens ou textos, pronto para ser reproduzido em chapa de impressão ou em *off-set*.

Fo.to.mon.ta.gem *s.f.* **1.** Técnica de reunir duas ou mais imagens distintas para criar uma nova composição. **2.** Fotografia que daí resulta.

Fo.to.no.ve.la *s.f.* História (geralmente de amor) em quadrinhos, cujos desenhos foram substituídos por imagens fotográficas e pequenos textos.

Fo.tor.re.por.ta.gem *s.f.* Reportagem em que o peso da informação está contido sobretudo nas fotografias, que são acompanhadas apenas por legendas ou pequenas notas de esclarecimento. Cf.: fotojornalismo.

Fo.tos.sen.si.bi.li.da.de *s.f.* Sensibilidade às radiações luminosas.

Fo.tos.sen.sí.vel *adj.2g.* **1.** Sensível às radiações luminosas, particularmente à luz. **2.** Que apresenta sensibilidade aguda e anormal aos raios solares (diz-se de pele).

Fo.tos.sín.te.se *s.f.* BOT Formação de substância orgânica, por influência da luz, nos vegetais clorofilados.

Fotos.sin.té.ti.co *adj.* **1.** Relativo a fotossíntese. **2.** Capaz de realizar a fotossíntese.

Fo.to.te.ca *s.f.* **1.** Coleção de fotografias. **2.** Local ou repositório em que essa coleção é armazenada.

Fo.to.te.ra.pi.a *s.f.* Utilização dos raios de luz no tratamento de doenças.

Fo.to.te.rá.pi.co *adj.* Relativo à fototerapia.

Fo.to.tro.pia *s.m.* ⇒ Fototropismo.

Fo.to.tró.pi.co *adj.* Referente a fototropia ou fototropismo.

Fo.to.tro.pis.mo *s.m.* ou **fo.to.tro.pi.a** *s.f.* Movimento do crescimento de uma planta orientado pela influência do Sol.

Foz *s.f.* Ponto em que um rio se lança em outro ou no mar; embocadura.

Fra.ção *s.f.* **1.** Ato ou efeito de quebrar, partir ou dividir. **2.** Fragmento, parte de um todo. **3.** ARIT expressão que indica uma ou mais partes alíquotas da unidade; quebrado.

FRACASSO — FRASQUEIRA

Fra.cas.so *s.m.* **1.** Fragor. **2.** Ruído de coisa que se parte ou cai. **3.** Ruína, desastre. **4.** Mau êxito, malogro, insucesso. ● *Ant.: sucesso.*

Fra.cio.na.men.to *s.m.* Ato ou efeito de fracionar(-se).

Fra.cio.nar *v.t.* **1.** Dividir em frações ou partes; fragmentar. *v.t. e int.* **2.** Dividir. *v.p.* **3.** Dividir-se, fragmentar-se.

Fra.cio.ná.rio *adj.* **1.** ARIT Que há fração. **2.** Composto de inteiro e fração; quebrado. *s.m.* **3.** ARIT Número fracionário.

Fra.co *adj.* **1.** Falta de forças. **2.** Que tem pouca solidez. **3.** Pouco resistente; frágil. **4.** Sem importância. **5.** Pouco espesso. **6.** Sem vigor. **7.** Debilitado, franzino. **8.** Falta de recursos intelectuais; medíocre. **9.** Tênue; mal fortificado. **10.** Pouco substancioso. **11.** Que tem pouco álcool. **12.** Que se ouve mal. **13.** Sem energia. **14.** Pusilânime, covarde, frouxo. *s.m.* **15.** Indivíduo fraco. **16.** O ponto fraco (de uma pessoa ou coisa). **17.** Tendência, queda, propensão irresistível. ● *Ant.: forte.*

Frac.tal *s.m.* **1.** Estrutura geométrica complexa cujas propriedades, em geral, repetem-se em qualquer escala. **2.** Objeto ou desenho representativo de um fractal. *adj.2g.* **3.** Relativo ao fractal.

Fra.de *s.m.* **1.** Religioso que vive em convento. **2.** Marco de pedra. ● *Fem.: freira.*

Fra.ga.ta *s.f.* NÁUT Antigo navio a vela de guerra, de três mastros, superior à corveta e inferior à nau.

Frá.gil *adj.2g.* **1.** Quebradiço, fraco. **2.** Pouco durável. **3.** Pouco vigoroso; inconsistente, débil. **4.** FIG Pouco durável; efêmero. **5.** Que está sujeito a erros ou culpas. ● *Ant.: duro, resistente.*

Fra.gi.li.da.de *s.f.* **1.** Fraqueza. **2.** Instabilidade. **3.** Qualidade de frágil.

Frag.men.ta.ção *s.f.* Ato ou efeito de fragmentar(-se).

Frag.men.tar *v.t. e p.* **1.** Reduzir(-se) a fragmentos. **2.** Quebrar(-se), fracionar(-se).

Frag.men.tá.rio *adj.* **1.** Relativo a fragmentos. **2.** Que se encontra em fragmentos. **3.** Composto de fragmentos.

Frag.men.to *s.m.* **1.** Cada uma das partes de coisa dividida ou desmembrada. **2.** Pequena fração; pedaço, estilhaço.

Fra.gor (ô) *s.m.* **1.** Estrondo, estampido. **2.** Ruído forte de coisa que se quebra.

Fra.go.ro.so (ô) *adj.* Ruidoso, estrondoso.

Fra.grân.cia *s.f.* **1.** Qualidade de fragrante. **2.** Perfume, aroma, cheiro suave. ◆ Cf. *flagrância.*

Fra.gran.te *adj.2g.* **1.** Que exala cheiro forte e agradável. **2.** Cheiroso, aromático, perfumado. ◆ Cf. *flagrante.*

Fra.jo.la *adj.* POP Bem-vestido, elegante, gracioso.

Fral.da *s.f.* **1.** Parte inferior da camisa. **2.** Peça de fazenda ou de papel (absorvente) com que se envolve a parte inferior do tronco do bebê para absorver os excrementos. **3.** Aba, sopé, falda (de serra, morro etc.).

Fram.bo.e.sa (ê) *s.f.* Fruto da framboeseira.

Fram.bo.e.sei.ra *s.f.* BOT Planta trepadeira, espinhosa, de fruto (framboesa) aromático e comestível.

Fran.cês *s.m.* **1.** Relativo à França, país da Europa. **2.** O natural da França. **3.** Idioma falado nesse país.

Fran.ce.sis.mo *s.m.* Palavra ou expressão de origem francesa; galicismo.

Franchising (francháizin) (ing.) ⇒ **Franquia**.

Frân.cio *s.m.* QUÍM Metal alcalino, radioativo, de símbolo Fr e número atômico 87.

Fran.cis.ca.no *adj.* **1.** Relativo a São Francisco de Assis (1182-1226) ou à ordem religiosa por ele fundada. **2.** Diz-se de uma grande pobreza ou miséria. *s.m.* **3.** Frade da ordem de São Francisco de Assis, também chamado *frade menor.*

Fran.co *adj.* **1.** sem restrições; livre, desembaraçado, desimpedido. **2.** Em que há franqueza. **3.** Verdadeiro, sincero, leal. ● *Ant.: falso.* **4.** Espontâneo. **5.** Livre de tributos, impostos ou qualquer pagamento. *s.m.* **6.** Antiga unidade monetária da França, Suíça, Bélgica e outros países.

Fran.co-a.ti.ra.dor *s.m.* **1.** Aquele que, numa campanha militar, faz parte de um corpo irregular de tropas. **2.** O que trabalha por alguma ideia sem fazer parte de nenhum grupo ou organização. ● Pl.: *franco-atiradores.*

Fran.ga.lho *s.m.* **1.** Trapo, farrapo. **2.** FIG Coisa imprestável. **3.** Pessoa em péssimo estado físico e espiritual.

Fran.go *s.m.* **1.** Filho da galinha, já crescido mas que ainda não é galo. **2.** FIG Rapazote, rapazola. **3.** FUT Bola fácil de defender, que o goleiro deixa passar.

Fran.go.te *s.m.* **1.** Frango pequeno. **2.** FIG Rapazinho, adolescente, frango.

Fran.ja *s.f.* **1.** Galão com fios torcidos, de linha, seda, ouro ou prata, para guarnecer alguma coisa. **2.** FIG Objeto recortado em forma de franja. **3.** Parte do cabelo puxado sobre a testa e aparado.

Fran.que.ar *v.t.* **1.** Tornar livre, franco. **2.** Desimpedir. **3.** Facilitar o acesso de. **4.** Dispensar ou isentar de taxas fiscais ou pagamento. **5.** Pôr selo postal em. **6.** Pôr à disposição de. **7.** Conceder franquia. **8.** Revelar, descobrir (coisa oculta). ● Conjuga-se por *atear.*

Fran.que.za (ê) *s.f.* **1.** Qualidade de é franco. **2.** Lealdade, sinceridade. **3.** Generosidade, liberalidade. **4.** Isenção.

Fran.qui.a *s.f.* **1.** Ato ou efeito de franquear. **2.** Isenção de certas taxas; imunidade. **3.** Selo de correspondência. **4.** Regalia, privilégio. **5.** FIG Asilo, refúgio. **6.** COM Sistema de parceria comercial, em que uma empresa ou marca (chamada *franqueadora*) cede, sob certas condições e pagamento, o direito de comercialização de seus produtos ou a exploração de sua marca por firmas independentes (chamadas *franqueadas*).

Fran.zi.do *adj.* **1.** Pregueado, enrugado. *s.m.* **2.** Parte pregueada de alguma coisa.

Fran.zi.no *adj.* **1.** De talhe fino, frágil. **2.** Delicado de formas. **3.** Pouco resistente; fraco. ● *Ant.: robusto.*

Fran.zir *v.t.* **1.** Preguear, dobrar em pregas. **2.** Carregar, enrugar. *v.p.* **3.** Dobrar-se em pregas. **4.** Enrugar-se, contrair-se.

Fra.pê *s.m.* Leite batido com sorvete (de chocolate, morango, creme, leite, coco etc.).

Fra.que *s.m.* Espécie de casaco masculino de cerimônia, em geral com um só botão na frente, cujas abas se vão afastando do peito para baixo.

Fra.que.ja.men.to *s.m.* **1.** Enfraquecimento. **2.** Perda de coragem ou da decisão.

Fra.que.jar *v.int.* **1.** Tornar-se fraco. **2.** Debilitar-se, mostrar-se abatido. **3.** Desfalecer. **4.** Perder a energia moral; esmorecer-se. ◆ *Var.: fraquear.*

Fra.que.za (ê) *s.f.* **1.** Qualidade de fraco. **2.** Fragilidade, debilidade, abatimento. **3.** Desânimo, desalento; frouxidão. **4.** Falta de firmeza, de resistência. **5.** Compleição fraca; timidez. **6.** Tendência para ceder; pusilanimidade. **7.** Lado fraco de uma pessoa ou coisa. **8.** Defeito moral. ● *Ant.: vigor, energia.*

Fra.sal *adj.* Relativo ou pertencente à frase; frásico.

Fras.ca.ri.a *s.f.* **1.** Qualidade de frascário; frascarice, libertinagem. **2.** Porção de frascos.

Fras.cá.rio *adj. e s.m.* Diz-se de, ou indivíduo estroina, extravagante, libertino.

Fras.co *s.m.* Recipiente de vidro, matéria plástica, louça etc. para líquidos.

Fra.se *s.f.* **1.** Reunião de palavras que formam sentido completo. **2.** Período, sentença. **3.** Locução, expressão. ◆ **Frase feita:** Diz-se de certas locuções consagradas pelo uso, como em *quem dá aos pobres empresta a Deus* etc.

Fra.se.a.do *adj.* **1.** Disposto em frase. *s.m.* **2.** Maneira própria de escrever ou dizer; palavreado.

Fra.se.ar *v.t.* Exprimir em frases.

Fra.se.o.lo.gi.a *s.f.* **1.** Parte da gramática que trata da construção da frase. **2.** Construção de frase peculiar a uma língua ou própria de um escritor. **3.** Discurso palavroso mas vazio de ideias.

Fras.quei.ra *s.f.* Caixa ou lugar em que se juntam frascos e garrafas.

FRATERNAL — FRIGIDEZ

Fra.ter.nal *adj.2g.* **1.** Próprio de irmãos; fraterno. **2.** FIG Afetuoso, cordial. **3.** Benévolo.

Fra.ter.ni.da.de *s.f.* **1.** Parentesco de irmãos. **2.** União fraternal. **3.** Convivência como de irmãos. **4.** Amor ao próximo. **5.** Harmonia, camaradagem.

Fra.ter.ni.zar *v.t.* **1.** Unir em amizade fraternal. **2.** Unir-se, aliar-se.

Fra.ter.no *adj.* **1.** De, ou relativo a irmãos. **2.** Afetuoso, cordial.

Fra.tri.ci.da *s.2g.* **1.** Quem mata irmão ou irmã. *adj.2g.* **2.** Diz-se das guerras civis.

Fra.tri.cí.dio *s.m.* Crime de quem mata irmão ou irmã.

Fra.tu.ra *s.f.* **1.** Ato ou efeito de fraturar. **2.** Rompimento, quebra.

Fra.tu.rar *v.t.* **1.** Partir (osso de braço, perna etc.). **2.** Partir osso de. **3.** Quebrar com força; arrombar. *v.p.* **4.** Quebrar-se.

Frau.da.dor *adj.* e *s.m.* Que, ou o que frauda.

Frau.dar *v.t.* **1.** Cometer fraude contra; enganar. **2.** Espoliar por meio de fraude. **3.** Sair-se mal; frustrar-se.

Frau.da.tó.rio *adj.* Fraudulento.

Frau.de *s.f.* **1.** Astúcia empregada para causar dano. **2.** Abuso de confiança, ato de má-fé. **3.** Logro, engano. **4.** Contrabando.

Frau.du.len.to *adj.* **1.** Em que há fraude; doloso. **2.** Propenso à fraude. **3.** Ardiloso, enganador.

Fre.a.da *s.f.* Ato ou efeito de frear, de conter.

Fre.ar *v.t.* **1.** Reduzir ou deter a marcha de um veículo por meio do freio. **2.** FIG Conter, refrear.

Fre.á.ti.co *adj.* Diz-se dos lençóis de água subterrâneos.

Fre.chal *s.m.* CONSTR Cada uma das vigas de madeira em que se assentam os frontais de cada pavimento ou de uma casa. **2.** Viga em que se pregam os caibros à beira do telhado.

Freelance (fri-lânce) (ing.) *s.2g.* **1.** Profissional (jornalista, fotógrafo, eletricista etc.) que presta serviços a pessoa ou empresa, sem vínculo empregatício. **2.** O próprio serviço.

Freelancer (fri-lancer) (ing.) *s.2g.* Pessoa que realiza *freelance*.

Freezer (frízer) (ing.) Congelador.

Fre.ge *s.m.* **1.** Barulho, briga, conflito, rolo. **2.** Frege-moscas.

Fre.guês *s.m.* **1.** Aquele que frequenta sempre o mesmo restaurante, o mesmo bar etc. **2.** Cliente que compra sempre a determinada pessoa, loja, empresa etc. **3.** Cliente em geral. **4.** POP Pessoa, indivíduo qualquer.

Fre.gue.si.a *s.f.* **1.** Conjunto dos paroquianos; paróquia. **2.** Grupo de compradores; clientela. **3.** Hábito de comprar sempre a um mesmo vendedor.

Frei *s.m. Abrev.* de freire. ● *Fem.*: sóror ou soror.

Frei.o *s.m.* **1.** Peça de metal, presa às rédeas, que se introduz na boca das cavalgaduras para as dirigir. **2.** Aparelho que serve para moderar ou regular o movimento de certas máquinas e veículos; tração. **3.** ANAT Prega membranosa que retém um órgão. **4.** Cada uma das queixadas do torno dos serralheiros. **5.** FIG Tudo que modera ou sujeita. **6.** Sujeição, domínio. **7.** Obstáculo, impedimento.

Frei.ra *s.f.* Religiosa de uma ordem, à qual faz votos; madre, irmã.

Fre.men.te *adj.2g.* **1.** Que freme ou vibra; agitado. **2.** Apaixonado, arrebatado.

Fre.mir *v.int.* **1.** Bramir, rugir. **2.** Vibrar, agitar-se ligeiramente. **3.** FIG Estremecer; tremer, vibrar. *v.t.* **4.** Soltar, emitir com frêmito.

Frê.mi.to *s.m.* **1.** Som áspero; rumor. **2.** Rugido, bramido. **3.** FIG Estremecimento de alegria ou de cólera. **4.** Tremor, vibração.

Fre.nar *v.t.* **1.** Frear, enfrear. **2.** FIG Moderar, conter.

Fre.ne.si *s.m.* **1.** Delírio furioso. **2.** Paixão que tira a razão; fúria, excitação. **3.** Vivacidade excessiva; arrebatamento. **4.** Impaciência. **5.** Impertinência.

Fre.né.ti.co *adj.* **1.** Que tem frenesi. **2.** Impaciente, excitado, agitado, convulso. **3.** Fora de si; delirante. **4.** Impetuoso, furioso.

Fren.te *s.f.* **1.** Parte anterior de qualquer coisa. **2.** O primeiro lugar, a parte dianteira; vanguarda. **3.** Rosto, face.

Fren.tis.ta *s.2g.* **1.** Oficial que trabalha no acabamento e nas fachadas dos edifícios. **2.** Pessoa que atende o público, nos postos de gasolina.

Fré.on° *s.m.* Derivado clorado e fluorado do metano ou do etano, usado como agente refrigerante e como propelente em aerossóis.

Fre.quên.cia *s.f.* **1.** Ato ou efeito de frequentar. **2.** Repetição amiudada de fatos ou acontecimentos. **3.** As pessoas que frequentam um mesmo lugar. **4.** Assiduidade, convivência. **5.** FÍS O número de vibrações, por segundo, de um corpo em movimento.

Fre.quen.ta.ção *s.f.* **1.** Ato ou efeito de frequentar. **2.** Convívio social.

Fre.quen.ta.dor (ô) *adj.* e *s.m.* Que, ou o que frequenta.

Fre.quen.tar *v.t.* **1.** Ir amiúde a. **2.** Conviver com. **3.** Tratar familiarmente. **4.** Viver na intimidade de. **5.** Cursar (aula, disciplina etc.).

Fre.quen.te *adj.2g.* **1.** Que se produz muitas vezes; continuado. **2.** Assíduo, constante. **3.** Incansável. **4.** Vulgar. ● *Ant.*: raro.

Fres.ca (ê) *s.f.* **1.** Aragem agradável que sopra ao cair da tarde. **2.** Sensação agradável de frescura.

Fres.co¹ (ê) *adj.* **1.** Quase frio. **2.** Que tem frescura; agradável, ameno, suave, aprazível. **3.** Bem arejado. **4.** Feito de pouco tempo: Café fresco. **5.** Cozido há pouco. **6.** Que ainda não secou. **7.** Ainda vivo na memória. **8.** Aragem agradável. **9.** PEJ Efeminado.

Fres.co² (ê) *s.m.* Certo gênero de pintura; afresco.

Fres.co.bol *s.m.* Jogo praticado na praia por dois banhistas, com uma raquete e uma bola de borracha. ● *Pl.*: frescobóis.

Fres.cor (ô) *s.m.* **1.** Qualidade de fresco. **2.** Vento fresco. **3.** Vigor da vegetação. **4.** Vivacidade, exuberância. **5.** Verdor da idade; viço. **6.** FIG Refrigério, lenitivo.

Fres.cu.ra *s.f.* **1.** Qualidade de fresco; frescor. **2.** PEJ Jeito ou modo efeminado. **3.** Sentimentalismo exagerado. **4.** Coisa sem importância. **5.** Afetação, formalidade.

Fres.su.ra *s.f.* Vísceras mais grossas (traqueia, pulmão, coração, fígado) da rês.

Fres.ta (é) *s.f.* Abertura longa e estreita, em parede, para iluminação do interior; fenda, greta.

Fre.te *s.m.* **1.** Aluguel de embarcação, carro, caminhão etc. **2.** Transporte de qualquer mercadoria. **3.** Carregamento de navio. **4.** Preço que se paga por qualquer transporte. **5.** A coisa transportada.

Freu.di.a.no (freu = frói) *adj.* **1.** Relativo a Sigmund Freud ou ao freudianismo. *s.m.* **2.** O partidário do freudianismo.

Fre.vo (ê) *s.m.* Dança popular de grande riqueza coreográfica e rítmica, ao som de música característica, comum no carnaval pernambucano.

Fri.a *s.f.* **1.** POP Situação embaraçosa, difícil. **2.** Dificuldade, enrascada.

Fri.a.gem *s.f.* **1.** Ar frio. **2.** A umidade do solo.

Fri.al.da.de *s.f.* **1.** Qualidade de frio. **2.** Tempo frio. **3.** FIG Falta de ardor; frieza, indiferença.

Fri.cas.sê *s.m.* Espécie de guisado de carne ou peixe, cozida em molho e gema de ovos.

Fric.ção *s.f.* **1.** Ato ou efeito de friccionar; atrito. **2.** Medicamento para ser aplicado sobre a pele.

Fric.cio.nar *v.t.* **1.** Fazer fricção em; esfregar. **2.** Atritar, roçar. **3.** Fazer fomentação em; fomentar. *v.p.* **4.** Ato de friccionar a si próprio.

Fri.co.te *s.m.* **1.** GÍR Manha, lábia, dengue. **2.** POP Faniquito nervoso, chilique.

Fri.ei.ra *s.f.* Inflamação acompanhada de prurido e inchação, que ocorre entre os dedos dos pés.

Fri.e.za (ê) *s.f.* **1.** Qualidade do que é frio; frialdade. **2.** FIG Acolhimento frio; desinteresse, indiferença. ● *Ant.*: entusiasmo.

Fri.gi.dá.rio *s.m.* Parte das termas destinada aos banhos frios.

Fri.gi.dei.ra *s.f.* **1.** Utensílio de cozinha, pouco fundo, de metal ou barro, para frigir. **2.** Espécie de pastelão. **3.** Fritada (massa).

Fri.gi.dez *s.f.* **1.** Qualidade de frígido ou frio. **2.** Frieza, indiferença. **3.** Ausência (na mulher) de prazer sexual.

Fri.gi.do adj. 1. Muito frio; gelado. 2. FIG Indiferente. 3. FIG Que não experimenta desejo ou prazer sexual. ● Sup.abs.sint.: frigidíssimo.

Fri.gir v.t. 1. Cozer ou assar na frigideira; fritar. 2. FIG Apoquentar, importunar com perguntas, pedidos etc. v.int. 3. Ficar frito. 4. FAM Alardear importância, querer ser admirado.

Fri.go.bar s.m. Pequena geladeira de hotel ou motel, com guloseimas, refrigerantes, água mineral etc.

Fri.go.rí.fi.co adj. 1. Que produz ou conserva o frio. s.m. 2. Fluido que afugenta o calor. 3. Aparelho para manter geladas e frescas certas substâncias alimentícias. 4. Estabelecimento de abate de gado e distribuição de sua carne.

Frin.cha s.f. 1. Greta, fenda. 2. Canal muito estreito.

Fri.o adj. 1. Sem calor. 2. Diz-se do lugar onde predomina a baixa temperatura. 3. Sem vida, inexpressivo, sem animação. 4. Sem sabor, insípido. 5. Insensível, indiferente. 6. Desumano, cruel. 7. Diz-se de nota ou cédula falsa. 8. Diz-se de cheque sem fundo. s.m. 9. Ausência de calor. 10. Baixa temperatura. 11. Sensação produzida pela temperatura baixa. 12. FIG Insensibilidade, indiferença. 13. FIG Inércia, fraqueza, desânimo. ● Sup.abs.sint.: friíssimo ou frigidíssimo (erud.).

Fri.o.ren.to adj. Muito sensível ao frio. ● Ant.: calorento.

Fri.sa s.f. TEAT Camarote situado quase ao nível da plateia.

Fri.sa.dor (ô) s.m. 1. Cabeleireiro que frisa os cabelos. 2. Instrumento usado para frisar os cabelos.

Fri.san.te adj.2g. 1. Que frisa. 2. Que é próprio para frisar. 3. Significativo, convincente, terminante.

Fri.sar¹ v.t. 1. Encrespar, anelar (pelo, cabelo). 2. Fazer ondulações nas fibras ou filamentos dos tecidos.

Fri.sar² v.t. 1. Pôr frisos em. 2. FIG Enfatizar, ressaltar, patentear. 3. Ter semelhança. 4. Roçar, quase tocar.

Fri.so s.m. 1. ARQUIT Espaço entre a cornija e a arquitrave. 2. Filete. 3. Ornato de escultura. 4. Marca de dobra; vinco.

Frisson (fr.) s.m. Frêmito, arrepio, estremecimento: A chegada do cantor causou frisson no teatro.

Fri.ta.da s.f. 1. O que se frita de uma vez. 2. Fritura. 3. Massa de ovos batidos, cozida em frigideira, misturada com camarões, carne picada, legumes etc.

Fri.tar v.t. 1. Frigir, assar em frigideira. v.int. 2. Ficar frito.

Fri.tas s.f.pl. Batatas fritas.

Fri.to adj. 1. Que se frigiu. 2. POP Em maus lençóis, em má situação, em apuros; perdido: O cara está frito, foi bater logo num policial!

Fri.tu.ra s.f. Qualquer coisa frita.

Fri.ú.ra s.f. Qualidade ou estado de frio; frialdade.

Fri.vo.li.da.de s.f. 1. Qualidade de frívolo; futilidade. 2. Coisa de pouco valor; ninharia.

Frí.vo.lo adj. 1. Que não tem importância. 2. Sem valor. 3. Fútil, leviano, volúvel.

Fron.de s.f. 1. Folhagem de fetos e de palmeiras. 2. Copa ou ramagem de árvore.

Fron.do.si.da.de s.f. Qualidade de frondoso.

Fron.do.so (ô) adj. 1. Que tem ampla fronde; espesso. 2. Que tem muitas ramificações.

Fro.nha s.f. Espécie de saco de pano que cobre travesseiro, almofada etc.

Fron.tal adj.2g. 1. ANAT Relativo à fronte ou à frente. 2. Franco, declarado. s.m. 3. ANAT Osso situado na região anterior ao crânio. 4. Faixa com que os judeus cingem a cabeça. 5. ARQUIT Enfeite sobre portas ou janelas. 6. A frente de altar.

Fron.tão s.m. Ornato arquitetônico na parte superior de portas e janelas, que ora coroa a parte central da frente de um edifício.

Fron.ta.ria s.f. Fachada principal de um edifício; frente.

Fron.te s.f. 1. Testa, cabeça. 2. Fachada, frontispício.

Fron.tei.ra s.f. 1. Extremidade de um país ou região onde confina com outro. 2. Raia, limite, fronteiro.

Fron.tei.ri.ço adj. Que vive ou fica na fronteira.

Fron.tei.ro adj. 1. Situado em frente a. 2. Situado na fronteira; fronteiro.

Fron.tis.pí.cio s.m. 1. Fachada principal de edifício ou monumento. 2. Página que contém o título dos livros. 3. FIG Rosto, face, semblante.

Fro.ta s.f. 1. Grande número de navios de guerra ou mercantes; armada. 2. Total dos aviões de um país. 3. Total dos caminhões, ônibus, táxis etc. de uma empresa. 4. FIG Grande quantidade, multidão.

Frou.xi.dão s.f. 1. Qualidade de frouxo; moleza. 2. FIG Falta de energia; irresolução. 3. FIG Falta de atividade, de interesse.

Frou.xo adj. 1. Pouco apertado. 2. Folgado, lasso; bambo. 3. FIG Sem energia, mole. 4. Indolente, frágil. 5. Tênue, fraco. 6. POP Covarde, medroso. 7. Impotente sexualmente. s.m. 8. Indivíduo frouxo. 9. Indivíduo sexualmente impotente.

Fru.fru s.m. 1. Rumor de folhas. 2. Rumor de vestidos, especialmente de seda.

Fru.gal adj.2g. 1. Que come pouco. 2. Que se alimenta de frutas.

Fru.ga.li.da.de s.f. 1. Qualidade de frugal. 2. Sobriedade, temperança. 3. Simplicidade de costumes, de vida.

Fru.gí.vo.ro adj. Que se alimenta de frutos.

Fru.i.ção s.f. Ato ou efeito de fruir, de desfrutar.

Fru.ir v.t. Gozar, desfrutar, tirar proveito ou usufruir de.

Fru.men.to s.m. 1. O melhor trigo. 2. Qualquer cereal.

Frus.tra.ção s.f. 1. Ato ou efeito de frustrar(-se). 2. Malogro, decepção. ● Pl.: frustações.

Frus.tran.te adj.2g. Que frusta.

Frus.trar v.t. 1. Enganar a expectativa de. 2. Iludir. 3. Baldar, inutilizar. v.p. 4. Não chegar a realizar-se; malograr-se. 5. Desiludir-se, decepcionar-se.

Fru.ta s.f. Qualquer fruto comestível e adocicado; fruto.

Fru.ta-de-con.de ou **fru.ta-do-con.de** s.f. O fruto da pinheira; ata, pinha. ● Pl.: frutas-de-conde; frutas-do-conde.

Fru.ta-pão s.m. BOT Árvore da família das moráceas, de grande porte, cujo fruto se come cozido. ● Pl.: frutas-pão e frutas-pães.

Fru.tei.ra s.f. 1. Mulher que vende frutas. 2. Planta que dá fruto. 3. Vaso ou pequeno cesto em que se servem frutas; fruteiro.

Fru.tei.ro¹ adj. Que dá frutos; frutífero.

Fru.tei.ro² adj. 1. Que gosta de frutas. s.m. 2. Vendedor de frutas. 3. Cesto em que se põem e se servem frutas; fruteira.

Fru.ti.cul.tor s.m. O que se dedica à fruticultura.

Fru.ti.cul.tu.ra s.f. Cultura de árvores frutíferas.

Fru.tí.fe.ro adj. 1. Que produz frutos. 2. FIG Útil, fecundo, produtivo.

Fru.ti.fi.ca.ção s.f. 1. Ato ou efeito de frutificar. 2. Formação do fruto. 3. Época em que as plantas frutificam.

Fru.ti.fi.car v.int. 1. Criar, dar frutos (planta). 2. FIG Dar resultado vantajoso. 3. Ser útil, benéfico. 4. Produzir lucro.

Fru.tí.vo.ro adj. Que se sustenta de frutos.

Fru.to s.m. 1. Produto que sucede à flor e contém a semente. 2. Tudo que a terra produz para sustento e benefício do homem. 3. Filho, prole. 4. Efeito, resultado, consequência. 5. Vantagem, rendimento. 6. Renda, lucro.

Fru.to.se s.f. QUÍM Açúcar encontrado no mel e em várias frutas.

Fru.tu.o.so (ô) adj. 1. Cheio de frutos; abundante em frutos. 2. Que dá bons resultados; proveitoso, lucrativo. 3. Fértil, fecundo.

Fu.á s.m. 1. Intriga, fuxico. 2. Briga, arruaça. adj. 3. Manhoso (diz-se do cavalo).

Fu.bá s.m. Farinha de milho ou de arroz.

Fu.be.ca s.f. 1. GÍR Derrota. 2. Surra, tunda. 3. Descompostura, repreensão.

Fu.ça s.f. 1. Focinho, ventas. 2. POP Rosto, cara.

Fu.çar v.t. 1. Revolver a terra com a fuça. 2. FIG Revolver, remexer (coisas).

Fuc.sia s.f. Gênero de plantas ornamentais, de flores vermelhas e violáceas, originárias da América, cujo nome (Fuchsia, Lin.) foi dado em homenagem ao botânico alemão Fuchs. (São conhecidas geralmente pela denominação brinco-de-princesa.)

FUGA — FUNDAMENTAR

Fu.ga s.f. **1.** Ato ou efeito de fugir. **2.** Partida ou retirada feita às pressas, para evitar um mal, um perigo, uma prisão. **3.** Escapatória, subterfúgio. **4.** Abertura de aparelho de destilação de álcool. **5.** Composição musical na qual as diferentes partes se sucedem, repetindo o mesmo motivo. **6.** Margem, sobra. **7.** Ocasião, tempo.

Fu.ga.ci.da.de s.f. **1.** Qualidade de fugaz. **2.** Rapidez impetuosa.

Fu.gaz adj.2g. **1.** Que foge rapidamente, apressadamente; veloz. **2.** Fugaz, transitório, efêmero. ◆ *Sup.abs.sint.: fugacíssimo.*

Fu.gi.da s.f. **1.** Fuga. **2.** Ato de ir rapidamente a algum lugar.

Fu.gi.di.o adj. **1.** Que foge; fugaz. **2.** Que desaparece rapidamente. **3.** Desertor, fugitivo. **4.** Pouco tratável; esquivo, arisco.

Fu.gir v.int. **1.** Desviar-se, afastar-se, retirar-se apressadamente para escapar a alguém, a algum perigo ou de algum lugar. **2.** Ir-se afastando. **3.** Passar rapidamente, afastando-se. **4.** Sair furtivamente. **5.** Soltar-se, escapar. v.t. **6.** Evitar (coisas ruins, desagradáveis). **7.** Afastar-se de; abandonar. v.p. **8.** Escapar, evitar alguém ou algum perigo.

Fu.gi.ti.vo adj. **1.** Que fugiu; desertor. **2.** Veloz, transitório, rápido. **3.** Impreciso. s.m. **4.** Indivíduo que foge; desertor.

Fu.i.nha s.f. **1.** ZOOL Nome dado a vários mamíferos carnívoros de pequeno porte, que se alimentam de aves e mamíferos menores. s.f. **2.** FIG Pessoa muito magra. **3.** POP Pessoa mexeriqueira. ◆ *Var.: fuínho.*

Fu.jão adj. e s.m. Diz-se de, ou o que foge com frequência. ● *Fem.: fujona.*

Fu.la.no s.m. **1.** Designação de pessoa vaga ou que não se quer nomear. **2.** Uma pessoa, um indivíduo qualquer. ● *Fem.: fulana.* ◆ *Cf. beltrano e sicrano.*

Ful.cro s.m. **1.** Amparo, sustentáculo. **2.** Base, fundamento. **3.** Ponto de apoio da alavanca.

Ful.lei.ro adj. **1.** Sem valor, insignificante; cafona. s.m. **2.** Indivíduo fuleiro.

Ful.gen.te adj.2g. **1.** Que tem brilho ou fulgor. **2.** Brilhante, resplandecente, fulgurante.

Ful.gir v.int. **1.** Ter fulgor, brilhar. **2.** FIG Sobressair, distinguir-se. v.t. **3.** Abrilhantar. **4.** Exibir, ostentar (coisa que brilha).

Ful.gor (ô) s.m. Brilho, cintilação; clarão.

Ful.gu.ran.te adj. **1.** Que fulgura; brilhante, reluzente, fulguroso. **4.** MED Diz-se de dor intensa e de curta duração.

Ful.gu.rar v.int. **1.** Relampejar. **2.** Brilhar, resplandecer. **3.** Sobressair, distinguir-se.

Fu.li.gem s.f. Substância preta que a fumaça deposita em chaminés, paredes e tetos da cozinha.

Fu.li.gi.no.si.da.de s.f. Qualidade daquilo que é fuliginoso.

Fu.li.gi.no.so (ô) adj. **1.** Semelhante a fuligem. **2.** Que tem fuligem.

Ful.mi.nan.te adj. **1.** Que fulmina; que lança raios. **2.** Que assombra ou mata rapidamente. **3.** Cruel, terrível. **4.** Que revela ira ou indignação; irado.

Ful.mi.nar v.t. **1.** Lançar (raios). **2.** Ferir como um raio. **3.** Matar instantaneamente. **4.** Aniquilar, destruir. **5.** Censurar violentamente; condenar. v.int. **6.** Lançar raios.

Fu.lo adj. **1.** De cor parda. **2.** Muito irritado; furioso.

Ful.vo adj. **1.** Diz-se de cor amarelo-avermelhada. s.m. **2.** A própria cor.

Fu.ma.ça s.f. **1.** Grande porção de fumo que se desprende de material que queima; fumarada, fumaçada. **2.** Fumaças. ● *Col.: fumaceira.*

Fu.ma.çar v.t. **1.** Enfumaçar. **2.** Lançar fumaça; fumegar. v.p. **3.** Mostrar-se indignado; fumar.

Fu.ma.cê s.m. Veículo que circula pelas ruas fumigando produtos para matar mosquitos transmissores de doenças.

Fu.ma.cei.ra s.f. POP Grande porção de fumaça.

Fu.ma.da s.f. **1.** Porção de fumo que o fumante absorve de cada vez; fumarada, tragada. **2.** Fumaça feita para sinal de alarme.

Fu.ma.dor adj. e s.m. LUS Fumante.

Fu.ma.gei.ro adj. Relativo a fumo ou tabaco; fumeiro.

Fu.man.te adj. e s.2g. Que, ou pessoa que tem o hábito de fumar.

Fu.mar v.int. **1.** Aspirar a fumaça de (cigarro, cachimbo, charuto). **2.** Mostrar-se indignado, furioso. v.t. **3.** Aspirar o fumo de. **4.** Defumar, curar ao fumo ou fumaça.

Fu.me.gan.te adj. Que fumega.

Fu.me.gar v.int. **1.** Lançar fumo, soltar fumaça de tão quente. v.t. **2.** Transparecer, denunciar-se.

Fu.mei.ro s.m. **1.** Cano por onde sai o fumo ou fumaça; chaminé. **2.** Lugar onde se põe a carne a defumar. **3.** Carne assim defumada; chouriçada.

Fu.mi.cul.tu.ra s.f. Cultivo do fumo ou tabaco.

Fu.mi.gar v.t. **1.** Expor ao fumo, vapores ou gases; defumar. **2.** Desinfetar por meio de fumo ou fumaça.

Fu.mo s.m. **1.** Produto em forma gasosa, mais ou menos denso, que se desprende de corpos em combustão. **2.** Fumaça. **3.** Exalação de cheiro desagradável. **4.** Planta que produz o tabaco para fumar. **5.** O hábito de fumar. **6.** GÍR Maconha. **7.** FIG Coisa sem consistência, transitória. **8.** Vaidade, presunção, soberba.

Fu.nam.bu.les.co (ê) adj. **1.** Relativo a funâmbulo. **2.** Próprio de funâmbulo. **3.** Burlesco, extravagante.

Fu.nâm.bu.lo s.m. Aquele que se equilibra e volteia sobre corda ou arame; acrobata.

Fun.ção s.f. **1.** Exercício. **2.** Emprego, uso. **3.** Ofício, cargo, serviço. **4.** Exercício de entendimento, do espírito, da razão. **5.** FISIOL Ato necessário à execução dos fenômenos vitais. **6.** Trabalho de um maquinismo. **7.** MAT Quantidade cujo valor depende do de outra ou outras quantidades variáveis. **8.** QUÍM Caráter de um corpo caracterizado pelo número de reações e composições. **9.** Reunião alegre. **10.** Festa dançante; dança, baile. **11.** Espetáculo (de teatro etc.). **12.** Solenidade, festividade.

Fun.chal s.m. Local onde crescem funchos.

Fun.cho s.m. Planta aromática; erva-doce.

Fun.cio.nal adj. **1.** Relativo a uma função. **2.** Diz-se da nacionalidade que se adquire pelas funções exercidas e se perde quando essas terminam. **3.** Cuja execução ou fabricação atende a fim prático: *Cadeira funcional.*

Fun.cio.na.lis.mo s.m. Classe dos funcionários públicos.

Fun.cio.na.men.to s.m. **1.** Ato ou efeito de funcionar. **2.** Modo como uma coisa funciona.

Fun.cio.nar v.int. **1.** Exercer função; trabalhar. **2.** Executar movimentos. **3.** Estar em atividade ou em vigor. **4.** Mover-se bem e com regularidade.

Fun.cio.ná.rio s.m. **1.** Indivíduo que exerce uma função; empregado. **2.** Aquele que exerce uma função pública.

Fun.da.ção s.f. **1.** Ato ou efeito de fundar; alicerce. **2.** Piso ou base em que uma estrutura se assenta; alicerce. **3.** Capital legado para obras de beneficência pública. **4.** Instituição fundada com este capital, dedicada à beneficência.

Fun.da.dor adj. e s.m. Que, ou aquele que funda (instituição, cidade, templo, empresa etc.).

Fun.da.men.ta.ção s.f. Ato ou efeito de fundamentar(-se), apoiar(-se), documentar(-se); fundação. ● *Pl.: fundamentações.*

Fun.da.men.tal adj.2g. **1.** Que serve de fundamento; essencial, principal. **2.** Aquilo que é essencial.

Fun.da.men.ta.lis.mo s.m. **1.** Tendência conservadora de certos grupos religiosos que só admitem uma interpretação literal de seus livros sagrados. **2.** Tendência de alguns adeptos de uma religião de retornar ao que consideram como fundamental ou original. **3.** Grande movimento dentro do protestantismo nos E.U.A. – O movimento tenta preservar o que considera serem as ideias básicas do cristianismo, contra as críticas dos teólogos liberais.

Fun.da.men.ta.lis.ta adj. e s.2g. **1.** Relativo a fundamentalismo ou aquele que milita nesse movimento religioso. **2.** Diz-se de ou cientista que se ocupa da ciência ou da pesquisa fundamental.

Fun.da.men.tar v.t. **1.** Lançar os fundamentos de. **2.** Estabelecer em bases sólidas; justificar. v.p. **3.** Estar fundado; apoiar-se, fundar-se.

FUNDAMENTO — FUSTIGAR

Fun.da.men.to *s.m.* **1.** Alicerce, base, apoio, sustentáculo. **2.** Razão, motivo, justificativa. **3.** Apoio, sustentação. **4.** Princípio básico.

Fun.dão *s.m.* Lugar distante e ermo.

Fun.dar *v.t.* **1.** Construir, erigir. **2.** Edificar desde os alicerces. **3.** Basear. **4.** FIG Estabelecer, instituir, criar. **5.** Consolidar (dívida). **6.** Considerar como fundamento. **7.** FIG Apoiar com razões, provas; fundamentar. *v.p.* **8.** Fundamentar-se.

Fun.de.a.dou.ro *s.m.* Lugar onde os navios fundeiam; ancoradouro.

Fun.de.ar *v.int.* **1.** NÁUT Lançar ferro ou âncora (navio); ancorar, aportar. **2.** Ir ao fundo, tocar o fundo.

Fun.den.te *adj.2g.* **1.** Que funde. **2.** Que facilita a fusão. *s.m.* **3.** Substância que auxilia a fusão dos metais.

Fun.di.á.rio *adj.* Relativo a terrenos, a terras; agrário.

Fun.di.ção *s.f.* **1.** Ato ou técnica de fundir metais. **2.** Fábrica ou oficina onde eles se fundem.

Fun.di.dor (ô) *s.m.* Operário que funde.

Fun.di.lho *s.m.* Parte das calças, calções, cuecas, que corresponde ao assento. ● Também se usa no pl.: *fundilhos.*

Fun.dir *v.int.* **1.** Passar do estado sólido ao líquido, pela ação do calor. *v.t.* **2.** Derreter. **3.** Tornar fluido. **4.** Juntar, incorporar num volume. **5.** Dissipar, malbaratar. **6.** POP Deixar confuso, perturbado. *v.p.* **7.** Derreter-se, liquefazer-se. **8.** Misturar-se. ● Conjuga-se por *abolir.*

Fun.do *adj.* **1.** Que tem profundidade. **2.** Que está abaixo de uma superfície. **3.** Que está metido para dentro; cavado. **4.** Muito firme, arraigado. **5.** Denso, compacto. *s.m.* **6.** Parte mais distante da superfície ou da abertura. **7.** Parte mais afastada, mais baixa. **8.** Decoração que fecha um cenário. **9.** A parte principal de uma coisa. **10.** Âmago, íntimo. **11.** Substância, essência.

Fun.du.ra *s.f.* **1.** Altura da superfície até o fundo. **2.** Distância do exterior até o ponto mais interno. **3.** Profundidade.

Fú.ne.bre *adj.2g.* **1.** Relativo à morte ou aos mortos; funerário. **2.** FIG Triste, lúgubre. ● *Ant.: alegre.*

Fu.ne.ral *adj.2g.* **1.** Relativo a enterro, a exéquias. **2.** Que recorda a morte. *s.m.* **3.** Pompa fúnebre com que se faz um enterro (mais usado no plural: funerais).

Fu.ne.rá.ria *s.f.* Casa funerária.

Fu.ne.rá.rio *adj.* **1.** Fúnebre. **2.** Relativo a funeral. **3.** Diz-se da urna que contém os restos mortais.

Fu.né.reo *adj.* Triste como a morte; fúnebre.

Fu.nes.to *adj.* **1.** Que causa a morte. **2.** Que fere mortalmente. **3.** Que anuncia ou prognostica desgraça, tristeza. **4.** Fatal, sinistro.

Fun.ga.ção *s.f.* Ato ou efeito de fungar.

Fun.gar *v.t.* **1.** Absorver (ar, rapé etc.) pelo nariz. *v.int.* **2.** Fazer ruído com o nariz ao inspirar o ar. **3.** Resmungar. **4.** Protestar choramingando.

Fun.gi.ci.da *adj.2g.* e *s.m.* Diz-se de, ou substância que mata fungos.

Fun.go *s.m.* **1.** BOT Espécime dos fungos, seres heterotróficos, uni ou pluricelulares, que se alimentam de matéria orgânica em decomposição.

Fu.ni.cu.lar *adj.2g.* **1.** Que funciona por meio de cordas. *s.m.* **2.** Ascensor ou veículo que se move num plano inclinado, acionado por cabos de aço.

Fu.nil *s.m.* **1.** Utensílio em forma de cone invertido, com um tubo, e que serve para transvasar líquidos. **2.** Qualquer objeto em forma desse utensílio. **3.** Redemoinho de águas correntes. **4.** Rasgão, garganta (em serras ou montanhas).

Fu.ni.la.ri.a *s.f.* **1.** Loja onde se fabricam ou vendem obras de lata e de latão. **2.** Técnica segundo a qual os veículos acidentados ou amassados são restituídos à sua forma original.

Fu.ni.lei.ro *s.m.* **1.** Fabricante de funis. **2.** Operário que trabalha em utensílios de folha de flandres. **3.** Operário especializado em funilaria (de veículos).

Funk (fânki) (ing.) *s.m.* Tipo de música popular de ritmo grave e repetitivo, que combina elementos do *jazz, blues* e *soul.*

Fu.ra-bo.lo *s.m.* **1.** O dedo indicador. **2.** Pessoa metediça.

Fu.ra.cão *s.m.* **1.** Ventania forte e repentina. **2.** Qualquer vento de velocidade superior a 105 km por hora; tufão, vendaval. **3.** FIG Tudo que destrói com violência e rapidez. **4.** Grande perturbação.

Fu.ra.dei.ra *s.f.* Máquina de furar com broca.

Fu.ra.dor (ô) *adj.* **1.** Que fura. *s.m.* **2.** Instrumento de metal que serve para fazer furos.

Fu.rão *s.m.* **1.** ZOOL Pequeno mamífero carnívoro que vive em galerias. **2.** POP Indivíduo que falta aos compromissos. ● *Fem.: furona.*

Fu.rar *v.t.* **1.** Abrir, arrombar. **2.** Romper, penetrar em. **3.** FIG Transtornar. **4.** Frustrar. *v.int.* **5.** Abrir caminho; penetrar. **6.** No futebol, não acertar a bola.

Fur.gão *s.m.* Carro coberto, utilizado para o transporte de bagagens ou pequena carga.

Fú.ria *s.f.* **1.** Acesso violento de furor. **2.** Ímpeto de valentia. **3.** Raiva, ira. ● *Ant.: calma, serenidade.*

Fu.ri.bun.do *adj.* Furioso, exaltado, enfurecido.

Fu.ri.o.so (ô) *adj.* **1.** Cheio de fúria. **2.** Raivoso, arrebatado, violento, impetuoso. **3.** Entusiasta, apaixonado. **4.** FIG Excessivo; extraordinário. **5.** Resistente. *s.m.* **6.** Doido, furioso. ● *Ant.: calmo, sereno.*

Fur.na *s.f.* **1.** Caverna, gruta, lapa. **2.** Subterrâneo. **3.** Lugar retirado, ermo; cafundó.

Fu.ro *s.m.* **1.** Abertura, buraco. **2.** Orifício feito com instrumento agudo; rombo. **3.** FAM Grau. **4.** FIG Meio de resolver uma dificuldade. **5.** JORN Informação importante e correta que apenas um veículo de comunicação divulga.

Fu.ror *s.m.* **1.** Perda momentânea da consistência, provocada por grande choque moral ou violenta paixão. **2.** Agitação violenta do ânimo; fúria, violência. **3.** Entusiasmo, veemência; ímpeto.

Fur.ta-cor (ô) *adj.* **1.** Que muda de cor conforme a luz recebida. *s.m.* **2.** Cor cambiante. ● *Pl.do s.: furta-cores.* ● O adj. é invariável: *blusões furta-cor.*

Fur.ta.de.la *s.f.* **1.** Ato ou efeito de furtar, de esconder. **2.** Ato de fugir com o corpo, de esquivar-se.

Fur.tar *v.t.* **1.** Apoderar-se de coisa alheia, sem violência. **2.** Roubar, surrupiar. **3.** Falsificar. *v.p.* **4.** Fugir, esquivar-se.

Fur.ti.vo *adj.* **1.** Praticado às escondidas; secreto. **2.** Dissimulado, disfarçado.

Fur.to *s.m.* **1.** Ato de furtar ou subtrair coisa alheia. **2.** A coisa furtada.

Fu.rún.cu.lo *s.m.* MED Tumefação circunscrita da pele, acompanhada de inflamação e dor.

Fu.sa *s.f.* MÚS Nota que vale metade da semicolcheia.

Fu.são *s.f.* **1.** Ato ou efeito de fundir. **2.** FÍS Ato de derreter pelo calor. **3.** Passagem de uma substância de estado sólido ao líquido. **4.** Mistura, liga. **5.** Reunião (de empresas, estabelecimentos bancários etc.) **6.** Aliança, coalizão (de partidos políticos).

Fus.ca *s.m.* POP Automóvel popular da Volkswagen; fusquinha.

Fus.co *adj.* **1.** Pardo, escuro, trigueiro. **2.** FIG Triste, melancólico. **3.** Diz-se do gado de pelo escuro ou preto.

Fu.se.la.gem *s.f.* Corpo do avião, conjunto de longarinas, tubos etc. que constituem o arcabouço de um avião.

Fu.sí.vel *adj.2g.* **1.** Que se pode fundir. *s.m.* **2.** Fio metálico de fácil fusão, usado num circuito com o fim de abri-lo automaticamente pela sua fusão, quando a corrente passa de certo limite.

Fu.so *s.m.* **1.** Peça roliça de pau, adelgaçada gradualmente do meio para o fim até terminar quase em bico, usada para enrolar o fio até formar a maçaroca. **2.** Peça de relógio, onde se enrola a corda.

Fu.so.lo.gi.a *s.f.* Corpo de conhecimentos que articulam a tecnologia dos foguetes, mísseis e balísticos espaciais.

Fus.tão *s.m.* Tecido de algodão, linho ou seda.

Fus.ti.gan.te *adj.2g.* Que fustiga.

Fus.ti.gar *v.t.* **1.** Bater com vara em. **2.** Chicotear; castigar, maltratar (física ou moralmente). **3.** FIG Estimular.

FUTEBOL — FUZUÊ

Fu.te.bol *s.m.* Jogo esportivo entre dois grupos de onze jogadores, cada um dos quais procura fazer entrar a bola no gol do adversário, com os pés ou com a cabeça.

Fu.te.bo.lis.ta *s.2g.* Jogador ou jogadora de futebol.

Fu.te.vô.lei *s.m.* Esporte que se joga com os pés e a cabeça, em quadra de areia de praia e rede de vôlei.

Fú.til *adj.2g.* **1.** Que tem pouca ou nenhuma importância. **2.** Sem valor. **3.** Vão, inútil. **4.** Leviano, frívolo. ● *Pl.: fúteis.* ● *Ant.: sério.*

Fu.ti.li.da.de *s.f.* **1.** Qualidade de fútil. **2.** Coisa fútil; frivolidade; ninharia.

Fu.tri.ca *s.f.* **1.** Quitanda, baiuca. **2.** Montão de coisas velhas e sem valor ou de coisas desordenadas. **3.** Pilhéria impertinente; provocação. **4.** Intriga, fuxicada. *s.m.* **5.** Homem ordinário e de sentimentos baixos.

Fu.tri.car *v.t.* **1.** Intrigar, mexericar. **2.** Intrometer-se em negócio ou questão apenas para atrapalhar.

Fu.tri.quei.ro *adj.* e *s.m.* Que(m) faz futrica.

Fut.sal *s.m.* Futebol de salão.

Fu.tu.car *v.t.* **1.** Furar, espetar. **2.** Aborrecer, importunar.

Fu.tu.ris.mo *s.m.* Movimento artístico que, repelindo o passado e a tradição, apresenta uma concepção dinâmica da vida, voltada para o futuro.

Fu.tu.ris.ta *adj.2g.* **1.** Relativo ou pertencente ao futurismo; futurístico. **2.** Extravagante. *s.2g.* **3.** Artista adepto do futurismo.

Fu.tu.ro *adj.* **1.** Que há de ser, que há de vir. *s.m.* **2.** Tempo que está por vir. **3.** Existência que se há de seguir a atual. **4.** Destino, fado. **5.** Meio de vida de alguém a contar do tempo presente.

6. GRAM Tempo verbal, que se refere a uma ação que ainda há de realizar-se.

Fu.tu.ro.lo.gi.a *s.f.* Ciência que pretende, com os dados do presente, prever o desenvolvimento futuro dos países.

Fu.tu.ro.so (ô) *adj.* Que promete bom futuro; auspicioso, promissor.

Fu.xi.car *v.t.* **1.** Costurar desajeitadamente e às pressas. **2.** Alinhavar. **3.** Amarrotar, enxovalhar. **4.** Intrigar, mexericar. *v.int.* **5.** Fazer intriga ou mexerico.

Fu.xi.co *s.m.* Mexerico, intriga.

Fu.xi.quei.ro *adj.* e *s.m.* Que, ou indivíduo que faz fuxicos ou intrigas; mexeriqueiro, intrigante.

Fu.zar.ca *s.f.* **1.** POP Pândega, farra, folia. **2.** Desordem, bagunça, confusão.

Fu.zil *s.m.* **1.** Peça de aço com a qual se tira lume da pederneira, ferindo-se. **2.** Espingarda, carabina. **3.** Arma de fogo de cano comprido usada pela infantaria. **4.** Clarão que precede o trovão; relâmpago.

Fu.zi.la.men.to *s.m.* Ato ou efeito de fuzilar.

Fu.zi.lar *v.t.* **1.** Expedir à maneira de raios e clarões. **2.** Executar, matar a tiros. *v.int.* **3.** Relampejar. **4.** Brilhar intensamente; resplandecer. **5.** FIG Fugir estonteado.

Fu.zi.la.ri.a *s.f.* **1.** Descarga simultânea de fuzil ou qualquer outra arma de fogo. **2.** Tiroteio entre grupos ou pessoas inimigas. **3.** FIG Grande abundância.

Fu.zi.lei.ro *s.m.* Soldado armado de fuzil.

Fu.zu.ê *s.m.* **1.** Festa ruidosa; função. **2.** Barulho, motim, conflito, confusão.

FUT / FUZ

g G

G/g *s.m.* **1.** Sétima letra do alfabeto português e a quinta das consoantes, de nomes *gê* ou *guê*; consoante gutural antes de a, o e u, e palatal antes de e e i. **2.** ÁLG Indica um conjunto que representa uma estrutura de grupo. **3.** ANT Equivalia ao número *3*, na numeração hebraica e grega. **4.** MÚS A nota *sol*, na antiga notação musical, hoje em uso entre os alemães e ingleses. **5.** TIP Tipo que representa esta letra; matriz com o olho desse tipo; junção com o olho dessa letra. **6.** FÍS Tipo que representa esta letra. **7.** FÍS Quando minúsculo, abreviatura de *grama*; símbolo da aceleração da gravidade. *adj.* **8.** Sétimo, numa série indicada pelas letras do alfabeto.

Ga.ba.ção *s.f.* Ato de gabar; elogio.

Ga.bar *v.t.* **1.** Louvar as boas qualidades de; elogiar, lisonjear. *v.p.* **2.** Exaltar os próprios méritos, as próprias qualidades; jactar-se, vangloriar-se.

Ga.bar.di.na *s.f. Var.: gabardine.*

Ga.bar.di.ne *s.f.* **1.** Tecido de lã impermeável, próprio para capas. **2.** Casaco feito desse tecido. **3.** Sobretudo impermeável, com cinto ou sem ele. ◆ *Var.: gabardina.*

Ga.ba.ri.tar *v.t.* Acertar todas as questões de um exame, prova, avaliação e demais correlatos.

Ga.ba.ri.to *s.m.* **1.** Medida padrão a que se devem submeter certas coisas em construção; instrumento com que se verificam algumas dessas medidas. **2.** NÁUT Modelo que apresenta um navio ou certas partes dele, em tamanho natural. **3.** Chave de exames escritos.

Ga.bi.ne.te *(ê) s.m.* **1.** Compartimento um tanto isolado dos outros da mesma casa ou edifício e geralmente destinado a trabalhos particulares; escritório; camarim; conselho de ministros; ministério. **2.** POP Privada, latrina.

Ga.bi.ru *s.m.* **1.** Pessoa velhaca, espertalhona. **2.** GÍR Indivíduo desajeitado. **3.** ZOOL Rato de paiol, rato-preto.

Ga.bo *s.m.* Elogio; vaidade; jactância.

Ga.bo.la *adj.2g.* e *s.2g.* Que, ou pessoa que gosta de gabar-se. ◆ *Var.: gabolas.*

Ga.bo.li.ce *s.f.* Gabarolice.

Ga.da.nha *s.f.* **1.** Grande colher para tirar sopa. **2.** Espécie de foice de cabo comprido; gadanho.

Ga.da.nhar *v.t.* **1.** Cortar (feno, erva etc.) com a gadanha. **2.** Arranhar com as unhas; agarrar.

Ga.da.nho *s.m.* **1.** Espécie de ancinho com grandes dentes de ferro, para serviços agrícolas. **2.** Garra de ave de rapina. **3.** Unha; dedo enclavinhado.

Ga.do *(ganado) (cast.) s.m.* **1.** Reses em geral; rebanho; armento. **2.** FAM Classe ou conjunto de pessoas descomedidas ou indisciplinadas. ◆ *Gado de cabeceira:* o melhor gado, o escolhido. ◆ *Gado de curral:* as vacas de leite e os bezerros. ◆ *Gado de engorda ou gado de solta:* os novilhos, bois, touros e vacas que vivem soltos nos pastos de uma fazenda.

Ga.do.lí.nio *(de Gadollin, n. pr.) s.m.* QUÍM Metal cinza-claro do grupo dos lantanídeos; símbolo Gd; peso atômico 156,9; número atômico 64.

Ga.é.li.co *adj.* Relativo aos primeiros habitantes da Gália e da Escócia.

Ga.fa.nho.to¹ *(ô) s.m.* ZOOL Designação comum a todos os insetos ortópteros, família dos acrídeos, encontrados em todo o mundo. ● *Col.: nuvem, praga.*

Ga.fa.nho.to² *(ô) s.m.* **1.** Mola que faz mover o cão nas armas de fogo. **2.** GÍR Sobrecasaca; fraque. ◆ *Cf. gasparinho.*

Ga.fe *(gaffe) (fr.) s.f.* **1.** Indiscrição involuntária. **2.** Equívoco, engano, lapso.

Ga.fi.ei.ra *s.f.* Baile popular; arrasta-pé.

Ga.fo.ri.nha *s.f.* (de *Gafforini*, n. pr.) Cabelo em desalinho ou mal penteado; grenha. ◆ *Var.: gaforina.*

Ga.gá *adj.2g.* **1.** Decrépito, caduco. *s.m.* **2.** Indivíduo decrépito ou caduco.

Ga.go *adj.* e *s.m.* Que, ou o que gagueja; tartamudo.

Ga.guei.ra *s.f.* Defeito de gago; gaguez.

Ga.gue.jar *v.t.* **1.** Pronunciar com hesitação; tartamudear. **2.** *v.int.* Falar com embaraço, com dificuldade, repetindo as sílabas. **3.** Vacilar nas respostas. **4.** Pronunciar como gago.

Ga.gue.jo *(ê) s.m.* Ato de gaguejar.

Gai.a.col *s.m.* Guaiacol.

Gai.a.ti.ce *s.f.* Ação ou palavras próprias de gaiato; garotice, travessura.

Gai.a.to *adj.* e *s.m.* **1.** Diz-se de ou rapaz travesso e vadio; garoto. **2.** Diz-se de ou indivíduo alegre, faceto, brincalhão. *adj.* **3.** Que diverte; cômico, malicioso.

Gai.jin *(jap.) s.m.pl.* Denominação dada pelos japoneses aos estrangeiros.

Gai.o¹ *s.m.* ANT Ave europeia da família dos corvídeos (*Garrulus glandarius*), da qual existem várias subespécies.

Gai.o² *adj.* Alegre; jovial.

Gai.o.la *s.f.* **1.** Espécie de casinha móvel, feita de canas, junco, arame etc. e na qual se encerram aves; jaula. **2.** FIG Casa muito pequena. **3.** POP Prisão, cadeia. **4.** Armação de ripas ou tábuas estreitas para transporte de móveis. *s.m.* **5.** Pequeno vapor de navegação fluvial. **6.** Vagão para transporte de madeira.

Gai.ta *s.f.* **1.** Instrumento musical de sopro, formado por um canudo com vários orifícios; pífaro. **2.** Cada uma das grandes raízes lançadas pela vegetação dos mangues. **3.** Instrumento de sopro, com diversos orifícios providos de palhetas, e que se toca fazendo-o correr por entre os lábios, de uma extremidade a outra; gaita de boca. **4.** POP Dinheiro. ◆ *Gaita de fole:* instrumento formado por um saco de couro cheio de ar e por dois tubos, também chamado *gaita-galega* e *cornamusa*.

Gai.tei.ro *adj.* **1.** Peralta, alegre, garrido, folião. *s.m.* **2.** Tocador de gaita. **3.** Espécie de mangue, cujas raízes têm o nome de *gaitas*. **4.** Lugar, na embocadura dos rios, periodicamente alagado, onde vegetam mangues e onde se encontra o crustáceo *aratu*.

Gai.vo.ta¹ *s.f.* Designação de várias aves da família dos larídeos, palmípedes e aquáticas, que se alimentam de peixes. ● *Col.: bando* [de gaivotas]. ◆ *Voz.: grasnar.*

Gai.vo.ta² *adj.* Tolo, papalvo.

Ga.jo *s.m.* **1.** POP Qualquer indivíduo de que não se cita o nome; cara. **2.** Homem de maneiras abrutalhadas. **3.** Homem velhaco. *adj.* **4.** Velhaco, finório.

Ga.la¹ *(gala) (ital.) s.f.* **1.** Traje para atos solenes. **2.** Festa nacional; pompa; solenidade. **3.** Ostentação; jactância.

GALA — GALINHA

Ga.la² *s.f.* **1.** Mancha da fecundação no ovo das aves. **2.** Sêmen, esperma.

Ga.lã *s.m.* **1.** Ator que numa peça faz o principal papel. **2.** Homem bonito e elegante. **3.** FIG Galanteador, namorado.

Ga.lác.ti.co *adj.* Relativo a uma galáxia.

Ga.la.du.ra *s.f.* Ato ou efeito de galar; gala (do ovo).

Ga.la.lau *s.m.* Homem de estatura elevada; butelo.

Ga.la.li.te *s.f.* Produto industrial, duro, proveniente da ação do formol sobre a caseína e que se usa como sucedâneo do marfim ou do osso no fabrico de numerosas utilidades.

Ga.lan.ta.ri.a *s.f.* Galanteria.

Ga.lan.te.a.dor (ô) *adj.* e *s.m.* Que, ou o que diz galanteios às mulheres.

Ga.lan.te.ar *v.t.* **1.** Cortejar; tratar com amabilidades (mulheres); adornar. *v.int.* **2.** Dizer galanteios; namorar.

Ga.lan.tei.o *s.m.* Ato de galantear; conversa amorosa; namoro, corte.

Ga.lan.te.ri.a *s.f.* Galanteio; arte de galantear; coisa ou pessoa galante; graça, delicadeza. ◆ *Var.: galantaria.*

Ga.lan.te.za (ê) *s.f.* Qualidade ou caráter de quem é galante.

Ga.lão¹ *s.m.* Medida inglesa de capacidade equivalente a 4 litros e meio (galão imperial) ou a 3,8 litros (galão americano).

Ga.lão² *s.m.* Salto que o cavalo dá, erguendo as mãos e arqueando o dorso; corcovo.

Ga.lão³ *s.m.* **1.** Tira entrançada para debruar ou enfeitar; tira de pano ou de prata dourada que nas mangas da farda ou no boné indica a categoria de certos militares e funcionários. **2.** NÁUT Tira de linha para calafetar. **3.** Fita estreita.

Ga.lar *v.t.* **1.** Fecundar (falando-se dos galináceos). **2.** POP Fornicar.

Ga.lar.dão *s.m.* ANT **1.** Recompensa de serviços importantes. **2.** Prêmio, glória.

Ga.lar.do.ar *v.t.* **1.** Dar galardão a; premiar. **2.** Aliviar, consolar. *v.t.* e *int.* **3.** Remunerar.

Ga.lá.xia (cs) *s.f.* Conjunto de estrelas, gás, poeira e outros corpos, ligados gravitacionalmente.

Ga.lé¹ *s.f.* **1.** Antiga embarcação de vela e remos, usada na Idade Média. *s.m.* **2.** Indivíduo condenado a trabalhos forçados nas galés; grilheta.

Ga.lé² *s.f.* TIP Peça quadrangular de madeira ou de ferro na qual o tipógrafo arruma a composição; roldana das rodas excêntricas que fazem descer e subir alavancas nas máquinas de linotipia. ◆ **Galé corrida:** galé estreita e longa para composição em uma coluna. ◆ **Galé de bolandeira:** galé constituída de duas partes, sendo uma a caixa propriamente dita e a outra uma placa corrediça, provida de um puxador, a bolandeira.

Ga.le.ão¹ *s.m.* Navio antigo de alto bordo; nau de guerra; aparelho de pesca de cerco que se emprega junto às costas marítimas. ◆ *Pl.: galeões.*

Ga.le.ão² *s.m.* TIP Peça plana e retangular de madeira ou de ferro, onde os tipógrafos colocam as linhas que formaram no componedor. ◆ **Galeão corrido:** galeão estreito e longo para composição em uma coluna. ◆ *Pl.: galeões.*

Ga.le.go (ê) *adj.* **1.** Da Galiza. *s.m.* **2.** O dialeto da Galiza; natural ou habitante dessa região da Espanha. **3.** PEJ Português, estrangeiro. **4.** (NE) Indivíduo louro ou alourado, em geral estrangeiro.

Ga.le.na *s.f.* QUÍM Mineral do chumbo, mais abundante na natureza, de cor acinzentada ou negra e brilho metálico. *s.m.* **2.** Aparelho rudimentar de rádio onde se emprega um cristal de galena.

Ga.le.o.ta *s.f.* Pequena galé de até 20 metros; pequena embarcação de recreio.

Ga.le.ra *s.f.* **1.** Antiga embarcação comprida e estreita, de velas e remos, com dois ou três mastros. **2.** Forno de fundição. **3.** Nome que se dava à carroça que transportava bombeiros em serviços de incêndio. **4.** Grupo de torcedores de um clube esportivo etc. **5.** POP Grupo de amigos; turma, pessoal.

Ga.le.ri.a *s.f.* **1.** Corredor extenso, em que se dispõem, artisticamente, quadros, estátuas etc. **2.** FIG Coleção de retratos, bustos, estátuas ou quadros. **3.** Coleção de estudos biográficos ou descritivos. **4.** Tribuna para o público, em certos edifícios. **5.** O lugar mais barato nos espetáculos públicos. **6.** Varanda ou alpendre; corredor subterrâneo (de minas, águas pluviais, esgotos etc.). **7.** NÁUT Varanda na parte superior dos navios. **8.** BOT Formação vegetal arbórea das margens dos rios e riachos.

Ga.le.to (ê) *s.m.* Galo jovem.

Gal.gar *v.t.* **1.** Transpor, alargando as pernas; transpor; saltar por cima de. **2.** FIG Percorrer; atingir ou passar de (falando-se de idade). **3.** Alinhar. **4.** Calcular distâncias a compasso (em trabalhos de latoaria). **5.** Pular, trepar; subir repentinamente; elevar-se com rapidez.

Gal.go *s.m.* **1.** Cão de origem galesa (*Canis grallicus*), esguio, de pernas compridas e veloz. **2.** *adj.* Esguio, magro. **3.** Faminto, desejoso, ansioso.

Ga.lha.da *s.f.* **1.** O conjunto dos chifres dos ruminantes; galhadura. **2.** Ramagem de arvoredo.

Ga.lhar.da *s.f.* Dança e música antigas.

Ga.lhar.de.te (ê) *s.m.* **1.** Bandeira triangular, um tanto comprida, que se coloca no alto dos mastros como sinal ou adorno. **2.** Bandeira para ornamentação de ruas ou edifícios, em ocasiões festivas; flâmula.

Ga.lhar.di.a *s.f.* **1.** Qualidade de galhardo; elegância, bizarria. **2.** FIG Generosidade, grandeza; bravura, esforço.

Ga.lhar.do *adj.* **1.** Elegante, garboso, donairoso. **2.** Esforçado, generoso. *s.m.* **3.** NÁUT Castelo de popa ou de proa.

Ga.lhei.ro *adj.* e *s.m.* Diz-se de, ou veado de chifres grandes e ramificados.

Ga.lhe.ta (ê) *s.f.* **1.** Cada um dos dois pequenos vasos de vidro, para azeite e vinagre, no serviço da mesa. **2.** Pequeno vaso onde se guardam a água e o vinho para a missa. **3.** Frasco de vidro usado em laboratório químico. **4.** GÍR Chicotada, bofetada.

Ga.lhe.tei.ro *s.m.* Utensílio de mesa onde especialmente se colocam as galhetas de azeite e vinagre.

Ga.lho *s.m.* **1.** Ramo de árvore. **2.** Parte do ramo que fica ligado ao tronco depois de partido o mesmo ramo; esgalho. **3.** Chifre dos ruminantes. **4.** POP Ligação amorosa ilícita. **5.** Barulho, briga. **6.** GÍR Dificuldade, complicação; o que é de difícil resolução. **7.** POP Emprego ou ocupação subsidiária; bico. ◆ **Dar galho:** dar problema. ◆ **Quebrar um galho:** resolver um problema; livrar (alguém) ou livrar-se de situação embaraçosa.

Ga.lho.fa *s.f.* Gracejo, zombaria; escárnio, motejo.

Ga.lho.far *v.int.* Divertir-se ruidosamente; zombar, escarnecer.

Ga.lho.fei.ro *adj.* e *s.m.* Que, ou o que faz galhofas; folião, brincalhão, zombeteiro.

Ga.lho.fen.to *adj.* Galhofeiro.

Ga.lhu.do¹ *adj.* **1.** Que tem galhos; que tem chifres grandes. *s.m.* **2.** PEJ Homem cuja mulher lhe é infiel.

Ga.lhu.do² *s.m.* Peixe da família dos carangídeos, que ocorre desde a Virgínia, na América do Norte, até a Argentina (América do Sul), também chamado *pampano, pampo, sargento, vermelho, aratubaia.*

Ga.li.cis.mo *s.m.* Palavra ou expressão importada do francês; francesismo.

Ga.li.leu *adj.* **1.** Da Galileia (Ásia), região da Palestina por onde Jesus Cristo andou. *s.m.* **2.** O natural ou habitante da Galileia. ◆ *Fem.: galileia.*

Ga.li.ná.ceo *adj.* **1.** Concernente aos galiformes. *s.m.* **2.** Ave galinácea.

Ga.li.nha *s.f.* **1.** Ave doméstica, fêmea do galo. **2.** PEJ Mulher que facilmente se entrega ao homem. **3.** PEJ Mulher devassa; piranha. **4.** PEJ Pessoa covarde. **5.** Má sorte; desdita. *s.m.* **6.** Homem que vive atrás de mulher; homem muito namorador. ◆ **Galinha choca:** pessoa que não fica quieta; pessoa sem energia ou impestável. ◆ *Col.: bando.* ◆ *Voz.: cacarejar.*

GALINHA-DANGOLA — GANHA-PÃO

Ga.li.nha-d'an.go.la *s.f.* Ave galinácea, também chamada *galinhola* e *tô-fraca*. ♦ *Pl.: galinhas-d'angola.*

Ga.li.nhei.ro *s.m.* **1.** Vendedor de galinhas. **2.** Cercado onde se criam galinhas. **3.** POP Galeria de teatro etc.

Ga.li.ni.cul.tor *s.m.* Criador de galináceos.

Ga.li.ni.cul.tu.ra *s.f.* Criação de galináceos; avicultura.

Gá.lio¹ *s.m.* **1.** Antiga língua das Gálias, do ramo céltico. **2.** Indivíduo natural das Gálias. **3.** V. *gaulês.*

Gá.lio² *s.m.* QUÍM Elemento metálico semelhante ao zinco, que em química designa pelo símbolo Ga, de número atômico 31 e peso atômico 69,72; conhecem-se dois isótopos naturais estáveis e sete artificiais, radiativos.

Ga.lo¹ *s.m.* **1.** Ave galinácea (*Gallus gallus*), de crista carnuda e asas curtas e largas; macho da galinha. **2.** POP Inchaço na cabeça ou na testa, resultante de pancada. **3.** Indivíduo rixoso. **4.** O indivíduo de mais importância e autoridade; mandão. **5.** Homem valente. **6.** ZOOL Nome comum a diversos peixes do mar da família dos carangídeos e zeídeos. ♦ **Galo de briga** ou **galo de rinha**: indivíduo rixoso. ♦ **Galo músico**: nome que se dá a determinados galos que cantam de modo particular. **Cantar(-se) de galo**: gabar (-se) de algo; considerar(-se) bom paquerador. ♦ *Fem.*: *galinha.* ♦ *Voz.: cacarejar, cocoricar.*

Ga.lo² *s.m.* Peixe-galo; cavalo-marinho.

Ga.lo.cha *s.f.* **1.** Calçado de borracha que se usa por cima das botas ou dos sapatos, para os preservar da umidade. **2.** AGRIC Rebento de enxerto. **3.** Rebento terminal das árvores. **4.** NÁUT Peça de metal, na borda do navio, por onde labora uma espia ou um virador.

Ga.lo.pa.da *s.f.* Corrida a galope.

Ga.lo.pa.dor (ô) *adj.* e *s.m.* Que, ou aquele que galopa bem.

Ga.lo.pan.te *adj.2g.* **1.** Que galopa. **2.** MED Diz-se da tísica ou tuberculose aguda, de desenvolvimento rápido. **3.** Rápido, veloz.

Ga.lo.par *v.int.* **1.** Andar a galope. **2.** Andar muito depressa. **3.** Cavalgar o cavalo que corre a galope. *v.t.* **4.** Percorrer, galopando.

Ga.lo.pe *s.m.* **1.** A mais rápida andadura de alguns animais, especialmente do cavalo. **2.** Espécie de dança a dois tempos. **3.** Galopada; admoestação.

Gal.pão *s.m.* **1.** Espécie de telheiro onde se guardam carros, máquinas agrícolas, materiais etc.; estábulo. **2.** Varanda; alpendre.

Gal.va.ni.zar *v.t.* **1.** Eletrizar por meio de pilha galvânica ou voltaica. **2.** Dourar ou pratear por meio da galvanoplastia. **3.** Dar movimento a (músculos, em vida ou pouco depois da morte), por meio de eletricidade galvânica. **4.** FIG Reanimar; dar vida fictícia ou energia passageira a; estimular, animar. **5.** Deslumbrar, encantar.

Ga.ma¹ *s.m.* Terceira letra do alfabeto grego, com que se representa a milésima parte do miligrama; emprega-se para exprimir a atividade das vitaminas.

Ga.ma² *s.f.* **1.** A fêmea do *gamo.* **2.** MÚS Sucessão de sons de uma oitava musical. **3.** FIG Série de ideias, teorias etc. ♦ **Raios gama**: FÍS radiação similar aos raios X, mas com menor comprimento de onda e emitida por substâncias radiativas.

Ga.ma.do *adj.* POP Apaixonado, enamorado.

Ga.mão *s.m.* Jogo de azar e cálculo, entre dois parceiros, com quinze tabuinhas cada um; tabuleiro sobre o qual se joga o gamão. ♦ *Pl.: gamãos* ou *gamões.*

Ga.mar *v.int.* **1.** POP Ter grande afeição, amor ou preferência por. **2.** Ficar apaixonado; apaixonar-se.

Gam.bá *s.m.* **1.** Designação comum a duas espécies de mamíferos marsupiais arborícolas, da família dos difelfídeos (*Didelphis aurita* e *D. paraguayensis*); o primeiro, encontrado na Bahia ao Rio Grande do Sul e o último, em todo o Brasil. *s.m.* **2.** FIG Beberrão, alcoólatra. **3.** Pessoa que fede.

Gam.bi.ar.ra *s.f.* Rampa de luzes na parte anterior e superior de um palco.

Ga.me (ing.) *s.m.* **1.** No tênis, cada uma das subdivisões de um *set* vencida pelo jogador ou dupla que completa quatro pontos. **2.** No bridge, um dos dois escores parciais de 100 ou mais pontos,

em valores de vazas contratadas e cumpridas, necessários para vencer um *rubber.* ♦ *Pl.: games.*

Ga.me.la¹ *s.f.* **1.** Pequena corça. **2.** Grande vasilha de madeira, em forma de tigela; escudela. **3.** POP Mentira. *s.m.* **4.** Aquele que trabalha como engenheiro, sem ser diplomado.

Ga.me.la² *adj.2g.* **1.** Concernente aos gamelas ou à sua tribo. *s.2g.* **2.** Indígena da tribo dos gamelas.

Ga.me.lei.ra *s.f.* BOT Árvore frondosa da família das moráceas (*Ficus doliari*), encontrada no Brasil, cujo látex é dotado de propriedades medicamentosas.

Ga.me.ta (ê) *s.m.* BIOL Célula sexual masculina (espermatozoide) ou feminina (óvulo). ♦ *Var.: gameto.*

Ga.mé.ti.co *adj.* Relativo a gameta.

Ga.na *s.f.* Grande apetite ou vontade; desejo de fazer mal; raiva, ódio; fome.

Ga.nân.cia *s.f.* Ambição de ganho; ganho ilícito; ganho.

Ga.nan.ci.o.so (ô) *adj.* **1.** Em que há lucro; que só tem em vista o lucro; que tem a ambição do ganho. *s.m.* **2.** Aquele que é ganancioso. ♦ *Fem.* e *pl.: gananciosa* e *gananciosos* (ó).

Gan.cho *s.m.* **1.** Peça recurva de metal ou outra matéria resistente, para suspender pesos. **2.** Anzol. **3.** Arame curvo com que as mulheres seguram o cabelo. **4.** Pequeno trabalho que fornece ganho subsidiário; bico, biscate. **5.** Nome de uma rede de pesca. **6.** JORN Início de matéria jornalística escrita de maneira a prender a atenção do leitor e interessá-lo pelo restante do texto.

Gan.dai.a *s.f.* **1.** Ato de procurar, no lixo, objetos de algum valor. **2.** FIG Vadiagem, com farra e orgia; vida dissoluta.

Gan.dai.ar *v.int.* Andar na gandaia; vadiar.

Gan.du.la *s.m.* Jovem responsável por buscar e devolver a bola que saí do campo de futebol ou da quadra de competição.

Gan.ga¹ *s.f.* Designação de várias espécies de aves da família dos pteroclídeos, comuns na Europa, Ásia e África; espécies mais comuns: *Pterocles alchata*, do sul da Europa e da África; *P. fasciatus*, da Índia.

Gan.ga² *s.f.* GEOL **1.** Material imprestável encontrado junto com o minério ou uma jazida. **2.** FIG Bagatela, insignificância. **3.** ANAT Substância amorfa em que mergulha um elemento anatômico. **4.** Tecido oriundo da Índia, de cor amarela ou azul. **5.** Instrumento de suplício, na China. **6.** GÍR Bebida espirituosa; variedade de algodoeiro; série de partidas em vários jogos.

Gan.gé.ti.co *adj.* Relativo ao Gânges, rio da Índia, ou aos povos que o ladeiam.

Gân.glio *s.m.* ANAT **1.** Pequeno corpo arredondado que se encontra no trajeto dos nervos. **2.** Corpo formado pelo entrelaçamento dos vasos linfáticos. **3.** MED Pequeno tumor num tendão, especialmente em torno das articulações dos pés ou das mãos.

Gan.gli.o.ma *s.m.* MED Tumor das glândulas ou dos gânglios linfáticos.

Gan.gli.o.nar *adj.2g.* MED Concernente aos gânglios ou que é da natureza dos gânglios.

Gan.gor.ra (ô) *s.f.* **1.** Tábua que se apoia num espigão, sobre o qual gira horizontalmente, e que serve ao divertimento de crianças; arre-burrinho. **2.** Espécie de curral de entrada fácil e saída impossível. **3.** Engenho manual de cana-de-açúcar.

Gan.gre.na *s.f.* **1.** MED Extinção completa da vida orgânica, em qualquer parte mole do corpo. **2.** FIG Aquilo que produz destruição, desmoralização ou degradação moral.

Gan.gre.nar *v.t.* **1.** Produzir gangrena em. **2.** FIG Perverter, corromper. *v.int.* e *p.* **3.** Tornar-se gangrenoso; ser atacado de gangrena.

Gângs.ter (gangster) (ing.) *s.2g.* **1.** Membro de um grupo organizado de criminosos. **2.** Bandido, malfeitor. ♦ *Pl.: gângsteres.*

Gan.gue *s.f.* Quadrilha, bando de malfeitores; turma de jovens que geralmente praticam atos criminosos.

Ga.nha.dor (ô) *adj.* e *s.m.* Que, ou aquele que ganha sempre em jogos, loterias etc.

Ga.nha-pão *s.m.* **1.** Objeto cujo auxílio se adquirem os meios de subsistência. **2.** Trabalho de que alguém vive. ♦ *Pl. ganha-pães.*

GANHAR — GARRAFAL

Ga.nhar *v.t.* **1.** Adquirir a posse de; conquistar, granjear. **2.** Tirar como proveito. **3.** Obter por acaso. **4.** Alcançar (vantagens). **5.** Vencer. **6.** Apossar-se de. **7.** Chegar a. **8.** Invadir. **9.** Merecer, lucrar. **10.** Dominar. **11.** Fugir para. **12.** Receber como consequência. *v.t. e int.* **13.** Dar como lucro ou proveito. *v.int.* **14.** Tirar ganho ou vantagem. **15.** Aumentar em crédito. **16.** Levar vantagem. **17.** Adquirir maior conceito ou crédito.

Ga.nho *s.m.* **1.** Ato ou efeito de ganhar. **2.** Proveito, vantagem; lucro, usura. **3.** Salário, remuneração. *adj.* **4.** Que se ganhou, que se adquiriu. ● *Ant.: perda.*

Ga.ni.do *s.m.* **1.** Grito doloroso dos cães. **2.** FIG Voz esganiçada.

Ga.nir *v.int.* **1.** Dar ganidos. **2.** Gemer como os cães; gemer.

Gan.so¹ *s.m.* **1.** Ave palmípede da família dos anatídeos (*Anas anser*), de plumagem cinza e branca encontrada em estado doméstico em todo o mundo. **2.** Designação de várias espécies de palmípedes. **3.** GÍR Bebedeira, embriaguez. ● *Col.: bando. ● Voz.: grasnar.*

Gan.so² *s.m.* Parte externa e posterior da coxa do boi.

Gan.zá *s.m.* Instrumento musical que consiste em uma caixa de folha de flandres com pequenos seixos, que se agita para produzir ruído; reco-reco.

Ga.ra.gem *s.f.* **1.** Abrigo para veículos automóveis. **2.** Oficina de consertos de automóveis. **3.** Estabelecimento onde se alugam automóveis à hora.

Ga.ra.gis.ta *s.2g.* **1.** Proprietário ou encarregado de garagem. **2.** Pessoa que faz a manobra dos automóveis nas garagens; manobrista.

Ga.ra.nhão *s.m.* **1.** Cavalo que se destina à reprodução. **2.** FIG Indivíduo femeeiro.

Ga.ran.ti.a *s.f.* **1.** Ato de garantir; fiança; abonação; responsabilidade; segurança. **2.** Aquilo que se garante. **3.** Direito.

Ga.ran.ti.dor (ô) *adj. e s.m.* **1.** Que ou aquele que garante. **2.** Diz-se de ou sujeito que afiança outra pessoa.

Ga.ran.tir *v.t.* **1.** Abonar, afiançar. **2.** Tornar seguro. **3.** Afirmar como certo. **4.** Responsabilizar-se por. *v.t. e int.* **5.** Afiançar. **6.** Defender, livrar. **7.** Asseverar. *v.p.* **8.** Defender-se de, ou contra.

Ga.ra.pa¹ *s.f.* **1.** Caldo de cana; qualquer bebida formada pela mistura de mel ou açúcar com água. **2.** Refresco de qualquer fruta. **3.** Líquido que se põe a fermentar, para depois ser destilado. **4.** FIG Coisa boa, certa, fácil de se obter. **5.** POP Café fraco.

Ga.ra.pa² *s.f.* Planta da família das leguminosas (*Apuleia precox*), de propriedades medicinais.

Ga.ra.tu.ja *s.f.* **1.** Esgar, trejeito. **2.** Tolice. **3.** Desenho malfeito ou escrita ininteligível; rabiscos.

Ga.ra.tu.jar *v.t.* **1.** Cobrir com garatujas; rabiscar: "... escritores que na época começavam a colher seus primeiros sucessos literários, impressionavam-me muito. Garatujei meus primeiros contos, que receberam o estímulo de D. Beatriz Contreiras" (Dias Gomes, *Apenas um subversivo*, p. 23). *v.int.* **2.** Fazer garatujas. ● *Var.: esgaratujar.*

Gar.bo *s.m.* ANT Elegância, galhardia, donaire, distinção; bizarria.

Gar.bo.si.da.de *s.f.* Qualidade de garboso.

Gar.bo.so (ô) *adj.* Distinto no vestir; elegante.

Gar.ça *s.f.* **1.** Tela muito rala. **2.** ZOOL Designação de várias aves aquáticas. ● *Col.: bando. ● Voz.: grasnar.*

Gar.çom (garçon) (fr.) *s.m.* Empregado que serve em restaurante, café etc. ● *Fem.: garçonete.*

Gar.dê.nia *s.f.* **1.** BOT Planta arbustiva da família das rubiáceas (*Gardenia florida*), de flores aromáticas, verdes e largas e flores brancas, oriunda do Japão e aclimada no Brasil, também chamada *jasmim-florido, gardênia-dos-jardins, jasmim-do-cabo, flor-de-general*. **2.** A flor dessa planta.

Ga.re (gare) (fr.) *s.f.* GAL Parte das estações de ferrovias, onde embarcam e desembarcam passageiros ou mercadorias.

Gar.fa.da *s.f.* **1.** Porção de comida que um garfo levanta de cada vez. **2.** Ferimento feito com garfo. **3.** GÍR No futebol, roubo.

Gar.far *v.t.* **1.** Revolver ou rasgar com garfo. *v.t. e int.* **2.** AGRIC Enxertar (planta) de garfo. *v.int.* **3.** GÍR Dar prejuízo a; lesar.

Gar.fo *s.m.* **1.** Utensílio de mesa que se emprega especialmente em levar do prato à boca as porções de comida. **2.** Forquilha para separar a palha do grão, nas eiras. **3.** Sistema de enxerto de plantas. **4.** Forquilha das rodas das bicicletas. **5.** Cada um de dois pequenos enxames que emigram juntos de uma colmeia, onde há excesso de população. **6.** Pessoa que come bem. ● **Bom garfo:** pessoa que come bem.

Gar.ga.lha.da *s.f.* Risada prolongada e ruidosa; casquinada.

Gar.ga.lhar *v.int.* Soltar gargalhadas; gargalhadear.

Gar.ga.lo *s.m.* **1.** Colo mais ou menos alongado de garrafa ou de outra vasilha cuja abertura é estreita. **2.** POP Viela. **3.** POP Pescoço.

Gar.gan.ta *s.f.* **1.** ANAT Parte anterior do pescoço, por onde os alimentos passam da boca ao estômago; goela. **2.** Abertura estreita; desfiladeiro. **3.** Passagem estreita entre duas montanhas. **4.** Mentira, fanfarronice. *adj. e s.m.* **5.** Fanfarrão, mentiroso. **6.** Diz-se de, ou indivíduo que tudo promete e nada cumpre.

Gar.gan.te.a.dor *adj. e s.m.* **1.** Que, ou o que garganteia.

Gar.gan.te.ar *v.t.* **1.** Pronunciar com voz requebrada; cantar. *v.int.* **2.** Fazer trinados com a voz. **3.** Cantar, variando ligeiramente os tons. **4.** Contar vantagens; fanfarronar; alardear valentia.

Gar.gan.tei.o *s.m.* Trinado com a voz.

Gar.gan.ti.lha *s.f.* Colar justo ou enfeite que se usa ao pescoço.

Gar.ga.re.jar *v.t.* **1.** Agitar (líquido), na boca com o ar expelido da laringe. **2.** Dizer com voz trêmula. *v.int.* **3.** Agitar qualquer líquido na boca, por meio do ar que se expele da garganta; tomar gargarejos.

Gar.ga.re.jo¹ (ê) *s.m.* **1.** Ato ou efeito de gargarejar. **2.** Líquido com que se gargareja.

Gar.ga.re.jo² (ê) *s.m.* Planta da família das leguminosas-mimosáceas (*Calliandra santosiana*), encontrada no Brasil.

Gár.gu.la *s.f.* **1.** Buraco por onde escorre a água de uma fonte ou cascata. **2.** Cano estreito, por baixo dos beirais ou da cimalha das cornijas, para receber as águas dos telhados.

Ga.ri *s.2g.* (de *Gary*, n. pr.) Empregado da limpeza pública.

Ga.rim.pa.gem *s.f.* Prática de garimpo.

Ga.rim.par *v.int.* Exercer o ofício de garimpeiro.

Ga.rim.pei.ro *s.m.* **1.** O que anda à cata de metais e pedras preciosas. **2.** Aquele que trabalha nas lavras diamantinas; faiscador. **3.** FIG Aquele que explora preciosidades literárias ou linguísticas.

Ga.rim.po *s.m.* **1.** Lugar onde se encontram minas de diamantes ou carbonados; cada uma dessas minas. **2.** Local onde existem explorações auríferas e diamantíferas.

Gar.ni.sé *adj. e s.2g.* Diz-se de uma espécie de galo ou galinha de pequena estatura, originária de Guernesey.

Ga.ro *s.m.* **1.** Espécie de lagosta. **2.** Salmoura que se faz dos intestinos do garo.

Ga.ro.a (ô) *s.f.* Nevoeiro fino e persistente.

Ga.ro.ar *v.int.* Cair garoa.

Ga.ro.en.to *adj.* Em que há garoa.

Ga.ro.ta.da *s.f.* **1.** Ação, modos, palavras de garoto. **2.** Ajuntamento de garotos.

Ga.ro.ti.ce *s.f.* Vida de garoto; modos de garoto.

Ga.ro.to (ô) *s.m.* **1.** Menino de até 12 anos. **2.** Menino que anda vadiando pelas ruas. **3.** Rapaz imberbe.

Ga.rou.pa *s.f.* **1.** Nome comum a diversas espécies de peixes marinhos da família dos serranídeos. **2.** Prato feito com esse peixe.

Gar.ra *s.f.* **1.** Ação de garrar; unha aguçada e curva de certas feras e aves. **2.** Unhas. **3.** FIG Tirania. **4.** FIG Entusiasmo, vigor. **5.** ARQUIT Folha ornamental, enrolada, empregada para ligar as molduras convexa e circular, colocada na base das colunas medievais. **6.** Pedestal quadrado colocado debaixo dessa coluna.

Gar.ra.fa *s.f.* **1.** Vaso, geralmente de vidro e com gargalo estreito, destinado a conter líquidos. **2.** O conteúdo de uma garrafa.

Gar.ra.fa.da *s.f.* **1.** Porção de líquido que a garrafa leva. **2.** Medicamento líquido contido numa garrafa. **3.** Pancada com garrafa.

Gar.ra.fal *adj.2g.* **1.** Em forma de garrafa. **2.** Diz-se de letra muito grande. **3.** BOT Diz-se de uma espécie de ginja.

GARRAFÃO — GAZEAR

Gar.ra.fão s.m. Garrafa grande, geralmente coberta de cortiça ou verga.

Gar.ra.fa.ri.a s.f. Porção de garrafas.

Gar.ra.fei.ra s.f. **1.** Lugar onde se guardam garrafas com vinho; frasqueira. **2.** Mulher que compra e vende garrafas.

Gar.ra.fei.ro s.m. Aquele que compra e vende garrafas; comprador ambulante de garrafas, ferro velho, metais, cacos de vidro etc.

Gar.ran.chen.to adj. **1.** Que tem garranchos. **2.** Cheio de arbustos tortuosos; garranchoso.

Gar.ran.cho s.m. **1.** Ramo tortuoso de árvore. **2.** Moléstia no casco das cavalgaduras. **3.** Letra ruim, ininteligível; garatuja.

Gar.ri.do adj. **1.** Elegante, vistoso, casquilho. **2.** Muito enfeitado. **3.** Alegre.

Gar.ro.te s.m. **1.** Pau curto com que se apertava a corda do enforcado. **2.** Estrangulação, sem suspensão da vítima. **3.** Bezerro de dois a quatro anos de idade. **4.** FIG Angústia. **5.** Pequena tira de borracha que se amarra ao braço para fazer saliente o vaso em que se há de injetar um líquido medicamentoso.

Gar.ru.cha s.f. **1.** Pau curto com que se armavam as bestas. **2.** Antigo instrumento de suplício. **3.** Arma de fogo, ordinariamente de dois canos.

Ga.ru.pa (groppa) (lat.) s.f. **1.** Parte superior do cavalo, entre o lombo e a cauda. **2.** Anca de cavalo, jumento etc. **3.** Parte traseira de moto, bicicleta etc.

Gás s.m. **1.** QUÍM Substância cujo volume aumenta continuamente e sem limite quando a pressão a que está sujeita se reduz também continuamente. **2.** FIG Animação, desembaraço. **3.** Bazófia, presunção. ◆ **Gás de iluminação:** aquele que se extrai da hulha por destilação. ◆ **Gás hilariante:** o protóxido de nitrogênio. ◆ **Gás pobre:** gás constituído por uma mistura de nitrogênio, hidrogênio e óxido de carbônio.

Ga.sei.fi.ca.ção s.f. Ato ou operação de gaseificar(-se); gasificação.

Ga.sei.fi.car v.t. **1.** Reduzir a gás; vaporizar. v.p. **2.** Reduzir-se ao estado de gás.

Ga.so.du.to s.m. Tubulação para transporte de gás natural ou derivados de petróleo.

Ga.so.gê.nio s.m. Aparelho para produzir gás, especialmente gás pobre, usado nos motores de explosão.

Ga.so.li.na s.f. Carbonato de hidrogênio líquido que constitui a parte mais volátil do petróleo bruto.

Ga.sô.me.tro s.m. **1.** Aparelho para medir gás. **2.** Reservatório de gás para iluminação. **3.** Fábrica de gás.

Ga.so.so (ô) adj. Da natureza do gás; saturado de ácido carbônico.

Gas.pa.ri.nho s.m. A menor fração de um bilhete de loteria; gafanhoto. ◆ Var.: gasparino.

Gas.ta.dor (ô) adj. e s.m. Que, ou o que gasta muito; dissipador, perdulário.

Gas.tar v.t. **1.** Diminuir o volume de. **2.** Despender; usar. **3.** Aplicar, empregar. **4.** Servir-se de; empregar. **5.** Esgotar; consumir. **6.** Deteriorar. **7.** Enfraquecer. v.int. **8.** Consumir, aplicar. **9.** Perder dinheiro. v.p. **10.** Arruinar-se. **11.** Perder a saúde. **12.** Deteriorar-se; acabar.

Gas.to s.m. **1.** Ato ou efeito de gastar. **2.** Aquilo que se gastou; dispêndio. **3.** Quebra. **4.** Detrimento. adj. **5.** Que se gastou. **6.** FIG Abatido, avelhentado; consumido.

Gas.tral.gi.a s.f. MED Dor no estômago.

Gas.tren.te.ri.te s.f. MED Inflamação simultânea do estômago e dos intestinos.

Gas.tren.te.ro.lo.gi.a s.f. Especialidade médica que se ocupa das várias enfermidades do estômago e dos intestinos.

Gas.tren.te.ro.lo.gis.ta s.2g. Médico especialista em Gastrenterologia.

Gás.tri.co adj. Concernente ao estômago.

Gas.trin.tes.ti.nal adj.2g. MED Que diz respeito ao estômago e aos intestinos.

Gas.tri.te s.f. MED Inflamação das membranas do estômago.

Gas.tro.en.te.ro.lo.gi.a s.f. Gastrenterologia.

Gas.tro.en.te.ro.lo.gis.ta s.2g. Gastrenterologista.

Gas.tro.no.mi.a s.f. Arte de cozinhar de maneira que se propicie o maior prazer aos que comem.

Gas.tro.nô.mi.co adj. Relativo à gastronomia.

Gas.trô.no.mo s.m. Aquele que se aprecia as iguarias benfeitas e procura os maiores prazeres da mesa.

Gas.tros.co.pi.a s.f. MED Inspeção do estômago feita com o gastroscópio.

Gas.tu.ra s.f. **1.** Prurido, comichão. **2.** Inquietação nervosa. **3.** Arrepio causado por sons, ruídos e sensações do tato. **4.** Mal-estar, aflição.

Ga.ti.cí.dio s.m. Ato de matar gato ou gatos.

Ga.til s.m. Lugar onde se criam gatos ou se mantêm gatos para serem vendidos.

Ga.ti.lho s.m. Peça das armas de fogo portáteis, que, tocada com o dedo, provoca o disparo.

Ga.ti.ma.nho s.m. Gatimonha.

Ga.ti.mo.nha s.f. Gesto um tanto ridículo, de brincadeira ou mofa que se faz com as mãos. ◆ Var.: gatimanhos.

Ga.to s.m. **1.** Mamífero carnívoro doméstico, felídeo; bichano. **2.** FIG Indivíduo ligeiro, esperto. **3.** FAM Lapso, engano, descuido. **4.** Ladrão, gatuno. **5.** Erro tipográfico ou omissão do revisor. **6.** POP Homem bonito, charmoso, atraente; gatão. ● Aum.: gatão, gatarrão. ● Col.: gataria.

Ga.to-do-ma.to s.m. Nome comum a todos os mamíferos carnívoros felídeos de pequeno porte. ● Pl.: gatos-do-mato.

Ga.to-pin.ga.do s.m. **1.** Indivíduo que acompanha com archote os enterros. **2.** Cada um dos poucos assistentes de uma reunião ou espetáculo, conferência etc. ● Pl.: gatos-pingados.

Ga.to-sa.pa.to s.m. **1.** Coisa vil, desprezível. **2.** Tratamento com desprezo, pouco-caso. ● Pl.: gatos-sapato, gatos-sapatos.

Ga.tu.na.gem s.f. **1.** Bando de gatuno, vida de gatuno. **2.** Malandragem, roubo, furto.

Ga.tu.nar v.t. e int. Furtar, roubar.

Ga.tu.no s.m. Indivíduo que vive à custa de furtos. **2.** Larápio, ladrão.

Ga.tu.ra.mo s.m. (epiceno) Nome comum a diversos pequenos pássaros canoros do Brasil; guriatã.

Ga.u.ches.co (ê) adj. Relativo a gaúcho; de gaúcho.

Ga.ú.cho adj. e s.m. **1.** Primitivamente, diz-se do, ou o habitante do campo, oriundo, pela maior parte, de indígenas. **2.** Que, ou aquele que é natural do Rio Grande do Sul, do interior do Uruguai e de parte da Argentina. **3.** Peão de estância. **4.** Pessoa corajosa, forte, franca.

Gau.dé.rio s.m. **1.** Vadio, malandro, vagabundo. **2.** (NE) Parasita, chupim. **3.** Gáudio.

Gáu.dio s.m. **1.** Júbilo, regozijo, alegria. **2.** Folgança, brincadeira, folia.

Ga.vea s.f. NÁUT Plataforma, a certa altura do mastro, imediatamente superior à vela grande.

Gá.veas s.f.pl. Conjunto das três velas das galeras.

Ga.ve.ta (ê) s.f. Caixa sem tampa e corrediça que se encaixa em mesa, prateleira etc.

Ga.ve.tei.ro s.m. **1.** Armação de madeira que se coloca no interior do móvel para sustentar gavetas. **2.** Fabricante de gavetas. **3.** Sovina, avarento.

Ga.vi.ão s.m. **1.** ORNIT Nome genérico de diversas aves de rapina de hábito diurnos. **2.** GÍR Indivíduo dado a conquistas amorosas; conquistador.

Ga.vi.nha s.f. BOT Órgão de fixação das plantas sarmentosas ou trepadeiras, com que se enrolam a outras plantas ou a estacas; garra.

Gay (guei) (ing.) adj. e s.2g. Diz-se de, ou quem é homossexual.

Ga.ze s.f. Tecido leve, fino e transparente, de algodão ou linho. ◆ Var.: gaza.

Ga.ze.a.dor adj. e s.m. Diz-se de, ou aquele que gazeia.

Ga.ze.ar¹ v.int. Cantar (a garça, a andorinha etc.).

Ga.ze.ar² v.int. Faltar às aulas ou ao trabalho para vadiar; enforcar, gazetear.

GAZELA — GENIALIDADE

Ga.ze.la *s.f.* **1.** Espécie de antílope de formas elegantes e delicadas, que vive em bando. **2.** FIG Moça elegante e bonita.

Ga.ze.ta¹ (ê) *s.f.* Publicação periódica política, doutrinária ou noticiosa; jornal.

Ga.ze.ta² *s.f.* Ato de gazear ou faltar a aula ou ao trabalho por vadiação; gazeio.

Ga.ze.te.ar *v.int.* Fazer gazeta; gazear.

Ga.ze.tei.ro¹ *s.m.* **1.** PEJ Aquele que redige gazeta¹; jornalista. **2.** Vendedor de jornais; jornaleiro. **3.** FIG Boateiro, mentiroso.

Ga.ze.tei.ro² *s.m.* Estudante que gazeia ou faz gazeta².

Ga.zu.a *s.f.* **1.** Chave falsa. **2.** Ferro curvo de abrir fechaduras; pé de cabra.

Gb *s.m.* Símbolo de *gigabyte*.

Gê *s.m.* Nome da letra *G/g*; guê. ● *Pl.:* gês ou gg.

Ge.a.da *s.f.* **1.** Orvalho congelado, que forma uma camada sobre os corpos. **2.** FIG Frio excessivo.

Ge.ar *v.int.* **1.** Cair geada; formar-se geada. *v.t.* **2.** Gelar, congelar.

Gêi.ser *s.m.* Fonte termal, intermitente, com erupções periódicas e que traz muitos sais em dissolução. ● *Pl.:* gêiseres.

Gel *s.m.* Substância de consistência gelatinosa formada pela coagulação de um líquido coloidal. ● *Pl.:* géis.

Ge.la.dei.ra *s.f.* **1.** Móvel que encerra uma máquina frigorífica para a conservação de gêneros alimentícios; refrigerador. **2.** FIG Lugar muito frio. **3.** GÍR Prisão. *s.f.* **4.** Pessoa muito frígida.

Ge.lar *v.t.* **1.** Passar ao estado de gelo; tornar frio; congelar. **2.** Traspassar de frio. **3.** Causar espanto ou medo a. **4.** Paralisar, amedrontar. *v.int.* e *p.* **5.** Converter(-se) em gelo; congelar(-se). **6.** Perder a animação, o calor, o entusiasmo. **7.** Ficar paralisado de medo.

Ge.la.ti.na *s.f.* Substância transparente e inodora, que, dissolvida em água quente e depois gelada, toma a consistência de geleia.

Ge.la.ti.ni.zar *v.t.* Dar consistência de gelatina a (uma substância).

Ge.la.ti.no.so (ô) *adj.* **1.** Em que há gelatina. **2.** Que tem a natureza ou o aspecto de geleia; pegajoso.

Ge.lei.ra *s.f.* **1.** Montão de gelo. **2.** Cavidade em que, nas altas montanhas, se forma gelo. **3.** Amontoamento de gelo e neve que se move arrastado pelas correntes. **4.** Aparelho para fabricar gelo. **5.** Recipiente para gelo.

Ge.lha (ê) *s.f.* **1.** Rugosidade de grãos e frutas. **2.** Ruga na pele (especialmente no rosto).

Ge.li.dez (ê) *s.f.* Qualidade ou estado de gélido.

Gé.li.do *adj.* **1.** Frio como gelo; muito frio; congelado. **2.** FIG Paralisado, imobilizado. **3.** FIG Insensível.

Ge.lo (ê) *s.m.* **1.** Água solidificada pelo abaixamento da temperatura. **2.** Frio excessivo. **3.** FIG Indiferença, insensibilidade. **4.** Tonalidade de cinza quase branco. *adj.* **5.** Que tem essa tonalidade.

Ge.lo-se.co *s.m.* Anidrido carbônico sólido.

Ge.lo.si.a *s.f.* Grade de fasquias de madeira, no vão de porta ou janela; rótula; postigo.

Ge.ma *s.f.* **1.** BOT Botão de planta. **2.** BOT Parte de um vegetal suscetível de reproduzir; gomo, rebento. **3.** Parte amarela e interior do ovo. **4.** Pedra preciosa. **5.** FIG Parte essencial. **6.** Centro, âmago. **7.** O que há de mais puro. ● *Da gema:* genuíno.

Ge.ma.da *s.f.* Porção de gema de ovo, batida com açúcar (ou mel) e leite quente, à às vezes canela, vinho do Porto etc.

Ge.me.dei.ra *s.f.* **1.** Ave columbiforme que ocorre da Venezuela à Bolívia e em boa parte do Brasil, também chamada *juriti* e *juriti-gemedeira*. *adj.* **2.** Gemedora, gemente.

Ge.me.dor (ô) *adj.* e *s.m.* Que, ou aquele que geme.

Gê.meo *adj.* e *s.m.* **1.** Que, ou aquele que nasceu do mesmo parto que outrem. *adj.* **2.** Diz-se de cada um de dois frutos unidos um ao outro. **3.** Idêntico, parecido.

Ge.mer *v.int.* **1.** Dar gemidos. **2.** FIG Soltar queixas, lamentos. **3.** Produzir ruído lento e monótono; ranger. **4.** Arcar com grande peso.

Ge.mi.do *s.m.* Som plangente; lamentação.

Ge.mi.nar *v.t.* **1.** Duplicar, dobrar. **2.** Unir (qualquer coisa) dois a dois.

Ge.mi.ni.a.no *adj.* e *s.m.* Diz-se de, ou aquele que é nascido sob o signo de Gêmeos (21 de maio a 20 de junho).

Gen.ci.a.na *s.f.* **1.** BOT Planta medicinal originária dos Alpes, de cuja raiz se faz um licor. **2.** O próprio licor.

Ge.ne *s.m.* BIOL Partícula do cromossomo em que se encerram os caracteres hereditários.

Ge.ne.a.lo.gi.a *s.f.* **1.** Estudo das origens de uma família. **2.** Conjunto dos descendentes de um indivíduo. **3.** Estirpe, linhagem, procedência. **4.** Fonte, origem, derivação.

Ge.ne.a.ló.gi.co *adj.* Relativo à genealogia.

Ge.ne.a.lo.gis.ta *s.2g.* Pessoa que se dedica à genealogia ou aos estudos genealógicos.

Ge.ne.bra *s.f.* Bebida fabricada com aguardente e bagas de zimbro.

Ge.ne.ral *s.m.* **1.** Posto máximo do Exército, imediatamente superior a *coronel* e inferior a *marechal*, em tempo de guerra. **2.** Pessoa que ocupa esse posto. ● *Abrev.:* gen. ● *Fem.:* generala. **3.** FIG Caudilho, chefe.

Ge.ne.ra.la.do *s.m.* Generalato.

Ge.ne.ra.la.to *s.m.* Posto de general.

Ge.ne.ra.lí.cio *adj.* Relativo a general.

Ge.ne.ra.li.da.de *s.f.* **1.** Qualidade do que é geral. **2.** Ideia ou princípio geral. **3.** O maior número; a totalidade.

Ge.ne.ra.lís.si.mo *adj.* *Sup.abs.sint.* de *geral*.

Ge.ne.ra.li.za.ção *s.f.* **1.** Ato ou fato de generalizar. **2.** Estado do que se generaliza. **3.** Faculdade de generalizar. **4.** Extensão, ampliação.

Ge.ne.ra.li.zar *v.t.* **1.** Tornar geral; difundir, vulgarizar. **2.** Estender-se. **3.** Tornar comum. *v.int.* **4.** Fazer generalizações. *v.p.* **5.** Tornar-se comum a muitos indivíduos; vulgarizar-se. **6.** Propagar-se, alastrar-se.

Ge.ne.ra.ti.vo *adj.* **1.** Relativo a geração. **2.** Que pode gerar. ● *Var.:* gerativo.

Ge.né.ri.co *adj.* **1.** Relativo a gênero. **2.** Que tem o caráter de generalidade; geral. **3.** Expresso em termos vagos; indeterminado.

Gê.ne.ro *s.m.* **1.** Reunião de espécies que possuem vários caracteres comuns entre si. **2.** Conjunto de seres ou apresentam qualidades semelhantes. **3.** Ordem, classe, qualidade. **4.** Classe de assuntos literários ou artísticos da mesma natureza. **5.** Modo, atitude, estilo. **6.** GRAM Propriedade que os substantivos possuem de indicar o sexo dos seres pela terminação ou pela significação. **7.** Em comércio, toda e qualquer mercadoria.

Ge.ne.ro.si.da.de *s.f.* **1.** Qualidade de generoso. **2.** Ação generosa; liberalidade. ● *Ant.:* mesquinhez.

Ge.ne.ro.so (ô) *adj.* **1.** Dotado de caráter nobre. **2.** Que tem grandeza de alma. **3.** Liberal, magnânimo, franco. **4.** Grandioso, sublime. **5.** Valente, leal. **6.** Fértil (terra). **7.** Forte e de excelente qualidade (vinho).

Gê.ne.se *s.f.* **1.** Formação dos seres desde sua origem. **2.** Geração. **3.** Produção ou desenvolvimento inicial de ideias, fatos etc. **4.** Princípio, origem. *s.m.* **5.** O primeiro livro da Bíblia, atribuído a Moisés (neste sentido, escreve-se com maiúscula: *Gênese*).

Ge.né.ti.ca *s.f.* Parte da Biologia, que tem por objeto o estudo da hereditariedade e da evolução das espécies animais e vegetais.

Ge.ne.ti.cis.ta *s.2g.* Especialista em Genética.

Ge.né.ti.co *adj.* **1.** Relativo à genética ou à gênese. **2.** Que diz respeito à geração.

Gen.gi.bre *s.m.* **1.** BOT Erva medicinal das regiões tropicais. **2.** A raiz dessa planta, usada como remédio, tempero e aromatizante em bebidas, doces e perfumaria. **3.** Cor marrom-escura.

Gen.gi.va *s.f.* ANAT Tecido fibromuscular coberto de mucosa, onde estão implantados os dentes.

Gen.gi.val *adj.2g.* Relativo às gengivas.

Gen.gi.vi.te *s.f.* MED Inflamação das gengivas.

Ge.ni.al *adj.2g.* **1.** Dotado de muito talento, de gênio; extraordinário, fora do comum. **2.** GÍR Ótimo, excelente.

Ge.ni.a.li.da.de *s.f.* Qualidade de genial.

GÊNIO — GERIATRA

Gê.nio *s.m.* **1.** Espírito bom ou mau, que, na crença antiga, presidia ao destino de cada homem. **2.** Espírito, princípio inspirador de uma arte, de uma virtude, de uma ação etc. **3.** O mais alto grau de capacidade intelectual que a mente humana pode alcançar. **4.** Indivíduo muito inteligente. **5.** Grande talento ou aptidão especial. **6.** Temperamento, caráter. **7.** Vocação natural. **8.** POP Irascibilidade, má índole.

Ge.ni.o.so (ô) *adj.* **1.** Que tem mau gênio. **2.** Irascível, temperamental, intratável.

Ge.ni.tal *adj.* Relativo à reprodução. ◆ **Órgãos genitais:** órgãos sexuais.

Ge.ni.tá.lia *s.f.* O conjunto dos órgãos sexuais, principalmente os externos.

Ge.ni.tor *s.m.* Aquele que gera; pai. ● *Fem.: genitora.*

Ge.no.ci.da *adj.2g.* **1.** Relativo a genocídio. *adj. e s.2g.* **2.** Que ou quem perpetra ou ordena um genocídio.

Ge.no.cí.dio *s.m.* **1.** Crime contra a humanidade. **2.** Crime que consiste em matar ou provocar danos irrecuperáveis a um povo, raça etc.

Ge.no.ma *s.m.* BIOL **1.** Conjunto completo de cromossomos derivado de um dos genitores. **2.** Conjunto de genes transportados pelos cromossomos da espécie.

Ge.nó.ti.po *s.m.* **1.** Constituição genética de um indivíduo ou zigoto. **2.** Grupo de indivíduos que apresentam igual constituição genética.

Gen.ro *s.m.* O marido da filha em relação aos pais dela.

Gen.ta.lha *s.f.* **1.** Ralé, plebe. **2.** Gente ordinária, de baixo nível.

Gen.te *s.f.* **1.** Pessoa, ser humano. **2.** Os habitantes de uma país, estado. **3.** Grupo de pessoas que têm os mesmos costumes, condição social, profissão, ideais políticos. **4.** Pessoa indefinida. **5.** Povo, nação, tribo, família. **6.** A pessoa ou as pessoas que falam; nós.

Gen.til *adj.* **1.** Nobre, cavalheiresco, fidalgo. **2.** Esbelto. **3.** Elegante, gracioso. **4.** Agradável, cortês, amável, delicado. ● *Sup.abs.sint.: gentílimo e gentilíssimo.* ● *Ant.: rude.*

Gen.ti.le.za *s.f.* **1.** Qualidade de gentil. **2.** Graça, elegância. **3.** Ação nobre, distinta. **4.** Valor. **5.** Amabilidade, delicadeza, cortesia.

Gen.til-ho.mem *s.m.* **1.** Homem nobre, distinto. **2.** Fidalgo, cavalheiro. ● *Pl.: gentis-homens.*

Gen.tí.li.co *adj.* **1.** Dos gentios, próprio dos gentios. *adj. e s.m.* **2.** Diz-se do, ou nome que se refere a raças e povos (como *israelita*).

Gen.ti.li.da.de *s.f.* **1.** A religião dos gentios; paganismo. **2.** Os gentios; gentilismo.

Gen.ti.nha *s.f.* Gente sem importância.

Gen.ti.o *s.m.* **1.** Indivíduo que professa a religião pagã; idólatra. **2.** POP Grande quantidade de gente. **3.** Índio, indígena. **4.** Pagão. **5.** Que não é civilizado, bárbaro.

Gentleman (djentmen) (ing.) *s.m.* Homem fino, de maneiras educadas. ● *Pl.: gentlemen.*

Ge.nu.flec.tir *v.int.* **1.** Dobrar o joelho; ajoelhar. *v.t.* **2.** Dobrar pelo joelho; curvar.

Ge.nu.fle.xo (cs) *adj.* Ajoelhado.

Ge.nu.fle.xó.rio (cs) *s.m.* Banquinho com apoio para os braços em que se ajoelha para rezar.

Ge.nu.í.ni.da.de *s.f.* Qualidade de genuíno; sinceridade.

Ge.nu.í.no *adj.* **1.** Puro, sem mistura. **2.** Legítimo, verdadeiro. **3.** Sincero, natural. **4.** Vernáculo, castiço. ● *Ant.: falsificado.*

Ge.o.cên.tri.co *adj.* ASTRON Diz-se do sistema em que a Terra é considerada o centro do Universo, e portanto em torno dela giram os astros.

Ge.o.cen.tris.mo *s.m.* ASTRON Antiga concepção astronômica segundo a qual a Terra seria o centro do Universo, e em torno dela girariam os outros astros, inclusive o Sol.

Ge.o.dé.sia *s.f.* Ciência que estuda as dimensões e a forma da Terra.

Ge.o.dé.si.co *adj.* Relativo à Geodésia.

Ge.o.fa.gi.a *s.f.* Hábito de comer terra.

Ge.ó.fa.go *adj. e s.m.* Que, ou aquele que tem o hábito de comer terra.

Ge.o.fí.si.co *adj.* **1.** Relativo à Geofísica. *s.m.* **2.** Especialista em Geofísica.

Ge.o.gra.fi.a *s.f.* **1.** Ciência que tem por objeto o estudo da Terra em sua forma, acidentes físicos, clima, produções, populações, divisões políticas etc.

Ge.o.grá.fi.co *adj.* Relativo à Geografia.

Ge.ó.gra.fo *s.m.* **1.** Pessoa versada em Geografia. **2.** Aquele que escreve sobre Geografia.

Ge.oi.de *s.m.* A forma geométrica da Terra.

Ge.o.lo.gi.a *s.f.* Ciência que tem por objeto a história natural da Terra, sua formação e sucessivas transformações.

Ge.o.ló.gi.co *adj.* Relativo à Geologia.

Ge.ó.lo.go *s.m.* **1.** Aquele que é versado em Geologia. **2.** Tratadista de Geologia.

Ge.ô.me.tra *s.2g.* Pessoa que se dedica à Geometria ou é versada nela.

Ge.o.me.tri.a *s.f.* Ciência que estuda as propriedades da extensão ou do espaço limitado (linhas, superfícies, volumes).

Ge.o.mé.tri.co *adj.* Relativo à geometria.

Ge.o.me.tri.zar *v.t.* Dar (a um fenômeno) um modelo, uma forma geométrica a.

Ge.o.po.lí.ti.ca *s.f.* Ciência que procura interpretar a vida e a evolução política das nações pelos fatores geográficos.

Ge.o.po.lí.ti.co *adj.* Relativo a Geopolítica.

Ge.os.fe.ra *s.f.* A parte sólida da Terra, constituída pela litosfera, mesosfera e pelo núcleo terrestre (que inclui o núcleo externo, a zona de transição e o núcleo central).

Ge.o.tró.pi.co *adj.* Relativo ao geotropismo.

Ge.o.tro.pis.mo *s.m.* Propriedade dos órgãos vegetativos das plantas de tomar determinada direção por influência da gravidade.

Ge.ra.ção *s.f.* **1.** Ato ou efeito de gerar. **2.** Conjunto de funções e fenômenos pelos quais um ser organizado produz outro de sua espécie. **3.** Conjunto de pessoas do mesmo sangue. **4.** Grau de filiação; descendência, linhagem. **5.** Conjunto de pessoas nascidas pela mesma época. **6.** Formação. **7.** Desenvolvimento, produção.

Ge.ra.dor (ô) *adj.* **1.** Que gera. *s.m.* **2.** Aquele que gera; criador. **3.** FIG Causador. **4.** Parte da caldeira das máquinas onde se produz o vapor.

Ge.ral *adj.* **1.** Que é comum a todos. **2.** Que abrange o maior número de particularidades. **3.** Que é quase universal; genérico. *s.m.* **4.** Chefe, administrador de certas ordens religiosas. *s.f.* **5.** O local mais barato nos teatros, circos, estádios de futebol etc. ● *Ant.: particular.*

Ge.râ.nio *s.m.* **1.** Nome dado a diversas plantas ornamentais, originárias da Europa, usadas principalmente para guarnecer canteiros. **2.** A flor dessa planta.

Ge.rar *v.t.* **1.** Dar origem ou existência a. **2.** Fecundar. **3.** Criar. **4.** Causar, originar. **5.** Nascer. *v.p.* **6.** Nascer, desenvolver-se.

Ge.ra.triz *adj.* **1.** Que gera. *s.f.* **2.** GEOM Linha cujo movimento gera uma superfície. **3.** Fração ordinária que gera uma dízima periódica.

Ge.rên.cia *s.f.* **1.** Ato ou efeito de gerir; funções de gerente. **2.** Administração, gestão. **3.** Lugar onde o gerente exerce suas funções.

Ge.ren.ci.al *adj.2g.* **1.** Relativo à gerência ou ao gerente. **2.** Próprio da gerência ou do gerente.

Ge.ren.ci.a.men.to *s.m.* Ação ou efeito de gerenciar; gerência.

Ge.ren.ci.ar *v.t.* **1.** Dirigir (empresa) na condição de gerente. **2.** Exercer as funções de gerente em.

Ge.ren.te *adj. e s.2g.* Que, ou pessoa que gere ou administra negócios; superintendente.

Ger.ge.lim *s.m.* **1.** BOT Planta medicinal de semente oleaginosa. **2.** Doce feito da semente e do óleo dessa planta.

Ge.ri.a.tra *s.2g.* Médico especialista em Geriatria.

GERIATRIA — GINGA

Ge.ri.a.tri.a *s.f.* Parte da Medicina que se ocupa dos idosos, seus problemas e suas doenças.

Ge.ri.á.tri.co *adj.* Relativo à Geriatria.

Ge.rin.gon.ça *s.f.* **1.** POP Calão, gíria. **2.** Coisa malfeita ou que ameaça desconjuntar-se; engenhoca. ● *Var.: gerigonça.*

Ge.ri.ô.nia *s.f.* Animal marinho cnidiário, hidrozoário, que é uma medusa com 12 tentáculos, encontrado em todos os mares.

Ge.rir *v.t.* **1.** Ter gerência sobre; administrar, gerenciar. **2.** Dirigir, governar. ● Conjuga-se por *ferir.*

Ger.mâ.ni.co *adj.* **1.** Relativo à Germânia, antiga região da Europa. **2.** Relativo à Alemanha (Europa), aos alemães ou aos povos de origem alemã. *adj.* e *s.m.* **3.** Diz-se de, ou grupo de línguas indo-europeias que deu origem ao alemão, ao inglês, ao holandês etc.

Ger.mâ.nio *s.m.* QUÍM Elemento de número atômico 32, cristalino, de símbolo Ge.

Ger.ma.nis.mo *s.m.* **1.** Palavra ou expressão peculiar à língua alemã. **2.** Preferência pelas coisas originárias da Alemanha.

Ger.ma.nis.ta *adj.2g.* **1.** Relativo ao germanismo. *s.2g.* **2.** Pessoa que se dedica ao estudo da língua e cultura germânicas.

Ger.ma.ni.za.ção *s.f.* Ato ou efeito de germanizar.

Ger.ma.ni.zar *v.t.* **1.** Tornar alemão. **2.** Dar feição ou caráter germânico a. *v.p.* **3.** Adaptar-se ao estilo germânico.

Ger.ma.no *adj.* **1.** Diz-se de irmãos descendentes do mesmo pai e da mesma mãe. **2.** FIG Puro, genuíno. **3.** Germânico, alemão. *s.m.* **4.** Cada um dos irmãos germanos. **5.** Indivíduo dos germanos, povo da antiga Germânia (região da Europa).

Ger.me *s.m.* **1.** Princípio de um novo ser; embrião. **2.** Princípio, causa ou origem de uma coisa. **3.** Parte da semente, de que se forma a planta. **4.** Estado rudimentar. **5.** Micróbio.

Gér.men *s.m.* Germe. ● *Pl.: germens* ou *gérmenes.*

Ger.mi.ci.da *adj.2g.* e *s.m.* Diz-se de, ou produto que tem o poder de matar germes.

Ger.mi.na.ção *s.f.* **1.** Ato ou efeito de germinar. **2.** Desenvolvimento do germe dos bulbos. **3.** FIG Evolução, expansão vagarosa.

Ger.mi.na.dor (ô) *adj.* Que faz germinar.

Ger.mi.nal[1] *adj.2g.* Relativo ao germe ou à germinação.

Ger.mi.nal[2] *s.m.* Sétimo mês do calendário republicano francês (correspondente aos dias 21 ou 22 de março a 20 ou 21 de abril).

Ger.mi.nan.te *adj.* Que germina; germinativo.

Ger.mi.nar *v.int.* **1.** Começar a desenvolver-se (sementes, bulbos etc.); grelar. **2.** Deitar rebentos. **3.** FIG Ter princípio, nascer. **4.** Tomar incremento ou vulto; desenvolver-se. *v.p.* **5.** Dar causa a. **6.** Produzir, gerar, originar.

Ge.ron.to.cra.ci.a *s.f.* Governo em que os*anciãos exercem a soberania.

Ge.ron.to.cra.ta *s.2g.* Membro ou adepto de gerontocracia.

Ge.ron.to.crá.ti.co *adj.* Relativo à gerontocracia ou à gerontocrata.

Ge.ron.to.lo.gi.a *s.f.* Estudo dos aspectos biológicos, psicológicos, sociais e econômicos relacionados ao idoso.

Ge.ron.to.lo.gis.ta *s.2g.* Especialista em gerontologia.

Ge.rún.dio *s.m.* GRAM Tempo de verbo terminado em *ndo.*

Ges.sa.gem *s.f.* Operação de gessar.

Ges.so (ê) *s.m.* **1.** GEOL Sulfato de cálcio hidratado. **2.** Objeto de arte moldado em gesso. **3.** Ornato de gesso, para desenho.

Ges.ta.ção *s.f.* **1.** Tempo que medeia da concepção ao nascimento dos mamíferos; gravidez. **2.** FIG Tempo de elaboração de um trabalho; gênese. **3.** FIG Elaboração, produção.

Ges.tan.te *adj.* **1.** Que contém o embrião. **2.** Que está em gestação. *s.f.* **3.** A mulher em período de gravidez.

Ges.tão *s.f.* **1.** Ato ou efeito de gerir. **2.** Gerência, administração.

Ges.ta.tó.rio *adj.* **1.** Relativo à gestação. **2.** Que pode ser levado ou transportado.

Ges.ti.cu.la.ção *s.f.* **1.** Ato ou efeito de gesticular. **2.** Conjunto de gestos; gesticulosidade.

Ges.ti.cu.la.dor (ô) *adj.* e *s.m.* Que, ou aquele que gesticula.

Ges.ti.cu.lar *v.int.* **1.** Fazer gestos. **2.** Exprimir-se por meio de gestos. *v.t.* **3.** Exprimir por gestos.

Ges.to *s.m.* **1.** Movimento do corpo, especialmente da cabeça e das mãos, para exprimir ideias ou sentimentos. **2.** Sinal, aceno. **3.** FIG Semblante, aspecto, aparência. **4.** Ação, ato.

Ghost-writ.er (ing.) *s.2g.* Pessoa que prepara ou escreve anonimamente uma obra literária, artística, científica ou política encomendada por quem, passando por autor, a assina; *nègre.* ● *Pl.: ghost-writers.*

Gi.ba *s.f.* Corcunda; corcova do boi zebu.

Gi.bão *s.m.* **1.** Vestidura antiga, que cobria o homem do pescoço à cintura. **2.** Espécie de casaco curto que se veste sobre a camisa; colete. **3.** Veste de couro que cobre do pescoço à cintura, usada pelos vaqueiros nordestinos para proteger dos espinhos da caatinga. **4.** Grande macaco arborícola da Ásia, de braços longos e desprovido de cauda.

Gi.bi *s.m.* **1.** POP Moleque, negrinho. **2.** Indivíduo feio, grotesco. **3.** Certo tipo de revista de histórias em quadrinhos.

Gi.ga.byte (ing.) *s.m.* Múltiplo do byte; vale mil (ou 1024) *megabytes.*

Gi.gan.te *s.m.* **1.** Homem de extraordinária estatura. **2.** Qualquer animal de grandes proporções. **3.** FIG Aquele que se distingue por seu valor, talento ou outros predicados. *adj.2g.* **4.** FIG Enorme, admirável, enorme.

Gi.gan.tes.co (ê) *adj.* **1.** Que tem proporções de gigante. **2.** De desmedida altura. **3.** Próprio de gigante. **4.** Prodigioso, grandioso, admirável.

Gi.gan.tis.mo *s.m.* **1.** Estatura gigantesca. **2.** Crescimento anormal de uma pessoa, animal ou vegetal. **3.** Esse crescimento aplicado a coisa etc.

Gi.go.lô *s.m.* Indivíduo, em geral jovem e bem-apessoado, que vive à custa de mulher quase sempre mais velha, mantida por outro homem, ou de prostituta.

Gi.le.te *s.f.* **1.** Lâmina de barbear do fabricante *Charles Gillette.* **2.** Qualquer lâmina desse tipo. **3.** GÍR Mau motorista; barbeiro. **4.** CH Pessoa sexualmente ativa e passiva; bissexual.

Gim[1] *s.m.* Aguardente de cereais (cevada, trigo, aveia) aromatizada com frutos de zimbro.

Gim[2] *s.m.* Instrumento usado para encurvar as calhas das vias férreas.

Gim.nos.per.ma *s.f.* BOT Espécime das gimnospermas, plantas com sementes nuas.

Gim-tô.ni.ca *s.m.* Bebida feita de gim misturado com água tônica.

Gi.na.si.al *adj.* Relativo a ginásio.

Gi.na.si.a.no *adj.* **1.** Ginasial. *s.m.* **2.** Estudante do curso ginasial.

Gi.ná.sio *s.m.* **1.** Lugar onde se pratica a ginástica. **2.** Estabelecimento secundário em alguns países. **3.** Antigo nome das quatro últimas séries do primeiro grau, hoje fundamental. **4.** Estabelecimento de ensino do 6º ao 9º ano.

Gi.nas.ta *s.2g.* **1.** Pessoa que pratica a ginástica esportiva. **2.** Artista de circo que executa exercícios de força e destreza.

Gi.nás.ti.ca *s.f.* Arte ou exercício dos músculos do corpo para o fortificar.

Gi.nás.ti.co *adj.* Relativo à ginástica.

Gin.ca.na *s.f.* Competição de que participam duas ou mais equipes, e que consiste em realizar provas variadas ou exóticas, a pé, de bicicleta ou de automóvel, nas quais a rapidez e precisão contribuem para a classificação.

Gi.ne.ceu *s.m.* BOT Conjunto dos órgãos sexuais femininos de uma flor.

Gi.ne.co.lo.gi.a *s.f.* Parte da Medicina que estuda as doenças do sistema genital das mulheres.

Gi.ne.co.lo.gis.ta *s.2g.* **1.** Tratadista da ginecologia. **2.** Médico especialista em Ginecologia.

Gi.ne.te (ê) *s.m.* **1.** Cavalo pequeno, de boa raça, dócil e bem adestrado. **2.** Aquele que monta esse cavalo em competições. **3.** Aquele que é bom cavaleiro, que monta bem. ● *Fem.: gineta.*

Gin.ga *s.f.* **1.** Ato ou efeito de gingar. **2.** Movimento oscilatório; balanço, bamboleio. **3.** Espécie de remo apoiado na popa da embarcação.

GINGADO — GLOSSARISTA

Gin.ga.do s.m. Requebro, bamboleio, ginga.

Gin.gar v.int. **1.** Requebrar o corpo ao andar; bambolear. **2.** Mover-se de um lado para outro. **3.** Saracotear, saçaricar. **4.** Navegar com ginga. **5.** Coçar, troçar.

Gin.ja s.f. **1.** Fruto da ginjeira, vermelho-escuro, de polpa mole e acidulada. **2.** Bebida feita com esse fruto. s.2g. **3.** Pessoa idosa e apegada às coisas antigas.

Gin.jei.ra s.f. BOT Variedade de cerejeira (família das rosáceas), originária da Europa, de frutos vermelho-escuros.

Gin.seng (ing.) s.m. BOT Planta originária da Manchúria e da Coreia, cuja raiz apresenta propriedades tônicas, fortificantes e levemente afrodisíacas.

Gíp.seo adj. **1.** Relativo a gesso. **2.** Feito de gesso.

Gip.si.ta s.f. MINER Mineral do qual se extrai o gesso; gipso.

Gi.ra adj. e s.2g. Diz-se de, ou pessoa amalucada.

Gi.ra.fa s.f. ZOOL Mamífero ruminante de pernas altas e pescoço extraordinariamente desenvolvido, encontrada nas savanas africanas do sul do Saara. POP Pessoa magra, alta e de pescoço muito comprido.

Gi.rân.do.la s.f. **1.** Travessão ou roda com orifício, em cada um dos quais sai um foguete que sobe e estoura com os outros. **2.** Os foguetes ali agrupados.

Gi.rar v.int. **1.** Virar, descrever movimentos circulares. **2.** Andar ao redor ou em volta de.

Gi.ras.sol s.m. **1.** BOT Planta ornamental, cuja flor se volta para o Sol e cujas sementes dão um óleo comestível. **2.** Certa pedra preciosa. **3.** Variedade de arroz da Índia. ● Pl.: *girassóis*.

Gi.ra.tó.rio adj. Que gira ou circula; circulatório.

Gí.ria s.f. **1.** Língua especial, cifrada, usada por marginais. **2.** Linguagem peculiar às pessoas que exercem a mesma atividade, arte ou profissão. **3.** Jargão, calão.

Gi.ri.no s.m. Larva de anfíbio (rã, sapo) de aspecto de peixe.

Gi.ro s.m. **1.** Volta, circuito, rodeio. **2.** Turno, vez. **3.** Movimento de negócio; comércio: *Produto de pouco giro*. **4.** Pequena excursão; passeio ligeiro.

Gi.ros.có.pio s.m. **1.** Aparelho antigo utilizado para demonstrar o movimento de rotação da Terra. **2.** Aparelho para observar os movimentos circulares dos ventos.

Giz s.m. Pequeno bastão de carbonato ou sulfato de cálcio, que serve para se escrever em quadro-negro ou tecido. ● Pl.: *gizes*.

Gla.bro adj. **1.** BOT Diz-se dos órgãos vegetais que não têm pelos ou penugens. **2.** De superfície lisa. **3.** FIG Que não tem barba: *jovem glabro*.

Gla.cê s.m. **1.** Cobertura de bolo feita com clara de ovo, açúcar cristalizado e outros ingredientes. **2.** Espécie de seda lustrosa. adj. **3.** Diz-se da fruta seca passada em calda de açúcar. **4.** Lustroso, polido.

Gla.ci.a.ção s.f. **1.** Ato de transformar em gelo, de congelar. **2.** Ação que as geleiras exercem sobre a superfície da terra.

Gla.ci.al adj. **1.** Gelado. **2.** Muito frio. **3.** Diz-se da zona mais vizinha dos polos, que frequentemente está gelada. **4.** FIG Reservado, sem animação, insensível. s.m. **5.** BOT Certa planta hortense. **6.** Geleira.

Gla.ci.á.rio adj. **1.** Relativo ao gelo ou às geleiras. **2.** Relativo à era glacial.

Gla.di.a.dor s.m. Aquele que combatia nos circos romanos contra homens e feras, para divertir o público.

Glá.dio s.m. **1.** Espada de dois gumes. **2.** POÉT Espada, punhal. **3.** FIG Poder, força.

Gla.mo.ri.zar v.t. Tornar glamoroso, atraente.

Glamour (glãmur) (ing.) s.m. Encanto pessoal, charme, simpatia.

Glan.de s.f. **1.** Fruto do carvalho; bolota. **2.** Objeto em forma de bolota. **3.** ANAT Extremidade anterior do clitóris. **4.** A cabeça do pênis; bálano. ● *Dim.erud.*: *glândula*.

Glân.du.la s.f. **1.** Pequena glande. **2.** ANAT Conjunto de células especializadas no fabrico de substâncias orgânicas a serem aproveitadas pelo organismo ou dele eliminadas.

Glan.du.lar adj.2g. **1.** Que tem forma de glândula; glanduliforme. **2.** Relativo a glândula. **3.** Que tem função de glândula.

Glau.co.ma s.m. MED Grande enfraquecimento da vista, com dilatação e deformação da pupila e diminuição dos movimentos da íris.

Glau.co.ma.to.so adj. Que tem glaucoma.

Gle.ba s.f. **1.** Solo cultivável. **2.** Qualquer porção de terra. **3.** FIG Solo pátrio; região. **4.** ANT Terreno feudal a que os servos estavam ligados e que deviam cultivar

Gli.ce.mi.a s.f. MED Presença de glicose no sangue.

Gli.ce.ri.na s.f. **1.** QUÍM Substância líquida, incolor e xaroposa, base dos óleos e corpos graxos; glicerol. **2.** Certo líquido viscoso, de ação antisséptica e laxativa.

Gli.co.se s.f. QUÍM Açúcar que se encontra nas uvas e em outros frutos, no mel, no suco de alguns vegetais etc., principal fonte de energia do organismo.

Glo.bal adj.2g. **1.** Relativo ao globo terrestre. **2.** Considerado no conjunto ou em globo. **3.** Total, inteiro. ● *Ant.*: *parcial*.

Glo.ba.li.da.de s.f. **1.** Qualidade do que é global. **2.** Caráter global; totalidade ou conjunto.

Glo.ba.li.za.ção s.f. **1.** Ato ou efeito de globalizar(-se). **2.** Processo pelo qual a vida social e cultural nos diversos países do mundo é cada vez mais afetada por influências internacionais em razão de injunções políticas e econômicas. **3.** Intercâmbio econômico e cultural entre diversos países, devido ao avanço da informática, ao desenvolvimento dos meios de comunicação e transporte, à ação de empresas transnacionais e à pressão política. **4.** Integração cada vez maior das empresas transnacionais, num contexto mundial de livre-comércio e de diminuição da presença do Estado, em que empresas podem operar simultaneamente em muitos países diferentes e explorar em vantagem própria as variações nas condições locais. **5.** Processo de percepção e aquisição mais sintético do que analítico, característico da estrutura mental ou psíquica da criança. ● *Pl.*: *globalizações*.

Glo.bo (ô) s.m. **1.** Corpo esférico ou quase esférico; bola. **2.** Qualquer astro. **3.** Representação esférica do sistema planetário. **4.** A Terra. ● *Dim.*: *globinho* e *glóbulo* (erud.).

Glo.bu.lar adj.2g. **1.** Globuloso. **2.** Que tem a forma de um glóbulo.

Gló.bu.lo s.m. **1.** Pequeno globo. **2.** FISIOL Corpúsculo unicelular que se encontra em muitos líquidos do corpo dos vertebrados, principalmente no sangue.

Gló.ria s.f. **1.** Celebridade adquirida por grande mérito. **2.** Renome, fama. **3.** Pessoa muito ilustre. **4.** Preito, honra. **5.** Consagração. **6.** Felicidade perfeita. **7.** Esplendor, grandeza, magnificência. **8.** Louvor, exaltação. **9.** Bem-aventurança, beatitude. s.f. **10.** Pessoa notável por algum grande feito; pessoa célebre.

Glo.ri.ar v.t. **1.** Cobrir de glória. v.p. **2.** Cobrir-se de glória. **3.** Envaidecer-se, vangloriar-se, jactar-se.

Glo.ri.fi.ca.ção s.f. **1.** Ato ou efeito de glorificar(-se). **2.** Exaltação. **3.** Ascensão dos justos à bem-aventurança.

Glo.ri.fi.ca.dor adj. e s.m. Que, ou aquele que glorifica.

Glo.ri.fi.can.te adj.2g. Que glorifica.

Glo.ri.fi.car v.t. **1.** Prestar glória ou homenagem a; honrar. v.p. **2.** Adquirir glória; gloriar-se.

Glo.ri.o.so (ô) adj. **1.** Cheio de glória. **2.** Honroso. **3.** Que dá glória ou honra; que é motivo de orgulho. **4.** Ilustre, notável, vitorioso.

Glo.sa s.f. **1.** Breve interpretação de um texto. **2.** Nota à margem; comentário, observação. **3.** Poesia em que cada estrofe termina por um dos versos de um mote. **4.** Censura, repreensão; crítica.

Glo.sa.dor (ô) s.m. Aquele que glosa.

Glo.sar v.t. **1.** Fazer glosa de; comentar, anotar. **2.** Desenvolver por meio de glosas (um mote). Censurar, reprender, criticar. **3.** Desenvolver em verso (um mote). **4.** POP Anular, suprimir. v.int. **5.** Compor glosas.

Glos.sá.rio s.m. **1.** Vocabulário de termos e sua explicação. **2.** Dicionário restrito a um domínio específico.

Glos.sa.ris.ta s.2g. Autor de glossário.

GLOTE — GOMO

Glo.te (ó) *s.f.* ANAT Abertura da laringe, circunscrita pelas duas pregas vocais inferiores.

Gló.ti.co *adj.* Relativo à glote.

Glu.glu *s.m.* **1.** Onomatopeia que imita a voz do peru. **2.** Som de líquido que sai de uma garrafa ou de um vaso de gargalo estreito.

Glu.ta.ma.to *s.m.* Sal ou éster do ácido glutâmico.

Glu.tâ.mi.co *adj.* Diz-se de aminoácido dextrógiro, um constituinte das proteínas.

Glu.tão¹ *adj.* e *s.m.* Que, ou aquele que come muito e com avidez; comilão. ● *Fem.: glutona.*

Glu.tão² *s.m.* Mamífero carnívoro da família dos mustelídeos, que ataca cervos, renas e alces.

Glú.ten *s.m.* Proteína de cereais, glute. ● *Pl.: glutens* ou *glútenes.*

Glú.teo *adj.* CH Que se refere à região das nádegas.

Glu.ti.no.so *adj.* **1.** Que contém glute. **2.** Da natureza do glute. **3.** Pegajoso, viscoso.

Glu.to.na.ri.a *s.f.* **1.** Qualidade de glutão. **2.** Gula, voracidade. ● *Var.: glutonaria.*

Gno.mo *s.m.* **1.** FOLCL Personagem sobrenatural, gênio de pequena estatura, feio mas bondoso, morador do interior da Terra, onde guarda minas e tesouros. **2.** FIG Indivíduo pequeno e disforme.

Gno.se *s.f.* Conhecimento, sabedoria.

Gnos.ti.cis.mo *s.m.* Sistema teológico-filosófico que pretende atingir o conhecimento pleno da natureza e de Deus.

Gnu *s.m.* Gênero de antílope africano de grande porte.

GO Sigla do Estado de Goiás.

Go.dê *s.m.* **1.** Certo corte de tecido em viés, usada em saias, mangas etc. **2.** Pequena tigela para diluir as cores, usada por pintores; godé.

Go.do *adj.* **1.** Relativo aos godos. *s.m.* **2.** Indivíduo dos godos.

Go.e.la (é) *s.f.* **1.** Nome popular da parte interior do pescoço por onde passam os alimentos; garganta. *s.m.* **2.** Indivíduo muito ambicioso; fanfarrão, jactancioso.

Go.frar *v.t.* **1.** Fazer as nervuras de (folhas ou flores artificiais). **2.** Imprimir desenhos em papéis ou tecidos.

Go.go¹ *s.m.* Pedra pequena e arredondada encontrada nas águas correntes; seixo liso.

Go.go² (ó) *s.m.* **1.** Doença das aves galináceas domésticas; gosma.

Go.gó *s.m.* Saliência do pescoço, mais comum no homem que na mulher; pomo de adão.

Go.go.so (ó) *adj.* Goguento.

Go.guen.to *adj.* Atacado de gogo; gosmento.

Gói *s.2g.* Entre os judeus, indivíduo ou povo que não é de origem judaica.

Goi.a.ba *s.f.* Fruto comestível da goiabeira.

Goi.a.ba.da *s.f.* Doce de goiaba.

Goi.a.bal *s.m.* Terreno onde crescem muitas goiabeiras.

Goi.a.bei.ra *s.f.* BOT Árvore de pequeno porte, originária das regiões quentes das Américas, que produz a goiaba.

Goi.a.ni.en.se *adj.2g.* **1.** De, ou pertencente a Goiânia, capital do Estado de Goiás. *s.2g.* **2.** Natural ou habitante dessa cidade e município.

Goi.a.no *adj.* **1.** Relativo ao Estado de Goiás, na região Centro-Oeste do Brasil. *s.m.* **2.** O natural desse Estado. **3.** Nome de uma variedade de feijão.

Goi.va *s.f.* Instrumento de carpinteiro, espécie de formão em semicírculo, que tem o chanfro do corte no lado côncavo.

Goi.var *v.t.* **1.** Cortar ou entalhar com goiva. **2.** Ferir com goiva ou com outro instrumento cortante; retalhar.

Gol (ó) *s.m.* **1.** FUT O conjunto formado pelas traves e rede, que deve ser vazado pela bola, o mesmo que *área, vala, arco, cidadela, meta.* **2.** Cada ponto marcado toda vez que a bola ultrapassa a linha do gol; tento. ● *Pl.: gols.*

Go.la *s.f.* **1.** Parte do vestuário, junto ao pescoço, ou em volta dele; colarinho. **2.** Moldura formada de duas curvas, convexa e côncava.

Go.le *s.m.* **1.** Trago, golada. **2.** Quantidade de líquido que se engole de uma só vez.

Go.le.a.da *s.f.* Vitória de um time de futebol que marcou grande número de tentos ou gols, em comparação ao pequeno número de gols do adversário.

Go.le.a.dor *adj.* **1.** FUT Diz-se do atacante que faz muitos gols. **2.** Diz-se do time que ganhou de goleada. *s.m.* **3.** Artilheiro.

Go.le.ar *v.t.* e *int.* **1.** Fazer muitos gols. **2.** Vencer por larga margem de gols.

Go.lei.ro *s.m.* Jogador que defende o gol de sua equipe; arqueiro, guarda-meta, guardião.

Gol.fa.da *s.f.* **1.** Líquido que sai ou se vomita de uma só vez; jato. **2.** Jorro, vômito.

Gol.far *v.t.* **1.** Expelir, lançar em golfadas. **2.** Emitir, lançar de si. **3.** Irromper, surgir com ímpeto.

Gol.fe (ó) *s.m.* Jogo esportivo, que consiste em colocar com um taco uma pequena bola numa série de buracos abertos em grande extensão de terreno.

Gol.fi.nho¹ *s.m.* **1.** Grande mamífero cetáceo marinho da família dos delfinídeos, muito inteligente; delfim. **2.** Boto.

Gol.fi.nho² *s.m.* Na heráldica, figura de armaria que representa o golfinho.

Gol.fi.nho³ *s.m.* Jogo esportivo, espécie de golfe de jardim.

Gol.fis.ta *s.2g.* Jogador(a) de golfe.

Gol.fo (ô) *s.m.* Porção de mar que entra pela terra adentro, deixando abertura ou entrada muito larga. ● *Pl.: golfos* (ô).

Gol.pe *s.m.* **1.** Pancada com instrumento contundente ou cortante. **2.** Acontecimento inesperado. **3.** Lance, rasgo. **4.** Disposição decisiva num negócio. **5.** Desfalque. **6.** Manobra desonesta para lesar outrem. **7.** Desgraça, infortúnio. **8.** Comoção moral; abalo. **9.** Ato ou empreendimento decisivo. **10.** Ardil, artimanha. **11.** Numa luta (judô, jiu-jítsu etc.), movimento ou manobra que atinge ou pretende atingir o adversário. **12.** Trago, gole.

Gol.pe.ar *v.t.* **1.** Ferir com golpes. **2.** Dar golpe em. **3.** Atingir profundamente. **4.** Afligir, angustiar.

Gol.pis.ta *adj.* e *s.2g.* **1.** Diz-se de, ou pessoa que defende, pede ou dá golpe de Estado. **2.** Diz-se de, ou pessoa que dá qualquer tipo de golpe. **3.** Vigarista, estelionatário, trapaceiro.

Go.ma *s.f.* **1.** Substância transparente e viscosa que corre ou se extrai de certas árvores. **2.** Fécula ou amido que se extrai da mandioca, da araruta etc. **3.** Tapioca. **4.** Cola de amido para engomar roupa. **5.** POP Bazófia, fanfarronada.

Go.ma-a.rá.bi.ca *s.f.* **1.** BOT Árvore que produz goma solúvel e adesiva. **2.** A própria goma. ● *Pl.: gomas-arábicas.*

Go.ma-co.pal *s.f.* Jetaícica. **2.** Substância empregada na fabricação de vernizes para litografia, fotogravura etc.

Go.ma-de-an.gi.co *s.f.* Espécie de goma originária de várias plantas do gênero *Piptadenia.*

Go.ma.do *adj.* **1.** Engomado. **2.** Coberto com uma camada de cola adesiva que se dilui ao contato com a água.

Go.ma.dor *s.m.* **1.** Operário que trabalha na gomagem de papel. **2.** Máquina de gomar; gomadeira.

Go.ma.do.ra *s.f.* Gomador (acep. 2).

Go.ma-e.lás.ti.ca *s.f.* **1.** Árvore da família das moráceas, de até 30 m de altura, que produz um tipo de látex. **2.** O látex proveniente dessa árvore.

Go.ma.gem *s.f.* Ato ou efeito de gomar.

Go.ma-gu.ta *s.f.* Resina gomada, proveniente da guteira (árvore do NE da Ásia), usada como laxativo e na fabricação de corantes. ● *Pl.: gomas-gutas* ou *gomas-guta.*

Go.mal *s.f.* Cauchal.

Go.ma-la.ca *s.f.* Certa resina fornecida pela cochonilha da Índia, usada no fabrico de vernizes, discos etc.; laca. ● *Pl.: gomas-lacas* ou *gomas-laca.*

Go.ma.li.na *s.f.* Produto utilizado nos cabelos, para fixá-los.

Go.mar *v.int.* Lançar gomos; brotar.

Go.mar² *v.t.* **1.** Passar goma em; engomar. **2.** Deixar (a roupa) engomada.

Go.mo *s.m.* **1.** Rebento dos vegetais. **2.** Gema, botão. **3.** Cada uma das partes em que se dividem certos frutos, como a laranja.

GOMOSO — GOZOSO

Go.mo.so¹ (ô) *adj.* 1. Que contém goma. 2. Que tem a consistência da goma.

Go.mo.so² (ô) *adj.* Que tem gomos (vegetal).

Gô.na.da *s.f.* Glândula sexual (testículo e ovário, respectivamente *gônada masculina* e *gônada feminina*) onde se formam os gametas.

Gôn.do.la *s.f.* 1. Pequena embarcação de remos, com as extremidades um tanto levantadas, que serve para navegar nos canais de Veneza. 2. Carro de praça. 3. Espécie de ônibus pequeno.

Gon.do.lei.ro *s.m.* Remador de gôndola; dono ou tripulante de gôndola.

Gon.go *s.m.* MÚS Instrumento de origem oriental, constituído por um disco metálico que se faz vibrar, batendo-lhe com uma baqueta.

Gon.gó.ri.co *adj.* 1. Diz-se do modo afetado de falar ou escrever. 2. Diz-se do texto em que se exercita o gongorismo.

Gon.go.ris.mo *s.m.* 1. Escola literária (séc. XVII) caracterizada pelo estilo empolado, pelo abuso da metáfora, da antítese e do trocadilho, como na obra do poeta espanhol Luís de Góngora y Argote (1561-1627). 2. Modo de escrever inspirado no gongorismo.

Go.no.co.ci.a *s.f.* Infecção (blenorragia, metrite etc.) causada pelo gonococo.

Go.no.co.co (cóco) *s.m.* MED Micróbio que é o agente específico da gonorreia.

Go.nor.rei.a *s.f.* MED Doença venérea purulenta, caracterizada por escorrimento mucoso pelo canal da uretra; blenorragia.

Gon.zo *s.m.* Dobradiça, bisagra de porta ou de janela.

Go.ra.do *adj.* 1. Que gorou. 2. Que não deu certo, que fracassou antes de começar; frustrado, malogrado.

Go.rar *v.int.* e *p.* 1. Não chegar a incubar (o ovo). 2. Frustrar(-se), malograr(-se).

Gor.do (ô) *adj.* 1. Formado de gordura; untuoso. 2. Semelhante a gordura. 3. Que tem muita gordura ou matéria sebácea; obeso. 4. Que tem tecido adiposo desenvolvido. 5. Importante, considerável. 6. Avultado, alentado. 7. Diz-se do domingo, da segunda-feira e da terça-feira de carnaval. *s.m.* 8. Homem muito gordo. 9. Qualquer substância gordurosa.

Gor.du.cho *adj.* e *s.m.* Que, ou indivíduo um tanto gordo.

Gor.du.ra *s.f.* 1. Substância animal untuosa produzida em diversas partes do organismo animal e que constitui o tecido adiposo. 2. Estado ou qualidade de gordo. 3. Corpulência, obesidade. 4. Banha, sebo. *s.m.* 5. BOT Certa gramínea, também chamada *capim-gordura*.

Gor.du.ro.so (ô) *adj.* 1. Da natureza da gordura; gordo. 2. Gordurento, oleoso.

Gor.go.le.jar *v.int.* 1. Produzir o ruído próprio do gargarejo. *v.t.* 2. Beber, fazendo o ruído do gargarejo.

Gor.go.mi.lo *s.m.* POP Gorgomilos.

Gor.go.rão *s.m.* Espécie de tecido encorpado de seda, lã ou algodão.

Gor.gu.lho *s.m.* Inseto que ataca os cereais, em especial o feijão etc.; caruncho.

Go.ri.la *s.m.* 1. Grande macaco antropoide da África equatorial, de pelagem escura, o mais corpulento de todos os de sua espécie. 2. PEJ Militar golpista e de ideias conservadoras, que toma o poder com um golpe de Estado.

Gor.je.ar *v.int.* 1. Soltar sons agradáveis (a ave); trinar. 2. FIG Cantar com voz melodiosa.

Gor.jei.o *s.m.* 1. Ato ou efeito de gorjear. 2. Trinado, canto.

Gor.je.ta (ê) *s.f.* Gratificação que se dá a alguém além do preço cobrado, em razão de se ter sido bem servido.

Go.ro (ô) *adj.* 1. Que gorou (ovo). 2. FIG Frustrado, malogrado, fracassado.

Go.ro.ro.ba *s.f.* 1. BOT Certa árvore leguminosa. 2. POP Comida ruim. *s.m.* 3. (N) Indivíduo lerdo, moleirão. 4. (N) João-ninguém, borra-botas.

Gor.ro (ô) *s.m.* 1. Chapéu redondo e curto, espécie de boina; barrete. 2. Cobertura de cabeça típica de algumas profissões.

Gos.ma *s.f.* 1. Doença que ataca a língua das galinhas e de outras aves; gogo. 2. Inflamação na mucosa das vias respiratórias dos poldros. 3. POP Baba espessa e pegajosa; escarro.

Gos.men.to *adj.* 1. Cheio de gosma. 2. Que está sempre a escarrar. 3. FAM Adoentado, fraco.

Gos.tar *v.t.* 1. Agradar-se de. 2. Ter amor, amizade ou simpatia a. 3. Sentir prazer. 4. Acomodar-se, dar-se bem com alguma coisa. 5. Achar de bom paladar. 6. Aprovar, apreciar. *v.p.* 7. Estimar-se mutuamente; amar-se.

Gos.to (ô) *s.m.* 1. Paladar, sabor. 2. Sentido do paladar. 3. Senso íntimo que faz preferir uma coisa à outra. 4. Critério artístico. 5. Simpatia, interesse. 6. Queda, inclinação. 7. Caráter, tom. 8. Prazer, satisfação. ● *Ant.: desgosto*.

Gos.to.so (ô) *adj.* 1. Que tem gosto bom. 2. Que dá gosto; agradável. 3. FIG Contente. ● *Ant.: ruim*.

Gos.to.su.ra *s.f.* 1. Qualidade do que é gostoso. 2. Prazer intenso; delícia.

Go.ta (ô) *s.f.* 1. Quantidade muito pequena de qualquer líquido. 2. Camarinha de orvalho. 3. FIG Quantidade muito pequena. 4. Pequenino ornato arquitetônico. 5. MED Doença que provoca fortes dores nas juntas. 6. POP Epilepsia. ● *Dim.: gotícula*.

Go.tei.ra *s.f.* 1. Cano que recebe dos telhados as águas das chuvas, conduzindo-as para fora das paredes. 2. Telha de beiral, de onde escorrem as águas das chuvas. 3. Fenda ou buraco do telhado, de onde cai água no interior da casa quando chove.

Go.te.jar *v.int.* 1. Cair em gotas, aos pingos. 2. Deixar cair gota a gota.

Gó.ti.co (ô) *adj.* 1. Relativo aos godos ou proveniente deles. 2. Diz-se de um gênero de arquitetura que floresceu na Europa do séc. XII ao XVI, caracterizado sobretudo por ogivas e arcos. 3. Diz-se de um tipo de letra angulosa. *s.m.* 4. Arte ou estilo gótico.

Go.tí.cu.la *s.f.* Pequena gota; gotinha.

Go.to (ô) *s.m.* 1. POP Entrada da laringe; glote. 2. Agrado, simpatia.

Gourmet (gurmê) (fr.) *s.m.* Aquele que conhece e aprecia iguarias finas.

Go.ver.na.dor *adj.* 1. Que governa. *s.m.* 2. Aquele que governa. 3. Chefe do Poder Executivo de um Estado. ● *Fem.: governadora*.

Go.ver.na.men.tal *adj.2g.* Relativo ao governo; situacionista.

Go.ver.nan.ça *s.f.* Governação, governo.

Go.ver.nan.ta *s.f.* Mulher que administra uma casa como empregada, ou para cuidar da educação das crianças. ● Diz-se também *governante*.

Go.ver.nan.te *adj.* e *s.2g.* Que, ou pessoa que governa.

Go.ver.nar *v.t.* 1. Dirigir, administrar, reger; conduzir. 2. Ter poder ou autoridade sobre. *v.p.* 3. Arranjar-se bem; regular-se. 4. Dirigir os seus negócios, os seus interesses.

Go.ver.nis.mo *s.m.* 1. Exercício autoritário do poder; governo ditatorial. 2. Sistema de governar.

Go.ver.nis.ta *adj.* e *s.2g.* Diz-se de, ou partidário do governo; situacionista.

Go.ver.no (ê) *s.m.* 1. Ato ou efeito de governar. 2. Leme do navio. 3. Poder de pessoas que administram um Estado, uma província etc. 4. Ministério. 5. Período em que alguém governa ou governou. 6. Regulamento, território da jurisdição de um governador. 7. Controle, comando.

Go.za.ção *s.f.* 1. POP Ato de gozar. 2. Brincadeira irônica e levemente maldosa; troça, zombaria.

Go.za.dor (ô) *adj.* Que goza. *adj.* e *s.m.* 2. Que, ou aquele que goza a vida, que vive bem e sem esforço. 3. Que, ou o que faz gozações; trocista.

Go.zar *v.t.* 1. Usufruir, desfrutar. 2. Aproveitar-se, usar das vantagens de. *v.int.* 3. Ter prazer; ter orgasmo. 4. Viver agradavelmente. 5. Fazer troça, zombaria. 6. Divertir-se.

Go.zo (ô) *s.m.* 1. Ato ou efeito de gozar. 2. Prazer, satisfação, gosto. 3. Utilidade. 4. Fruição, posse. 5. POP Motivo de riso, de alegria.

Go.zo.so (ô) *adj.* 1. Em que há gozo. 2. Que revela gozo, satisfação.

GRAÇA — GRANEL

Gra.ça *s.f.* **1.** Favor concedido ou recebido. **2.** Dádiva, mercê. **3.** Indulto, perdão. **4.** Dito virtuoso, engraçado; troça, pilhéria, caçoada, chiste, gracejo. **5.** Espírito, humor. **6.** Nome de batismo. **7.** Dom de atrair, de encantar; encanto. **8.** Charme, elegância, atrativo.

Gra.ce.ja.dor *adj.* e *s.m.* Que, ou aquele que graceja.

Gra.ce.jar *v.int.* e *t.* Dizer ou fazer gracejos.

Gra.ce.jo *s.m.* Ato ou dito espirituoso ou levemente malicioso; graça, pilhéria, caçoada, chiste.

Grá.cil *adj.2g.* **1.** Delgado. **2.** Delicado, fino. **3.** Elegante, gracioso. **4.** Agudo, sutil.

Gra.ci.o.si.da.de *s.f.* Qualidade de gracioso.

Gra.ci.o.so (ô) *adj.* **1.** Que tem, ou em que há graça; engraçado. **2.** Dado ou feito de graça; gratuito. **3.** Atraente, charmoso.

Gra.ço.la *s.f.* **1.** Gracejo de mau gosto. *s.2g.* **2.** Pessoa que costuma dizer graçolas.

Gra.da.ção *s.f.* **1.** Aumento ou diminuição gradual. **2.** Matiz gradual de uma tinta, de uma cor para outra; nuança. **3.** RET Emprego de sinônimos numa ordem crescente ou decrescente de intensidade expressiva. ◆ Cf. *graduação*.

Gra.da.ti.vo *adj.* Em que há gradação; gradual.

Gra.de *s.f.* **1.** Sebe, vedação, cerca. **2.** Caixa formada de ripas de madeira com intervalos entre si, utilizada para resguardar objetos em transporte. **3.** Instrumento agrícola, também chamado *gradeador*. **4.** Xadrez, cadeia, prisão. **5.** Locutório de convento; grelha. **6.** JORN Quadro com indicadores destinado a avaliar com precisão as realizações de personalidades e instituições públicas ou privadas.

Gra.de.a.men.to *s.m.* **1.** Grade de ferro ou de madeira, para vedar alguma coisa. **2.** Ato ou efeito de gradear.

Gra.de.ar *v.t.* **1.** Prover de grades; pôr grades em. **2.** Limitar com grades.

Gra.dil *s.m.* Grade baixa que cerca um jardim, um recinto.

Gra.do¹ *adj.* **1.** Graúdo, bem desenvolvido. **2.** FIG Importante, notável, nobre.

Gra.do² *s.m.* Vontade. ◆ **De bom grado:** de boa vontade; voluntariamente. ◆ **De mau grado:** de má vontade.

Gra.du.a.ção *s.f.* **1.** Ato ou efeito de graduar(-se). **2.** Divisão em graus. **3.** FIG Posição social; categoria. **4.** Posto militar honorífico. **5.** Grau de ensino superior para os que terminaram o ensino médio e ingressaram na universidade. ◆ Cf. *gradação*.

Gra.du.a.dor (ô) *adj.* e *s.m.* Que, ou o que gradua.

Gra.du.al *adj.2g.* Que aumenta ou diminui progressivamente; gradativo, progressivo.

Gra.du.ar *v.t.* **1.** Dispor por graus. **2.** Aumentar ou diminuir por graus. **3.** Pôr em série ou categoria; classificar. **4.** Conferir (a alguém) o grau universitário. **5.** Regular. **6.** Proporcionar. **7.** Conferir posto militar ou honorífico. *v.p.* **8.** Obter ou tomar grau universitário.

Grã-du.ca.do *s.m.* ⇒ **Grão-ducado.**

Grã-du.que *s.m.* ⇒ **Grão-duque.**

Gra.far *v.t.* Escrever.

Gra.fi.a *s.f.* Modo de escrever; escrita.

Grá.fi.ca *s.f.* **1.** Arte de grafar os vocábulos. **2.** Estabelecimento onde são impressos livros, jornais, revistas, talões de notas etc.

Grá.fi.co *adj.* **1.** Relativo à grafia. **2.** Relativo às artes gráficas. **3.** Representado por desenhos ou figuras. **4.** Relativo à reprodução pela tipografia, gravura etc. *s.m.* **5.** Esquema, representação visual. **6.** Profissional das artes ou das indústrias gráficas. **7.** Tipo de arte que dá uma imagem imediata de informações quantitativas, com a função de transformar informação numérica em informação visual.

Grã-fi.no *adj.* e *s.m.* **1.** Aristocrata. **2.** Que, ou indivíduo que afeta riqueza, elegância. *adj.* **3.** Fino, elegante. **4.** Que é frequentado por grã-finos. ◆ **Pl.:** *grã-finos.*

Gra.fi.tar *v.t.* Escrever com grafite; rebiscar.

Gra.fi.te *s.m.* **1.** MINER Carbono puro, não cristalizado. **2.** Lápis próprio para desenhar. **3.** Desenho ou frase, de variada temática, em muros ou paredes.

Gra.fi.tei.ro *s.m.* Aquele que pinta grafite (acep. 3).

Gra.fo.lo.gi.a *s.f.* Arte que pretende analisar o caráter de uma pessoa pelas particularidades de sua escrita.

Gra.fo.lo.gis.ta *s.2g.* Grafólogo.

Gra.fó.lo.go *s.m.* Especialista em Grafologia.

Gra.lha *s.f.* **1.** Pássaro de voz estridente, semelhante ao corvo. **2.** Letra ou sinal gráfico, invertido ou colocado fora de seu lugar. **3.** FIG Mulher tagarela.

Gra.ma¹ *s.f.* Designação de várias plantas rasteiras, usadas como forrageiras ou para cobrir canteiros de jardim, campo de esporte etc.

Gra.ma² *s.m.* Unidade das medidas de peso no sistema métrico decimal (símbolo *g*), equivalente a um milésimo do quilograma.

Gra.ma.do¹ *adj.* Trilhado com gramadeira.

Gra.ma.do² *s.m.* **1.** Terreno onde cresce grama. **2.** Campo de futebol. *adj.* **3.** Que recebeu grama.

Gra.mar¹ *v.t.* Plantar ou cobrir de grama.

Gra.mar² *v.t.* **1.** Trilhar (o linho) com a gomadeira. **2.** POP Aguentar, suportar, aturar. **3.** Apanhar, levar sova. **4.** Andar, trilhar (caminho, estrada).

Gra.má.ti.ca *s.f.* **1.** Estudo ou tratado acerca do modo de escrever corretamente uma língua. **2.** Livro que expõe sistematicamente as regras peculiares a um idioma. **3.** Modo de alguém falar ou escrever, segundo as regras da gramática.

Gra.ma.ti.cal *adj.2g.* **1.** Relativo à gramática. **2.** Conforme à gramática.

Gra.má.ti.co *s.m.* **1.** Aquele que se dedica aos estudos gramaticais. **2.** Autor de gramática.

Gra.mí.nea *s.f.* BOT Espécime das gramíneas, plantas monocotiledôneas rasteiras.

Gra.mí.neo *adj.* Da natureza da grama.

Gra.mo.fo.ne *s.m.* Antigo fonógrafo que reproduzia os sons por meio de discos; vitrola.

Gram.po *s.m.* **1.** Peça de metal, que segura e liga duas pedras numa construção. **2.** Haste para segurar peças em que se trabalha. **3.** Peça na espingarda que segura a mola da baioneta. **4.** Grande escápula roscada que se fixa nos tetos. **5.** Alfinete em forma de U para prender os cabelos. **6.** Dispositivo para escuta ilícita de telefone.

Gra.na *s.f.* GÍR Dinheiro.

Gra.na.da *s.f.* Projétil explosivo lançado a mão ou com o auxílio de fuzil.

Gra.na.dei.ro *s.m.* **1.** Soldado que lança granadas. **2.** Soldado que vai à dianteira de cada regimento.

Gran.de *adj.2g.* **1.** Que tem dimensões avantajadas, extensas. **2.** Largo. **3.** Imenso, profundo. **4.** Duradouro. **5.** Notável, importante, poderoso. **6.** Excepcional, soberbo. **7.** Fora do comum, extraordinário, único. **8.** Adulto, crescido. **9.** Bom, generoso. **10.** Valente, heroico. **11.** Numeroso. ◆ *Aum.: grandão, grandalhão.* ◆ *Ant.: pequeno.* ◆ *Sup.abs.sint.: grandíssimo* e (pop.) *grandessíssimo.*

Gran.de.za (ê) *s.f.* **1.** Qualidade de grande. **2.** Extensão, vastidão. **3.** MAT Tudo o que é suscetível de aumentar ou diminuir. **4.** ASTRON Grau de intensidade da luz das estrelas. **5.** FIG Excelência, nobreza, dignidade. **6.** Bizarria. **7.** Generosidade. **8.** Fausto, magnificência. ◆ *Ant.: pequenez.*

Gran.di.lo.co *adj.* ⇒ **Grandíloquo.**

Gran.di.lo.quên.cia *s.f.* Modo pomposo de se expressar.

Gran.di.lo.quen.te *adj.2g.* Rebuscado; pomposo.

Gran.dí.lo.quo (co) *adj.* **1.** Que tem grande eloquência. **2.** Que tem linguagem nobre ou pomposa.

Gran.di.o.si.da.de *s.f.* Qualidade de grandioso.

Gran.di.o.so (ô) *adj.* **1.** Muito grande. **2.** Imponente, soberbo, elevado, nobre; pomposo. ◆ *Ant.: medíocre.*

Gra.nel *s.m.* Depósito de cereais; celeiro.

GRANIFORME — GRECO-ROMANO

Gra.ni.for.me *adj.2g.* Que tem forma de grão.

Gra.ní.ti.co *adj.* **1.** Que tem a natureza de granito; duríssimo. **2.** FIG Inabalável, muito firme.

Gra.ni.to¹ *s.m.* Pequeno grão.

Gra.ni.to² *s.m.* MINER Rocha magmática constituída essencialmente de quartzo, feldspato e, às vezes, mica, usada em construções e monumentos.

Gra.ní.vo.ro *adj.* Que se alimenta de grãos ou sementes.

Gra.ni.zo *s.m.* Chuva de pedra; saraiva.

Gran.ja *s.f.* Pequena fazenda ou sítio de criar aves, vacas leiteiras etc.

Gran.je.a.dor *adj. e s.m.* Diz-se do, ou o que granjeia.

Gran.je.ar *v.t.* **1.** Adquirir, conseguir. **2.** Cultivar. **3.** Obter com trabalho ou esforço. **4.** Atrair, conquistar. ● Conjuga-se por *atear*.

Gran.jei.o *s.m.* **1.** Ato ou efeito de granjear. **2.** Amanho, cultivo, lavoura. **3.** Colheita de produtos agrícolas. **4.** FIG Ganho, proveito.

Gran.jei.ro *s.m.* Cultivador ou proprietário de granja.

Gra.nu.la.do *adj.* **1.** Que apresenta granulações. **2.** Diz-se do medicamento sob a forma de grânulos. *s.m.* **3.** Substância granulada.

Gra.nu.lar¹ *adj.* Composto de grânulos.

Gra.nu.lar² *v.t.* **1.** Dar forma de grânulos a. **2.** Reduzir a grânulos.

Grâ.nu.lo *s.m.* **1.** Pequeno grão. **2.** Pequena esfera. **3.** Glóbulo. **4.** Pequena pílula. **5.** Cada uma das pequenas saliências de uma superfície áspera.

Gra.nu.lo.si.da.de *s.f.* Qualidade de granuloso.

Gra.nu.lo.so (ô) *adj.* **1.** Composto de grânulos. **2.** Que tem a superfície áspera. **3.** Que tem granulações.

Grão¹ *s.m.* **1.** Fruto ou semente de cereais. **2.** Glóbulo. **3.** Pequeno corpo arredondado. **4.** Ínfima parcela; dose mínima.

Grão² *adj.* Forma apocopada de *grande*, usada apenas como elemento de composição: *grão-duque, grão-vizir* etc.

Grão-de-bi.co *s.m.* **1.** BOT Planta leguminosa hortense, de sementes comestíveis. **2.** O grão dessa planta. ● *Pl.: grãos-de-bico*.

Grão-du.ca.do *s.m.* País governado por um grão-duque. ● *Pl.: grão-ducados*.

Grão-du.que *s.m.* Título de alguns príncipes alemães e de alguns príncipes da família imperial russa. ● *Pl.: grão-duques*. ● *Fem.: grã-duquesa*.

Grão-mes.tre *s.m.* Chefe supremo de loja maçônica ou de ordem honorífica. ● *Pl.: grão-mestres*.

Grão-vi.zir *s.m.* Primeiro ministro do antigo império otomano. ● *Pl.: grão-vizires*.

Gras.na.da *s.f.* **1.** Ato ou efeito de grasnar; grasnadela. **2.** FIG Falatório, vozearia.

Gras.na.dor (ô) *adj. e s.m.* Que, ou o que grasna.

Gras.nar *v.int.* **1.** Soltar a voz (o pato, o marreco, o corvo etc.). **2.** FIG Gritar com voz metálica, desagradável. *v.t.* **3.** Proferir grasnados.

Gras.no *s.m.* Ato de grasnar.

Gras.sar *v.int.* **1.** Alastrar-se, propagar-se, espalhar-se (doença). **2.** Desenvolver-se progressivamente. **3.** Difundir-se, propalar-se, divulgar-se.

Gra.ti.dão *s.f.* **1.** Qualidade de quem é grato. **2.** Reconhecimento por um benefício recebido.

Gra.ti.fi.ca.ção *s.f.* **1.** Ato ou efeito de gratificar. **2.** Importância paga além do combinado, em reconhecimento pelo bom serviço prestado; gorjeta, propina. **3.** Retribuição de serviço extraordinário.

Gra.ti.fi.can.te *adj.2g.* Que gratifica ou recompensa.

Gra.ti.fi.car *v.t.* **1.** Recompensar, remunerar, premiar (em geral com dinheiro). **2.** Dar gorjeta a. **3.** Dar alegria, prazer, satisfação.

Grá.tis *adv.* **1.** De graça; sem ônus, gratuitamente. *adj.* **2.** Gratuito.

Gra.to *adj.* **1.** Que tem gratidão; agradecido. **2.** Agradável, aprazível. **3.** Saboroso, gostoso. **4.** Suave.

Gra.tu.i.da.de *s.f.* Qualidade de gratuito.

Gra.tu.lar *v.t.* **1.** Mostrar-se grato; mostrar-se reconhecido para com. **2.** Congratular-se com; dar parabéns a.

Grau *s.m.* **1.** Ordem, hierarquia. **2.** Classe, categoria. **3.** Medida. **4.** Força, intensidade. **5.** Título obtido em escola superior. **6.** Posição. **7.** GEOM Unidade de medida de ângulo, equivalente a um ângulo central cujo arco é 1/360° da circunferência. **8.** ARIT Expoente de uma potência. **9.** Índice de uma raiz. **10.** Unidade de medida para a temperatura. **11.** GRAM Flexão com que se aumenta ou diminui a significação de substantivo ou adjetivo, ou se considera a qualidade expressa, comparando-a relativa ou absolutamente.

Gra.ú.do *adj.* **1.** Grande. **2.** Crescido, desenvolvido. **3.** Importante. **4.** Poderoso, influente. ● *Ant.: miúdo*.

Gra.ú.na *s.f.* Ave canora de coloração preta.

Gra.va.ção *s.f.* **1.** Ato ou efeito de gravar. **2.** Agravo, ofensa. **3.** Processo de fixação e reprodução de som, por meio de fita magnética. **4.** O disco ou a fita assim gravados.

Gra.va.dor *adj. e s.m.* **1.** Que, ou aparelho que grava. *s.m.* **2.** Artista ou artesão que faz gravuras.

Gra.var *v.t.* **1.** Abrir a buril ou a cinzel. **2.** Esculpir em madeira, metal, pedra. **3.** Perpetuar, imortalizar. **4.** Assinalar. **5.** Marcar com selo ou ferrete. **6.** Fixar (a voz, o som) em disco ou fita. **7.** Molestar. **8.** Onerar, oprimir, vexar. **9.** Sobrecarregar. **10.** Ofender. **11.** Reter na memória. *v.p.* **12.** Fixar-se, imprimir-se.

Gra.va.ta *s.f.* **1.** Tira de seda, lã ou algodão, que se usa em torno do pescoço, e que se ata em nó ou laço na frente. **2.** Penas de cor diferente da do resto do corpo, que rodeiam o pescoço de certas aves. **3.** Golpe sufocante dado no pescoço.

Gra.va.tá *s.m.* BOT Nome de várias plantas espinhosas, como as bromeliáceas.

Gra.va.ta.ri.a *s.f.* Estabelecimento onde se fabricam ou vendem gravatas.

Gra.va.tei.ro *s.m.* **1.** Fabricante ou vendedor de gravata. **2.** Ladrão que aplica uma gravata na vítima, enquanto o comparsa lhe saqueia o bolso.

Gra.ve *adj.2g.* **1.** Pesado. **2.** Que não ri; sério, circunspecto. **3.** Distinto, nobre. **4.** Difícil, penoso. **5.** Que exige sérios cuidados; sério, crítico: *A saúde dele é grave*. **6.** MÚS Diz-se do som produzido por pequeno número de vibrações. **7.** GRAM Qualificativo do acento (`) com que se indica a crase. **8.** POÉT Diz-se do verso que termina em palavra paroxítona. **9.** Grosso, baixo. *s.m.* **10.** Som grave.

Gra.ve.to (ê) *s.m.* Ramo seco ou pedaço de lenha miúda com que se acende fogo.

Gra.vi.da.de *s.f.* **1.** FÍS Força que atrai os corpos para o centro da Terra. **2.** Ponderação, reserva, circunspeção. **3.** Qualidade de grave. **4.** Estado de perigo.

Gra.vi.dez *s.f.* **1.** Estado da mulher e das fêmeas em geral no processo de gestação. **2.** A própria gestação.

Gra.vi.o.la (ó) *s.f.* **1.** BOT Árvore de fruto comestível. **2.** O próprio fruto. **3.** NÁUT Peça de madeira em que repousa a quilha dos navios nos estaleiros.

Gra.vi.ta.ção *s.f.* **1.** Força pela qual as moléculas da matéria se atraem reciprocamente. **2.** Força que atrai os astros e os faz girar em torno de outros. **3.** Ato de gravitar.

Gra.vi.ta.ci.o.nal *adj.2g.* Relativo a gravitação; gravífico, gravítico.

Gra.vi.tar *v.int.* **1.** Andar em volta de um astro, atraído por ele. **2.** FIG Acompanhar, seguir (uma coisa ou pessoa) o destino de outra em situação secundária.

Gra.vu.ra *s.f.* **1.** Ato ou arte de gravar. **2.** Obra esculpida de pouca grossura. **3.** Obra de gravador. **4.** Estampa gravada.

Gra.xa *s.f.* **1.** Composição à base de cera usada para conservar o couro e dar brilho ao sapato. **2.** Pasta preparada com óleo, destinada à lubrificação de máquinas.

Gra.xo *adj.* Oleoso, gorduroso, gordurento.

Gre.co-la.ti.no *adj.* Relativo aos gregos e aos latinos ou ao grego e ao latim. ● *Pl.: greco-latinos*.

Gre.co-ro.ma.no *adj.* Comum aos gregos e aos romanos. ● *Pl.: greco-romanos*.

GREGA — GRUGRULEJAR

Gre.ga (è) *s.f.* ARQUIT Ornato formado de linhas retas, artisticamente entrelaçadas.

Gre.gá.rio *adj.* **1.** Relativo a grei. **2.** Que faz parte de uma grei ou rebanho. **3.** Que procura a companhia de outros da sua espécie; social. **4.** Que vive em bando.

Gre.go (è) *adj.* **1.** Relativo à Grécia (Europa). **2.** FIG Obscuro, ininteligível. *s.m.* **3.** O natural da Grécia. **4.** Língua falada pelos gregos.

Gre.go.ri.a.no *adj.* Diz-se do calendário estabelecido pelo papa Gregório XIII. Diz-se do canto da Igreja católica, também chamado *cantochão*.

Gre.lar¹ *v.int.* **1.** Deitar grelo. **2.** Germinar, brotar.

Gre.lar² *v.t.* **1.** Olhar fixamente para uma mulher; flertar, namorar. **2.** Espiar, observar.

Gre.lha (è) *s.f.* **1.** Espécie de pequena grade de ferro, em que se assam alimentos sobre o fogo. **2.** Grade sobre a qual se coloca o carvão.

Gre.lha.do *adj.* Assado ou torrado na grelha. *s.m.* Prato (de carne ou peixe) preparado na grelha.

Gre.lhar (è) *v.t.* Assar ou torrar na grelha.

Gre.lo (è) *s.m.* **1.** Gema, desenvolvida na semente. **2.** Broto, rebento. **3.** CH Clitóris.

Grê.mio *s.m.* **1.** Associação, comunidade. **2.** Corporação de sócios com finalidades recreativas ou instrutivas.

Gre.ná *adj.* **1.** De cor vermelho-carmesim, como a granada. *s.m.* **2.** A própria cor.

Gre.nha *s.f.* Cabelo desalinhado, revolto.

Gre.ta (è) *s.f.* **1.** Abertura estreita. Fenda, frincha.

Gre.ta.du.ra *s.f.* **1.** Ato ou efeito de gretar. **2.** Fenda na pele.

Gre.tar *v.t.* **1.** Abrir gretas ou pequenas fendas em. *v.int. e p.* **2.** Desmanchar-se, decompor-se. **3.** Estalar, fender-se, abrir-se.

Gre.ve *s.f.* Aliança de operários, estudantes etc. que recusam trabalhar, comparecer às aulas etc., enquanto não lhes forem satisfeitas as pretensões, ou não se chegue a um acordo sobre elas; parede.

Gre.vis.ta *s.2g.* **1.** Pessoa que promove uma greve ou dela participa. *adj.2g.* **2.** Relativo à greve.

Gri.de *s.m.* (grid) (ing.) Ponto de largada dos carros de corrida.

Gri.far *v.t.* **1.** Escrever com grifo para destacar; sublinhar. **2.** Pronunciar com ênfase ou entoação especial. **3.** Ressaltar, frisar.

Gri.fe *s.f.* Denominação, assinatura ou marca própria de um fabricante ou um criador, especialmente de roupas de vestir.

Gri.fo¹ *adj.* **1.** Itálico. *s.m.* **2.** Letra itálica ou bastarda. **3.** Traço por baixo de letras ou palavras, que se pretende sejam impressas em tipo itálico.

Gri.fo² *s.m.* **1.** Animal fabuloso, com a cabeça de águia e corpo de leão. **2.** Enigma; questão confusa e atrapalhada.

Gri.la.gem *s.f.* Ato ou procedimento de grileiro.

Gri.lar *v.t.* **1.** Agir como grileiro. **2.** Chatear, amolar. *v.p.* **3.** Incomodar-se, chatear-se.

Gri.lei.ro *s.m.* **1.** Indivíduo que, pela força e mediante falsas escrituras de propriedade, se apossa de terras alheias. **2.** Advogado ou agente que legaliza propriedades territoriais com títulos falsos.

Gri.lhão *s.m.* **1.** Cadeia de ferros com que se prendiam pelas pernas os condenados. **2.** Cadeia, prisão; algema. **3.** FIG Sujeição, cativeiro.

Gri.lhe.ta (ê) *s.f.* **1.** Grande anel de ferro, na extremidade de uma corrente, à qual se prendiam os condenados a trabalhos forçados. *s.m.* **2.** O condenado a trabalhos forçados.

Gri.lo *s.m.* **1.** Inseto saltador, conhecido por *cricri*, devido ao som que produz. **2.** Espécie de jogo popular. **3.** Propriedade territorial legalizada com título falso. **4.** Negócio desonesto de que se tira proveito. **5.** GÍR Problema pessoal; chateação, complicação.

Grim.pa *s.f.* **1.** Lâmina de cata-vento. **2.** Cume, crista. Remate superior. **4.** FIG Fronte.

Grim.par *v.t.* **1.** Subir a; galgar. **2.** Investir contra alguém. **3.** Responder com insolência.

Gri.nal.da *s.f.* **1.** Coroa de flores, de ramos etc. **2.** Enfeite de flores entrelaçadas. **3.** Ornato arquitetônico que encima torre, estátua etc.

Grin.go *adj. e s.m.* PEJ Nome dado a todo estrangeiro, especialmente se loiro ou ruivo.

Gri.pa.do *s.m.* Atacado de gripe; resfriado.

Gri.pal *adj.2g.* Concernente a ou próprio de gripe.

Gri.par *v.t.* **1.** Travar, enguiçar, engripar (a peça do veículo). *v.p.* **2.** Ser atacado de gripe; resfriar-se.

Gri.pe *s.f.* **1.** MED Doença infecciosa aguda, epidêmica, com inflamação das mucosas, febre, coriza etc. **2.** POP Qualquer resfriado.

Gris *adj.2g.* **1.** Cinzento-azulado; pardo. *s.m.* **2.** A cor gris.

Gri.sa.lho *adj.* **1.** Cinzento, pardo. **2.** Mesclado de preto e branco (falando do cabelo).

Gri.sar *v.int.* Tornar-se gris ou cinzento.

Gri.su *s.m.* QUÍM Gás explosivo, que se forma nas minas de carvão.

Gri.ta *s.f.* **1.** Gritaria, clamor. **2.** FIG Descontentamento, reclamação.

Gri.ta.lhão *adj. e s.m.* Diz-se de, ou indivíduo que grita muito.

Gri.tan.te *adj.* **1.** Que grita. **2.** Diz-se de cor berrante, que chama muito a atenção.

Gri.tar *v.int.* **1.** Clamar, berrar, bradar. **2.** Falar muito alto; vociferar. **3.** Reclamar, protestar.

Gri.ta.ri.a *s.f.* **1.** Sucessão de gritos confusos. **2.** Barulho, alarido, berreiro.

Gri.to *s.m.* **1.** Voz humana aguda e muito elevada. **2.** Som forte para ser ouvido de longe. **3.** Berro, brado. **4.** Queixume. **5.** Voz de certos animais. **6.** FIG Protesto, clamor.

Gro.gue *s.m.* **1.** Pessoa que está embriagada ou como que embriagada. *adj.* **2.** Tonto, estonteado (por efeito de bebida); cambaleante.

Gro.sa¹ *s.f.* Doze dúzias ou 144 unidades.

Gro.sa² *s.f.* Lima grossa para desbastar madeira ou o casco de animais. ◆ Cf. *glosa*.

Gro.se.lha (è) *s.f.* **1.** Fruto da groselheira. **2.** O xarope feito desse fruto.

Gro.se.lhei.ra *s.f.* BOT Planta que dá a groselha.

Gros.sei.ro *adj.* **1.** Rústico, malfeito; rude, tosco. **2.** De má qualidade. **3.** FIG Imperfeito, mal-acabado. **4.** FIG Incivil; mal-educado; inculto. ● Ant.: *fino, cortês*.

Gros.se.ri.a *s.f.* **1.** Qualidade de grosseiro. **2.** Rusticidade; incivilidade. **3.** Ação ou dito grosseiro.

Gros.so *adj.* **1.** De grande diâmetro. **2.** Que não é fino. **3.** Denso, espesso, pastoso. ● Ant.: *ralo*. **4.** Volumoso, massudo. **5.** Sólido, compacto. ● Ant.: *fino*. **6.** Grave (som). ● Ant.: *agudo*. **7.** POP Grosseiro, mal-educado. ● Ant.: *fino*. *adv.* **8.** De modo grave ou autoritário. *s.m.* **9.** A maior parte. ◆ **Grosso modo**: de modo grosseiro; aproximadamente.

Gros.su.ra *s.f.* **1.** Qualidade de grosso. **2.** Ato grosseiro; grosseria. **3.** Corpulência. **4.** Espessura. **5.** Medida de um sólido, entre sua superfície anterior e a posterior. **6.** Nutrição. **7.** Obesidade. **8.** POP bebedeira.

Gro.ta *s.f.* **1.** Abertura por onde a água das cheias invade os campos marginais. **2.** Vale profundo.

Gro.tes.co (è) *adj.* **1.** Que, por sua excentricidade, provoca riso ou escárnio. **2.** Ridículo, caricato. **3.** Excêntrico.

Grou *s.m.* Certa ave. ● Fem.: *grua*.

Gru.a *s.f.* **1.** Fêmea do grou. **2.** Máquina para introduzir água nas locomotivas. **3.** NÁUT Roldana ou guindaste da proa.

Gru.dar *v.t.* **1.** Colar, ligar com grude. **2.** Fazer aderir a uma superfície. *v.p.* **3.** Unir-se, juntar-se. **4.** Brigar corpo a corpo. ● Ant.: *desgrudar*.

Gru.de *s.m.* **1.** Espécie de cola utilizada para unir e pregar peças de madeira. **2.** Massa usada por sapateiros. **3.** Polvilho ou farinha de trigo preparada para colar papel e papelão. **4.** POP Comida de má qualidade; gororoba, boia.

Gru.gru.le.jar *v.int.* Soltar a voz (o peru). ◆ *Var.: grugulejar*.

GRUMETE — GUATEMALTECO

Gru.me.te (ê) *s.m.* **1.** Marinheiro novato. **2.** Aprendiz.

Gru.mi.xa.ma *s.f.* **1.** Fruto adocicado e mucilaginoso da grumixameira; guamixã, gurumixama. **1.1** Sua árvore.

Gru.mi.xa.mei.ra *s.f.* Árvore da família das mirtáceas, nativa do Brasil.

Gru.mo *s.m.* **1.** Grânulo, grão. **2.** med Pequeno coágulo de caseína, de albumina etc.

Gru.mo.so (ô) *adj.* Que tem grumos; composto de grumos; granuloso.

Gru.na *s.f.* **1.** Escavação funda feita pelos garimpeiros nos terrenos diamantíferos. **2.** Local onde trabalham os garimpeiros. **3.** Depressão formada pelas águas nas ribanceiras de certos rios; gruta.

Gru.nhi.do *s.m.* A voz do porco ou do javali.

Gru.nhir *v.int.* **1.** Soltar grunhidos (o porco ou o javali). **2.** Soltar vozes que se assemelham ao grunhido do porco. **3.** Resmungar, rezingar.

Gru.pa.men.to *s.m.* Ato ou efeito de grupar.

Gru.par *v.t.* Dispor em grupo; agrupar.

Gru.pe.lho (ê) *s.m.* Pequeno grupo político com razoável organização.

Gru.pi.a.ra ou **gu.pi.a.ra** *s.f.* Depósito de cascalho em local elevado, acima do nível máximo das águas.

Gru.po *s.m.* **1.** Conjunto de objetos que se podem abranger com um lance de olhos. **2.** Reunião de coisas que formam um todo. **3.** Certo número de pessoas reunidas para um fim comum. **4.** Pequena associação; ajuntamento. **5.** gír Mentira.

Gru.ta *s.f.* Caverna natural ou artificial; antro.

Gua.che *s.m.* **1.** Preparação feita com substâncias corantes dissolvidas em água. **2.** Pintura executada com essa preparação.

Gua.cho *adj.* e *s.m.* ⇒ Guaxo.

Guai.a.ca *s.f.* Cinto largo de couro ou de camurça, com bolsos para guardar dinheiro, objetos miúdos ou armas.

Guai.a.co ou **guái.a.co** *s.m.* **1.** Árvore zigofilácea, medicinal, de madeira verde-escura e resinosa; pau-santo. **2.** Resina dessa árvore, usada em preparados farmacêuticos. **3.** Madeira extremamente dura, obtida de certas árvores americanas. Essas árvores crescem no México, América Central, norte da América do Sul e Antilhas. O nome latino pelo qual ainda é conhecida no comércio, *lignum vitae*, significa *madeira da vida*. Sua introdução na Europa data do descobrimento da América. Recebeu esse nome porque sua resina era usada no tratamento do reumatismo, do catarro, da sífilis e das doenças da pele. Sua madeira é tão resistente que pode durar uma vida inteira.

Guai.a.col ou **gai.a.col** *s.m.* Substância expectorante.

Guai.a.mu *s.m.* Caranguejo marinho, comestível. ◆ *Var.: goiamum.*

Guam.pa *s.f.* **1.** Chifre, corno. **2.** Chifre preparado para servir de vasilha para líquidos.

Gua.na.co *s.m.* zool Mamífero ruminante, selvagem, espécie de lhama.

Guan.do *s.m.* Andu. ◆ *Var.: guandu.*

Gua.po *adj.* **1.** Corajoso, ousado, valente. **2.** Bonito, garboso, elegante.

Gua.rá *s.m.* **1.** Espécie de garça de plumagem vermelha, em extinção. **2.** Mamífero carnívoro noturno, também chamado de *lobo-guará*.

Gua.ra.ju.ba *s.f.* Peixe teleósteo da família dos carangídeos, do Atlântico.

Gua.ra.ná *s.m.* **1.** bot Arbusto trepador da floresta amazônica; guaranazeiro. **2.** Massa comestível, fabricada com as sementes desse arbusto. **3.** Bebida feita com o pó dessa massa.

Gua.ra.ni *adj.2g.* **1.** Relativo aos guaranis. *s.m.* **2.** Indígena da nação guarani. **3.** A língua falada por esses indígenas.

Gua.ran.tã *s.2g.* **1.** Árvore (*Esenbeckia leiocarpa*) da família das rutáceas, com madeira de boa qualidade, folhas oblongas, flores pequenas e brancas, em panículas, e cápsulas com cinco lóculos e duas sementes cinzentas, nativa do Brasil (RJ, SP, C.-O.); guaratã,

guaratã, pau-duro. **2.** Arbusto (*Cupania xanthoxyloides*) da família das sapindáceas, nativo do Brasil (MG, SP), de folhas com até 12 folíolos obovados e serreados, flores pequeninas em panículas axilares, cápsulas monospérmicas, subglobosas, quase pretas, e sementes com arilo de cor alaranjada e carnoso.

Guar.da *s.f.* **1.** Ato ou efeito de guardar. **2.** Grupo de soldados que defende ou protege um posto. **3.** Grupo de vigilância ou proteção. **4.** Proteção, abrigo. **5.** gráf Folha de papel não impressa no início e no final de um livro. **6.** Parapeito, peitoril. *s.2g.* **7.** Quem guarda alguém ou alguma coisa; vigia, sentinela. ◆ **Guarda civil:** policial fardado que não pertence à força militarizada.

Guar.da-cha.ves *s.m.2n.* **1.** Empregado ferroviário encarregado de vigiar e manobrar as chaves nos desvios ou entroncamentos dos trilhos das linhas férreas. **2.** Corrente com argola. **3.** Bolsa para chaves.

Guar.da-chu.va *s.m.* **1.** Armação de varetas móveis coberta de pano, para resguardar da chuva ou do sol. **2.** gír Prisão. ● *Pl.: guarda-chuvas.*

Guar.da-co.mi.da *s.m.* **1.** Armário dotado de tela de arame para guardar alimentos. **2.** gír Barriga. ● *Pl.: guarda-comidas.*

Guar.da-cos.tas *s.m.2n.* **1.** Navio costeiro que, armado, procura evitar o contrabando. **2.** pop Pessoa que acompanha outra para defendê-la ou protegê-la de agressão; capanga.

Guar.da.dor *adj.* e *s.m.* Que, ou aquele que guarda ou vigia.

Guar.da-flo.res.tal *s.2g.* Empregado público encarregado da guarda das florestas para evitar derrubadas, incêndios e caçadas em épocas proibidas. ● *Pl.: guardas-florestais.*

Guar.da-li.vros *s.m.2n.* ant Aquele que registrava o movimento do comércio em livros próprios.

Guar.da-lou.ça *s.m.* Armário ou prateleira para guardar louça. ● *Pl.: guarda-louças.*

Guar.da-mó.veis *s.m.2n.* Repartição onde, mediante uma mensalidade, se guardam móveis.

Guar.da.na.po *s.m.* Pequeno quadrado de linho, algodão ou papel com que se limpa a boca e protege a roupa durante as refeições.

Guar.da-notur.no *s.m.* Guarda que vigia ruas e casas durante a noite. ● *Pl.: guardas-noturnos.*

Guar.dar *v.t.* **1.** Vigiar para defender, preservar, proteger. **2.** Arrecadar, acondicionar. **3.** Não infringir, cumprir. **4.** Tomar para si. **5.** Reservar, destinar. **6.** Dedicar, consagrar. **7.** Manter. **8.** Observar uma, e a Igreja prescreve. **9.** Livrar, defender. **10.** Ocultar, esconder. *v.p.* **11.** Esperar, reservar-se. **12.** Precaver-se, prevenir-se.

Guar.da-rou.pa *s.m.* **1.** Armário onde se guarda a roupa. **2.** O conjunto dos trajes de uma pessoa ou grupo de pessoas. ● *Pl.: guarda-roupas.*

Guar.da-sol *s.m.* Guarda-chuva grande que protege do sol. ● *Pl.: guarda-sóis.*

Guar.di.ão *s.m.* **1.** Superior de alguns conventos. **2.** Aquele que guarda, protege (alguma coisa ou alguém). **3.** fut Goleiro. ◆ *Fem.: guardiã.* ● *Pl.: guardiães e guardiões.*

Gua.ri.ba *s.m.* zool Certo macaco que se caracteriza por apresentar a mandíbula barbada.

Gua.ri.ta *s.f.* **1.** Pequena torre, nos ângulos dos baluartes, para abrigo de sentinelas. **2.** Pequena construção em estabelecimentos bancários, militares, residências etc., para abrigo de sentinelas ou vigias.

Guar.ne.ce.dor (ô) *adj.* e *s.m.* Que ou o que guarnece.

Guar.ne.cer *v.t.* **1.** Prover do necessário; suprir. **2.** Munir. **3.** Fortalecer. **4.** Pôr forças militares em. **5.** Ornar, enfeitar.

Guar.ne.ci.men.to *s.m.* **1.** Ato ou efeito de guarnecer. **2.** Guarnição. **3.** arquit Revestimento de cal e gesso.

Guar.ni.ção *s.f.* **1.** Tudo o que serve para guarnecer ou adornar. **2.** Conjunto de tropas necessárias à defesa de uma praça, de uma cidade. **3.** náut Equipagem de navio de guerra. **4.** Enfeite de beirada de vestimenta; debrum, ornato, orla. **5.** Prato secundário que acompanha o principal.

Gua.te.mal.te.co *adj.* e *s.m.* Relativo a, ou natural da Guatemala.

GUAXINIM — GUTURALIZAR

Gua.xi.nim *s.2g.* Pequeno mamífero carnívoro, também chamado *mão-pelada*. ◆ *Var.: guacinim.*

Gua.xo *s.m.* Nome que os ervateiros dão à erva-mate.

Gu.de *s.2g.* **1.** Bolinha de vidro. *s.m.* **2.** Jogo infantil em que se procura colocar a gude seguidamente em três buracos, ganhando o jogador que primeiro retornar ao buraco inicial.

Gue.de.lha (ê) *s.f.* Cabelo desgrenhado e comprido; grenha, madeixa.

Guei.xa *s.f.* Nome dado, no Japão, à mulher jovem que, em restaurantes etc., canta, dança ou conversa com a intenção de agradar aos fregueses.

Guel.ra *s.f.* Aparelho respiratório dos animais que vivem ou podem viver na água e que não respiram por pulmões; brânquias.

Guen.zo *adj.* Muito magro; fraco.

Gue.par.do *s.m.* Grande felino das planícies da África e da Ásia, também chamado de chitá ou leopardo-caçador. O guepardo tem cor amarelada com manchas pretas em todo o corpo, exceto na garganta. Seu corpo longo e as pernas delgadas fazem dele o animal mais veloz na corrida em distâncias curtas. Pode correr a uma velocidade máxima de até 110 km/h. Por isso, o guepardo pode saltar sobre a presa, depois de aproximar-se silenciosamente dela. O guepardo não pode retrair completamente as garras, como os outros felinos.

Guer.ra *s.f.* **1.** Luta com armas entre duas ou mais nações, entre dois ou mais partidos. **2.** Campanha, luta. **3.** Arte militar; negócios militares. **4.** FIG Hostilidade, oposição. ● *Ant.: paz.*

Guer.re.ar *v.t.* **1.** Combater, atacar. **2.** Perseguir, opor-se.

Guer.rei.ro *adj.* **1.** Relativo à guerra. **2.** Inclinado à guerra; combativo, belicoso. *s.m.* **3.** Homem que guerreia ou tem ânimo belicoso. **4.** Combatente.

Guer.ri.lha *s.f.* Corpo irregular de guerreiros voluntários, que atacam geralmente o inimigo em emboscadas; escaramuça.

Guer.ri.lhar *v.int.* Ser guerrilheiro; levar vida de guerrilheiro.

Guer.ri.lhei.ro *s.m.* **1.** Aquele que faz parte de guerrilha ou grupo armado. *adj.* **2.** Relativo à guerrilha.

Gue.to (ê) *s.m.* **1.** Primitivamente, bairro onde os judeus eram obrigados a morar, em certas cidades da Itália e em outros países da Europa. **2.** Bairro habitado por populações segregadas socialmente.

Gui.a *s.f.* **1.** Ato de guiar. **2.** Documento que acompanha mercadorias para transitarem livremente. **3.** Documento que acompanha a correspondência oficial. **4.** (SP) Pedras que se colocam para fazer o meio-fio das calçadas; meio-fio. **5.** Colar de miçangas ou de contas de vidros usado por filhos de santos. *s.2g.* **6.** Pessoa que guia, conduz ou dirige uma excursão; cicerone. **7.** Pessoa que dirige; condutor. **8.** Mentor, mestre, guru. **9.** Comandante, chefe. *s.m.* **10.** Publicação com orientação e outras indicações úteis a respeito de uma cidade ou região. **11.** Vaqueiro que conduz a boiada.

Gui.ão *s.m.* **1.** Estandarte que vai à frente nas procissões; pendão. **2.** Estandarte que se levava à frente das tropas; pendão. **3.** O cavaleiro que trazia esse estandarte. **4.** Sinal gráfico colocado ao final de um pentagrama ou tetragrama para indicar a altura da primeira nota da pauta seguinte; índex. **5.** Barra de direção numa bicicleta ou num qualquer outro veículo do tipo ciclo; guidom.

Gui.ar *v.t.* **1.** Servir de guia a. **2.** Orientar; aconselhar. **3.** Ensinar. **4.** Proteger. **5.** Governar; dirigir.

Gui.chê *s.m.* Portinhola em grade, porta, muro, para serviços de bilheteria etc., ou por onde o público se comunica com os funcionários (como num banco, repartição pública etc.).

Gui.dão *s.m.* Guidom.

Gui.lho.ti.na *s.f.* **1.** Instrumento com que se decepava a cabeça dos condenados à morte. **2.** Máquina para cortar ou aparar papel. **3.** Vidraça de janela, em que os caixilhos correm verticalmente.

Gui.lho.ti.nar *v.t.* Decapitar com a guilhotina.

Guim.ba *s.f.* POP A parte final do cigarro ou do baseado, depois de fumados; bagana.

Gui.na.da *s.f.* **1.** Desvio que um navio faz em sua rota. **2.** Salto que o cavalo dá para se esquivar ao castigo. **3.** Desvio repentino para um lado. **4.** Mudança rápida ou radical de opinião, partido, comportamento etc.

Guin.char *v.int.* **1.** Soltar guinchos. **2.** Içar com guincho ou guindaste. **3.** Rebocar com guincho.

Guin.cho *s.m.* **1.** Som agudo e inarticulado. **2.** Carretel de ferro com o qual se enrola um cabo de aço. **3.** Veículo dotado desse sistema, para rebocar e transportar veículos avariados.

Guin.dar *v.t.* **1.** Içar, levantar. **2.** Tornar empolado, pretensioso. **3.** Erguer a uma posição elevada. *v.p.* **4.** Alçar-se, levantar-se.

Guin.das.te *s.m.* Aparelho para guindar ou levantar grandes pesos; guincho.

Guir.lan.da *s.f.* **1.** Grinalda. **2.** Cordão ornamental de flores, frutos e ramagens.

Gui.sa *s.f.* Maneira, modo.

Gui.sa.do *s.m.* Carne picada refogada com molho; ensopado.

Gui.tar.ra *s.f.* MÚS Instrumento de cordas com um braço dividido em meios tons por filetes metálicos.

Gui.zo *s.m.* Pequena esfera oca de metal, que tem dentro bolinhas maciças, as quais, agitadas, produzem som característico.

Gu.la *s.f.* **1.** Vício de comer ou beber em demasia. **2.** Grande amor às boas iguarias. **3.** FIG Desejo ardente, cobiça.

Gu.lo.dice *s.f.* **1.** Gula. **2.** Doce ou qualquer iguaria muito apetitosa; guloseima.

Gu.lo.sei.ma *s.f.* Manjar muito saboroso e muito delicado.

Gu.lo.so *adj.* e *s.m.* Que, ou aquele que gosta de gulodices, que tem o vício da gula; glutão.

Gu.me *s.m.* **1.** O lado afiado de um instrumento cortante; fio. **2.** FIG Agudeza, perspicácia.

Gu.pi.a.ra *s.f.* ⇒ Grupiara.

Gu.ri *s.m.* Criança, menino, rapazola. ● *Fem.: guria.*

Gu.ru *s.m.* **1.** Na Índia, chefe espiritual de uma aldeia. **2.** Guia espiritual.

Gu.ru.pês *s.m.2n.* NÁUT Mastro na extremidade da proa do navio.

Gu.sa *s.f.* **1.** Metal fundido, para lastrar navios. **2.** Ferro não purificado que sai dos altos-fornos; ferro bruto.

Gus.ta.ção *s.f.* **1.** Ato ou efeito de provar. **2.** Sentido do gosto. **3.** Percepção do sabor de alguma coisa.

Gus.ta.ti.vo *adj.* Relativo ao sentido do gosto.

Gu.tí.fe.ro *adj.* Gutiferáceo.

Gu.tu.ral *adj.2g.* **1.** Relativo à garganta. **2.** Diz-se da voz ou do som que se emite pela garganta.

Gu.tu.ra.li.zar *v.t.* Pronunciar (determinados fonemas) dando-lhe inflexão gutural.

h H

H/h *s.m.* **1.** Oitava letra do alfabeto e sexta consoante, de nome *agá. num.* **2.** Oitavo, numa série indicada pelas letras do alfabeto.

Hã *interj.* Exprime admiração, indecisão; moleza, preguiça.

Ha.beas cor.pus *s.m.2n.* DIR Recurso impetrado aos tribunais para garantir liberdade legal.

Há.bil *adj.* **1.** Que é apto ou capaz; que tem aptidão para alguma coisa. **2.** Inteligente, engenhoso, competente. **3.** Que tem capacidade legal para certos atos. ● *Pl.: hábeis.* ● *Ant.: inábil.*

Ha.bi.li.da.de *s.f.* **1.** Qualidade do que é hábil. **2.** Capacidade, aptidão, destreza. **3.** Astúcia, manha. ● *Ant.: inabilidade.*

Ha.bi.li.do.so (ô) *adj.* **1.** Que tem ou revela habilidade; destro, hábil. **2.** PEJ Espertalhão, finório.

Ha.bi.li.tar *v.t.* **1.** Tornar hábil. **2.** Tornar apto ou capaz. **3.** Apresentar como hábil. *v.p.* **4.** Tornar-se apto ou capaz. **5.** Justificar com documentos legais sua habilitação jurídica. **6.** Prover-se com os conhecimentos precisos para qualquer ato público ou exame. **7.** Dispor-se.

Ha.bi.ta.ção *s.f.* **1.** Ato ou efeito de habitar. **2.** Lugar em que se habita ou mora; morada, residência.

Ha.bi.ta.cio.nal *adj.* Relativo ou pertencente a habitação.

Ha.bi.tá.cu.lo *s.m.* Habitação pequena, acanhada.

Ha.bi.tan.te *s.2g.* **1.** Pessoa que reside habitualmente num lugar; morador. *adj.2g.* **2.** Domiciliado, residente.

Ha.bi.tar *v.t.* **1.** Ocupar de modo permanente (um país, uma cidade, uma casa). *v.t.e int.* **2.** Residir, morar (em). **3.** Tornar habitado. **4.** Viver, estar em.

Há.bi.tat (lat.) *s.m.* Hábitat.

Há.bi.tat (habitat) (lat.) *s.m.* **1.** ECOL Local ou meio em que nasce, cresce e vive naturalmente qualquer ser organizado. **2.** Ambiente natural. **3.** SOCIOL Área que é ou pode ser habitada por ser vivo. ● *Pl.: hábitats.*

Ha.bi.ta-se *s.m.2n.* DIR Ato baixado por prefeitura autorizando que um prédio seja ocupado ou habitado, após o término das obras.

Há.bi.to *s.m.* **1.** Uso, costume. **2.** Aspecto. **3.** Roupagem de frade ou freira. **4.** Vestuário ou insígnia de ordem militar ou religiosa. **5.** SOCIOL Modo padronizado de pensar, sentir ou agir, adquirido e tornado em grande parte inconsciente e automático.

Ha.bi.tu.al *adj.2g.* **1.** Frequente. **2.** Vulgar, comum, usual. ● *Ant.: inabitual, excepcional.*

Ha.bi.tu.ar *v.t.* **1.** Fazer adquirir o hábito de. *v.p.* **2.** Contrair o hábito. **3.** Acostumar a fazer. ● *Ant.: desabituar(-se).*

Há.bi.tu.é (habitué) (fr.) Frequentador certo, habitual de um lugar (teatro, cinema, bar etc.).

Hacker (ing.) *s.m.* Pessoa com profundos conhecimentos de informática que eventualmente os utiliza para violar sistemas ou exercer outras atividades ilegais; pirata eletrônico. ● *Pl.: hackers.*

Ha.do.que *s.m.* Tipo de peixe nórdico, comestível, muito apreciado.

Háf.nio *s.m.* QUÍM Metal raro, análogo ao zircônio, de número atômico 72 e símbolo Hf.

Ha.gi.o.gra.fi.a *s.f.* História da vida dos santos.

Ha.gi.o.grá.fi.co *adj.* Relativo à Hagiografia.

Ha.gi.ó.gra.fo *s.m.* Estudioso ou autor de Hagiografia.

Hai.cai *s.m.* Composição poética de origem japonesa, de três versos (de 5, 7 e 5 sílabas, respectivamente).

Há.li.to *s.m.* **1.** Ar que sai dos pulmões, depois de aspirado. **2.** Cheiro da boca; bafo. **3.** POÉT Aragem, brisa, viração.

Ha.li.to.se *s.f.* MED Hálito desagradável; mau hálito.

Hall (ról) (ing.) *s.m.* **1.** Sala de entrada; saguão. **2.** Grande vestíbulo de hotel, residência etc.

Hal.low.een (ing.) *s.m.* Festa, que se realiza no dia 31 de outubro ou à volta disso, em que as pessoas se divertem fantasiadas de bruxas e feiticeiros ou de personagens assustadores afins (vampiros, monstros etc.). ● *Pl.: halloweens.*

Ha.lo *s.m.* **1.** Espécie de coroa dupla e luminosa, que circunda algumas vezes o disco do Sol e dos planetas. **2.** ANAT Círculo avermelhado em volta do mamilo. **3.** Aura, auréola. **4.** Glória, prestígio. **5.** Hálux.

Ha.lo.ge.nar *v.t.* Submeter à halogenação.

Ha.lo.gê.ni.co *adj.* QUÍM Diz-se do composto que encerra um halogênio.

Ha.lo.gê.nio *s.m.* QUÍM Qualquer dos elementos flúor, cloro, bromo, iodo.

Hal.ter (é) *s.m.* Haltere. ● *Pl.: halteres.*

Hal.te.re (té) *s.m.* Instrumento de ginástica formado de duas esferas de ferro ou de madeira, reunidas por uma haste do mesmo metal, que deve ser levantado com a mão.

Hal.te.ro.fi.li.a *s.f.* Prática da ginástica com halteres; levantamento de peso.

Hal.te.ro.fi.lis.mo *s.m.* Halterofilia.

Hal.te.ro.fi.lis.ta *adj.* **1.** Relativo a halterofilia. *s.2g.* **2.** Pessoa que pratica halterofilia.

Ham.búr.guer *s.m.* Sanduíche de massa de carne moída e temperada, geralmente passada na chapa. ● *Pl.: hambúrgueres.*

Hamster (ing.) *s.m.* ZOOL Pequeno mamífero roedor da Eurásia, muito utilizado em experimentos de laboratório.

Han.de.bol *s.m.* Esporte praticado por sete jogadores, em que a bola é jogada especialmente com as mãos.

Handicap (ing.) *s.m.* **1.** Vantagem que, nas competições esportivas, um concorrente dá a outro. **2.** Prova de que participam cavalos de todas as classes, equiparando-se as possibilidades de vitória pela distância na largada e pela diferença de peso.

Han.gar *s.m.* **1.** Barracão alpendrado. **2.** Grande abrigo para balões, dirigíveis ou aviões. ● *Pl.: hangares.*

Han.se.ni.a.no *adj.* **1.** Relativo à hanseníase. *s.m.* **2.** Aquele que sofre de hanseníase; leproso.

Han.se.ní.a.se *s.f.* MED Doença infecciosa da pele e mucosas, crônica e contagiosa; lepra.

Ha.nu.ca *s.m.* ⇒ Chanuca.

Happening (ing.) *s.m.* **1.** Acontecimento artístico que envolve o público e incorpora manifestações de artes plásticas, música, literatura, cinema, teatro etc., sem seguir um roteiro predeterminado. **2.** Cada um desses eventos.

Happy end (ing. = final feliz) *s.m.* Desfecho feliz em filme, peça de teatro, romance etc.

Ha.ra.qui.ri *s.m.* Suicídio de honra japonês, que consiste em rasgar o ventre à faca ou a sabre.

Ha.ras *s.m.2n.* **1.** Estância ou fazenda de criação de cavalos de raça. **2.** Coudelaria.

HARDWARE — HEMIPLEGIA

Hardware (rárduere) (ing.) *s.m.* **1.** Complexo físico das instalações de um sistema informático. **2.** Conjunto dos elementos mecânicos, elétricos, eletrônicos e magnéticos que constituem a máquina do computador. ● Obs.: Não se usa no plural.

Ha.rém *s.m.* **1.** Parte de um palácio ou casa para a guarda das odaliscas de um príncipe muçulmano. **2.** Conjunto das odaliscas que aí habitam. **3.** FIG Casa de prostituição; prostíbulo, lupanar.

Har.mo.ni.a *s.f.* **1.** MÚS Ciência ou arte que ensina a formar acordes. **2.** Conjunto dos princípios e regras dessa arte. **3.** Série de acordes ou de sons consoantes que o ouvido recebe bem. **4.** Suavidade de estilo. **5.** Simetria, regularidade. **6.** Acordo, concórdia, conformidade. **7.** Coerência. **8.** Disposição equilibrada entre as partes de um todo. **9.** Estado de concórdia, paz e amizade entre pessoas. **10.** União de vontades. ● *Ant.: desarmonia, briga.*

Har.mô.ni.ca *s.f.* **1.** MÚS Espécie de órgão portátil; acordeão, sanfona. **2.** Gaita de boca.

Har.mô.nio *s.m.* Pequeno órgão, comumente encontrado em igrejas.

Har.mo.ni.o.so (ô) *adj.* **1.** Que tem harmonia, que tem sons agradáveis. **2.** Que tem sons agradáveis; melodioso. **3.** Acorde, agradável.

Har.mo.nis.ta *s.2g.* **1.** Pessoa que conhece e pratica harmonia musical. **2.** Pessoa que toca harmônico.

Har.mo.ni.za.ção *s.f.* Ato ou efeito de harmonizar(-se).

Har.mo.ni.zar *v.t.* **1.** Pôr ou estar em harmonia; congraçar. *v.int.* **2.** MÚS Compor harmonia. *v.p.* **3.** Pôr-se de acordo.

Har.pa *s.f.* Instrumento triangular, de cordas desiguais, que se toca com os dedos.

Har.pe.ar *v.t.* **1.** Tocar na harpa. *v.int.* **2.** Tocar harpa.

Har.pi.a *s.f.* **1.** Monstro fabuloso com rosto de mulher e corpo de abutre. **2.** Grande ave de rapina das Américas (do México à Bolívia, Argentina e parte do Brasil) de até 2 m de envergadura.

Has.ta *s.f.* **1.** Lança, pique. **2.** Leilão.

Has.te *s.f.* **1.** O pau a que está segura alguma coisa. **2.** Parte do vegetal elevada do solo a que estão seguros os ramos, as folhas e as flores. **3.** Chifre, corno.

Has.te.ar *v.t.* **1.** Elevar e prender ao cimo da uma haste; içar, arvorar, desfraldar. **2.** Levantar-se, erguer. *v.p.* **3.** Içar-se, elevar-se, levantar-se.

Hau.rir *v.t.* **1.** Tirar de lugar profundo; esgotar, esvair. **2.** POÉT Sorver, aspirar. **3.** Colher, extrair.

Haus.to *s.m.* **1.** Ato de haurir; sorvo, aspiração. **2.** Medicamento que se bebe. **3.** Trago, gole.

Ha.vai.a.no *adj.* **1.** Relativo às Ilhas Havaí, Estado ultramarino dos EUA. *s.m.* **2.** O natural ou habitante do Havaí.

Ha.va.na *s.m.* **1.** Tabaco cultivado em Cuba. **2.** Charuto feito desse tabaco; havano. *adj.* **3.** Castanho-claro.

Ha.va.nês *adj.* **1.** Relativo a Havana, capital de Cuba (América Central). *s.m.* **2.** O natural dessa cidade.

Ha.ver *v.t.* **1.** Ter ou possuir. **2.** Obter, receber. **3.** Estender. **4.** Considerar. **5.** Acontecer, suceder. **6.** Existir. **7.** Obter, conseguir. *v.p.* **8.** Comportar-se, proceder.

Ha.xi.xe *s.m.* Droga psicoativa extraída das flores e das folhas novas e secas do cânhamo ou maconha, que se fuma, mastiga ou se faz um licor intoxicante.

Heb.do.ma.dá.rio *adj.* **1.** Semanal. *s.m.* **2.** Periódico (jornal, revista etc.) que se publica uma vez por semana; semanário.

Ha.breu *adj.* **1.** Relativo aos hebreus. **2.** Indivíduo dos hebreus. ● *Fem.: hebraia.*

He.ca.tom.be *s.f.* **1.** Na Grécia antiga, sacrifício de cem bois. **2.** Sacrifício de muitas vítimas. **3.** Matança humana. **4.** Desgraça, calamidade, catástrofe.

Hec.ta.re *s.m.* Medida agrária, que equivale a cem ares ou dez mil metros quadrados. ● *Abrev.: ha* (sem ponto).

He.di.on.dez (ê) *s.f.* **1.** Qualidade de hediondo. **2.** Ato ou procedimento hediondo. **3.** Extrema abjeção.

He.di.on.do *adj.* **1.** Horrível, disforme. **2.** Que provoca repulsa. **3.** Asqueroso, repugnante, repelente. **4.** Medonho, sinistro.

He.do.nis.mo *s.m.* Doutrina moral que tem no prazer a finalidade da vida.

He.do.nis.ta *adj.2g.* **1.** Relativo ao hedonismo. *s.2g.* **2.** Pessoa adepta do hedonismo.

He.ge.mo.ni.a *s.f.* **1.** Preponderância de uma cidade, de uma nação, de um grupo sobre outras cidades, nações ou grupos. **2.** Preponderância, supremacia.

He.ge.mô.ni.co *adj.* Relativo a hegemonia.

Hé.gi.ra *s.f.* **1.** Era muçulmana, contada a partir de 622 da era cristã, quando se deu a fuga de Maomé de Meca para Medina. **2.** Fuga, êxodo.

Hein *interj.* designativa de admiração ou de pergunta.

He.lê.ni.co *adj.* **1.** Relativo à Hélade ou Grécia antiga; relativo aos antigos gregos. *s.m.* **2.** Grego antigo.

He.le.nis.mo *s.m.* **1.** O conjunto da civilização grega. **2.** Palavra ou expressão de origem grega utilizada em outra língua.

He.le.nis.ta *adj.2g.* Pessoa versada na língua, literatura e civilização gregas.

He.le.no *adj.* **1.** Relativo aos helenos, povos que povoaram a Grécia antiga. **2.** Grego. **3.** Grego.

Hé.li.ce *s.f.* **1.** Linha com forma de rosca, traçada ao derredor de um cilindro ou de um cone. **2.** Espiral. **3.** MEC Aparelho ou obra com forma de parafuso ou saca-rolhas. **4.** NÁUT e ASTRONÁUT Peça que consiste em um cubo rotativo provido de pás, a qual funciona de acordo com o princípio do parafuso, dando propulsão a navios, aviões etc.

He.li.ci.cul.tor *s.m.* Aquele que pratica a helicicultura.

He.li.ci.cul.tu.ra *s.f.* Criação de caramujos (escargôs).

He.li.coi.dal *adj.2g.* Semelhante à hélice; em forma de hélice. ● *Sinôn.: helicoide.*

He.li.coi.de *adj.* **1.** Que tem a forma de hélice. **2.** *s.m.* Superfície (ou volume) gerada por uma curva (ou uma superfície) animada de um movimento helicoidal.

He.li.cóp.te.ro *s.m.* Espécie de avião com hélice horizontal que se desloca quer no sentido horizontal, quer no vertical.

Hé.lio *s.m.* QUÍM Elemento químico gasoso de símbolo He e número atômico 2, utilizado para o enchimento de balões e aeróstatos.

He.li.o.cên.tri.co *adj.* ASTRON Relativo ao heliocentrismo.

He.li.o.cen.tris.mo *s.m.* Doutrina de concepção do sistema solar que tem como centro o Sol.

He.li.o.tro.pi.a *s.f.* Particularidade que têm as plantas de se voltarem para o Sol.

Hem *interj.* indicativa de que se não ouviu bem, espantou-se, indignou-se etc.

He.má.cia *s.f.* ANAT Glóbulo vermelho do sangue, também chamado eritrócito.

He.má.ti.co *adj.* Relativo ou pertencente ao sangue.

He.ma.ti.ta *s.f.* MINER Um dos mais importantes minérios de ferro, com 70% de teor de pureza; oligisto.

He.ma.to.fa.gi.a *s.f.* Alimentação à base de sangue.

He.ma.tó.fa.go *adj.* Que se nutre de sangue.

He.ma.to.lo.gi.a *s.f.* **1.** Parte da histologia que estuda o sangue. **2.** Tratado teórico acerca do sangue.

He.ma.to.lo.gis.ta *s.2g.* Hematólogo.

He.ma.to.ma *s.m.* MED Tumor sanguíneo causado pela ruptura de um vaso.

He.ma.to.se (ó) *s.f.* FISIOL Conversão do sangue venoso em arterial, nos pulmões, ao contato do ar aspirado; arterialização.

He.me.ro.te.ca (té) *s.f.* Seção numa biblioteca onde se colecionam jornais e revistas.

Hemi- *pref.* 'Metade': *hemiciclo.*

He.mi.ci.clo *s.m.* **1.** Espaço semicircular; semicírculo. **2.** Salão ou espaço disposto em semicírculo, por vezes provido de arquibancadas.

He.mi.ple.gi.a *s.f.* MED Paralisia de um dos lados do corpo.

HEMIPLÉGICO — HETERODOXO

He.mi.plé.gi.co *adj.* 1. Relativo à hemiplegia. *s.m.* 2. Indivíduo atacado de hemiplegia.

He.mis.fé.ri.co *adj.* Em forma de hemisfério.

He.mis.fé.rio *s.m.* 1. Metade de uma esfera. 2. Cada uma das duas metades do globo terrestre imaginariamente separadas pela linha do equador.

He.mo.cen.tro *s.m.* Banco de sangue.

He.mo.di.nâ.mi.ca *s.f.* Estudo dos fatores que regem a circulação sanguínea.

He.mo.fi.li.a *s.f.* MED Afecção hemorrágica e hereditária, em virtude da inexistência de um ou mais fatores de coagulação do sangue.

He.mo.fí.li.co *adj.* 1. Relativo à hemofilia. 2. Que sofre de hemofilia. *s.m.* 3. Indivíduo hemofílico.

He.mo.glo.bi.na *s.f.* FISIOL Matéria corante dos glóbulos vermelhos do sangue.

He.mop.ti.se *s.f.* 1. MED Hemorragia da membrana mucosa do pulmão. 2. Expectoração que contém sangue.

He.mor.ra.gi.a *s.f.* MED Derramamento do sangue para fora dos vasos que os devem conter.

He.mor.rá.gi.co *adj.* Relativo a hemorragia.

He.mor.roi.da *s.f.pl.* MED Tumores varicosos formados pela dilatação das veias do ânus ou do reto.

He.mor.roi.dal *adj.2g.* Relativo às hemorroidas.

He.mor.roi.dá.rio *adj.* 1. Relativo a hemorroidas. 2. *s.m.* Aquele que sofre de hemorroidas.

He.na *s.f.* Arbusto originário da Arábia, cujas folhas fornecem uma tintura vermelha usada para tingir cabelos.

He.nê *s.m.* Produto obtido de folhas de hena secas e trituradas empregadas como tintura e/ou alisador para cabelos.

He.pa.ri.na *s.f.* Substância anticoagulante presente no fígado [utilizado em todas as afecções em se teme uma trombose.].

He.pá.ti.co *adj.* 1. Relativo ao fígado. *s.m.* 2. Pessoa que sofre do fígado.

He.pa.ti.te *s.f.* MED Inflamação do fígado.

He.ra (é) *s.f.* 1. BOT Nome comum a várias plantas trepadeiras da família das araliáceas. 2. Certa planta medicinal da família das labiadas.

He.rál.di.ca *s.f.* 1. Arte ou ciência dos brasões. 2. Conjunto dos emblemas de brasão.

He.rál.di.co *adj.* 1. Relativo às heráldicas. 2. Nobre, aristocrático. *s.m.* 3. Heraldista.

He.ral.dis.ta *s.2g.* Tratadista de Heráldica; heráldico.

He.ran.ça *s.f.* 1. Aquilo que se herda. 2. Conjunto dos bens que ficam ao herdeiro. 3. Patrimônio deixado por alguém ao morrer; legado, posse. 4. BIOL Aquilo que se transmite pelos genes ou com o sangue; hereditariedade.

Her.bá.ceo *adj.* 1. BOT Relativo a erva. 2. Diz-se da planta que tem a consistência e porte de ervas.

Her.ba.ná.rio *s.m.* 1. Casa que vende ervas medicinais. 2. Aquele que vende ou conhece ervas medicinais; hervanário.

Her.bá.rio *s.m.* BOT Coleção de plantas secas para exposição ou pesquisa científica.

Her.bi.ci.da *adj.* e *s.m.* Diz-se de, ou produto químico empregado no combate a ervas daninhas.

Her.bí.fo.ro *adj.* Que produz erva.

Her.bo.ris.ta *s.2g.* Pessoa que conhece as virtudes das plantas e/ou que vende plantas medicinais.

Her.cú.leo *adj.* 1. Relativo a Hércules, semideus mitológico grego de grande força física. 2. Que tem ou revela força extraordinária. 3. Forte, robusto.

Hér.cu.les *s.m.2n.* 1. FIG Homem dotado de força extraordinária, à semelhança do semideus da mitologia grega. 2. ASTRON Nome de uma constelação boreal.

Her.dar *v.t.* Receber por herança; deixar em herança; legar.

Her.dei.ro *s.m.* Aquele que herda; filho.

He.re.di.ta.ri.e.da.de *s.f.* 1. Qualidade de hereditário. 2. Transmissão dos caracteres físicos ou morais aos descendentes. 3. Sucessão, herança.

He.re.di.tá.rio *adj.* 1. Que se refere à hereditariedade. 2. Que se transmite por herança.

He.re.ge *adj.* e *s.2g.* 1. Diz-se de, ou aquele que professa heresia. 2. Ateu, ímpio.

He.re.si.a *s.f.* 1. Doutrina contrária aos dogmas da Igreja. 2. Ato ou palavra ofensiva à divindade; blasfêmia. 3. FAM Contrassenso, absurdo, disparate.

He.ré.ti.co *adj.* 1. Relativo a heresia. 2. Em que há heresia. *s.m.* 3. Herege.

Her.ma.fro.di.ta *adj.2g.* 1. BIOL Diz-se do ser que reúne em si os caracteres e os órgãos dos dois sexos; andrógino. *s.2g.* 2. BIOL Ser bissexual.

Her.ma.fro.di.tis.mo *s.m.* Condição de hermafrodita.

Her.me.neu.ta *s.2g.* Pessoa versada em hermenêutica.

Her.me.nêu.ti.ca *s.f.* 1. Arte de interpretar os textos sagrados ou livros antigos. 2. Arte de interpretar leis.

Her.mé.ti.co *adj.* 1. Completamente fechado, de modo que não deixe penetrar o ar (vaso, janela). 2. Relativo à alquimia. 3. Muito difícil de compreender.

Her.me.tis.mo *s.m.* 1. Doutrina oculta dos alquimistas. 2. Qualidade do que é hermético ou de difícil compreensão.

Hér.nia *s.f.* MED Deslocamento parcial ou total de um órgão pela abertura natural ou artificial da cavidade que o contém.

Her.ni.al *adj.2g.* Relativo a hérnia.

Her.ni.o.so (ô) *adj.* e *s.m.* Diz-se de, ou aquele que padece de hérnia.

He.rói *s.m.* 1. Pessoa notável por suas qualidades, valor, feitos ou ações extraordinárias. 2. Personagem principal de um romance, de um poema, de uma peça teatral, de um filme, de uma telenovela. ● *Fem.: heroína.*

He.roi.co *adj.* 1. Relativo a herói; próprio de herói. 2. Que denota grande esforço. 3. Diz-se do estilo ou gênero literário em que se celebram feitos de heróis. 4. Diz-se de certo tipo de remédio enérgico e, às vezes, até perigoso, de que se lança mão em circunstâncias extremas.

He.ro.í.na *s.f.* 1. *Fem* de herói. 2. Narcótico semelhante à morfina, mas de ação mais acentuada e poderosa que esta.

He.ro.ís.mo *s.m.* 1. Qualidade de herói. 2. Ato heroico. 3. Magnanimidade. 4. Virtude excepcional, própria de herói. 5. Coragem, bravura.

Her.pes *s.2g.2n.* Afecção da pele e das mucosas, provocada por conjunto de vesículas numa base inflamada.

Her.pes-zós.ter *s.m.* Inflamação aguda, produzida por *Herpesvirus varicellae*, dos gânglios sensitivos dos nervos cranianos e da espinha dorsal, associada com uma erupção de vesículas na pele ou nas membranas mucosas e com dores nevrálgicas. ● *Pl.: herpes-zósteres.*

Her.pé.ti.co *adj.* 1. Da natureza do herpes. 2. Que sofre de herpes. *s.m.* 3. Aquele que sofre de herpes.

Hertz (n.p.) *s.m.* FÍS Unidade de frequência de um fenômeno ao qual equivale a um evento por segundo. ● *Símb.: Hz.*

Hert.zi.ano *adj.* Designativo das ondulações elétricas que se propagam pelo ar.

He.si.ta.ção *s.f.* 1. Ato ou efeito de hesitar. 2. Dúvida, perplexidade; indecisão. ● *Ant.: firmeza.*

He.si.tan.te *adj.2g.* Que hesita. 2. Indeciso, inseguro.

He.si.tar *v.int.* 1. Estar ou ficar indeciso, perplexo. 2. Titubear, vacilar. 3. Duvidar. 4. Mostrar-se receoso. 5. Estar inseguro. *v.t.* 6. Ter dúvidas sobre.

He.te.ro.do.xi.a (cs) *s.f.* Qualidade de heterodoxo. ● *Ant.: ortodoxia.*

He.te.ro.do.xo (cs) *adj.* 1. Que se opõe aos princípios de uma religião; herético. 2. Que se revela contrário à doutrina ortodoxa ou a uma opinião tradicional. ● *Ant.: ortodoxo.*

HETERÓFONO — HIFI

He.te.ró.fo.no *adj.* e *s.m.* Diz-se de, ou vocábulo que tem a mesma grafia mas pronúncia diferente.

He.te.ro.gê.neo *adj.* **1.** Que é de natureza diversa ou se compõe de partes de natureza diversa ou de espécie diferente. **2.** Desigual, irregular. ● *Ant.: homogêneo.*

He.te.ro.ní.mi.a *s.f.* GRAM Formação do gênero por meio de palavra de raiz diferente.

He.te.rô.ni.mo *adj.* **1.** Diz-se um autor que escreve em nome de outrem. *s.m.* **2.** Nome suposto com que um autor assina certas obras suas.

He.te.ros.se.xu.al (cs) *adj.* e *s.2g.* Diz-se de, ou pessoa cujo desejo sexual somente se dá aos indivíduos do sexo oposto. ● *Ant.: homossexual.*

He.te.ros.se.xu.a.li.da.de (cs) *s.f.* Heterossexualismo. ● *Ant.: homossexualidade.*

He.te.ros.se.xu.a.lis.mo (cs) *s.m.* Desejo ou prática heterossexual. ● *Ant.: homossexualismo.*

He.te.ro.ta.li.a *s.f.* BOT Fenômeno ocorrente em certos fungos cujos micélios, apesar de iguais na aparência, são de dois grupos sexuais.

Heu.re.ca *interj.* que significa *achei! encontrei!*

Heu.rís.ti.ca *s.f.* Arte de inventar ou descobrir caminho ou método que conduz à verdade.

He.xa.go.nal (cs) *adj.2g.* **1.** De seis ângulos. **2.** Diz-se do sólido que tem por base um hexágono.

He.xá.go.no (cs) *s.m.* Polígono de seis ângulos e seis lados.

Hi.a.to *s.m.* GRAM **1.** Grupo de duas vogais pertencentes a sílabas diferentes, como em *ca-atinga, vi-ela, sa-ída, dlc-o-ol, ca-olho, ba-ú.* **2.** FIG Lacuna, falha. **3.** Abertura, fenda. **4.** Intervalo, interrupção.

Hi.ber.na.ção *s.f.* Estado de torpor e insensibilidade em que permanecem certos animais durante o inverno.

Hi.ber.nar *v.int.* **1.** Estar ou cair em hibernação. **2.** Entrar e ficar (o homem) em estado semelhante à hibernação animal.

Hí.bri.do *adj.* **1.** Que provém do cruzamento de espécies diferentes. **2.** Se desvia das leis naturais; anômalo. **3.** GRAM Diz-se de vocábulo constituído de elementos de línguas diversas. *s.m.* **4.** GRAM Vocábulo híbrido. **5.** Animal ou vegetal híbrido.

Hi.dra *s.f.* **1.** Na mitologia, serpente de sete cabeças, morta por Hércules, também chamada *hidra de Lerna.* **2.** Animal de água doce com seis a dez tentáculos. **3.** FIG Aquilo que envolve perigo público ou ameaça a ordem social. **4.** Perigo que se renova sempre.

Hi.dra.má.ti.co *adj.* **1.** Diz-se da transmissão de marchas de um veículo acionada por um sistema hidráulico. **2.** Veículo que tem esse sistema.

Hi.dran.te *s.m.* Tomada de água com válvula ou torneira a que se liga uma mangueira e que se pode utilizar no combate a incêndios.

Hi.dra.ta.ção *s.f.* Ato de hidratar ou de se hidratar.

Hi.dra.ta.do *adj.* **1.** Que foi tratado pela água. **2.** Que contém água misturada ou combinada.

Hi.dra.tan.te *adj.* e *s.m.* Que, ou aquilo que hidrata.

Hi.dra.tar *v.t.* QUÍM Combinar (um corpo) com água. **2.** Tratar por água. **3.** Converter em hidrato. **4.** Passar (na pele) substância que lhe devolve a umidade natural ou evita seu ressecamento. *v.p.* **5.** Passar ao estado de hidrato.

Hi.dra.to *s.m.* QUÍM Combinação de um óxido metálico com água.

Hi.dráu.li.ca *s.f.* **1.** Ramo da Engenharia que estuda o escoamento das águas. **2.** A técnica das construções nas águas. **3.** Ramo da Física que estuda o movimento e a pressão dos líquidos.

Hi.dráu.li.co *adj.* **1.** Relativo à hidráulica. **2.** MEC Diz-se do dispositivo ou aparelho que funciona por meio de um líquido determinado: *Freio hidráulico.*

Hi.dra.vi.ão *s.m.* Avião com flutuadores que lhe permitem decolar e pousar sobre a água. ● *Var.: hidroavião.*

Hi.dre.lé.tri.ca *s.f.* **1.** Companhia de energia elétrica. **2.** Usina hidrelétrica.

Hi.dre.le.tri.ci.da.de *s.f.* Eletricidade produzida por conversão da energia da água.

Hi.dre.lé.tri.co *adj.* Que transforma em eletricidade a energia produzida por grandes quedas-d'água.

Hi.dro.a.vi.a.ção *s.f.* Ramo de aviação que diz respeito aos hidroaviões.

Hi.dro.a.vi.ão *s.m.* Hidravião.

Hi.dro.car.bo.ne.to (ê) *s.m.* Composto formado de hidrogênio e oxigênio.

Hi.dro.car.bô.ni.co *adj.* Relativo a hidrocarboneto.

Hi.dro.cor.ti.so.na *s.f.* Principal hormônio do córtex suprarrenal, dotado de poderosa ação anti-inflamatória.

Hi.dro.e.lé.tri.ca *s.f.* Hidrelétrica.

Hi.dró.fi.lo *adj.* **1.** Que absorve a água. **2.** Diz-se do algodão simples e desinfetado.

Hi.dro.fo.bi.a *s.f.* **1.** MED Medo mórbido de água e de qualquer líquido. **2.** Raiva.

Hi.dro.ge.na.ção *s.f.* Ato ou efeito de hidrogenar.

Hi.dro.ge.nar *v.t.* Fixar hidrogênio em uma substância.

Hi.dro.gê.nio *s.m.* QUÍM Elemento químico, que é um gás altamente inflamável e normalmente incolor, de símbolo H e número atômico 1, que combina com o oxigênio para produzir a água.

Hi.dro.gra.fi.a *s.f.* **1.** Descrição da parte líquida do globo. **2.** Conjunto das águas correntes de uma região.

Hi.dró.li.se *s.f.* Decomposição de certos compostos pela ação da água.

Hi.dro.mas.sa.gem *s.f.* Massagem realizada por meio de jatos de água.

Hi.dro.me.tri.a *s.f.* Ciência que estuda o modo de medir a velocidade e força da água e outros líquidos.

Hi.dro.mé.tri.co *adj.* Relativo a hidrometria.

Hi.dro.me.tro *s.m.* Instrumento que mede e registra a quantidade de água consumida em residência, empresa etc.

Hi.dro.mi.ne.ral *adj.* Relativo à água mineral.

Hi.dro.pô.ni.ca *s.f.* Cultura de plantas feita em meio aquoso provido de nutrientes inorgânicos; hidroponia.

Hi.dros.fe.ra *s.f.* Parte líquida da superfície da Terra.

Hi.dro.te.ra.pêu.ti.co *adj.* ⇒ Hidroterápico.

Hi.dro.te.ra.pi.a *s.f.* MED Tratamento das doenças por meio de água banhos, imersões, duchas etc.).

Hi.dro.te.rá.pi.co *adj.* Relativo à hidroterapia.

Hi.dro.vi.a *s.f.* Via de navegação por rios, lagos etc.

Hi.dro.vi.á.rio *adj.* **1.** Referente a hidrovia. **2.** Feito por hidrovia.

Hi.dró.xi.do (cs) *s.m.* QUÍM Qualquer corpo resultante da combinação da água com um óxido metálico.

Hi.dró.xi.la (cs) *s.f.* O radical OH⁻, presente nas bases ou hidróxidos.

Hi.e.na *s.f.* **1.** ZOOL Mamífero carnívoro noturno semelhante ao cão. **2.** FIG Pessoa cruel, de índole vil.

Hi.e.rar.qui.a *s.f.* **1.** Graduação do poder autoritário das classes civis, militares e eclesiásticas. **2.** Ordenação, escala.

Hi.e.rár.qui.co *adj.* Que é conforme à hierarquia.

Hi.e.rar.qui.za.ção *s.f.* Ato ou efeito de hierarquizar.

Hi.e.rar.qui.zar *v.t.* Organizar segundo uma ordem hierárquica.

Hi.e.ró.gli.fo *s.m.* **1.** Cada um dos caracteres da escrita dos antigos egípcios. **2.** FIG Escrita ilegível, incompreensível. **3.** Tudo que é difícil de decifrar. **4.** Coisa enigmática.

Hi.e.ro.so.li.mi.ta.no ou **hi.e.ro.so.li.mi.ta** *adj.* e *s.2g.* Relativo a Jerusalém ou o que é seu natural ou habitante; hierosolimitano, jerosolimita, jerosolimitano.

Hí.fen *s.m.* GRAM Sinal gráfico que une os elementos de um composto ou do pronome oblíquo, e que indica partição de sílabas de um vocábulo; traço de união. ● *Pl.: hifens* e *hífenes.*

Hi.fe.ni.zar *v.t.* Escrever (palavra) com hífen.

Hi.fi (ing.) *s.m.* Ver Alta-fidelidade. ● *Pl.: hi-fis.*

HIGH-TECH — HIPOTECA

High-tech (ing.) *adj.2g.2n.* **1.** De tecnologia avançada, de ponta. **2.** De características industriais (diz-se de um estilo, objeto, elemento decorativo, arquitetônico etc.).

Hi.gi.e.ne *s.f.* **1.** Sistema de regras e práticas que visam à preservação das funções do organismo e à prevenção de doenças. **2.** Conjunto das práticas que asseguram a limpeza nos ambientes públicos e nos locais de trabalho. **3.** Conjunto das práticas que garantem a limpeza corporal. **4.** Limpeza, asseio.

Hi.gi.ê.ni.co *adj.* **1.** Relativo à higiene. **2.** Conforme preceitos da higiene; saudável.

Hi.gi.e.ni.zar *v.t.* Tornar higiênico.

Hi.gro.me.tri.a *s.f.* Parte da meteorologia que se ocupa da quantidade de vapor d'água contida no ar.

Hi.lá.rio[1] *adj.* Relativo ao hilo de um órgão; hilar.

Hi.lá.rio[2] *adj.* **1.** Que provoca o riso; hilariante. **2.** Extremamente engraçado.

Hi.lei.a *s.f.* Nome dado pelo cientista alemão Alexander von Humboldt (1769-1859) à floresta equatorial úmida que recobre a Amazônia dos Andes ao Atlântico.

Hí.men *s.m.* **1.** ANAT Membrana que fecha parcialmente o orifício da vagina. **2.** BOT Membrana que envolve o botão da corola. • *Pl.: himens* e *hímenes.*

Hi.me.neu *s.m.* Casamento, festa nupcial.

Hin.du *adj.2g.* **1.** Relativo ao hinduísmo. *s.2g.* **2.** Pessoa partidária do hinduísmo. **3.** Membro de uma das raças nativas da Índia; indiano.

Hin.du.ís.mo *s.m.* Religião e sistema social da maior parte da população da Índia.

Hi.no *s.m.* **1.** Canto de louvor ou adoração, especialmente religioso. **2.** Canto musicado em exaltação de uma nação, de um partido, de uma agremiação etc. **3.** Canção, coro, cântico.

Hi.per *pref.* que indica *em alto grau, muito, além.* • **Obs.:** Usa-se hífen antes de r: hiper-*realista.* Mas: hiper*acidez,* hiper*sensível,* hiper*tenso* etc.

Hi.pe.ra.ti.vi.da.de *s.f.* **1.** Excesso de atividade; qualidade ou condição de hiperativo. **2.** Atividade excessiva, quase sempre frustrada ou abortada, que se apresenta em várias psicoses.

Hi.per.bá.ri.co *adj.* Diz-se de pressão superior à pressão atmosférica; que utiliza pressão superior à pressão normal, especialmente de oxigênio: medicina hiper*bárica,* câmara *hiperbárica.*

Hi.pér.ba.to *s.m.* GRAM Inversão da ordem natural das palavras ou das orações. • *Var.: hipérbaton.*

Hi.pér.bo.le *s.f.* Figura de linguagem que consiste no exagero desmedido: *Falei com ele milhões de vezes.*

Hi.per.co.les.te.ro.le.mi.a *s.f.* Elevação patológica da taxa de colesterol no sangue (células e plasma), um dos principais fatores da arteriosclerose; colesteremia, hipercolesteremia.

Hi.per.do.cu.men.to *s.m.* Arquivo que apresenta recursos de hipermídia em formatos diversos (diagramas, textos, imagens, sons, *softwares* etc.), interligado a outros documentos por meio de *links* programados em pontos chaves, de modo que o usuário possa passar de uma informação para outra, conforme seu interesse.

Hi.per.gli.ce.mi.a *s.f.* MED Presença de glicose no sangue em níveis muito superiores aos normais.

Hi.per.in.fla.ção *s.f.* Inflação acentuada, com índices muito elevados ou fora de controle. • *Pl.: hiperinflações.*

Hi.pe.rin.fla.ci.o.nar *v.t.* Causar ou sofrer hiperinflação.

Hi.pe.rin.fla.ci.o.ná.rio *adj.* Que envolve ou causa hiperinflação.

Hi.per.mer.ca.do *s.m.* Supermercado de grandes proporções (em que a área consagrada à venda é superior a 2.500 m^2), com atendimento do tipo *self-service* e a mais ampla variedade de mercadorias (inclusive móveis, carros etc.) existente em grandes cidades.

Hi.per.me.tro.pi.a *s.f.* MED Anomalia da visão que impede o paciente de ver com nitidez o que está próximo.

Hi.per.mí.dia *s.f.* Documento em hipertexto que também é capaz de mostrar imagens e som.

Hi.per.ten.são *s.f.* MED Tensão arterial superior à normal; pressão arterial alta. • *Ant.: hipotensão.*

Hi.per.ten.so *adj.* e *s.m.* Que, ou aquele que sofre de hipertensão arterial. • *Ant.: hipotenso.*

Hi.per.tex.to *s.m.* Sistema de organização da informação, no qual certas palavras de um documento estão ligadas a outros documentos, exibindo o texto quando a palavra é selecionada.

Hi.per.tro.fi.a *s.f.* **1.** MED Aumento do volume e do funcionamento de um órgão ou tecido. **2.** Desenvolvimento excessivo.

Hi.per.tro.fi.ar *v.t.* **1.** Causar hipertrofia em. *v.p.* **2.** Crescer de maneira exagerada (tecido ou órgão).

Hi.per.tró.fi.co *adj.* Relativo à hipertrofia.

Hip-hop (ing.) *s.m.2n.* Movimento cultural da juventude pobre de algumas das grandes cidades norte-americanas que se manifesta de formas artísticas variadas (dança, *rap,* grafites etc.).

Hí.pi.co *adj.* Relativo a cavalos, ao hipismo.

Hi.pis.mo *s.m.* Esporte da equitação e das corridas de cavalos.

Hi.pis.ta *s. e s.2g.* Que ou aquele que pratica o hipismo.

Hip.no.se *s.f.* Sono produzido pelo hipnotismo.

Hip.nó.ti.co *adj.* **1.** Relativo à hipnose. **2.** Diz-se de, ou qualquer substância ou técnica que provoca o sono. *s.m.* **3.** FARM Medicamento que produz sono.

Hip.no.tis.mo *s.m.* Conjunto de fenômenos que constituem o sono provocado artificialmente, atuando o paciente por sugestão do hipnotizador.

Hip.no.ti.za.ção *s.f.* Ato ou efeito de hipnotizar.

Hip.no.ti.za.dor *adj.* e *s.m.* Que, ou aquele que hipnotiza.

Hip.no.ti.zar *v.t.* **1.** Fazer cair em hipnose. **2.** Fazer adormecer pelos processos do hipnotismo. **3.** FIG Magnetizar, fascinar. *v.t.* e *p.* **4.** Entorpecer.

Hi.po- *pref.* 'Escassez': hipo*glicemia.*

Hi.po.a.ler.gê.ni.co *adj.* e *s.m.* Que ou o que provoca poucas reações alérgicas (diz-se de substância).

Hi.po.a.lér.gi.co *adj.* Que, por sua composição, reduz os riscos de alergia.

Hi.po.ca.ló.ri.co *adj.* Que tem poucas calorias (diz-se de alimento).

Hi.po.cam.po *s.m.* **1.** MITOL Monstro mitológico, metade cavalo e metade peixe. **2.** ZOOL Peixe de mar, vulgarmente chamado *cavalo-marinho.* **3.** ANAT Quinta circunvolução ou giro temporal do cérebro.

Hi.po.con.dri.a *s.f.* **1.** MED Depressão mórbida do espírito. **2.** Estado habitual de ansiedade relativa à própria saúde. **3.** Mania de doença.

Hi.po.con.drí.a.co *adj.* **1.** Relativo à hipocondria. **2.** Que padece de hipocondria; que está sempre preocupado com a saúde. **3.** FIG Triste, melancólico. *s.m.* **4.** Indivíduo hipocondríaco.

Hi.po.cri.si.a *s.f.* **1.** Manifestação de fingidas virtudes, sentimentos bons, devoção religiosa, compaixão etc. **2.** Fingimento, falsidade. • *Ant.: sinceridade.*

Hi.pó.cri.ta *adj.* **1.** Que tem hipocrisia; em que há hipocrisia. *s.2g.* **2.** Pessoa hipócrita. • *Ant.: sincero.*

Hi.po.dér.mi.co *adj.* **1.** Situado por baixo da pele. **2.** Que se aplica sob a pele.

Hi.pó.dro.mo *s.m.* Pista com arquibancadas, para corridas de cavalos ou exercícios de equitação.

Hi.pó.fi.se *s.f.* ANAT Glândula de secreção interna, de funções múltiplas, situada na base do cérebro.

Hi.po.gli.ce.mi.a *s.f.* Diminuição da taxa de glicose no sangue.

Hi.po.pó.ta.mo *s.m.* **1.** Mamífero paquiderme das margens dos rios africanos. **2.** Indivíduo corpulento.

Hi.po.tá.la.mo *s.m.* Parte do diencéfalo situada na base do cérebro, onde se encontram numerosos centros do sistema nervoso simpático e parassimpático (reguladores do sono, do apetite, da temperatura corporal etc.).

Hi.po.te.ca *s.f.* **1.** Penhor de bens imóveis. **2.** Sujeição de um imóvel ao pagamento de uma dívida.

HIPOTECAR — HOMEM

Hi.po.te.car *v.t.* **1.** Sujeitar a hipoteca. **2.** Onerar com hipoteca. **3.** FIG Assegurar, garantir.

Hi.po.te.cá.rio *adj.* Relativo a hipoteca ou que resulta dela.

Hi.po.te.nu.sa *s.f.* GEOM Lado oposto ao ângulo reto, num triângulo retângulo.

Hi.po.ter.mi.a *s.f.* MED Abaixamento da temperatura normal do corpo.

Hi.pó.te.se *s.f.* **1.** Suposição ou teoria provável. **2.** Circunstância, eventualidade.

Hi.po.té.ti.co *adj.* **1.** Relativo a hipótese. **2.** Fundado em hipótese. **3.** Incerto, duvidoso. **4.** Suposto, imaginado, fictício.

Hippie (ing.) *adj.* e *s.2g.* Diz-se de, ou jovem que, pela maneira livre de agir e viver e, eventualmente, pelo uso de drogas, coloca-se em oposição aos valores tradicionais da sociedade.

Hir.su.to *adj.* **1.** Que tem pelos longos, duros e bastos. **2.** Emaranhado, eriçado. **3.** FIG Grosseiro, ríspido.

Hir.to *adj.* **1.** Muito teso. **2.** Duro, ereto, imóvel, hirsuto. **3.** FIG Áspero, ríspido, intratável.

His.pâ.ni.co *adj.* Relativo à Espanha ou à América Espanhola.

His.pa.ni.za.ção *s.f.* Ação ou resultado de hispanizar(-se); espanholização, hispanificação, castelhanização. • *Pl.: hispanizações.*

His.pa.ni.zar *v.t.* **1.** Dar caráter hispânico a. **2.** Dar feição ou forma hispânica a (termo ou locução); espanholizar.

His.pa.no-a.me.ri.ca.no *adj.* **1.** Relativo ao mesmo tempo à Espanha e à América. **2.** Relativo aos países de língua espanhola na América. *s.m.* **3.** Pessoa de origem espanhola e americana. • *Pl.: hispano-americanos.*

His.te.rec.to.mi.a *s.f.* Remoção de parte ou da totalidade do útero, por via abdominal ou vaginal.

His.te.ri.a *s.f.* MED Doença nervosa caracterizada por perturbações passageiras da inteligência, da sensibilidade e do movimento, simulando as mais diversas moléstias, assim como ataques; histerismo.

His.té.ri.co *adj.* **1.** Relativo à histeria; que tem histeria. **2.** Excessivamente nervoso, agitado. **3.** POP Irritadiço. *s.m.* **4.** Aquele que sofre de histeria.

His.te.ris.mo *s.m.* **1.** MED Histeria. **2.** Estado de indivíduo histérico, desequilibrado. **3.** Irritabilidade excessiva; histeria.

His.te.ros.có.pio *s.m.* Instrumento que permite o exame visual da cavidade uterina.

His.to.lo.gi.a *s.f.* ANAT Estudo da formação e composição dos tecidos dos seres vivos.

His.tó.ria *s.f.* **1.** Sequência de acontecimentos que marcaram uma fase da vida de um povo, de uma nação, estado, região etc. **2.** Narração metódica dos fatos. **3.** Narração de aventura particular. **4.** Estudo da origem ou desenvolvimento de uma arte ou ciência. **5.** Narração de acontecimentos imaginários; narrativa, conto. **6.** Conto para criança; estória, fábula. **7.** Complicação, amolação. **8.** Desavença, disputa. **9.** Coisa, objeto, negócio. **10.** Lorota, mentira. **11.** Enredo, trama.

His.to.ri.a.dor *adj.* e *s.m.* **1.** Que, ou aquele que se dedica ao estudo da história. **2.** Que, ou aquele que narra um acontecimento.

His.to.ri.ar *v.t.* **1.** Fazer a história (ou o histórico) de. **2.** Contar, narrar.

His.to.ri.cis.mo *s.m.* **1.** Estudo de um tema iluminado especialmente por sua origem e desenvolvimento. **2.** Teoria que enfatiza a importância da história como padrão de valor e determinante de acontecimentos. **3.** Doutrina segundo a qual a história, sem o arrimo de uma filosofia, é capaz de estabelecer determinadas verdades morais ou religiosas. **4.** Tendência de se inspirar em uma ou diversas épocas passadas.

His.tó.ri.co *adj.* **1.** Relativo à história ou pertencente a ela. Real, acontecido. • Opõe-se a *fictício.* **3.** Atestado pela história. **4.** Exposição cronológica dos fatos.

His.to.ri.ó.gra.fo *s.m.* Aquele que escreve a história de uma época; historiador.

His.tri.ão *s.m.* **1.** Ator de farsas grosseiras. **2.** Comediante vil; palhaço, cômico. **3.** Indivíduo abjeto por seu procedimento.

Hi.tle.ris.mo *s.m.* Conjunto das doutrinas do político e ditador alemão Adolf Hitler (1889-1945); nazismo.

Hi.tle.ris.ta *s.2g.* **1.** Partidário de Hitler ou do hitlerismo. *adj.2g.* **2.** Relativo ao hitlerismo.

HIV *s.m.* Vírus da imunodeficiência humana.

Hob.by (róbi) (ing.) *s.m.* Atividade de descanso ou lazer; passatempo.

Ho.di.er.no *adj.* Relativo aos dias de hoje; atual, moderno. • *Ant.: antigo.*

Ho.je *adv.* **1.** No dia em que estamos. **2.** No tempo em que se está vivendo.

Holding (róldin) (ing.) *s.f.* Empresa formada exclusivamente do capital das outras empresas que são por ela controladas.

Ho.le.ri.te *s.m.* Documento fornecido pelo empregador ao empregado, com a discriminação de seus ganhos (salário, horas extras), descontos etc.; contracheque.

Ho.lis.mo *s.m.* **1.** Abordagem, em algumas ciências, que prioriza o entendimento integral dos fenômenos, em oposição ao procedimento analítico que os seus componentes são tomados isoladamente [como a abordagem sociológica que parte da sociedade global e não do indivíduo.]. **2.** Doutrina médica e escola psicológica que considera os fenômenos biológicos e psicológicos têm de ser considerados como um todo. **3.** Na filosofia da linguagem, teoria que considera o significado de um termo ou sentença compreensível se for considerado em sua relação com uma totalidade linguística maior, pela qual adquire sentido.

Ho.lis.ta *adj.* e *s.2g.* **1.** Adepto do holismo. *adj.2g.* **2.** Relativo ao holismo.

Ho.lís.ti.ca *s.f.* Holismo.

Ho.lís.ti.co *adj.* Relativo ao holismo; que busca um entendimento integral dos fenômenos; holista.

Hol.mi.en.se *adj.2g.* Relativo a Estocolmo, capital da Suécia, ou o que é seu natural ou habitante.

Hól.mio *s.m.* Elemento químico de número atômico 67 da família dos lantanídeos (símb.: Ho) [Utilizada em espectroscopia, em tubos de alto vácuo etc.].

Ho.lo.caus.to *s.m.* **1.** Sacrifício judaico em que as vítimas eram queimadas. **2.** Sacrifício, imolação. **3.** Abstração dos próprios desejos para satisfação de outrem. **4.** Massacre maciço de pessoas; genocídio.

Ho.lo.ce.no *adj.* GEOL Época mais recente do período quaternário que se seguiu ao pleistoceno.

Ho.lo.fo.te *s.m.* Espécie de grande refletor cuja luz, projetada por uma lente, ilumina os objetos a grande distância.

Ho.lo.gra.fi.a *s.f.* Método de gravação de imagens ópticas em três dimensões na forma de hologramas; fotografia a *laser*, imagem holográfica.

Ho.lo.gra.ma *s.m.* Fotografia que produz uma imagem em três dimensões e que contém informação sobre a intensidade e a fase da radiação refletida, transmitida ou difratada pelo objeto fotografado [É obtida, com a utilização da radiação coerente de um *laser* cuja luz é dividida de maneira que parte dela ilumine o objeto, e parte incida diretamente sobre uma chapa fotográfica; a superposição dos dois feixes produz figuras de interferência; a imagem é reproduzida ao se iluminar a fotografia com a luz do *laser.*].

Holt.er (ing.) *s.m.* Aparelho portátil que monitoriza o ritmo cardíaco durante o dia a dia do indivíduo em um período de 24 a 48 horas.

Hom.bri.da.de *s.f.* **1.** Honradez, dignidade. **2.** Aspecto varonil, másculo. **3.** Nobreza de caráter.

Ho.mem *s.m.* **1.** Animal racional pertencente à ordem dos mamíferos, dotado de inteligência e de linguagem articulada. **2.** A espécie humana, a humanidade. **3.** O ser humano. **4.** Aquele que tem coragem, valor, firmeza de ânimo, inteligência, prudência no agir. **5.** POP O marido ou o amante. • *Aum.: homenzarrão.* • *Dim.: homenzinho, homúnculo.*

HOMEM-RÃ — HORRIPILAR

Ho.mem-rã *s.m.* Mergulhador experiente, equipado com um aparelho próprio, que lhe permite respirar e trabalhar durante algum tempo sob a superfície das águas. ● *Pl.*: homens-rã e homens-rãs.

Ho.me.na.ge.ar *v.t.* Prestar homenagem a.

Ho.me.na.gem *s.f.* **1.** ANTIG Juramento de fidelidade do vassalo ao senhor feudal. **2.** Demonstração ou prova de respeito e fidelidade. **3.** Mostra de consideração, de cortesia; preito.

Ho.men.zar.rão *s.m.* Homem alto e forte.

Ho.me.o.pa.ta *adj.2g.* **1.** Relativo à homeopatia. *s.2g.* **2.** Médico ou médica que pratica a homeopatia. **3.** Prático que receita homeopatia. ● *Ant.*: alopata.

Ho.me.o.pa.ti.a *s.f.* MED Sistema terapêutico que consiste no tratamento das doenças pela aplicação ao doente de doses infinitamente pequenas de substâncias medicamentosas. ● *Ant.*: alopatia.

Ho.me.o.pá.ti.co *adj.* **1.** Relativo à homeopatia. **2.** Em quantidade muito pequena.

Ho.mé.ri.co *adj.* **1.** Relativo a Homero (séc. VII a.C.), poeta grego, a quem são atribuídas as epopeias *Ilíada* e *Odisseia*. **2.** Relativo a essas obras. **3.** FIG Grande, épico, fabuloso, lendário; extraordinário.

Ho.mi.ci.da *s.2g.* **1.** Pessoa que pratica homicídio, que mata outra. *adj.* **2.** Que é causador de morte.

Ho.mi.cí.dio *s.m.* Morte causada por uma pessoa a outra, voluntariamente ou não; assassinato.

Ho.mi.li.a *s.f.* **1.** Instrução dada aos fiéis sobre religião e, principalmente, sobre os Evangelhos; sermão. **2.** Discurso afetado e aborrecido que versa exageradamente sobre moral. ● *Var.*: homília.

Ho.mi.ní.deo *s.m.* **1.** Espécime dos hominídeos. *s.m.pl.* **2.** Família de primatas antropoides, que compreende o homem e seus ancestrais fósseis, como os australopitecos [algumas classificações incluem também os chimpanzés.]. *adj.* **3.** Relativo aos hominídeos.

Ho.mi.zi.ar *v.t.* e *p.* **1.** Fugir à ação da justiça. **2.** Esconder(-se); ocultar(-se).

Ho.mo.fo.bi.a *s.f.* Rejeição ou aversão a homossexual e a homossexualidade.

Ho.mo.fó.no *adj.* e *s.m.* Diz-se de, ou palavra homônima que tem o mesmo som que outra mas significação diferente.

Ho.mo.ge.nei.da.de *s.f.* Qualidade ou estado do que é homogêneo.

Ho.mo.ge.nei.za.ção *s.f.* Ato ou efeito de homogeneizar(-se).

Ho.mo.ge.nei.zar *v.t.* e *p.* Tornar(-se) homogêneo.

Ho.mo.gê.neo *adj.* Diz-se daquilo cujas partes pertencem à mesma natureza, ou estão intimamente ligadas. ● *Ant.*: heterogêneo.

Ho.mó.gra.fo *adj.* e *s.m.* GRAM Diz-se de, ou palavra que tem a mesma grafia que outra mas som e sentido diferentes.

Ho.mo.lo.ga.ção *s.f.* Ato ou efeito de homologar.

Ho.mo.lo.gar *v.t.* **1.** Confirmar, aprovar por autoridade judicial ou administrativa. **2.** Conformar-se com.

Ho.mo.lo.gá.vel *adj.* Que pode ser homologado.

Ho.mo.lo.gi.a *s.f.* Qualidade do que é homólogo.

Ho.mo.ní.mia *s.f.* GRAM Qualidade da palavra que apresenta identidade de pronúncia (*homofonia*) ou de grafia (*homografia*), mas sentidos diferentes.

Ho.mo.ní.mi.co *adj.* Em que há homonímia.

Ho.mô.ni.mo *adj.* e *s.m.* **1.** Diz-se de, ou palavra que apresenta homonímia. **2.** Diz-se de, ou pessoa que tem o mesmo nome que outra.

Ho.mos.se.xu.al (cs) *adj.2g.* **1.** Referente a atos sexuais entre pessoas do mesmo sexo. *adj.* e *s.2g.* **2.** Diz-se de, ou pessoa que tem preferência sexual por outra do mesmo sexo. ● *Ant.*: heterossexual.

Ho.mos.se.xu.a.li.da.de (cs) *s.f.* Qualidade de homossexual; homossexualismo. ● *Ant.*: heterossexualidade.

Ho.mos.se.xu.a.lis.mo (cs) *s.m.* **1.** Preferência sexual por pessoa do mesmo sexo. **2.** Prática de atos homossexuais.

Hon.du.re.nho *adj.* **1.** Relativo a Honduras, país da América Central. *s.m.* **2.** O natural de Honduras.

Hon.du.ren.se *adj.* e *s.2g.* Hondurenho.

Ho.nes.ti.da.de *s.f.* **1.** Qualidade de quem ou do que é honesto. **2.** Honradez, probidade, decência, compostura. **3.** Dignidade, pudor. ● *Ant.*: desonestidade.

Ho.nes.to *adj.* **1.** Conforme as regras da probidade, da honra. **2.** Íntegro, probo. **3.** Casto, pudico. **4.** Honrado, digno. **5.** Franco, sincero. **6.** Próprio, conveniente. ● *Ant.*: desonesto.

Ho.no.rá.rio *adj.* **1.** Que dá honra e não proveitos materiais; honorífico. **2.** Que tem as honras mas não o exercício das funções. **3.** Honroso.

Ho.no.rá.vel *adj.2g.* Digno de honra; benemérito.

Ho.no.ri.fi.co *adj.* Que dá honra; honroso; honorário.

Honoris causa (onóris causa) (lat.) *loc.adv.* Diz-se do título universitário conferido como homenagem: *Doutor* honoris causa.

Hon.ra *s.f.* **1.** Boa opinião e fama adquiridas pelo mérito e virtude. **2.** Profunda estima. **3.** Consideração ou homenagem à virtude, ao talento, às boas qualidades humanas. **4.** Probidade. **5.** Grandeza, glória, fama. **6.** Castidade, virgindade, inocência, pureza. **7.** Brio, pundonor.

Hon.ra.dez (ê) *s.f.* Qualidade de honrado.

Hon.ra.ri.a *s.f.* **1.** Dignidade, honra. **2.** Manifestação honrosa. **3.** Distinção, graça ou título que nobilita.

Hon.ro.so (ô) *adj.* **1.** Que dá ou em que há honras. **2.** Que torna respeitado. **3.** Que dignifica ou enobrece; honorário. **4.** Digno, decoroso.

Hó.quei *s.m.* ESP Jogo em que se tange com um bastão recurvado uma pequena bola maciça.

Ho.ra *s.f.* **1.** Cada uma das 24 partes em que é dividido o dia civil. **2.** Sessenta minutos ou 3.600 segundos. ● *Abrev.*: acep. 1 e 2, sing. ou plural: h (sem ponto). **3.** Número do mostrador de relógio. **4.** Pancada que indica a hora; badalada. **5.** Tempo em que se faz ou se deve fazer alguma coisa. **6.** Momento conveniente. **7.** Oportunidade, ensejo. **8.** Livro de orações para determinadas horas do dia.

Ho.rá.rio *adj.* **1.** Relativo a horas. *s.m.* **2.** Indicação das horas em que é feito um serviço.

Hor.da *s.f.* **1.** ANTIG Tribo errante. **2.** Bando de pessoas indisciplinadas. **3.** Bando de pessoas indisciplinadas, de malfeitores; quadrilha.

Ho.ris.ta *adj.* e *s.2g.* Diz-se de, ou empregado que é remunerado pelas horas trabalhadas.

Ho.ri.zon.tal *adj.2g.* **1.** Paralelo ao horizonte. **2.** Relativo ao horizonte. **3.** Deitado, estendido horizontalmente. **4.** Plano, nivelado. *s.f.* **5.** Linha paralela ao horizonte.

Ho.ri.zon.ta.li.da.de *s.f.* Caráter ou qualidade de horizontal.

Ho.ri.zon.ta.li.zar *v.t.* e *p.* Pôr(-se) horizontalmente, colocar(-se) em linha paralela ao horizonte.

Ho.ri.zon.te *s.m.* **1.** Círculo máximo em que a esfera celeste aparente toca a superfície da Terra. **2.** Extensão ou espaço alcançado pela vista. **3.** Termo ou limite de percepção ou prática. **4.** Sorte futura; perspectiva, futuro.

Hor.mô.nio *s.m.* FISIOL Cada uma das várias substâncias secretadas pelas glândulas endócrinas (tireoide, ovários, testículos, hipófise, suprarrenais etc.) que, passando para o sangue, têm efeito específico no funcionamento de outros órgãos.

Ho.rós.co.po *s.m.* Suposto prognóstico do que vai acontecer na vida de uma pessoa, baseado na posição dos astros na hora do nascimento dessa pessoa.

Hor.ren.do *adj.* **1.** Que horroriza ou causa horror. **2.** Medonho; muito feio. **3.** Tremendo. ● *Ant.*: belo, magnífico.

Hor.ri.pi.lan.te *adj.2g.* Que provoca arrepios, que assusta.

Hor.ri.pi.lar *v.t.* **1.** Causar arrepios a. **2.** Horrorizar, repugnar. *v.p.* **3.** Arrepiar-se. **4.** Sentir-se horrorizado; horrorizar-se.

HORRÍVEL — HUMOR

Hor.rí.vel *adj.* **1.** Que causa horror; horroroso. **2.** Muito feio. **3.** Medonho. **4.** Muito ruim, péssimo. • *Sup.abs.sint.: horribilíssimo.*

Hor.ror (ô) *s.m.* **1.** Impressão muito forte de grande repulsão, desgosto ou medo. **2.** Ódio, aversão. **3.** Qualidade do que é horroroso. **4.** Padecimento atroz ou insuportável. **5.** Crime bárbaro. **6.** POP Quantidade imensa de coisas.

Hor.ro.ri.zar *v.t.* **1.** Inspirar horror a; horripilar. *v.int.* **2.** Causar horror. *v.p.* **3.** Encher-se de pavor, de horror; horripilar-se.

Hor.ro.ro.so (ô) *adj.* **1.** Que causa horror. **2.** Horrível, medonho, pavoroso. **3.** Muito cruel; horrendo.

Hors-concours (ór concur) (fr.) *adj.* Que se apresenta em concurso ou exposição, mas não concorre a prêmios.

Hors-d'oeu.vre (fr.) *s.m.* Prato leve e frio, muitas vezes constituído de iguarias variadas, que é servido antes da entrada ou do prato principal; acepipe.

Hor.ta *s.f.* Terreno onde se cultivam legumes e hortaliças.

Hor.ta.li.ça *s.f.* Nome comum das plantas leguminosas e comestíveis, que geralmente se cultivam nas hortas; verdura.

Hor.te.lã *s.f.* BOT Denominação comum de algumas plantas de propriedades medicinais, aromáticas, usadas como condimento, e cuja essência é muito empregada para dar gosto a licores, bombons, dentifrícios etc.

Hor.te.lão *s.m.* Aquele que cultiva uma horta. • *Pl.: hortelãos* e *hortelões.* • *Fem.: horteloa.*

Hor.ten.se *adj.2g.* **1.** Relativo a horta. **2.** Produzido em horta.

Hort.ên.sia *s.f.* BOT Arbusto ornamental, de flores rosadas, azuis ou brancas. **2.** A flor dessa planta.

Hor.ti.cul.tor *s.m.* Aquele que se dedica à horticultura ou é versado em horticultura; jardineiro.

Hor.ti.cul.tu.ra *s.f.* **1.** Ramo da agricultura que se ocupa do cultivo intensivo de legumes, verduras, árvores frutíferas etc. **2.** A arte de cultivar jardins.

Hor.ti.fru.ti.gran.jei.ro *adj.pl.* **1.** Diz-se dos produtos de hortas (legumes e verduras), pomares (frutas) e granjas (ovos). *s.m.pl.* **2.** Os próprios produtos.

Hor.ti.gran.jei.ro *adj.* e *s.m.pl.* Diz-se de, ou produtos de hortas e granjas.

Hor.to (ô) *s.m.* **1.** Pequena horta. **2.** Pequeno espaço de terreno onde são cultivadas plantas de jardim. **3.** Espécie de viveiro para a cultura de espécimes vegetais. **4.** Jardim. **5.** FIG Lugar de tormento (por alusão ao *Horto das Oliveiras,* onde Cristo sofreu).

Ho.sa.na *s.m.* **1.** Hino que os católicos entoam no domingo de Ramos. **2.** Canto de alegria. **3.** FIG Louvor, saudação. *interj.* **4.** Ave! salve!.

Hos.pe.da.gem *s.f.* **1.** Ato de hospedar. **2.** Hospedaria. **3.** Hospitalidade, acolhimento.

Hos.pe.dar *v.t.* **1.** Receber, tratar como hóspede. **2.** Dar pousada ou hospedagem. **3.** Alojar, abrigar. *v.p.* **4.** Instalar-se como hóspede.

Hos.pe.da.ri.a *s.f.* Casa para hóspedes; albergaria, estalagem.

Hós.pe.de *s.2g.* **1.** Pessoa que se recebe, geralmente mediante pagamento, em hospedaria ou em casa particular. **2.** Visitante. **3.** Pessoa alheia ou estranha; peregrino. **4.** Parasito em relação ao organismo que o hospeda.

Hos.pe.dei.ro *adj.* **1.** Relativo a hóspede. **2.** Que hospeda; hospedador. **3.** FIG Obsequiador, benévolo, acolhedor. *s.m.* **4.** Aquele que dá hospedagem. **5.** Proprietário de hospedaria. **6.** HIST.NAT Animal ou vegetal no qual outro vive.

Hos.pí.cio *s.m.* Hospital para recolhimento e tratamento de pessoas com distúrbios mentais graves; manicômio.

Hos.pi.tal *s.m.* Estabelecimento para o recebimento e tratamento de doentes e acidentados.

Hos.pi.ta.lar *adj.2g.* Relativo a hospital; de hospital.

Hos.pi.ta.lei.ro *adj.* e *s.m.* **1.** Diz-se de, ou aquele que dá hospedagem por bondade ou caridade. **2.** Que, ou aquele que acolhe (visitas, hóspedes) com satisfação.

Hos.pi.ta.li.da.de *s.f.* **1.** Ato ou efeito de hospedar. **2.** Qualidade de hospitaleiro. **3.** Acolhimento cordial, afetuoso.

Hos.pi.ta.li.za.ção *s.f.* **1.** Ato ou efeito de hospitalizar(-se). **2.** Admissão e permanência em um estabelecimento hospitalar.

Hos.pi.ta.li.zar *v.t.* **1.** Internar (uma pessoa) num hospital. **2.** Transformar em hospital. *v.p.* **3.** Internar-se em hospital ou casa de saúde.

Hos.te *s.f.* **1.** Corpo de exército em ordem de marcha. **2.** Tropa, exército. **3.** Multidão, bando.

Hós.tia *s.f.* Pequena parte de pão ázimo (sem fermento) que o sacerdote consagra na missa católica.

Hos.ti.á.rio *s.m.* Caixa em se guardam as hóstias ainda não consagradas.

Hos.til *adj.2g.* **1.** Que é contrário ou se opõe a. **2.** Adversário, inimigo. **3.** Que denota desaprovação; agressivo, provocante.

Hos.ti.li.da.de *s.f.* **1.** Qualidade ou caráter de hostil. **2.** Ato hostil. **3.** Sentimento agressivo que denota inimizade ou oposição; rixa.

Hos.ti.li.za.ção *s.f.* Ato ou efeito de hostilizar(-se); provocação. • *Pl.: hostilizações.*

Hos.ti.li.zar *v.t.* **1.** Tratar de maneira hostil. **2.** Ter sentimento hostil contra. **3.** Causar dano a. **4.** Guerrear. *v.p.* **5.** Combater-se mutuamente.

Hot-dog (rót dóg) (ing.) *s.m.* Cachorro-quente.

Ho.tel *s.m.* Estabelecimento para o aluguel de quartos ou apartamentos mobiliados, com ou sem refeição.

Ho.te.la.ri.a *s.f.* **1.** Administração de hotéis. **2.** O conjunto de hotéis de uma cidade ou região.

Ho.te.lei.ro *adj.* **1.** Relativo a hotéis. *s.m.* **2.** Proprietário ou administrador de hotel.

Hp *s.m.* ⇒ **Cavalo-vapor.**

Hu.lha *s.f.* Carvão natural, proveniente de matérias fossilizadas; carvão de pedra.

Hu.lhei.ra *s.f.* Jazida ou mina de hulha.

Hu.lhí.fe.ro *adj.* Que tem ou produz hulha.

Hu.ma.ni.da.de *s.f.* **1.** A natureza humana, o gênero humano. **2.** Sentimento de clemência de homem para homem. **3.** Benevolência, compaixão.

Hu.ma.nis.mo *s.m.* **1.** Corrente do pensamento que coloca o homem e os valores humanos acima dos demais valores. **2.** Movimento literário e artístico da Renascença (sécs. XIV a XVI).

Hu.ma.nis.ta *adj.2g.* **1.** Que diz respeito ao humanismo. *s.2g.* **2.** Pessoa que se dedica às humanidades. **3.** Pessoa adepta do humanismo da Renascença.

Hu.ma.ni.tá.rio *adj.* **1.** Que se interessa pela melhoria da condição humana; humano. **2.** Que interessa a toda a humanidade. *s.m.* **3.** Homem humanitário; filantropo.

Hu.ma.ni.ta.ris.mo *s.m.* **1.** Amor à humanidade. **2.** Sistema filosófico dos que colocam acima de tudo o amor à humanidade; filantropia.

Hu.ma.no *adj.* **1.** Relativo ao homem. **2.** Próprio do homem; piedoso, compassivo, caridoso.

Hu.mil.da.de *s.f.* **1.** Virtude que revela a consciência da própria fraqueza. **2.** Condição de humilde. **3.** Modéstia. **4.** Pobreza. **5.** Demonstração de submissão; inferioridade. • *Ant.: orgulho.*

Hu.mil.de *adj.2g.* **1.** Que tem ou aparenta humildade. **2.** Simples, modesto. **3.** Obscuro, pobre. **4.** Que não tem importância social. • *Ant.: orgulhoso.* • *Sup.abs.sint.: humilíssimo* e *humílimo.*

Hu.mi.lha.ção *s.f.* **1.** Ato ou efeito de humilhar(-se). **2.** Abatimento, submissão. **3.** Demonstração de extrema humildade. **4.** Aquilo que humilha ou afronta.

Hu.mi.lhar *v.t.* **1.** Tornar humilde. **2.** Abater; oprimir. **3.** Tratar com desdém ou desprezo. **4.** Menosprezar, aviltar. *v.p.* **5.** Mostrar-se humilde; submeter-se. **6.** Curvar-se para conseguir seus objetivos; menosprezar-se. **7.** Curvar-se ante a Divindade.

Hu.mo *s.m.* Húmus.

Hu.mor[1] *s.m.* **1.** BIOL Substância fluida de um corpo organizado, como a bílis, o sangue etc. **2.** MED Produto mórbido (pus) formado durante as doenças. **3.** Porção líquida do globo ocular.

HUMOR — HUSKY

Hu.mor² *s.m.* **1.** Análise crítica e irônica do homem e da vida. **2.** Disposição do espírito para se mostrar alegre, dócil ou triste.

Hu.mo.ris.mo *s.m.* **1.** Feição espirituosa e levemente irônica na expressão. **2.** Disposição para rir das fraquezas e defeitos humanos. **3.** Faculdade de perceber e externar o ridículo de uma situação. **4.** Atividade de humorista.

Hu.mo.ris.ta *adj. e s.2g.* Que, ou pessoa que fala, escreve ou atua com humor.

Hú.mus *s.m.2n.* Terra negra, proveniente da decomposição de animais e vegetais, que forma a parte fértil do solo; humo.

Hún.ga.ro *adj.* **1.** Relativo à Hungria (Europa). *s.m.* **2.** O natural da Hungria. **3.** O idioma húngaro.

Hu.no *adj.* Relativo aos hunos.

Hur.ra *interj.* **1.** Exclamação de alegria ou aprovação que acompanha os brindes (quase sempre antecedido de *hip!, hip!*). *s.m.* **2.** Grito de alegria, saudação.

Hus.ky (ing.) *s.m.* Cão de raça siberiana, de olhos azuis e pelagem densa, bege e negra. ● *Pl.: huskies.*

i I

I/i *s.m.* **1.** Nona letra do alfabeto português e terceira vogal. **2.** Quando maiúscula (I) designa 1 (um), na numeração romana. **3.** *num.* O nono, numa série indicada pelas letras do alfabeto.

I *s.m.* QUÍM Símbolo do *iodo*.

I-, im-, in- ou *ir- pref.* **1.** 'Movimento para dentro': *imergir, importar, inspirar, irromper.* **2.** 'Negação': *ilegítimo, imperdoável, infeliz, irradical.*

-ia *suf.* **1.** 'Cargo, estabelecimento': *diretoria, sorveteria.* **2.** 'Relação': *cortesia.*

Ia.iá *s.f.* Tratamento dado pelos escravos às meninas e moças não escravas.

Ia.lo.ri.xá *s.f.* Mãe de santo.

-iano *suf.* Equivale a -Ano.

Ia.no.mâ.mi *adj.2g.* **1.** Relativo aos ianomâmis. *s.2g.* **2.** Indígena dos ianomâmis.

Ian.que *s.2g.* **1.** PEJ Nome com que o norte-americano do sul designa o do norte. *adj.* e *s.2g.* **2.** Norte-americano.

Ia.ra *s.f.* FOLCL Mulher fantástica ou sereia que, segundo a mitologia brasileira, habita o fundo das águas dos rios e lagos; mãe-d'água.

Ia.te *s.m.* Embarcação particular para regata ou passeio, de pequena tonelagem, a vela ou a vapor.

Ia.tis.mo *s.m.* Esporte de dirigir iates.

Ia.vé *s.m.* ⇒ Jeová.

I.bé.ri.co *adj.* **1.** Relativo à Península Ibérica, região em que se situam Portugal e Espanha. *s.m.* **2.** O natural da Península Ibérica.

I.be.ro (bé) *adj.* O mesmo que *ibérico.*

I.be.ro-a.me.ri.ca.no *adj.* **1.** Relativo aos povos das Américas colonizados pelos países da Península Ibérica. *s.m.* **2.** indivíduo desse povo. ◆ *Pl.: ibero-americanos.*

IBGE Sigla de Fundação Instituto Brasileiro de Geografia e Estatística.

Ibidem (bí) (lat.) *adv.* Aí mesmo, no mesmo lugar. ◆ *Abrev.:* ib. ou ibid.

I.BO.PE *s.m.* (da sigla do *Instituto Brasileiro de Opinião Pública e Estatística*). **1.** Audiência. **2.** Prestígio, sucesso.

I.bo.ti.ra.nen.se *adj.2g.* **1.** Relativo a Ibotirana, cidade e município da Bahia. *s.2g.* **2.** Pessoa natural ou habitante de Ibotirana.

IBV *s.m.* Sigla do Índice da Bolsa de Valores, do Rio de Janeiro.

-i.ca (lat. icula) *suf.* Formador de substantivos femininos com ideia diminutiva: *pelica.*

I.çá *s.f.* Fêmea alada da formiga *saúva*; tanajura.

-i.ce ou **-i.cie** *suf.* 'Qualidade': *velhice, calvície.*

Iceberg (aiçberg) (ing.) *s.m.* Grande bloco de gelo que, desprendendo-se das geleiras polares, flutua à mercê das correntes marítimas.

-i.cho (lat. iculu) *suf.* Formador de substantivos, masculinos, com ideia diminutiva: *rabicho.*

-í.cia (lat.) *suf.* Que designa qualidade em abstrato: *malícia.*

ICMS Sigla de Imposto sobre Circulação de Mercadorias e Serviços.

-i.co¹ (lat. iculu) *suf.* Formador de substantivos com ideia diminutiva, em geral burlesca: *burrico, abanico.*

-i.co² (lat. icu) *suf.* Que se junta a um substantivo para formar adjetivos com a ideia de relativo, pertencente: *cênico, diabólico.*

-i.ço *suf.* 'Passividade': *enchardiço.*

Í.co.ne *s.m.* Imagem da Virgem, de Cristo, ou de um santo nas igrejas ortodoxas.

I.co.no.clas.ta *adj.* e *s.2g.* Que, ou pessoa que destrói imagens religiosas ou de ídolos.

I.co.no.gra.fi.a *s.f.* Estudo descritivo de estampas, medalhas, imagens, pinturas etc.

Ic.te.rí.cia *s.f.* MED Enfermidade caracterizada por amarelidão na pele e nas escleróticas, por derrame bilioso. ◆ *Var.: iterícia.*

Id *s.m.* PSICOL Aspecto de personalidade relacionado ao impulso instintivo do indivíduo.

-i.da *suf.* 'Ação ou resultado da ação': *despedida.*

I.da *s.f.* **1.** Ato de ir de um lugar para outro. **2.** Viagem, bilhete ou passagem de ida. **3.** Caminhada, passeio.

-i.da.de *suf.* Equivale a -dade.

I.da.de *s.f.* **1.** Duração ordinária da vida. **2.** Época da vida. **3.** Número de anos de alguém. **4.** Velhice. **5.** Tempo, era. **6.** Época histórica: **Idade** *Contemporânea.*

I.de.al *adj.2g.* **1.** Que só existe na ideia. **2.** Imaginário. **3.** Em que há toda perfeição concebível. *s.m.* **4.** Aquilo que reúne todas as perfeições e que é a suprema aspiração do nosso espírito. **5.** O modelo sonhado pela fantasia do poeta ou do artista. **6.** Modelo, perfeição.

I.de.a.lis.mo *s.m.* **1.** Tendência para o ideal. **2.** Atitude do que aspira a um ideal. **3.** FILOS Doutrina que reduz a realidade ao pensamento. **4.** Devaneio, fantasia.

I.de.a.lis.ta *adj.2g.* **1.** Relativo ou pertencente ao idealismo. *s.2g.* **2.** Pessoa adepta do idealismo. **3.** Pessoa que persegue um ideal, às vezes inalcançável; sonhador.

I.de.a.li.zar *v.t.* **1.** Dar caráter, perfeição ideal a. **2.** Poetizar, divinizar. **3.** Projetar, conceber. **4.** Fantasiar, imaginar. **5.** Criar na ideia; idear.

I.de.ar *v.t.* **1.** Criar na ideia. **2.** Fantasiar, imaginar. **3.** Projetar, planejar.

I.dei.a *s.f.* **1.** Representação no espírito de coisas que existem fora dele. **2.** Concepção intelectual. **3.** Imagem. **4.** Imaginação. **5.** Opinião, juízo, conhecimento. **6.** Lembrança. **7.** Sistema. **8.** Plano, projeto, invenção.

I.dem (lat.) *adv.* **1.** O mesmo autor, da mesma forma. **2.** O mesmo, a mesma coisa (emprega-se para evitar repetições). ◆ *Abrev.:* id.

I.dên.ti.co *adj.* **1.** Perfeitamente igual. **2.** Análogo, semelhante. ◆ *Ant.: diferente.*

I.den.ti.da.de *s.f.* **1.** Caráter do que é idêntico ou perfeitamente igual. **2.** DIR Conjunto dos caracteres próprios de uma pessoa (nome, sexo, profissão, impressões digitais) que a fazem reconhecer como a própria. **3.** ÁLG Equação cujos membros são identicamente os mesmos.

I.den.ti.fi.ca.ção *s.f.* **1.** Ato ou efeito de identificar(-se). **2.** Determinação da identidade.

I.den.ti.fi.car *v.t.* **1.** Tornar ou declarar idêntico. **2.** Achar, estabelecer a identidade de. ◆ Identificar-se *v.p.* **3.** Confundir-se intelectual ou sentimentalmente com outrem.

I.de.o.gra.ma *s.m.* Símbolo gráfico que expressa uma ideia, como os algarismos, utilizado também em algumas escritas como o chinês e os antigos hieróglifos egípcios.

IDEOLOGIA — ILIBAR

l.de.o.lo.gi.a s.f. 1. Ciência da formação das ideias. 2. FILOS Sistema consoante o qual a sensação é a única origem dos nossos conhecimentos. 3. Maneira de pensar que caracteriza uma pessoa ou um grupo de pessoas. 4. O conjunto das ideias ou convicções que dirigem as ações em uma sociedade ou classe social.

l.dí.li.co adj. 1. Relativo a idílio. 2. Suavemente amoroso. 3. Fantasioso, irreal.

l.dí.lio s.m. 1. Pequena composição poética, campestre ou pastoril. 2. FIG Amor poético, simples e terno; fantasia, devaneio.

l.di.o.ma s.m. 1. Língua de uma nação ou povo, considerada em seus caracteres especiais. 2. Linguagem, expressão.

l.di.o.má.ti.co adj. Relativo, próprio ou peculiar a um idioma.

l.di.o.ma.tis.mo s.m. 1. Locução, modo de dizer ou construção peculiar a uma língua. 2. Expressão idiomática.

l.di.os.sin.cra.si.a s.f. 1. Constituição individual em razão de que cada pessoa sofre de forma diferente os efeitos de uma mesma causa. 2. Modo de ver, sentir, agir próprio de cada pessoa.

l.di.o.ta adj. e s.m. 1. Que, ou aquele que não tem inteligência. 2. Ignorante, imbecil. 3. Tolo, parvo. 4. O que sofre de idiotia.

l.di.o.ti.a s.f. MED Doença provocada por lesões cerebrais e que se caracteriza pela parada do desenvolvimento mental.

l.di.o.ti.ce s.f. Qualidade, ato, procedimento ou dito de idiota. ● Ant.: esperteza.

l.di.o.tis.mo adj. MED Ausência congênita da inteligência, em geral por deficiência do cérebro. 2. GRAM Dicção, termo ou expressão de uma língua, que não tem correspondente em outra, como, na língua portuguesa, o vocábulo saudade.

l.di.o.ti.zar v.t., int. e p. Tornar(-se) idiota.

l.do adj. Que foi ou se foi; que passou; que já não existe.

l.do.la.trar v.t. 1. Venerar, adorar (ídolos). 2. Amar com excesso. v.int. 3. Cometer o pecado da idolatria.

l.do.la.tri.a s.f. 1. Adoração, culto de ídolos. 2. FIG Amor excessivo; paixão exagerada.

l.do.lo s.m. 1. Figura que representa uma divindade e que é objeto de culto. 2. FIG Pessoa a quem se tributa grande respeito, paixão, veneração ou amor.

l.do.nei.da.de s.f. Qualidade de idôneo; capacidade, competência.

l.dô.neo adj. 1. Apto, capaz. 2. Adequado para alguma coisa. 3. Que tem condições para bem desempenhar certos cargos ou realizar atos civis ou políticos. ● Ant.: inidôneo.

l.do.so (ô) adj. Velho; que tem muita idade. ● Ant.: jovem.

l.e.man.já s.f. FOLCL Orixá feminino das águas, rainha do mar, cuja festa se realiza dia 2 de fevereiro.

l.e.ne s.m. Unidade monetária e moeda do Japão.

-i.fi.car suf. Equivale a -ficar.

l.ga.pó s.m. Na Amazônia, terra quase sempre alagada ao longo dos rios. ◆ Mata de igapó: trecho de mata invadido pelas enchentes dos rios.

l.ga.ra.pé s.m. Pequeno curso de água que avança pela floresta, navegável por canoas e pequenas embarcações.

l.glu s.m. Habitação construída de blocos de gelo, usada pelos esquimós.

lg.na.ro adj. 1. Ignorante, sem instrução. 2. Estúpido, parvo. ● Ant.: esperto.

lg.neo adj. 1. Relativo ao fogo. 2. Que é de fogo. 3. Da cor ou da natureza do fogo. 4. Produzido pela ação do fogo.

lg.ni.ção s.f. Conjunto dos dispositivos que provocam a inflamação resultante da mistura de combustível no carburador ou pelo sistema de injeção.

lg.nó.bil adj. 1. Que não tem honra, que não tem nobreza. 2. Vergonhoso, torpe. 3. Baixo, vil, desprezível. ● Ant.: nobre.

lg.no.mí.nia s.f. 1. Perda do bom nome. 2. Grande desonra; vergonha. 3. Infâmia, opróbrio. ● Ant.: honra.

lg.no.mi.ni.o.so (ô) adj. 1. Que causa ignomínia. 2. Infame, desonroso. ● Ant.: honroso.

lg.no.rân.cia s.f. 1. Falta de ciência ou saber; falta de instrução. 2. Estado de quem ignora. 3. Estupidez, brutalidade. ● Ant.: cultura, instrução.

lg.no.ran.te adj. e s.2g. 1. Que, ou aquele que ignora. 2. Que, ou quem não tem instrução; inculto. ● Ant.: instruído.

lg.no.rar v.t. 1. Não saber; desconhecer. 2. Não ter, não possuir. 3. Ser indiferente a. 4. Estranhar, censurar. v.p. 5. Desconhecer-se a si próprio.

lg.no.to (ó ou ô) adj. Que se ignora ou desconhece; ignorado, desconhecido. ● Ant.: conhecido.

l.gre.ja s.f. 1. Edifício em que os cristãos rendem culto a Deus. 2. Comunidade católica. 3. Comunidade cristã. 4. Comunidade de fiéis, ligados pela mesma crença e sujeita aos mesmos chefes espirituais.

l.gual adj.2g. 1. Idêntico, análogo. 2. Que tem o mesmo valor, aspecto, forma, peso ou dimensão. 3. Que tem o mesmo nível. 4. Uniforme. s.2g. 5. Pessoa da mesma condição social. 6. O que tem a mesma natureza, o mesmo modo de ser, a mesma categoria ou a mesma qualidade. ● Ant.: desigual.

l.gua.la.ção s.f. Ato ou efeito de igualar(-se).

l.gua.lar v.t. e p. 1. Tornar(-se) igual. 2. Nivelar(-se). 3. Emparelhar(-se), equiparar(-se). 4. Supor-se igual; rivalizar.

l.gual.da.de s.f. 1. Qualidade ou estado de igual. 2. Uniformidade de condições para todos os membros da sociedade. ● Ant.: desigualdade.

l.gua.lha s.f. Equivalência ou igualdade de condição ou posição social.

l.gua.li.tá.rio adj. e s.m. Que, ou aquele que é partidário do igualitarismo.

l.gua.li.ta.ris.mo s.m. Sistema dos que proclamam e defendem a igualdade de condições sociais para todos.

l.gua.na s.f. Grande lagarto de cor escura e papo inflável, onívoro, da América tropical. ● Var.: iguano.

l.gua.ri.a s.f. 1. Manjar apetitoso; acepipe delicado. 2. Qualquer comida deliciosa.

lh! interj. que designa admiração, espanto ou ironia.

l.í.di.che s.m. Língua falada pelos judeus. ◆ Var.: ídiche.

-il suf. 'Relação': servil.

l.la.ção s.f. 1. Aquilo que se deduz de certos fatos ou princípios; inferência. 2. Dedução, conclusão.

l.la.ti.vo adj. Em que há ilação; conclusivo.

l.le.gal adj.2g. 1. Não legal; contrário à lei. 2. Ilegítimo, ilícito. ● Ant.: legal.

l.le.ga.li.da.de s.f. 1. Qualidade de ilegal. 2. Situação ilegal. ● Ant.: legalidade.

l.le.gí.ti.mo adj.2g. 1. Que não é legítimo. 2. Injusto, desarrazoado. 3. Bastardo: Filho ilegítimo. ● Ant.: legítimo.

l.le.gí.vel adj.2g. Que não se pode ler; confuso, obscuro. ● Ant.: legível.

l.le.so (ê ou é) adj. 1. Sem lesão; são e salvo; que ficou incólume.

l.le.tra.do adj. e s.m. 1. Diz-se do, ou o que não tem nenhuma instrução. adj. 2. Que não sabe ler nem escrever; analfabeto. ● Ant.: letrado.

l.lha s.f. Porção de terra cercada de água por todos os lados. ◆ Dim.: ilhéu, ilhota. ◆ Col.: arquipélago.

-i.lhar suf. 'Repetição, pouca intensidade': serrilhar.

l.lhar v.t. e p. 1. Tornar(-se) incomunicável ou isolado. 2. Insular (-se), isolar(-se).

l.lhar.ga s.f. ANAT Cada uma das partes do corpo humano do quadril ao ombro. 2. Parte lateral de qualquer corpo; ilhal. 3. Parte lateral ampla, da montanha. 4. Lado, flanco.

l.lhéu adj. 1. Relativo ou pertencente à ilha. s.m. 2. O natural ou habitante de uma ilha; insulano, insular. ◆ Fem.: ilhoa.

-i.lho suf. 'Diminuição': sapatilho.

l.lhó s.2g. Ilhós.

l.lho.ta s.f. Ilha pequena.

l.í.a.co adj. ANAT Diz-se do osso que, juntamente com o sacro, forma a bacia. 2. Relativo ou pertencente à bacia. s.m. 3. O osso ilíaco.

l.li.bar v.t. 1. Tirar mancha a. 2. Tornar puro ou imaculado; purificar. 3. Reabilitar, justificar.

ILÍCITO — IMERGIR

I.lí.ci.to *adj.* **1.** Que não é lícito. **2.** Contrário à lei ou à moral. *s.m.* **3.** Ato ilícito. ● *Ant.: lícito.*

I.li.ci.tu.de *s.f.* Qualidade ou condição de ilícito.

-í.lio *suf.* 'Radical químico': *metílio.*

I.ló.gi.co *adj.* Que não tem lógica; incoerente, absurdo. ● *Ant.: lógico.*

I.lo.gis.mo *s.m.* Caráter do que é ilógico; falta de lógica; incoerência.

I.lu.dir *v.t.* **1.** Enganar com pretextos ou falsas promessas. **2.** Causar ilusão a. **3.** Lograr, tapear. ● *Ant.: desiludir.*

I.lu.mi.na.ção *s.f.* **1.** Ato ou efeito de iluminar. **2.** Técnica de iluminar. **3.** Conjunto de luzes, luminárias. **4.** Estado do que se acha iluminado. **5.** FIG Inspiração.

I.lu.mi.nar *v.t.* **1.** Irradiar luz sobre. **2.** Alumiar com profusão. **3.** Abrilhantar com luminárias. **4.** Aconselhar. **5.** Ilustrar, esclarecer. **6.** Alegrar, animar. **7.** Deixar transparecer; tornar evidente. *v.p.* **8.** Encher-se de luz. **9.** Aparecer iluminado ou abrilhantado. **10.** Mostrar contentamento; alegrar-se.

I.lu.mi.nis.mo *s.m.* Doutrina filosófica e religiosa do séc. XVIII, baseada na ciência e na racionalidade.

I.lu.mi.nu.ra *s.f.* Pintura a cores, em miniatura, com que na Idade Média se adornavam as letras capitais e certas partes dos livros e manuscritos.

I.lu.são *s.f.* **1.** Engano dos sentidos ou da inteligência. **2.** Interpretação errada. **3.** Sonho, devaneio. **4.** FIG Coisa boa, mas passageira. **5.** Dolo, fraude. **6.** Traição. ● *Ant.: desilusão.*

I.lu.sio.nis.mo *s.m.* Prestidigitação.

I.lu.só.rio *adj.* **1.** Que produz ilusão; enganoso. **2.** Que não se realiza. **3.** Falso, vão. ● *Ant.: verdadeiro, real.*

I.lus.tra.ção *s.f.* **1.** Ato ou efeito de ilustrar; saber. **2.** Grande cópia de conhecimentos. **3.** Gravura intercalada num texto. **4.** Qualquer imagem (foto, desenho, arte) usada numa edição. **5.** Publicação periódica ornada de gravuras.

I.lus.tra.dor *adj.* **1.** Que ilustra. *s.m.* **2.** O que ilustra. **3.** Artista que faz ilustrações.

I.lus.trar *v.t.* **1.** Tornar ilustre ou glorioso. **2.** Instruir, esclarecer. **3.** Adornar com estampas, desenhos ou gravuras. *v.p.* **4.** Fazer-se ilustre. **5.** Adquirir conhecimentos; instruir-se.

I.lus.tra.ti.vo *adj.* Próprio para ilustrar.

I.lus.tre *adj.2g.* Que se distingue por qualidades notáveis; preclaro, distinto.

I.lus.trís.si.mo *adj.* (inicial maiúscula) **1.** Tratamento cerimonioso que se dá a pessoas de certa consideração, principalmente em cartas. **2.** Muito ilustre. ● *Abrev.: Il.^{mo}.*

Im- Forma que assume o prefixo *in*, antes de **p** e **b**, como em *impessoal.*

-im *suf.* 'Diminuição': *boletim.*

í.má¹ *s.m.* Qualquer objeto com propriedades magnéticas.

í.má² *s.m.* Chefe religioso ou profano do mundo islâmico. ● *Var.: imame.*

I.ma.cu.la.do *adj.* Sem mácula ou mancha moral; inocente, puro. ● *Ant.: maculado.*

I.ma.gem *s.f.* **1.** Aquilo que imita pessoa ou coisa. **2.** Representação de um objeto pelo desenho, gravura ou escultura. **3.** Forma ou semelhança. **4.** Reflexo de um objeto na água ou no espelho. **5.** Impressão geral que uma pessoa ou coisa deixa em outra pessoa ou grupo. **6.** Símbolo, figura. **7.** Escultura que representa as divindades ou os santos; descrição. **8.** FAM Pessoa formosa. **9.** GRAM Metáfora. **10.** Pessoa que se assemelha muito a outra: *Ele é a imagem do pai quando jovem!*

I.ma.gi.na.ção *s.f.* **1.** Faculdade de imaginar, de criar, representando vivamente as concepções. **2.** Crença, crendice, superstição. **3.** Opinião absurda, sem fundamento. **4.** Criação, inovação. **5.** Faculdade de inventar, de idear ou fantasiar. Fantasia, devaneio; cisma.

I.ma.gi.nar *v.t.* **1.** Criar na imaginação. **2.** Fantasiar. **3.** Inventar, idear. **4.** Crer, supor, julgar. *v.int.* **5.** Cismar; meditar, pensar. *v.p.* **6.** Supor-se, crer-se.

I.ma.gi.ná.rio *adj.* **1.** Ilusório, fantástico. **2.** Suposto, aparente. ● *Ant.: real.*

I.ma.gi.na.ti.vo *adj.* **1.** Que imagina. **2.** Que tem imaginação fértil. **3.** Imaginoso, engenhoso.

I.ma.gi.no.so (ô) *adj.* **1.** Que revela imaginação fértil. **2.** Fantástico, fabuloso. **3.** Inverossímil.

I.ma.nar *v.t.* Imantar.

I.ma.nen.te *adj.2g.* **1.** Que existe sempre num determinado objeto e lhe é inseparável. **2.** Intrínseco, inerente. **3.** Aderente, permanente.

I.ma.ni.zar *v.t.* Imantar.

I.man.ta.ção *s.f.* Ato ou efeito de imantar.

I.man.tar *v.t.* Comunicar (a um metal) as propriedades do ímã; imanizar.

I.mar.ces.cí.vel *adj.2g.* **1.** Que não é material. **2.** Eterno, duradouro.

I.ma.te.ri.al *adj.2g.* Não material; impalpável, incorpóreo. ● *Ant.: material.*

I.ma.te.ri.a.lis.mo *s.m.* Teoria segundo a qual as coisas materiais só têm realidade como percepções mentais.

I.ma.te.ri.a.li.zar *v.t.* e *p.* Tornar(-se) imaterial.

I.ma.tu.ri.da.de *s.f.* Estado ou condição de imaturo. ● *Ant.: maturidade.*

I.ma.tu.ro *adj.* **1.** Que ainda não chegou a seu pleno desenvolvimento. **2.** Não maduro. **3.** Precoce, prematuro. **4.** Antecipado, inoportuno. ● *Ant.: maduro.*

Im.ba.tí.vel *adj.2g.* Que não se pode bater, derrotar; invencível.

Im.ba.ú.ba *s.f.* BOT Árvore de folhas grandes e lobuladas. ● *Var.: embaúba, imbaúba* e *umbaúba.*

Im.be.cil *adj.* **1.** Fraco de espírito. **2.** Débil. **3.** Tolo, estúpido, parvo. *s.m.* **4.** Indivíduo imbecil. ● *Ant.: inteligente.*

Im.be.ci.li.zar *v.t.* e *p.* Tornar(-se) imbecil.

Im.ber.be *adj.2g.* **1.** Que ainda não tem barba. **2.** Muito jovem (e por isso sem barba). ● *Ant.: barbado.*

Im.bri.car *v.t.* Dispor objetos de modo que se sobreponham em parte uns aos outros, como as telhas de um telhado.

Im.bu *s.m.* BOT POP Umbu.

Im.bui.a *s.f.* BOT Árvore que fornece madeira para construção e confecção de móveis.

Im.bu.ir *v.t.* **1.** Embeber, impregnar. **2.** Fazer penetrar no espírito. **3.** Ensinar, convencer. **4.** Incutir, infundir. **5.** Fixar, arraigar. *v.p.* **6.** Impregnar-se; deixar-se penetrar.

Im.bu.zei.ro *s.m.* BOT POP Umbuzeiro.

I.me.di.a.ção *s.f.* Fato de ser ou estar imediato; vizinhança, contiguidade.

I.me.di.a.tis.mo *s.m.* Maneira de agir sem rodeios ou mediações; modo de proceder e agir conforme interesses imediatos.

I.me.di.a.tis.ta *adj.2g.* **1.** Relativo a imediatismo. *s.2g.* **2.** Adepto do imediatismo.

I.me.di.a.to *adj.* **1.** Que não tem nada de permeio; direto. **2.** Próximo, contíguo. **3.** Seguido, depois. **4.** Precedente ou seguinte numa série. **5.** Que só depende diretamente do superior. **6.** Que chega ou acontece depressa, sem intervalo de tempo. *s.m.* **7.** Funcionário de categoria logo abaixo da do chefe, e que o substitui em suas faltas. **8.** Oficial da marinha que substitui o comandante.

I.me.mo.ri.al *adj.2g.* De que já não se tem memória; antiquíssimo.

I.men.si.dão *s.f.* **1.** Qualidade de imenso. **2.** Grande extensão; imensidade. **3.** Grande quantidade, ou quantidade que não se consegue contar.

I.men.so *adj.* **1.** Que não se pode medir. **2.** Muito grande, enorme. **3.** Ilimitado, infinito. **4.** Numeroso.

I.men.su.rá.vel *adj.2g.* Que não se pode medir. ● *Ant.: mensurável.*

I.me.re.ci.do *adj.* **1.** Não merecido. **2.** Injusto, indevido. ● *Ant.: merecido.*

I.mer.gir *v.t.*, *int.* e *p.* **1.** Mergulhar, meter na água ou em outro líquido; afundar, submergir. **2.** Entrar, penetrar; meter(-se). ● *Ant.: emergir.*

IMERSÃO — IMPERÍCIA

I.mer.são *s.f.* Ato ou efeito de imergir em mergulho; mergulho. ● *Ant.: emersão.*

I.mer.so *adj.* 1. Mergulhado. 2. Abismado. 3. Concentrado.

I.mi.gra.ção *s.f.* Ato ou efeito de imigrar. ● *Ant.: emigração.*

I.mi.gran.te *adj.* e *s.2g.* Diz-se do, ou pessoa que imigrou. ● *Ant.: emigrante.*

I.mi.grar *v.t.* Entrar em país estrangeiro para nele se estabelecer. ● *Ant.: emigrar.*

I.mi.nen.te *adj.2g.* Que ameaça acontecer em breve; que está para vir; muito próximo. ● *Cf. eminente.*

I.mis.cu.ir-se *v.p.* 1. Intrometer-se, ingerir-se. 2. Tomar parte numa coisa sem ser chamado.

I.mi.ta.ção *s.f.* 1. Ato ou efeito de imitar. 2. Obra ou material em que se procura imitar as qualidades de outra; falsificação.

I.mi.tar *v.t.* 1. Fazer (uma coisa) à semelhança de outra; reproduzir. 2. Tomar por modelo; seguir como norma. 3. Assemelhar-se, apresentar semelhança. 4. Escrever seguindo o plano de uma obra. 5. Copiar, falsificar, adulterar usando processo de imitação.

I.M.L. Sigla de Instituto Médico Legal.

I.mo.bi.li.á.ria *s.f.* Empresa que trabalha principalmente com a administração, compra e venda de apartamentos, casas, terrenos etc.

I.mo.bi.li.á.rio *adj.* 1. Relativo aos bens que são imóveis por natureza ou por definição da lei. 2. Relativo a imóveis.

I.mo.bi.li.da.de *s.f.* 1. Qualidade ou estado de imóvel. 2. Apatia. 3. Falta de movimento. ● *Ant.: mobilidade.*

I.mo.bi.lis.mo *s.m.* Sistema dos que se apegam às coisas antigas e se opõem ao progresso ou a qualquer inovação.

I.mo.bi.li.za.ção *s.f.* Ato ou efeito de imobilizar.

I.mo.bi.li.zar *v.t.* 1. Tornar imóvel. 2. Privar dos meios de exercer a ação. 3. Sustar, estabilizar. 4. Fazer parar o curso de. 5. Consolidar (fundos). *v.p.* 6. Tornar-se imóvel. 7. Não progredir, estacionar.

I.mo.de.ra.ção *s.f.* 1. Falta de moderação. 2. Excesso, descomedimento. ● *Ant.: moderação.*

I.mo.dés.tia *s.f.* 1. Falta de modéstia; orgulho, vaidade. 2. Falta de pudor. ● *Ant.: modéstia.*

I.mo.des.to *adj.* 1. Que não tem modéstia. 2. Orgulhoso, arrogante. ● *Ant.: modesto.*

I.mo.la.ção *s.f.* 1. Ato ou efeito de imolar; sacrifício. 2. Desistência, renúncia.

I.mo.lar *v.t.* 1. Sacrificar, matar. *v.p.* 2. Sacrificar-se, prejudicar-se por.

I.mo.ral *adj.2g.* 1. Que é contrário à moral, aos bons costumes; devasso, libertino. 2. Que é desonesto. *s.2g.* 3. Pessoa sem moral. ● *Ant.: moral.*

I.mo.ra.li.da.de *s.f.* 1. Qualidade do que é imoral. 2. Falta de moralidade. 3. Coisa imoral; indecência. ● *Ant.: moralidade.*

I.mor.re.dou.ro *adj.* 1. Que não morre. 2. Eterno, imortal. 3. Duradouro. ● *Var.: imorredoiro.*

I.mor.tal *adj.2g.* 1. Que não morre; eterno. 2. Inextinguível. 3. Glorioso. 4. Que merece ser lembrado por muito tempo. *s.2g.* 5. Escritor ou escritora membro da Academia Brasileira de Letras e, por extensão, de Academias semelhantes. ● *Ant.: mortal.*

I.mor.ta.li.da.de *s.f.* 1. Qualidade ou condição de imortal. 2. Vida perpétua na memória dos homens. ● *Ant.: mortalidade.*

I.mor.ta.li.zar *v.t.* e *p.* Tornar-(se) imortal.

I.mó.vel *adj.2g.* 1. Que não se move. 2. Imutável, quieto, parado. *s.m.* 3. Qualquer bem imóvel (terreno, casa etc.). ● *Ant.: móvel.*

Im.pa.ci.ên.cia *s.f.* 1. Falta de paciência. 2. Precipitação, pressa, sofreguidão. 3. Ira, irritação. ● *Ant.: paciência, calma.*

Im.pa.ci.en.tar *v.t.* 1. Importunar, irritar. 2. Fazer perder a paciência a. *v.p.* 3. Perder a paciência; irritar-se.

Im.pa.ci.en.te *adj.2g.* 1. Que não tem paciência; inquieto, agitado, nervoso. 2. Sôfrego, apressado. ● *Ant.: paciente.*

Im.pac.to *s.m.* 1. Metido à força; impelido. *s.m.* 2. Choque, embate (de um projétil). 3. Colisão. 4. Impressão ou sensação muito forte, provocada por fato, pessoa etc.

Im.pa.gá.vel *adj.2g.* 1. Que não se pode pagar. 2. Extraordinário, admirável, precioso. 3. Muito engraçado, muito cômico; hilariante. 4. Incobrável. ● *Ant.: pagável.*

Im.pal.pá.vel *adj.* 1. Que não se pode apalpar. 2. Que não é palpável; imaterial, incorpóreo. ● *Ant.: palpável.*

Im.pa.lu.dis.mo *s.m.* MED Malária, febre terçã.

Ím.par *adj.* 1. Que não é par. 2. Que é só; único. 3. Que não tem igual. ● *Ant.: par.*

Im.par.ci.al *adj.2g.* 1. Que não é parcial. 2. Reto, justo. 3. Que julga sem paixão. ● *Ant.: parcial.*

Im.par.cia.li.da.de *s.f.* Caráter ou qualidade de imparcial. ● *Ant.: parcialidade.*

Im.par.cia.li.zar *v.t.* Tornar imparcial.

Im.pa.ri.da.de *s.f.* 1. Qualidade ou característica de ímpar. 2. Desigualdade. ● *Ant.: paridade.*

Im.pas.se *s.m.* 1. Situação que não apresenta saída. 2. Dificuldade insuperável. 3. Embaraço, obstáculo.

Im.pas.sí.vel *adj.2g.* 1. Insensível à dor e às emoções. 2. Imperturbável, inabalável, indiferente.

Im.pa.tri.ó.ti.co *adj.* Em que não há patriotismo.

Im.pa.vi.dez (ê) *s.f.* Qualidade de impávido; intrepidez, audácia.

Im.pá.vi.do *adj.* 1. Que não tem medo; bravo. 2. Destemido, intrépido. ● *Ant.: pávido, medroso.*

Impeachment (impítchemen) (ing.) *s.m.* Ato pelo qual o Poder Legislativo destitui o chefe do Poder Executivo que pratica determinados crimes previstos na Constituição.

Im.pe.cá.vel *adj.2g.* 1. Incapaz de pecar. 2. Que não apresenta falha ou defeito. 3. Perfeito, irrepreensível.

Im.pe.di.men.to *s.m.* 1. Ato ou efeito de impedir. 2. Tudo o que impede. 3. ESP Certa posição irregular do jogador de futebol, quando no ataque; banheira.

Im.pe.dir *v.t.* 1. Criar impedimento. 2. Dificultar a marcha. 3. Não permitir, não consentir. 4. Interromper, obstruir. 5. Proibir.

Im.pe.lir *v.t.* 1. Atirar para frente, com força. 2. Empurrar, impulsionar. 3. FIG Incitar, estimular, instigar. 4. FIG Obrigar, coagir.

Im.pe.ne.trá.vel *adj.2g.* 1. Que não pode ser penetrado. 2. Incompreensível, inexplicável. 3. Que não deixa perceber o que sente ou pensa.

Im.pe.ni.tên.cia *s.f.* Qualidade ou estado de impenitente.

Im.pe.ni.ten.te *adj.2g.* 1. Não arrependido. 2. Que persiste nos mesmos erros, faltas, pecados ou crimes.

Im.pen.sa.do *adj.* 1. Não pensado, não calculado. 2. Imprevisto.

Im.pen.sá.vel *adj.2g.* Que não se deve pensar; inconcebível, inadmissível. ● *Ant.: concebível.*

Im.pe.ra.dor *s.m.* 1. Aquele que impera. 2. Soberano de um império; rei. ● *Fem.: imperatriz.*

Im.pe.rar *v.t.* e *int.* 1. Mandar como autoridade suprema. 2. Governar como imperador. 3. Exercer grande domínio ou influência. 4. Reinar. 5. Dominar, prevalecer.

Im.pe.ra.ti.vo *adj.* 1. Que manda com autoridade; autoritário. *s.m.* 2. GRAM Modo verbal que exprime ordem, exortação, pedido. 3. Ditame, dever.

Im.per.cep.tí.vel *adj.2g.* 1. Que não se percebe. 2. Que mal se distingue. 3. Insignificante, diminuto. ● *Ant.: perceptível.*

Im.per.dí.vel *adj.2g.* Que não se pode perder.

Im.per.do.á.vel *adj.2g.* Que não merece perdão. ● *Ant.: perdoável.*

Im.pe.re.cí.vel *adj.2g.* Que não há de perecer. ● *Ant.: perecível.*

Im.per.fei.ção *s.f.* 1. Falta de perfeição. 2. Estado ou qualidade de imperfeito. 3. Pequeno defeito. ● *Ant.: perfeição.*

Im.per.fei.to *adj.* 1. Que não é perfeito. 2. Não acabado; defeituoso. 3. GRAM Diz-se do tempo verbal que exprime ação incompleta ou não realizada. 4. GRAM Esse tempo verbal. ● *Ant.: perfeito.*

Im.pe.ria.lis.mo *s.m.* 1. Forma de governo em que a nação é um império. 2. Política de expansão e domínio de uma nação sobre outra ou outras.

Im.pe.rí.cia *s.f.* 1. Qualidade de imperito. 2. Falta de perícia, de habilidade. 3. Incompetência. ● *Ant.: perícia.*

IMPÉRIO — IMPORTAR

Im.pé.rio *s.m.* **1.** Nação governada por um imperador. **2.** Estado de grandes dimensões, qualquer que seja sua organização ou forma de governo. **3.** Autoridade, predomínio, poder.

Im.pe.rio.so *(ô) adj.* **1.** Que ordena com império; imperativo. **2.** Que se impõe; inevitável, impreterível. **3.** Irresistível.

Im.pe.ri.to *adj.* Que não tem perícia; inábil. • *Ant.: perito.*

Im.per.me.a.bi.li.zan.te *adj.* e *s.m.* Diz-se de ou substância us. para tornar um corpo impermeável.

Im.per.me.a.bi.li.zar *v.t.* Tornar impermeável.

Im.per.me.ar *v.t.* Impermeabilizar.

Im.per.me.á.vel *adj.2g.* **1.** Não permeável. **2.** Que não se deixa atravessar pela água ou pela umidade. **3.** Insensível. **4.** Insubmisso. *s.m.* **5.** Vestimenta (capa) feita de tecido impermeável. • *Ant.: permeável.*

Im.pers.cru.tá.vel *adj.2g.* **1.** Que não se pode perscrutar ou sondar. **2.** Insondável, impenetrável. • *Ant.: perscrutável.*

Im.per.ti.nên.cia *s.f.* **1.** Qualidade de impertinente. **2.** Coisa que molesta. **3.** Maneira desrespeitosa de agir ou falar.

Im.per.ti.nen.te *adj.2g.* **1.** Que não é pertinente. **2.** Inoportuno, incômodo. **3.** Cacete, chato. **4.** Insolente. • *Ant.: pertinente.*

Im.per.tur.bá.vel *adj.2g.* **1.** Que não se deixa perturbar. **2.** Sereno, impassível.

Im.pes.so.al *adj.2g.* **1.** Que não é pessoal. **2.** Que não se refere a uma pessoa em particular, mas às pessoas em geral. **3.** Objetivo, imparcial. **4.** GRAM Diz-se do infinitivo que não assume a flexão de pessoa. **5.** Diz-se do verbo que não admite sujeito, como *anoitecer, chover, trovejar* etc. • *Ant.: pessoal.*

Im.pes.so.a.li.da.de *s.f.* Qualidade de impessoal; impessonalidade.

Im.pe.ti.go *s.m.* ou **im.pe.ti.gem** *s.f.* Afecção cutânea contagiosa, causada por estafilococo ou estreptococo e caracterizada por uma erupção com pequenas pústulas que, depois de secas, formam crostas amareladas; impetigem.

Ím.pe.to *s.m.* **1.** Movimento repentino. **2.** Impulso violento. **3.** Arrebatamento. **4.** FIG Agitação do espírito. **5.** Pressa, precipitação; agitação.

Im.pe.tra.ção *s.f.* Ato de impetrar.

Im.pe.tran.te *adj.* e *s.2g.* Que, ou pessoa que impetra.

Im.pe.trar *v.t.* **1.** Requerer, pedir. **2.** Suplicar, rogar. **3.** Obter por meio de súplica. **4.** Requerer judicialmente.

Im.pe.tu.o.si.da.de *s.f.* **1.** Caráter ou qualidade do que é impetuoso. **2.** Arrebatamento. **3.** Fúria, violência. **4.** Energia, vivacidade.

Im.pe.tu.o.so *(ô) adj.* **1.** Que se deixa levar por ímpetos de raiva, cólera etc. **2.** Veemente, arrebatado, fogoso.

Im.pi.e.da.de *s.f.* **1.** Falta de piedade; crueldade. **2.** Falta de fé ou de respeito (para com religião etc.). **3.** Descrença.

Im.pi.e.do.so *(ô) adj.* **1.** Que não tem piedade. **2.** Cruel, desumano, insensível.

Im.pi.gem *s.f.* MED Nome de várias afecções cutâneas semelhantes ao herpes; impetigem. • *Var.: impingem.*

Im.pin.gir *v.t.* **1.** Aplicar com força; pespegar. **2.** Fazer acreditar, iludindo. **3.** Vender por mais do justo valor. **4.** Fazer passar (uma coisa por outra).

Ím.pio *adj.* e *s.m.* **1.** Que, ou aquele que não tem fé. **2.** Que, ou quem não tem respeito a Deus. **3.** Incrédulo, herege. • *Ant.: crente.* • *Cf. impio.*

Im.pla.cá.vel *adj.2g.* **1.** Que não se deixa aplacar. **2.** Que não perdoa; inexorável, inclemente.

Im.plan.ta.ção *s.f.* Ato ou efeito de implantar.

Im.plan.tar *v.t.* **1.** Plantar, fixar em. **2.** Introduzir, estabelecer. **3.** Hastear, levantar. **4.** Fazer implante de. *v.p.* **5.** Fixar-se, estabelecer-se.

Im.plan.te *s.m.* **1.** Ato ou efeito de implantar(-se). **2.** Técnica que consiste em retirar material, como cabelo, órgãos etc., e inseri-lo ou implantá-lo no mesmo ou em outro ser (pessoa ou animal).

Im.ple.men.ta.ção *s.f.* Ato ou efeito de implementar.

Im.ple.men.tar *v.t.* Executar (plano, projeto etc.).

Im.ple.men.to *s.m.* **1.** Aquilo que é necessário para cumprir ou executar uma coisa. **2.** O que completa ou perfaz alguma coisa; apetrecho, acessório. **3.** Cumprimento, execução.

Im.pli.ca.ção *s.f.* **1.** Ato ou efeito de implicar. **2.** Consequência, complicação. **3.** FIG Implicância, incompatibilidade.

Im.pli.cân.cia *s.f.* **1.** Ato ou efeito de implicar(-se). **2.** FAM Má vontade, birra.

Im.pli.can.te *adj.* e *s.2g.* Diz-se de, ou pessoa que implica.

Im.pli.car *v.t.* **1.** Confundir o entendimento de. **2.** Tornar perplexo. **3.** Fazer supor, dar a entender, importar: *A venda da Vale do Rio Doce* implica *benefícios para o governo.* **4.** Encerrar, produzir como consequência: *A vitória do Grêmio* implica *sua classificação para o final da copa.* **5.** Dar a entender; pressupor: *"A fala do candidato* implica *o recrudescimento da disputa".* **6.** Comprometer em negócio embaraçoso. **7.** Comprometer, envolver: *O assaltante* implicou *o ator no crime.* **8.** Tornar indispensável. **9.** Requerer. **10.** Ser incompatível. **11.** Antipatizar, mostrar má disposição para com alguém: *O irmão vive* implicando *com ela. v.p.* **12.** Enredar-se, envolver-se, comprometer-se.

Im.plí.ci.to *adj.* **1.** Que está envolvido ou contido, mas não claramente. **2.** Subentendido, tácito. • *Ant.: explícito.*

Im.plo.dir *v.t.* e *int.* Provocar ou sofrer colapso para dentro; provocar ou sofrer implosão.

Im.plo.rar *v.t.* e *int.* **1.** Pedir com instância, encarecidamente. **2.** Pedir chorando. **3.** Rogar humildemente.

Im.plo.são *s.f.* Conjunto de explosões articuladas capaz de conduzir para um ponto central os destroços do que se derruba (edifício, ponte etc.). • *Cf. explosão.*

Im.plu.me *adj.2g.* Que ainda não tem penas ou plumas.

Im.po.lu.to *adj.* **1.** Não poluído; puro. **2.** Que não tem mácula. **3.** Virtuoso, ilibado.

Im.pon.de.ra.do *adj.* **1.** Que não tem ponderação. **2.** Feito sem reflexão. **3.** Imoderado, irrefletido.

Im.pon.de.rá.vel *adj.2g.* **1.** Que não se pode pesar. **2.** Que não se pode avaliar; incalculável. **3.** Muito sutil.

Im.po.nên.cia *s.f.* **1.** Qualidade do que é imponente. **2.** Arrogância, altivez.

Im.po.nen.te *adj.2g.* **1.** Próprio para atrair os olhares, as atenções, o respeito. **2.** Arrogante, altivo, sobranceiro. **3.** Majestoso, considerável. • *Ant.: modesto.*

Im.pon.tu.al *adj.2g.* **1.** Que não é pontual. **2.** Que não cumpre aquilo a que se obrigou. • *Ant.: pontual.*

Im.pon.tua.li.da.de *s.f.* Qualidade de impontual.

Im.po.pu.lar *adj.2g.* **1.** Que não é popular. **2.** Que não agrada ao povo. **3.** Que não é conforme aos desejos e interesses da população mais simples. • *Ant.: popular.*

Im.po.pu.la.ri.da.de *s.f.* **1.** Caráter ou qualidade de impopular. **2.** Falta de popularidade. • *Ant.: popularidade.*

Im.por *(ô) v.t.* **1.** Pôr sobre. **2.** Estabelecer, fixar, determinar. **3.** Dar, atribuir, conferir. **4.** Tornar obrigatório. *v.p.* **5.** Fazer-se aceitar ou reconhecer como necessário ou indispensável.

Im.por.ta.ção *s.f.* **1.** Ato ou efeito de importar. **2.** Introdução, num país, de mercadorias procedentes de outro. **3.** Aquilo que se importou. • *Ant.: exportação.*

Im.por.ta.do.ra *(ô) s.f.* Firma que faz comércio de importação. • *Ant.: exportadora.*

Im.por.tân.cia *s.f.* **1.** Qualidade de importante. **2.** Grande valor, soma. **3.** Qualquer quantia. **4.** Conceito lisonjeiro; crédito. **5.** Influência social. **6.** Alto conceito de si próprio.

Im.por.tan.te *adj.2g.* **1.** Que importa. **2.** Que tem muito valor. **3.** Que merece consideração, estima. **4.** Que tem influência. **5.** Necessário, essencial. *s.m.* **6.** Aquilo que é essencial ou que mais interessa. *s.2g.* **7.** Pessoa importante.

Im.por.tar *v.t.* **1.** Trazer para dentro. **2.** Introduzir num país mercadorias provenientes de outro. **3.** Implicar, acarretar. **4.** Ser útil ou vantajoso. **5.** Interessar, convir. **6.** Custar, valer, atingir determinado preço. *v.p.* **7.** Dar importância. **8.** Fazer caso. **9.** Ter consideração. • *Ant.: exportar.*

IMPORTUNAR — IMPUDICÍCIA

Im.por.tu.nar *v.t.* **1.** Incomodar com súplicas repetidas. **2.** Enfadar, molestar, aborrecer.

Im.po.si.ção *s.f.* **1.** Ato ou efeito de impor(-se). **2.** Determinação, ordem. **3.** Coisa imposta.

Im.pos.si.bi.li.tar *v.t.* **1.** Tornar impossível, irrealizável. *v.p.* **2.** Perder as forças, a aptidão, o exercício das funções.

Im.pos.sí.vel *adj.2g.* **1.** Que não é possível. **2.** Que não tem possibilidade. **3.** Que não se pode fazer ou aturar; insuportável. **4.** Muito difícil. *s.m.* **5.** Aquilo que é (ou parece) impossível. ● *Ant.: possível, viável.*

Im.pos.tar *v.t.* Empostar (a voz).

Im.pos.ter.gá.vel *adj.2g.* Que não se pode postergar ou preterir; inadiável. ● *Ant.: postergável.*

Im.pos.to (ô) *adj.* **1.** Feito a aceitar ou realizar à força. **2.** Posto, colocado. *s.m.* **3.** Contribuição imposta pelo poder público a fim de poder arcar com as despesas públicas; tributo. ● *Pl.: impostos* (ó).

Im.pos.tor *adj.* e *s.m.* **1.** Que, ou aquele que usa de impostura. **2.** Embusteiro, charlatão.

Im.pos.tu.ra *s.f.* **1.** Embuste, engano artificioso. **2.** Afetação de grandeza. **3.** Vaidade balofa; presunção. **4.** Hipocrisia, fingimento.

Im.po.tên.cia *s.f.* **1.** Falta de poder, de força. **2.** MED Incapacidade do homem para o ato sexual. ● *Ant.: potência, força.*

Im.pra.ti.cá.vel *adj.2g.* **1.** Que não se pode praticar. **2.** Muito difícil; inexequível, irrealizável. **3.** Intransitável. ● *Ant.: praticável.*

Im.pre.ca.ção *s.f.* **1.** Ato ou efeito de imprecar. **2.** Maldição, praga.

Im.pre.car *v.t.* **1.** Pedir (a Deus ou a poder superior) que envie bens ou males sobre alguém. **2.** Rogar com muita instância. *v.int.* **3.** Rogar pragas.

Im.pre.ci.são *s.f.* Falta de precisão, de rigor.

Im.pre.ci.so *adj.* **1.** Que apresenta imprecisão. **2.** Vago, indeterminado. ● *Ant.: preciso.*

Im.preg.na.ção *s.f.* Ato de impregnar.

Im.preg.nar *v.t.* **1.** Embeber, imbuir, encher. *v.p.* **2.** Embeber-se, ensopar-se. **3.** Compenetrar-se, imbuir-se.

Im.pren.sa *s.f.* **1.** Máquina com que se imprime ou estampa. **2.** Arte de imprimir. **3.** A instituição da publicidade tipográfica. **4.** O conjunto dos jornais escritos (e, por extensão, falados, televisados) ou dos jornalistas, repórteres etc.; mídia.

Im.pren.sar *v.t.* **1.** Apertar no prelo ou na prensa. **2.** Imprimir, estampar. **3.** Apertar como prensa. **4.** Apertar muito. **5.** POP Coagir, constranger.

Im.pres.cin.dí.vel *adj.2g.* De que não se pode prescindir. ● *Ant.: prescindível.*

Im.pres.cri.tí.vel *adj.2g.* Que não é suscetível de prescrição.

Im.pres.são *s.f.* **1.** Ato ou efeito de imprimir. **2.** Vestígio de pressão sobre um objeto. **3.** Efeito de uma causa moral sobre o espírito. **4.** Opinião vaga; noção. **5.** Vestígio, sinal, marca. **6.** Nova tiragem de livro, jornal ou revista, sem alteração significativa em seu conteúdo, em relação à última publicação.

Im.pres.sio.nan.te *adj.2g.* **1.** Que impressiona. **2.** Tocante, comovente.

Im.pres.sio.nar *v.t.* e *int.* **1.** Produzir impressão material em (alguém). **2.** Comover, abalar. *v.p.* **3.** Receber impressão moral. **4.** Comover-se, abalar-se.

Im.pres.sio.nis.mo *s.m.* **1.** Movimento artístico, principalmente de pintura, surgido no séc. XIX. **2.** Opinião que se faz de uma obra de arte derivada da emoção provocada por essa obra.

Im.pres.sio.nis.ta *adj.2g.* **1.** Relativo ao impressionismo. *s.2g.* **2.** Artista adepto do impressionismo.

Im.pres.so *adj.* **1.** Que se imprimiu. **2.** FIG Gravado, fixado. *s.m.* **3.** Obra, opúsculo, folheto impresso. **4.** Qualquer formulário impresso que se usa como modelo a ser preenchido.

Im.pres.sor (ô) *adj.* **1.** Que imprime. *s.m.* **2.** Aquele que imprime. **3.** GRÁF Funcionário que trabalha com as máquinas de impressão. **4.** Dono de oficina gráfica.

Im.pres.so.ra (ô) *s.f.* **1.** GRÁF Máquina de imprimir. **2.** Máquina que recebe os dados do computador e os imprime em papel.

Im.pres.tá.vel *adj.2g.* **1.** Que não presta; inútil. **2.** Que não é prestimoso. *s.2g.* **3.** Pessoa inútil, sem préstimo. ● *Ant.: útil.*

Im.pre.te.rí.vel *adj.2g.* **1.** Que não se pode preterir. **2.** Que não se pode deixar de fazer ou de cumprir; inadiável. ● *Ant.: preterível.*

Im.pre.vi.dên.cia *s.f.* **1.** Falta de previdência. **2.** Negligência, descuido, desleixo. ● *Ant.: previdência.*

Im.pre.vi.den.te *adj.2g.* **1.** Que não é previdente. **2.** Desleixado, negligente. ● *Ant.: previdente.*

Im.pre.vi.sí.vel *adj.2g.* Que não se pode prever. ● *Ant.: previsível.*

Im.pre.vis.to *adj.* **1.** Não previsto. **2.** Inopinado, súbito. *s.m.* **3.** Aquilo que não se previu. ● *Ant.: previsto.*

Im.pri.mir *v.t.* **1.** Fixar por meio de impressão. **2.** Pôr marcas em; deixar marcado. **3.** Gravar, estampar. **4.** Reproduzir pela imprensa; publicar. **5.** Comunicar, transmitir. **6.** Incutir, infundir. *v.p.* **7.** Ficar marcado, gravar-se.

Im.pro.bi.da.de *s.f.* **1.** Qualidade de ímprobo. **2.** Desonestidade. **3.** Perversidade, maldade. ● *Ant.: probidade.*

ím.pro.bo *adj.* **1.** Que não é probo. **2.** Desonesto. **3.** Exaustivo, fatigante (trabalho). ● *Ant.: probo, honesto.*

Im.pro.ce.dên.cia *s.f.* Caráter de improcedente. ● *Ant.: procedência.*

Im.pro.ce.den.te *adj.2g.* **1.** Que é procedente. **2.** Infundado; incoerente. ● *Ant.: procedente.*

Im.pro.du.ti.vo *adj.* **1.** Que não é produtivo; inútil. **2.** Que não é rendoso. **3.** Não fértil, estéril. **4.** Frustrado, improfícuo, vão. ● *Ant.: produtivo.*

Im.pro.fe.rí.vel *adj.2g.* Que não se profere ou não se pode proferir.

Im.pro.fí.cuo *adj.* **1.** Que não é profícuo. **2.** Sem proveito. **3.** Inútil, vão, baldado. ● *Ant.: profícuo.*

Im.pro.pe.rar *v.t.* **1.** Dirigir impropérios a; injuriar, vituperar. **2.** Censurar, criticar.

Im.pro.pé.rio *s.m.* **1.** Palavra injuriosa. **2.** Censura ultrajante; opróbrio, vitupério. **3.** Repreensão ofensiva.

Im.pro.pri.e.da.de *s.f.* **1.** Qualidade de impróprio. **2.** Inconveniência. **3.** Incoerência, absurdo. **4.** Dito impróprio de pessoa bem educada. ● *Ant.: propriedade.*

Im.pró.prio *adj.* **1.** Que não é próprio. **2.** Oposto ao costume geral. **3.** Que escandaliza; indecente. **4.** Inadequado, inoportuno, inconveniente, desaconselhável. ● *Ant.: próprio, conveniente.*

Im.pror.ro.gá.vel *adj.2g.* Que não se pode prorrogar; inadiável. ● *Ant.: prorrogável.*

Im.pro.vá.vel *adj.2g.* **1.** Que não é provável. **2.** Sem probabilidade de realizar-se. **3.** Duvidoso, incerto. ● *Ant.: provável.*

Im.pro.vi.dên.cia *s.f.* Qualidade ou ação de improvidente.

Im.pro.vi.den.te *adj.2g.* **1.** Que não é providente. **2.** Incauto. **3.** Dissipador.

Im.pro.vi.sa.ção *s.f.* **1.** Ato ou efeito de improvisar(-se). **2.** Improviso. **3.** Criação e/ou execução de uma música sem preparo prévio.

Im.pro.vi.sar *v.t.* **1.** Fazer imediatamente e sem preparação; fazer de improviso. **2.** Compor (música, discurso etc.) à hora da apresentação. **3.** Arranjar-se às pressas. **4.** Fingir, falsear. **5.** Adotar de má fé ou por necessidade uma atividade ou qualidade que não possui.

Im.pro.vi.so *adj.* **1.** Repentino, súbito. *s.m.* **2.** Verso ou discurso sem preparo prévio ou sob a inspiração do momento.

Im.pru.dên.cia *s.f.* **1.** Qualidade de imprudente. **2.** Ato ou dito imprudente; negligência. ● *Ant.: prudência.*

Im.pru.den.te *adj.2g.* **1.** Que não é prudente. *s.2g.* **2.** Pessoa que não tem prudência nem cuidado no que faz. ● *Ant.: prudente.*

Im.pú.be.re *adj.2g.* **1.** Que não é púbere. **2.** Diz-se da pessoa que ainda não atingiu a puberdade. ● *Ant.: púbere.*

Im.pu.dên.cia *s.f.* **1.** Falta de pudor, de vergonha. **2.** Descaramento, cinismo. **3.** Ato ou dito impudente. ● *Ant.: vergonha.*

Im.pu.den.te *adj.2g.* **1.** Sem pudor; desbriado. **2.** Cínico, descarado, sem-vergonha. **3.** Lascivo.

Im.pu.di.cí.cia *s.f.* **1.** Falta de pudicícia. **2.** Qualidade de impudico. **3.** Palavra ou ato impudente. ● *Ant.: pudicícia.*

IMPUDICO — INANE

Im.pu.di.co *adj.* **1.** Que não tem pudor; obsceno, lascivo. *s.m.* **2.** Indivíduo sem pudor. ● *Ant.: pudico.*

Im.pu.dor *s.m.* Falta de pudor; impudência, descaramento, cinismo. ● *Ant.: pudor.*

Im.pug.na.ção *s.f.* Ato de impugnar; contestação.

Im.pug.nan.te *adj.2g. e s.2g.* **1.** Que(m) impugna. **1.1** Impugnador.

Im.pug.nar *v.t.* **1.** Lutar contra. **2.** Atacar, tentando destruir pela base. **3.** Refutar, combater com razões. **4.** Opor-se a.

Im.pug.na.ti.vo *adj.* Que impugna ou serve para impugnar.

Im.pul.são *s.f.* Impulso (acep. 4).

Im.pul.sio.nar *v.t.* **1.** Dar impulso a; impelir. **2.** Estimular, incentivar, incitar. ● *Ant.: deter.*

Im.pul.si.vo *adj.* **1.** Que dá impulso. **2.** Que se excita ou se enfurece com facilidade. **3.** Que age pelo impulso; arrebatado.

Im.pul.so *s.m.* **1.** Ato ou efeito de impelir; impulsão. **2.** Ação de uma força que imprime movimento a um corpo. **3.** O movimento assim produzido. **4.** Ímpeto anormal e irracional que leva à prática de atos criminosos ou inaceitáveis socialmente; impulsão. **5.** Estímulo, incentivo.

Im.pul.sor *adj. e s.m.* **1.** Que, ou o que impulsa ou impele. **2.** Que, ou o que estimula ou incita.

Im.pu.ne *adj.2g.* **1.** Que não foi punido. **2.** Que escapou à devida punição.

Im.pu.ni.da.de *s.f.* **1.** Qualidade ou estado de impune. **2.** Falta da punição ou do castigo devido.

Im.pu.re.za (ê) *s.f.* **1.** Qualidade ou estado de impuro. **2.** Falta de limpeza, de asseio. **3.** Falta de pureza. **4.** Coisa impura. **5.** Imundície. ● *Ant.: pureza, limpeza.*

Im.pu.ro *adj.* **1.** Que não é puro ou não tem pureza. **2.** Indecente, impudico. **3.** Contaminado, adulterado. ● *Ant.: puro.*

Im.pu.ta.ção *s.f.* **1.** Ato ou efeito de imputar. **2.** Declaração de culpabilidade. **3.** Acusação, inculpação.

Im.pu.tar *v.t.* **1.** Atribuir a (alguém) a responsabilidade de (ato, crime). **2.** Creditar, atribuir. **3.** Qualificar de defeito, falta ou erro.

Im.pu.tres.ci.vel *adj.2g.* **1.** Que não apodrece. **2.** Que não se corrompe. ● *Ant.: putrescível.*

I.mun.dí.cie *s.f.* **1.** Estado de imundo; sordidez. **2.** Falta de limpeza. **3.** Porcaria, sujeira. **4.** Lixo, entulho. **5.** Grande quantidade de coisas tidas como imprestáveis. ● *Var.: imundícia.* ● *Ant.: asseio, limpeza.*

I.mun.do *adj.* **1.** Porco, sujo. **2.** Falta de limpeza. **3.** Obsceno, imoral. **4.** FIG Sórdido, ignóbil. ● *Ant.: limpo, asseado.*

I.mu.ne *adj.* **1.** MED Que goza de imunidade. **2.** Não sujeito; isento, livre. **3.** Protegido contra doença ou qualquer coisa desagradável.

I.mu.ni.da.de *s.f.* **1.** MED Propriedade que têm certos organismos de ficar isentos de determinadas doenças. **2.** Direito ou privilégio oriundo de cargo ou função que se exerce; prerrogativa. **3.** Isenção de algum encargo, penalidade, tributo etc.

I.mu.ni.za.ção *s.f.* Ato ou efeito de imunizar.

I.mu.ni.zar *v.t.* **1.** MED Tornar o organismo imune ou refratário a determinada doença. **2.** Tornar imune, livre; defender. **3.** FIG Tornar insensível.

I.mu.no.de.fi.ci.ên.cia *s.f.* Diminuição congênita ou adquirida da imunidade do organismo.

I.mu.no.de.fi.ci.en.te *adj.2g. e s.2g.* Que ou o que apresenta imunodeficiência, i.e., cujo organismo não é capaz de reagir a ou combater adequadamente microrganismos patógenos ou parasitas, esp. produzindo anticorpos ou células T sensibilizadas em resposta a antígenos específicos.

I.mu.no.de.pri.mi.do *adj. e s.m.* Que ou o que não apresenta reações imunitárias normais.

I.mu.no.glo.bu.li.na *s.f.* Proteína do soro sanguíneo, sintetizada pelos plasmócitos provenientes dos linfócitos B como reação à entrada no organismo de uma substância estranha (antígeno); anticorpo.

I.mu.nos.sis.te.ma *s.m.* Mecanismo de imunização do organismo; sistema imune.

I.mu.no.te.ra.pi.a *s.f.* Tratamento de doenças pela modificação do sistema imunitário, esp. por transplantes de medula óssea ou por injeção de gamaglobulinas polivalentes.

I.mu.ta.bi.li.da.de *s.f.* Qualidade de imutável.

I.mu.tá.vel *adj.2g.* Não sujeito a mudança; inalterável. ● *Ant.: mutável.*

In- Prefixo latino que, geralmente, exprime *negação, privação*: *infeliz, inapto.*

-ina 1. Sufixo latino que forma substantivos com a ideia de *profissão, ofício*: *medicina.* **2.** Em química, indica substância alcalina formada de outra: *estricnina.*

I.na.ba.lá.vel *adj.2g.* **1.** Que não pode ser abalado. **2.** Fixo, constante, firme. **3.** Inquebrantável. **4.** Corajoso, intrépido. ● *Ant.: dúbio.*

I.ná.bil *adj.2g.* **1.** Que não tem habilidade. **2.** Sem aptidão ou competência. **3.** DIR Legalmente incapaz. ● *Ant.: hábil.* ● *Sup.abs.sint.: inabilíssimo.*

I.na.bi.li.da.de *s.f.* **1.** Qualidade de inábil. **2.** Falta de habilidade. ● *Ant.: aptidão, habilidade.*

I.na.bi.ta.do *adj.* Que não é habitado; desabitado. ● *Ant.: habitado.*

I.na.bi.tá.vel *adj.2g.* Que não se pode habitar. ● *Ant.: habitável.*

I.na.bi.tu.al *adj.* Que não é habitual. ● *Ant.: habitual.*

I.na.bor.dá.vel *adj.2g.* Que é abordável; inacessível. ● *Ant.: abordável.*

I.na.ca.ba.do *adj.* Não acabado; incompleto. **2.** Imperfeito. ● *Ant.: acabado.*

I.na.ção *s.f.* **1.** Falta de ação; inércia. **2.** Falta de trabalho; ociosidade. **3.** Indecisão. **4.** Frouxidão de caráter.

I.na.cei.tá.vel *adj.2g.* Que não se pode aceitar ou admitir; intolerável, inadmissível. ● *Ant.: aceitável.*

I.na.ces.sí.vel *adj.2g.* **1.** Que não é acessível. **2.** A que não se pode chegar; inabordável. **3.** Que não se pode atingir ou abraçar. **4.** Em que não se pode entrar; incompreensível. **5.** Intratável, insociável. ● *Ant.: acessível.*

I.na.cre.di.tá.vel *adj.2g.* Em que não se pode acreditar; incrível. ● *Ant.: acreditável.*

I.na.cu.sá.vel *adj.2g.* Que não se pode ou não se deve acusar.

I.na.dap.ta.ção *s.f.* **1.** Falta de adaptação. **2.** Estado de inadaptado.

I.na.de.qua.ção *s.f.* Falta de adequação.

I.na.di.á.vel *adj.2g.* **1.** Que não se pode adiar. **2.** Improrrogável. ● *Ant.: adiável.*

I.na.dim.plên.cia *s.f.* JUR Falta de cumprimento de seus compromissos financeiros ou de observância de um contrato ou de qualquer de suas cláusulas.

I.na.dim.plen.te *adj. e s.2g.* Diz-se de, ou pessoa que está em inadimplência.

I.nad.mis.sí.vel *adj.2g.* Que não se pode admitir. ● *Ant.: admissível.*

I.nad.ver.tên.cia *s.f.* **1.** Falta de advertência. **2.** Imprevidência. **3.** Irreflexão, descuido, imprudência.

I.nad.ver.ten.te *adj.2g.* **1.** Distraído. **2.** Negligente.

I.na.fi.an.çá.vel *adj.2g.* Que não pode ser afiançado.

I.na.la.ção *s.f.* **1.** Ato ou efeito de inalar. **2.** MED Absorção pelas vias respiratórias de vapores de qualquer substância para fins terapêuticos ou anestésicos.

I.na.la.dor (ô) *adj. e s.m.* Diz-se de, ou aparelho próprio para fazer inalações.

I.na.lan.te *adj.2g.* **1.** Que se pode inalar. *s.m.* **2.** MED Substância própria para inalação.

I.na.lar *v.t.* **1.** Absorver por inalação. **2.** Fazer penetrar nas vias respiratórias. **3.** Aspirar o perfume ou a emanação de. **4.** Assimilar.

I.na.li.e.na.ção *s.f.* Estado daquilo que não se alienou.

I.na.li.e.nar *v.t.* Tornar inalienável.

I.na.li.e.ná.vel *adj.2g.* Que não se pode alienar ou transferir; intransferível. ● *Ant.: alienável.*

I.nal.te.rá.vel *adj.2g.* **1.** Que não pode ser alterado. **2.** Imperturbável, impassível, inabalável.

I.na.ne *adj.2g.* **1.** Que nada contém. **2.** Oco, vazio. **3.** Frívolo, fútil.

INANIÇÃO — INCITANTE

I.na.ni.ção *s.f.* **1.** Estado de inane, de vazio. **2.** Vacuidade. **3.** Extrema debilidade por falta de alimentação.

I.na.ni.da.de *s.f.* **1.** Qualidade de inane. **2.** FIG Vaidade, futilidade.

I.na.ni.ma.do *adj.* **1.** Que não tem vida. **2.** Sem ânimo. **3.** Que não tem vivacidade. **4.** Sem sentidos. **5.** Sem alma; morto.

I.na.nir *v.t.* **1.** Reduzir à inanição. *v.p.* **2.** Cair em inanição; debilitar-se.

I.na.pe.lá.vel *adj.* e *s.2g.* Que não admite apelo ou recurso; definitivo.

I.na.pe.tên.cia *s.f.* Falta de apetite. ● *Ant.: apetite.*

I.na.pe.ten.te *adj.2g.* Enfastiado; sem apetite.

I.na.pli.cá.vel *adj.2g.* **1.** Que não é aplicável ou não tem aplicação. **2.** Que não vem ao caso.

I.na.pre.en.sí.vel *adj.2g.* **1.** Que não pode ser apreendido; incompreensível.

I.na.pro.vei.tá.vel *adj.2g.* **1.** Que não pode ser aproveitado. **2.** De que não se pode tirar proveito.

I.nap.ti.dão *s.f.* Falta de aptidão; incapacidade. ● *Ant.: aptidão.*

I.nap.to *adj.* **1.** Que não é apto. **2.** Que não tem capacidade; inábil. ● *Ant.: apto, adequado.*

I.nar.rá.vel *adj.2g.* Que não se pode narrar; inenarrável.

I.nar.re.dá.vel *adj.2g.* **1.** Que não se pode arredar; irremovível. **2.** De que não é possível arredar-se ou afastar-se; a que se está firmemente preso.

I.nas.si.mi.lá.vel *adj.2g.* Que não se pode assimilar; não assimilável.

I.na.ta.cá.vel *adj.2g.* **1.** Que não se pode atacar ou censurar. **2.** Irrepreensível, incontestável. ● *Ant.: atacável.*

I.na.tin.gí.vel *adj.2g.* Que não se pode atingir; inacessível. ● *Ant.: atingível.*

I.na.ti.vi.da.de *s.f.* **1.** Qualidade de inativo. **2.** Inércia, indolência. ● *Ant.: atividade.*

I.na.ti.vo *adj.* **1.** Que não está em atividade. **2.** Paralisado. **3.** Reformado (militar). **4.** Aposentado (falando-se de funcionário público ou de empresa privada). ● *Ant.: ativo.*

I.na.to *adj.* **1.** Que nasce com o indivíduo; nato, congênito. **2.** Inerente. ● *Ant.: adquirido.*

I.nau.di.tis.mo *s.m.* Qualidade ou caráter de inaudito.

I.nau.di.to *adj.* **1.** Que nunca se ouviu dizer. **2.** De que não há exemplo. **3.** Extraordinário, incrível.

I.nau.dí.vel *adj.2g.* **1.** Que não se pode ouvir. **2.** Imperceptível ao ouvido. ● *Ant.: audível.*

I.nau.gu.ra.ção *s.f.* **1.** Ato solene com que se inaugura algo. **2.** Instalação, implantação. **3.** Ato de fundar ou inaugurar. ● *Ant.: encerramento.*

I.nau.gu.ral *adj.2g.* Que diz respeito a inauguração; inicial. ● *Ant.: final.*

I.nau.gu.rar *v.t.* **1.** Começar. **2.** Estabelecer ou expor pela primeira vez à vista ou ao público. **3.** Iniciar o funcionamento de. **4.** Fundar, instalar. **5.** Estrear; abrir. *v.p.* **6.** Ter início. ● *Ant.: encerrar.*

I.na.ve.gá.vel *adj.2g.* Que não pode ser navegado.

In.ca *s.m.* **1.** Indivíduo dos incas. *adj.2g.* **2.** Relativo aos incas.

In.ca.bí.vel *adj.2g.* Sem cabimento; inoportuno.

In.cal.cu.lá.vel *adj.2g.* Que não se pode calcular; muito numeroso. ● *Ant.: calculável.*

In.can.des.cên.cia *s.f.* **1.** Estado de um corpo incandescente. **2.** FIG Ardor.

In.can.des.cen.te *adj.* **1.** Que está em brasa. **2.** FIG Exaltado, ardente, acalorado, explosivo.

In.can.des.cer *v.t.* **1.** Tornar candente, pôr em brasa. **2.** Exaltar. *v.int.* **3.** Tornar-se candente. **4.** Exaltar-se.

In.can.sá.vel *adj.2g.* **1.** Que não se cansa; infatigável. **2.** Muito ativo ou laborioso.

In.ca.pa.ci.da.de *s.f.* Falta de capacidade; inabilidade, incompetência. ● *Ant.: capacidade.*

In.ca.pa.ci.tar *v.t.* e *p.* **1.** Tornar(-se) incapaz. **2.** Tirar a aptidão a.

In.ca.paz *adj.2g.* **1.** Que não é capaz. **2.** Que não tem capacidade legal. **3.** Impossibilitado. **4.** Inábil, incompetente. *s.2g.* **5.** Pessoa legalmente incapaz. ● *Ant.: capaz.*

In.cau.to *adj.* **1.** Que ou quem não tem cautela; imprudente. **2.** Crédulo, ingênuo.

In.cen.der *v.t.* **1.** Pôr fogo a. **2.** Fazer arder; inflamar. **3.** FIG Incitar, animar, estimular. *v.p.* **4.** Arder, inflamar-se. **5.** FIG Exaltar-se.

In.cen.di.á.rio *adj.* **1.** Que incendeia. **2.** Que é próprio para incendiar. **3.** FIG Excitante. *s.m.* **4.** Indivíduo que incendeia. **5.** Revolucionário exaltado; agitador.

In.cên.dio *s.m.* **1.** Ato ou efeito de incendiar. **2.** Fogo que lavra com intensidade e em altas chamas. **3.** FIG Grande ardor, grande entusiasmo. **4.** Calamidade. **5.** Conflagração.

In.cen.sar *v.t.* **1.** Perfumar ou defumar com incenso. **2.** FIG Elogiar em excesso. **3.** FIG Adular, bajular.

In.cen.sá.rio *s.m.* Incensório.

In.cen.so *s.m.* Substância extraída de várias plantas e que, ao queimar, exala odor agradável.

In.cen.só.rio *s.m.* Utensílio próprio para incensar.

In.cen.su.rá.vel *adj.2g.* Que não merece censura; correto.

In.cen.ti.var *v.t.* **1.** Dar incentivo a. **2.** Animar, estimular, incitar.

In.cen.ti.vo *s.m.* **1.** Aquilo que incita, estimula ou excita; estímulo. **2.** Gorjeta, gratificação.

In.cer.te.za (ê) *s.f.* **1.** Falta de certeza. **2.** Dúvida, imprecisão. **3.** Hesitação. **4.** Inconstância. ● *Ant.: certeza.*

In.ces.san.te *adj.* **1.** Que não cessa; contínuo. **2.** Assíduo, constante.

In.ces.to (é) *s.m.* União sexual ilícita entre parentes muito próximos.

In.ces.tu.o.so (ô) *adj.* **1.** Que cometeu incesto. **2.** Que provém de incesto.

In.cha.ção *s.f.* **1.** Ato ou efeito de inchar(-se). **2.** Edema, tumor. **3.** FIG Arrogância, vaidade. ◆ *Var. pop.: inchaço (s.m.).*

In.cha.ço *s.m.* POP Inchação.

In.cha.men.to *s.m.* O mesmo que *inchação.*

In.char *v.t.* **1.** Tornar túmido; intumescer. **2.** Aumentar o volume de. **3.** Empolar. **4.** Tornar vaidoso. **5.** Afetar, tornar enfático. *v.int.* e *p.* **6.** Orgulhar-se, envaidecer-se, inflar-se.

In.ci.dên.cia *s.f.* **1.** Ato ou efeito de incidir. **2.** Qualidade de incidente. **3.** Encontro de duas linhas ou superfícies.

In.ci.den.tal *adj.2g.* Relativo a incidente; episódico.

In.ci.den.te *adj.2g.* **1.** Que incide, que sobrevém; superveniente. *s.m.* **2.** Fato que sobrevém. **3.** Circunstância acidental; episódio.

In.ci.dir *v.t.* **1.** Cair sobre. **2.** Recair, pesar. **3.** Incorrer, acontecer, sobrevir. **4.** Coincidir. *v.int.* **5.** Recair.

In.ci.ne.ra.ção *s.f.* Ato ou efeito de incinerar.

In.ci.ne.ra.dor (ô) *adj.* e *s.m.* **1.** Que ou o que incinera. **1.1** Diz-se de ou aparelho próprio para realizar a incineração, esp. de lixo, resíduos industriais etc.

In.ci.ne.rar *v.t.* **1.** Queimar até reduzir a cinzas. **2.** Calcinar, cremar.

In.ci.pi.ên.cia *s.f.* Início, começo.

In.ci.pi.en.te *adj.2g.* **1.** Que começa. **2.** Que está no princípio; principiante, novato.

In.ci.são *s.f.* Corte, golpe, talho.

In.ci.sar *v.t.* Fazer incisão em; cortar, entalhar, fender.

In.ci.si.vi.da.de *s.f.* Qualidade ou caráter do que é incisivo.

In.ci.si.vo *adj.* **1.** Que corta. **2.** Eficaz. **3.** FIG Categórico, terminante, decisivo. **4.** FIG Diz-se do estilo conciso, mordaz e enérgico. *adj.* e *s.m.* **5.** Diz-se de, ou cada um dos dentes situados entre os caninos. ● *Ant.: dúbio* (acep. 3 e 4).

In.ci.so *adj.* **1.** Cortado ou ferido com o gume do objeto cortante. *s.m.* **2.** Subdivisão de artigos de leis, decretos, regulamentos etc.

In.ci.só.rio *adj.* Que corta; que é incisivo.

In.ci.ta.ção *s.f.* **1.** Ato ou efeito de incitar. **2.** Instigação. **3.** Aquilo que impele à ação; estímulo.

In.ci.ta.dor (ô) *adj.* e *s.m.* Que, ou aquele que incita.

In.ci.ta.men.to *s.m.* Incitação.

In.ci.tan.te *adj.2g.* Que incita.

INCITAR — INCONSOLÁVEL

In.ci.tar *v.t.* **1.** Dar disposição. **2.** Instigar, mover, impelir. **3.** Estimular, provocar. **4.** Açular (um animal). *v.p.* **5.** Estimular-se.

In.ci.vi.li.za.do *adj.* Que não é civilizado; grosseiro. ● *Ant.*: civilizado.

In.cle.mên.cia *s.f.* **1.** Falta de clemência. **2.** Crueldade, impiedade, violência. **3.** Severidade, rigor. ● *Ant.*: clemência.

In.cle.men.te *adj.2g.* **1.** Que não tem clemência. **2.** Cruel, desumano, impiedoso. **3.** Rigoroso, áspero, severo. ● *Ant.*: clemente.

In.cli.na.ção *s.f.* **1.** Ato ou efeito de inclinar(-se). **2.** Curvatura de parte do corpo em sinal de reverência; mesura. **3.** Afeição, simpatia. **4.** Tendência natural; queda. **5.** ASTRON Ângulo formado pelo plano da órbita de um planeta com o plano da eclíptica.

In.cli.nar *v.t.* **1.** Dar declive ou obliquidade a. **2.** Desviar do prumo. **3.** Pender, curvar. **4.** Tornar propenso. **5.** Predispor. **6.** Dirigir, direcionar. *v.p.* **7.** Curvar-se, abaixar-se. **8.** Curvar, pender. **9.** Ceder, concordar. **10.** Tender, propender. **11.** FIG Submeter-se.

In.cli.ná.vel *adj.2g.* Que se inclina facilmente.

In.clu.ir *v.t.* **1.** Encerrar, fechar (dentro de alguma coisa). **2.** Compreender, abranger. **3.** Inserir, introduzir. **4.** Envolver, implicar. *v.p.* **5.** Estar incluído ou inserido; inserir-se. **6.** Fazer parte.

In.clu.são *s.f.* Ato ou efeito de incluir(-se); incorporação. ● *Ant.*: exclusão.

In.clu.si.ve *adv.* Com inclusão de; até mesmo, também. ● *Ant.*: exclusive.

In.clu.si.vo *adj.* Que inclui, encerra, abrange.

In.clu.so *adj.* **1.** Que se inclui. **2.** Contido em; incluído.

In.co.er.ci.vel *adj.2g.* **1.** Que não pode ser coagido. **2.** Que não se pode coibir; irreprimível.

In.co.e.rên.cia *s.f.* **1.** Qualidade de incoerente. **2.** Falta de coerência; contradição. ● *Ant.*: coerência.

In.co.e.ren.te *adj.2g.* **1.** Que não tem coerência. **2.** Ilógico, contraditório. **3.** Disparatado, desconexo. ● *Ant.*: coerente.

In.óg.ni.ta *s.f.* **1.** MAT Valor desconhecido de uma equação ou de um problema. **2.** O que é desconhecido e se quer saber. **3.** Segredo, enigma, mistério.

In.cóg.ni.to *adj.* **1.** Que não é conhecido. **2.** Que não se dá a conhecer. *s.m.* **3.** O que é desconhecido. *adv.* **4.** Secretamente. ● *Ant.*: cógnito, conhecido.

In.cog.nos.cí.vel *adj.2g.* **1.** Que não se pode conhecer. *s.m.* **2.** O que é inacessível à inteligência humana.

In.co.lor (ô) *adj.* **1.** Sem cor, descolorido. **2.** FIG Sem partido, sem opinião. **3.** Sem atrativo; insípido. **4.** Dúbio, indeciso.

In.có.lu.me *adj.* **1.** São e salvo. **2.** Intacto, ileso. **3.** Que não sofreu dano. ● *Ant.*: ferido, atingido.

In.co.lu.mi.da.de *s.f.* Qualidade ou condição de incólume. **1.1** Isenção de perigo, de dano; segurança. **1.2** Situação do que está protegido e seguro (falando de bens que se quer proteger).

In.com.bus.tí.vel *adj.2g.* **1.** Que não é combustível. **2.** Que não queima. ● *Ant.*: combustível.

In.co.men.su.rá.vel *adj.2g.* **1.** Que não se pode medir. **2.** Muito grande; enorme, descomunal. ● *Ant.*: comensurável.

In.co.mes.tí.vel *adj.* Que não se pode comer. ● *Sinôn.*: incomível.

In.co.mo.dar *v.t.* **1.** Causar incômodo a. **2.** Molestar, inquietar. **3.** Desgostar por inadvertência. *v.p.* **4.** Aborrecer-se, zangar-se, irritar-se.

In.co.mo.da.ti.vo *adj.* Que causa incômodo.

In.cô.mo.do *adj.* **1.** Que é cômodo. **2.** Que incomoda, importuna, embaraça ou enfada. **3.** Molesto, desagradável, enfadonho, cansativo. *s.m.* **4.** Doença ligeira, mas frequente. **5.** Fluxo menstrual; importunação.

In.com.pa.rá.vel *adj.2g.* **1.** Que não pode ser comparado com outro; inigualável. **2.** Único, extraordinário. ● *Ant.*: comum.

In.com.pa.ti.bi.li.da.de *s.f.* Qualidade do que é incompatível.

In.com.pa.ti.bi.li.zar *v.t.* e *p.* Tornar(-se) incompatível; indispor (-se), inimizar(-se).

In.com.pa.tí.vel *adj.2g.* **1.** Que não é compatível. **2.** Que não pode existir juntamente com outro. **3.** Que apresenta ou manifesta oposição de caráter; inconciliável. ● *Ant.*: compatível.

In.com.pe.tên.cia *s.f.* **1.** Qualidade de quem é incompetente. **2.** Ignorância, inabilidade. ● *Ant.*: competência.

In.com.pe.ten.te *adj.2g.* **1.** Diz-se de, ou aquele que não é competente. **2.** Inábil, incapaz. ● *Ant.*: competente.

In.com.ple.to *adj.* Que não está completo; inacabado. ● *Ant.*: completo.

In.com.pre.en.di.do e *s.m.* Que, ou aquele que não é bem compreendido, avaliado ou julgado.

In.com.pre.en.são *s.f.* Falta de compreensão. ● *Ant.*: compreensão.

In.com.pre.en.sí.vel *adj.2g.* **1.** Que não se pode compreender. **2.** Ininteligível, obscuro; enigmático. ● *Ant.*: compreensível.

In.com.pre.en.si.vo *adj.* **1.** Cabeçudo, opiniático. **2.** Que não compreende as razões alheias. **3.** Não cordato.

In.co.mum *adj.2g.* **1.** Que não é comum. **2.** Extraordinário, raro. ● *Ant.*: comum, vulgar.

In.co.mu.ni.cá.vel *adj.2g.* **1.** Que não tem comunicação; inacessível. **2.** FIG Intratável, insociável.

In.co.mu.tá.vel *adj.2g.* Que não se pode comutar.

In.con.ce.bí.vel *adj.2g.* **1.** Que não se pode conceber; inaceitável. **2.** Inacreditável, extraordinário, incrível.

In.con.ci.li.á.vel *adj.2g.* Que não se pode conciliar ou harmonizar; incompatível.

In.con.clu.den.te *adj.2g.* De que não se tira uma conclusão; ilógico, disparatado.

In.con.clu.si.vo *adj.* **1.** Que não conclui, não é próprio para concluir. **2.** De que não se pode tirar conclusão. **3.** Que não encerra conclusão; que não resolve (questão, discussão, polêmica etc.).

In.con.clu.so *adj.* Que é ou não foi concluído; inacabado.

In.con.di.ci.o.nal *adj.2g.* **1.** Não sujeito a condições. **2.** Sem limites, sem restrições; ilimitado. ● *Ant.*: condicional.

In.con.fes.sá.vel *adj.2g.* Que não se pode confessar.

In.con.fi.dên.cia *s.f.* **1.** Falta de lealdade. **2.** Revelação de segredo. **3.** Abuso de confiança; infidelidade. ● *Ant.*: lealdade.

In.con.fi.den.te *adj.2g.* **1.** Que revela segredo. **2.** Que cometeu crime de inconfidência; infiel. *s.m.* **3.** Designação genérica dos cidadãos que tomaram parte na Inconfidência Mineira (1789).

In.con.for.mi.da.de *s.f.* Falta de conformidade.

In.con.for.mis.mo *s.m.* **1.** Estado de ânimo de quem está sempre em desacordo com os demais. **2.** Atitude de quem se mostra inconformado. ● *Ant.*: conformismo.

In.con.for.mis.ta *adj.2g.* Que adota o inconformismo.

In.con.fun.dí.vel *adj.2g.* **1.** Que não se pode confundir. **2.** Diferente, distinto.

In.con.gru.ên.cia *s.f.* **1.** Qualidade do que é incongruente; incompatibilidade. **2.** Ato incongruente.

In.con.gru.en.te *adj.2g.* **1.** Que não é congruente, que não convém; incompatível, impróprio, inconveniente.

In.co.nho *adj.* Que nasce unido a outro (fruto).

In.con.ju.gá.vel *adj.2g.* Que não se pode conjugar.

In.con.quis.tá.vel *adj.2g.* Que não se pode conquistar.

In.cons.ci.ên.cia *s.f.* **1.** Falta de consciência. **2.** Qualidade ou estado de inconsciente. **3.** Irreflexão, leviandade. **4.** Irresponsabilidade. ● *Ant.*: consciência.

In.cons.ci.en.te *adj.2g.* **1.** Que não é consciente. **2.** Que não tem consciência dos atos que pratica. **3.** Irresponsável, leviano. *s.2.* **4.** Pessoa que age sem consciência do que faz. *s.m.* **5.** PSICOL A parte da nossa vida psíquica da qual não temos consciência.

In.con.se.quên.cia *s.f.* **1.** Qualidade de inconsequente; contradição. **2.** Falta de nexo.

In.con.sis.tên.cia *s.f.* **1.** Qualidade de inconsistente. **2.** Falta de consistência. ● *Ant.*: consistência.

In.con.so.lá.vel *adj.2g.* Que não se pode consolar.

INCONSPÍCUO — INDA

In.cons.pí.cuo *adj.* **1.** Difícil de ver, distinguir ou notar; que não chama atenção. **1.1** Que tem dimensões reduzidas e, portanto, não é evidente (diz-se de órgão ou característica vegetal).

In.cons.tân.cia *s.f.* **1.** Falta de constância. **2.** Instabilidade, leviandade, volubilidade. **3.** Infidelidade. ● *Ant.: constância.*

In.cons.tan.te *adj.2g.* **1.** Que não é constante. **2.** Mutável, volúvel. **3.** Versátil. **4.** Incerto. **5.** Leviano, infiel. ● *Ant.: constante.*

In.cons.ti.tu.cio.nal *adj.2g.* **1.** Não constitucional. **2.** Que é contrário à Constituição do país. ● *Ant.: constitucional.*

In.con.sul.tá.vel *adj.2g.* Que não pode ou não deve ser consultado.

In.con.sú.til *adj.2g.* **1.** Que não tem costura. **2.** FIG Inteiriço.

In.con.tá.vel *adj.2g.* Impossível de contar; inumerável.

In.con.ten.tá.vel *adj.2g.* Que não se pode contentar.

In.con.tes.tá.vel *adj.2g.* Que não pode ser contestado. **2.** Inquestionável, indiscutível. ● *Ant.: contestável.*

In.con.tes.te *adj.2g.* Que não admite discussão.

In.con.ti.do *adj.* Que não pode ser contido.

In.con.ti.nên.cia *s.f.* **1.** Qualidade de incontinente; excesso, abuso, intemperança. **2.** Falta de moderação no falar. **3.** Falta de castidade; sensualidade. **4.** MED Emissão involuntária de urina ou matéria fecal.

In.con.ti.nen.te *adj.2g.* **1.** Diz-se daquele que tem incontinência; imoderado, sensual. *s.2g.* **2.** Pessoa imoderada em sensualidade. **3.** Pessoa que não tem moderação no falar. ◆ *Cf. incontinenti.*

In.con.ti.nen.ti (nên) *adv.* Imediatamente, sem demora. ◆ *Cf. incontinente.*

In.con.tro.lá.vel *adj.2g.* Que não pode ser controlado, fiscalizado; irrefreável.

In.con.tro.ver.so *adj.* Que não admite controvérsia; incontestável. ● *Ant.: controverso.*

In.con.ve.ni.ên.cia *s.f.* **1.** Falta de conveniência. **2.** Palavra ou ato inconveniente. **3.** Descortesia, grosseria. **4.** Estorvo, dificuldade. ● *Ant.: conveniência.*

In.con.ve.ni.en.te *adj.2g.* **1.** Que não é conveniente; inoportuno. **2.** Descortês, indiscreto. *s.m.* **3.** O que não convém ou é prejudicial. **4.** Estorvo, obstáculo, transtorno. **5.** Desvantagem, prejuízo. ● *Ant.: conveniente.*

In.con.ver.sí.vel *adj.2g.* Que não se pode trocar ou converter.

In.cor.po.ra.ção *s.f.* **1.** Ato ou efeito de incorporar(-se). **2.** Inclusão. **3.** Reunião, agrupamento. **4.** ESPIR Processo pelo qual o médium recebe o espírito de um morto.

In.cor.po.ra.dor *adj.* **1.** Que incorpora, incorporante. **2.** Aquele que incorpora. **3.** Fundador de uma sociedade anônima.

In.cor.po.ra.do.ra *s.f.* Firma ou empresa que incorpora.

In.cor.po.rar *v.t.* **1.** Juntar num só corpo. **2.** Unir, reunir (em um só todo). **3.** Admitir em corporação. **4.** Realizar contrato de opção de venda de um terreno para a construção de lojas ou apartamentos, em condomínio, pondo-se à venda, em prestações, as futuras unidades. *v.p.* **5.** Reunir-se, juntar-se. **6.** Entrar a fazer parte de (corporação). **7.** Congregar-se, reunir-se. **8.** ESPIR Materializar-se.

In.cor.pó.reo *adj.* **1.** Que não tem corpo. **2.** Imaterial, impalpável. ● *Ant.: corpóreo.*

In.cor.re.ção *s.f.* **1.** Falta de correção; erro, imperfeição. **2.** Ato ou procedimento incorreto.

In.cor.rer *v.t.* **1.** Incidir em. **2.** Atrair sobre si. **3.** Ficar compreendido, incluído.

In.cor.re.to *adj.* **1.** Que não é correto; errado. **2.** Desonesto, indigno. ● *Ant.: correto.*

In.cor.ri.gi.bi.li.da.de *s.f.* **1.** Defeito daquele ou daquilo que é incorrigível. **2.** Perseverança no erro, na culpa.

In.cor.ri.gí.vel *adj.2g.* **1.** Impossível de corrigir. **2.** Que não comporta emenda ou correção. **3.** Que reincide no erro ou no crime. ● *Ant.: corrigível.*

In.cor.rup.tí.vel *adj.2g.* **1.** Que não se deixa subornar ou corromper; íntegro, reto. **2.** Inalterável, eterno. ◆ *Var.: incorrutível.* ● *Ant.: corruptível.*

In.cor.rup.to *adj.* Que não se corrompe ou corrompeu; incorruptível. ◆ *Var.: incorruto.* ● *Ant.: corrupto.*

In.cre.du.li.da.de *s.f.* **1.** Qualidade de incrédulo. **2.** Falta de credulidade, de fé; descrença. ● *Ant.: credulidade.*

In.cré.du.lo *adj.* **1.** Que não crê facilmente; descrente. *s.m.* **2.** Indivíduo que não é crédulo. **3.** Ateu. ● *Ant.: crédulo.*

In.cre.men.ta.ção *s.f.* Ato ou efeito de incrementar(-se). ● *Pl.: incrementações.*

In.cre.men.tar *v.t.* **1.** Promover o desenvolvimento de; desenvolver. **2.** GÍR Animar, incitar.

In.cre.men.to *s.m.* **1.** Ato ou efeito de incrementar ou crescer; aumentar. **2.** Impulso progressista. **3.** Desenvolvimento, progresso, aumento.

In.cri.mi.na.ção *s.f.* **1.** Ato ou efeito de incriminar(-se). **2.** Acusação; culpabilidade.

In.cri.mi.nar *v.t.* **1.** Declarar ou ter por criminoso. **2.** Considerar como crime. **3.** Inculpar, denunciar; acusar. *v.p.* **4.** Culpar-se. **5.** Deixar transparecer a própria culpa.

In.cri.ti.cá.vel *adj.2g.* Que não é criticável.

In.crí.vel *adj.2g.* **1.** Em que não se acredita; inacreditável. **2.** Assombroso, extraordinário. **3.** Inexplicável. ● *Sup.abs.sint.: incredibilíssimo* (erud.). ● *Ant.: crível.*

In.crus.ta.ção *s.f.* **1.** Ato ou efeito de colocar, de introduzir uma coisa em outra. **2.** A coisa incrustada; embutido.

In.crus.tar *v.t.* **1.** Cobrir de camada mais ou menos espessa de qualquer substância. **2.** Adornar com incrustações ou embutidos. **3.** Inserir. **4.** Fixar. **5.** Embutir, marchetar, tauxiar. *v.p.* **6.** Fixar-se, gravar-se, aderir fortemente.

In.cu.ba.ção *s.f.* **1.** Ato ou efeito de incubar. **2.** MED Tempo que decorre entre a instalação/infectação de uma doença e sua manifestação. **3.** FIG Preparação, elaboração.

In.cu.ba.dei.ra *s.f.* Aparelho para chocar ovos de aves; chocadeira, incubadora.

In.cu.ba.do.ra (ô) *s.f.* **1.** Aparelho para incubação artificial; chocadeira. **2.** Recinto fechado e transparente, onde se mantém, por determinado período, recém-nascido prematuro ou muito frágil.

In.cu.bar *v.t.* **1.** Fazer germinar (ovos), natural ou artificialmente.

In.cul.ca.ção *s.f.* **1.** Insinuação de ideia ou sentimento. **2.** Condicionamento. ● *Pl.: inculcações.*

In.cul.car *v.t.* **1.** Propor, recomendar com elogio. **2.** Apontar, citar. **3.** Demonstrar, dar a entender. *v.p.* **4.** Apresentar-se, mostrar-se. **5.** Impor-se como vantajoso. **6.** Oferecer-se (como bom). **7.** Dar amostras de si. **8.** Descobrir-se, revelar-se.

In.cul.pa.bi.li.da.de *s.f.* Falta de culpabilidade.

In.cul.pá.vel *adj.2g.* Que não se pode culpar.

In.cul.po.so (ô) *adj.* Em que não há culpa.

In.cul.ti.vá.vel *adj.2g.* Que não se pode cultivar.

In.cul.to *adj.* **1.** Que não é culto ou instruído. **2.** Não cultivado (solo, terreno). **3.** Agreste, árido. ● *Ant.: culto, cultivado.*

In.cul.tu.ra *s.f.* Falta de cultura, de ilustração; ignorância.

In.cum.bên.cia *s.f.* **1.** Ato ou efeito de incumbir. **2.** Negócio ou responsabilidade que se incumbe a alguém.

In.cum.bir *v.t.* **1.** Dar incumbência ou encargo a; encarregar. **2.** Ser da obrigação ou do dever. **3.** Pertencer. **4.** Competir, caber. *v.p.* **5.** Tomar a seu encargo; encarregar-se.

In.cu.rá.vel *adj.2g.* **1.** Que não tem cura. **2.** Irremediável. **3.** Incorrigível.

In.cú.ria *s.f.* **1.** Pouco cuidado em fazer aquilo a que está obrigado ou que convém. **2.** Negligência, descuido, desleixo. **3.** Inércia.

In.cur.são *s.f.* **1.** Invasão militar ou de malfeitores. **2.** Ato de investir em terra estranha; penetração. **3.** FIG Contaminação.

In.cur.si.o.nar *v.t.* **1.** Entrar, penetrar, realizar incursão por.

In.cur.so *adj.* **1.** Que se acha comprometido (em culpa, penalidade etc.). *s.m.* **2.** Ato de incorrer; incursão.

In.cu.tir *v.t.* **1.** Introduzir, fazer penetrar no ânimo de; infundir. **2.** Sugerir, inspirar.

In.da *adv.* Ainda.

INDAGAÇÃO — INDIGENTE

In.da.ga.ção *s.f.* **1.** Ato ou efeito de indagar. **2.** Investigação, inquirição.

In.da.gar *v.t.* **1.** Buscar a verdade informando-se, perguntando com habilidade. **2.** Averiguar, pesquisar. **3.** Fazer indagações ou averiguações. **4.** Inquirir, interrogar. **5.** Investigar, procurar saber.

In.da.ga.ti.vo *adj.* **1.** Que serve para indagar. **2.** Próprio de quem indaga.

In.da.ga.tó.rio *adj.* Indagativo.

In.dai.á *s.m.* BOT Nome de várias palmeiras do Brasil.

In.dé.bi.to *adj.* Indevido; que não tem razão de ser.

In.de.cên.cia *s.f.* **1.** Qualidade de indecente. **2.** Ato ou dito indecente. **3.** Falta de decência. **4.** Imoralidade, obscenidade. ◆ Cf. *indeiscência*.

In.de.cen.te *adj.2g.* **1.** Falta de decência. **2.** Indecoroso, desonesto, imoral. ◆ Cf. *indeiscente*.

In.de.ci.fra.bi.li.da.de *s.f.* **1.** Qualidade do que é indecifrável. **2.** Fato de ser indecifrável.

In.de.ci.frá.vel *adj.2g.* Que não se pode decifrar.

In.de.ci.são *s.f.* **1.** Qualidade de indeciso. **2.** Falta de espírito de decisão. **3.** Perplexidade, hesitação.

In.de.ci.so *adj.* **1.** Duvidoso, irresoluto. **2.** Que não está decidido. **3.** Hesitante, perplexo. **4.** Indistinto, tênue, vago.

In.de.cli.ná.vel *adj.2g.* Que não se pode declinar.

In.de.com.po.ní.vel *adj.2g.* Que não se pode decompor.

In.de.co.ro.so *adj.* **1.** Contrário ao decoro. **2.** Indigno, vergonhoso, indecente. ◆ *Ant.: decente.*

In.de.fec.tí.vel *adj.2g.* **1.** Que não falha; infalível. **2.** Que não se destrói nem perece; indestrutível.

In.de.fen.so *adj.* **1.** Que não tem defesa; indefeso. **2.** Desarmado.

In.de.fe.rir *v.t.* Despachar desfavoravelmente; não deferir. ◆ *Ant.: deferir.*

In.de.fe.so (ê) *adj.* **1.** Sem defesa; desarmado. ◆ Cf. *indefeso.*

In.de.fi.ni.ção *s.f.* Caráter ou estado do que se mostra indefinido, indeterminado, incerto, vago. **2.** Caráter, estado ou atitude de quem não se define, de quem evita emitir opinião, tomar posição ou ação. ● *Pl.: indefinições.*

In.de.fi.ni.do *adj.* **1.** Não delimitado. **2.** Impreciso, vago, genérico. **3.** GRAM Diz-se do artigo (*um, uma, uns, umas*) ou pronome (*algum, cada, certo, qualquer, muito, nenhum, pouco* etc.) que apresenta generalidade ou indeterminação. *s.m.* **4.** O que não tem limites determinados.

In.de.lé.vel *adj.2g.* Que não se pode delir, apagar ou remover; indestrutível.

In.de.li.ca.de.za (ê) *s.f.* **1.** Falta de delicadeza. **2.** Descortesia, impolidez. **3.** Ação ou palavra indelicada; grosseria. ● *Ant.: delicadeza.*

In.de.li.ca.do *adj.* Que não tem delicadeza; grosseiro, rude, descortês. ◆ *Ant.: delicado.*

In.de.mons.tra.bi.li.da.de *s.f.* Impossibilidade de ser demonstrado.

In.de.mons.trá.vel *adj.2g.* Que não se pode demonstrar.

In.de.ne *adj.2g.* **1.** Que não sofreu dano ou prejuízo. **2.** Incólume, ileso.

In.de.ni.da.de *s.f.* **1.** Qualidade de indene. **2.** Perdão de culpa.

In.de.ni.za.ção *s.f.* **1.** Ato ou efeito de indenizar. **2.** Reparação de dano. **3.** Quantia com que se indeniza.

In.de.ni.zar *v.t.* **1.** Dar indenização a. **2.** Reparar, ressarcir. *v.p.* **3.** Receber compensação ou indenização.

In.de.pen.dên.cia *s.f.* Qualidade de independente; estado ou caráter de independente; emancipação, autonomia. ● *Ant.: dependência.*

In.de.pen.den.te *adj.2g.* **1.** Que não é dependente; que não depende de nada nem de ninguém. **2.** Que tem autonomia política (país); autônomo, livre. ● *Ant.: dependente.*

In.de.pen.der *v.t.* Não depender de, não subordinar a.

In.des.cri.tí.vel *adj.2g.* **1.** Que não se pode descrever. **2.** Maravilhoso, inenarrável, extraordinário.

In.des.cul.pá.vel *adj.2g.* Que não se pode desculpar; imperdoável.

In.de.se.já.vel *adj.2g.* **1.** Que não é desejável. **2.** Detestável. **3.** Ruim, mau. **4.** Qualificativo do estrangeiro considerado nocivo aos interesses do país. ● *Ant.: desejável.*

In.des.tru.ti.bi.li.da.de *s.f.* Qualidade de indestrutível.

In.des.tru.tí.vel *adj.2g.* **1.** Que não pode se destruir; indelével. **2.** Inalterável, inabalável.

In.de.ter.mi.na.ção *s.f.* **1.** Falta de determinação. **2.** Falta de decisão; indefinição. ● *Ant.: determinação, decisão.*

In.de.ter.mi.na.do *adj.* **1.** Sem determinação. **2.** Não determinado. **3.** Indefinido, vago. **4.** Indeciso, irresoluto. **5.** GRAM Diz-se do sujeito que não está expresso na oração. *s.m.* **6.** Aquilo que é vago, impreciso. ◆ *Ant.: determinado, decidido.*

In.de.ter.mi.nar *v.t.* Tornar indeterminado.

In.de.vas.sa.do *adj.* Que não está devassado.

In.de.vi.do *adj.* **1.** Não devido, imerecido. **2.** Impróprio, inconveniente. **3.** Exagerado, excessivo.

Ín.dex (cs) *s.m.* **1.** Índice. **2.** Catálogo dos livros condenados pela Igreja Católica. *adj.* **3.** Diz-se do dedo chamado indicador. ● *Pl.: índices.*

In.de.xa.ção (cs) *s.f.* **1.** Ato ou efeito de indexar. **2.** Variação automática em função de um índice cuja variação se pode determinar.

In.de.xar (cs) *v.t.* Ligar a variação de título, salário etc. a um elemento (dólar, ouro etc.) de referência.

In.dez *adj.* e *s.m. Var.: endez.*

In.di.a.no *adj.* **1.** Relativo à Índia, país da Ásia. *s.m.* **2.** O natural da Índia; hindu.

In.di.ca.ção *s.f.* **1.** Ato ou efeito de indicar. **2.** Roteiro. **3.** Sinal, indício.

In.di.ca.dor *adj.* **1.** Que indica. **2.** Diz-se do dedo que fica entre o polegar e o médio. *s.m.* **3.** Aparelho que indica a tensão do vapor nas máquinas. **4.** Livro ou caderno de indicações úteis. **5.** O dedo indicador.

In.di.car *v.t.* **1.** Apontar, mostrar com o dedo ou por meio de um sinal qualquer. **2.** Designar. **3.** Aconselhar, recomendar. **4.** Dar a conhecer. **5.** Demonstrar, revelar, apontar. **6.** Enunciar.

In.di.ca.ti.vo *adj.* **1.** Indicador. *s.m.* **2.** Sinal, indício. **3.** GRAM Modo verbal em que a ação se apresenta certa e real.

Ín.di.ce *s.m.* **1.** Lista de capítulos ou seções de uma obra, com indicação da página em que começam. **2.** Catálogo, tabela, lista. **3.** Relação alfabética. **4.** Sinal, indicativo. **5.** Tudo que denota uma qualidade. **6.** MAT O grau de uma raiz.

In.di.ci.a.ção *s.f.* **1.** Ato ou efeito de indiciar. **2.** Revelação. **3.** Acusação.

In.di.ci.a.men.to *s.m.* Indiciação.

In.di.ci.ar *v.t.* **1.** Dar indício, mostrar por indícios. **2.** Denunciar, acusar.

In.dí.cio *s.m.* **1.** Indicação, sinal, vestígio que mostra ou faz descobrir uma coisa embora sem constituir prova convincente. **2.** JUR Prova circunstancial.

In.di.fe.ren.ça *s.f.* **1.** Qualidade de indiferente. **2.** Falta de cuidado, de zelo. **3.** Desinteresse, apatia. **4.** Negligência. ● *Ant.: interesse.*

In.di.fe.ren.te *adj.2g.* **1.** Que não manifesta interesse por coisa alguma; apático. **2.** Que não se importa; insensível. **3.** Que mostra indiferença. **4.** Que não é bom nem mau. *s.2g.* **5.** Pessoa que não tem afeição nem ódio a outra. **6.** Indivíduo que não se interessa por nada (como futebol, religião, política etc.). ● *Ant.: interessado.*

In.dí.ge.na *adj.* e *s.2g.* **1.** Diz-se de, ou pessoa natural do lugar ou país em que habita. *s.m.* **2.** Primitivo habitante das Américas antes do descobrimento. ● *Ant.: alienígena.*

In.di.gên.cia *s.f.* **1.** Qualidade ou estado de indigente. **2.** Falta das coisas mais necessárias à vida. **3.** Pobreza extrema, miséria. **4.** Os indigentes em geral. ◆ *Ant.: opulência, riqueza.*

In.di.ge.nis.mo *s.m.* Conjunto de estudos e conhecimentos sobre os problemas indígenas brasileiros.

In.di.gen.te *adj.* e *s.2n.* Diz-se de, ou pessoa cuja condição é de extrema miséria; mendigo.

INDIGESTÃO — INDULTO

In.di.ges.tão *s.f.* **1.** Perturbação passageira das funções digestivas pelo excesso ou má qualidade dos alimentos. **2.** Ato de fartar-se.

In.di.ges.to (é) *adj.* **1.** Difícil de digerir. **2.** Que pode causar indigestão. **3.** FIG Enfadonho, aborrecido. **4.** Sem nexo.

In.dig.na.ção *s.f.* **1.** Sentimento de revolta, inspirado pelo que é indigno. **2.** Raiva, ódio. **3.** Ira, cólera. **4.** Repulsa, aversão. • *Ant.: serenidade.*

In.dig.nar *v.t.* **1.** Causar indignação a. **2.** Encher de indignação; revoltar. *v.p.* **3.** Sentir indignação. **4.** Encolerizar-se, irar-se, revoltar-se.

In.dig.ni.da.de *s.f.* **1.** Qualidade do que é indigno. **2.** Falta de dignidade. **3.** Ação indigna; afronta. • *Ant.: dignidade.*

In.dig.no *adj.* **1.** Que não é digno. **2.** Diz-se de pessoa que não merece o que tem. **3.** Sórdido, torpe, vil, desprezível. **4.** Inconveniente. • *Ant.: digno.*

Ín.di.go *s.m.* **1.** Substância corante para tingir de azul; anil. **2.** Azul violeta profundo. *adj.* **3.** Que tem essa cor. • Como adj. é invariável: *Camisas índigo.*

Ín.dio *adj.* e *s.m.* **1.** Indiano. **2.** Aborígine, indígena. *s.m.* **3.** Aborígine da América. **4.** Indivíduo destemido e disposto. **5.** QUÍM Elemento químico, metal branco, mole e dúctil, de símbolo In e número atômico 49.

In.di.re.ta *s.f.* Alusão disfarçada e maliciosa.

In.di.re.to *adj.* **1.** Não direto. **2.** Ambíguo, duvidoso. **3.** Que se faz com desvios, interrupções, rodeios; oblíquo. **4.** Disfarçado, dissimulado. **5.** GRAM Diz-se do objeto que completa o sentido do predicado verbal, ligando-se ao verbo por meio de preposição.

In.dis.cer.ní.vel *adj.2g.* Que não se pode discernir.

In.dis.ci.pli.na *s.f.* **1.** Falta de disciplina. **2.** Desordem, anarquia. **3.** Desobediência. • *Ant.: disciplina, ordem.*

In.dis.cre.to *adj.* **1.** Que não é discreto; inconfidente. **2.** Leviano. **3.** Tagarela, fofoqueiro, linguarudo. **4.** Intrometido, bisbilhoteiro. **5.** Mexeriqueiro. *s.m.* **6.** O que não tem discrição. • *Ant.: discreto.*

In.dis.cri.ção *s.f.* **1.** Falta de discrição. **2.** Ato, palavra ou dito indiscreto; bisbilhotice. • *Ant.: discrição.*

In.dis.cri.mi.na.ção *s.f.* Falta de discriminação; indistinção. • *Pl.: indiscriminações.*

In.dis.cri.mi.na.do **1.** Sem discriminação. **2.** Indistinto, misturado. • *Ant.: discriminado.*

In.dis.cu.tí.vel *adj.2g.* **1.** Que não é discutível. **2.** Que não admite discussão; incontestável. • *Ant.: discutível.*

In.dis.far.çá.vel *adj.2g.* **1.** Que não se pode disfarçar ou dissimular. **2.** Claro, evidente.

In.dis.pen.sá.vel *adj.2g.* **1.** Que não se pode dispensar. **2.** Imprescindível, necessário, essencial. *s.m.* **3.** Aquilo que é indispensável. • *Ant.: dispensável.*

In.dis.po.ní.vel *adj.2g.* De que não se pode dispor; inalienável. • *Ant.: disponível.*

In.dis.por *v.t.* **1.** Destruir ou alterar a boa disposição de. **2.** Alterar levemente a saúde. **3.** Fazer zangar-se; irritar. **4.** Malquistar, inimizar. *v.p.* **5.** Zangar-se, irritar-se.

In.dis.po.si.ção *s.f.* **1.** Pequena alteração na saúde; mal-estar. **2.** Falta de disposição. **3.** Desavença, inimizade, zanga. **4.** Má vontade, aversão. • *Ant.: disposição.*

In.dis.pos.to (ô) *adj.* **1.** Ligeiramente doente; incomodado. **2.** Agastado, mal-humorado, irritado, zangado. • *Ant.: disposto.*

In.dis.pu.tá.vel *adj.2g.* Que não se pode disputar; inquestionável.

In.dis.si.mu.lá.vel *adj.2g.* Que não se pode dissimular; indisfarçável.

In.dis.so.lú.vel *adj.2g.* **1.** Que não se pode dissolver. **2.** Permanente. • *Ant.: solúvel.*

In.dis.tin.guí.vel *adj.2g.* Que não se pode distinguir.

In.dis.tin.to *adj.* Que não é distinto. • *Ant.: distinto.*

In.di.to.so *adj.* **1.** Que não tem dita. **2.** Desditoso, infeliz, desventurado. • *Ant.: ditoso.*

In.di.vi.du.al *adj.2g.* **1.** Relativo ou pertencente ao indivíduo. **2.** Próprio para uma só pessoa; particular, pessoal. **3.** Separado; particular. **4.** Executado por uma só pessoa. *s.m.* **5.** No futebol, treino sem bola, caracterizado por exercícios físicos. • Opõe-se a *coletivo*, ou ò treino com bola. • *Ant.: geral, coletivo.*

In.di.vi.du.a.li.da.de *s.f.* **1.** Conjunto das qualidades que caracterizam um indivíduo. **2.** Personalidade, pessoa. **3.** Originalidade.

In.di.vi.du.a.lis.mo *s.m.* **1.** Doutrina que sobrepõe os interesses individuais aos coletivos. **2.** Egoísmo, egocentrismo.

In.di.vi.du.a.lis.ta *adj.2g.* e *s.2g.* **1.** Que ou aquele que é a favor do individualismo. **2.** Que ou aquele que afirma sua individualidade pela independência de ações e pensamento. **3.** Que ou aquele que manifesta egoísmo. *adj.2g.* **4.** Relativo a individualismo.

In.di.vi.du.a.li.za.ção *s.f.* **1.** Processo pelo qual um organismo, esp. um indivíduo, se torna diferente de todos os outros. **2.** Processo pelo qual um observador percebe a pessoa como um indivíduo. **3.** Método de ensino que realça a adaptação do processo educativo segundo as diferentes necessidades pessoais dos alunos. • *Pl.: individualizações.*

In.di.vi.du.a.li.zan.te *adj.2g.* Individualizador.

In.di.vi.du.a.li.zar *v.t.* **1.** Tornar individual. **2.** Caracterizar, particularizar. *v.p.* **3.** Tornar-se individual. • *Ant.: generalizar.*

In.di.ví.duo *s.m.* **1.** Ente ou ser que constitui um todo distinto em relação à espécie. **2.** Exemplar de uma espécie. **3.** FAM Sujeito, tipo, criatura; cidadão. **4.** Homem indeterminado, de quem se fala com desprezo. *adj.* **5.** Indiviso, indivisível.

In.di.vi.sí.vel *adj.* e *s.2g.* Que, ou o que não se pode dividir. • *Ant.: divisível.*

In.di.zí.vel *adj.2g.* **1.** Que não se pode dizer. **2.** Incrível, extraordinário.

In.dó.cil *adj.2g.* **1.** Que não é dócil; hostil. **2.** Indomável, indomesticável. **3.** Insubmisso, rebelde. • *Sup.abs.sint.: indocílimo.* • *Ant.: dócil.*

In.do.eu.ro.peu *adj.* **1.** Referente à Índia e à Europa. *s.m.* **2.** Indivíduo pertencente à família indo-europeia.

Ín.do.le *s.f.* **1.** Propensão natural do ânimo. **2.** Condição especial. **3.** Tendência, inclinação, característica. **4.** Temperamento.

In.do.lên.cia *s.f.* **1.** Qualidade de indolente. **2.** Apatia, negligência; insensibilidade.

In.do.len.te *adj.2g.* **1.** Insensível à dor. **2.** Sem sensibilidade moral. **3.** Negligente, desleixada, descuidado. **4.** Pouco ativo; preguiçoso. **5.** Ocioso, inerte.

In.do.lor (ô) *adj.* Sem dor.

In.do.má.vel *adj.2g.* **1.** Que não se pode domar ou amansar; indisciplinável. **2.** Inflexível, irredutível. **3.** Inconquistável, invencível. • *Ant.: domável.*

In.do.mes.ti.cá.vel *adj.2g.* **1.** Que não se pode domesticar. **2.** Selvagem, bravio.

In.dô.mi.to *adj.* **1.** Não domado, não vencido. **2.** Selvagem, bravio, indomável. **3.** FIG Soberbo, arrogante.

In.do.né.sio *adj.* **1.** Relativo à Indonésia, país da Ásia. *s.m.* **2.** O natural da Indonésia. **3.** A língua falada nesse país.

In.dou.to *adj.* Não douto, ignorante.

In.du.bi.tá.vel *adj.2g.* **1.** Que não oferece dúvida. **2.** Inconteste, evidente, certo. • *Ant.: contestável.*

In.du.ção *s.f.* **1.** Ato ou efeito de induzir. **2.** Raciocínio que consiste em inferir de fatos particulares uma conclusão geral. **3.** Conclusão tirada de fato indiretamente provado.

In.dul.gên.cia *s.f.* **1.** Qualidade ou ação de indulgente. **2.** Remissão plena das penas temporais. **3.** Perdão, indulto. • *Ant.: severidade.*

In.dul.gen.ci.ar *v.t.* Tratar com indulgência, sem severidade.

In.dul.gen.te *adj.2g.* **1.** Que tem disposição para perdoar. **2.** Clemente, tolerante. • *Ant.: severo.*

In.dul.tar *v.t.* **1.** Conceder indulto a; perdoar. *v.p.* **2.** Desculpar-se, justificar-se.

In.dul.tá.rio *adj.* Que goza de indulto.

In.dul.to *s.m.* **1.** Comutação de pena. **2.** Perdão, graça. **3.** Decreto pelo qual se dá indulto.

INDUMENTÁRIA — INFÂNCIA

in.du.men.tá.ria *s.f.* **1.** Arte ou história do vestuário. **2.** Traje, vestuário típico de um povo ou de uma região.

in.du.men.tá.rio *adj.* Relativo a vestuário.

in.dús.tria *s.f.* **1.** Conjunto dos trabalhos de que deriva a produção da riqueza. **2.** As operações que transformam a matéria-prima em bens de consumo e de produção. **3.** O conjunto das fábricas. **4.** Fábrica. **5.** Destreza ou habilidade na execução de um trabalho manual. **6.** Ofício, arte. **7.** Aptidão. **8.** FIG Invenção, engenho. **9.** Especulação, astúcia.

in.dus.tri.al *adj.2g.* **1.** Relativo à indústria. **2.** Diz-se do local (Estado, cidade, região etc.) onde a indústria é importante. *s.2g.* **3.** Proprietário de indústria ou fábrica.

in.dus.tria.li.za.ção *s.f.* **1.** Ato ou efeito de industrializar(-se). **2.** Processo social e econômico que se caracteriza pela implantação ou desenvolvimento de uma intensa atividade industrial.

in.dus.tria.li.zar *v.t.* **1.** Tornar industrial. **2.** Dar caráter industrial a. *v.p.* **3.** Tornar-se industrial (país, região, cidade).

in.dus.tri.á.rio *s.m.* Aquele que trabalha na indústria; operário.

in.dus.tri.o.so (ô) *adj.* **1.** Que tem habilidade. **2.** Feito com indústria ou engenho. **3.** Engenhoso, inventivo. **4.** Astuto, sagaz.

in.du.ti.vo *adj.* Que induz; que procede por indução: *Método indutivo.* ● *Ant.: dedutivo.*

in.du.tor *adj.* **1.** Que induz; instigador. **2.** FÍS Que produz indução. *s.m.* **3.** FÍS Circuito que produz a indução elétrica.

in.du.zi.men.to *s.m.* Ação ou efeito de induzir; indução, incitação.

in.du.zir *v.t.* **1.** Instigar, levar ou persuadir a praticar determinado ato. **2.** Aconselhar. **3.** Mover, arrastar, fazer cair (em erro). **4.** Causar, provocar. **5.** Concluir, deduzir. ● *Ant.: dissuadir.*

i.ne.bri.ar *v.t.* **1.** Tornar momentaneamente ébrio. **2.** Extasiar, deliciar, causar embevecimento. *v.p.* **3.** Tornar-se ébrio; extasiar-se.

i.ne.di.tis.mo *s.m.* Qualidade do que é inédito.

i.né.di.to (ê) *adj.* **1.** Não publicado; que ainda não foi impresso. **2.** FIG Original; nunca visto. *s.m.* **3.** Aquilo que é novo, desconhecido. **4.** Obra que ainda não foi publicada.

i.ne.fá.vel *adj.2g.* **1.** Que não se pode exprimir com palavras. **2.** Inexprimível, indescritível. **3.** FIG Maravilhoso, inebriante, encantador.

i.ne.fi.cá.cia *s.f.* **1.** Qualidade de ineficaz; falta de eficácia. **2.** Inutilidade; insuficiência. ● *Ant.: eficácia.*

i.ne.fi.caz *adj.2g.* **1.** Que não dá resultado. **2.** Que não produz efeito. **3.** Inútil, ineficiente. ● *Sup.abs.sint.: ineficacíssimo.* ● *Ant.: eficaz.*

i.ne.fi.ci.ên.cia *s.f.* Falta de eficiência. ● *Ant.: eficiência.*

i.ne.fi.ci.en.te *adj.2g.* **1.** Que não é eficiente; que não tem eficiência. **2.** Incompetente, incapaz. ● *Ant.: eficiente.*

i.ne.gá.vel *adj.2g.* **1.** Que não se pode negar. **2.** Incontestável, evidente, certo, irrefutável. ● *Ant.: contestável.*

i.ne.go.ci.á.vel *adj.2g.* Que não se pode negociar. ● *Ant.: negociável.*

i.ne.le.gí.vel *adj.2g.* Que não pode ser eleito.

i.ne.lu.tá.vel *adj.2g.* **1.** Contra que não se pode lutar. **2.** Irresistível, invencível. **3.** Inevitável.

i.ne.nar.rá.vel *adj.2g.* **1.** Que não se pode narrar ou contar. **2.** Indescritível, inexprimível.

i.nép.cia *s.f.* **1.** Falta de inteligência. **2.** Imbecilidade, estupidez. **3.** Ato ou dito inepto, absurdo, tolo. **4.** Incapacidade.

i.ne.qua.ção *s.f.* Desigualdade entre duas expressões matemáticas, cujo objetivo é determinar os valores das variáveis que satisfazem a desigualdade. ● *Pl.: inequações.*

i.ne.quí.vo.co *adj.* **1.** Em que não há equívoco. **2.** Claro, evidente.

i.nér.cia *s.f.* **1.** Qualidade ou estado de inerte; inação. **2.** Falta de ação ou atividade; preguiça, indolência. **3.** FÍS Propriedade que têm os corpos de ficar no estado de repouso ou de movimento, até que intervenha uma força que os faça sair desse estado.

i.ne.ren.te *adj.2g.* **1.** Que faz parte de alguma coisa. **2.** Intimamente unido; inseparável.

i.ner.var *v.t.* Fazer nervuras em.

i.nes.cru.pu.lo.so (ô) *adj.* **1.** Que não tem escrúpulos. **2.** Que não é meticuloso. ● *Ant.: escrupuloso.*

i.nes.cru.tá.vel *adj.2g.* **1.** Que não se pode pesquisar. **2.** Que não se pode indagar. **3.** Impenetrável, insondável.

i.nes.cu.sá.vel *adj.2g.* **1.** Que não se pode dispensar. **2.** Indesculpável.

i.nes.go.tá.vel *adj.2g.* **1.** Que não se pode esgotar. **2.** Abundante, copioso. ● *Ant.: escasso.*

i.nes.pe.ra.do *adj.* Não esperado; imprevisto, repentino. ● *Ant.: esperado.*

i.nes.que.cí.vel *adj.2g.* **1.** Que não se pode esquecer; inolvidável.

i.nes.ti.má.vel *adj.2g.* **1.** Que não se pode estimar ou avaliar. **2.** Inapreciável. **3.** Que se tem em grande estima, apreço ou consideração. **4.** Que tem um valor enorme; incalculável.

i.ne.vi.tá.vel *adj.2g.* Que não se pode evitar; fatal. ● *Ant.: evitável.*

i.ne.xa.to (z) *adj.* Em que há erro. ● *Ant.: exato.*

i.ne.xau.rí.vel (z) *adj.2g.* Que não pode ser esgotado; inesgotável. ● *Ant.: exaurível.*

i.nex.ce.dí.vel *adj.2g.* Que não pode ser excedido ou ultrapassado; insuperável.

i.ne.xe.quí.vel (z) *adj.2g.* Que não se pode executar. ● *Ant.: exequível.*

i.ne.xis.tên.cia (z) *s.f.* **1.** Falta de existência. **2.** Qualidade de inexistente. **3.** Carência, falta. ● *Ant.: existência.*

i.ne.xis.ten.te (z) *adj.2g.* Que não existe. ● *Ant.: existente.*

i.nex.xis.tir (z) *v.t.* Não existir.

i.ne.xo.rá.vel (z) *adj.2g.* **1.** Que não se deixa comover ou aplacar. **2.** Insensível, inflexível.

i.ne.pe.ri.ên.cia *s.f.* **1.** Falta de experiência. **2.** Qualidade de quem é inexperiente; ingenuidade. **3.** Imperícia. ● *Ant.: experiência.*

i.nex.pe.ri.en.te *adj.2g.* **1.** Que não é experiente; novato. **2.** Ingênuo, inocente. ● *Ant.: experiente.*

i.nex.pli.cá.vel (es) *adj.2g.* **1.** Que não tem explicação. **2.** Enigmático, obscuro. **3.** Indecifrável, incompreensível. ● *Ant.: explicável.*

i.nex.plo.ra.do (es) *adj.* **1.** Que não foi explorado ou ainda está por explorar. **2.** Desconhecido. ● *Ant.: explorado.*

i.nex.plo.rá.vel *adj.2g.* Não explorável.

i.nex.pres.sá.vel *adj.2g.* Que não pode ser expresso; inexprimível.

i.nex.pres.si.vi.da.de *s.f.* Qualidade do que é inexpressivo; falta de expressividade.

i.nex.pres.si.vo (es) *adj.* Sem expressão ou vivacidade; frio. ● *Ant.: expressivo.*

i.nex.pri.mí.vel (es) *adj.2g.* **1.** Que não se pode exprimir. **2.** Indizível, encantador.

i.nex.pug.ná.vel (es) *adj.2g.* **1.** Que não se pode vencer ou tomar de assalto; invencível. **2.** Insuperável. **3.** FIG Intrépido.

i.nex.tin.guí.vel (es) *adj.2g.* Que não se pode extinguir ou fazer cessar.

i.nex.tin.to (es) *adj.* Que não se extinguiu. ● *Ant.: extinto.*

i.nex.tir.pá.vel (es) *adj.2g.* **1.** Que não se pode extirpar ou arrancar. **2.** Indestrutível.

i.nex.tri.cá.vel (es) *adj.2g.* **1.** Que não se pode desatar ou desenredar. **2.** Emaranhado, enredado. ● *Var.: inextrincável.*

in.fa.lí.vel *adj.2g.* **1.** Que não pode falhar. **2.** Que nunca se engana ou erra. **3.** Preciso, exato. **4.** Que não pode deixar de acontecer; certo. ● *Ant.: falível.*

in.fa.mar *v.t.* **1.** Tornar infame. **2.** Manchar a honra ou a reputação de. **3.** Atribuir infâmia a; difamar.

in.fa.me *adj.2g.* **1.** Que não tem fama. **2.** Torpe, abjeto, baixo, vil. **3.** Que pratica infâmias. **4.** Muito ruim; péssimo. *s.2g.* **5.** Pessoa que pratica atos infames. ● *Sup.abs.sint.: infamíssimo.*

in.fâ.mia *s.f.* **1.** Má fama. **2.** Torpeza, desonra, ignomínia. **3.** Ato ou dito infame, vergonhoso. ● *Ant.: honra, glória.*

in.fân.cia *s.f.* **1.** Primeiro período da existência humana, que vai do nascimento à adolescência; meninice. **2.** As crianças em geral. **3.** Começo, origem, início. **4.** FIG Primeiro período de um povo, uma sociedade, uma instituição etc. ● *Ant.: velhice.*

INFANTARIA — INFLUENCIAR

In.fan.ta.ri.a *s.f.* Tropa militar com exclusão dos caçadores, que faz serviço a pé. ◆ *Var.: infantaria.*

In.fan.te *adj.2g.* **1.** Infantil. *s.m.* **2.** Criança que ainda não fala. *s.2g.* **3.** Filho(a) dos reis de Portugal ou Espanha, mas não herdeiro da coroa. **4.** *s.m.* Soldado de infantaria. ● *Fem.: infanta.*

In.fan.te.ri.a *s.f.* ⇒ Infantaria.

In.fan.ti.cí.dio *s.m.* Assassinato de criança, principalmente recém-nascida.

In.fan.til *adj.2g.* **1.** Relativo a, ou próprio de criança; pueril. **2.** Ingênuo, inocente. **3.** Tolo.

In.fan.ti.lis.mo *s.m.* **1.** MED Estado anormal do indivíduo que, apesar de adulto, persiste em atitudes infantis. **2.** Infantilidade.

In.fan.ti.li.zar *v.t.* **1.** Tornar infantil. **2.** Dar feição infantil a. *v.p.* **3.** Tornar-se infantil.

In.fan.to.ju.ve.nil *adj.2g.* Relativo à infância e à juventude.

In.far.to *s.m.* Necrose de tecido num órgão ou parte dele, por falta de oxigenação ou por oxigenação insuficiente, provocada pela obstrução da artéria que o irriga. ◆ *Var.: enfarte e enfarto.*

In.fa.ti.gá.vel *adj.2g.* **1.** Que não se fatiga; incansável. **2.** Desvelado, zeloso.

In.faus.to *adj.* **1.** Que não é fausto ou propício. **2.** Infeliz, funesto. **3.** Desgraçado. ● *Ant.: propício, próspero.*

In.fec.ção *s.f.* **1.** Ato ou efeito de infeccionar(-se). **2.** Qualidade ou estado de coisa infeccionada. **3.** Ação de micróbios patogênicos no organismo, que o invadem por via sanguínea. **4.** FIG Corrupção, contágio moral. ◆ *Var.: infeção.*

In.fec.cio.nar *v.t.* **1.** Contaminar, viciar, corromper, tornar postilento. **2.** FIG Perverter, depravar. **3.** *v.p.* Contaminar-se, corromper-se. **4.** Preverter-se.

In.fec.ci.o.so (ô) *adj.* **1.** Que resulta de infecção. **2.** Que produz infecção. ◆ *Var.: infecioso.*

In.fec.cio.nar *v.t.* **1.** Tornar impuro pela introdução de elementos nocivos ou infecciosos; contaminar, contagiar, viciar. *v.t.*, *int.* e *p.* **2.** Causar ou sofrer infecção, tornar ou ficar infeccionado. *v.t.* e *p.* **3.** Tornar(-se) vicioso, pervertido, licencioso; corromper(-se), depravar(-se).

In.fec.ci.o.so (ô) *adj.* Infeccioso.

In.fec.tar *v.t.* Tornar infecto; infeccionar. ◆ *Var.: infetar.*

In.fec.to *adj.* **1.** Que tem infecção; infeccionado, contaminado. **2.** Que exala mau cheiro; fétido, podre. **3.** Repugnante. ◆ *Var.: infeto.*

In.fec.to.con.ta.gi.o.so *adj.* Que infecciona e se propaga por contágio. ◆ *Var.: infetocontagioso.*

In.fe.cun.di.da.de *s.f.* Qualidade de infecundo; falta de fecundidade.

In.fe.cun.do *adj.* Estéril; que não dá fruto. ● *Ant.: fecundo.*

In.fe.liz *adj.2g.* **1.** Que não é feliz. **2.** Inditoso, desgraçado, desventurado. *s.2g.* **3.** Pessoa infeliz. ● *Ant.: feliz.*

In.fen.so *adj.* Contrário, inimigo, adverso. ● *Ant.: amigo.*

In.fe.rên.cia *s.f.* **1.** Ato ou efeito de inferir. **2.** Consequência, conclusão.

In.fe.ri.or *adj.* **1.** Que está abaixo. **2.** Subalterno, subordinado. **3.** Que ocupa lugar muito baixo ou o mais baixo na escala zoológica. **4.** De pouco valor. *s.m.* **5.** O que está mais baixo que outro em condição, dignidade ou categoria. ● *Ant.: superior.*

In.fe.rio.ri.zar *v.t.* **1.** Tornar inferior. **2.** Diminuir, menosprezar, menoscabar. *v.p.* **3.** Tornar-se inferior.

In.fe.rir *v.t.* Deduzir pelo raciocínio; concluir.

In.fer.ni.nho *s.m.* Boate reles, em geral com música muito barulhenta.

In.fer.no *s.m.* **1.** Segundo o cristianismo, lugar destinado ao suplício eterno das almas dos condenados. **2.** Lugar subterrâneo, para onde vão as almas dos mortos, consoante as crenças antigas. **3.** A morada dos demônios. **4.** Lugar de sofrimento. **5.** FIG Martírio, tormento. **6.** Confusão. **7.** Vida atribulada.

In.fér.til *adj.2g.* **1.** Não fértil; estéril. **2.** Improdutivo, infecundo. **3.** Que não produz o esperado. ● *Ant.: fértil.*

In.fer.ti.li.zar *v.t.* Tornar infértil.

In.fes.tar *v.t.* **1.** Fazer grandes estragos em. **2.** Devastar, assolar. **3.** Pulular em, abundar em.

In.fe.tar *v.t.* Tornar infeto; infectar.

In.fe.to (é) *adj.* Que exala mau cheiro; infecto.

In.fi.de.li.da.de *s.f.* **1.** Falta de fidelidade. **2.** Ação infiel; traição, deslealdade, perfídia. **3.** Inexatidão. ● *Ant.: fidelidade.*

In.fi.el *adj.2g.* **1.** Que não é fiel. **2.** Pérfido, traiçoeiro, desleal. **3.** Inexato, inverídico. **4.** Inconstante, instável. *s.2g.* **5.** Pessoa infiel. **6.** Pagão, gentio. ● *Ant.: fiel; constante.*

In.fil.trar *v.t.* **1.** Penetrar como através de um filtro. **2.** Introduzir-se aos poucos. **3.** Instilar, fazer penetrar através de. **4.** Insinuar-se, introduzir-se pouco a pouco.

In.fi.mo *adj.* Que ocupa o último lugar; inferior; o mais baixo de todos. ● *Ant.: sumo.*

In.fin.dá.vel *adj.2g.* Que não pode ter fim; contínuo, interminável.

In.fin.do *adj.* **1.** Sem fim ou limite. **2.** Infinito, ilimitado. ● *Ant.: finito.*

In.fi.ni.da.de *s.f.* **1.** Qualidade de infinito. **2.** Um número muito grande; multidão, abundância.

In.fi.ni.te.si.mal *adj.2g.* Extremamente pequeno.

In.fi.ni.ti.vo *adj.* e *s.m.* GRAM Diz-se de, ou modo verbal que exprime estado, ação ou fenômeno de maneira indeterminada.

In.fi.ni.to *adj.* **1.** Que não é finito. **2.** Sem fim ou limite; imenso. **3.** Muito grande; enorme. **4.** Inumerável. *s.m.* **5.** Extensão infinita. **6.** GRAM Modo infinitivo. ● *Ant.: finito.*

In.fir.mar *v.t.* **1.** Tirar a firmeza; enfraquecer. **2.** JUR Anular, invalidar.

In.fi.xo (cs) *s.m.* GRAM Afixo que aparece no meio de um vocábulo, como o *z* de *florzinha.*

In.fla.ção *s.f.* **1.** Grande emissão de papel-moeda. **2.** Aumento contínuo e persistente dos preços e consequente redução do poder de compra da população. ● *Ant.: deflação.*

In.fla.cio.nar *v.t.* **1.** Promover a inflação. **2.** Emitir grande quantidade de papel-moeda, provocando sua desvalorização.

In.fla.ma.ção *s.f.* **1.** Ato ou efeito de inflamar(-se). **2.** Ato pelo qual uma matéria combustível produz chama. **3.** Essa chama. **4.** FIG Grande ardor. **5.** MED Reação que se produz nos tecidos orgânicos contra um agente microbiano.

In.fla.mar *v.t.* **1.** Pôr em chama, fazer arder. **2.** Abrasar, acender. **3.** Causar inflamação a. **4.** FIG Excitar, estimular. **5.** Tornar delicioso. **6.** Encher de voluptuosidade. **7.** Esbrasear, afoguear; avermelhar. *v.p.* **8.** Tomar fogo; acender-se. **9.** Encher-se de ardor, de entusiasmo. **10.** Irritar-se, exaltar-se. **11.** Ser afetado de inflamação.

In.fla.má.vel *adj.2g.* **1.** Que se inflama facilmente. **2.** Que se apaixona ou se irrita com facilidade. *s.2g.* **3.** Substância inflamável.

In.flar *v.t.* **1.** Encher de ar ou de gás. **2.** Inchar. **3.** FIG Ensoberbecer, encher de orgulho ou vaidade. *v.int.* e *p.* **4.** Encher-se de orgulho, de vaidade; intumescer-se, enfunar-se.

In.fle.xão (cs) *s.f.* **1.** Ato ou efeito de inflectir. **2.** Modo pelo qual um corpo está dobrado. **3.** Inclinação. **4.** Desvio. **5.** Modulação, mudança na voz.

In.fle.xi.bi.li.da.de (cs) *s.f.* Qualidade de inflexível.

In.fle.xí.vel (cs) *adj.2g.* **1.** Que não é flexível. **2.** Que não se deixa dobrar, conservando sua opinião. **3.** FIG Inexorável, rigoroso, impassível.

In.fle.xi.vo (cs) *adj.2g.* Que não admite flexões gramaticais.

In.fli.gir *v.t.* Aplicar (pena, castigo, repressão). ◆ *Cf. infringir.*

In.flo.res.cên.cia *s.f.* Conjunto das disposições das flores na planta.

In.flu.ên.cia *s.f.* **1.** Ato ou efeito de influir. **2.** Autoridade moral, ascendência. **3.** Prestígio, preponderância; crédito. **4.** Poder que uma pessoa exerce sobre outra.

In.flu.en.ci.ar *v.t.* **1.** Exercer influência sobre. *v.p.* **2.** Sofrer ou receber influência.

INFLUIR — INIMIGO

In.flu.ir *v.t.* **1.** Fazer fluir ou correr (líquido) para dentro de. **2.** Ter importância ou significação. **3.** Exercer influência. **4.** Comunicar. **5.** Inspirar, incutir. *v.int.* **6.** Ter influência. *v.p.* **7.** Entusiasmar-se.

In.flu.xo (cs) *s.m.* **1.** Ato ou efeito de influir; influência. **2.** Afluência (de coisa). **3.** Maré cheia; preamar. **4.** Ação de um corpo sobre outro.

In.for.ma.ção *s.f.* **1.** Ato ou efeito de informar. **2.** Notícia recebida ou comunicada; informe. **3.** Conhecimento, instrução; direção.

In.for.mal Que não é formal, que não observa formalidades. ● *Ant.: formal.*

In.for.mar *v.t.* **1.** Dar notícia, dar parecer. **2.** Avisar. **3.** Instruir, passar conhecimentos. **4.** Dar forma, feitio, configuração. *v.p.* **5.** Estar ciente; inteirar-se.

In.for.má.ti.ca *s.f.* Ciência ou técnica do tratamento automático da informação. **2.** Conjunto das aplicações dessa ciência, que se utiliza de computadores e programas diversos.

In.for.ma.ti.zar *v.t.* **1.** Tratar (um problema) segundo a informática. **2.** Fazer com que se dê o processo de informatização.

In.for.me¹ *adj.2g.* **1.** Que não tem forma ou feitio. **2.** Grosseiro, rude, tosco. **3.** Disforme, monstruoso. **4.** Agigantado, colossal.

In.for.me² *s.m.* **1.** Ato ou efeito de informar. **2.** Informação, conhecimento sumário. **3.** Parecer a respeito de uma coisa.

In.for.tú.nio *s.m.* **1.** Desventura, infelicidade, desgraça. **2.** Fato ou acontecimento funesto. ● *Ant.: ventura, felicidade.*

In.fo.vi.a *s.f.* Infraestrutura para transmissão de voz, dados e imagem através de fibra óptica.

Infra- (lat. *infra*) *Elem. de comp.* o que significa *abaixo, embaixo, em lugar inferior.* Pede hífen antes de a e h: *infraestrutura, infrarrenal, infravermelho.* ● *Ant.: supra.*

In.fra.ção *s.f.* **1.** Ato ou efeito de infringir. **2.** Falta, transgressão. **3.** Toda violação de lei, ordem, norma etc. ● *Ant.: respeito.*

In.fra.es.tru.tu.ra *s.f.* **1.** O conjunto das partes inferiores de uma estrutura. **2.** Tudo o que constitui a base de uma empresa ou organização. ● *Pl.: infraestruturas.*

In.fra.tor *s.m.* Aquele que infringe; transgressor.

In.fra.ver.me.lho *adj.* **1.** Diz-se das radiações de grande comprimento de onda, não visíveis no espectro e que têm a propriedade de produzir elevação de temperatura. *s.m.* **2.** fís Essa radiação.

In.fre.ne *adj.2g.* **1.** Sem freio; desenfreado. **2.** Incontido, descontrolado.

In.frin.gir *v.t.* **1.** Quebrar (um preceito legal). **2.** Violar, transgredir. ● Cf. *infligir.*

In.fru.tes.cên.cia *s.f.* Frutificação de uma inflorescência, que resulta num fruto composto como a *jaca* ou o *abacaxi.*

In.fru.tí.fe.ro *adj.* **1.** Que não dá fruto. **2.** Árido, estéril. **3.** Que não dá resultado. **4.** fig Frustrado, inútil, baldado.

In.fun.da.do *adj.* **1.** Que não tem base ou alicerce. **2.** Sem fundamento, sem razão de ser; improcedente.

In.fun.dir *v.t.* **1.** Lançar em um vaso (líquido). **2.** Derramar, verter (líquido). **3.** Pôr a infusão para que se dissolvam os princípios solúveis. **4.** Derramar, verter. **5.** fig Incutir, inspirar (ideia, sentimento). *v.p.* **6.** Penetrar, introduzir-se.

In.fu.são *s.f.* **1.** Operação que consiste em cozinhar certas ervas num líquido para extrair seus princípios medicamentosos. **2.** O líquido que resulta dessa operação.

In.fu.sí.vel *adj.2g.* Que não se pode fundir.

In.gá *s.m.* **1.** bot Nome comum a diversas espécies de árvores das Américas. **2.** Fruto da ingazeira.

In.gê.nuo *adj.* **1.** Natural, simples. **2.** Sem malícia; inocente. *s.m.* **3.** Indivíduo ingênuo. ● *Ant.: malicioso.*

In.ge.rên.cia *s.f.* **1.** Ato ou efeito de ingerir. **2.** Intervenção, intromissão, interferência.

In.ge.rir *v.t.* **1.** Passar da boca ao estômago; engolir. **2.** Introduzir. *v.p.* **3.** Intrometer-se, intervir.

In.glês *adj.* **1.** Relativo à Inglaterra (Europa). *s.m.* **2.** O natural da Inglaterra. **3.** A língua desse país.

In.gle.sar *v.t.* **1.** Dar feição inglesa. **2.** Adquirir hábitos ou costumes ingleses.

In.gló.rio *adj.* **1.** Em que não há glória. **2.** Modesto, apagado, obscuro. **3.** Vergonhoso, humilhante.

In.go.ver.ná.vel *adj.2g.* **1.** Que não se pode governar. **2.** Insubmisso.

In.gra.ti.dão *s.f.* **1.** Qualidade ou estado de ingrato. **2.** Falta de gratidão. ● *Ant.: gratidão.*

In.gra.to *adj.* **1.** Falta de gratidão. **2.** Que não reconhece os benefícios recebidos. **3.** Que não é agradável; desagradável. **4.** Displicente. **5.** Molesto. **6.** fig Infecundo, estéril. *s.m.* **7.** Indivíduo desagradecido. ● *Ant.: grato.*

In.gre.di.en.te *s.m.* Substância que entra na composição de iguarias, medicamentos etc.

Ín.gre.me *adj.* **1.** De declive acentuado. **2.** Ladeirento, escarpado. **3.** Difícil de subir.

In.gres.sar *v.t.* Entrar; dar entrada; fazer ingresso.

In.gres.so *s.m.* **1.** Ato ou efeito de ingressar. **2.** Entrada, admissão. **3.** Início. **4.** Bilhete que permite ingressar em teatro, cinema, casa de diversão etc.

Ín.gua *s.f.* med Intumescimento de gânglio linfático na virilha, nas axilas etc.; bubão.

In.gui.nal *adj.2g.* Relativo à virilha.

In.gur.gi.tar *v.t.* **1.** Engolir com avidez. *v.p.* **2.** Comer muito; encher-se; atolar-se.

I.nha.ca *s.f.* pop Cheiro desagradável; bodum, catinga.

I.nham.bu *s.m.* Inambu.

I.nha.me *s.m.* bot Nome de diversas plantas de tubérculos comestíveis.

-inhar *suf.* 'Repetição, pouca intensidade': *cuspinhar.*

-inho *suf.* **1.** 'Diminuição': *bolinho, trenzinho.* **2.** 'Afetividade': *amorzinho, gatinho.*

In.ni.bi.ção *s.f.* **1.** Ato ou efeito de inibir. **2.** Impedimento. **3.** Embaraço momentâneo, de origem psíquica.

In.ni.bi.dor *adj.* e *s.m.* Que, ou o que inibe.

In.ni.bir *v.t.* **1.** Proibir, impedir. **2.** Reprimir, tolher. *v.p.* **3.** Abster-se, não se permitir. **4.** Acanhar-se.

In.ni.ci.a.ção *s.f.* **1.** Ato ou efeito de iniciar ou começar. **2.** Cerimônia pela qual se inicia alguém nos mistérios de uma religião ou doutrina.

In.ni.ci.a.do *adj.* e *s.m.* Que, ou aquele que sofreu iniciação.

In.ni.ci.al *adj.2g.* **1.** Que está no princípio; que inicia. **2.** Primeiro. *s.f.* **3.** Primeira letra de uma palavra ou de um nome. **4.** A entrada ou o primeiro pagamento de uma compra a prestações. ● *Ant.: final.*

In.ni.ci.a.li.zar *v.t.* **1.** Dar a partida no computador. É preferível usar *iniciar.*

In.ni.ci.ar *v.t.* **1.** Começar, principiar. **2.** Admitir, introduzir no conhecimento ou na participação dos mistérios de (religião, doutrina ou associação). **3.** Informar; enfronhar. *v.p.* **4.** Entrar, ser admitido. **5.** Adquirir as primeiras noções de (determinado conhecimento ou matéria).

In.ni.ci.á.ti.co *adj.* Relativo à iniciação.

In.ni.ci.a.ti.va *s.f.* **1.** Ato daquele que propõe uma coisa ou é o primeiro a fazê-la. **2.** Ato de iniciar, de pôr em prática. **3.** Atividade, diligência. **4.** Direito ou prerrogativa de ser o primeiro a propor ou a começar certas coisas. **5.** Ação, empreendimento.

In.ní.cio *s.m.* **1.** Ato ou efeito de iniciar. **2.** Princípio, começo. **3.** Estreia, inauguração. ● *Ant.: fim, epílogo.*

In.ni.dô.neo *adj.* Que não é idôneo; que não tem idoneidade. ● *Ant.: idôneo.*

In.ni.gua.lá.vel *adj.2g.* Que não se pode igualar; incomparável, ímpar.

In.ni.lu.dí.vel *adj.2g.* **1.** Que não deixa dúvidas. **2.** Que não se pode iludir.

In.ni.ma.gi.ná.vel *adj.2g.* Que não se pode imaginar; impensável.

In.ni.mi.go *adj.* **1.** Que não é amigo. **2.** Adversário, oposto. *s.m.* **3.** Indivíduo que tem ódio a alguém. **4.** Tropa, gente ou nação com que se está em guerra. **5.** O que detesta uma coisa. **6.** Qualquer coisa nociva. ● *Ant.: amigo.*

INIMITÁVEL — INSCREVER

I.ni.mi.tá.vel *adj.2g.* Que não se pode imitar; único.

I.ni.mi.zar *v.t.* e *p.* **1.** Tornar(-se) inimigo. **2.** Indispor(-se), malquistar(-se).

I.nim.pu.tá.vel *adj.2g.* Que não se pode imputar.

I.nin.te.li.gí.vel *adj.2g.* **1.** Que não se pode inteligir, entender; incompreensível. **2.** Obscuro, misterioso. ● *Ant.: inteligível.*

I.nin.ter.rup.to *adj.* Que não sofreu interrupção; incessante.

I.ni.qui.da.de *s.f.* **1.** Qualidade ou caráter de iníquo. **2.** Injustiça, perversidade. **3.** Falta de equidade. ● *Ant.: equidade.*

I.ní.quo *adj.* **1.** Que não tem equidade. **2.** Extremamente injusto. **3.** Perverso, malvado.

In.je.ção *s.f.* **1.** Ato ou efeito de injetar. **2.** Líquido que se injeta em tecido ou órgão. **3.** POP Importunação. **4.** POP Pessoa ou conversa enfadonha. **5.** Dispositivo mecânico que substitui o carburador com relação à alimentação do motor. **6.** FIG Tudo o que anima ou estimula.

In.je.tar *v.t.* **1.** Introduzir por meio de injeção. **2.** Afluir com excesso a. **3.** Aborrecer, chatear, maçar. *v.t.* e *int.* **4.** Aplicar, investir (como reforço). *v.p.* **5.** Encher-se (de líquido injetado). **6.** Receber excessivo afluxo de sangue.

In.jun.ção *s.f.* **1.** Situação criada pelas circunstâncias; imposição. **2.** Ordem precisa, formal.

In.jú.ria *s.f.* **1.** Ato ou efeito de injuriar. **2.** Ofensa, insulto. **3.** Aquilo que é injusto. **4.** Dano, estrago. ● *Ant.: louvor, elogio.*

In.ju.ri.ar *v.t.* **1.** Causar injúria. **2.** Ofender por atos ou ditos. **3.** Causar dano, estrago. ● *Ant.: louvar, exaltar.*

In.jus.ti.ça *s.f.* **1.** Falta de justiça. **2.** Violação do direito de outrem. **3.** Qualidade de injusto. **4.** Ofensa, iniquidade. ● *Ant.: justiça.*

In.jus.ti.ça.do *adj.* e *s.m.* Que, ou quem não recebeu justiça.

In.jus.ti.fi.cá.vel *adj.2g.* Que não se pode justificar. ● *Ant.: justificável.*

In.jus.to *adj.* **1.** Contrário à justiça. **2.** Que não é justo. **3.** Sem fundamento; infundado, imerecido. **4.** Iníquo. *s.m.* **5.** Aquele que não é justo. ● *Ant.: justo.*

-ino *suf.* **1.** 'Origem': *argentino*. **2.** 'Semelhança': *cristalino*. **3.** 'Diminuição': *pequenino*.

I.nob.ser.vân.cia *s.f.* Falta de observância, de cumprimento.

I.nob.ser.vá.vel *adj.2g.* Que não se pode observar ou cumprir.

I.no.cên.cia *s.f.* **1.** Qualidade ou estado de inocente. **2.** Isenção de culpa. **3.** Virgindade. **4.** Candura, pureza, simplicidade. ● *Ant.: culpa; malícia.*

I.no.cen.tar *v.t.* **1.** Considerar ou tornar inocente. **2.** Absolver, desculpar. *v.p.* **3.** Ser considerado inocente.

I.no.cen.te *adj.2g.* **1.** Que não é culpado. **2.** Puro, sem mácula; ingênuo. **3.** Sem malícia; inofensivo. **4.** Inócuo. *s.2g.* **5.** Criança de tenra idade.

I.no.cu.lar *v.t.* **1.** Proceder à inoculação; introduzir. **2.** Disseminar, difundir (ideias, opiniões etc.). *v.p.* **3.** Introduzir-se por inoculação.

I.nó.cuo *adj.* **1.** Que não prejudica. **2.** Inofensivo, inocente. ● *Ant.: nocivo.*

I.no.do.ro (dó) *adj.* Que não tem cheiro.

I.no.fen.si.vo *adj.* **1.** Que não ofende. **2.** Que não faz mal; inócuo. ● *Ant.: ofensivo.*

I.nol.vi.dá.vel *adj.2g.* Que não se pode olvidar esquecer; inesquecível.

I.no.mi.ná.vel *adj.2g.* **1.** Que não se pode designar para um nome. **2.** FIG Baixo, vil. **3.** FIG Revoltante.

I.no.pe.ran.te *adj.2g.* **1.** Que não opera. **2.** Que não produz o efeito esperado. ● *Ant.: eficaz.*

I.no.pi.na.do *adj.* **1.** Inesperado, imprevisto, repentino. **2.** Singular, extraordinário.

I.no.por.tu.no *adj.* **1.** Não oportuno; intempestivo. **2.** Que vem fora do tempo ou da ocasião conveniente.

I.nor.gâ.ni.co *adj.* **1.** Não orgânico. **2.** Diz-se do corpo desprovido de vida, não organizado, como os minerais. **3.** QUÍM Diz-se de composto sem carbono.

I.nós.pi.to *adj.* **1.** Que não pratica a hospitalidade. **2.** Que não pode hospedar. **3.** Em que não se pode viver; inabitável.

I.no.va.ção *s.f.* **1.** Ato ou efeito de inovar. **2.** Aquilo que se inovou; novidade.

I.no.va.dor (ô) *adj.* e *s.m.* Que, ou aquele que inova; reformador.

I.no.var *v.t.* **1.** Introduzir algo novo em. **2.** Fazer inovações em (leis, costumes, artes etc.); renovar.

I.no.xi.dá.vel *adj.2g.* **1.** Que não é suscetível de oxidação. **2.** Que não enferruja.

in.put (ing.) **1.** INFORM Dados de um programa de computador. **2.** ECON O mesmo que *insumo*. **3.** Ponto de vista.

In.qua.li.fi.cá.vel *adj.2g.* **1.** Que não tem qualificação. **2.** Que é altamente indigno, baixo, vil; inominável.

In.que.bran.tá.vel *adj.2g.* **1.** Que não se pode quebrantar. **2.** Inflexível. **3.** Rijo, sólido. **4.** Incansável.

In.que.brá.vel *adj.2g.* Que não pode ser quebrado, que não se parte.

In.qué.ri.to *s.m.* **1.** Ato ou efeito de inquirir. **2.** Investigação, sindicância. **3.** Pesquisa ordenada para apurar a verdade de fatos, determinar-lhes a natureza e apurar a responsabilidade de seus autores.

In.ques.tio.ná.vel *adj.2g.* **1.** Que não se pode questionar ou pôr em dúvida. **2.** Indiscutível. ● *Ant.: questionável.*

In.qui.e.ta.ção *s.f.* **1.** Ato ou efeito de inquietar(-se). **2.** Falta de quietação ou sossego. **3.** Excitação, inquietude. ● *Ant.: quietação.*

In.qui.e.tar *v.t.* **1.** Tornar inquieto. **2.** Pôr em agitação; amotinar. **3.** Tirar o sossego a. *v.p.* **4.** Tornar(-se) inquieto. **5.** Privar-se da paz; desassossegar-se.

In.qui.e.tu.de *s.f.* Inquietação.

In.qui.li.na.to *s.m.* **1.** Estado de quem reside em imóvel alugado. **2.** Tempo que dura essa residência; locação.

In.qui.li.no *s.m.* O que reside em casa ou apartamento alugado; locatário.

In.qui.ri.ção *s.f.* **1.** Ato ou efeito de inquirir. **2.** Inquérito, averiguação, sindicância.

In.qui.rir *v.t.* **1.** Procurar informações sobre. **2.** Pesquisar. **3.** Fazer perguntas a; perguntar, interrogar. **4.** Informar-se, fazer indagações.

In.qui.si.ção *s.f.* **1.** Inquirição. **2.** Antigo tribunal eclesiástico, também chamado Santo Ofício, que investigava e punia o que considerava crime contra a fé católica (nesse sentido, escreve-se com í maiúsculo: *Inquisição*).

In.qui.si.ti.vo *adj.* **1.** Referente a inquisição. **2.** Questionador, interrogativo.

In.sa.ci.á.vel *adj.2g.* **1.** Que nunca se farta. **2.** Sôfrego, ávido.

In.sa.li.var *v.t.* Impregnar de saliva (os alimentos).

In.sa.lu.bre *adj.* Que não é saudável; que não é bom para a saúde; doentio. ● *Sup.abs.sint.: insalubérrimo* e *insalubríssimo.* ● *Ant.: salubre.*

In.sa.ná.vel *adj.2g.* **1.** Que não se pode sanar ou corrigir. **2.** Incurável. **3.** Irremediável. ● *Ant.: sanável.*

In.sâ.nia *s.f.* **1.** Falta de juízo, falta de siso. **2.** Demência, loucura. **3.** Estupidez, desatino.

In.sa.no *adj.* **1.** Louco, demente. **2.** Insensato, tolo. **3.** FIG Exaustivo, custoso, árduo (trabalho). **4.** Exagerado. *s.m.* **5.** Pessoa insana. ● *Ant.: sensato.*

In.sa.tis.fa.ção *s.f.* **1.** Falta de satisfação. **2.** Estado de insatisfeito; descontentamento.

In.sa.tis.fa.tó.rio *adj.* Que não satisfaz ou contenta. ● *Ant.: satisfatório.*

In.sa.tu.ra.do *adj.* **1.** Que possui uma ou mais *ligações pi* (diz-se de composto). **2.** Cuja concentração do soluto é menor do que a sua solubilidade (diz-se de solução).

Ins.ci.ên.cia *s.f.* **1.** Falta de saber; inaptidão. **2.** Ignorância.

Ins.cre.ver *v.t.* **1.** Escrever sobre; gravar, esculpir. **2.** Incluir. **3.** Escrever (o nome) em registro; perpetuar. **4.** Alistar, arrolar; matricular. *v.p.* **5.** Escrever ou fazer escrever seu nome em lista, registro etc. **6.** Matricular-se.

INSCRIÇÃO — INSTAURAR

Ins.cri.ção s.f. **1.** Ato ou efeito de inscrever. **2.** Dizeres escritos ou gravados em monumentos, medalhas etc. **3.** Letreiro inscrito.

Ins.cul.pir v.t. **1.** Gravar, entalhar, esculpir. **2.** Abrir a buril. **3.** Inscrever.

Ins.cul.tu.ra s.f. Entalhe.

In.se.gu.ran.ça s.f. **1.** Falta de segurança. **2.** Qualidade de inseguro.

In.se.gu.ro adj. Que não oferece segurança.

In.se.mi.na.ção s.f. **1.** Introdução do sêmen no aparelho reprodutor da fêmea. **2.** Processo de fecundação artificial.

In.se.mi.nar v.t. Fazer inseminação em.

In.sen.sa.tez (ê) s.f. **1.** Qualidade daquilo que é insensato; **2.** Falta de sensatez. • Ant.: sensatez.

In.sen.sa.to adj. **1.** Não sensato. **2.** Louco, insano. **3.** Desprovido de bom-senso. s.m. **4.** Pessoa insensata. • Ant.: sensato.

In.sen.sí.vel adj. **1.** Que não é sensível. **2.** Que não se deixa comover. **3.** Duro, impiedoso. **4.** Impassível, indiferente, apático. • Ant.: sensível.

In.se.pa.rá.vel adj.2g. **1.** Que não se pode separar. **2.** Que existe ou está sempre junto com outro. • Ant.: separável.

In.se.pul.to adj. Não sepultado.

In.ser.ção s.f. **1.** Ato ou efeito de inserir(-se). **2.** Intercalação. **3.** Fixação de uma parte em outra.

In.se.rir v.t. **1.** Meter entre uma coisa e outra; incluir. v.t. e p. **2.** Introduzir(-se), intercalar(-se). **3.** Fixar(-se), implantar(-se).

In.ser.to (é) adj. **1.** Que se inseriu; introduzido. **2.** Publicado entre outras coisas.

In.se.ti.ci.da adj.2g. **1.** Que mata insetos. s.m. **2.** Produto para matar insetos.

In.se.tí.vo.ro adj. **1.** Que se alimenta de insetos. s.m. **2.** Animal que se alimenta de insetos.

In.se.to s.m. **1.** ZOOL Animal invertebrado, provido de três pares de patas articuladas com o tórax. **2.** Pessoa insignificante; miserável. • Col.: bando, nuvem.

In.sí.dia s.f. **1.** Perfídia, traição. **2.** Emboscada, cilada. **3.** Estratagema, ardil.

In.si.di.ar v.t. **1.** Armar insídias; preparar ciladas. **2.** Corromper.

In.sig.ne adj.2g. Notável, afamado, ilustre, eminente. • Ant.: obscuro, humilde.

In.síg.nia s.f. **1.** Emblema, símbolo. **2.** Sinal distintivo. **3.** Estandarte. **4.** Divisa de escudo, brasão etc.

In.sig.ni.fi.cân.cia s.f. **1.** Qualidade ou estado de insignificante. **2.** Bagatela, ninharia. • Ant.: importância.

In.sig.ni.fi.can.te adj. **1.** Que não significa nada. **2.** Ordinário, reles. **3.** Sem valor ou importância. **4.** Muito pequeno. • Ant.: importante.

In.sin.ce.ri.da.de s.f. Falta de sinceridade.

In.sin.ce.ro adj. **1.** Que não tem sinceridade. **2.** Falso, hipócrita. • Ant.: sincero.

In.si.nu.a.ção s.f. **1.** Coisa que se dá a entender. **2.** Advertência ou acusação indireta ou disfarçada. **3.** Sugestão, lembrança.

In.si.nu.an.te adj.2g. **1.** Que insinua. **2.** Que tem o dom ou a habilidade de se insinuar no ânimo de outrem. **3.** Convincente. **4.** Simpático, atraente, cativante.

In.si.nu.ar v.t. **1.** Introduzir no ânimo ou; fazer entrar no coração. **2.** Dar a entender com arte, de modo indireto. **3.** Incutir o conhecimento; pretender provar. **4.** Induzir. **5.** Aconselhar. v.p. **6.** Introduzir-se sutilmente. **7.** Tornar-se simpático. **8.** Captar a amizade ou a benevolência de.

In.si.pi.do adj. **1.** Que não tem gosto ou sabor. **2.** FIG Desagradável, insosso. **3.** FIG Sem atrativos; monótono. • Ant.: saboroso.

In.si.pi.en.te adj.2g. **1.** Ignorante. **2.** Insensato, imprudente, néscio. • Ant.: sapiente. ◆ Cf. incipiente.

In.sis.tên.cia s.f. **1.** Ato ou efeito de insistir. **2.** Perspicácia. **3.** Contumácia, obstinação, teima. **4.** Amolação.

In.sis.ten.te adj.2g. **1.** Que insiste. **2.** Teimoso, obstinado, pertinaz, perseverante. **3.** Maçante, importuno.

In.sis.tir v.t. e int. **1.** Persistir no que diz ou faz. **2.** Asseverar com firmeza. **3.** Perseverar, instar. **4.** Obstinar-se, teimar. • Ant.: desistir.

In.so.ci.á.vel adj.2g. **1.** Que não é sociável ou não se adapta à vida social. **2.** Que não é tratável ou lhano. **3.** Misantropo. • Ant.: sociável.

In.so.fis.má.vel adj.2g. **1.** Que não é sofismável. **2.** Indiscutível, evidente, incontestável.

In.so.fri.do adj. **1.** Pouco sofredor; impaciente no sofrimento. **2.** Indomável.

In.so.la.ção s.f. Mal-estar provocado pela exposição excessiva ao sol, caracterizado por náusea, vômito, febre, dor de cabeça etc.

In.so.lên.cia s.f. **1.** Qualidade, ato ou dito grosseiro, de indivíduo insolente. **2.** Orgulho, petulância. **3.** Atrevimento, malcriação, grosseria, estupidez. • Ant.: respeito.

In.so.len.te adj.2g. **1.** Desaforado, atrevido, desrespeitoso. **2.** Grosseiro, malcriado. **3.** Arrogante, orgulhoso. s.2g. **4.** Pessoa insolente.

In.só.li.to adj. **1.** Não habitual. **2.** Extraordinário, raro, incomum. • Ant.: comum, habitual.

In.so.lú.vel adj.2g. **1.** Que não se pode resolver. **2.** Que não se pode dissolver; indissolúvel. **3.** Que não se pode pagar (dívida); impagável. **4.** Que não se pode desatar ou separar. • Ant.: solúvel.

In.sol.ven.te adj. e s.2g. Diz-se de, ou empresa ou pessoa que não tem meios para pagar o que deve.

In.son.dá.vel adj.2g. **1.** Que não é possível sondar. **2.** A que não se pode achar o fundo. **3.** FIG Inexplicável, misterioso.

In.so.ne adj.2g. **1.** Que tem insônia. **2.** Passado em claro (noite).

In.sô.nia s.f. **1.** Ausência de sono. **2.** Vigília. **3.** Grande dificuldade para dormir.

In.so.pi.tá.vel adj.2g. **1.** Que não se pode sopitar ou adormentar. **2.** Que não se pode conter; irreprimível.

In.sos.so (ô) adj. **1.** Que não tem ou tem muito pouco sal; insulso. **2.** Sem gosto. • Ant.: salgado.

Ins.pe.ção s.f. **1.** Ato ou efeito de inspecionar. **2.** Exame minucioso. **3.** Vistoria, fiscalização. **4.** Repartição encarregada de inspecionar; inspetoria. **5.** Função de inspetor.

Ins.pe.cio.nar v.t. **1.** Examinar como inspetor. **2.** Exercer inspeção sobre. **3.** Examinar, vigiar, revistar.

Ins.pi.ra.ção s.f. **1.** Ato de fazer entrar o ar nos pulmões. **2.** Ideia ou sentimento espontaneo nascido no espírito. **3.** Sugestão, insinuação. **4.** Caráter de produção artística, reveladora de gênio ou de grande talento. **5.** Pessoa ou coisa que inspira.

Ins.pi.rar v.t. **1.** Introduzir (ar) nos pulmões. **2.** Encher de inspiração. **3.** Fazer nascer o desejo de criar. **4.** Fazer sentir; incutir. **5.** Iluminar o espírito. v.p. **6.** Receber inspiração. **7.** Entusiasmar-se • Ant.: expirar.

Ins.ta.bi.li.da.de s.f. **1.** Falta de estabilidade. **2.** Incerteza, insegurança. **3.** Mudança contínua; inconstância. • Ant.: estabilidade.

Ins.ta.la.ção s.f. **1.** Ato ou efeito de instalar. **2.** O conjunto de aparelhos, máquinas ou peças instaladas.

Ins.ta.lar v.t. **1.** Estabelecer. **2.** Dispor para funcionar. **3.** Alojar, dar hospedagem a. **4.** Dar posse; empossar. v.p. **5.** Hospedar-se. **6.** Tomar posse. **7.** Acomodar-se, alojar-se.

Ins.tân.cia s.f. **1.** Ato ou efeito de instar. **2.** Pedido feito com insistência. **3.** Hierarquia judiciária; jurisdição. ◆ Cf. entrância.

Ins.tan.tâ.neo adj. **1.** Que se faz ou sucede num instante; momentâneo. **2.** Rápido, súbito. s.m. **3.** Processo fotográfico em que o filme é revelado ao sair da máquina.

Ins.tan.te adj.2g. **1.** Que está próximo a sobrevir; iminente. **2.** Tempo relativamente muito curto. s.m. **3.** Momento muito breve; ocasião, hora.

Ins.tar v.t. **1.** Estar iminente ou próximo a suceder. **2.** Tornar-se necessário, urgir. **3.** Pôr ou fazer instância, argumentando. **4.** Questionar. **5.** Solicitar com insistência. v.int. **6.** Insistir, persistir.

Ins.tau.rar v.t. **1.** Começar, iniciar. **2.** Fundar. **3.** Estabelecer, formar, organizar. **4.** Inaugurar.

INSTÁVEL — INTEGRIDADE

Ins.tá.vel *adj.2g.* **1.** Que não é estável; mutável. **2.** Que não é firme. **3.** Inconstante, volúvel. **4.** Móvel, movediço. ● *Ant.: estável.*

Ins.ti.ga.ção *s.f.* **1.** Ato ou efeito de instigar. **2.** Estímulo. **3.** Sugestão.

Ins.ti.ga.dor *adj. e s.m.* Que, ou aquele que instiga ou incita.

Ins.ti.gan.te *adj.2g.* Que instiga; incitante.

Ins.ti.gar *v.t.* **1.** Incitar, estimular. **2.** Persuadir (alguém) a uma ação. **3.** Atiçar, açular (animais).

Ins.tin.ti.vo *adj.* **1.** Relativo a instinto. **2.** Que se faz por instinto; automático, irrefletido. **3.** Natural.

Ins.tin.to *s.m.* **1.** Disposição natural, involuntária, pela qual homens e animais executam certos atos sem conhecer o fim e o porquê desses atos. **2.** Habilidade inata; intuição, inspiração. **3.** Tendência ingênita dos animais.

Ins.ti.tu.cio.na.li.zar *v.t.* Tornar institucional.

Ins.ti.tu.i.ção *s.f.* **1.** Ato ou efeito de instituir. **2.** Coisa instituída. **3.** Casa de educação, instituto, escola, academia.

Ins.ti.tu.ir *v.t.* **1.** Fundar, regulamentando. **2.** Nomear, declarar (por testamento). **3.** Instruir, doutrinar. **4.** Marcar, assinalar.

Ins.ti.tu.to *s.m.* **1.** Regra ou constituição de ordem religiosa. **2.** Regulamentação, regra. **3.** Corporação literária, científica ou artística. **4.** Designação de certos estabelecimentos de ensino e de pesquisa científica. **5.** Denominação de certos departamentos técnicos e administrativos.

Ins.tru.ção *s.f.* **1.** Ato ou efeito de instruir. **2.** Ensino, saber, conhecimentos adquiridos. **3.** Educação intelectual ou literária.

Ins.tru.ir *v.t.* **1.** Dar instrução a; ensinar, lecionar. **2.** Transmitir conhecimentos a. **3.** JUR Colocar em condição de ser julgado (processo) pela anexação de documentos ou testemunho de pessoas. **4.** Informar. **5.** Adestrar, habilitar. *v.p.* **6.** Adquirir conhecimentos. **7.** Tornar-se instruído. **8.** Inteirar-se, informar-se.

Ins.tru.men.ta.dor *s.m.* CIR Aquele que instrumenta.

Ins.tru.men.tar *v.t.* **1.** Escrever e dispor a partitura musical para os vários instrumentos de uma orquestra. *v.t. e int.* **2.** CIR Fornecer a (cirurgião etc.) o material utilizado diretamente no ato operatório.

Ins.tru.men.tis.ta *s.2g.* **1.** Pessoa que toca algum instrumento musical. **2.** Pessoa que compõe música instrumental.

Ins.tru.men.to *s.m.* **1.** Agente mecânico empregado na execução de qualquer trabalho; utensílio. **2.** Objeto que produz sons musicais. **3.** Documento legal. **4.** Tudo aquilo que é utilizado para se chegar a um resultado. **5.** Ferramenta, aparelho. **6.** FIG Aquele que serve de intermediário.

Ins.tru.ti.vo *adj.* Que instrui; que é próprio para instruir.

Ins.tru.tor *adj. e s.m.* Que, ou aquele que instrui.

In.sub.mis.são *s.f.* **1.** Falta de submissão. **2.** Insubordinação, indisciplina, rebeldia. ● *Ant.: submissão.*

In.sub.mis.so *adj.* **1.** Não submisso. **2.** Altivo, independente. **3.** Arrogante. *s.m.* **4.** Aquele que foi sorteado para o serviço militar, mas não se apresentou.

In.su.bor.di.na.ção *s.f.* **1.** Ato ou efeito de insubordinar(-se). **2.** Revolta, rebelião. **3.** Desobediência, indisciplina.

In.su.bor.di.ná.vel *adj.2g.* Que não se pode subordinar.

In.su.bor.ná.vel *adj.2g.* **1.** Que não se deixa subornar. **2.** Íntegro, incorruptível. ● *Ant.: subornável.*

In.subs.ti.tu.í.vel *adj.2g.* Que não se pode substituir; inigualável.

In.su.ces.so *s.m.* Falta de êxito, de sucesso; malogro, fracasso. ● *Ant.: sucesso.*

In.su.fi.ci.ên.cia *s.f.* **1.** Falta de suficiência. **2.** Carência, deficiência. **3.** Incompetência, inaptidão. **4.** Incapacidade de um órgão para executar suas funções normais.

In.su.fi.ci.en.te *adj.2g.* **1.** Que não é suficiente ou bastante. **2.** Incapaz, incompetente. **3.** Falho. ● *Ant.: suficiente.*

In.su.flar *v.t.* **1.** Introduzir soprando; inflar. **2.** Aplicar ou introduzir pelo insuflador. **3.** FIG Insinuar, sugerir, incutir, estimular, atiçar.

Insular¹ *v.t.* **1.** Tornar semelhante a uma ilha. *v.t. e p.* **2.** Isolar (-se), ilhar(-se).

Insular² *adj.2g.* **1.** Insulano. *s.2g.* **2.** Ilhéu.

In.sul.tan.te *adj.2g.* **1.** Que insulta. **2.** Ofensivo, ultrajante, insultuoso. *s.2g.* **3.** Pessoa que é dada a insultar.

In.sul.tar *v.t.* **1.** Ofender, ultrajar por atos ou palavras. **2.** Acometer, atacar com violência, afrontar. ● *Ant.: elogiar.*

In.sul.to *s.m.* **1.** Ataque feito com violência e ostentação, para causar escândalo. **2.** Ofensa, por atos e palavras; ultraje, afronta. ● *Ant.: elogio.*

In.su.mo *s.m.* Conjunto de recursos (matérias-primas, horas trabalhadas, equipamentos etc.) utilizados na produção de bens e serviços.

In.su.pe.rá.vel *adj.2g.* Que não se pode superar ou vencer; inigualável.

In.su.por.tá.vel *adj.2g.* Que não se pode suportar; intolerável.

In.sur.gên.cia *s.f.* **1.** Caráter ou condição do que é insurgente. **2.** Ato ou efeito de insurgir(-se); insurreição, rebelião.

In.sur.gen.te *adj.2g.* **1.** Que se insurge ou insurgiu. *s.2g.* **2.** Pessoa que se insurgiu; rebelde.

In.sur.gir *v.t. e p.* **1.** Revolucionar(-se). **2.** Sublevar(-se), revoltar (-se), rebelar(-se).

In.sur.rec.to *adj. e s.m.* Insurreto.

In.sur.rei.ção *s.f.* **1.** Ato ou efeito de insurgir(-se), de sublevar (-se) contra a ordem estabelecida. **1.1** Crime praticado por quem se rebela contra o poder constituído com o objetivo de destituí-lo. **2.** Oposição forte e veemente; rebeldia. ● *Pl.: insurreições.*

In.sur.re.to *adj.* **1.** *s.m.* Diz-se do, ou o que se insurgiu, que se rebelou. ◆ *Var.: insurrecto.*

In.sus.pei.ção *s.f.* Falta de suspeição.

In.sus.pei.to *adj.* **1.** Que não é suspeito. **2.** Que merece confiança. **3.** Digno de fé; imparcial, reto. ● *Ant.: suspeito.*

In.sus.ten.tá.vel *adj.2g.* **1.** Que não se pode sustentar. **2.** Insubsistente. **3.** Sem fundamento ou apoio. ● *Ant.: sustentável.*

In.tac.to *adj.* **1.** Que não foi tocado. **2.** Sem dano ou alteração. **3.** Íntegro, ileso. **4.** FIG Puro, impoluto. ◆ *Var.: intato.*

In.tan.gí.vel *adj.2g.* **1.** Que não se pode tanger ou pegar. **2.** Impalpável – **intangibilidade** *s.f..*

In.ta.to *adj.* Intacto.

-in.te *suf.* Equivale a -nte.

Ín.te.gra *s.f.* **1.** Totalidade, integridade. **2.** Contexto completo de documento, lei etc.

In.te.gra.ção *s.f.* **1.** Ato ou efeito de integrar. **2.** MAT Operação pela qual se acha a integral de uma equação. **3.** SOCIOL Processo social que tende a incorporar grupos minoritários a uma sociedade, com os mesmos direitos dos grupos majoritários.

In.te.gral *adj.2g.* **1.** Inteiro, completo, total. **2.** Diz-se do leite não desnatado. **3.** Diz-se do cereal de que se extraiu a casca mas não a película. **3.** Diz-se do alimento preparado com esse cereal: *Pão integral.* **4.** MAT Soma dos valores finitos de uma diferencial entre os limites dados da variável. ● *Ant.: parcial.*

In.te.gra.li.da.de *s.f.* **1.** Qualidade do que é integral. **1.1** Reunião de todas as partes que formam um todo; totalidade, completeza.

In.te.gra.lis.mo *s.m.* Movimento político brasileiro (1932-1937) nos moldes do fascismo italiano.

In.te.gra.lis.ta *adj.2g.* **1.** Relativo ao integralismo. *s.2g.* **2.** Pessoa adepta do integralismo.

In.te.gra.li.zar *v.t.* **1.** Integrar. **2.** Pagar (um acionista) as parcelas referentes aos valores das ações subscritas.

In.te.gran.te *adj.2g.* **1.** Que completa, que integra. **2.** Que faz parte de um todo. **3.** GRAM Qualificativo de conjunção (*que, se*) que inicia oração subordinada substantiva. *s.2g.* **4.** Parte que integra um todo. **5.** Pessoa que faz parte de um grupo, uma família etc.; membro.

In.te.grar *v.t.* **1.** Tornar inteiro ou integral. *v.p.* **2.** Tornar-se parte integrante. **3.** Incorporar-se, reunir-se. **4.** Adaptar-se.

In.te.gri.da.de *s.f.* **1.** Qualidade de íntegro, inteiro, completo; inteireza. **2.** FIG Inteireza moral; retidão, honestidade.

ÍNTEGRO — INTERDITO

Ín.te.gro *adj.* 1. Inteiro, completo. 2. Reto, imparcial. 3. Que julga sem parcialidade e não se deixa subornar; inatacável, probo: *Juiz íntegro.* • *Ant.: corrupto.* • *Sup.abs.sint.: integérrimo* (erud.), *integríssimo.*

In.tei.rar *v.t.* 1. Tornar inteiro ou completo. 2. Preencher, completar; terminar. 3. Informar, fazer ciente. *v.p.* 4. Formar-se ou constituir-se em um todo. 5. Ficar ciente, informar-se bem.

In.tei.re.za (ê) *s.f.* 1. Qualidade de inteiro. 2. Integridade física ou moral. 3. Retidão, austeridade.

In.tei.ri.ço *adj.* 1. Feito de uma só peça; inteiro. 2. Inflexível, hirto.

In.tei.ro *adj.* 1. Que tem todas as partes. 2. Completo, exato. 3. Que não diminui. 4. Que tem toda a sua extensão. 5. Completo, ileso. 6. Não castrado (animal). 7. Que não tem frações. 8. Não deteriorado ou quebrado; inteiriço. 9. Ilimitado, irrestrito. *s.m.* 10. Número em que não entram frações.

In.te.lec.ção *s.f.* Ato de entender ou de perceber.

In.te.lec.ti.vo *adj.* Relativo ou concernente ao intelecto.

In.te.lec.to *s.m.* 1. Conjunto das faculdades intelectuais. 2. Inteligência, entendimento. 3. Faculdade de compreender, de apreender.

In.te.lec.tu.al *adj.2g.* 1. Relativo ao intelecto. 2. Que se caracteriza pelos dotes da inteligência. *s.2g.* 3. Pessoa culta e inteligente, que tem gosto predominante pelas coisas do espírito.

In.te.lec.tua.li.da.de *s.f.* 1. Qualidade de intelectual. 2. As faculdades intelectuais; intelecto. 3. A classe dos intelectuais. 4. O conjunto dos intelectuais.

In.te.lec.tua.lis.mo *s.m.* 1. Domínio abusivo dos intelectuais. 2. Tendência a fazer predominar os elementos racionais sobre a afetividade. 3. Classe de intelectuais.

In.te.lec.tua.lis.ta *adj.2g.* 1. Relativo ao, ou que é adepto do intelectualismo. *s.2g.* 2. Pessoa adepta do intelectualismo.

In.te.lec.tua.li.zar *v.t. e p.* Tornar(-se) intelectual.

In.te.li.gên.cia *s.f.* 1. Faculdade de compreender ou adaptar-se facilmente. 2. Pessoa muito inteligente. 3. Destreza mental; habilidade. 4. Conhecimento profundo. 5. Perspicácia, compreensão. 6. FIG Conluio, trama, combinação. *s.f.* 7. Pessoa inteligente. • *Ant.: estupidez.*

In.te.li.gen.te *adj.2g.* 1. Que tem ou revela inteligência. 2. Que compreende com facilidade. 3. Destro, hábil. 4. Atilado, perspicaz. • *Ant.: burro.*

In.te.li.gí.vel *adj.* 1. Que é fácil de ser compreendido. 2. Claro, compreensível. 3. Referente à inteligência. *s.m.* 4. O conjunto das coisas inteligíveis. • *Ant.: ininteligível.*

In.te.me.ra.to *adj.* Incorruptível, imaculado, íntegro, puro. • Cf. *intimorato.*

In.tem.pe.ra.do *adj.* Sem temperança.

In.tem.pe.ran.ça *s.f.* 1. Falta de temperança. 2. Imoderação habitual no comer e no beber. 3. Incontinência, imoderação. • *Ant.: temperança, sobriedade.*

In.tem.pé.rie *s.f.* Mau tempo.

In.tem.pe.ris.mo *s.m.* GEOL Destruição física e decomposição química dos minerais das rochas devido à ação de agentes atmosféricos e biológicos.

In.tem.pes.ti.vo *adj.* 1. Que se faz ou se realiza fora do tempo próprio. 2. Inoportuno, repentino, inesperado. • *Ant.: oportuno; esperado.*

In.tem.po.ral *adj.2g.* Que não é temporal.

In.ten.ção *s.f.* 1. Disposição para fazer alguma coisa. 2. Intento, propósito. 3. Vontade determinada; desejo.

In.ten.cio.nal *adj.* 1. Relativo a intenção. 2. Propositado. 3. Que revela intenção. • *Ant.: involuntário.*

In.ten.cio.nar *v.t.* Intentar, tencionar.

In.ten.dên.cia *s.f.* 1. Direção ou administração de negócios. 2. Cargo de intendente. 3. Local onde o intendente exerce suas funções.

In.ten.den.te *s.2g.* 1. Pessoa que administra ou dirige. 2. Diretor, administrador. *s.m.* 3. Antigo nome do prefeito municipal, no Brasil.

In.ten.si.da.de *s.f.* 1. Qualidade de intenso. 2. Grau elevado de atividade. 3. Grau de força do som.

In.ten.si.fi.ca.ção *s.f.* Ato ou efeito de intensificar(-se); aumento, incrementação. • *Pl.: intensificações.*

In.ten.si.fi.car *v.t.* 1. Tornar intenso. 2. Ativar, desenvolver. • *Ant.: moderar.*

In.ten.si.vo *adj.* 1. Que tem intensidade; intenso. 2. Que dá mais força. 3. Que se faz aplicando-se esforços intensos, em geral em curto espaço de tempo. 4. Diz-se de cultura ou sistema de produção agrícola em que se buscam resultados positivos numa área restrita.

In.ten.so *adj.* 1. Que se caracteriza por muita tensão, emoção etc. 2. Enérgico, ativo. 3. Muito forte; violento. 4. Profundo.

In.ten.tar *v.t.* 1. Planear, maquinar, projetar. 2. Ter o intento de; tencionar. 3. Pôr em execução o plano de. 4. Propor em juízo (ação).

In.ten.to *s.m.* 1. Aquilo em que se medita, a fim de executar. 2. Tenção, intenção. 3. Plano, propósito, desígnio.

In.ten.to.na *s.f.* Conspiração, rebelião, motim.

In.ter- *pref.* ⇒ Entre-.

In.te.ra.ção *s.f.* 1. Ato ou efeito de interagir. 2. Influência recíproca. 3. Ação recíproca de dois ou mais corpos uns sobre os outros.

In.te.ra.gen.te *adj.2g.* 1. Que interage. 2. Em que ocorre interação.

In.te.ra.gir *v.int.* Agir reciprocamente; exercer interação.

In.te.ra.me.ri.ca.no *adj.* Que se estabelece ou se realiza entre os estados do continente americano ou entre as Américas.

In.ter.ca.la.ção *s.f.* 1. Ato ou efeito de intercalar(-se). 2. A coisa que se intercalou.

In.ter.ca.lar *v.t.* 1. Pôr entre duas coisas. *v.t. e p.* 2. Pôr(-se) de permeio; interpor(-se); misturar(-se).

In.ter.cam.bi.ar *v.t.* Fazer intercâmbio de; permutar, trocar.

In.ter.câm.bio *s.m.* 1. Troca de relações comerciais ou intelectuais entre nações, cidades etc. 2. Permuta, troca.

In.ter.ce.der *v.t.* 1. Pedir por outrem. 2. Rogar, suplicar. 3. Intervir a favor de alguém ou de algo.

In.ter.cep.ta.ção *s.f.* Ato de interceptar.

In.ter.cep.tar *v.t.* 1. Interromper, cortar. 2. Pôr obstáculo a. 3. Impedir, fazer parar.

In.ter.ces.são *s.f.* 1. Ato ou efeito de interceder. 2. Pedido, súplica.

In.ter.ces.sor *adj. e s.m.* que(m) intercede.

In.ter.co.mu.ni.ca.ção *s.f.* 1. Ato ou efeito de intercomunicar-se; comunicação recíproca de um para outro. • *Pl.: intercomunicações.*

In.ter.co.mu.ni.car-se *v.p.* Comunicar-se reciprocamente.

In.ter.con.ti.nen.tal *adj.2g.* 1. Que se refere a dois ou mais continentes. 2. Situado entre continentes.

In.ter.cor.rên.cia *s.f.* 1. Qualidade de intercorrente. 2. Alternativa, variação.

In.ter.cor.ren.te *adj.2g.* 1. Que intercorre, que sobrevém no curso de algo. 1.1 Diz-se de moléstia que ocorre no decurso de uma outra. 2. Irregular, intercadente.

In.ter.cor.rer *v.int.* 1. Correr pelo meio ou no interior. 2. Decorrer (o tempo) entre uma coisa e outra. 3. Acontecer no curso de outra coisa, ou logo depois dela; sobrevir, suceder.

In.ter.cur.so *s.m.* 1. Período compreendido entre dois fatos ou duas datas. 2. Comunicação, intercâmbio (de sentimentos etc.). 3. Relação sexual; coito.

In.ter.de.pen.dên.cia *s.f.* Dependência mútua.

In.ter.de.pen.den.te *adj.2g.* Em que há interdependência.

In.ter.de.pen.der *v.int.* Depender reciprocamente.

In.ter.di.ção *s.f.* 1. Ato ou efeito de interditar; proibição. 2. Privação legal do exercício de certos direitos, inclusive o de reger sua pessoa e bens. 3. Suspensão de funções ou de funcionamento.

In.ter.di.tar *v.t.* 1. Proibir. 2. Proibir o exercício de certas funções ou direitos. 3. Proibir o acesso a determinado local.

In.ter.di.to *adj.* 1. Proibido, interditado. *adj. e s.m.* 2. Que ou quem está sob interdição. *s.m.* 3. Proibição, interdição.

INTERESSAR — INTER-RACIAL

In.te.res.sar *v.t.* **1.** Dar, despertar interesse material ou moral. **2.** Dar parte nos lucros a. **3.** Ganhar, lucrar. **4.** Prender pela curiosidade. **5.** Excitar a atenção. **6.** Ser interessante, útil. *v.p.* **7.** Associar-se num negócio. **8.** Tomar interesse; esforçar-se, empenhar-se.

In.te.res.se (ê) *s.m.* **1.** Vantagem. **2.** Proveito, ganho. **3.** Desejo egoísta de proveito pessoal. **4.** Empenho, grande diligência. **5.** Simpatia, atrativo. **6.** Juro de um capital. ● *Ant.: desinteresse.*

In.te.res.sei.ro *adj.* e *s.m.* **1.** Diz-se de, ou aquele que só visa a seu interesse ou conveniência. **2.** Egoísta, ambicioso. **3.** Feito por interesse.

In.te.res.ta.du.al *adj.* Que se realiza entre dois ou mais Estados do mesmo país.

In.te.res.te.lar *adj.* Que se situa ou ocorre entre as estrelas. ● *Var.: interstelar.*

In.ter.fa.ce *s.f.* Conjunto de regras e convenções a respeitar para que dois sistemas de computadores possam trocar informações.

In.ter.fe.rên.cia *s.f.* **1.** Ato ou efeito de interferir. **2.** Intromissão, intervenção. **3.** Fís Fenômeno resultante da combinação de dois movimentos vibratórios. **4.** Ação de um fenômeno sobre outro.

In.ter.fe.rir *v.t.* **1.** Intervir, intrometer-se. **2.** Produzir diminuição de luz ou de som em razão do cruzamento de faixas luminosas ou de ondas sonoras.

In.ter.fe.ron *s.m.* Proteína produzida pelas células infectadas por um vírus que cria nessas células e nas outras nas quais se difunde resistência a qualquer outra infecção viral.

In.ter.fo.nar *v.t.* Comunicar-se por meio do interfone com (alguém).

In.ter.fo.ne *s.m.* Aparelho que serve para comunicação entre escritórios, portarias de prédios e apartamentos etc.

Ín.te.rim *s.m.* Tempo ou momento intermediário. ● *Nesse* **ínterim**: nesse meio tempo; entrementes.

In.te.ri.no *adj.* **1.** Provisório, temporário. **2.** Que exerce uma função apenas durante a ausência ou o impedimento do titular. **3.** De curta duração. ● *Ant.: efetivo.*

In.te.ri.or (ô) *adj.2g.* **1.** Interno; que está na parte de dentro. **2.** Particular, privado, íntimo. **3.** Aquilo que está dentro. **4.** A parte interna. **5.** Seio, âmago. **6.** A parte central de um país. ● *Ant.: exterior.*

In.te.ri.o.ra.no *adj.* **1.** Relativo ao habitante de cidade do interior do país. *s.m.* **2.** O que mora numa cidade do interior.

In.te.ri.o.ri.zar *v.t.* **1.** Infundir no ânimo de; incutir. **2.** Adotar inconscientemente (ideias, práticas, padrões e/ou valores de outra pessoa, ou da sociedade) como se fossem próprios; internalizar, introjetar.

In.ter.jei.ção *s.f.* GRAM Palavra ou sílaba que exprime de forma concisa os sentimentos, as emoções.

In.ter.li.gar *v.t.* e *p.* Ligar(-se) entre duas ou mais coisas; entrelaçar-se.

In.ter.lo.cu.ção *s.f.* Conversação entre duas ou mais pessoas.

In.ter.lo.cu.tor *s.m.* **1.** Cada uma das pessoas que participam de uma conversação. **2.** Aquele que foi encarregado de falar por outro ou por outros.

In.ter.lú.dio *s.m.* Trecho musical intercalado entre as várias partes de uma longa composição.

In.ter.me.di.ar *v.t.* e *int.* **1.** Estar de permeio. **2.** Interceder, intervir. **3.** Servir de mediador a.

In.ter.me.di.á.rio *adj.* **1.** Que está de permeio. **2.** Que intervém; intermédio. *s.m.* **3.** Indivíduo que fica entre duas pessoas, fazendo sentir a uma o que a outra quer. **4.** Agente de negócios; corretor. **5.** O que estabelece comunicações ou relações; medianeiro. **6.** Negociante que compra os produtos nas fontes e os distribui ao consumo; atravessador.

In.ter.mé.dio *adj.* **1.** Que está de permeio, que está entre; intermediário. *s.m.* **2.** Mediação, intervenção.

In.ter.mi.ná.vel *adj.2g.* **1.** Que não se pode terminar. **2.** Que não tem termo ou limite. **3.** Demorado, prolongado. ● *Ant.: finito, breve.*

In.ter.mi.tên.cia *s.f.* **1.** Interrupção momentânea. **2.** Descontinuação. **3.** MED Intervalo que separa os acessos de certas moléstias.

In.ter.mi.ten.te *adj.2g.* **1.** Não contínuo. **2.** Que vem e vai. **3.** Que apresenta interrupções ou para por intervalos; descontínuo.

In.ter.mu.ni.ci.pal *adj.* Que se realiza entre dois ou mais municípios.

In.ter.na.ção *s.f.* Ato ou efeito de internar(se); internamento.

In.ter.na.cio.nal *adj.* **1.** Que se realiza ou se passa entre nações. **2.** Situada entre nações. **3.** Relativo às relações entre nações. *s.m.* **4.** Competição esportiva entre representantes de duas ou mais nações. *s.f.* **5.** Associação geral de trabalhadores do mundo inteiro, unidos para a reivindicação de direitos comuns.

In.ter.na.cio.na.lis.mo *s.m.* **1.** Sistema de política internacional. **2.** Doutrina política dos que pregam a aliança internacional das classes sociais, pondo de parte a ideia de pátria.

In.ter.na.cio.na.li.zar *v.t.* **1.** Tornar internacional. **2.** Difundir por várias nações. *v.p.* **3.** Tornar-se internacional.

In.ter.na.li.zar *v.t.* Interiorizar.

In.ter.nar *v.t.* **1.** Obrigar a residir no interior de um país com a proibição de sair dali. **2.** Colocar em internato. *v.p.* **3.** Meter-se pelo interior; introduzir-se.

In.ter.na.to *s.m.* Casa de ensino ou de caridade onde os alunos ou socorridos residem. ● *Ant.: externato.*

In.ter.nau.ta *s.2g.* Usuário interativo da rede internacional Internet.

In.ter.net *s.f.* Rede telemática internacional que une computadores de particulares, organizações de pesquisa, institutos de cultura, institutos militares, bibliotecas, corporações de todos os tamanhos.

In.ter.no *adj.* **1.** Que está dentro. **2.** Interior, íntimo. *adj.* e *s.m.* **3.** Diz-se de, ou quem reside no colégio. ● *Ant.: externo.*

In.ter.pe.la.ção *s.f.* **1.** Ato ou efeito de interpelar. **2.** Intimação judicial.

In.ter.pe.lan.te *adj.* e *s.2g.* Interpelador.

In.ter.pe.lar *v.t.* **1.** Dirigir a palavra para fazer uma pergunta. **2.** Interromper quem está com a palavra, solicitando justificativa ou explicação. **3.** Intimar judicialmente. **4.** Pedir explicações a (ministro em regime parlamentar).

In.ter.pe.ne.tra.ção *s.f.* Ato de interpenetrar; penetração recíproca.

In.ter.pe.ne.trar-se *v.p.* Penetrar-se mutuamente.

In.ter.pes.so.al *adj.* Diz-se da relação entre dois indivíduos.

In.ter.pla.ne.tá.rio *adj.* Que se situa ou se realiza entre planetas.

In.ter.po.la.ção *s.f.* **1.** Ato de interpolar. **2.** Interrupção, descontinuação. **3.** Trecho interpolado em alguma obra.

In.ter.po.lar *v.t.* **1.** Pôr de permeio. **2.** Interromper. **3.** Alternar, intercalar. **4.** Alterar, completar. **5.** Deturpar ou esclarecer (um texto), intercalando nele palavras ou frases.

In.ter.por (ô) *v.t.* **1.** Fazer intervir. **2.** Opor, contrapor. **3.** Pôr de permeio; expor. *v.p.* **4.** Colocar-se, meter-se de permeio. **5.** Intervir como mediador.

In.ter.pre.ta.ção *s.f.* **1.** Ato ou efeito de interpretar. **2.** Modo de explicar o sentido de palavra, frase, ato etc. **3.** Explicação imaginosa de fenômenos naturais. **4.** Tradução, versão. **5.** Modo como um ator ou uma atriz desempenha um papel.

In.ter.pre.tan.te *adj.2g.* e *s.2g.* Intérprete.

In.ter.pre.tar *v.t.* **1.** Estabelecer ou explicar o sentido de (um texto). **2.** Ajuizar a intenção de. **3.** Expressar o sentimento de. **4.** Tirar conclusões ou presságios de (sonhos, visões, etc.). **5.** Entender de modo particular. **6.** Representar (em teatro, cinema, televisão).

In.ter.pre.ta.ti.vo *adj.* **1.** Que interpreta ou explica. **2.** Que contém ou é suscetível de interpretação.

In.tér.pre.te *s.2g.* **1.** Pessoa que interpreta. **2.** Pessoa que serve de intermediário para fazer compreender outras que falam diferentes idiomas.

In.ter.ra.ci.al *adj.2g.* Que se processa entre raças.

INTERREGNO — INTRÉPIDO

In.ter.reg.no *s.m.* **1.** Interrupção, cessação temporária. **2.** Intervalo.

In.ter.re.la.ção *s.f.* Relação que duas ou mais coisas apresentam entre si. • *Pl.*: *inter-relações.*

In.ter.re.la.cio.nar-se *v.p.* Ter inter-relação.

In.ter.re.la.ti.vo *adj.* Em que existe inter-relação. • *Pl.*: *inter-relativos.*

In.ter.ro.gar *v.t.* **1.** Perguntar, com autoridade, a quem tem obrigação de responder. **2.** Proceder a interrogatório. **3.** Consultar, examinar, procurar conhecer.

In.ter.rom.per *v.t.* **1.** Romper a continuidade de. **2.** Atalhar, cortar. **3.** Parar momentaneamente. *v.p.* **4.** Cessar de fazer o que vinha fazendo.

In.ter.rup.ção *s.f.* **1.** Ato ou efeito de interromper. **2.** Suspensão ou cessação temporária. **3.** Reticência.

In.ter.rup.tor *adj.* e *s.m.* **1.** Que, ou o que interrompe. *s.m.* **2.** Aparelho que suspende ou restabelece a passagem de uma corrente elétrica.

In.ter.se.ção *s.f.* **1.** Ato de cortar pelo meio. **2.** Corte, cruzamento. **3.** GEOM Ponto onde se cruzam ou se cortam duas linhas ou superfícies. ◆ *Var.*: *intersecção.* ◆ *Cf. intercessão.*

In.ters.ti.ci.al *adj.2g.* **1.** Relativo a ou situado em interstícios. **2.** Diz-se de tecido de sustentação localizado nos interstícios de um órgão, esp. vasos sanguíneos e tecido conjuntivo. **3.** Que habita os espaços entre os grãos de areia (diz-se de animal ou fauna).

In.ters.tí.cio *s.m.* **1.** Pequeno intervalo de espaço ou tempo. **2.** Pequeno espaço entre duas coisas. **3.** ANAT Intervalo que separa dois órgãos contíguos. **4.** Fenda, greta, frincha. **5.** FÍS Espaço que separa as moléculas de um corpo.

In.te.rur.ba.no *adj.* **1.** Relativo ao movimento entre cidades ou aglomerações populacionais. *s.m.* **2.** Comunicação telefônica entre duas cidades.

In.ter.va.lar¹ *adj.2g.* Que está num intervalo.

In.ter.va.lar² *v.t.* **1.** Dispor com intervalos; entremear, alternar. **2.** Abrir intervalos em. **3.** Em composição gráfica, abrir intervalos maiores que os normais. *v.p.* **4.** Separar-se com intervalos.

In.ter.va.lo *s.m.* **1.** Espaço ou distância entre dois objetos. **2.** Espaço de tempo entre duas épocas, entre dois fatos, entre partes de um espetáculo etc. **3.** Entreato. **4.** MÚS Distância que separa dois sons, um grave e um agudo.

In.ter.ven.ção *s.f.* **1.** Ato ou efeito de intervir. **2.** MED Operação. **3.** Mediação do governo federal em uma unidade da Federação. **4.** Intercessão, mediação.

In.ter.ven.cio.nis.mo *s.m.* **1.** Doutrina que defende a intervenção dos poderes públicos na vida econômica de um país. **2.** Doutrina política que defende a intervenção de um Estado nos negócios internos de outros.

In.ter.ven.ti.vo *adj.* Relativo a, ou em que há intervenção.

In.ter.ven.tor *adj.* **1.** Que intervém. *s.m.* **2.** Aquele que assume o governo de um estado, cidade etc., como representante do presidente da República.

In.ter.vir *v.t.* **1.** Tomar parte voluntariamente. **2.** Meter-se de permeio. **3.** Sobrevir. **4.** Interpor sua autoridade, seus bons ofícios. **5.** Estar presente. *v.int.* **6.** Sobrevir, ocorrer incidentemente. **7.** Intrometer-se. ● Conjuga-se por vir, verbo do qual deriva: O *prefeito interveio* (e nunca *interviu); se ele intervier* (e nunca *intervir*).

In.tes.ti.nal *adj.2g.* Referente ao intestino.

In.tes.ti.no *s.m.* **1.** ANAT Víscera abdominal, que se estende do estômago ao ânus. *adj.* **2.** Que está muito dentro. **3.** Interior, interno, íntimo. **4.** Doméstico, civil, nacional.

In.ti.ma.ção *s.f.* **1.** Ato ou efeito de intimar. **2.** JUR Citação para fazer algum ato ou comparecer em juízo.

In.ti.mar *v.t.* **1.** Notificar para dia certo. **2.** Fazer ciente. **3.** Citar judicialmente. **4.** Dar ordem. **5.** Falar com arrogância; insultar, provocar. **6.** POP Contar vantagem.

In.ti.ma.ti.va *s.f.* **1.** Palavra, frase ou gesto com força de intimação. **2.** Afirmação enérgica. **3.** Arrogância no mandar.

In.ti.ma.ti.vo *adj.* **1.** Próprio para intimar. **2.** Enérgico, imperioso.

In.ti.mi.da.ção *s.f.* Ato ou efeito de intimidar.

In.ti.mi.da.de *s.f.* **1.** Qualidade de íntimo. **2.** Parte íntima e recôndita. **3.** Amizade íntima. **4.** Camaradagem, familiaridade. **5.** Vida íntima, particular.

In.ti.mi.da.dor *adj.* e *s.m.* Que, ou o que intimida.

In.ti.mi.dan.te *adj.2g.* Intimidador.

In.ti.mi.dar *v.t.* **1.** Atemorizar, assustar, apavorar. **2.** Causar medo por ameaças. *v.p.* **3.** Atemorizar-se, assustar-se.

Ín.ti.mo *adj.* **1.** Profundo. **2.** Que atua no interior dos corpos e de suas moléculas. **3.** Estritamente pessoal; privado. **4.** Muito cordial ou afetuoso. **5.** Estreitamente ligado por afeição e confiança. **6.** Intrínseco. *s.m.* **7.** A parte mais profunda de um ser; o âmago. **8.** Aquele a quem se dedica particular afeição; amigo íntimo.

In.ti.mo.ra.to *adj.* Que não tem medo; destemido.

In.ti.tu.la.ção *s.f.* Ação de intitular; designação de título.

In.ti.tu.lar *v.t.* **1.** Dar título. **2.** Chamar, denominar.

In.to.cá.vel *adj.2g.* **1.** Em que não se pode tocar. **2.** Inatacável, inatingível, ilibado.

In.to.le.rân.cia *s.f.* **1.** Qualidade de intolerante. **2.** Falta de tolerância; impaciência. ● *Ant.*: *tolerância.*

In.to.le.ran.te *adj.2g.* Que não é tolerante; intransigente. ● *Ant.*: *tolerante.*

In.to.le.rá.vel *adj.2g.* Que não se pode tolerar; insuportável. ● *Ant.*: *tolerável.*

In.to.xi.ca.ção (cs) *s.f.* Ato ou efeito de intoxicar; envenenamento.

In.to.xi.can.te *adj.2g.* Que produz envenenamento.

In.to.xi.car (cs) *v.t.* e *p.* Causar ou sofrer intoxicação; envenenar(-se).

In.tra.du.zí.vel *adj.2g.* Que não se pode traduzir ou explicar; inexprimível.

In.tra.gá.vel *adj.2g.* **1.** Que não se pode tragar. **2.** Muito desagradável; repugnante.

In.tra.net *s.f.* Rede local de computadores, circunscrita aos limites internos de uma instituição, na qual são utilizados os mesmos programas e protocolos de comunicação empregados na Internet.

In.tran.qui.li.da.de *s.f.* **1.** Qualidade de intranquilo. **2.** Falta de tranquilidade. ● *Ant.*: *tranquilidade.*

In.tran.qui.li.za.dor (ô) *adj.* e *s.m.* Que intranquiliza; inquietante, inquietador.

In.tran.qui.li.zar *v.t.* e *p.* Tornar(-se) inquieto, intranquilo, aflito; desassossegar(-se), afligir(-se), inquietar(-se).

In.tran.qui.lo *adj.* **1.** Que não é ou não está tranquilo. **2.** Inquieto, desassossegado. ● *Ant.*: *tranquilo.*

In.trans.fe.rí.vel *adj.2g.* Que não se pode transferir ou mudar; inalienável. ● *Ant.*: *transferível.*

In.tran.si.gên.cia (z) *s.f.* **1.** Qualidade de intransigente; intolerância. **2.** Austeridade de caráter. ● *Ant.*: *transigência.*

In.tran.si.gen.te (z) *adj.2g.* Diz-se de, ou pessoa intolerante, que não transige. ● *Ant.*: *transigente, tolerante.*

In.tran.si.tá.vel (z) *adj.2g.* **1.** Não transitável. **2.** Por onde não se pode passar ou transitar. ● *Ant.*: *transitável.*

In.tran.si.ti.vo (z) *adj.* **1.** GRAM Diz-se do verbo que não precisa de palavra que lhe complete o sentido. *s.m.* **2.** Verbo intransitivo.

In.trans.mis.sí.vel *adj.2g.* Que não se pode transmitir. ● *Ant.*: *transmissível.*

In.trans.po.ní.vel *adj.2g.* Que não se pode transpor; insuperável.

In.tra.tá.vel *adj.2g.* **1.** Que não é tratável. **2.** Com quem não se pode tratar; insociável, orgulhoso, soberbo, rude. ● *Ant.*: *tratável.*

In.tra.ve.no.so (ô) *adj.* **1.** Referente ao interior da veia. **2.** Que é aplicado (injeção) no interior de uma veia.

In.tre.pi.dez (ê) *s.f.* Destemor, coragem, bravura, arrojo, ousadia. ● *Ant.*: *covardia.*

In.tré.pi.do *adj.* **1.** Que não vacila, não foge, não teme o perigo. **2.** Firme, audaz, corajoso. ● *Ant.*: *covarde, medroso.*

INTRIGA — INVENTAR

in.tri.ga *s.f.* **1.** Enredo secreto, maquinação para enredar ou prejudicar outrem. **2.** Cilada, traição. **3.** Enredo de obra literária, peça de teatro, telenovela, filme etc.

in.tri.gan.te *adj.* e *s.2g.* Diz-se de, ou pessoa que intriga, que forja mexericos.

in.tri.gar *v.t.* **1.** Inimizar com intrigas, enredar. **2.** Pôr em confusão. *v.int.* **3.** Provocar, excitar a curiosidade.

in.trin.ca.do *Var.:* intricado.

in.trin.car *v.t.* e *p. Var.:* intricar(-se).

in.trín.se.co *adj.* **1.** Que é essencial ou próprio a determinada coisa ou pessoa; inerente. **2.** ANAT Qualificativo de músculo exclusivamente destinado a um órgão. ● *Ant.:* extrínseco.

in.tro.du.ção *s.f.* **1.** Apresentação. **2.** Explicação que serve de preparação para uma obra, um estudo; prefácio, prólogo. **3.** Ato de introduzir, de dar entrada. ● *Ant.:* epílogo, fim.

in.tro.du.tor (ô) *adj.* e *s.m.* Que, ou aquele que introduz algo ou apresenta alguém; apresentador.

in.tro.du.tó.rio *adj.* **1.** Relativo a, ou que serve de introdução. **2.** Que constitui início; introdutivo.

in.tro.du.zir *v.t.* **1.** Levar para dentro; fazer entrar. **2.** Apresentar. **3.** Importar. **4.** Começar, iniciar. **5.** Fazer adotar. **6.** Estabelecer. **7.** Dar cabimento. **8.** Produzir, causar. *v.p.* **9.** Fixar-se, arraigar-se.

in.troi.to *s.m.* Entrada, princípio, começo; introdução. ● *Ant.:* fecho, conclusão.

in.tro.je.ção *s.f.* **1.** Processo de identificação por meio do qual uma pessoa absorve, como parte integrante do ego, objetos e qualidades inerentes a esses objetos; direcionamento afetivo dos impulsos e reações de uma pessoa, mais para uma imagem subjetiva e internalizada de um objeto do que para o próprio objeto; interiorização. **2.** Processo por meio do qual uma pessoa incorpora a seu pensamento valores, crenças etc. de outras pessoas ou grupos (deixando-se influenciar por eles, mas não a ponto de assimilá-los como parte integrante da própria personalidade). ● *Pl.:* introjeções.

in.tro.je.tar *v.t.* Fazer introjeção de.

in.tro.me.ter *v.t.* **1.** Meter para dentro. **2.** Introduzir, intercalar. *v.p.* **3.** Ingerir-se, intrometer-se. **4.** Tomar parte em assunto ou negócio que não lhe diz respeito.

in.tro.mis.são *s.f.* **1.** Ato ou efeito de intrometer(-se); intrometimento. **2.** Intervenção, ingerência.

in.tros.pec.ção *s.f.* **1.** Exame do interior. **2.** Exame que alguém faz de seus próprios pensamentos e sentimentos. ● *Var.:* introspeção.

in.tros.pec.ti.vo *adj.* **1.** Que faz introspecção. **2.** Próprio para introspecção. ● *Var.:* introspetivo.

in.tro.ver.são *s.f.* Qualidade de introvertido.

in.tro.ver.ter *v.t.* e *p.* **1.** Voltar(-se) para dentro. **2.** Meter-se consigo. **3.** Concentrar(-se), retrair(-se).

in.tro.ver.ti.do *adj.* **1.** Voltado para dentro. **2.** Metido consigo mesmo; ensimesmado, concentrado. ● *Ant.:* extrovertido.

in.tru.jão *s.m.* **1.** Indivíduo que intruja; impostor. **2.** Receptador de objetos roubados. ● *Fem.:* intrujona.

in.tru.jar *v.t.* **1.** Lograr, enganar. **2.** Explorar (alguém) usando astúcia e falsidade. *v.int.* **3.** Contar patranhas, intrujices. *v.p.* **4.** Lograr-se, enganar-se mutuamente.

in.tru.ji.ce *s.f.* **1.** Ato ou efeito de intrujar(-se). **2.** Ardil para intrujar. **3.** Logro, burla.

in.tru.so *adj.* e *s.m.* **1.** Que, ou o que se introduz em algum lugar, cargo etc., sem ter qualificação para isso. *adj.* **2.** Que entrou sem ser chamado. **3.** Intrometido, metediço; usurpador.

in.tu.i.ção *s.f.* **1.** Ato de ver, de perceber; pressentimento. **2.** Primeiro lance de olhos. **3.** Percepção clara e pronta. **4.** Pressentimento instintivo pelo qual se descobre o que é ou deve ser; presságio.

in.tui.to (túi) *s.m.* Aquilo que se tem em vista; propósito, intento; fim.

in.tu.mes.cên.cia *s.f.* **1.** Ato ou efeito de intumescer. **2.** Estado de túmido; inchação.

in.tu.mes.cen.te *adj.2g.* Que intumesceu; túmido, inchado.

in.tu.mes.cer *v.t.* e *p.* **1.** Tornar(-se) túmido ou inchado. **2.** Inflar(-se).

in.tur.ges.cên.cia *s.f.* Qualidade ou estado de inturgescente; inchação, turgescência, turgidez.

in.tur.ges.cer *v.t.* e *p.* Tornar(se) túrgido ou inchado.

i.nú.bil *adj.2g.* Que ainda não é núbil ou não tem idade para casar.

i.nu.ma.no *adi.* Que não é humano; desumano.

i.nu.mar *v.t.* Enterrar (um cadáver); sepultar.

i.nu.me.rá.vel *adj.2g.* **1.** Que não se pode contar ou numerar. **2.** Muito numeroso.

i.nun.da.ção *s.f.* **1.** Ato ou efeito de inundar. **2.** Cheia, enchente. **3.** FIG Grande número de pessoas ou objetos.

i.nun.dar *v.t.* **1.** Alagar, cobrir de água; submergir. **2.** Molhar, banhar. **3.** Encher com abundância. **4.** Derramar, espalhar. *v.p.* **5.** Encher-se de água; banhar-se.

i.nu.si.ta.do *adj.* **1.** Não usual; incomum, desconhecido. **2.** Esquisito, estranho.

i.nú.til *adj.2g.* **1.** Sem utilidade, sem préstimo. **2.** Frustrado, baldado. **3.** Vão. **4.** Desnecessário. *s.2g.* **5.** Pessoa inútil. ● *Ant.:* útil.

i.nu.ti.li.da.de *s.f.* **1.** Qualidade de inútil. **2.** Falta de utilidade. **3.** Pessoa ou coisa inútil. ● *Ant.:* utilidade.

i.nu.ti.li.zar *v.t.* **1.** Tornar inútil ou imprestável. **2.** Destruir, danificar. *v.p.* **3.** Tornar-se inútil.

in.va.dir *v.t.* **1.** Entrar à força em. **2.** Tomar, ocupar à força. **3.** Espalhar-se, alastrar-se por.

in.va.li.dar *v.t.* **1.** Tornar inválido; anular. **2.** Tirar a importância, o valor a. *v.p.* **3.** Tornar-se inválido; anular-se.

in.va.li.dez *s.f.* Qualidade ou estado de inválido.

in.vá.li.do *adj.* **1.** Fraco, doente. **2.** Inutilizado. **3.** Nulo, ilegal. *s.m.* **4.** Pessoa que, por doença ou velhice, é incapaz de exercer as funções do seu cargo.

in.va.ri.a.bi.li.da.de *s.f.* Qualidade do que é invariável.

in.va.ri.an.te *adj.* **1.** Que não varia. **2.** MAT Diz-se de uma grandeza, uma expressão, uma relação, uma propriedade etc., que se conservam invariáveis para um grupo de transformações. **3.** Diz-se de um sistema físico-químico em equilíbrio, cuja variância é nula.

in.va.ri.á.vel *adj.2g.* **1.** Que não varia. **2.** Imutável, constante; permanente. **3.** Inalterável. **4.** GRAM Diz-se da palavra que não flexiona; indeclinável. ● *Ant.:* variável.

in.va.são *s.f.* **1.** Ato ou efeito de invadir. **2.** Ocupação à força de um país. **3.** Ocupação ilegal de uma área por pessoas sem terra para trabalhar, ou sem moradia. **4.** Violação do direito de outrem. **5.** MED Irrupção de uma doença. ● *Ant.:* evasão.

in.va.si.vo *adj.* **1.** Que tem caráter de invasão. **2.** Em que há invasão.

in.va.sor (ô) *adj.* e *s.m.* Que, ou aquele que invade.

in.ve.ja *s.f.* **1.** Desgosto ou pesar pelo bem ou pela felicidade dos outros. **2.** Desejo violento de possuir o bem alheio; cobiça. ● *Ant.:* indiferença.

in.ve.jar *v.t.* **1.** Olhar com inveja. **2.** Cobiçar, desejar (o que pertence a outrem). *v.int.* **3.** Ter ou sentir inveja.

in.ve.jo.so (ô) *adj.* **1.** Que tem ou revela inveja. **2.** Cheio de inveja. *s.m.* **3.** Indivíduo invejoso.

in.ven.ção *s.f.* **1.** Ato ou efeito de inventar. **2.** Revelação de coisa que não existia. **3.** Faculdade, engenho da criação. **4.** Coisa inventada. **5.** FIG Embuste, mentira; astúcia, manha.

in.ven.cio.ni.ce *s.f.* **1.** Ato ou dito mentiroso. **2.** Embuste, enredo, mentira. **3.** Coisa inventada.

in.ven.dá.vel *adj.2g.* Que não se vende com facilidade. ● *Ant.:* vendável.

in.ven.tar *v.t.* **1.** Ser o primeiro a ter ideia de. **2.** Imaginar, criar no pensamento ou na fantasia; idear. **3.** Armar, espalhar ou contar falsamente. **4.** Urdir, tramar.

INVENTARIANTE — IPTU

In.ven.ta.ri.an.te *adj.2g.* **1.** Que inventaria. *s.2g.* **2.** Pessoa encarregada legalmente de inventariar os bens deixados por um morto.

In.ven.ta.ri.ar *v.t.* **1.** Fazer o inventário de. **2.** Arrolar, catalogar, relacionar, registrar.

In.ven.tá.rio *s.m.* **1.** Relação dos bens deixados por alguém que morreu. **2.** Descrição minuciosa. **3.** Lista detalhada de mercadorias, bens etc., de um estoque. **4.** Balanço. **5.** O total dos bens listados.

In.ven.ti.va *s.f.* **1.** Faculdade de inventar; invento. **2.** Engenho inventivo. **3.** Imaginação.

In.ven.ti.vi.da.de *s.f.* Qualidade de inventivo.

In.ven.ti.vo *adj.* **1.** Próprio para inventar. **2.** Que denota imaginação brilhante.

In.ven.to *s.m.* **1.** Invenção, descoberta. **2.** Aquilo que se inventou. **3.** Criação; ideia.

In.ven.tor *adj.* **1.** Que inventa; criador. *s.m.* **2.** Aquele que inventa ou faz uma descoberta.

In.ver.da.de *s.f.* Mentira.

In.ve.ri.fi.cá.vel *adj.2g.* Que não pode ser verificado.

In.ver.na.da *s.f.* **1.** Duração do tempo invernoso. **2.** Inverno rigoroso e prolongado; invernia. **3.** Pastagem onde se coloca o gado para descansar e engordar.

In.ver.na.dor *s.m.* Invernista.

In.ver.nar *v.t.* **1.** Recolher a uma invernada (o gado). **2.** Passar o período do inverno num determinado lugar. *v.int.* **3.** Fazer inverno.

In.ver.nis.ta *s.2g.* Pessoa que se dedica à engorda de gado para o abate.

In.ver.no *s.m.* **1.** A mais fria das estações do ano (oficialmente, no Brasil, de 21 de junho a 22 de setembro), entre o outono e a primavera. **2.** Tempo chuvoso e frio. **3.** Período das chuvas no N e NE do Brasil. **4.** FIG A última quadra da vida, a velhice.

In.ve.ros.si.mi.lhan.ça *s.f.* **1.** Qualidade de inverossímil. **2.** Falta de semelhança; improbabilidade. **3.** Coisa inverossímil. ● *Ant.*: *verossimilhança.*

In.ver.são *s.f.* **1.** Ato ou efeito de inverter(-se). **2.** Estado do que é ou está invertido. **3.** Posição ou direção inversa.

In.ver.sor (ô) *adj.* e *s.m.* Que, ou aquele que inverte.

In.ver.te.bra.do *adj.* e *s.m.* ZOOL Que, o animal que não tem vértebras.

In.ver.ter *v.t.* **1.** Voltar, virar em sentido oposto ao natural. **2.** Colocar em ordem inversa. **3.** Pôr às avessas. **4.** Trocar, alterar. *v.p.* **5.** Virar-se em sentido contrário.

In.vés *s.m.* Avesso, o lado oposto ao normal. ◆ **Ao invés (de):** ao contrário (de).

In.ves.ti.da *s.f.* **1.** Ato ou efeito de investir. **2.** Ataque, assalto. **3.** Tentativa, ensaio.

In.ves.ti.dor *adj.* **1.** Que investe. *s.m.* **2.** Aquele que investe. **3.** ECON A pessoa ou empresa que aplica suas economias ou disponibilidades na aquisição de ações ou títulos comercializados no mercado financeiro.

In.ves.ti.du.ra *s.f.* **1.** Ato ou efeito de investir; ato de dar ou tomar posse. **2.** Posse. **3.** Cerimônia em que se dá posse ou se faz provimento de algum cargo.

In.ves.ti.ga.ção *s.f.* **1.** Ato ou efeito de investigar. **2.** Indagação minuciosa. **3.** Pesquisa atenta e continuada.

In.ves.ti.ga.dor *adj.* **1.** Que investiga. *s.m.* **2.** O encarregado de investigação. **3.** Agente de polícia.

In.ves.ti.gar *v.t.* **1.** Indagar com minúcia. **2.** Pesquisar. **3.** Fazer diligências para achar ou descobrir. **4.** Seguir os vestígios de.

In.ves.ti.men.to *s.m.* **1.** Ato ou efeito de investir. **2.** Investida. **3.** Ato de aplicar dinheiro ou títulos em empreendimentos que renderão juros ou lucros.

In.ves.tir *v.t.* **1.** Dar posse ou investidura a; empossar. **2.** Eleger, nomear. *v.int.* **3.** Arremessar-se, atirar-se. **4.** Aplicar ou empregar (capitais). *v.p.* **5.** Entrar na posse. **6.** Atacar, acometer. **7.** Encarregar-se, incumbir-se.

In.ve.te.ra.do *adj.* **1.** Profundamente radicado; entranhado. **2.** Muito antigo.

In.ve.te.rar *v.t.* **1.** Tornar velho, antigo. **2.** Introduzir, arraigar, fixar. *v.p.* **3.** Arraigar-se com o tempo.

In.vi.a.bi.li.zar *v.t.* Tornar (algo) inviável, irrealizável, inexequível.

In.vi.á.vel *adj.2g.* Que não é viável; inexequível.

In.vic.to *adj.* **1.** Que nunca foi vencido; sem derrota. **2.** FIG Invencível.

In.vi.o.la.bi.li.da.de *s.f.* Qualidade do que é inviolável.

In.vi.o.lá.vel *adj.2g.* Que não se pode violar.

In.vi.si.bi.li.zar *v.t.* e *p.* Volver(-se), tornar(-se) invisível.

In.vi.sí.vel *adj.2g.* **1.** Que não se pode ver. **2.** Que age ocultamente, sem que se possa ver. **3.** Imperceptível. *s.m.* **4.** O que não se vê. ● *Ant.*: *visível.*

In vitro (lat.) *loc.* Fora do organismo vivo; artificialmente. ● Opõe-se a *in vivo.*

In vivo (lat.) *loc.* No organismo vivo. ● Opõe-se a *in vitro.*

In.vo.ca.ção *s.f.* **1.** Ato ou efeito de invocar. **2.** Alegação. **3.** Apelo, rogo. **4.** Chamamento ou pedido de socorro.

In.vo.ca.do *adj.* **1.** Que se invocou, que foi objeto de invocação. **2.** FAM Cismado.

In.vo.car *v.t.* **1.** Chamar em auxílio, pedir a proteção de. **2.** Citar, alegar em seu favor. **3.** Recorrer a. **4.** Rogar, suplicar.

In.vo.lu.ção *s.f.* **1.** Movimento regressivo. **2.** Regressão. **3.** Falta de desenvolvimento, de progresso. ● *Ant.*: *evolução.*

In.vó.lu.cro *s.m.* Tudo o que serve para envolver uma coisa; envoltório.

In.vo.lu.ir *v.int.* Regredir.

In.vo.lun.tá.rio *adj.* Contrário à vontade ou independente dela; não intencional.

In.vul.gar *adj.2g.* **1.** Que não é vulgar. **2.** Raro, incomum. ● *Ant.*: *vulgar.*

In.vul.ne.rá.vel *adj.2g.* **1.** Que não é vulnerável; inatacável. **2.** Imaculado, puro. ● *Ant.*: *vulnerável.*

In.zo.nar *v.t.* Intrigar, enredar, mexericar.

-io *suf.* **1.** 'Relação': *sombrio.* **2.** 'Reunião, coleção': *rapazio.* **3.** 'Passividade': *esgorregadio.* **4.** 'Corpos simples': *sódio.*

I.o.de.to (ê) *s.m.* QUÍM Composto de iodo e uma substância simples.

I.ó.di.co *adj.* Diz-se do anidrido composto de dois átomos de iodo e cinco de oxigênio, e do ácido composto de um átomo de hidrogênio, um de iodo e três de oxigênio.

I.o.do (ó) *s.m.* Elemento químico de símbolo I e número atômico 53, de larga aplicação na medicina.

IOF Sigla de Imposto sobre Operações Financeiras.

I.o.ga *s.f.* Sistema místico-filosófico indiano que procura, mediante determinados exercícios, o domínio do espírito sobre a matéria.

I.o.gue *adj.2g.* Relativo à ioga. *s.2g.* **2.** Pessoa que pratica a ioga.

I.o.gur.te *s.m.* Coalhada produzida pela ação de fermento lácteo.

Io.iô *s.m.* **1.** Tratamento que os escravos davam aos senhores; nhonhô, nhô. **2.** Brinquedo infantil constituído por uma espécie de roldana a que se enrola um cordel que o faz subir e descer. ◆ *Fem.*: *iaiá.*

Í.on *s.m.* QUÍM Corpo simples radioativo. ◆ *Var.*: *ionte* e *iônion.*

I.ô.ni.co *adj.* Relativo a íon.

I.ô.nio *s.m.* FÍS QUÍM Íon.

I.o.ni.zar *v.t.* **1.** Converter em íons. **2.** Produzir descarga elétrica.

I.o.nos.fe.ra *s.f.* Região da atmosfera que dista entre 50 e 200 km da superfície da Terra, caracterizada pela presença de elétrons e íons.

I.pê *s.m.* BOT Designação comum a diversas árvores de flores amarelas ou roxas.

IPI Sigla de Imposto sobre Produtos Industrializados.

Íp.si.lon *s.m.* **1.** A vigésima letra do alfabeto grego. **2.** Vigésima quinta letra do alfabeto português (y). ◆ *Var.*: *ipsilone.*

Ipsis litteris (lat.) Literalmente; pelas mesmas letras.

IPTU Sigla de Imposto Predial e Territorial Urbano.

IQUEBANA — IRRIGAR

I.que.ba.na *s.f.* Arte da composição floral segundo a tradição e filosofia japonesas.

Ir *v.int.* **1.** Andar, caminhar. **2.** Transitar; mover-se de um lado para outro. **3.** Dirigir-se. **4.** Partir, ausentar-se. **5.** Extinguir-se, morrer. **6.** Decorrer, passar. **7.** Frequentar, comparecer. **8.** Conduzir, levar. **9.** Orçar, aproximar-se de. ● *Ant.:* vir.

I.ra *s.f.* **1.** Furor breve, provocado por mal ou injúria que se quer repelir. **2.** Raiva, cólera, indignação. ● *Ant.: mansidão.*

I.rar *v.t.* **1.** Causar ira a. **2.** Irritar, encolerizar. *v.p.* **3.** Encher-se de ira; irritar-se, encolerizar-se. ● *Ant.: acalmar-se.*

I.ras.ci.vel *adj.2g.* Que se irrita facilmente; iracundo. ● *Ant.: calmo.*

I.ri.des.cen.te *adj.2g.* Que reflete as cores do arco-íris.

I.rí.dio *s.m.* Elemento químico, que é um metal raro análogo à platina, de símbolo Ir e número atômico 77.

I.ri.do.lo.gi.a *s.f.* Estudo da íris; iridiodiagnóstico.

Í.ris *s.2g. e 2n.* **1.** Meteoro luminoso, em forma de arco, produzido na atmosfera pela decomposição dos raios solares. **2.** ANAT Membrana do globo ocular, circular e retrátil, da qual procede a cor dos olhos das pessoas. **3.** MINER Certa pedra preciosa. **4.** Variedade de borboleta diurna. **5.** FIG Paz, bonança.

Ir.ma.na.ção *s.f.* **1.** Ato ou efeito de irmanar(-se); irmandade, união. ● *Pl.: irmanações.*

Ir.ma.nar *v.t. e p.* **1.** Tornar(-se) irmão. **2.** Ligar(-se) fraternamente. **3.** Igualar(-se), emparelhar(-se).

Ir.man.da.de *s.f.* **1.** Parentesco entre irmãos. **2.** Associação de caráter religioso. **3.** Confraria, liga. **4.** Identidade de ideais; conformidade.

Ir.mão *s.m.* **1.** Filho do mesmo pai e da mesma mãe, ou só do mesmo pai ou só da mesma mãe. **2.** Membro de confraria ou da maçonaria. **3.** Correligionário, confrade. **4.** Amigo inseparável. **5.** Frade sem ordenação sacerdotal. *adj. e s.m.* **6.** Diz-se de, ou pessoa idêntica a outra em sentimentos, aspirações etc. **7.** Igual, idêntico. *adj.* **8.** Da mesma origem. ● *Fem.: irmã.*

I.ro.ni.a *s.f.* **1.** Modo de falar pelo qual se diz o contrário do que se pensa ou sente. **2.** Ar, atitude ou gesto sarcástico, zombeteiro. **3.** Zombaria insultuosa, sarcasmo.

I.rô.ni.co *adj.* **1.** Que revela ironia. Em que há ironia. **3.** Zombeteiro, sarcástico.

I.ro.ni.zar *v.t. e int.* **1.** Exprimir com ironia; dizer ironicamente. **2.** Troçar, zombar.

Ir.ra.cio.nal *adj.* **1.** Que não raciocina. **2.** Contrário à razão. **3.** Animalesco. *s.m.* **4.** Animal sem razão ou raciocínio. ● *Ant.: racional.*

Ir.ra.di.a.ção *s.f.* **1.** Ato ou efeito de irradiar. **2.** Emissão de luz, calor, ondas sonoras. **3.** Propagação, difusão.

Ir.ra.di.a.dor *adj. e s.m.* Que, ou o que irradia; irradiante.

Ir.ra.di.an.te *adj.* **1.** Que irradia. **2.** Que emite raios em diversas direções; brilhante. **3.** Muito alegre; comunicativo.

Ir.ra.di.ar *v.t.* **1.** Emitir (raios de luz, calor, ondas sonoras). **2.** Propagar, difundir.

Ir.re.al *adj.2g.* **1.** Não real. **2.** Imaginário, fictício. ● *Ant.: real.*

Ir.re.a.li.zá.vel *adj.2g.* Que não se pode realizar; inexequível. ● *Ant.: realizável.*

Ir.re.con.ci.li.á.vel *adj.2g.* Que não se pode reconciliar.

Ir.re.co.nhe.cí.vel *adj.2g.* Impossível de ser reconhecido. ● *Ant.: reconhecível.*

Ir.re.cor.rí.vel *adj.2g.* JUR De que não se pode recorrer; inapelável.

Ir.re.cu.pe.rá.vel *adj.2g.* Que não se pode recuperar. ● *Ant.: recuperável.*

Ir.re.cu.sá.vel *adj.2g.* Que não se pode recusar. ● *Ant.: recusável.*

Ir.re.du.tí.vel *adj.2g.* **1.** Que não se pode reduzir; irreduzível. **2.** Firme em sua posição ou opinião; inflexível. **3.** Firme, perseverante. **4.** MAT Diz-se de fração ordinária ou decimal cujos termos são primos entre si.

Ir.re.fle.ti.do *adj.* **1.** Que não é refletido; impensado. **2.** Feito sem reflexão. ● *Ant.: refletido.*

Ir.re.fle.xão (cs) *s.f.* **1.** Falta de reflexão. **2.** Falta de prudência; imprudência, leviandade. **3.** Precipitação. ● *Ant.: reflexão.*

Ir.re.fre.á.vel *adj.2g.* Que não se pode refrear. ● *Ant.: refreável.*

Ir.re.fu.tá.vel *adj.2g.* **1.** Não suscetível de refutação. **2.** Evidente, incontestável. **3.** Irrecusável. ● *Ant.: refutável.*

Ir.re.ge.ne.rá.vel *adj.2g.* Que não se pode regenerar; incorrigível.

Ir.re.gu.lar *adj.2g.* **1.** Não regular. **2.** Que está em desacordo com a regra. **3.** Contrário à lei ou à moral. **4.** Anormal, desigual. **5.** GRAM Diz-se do verbo cujo tema não se mantém inalterável em todas as pessoas ou cujas terminações não se conformam com as do verbo paradigma; anômalo. ● *Ant.: regular.*

Ir.re.gu.la.ri.da.de *s.f.* **1.** Qualidade de irregular. **2.** Situação irregular. **3.** Falta de regularidade. **4.** Falta, erro. ● *Ant.: regularidade.*

Ir.re.le.vân.cia *s.f.* **1.** Qualidade de irrelevante. **2.** Falta de relevância, de importância.

Ir.re.le.van.te *adj.2g.* Que tem pouca ou nenhuma importância. ● *Ant.: relevante.*

Ir.re.li.gio.si.da.de *s.f.* Qualidade de quem é irreligioso.

Ir.re.li.gi.o.so (ô) *adj.* **1.** Que não tem religião. **2.** Ímpio, incrédulo. ● *Ant.: religioso.*

Ir.re.me.di.á.vel *adj.2g.* **1.** Que não se pode remediar. **2.** Sem solução. **3.** Inevitável, fatal, infalível. ● *Ant.: remediável.*

Ir.re.mis.sí.vel *adj.2g.* **1.** Não remissível. **2.** Que não se pode perdoar.

Ir.re.pa.rá.vel *adj.2g.* Que não se pode reparar ou recuperar; inevitável. ● *Ant.: reparável.*

Ir.re.pli.cá.vel *adj.2g.* A que não se pode replicar; irrespondível.

Ir.re.pre.en.sí.vel *adj.2g.* **1.** Que não é repreensível. **2.** Que não merece repreensão. ● *Ant.: repreensível.*

Ir.re.pri.mi.do *adj.* Que não se reprimiu; incontido.

Ir.re.pri.mí.vel *adj.2g.* Que não se pode reprimir ou conter; irrefreável.

Ir.re.qui.e.to *adj.* **1.** Que não consegue manter-se imóvel; desassossegado, agitado. **2.** Que se agita sem cessar; buliçoso, turbulento. **3.** Que se caracteriza por ser extremamente ativo ou indagativo.

Ir.res.cin.dí.vel *adj.2g.* Que não se pode rescindir, anular.

Ir.res.ga.tá.vel *adj.2g.* Que não se pode resgatar.

Ir.re.sis.tí.vel *adj.2g.* **1.** A que não se pode resistir. **2.** Que seduz, que encanta. **3.** Invencível. **4.** Fatal. ● *Ant.: resistível.*

Ir.re.so.lu.to *adj.* **1.** Falta de resolução; hesitante, indeciso. **2.** Perplexo. ● *Ant.: resoluto.*

Ir.re.so.lú.vel *adj.2g.* Que não se pode resolver; insolúvel.

Ir.res.pon.dí.vel *adj.2g.* A que não se pode responder; irrefutável.

Ir.res.pon.sa.bi.li.da.de *s.f.* Qualidade de irresponsável; irreflexão.

Ir.res.pon.sá.vel *adj.2g. e s.2g.* Que ou aquele que não é responsável.

Ir.res.trin.gí.vel *adj.2g.* Que não se pode restringir.

Ir.res.tri.to *adj.* **1.** Que não é restrito. **2.** Amplo, ilimitado. ● *Ant.: restrito.*

Ir.re.tor.quí.vel *adj.2g.* **1.** A que não se pode retorquir. **2.** Irrespondível, irrefutável.

Ir.re.tra.tá.vel *adj.2g.* **1.** Que não se pode retratar. **2.** Irrevogável, imutável.

Ir.re.ve.rên.cia *s.f.* **1.** Qualidade de irreverente. **2.** Falta de reverência. **3.** Dito ou ato irreverente. ● *Ant.: reverência.*

Ir.re.ve.ren.te *adj.2g.* **1.** Que não tem reverência; irreverencioso, desatencioso, indelicado, desrespeitoso. *s.2g.* **2.** Pessoa irreverente. ● *Ant.: reverente.*

Ir.re.ver.sí.vel *adj.2g.* Que não é reversível.

Ir.re.vo.gá.vel *adj.2g.* Que não se pode revogar ou anular; irretratável. ● *Ant.: revogável.*

Ir.ri.ga.ção *s.f.* **1.** Rega artificial. **2.** Distribuição de água na lavoura por meio de canais. **3.** MED Nutrição sanguínea no organismo. **4.** Clister.

Ir.ri.gar *v.t.* **1.** Lançar água por meio de aparelhos apropriados (seringa, chuveiros, irrigadores etc.). **2.** Fazer afluir o sangue a.

IRRISÃO — -IZAR

Ir.ri.são *s.f.* **1.** Ato ou efeito de zombar. **2.** Zombaria com desprezo. **3.** Escárnio, mofa.

Ir.ri.só.rio *adj.* **1.** Em que há irrisão. **2.** Que, por sua insignificância, provoca riso ou escárnio. **3.** Insignificante. **4.** Ridículo.

Ir.ri.ta.ção *s.f.* **1.** Ato ou efeito de irritar(-se). **2.** Prurido (na pele). **3.** Excitação, irritabilidade, cólera. ● *Ant.: serenidade.*

Ir.ri.ta.di.ço *adj.* Que se irrita com facilidade; irritável.

Ir.ri.tar *v.t.* **1.** Fazer perder a calma. **2.** Provocar, excitar, estimular. *v.p.* **3.** Perder a calma. **4.** Encolerizar-se, impacientar-se.

Ir.rom.per *v.int.* **1.** Entrar com ímpeto, violência, arrebatamento. **2.** Precipitar-se, arrojar-se. **3.** Nascer, surgir. **4.** Aparecer de repente.

Ir.rup.ção *s.f.* **1.** Ato ou efeito de irromper. **2.** Invasão súbita e impetuosa.

Ir.rup.ti.vo *adj.* Que causa irrupção.

Is.ca *s.f.* **1.** Qualquer engodo que se põe no anzol para atrair o peixe. **2.** Combustível que recebe as faíscas do fuzil para comunicar fogo. **3.** Pequena porção de comida. **4.** Tudo que serve para atrair e engodar alguém. **5.** Chamariz, negaça.

Is.car *v.t.* **1.** Pôr isca em. **2.** FIG Enganar com engodo. **3.** Contaminar. **4.** Untar; besuntar. *v.p.* **5.** Contaminar-se, eivar-se.

I.sen.ção *s.f.* **1.** Ato ou efeito de eximir(-se). **2.** Neutralidade, imparcialidade. **3.** Desinteresse. **4.** Nobreza de caráter; abnegação.

I.sen.tar *v.t. e p.* **1.** Tornar(-se) isento. **2.** Eximir(-se), liberar(-se). **3.** Livrar(-se).

I.sen.to *adj.* **1.** Dispensado, desobrigado, livre. **2.** Imparcial, neutro.

Is.lã *s.m.* **1.** Religião ou civilização dos muçulmanos. **2.** O mundo muçulmano. ◆ *Var.: islame.*

Is.la.me *s.m.* Islã.

Is.lâ.mi.co *adj.* Referente ao islã.

Is.la.mis.mo *s.m.* A religião muçulmana.

Is.la.mi.ta *adj. s.2g.* **1.** Relativo ao islamismo. *s.2g.* **2.** Pessoa que segue o islamismo.

Is.la.mi.zar *v.t.* **1.** Converter ao islamismo. **2.** Dar caráter ou maneiras islâmicas a. **3.** Difundir a civilização islâmica a. *v.p.* **4.** Integrar-se ao islã.

-is.mo *suf.* **1.** 'Teoria, movimento': *colonialismo.* **2.** 'Atividade, prática esportiva': *alpinismo.* **3.** 'Peculiaridade': *budismo.* **4.** 'Estado patológico': *tabagismo.*

Isof *s.m.* ⇒ IOF.

I.so.la.cio.nis.mo *s.m.* Política exterior de um Estado que não participa das questões internacionais.

I.so.la.dor (ô) *adj.* **1.** Que isola. *s.m.* **2.** Aparelho ou corpo que interrompe a comunicação da eletricidade.

I.so.la.men.to *s.m.* **1.** Ato ou efeito de isolar. **2.** Lugar onde se colocam pessoas atacadas de doenças contagiosas.

I.so.lan.te *adj.2g.* **1.** Que isola. *s.2g.* **2.** Matéria ou substância que conduz pouca ou nenhuma eletricidade.

I.so.lar *v.t.* **1.** Separar, segregar. **2.** Deixar só. **3.** Interromper ou dificultar a comunicação elétrica de. *v.p.* **4.** Afastar-se do convívio social.

I.so.no.mi.a *s.f.* **1.** Em política, estado dos que são governados pelas mesmas leis; igualdade civil e política; igualdade perante a lei. **2.** MINER Conformidade no modo de cristalização.

I.so.por *s.m.* **1.** Espuma de poliestireno, utilizada como isolante térmico. **2.** Folha desse material.

I.sós.ce.les *adj.2g.* GEOM Diz-se do triângulo que tem dois lados iguais.

I.só.to.po *s.m.* Diz-se de ou cada um de dois ou mais átomos de um mesmo elemento, cujo núcleo atômico possui o mesmo número de prótons, mas números de nêutrons diferentes.

Is.quei.ro *s.m.* Pequeno aparelho com pedra que lança faísca por atrito e produz chama.

Is.que.mi.a *s.f.* **1.** MED Parada de circulação arterial. **2.** Estado em que não chega sangue aos órgãos.

Is.quê.mi.co *adj.* Relativo à isquemia.

Is.ra.e.len.se *adj.2g.* **1.** Relativo ao Estado de Israel (Ásia). *s.2g.* **2.** Pessoa natural de Israel.

Is.ra.e.li.ta *adj.2g.* **1.** Relativo ao Israel bíblico. *s.2g.* **2.** Pessoa descendente de Jacó ou Israel; judeu, hebreu.

Is.sei *s.2g.* Japonês que emigra para a América.

Is.so *pron.dem.* **1.** Essa coisa. **2.** PEJ e FAM Essa pessoa. *interj.* **3.** Está certo!; muito bem! isso sim!

-is.ta *suf.* **1.** 'Filiação, seguidor': *budista.* **2.** 'Profissão, ocupação': *ortopedista, cinegrafista.* **3.** 'Origem': *nortista.*

Ist.mo *s.m.* GEOGR Faixa estreita de terra que une uma península a um continente.

Is.to *pron.dem.* **1.** Esta coisa, estas coisas. **2.** Este objeto, estes objetos.

-i.ta *suf.* **1.** 'Origem, relação': *ismaelita.* **2.** 'Mineral': *hematita.*

I.tá.li.co *adj.* **1.** Relativo à Itália. **2.** Qualificativo de um tipo de letra de imprensa que imita a letra manuscrita. *s.m.* **3.** Forma de letra chamada *grifo.*

I.ta.o.ca *s.f.* Caverna, furna, lapa.

I.ta.pe.ba *s.f.* Recife de pedra, que corre paralelamente à margem de um rio.

-i.tar *suf.* 'Repetição, pouca intensidade': *recitar.*

-i.te *suf.* **1.** 'Inflamação': *amigdalite.* **2.** 'Fóssil': *amonite.*

I.tem *adv.* **1.** Igualmente, da mesma forma. *s.m.* **2.** Cada um dos artigos ou alíneas de um requerimento, um regulamento, de um contrato ou qualquer exposição escrita; artigo. ● Escreve-se *item, itens,* sem acento no *i.*

I.te.ra.ti.vo *adj.* **1.** Próprio para repetir. **2.** GRAM qualificativo do verbo que indica ação repetida, também chamado *frequentativo,* como *pipilar, pipocar* etc.

I.tér.bio *s.m.* QUÍM Elemento de número atômico 70, de símbolo Yb.

I.ti.ne.ran.te *adj. e s.2g.* Diz-se de, ou pessoa que percorre itinerários em cumprimento de uma missão.

I.ti.ne.rá.rio *adj.* **1.** Que se refere a caminho. *s.m.* **2.** Caminho percorrido ou a percorrer. **3.** Trajeto ou roteiro de viagem.

-i.to *suf.* **1.** 'Diminuição': *pequenito.* **2.** 'Sal': *clorito.* **3.** 'Rocha': *granito.*

I.to.ro.ró *s.m.* Pequena cachoeira; salto.

ITR *s.m.* Sigla de Imposto Territorial Rural.

I.trio *s.m.* QUÍM Elemento de número atômico 39, metálico, branco-acinzentado, leve, de símbolo Y.

-i.tu.de *suf.* Equivale a -tude.

I.V.A. *s.m.* Abrev. de Imposto sobre Valores Acrescentados.

-i.vel *suf.* Equivale a -vel.

-i.vo *suf.* 'Agente': *abrasivo, condutivo.*

I.xe *interj.* Exprime ironia, desprezo, ou surpresa, admiração.

-izar *suf.* formador de verbos que indicam ideia de *assemelhar, converter, tornar: animalizar, civilizar.*

jJ

J/j s.m. **1.** Décima letra e sétima consoante do alfabeto português, de nome *jota*. adj. **2.** Que ocupa o décimo lugar numa série indicada pelas letras do alfabeto.

Já adv. **1.** Agora, neste instante, sem perda de tempo, imediatamente. **2.** Em breve; logo. **3.** Nesse tempo (passado). **4.** De antemão. ♦ **Já que:** uma vez que, visto que.

Ja.bá s.m. **1.** Carne seca; charque. **2.** GÍR Comida de quartel. **3.** GÍR Gorjeta, dinheiro com que se compra um jogador adversário.

Ja.bi.ru s.m. **1.** Ave mais conhecida por *jaburu*. **2.** Tuiuiú.

Ja.bo.ran.di s.m. **1.** BOT Nome de um arbusto medicinal da família das rutáceas, de propriedades diuréticas. **2.** Nome dado a uma planta da família das piperáceas, também chamada *bétele*.

Ja.bo.ta s.f. ZOOL Fêmea do *jabuti*.

Ja.bo.ti.en.se adj.2g. **1.** Relativo a Jaboti, cidade e município do Paraná. s.2g. **2.** Pessoa natural ou habitante dessa cidade e município.

Ja.bu.ru s.m. Nome dado às aves ciconídeas, de grande porte, corpo branco, cabeça e pescoço escuros, que vivem em bandos às margens de grandes rios e lagos (preferentemente nos pântanos) e se alimentam de peixes e outros animais aquáticos.

Ja.bu.ti s.m. **1.** ZOOL Espécie de tartaruga terrestre. **2.** (N) Nome dado a um engenho rudimentar para descaroçamento de algodão. ● **Fem.: jabota.**

Ja.bu.ti.ca.ba s.f. Fruto suculento da jabuticabeira, de cor escura e sabor muito agradável.

Ja.bu.ti.ca.bal s.m. Plantação de jabuticabeiras.

Ja.bu.ti.ca.bei.ra s.f. BOT Árvore mirtácea que dá a jabuticaba.

Ja.ca¹ s.f. Fruto da jaqueira, de grande volume e bagos comestíveis.

Ja.ca² s.m. Chefe superior de tribos africanas.

Ja.cá s.m. Grande cesto de vime ou taquara, para guardar ou transportar objetos.

Ja.ça s.f. **1.** Substância heterogênea que se vê nas pedras preciosas. **2.** Mancha, defeito, mácula. **3.** POP Calabouço; cama.

Ja.ça.nã s.f. Ave de rios e brejos, de cor castanha, peito avermelhado, bico longo e amarelo.

Ja.ca.ran.dá s.m. BOT Árvore leguminosa, de cor escura, de que há várias espécies produtoras de madeira de lei de cor escura.

Ja.ca.ré s.m. ZOOL Réptil de grande porte, encontrado em rios e lagoas.

Ja.cen.te adj.2g. **1.** Que jaz, que está deitado. **2.** Imóvel, estacionário. **3.** Diz-se da herança que, por falta de herdeiros, passa para o Estado.

Ja.cin.to s.m. **1.** BOT Planta bulbosa ornamental, de belas flores de corola azul, branca ou rósea, muito perfumadas. **2.** MINER Pedra fina e variegada.

Ja.co.bi.nis.mo s.m. **1.** Doutrina dos jacobinos. **2.** Sentimento de hostilidade ao estrangeiro.

Ja.co.bi.no adj. e s.m. **1.** Diz-se de, ou membro da mais importante associação política durante a Revolução Francesa de 1789. **2.** Diz-se de, ou nacionalista ferrenho; xenófobo. **3.** Radicalismo exaltado.

Jac.quard (fr.) s.m. **1.** Tear inventado por Joseph Jacquard. **2.** Tecido encorpado que apresenta faixas ornadas com desenhos sobre um fundo de cor diferente. ● **Pl.: jacquards.**

Jac.tân.cia s.f. Bazófia, vaidade, arrogância, orgulho.

Jac.tar-se v.p. **1.** Ter jactância. **2.** Gloriar-se, ufanar-se, vangloriar-se.

Ja.cu.la.tó.ria s.f. Oração breve e fervorosa, que se reza em novenas e outras devoções.

Ja.cu.tin.ga s.f. Ave galinácea, de cor negra e penacho branco, também chamada *jacupará*.

Ja.cuz.zi® (ing.) s.f. Banheira ou pequeno tanque equipado de jatos de água sob pressão, destinados a criar remoinhos relaxantes. ● **Pl.: jacuzzis.**

Ja.de s.m. MINER Pedra dura, compacta, esverdeada, usada em joias e ornatos.

Ja.ez (ê) s.m. **1.** Aparelho de cavalgadura, adorno de besta. **2.** FIG Espécie, categoria, qualidade. **3.** Laia, tipo.

Ja.guar s.m. ZOOL Mamífero felídeo de pele mosqueada, a maior onça da América do Sul; onça-pintada.

Ja.gua.ti.ri.ca s.f. ZOOL Grande gato-do-mato; maracajá, gato-do-mato.

Ja.gun.ço s.m. **1.** Cangaceiro, valente. **2.** Capanga, guarda-costas. **3.** Matador profissional.

Jai.nis.mo s.m. Uma das três grandes religiões da Índia (séc. VI a.C.), semelhante ao budismo.

Ja.le.co s.m. Espécie de avental utilizado durante a prática profissional por médicos, dentistas etc.

Ja.mai.ca.no adj. **1.** Relativo ou pertencente à Jamaica, país da América Central. s.m. **2.** O natural ou habitante da Jamaica.

Ja.mais adv. Em tempo algum; nunca.

Ja.man.ta s.f. **1.** Arraia grande. **2.** (SP) Veículo motorizado de grande tamanho para transporte de carga pesada; carreta. **3.** Pessoa grandalhona e desengonçada.

Jam.bei.ro s.m. BOT Nome dado a várias espécies de árvores frutíferas da família das mirtáceas, entre as quais as conhecidas como *jambo-branco*, *jambo-rosa* e *jambo-vermelho*.

Jam.bo s.m. **1.** Fruto comestível do jambeiro. **2.** POÉT Pé de verso que tem uma sílaba breve e outra longa.

Ja.me.gão s.m. POP Assinatura, firma, rubrica.

Ja.me.lão s.m. BOT Árvore cujo frutos, ovalados, têm uma única semente.

Jan.dai.a s.f. Nome comum a três aves da mesma família do papagaio.

Ja.nei.ro s.m. O primeiro mês (31 dias) do ano civil.

Jan.ga.da s.f. **1.** Embarcação chata, feita de paus roliços, usada pelos pescadores do Nordeste. **2.** Armação feita de tábuas de navio, para salvamento de náufragos.

Jan.ga.dei.ro s.m. Proprietário ou tripulante de jangada.

Jân.gal s.m. **1.** Nome dado à floresta densa e luxuriante da Ásia meridional, especialmente da Índia. **2.** Floresta, mata virgem.

Ja.no.ta adj. e s.m. Diz-se de, ou aquele que se veste com apuro excessivo e disso se gaba; almofadinha.

Jan.ta s.f. POP Jantar comum feito em família; jantar.

Jan.tar v.int. **1.** Comer a janta ou o jantar. v.t. **2.** Comer na hora do jantar. **3.** Refeição que se faz à noitinha. **4.** Conjunto de pratos dessa refeição.

JAPIIM — JIA

Ja.pi.im *s.m.* Pássaro da família dos icterídeos, de cor preta, que imita a voz de outras aves, cujo ninho tem a forma de uma bolsa alongada.

Ja.po.na *s.f.* Espécie de jaquetão.

Ja.po.nês *adj.* **1.** Relativo ao Japão, país do Oriente (Ásia). *s.m.* **2.** O natural ou habitante do Japão. **3.** O idioma falado no Japão.

Ja.pô.ni.co *adj.* Japonês (acep. 1); nipônico.

Ja.quei.ra *s.f.* BOT Árvore da família das moráceas, que produz a jaca.

Ja.quei.ral *s.m.* Extenso aglomerado de jaqueiras em determinada área.

Ja.que.ta (ê) *s.f.* Casaco curto, sem abas, e que só chega até a cintura.

Ja.que.tão *s.m.* Casaco ou paletó de transpasse.

Ja.ra.ra.ca *s.f.* **1.** Nome dado a vários répteis ofídios, da família dos crotalídeos, venenosas, de até 1,60 m de comprimento, que se alimentam de roedores e animais de pequeno porte, cujo principal representante é a *jararaca-verdadeira* (*Bothrops jararaca*). **2.** POP Pessoa maledicente ou muito geniosa. **3.** POP Mulher má.

Ja.ra.ra.cu.çu *s.2g.* ZOOL Serpente venenosa, de cor verde-negra, de até 2,20 m, encontradiça nas regiões alagadas, também chamada *surucucu*.

Jar.da *s.f.* Medida inglesa de comprimento, equivalente a 3 pés ou 914 mm. • *Símb.:* yd.

Jar.dim *s.m.* Área ordinariamente vedada e cultivada com plantas ornamentais, para recreio ou estudo.

Jar.dim de in.fân.cia *s.m.* Escola onde as crianças (em geral com menos de sete anos) se ocupam com jogos educativos. • *Pl.:* jardins de infância.

Jar.dim de in.ver.no *s.m.* Espaço ordinariamente fechado, onde se cultivam árvores, flores, plantas de ornato e que muitas vezes é us. como lugar de recreação ou lazer. • *Pl.:* jardins de inverno.

Jar.di.na.gem *s.f.* **1.** Cultura de jardim. **2.** Arte de cultivar e embelezar jardins.

Jar.di.nei.ra *s.f.* **1.** Vaso para flores. **2.** Certo modo de enfeitar pratos e acepipes. **3.** Tipo de ônibus aberto lateralmente. **4.** Carro de presos.

Jar.di.nei.ro *s.m.* Indivíduo que trata de jardins profissionalmente, ou pratica a jardinagem.

Jar.gão *s.m.* **1.** Linguagem incompreensível ou sem sentido. **2.** Linguagem técnica de qualquer classe, profissão etc. **3.** Calão, gíria.

Ja.ri.na *s.f.* BOT Palmeira baixa e de estipe grosso, da Amazônia, cujas sementes, duras, são usadas no fabrico de botões.

Jar.ra *s.f.* **1.** Vaso para ornato ou para conter flores. **2.** Recipiente para servir vinho, suco ou água à mesa. **3.** NÁUT Depósito de água para ração diária da marinhagem.

Jar.re.te (ê) *s.m.* A parte da perna situada atrás da articulação do joelho. Nervo ou tendão da perna dos quadrúpedes; curvejão.

Jar.ro *s.m.* **1.** Vaso mais ou menos comprido com asa e bico, próprio para conter água. **2.** Nome de várias plantas.

Jas.mim *s.m.* **1.** BOT Nome dado a várias espécies de plantas ornamentais, de flores brancas e perfumadas; jasmineiro. **2.** A flor de uma dessas plantas. **3.** Perfume extraído dessa flor.

Jas.mi.nei.ro *s.m.* BOT Jasmim (acep. 1).

Jas.pe *s.m.* MINER Variedade colorida (vermelha ou castanha) de quartzo duro.

Ja.to *s.m.* **1.** Ato ou efeito de lançar ou arremessar. **2.** Arremesso, impulso. **3.** Saída impetuosa de um líquido ou de um gás; jorro. **4.** Forma red. de *avião a jato*. • **A jato:** com muita rapidez. • **De um jato:** de uma vez.

Ja.ú¹ *s.m.* Certo peixe de rio, de coloração parda, um dos maiores peixes brasileiros (até 1,5 m e 120 kg).

Ja.ú² *s.m.* Espécie de andaime, móvel em sentido vertical, suspenso por cabos, usado para pintar ou rebocar paredes.

Jau.la *s.f.* **1.** Espécie de gaiola grande que serve de prisão para animais ferozes. **2.** Qualquer prisão; xadrez.

Ja.va.li *s.m.* ZOOL Porco selvagem da Europa e sudeste da Ásia, do qual se originou o porco doméstico; também chamado *porco-bravo* e *porco-montês*. • *Fem.:* javalina.

Ja.zer *v.int.* **1.** Estar deitado em. **2.** Estar morto. **3.** Estar quieto, imóvel. **4.** Estar sepultado.

Ja.zi.da *s.f.* **1.** Lugar em que se jaz. **2.** Posição de jazer. **3.** FIG Serenidade. **4.** Depósito natural de minérios; filão, mina.

Ja.zi.go *s.m.* **1.** Sepultura, túmulo. **2.** Monumento funerário, no qual se depositam cadáveres e ossos dos membros de uma família. **3.** Lugar onde se recolhe alguma coisa; depósito.

Jazz (djaz ou djez) (ing.) *s.m.* Música vocal ou instrumental de origem negro-americana, surgida em Nova Orleans, de ritmo forte e sincopado. • *Pl.:* jazzes.

Jazz-band (djazbând ou djezbând) (ing.) *s.m.* Grupo de *jazz* formado por mais de sete componentes, que em predominam os instrumentos de sopro.

Jê *s.2g.* Indivíduo dos jês, grupo etnográfico a que pertence a maior parte das tribos dos tapuias.

Jeans (ing.) *s.m.2n.* **1.** Tipo de brim, ger. azul. **2.** Calças ou qualquer roupa desse tecido. *adj.2g.2n.* **3.** Feito desse tecido.

Je.ca *adj.* e *s.2g.* Matuto, caipira, jeca-tatu; cafona.

Je.ca-ta.tu *s.m.* Diz-se de, ou personagem criado por Monteiro Lobato (1882-1948), símbolo do caboclo brasileiro, doente e desanimado. • *Pl.:* jecas-tatus.

Je.gue *s.m.* Jumento, jerico.

Jei.ra *s.f.* **1.** Antiga medida agrária de 19 a 36 alqueires, conforme o país. **2.** Antigamente, terreno que uma junta de bois podia lavrar num dia.

Jei.to *s.m.* **1.** Aptidão. **2.** Boa disposição para uma coisa. **3.** Feitio, aspecto. **4.** Arte, capacidade. **5.** Arrumação, arranjo, organização. **6.** Maneira, modo. **7.** Torção, torcedura. **8.** Defeito. **9.** Gesto.

Jei.to.so (ô) *adj.* **1.** Que tem jeito. **2.** Habilidoso, hábil. **3.** De boa aparência; elegante. **4.** Adequado.

Je.ju.ar *v.int.* **1.** Fazer, praticar o jejum. **2.** Abster-se de comer. **3.** FIG Abster-se de alguma coisa; ignorar.

Je.jum *s.m.* **1.** Abstinência ou abstenção total ou parcial de alimentação por prescrição médica ou religiosa. **2.** FIG Abstenção, privação de alguma coisa. **3.** POP Desconhecimento de determinado assunto.

Je.ju.no *adj.* **1.** Que está em jejum. **2.** Ignorante, insipiente. *s.m.* **3.** ANAT Parte do intestino delgado localizado entre o duodeno e o íleo.

Je.ni.pa.pei.ro *s.m.* BOT Árvore que dá o jenipapo e fornece madeira para construção e marcenaria.

Je.ni.pa.po *s.m.* Fruto comestível do jenipapeiro, de que se faz doce e licor.

Je.o.vá, Ja.vé ou **Ia.vé** *s.m.* (inicial maiúsc.) Deus, em linguagem bíblica; o Deus dos hebreus.

Je.qui.ti.bá *s.m.* BOT Árvore frondosa de madeira valiosa.

Je.re.ré *s.m.* **1.** Sarna, conhecida vulgarmente por *pit-começa*. **2.** Chuva miúda e persistente. **3.** Rede para a pesca de camarões e peixe miúdo.

Je.re.rê *s.m.* GÍR Cigarro de maconha; baseado.

Je.ri.co *s.m.* POP Burrico, jumento. • *Fem.:* jerica.

Je.ri.u.á *s.f.* ZOOL Nome que os indígenas dão à tartaruga.

Je.ri.mum *s.m.* (N e NE) BOT Abóbora. ♦ *Var.:* jerimu.

Je.ri.mun.zei.ro *s.m.* (N e NE) Aboboreira. ♦ *Var.:* jerimuzeiro.

Jér.sei *s.m.* **1.** Tecido de malha fina, de seda, linho, algodão ou lã. *adj.* e *s.m.* **2.** Diz-se de, ou certa raça de gado leiteiro.

Je.su.í.ta *s.m.* **1.** Padre da Companhia de Jesus, ordem religiosa fundada por Santo Inácio de Loyola. **2.** FIG Astuto, esperto.

Je.tom *s.m.* Remuneração paga aos membros de certas corporações quando comparecem às reuniões.

Jet ski (jét ski) (ing.) *s.m.* Veículo motorizado, aquático, para uso em lagos e na orla marítima.

Ji.a *s.f.* ZOOL Espécie de rã comestível, de dorso escuro, maior que as demais de seu gênero.

JIBOIA — JOVEM

Ji.boi.a *s.f.* ZOOL Serpente não venenosa de cor amarelo-parda, de até 4 m de comprimento.

Ji.boi.ar *v.t.* e *int.* Digerir em repouso (uma refeição farta).

Jingle (djíngôl) (ing.) *s.m.* Anúncio comercial musicado, para rádio e televisão.

Jin.ji.bir.ra *s.f.* Bebida fermentada, feita com gengibre, frutas, açúcar, ácido tartárico etc.

Ji.pe *s.m.* Automóvel pequeno, com características especiais e geralmente com tração nas quatro rodas, usado em serviços rurais e militares.

Ji.rau *s.m.* **1.** Estrado de varas que serve para guardar panelas, pratos, legumes etc. **2.** Armação de madeira sobre a qual se edificam as casas para evitar a água e a umidade. **3.** Cama de varas.

Jiu-jít.su (jap.) *s.m.* ESP Luta japonesa sem armas, em que o lutador aplica golpes em pontos sensíveis do corpo do adversário, para o imobilizar. ◆ *Var.: jujútsu.* ● *Pl.: jiu-jítsus.*

Jo.a.lhei.ro *s.m.* **1.** Fabricante ou vendedor de joias. **2.** Aquele que engasta pedras preciosas.

Jo.a.ne.te (ê) *s.m.* ANAT Saliência, às vezes dolorosa, da base lateral do dedo grande do pé.

Jo.a.ni.nha *s.f.* **1.** Variedade de inseto de tamanho pequeno. **2.** Alfinete de segurança.

Jo.a.ni.no *adj.* **1.** Relativo a João ou a Joana. **2.** Relativo a São João. **3.** Relativo aos reis de nome João, em especial a d. João III, de Portugal, ou a seu tempo.

Jo.ão-de-bar.ro *s.m.* Pássaro que constrói o ninho de barro amassado. ● *Pl.: joões-de-barro.*

Jo.ão-nin.guém *s.m.* **1.** Indivíduo sem valor, sem importância. **2.** Sujeito a toa; borra-botas. ● *Pl.: joões-ninguém* ou *joões-ninguéns.*

Jo.ão-pes.ta.na *s.m.* POP O sono. ● *Pl.: joões-pestana* ou *joão--pestanas.*

Jo.ça *s.f.* **1.** POP Coisa sem importância, complicada, estranha, pouco conhecida. **2.** Objeto qualquer.

Jo.co.so (ô) *adj.* **1.** Que provoca riso. **2.** Brincalhão, engraçado. **3.** Alegre.

Jo.ei.ra¹ *s.f.* Peneira grande para separar o trigo do joio; crivo.

Jo.ei.ra² *s.f.* Ato de joeirar, de separar o bom do ruim ou de escolher com critério; joeiramento.

Jo.ei.ra.do.ra (ô) *s.f.* Máquina empregada para joeirar grãos.

Jo.ei.rar *v.t.* **1.** Passar pela joeira (o trigo). **2.** Passar pelo crivo. **3.** Averiguar com pormenores; selecionar.

Jo.ei.rei.ro *s.m.* **1.** Fabricante de joeiras; peneireiro. **2.** Aquele que joeira, que executa a operação de joeirar.

Jo.e.lhei.ra *s.f.* **1.** Peça de couro com que se protege o joelho das bestas. **2.** Peça de malha elástica com que os jogadores de futebol protegem os joelhos. **3.** Deformação das calças usadas, no lugar dos joelhos.

Jo.e.lho (ê) *s.m.* ANAT Região da articulação da coxa com a perna.

Jo.ga.da *s.f.* **1.** Lance, arremesso. **2.** Cartada. **3.** Lance ou esquema de negócios, em geral lucrativo.

Jo.ga.dor (ô) *adj.* e *s.m.* **1.** Que, ou aquele que joga, especialmente por hábito ou vício. **2.** Que, ou o que sabe jogar. **3.** Aquele que pratica certos esportes de equipe.

Jo.gar *v.t.* **1.** Dar-se ao jogo de. **2.** Executar as diferentes combinações de (um jogo). **3.** Tomar parte no jogo de. **4.** Aventurar, arriscar ao jogo. **5.** Manejar com destreza. **6.** Lançar mão de. **7.** Contar com. **8.** Arremessar, atirar. **9.** Dizer ou fazer por brincadeira. *v.int.* **10.** Balançar, oscilar. *v.p.* **11.** Atirar-se, lançar-se.

Jo.ga.ti.na *s.f.* Hábito ou vício do jogo.

Jog.ging (ing.) *s.m.* Corrida a pé que se efetua sobre pisos diversos (ruas de cidades, trilhas em matas, rodovias etc.), praticada para manter a forma física. ● *Pl.: joggings.*

Jo.go (ô) *s.m.* **1.** Vício de jogar. **2.** Brinquedo, divertimento. **3.** Partida esportiva. **4.** Molejo. **5.** Especulação na bolsa. **6.** Movimento das peças de um mecanismo. **7.** Conjunto ou série de peças, da mesma espécie, que fazem parte de um mesmo mecanismo, máquina etc. **8.** Dito engraçado. **9.** Atitude de alguém que visa a

obter vantagens de outrem. **10.** Ludíbrio, manobra, ardil, astúcia, manha.

Jo.go da ve.lha *s.m.* **1.** Jogo para duas pessoas em que uma figura é desenhada, em um papel, da seguinte maneira: duas linhas horizontais paralelas que se cruzam com duas linhas verticais também paralelas, formando nove casas. Nessa figura, cada competidor marca em uma casa, alternadamente, o sinal escolhido (*xis* ou *círculo*) com o objetivo de alinhar em primeiro lugar três de seus respectivos sinais: na horizontal, na vertical ou na diagonal. *Jogo do galo.* **2.** A figura, similar ao desenho que representa o jogo, também é utilizada como sinal gráfico (#) em informática, em revisão tipo marca para "abrir espaço", e em teclados telefônicos (nesse caso, conhecido como "sustenido"). ● *Pl.: jogos da velha.*

Jo.gral *s.m.* **1.** Farsista, bobo, truão. **2.** ANT Músico que, mediante pagamento, tocava, cantava ou recitava em festas populares. **3.** Intérprete de poemas e canções, em geral em grupo. ● *Fem.: jogralesa.*

Jo.gra.les.co (ê) *adj.* **1.** Relativo a jogral. **2.** Próprio de jogral.

Jo.gue.te (ê) *s.m.* **1.** Aquele que é objeto de zombaria ou de ludíbrio; peteca. **2.** Divertimento, brincadeira. **3.** Mofa, zombaria.

Joi.a *s.f.* **1.** Artefato de metal precioso, adornado ou não de pedrarias, de grande valor artístico. **2.** Taxa de admissão em associação ou escola. **3.** FIG Pessoa ou coisa de grande valor ou muito boa.

Joi.o *s.m.* **1.** BOT Planta gramínea que nasce entre o trigo. **2.** FIG Pessoa ou coisa ruim entre as boas.

Jo.jo.ba *s.f.* **1.** Arbusto de sementes comestíveis. **2.** A própria semente. **3.** Óleo extraído dessa semente, usado na indústria de cosméticos.

Jon.go *s.m.* Dança rural de origem africana.

Jô.ni.co *adj.* **1.** Referente à antiga Jônia. **2.** Designativo de uma das cinco ordens de arquitetura, caracterizada por capitel ornado de duas volutas laterais.

Jô.nio *adj.* **1.** Jônico. *s.m.* **2.** Indivíduo dos jônios, povos gregos que habitaram a Jônia. **3.** O dialeto da Jônia.

Jó.quei *s.2g.* **1.** Pessoa que, por profissão, monta cavalos de corrida; ginete. *s.m.* **2.** Clube onde são feitas as corridas de cavalos.

Jor.da.ni.a.no *adj.* **1.** Relativo ou pertencente à Jordânia, país da Ásia. *s.m.* **2.** O natural ou habitante da Jordânia.

Jor.na.da *s.f.* **1.** Marcha de um dia. **2.** Duração de trabalho diário. **3.** Viagem por terra. **4.** Ação ou expedição militar.

Jor.na.de.ar *v.t.* e *int.* Andar de jornada; fazer jornada.

Jor.nal *s.m.* **1.** Salário de um dia. **2.** Publicação (diária ou não), que dá notícia dos fatos que vão acontecendo. **3.** Programa de rádio e televisão que relata os acontecimentos do dia.

Jor.na.lei.ro *adj.* **1.** Que é feito da ou a dia; diário. *s.m.* **2.** Trabalhador a quem se paga jornal ou diária. **3.** Entregador ou vendedor de jornais.

Jor.na.lis.mo *s.m.* **1.** Imprensa periódica (jornal, revista etc.). **2.** Profissão de jornalista. **3.** O conjunto dos jornais.

Jor.na.lis.ta *s.2g.* Pessoa que escreve ou trabalha na imprensa periódica (jornal, revista etc.).

Jor.na.lís.ti.co *adj.* Relativo a jornalista, a jornalismo ou a jornal.

Jor.rar *v.int.* **1.** Sair, rebentar, brotar com ímpetos em jorro. **2.** Formar bojo. **3.** Fluir, derramar, rebentar (líquido). **4.** Surgir, brotar com força (a água); esguichar. **5.** Emitir, lançar de si.

Jor.ro (ô) *s.m.* **1.** Grande jato. **2.** Saída impetuosa de um líquido. ◆ Aos jorros: em grande quantidade.

Jo.ta¹ *s.m.* Nome da letra *J* ou *j*. ● *Pl.: jotas* ou *jj.*

Jo.ta² *s.f.* MÚS Canção e dança popular espanhola, em compasso ternário.

Jo.vem *adj.2g.* **1.** Que é moço; novo. **2.** Que está nos dois primeiros decênios de existência. **3.** Que possui o vigor da juventude. **4.** Que não tem o espírito amadurecido; ingênuo. *s.2g.* **5.** Pessoa jovem. ◆ *Sup.abs.sint.: juveníssimo.*

JOVIAL — JURISDIÇÃO

Jo.vi.al *adj.2g.* **1.** Que tem e manifesta alegria; que gosta de divertir-se; alegre, contente, folgazão. **2.** Que denota alegria, leveza etc. **3.** Que tem graça, chistoso, engraçado, espirituoso.

Joy.stick (ing.) *s.m.* Dispositivo usado em jogos para movimentar um cursor na tela, ou para controlar certas ações durante o jogo.

Ju.á *s.f.* Fruto do juazeiro.

Ju.a.zei.ro *s.m.* BOT Árvore da família das ramnáceas do Nordeste, muito resistente às secas.

Ju.ba *s.f.* **1.** A crina do leão. **2.** POP Cabeleira abundante.

Ju.bi.la.ção *s.f.* **1.** Ato ou efeito de jubilar; júbilo. **2.** Aposentadoria honrosa, com vencimentos, no magistério. **3.** Desligamento de aluno de um estabelecimento de ensino.

Ju.bi.lar *v.t.* e *p.* **1.** Encher(-se) de júbilo. **2.** Obter a jubilação; aposentar(-se).

Ju.bi.leu *s.m.* **1.** Indulgência plenária concedida pelo papa em solenidades especiais. **2.** POP Grande espaço de tempo. **3.** Aniversário solene. **4.** Quinquagésimo aniversário (de casamento, exercício de um cargo etc.).

Jú.bi.lo *s.m.* **1.** Grande alegria. **2.** Regozijo, contentamento. • *Ant.: tristeza.*

Ju.ça.ra *s.f.* BOT Espécie de palmeira da floresta atlântica, de folhas utilizadas para forragem e cuja parte terminal constitui o chamado *palmito*.

Ju.cun.do *adj.* Alegre, agradável, aprazível, festivo.

Ju.dai.co *adj.* Referente aos judeus; hebraico.

Ju.da.ís.mo *s.m.* Religião dos judeus; os judeus.

Ju.da.i.zar *v.int.* **1.** Observar os ritos e leis dos judeus, total ou parcialmente. *v.t.* **2.** Converter ao judaísmo.

Ju.das *s.m.2n.* **1.** Amigo falso; traidor. **2.** Boneco de palha ou pano que é malhado e queimado no Sábado de Aleluia. **3.** Indivíduo que se veste mal.

Ju.deu *adj.* **1.** Que diz respeito à Judeia ou aos judeus; hebreu, israelita. *s.m.* **2.** Aquele que segue o judaísmo. **3.** O natural da Judeia. • *Fem.: judia.*

Ju.di.a.ri.a *s.f.* PEJ Pirraça, chacota, maus-tratos físicos ou morais.

Ju.di.ca.tu.ra *s.f.* **1.** Cargo ou funções de juiz; tribunal. **2.** Poder de julgar.

Ju.di.ci.al *adj.2g.* **1.** Relativo à justiça. **2.** Referente a tribunais ou à justiça; judiciário, forense.

Ju.di.ci.á.rio *adj.* **1.** Relativo à organização da justiça; forense, judicial. *s.m.* **2.** O poder a que compete determinar e assegurar a aplicação das leis que garantem os direitos individuais.

Ju.di.ci.o.so (ô) *adj.* **1.** Que tem bom juízo. **2.** Prudente, sensato. **3.** Que procede com acerto; sentencioso.

Ju.dô *s.m.* ESP Luta de combate e defesa, de origem japonesa, derivada do jiu-jítsu.

Ju.go *s.m.* **1.** Canga de bois. **2.** FIG Sujeição, submissão; opressão. **3.** Domínio moral, autoridade.

Ju.gu.lar¹ *adj.* **1.** Relativo à garganta ou ao pescoço. *s.f.* **2.** ANAT Denominação de quatro veias duplas do pescoço.

Ju.gu.lar² *v.t.* **1.** Debelar, extinguir. **2.** Degolar, decapitar.

Ju.iz *s.m.* **1.** Aquele que tem autoridade para julgar e sentenciar. **2.** Membro do poder judiciário. **3.** ESP Árbitro. • *Fem.: juíza.*

Ju.i.za.do *s.m.* Cargo de juiz; dignidade de juiz.

Ju.í.zo *s.m.* **1.** Ato ou efeito de julgar. **2.** Conceito; parecer, opinião; prognóstico. **3.** Tino. **4.** Circunspeção, seriedade; ponderação. **5.** Tribunal em que se julga; foro.

Ju.ju.ba *s.f.* **1.** BOT Árvore da Mongólia (Ásia) aclimatada no Brasil. **2.** Fruto comestível dessa árvore. **3.** Suco e massa desse fruto. **4.** Confeito ou bala feita desse fruto.

Jul.ga.dor (ô) *adj.* e *s.m.* **1.** Que, ou aquele que julga. **2.** Árbitro, juiz.

Jul.ga.men.to *s.m.* **1.** Ato ou efeito de julgar. **2.** Sentença judicial, acórdão. **3.** Audiência. **4.** Decisão. **5.** Exame, apreciação.

Jul.gar *v.t.* **1.** Decidir como juiz ou árbitro; sentenciar. **2.** Imaginar, conjeturar. **3.** Formar juízo crítico; avaliar. **4.** Reputar, considerar. **5.** Condenar, sentenciar. *v.p.* **6.** Ter-se por; considerar-se.

Ju.lho *s.m.* O sétimo mês do ano civil (31 dias).

Ju.li.a.na *s.f.* **1.** Certo peixe. *adj.* e *s.f.* **2.** Diz-se de, ou sopa preparada com vários legumes.

Ju.li.a.no *adj.* **1.** Relativo a Júlio César ou à reforma cronológica que ele mandou fazer: *calendário juliano.* **2.** Diz-se do ano de 365 dias e 6 horas adotado no calendário juliano.

Ju.men.to *s.m.* **1.** ZOOL Mamífero de pequeno porte, espécie de burro, utilizado para tração e carga; jegue, jerico. **2.** PEJ Bobo, tolo, idiota.

Jun.ção *s.f.* **1.** Ato ou efeito de juntar. **2.** Lugar ou ponto em que duas ou mais coisas se juntam; confluência. **3.** Reunião, união.

Jun.car *v.t.* **1.** Cobrir de juncos. **2.** Cobrir de folhas ou flores. **3.** FIG Espalhar, encher, cobrir.

Jun.co *s.m.* **1.** BOT Planta herbácea delgada e flexível de que se fazem móveis e bengalas. **2.** Bengala de junco.

Jun.gir *v.t.* **1.** Ligar por jugo à canga. **2.** Prender, atar, submeter; subjugar.

Ju.nho *s.m.* Sexto mês do ano civil (30 dias).

Ju.ni.no *adj.* **1.** Relativo a junho. **2.** Que se realiza no mês de junho.

Jú.nior *s.m.* **1.** Mais moço. **2.** O mesmo que *filho*, acrescentado ao nome de família, quando o prenome é o mesmo do pai. • *Pl.: juniores* (ó).

Jun.qui.lho *s.m.* **1.** BOT Planta ornamental, bulbosa e aromática. **2.** A flor dessa planta.

Jun.ta *s.f.* **1.** ANAT Conjunto de superfícies e ligamentos pelos quais dois ou mais ossos se articulam entre si. **2.** Articulação. **3.** Ponto ou lugar de junção de objetos contíguos. **4.** Junção, união. **5.** Assembleia, comissão. **6.** Conferência ou conselho de dois ou mais médicos. **7.** Conselho administrativo. **8.** Nome de diferentes corporações ou repartições.

Jun.ta.da *s.f.* Ato de juntar, de anexar (peças de um processo).

Jun.tar *v.t.* **1.** Pôr junto de; aproximar. **2.** Unir-se, associar-se. **3.** POP Amigar-se, amasiar-se. • *Ant.: separar*(-se).

Jun.to *adj.* **1.** Posto em contato. **2.** Unido, reunido. **3.** Próximo, contíguo. *adv.* **4.** Ao lado, muito perto, na companhia de, juntamente. • *Ant.: afastado.*

Jun.tu.ra *s.f.* **1.** Junção, articulação, ligação. **2.** Linha de união.

Jú.pi.ter *s.m.* **1.** Grande planeta que gira entre Marte e Saturno. **2.** MITOL O pai dos deuses.

Ju.ra *s.f.* **1.** Ato ou efeito de jurar; juramento. **2.** Praga, imprecação.

Ju.ra.do *adj.* **1.** Que se jurou ou protestou com juramento. **2.** Declarado como inconciliável. *s.m.* **3.** Membro de tribunal de júri.

Ju.ra.men.tar *v.t.* **1.** Fazer jurar. *v.t.* e *p.* **2.** Obrigar-se a ou declarar jurando.

Ju.ra.men.to *s.m.* **1.** Ato ou efeito de jurar. **2.** Fórmula com que, jurando, se invoca Deus ou coisa sagrada. **3.** Promessa, jura.

Ju.rar *v.t.* **1.** Afirmar, assegurar ou prometer sob juramento. **2.** Invocar, dar ou prestar juramento. **3.** Reconhecer sob juramento. **4.** Acreditar cegamente. *v.p.* **5.** Trocar juramentos.

Ju.rás.si.co *adj.* e *s.m.* Diz-se do, ou o período geológico da era mesozoica compreendido entre o cretáceo e o triássico, com duração aproximada de 60 milhões de anos.

Ju.re.ma *s.f.* BOT Árvore da caatinga, cheia de espinhos, cuja madeira é utilizada na marcenaria.

Jú.ri *s.m.* **1.** Tribunal judiciário. **2.** Conjunto dos cidadãos que, reunidos em tribunal, julgam uma causa. **3.** Comissão encarregada do julgamento do mérito ou demérito de alguém ou de alguma coisa.

Ju.rí.di.co *adj.* **1.** Relativo ao direito. **2.** Que está de acordo com as normas do direito; legal. **3.** Lícito.

Ju.ris.con.sul.to *s.m.* **1.** Aquele que é versado em leis; jurisperito. **2.** Advogado, jurista.

Ju.ris.di.ção *s.f.* **1.** Faculdade de aplicar as leis e de punir as suas infrações; alçada, poder, competência, influência. **3.** Faculdade concedida a um clérigo para exercer suas atividades religiosas em determinada diocese.

JURISPRUDÊNCIA — JUVENTUDE

Ju.ris.pru.dên.cia *s.f.* **1.** Ciência do direito e das leis. **2.** Princípios de direito seguidos num país. **3.** Interpretação reiterada que os tribunais dão aos textos legais nos casos concretos que são submetidos ao seu julgamento.

Ju.ris.ta *s.2g.* **1.** Pessoa que empresta dinheiro a juros. **2.** Pessoa que usufrui os juros dos seus títulos. **3.** Pessoa que é versada em Direito; jurisconsulto.

Ju.ri.ti *s.f.* Ave de canto nostálgico, também chamada *pomba-rola*.

Ju.ro *s.m.* **1.** Taxa de percentagem paga na unidade de tempo sobre uma quantia emprestada. **2.** Remuneração que uma pessoa recebe pela aplicação de seu capital; ágio. **3.** Interesse. **4.** FIG Recompensa, vantagem.

Ju.ru.be.ba *s.f.* **1.** BOT Arbusto de grandes flores brancas, cujos frutos são utilizados na medicina popular e no fabrico de aperitivos. **2.** Fruto desse arbusto.

Ju.ru.pa.ri *s.m.* **1.** FOLCL Entre os indígenas, espírito mau; demônio. **2.** Peixe de água doce, da família dos ciclídeos.

Ju.ru.ru *adj.* Triste, melancólico, desanimado. ● *Ant.: alegre.*

Ju.ru.ti *s.f.* Var.: *juriti.*

Jus *s.m.* Direito. ◆ Fazer jus a: ter direito a.

Ju.san.te *s.f.* DES **1.** Vazante da maré. **2.** O sentido em que correm as águas de um rio. ● *Ant.: montante.*

Jus.ta- *pref.* 'Posição ao lado'; *justapor.*

Jus.ta *s.f.* **1.** Antigo torneio entre dois homens armados de lança. **2.** Torneio, duelo. **3.** Luta. **4.** Questão, debate.

Jus.ta.por *v.t.* **1.** Pôr junto; aproximar, sobrepor. *v.p.* **2.** Unir-se; pôr-se junto. ● Conjuga-se pelo verbo *pôr.*

Jus.ta.po.si.ção *s.f.* **1.** Ato ou efeito de justapor. **2.** Aposição. **3.** GRAM Processo de formação de palavras compostas em que cada um dos elementos formadores conserva sua integridade gráfica e prosódica, como em *pontapé* e *girassol.*

Jus.tar *v.int.* **1.** Ajustar, acertar. **2.** Entrar em justa ou combate. **3.** Combater, a lança e a cavalo, por divertimento; competir. *v.t.* **4.** Esgrimir.

Jus.te.za (ê) *s.f.* **1.** Qualidade do que é justo. **2.** Exatidão, precisão, certeza. **3.** Conveniência, propriedade.

Jus.ti.ça *s.f.* **1.** Conformidade com o Direito. **2.** Autoridade judicial. **3.** Virtude que consiste em dar ou deixar a cada um o que por direito lhe pertence. **4.** Poder de decidir sobre os direitos de cada um, de premiar e de punir. ● *Ant.: injustiça.*

Jus.ti.çar *v.t.* **1.** Punir com a morte ou suplício; supliciar. **2.** Castigar. **3.** Demandar em juízo.

Jus.ti.cei.ro *adj.* **1.** Amante da justiça. **2.** Rigoroso na aplicação da lei. **3.** Severo, imparcial. *s.m.* **4.** Indivíduo que, a pretexto de fazer justiça com as próprias mãos, mata criminosos, pequenos ladrões e mesmo qualquer pessoa.

Jus.ti.fi.ca.ção *s.f.* **1.** Ato ou efeito de justificar(-se). **2.** Processo para justificar. **3.** Prova judicial por meio de testemunhas.

Jus.ti.fi.car *v.t.* **1.** Declarar justo ou reconhecer a inocência de. **2.** Provar judicialmente. **3.** TEOL Absolver, desculpar. **4.** ART GRÁF Ajustar o espaço entre palavras para que cada linha de um texto tenha exatamente a mesma largura. *v.p.* **5.** Provar a própria inocência.

Jus.ti.fi.ca.ti.va *s.f.* Prova ou documento com que se justifica ou demonstra a razão de algum fato etc.

Jus.to *adj.* **1.** Conforme à justiça, à razão e ao direito. **2.** Reto, imparcial, íntegro. **3.** Que se adapta perfeitamente. **4.** Ajustado; estreito, apertado. **5.** Legítimo. *s.m.* **6.** Homem que observa exatamente as leis da moral ou da religião. **7.** O que é conforme à justiça. ● *Ant.: injusto.*

Ju.ta *s.f.* **1.** BOT Planta de fibras têxteis. **2.** A fibra dessa planta.

Ju.ve.nes.cer *v.t. e p.* Rejuvenescer.

Ju.ve.nil *adj.2g.* **1.** Que é próprio de jovem, de rapaz. **2.** Moço, jovem. *s.m.* **3.** Clube ou torneio esportivo integrado somente por adolescentes.

Ju.ven.tu.de *s.f.* **1.** Período da vida que vai da infância à idade viril; adolescência. **2.** Mocidade; a gente moça; os jovens. ● *Ant.: velhice.*

k K

K/k (cá) *s.m.* Décima primeira letra do alfabeto português, originária do alfabeto fenício, adotada pelos gregos e mais tarde pelos romanos. Usada em abreviaturas e nos derivados de nomes próprios estrangeiros.

K FÍS Símbolo de *kelvin* (grau).

Ka.bu.ki (jap.) *s.m.* Gênero teatral japonês no qual só homens representam.

Kaf.ki.a.no *adj.* **1.** Relativo ao escritor tcheco de expressão alemã Franz Kafka (1883-1924). **2.** De Kafka. *adj.* e *s.m.* **3.** Diz-se do, ou o estudioso da obra de Kafka.

Kai.ser (cái) (al.) *s.m.* Imperador.

Kan.tis.mo *s.m.* Sistema ou doutrina do filósofo alemão Immanuel Kant (1724-1804).

Ka.put *adj.* e *s.m.* **1.** Definitivamente derrotado. **2.** Definitivamente ultrapassado. Cf. *caput*.

Kar.de.cis.mo *s.m.* Doutrina do pensador espírita francês Alan Kardec (1804-1869).

Kar.ma *s.m.* Carma.

Kart (ing.) *s.m.* AUTOM Pequeno veículo motorizado, de competição, sem marchas.

Kb Símb. de quilobyte.

Kb Símb. de quilobit.

Kel.vin *s.m.* Unidade de base de temperatura (símb.: K), equivalente a 1/273,16 da temperatura termodinâmica do ponto tríplice da água.

Ketch.up (kétchâp) (ing.) *s.m.* Molho encorpado de tomate e condimentos. ◆ *Var.: catchup*.

Kg FÍS Símbolo de *quilograma*.

Khz *s.m.* Símb. de quilohertz.

Ki.butz *s.m.* Fazenda ou colônia coletiva, em Israel.

Kilt (ing.) *s.m.* **1.** Saia curta e pregueada, de tecido quadriculado, segundo as cores dos clãs escoceses, usada pelos homens das montanhas da Escócia. **2.** Saia feminina pregueada e parcialmente transpassada, em tecido quadriculado. ◆ *Pl.: kilts*.

Kirsch (kirx) (al.) *s.m.* Aguardente de cereja.

Kit (ing.) *s.m.* Estojo com conjunto de utensílios.

Kitch.en.ette (kitxinét) (ing.) *s.f.* Apartamento de dimensões mínimas, sem divisórias. ◆ *Aport.: quitinete*.

Kitsch (quítch) (al.) *adj.2g.* Diz-se de obra artística ou literária intencional de mau gosto.

Ki.wi (quívi) (chin.) *s.m.* Certa planta que dá um fruto de casca áspera e sabor agradável.

Km *s.m.* Símb. de *quilômetro*.

Kl Símb. de *quilolitro*.

Knock-out (nocaute) (ing.) *s.m.* Nocaute. ◆ *Abrev.: K.O.*

Know-how (nôu-ráu) (ing.) *s.m.* Conjunto de conhecimentos e experiências relativas à execução de um serviço, ao desempenho de uma atividade etc.

Kung fu (chin.) *s.m.* Arte marcial chinesa de autodefesa, de origem pré-cristã.

Ku.wai.ti.a.no ou **ku.wei.ti.a.no** *adj.* e *s.m.* Natural ou habitante do Estado do Kuwait (tb. dito Kuweit), país da península Arábica.

Kw *s.m.* Símb. de *quilowatt*.

L

L/l *s.m.* **1.** Décima segunda letra do alfabeto português e nona consoante, de nome *ele*. *adj.* **2.** Décimo primeiro, numa série indicada pelas letras do alfabeto. *num.* **3.** Maiúscula (L), designa 50, na numeração romana.
L *Símbolo de litro.*
L *Abrev.* leste ou este (região).
Lá *s.m.* **1.** Sexta nota da escala musical. **2.** Sinal que representa essa nota. *adv.* **3.** Ali; naquele lugar; àquele lugar. ● *Ant.: cá.*
Lã *s.f.* **1.** Pelo que reveste certos animais como o carneiro. **2.** Tecido feito com esse pelo. **3.** Lanugem de alguns animais e de algumas plantas. **4.** (NE) Nome que se dá ao algodão em rama.
La.ba.re.da (ê) *s.f.* **1.** Grande chama que se eleva e ondeia. **2.** Língua de fogo. **3.** FIG Ardor, vivacidade, paixão, impetuosidade.
Lá.ba.ro *s.m.* **1.** Estandarte romano do tempo do Império. **2.** Estandarte, bandeira, pendão.
La.béu *s.m.* **1.** Mácula infamante. **2.** Mancha na reputação. **3.** Desonra, desdouro, opróbrio. **4.** Calúnia.
Lá.bia *s.f.* **1.** Conversa jeitosa para enganar alguém, captar simpatia ou favores. **2.** Astúcia, manha.
La.bi.al *adj.2g.* **1.** Relativo ou pertencente a lábio. **2.** GRAM Que se pronuncia com a junção dos lábios. *s.f.* **3.** Fonema ou letra labial.
Lá.bil *adj.2g.* **1.** POÉT Que escorrega ou desliza com facilidade. **2.** Variável, instável, transitório. ● *Pl.: lábeis.*
Lá.bio *s.m.* **1.** ANAT Parte exterior, vermelha e carnuda da boca; beiço. **2.** Parte ou objeto semelhante a um lábio.
La.bi.o.so (ô) *adj.* **1.** De lábios grandes. **2.** Beiçudo. **3.** Que tem ou em que há lábia.
La.bi.rín.ti.co *adj.* Relativo a labirinto; confuso, intrincado.
La.bi.rin.ti.te *s.f.* MED Inflamação de um labirinto, especialmente o da orelha interna.
La.bi.rin.to *s.m.* **1.** Construção com muitas e complicadas divisões, tornando difícil encontrar-se a saída. **2.** Desenho ou traçado que forma linhas sinuosas à semelhança de labirinto. **3.** Coisa complicada, confusa; dificuldade, complicação. **4.** ANAT Orelha interna.
La.bor (ô) *s.m.* **1.** Trabalho difícil e fatigante; labuta. **2.** Esforço exercido com aptidão e gosto. **3.** Faina, lida, trabalho. ● *Pl.: labores.*
La.bo.ra.ção *s.f.* Ato ou efeito de laborar; trabalho.
La.bo.rar *v.t.* **1.** Trabalhar, lidar. **2.** Exercer o seu trabalho. **3.** Incidir, cair em erro, em equívoco.
La.bo.ra.tó.rio *s.m.* **1.** Lugar onde se trabalha e se fazem investigações de química ou de farmácia. **2.** Desenho ou lugar onde se fazem exames clínicos, revelações fotográficas etc. **3.** FIG Lugar onde se realizam operações ou transformações de vulto.
La.bo.ri.o.so (ô) *adj.* **1.** Que labora. **2.** Que é amigo do labor. **3.** Que custa muito esforço; árduo, trabalhoso.
La.bre.go (ê) *adj.* **1.** Diz-se de indivíduo rústico, grosseiro. **2.** Aldeão, camponês. **3.** Malcriado, sem educação. *s.m.* **4.** Indivíduo rústico, labrego. **5.** Aldeão, camponês.
La.bro *s.m.* **1.** Lábio superior, logo abaixo do clípeo, que é parte da peça bucal dos insetos. **2.** Lábio superior dos mamíferos.
La.bu.ta *s.f.* **1.** Ato ou efeito de labutar. **2.** Trabalho intenso e duro; lida, faina. **3.** Ocupação árdua de que se vive.
La.bu.tar *v.int.* **1.** Trabalhar com intensidade e perseverança. **2.** Trabalhar, lidar. **3.** Realizar. **4.** Incidir, incorrer (em erro). *v.int.* **5.** Empenhar-se, esforçar-se para vencer dificuldades.

La.ca *s.f.* **1.** Resina avermelhada extraída de certas plantas. **2.** Tinta da fécula do pau-brasil; verniz-da-china.
La.ça.da *s.f.* Laço que se desata com facilidade; nó corredio.
La.ça.dor (ô) *s.m.* Aquele que é destro no manejo do laço.
La.cai.o *s.m.* **1.** ANT Criado de libré que acompanhava o amo nos passeios ou viagens. **2.** Indivíduo sem dignidade, sem honra. **3.** Homem servil, desprezível.
La.çar *v.t.* **1.** Prender com laço; atar, enlaçar. **2.** Fazer laço em. **3.** Prender (homem, animal) por meio de laço. *v.p.* **4.** Prender-se com laço. **5.** Enforcar-se.
La.ça.ri.a *s.f.* **1.** Ornatos ou festões em forma de laço. **2.** Porção de laços. **3.** Fitas enlaçadas.
La.ça.ro.te *s.m.* FAM Laço grande e vistoso.
La.ce.ra.ção *s.f.* Ato ou efeito de lacerar.
La.ce.ran.te *adj.2g.* Que lacera; dilacerante.
La.ce.rar *v.t.* **1.** Rasgar, dilacerar. **2.** Pungir, magoar. **3.** Afligir profundamente. *v.p.* **4.** Dilacerar-se, rasgar-se.
La.ço *s.m.* **1.** Nó corredio, mais ou menos apertado, que se pode desatar facilmente; laçada. **2.** Armadilha de caça; armadilha. **3.** Artimanha para enganar ou trair alguém. **4.** Aliança, pacto. **5.** União, vínculo. ● *Aum.irreg.: laçarote.* ● *Dim.: lacete* (ê).
La.cô.ni.co *adj.* Conciso, breve, resumido. ● *Ant.: prolixo.*
La.co.nis.mo *s.m.* **1.** Maneira de escrever ou falar usando o menor número de palavras possível. **2.** Estilo lacônico. ● *Ant.: prolixidade.*
La.co.ni.zar *v.t.* **1.** Tornar lacônico; sintetizar. *v.int.* **2.** Falar pouco e por poucas palavras.
La.crai.a *s.f.* **1.** ZOOL Lacrau de tamanho pequeno; centopeia. **2.** FIG Pessoa desprezível ou muito má.
La.crar *v.t.* **1.** Aplicar lacre em. **2.** Fechar ou selar com lacre.
La.crau *s.m.* ZOOL Nome vulgar do escorpião.
La.cre *s.m.* **1.** Substância resinosa que se mistura com algum corante e se usa para manter a inviolabilidade de envelopes, garrafas etc. **2.** Tudo o que serve para garantir a inviolabilidade de uma embalagem. **3.** BOT Nome de várias plantas brasileiras.
La.cri.mal *adj.* **1.** Relativo a lágrimas. **2.** Que serve para a secreção das lágrimas. **3.** ANAT Pequeno osso situado dentro da órbita do olho.
La.cri.mar *v.int.* Chorar.
La.cri.me.jar *v.int.* **1.** Chorar com frequência. **2.** Derramar lágrimas. **3.** Chorar, choramingar. ● *Var.: lagrimejar.*
La.cri.mo.so (ô) *adj.* **1.** Que chora; choroso. **2.** Banhado em lágrimas. **3.** Lastimoso, aflito. ● *Ant.: risonho.*
Lac.ta.ção *s.f.* **1.** Ato de lactar ou de amamentar (uma criança); fase de mama. **2.** Secreção e excreção do leite.
Lac.tan.te *adj.* **1.** Que dá ou produz leite. **2.** Que amamenta. *s.f.* **3.** Mulher que amamenta. ● *Cf.* lactente.
Lac.tar *v.t.* **1.** Amamentar, aleitar. *v.int.* **2.** Mamar.
Lac.ten.te *adj.* e *s.2g.* **1.** Que, ou ser que ainda mama. *s.2g.* **2.** Criança de peito. ● *Cf.* lactante.
Lác.teo *adj.* **1.** De leite. **2.** Da cor do leite. **3.** Semelhante ao leite; leitoso.
Lac.tes.cen.te *adj.* **1.** Que segrega leite. **2.** Que tem aspecto de leite; leitoso. ● *Var.: latescente.*
Lac.ti.cí.nio *s.m.* Laticínio.
Lac.tí.fe.ro *adj.* Que produz ou contém leite.

LACTOSE — LAMELAR

Lac.to.se *s.f.* Substância privativa do leite, mais conhecida por açúcar do leite.

La.cu.na *s.f.* **1.** Espaço vazio; pequeno vão. **2.** Falha, omissão. **3.** Pequena abertura ou cavidade.

La.cu.no.so (ô) *adj.* **1.** Que apresenta lacunas ou falhas; lacunar. **2.** Falho, incompleto.

La.cus.tre *adj.* **1.** Relativo a lago. **2.** Que é próprio dos lagos. **3.** Que vive nos lagos ou às suas margens. **4.** Diz-se de habitação construída sobre lagos.

La.da.i.nha *s.f.* **1.** Série de cantos ou preces com que na igreja se honra a Deus, à virgem e aos santos; litania. **2.** FAM Exposição longa e fastidiosa; lengalenga.

La.de.ar *v.t.* **1.** Acompanhar ou seguir ao lado de. **2.** Situar-se ao lado de. **3.** Correr paralelamente a. **4.** Atacar de lado; contornar. ● Conjuga-se por *atear.*

La.dei.ra *s.f.* **1.** Declive. **2.** Rua, caminho ou descida muito íngreme.

La.di.ni.ce *s.f.* Qualidade, ato ou dito de ladino.

La.di.no *adj.* **1.** Astuto, manhoso, finório, espertalhão. **2.** Vivo, gracioso. *s.m.* **3.** Indivíduo ladino.

La.do *s.m.* **1.** Parte direita ou esquerda do corpo dos animais. **2.** Parte direita ou esquerda do corpo do homem, situada entre a espádua e as ancas. **3.** Porção externa de uma coisa voltada para certa direção. **4.** Qualquer posição considerada oposta a outra. **5.** Facção, partido. **6.** Opinião. **7.** Rumo, direção, banda. **8.** Linha de parentesco. ● *Ant.: frente.*

La.dra *adj.* e *s.f. Fem. de ladrão.*

La.dra.do *s.m.* POP Latido, ladrido.

La.dra.dor *adj.* e *s.m.* Que, ou o que ladra ou late.

La.drão *adj.* e *s.m.* **1.** Que, ou aquele que furta ou rouba. **2.** Que, ou aquele que, de maneira fraudulenta, se apodera do alheio; espoliador, esbulhador. *s.m.* **3.** Tubo de descarga de banheiro, caixa-d'água, tanque etc., por onde escoa o excesso de líquido. **4.** BOT Rebento vegetal, que prejudica o desenvolvimento das plantas. ● *Fem.: ladra* ou *ladrona.* ● *Aum.: ladravaz* e *ladravão.*

La.drar *v.int.* **1.** Dar ladridos ou latidos. **2.** Gritar em vão. *v.t.* **3.** Proferir com violência; vociferar.

La.dri.do *s.m.* Latido.

La.dri.lha.dor (ô) *adj.* e *s.m.* Que, ou o que ladrilha.

La.dri.lhar *v.t.* **1.** Cobrir com ladrilhos. **2.** Pôr ou assentar ladrilhos.

La.dri.lhei.ro *s.m.* **1.** Fabricante de ladrilhos. **2.** O que assenta ou coloca ladrilhos.

La.dri.lho *s.m.* **1.** Pequena placa de cerâmica, mármore etc., que se usa para revestir pavimentos. **2.** Tijolo ou objeto em forma de ladrilhos.

La.dro.a.gem *s.f.* **1.** A classe dos ladrões. **2.** Vício de ladrão. **3.** Furto, ladroeira.

La.ga.mar *s.m.* **1.** Cova abissal. **2.** Baía ou golfo abrigado no interior de um rio; recôncavo. **3.** Lagoa de água salgada.

La.gar *s.m.* **1.** Tanque em que se espremem certos frutos (azeitonas, uvas etc.). **2.** Casa que possui esse tanque e aparelhos respectivos.

La.ga.rei.ro *s.m.* **1.** Dono de lagar. **2.** Indivíduo que trabalha em lagares.

La.gar.ta *s.f.* **1.** Larva das borboletas. **2.** Esteira contínua dos tanques de guerra e dos tratores pesados; caterpilar.

La.gar.te.ar *v.int.* Aquecer-se ao sol, como o lagarto.

La.gar.ti.xa *s.f.* ZOOL Pequeno réptil que anda pelas paredes e se alimenta de insetos.

La.gar.to *s.m.* **1.** Nome dado a numerosos répteis de quatro patas, cauda comprida, de pele escamosa branca no ventre e colorida de verde, amarelo, azul e desenhos simétricos no restante do corpo. **2.** Carne bovina, própria para assados.

La.go *s.m.* Porção de água rodeada de terras.

La.go.a (ô) *s.f.* **1.** Pequeno lago. **2.** Porção de águas estagnadas; charco, paul.

La.go.ei.ro *s.m.* Charco de águas pluviais.

La.gó.po.de *adj.2g.* e *s.m.* ZOOL Que, ou que tem patas semelhantes às da lebre. **2.** BOT Diz-se dos órgãos vegetais recobertos de cotão ou pelos.

La.gos.ta (ô) *s.f.* Crustáceo de antenas longas e carne muito saborosa. ● *Dim.: lagostim.*

La.gos.tim *s.m.* Pequena lagosta.

Lá.gri.ma *s.f.* **1.** Gota ou pingo de qualquer líquido. **2.** Suco que algumas árvores e plantas destilam; pequena porção. **3.** ANAT Gota de líquido segregado pelas glândulas do olho. **4.** BOT Nome comum a várias plantas e a algumas flores.

La.gu.na *s.f.* Braço de mar com pouca profundidade entre ilhas, entre bancos de areia ou entre desembocadura de rios.

Lai.a *s.f.* **1.** Casta, espécie, raça. **2.** PEJ Natureza, índole.

Lai.ci.da.de *s.f.* Qualidade de laico ou leigo.

Lai.ci.zar *v.t.* **1.** Tornar leigo ou laico. **2.** Tirar o caráter religioso a. *v.p.* **3.** Tornar-se leigo.

Lai.co *adj.* **1.** De caráter não religioso. **2.** Não eclesiástico; leigo. ● Opõe-se a *eclesiástico.*

Lai.vo *s.m.* Nódoa, mancha.

La.je *s.f.* **1.** Pedra de superfície plana, destinada a calçar pavimentos. **2.** Lousa. **3.** Obra de concreto armado em piso. ● *Var.: lajem.*

La.je.a.do *s.m.* Pavimento revestido de lajes.

La.je.ar *v.t.* Assentar lajes em.

La.je.do *s.m.* **1.** Lajeado. **2.** Leito de rochas de um regato. **3.** Rocha vasta e mais ou menos plana.

La.jo.ta *s.f.* Laje pequena.

La.ma *s.f.* **1.** Mistura semilíquida de terra e água; lodo. **2.** Condição ou vida desprezível. **3.** Sordidez, miséria. *s.m.* **4.** Sacerdote budista entre os tibetanos. ● *s.2g.* **5.** Lhama.

La.ma.çal *s.m.* Lugar onde há muita lama; lodaçal, lameiro, atoleiro.

La.ma.cen.to *adj.* **1.** Semelhante à lama. **2.** Cheio de lama; lodoso. **3.** Relativo a lama.

Lam.ba.da *s.f.* **1.** Chicotada ou batida com objeto flexível. **2.** POP Gole de bebida alcoólica. **3.** Descompostura, pito, sabão. **4.** Dança e música popular de ritmo agitado, originária do Caribe (América Central).

Lam.ban.ça *s.f.* **1.** Coisa que se pode lamber do comer. **2.** Confusão. **3.** Recriminação. **4.** Desordem, barulho sem motivo; enredo. **5.** Jactância, gabolice. **6.** Pândega, vadiagem. **7.** Adulação, agrado fingido. **8.** Serviço malfeito.

Lam.bão *adj.* e *s.m.* **1.** Glutão, comilão, guloso. **2.** Que, ou o que executa mal seu serviço. **3.** Palerma. ● *Fem.: lambona.*

Lam.ba.ri *s.m.* Nome de várias espécies de peixes de rio, de tamanho reduzido.

Lam.be-lam.be *s.m.* POP Fotógrafo de rua. ● *Pl.: lambe-lambes.*

Lam.ber *v.t.* **1.** Passar a língua sobre. **2.** Atingir ou tocar de leve; roçar. **3.** Adular, bajular.

Lam.bi.ção *s.f.* Ato ou efeito de lamber. **2.** Adulação, bajulação.

Lam.bis.ca.dor (ô) *adj.* e *s.m.* Que, ou o que gosta de lambiscar.

Lam.bis.car *v.t.* POP Comer pouco ou sem apetite; petiscar, debicar, beliscar.

Lam.bis.goi.a *s.f.* **1.** PEJ Mulher delambida ou mexeriqueira. **2.** Mulher presumida, vaidosa.

Lam.bis.quei.ro *adj.* e *s.m.* Que, ou quem lambisca.

Lam.bre.ta (ê) *s.f.* Motoneta conhecida também pelo nome de vespa.

Lam.bri *s.m. Var.: lambris.*

Lam.bu.ja *s.f.* POP Lambujem.

Lam.bu.zar *v.t.* **1.** Enodar, manchar, sujar, besuntar, emporcalhar, engordurar. *v.p.* **2.** Sujar-se (de comida ou matéria pegajosa).

La.mei.ro *s.m.* **1.** Lugar em que há muita lama. **2.** Atoleiro, pântano, lamaçal.

La.me.la (é) *s.f.* **1.** Lâmina ou placa muito fina. **2.** BOT Folha delgada.

La.me.lar *v.t.* **1.** Guarnecer com lâminas. **2.** Dividir ou dispor em lâminas.

LAMENTAÇÃO — LAPELA

La.men.ta.ção *s.f.* 1. Ato ou efeito de lamentar(-se). 2. Expressão de mágoa. 3. Lástima, lamúria. 4. Canto fúnebre.

La.men.tar *v.t.* 1. Exprimir de maneira dorida. 2. Manifestar dor ou pesar por causa de. 3. Prantear, chorar. *v.p.* 4. Lastimar-se, queixar-se.

La.men.tá.vel *adj.2g.* 1. Digno de ser lamentado ou lastimado. 2. Digno de dó; lastimável.

La.men.to *s.m.* 1. Expressão de grande sofrimento em face do infortúnio. 2. Lamentação, lamúria. 3. Clamor, queixa. 4. Pranto, choro.

Lâ.mi.na *s.f.* 1. Chapa de metal de forma delgada. 2. Folha de instrumento cortante. 3. Tira, lasca. 4. Placa de vidro, usada em microscópio. 5. Chapa com imagem de santo.

La.mi.nar *v.t.* 1. Reduzir o metal a lâmina; chapear. *adj.2g.* 2. Que tem forma de lâmina.

Lâm.pa.da *s.f.* 1. Utensílio com que se obtém luz artificial, sobretudo pela incandescência provocada pela eletricidade. 2. Qualquer aparelho para iluminar.

Lam.pa.dá.rio *s.m.* Espécie de candelabro ou lustre com lâmpadas pendentes.

Lam.pa.ri.na *s.f.* 1. Pequena lâmpada. 2. Vaso com azeite, querosene etc., no qual flutua um pavio que, aceso, dá luz fraca. 3. POP Tapa na orelha; bofetada.

Lam.pei.ro *adj.* 1. Apressado, ligeiro. 2. Metediço, espevitado. 3. Temporão.

Lam.pe.jar *v.int.* 1. Emitir, soltar (lampejo). 2. Brilhar como o relâmpago. 3. Cintilar. *v.t.* 4. Emitir, irradiar.

Lam.pe.jo (ê) *s.m.* 1. Ato ou efeito de lampejar. 2. Ligeiro fulgor, clarão ou brilho momentâneo. 3. FIG Manifestação rápida e viva de um sentimento ou uma ideia de gênio.

Lam.pi.ão *s.m.* Lanterna grande, portátil ou fixa.

La.mú.ria *s.f.* 1. Lamentação, queixa importuna; choradeira. 2. Pedição de mendigo. 3. Súplica impertinente.

La.mu.ri.ar *v.t. e p.* Queixar(-se), lastimar(-se).

Lan.ça *s.f.* 1. Arma formada de uma haste que termina em lâmina pontiaguda de ferro ou aço. 2. Antena náutica. 3. Varal de carruagem.

Lan.ça-cha.mas *s.m.2n.* Arma que lança chamas sobre o inimigo.

Lan.ça.dei.ra *s.f.* 1. Peça de tear que contém um cilindro por onde passa o fio da tecelagem. 2. Peça que contém a bobina de linha nas máquinas de costura. 3. POP Pessoa irrequieta.

Lan.ça.dor *adj. e s.m.* 1. Que, ou o que lança. *s.m.* 2. Aquele que oferece lances em leilões. 3. POP Lançcentre.

Lan.ça.men.to *s.m.* 1. Ato ou efeito de lançar(-se). 2. CONTAB Escrituração em livro comercial. 3. Taxação de impostos. 4. BOT Broto, rebento, vergôntea (falando-se de árvores). 5. Primeira apresentação de um filme ou de um artista. 6. Primeira edição de uma obra impressa.

Lan.ça-per.fu.me *s.m.* Bisnaga usada no carnaval para esguichar éter perfumado. ◆ *Pl.: lança-perfumes.*

Lan.çar *v.t.* 1. Atirar com força; arremessar. 2. Arrojar. 3. Despejar, entornar. 4. Emitir. 5. Soltar, dar. 6. Dirigir, encaminhar. 7. Fazer brotar, fazer germinar. 8. Disseminar, semear. 9. Construir, projetar. 10. Declarar, proferir. 11. Escriturar, fazer lançamento de. 12. Pôr em voga. 13. Editar, publicar. 14. Atribuir, imputar. 15. Oferecer lance em leilão. *v.int.* 16. Vomitar. *v.p.* 17. Entregar-se por inteiro. 18. Arremessar-se, precipitar-se. 19. Arriscar-se, arrojar-se. 20. Desaguar-se, desembocar.

Lan.ce *s.m.* 1. Ato ou efeito de lançar; arremesso. 2. Conjuntura, ocorrência. 3. Rasgo de coragem, de força. 4. Ocasião. 5. Caso difícil, transe, aperto. 6. Fato, acontecimento. 7. Oferta verbal de preço em coisa apregoada em leilão ou hasta pública. 8. Lanço (em leilão).

Lan.ce.a.dor *s.m.* Aquele que lanceia.

Lan.ce.ar¹ *v.t.* 1. Ferir com lança. 2. FIG Atormentar, afligir.

Lan.ce.ar² *v.int.* (N) Pescar com rede.

Lan.cei.ro *s.m.* 1. Fabricante de lanças. 2. Cabide de lanças. 3. Soldado armado de lança.

Lan.ce.ta (ê) *s.f.* Instrumento pontiagudo de cirurgia para a prática de sangrias, abertura de abscessos etc.

Lan.cha *s.f.* 1. Pequena embarcação movida a motor. 2. Embarcação pequena para navegação costeira ou utilização nos serviços portuários (carga e descarga de navios). 3. POP Pé grande.

Lan.char *v.t.* 1. Comer (alguma coisa) como lanche. *v.int.* 2. Comer um lanche.

Lan.che *s.m.* 1. Pequena refeição entre o almoço e o jantar; merenda. 2. Refeição ligeira (a qualquer hora).

Lan.chei.ra *s.f.* Espécie de maleta para carregar o lanche; merendeira.

Lan.chei.ro *s.m.* Tripulante de uma lancha.

Lan.cho.ne.te *s.f.* Estabelecimento onde se preparam e se servem lanches (sanduíches, salgadinhos, fritas etc.).

Lan.ci.nar *v.t.* 1. Picar, golpear. 2. Atormentar, pungir, afligir; torturar.

Lan.ço *s.m.* 1. Ato ou efeito de lançar. 2. Tiro, arremesso; jato. 3. Proposta de preço para compra em leilão; lance. 4. Extensão de uma estrada, de um muro, da fachada de um edifício etc. 5. Volta de lançadeira. 6. Parte de uma escada compreendida entre dois patamares; lance. 7. Lado de uma rua. 8. Relance de olhos. 9. Fileira de casas.

Lan.ga.nhen.to *adj.* Que tem langanho.

Lan.ga.nho *s.m.* 1. Carne de má qualidade. 2. Coisa mole, pegajosa, repugnante.

Lan.gor (ô) *s.m.* Languidez, moleza, prostração.

Lan.go.ro.so (ô) *adj.* Em estado de langor; lânguido.

Lan.gues.cer *v.int.* 1. Debilitar, afrouxar. 2. Perder as forças. 3. Definhar-se, enfraquecer-se.

Lan.gui.dez *s.f.* 1. Estado de lânguido. 2. Doçura, brandura. 3. Langor, moleza.

La.nhar *v.t.* 1. Dar golpes em; ferir. 2. Magoar. 3. Deturpar, alterar.

La.nho *s.m.* 1. Golpe de instrumento cortante. 2. Pedaço de carne em tiras.

La.ní.fe.ro *adj.* Que tem ou produz lã ou lanugem.

La.ni.fí.cio *s.m.* Fábrica de tecidos de lã.

La.ní.ge.ro *adj.* Lanífero.

La.no.li.na *s.f.* Gordura refinada, obtida da lã do carneiro, utilizada como base para pomadas e cremes.

La.no.so (ô) *adj.* 1. Relativo ou semelhante à lã. 2. Que tem lã.

Lan.tâ.nio *s.m.* QUÍM Elemento de símbolo La e número atômico 57, metal raro.

Lan.te.jou.la *s.f.* Pequena placa circular brilhante para ornato de tecidos. ◆ *Var.: lentejoula.*

Lan.ter.na *s.f.* 1. Objeto de matéria transparente, no qual se põe uma luz resguardada por vidros laterais. 2. Instrumento portátil de iluminação alimentado por pilhas. 3. Lanterninha (acep. 2).

Lan.ter.na.gem *s.f.* Funilaria de automóveis.

Lan.ter.nei.ro *s.m.* 1. O encarregado de um farol; faroleiro. 2. Profissional especializado em lanternagem. 3. Aquele que conduz as lanternas numa procissão.

Lan.ter.ni.nha *s.f.* 1. Pequena lanterna. *s.m.* 2. GÍR Clube esportivo que ficou em último lugar, numa competição. *s.2g.* 3. Pessoa que, com uma lanterna, indica os lugares vagos em cinemas etc.; vaga-lume.

La.nu.do *adj.* Lanzudo, lanoso.

La.nu.gem *s.f.* 1. Pelo que nasce na face dos adolescentes antes da barba; buço. 2. BOT Camada aveludada que cobre a superfície de certas folhas ou frutos.

La.pa *s.f.* 1. Grande pedra ou laje que forma abrigo para animais ou pessoas. 2. Pequena gruta ou cavidade aberta na rocha; caverna. 3. Gênero de moluscos gastrópodes univalves.

La.pa.ros.co.pi.a *s.f.* Exame endoscópico da cavidade abdominal através de uma pequena incisão na parede do abdome; peritonioscopia.

La.pa.ro.to.mi.a *s.f.* Abertura cirúrgica da cavidade abdominal.

La.pe.la *s.f.* Parte dianteira e superior da gola dos paletós ou casacos, voltada para fora.

LAPIDAÇÃO — LATA

La.pi.da.ção *s.f.* **1.** Ato ou efeito de lapidar (pedras preciosas). **2.** Suplício que consistia em apedrejar o criminoso até à morte. **3.** Aprimoramento, educação, polimento.

La.pi.dar¹ *adj.2g.* **1.** Relativo a lápide. **2.** Gravado em lápide. **3.** Artístico, perfeito. **4.** Sucinto, conciso.

La.pi.dar² *v.t.* **1.** Matar a pedradas; apedrejar. **2.** Talhar, facetar. **3.** Desbastar, polir, aperfeiçoar. **4.** Tornar perfeito. **5.** Dar boa educação.

La.pi.da.ri.a *s.f.* **1.** Ato de lapidar. **2.** Oficina ou estabelecimento de lapidário.

La.pi.dá.ria *s.f.* Ciência que trata das inscrições lapidares.

La.pi.dá.rio *s.m.* Aquele que trabalha na lapidação de pedras preciosas.

Lá.pi.de *s.f.* **1.** Pedra que contém uma inscrição comemorativa de fato notável. **2.** Lousa tumular.

La.pi.nha *s.f.* **1.** *Dim.* de *lapa*. **2.** Presépio armado para as festas de Natal e Reis.

Lá.pis *s.m.2n.* **1.** Pequeno cilindro, longo e fino, de grafite, revestido de madeira, com que se escreve ou desenha. **2.** Qualquer objeto semelhante que sirva para escrever, desenhar, riscar.

La.pi.sei.ra *s.f.* **1.** Tubo ou caixa em que se guardam os lápis. **2.** Espécie de caneta com ponta de grafite.

Lap.so *s.m.* **1.** Ato ou efeito de decorrer (o tempo). **2.** Espaço de tempo. **3.** Erro, falta, engano involuntário, cometido por esquecimento ou distração. **4.** Descuido, deslize.

Lap.top (ing.) *s.m.* **1.** Pequeno computador portátil, passível de ser acionado por bateria e com um monitor de vídeo de cristal líquido (L.C.D.) ou de matriz ativa. ◆ *Pl.: laptops.*

La.quê *s.m.* Produto utilizado para borrifar os cabelos com intuito de fixar o penteado.

La.que.a.ção *s.f.* Ato ou efeito de laquear (acep. 1).

La.que.a.dor *s.m.* Aquele que aplica laca ou verniz, em obras de marcenaria.

La.que.a du.ra *s.f.* ato ou efeito de laquear; laqueação.

La.que.ar¹ *v.t.* **1.** Ligar (veia cortada ou ferida). **2.** Cobrir com uma camada de laca.

La.que.ar² *s.m.* Dossel de leito.

Lar *s.m.* **1.** Casa onde se mora com a família. **2.** A família. **3.** Terra natal. **4.** Lareira; fogão. **5.** Superfície do forno em que se coloca o pão para cozer.

La.ran.ja *s.f.* **1.** Fruto da laranjeira, de que se conhecem várias espécies (*laranja-cravo, laranja-lima, laranja-pera, laranja-baía, laranja-de-umbigo* etc.). *s.m.* **2.** A cor da laranja, amarelo com tons avermelhados. *adj.* **3.** Que tem a cor amarelo-avermelhada da laranja.

La.ran.ja-cra.vo *s.f.* Tangerina. ● *Pl.: laranjas-cravos* ou *laranjas--cravo.*

La.ran.ja.da *s.f.* Bebida que se faz com suco de laranja, água e açúcar.

La.ran.jal *s.m.* Plantação de laranjeiras.

La.ran.jei.ra *s.f.* **BOT** Nome comum a várias árvores de folhas verdes e caule espinhento, cujo fruto comestível (a laranja), cheio de sumo, é muito apreciado.

La.ra.pi.ar *v.t.* Surrupiar, furtar.

La.rá.pio *s.m.* Gatuno, ladrão.

La.rá.rio *s.m.* Entre os antigos romanos e etruscos, capelinha dos deuses lares.

Lar.de.ar *v.t.* **1.** Entremear (uma peça de carne) com fatias de lardo. **2.** Entremear, intercalar.

La.rei.ra *s.f.* Fornalha em que se mantém o fogo para o aquecimento de interiores; chaminé.

Lar.gar *v.t.* **1.** Soltar da mão. **2.** Pôr em liberdade. **3.** Deixar livre. **4.** Soltar (o que se tem na mão); deixar fugir. **5.** Deixar, pôr de parte. **6.** Deixar cair. **7.** Proferir, emitir. **8.** Lançar, impelir. *v.int.* **9.** Partir (embarcação). *v.p.* **10.** Afastar-se, separar-se. **11.** Abandonar-se. **12.** Soltar-se. **13.** Pôr-se, ficar-se.

Lar.go *adj.* **1.** Cuja extensão vai de um lado a outro. **2.** Grande, extenso. **3.** Que não é estreito ou apertado; amplo, espaçoso. **4.** Que não está justo com o corpo. **5.** Considerável, importante. **6.** Liberal, generoso. **7.** Duradouro. *s.m.* **8.** O alto-mar. **9.** Pequena praça; esplanada. **10.** Trecho musical em movimento amplo e vagaroso. *adv.* **11.** Com largueza; largamente. ◆ **Ao largo de:** longe, à distância. ● *Ant.: estreito.*

Lar.gue.za (ê) *s.f.* **1.** Qualidade de largo; largura. **2.** Prodigalidade, dissipação. **3.** Desaperto, desafogo. ● *Ant.: estreiteza.*

Lar.gu.ra *s.f.* **1.** Qualidade de largo. **2.** A menor das dimensões de uma superfície. **3.** Extensão no sentido oposto ao do comprimento.

La.rin.ge *s.f.* ou *s.m.* **ANAT** Órgão musculomembranoso revestido de mucosa, situado acima da traqueia e órgão principal da fonação.

La.rin.gi.te *s.f.* **MED** Inflamação da laringe.

La.rin.go.lo.gi.a *s.f.* Ramo da Medicina que tem por objeto o estudo da laringe.

Lar.va *s.f.* O primeiro estágio da vida dos insetos, depois que saem do ovo.

Lar.val *adj.2g.* Relativo ou pertencente à larva; larvar.

Lar.var *adj.* Larval.

Lar.vá.rio *adj.* Larval.

La.sa.nha *s.f.* **1.** Massa de farinha de trigo em tiras largas com que se faz macarronada ou sopa. **2.** Prato originário da cozinha italiana, preparado com essa massa em camadas entremeadas de recheio (carne moída, queijo, presunto e molho de tomate).

Las.ca *s.f.* **1.** Fragmento de madeira, pedra ou metal. **2.** Apara, cavaco, estilhaço. **3.** Tira, pequena fatia ou fração. **4.** Espécie de jogo de azar.

Las.car *v.t.* **1.** Partir em lascas; rachar, quebrar. **2.** Tirar lascas de. **3.** **POP** Dar, aplicar. *v.int.* e *p.* **4.** Fender-se ou fazer-se em lascas.

Las.cí.via *s.f.* **1.** Grande inclinação para a luxúria, para a sensualidade. **2.** Libidinagem, sensualidade.

Las.ci.vo *adj.* **1.** Brincalhão, travesso. **2.** Sensual, lúbrico, libidinoso.

La.ser (lêiser) (ing.) *s.m.* (*Abrev.* de *Light Amplification by Stimulated Emission of Radiation.*) Aparelho capaz de gerar um feixe condensado de radiação monocromática com aplicações nas Comunicações, na Medicina, na Física etc.

Las.si.dão *s.f.* **1.** Estado de lasso. **2.** Prostração de forças. **3.** Cansaço, quebrantamento, fadiga. **4.** Desgosto, tédio.

Las.so *adj.* **1.** Fatigado, cansado. **2.** Devasso, dissoluto. **3.** Enervado, gasto. **4.** Frouxo, bambo, relaxado.

Las.tex® (cs) *s.m.* Fio de látex recoberto de fibras têxteis (algodão, *nylon, rayon* etc.).

Lás.ti.ma *s.f.* **1.** Ato ou efeito de lastimar(-se). **2.** Compaixão, pena. **3.** Coisa ou pessoa que merece compaixão, piedade. **4.** Queixa, lamentação. **5.** Desgraça, infortúnio.

Las.ti.mar *v.t.* **1.** Ter compaixão, dó, piedade. **2.** Lamentar, deplorar. **3.** Causar dó ou pena a. *v.p.* **4.** Queixar-se, lamentar-se.

Las.ti.má.vel *adj.2g.* **1.** Que é digno de lástima, pena, compaixão. **2.** Lamentável.

Las.ti.mo.so (ô) *adj.* **1.** Que se lastima ou lamenta; choroso. **2.** Que exprime lástima; lastimável, deplorável.

Las.trar *v.t.* Lastrear.

Las.tro *s.m.* **1.** O que se põe no porão do navio para lhe dar estabilidade. **2.** **FAM** Comida com que os bebedores preparam o estômago a fim de poder beber melhor. **3.** Barras de ouro que são depositadas em banco oficial para garantir o valor do papel--moeda circulante. **4.** Camada de areia, saibro ou pedra britada, posta no leito das estradas de ferro, sobre a qual repousam os dormentes. **5.** Camada que cobre o fundo de qualquer coisa. **6.** **FIG** Base, fundamento.

La.ta *s.f.* **1.** Folha de ferro, delgada e estanhada. **2.** Caixa de folha de flandres. **3.** **POP** Rosto, cara. **4.** Vara transversal de parreira. **5.** Indivíduo importuno, maçante.

LATADA — LAXAR

La.ta.da *s.f.* Grade de canas ou de varas para sustentar parreiras ou outras trepadeiras.

La.ta.gão *s.m.* Homem novo, alto e forte. ● *Fem.*: *latagona*.

La.tão *s.m.* Liga de cobre e zinco.

La.ta.ri.a *s.f.* **1.** Grande quantidade de latas. **2.** Alimentos enlatados. **3.** A carroceria de um automóvel.

Lá.te.go *s.m.* **1.** Açoite, azorrague, chicote. **2.** Tira de couro, com que se aperta a barrigueira aos arreios. **3.** FIG Castigo, flagelo. **4.** FIG Estímulo.

La.te.jar *v.t.* **1.** Arquejar, arfar. **2.** Pulsar, bater, palpitar.

La.ten.te *adj.2g.* **1.** Que está oculto. **2.** FIG Dissimulado, disfarçado, não aparente. **3.** Subentendido. **4.** Virtual.

Lá.teo *adj.* *Var.*: *lácteo*.

La.te.ral *adj.2g.* **1.** Relativo ao lado. **2.** Que está ao lado. **3.** Transversal. *s.f.* **4.** FUT Linha que marca o comprimento do campo e que vai de um lado a outro, no sentido longitudinal, de corner a corner. *s.2g.* **5.** FUT Jogador(a) que atua junto à linha lateral do campo. *s.m.* **6.** FUT Ato de repor a bola em jogo, quando esta saí pela linha lateral.

Lá.tex (cs) *s.m.2n.* Suco leitoso de algumas plantas, principalmente o da seringueira, de que se fabrica a borracha.

La.ti.cí.nio *s.m.* **1.** Preparado comestível (queijo, manteiga etc.) em que o elemento principal é o leite. **2.** Alimento derivado do leite. ● *Var.*: *lacticínio*.

La.ti.do *s.m.* **1.** A voz do cão; ladrido, ladrado; ato de latir ou ladrar. **2.** POP Palavras tolas.

La.ti.fun.di.á.rio *adj.* **1.** Relativo a latifúndio. *s.m.* **2.** Dono de latifúndio.

La.ti.fún.dio *s.m.* Grande propriedade rural, geralmente muito pouco cultivada, ou explorada de forma extensiva e arcaica. ● Opõe-se a *minifúndio*.

La.tim *s.f.* **1.** Língua do grupo indo-europeu, falada pelos romanos antigos do Lácio. **2.** O estudo dessa língua. **3.** POP Coisa de compreensão difícil ou impossível.

La.ti.nis.ta *s.2g.* Pessoa versada na língua e literatura latinas.

La.ti.ni.zar *v.t.* **1.** Alatinar. **2.** Dar inflexão latina a. **3.** Dar a uma palavra forma ou terminação latina.

La.ti.no *adj.* **1.** Relativo ao latim. **2.** Relativo aos povos de origem latina. **3.** Que se refere à Igreja Católica do Ocidente. *s.m.* **4.** O natural do Lácio (região da Roma antiga). **5.** Indivíduo natural de país neolatino.

La.ti.no-a.me.ri.ca.no *adj.* **1.** Relativo a qualquer uma das nações americanas cuja língua oficial é uma das neolatinas. **2.** Relativo à parte das Américas onde se situam essas nações. *adj. e s.m.* **3.** Que, ou o que é natural de um país da América Latina. ● *Pl.*: *latino-americanos*. ● *Fem.*: *latino-americana*.

La.tir *v.int.* **1.** Dar ou soltar latidos (o cão); ladrar. **2.** Gritar. **3.** Palpitar, latejar.

La.ti.tu.de *s.f.* **1.** GEOGR Distância que vai do Equador a um determinado ponto da Terra. **2.** Arco do meridiano existente entre o Equador e a vertical de algum lugar com o plano do Equador.

La.to *adj.* **1.** Largo, amplo. **2.** Que não é restrito. **3.** Dado por extensão, sem ser o que exata, literal ou rigorosamente corresponde. ● *Ant.*: *restrito*.

La.to.a.ri.a *s.f.* Oficina ou ofício de latoeiro.

La.to.ei.ro *s.m.* Aquele que fabrica ou vende objetos de lata ou latão; funileiro.

La.tri.na *s.f.* Lugar próprio para se fazer dejeções; privada precária. ● *Sinôn.*: *aparelho, sanita, casinha, cloaca, retreta, secreta*.

La.tro.cí.nio *s.m.* Assassinato com fim de roubo.

Lau.da *s.f.* Cada uma das superfícies da folha de papel, em branco ou escrita.

Láu.da.no *s.m.* Medicamento que tem por base o ópio.

Lau.da.tó.rio *adj.* **1.** Que louva. **2.** Que encerra ou contém louvor.

Lau.do *s.m.* Parecer de um árbitro ou perito, em geral muito bem fundamentado.

Láu.rea *s.f.* **1.** Coroa de louros; laurel. **2.** Galardão, prêmio. **3.** Grau acadêmico.

Lau.re.ar *v.t.* **1.** Coroar de louros. **2.** Galardoar por mérito literário ou artístico. **3.** Aplaudir, festejar. ● Conjuga-se por *atear*.

Lau.rel *s.m.* **1.** Láurea, galardão. **2.** Prêmio. **3.** Homenagem. ● *Pl.*: *lauréis*.

Lau.rên.cio *s.m.* Elemento químico de número atômico 103. Símb.: Lr.

Lau.to *adj.* **1.** De qualidade superior. **2.** Suntuoso, opíparo, magnífico: *Participei ontem de um lauto jantar!* **3.** Abundante, farto. ● *Ant.*: *modesto*.

La.va *s.f.* **1.** Matéria em fusão, expelida pelos vulcões. **2.** A própria matéria endurecida. **3.** FIG Torrente, enxurrada. **4.** Língua de fogo, chama.

La.va.bo *s.m.* **1.** Cerimônia da lavagem dos dedos, na missa. **2.** Pano com que o sacerdote limpa as mãos. **3.** Pia, lavatório.

La.va.dei.ra *s.f.* **1.** Mulher que vive de lavar roupa com as mãos; lavandeira. **2.** Nome dado à *libélula* ou *louva-a-deus*. ● Cf. *lavadora*.

La.va.do.ra (ô) *s.f.* Máquina automática para lavar roupa. ● Cf. *lavadeira*.

La.va.dou.ro *s.m.* **1.** Tanque ou lugar público onde se lava roupa. **2.** Pedra ou tábua sobre a qual as lavadeiras ensaboam a roupa.

La.va.gem *s.f.* **1.** Ato ou efeito de lavar; lavação. **2.** Comida para porcos. **3.** O preço ou o pagamento da lavada (de roupa). **4.** Operação para separar, por meio de água, as partes úteis de um minério. **5.** Retribuição pelo trabalho de lavar. **6.** MED Irrigação de órgãos; clister.

La.van.da *s.f.* **1.** BOT Alfazema. **2.** Água de colônia preparada com a essência dessa planta.

La.van.de.ri.a *s.f.* **1.** Estabelecimento onde se lava e passa a ferro qualquer peça de roupa. **2.** A parte da casa, do hotel etc., onde a roupa é lavada e passada a ferro.

La.va-pés *s.m.2n.* **1.** Cerimônia com que a Igreja celebra o fato de Jesus ter lavado os pés aos discípulos, realizada na quinta-feira santa. *s.f.* **2.** Pequena formiga, também chamada *formiga-de-fogo*.

La.var *v.t.* **1.** Limpar, banhando. **2.** Tirar (com água e sabão) as impurezas a. **3.** Tornar puro. **4.** Purificar, expurgar. **5.** Regar, banhar. **6.** Usar de artifícios para que ganhos criminosos pareçam legais. *v.p.* **7.** Banhar-se em água para se limpar. **8.** Reabilitar-se.

La.va.tó.rio *s.m.* **1.** Móvel ou utensílio com todos os aprestos para lavar o rosto e as mãos. **2.** Bacia fixa ou pia com água corrente; lavabo.

La.vor (ô) *s.m.* **1.** Trabalho manual. **2.** Qualquer trabalho intelectual. **3.** Ornato em relevo. **4.** Obra de agulha, feita por desenho. **5.** Leve cristalização das salinas.

La.vou.ra *s.f.* **1.** Amanho da terra; lavra. **2.** Preparação da terra para a sementeira ou plantação; lavra. **3.** Terra lavrada e cultivada; lavra. **4.** Plantação. ● *Var.*: *laivora*.

La.vra *s.f.* **1.** Ato ou efeito de lavrar. **2.** Lavoura, cultura. **3.** Produção, elaboração. **4.** O trabalho de extração de minérios. **5.** Lugar de onde se extrai ouro ou diamante. **6.** Autoria.

La.vra.di.o *adj.* **1.** Próprio para se lavrar; arável. *s.m.* **2.** Cultura, lavoura.

La.vra.dor *s.m.* Aquele que trabalha na lavoura, tanto o proprietário quanto o empregado.

La.vra.gem *s.f.* **1.** Ação de lavrar. **2.** Lavoura, lavra. **3.** Entalhe em madeira.

La.vra.men.to *s.m.* **1.** Lavra. **2.** Lavradio, lavoura. **3.** Cunhagem de moedas.

La.vrar *v.t.* **1.** Fazer regos com arado a. **2.** Remexer, revolver com arado ou charrua. **3.** Cultivar, amanhar. **4.** Desenhar em bordado; bordar. **5.** Traçar, gravar. **6.** Abrir ornatos em; bordar. **7.** Desbastar (pedras); lapidar. **8.** Exarar, escrever (documentos oficiais, atas etc.). **9.** Cunhar: *Lavrar moeda*. **10.** Propagar-se, alastrar-se, grassar.

La.vra.tu.ra *s.f.* Ato ou efeito de lavrar (escritura, documento).

La.xan.te (ch) *adj.2g.* **1.** Que laxa, que purga suavemente; laxativo. *s.m.* **2.** Purgante ligeiro, de efeito brando.

La.xar (ch) *v.t.* **1.** Afrouxar, alargar, dilatar. **2.** Desimpedir, tornar livre. **3.** FIG Aliviar, abrandar, relaxar.

LAXO — LEITE

La.xo (ch) *adj.* **1.** Lasso, frouxo. **2.** Desimpedido, desobstruído.

Lay.out (lei-aut) (ing.) **1.** Esboço de página de jornal ou revista. **2.** Em publicidade, projeto de anúncio que serve para orientar a arte-final. ● *Aport.: leiaute.*

La.za.re.to *s.m.* Estabelecimento para quarentena de pessoas suspeitas de contágio.

Lá.za.ro *s.m.* **1.** Leproso, lazarento. **2.** Aquele que tem o corpo coberto de chagas ou de pústulas.

La.zei.ra *s.f.* **1.** Miséria, infortúnio, desgraça. **2.** FIG Fome premente. **3.** Lepra.

La.zer (ê) *s.m.* **1.** Tempo de que se pode dispor fora da hora do trabalho para entretenimento. **2.** Atividade praticada nesse tempo. **3.** Vagar, ócio, folga, descanso.

L-do.pa *s.m.* Derivado levógiro da dopamina, us. no mal de Parkinson.

Lé *s.m.* **1.** Pequeno tambor árabe. **2.** Pequeno atabaque usado no candomblé.

Lead (ing.) *s.m.* **1.** Papel de protagonista. **2.** Lide. ● *Pl.: leads.*

Le.al *adj.2g.* **1.** Que não falta às promessas que fez. **2.** Conforme com a lei da probidade e da honra. **3.** Franco, honesto, fiel. ● *Ant.: desleal.*

Le.ão *s.m.* **1.** Quadrúpede carnívoro, conhecido como o rei dos animais. **2.** FIG Homem ousado, corajoso, valente. **3.** Constelação e signo do zodíaco. **4.** POP Imposto de renda.

Le.ão de chá.ca.ra *s.m.* Segurança contratado por casas de diversões.

Le.ão-ma.ri.nho *s.m.* ZOOL Mamífero marinho, espécie de foca. ● *Pl.: leões-marinhos.*

Leas.ing (lízin) (ing.) *s.m.* Sistema de financiamento de um bem, pago mensalmente, que dá ao financiado direito de propriedade ao final do contrato.

Le.bre *s.f.* ZOOL Mamífero lagomorfo da família do coelho, do qual difere por apresentar orelhas compridas e patas posteriores maiores e mais fortes. ● *Masc.: lebrão* (macho adulto) e *lebracho* (macho até os 3 meses de idade).

Le.chi.a *s.f.* BOT Planta sapindácea, que ocorre nas regiões quentes da Ásia.

Le.cio.nar *v.t.* **1.** Ensinar. **2.** Dar lições de. **3.** Explicar em modo de lição. **4.** Explicar lição a; doutrinar. **5.** Ensinar, explicar. **6.** Adestrar, exercitar. *v.int.* **7.** Ensinar; dedicar-se ao magistério.

Le.ci.ti.na *s.f.* Substância rica em fosfato, encontrada na gema do ovo e em outros tecidos animais e vegetais.

Le.do (ê) *adj.* Alegre, contente, risonho, satisfeito.

Le.ga.ção *s.f.* **1.** Ato ou efeito de legar. **2.** Representação diplomática, de categoria inferior a embaixada. **3.** O pessoal que compõe essa representação. **4.** A sede de uma legação.

Le.ga.do¹ *s.m.* **1.** Ato ou efeito de doar, de legar. **2.** Doação feita em testamento a quem não é principal herdeiro.

Le.ga.do² *adj.* e *s.m.* Diz-se de, ou enviado diplomático de um Estado junto a outro onde não existe embaixada.

Le.gal *adj.2g.* **1.** Relativo à lei. **2.** Conforme a lei. **3.** POP Como deve ser. **4.** Certo, em ordem. **5.** GÍR Palavra que exprime várias ideias de aprovação, como *bom, gostoso, ótimo, bacana, digno, correto, leal* etc.

Le.ga.li.da.de *s.f.* Qualidade de legal.

Le.ga.li.za.ção *s.f.* Ato ou efeito de legalizar.

Le.ga.li.zar *v.t.* **1.** Tornar legal. **2.** Autenticar como as leis requerem. **3.** Justificar, legitimar.

Le.gar *v.t.* **1.** Deixar em testamento ou herança; transmitir. **2.** Dar de presente. **3.** Enviar (representante diplomático) como legado.

Le.ga.tá.rio *s.m.* Aquele que foi contemplado com legado testamentário.

Le.ga.tó.rio *adj.* Relativo a legado; que envolve legado.

Le.gen.da *s.f.* **1.** Inscrição, letreiro, dístico. **2.** JORN Pequeno texto, geralmente descritivo ou explicativo, que se coloca logo abaixo das ilustrações ou fotografias a que se refere. **3.** Texto e diálogos impressos intercalados às imagens dos filmes falados em língua estrangeira. **4.** Relato da vida dos santos; lenda.

Le.gen.dá.rio *adj.* **1.** Referente a legenda. **2.** Que é da natureza das lendas; lendário. **3.** Tradicional. **4.** Autor de legendas.

Le.gi.ão *s.f.* **1.** Corpo de tropas do antigo exército romano. **2.** Corpo ou divisão de qualquer exército. **3.** FIG Grande número de pessoas; multidão. **4.** Grande número de anjos ou de demônios.

Le.gi.bi.li.da.de *s.f.* Qualidade ou condição de legível.

Le.gio.ná.rio *adj.* **1.** Referente a legião. *s.m.* **2.** Soldado que faz parte de uma legião.

Le.gis.la.ção *s.f.* **1.** Conjunto das leis de um país ou sobre determinado assunto. **2.** Ciência das leis.

Le.gis.la.dor (ô) *adj.* e *s.m.* Diz-se de, ou aquele que legisla.

Le.gis.lar *v.int.* **1.** Fazer ou decretar as leis de um país etc. *v.t.* **2.** Ordenar, estabelecer ou decretar leis.

Le.gis.la.ti.vo *adj.* **1.** Que legisla, que faz as leis. **2.** Que diz respeito à legislação ou ao poder de legislar. *s.m.* **3.** Um dos três poderes da soberania do Estado, junto ao Executivo e ao Judiciário.

Le.gis.la.tu.ra *s.f.* Tempo durante o qual os legisladores (vereadores, deputados, senadores) exercem o seu mandato.

Le.gis.ta *s.2g.* **1.** Pessoa que conhece ou estuda leis. **2.** Jurisconsulto, jurisperito. **3.** Médico que se dedica à Medicina Legal; médico-legista.

Le.gí.ti.ma *s.f.* Parte da herança destinada por lei a certos herdeiros em linha reta (ascendente ou descendente) e da qual o testador não pode dispor livremente.

Le.gi.ti.mar *v.t.* **1.** Dar (a filho natural) os direitos de filho legítimo. **2.** Fazer reconhecer como autêntico (poderes, títulos etc.). **3.** Justificar. *v.p.* **4.** Habilitar-se como filho legítimo.

Le.gí.ti.mo *adj.* **1.** Legal. **2.** Conforme à lei. **3.** Fundado no direito ou na justiça. **4.** Genuíno, lídimo, autêntico, puro. **5.** Justificado, justo. **6.** Diz-se do filho que procede do matrimônio. ● *Ant.: ilegítimo.*

Le.gí.vel *adj.2g.* **1.** Que se pode ler. **2.** Escrito em caracteres nítidos. ● *Ant.: ilegível.*

Le.gor.ne *adj.2g.* e *s.2g.* Raça de galinhas notável pela postura.

Lé.gua *s.f.* **1.** Medida itinerária, equivalente a 6.000 metros ou 6 km. **2.** FAM Distância considerável.

Le.gu.me *s.m.* **1.** Fruto seco, característico das leguminosas. **2.** Qualquer produto vegetal empregado como alimento. **3.** Hortaliça. **4.** Planta hortense que dá vagem.

Le.gu.mi.no.sas *s.f.pl.* Família de plantas dicotiledôneas, caracterizadas pela frutificação em vagem, e que compreende grandes árvores (jacarandá, pau-brasil), arbustos e subarbusto, ervas e trepadeiras (feijão, soja, amendoim, lentilha etc.).

Lei *s.f.* **1.** Preceito que emana do poder legislativo ou de autoridade competente, que regula os direitos e deveres dos cidadãos. **2.** Relação constante entre um fenômeno e suas causas. **3.** Obrigação imposta. **4.** Norma, preceito, regra. **5.** Religião fundada sobre um livro. ● *Col.: código, legislação.*

Lei.au.te *s.m.* Aport. do ing. *layout.*

Lei.go *adj.* e *s.m.* **1.** Que, ou o que não tem as ordens sacras; laical. **2.** FIG Que, ou o que é estranho a um assunto, ou não o entende; ignorante.

Lei.lão *s.m.* **1.** Venda pública de objetos a quem oferecer maior lance. **2.** Venda por licitação; hasta pública.

Lei.lo.ar *v.t.* Pôr em leilão; apregoar em leilão.

Lei.lo.ei.ro *s.m.* Pregoeiro ou organizador de leilões.

Lei.ra *s.f.* **1.** Rego aberto na terra, e no qual se lança a semente; leiva. **2.** Elevação de terra entre dois sulcos, na qual se plantam hortaliças.

Leish.ma.ni.o.se (ó) (leish = lich) *s.f.* MED Doença causada por um protozoário e que se caracteriza por ulcerações na mucosa nasal.

Lei.tão *s.m.* Bácoro enquanto mama; porco novo. ● *Fem.: leitoa.*

Lei.te *s.m.* **1.** Líquido branco, segregado pelas glândulas mamárias da mulher e das fêmeas dos animais mamíferos. **2.** Tudo o que se parece a leite líquido. **3.** Suco branco de algumas plantas.

LEITEIRA — LESMA

Lei.tei.ra *s.f.* **1.** Vendedora de leite. **2.** Vaso em que se serve leite à mesa. **3.** BOT Árvore da família das euforbiáceas, de folhas muito lactescentes, também chamada *burra-leiteira*.

Lei.te.i.ro *adj.* **1.** Que produz leite. **2.** Relativo ao leite ou à industrialização do leite. *s.m.* **3.** Vendedor de leite.

Lei.te.lho (ê) *s.m.* Líquido que sobra quando se bate nata para fazer manteiga.

Lei.te.ri.a *s.f.* **1.** Casa onde se vende leite ou produtos dele derivados. **2.** Depósito de leite.

Leit.motiv (laitmotíf) (al.) *s.m.* **1.** MÚS Tema relacionado, numa obra musical, a uma personagem, a uma situação, a uma ideia, a um estado, a um objeto etc. **2.** Frase ou fórmula repetida insistentemente numa obra literária, num discurso etc. **3.** Ideia ou motivo repetido com insistência.

Lei.to *s.m.* **1.** Parte da cama, que sustenta o colchão. **2.** Cama. **3.** Qualquer superfície em que se assenta outro corpo. **4.** Suporte, base. **5.** Armação, chassi, caixilho. **6.** Camada. **7.** Depressão do terreno sobre a qual correm as águas de um rio. **8.** Parte de uma rua ou estrada sobre a qual passam os veículos. **9.** Matrimônio.

Lei.tor *adj.* **1.** Que tem o hábito ou o gosto de ler. *s.m.* **2.** Aquele que tem o hábito ou que gosta de ler. **3.** Aquele que, numa editora, tem por função ler os originais e recomendá-los ou não para publicação. **4.** Professor contratado por uma universidade estrangeira para lecionar língua e literatura de seu país.

Lei.to.so (ô) *adj.* Que tem cor ou aparência de leite; lácteo.

Lei.tu.ra *s.f.* **1.** Ato de ler. **2.** Aquilo que se lê. **3.** Arte ou hábito de ler. **4.** Indicação dada por um instrumento de leitura.

Le.ma *s.m.* **1.** LÓG Premissa. **2.** MAT Proposição preliminar, que facilita a demonstração de um teorema ou de outra proposição. **3.** FIG Regra de procedimento. **4.** Norma, sentença. **5.** Preceito escrito. **6.** Argumento, tema. **7.** Palavra de ordem; emblema, divisa. **8.** Slogan.

Lem.bran.ça *s.f.* **1.** Ato ou efeito de lembrar(-se). **2.** Impressão, ideia de uma pessoa, coisa ou fato que se conserva. **3.** A faculdade da memória. **4.** Nota ou apontamento para ajudar a memória. **5.** Aviso, advertência. **6.** Inspiração, alvitre. **7.** Recordação. **8.** Presente, brinde. **9.** Sugestão. **10.** Inspiração, ideia.

Lem.brar *v.t.* **1.** Trazer à memória. **2.** Fazer recordar. **3.** Não se esquecer de. **4.** Notar, advertir. **5.** Recordar. **6.** Recomendar. **7.** Vir à lembrança, ocorrer. *v.p.* **8.** Recordar-se, ter lembrança. ● *Ant.*: esquecer.

Lem.bre.te (ê) *s.m.* **1.** Apontamento para ajudar a memória. **2.** Nota, lembrança. **3.** Censura, advertência. **4.** Castigo leve.

Le.me *s.m.* **1.** Aparelho situado na parte traseira das embarcações ou dos aeroplanos, que serve para lhes dar direção. **2.** FIG Direção, governo.

Len.ço *s.m.* **1.** Pequeno pano quadrangular que serve principalmente para assoar o nariz, mas também para ornar e cobrir a cabeça ou o pescoço.

Len.çol *s.m.* **1.** Peça de pano que se põe na cama, sobre o colchão ou sob os cobertores. **2.** Lance no futebol em que o jogador faz a bola passar sobre a cabeça do adversário e a domina novamente atrás dele; chapéu. ● *Lençol d'água*: reserva ou depósito natural de água existente no subsolo.

Len.da *s.f.* **1.** Narrativa de acontecimentos fantásticos. **2.** Tradição popular. **3.** POP Conto da carochinha. **4.** História fabulosa, imaginosa. **5.** FIG Mentira, peta.

Len.dá.rio *adj.* **1.** Que diz respeito à lenda; legendário. **2.** Próprio de lenda. **3.** Próprio da imaginação. **4.** De que todos falam. *s.m.* **5.** Conjunto de lendas.

Lên.dea *s.f.* **1.** Ovo de piolho-da-cabeça. **2.** (NE) Pedacinho, insignificância.

Len.ga.len.ga *s.f.* **1.** Narração enfadonha, fastidiosa. **2.** Discurso longo e monótono. **3.** Ladainha, arenga.

Le.nha *s.f.* **1.** Ramagem, troncos ou pedaços de madeira usados como combustível. **2.** FAM Sova, tunda, surra.

Le.nha.dor (ô) *s.m.* **1.** Aquele que colhe ou corta lenha no mato. **2.** Rachador de lenha; lenheiro.

Le.nho *s.m.* **1.** BOT Tecido de sustentação e de condução da água do caule e da raiz das plantas; tronco, madeiro. **2.** FIG Navio, embarcação.

Le.nho.so (ô) *adj.* Que tem a natureza e a consistência do lenho ou madeira.

Le.ni.men.to *s.m.* **1.** Remédio para abrandar a dor; lenitivo. **2.** Calmante. **3.** Aquilo que abranda.

Le.nir *v.t.* Abrandar, mitigar, suavizar.

Le.no.cí.nio *s.m.* Crime que consiste em explorar ou estimular a prostituição ou a libidinagem.

Len.te *s.f.* **1.** FÍS Disco de vidro ou outra substância transparente que refrange os raios luminosos, limitado por faces curvas, sendo que uma delas pode ser plana. *adj.2g.* **2.** Que lê. *s.2g.* **3.** DES Professor de ensino superior.

Len.ti.lha *s.f.* **1.** BOT Planta leguminosa de semente comestível, usada como alimento humano e como forragem. **2.** Grão dessa leguminosa.

-lento *suf.* Equivale a *-ento*.

Len.to *adj.* **1.** Que tem o hábito de atuar de modo vagaroso. **2.** Tardo, moroso, demorado. **3.** Calmo, brando. **4.** Fraco. ● *Ant.*: rápido.

Le.o.ni.no *adj.* e *s.m.* Diz-se de, ou indivíduo nascido sob o signo de Leão (22 de julho a 22 de agosto).

Le.o.par.do *s.m.* ZOOL Quadrúpede carnívoro, felino de pele mosqueada, muito ágil e feroz.

Lé.pi.do *adj.* **1.** Risonho, jovial, alegre. **2.** Gracioso. **3.** De bom humor. **4.** Troçador, gracejador. **5.** Ligeiro, ágil.

Le.pi.dóp.te.ro *s.m.* Espécime dos lepidópteros.

Le.po.ri.no *adj.* **1.** Relativo à lebre. **2.** Diz-se do lábio fendido no meio, como o da lebre.

Le.pra *s.f.* **1.** MED Doença da pele, crônica e infecciosa; morfeia. **2.** POP Sarna de cachorro. **3.** FIG Doença repugnante que se espalha por uma grande porção de pessoas.

Le.pro.so (ô) *adj.* e *s.m.* **1.** Diz-se de, ou indivíduo atacado de lepra. **2.** Hanseniano, morfético. **3.** FIG Repugnante. **4.** FIG Vicioso.

Lep.tos.pi.ro.se *s.f.* PATOL Infecção produzida por sorogrupo da *Leptospira interrogans*.

Le.que *s.m.* **1.** Abano com varetas cobertas de papel ou pano, que se abre e fecha facilmente. **2.** Parte da escada na qual a linha de piso apresenta curvatura. **3.** Qualquer objeto ou coisa que mais ou menos se assemelha à forma do leque.

Ler *v.t.* **1.** Ver o que está escrito, proferindo ou não, mas conhecendo as respectivas palavras. **2.** Conhecer, interpretar por meio da leitura. **3.** Pronunciar em voz alta. **4.** Recitar. **5.** Ver e estudar (coisa escrita). **6.** Decifrar, interpretar o sentido de. **7.** Explicar. **8.** Adivinhar, predizer. **9.** Perceber. **10.** Reconhecer (um computador) uma informação armazenada em disquete, fita etc. *v.int.* **11.** Reconhecer as letras do alfabeto, juntando-as em palavras.

Ler.de.za (ê) *s.f.* Qualidade de tardio (nos movimentos); qualidade do que é lerdo. ● *Ant.*: vivacidade.

Ler.do *adj.* **1.** Tardio nos movimentos; vagaroso. **2.** Acanhado. **3.** Estúpido, grosseiro. ● *Ant.*: ligeiro, esperto.

Le.ro-le.ro *s.m.* POP Léria, lengalenga. ● *Pl.*: lero-leros.

Le.são *s.f.* **1.** Ato de lesar. **2.** Prejuízo, dano, ofensa. **3.** MED Alteração nos tecidos do organismo, provocada por causas mórbidas ou traumatismos; contusão.

Le.sa-pá.tria *s.m.* Crime contra a pátria. ● *Pl.*: lesas-pátrias.

Le.sar *v.t.* **1.** Causar lesão a; molestar. **2.** Contundir, ferir. **3.** Violar a reputação ou os interesses de.

Les.bi.a.nis.mo *s.m.* Homossexualismo entre mulheres; safismo.

Lés.bi.ca *s.f.* Mulher homossexual, popularmente chamada *sapatão*.

Le.si.o.nar *v.t.* e *p.* Lesar('causar lesão física').

Le.si.vo *adj.* **1.** Que lesa. **2.** Próprio para lesar. **3.** Ofensivo, prejudicial, nocivo.

Les.ma (ê) *s.f.* **1.** ZOOL Molusco gastrópode pegajoso e de marcha lenta. **2.** FIG Pessoa mole, indolente.

LESO — LIBAÇÃO

Le.so (é) *adj.* **1.** Lesado, ofendido. **2.** Paspalhão, atoleimado, idiota. **3.** Paralítico, tolhido.

Les.te *s.m.* **1.** Este, oriente, nascente, levante. **2.** Vento que sopra do nascente.

Le.tal *adj.2g.* **1.** Que diz respeito à morte. **2.** Que produz a morte. **3.** Mortal, mortífero. **4.** Lúgubre. **5.** Fatídico.

Le.ta.li.da.de *s.f.* Qualidade do que é letal.

Le.tar.gi.a *s.f.* **1.** MED Sono profundo, em que parecem suspensas a circulação e a respiração. **2.** FIG Prostração física ou moral; depressão. **3.** FIG Apatia, inércia, desinteresse, desânimo.

Le.tár.gi.co *adj.* **1.** Que se refere à letargia. **2.** Atacado de letargia. **3.** Sonolento. **4.** FIG Apático, indolente.

Le.tar.go *s.m.* **1.** Letargia. **2.** Torpor, indolência.

Le.ti.vo *adj.* **1.** Relativo a lições ou a movimento escolar. **2.** Em que há lições ou aulas. **3.** Diz-se do ano escolar.

Le.tra (ê) *s.f.* **1.** Cada um dos caracteres do abecedário. **2.** Forma de escrever esses caracteres; algarismo. **3.** Tipo de impressão. **4.** Sentido literal. **5.** O conjunto dos versos correspondentes a certas músicas. **6.** Inscrição, letreiro. **7.** Documento pelo qual uma pessoa se obriga a pagar certa quantia, dentro de determinado prazo, a outra pessoa, a casa comercial, banco etc.

Le.tra.do *adj.* **1.** Que tem amplos conhecimentos. **2.** Versado em Letras. **3.** Culto, sábio, erudito. *s.m.* **4.** Indivíduo letrado; literato. **5.** Jurisconsulto. ● *Ant.: iletrado.*

Le.trei.ro *s.m.* **1.** Inscrição, legenda. **2.** Rótulo. **3.** Tabuleta, placa com anúncio. **4.** Nome de firma pintado em parede ou representado de outra forma, como em letras de luz néon ou de metal.

Le.tris.ta *s.2g.* **1.** Autor(a) de letras de músicas. **2.** Pessoa que desenha letras.

Léu *s.m.* Vagar, ócio. ● **Ao léu:** à toa, à vontade.

Leu.ce.mi.a *s.f.* MED Doença caracterizada pelo aumento dos glóbulos brancos do sangue (leucócitos) e diminuição dos glóbulos vermelhos.

Leu.cê.mi.co *adj.* **1.** Relativo a leucemia. *s.m.* **2.** Aquele que sofre de leucemia.

Leu.có.ci.to *s.m.* ANAT Glóbulo branco do sangue.

Le.va *s.f.* **1.** Grupo de pessoas que são levadas para algum lugar. **2.** Grupo, rancho. **3.** Alistamento ou recrutamento militar. **4.** Condução (de presos ou militares). **5.** Ato ou efeito de levantar a âncora para navegar.

Le.va.di.ço *adj.* **1.** Que se pode levantar ou baixar facilmente: *Ponte levadiça.* **2.** Móvel, movediço.

Le.va.do *adj.* **1.** Que se levou. **2.** Travesso, traquinas, irrequieto, indisciplinado: *Menino levado.* **3.** Buliçoso, vivo.

Le.va e traz *s.2g.2n.* Pessoa intrigante, mexeriqueira, que gosta de levar e trazer enredos; trafegueiro.

Le.van.ta.dor *adj.* **1.** Que levanta, amotina, revolta. *s.m.* **2.** Músculo que levanta alguma parte do corpo. **3.** ESP O jogador de vôlei que levanta a bola na rede para ser convertida em ponto pelo companheiro.

Le.van.ta.men.to *s.m.* **1.** Ato ou efeito de levantar. **2.** Revolta, insurreição. **3.** Retirada (de dinheiro). **4.** Colheita de alimentos para demonstração estatística. **5.** Inventário, balanço. **6.** Estatística. **7.** Arrolamento, lista. **8.** Acréscimo, elevação. **9.** Anulação, revogação, suspensão. **10.** Exaltação.

Le.van.tar *v.t.* **1.** Pôr em pé. **2.** Alçar, erguer. **3.** Tornar mais alto. **4.** Erigir, edificando ou reedificando. **5.** Tornar ereto, erguer. **6.** Aparelhar. **7.** Alistar. **8.** Engrandecer, exaltar. **9.** Realçar, avivar. **10.** Excitar. **11.** Revoltar. **12.** Aumentar, reforçar. **13.** Abolir, revogar. **14.** Hastear, arvorar. **15.** Pôr fim a; terminar. **16.** Acordar. **17.** Construir. **18.** Arrolar, inventariar. **19.** Receber. **20.** Remover, afastar. **21.** Traçar graficamente no papel, depois de proceder às necessárias medições no terreno (um mapa, uma carta, um plano). **22.** Fazer voar (a caça). *v.int.* **23.** Alterar-se. **24.** Erguer-se, pôr-se de pé. **25.** Subir de preço; crescer. *v.p.* **26.** Erguer-se,

27. Manifestar-se protestando. **28.** Desenvolver. **29.** Desencadear-se. **30.** Surgir, aparecer. **31.** Inchar. **32.** Convalescer. ● *Ant.: baixar, descer.*

Le.van.te *s.m.* **1.** Ato ou efeito de levantar. **2.** A parte do horizonte onde o sol nasce. **3.** Este (leste) oriente, nascente. **4.** Forte vento do leste peculiar do Mediterrâneo. **5.** Território dos países banhados pelo Mediterrâneo do lado do Oriente. **6.** Revolta, motim. **7.** Ato de fazer sair a caça do lugar onde se acolhe.

Le.van.ti.no *adj.* **1.** Que pertence ou se refere ao Levante ou aos países do Levante. *s.m.* **2.** O habitante de um desses países.

Le.van.to *s.m.* Ato ou efeito de levantar a caça.

Le.var *v.t.* **1.** Fazer passar de um lugar para outro. **2.** Impelir. **3.** Retirar, afastar. **4.** Tratar com, manter relações. **5.** Tornar dócil. **6.** Destruir, apagar. **7.** Obter, ganhar, receber (prêmio ou castigo). **8.** Tirar, roubar, apanhar. **9.** Conduzir, arrastar, transportar. **10.** Causar a morte. **11.** Gastar, consumir, tomar (tempo). **12.** Induzir, persuadir. **13.** Trajar, vestir. **14.** Exigir como preço ou paga. **15.** Expulsar. **16.** Ir acompanhado de. **17.** Manifestar. **18.** Ter capacidade para; conter, suportar, comportar. **19.** Passar (a vida); viver. **20.** Arrancar. **21.** Representar. **22.** Ir com. **23.** Exigir, requerer. *v.int.* **24.** FAM Receber pancada ou castigo. *v.p.* **25.** Deixar-se dominar ou guiar.

Le.ve *adj.2g.* **1.** De pouco peso. **2.** Que não é grave ou perigoso. **3.** Ligeiro, ágil. **4.** Fácil. **5.** Insignificante, simples, superficial. **6.** Tênue, brando, delicado. **7.** Quase imperceptível. **8.** Airoso na forma. **9.** Indistinto. **10.** Desoprimido, aliviado. ● *Ant.: pesado.*

Le.ve.da.ção *s.f.* Ato ou efeito de levedar.

Le.ve.dar *v.t.* **1.** Fazer fermentar. **2.** Tornar lêvedo. *v.int.* **3.** Tornar-se lêvedo; crescer (massa de pão).

Le.ve.do (vê) *adj.* e *s.m.* Lêvedo.

Le.ve.du.ra *s.f.* Fermento.

Le.ve.za (ê) *s.f.* **1.** Qualidade de leve, pouco espesso, pouco pesado. **2.** Falta de reflexão; leviandade. **3.** Superficialidade.

Le.vi.a.no *adj.* **1.** Que julga ou procede irrefletidamente; imprudente, irrefletido. **2.** Precipitado. **3.** Que não tem seriedade. **4.** Que se caracteriza pela irresponsabilidade. **5.** Que exige pouco esforço; maneiro, leve. *s.m.* **6.** Indivíduo leviano. ● *Ant.: ponderado, refletido.*

Le.vi.a.tã *s.m.* Grande animal aquático referido na Bíblia.

Le.vi.ta.ção *s.f.* Ato ou efeito de levitar. **2.** Ato de um corpo se levantar só por efeito do fluido humano.

Le.vi.tar *v.t.* e *int.* **1.** Fazer flutuar. **2.** Erguer(-se) (alguém ou algo) sem apoio visível, por meios mágicos ou êxtase místico.

Le.xi.cal (cs) *adj.* **1.** Que diz respeito ao léxico. **2.** Relativo aos vocábulos de um idioma.

Lé.xi.co (cs) *s.m.* **1.** Conjunto de vocábulos de um idioma; vocabulário. **2.** Dicionário dos vocábulos usados por um autor; glossário. **3.** Dicionário abreviado.

Le.xi.co.gra.fi.a (cs) *s.f.* **1.** Ciência ou técnica da elaboração de dicionários. **2.** Prática de derreter palavras.

Le.xi.co.lo.gi.a (cs) *s.f.* **1.** Parte da Gramática que trata da etimologia das palavras e das suas diversas acepções. **2.** Estudo dos elementos de formação das palavras.

Lha.ma *s.m.* **1.** Mamífero camelídeo ruminante do Peru, cuja lã é aproveitada na indústria. *s.f.* **2.** Tecido de fios de ouro ou de prata.

Lha.ne.za (ê) *s.f.* **1.** Qualidade de lhano. **2.** Afabilidade. **3.** Simplicidade, naturalidade. **4.** Lisura, sinceridade, franqueza. ● *Ant.: afetação.*

Lha.no *adj.* **1.** Franco, sincero. **2.** Simples, despretensioso. **3.** Amável, fino, afável. ● *Ant.: afetado, rebuscado.*

Lhe *pron.pess.* A ele; a ela; a si.

Li.a.me *s.m.* **1.** Aquilo que prende uma coisa a outra. **2.** Aquilo que liga uma coisa a outra. **3.** Elo, vínculo.

Li.a.na *s.f.* **1.** BOT Cipó. **2.** Nome genérico das trepadeiras lenhosas.

Li.ba.ção *s.f.* **1.** Ato ou efeito de libar ou beber. **2.** Cerimônia pagã, que consistia em provar vinho ou outro líquido e depois derramá-lo em honra de uma divindade.

LIBAR — LIDERAR

Li.bar *v.t.* **1.** Beber. **2.** Chupar. **3.** Experimentar, gozar. *v.int.* **4.** Fazer libações em honra de (uma divindade).

Li.be.lo (é) *s.m.* **1.** Livro pequeno. **2.** Panfleto. **3.** Exposição articulada do que se pretende provar contra um réu. **4.** Escrito ou artigo que envolve acusação a alguém; acusação.

Li.bé.lu.la *s.f.* ENTOM Lavadeira, lava-bunda (inseto).

Lí.ber *s.m.* BOT Parte do tronco das árvores entre a casca e o lenho; floema.

Li.be.ra.ção *s.f.* **1.** Ato ou efeito de liberar(-se); dispensa. **2.** Quitação da dívida ou obrigação. **3.** Levantamento de restrições. **4.** Libertação de condenado que cumpriu pena.

Li.be.ral *adj.2g.* **1.** Generoso, franco. **2.** Dadivoso. **3.** Que é favorável à liberdade política e civil. **4.** Que tem ideias avançadas sobre a vida social. **5.** Próprio de homem livre. **6.** Diz-se de certas profissões de nível superior como advogado, médico etc. *s.2g.* **7.** Pessoa partidária da liberdade política e religiosa.

Li.be.ra.li.da.de *s.f.* **1.** Qualidade de liberal, de generoso. **2.** Propensão para dar; generosidade. **3.** Disposição para aceitar ideias liberais.

Li.be.ra.lis.mo *s.m.* **1.** Sistema ou doutrina dos partidários de ideias e princípios professados pelos liberais, baseado na livre iniciativa. **2.** Respeito pelos direitos do outro; tolerância.

Li.be.ra.li.za.ção *s.f.* Ato ou efeito de liberalizar(-se). • *Pl.:* liberalizações.

Li.be.ra.li.zan.te *adj.2g.* Que liberaliza; que tende a conceder liberdade.

Li.be.ra.li.zar *v.t.* **1.** Dar com liberalidade; prodigalizar. *v.p.* **2.** Tornar-se liberal.

Li.be.rar *v.t.* **1.** Tornar livre ou quite; libertar. **2.** Liquidar ou solver (uma dívida). **3.** Isentar de qualquer obrigação. **4.** Desobrigar. **5.** Pôr em liberdade. **6.** Levantar ou suspender restrições (do câmbio etc.). *v.p.* **7.** Tornar-se livre. **8.** Desobrigar-se.

Li.ber.da.de *s.f.* **1.** Condição de uma pessoa poder dispor de si. **2.** Faculdade de praticar o que não é proibido por lei. **3.** Faculdade de poder fazer ou deixar de fazer alguma coisa. **4.** Condição de homem livre. **5.** Livre-arbítrio. **6.** Independência, autonomia. **7.** Permissão, licença. **8.** Desembaraço, facilidade, tranquilidade. **9.** Deliberação. **10.** Franqueza. **11.** Ousadia, atrevimento.

Li.be.ro *s.m.* Função tática atribuída ao médio-volante (camisa 5) que, por não ter posição específica no campo, pode corrigir eventuais falhas de seus companheiros na zaga e ocasionalmente no ataque.

Li.ber.ta.ção *s.f.* **1.** Ato ou efeito de libertar(-se). **2.** Resgate, alforria. • *Ant.: sujeição.*

Li.ber.ta.dor *adj.* **1.** Que liberta ou dá liberdade. *s.m.* **2.** Aquele que dá liberdade, que torna livre.

Li.ber.tar *v.t.* **1.** Tirar da prisão, da sujeição, da escravidão. **2.** Restituir à liberdade, dar liberdade a. **3.** Descarregar, desobstruir. **4.** Livrar, tirar. **5.** Tornar quite, desobrigar. *v.p.* **6.** Tornar-se livre; liberar-se. **7.** Pôr-se em liberdade. **8.** Emancipar-se. • *Ant.: prender.*

Li.ber.tá.rio *adj.* e *s.m.* Que, ou quem é partidário da liberdade absoluta, a qualquer preço; anarquista.

Li.ber.ti.na.gem *s.f.* **1.** Devassidão, licenciosidade. **2.** Modo libertino de viver.

Li.ber.ti.no *adj.* **1.** Desregrado nos costumes; dissoluto. **2.** Devasso, licencioso, lascivo. *s.m.* **3.** Homem devasso, sensual, depravado. • *Ant.: casto.*

Li.ber.to *adj.* **1.** Dizia-se do escravo que passava à condição de livre. **2.** Forro, alforriado. **3.** Posto em liberdade; solto. **4.** Livre, salvo: *O pecador foi liberto do pecado. s.m.* **5.** Escravo liberto. • *Ant.: cativo.*

Li.bi.do *s.f.* PSICOL Instinto ou desejo sexual, consciente ou inconsciente.

Li.bra *s.f.* **1.** Medida de massa do sistema de pesos e medidas inglês equivalente a 0,4535923 kg. **2.** Unidade monetária e moeda da Grã-Bretanha. **3.** Constelação e signo do zodíaco, também chamado *balança* (23 de setembro a 22 de outubro).

Li.bré *s.f.* **1.** Uniforme de criado de casa nobre. **2.** FIG Vestuário. **3.** FIG Aspecto, aparência exterior.

Li.bre.to (ê) *s.m.* Letra ou argumento de ópera, opereta ou comédia musicada.

Li.bri.a.no *adj.* e *s.m.* Diz-se de, ou indivíduo do signo de Libra.

Li.ça *s.f.* **1.** Lugar destinado a torneios; arena. **2.** FIG Luta, briga, combate. **3.** Lugar onde se debatem questões controvertidas.

Li.ção *s.f.* **1.** Exposição didática feita pelo professor ou pelo aluno diante do professor. **2.** Explicação, preleção. **3.** O que o professor marca para o aluno estudar. **4.** FIG Experiência, exemplo. **5.** FIG Punição, advertência, castigo, repreenda.

Li.cen.ça *s.f.* **1.** Permissão para fazer ou não fazer coisa que era de obrigação. **2.** Licença temporária do serviço. **3.** Autorização. **4.** Abuso de liberdade. **5.** FIG Vida dissoluta; desregramento; descomedimento. • *Ant.: proibição.*

Li.cen.ci.a.do *adj.* e *s.m.* **1.** Que, ou quem está de licença (ou licença-prêmio). **2.** Que, ou o que tem o grau de licenciatura.

Li.cen.ci.a.men.to *s.m.* Ato ou efeito de licenciar(-se).

Li.cen.ci.ar *v.t.* **1.** Conceder licença a. **2.** Dispensar do serviço temporariamente. **3.** Conferir o grau de licenciado a. *v.p.* **4.** Tomar o grau de licenciado: *Ele se licenciou em História.* **5.** Tomar licença da autoridade competente.

Li.cen.ci.a.tu.ra *s.f.* **1.** Grau ou título universitário entre o de bacharel e doutor, em alguns países. **2.** Grau ou título universitário dos professores de segundo grau. **3.** Ato de conferir esse grau ou título.

Li.cen.ci.o.si.da.de *s.f.* **1.** Condição ou qualidade de licencioso. **2.** Libertinagem, desregramento.

Li.cen.ci.o.so (ô) *adj.* **1.** Desregrado no procedimento, nas palavras, no que escreve. **2.** Contrário aos bons costumes. **3.** Que ofende ao pudor. **4.** Lascivo, libertino, dissoluto.

Li.ceu *s.m.* Estabelecimento de ensino profissional ou secundário.

Li.ci.ta.ção *s.f.* Ato de licitar ou oferecer preço em leilão ou hasta pública; concorrência.

Li.ci.ta.dor *adj.* e *s.m.* Licitante.

Li.ci.tan.te *adj.* e *s.2g.* Diz-se de, ou pessoa que licita.

Li.ci.tar *v.int.* **1.** Oferecer lance ou quantia no ato da arrematação em leilão. *v.t.* **2.** Pôr em leilão. **3.** Oferecer lanço sobre.

Lí.ci.to *adj.* **1.** Conforme à lei. **2.** Permitido por lei; legal. **3.** Admissível. **4.** Honesto, correto, justo. *s.m.* **5.** Aquilo que é justo ou permitido.

Li.ço *s.m.* Cada um dos fios, entre duas travessas do tear, através dos quais passam os fios da urdidura.

Li.cor (ô) *s.m.* **1.** Bebida alcoólica, açucarada, obtida da mistura do álcool com substâncias vegetais variadas. **2.** Líquido alcoólico. **3.** Humor.

Li.co.rei.ra *s.f.* Utensílio de mesa, com garrafa e copos, para servir licor.

Li.da¹ *s.f.* Ato ou efeito de lidar.

Li.da² *s.f.* FAM Leitura mais ou menos ligeira.

Li.da.dor *adj.* e *s.m.* **1.** Que, ou o que lida. **2.** Que, ou o que trabalha afanosamente.

Li.dar *v.int.* **1.** Lutar, batalhar. **2.** Trabalhar afanosamente. **3.** Conviver, relacionar-se. *v.t.* e *int.* **4.** Frapear (touros). **5.** Combater com. **6.** Empenhar-se, esforçar-se.

Li.de¹ *s.f.* **1.** Lida, faina, trabalho. **2.** Questão judicial. **3.** Questão, litígio. **4.** Duelo, luta, combate. **5.** Toureio.

Li.de² (lead) (ing.) *s.m.* JORN Parágrafo inicial de um texto jornalístico, que contém um resumo do relato que se segue ou que serve para despertar no leitor o interesse pelo texto todo.

Lí.der *s.m.* **1.** O que lidera ou influencia decisivamente um grupo, uma comunidade; guia, cabeça. **2.** O que, em qualquer tipo de competição, ocupa o primeiro lugar. **3.** O que ocupa o primeiro lugar em vendas (produto), audiência (programa) etc.: *Rádio líder de audiência.* • *Pl.: líderes.*

Li.de.ran.ça *s.f.* **1.** Direção, chefia. **2.** Função de líder.

Li.de.rar *v.t.* **1.** Dirigir, conduzir como líder. **2.** Estar em primeiro lugar.

LÍDIMO — LINCHADOR

Lí.di.mo *adj.* **1.** Legítimo, autêntico. **2.** Vernáculo, puro, genuíno.

Lift.ing (ing.) *s.m.* **1.** Cirurgia plástica destinada a rejuvenescer o rosto e o pescoço. **2.** Ritidectomia; ritidoplastia. ● *Pl.: liftings.*

Li.ga *s.f.* (S) Felicidade no jogo, em amores ou em qualquer outra coisa.

Li.ga.ção *s.f.* **1.** Ato ou efeito de ligar. **2.** Junção, união. **3.** Relação, nexo. **4.** Conexão. **5.** Afinidade de sentimentos; apego. **6.** Laço de amizade; vínculo. **7.** Relação entre pessoas. **8.** Ato de ligar o telefone. **9.** Relacionamento amoroso.

Li.ga.da *s.f.* Telefonema.

Li.ga.du.ra *s.f.* **1.** Ação de ligar; ligação. **2.** Faixa que liga; atadura, atilho. **3.** Ligamento. **4.** MÚS Linha curva grafada na pauta que une duas notas, indicando que devem ser soadas sem interrupção do som.

Li.ga.men.to *s.m.* **1.** Ato de ligar, de unir. **2.** Vínculo. **3.** Tecido fibroso, forte, que liga ossos ou órgãos contíguos.

Li.ga.men.to.so *adj.* Da natureza do ligamento; fibroso.

Li.gar *v.t.* **1.** Juntar, atar (uma coisa a outra) com nó ou laço. **2.** Prender, fixar. **3.** Relacionar, encadear. **4.** Apertar. **5.** Dar nó. **6.** Enlaçar. **7.** Arquear. **8.** Misturar, reunir. **9.** Aliar. **10.** Pôr em andamento uma máquina, engatando-a com o maquinismo do motor. **11.** Fazer aderir. **12.** Prestar atenção, dar importância. *v.int.* **13.** Aderir-se, unir-se, soldar-se. *v.p.* **14.** Unir-se por vínculos morais e afetivos; relacionar-se: *"Na convalescença foram para Belas; ligou-se ali muito com as Cardosos, duas irmãs magras, estouvadas e esguias, sempre coladas uma à outra"* (Eça de Queirós, *O Primo Basílio*, pág. 21). **15.** Unir-se, aderir. **16.** Formar liga, aliança, coalizão. **17.** Obrigar-se, sujeitar-se.

Li.gei.re.za (ê) *s.f.* **1.** Qualidade de ligeiro. **2.** Presteza, agilidade, rapidez. **3.** Brevidade. **4.** Leviandade. **5.** POP Espterteza.

Li.gei.ro *adj.* **1.** Leve, suave. **2.** Delgado. **3.** Veloz, rápido. **4.** Presto de movimentos; ágil. **5.** De curta duração; superficial. **6.** Vivo. **7.** Vago. **8.** Desonesto em negócios. **9.** Tratante, leviano. *adv.* **10.** Ligeiramente, às pressas.

Light (ing.) *adj.2g.2n.* **1.** Que tem teor alcoólico comparativamente mais baixo. **2.** Que tem sabor comparativamente menos pronunciado. **3.** Que tem valor calórico comparativamente mais baixo. **4.** Cuja composição se alega ser comparativamente menos nociva: cigarros *light*.

Líg.neo *adj.* De madeira; lenhoso.

Lig.ni.na *s.f.* BOT e QUÍM Substância que constitui a parte essencial do tecido lenhoso.

Lig.ni.to ou **li.nhi.to** *s.m.* Mineral combustível que contém 70% de carvão e que apresenta muitas vezes o aspecto de madeira fossilizada.

Li.lás *s.m.* **1.** Arbusto de flores arroxeadas. **2.** A flor desse arbusto. *adj.2g.* **3.** Da cor arroxeada dessa flor. ● *Pl.do s.: lilases.* ● *Adj. não varia: Camisas lilás.*

Li.li.pu.ti.a.no *adj.* **1.** Muito pequeno. **2.** Insignificante, desprezível. *s.m.* **3.** Homem de estatura extremamente pequena. **4.** FIG Pessoa insignificante. *adj.* **5.** De Lilipute, país imaginário do romance *Viagens de Gulliver*, do escritor inglês Jonathan Swift (1667-1745). *s.m.* **6.** Habitante de Lilipute.

Li.ma *s.f.* **1.** Ferramenta de aço, apropriada para polir ou desbastar metais ou outros objetos duros. **2.** Fruto da limeira, de suco levemente amargo e pouca acidez.

Li.ma.du.ra *s.f.* **1.** Ato ou efeito de limar. **2.** FIG Aperfeiçoamento, polimento.

Li.ma.gem *s.f.* Limadura.

Li.ma.lha *s.f.* Partículas de metal limado.

Li.mão *s.m.* Fruto do limoeiro, de gosto ácido, rico em vitamina C. ● *Pl.: limões.*

Li.mar¹ *v.t.* **1.** Raspar, polir com lima (acep. 1). **2.** Corroer, gastar. **3.** Civilizar, acostumar ao trato social. **4.** FIG Aprimorar, aperfeiçoar (o estilo).

Li.mar² *v.t.* Temperar com limão e azeite.

Lim.bo *s.m.* **1.** Orla, fímbria. **2.** Rebordo. **3.** BOT Parte laminar das folhas. **4.** Lugar em que, segundo o catolicismo, ficam as almas dos justos e das crianças mortas sem batismo, até a vinda de Cristo.

Li.mei.ra *s.f.* Árvore que produz a lima (acep. 2).

Li.me.nho *adj.* **1.** Pertencente ou relativo a Lima, capital do Peru (América do Sul). *s.2g.* **2.** Pessoa natural ou habitante dessa cidade.

Li.mi.ar *s.m.* **1.** Soleira da porta. **2.** Patamar junto à porta; portal, entrada. **3.** FIG Entrada, começo, início.

Li.mi.nar *adj.2g.* **1.** Relativo ao limiar. **2.** Posto à entrada. **3.** Preliminar. **4.** DIR Diz-se da providência tomada pelo juiz no início do processo a fim de evitar dano irreparável ao direito alegado. *s.f.* **5.** DIR A própria providência.

Li.mi.ta.ção *s.f.* **1.** Ato ou efeito de limitar. **2.** Confinação. **3.** Restrição, fixação. **4.** Deficiência, mediocridade.

Li.mi.tan.te *adj.2g.* Que confina, limita.

Li.mi.tar *v.t.* **1.** Demarcar, balizar. **2.** Determinar os limites de. **3.** Extremar. **4.** Restringir. **5.** Reduzir a determinadas proporções; estreitar. **6.** Fixar, estipular. *v.int.* **7.** Confinar. *v.p.* **8.** Circunscrever-se, consistir unicamente em. **9.** Não passar de; ter como limite. **10.** Restringir-se. **11.** Contentar-se; dar-se por satisfeito.

Li.mi.ta.ti.vo *adj.* DIR Que limita; restritivo.

Li.mi.te *s.m.* **1.** Linha que marca o fim de uma extensão. **2.** Linha real ou imaginária que separa países, estados etc.; fronteira. **3.** Baliza, linha de demarcação. **4.** Raia. **5.** Meta, raia. **6.** MAT Grandeza constante da qual uma variável indefinidamente se aproxima sem atingi-la.

Li.mí.tro.fe *adj.2g.* Contíguo à fronteira de uma região; fronteiriço.

Lim.no.lo.gi.a *s.f.* Parte da Biologia que trata das águas doces e de seus organismos, principalmente do ponto de vista ecológico.

Li.mo *s.m.* **1.** BOT Alga que se concentra na água doce. **2.** FIG Lodo, lama. **3.** Aquilo que é baixo, imundo.

Li.mo.al *s.m.* Plantação de limoeiros.

Li.mo.ei.ro *s.m.* Pequena árvore produtora do limão.

Li.mo.si.da.de *s.f.* **1.** Qualidade de limoso. **2.** Porção de limos.

Lim.pa *s.f.* **1.** Ato ou efeito de limpar; limpadura. **2.** Monda, poda. **3.** Parte da charneca, onde não há muito mato; clareira.

Lim.pa.de.la *s.f.* Ato ou efeito de limpar ligeiramente.

Lim.pa.dor (ô) *adj.* e *s.m.* Que, ou o que limpa.

Lim.pa-pés *s.m.2n.* Capacho de ferro horizontal destinado a tirar a terra aderente ao calçado.

Lim.par *v.t.* **1.** Tornar limpo ou asseado. **2.** Tirar a sujeira a. **3.** Purificar. **4.** Curar. **5.** Retirar o mato a um terreno. **6.** Enxugar, secar. **7.** Levar tudo (roubando, comprando). **8.** Saquear, roubar. **9.** Ganhar (tudo) a outrem no jogo. *v.int.* **10.** Desanuviar. **11.** Desramar. *v.int.* **12.** Desanuviar-se (o céu). *v.p.* **13.** Tornar-se limpo. **14.** Desembaraçar-se de sujidades. ● *Ant.: sujar(-se).*

Lim.pa-tri.lhos *s.m.2n.* Peça que fica à frente e na parte inferior das locomotivas, para remover obstáculos.

Lim.pe.za (ê) *s.f.* **1.** Ato ou efeito de limpar. **2.** Qualidade de limpo. **3.** Asseio. **4.** Apuro, perfeição. **5.** FIG Dignidade, honradez, honestidade. **6.** Decência, correção; pureza.

Lim.pi.dez *s.f.* **1.** Qualidade de límpido. **2.** Brilho. **3.** Transparência, nitidez. **4.** Serenidade. **5.** FIG Pureza, ingenuidade. ● *Ant.: turvação.*

Lím.pi.do *adj.* **1.** Sem mancha. **2.** Simples. **3.** Transparente. **4.** Claro, cristalino, nítido. **5.** Polido. **6.** Brilhante, puro. **7.** Diz-se do céu sem nuvens. **8.** Ingênuo, simples.

Lim.po *adj.* **1.** Isento de qualquer impureza. **2.** Imaculado, puro. **3.** Asseado. **4.** Bem feito. **5.** Desanuviado. **6.** Isento. **7.** POP Sem dinheiro. **8.** Sem manchas. **9.** Bem conceituado, honrado. **10.** Sem cosmético ou sem véu. ● *Ant.: sujo.*

Li.mu.si.ne *s.f.* Tipo de automóvel fechado, espaçoso e luxuoso, que tem vidro separando o banco do motorista do compartimento dos passageiros.

Lin.ce *s.m.* Quadrúpede carnívoro de vista penetrante.

Lin.cha.dor *adj.* e *s.m.* Que, ou o que lincha.

LINCHAR — LIQUIDAR

Lin.char *v.t.* Matar (uma multidão enfurecida) sumariamente um criminoso, verdadeiro ou suposto, sem julgamento ou processo.
Lin.de.za (ê) *s.f.* **1.** Qualidade de lindo. **2.** Beleza, formosura. **3.** Graça. ● *Ant.: lealdade.*
Lin.do *adj.* **1.** Belo, formoso. **2.** Elegante. **3.** Gracioso, delicado. **4.** Agradável à vista ou ao espírito. **5.** Perfeito. **6.** Primoroso, apurado. **7.** Elevado, nobre. ● *Sup.abs.sint.: lindíssimo.* ● *Ant.: feio, horrível.*
Li.ne.a.men.to *s.m.* Traço, linha.
Li.ne.ar *adj.2g.* **1.** Relativo ou pertencente a linha. **2.** Semelhante a uma linha. **3.** Feito de linhas geométricas. **4.** Sem rodeios, enredos ou complicações; claro, direto.
Li.ne.a.ri.da.de *s.f.* Qualidade, condição ou característica do que é linear.
Li.ne.a.ri.za.ção *s.f.* Ato ou efeito de linearizar. ● *Pl.: linearizações.*
Li.ne.a.ri.zar *v.t.* **1.** Tornar linear. **2.** Projetar em forma linear.
Lí.neo *adj.* Referente ao linho.
Lin.fa *s.f.* **1.** FISIOL Líquido amarelo ou incolor, que contém em suspensão glóbulos brancos e circula no organismo em vasos próprios chamados linfáticos. **2.** Qualquer líquido semelhante à linfa. **3.** POÉT A água.
Lin.fá.ti.co *adj.* **1.** Referente à linfa. **2.** Que contém linfa. **3.** Diz-se dos vasos por onde circula a linfa. **4.** Sem vida, apático: *Indivíduo linfático.*
Lin.fó.ci.to *s.m.* Leucócito mononuclear, formado esp. no tecido linfoide, de núcleo ger. redondo ou ligeiramente denteado.
Lin.foi.de *adj.2g.* Semelhante à linfa.
Lin.fo.ma *s.m.* MED Tumor dos gânglios linfáticos.
Lin.ge.rie (langerri) (fr.) Roupas íntimas femininas.
Lin.go.te *s.m.* Barra de metal fundido.
Lín.gua *s.f.* **1.** ANAT Músculo móvel situado na cavidade bucal e que é o órgão principal da gustação, da deglutição e da fala. **2.** Nome de vários objetos semelhantes a uma língua. **3.** O conjunto de palavras e expressões usadas por um povo em sua comunicação; idioma. **4.** Linguagem. *s.2g.* **5.** Intérprete.
Lín.gua de so.gra *s.f.* Brinquedo que consiste num apito que se desenrola quando assoprado. ● *Pl.: línguas de sogra.*
Lin.gua.do *s.m.* **1.** Lâmina comprida. **2.** Barra de ferro. **3.** Tira de papel em que se escreve matéria para impressão. **4.** POP Língua grande. **5.** Nome comum a vários peixes de carne saborosa.
Lin.gua.gem *s.f.* **1.** Sistema de signos, sinais, sons, gestos etc., suscetíveis de servirem de comunicação entre os indivíduos. **2.** Idioma, língua. **3.** Estilo. **4.** Fraseologia particular de uma classe de pessoas, profissão, arte, ciência etc. **5.** Fala ou expressão de caráter particular; palavreado. **6.** Conjunto de caracteres, símbolos etc., utilizado para instruir um computador.
Lin.gua.jar *s.m.* A fala, o modo de falar; dialeto.
Lin.gual *adj.2g.* Referente à língua.
Lin.gua.ru.do *adj.* e *s.m.* Diz-se do, ou indivíduo que gosta de contar tudo o que vê e ouve; mexeriqueiro, maledicente.
Lin.gue.ta (ê) *s.f.* **1.** Língua pequena. **2.** Peça chata e delgada que faz parte de alguns instrumentos de sopro. **3.** Peça móvel da fechadura que é movida pela chave.
Lin.gui.ça *s.f.* Espécie de chouriço delgado.
Lin.guís.ti.ca *s.f.* Estudo científico e comparativo das línguas e de sua história; ciência da linguagem.
Lin.guís.ti.co *adj.* Relativo à Linguística.
Lin.guo.den.tal *adj.2g.* **1.** Pertencente ou relativo à língua e aos dentes. *s.f.* **2.** Consoante linguodental.
Li.nha *s.f.* **1.** Fio de linho, de algodão, de seda etc. **2.** Fio de metal para as comunicações telegráficas e telefônicas. **3.** Cordão. **4.** Barbante com um anzol na ponta, para pescar. **5.** Raia, baliza. **6.** Fila, fileira. **7.** Traço. **8.** A extensão considerada com uma só dimensão ou comprimento. **9.** Duodécima parte de uma polegada. **10.** FIG Categoria. **11.** Regra, norma. **12.** Reta. **13.** Serviço regular de transporte entre dois pontos, por determinada via. **14.** Direção. **15.** Procedimento. **16.** Processo, técnica. **17.** Série de gerações sucessivas de uma família. **18.** Aprumo ou gravidade. **19.** Via férrea;

trilhos. **20.** Estrada, via. **21.** Serviço regular de comunicações telegráficas e telefônicas.
Li.nha.ça *s.f.* A semente do linho.
Li.nha.da *s.f.* **1.** Arremesso ou lance de anzol. **2.** Olhada, espiadela.
Li.nha-d'á.gua *s.f.* **1.** CONSTR NAV Faixa pintada ao longo do casco do navio, e que separa a parte imersa da parte emersa. **2.** Cada um dos traços, visíveis por transparência, que caracterizam os papéis avergoados.
Li.nha-du.ra *adj.2g.2n.* **1.** Relativo ou pertencente a *linha dura*. *adj.2g.2n.* e *s.2n.* **2.** Que ou quem é partidário ou simpatizante da *linha dura*. ● *Pl.: linhas-duras.*
Li.nha.gem¹ *s.f.* **1.** Linha de parentesco; família. **2.** Série de gerações. **3.** Condição social.
Li.nha.gem² *s.f.* Tecido grosso de linho.
Li.nhi.to *s.f.* Carvão fóssil, com vestígios de organização vegetal.
Li.nho *s.m.* **1.** Planta de cuja haste se tiram fibras com que se fazem panos e rendas. **2.** Tecido de linho.
Li.nhol *s.m.* Fio com que os sapateiros cosem os sapatos.
Li.ni.fí.cio *s.m.* Manufatura ou artefato de linho.
Li.ni.men.to *s.m.* Medicamento untuoso e líquido, usado para fricções com o objetivo de abrandar a dor.
Link (ing.) *s.m.* Elemento de hipermídia formado por um trecho de texto em destaque ou por um elemento gráfico que, ao ser acionado (ger. mediante um clique de *mouse*), provoca a exibição de novo hiperdocumento. ● *Pl.: links.*
Li.nó.leo *s.m.* Tapete feito de juta e impregnado de uma mistura de óleo de linhaça, resinas e cortiça em pó.
Li.no.ti.par *v.t.* Compor (caracteres tipográficos) em linotipo ou similar.
Li.no.ti.pi.a *s.f.* **1.** TIP Arte de compor em linotipo. **2.** Arte de compor em máquina congênere da linotipo. **3.** Seção ou oficina da composição linotípica.
Li.no.ti.pi.co *adj.* Relativo a linotipo e a linotipia.
Li.no.ti.pis.ta *s.2g.* Pessoa que compõe no linotipo textos destinados à impressão.
Li.no.ti.po *s.f.* Máquina de compor e fundir os caracteres tipográficos por linhas inteiras.
Li.o *s.m.* **1.** Liame, atilho. **2.** Molho, pacote.
Li.o.fi.li.za.ção *s.f.* Processo de desidratação de certas substâncias suscetíveis de serem alteradas pela ação do tempo.
Li.pí.dio *s.m.* Molécula orgânica, insolúvel em água e solúvel em solventes orgânicos, cuja função é o armazenamento de energia; lípide, lipídeo, lipídio.
Li.po.as.pi.ra.ção *s.f.* Processo terapêutico de eliminação de excessos adiposos, pela introdução no local determinado de uma fina cânula e aspiração ou sucção da gordura.
Li.po.es.cul.tu.ra *s.f.* Cirurgia plástica de remodelação do forma do corpo por lipoaspiração.
Li.poi.de *adj.2g.* Semelhante à gordura.
Li.po.ma *s.m.* MED Tumor benigno formado pela acumulação anormal do tecido adiposo.
Li.que.fa.ção *s.f.* Passagem de um corpo ao estado líquido.
Li.que.fa.zer *v.t.* e *p.* **1.** Tornar, reduzir(-se) ao estado líquido. **2.** Derreter(-se).
Li.que.fei.to *adj.* Reduzido a líquido; derretido.
Lí.quen *s.m.* **1.** BOT Planta que resulta da simbiose de uma alga e um fungo. **2.** MED Nome de várias dermatoses. ● *Pl.: liquens* (sem acento) e *líquenes* (pouco usado).
Li.qui.da.ção *s.f.* **1.** Ato ou efeito de liquidar. **2.** Apuração ou ajuste de contas. **3.** Operação comercial que consiste em pagar o passivo e repartir o ativo restante entre os sócios. **4.** Venda de mercadorias por baixo preço. ● *Var.: liquidação.*
Li.qui.dan.te *adj.* Que liquida. ● *Var.: liquidante.*
Li.qui.dar *v.t.* **1.** Fazer liquidação. **2.** Ajustar contas. **3.** Apurar. **4.** Matar. *v.int.* **5.** Terminar ou encerrar transações comerciais. **6.** Vender mercadorias por baixo preço. *v.p.* **7.** Aniquilar-se, destruir-se. ● *Var.: liquidar(-se).*

LIQUIDEZ — LIVRE

Li.qui.dez (ê) *s.f.* **1.** Qualidade ou estado do que é líquido. **2.** Capacidade de se dispor de moeda corrente ou da posse de títulos e valores que facilmente podem ser convertidos em dinheiro. ◆ *Var.: liquidez.*

Li.qui.di.fi.ca.ção *s.f.* Ato ou efeito de liquidificar. ◆ *Var.: liquidificação.*

Li.qui.di.fi.ca.dor *adj.* **1.** Que liquidifica. *s.m.* Aparelho para liquidificar, para cortar em partículas frutas, legumes etc. ◆ *Var.: liquidificador.*

Li.qui.di.fi.car *v.t.* Tornar líquido. ◆ *Var.: liquidificar.*

Li.qui.do *adj.* **1.** Que flui, que corre. **2.** Diz-se dos corpos dotados de grande mobilidade e que tomam a forma dos vasos que os contêm. **3.** Livre de descontos e despesas. **4.** FIG Verificado; apurado. *s.m.* **5.** Bebida. **6.** Qualquer substância no estado líquido. ◆ *Var.: líquido.*

Li.ra *s.f.* **1.** Antiga unidade monetária e moeda da Itália. **2.** Instrumento musical de corda, em forma de U. **3.** Ave cuja cauda tem a forma de uma lira. **4.** FIG Inspiração, talento poético.

Li.ri.al *adj.2g.* **1.** Que tem a cor ou a pureza do lírio. **2.** Alvo; puro, inocente. *s.m.* **3.** Lugar onde crescem lírios.

Lí.ri.ca *s.f.* Coleção de poesias do gênero lírico.

Lí.ri.co *adj.* **1.** Que se refere à lira ou à poesia. **2.** Que se cantava com acompanhamento da lira. **3.** Diz-se da poesia que canta as belezas naturais e o amor. **4.** Relativo à ópera. *s.m.* **5.** Poeta que cultiva a poesia lírica.

Lí.rio *s.m.* **1.** BOT Gênero de plantas bulbosas, cultivadas por suas flores belas e aromáticas. **2.** A flor (branca) dessa planta; lis.

Li.ris.mo *s.m.* **1.** Caráter de poesia lírica. **2.** Qualidade de lírico, sublime ou sentimental. **3.** Calor, entusiasmo. **4.** Sentimentalismo.

Lis *s.m.* Lírio (flor).

Lis.bo.e.ta (ê) *adj.2g.* **1.** Relativo ou pertencente a Lisboa (Portugal), de Lisboa: "*Os coletes não estavam prontos, disse com uma voz muito* lisboeta; *não tivera tempo de os meter em goma*" (Eça de Queirós, *O Primo Basílio*, pág. 15). *s.2g.* **2.** Pessoa natural ou habitante de Lisboa.

Li.sér.gi.co *adj.* Diz-se de um ácido alucinógeno.

Li.so *adj.* **1.** Que tem a superfície plana ou sem aspereza; macio. **2.** Sem pregas ou ornatos. **3.** Não crespo (cabelo). **4.** FIG Sincero, lhano, franco. **5.** POP Sem dinheiro. **6.** Pronto, limpo.

Li.son.ja *s.f.* **1.** Ato ou efeito de lisonjear. **2.** Louvor fingido; adulação, bajulação. **3.** Carícia, mimo, afago.

Li.son.je.a.dor (ô) *adj.* **1.** Que satisfaz o amor-próprio. **2.** Que lisonjeia ou louva exageradamente. *s.m.* **3.** O que lisonjeia.

Li.son.je.ar *v.t.* **1.** Adular, bajular. **2.** Procurar agradar com lisonjas. **3.** Elogiar com excesso ou afetação. **4.** Incensar, agradar a. **5.** Satisfazer. *v.p.* **6.** Sentir orgulho. **7.** Desvanecer-se, deleitar-se com lisonjas.

Li.son.jei.ro *adj.* e *s.m.* **1.** Que, ou o que faz lisonjas; adulador. *adj.* **2.** Prometedor de melhora; satisfatório. **3.** Agradável, desvanecedor.

Lis.sa *s.f.* Cordel vertical, no tear.

Lis.ta *s.f.* **1.** Relação de nomes de pessoas ou objetos; relação, rol. **2.** Tira de tecido ou papel comprida e estreita. **3.** Listra. ◆ Cf. *listra*.

Lis.ta.do *adj.* Listrado.

Lis.ta.gem *s.f.* **1.** Lista, relação. **2.** Impressão, em formulário contínuo, realizada via computador.

Lis.tar *v.t.* Listrar.

Lis.tra *s.f.* Risca de cor diferente num tecido, papel, animal; risca. ◆ Cf. *lista*. (acep. 1).

Lis.trar *v.t.* **1.** Entremear de listras ou riscas. **2.** Ornar com listras ou riscas. *v.p.* **3.** Adornar-se com riscas.

Li.su.ra *s.f.* **1.** Qualidade de liso. **2.** Honradez ou correção nas ações da vida. **3.** Boa-fé, honestidade.

Li.ta.ni.a *s.f.* Ladainha.

Lit.chi *s.m.* ⇒ Lechia.

Li.tei.ra *s.f.* Cadeirinha portátil e coberta, sustentada por varas e conduzida por duas pessoas ou dois animais, um na frente e outro atrás.

Li.te.ral *adj.2g.* **1.** Conforme à letra do texto. **2.** Sujeito ao rigor das palavras. **3.** Rigoroso, exato. **4.** Completo, inteiro. **5.** Claro. **6.** Expresso por letras.

Li.te.ra.li.da.de *s.f.* Qualidade do que é literal.

Li.te.rá.rio *adj.* Relativo às letras, à literatura ou a conhecimentos adquiridos pelo estudo.

Li.te.ra.to *s.m.* **1.** O que possui muitos conhecimentos de literatura. **2.** Autor de obras literárias; escritor.

Li.te.ra.tu.ra *s.f.* **1.** Arte de escrever obras literárias em prosa ou versos. **2.** Conjunto de trabalhos literários de um autor, de um país ou de uma época. **3.** Os homens de letras. **4.** Qualquer tipo de material impresso. **5.** Sonho, fantasia.

Lí.ti.co *adj.* Relativo a pedra.

Li.ti.gan.te *adj.2g.* **1.** Relativo ou pertencente a litígio. *adj.* e *s.2g.* **2.** Que, ou o que litiga ou sustenta litígio judicial; parte.

Li.ti.gar *v.t.* **1.** Pleitear, questionar em juízo. *v.int.* **2.** Ter litígio ou demanda. **3.** Lutar, confrontar-se.

Li.tio *s.m.* QUÍM Metal branco e dúctil, muito leve, de símbolo Li e número atômico 3.

Li.tis.con.sór.cio *s.m.* Fenômeno processual que consiste na pluralidade de partes em uma lide.

Li.tis.con.sor.te *s.2g.* JUR Pessoa que, juntamente com outra, demanda alguém ou é parte em juízo.

Li.tis.pen.dên.cia *s.f.* JUR O decorrer de um pleito judicial.

Li.to.gra.far *v.t.* Imprimir segundo os processos da Litografia.

Li.to.gra.fi.a *s.f.* **1.** Técnica de tirar, por meio de processo químico, cópias impressas de qualquer desenho, feito sobre uma pedra apropriada, com lápis oleoso. **2.** Cada uma dessas cópias. **3.** Oficina onde se pratica esta arte.

Li.to.lo.gi.a *s.f.* Parte da Geologia que estuda as rochas; petrografia.

Li.to.ral *adj.2g.* **1.** Referente à beira-mar; que se refere às bordas do mar; litorâneo. *s.m.* **2.** Zona de contato entre o mar e a terra; costa. **3.** Faixa de terreno à beira-mar.

Li.to.râ.neo *adj.* Situado no litoral.

Li.to.ri.na *s.f.* Variedade de molusco gastrópode comestível. A mais conhecida é a litorina europeia, frequente nas regiões setentrionais da Europa, como também na costa atlântica do norte dos E.U.A.

Li.tos.fe.ra *s.f.* Parte sólida da crosta terrestre, que varia entre 70 e 150 km.

Li.to.trip.si.a *s.f.* CIR Esmagamento de um cálculo na bexiga por meio do litotriturador.

Li.tro *s.m.* **1.** Unidade de medida de capacidade, equivalente a um decímetro cúbico, de símbolo *l*. **2.** Garrafa ou vaso de um litro. **3.** O conteúdo dessa garrafa ou vaso.

Li.tur.gi.a *s.f.* Conjunto de rituais aprovados pela Igreja para celebrar a missa e outros ofícios divinos; rito, ritual.

Li.túr.gi.co *adj.* Concernente à liturgia.

Li.vi.dez (ê) *s.f.* **1.** Qualidade ou estado de lívido. **2.** Palidez extrema.

Lí.vi.do *adj.* Da cor do chumbo; extremamente pálido; cadavérico.

Liv.ing (líving) (ing.) *s.m.* Sala de estar.

Li.vra.men.to *s.m.* **1.** Ato ou efeito de livrar. **2.** Soltura de pessoa que se encontrava presa. **3.** Liberação; resgate.

Li.vrar *v.t.* **1.** Dar liberdade a. **2.** Tornar livre; libertar, absolver, soltar. **3.** Preservar. *v.p.* **4.** Tornar-se livre. **5.** Libertar-se. **6.** Eximir-se, isentar-se. **7.** Evitar. **8.** Fugir, escapar.

Li.vra.ri.a *s.f.* **1.** Loja em que se vendem livros. **2.** Grande porção de livros; biblioteca.

Li.vre *adj.* **1.** Que tem liberdade. **2.** Que tem capacidade para agir ou deixar de agir. **3.** Que não está sujeito a domínio estrangeiro; independente. **4.** Que não depende de outrem. **5.** Solto, desprendido. **6.** Que foi absolvido pela Justiça. **7.** Não casado; desembaraçado, disponível. **8.** Espontâneo, natural. **9.** Sem ocupações, sem obrigações. **10.** Sem obstáculos. **11.** Sem qualquer limite; desenfreado. **12.** Descomedido, licencioso. **13.** Franqueado. **14.** Que está vago, desocupado. **15.** Diz-se do verso que não

LIVRE-ARBÍTRIO — LÓGICO

se submete à métrica tradicional. ● *Ant.*: preso. ● *Sup.abs.sint.*: libérrimo.

Li.vre-ar.bí.trio *s.m.* Opção que o homem tem para decidir e escolher o que lhe convém. ● *Pl.*: livres-arbítrios.

Li.vre.co (é) *s.m.* Livro sem valor.

Li.vre-do.cên.cia *s.f.* Concurso a que se submete o professor universitário após o doutorado. ● *Pl.*: livres-docências.

Li.vre-do.cen.te *s.2g.* Professor aprovado no concurso de livre-docência. ● *Pl.*: livres-docentes.

Li.vrei.ro *s.m.* **1.** Negociante de livros. **2.** Dono de livraria. *adj.* **3.** Referente à produção de livros.

Li.vre-pen.sa.dor (ô) *s.m.* Aquele que não segue nenhuma religião e só aceita a doutrina que está em conformidade com sua razão. ● *Pl.*: livres-pensadores.

Li.vres.co (é) *adj.* **1.** Referente a livros. **2.** Que diz respeito a livraria. **3.** Adquirido apenas da leitura de livros. **4.** Proveniente de leitura mal assimilada.

Li.vro *s.m.* **1.** Conjunto de folhas de papel manuscritas ou impressas e reunidas em volume. **2.** Obra literária ou científica, de certa extensão. **3.** FIG Aquilo que instrui como um livro. ● *Dim.*: livrete, livreco (pej). ● *Aum.*: livrório.

Li.xa *s.f.* **1.** Papel ou pano com uma camada de areia aderente, pó de vidro ou outro material abrasivo, que se usa para alisar madeira, metal, unha etc. **2.** Certo peixe do gênero *Esqualo*, de pele áspera.

Li.xão *s.m.* Sítio onde o lixo de uma cidade, de parte dela ou de determinada localidade é depositado. ● *Pl.*: lixões.

Li.xar *v.t.* **1.** Raspar ou polir com lixa. **2.** Limar, polir. *v.p.* **3.** POP Não se incomodar: *Estou me lixando pra seu choro.* **4.** Enfurecer-se, irritar-se.

Li.xei.ra *s.f.* **1.** Conduto em sentido vertical ao longo da altura de um imóvel, no qual o lixo é introduzido. **2.** Instalação ou local para coleta de lixo. **3.** Qualquer coisa imprestável. **4.** Recipiente para lixo.

Li.xí.via *s.f.* **1.** Água em que se ferve cinza e que serve para branquear roupa. **2.** Produto comercial detergente. **3.** Barrela.

Li.xi.via.ção *s.f.* **1.** Ato de lixiviar. **2.** Operação química que, mediante lavagem, separa de certas substâncias os sais minerais nelas contidos.

Li.xi.vi.ar *v.t.* Tornar branco por meio de lixívia.

Li.xo *s.m.* **1.** O que se varre para tornar limpo um ambiente. **2.** Cisco, sujeira, imundície. **3.** FIG Ralé. **4.** Coisa sem serventia. **5.** Excremento.

Lo.a (ô) *s.f.* **1.** Prólogo de peças do teatro português antigo, no qual o autor louvava a própria obra ou pedia indulgência para os defeitos nela encontrados. **2.** Discurso laudatório; apologia.

Lob.by (lóbi) (ing.) *s.m.* **1.** Atividade individual ou de grupo que visa a interferir nos trabalhos legislativos, com o objetivo de levar seus membros a votar de acordo com os interesses desses grupos. **2.** Qualquer atividade com vistas a influenciar uma decisão.

Lo.be.li.á.ceas *s.f.pl.* BOT Família de ervas, arbustos e árvores dicotiledôneas, muitas espécies da qual contêm uma seiva leitosa e venenosa.

Lo.bi.nho *s.m.* **1.** Designação popular do quisto sebáceo, em particular o do couro cabeludo. **2.** Pequeno lobo. **3.** Categoria de escoteiros destinada a crianças de menos de dez anos.

Lo.bi.so.mem *s.m.* FOLCL Homem que, à meia-noite de sexta-feira de lua cheia, transforma-se em lobo, segundo a crendice popular.

Lo.bis.ta *s.2g.* **1.** Indivíduo que faz lobby. *adj.2g.* **2.** Relativo a lobby.

Lo.bo¹ (ô) *s.m.* **1.** ANAT Parte arredondada e saliente de qualquer órgão. **2.** BOT Qualquer divisão ou projeção arredondada de um órgão. ● *Dim.erud.*: lóbulo.

Lo.bo² (ô) *s.m.* **1.** Mamífero carnívoro e selvagem, do tamanho de um cão grande. **2.** FIG Homem sanguinário. ● *Fem.*: loba. ● *Aum.irreg.*: lobaz. ● *Dim.irreg.*: lobacho ou lobato. ● *Col.*: alcateia. ● *Pl.*: lobos (ô).

Lo.bo do mar (ô) *s.m.* Marinheiro velho e experimentado. ● *Pl.*: lobos do mar.

Lo.bo-ma.ri.nho *s.m.* Leão-marinho. ● *Pl.*: lobos-marinhos.

Lô.bre.go *adj.* **1.** Escuro, cavernoso. **2.** Soturno, triste. **3.** Lúgubre, tétrico, medonho.

Lo.bri.gar *v.t.* **1.** Ver ao longe. **2.** Ver indistintamente; entrever.

Lo.bu.lar *adj.2g.* **1.** Semelhante a lóbulo. **2.** Relativo a lóbulos.

Ló.bu.lo *s.m.* **1.** Pequeno lobo. **2.** Cada uma das partes em que se divide um lobo.

Lo.bu.lo.so (ô) *adj.* **1.** Dividido em lóbulos. **2.** Que tem lóbulos.

Lo.ca.ção *s.f.* **1.** Ato ou efeito de locar. **2.** Aluguel, arrendamento.

Lo.ca.dor (ô) *s.m.* O que dá uma coisa de aluguel ou arrendamento. ● Opõe-se a *locatário, inquilino*.

Lo.ca.do.ra *s.f.* Loja ou agência comercial que faz locações (de imóveis, de livros, de CDs, de fitas de vídeo [filmes] etc.).

Lo.cal *adj.* **1.** Relativo a certo lugar, sítio, localidade. *s.f.* **2.** Notícia dada por um periódico relativo ao lugar onde este se publica.

Lo.ca.li.da.de *s.f.* **1.** Povoação, lugarejo. **2.** Lugar determinado.

Lo.ca.li.za.ção *s.f.* **1.** Ato ou efeito de localizar(-se). **2.** Lugar onde se verifica a presença de algo. **3.** Situação, posição.

Lo.ca.li.zar *v.t.* **1.** Colocar em lugar certo. **2.** Determinar, fixar or estabelecer o lugar de. *v.p.* **3.** Fixar-se, estabelecer-se em (um lugar).

Lo.ção *s.f.* **1.** Líquido perfumado que se usa na pele e nos cabelos. **2.** Nome genérico de vários preparados líquidos para tratamento da pele.

Lo.car *v.t.* **1.** Dar de aluguel ou arrendamento; alugar, arrendar. **2.** Localizar, marcar com estacas (os pontos de uma construção ou o eixo de uma estrada).

Lo.ca.tá.rio *s.m.* Aquele que tomou de arrendamento alguma coisa; inquilino. ● Opõe-se a *locador*.

Lock.out (locaút) (ing.) *s.m.* Locaute.

Lo.co.mo.ção *s.f.* Ato ou efeito de locomover-se, de se transportar de um lugar para outro.

Lo.co.mo.ti.va *s.f.* Máquina a vapor ou elétrica destinada a rebocar um comboio de carros sobre a via férrea.

Lo.co.mo.ti.vi.da.de *s.f.* Capacidade de locomoção própria dos animais.

Lo.co.mo.tor (ô) *adj.* Que opera a locomoção.

Lo.co.mo.ver-se *v.p.* **1.** Mudar de lugar; deslocar-se de um ponto a outro. **2.** Transportar-se para outro lugar. **3.** Andar, caminhar.

Lo.cu.ção *s.f.* **1.** Modo especial de falar; expressão. **2.** Reunião de duas ou mais palavras com o valor de uma só. **3.** Atividade do locutor.

Lo.cu.ple.ta.ção *s.f.* Ato ou efeito de locupletar(se); locupletamento.

Lo.cu.ple.tar *v.t.* **1.** Tornar rico; enriquecer. **2.** Encher em demasia; abarrotar. *v.p.* **3.** Enriquecer-se. **4.** Saciar-se, fartar-se.

Lo.cu.tor *s.m.* Profissional que anuncia programas de rádio e televisão, lê textos etc. ● *Fem.*: locutora.

Lo.da.çal *s.m.* **1.** Lugar em que há muito lodo; atoleiro, charco, lamaçal. **2.** FIG Lugar degradante. **3.** FIG Desregramento, devassidão.

Lo.do¹ (ô) *s.m.* O mesmo que *lódão*.

Lo.do² (ô) *s.m.* **1.** Lama. **2.** Terra misturada com detritos orgânicos no fundo da água. **3.** FIG Aviltamento, ignomínia, degradação moral. ● *Pl.*: lodos (ô).

Lo.do.so (ô) *adj.* **1.** Que tem lodo. **2.** Cheio de lodo; lodacento. **3.** Pantanoso. **4.** Sujo.

Lo.ga.rít.mi.co *adj.* Relativo a logaritmo.

Lo.ga.rit.mo *s.m.* MAT Expoente de potência, a que é preciso elevar a expoente chamado base, para achar um número dado.

Ló.gi.ca *s.f.* **1.** Ciência ou arte que tem por objeto o estudo das leis do raciocínio. **2.** Coerência, método. **3.** Raciocínio encadeado. **4.** Ligação de ideias.

Lo.gi.ci.da.de *s.f.* Caráter, atributo do que é determinado pelo conhecimento lógico e/ou do que apresenta lógica.

Ló.gi.co *adj.* **1.** Relativo à lógica. **2.** Conforme a lógica. **3.** Racional, coerente. **4.** Claro, evidente. *s.m.* **5.** Aquele que é versado em lógica. ● *Ant.*: ilógico.

LOGÍSTICA — LOTADOR

Lo.gís.ti.ca *s.f.* **1.** MAT Parte da Álgebra que se ocupava das primeiras operações (soma, subtração). **2.** Parte da arte militar que trata de todas as atividades não combatentes relativas ao abastecimento, transporte, alojamento e comunicações das Forças Armadas.

Lo.go *adv.* **1.** Dentro de pouco tempo. **2.** Sem demora. **3.** Daqui a pouco. **4.** Mais tarde. **5.** Exatamente, justamente. *conj.* **6.** Portanto, por conseguinte. ◆ **De logo:** de imediato.

Lo.go.gri.fo *s.m.* **1.** Espécie de charada que consiste numa palavra cujas letras, diversamente combinadas, formam outras palavras, que é preciso adivinhar. **2.** FIG Coisa obscura. **3.** Linguagem enigmática.

Lo.go.mar.ca *s.f.* **1.** Conjunto formado pela representação gráfica do nome de determinada marca, em letras de traçado específico, fixo e característico (logotipo) e seu símbolo visual (figurativo ou emblemático). **2.** Representação visual de qualquer marca. **3.** Logotipo.

Lo.gor.rei.a *s.f.* **1.** Verbosidade excessiva. **2.** Emissão desordenada e incoercível de palavras, com ou sem sentido. **3.** Tagarelice, discurseira.

Lo.go.so.fi.a *s.f.* Doutrina ético-filosófica, fundada pelo pensador argentino Pecotche (1901-1963), com o objetivo de ensinar o ser humano a chegar à autotransformação por meio de um processo de evolução consciente, libertando assim o pensamento das influências sugestivas.

Lo.go.ti.pi.a *s.f.* TIP Composição tipográfica.

Lo.go.tí.pi.co *adj.* Referente à logotipia ou logotipo.

Lo.go.ti.po *s.m.* **1.** TIP Matriz de duas ou mais letras numa só peça para acelerar a composição tipográfica. **2.** O conjunto das letras ou palavras desenhadas que serve de marca de uma empresa ou instituição.

Lo.gra.dou.ro *s.m.* **1.** O que é ou pode ser fruído por alguém. **2.** Rua, beco, travessa, praça, jardim etc., para uso público.

Lo.grar *v.t.* **1.** Gozar, obter, fruir, desfrutar. **2.** Possuir. **3.** Aproveitar. **4.** Tirar proveito; lucrar. **5.** Conseguir, alcançar. **6.** Enganar com astúcia; burlar; intrujar. *v.int.* **7.** Fazer o seu feito. **8.** Produzir o resultado que se esperava. *v.p.* **9.** Aproveitar-se. **10.** Gozar. **11.** Aumentar.

Lo.gro (ô) *s.m.* **1.** Ato ou efeito de lograr. **2.** Fraude, burla, ardil. **3.** Engano propositado. **4.** Usufruto, gozo.

Lo.ja *s.f.* **1.** Pavimento térreo de um prédio, em geral destinado a atividade industrial ou comercial. **2.** Casa para venda de mercadorias; oficina. **3.** Casa de associação maçônica.

Lo.jis.ta *s.2g.* Pessoa que tem loja de comércio.

Lom.ba *s.f.* **1.** Pequena elevação do solo. **2.** Lombada de serra. **3.** Ladeira, encosta. **4.** Crista arredondada de colina ou serra. **5.** Cumeeira. **6.** Montículo de areia formado pelo vento. **7.** Preguiça, indolência. **8.** GÍR Maconha.

Lom.ba.da¹ *s.f.* **1.** Lomba extensa; aclive. **2.** Lomba.

Lom.ba.da² *s.f.* **1.** Lado do livro ou revista onde estão a costura, a colagem ou os grampos. **2.** Dorso do boi.

Lom.bar *adj.2g.* Relativo ou pertencente ao lombo.

Lom.bar.do *adj.* **1.** Relativo ou pertencente à Lombardia (Itália). *s.m.* **2.** O natural ou habitante da Lombardia.

Lom.bei.ra *s.f.* **1.** Moleza de corpo; quebrantamento de forças. **2.** Sonolência. **3.** Preguiça, lomba.

Lom.bi.lho *s.m.* **1.** Peça muito macia de carne que se tira da região lombar da rês. **2.** O assado dessa peça.

Lom.bo *s.m.* **1.** Parte do quadrúpede situada de cada lado da espinha dorsal. **2.** Carne dessa parte da rês, porco, carneiro etc. **3.** POP Dorso, costas (humanas). **4.** Lombada de livro.

Lom.bri.ci.da *adj.2g.* e *s.m.* (substância) contra lombrigas.

Lom.bri.ga *s.f.* **1.** ZOOL Verme intestinal do gênero dos Ascárides. **2.** Gênero de anelídeos que tem por tipo a minhoca.

Lom.bri.guei.ro *s.m.* Medicamento contra lombrigas.

Lom.bu.do *adj.* Que tem ombros largos.

Lo.na *s.f.* **1.** Tecido grosseiro e forte, de que se fazem sacos, velas, toldos etc. **2.** Tenda de circo.

Lon.ga-me.tra.gem *s.m.* Filme artístico com duração média de 100 minutos. ● *Pl.:* longas-metragens.

Lon.ga.ri.na *s.f.* **1.** Cada uma das vigas em que assenta o tabuleiro das pontes. **2.** Viga do estrado dos automóveis. **3.** Cada uma das peças rígidas, em forma de viga, que entram na estrutura da asa do avião.

Lon.ge *adv.* **1.** A grande distância de um lugar ou de uma época. ◆ **De longe em** (ou a) **longe:** de tempos em tempos; de vez em quando: "Coitada! Só a recebia de longe a longe, uma raridade, um momento!" (Eça de Queirós, O Primo Basílio, pág. 32). *adj.* **2.** Distante, afastado, remoto. ● *Ant.:* perto.

Lon.ge.vi.da.de *s.f.* **1.** Qualidade de longevo. **2.** Longa duração da vida.

Lon.ge.vo *adj.* Que tem muita idade; macróbio.

Lon.gi.lí.neo *adj.* **1.** Diz-se de animal que tem o corpo mais longo do que a média da sua raça. **2.** Delgado e alongado.

Lon.gín.quo *adj.* **1.** Que vem de longe. **2.** Remoto, afastado, distante. ● *Ant.:* próximo.

Lon.gi.tu.de *s.f.* **1.** Distância ao longo do equador, entre um lugar e um primeiro meridiano convencional. **2.** Extensão em linha reta. **3.** Lonjura, distância.

Lon.gi.tu.di.nal *adj.* **1.** Extenso em comprimento. **2.** Colocado ao comprido. **3.** Que está na direção do comprimento.

Lon.go *adj.* **1.** Extenso no sentido do comprimento; comprido. **2.** Que dura muito; demorado, duradouro, dilatado. **3.** Lento.

Long-play (long-plêi) (ing) *s.m.2n.* Disco que comporta 33 1/3 ou 45 rotações por minuto; elepê. ● *Abrev.:* LP (sem ponto). ● *Pl.:* LPs.

Lon.gui.dão *s.f.* **1.** Qualidade de longo; longura. **2.** Comprimento.

Lon.ju.ra *s.f.* Grande distância: "Mas alguém cruza aquelas lonjuras" (Mário Palmério, Vila dos Confins, pág. 9).

Lon.tra *s.f.* ZOOL Nome comum a diversos mamíferos aquáticos, que se alimentam de peixes e cuja pele é muito apreciada por sua beleza e durabilidade.

Look (ing.) *s.m.* Estilo característico, esp. em se tratando de moda; visual. ● *Pl.:* looks.

Lo.qua.ci.da.de *s.f.* **1.** Qualidade de loquaz. **2.** Hábito de falar muito; tagarelice. **3.** Eloquência.

Lo.quaz *adj.2g.* **1.** Que fala muito. **2.** Verboso. **3.** Eloquente, palrador, tagarela. **4.** Indiscreto. ● *Sup.abs.sint.:* loquacíssimo (erud.). ● *Ant.:* calado.

Lor.de *s.m.* **1.** Título dado na Inglaterra aos pares do reino e aos membros da Câmara Alta. **2.** POP Indivíduo rico. **3.** POP Aquele que vive com luxo e ostentação.

Lor.do.se (ó) *s.f.* MED Encurvamento da coluna vertebral para diante.

Lo.ro *s.m.* Correia dupla que sustenta o estribo.

Lo.ro.ta (ó) *s.f.* POP História mal contada; mentira, bazófia, conversa-fiada.

Lo.ro.tei.ro *adj.* e *s.m.* Mentiroso; embusteiro.

Lor.pa (ô) *adj.2g.* Imbecil, parvo, grosseiro, boçal, pateta. ● *Ant.:* esperto.

Lor.pi.ce *s.f.* Qualidade ou ato de lorpa; parvoíce.

Lo.sân.gi.co *adj.* Que tem forma de losango.

Lo.san.go *s.m.* GEOM Paralelogramo que tem os quatro lados iguais, formando dois ângulos agudos e dois obtusos.

Lo.san.gu.lar *adj.2g.* **1.** Relativo a losango. **2.** Em forma de losango.

Los.na *s.f.* Nome de várias plantas da família das compostas, de gosto amargo e propriedades medicinais, entre as quais o absinto.

Lo.ta.ção *s.f.* **1.** Ato ou efeito de lotar. **2.** Orçamento. **3.** Cômputo. **4.** Número de passageiros que um veículo pode transportar. **5.** Capacidade de um navio, de uma casa de espetáculos etc. **6.** Rendimento de um cargo. *s.m.* **7.** O mesmo que autolotação.

Lo.ta.dor (ô) *s.m.* **1.** Aquele que faz lotes. **2.** Aquele que lotações.

LOTAR — LUMINAR

Lo.tar *v.t.* **1.** Dividir em lotes. **2.** Fixar, determinar o número de (pessoas etc.). **3.** Calcular. **4.** Sortear. **5.** Misturar (vinhos). **6.** Completar a capacidade de (um veículo de transporte). **7.** Preencher (um cargo público, determinando a repartição em que deverá exercer as funções). *v.int.* **8.** Ficar cheio.

Lo.te *s.m.* **1.** Quinhão. **2.** Porção de objetos que se põem em leilão de uma vez. **3.** Lotação de navio. **4.** Qualidade, padrão. **5.** Pequena área de terreno destinada à agricultura ou a construções.

Lo.te.a.men.to *s.m.* Ato ou efeito de lotear.

Lo.te.ar *v.t.* Dividir (um terreno) em lotes.

Lo.te.ca *s.f.* POP Loteria esportiva.

Lo.te.ri.a *s.f.* Espécie de jogo de azar, em que se tiram à sorte prêmios em dinheiro, a que correspondem bilhetes numerados. ◆ **Loteria esportiva:** jogo de palpites sobre o resultado de jogos de futebol.

Lo.to¹ (ó) *s.m.* **1.** Certa planta aquática. **2.** A flor dessa planta, também chamada *lótus*. **3.** Víspora.

Lo.to² (ô) *s.m.* **1.** Jogo de azar feito com cartões numerados de 1 a 90, com pequenas peças também numeradas, que se tiram à porte de caixa, saco etc., ganhando quem preencher os cinco números de uma linha (ou o cartão todo, se combinado). **2.** Variedade de loteria oficial de 100 dezenas, dos quais se sorteiam cinco, sendo ganhadores os que fizerem três, quatro ou cinco pontos. **3.** O conjunto de cartões e peças que formam esse jogo.

Ló.tus *s.m.2n.* Loto¹ (planta aquática).

Lou.ça *s.f.* Loucura. ◆ **Dar a louca em:** enlouquecer-se.

Lou.ça *s.f.* **1.** Artefato de porcelana, barro e materiais semelhantes para serviço de mesa, cozinha etc. **2.** O material de que são feitos tais artefatos.

Lou.co *adj.* **1.** Que perdeu a razão. **2.** Falta de juízo. **3.** Tonto, demente. **4.** Que faz tudo de maneira impensada. **5.** Temerário. **6.** Galhofeiro. **7.** Estroina. **8.** Dominado por uma paixão. **9.** Imprudente, insensato.

Lou.cu.ra *s.f.* **1.** Alienação mental. **2.** Insensatez. **3.** Doidice. **4.** Ato próprio de louco. **5.** Aventura insensata. **6.** Grande extravagância.

Lou.rei.ro *s.m.* Árvore cuja folha (louro) é usada como tempero; louro.

Lou.ro *adj.* **1.** De cor entre o dourado e o castanho claro. *s.m.* **2.** BOT Loureiro. **3.** A folha do loureiro. **4.** ZOOL Papagaio (ave). **5.** Indivíduo de pele clara e cabelos louros.

Lou.sa *s.f.* **1.** Lâmina retangular de ardósia própria para nela se escrever, menor que o quadro-negro. **2.** Armadilha para pássaros. **3.** Lápide que cobre uma sepultura.

Lou.va-a-deus *s.m.2n.* Designação vulgar de vários insetos cuja postura lembra a de quem reza.

Lou.va.ção *s.f.* **1.** Ato ou efeito de louvar(-se). **2.** Avaliação feita por peritos; laudo.

Lou.va.dor *adj.* e *s.m.* Diz-se de, ou aquele que louva.

Lou.va.men.to *s.m.* → Louvação.

Lou.va.mi.nha *s.f.* Gabo exagerado, lisonja, bajulação.

Lou.va.mi.nhar *v.t.* Tecer louvaminhas a; lisonjear.

Lou.var *v.t.* **1.** Elogiar. **2.** Dirigir louvores a; gabar. **3.** Exaltar, enaltecer. **4.** Bendizer, glorificar. **5.** Aprovar, aplaudir. **6.** Calcular o valor de; avaliar. *v.p.* **7.** Gabar-se, vangloriar-se, jactar-se.

Lou.vor *s.m.* **1.** Ato ou efeito de louvar; elogio. **2.** Glorificação, exaltação, louvação.

LP Sigla de *long-play*.

Lu.a *s.f.* **1.** Corpo celeste, satélite que gira em volta da Terra e que a ilumina de noite. **2.** FIG Espaço de um mês. **3.** POP Ciclos dos animais; menstruação. **4.** Mau humor, neurastenia. **5.** Comportamento instável.

Lu.a de mel *s.f.* Os primeiros dias após o casamento.

Lu.ar *s.m.* Claridade proveniente da Lua.

Lu.a.ren.to *adj.* **1.** Iluminado pelo luar. **2.** Em que há luar.

Lu.bri.ci.da.de *s.f.* **1.** Qualidade de lúbrico; lascívia. **2.** FIG Sensualmente estimulante.

Lu.bri.co *adj.* **1.** Escorregadio, úmido. **2.** Sensual, lascivo.

Lu.bri.fi.ca.ção *s.f.* Ato ou efeito de lubrificar.

Lu.bri.fi.can.te *adj.2g.* **1.** Que lubrifica. *s.m.* **2.** Substância utilizada para lubrificar, constituída de matéria gordurosa (óleo, graxa etc.).

Lu.bri.fi.car *v.t.* **1.** Tornar escorregadio. **2.** Untar com substância oleosa para atenuar o atrito.

Lu.car.na *s.f.* **1.** Abertura no teto de uma casa, para dar luz ao sótão; claraboia. **2.** Fresta.

Lu.cer.na *s.f.* **1.** Pequena luz ou fonte de luz, posta em local bem alto; candeia, lanterna. **2.** Armação com várias lâmpadas; candelabro, lampadário.

Lu.ci.dez *s.f.* **1.** Qualidade de lúcido. **2.** Perceptibilidade. **3.** Clareza, brilho. ◆ *Ant.: obscuridade.*

Lú.ci.do *adj.* **1.** Que reluz ou resplandece. **2.** Brilhante, claro; luzente. **3.** Transparente, límpido. **4.** FIG Que tem clareza e penetração de inteligência; consciente. **5.** Que mostra uso da razão. ◆ *Ant.: opaco, obscuro.*

Lú.ci.fer *s.m.* **1.** Satanás, o demônio. **2.** ASTROL A estrela Vênus. ◆ *Pl.: Luciferes.*

Lu.ci.fe.ri.no *adj.* Relativo a Lúcifer; próprio de Lúcifer; diabólico.

Lu.ci.fe.ris.mo *s.m.* Culto prestado a Lúcifer como verdadeiro deus.

Lu.crar *v.t.* **1.** Ganhar. **2.** Aproveitar, gozar. **3.** Ter interesse. *v.int.* **4.** Tirar lucro, vantagem. ◆ *Ant.: perder.*

Lu.cra.ti.vo *adj.* **1.** Proveitoso, útil. **2.** Que dá lucro ou vantagens; rendoso, vantajoso. **3.** Bem remunerado.

Lu.cro *s.m.* **1.** Proveito ou utilidade que se tira de uma coisa. **2.** Proveito, vantagem. **3.** Interesse. **4.** Ganho lícito. ◆ *Ant.: prejuízo.*

Lu.cu.bra.ção *s.f.* **1.** Estudo, meditação, trabalho prolongado feito à noite e à luz. **2.** Meditação grave. **3.** Cogitação profunda. ◆ *Var.: elucubração.*

Lu.cu.brar *v.int.* **1.** Trabalhar de noite e à luz. **2.** Estudar de noite. *v.t.* **3.** Fazer um trabalho durante a noite. **4.** Estudar ou aprender, trabalhando desveladamente.

Lu.di.bri.an.te *adj.2g.* Que ludibria.

Lu.di.bri.ar *v.t.* **1.** Enganar, iludir. **2.** Fazer pouco caso; desdenhar.

Lu.dí.brio *s.m.* **1.** Escárnio, zombaria, desprezo. **2.** Engano, logro. **3.** Objeto de mofa, de zombaria.

Lu.di.bri.o.so (ô) *adj.* Em que há ludíbrio, que dirige ludíbrios; zombeteiro.

Lú.di.co *adj.* **1.** Que se refere a jogos, divertimentos. **2.** Que, por ser ridículo, provoca riso.

Lu.dis.mo *s.m.* Qualidade ou caráter de lúdico.

Lu.es (ès) *s.f.* Sífilis.

Lu.fa.da *s.f.* Rajada de vento.

Lu.fa-lu.fa *s.f.* Grande afã; grande pressa; atropelo, azáfama. ◆ *Pl.: lufa-lufas e lufas-lufa.*

Lu.gar *s.m.* **1.** Espaço ocupado. **2.** Ponto de observação. **3.** Povoado, localidade. **4.** Cargo, posto. **5.** Ordem. **6.** Sítio, local. **7.** Trecho ou passo de livro. **8.** Circunstâncias especiais de alguém. **9.** Destino. **10.** Ocasião, ensejo.

Lu.gar-co.mum *s.m.* **1.** Trivialidade, coisa habitual. **2.** Ideia muito batida. **3.** Maneira muito repetida de falar ou escrever; chapa, chavão, clichê. ◆ *Pl.: lugares-comuns.*

Lu.ga.re.jo (ê) *s.m.* **1.** Povoado. **2.** Lugar de pouca importância.

Lu.gar-te.nen.te *s.m.* Aquele que desempenha provisoriamente as funções de outrem. ◆ *Pl.: lugar-tenentes.*

Lú.gu.bre *adj.2g.* **1.** Referente a luto. **2.** Triste, desolador, soturno. ◆ *Ant.: alegre, festivo.*

Lu.la *s.f.* ZOOL Molusco cefalópode, comestível.

Lum.ba.gem *s.f.* Lumbago.

Lum.bá.gi.co *adj.* Relativo a lumbago.

Lum.ba.go *s.m.* MED Dor forte na região lombar.

Lum.bri.ci.da *adj.* Que mata lombrigas.

Lu.me *s.m.* **1.** Substância em combustão. **2.** Fogo; brilho. **3.** Perspicácia. **4.** Parte do casco do cavalo. **5.** Guia.

Lu.mi.nar *adj.2g.* **1.** Que dá lume ou luz. *s.m.* **2.** POÉT Astro. **3.** FIG Homem preeminente, de grande ciência.

LUMINÁRIA — LYCRA

Lu.mi.ná.ria *s.f.* **1.** O que alumia; lâmpada. **2.** Pequena lanterna. **3.** FIG Homem muito ilustrado.

Lu.mi.nes.cên.cia *s.f.* Qualidade ou propriedade de luminescente.

Lu.mi.nes.cen.te *adj.* Que tem a propriedade de se tornar luminoso.

Lu.mi.no.si.da.de *s.f.* Qualidade de luminoso.

Lu.mi.no.so (ô) *adj.* **1.** Que dá luz própria. **2.** Brilhante; resplandecente. **3.** Claro, evidente. **4.** Belo. **5.** FIG Que compreende com facilidade.

Lu.na.ção *s.f.* Período de tempo compreendido entre duas luas novas consecutivas. ● *Pl.: lunações.*

Lu.nar *adj.2g.* **1.** Relativo à Lua. *s.m.* **2.** Sinal na pele que se atribui à influência da Lua.

Lu.ná.ti.co *adj.* **1.** Sujeito à influência da Lua; aluado. **2.** FIG Fantasista, sonhador. **3.** FIG Maníaco, excêntrico. **4.** Louco.

Lun.du *s.m.* **1.** Espécie de batuque de origem africana. **2.** A canção dessa dança. **3.** Mau humor, calundu.

Lu.ne.ta (ê) *s.f.* **1.** Conjunto de lentes para auxiliar a vista. **2.** Instrumento óptico. **3.** Óculos de longo alcance.

Lu.ni.for.me *adj.* Que tem forma de meia-lua.

Lu.pa *s.f.* Microscópio simples ou lente convergente de curto foco, que faz ver muito maiores os objetos.

Lu.pa.nar *s.m.* Casa de prostituição, onde também moram as meretrizes.

Lu.pi.no *adj.* Relativo a, ou próprio de lobo.

Lu.po *s.m.* MED Afecção inflamatória da pele, especialmente do nariz, de tendência invasora e destrutiva. Porém, as lesões podem estender-se a outras partes do corpo, como os ossos e cartilagens.

Lú.pu.lo *s.m.* Planta trepadeira, cujo fruto é empregado no fabrico da cerveja.

Lú.pus *s.m.2n.* MED Lupo.

Lu.ra *s.f.* **1.** Esconderijo de coelhos e de outros animais; toca. **2.** Qualquer buraco; cova.

Lú.ri.do *adj.* **1.** Pálido, lívido. **2.** POÉT Escuro, sombrio.

Lus.co-fus.co *s.m.* **1.** O anoitecer, a hora crepuscular. **2.** O amanhecer. ● *Pl.: lusco-fuscos.*

Lu.sí.a.da *adj.* e *s.m.* Lusitano, português, luso.

Lu.si.ta.nis.mo *s.m.* **1.** Modo de falar ou escrever próprio da língua portuguesa; lusismo, portuguesismo. **2.** Palavra, construção ou locução vernácula portuguesa; lusismo, portuguesismo. **3.** Hábito ou tendência de imitar os portugueses. **4.** Lusitanidade.

Lu.si.ta.no *adj.* **1.** Relativo ou pertencente à Lusitânia. **2.** Relativo a Portugal ou aos portugueses; português, luso. *s.m.* **3.** O natural ou habitante da Lusitânia; português.

Lu.so *adj.* e *s.m.* Lusitano, português.

Lu.so-bra.si.lei.ro *adj.* **1.** Relativo a Portugal e ao Brasil. **2.** Indivíduo de origem portuguesa e brasileira. ● *Fem.: luso-brasileira.* ● *Pl.: luso-brasileiros.*

Lus.tra.ção *s.f.* **1.** Ato ou efeito de lustrar. **2.** Lavagem, purificação.

Lus.tra.dor *adj.* **1.** Que lustra. *s.m.* **2.** Aquele que lustra.

Lus.tral *adj.2g.* Que serve para purificar.

Lus.trar *v.t.* **1.** Tornar brilhante ou polido. **2.** Envernizar, engraxar, polir. **3.** Purificar, limpar. **4.** Examinar, percorrer. **5.** Ilustrar. *v.int.* **6.** Luzir, brilhar.

Lus.tre *s.m.* **1.** Brilho de objeto polido, envernizado etc. **2.** Candelabro. **3.** FIG Brilhantismo; boa fama.

Lus.tro *s.m.* **1.** O espaço de cinco anos; quinquínio. **2.** Polimento, brilho.

Lu.ta *s.f.* **1.** Combate entre dois indivíduos, braço a braço. **2.** Conflito de doutrina, ideias, com armas ou sem elas. **3.** Peleja, contenda.

Lu.ta.dor *adj.* e *s.m.* **1.** Que, ou aquele que luta. **2.** Combatente; atleta.

Lu.tar *v.int.* **1.** Travar luta. **2.** Combater; brigar. *v.t.* **3.** Combater, pelejar. **4.** Trabalhar com afinco. **5.** Esforçar-se. **6.** Altercar, contender.

Lu.té.cio *s.m.* QUÍM Elemento atômico 71, do grupo das terras-raras, de símbolo Lu.

Lu.te.ra.nis.mo *s.m.* **1.** Seita religiosa protestante fundada por Lutero (1483-1546), reformador e teólogo alemão; protestantismo. **2.** Doutrina dos luteranos.

Lu.te.ra.no *adj.* **1.** Relativo ou pertencente ao luteranismo. *s.m.* **2.** Adepto do luteranismo.

Lu.to *s.m.* **1.** Sentimento de pesar pela morte de alguém. **2.** Crepe ou traje preto, que se usa em sinal de dor ou pesar pela morte de parente. **3.** Mágoa, tristeza profunda. ● *Ant.: alegria, regozijo.*

Lu.tu.lên.cia *s.f.* Qualidade de lutulento.

Lu.tu.len.to *adj.* O mesmo que *lutoso.*

Lu.tu.o.so (ô) *adj.* **1.** Coberto de luto. **2.** FIG Fúnebre, triste.

Lu.va *s.f.* **1.** Peça de vestuário, com que se cobre a mão. **2.** Utensílio de crina, para limpar bestas. **3.** Peça tubular, com duas roscas internas opostas, que serve para ligar dois ferros ou dois canos, por suas extremidades.

Lu.xa.ção (ch) *s.f.* Deslocamento das superfícies de uma articulação.

Lu.xar (ch) *v.t.* **1.** Praticar a luxação de. **2.** Deslocar. **3.** Desconjurar. **4.** Desarticular (osso). *v.int.* **5.** Ostentar luxo; pompear.

Lu.xen.to (ch) *adj.* Que ostenta luxo; pretensioso.

Lu.xo (ch) *s.m.* **1.** Ostentação, profusão de ornatos. **2.** Riqueza no trajar. **3.** Viço, superfluidade. **4.** Afetação. **5.** Recusa fingida. **6.** Cerimônia. **7.** Dengues, melindres. ● *Ant.: modéstia.*

Lu.xu.o.si.da.de *s.f.* Qualidade, caráter de luxuoso.

Lu.xu.o.so (ch) (ô) *adj.* **1.** Em que há luxo. **2.** Que ostenta luxo. **3.** Aparatoso, pomposo.

Lu.xú.ria *s.f.* **1.** Viço de vegetais. **2.** FIG Incontinência, lascívia. **3.** Corrupção moral.

Lu.xu.ri.an.te *adj.2g.* Viçoso, exuberante.

Lu.xu.ri.ar *v.t.* e *int.* Entregar-se à luxúria, à libidinagem.

Lu.xu.ri.o.so (ô) *adj.* **1.** Dado à luxúria. **2.** Viçoso, exuberante. **3.** Sensual, impudico.

Luz *s.f.* **1.** Claridade produzida por substância que arde. **2.** Propriedade dos corpos, que determina o fenômeno da visão e se manifesta pelas cores. **3.** Claridade emitida por certos corpos; brilho. **4.** Objeto que ilumina (vela, lâmpada etc.). **5.** Fulgor; refulgência. **6.** Claridade do sol. **7.** Notoriedade, publicidade. **8.** FIG Saber, ilustração. **9.** Civilização. **10.** Espaço de terreno, que um parelheiro leva de dianteira a outro.

Lu.zei.ro *s.m.* **1.** Aquilo que emite luz. Clarão. **3.** Farol. **4.** Astro, estrela. **5.** FIG Homem ilustre; luminar.

Lu.zen.te *adj.2g.* **1.** Que luz. **2.** Brilhante, luminoso.

Lu.zer.na[1] *s.f.* **1.** Grande luz. **2.** Clarão intenso; fogacho. **3.** Lucarna.

Lu.zer.na[2] *s.f.* BOT Nome de várias plantas leguminosas.

Lu.zi.di.o *adj.* **1.** Que reluz muito. **2.** Polido, brilhante.

Lu.zi.do *adj.* **1.** Vistoso. **2.** Lustroso.

Lu.zi.lu.zir *v.int.* Tremeluzir, luxulear.

Lu.zi.men.to *s.m.* Esplendor, brilho, pompa, ostentação.

Lu.zir *v.int.* **1.** Irradiar ou espalhar luz; brilhar, resplandecer. **2.** Refletir a luz (superfície polida). **3.** FIG Medrar, crescer. **4.** Aparecer em todo o viço; vicejar, desenvolver-se. **5.** Dar na vista. **6.** Fazer efeito. *v.t.* **7.** Aproveitar. **8.** Fazer brilhar; irradiar.

Lycra * (ing.) *s.f.* (marca registrada) Fibra elastomérica utilizada na confecção de artigos têxteis e que possui grande elasticidade.

m M

M/m *s.m.* **1.** Décima terceira letra do alfabeto português e décima consoante, de nome *eme*. *adj.* **2.** Décimo terceiro, numa série indicada pelas letras do alfabeto. *num.* **3.** Maiúscula (M) que designa *1.000*, na numeração romana.

MA Sigla do Estado do Maranhão (Nordeste).

Ma.ca *s.f.* **1.** Cama portátil de lona. **2.** Espécie de padiola para transportar doentes ou acidentados. **3.** Padiola para o transporte de móveis e bagagens.

Ma.ça *s.f.* **1.** Clava. **2.** Instrumento de maçar linho. **3.** Pilão cilíndrico usado para bater as pedras dos pavimentos; maço. **4.** Pau pesado, mais grosso numa das extremidades, que servia de arma.

Ma.çã *s.f.* Fruto da macieira, de casca verde ou avermelhada e sabor doce, levemente ácido.

Ma.ca.bro *adj.* **1.** Fúnebre, medonho, tétrico. **2.** Que tem ares de coisa triste.

Ma.ca.ca *s.f.* **1.** Fêmea do *macaco*. **2.** Mulher feia. **3.** Azar, caiporismo. ● *Col.: macacada*.

Ma.ca.ca.da *s.f.* **1.** Conjunto de macacos. **2.** Trejeito próprio de macaco. **3.** POP O grupo dos amigos; turma, pessoal.

Ma.ca.cão *s.m.* **1.** Macaco grande. **2.** Homem finório, manhoso; sujeito que engana astutamente. **3.** Calça e blusa numa só peça, usada especialmente como vestimenta de operários. **4.** Vestimenta esportiva.

Ma.ca.co *s.m.* **1.** ZOOL Nome comum a todos os mamíferos primatas, com exceção do homem. **2.** Aparelho mecânico para levantar grandes pesos. **3.** Paralelepípedo de pedra, usado em calçamento.

Ma.ça.da *s.f.* **1.** Pancada com maço ou maça. **2.** Trapaça no jogo; conluio. **3.** FAM Conversa enfadonha e longa; importunação. **4.** Trabalho penoso, enfadonho. **5.** Contratempo.

Ma.ca.da.me *s.m.* Sistema de empedramento de estradas de rodagem ou ruas com pedra britada ou saibro e areia.

Ma.ca.da.mi.za.ção *s.f.* Ato ou efeito de macadamizar.

Ma.ca.da.mi.zar *v.t.* Calcetar ou empedrar pelo sistema de macadame.

Ma.ça.dor (ô) *adj.* e *s.m.* **1.** Que, aquele ou aquilo que maça. **2.** Diz-se de, ou indivíduo importuno; maçante.

Ma.cai.a *s.f.* Tabaco de má qualidade.

Ma.cai.o *adj.* Ruim, imprestável.

Ma.cam.bú.zio *adj.* Carrancudo, sorumbático, melancólico, triste. ● *Ant.: alegre*.

Ma.ça.ne.ta (ê) *s.f.* **1.** Peça por onde se pega para fazer girar o trinco das portas, janelas, gavetas; pegador. **2.** A parte mais alta da sela, na dianteira.

Ma.çan.te *adj.2g.* **1.** Que enfada, aborrece, importuna. **2.** Enfadonho, importuno, cacete.

Ma.ca.pa.en.se *adj.2g.* **1.** Pertencente ou relativo a Macapá (cap. do Amapá). **2.** *s.2g.* Pessoa natural ou habitante de Macapá.

Ma.ca.pão *s.m.* Bolo de farinha de trigo e ovos com amêndoas. ● *Pl.: maçapães*.

Ma.ca.que.a.ção *s.f.* Ato ou efeito de macaquear.

Ma.ca.que.a.dor *adj.* e *s.m.* Que, ou o que macaqueia.

Ma.ca.que.ar *v.t.* **1.** Arremedar como os macacos. **2.** Imitar ridiculamente.

Ma.ca.qui.ce *s.f.* **1.** Ato ou efeito de macaquear. **2.** Trejeito, momice. **3.** Gesto cômico.

Ma.çar *v.t.* **1.** Bater com maça ou maço em. **2.** Bater em; pisar. **3.** FIG Enfadar, repisando assunto ou conversa; importunar. *v.p.* **4.** Enfadar-se, importunar-se.

Ma.ca.rá *s.m.* (PA) Porta por onde entra o peixe, nos cercados feito nos rios para pesca.

Ma.ça.ran.du.ba *s.f.* **1.** BOT Nome comum a várias árvores sapotáceas cuja madeira de lei, vermelha, é muito usada em carpintaria e marcenaria. **2.** Fruto dessas árvores.

Ma.ça.ri.co *s.m.* **1.** Ave aquática, de bico longo, exímia pescadora. **2.** Canudo por onde se sopra a chama, para soldar, fundir ou cortar metais.

Ma.ça.ro.ca *s.f.* **1.** Fio que o fuso enrolou e torceu à sua volta. **2.** Espiga de milho. **3.** Molho, feixe. **4.** Qualquer coisa enrolada e embaraçada. **5.** Rolo de cabelo.

Ma.car.rão *s.m.* **1.** Massa de farinha de trigo, ovos etc., em forma de canudinhos, com a qual se preparam vários pratos. **2.** JORN Folha simples, solta, incluída em um caderno de jornal.

Ma.car.ro.na.da *s.f.* **1.** Iguaria feita de macarrão cozido, a que se juntam queijo, molho de tomate etc. **2.** Misturada.

Ma.car.rô.ni.co *adj.* **1.** Diz-se de idioma mal falado ou texto mal escrito. **2.** Irônico, burlesco, jocoso.

Ma.ce.xei.ra *s.f.* Aipim, mandioca-doce.

Ma.ce.dô.nio *adj.* **1.** Relativo à Macedônia, região dos Bálcãs (hoje pertencente à Grécia, Iugoslávia e Bulgária); macedônico. *s.m.* **2.** O natural ou habitante da Macedônia.

Ma.ce.ga *s.f.* Erva daninha que surge nas terras semeadas.

Ma.ce.gal *s.m.* Terreno onde crescem macegas.

Ma.cei.ó *s.m.* Lagoeiro à beira-mar.

Ma.cei.o.en.se *adj.2g.* **1.** Relativo ou pertencente a Maceió (capital de Alagoas). *s.m.* **2.** Pessoa natural ou habitante de Maceió.

Ma.ce.la *s.f.* Planta medicinal; camomila.

Ma.ce.ra.ção *s.f.* **1.** Ato ou efeito de macerar. **2.** QUÍM Operação que consiste em colocar uma substância sólida num líquido para que este se impregne dos princípios solúveis daquela substância. **3.** FIG Mortificação do corpo por meio de jejuns etc.

Ma.ce.rar *v.t.* **1.** Submeter (um corpo sólido) à maceração. **2.** Pôr e deixar ficar algum tempo (uma substância) num líquido para extrair-lhe o suco. **3.** Amolecer (um corpo) pela ação de um líquido. **4.** Machucar para extrair o sumo. **5.** FIG Torturar, mortificar (o corpo) por penitência.

Ma.cér.ri.mo ou **ma.gér.ri.mo** *adj.* Muito magro; magríssimo GRAM *sup. abs. sint. de magro*.

Ma.ce.ta (ê) *s.f.* **1.** Pequena maça de ferro usada pelos pedreiros. **2.** Peça cilíndrica de base chata para desfazer e moer tintas.

Ma.ce.tar *v.t.* Bater com o macete em.

Ma.ce.te *s.m.* **1.** *Dim.* de *maço*. **2.** Maço usado por escultores. **3.** Martelo de pau usado por carpinteiros e marceneiros. **4.** GÍR Recurso engenhoso para se obter alguma coisa.

Ma.cha.da.da *s.f.* Golpe de machado ou machada.

Ma.cha.di.a.no *adj.* **1.** Relativo ao escritor brasileiro Machado de Assis. **2.** Admirador ou conhecedor profundo da vida e da obra desse escritor.

Ma.cha.di.nha *s.f.* Machada pequena.

MACHADO — MADRESSILVA

Ma.cha.do *s.m.* Instrumento cortante, com cabo, para derrubar árvore, rachar lenha, aparelhar madeira etc.

Ma.cha-fê.mea *s.f.* Dobradiça de duas peças; bisagra.

Ma.chão *s.m.* **1.** Homem que propaga ridiculamente sua masculinidade. **2.** POP Valentão. **3.** PLEB Mulher robusta e de modos masculinos; machona.

Ma.chis.mo *s.m.* Atitude de quem considera o indivíduo do sexo masculino superior em direitos e qualidades ao do sexo feminino.

Ma.chis.ta *adj.2g.* **1.** Relativo ou pertencente ao machismo. *s.2g.* **2.** Pessoa que pratica ou defende o machismo.

Ma.cho *s.m.* **1.** Animal do sexo masculino. **2.** Colchete (para vestimenta) que se encaixa no outro (fêmea). **3.** Parte da dobradiça que encaixa na outra (fêmea). *adj.* **4.** Masculino. **5.** POP Másculo, forte. **6.** POP Valente.

Ma.chu.ca.do *adj.* **1.** Que se machucou; ferido. *s.m.* **2.** Ferimento.

Ma.chu.ca.du.ra *s.f.* **1.** Ato ou efeito de machucar(-se). **2.** Machucado, ferimento.

Ma.chu.car *v.t.* **1.** Esmagar ou amolgar (um corpo) com o peso ou dureza de outro. **2.** Amarrotar, amassar. **3.** Debulhar (cereais). **4.** Pisar, triturar. **5.** Magoar, ofender, ferir. **6.** Trilhar. *v.p.* **7.** Sofrer contusão.

Ma.ci.ço *s.m.* **1.** Conjunto de elevações, em geral em torno de uma montanha. **2.** Obra de alvenaria compacta. **3.** Que não é oco. **4.** Espesso, compacto. **5.** Sólido. **6.** GEOL Formação eruptiva extensa.

Ma.ci.ei.ra *s.f.* Árvore que produz a maçã, muito apreciada por seu fruto e como ornamental.

Ma.ci.ez (ê) *s.f.* Qualidade de macio; suavidade ao tato; brandura. ◆ *Var.: macieza.*

Ma.ci.len.to *adj.* **1.** Magro e pálido. **2.** Lívido, doentio, cadavérico. **3.** Amortecido, sem brilho.

Ma.ci.o *adj.* **1.** Suave ao tato. **2.** Brando, suave. **3.** Sem asperezas; liso, plano. **4.** Fofo, mole. **5.** Agradável, aprazível. ● *Sup.abs.sint.: macíssimo.* ● *Ant.: áspero.*

Ma.ci.o.ta *s.f.* **1.** Maciez. **2.** Descanso. **3.** Lábia. ◆ **Na maciota:** com lábia ou manha; fácil, suavemente.

Ma.ço *s.m.* **1.** Martelo de madeira rija enfiado num cabo grosso, usado por carpinteiros, escultores, calceteiros etc. **2.** Conjunto de objetos que formam um só volume (papéis, cédulas, cigarros); molho, feixe, pacote.

Ma.çom *s.m.* Aquele que faz parte da maçonaria; pedreiro-livre. ◆ *Var.: mação.*

Ma.ço.na.ri.a *s.f.* Sociedade filantrópica secreta que usa como símbolos os instrumentos do pedreiro e do arquiteto.

Ma.co.nha *s.f.* Planta cujas folhas e flores têm propriedades entorpecentes e tóxicas semelhantes às do ópio; diamba.

Ma.co.nhei.ro *s.m.* **1.** Viciado em e/ou consumidor de maconha. **2.** Vendedor de maconha.

Ma.çô.ni.co *adj.* Que diz respeito à maçonaria.

Ma.cra.mê *s.m.* **1.** Espécie de passamanaria feita de linha grossa ou barbante que se entrelaça formando variados nós e desenhos. **2.** Tipo de linha ou de fio que se destina a bordados, filés e crochês.

Má-cri.a.ção *s.f.* **1.** Grosseria, incivilidade. **2.** Ato ou dito de quem é malcriado. ● *Pl.: más-criações.*

Macro- *Elem. de comp.* que encerra a ideia de *grande:* macrocefalia, macrocosmo.

Ma.cró.bio *adj.* e *s.m.* Diz-se de, ou quem tem idade muito avançada; que vive muito; longevo.

Ma.cro.bi.ó.ti.ca *s.f.* Ciência que estuda os meios de prolongar a vida através de normas de higiene e alimentação.

Ma.cro.bi.ó.ti.co *adj.* Relativo a, ou que pratica a macrobiótica.

Ma.cro.ce.fa.li.a *s.f.* Desenvolvimento anormal da cabeça.

Ma.cro.ce.fá.li.co *adj.* Relativo à macrocefalia.

Ma.cro.cé.fa.lo *adj.* e *s.m.* Que, ou aquele que sofre de macrocefalia.

Ma.cro.cós.mi.co *adj.* **1.** Relativo a macrocosmo. **2.** Considerado por inteiro; global, sintético.

Ma.cro.cos.mo *s.m.* **1.** O grande mundo (o universo), em oposição ao microcosmo (o homem). **2.** Mundo de coisas grandes, em oposição ao das pequenas.

Ma.cro.e.co.no.mi.a *s.f.* Parte da economia que se ocupa dos aspectos globais de uma economia nacional (como renda, poupança, investimentos etc.) e do inter-relacionamento desses setores.

Ma.cro.e.co.nô.mi.co *adj.* Relativo a macroeconomia.

Ma.cro.mo.lé.cu.la *s.f.* QUÍM Molécula constituída de muitos átomos.

Ma.cros.có.pi.co *adj.* **1.** Suficientemente grande para ser observado a olho nu. **2.** Considerado ou tomado numa dimensão da ordem do visível ou do sensível. **3.** Que não entra em detalhes; sumário, superficial.

Ma.çu.do *adj.* **1.** Que tem aspecto ou forma de maça. **2.** FIG Indigesto, monótono (falando-se de escritor ou discurso).

Má.cu.la *s.f.* **1.** Nódoa, mancha. **2.** FIG Desdouro, defeito moral. **3.** FIG Infâmia, labéu.

Ma.cu.la.do Que tem mácula, manchado.

Ma.cu.la.dor (ô) *adj.* e *s.m.* **1.** Que ou o que macula, que põe mancha. **2.** Que ou o que desacredita, deslustra.

Ma.cu.lar *v.t.* **1.** Pôr manchas ou máculas em; sujar. **2.** FIG Desdourar, deslustrar. **3.** Infamar.

Ma.cum.ba *s.f.* Cerimônia animista e fetichista afro-brasileira, acompanhada de danças e cantos ao som de tambor.

Ma.cum.bei.ro *s.m.* **1.** O chefe da macumba. **2.** Frequentador de terreiro de macumba.

Ma.da.me *s.f.* **1.** Senhora, dama. **2.** Senhora rica e afetada. **3.** POP Esposa, patroa; dona de casa. **4.** CH Dona de prostíbulo. ◆ *Var.: madama.*

Ma.dei.ra *s.f.* **1.** Parte lenhosa das plantas; lenho, árvore. **2.** Tronco de árvore esquadriado ou serrado utilizado em trabalhos de carpintaria e marcenaria. **3.** POP Pau, bengala, cacete. **4.** Pau dado pelos seringueiros à árvore da borracha.

Ma.dei.ra.me *s.m.* O conjunto das madeiras; madeiramento.

Ma.dei.ra.men.to *s.m.* **1.** Porção de madeiras. **2.** Armação de madeira; madeirame.

Ma.dei.rar *v.t.* e *int.* **1.** Montar a estrutura de madeira (de uma construção ou de um componente dessa). *v.int.* **2.** Trabalhar em madeira.

Ma.dei.rei.ra *s.f.* Empresa ou estabelecimento comercial que se dedica à exploração ou ao comércio da madeira.

Ma.dei.rei.ro *s.m.* **1.** Comerciante de madeira. **2.** O que trabalha ou corta madeira nas matas. *adj.* **3.** Relativo à extração de madeiras: *Empresa madeireira.* **4.** Relativo à indústria e comércio de madeiras: *Casa madeireira.*

Ma.dei.ro *s.m.* **1.** Peça ou tronco grosso de madeira. **2.** Trave, lenho. **3.** A cruz em que Cristo foi crucificado; cruz.

Ma.dei.xa *s.f.* **1.** Pequena meada. **2.** Porção de fios de algodão, lã, seda etc. **3.** Porção de cabelos na cabeça, enrolados ou trançados; melena.

Ma.de.moi.selle (fr. = senhorita) *s.f.* Mulher solteira.

Ma.do.na *s.f.* Estatueta, imagem ou pintura que representa a Virgem Santíssima.

Ma.dor.na *s.f.* Sono curto e leve; modorra.

Ma.dra.ço *adj.* e *s.m.* Diz-se de, ou indivíduo preguiçoso, indolente, mandrião.

Ma.dras.ta *s.f.* **1.** Mulher casada, em relação aos filhos que seu marido teve de casamento anterior. **2.** FIG Mãe que maltrata os filhos. *adj.* **3.** Ingrata, avara, má (diz-se de vida, da sorte, de pessoa). ● *Masc.: padrasto.*

Ma.dre *s.f.* **1.** Superiora de um convento; freira. **2.** Nome comum a todas as religiosas professas. **3.** Viga horizontal sobre a qual se assentam os barrotes.

Ma.dre.pé.ro.la *s.f.* A parte nacarada da concha de certas ostras.

Ma.dres.sil.va *s.f.* Nome comum a várias plantas trepadeiras lenhosas e ornamentais.

MADRIGAL — MAGRELO

Ma.dri.gal *s.m.* **1.** Pequena composição poética, amorosa e galante. **2.** Poesia pastoril. **3.** FIG e FAM Galanteio (em geral de homem para mulher). **4.** Certo gênero de composição musical para vozes, com ou sem acompanhamento instrumental.

Ma.dri.ga.lis.ta *adj.2g.* Pessoa que faz madrigais.

Ma.dri.le.no *adj.* **1.** De, relativo ou pertencente a Madri, capital da Espanha. *s.m.* **2.** O natural ou habitante de Madri.

Ma.dri.nha *s.f.* **1.** Mulher que serve de testemunha em batizados, casamentos e crismas. **2.** Pessoa que dá nome a uma coisa ou que a batiza. **3.** FIG Protetora. **4.** Designação dada à égua que serve de guia a uma tropa.

Ma.dru.ga.da *s.f.* **1.** Ato de madrugar. **2.** Parte do dia que vai do fim da noite ao começo do amanhecer. **3.** Aurora, alvorada. **4.** FIG Precocidade. **5.** Começo.

Ma.dru.ga.dor *adj.* e *s.m.* **1.** Que, ou aquele que madruga ou acorda muito cedo. **2.** Diligente, expedito.

Ma.dru.gar *v.int.* **1.** Levantar-se cedo; matinar. **2.** Praticar qualquer ato antes do tempo próprio. **3.** Preceder outrem ou qualquer coisa. **4.** Manifestar-se, revelar-se muito cedo.

Ma.du.rar *v.t.* e *int.* **1.** Tornar maduro; amadurecer. **2.** FIG Adquirir juízo, prudência.

Ma.du.re.za (ê) *s.f.* **1.** Efeito de madurar; sazonamento. **2.** Estado ou qualidade de maduro. **3.** FIG Prudência, gravidade. **4.** Maturidade.

Ma.du.ro *adj.* **1.** Diz-se do fruto que chegou ao termo de seu desenvolvimento. ● Opõe-se a *verde*. **2.** Completamente formado. **3.** Ponderado, bem pensado: *O plano está maduro*. **4.** FIG Prudente, sábio, circunspecto. **5.** Que chegou à meia-idade: *Homem maduro*. **6.** Que está em condições de produzir o resultado que se espera.

Mãe *s.f.* **1.** Mulher ou qualquer fêmea que deu à luz a um ou mais filhos. **2.** FIG Causa, fonte, origem. **3.** Mulher generosa, que dispensa (a outros) cuidados maternais.

Mãe-ben.ta *s.f.* Espécie de bolo pequeno, feito de farinha de arroz ou de trigo, coco e ovos. ● Pl.: *mães-bentas*.

Mãe-d'á.gua *s.f.* Ser fantástico, espécie de sereia de rios e lagos; iara. ● Pl.: *mães-d'água*.

Mãe de san.to *s.f.* Sacerdotisa que preside às cerimônias festivas da macumba. ● Pl.: *mães de santo*.

Ma.es.tri.a *s.f.* Mestria.

Ma.es.tro *s.m.* **1.** Compositor de música. **2.** Regente de orquestra. ● Fem.: *maestrina*.

Má-fé *s.f.* Intenção dolosa. ● Pl.: *más-fés*. ● Ant.: *boa-fé*.

Má.fia *s.f.* **1.** Forma de delinquência originária da Sicília (Itália), cujos componentes se organizam em sociedade secreta. **2.** Qualquer grupo criminoso organizado. **3.** Grupo de pessoas que age de modo oculto para alcançar seus objetivos.

Ma.fi.o.so (ô) *s.m.* **1.** Membro da máfia. **2.** Bandido, ladrão. **3.** Indivíduo hábil e inescrupuloso. *adj.* **4.** Próprio de mafioso.

Má-for.ma.ção *s.f.* MED Malformação. ● Pl.: *más-formações*.

Ma.ga.no *adj.* e *s.m.* Diz-se de ou indivíduo engraçado, brincalhão.

Ma.ga.re.fe *s.m.* **1.** Aquele que, nos matadouros, mata e esfola reses; açougueiro. **2.** POP Mau cirurgião.

Ma.ga.zi.ne *s.m.* **1.** Publicação periódica, ilustrada com artigos e seções variadas. **2.** Casa onde se vendem artigos da moda (neste sentido, o mesmo que *loja*). **3.** Depósito de matrizes nas máquinas de linotipo.

Ma.gér.ri.mo *adj.* Sup.abs.sint. de *magro*.

Ma.gi.a *s.f.* **1.** Ciência oculta dos magos. **2.** Suposta arte de produzir certos efeitos contrariando a ordem natural. **3.** Feitiçaria, bruxaria. **4.** Encanto, fascinação.

Ma.gi.ar *adj.* e *s.2g.* Húngaro.

Má.gi.ca *s.f.* **1.** Magia, ilusionismo. **2.** Número teatral ou de salão que pretensamente faz aparecer ou desaparecer coisas ou animais.

Má.gi.co *adj.* **1.** Que diz respeito à magia. **2.** FIG Fascinante, encantador, extraordinário, maravilhoso, sobrenatural. *s.m.* **3.** Indivíduo que faz mágicas. **4.** Mago, bruxo, feiticeiro.

Ma.gis.te.ri.al *adj.2g.* **1.** Relativo a magistério. **2.** No catolicismo, decretado por órgão do magistério (diz-se de definição).

Ma.gis.té.rio *s.m.* **1.** Cargo de professor. **2.** Exercício do professorado. **3.** A classe dos professores.

Ma.gis.tra.do *s.m.* **1.** Funcionário público revestido de autoridade judiciária ou administrativa. **2.** Juiz, ministro, desembargador.

Ma.gis.tral *adj.* **1.** Relativo a mestre; próprio de mestre. **2.** FIG Completo, perfeito. **3.** Exemplar, modelar. *s.m.* **4.** ANT Cônego que tinha nas sés o ônus do ensino de Teologia e Gramática.

Ma.gis.tra.tu.ra *s.f.* **1.** Dignidade ou funções de magistrado. **2.** A classe dos magistrados. **3.** A duração desse cargo.

Mag.ma *s.f.* **1.** Massa natural, fluida, ígnea, encontrada no interior da Terra e que, ao resfriar-se, forma uma rocha. **2.** Massa com consistência de pasta. **3.** FIG Aglomerado, confusão.

Mag.má.ti.co *adj.* Que se refere ao magma.

Mag.na.ni.mi.da.de *s.f.* **1.** Qualidade de magnânimo. **2.** Generosidade; grandeza de coração.

Mag.nâ.ni.mo *adj.* **1.** Que tem grandeza de alma. **2.** Liberal, generoso. **3.** Nobre, elevado.

Mag.na.ta *s.2g.* **1.** Pessoa importante ou ilustre. **2.** Pessoa influente, poderosa, muito rica. **3.** Grande capitalista. **4.** Potentado.

Mag.né.sia *s.f.* QUÍM Óxido de magnésio, insípido, insolúvel na água e empregado como antiácido e purgativo.

Mag.né.si.co *adj.* Magnesiano.

Mag.né.ti.co *adj.* **1.** Relativo ao magnete (ímã) ou ao magnetismo. **2.** Que tem a propriedade do magnete. **3.** FIG Atraente, sedutor, encantador.

Mag.ne.tis.mo *s.m.* **1.** Poder atrativo do ímã sobre o ferro e o aço. **2.** Arte de magnetizar. **3.** Atração, fascínio, encanto, sedução. **4.** FIG Propriedade de encantar.

Mag.ne.ti.za.ção *s.f.* Ato ou efeito de magnetizar.

Mag.ne.ti.za.dor (ô) *adj.* e *s.m.* **1.** Que, ou o que magnetiza. **2.** Que, ou aquele que pratica o magnetismo; hipnotizador.

Mag.ne.ti.zar *v.t.* **1.** Comunicar o magnetismo a. **2.** FIG Dominar a vontade de. **3.** Atrair, encantar, fascinar.

Mag.ne.to *s.m.* **1.** Gerador elétrico que fornece a necessária tensão para produzir a faísca que realiza a combustão nos motores a explosão. **2.** Magnete.

Mag.ni.fi.ca.ção *s.f.* Ato ou efeito de magnificar.

Mag.ni.fi.car *v.t.* **1.** Engrandecer, louvando. *v.p.* **2.** Engrandecer-se, glorificar-se.

Mag.ni.fi.cên.cia *s.f.* **1.** Qualidade de magnificente. **2.** Expressão de tratamento referente a reitor de universidade. **3.** Ostentação, aparato, grandeza, pompa, suntuosidade.

Mag.ni.fi.cen.te *adj.2g.* **1.** Grandioso, pomposo, suntuoso, magnífico. **2.** Generoso, liberal. ● Sup.abs.sint.: *magnificentíssimo*.

Mag.ní.fi.co *adj.* **1.** Que procede com magnificência ou ostentação. **2.** Grandioso, suntuoso. **3.** Excelente, muito bom. ● Sup.abs.sint.: *magnificentíssimo*.

Mag.ni.lo.quên.cia *s.f.* **1.** Qualidade de magníloquo. **2.** Linguagem pomposa. **3.** Eloquência exagerada e pedante.

Mag.ni.lo.quen.te *adj.* Que fala com magniloquência.

Mag.ni.tu.de *s.f.* **1.** Qualidade do que é magno; grandeza. **2.** Importância, gravidade, dimensão. **3.** ASTRON Grandeza aparente de um astro.

Mag.no *adj.* Grande, notável, importante.

Mag.nó.lia *s.f.* **1.** Árvore ornamental de flores aromáticas. **2.** A flor dessa planta.

Ma.go *s.m.* **1.** Antigo sacerdote da Média e da Pérsia. **2.** Feiticeiro, bruxo. **3.** Mágico. **4.** Cada um dos três sábios que foram a Belém adorar o menino Jesus.

Má.goa *s.f.* **1.** Dor de alma. **2.** Leve desgosto. **3.** Pesar, tristeza, pena. ● Ant.: *prazer, júbilo*.

Ma.go.ar *v.t.* **1.** Causar mágoa a. **2.** Ferir, pisar. **3.** Ofender, afligir, contristar. *v.p.* **4.** Melindrar-se, ofender-se, afligir-se.

Ma.go.te *s.m.* **1.** Multidão. **2.** Grupo de pessoas ou coisas. **3.** Lote, acervo, monção.

Ma.gre.lo (é) *adj.* e *s.m.* Magricela.

MAGREZA — MALDIZENTE

Ma.gre.za (ê) s.f. Qualidade ou estado de magro.

Ma.gri.ce.la (é) adj. e s.2g. Diz-se de, ou pessoa muito magra.

Ma.gro adj. 1. Que tem pouca ou nenhuma gordura. 2. FIG Pouco rendoso. 3. Insignificante, escasso. 4. Parco, minguado. ● *Sup.abs.sint.: magríssimo, magérrimo, macérrimo* (erud.). ● Ant.: gordo.

Mai.a adj. 1. Relativo aos maias, povo indígena da América Central e México. s.2g. 2. Indivíduo dos maias.

Mai.êu.ti.ca s.f. 1. Na filosofia socrática, arte de fazer o interlocutor descobrir verdades que já possuía mas desconhecia, através de perguntas seguidas. 2. MED Arte de partejar; obstetrícia.

Main.frame (ing.) s.m. Computador de grande porte. ● Pl.: mainframes.

Mai.o s.m. Quinto mês do ano civil, com 31 dias.

Mai.ô s.m. Vestimenta feminina feita de malha de lã, de látex, de algodão etc., que molda totalmente o corpo, usada por dançarinas, atletas e nadadores.

Mai.o.ne.se s.f. Molho frio e cremoso feito de ovo batido, vinagre ou suco de limão, azeite, sal etc.

Mai.or adj.2g. 1. Comparativo de grande. 2. Que excede outro em tamanho. 3. Que chegou à maioridade. s.2g. 4. Indivíduo que completou 21 anos de idade. ● Ant.: menor.

Mai.o.ral s.2g. 1. Chefe, cabeça, líder. 2. Mandachuva.

Mai.o.ri.a s.f. 1. O maior número, a maior parte. 2. A parte ou o partido mais numeroso que numa assembleia apoia o governo. 3. A parte maior dos sufrágios numa votação. ● Ant.: minoria.

Mai.o.ri.da.de s.f. 1. Idade em que, segundo a lei, se entra no gozo de todos os direitos civis. 2. Emancipação. 3. Completo desenvolvimento de uma sociedade. ● Ant.: menoridade.

Mais adv. 1. Também, além disso, de preferência. s.m. 2. O restante, o maior número. 3. O conjunto das outras coisas. pron.indef. 4. Em maior quantidade ou número.

Mai.se.na s.f. Produto industrial de fécula de milho, com que se fazem mingaus, cremes etc. (de *Maizena*, marca registrada).

Mais-va.li.a s.f. 1. Aumento de valor adquirido por uma mercadoria. 2. ECON Teoria de Karl Marx, que consiste na apropriação pelo capitalista do excedente do trabalho assalariado; lucro. ● Pl.: mais-valias.

Mai.ta.ca s.f. 1. Espécie de papagaio verde, pequeno e palrador. 2. FIG Pessoa tagarela, faladora. ● Var.: maritaca.

Maî.tre (métr') (fr.) s.m. Maître-d'hôtel.

Mai.ús.cu.la s.f. Letra maiúscula. ● Ant.: minúscula.

Ma.jes.ta.de s.f. 1. Título de rei ou imperador, e de imperatriz ou rainha. 2. Poder real. 3. Magnificência, elevação. 4. Excelência, sublimidade.

Ma.jes.tá.ti.co adj. 1. Relativo a majestade ou poder supremo. 2. Majestoso, solene, sublime.

Ma.jes.to.so (ô) adj. 1. Que tem majestade. 2. Solene, grave. 3. Respeitoso. 4. Suntuoso, grandioso, imponente.

Ma.jor s.m. 1. Posto militar do exército e da aeronáutica, entre capitão e tenente-coronel. 2. Oficial militar que ocupa esse posto (corresponde ao de capitão de corveta, na Marinha).

Ma.jo.ra.ção s.f. Ato ou efeito de majorar; aumento.

Ma.jo.rar v.t. Aumentar; tornar maior.

Ma.jo.ri.tá.rio adj. 1. Relativo ou pertencente à maioria; predominante. 2. Diz-se do partido que conta com a maioria dos eleitores. ● Ant.: minoritário.

Mal s.m. 1. Tudo o que se opõe ao bem. 2. Tudo o que se desvia do que é honesto e moral. 3. O que prejudica ou fere. 4. Castigo, punição. 5. Dor. 6. Calamidade. 7. FIG Sofrimento moral oculto. adv. 8. De modo imperfeito e irregular. 9. Pouco, escassamente. 10. A custo. 11. Erradamente. 12. Com rudeza ou grosseria. 13. Apenas. conj. 14. Logo que, apenas. 15. Sofrivelmente. ● Pl.: males. ● Ant.: bem.

Ma.la s.f. 1. Espécie de caixa de material rígido, recoberto de couro, plástico etc. 2. Saco de couro ou pano para transportar documentos. ● Dim.: maleta, malote. ● Aum.: malotão.

Ma.la.ba.ris.mo s.m. 1. A arte ou a técnica do malabarista. 2. Habilidade para contornar situações difíceis, adversas.

Ma.la.ba.ris.ta s.2g. 1. Pessoa que executa movimentos acrobáticos e de equilíbrio. 2. Pessoa habilidosa, esperta.

Mal-a.ca.ba.do adj. Malfeito, imperfeito. ● Pl.: mal-acabados.

Ma.la.ca.che.ta s.f. Mica.

Mal-a.for.tu.na.do adj. Infeliz, mal-aventurado. ● Pl.: mal-afortunados.

Mal-a.gra.de.ci.do adj. e s.m. Ingrato. ● Pl.: mal-agradecidos. ● Ant.: reconhecido.

Ma.la.gue.nha s.f. (de *Málaga*) Certa canção e dança popular espanhola.

Ma.la.gue.nho adj. 1. Relativo ou pertencente a Málaga (Espanha). s.m. 2. O natural ou habitante de Málaga.

Ma.la.gue.ta (ê) s.f. Variedade de pimenta muito ardida.

Ma.lai.o adj. 1. Relativo ou pertencente à Malásia (Oceania). s.m. 2. O natural ou habitante da Malásia.

Mal-a.jam.bra.do adj. Diz-se de indivíduo mal vestido, desengonçado, de aparência desagradável. ● Pl.: mal-ajambrados.

Ma.lan.dra.gem s.f. 1. Ato ou vida de malandro. 2. Súcia de malandro.

Ma.lan.drar v.int. Levar vida de malandro.

Ma.lan.dri.ce s.f. Qualidade, ação ou vida de malandro; malandragem.

Ma.lan.dro adj. 1. Preguiçoso, madraço. 2. Diz-se de indivíduo vagabundo, vadio, velhaco. s.m. 3. Indivíduo patife, tratante, velhaco. 4. Indivíduo que vive abusando da boa-fé, da confiança e da bondade dos outros.

Mal-a.pes.so.a.do adj. De aspecto ruim, desagradável (diz-se do indivíduo); mal-apanhado, feio, gracioso. ● Pl.: mal-apessoados.

Ma.lar s.m. 1. Osso que constitui a parte proeminente da face. adj. 2. Relativo à maçã do rosto.

Ma.lá.ria s.f. MED Moléstia infecciosa transmitida por certo mosquito, que se caracteriza por febre intermitente e tremedeiras, também conhecida por *sezão, maleita, tremedeira, impaludismo*.

Mal-ar.ran.ja.do adj. Desordenado; desarrumado. ● Pl.: mal-arranjados.

Ma.lá.sio adj. e s.m. 1. Relativo à Malásia (extinta federação no Sudoeste asiático, localizada na península Malaia ou de Malaca, hoje parte da Federação da Malásia), ou o que é seu natural ou habitante; malaio.

Mal-as.som.bra.do adj. Diz-se dos lugares onde, segundo a crença popular, costumam aparecer fantasmas ou almas do outro mundo. ● Pl.: mal-assombrados.

Mal-a.ven.tu.ra.do adj. Desgraçado, infeliz. ● Ant.: feliz, venturoso. ● Pl.: mal-aventurados.

Mal.ba.ra.ta.dor adj. e s.m. Que, ou aquele que malbarata.

Mal.ba.ra.tar v.t. 1. Gastar mal. 2. Empregar ou aplicar indevidamente. 3. Dissipar, desperdiçar.

Mal.ba.ra.to s.m. 1. Ato de malbaratar. 2. Depreciação. 3. Dissipação, desperdício. 4. FIG Desprezo, menosprezo.

Mal.cri.a.do adj. 1. Descortês, indelicado, grosseiro, mal-educado.

Mal.da.de s.f. 1. Qualidade de mau. 2. Ato mau. 3. Perversidade, ruindade, crueldade. 4. Malícia. 5. Birra, teimosia. 6. Travessura, traquinada. ● Ant.: bondade.

Mal.dar v.int. Ter suspeita má; fazer mau juízo; maliciar.

Mal de alz.hei.mer s.m. Doença degenerativa do *cérebro* caracterizada por uma perda das faculdades cognitivas superiores, manifestando-se inicialmente por alterações da memória episódica.

Mal.di.ção s.f. 1. Ato de maldizer ou amaldiçoar. 2. Praga, imprecação. 3. Desgraça, fatalidade, infortúnio. 4. Execração. ● Ant.: bênção.

Mal.di.to adj. 1. Amaldiçoado. 2. Que exerce influência nefasta; funesto, sinistro. 3. Que tem muito má índole; cruel, perverso. s.m. 4. POP O diabo. ● Ant.: bendito.

Mal.di.zen.te adj. e s.2g. Maledicente.

MALDOSO — MALSOANTE

Mal.do.so (ô) *adj.* **1.** Que tem maldade. **2.** De má índole. **3.** Perverso, cruel. **4.** Malicioso, irônico, mordaz. **5.** Travesso. ● *Ant.: bondoso.*

Ma.le.ar *v.t.* **1.** Converter em lâminas. **2.** Distender (um metal) com martelo. **3.** FIG Abrandar. **4.** FIG Tornar dócil, flexível; suavizar.

Ma.le.á.vel *adj.2g.* **1.** Que se pode malear. **2.** Que tem elasticidade; flexível. **3.** FIG Dócil, obediente.

Ma.le.di.cên.cia *s.f.* Qualidade de maledicente; difamação.

Ma.le.di.cen.te *adj.* e *s.2g.* Diz-se de, ou pessoa que tem o hábito de falar mal dos outros; difamador.

Mal-e.du.ca.do *adj.* e *s.m.* Sem educação, malcriado, grosseiro, incivil. ● *Pl.: mal-educados.* ● *Ant.: bem-educado.*

Ma.le.fi.cio *s.m.* **1.** Ato que faz mal. **2.** Dano, prejuízo. **3.** Sortilégio, bruxaria. ● *Ant.: benefício.*

Ma.lé.fi.co *adj.* **1.** Que faz mal. **2.** Mal-intencionado. **3.** Malévolo, prejudicial. ● *Ant.: benéfico.* ● *Sup.abs.sint.: maleficentíssimo.*

Ma.lei.ro *s.m.* **1.** Fabricante ou vendedor de malas. **2.** Lugar onde se guardam malas.

Ma.lei.ta *s.f.* Malária, sezão. ◆ *Var.: maleitas.*

Mal e mal *adv.* Pouco, mais ou menos; assim assim; sofrivelmente.

Mal-en.ca.ra.do *adj.* **1.** Que tem má cara; carrancudo. **2.** Que não revela boa índole pelo aspecto que apresenta. ● *Pl.: mal-encarados.*

Mal-en.ten.di.do *adj.* **1.** Que entende mal; mal interpretado. *s.m.* **2.** Palavra ou ato mal compreendido ou mal interpretado. **3.** Equívoco. **4.** Altercação, desentendimento. ● *Pl.: mal-entendidos.*

Ma.lé.o.lo *s.m.* Saliência óssea do tornozelo.

Ma.les.tar *s.m.* **1.** Indisposição física ou moral. **2.** FIG Estado de inquietação; desassossego. **3.** Constrangimento, embaraço. **4.** Indisposição física ou moral. ● *Pl.: mal-estares.*

Ma.le.ta (ê) *s.f.* Pequena mala; mala de mão.

Ma.le.vo.lên.cia *s.f.* Qualidade de malevolente.

Ma.lé.vo.lo *adj.* **1.** Que tem má vontade contra alguém. **2.** Que tem má índole; maléfico. ● *Sup.abs.sint.: malevolentíssimo.* ● *Ant.: benevolente (benévolo).*

Mal-e.xem.plar *v.t.* Dar mau exemplo a.

Mal.fa.da.do *adj.* Desditoso, desgraçado. ● *Ant.: feliz, ditoso.*

Mal.fa.dar *v.t.* Tornar infeliz; desgraçar; destinar para a desgraça.

Mal.fa.ze.jo (ê) *adj.* Que gosta de fazer mal; maléfico.

Mal.fei.to *adj.* **1.** Que não foi bem feito. **2.** Mal executado, mal fabricado. **3.** De má configuração, deforme. *s.m.* **4.** Ação ruim. **5.** Malefício, bruxaria.

Mal.fei.tor (ô) *s.m.* **1.** Aquele que comete crimes ou atos condenáveis. **2.** Celerado, bandido, facínora. ● *Ant.: benfeitor.*

Mal.fei.to.ri.a *s.f.* **1.** Malefício, dano. **2.** Crime.

Mal.fe.rir *v.t.* **1.** Ferir gravemente. **2.** Tornar renhido, cruento.

Mal.for.ma.ção *s.f.* MED Desenvolvimento ou formação anormal de órgãos ou parte, de origem congênita ou hereditária; má-formação.

Mal.gas.tar *v.t.* Gastar descontroladamente; desperdiçar, esbanjar, dissipar.

Mal.ga.xe *adj.2g.* **1.** Relativo ou pertencente à República Malgaxe (ex-ilha de Madagáscar). *s.2g.* **2.** Pessoa natural ou habitante dessa República.

Mal.gra.da.do *adj.* Contrafeito, contrariado.

Ma.lha *s.f.* **1.** Cada um dos nós ou voltas que formam o fio da seda, da lã, da linha ou de qualquer fibra têxtil, quando entrançados ou tecidos. **2.** Abertura que estes nós ou voltas deixam entre si. **3.** Trança metálica das cotas e de outras peças das armaduras. **4.** Mancha na pele. **5.** Mancha no conjunto da vegetação de um terreno. **6.** Diferença de coloração. **7.** Certo jogo em que se atiram chapas de metal.

Ma.lha.ção *s.f.* **1.** Ato ou efeito de malhar. **2.** Zombaria, gozação. **3.** Crítica violenta.

Ma.lha.da *s.f.* **1.** Ato ou efeito de malhar. **2.** Pancada com malho. **3.** Lugar onde se malha. **4.** Cabana de pastores. **5.** Curral de gado. **6.** Rebanho de ovelhas. **7.** Enredo, trama.

Ma.lha.do *adj.* **1.** Batido com malho. **2.** Que tem manchas ou malhas.

Ma.lhar *v.t.* **1.** Bater com malho ou martelo. **2.** Debulhar (cereais) na eira. **3.** Censurar, criticar violentamente. **4.** Escarnecer, zombar de. **5.** Debulhar (cereais) na eira. *v.int.* **6.** Surrar, bater, maltratar. **7.** Proteger-se da soalheira (o gado). **8.** Reunir (o gado) em determinado ponto. **9.** Cair na malha ou rede.

Ma.lha.ri.a *s.f.* **1.** Indústria de artigos de malha. **2.** Prédio onde funciona essa indústria.

Ma.lhe.te (ê) *s.m.* **1.** Pequeno malho. **2.** Encaixe que se faz nas extremidades de duas peças de madeira para se adaptarem perfeitamente.

Ma.lho *s.m.* **1.** Espécie de martelo de ferro ou de pau usado por ferreiros. **2.** Maço de calceteiro. **3.** FIG Crítica negativa.

Mal-hu.mo.ra.do *adj.* **1.** Que tem ou está de mau humor. **2.** Achacado, enfermiço. **3.** FIG Zangado, aborrecido, intratável. ● *Pl.: mal-humorados.* ● *Ant.: bem-humorado.*

Ma.lí.cia *s.f.* **1.** Má índole. **2.** Dolo, velhacaria. **3.** Esperteza, manha, astúcia empregada com a intenção de prejudicar alguém. **4.** Interpretação maldosa e em geral sensual. **5.** Dito picante.

Ma.li.ci.ar *v.t.* **1.** Atribuir malícia a. **2.** Tomar no mau sentido. **3.** Fazer mau juízo de. **4.** Desconfiar, maldar.

Ma.li.ci.o.so (ô) *adj.* **1.** Que tem ou revela malícia. **2.** Que em tudo deita maldade. **3.** Sagaz, finório. **4.** Mordaz.

Ma.lig.ni.da.de *s.f.* Qualidade ou caráter de maligno.

Ma.lig.no *adj.* **1.** Que tende para o mal. **2.** Malicioso. **3.** Danoso, nocivo. **4.** Pernicioso. **5.** Fatal, funesto. **6.** De má qualidade. **7.** Diz-se de tumor cancerígeno. ● *Ant.: benigno. s.m.* **8.** O diabo.

Ma.li.nês *adj.* **1.** Relativo ou pertencente à República do Mali (O da África). *s.m.* **2.** Pessoa natural ou habitante desse país africano.

Má-lín.gua *s.f.* **1.** Costume de falar de pessoas ou coisas. **2.** Maledicência. *adj.* e *s.2g.* **3.** Diz-se de, ou pessoa maledicente, que vive a falar mal de tudo e de todos. ● *Pl.: más-línguas.*

Mal-in.ten.cio.na.do *adj.* e *s.m.* Que, ou aquele que tem más intenções ou má índole.

Mal.jei.to.so (ô) *adj.* Sem jeito; desajeitado, desastrado, inábil.

Mal.me.quer *s.m.* Nome de várias plantas ornamentais de flores amarelas e brancas, cultivadas em jardins; bem-me-quer.

Mal.nas.ci.do *adj.* **1.** De baixa estirpe. **2.** De má índole.

Ma.lo.ca *s.f.* **1.** Casa de habitação índia que aloja várias famílias. **2.** Bando de índios. **3.** POP Casa de favela; habitação miserável. **4.** POP Favela. Moradia de marginais, de malandros.

Ma.lo.grar *v.t.* **1.** Fazer gorar. **2.** Fazer desaparecer. *v.p.* **3.** Gorar-se, frustrar-se. **4.** Não vingar, não ir avante. **5.** Perder-se prematuramente.

Ma.lo.gro (ô) *s.m.* **1.** Efeito de malograr-se. **2.** Mau êxito. **3.** Insucesso, fracasso.

Ma.lo.te *s.m.* **1.** Pequena mala. **2.** Serviço de entrega rápida e regular de correspondências e pequenas encomendas.

Mal.pa.ra.do *adj.* **1.** Que periga perder-se. **2.** Pouco seguro. **3.** Que vai por mau caminho.

Mal.pas.sa.do *adj.* Pouco cozido ou frito, por ter ficado pouco tempo ao fogo (diz-se de comida, esp. carne e ovos).

Mal.que.ren.ça *s.f.* **1.** Falta de estima, de simpatia. **2.** Sentimento de querer mal; antipatia. ● *Ant.: benquerença.*

Mal.que.ren.te *adj.* e *s.2g.* **1.** Que quer mal a outrem. **2.** Que é inimigo de.

Mal.que.rer *v.t.* **1.** Querer mal a. **2.** Ser inimigo de. **3.** Aborrecer, detestar. *s.m.* **4.** Aversão, inimizade, malquerença.

Mal.quis.tar *v.t.* **1.** Tornar malquisto. **2.** Inimizar, indispor. *v.p.* **3.** Inimizar-se. **4.** Adquirir malquerença.

Mal.quis.to (ô) *adj.* Que não é querido; antipático, odiado. ● *Ant.: benquisto.*

Mal.são *adj.* **1.** Doentio, insalubre. **2.** Mal, mórbido. **3.** Prejudicial, nocivo. ● *Fem.: malsã.* ● *Pl.: malsãos.*

Mal.si.na.ção *s.f.* Ato ou efeito de malsinar.

Mal.si.nar *v.t.* **1.** Denunciar, delatar. **2.** Torcer o sentido de; caluniar. **3.** Dar mau destino a. **4.** Augurar mau fim a.

Mal.so.an.te *adj.2g.* **1.** Que soa mal; não eufônico. **2.** Desafinado.

MALSOFRIDO — MANDACHUVA

Mal.so.fri.do *adj.* Impaciente no sofrimento ou incapaz de suportá-lo; insofrido, desinsofrido.

Mal.su.ce.di.do *adj.* Que teve mau resultado; fracassado, malogrado.

Mal.ta *s.f.* **1.** Reunião de gente de baixa condição. **2.** Súcia, corja.

Mal.te *s.m.* Grão de cevada, posto a germinar, usado no fabrico da cerveja.

Mal.tra.pi.lho *adj.* e *s.m.* Diz-se de, ou indivíduo malvestido, esfarrapado, roto.

Mal.tra.tar *v.t.* **1.** Tratar ou receber mal. **2.** Insultar, ofender. **3.** Vexar. **4.** Danificar, estragar. **5.** Lesar fisicamente; mutilar. **6.** Bater, espancar. **7.** Causar dano ou prejuízo a.

Ma.lu.car *v.int.* **1.** Proceder como maluco. **2.** Dizer ou praticar maluquices. **3.** Andar pensativo ou cismático.

Ma.lu.co *s.m.* **1.** Alienado mental. **2.** Louco, doido. **3.** Indivíduo apalermado. *adj.* **4.** Tonto, zonzo, adoidado. **5.** Extravagante, esquisito. ● *Ant.*: ajuizado, sensato.

Ma.lu.qui.ce *s.f.* **1.** Ação ou palavra própria de maluco; doidice. **2.** Cisma, maluqueira.

Mal.va *s.f.* Nome de várias ervas medicinais da família das malváceas.

Mal.va.dez (ê) *s.f.* **1.** Qualidade de malvado. **2.** Ato próprio de malvado. **3.** Perversidade, crueldade. ● *Ant.*: bondade. ◆ *Var.*: malvadeza.

Mal.va.do *adj.* **1.** Capaz de grandes crimes. **2.** Perverso, mau. *s.m.* **3.** Aquele que pratica atos cruéis ou criminosos. ● *Ant.*: bom.

Mal.ver.sa.ção *s.f.* **1.** Dilapidação de dinheiro ou bens no exercício de um cargo. **2.** Desvio de dinheiro; dilapidação.

Mal.ver.sar *v.t.* **1.** Fazer má administração de; dilapidar. **2.** Desviar fundos do fim a que estavam destinados.

Mal.vis.to *adj.* **1.** Mal conceituado; desacreditado. **2.** Que tem má fama. **3.** Suspeito. **4.** Antipático, odiado.

Ma.ma *s.f.* **1.** Glândula mamária; teta. **2.** O tempo da amamentação.

Ma.ma.da *s.f.* Ato ou efeito de mamar; mamadura.

Ma.ma.dei.ra *s.f.* Vidro ou garrafinha com chupeta para amamentar crianças artificialmente.

Ma.mãe *s.f.* Tratamento carinhoso que as crianças e mesmo os adultos dão às suas mães.

Ma.man.ga.ba *s.f.* Certa abelha grande; abelhão.

Ma.mão *adj.* **1.** Que mama muito, que gosta muito de mamar. *s.m.* **2.** O que ainda mama, além do tempo próprio. **3.** Fruto do mamoeiro.

Ma.mar *v.t.* e *int.* **1.** Sugar (o leite) da mãe ou das tetas da fêmea (animal). **2.** FIG Sugar (qualquer coisa). **3.** Enganar, ludibriar. *v.int.* **4.** Sugar o leite da mama. **5.** POP Explorar, extorquir, obter indevidamente.

Ma.má.rio *adj.* Relativo ou pertencente às mamas.

Ma.ma.ta *s.f.* **1.** Roubalheira, negociata, marmelada. **2.** Empresa ou negócio, público ou particular, em que se auferem vantagens ilícitas.

Mam.bem.be *s.m.* **1.** Lugar afastado, ermo. *adj.* **2.** Medíocre, ordinário, inferior, ruim (aplica-se especialmente a companhias teatrais).

Mam.bo *s.m.* Dança de salão originária da América Central.

Ma.mec.to.mi.a *s.f.* MED Ablação da glândula mamária.

Ma.me.lu.co *s.m.* Mestiço de índio com branco.

Ma.mi.fe.ro *adj.* **1.** Que tem mamas. **2.** Relativo aos mamíferos. *s.m.* **3.** Espécime da classe dos mamíferos.

Ma.mi.lar *s.m.* Espartilho, faixa ou lenço, com que as mulheres resguardam os seios.

Ma.mi.lo *s.m.* **1.** ANAT Bico do seio. **2.** Aquilo que tem a forma de mamilo.

Ma.mi.nha *s.f.* **1.** Mama pequena. **2.** Mamilo. **3.** A mama do homem. *s.m.* **4.** A parte mais macia da alcatra.

Ma.mo.ei.ro *s.m.* Árvore da América tropical, da família das caricáceas, que produz o mamão.

Ma.mo.gra.fi.a *s.f.* Radiografia de mama feita com equipamento especial, em que não se usa contraste; mastografia, senografia.

Ma.mo.na¹ *s.f.* Semente oleaginosa do mamoneiro; rícino, carrapateiro.

Ma.mo.nei.ra *s.f.* Mamoneiro.

Ma.mo.plas.ti.a *s.f.* Cirurgia estética no seio; mastoplastia.

Ma.mu.te *s.m.* **1.** Elefante fóssil da Europa e da Ásia, que viveu no período quaternário, extinto há cerca de 10.000 anos. *adj.* **2.** Enorme, gigantesco.

Ma.ná *s.m.* **1.** Alimento que, segundo a Bíblia, Deus mandou em forma de chuva aos israelitas para os sustentar no deserto. **2.** Suco resinoso de alguns vegetais. **3.** FIG Alimento delicioso. **4.** Coisa excelente.

Ma.na.cá *s.m.* Arbusto medicinal e ornamental.

Ma.na.da *s.f.* **1.** Rebanho de gado grosso. **2.** Corja, súcia.

Ma.na.gue.nho *adj.* e *s.m.* Managuense.

Ma.na.guen.se *adj.2g.* **1.** Relativo a Manágua, capital da Nicarágua (América Central). *s.2g.* **2.** Pessoa natural ou habitante dessa cidade e município.

Ma.nal.vo *adj.* Diz-se do equídeo que possui manchas alvas nas patas dianteiras.

Ma.nan.ci.al *adj.2g.* **1.** Que mana ou corre incessantemente. *s.m.* **2.** Nascente de água; fonte. **3.** Origem, fonte abundante. **4.** Celeiro inesgotável.

Ma.ná.pu.la *s.f.* POP Mão grande e grosseira.

Ma.nar *v.int.* **1.** Correr permanentemente em abundância. **2.** Brotar, provir, fluir com abundância. *v.t.* **3.** Verter sem cessar. **4.** FIG Criar, dar origem. **5.** Proceder, provir.

Ma.nau.en.se *adj.2g.* **1.** Relativo ou pertencente a Manaus, capital do Estado do Amazonas. *s.2g.* **2.** Pessoa natural ou habitante de Manaus.

Man.ca.da *s.f.* **1.** Lapso, falha. **2.** GÍR Ação ou dito inoportuno e indiscreto; rata, gafe.

Man.cal *s.m.* **1.** Peça côncava de ferro ou de bronze onde giram os eixos de certos maquinismos. **2.** Fundamento, base.

Man.car *v.t.* **1.** Tornar ou fazer manco. **2.** Aleijar. *v.int.* **3.** Coxear. *v.p.* **4.** Ficar manco. **5.** Fazer-se manco.

Man.ce.bi.a *s.f.* **1.** Estado de quem vive amancebado; concubinato. **2.** Vida dissoluta.

Man.ce.bo (ê) *s.m.* **1.** Moço, jovem, rapaz. **2.** Cabide para roupa, formado de uma haste com vários braços.

Man.cha *s.f.* **1.** Nódoa na reputação; mácula. **2.** Tudo o que concorre para diminuir a reputação de alguém; mancha. **3.** Marca natural na pele do homem ou no pelo do animal. **4.** Pintura apenas esboçada. **5.** Espaço útil de impressão de uma página: *A mancha do jornal Folha de S.Paulo mede 54 cm de altura por 33 cm de largura.*

Man.chão *s.m.* **1.** Mancha grande. **2.** Mancha de terreno onde se encontra o diamante de aluvião. **3.** Remendo em pneu furado para dar proteção à câmara de ar.

Man.char *v.t.* **1.** Pôr mancha em. **2.** Sujar, enodoar. **3.** FIG Infamar, denegrir. *v.p.* **4.** Sujar-se com mancha. **5.** Desonrar-se, denegrir-se.

Man.chei.a *s.f.* Aquilo que a mão pode conter; mão-cheia. ◆ *A mancheias*: em grande quantidade, prodigamente, à farta.

Man.che.te *s.f.* A principal notícia de uma edição de jornal, cujo título vem em letras grandes na primeira página.

Man.co *adj.* **1.** Diz-se de pessoa ou animal que manqueja, ou a que falta a extremidade de um membro, ou que não pode se servir dele. **2.** Coxo, defeituoso. **3.** Falho, imperfeito. *s.m.* **4.** Indivíduo manco, coxo.

Man.co.mu.nar *v.t.* e *p.* **1.** Pôr(-se) de acordo. **2.** Combinar(-se); conluiar(-se).

Man.da.ca.ru *s.m.* Cacto de porte arbóreo, que vegeta principalmente na caatinga do Nordeste.

Man.da.chu.va *s.m.* **1.** Pessoa importante, influente; mandão. **2.** Chefe político (no interior do país); chefão, maioral.

MANDADO — MANÍCULA

Man.da.do *adj.* **1.** Diz-se daquele a quem se enviou; enviado. **2.** Dirigido, remetido. **3.** Orientado. *s.m.* **4.** Aquele a quem se enviou. **5.** Ordem escrita, emanada de autoridade judicial ou administrativa. **6.** Ordem imperativa de superior para inferior. ◆ Cf. *mandato*.

Man.da.men.to *s.m.* **1.** Ato ou efeito de mandar; ordem, mandado. **2.** Voz de comando. **3.** Cada um dos preceitos do decálogo bíblico. **4.** Preceito da Igreja Católica. **5.** Preceito, regra, norma.

Man.dan.te *adj. e s.2g.* **1.** Que, ou pessoa que manda. *s.2g.* **2.** Pessoa que confere mandato ou procuração a alguém para agir em seu nome. **3.** O que autoriza outrem a praticar certos atos. ● Opõe-se a *executor*.

Man.dão *adj. e s.m.* Que, ou o que manda com arrogância, ou gosta de mandar; déspota. ● *Fem.: mandona.*

Man.dar *v.t.* **1.** Exigir de; ordenar. **2.** Encarregar de. **3.** Dirigir como chefe; governar. **4.** Enviar, remeter. **5.** Expedir; arremessar. *v.int.* **6.** Exercer autoridade. *v.p.* **7.** POP Ir(-se) embora; fugir. ● *Ant.: obedecer.*

Man.da.rim *s.m.* **1.** Antigo magistrado e nobre chinês ou malaio. **2.** FIG Mandão. ● *Fem.: mandarina.*

Man.da.tá.rio *s.m.* **1.** Pessoa que recebe de outrem mandato ou procuração para fazer certa coisa. **2.** Representante, procurador, delegado.

Man.da.to *s.m.* **1.** Ato pelo qual alguém confere a outrem o direito de agir em seu nome; procuração. **2.** Ordem de superior para inferior. **3.** Delegação de poderes que os eleitores outorgam aos deputados, aos senadores, ao presidente da República, aos vereadores etc. **4.** Período que dura essa delegação.

Man.dí.bu.la *s.f.* **1.** ANAT Maxilar inferior; cada uma das duas partes do bico das aves. **2.** Cada uma das duas peças córneas com que os insetos levam à boca os alimentos.

Man.di.bu.lar *adj.2g.* Pertencente ou relativo à mandíbula.

Man.dil *s.m.* **1.** Pano grosseiro para rodilhas e esfregões. **2.** Avental de cozinheiro. **3.** Cavalo muito mandrião. **4.** Pano de limpeza.

Man.din.ga *s.f.* **1.** Feitiçaria, bruxaria, sortilégio. **2.** Dificuldade que parece provocada por arte mágica.

Man.din.ga.ri.a *s.f.* Ato de mandingar; feitiçaria, bruxaria.

Man.din.guei.ro *s.m.* O que faz mandinga; feiticeiro.

Man.di.o.ca *s.f.* **1.** Arbusto de cujos tubérculos se extrai a farinha, se faz beiju etc. **2.** Esse tubérculo. ● *Sinôn.: aipim, macaxeira.*

Man.di.o.cal *s.m.* Terreno plantado de mandioca.

Man.dio.qui.nha *s.f.* Planta cuja raiz apresenta tubérculos amarelos, carnudos, muito usados na alimentação.

Man.do *s.m.* **1.** Direito ou poder de mandar. **2.** Autoridade. **3.** Comando, ordem. **4.** Arbítrio.

Man.dra.ca *s.f.* Bruxaria.

Man.dri.ão *adj.* **1.** Que é dado à preguiça; indolente, preguiçoso. *s.m.* **2.** Indivíduo vadio, preguiçoso. ● *Fem.: mandriona.*

Man.dri.ar *v.int.* **1.** Levar vida de mandrião. **2.** Preguiçar; vadiar.

Man.dril *s.m.* **1.** Grande macaco da África ocidental e Costa da Guiné. **2.** Ferramenta usada para retificar e calibrar furos.

Man.dri.lar *v.t.* Alisar com mandril.

Man.du.car *v.t.* Comer, mastigar.

Ma.né *s.m.* **1.** Indivíduo inepto, indolente, desleixado, negligente, palerma. **2.** (NE) Boneco de engonço. **3.** Sujeito desleixado, inepto.

Ma.ne.ar *v.t.* **1.** Manejar. **2.** Prender com maneia ou corda.

Ma.ne.io *s.m.* **1.** Ato ou efeito de manejar. **2.** Manuseio, manejo. **3.** Trabalho manual. **4.** Administração de capitais.

Ma.nei.ra *s.f.* **1.** Jeito de ser de uma coisa. **2.** Feição, modo. **3.** Habilidade, arte. **4.** Oportunidade. **5.** Circunstância, condição.

Ma.nei.rar *v.int.* **1.** Ser ou mostrar-se maneiroso. **2.** GÍR Aguentar, disfarçar, retardar.

Ma.nei.ris.mo *s.m.* **1.** Processo de maneirista. **2.** Afetação, artificialismo.

Ma.nei.ris.ta *s.2g.* **1.** Pessoa que tem gestos afetados, estudados. **2.** Artista que não varia o estilo.

Ma.nei.ro *adj.* **1.** Fácil de manejar ou usar. **2.** Manual, leve. **3.** Fácil de fazer. **4.** Acomodatício, jeitoso. **5.** Ágil. **6.** Diz-se do trato afável, educado. **7.** Legal, bacana.

Ma.nei.ro.so *adj.* **1.** Que tem boas maneiras. **2.** Delicado, amável. ● *Ant.: desajeitado.*

Ma.ne.ja.dor *s.m.* Aquele que maneja.

Ma.ne.jar *v.t.* **1.** Mover com as mãos. **2.** Executar ou governar com as mãos. **3.** Trabalhar, lidar com. **4.** FIG Administrar, dirigir. **5.** Traçar com as mãos. **6.** Ter conhecimento de. **7.** Exercer, desempenhar, praticar. *v.int.* **8.** Trabalhar com as mãos (o cavalo).

Ma.ne.jo (ê) *s.m.* **1.** Ato ou efeito de manejar. **2.** Exercício de equitação. **3.** Lugar onde se exercitam cavalos. **4.** Conjunto de técnicas para se lidar com uma criação animal.

Ma.ne.quim *s.m.* **1.** Boneco que representa uma figura humana e serve para estudos, trabalhos de costureira e modelos de trajes. **2.** Medida para roupas feitas. *s.2g.* **3.** Pessoa que usa vestidos, calças, camisas etc. em exibições para fregueses; modelo.

Ma.ne.ta (ê) *adj. e s.2g.* Diz-se de, ou pessoa a quem falta uma das mãos ou um dos braços.

Man.ga¹ *s.f.* **1.** Parte do vestuário onde se enfia o braço. **2.** Filtro afunilado para líquidos. **3.** Ajuntamento, grupo, turma. **4.** Tromba-d'água. **5.** Chaminé de candeeiro. **6.** Haste de antigos arcabuzeiros.

Man.ga² *s.f.* Fruto da mangueira, de polpa macia, saborosa, e de caroço duro.

Man.ga.ba *s.f.* Fruto comestível da mangabeira, comum nas restingas e cerrados.

Man.ga.bei.ra *s.f.* BOT Árvore frutífera da família das Apocináceas, comum nas restingas e cerrados brasileiros.

Man.ga.ção *s.f.* **1.** Ato ou efeito de mangar. **2.** Zombaria, caçoada, troça.

Man.ga-d'á.gua *s.f.* Chuva forte e curta. ● *Pl.: mangas-d'água.*

Man.ga-lar.ga *adj. e s.m.* Diz-se de, ou cavalo de certa raça apurada no Brasil. ● *Pl.: mangas-largas.*

Man.ga.nês *s.m.* QUÍM Metal branco de símbolo Mn, número atômico 25 e massa atômica 54,93, muito friável e duro, que se usa na metalurgia em liga com o ferro, produzindo o ferro-manganês.

Man.gar *v.int.* **1.** Fazer caçoada. **2.** Zombar, escarnecer. **3.** Enganar, iludir.

Man.gue *s.m.* **1.** Nome dado a diversas plantas que vegetam no pântano. **2.** Terreno pantanoso das margens das lagoas e desaguadouros dos rios; charco, brejo.

Man.guei.ra¹ *s.f.* Tubo de lona, couro ou borracha, para condução de água ou ar.

Man.guei.ra² *s.f.* Árvore da família das Anacardiáceas, de grande porte, cultivada por seu fruto delicioso, a manga.

Man.guei.rão *s.m.* Curral muito grande para animais.

Man.gue.zal *s.m.* Terreno onde crescem mangues; mangue.

Ma.nha *s.f.* **1.** Destreza, habilidade. **2.** Ardil, finura, astúcia. **3.** Mau costume, mau sestro. **4.** Choro de criança, sem motivo; birra.

Ma.nhã *s.f.* **1.** Tempo que vai do nascer do Sol ao meio-dia. **2.** O amanhecer, o alvorecer, as primeiras horas do dia. **3.** FIG Princípio, começo.

Ma.nho.so (ô) *adj.* **1.** Que tem ou revela manha. **2.** Astuto, hábil. **3.** Feito com manha. **4.** Hábil, sagaz. **5.** FAM Diz-se de criança que vive a choramingar.

Ma.ni.a *s.f.* **1.** MED Espécie de alienação mental. **2.** Extravagância, capricho, esquisitice, excentricidade. **3.** Desejo imoderado. **4.** Mau costume. **5.** Ideia fixa.

Ma.ni.a.tar *v.t.* Manietar.

Ma.ni.ço.ba *s.f.* **1.** Folha de mandioca. **2.** Planta de que se extrai um tipo de borracha inferior à da seringueira. **3.** Guisado feito de grelos de mandioca, misturado com carne, mocotó, peixe etc.

Ma.ni.ço.bal *s.m.* Terreno onde crescem maniçobas.

Ma.ni.cô.mio *s.m.* Hospital de doentes mentais; hospício.

Ma.ní.cu.la *s.f.* **1.** Cada um dos membros anteriores dos mamíferos. **2.** Meia luva de couro resistente que protege as mãos dos sapateiros e correeiros, em suas atividades. **3.** Manivela.

MANICURO — MANUSEIO

Ma.ni.cu.ro *s.m.* Manicure. ● *Fem.: manicura.*

Ma.ni.e.tar *v.t.* **1.** Atar as mãos de. **2.** Tolher os movimentos a. **3.** FIG Constranger, tolher, tirar a liberdade a. **4.** Subjugar, prender. ◆ *Var.: atar.*

Ma.ni.fes.ta.ção *s.f.* **1.** Ato ou efeito de manifestar. **2.** Expressão pública de sentimentos, pontos de vista ou opiniões coletivas.

Ma.ni.fes.tan.te *adj. e s.2g.* **1.** Que, ou pessoa que (se) manifesta. **2.** Que, ou pessoa que participa de uma manifestação.

Ma.ni.fes.tar *v.t.* **1.** Tornar manifesto. **2.** Revelar, divulgar. *v.p.* **3.** Expressar-se, revelar-se. **4.** Dar a conhecer as próprias ideias ou sentimentos.

Ma.ni.fes.to *s.m.* **1.** Relação feita à fazenda pública sobre gêneros ou produtos sujeitos a pagamento de tributos. **2.** Declaração pública em que se justificam certos atos. **3.** Programa político ou religioso, estético etc. *adj.* **4.** Patente, notório. **5.** Claro, expresso. ● *Ant.: oculto.*

Ma.ni.lha *s.f.* **1.** Argola com que se adornam os pulsos e a parte fina da perna; pulseira. **2.** Anel ou elo de cadeia. **3.** Tubo de barro vidrado, usado em canalizações. **4.** Certo jogo de cartas.

Ma.ni.nho *adj.* **1.** Estéril, inculto, infecundo. **2.** Silvestre, bravio. ● *Ant.: fértil.*

Ma.ni.pres.to *adj.* Que tem destreza com as mãos; destro, prestímano.

Ma.ni.pu.la.ção *s.f.* Ato ou modo de manipular.

Ma.ni.pu.lar *v.t.* **1.** Preparar com a mão. **2.** Preparar a partir de substâncias simples (medicamentos). **3.** Engendrar, forjar.

Ma.nir.ro.to (ô) *s.m.* Mão aberta; gastador, perdulário.

Ma.ni.va *s.f.* Pequeno pedaço do caule da mandioca para plantio. ◆ *Var.: maniba.*

Ma.ni.ve.la *s.f.* **1.** Peça de uma máquina a que se imprime movimento com a mão. **2.** Peça de ferro ou madeira que, sujeita a qualquer força motriz, põe em movimento um engenho ou uma máquina.

Man.ja.do *adj.* GÍR Muito conhecido; conhecido: *Aquele jeito manjado dele não engana ninguém.*

Man.jar-bran.co *s.m.* Iguaria feita com leite, maisena e açúcar. ● *Pl.: manjares-brancos.*

Man.je.dou.ra *s.f.* Espécie de tabuleiro em que comem os animais nas estrebarias. ◆ *Var.: manjedoira.*

Man.je.ri.cão *s.m.* BOT Nome de diversas plantas alimentícias, de folhas cheirosas e propriedades medicinais; alfavaca.

Man.je.ro.na *s.f.* BOT Planta da família das labiadas, muito cultivada em hortas e jardins, usada na medicina, na indústria de perfumes e como condimento.

Ma.no *s.m.* **1.** FAM Irmão. **2.** Amigo, camarada. *adj.* **3.** Muito amigo; íntimo.

Ma.no.bra *s.f.* **1.** Exercício militar de terra, mar e ar. **2.** Ato de dirigir a andadura dos barcos. **3.** Vaivéns de locomotivas, nas estações de estrada de ferro, para organizar os trens nas linhas convenientes. **4.** Faina de marinheiro. **5.** Artimanha, astúcia, ardil.

Ma.no.brar *v.t.* **1.** Realizar por meio de manobra. **2.** Encaminhar ou dirigir com habilidade. **3.** Agenciar. **4.** Dirigir, governar (embarcações). **5.** Praticar com astúcia. *v.int.* **6.** Fazer exercícios militares. **7.** Fazer qualquer exercício. **8.** Funcionar. **9.** Executar movimento. **10.** Lidar, trabalhar.

Ma.no.brei.ro *s.m.* **1.** O que dirige ou faz manobras. **2.** O encarregado das manobras nas linhas férreas.

Ma.no.me.tri.a *s.f.* Medição das pressões dos fluidos ou técnica de realizá-la.

Ma.no.mé.tri.co *adj.* Relativo a manometria ou a manômetro.

Ma.nô.me.tro *s.m.* Aparelho próprio para avaliar a pressão dos gases e vapores.

Ma.no.pla *s.f.* **1.** Luva de ferro, que fazia parte das antigas armaduras de guerra. **2.** Luva grande e rústica usada por operários. **3.** Chicote comprido de cocheiro. **4.** FIG Mão grande e malfeita.

Man.quei.ra *s.f.* **1.** Ato ou efeito de manquejar. **2.** Defeito de manco. **3.** FIG Defeito, senão, vício. **4.** Doença infecciosa de bovinos e equinos.

Man.que.jan.te *adj.2g.* Que manqueja; claudicante.

Man.que.jar *v.int.* **1.** Estar manco; coxear. **2.** FIG Ter defeitos, falhas. **3.** Andar pouco (embarcação). **4.** Carecer, faltar.

Man.qui.to.la *adj.2g.* POP Manco, coxo.

Man.qui.to.lar *v.int.* Coxear, manquejar.

Man.são *s.f.* Morada, residência grande e luxuosa, geralmente situada no centro de um terreno de consideráveis dimensões.

Man.sar.da *s.f.* **1.** Água-furtada. **2.** Habitação muito pobre.

Man.si.dão *s.f.* **1.** Qualidade de manso. **2.** Índole pacífica. **3.** Brandura nas palavras ou na voz. **4.** Serenidade, tranquilidade. ● *Ant.: braveza.*

Man.so *adj.* **1.** Pacífico, brando, de gênio sossegado. **2.** Amansado, domesticado. **3.** Cultivado. **4.** Diz-se de colina pouco elevada. *adv.* **5.** Mansamente. ● *Ant.: bravo.*

Man.su.e.tu.de *s.f.* Mansidão, sossego.

Man.ta *s.f.* **1.** Cobertor de cama. **2.** Lenço grande usado como xale. **3.** Rego para plantação de bacelo. **4.** Terra que se junta entre dois sulcos paralelos para a sementeira de planta hortense. **5.** Grande pedaço de carne, peixe ou toicinho curado ao sol.

Man.tei.ga *s.f.* **1.** Substância gordurosa que se extrai da nata do leite e que se usa como alimento. **2.** Substância gordurosa de certos vegetais: *Manteiga de cacau.* **3.** Certa variedade de feijão.

Man.tei.guei.ra *s.f.* Recipiente em que se serve a manteiga à mesa.

Man.te.le.te (ê) *s.m.* **1.** Capa curta, usada pelas mulheres. **2.** Vestidura usada pelos sacerdotes por cima do roquete. **3.** Capa curta com que os cavaleiros medievais cobriam o escudo e o capacete. **4.** Parapeito em fortificação militar.

Man.te.ne.dor *adj.* **1.** Que mantém, sustenta ou protege; mantedor. *s.m.* **2.** Aquele que mantém ou sustenta; mantedor. **3.** Defensor, campeão. **4.** Cavaleiro principal nas justas e torneios.

Man.ter *v.t.* **1.** Prover do necessário à subsistência; sustentar. **2.** Conservar. **3.** Cumprir, observar. *v.p.* **4.** Sustentar-se, alimentar-se. **5.** Conservar-se, permanecer. **6.** Resistir com êxito.

Man.te.ú.do *adj.* ANT Mantido.

Man.ti.lha *s.f.* **1.** Manto de cobrir a cabeça; capuz. **2.** Véu que cai em pregas sobre as costas. ◆ *Cf. matilha.*

Man.ti.men.to *s.m.* **1.** Sustento, manutenção. **2.** Alimento, comida.

Man.to *s.m.* **1.** Hábito usado por algumas religiosas. **2.** Veste larga e sem mangas para abrigo da cabeça e do tronco. **3.** Aquilo que encobre alguma coisa. **4.** Pretexto, disfarce. **5.** Escuridão, trevas.

Man.tô *s.m.* Casacão feminino que as mulheres usam por cima de outro vestuário.

Man.tu.a.no *adj.* **1.** Relativo ou pertencente a Mântua (Itália). *s.m.* **2.** O natural ou habitante de Mântua.

Ma.nu.al *adj.* **1.** Relativo a mão. **2.** Que se faz com a mão. **3.** Que se pode trazer nas mãos; portátil. **4.** Que se manuseia facilmente. *s.m.* **5.** Livro que contém noções essenciais sobre um assunto ou matéria. **6.** Compêndio, sumário. **7.** Livro de rezas; breviário.

Ma.nu.e.li.no *adj.* Que diz respeito a d. Manuel I, rei de Portugal, ou à sua época.

Ma.nu.fa.tu.ra *s.f.* **1.** Obra feita à mão. **2.** Estabelecimento industrial; fábrica. **3.** O produto desse estabelecimento.

Ma.nu.fa.tu.rar *v.t.* **1.** Produzir em manufatura. **2.** Fabricar, fazer à mão.

Ma.nu.fa.tu.rei.ro *adj.* Relativo ou pertencente à manufatura.

Ma.nus.cre.ver *v.t.* Escrever à mão.

Ma.nus.cri.to *adj.* **1.** Escrito à mão. *s.m.* **2.** Obra ou trabalho escrito à mão.

Ma.nu.se.a.men.to *s.m.* Manuseio.

Ma.nu.se.ar *v.t.* **1.** Mover com a mão, especialmente folhas de livro, caderno, revista. **2.** Compulsar, folhear. **3.** Amarrotar, enxovalhar. ◆ *Conjuga-se como atear.*

Ma.nu.sei.o *s.m.* Ato ou efeito de manusear.

MANUTENÇÃO — MARAVILHAR

Ma.nu.ten.ção *s.f.* **1.** Ato de manter(-se). **2.** Conservação. **3.** Sustento. **4.** Dispêndio com a conservação de uma coisa. **5.** Conservação de um objeto para mantê-lo sempre em boas condições de uso: *Ela se preocupa com a manutenção do automóvel.*

Man.zor.ra (ô) *s.f.* Mão grande, manopla.

Mão *s.f.* **1.** ANAT Parte do corpo humano, situada no extremo do braço e que serve para a preensão dos objetos. **2.** Cada um dos dois membros dianteiros dos quadrúpedes. **3.** Garra de ave de rapina. **4.** Posse, domínio. **5.** Poder, autoridade. **6.** O parceiro que primeiro joga. **7.** Gavinha, filamento das plantas trepadeiras. **8.** Demão. **9.** TIP A vigésima parte da resma; maço de 25 folhas (de papel). **10.** Direção do trânsito em vias públicas. **11.** O que pode caber na mão, ou tomar-se sem esforço com ela. **12.** Quantidade igual a cinco unidades. **13.** Auxílio, ajuda. **14.** Camada de tinta ou de cal que se dá sobre uma superfície. **15.** Feição, modo. **16.** Parte de um utensílio, por onde ele se maneja ou segura. ◆ **A mão:** muito perto; em condições de ser facilmente obtido. ◆ **De mãos abanando:** sem nada. ● *Aum.:* manzorra ou mãozorra. ● *Dim.:* mãozinha, mãozita.

Mão-a.ber.ta *s.2g.* **1.** Pessoa que não tem apego a dinheiro. **2.** Pessoa generosa, liberal. ● *Pl.:* mãos-abertas.

Mão-bo.ba *s.f.* Gesto de quem toca, disfarçadamente, o corpo de outra pessoa com intenção libidinosa ou para roubar. ● *Pl.:* mãos-bobas.

Mão-chei.a *s.f.* Mancheia. ◆ **De mão-cheia:** ótimo, excelente, perfeito. ● *Pl.:* mãos-cheias.

Mão de obra *s.f.* **1.** Trabalho, atividade de um operário na execução de uma obra. **2.** Conjunto de operários necessários para execução de determinada obra. **3.** Custo do trabalho por eles executado. ● *Pl.:* mãos de obra.

Mão-de-va.ca *s.f.* **1.** Mocotó bovino. **2.** Prato preparado com mocotó. **3.** Ato de enganar alguém, esp. não pagando uma dívida; logro. *s.2g.* **4.** Pessoa avarenta; pão-duro, sovina. ● *Pl.:* mãos-de-vaca.

Mão-fu.ra.da *s.2g.* Gastador, perdulário. ● *Pl.:* mãos-furadas.

Ma.o.me.ta.no *adj.* **1.** Relativo a Maomé (570-652) ou ao maometismo. *s.m.* **2.** Sectário do maometismo.

Ma.o.me.tis.mo *s.m.* Religião que se fundamenta nos preceitos do Alcorão e nos ensinamentos de Maomé.

Mão.za.da *s.f.* **1.** Porção de coisas que se pode segurar com a mão. **2.** POP Forte aperto de mão.

Mão.zu.do *adj.* Que tem mãos grandes e grosseiras.

Ma.pa *s.m.* **1.** Representação gráfica da terra ou parte dela numa superfície plana. **2.** Carta geográfica. **3.** Catálogo, lista, relação. **4.** Esquema demonstrativo; gráfico, quadro.

Ma.pa-mún.di *s.m.* Mapa que representa toda a superfície da Terra. ● *Pl.:* mapas-múndi.

Ma.pe.ar *v.t.* Distribuir sobre uma superfície plana os contornos geográficos de determinada região.

Ma.po.te.ca *s.f.* **1.** Coleção de mapas e cartas geográficas. **2.** Lugar onde se guardam mapas.

Ma.que.te (é) *s.f.* **1.** Esboço, em gesso, barro ou cera, de uma obra de escultura ou de arquitetura. ◆ *Var.:* maqueta (ê).

Ma.qui.a.gem *s.f.* **1.** Ato ou efeito de maquiar(-se). **2.** Pintura feita no rosto com finalidade estética ou para caracterizar uma personagem dramática. **3.** Conjunto dos produtos de beleza (ruge, base, batom, rímel, sombra etc.) utilizados para maquiar. ◆ *Var.:* maquilagem.

Ma.qui.ar *v.t.* **1.** Aplicar cosmético em (o rosto de alguém), para embelezamento, realce ou disfarce. **2.** FIG Disfarçar, mascarar. *v.p.* **3.** Aplicar cosméticos no próprio rosto. ◆ *Var.:* maquilar(-se).

Ma.qui.a.ve.lis.mo *s.m.* **1.** Sistema político exposto em *O Príncipe*, de Niccolò Machiavelli, dito Maquiavel (1469-1527), baseado no princípio de que os fins justificam os meios. **2.** FIG De procedimento astucioso, inescrupuloso.

Ma.qui.la.gem *s.f.* Maquiagem.

Ma.qui.lar *v.t.* e *p.* Maquiar(-se).

Má.qui.na *s.f.* **1.** Aparelho para comunicar movimento ou para pôr em ação um agente natural. **2.** Qualquer utensílio ou instrumento empregado na indústria, comércio ou serviços. **3.** Construção reveladora de gênio. **4.** FIG Pessoa sem iniciativa e sem energia, que faz alguma coisa somente por hábito ou rotina.

Ma.qui.na.ção *s.f.* **1.** Ato ou efeito de maquinar. **2.** Conluio, trama.

Ma.qui.na.dor *adj.* e *s.m.* Que, ou o que maquina.

Má.qui.na-fer.ra.men.ta *s.f.* Máquina destinada a modelar a matéria, movimentando mecanicamente um conjunto de ferramentas. ● *Pl.:* máquinas-ferramentas e máquinas-ferramenta.

Ma.qui.nal *adj.2g.* **1.** Que diz respeito a máquinas. **2.** FIG Inconsciente, mecânico, automático.

Ma.qui.nar *v.t.* **1.** Tramar, planejar secretamente (uma coisa). **2.** Tramar, conspirar. **3.** Engendrar, intentar.

Ma.qui.na.ri.a *s.f.* **1.** Conjunto de máquinas utilizadas num trabalho; maquinário. **2.** Arte de maquinista.

Ma.qui.nis.mo *s.m.* **1.** Conjunto de uma máquina ou aparelho. **2.** Aparelho para fazer executar movimentos. **3.** Aparelho, instrumento.

Ma.qui.nis.ta *s.2g.* **1.** Pessoa que dirige locomotivas ou máquinas de navios a vapor. **2.** Pessoa que inventa ou constrói máquinas.

Mar *s.m.* **1.** A grande massa de água salgada que cobre a maior parte da superfície da Terra. **2.** Cada uma das grandes partes em que se divide essa massa. **3.** FIG Grande quantidade; imensidão.

Ma.ra.bá *s.m.* Mestiço de francês e/ou branco e índio.

Ma.ra.cá *s.m.* **1.** Instrumento chocalhante dos índios. **2.** Chocalho que serve de brinquedo às crianças.

Ma.ra.ca.nã *s.f.* Ave da família dos papagaios.

Ma.ra.ca.tu *s.m.* **1.** Dança de origem africana comum no N e NE brasileiro. **2.** Música popular brasileira inspirada nessa dança.

Ma.ra.cu.já *s.m.* Fruto do maracujazeiro.

Ma.ra.cu.ja.zei.ro *s.m.* Planta que produz o maracujá, cujos folhas, raízes e frutos contêm substância calmante.

Ma.ra.cu.tai.a *s.f.* Negócio escuso, manobra ilícita, esp. em política ou administração; traficância, fraude, falcatrua.

Ma.ra.fo.na *s.f.* **1.** POP Boneca de trapos. **2.** Mulher reles, desprezível. **3.** Prostituta, meretriz.

Ma.ra.já *s.m.* BOT Nome dado a várias palmeiras do gênero *Bactris*.

Ma.ra.jo.a.ra *adj.2g.* **1.** Da ilha de Marajó, na foz do rio Amazonas. *s.2g.* **2.** Pessoa natural ou habitante dessa ilha.

Ma.ra.nhen.se¹ *adj.2g.* **1.** Relativo ou pertencente ao Estado do Maranhão. *s.2g.* **2.** Pessoa natural ou habitante do Maranhão.

Ma.ra.nhen.se² *adj.2g.* **1.** Relativo ou pertencente a São Sebastião do Maranhão (MG). *s.2g.* **2.** Pessoa natural ou habitante dessa cidade e município.

Ma.ra.ni *s.f.* **1.** Esposa de marajá ('soberano indiano'). **2.** Rainha soberana.

Ma.ras.mo *s.m.* **1.** Enfraquecimento lento e progressivo, em especial nas crianças. **2.** Magreza excessiva. **3.** Estagnação. **4.** Falta de atividade; inatividade. **5.** FIG Apatia profunda, tristeza, melancolia.

Ma.ras.qui.no *s.m.* Licor preparado com marascas.

Ma.ra.to.na *s.f.* **1.** Corrida pedestre de cerca de 42 km (distância de Maratona a Atenas). **2.** Corrida a pé de longo percurso. **3.** Competição esportiva ou atividade intelectual que exige grande resistência e preparo.

Ma.rau *s.m.* **1.** Mariola. **2.** Espertalhão, finório.

Ma.ra.va.lhas *s.f.pl.* **1.** Aparas de madeira. **2.** Acendalhas, cavacos. **3.** FIG Bagatela, insignificância.

Ma.ra.vi.lha *s.f.* **1.** Prodígio, assombro. **2.** Coisa extraordinária, que provoca admiração por sua beleza ou grandeza. **3.** Milagre. **4.** Pessoa que causa grande admiração por seus dotes excepcionais. **5.** Encanto, beleza, fascínio. **6.** Vermelho vivo tirante a roxo. **7.** Planta trepadeira brasileira.

Ma.ra.vi.lhar *v.t.* **1.** Causar maravilha ou admiração a. **2.** Encher de espanto. *v.p.* **3.** Encher-se de admiração ou espanto; encantar-se.

MARAVILHOSO — MARINHA

Ma.ra.vi.lho.so (ó) *adj.* 1. Que provoca admiração, assombro, espanto. 2. Admirável, surpreendente. 3. Extraordinário, magnífico. 4. Excelente. *s.m.* 5. O que encerra maravilha. 6. O que é extraordinário, admirável, sobrenatural.

Mar.ca *s.f.* 1. Ato ou efeito de marcar. 2. Sinal que se faz num animal ou objeto para reconhecê-lo. 3. Carimbo, cunho, distintivo, sinal, firma. 4. Estigma, ferrete. 5. Categoria. 6. Grandeza. 7. Nódoa deixada no corpo por pancada. 8. Vestígio deixado na pele por doença; cicatriz. 9. Nota. 10. Limite, fronteira. 11. Recorde, alcance (em esporte). 12. Letra, nome ou emblema, feito a tinta ou a linha, em peça de roupa.

Mar.ca.ção *s.f.* 1. Ato ou efeito de marcar. 2. No esporte, vigilância rígida sobre cada um dos jogadores da equipe adversária.

Mar.ca-d'á.gua *s.f.* 1. Imagem impressa em papel que só é visível contra a luz. 1.1 Filigrana ('trama', 'marca'). ● *Pl.: marcas- -d'água.*

Mar.ca.dor *adj.* e *s.m.* 1. Que, ou o que marca. *s.m.* 2. Tabuleta onde se marcam os gols (no futebol) ou tentos conquistados. 3. Fita presa à lombada e que se insere no livro para marcar a página que se lê.

Mar.can.te *adj.2g.* 1. Que marca. 2. Digno de nota. 3. Notável, distinto.

Mar.car *v.t.* 1. Pôr marca ou sinal em. 2. Assinalar. 3. Determinar, fixar. 4. Assinalar no tempo, na História, no esporte, vigiar atentamente o adversário para impedir que atue livremente. 5. Assinalar (o gado).

Mar.ce.la *s.f.* ⇒ Macela.

Mar.ce.na.ri.a *s.f.* Arte, ofício ou obra de marceneiro.

Mar.ce.nei.ro (ci) *s.m.* O que trabalha a madeira com mais arte que o carpinteiro, em particular na confecção de móveis.

Mar.cha *s.f.* 1. Ato ou efeito de marchar. 2. Andamento, cadência. 3. Progresso. 4. Cortejo. 5. Curso regular. 6. Movimento de um corpo de tropas que se desloca de um ponto para outro. 7. Sequência, sucessão. 8. Peça musical para instrumentos de sopro e de percussão, de ritmo apropriado para marchar. 9. Certa música carnavalesca em compasso binário.

Mar.chand (marchã) (fr.) *s.m.* Aquele que comercializa obras de arte. ● *Fem.: marchande.*

Mar.chan.te *s.2g.* Quem compra gado para abate e distribuição aos açougues.

Mar.char *v.int.* 1. Andar, caminhar compassadamente. 2. Seguir os seus trâmites. 3. Progredir, avançar.

Mar.che.ta (ê) *s.f.* ⇒ Marchete.

Mar.che.ta.ri.a *s.f.* 1. Arte de marchetar. 2. Obra marchetada.

Mar.che.te (ê) *s.m.* ou **mar.che.ta** (ê) *s.f.* Cada uma das peças (de madeira, marfim, madrepérola etc.) que se aplicam, embutem, incrustam em obra de marchetaria.

Mar.chi.nha *s.f.* MÚS Marcha de andamento vivo.

Mar.ci.al *adj.2g.* 1. Que diz respeito à guerra; bélico. 2. Guerreiro. 3. Relativo a militares ou a guerreiros. 4. Qualificativo da lei que se institui por ocasião de graves perigos e que suspende as leis normais.

Mar.ci.a.no *adj.* 1. Relativo ao deus ou ao planeta Marte. *s.m.* 2. Suposto habitante de Marte.

Mar.co *s.m.* 1. Antigo peso equivalente a oito onças. 2. Qualquer sinal que serve para demarcar limites ou fronteiras. 3. Baliza, fronteira, limite.

Mar.ço *s.m.* Terceiro mês do ano, com 31 dias.

Ma.ré *s.f.* 1. Movimento das águas do mar, que periodicamente sobem (maré-cheia) e descem (maré baixa ou baixa-mar) alternadamente. 2. FIG Fluxo e refluxo dos acontecimentos humanos. 3. Grande quantidade. 4. Ensejo, oportunidade, ocasião. 5. Disposição.

Ma.re.ar *v.t.* 1. Governar (o navio). 2. Provocar enjoo a. 3. Deslustrar, manchar. 4. Tirar o brilho a. 5. Difamar. *v.int.* 6. Enjoar a bordo. *v.p.* 7. Perder o brilho; deslustrar-se. 8. Embebedar-se. 9. Perturbar-se.

Ma.re.chal *s.m.* 1. Posto supremo do Exército. 2. Militar que ocupa esse posto.

Ma.re.cha.la.do *s.m.* Cargo ou dignidade de marechal. ◆ *Var.: marechalato.*

Ma.re.jar *v.int.* 1. Ressumar pelos poros (um líquido). 2. Verter. 3. Brotar, borbulhar. *v.p.* 4. Cobrir-se, encher-se (de lágrimas).

Ma.re.mo.to *s.m.* Agressiva movimentação no mar causada por tremores na terra.

Ma.re.si.a *s.f.* 1. Cheiro característico do mar, na vazante. 2. O grande movimento das marés; marulhada. 3. POP Cheiro forte de maconha.

Mar.fim *s.m.* 1. Substância branca e compacta das presas do elefante. 2. Brancura que se pode comparar à do marfim.

Mar.ga.ri.da *s.f.* 1. Nome comum a diversas plantas ornamentais. 2. A flor dessas plantas.

Mar.ga.ri.na *s.f.* Substância alimentícia usada como substituto da manteiga, que se extrai principalmente de certos óleos vegetais.

Mar.ge.an.te *adj.2g.* Que margeia ou vai pela margem.

Mar.ge.ar *v.t.* 1. Fazer margem em. 2. Ir pela margem de ou ao longo de. ● Conjuga-se por *atear.*

Mar.gem *s.f.* 1. Toda extensão de terra chã ao longo de um rio ou curso de água; ribanceira. 2. Parte branca em volta de uma página escrita ou impressa; beira, riba, borda (de uma folha). 3. Espaço de terra lavrada, entre dois regos. 4. FIG Ensejo, ocasião.

Mar.gi.nal *adj.* 1. Relativo à margem. 2. Que se faz à margem de. 3. Que se situa à margem da sociedade. *s.2g.* 4. Pessoa que vive à margem da sociedade ou da lei; vadio, delinquente.

Mar.gi.na.li.da.de *s.f.* Condição de marginal.

Mar.gi.na.li.zar *v.t.* e *p.* Tornar(-se) (alguém) marginal.

Mar.gi.nar *v.t.* Margear.

Ma.ri.a-chi.qui.nha *s.f.* 1. Penteado em que o cabelo é partido em duas metades, do alto à nuca, que são amarradas cada uma por laço de fita ou elástico. 1.1 Penteado feminino infantil ● *Pl.: marias-chiquinhas.*

Ma.ri.a-fu.ma.ça *s.f.* Locomotiva a vapor. ● *Pl.: marias-fumaças.*

Ma.ri.al.va *adj.2g.* 1. Relativo a regras de cavalgar à gineta, estabelecidas pelo marquês de Marialva. *s.m.* 2. Bom cavaleiro.

Ma.ri.a-mo.le *s.f.* 1. Doce de clara de ovos, gelatina e açúcar. 2. Certa planta nociva ao trigo. ● *Pl.: marias-moles.*

Ma.ri.a.no *adj.* 1. Relativo à Virgem Maria ou ao seu culto. *s.m.* 2. Frade da Ordem dos Marianos, fundada com o fim de disseminar e ampliar o culto da Imaculada Conceição.

Ma.ri.a-sem-ver.go.nha *s.f.* BRAS BOT Erva da família das balsamináceas, que cresce espontaneamente no Brasil. ● *Pl.: marias- -sem-vergonha.*

Ma.ri.a vai com as ou.tras *s.2g.2n.* Pessoa sem vontade e opinião própria, que se deixa levar pelos outros.

Ma.ri.cas *s.m.2n.* Homem muito medroso ou efeminado.

Ma.ri.do *s.m.* Homem, em relação à mulher com quem se casou; esposo. ● *Fem.: mulher.*

Ma.ri.ju.a.na *s.f.* Maconha.

Ma.rim.ba *s.m.* Instrumento musical de percussão, composto de lâminas de metal ou madeira, graduadas em escalas.

Ma.rim.bon.do *s.m.* 1. Nome comum a várias espécies de vespas de picada dolorosa. 2. FOLCL Dança jocosa do Brasil central. ◆ *Var.: maribondo.*

Ma.ri.na *s.f.* O conjunto das instalações destinadas aos usuários de um porto para pequenas e médias embarcações.

Ma.ri.na.da *s.f.* Salmoura ou molho condimentado para conservar, temperar ou amaciar carnes; vinha-d'alhos.

Ma.ri.nha *s.f.* 1. Ciência ou arte de navegar. 2. Serviço de marinheiro. 3. Órgão integrante das Forças Armadas, constituído pelo conjunto dos meios de guerra e das forças navais da terra. 4. Beira-mar, praia. 5. Desenho ou quadro que representa vista ou cena marítima, salina etc. 6. Conjunto de navios de guerra ou mercantes de um país.

MARINHEIRO — MARULHAR

Ma.ri.nhei.ro *adj.* **1.** Relativo ou pertencente à marinhagem. *s.m.* **2.** Aquele que dirige embarcação. **3.** Aquele que trabalha a bordo. **4.** Aquele que serve na marinha; marujo.

Ma.ri.nho *adj.* **1.** Pertencente ou relativo ao mar; do mar: *Vida marinha*. **2.** Procedente do mar ou formado pelo mar. ◆ Cf. *marítimo*.

Ma.ri.o.la *s.m.* **1.** Moço de fretes ou de recados. **2.** Indivíduo de mau caráter. **3.** Tratante, velhaco. *s.f.* **4.** Pequeno tijolo de doce de banana envolvido em papel.

Ma.ri.o.ne.te *s.f.* **1.** Boneco de engonço. **2.** Fantoche, bonifrate. **3.** Pessoa sem personalidade, que se pode manejar à vontade.

Ma.ri.po.sa (ô) *s.f.* Designação geral das borboletas noturnas.

Ma.ris.co *s.m.* **1.** Nome genérico de certos crustáceos e moluscos comestíveis. *adj.* **2.** Diz-se de uma espécie de truta.

Ma.ris.ta *s.m.* **1.** Membro religioso dos maristas, congregação que se dedica ao ensino, fundada em Bordéus (França), em 1816, com o nome de Sociedade de Maria. *adj.2g.* **2.** Relativo aos Maristas.

Ma.ri.ta.ca *s.f.* ⇒ Maitaca

Ma.ri.tal *adj.2g.* Relativo a marido; conjugal, matrimonial.

Ma.ri.ti.da *s.f.* Mulher que ainda o marido.

Ma.ri.ti.mo *adj.* **1.** Do mar, ou relativo ao mar. **2.** Que fica perto do mar; litorâneo. **3.** Que se faz pelo mar; naval. **4.** Construído no mar: *Plataforma marítima*. **5.** Que se faz no mar: *Pesca marítima*. *s.m.* **6.** Marinheiro.

Mar.ket.ing (márketin) (ing.) *s.m.* Conjunto de ações (estudo de mercado, publicidade, promoção de vendas etc.) com vistas a lançar um produto ou serviço no mercado; mercadologia.

Mar.man.jo *s.m.* **1.** Homem grandalhão e abrutalhado. **2.** Rapaz crescido e corpulento.

Mar.me.la.da *s.f.* **1.** Doce feito de marmelo. **2.** POP Vantagem, pechincha. **3.** Combinação escusa entre adversários para que a vitória fique com quem convier. **4.** Negócio inescrupuloso, desonesto; negociata, roubalheira.

Mar.me.lei.ro *s.m.* Árvore que produz o marmelo.

Mar.me.lo *s.m.* Fruto do marmeleiro, ácido e adstringente, de que se faz a marmelada.

Mar.mi.ta *s.f.* Recipiente com tampa, utilizado para transportar refeições.

Mar.mi.tei.ro *s.m.* **1.** Empregado de pensão que entrega marmitas em domicílio. **2.** POP Operário que leva para o trabalho o seu almoço em marmita.

Mar.mo.ra.ri.a *s.f.* Oficina onde se fazem trabalhos em mármore, granito etc.

Már.mo.re *s.m.* **1.** Pedra calcária dura, branca ou de outra cor, empregada em especial em obras de escultura. **2.** FIG O que é frio, branco e duro como o mármore. **3.** Insensibilidade, indiferença, frieza.

Mar.mo.ta *s.f.* **1.** Pequeno mamífero roedor, semelhante ao esquilo. *s.2g.* **2.** Pessoa feia e ornada.

Ma.ro.la *s.f.* **1.** Agitação na superfície das águas do mar; banzeiro, mar agitado. **2.** Onda provocada pela passagem de uma embarcação (no mar, em barragem etc.).

Ma.rom.ba *s.f.* **1.** Vara com que os funâmbulos mantêm o equilíbrio na maroma. **2.** FIG Situação quase insustentável. **3.** Astúcia, malandragem.

Ma.ro.to (ô) *adj.* **1.** Ladino, esperto. *s.m.* **2.** Homem atrevido, grosseiro. **3.** Indivíduo de baixa condição. **4.** Tratante, velhaco, patife.

Mar.quês *s.m.* Título de nobreza superior ao conde e inferior ao de duque.

Mar.que.sa.do (ê) *s.m.* **1.** Cargo ou dignidade de marquês. **2.** Terras que constituem o domínio de marquês ou marquesa.

Mar.qui.se *s.f.* **1.** Alpendre que cobre a plataforma nas estações ferroviárias. **2.** Resguardo que se salienta logo acima do andar térreo de uma casa ou edifício, cobrindo parcial ou totalmente a calçada. ◆ *Var.: marquisa*.

Mar.ra *s.f.* **1.** Enxadinha para capinar; sacho. **2.** Vala que acompanha uma estrada. **3.** Clareira em vinhas ou olivais. ◆ **Na marra:** à força, a qualquer preço.

Mar.rã (ô) *s.f.* **1.** Porca nova que deixou de mamar. **2.** Carne fresca de porco. **3.** (NE) Ovelha nova.

Mar.ra.da *s.f.* Pancada (de carneiro, bode etc.) com o chifre.

Mar.rão[1] *s.m.* Porco pequeno que deixou de mamar. ● *Pl.: marrãos.* ● *Fem.: marrã.*

Mar.rão[2] *s.m.* Grande martelo de ferro, que serve principalmente para quebrar pedra. ● *Pl.: marrões.*

Mar.ras.qui.no *s.m.* Licor feito com cerejas.

Mar.re.co *s.m.* **1.** Ave semelhante ao pato, porém menor. *adj.* e *s.m.* **2.** Diz-se de, ou indivíduo giboso, corcunda. ● *Fem.: marreca.*

Mar.re.ta (ê) *s.f.* **1.** Pequeno marrão de cabo comprido, para britar pedras. *adj.2g.* **2.** Malfeito.

Mar.re.tei.ro *s.m.* **1.** Operário que, com a marreta, percute a broca para abrir câmaras de mina nas pedreiras. **2.** Vendedor ambulante.

Mar.rom *adj.2g.* **1.** De cor castanha. *s.m.* **2.** A cor castanha. ● *Pl.: marrons.*

Mar.ro.qui.no *adj.* **1.** Relativo ou pertencente a Marrocos, país da África. *s.m.* **2.** O natural ou habitante de Marrocos.

Mar.se.lhês *adj.* **1.** Relativo ou pertencente a Marselha (França). *s.m.* **2.** O natural ou habitante de Marselha.

Marsh.mal.low (ing.) *s.m.* **1.** Doce feito com raiz de alteia ou xarope de milho, açúcar, albume e gelatina, batidos até atingirem consistência esponjosa. **2.** Calda preparada com esse doce. ● *Pl.: marshmallows.*

Mar.su.pi.al *adj.2g.* **1.** Que tem forma de bolsa. **2.** Que tem órgão semelhante a uma bolsa. *s.m.* **3.** Espécime dos marsupiais, mamíferos caracterizados por uma espécie de bolsa que as fêmeas têm por baixo do ventre, chamada *marsúpio*, e na qual recolhem os filhos pequenos.

Mar.sú.pio *s.m.* Bolsa situada na região inguinal dos marsupiais.

Mar.ta *s.f.* **1.** Mamífero carnívoro de pele fina e valiosa. **2.** Essa pele.

Mar.te *s.m.* **1.** Deus da guerra, na mitologia grega e romana. **2.** ASTRON Planeta cuja órbita fica compreendida entre a da Terra e a de Júpiter. **3.** Guerra. **4.** Homem guerreiro.

Mar.te.la.da *s.f.* **1.** Pancada com martelo. **2.** Som do martelo em ação.

Mar.te.lar *v.t.* **1.** Bater com o martelo em; dar marteladas. **2.** Fazer soar. **3.** Insistir em, repisar. **4.** Importunar, maçar. **5.** Aturdir, atordoar. **6.** Repetir muitas vezes para aprender ou decorar. *v.int.* **7.** Insistir, teimar.

Mar.te.lo *s.m.* **1.** Instrumento de ferro com cabo de madeira, que serve para bater, quebrar, e principalmente para cravar pregos na madeira. **2.** Cada uma das peças que percutem as cordas do piano. **3.** ANAT Pequeno osso da orelha média. **4.** FIG Indivíduo importuno.

Mar.tim-pes.ca.dor *s.m.* Ave ribeirinha que se alimenta quase exclusivamente de peixes. ● *Sínón.: papa-peixe, ariramba, marisqueiro, rabilhão.* ● *Pl.: martins-pescadores.*

Mar.ti.ne.te (ê) *s.m.* **1.** Grande martelo de forja, movido a vapor ou a água, que serve para bater ferro e aço e para distender barras de ferro. **2.** Penacho de penas dos grous. **3.** Qualquer penacho. **4.** Enfeite feminino de retrós e vidrilhos, que evoca a forma do penacho do grou. **5.** Andorinha de asas largas. **6.** Gavião. **7.** Canção espanhola do grupo das canções flamengas.

Mar.tí.ni *s.m.* Coquetel preparado com vermute seco e gim.

Már.tir *s.2g.* **1.** Aquele que padeceu tormentos ou a morte por sustentar a fé cristã. **2.** Aquele que sofre por causa de suas ideias. **3.** Pessoa que sofre muito e com frequência; vítima. ● *Pl.: mártires.*

Ma.ru.im *s.m.* Mosquito dos terrenos pantanosos do Brasil. ● *Var.: maruí.*

Ma.ru.ja.da *s.f.* Os marujos; grupo de marinheiros.

Ma.ru.jo *s.m.* Marinheiro. ● *Col.: marujada.*

Ma.ru.lhar *v.int.* e *p.* **1.** Agitar-se, formar ondas (o mar). **2.** Imitar o ruído das ondas.

MARULHO — MATERIAL

Ma.ru.lho *s.m.* **1.** Agitação das ondas do mar. **2.** FIG Agitação, tumulto, confusão.

Mar.xis.mo (cs) *s.m.* O sistema das teorias filosófica, econômica e política de Karl Marx (1818-1883); comunismo.

Mar.xis.mo-le.ni.nis.mo (cs) *s.m.* Doutrina política inspirada em Marx e Lenin.

Mar.xis.ta (cs) *adj.2g.* **1.** Relativo, ou que diz respeito ao marxismo. *s.2g.* **2.** Pessoa partidária do marxismo.

Mar.xis.ta-le.ni.nis.ta (cs) *adj.* e *s.2g.* Relativo ao marxismo--leninismo ou o que é entusiasta ou praticante deste. ◆ *Pl.:* marxistas-leninistas e marxita-leninistas.

Mar.zi.pã *s.m.* Doce que consiste numa pasta de amêndoas (amêndoa doce) a que se adicionam claras de ovos e açúcar.

Mas *conj.* **1.** Designa oposição ou restrição. *s.m.* **2.** Obstáculo, embaraço, estorvo.

Mas.car *v.t.* **1.** Mastigar sem engolir. **2.** FIG Insinuar. **3.** Planear. **4.** Meditar, refletir. **5.** Falar por meias palavras. **6.** Repisar (palavras), pronunciando-as indistintamente; remoer, resmungar. *v.int.* **7.** Fingir mastigação.

Más.ca.ra *s.f.* **1.** Artefato de papel ou pano destinado a cobrir o rosto, para disfarce. **2.** Cobertura para resguardo ou disfarce do rosto. **3.** FIG Falsa aparência. *s.2g.* **4.** Pessoa mascarada.

Mas.ca.rar *v.t.* **1.** Pôr máscara em. **2.** Disfarçar com máscara. **3.** Disfarçar, dissimular, ocultar. **4.** Dar falsa aparência a. *v.p.* **5.** Pôr máscara; disfarçar-se.

Mas.ca.te *s.m.* Mercador ambulante que percorre as ruas e estradas a vender objetos manufaturados, panos, joias etc.

Mas.ca.vo *adj.* Diz-se do açúcar escuro por não ter sido refinado.

Mas.co.te *s.f.* **1.** Objeto, coisa ou pessoa que se acredita trazer boa sorte. **2.** FAM Amuleto, fetiche.

Mas.cu.li.no *adj.* **1.** Que é do sexo dos animais machos. **2.** Varonil, másculo. **3.** FIG Enérgico. **4.** GRAM Qualificativo do gênero do homem, dos animais machos e de certos nomes incluídos nessa classe em consequência da terminação ou de outros fatores. ◆ *Ant.: feminino.*

Más.cu.lo *adj.* **1.** Relativo ao homem, próprio do homem. **2.** Enérgico, viril. ◆ *Ant.: efeminado.*

Mas.mor.ra (ô) *s.f.* **1.** Prisão subterrânea fria, escura. **2.** FIG e FAM Lugar ou aposento sombrio e triste.

Ma.so.quis.mo *s.m.* Perversão em que a pessoa tem prazer (especialmente sexual) quando sofre violências físicas ou psíquicas.

Mas.sa *s.f.* **1.** Mistura de farinha de trigo ou outra qualquer, com um líquido, de modo que forme pasta. **2.** Qualquer substância mole, pastosa ou pulverizada. **3.** Mandioca ralada. **4.** A argamassa dos pedreiros. **5.** Conjunto das partes que formam um todo. **6.** Grande quantidade. **7.** Multidão. **8.** POP Dinheiro. **9.** Totalidade. **10.** Corpo compacto. **11.** Matéria que constitui um corpo. **12.** Corpo informe. ◆ *Em massa:* na totalidade.

Mas.sa-cin.zen.ta *s.f.* Inteligência, cérebro.

Mas.sa.cre *s.m.* **1.** Ato ou efeito de massacrar. **2.** Carnificina. **3.** Matança cruel de pessoas em geral indefesas.

Mas.sa.gem *s.f.* Compressão metódica de partes masculinas do corpo e das articulações para ativar a circulação ou para se alcançarem outros fins terapêuticos.

Mas.sa.pé *s.m.* Massapê.

Mas.sa.pê *s.m.* Terra argilosa formada pela decomposição de calcários.

Mas.sei.ra *s.f.* **1.** Tabuleiro fundo em que se amassa a farinha e o fabrico de pão. **2.** Vasilha ou local onde se prepara a argamassa.

Mas.se.ter *s.m.* Músculo facial que faz mover a maxila.

Mas.si.fi.ca.ção *s.f.* Ato ou efeito de massificar(-se).

Mas.su.do *adj.* **1.** Que tem aspecto de massa. **2.** Encorpado, volumoso: *Livro massudo.* **3.** Cheio, compacto. **4.** Corpulento, grosseiro: *É um cara massudo.*

Mas.tec.to.mi.a *s.f.* Ablação de mama em extensão variável, podendo mesmo ser total.

Mas.ti.gar *v.t.* **1.** Triturar com os dentes. **2.** Morder, apertar com os dentes. **3.** FIG Ponderar, examinar. **4.** Repetir, repisar (palavras). **5.** Pronunciar indistintamente. **6.** Dizer por entre os dentes; resmungar.

Mas.tim *s.m.* **1.** Cão para guarda de gado. **2.** Cão que ladra muito. **3.** FIG Agente policial; beleguim.

Mas.ti.te *s.f.* MED Inflamação de mama.

Mas.to.don.te *s.m.* **1.** Animal fóssil de constituição análoga à do elefante. **2.** FIG Pessoa muito corpulenta e de movimentos lentos.

Mas.to.dôn.ti.co *adj.* **1.** Relativo ao ou próprio do mastodonte. **2.** De dimensões extremamente avantajadas; gigantesco, colossal.

Mas.to.plas.ti.a *s.f.* Cirurgia plástica da mama.

Mas.to.zo.á.rio *s.m.* **1.** Que tem mamas. **2.** Relativo aos mastozoários. *s.m.* **3.** Espécime dos mastozoários. *s.m.pl.* **4.** Mamíferos.

Mas.tre.ar *v.t.* Pôr mastros em (embarcação).

Mas.tro *s.m.* **1.** Peça comprida de madeira que sustenta as velas dos barcos. **2.** Madeiro alto e esguio. **3.** Pau em que se hasteia a bandeira.

Mas.tru.ço *s.m.* Certa erva de origem asiática, medicinal. ◆ *Var.: mastruz.*

Mas.tur.ba.ção *s.f.* Ato ou efeito de masturbar(-se).

Mas.tur.ba.dor *s.m.* Aquele que masturba ou se masturba.

Mas.tur.bar *v.t.* **1.** Excitar os órgãos sexuais com a mão ou outros meios a fim de obter prazer. *v.p.* **2.** Praticar a masturbação.

Ma.ta *s.f.* **1.** Terreno em que crescem árvores silvestres; arvoredo, bosque. **2.** Grande porção de hastes.

Ma.ta-bor.rão *s.m.* Papel poroso para absorver tinta ou outro líquido. ◆ *Pl.:* mata-borrões.

Ma.ta-bur.ro *s.m.* Fosso escavado na boca dos cortes ou das porteiras para evitar a passagem de animais. ◆ *Pl.:* mata-burros.

Ma.ta.cão *s.m.* **1.** Pequena pedra. **2.** FIG Grande fatia ou pedaço; naco. **3.** Suíça ou talhe de barba que deixa o queixo a descoberto.

Ma.do *adj.* **1.** *part* de *matar.* **2.** Feito sem capricho. **3.** Malfeito.

Ma.ta.dou.ro *s.m.* **1.** Lugar onde se abatem reses. **2.** Carnificina. **3.** Grande mortandade. **4.** Lugar muito insalubre.

Ma.ta.gal *s.m.* **1.** Mata contínua e espessa. **2.** FIG Conjunto de coisas densas ou eriçadas.

Ma.tan.ça *s.f.* **1.** Massacre de muitas pessoas; morticínio, mortandade. **2.** Ato de abater gado para consumo; o seu efeito. **3.** Ato ou fato de vender no comércio informal a a preço alto. **4.** Matadouro ('estabelecimento').

Ma.ta-pi.o.lho *s.m.* POP O dedo polegar. ◆ *Pl.:* mata-piolhos.

Ma.tar *v.t.* **1.** Tirar a vida a. **2.** Destruir. **3.** Fazer murchar; secar. **4.** Extinguir. **5.** Saciar. **6.** Enfadar. **7.** Afligir, mortificar. **8.** Arruinar, desacreditar. **9.** Fazer desaparecer. **10.** POP Adivinhar, decifrar. **11.** FUT Amortecer (a bola). *v.int.* **12.** Causar a morte. **13.** Ser assassino. **14.** Abater reses para o consumo. *v.p.* **15.** Suicidar-se. **16.** Cansar-se muito, afadigar-se. **17.** Sacrificar-se. **18.** FAM Fazer mal e apressadamente.

Ma.ta.réu *s.m.* Mataria.

Ma.te *s.m.* **1.** Erva-mate. **2.** Chá feito de infusão de suas folhas, depois de torradas.

Ma.te.má.ti.ca *s.f.* Ciência que tem por objeto o estudo de grandeza mensurável e calculável.

Ma.té.ria *s.f.* **1.** Qualquer substância sólida, líquida ou gasosa que ocupa lugar no espaço. **2.** Substância suscetível de receber certa forma ou em que atua determinado agente. **3.** Coisas físicas, corpóreas; corpo. ◆ Opõe-se a *espírito.* **4.** Pus que se forma nas feridas. **5.** Oportunidade, pretexto. **6.** Motivo, causa. **7.** Tema de um discurso, de um escrito; assunto. Designação geral do conteúdo de uma notícia, de uma reportagem; reportagem. **8.** Disciplina escolar.

Ma.te.ri.al *adj.* **1.** Relativo ou pertencente à matéria; carnal. **2.** Concreto, palpável. **3.** Que se refere ao corpo físico. ◆ Opõe-se a *espiritual.* **4.** Grosseiro. **5.** Sensual. *s.m.* **6.** Conjunto de tudo o que entra na composição de alguma obra. **7.** Objetos, utensílios necessários para determinado fim.

MATERIALIDADE — MAXIXE

Ma.te.ria.li.da.de *s.f.* **1.** Qualidade de material. **2.** Ausência de sensibilidade, de compreensão. **3.** Estupidez, grosseria. **4.** Sentimentos baixos. ● *Ant.: espiritualidade.*

Ma.te.ria.lis.mo *s.m.* Teoria filosófica dos que não admitem outra substância senão a matéria ou a realidade física. ● *Ant.: espiritualismo.*

Ma.te.ria.li.zar *v.t.* **1.** Tornar material. **2.** Considerar material. **3.** Tornar estúpido; embrutecer. *v.p.* **4.** Tornar-se corpóreo; manifestar-se (o espírito) sob forma visível.

Ma.té·ria-pri.ma *s.f.* **1.** Material empregado na fabricação ou preparo de produtos em geral. **2.** FIG Base, fundamento. ● *Pl.: matérias-primas.*

Ma.ter.ni.da.de *s.f.* **1.** Qualidade ou estado de mãe. **2.** Estabelecimento hospitalar destinado a mulheres prestes a darem à luz.

Ma.ter.no *adj.* **1.** Da mãe; próprio de mãe. **2.** Diz-se de parentesco do lado da mãe. **3.** FIG Terno, afetuoso, carinhoso.

Ma.ti.lha *s.f.* **1.** Grupo de cães que se levam à caça. **2.** FIG Malta, súcia, corja.

Ma.ti.na *s.f.* **1.** Ato de madrugar; madrugada.

Ma.ti.na.da *s.f.* **1.** Ato de madrugar. **2.** Madrugada. **3.** Canto de matinas. **4.** Festa ou espetáculo matinal. **5.** Vozearia.

Ma.ti.nal *adj.2g.* Da manhã, matutino.

Ma.ti.nas *s.f.pl.* Na liturgia católica, cânticos da primeira parte do ofício divino, ger. entre meia-noite e o levantar do sol.

Ma.ti.nê *s.f.* Festa, espetáculo teatral, cinematográfico ou circense que se realiza à tarde; vesperal.

Ma.tiz *s.m.* **1.** Combinação de cores diversas num tecido, pintura. **2.** Nuança, tonalidade. **3.** Gradação sutil de cores; colorido.

Ma.to *s.m.* **1.** Terreno não cultivado coberto de plantas agrestes. **2.** Essas plantas. **3.** O campo, a roça, a zona rural.

Ma.to-gros.sen.se *adj.2g.* **1.** Relativo ou pertencente ao Estado do Mato Grosso. *s.2g.* **2.** Pessoa natural ou habitante desse Estado. ● *Pl.: mato-grossenses.*

Ma.to-gros.sen.se-do-sul *adj.2g.* **1.** Relativo ou pertencente ao Estado do Mato Grosso do Sul. *s.2g.* **2.** Pessoa natural desse estado. ● *Pl.: mato-grossenses-do-sul.*

Ma.tra.ca *s.f.* **1.** Instrumento de madeira, com tabuinhas movediças que se agitam para fazer barulho. **2.** FIG Pessoa que fala sem cessar; tagarela. **3.** GÍR Metralhadora. **4.** GÍR Qualquer arma de fogo.

Ma.trei.ro *adj.* **1.** Astuto, sabido, muito experiente. **2.** Esquivo, arisco.

Ma.tri.ar.ca *s.f.* **1.** Mulher que governa família, tribo ou clã. **2.** Mulher que dirige um grupo.

Ma.tri.ci.al *adj.2g.* **1.** Relativo a matriz. **2.** Que tem função geradora. **3.** Que imprime caracteres ou gráficos, percutindo a fita com um conjunto de pinos (diz-se de impressora de impacto). **4.** Que se relaciona às matrizes.

Ma.tri.ci.da *adj.* e *s.2g.* Diz-se de, ou pessoa que cometeu matricídio.

Ma.tri.cí.dio *s.m.* Ato de quem mata a própria mãe.

Ma.trí.cu.la *s.f.* **1.** Ato ou efeito de matricular(-se). **2.** Lista de nomes de pessoas obrigadas a algum serviço ou sujeitas a certos deveres. **3.** Taxa paga por quem se matricula numa escola, curso etc.

Ma.tri.mô.nio *s.m.* União legítima do homem com a mulher; casamento.

Má.trio *adj.* Relativo à mãe.

Ma.triz *s.f.* **1.** Órgão da mulher e das fêmeas dos mamíferos onde se gera o feto; útero, madre. **2.** Molde para fundição de caracteres tipográficos. **3.** Clichê, molde. **4.** Lugar onde alguma coisa se gera ou se cria; fonte, origem. **5.** Igreja que tem jurisdição sobre outras, o mesmo que *igreja matriz*. **6.** Estabelecimento principal, que centraliza a administração dos negócios e a contabilidade das operações de comerciante ou empresa à qual se subordinam as sucursais ou filiais e agências. **7.** BIOL Substância fundamental do tecido conjuntivo. **8.** Estêncil. *adj.* **9.** Principal. **10.** Que é fonte ou origem.

Matrona *s.f.* **1.** Mulher respeitável pela idade e compostura. **2.** Mulher magra e corpulenta.

Ma.tu.la *s.f.* **1.** Multidão de gente ordinária, reunida para fins pouco decentes. **2.** Malta, corja.

Ma.tu.rar *v.t.*, *int.* e *p.* Tornar(-se) maduro; amadurecer.

Ma.tu.ra.ti.vo *adj.* **1.** Que auxilia ou promove a maturação. *s.m.* **2.** MED Que acelera a formação de pus.

Ma.tu.ri *s.m.* Castanha verde, grande e mole do caju, antes do amadurecimento do pedúnculo.

Ma.tu.ri.da.de *s.f.* **1.** Estado de maduro, em que as pessoas ou coisas atingem seu completo desenvolvimento. **2.** Idade madura. **3.** Firmeza, exatidão. **4.** Prudência.

Ma.tu.sa.lém *s.m.* **1.** FAM Homem muito velho, como *Matusalém*, patriarca referido na Bíblia, que segundo a tradição viveu 969 anos. **2.** Ancião, macróbio.

Ma.tus.que.la *s.2g.* GÍR Pessoa amalucada, adoidada.

Ma.tu.tar *v.int.* **1.** Pensar, meditar. **2.** Refletir em alguma coisa; cismar. *v.t.* **3.** Planejar, intentar, pretender.

Ma.tu.ti.no *adj.* **1.** Que se refere à manhã; matinal. *s.m.* **2.** Jornal que circula pela manhã.

Ma.tu.to *adj.* **1.** Que vive no mato. **2.** Do mato. **3.** Tímido, acanhado. **4.** Sertanejo, caipira. **5.** Provinciano. *s.m.* **6.** Sertanejo, caipira; provinciano: *"Loucos ali só eu e o matuto com seu cavalo suado, que surgiu como uma aparição dentro de uma nuvem de poeira"* (Antônio Torres, *Essa Terra*, pág.17). **7.** Sujeito ignorante e ingênuo.

Mau *adj.* **1.** Desagradável, nocivo. **2.** Que não presta; ruim. **3.** Que molesta. **4.** Funesto. **5.** Malfeito. **6.** Injusto. **7.** Travesso. **8.** Grosseiro. **9.** Incapaz. *s.m.* **10.** Aquele que tem má índole. **11.** O que é mau. ● *Fem.: má.* ● *Sup.abs.sint.: malíssimo* (reg.), *péssimo* (irreg.). ● *Ant.: bom.*

Mau-ca.rá.ter *adj.2g.* e *s.2g.* Que ou quem tem um caráter mau; que ou quem é capaz de atos traiçoeiros; que ou quem não é pessoa confiável. ● *Pl.: maus-caracteres.*

Ma.ué *adj.2g.* **1.** Relativo à tribo dos maués. *s.2g.* **2.** Indígena dos maués.

Mau-o.lha.do *s.m.* Qualidade que a crendice popular atribui a certas pessoas, de transmitirem azar àqueles para quem olham. ● *Pl.: maus-olhados.*

Mau.ri.ta.no *adj.* **1.** Relativo ou pertencente à Mauritânia (África). *s.m.* **2.** O natural ou habitante da Mauritânia; mouro.

Máu.ser *s.m.* **1.** Fuzil de guerra alemão. **2.** Pistola que se carrega pela coronha. ● *Pl.: máuseres.*

Mau.so.léu *s.m.* Sepulcro magnífico e suntuoso.

Maus-tra.tos *s.m.pl.* Delito de quem submete alguém, sob sua dependência ou guarda, a castigos imoderados, trabalhos excessivos e/ou privação de alimentos e cuidados, pondo-lhe, assim, em risco a vida ou a saúde.

Ma.vi.o.so (ô) *adj.* **1.** Afetuoso, agradável aos sentidos. **2.** Brando, terno, suave, harmonioso.

Má.xi (cs) *s.f.* Forma abreviada de *maxidesvalorização*.

Ma.xi.des.va.lo.ri.za.ção (cs) *s.f.* Grande e drástica desvalorização de uma moeda, efetivada de uma só vez; máxi.

Ma.xi.la (cs) *s.f.* **1.** Cada uma das peças ósseas em que estão plantados os dentes (nos vertebrados). **2.** Queixada, mandíbula.

Ma.xi.lar (cs) *adj.2g.* **1.** Referente à maxila. *s.m.* **2.** Osso que forma a maxila.

Má.xi.ma (ch ou ss) *s.f.* **1.** Axioma, aforismo. **2.** Conceito or norma de conduta expresso por provérbio.

Má.xi.me (cs...è) *adv.* Principalmente, sobretudo.

Má.xi.mo (ch ou ss) *adj.* **1.** O maior de todos, o mais alto. **2.** Sumo, excelso. **3.** Absoluto, rigoroso. *s.m.* **4.** O que é maior. **5.** O mais alto grau de uma quantidade variável. **6.** O limite extremo. **7.** O mais alto. **8.** O ponto mais alto a que pode subir em preço qualquer coisa. **9.** O limite, o extremo. ● *Ant.: mínimo.*

Ma.xi.xe[1] *s.m.* Fruto comestível do maxixeiro.

Ma.xi.xe[2] *s.m.* Dança urbana brasileira em compasso binário, geralmente instrumental, requebrada e viva.

MAXIXEIRO — MÉDIUM

Ma.xi.xei.ro¹ *s.m.* BOT Planta hortense que produz o maxixe.

Ma.xi.xei.ro² *adj.* e *s.m.* Diz-se de, ou aquele que dança ou gosta de dançar o maxixe.

Ma.ze.la *s.f.* **1.** Ferida, chaga. **2.** FAM Doença, enfermidade. **3.** FIG Mancha na reputação; labéu.

Ma.zur.ca *s.f.* **1.** Dança polonesa de ritmo ternário, misto de valsa e polca. **2.** Música que acompanha essa dança.

Mb *s.m.* Símb. de *megabyte*.

Me *pron.pess.* Designa a primeira pessoa na função de objeto direto ou indireto.

Mê *s.m.* Nome da letra *eme*.

Me.a.ção *s.f.* **1.** Divisão em duas partes iguais; metade. **2.** DIR Metade da herança que cabe ao cônjuge sobrevivente no regime de comunhão de bens. **3.** Direito de copropriedade entre dois vizinhos sobre um ou mais de um objeto. **4.** Divisão de uma parede ou muro em duas partes, pertencendo cada uma a proprietário diferente.

Me.a.da *s.f.* **1.** Porção de fios dobrados. **2.** FIG Intriga, enredo. **3.** Situação complicada; enrascada.

Me.a.do *adj.* **1.** Dividido ao meio. **2.** Que chegou ao meio. *s.m.* **3.** O meio, a metade.

Me.an.dro *s.m.* **1.** Sinuosidade traçada por um rio. **2.** Caminho sinuoso; curva. **3.** Circunlóquio, rodeio. **4.** Mexerico, intriga. **5.** Confusão, complicação.

Me.ão *adj.* **1.** Que está no meio. **2.** Intermediário. **3.** Interposto. **4.** Mediano. **5.** Medíocre. *s.m.* **6.** Peça central da roda dos carros de bois, onde se encaixa o eixo. **7.** Peça central do tampo das vasilhas. • *Fem.*: *meã*. • *Pl.*: *meãos*.

Me.ar *v.t.* **1.** Dividir ao meio. **2.** Partir pelo meio. **3.** Pôr em meio. *v.int.* e *p.* **4.** Chegar ao meio. • Conjuga-se por *atear*.

Me.a.to *s.m.* **1.** Orifício externo de canal orgânico. **2.** Pequeno canal. **3.** Interstício de várias células vegetais. **4.** Abertura, passagem, via.

Me.câ.ni.ca *s.f.* **1.** Parte da Física que estuda as leis do equilíbrio e do movimento, a teoria das máquinas etc. **2.** Obra ou tratado a respeito dessa ciência. **3.** Atividade relacionada com máquinas. **4.** O conjunto das máquinas de um estabelecimento industrial. **5.** Combinação de peças com o fim de transmitir movimentos. **6.** Aplicação dos princípios de uma ciência ou arte.

Me.câ.ni.co *adj.* **1.** Que se refere à mecânica. **2.** FIG Maquinal, automático. *s.m.* **3.** Aquele que é versado em mecânica. **4.** Profissional que cuida da conservação ou conserto das máquinas e motores.

Me.ca.nis.mo *s.m.* **1.** Disposição das partes constitutivas de uma máquina; maquinismo. **2.** Organização material. **3.** FIG Parte material da linguagem, independente do sentido das palavras.

Me.ca.ni.zar *v.t.* **1.** Prover de máquinas e meios mecânicos. **2.** Tornar maquinal ou mecânico.

Me.ca.no.gra.fi.a *s.f.* Técnica ou processo de usar máquinas para execução de trabalhos de escritório.

Me.ce.nas *s.m.2n.* Protetor das letras ou de letrados e sábios.

Me.ce.na.to *s.m.* Condição, título ou papel de mecenas.

Me.cha *s.f.* **1.** Torcida, pavio. **2.** Cacho. **3.** Fios torcidos que se introduzem numa ferida para que ela não feche. **4.** Pedaço de papel ou pano embebido em enxofre para dar fogo a explosivos; estopim.

Me.cô.nio *s.m.* A primeira evacuação do recém-nascido.

Me.da.lha *s.f.* **1.** Peça metálica ordinariamente redonda, com gravuras de alegoria e inscrição. **2.** Insígnia de ordem honorífica. **3.** Espécie de berloque que as pessoas trazem ao pescoço.

Me.da.lhão *s.m.* **1.** Medalha grande, baixo-relevo. **2.** Caixinha em geral com uma das faces de vidro, para conter mecha de cabelos etc. **3.** Figurão, homem importante. **4.** Indivíduo sem valor, elevado a posições importantes pela força do dinheiro ou de influências diversas.

Me.da.lhei.ro *s.m.* **1.** Móvel onde se guardam medalhas, criteriosamente dispostas. **2.** Coleção de medalhas. **3.** Fabricante ou vendedor de medalhas.

Mé.dia *s.f.* **1.** Quociente da divisão da soma de duas ou mais quantidades pelo número delas. **2.** Nota mínima exigida para aprovação em exames. **3.** Termo médic. **4.** Xícara grande de café com leite.

Me.di.a.dor (ô) *adj.* e *s.m.* **1.** Que, ou aquele que intervém entre duas pessoas com interesse de as reconciliar. **2.** FUT Juiz, árbitro. **3.** Medianeiro.

Me.di.al *adj.2g.* **1.** GRAM Diz-se da letra que fica no meio da palavra. **2.** Diz-se daquilo que é interno ou central dentro de um órgão ou de um corpo. *s.f.* **3.** GRAM Letra medial.

Me.di.a.no *adj.* **1.** Que está entre dois extremos. **2.** Que está no meio; meão. **3.** Medíocre, sofrível.

Me.di.an.te *adj.2g.* **1.** Que medeia. **2.** Que intervém. *s.m.* **3.** Tempo decorrido entre dois fatos ou duas épocas. *prep.* **4.** Por intervenção, por meio de.

Me.di.a.to *adj.* Que não se liga a determinada coisa senão por meio de outra, que é intermediária; indireto. • *Ant.*: *imediato*.

Me.di.a.triz *s.f.* GEOM Perpendicular ao meio do segmento de uma reta.

Me.di.ca.men.to *s.m.* Qualquer substância que se prescreve a um doente; remédio.

Me.di.car *v.t.* **1.** Tratar com medicamentos. **2.** Aplicar remédios a. *v.p.* **3.** Tomar remédios.

Me.di.ci.na *s.f.* **1.** Conjunto de atividades técnicas e científicas que objetivam prevenir, curar ou atenuar as doenças. **2.** A profissão de médico. **3.** FIG Aquilo que remedeia um mal; socorro, auxílio.

Me.di.ci.nal *adj.2g.* **1.** Que se refere à Medicina. **2.** Que serve de remédio; terapêutico.

Mé.di.co *s.m.* **1.** Aquele que é diplomado em Medicina. **2.** Aquele que exerce ou pode exercer legalmente a Medicina; clínico. *adj.* **3.** Relativo à Medicina ou aos médicos.

Mé.di.co-le.gal *adj.2g.* Que se refere à Medicina Legal. • *Pl.*: *médico-legais*.

Mé.di.co-le.gis.ta *s.2g.* Quem se dedica à Medicina Legal; legista. • *Pl.*: *médicos-legistas*.

Mé.di.co-so.ci.al *adj.2g.* Relativo à Medicina Social. • *Pl.*: *médico-sociais*.

Me.di.da *s.f.* **1.** Grandeza determinada que serve de padrão para a avaliação de outras. **2.** Régua ou fita graduada para medir. **3.** Ato de grandeza determinada para avaliar a capacidade de outros vasos. **4.** Dimensão avaliada; grau; bitola. **5.** Proporção entre uma coisa e outra. **6.** Baliza. **7.** Alcance. **8.** Cômputo, cálculo. **9.** Norma. **10.** Providência para acudir a uma necessidade ou evitar um inconveniente. **11.** Prudência, sensatez, moderação. **12.** FIG Precaução, meio. **13.** Ordem. **14.** Compasso musical; ritmo.

Me.di.e.val *adj.2g.* Da Idade Média ou a ela relativo.

Mé.dio *adj.* **1.** Que está no meio. **2.** Que ocupa situação intermediária. **3.** Que exprime o meio-termo. **4.** Que se calcula tirando a média. **5.** Intermediário, central.

Me.dí.o.cre *adj.2g.* **1.** Nem bom nem mau; sofrível, mediano. **2.** Sem destaque; vulgar. **3.** Que está entre o pequeno e o grande. **4.** POP Muito ruim; péssimo. *s.m.* **5.** Aquele que tem pouco merecimento, que é medíocre.

Me.dir *v.t.* **1.** Determinar ou verificar a extensão, medida ou grandeza de. **2.** Ter a extensão, comprimento ou altura de. **3.** Regular com moderação. **4.** Calcular, avaliar, considerar. **5.** Olhar com provocação. **6.** Comedir, refrear, ponderar. **7.** Rivalizar, competir. **8.** Bater-se com. *v.p.* **9.** Competir, bater-se.

Me.di.ta.bun.do *adj.* **1.** Que medita; pensativo. **2.** Melancólico; sombrio, tristonho.

Me.di.ta.ção *s.f.* **1.** Ato ou efeito de meditar. **2.** Oração mental. **3.** Exame interior; reflexão. **4.** Contemplação religiosa.

Me.di.tar *v.t.* **1.** Ponderar. **2.** Estudar, maturar. **3.** Considerar. **4.** Intentar, projetar. **5.** Pensar sobre. *v.int.* **6.** Refletir, pensar.

Me.di.ter.râ.neo *adj.* **1.** Que está entre terras. **2.** Relativo ao mar Mediterrâneo, ou aos países que ele banha.

Mé.dium *s.2g.* Pessoa que, segundo o espiritismo, pode servir de intermediário entre os vivos e os mortos. • *Pl.*: *médiuns*.

MEDO — MELANCOLIA

Me.do (ê) *s.m.* **1.** Perturbação do ânimo preocupado com a ideia de um perigo real ou aparente. **2.** Receio de ofender, de causar algum mal. **3.** Temor, apreensão, receio. ● *Ant.: coragem*.

Me.do.nho *adj.* **1.** Que causa medo. **2.** Muito feio, horrendo. **3.** Terrível, funesto.

Me.drar *v.t.* **1.** Desenvolver, fazer crescer. **2.** Melhorar. **3.** Fazer prosperar, incrementar. **4.** Aumentar a fortuna de. *v.int.* **5.** Desenvolver-se. **6.** Crescer, vegetando. **7.** Crescer, progredir, prosperar, adiantar-se.

Me.dro.so (ô) *adj.* **1.** Que tem medo; que se assusta com facilidade. **2.** Covarde, poltrão. **3.** Tímido, acanhado. **4.** Dominado pelo medo. **5.** Receoso, temeroso. ● *Ant.: corajoso*.

Me.du.la *s.f.* **1.** ANAT Substância gordurosa que se encontra nos canais ósseos. **2.** BOT Miolo que ocupa o centro do caule de certas plantas. **3.** FIG O que há de melhor em alguma coisa. **4.** A parte mais íntima; o âmago, a essência. ◆ **Medula espinhal**: a parte do sistema nervoso central contida na coluna vertebral.

Me.du.sa *s.f.* **1.** ZOOL Forma livre dos hidrozoários, provida de tentáculos, em geral venenosos, também chamada *água-viva*. **2.** Espécie de borboleta europeia.

Me.ei.ro *adj.* **1.** Que se deve dividir em duas partes iguais. **2.** Que tem de ser dividido ao meio. *s.m.* **3.** O que tem metade em certos bens ou interesses. **4.** Pessoa que planta em terreno alheio, e com o proprietário divide o resultado da colheita.

Meet.ing (mítin) (ing.) *s.m.* Reunião pública para discutir assuntos políticos ou sociais; comício.

Me.fis.to.fé.li.co *adj.* Diabólico, satânico, pérfido.

Meg.a.byte (ing.) *s.m.* Múltiplo do *byte* que vale mil *quilobytes* [Alguns aplicativos consideram que o *megabyte* vale 1.024 *quilobytes*.]. ● *Símb.: MB*. ● *Pl.: megabytes*.

Me.ga.fo.ne *s.m.* Aparelho utilizado para amplificar a voz.

Me.ga.hertz *s.m.2n.* Unidade de frequência que denota um milhão de hertz. ● *Símb.: MHz*.

Me.gá.li.to *s.m.* Grandes pedras usadas em monumentos pré-históricos.

Me.ga.lo.ma.ni.a *s.f.* Mania ou delírio de grandezas; ambição desmedida.

Me.ga.ló.po.le *s.f.* **1.** Grande metrópole. **2.** URB Grande aglomeração populacional.

Me.ga.nha *s.2g.* Policial civil. ● *Cf. milico*.

Me.ga.watt *s.m.* Unidade de medida de energia mecânica ou elétrica, de fluxo térmico e de fluxo energético de radiação, equivalente a um milhão de watts. ● *Símb.: MW*.

Me.ge.ra (gé) *s.f.* **1.** Mulher de mau gênio, perversa, cruel. **2.** Mãe desnaturada.

Mei.a *s.f.* **1.** Tecido de malha, para cobrir o pé e parte da perna. **2.** O ponto de malha com que se fabrica a meia. **3.** Sistema de parceria agrícola, em que o arrendatário entrega a metade da colheita ao proprietário das terras. *num.* **4.** Meia dúzia (seis). *Num. frac. Fem de meio*; metade de.

Mei.a-á.gua *s.f.* **1.** Telhado de um só plano. ● *Pl.: meias-águas*.

Mei.a-ar.ma.dor (ô) *adj. e s.m.* Que ou aquele que, atuando no meio do campo, está esp. incumbido de armar jogadas, distribuindo a bola para os companheiros de ataque (diz-se de jogador); apoiador, armador. ● *Pl.: meias-armadores*.

Mei.a-cal.ça *s.f.* Meia que cobre os pés e as pernas, e chega até a cintura. ● *Pl.: meias-calças*.

Mei.a-di.rei.ta *s.f.* **1.** FUT Posição do futebolista que, na linha dianteira, fica entre o centro e o extrema-direita. *s.2g.* **2.** Jogador(a) que ocupa essa posição. ● *Pl.: meias-direitas*.

Mei.a-es.quer.da *s.f.* **1.** FUT Posição do futebolista que, na linha dianteira, fica entre o centro-avante e a extrema-esquerda. *s.2g.* **2.** Jogador(a) que ocupa essa posição. ● *Pl.: meias-esquerdas*.

Mei.a-es.ta.ção *s.f.* Período do ano nem muito frio nem muito quente. ● *Pl.: meias-estações*.

Mei.a-i.da.de *s.f.* **1.** Fase da vida entre a maturidade e a velhice. ● *Pl.: meias-idades*.

Mei.a-lu.a *s.f.* **1.** Fase da Lua, em que esta se apresenta como um semicírculo luminoso; crescente. **2.** Semicírculo. ● *Pl.: meias-luas*.

Mei.a-luz *s.f.* **1.** Mediana claridade; penumbra. **2.** Inteligência ou instrução mediana. ● *Pl.: meias-luzes*.

Mei.a-noi.te *s.f.* **1.** Hora ou momento que divide a noite e a madrugada. **2.** O instante que marca as 24 horas: *"A greve começa à meia-noite de hoje"*. ● *Pl.: meias-noites*.

Mei.a-so.la *s.f.* **1.** Remendo que substitui a metade anterior da sola de um calçado. **2.** Melhora, conserto de qualquer espécie. ● *Pl.: meias-solas*.

Mei.a-ti.ge.la *s.f.* **1.** Pessoa sem importância, joão-ninguém. **2.** Coisa sem valor. ● *Pl.: meias-tigelas*.

Mei.a-tin.ta *s.f.* **1.** Graduação de cores. **2.** Tom de uma cor, entre a luz piena e a sombra. **3.** FIG Dissimulação, disfarce. ● *Pl.: meias-tintas*.

Mei.a-vol.ta *s.f.* **1.** Mudança completa de direção; volta de 180°. **2.** Movimento de pôr-se em direção oposta, feito tanto quando se está em marcha como quando em posição parada. **3.** Nó simples dado em torno de qualquer objeto. **4.** Manobra em que o toureiro, a pé ou a cavalo, provoca o touro por trás para que o animal se volte e lhe sejam metidos os ferros. ● *Pl.: meias-voltas*.

Mei.go *adj.* Amável, carinhoso, terno, suave, bondoso. ● *Ant.: áspero*.

Mei.o *s.m.* **1.** Centro. **2.** Ponto equidistante dos extremos. **3.** Posição intermediária. **4.** Condição, possibilidade. **5.** Aquilo que estabelece comunicação. **6.** Ambiente em que se realizam certos fenômenos. **7.** Esfera social. **8.** SOCIOL Totalidade dos fatores externos que podem influir sobre a vida biológica, social ou cultural de um indivíduo ou grupo. **9.** MAT Designação do segundo e do terceiro termo de uma proporção. *adj.* **10.** Inacabado, incompleto. **11.** Médio, metade de um todo. *adv.* **12.** Um pouco, um tanto. **13.** Por metade. *num.* **14.** A metade.

Mei.o de cam.po *s.m.* Área vizinha à linha que divide o campo ao meio; meia-cancha. ● *Pl.: meios de campo*.

Mei.o-di.a *s.m.* **1.** O momento que divide o dia ao meio. **2.** A hora em que o Sol está no ponto mais alto do seu curso diurno. **3.** Metade de um dia útil. ● *Pl.: meios-dias*.

Meio-fio *s.m.* **1.** Anteparo que, no porão, vai da popa à proa, para equilibrar a carga. **2.** Chanfradura no batente da porta ou em caixilhos. **3.** Fileira de pedra de cantaria a qual se põe entre a calçada e os lados do pavimento de rua, praça etc. ● *Pl.: meios-fios*.

Mei.o-ir.mão *s.m.* Irmão só por parte de pai ou de mãe. ● *Pl.: meios-irmãos*.

Mei.o.se *s.f.* Divisão celular, essencial para a formação de gametas, que ocorre em células diploides e leva à formação de células haploides; alotipia.

Mei.o-so.pra.no *s.m.* **1.** Timbre de voz feminina entre o soprano e o contralto. *s.2g.* **2.** Pessoa que tem essa voz. ● *Pl.: meios-sopranos*.

Mei.o-ter.mo *s.m.* **1.** Termo médio entre dois extremos. **2.** FIG Comedimento, moderação. ● *Pl.: meios-termos*.

Mei.ri.nho *s.m.* **1.** Antigo funcionário judicial correspondente ao oficial de justiça de hoje. **2.** Antigo magistrado, de nomeação régia, que governava um território ou comarca. *adj.* **3.** Diz-se do gado lanígero que, no verão, pasta nas montanhas e, no inverno, nas planícies.

Mel *s.m.* **1.** Substância doce, espessa, que as abelhas elaboram com o néctar das flores. **2.** FIG Doçura, suavidade. **3.** O caldo da cana depois de cozido, que se apura a fim de ir para as formas. **4.** FIG Grande doçura, extrema suavidade. ● *Pl.: méis e meles*.

Me.la.ço *s.m.* **1.** Líquido viscoso que fica depois da cristalização do açúcar. **2.** Qualquer substância muito doce.

Me.la.do *adj.* **1.** Adoçado com mel. **2.** Da cor do mel. *s.m.* **3.** Calda grossa e escura, feita de rapadura ou de cana-de-açúcar, que se usa como sobremesa. **4.** GÍR Sangue.

Me.lan.ci.a *s.f.* **1.** BOT Certa planta rasteira que produz fruto grande, refrescante e de sabor agradável. **2.** O próprio fruto.

Me.lan.co.li.a *s.f.* **1.** Doença mental acompanhada de tristeza. **2.** Tristeza, pesar. **3.** Depressão, hipocondria. ● *Ant.: alegria*.

MELANÉSIO — MENISCO

Me.la.né.sio *adj.* **1.** Que pertence ou se refere às raças negras da Oceania. **2.** LING Relativo às línguas melanésias. *s.m.* **3.** Selvagem da Melanésia, na Oceania.

Me.la.ni.na *s.f.* Cada uma das diversas proteínas de cor marrom ou preta, encontrada como pigmento em vegetais e animais.

Me.la.no.ma *s.m.* Tumor resultante da proliferação de células ricas em de melanina.

Me.lão *s.m.* **1.** Fruto do meloeiro. **2.** O próprio meloeiro.

Me.lar *v.t.* **1.** Adoçar, untar ou cobrir com mel. **2.** Dar cor de mel a. **3.** Ficar melado. **4.** Produzir mel em. **5.** Cortar, retalhar. *v.int.* **6.** Não dar certo; falhar. *v.p.* **7.** Lambuzar-se, emporcalhar-se.

Me.le.ca *s.f.* **1.** Muco ressequido das fossas nasais. **2.** Coisa imprestável.

Me.le.na *s.f.* Cabelo comprido, solto e desgrenhado.

Mel.ga.ço *adj.* Arruivado, louro.

Me.lhor *adj..2g.* **1.** Comp. de super. de bom. *s.m.* **2.** Aquilo que é superior a qualquer outra coisa. **3.** O que é excelente. *adv.* **4.** Comp. de bem; mais bem. **5.** De modo mais perfeito; perfeitamente. *interj.* **6.** Que designa satisfação ou indiferença.

Me.lho.ra *s.f.* **1.** Ato ou efeito de melhorar; melhoria. **2.** Alívio ou diminuição de doença; melhoramento.

Me.lho.ra.ti.vo *adj.* Que encerra melhoria ou o conceito favorável. • *Ant.:* pejorativo.

Me.li.an.te *s..2g.* **1.** Pessoa sem nenhum crédito. **2.** Patife, vadio. **3.** Delinquente, marginal.

Me.li.fi.car *v.int.* **1.** Fabricar mel: *Certas abelhas* melificam *o ano inteiro.* *v.t.* **2.** Converter em mel. **3.** Adoçar como mel. **4.** Tornar doce como mel.

Me.lí.fluo *adj.* **1.** Que corre como mel. **2.** Que tem voz melodiosa, doce, agradável. **3.** Muito doce, suave.

Me.lin.dre *s.m.* **1.** O que alguém possui de mais delicado e sensível em sua natureza. **2.** Suscetibilidade. **3.** Recato, escrúpulo. **4.** Delicadeza no trato. **5.** Facilidade em se julgar ofendido, em amuar. **6.** Bolo em que entra mel.

Me.lo.al *s.m.* Terreno onde crescem meloeiros.

Me.lo.di.a *s.f.* **1.** Qualidade que faz com que o canto, a voz falada, um trecho de música instrumental agradem ao ouvido. **2.** Série sucessiva de sons, formando uma ou mais frases musicais. **3.** Peça musical para uma só voz. **4.** Qualidade de um canto agradável. **5.** Suavidade no cantar. **6.** Modulação suave.

Me.lo.dra.ma *s.m.* Peça dramática de situações violentas e exageradas para manter a emoção do auditório.

Me.lo.ei.ro *s.m.* BOT Planta hortense, rasteira, de fruto (o melão) comestível; melão.

Me.lo.ma.ni.a *s.f.* Paixão exagerada à música.

Me.lo.pei.a *s.f.* **1.** Peça musical para acompanhamento de uma recitação. **2.** Forma de declamação agradável ao ouvido. **3.** Toada doce e monótona.

Me.lo.so (ô) *adj.* **1.** Semelhante ao mel. **2.** Doce como mel. **3.** Sentimental em demasia. **4.** Piegas, baboso. *s.m.* **5.** Variedade de capim, também chamado *catingueiro*.

Mel.ro *s.m.* **1.** Pássaro europeu da família dos turdídeos, de plumagem negra, bico amarelo e canto melodioso. **2.** FAM Homem espertalhão, astucioso, sagaz. • *Fem.:* melra e *mélroa*.

Mem.bra.na *s.f.* **1.** ANAT Tecido que envolve certos órgãos. **2.** BOT Película que reveste certos órgãos vegetais delicados; película. **3.** Qualquer película. **4.** Placa vibratória de alto-falantes, telefones, microfones etc.

Mem.bro *s.m.* **1.** ANAT Apêndice lateral do corpo do homem e dos animais e com que se exercem movimentos. **2.** Indivíduo que faz parte de uma corporação, associação, família. **3.** Sócio, associado. **4.** GRAM Parte de frase ou período, com sentido parcial. **5.** MAT Cada uma das partes da equação algébrica separadas pelo sinal de igualdade ou de desigualdade. **6.** CH O pênis.

Me.men.to *s.m.* **1.** Cada uma das duas preces do cânon da missa, chamadas **memento** *dos vivos* e memento *dos mortos.* **2.** Lembrete.

Me.mo.ran.do *adj.* **1.** Digno de ser lembrado; memorável. *s.m.* **2.** Livrinho de lembranças. **3.** Nota diplomática de uma nação para outra, sobre o estado de uma questão. **4.** Participação ou aviso por escrito.

Me.mo.rá.vel *adj..2g.* **1.** Digno de ficar na memória. **2.** Notável, famoso, célebre.

Me.mó.ria *s.f.* **1.** Faculdade de reter as ideias adquiridas anteriormente. **2.** Lembrança, recordação, reminiscência. **3.** Celebridade. **4.** Monumento comemorativo; memorial. **5.** Relação. **6.** Apontamento para lembrança. **7.** Aquilo que serve de lembrança. **8.** Vestígio. **9.** Nota diplomática. **10.** Dissertação sobre assunto científico, literário ou artístico, destinado a ser apresentado ao governo, a uma corporação, a uma academia etc. *s.m.* **11.** Dispositivo no qual informações podem ser introduzidas, conservadas e do qual podem ser posteriormente recuperadas.

Me.mo.ri.al *s.m.* **1.** Livrinho de lembranças. **2.** Nota, apontamento. **3.** Petição escrita; lembrança. **4.** Monumento ou obra que visa a preservar a memória de pessoa, evento etc. *adj..2g.* **5.** Que faz lembrar; memorável. **6.** Que preserva a memória.

Me.mo.ria.lis.ta *s..2g.* Autor ou autora de memórias.

Me.mo.ri.zar *v.t.* **1.** Trazer à memória. **2.** Tornar lembrado. **3.** Reter na memória, ter de cor; decorar. **4.** Conservar (informação) na memória do computador.

Men.ção *s.f.* **1.** Ato ou efeito de mencionar ou citar; referência. **2.** Registro, nota. **3.** Lembrança incidental. **4.** Tenção, intento. **5.** Gesto de quem se dispõe a praticar um ato; ameaça.

Men.che.vi.quis.ta *adj.* **1.** Diz respeito ao menchevismo. *adj.* e *s.2g.* **2.** Sequaz dos mencheviques; menchevique.

Men.cio.nar *v.t.* **1.** Fazer menção de. **2.** Citar, lembrar; referir. **3.** Expor.

Men.daz *adj..2g.* **1.** Mentiroso, falso. **2.** Traidor, desleal. • *Sup.abs.sint.:* mendacíssimo.

Men.de.lé.vio *s.m.* QUÍM Elemento de número atômico 101, de símbolo Mv, produzido artificialmente.

Men.di.go *s.m.* **1.** Aquele que vive de pedir esmolas. **2.** Pedinte.

Me.ne.ar *v.t.* **1.** Mover (corpo, cabeça etc.) de um lado para outro; saracotear. *v.p.* **2.** Mover-se com desenvoltura.

Me.nei.o *s.m.* **1.** Movimento do corpo ou de alguma parte dele. **2.** Balanço, oscilação. **3.** Gesto, aceno. **4.** FIG Ardil, astúcia para alcançar um objetivo. **5.** Mão de obra, custeio.

Me.nes.trel *s.m.* **1.** Trovador e poeta medieval que atuava nos castelos antigos. **2.** Poeta, músico. **3.** POP Cantor popular. • *Pl.:* menestréis.

Me.ni.na.da *s.f.* Grupo de meninos; criançada.

Me.ni.na-mo.ça *s.f.* **1.** Menina entrando na adolescência. **1.1** Menina em idade púbere • *Pl.:* meninas-moças.

Me.nin.ge *s.f.* ANAT Cada uma das três membranas que envolvem o cérebro e o aparelho cerebrospinal (*dura-máter, aracnoide* e *pia-máter*).

Me.nín.geo *adj.* Relativo às meninges.

Me.nin.gi.te *s.f.* MED Inflamação das meninges, em especial da aracnoide e da pia-máter.

Me.nin.go.co.co *s.m.* Bactéria causadora de certo tipo de meningite.

Me.ni.ni.ce *s.f.* **1.** Idade infantil. **2.** Fase ou época em que se é menino. **3.** Palavras ou atos próprios de menino.

Me.ni.no *s.m.* **1.** Criança do sexo masculino. • *Sinôn.:* garoto, guri, moleque, pequeno, pivete, pixote etc. **2.** Pessoa inexperiente, sem conhecimento das coisas do.

Me.nir *s.m.* Monumento pré-histórico caracterizado por um bloco de pedra levantado verticalmente. • *Pl.:* menires.

Me.nis.co *s.m.* **1.** Vidro lenticular. **2.** Superfície curva de líquido contido em tubo capilar. **3.** Figura composta de uma parte côncava e de outra convexa. **4.** Septo fibrocartilaginoso de algumas articulações, particularmente dos joelhos.

MENOPAUSA — MERGULHÃO

Me.no.pau.sa *s.f.* **1.** MED Cessação definitiva da ovulação e da menstruação na mulher, ao atingir a idade entre 45 e 50 anos. **2.** Época em que se dá essa alteração, também denominada *idade crítica* da mulher.

Me.nor *adj.2g.* **1.** *Comp.de super.* de *pequeno*; muito pequeno. **2.** De qualidade discutível; inferior. **3.** Subalterno, subordinado. **4.** Mínimo. **5.** Que não atingiu a maioridade. *s.2g.* **6.** Pessoa que ainda não atingiu a maioridade. ● *Ant.: maior.*

Me.no.rá *s.f.* Candelabro de sete braços, um dos objetos principais do culto hebraico.

Me.nor.ra.gi.a *s.f.* Fluxo menstrual muito abundante.

Me.nor.rei.a *s.f.* Fluxo menstrual; menstruação.

Me.nos *adv.* **1.** Em número, quantidade ou intensidade menor. *pron.indef.* **2.** Menor número ou intensidade. **3.** Em condição inferior. *s.m.* **4.** Menor importância. **5.** Sinal (-) utilizado para indicar subtração. *pron.indef.* **6.** Menor número, intensidade ou quantidade. *prep.* **7.** Exceto, salvo.

Me.nos.ca.bar *v.t.* **1.** Reduzir a menos. **2.** Fazer pouco caso de; depreciar, desacreditar. **3.** Ter em pouca consideração.

Me.nos.pre.zar *v.t.* **1.** Ter em pouca conta ou em pouco apreço. **2.** Depreciar, menoscabar. **3.** Não fazer caso de; desdenhar. ● *Ant.: acatar.*

Men.sa.gei.ro *adj.* **1.** Que leva mensagem. *s.m.* **2.** Aquele que leva ou traz mensagem. **3.** Pessoa encarregada de transportar e entregar mercadorias. **4.** Aquele que faz ou aquilo que envolve presságio.

Men.sa.gem *s.f.* **1.** Discurso escrito que o chefe de governo envia ao Congresso, o governador envia à Assembleia e o prefeito envia à Câmara. **2.** Nota, informação ou comunicação. **3.** Felicitação.

Men.sal *adj.* **1.** Relativo a mês. **2.** Que se realiza todo mês. **3.** Que dura um mês.

Men.sa.li.da.de *s.f.* **1.** Quantia que se paga mensalmente; mesada. **2.** Quantia que se recebe mensalmente; mesada.

Men.sa.lis.ta *adj.* e *s.2g.* **1.** Diz-se de, ou empregado(a) que recebe remuneração por mês. **2.** Esse(a) empregado(a).

Men.sá.rio¹ *s.m.* Publicação periódica que se edita uma vez por mês.

Men.sá.rio² *adj.* Relativo a mesa, ou ao que se come à mesa.

Mens.tru.a.ção *s.f.* **1.** MED Fluxo sanguíneo proveniente do útero que se dá a cada mês nas mulheres entre a puberdade e a menopausa; incômodo, mênstruo; regras. **2.** A duração desse fluxo.

Men.su.rar *v.t.* Medir.

Men.ta *s.f.* BOT Designação comum a várias espécies de hortelã.

Men.tal *adj.2g.* **1.** Relativo à mente. **2.** Da mente. **3.** Intelectual, espiritual.

Men.ta.li.da.de *s.f.* **1.** Qualidade de mental. **2.** Conjunto das faculdades intelectuais de um indivíduo. **3.** A mente, o pensamento.

Men.te *s.f.* **1.** Faculdade de conhecer, de entender, de pensar. **2.** O que a inteligência do homem tem de mais profundo, essencial e poderoso. **3.** Intelecto, memória. **4.** Concepção, imaginação. **5.** Intuito, desígnio.

Men.te.cap.to *adj.* **1.** Idiota, louco, insensato. **2.** Néscio, imbecil.

Men.tir *v.int.* **1.** Faltar à verdade. **2.** Afirmar aquilo que se sabe ser falso ou negar o que se sabe ser verdadeiro. **3.** Errar, falhar. *v.t.* **4.** Proferir mentira. ● *Conjuga-se por ferir.*

Men.ti.ra *s.f.* **1.** Ato ou efeito de mentir. **2.** Afirmação contrária à verdade. **3.** Impostura, falsidade. **4.** Persuasão falsa. ● *Ant.: verdade.*

Men.ti.ro.so (ô) *adj.* **1.** Que mente ou costuma dizer mentiras. **2.** Falso, enganoso. **3.** Oposto à verdade. ● *Ant.: verdadeiro. s.m.* **4.** Aquele que mente ou quem tem o hábito de mentir; loroteiro, potoqueiro.

Men.to *s.m.* Queixo.

Men.tol *s.m.* QUÍM Substância extraída do hortelã-pimenta. ● *Pl.: mentóis.*

Men.to.la.do *adj.* Que contém mentol; preparado com mentol.

Men.tor (ô) *s.m.* **1.** Pessoa que aconselha ou ensina outra; orientador. **2.** Guia intelectual.

Me.nu (menu) (fr.) **1.** Cardápio. **2.** Variedade de pratos servidos numa refeição. **3.** Conjunto das opções exibidas no vídeo por um programa, disponíveis ao usuário num determinado momento.

Me.que.tre.fe *s.m.* **1.** Indivíduo metediço, intrometido. **2.** Biltre. **3.** Pessoa que não merece maior consideração; joão-ninguém.

Mer.ca.do *s.m.* **1.** Lugar de venda de gêneros alimentícios e outros. **2.** Povoação em que há grande movimento comercial. **3.** Centro comercial; o comércio.

Mer.ca.do.lo.gi.a *s.f. Marketing.*

Mer.ca.dor (ô) *s.m.* Aquele que compra para revender.

Mer.ca.do.ri.a *s.f.* **1.** Aquilo que é objeto de comércio. **2.** Aquilo que se comprou e se expôs à venda.

Mer.can.te *adj.2g.* Relativo ou pertencente ao comércio.

Mer.can.til *adj.* **1.** Relativo a mercadores ou a mercadoria; comercial; mercantil. **2.** Que pratica o comércio. **3.** FIG Interesseiro, ambicioso.

Mer.can.ti.lis.mo *s.m.* **1.** Tendência para subordinar tudo ao comércio, ao interesse, ao ganho. **2.** Predomínio do interesse ou do espírito mercantil.

Mer.car *v.t.* **1.** Comprar para revender. **2.** Adquirir comprando. **3.** Conseguir com trabalho e sacrifício.

Mer.cê *s.f.* **1.** Retribuição de trabalho. **2.** Graça, favor, benefício. **3.** Perdão, indulto. **4.** Arbítrio, capricho.

Mer.ce.a.ri.a *s.f.* Comércio ou loja onde se vendem a retalho gêneros alimentícios; armazém.

Mer.ce.ei.ro *s.m.* Dono de mercearia.

Mer.ce.ná.rio *adj.* **1.** Que trabalha por soldo, sem idealismo algum. **2.** Ávido de ganho. **3.** Interesseiro, venal. *s.m.* **4.** Aquele que serve ou trabalha por soldo. **5.** Soldado que por dinheiro serve um governo estrangeiro.

Mer.ce.na.ris.mo *s.m.* Espírito mercenário ou interesseiro.

Mer.ce.o.lo.gi.a *s.f.* Parte da ciência do comércio que se ocupa da compra e venda, e estuda a classificação e especificação das mercadorias.

Mer.ce.ri.zar *v.t.* Tornar lustrosos fios ou tecidos de algodão.

Mer.chan.dis.ing (merchandáisin) (ing.) *s.m.* Técnica de propaganda sutil em que o produto ou marca aparece como que de forma natural durante um programa de rádio ou televisão, numa peça de teatro, filme etc.

MER.CO.SUL Sigla de Mercado Comum do Sul. Organização internacional criada em 1991, constituída por Argentina, Brasil, Paraguai e Uruguai, para adoção de políticas de integração econômica e aduaneira entre esses países, e tendo como associados Chile e Bolívia.

Mer.cú.rio *s.m.* **1.** Metal branco e líquido à temperatura ordinária, venoso, símbolo Hg, número atômico 80 e massa atômica 200,61. **2.** FARM Preparação em que entra essa substância.

Mer.cu.ro.cro.mo *s.m.* QUÍM e FARM Composto mercurial cristalino, verde-iridescente, cujo uso tópico tem poder antisséptico e germicida.

Me.re.cer *v.t.* **1.** Ser digno de. **2.** Ter direito a. **3.** Conseguir em virtude de seus méritos; granjear.

Me.ren.có.rio *adj.* Melancólico, triste.

Me.ren.da *v.t.* **1.** Ligeira refeição entre o almoço e o jantar; lanche. **2.** Alimento que as crianças levam para comer na escola.

Me.ren.dar *v.t.* **1.** Comer à hora de merenda. *v.int.* **2.** Comer a merenda, lanchar.

Me.ren.dei.ra *s.f.* **1.** Maleta própria para levar a merenda; lancheira. **2.** Mulher que prepara e distribui a merenda nas escolas públicas.

Me.ren.gue *s.m.* **1.** Tipo de doce de clara de ovos e açúcar; suspiro. **2.** Variedade de música e dança originária da América Central.

Me.re.trí.cio *s.f.* Profissão de meretriz; prostituição.

Me.re.triz *s.f.* Mulher que pratica o ato sexual por dinheiro; prostituta.

Mer.gu.lhão *s.m.* **1.** Vara das videiras e de outras plantas que se mete na terra, com a ponta de fora; mergulhia. **2.** Nome de uma ave que mergulha para pescar. **3.** Grande mergulho.

MERGULHAR — METACARPO

Mer.gu.lhar *v.t.* **1.** Introduzir na água. **2.** Submergir, afundar. *v.int.* **3.** Entrar na água a ponto de ficar coberto por ela. v.*int.* e *p.* **4.** Imergir, afundar(-se) totalmente na água.

Me.ri.di.a.no *s.m.* **1.** Círculo imaginário que passa pelos polos. *adj.* **2.** Relativo ou pertencente ao meridiano.

Me.ri.di.ão *s.m.* Região austral; região oposta ao norte; sul.

Me.ri.dio *adj.* Relativo ao meio dia.

Me.ri.dio.nal *adj.2g.* **1.** Que está do lado do sul; austral. *s.2g.* **2.** Habitante natural do país ou região do sul. ◆ Cf. *setentrional*.

Me.ri.no *adj.* **1.** Designativo de uma raça de carneiros de lã muito fina. *s.m.* **2.** Tecido feito dessa lã. ◆ *Var.: merinó*.

Me.ri.tís.si.mo *adj.* **1.** De grande mérito. **2.** Muito digno (tratamento que se dá aos juízes de Direito); digníssimo.

Mé.ri.to *s.m.* **1.** Qualidade pela qual se é digno de castigo ou prêmios. **2.** O que se torna recomendável em pessoa ou coisa. **3.** Merecimento. **4.** Virtude. ◆ *Ant.: demérito*.

Me.ri.tó.rio *adj.* Que merece prêmio ou louvor; merecedor. ◆ *Ant.: condenável*.

Mer.lu.za *s.m.* Espécie de peixe, da família dos gadídeos.

Me.ro[1] *adj.* **1.** Simples. **2.** Genuíno, sem mistura; puro.

Mer.tio.la.te *s.m.* FARM Nome comercial de um composto mercurial orgânico, cristalino, de cor creme, usado como antisséptico e germicida. ◆ *Var.: mertiolato*.

Mês *s.m.* **1.** Cada uma das doze partes do ano solar. **2.** Período de 30 dias. **3.** Mênstruo. **4.** O preço que se paga por um mês de aluguel, de trabalho, de pensão etc. ◆ Mês lunar: tempo em que a Lua faz uma revolução completa em torno da Terra. ◆ Mês solar: tempo em que o Sol percorre cada signo do zodíaco.

Me.sa (ê) *s.f.* **1.** Móvel sobre o qual se come, escreve, trabalha, joga etc. **2.** Alimentação habitual, diária. **3.** FIG Conjunto de presidente e secretários de uma assembleia. **4.** Superfície plana do bilhar. **5.** Quantia que se põe na mesa para ser levantada pelo jogador que ganhar; bolo. **6.** Grade ou altar para comunhão.

Me.sa.da *s.f.* **1.** Quantia que se paga ou se dá mensalmente; mensalidade. **2.** Pensão mensal.

Me.sa de ca.be.cei.ra *s.f.* Pequeno móvel que se coloca junto à cabeceira da cama; criado-mudo, mesinha de cabeceira. ◆ *Pl.: mesas de cabeceira*.

Me.sa-re.don.da *s.f.* Discussão ou conferência em que todos aqueles que dela participam estão em pé de igualdade. ◆ *Pl.: mesas-redondas*.

Me.sá.rio *s.m.* **1.** Membro de mesa eleitoral. **2.** Aquele que faz parte da mesa numa assembleia.

Mes.cla *s.f.* **1.** Mistura de cores. **2.** Tecido feito com fios de diversas cores. **3.** Coisa mesclada. **4.** Impureza, mistura.

Mes.clar *v.t.* **1.** Misturar, amalgamar. **2.** Ligar. **3.** Misturar (o sangue) pelo casamento de pessoas de diversas raças; miscigenar. *v.p.* **4.** Misturar-se.

Me.sen.cé.fa.lo *s.m.* Protuberância que constitui o ponto e junção do cérebro, do cerebelo e da medula espinhal. (Chama-se também ponte de Varólio ou protuberância anular).

Me.se.ta (ê) *s.f.* Pequeno planalto.

Mes.ma (ê) *s.f.* **1.** Do mesmo modo **2.** Sem compreender.

Mes.mi.ce *s.f.* **1.** Ausência de variedade, de novidade; marasmo. **2.** Qualidade de quem é o mesmo que outro em tudo. ◆ *Var.: mesmidade*.

Mes.mo *adj.* e *p.* **1.** Que é como outro ou como outra coisa. **2.** Idêntico. **3.** Que não sofreu alteração. **4.** Que é próprio. **5.** Que importa; indiferente. *s.m.* **6.** A mesma coisa. **7.** Aquilo que não importa ou que é indiferente. **8.** Indivíduo que não apresenta mudança no caráter ou na aparência. *adv.* **9.** Exatamente, justamente. **10.** Ainda, até.

Me.so.car.po *s.m.* Substância carnuda entre o epicarpo e o endocarpo dos frutos.

Me.só.cli.se *s.f.* GRAM Interposição de pronome pessoal oblíquo nas formas do futuro do presente e do futuro do pretérito, como em *ser-lhe-ei, far-se-á, dir-te-ia* etc.

Me.so.fa.lan.ge *s.f.* Falange média do dedo.

Me.so.lo.gi.a *s.f.* BIOL Ecologia.

Me.so.po.tâ.mi.co *adj.* **1.** Relativo a mesopotâmia. **2.** Relativo à região situada entre os rios Tigre e Eufrates, na Ásia, chamada Mesopotâmia.

Me.sos.fe.ra *s.f.* Camada sismologicamente diferenciável do interior da Terra, localizada entre a litosfera e o *núcleo central*.

Me.so.te.ra.pi.a *s.f.* Procedimento terapêutico que consiste em injeções de doses mínimas de medicamentos, dadas com agulhas muito finas, o mais próximo possível do local da dor ou da doença.

Me.so.zoi.co *adj.* Diz-se dos terrenos mais recentes da era secundária.

Mes.qui.nho *adj.* **1.** Avaro, miserável. **2.** De aparência acanhada, insignificante. **3.** Tacanho, vulgar, ordinário, medíocre. **4.** Sem qualidade de grandeza. *s.m.* **5.** Indivíduo mesquinho.

Mes.qui.ta *s.f.* Templo maometano.

Mes.si.as *s.m.2g.* **1.** O Redentor prometido no Antigo Testamento e que os cristãos reconhecem em Jesus Cristo. **2.** Pessoa esperada ansiosamente. **3.** FIG Reformador social.

Mes.ti.ça.gem *s.f.* **1.** Ato ou efeito de mestiçar-se. **2.** Cruzamento de raças ou espécies diferentes. **3.** Conjunto de mestiços.

Mes.ti.ço *adj.* e *s.m.* **1.** Diz-se de, ou indivíduo proveniente do cruzamento de raças diferentes. *s.m.* **2.** Variedade de surubim; caravataí.

Mes.tra.do *s.m.* **1.** Grau universitário entre o bacharel e doutor. **2.** Curso para se adquirir esse grau.

Mes.tran.do *s.m.* O que está prestes a ser mestre: *Mestrando pela USP*.

Mes.tre *s.m.* **1.** Homem que ensina; professor. **2.** Homem de muito saber. **3.** Aquele que tem o grau de mestrado. **4.** Artífice, em relação aos seus oficiais. **5.** Chefe de fábrica. **6.** Comandante de pequena embarcação. **7.** O que tem o terceiro grau na maçonaria. *adj.* **8.** Que serve de base. **9.** Fundamental, principal. **10.** Grande, extraordinário. ◆ *Fem.: mestra*.

Mes.tre-cu.ca *s.m.* POP Cozinheiro experimentado e competente; cuca. ◆ *Pl.: mestres-cuca e mestres-cucas*.

Mes.tre de ar.mas *s.m.* Instrutor de esgrima.

Mes.tre de ce.ri.mô.nias *s.m.* O sacerdote que dirige o cerimonial litúrgico; mestre-sala. ◆ *Pl.: mestres de cerimônias*.

Mes.tre de o.bras *s.m.* Aquele que dirige operário em uma construção. ◆ *Pl.: mestres de obras*.

Mes.tre-es.co.la *s.m.* ANT Professor das quatro primeiras séries do ensino do 1º grau. ◆ *Fem.: mestra-escola*. ◆ *Pl.: mestres-escola*.

Mes.tre-sa.la *s.m.* **1.** Indivíduo encarregado da direção de bailes públicos ou associações dançantes. *s.m.* **2.** BRAS Figurante que faz par com a porta-bandeira, no desfile das escolas de samba. ◆ *Pl.: mestres-salas*.

Mes.tri.a *s.f.* **1.** Grande saber. **2.** Conhecimento profundo de qualquer matéria. **3.** Competência, sabedoria. **4.** Habilidade, destreza, perícia. ◆ *Ant.: imperfeição*.

Me.su.ra *s.f.* **1.** Inclinação da cabeça e do corpo, em reverência a alguém. **2.** Reverência, cortesia; cumprimento.

Me.su.rar *v.int.* Fazer mesuras; dirigir cumprimentos a.

Me.ta- *pref.* 'Mudança': *metáfora*.

Me.ta *s.f.* **1.** Fim a que se dirigem as ações ou os pensamentos de alguém. **2.** Baliza, limite, barreira, termo, marco. **3.** Alvo, mira. **4.** Objetivo. **5.** FUT Gol, arco, cidadela.

Me.ta.bó.li.co *adj.* **1.** Relativo a metabolismo. **2.** Relativo a ou que apresenta metábolo. **3.** Que se desenvolve por metamorfoses; metábolo [Pode ser subdividido em paurometabólico, hemimetabólico ou holometabólico.]

Me.ta.bo.lis.mo *s.m.* Conjunto de transformações químicas experimentadas pelas substâncias introduzidas no organismo, das quais a mais importante é a produção de energia.

Me.ta.bo.li.zar *v.t.* Submeter a processos metabólicos; efetuar o metabolismo de.

Me.ta.car.po *s.m.* ANAT Parte da mão entre o pulso (carpo) e os dedos.

METADE — MEXILHÃO

Me.ta.de s.f. **1.** Cada uma das duas partes iguais em que se divide um todo; meio. **2.** O resultado da divisão de um número por dois. **3.** Ser amado, cara-metade.

Me.ta.do.na s.f. Droga narcótica sintética utilizada como sucedâneo da morfina em certas curas de desintoxicação (morfinômanos e heroinômanos); cloridrato de metadona.

Me.ta.fa.lan.ge s.f. Última falange do dedo; falangeta.

Me.ta.fí.si.ca s.f. **1.** FILOS Doutrina da essência das coisas. **2.** FILOS Conhecimento das causas primeiras e dos primeiros princípios. **3.** Parte da Filosofia que estuda a essência dos seres. **4.** Sutileza no discorrer.

Me.ta.fí.si.co adj. **1.** FILOS Relativo à metafísica; transcendente. **2.** FIG Sutil. **3.** Muito abstrato. **4.** Nebuloso, obscuro. s.m. **5.** FILOS O que é versado em metafísica.

Me.tá.fo.ra s.f. GRAM Emprego de uma palavra em sentido diferente do próprio por analogia ou semelhança (real ou imaginária): *Dente de alho; pernas da mesa; Ele é uma onça no trabalho; Gal é um rouxinol. Lábios de mel.*

Me.tal s.m. **1.** Corpo mineral simples, muito brilhante, geralmente muito pesado, mais ou menos maleável e dúctil, bom condutor de calor e eletricidade. **2.** FIG Dinheiro. **3.** Timbre da voz. ◆ **Vil metal:** dinheiro.

Me.tá.li.co adj. **1.** Relativo ou pertencente a metal. **2.** Feito de metal. **3.** Duro e seco como os metais. **4.** Estridente (voz).

Me.ta.li.zar v.t. **1.** Dar brilho metálico ou aparência metálica a. **2.** Revestir (uma superfície) de ligeira camada de metal. v.p. **3.** Transformar-se em metal.

Me.ta.lo.gra.fi.a s.f. **1.** Descrição dos metais. **2.** Ciência que estuda a estrutura dos metais.

Me.ta.lur.gi.a s.f. Conjunto de técnicas de extração e tratamento dos metais e suas ligas.

Me.ta.me.ri.za.ção s.f. Divisão dos corpos dos vermes em segmentos mais ou menos idênticos. ◆ *Pl.: metatizações.*

Me.ta.mor.fo.se s.f. **1.** Mudança a que estão sujeitos os insetos e os batráquios, do nascimento à forma adulta. **2.** Mudança profunda. **3.** Transformação. **4.** Alteração no caráter.

Me.ta.no s.m. QUÍM Hidrocarboneto formado da combinação de um átomo de carbono e quatro de hidrogênio; gás incolor que, combinado com o ar, transforma-se num produto altamente explosivo.

Me.ta.nol s.m. Álcool metílico incolor, venenoso, usado como solvente.

Me.tás.ta.se s.f. **1.** RET Figura pela qual o orador lança à conta de outrem a responsabilidade do que alega. **2.** MED aparecimento de um foco secundário, a distância, no curso da evolução de um tumor maligno ou de um processo inflamatório.

Me.ta.tar.so s.m. ANAT Parte do pé, entre o tarso e os dedos.

Me.tá.te.se s.f. **1.** GRAM Transposição de fonemas dentro do mesmo vocábulo (ex.: *super, sobre; semper, sempre*). **2.** LÓG Transposição dos termos em um raciocínio.

Me.ta.zo.á.rio adj. **1.** Espécime dos metazoários. **2.** Pertencente aos metazoários.

Me.te.di.ço adj. Intrometido, abelhudo, metido.

Me.tem.psi.co.se s.f. Doutrina segundo a qual a mesma alma pode encarnar em homens, animais ou vegetais; reencarnação.

Me.te.o.ri.to s.m. Fragmento de rocha e de outros materiais que, proveniente do espaço sideral, cai sobre a Terra. ◆ Cf. *meteoro.*

Me.te.o.ro s.m. **1.** Qualquer fenômeno atmosférico (raio, chuva, vento etc.). **2.** Aparição brilhante e de curta duração. **3.** Estrela cadente. ◆ Cf. *meteorito.*

Me.te.o.ro.lo.gi.a s.f. Ciência que trata dos fenômenos atmosféricos, como variações de temperatura, umidade etc.

Me.ter v.t. **1.** Fazer entrar (uma coisa em outra). **2.** Colocar dentro; introduzir. **3.** Colocar, pôr. **4.** Pôr de permeio. **5.** Incluir. **6.** Aplicar, empregar. **7.** Cravar, espetar. **8.** Causar, produzir. **9.** Dirigir, encaminhar. **10.** Guardar. v.p. **11.** Entrar. **12.** Encaixar-se, introduzir-se. **13.** Encafuar-se. **14.** Atrever-se, aventurar-se.

Me.ti.cu.lo.so adj. **1.** Que se preocupa muito com detalhes e pormenores. **2.** Muito cuidadoso. **3.** Escrupuloso em excesso.

Me.ti.do adj. **1.** Intrometido, abelhudo. **2.** Familiarizado, íntimo. **3.** Metediço, audaz.

Me.tí.li.co adj. Relativo a, ou que contém o radical metila (diz-se de álcool).

Me.tó.di.co adj. **1.** Que tem método. **2.** Em que há método. **3.** Rigoroso em tudo o que faz. **4.** FIG Comedido, cuidadoso.

Me.to.dis.mo s.m. Seita anglicana muito austera, fundada por John Wesley no século XVIII.

Me.to.dis.ta adj. **1.** Relativo ou pertencente ao metodismo. s.2g. **2.** Pessoa adepta do metodismo. **3.** Pessoa que segue rigorosamente certo método; rotineiro.

Me.to.di.zar v.t. **1.** Tornar metódico. **2.** Regularizar, ordenar.

Mé.to.do s.m. **1.** Conjunto de preceitos para fazer certa coisa, para obter certo resultado. **2.** Modo de proceder. **3.** Boa ordem. **4.** Programa, processo. **5.** Classificação. **6.** Tratado elementar para o ensino de uma língua, de uma ciência, de uma arte. **7.** FIG Prudência, circunspecção. ● *Ant.: desordem.*

Me.to.do.lo.gi.a s.f. **1.** Tratado dos métodos. **2.** Arte de dirigir o espírito na investigação da verdade. **3.** Orientação para o ensino de uma disciplina.

Me.to.ní.mia s.f. RET Figura com que se emprega um termo por outro, a que se liga por relação de causa e efeito, lugar e produto, todo e parte etc.

Me.tra.gem s.f. **1.** Medida em metros. **2.** Quantidade de metros.

Me.tra.lha s.f. **1.** Balas miúdas de ferro, pedaços ocos. **2.** FIG Grande porção.

Me.tra.lha.do.ra (ô) s.f. Arma de fogo automática, que despeja rápida e continuamente grande número de projéteis.

Mé.tri.ca s.f. **1.** Arte de medir versos. **2.** Sistema próprio de metrificação.

Me.tri.fi.car v.t. **1.** Pôr em verso medido. v.int. **2.** Fazer versos medidos. **3.** Compor versos; versejar.

Me.tri.te s.f. MED Inflamação do útero.

Me.tro s.m. **1.** Unidade fundamental das medidas de extensão no nosso sistema de pesos e medidas. ● *Símb.:* m. **2.** Objeto que serve para medir e tem o comprimento de um metro. **3.** Medida de quantidade de sílabas de um verso. **4.** Conjunto dos pés ou sílabas que constituem um verso. **5.** Ritmo do verso.

Me.trô s.m. Sistema urbano de transporte de passageiros, sobre trilhos, total ou parcialmente subterrâneo; metropolitano.

Me.tro.lo.gi.a s.f. Conhecimento dos pesos e medidas de todos os povos.

Me.trô.no.mo s.m. MÚS Instrumento usado para medir o tempo e indicar o ritmo.

Me.tró.po.le s.f. **1.** A principal cidade de um país, de um Estado, de uma região. **2.** Igreja arquiepiscopal. **3.** Nação considerada em relação às suas colônias. **4.** Cidade grande importante, cidade importante. **5.** Centro, coração.

Me.tro.vi.á.rio adj. **1.** Relativo ao metrô. **2.** Que se faz pelo metrô. s.m. **3.** Funcionário do metrô.

Meu pron.poss. **1.** Designativo de coisa que pertence à pessoa que fala. **2.** Referente a mim. **3.** Esse, aquele, o tal (quando falamos de pessoas a que já nos tínhamos referido). **4.** Que me interessa, que me convém. ◆ **Os meus:** minha família; meus seguidores; meu grupo.

Me.xe.di.ço Que se mexe muito; inquieto.

Me.xer v.t. **1.** Dar movimento a. **2.** Agitar, revolver. **3.** Misturar, revolvendo. v.t.i. **4.** POP Caçoar de; ridicularizar, provocar. **5.** Negociar, comerciar. v.int. **6.** Bulir, tocar. v.p. **7.** Sair do seu lugar ou posição; deslocar-se. **8.** Apressar-se, agitar-se; mover-se. **9.** Fazer alguma coisa.

Me.xe.ri.ca s.f. Tangerina.

Me.xe.ri.co s.m. **1.** Ato ou efeito de mexericar. **2.** Intriga, fofoca, bisbilhotice.

Me.xi.lhão² adj. e s.m. **1.** Diz-se de, ou pessoa que mexe em tudo. **2.** Diz-se de, ou pessoa irrequieta ou travessa.

MEZANINO — MILÊNIO

Me.za.ni.no *s.m.* **1.** CONSTR Andar pouco elevado entre dois andares altos. **2.** Pequena janela desse andar. **3.** Janela de porão de edifício.

Me.zi.nha *s.f.* **1.** POP Qualquer remédio caseiro. **2.** Líquido para clister.

Mg QUÍM Símbolo do *magnésio*.

Mg. Símbolo de *miligrama*.

Mi *s.m.* Terceira nota da escala musical do dó maior.

Mi.a.do *s.m.* A voz do gato, da onça etc.

Mi.ar *v.int.* Dar, soltar miados.

Mi.as.ma *s.m.* **1.** Emanação fétida originária de animais ou plantas em decomposição. **2.** Mal-estar, incômodo.

Mi.as.má.ti.co *adj.* Que produz miasmas.

Mi.au *s.m.* **1.** Voz do gato. **2.** O gato (linguagem infantil).

Mi.ca *s.f.* **1.** Pequena migalha. **2.** Mineral composto de lâminas finas, com brilho metálico.

Mi.ca.do *s.m.* Título do imperador do Japão.

Mi.ca.gem *s.f.* Trejeito, careta, próprio de mico.

Mi.çan.ga *s.f.* **1.** Contas miúdas e variegadas de vidro. **2.** Ornato feito com essas contas. **3.** Variedade de caracteres tipográficos muito miúdos.

Mi.ca.re.ta (ê) *s.f.* Festa carnavalesca que, após a quaresma, é celebrada, principalmente nos meses de abril e maio, em várias cidades do interior da Bahia.

Mic.ção *s.f.* Ato ou efeito de urinar.

Mi.chê *s.m.* **1.** Ato de prostituir-se. **2.** Quantia paga a quem se prostitui. **3.** Aquele ou aquela que se prostitui.

Mi.co *s.m.* **1.** Pequeno macaco, espécie de sagui. **2.** Homem muito feio.

Mi.co-le.ão *s.m.* Pequeno primata. ● Pl.: *micos-leões* ou *micos-leão*.

Mi.co-le.ão-dou.ra.do *s.m.* Mico-leão. ● Pl.: *micos-leões-dourados* e *micos-leão-dourados*.

Mi.co.lo.gi.a *s.f.* BOT Tratado acerca dos fungos.

Mi.co.se *s.f.* Afecção provocada por fungos.

Mi.cra *s.m.* DESUS Plural de *mícron*.

Mi.crei.ro *adj.* **1.** Relativo a microcomputador. **2.** Próprio do usuário de microcomputador. *s.m.* **3.** Pessoa que tem o hábito de utilizar o microcomputador. **3.1** Usuário perito e aficcionado de microcomputador.

Mi.cro *s.m.* **1.** Milésima parte do milímetro; mícron. **2.** Forma abreviada de *microcomputador*. **3.** Forno de micro-ondas.

Mi.cró.bio *s.m.* **1.** Animal ou vegetal tão pequeno que somente é visível ao microscópio. **2.** Bactéria, bacilo, germe.

Mi.cro.bi.o.lo.gi.a *s.f.* Estudo ou tratado sobre os micróbios.

Mi.cro.bi.o.lo.gis.ta *s.2g.* Pessoa que se ocupa da microbiologia.

Mi.cro.chip (ing.) *s.m.* Microprocessador. ● Pl.: *microchips*.

Mi.cro.cir.cui.to *s.m.* Pequeno dispositivo que incorpora todos os componentes de um circuito eletrônico completo.

Mi.cro.ci.rur.gi.a *s.f.* CIR Cirurgia realizada com auxílio de um microscópio especial.

Mi.cro.com.pu.ta.dor *s.m.* O mais popular equipamento de processamento de dados, que é um computador de pequeno porte, geralmente de mesa, composto de uma unidade central de processamento e periféricos (teclado, monitor de vídeo etc.); micro.

Mi.cro.cós.mi.co *adj.* Relativo ao microcosmo.

Mi.cro.cos.mo *s.m.* **1.** Mundo pequeno. **2.** O homem, em oposição ao universo. ● Ant.: *macrocosmo*.

Mi.cro.e.co.no.mi.a *s.f.* Estudo dos fenômenos econômicos na escala individual.

Mi.cro.e.le.trô.ni.ca *s.f.* Ramo da eletrônica que cuida da miniaturização de circuitos e componentes eletrônicos.

Mi.cro.em.pre.sa *s.f.* Empresa pequena, com um mínimo de funcionários e faturamento.

Mi.cro.fi.bra *s.f.* Fibra têxtil de grossura inferior a 1 decitex, utilizada para conferir a um produto propriedades particulares e para reduzir os limites de aptidão à fiação.

Mi.cro.fil.me *s.m.* **1.** Reprodução reduzida de documentos, jornais, gravuras, livros etc. **2.** Microfotografia feita em tira ou rolo de fita.

Mi.cro.fo.ne *s.m.* Aparelho que recebe ondas sonoras e as transforma em oscilações de tensão elétrica.

Mi.cro.fo.ni.a *s.f.* **1.** MED Fraqueza da voz. **2.** RADIOTEC Reflexão de um som agudo e contínuo sobre o microfone.

Mi.cro.fo.to.gra.fi.a *s.f.* **1.** Processo para obtenção de fotografia em tamanho reduzido. **2.** A fotografia assim obtida; microfoto.

Mi.crô.me.tro *s.m.* Aparelho matemático para cálculo de pequenos ângulos na medição de terras.

Mí.cron *s.m. Var.: micro* (unidade de medida). ● Pl.: *mícrons* e *micra*.

Mi.cro.né.sio *adj.* **1.** Relativo à região da Micronésia (Pacífico equatorial). *adj.* e *s.m.* **2.** Relativo ou pertencente à Federação dos Estados da Micronésia, ou o que é seu natural ou habitante.

Mi.cro-on.da¹ *s.f.* FÍS Onda eletromagnética com frequência da ordem de algumas centenas de megahertz.

Mi.cro-on.da² *s.f.* FÍS Certo tipo de radiação eletromagnética de altíssima frequência, utilizada nas transmissões de rádio e televisão. **2.** Forma reduzida de forno de micro-ondas.

Mi.cro-on.das *s.m.* Forno de micro-ondas.

Mi.cro-ô.ni.bus *s.m.2n.* Pequeno ônibus.

Mi.cro.pro.ces.sa.dor *s.m.* Denominação generalizada para a unidade central de um microcomputador, sendo constituído por um único circuito integrado.

Mi.cror.ga.nis.mo ou **mi.cro.or.ga.nis.mo** *s.m.* Qualquer organismo microscópico ou ultramicroscópico, como as bactérias, cianofíceas, fungos, leveduras, protistas e vírus.

Mi.cror.re.gi.ão *s.f.* Subdivisão de uma região natural.

Mi.cros.có.pi.co *adj.* **1.** Que somente é visível ao microscópio; pequeníssimo. **2.** Feito com o auxílio do microscópio. **3.** FIG Que tem vista penetrante.

Mi.cró.to.mo *s.m.* HIST Aparelho empregado para fazer secções a serem observadas ao microscópio.

Mi.cro.zo.á.rio *s.m.* Microrganismo animal.

Mic.tó.rio *adj.* **1.** Que promove a micção; diurético. *s.m.* **2.** Lugar próprio para não urinar-se.

Mi.cu.im *s.m.* Certo carrapato muito pequeno. ◆ Var.: *mucuim*.

Mí.dia (lat. *media*, atrav. do ing. *media*) *s.f.* **1.** O conjunto dos meios de comunicação e informação. **2.** Cada um desses meios de comunicação isoladamente (o rádio, o jornal, a revista, a televisão etc.). **3.** Seção de uma agência de propaganda que planeja e veicula filmes, anúncios, cartazes etc. **4.** Funcionário de agência de propaganda responsável pelo relacionamento com os meios de comunicação. ◆ **Mídia eletrônica**: os meios de comunicação eletrônicos, em especial a televisão. ◆ **Mídia impressa**: os meios de comunicação impressos, como jornais e revistas.

Mi.e.lo.gra.fi.a *s.f.* Radiografia da medula espinhal, após a injeção de um contraste líquido.

Mi.ga.lha *s.f.* Pequeno fragmento de pão ou de qualquer outro alimento farináceo; pedacinho.

Mi.grar *v.t.* e *int.* **1.** Mudar ou passar para outra região ou país. **2.** Deslocar-se; arribar.

Mi.i.o.lo.gi.a *s.f.* Descrição das moscas ou tratado a respeito delas.

Mi.jar *v.t., int.* e *p.* Urinar(-se).

Mil *num.* **1.** Dez vezes cem. **2.** *num.card.* equivalente a uma milhar. **3.** Inúmeros, muitos. **4.** Em quantidade indeterminada. ● Ord. e frac.: *milésimo*.

Mi.la.gre *s.m.* **1.** Fato não explicável pelas leis da natureza e que se atribui a causa sobrenatural. **2.** Aquilo que causa admiração por sua raridade. **3.** Prodígio. **4.** Sucesso extraordinário. **5.** Maravilha.

Mi.la.grei.ro *adj.* e *s.m.* **1.** O que, ou aquele que facilmente acredita em milagres. *s.m.* **2.** Aquele que pratica milagres ou se apresenta como capaz de fazê-los; taumaturgo.

Mi.la.nês *adj.* **1.** Relativo ou pertencente a Milão (Itália). *s.m.* **2.** O natural ou habitante de Milão.

Mi.le.nar *adj.2g.* Que tem mil anos; milenário.

Mi.lê.nio *s.m.* Período de mil anos; milenário.

MILÉSIMO — MINIMIZAR

Mi.lé.si.mo *num.* **1.** Designativo do objeto que ocupa o último lugar numa série de mil. *s.m.* **2.** A milésima parte.

Mil-fo.lhas *s.f.2n.* Milefólio.

Mi.lha *s.f.* **1.** Medida itinerária inglesa e norte-americana, equivalente a 1.609 metros. **2.** Unidade de distância marítima, equivalente a 1.852 m.

Mi.lha.gem *s.f.* Contagem das milhas.

Mi.lhão *num.* e *s.m.* **1.** Mil vezes mil. **2.** Número considerável, indeterminado. ● *Ord. e frac.: milionésimo.*

Mi.lhar¹ *s.m.* Mil unidades. Milheiro.

Mi.lhar² *s.m.* Milharal.

Mi.lhar³ *v.t.* Dar milho a.

Mi.lhei.ro¹ *s.m.* Milhar (empregado na contagem de certas coisas como frutas, plantas etc.).

Mi.lhei.ro² *s.m.* Planta que dá milho; pé de milho.

Mi.lho *s.m.* **1.** Planta gramínea oriunda da América do Sul. **2.** O grão dessa planta, do qual se faz o fubá. **3.** POP Dinheiro. *adj.* **4.** Diz-se da palha e da farinha de milho.

Mi.li.am.père *s.m.* FÍS Unidade de intensidade que equivale a um milésimo de ampère. ● *Símb.: mA.*

Mi.lí.cia *s.f.* **1.** Força militar de um país. **2.** Vida ou carreira militar. **3.** Qualquer corporação sujeita à disciplina militar. **4.** Grupo de militantes.

Mi.li.co *s.m.* **1.** POP Soldado da polícia militar. **2.** Militar. ◆ Cf. *meganha.*

Mi.li.gra.ma *s.m.* Unidade de massa equivalente à milésima parte do grama de símbolo *mg*.

Mi.li.li.tro *s.m.* Medida de capacidade equivalente à milésima parte do litro, de símbolo *ml*.

Mi.lí.me.tro *s.m.* A milésima parte do metro. ● *Símb.: mm* (sem ponto).

Mi.lio.ná.rio *adj.* e *s.m.* Que, ou o que possui milhões, que é riquíssimo.

Mi.lio.né.si.mo *num.* **1.** Que ocupa o último lugar numa série de um milhão de coisas. **2.** Ord. e frac. equivalente a *milhão.*

Mi.li.tan.te *adj.2g.* **1.** Que milita ou luta (por partido, religião, ideia etc.). **2.** Que funciona. **3.** Que está em exercício. *s.2g.* **4.** Pessoa que participa ativamente da vida política de um partido, sindicato, associação etc.

Mi.li.tar¹ *adj.2g.* **1.** Relativo à guerra, às milícias, às tropas. **2.** Pertencente ou relativo ao exército. *s.m.* **3.** Indivíduo que segue a carreira das armas. **4.** Soldado.

Mi.li.tar² *v.int.* **1.** Servir o exército. **2.** Estar filiado a um partido, seguindo-lhe e defendendo-lhe as ideias. **3.** Combater, lutar.

Mi.li.ta.ris.mo *s.m.* Sistema político em que predominam os militares.

Milk-shake (milk chêik) (ing.) *s.m.* Leite batido com sorvete (de creme, chocolate, coco etc.); frapê.

Mi.lon.ga *s.f.* (Sul) Toada dolente, de origem argentina, cantada ao som do violão.

Mil-réis *s.m.2n.* Unidade monetária e moeda brasileira, substituída pelo cruzeiro (1942).

Mim *pron.poss.* Variação do pronome *eu*, quando regido de preposição que não seja com: *para mim, a mim, por mim, de mim.*

Mi.mar *v.t.* Exprimir por mímica. **2.** Amimar. **3.** Acariciar.

Mi.me.ó.gra.fo *s.m.* Aparelho de retirar cópias de páginas escritas sobre papel especial chamado estêncil.

Mi.me.se *s.f.* **1.** Mimetismo. **2.** RET Figura que consiste no uso do discurso direto e principalmente na imitação do gesto, voz e palavras de outrem. **3.** LITER Imitação ou representação do real na arte literária, ou seja, a recriação da realidade.

Mi.me.tis.mo *s.m.* **1.** Tendência de vários animais para tomarem a cor e a configuração dos objetos em cujo meio vivem. **2.** Adaptação ao meio.

Mí.mi.ca *s.f.* **1.** Arte de expressar por meio de gestos. **2.** Pantomima.

Mi.mo¹ *s.m.* **1.** Coisa delicada que se dá ou se oferece; presente. **2.** Afago, carinho. **3.** Primor, delicadeza, gentileza. **4.** Pessoa ou coisa graciosa, encantadora.

Mi.mo² *s.m.* **1.** No teatro greco-romano, certo tipo de farsa popular. **2.** Ator que representava essa farsa.

Mi.mo.se.ar *v.t.* Tratar com mimo; afagar. **2.** Dar presentes a; obsequiar.

Mi.mo.so (ô) *adj.* **1.** Que tem mimo. **2.** Habituado ao mimo ou meiguice. **3.** Carinhoso, terno, encantador. **4.** Sensível, delicado. **5.** Fino, excelente. **6.** Diz-se de fubá muito fino.

Mi.na *s.f.* **1.** Cavidade na terra de onde se extraem metais, combustíveis etc. **2.** Nascente de água. **3.** Manancial de riquezas. **4.** Cavidade com pólvora, para que explodindo, destrua o que há por cima. **5.** A grafite da lapiseira. **6.** Fonte de informações. **7.** Negócio lucrativo. **8.** GÍR Menina, garota, namorada.

Mi.nar *v.t.* **1.** Colocar minas (engenhos bélicos). **2.** Abrir cavidades por baixo de; escavar. **3.** Invadir às ocultas. **4.** FIG Consumir, corroer, solapar, prejudicar clandestinamente. **5.** Atormentar, afligir. **6.** Atacar, danificar. *v.int.* **7.** Difundir-se, espalhar-se. **8.** Brotar, nascer.

Mi.na.re.te (ê) *s.m.* Pequena torre de mesquita de onde se anuncia aos muçulmanos a hora da oração.

Min.di.nho *adj.* e *s.m.* Diz-se do, ou o dedo mínimo.

Mi.nei.ro¹ *adj.* **1.** Relativo ou pertencente a mina. **2.** Em que há mina. *s.m.* **3.** Aquele que trabalha em mina; minerador. **4.** Dono de mina.

Mi.nei.ro² *adj.* **1.** Relativo ou pertencente ao Estado de Minas Gerais (Região Sudeste). *s.m.* **2.** O natural ou habitante de Minas Gerais.

Mi.ne.ral *s.m.* **1.** Substância inorgânica que se encontra no interior ou na superfície da terra (metais etc.). *adj.2g.* **2.** Que pertence aos minerais. **3.** Que contém matérias minerais.

Mi.ne.ra.lo.gi.a *s.f.* Ciência que trata dos minerais.

Mi.ne.rar *v.t.* **1.** Explorar (minas). **2.** Extrair de mina. *v.int.* **3.** Trabalhar em mineração.

Mi.né.rio *s.m.* **1.** Mineral que se extrai da mina misturado com terra. **2.** Qualquer substância com conteúdo metálico ou não, e com interesse econômico.

Mi.nes.tro.ne *s.m.* Sopa de legumes acrescida de macarrão e/ou de feijão ou fava.

Min.gau *s.m.* **1.** Papa feita de qualquer espécie de farinha ou fécula, temperada com açúcar, leite, canela etc. **2.** Iguaria muito mexida ou aguada.

Mín.gua *s.f.* **1.** Escassez, falta do preciso. **2.** Diminuição, perda. **3.** Falta, carência. ● *Ant.: abundância.*

Min.guar *v.int.* **1.** Tornar-se menor; diminuir. **2.** Faltar, escassear. **3.** Declinar. ● *Ant.: aumentar.*

Mi.nha *pron.poss.* Fem. de *meu.*

Mi.nho.ca *s.f.* **1.** Verme anelídeo, que vive debaixo das pedras e em lugares úmidos.

Mi.nho.to (ô) *adj.* **1.** Do Minho, província de Portugal. *s.m.* **2.** O natural do Minho.

Mi.ni- *Elem. de comp.* que indica *reduzido, mínimo, muito pequeno:* mini*biblioteca,* mini*calculadora,* mini*computador,* mini*fúndio,* mini*vestido.*

Mi.ni *adj.* e *s.2g.* Diz-se de, ou vestido ou saia muito curta, bem acima do joelho.

Mi.ni.a.tu.ra *s.f.* **1.** Resumo, abreviatura. **2.** Qualquer coisa em ponto pequeno, especialmente pintura ou fotografia. **3.** Objeto de arte, de pequena dimensão, trabalhado com delicadeza. **4.** Pessoa de estatura pequena e graciosa.

Mi.ni.cas.se.te *s.m.* Gravador portátil que utiliza fita cassete.

Mi.ni.com.pu.ta.dor *s.m.* Diz-se de o computador de porte intermédio entre o dos microcomputadores e o dos computadores de grande porte.

Mi.ni.fún.dio *s.m.* Propriedade rural de pequena extensão. ● Opõe-se a *latifúndio.*

Mí.ni.ma *s.f.* Figura musical que vale metade da semibreve.

Mi.ni.ma.lis.mo *s.m.* Sistema dos minimalistas; menchevismo.

Mi.ni.mi.zar *v.t.* **1.** Reduzir ao menor número, grau ou extensão possível. **2.** Estimar no menor número possível. **3.** Depreciar.

MÍNIMO — MISSAL

Mí.ni.mo *adj.* **1.** Que é o menor. **2.** Diz-se da menor porção de qualquer coisa. **3.** *superl.* de *pequeno*. *s.m.* **4.** O menor grau de. **5.** Dedo mínimo.

Mí.nis.sai.a *s.f.* Saia de reduzida extensão; míni.

Mi.nis.té.rio *s.m.* **1.** Mister, ofício, cargo. **2.** Função de ministro. **3.** Tempo de exercício dessa função. **4.** Conjunto de ministros. **5.** Edifício onde funciona um ministério.

Mi.nis.trar *v.t.* **1.** Dar, fornecer. **2.** Apresentar, servir. **3.** Administrar, conferir. INT **4.** Exercer as funções de ministro.

Mi.nis.tro *s.m.* **1.** Aquele que tem um cargo ou está incumbido de uma função. **2.** Auxiliar, executor. **3.** Aquele que está à testa de um ministério. **4.** Enviado de um governo junto a uma corte estrangeira. **5.** Chefe da legação de um país. **6.** Graduação correspondente a esse cargo. **7.** Sacerdote protestante. **8.** Nome que se dá aos juízes do Supremo Tribunal Federal, do Superior Tribunal de Justiça, do Superior Tribunal Militar, do Tribunal de Contas etc.

Mi.no.rar *v.t.* **1.** Tornar menor; diminuir. **2.** Suavizar, abrandar, atenuar. ◆ *Ant.:* agravar, aumentar.

Mi.no.ri.a *s.f.* **1.** O menor número; inferioridade em número. **2.** A parte menos numerosa de um corpo deliberativo e que combate a maioria. ● *Opõe-se a maioria.*

Mi.nu.a.no *s.m.* Vento frio e seco, originário dos Andes, que sopra violentamente no Sul do Brasil durante o inverno.

Mi.nú.cia *s.f.* **1.** Coisa muito miúda, insignificante; ninharia. **2.** Particularidade, pormenor, detalhe.

Mi.nu.ci.ar *v.t.* Referir com minúcias; detalhar.

Mi.nu.ci.o.so (ô) *adj.* **1.** Cheio de minúcias. **2.** Feito escrupulosamente e com toda a atenção; meticuloso.

Mi.nu.dên.cia *s.f.* **1.** Minúcia, pormenor. **2.** Observação minuciosa, exame atento.

Mi.nu.en.do *s.m.* MAT Número do qual se subtrai outro. ● Por exemplo: em 9 − 2 = 7, o minuendo é 9.

Mi.nu.e.te *s.m.* **1.** Antiga dança francesa, graciosa e simples, de ritmo ternário. **2.** Música que acompanha essa dança. ◆ *Var.:* minueto.

Mi.nu.e.to (ê) *s.m.* Dança que surgiu na França há cerca de 200 anos. O nome minueto vem da palavra francesa menu, que quer dizer pequeno; a dança tomou esse nome em virtude dos passos curtos, graciosos e elegantes. O *minueto* foi introduzido na corte francesa no reinado de Luís XIV, mais ou menos em 1650, alcançando grande popularidade no séc. XVIII. No séc. XIX, dançava-se o minueto como uma *quadrilha*. O minueto passou a representar distinção e graciosidade, e causou grande impacto.

Mi.nús.cu.la *s.f.* Tipo de letra pequena e de tamanho menor que a letra maiúscula.

Mi.nús.cu.lo *adj.* **1.** Muito pequeno. **2.** Que tem tamanho reduzido. **3.** Insignificante.

Mi.nu.ta *s.f.* **1.** Primeira redação de um documento; rascunho. **2.** Alegação de litigantes feita para tribunal superior, assinada por advogado. **3.** No levantamento de planta, desenho traçado à vista do terreno. **4.** Prato que, nos restaurantes, é preparado no momento de servir.

Mi.nu.to *s.m.* **1.** Sexagésima parte da hora ou 60 segundos (*abrev. m* ou *min*). **2.** FIG Curto espaço de tempo. **3.** Momento, instante. *adj.* **4.** Muito pequeno. **5.** Reduzido, diminuto.

Mi.o.cár.dio *s.m.* ANAT A parte muscular e mais espessa do coração.

Mi.o.car.di.te *s.f.* MED Inflamação do miocárdio.

Mi.o.lo (ô) *s.m.* **1.** Parte interior do pão ou de certos frutos; polpa. **2.** Medula ou tutano dos animais de corte. **3.** Massa encefálica; cérebro. **4.** FIG Inteligência, juízo. **5.** A parte mais importante de uma coisa; a essência. ● *Pl.:* miolos (ó).

Mi.o.lo.gi.a *s.f.* ANAT Estudo dos músculos.

Mi.o.ma *s.m.* MED Tumor constituído, principalmente, de tecido muscular.

Mi.o.pi.a *s.f.* **1.** MED Deficiência visual que só permite ver os objetos a pequena distância dos olhos; vista curta. **2.** FIG Falta de perspicácia, estreiteza de visão.

Mi.o.só.tis *s.2g.2n.* Certa planta ornamental de flores delicadas, miúdas e azul-claras.

Mi.ra *s.f.* **1.** Apêndice na extremidade do cano de algumas armas de fogo para dirigir a pontaria; pontaria. **2.** Objetivo, desejo, alvo, intuito, intenção, fim.

Mi.ra.bo.lan.te *adj.* **1.** Que dá muito na vista; espalhafatoso; vistoso, mas ridículo. **2.** Surpreendente, espantoso.

Mi.ra.cu.lo.so (ô) *adj.* Milagroso.

Mi.ra.gem *s.f.* **1.** Ilusão de ótica, que nos desertos faz ver na atmosfera a imagem invertida de objetos muito distantes (como cidades, oásis etc. **2.** Engano dos sentidos, ilusão. **3.** Sonho, quimera.

Mi.ra.mar *s.m.* Mirante frente ao mar.

Mi.ran.te *s.m.* Ponto elevado, donde se descortina largo horizonte.

Mi.rar *v.t.* **1.** Fitar, observar, divisar. **2.** Encarar; olhar, visando. **3.** Apontar para, tomar como alvo. **4.** Observar, espreitar. **5.** Apetecer, desejar, aspirar a. *v.int.* **6.** Dirigir a pontaria, apontar. *v.p.* **7.** Ver-se, contemplar-se em um espelho ou qualquer objeto que reflita a imagem. **8.** Colher lição a.

Mi.rí.a.de *s.f.* **1.** Número de dez mil. **2.** FIG Quantidade muito grande mas indefinida. ◆ *Var.:* miríada.

Mi.ri.á.po.de *adj.2g.* **1.** Que tem grande número de pernas. **2.** ZOOL Relativo ou pertencente aos miriápodes. *s.m.* **3.** Espécime dos miriápodes.

Mi.ri.a.re *s.m.* Superfície com 1 km² ou 10.000 acres.

Mi.ri.fi.car *v.t.* **1.** Tornar mirífico, admirável. **2.** Causar admiração ou espanto a.

Mi.rim *s.f.* **1.** Espécie de abelha muito pequena. *adj.* **2.** Pequeno, diminuto.

Mir.ra *s.f.* **1.** Planta medicinal aromática. **2.** A goma resinosa desta planta. *s.2g.* **3.** POP Magricela. **4.** Pessoa avarenta, mesquinha.

Mir.rar *v.t.* **1.** Preparar com mirra. **2.** Tornar seco, magro, definhado. **3.** Gastar. **4.** Tirar pouco a pouco as forças a; consumir. *v.int.* e *p.* **5.** Secar-se. **6.** Perder a energia, o viço, a frescura. **7.** Humilhar-se. **8.** Desaparecer. **9.** Esconder-se, fugir.

Mi.san.tro.pi.a *s.f.* **1.** Caráter de misantropo. **2.** Tendência mórbida ao isolamento; hipocondria. ◆ *Ant.:* filantropia.

Mis.ce.lâ.nea *s.f.* **1.** Mistura confusa de várias coisas. **2.** Compilação de várias peças científicas ou literárias. **3.** Mistura, confusão.

Mis.ci.ge.na.ção *s.f.* Cruzamento entre raças diferentes; mesticagem.

Mise-en-scène (misancén) (fr.) *s.f.* Em teatro, encenação; montagem.

Mi.se.rá.vel *adj.2g.* **1.** Caído na miséria. **2.** Digno de compaixão. **3.** Desprezível, infame. **4.** Perverso, malvado. **5.** Avaro, sovina. *s.2g.* **6.** Pessoa vil, miserável. **7.** Pessoa sovina, avarenta.

Mi.sé.ria *s.f.* **1.** Estado lastimoso de penúria e indigência; penúria. **2.** Estado vergonhoso, torpe. **3.** Sovinice, usura, avareza. **4.** Ninharia, insignificância, bagatela. **5.** Imperfeição humana. **6.** Procedimento vil.

Mi.se.ri.cór.dia *s.f.* **1.** Compaixão pela desgraça alheia; dó. **2.** Graça, perdão. **3.** Instituição de piedade e caridade. *interj.* **4.** Grito de quem pede compaixão.

Mí.se.ro *adj.* **1.** Desgraçado, infeliz, miserável. **2.** Falto, escasso, mesquinho. ● *Sup.abs.sint.:* misérrimo.

Mi.só.ga.mo *adj.* e *s.m.* Que, ou aquele que tem misogamia.

Mi.so.ne.ís.mo *s.m.* Aversão a tudo quanto é novo ou contém novidade.

Mis.sa *s.f.* **1.** Ato solene com que a Igreja comemora o sacrifício de Cristo pela humanidade. **2.** Ofício divino. **3.** Música composta para missa cantada. ◆ **Missa campal:** a que é rezada ao ar livre. ◆ **Missa do galo:** a que é rezada na noite de Natal, em geral, às 24 horas.

Mis.sal *s.m.* Livro que contém as orações da missa.

MISSÃO — MOCETÃO

Mis.são *s.f.* **1.** Ato ou efeito de enviar. **2.** Incumbência ou poder dado a alguém para fazer uma coisa. **3.** Comissão diplomática no Exterior. **4.** Sermão doutrinário. **5.** Organização que visa à propagação da fé. **6.** Propaganda religiosa; obrigação. **7.** Vocação e atuação de uma pessoa na vida. **8.** Dever a cumprir.

Mis.se *s.f.* **1.** Moça, geralmente jovem, classificada em primeiro lugar num concurso de beleza. **2.** Mulher muito bonita.

Mís.sil *adj.2g.* **1.** Próprio para ser arremessado. *s.m.* **2.** ASTRONÁUT Objeto arremessado ao espaço. **3.** Arma autopropulsionada não pilotada, que se desloca acima da superfície terrestre.

Mis.sio.ná.rio *s.m.* Padre, pregador ou pastor protestante que recebe a missão de ir converter infiéis e propagar a fé cristã.

Mis.si.va *s.f.* Epístola, carta, bilhete.

Mis.ter (é) *s.m.* **1.** Emprego, ocupação, trabalho. **2.** Urgência, necessidade. **3.** Propósito, intuito. **4.** Aquilo que é forçoso.

Mis.té.rio *s.m.* **1.** Tudo quanto a razão não pode explicar ou compreender. **2.** Coisa oculta, de que ninguém tem conhecimento. **3.** Reserva, segredo. **4.** Enigma. **5.** Culto secreto no politeísmo. **6.** Dogma ou objeto de fé religiosa inacessível à razão. **7.** O que é incompreensível.

Mís.ti.ca *s.f.* Estudo das coisas divinas ou espirituais.

Mis.ti.cis.mo *s.m.* **1.** Devoção contemplativa. **2.** Crença religiosa ou filosófica que admite a união entre o homem e Deus por meio de meditação, oração etc. **3.** Religiosidade. **4.** Tendência para acreditar no sobrenatural.

Mis.ti.fi.car *v.t.* **1.** Abusar da credulidade de. **2.** Burlar, enganar, ludibriar, lograr.

Mis.to *adj.* **1.** Que resulta da mistura de duas ou mais coisas de natureza diversa. **2.** Diz-se de escola que admite alunos de ambos os sexos. **3.** Diz-se de equipe formada por atletas profissionais e amadores. **4.** Mesclado; confuso, misturado. *s.m.* **5.** Conjunto, mistura.

Mis.to-quen.te *s.m.* Sanduíche quente de presunto e queijo, feito na chapa. • *Pl.: mistos-quentes.*

Mis.tu.ra *s.f.* **1.** Ato ou efeito de misturar(-se). **2.** Junção; mescla. **3.** União, combinação de várias coisas. **4.** Cruzamento, miscigenação. **5.** Cruzamento de seres, raças e até espécies diferentes. **6.** QUÍM Associação de duas ou mais substâncias sólidas, líquidas ou gasosas.

Mis.tu.ra.da *s.f.* Mistifório, miscelânea, mistura.

Mis.tu.ra.dor (ô) *adj.* e *s.m.* **1.** Que, ou o que mistura. *s.m.* **2.** Máquina empregada para preparar o concreto; betoneira.

Mis.tu.rar *v.t.* **1.** Juntar, reunir (coisas diferentes). **2.** Confundir, embaralhar; unir. *v.p.* **3.** Meter-se de permeio. **4.** Ajuntar-se. **5.** Confundir-se, mesclar-se; juntar-se.

Mi.ti.fi.car *v.t.* **1.** Converter em mito. **2.** Tornar mítico.

Mi.ti.gar *v.t.* **1.** Abrandar, tornar brando. **2.** Aliviar, suavizar, acalmar. *v.p.* **3.** Aliviar-se; ceder. **4.** Suavizar-se, moderar-se. **5.** Tornar-se mais brando.

Mi.to *s.m.* **1.** Fato histórico ou personagem real exageradamente representados pela imaginação popular. **2.** Lenda, fábula. **3.** FIG Coisa inacreditável, sem realidade.

Mi.to.lo.gi.a *s.f.* **1.** História fabulosa de deuses e semideuses do paganismo. **2.** Ciência dos mitos. **3.** Conjunto de fábulas. **4.** Explicação dos mitos.

Mi.to.ló.gi.co *adj.* Relativo ou pertencente à mitologia.

Mi.to.ló.go *s.m.* Aquele que é versado em mitologia.

Mi.to.ma.ni.a *s.f.* Tendência para a mentira, a fabulação.

Mi.tô.ni.mo *s.m.* Nome próprio de personagens da mitologia clássica (Zeus, Apolo, Baco, Ísis etc.).

Mi.tra *s.f.* **1.** Insígnia que os bispos, arcebispos e cardeais põem na cabeça em certas solenidades. **2.** Dignidade episcopal. **3.** Carapuça de papel, que se punha na cabeça em certas solenidades. **4.** Dignidade episcopal. **5.** Carapuça de papel, que se punha na cabeça dos condenados da Inquisição. **6.** POP Uropígio das aves. *adj.2g.* **7.** Esperto, finório.

Mi.tral *adj.2g.* **1.** ANAT Diz-se da válvula situada na comunicação do ventrículo com a aurícula esquerda. **2.** Que diz respeito a mitra.

Mi.tri.da.tis.mo *s.m.* MED Imunização contra os venenos, adquirida pela absorção de pequenas doses deles, gradualmente aumentadas.

Mi.u.de.za *s.f.* **1.** Qualidade de miúdo. **2.** FIG Cuidado de observação. **3.** Cuidado, rigor. **4.** Mesquinharia.

Mi.ú.do *adj.* **1.** Pequeno, diminuto. **2.** Frequente. **3.** De pouco custo. **4.** FIG Cuidadoso, minucioso. **5.** Mesquinho. • *Sup.abs.sint.*: *minutíssimo* (erud.).

Mi.xa¹ *s.f.* **1.** GÍR Ladra. **2.** Nota falsa de dinheiro. **3.** Insignificância.

Mi.xa² *s.f.* Parte do bico das aves, formada pela fusão dos dois ramos da mandíbula.

Mi.xa³ (cs) *s.f.* Ventas.

Mi.xa.gem (cs) *s.f.* Em cinema e televisão, processo que combina, numa mesma faixa sonora, os sons de outras fontes, ruídos, música etc.

Mi.xar¹ (ch) *v.t.* **1.** Fazer fracassar. *v.int.* **2.** Gorar, malograr-se.

Mi.xar² (cs) *v.t.* **1.** Misturar. **2.** Efetivar uma mixagem.

Mi.xa.ri.a *s.f.* Insignificância, ninharia.

Mi.xór.dia *s.f.* **1.** Mistura desordenada de várias coisas; miscelânea. **2.** Embrulhada, confusão. **3.** Bebida mal preparada ou repugnante.

Mi.xu.ru.ca *adj.2g.* GÍR Mixo.

Mne.mô.ni.ca *s.f.* Processo que busca desenvolver as funções da memória.

Mne.mô.ni.co *adj.* **1.** Relativo ou pertencente à memória. **2.** Conforme aos preceitos da mnemônica. **3.** Fácil de conservar na memória. **4.** Que ajuda a memória.

Mó *s.f.* **1.** Pedra redonda e chata, com que se tritura o grão no moinho ou a azeitona nos lagares. **2.** Pedra de amolar. **3.** Grande quantidade.

Mo.a.gem *s.f.* **1.** Ato ou efeito de moer; moedura. **2.** Indústria de moageiro.

Mó.bil *adj.2g.* **1.** Motivo fundamental; móvel. *s.m.* **2.** Causa, razão, motor.

Mó.bi.le *s.m.* **1.** Peça de arte móvel ou que pode ser movimentada (por pessoas, pelo vento etc.). **2.** Em propaganda, peça publicitária suspensa no espaço por fios, para movimentar-se ao vento.

Mo.bí.lia *s.f.* Conjunto de móveis para guarnecer ou adornar o interior de uma casa.

Mo.bi.li.ar *v.t.* Guarnecer com mobília.

Mo.bi.li.da.de *s.f.* **1.** Qualidade ou propriedade do que é móvel. **2.** FIG Falta de estabilidade, de firmeza; inconstância, instabilidade.

Mo.bi.li.zar *v.t.* **1.** Dar movimento a. **2.** Pôr em movimento, em circulação. **3.** Coordenar para um determinado fim: *É preciso mobilizar o povo para o enfrentamento da crise.* **4.** Fazer passar do estado de paz para o de guerra (tropas). **5.** Recrutar, arregimentar, convocar. **6.** Dispor. **7.** Investir (capitais, dinheiro).

Mo.ca *s.f.* **1.** POP Variedade de café superior, originário da Arábia. **2.** POP Clava, maça, cacete. **3.** Traição. **4.** Zombaria, escárnio.

Mo.ca.da *s.f.* Golpe com moca.

Mo.ça.da *s.f.* Rapaziada; grupo de jovens.

Mo.cam.bei.ro *adj.* **1.** Que mora em mocambo. **2.** Diz-se do gado que se esconde no mato. *s.m.* **3.** Escravo fugido que se refugiava em mocambo.

Mo.cam.bo *s.m.* **1.** Couto, aldeamento de escravos fugitivos na floresta. **2.** Quilombo, choupana. **3.** (NE) Habitação popular fincada nos mangues.

Mo.ção *s.f.* **1.** Ato ou efeito de mover. **2.** Comoção, abalo. **3.** Proposta apresentada para ser discutida em assembleia.

Mo.cas.sim *s.m.* **1.** Sapato sem salto, usado pelos peles-vermelhas e aborígines dos países frios. **2.** Qualquer sapato esporte que imite o mocassim.

Mo.ce.tão *s.m.* Rapaz bem-apessoado e forte; rapagão. • *Fem.*: *mocetona.*

MOCHILA — MOLDAVO

Mo.chi.la *s.f.* **1.** Espécie de saco que os soldados levam de viagem. **2.** FIG Corcunda, corcova.

Mo.cho (ô) *s.m.* **1.** Sem chifres (boi, bodes etc.). **2.** Espécie de coruja sem penacho. **3.** Banco baixo e sem encosto.

Mo.ci.da.de *s.f.* **1.** Estado ou idade de quem é moço; juventude. **2.** Os moços. **3.** FIG Falta de reflexão. **4.** Imprudência; fogosidade. • *Ant.: velhice.*

Mo.ci.nho *s.m.* **1.** *Dim.* de moço. **2.** Herói infalível de novelas ou filmes de aventuras (em especial os de faroeste).

Mo.ço (ô) *adj.* **1.** Que está na mocidade; jovem, adolescente. **2.** Novo em idade. **3.** FIG Inexperiente. *s.m.* **4.** Rapaz; mancebo. • *Dim.: mocinho.* • *Aum.: mocetão.* • *Ant.: velho.*

Mo.co.tó *s.f.* **1.** Pata de bovino e suíno, sem o casco. **2.** Perna grossa. **3.** Prato que se prepara com o mocotó.

Mo.da *s.f.* **1.** Uso geral. **2.** Maneira de vestir. **3.** Costume. **4.** Usos e costumes passageiros, comuns em certa época e em certos lugares. **5.** Maneira, modo. **6.** Fantasia. **7.** Cantiga, ária, modinha.

Mo.dal *adj.2g.* **1.** Referente à modalidade. **2.** Relativo ao modo particular de executar alguma coisa. **3.** GRAM Que diz respeito aos modos verbais. **4.** Diz-se das orações que encerram condição ou restrição. **5.** Que se refere aos modos da substância. **6.** MÚS Que caracteriza um modo.

Mo.da.li.da.de *s.f.* **1.** Modo de existir. **2.** Maneiras exteriores e particulares de ser. **3.** Tipo, espécie. **4.** Condição.

Mo.de.lar¹ *adj.2g.* Exemplar; que serve de modelo; perfeito.

Mo.de.lar² *v.t.* **1.** Representar por meio de modelo. **2.** Fazer o modelo ou o molde de. **3.** Reproduzir exatamente em pintura. **4.** Ajustar-se a. **5.** Traçar, delinear, dar forma a. **6.** Afeiçoar. **7.** Contornar. **8.** Tomar como modelo.

Mo.de.lo (ê) *s.m.* **1.** Aquilo que serve ou deve servir como objeto de imitação. **2.** Desenho de peça de vestuário; molde. **3.** Desenho ou projeto de máquina etc. **4.** Pessoa, objeto ou fato dotado (a) de características especiais, que fazem dele (ou dela) representante ideal de sua categoria: *Romu é um modelo de filho.* **5.** Pessoa ou qualquer objeto que serve para estudo prático de pintores ou escultores. **6.** Tipo idealizado de um objeto a ser reproduzido industrialmente: *A Volks lançou um novo modelo para o ano 2000.* **7.** Tipo, exemplar. *s.2g.* **8.** Pessoa que desfila em lojas de modas, exibindo vestes à clientela; manequim.

Mo.dem (contr. de *modulador/demodulador*) (ing.) *s.m.* Elemento periférico do computador que possibilita a transmissão de dados de uma máquina para outra via linha telefônica.

Mo.de.rar *v.t.* **1.** Conter nos limites convenientes. **2.** Pôr em meio-termo. **3.** Acomodar às conveniências. **4.** Regrar. **5.** Regular. **6.** Reprimir. **7.** Tornar menor ou menos intenso. **8.** Reger, dirigir. *v.p.* **9.** Proceder com moderação. **10.** Ser comedido. **11.** Evitar excessos.

Mo.der.ni.ce *s.f.* Preferência exagerada por coisas novas, modernas.

Mo.der.nis.mo *s.m.* **1.** Excessiva afeição às coisas modernas com menosprezo das antigas, especialmente em arte, literatura e religião. **2.** LITER Movimento de renovação literária surgido no Brasil a partir da Semana de Arte Moderna de 1922.

Mo.der.no *adj.* **1.** Dos dias de hoje; recente. **2.** Usado desde pouco tempo. **3.** Presente, atual. **4.** Que está na moda. **5.** Contemporâneo. *s.m.* **6.** Aquilo que é moderno. • *Ant.: antigo.*

Mo.dés.tia *s.f.* **1.** Qualidade de modesto. **2.** Ausência de vaidade. **3.** Despretensão, desambição. **4.** Comedimento, compostura, reserva. **5.** Simplicidade. • *Ant.: imodéstia.*

Mo.des.to *adj.* **1.** Parco, pequeno, exíguo. **2.** Econômico, barato. **3.** Modesto.

Mo.di.fi.car *v.t.* **1.** Mudar a forma a. **2.** Dar novo modo de ser a. **3.** Moderar, conter. **4.** Alterar (ampliando ou restringindo) o sentido de; mudar, emendar. *v.p.* **5.** Sofrer modificação. **6.** Moderar-se, restringir-se, mudar-se.

Mo.di.nha *s.f.* Cantiga popular brasileira, sentimental ou triste; moda.

Mo.dis.mo *s.m.* **1.** Modo de falar aceito pelo uso, mas que às vezes foge às regras gramaticais. **2.** O que está na moda em caráter passageiro.

Mo.dis.ta *s.2g.* **1.** Pessoa que faz vestidos ou chapéus para senhoras. **2.** Pessoa que canta modas ou modinhas.

Mo.do *s.m.* **1.** Maneira de ser. **2.** Meio, maneira. **3.** Forma, feitio. **4.** Método. **5.** Qualidade. **6.** Prática. **7.** Jeito, arte. **8.** Preceito. **9.** GRAM Flexão pela qual o verbo exprime a atitude do sujeito que fala em face do processo verbal.

Mo.dor.ra (ô) *s.f.* **1.** Prostração mórbida. **2.** Sono leve e curto. **3.** Doença do gado bovino. **4.** FIG Apatia, moleza, indolência. • *Var.: madorra* e *madorra.*

Mo.du.la.ção *s.f.* **1.** Ato ou efeito de modular; entoação. **2.** MÚS Passagem de um tom para outro. **3.** Facilidade em modular. Melodia, suavidade no cantar.

Mo.du.lar *v.t.* **1.** Cantar ou tocar mudando de tom, segundo as regras da harmonia. **2.** Dizer, tocar ou cantar melodiosamente. **3.** *v.int.* Cantar em harmonia.

Mó.du.lo *s.m.* **1.** ARQUIT Medida reguladora das proporções que devem guardar entre si as diversas partes de um edifício. **2.** Diâmetro comparativo das medalhas ou moedas. **3.** Quantidade que se toma como unidade de qualquer medida. **4.** MÚS Requebro de voz; modulação. **5.** ASTRONAUT Seção ou unidade independente de um veículo espacial.

Mo.e.da *s.f.* **1.** Peça, geralmente de metal, cunhada por autoridade soberana, e representativa do valor dos objetos por que por ela se trocam. **2.** Tudo o que tem valor moral ou intelectual.

Mo.e.dei.ro *s.m.* Fabricante de moedas.

Mo.e.gem *s.f.* **1.** Moagem. **2.** Porção de qualquer grão que se mói de cada vez.

Mo.e.la *s.f.* Terceiro estômago das aves.

Mo.en.da *s.f.* **1.** Peça que mói; mó. **2.** Ato de moer ou triturar; moinho. **3.** Instrumento destinado a esmagar a cana-de-açúcar, nas usinas.

Mo.er *v.t.* **1.** Triturar, esmagar. **2.** Reduzir a pó. **3.** Mastigar. **4.** Repassar muitas vezes no espírito. **5.** Fatigar, importunar. **6.** Pisar com pancadas. **7.** Sovar. **8.** Repisar, repetir. **9.** Apertar muito. **10.** Magoar-se. *v.int.* **11.** Trabalhar (o moinho). *v.p.* **12.** Cansar-se. **13.** Fatigar-se, afligir-se.

Mo.fa *s.f.* Escárnio, zombaria, troça, motejo.

Mo.fi.no *adj.* **1.** Infeliz, acanhado. **2.** Turbulento. **3.** Importuno. **4.** Avarento. **5.** Covarde, poltrão. **6.** Adoentado, indisposto. *s.m.* **7.** POP O diabo. **8.** Indivíduo mofino, covarde.

Mo.fo (ô) *s.m.* Bolor, bafio. • *Pl.: mofos* (ô).

Mo.gno *s.m.* **1.** Árvore da América tropical, especialmente das Antilhas, de madeira dura, muito apreciada para mobiliário. **2.** Essa madeira.

Mo.i.nho *s.m.* **1.** Engenho para moer cereais. **2.** Máquina para triturar qualquer coisa. **3.** Azenha, moenda.

Moi.ta *s.f.* **1.** Mata pequena e densa de plantas arborescentes. *interj.* **2.** Designa silêncio, ou que nada se respondeu.

Mo.la *s.f.* **1.** Lâmina geralmente de metal, para dar impulso ou resistência a qualquer peça. **2.** FIG Tudo que concorre para o movimento de alguma coisa. **3.** Causa, agente.

Mo.lam.bo *s.m.* **1.** Pedaço de pano velho, roto e sujo. **2.** Vestido velho ou esfarrapado. **3.** FIG Indivíduo decadente, de caráter fraco.

Mo.lar *adj.* **1.** Relativo a mola. **2.** Próprio para moer ou triturar. **3.** Que se mói bem. **4.** Diz-se dos dentes que moem os alimentos. *s.m.* **5.** Dente molar.

Mol.da.gem *s.f.* Operação de moldar.

Mol.dar *v.t.* **1.** Fazer os moldes de. **2.** Acomodar. **3.** Fundir, vazando no molde. **4.** FIG Dar forma ou contorno a. **5.** Adaptar. **6.** Afeiçoar. **7.** Conformar. *v.p.* **8.** Acomodar-se, adaptar-se, conformar-se. **9.** Adquirir feitio.

Mol.da.vo, mol.dá.vio ou **mol.do.vo** *adj.* e *s.m.* **1.** Relativo à República da Moldávia (Europa) ou o que é seu natural ou habitante. **2.** Diz-se ou da língua românica falada pelos moldávios.

MOLDE — MONONUCLEOSE

Mol.de *s.m.* **1.** Modelo oco, formado de diversas peças, para nele se fundirem obras de metal. **2.** Toda peça de madeira, papel, papelão etc., que serve para por ela se cortar, fazer dispor uma coisa. **3.** Modelo. **4.** Norma, exemplo. **5.** A caixa da matriz para a fundição de caracteres.

Mol.do.vo *adj.* ⇒ **Moldavo.**

Mol.du.ra *s.f.* **1.** Caixilho para guarnecer quadros, estampas etc. **2.** Ornato saliente em obras de arquitetura. **3.** Ornamento, enfeite.

Mo.le¹ *adj.* **1.** Que cede à compressão. **2.** Brando. **3.** Preguiçoso; sem energia. **4.** Lânguido, efeminado. **5.** Sem dificuldade; fácil.

Mo.le² *s.f.* **1.** Grande massa sem forma ou volume. **2.** Grande quantidade de qualquer coisa.

Mo.lé.cu.la *s.f.* **1.** A menor quantidade de matéria que pode existir no estado livre. **2.** Pequenina parte de um corpo.

Mo.lei.ra *s.f.* **1.** Dona de moinho. **2.** Mulher que trabalha em moinho. **3.** Mulher do moleiro. **4.** Parte membranosa do crânio dos recém-nascidos; fontanela.

Mo.lei.rão *adj.* e *s.m.* Molenga. ◆ *Fem.: moleirona.*

Mo.lei.ro *s.m.* **1.** Dono de moinho. **2.** Aquele que se ocupa de trabalhos de moinho.

Mo.le.jo (ê) *s.m.* **1.** Funcionamento das molas (de veículo, poltrona etc.). **2.** Ato ou efeito de menear o corpo, de requebrar-se, de gingar. **3.** Malemolência ('jogo de atitudes', 'ritmo gingado').

Mo.len.ga *adj.2g.* **1.** Diz-se de, ou pessoa muito mole, indolente, preguiçosa. **2.** Diz-se de, ou pessoa acanhada, apática.

Mo.le.que *s.m.* **1.** Menino de pouca idade. **2.** Menino malcriado. **3.** Pessoa sem caráter. **4.** Indivíduo brincalhão, engraçado. ◆ *Col.: molecada.*

Mo.les.tar *v.t.* **1.** Afetar, atacar (falando de moléstia). **2.** Maltratar, magoar. **3.** Enfadar, incomodar. **4.** Causar dano ou prejuízo a. **5.** Oprimir, ofender, melindrar. **6.** Penalizar. **7.** Desgostar. *v.p.* **8.** Mostrar-se magoado, sentido, importunado.

Mo.lés.tia *s.f.* **1.** Qualquer doença. **2.** Enfermidade, mal-estar.

Mo.les.to *adj.* **1.** Que molesta, enfada, incomoda. **2.** Penoso, árduo. ◆ *Ant.: agradável.*

Mo.le.tom *s.m.* **1.** Tecido de lã fina ou de algodão semelhante a esse tecido. **2.** Agasalho feito desse tecido.

Mo.lha.de.la *s.f.* **1.** Ato ou efeito de molhar(-se). **2.** Banho rápido.

Mo.lha.do *adj.* **1.** Umedecido com qualquer líquido. *s.m.* **2.** Lugar umedecido por um líquido que nele caiu ou se entornou.

Mo.lhar *v.t.* **1.** Embeber em líquido. **2.** Banhar. **3.** Umedecer levemente. **4.** Cobrir de líquido. *v.p.* **5.** Receber ou entornar líquido sobre si.

Mo.lhe *s.m.* Paredão construído à entrada do porto, para abrigar navios ou quebrar o ímpeto do mar.

Mo.lhei.ra *s.f.* Vasilha para servir molhos.

Mo.lho¹ *s.m.* **1.** Porção de chaves presas a uma argola. **2.** Pequeno feixe; maço.

Mo.lho² (ô) *s.m.* Espécie de caldo com que se comem ou refogam certos pratos.

Mo.lib.dê.nio *s.m.* Metal de número atômico 42, peso atômico 95,94, ponto de fusão 2.500° aproximadamente. (Foi isolado pela primeira vez por Hjelm, em 1782, e seu minério principal é a molibdenita. É branco acinzentado, dútil, suscetível de receber polimento). ◆ *Símb.: Mo.*

Mo.lí.cie *s.f.* Languidez, moleza, indolência.

Mo.li.ne.te (ê) *s.m.* **1.** Aparelho para medir a velocidade dos cursos de água. **2.** Carretel de linha de pescar. **3.** Catraca, borboleta.

Mo.len.ga *adj.* e *s.2g.* Molenga.

Mo.lus.co *s.m.* Animal invertebrado, de corpo mole, em geral envolvido em uma concha.

Mo.men.tâ.neo *adj.* **1.** Que só dura um momento. **2.** Instantâneo, rápido. **3.** Passageiro, transitório. ◆ *Ant.: duradouro.*

Mo.men.to¹ *s.m.* **1.** Espaço pequeníssimo, mas indeterminado de tempo. **2.** Oportunidade, ocasião oportuna, lance.

Mo.men.to² *adj.* Que faz momices.

Mo.men.to.so (ô) *adj.* **1.** Importante. **2.** De grande interesse. **3.** Atual, do momento. **4.** Que exige solução urgente.

Mo.mi.ce *s.f.* **1.** Careta, trejeito. **2.** Gesto ridículo. **3.** Hipocrisia, falsidade. ◆ É mais usado no pl.: *momices*.

Mo.mo *s.m.* **1.** Representação mímica. **2.** Momices, trejeitos grotescos e ridículos. **3.** Escárnio, zombaria. **4.** Mímica, pantomima. **5.** ANT Farsa satírica. **6.** Ator dessa farsa. **7.** Rei Momo. ◆ **Rei Momo:** figura que personifica o carnaval ou a micareta.

Mo.na.cal *adj.2g.* Relativo a monge ou à vida dos conventos.

Mo.nar.ca *s.m.* Soberano vitalício, em geral hereditário, de uma nação ou Estado; rei.

Mo.nar.quis.mo *s.m.* Sistema político dos monarquistas.

Mo.nas.té.rio *s.m.* Mosteiro.

Mo.nás.ti.co *adj.* Monacal.

Mon.ção *s.f.* **1.** Época do ano ou tempo favorável à navegação. **2.** FIG Ocasião favorável, oportunidade, ensejo.

Mo.ne.tá.rio *adj.* **1.** Relativo ou pertencente à moeda. *s.m.* **2.** Coleção de moedas. **3.** Livro com gravuras de moedas.

Mon.ge *s.m.* **1.** Religioso ou frade que se refugia em um mosteiro para viver na contemplação e no estudo. **2.** Cenobita, anacoreta. **3.** FIG Misantropo. ◆ *Fem.: monja.*

Mon.go.lis.mo *s.m.* Tipo de aberração cromossômica que provoca no indivíduo profundo déficit intelectual e modificações na aparência física.

Mon.go.loi.de *adj.e.2g.* **1.** Semelhante a mongol. *adj.* e *s.2g.* **2.** Diz-se de, ou pessoa que sofre de mongolismo.

Mo.ni.tor (ô) *s.m.* **1.** Estudante mais adiantado, encarregado de ensinar aos outros. **2.** Auxiliar de instrução encarregado de fazer cumprir o estatuto e as normas da escola; decurião.

Mo.ni.to.rar *v.t.* Acompanhar e avaliar, segundo determinados dados técnicos.

Mo.ni.tó.ria *adj.* e *s.f.* Diz-se da carta, ou a carta que um juiz, geralmente eclesiástico, endereça a alguém que tenha conhecimento de um fato, intimando-o a depor.

Mo.ni.tó.rio *adj.* **1.** Que adverte, repreende. **1.1** Relativo a monitória; monitorial.

Mo.ni.to.ri.zar *v.t.* Monitorar.

Mon.jo.lo *s.m.* Engenho tosco, movido a água, para pilar milho ou descascar café.

Mo.no- *el.comp.* 'Único': *monocultura.*

Mo.no *s.m.* **1.** Macaco bugio. **2.** FIG Pessoa feia e tacanha. **3.** Indivíduo macambúzio.

Mo.no.blo.co *adj.* Diz-se do motor ou aparelho que é fabricado num só bloco.

Mo.no.ci.clo *s.m.* Velocípede de um só roda.

Mo.no.cór.dio *s.m.* Instrumento musical de uma só corda.

Mo.no.co.ti.le.dô.neo *adj.* BOT Que tem um só cotilédone.

Mo.no.cro.má.ti.co *adj.* **1.** De uma só cor. **2.** Diz-se da radiação que apresenta uma só frequência.

Mo.nó.cu.lo *adj.* **1.** Que tem um só olho. *s.m.* **2.** Luneta de um só vidro.

Mo.no.cul.tu.ra *s.f.* Cultura de uma só especialidade agrícola. ◆ Opõe-se a *policultura.*

Mo.no.fo.bi.a *s.f.* Horror mórbido à solidão.

Mo.no.ga.mi.a *s.f.* Casamento com um só cônjuge.

Mo.no.gra.fi.a *s.f.* **1.** Dissertação ou tratado acerca de um ponto particular de uma ciência, arte etc. **2.** Estudo histórico ou geográfico acerca de uma pessoa ou localidade.

Mo.no.gra.ma *s.m.* Entrelaçamento das letras iniciais ou principais do nome de alguém, que lhe serve de marca ou emblema.

Mo.nó.li.to *s.m.* **1.** Obra ou monumento feito de um só bloco de pedra. **2.** Pedra de grandes dimensões. ◆ *Var.: monolito.*

Mo.nó.lo.go *s.m.* Peça teatral ou cena em que fala um só ator; solilóquio.

Mo.no.ma.ni.a *s.f.* Mania ou loucura em que predomina uma ideia fixa.

Mo.no.mo.tor (ô) *adj.* e *s.m.* Diz-se de, ou veículo movido por um só motor.

Mo.no.nu.cle.o.se *s.f.* MED Presença de leucócitos mononucleares em número elevado no sangue circulante.

MONOPLANO — MORDER

Mo.no.pla.no *s.m.* **1.** Espécie de aeroplano de um só plano de sustentação *adj.* **2.** Que tem um só plano.

Mo.no.pó.lio *s.m.* **1.** Tráfico exclusivo. **2.** Exploração exclusiva de negócios ou empresa, em virtude de privilégio. **3.** Posse exclusiva. **4.** Açambarcamento de mercadorias para serem vendidas à vontade do vendedor.

Mo.no.po.li.zar *v.t.* **1.** Fazer ou ter monopólio de; açambarcar. **2.** Explorar abusivamente, sem concorrentes; abarcar.

Mo.nos.sí.la.bo *adj.* **1.** Monossilábico. *adj.* e *s.m.* **2.** Diz-se ou palavra ou verso de uma só sílaba.

Mo.no.te.ís.mo *s.m.* Doutrina ou religião que só admite um Deus único.

Mo.no.to.ni.a *s.f.* **1.** Uniformidade fastidiosa de tom. **2.** Falta de variedade. **3.** Insipidez. **4.** Qualidade de monótono.

Mo.no.tri.lho *adj.* **1.** Que só tem um trilho. *s.m.* **2.** Ferrovia que só utiliza um trilho de rolamento.

Mó.xi.do (cs) *s.m.* Óxido que tem só átomo de oxigênio por molécula.

Mon.se.nhor (ô) *s.m.* Título honorífico que o papa concede a seus camareiros, a alguns prelados, e, fora da Itália, a alguns eclesiásticos distintos. • *Abrev.:* mons.

Mons.tren.go *s.m.* **1.** Pessoa desajeitada, malfeita de corpo, disforme. **2.** Pessoa que não tem jeito para nada. • *Var.:* mostrengo.

Mons.tro *s.m.* **1.** Animal ou vegetal que, no todo ou em algumas de suas partes, se afasta da estrutura ou da conformação natural dos da sua espécie ou sexo. **2.** Figura grotesca e colossal. **3.** Recém-nascido grotescamente anormal. **4.** Pessoa que inspira horror ou aversão. **5.** FIG Indivíduo cruel, perverso, desumano. **6.** POP Pessoa admirável sob qualquer aspecto. *adj.* **7.** Muito grande.

Mon.ta *s.f.* **1.** Soma total de uma conta. **2.** Montante, valor. **3.** Importância, significado. **4.** Gravidade. **5.** Acasalamento de animais de reprodução.

Mon.ta.do.ra (ô) *s.f.* Tipo de fábrica onde o produto final resulta da combinação de peças e subprodutos mecânicos produzidos nas fábricas de processamento.

Mon.ta.gem *s.f.* **1.** Ato ou efeito de montar. **2.** Preparação das peças de um maquinismo para que ele funcione. **3.** TEAT Preparo do material (cenário, figurinos, iluminação etc.) de uma peça de teatro.

Mon.ta.nha *s.f.* **1.** Série de montes; serrania. **2.** Monte elevado e de grande volume.

Mon.ta.nha-rus.sa *s.f.* **1.** Espécie de deslizador com declives e aclives muito bruscos, onde corre um vagonete tripulado. **2.** Variedade de doce. • *Pl.:* montanhas-russas.

Mon.ta.nhês *adj.* e *s.m.* **1.** Que, ou que vive nas montanhas. **2.** Próprio das montanhas; alpestre. **3.** Montanhoso.

Mon.ta.nhis.mo *s.m.* Esporte que consiste em escalar montanhas, rochas etc. ou nelas fazer excursões; alpinismo.

Mon.tan.te *s.m.* **1.** Espada comprida antiga que se brandia com ambas as mãos. **2.** Valor, importância. *adj.* **3.** Que sobe, que se eleva. • *A montante:* rio acima • *Opõe-se a jusante.*

Mon.tão *s.m.* **1.** Porção de coisas sobrepostas. **2.** Acervo. **3.** Acumulação, desordenada.

Mon.tar *v.t.* **1.** Colocar-se sobre (uma cavalgadura). **2.** Colocar sobre. **3.** Fornecer o que é preciso a. **4.** Ser capaz de. **5.** Abranger. **6.** Pôr a funcionar; abrir, instalar. *v.int.* **7.** Praticar a equitação. **8.** Pôr-se a cavalo. **9.** Importar, atingir. **10.** Ter importância.

Mon.ta.ri.a *s.f.* Animal que se pode montar; cavalgadura.

Mon.te *s.m.* **1.** Elevação de terra consideravelmente maior que a colina. **2.** Porção, acervo; ajuntamento. **3.** Conjunto dos bens de uma herança. **4.** Espécie de jogo de azar. **5.** O conjunto das apostas dos parceiros em cada mão de um jogo. • *Aum.:* montão. • *Dim.:* montinho, montículo.

Mon.te.pi.o *s.m.* **1.** Associação em que, mediante certas condições, se adquire o direito de, por morte, deixar pensão à viúva ou pessoa designada. **2.** Essa pensão.

Mon.tês *adj.* **1.** Dos montes; que vive nos montes. **2.** Rústico, bravio, selvagem. • *Var.:* montesinho.

Mon.to.ei.ra *s.f.* Grande quantidade.

Mon.tu.ro *s.m.* **1.** Lugar onde se jogam as imundícies e se depositam dejeções. **2.** Monte de lixo. **3.** FIG Montão de coisas repugnantes.

Mo.nu.men.tal *adj.* **1.** Relativo a monumento. **2.** Grandioso, suntuoso, magnífico. **3.** Enorme, extraordinário.

Mo.nu.men.to *s.m.* **1.** Obra ou construção destinada a transmitir à posteridade a memória de fato ou pessoa notável. **2.** Edifício majestoso. **3.** Obra notável. **4.** Mausoléu. **5.** Memória, recordação.

Mo.que.ca *s.f.* Guisado de peixe ou marisco, temperado com coco, pimenta e azeite de dendê.

Mor *adj.2g.* Forma sincopada de *maior*, como *capitão-mor, altar-mor* etc.

Mo.ra *s.f.* **1.** Demora, delonga. **2.** Alargamento de prazo, para pagamento.

Mo.ra.da *s.f.* **1.** Lugar onde se mora ou reside. **2.** Residência, domicílio, habitação. **3.** Estada, permanência.

Mo.ra.di.a *s.f.* **1.** Morada, habitação. **2.** Tempo durante o qual se morou num lugar.

Mo.ral *s.f.* **1.** Parte da Filosofia que trata dos costumes ou dos deveres do homem. **2.** Conclusão moral que se tira de uma obra, de um fato etc. *s.m.* **3.** Conjunto das nossas faculdades morais. **4.** O que há de moralidade em qualquer coisa. **5.** Brio, vergonha. **6.** Autoridade moral. **7.** Ânimo. *adj.2g.* **8.** Relativo aos bons costumes. **9.** Bom, virtuoso. • *Opõe-se a imoral.* **10.** Relativo ao domínio espiritual. • *Opõe-se a físico ou material.*

Mo.ra.li.da.de *s.f.* **1.** Qualidade do que é moral. **2.** Reflexão moral. **3.** Conceito moral de certas fábulas ou narrativas.

Mo.ra.lis.mo *s.m.* **1.** Sistema filosófico que trata exclusivamente da moral. **2.** Excesso de preocupações morais.

Mo.ra.li.zar *v.t.* **1.** Tornar conforme aos princípios da moral. **2.** Infundir ideias sãs em. **3.** Corrigir os costumes de. *v.int.* **4.** Fazer reflexões morais.

Mo.ran.ga *s.f.* **1.** Certa variedade de abóbora. *adj.* **2.** Diz-se dessa variedade.

Mo.ran.go *s.m.* Infrutescência comestível do morangueiro.

Mo.rar *v.int.* **1.** Residir, habitar, viver. **2.** Achar-se. **3.** GÍR Entender, compreender.

Mo.ra.tó.ria *s.f.* Prorrogação de prazo concedida pelo credor ao devedor, para pagamento de dívida.

Mo.ra.tó.rio *adj.* Que concede dilação para pagamento de uma dívida; dilatório.

Mor.bi.dez (ê) *s.f.* **1.** Quebrantamento do corpo ou do espírito. **2.** Moleza, enfraquecimento doentio; languidez. **3.** Suavidade ou delicadeza nas cores de um retrato ou escultura.

Mór.bi.do *adj.* **1.** Relativo a doença; patológico. **2.** Que causa doença; doentio. **3.** Amargo, entristecido. **4.** Horrível, horripilante. **5.** Lânguido, frouxo. **6.** Suave (falando de pintura ou escultura).

Mor.ce.go (ê) *s.m.* **1.** Gênero do mamíferos voadores noturnos. *s.m.* **2.** FAM Pessoa que só de noite sai de casa.

Mor.ce.la *s.f.* Espécie de chouriço em que entra principalmente o sangue de porco; chouriço doce.

Mor.da.ça *s.f.* **1.** Objeto com que se tapa a boca de alguém para que não fale nem grite. **2.** Açaimo, focinheira. **3.** FIG Repressão da liberdade de escrever ou falar; arrocho.

Mor.daz *adj.* **1.** Que morde. **2.** Corrosivo, destrutivo. **3.** Pungente. **4.** Maledicente, satírico em excesso. **5.** Severo. • *Sup.abs.sint.:* mordacíssimo.

Mor.den.te *adj.2g.* **1.** Que morde. **2.** Mordaz. **3.** Provocante, excitante. *s.m.* **4.** Instrumento com que os tipógrafos marcam as linhas que vão copiando. **5.** Preparado que pintores e tintureiros usam para fixar cores.

Mor.der *v.t.* **1.** Comprimir ou apertar com os dentes. **2.** Ferir com os dentes. **3.** Fazer doer. **4.** Atormentar. **5.** Gastar. **6.** Tostar, queimar. **7.** Penetrar em. **8.** Agarrar-se a. **9.** Ralar. **10.** Desgostar. **11.** Afligir. **12.** Estimular, instigar. **13.** Criticar; dizer mal de. *v.int.* **14.** Pedir por hábito dinheiro emprestado. **15.** Dar dentadas. **16.** Ser picante. **17.** Aceitar (a isca). **18.** Tomar o gosto. *v.p.* **19.** Dar dentadas em si

MORDISCAR — MOSTARDA

próprio. **20.** Deixar-se possuir por sentimento condenável (raiva, inveja, despeito etc.); desesperar-se, enraivecer-se.

Mor.dis.car *v.t.* **1.** Morder levemente repetidas vezes; morder ligeiramente. **2.** Beliscar. **3.** FIG Estimular, pungir, picar.

Mor.do.mi.a *s.f.* **1.** Ofício ou cargo de mordomo. **2.** BRAS O conjunto das facilidades e vantagens (moradia, condução, alimentação etc.) de certos funcionários públicos ou privados. **3.** POP Regalia, bem-estar, conforto.

Mor.do.mo *s.m.* Administrador dos bens de uma casa, irmandade etc.

Mo.re.no *adj.* e *s.m.* **1.** Que, ou aquele que tem cor trigueira. **2.** Diz-se do, ou o indivíduo de raça branca que tem cabelos negros ou escuros.

Mor.féi.a *s.f.* MED Lepra; elefantíase.

Mor.fe.ma *s.m.* O menor elemento linguístico que exprime uma ideia (radical, prefixo, sufixo), ou que exprime uma relação entre ideias (desinências).

Mor.fi.na *s.f.* Alcaloide extraído do ópio, dotado de propriedades soporíficas e calmantes.

Mor.fo.lo.gi.a *s.f.* **1.** Tratado das formas de que a matéria pode se revestir. **2.** Parte da gramática que trata da forma e transformação das palavras.

Mor.ga.do *s.m.* **1.** Certos bens ou propriedades que não podiam vender-se e que, por morte do possuidor, passavam a um só herdeiro. **2.** Possuidor desses bens. **3.** Filho mais velho ou filho único. **4.** FIG Coisa rendosa.

Mor.gue *s.m.* Necrotério.

Mo.ri.bun.do *adj.* **1.** Diz-se de, ou o que está morrendo; agonizante. **2.** Desfalecido, amortecido.

Mo.rim *s.m.* Pano branco e fino de algodão.

Mo.rin.ga *s.f.* Vasilha de barro para água; bilha, quartinha.

Mor.ma.ço *s.m.* Tempo quente e abafado com o sol meio encoberto.

Mor.men.te *adv.* Principalmente, sobretudo.

Mor.mo (ô) *s.m.* VET Doença infectocontagiosa do gado cavalar e asinino, que ocasiona corrimento de pus pelas vias nasais.

Mór.mon *s.m.* Diz-se de, ou seguidor do mormonismo. ● *Pl.*: *mórmons* e *mórmones*.

Mor.no (ô) *adj.* **1.** Pouco quente; tépido. **2.** FIG Sem energia. **3.** Sereno. **4.** Monótono, insípido.

Mo.ro.so (ô) *adj.* **1.** Que anda ou procede com lentidão. **2.** Lento, demorado. ● *Ant.*: *rápido*.

Mor.re.mor.rer *v.int.* Morrer devagar, aos poucos; perder a vida lentamente.

Mor.rer *v.int.* **1.** Deixar de viver; falecer, perecer. **2.** Extinguir-se, acabar-se. **3.** Afrouxar gradualmente. **4.** Estiolar-se. **5.** Interromper-se. **6.** Desaparecer. **7.** Parar de funcionar (motor). **8.** Cair no esquecimento. **9.** FIG Desmaiar, desabrochar. **10.** FIG Perder o brilho ou a intensidade. *v.t.* **11.** Passar. **12.** Sofrer. *v.p.* **13.** Finar-se. **14.** Padecer intensamente ● *Ant.*: *nascer*, *viver*.

Mor.ri.nha *s.f.* **1.** Sarna epidêmica do gado. **2.** Achaque, mal-estar. **3.** POP Ligeira enfermidade. **4.** Mau cheiro exalado por pessoa ou animal; bodum, catinga.

Mor.ro (ô) *s.m.* **1.** Monte pouco elevado. **2.** Outeiro, colina. **3.** BRAS Favela.

Mor.sa *s.f.* ZOOL Gênero de mamíferos anfíbios dos mares polares.

Mor.ta.de.la *s.f.* Tripa ou bexiga recheada de carne de boi ou de porco.

Mor.tal *adj.2g.* **1.** Que está sujeito a morrer. **2.** Que produz a morte. **3.** Encarniçado, figadal. **4.** Transitório, passageiro, efêmero. **5.** Capital, profundo. *s.m.* **6.** O homem, o ser humano.

Mor.ta.lha *s.f.* **1.** Vestidura com que se envolve o morto a ser sepultado. **2.** Pequeno pedaço de papel ou de palha em que se embrulha o fumo de cigarro. **3.** Vestimenta branca que os penitentes usam nas procissões. **4.** Veste carnavalesca usada pelos componentes de um bloco. **5.** Certa ave.

Mor.ta.li.da.de *s.f.* Qualidade de mortal; mortandade, obituário.

Mor.tan.da.de *s.f.* **1.** Grande número de mortes. **2.** Carnificina, morticínio.

Mor.te *s.f.* **1.** Ato de morrer. **2.** O fim, a cessação da vida animal ou vegetal. **3.** Fim, termo. **4.** Destruição; causa de ruína. **5.** Grande desgosto.

Mor.tei.ro *s.m.* **1.** Canhão curto de boca larga. **2.** Pequena peça de ferro, que se carrega com pólvora para dar tiros ou fazer explosão festiva. **3.** Gral, almofariz. *adj.* **4.** Amortecido. **5.** Sensual.

Mor.ti.cí.nio *s.m.* Matança de grande número de pessoas indefesas; mortandade.

Mor.ti.ço *adj.* **1.** Prestes a apagar-se, a extinguir-se. **2.** Sem brilho, sem colorido; desanimado.

Mor.tí.fe.ro *adj.* Que causa a morte; mortal.

Mor.ti.fi.car *v.t.* **1.** Diminuir a vitalidade de (alguma parte do corpo). **2.** Entorpecer. **3.** Causar desgosto ou dissabor a; atormentar, apoquentar, afligir. **4.** Torturar. **5.** Castigar ou macerar o corpo com penitências. **6.** Apagar. **7.** Desvanecer, destruir, suprimir. *v.p.* **8.** Castigar o próprio corpo com penitências. **9.** Afligir-se, atormentar-se. **10.** Afadigar-se, extenuar-se (por trabalho ou outra atividade).

Mor.to (ô) *adj.* **1.** Que deixou de viver; defunto, falecido. **2.** Extinto, apagado. **3.** Sem brilho. **4.** Desbotado, desmaiado. **5.** Sem animação, sem atividade. **6.** Que não se usa mais (língua). **7.** Esquecido, olvidado. **8.** Seco (vegetal). **9.** Inerte. **10.** Ávido, muito desejoso. **11.** Profundamente dominado ou possuído (por um sentimento). *s.m.* **12.** Homem que morreu; cadáver humano. ● *Ant.*: *vivo*.

Mor.tu.a.lha *s.f.* **1.** Grande número de cadáveres. **2.** Funeral.

Mor.tu.á.rio *adj.* Relativo a morte ou aos mortos; fúnebre.

Mo.ru.bi.xa.ba *s.m.* **1.** Entre indígenas da Amazônia, o chefe temporal; cacique, curaca, murumuxaua, muruxaua, tuxaua. **2.** Mandachuva. **3.** Indivíduo que exerce funções de chefia; chefe, guia.

Mo.sai.co *s.m.* **1.** Pavimento feito de ladrilhos variegados, embutidos de pequenas pedras, que simulam um desenho. **2.** FIG Miscelânea. *adj.* **3.** Feito de mosaico ou à maneira de mosaico.

Mos.ca (ô) *s.f.* **1.** Gênero de insetos dípteros cujo tipo é a mosca doméstica. **2.** FIG Pessoa ou coisa importuna. **3.** Sinal preto que algumas senhoras usam no rosto. **4.** O que assiste ao jogo sem dele participar. **5.** Parasita. **6.** Pequena porção de barba que alguns homens deixam crescer sob o lábio inferior. **7.** Ponto forte com que os alfaiates rematam as costuras. ● *Mosca-morta*: pessoa indolente. ● *Andar às moscas*: ser pouco frequentado.

Mos.ca.do *adj.* Almiscarado, aromático.

Mos.ca.tel *adj.2g.* **1.** Diz-se de uma qualidade de uva muito apreciada e de que há várias espécies. *s.m.* **2.** Vinho dessa uva. **3.** Variedade de figo, de pera e de maçã.

Mos.ca-va.re.jei.ra *s.f.* Design. comum a diversas moscas, de várias fam., que depositam os ovos nos tecidos vivos ou mortos de vertebrados ou substâncias orgânicas em decomposição; seus ovos são vulgarm. conhecidos por vareja e suas larvas esbranquiçadas por bicheira; biru, mosca-da-carne, mosca-de-bicheira, mosca-vareja, varejeira. ● *Pl.*: *moscas-varejeiras*.

Mos.co.vi.ta *adj.2g.* **1.** De Moscou, capital da Rússia. *s.2g.* **2.** Pessoa natural ou habitante de Moscou.

Mos.que.te (ê) *s.m.* Arma de fogo do feitio da espingarda, porém muito mais pesada, e, por isso, ao ser usada, geralmente precisa ser apoiada numa forquilha.

Mos.que.tei.ro *s.m.* Soldado armado de mosquete.

Mos.qui.to *s.m.* **1.** Designação que se dá a pequenos insetos de duas asas, sendo alguns transmissores de moléstias. **2.** Nome que se dá, em regiões diamantíferas, ao diamante miúdo.

Mos.sa *s.f.* **1.** Vestígio ou sinal deixado num corpo por pancada ou pressão forte. **2.** Entalho, rebaixo na madeira. **3.** Cavidade nos dentes do pau de canga. **4.** FIG Impressão moral.

Mos.tar.da *s.f.* **1.** Mostardeira (planta). **2.** Semente de mostarda. **3.** Espécie de molho feito com a farinha dessa semente. **4.** FIG Estímulo, incentivo. **5.** Chumbo muito miúdo.

MOSTEIRO — MUCOSA

Mos.tei.ro *s.m.* **1.** Habitação de monges ou monjas. **2.** Convento, abadia.

Mos.to (ô) *s.m.* **1.** Sumo de uva, antes da fermentação completa. **2.** Suco, em fermentação, de qualquer fruta que contenha açúcar.

Mos.tra *s.f.* **1.** Ato ou efeito de mostrar. **2.** Exposição, exibição, manifestação, sinal. **3.** Aparência, aspecto.

Mos.tra.de.la *s.f.* FAM Ato ou efeito de mostrar.

Mos.tra.dor (ô) *adj.* e *s.m.* **1.** Que, ou o que mostra, revela, manifesta. *s.m.* **2.** A parte do relógio onde estão marcados as horas e os minutos. **3.** Painel de quaisquer instrumentos com ponteiros.

Mos.trar *v.t.* **1.** Fazer ver, expor à vista. **2.** Indicar com gesto; apontar. **3.** Dar sinal de. **4.** Aparentar, fingir. **5.** Exteriorizar, exibir. *v.p.* **6.** Revelar-se, manifestar-se. **7.** Aparecer em público. **8.** Dar provas de; exibir-se. ● *Ant.: ocultar.*

Mos.tren.go *s.m.* Monstrengo.

Mos.tru.á.rio *s.m.* Móvel, livro etc., em que se mostra ao freguês mercadorias à venda; mostrador. **2.** Vitrina.

Mo.te *s.m.* **1.** Legenda de brasão. **2.** Conceito ordinário expresso num dístico ou numa quadra, para ser glosado. **3.** Assunto, tema. **4.** Frase curta que os autores escrevem no princípio de seus livros ou na abertura de partes deles; epígrafe. **3.** Dito picante ou satírico; motejo.

Mo.te.jo (ê) *s.m.* **1.** Gracejo, gozação, zombaria. **2.** Dito picante.

Mo.tel *s.m.* **1.** Hospedaria de beira de estrada, destinada a motoristas e viajantes em trânsito. **2.** Hotel de alta rotatividade.

Mo.ti.li.da.de *s.f.* Faculdade de mover ou de mover-se; força motriz.

Mo.tim *s.m.* **1.** Tumulto popular contra a ordem normal ou contra a autoridade constituída. **2.** Sublevação popular, geralmente violenta; revolta. **3.** Desordem, alvoroço, barulho. **4.** Ruído, estrépito.

Mo.ti.var *v.t.* **1.** Dar motivos a; causar. **2.** Despertar o interesse. **3.** Estimular, incentivar. **4.** Expor o motivo; justificar.

Mo.ti.vo *adj.* **1.** Que pode fazer mover; motor. **2.** Que causa alguma coisa; causador. *s.m.* **3.** Fundamento, causa, razão. **4.** Fim, intuito. **5.** Escopo. **6.** Explicação, justificativa. **7.** Aquilo que o artista (pintor, músico etc.) escolhe como tema ou modelo.

Mo.to *s.m.* **1.** Movimento, giro. **2.** Impulso. **3.** Andamento musical. *s.f.* **4.** Forma red. de *motocicleta*.

Mo.to.bói *s.m.* Espécie de contínuo (de banco, empresa comercial, farmácia, pizzaria etc.) que faz entregas rápidas de motocicleta.

Mo.to.ca *s.f.* GÍR Motocicleta.

Mo.to.ci.cle.ta *s.f.* Veículo de duas rodas, movido por motor de explosão.

Mo.to.ci.clo *s.m.* Motocicleta.

Mo.to-con.tí.nuo *s.m.* Mecanismo que, sem parar, transforma em trabalho toda a energia recebida. ● *Pl.: motos-contínuos.*

Mo.to.cross (ing.) *s.m.* Corrida de moto em circuito de terra, repleto de curvas e acidentes.

Mo.to.náu.ti.ca *s.f.* Esporte praticado em pequenas embarcações motorizadas.

Mo.to.ne.ta (ê) *s.f.* Motocicleta de pequena cilindrada.

Mo.tor *s.m.* **1.** Engenho que imprime movimento ou ação a uma máquina. **2.** Máquina que movimenta um veículo, uma embarcação. *adj.* **3.** Que causa movimento.

Mo.to.ris.ta *s.2g.* Pessoa que guia automóvel ou qualquer outro veículo a motor; chofer.

Mo.tor.nei.ro *s.m.* Condutor de bonde.

Mo.tos.ser.ra *s.f.* Serra acionada por um motor, portátil, us. esp. para corte de madeira, árvores etc.

Mo.triz *adj.* e *s.f.* **1.** Que, ou o que faz mover. **2.** Diz-se de, ou força que dá movimento.

Mou.co *adj.* e *s.m.* Diz-se de, ou aquele que pouco ou nada ouve; surdo.

Mou.rão *s.m.* Tronco grosso em que se amarra gado ou que serve para sustentar arame de cercas.

Mou.re.jar *v.int.* **1.** Trabalhar muito (como um *mouro*). **2.** Lidar incansavelmente.

Mou.ris.co *adj.* **1.** Relativo ou pertencente a mouros. **2.** Diz-se de gato de cor cinzento-escura mesclada de tons mais claros. **3.** Variedade de uva.

Mou.ro *adj.* **1.** Relativo ou pertencente aos mouros; mourisco. **2.** Não batizado. **3.** Diz-se do cavalo escuro mesclado de branco. **4.** Moreno, trigueiro. *s.m.* **5.** O natural da parte da África ocidental (antiga Mauritânia), fronteira à Espanha. **6.** Muçulmano, sarraceno. **7.** Pessoa que trabalha muito.

Mouse (ing.) *s.m.* Dispositivo de entrada para terminal de computador, cuja forma encaixa na palma da mão do operador e é rolado sobre uma superfície lisa, movendo, correspondentemente, o cursor na tela, enviando sinais por um fio de conexão. ● *Pl.: mouses.*

Mo.ve.di.ço *adj.* **1.** Que se move com facilidade. **2.** Pouco firme, instável. **3.** FIG Volúvel.

Mó.vel *adj.2g.* **1.** Que se pode mover; movediço. **2.** Inconstante, volúvel. *s.m.* **3.** Qualquer peça de mobiliário. **4.** Qualquer corpo móvel. **5.** Motivo que opera tanto sobre o espírito como sobre o coração. **6.** Causa motriz; motor. **7.** Projétil.

Mo.ve.lei.ro *adj.* e *s.m.* **1.** Que, ou aquele que fabrica ou vende móveis. **2.** *adj.* Relativo a móveis.

Mo.ver *v.t.* **1.** Dar movimentos a. **2.** Deslocar. **3.** Mexer. **4.** Comover. **5.** Inspirar dó ou compaixão a. **6.** Provocar, perturbar, alterar, agitar. **7.** Persuadir, convencer. **8.** Exercer influência em. *v.p.* **9.** Estar ou pôr-se em movimento; mexer-se. **10.** Começar a andar. **11.** Deixar-se persuadir. **12.** Resolver-se a fazer alguma coisa. **13.** Comover. **14.** Passar, decorrer. **15.** Caminhar, dirigir-se.

Mo.vi.men.ta.ção *s.f.* **1.** Ato ou efeito de movimentar; movimento. **2.** Animação, vida. **3.** Azáfama.

Mo.vi.men.ta.do *adj.* Em que há movimento considerável.

Mo.vi.men.tar *v.t.* **1.** Dar movimento a. **2.** Pôr em movimento. **3.** Agitar em diversas direções. **4.** Animar. **5.** Mobilizar. *v.p.* **6.** Pôr-se em movimento; animar-se.

Mo.vi.men.to *s.m.* **1.** Mudança de um corpo ou de alguma das suas partes de um para outro lugar. **2.** Deslocação. **3.** Ação. **4.** Agitação de pessoas movendo-se em várias direções. **5.** Andamento. **6.** Transformação social; evolução. **7.** Marcha dos corpos celestes. **8.** Variedade. **9.** Ação. **10.** Impulso da alma. **11.** Vida, animação. **12.** Evolução de tropas; disposição à revolta.

Mo.vi.o.la *s.f.* Equipamento de edição cinematográfica constituído de visores, cabeças leitoras de som e outros acessórios.

Mo.xa (cs) *s.f.* MED Mecha de cotão ou de algodão, que os povos orientais aplicam acesa para cauterizar feridas.

Mo.xa.bus.tão *s.f.* Menos correto que moxibustão.

Mo.xi.bus.tão *s.f.* Cauterização com moxa para produzir uma contrairritação.

Mo.za.re.la ou **mu.ça.re.la** *s.f.* Tipo de queijo de origem italiana, cuja consistência é macia, a cor esbranquiçada, com sabor suave e forma arredondada.

MS Sigla do Estado de Mato Grosso do Sul.

MT Sigla do Estado de Mato Grosso.

Mu *s.m.* O mesmo que mulo e macho.

Mu.am.ba *s.f.* **1.** Espécie de canastra para transporte, na África. **2.** Mochila e, por extensão, todos os apetrechos dos soldados. **3.** Velhacaria, fraude. **4.** Furto de mercadorias de navios ancorados ou de armazéns da alfândega. **5.** Mercadoria contrabandeada. **6.** Venda e compra de coisas furtadas.

Mu.ca.ma *s.f.* Escrava preta de estimação, que tomava conta do serviço caseiro, ou acompanhava a ama ou pessoa da família.

Mu.ça.re.la *s.f.* ⇒ Mozarela.

Mu.ci.la.gem *s.f.* **1.** BOT Substância viscosa, próxima à celulose, encontrada em vários vegetais. **2.** Líquido espesso e gomoso.

Mu.co *s.m.* Líquido viscoso e semitransparente segregado pelas mucosas; mucosidade.

Mu.co.sa *s.f.* ANAT Tecido epitelial que cobre certas cavidades do corpo e que segrega muco.

MUÇULMANO — MUNDO

Mu.çul.ma.no *adj.* e *s.m.* Que(m) segue a doutrina de Maomé; maometano.

Mu.çum ou **mu.çu** *s.m.* Peixe teleósteo sinbranquiforme, da fam. dos sinbranquídeos (*Synbranchus marmoratus*), encontrado em rios, lagos e açudes da América do Sul; é desprovido de escamas, nadadeiras pares e bexiga natatória; a pele, amarelada nos adultos, secreta grande quantidade de muco [Em períodos de seca, vive durante meses enterrado em túneis; possui capacidade de sofrer reversão sexual.].

Mu.da *s.f.* **1.** Ato de mudar, mudança. **2.** Substituição de animais cansados, em jornadas longas, por outros descansados. **3.** Renovação do pelo, das penas ou da pele de certos animais. **4.** Plantas tiradas do viveiro para plantação definitiva. **5.** Troca (de roupa).

Mu.dar *v.t.* e *p.* **1.** Fazer ou sofrer mudança. **2.** Converter(-se) a. *v.t.* **3.** Deslocar de posição, posto etc.; remover, transferir. **3.1** Dar outra direção a; afastar, desviar. **3.2** Arrumar de outro modo; dispor em outra ordem; recombinar. *v.t.*, *int.* e *p.* **3.3** Transferir(-se) para outro local. **4.** Apresentar(-se) de modo diferente, física ou moralmente; alterar(-se), modificar(-se). *v.int.* **4.1** Cambiar, variar em decorrência de algum fenômeno. *v.t.* **4.2** Trocar por outro; substituir, variar. **4.3** Deixar uma coisa por outra. **5.** Modificar as características essenciais de (algo); descrever ou interpretar falsamente; desfigurar, deturpar. *v.p.* **6.** Desaparecer, faltar, fugir, passar.

Mu.do *adj.* **1.** Que não tem o uso da palavra, por defeito orgânico. **2.** Silencioso, calado. **3.** Que não soa. **4.** Diz-se de filme ou imagem sem som. **5.** FIG Taciturno. *s.m.* **6.** Aquele que é mudo.

Mues.li (al.-suç.) *s.m.* Mistura de flocos de cereal e frutos com leite. Também se trata *müsli*.

Mu.gi.do *s.m.* Voz dos bovídeos, especialmente do boi ou da vaca.

Mu.gir *v.int.* **1.** Dar mugidos (o boi, a vaca etc.). **2.** FIG berrar, branir. **3.** Estrondear (vento, mar). *v.t.* **4.** Soltar gritos semelhantes a mugidos.

Mui (üi) *adv.* Forma apocopada de muito.

Mui.ra.qui.tã *s.m.* Artefato talhado em pedra (esp. jade, pela cor esverdeada) ou madeira, representando pessoas ou animais (rã, peixe, tartaruga etc.), ao qual são atribuídas as qualidades sobrenaturais de amuleto; pedra das amazonas, pedra-verde [Era us. pelas amazonas e por elas presenteado aos visitantes.].

Mui.to (müi) *adj.* **1.** Que é em grande número; que é em grande abundância. *s.m.* **2.** Grande quantidade, grande valor. *adv.* **3.** Com excesso, abundantemente, em grande quantidade. **4.** Com força. *pron.indef.* **5.** Em grande número; vários.

Mu.la *s.f.* **1.** Híbrido do cavalo com a jumenta ou do jumento com a égua; besta. **2.** Pessoa estúpida. **3.** POP Adenite inguinal, de origem venérea.

Mu.lá *s.m.* No Islã xiita, título dado às personalidades religiosas, esp. aos doutores da lei corânica.

Mu.lam.bo *s.m.* ⇒ Molambo.

Mu.la sem ca.be.ça *s.f.* FOLCL Segundo a crendice popular, amante de padre que se transforma em uma mula sem cabeça em certas noites de lua cheia. ● *Pl.: mulas sem cabeça.*

Mu.la.to *s.m.* Aquele que procede de pai branco e mãe preta ou vice-versa.

Mu.le.ta (ê) *s.f.* **1.** Pau em que se apóiam os coxos ou aleijados das pernas. **2.** Tudo o que serve de apoio, arrimo, argumento. **3.** Pau com que o toureiro suspende a capa a fim de provocar o touro. **4.** Manivela de realejo.

Mu.lher *s.f.* **1.** Ser humano do sexo feminino. **2.** Pessoa do sexo feminino que atingiu a puberdade; moça. **3.** A mulher, em relação ao marido; esposa. **4.** Uma mulher qualquer; dama. ● *Aum.: mulherão, mulherona.* ● *Col.: mulherada, mulherama, mulherio.*

Mu.lhe.ren.go *adj.* e *s.m.* Diz-se de, ou homem que está sempre atrás de mulher.

Mu.lo *s.m.* Animal híbrido, estéril, resultado do cruzamento do jumento com a égua ou do cavalo com a jumenta; besta, burro, mu.

Mul.ta *s.f.* **1.** Ato ou efeito de multar. **2.** Pena, sanção pecuniária. **3.** Qualquer pena ou condenação. **4.** Condenação.

Mul.ti- *Elem. de comp.* que significa *muito, numeroso.* (Emprega-se com hífen antes de palavras iniciadas com i e h: *multibilionário, multicolorido, multiforme, multi-instrumental*.)

Mul.ti.cor (ô) *adj.2g.* Que tem muitas cores. ● *Var.: multicolor.*

Mul.ti.dão *s.f.* **1.** Grande número de pessoas ou coisas; montão. **2.** Aglomeração, povo. ● *Pl.: multidões.*

Mul.ti.di.re.ci.o.nal *adj.2g.* Que atinge ou funciona em várias direções.

Mul.ti.fá.rio *adj.* **1.** De grande variedade. **2.** Que oferece vários aspectos; variado.

Mul.ti.for.me *adj.2g.* **1.** Que tem muitas formas. **2.** Que se manifesta de diversas maneiras. ● *Ant.: uniforme.*

Mul.ti.la.te.ral *adj.2g.* Que se faz ou realiza entre várias nações, instituições ou pessoas.

Mul.ti.lín.gue *adj.2g.* Que é escrito ou falado em muitas línguas.

Mul.ti.mí.dia *s.f.* **1.** Uso de várias mídias (rádio, televisão, vídeo, jornal etc.) ao mesmo tempo. *adj.2g.* **2.** Relativo à multimídia. *s.2g.* **3.** Pessoa que se envolve com as várias mídias ao mesmo tempo.

Mul.ti.mi.lio.ná.rio *adj.* e *s.m.* Que, ou o que é possuidor de muitos milhões; riquíssimo.

Mul.ti.na.cio.nal *adj.* e *s.2g.* Diz-se de, ou empresa formada por capitais de dois ou mais países.

Mul.ti.par.ti.dá.rio *adj.* Relativo a, ou que admite a coexistência de vários partidos.

Mul.ti.pli.ca.ção *s.f.* **1.** Ato ou efeito de multiplicar. **2.** ARIT Operação que consiste em repetir o multiplicando tantas vezes quantas são as unidades do multiplicador.

Mul.ti.pli.ca.dor (ô) *adj.* **1.** Que multiplica. *s.m.* **2.** ARIT Designação do segundo fator numa multiplicação de dois números (por ex.: em 4 x 5 = 20, o multiplicador é 4).

Mul.ti.pli.can.do *s.m.* ARIT Número que se há de repetir tantas vezes quantas as unidades do multiplicador (por ex.: em 7 x 5 = 35, o multiplicando é 5).

Mul.ti.pli.car *v.t.* **1.** Aumentar o número de. **2.** Reproduzir. **3.** Repetir um número tantas vezes quantas as unidades do outro. *v.int.* **4.** Crescer em número. **5.** Fazer a multiplicação; propagar-se. *v.p.* **6.** Crescer em número; reproduzir-se. **7.** Desenvolver sozinho atividade como a de muitas pessoas.

Mul.ti.pli.ce *adj.2g.* **1.** Complexo, variado, copioso. **2.** Que se manifesta de vários modos. ● *Ant.: simples, singular.*

Múl.ti.plo *adj.* **1.** Que abrange muitas coisas. **2.** ARIT Que pode dividir-se por outro exatamente. **3.** GRAM Que abrange objetos diferentes. *s.m.* **4.** Número múltiplo. ● *Ant.: simples.*

Mul.ti.pro.ces.sa.dor (ô) *adj.* (Sistema informático) que possui mais de uma unidade central de processamento partilhando a mesma memória principal e unidades periféricas.

Mul.ti.pro.ces.sa.men.to *s.m.* Compartilhamento dos recursos de um multiprocessador.

Mú.mia *s.f.* **1.** Corpo embalsamado, em especial pelos antigos egípcios. **2.** Cadáver dessecado e embalsamado. **3.** FIG Pessoa muito magra, esquelética. **4.** Pessoa indolente, sem energia.

Mun.da.na *s.f.* Meretriz, prostituta.

Mun.da.no *adj.* **1.** Relativo a mundo, considerado só materialmente. **2.** Dado a gozos materiais; libertino. **3.** Superficial, frugal.

Mun.dão *s.m.* **1.** Grande extensão de terra. **2.** Grande porção de pessoas ou coisas.

Mun.da.réu *s.m.* Mundo grande; mundão.

Mun.dí.cie *s.f.* Limpeza, asseio, decência.

Mun.do *s.m.* **1.** A parte do Universo habitada pelo homem. **2.** Globo terrestre. **3.** Cada um dos grandes continentes. **4.** Cada planeta considerado como habitado. **5.** A sociedade humana; classe social. **6.** Os prazeres da vida social. **7.** Grande quantidade de pessoas ou coisas. **8.** Reino, domínio. ● **Despachar para o outro mundo:** pop. matar. ● **Do outro mundo:** pop. excelente, extraordinário. ● **O outro mundo:** a vida de além-túmulo.

MUNGIR — MUXOXO

◆ **Prometer mundos e fundos**: fazer promessas extraordinárias que não vai poder cumprir.

Mun.gir v.t. Extrair leite das tetas de; ordenhar. ◆ Cf. mugir.

Mun.gun.zá s.m. Iguaria feita de grãos de milho branco cozidos, leite, açúcar e leite de coco. ◆ Var.: munguzá.

Mu.nhe.ca s.f. 1. Parte em que a mão se liga ao antebraço; pulso. 2. Sovina, avarento.

Mu.ni.ção s.f. 1. Fortificação de uma praça. 2. FIG Defesa. 3. Provisão de alimentos ou do que é necessário a um corpo de tropas. 4. Chumbo miúdo, para caça.

Mu.ni.ci.ar v.t. Prover de munição.

Mu.ni.ci.pa.li.da.de s.f. O poder municipal; a câmara municipal; o município.

Mu.ni.ci.pa.lis.mo s.m. Sistema político e administrativo que visa dar maior autonomia aos municípios.

Mu.ni.cí.pe s.2g. Cidadão ou cidadã de um município.

Mu.ni.cí.pio s.m. 1. Circunscrição territorial administrada por um prefeito que executa as leis emanadas do corpo de vereadores, eleitos pelo povo. 2. Os habitantes dessa circunscrição.

Mu.ni.fi.cên.cia s.f. Qualidade de munificente; generosidade.

Mu.nir v.t. 1. Abastecer de munições. 2. Prover do necessário para a defesa ou o combate. 3. Acautelar, resguardar. v.p. 4. Armar-se, prevenir-se. 5. Prover-se do necessário.

Mu.que s.m. POP O bíceps braquial; força muscular.

Mu.qui.ra.na s.f. (epiceno) Espécie de piolho parasita do homem.

Mu.ral adj.2g. 1. Relativo ou pertencente ao muro. s.m. 2. Pintura em muro ou parede.

Mu.ra.lha s.f. 1. Muro que guarnece fortaleza; paredão. 2. Muro alto e largo.

Mu.rar v.t. 1. Cercar de muro ou muros. 2. Fortificar. 3. Defender contra assaltos. v.p. 4. Defender-se, cercar-se, cobrir-se com qualquer coisa que possa livrar de dano.

Mur.cho adj. 1. Que perdeu o viço ou a frescura. 2. FIG Que perdeu a força, a energia. 3. Triste, abatido. 4. Pensativo. ● Ant.: viçoso.

Mu.re.ta (ê) s.f. Muro baixo.

Mu.ri.á.ti.co adj. QUÍM Clorídrico.

Mu.ri.ci s.m. 1. BOT Planta, também chamada muricizeiro. 2. O fruto comestível dessa planta.

Mu.ri.ço.ca s.f. Mosquito dos lugares úmidos; pernilongo.

Mur.mu.rar v.t. 1. Dizer em voz baixa. 2. Emitir (som leve). v.int. 3. Produzir murmúrio ou sussurro. 4. Dizer mal de alguém. 5. Conversar difamando.

Mur.mú.rio s.m. 1. Ruído das ondas da água corrente, das folhas agitadas. 2. Som de muitas vozes juntas. 3. Palavras em voz baixa; sussurro. 4. Queixa, lamento.

Mu.ro s.m. 1. Construção de pedra ou de tijolo, que separa um lugar do outro ou forma cerca; qualquer obra para defesa, separação ou resguardo. 2. FIG Defesa.

Mur.ro s.m. Pancada ou golpe dado com a mão fechada; soco.

Mu.ru.ci ou **mu.ri.ci** s.m. 1. Design. comum a plantas da fam. das malpighiáceas, esp. algumas árvores e arbustos do gên. Byrsonima, de frutos comestíveis; muricizeiro. 2. O fruto destas plantas. 3. Árvore (Vochysia goeldii) da fam. das voquisiáceas, nativa do Brasil (RJ), de folhas tomentosas, flores amarelas e cápsulas lenhosas.

Mu.sa s.f. 1. Nome dado a cada uma das nove deusas que presidiam às artes liberais. 2. Divindade inspiradora da poesia. 3. Inspiração poética; estro. 4. A poesia.

Mus.cu.la.ção s.f. 1. Exercício dos músculos. 2. Cultura física que objetiva desenvolver os músculos.

Mus.cu.la.tu.ra s.f. 1. O conjunto dos músculos do corpo humano. 2. Modo de representar os músculos.

Mús.cu.lo s.m. ANAT Órgão carnudo, pela reunião de muitas fibras, e que serve para operar movimentos.

Mu.se.o.lo.gi.a s.f. Ciência da preparação, organização e administração de um museu.

Mu.seu s.m. 1. Lugar destinado ao estudo, reunião e exposição de obras de arte, de peças e coleções científicas ou de objetos antigos, históricos etc. 2. FIG Reunião de coisas várias; miscelânea.

Mus.go s.m. Tipo de plantas criptogâmicas celulares, que crescem sobre pedras, tronco das árvores etc., formando uma espécie de relva.

Mú.si.ca s.f. 1. Arte de combinar os sons de modo agradável ao ouvido. 2. Composição musical. 3. Execução de qualquer peça musical. 4. Conjunto ou corporação de músicos. 5. Coleção de papéis em que se acham escritas as composições musicais.

Mu.si.car v.int. 1. Tocar instrumento musical. 2. Fazer música. v.t. 3. Converter em música. 4. Pôr música em, compor música para.

Mu.si.cis.ta s.2g. 1. Apreciador ou amador de música. 2. Pessoa que compõe ou interpreta música.

Mú.si.co s.m. 1. Aquele que compõe musicais ou que as executa. 2. O que faz parte de uma banda ou orquestra. adj. 3. Musical.

Mu.si.co.ma.ni.a s.f. 1. Paixão pela música. 2. Loucura caracterizada por excessiva paixão pela música.

Müsli (al.- suíç.) s.m. ⇒ Muesli.

Mus.se s.f. Sobremesa de consistência cremosa, doce ou salgada, feita à base de um ingrediente (chocolate, frutas etc.), clara de ovos batidas e gelatina.

Mus.se.li.ne ou **mus.se.li.na** s.f. 1. Tecido leve e transparente, de fibra de algodão. 2. Tecido muito leve de seda ou lã.

Mu.ta.ção s.f. 1. Ato ou efeito de mudar. 2. Mudança ou alteração física ou moral. 3. Volubilidade, inconstância. 4. BIOL Variação hereditária, súbita e espontânea, em um indivíduo geneticamente puro.

Mu.ta.gê.ne.se s.f. Processo que origina uma mutação; mutagenia.

Mu.ta.ge.ni.a s.f. Mutagênese.

Mu.tan.te s.m. Indivíduo que, entre os de uma mesma geração, apresenta um caráter ou conjunto de caracteres porque difere dos progenitores e que denunciam modificação no padrão da espécie.

Mu.ti.lar v.t. 1. Privar de algum membro. 2. Cortar (um membro do corpo). 3. FIG Cortar (qualquer membro ou parte dele). 4. Desramar. 5. Truncar. 6. Destruir parte de. 7. Depreciar o merecimento de. 8. Amesquinhar. 9. Diminuir, reduzir. v.p. 10. Privar-se de algum membro ou de alguma parte do corpo.

Mu.ti.rão s.m. Auxílio mútuo, a que se prestam pequenos agricultores durante um dia no tempo das plantações e colheitas.

Mu.tis.mo s.m. 1. Mudez de quem não fala porque não quer. 2. Silêncio. 3. Sossego.

Mu.trei.ta s.f. (RS) Gordura excessiva no gado vacum.

Mu.tu.ar v.t. 1. Trocar entre si (falando de mais de um indivíduo ou de coletividade); permutar. 2. Dar ou tomar de empréstimo. v.p. 3. Trocar entre si.

Mu.tu.á.rio s.m. 1. Pessoa que recebe alguma coisa por empréstimo. 2. Sócio de uma instituição de auxílio mútuo.

Mu.tu.ca s.f. Espécie de mosca de picada dolorosa.

Mú.tuo adj. 1. Que faz reciprocamente entre duas ou mais pessoas; recíproco. 2. Possuído em comum. s.m. 3. Empréstimo, permutação. 4. Contrato em que se cede um objeto, que deve ser restituído na mesma natureza.

Mu.xin.ga s.f. Chicote.

Mu.xi.rão s.m. Mutirão. ● Pl.: muxirões.

Mu.xo.xo (ô) s.m. 1. Estalo feito com a língua e lábios, às vezes acompanhado da interjeição ah! para indicar desprezo ou desdém. 2. Beijo, carícia.

n N

N/n *s.m.* **1.** Décima quarta letra do alfabeto português e décima primeira consoante, de nome *ene*. *adj.* **2.** Décimo quarto, numa série indicada pelas letras do alfabeto.

N MAT *Símbolo* de um número inteiro indeterminado.

N ou n. *Abrev.* de *Norte.*

Na.ba.bo *s.m.* **1.** Príncipe ou governador de província muçulmana. **2.** Europeu que ocupava alto posto na Índia e enriquecia. **3.** Ricaço que vive com grande luxo. ● *Ant.: pobretão.*

Na.bo *s.m.* **1.** Planta de raiz comestível. **2.** A raiz dessa planta.

Na.bu.co *adj.* (MG) Suru.

Na.ção *s.f.* **1.** Conjunto dos habitantes de um território que têm a mesma língua, estão ligados por tradições, interesses e aspirações comuns e se subordinam a um poder central que mantém a unidade do grupo. **2.** Povo ou tribo indígena. **3.** Região ou país governado por leis próprias. **4.** Raça, origem, casta. **5.** Pátria, país natal.

Ná.car *s.m.* **1.** Substância branca, brilhante, com a propriedade de refletir a luz de forma agradável à vista e que se encontra no interior das conchas. **2.** Madrepérola. **3.** Cor-de-rosa. ● *Pl.: nácares.*

Na.ce.la¹ *s.f.* **1.** Moldura côncava na base de uma coluna. **2.** ANAT Fossa navicular da uretra.

Na.ce.la² *s.f.* **1.** Espécie de cesta ou barca, na parte inferior de um aeróstato ou de um balão, destinada a tripulantes e passageiros. **2.** Espaço da fuselagem ou cabina dos aviões pequenos, geralmente destinado ao piloto e à tripulação.

Na.cio.nal *adj.2g.* **1.** Relativo a uma nação. ● Opõe-se a *internacional.* **2.** Referente à nação, ou país. ● Opõe-se a *regional, local.* **3.** Nativo, pátrio. **4.** Que representa todo o país. *s.m.* **5.** Indivíduo natural do país.

Na.cio.na.lis.mo *s.m.* **1.** Preferência acentuada por tudo que é próprio da nação a que se pertence. **2.** Política de nacionalização de todas as atividades de um país, tais como indústria, comércio, artes etc. **3.** Doutrina política que defende a predominância do interesse nacional em relação aos interesses de classes e grupos (nacionais ou estrangeiros).

Na.cio.nal-so.ci.a.lis.mo *s.m.* Nazismo. ● *Pl.: nacional-socialismos.*

Na.co *s.m.* Fatia grande de qualquer coisa (especialmente que se coma); pedaço.

Na.da *s.m.* **1.** A não existência. **2.** Ausência de quantidade. **3.** O que não existe; nenhuma coisa. **4.** Bagatela, ninharia. **5.** Inutilidade. *pron.ind.* **6.** Nenhuma coisa. *adv.* **7.** Não obstante, de modo nenhum. ● *Ant.: tudo.*

Na.da.dei.ra *s.f.* Barbatana dos peixes.

Na.da.dor (ô) *adj.* **1.** Que nada ou sabe nadar. **2.** Que serve para nadar. *s.m.* **3.** O que pratica o esporte da natação. **4.** Aquele que nada bem.

Na.dar *v.int.* **1.** Flutuar, deslocando-se na água por impulso próprio. **2.** Sustentar-se e mover-se sobre a água; boiar. **3.** Estar imerso em um líquido. **4.** Estar ou ficar molhado. **5.** Ter em abundância: *Nadar em dinheiro.* **6.** Englobar-se suavemente, com prazer. *v.t.* **7.** Percorrer (nadando).

Ná.de.ga *s.f.* Parte carnuda e globosa acima da coxa. ● *Sinôn.pop., fam.* ou *ch.:* assento, traseiro, bunda, padaria, popa, poupança.

Na.dir *s.m.* **1.** Ponto do céu, oposto ao zênite. **2.** O ponto mais baixo. **3.** Tempo ou lugar onde ocorre a maior depressão.

Naf.ta¹ *s.f.* Óleo mineral, incolor, volátil, inflamável, de cheiro vivo e penetrante.

Naf.ta² *s.m.* Nome dado impropriamente ao petróleo bruto. (A nafta do comércio é um dos produtos da destilação dos petróleos).

Naf.ta.le.no *s.m.* Hidrocarboneto aromático $C_{10}H_8$, formado de dois núcleos benzênicos unidos, que é o principal constituinte da naftalina.

Naf.ta.li.na *s.f.* QUÍM Hidrocarboneto sólido, extraído do alcatrão de hulha, de cheiro particular, de ampla aplicação industrial.

Na.gô *adj.* e *s.m.* Diz-se de, ou povo africano do grupo sudanês.

Nái.a.de *s.f.* Ninfa dos rios e das fontes. ● *Var.: náiada.*

Nái.lon (ing. *nylon*) *s.m.* **1.** Fibra sintética, de grande resistência e largo uso na indústria têxtil. **2.** Tecido feito dessa fibra. ● *Pl.: náilons.*

Nai.pe *s.m.* **1.** Sinal que distingue cada um dos quatro grupos das cartas de jogar. **2.** Cada um desses grupos (*ouro, copas, paus, espadas*). **3.** FIG Condição, classe social, igualha.

Na.ja *s.f.* Gênero de serpente peçonhenta das regiões tropicais da Ásia e da África.

Nam.bi.qua.ra *s.2g.* **1.** Indígena pertencente ao grupo dos nambiquaras. *adj.2g.* **2.** Relativo a nambiquara ou aos nambiquaras; nambiquaras. *s.m.pl.* **3.** Grupo indígena que se divide nos subgrupos nambiquara, nambiquara do campo, nambiquara do norte e nambiquara do sul. **4.** Subgrupo que habita a oeste de Mato Grosso (Áreas Indígenas Pirineus de Souza, Umutina e Terra Indígena Picina) e o sul de Rondônia (Área Indígena Tubarão/Latundé).

Nam.bu *s.m. Var.: inambu.*

Na.mo.ra.do *adj.* **1.** Que namorou ou enamorou. **2.** Amoroso, apaixonado. **3.** Meigo, suave, terno. *s.m.* **4.** Homem a quem se namora. **5.** Espécie de peixe marinho muito apreciado.

Na.mo.ra.dor (ô) *adj.* **1.** Que namora muito; namoradeiro. *s.m.* **2.** Aquele que gosta de namorar; namoradeiro.

Na.mo.rar *v.t.* **1.** Procurar inspirar amor a; cortejar. **2.** Cativar, atrair. **3.** Desejar ardentemente; cobiçar. **4.** Empregar todos os esforços por obter. **5.** Atrair-se, encantar-se com. *v.int.* **6.** Andar em galanteios. *v.p.* **7.** Tornar-se enamorado. **8.** Possuir-se de amor; apaixonar-se.

Na.mo.ri.co *s.m.* **1.** Namoro passageiro. **2.** Galanteio por distração.

Na.mo.ro (ô) *s.m.* **1.** Ato ou efeito de namorar. **2.** Corte, galanteio. **3.** Relação amorosa entre duas pessoas.

Na.nar *v.int.* Dormir (a criança). *v.t.* Acalentar, ninar.

Na.ni.co *adj.* **1.** Pequeno; de figura anã. **2.** Acanhado, apoucado. *s.m.* **3.** POP Nanismo. ● *Ant.: agigantado.*

Na.nis.mo *s.m.* Conjunto dos caracteres que os anões apresentam.

Nan.quim *s.m.* **1.** Tinta preta para desenho e aquarelas, originária de Nanquim (China). **2.** Tecido de algodão amarelado, originário de Nanquim (China). *adj.* **3.** Diz-se dessa cor amarelada.

Não *adv.* **1.** Expressão de negação: de modo nenhum. **2.** Partícula expletiva ou de realce. *s.m.* **3.** Negativa, recusa. ● *Ant.: sim.* Nota: Como prefixo, usa-se sem hífen: *não agressão, não alinhado, não essencial, não ficção, não fumante, não participante.*

Não-me-to.ques *s.m.2n.* **1.** Planta também chamada *espinho-de-santo-antônio.* **2.** FAM Indivíduo que facilmente se melindra.

Na.pa *s.f.* Espécie de pelica muito fina e macia, usada na confecção de luvas, roupas, bolsas etc.

NAPÁCEO — NAUFRAGAR

Na.pá.ceo *adj.* BOT Diz-se das raízes que se assemelham a cabeça de nabo.

Napalm (ing.) *s.m.* Substância empregada na fabricação de bombas incendiárias e lança-chamas.

Na.po.le.ô.ni.co *adj.* **1.** De Napoleão Bonaparte (1769-1821) ou a ele relativo. **2.** Relativo ao sistema político e militar de Napoleão.

Na.po.li.ta.no *adj.* **1.** Relativo ou pertencente a Nápoles (Itália). *s.m.* **2.** O natural ou habitante de Nápoles. **3.** Dialeto falado em Nápoles.

Nar.ci.sis.mo *s.m.* **1.** Qualidade de narciso. **2.** Admiração de si próprio.

Nar.ci.so *s.m.* **1.** Planta ornamental da família das amarilidáceas. **2.** Flor dessa planta. **3.** FIG Homem vaidoso, enamorado de si mesmo.

Nar.co.se *s.f.* Sonolência causada pela ação de um narcótico.

Nar.có.ti.co *adj.* **1.** Que faz adormecer. *s.m.* **2.** Substância que causa torpor, que causa sono.

Nar.co.trá.fi.co *s.m.* Tráfico de narcóticos, de drogas.

Na.ri.ga.da *s.f.* **1.** Pancada com o nariz. **2.** Pitada.

Na.ri.gão *s.m.* Nariz muito grande.

Na.ri.na *s.f.* Cada uma das duas aberturas do nariz no homem e em alguns animais, como o cavalo, o boi etc.

Na.riz *s.m.* **1.** Parte saliente do rosto e órgão do olfato. **2.** O rosto, a cara. **3.** Focinho dos animais. **4.** Olfato, faro. **5.** Sagacidade, tino. **6.** Ferrolho a que está ligado o lacete da fechadura. **7.** Parte dianteira de um foguete ou da fuselagem de um avião. **8.** A proa de um navio, de um barco. ● *Aum.irreg.: narigão.*

Nar.ra.ção *s.f.* **1.** Ato ou efeito de narrar. **2.** Exposição escrita ou oral de um fato. **3.** Aquilo que se narrou. **4.** Relato, narrativa.

Nar.rar *v.t.* **1.** Contar. **2.** Expor minuciosamente as sequências de um fato. **3.** Relatar, referir, descrever. **4.** Historiar verbalmente ou por escrito.

Nar.ra.ti.va *s.f.* **1.** O modo de narrar; narração. **2.** Exposição de fatos feita com arte; conto.

Na.sa *s.f.* Organismo americano de pesquisas espaciais.

Na.sal *adj.* **1.** Que diz respeito ao nariz. **2.** Que pertence ao nariz. **3.** Designativo do som modificado pelo nariz; fanhoso. *s.m.* **4.** O osso do nariz.

Nas.ce.dou.ro *s.m.* **1.** Lugar onde se nasce. **2.** Princípio, origem.

Nas.cen.ça *s.f.* **1.** Ato de nascer; nascimento. **2.** Origem, princípio. ● De nascença: desde o nascimento; inato.

Nas.cen.te *adj.2g.* **1.** Que acabou de nascer. **2.** Que vem apontando, que começa. **3.** Que começa. *s.m.* **4.** O lado onde nasce o Sol; este, leste, levante, oriente. *s.f.* **5.** Lugar onde nasce uma corrente de água; fonte, manancial.

Nas.cer *v.int.* **1.** Vir ao mundo, vir à luz. **2.** Começar a ter vida exterior. **3.** Começar a aparecer, a manifestar-se. **4.** Começar a crescer, a brotar. **5.** Sair do ventre materno; surgir. ● *Ant.: morrer.*

Nas.ci.da *s.f.* Abscesso, tumor, furúnculo.

Nas.ci.tu.ro *adj.* **1.** Que há de nascer; concebido, mas ainda não dado à luz. *s.m.* **2.** Aquele que há de nascer.

Nas.daq *s.m.* Índice que mede a rentabilidade das ações de empresas de alta tecnologia.

Na.ta *s.f.* **1.** Parte gorda do leite, de que se faz manteiga; creme. **2.** FIG A melhor parte de qualquer coisa. **3.** Gema, escol, fina flor.

Na.ta.ção *s.f.* **1.** Arte ou esporte de nadar. **2.** Sistema de locomoção dos animais que vivem na água.

Na.tal *adj.2g.* **1.** Que diz respeito ao nascimento; natalício. **2.** Onde se deu o nascimento; pátrio: *Terra natal. s.m.* **3.** Dia do nascimento; natalício. **4.** Dia (25 de dezembro) em que se comemora o nascimento de Jesus Cristo (neste sentido, com *N* maiúsculo).

Na.ta.len.se *adj.2g.* **1.** Relativo ou pertencente a Natal, capital do Rio Grande do Norte. *s.2g.* **2.** Pessoa natural ou habitante de Natal.

Na.ta.lí.cio *adj.* e *s.m.* Diz-se de, ou o dia do nascimento.

Na.ta.li.da.de *s.f.* **1.** Conjunto dos nascimentos em certo tempo e num determinado local ou região. **2.** Percentagem de nascimentos.

Na.ti.mor.to *adj.* e *s.m.* Que, ou aquele que nasceu morto ou que morreu logo após o nascimento.

Na.ti.vi.da.de *s.f.* **1.** Nascimento (especialmente o de Jesus Cristo e dos santos). **2.** Festa do nascimento de Cristo e da Virgem.

Na.ti.vis.mo *s.m.* **1.** Qualidade de nativista. **2.** Excesso de amor à pátria, com forte aversão aos estrangeiros; nacionalismo.

Na.ti.vo *adj.* **1.** Que é natural; original, legítimo. **2.** Que procede ou nasce. **3.** Não estrangeiro; nacional. **4.** Trazido de nascimento; congênito. **5.** Diz-se da água que nasce numa propriedade, ou que não provém de outra corrente distante. **6.** Próprio do lugar de nascimento. **7.** Diz-se da planta que vegeta espontaneamente nos campos. **8.** Diz-se de quem nasce sob determinado signo do zodíaco: *Márcia é nativa de Áries. adj.* e *s.m.* **9.** Que, ou quem é natural de uma terra, região, lugar; aborígine. ● *Ant.: estrangeiro.*

Na.to *adj.* **1.** Nascido, nado. **2.** De nascença; congênito. **3.** Inerente ao cargo. **4.** Ardoroso.

Na.tu.ra *s.f.* POÉT Natureza.

Na.tu.ral *adj.* **1.** Referente à natureza. **2.** Produzido pela natureza. **3.** Espontâneo, simples. **4.** Em que não há trabalho do homem. **5.** Que segue a ordem regular das coisas. **6.** Originário, oriundo. **7.** Lógico, evidente. **8.** Inerente, próprio, inato. **9.** Que nasceu de pais não casados; ilegítimo. **10.** Relativo ao sangue; biológico. **11.** Humano. **12.** Instintivo. **13.** Diz-se do homem primitivo, não civilizado. *s.m.* **14.** Homem não civilizado; nativo, indígena. **15.** Aquele de quem nasce numa certa localidade. **16.** Temperamento, caráter, índole. **17.** Realidade. **18.** Aquilo que é conforme à natureza. **19.** POP Lugar do nascimento, terra natal. ● *Ant.: artificial.*

Na.tu.ra.li.da.de *s.f.* **1.** Qualidade do que é natural. **2.** Simplicidade, singeleza ● *Ant.: afetação.* **3.** Local de nascimento.

Na.tu.ra.lis.mo *s.m.* **1.** Estado ou caráter do que é produzido pela natureza. **2.** Sistema filosófico dos que atribuem tudo à natureza como primeiro princípio. **3.** Reprodução, imitação exata da natureza nas artes. **4.** Pessoa que defende a volta à natureza, à vida simples em contato com a natureza. **5.** LITER Escola literária que busca representar as coisas como elas realmente são na natureza, e os aspectos que, em cada homem, resultam de sua natureza.

Na.tu.ra.li.za.ção *s.f.* **1.** Ato ou efeito de naturalizar. **2.** Aquisição, por estrangeiro, dos direitos garantidos aos nacionais. **3.** Introdução numa língua de palavras e locuções de outra língua.

Na.tu.ra.li.zar *v.t.* **1.** Dar (a um estrangeiro) os direitos dos naturais de um país. **2.** Adotar como nacional. **3.** Aclimar. *v.p.* **4.** Adquirir (um estrangeiro), os direitos dos naturais de um país; nacionalizar-se.

Na.tu.re.ba *adj.* e *s.2g.* Diz-se de ou praticante ou defensor da alimentação natural.

Na.tu.re.za (ê) *s.f.* **1.** Conjunto dos seres que formam o Universo. **2.** Força ativa que estabeleceu e conserva a ordem natural de quanto existe. **3.** Ordem natural do Universo. **4.** Essência ou condição própria de um ser. **5.** Temperamento. **6.** Caráter, feitio moral, índole: *É pessoa de natureza forte.* **7.** Constituição de um corpo. **8.** Condição do homem anteriormente à civilização. **9.** Objeto real de uma pintura ou escultura. **10.** Tipo, categoria.

Na.tu.re.za-mor.ta *s.f.* **1.** Gênero de pintura em que se representam animais mortos, coisas ou seres inanimados. **2.** Quadro desse gênero. ● *Pl.: naturezas-mortas.*

Na.tu.ris.mo *s.m.* **1.** Naturalismo. **2.** Tendência a seguir as indicações da natureza ou a viver em maior contato com a natureza.

Nau *s.f.* **1.** Grande embarcação. **2.** Navio de guerra. **3.** Navio mercante. **4.** POÉT Navio.

Nau.fra.gar *v.int.* **1.** Soçobrar ou ir ao fundo (navio). **2.** Sofrer naufrágio (navegante). **3.** Perder-se, extinguir-se. **4.** Fracassar, malograr. **5.** Magoar-se. ● *Ant.: emergir.*

NAUFRÁGIO — NEGATIVIDADE

Nau.frá.gio *s.m.* **1.** Perda total ou parcial de um navio que se submerge. **2.** Ato de naufragar. **3.** Grande desgraça no mar. **4.** FIG Desgraça, decadência, queda moral.

Náu.fra.go *adj.* e *s.m.* **1.** Que, ou aquele que naufragou ou sofreu naufrágio. **2.** Que, ou aquele que morreu em naufrágio. **3.** FIG Que, ou aquele que fracassou, que se arruinou.

Nau.pa.ti.a *s.f.* Enjoo em viagem de mar.

Náu.sea *s.f.* Enjoo. **2.** Ânsia no mar, produzida pelo balanço da embarcação. **3.** Ânsia, acompanhada de vômito. **4.** Vontade de vomitar, repugnância. **5.** FIG Asco, nojo. **6.** Sentimento de repulsão.

Nau.se.a.bun.do *adj.* **1.** Que produz náuseas; nauseante. **2.** FIG Nojento, repugnante, asqueroso.

Nau.se.ar *v.t.* **1.** Causar náuseas a. **2.** Repugnar a. **3.** Causar fastio, nojo, tédio a; enfastiar, entediar. *v.int.* e *p.* **4.** Anojar(-se). **5.** Sentir náuseas.

Nau.ta *s.2g.* O que conduz uma embarcação; quem vive no mar; navegante, marinheiro.

Náu.ti.ca *s.f.* Ciência ou arte de navegar sobre água.

Nau.ti.mo.de.lis.mo *s.m.* Técnica de construção de modelos reduzidos de veleiros, transatlânticos, barcos, vasos de guerra etc.

Na.val *adj.2g.* **1.** Relativo a navegação ou a navios. **2.** Diz-se de uma batalha entre navios.

Na.va.lha *s.f.* **1.** Instrumento cortante, formado de uma lâmina e de um cabo para resguardar o fio da mesma lâmina quando se fecha. **2.** FIG Pessoa ou língua maldizente. **3.** POP Mau ou má motorista; barbeiro (a). **4.** Frio intenso. **5.** BOT Espécie de capim, também chamado *navalheira*.

Na.va.lha.da *s.f.* **1.** Golpe de navalha. **2.** Qualquer talho.

Na.ve *s.f.* **1.** Espaço na igreja desde a entrada até o santuário; templo. **2.** ANT Nau. ● **Nave espacial:** engenho astronáutico interplanetário.

Na.ve.ga.ção *s.f.* **1.** Ato ou efeito de navegar. **2.** Viagem por mar. **3.** Comércio marítimo; náutica.

Na.ve.ga.dor *adj.* **1.** Que navega ou sabe navegar. **2.** Habituado a navegar. *s.m.* **3.** Aquele que navega. **4.** O que faz longa viagem por mar; marinheiro.

Na.vi.o *s.m.* **1.** Embarcação de grande porte, destinada a navegar no mar ou nos grandes rios. **2.** Qualquer embarcação.

Na.vi.o-es.co.la *s.m.* Navio de regime especial em que os candidatos a tripulantes de navio realizam o necessário aprendizado. ● *Pl.: navios-escolas* ou *navios-escola*.

Na.vi.o-tan.que *s.m.* Navio especialmente equipado para o transporte de líquidos (petróleo e derivados, óleo, produtos químicos etc.). ● *Pl.: navios-tanques* ou *navios-tanque*.

Na.za.re.no¹ *adj.* **1.** Que diz respeito a Nazaré, Terra Santa (Ásia). *s.m.* **2.** O natural ou habitante de Nazaré. RESTR Jesus Cristo.

Na.za.re.no² *adj.* **1.** Relativo a Nazaré (Bahia), Nazaré da Mata (Pernambuco) e Nazareno (Minas Gerais). *s.m.* **2.** O natural ou habitante de uma dessas cidades ou municípios.

Na.zis.mo *s.m.* Doutrina e sistema político de direita nos moldes do fascismo italiano, implantada por Adolf Hitler na Alemanha, de 1933 a 1945.

Na.zis.ta *adj.2g.* **1.** Relativo ou pertencente ao nazismo. *adj.* e *s.2g.* **2.** Diz-se de, ou pessoa adepta do nazismo.

Nê *s.m.* Nome da letra *n*.

Ne ou **n.e.** *Abrev.* de Nordeste.

Ne.bli.na *s.f.* **1.** Nevoeiro pouco denso e rasteiro. **2.** Trevas, sombras.

Ne.bli.nar *v.int.* Cair neblina; chuviscar, garoar.

Ne.bu.li.za.ção *s.f.* **1.** MED Ato de administrar medicamento por meio de nebulizador; pulverização.

Ne.bu.li.za.dor *s.m.* Dispositivo que permite produzir gotículas muitas finas, utilizado para administrar substâncias broncodilatadoras, antibióticos etc.

Ne.bu.li.zar *v.t.* **1.** Converter em nuvem de vapor. **2.** Pulverizar (um líquido).

Ne.bu.lo.sa *s.f.* **1.** ASTRON Agrupamento de estrelas muito distantes e que não se distinguem. **2.** Reflexo esbranquiçado produzido por esse agrupamento. **3.** Névoa do firmamento. **4.** Massa estelar ainda em via de condensação. **5.** Universo em formação.

Ne.bu.lo.so (ô) *adj.* **1.** Coberto de nuvens ou vapores densos. **2.** Sombrio. **3.** Obscuro, ininteligível. **4.** Misterioso. **5.** Nublado, carregado. **6.** Sombrio, triste. **7.** Ameaçador. ● *Ant.: claro*. ● *Fem.* e *pl.: nebulosa* e *nebulosos* (ó).

Ne.ce.da.de *s.f.* **1.** Dito ou ato de néscio; disparate, tolice, estupidez. **2.** Ignorância crassa; estultícia. ● *Ant.: sabedoria*.

Né.ces.sai.re (fr.) *s.f.* Caixa, estojo, maleta etc., onde se guardam e/ou transportam utensílios diversos destinados a algum uso preciso. ● *Pl.: nécessaires*.

Ne.ces.sá.rio *adj.* **1.** Que não pode deixar de ser ou de se fazer. **2.** Que é de absoluta necessidade. **3.** Inevitável, imprescindível, preciso, útil. *s.m.* **4.** Aquilo que é indispensável. ● *Ant.: supérfluo*.

Ne.ces.si.da.de *s.f.* **1.** Aquilo que é absolutamente necessário. **2.** Qualidade de necessário. **3.** Pobreza, indigência, míngua; precisão.

Ne.cró.fa.go *adj.* e *s.m.* Que, ou o que se alimenta essencialmente de animais ou substâncias em decomposição.

Ne.cro.fi.li.a *s.f.* MED Atração sexual mórbida por cadáveres.

Ne.cro.lo.gi.a *s.f.* **1.** Relação de pessoas mortas; obituário. **2.** Reunião de notícias referentes a pessoas mortas.

Ne.cro.ló.gio *s.m.* **1.** Artigo ou discurso em que se celebram as virtudes ou méritos de pessoas falecidas. **2.** Relação de mortos publicada em jornal.

Ne.cro.man.ci.a *s.f.* Adivinhação pela invocação dos mortos.

Ne.cró.po.le *s.f.* **1.** Cemitério grande e bonito. **2.** Qualquer cemitério.

Ne.crop.si.a (sí) *s.f.* Autópsia.

Ne.cro.se *s.f.* Morte de um tecido no seio de um organismo vivo.

Ne.cro.té.rio *s.m.* Lugar nos hospitais ou delegacias onde se guardam os cadáveres a serem autopsiados.

Néc.tar *s.m.* **1.** Bebida dos deuses. **2.** Bebida excelente, suave, deliciosa. **3.** FIG Delícia, encanto, refrigério. **4.** Suco adocicado de algumas plantas.

Nec.ta.ri.na *s.f.* Fruta muito semelhante ao pêssego. A única diferença importante entre as duas é que as nectarinas têm a casca lisa e os pêssegos a têm aveludada. São produzidas por árvores idênticas. As nectarinas nascem muitas vezes de caroços de pêssego e os pêssegos podem brotar de caroços de nectarina.

Ne.fan.do *adj.* **1.** Indigno de se nomear. **2.** Abominável, torpe, execrável. **3.** Imperdoável. **4.** Perverso, odioso.

Ne.fas.to *adj.* **1.** Que causa desgraça. **2.** De mau agouro. **3.** Trágico, funesto. ● *Ant.: benéfico*.

Ne.fral.gi.a *s.f.* MED Dor nos rins.

Ne.fri.te *s.f.* MED Inflamação dos rins.

Ne.fro.lo.gi.a *s.f.* **1.** Parte da Medicina que estuda as doenças renais. **2.** Tratado acerca dos rins.

Ne.fro.se *s.f.* MED Afecção renal; nefropatia.

Ne.ga.ça *s.f.* **1.** Engodo, isca. **2.** Provocação. **3.** Logro, engano. **4.** Simulação de recusa ou negação.

Ne.ga.ção *s.f.* **1.** Ato ou efeito de negar. **2.** Falta de vocação. **3.** Inaptidão, incapacidade. **4.** Rejeição, desprezo. **5.** Falta. ● *Ant.: afirmação*.

Ne.ga.ce.ar *v.t.* **1.** Atrair por meio de negaça. **2.** Lograr, enganar. **3.** Provocar. *v.int.* **4.** Fazer negaças.

Ne.gar *v.t.* **1.** Recusar. **2.** Proibir. **3.** Repudiar, abandonar. **4.** Indeferir, impedir. **5.** Dizer que não. *v.p.* **6.** Não se prestar; recusar-se, furtar-se.

Ne.ga.ti.va *s.f.* **1.** Negação. **2.** Partícula que exprime negação. **3.** Palavra ou frase com que se nega alguma coisa; recusa. ● *Ant.: afirmativa*.

Ne.ga.ti.vi.da.de *s.f.* **1.** Negação sistemática dos méritos alheios. **2.** Qualidade do que é negativo. **3.** Estado ou qualidade de um corpo com carga negativa.

NEGATIVISMO — NEUTRALIZAR

Ne.ga.ti.vis.mo *s.m.* Atitude de negação, recusa ou oposição sistemática.

Ne.ga.ti.vo *adj.* **1.** Que contém ou exprime negação. **2.** Contraproducente, nulo. **3.** Proibitivo. **4.** QUÍM Designativo da substância que figura como ácido. **5.** FÍS Designativo da eletricidade desenvolvida em corpos resinosos. **6.** MAT Designativo do número inferior a zero. **7.** FOT Designativo da prova em que as partes brancas do modelo aparecem pretas e vice-versa. **8.** Qualificativo do polo da pilha oposto ao positivo. *s.m.* **9.** Prova fotográfica negativa. ● *Ant.: afirmativo, positivo.*

Ne.gli.gên.cia *s.f.* **1.** Falta de diligência; preguiça. **2.** Descuido, desleixo, desmazelo. **3.** Desídia, displicência. ● *Ant.: cuidado, zelo.*

Ne.gli.gen.ci.ar *v.t.* **1.** Tratar com negligência. **2.** Descuidar, desleixar. ● *Ant.: cuidar.*

Ne.gli.gen.te *adj.2g.* **1.** Que tem ou revela negligência, desatenção; desleixado. **2.** Preguiçoso, indolente. **3.** Frouxo, lânguido. ● *Ant.: cuidadoso.*

Ne.go (ê) *s.m.* **1.** POP Tratamento carinhoso dado a homem, equivalente a *meu bem.* **2.** GÍR Tipo, sujeito. **3.** Amigo, companheiro.

Ne.go.ci.ar *v.int.* **1.** Fazer negócios. **2.** Exercer o comércio. **3.** Diligenciar, agenciar. *v.t.* **4.** Fazer transação comercial a respeito de. **5.** Ajustar, combinar. **6.** Tratar, discutir com vistas a um acordo.

Ne.go.ci.a.ta *s.f.* **1.** Negócio suspeito, irregular. **2.** Negócio lucrativo, em que há logro ou trapaça.

Ne.gó.cio *s.m.* **1.** Comércio. **2.** Relações mercantis. **3.** Transação, negociação. **4.** Contrato, ajuste. **5.** Empresa. **6.** Qualquer casa comercial. **7.** Pendência. **8.** POP Qualquer assunto. **9.** POP Coisa cujo nome se esqueceu; qualquer coisa.

Ne.gre.jar *v.int.* **1.** Parecer negro. **2.** Mostrar-se triste. **3.** Mostrar-se em sua cor negra ou escura. **4.** Aparecer como coisa triste, ameaçadora.

Ne.gri.to *s.m.* Tipo de letra de imprensa cujo desenho se caracteriza por seus traços mais grossos que o comum, empregado para pôr em destaque alguma parte do texto.

Ne.gro (ê) *adj.* **1.** Que é de cor escura. **2.** Preto; muito escuro. **3.** Escurecido pelo tempo ou pelo sol. **4.** FIG Sombrio, triste, funesto, infeliz. **5.** FIG Tétrico, ameaçador. **6.** FIG Maldito. *s.m.* **7.** Homem de raça negra; preto. **8.** ANT Escravo; homem que trabalha muito. ● *Dim.: negrilho, negrinho.* ● *Aum.: negraço, negralhão, negrão.* ● *Col.: negrada, negralhada, negraria.* ● *Sup.abs.sint.: negríssimo, nigérrimo.* ● *Ant.: claro, branco.*

Ne.groi.de *adj.* **1.** Parecido aos negros. *s.m.* **2.** Indivíduo que apresenta traços semelhantes aos da raça negra.

Ne.lo.re *adj.* **1.** E não, e sem. *adv.* **2.** Não, así não. ● Diz-se de, ou variedade de gado zebu, proveniente da Índia.

Nem *conj.* **1.** E não, e sem. *adv.* **2.** Não, así não. ● **Nem que:** ainda que, mesmo que. ◆ **Que nem:** como, igual a.

Ne.ma.tó.deo *s.m.pl.* ZOOL Nematelminto.

Ne.ma.toi.de *adj.* e *s.2g.* ZOOL Verme alongado e fino como um fio.

Ne.ném *s.m.* Criança recém-nascida ou de poucos meses; bebê. ● *Dim.: nenezinho* (carinhoso).

Ne.nhum *pron.indef.* **1.** Nem um, qualquer. **2.** Nulo. ◆ **A nenhum:** sem dinheiro; na pindaíba.

Ne.nhu.res *adv.* Em parte alguma.

Nê.nia *s.f.* **1.** Canto fúnebre. **2.** Canção triste.

Ne.nú.far *s.m.* BOT Gênero de plantas aquáticas da família das ninfeáceas.

Ne.o.clas.si.cis.mo *s.m.* Imitação dos antigos artistas ou escritores clássicos.

Ne.ó.fi.to *s.m.* **1.** Aquele que recebeu ou acabou de receber o batismo. **2.** Indivíduo admitido há pouco numa corporação. **3.** Novato, principiante, noviço. ● *Ant.: veterano.*

Ne.o.la.ti.no *adj.* **1.** Diz-se das línguas modernas derivadas do latim (como o português, o espanhol, o francês etc.). **2.** Diz-se das nações cuja língua ou civilização procede da latina. ◆ *Var.: novilatino.*

Ne.o.li.be.ra.lis.mo *s.m.* Doutrina que preconiza um liberalismo moderno, em que se admite intervenção do Estado para equilibrar os interesses sociais com os interesses privados, no jogo das forças econômicas.

Ne.o.lí.ti.co *adj.* **1.** Que se refere à idade da pedra polida. *s.m.* **2.** Período compreendido entre o mesolítico e a Idade dos Metais.

Ne.o.lo.gis.mo *s.m.* **1.** Palavra nova. **2.** Palavra antiga com acepção nova. **3.** Doutrina muito recente.

Ne.o.mi.ci.na *s.f.* Antibiótico polivalente utilizado em aplicações locais.

Ne.ô.nio *s.m.* **1.** QUÍM Elemento químico, gás raro de símbolo Ne e número atômico 10, encontrado na atmosfera, usado sobretudo em anúncios luminosos. **2.** Anúncio luminoso que usa esse gás.

Ne.o.pla.si.a *s.f.* Crescimento patológico de tecido; tumor.

Ne.o.plas.ma *s.m.* **1.** MED Tecido morboso de formação recente. **2.** Qualquer tumor, maligno ou benigno.

Ne.po.tis.mo *s.m.* **1.** Autoridade que os sobrinhos e outros parentes do papa exerciam na administração eclesiástica. **2.** Favoritismo ou proteção a parentes ou amigos próximos; compadrio, afilhadismo.

Ne.rei.da *s.f.* MITOL **1.** Filha de Nereu, deus marinho. **2.** Ninfa do mar.

Ne.rei.de *s.f.* MITOL Nereida.

Ner.vo (ê) *s.m.* **1.** ANAT Cada um dos filamentos que, partindo do cérebro, da medula espinhal ou de outros centros, se distribuem por todo o corpo e constituem os órgãos da sensibilidade e do movimento. **2.** Tecido sensível do dente. **3.** Controle emocional. **4.** Tendão, ligamento. **5.** FIG Força, vigor, energia, fibra. **6.** Principal agente ou motor.

Ner.vo.so (ô) *adj.* **1.** Que pertence ou se refere aos nervos. **2.** Que sofre de nervosismo. **3.** Irritado. **4.** BOT Diz-se das folhas de nervuras salientes. *s.m.* **5.** Doença dos nervos; histerismo. **6.** Aquele que sofre dos nervos. ● *Ant.: calmo.*

Ner.vu.ra *s.f.* **1.** BOT Fibra saliente na superfície das flores e das pétalas. **2.** ARQUIT Moldura nas arestas de uma abóbada, nas quinas das pedras etc. **3.** ZOOL Filete de natureza córnea, que sustenta a membrana das asas dos insetos.

Nes.ci.da.de *s.f.* Necedade.

Nés.cio *adj.* **1.** Que não sabe; inepto. **2.** Que não tem tino. **3.** Ignorante, ignaro, estúpido. *s.m.* **4.** Indivíduo ignorante, inepto. ● *Ant.: sábio.*

Nês.pe.ra *s.f.* Fruto da nespereira, espécie de ameixa.

Ne.to *s.m.* Filho de filho ou de filha.

Ne.tú.nio *s.m.* Elemento químico, de símbolo Np e número atômico 93, transurânico.

Ne.tu.no *s.m.* **1.** Na mitologia, divindade que preside ao mar, chamada Posêidon pelos gregos. **2.** POÉT O mar. **3.** Planeta do sistema solar, descoberto em 1846 pelo astrônomo alemão Galle.

Neu.ral *adj.2g.* Relativo ao sistema nervoso.

Neu.ri.te *s.f.* MED Inflamação ou degenerescência de um nervo. ◆ *Var.: nevrite.*

Neu.ro.ci.rur.gi.a *s.f.* Cirurgia do sistema nervoso.

Neu.ro.lo.gi.a *s.f.* Parte da Medicina que estuda o sistema nervoso e suas doenças. ◆ *Var.: nevrologia.*

Neu.rô.nio *s.m.* ANAT A célula nervosa com seus prolongamentos.

Neu.ro.se *s.f.* **1.** MED Doença caracterizada por perturbações do sistema nervoso, sem lesão anatômica apreciável. **2.** Qualquer doença nervosa.

Neu.ro.trans.mis.sor (ô) *adj.* e *s.m.* Diz-se de ou cada uma das moléculas secretadas pelas porções terminais de neurônios e responsável pela transmissão do impulso nervoso; mediador químico, neuromediador.

Neu.tral *adj.2g.* **1.** Que não se define nem por um nem por outro; neutro, imparcial. **2.** Indiferente.

Neu.tra.li.zar *v.t.* **1.** Tornar neutro. **2.** Anular o efeito de. **3.** Declarar neutro (país etc.). **4.** Impedir de agir. *v.p.* **5.** Tornar-se neutro ou indiferente; anular-se.

NEUTRO — NÓ

Neu.tro *adj.* **1.** Que não toma partido entre interesses opostos. **2.** Diz-se de uma nação, território, país etc., cujo território as potências se comprometem a respeitar em caso de beligerância entre elas. **3.** Diz-se dos corpos que não apresentam nenhum fenômeno elétrico. **4.** Não distintamente marcado ou colorido. **5.** Indefinido, vago, indeterminado. **6.** QUÍM Nem ácido nem alcalino (corpo). **7.** Sem órgãos sexuais (vegetais). **8.** Indiferente. **9.** Inativo. **10.** GRAM Diz-se do gênero que não é nem masculino nem feminino.

Nêu.tron *s.m.* FÍS Partícula elementar sem carga elétrica, que tem a propriedade de atravessar facilmente a matéria, um dos constituintes dos núcleos atômicos. ◆ *Var.: neutrônio.*

Ne.va.da *s.f.* **1.** Queda de neve. **2.** Porção de neve que cai de uma vez.

Ne.var *v.t.* **1.** Cobrir de neve. **2.** Tornar alvo como a neve. **3.** Esfriar por meio da neve. *v.int.* **4.** Cair neve. **5.** Tornar-se branco; branquejar. **6.** FIG Encanecer.

Ne.vas.ca *s.f.* Nevada acompanhada de tempestade.

Ne.ve *s.f.* **1.** Água congelada que cai da atmosfera em flocos alvos e leves, no inverno, em virtude da queda da temperatura. **2.** Qualquer coisa semelhante à neve. **3.** FIG Alvura extrema. **4.** FIG A velhice, os cabelos brancos, as cãs.

Ne.vis.car *v.int.* Nevar em pequena quantidade.

Ne.vo (é) *s.m.* Mancha, sinal, marca no corpo.

Né.voa *s.f.* **1.** Vapor aquoso que obscurece a atmosfera. **2.** FIG Falta de clareza; obscuridade. **3.** MED Mancha que se forma na córnea e turva a vista. **4.** FIG Aquilo que dificulta a compreensão.

Ne.vo.ei.ro *s.m.* **1.** Névoa densa; neblina. **2.** Cerração espessa. **3.** FIG Obscuridade.

Ne.vral.gi.a *s.f.* Dor geralmente aguda em um nervo ou em suas ramificações. ◆ *Var.: neuralgia.*

Ne.vrál.gi.co *adj.* Relativo ou semelhante à nevralgia. ◆ *Var.: neurálgico.*

Ne.vri.te *s.f.* Neurite.

Ne.vro.lo.gi.a *s.f.* Neurologia.

New.ton *s.m.* Unidade de força (símb.: *N*).

Ne.xo (cs) *s.m.* **1.** União, ligação, vínculo. **2.** Conexão. **3.** Relação de coisas ou ideias entre si. **4.** Coerência.

Nhe.nhe.nhém *s.m.* **1.** Falatório ou resmungo interminável. **2.** Conversa mole, cantilena.

Nho.que (it. *gnocchi*) *s.m.* Massa alimentícia de origem italiana, cortada em fragmentos arredondados e feita de farinha de trigo, ovos, queijo e batata.

Ni.ca *s.f.* **1.** FAM Insignificância, bagatela. **2.** POP Manha, rabugice, impertinência. **3.** (BA) POP Caretas, trejeitos. **4.** Futilidade, puerilidade.

Ni.cho *s.m.* **1.** Cavidade em parede, tronco etc. para colocar estátua, imagem ou outro objeto decorativo. **2.** Atividade ou posição relativa aos interesses de uma pessoa. **3.** Área ou lugar em que um determinado produto ou serviço tem grande demanda.

Ni.có.ti.co *adj.* Relativo ao tabaco.

Ni.co.ti.na *s.f.* Alcaloide tóxico existente no tabaco.

Ni.di.fi.car *v.int.* Fazer ninho (ave).

Ni.gro.man.ci.a *s.f.* Necromancia.

Ni.i.lis.mo *s.m.* **1.** Redução a nada. **2.** Descrença absoluta. **3.** Doutrina anarquista, segundo a qual o progresso da sociedade só é possível após a destruição de tudo o que socialmente existe.

Nim.bo *s.m.* **1.** Camada espessa de nuvens sombrias, da qual cai ordinariamente chuva ou neve persistente. **2.** Chuva ligeira. **3.** Círculo de luz que cinge a cabeça das imagens de santos e personagens divinas; halo, auréola; resplendor.

Nim.bo.so (ô) *adj.* Coberto de nimbo; chuvoso.

Ni.mi.e.da.de *s.f.* Qualidade do que é nímio.

Ní.mio *adj.* **1.** Excessivo, demasiado. **2.** Muito grande, exagerado.

Ni.nar *v.t.* **1.** Acalentar; fazer adormecer (criança). **2.** Pegar no sono.

Nin.fa *s.f.* **1.** Divindade fabulosa dos rios, dos bosques e dos montes. **2.** FIG Mulher jovem e formosa. **3.** Forma intermediária entre a larva e o inseto adulto. **4.** ANAT Pequeno lábio da vulva.

Nin.fe.ta (ê) *s.f.* Menina no começo da adolescência, que desperta no homem forte desejo sexual.

Nin.fo.ma.ni.a *s.f.* MED Excesso de desejo sexual na mulher; furor uterino.

Nin.guém *pron.indef.* **1.** Nenhuma pessoa. **2.** Nenhuma outra pessoa. *s.m.* **3.** Pessoa sem importância, pessoa insignificante.

Ni.nha.da *s.f.* **1.** Ovos ou avezinhas implumes existentes em um ninho. **2.** Conjunto dos filhos que nascem de uma vez à fêmea do animal. **3.** FAM Porção de filhos pequenos; filharada. **4.** FIG Viveiro, sementeira. **5.** Bando de pessoas suspeitas. **6.** Valhacouto, esconderijo.

Ni.nha.ri.a *s.f.* Coisa sem valor; insignificância.

Ni.nho *s.m.* **1.** Habitação das aves feita por elas para a postura dos ovos e criação dos filhotes. **2.** Lugar onde se recolhem e dormem os animais. **3.** Toca, covil; esconderijo, abrigo. **4.** Casa paterna, lar.

Nin.ja *s.2g.* **1.** Aquele que luta ninjútsu. **2.** Aquele que se utiliza de disfarces semelhantes ao desse lutador. **3.** Indivíduo pertencente à polícia especial de intervenção. **4.** Arruaceiro das cidades.

Ni.ó.bio *s.m.* QUÍM Metal raro, símbolo Nb e número atômico 41, pulverulento, de cor acinzentada.

Ni.pô.ni.co *adj.* e *s.m.* Japonês.

Ní.quel *s.m.* Metal bivalente, branco-acinzentado, mais duro que o ferro e praticamente inoxidável, de símbolo químico Ni e número atômico 28.

Ni.que.lar *v.t.* **1.** Cobrir ou guarnecer de níquel. **2.** Dar aparência de níquel a.

Nir.va.na *s.m.* A beatitude budista, isto é, a extinção da individualidade e sua absorção no supremo espírito do Universo.

Nis.sei *adj.* e *s.2g.* Diz-se de, ou filho de pais japoneses nascido na América: *O nissei Fujimori se tornou presidente do Peru.* ◆ *Var.: nisei.*

Ni.te.roi.en.se (I i) *adj.2g.* **1.** Relativo ou pertencente a Niterói (Rio de Janeiro). *s.2g.* **2.** Pessoa natural ou habitante dessa cidade.

Ni.ti.dez (ê) *s.f.* **1.** Qualidade do que é nítido. **2.** Fulgor. **3.** Clareza; limpidez, brilho.

Ní.ti.do *adj.* **1.** Que brilha. **2.** Limpo e brilhante. **3.** Fulgente, claro. **4.** Que se distingue bem. **5.** Inteligível, claro. ● *Ant.: embaçado.*

Ni.tra.to *s.m.* Sal formado pela combinação do ácido nítrico com uma base.

Ní.tri.co *adj.* Diz-se de um ácido que contém nitrogênio.

Ni.tri.to *s.m.* Sal de ácido nitroso.

Ni.tro *s.m.* Nitrato de potássio; salitre.

Ni.tro.gê.nio *s.m.* QUÍM Elemento existente na atmosfera, gás incolor e inodoro, símbolo N e número atômico 7, de larga aplicação.

Ni.tro.gli.ce.ri.na *s.f.* QUÍM Líquido oleoso e incolor de grande força explosiva, usado na fabricação da dinamite.

Ni.tro.so (ô) *adj.* **1.** Nitrado, salitroso. **2.** QUÍM Diz-se do anidrido e do ácido compostos de oxigênio e nitrogênio trivalente.

Ní.vel *s.m.* **1.** Instrumento para verificar se um plano está horizontal; horizontalidade. **2.** Valor relativo numa escala. **3.** FIG Igualdade de plano, mérito; igualha. **4.** Estado, condição social e econômica. **5.** Qualidade, padrão. **6.** Equilíbrio. ● *Pl.: níveis.*

Ni.ve.la.men.to *s.m.* **1.** Ato ou efeito de nivelar. **2.** Ação de tornar plano (terreno).

Ni.ve.lar *v.t.* **1.** Medir com o nível. **2.** Aplainar. **3.** Tornar horizontal. **4.** Pôr no mesmo nível; igualar. **5.** Comparar. **6.** Acamar. **7.** Destruir, arrasar. *v.p.* **8.** Nivelar-se, equiparar-se.

Ni.veo *adj.* **1.** Relativo à neve. **2.** Alvo como a neve. **3.** Nevado.

Nó *s.m.* **1.** Laço apertado feito de corda ou coisa semelhante. **2.** A parte mais dura da madeira. **3.** Ponto de inserção das folhas no caule. **4.** Articulação das falanges dos dedos. **5.** Ponto grave, que mais atenção merece em um negócio. **6.** Ligação. **7.** Enlace. **8.** Saliência anterior da garganta. **9.** Embaraço. **10.** Enredo, intriga. **11.** A milha percorrida pelo navio (1.852 m).

NOBÉLIO — NOSOFOBIA

No.bé.lio *s.m.* Elemento químico transurânico, símbolo No e número atômico 102.

No.bi.li.á.rio *adj.* **1.** Relativo aos nobres ou à nobreza. *s.m.* **2.** Nobiliarquia.

No.bi.li.ar.qui.a *s.f.* Estudo ou tratado das origens, tradições e brasões da nobreza; a nobreza.

No.bi.li.tar *v.t.* e *p.* **1.** Tornar(-se) nobre. **2.** Adquirir nobreza; engrandecer(-se). *v.t.* **3.** Dar foros ou títulos de nobreza a; enobrecer.

No.bre *adj.2g.* **1.** Que pertence à nobreza. **2.** Que é de descendência ilustre. **3.** FIG Majestoso, suntuoso. **4.** Valente, brioso. **5.** Que revela grandeza, generosidade, elevação moral. **6.** Notável, célebre, ilustre. **7.** Magnânimo. **8.** Elevado, sublime (estilo). *s.m.* **9.** Membro da nobreza. **10.** Pessoa nobre, fidalgo. ● *Ant.: plebeu, plebeia.*

No.ção *s.f.* **1.** Ideia perfeita que se tem de uma coisa; conhecimento. **2.** Notícia, informação. **3.** Conceito, concepção. **4.** Exposição sucinta; sumário.

No.cau.te *s.m.* Estado do boxeador que é derrubado pelo adversário e não se levanta em 10 segundos. ● *Abrev.: KO.*

No.ci.vo *adj.* **1.** Que produz ou pode produzir mal. **2.** Danoso, prejudicial. ● *Ant.: vantajoso, útil.*

Noc.tâm.bu.lo *adj.* **1.** Que vagueia, que se diverte à noite; notívago. **2.** Que se levanta e, dormindo, sai andando; sonâmbulo. *s.m.* **3.** Indivíduo noctâmbulo.

No.do (ó) *s.m.* **1.** MED Tumor duro, que se forma em volta da articulação dos ossos. **2.** Parte proeminente de certos ossos.

Nó.doa *s.f.* **1.** Sinal deixado por um corpo ou substância que suja; mancha. **2.** FIG Mancha moral; opróbrio, estigma. **3.** FIG Vergonha, ignomínia.

Nó.du.lo *s.m.* **1.** Nó pequeno. **2.** Pequena concreção, num ponto do corpo, de um líquido injetado.

No.gal *s.m.* Nogueiral.

No.guei.ra *s.f.* **1.** Árvore frutífera de grande porte. **2.** Madeira dessa árvore.

No.guei.ral *s.m.* Terreno onde crescem nogueiras.

Noi.ta.da *s.f.* **1.** Espaço de uma noite. **2.** Vigília, insônia. **3.** Folia que dura toda a noite. **4.** Trabalho realizado durante a noite.

Noi.te *s.f.* **1.** Espaço de tempo em que o sol está abaixo do horizonte. **2.** Escuridão. **3.** Vida noturna; noitada. **4.** FIG Trevas, ignorância. **5.** Tristeza, solidão. **6.** Mistério, incerteza.

Noi.var *v.int.* **1.** Celebrar noivado. **2.** Namorar a pessoa com quem se vai casar.

Noi.vo *s.m.* Aquele que tem o casamento combinado ou que casou há pouco.

No.jo (ô) *s.m.* **1.** Náusea, asco, enjoo, repulsão. **2.** Aquilo que causa repugnância. **3.** Aborrecimento, tédio. **4.** Luto, pesar.

Nô.ma.de *adj.* e *s.2g.* **1.** Que, ou quem troca habitualmente de moradia. **2.** Que, ou quem vagueia sem moradia certa; vagabundo.

No.me *s.m.* **1.** Palavra que designa pessoa, coisa ou animal. **2.** Designação, qualificação. **3.** Reputação, fama. **4.** Apelido, alcunha de guerra. **5.** Linhagem nobre; boa estirpe. **6.** Apelido ou pseudônimo sob o qual alguém se torna mais conhecido.

No.me.ar *v.t.* **1.** Chamar ou designar pelo nome. **2.** Dar nome a. Pronunciar o nome de. **3.** Designar para cargo, emprego ou função. **4.** Escolher, eleger, proclamar. **5.** Considerar, qualificar. **6.** Apelidar. **7.** Instituir. *v.p.* **8.** Pronunciar o próprio nome. **9.** Intitular-se.

No.men.cla.tu.ra *s.f.* **1.** Vocabulário de nomes. **2.** Conjunto de termos peculiares a uma arte ou ciência; terminologia. **3.** Lista, catálogo, relação.

No.mi.nal *adj.2g.* **1.** Referente ao nome. **2.** Que existe só em nome e não em realidade. **3.** Diz-se do valor expresso num título de crédito, ação de sociedade anônima etc.

No.mi.na.ta *s.f.* Lista ou relação de nomes.

No.mi.na.ti.vo *adj.* **1.** Que tem nome ou que denomina. *s.m.* **2.** GRAM Caso reto ou primeiro caso de nomes declináveis e que na oração serve de sujeito ou predicativo.

No.na.gé.si.mo *num.ord.* e *frac.* **1.** Correspondente a 90. *s.m.* **2.** A nonagésima parte de um todo.

No.na.to *adj.* e *s.m.* **1.** Diz-se de, ou criança que nasceu pela operação cesariana. **2.** Diz-se de, ou animal que foi retirado do ventre da mãe depois da morte desta.

Non.gen.té.si.mo *num.ord.* e *frac.* Correspondente a 900. ● *Var.: noningentésimo.*

No.no *num.ord. adj.* e *s.m.* **1.** (o) Que ocupa a posição número nove. *num.frac. adj.* e *s.m.* **2.** (o) Que é nove vezes menor que a unidade.

Non.sense (ing.) *s.m.2n.* **1.** Frase, linguagem, dito, que não tem significação ou coerência; absurdo, disparate. **2.** Filme ou escrito que recorre a elementos surreais, a situações ilógicas, absurdas etc. **3.** Conduta contrária à razão.

Nô.nu.plo *num.* **1.** Que é nove vezes maior. *s.m.* **2.** Quantidade nove vezes maior que outra.

No.ra *s.f.* **1.** Aparelho para tirar água de poço, cisterna etc. **2.** Mulher casada, em relação aos pais de seu marido.

Nor.des.te *s.m.* **1.** Ponto situado entre o norte e o leste. **2.** Região situada ao lado desse ponto. **3.** Vento que sopra do nordeste. **4.** Região geográfica brasileira, que compreende os Estados do Piauí, Maranhão, Ceará, Rio Grande do Norte, Paraíba, Pernambuco, Alagoas, Sergipe, Bahia. ● Neste sentido, escreve-se com inicial maiúscula. *adj.2g.* **5.** Relativo ao Nordeste ou dele procedente. ● *Abrev.: NE ou N.E.*

Nór.di.co *adj.* **1.** Do norte da Europa ou Escandinávia (Dinamarca, Suécia, Noruega, Finlândia e Islândia). **2.** Diz-se da língua e da literatura dos escandinavos. *s.m.* **3.** Indivíduo desse povo.

Nor.ma *s.f.* **1.** Regra que se deve seguir. **2.** Padrão, modelo. **3.** Uso, praxe. **4.** Princípio, regra, preceito.

Nor.mal *adj.2g.* **1.** Que é segundo a norma. **2.** Habitual, regular. **3.** Que serve de modelo; exemplar. **4.** Diz-se da escola e do curso destinados a preparar professores do Ensino Fundamental. *s.m.* **5.** O curso normal: *Ela tem 19 anos e é estudante do normal. s.2g.* **6.** Pessoa normal. ● *Ant.: anormal.*

Nor.ma.lis.ta *adj.* e *s.2g.* Diz-se de, ou pessoa que frequenta ou tem o curso da escola normal.

Nor.ma.li.zar *v.t.* **1.** Tornar normal; normalizar. **2.** Regularizar, padronizar. *v.int.* **3.** Retornar à ordem. *v.p.* **4.** Voltar ao estado normal.

Nor.man.do *adj.* **1.** Da Normandia; relativo à Normandia. *s.m.* **2.** Espécie de caracteres encorpados. **3.** Natural ou habitante da Normandia.

No.ro.es.te *s.m.* **1.** Ponto que fica entre o norte e o oeste. **2.** Vento que sopra desse ponto. ● *Abrev.: NW ou NO.*

Nor.ta.da *s.f.* Vento forte e frio que sopra do norte.

Nor.te *s.m.* **1.** Um dos pontos cardeais, que fica em frente do observador que dá à direita ao lado de onde nasce o Sol. **2.** Parte do horizonte que corresponde à estrela polar. **3.** Vento frio que vem do norte. **4.** Região que fica na direção do norte. **5.** Região geográfica brasileira, que compreende os Estados do Amazonas, Pará, Acre, Tocantins, Rondônia, Roraima e Amapá. ● Neste sentido, escreve-se sempre com inicial maiúscula. **6.** Estrela polar. **7.** Guia, rumo, direção. *adj.* **8.** Relativo ao norte ou dele procedente. ● *Abrev.: N ou N.* (com ponto).

Nor.te-a.me.ri.ca.no *adj.* **1.** Relativo aos Estados Unidos da América (EUA). *s.m.* **2.** Indivíduo natural dos EUA; americano, estadunidense, ianque. ● *Pl.: norte-americanos.*

Nor.te.ar *v.t.* **1.** Dar a direção do norte a. **2.** Encaminhar para o norte. **3.** Dirigir, guiar, orientar. *v.p.* **4.** Guiar-se, orientar-se.

Nor.te-ri.o-gran.den.se *adj.2g.* e *s.2g.* Rio-grandense-do-norte. ● *Pl.: norte-rio-grandenses.*

Nos Variação átona do pronome *nós*, que funciona como objeto direto.

Nós *pron.pess.* da 1ª pessoa do plural, caso reto.

No.so.cô.mio *s.m.* Hospital.

No.so.fo.bi.a *s.f.* Medo de adoecer que leva uma pessoa a tratar-se de doenças que não tem.

NOSSO — NUDEZ

Nos.so *pron.poss.* **1.** Que nos pertence. **2.** Que nos diz respeito ou nos é próprio.

Nos.tal.gi.a *s.f.* Tristeza ou melancolia profunda, causada por saudade da pátria.

No.ta *s.f.* **1.** Ato de notar. **2.** Sinal para fazer lembrar. **3.** JORN Notícia curta. **4.** Marca para assinalar ou distinguir. **5.** Apontamento, anotação. **6.** Apreciação. **7.** Atenção, consideração. **8.** Explicação curta; exposição sumária. **9.** Comentário feito num texto para melhor compreendê-lo ou fazer com que seja melhor compreendido. **10.** Ofensa. **11.** Erro. **12.** Grau com que se afere o aproveitamento. **13.** Conta ou papeleta em que se registram mercadorias vendidas ou serviços prestados. **14.** MÚS Sinal que representa um som e sua duração. **15.** Cédula de papel-moeda. **16.** Defeito. **17.** Comunicação escrita e oficial entre os ministros de países diferentes.

No.ta.bi.li.zar *v.t.* **1.** Tornar notável ou célebre; celebrizar. *v.p.* **2.** Tornar-se notável, famoso. **3.** Sobressair.

No.ta.ção *s.f.* **1.** Ato ou efeito de notar. **2.** Ato de representar por sinais convencionados. **3.** Sistema de sinais com que se faz essa representação ou indicação.

No.tar *v.t.* **1.** Pôr nota, sinal ou marca em. **2.** Reparar em. **3.** Estranhar, censurar. **4.** Atentar em; anotar. **5.** Observar. **6.** Refletir. **7.** Acusar, tachar. **8.** Inscrever ou registrar nos livros de notas (o tabelião). **9.** Redigir. **10.** Representar por caracteres.

No.tá.rio *s.m.* Escrivão público; tabelião.

No.tá.vel *adj.* **1.** Digno de nota, de atenção. **2.** Digno de apreço. **3.** Ilustre, eminente. **4.** Importante, insigne. **5.** Louvável. **6.** Que tem boa posição social. *s.2g.* **7.** Pessoa notável, ilustre. ● *Ant.: banal.*

Note.book (ing.) *s.m.* Computador completo miniaturizado, espécie de *laptop* com a área aproximada de uma página de papel de carta. ● *Pl.: notebooks.*

No.tí.cia *s.f.* **1.** Conhecimento, informação. **2.** Apontamento. **3.** JORN O exato registro de um fato, sem opinião. **4.** Resumo, nota. **5.** Anúncio. **6.** Lembrança, memória. **7.** Espécie de prefácio com informações sobre o autor.

No.ti.ci.á.rio *s.m.* **1.** Conjunto de notícias. **2.** Seção em que os jornais publicam as notícias.

No.ti.fi.car *v.t.* **1.** Dar conhecimento de. **2.** Dar ciência ou notícia; noticiar. **3.** Comunicar, inteirar. **4.** Dar conhecimento das ordens do juiz a. **5.** Avisar pela forma da lei; intimar.

No.tí.va.go *adj. e s.m.* **1.** Que tem hábitos noturnos. **2.** Que gosta da noite.

No.to¹ *adj.* POÉT Conhecido, sabido.

No.to² *s.m.* O vento sul.

No.tó.rio *adj.* **1.** Sabido de todos ou de muitos; famoso. **2.** Público, patente, manifesto. ● *Ant.: desconhecido.*

No.tur.no *adj.* **1.** Relativo a noite. **2.** Que aparece ou se faz de noite. ● *Ant.: diurno.* **3.** Que anda de noite. *s.m.* **4.** Uma das partes do ofício divino. **5.** MÚS Composição para orquestra ou piano, de caráter terno ou melancólico. **6.** Trem de passageiros que trafega à noite.

No.va *s.f.* Notícia de fato ou acontecimento recente; novidade.

No.va-de.lhen.se *adj.2g.* **1.** De Nova Délhi, Índia. *s.2g.* **1.** Natural dessa capital. ● *Pl.: nova-delhenses.*

No.va-i.or.qui.no *adj.* **1.** Relativo ao Estado de Nova York ou à cidade do mesmo nome (EUA). *s.m.* **2.** Pessoa natural e habitante de Nova York. ● *Pl.: nova-iorquinos.*

No.va.to *s.m.* **1.** Estudante novel; calouro. **2.** Principiante, aprendiz. **3.** Noviço. **4.** Aluno do primeiro ano de qualquer faculdade. *adj.* **5.** Ingênuo, inexperiente. ● *Ant.: veterano.*

No.ve *num.* **1.** Oito mais um; o nono. *s.m.* **2.** O algarismo (9) representativo desse número. ● *Ord. e frac.: nono.*

No.vel (é) *adj.* **1.** Principiante em qualquer ofício ou emprego. **2.** Inexperiente, novo. ● *Pl.: novéis.*

No.ve.la *s.f.* **1.** Pequeno romance. **2.** Narração de aventuras interessantes. **3.** Enredo, engano. **4.** Espécie de romance teatralizado,

que se apresenta em capítulos curtos em rádios (*radionovela*) ou televisão (*telenovela*).

No.ve.lo (ê) *s.m.* **1.** Bola de fios enrolados sobre si mesmos. **2.** FIG Enredo, embrulhada.

No.vem.bro *s.m.* Décimo primeiro mês do ano civil, com 30 dias.

No.ve.na *s.f.* **1.** Espaço de nove dias. **2.** Preces, orações que se repetem durante nove dias. **3.** Grupo de nove coisas ou pessoas.

No.ve.ná.rio *s.m.* Livro de novenas.

No.vê.nio *s.m.* Espaço de nove anos.

No.vi.ci.a.do *s.m.* **1.** Tempo de aprendizagem e preparo espiritual a que se sujeitam as pessoas que entram numa ordem religiosa. **2.** Aprendizagem em geral.

No.vi.ço *s.m.* **1.** Homem que se prepara para professar na vida religiosa. **2.** FIG Principiante, aprendiz. *adj.* **3.** Novato, inexperiente.

No.vi.da.de *s.f.* **1.** Qualidade de novo. **2.** Notícia, nova; coisa nova. **3.** Motim, agitação. **4.** Acontecimento inesperado. **5.** Dificuldade, embaraço, imprevisto. ● *Ant.: velharia.*

No.vi.lho *s.m.* Boi ainda novo (entre 1 e 2 anos).

No.vi.lú.nio *s.m.* Lua nova; tempo de lua nova.

No.vo (ô) *adj.* **1.** De pouca idade; moço. **2.** De pouco tempo. **3.** Moderno. **4.** Não usado ou que tem pouco uso. **5.** Original, raro, estranho. **6.** Que é visto pela primeira vez. **7.** Recém-chegado. **8.** Outro, diferente. **9.** Inexperiente. *s.m.* **10.** Pessoa nova. **11.** O que é recente. ● *Ant.: velho, antigo.*

No.vo.ca.í.na *s.f.* QUÍM Nome comercial de um anestésico local, de reconhecida eficácia, atualmente aplicado largamente em geriatria.

No.vo-ri.co *s.m.* Indivíduo que enriqueceu há pouco, e que ostenta essa riqueza. ● *Pl.: novos-ricos.*

Noz *s.f.* **1.** Fruto da nogueira. **2.** Nome genérico dos frutos secos, indeiscentes, com uma só semente, como a castanha-do-pará, o caju etc.

Noz-mos.ca.da *s.f.* Planta medicinal, também chamada moscadeira, usada como condimento. ● *Pl.: nozes-moscadas.*

Noz-vô.mi.ca *s.f.* Árvore de cujo fruto se extrai a estricnina e uma tintura medicinal. ● *Pl.: nozes-vômicas.*

- n.te *suf.* 'Agente': *estudante, sobrevivente, cantante.*

Nu *adj.* **1.** Despido, sem roupa. **2.** Descoberto, exposto (pés, braços etc.). **3.** Escalvado. **4.** Tosco. **5.** Sem vegetação. **6.** Desonrado, desguarnecido. **7.** Desprotegido, desarmado. **8.** Privado, destituído. **9.** Simples. **10.** Sem disfarce, sincero. **11.** Desembainhado (espada). *s.m.* **12.** A nudez (na pintura). ● **Nu e cru:** sem rebuços, tal qual é.

Nu.an.ce *s.f.* **1.** Cada um dos matizes diferentes por que pode passar uma cor. **2.** Matiz, cambiante. **3.** MÚS Grau de força ou doçura que convém dar aos sons. **4.** Diferença delicada entre coisas do mesmo gênero. ● *Var.: nuança.*

Nu.ben.te *adj.2g.* **1.** Que é noivo ou noiva. *adj. e s.2g.* **2.** Que, ou pessoa que está para se casar.

Nú.bil *adj.2g.* Que está em idade de casar; casadouro. ● *Pl.: núbeis.*

Nu.blar *v.t.* **1.** Cobrir de nuvens; anuviar. **2.** FIG Tornar escuro; escurecer, toldar. **3.** FIG Entristecer. *v.p.* **4.** Cobrir-se de nuvens. **5.** Embaciar-se, turvar-se. **6.** FIG Obscurecer-se; entristecer-se.

Nu.buck (ing.) *s.m.* Couro de boi que, depois de polido, apresenta uma superfície aveludada semelhante à da pele de antílope.

Nu.ca *s.f.* ANAT Parte súpero-posterior do pescoço correspondente à vértebra cervical; cachaço.

Nu.cle.ar *adj.2g.* **1.** Relativo a núcleo. **2.** Central, básico. **3.** Relativo a bombas atômicas ou de hidrogênio: *Bomba nuclear.*

Nú.cleo *s.m.* **1.** Miolo da noz, da amêndoa e de outros frutos. **2.** BIOL Corpúsculo, geralmente redondo e envolvido em citoplasma, constituinte das células eucariontes. **3.** Ponto essencial. **4.** Sede principal. **5.** FIG Origem, fundo, começo. **6.** A nata, a flor, o escol de qualquer coisa. **7.** Essência, âmago. ● *Dim.irreg.: nucléolo.*

Nu.dez (ê) *s.f.* **1.** Estado de nu. **2.** FIG Ausência de ornatos. **3.** Privação, penúria. **4.** Franqueza. **5.** Simplicidade, singeleza.

NUDISMO — NYLON

Nu.dis.mo *s.m.* **1.** Sistema dos que defendem o costume de se reunir, em parques privados, praias, etc., para apanhar sol, nadar e praticar outros esportes em estado de nudez. **2.** Essa prática.

Nu.lo *adj.* **1.** Que não é válido. **2.** Sem valor ou sem efeito. **3.** Vão. **4.** Absolutamente inepto, incapaz.

Nu.me *s.m.* **1.** Ser ou potência divina; divindade, deidade. **2.** Cada um dos deuses do paganismo. **3.** Espírito sobrenatural. **4.** Inspiração poética advinda do poder divino. **5.** Sentimento íntimo; afeiçoamento.

Nu.me.ra.dor (ô) *adj.* e *s.m.* **1.** Que, ou aquele que numera. *s.m.* **2.** MAT Termo de fração que indica quantas se tomaram das partes em que se dividiu a unidade e que se escreve sobre o traço dessa fração ou à esquerda dela.

Nu.me.ral *adj.2g.* **1.** Que designa um número. **2.** Referente a número.

Nu.me.rar *v.t.* **1.** Indicar por números. **2.** Pôr números em. **3.** Contar um a um. **4.** Calcular. **5.** Expor metodicamente.

Nú.me.ro *s.m.* **1.** Expressão de quantidade. **2.** Coleção de unidades ou partes da unidade. **3.** Coleção de coisas. **4.** Grande quantidade, abundância. **5.** Categoria, classe. **6.** Exemplar de uma publicação periódica (jornal, revista etc.). **7.** GRAM Flexão que indica a unidade ou a pluralidade. **8.** Cada um dos quadros ou cenas de um espetáculo de circo ou de teatro de variedades.

Nu.me.ro.lo.gi.a *s.f.* Pretensa ciência do conhecimento do significado oculto dos números e de sua influência na vida das pessoas.

Nu.me.ro.so (ô) *adj.* **1.** Em grande número; abundante, copioso. **2.** Suave, harmonioso. ● *Fem.* e *pl.*: *numerosa* e *numerosos* (ó).

Nu.mis.má.ti.co *adj.* Relativo ou pertencente à numismática.

Nun.ca *adv.* Em tempo algum, jamais; não.

Nún.cio *s.m.* **1.** Embaixador do papa. **2.** Mensageiro, anunciador.

Nun.cu.pa.ção *s.f.* Nomeação de herdeiro(s), feita de viva voz pelo testador; feitura de testamento oral. ● *Pl.*: *nuncupações*.

Núp.cias *s.f.pl.* **1.** Solenidades, festejos que acompanham o casamento. **2.** Cada um dos casamentos contraídos por uma mesma pessoa.

Nu.tri.ção *s.f.* **1.** Ato ou efeito de nutrir(-se). **2.** Conjunto de processos de introdução, transformação e assimilação dos alimentos. **3.** Sustento, alimento.

Nu.tri.ci.o.nis.ta *adj.2g.* **1.** Relativo ou pertencente ao nutricionismo. *s.2g.* **2.** Pessoa que se dedica ao nutricionismo.

Nu.tri.en.te *adj.2g.* **1.** Que nutre; nutritivo. **2.** AGRIC Qualquer elemento ou composto químico capaz de auxiliar o desenvolvimento normal de um vegetal.

Nu.trir *v.t.* **1.** Alimentar, sustentar. **2.** Engordar. **3.** Ministrar recursos a. **4.** Manter, desenvolver. **5.** Educar. **6.** Alentar, revigorar. **7.** Revitalizar, restaurar. **8.** Promover, aumentar. **9.** Proteger, agasalhar. *v.int.* **10.** Ser nutritivo. *v.p.* **11.** Sustentar-se, prover-se, alimentar-se. **12.** Fortificar-se.

Nu.vem *s.f.* **1.** Agregado de vapores que se condensam na atmosfera. **2.** Porção de pó, gases ou fumaça que se eleva no ar. **3.** FIG Tudo que impede de ver. **4.** Dificuldade que embaraça ou perturba a compreensão; obscuridade. **5.** Grande quantidade, porção compacta. **6.** Aspecto sombrio. **7.** Ar de tristeza, de pesar. **8.** Coisa que perturba a serenidade, a boa harmonia.

Nylon (náilon) (ing.) *s.m.* Náilon.

O

O/o¹ *s.m.* **1.** Décima quinta letra do alfabeto português, vogal oral, labial posterior. **2.** ARIT e MAT Sinal numérico de zero. *adj.* **3.** Décimo quinto numa série indicada pelas letras do alfabeto: *Cadeira O*.

Ó *interj.* Designa chamamento, invocação, apelo.

O-, ob-, obs- ou **os-** *pref.* **1.** 'Movimento para frente': *obstruir, ostender*. **2.** 'Oposição': *objeção, obstar*.

O Símb. de oeste (região).

O.á.sis *s.m.2n.* **1.** Zona fértil numa região árida. **2.** Lugar, no meio de um deserto, com vegetação e água. **3.** Lugar ameno, calmo, agradável, repousante (entre outros que não o são). **4.** Satisfação, prazer momentâneo (entre desgostos). **5.** Alívio, refrigério, conforto.

O.ba¹ (ó) *interj.* Opa!

O.ba² *s.f.* Cada uma das seis divisões da antiga tribo ateniense.

Ob.ce.ca.ção *s.f.* **1.** Ato ou efeito de obcecar(-se). **2.** Cegueira do espírito. **3.** FIG Obstinação, teimosia, insistência, pertinácia, ideia fixa, obsessão.

Ob.ce.ca.do *adj.* **1.** Que tem a inteligência obscurecida. **2.** Contumaz no erro.

Ob.ce.can.te *adj.2g.* Que obceca; cegante, ofuscante.

Ob.ce.car *v.t.* **1.** Tornar cego. **2.** FIG Obscurecer, deslumbrar, ofuscar, turvar. **3.** Desvairar, preocupar. **4.** Induzir em erro. **5.** Tornar ininteligível. *v.p.* **6.** Tornar-se contumaz no erro. **7.** Deixar-se dominar por uma ideia.

O.be.de.cer *v.t.* **1.** Submeter-se à vontade de: *Obedecer aos pais*. **2.** Executar, cumprir as ordens de. **3.** Estar sujeito a: *Obedecer ao regulamento*. **4.** Estar sob a autoridade de: *Obedecer ao chefe*. **5.** Ceder. **6.** Acatar, venerar. **7.** Submeter-se (ao mais forte); render-se. *v.int.* **8.** Submeter-se, sujeitar-se à vontade de outrem na execução de um ato. **9.** Executar as ordens. ● *Ant.: desobedecer*.

O.be.di.ên.cia *s.f.* **1.** Ato ou efeito de obedecer. **2.** Disposição para obedecer. **3.** Submissão à vontade de outrem; sujeição, dependência, domínio. **4.** Autoridade, mando. **5.** Aquiescência, docilidade. ● *Ant.: desobediência*.

O.be.di.en.te *adj.2g.* **1.** Que obedece. **2.** Submisso, dócil. **3.** Humilde. **4.** Resignado, conformado. ● *Ant.: desobediente*.

O.be.lis.co *s.m.* **1.** Monumento quadrangular, alongado, encimado por uma pirâmide, feito numa só pedra e elevado sobre um pedestal. **2.** Monumento, marco.

O.be.si.da.de *s.f.* **1.** Qualidade de obeso. **2.** Gordura excessiva no corpo; adiposidade.

O.be.so (ê) *adj.* **1.** Que tem obesidade; muito gordo. **2.** Barrigudo, pançudo.

Ó.bi.ce *s.m.* Impedimento, empecilho, obstáculo, embaraço, estorvo, dificuldade.

Ó.bi.to *s.m.* **1.** Morte (de uma pessoa). **2.** Falecimento, passamento. ● *Ant.: nascimento*.

O.bi.tu.á.rio *s.m.* **1.** Registro dos óbitos. **2.** Seção necrológica, nos jornais. **3.** Mortalidade. ● *Ant.: natalidade*. *adj.* **4.** Relativo a óbito.

Ob.je.ção *s.f.* **1.** Argumento com que se contraria uma afirmação, uma tese. **2.** Refutação, contestação, contradita. **3.** Réplica, resposta. **4.** Dúvida. ● *Ant.: concordância*.

Ob.je.tar *v.t.* **1.** Opor. **2.** Contrapor argumento. **3.** Expor como dúvida ou como documento em oposição ao que outrem alegou ou procurou provar. ● *Ant.: confirmar, favorecer*.

Ob.je.ti.va *s.f.* **1.** Lente ou vidro voltado para o objeto a ser examinado ou fotografado. **2.** FOT Parte de um aparelho fotográfico que contém a lente através da qual os raios luminosos devem entrar na câmara escura.

Ob.je.ti.var *v.t.* **1.** Tornar objetivo. **2.** Ter por finalidade; considerar como objetivo. **3.** Materializar. **4.** Ter por fim; pretender.

Ob.je.ti.vi.da.de *s.f.* **1.** Qualidade de objetivo. **2.** Ausência de influência subjetiva (em opinião etc.) ou de sentimentos pessoais.

Ob.je.ti.vo *adj.* **1.** Relativo ao objeto. **2.** Que diz respeito ao exterior em relação ao nosso espírito. **3.** Que expõe, investiga ou explica as coisas sem procurar relacioná-las com os seus sentimentos pessoais. **4.** Fim que se quer atingir. **5.** Alvo, intuito, mira, propósito.● Opõe-se a *subjetivo*; material.

Ob.je.to *s.m.* **1.** Tudo o que fisicamente se oferece aos sentidos ou moralmente ao fotografado. **2.** Aquilo a que se dirige o pensamento ou ação. **3.** Coisa material. **4.** Alcance que pode ter um assunto. **5.** Motivo, causa, fim. **6.** Desígnio, intenção.

O.bla.ção *s.f.* **1.** Ato de fazer uma oferenda a Deus ou aos santos, com as solenidades estabelecidas pela Igreja Católica. **2.** Oferenda, dádiva, doação. **3.** Qualquer oferta.

O.bla.to *s.m.* **1.** Leigo que serve num mosteiro. **2.** Criança que os pais ofereciam para os serviços de Deus.

O.bli.qui.da.de *s.f.* **1.** Qualidade ou posição do que é oblíquo; inclinação. **2.** Falta de retidão no modo de proceder. **3.** Sinuosidade. **4.** Evasiva, rodeio.

O.blí.quo *adj.* **1.** Inclinado em relação a um plano, a uma linha. **2.** Sinuoso, tortuoso. **3.** Vesgo, torto. **4.** Inclinado, enviesado. **5.** Que não é franco; malicioso, dissimulado. ◆ *Pronome oblíquo:* GRAM Variação do pronome pessoal empregada como complemento, objeto direto ou indireto (*me, lhe, te, contigo, se, si, consigo, o, a, os, as* etc.).

O.bli.te.ra.ção *s.f.* Ato ou efeito de obliterar.

O.bli.te.rar *v.t.* **1.** Fazer desaparecer pouco a pouco. **2.** Apagar, destruir. **3.** Fazer esquecer. **4.** Obstruir, tapar, fechar a cavidade de. **5.** Eliminar, suprimir. *v.p.* **6.** Ficar esquecido. **7.** Apagar-se, extinguir-se. **8.** Fechar-se pouco a pouco.

Ob.lon.go *adj.* **1.** Mais comprido que largo. **2.** Alongado, oval.

Ob.nó.xio (cs) *adj.* **1.** Submisso, servil, desprezível. ● *Ant.: altivo*. **2.** Maléfico, pernicioso, nefasto. ● *Ant.: benéfico*.

Ob.nu.bi.la.ção *s.f.* **1.** Ato ou efeito de obnubilar(-se). **2.** Ofuscamento. **3.** MED Perturbação da consciência em que os objetos são vistos como através de uma nuvem. **4.** Obscurecimento e lentidão do pensamento.

Ob.nu.bi.lar *v.t.* **1.** Produzir obnubilação em. **2.** Obscurecer, esconder. *v.p.* **3.** Obscurecer-se, enevoar-se, pôr-se em trevas.

O.bo.é *s.m.* Instrumento musical de sopro, de timbre parecido ao da clarineta, mas fortemente nasal.

O.bo.ís.ta *s.2g.* Pessoa que toca oboé.

Ó.bo.lo *s.m.* **1.** Pequena moeda da Grécia antiga. **2.** FIG Pequeno donativo ou esmola.

O.bo.va.do *adj.* Que tem o ápice mais largo que a base.

O.bra *s.f.* **1.** Efeito ou resultado de um trabalho. **2.** Trabalho manual; artefato. **3.** Coisa feita ou produzida por um agente. **4.** Resultado, produto. **5.** Ação moral; feito, façanha. **6.** Produção ou trabalho literário, científico ou artístico. **7.** Conjunto ou produções de um escritor ou artista. **8.** Prédio ou edifício

OBRA-PRIMA — OBSTRUÇÃO

em construção. **9.** Reparos de um imóvel. **10.** Feitio, estilo. **11.** Evacuação, excremento. **12.** Pop. Trapaça, tramoia.

O.bra-pri.ma *s.f.* **1.** A obra principal de um autor, de uma época, de uma literatura etc. **2.** A mais importante produção artística ou científica de alguém. **3.** Qualquer coisa que sobressai extraordinariamente em seu gênero. ● *Pl.: obras-primas.*

O.brar *v.t.* **1.** Fazer, executar. **2.** Converter em obra. **3.** Realizar, fabricar, operar. **4.** Trabalhar, labutar. **5.** Produzir, construir. **6.** Maquinar, urdir, tramar. *v.int.* **7.** Haver-se, proceder, agir. **8.** Produzir efeito; evacuar, defecar.

O.brei.ra *s.f.* Abelha operária; operária.

O.brei.ro *adj.* e *s.m.* **1.** O, ou aquele que obra ou trabalha. **2.** Operário, trabalhador, artífice.

O.bri.ga.ção *s.f.* **1.** O dever, a necessidade moral de praticar ou não certos atos. **2.** Encargo, dever, compromisso. **3.** Preceito, lei. **4.** Motivo de reconhecimento; favor. **5.** Mister, tarefa. **6.** Empenho, ordem. **7.** Fineza, favor. **8.** Título de dívida amortizável do Estado ou de companhias mercantis. **9.** Dívida, hipoteca. **10.** Escritura pela qual uma pessoa se obriga a pagar uma dívida, ao cumprimento de um contrato etc.; obriga. **11.** Título emitido por empresa ou poder público com características de empréstimo e rendendo juros. **12.** Cláusula contratual. **13.** Coação, sujeição, constrangimento. **14.** FAM Esposa, mulher, companheira. **15.** FAM A família.

O.bri.ga.do *adj.* **1.** Imposto pela lei, pelo uso, pelas convenções. **2.** Necessário, forçado. **3.** Coagido, sujeito. **4.** Forma de cortesia com que se agradece favor recebido ou oferecimento. **5.** Grato, reconhecido. ● *Ant.: voluntário, espontâneo.*

O.bri.gar *v.t.* **1.** Sujeitar, impor como dever ou obrigação. **2.** Constranger, forçar. **3.** Sujeitar, expor, arriscar. **4.** Atrair, seduzir, cativar. **5.** Dominar, sujeitar. **6.** Mover, impelir, incitar, estimular. *v.int.* **7.** Impor o cumprimento de certos deveres. **8.** Preceituar, determinar, impor. *v.p.* **9.** Sujeitar-se, expor-se. **10.** Afiançar, comprometer-se, responsabilizar-se. ● *Ant.: desobrigar, isentar.*

O.bri.ga.to.ri.e.da.de *s.f.* Qualidade do que é obrigatório.

O.bri.ga.tó.rio *adj.* **1.** Que envolve obrigação. **2.** Que tem o poder ou a força de obrigar. **3.** Forçoso, imprescindível, inevitável. **4.** Imposto por lei, pelas convenções, pelo uso, pela moral. ● *Ant.: facultativo.*

Ob-ro.gar *v.int.* Contrapor-se uma lei a outra; derrogar.

Obs- *pref.* ⇒ O.

Obs.ce.ni.da.de *s.f.* **1.** Qualidade ou caráter do que é obsceno. **2.** Palavra, gesto, expressão ou ato obsceno. **3.** Indecência, imoralidade, torpeza.

Obs.ce.no *adj.* **1.** Que viola abertamente a castidade, a pureza, o pudor. **2.** Que diz ou escreve obscenidades. **3.** Torpe, imundo. **4.** Sujo, imoral.

Obs.cu.ran.tis.mo *s.m.* **1.** Estado do que se encontra na escuridão. **2.** Estado de completa ignorância. **3.** SOCIOL Esforço sistemático de oposição a todo progresso material, moral ou intelectual. ● *Ant.: cultura.*

Obs.cu.ran.tis.ta *adj.2g.* **1.** Relativo ou pertencente ao obscurantismo. *adj.* e *s.2g.* **2.** Pessoa adepta do obscurantismo.

Obs.cu.re.cer *v.t.* **1.** Tornar obscuro. **2.** FIG Turvar; perder o brilho. **3.** Tornar pouco visível ou compreensível. **4.** Confundir, perturbar. **5.** Encobrir. **6.** Deslustrar, fazer esquecer. **7.** Tornar triste; afligir. **8.** Suplantar, eclipsar. *v.int.* e *p.* **9.** Apagar-se. **10.** Tornar-se obscuro. **11.** Perder a clareza. **12.** Tornar-se triste, sombrio.

Obs.cu.re.ci.men.to *s.m.* **1.** Ato ou efeito de obscurecer(-se). **2.** Escassez ou ausência de luz. **3.** FIG Perda do brilho, da clareza, da evidência.

Obs.cu.ri.da.de *s.f.* **1.** Qualidade de obscuro. **2.** Condição social humilde. **3.** Falta de conhecimento. **4.** Falta de clareza nas ideias, nas expressões, no estilo.

Obs.cu.ro *adj.* **1.** Que não tem luz ou claridade. **2.** Escuro. **3.** Sombrio, tenebroso. **4.** FIG Confuso, difícil de entender. **5.** Incompreensível. **6.** Desconhecido ou pouco conhecido.

7. Humilde, pobre. **8.** Ignorado, não sabido. **9.** Sem nitidez; indistinto. ● *Ant.: claro.*

Ob.se.dan.te *adj.2g.* Que obseda; obsessivo.

Ob.se.dar (ç) *v.t.* **1.** Importunar com assiduidade. **2.** Causar obsessão em. **3.** FIG Atormentar.

Ob.se.qui.ar (ze) *v.t.* **1.** Fazer obséquios ou prestar serviços a; servir. **2.** Lisonjear, presentear. **3.** Cativar, mimosear. **4.** Penhorar.

Ob.sé.quio (zé) *s.m.* **1.** Ato ou efeito de obsequiar. **2.** Favor, serviço. **3.** Gentileza, cortesia.

Ob.se.qui.o.si.da.de (ze) *s.f.* Qualidade de obsequioso; benevolência.

Ob.se.qui.o.so (ze...ô) *adj.* **1.** Que faz obséquios. **2.** Serviçal, prestativo. **3.** Condescendente, benevolente.

Ob.ser.va.ção *s.f.* **1.** Ato ou efeito de observar(-se). **2.** Ato de ver como as coisas se fazem ou se reproduzem. **3.** Apontamento, nota. **4.** Cumprimento, observância. **5.** Reparo, advertência. **6.** Leve admoestação. **7.** Estudo, análise.

Ob.ser.va.dor (ô) *adj.* **1.** Que observa. *s.m.* **2.** Espectador. **3.** O encarregado de observar e registrar certos fenômenos. **4.** Astrônomo. **5.** Crítico.

Ob.ser.vân.cia *s.f.* **1.** Execução fiel. **2.** Cumprimento, observação. **3.** Preceito, norma. **4.** Nota, reparo. **5.** Uso, prática. **6.** Disciplina. **7.** Penitência.

Ob.ser.var *v.t.* **1.** Olhar atentamente. **2.** Ver, notar. **3.** Examinar com minúcia. **4.** Espreitar, espiar. **5.** Chamar a atenção de alguém para; fazer notar. **6.** Estudar. **7.** Cumprir, respeitar as prescrições ou os preceitos de. **8.** Obedecer a. **9.** Praticar. **10.** Ponderar, notar. **11.** Advertir fazendo ver a falta, o erro. *v.p.* **12.** Vigiar as suas próprias ações ou palavras.

Ob.ser.va.tó.rio *s.m.* **1.** Lugar de onde se vigia ou observa; mirante. **2.** Prédio com instrumental apropriado para fazer observações astronômicas.

Ob.ses.são *s.f.* **1.** Ato de obsedar, de importunar. **2.** Preocupação constante. **3.** Mania, impertinência. **4.** Perseguição. **5.** Vexação, atormentação. **6.** FIG Ideia fixa, frequentemente absurda, que irrompe na consciência e nela se instala.

Ob.ses.si.vo *adj.* **1.** Que causa obsessão. **2.** Em que há obsessão. *adj.* e *s.m.* **3.** Diz-se de, ou indivíduo que apresenta obsessão.

Ob.ses.so *adj.* **1.** Que está dominado por uma obsessão. **2.** Vexado, atormentado. *s.m.* **3.** Indivíduo que se supõe atormentado pela influência do demônio.

Ob.so.le.to *adj.* **1.** Que caiu em desuso. **2.** Antiquado, desusado, arcaico. ● *Ant.: atual, moderno.*

Obs.ta.cu.li.zar *v.t.* Criar obstáculos a; dificultar.

Obs.tá.cu.lo *s.m.* **1.** Tudo aquilo que torna impraticável uma coisa. **2.** Empecilho, estorvo, barreira, impedimento. **3.** Oposição, resistência, dificuldade; embargo.

Obs.tan.te *adj.2g.* Que obsta ou impede; impedidor. ● *Não obstante:* (1) apesar de tudo isso; ao contrário do que se esperava; (2) apesar de, a despeito de.

Obs.tar *v.int.* **1.** Causar embaraço ou impedimento. **2.** Impedir, estorvar. **3.** Opor-se uma coisa a outra. **4.** Resistir, opor-se, impedir.

Obs.te.tra *s.2g.* Médico especialista em obstetrícia.

Obs.te.trí.cia *s.f.* Ramo da Medicina que se ocupa da gravidez e do parto.

Obs.té.tri.co *adj.* Relativo aos partos.

Obs.ti.na.ção *s.f.* **1.** Ato de se manter firme a alguma coisa. **2.** Constância, firmeza, perseverança, pertinácia. **3.** Teima, birra. ● *Ant.: inconstância.*

Obs.ti.na.do *adj.* **1.** Muito teimoso; pertinaz. **2.** Inflexível, firme, irredutível. **3.** Aquele que não cede.

Obs.ti.nar *v.t.* e *p.* **1.** Tornar(-se) obstinado. **2.** Insistir. **3.** Perseverar na teima, no erro; teimar. **4.** Não ceder.

Obs.tru.ção *s.f.* **1.** Ato ou efeito de obstruir. **2.** Entupimento de qualquer natureza. **3.** Manobra tática para, numa reunião deliberativa, retardar ou impedir o andamento de certos trabalhos (em particular, os trabalhos legislativos). **4.** Oposição propositada.

OBSTRUIR — OCUPACIONAL

Obs.tru.ir *v.t.* **1.** Tapar. **2.** Entupir, fechar. **3.** Impedir a passagem ou circulação de. **4.** Embaraçar, impedir. **5.** Não deixar realizar. *v.p.* **6.** Fechar-se, tapar-se. **7.** Criar obstrução.

Ob.tem.pe.rar *v.t.* e *int.* **1.** Responder com humildade. **2.** Submeter-se. **3.** Obedecer, assentir.

Ob.ten.ção *s.f.* **1.** Ato ou efeito de obter. **2.** Aquisição, conquista.

Ob.te.ní.vel *adj.2g.* Que se pode obter.

Ob.ter *v.t.* **1.** Alcançar, conseguir. **2.** Adquirir, lograr, granjear. **3.** Ter ensejo ou ocasião de.

Ob.tu.rar *v.t.* **1.** Tapar, fechar, entupir. **2.** Arrolhar. **3.** Impedir a passagem de. **4.** Fechar (cavidade dentária ou óssea).

Ob.tu.so *adj.* **1.** Que não é agudo. **2.** Arredondado na ponta; rombo. **3.** Diz-se do ângulo entre 90° e 180°. **4.** Estúpido, rude. **5.** FIG Confuso, pouco claro. ● *Ant.: agudo.*

O.bum.brar *v.t.* **1.** Cobrir de sombras ou de nuvens. **2.** Nublar, anuviar, toldar. **3.** Escurecer, sombrear. **4.** Disfarçar, ocultar. *v.p.* **5.** Cobrir-se de sombras. **6.** Tornar-se escuro. **7.** Diminuir de intensidade; apagar-se.

O.bus *s.m.* **1.** Peça de artilharia, semelhante a um morteiro comprido, com a qual se atiram bombas e granadas. **2.** Projétil de peça de artilharia. **3.** Bomba lançada pelo obus. ● *Pl.: obuses.*

Ob.vi.ar *v.t.* e *int.* **1.** Remediar, prevenir, evitar. **2.** Impedir. **3.** Precaver. **4.** Obstar, opor-se.

Ób.vio *adj.* **1.** Manifesto, evidente, patente. **2.** Que salta à vista; claro. **3.** Intuitivo. **4.** De fácil compreensão. ● *Ant.: latente, obscuro.*

-o.ca *suf.* 'Diminuição': *dorminhoca.*

O.ca *s.f.* **1.** Construção circular, geralmente de madeira ou fibras vegetais, usada pelos indígenas do Brasil como moradia de uma ou mais famílias. **2.** BOT Planta herbácea da família das oxalidáceas.

O.ca.ra *s.f.* Praça no interior de aldeia indígena.

O.ca.ri.na *s.f.* MÚS Instrumento de sopro com oito furos, geralmente feito de barro.

O.ca.si.ão *s.f.* **1.** Tempo em que um fato se realiza. **2.** Circunstância ou conjunto de circunstâncias que facilitam uma ação. **3.** Conjuntura. **4.** Oportunidade, ensejo, azo, motivo. **5.** Vagar, lazer.

O.ca.si.o.na.dor *adj.* e *s.m.* Que, ou o que ocasiona.

O.ca.si.o.nal *adj.* **1.** Que é obra puramente do acaso. **2.** Que ocorre de tempos em tempos. **3.** Fortuito, casual, imprevisto, acidental. ● *Ant.: previsto.*

O.ca.si.o.na.men.to *s.m.* Ato ou efeito de ocasionar.

O.ca.si.o.nar *v.t.* **1.** Causar, motivar, ensejar. **2.** Ser motivo de. **3.** Dar ocasião a. **4.** Proporcionar. *v.p.* **5.** Suceder, acontecer. **6.** Originar-se, advir.

O.ca.so *s.m.* **1.** O lado do horizonte no qual o sol se põe; ocidente, poente. **2.** O pôr do sol. **3.** Ruína, destruição, decadência. **4.** Fim, termo. **5.** A morte.

Oc.ci.pí.cio *s.m.* ANAT Parte ínfero-posterior da cabeça.

Oc.ci.pi.tal *adj.2g.* **1.** Relativo ao occipício. **2.** Diz-se do osso ímpar, constituinte da face posteroinferior do crânio. *s.m.* **3.** Esse osso.

Oc.ci.pú.cio *s.m.* ANAT Occipício.

O.ce.a.no *s.m.* **1.** Extensão de água salgada que cerca a terra. **2.** Cada uma das cinco grandes divisões da parte líquida do globo (Atlântico, Pacífico, Índico, Glacial Ártico e Glacial Antártico). **3.** FIG Vasta extensão. **4.** FIG Grande quantidade; imensidão.

O.ce.a.no.gra.fi.a *s.f.* Ciência que estuda o oceano, seus fenômenos e tudo que nele existe.

O.ce.a.no.grá.fi.co *adj.* Relativo à oceanografia.

O.ci.den.tal *adj.2g.* **1.** Referente ao ocidente. **2.** Situado para o lado do ocidente. *s.2g.* **3.** Pessoa natural ou habitante das regiões do ocidente. ● Opõe-se a *oriental.*

O.ci.den.ta.li.zar *v.t.* **1.** Dar o caráter da civilização do ocidente a. *v.p.* **2.** Adquirir costumes da civilização ocidental.

O.ci.den.te *s.m.* **1.** O lado onde se vê o desaparecimento diário do sol; poente. **2.** A parte da terra onde o Sol se põe; poente, oeste.

Ó.cio *s.m.* **1.** Descanso ou folga do trabalho. **2.** Tempo que dura essa folga. **3.** Repouso. **4.** Ociosidade, lazer. **5.** Estado de quem, por preguiça, nada faz; preguiça, ociosidade, inércia, moleza. ● *Ant.: trabalho.*

O.ci.o.si.da.de *s.f.* **1.** Preguiça, moleza, ócio. **2.** Qualidade ou estado de ocioso.

O.ci.o.so (ô) *adj.* **1.** Que não trabalha, que não faz nada. **2.** Que vive na ociosidade. **3.** Inútil, vadio. *s.m.* **4.** Aquele que é ocioso. ● *Ant.: útil; profícuo.*

O.clu.são *s.f.* **1.** Ato ou efeito de fechar. **2.** Encerramento, fechamento. **3.** MED Obliteração de um conduto natural; entupimento.

O.clu.si.vo *adj.* **1.** Que produz oclusão. **2.** MED Diz-se de um curativo estanque.

O.clu.so *adj.* Em que há oclusão; fechado.

O.co (ô) *adj.* **1.** Em que não há miolo ou medula. **2.** Vão, vazio, escavado, furado. **3.** Insignificante. **4.** FIG Sem nenhum mérito; fútil, frívolo. *s.m.* **5.** Lugar oco; vão.

O.cor.rên.cia *s.f.* **1.** Acontecimento fortuito; acaso, eventualidade. **2.** Circunstância, ocasião. **3.** Lembrança. **4.** Encontro.

O.cor.ren.te *adj.2g.* Que ocorre; convergente.

O.cre *adj.* e *s.m.* **1.** Diz-se de, ou a cor resultante da combinação do amarelo com o cor-de-rosa e preto. *s.m.* **2.** Argila amarela ou vermelha, utilizada na pintura. ● Como adj. não varia: *Camisas ocre.*

Oc.ta.e.dro *s.m.* Geom. Poliedro de oito faces triangulares.

Oc.ta.na *s.f.* QUÍM ⇒ Octano.

Oc.ta.na.gem *s.f.* Índice de octano de um combustível de motor de combustão interna.

Oc.ta.no *s.m.* QUÍM Hidrocarboneto saturado com oito átomos de carbono, encontrado no petróleo.

Oc.te.to *s.m.* Grupo de oito instrumentistas ou cantores.

Oc.tin.gen.té.si.mo *num.ord.* e *frac.* Correspondente a 800.

Oc.to.ge.ná.rio *adj.* e *s.m.* Que, ou o que tem mais de 80 e menos de 90 anos de idade.

Oc.to.gé.si.mo *num.ord.* e *frac.* Correspondente a 80.

Oc.to.go.nal *adj.2g.* **1.** GEOM Que tem oito lados. **2.** Que tem por base um octógono.

Oc.tó.go.no *adj.* **1.** GEOM Octogonal. *s.m.* **2.** GEOM Polígono de oito ângulos e oito lados. **3.** Construção em forma de octógono.

Oc.tu.pli.car *v.t.* Multiplicar por oito.

Oc.tu.plo *num.* **1.** Que contém oito vezes uma quantidade. *s.m.* **2.** Quantidade oito vezes maior que outra.

O.cu.lar¹ *adj.2g.* **1.** Que se refere ao olho ou à vista. **2.** Que presenciou o fato.

O.cu.lar² *s.f.* Lente que, nos instrumentos de óptica, fica na extremidade próxima ao olho ou à vista.

O.cu.lis.ta *adj.* e *s.2g.* **1.** Diz-se de, ou médico especialista em doenças de olhos; oftalmologista. *s.2g.* **2.** Fabricante ou vendedor de óculos.

Ó.cu.lo *s.m.* **1.** Instrumento com lentes para auxiliar a vista. **2.** Abertura circular em uma parede para entrada de ar e luz.

O.cul.tar *v.t.* **1.** Encobrir, esconder; guardar. **2.** Não deixar ver. **3.** Sonegar. **4.** Disfarçar; não revelar. *v.p.* **5.** Esconder-se, encobrir-se. ● *Ant.: manifestar(-se).*

O.cul.tas *s.f.pl.* Usa-se na loc. adv. *às ocultas.* ● *às ocultas:* de modo oculto; às escondidas.

O.cul.tis.mo *s.m.* Conjunto das ciências ou artes das coisas cultas como a magia, a nigromancia, a astrologia etc.

O.cu.pa.ção *s.f.* **1.** Ato ou efeito de ocupar. **2.** Ato de se apoderar de alguma coisa. **3.** Invasão. **4.** Manutenção, posse. **5.** Aquilo com que alguém se ocupa. **6.** Emprego, serviço, trabalho. ● *Ant.: ociosidade.*

O.cu.pa.ci.o.nal *adj.2g.* **1.** Relativo a ocupação, a trabalho. **2.** Diz-se da terapia que se propõe ocupar os doentes mentais por meio de trabalho ou atividades de lazer.

OCUPADO — OH

O.cu.pa.do *adj.* **1.** Que tem muita ocupação ou trabalho a fazer; atarefado. **2.** Absorvido por alguma tarefa ou ocupação. **3.** Diz-se de um local ou lugar que está sendo utilizado por alguém: *O banheiro está ocupado.*

O.cu.pan.te *adj.* e *s.m.* **1.** Que, ou o que ocupa. **2.** Diz-se de, ou aquele que, por ocupação, apodera-se ou toma posse de uma coisa.

O.cu.par *v.t.* **1.** Apoderar-se de. **2.** Tornar-se dono de. **3.** Tomar assento em. **4.** Assenhorear-se de. **5.** Conquistar, granjear, obter. **6.** Estabelecer-se por ocupação militar em (uma praça, um forte ou um país). **7.** Cobrir todo o espaço de; encher. **8.** Ser assunto ou objeto de. *v.p.* **9.** Aplicar a atenção, desenvolver a atividade em; dedicar-se a. **10.** Consumir ou gastar o tempo com.

O.da.lis.ca *s.f.* **1.** Escrava destinada ao serviço do harém. **2.** Concubina de sultão, na Turquia.

O.de *s.f.* **1.** Composição poética dividida em estrofes simétricas. **2.** Primitivamente, poema musicado para ser cantado.

O.di.ar *v.t.* **1.** Ter ódio a. **2.** Detestar, antipatizar com. **3.** Abominar, desprezar profundamente. **4.** Ter aversão a. **5.** Sentir repugnância por. *v.p.* **6.** Sentir raiva de si próprio. **7.** Detestar-se reciprocamente. ● *Ant.: amar.*

O.di.en.to *adj.* Que tem, revela ou guarda ódio; rancoroso.

Ó.dio *s.m.* **1.** Rancor profundo e duradouro que se sente por alguém. **2.** Aborrecimento, antipatia, aversão, raiva. **3.** Repulsa.

O.di.o.si.da.de *s.f.* Qualidade do que é odioso; ódio.

O.di.o.so (ó) *adj.* **1.** Digno de ódio. **2.** Que inspira ódio. **3.** Detestável, repelente. ● *Ant.: amável.*

O.dis.sei.a *s.f.* **1.** Viagem acidentada, cheia de aventuras extraordinárias. **2.** Série de acontecimentos e peripécias extraordinárias e variadas. **3.** Narração de viagens aventurosas.

O.don.to.lo.gi.a *s.f.* Parte da Medicina que trata dos dentes, sua higiene, afecções e respectiva terapêutica.

O.don.to.ló.gi.co *adj.* Relativo à odontologia.

O.dor *s.m.* Olor, bom cheiro, perfume, aroma, fragrância agradável.

O.do.ran.te *adj.2g.* **1.** Que espalha odor. **2.** Fragrante, perfumado, cheiroso, aromático.

O.do.rí.fe.ro *adj.* Odorante.

O.do.rí.fi.co (ô) *adj.* Odorante, cheiroso. ● *Var.: odoroso.*

O.do.ro.so (ô) *adj.* Odorante.

O.dre (ó) *s.m.* Vasilha de couro ou pele, para transportar líquidos.

OEA Sigla de Organização dos Estados Americanos.

O.es.te *s.m.* **1.** Ponto cardeal oposto a leste; o poente, o ocidente; a esquerda. **2.** A região ocidental do país. *adj.2g.* **3.** Relativo ao poente. **4.** Que sopra do poente. ● *Abrev.: O. ou W.*

O.fe.gan.te *adj.2g.* **1.** Que tem dificuldade de respirar. **2.** Cansado, arfante, arquejante. **3.** Ávido, ansioso, desejoso.

O.fe.gar *v.int.* **1.** Estar ofegante. **2.** Arquejar, arfar. **3.** Desejar.

O.fen.der *v.t.* **1.** Ferir na dignidade, no amor-próprio. **2.** Melindrar, ultrajar. **3.** Injuriar, afrontar. **4.** Transgredir, violar. **5.** Pecar contra. *v.pr.* **6.** Ficar ofendido, considerar-se insultado; magoar-se. **7.** Escandalizar-se.

O.fen.sa *s.f.* **1.** Ato ou efeito de ofender. **2.** Agravo, afronta, injúria, desconsideração, desacato, insulto, desonra, calúnia. **3.** Lesão, dano. ● *Ant.: elogio.*

O.fen.si.va *s.f.* **1.** Ação ou movimento para a frente com o intuito de fazer o adversário recuar. **2.** Iniciativa do ataque. **3.** Ataque de grande envergadura. ● *Ant.: defensiva.*

O.fen.si.vo *adj.* **1.** Que serve para atacar. **2.** Injurioso, ultrajante. **3.** Que ofende ou pode ofender; agressivo. **4.** Lesivo, prejudicial. ● *Ant.: defensivo.*

O.fen.sor (ô) *adj.* e *s.m.* Que, aquele ou aquilo que ofende; agressor.

O.fe.re.cer *v.t.* **1.** Apresentar ou propor como dádiva ou empréstimo. **2.** Dar como oferta, mimo ou presente. **3.** Expor, exibir. **4.** Apresentar como expiação. **5.** Propor, em negociação. **6.** Dar, facultar, proporcionar. **7.** Dedicar, consagrar. *v.pr.* **8.** Apresentar-se,

mostrar-se, arriscar-se, expor-se. **9.** Dar-se, entregar-se. **10.** Ocorrer, sugerir. **11.** Vir, suceder.

O.fe.ren.da *s.f.* **1.** Objeto que se oferece. **2.** Donativo oferecido a Deus ou aos santos; dádiva.

O.fer.ta *s.f.* **1.** Promessa de dar ou fazer algo. **2.** Proposta para contratar. **3.** Apresentação de mercadorias para venda por preço especial; brinde, oferenda.

O.fer.tó.rio *s.m.* Parte da missa católica em que o sacerdote oferece a Deus a hóstia e o vinho.

Off (ing.) *adv.* Palavra inglesa empregada para indicar separação ou distanciamento físico.

Office boy (ófice-bói) (ing.) *s.m.* Menino que, nos escritórios, faz pequenas tarefas, mandados etc.; bói. ● *Fem.: office girl.*

Off-line (ing.) (ing.) *s.m.* Diz-se do estado de um equipamento quando não ligado à rede ou circuito.

Offset (ing.) *s.m.* Ofsete.

O.fi.ci.al *adj.* **1.** Que emana do governo. **2.** Relativo a alto dignitário. **3.** Estabelecido, anunciado ou ordenado por autoridade ou pelo governo. **4.** Revestido de todas as solenidades; solene. **5.** Consagrado, admitido pelo hábito. *s.2g.* **6.** Pessoa que vive de seu ofício. **7.** Obreiro, artesão. **8.** Operário que está entre o aprendiz e o mestre. **9.** Militar a partir de tenente. **10.** Dignitário de certas ordens honoríficas. ◆ **Oficial de justiça:** empregado subalterno de um juízo, encarregado das citações, intimações e outras diligências.

O.fi.ci.a.la.to *s.m.* **1.** Cargo ou dignidade de oficial militar. **2.** Conjunto dos oficiais.

O.fi.ci.a.li.da.de *s.f.* O conjunto dos oficiais de uma força armada.

O.fi.ci.a.li.zar *v.t.* **1.** Tornar oficial. **2.** Dar sanção oficial a.

O.fi.ci.an.te *adj.* e *s.2g.* Que, ou quem oficia; celebrante.

O.fi.ci.ar *v.int.* **1.** Celebrar o ofício religioso. **2.** Ajudar a celebrar a missa. **3.** *v.t.* Fazer ou dirigir ofício a (alguém)

O.fi.ci.na *s.f.* **1.** Lugar onde se exerce um ofício. **2.** Lugar onde se consertam veículos automóveis etc. **3.** *FIG* Lugar onde se dão grandes transformações.

O.fí.cio *s.m.* **1.** Trabalho, emprego, função. **2.** Modo de vida, ocupação. **3.** Arte manual ou mecânica. **4.** O conjunto das orações e atos das cerimônias religiosas. **5.** Cartório, tabelionato. **6.** Documento formal escrito entre autoridades da mesma hierarquia ou de inferiores para superiores hierárquicos. **7.** Correspondência formal.

O.fi.ci.o.so (ô) *adj.* **1.** Obsequioso, desinteressado, prestimoso. **2.** Serviçal. **3.** Que provém de fontes oficiais, mas não tem caráter oficial. **4.** Informativo.

O.fi.di.á.rio *s.m.* Lugar onde se criam ofídios.

O.fí.di.co *adj.* Relativo à serpente ou próprio dela.

Of.se.te *s.m.* Certo método de impressão gráfica com chapa de metal flexível (geralmente zinco ou alumínio).

Of.tál.mi.co *adj.* **1.** Relativo aos olhos. **2.** Diz-se de remédio contra inflamação dos olhos. *s.m.* **3.** Aquele que sofre de oftalmia. **4.** Medicamento contra a oftalmia.

Of.tal.mo.lo.gi.a *s.f.* Ramo da Medicina que se ocupa dos olhos, suas doenças e tratamento; oculística.

O.fus.car *v.t.* **1.** Impedir de ver ou de ser visto. **2.** Escurecer, toldar. **3.** Turvar a vista. **4.** Encobrir, ocultar. **5.** Tornar menos inteligente, menos perspicaz, menos distinto, menos claro, menos perceptível. **6.** *FIG* Fazer perder o prestígio, o valor. *v.pr.* **7.** Perder o brilho, o prestígio.

O.gi.va *s.f.* **1.** *ARQUIT* Figura formada por dois arcos iguais, simétricos, que se cortam na parte superior. **2.** *ASTRONÁUT* Parte de um foguete espacial onde fica a cabina dos astronautas.

O.gro *s.m.* **1.** Ente fantástico dos contos de fadas europeus, que se alimenta de carne humana (especialmente crianças); papão. **2.** *FIG* Homem cruel.

Oh *interj.* indicativa de alegria, espanto, surpresa, pena, admiração, dor, contrariedade, indignação. ● Pode vir seguida de exclamação (!) ou de vírgula.

OHM — OLOR

Ohm *s.m.* Unidade de medida de resistência elétrica no Sistema Internacional.

Oi *interj.* POP Indica saudação, espanto, resposta a chamado etc.

Oi.tão *s.m.* Cada uma das paredes laterais de uma casa ou dos espaços laterais de um edifício. ♦ *Var.:* outão.

Oi.ta.va *s.f.* **1.** Cada uma das oito partes iguais em que se divide um todo. **2.** Intervalo entre duas notas musicais do mesmo nome. **3.** Estrofe de oito versos, também chamada *estância*.

Oi.ta.va de fi.nal *s.f.* FUT Num torneio por eliminação, fase em que dezesseis clubes disputam a classificação de oito deles para as quartas de final.

Oi.ta.va.do *adj.* Que tem oito faces ou quinas.

Oi.ta.vo *num.ord.* e *frac.* **1.** Correspondente a 8. *s.m.* **2.** Cada das 8 partes iguais em que se divide um todo. **3.** O oitavo lugar.

Oi.ti *s.m.* **1.** BOT Oitizeiro. **2.** O fruto comestível dessa árvore.

Oi.ti.ci.ca *s.m.* **1.** BOT Árvore do NE, da família das Rosáceas, de cujas sementes se extrai um óleo industrial e cicatrizante. **2.** Nome comum a várias outras árvores brasileiras.

Oi.ti.va *s.m.* (p. us.) Ouvido, audição. ♦ **De oitiva:** de ouvir dizer; sem averiguar nada.

Oi.to *num.* **1.** Oito unidades. *num.ord.* e *frac.* **2.** Oitavo.

Oi.to.cen.té.si.mo *num.ord.* e *frac.* Correspondente a 800.

O.je.ri.za *s.f.* **1.** Antipatia, repugnância, aversão (a pessoa ou coisa); ódio. **2.** Asco, nojo.

O.je.ri.zar *v.t.* Ter ojeriza a; antipatizar (com).

-ol *suf.* 'Origem, nacionalidade': *rouxinol*.

-ola *suf.* 'Diminuição': *cantarola*.

O.la (ó) *s.f.* **1.** Folha de uma palmeira originária da Índia. **2.** Folha de palmeira que, depois de preparada, servia para nela se escrever. **3.** Lâmina de ouro que imita folha da palma.

O.lá *interj.* indicativa de saudação, chamado, admiração, espanto; olé.

O.lé *interj.* **1.** Indicativa de afirmação, incentivo, aplauso; olá. **2.** No futebol, sucessão se jogadas em que um time movimenta a bola entre seus jogadores, demonstrando virtuosismo e superioridade frente ao time adversário.

O.le.a.do *adj.* **1.** Que tem óleo ou verniz. *s.m.* **2.** Tecido grosso ou lona impermeabilizada com uma camada de verniz ou outra substância; encerado.

O.le.a.gi.no.so (ó) *adj.* **1.** Que contém óleo. **2.** Da natureza do óleo. **3.** Falsamente sério.

O.le.ar *v.t.* Cobrir de óleo; untar com óleo.

O.le.i.cul.tor *s.m.* Aquele que se dedica à oleicultura.

O.le.i.cul.tu.ra *s.f.* **1.** Cultura da oliveira e de outras plantas produtoras de óleo; olivicultura. **2.** Indústria do tratamento e conservação do azeite.

O.lei.ro *s.m.* **1.** Fabricante ou vendedor de vasilhas, louças de barro etc. **2.** Aquele que trabalha em olaria.

O.len.te *adj.2g.* Cheiroso, fragrante, aromático.

Ó.leo *s.m.* **1.** Substância gordurosa, extraída de certos animais. **2.** Substância untuosa e comestível extraída do fruto da oliveira, da soja, do algodão, do amendoim etc. **3.** Nome que se dá a produto semelhante de origem animal, vegetal ou mineral e que é usado como combustível, na iluminação, em lubrificação etc. **4.** Produto obtido por maceração de flores em óleo refinado.

O.le.o.du.to *s.m.* Duto utilizado para o transporte de petróleo bruto e derivados dos postos aos depósitos ou às refinarias.

O.le.o.so (ó) *adj.* Que tem óleo; gorduroso.

Ol.fa.ção *s.f.* Função de identificação pelo cheiro, das moléculas propaladas pela água ou pelo ar.

Ol.fa.ti.vo *adj.* Relativo ao olfato.

Ol.fa.to *s.m.* **1.** Sentido que permite a percepção dos odores. **2.** Cheiro, faro.

O.lha.de.la *s.f.* Lance de olhos; olhada.

O.lhar *v.t.* **1.** Querer ver. **2.** Fitar os olhos em. **3.** Cuidar de; tomar conta de; proteger, velar. **4.** Atender a. **5.** Sondar, pesquisar, estudar. **6.** Reputar, considerar. **7.** Estar voltado para. *v.p.* **8.** Ver-se, mirar-se, encarar-se. *s.m.* **9.** Ação ou modo de olhar. **10.** Aspecto dos olhos.

O.lhei.ras *s.f.pl.* Manchas lívidas ou azuladas que circundam a parte inferior dos olhos. ● Use sempre no plural: *Você tem grandes olheiras!*

O.lhei.ro *s.m.* **1.** Indivíduo encarregado de vigiar. **2.** Vigia, guarda. **3.** Abertura dos formigueiros. **4.** Nascente de água ou olho-d'água.

O.lho (ô) *s.m.* **1.** ANAT O órgão da vista. **2.** Aro onde se enfia o cabo de certas ferramentas como a enxada, o martelo etc. **3.** O orifício do ânus. **4.** Buraco de certas massas, especialmente do queijo. **5.** Gota de gordura que flutua num líquido mais denso. **6.** FIG Perspicácia. **7.** FIG Atenção, cuidado.

O.lho-d'á.gua *s.m.* Nascente de água; vertente. ● *Pl.:* olhos-d'água.

O.lho de boi *s.m.* **1.** Abertura arredondada ou elíptica, com vidro colorido, para dar mais claridade a interiores; claraboia. **2.** Cada um dos três selos do correio, da primeira emissão feita no país, em 1843, cujo desenho lembra um olho. ● *Pl.:* olhos de boi.

O.lho de ga.to *s.m.* **1.** Quartzo com uma agulha de amianto. **2.** Placa luminosa colocada ao longo da rodovia e que reflete a luz dos faróis e serve para indicar a situação da estrada. ● *Pl.:* olhos de gato.

O.lho de so.gra *s.m.* Doce de ameixa, recheado com doce de coco. ● *Pl.:* olhos de sogra.

Olho por olho, dente por dente FRASEOL Vingança correspondente ao dano sofrido.

O.lhu.do *adj.* Que tem olhos grandes; invejoso.

O.li.gar.ca *s.2g.* **1.** Cada um dos que compõem uma oligarquia. **2.** Partidário de uma oligarquia.

O.li.gar.qui.a *s.f.* **1.** Governo de poucas pessoas. **2.** Predomínio de um pequeno grupo na direção dos negócios públicos.

O.li.gár.qui.co *adj.* Relativo à oligarquia.

O.li.gar.quis.mo *s.m.* Predomínio das oligarquias.

O.li.gar.qui.zar *v.t.* Tornar oligárquico; dar aspecto oligárquico a.

O.li.go.ce.no *adj.* e *s.m.* Diz-se de, ou época do período terciário, entre o eoceno e o mioceno.

O.li.go.e.le.men.to *s.m.* Qualquer elemento químico que, em quantidade muito pequena, é essencial para a vida.

O.li.go.fre.ni.a *s.f.* MED Deficiência do desenvolvimento mental, desde a debilidade à idiotia.

O.li.go.frê.ni.co *adj.* **1.** Relativo à oligofrenia. **2.** Que sofre de oligofrenia. *s.m.* **3.** Pessoa que sofre de oligofrenia.

O.li.go.pó.lio *s.m.* Situação na qual a maior fatia do mercado é controlada por poucas empresas.

O.li.go.po.lis.ta *adj.2g.* Referente a oligopólio.

O.lim.pí.a.da *s.f.* **1.** Jogos que se realizavam a cada quatro anos em Olímpia, cidade da Grécia antiga. **2.** Competições esportivas similares na época moderna.

O.lím.pi.co *adj.* **1.** Do Olimpo ou a ele relativo. **2.** Divino, nobre, majestoso. **3.** Altaneiro, soberbo. **4.** Relativo a Olímpia, cidade da Grécia antiga que deu nome aos jogos olímpicos ou às olimpíadas. **5.** Referente às olimpíadas.

O.lim.po *s.m.* **1.** POÉT Morada dos deuses, segundo os antigos gregos. **2.** O conjunto das divindades do Olimpo. **3.** FIG Lugar de delícias; paraíso.

O.li.va *s.f.* Azeitona, oliveira.

O.li.vá.ceo *adj.* Da cor da azeitona verde.

O.li.val *s.m.* Terreno plantado de oliveiras.

O.li.ve.do (ê) *s.m.* **1.** Olival extenso. **2.** Conjunto de olivais.

O.li.vei.ra *s.f.* Árvore oleácea que dá a azeitona.

O.li.vei.ral *s.m.* Olival.

O.li.vi.cul.tor (ô) *s.m.* Oleicultor.

O.li.vi.cul.tu.ra *s.m.* Oleicultura.

Ol.mo *s.m.* BOT Árvore da família das ulmáceas.

O.lor (ô) *s.m.* **1.** Cheiro particular de cada flor. **2.** Cheiro agradável; aroma, perfume, odor.

OLOROSO — OPERACIONAL

O.lo.ro.so (ô) *adj.* Cheio de olor; aromático.

Ol.vi.dar *v.t.* **1.** Esquecer-se de. **2.** Deixar cair no esquecimento. *v.p.* **3.** Esquecer-se. ● *Ant.: lembrar.*

Ol.vi.do *s.m.* **1.** Ato ou efeito de olvidar; esquecimento. **2.** POÉT Descanso, repouso. ● *Ant.: lembrança.*

-oma *suf.* 'Tumor': embrioma.

Om.bre.ar *v.t.* **1.** Ficar ombro a ombro. **2.** Levar ao ombro. *v.p.* **3.** Pôr-se a par. **4.** Igualar-se, equiparar-se.

Om.brei.ra *s.f.* **1.** Cada uma das duas peças verticais da porta que sustentam a verga e se apoiam na soleira. **2.** Umbral, entrada.

Om.bro *s.m.* **1.** Parte do corpo na qual a parte superior do osso do braço se articula com o tronco. **2.** Esforço, diligência. **3.** Força, vigor.

Ombudsman (ombúdsmen) (sueco e ing.) *s.m.* **1.** Na Suécia e alguns outros países, funcionário responsável pelo controle e funcionamento da administração e da Justiça. **2.** Jornalista encarregado de analisar o jornal sob a ótica do leitor mais exigente, identificando e criticando as falhas encontradas, como se fosse um julgador desse jornal. **3.** Funcionário que, numa empresa, tem a responsabilidade de analisar o produto ou serviço, do ponto de vista do consumidor ou do cliente. ● *Sinôn.: ouvidor.* ● *Pl.: ombudsmen.* ● *Fem.: ombudswoman.* ● *Pl.: ombudswomen.*

OMC Sigla de Organização Mundial do Comércio que visa promover e regular o comércio entre as nações.

Ô.me.ga *s.m.* **1.** Última letra do alfabeto grego, equivalente a um *o* longo. **2.** A última coisa. **3.** A melhor coisa. **4.** Fim, termo. ● *Ant.: alfa; início.*

O.me.le.te (lé) *s.f.* Fritada de ovos batidos, enrolada e revirada na frigideira.

O.mi.no.so (ô) *adj.* **1.** Execrável, detestável, abominável. **2.** Agourento, funesto.

O.mis.são *s.f.* **1.** Ato ou efeito de omitir. **2.** Aquilo que se omitiu. **3.** Ausência. **4.** Lacuna, falta.

O.mis.si.vo *adj.* Que envolve omissão.

O.mis.so *adj.* **1.** Que se caracteriza pela omissão. **2.** Em que há falta ou lacuna. **3.** Que deixou de dizer ou de fazer uma coisa. **4.** Negligente, descuidado. ● *Ant.: claro.*

O.mi.tir *v.t.* **1.** Deixar de indicar, de incluir, de mencionar. **2.** Deixar de fazer. *v.p.* **3.** Deixar de manifestar-se.

O.mo.pla.ta *s.f.* ANAT Osso largo, delgado e triangular que forma a parte traseira do ombro. Hoje é chamado de escápula.

On.ça *s.f.* **1.** (*epiceno*) Mamífero carnívoro felino, com 1,20 m de comprimento, aproximadamente. **2.** Antiga medida (inglesa) de peso (equivalente a 28,349 g).

On.ça-pin.ta.da *s.f.* ZOOL Jaguar. ● *Pl.: onças-pintadas.*

On.co.lo.gi.a *s.f.* Ramo da Medicina que estuda os tumores; cancerologia.

On.co.ló.gi.co *adj.* Relativo à oncologia.

On.co.lo.gis.ta *s.2g.* Médico (a) especialista em oncologia.

On.da *s.f.* **1.** Pequena elevação das águas formam à superfície do mar, de lagos, rios etc. **2.** Líquido espalhado ou derramado em grande quantidade. **3.** Perturbação que se propaga em meios materiais (onda mecânica) ou no vácuo (onda eletromagnética). **4.** Movimento, grande agitação. **5.** Confusão, complicação.

On.de *adv.* **1.** Em que lugar; no lugar em que; em qual lugar. *pron.* **2.** Em que.

On.du.lar *v.int.* Ondear; fazer ondas pequenas.

O.ne.rar *v.t.* **1.** Impor ônus ou obrigações; sobrecarregar. **2.** Oprimir, vexar. **3.** Agravar com impostos. **4.** Endividar. *v.p.* **5.** Sujeitar-se a um ônus.

ONG Sigla de Organização Não Governamental.

-onho *suf.* Com certo valor quantificador que tangencia a noção de aum.: tristonho.

Ô.ni.bus *s.m.2n.* Veículo para transporte urbano, interurbano, interestadual ou mesmo internacional de passageiros, com itinerário prefixado.

O.ni.co.fa.gi.a *s.f.* Hábito de roer as unhas.

O.ni.co.mi.co.se *s.f.* Qualquer infecção de unha causada por fungo.

O.ni.po.ten.te *adj.* Que tudo pode; que tem poder ilimitado; todo-poderoso: Onipotente: Deus.

O.ni.pre.sen.te *adj.* Presente em toda parte ao mesmo tempo.

O.ní.ri.co *adj.* Referente aos sonhos.

O.nis.ci.en.te *adj.2g.* Que tem saber absoluto, pleno; que tem conhecimento infinito sobre todas as coisas.

O.ní.vo.ro *adj.* Que come tudo.

Ô.nix *s.m.* Pedra semipreciosa preta.

On-line (on-láine) (ing.) *adj.* **1.** Diz-se da operação de uma unidade funcional ou outro dispositivo sob o controle direto do computador. **2.** Diz-se da possibilidade de um usuário interagir com um computador.

O.no.más.ti.ca *s.f.* **1.** Lista ou relação de nomes próprios. **2.** Explicação dos nomes próprios.

O.no.más.ti.co *adj.* **1.** Relativo aos nomes próprios. **2.** Diz-se do dia em que o nome da pessoa coincide com o santo que a Igreja celebra.

O.no.ma.to.pai.co *adj.* Onomatopeico.

O.no.ma.to.pei.a *s.f.* GRAM Palavra cuja pronúncia imita ou sugere o som natural da coisa significada, como *tique-taque* (para o movimento do relógio), *cocoricó* (para o canto do galo) etc.

O.no.ma.to.pei.co *adj.* GRAM Relativo à onomatopeia ou formado por ela.

On.tem *adv.* **1.** No dia anterior àquele em que se está. **2.** Em tempos passados.

On.to.lo.gi.a *s.f.* FILOS Parte da Metafísica que estuda o ser em geral.

On.to.ló.gi.co *adj.* Relativo à ontologia.

ONU Sigla de Organização das Nações Unidas. Também se grafa ● O.N.U.

Ô.nus *s.m.2n.* **1.** Encargo, obrigação, dívida. **2.** Imposto pesado. **3.** Dever, tarefa difícil de ser cumprida.

O.pa (ó) *s.f.* Espécie de capa sem mangas, usada em atos solenes por membros de irmandades e confrarias religiosas.

O.pa.ci.da.de *s.f.* **1.** Caráter ou qualidade de opaco. **2.** Sombra espessa. **3.** FIG Impenetrabilidade.

O.pa.co *adj.* **1.** Que não deixa a luz passar. **2.** Escuro, sombrio. ● *Sup.abs.sint.: opacíssimo.*

O.pa.la *s.f.* **1.** Pedra preciosa de aspecto leitoso, às vezes com várias cores; quando exposta à luz, emite tons de furta-cor. **2.** Espécie de tecido de algodão.

O.pa.lan.da *s.f.* Espécie de grande opa talar, com mangas.

O.pa.les.cên.cia *s.f.* Propriedade de certas pedras preciosas apresentarem os reflexos irisados da opala.

O.pa.li.na *s.f.* Vidro fosco, mas translúcido.

O.pa.li.no *adj.* **1.** Semelhante à opala. **2.** Que tem a cor da opala.

Op.ção *s.f.* **1.** Ato ou efeito de optar. **2.** Faculdade de escolher entre duas ou mais coisas. **3.** Livre escolha; preferência. **4.** Aquilo por que se opta. **5.** Documento escrito como preferência que se dá alguém relativamente a uma transação (comprar ou vender, pagar ou receber etc.).

Op.cio.nal *adj.2g.* Que pode ser objeto de uma opção.

Open market (ôpen márket) (ing.) *s.m.* Operação financeira executada pelo investidor com prazo determinado e variável; mercado aberto. ● Também se diz *open.*

OPEP Sigla de Organização dos Países Exportadores de Petróleo.

O.pe.ra *s.f.* **1.** Drama em que as palavras em vez de faladas são cantadas. **2.** A música desse drama. **3.** Teatro onde se representa esse tipo de obra.

O.pe.ra.ção *s.f.* **1.** Ato ou efeito de operar. **2.** CIR Intervenção cirúrgica. **3.** Cálculo aritmético (somar, diminuir, multiplicar e dividir). **4.** Transação comercial. **5.** Movimento militar de ataque ou defesa.

O.pe.ra.cio.nal *adj.2g.* **1.** Relativo a uma operação ou procedimento. **2.** FILOS Diz-se do valor de um conhecimento, ou de uma técnica, pelos resultados que permitam obter; funcional.

OPERADOR — ORATÓRIA

O.pe.ra.dor *adj.* **1.** Que opera. *s.m.* **2.** Médico que opera. **3.** Aquele que, no cinema, dirige a projeção dos filmes na tela. **4.** Técnico encarregado da boa execução de um programa de rádio ou televisão, no que toca à qualidade do som.

O.pe.ran.te *adj.2g.* Que opera, realiza, produz; operoso, produtivo.

O.pe.rar *v.t.* **1.** Obrar, produzir sobre uma coisa ou um ser o efeito próprio; realizar. *v.int.* **2.** Produzir efeito. **3.** Praticar operações cirúrgicas. **4.** Entrar ou estar em atividade: *O aeroporto não está operando.* *v.p.* **5.** Submeter-se a operação cirúrgica. **6.** Realizar-se, efetuar-se.

O.pe.ra.ri.a.do *s.m.* **1.** A classe operária. **2.** O conjunto dos operários.

O.pe.rá.rio *adj.* **1.** Relativo ao trabalho ou aos operários. *s.m.* **2.** Aquele que trabalha em ofício manual, em oficina, fábrica, manufatura. **3.** Agente, causa.

O.pe.ra.tó.rio *adj.* Relativo a operação; cirúrgico.

O.pe.re.ta (ê) *s.f.* **1.** Ópera ligeira. **2.** Pequena ópera de texto simples e feição popular, na qual o diálogo se mistura com o canto.

O.pe.ro.so (ô) *adj.* **1.** Que opera muito; produtivo. **2.** Que custa muito trabalho. **3.** Difícil, trabalhoso. ● *Ant.: negligente.*

O.pi.á.ceo *adj.* Relativo ao ópio.

O.pi.la.ção *s.f.* Estado doentio, caracterizado por fraqueza geral, amarelidão, causado pela invasão dos intestinos pelo verme ancilóstomo.

O.pi.lar *v.t.* **1.** Causar opilação, obstrução a; obstruir, entupir, bloquear. **2.** Tornar opilado, inchado, intumescido. *v.p.* **3.** Sofrer de opilação.

O.pi.mo (pí) *adj.* **1.** Rico, abundante, copioso, fértil. **2.** Excelente, ótimo.

O.pi.nan.te *adj.* e *s.2g.* Que, ou pessoa que opina.

O.pi.nar *v.t.* e *int.* **1.** Ser de opinião. **2.** Entender, julgar. **3.** Emitir sua opinião, dar seu parecer. **4.** Dar voto; votar. *v.int.* **5.** Expressar seu modo de entender.

O.pi.na.ti.vo *adj.* **1.** Que tem por base a opinião de cada um. **2.** Que depende de opinião; arbitrário. **3.** Discutível.

O.pi.ni.ão *s.f.* **1.** Modo de ver, de sentir. **2.** Juízo livre e pessoal. **3.** Forma ou conceito de alguma coisa. **4.** Reputação. **5.** Capricho, teimosia orgulhosa.

O.pi.ni.o.so (ô) *adj.* Teimoso, por orgulho; opiniático.

Ó.pio *s.m.* **1.** Suco narcotizante, extraído do fruto de certas papoulas. **2.** Aquilo que provoca entorpecimento moral.

O.pí.pa.ro *adj.* **1.** Com muitas iguarias deliciosas e caras. **2.** Lauto, suntuoso, faustoso, esplêndido.

O.po.nen.te *adj.* e *s.2g.* **1.** Que, ou pessoa que se opõe. **2.** Adversário, opositor. **3.** Que, ou quem interpõe oposição em juízo. *adj.* **4.** Oposto.

O.por.tu.ni.da.de *s.f.* **1.** Qualidade de oportuno. **2.** Ocasião favorável; momento propício. **3.** Conveniência.

O.por.tu.nis.ta *adj.2g.* **1.** Que segue o oportunismo. *s.2g.* **2.** Pessoa que está constantemente se acomodando às circunstâncias.

O.por.tu.no *adj.* **1.** Que vem ao encontro dos ensejos. **2.** Que vem a tempo, a propósito. **3.** Adequado, propício, favorável, conveniente.

O.po.si.ção *s.f.* **1.** Ato ou efeito de opor(-se). **2.** Impedimento, obstáculo. **3.** Partido ou conjunto de partidos políticos que se opõem ao governo. **4.** Natureza do que é oposto. **5.** Discordância. **6.** Estado de luta. **7.** Contraste.

O.po.si.ci.o.nis.mo *s.m.* Sistema dos que fazem oposição a tudo e a todos; oposição sistemática.

O.po.si.ci.o.nis.ta *adj.2g.* **1.** Que segue o oposicionismo. **2.** Relativo a oposição política. *s.2g.* **3.** Pessoa que faz oposição política. **4.** Pessoa partidária do oposicionismo.

O.po.si.ti.vo *adj.* **1.** Que envolve oposição; oposto. **2.** BOT Colocado em frente a outro.

O.po.si.tor *adj.* **1.** Que se opõe a outro ou outros. *s.m.* **2.** Aquele que se opõe. **3.** Concorrente, competidor, oposicionista.

O.pos.to (ô) *adj.* **1.** Que foi posto defronte, como impedimento. **2.** Adversário. **3.** Fronteiro. **4.** Inverso, contrário. **5.** Contraditório, adverso. **6.** Que tende a fins diferentes. *s.m.* **7.** O que está do lado contrário; o contrário, o inverso. **8.** Coisa oposta.

O.pres.são *s.f.* **1.** Ato ou efeito de oprimir. **2.** Sujeição, domínio, coação. **3.** Sensação desagradável de quem está com dificuldade de respirar. **4.** Sufocação, asfixia.

O.pres.si.vo *adj.* **1.** Próprio para oprimir. **2.** Que oprime, subjuga, domina.

O.pres.sor (ô) *adj.* **1.** Que oprime ou serve para oprimir. *s.m.* **2.** O que oprime alguém. **3.** Tirano, déspota.

O.pri.men.te *adj.2g.* Que oprime; opressor.

O.pri.mi.do *adj.* **1.** Perseguido, pressionado. **2.** Humilhado, dominado. *s.m.* **3.** Indivíduo que sofre opressão.

O.pri.mir *v.t.* **1.** Causar opressão a. **2.** Exercer pressão sobre. **3.** Sobrecarregar com peso. **4.** Dificultar a respiração a. **5.** Molestar, angustiar, afligir. **6.** Tiranizar, perseguir. **7.** Apertar, esmagar. **8.** Violentar.

O.pró.brio *s.m.* **1.** Último grau de afronta ou de infâmia. **2.** Injúria grave. **3.** Afronta infamante. **4.** Ignomínia, vergonha, desonra.

Op.tar *v.t.* **1.** Ficar, decidir-se por um ou por uma coisa, entre duas ou mais. **2.** Exercer o direito de opção. **3.** Preferir, escolher.

Op.ta.ti.vo *adj.* **1.** Que exprime desejo. **2.** Que admite escolha; opcional.

Óp.ti.ca *s.f.* **1.** Parte da Física que se ocupa das propriedades da luz e da visão. **2.** Casa onde se vendem ou se fabricam óculos e instrumentos ópticos. **3.** Modo de ver ou entender pessoal. **4.** Enfoque, ponto de vista, perspectiva. ◆ *Var.: ótica.*

Óp.ti.co *adj.* **1.** Relativo à vista ou à óptica. *s.m.* **2.** Aquele que é versado em óptica. **3.** Fabricante ou vendedor de instrumentos de óptica; oculista. ◆ *Var.: ótico.* ◆ *Cf. ótico¹.*

Op.to.me.tri.a *s.f.* MED Parte da oftalmologia que se ocupa em determinar os defeitos da visão (miopia, hipermetropia, astigmatismo, presbiopia etc.) e corrigi-los.

O.pu.lên.cia *s.f.* **1.** Estado de opulento. **2.** Abundância de bens. **3.** Grande riqueza. **4.** Luxo, fausto. **5.** Magnificência, suntuosidade, esplendor. **6.** FIG Corpulência. ● *Ant.: pobreza.*

O.pu.len.to *adj.* **1.** Que ostenta muita riqueza. **2.** Copioso, abundante. **3.** Pomposo, magnífico. ● *Ant.: pobre.*

Opus (ópuç) (lat.) *s.m.* MÚS Composição musical classificada e numerada. ● Usa-se a abreviação *op.*

O.pús.cu.lo *s.m.* Livro de até cem páginas; pequeno livro; livreto.

-or *suf.* **1.** 'Agente': professor, assessor. **2.** 'Qualidade': humor, incolor.

O.ra¹ **1.** *interj.* Que exprime impaciência, dúvida, desprezo. **2.** *conj.* Mas. **3.** *adv.* Agora.

O.ra² *s.m.* Medida grega de comprimento.

O.ra.ção *s.f.* **1.** Ato ou efeito de orar. **2.** Discurso. **3.** GRAM Palavra ou palavras com as quais se expressa um conceito. **4.** Súplica ou rogo que se faz a Deus ou aos santos.

O.ra.ci.o.nal *adj.2g.* GRAM Relativo à oração; equivalente a oração.

O.ra.cu.lar¹ *adj.2g.* **1.** Relativo a oráculo. **2.** Próprio de oráculo.

O.ra.cu.lar² *v.t.* e *int.* Falar como oráculo; doutrinar.

O.rá.cu.lo *s.m.* **1.** Resposta de uma divindade a uma consulta. **2.** Resposta dada por sacerdote ou pitonisa em nome dos deuses. **3.** Pessoa cuja palavra tem grande importância.

O.ra.dor *s.m.* **1.** Indivíduo que discursa em público. **2.** Aquele que fala bem e fluentemente. **3.** Aquele que pronuncia sermão; pregador.

O.ral *adj.* **1.** Relativo à boca. **2.** Feito de viva voz (exame, processo etc.). **3.** Que vem sendo transmitida verbalmente (tradição).

O.ran.go.tan.go *s.m.* (epiceno) **1.** Grande macaco de Sumatra e Bornéu, semelhante ao homem. **2.** POP Pessoa feia e desengonçada.

O.rar *v.int.* **1.** Fazer oração, fazer prece. **2.** Rezar. **3.** Proferir discurso em tom oratório; discursar. *v.t.* **4.** Pedir, suplicar, rogar em oração. **5.** Dirigir oração a Deus ou aos santos.

O.ra.tó.ria *s.f.* Arte de falar em público; eloquência.

ORBE — ORIENTE

Or.be s.m. **1.** O mundo (particularmente a superfície do globo terrestre), a Terra. **2.** Esfera, globo.

Or.bi.cu.lar adj.2g. **1.** Em forma de orbe; esférico. **2.** Em forma de disco; circular. **3.** ANAT Diz-se dos músculos que servem para fechar, por contração, certos orifícios. s.m. **4.** Esse músculo.

Ór.bi.ta s.f. **1.** ASTRON Curva que cada astro descreve em sua translação. **2.** Âmbito, espaço. **3.** Esfera de influência. **4.** ANAT Cavidade do olho.

Or.bi.tal adj.2g. **1.** Relativo ou pertencente a órbita. s.m. **2.** O osso lacrimal.

Or.bi.tá.rio adj. Relativo à órbita do olho.

Or.ca¹ s.f. Vaso de barro, semelhante a uma ânfora, porém menor.

Or.ca² s.f. ZOOL Mamífero cetáceo de grande porte, (até 6,70, nos machos, e 4,90 nas fêmeas), da família dos delfinídeos, carnívoro.

Or.ça.men.tal adj.2g. Orçamentário.

Or.ça.men.tá.rio adj. Relativo ou pertencente a orçamento; orçamental.

Or.ça.men.to s.m. **1.** Ato ou efeito de orçar. **2.** Cálculo de gastos a fazer para levar a efeito uma obra. **3.** Cálculo da receita e da despesa.

Or.çar v.t. **1.** Calcular, estimar. **2.** Avaliar (despesa, lucro). v.int. **3.** Aproximar a proa (da embarcação) da linha do vento.

Or.dei.ro adj. **1.** Amigo da ordem. **2.** Pacífico, pacato. **3.** Bem--comportado, disciplinado.

Or.dem s.f. **1.** Disposição conveniente dos meios para se alcançar os fins. **2.** Boa disposição das coisas. **3.** Harmonia entre coisas. **4.** Instituto religioso cujos membros observam a regra estabelecida pelo fundador. **5.** Associação de certos profissionais liberais. **6.** Qualidade de quem é ordenado, metódico. **7.** Classe, categoria. **8.** Jeito, maneira, modo. **9.** Ato de mandar. **10.** Mandado para executar. **11.** GEOM Qualificação dada a uma linha segundo o grau da equação que a representa. **12.** HIST.NAT Cada grupo em que as classes se dividem. **13.** Reunião de famílias afins. **14.** Regulamento militar. **15.** Instituição civil ou militar criada para premiar por meio de condecorações.

Or.de.na.ção s.f. **1.** Ato ou efeito de ordenar(-se). **2.** Boa disposição; ordem, lei, mandado.

Or.de.na.do adj. **1.** Posto em ordem. **2.** Determinado. **3.** Mandado. **4.** Que tem ordem; metódico. **5.** Que recebeu ordens sacras. s.m. **6.** Quantia que se paga a alguém por serviço prestado; salário.

Or.de.nan.ça s.f. **1.** Regulamento militar. **2.** Ordem, mandado. s.2g. **3.** Soldado às ordens de um superior hierárquico.

Or.de.nhar v.t. Espremer a teta de (fêmea de um animal), para tirar leite; mungir.

Or.di.nal adj. **1.** Relativo a ordem. **2.** Diz-se do numeral que exprime ordem (terceiro, nono, trigésimo oitavo etc.).

Or.di.ná.rio adj. **1.** Que está na ordem natural. **2.** Costumeiro, habitual. **3.** Comum, vulgar. **4.** Regular, frequente. **5.** De qualidade inferior. **6.** Sem caráter, de maus instintos. **7.** Mal-educado, grosseiro. **8.** Reles, medíocre. s.m. **9.** Modo habitual de viver, de proceder. **10.** Superior eclesiástico.

O.ré.a.des s.f.pl. Uma das cinco divisões florísticas brasileiras, que compreende a região campestre, segundo o botânico alemão Von Martius (1794-1868).

O.ré.ga.no s.m. **1.** BOT Planta aromática, da família das Labiadas, usada como tempero. **2.** Esse condimento.

O.re.lha (ê) s.f. **1.** ANAT Parte exterior do ouvido, em forma de concha. **2.** O órgão da audição; ouvido. **3.** BOT Apêndice encontrado na base de certas folhas. **4.** Qualquer apêndice ou objeto parecido a uma orelha. **5.** FIG Pala (de sapato etc.). **6.** Cada uma das duas abas das capas dos livros brochados, com texto sobre o autor e a obra.

O.re.lhão s.m. **1.** Puxão de orelhas; orelhada. **2.** POP Cabine de telefone público, geralmente ao ar livre, cuja forma lembra uma grande orelha.

O.re.lhu.do adj. **1.** POP Que tem orelhas grandes. **2.** FIG Teimoso, obstinado, cabeçudo. **3.** Burro, estúpido. s.m. **4.** POP Indivíduo burro.

Or.fa.na.to s.m. **1.** Asilo para órfãos. **2.** FIG Abandono, desamparo. **3.** Orfandade.

Or.fan.da.de s.f. **1.** Estado ou condição de órfão; orfanato. **2.** FIG Desamparo, abandono.

Ór.fão adj. **1.** Que perdeu o pai, a mãe ou ambos. **2.** FIG Abandonado, desamparado. s.m. **3.** Aquele que ficou órfão. • Pl.: órfãos. • Fem.: órfã.

Or.gan.di s.m. Musselina muito leve e transparente, tornada rija por preparo especial.

Or.gâ.ni.co adj. **1.** Relativo a órgão ou a seres organizados. **2.** Referente a organização. **3.** Inerente a um organismo. **4.** Próprio de uma instituição. **5.** Que ataca os órgãos.

Or.ga.nis.mo s.m. **1.** Conjunto dos órgãos de um ser vivo. **2.** Conjunto das funções que esses órgãos executam. **3.** Qualquer ser ou sistema organizado. **4.** Corporação ou instituição pública, de caráter social, político etc. **5.** Órgão, organização.

Or.ga.nis.ta s.2g. MÚS Pessoa que toca órgão.

Or.ga.ni.za.ção s.f. **1.** Ato ou efeito de organizar(-se). **2.** Disposição dos organismos vivos ou maneira como a matéria viva se organiza. **3.** Arranjo ou disposição para funcionar. **4.** Instituição pública ou particular. **5.** Estruturação, constituição. **6.** Constituição moral ou intelectual.

Or.ga.ni.za.dor adj. e s.m. Que, ou o que organiza.

Or.ga.ni.zar v.t. **1.** Arranjar, combinar, dispor para funcionar. **2.** Estabelecer as bases de. **3.** Constituir, estruturar, sistematizar. v.p. **4.** Formar-se, constituir-se.

Or.ga.no.gra.ma s.m. Quadro descritivo, graficamente representado, de uma instituição ou serviço, indicando as interligações de suas unidades constitutivas etc.

Or.gan.za s.f. Tecido fino e transparente, em seda, náilon ou raiom, mais encorpado que o organdi.

Ór.gão s.m. **1.** FISIOL Parte do corpo de um animal que exerce uma função específica. **2.** Cada uma das partes de um maquinismo. **3.** Tudo o que serve de instrumento para se conseguir uma coisa. **4.** Instituição de caráter social, político etc. **5.** O que serve de meio de expressão da vontade de um grupo, de uma coletividade. **6.** MÚS Instrumento de sopro, com um ou mais teclados, cuja pressão atua em foles que introduzem em tubos ar que vibra de encontro a fendas. **7.** MÚS Instrumento eletrônico que reproduz o som do órgão de tubos. • Pl.: órgãos.

Or.gas.mo s.m. Clímax do ato sexual.

Or.gi.a s.f. **1.** Festim licencioso; bacanal. **2.** Desordem, tumulto, anarquia. **3.** Profusão, excesso, desperdício.

Or.gu.lhar v.t. **1.** Causar orgulho a. v.p. **2.** Sentir-se orgulhoso; ufanar-se.

Or.gu.lho s.m. **1.** Elevado conceito de si mesmo, de sua família, de sua pátria etc. **2.** Amor-próprio excessivo. **3.** Soberba, vaidade. **4.** Desvanecimento, satisfação. **5.** Aquilo (ou aquele) de que (ou de quem) se tem orgulho. • Ant.: humildade.

Or.gu.lho.so (ô) adj. **1.** Cheio de orgulho. **2.** Presunçoso, soberbo, vaidoso.

O.ri.en.ta.ção s.f. **1.** Ato ou efeito de orientar(-se). **2.** Direção, rumo, norte. **3.** Impulso, tendência.

O.ri.en.ta.dor adj. **1.** Que orienta. s.m. **2.** O que orienta. **3.** Guia, dirigente, diretor.

O.ri.en.tal adj. **1.** Relativo ao Oriente. **2.** Que vive ou vegeta no Oriente. s.2g. **3.** Pessoa natural dos países do Oriente. • Opõe-se a ocidental.

O.ri.en.tar v.t. **1.** Determinar a posição do oriente e, assim, a dos demais pontos cardeais. **2.** Ajustar à direção desses pontos. **3.** Guiar, dirigir, encaminhar. v.t. e p. **4.** Situar(-se). **5.** Encontrar a direção a seguir; nortear-se. **6.** Aconselhar(-se) na solução de um problema, na consecução de um intento etc.

O.ri.en.te s.m. **1.** O lado onde nasce o Sol; nascente, leste. **2.** A Ásia ou seus naturais.

ORIFÍCIO — ÓSSEO

O.ri.fí.cio *s.m.* Pequeno buraco; abertura estreita; furo.

O.ri.ga.mi (jap.) *s.m.* Arte tradicional japonesa de dobrar pedaços de papel em formas representativas de animais, objetos, flores etc.

O.ri.gem *s.f.* **1.** Ponto de partida. **2.** Princípio, começo. **3.** Procedência. **4.** Tronco de onde provém uma geração, uma família, um indivíduo. **5.** Linhagem, ascendência. **6.** Etimologia, proveniência. **7.** FIG Causa, motivo. ● *Ant.: termo, fim.*

O.ri.gi.nal *adj.* **1.** Relativo a origem. **2.** Que provém da origem. **3.** Feito pela primeira vez ou em primeiro lugar. **4.** Que nunca existiu antes; inédito. **5.** Natural, genuíno. **6.** Singular, diferente. **7.** Excêntrico, extraordinário. *s.m.* **8.** O que provém da origem. **9.** Objeto que é inédito, novo, único. **10.** Aquilo (obra, texto, manuscrito, desenho etc.) de que se pode tirar cópia ou fazer reprodução. ● *Ant.: comum.*

O.ri.gi.na.li.da.de *s.f.* Qualidade de original.

O.ri.gi.nar *v.t.* **1.** Dar origem a. **2.** Causar, determinar. *v.p.* **3.** Ter origem. **4.** Proceder, derivar-se.

O.ri.gi.ná.rio *adj.* **1.** Que se origina. **2.** Proveniente, procedente, oriundo; descendente.

-ó.rio *suf.* **1.** 'Resultado da ação': *preparatório.* **2.** 'Lugar': *sanatório.*

O.ri.un.do *adj.* Proveniente, originário, natural; descendente.

O.ri.xá *s.m.* Denominação comum às divindades das religiões afro-brasileiras, responsáveis por levar as súplicas dos fiéis aos deuses.

O.ri.zi.cul.tu.ra *s.f.* Cultura do arroz; rizicultura.

Or.la *s.f.* **1.** Borda, rebordo (de roupas); barra, debrum. **2.** Beira, margem. **3.** Tira, faixa.

Or.lar *v.t.* **1.** Pôr orla em; debruar. **2.** Guarnecer com orla. **3.** Estar situado à orla, à beira de; margear, rodear.

Or.lom *s.m.* Nome comercial de certos polímeros empregados em cartazes, móveis, roupas etc.

Or.na.men.ta.ção *s.f.* **1.** Ato ou efeito de ornamentar. **2.** Conjunto ordenado de adornos ou enfeites.

Or.na.men.tal *adj.2g.* **1.** Relativo a ornamento. **2.** Que serve para ornamentar; decorativo.

Or.na.men.tar *v.t.* **1.** Pôr ornamento em. **2.** Decorar, enfeitar; abrilhantar. *v.p.* **3.** Ornar-se, enfeitar-se.

Or.na.men.to *s.m.* **1.** Decoração brilhante, imponente. **2.** Tudo o que ornamenta, enfeita; adorno. **3.** FIG Pessoa eminente, que honra sua classe, sua instituição etc.

Or.nar *v.t.* **1.** Pôr ornato em; enfeitar. *v.t.* e *p.* **2.** Enfeitar(-se), adornar(-se), embelezar(-se).

Or.na.to *s.m.* **1.** O que num prédio, num artefato, numa produção literária etc., é trabalho de lavor artístico e serve para enfeitar. **2.** Enfeite, adorno, ornamentação.

Or.ni.to.lo.gi.a *s.f.* Ramo da Zoologia que estuda as aves.

Or.ni.tó.lo.go *s.m.* O que se dedica à ornitologia; ornitologista.

Or.ni.tor.rin.co *s.m.* Mamífero ovíparo, dotado de uma espécie de bico, natural da Oceania.

Or.ni.to.se *s.f.* Doença bacteriana, comum em aves, que pode ser transmitida ao homem; caracteriza-se por febre e infecção pulmonar.

Or.ques.tra *s.f.* **1.** Conjunto de músicos instrumentistas que executam peças para concertos. **2.** O conjunto dos instrumentos de uma orquestra. **3.** O lugar dos músicos num teatro.

Or.ques.tra.ção *s.f.* **1.** Arte de instrumentar uma obra musical. **2.** Combinação das diferentes partes de uma orquestra entre si. ● *Pl.: orquestrações.*

Or.ques.tra.dor (ô) *adj.* e *s.m.* **1.** Que ou quem adapta uma composição musical para orquestra. **2.** Que ou o que constitui a base para uma orquestração.

Or.ques.tral *adj.2g.* **1.** Que se refere à música de orquestra. **2.** Que pertence ao conjunto da orquestra. **3.** Semelhante a uma orquestra.

Or.ques.trar *v.t.* Fazer a adaptação de peças musicais aos vários instrumentos de uma orquestra.

Or.qui.dá.rio *s.m.* Viveiro de orquídeas.

Or.quí.dea *s.f.* **1.** Planta ornamental da família das orquidáceas que, sem ser parasita, vive fixada em outras. **2.** A flor dessa planta é notável por sua beleza, forma e colorido.

-o.rra *suf.* 'Aumento': *cabeçorra.*

O.R.T.N. Sigla de Obrigação Reajustável do Tesouro Nacional.

Or.to.don.ti.a *s.f.* Parte da odontologia que se ocupa da correção das deformações dos dentes e dos maxilares.

Or.to.do.xo (cs) *adj.* **1.** Conforme o dogma religioso e, por extensão, os fundamentos tradicionais (tidos como os únicos verdadeiros) de qualquer doutrina. **2.** Diz-se de membro da Igreja Ortodoxa grega. *s.m.* **3.** Indivíduo ortodoxo. ● *Ant.: heterodoxo.*

Or.to.é.pia *s.f.* Parte da Gramática que trata da pronúncia correta das palavras, quanto a vogais e semivogais, sílabas, timbre: *bandeja* e não *bandeija, pior* e não *pió, recorde* e não *récorde, inodoro* (ó) e não *inodoro* (ô). ◆ *Var. pros.: ortoepia.* ◆ *Cf. prosódia.*

Or.to.gra.far *v.t.* **1.** Escrever segundo as regras ortográficas. **2.** Escrever com a mão.

Or.to.gra.fi.a *s.f.* **1.** Escrita correta. **2.** Parte da Gramática que ensina a escrever corretamente as palavras. **3.** Maneira de escrever; grafia.

Or.tó.gra.fo *s.m.* Aquele que é versado em ortografia e nas leis ortográficas.

Or.to.mo.le.cu.lar *adj.* Relativo a, baseado em ou que utiliza a teoria segundo a qual as doenças, inclusive as mentais, podem ser curadas pela restauração das quantidades ótimas das substâncias naturalmente presentes no organismo: *terapia, psiquiatria, medicina ortomolecular.*

Or.to.pe.di.a *s.f.* Parte da Medicina que trata da correção cirúrgica e mecânica das deformidades do corpo da criança relativas ao sistema locomotor e, por extensão, também do adulto.

Or.to.pé.di.co *adj.* Relativo à ortopedia.

Or.to.pe.dis.ta *s.2g.* Médico especialista em ortopedia.

Or.va.lhar *v.t.* e *p.* **1.** Molhar(-se) com orvalho. **2.** Borrifar com água. **3.** *v.int.* Cair orvalho.

Or.va.lho *s.m.* Umidade da atmosfera que se condensa e cai em pequenas gotas sobre uma superfície fria (plantas, objetos etc.) durante a madrugada.

Os- *pref.* ⇒ O.

Os.ci.la.ção *s.f.* **1.** Ato ou efeito de oscilar. **2.** Movimento de vaivém. **3.** Balanço de um pêndulo. **4.** FIG Hesitação, vacilação, perplexidade.

Os.ci.la.dor (ô) *adj.* e *s.m.* **1.** Que ou o que oscila; oscilante, oscilatório, pendular. **2.** Diz-se de ou aparelho que produz descargas oscilantes.

Os.ci.lan.te *adj.2g.* **1.** Que oscila; pendular, oscilatório. **2.** Que muda facilmente de atitude; hesitante, vacilante. ● *Ant.: firme.*

Os.ci.lar *v.int.* **1.** Movimentar-se em vaivém; balançar-se. **2.** Aumentar e diminuir alternadamente. **3.** Vacilar, hesitar.

Os.ci.la.tó.rio *adj.* **1.** Oscilante. **2.** FIG Hesitante, indeciso. ● *Ant.: firme.*

Os.ci.los.có.pio *s.m.* Aparelho medidor que permite visualizar, numa tela catódica, as variações de uma tensão.

Os.cu.lo *s.m.* **1.** Beijo. **2.** Beijo respeitoso, de amizade, de paz. **3.** Abertura na superfície das esponjas.

-o.se *suf.* 'Patologia': *glicose.*

Ós.mio *s.m.* QUÍM Elemento encontrado nos minérios de platina, de símbolo Os e número atômico 76.

Os.mo.se (ó) *s.f.* **1.** FÍS e FISIOL Fenômeno que se caracteriza pela passagem recíproca de dois líquidos de diferentes densidade através de uma membrana permeável. **2.** FIG Influência recíproca.

-o.so *suf.* **1.** 'Posse, abundância': *orgulhoso, virtuoso.* **2.** 'Valência inferior à de um oxiácido': *mercuroso.*

Os.sa.da *s.f.* **1.** Quantidade de ossos; ossama. **2.** Os ossos de um cadáver. **3.** O conjunto dos ossos de um vertebrado morto. **4.** Esqueleto, arcabouço. **5.** FIG Restos, destroços.

Os.sa.tu.ra *s.f.* **1.** Constituição óssea. **2.** O esqueleto de um animal morto. **3.** FIG Estrutura.

Ós.seo *adj.* **1.** Relativo a osso. **2.** De osso. **3.** Que tem osso(s).

OSSIFICAÇÃO — OUTUBRO

Os.si.fi.ca.ção *s.f.* **1.** Conversão em ossos das partes membranosas e cartilaginosas. **2.** Desenvolvimento das partes ósseas do corpo. • *Pl.: ossificações.*

Os.si.fi.car *v.t.* e *p.* **1.** Converter(-se) em osso. **2.** Endurecer como o osso. **3.** Tornar(-se) ossudo.

Os.so (ô) *s.m.* **1.** ANAT Parte consistente e sólida do corpo de um animal vertebrado que, junta a outras e às cartilagens, serve para dar firmeza a todo o corpo. **2.** Qualquer fragmento do esqueleto animal. **3.** FIG Coisa difícil; dificuldade. • *Dim.: ossículo.* • *Col.: ossaria, ossada.*

Os.so.bu.co (it.) *s.m.* Jarrete de vitela com o osso cortado em rodelas e servido com seu tutano.

Os.su.á.rio *s.m.* **1.** Depósito de ossos humanos extraídos dos cemitérios; ossaria. **2.** Sepultura comum de vários cadáveres.

Os.su.do *adj.* Que tem ossos grandes e salientes.

Os.ten.si.vo *adj.* **1.** Próprio para se mostrar. **2.** Feito para ser visto. **3.** Que se mostra com alarde. **4.** Evidente, manifesto, visível, flagrante.

Os.ten.só.rio *adj.* **1.** Próprio para ostentar. **2.** Ostensivo. *s.m.* **3.** Custódia onde se ostenta a hóstia consagrada.

Os.ten.ta.ção *s.f.* **1.** Ato ou efeito de ostentar(-se). **2.** Brilho e aparato calculadamente exagerado; alarde, exibicionismo. **3.** Luxo, pompa, esplendor. • *Ant.: modéstia.*

Os.ten.ta.dor *adj.* e *s.m.* Diz-se de, ou o que fala ou procede com ostentação.

Os.ten.tar *v.t.* **1.** Mostrar, exibir com aparato e orgulho (o que pode ser visto por todos). **2.** Alardear. *v.p.* **3.** Mostrar-se com ostentação; gabar-se, vangloriar-se.

Os.ten.to.so (ô) *adj.* **1.** Que mostra ostentação. **2.** Esplêndido, soberbo, magnífico. **3.** Aparatoso, pomposo.

Os.te.o.ar.tri.te *s.f.* Artrite degenerativa.

Os.te.o.mi.e.li.te *s.f.* MED Inflamação dos ossos e da medula óssea.

Os.te.o.pa.ta *s.2g.* Pessoa que sofre de osteopatia. **2.** Indivíduo que trata dos estados patológicos por meio de manipulações raquidianas e articulares.

Os.te.o.pa.ti.a *s.f.* Doença dos ossos em geral.

Os.te.o.po.ro.se *s.f.* Desmineralização generalizada de um osso.

Os.tra (ô) *s.f.* **1.** Molusco comestível, de concha bivalve, que vive preso a pedras, embarcações etc. **2.** PEJ Pessoa que se apega a um cargo ou lugar sem dele querer sair.

Os.tra.cis.mo *s.m.* **1.** Espécie de desterro existente na Grécia antiga, determinado por plebiscito. **2.** Afastamento das funções políticas. **3.** FIG Exclusão, proscrição, isolamento.

Os.tro.go.do *adj.* e *s.m.* Diz-se de, ou o indivíduo pertencente ao antigo povo germânico que forma uma das duas grandes frações dos godos.

-o.ta *suf.* **1.** 'Diminuição': *velhota.* **2.** 'Origem': *cipriota.*

O.T.A.N. Sigla de Organização do Tratado do Atlântico Norte GRAM também se grafa OTAN.

O.tá.rio *s.m.* GÍR Indivíduo bobo, simplório, ingênuo, fácil de ser enganado.

-o.te *suf.* 'Diminuição': *mascote.*

Ó.ti.co¹ *adj.* Relativo ou pertencente à orelha.

Ó.ti.co² *adj.* e *s.m. Var.: óptico.*

O.ti.mis.mo *s.m.* **1.** Sistema dos que tendem a julgar tudo o melhor possível. **2.** Tendência para achar que tudo vai muito bem. • *Ant.: pessimismo.*

O.ti.mis.ta *adj.2g.* **1.** Relativo ou pertencente a otimismo. *s.2g.* **2.** Pessoa que revela otimismo. • *Ant.: pessimista.*

O.ti.mi.zar *v.t.* **1.** Tornar ótimo. **2.** Proceder à otimização de.

O.ti.mi.zá.vel *adj.2g.* Passível de ser otimizado.

Ó.ti.mo *adj.superl.* de *bom;* o melhor possível; excelente.

O.ti.te *s.f.* Inflamação da orelha.

O.T.N. *s.f.* Sigla de Obrigação do Tesouro Nacional.

-o.to *suf.* 'Origem': *minhoto.*

O.to.ma.no *adj.* **1.** Relativo à Turquia. *adj.* e *s.m.* **2.** Turco.

O.tor.ri.no *s.2g.* Forma red. de *otorrinolaringologista.*

O.tor.ri.no.la.rin.go.lo.gi.a *s.f.* Parte da Medicina que se ocupa do estudo e tratamento das doenças da orelha, nariz e garganta.

O.tor.ri.no.la.rin.go.lo.gis.ta *s.2g.* Médico especialista em otorrinolaringologia.

O.tos.cle.ro.se *s.f.* MED Surdez progressiva.

Ou *conj.* designativa de hesitação, incerteza: de outro modo, por outra(s) palavra(s); isto é.

Ou.ri.ça.do *adj.* **1.** Que se ouriçou. **2.** Em desalinho (diz-se de pelo); arrepiado, encrespado. **3.** Que se aborreceu; irritado, nervoso, abespinhado. **4.** Com muita animação; animado, agitado, excitado.

Ou.ri.çar *v.t.* **1.** Tornar semelhante ao ouriço; eriçar. **2.** Tornar áspero; encrespar. *v.p.* **3.** Tornar-se áspero; encrespar-se. **4.** Arrepiar-se.

Ou.ri.ço *s.m.* **1.** (epiceno) Mamífero insetívoro, que tem a parte superior do corpo cheia de espinhos. **2.** GÍR Animação intensa, excitação.

Ou.ri.ço-ca.chei.ro *s.m.* Mamífero roedor, arborícola, também chamado *luís-cacheiro, cuandu* e *cuím.* • *Pl.: ouriços-cacheiros.*

Ou.ri.ço-do-mar *s.m.* Invertebrado de casca calcária, com espinhos móveis em sua superfície, que auxiliam na locomoção e servem-lhe de defesa. • *Pl.: ouriços-do-mar.*

Ou.ri.ves *s.2g.2n.* Fabricante ou vendedor de objetos de ouro, prata, platina etc.

Ou.ri.ve.sa.ri.a *s.f.* Arte, loja ou oficina de ourives.

-ou.ro *suf.* **1.** 'Ação': *pegadouro* **2.** 'Lugar': *bebedouro.*

Ou.ro *s.m.* **1.** Elemento químico, metal amarelo, maleável, símbolo Au e número atômico 79. **2.** Joia desse metal. **3.** Cor amarelo brilhante. **4.** FIG Riqueza, opulência.

Ou.ro.pel *s.m.* **1.** Lâmina de latão, fina e polida, que imita o ouro e de longe tem seu brilho. **2.** Tudo que tem falso brilho. **3.** FIG Aparência enganosa de luxo; falso brilho.

Ou.sa.di.a *s.f.* **1.** Qualidade ou ato de ousado. **2.** Atrevimento, audácia. **3.** Destemor, coragem. • *Ant.: timidez.*

Ou.sa.do *adj.* **1.** Que ousa. **2.** Atrevido, audacioso. **3.** Destemido, arrojado, corajoso. • *Ant.: tímido.*

Ou.sar *v.t.* **1.** Atrever-se a. **2.** Tentar coisa difícil. **3.** Ter bastante ousadia ou coragem para.

Ou.tão *s.m.* Oitão.

Outdoor (áutdór) (ing. = *ao ar livre*) *s.m.* Painel ou grande cartaz de publicidade colocado ao ar livre, em área de grande circulação de pessoas ou de veículos. • *Pl.: outdoors.*

Ou.tei.ro *s.m.* Pequeno monte, menos elevado que um morro; colina. • *Var.: oiteiro.*

Out.let (ing.) *s.m.* Centro de compras, caracterizado por pequenos estandes, ocupados por lojas, artesãos, prestadores de serviços e outros. • *Pl.: outlets.*

Ou.to.nal *adj.* **1.** Relativo a outono. **2.** Próprio de outono; outoniço.

Ou.to.no *s.m.* **1.** Estação do ano (21 de março a 21 de junho), que se segue ao verão e precede o inverno. **2.** O tempo da colheita. **3.** Idade que precede a velhice. **4.** FIG Decadência, declínio, ocaso.

Ou.tor.ga *s.f.* Ato ou efeito de outorgar; consentimento.

Ou.tor.gan.te *adj.2g.* e *s.2g.* Que ou aquele que outorga, concede ou transfere alguma coisa a alguém; outorgador.

Ou.tor.gar *v.t.* **1.** Autorizar a execução de (um ato). **2.** Dar, conceder (direito). **3.** Conferir (mandato). *v.p.* **4.** Confessar-se, reconhecer-se. • *Ant.: negar.*

Out.put (ing.) *s.m.* **1.** Em economia, o produto, o resultado da combinação dos fatores de produção. **2.** Em processamento de dados, os resultados fornecidos após um processamento e também canal de saída, dispositivo de saída, processo de saída. • *Pl.: outputs.*

Ou.trem *pron.indef.* Outra pessoa, outras pessoas.

Ou.tro *pron.indef.* **1.** Diverso do primeiro. **2.** Imediato, seguinte. **3.** Mais um. **4.** Outra pessoa; outrem. *adj.* **5.** Diferente; modificado.

Ou.tro.ra *adv.* Em tempo passado; antigamente.

Ou.tros.sim *adv.* Também assim; igualmente.

Ou.tu.bro *s.m.* Décimo mês do ano civil, com 31 dias.

OUVIDO — OZONIZAR

Ou.vi.do *adj.* **1.** Que se ouviu; escutado. *s.m.* **2.** Órgão (orelha) e sentido (audição) da visão, pelo qual percebemos sons e ruídos.

Ou.vi.dor *s.m.* **1.** Certo juiz dos tempos do Brasil Colônia, com funções do juiz de Direito de nossos dias. *adj.* e *s.m.* **2.** Que, ou quem ouve; ouvinte. **3.** V. *ombudsman*.

Ou.vin.te *adj.2g.* **1.** Que ouve. *s.2g.* **2.** Pessoa que ouve discurso, palestra, conferência, concerto, programa de rádio etc. **3.** Estudante não matriculado, que assiste a aulas mas não presta exames.

Ou.vir *v.t.* e *int.* **1.** Perceber pelo ouvido. **2.** Escutar, ouvir os sons de. **3.** Inquirir (réu, testemunha etc.). **4.** Levar em conta; respeitar. **5.** Consultar.

O.va *s.f.* Ovário dos peixes, com os respectivos ovos.

O.va.ção *s.f.* **1.** Aclamação pública. **2.** Aplauso ruidoso. ● *Ant.*: *vaia*.

O.va.ci.o.nar *v.t.* Fazer ovação a; aclamar, aplaudir. ● *Ant.*: *vaiar*.

O.val *adj.* Que tem forma de ovo; ovoide.

O.va.ri.a.no *adj.* Relativo ao ovário; ovárico.

O.vá.rio *s.m.* **1.** ANAT Órgão dos animais ovíparos onde se formam os ovos. **2.** ANAT Cada um dos dois corpos laterais do útero, que nas fêmeas dos mamíferos contém os óvulos para a fecundação. É a glândula sexual da mulher. **3.** BOT Órgão da flor onde se formam os óvulos.

O.ve.lha *s.f.* **1.** Fêmea do carneiro. **2.** O cristão em relação ao seu pastor.

O.ver.do.se (ing.) *s.f.* **1.** Dose excessiva, em especial de tóxico, que pode provocar até mesmo a morte; superdose: *Morreu de overdose de cocaína.* **2.** Excesso, exagero, superdose.

O.ver.lo.que *s.f.* Dispositivo de máquina de costura, ou equipamento industrial próprio para dar acabamento, que chuleia e corta as pontas que sobram do tecido.

O.ver.lo.quis.ta *adj.2g.* e *s.2g.* (pessoa) Diz-se de ou pessoa que trabalha com overloque.

O.ver.night (ing.) *s.m.2n.* Operação financeira com prazo de 24 horas.

O.vi.no *adj.* Relativo a ovelhas, carneiros, cordeiros; ovelhum.

O.vi.no.cul.tor *s.m.* Criador de ovelhas.

O.vi.no.cul.tu.ra *s.f.* Criação de ovelhas.

O.ví.pa.ro *adj.* e *s.m.* **1.** Diz-se de, ou animal que põe ovos. **2.** Diz-se de, ou animal que se reproduz por meio de ovos.

Ovni *s.m.* **1.** Acrônimo de Objeto Voador Não Identificado. **2.** Disco voador; ufo.

O.vo (ô) *s.m.* **1.** Óvulo após a fecundação por espermatozoide. **2.** Ovo das aves, principalmente o da galinha, usado na alimentação humana. ● *Dim.*: *ovinho*, *óvulo*.

O.voi.de *adj.* Oval.

O.vo.vi.ví.pa.ro *adj.* Diz-se do animal que se reproduz por ovo, e o conserva dentro de si até o desenvolvimento do embrião, que se alimenta unicamente das reservas acumuladas no ovo.

Ó.vu.lo *s.m.* **1.** Pequeno ovo. **2.** BIOL Célula sexual feminina. ◆ Cf. *espermatozoide.*

O.xa.lá *interj.* indicativa de desejo: Queira Deus!, tomara!.

O.xi.da.ção (cs) *s.f.* Ação de oxidar, combinação de um elemento com o oxigênio; oxigenação: *a oxidação do ferro produz a ferrugem.*

O.xi.dan.te (cs) *adj.2g.* e *s.m.* Que ou o que oxida.

O.xi.dar (cs) *v.t.* **1.** Combinar com oxigênio; enferrujar. *v.int.* e *p.* **2.** Criar ferrugem; enferrujar(-se).

Ó.xi.do (cs) *s.m.* QUÍM Composto de oxigênio e de outro elemento.

O.xi.ge.nar (cs) *v.t.* **1.** Tratar (uma substância) pelo oxigênio. **2.** Fortalecer, avigorar. **3.** Aplicar água oxigenada aos cabelos para torná-los louros.

O.xi.gê.nio (cs) *s.m.* QUÍM Elemento de símbolo O e número atômico 8, gás sem cor, cheiro e sabor, que existe no ar, na água (com o hidrogênio), indispensável à vida.

O.xi.mo.ro (cs...ó) *s.m.* Figura de estilo que reúne duas palavras aparentemente contraditórias ou incongruentes (p. ex., gentileza cruel; belo terrível); *paradoxismo.*

O.xí.to.no (cs) *adj.* e *s.m.* Diz-se de, ou vocábulo cujo acento recai na última sílaba.

O.xós.si *s.m.* Orixá dos caçadores.

O.zô.nio *s.m.* QUÍM Gás de cheiro característico e cor levemente azulada, muito oxidante, cuja molécula tem três átomos de Oxigênio (O_3). ◆ *Var.*: *ozone.*

O.zo.ni.zar *v.t.* **1.** Combinar com o ozônio. **2.** Tratar ou purificar com ozônio.

p P

P/p *s.m.* **1.** Décima sexta letra do alfabeto português e décima segunda consoante, de nome *pê*. **2.** QUÍM Símbolo do *fósforo*.

PA Sigla do Estado do Pará (Região Norte).

Pá *s.f.* **1.** Instrumento largo e chato, geralmente de ferro, com cabo, que se emprega em construções, trabalhos agrícolas etc. **2.** Utensílio de madeira, de cabo comprido, com que se introduz o pão no forno. **3.** A parte mais carnuda da perna das reses. **4.** GÍR Grande quantidade.

Pã ou **pan** *s.m.* MITOL Deus dos pastores.

Pa.ca¹ *s.f.* **1.** Mamífero roedor de pernas curtas e cauda rudimentar, que vive próximo à água. ● O macho se chama *pacuçu*. *adj.* e *s.m.* **2.** Diz-se de, ou indivíduo tolo, ingênuo, inexperiente. **3.** GÍR Demais, em excesso.

Pa.ca² *s.f.* DESUS Fardo, pacote.

Pa.ca.tez *s.f.* Qualidade de pacato.

Pa.ca.to *adj.* e *s.m.* Diz-se de, ou aquele que é ordeiro, sossegado, pacífico.

Pa.ce.nho *adj.* **1.** De La Paz, Bolívia. *s.m.* **1.1** Natural dessa capital.

Pa.chor.ra (ô) *s.f.* **1.** Falta de pressa ou diligência. **2.** Despreocupação, fleuma, paciência.

Pa.chor.ren.to *adj.* **1.** Que tem pachorra. **2.** Indolente. **3.** Feito com pachorra.

Pa.ci.ên.cia *s.f.* **1.** Virtude que consiste em suportar resignadamente males físicos ou morais. **2.** Resignação. **3.** Calma. **4.** Perseverança tranquila. **5.** Nome de combinações que se podem fazer com cartas de jogar. *interj.* **6.** Voz para exprimir exortação. ● *Ant.*: impaciência.

Pa.ci.en.ci.o.so *adj.* Paciente.

Pa.ci.en.te *adj.2g.* **1.** Que tem paciência. **2.** Resignado. **3.** Manso, pacífico. **4.** Que revela paciência ● *Ant.*: impaciente. *s.2g.* **5.** Indivíduo que padece ou vai padecer; pessoa doente. *adj.* e *s.m.* **6.** GRAM Diz-se do, ou sujeito do verbo na voz passiva.

Pa.ci.fi.ca.ção *s.f.* Ato ou efeito de pacificar.

Pa.ci.fi.car *v.t.* **1.** Restituir a paz a. **2.** Apaziguar, tranquilizar. *v.p.* **3.** Voltar à paz. **4.** Tranquilizar-se. ● *Ant.*: tumultuar.

Pa.ci.fi.co *adj.* **1.** Quieto, sossegado. **2.** Amigo da paz; ordeiro. **3.** Que simboliza a paz. **4.** Aceito sem discussão; indiscutível. **5.** Tranquilo. *s.m.* **6.** Indivíduo pacífico.

Pa.ci.fis.mo *s.m.* Doutrina dos que pregam a paz universal pelo desarmamento das nações.

Pa.ci.fis.ta *adj.2g.* **1.** Relativo ou pertencente ao pacifismo. *adj.* e *s.2g.* **2.** Diz-se de, ou pessoa partidária do pacifismo.

Pa.ço *s.m.* **1.** Palácio real. **2.** Residência episcopal. **3.** FIG A corte. **4.** As pessoas que habitam o palácio real. ◆ *Cf.* passo.

Pa.co.ba *s.f.* Fruto da pacobeira; banana.

Pa.co.ca *s.f.* (ó) Ponto, num rio, onde a correnteza é muito forte, quase cachoeira.

Pa.ço.ca *s.f.* **1.** Carne seca pilada com farinha. **2.** Amendoim torrado pilado com farinha e açúcar. **3.** FIG Coisa amarrotada. **4.** FIG Embrulhada, confusão.

Pa.co.te *s.m.* **1.** Pequeno fardo; embrulho. **2.** Maço de dinheiro. **3.** Dinheiro em papel.

Pa.co.va *s.f.* **1.** Variedade de banana grande; pacoba. *adj.* e *s.2g.* **2.** Moleirão, palerma.

Pa.có.vio *adj.* e *s.m.* FAM Diz-se de, ou indivíduo aparvalhado, simplório. **2.** Imbecil, idiota.

Pac.tí.cio *adj.* ⇒ Pactual.

Pac.to *s.m.* **1.** Convenção entre duas ou mais pessoas. **2.** Acordo, ajuste, tratado. **3.** Constituição.

Pac.tu.al *adj.2g.* Referente a pacto.

Pac.tu.an.te *adj.* e *s.2g.* Que, ou pessoa que pactua; pactuário.

Pac.tu.ar *v.int.* **1.** Fazer pacto. **2.** Compactuar, transigir. *v.t.* **3.** Combinar, ajustar, convencionar, contratar, estipular.

Pac.tu.á.rio *s.m.* O que tem contratos com outrem; o que pactua.

Pa.cu *s.m.* Nome comum a várias espécies de peixes de água doce.

Pa.da.ri.a *s.f.* **1.** Estabelecimento onde se fabrica ou vende pão; panificadora.

Pad.dock (ing.) *s.m.* **1.** No turfe, pista circular onde os cavalos são selados e passeiam, puxados à mão, antes de uma corrida. **2.** Num autódromo, área onde os carros de corrida ficam estacionados. ● *Pl.*: paddocks.

Pa.de.ce.dor (ô) *adj.* e *s.m.* Padecente.

Pa.de.cen.te *adj.* e *s.2g.* Que, ou pessoa que padece.

Pa.de.cer *v.t.* **1.** Ser atormentado por. **2.** Sofrer, suportar. **3.** FIG Consentir, admitir. **4.** Ser acometido; sofrer. *v.int.* **5.** Ser vítima de violências físicas. **6.** Sentir dores físicas ou morais; estar doente. ● *Ant.*: gozar..

Pa.de.ci.men.to *s.m.* **1.** Ato ou efeito de padecer. **2.** Doença, sofrimento.

Pa.dei.ro *s.m.* Aquele que fabrica ou vende pão.

Pa.di.o.la *s.f.* **1.** Espécie de tabuleiro retangular, com quatro varais, para transportar objetos. **2.** Cama portátil para transporte de doentes e feridos; maca.

Pa.di.o.lei.ro *s.m.* **1.** Cada um dos que conduzem uma padiola. **2.** Soldados encarregados de remover os companheiros feridos do campo de batalha.

Pa.drão *s.m.* **1.** Objeto que serve de modelo à feitura de outro; molde. **2.** Modelo oficial de pesos e medidas. **3.** Título autêntico. **4.** Desenho de um tecido. **5.** Monumento de pedra, para indicar a posse ou domínio. **6.** Marco, baliza. **7.** Classe, categoria.

Pa.dras.to *s.m.* Designação do homem em relação aos filhos que sua mulher teve de casamento anterior. ● *Fem.*: madrasta.

Pa.dre *s.m.* Clérigo católico que recebeu ordem maior que lhe permite dizer missa; sacerdote. ● *Fem.*: madre. ● *Col.*: clero. ● *Dim.*: (PEJ) padreco.

Pa.dre-cu.ra *s.m.* Pároco. ● *Pl.*: padres-curas.

Pa.dre-nos.so *s.m.* Oração que se inicia por essas palavras; pai-nosso. ● *Pl.*: padres-nossos e padre-nossos.

Pa.dri.nho *s.m.* **1.** Testemunha de batismo, casamento, colação de grau etc. **2.** Paraninfo. **3.** FIG Protetor, defensor. ● *Fem.*: madrinha.

Pa.dro.a.do *s.m.* **1.** Direito de conferir benefícios eclesiásticos. **2.** Direito de protetor adquirido por aquele que funda, erige ou dota uma igreja.

Pa.dro.ei.ro *adj.* e *s.m.* **1.** Diz-se de, ou santo sob cuja proteção é colocada uma igreja, paróquia, vila, cidade. **2.** Que tem o direito de padroado. **3.** Protetor junto a. **4.** FIG Patrono, defensor, padrinho.

Pa.dro.na.gem *s.f.* Desenho de estamparia.

PADRONIZAÇÃO — PAJEM

Pa.dro.ni.za.ção *s.f.* **1.** Ato ou efeito de padronizar; sistematização. **2.** Processo de formação de padrões sociais. **3.** Unificação, simplificação. **4.** Uniformização de comportamento de indivíduos, segundo determinados padrões aceitos e impostos pelo grupo. **5.** IND Uniformização de tipos para fabricação em série.

Pa.dro.ni.za.do *adj.* **1.** Feito segundo um padrão determinado; estereotipado. **2.** Comum, vulgar.

Pa.dro.ni.zar *v.t.* **1.** Servir de padrão, de modelo a. **2.** Estabelecer um padrão.

Pa.e.lha (è) (esp.) *s.f.* Prato típico da cozinha espanhola, consistindo num ensopado de legumes, carnes (de porco, peixe), crustáceos e arroz.

Pa.e.tê *s.m.* Lantejoula que se usa para ornamentar vestidos ou fantasias.

Pa.ga *s.f.* **1.** Pagamento, remuneração. **2.** Retribuição, recompensa.

Pa.ga.dor *adj.* **1.** Que paga. **2.** Diz-se de trem, carro-forte, etc. que leva pagamento. *s.m.* **3.** Aquele que paga. **4.** Empregado que faz pagamentos.

Pa.ga.do.ri.a *s.f.* Repartição ou lugar onde se fazem pagamentos.

Pa.ga.men.to *s.m.* **1.** Ato ou efeito de pagar. **2.** Modo de pagar. **3.** Salário. **4.** Cota, prestação.

Pa.ga.nis.mo *s.m.* **1.** Religião dos pagãos ou adoradores de vários deuses. **2.** Idolatria. **3.** Politeísmo.

Pa.ga.ni.zar *v.int.* **1.** Viver, proceder como pagão. *v.t.* e *p.* **2.** Tornar ou tornar-se pagão.

Pa.gan.te *adj.* e *s.2g.* Que, ou pessoa que paga algo.

Pa.gão *adj.* **1.** Relativo ao paganismo. **2.** Diz-se de toda religião que não é cristã ou judaica. *adj.* e *s.m.* **3.** Diz-se de, ou sectário do politeísmo. **4.** Gentio, idólatra. **5.** Diz-se de, ou pessoa que não foi batizada. • *Ant.: cristão.* • *Fem.: pagã.* • *Pl.: pagãos.*

Pa.gar *v.t.* **1.** Satisfazer (uma dívida, um encargo). **2.** Satisfazer o preço ou valor de. **3.** Remunerar, gratificar. **4.** Retribuir na mesma espécie. **5.** Expiar: Pagar pecados. *v.int.* **6.** Desobrigar-se de compromissos. **7.** Embolsar alguém do que lhe deve. **8.** Expiar culpas. *v.p.* **9.** Receber paga ou recompensa.

Pag.er (ing.) *s.m.* Aparelho eletrônico portátil capaz de receber mensagens codificadas de uma central de recados e exibi-las em texto numa pequena tela; bipe. • *Pl.: pagers.*

Pá.gi.na *s.f.* **1.** Cada uma das faces de uma folha de papel. **2.** Assunto de um livro. **3.** Trecho, passagem. **4.** FIG Período ou passagem notável na vida de um homem ou na história de um povo. **5.** BOT Cada uma das duas superfícies do limbo de uma folha. • *Abrev.* (sing.): p. ou *pág.*; (pl.): *pp.* ou *págs.*

Pa.gi.na.ção *s.f.* **1.** Ato ou efeito de paginar. **2.** Ordem numérica das páginas de um livro, de um processo etc.

Pa.gi.na.dor *s.m.* Aquele que faz a paginação das páginas de jornais, livros, revistas.

Pa.gi.nar *v.t.* **1.** Numerar por ordem as páginas de. **2.** Reunir e dispor conforme a diagramação todos os elementos que vão compor a página (títulos, subtítulos, fotos, ilustrações, legendas, textos, anúncios etc.).

Pa.go *adj.* **1.** Que se pagou; liquidado. **2.** Satisfeito. **3.** Entregue para pagamento. **4.** FIG Vingado. *s.m.* **5.** Paga. **6.** Pequena aldeia. **7.** Lugar de nascimento ou onde se vive; rincão.

Pa.go.de *s.m.* **1.** Espécie de templo pagão, entre alguns povos do Oriente. **2.** Ídolo que se adora nesse templo. **3.** POP Divertimento, pândega. **4.** Gênero musical, espécie de samba originário dos morros cariocas. **5.** Baile ou festa em que se executa o pagode. **6.** Motejo, zombaria.

Pa.go.de.ar *v.int.* **1.** Levar vida de estroina; foliar, farrear. **2.** Zombar, escarnecer, motejar.

Pa.go.dei.ro *s.m.* **1.** Aquele que compõe, toca ou canta pagodes ('samba'). **2.** O que frequenta pagodes ('reunião'). **3.** Indivíduo alegre e engraçado.

Pai *s.m.* **1.** Homem que gerou um ou mais filhos; genitor. **2.** FIG Protetor, benfeitor. **3.** Fundador, criador. **4.** Autor. **5.** Homem de sentimentos paternais. • *Fem.: mãe.*

Pai de san.to *s.m.* Aquele que no Candomblé recebe e transmite as instruções da divindade. • *Pl.: pais de santos.* • *Fem.: mãe de santo.*

Pai de to.dos *s.m.* O dedo médio da mão. • *Pl.: pais de todos.*

Pai dos bur.ros *s.m.* POP Dicionário. • *Pl.: pais dos burros.*

Pai.na (ãi) *s.f.* **1.** Espécie de algodão sedoso, de grande aplicação industrial, que envolve as sementes da paineira. **2.** BOT Denominação genérica de várias plantas brasileiras.

Pa.in.ço *s.m.* **1.** BOT Planta da família das gramíneas, originária da Europa. **2.** Grão dessa planta. **3.** Milho miúdo.

Pai.nei.ra *s.f.* BOT Árvore da família das bombacáceas, ornamental, cujos frutos fornecem a paina.

Pai.nel[1] *s.m.* **1.** Pintura sobre tela, madeira etc.; quadro. **2.** ARQUIT Almofada de porta, janela ou teto. **3.** Relevo arquitetônico em forma de moldura, sobre um plano. **4.** Chapa exterior das fechaduras. **5.** Quadro onde se acham os instrumentos de controle de automóvel, aeronave etc. **6.** FIG Cena, espetáculo; vista. • *Pl.: painéis.*

Pai.nel[2] *s.m.* Reunião em que especialistas ou personalidades se reúnem para apresentarem seus pontos de vista sobre um mesmo tema, a serem debatidos pelo plenário. • *Pl.: painéis.*

Pai-nos.so *s.m.* Oração iniciada com essas palavras. • *Pl.: pai-nosso* e *pais-nossos.*

Pa.io *s.m.* **1.** Carne de porco ensacada em tripa de intestino grosso e corada ao fumo. *adj.* e *s.m.* **2.** Diz-se de, ou indivíduo tolo, excessivamente crédulo.

Pai.ol *s.m.* **1.** Depósito de pólvora e outros petrechos de guerra. **2.** Cada um dos compartimentos do navio, onde se recolhem mercadorias e bagagens. **3.** Armazém para depósito de gênero da lavoura. **4.** Casa ou compartimento onde se guardam cereais, especialmente milho em espiga. • *Pl.: paióis.*

Pai.rar *v.int.* **1.** NÁUT Estar à capa (um navio). **2.** Bordejar, adejar. **3.** Voar lentamente. **4.** Esvoaçar sem sair do mesmo sítio. **5.** FIG Estar iminente; ameaçar. *v.t.* **6.** Olhar do alto. **7.** Vacilar, hesitar. **8.** Suster; aguentar.

Pa.ís *s.m.* **1.** Região. **2.** Território juridicamente constituído e geograficamente delimitado de uma nação ou Estado. **3.** Nação, pátria. **4.** Clima. **5.** PINT Paisagem. • *Pl.: países.*

Pai.sa.gem *s.f.* **1.** Extensão de território, que se abrange num lance de vista. **2.** Vista campestre. **3.** Pintura que representa uma paisagem. **4.** Página literária em que se descrevem cenas campestres.

Pai.sa.gis.mo *s.m.* **1.** Pintura ou desenho de paisagens. **2.** Planejamento e arquitetura de jardins, parques e demais correlatos.

Pai.sa.gis.ta *adj.2g.* **1.** Relativo a paisagem. *adj.* e *s.2g.* **2.** Pessoa que pinta ou descreve paisagens. **3.** Artista que compõe paisagens com plantas e outros elementos para fins decorativos.

Pai.sa.gís.ti.ca *s.f.* Arte de pintar ou descrever paisagens.

Pai.sa.gís.ti.co *adj.* Relativo a paisagem.

Pai.sa.no *adj.* e *s.m.* **1.** Diz-se de, ou o que não é militar; compatriota, patrício. • *Ant.: militar.*

Pai.xão *s.f.* **1.** Sentimento forte e profundo. **2.** Afeto violento; amor ardente. **3.** Grande afeição; gosto exagerado. **4.** Entusiasmo, calor. **5.** O objeto de amor ardente, de grande afeição. **6.** Vício que domina. **7.** Prevenção, parcialidade. **8.** FILOS Impressão recebida de um agente. **9.** Sofrimento prolongado, martírio que sofreu Cristo e alguns santos.

Pai.xo.ni.te *s.f.* FAM Forte inclinação amorosa.

Pa.jé *s.m.* Chefe espiritual, misto de médico e feiticeiro, entre os indígenas.

Pa.je.a.da *s.f.* A classe dos pajens.

Pa.je.lan.ça *s.f.* **1.** Ato de pajé. **2.** Prática de pajé ou de curandeiro indígena amazonense. **3.** Mandinga, feitiçaria.

Pa.jem *s.m.* **1.** Moço da nobreza, que acompanhava o rei ou pessoa nobre e levava-lhe as armas quando ia para a guerra. **2.** Cavaleiro que nas touradas transmite ordens. **3.** Marinheiro responsável pela limpeza de um navio de guerra. *s.f.* **4.** Ama-seca; babá.

PALA — PÁLIDO

Pa.la *s.f.* **1.** Engaste de pedra preciosa. **2.** Anteparo para resguardar da claridade os olhos. **3.** Peça mais ou menos consistente que guarnece a parte inferior e dianteira do boné. **4.** Cartão quadrado, guarnecido de pano geralmente branco, com que o sacerdote cobre o cálice. **5.** Parte do sapato, em que assenta a fivela. **6.** Parte da polaina que cobre o peito do pé. **7.** Parte móvel da cartucheira. **8.** POP Peta, mentira, logro.

Pa.la.ce.te (ê) *s.m.* **1.** Palácio pequeno. **2.** Residência luxuosa; mansão.

Pa.la.ci.a.no *adj.* **1.** Relativo ou pertencente a palácio. **2.** Próprio de quem vive em palácio ou na corte; aristocrático. **3.** Cortês, urbano. *s.m.* **4.** Cortesão.

Pa.lá.cio *s.m.* **1.** Casa de habitação de rei ou de família nobre. **2.** Edifício grandioso, de proporção acima do normal, que serve para residência ou sede de governo: *Palácio do Morumbi.* **3.** Casa grande e luxuosa. ● *Dim.*: palacete.

Pa.la.dar *s.m.* **1.** Parte superior da cavidade bucal. **2.** Céu da boca. **3.** FIG Sentido do gosto. **4.** Sabor.

Pa.la.di.no *s.m.* **1.** Cada um dos principais cavaleiros que acompanham Carlos Magno na guerra. **2.** Cavaleiro andante. **3.** FIG Homem corajoso, intrépido. **4.** Defensor ardoroso de uma causa; campeão.

Pa.lá.dio *s.m.* **1.** Estátua de Palas ou Minerva, venerada pelos troianos. **2.** FIG Penhor, garantia. **3.** Salvaguarda, proteção. **4.** QUÍM Elemento químico de símbolo Pd e número atômico 46, encontrado na natureza junto com a platina.

Pa.la.fi.ta *s.f.* **1.** Estacaria que sustenta uma casa em região lacustre e inundável. **2.** A própria casa.

Pa.lan.que *s.m.* Estrado de madeira, com degraus, construído para os espectadores de festas ao ar livre.

Pa.la.tal *adj.2g.* Que se refere ao palato.

Pa.la.tá.vel *adj.2g.* **1.** Saboroso ou aprazível ao paladar. **2.** Atraente ao, prazeroso ao ou aceitável pelo espírito.

Pa.la.ti.no¹ *adj.* **1.** Palaciano. **2.** Administrador de província, na Polônia.

Pa.la.ti.no² *adj.* Do céu da boca; palatal.

Pa.la.to *s.m.* **1.** Paladar. **2.** O céu da boca; a abóbada palatina.

Pa.la.vra *s.f.* **1.** Som articulado, que tem significação ou sentido; vocábulo, termo. **2.** Maneira de falar; expressão; dicção. **3.** Discurso. **4.** Permissão para falar em uma assembleia. **5.** Afirmação. **6.** Faculdade que tem a espécie humana de exprimir as ideias por meio da voz; fala. **7.** Promessa verbal.

Pa.la.vra.da *s.f.* **1.** Palavra grosseira ou obscena; palavrão. **2.** Bravata.

Pa.la.vrão *s.m.* **1.** Palavra grande e difícil de pronunciar. **2.** Termo empolado ou equívoco. **3.** Palavra obscena; nome feio.

Pa.la.vre.a.do *s.m.* Conjunto de palavras de pouca importância ou nexo.

Pa.la.vre.ar *v.int.* **1.** Falar muito e levianamente; tagarelar. *v.t.* **2.** Dirigir a palavra; falar. **3.** Conversar, palestrar.

Pa.la.vró.rio *s.m.* Palavreado.

Pa.la.vro.so (ô) *adj.* **1.** Que contém muitas palavras e poucas ideias. **2.** Prolixo, loquaz.

Pal.co *s.m.* **1.** Parte do teatro onde os atores representam; tablado, estrado. **2.** FIG Lugar onde acontece um fato.

Pa.le.o.ce.no *adj.* e *s.m.* **1.** Diz-se de ou série mais inferior do sistema terciário, posicionado acima do Cretáceo e abaixo do Eoceno. **2.** Diz-se de ou tempo durante o qual as rochas dessa série foram formadas (a época paleocena), equivalente a aproximadamente 65 a 55 milhões de anos.

Pa.le.o.gra.fi.a *s.f.* Ciência que estuda a escrita antiga e busca decifrá-la.

Pa.le.o.grá.fi.co *adj.* Referente a Paleografia.

Pa.le.o.lí.ti.co *s.m.* **1.** O período mais antigo dos tempos pré-históricos, também chamado Idade da Pedra Lascada. *adj.* **2.** Relativo ao Paleolítico.

Pa.le.o.lo.gi.a *s.f.* Ciência ou estudo das línguas antigas.

Pa.le.ó.lo.go *adj.* e *s.m.* Diz-se de, ou aquele que conhece as línguas antigas.

Pa.le.on.to.lo.gi.a *s.f.* Tratado ou ciência dos animais e vegetais fósseis e dos terrenos onde eles são encôntrados.

Pa.le.on.to.ló.gi.co *adj.* Relativo à Paleontologia.

Pa.le.on.to.ló.gis.ta *adj.2g.* e *s.2g.* Que ou o que estuda ou se especializa em Paleontologia.

Pa.le.o.zoi.co *s.m.* **1.** Era geológica em que surgiram os animais de organização celular rudimentar e se desenvolveram os invertebrados. *adj.* **2.** Referente a vegetais ou animais dessa era. **3.** Diz-se do terreno em que há vestígios fósseis desses vegetais ou animais.

Pa.ler.ma *adj.* e *s.2g.* **1.** Diz-se de, ou indivíduo tolo, imbecil, idiota. **2.** Diz-se de, ou pessoa muito lenta.

Pa.ler.mi.ce *s.f.* **1.** Qualidade, ação ou dito de palerma. **2.** Parvoíce, necedade, tolice.

Pa.les.ti.no *adj.* **1.** Relativo ou pertencente à Palestina (Ásia), no Oriente Médio. *s.m.* **2.** O natural ou habitante da Palestina.

Pa.les.tra *s.f.* **1.** Conversa mais ou menos demorada; prosa. **2.** Conferência acerca de assunto literário ou científico. **3.** Conferência despretensiosa.

Pa.les.tra.dor *adj.* e *s.m.* Que, ou aquele que palestra ou dá palestra.

Pa.les.trar *v.t.* e *int.* Estar de palestra; conversar, cavaquear.

Pa.le.ta (ê) *s.f.* **1.** Placa de madeira ou louça, com um orifício para enfiar o polegar, sobre a qual os pintores dispõem ou combinam as tintas. **2.** Omoplata ou espádua, principalmente do boi, do porco e do carneiro. *s.m.* **3.** Sujeito metediço, intruso.

Pa.le.tó *s.m.* Casaco masculino que se veste por cima do colete ou da camisa.

Pa.lha *s.f.* **1.** Haste seca das gramíneas. **2.** Porção dessas hastes. **3.** Palhinha. **4.** As folhas da espiga do milho. **5.** FIG Insignificância, bagatela. **6.** Canudinho de colmo ou de papel, para sorver refrescos.

Pa.lha.ça.da *s.f.* **1.** Ato ou dito de palhaço. **2.** Grupo de palhaços. **3.** Cena burlesca ou ação ridícula.

Pa.lha.ço *s.m.* **1.** Artista de circo que se veste de forma grotesca e que faz momices e pilhérias para divertir o público. **2.** FIG Pessoa ridícula que, por atos ou palavras, faz rir ps outros. **3.** Vestido de palha. **4.** Próprio de palhaço; cômico.

Pa.lhei.rei.ro *s.m.* Fabricante de assentos de palhinha para móveis.

Pa.lhe.ta (ê) *s.f.* **1.** MÚS Pequena chapa ou lâmina da embocadura de certos instrumentos de sopro (como o oboé, a clarineta etc.). **2.** MÚS Pequena lâmina com que se ferem as cordas de certos instrumentos (como o bandolim, o cavaquinho etc.). **3.** Pau de jogar a pela. **4.** Lâmina para modelar obras de gesso ou de outra substância maleável. **5.** Cada uma das lâminas que formam as venezianas. **6.** Cada uma das duas peças que limpam o para-brisas do automóvel. **7.** Chapéu de palhinha. **8.** Chapéu de palha.

Pa.lhe.tão *s.m.* **1.** A parte da chave que movimenta a lingueta da fechadura. **2.** Palheta grande.

Pa.lhi.nha *s.f.* **1.** Fragmento de palha. **2.** Palha ou junça com que se entretece o assento ou encosto de cadeiras e outros móveis. *s.m.* **3.** Chapéu de palha.

Pa.lho.ça *s.f.* Casa coberta de palha ou colmo; cabana.

Pa.li.ar *v.t.* **1.** Revestir de falsas aparências; dissimular, disfarçar. **2.** Atenuar na aparência. **3.** Tratar com paliativo. **4.** Aliviar, remediar (sem curar).

Pa.li.a.ti.vo *adj.* **1.** Que serve para paliar. **2.** Que serve para acalmar, atenuar ou aliviar momentaneamente um mal. *s.m.* **3.** Tratamento ou medicamento que só tem eficácia momentânea.

Pa.li.ça.da *s.f.* **1.** Fileira de estacas fincadas na terra. **2.** Obstáculo para defesa militar.

Pa.li.dez (ê) *s.f.* Qualidade ou estado do que é pálido; palor.

Pá.li.do *adj.* **1.** Diz-se da pele (especialmente da tez) descorada, amarelada. **2.** De cor fraca ou pouco viva. **3.** Sem cor. **4.** FIG Sem animação ou vigor. **5.** Fraco, tênue.

PALIMPSESTO — PANDARECOS

Pa.limp.ses.to s.m. Antigo material de escrita, principalmente o pergaminho, que os copistas medievais usavam duas ou até três vezes, graças ao processo de raspagem do texto anterior.

Pa.lin.dro.mo adj. e s.m. Diz-se de, ou frase ou palavra que tem o mesmo sentido lendo-se da esquerda para o direita ou ao contrário.

Pá.lio s.m. Sobrecéu portátil, com varas, que se conduz em cortejos e procissões.

Pa.li.tar v.t. Limpar (os dentes) com palito.

Pa.li.tei.ro s.m. **1.** Estojo ou recipiente para palitos. **2.** O que fabrica ou vende palitos.

Pa.li.to s.m. **1.** Pequena haste, geralmente de madeira, dura e pontiaguda, usada para esgaravatar os dentes. **2.** Biscoito ou outra preparação culinária com esse formato. **3.** FIG Pessoa muito magra.

Pal.ma s.f. **1.** Folha de palmeira. **2.** A parte do casco do cavalo que assenta sobre a ferradura. **3.** Face interna da mão, entre o punho e a raiz dos dedos. **4.** FIG Domínio.

Pal.ma.da s.f. Pancada com a palma da mão.

Pal.mar¹ adj.2g. **1.** Que tem o comprimento de um palmo. **2.** FIG Muito evidente, palpável. **3.** Grande, desmedido; crasso.

Pal.mar² v.t. Empalmar.

Pal.ma.res s.m.pl. Uma das regiões botânicas do N. do Brasil, cuja vegetação predominante é de palmeiras (babaçu, carnaíba etc.)

Pal.ma.tó.ria s.f. **1.** Antiga peça circular de madeira, com cabo, utilizada para castigar crianças, sobretudo nas escolas, batendo-lhes nas mãos. **2.** Espécie de castiçal com asa. **3.** BOT Nome comum a várias plantas cactáceas.

Pal.me.ar v.t. **1.** Aplaudir, batendo palmas. **2.** Impelir com a mão (embarcação pequena). **3.** Percorrer a pé, detidamente, palmo a palmo; trilhar. v.int. **4.** Bater palmas, aplaudindo.

Pal.mei.ra s.f. BOT Nome de várias plantas lenhosas, de troncos cilíndricos, terminados por uma ramagem na parte superior.

Pal.mei.ral s.m. Terreno onde crescem muitas palmeiras.

Pal.me.jar s.f. e int. ⇒ Palmear.

Pal.mi.lha s.f. Forro interior da sola do calçado, no qual se assenta o pé.

Pal.mi.lhar v.t. e int. **1.** Pôr palmilhas em. **2.** Andar ou percorrer a pé.

Pal.mí.pe.de adj.2g. Diz-se das aves que têm os dedos dos pés unidos por membranas, como o pato.

Pal.mi.tal s.m. **1.** Terreno onde crescem muitos palmitos. **2.** Palmeira que produz palmitos.

Pal.mi.to s.m. Miolo comestível da parte terminal de algumas palmeiras (açaí, juçara etc.).

Pal.mo s.m. **1.** Distância que vai da ponta do dedo polegar à extremidade do dedo mínimo, mantida a mão aberta e estendida. **2.** Medida equivalente a 22 cm. ◆ **Palmo a palmo:** pouco a pouco; aos poucos.

Pal.par v.t. e p. Apalpar(-se).

Pal.pá.vel adj.2g. **1.** Que se pode palpar. **2.** FIG Que não deixa dúvidas; evidente. ● Pl.: palpáveis.

Pál.pe.bra s.f. ANAT Membrana móvel, que cobre externamente o globo ocular.

Pal.pe.bral adj.2g. Relativo ou pertencente às pálpebras.

Pal.pi.ta.ção s.f. **1.** Ato ou efeito de palpitar. **2.** Movimento desordenado. **3.** MED Movimento violento e desordenado de qualquer parte do corpo, em particular do coração.

Pal.pi.tan.te adj.2g. **1.** Que palpita. **2.** Trêmulo. **3.** Que tem vestígios ou aparência de vida; arfante. **4.** FIG Recente. **5.** Que desperta grande interesse. **6.** Emocionante, interessante.

Pal.pi.tar v.int. **1.** Ter palpitações. **2.** Pulsar, bater. **3.** Agitar-se. **4.** Dar palpites.

Pal.pi.te s.m. **1.** Palpitação. **2.** Pressentimento, intuição (em particular, no jogo). **3.** Conjetura. **4.** POP Alvitre. **5.** Sugestão ou opinião de pessoa intrometida.

Pal.pi.tei.ro adj. e s.m. Diz-se de, ou aquele que gosta de dar palpites.

Pal.po s.m. ZOOL Cada um dos dois apêndices articulados da boca dos insetos e dos aracnídeos.

Pal.ra.dor adj. e s.m. **1.** Que, ou pessoa que palra. **2.** Falador, tagarela.

Pal.rar v.int. **1.** Articular sons imperfeitos ou sem sentido; chalrear. **2.** FIG Falar muito; tagarelar. **3.** Conversar, palestrar. v.t. **4.** Revelar, patentear. **5.** Dizer, proferir. ◆ Var.: palrear.

Pal.ri.ce s.f. Palraria.

Pa.lu.de s.m. Lagoa pequena, paul; pântano.

Pa.lu.dis.mo s.m. Impaludismo; malária.

Pa.lu.do.so adj. Em que há paludes; pantanoso.

Pa.lus.tre adj.2g. **1.** Relativo a paludes; paludoso. **2.** Que vegeta ou vive em lagoas ou pântanos.

Pa.mo.nha s.f. **1.** Espécie de bolo de milho verde, leite (de coco e de vaca), açúcar, envolto em folhas de bananeira ou nas palhas do próprio milho. s.2g. **2.** Indivíduo mole, preguiçoso, sem préstimo; toleirão. **3.** Pessoa malfeita de corpo.

Pam.pa adj.2g. **1.** Diz-se da pelagem do cavalo que tem duas cores distintas; malhado. **2.** Diz-se de cavalo de cara branca. s.m. **3.** Extensa planície coberta de vegetação rasteira, na região meridional da América do Sul.

Pam.pei.ro s.m. Vento forte, frio e seco, que sopra dos pampas da América do Sul; minuano.

Pam.pi.a.no adj. **1.** Relativo ou pertencente aos pampas. s.m. **2.** Natural ou habitante dos pampas.

Pa.na.ca adj. e s.2g. Diz-se de, ou pessoa simplória.

Pa.na.cei.a s.f. **1.** Planta imaginária que os antigos atribuíam a virtude de curar todas as doenças. **2.** Remédio para todos os males.

Pa.na.má s.m. **1.** Chapéu de palha, flexível. **2.** País da América Central.

Pan-a.me.ri.ca.nis.mo s.m. Doutrina que defende a aliança política e o desenvolvimento das relações entre as Repúblicas das Américas. ● Pl.: pan-americanismos.

Pan-a.me.ri.ca.nis.ta adj. e s.2g. Diz-se de, ou pessoa sectária do pan-americanismo. ● Pl.: pan-americanistas.

Pan-a.me.ri.ca.no adj. **1.** Relativo ou pertencente ao pan-americanismo. **2.** Que se refere a todas as nações americanas. ● Pl.: pan-americanos.

Pa.nas.co s.m. BOT (PI) Zona de vegetação entre o agreste e a região do carrasco ou da caatinga.

Pan.ca s.f. **1.** Pau grosso que serve de alavanca. **2.** Postura artificial, estudada; pose.

Pan.ça s.f. **1.** O maior estômago dos ruminantes. **2.** POP Barriga grande. **3.** Barriga, estômago.

Pan.ca.da s.f. **1.** Choque de um corpo contra outro; baque. **2.** Golpe, bordoada. **3.** Pancadaria. **4.** Pulsação. **5.** Som produzido pelo pêndulo do relógio. **6.** FIG Pressentimento. **7.** POP Veneta, mania. **8.** Massa de água que cai verticalmente. **9.** Chuva forte e passageira; toró. adj.2g. e s.m. **10.** POP Diz-se do, ou o indivíduo amalucado; gira. **11.** Grosseiro, bruto; estouvado.

Pan.ca.da.ri.a s.f. **1.** Muitas pancadas; bordoada. **2.** Desordem em que há pancadas. **3.** Conflito, briga entre muitas pessoas.

Pân.creas s.m.2n. ANAT Glândula abdominal, situada entre o baço e o duodeno, que verte no intestino o suco pancreático, destinado a realizar a digestão das substâncias graxas.

Pan.cre.á.ti.co adj. **1.** Relativo ao pâncreas. **2.** Diz-se do suco segregado pelos pâncreas.

Pan.çu.do adj. De grande pança; barrigudo.

Pan.da¹ s.f. Boia de cortiça, na tralha superior dos aparelhos de arrasto.

Pan.da² s.f. BOT Árvore leguminosa originária da África, de cuja semente se extrai um óleo comestível.

Pan.da³ s.f. **1.** ZOOL Ave pernalta da Ásia. s.m. **2.** Nome vulgar de dois mamíferos carnívoros da família dos procionídeos, encontrados no Tibete (o panda grande) e no Himalaia (o panda pequeno).

Pan.da.re.cos s.m.pl. Cacos, estilhas, pedaços.

PÂNDEGA — PAPAIA

Pân.de.ga *s.f.* **1.** Troça, gracejo. **2.** Festa barulhenta de comes e bebes. **3.** Orgia.

Pân.de.go *adj.* e *s.m.* **1.** Amigo de pândegas; boêmio. **2.** Engraçado e alegre. **3.** Brincalhão, patusco.

Pan.dei.ro *s.m.* Instrumento musical, constituído por um aro com uma pele esticada, rodeada de guizos, e que se tange batendo com a mão e com os cotovelos.

Pan.de.mi.a *s.f.* MED Epidemia generalizada.

Pan.dê.mi.co *adj.* Referente a ou que tem características de pandemia.

Pan.de.mô.nio *s.m.* **1.** Lugar onde existe grande confusão. **2.** Tumulto generalizado, balbúrdia.

Pan.dor.ga *s.f.* **1.** POP Música desafinada e sem compasso. **2.** Papagaio de papel.

Pa.ne *s.f.* Interrupção do funcionamento do motor de avião, automóvel etc., por defeito.

Pa.ne.gí.ri.co *adj.* **1.** Laudatório, encomiástico, elogioso. *s.m.* **2.** Discurso em louvor de alguém. **3.** Louvor exagerado. **4.** Elogio pomposo.

Pa.ne.gi.ris.ta *s.2g.* Pessoa que faz panegírico.

Pa.ne.jar *v.t.* **1.** Pintar ou esculpir as vestes de. **2.** Pôr os panos ou roupagens em. *v.int.* **3.** NÁUT Abanar, agitar-se (vela, bandeira etc.).

Pa.ne.la *s.f.* **1.** Vasilha de metal ou de barro, para serviços culinários. **2.** Conteúdo dessa vasilha. **3.** POP Grupo de pessoas ligadas entre si para a defesa de interesses e dadas a mútuos elogios; igrejinha.

Pa.ne.li.nha *s.f.* **1.** Panela pequena. **2.** FIG Combinação ou conluio para fins pouco sérios. **3.** POP Grupo muito ligado e dado a elogios mútuos; panela, igrejinha.

Pa.ne.to.ne *s.m.* Bolo de origem italiana, feito de massa fermentada que leva ovos, frutas cristalizadas e passas.

Pan.fle.tá.rio *adj.* **1.** Próprio de panfleto. **2.** FIG Violento no dizer. *s.m.* **3.** Autor de panfleto; panfletista.

Pan.fle.tis.ta *s.2g.* Panfletário.

Pan.fle.to *(ê)* *s.m.* Folheto, ordinariamente político, escrito em estilo satírico e veemente.

Pan.ga.ré *adj.* e *s.m.* **1.** Diz-se de, ou cavalo ou muar de pelo vermelho-escuro e como que desbotado no focinho e no baixo-ventre. *s.m.* **2.** Cavalo ordinário ou manhoso.

Pâ.ni.co *adj.* **1.** Que assusta sem motivo. *s.m.* **2.** Terror súbito, às vezes infundado, que assalta uma ou muitas pessoas.

Pa.ni.fi.ca.ção *s.f.* **1.** Ato de panificar. **2.** Fabrico do pão; padaria.

Pa.ni.fi.ca.dor *s.m.* Fabricante de pão.

Pa.ni.fi.ca.do.ra *s.f.* Padaria.

Pa.ni.fi.car *v.t.* Converter em pão (a farinha).

Pa.no *s.m.* **1.** Qualquer tecido de linho, algodão, seda ou lã. **2.** Cada uma das peças de fazenda que formam o vestido, em especial a saia. **3.** Vela de embarcação. **4.** Pancada de sabre. **5.** POP Manchas no rosto ou no corpo.

Pa.no.ra.ma *s.m.* **1.** Grande quadro circular ou cilíndrico disposto de modo que o espectador, colocado no centro, vê os objetos como se estivesse observando do alto de uma montanha todo o horizonte em volta. **2.** Grande extensão de paisagem, que se descortina do alto; vista. **3.** Visão conjunta, global.

Pa.no.râ.mi.ca *s.f.* **1.** Panorama ('exposição'). **2.** Movimento circular de uma câmera. **3.** O plano filmado com esse movimento.

Pa.no.râ.mi.co *adj.* **1.** Que se refere a panorama. **2.** Da natureza do panorama. **3.** Relativo a paisagem.

Pan.que.ca *s.f.* **1.** Iguaria feita de farinha de trigo, ovos, manteiga, sal e açúcar, cozido em frigideira, a que se podem adicionar pedaços de frutas ou carne.

Pan.se.xua.lis.ta *(cs)* *adj.2g.* **1.** Relativo ao pansexualismo. *s.2g.* **2.** Adepto do pansexualismo.

Pan.ta.gru.é.li.co *adj.* **1.** Que lembra *Pantagruel*, herói comilão criado pelo escritor francês Rabelais (c. 1494-1553). **2.** Amante da boa comida e do bom viver.

Pan.ta.lo.nas *s.f.pl.* Calças compridas, de boca larga.

Pan.ta.nal *s.m.* **1.** Grande pântano. **2.** Especificamente, grande região pantanosa dos Estados do Mato Grosso e Mato Grosso do Sul, parcialmente inundada durante as cheias dos rios Paraguai, Taquari, Miranda, São Lourenço e outros, onde vive uma riquíssima fauna, com imensa variedade de répteis e aves, muito explorada pelo turismo e pela pecuária extensiva. ◆ **Pantanal mato-grossense**: O mesmo que *Pantanal.*

Pan.ta.nei.ro *adj.* **1.** Do pantanal. *adj.* e *s.m.* **2.** Diz-se de, ou certa raça bovina do Pantanal mato-grossense.

Pân.ta.no *s.m.* **1.** Porção de água estagnada. **2.** Terra alagadiça; brejo. **3.** Aguaçal, charco, paul.

Pan.ta.no.so *adj.* Em que há pântanos; alagadiço.

Pan.te.ão *s.m.* **1.** Templo romano antigo, de forma redonda, dedicado a todos os deuses. **2.** Igreja em forma de panteão. **3.** Edifício em que se depositam os restos mortais dos grandes vultos de um país ou da humanidade.

Pan.te.ís.mo *s.m.* FILOS Doutrina segundo a qual Deus é o conjunto de todos os seres. ◆ *Var.: pânteo* e *panteu.*

Pan.te.ís.ta *adj.2g.* **1.** Relativo ao panteísmo. *s.2g.* **2.** Pessoa sectária do panteísmo.

Pan.te.on *s.m.* Panteão.

Pan.te.ra *s.f.* **1.** Quadrúpede felino de pele mosqueada. **2.** FIG Pessoa cruel. **3.** POP Mulher atraente, bonita e sensual; tigresa.

Pan.to.mi.ma *s.f.* **1.** Arte ou ato de se exprimir por meio de gestos. **2.** Designação particular das representações teatrais em que os atores só se expressam por mímica. **3.** Representação dos finais de espetáculos circenses.

Pan.to.mi.mei.ro *s.m.* **1.** O que faz pantomima. **2.** Embusteiro, enganador.

Pan.to.mí.mi.co *adj.* Referente a pantomima.

Pan.to.mi.mo *s.m.* Pantomimeiro, mímico.

Pan.tu.fa *s.f.* **1.** Pantufo. **2.** Mulher malvestida ou trajada com vestidos muito largos.

Pan.tur.ri.lha *s.f.* **1.** POP Barriga da perna. **2.** FIG Chumaço usado na barriga da perna, por baixo da meia.

Pão *s.m.* **1.** Alimento feito de farinha de trigo amassada e cozida. **2.** FIG Hóstia consagrada. **3.** Alimento, sustento. **4.** Meios de vida ou de subsistência. **5.** POP Pessoa muito bonita: *Ela é um pão!* ◆ *Pl.: pães.*

Pão de ló *s.m.* Bolo muito leve e fofo, feito de farinha de trigo, ovos e açúcar. ◆ *Pl.: pães de ló.*

Pão-du.ro *adj.* e *s.m.* FAM Diz-se de, ou indivíduo avarento, sovina. ◆ *Pl.: pães-duros.*

Pa.pa¹ *s.f.* **1.** Qualquer alimento. **2.** Farinha cozida em água ou leite; mingau. **3.** Substância cozida pouco consistente. **4.** Qualquer substância mole, com aspecto de papa.

Pa.pa² *s.m.* O chefe da Igreja Católica. ◆ *Fem.: papisa.*

Pa.pa.da *s.f.* Acúmulo de gordura na base do rosto e na parte anterior do pescoço.

Pa.pa-de-fun.tos *s.m.2g.* **1.** Nome vulgar de uma espécie de tatu. *s.m.2n.* **2.** GÍR Agenciador de enterros, empregado de casa funerária.

Pa.pa.do *s.m.* **1.** Dignidade de papa. **2.** Tempo durante o qual um papa exerce o poder.

Pa.pa-fi.na *adj.2g.* **1.** Saboroso; delicioso. **2.** FIG Excelente, magnífico *s.m.* **3.** Indivíduo ridículo.

Pa.pa.gai.o *s.m.* **1.** Ave tropical de penas vistosas e bico recurvo, que imita bem a voz humana. **2.** Pessoa que repete inconscientemente o que ouve ou lê. **3.** Brinquedo que consiste num pedaço de papel colocado sobre uma armação de taquara ou de madeira leve e que as crianças soltam ao vento, preso a uma linha; o mesmo que *pipa, arraia.* **4.** Qualquer título de dívida, como promissória etc. **5.** BOT Planta ornamental, cujas flores apresentam partes encarnadas. *interj.* **6.** Indicativa de espanto.

Pa.pa.gue.ar *v.t.* **1.** Repetir maquinalmente, como um papagaio. *v.int.* e *p.* **2.** Falar inconscientemente, sem nexo; tagarelar.

Pa.pai *s.m.* Tratamento carinhoso que os filhos dão ao pai.

Pa.pai.a *s.f.* Certa variedade de mamão pequeno.

PAPAL — PARAFERNÁLIA

Pa.pal *adj.2g.* **1.** Do papa ou a ele relativo. **2.** Próprio do papa.

Pa.pal.vo *s.m.* pop Indivíduo simplório, tolo, pateta, basbaque.

Pa.pão *s.m.* **1.** Monstro criado pela imaginação popular com que se amedrontam crianças pequenas; bicho-papão. **2.** Fantasma.

Pa.par *v.t.* **1.** Comer (na linguagem infantil). **2.** Lograr, conseguir. **3.** gír Ganhar, vencer.

Pa.pa.ri.car *v.t.* **1.** Comer aos poucos; lambiscar. *v.t. e int.* **2.** Tratar com paparicos ou muitos cuidados; mimar.

Pa.pa.ri.co *s.m.* **1.** Mimo excessivo. **2.** Carícia, afago, presente dedicado a pessoas queridas ou doentes; paparice.

Pa.pe.ar *v.int.* **1.** Bater papo; conversar. **2.** Tagarelar, falar muito. **3.** Gorjear, chilrear.

Pa.pei.ra *s.f.* **1.** med Inflamação da parótida; bócio, broncocele, papo. **2.** Peste que ataca o gado vacum. **3.** bot Arbusto do Brasil, de flores pequenas.

Pa.pel *s.m.* **1.** Substância feita de fibras vegetais reduzidas a massa e disposta em folhas para escrever, embrulhar etc. **2.** Documento escrito ou impresso. **3.** fig Parte que um ator desempenha na televisão, no teatro ou no cinema. **4.** Atuação, desempenho. **5.** A personagem representada pelo ator. **6.** Emprego, função, cargo. **7.** Maneira de proceder. **8.** Tudo o que representa dinheiro sonante (bônus, cheque, letras de câmbio etc).

Pa.pe.la.da *s.f.* **1.** Porção de papéis. **2.** Papéis em desordem. **3.** Conjunto de documentos.

Pa.pe.lão *s.m.* **1.** Papel muito encorpado e forte, para diversos fins. **2.** fig Parlapatão, paspalhão. **3.** fig Fiasco. **4.** fig Procedimento vergonhoso ou ridículo.

Pa.pe.la.ri.a *s.f.* Loja onde se vende papel e outros objetos de escritório.

Pa.pel-car.bo.no *s.m.* Papel revestido de uma camada de carbono para tirar cópias.

Pa.pe.lei.ra *s.f.* Mesa com tampa inclinada e com gavetas para guardar papéis.

Pa.pe.lei.ro *adj.* **1.** Relativo à fabricação de papel. *s.m.* **2.** Aquele que trabalha na fabricação de papel. **3.** Dono de papelaria.

Pa.pe.le.ta (ê) *s.f.* **1.** Papel avulso. **2.** Papel que se fixa em algum lugar, para ser lido por várias pessoas. **3.** Edital, aviso. **4.** Impresso que, nos hospitais, se coloca na guarda da cama dos doentes, para as observações do médico e dos enfermeiros.

Pa.pel-mo.e.da *s.m.* Papel com valor representativo emitido pelo governo para servir de dinheiro; cédula, nota. • Pl.: *papéis-moeda*.

Pa.pe.lo.te *s.m.* gír Pequeno embrulho de cocaína ou outra droga em pó.

Pa.pe.lu.cho *s.m.* **1.** Pedaço de papel. **2.** Papel de embrulho. **3.** Papel sem importância. **4.** pej Jornal, periódico.

Pa.pi.la *s.f.* **1.** anat Pequena saliência cônica que se forma na superfície da pele das membranas mucosas. **2.** Bico do seio. **3.** bot Protuberância cônica em diversos órgãos vegetais.

Pa.pi.ro *s.m.* **1.** Erva de cuja haste das folhas, depois de certa preparação, se fabricava o papiro, sobre o qual se escrevia. **2.** Nome dado a essa folha para escrever, feita de papiro. **3.** Manuscrito antigo, feito em papiro.

Pa.pi.sa *s.f.* Fem de papa.

Pa.pis.ta *adj.2g.* **1.** Que, ou pessoa que é partidária da supremacia do papa. *s.2g.* **2.** Nome que os protestantes dão aos católicos.

Pa.po *s.m.* **1.** Bolsa membranosa nas aves, na qual os alimentos permanecem algum tempo antes de passarem à moela. **2.** pop Papeira, bócio. **3.** Bolso ou fole em roupa malfeita. **4.** pop Estômago, barriga. **5.** pop Bazófia, fanfarronice. **6.** Bate-papo, conversa fiada.

Pa.po-fu.ra.do *adj. e s.m.* **1.** Diz-se de, ou aquele que não cumpre o que promete. *s.m.* **2.** Conversa-fiada. • Pl.: *papos-furados*.

Pa.pou.la *s.f.* **1.** bot Planta papaverácea de que se extrai o ópio. **2.** Flor dessa planta. **3.** Nome comum a várias espécies de plantas ornamentais.

Pá.pri.ca *s.f.* Condimento em pó feito de pimentão vermelho.

Pa.pu.do *adj.* **1.** Que tem grande papo. **2.** fig Proeminente. **3.** Arqueado, bojudo. **4.** Diz-se dos olhos de pálpebras grossas, carnudas. *s.m.* **5.** pop Indivíduo pretensioso, arrogante.

Pa.quei.ro *adj. e s.m.* **1.** Diz-se do cão treinado para caçar pacas. **2.** Diz-se de, ou aquele que angaria serviços para outrem.

Pa.que.ra *s.f.* **1.** Paqueração. *s.2g.* **2.** A pessoa a quem se paquera. *s.m.* **3.** Paquerador.

Pa.que.ra.dor *adj.* **1.** pop Relativo a paquera. *s.m.* **2.** Aquele que gosta de paquerar.

Pa.que.rar *v.t. e int.* pop Dirigir-se (o homem à mulher ou vice-versa), através do olhar, de sinais ou palavras, com objetivo de conquista; flertar.

Pa.qui.der.me *adj.2g.* **1.** Que tem a pele espessa. *s.m.* **2.** Mamífero de pele espessa, como o elefante, o rinoceronte, o hipopótamo. **3.** fig Indivíduo gordo, pesado.

Par *adj.2g.* **1.** Igual, semelhante, idêntico. **2.** Conjunto de duas peças semelhantes, uma das quais não se usa sem a outra. **3.** Duas coisas da mesma espécie, embora uma possa servir sem a outra. **4.** Grupo de duas coisas quaisquer. **5.** Marido e mulher. **6.** Conjunto de duas pessoas de sexo diferente. **7.** Cada uma das pessoas que constituem um par, na dança. **8.** Pessoa igual a outra em posição social. • *Ant.:* ímpar.

Pa.ra- *pref.* 'Proximidade': *paraninfo*.

Pa.ra *prep.* Designativa de direção, fim, destino, lugar, proporcionalidade, tempo etc.

Pa.ra.be.ni.zar *v.t.* Congratular-se com (alguém ou algo) por; dar os parabéns a (por), felicitar.

Pa.ra.béns *s.m.pl.* **1.** Palavras de felicitações por vantagens conseguidas. **2.** Felicitações, congratulações por sucesso alcançado. • *Ant.:* pêsames.

Pa.rá.bo.la *s.f.* **1.** Narração alegórica, que encerra uma verdade importante ou um preceito de moral. **2.** geom Curva plana, cujos pontos distam igualmente de um ponto fixo (foco) e de uma reta fixa (diretriz). **3.** Curva descrita por um projétil.

Pa.ra.bó.li.co *adj.* **1.** Que encerra parábola. **2.** Relativo ou semelhante a parábola.

Pa.ra-bri.sa *s.m.* Para-brisas. • *Pl.:* para-brisas.

Pa.ra-cho.que *s.m.* **1.** Nome comum a diversos aparelhos destinados a anular ou amortecer choques. **2.** Peça situada na frente e na traseira de um veículo para amortecer choque. • *Pl.:* para-choques.

Pa.ra.da *s.f.* **1.** Ato ou efeito de parar. **2.** Lugar ou sítio onde se para. **3.** Demora, pausa. **4.** Reunião de tropas que devem ser passadas em revista. **5.** Quantia que se aposta ou se arrisca de cada vez no jogo. **6.** Ato de se defender de um golpe de esgrima. **7.** Empresa ou situação arriscada. **8.** Ostentação, fanfarronada, bazófia. **9.** Conversa fiada.

Pa.ra.dei.ro *s.m.* **1.** Lugar ou localidade onde algo ou alguém se encontra. **2.** Termo, fim, destino. **3.** Falta de movimento comercial.

Pa.ra.di.dá.ti.co *adj.* **1.** Obra não especificamente didática, mas usada no ensino (diz-se de livro, material escolar etc.). **2.** Que complementa o ensino didático.

Pa.ra.dig.ma *s.m.* **1.** Modelo, padrão. **2.** gram Modelo ou tipo de conjugação ou declinação gramatical.

Pa.ra.di.sí.a.co *adj.* **1.** Relativo ao paraíso. **2.** Próprio do paraíso. **3.** Divino, celeste.

Pa.ra.do.xal (cs) *adj.2g.* **1.** Que encerra paradoxo ou é da natureza dele. **2.** Disparatado, contraditório.

Pa.ra.do.xis.mo (cs) *s.m.* Oxímoro.

Pa.ra.do.xo (cs) *s.m.* **1.** Opinião contrária ao senso comum. **2.** Contradição, pelo menos aparente. **3.** fig Desconchavo. *adj.* **4.** Paradoxal.

Pa.ra.en.se *adj.2g.* **1.** Do, pertencente ou relativo ao Estado do Pará (Região Norte). *s.2g.* **2.** Pessoa natural ou habitante do Pará.

Pa.ra.es.ta.tal *adj.2g.* Diz-se da empresa ou instituição em que, embora autárquica, o Estado pode intervir.

Pa.ra.fer.ná.lia *s.f.* Conjunto dos equipamentos necessários à execução de uma tarefa; pertences pessoais.

PARAFIMOSE — PARA-VENTO

Pa.ra.fi.mo.se (ó) *s.f.* MED Estrangulamento da base da glande, por causa da abertura muito estreita do prepúcio.

Pa.ra.fi.na *s.f.* Substância sólida e branca, que encerra hidrocarbonetos saturados e não saturados, proveniente de resíduo da destilação do petróleo, usada no fabrico de velas, ceras etc.

Pa.ra.fi.nar *v.t.* **1.** Converter em parafina. **2.** Misturar com parafina.

Pa.ra.fra.se *s.f.* **1.** Explicação desenvolvida do texto de um livro ou documento. **2.** Tradução livre e desenvolvida, mas que conserva as ideias originais.

Pa.ra.fra.se.ar *v.t.* **1.** Traduzir ou explicar por meio de paráfrase. **2.** Explicar, desenvolvendo. **3.** Comentar.

Pa.ra.fu.sar *v.t.* **1.** Fixar, apertar por meio de parafuso ou rosca; atarraxar. **2.** Cogitar, esquadrinhar, especular. **3.** Cismar, meditar. *v.int.* **4.** Pensar, refletir.

Pa.ra.fu.so *s.m.* **1.** Cilindro sulcado em hélice e destinado a entrar numa peça chamada porca, sulcada do mesmo modo, mas em que os sulcos correspondem às saliências do parafuso. **2.** Rosca, tarraxa. **3.** Acrobacia em que a aeronave descreve uma espiral.

Pa.ra.gem *s.f.* **1.** Ato de parar. **2.** Lugar onde se para. **3.** Qualquer sítio. **4.** Zona, região. **5.** Parte do mar vizinha à terra e acessível à navegação.

Pa.rá.gra.fo *s.m.* **1.** Pequena seção de um capítulo ou discurso que forma sentido completo e independente. **2.** Subdivisão de um artigo, nas leis, estatutos, regulamentos. **3.** Sinal (§) indicativo dessa subdivisão.

Pa.ra.í.so *s.m.* **1.** Jardim onde, segundo a Bíblia, Deus colocou Adão e Eva, logo após a criação. **2.** Morada dos justos; o céu. **3.** Bem-aventurança. **4.** FIG Sítio aprazível, lugar delicioso. **5.** POP Galinheiro, nos teatros.

Pa.ra-la.ma *s.m.* Lâmina metálica que detém nos automóveis, bicicletas etc., os respingos da lama. ● *Pl.: para-lamas.*

Pa.ra.le.la *s.f.* GEOM Reta paralela a outra reta ou a um plano.

Pa.ra.le.le.pí.pe.do *s.m.* **1.** GEOM Sólido limitado por seis paralelogramos, dos quais os opostos são iguais e paralelos. **2.** Pedra com essa forma, empregada no calçamento de ruas.

Pa.ra.le.lis.mo *s.m.* **1.** Estado do que é paralelo. **2.** Posição de linhas ou planos paralelos. **3.** FIG Correspondência simétrica entre duas coisas. **4.** LITER Repetição de ideias de estrofe em estrofe.

Pa.ra.le.li.zar *v.t.* **1.** Tornar paralelo. *v.t.* e *int.* **2.** Derivação: sentido figurado.

Pa.ra.le.lo *adj.* **1.** GEOM Diz-se de duas ou mais linhas ou superfícies equidistantes em toda a sua extensão. **2.** FIG Que marcha ao lado de outro. **3.** Que progride na mesma proporção. **4.** Igual, semelhante, análogo. *s.m.* **5.** Cada um dos círculos menores da esfera perpendiculares ao meridiano. **6.** FIG Comparação, confronto, cotejo.

Pa.ra.le.lo.gra.mo *s.m.* GEOM Quadrilátero plano cujos lados opostos são iguais e paralelos.

Pa.ra.li.sar *v.t.* **1.** Tornar paralítico. **2.** Entorpecer. **3.** FIG Imobilizar, fazer deter. **4.** Enfraquecer a ação ou energia de; neutralizar. *v.int.* e *p.* **5.** Ser atacado de paralisia; entorpecer-se. **6.** FIG Estacionar, não progredir.

Pa.ra.li.si.a *s.f.* **1.** MED Redução ou cessação dos movimentos dos músculos, nervos ou órgãos. **2.** Incapacidade de agir. **3.** Marasmo, entorpecimento.

Pa.ra.lí.ti.co *adj.* e *s.m.* Diz-se de, ou aquele que sofre de paralisia.

Pa.ra.mé.di.co *adj.* **1.** Que tem relação com a ciência ou com a prática médica. *s.m.* **2.** Profissional paramédico (como o fisioterapeuta, o fonoaudiólogo etc.).

Pa.ra.men.tar *v.t.* **1.** Adornar, enfeitar. *v.t.* e *p.* **2.** Vestir(-se) com paramentos.

Pa.ra.men.to *s.m.* **1.** Vestimenta do sacerdote durante a celebração de uma cerimônia. **2.** Adorno, enfeite, ornato.

Pa.râ.me.tro *s.m.* **1.** MAT Constante que figura na equação de uma linha e tem uma interpretação geométrica. **2.** Padrão, escalão.

Pa.ra.mi.li.tar *adj.2g.* **1.** Diz-se de uma organização não militar que se inspira na estrutura e disciplina do Exército. *s.2g.* **2.** Membro dessa organização.

Pá.ra.mo *s.m.* **1.** Campo deserto, solitário. **2.** FIG Lugar extremamente frio e desabrigado. **3.** A abóbada celeste, o firmamento.

Pa.ra.ná *s.m.* **1.** Braço de rio caudaloso, separado deste por uma ou mais de uma ilha. **2.** Canal que liga dois rios.

Pa.ra.na.en.se *adj.2g.* **1.** Relativo ou pertencente ao Estado do Paraná (Região Sul). *s.2g.* **2.** Pessoa natural ou habitante do Paraná.

Pa.ra.nin.fo *s.m.* **1.** Padrinho ou testemunha de casamento, batismo, colação de grau etc. **2.** FIG Patrono, protetor.

Pa.ra.noi.a *s.f.* MED Estado mental caracterizado por lesão parcial da inteligência e sensibilidade, mas em que o indivíduo é tomado por ideias de perseguição, grandeza etc.

Pa.ra.nor.mal *adj.2g.* **1.** Que não se pode explicar cientificamente. *s.2g.* **2.** Pessoa que realiza feitos aparentemente paranormais.

Pa.ra.pei.to *s.m.* **1.** Parede de apoio que se eleva mais ou menos à altura do peito. **2.** Peitoril de janela. **3.** Parte superior de uma trincheira, de uma fortificação, que protege uma peça de artilharia, de tal modo que os artilheiros podem fazer fogo por cima dela.

Pa.ra.pen.te *s.m.* **1.** Aparelho esportivo idealizado de uma mistura de asa-delta e paraquedas, com o qual se salta de uma elevação para descer planando. **2.** Esporte praticado com esse aparelho.

Pa.ra.pen.tis.ta *adj.2g.* e *s.2g.* Praticante de parapente.

Pa.ra.ple.gi.a *s.f.* MED Paralisia dos membros inferiores.

Pa.ra.plé.gi.co *adj.* **1.** Relativo a paraplegia. *s.m.* **2.** Aquele que sofre de paraplegia.

Pa.ra.psi.co.lo.gi.a *s.f.* Estudo científico de certos fenômenos psíquicos, de natureza especial, como a premonição e a telepatia.

Pa.ra.psi.có.lo.gi.co *adj.* Relativo à parapsicologia.

Pa.ra.psi.có.lo.go *s.m.* O especialista em parapsicologia.

Pa.ra.que.das *s.m.2n.* Aparelho destinado a diminuir a velocidade da queda de pessoa ou carga na atmosfera, usado em especial por aqueles que saltam de aviões em voo.

Pa.ra.que.dis.mo *s.m.* Uso esportivo ou bélico do paraquedas. ● *Pl.: paraquedismos.*

Pa.ra.que.dis.ta *s.2g.* **1.** Pessoa que se atira de paraquedas do alto de avião ou dirigível. **2.** Soldado especialmente exercitado para saltar de paraquedas na retaguarda inimiga ou em pontos estratégicos, onde cumprir a determinadas missões. **3.** Indivíduo aproveitador de situações fáceis. ● *Pl.: paraquedistas.*

Pa.rar *v.int.* **1.** Cessar de andar, de falar, de mover-se. **2.** Não ter seguimento. **3.** Não continuar. **4.** Ficar suspenso, imóvel. **5.** Suspender o movimento. **6.** Findar. **7.** Estacionar. *v.t.* **8.** Cessar. **9.** Habitar. **10.** Permanecer. **11.** Dar, redundar. **12.** Ir ter, terminar. **13.** Impedir de andar, de locomover-se. **14.** Aparar. **15.** Diminuir a intensidade de; atenuar. **16.** Fitar. **17.** Fixar. **18.** Apostar. *v.p.* **19.** Cessar de andar. **20.** Deixar de mover-se.

Pa.ra-rai.os *s.m.2n.* FÍS Aparelho destinado a atrair as descargas elétricas da atmosfera.

Pa.ra.si.ta *adj.2g.* e *s.m.* **1.** Diz-se de, ou animal que vive à custa de outro de espécie diferente. *s.m.* **2.** Indivíduo que não trabalha, que vive à custa alheia. *s.f.* **3.** BOT Nome que impropriamente se costuma dar a certos tipos de orquídeas. ◆ *Var.: parasito.*

Pa.ra.si.tar *v.int.* **1.** Viver como parasita. **2.** Viver à custa de; explorar.

Pa.ra.si.tá.rio *adj.* **1.** Que se refere a parasita. **2.** Que tem as propriedades de animal parasita.

Pa.ra.si.tis.mo *s.m.* **1.** Qualidade, caráter ou estado de parasita. **2.** Hábitos ou vida de quem é parasita.

Pa.ra-sol *s.m.* **1.** Guarda-sol. **2.** Guarda-chuva.

Pa.ras.sín.te.se *s.f.* GRAM Processo de formação de palavra por aglutinação simultânea de prefixo e sufixo.

Pa.rau.a.ra ou **pa.ro.a.ra** *s.m.* **1.** Ave de cabeça vermelha. *s.2g.* **2.** Paraense. **3.** Nordestino residente na Amazônia.

Pa.ra-ven.to *s.m.* Guarda-vento. ● *Pl.: para-ventos.*

PARBOILIZAÇÃO — PARQUE

Par.boi.li.za.ção *s.f.* Processo de imersão do grão do arroz com casca em água quente e em um aparelho de desinfecção e esterilização.

Par.boi.li.za.do *adj.* Arroz que passou pelo processo de parboilização.

Par.ca *s.f.* **1.** Cada uma das três deusas (Cloto, Láquesis e Átropos) que fiavam, dobravam e cortavam o fio da vida. **2.** FIG A morte.

Par.cei.ro *adj.* **1.** Par, semelhante. *s.m.* **2.** Sócio, companheiro. **3.** Pessoa com quem se joga, se trabalha etc. **4.** FIG Finório, espertalhão.

Par.ce.la *s.f.* **1.** Fragmento, pequena parte. **2.** Verba. **3.** Cada um dos números que se devem somar.

Par.ce.lar *v.t.* Dividir em parcelas.

Par.ce.ri.a *s.f.* **1.** Reunião de pessoas para certo fim de interesse comum. **2.** Companhia. **3.** Dupla de compositores de música popular: *A parceria Tom-Vinícius produziu músicas maravilhosas*. **4.** Sociedade, empresa.

Par.ci.al *adj.2g.* **1.** Que se realiza por parte. **2.** Que faz parte de um todo. **3.** Que se inclina em favor de uma das partes litigantes. **4.** Faccioso; injusto. ● *Ant.: imparcial.*

Par.ci.mô.nia *s.f.* **1.** Qualidade de parco. **2.** Ato ou costume de poupar. **3.** Economia, frugalidade.

Par.ci.mo.ni.o.so (ô) *adj.* Parco, frugal.

Par.co *adj.* **1.** Que economiza, que poupa; econômico. **2.** Frugal, sóbrio, simples. **3.** Pouco abundante; escasso, reduzido.

Par.da.cen.to *adj.* Um tanto pardo; tirante a pardo.

Par.dal *s.m.* Pequeno pássaro oriundo da Europa, muito encontrado nas cidades brasileiras ● *Fem.: pardaloca, pardoca.* ● *Col.: bando, pardalada.*

Par.di.ei.ro *s.m.* Casa em ruínas; edifício velho; tapera.

Par.do *adj.* **1.** Que tem cor intermediária ao preto e ao branco; quase escuro. *s.m.* **2.** Filho de mulatos; mestiço.

Par.do.ca *s.f.* Fêmea do *pardal*.

Pa.re.cen.ça *s.f.* Semelhança, analogia.

Pa.re.cer¹ *v.lig.* **1.** Ter parecença ou semelhança com. **2.** Ter certa aparência. **3.** Afigurar-se, ser de opinião. *v.p.* **4.** Assemelhar-se, ter parecença. *v.int.* **5.** Ser provável ou verossímil. **6.** Causar impressão boa ou má.

Pa.re.cer² *s.m.* **1.** Aparência, aspecto geral. **2.** Modo de ver de uma pessoa consultada. **3.** Juízo técnico sobre questão jurídica ou administrativa. **4.** Opinião, conselho, sugestão. **5.** Voto.

Pa.re.dão *s.m.* **1.** Grande parede. **2.** Muro alto e espesso. **3.** Muralha.

Pa.re.de (ê) *s.f.* **1.** Obra de alvenaria ou de madeira, que serve para formar as fachadas de um edifício ou para dividi-lo internamente. **2.** Muro, tapume. **3.** Tudo o que se fecha ou divide um espaço.

Pa.re.de-mei.a *s.f.* Parede comum construída na divisa de dois prédios contíguos; meia-parede. ● *PL.: paredes-meias.*

Pa.re.lha (ê) *s.f.* **1.** Par (especialmente de animais cavalares ou muares). **2.** Um par, casal. **3.** Grupo de dois.

Pa.re.lhei.ro *s.m.* **1.** Cavalo de corrida. **2.** Cavalo ensinado para andar em parelhas.

Pa.re.lho *adj.* **1.** Formado de partes iguais. **2.** Semelhante ou igual. **3.** Da mesma parelha. *s.m.* **4.** (SP) Roupa de homem (calças e paletó).

Pa.ren.te *s.2g.* **1.** Pessoa que pertence à mesma família que outra ou outras, por consanguinidade ou por afinidade. *adj.2g.* **2.** POP Que tem parentesco. **3.** Da mesma família. **4.** FIG Semelhante, parecido. ● Existe também o fem.: *parenta.* ● *Col.: parentela.*

Pa.ren.te.ral *adj.2g.* MED Que se processa ou existe fora do tubo digestivo.

Pa.ren.tes.co (ê) *s.m.* **1.** Qualidade de parente. **2.** Laços de consanguinidade. **3.** FIG Conexão, analogia, semelhança.

Pa.rên.te.se *s.m.* Oração ou frase intercalada num período e que forma sentido à parte.

Pá.reo *s.m.* **1.** Competição das corridas de cavalos. **2.** FIG Disputa, competição.

Pa.res.ta.tal *adj.* Diz-se de empresa ou instituição autárquica em que o Estado intervém, em defesa de interesses econômicos ou de outra natureza.

Pá.ria *s.m.* **1.** A casta ínfima dos hindus, que não tem direitos sociais e religiosos. **2.** Homem desprezado pelos outros, como que excluído da sociedade; marginal.

Pa.ri.da.de *s.f.* **1.** Parecença, analogia. **2.** Qualidade de par ou igual; igualdade. **3.** Estado do câmbio em que há equivalência das moedas.

Pa.ri.e.tal *adj.2g.* **1.** Relativo a parede. **2.** Próprio para se pendurar em parede. *s.m.* **3.** ANAT Cada um dos dois ossos que formam as paredes súpero-laterais do crânio.

Pa.rin.tin.tim *s.2g.* **1.** ETNOL Relativo aos Parintintins, tribo selvagem da bacia do rio Madeira. *s.2g.* **2.** Indígena dessa tribo.

Pa.rir *v.t.* **1.** Dar à luz. **2.** POP Produzir; causar. *v.int.* **3.** Dar à luz o feto.

Pa.ri.si.en.se *adj.2g.* **1.** Relativo ou pertencente a Paris, capital da França (Europa). *s.2g.* **2.** Pessoa natural ou habitante de Paris.

Par.la.men.tar *v.t.* e *int.* **1.** Fazer ou aceitar propostas, acerca de negócios de guerra, entre arraiais ou forças contrárias. **2.** FIG Entrar em negociações a fim de chegar a um acordo; conferenciar. *adj.2g.* **3.** Relativo ao parlamento. **4.** Designativo do governo em que os ministros são responsáveis perante o parlamento. *s.2g.* **5.** Membro de um parlamento (vereador, deputado ou senador).

Par.la.men.ta.ris.mo *s.m.* Regime político em que o gabinete de ministros é responsável perante o Parlamento.

Par.la.men.ta.ris.ta *adj.2g.* **1.** Relativo ao parlamentarismo. **2.** Próprio do parlamentarismo. *s.2g.* **3.** Pessoa adepta do parlamentarismo.

Par.la.men.to *s.m.* No Brasil, o conjunto das câmaras legislativas ou o Congresso Nacional.

Par.me.são *adj.* **1.** Relativo ou pertencente a Parma (Itália). **2.** Diz-se de uma variedade de queijo italiano. *s.m.* **3.** Indivíduo natural de Parma. ● *Fem.: parmesã.* **4.** Queijo parmesão.

Par.mi.gi.a.no *adj.* e *s.m.* Parmesão.

Par.na.si.a.nis.mo *s.m.* Escola poética realista surgida na França em 1886, que reagiu contra o lirismo romântico e se caracterizou sobretudo pelo apuro do verso e da linguagem.

Par.na.si.a.no *adj.* **1.** Do parnasianismo. *s.m.* **2.** Poeta que seguia a escola parnasiana.

Pa.ro.a.ra *s.m.* **1.** Nordestino que vive na Amazônia. **2.** Aquele que agencia trabalhadores para os seringais amazonenses.

Pá.ro.co *s.m.* **1.** Sacerdote que tem a seu cargo a direção espiritual de uma paróquia. **2.** Vigário, cura.

Pa.ró.dia *s.f.* **1.** Imitação burlesca de uma obra literária. **2.** Imitação burlesca em geral. **3.** POP Pândega, brincadeira.

Pa.ro.di.a.dor (ô) *adj.* e *s.m.* ⇒ Parodista.

Pa.ro.di.ar *v.t.* **1.** Fazer paródia de. **2.** Imitar, arremedar.

Pa.ro.dis.ta *s.2g.* Pessoa que faz paródias.

Pa.ro.ni.mi.a *s.f.* Qualidade de parônimo.

Pa.rô.ni.mo *adj.* e *s.m.* Diz-se de, ou palavra que tem som semelhante ao de outra, mas sentido diferente, como *infligir* e *infringir*, *descrição* e *discrição*.

Pa.ró.quia *s.f.* **1.** Divisão territorial eclesiástica sob direção espiritual de um pároco. **2.** Freguesia. **3.** Igreja matriz.

Pa.ro.qui.al *adj.2g.* Referente a pároco ou à paróquia.

Pa.ro.qui.a.no *adj.* e *s.m.* Diz-se de, ou membro de paróquia.

Pa.ró.ti.da *s.f.* ANAT Cada uma das duas glândulas salivares situadas abaixo das orelhas. ● *Var.: parótide.*

Pa.ro.ti.di.te *s.f.* MED Inflamação da parótida; caxumba.

Pa.ro.xis.mo (cs) *s.m.* **1.** MED O máximo grau de um acesso, de uma dor. **2.** Crise numa doença.

Pa.ro.xí.to.no (cs) *adj.* e *s.m.* GRAM Diz-se de, ou vocábulo que tem o acento tônico na penúltima sílaba, como *sentido*, *zebra*, *cáqui*, *parque* etc.

Par.que *s.m.* **1.** Jardim extenso e murado, especialmente público. **2.** Bosque murado, onde há caça. **3.** Lugar onde se guardam munições de guerra, petrechos de artilharia etc.

PARQUÍMETRO — PASSA-FORA

Par.quí.me.tro *s.m.* Aparelho que mede o tempo que um automóvel fica estacionado, e a taxa que o motorista deve pagar.
Par.rei.ra *s.f.* Videira cujos ramos se estendem.
Par.ri.ci.da *adj.* e *s.2g.* Diz-se de, ou pessoa que matou o próprio pai.
Par.ri.cí.dio *s.m.* Assassinato do próprio pai.
Par.ru.do *adj.* 1. Rasteiro como as parras. *s.m.* 2. Homem baixo e grosso: *"Eram dois homens. Um crioulo parrudo, de bigodinho, e um branco alto e magro, nariz de papagaio"* (Valdomiro Santana, *O Dia do Juízo*, 13).
Par.te *s.f.* 1. Cada uma das partes de um todo. 2. Lote, fração. 3. Banda, lado. 4. Lugar. 5. Comunicação verbal ou escrita. 6. O que numa peça de música ou teatro compete a cada voz, instrumento ou ator.
Par.tei.ra *s.f.* Mulher (que não é médica) que assiste partos, ajudando ou socorrendo as parturientes.
Par.tei.ro *adj.* Designativo do médico ou cirurgião que assiste partos ou é especialista em obstetrícia. *s.m.* 2. Médico parteiro; obstetra.
Par.te.jar *v.t.* 1. Assistir como parteiro ou parteira. *v.int.* 2. Dar à luz; parir.
Par.te.no.gê.ne.se *s.f.* BIOL Reprodução sem fecundação, em razão do desenvolvimento do gameta feminino.
Par.ti.ção *s.f.* Ato ou efeito de partir ou dividir.
Par.ti.ci.par *v.t.* 1. Fazer saber. 2. Anunciar, comunicar. 3. Ter ou tomar parte (em alguma coisa). 4. Associar-se pelo pensamento ou pelo sentimento. 5. Solidarizar-se com. 6. Entrar em contato.
Par.ti.cí.pio *s.f.* Forma nominal do verbo, que pode apresentar função de verbo, substantivo ou adjetivo.
Par.tí.cu.la *s.f.* 1. Minúscula parte. 2. Corpúsculo. 3. GRAM Qualquer palavra pequena e de forma invariável.
Par.ti.cu.lar *adj.2g.* 1. Que pertence ou é relativo exclusivamente a certas pessoas ou coisas. 2. Peculiar, próprio, específico. 3. Que não é público. 4. Reservado. 5. Íntimo. 6. Raro, singular, minucioso. *s.m.* 7. Aquilo que é particular. 8. Circunstância especial. 9. Um sujeito qualquer ● *Ant.: geral.* ● *Em particular:* a sós.
Par.ti.cu.la.ri.da.de *s.f.* 1. Qualidade de particular. 2. Peculiaridade, característica, minúcia, pormenor.
Par.ti.cu.la.ri.zar *v.t.* 1. Referir minuciosamente. 2. Fazer menção especial; individualizar. *v.p.* 3. Distinguir-se, sobressair. ● *Ant.: generalizar.*
Par.ti.da *s.f.* 1. Ato ou efeito de partir; saída. 2. Reunião de pessoas amigas para se distraírem, em geral jogando; serão. 3. Competição esportiva, jogo, prélio. 4. Quantidade maior ou menor de mercadorias. 5. Remessa. 6. Sistema que permite fazer funcionar o motor de um automóvel. 7. Desfeita, logro, pirraça, peça.
Par.ti.dá.rio *adj.* e *s.m.* 1. Diz-se de, ou aquele que segue um partido. 2. Correligionário, adepto, defensor. ● *Ant.: adversário.*
Par.ti.da.ris.mo *s.m.* Paixão partidária; proselitismo, faccionismo.
Par.ti.da.ris.ta *adj.* e *s.2g.* Diz-se de, ou pessoa que segue um partido; partidário.
Par.ti.do *adj.* 1. Dividido em partes. 2. Quebrado, fragmentado. *s.m.* 3. Conjunto de pessoas que professam as mesmas ideias político-sociais. 4. Facção, bando. 5. Parcialidade. 6. Expediente, resolução. 7. Vantagem que se dá em jogo. 8. Utilidade. 9. Proveito, vantagem. 10. Contrato de serviços de advocacia com retribuição mensal fixa. 11. Predileção, preferência.
Par.ti.lhar *v.t.* 1. Fazer partilha de. 2. Dividir em parte. 3. Compartir, compartilhar, dividir, repartir. 4. Ter parte. 5. Participar.
Par.tir *v.t.* 1. Dividir em partes. 2. Fazer em pedaços. 3. Quebrar, separar, dividir, fender. 4. Repartir, partilhar, distribuir. 5. Ir-se de algum lugar, pôr-se a caminho. 6. Sair com ímpeto. 7. Originar-se, provir, emanar. *v.int.* 8. Pôr-se a caminho; ir-se embora. *v.p.* 9. Separar-se, romper-se, dividir-se. 10. Divergir. 11. Ausentar-se, fugir. 12. FIG Afligir-se profundamente.
Par.ti.tu.ra *s.f.* MÚS Disposição gráfica das partes de uma composição musical.

Par.to *s.m.* 1. Ato ou efeito de parir, de dar à luz. 2. FIG Produto, invenção.
Par.tu.ri.en.te *adj.* e *s.f.* Diz-se de, ou mulher que está prestes a parir ou que acaba de dar à luz.
Par.vo *adj.* 1. Curto de compreensão. 2. Tolo, idiota. *s.m.* 3. Indivíduo parvo ou atoleimado.
Par.vo.í.ce *s.f.* 1. Qualidade ou estado de parvo; demência. 2. Ação ou dito de parvo; disparate.
Pas.cal *adj.2g.* Relativo ou pertencente à Páscoa.
Pás.coa *s.f.* 1. Festa solene que os hebreus celebram anualmente em memória de sua saída do Egito. 2. Festa anual dos cristãos, em memória da ressurreição de Cristo, que ocorre no domingo seguinte ao de Ramos.
Pas.coal *adj.2g.* Pascal.
PASEP *s.f.* Sigla de Programa de Formação de Patrimônio do Servidor Público.
Pas.ma.cei.ra *s.f.* 1. POP Admiração imbecil; pasmo estúpido. 2. Vida ou situação monótona, sem fatos interessantes. 3. Falta de entusiasmo. 4. Apatia, marasmo.
Pas.mar *v.t.* 1. Causar pasmo ou admiração a. 2. Fitar, fixar (a vista). *v.int.* e *p.* 3. Ficar pasmado, estupefato, embasbacado. 4. Admirar-se.
Pas.mo *s.m.* 1. Grande admiração. 2. Espanto, assombro. 3. Desmaio.
Pas.mo.so *(ô) adj.* 1. Que causa pasmo. 2. Assombroso. 3. Incrível, admirável. ● *Fem.* e *pl.*: pasmosa e pasmosos (ó).
Pas.pa.lhão *adj.* e *s.m.* Diz-se do, ou indivíduo inútil, sem préstimo; tolo. ● *Fem.*: paspalhona.
Pas.pa.lhi.ce *s.f.* Ato ou dito de paspalhão.
Pas.pa.lho *s.m.* 1. Espantalho. 2. Paspalhão.
Pas.quim *s.m.* 1. Escrito satírico afixado em lugar público. 2. Folheto ou jornal injurioso, difamador.
Pas.sa *s.f.* Uva ou outra fruta seca.
Pas.sa.ca.le *s.f.* 1. Dança espanhola da corte, em compasso ternário. 2. MÚS Forma instrumental de origem espanhola, em compasso 3 por 4, semelhante à chacona.
Pas.sa.da *s.f.* 1. Movimento dos pés para andar; passo. 2. Extensão de uma passada. 3. Antiga medida de quatro palmos. 4. Ida rápida a algum lugar (sem se demorar).
Pas.sa.dei.ra *s.f.* 1. Alça por onde passa tecido, corrente etc. 2. Espécie de tapete estreito e comprido; passarela. 3. Mulher que passa roupa por profissão. 4. Instrumento para determinar o calibre das peças de artilharia.
Pas.sa.di.ço *s.m.* 1. Corredor ou galeria de comunicação entre dois edifícios ou dois pontos; passagem. 2. Passeio lateral das ruas; calçada. 3. Ponte, na parte superior do navio, em que permanece o comandante, o oficial de quarto e o responsável pelo leme. *adj.* 4. Transitório, efêmero.
Pas.sa.di.o *s.m.* Alimentação ou sustento diário.
Pas.sa.dis.mo *s.m.* Culto ao passado.
Pas.sa.dis.ta *adj.2g.* 1. Referente ao passado. *s.2g.* 2. Pessoa que cultua ou venera o passado.
Pas.sa.do *adj.* 1. Que passou, que se foi. 2. Que acaba de passar; decorrido. 3. Envelhecido. 4. Seco ao sol ou no forno (fruto). 5. Atordoado, pasmado. 6. Diz-se do fruto que começa a apodrecer. 7. Diz-se daquilo que se fez anteriormente. 8. Muito magro; esquelético. *s.m.* 9. GRAM o mesmo que *pretérito*. 10. O tempo que passou; os acontecimentos passados. 11. Vida passada: *É um homem de passado duvidoso.* ● *Ant.: futuro.*
Pas.sa.dor *adj.* 1. Que passa. *s.m.* 2. Aquele que transporta. 3. POP Filtro, coador. 4. Aquele que troca coisas falsas por verdadeiras. 5. Divulgador. 6. Intriguista, noveleiro. 7. Indivíduo que leva o gado às feiras. 8. Peça com que se apertam as partes dos arreios da cavalgadura.
Pas.sa.fo.ra *interj.* Expressão para enxotar cães ou para designar repulsão, desprezo. ● *Pl.*: passa-foras.

PASSAGEIRO — PASTIO

Pas.sa.gei.ro *adj.* 1. Diz-se do lugar em que há passagem ou por onde passa muita gente. 2. Que dura pouco. 3. Transitório. 4. Leve, de pouca importância. *s.m.* 5. Transeunte. 6. Indivíduo que vai de passagem num veículo; viajante.

Pas.sa.gem *s.f.* 1. Ato ou efeito de passar(-se). 2. Lugar por onde se passa. 3. Transição. 4. Quantia que se paga pelo transporte em um veículo. 5. Ponteado com que se tapa um rasgão de roupa ou tecido. 6. Trecho de autor ou de obra citada. 7. Episódio engraçado. 8. Conjuntura, acontecimento. 9. Vau.

Pas.sa.ma.na.ri.a *s.f.* 1. Obra de passamanes. 2. Casa onde se vendem passamanes.

Pas.sa.ma.nei.ro *s.m.* Aquele que fabrica ou vende passamanes ou passamanaria.

Pas.sa.men.to *s.m.* Falecimento, morte.

Pas.san.te *adj.2g.* 1. Que passa ou excede. *s.2g.* 2. Quem vai passando; transeunte.

Pas.sa.por.te *s.m.* Licença escrita, fornecida por autoridade competente, para que alguém possa sair do país; salvo-conduto.

Pas.sar *v.t.* 1. Transpor, atravessar. 2. Ir além de; ultrapassar. 3. Ir de um a outro lado. 4. Joeirar, peneirar. 5. Enfiar, introduzir. 6. Conduzir, transportar. 7. Transmitir de mão para mão; legar. 8. Pôr em circulação. 9. Consumir, empregar (o tempo, a vida). 10. Assistir, estar (num determinado lugar) em determinada ocasião. 11. Desfrutar, gozar. 12. Expedir, lavrar. 13. Estar num lugar em determinada ocasião. 14. Exceder, ir além. *v.int.* 15. Mudar-se de lugar. 16. Transitar; percorrer um lugar sem nele se deter. 17. Correr, deslizar. 18. Desaparecer, cessar. 19. Ser aprovado em exame. 20. Existir ou viver temporariamente. 21. Ser tolerável. *v.int.* e *p.* 22. Decorrer (o tempo). ◆ **Passar batido:** passar despercebido: *"Arbitrariedades da PM acontecem toda semana a céu aberto, em incidentes que contam com testemunhas e que às vezes são noticiados. Mesmo assim, não geram maiores reações. Passam batidas, para usar um termo devido"* (Eugênio Bucci), *Tempo de TV, Veja,* 9/4/97).

Pas.sa.ra.da *s.f.* Porção de pássaros; passaredo; os pássaros em geral.

Pas.sa.re.la *s.f.* 1. Ponte para pedestre. 2. Espécie de palco, estreito e comprido, onde desfilam modelos, candidatas a concursos de beleza etc.

Pas.sa.ri.nhei.ro *s.m.* 1. Caçador, criador ou vendedor de pássaros. *adj.* e *s.m.* 2. Diz-se de, ou cavalo espantadiço.

Pas.sa.ri.nho *s.m.* Pássaro pequeno.

Pás.sa.ro *s.m.* 1. Ave de pequeno porte. ◆ *Dim.: passarinho.* ◆ *Aum.: passarolo.* ◆ *Col.: passarada.* 2. POP Indivíduo astuto, sagaz.

Pas.sa.tem.po *s.m.* 1. Diversão, entretenimento. 2. Ocupação ligeira e agradável para passar o tempo.

Pas.sá.vel *adj.2g.* 1. Que se pode tolerar; aceitável. 2. Nem bom nem mau; razoável.

Pas.se *s.m.* 1. Permissão para passar. 2. Licença, consentimento. 3. Bilhete de trânsito, gratuito ou com abatimento, concedido por empresa de transporte coletivo. 4. Ato de passar a bola a um companheiro mais bem colocado, no futebol e em outros jogos.

Pas.se.a.dor *adj.* e *s.m.* Diz-se de, ou aquele que gosta de passear.

Pas.se.ar *v.t.* 1. Conduzir em passeio. 2. Percorrer em passeio. 3. Dirigir vagarosamente ora para um, ora para outro lado. 4. FIG Exibir, ostentar. 5. Difundir, espalhar. 6. Dar passos. 7. Andar por distração ou exercício. 8. FIG Correr, deslizar. 9. Mover--se vagarosamente. *v.int.* 10. Andar a passo. 11. Caminhar por divertimento. 12. Fazer exercício, caminhando. ◆ *Conjuga-se por* atear.

Pas.se.a.ta *s.f.* 1. Pequeno passeio. 2. Giro, volta. 3. Marcha organizada pelo povo, em sinal de regozijo, reivindicação ou protesto.

Pas.sei.o *s.m.* 1. Ato ou efeito de passear. 2. Lugar onde se passeia. 3. Praça ou jardim em que se pode passear. 4. Parte lateral e um pouco elevada de algumas ruas, destinada ao trânsito de pedestres. 5. Caminho curto. 6. Pequena distância. 7. GÍR Vitória fácil.

Pas.sio.nal *adj.2g.* 1. Que se refere a paixão. 2. Motivado por paixão, especialmente amorosa.

Pas.sis.ta *s.2g.* 1. Pessoa que transmite o passe, sem ocorrer o fenômeno mediúnico ostensivo. 2. Pessoa que dança o samba muito bem: *Foi a grande passista da Escola de Samba Mangueira.* 3. (NE) Que dança frevo. 4. *adj.* Diz-se da cavalgadura que marcha a passo.

Pas.si.var *v.t.* 1. Tornar passivo; indiferente. 2. Dar forma ou significação passiva a um verbo.

Pas.si.vel *adj.2g.* 1. Que fica ou está sujeito a penas e sanções. 2. Suscetível de experimentar sensações.

Pas.si.vi.da.de *s.f.* Qualidade ou estado de passivo.

Pas.si.vo *adj.* 1. Que sofre ou recebe uma ação ou impressão; que não exerce ação. 2. Inerte, indiferente. 3. Diz-se da obediência cega, absoluta. 4. GRAM Diz-se do verbo cuja ação é recebida ou sofrida pelo sujeito. 5. Diz-se da voz do verbo que exprime essa ação. *s.m.* 6. Conjunto das dívidas, encargos e obrigações de uma empresa. ◆ *Ant.: ativo.*

Pas.so *s.m.* 1. Ato de avançar ou recuar um pé, para andar. 2. Distância entre um e outro pé quando se anda. 3. Maneira de nadar; marcha. 4. Caminho, pegada. 5. Passagem, geralmente estreita e difícil. 6. Cada uma das diferentes posições do pé. 7. Conjuntura, situação. 8. Negócio. 9. Cada um dos episódios da Paixão de Cristo. 10. Estreito, passagem de mar. 11. Cada uma das diferentes posições do pé, na dança. 12. Andamento da cavalgadura, mais lento que o trote. 13. Trecho de uma obra literária. 14. Distância compreendida entre dois dentes de uma engrenagem ou entre dois filetes de uma hélice. 15. FIG Ato, atitude. 16. FIG Procedência. 17. Esforço, diligência. 18. Vau em um rio; passagem. 19. FAM Caso divertido. ◆ *Cf. paço.*

Pas.ta *s.f.* 1. Porção achatada de qualquer massa. 2. Porção de metal fundido e por trabalhar. 3. Espécie de carteira, ordinariamente de couro, para conter papéis. 4. FIG Cargo de ministros de Estado. 5. Ministério. 6. POP Pessoa indolente, sem préstimo.

Pas.ta.gem *s.f.* 1. Pasto. 2. Lugar com vegetação, onde o gado pasta ou pode pastar.

Pas.tar *v.int.* 1. Comer a erva que ainda está na terra (o gado); pascer. *v.t.* 2. Comer a erva que existe em. 3. Roer. 4. Levar ao pasto. 5. FIG Nutrir-se, comprazer-se, deliciar-se.

Pas.tel *s.m.* 1. Massa de farinha de trigo, assada ou frita, recheada de carne, palmito, doces etc. 2. FAM Pessoa indolente, inútil. 3. Caracteres misturados e confundidos. 4. Erro tipográfico; gralha. 5. Espécie de lápis feito de cores pulverizadas. 6. Processo de pintar ou desenhar com esse lápis. 7. Pintura ou desenho feito por esse processo. ◆ *Pl.: pastéis.*

Pas.te.lão *s.m.* 1. Grande pastel. 2. Empadão. 3. FIG Indivíduo pamonha, molenga. 4. CIN e TELEV Diz-se de, ou gênero de comédia em que abusam de brincadeiras pesadas (como se atirarem tortas e pastelões uns contra os outros).

Pas.te.la.ri.a *s.f.* 1. Arte de pasteleiro. 2. Casa onde se fazem ou vendem pastéis.

Pas.te.lei.ro *s.m.* Aquele que fabrica ou vende pastéis.

Pas.teu.ri.za.do *adj.* Que sofreu pasteurização.

Pas.teu.ri.za.dor *s.m.* Aparelho para pasteurizar.

Pas.teu.ri.zar *v.t.* Esterilizar, aquecendo a cerca de 70°C e esfriando rapidamente a seguir (leite, vinho, cerveja e outras bebidas).

Pas.ti.che *s.m.* 1. Pintura em que se imita, geralmente mal, a maneira de outro pintor. 2. Obra literária em que se procura imitar um escritor célebre. 3. Qualquer obra literária ou artística resultante de várias fontes. 4. Mistura, mixórdia. ◆ *Var.: pasticho.*

Pas.ti.fí.cio *s.m.* Fábrica de massas alimentícias.

Pas.ti.lha *s.f.* Pequena pasta de açúcar, que contém uma essência ou um medicamento.

Pas.ti.o *s.m.* Terreno onde existem pastagens; pasto.

PASTO — PATRÃO

Pas.to *s.m.* **1.** Erva própria para o alimento do gado. **2.** Lugar onde o gado pasta; pastagem. **3.** Comida, alimento. **4.** Restaurante barato. **5.** FIG Alimento espiritual. **6.** Tema, assunto.

Pas.tor *s.m.* **1.** Aquele que guarda ou apascenta gado. **2.** Ministro do culto protestante. **3.** Cavalo reprodutor; garanhão. *adj.* **4.** Que pastoreia. *adj.* e *s.m.* **5.** Diz-se de, ou raça de cães usados na guarda de rebanhos.

Pas.to.ra *s.f.* **1.** Mulher que leva o gado ao pasto e o vigia. **2.** Cada uma das figurantes dos pastoris; pastorinha. **3.** Cada uma das participantes tradicionais dos desfiles das escolas de samba; pastorinha.

Pas.to.ral *adj.2g.* **1.** Relativo a, ou próprio de pastor ou ministro do culto. **2.** Relativo aos campos; pastoril. *s.f.* **3.** Carta-circular dirigida por um prelado ao clero ou aos fiéis de sua diocese. **4.** Poesia pastoril; écloga. **5.** Espécie de composição instrumental ou vocal.

Pas.to.re.ar *v.t.* **1.** Trazer ou levar ao pasto. **2.** Guardar (o gado) no pasto. **3.** FIG Guiar, paroquiar.

Pas.to.rei.o *s.m.* **1.** Ato de pastorear. **2.** Pasto, pastagem. **3.** Atividade pastoril. **4.** Vida ou profissão de pastor.

Pas.to.ril *adj.2g.* **1.** Pastoral. **2.** Que se refere a pastor ou à vida do campo. **3.** FIG Campesino, rústico; bucólico. **4.** Diz-se do gênero literário que trata de cenas da vida pastoril.

Pas.to.ri.nhas *s.f.pl.* Personagens vestidas de pastoras que com outras formam um folguedo com cantos e danças, próprio das festas de Natal, Ano-Bom e Reis.

Pas.to.so (ô) *adj.* **1.** Que está em pasta. **2.** Muito espesso. **3.** Xaroposo, viscoso. **4.** FIG Diz-se da voz arrastada e pouco clara. ● *Fem.* e *pl.*: pastosa e pastosos (ó).

Pas.tra.me *s.m.* Peça de carne, geralmente do peito bovino, temperada com alho, pimenta, açúcar etc., curada e depois cozida.

Pa.ta *s.f.* **1.** Fêmea do pato. **2.** Pé ou mão de animal. **3.** NÁUT Extremidade triangular da âncora. **4.** Pé grande.

Pa.ta.ca *s.f.* **1.** Antiga moeda brasileira de prata, de pouco valor. **2.** Coisa insignificante.

Pa.ta.co.a.da *s.f.* **1.** Jactância, impostura ridícula; fanfarronice. **2.** Léria, peta, mentira.

Pa.ta.da *s.f.* **1.** Pancada com a pata; coice. **2.** FIG Grosseria, indelicadeza. **3.** FIG Ação indecorosa.

Pa.ta.mar *s.m.* **1.** Espaço mais ou menos largo, no topo de uma escada ou entre os diferentes lances de uma escadaria. **2.** FIG O mais alto grau.

Pa.ta.ti.va *s.f.* **1.** (epiceno) Ave de canto muito apreciado. **2.** FIG Cantor de voz maviosa. **3.** Indivíduo falador.

Pa.tau *s.m.* Homem parvo, simplório, ignorante.

Pa.ta.var *adj.* DESUS Feito de certo tecido de seda da Índia.

Pa.ta.vi.na *s.f.* Coisa nenhuma, nada.

Pa.ta.xó *adj.* **1.** Relativo aos pataxós, nação aborígine que dominou antigamente a Bahia. *s.2g.* **2.** Indivíduo dessa tribo.

Pat.chu.li *s.m.* **1.** Planta aromática da família das labiadas, originária da Índia. **2.** Perfume que se extrai dessa planta.

Pa.te.na *s.f.* Disco de metal, mais ou menos côncavo, que cobre o cálice e sobre o qual se coloca a hóstia, na celebração da Eucaristia. ● *Var.*: pátena.

Pa.ten.te *adj.2g.* **1.** Aberto, acessível, franqueado. **2.** Claro, evidente, manifesto. *adj.* e *s.f.* **3.** Carta oficial de concessão de um título, posto ou privilégio. **4.** Esse título, posto ou privilégio. **5.** Diploma de uma confraria. **6.** Contribuição paga pelos que entram numa corporação aos membros mais antigos. **7.** Documento oficial de concessão de título, privilégio ou permissão para uso e exploração exclusiva. **8.** Posto militar.

Pa.ten.te.ar *v.t.* **1.** Tornar patente. **2.** Franquear. **3.** Mostrar, evidenciar. **4.** Conceder patente de invenção a. *v.p.* **5.** Tornar-se evidente, claro.

Pa.ter.nal *adj.2g.* **1.** Próprio de pai: *Atitude paternal.* **2.** Que age como pai.

Pa.ter.na.lis.mo *s.m.* **1.** Sistema fundado em autoridade paterna. **2.** Tenência segundo a qual as relações entre patrões e empregados devem se reger segundo as regras da conduta familiar (do pai para com os filhos), marcada pelo respeito e acatamento da autoridade.

Pa.ter.na.lis.ta *adj.2g.* **1.** Relativo ao paternalismo. *adj.* e *s.2g.* **2.** Diz-se, ou pessoa adepta do paternalismo.

Pa.ter.ni.da.de *s.f.* **1.** Qualidade ou condição de pai. **2.** Título que se dava aos religiosos. **3.** Criação, autoria.

Pa.ter.no *adj.* **1.** Relativo a pai; do pai. **2.** Próprio de pai. **3.** Do lado do pai: *Tio paterno.* **4.** Procedente do pai: *Herança paterna.* **5.** Relativo à pátria. **6.** Diz-se da casa em que nascemos.

Pa.te.ta *adj.* e *s.2g.* Diz-se de, ou pessoa tola, idiota.

Pa.te.ti.ce *s.f.* Ato ou dito de pateta.

Pa.té.ti.co *adj.* **1.** Comovente, enternecedor, tocante. **2.** Trágico, sinistro. **3.** Que revela forte emoção. *s.m.* **4.** Aquilo que comove.

Pa.ti.bu.lar *adj.* **1.** Relativo ao patíbulo. **2.** Que tem aspecto de criminoso. **3.** Que lembra crime ou remorso.

Pa.tí.bu.lo *s.m.* **1.** Lugar onde o condenado sofre a pena de morte; cadafalso. **2.** Qualquer instrumento de condenação capital.

Pa.ti.fa.ri.a *s.f.* Ação própria de patife; velhacaria.

Pa.ti.fe *adj.* e *s.m.* **1.** Diz-se de, ou indivíduo desavergonhado, maroto, velhaco. *adj.* **2.** Débil, tímido, covarde.

Pa.tim *s.m.* **1.** Pequeno patamar. **2.** Calçado munido inferiormente de uma lâmina vertical para deslizar no gelo ou munido de quatro rodinhas para rolar sobre pavimento liso.

Pá.ti.na *s.f.* **1.** Oxidação das tintas pela ação do tempo. **2.** Camada de carbonato de cobre, que se forma na superfície das estátuas e medalhas de bronze. **3.** Concreção terrosa dos mármores antigos.

Pa.ti.na.ção *s.f.* **1.** Ato ou efeito de patinar. **2.** Lugar onde se patina.

Pa.ti.na.dor *adj.* e *s.m.* Que, ou o que patina.

Pa.ti.nar *v.t.* **1.** Resvalar, deslizar com patins, especialmente sobre o gelo. **2.** Patinhar (acep. 3).

Pa.ti.ne.te *s.f.* Brinquedo constituído por uma tábua sobre duas rodas no sentido longitudinal, onde se apoia um dos pés, enquanto se dá impulso com o outro.

Pa.ti.nhar *v.int.* **1.** Bater ou agitar a água, como fazem os patos. **2.** Bater com os pés ou com as mãos na água ou nos charcos. **3.** Girar (o conjunto das rodas de um veículo na lama, areia etc.) sem que ele ande.

Pa.ti.nho *s.m.* **1.** Pato pequeno. **2.** Carne da parte interna da perna traseira do boi, própria para ensopados. **3.** Indivíduo tolo, parvo.

Pá.tio *s.m.* **1.** Recinto descoberto, no interior de um edifício ou rodeado por edifícios. **2.** Terreno murado, anexo a um edifício. **3.** Átrio. **4.** Vestíbulo; grande saguão.

Pa.to *s.m.* **1.** Gênero de aves palmípedes aquáticas. **2.** POP Indivíduo que se deixa iludir, enganar, explorar facilmente. **3.** Tolo, idiota. **4.** Mau jogador. **5.** POP Homem que paga todas as despesas quando na companhia de outras pessoas, principalmente mulheres.

Pa.to.ge.ni.a *s.f.* Patogênese.

Pa.to.gê.ni.co *adj.* Que provoca doenças.

Pa.to.lo.gi.a *s.f.* Parte da Medicina que trata da origem, os sintomas e a natureza das doenças.

Pa.to.ló.gi.co *adj.* Relativo à Patologia.

Pa.to.lo.gis.ta *s.2g.* Pessoa versada em Patologia.

Pa.to.ta *s.f.* **1.** Casa de jogo. **2.** Negócio suspeito, ladroeira. **3.** POP Grupo, bando.

Pa.to.ta.da *s.f.* **1.** Grande patota. **2.** Série de patotas.

Pa.tra.nha *s.f.* **1.** Narração ou história mentirosa. **2.** Conversa para enganar pessoa ingênua. **3.** Grande mentira, grande peta.

Pa.tra.nha.da *s.f.* Série de patranhas.

Pa.tra.nhar *v.int.* Conceber, criar patranhas.

Pa.tra.nhei.ro *adj.* e *s.m.* Que, ou aquele que inventa patranhas.

Pa.trão *s.m.* **1.** Chefe ou proprietário de um estabelecimento, com relação aos empregados. **2.** Amo, protetor. **3.** Mestre de barco. ● *Fem.*: patroa.

PÁTRIA — PAVÊ

Pá.tria *s.f.* **1.** País em que nascemos; a terra natal. **2.** Nacionalidade. **3.** Berço. **4.** Província, cidade, aldeia. **5.** BOT Lugar de origem de um vegetal.

Pa.tri.ar.ca *s.m.* **1.** Chefe de família, entre os povos antigos. **2.** Prelado de certas dioceses importantes. **3.** Chefe da Igreja grega. **4.** O mais velho membro de um grupo; decano. **5.** Ancião venerado. **6.** FIG Pioneiro, fundador.

Pa.tri.ar.ca.do *s.m.* **1.** Dignidade ou jurisdição de patriarca. **2.** Diocese cujo prelado é um patriarca. **3.** Regime social em que o pai é a autoridade máxima.

Pa.tri.ar.cal *adj.2g.* **1.** Relativo a patriarca ou a patriarcado. **2.** FIG Venerando, respeitável. **3.** Bondoso. *s.f.* **4.** Sé patriarcal.

Pa.tri.ar.ca.lis.mo *s.m.* **1.** Caráter ou vida patriarcal. **2.** Influência social dos patriarcas.

Pa.tri.ar.ca.lis.ta *adj.2g.* e *s.2g.* Relativo ao, ou adepto do patriarcalismo.

Pa.tri.ci.a.do *s.m.* **1.** Entre os romanos, qualidade ou condição de patrício. **2.** Aristocracia, classe nobre.

Pa.trí.cio *adj.* **1.** Da mesma pátria, da mesma localidade. **2.** Relativo à classe dos nobres, entre os romanos. **3.** Nobre, fidalgo, aristocrático. *s.m.* **4.** Indivíduo da classe dos nobres, na Roma antiga; aristocrata. **5.** Compatriota, conterrâneo.

Pa.tri.mo.ni.al *adj.2g.* Relativo a patrimônio.

Pa.tri.mô.nio *s.m.* **1.** Herança paterna. **2.** Bens de família. **3.** Bens necessários para a ordenação de um eclesiástico. **4.** Quaisquer bens, materiais ou morais, pertencentes a um indivíduo ou a uma instituição. **5.** Legado cultural ou moral.

Pá.trio *adj.* **1.** Que se refere à pátria. Relativo aos pais.

Pa.tri.o.ta *s.2g.* **1.** Pessoa que ama sua pátria e procura servi-la. **2.** Compatriota, patrício.

Pa.tri.o.ta.da *s.f.* **1.** Alarde de patriotismo. **2.** Grande número de patriotas.

Pa.tri.ó.ti.co *adj.* **1.** Referente a patriota. **2.** Que revela patriotismo. • *Ant.: antipatriótico.*

Pa.tri.o.tis.mo *s.m.* **1.** Qualidade de patriota. **2.** Amor à pátria, devoção ao seu solo e às suas tradições, à sua defesa e integridade.

Pa.tro.ci.na.dor *adj.* e *s.m.* Diz-se do, ou o que patrocina.

Pa.tro.ci.nar *v.t.* **1.** Dar patrocínio a. **2.** Proteger; favorecer.

Pa.tro.cí.nio *s.m.* **1.** Proteção, auxílio, amparo; defesa. **2.** Custeio de um programa de rádio ou televisão, de uma disputa esportiva etc.; auspícios.

Pa.tro.nal *adj.2g.* **1.** Próprio de patrão. **2.** Relativo ao patrão, ou da classe dos patrões.

Pa.tro.na.to *s.m.* **1.** Qualidade ou direito de patrono, entre os romanos. **2.** Autoridade de patrão. **3.** Patrocínio. **4.** Estabelecimento assistencial onde se abrigam e educam menores.

Pa.tro.nes.se *s.f.* Senhora que patrocina festa ou reunião beneficente.

Pa.tro.ní.mi.co *adj.* **1.** Relativo ao pai ou aos nomes de família. **2.** Nome designativo de uma linhagem.

Pa.tro.no *s.m.* **1.** Padroeiro. **2.** Protetor, defensor. **3.** Advogado, em relação a seus clientes. • *Fem.: patrona.*

Pa.tru.lha *s.f.* **1.** Ronda de soldados; patrulhamento. **2.** Circulação de um pequeno destacamento militar. **3.** FIG Grupo de pessoas que andam a passos, como as rondas. **4.** Grupo reduzido de pessoas extremamente partidárias e radicais.

Pa.tru.lha.men.to *s.m.* Ato ou efeito de patrulhar.

Pa.tru.lhei.ro *s.m.* **1.** Indivíduo que patrulha. **2.** embarcação que integra patrulha (mil)

Pa.tu.á *s.m.* **1.** Saco de couro ou de pano, que o sertanejo leva a tiracolo. **2.** Cesto de palha; balaio. **3.** Amuleto, relicário, bentinho.

Pa.tu.lei.a *s.f.* Plebe, ralé.

Pa.tus.ca.da *s.f.* **1.** Reunião festiva de amigos, para comer e beber. **2.** Folgança, festança.

Pa.tus.co *adj.* e *s.m.* **1.** Que, ou aquele que gosta de patuscadas. **2.** Pândego, brincalhão.

Pau *s.m.* **1.** Pedaço de madeira. **2.** Qualquer madeira. **3.** Vara de madeira tal como se cortou da árvore. **4.** Cajado, cacete. **5.** Ripa. **6.** Surra. **7.** Reprovação em exame. **8.** Rolo, briga. **9.** CH O pênis. *adj.* **10.** Maçante, cacete. *s.m.pl.* **11.** V. paus.

Pau a pi.que *s.m.* Parede feita de varas entrecruzadas e barro. • *Pl.: paus a pique.*

Pau-bra.sil *s.m.* Árvore brasileira de madeira avermelhada, também chamada *pau-rosado* e *ibirapitanga*. • *Pl.: paus-brasis.*

Pau-d'á.gua *s.m.* **1.** Árvore cujas raízes destilam um líquido que mata a sede dos viajantes. *s.2g.* **2.** POP Pessoa que vive bebendo; cachaceiro. • *Pl.: paus-d'água.*

Pau-d'ar.co *s.m.* BOT Ipê. • *Pl.: paus-d'arcos.*

Pau de a.ra.ra *s.2g.* **1.** POP Alcunha que se dava aos nordestinos, por levarem consigo, em caminhões, araras e papagaios nas suas migrações para o sul, em especial para São Paulo e Rio de Janeiro. *s.m.* **2.** Caminhão coberto de lona em que viajavam os retirantes nordestinos. **3.** Instrumento de tortura em que o indivíduo é pendurado de cabeça para baixo e retorcido, muito usado como meio de arrancar confissões, pela polícia política brasileira, em especial nas décadas de 1960-70. • *Pl.: paus de arara.*

Pau de se.bo[1] *s.m.* Divertimento das festas de São João e São Pedro, que consiste num mastro untado de sebo, com prêmios que aumentam de valor à proporção que se alcança o mais alto do mastro, onde se acha o prêmio maior. • *Pl.: paus de sebo.*

Pau-de-se.bo[2] *s.m.* Planta também chamada *cocanha*. • *Pl.: paus-de-sebo.*

Pau-fer.ro *s.m.* Árvore das regiões tropicais, de madeira dura e resistente. • *Pl.: paus-ferros e paus-ferro.*

Pa.ul *s.m.* Terra alagadiça; pântano, charco. • *Pl.: pauis.*

Pau.la.da *s.f.* Pancada com pau; cacetada.

Pau.la.ti.no *adj.* **1.** Feito pouco a pouco, devagar. **2.** Moroso, vagaroso.

Pau.li.fi.car *v.t.* POP Maçar, importunar, enfadar.

Pau.lis.ta *adj.2g.* **1.** Relativo ou pertencente ao Estado de São Paulo. *s.2g.* **2.** Pessoa natural ou habitante do Estado de São Paulo. • *Cf. paulistano.*

Pau.lis.ta.no *adj.* **1.** Relativo à cidade de São Paulo (capital do Estado do mesmo nome). *s.m.* **2.** O natural ou habitante dessa cidade. • *Cf. paulista.*

Pau-man.da.do *s.m.* Indivíduo dócil, que faz tudo o que lhe mandam. • *Pl.: paus-mandados.*

Pau-mar.fim *s.m.* Árvore de grande porte que fornece madeira amarela para marcenaria. • *Pl.: paus-marfins ou paus-marfim.*

Pau-pe.rei.ra *s.m.* Árvore de boa madeira de lei. • *Pl.: paus-pereira e paus-pereiras.*

Pau.pe.ris.mo *s.m.* **1.** Estado permanente de pobreza. **2.** Miséria, penúria.

Pau.pe.ri.zar *v.t.* e *p.* Tornar(-se) pobre; empobrecer.

Pau.pér.ri.mo *adj.* Extremamente pobre. • *Sup.abs.sint.: pobre.*

Pau-rai.nha *s.m.* Árvore da Amazônia, cuja madeira é empregada em construções navais, civis e marcenaria. • *Pl.: paus-rainhas e paus-rainha.*

Pau.sa *s.f.* **1.** Interrupção temporária (de som, movimento, atividade etc.). **2.** Intervalo. **3.** Vagar, lentidão. **4.** MÚS Sinal com que se indicam as interrupções.

Pau.sar *v.t.* **1.** Fazer pausa em. **2.** Demorar. **3.** Tornar lento, vagaroso. **4.** Demorar. *v.int.* e *t.* **5.** Fazer pausa; descansar.

Pau.ta *s.f.* **1.** Traço paralelo horizontal numa folha de papel. **2.** Traçado de cinco linhas horizontais e paralelas, em que se escreve música. **3.** Lista, relação. **4.** Tarifa. **5.** Roteiro de acontecimentos ou ordem do dia. **6.** GÍR Golpe de navalha.

Pa.va.na *s.f.* **1.** Certa dança de salão (séculos XVI e XVII). **2.** Música que acompanhava essa dança. **3.** POP Repreensão, descompostura. **4.** Sova, tunda.

Pa.vão *s.m.* Grande ave galinácea, notável por sua belíssima plumagem. • *Fem.: pavoa.*

Pa.vê *s.m.* Doce feito com chocolate e bolachas.

PÁVIDO — PEDESTRE

Pá.vi.do *adj.* 1. Que tem pavor. 2. Assustado, medroso, amedrontado. • *Ant.: impávido.*

Pa.vi.lhão *s.m.* 1. Habitação portátil. 2. Tenda, barraca. 3. Construção isolada, no centro ou aos lados do corpo principal de um edifício, do qual se destaca. 4. Sala ampla onde se realizam exposições, concertos etc. 5. MÚS A Extremidade mais larga de alguns instrumentos de sopro. 6. Caramanchão. 7. Bandeira, estandarte. 8. Símbolo marítimo de uma nacionalidade. 9. Potência marítima de um país. 10. Sobrecéu da cama. 11. Cortinado do sacrário. 12. ANAT Parte exterior e cartilaginosa do canal auditivo.

Pa.vi.men.tar *v.t.* Fazer o pavimento de.

Pa.vi.men.to *s.m.* 1. Cada um dos andares de um edifício. 2. Sobrado. 3. O chão. 4. Revestimento do chão com madeira, pedra, asfalto etc.

Pa.vi.o *s.m.* 1. Torcida de algodão envolvida em cera de vela ou embebida em líquido combustível, a que se ateia fogo para iluminação. 2. Rolo de cera que envolve uma torcida.

Pa.vo.ne.ar *v.t.* 1. Ornar garridamente. 2. Ostentar, exibir com vaidade. *v.p.* 3. Enfeitar-se com garridice. 4. Ufanar-se, vangloriar-se.

Pa.vor *s.m.* Grande susto ou medo; grande terror.

Pa.vo.ro.so *adj.* Que causa pavor; horrível, medonho.

Pa.vu.na *s.f.* Vale fundo e escarpado.

Pa.xá *s.m.* 1. Governador de província na Turquia. 2. FIG Indivíduo que nada faz e vive com ostentação.

Paz *s.f.* 1. Situação de um país que não está em guerra. 2. Cessação de hostilidades. 3. Tranquilidade pública. 4. Serenidade, sossego. 5. Descanso. 6. Silêncio.

PB Sigla do Estado da Paraíba.

PC *s.m.* (ing.) (sigla do ing. *personal computer*) Computador de uso doméstico.

Pé *s.m.* 1. Parte inferior da perna que assenta no chão. 2. Pata. 3. Parte inferior de certos móveis e objetos. 4. Parte da cama oposta à cabeceira. 5. Parte do tronco de um vegetal que mais se aproxima do solo. 6. O próprio vegetal. 7. Pedúnculo de flor. 8. Medida inglesa, equivalente a 10 polegadas ou 30,48 cm. 9. Parte do verso grego ou latino. 10. POP Verso, na linguagem dos cantores. 11. Pretexto.

Pê *s.m.* Nome da letra pê. • *Pl.:* pês.

PE Sigla do Estado de Pernambuco.

Pe.ão *s.m.* 1. Homem que anda a pé. 2. Soldado de infantaria. 3. Cada uma das pequenas peças do xadrez que se colocam na frente e são as primeiras a avançar. 4. Plebeu. 5. Homem que se ajusta para o serviço do campo. 6. Amansador de animais de sela. 7. Serviçal de estância. • *Pl.:* peões ou peães. • *Fem.:* peã, peoa, peona. • Cf. pião.

Pe.ça *s.f.* 1. Parte de um conjunto, considerada uma unidade completa; exemplar. 2. Pedaço que forma um todo completo. 3. Porção de pano tecido de uma vez. 4. Trabalho artístico. 5. Obra dramática. 6. Pedra ou figura em jogo de tabuleiro. 7. Cada um dos compartimentos de uma casa. 8. JUR Documentos que fazem parte de um processo. 9. Antiga moeda portuguesa de ouro. 10. Composição musical, que pode ser executada por uma ou mais vozes ou instrumentos. 11. Artefato. 12. FIG Logro, ludíbrio, engano. 13. Pessoa excêntrica. 14. Pessoa maldosa; bisca.

Pe.ca.di.lho *s.m.* Pecado ou culpa leve.

Pe.ca.do *s.m.* 1. Transgressão de preceito religioso. 2. Culpa, falta. 3. Qualquer erro ou ação má. 4. Pena, lástima. 5. Vício.

Pe.ca.dor (ô) *adj.* e *s.m.* Diz-se de, ou aquele que peca ou é propenso a pecar; penitente.

Pe.ca.mi.no.so (ô) *adj.* 1. Em que há pecado. 2. Cheio de pecados. 3. Da natureza do pecado.

Pe.car *v.int.* Tornar-se peco.

Pe.cha *s.f.* 1. Maus costumes. 2. Defeito, falta, senão.

Pe.chin.cha *s.f.* 1. POP Coisa comprada a preço ínfimo. 2. Vantagem em dinheiro numa compra. 3. Grande conveniência.

Pe.ço.nha *s.f.* 1. Secreção venenosa de alguns animais; veneno. 2. FIG Malícia, maldade. 3. Perversidade.

Pe.ço.nhen.to *adj.* Que tem peçonha; venenoso.

Pec.ti.na *s.f.* QUÍM Substância branca e amorfa extraída de grande número de frutos.

Pe.cu.á.ria *s.f.* 1. Arte, indústria da criação e tratamento do gado. 2. Atividade econômica que se ocupa da criação racional do gado.

Pe.cu.a.ris.ta *s.2g.* Pessoa que se dedica à pecuária.

Pe.cu.la.to *s.m.* Roubo ou desvio de dinheiro público por pessoa que o administra ou o guarda.

Pe.cu.li.ar *adj.2g.* 1. Que diz respeito a pecúlio. 2. Próprio de uma pessoa ou coisa. 3. Particular, especial, privativo. 4. Exclusivo, típico, característico. • *Ant.: geral.*

Pe.cu.li.a.ri.da.de *s.f.* Qualidade de peculiar; particularidade.

Pe.cú.lio *s.m.* 1. Quantia acumulada por trabalho ou economia; poupança. 2. Reserva de dinheiro. 3. Bens, riqueza.

Pe.cú.nia *s.f.* FAM Dinheiro.

Pe.cu.ni.á.rio *adj.* 1. Referente a dinheiro. 2. Que é representado por dinheiro.

Pe.da.ço *s.m.* 1. Parte isolada de um corpo sólido ou, embora não separado, considerado à parte. 2. Porção, bocado, naco. 3. Trecho. 4. Espaço de tempo. 5. POP Mulher muito bonita e benfeita de corpo.

Pe.dá.gio *s.m.* 1. Taxa cobrada dos usuários de uma estrada. 2. Posto fiscal responsável por essa cobrança.

Pe.da.go.gi.a *s.f.* 1. Ciência da educação e do ensino. 2. Aptidão para bem ensinar.

Pe.da.gó.gi.co *adj.* Relativo ou conforme à Pedagogia.

Pe.da.go.go (ô) *s.m.* Profissional especializado em Pedagogia; mestre, educador.

Pé-d'á.gua *s.m.* Chuva forte e rápida; aguaceiro. • *Pl.:* pés-d'água.

Pe.dal *s.m.* Peça (de máquina, veículo, som etc.) acionada com o pé.

Pe.da.la.da *s.f.* Cada um dos impulsos dados ao pedal.

Pe.da.lar *v.t.* 1. Acionar ou fazer mover o pedal de. *v.int.* 2. Andar de bicicleta.

Pe.da.li.nho *s.m.* Pequeno barco movido a pedais usado para o lazer.

Pe.dan.te *adj.* e *s.m.* 1. Diz-se de, ou pessoa que se expressa exibindo conhecimento que às vezes nem possui. 2. Presumido, pernóstico.

Pe.dan.tis.mo *s.m.* 1. Qualidade de pedante. 2. Pretensão ridícula.

Pé de a.tle.ta *s.m.* Micose que ocorre entre os dedos do pé; frieira. • *Pl.:* pés de atleta.

Pé de ca.bra *s.m.* Alavanca de ferro, com extremidade fendida, à semelhança de um pé de cabra. • *Pl.:* pés de cabra.

Pé de chi.ne.lo *s.m.* 1. Marginal pouco perigoso. *adj.* e *s.m.* 2. Que ou o que é reles, pobre, sem expressão. • *Pl.:* pés de chinelo.

Pé de ga.li.nha *s.m.* 1. Nome dado às rugas do canto externo dos olhos. 2. Certo capim que ao florescer dá uma haste com ramificações à semelhança de um pé de galinha. • *Pl.:* pés de galinha.

Pé de mei.a *s.m.* Economias, pecúlio. • *Pl.:* pés de meia.

Pé de mo.le.que *s.m.* 1. Bolo feito com a massa de mandioca puba. 2. Doce de massa de açúcar mascavo com fragmentos de amendoim. • *Pl.:* pés de moleque.

Pé de ou.vi.do *s.m.* Tapa num tabo da cabeça. • *Pl.:* pés de ouvido.

Pé de pa.to *s.m.* Calçado de borracha, que tem formato de pé de pato, usado por nadadores. • *Pl.:* pés de pato.

Pe.der.nei.ra *s.f.* Pedra muito dura que, ferida com fragmento de aço, produz fogo.

Pe.des.tal *s.m.* 1. ARQUIT Base de uma coluna. 2. Peça, ordinariamente de pedra ou metal, que sustenta uma estátua etc.; supedâneo. 3. FIG Fundamento. 4. Tudo o que serve para elevar ou pôr em evidência.

Pe.des.tre *adj.2g.* 1. Que anda a pé; que está a pé. 2. Que representa um homem a pé. 3. Rústico, rude. 4. FIG Humilde, modesto. *s.2g.* 5. Pessoa que anda a pé.

PÁV / PED

PEDESTRIANISMO — PEIXE-VOADOR

Pe.des.tri.a.nis.mo *s.m.* Exercício que consiste em fazer longas marchas a pé.

Pé de ven.to *s.m.* **1.** Tufão, furacão. **2.** Ventania súbita e forte. ● *Pl.: pés de vento.*

Pe.di.a.tra *s.2g.* Médico especialista em pediatria.

Pe.di.a.tri.a *s.f.* Ramo de medicina que se ocupa das doenças das crianças.

Pe.di.cu.lo.se *s.f.* Infestão por piolhos.

Pe.di.cu.ro *s.m.* Pessoa que extrai calos ou trata das doenças ou do embelezamento dos pés; calista. ◆ *Var.: pedicure (s.2g.).*

Pe.di.do *adj.* **1.** Que se pediu; solicitado. *s.m.* **2.** Ato de pedir. **3.** Objeto de uma petição. **4.** Solicitação formal. **5.** Aquilo que se pediu.

Pedigree (pedigri) (ing.) *s.m.* Registro de uma linha de antepassados (especialmente de cavalos, gatos, aves); linhagem.

Pe.din.te *adj.2g.* Que, ou pessoa que pede ou mendiga; pobre, mendigo.

Pe.dir *v.t.* **1.** Rogar, implorar, suplicar. **2.** Reclamar. **3.** Demandar. **4.** Querer, desejar. **5.** Estabelecer como preço. *v.int.* **6.** Fazer pedidos (a Deus, aos santos); orar.

Pe.dra *s.f.* **1.** Corpo duro e sólido, da natureza das rochas. **2.** Concreção calcária que se forma na bexiga, nos rins etc. **3.** Lápide de sepulcro. **4.** Granizo. **5.** Peça de jogo de tabuleiro. **6.** Joia, pedra preciosa. **7.** Pedaço retangular de ardósia, usado para nele se fazerem cálculos. **8.** FAM Pessoa de sono pesado. **9.** PEJ Pessoa estúpida e incapaz de receber qualquer instrução.

Pe.dra.da *s.f.* **1.** Ato ou efeito de arremessar uma pedra. **2.** Pancada com pedra. **3.** FIG Insulto, ofensa.

Pe.dra de fo.go *s.f.* **1.** Pederneira. **2.** Quartzo aquecido e depois resfriado em água contendo pigmentos, que apresenta iridescência devida à penetração destes pelas fissuras abertas no mineral durante tal processo. ● *Pl.: pedras de fogo.*

Pe.dra-po.mes *s.f.* Fragmento de uma rocha porosa e leve usado para polir e limpar. ● *Pl.: pedras-pomes.*

Pe.dra.ri.a *s.f.* **1.** Grande quantidade de pedras de cantaria; pedral. **2.** Porção de pedras preciosas; joias.

Pe.dra-sa.bão *s.f.* Variedade compacta e untosa de talco, usado em escultura. ● *Pl.: pedras-sabão.*

Pe.dra-u.me *s.f.* Sulfato duplo de alumínio e potássio. ● *Pl.: pedras-umes.*

Pe.dre.go.so (ô) *adj.* Diz-se do lugar em que há muitas pedras.

Pe.dre.gu.lho *s.m.* **1.** Pedra muito grande; penedo. **2.** Pedra miúda, geralmente encontrada em quantidade; seixo, calhau.

Pe.drei.ra *s.f.* Rocha ou lugar de onde se extrai pedra.

Pe.drei.ro *s.m.* Operário que trabalha em obras de pedra e cal.

Pe.drei.ro-li.vre *s.m.* Maçom. ● *Pl.: pedreiros-livres.*

Pe.drês *adj.2g.* **1.** Salpicado ou sarapintado de preto e branco. **2.** Carijó (galinha).

Peel.ing (ing.) *s.m.* Intervenção dermatológica em que se faz a descamação da pele do rosto, para atenuar cicatrizes, lesões da acne etc. ● *Pl.: peelings.*

Pé-fri.o *s.m.* Indivíduo azarento. ● *Pl.: pés-frios.*

Pe.ga¹ (é) *s.f.* **1.** Ato ou efeito de pegar. **2.** Ato de agarrar o touro com as mãos. **3.** Parte por onde se pega um objeto. **4.** Cabo, asa. *s.m.* **5.** Discussão acalorada; conflito.

Pe.ga² (ê) *s.f.* **1.** NÁUT Peça chata de madeira que cobre a cabeça dos mastros. **2.** Ave brasileira que, como o papagaio, imita a voz do homem. **3.** POP Mulher que fala muito.

Pe.ga.da¹ (gá) *s.f.* **1.** Vestígio que o pé deixa no solo. **2.** Passo, pisada. **3.** FIG Vestígio, sinal.

Pe.ga.da² (ê) *s.f.* FUT Lance em que o goleiro impede o gol, agarrando a bola com as mãos.

Pe.ga.di.ço *adj.* **1.** Que se pega facilmente. **2.** Viscoso, glutinoso. **3.** FIG Maçador, importuno.

Pe.ga.jo.so (ô) *adj.* **1.** Que lança de si um visgo aderente. **2.** Pegadiço. **3.** Aglutinante, viscoso. **4.** FIG Maçador, importuno.

Pe.ga-la.drão *s.m.* **1.** Dispositivo elétrico ou mecânico para dar alarme em caso de tentativa de arrombamento de uma casa, um cofre etc. **2.** Artifício que se coloca em certos adornos de roupa (alfinetes de gravata, broches etc.) para evitar que sejam roubados. ● *Pl.: pega-ladrões.*

Pe.ga-pe.ga *s.m.* **1.** Correria para pegar ladrões, para fazer prisões em massa. **2.** Conflito, rolo. **3.** Pique (brinquedo). ● *Pl.: pega-pegas ou pegas-pegas.*

Pe.gar *v.t.* **1.** Fazer aderir por meio de substância que grude ou cole; colar, grudar. **2.** Tomas nas mãos; segurar, agarrar. **3.** Pescar, apanhar. **4.** Comunicar a outrem; transmitir. **5.** Estar contíguo. **6.** Confinar. **7.** Fixar-se. **8.** Começar. **9.** Ter qualquer coisa de comum. *v.int.* **10.** Ficar aderente. **11.** Criar raízes, vingar. **12.** Difundir-se, generalizar-se (modo, costume). **13.** Surtir efeito. **14.** Inflamar-se. **15.** Ser contagioso. *v.p.* **16.** Unir-se. **17.** Ficar aderente. **18.** Comunicar-se, transmitir-se. **19.** Limitar-se, confinar-se.

Pe.ga-ra.paz *s.m.* Cacho de cabelo pendente sobre a testa, para um dos lados. ● *Pl.: pega-rapazes.*

Pe.go¹ *s.m.* **1.** O ponto mais fundo de um rio, lago etc.; pélago. **2.** FIG Abismo, sorvedouro.

Pe.go² (ê) *part.irreg.* de **pegar**.

Pe.gu.rei.ro *s.m.* **1.** Guardador de gado; pastor: *"Sonhas acaso, quando o sol declina,/A terra santa do Oriente imenso / E as caravanas no deserto extenso / E os pegureiros da palmeira à sombra!..."* (Castro Alves, *Espumas Flutuantes*, pág. 20). **2.** Cão de caça.

Pei.a *s.f.* **1.** Corda ou correia com que se prendem os pés das bestas para impedi-las de andar. **2.** Braga de ferro com que se prendiam os pés do escravo fugitivo. **3.** FIG Estorvo, embaraço, obstáculo. **4.** Chicote, correia.

Peignoir (fr.) *s.m.* ⇒ **Penhoar**.

Pei.ta *s.f.* Dádiva com o fim de subornar; suborno.

Pei.ta.da *s.f.* Empurrão com o peito.

Pei.tar *v.t.* **1.** Subornar com peitas. **2.** Comprar a opinião; corromper. **3.** POP Enfrentar: *Na greve dos petroleiros de 95, FHC peitou a CUT.*

Pei.ti.lho *s.m.* **1.** Aquilo que reveste o peito. **2.** Parte da camisa que fica sobre o peito. **3.** Peça do vestuário, semelhante ao peitilho, ajustada sobre o peito.

Pei.to *s.m.* **1.** Parte do corpo, compreendida entre o pescoço e o estômago, em cuja cavidade estão contidos os pulmões e o coração. **2.** Parte anterior e externa do tórax. **3.** Seio da mulher. **4.** Ubre, mama. **5.** Conjunto dos órgãos respiratórios. **6.** Peitilho. **7.** FIG Coragem, valor, magnanimidade. **8.** Parte superior do pé.

Pei.to.ral *adj.2g.* **1.** Relativo ou pertencente ao peito. **2.** Que faz bem ao peito; fortificante. *s.m.* **3.** Medicamento contra doenças do peito. **4.** Correia que cinge o peito da cavalgadura.

Pei.to.ril *s.m.* Parapeito.

Pei.tu.do *adj.* **1.** Que tem peito grande e forte. *s.m.* **2.** Suadouro. *adj. e s.m.* **3.** Diz-se de, ou indivíduo corajoso, destemido, valente.

Pei.xe *s.m.* Animal vertebrado, aquático, com os membros transformados em barbatanas, de respiração branquial.

Pei.xe-boi *s.m.* ZOOL Mamífero aquático da Amazônia, de grande tamanho, com cabeça de bezerro e olhos pequenos, ameaçado de extinção. ● *Pl.: peixes-bois e peixes-boi.*

Pei.xe-e.lé.tri.co *s.m.* Certo peixe dotado de órgãos com os quais solta descargas elétricas. ● *Pl.: peixes-elétricos.*

Pei.xe-es.pa.da *s.m.* Nome comum a diversos peixes compridos e achatados, com escamas prateadas, cujo corpo lembra uma espada. ● *Pl.: peixes-espada e peixes-espadas.*

Pei.xei.ra *s.f.* Faca curta e cortante para peixe.

Pei.xei.ro *s.m.* Vendedor de peixe. ● *Fem.: peixeira.*

Pei.xe-vo.a.dor *s.m.* Nome comum a certos peixes de nadadeiras peitorais muito desenvolvidas, que usam à guisa de asas. ● *Pl.: peixes-voadores.*

PEJAR — PÊNDULO

Pe.jar *v.t.* **1.** Encher, não deixando espaço para outra coisa. **2.** Embaraçar, estorvar. **3.** Encher, sobrecarregar. *v.int.* **4.** Tornar-se grávida ou prenhe. **5.** Parar de moer (o engenho). **6.** Causar pejo ou vergonha. **7.** Estorvar-se. **8.** Acanhar-se por modéstia ou timidez.

Pe.jo.ra.ti.vo *adj.* Diz-se da palavra que adquiriu ou tende a adquirir sentido torpe, aviltante ou desagradável.

Pe.la¹ (é) *s.f.* **1.** Bola, ordinariamente de borracha, para brincadeira de crianças. **2.** Bola usada em certos jogos e que se impele com a raquete. **3.** Bola de borracha defumada vinda dos seringais; pelota.

Pe.la² (é) *s.f.* **1.** Ato de pelar. **2.** Cada camada da cortiça dos sobreiros.

Pe.la.da *s.f.* **1.** MED Dermatose que ataca as regiões pilosas do corpo, especialmente o couro cabeludo, fazendo cair o cabelo por partes; calvície. **2.** ESP Jogo de futebol sem importância, geralmente entre meninos.

Pe.la.do *adj.* **1.** A que se tirou o pelo. **2.** Que não tem pelo; calvo. **3.** FAM Esperto, finório. **4.** FAM Completamente sem dinheiro. **5.** Nu.

Pe.la.gem *s.f.* **1.** O pelo dos animais; pelame. **2.** Ato de tirar o pelo.

Pe.lá.gia *s.f.* ZOOL Gênero de cnidários cifozoários que ocorre no Atlântico.

Pe.lá.gi.co *adj.* **1.** Que se refere ao pélago; marítimo, oceânico. **2.** Que ocorre nos mares.

Pe.lá.go *adj.* Pelágico.

Pé.la.go *s.m.* **1.** Mar alto, longe da costa. **2.** Profundidade do mar; abismo marítimo. **3.** Voragem.

Pe.la.me *s.m.* **1.** Pelagem. **2.** Coleção de peles.

Pe.lan.ca *s.f.* **1.** Pele mole e pendente. **2.** Carne magra e engelhada.

Pe.lan.cu.do *adj.* Cheio de pelanca; enrugado.

Pe.lar *v.t.* Tirar a pele, o pelo ou a casca de. **2.** FIG Tirar os haveres de (alguém), deixando-o sem nada. *v.p.* **3.** Ficar sem pele ou pelo. **4.** FIG Gostar muito.

Pe.le *s.f.* **1.** Membrana que reveste exteriormente todas as partes do corpo do homem, dos animais vertebrados e de grande número de invertebrados. **2.** Epiderme, couro. **3.** FAM O corpo, o indivíduo. **4.** Casca de certos frutos e legumes. **5.** Parte coriácea da carne comestível.

Pe.le.go (é) *s.m.* **1.** Pele do carneiro, com a lã usada como xarel ou coxinilho. **2.** Couro de boi, curtido. **3.** Sindicalista que atua em conformidade com os interesses do patrão, do Ministério do Trabalho ou de políticos denominados trabalhistas. **4.** FIG Indivíduo subserviente, dominado por outro.

Pe.le.ja (é) *s.f.* **1.** Ato de pelejar. **2.** Luta, combate. **3.** Contenda, briga. **4.** Prélio, disputa (de partida, de jogo). **5.** POP Desafio entre cantadores populares.

Pe.le.ri.ne *s.f.* Pequeno manto de senhora, que apenas cobre parte das costas e do peito.

Pe.le.te.ri.a *s.f.* Peleria.

Pe.le-ver.me.lha *adj.2g.* **1.** Designação pejorativa dos indígenas, especialmente os da América do Norte.

Pe.li.ca *s.f.* Pele fina, especialmente de cabrito, curtida e preparada para luvas, bolsas, calçados etc.

Pe.li.ça *s.f.* Peça de vestuário ou colcha, feita ou forrada de peles finas e macias.

Pe.li.ca.no *s.m.* (*epiceno*) Ave palmípede aquática, de bico alongado.

Pe.li.co *s.m.* **1.** Roupa de pastor feita de pele de carneiro. **2.** Envoltório de feto; secundinas.

Pe.li.cu.la *s.f.* **1.** Pele muito fina; epiderme. **2.** BOT Membrana delgada, tênue, que envolve certos frutos. **3.** Filme (de cinema, televisão).

Pe.lo (ê) Comb. da *prep.* por com o *art.def.* ou *pron.dem.* o.

Pe.lo *s.m.* **1.** Fio delgado que cresce na pele dos animais. **2.** Conjunto dos pelos do corpo de um animal; cabelo. **3.** BOT Penugem de certos frutos.

Pe.lo.ta *s.f.* **1.** Pela ou bola pequena. **2.** Bola de metal. **3.** Aparelho para compressões. **4.** Almofada de funda herniária. **5.** Almofada em que se alisam os chapéus depois de engomados. **6.** Bola de futebol.

Pe.lo.tão *s.m.* **1.** Grande pelota. **2.** Cada uma das três partes em que se divide uma companhia de soldados. **3.** FIG Multidão.

Pe.lou.ri.nho *s.m.* Coluna ou armação de madeira, levantada em praça pública, onde se amarravam e castigavam os condenados.

Pe.lú.cia *s.f.* Tecido de lã, seda ou algodão, felpudo de um dos lados.

Pe.lu.do *adj.* Que tem muito pelo; coberto de pelo; cabeludo.

Pel.ve *s.f.* ANAT Cavidade óssea da bacia; bacia. ♦ *Var.:* pélvis (*s.f.2g.*).

Pe.na *s.f.* **1.** Cada uma das peças que revestem o corpo das aves; pluma. **2.** Pequeno bico metálico, com que se escreve. **3.** Esse bico, com a respectiva caneta. **4.** O ofício de escrever. **5.** Sofrimento que se impôs com punição de crime, delito ou falta grave. **6.** Punição, castigo, sofrimento. **7.** Desgosto, contrariedade, tristeza. **8.** Sentimento de desgosto que se experimenta vendo alguém sofrer. **9.** Piedade, dó, compaixão.

Pe.na.cho *s.m.* **1.** Pena ou conjunto de penas para adornar chapéus, capacetes etc. **2.** Topete de algumas aves.

Pe.na.da *s.f.* **1.** Traço de pena. **2.** Porção de tinta que a pena toma de cada vez. **3.** Quantidade de palavras escritas com uma penada, repentinamente.

Pe.na.do¹ *adj.* Que tem penas; emplumado.

Pe.na.do² *adj.* e *s.m.* **1.** Que, ou aquele que está penando; padecente. **2.** DIR Condenado.

Pe.nal *adj.2g.* **1.** Concernente a penas judiciais. **2.** Sujeito a punição. **3.** Que impõe penas. **4.** Criminal (Direito).

Pe.na.li.da.de *s.f.* **1.** Pena, punição, castigo. **2.** Sistema ou conjunto de penas impostas pela lei.

Pe.na.li.zar *v.t.* **1.** Causar pena ou dó a; pungir. *v.p.* **2.** Sentir grande pena ou desgosto.

Pê.nal.ti *s.m.* **1.** FUT Falta praticada dentro da grande área, e cobrada com tiro livre direto sem barreiras do ponto do pênalti. **2.** Ponto que fica a onze metros do gol.

Pe.nar *v.int.* **1.** Sofrer pena, dor; padecer. *v.t.* **2.** Causar dor ou pena. *v.p.* **3.** Sentir pena. **4.** Entristecer-se, afligir-se.

Pen.ca *s.f.* **1.** Folha grossa e carnuda de algumas plantas, como a da palmeira. **2.** FIG Nariz grande. **3.** Cada um dos grupos do cacho de bananas. **4.** Grupo de coisas (frutas, filhos etc.); porção.

Pen.ce.nê *s.m.* ⇒ Pincenê.

Pen.ci.nê *s.m.* ⇒ Pincenê.

Pen.dão *s.m.* **1.** Bandeira, estandarte, insígnia. **2.** O conjunto das flores do milho; panícula.

Pen.dên.cia *s.f.* **1.** Qualidade de pendente. **2.** Contenda, desavença, litígio. **3.** Tempo durante o qual uma questão judicial está pendente de recurso ou sentença.

Pen.den.te *adj.2g.* **1.** Que pende. **2.** Suspenso, pendurado, inclinado. **3.** Ainda não colhido (fruto). **4.** Iminente. **5.** Dependente. **6.** Não resolvido (caso, questão). *s.m.* **7.** Pingente. **8.** Brinco de orelha.

Pen.der *v.int.* **1.** Inclinar-se. **2.** Estar para cair, estar iminente. **3.** Estar suspenso ou pendurado. **4.** Estar pendente. **5.** FIG Ter inclinação, propensão. **6.** Estar meio resolvido. *v.p.* **7.** Encostar-se, inclinar-se.

Pen.dor (ô) *s.m.* **1.** Inclinação, tendência, propensão, índole. **2.** Declive. **3.** Vertente.

Pen.du.lar *adj.2g.* Que se refere ao pêndulo; oscilatório.

Pên.du.lo *s.m.* **1.** Corpo pesado, suspenso na extremidade inferior de um fio ou de uma vara metálica, com oscilações regulares. **2.** Disco metálico preso a uma haste que oscila de modo invariável e assim regula o movimento do maquinismo de certos relógios. **3.** FIG Aquilo que se move ou trabalha com intervalos regulares. *adj.* **4.** Pendente.

PENDURAR — PEPINO

Pen.du.rar *v.t.* **1.** Prender (alguma coisa) em lugar elevado de modo que não toque no chão. **2.** Suspender. **3.** POP Hipotecar, empenhar. **4.** Não pagar (conta). *v.p.* **5.** Estar suspenso, pendente. **6.** Estar colocado a grande altura.

Pen.du.ri.ca.lho *s.m.* Coisa pendente, para enfeite ou adorno; berloque.

Pe.ne.do (ê) *s.m.* Grande pedra; penhasco, rochedo. • *Col.: penedia* (*s.f.*).

Pe.nei.ra *s.f.* **1.** Utensílio circular, com o fundo formado de fios entrançados, e que serve para separar farinha ou outras substâncias, retendo a parte mais grossa; joeira, crivo. **2.** Seleção, crivo. **3.** POP Chuva miúda; chuvisco.

Pe.nei.rar *v.t.* **1.** Passar pela peneira. *v.int.* **2.** Chuviscar.

Pe.ne.tra *s.2g.* **1.** Pessoa petulante, intrometida. **2.** POP Pessoa que entra em bailes, festas, cinemas, sem convite ou bilhete.

Pe.ne.tra.ção *s.f.* **1.** Ato ou efeito de penetrar. **2.** FIG Sagacidade, perspicácia, agudeza.

Pe.ne.tran.te *adj.2g.* **1.** Que penetra; agudo. **2.** FIG Pungente, profundo. **3.** Arguto, perspicaz, sagaz.

Pe.ne.trar *v.t.* **1.** Passar por dentro de; transpor. **2.** Passar através de. **3.** Repassar. **4.** Chegar ao íntimo de. **5.** Perceber, compreender. **6.** Descobrir, descortinar. **7.** Introduzir-se. **8.** Entrar, embrenhar-se. **9.** Insinuar-se. **10.** Tomar conhecimento. *v.p.* **11.** Compenetrar-se. **12.** Convencer-se intimamente.

Pe.nha *s.f.* **1.** Pedra grande, sem lavrar, situada quase sempre em morros. **2.** Morro cheio de penhas; penhasco. • *Aum.: penhasco*.

Pe.nhas.co *s.m.* **1.** Penha alta. **2.** Grande rochedo. **3.** Rocha extensa; escolho.

Pe.nho.ar *s.m.* Robe.

Pe.nhor *s.m.* **1.** Objeto de valor, que se dá como garantia de uma dívida ou empréstimo. **2.** Caução, garantia. **3.** FIG Segurança. **4.** Prova, sinal. **5.** Espécie de jogo popular. • *Casa de penhores:* estabelecimento onde se empresta dinheiro a juros, mediante o depósito de joias e outros objetos de valor.

Pe.nho.ra *s.f.* **1.** Ato ou efeito de penhorar. **2.** Apreensão judicial dos bens de um devedor, para pagamento de dívida.

Pe.nho.rar *v.t.* **1.** Apreender em virtude de processo executivo. **2.** Efetuar a penhora de. **3.** Dar em garantia; empenhar. **4.** FIG Dar motivo de gratidão. **5.** Cativar. **6.** Impor, exigir por obrigação. **7.** Afiançar, garantir. *v.p.* **8.** Mostrar-se grato, reconhecido.

Pe.ni.ci.li.na *s.f.* MED Substância de grande poder bactericida, empregada contra infecções.

Pe.ni.co *s.m.* Urinol.

Pe.nín.su.la *s.f.* Extensão de terra cercada de água por todos os lados, exceto por um (o istmo), que a liga ao continente.

Pe.nin.su.lar *adj.2g.* **1.** Relativo a península. *s.2g.* **2.** Pessoa natural ou habitante de uma península.

Pê.nis *s.m.2n.* Órgão sexual masculino; falo.

Pe.ni.tên.cia *s.f.* **1.** Arrependimento de um pecado ou culpa; contrição. **2.** Pena imposta pelo confessor ao penitente para remissão dos pecados; castigo. **3.** FIG Incômodo; tormento.

Pe.ni.ten.ci.ar *v.t.* **1.** Impor penitência a. *v.p.* **2.** Arrepender-se. **3.** Fazer sacrifícios para expiação de pecados. **4.** Castigar-se por falta cometida.

Pe.ni.ten.ci.á.ria *s.f.* Edifício público, em que são encarcerados os réus condenados à pena de reclusão ou detenção.

Pe.ni.ten.te *adj.2g.* **1.** Diz-se de, ou pessoa que se arrepende. **2.** Que, ou pessoa que faz penitência ou que confessa seus pecados.

Pe.no.so (ô) *adj.* **1.** Que causa pena. **2.** Que causa sacrifício ou incômodo, que é difícil de suportar. **3.** Árduo; difícil. **4.** Cansativo, fatigante. • *Fem.* e *pl.: penosa* e *penosos*. (ó).

Pen.sa.dor *adj.* e *s.m.* Que, ou aquele que pensa com profundidade; filósofo.

Pen.sa.men.to *s.m.* **1.** Ato ou modo de pensar. **2.** Ideia, reflexão. **3.** Faculdade de pensar; espírito. **4.** Ato de inteligência. **5.** Conceito, ideia principal de um escrito. **6.** Desígnio, intenção. **7.** Fantasia, imaginação. **8.** Proposição simples, mas precisa e eloquente, que emite um conselho, enuncia uma verdade etc.; máxima, sentença. **9.** Opinião, ponto de vista.

Pen.san.te *adj.2g.* **1.** Que pensa ou é capaz de pensar. **2.** Que faz uso da razão.

Pen.são *s.f.* **1.** Renda vitalícia ou temporária; foro. **2.** Quantia que se paga pela educação e sustento de aluno em colégio. **3.** Estipêndio. **4.** FIG Encargo, ônus, trabalho. **5.** Preocupação. **6.** Hospedaria. **7.** Fornecimento regular de comida em domicílio.

Pen.sar[1] *v.int.* **1.** Formar, combinar ideias. **2.** Raciocinar. **3.** Refletir. *v.t.* **4.** Tencionar, cogitar. **5.** Estar preocupado. **6.** Cuidar. **7.** Ser de tal ou tal parecer. **8.** Meditar. **9.** Reflexionar. **10.** Supor, imaginar. *s.m.* **11.** Pensamento, opinião.

Pen.sar[2] *v.t.* Aplicar curativo a; pôr pensos em.

Pen.sa.ti.vo *adj.* **1.** Absorto em pensamentos. **2.** Que revela preocupação; meditativo.

Pen.sio.na.to *s.m.* Internato; casa que recebe hóspedes.

Pen.sio.nei.ro *adj.* Que paga pensão.

Pen.sio.nis.ta *adj.2g.* **1.** Que paga pensão. *s.2g.* **2.** Pessoa que recebe uma pensão, especialmente do Estado. **3.** Colegial que paga pensão. **4.** Pessoa que mora em pensão ou pensionato. **5.** Pessoa que recebe pensão de alimento. *s.f.* **6.** Recolhida ou noviça que paga pensão no convento.

Pen.so *s.m.* **1.** Emplastro, curativo. **2.** Ração para o gado. *adj.* **3.** Pendente, inclinado.

Pen.tá.go.no *s.f.* GEOM Polígono de cinco lados.

Pen.ta.gra.ma *s.m.* Pauta musical.

Pen.ta.tlo *s.m.* Entre os gregos antigos, conjunto dos cinco exercícios dos atletas (luta, corrida, salto, disco e dardo).

Pen.te *s.m.* **1.** Instrumento cortado em forma de dentes, com que se alisa, limpa ou segura o cabelo. **2.** Caixilho com aberturas perpendiculares, por onde os tecelões passam os fios de uma teia. **3.** Instrumento de ferro, com que os cardadores preparam a lã. **4.** Utensílio para limpar bordados de ponto alto. **5.** Peça onde se encaixam as balas de armas automáticas de pequeno calibre.

Pen.te.a.dei.ra *s.f.* Pequena mesa com grande espelho, onde as pessoas se penteiam; toucador.

Pen.te.a.do *s.m.* **1.** Modo especial de arranjar e dispor o cabelo. *adj.* **2.** Que se penteou (cabelo).

Pen.te.ar *v.t.* **1.** Alisar, compor (os cabelos) com o pente. **2.** Alisar, desemaranhar, desembaraçar. *v.p.* **3.** Alisar, compor os próprios cabelos.

Pen.te.cos.tal *adj.2g.* **1.** Relativo a Pentecostes. *adj.* e *s.2g.* **2.** Pentecostalista.

Pen.te.cos.ta.lis.mo *s.m.* Doutrina firmada em atributos como falar línguas desconhecidas; pentecostismo.

Pen.te.cos.ta.lis.ta *adj.2g.* **1.** Relativo ao pentecostalismo. *adj.* **2.** Pessoa adepta do pentecostalismo.

Pen.te.cos.tes *s.m.2n.* Festa católica que se celebra 50 dias depois da Páscoa, em comemoração à descida do Espírito Santo sobre os apóstolos; festa do divino.

Pen.te.cos.tis.mo *s.m.* Pentecostalismo.

Pen.te.cos.tis.ta *adj.2g.* e *s.2g.* Pentecostalista.

Pen.te.fi.no *s.m.* **1.** Pente pequeno de dentes finos, próprio para limpar a cabeça de piolhos, caspa etc. **2.** Sujeito velhaco, espertalhão, que lhe tudo tira proveito. **3.** Pessoa que procura os mínimos defeitos em tudo. **4.** Crivo, peneira. • *Pl.: pentes-finos*.

Pe.nu.gem *s.f.* **1.** As penas que primeiro nascem nas aves. **2.** Os pelos e cabelos que nascem primeiro. **3.** Pelo macio e curto. **4.** Espécie de pelo nas cascas de frutos ou plantas. **5.** Bigode que começa a formar-se.

Pe.núl.ti.mo *adj.* Que vem imediatamente antes do último.

Pe.num.bra *s.f.* **1.** Sombra incompleta; meia-luz. **2.** Gradação de luz para a sombra. **3.** FIG Retraimento, obscuridade.

Pe.nú.ria *s.f.* **1.** Privação do necessário; carência. **2.** Pobreza, indigência, miséria extrema. • *Ant.: opulência*.

Pe.pi.nei.ro *s.m.* Planta que produz o pepino.

Pe.pi.no *s.m.* **1.** Fruto do pepineiro, carnudo, muito usado para salada e conserva. **2.** POP Dificuldade, enrascada. **3.** BOT Pepineiro.

PEPITA — PERFEITO

Pe.pi.ta *s.f.* Grão ou palheta de ouro puro e nativo, que se encontra nas areias de alguns rios.

Pép.ti.co *adj.* **1.** Diz-se à digestão. **2.** Que ajuda na digestão.

Pe.que.na *s.f.* POP Menina ou namorada.

Pe.que.ni.no *adj.* **1.** Muito pequeno. *s.m.* **2.** Menino.

Pe.que.no *adj.* **1.** Que tem pouca extensão ou volume; que não é grande. **2.** De baixa estatura. **3.** Que está na infância. **4.** Pouco apreciável. **5.** Limitado, mesquinho. **6.** Importante; fútil, humilde. **7.** Apoucado. *s.m.* **8.** Aquele que é modesto. **9.** Criança, menino. **10.** Namorado. ● *Ant.: grande.* ● *Sup.abs.sint.: pequeníssimo* (reg.), *mínimo* (erud.).

Pé-quen.te *s.m.* **1.** Pessoa que tem sorte em qualquer coisa. **2.** Motorista que anda em velocidade excessiva. ● *Pl.: pés-quentes.*

Pe.quer.ru.cho *adj.* e *s.m.* Diz-se de, ou criança pequena.

Pe.qui.nês *adj.* **1.** Relativo ou pertencente a Pequim (China). *s.m.* **2.** O natural ou habitante de Pequim. *adj.* e *s.m.* **3.** Diz-se de, ou raça de pequenos cães felpudos.

Pe.qui.to *s.m.* Criança, pequenino, pequerrucho.

Pe.qui.zei.ro *s.m.* Pequi (árvore).

Per- *pref.* 'Movimento através': *perambular.*

Per *prep.* ANTIG Por. ● *De per si:* cada um por sua vez; por si só.

Pe.ra *s.f.* **1.** Fruto da pereira. **2.** Porção de barba que se deixa crescer no queixo. **3.** Pequena peça que encerra um interruptor de corrente elétrica. ● *Pl.: peras* (é).

Pe.ral *adj.2g.* **1.** Relativo ou semelhante à pera. *s.m.* **2.** Pomar de pereiras.

Pe.ral.ta *s.2g.* **1.** Pessoa afetada nos modos ou no trajar; janota, peralvilho. **2.** Vadio. **3.** Menino travesso. *adj.2g.* **4.** Travesso, traquina.

Pe.ral.ti.ce *s.f.* Qualidade ou ação de peralta.

Pe.ram.bu.lar *v.int.* **1.** Passear, vaguear. **2.** Andar sem destino certo.

Pe.ran.te *prep.* Ante; diante de; na presença de.

Pé-ra.pa.do *s.m.* Homem de condição humilde; pária, pobretão. ● *Pl.: pés-rapados.*

Per.cal *s.m.* Tecido de algodão, liso e fino.

Per.cal.ço *s.m.* **1.** Lucro ou vantagem eventual. **2.** Proventos. **3.** FAM Transtorno, incômodo inerente a uma profissão ou atividade.

Per capita (pér cápita) (lat.) Por pessoa.

Per.ce.ber *v.t.* **1.** Compreender, entender. **2.** Adquirir conhecimento de, por meio dos sentidos. **3.** Ver ao longe; divisar. **4.** Notar. **5.** Ouvir, distinguir (sons). **6.** Receber (ordenados, honorários).

Per.cen.ta.gem *s.f.* **1.** Quantia que se paga ou recebe na proporção de um tanto por cento. **2.** Taxa de juros, de comissão etc. **3.** Proporção, percentual. ● *Var.: porcentagem.*

Per.cen.tu.al *adj.* **1.** Relativo ou pertencente a percentagem. *s.m.* **2.** Percentagem.

Per.cep.ção *s.f.* **1.** Ato ou faculdade de perceber pelos órgãos dos sentidos. **2.** Ideia, compreensão. **3.** Arrecadação, cobrança. **4.** Recebimento de ordenado.

Per.cep.ti.vo *adj.* **1.** Relativo à percepção. **2.** Que tem a faculdade de perceber.

Per.ce.ve.jo (ê) *s.m.* **1.** Inseto parasita das regiões temperadas e tropicais. **2.** Pequeno prego de cabeça chata, usado para fixar papéis.

Per.cor.rer *v.t.* **1.** Correr, andar por. **2.** Visitar em toda a extensão ou em todos os sentidos. **3.** Explorar, investigar, esquadrinhar.

Per.cu.ci.en.te *adj.2g.* **1.** Que percute ou fere. **2.** Afiado. **3.** Agudo. **4.** Profundo, penetrante.

Per.cus.são *s.f.* **1.** Ato ou efeito de percutir. **2.** Embate de um corpo contra o outro. **3.** Choque, pancada. **4.** Instrumento musical de que se tira som batendo.

Per.cu.tir *v.t.* **1.** Bater, ferir, tocar fortemente em. **2.** Repercutir: *O discurso percutiu de norte a sul.*

Per.da (ê) *s.f.* **1.** Ato ou efeito de perder. **2.** Desaparecimento, extravio. **3.** Diminuição de peso, volume etc. **4.** Prejuízo financeiro. **5.** Destruição, ruína. **6.** Morte, desgraça. **7.** Desperdício.

Per.dão *s.m.* **1.** Remissão de culpa, falta, ofensa ou dívida. **2.** Indulto, indulgência.

Per.de-ga.nha *s.m.* **1.** Jogo em que o vencedor é o que faz menos pontos. **2.** Atividade na qual se ganha ou perde facilmente.

Per.der *v.t.* **1.** Ser privado de (coisa que se possuía). **2.** Deixar de ter, de gozar. **3.** Não aproveitar. **4.** Deixar fugir. **5.** Sofrer o prejuízo de. **6.** Causar a ruína de. **7.** Corromper, desgraçar, infelicitar. **8.** Ficar privado de companhia, presença ou amizade de. **9.** Deixar de presenciar, de ver ou de ouvir. *v.int.* **10.** Desvalorizar-se. **11.** Ter prejuízo pecuniário; desmerecer. *v.p.* **12.** Arruinar-se. **13.** Naufragar. **14.** Tornar-se inútil. **15.** Frustrar-se. **16.** Desaparecer. **17.** Extraviar-se. **18.** Atrapalhar-se, confundir-se. **19.** Perder a virgindade; desgraçar-se.

Per.di.ção *s.f.* **1.** Ato ou efeito de perder(-se). **2.** FIG Desgraça, ruína moral, desonra. **3.** Imoralidade. **4.** Irreligiosidade, condenação às penas eternas. ● *Ant.: salvação.*

Per.di.gão *s.m.* Macho da perdiz.

Per.di.go.to (ô) *s.m.* **1.** Filhote de perdiz. **2.** POP Salpico de saliva, que certas pessoas lançam ao falar. ● *Fem.: perdigota* (ô).

Per.di.guei.ro *adj.* e *s.m.* Diz-se do, ou o cão próprio para a caça de perdizes.

Per.diz *s.f.* Ave galinácea da família dos tiranídeos, muito apreciada pelos caçadores em razão de sua carne. ● *Masc.: perdigão.*

Per.do.ar *v.t.* **1.** Desculpar, remir, absolver (falta, pena, dívida). **2.** Poupar. *v.t.* e *int.* **3.** Ser humanitário, tolerante. **4.** Conceder perdão, graça. *v.p.* **5.** Poupar-se.

Per.du.lá.rio *adj.* **1.** Que, ou o que gasta em excesso. **2.** Dissipador, gastador. **3.** Estroina.

Per.du.rar *v.int.* Durar muito.

Pe.re.ba *s.f.* **1.** Erupção cutânea. **2.** Pequena ferida; apostema. ● *Var.: bereba.*

Pe.re.cer *v.int.* **1.** Ter fim. **2.** Deixar de existir. **3.** Acabar, morrer. **4.** Alterar-se, deteriorar-se.

Pe.re.cí.vel *adj.2g.* **1.** Que pode perecer. **2.** Que facilmente deteriora. ● *Ant.: imperecível.*

Pe.re.gri.na.ção *s.f.* Ato ou efeito de peregrinar.

Pe.re.gri.no *adj.* **1.** Que peregrina. **2.** Que viaja por terras estranhas; estrangeiro. *s.m.* **3.** Aquele que peregrina ou visita lugares sagrados com finalidade apenas religiosa; romeiro.

Pe.rei.ra *s.f.* BOT Nome comum a várias árvores frutíferas que produzem a pera.

Pe.rei.ral *s.m.* Pomar de pereiras. ● *Var.: peral.*

Pe.remp.tó.rio *adj.* **1.** Categórico, formal, dogmático. **2.** Decisivo, terminante. ● *Ant.: evasivo.*

Pe.re.ne *adj.2g.* **1.** Que dura sempre; perpétuo, eterno. **2.** Diz-se do rio que não seca no período da estiagem. **3.** Ininterrupto, incessante. ● *Ant.: passageiro.*

Pe.re.re.ca *s.f.* **1.** Espécie de anfíbio verde, que vive nas moitas, sobe em árvores, escala rochas e superfícies lisas. *adj.* e *s.2g.* **2.** Diz-se de, ou pessoa de pequena estatura e muito viva.

Pe.res.troi.ca *s.f.* Palavra que significa *reconstrução*, usada para designar o processo desencadeado por Mikhail Gorbachov, em 1985, e que visava à reestruturação das instituições políticas e econômicas da antiga União Soviética.

Per.fa.zer *v.t.* **1.** Completar o número de. **2.** Acabar, concluir. **3.** Levar a cabo. **4.** Realizar, cumprir.

Per.fec.ci.o.nis.mo *s.m.* Busca permanente da perfeição.

Per.fec.tí.vel *adj.2g.* Que se pode aperfeiçoar.

Per.fei.ção *s.f.* **1.** Qualidade do que é perfeito. **2.** Execução ou acabamento completo. **3.** Bondade ou excelência em elevado grau. **4.** Beleza, primor. **5.** Apuro, pureza, requinte, mestria.

Per.fei.to *adj.* **1.** Que é sem defeito. **2.** Primoroso, acabado. **3.** Feito até à exaustão. **4.** Rematado. **5.** Cabal, notável. **6.** GRAM Diz-se do tempo verbal que designa ação ou estado já passado em relação a outro tempo. **7.** Incomparável, inigualável. **8.** Impecável. **9.** Exato, preciso. *adj.* e *s.m.* **10.** Que, ou o tempo verbal que exprime ação passada e encerrada. *s.m.* **11.** Aquilo que é perfeito.

PÉRFIDO — PERMISSIVO

Pér.fi.do *adj.* **1.** Que denota perfídia. **2.** Traidor, desleal. **3.** Traiçoeiro. **4.** Que falta à fé. **5.** Infiel, falso. ◆ *Ant.: leal.*

Per.fil *s.m.* **1.** Contorno, delineamento do rosto ou de qualquer objeto, visto de lado. **2.** Aspecto, lado. **3.** Ato de alinhar (tropas). **4.** Pequeno escrito em que se salientam os traços característicos de uma pessoa. **5.** Corte que mostra a disposição e a natureza das camadas do solo.

Per.fi.lar *v.t.* **1.** Desenhar o perfil de. **2.** Pôr em linha. **3.** Alinhar (soldados). *v.p.* **4.** Aprumar-se, pôr-se firme. ◆ Cf. *perfilhar.*

Per.fi.lha.ção *s.f.* Ato ou efeito de perfilhar.

Per.fi.lhar *v.t.* **1.** Receber legalmente como filho. **2.** Adotar. **3.** Defender, abraçar. ◆ Cf. *perfilar.*

Performance (ing.) *s.f.* Cada uma das apresentações públicas de um artista ou de um atleta; desempenho.

Per.fu.ma.ri.a *s.f.* **1.** Fábrica ou loja de perfumes. **2.** Conjunto de perfumes. **3.** POP Designação das bebidas não alcoólicas. **4.** FAM Coisas de pouca importância.

Per.fu.me *s.m.* **1.** Cheiro, emanação agradável; aroma. **2.** Qualquer preparado aromático ou composição odorífera. **3.** FIG Suavidade, doçura. ◆ *Ant.: fedor.*

Per.func.tó.rio *adj.* **1.** Praticado sem fim útil, apenas em cumprimento de uma obrigação. **2.** Superficial, ligeiro. ◆ *Var.: perfunctório.*

Per.fu.ra.do.ra *s.f.* Perfuratriz.

Per.fu.rar *v.t.* **1.** Furar de modo penetrante, de lado a lado. **2.** Penetrar, atravessar.

Per.fu.ra.triz *s.f.* Máquina para perfurar rochas, solo, abrir galerias, túneis etc. ◆ *Var.: perfuradora.*

Per.ga.mi.nho *s.m.* **1.** Pele de carneiro ou de ovelha, preparada para nela se escrever. **2.** Documento escrito nessa pele. **3.** Diploma de curso superior.

Per.gun.ta *s.f.* **1.** Palavra ou frase com que se interroga. **2.** Interrogação, indagação, inquirição. **3.** Quesito.

Peri- *pref.* 'Em torno de': *perífrase.*

Pe.ri.as.tro *s.m.* Ponto da órbita de um astro em que este se encontra mais próximo de outro astro, em torno do qual gravita.

Pe.ri.cár.dio *s.m.* ANAT Espécie de saco membranoso que envolve o coração.

Pe.ri.car.po *s.m.* Conjunto dos tecidos que constituem o fruto e envolvem as sementes.

Pe.rí.cia *s.f.* **1.** Habilidade em alguma arte ou profissão. **2.** Experiência, destreza, vistoria ou exame técnico. ◆ *Ant.: imperícia.*

Pe.ri.cli.tan.te *adj.2g.* Que corre perigo.

Pe.ri.cu.lo.si.da.de *s.f.* Estado ou qualidade de perigoso.

Pe.ri.du.ral *adj.2g.* **1.** Situada ou feita em torno da dura-máter (esp. anestesia). *s.f.* **2.** Anestesia peridural.

Pe.ri.é.lio *s.m.* ASTRON Ponto da órbita de um planeta, cometa ou satélite mais perto do Sol. ◆ *Ant.: afélio.*

Pe.ri.fe.ri.a *s.f.* **1.** GEOM Contorno de uma figura curvilínea. **2.** GEOM Superfície de um sólido. **3.** GEOM Circunferência, circuito. **4.** O conjunto dos bairros mais afastados do centro da cidade; subúrbio.

Pe.ri.fé.ri.co *adj.* **1.** Relativo à periferia. **2.** Da periferia. **3.** BOT Diz-se do perisperma, quando envolve e oculta o embrião. **4.** Dispositivo exterior à unidade de processamento, tanto de entrada/saída (impressora, terminal, teclado) ou de memória (disco, tambor ou fita magnética).

Pe.ri.fra.se *s.f.* GRAM Emprego de locuções em vez das formas simples correspondentes. **2.** Rodeio de palavras; circunlóquio.

Pe.ri.gar *v.int.* Estar em perigo; periclitar.

Pe.ri.go *s.m.* **1.** Estado ou situação de uma pessoa ou coisa ameaçada de graves riscos; risco. **2.** Situação que inspira cuidado. **3.** Gravidade, inconveniente.

Pe.rí.neo *s.m.* Região externa entre o ânus e os órgãos sexuais.

Pe.ri.ó.di.co *adj.* **1.** Referente a período. **2.** Que sucede ou se repete com intervalos regulares. **3.** Que se publica em dias determinados. **4.** MED Diz-se da doença cujos sintomas aparecem em épocas

certas e determinadas. *s.m.* **5.** Jornal ou revista que se publica em datas determinadas.

Pe.ri.o.dis.ta *s.2g.* Pessoa que escreve em periódicos.

Pe.rí.o.do *s.m.* **1.** Espaço de tempo decorrido entre dois fatos ou duas épocas. **2.** Qualquer espaço de tempo; ciclo. **3.** GRAM Oração ou conjunto de orações que formam sentido completo. **4.** MAT A parte de uma fração periódica, que se reproduz indefinidamente e na mesma ordem. **5.** Cada uma das grandes divisões ou épocas da existência da Terra. **6.** MED Espaço de tempo entre dois acessos sucessivos de febre intermitente. **7.** ASTRON Tempo que um planeta ou um satélite leva a descrever sua órbita.

Pe.ri.o.don.ti.a *s.f.* Ramo da Odontologia que se especializa no estudo dos tecidos normais e no tratamento das afecções dos tecidos imediatamente próximos aos dentes.

Pe.ri.o.don.ti.te *s.f.* MED Inflamação da membrana que cerca o dente.

Pe.ri.o.don.to *s.m.* Tecido conjuntivo que fixa o dente no alvéolo; parodonte.

Pe.ri.pa.té.ti.co *adj.* Que ensina passeando, como o filósofo grego Aristóteles.

Pe.ri.pé.cia *s.f.* **1.** Acontecimento ocasional que interfere numa situação. **2.** FAM Caso estranho e imprevisto; incidente.

Pé.ri.plo *s.m.* **1.** Navegação à volta de um continente, de um mar ou país. **2.** Relação dessa viagem.

Pe.ri.qui.to *s.m.* **1.** Ave brasileira semelhante ao papagaio, porém menor. **2.** Planta ornamental da família das amarantáceas. **3.** Papagaio de papel, arraia.

Pe.ris.có.pio *s.m.* Instrumento óptico que permite ver por cima de um obstáculo, utilizado nos submarinos.

Pe.ris.so.dác.ti.los *s.m.pl.* ZOOL Ordem de mamíferos cujos representantes apresentam dedos em número ímpar.

Pe.ris.tal.se *s.f.* FISIOL Peristaltismo.

Pe.ris.tal.tis.mo *s.f.* Movimento de contração do tubo digestivo, realizado de cima para baixo.

Pe.ri.to *adj.* **1.** Versado, experimentado, hábil. **2.** Douto, sabedor. *s.m.* **3.** Aquele que conhece bem seu ofício, sua ciência ou arte. **4.** Indivíduo nomeado judicialmente para avaliação, exame ou vistoria. ◆ *Ant.: imperito.*

Pe.ri.tô.nio *s.m.* ANAT Membrana serosa que reveste interiormente as paredes do abdome, refletindo-se sobre várias vísceras desta cavidade.

Pe.ri.to.ni.te *s.f.* MED Inflamação do peritônio.

Per.ju.rar *v.t.* **1.** Abjurar. *v.int.* **2.** Jurar falso.

Per.ju.ro *adj.* e *s.m.* Diz-se de, ou aquele que jurou falso. ◆ *Ant.: fiel, leal.*

Per.ma.ne.cer *v.t.* **1.** Conservar-se. **2.** Continuar a ser ou estar. **3.** Persistir. **4.** Ficar. *v.int.* **5.** Continuar existindo. **6.** Durar, demorar-se.

Per.ma.nên.cia *s.f.* **1.** Ato ou efeito de permanecer. **2.** Estado do que é permanente. **3.** Constância, perseverança.

Per.ma.nen.te *adj.2g.* **1.** Que permanece. **2.** Contínuo, ininterrupto, constante, estável, duradouro, definitivo. *s.m.* **3.** Cartão ou senha que permite a seu possuidor ingressar, sem pagar, em casas de diversões, ou viajar nas conduções de determinada empresa, sem pagar. **4.** Ondulação artificial do cabelo.

Per.me.ar *v.t.* **1.** Fazer passar pelo meio; entremear. **2.** Atravessar, furar. *v.int.* **3.** Vir, sobrevir. **4.** Estar de permeio; entrepor-se.

Per.me.á.vel *adj.2g.* Suscetível de ser repassado ou transpassado, através de seus poros. ◆ *Ant.: impermeável.*

Per.mei.o *adv.* Em meio. ◆ **De permeio:** no meio de; entre; dentro.

Per.mi.a.no *adj.* e *s.m.* GEOL Diz-se de, ou último período da era primária, que sucedeu ao carbonífero, com duração aproximada de 30 milhões de anos.

Per.mis.são *s.f.* **1.** Ato ou efeito de permitir. **2.** Autorização, licença, consentimento. ◆ *Ant.: proibição.*

Per.mis.si.vo *adj.* **1.** Que dá ou envolve permissão. **2.** Tolerante, indulgente.

PERMITIR — PERTENCER

Per.mi.tir *v.t.* 1. Dar liberdade, poder ou licença para. 2. Consentir. 3. Autorizar a fazer uso de. 4. Dar lugar, ocasião a; admitir. 5. Tornar possível, praticável; possibilitar. 6. Tolerar. *v.p.* 7. Tomar a liberdade de. 8. Decidir-se. ● *Ant.*: proibir.

Per.mu.ta *s.f.* 1. Ato ou efeito de permutar; troca. 2. Comunicação recíproca.

Per.mu.ta.ção *s.f.* 1. Permuta, troca. 2. Substituição.

Per.mu.tar *v.t.* Dar reciprocamente; trocar voluntariamente.

Per.na *s.f.* 1. ANAT Cada um dos membros inferiores do corpo humano, e particularmente a parte que vai do joelho ao pé. 2. Cada um dos membros locomotores dos animais. 3. Ramo, ramificação. 4. Haste de uma letra. 5. Denominação de várias peças de suporte. 6. Cada uma das hastes do compasso de desenho.

Per.na.ça *s.f.* POP Pernão.

Per.na.da *s.f.* 1. Passada larga. 2. Primeiras e mais fortes ramificações das árvores. 3. Pequeno braço de rio. 4. Coice. 5. NÁUT Peça saliente de madeira. 6. Caminhada longa.

Per.na de pau *s.m.* 1. Perneta. 2. POP Jogador de futebol que não tem habilidades.

Per.nal.ta *s.f.* Nome outrora dado às aves de pernas altas, como as cegonhas, garças etc.

Per.nam.bu.ca.no *adj.* 1. De, relativo ou pertencente a Pernambuco (Região Nordeste). *s.m.* 2. O natural ou habitante desse Estado.

Per.nei.ra *s.f.* 1. Doença que ataca as pernas dos bovinos. 2. (NE) Perneiras.

Per.ne.ta (ê) *s.f.* 1. Perna pequena. *s.2g.* 2. Pessoa a quem falta uma perna, ou que tem uma perna defeituosa.

Per.ni.ci.o.so (ô) *adj.* 1. Que produz males irremediáveis. 2. Nocivo, ruinoso, prejudicial, perigoso, funesto. ● *Ant.*: benéfico. ● *Fem. e pl.*: perniciosa e perniciosos (ó).

Per.nil *s.m.* 1. A parte mais delgada da perna do porco e de outros animais. 2. Parte magra e delgada.

Per.ni.lon.go *adj.* 1. Que tem pernas compridas. *s.m.* 2. Espécie de mosquito de pernas longas.

Per.noi.tar *v.int.* 1. Passar a noite. 2. Dormir, ficar ou pousar durante a noite.

Per.nós.ti.co *adj.* 1. POP Presumido, pedante, pretensioso. *s.m.* 2. Indivíduo pedante.

Pe.ro.ba *s.f.* 1. BOT Gênero de árvores de excelente madeira para construção. *adj. e s.2g.* 2. POP Diz-se de, ou indivíduo maçador, cacete, importuno.

Pé.ro.la *s.f.* 1. Concreção calcária em forma de glóbulo, brilhante e nacarada, encontrada no interior das conchas de certas ostras. 2. Gotícula de água; lágrima. 3. FIG Pessoa bondosa, de muitas qualidades apreciáveis. 4. Gota de líquido muito limpo. 5. Camarinha de orvalho; lágrima.

Pe.rô.nio *s.m.* ANAT Osso comprido e delgado, situado na parte externa da perna, ao lado da tíbia. Atualmente chamado de fíbula.

Pe.ro.rar *v.int.* 1. Terminar um discurso; discorrer. *v.t.* 2. Falar, discursar com afetação.

Per.pas.sar *v.t.* 1. Passar junto ou ao lado de. 2. Roçar levemente. 3. Preterir, postergar. *v.int.* 4. Seguir certa direção. 5. Passar, decorrer (tempo).

Per.pen.di.cu.lar *adj.2g.* 1. GEOM Que se dirige sobre uma linha ou sobre um plano, formando ângulo reto. *s.f.* 2. Linha perpendicular.

Per.pe.trar *v.t.* Cometer, praticar (ato condenável).

Per.pé.tua *s.f.* 1. Planta da família das compostas, também chamada saudade. 2. Flor dessa planta.

Per.pe.tu.ar *v.t.* 1. Fazer durar sempre ou por um longo tempo. 2. Tornar perpétuo. 3. Propagar, perpetuar, dar sucessão por muito tempo a. 4. Conservar. 5. Transmitir para sempre. *v.p.* 6. Durar sempre, eternizar-se. 7. Transmitir-se de geração a geração; suceder-se.

Per.pé.tuo *adj.* 1. Que dura sempre; eterno. 2. Constante, contínuo. 3. Imutável, inalterável. 4. Vitalício (cargo, função). ● *Ant.*: passageiro.

Per.ple.xo (cs) *adj.* 1. Que tem perplexidade; estupefato, atônito. 2. Indeciso ou irresoluto por não saber que decisão tomar; desorientado.

Per.qui.rir *v.t.* 1. Indagar, inquirir minuciosamente. 2. Investigar com escrúpulo.

Per.sa *adj.2g.* 1. Relativo ou pertencente à Pérsia, hoje Irã. *s.m.* 2. Idioma dos persas.

Pers.cru.tar *v.t.* 1. Indagar, investigar minuciosamente.

Per.se.cu.ção *s.f.* Perseguição.

Per.se.guir *v.t.* 1. Seguir de perto. 2. Ir no encalço de; acossar. 3. Atormentar. 4. Fazer violência a. 5. Castigar, punir, importunar, vexar.

Per.se.ve.rar *v.t.* 1. Persistir. 2. Manter-se firme e constante. 3. Continuar, permanecer. 4. Conservar-se. *v.int.* 5. Perdurar. 6. Ter perseverança. ● *Ant.*: desistir.

Per.si.a.na *s.f.* Dispositivo formado de lâminas móveis, que se coloca nas janelas ou sacadas em substituição às cortinas; veneziana.

Per.sig.nar-se *v.p.* Benzer-se, fazendo com o dedo polegar da mão direita uma cruz na testa, outra na boca, outra no peito.

Per.sis.tên.cia *s.f.* 1. Ato ou efeito de persistir. 2. Qualidade de persistente. 3. Constância, perseverança.

Per.sis.ten.te *adj.2g.* 1. Que persiste. 2. Dotado de persistência. 3. Perseverante, teimoso.

Per.sis.tir *v.t.* 1. Perseverar. 2. Ser constante, insistir. 3. Permanecer, continuar. *v.int.* 4. Durar, perdurar.

Per.so.na.gem *s.f.* 1. Pessoa importante, notável pelo papel social ou histórico que representa. 2. Qualquer pessoa. 3. Figura dramática. 4. Cada uma das pessoas que figuram num romance, poema etc., ou tomam parte em um acontecimento.

Per.so.na.li.da.de *s.f.* 1. Caráter ou qualidade do que é pessoal. 2. Individualidade consciente. 3. Caráter essencial e exclusivo de uma pessoa; personagem. 4. Pessoa conhecida, de reconhecida importância social, influente ou notável.

Per.so.na.lis.mo *s.m.* 1. Qualidade do que é pessoal ou subjetivo. 2. Conduta viciosa daquele que tudo atribui a si próprio; individualismo.

Per.so.na.li.zar *v.t.* Dar caráter ou toque pessoal a. ● *Cf. personificar*.

Per.so.ni.fi.car *v.t.* 1. Atribuir dotes e qualidades de pessoa a (deuses, animais etc.). 2. Considerar como pessoa. 3. Representar em forma de pessoa. 4. Ser a personificação, o modelo de. 5. Realizar ou representar (na figura de uma pessoa). 6. Exprimir (por um tipo). ● *Cf. personalizar*.

Pers.pec.ti.va *s.f.* 1. Arte de representar num plano os objetos tais como se apresentam à vista, guardadas as distâncias e situações. 2. Pintura que representa edifícios e paisagens a distância. 3. Panorama, vista. 4. Promessa, esperança.

Pers.pi.caz *adj.2g.* 1. Que vê bem, por meio de disfarces. 2. Dotado de visão rápida das coisas. 3. De inteligência pronta. 4. FIG Sagaz, fino, inteligente. ● *Ant.*: bronco. ● *Sup.abs.sint.*: perspicacíssimo (erud.).

Pers.pí.cuo *adj.* 1. Fácil de ver, de perceber; claro, manifesto. 2. Perspicaz.

Per.su.a.dir *v.t.* 1. Determinar a vontade de. 2. Insistir em que se creia, aceite-se o que se diz ou propõe. *v.int.* 3. Produzir convicção. *v.p.* 4. Adquirir a convicção. 5. Estar ciente.

Per.su.a.são *s.f.* 1. Ato ou efeito de persuadir(-se). 2. Convicção, crença.

Per.su.a.si.vo *adj.* 1. Que persuade. 2. Próprio para persuadir; convincente.

Per.ten.ce *s.m.* Aquilo que faz parte de.

Per.ten.cer *v.int.* 1. Ser propriedade de. 2. Ser próprio de. 3. Fazer parte de. 4. Referir-se, dizer respeito a; caber. 5. Ser da competência, da jurisdição ou obrigação de alguém.

PERTINAZ — PESTANA

Per.ti.naz adj.2g. **1.** Muito tenaz. **2.** Perseverante, teimoso. ● Ant.: volúvel. ● Sup.abs.sint.: pertinacíssimo.

Per.ti.nên.cia s.f. **1.** Relação, vínculo. **2.** Relevância. **3.** Aquilo que concerne ao assunto.

Per.ti.nen.te adj. **1.** Pertencente, próprio. **2.** Que vem a propósito; oportuno.

Per.to adv. **1.** A pequena distância. **2.** Vizinho, próximo. **3.** Em breve. ● Ant.: longe.

Per.tur.bar v.t. **1.** Causar perturbação a ou em. **2.** Alterar. **3.** Embaraçar, atrapalhar. **4.** Confundir, agitar, desassossegar. **5.** Comover. **6.** Desarranjar, desnortear. v.p. **7.** Perder a serenidade de espírito; abalar-se. **8.** Atrapalhar-se. **9.** Atarantar-se, envergonhar-se. **10.** Intimidar-se. **11.** Sofrer perturbação ou alteração.

Pe.ru s.m. **1.** Grande ave galinácea doméstica, muito apreciada pele excelência de sua carne. **2.** Namorado ridículo. **3.** O que espiona o jogo dos outros. **4.** CH Pênis. ● Fem.: perua. ● Col.: bando. ● Voz.: gorgolejar, grugrulhar, grugulejar.

Pe.ru.a s.f. **1.** Fêmea do peru. **2.** Certo tipo de veículo de passageiro e carga: Com a indenização, comprou uma perua kombi. **3.** Mulher que age e se veste de modo exagerado, para chamar a atenção das pessoas.

Pe.ru.a.no adj. **1.** Relativo ou pertencente ao Peru, país da América do Sul. s.m. **2.** O natural ou habitante do Peru.

Pe.ru.ar v.int. **1.** Espionar o jogo dos outros, dando palpites. **2.** Rondar bisbilhoteiramente. **3.** Rodear, observar. **4.** Cortejar, requestar.

Pe.ru.ca s.f. Cabeleira postiça; chinó.

Per.ver.são s.f. **1.** Ato ou efeito de perverter(-se). **2.** Passagem para pior estado. **3.** Corrupção, depravação. **4.** Transtorno.

Per.ver.si.da.de s.f. **1.** Qualidade do que é perverso. **2.** Índole ruim. **3.** Ato, ação perversa. ● Ant.: bondade.

Per.ver.so adj. **1.** Que tem má índole. **2.** Ruim, malvado. **3.** Traiçoeiro. **4.** Depravado. **5.** Que denota perversidade. s.m. **6.** Indivíduo perverso. ● Ant.: bom.

Per.ver.ter v.t. **1.** Tornar perverso, tornar mau. **2.** Corromper, depravar; alterar. **3.** Desvirtuar. v.p. **4.** Tornar-se perverso. **5.** Corromper-se, desmoralizar-se.

Pe.sa.da s.f. **1.** Aquilo que se pesa de uma vez em balança. **2.** Ato de pesar.

Pe.sa.de.lo (ê) s.m. **1.** Agitação ou opressão durante o sono, resultante de sonhos maus ou aflitivos. **2.** Mau sonho. **3.** FIG Pessoa importuna, molesta, enfadonha. **4.** Fato ou condição extremamente desagradável.

Pe.sa.dez s.f. Pesadume.

Pe.sa.do adj. **1.** Que tem muito peso. **2.** Trabalhoso. **3.** Molesto, incômodo, aborrecido. **4.** Lento, vagaroso. **5.** Sem elegância. **6.** Grosseiro, injurioso, ofensivo (dito, termo). **7.** Cheio, sobrecarregado. **8.** De difícil digestão. **9.** GÍR Sem sorte, caipora. **10.** Que exige muito esforço. s.m. **11.** FAM Indivíduo sem sorte. **12.** FAM Trabalho que exige muito esforço. ● Ant.: leve.

Pe.sa.gem s.f. **1.** Ato ou efeito de pesar. **2.** Lugar nos hipódromos onde são pesados os jóqueis e os cavalos.

Pê.sa.me s.m. Manifestação de condolências. Usado no plural: pêsames.

Pe.sar¹ v.t. **1.** Determinar ou verificar o peso; sopesar. **2.** Pôr na balança para conhecer o peso. **3.** Examinar atentamente. **4.** Considerar. v.int. **5.** Fazer peso. **6.** Ser pesado. **7.** Exercer pressão, ter certo peso; influir, influenciar: Minha opinião não pesa nada. **8.** Afligir. **9.** Causar tristeza, desgosto. **10.** Magoar. v.p. **11.** Verificar o próprio peso.

Pe.sar² s.m. **1.** Dor moral. **2.** Desgosto, tristeza, sentimento. **3.** Arrependimento, remorso.

Pe.sa.ro.so (ô) adj. **1.** Cheio de pesar. **2.** Em que há pesar. **3.** Desgostoso, sentido. ● Fem. e pl.: pesarosa e pesarosos (ó).

Pes.ca s.f. **1.** Ato ou efeito de pescar. **2.** O que se pescou; pescaria. **3.** Procura, investigação.

Pes.ca.da s.f. **1.** Nome comum a várias espécies de peixes da costa do Brasil, de famílias diferentes.

Pes.car v.t. **1.** Colher ou apanhar na água (peixe). **2.** Sondar, averiguar, investigar. **3.** Obter ardilosamente. **4.** Alcançar. **5.** Atrair, apanhar. **6.** Ver de relance e sem intenção. **7.** Surpreender em flagrante. **8.** Compreender, entender. v.int. **9.** Ocupar-se da pesca. **10.** Ter conhecimentos, noções. **11.** Perceber, entender. **12.** Cochilar sentado, erguendo de súbito a cabeça derreada pelo sono. **13.** GÍR Colar (em provas ou exames).

Pes.ca.ri.a s.f. **1.** Arte ou indústria da pesca. **2.** Ida à pesca. **3.** O produto da pesca.

Pes.co.ção s.m. Sopapo, tapa.

Pes.co.ço (ô) s.m. **1.** Parte do corpo entre a cabeça e o tronco. **2.** Garganta, cachaço. **3.** Gargalo.

Pe.se.ta (ê) s.f. Antiga unidade monetária e moeda da Espanha.

Pe.so (ê) s.m. **1.** Qualidade do que é pesado. **2.** Resultado da ação que a gravidade exerce sobre os corpos. **3.** Gravidade natural dos corpos, que os força a tender para o centro da Terra. **4.** Grande pedra do lagar, ligada pelo fuso à viga. **5.** Pedaço de metal, de forma especial, que se emprega para avaliar na balança o peso dos objetos. **6.** Tudo o que faz pressão. **7.** Antiga moeda espanhola. **8.** Moeda de várias nações hispano-americanas. **9.** FIG Aquilo que incomoda, cansa ou afadiga. **10.** Ônus. **11.** Opressão, força. **12.** Importância. **13.** Autoridade. **14.** Categoria de boxe: O lutador peso-galo deve ter no máximo 53,45 kg. **15.** Enguiço. **16.** Caiporismo, azar. ● Em peso: na totalidade; completamente.

Pes.pe.gar v.t. **1.** FAM Dar, assentar com violência. **2.** Aplicar, fazer.

Pes.pon.tar v.t. Dar, fazer pespontos em; presumir.

Pes.pon.to s.m. Ponto de costura em que a agulha volta a entrar sucessivamente um pouco atrás de onde saiu o ponto anterior. ● Var.: posponto.

Pes.quei.ro s.m. **1.** Comedouro, viveiro ou abrigo de peixes. **2.** Local onde se pesca. adj. **3.** Relativo a pesca.

Pes.qui.sa s.f. **1.** Ato ou efeito de pesquisar. **2.** Indagação, inquirição, busca. **3.** Exame de laboratório.

Pes.qui.sa.dor (ô) adj. e s.m. Diz-se de, ou o que faz pesquisa.

Pes.qui.sar v.t. **1.** Informar-se acerca de. **2.** Procurar com diligência. **3.** Inquirir, indagar. **4.** Investigar, esquadrinhar. v.int. **5.** Fazer pesquisas.

Pes.se.ga.da s.f. Doce de pêssego.

Pes.se.go s.m. Fruto comestível do pessegueiro.

Pes.se.guei.ro s.m. BOT Árvore frutífera da família das Rosáceas, que dá o pêssego.

Pes.si.mis.mo s.m. **1.** Sistema daqueles que acham tudo péssimo ou de tudo esperam o pior. **2.** Tendência para acreditar que o mal sempre vence o bem no mundo; derrotismo. ● Ant.: otimismo.

Pes.si.mis.ta adj.2g. **1.** Relativo ao pessimismo. **2.** Que tem pessimismo. s.2g. **3.** Pessoa pessimista. ● Ant.: otimista.

Pés.si.mo adj. Sup.abs.sint. de mau; muito mau. ● Ant.: ótimo.

Pes.so.a (ô) s.f. **1.** Homem ou mulher. **2.** Criatura humana. **3.** Ser moral ou jurídico. **4.** Personagem. **5.** Individualidade. **6.** GRAM Flexão verbal que relaciona os sujeitos falantes entre si: 1ª pessoa – quem fala; 2ª pessoa – para quem se fala; 3ª pessoa – do que ou de quem se fala.

Pes.so.al adj.2g. **1.** Da pessoa. **2.** Relativo ou pertencente a pessoa; individual. **3.** Próprio de certa pessoa; reservado, particular. **4.** GRAM Diz-se dos pronomes das três pessoas. s.m. **5.** Conjunto dos indivíduos incumbidos de certos serviços. **6.** O povo, a gente, os amigos, a família. ● Sup.abs.sint.: personalíssimo e pessoalíssimo.

Pes.so.en.se adj.2g. **1.** Relativo ou pertencente a João Pessoa, capital do Estado da Paraíba. s.2g. **2.** Pessoa natural ou habitante de João Pessoa.

Pes.ta.na s.f. **1.** Cada um dos pelos que nascem nas bordas das pálpebras; cílios. **2.** Tira de uma peça de vestuário, em que se abriram as casas. **3.** MÚS Filete de reforço, junto das cravelhas, nos instrumentos de corda. **4.** Aplicação horizontal do dedo indicador esquerdo, ao comprimir mais de uma corda no violão, violino etc. **5.** POP Barbatana. **6.** Vegetação arbórea à margem dos rios e lagos. **7.** POP Sono ligeiro.

PESTANEJAR — PICAR

Pes.ta.ne.jar *v.int.* **1.** Mover as pestanas, abrindo e fechando os olhos em razão de sono. **2.** FIG Tremeluzir (falando das estrelas).

Pes.te *s.f.* **1.** Nome de várias doenças mortíferas e contagiosas, epidêmicas, especialmente da *peste bubônica*. **2.** FIG Coisa funesta ou perniciosa. **3.** Tudo o que corrompe física ou moralmente. **4.** Fedor. **5.** Indivíduo muito perverso.

Pes.tí.fe.ro *adj.* **1.** Que traz ou produz peste. **2.** FIG Que corrompe; pernicioso. *adj.* e *s.m.* **3.** Doente de peste.

Pes.ti.lên.cia *s.f.* **1.** Doença contagiosa. **2.** Epidemia, peste.

Pes.ta (ê) *s.f.* **1.** Mentira inventada por gracejo. **2.** VET Mancha do olho do cavalo.

Pé.ta.la *s.f.* BOT Cada uma das peças da corola.

Pe.tar.do *s.m.* **1.** Engenho portátil explosivo, com que se faziam saltar as portas das praças sitiadas; bomba. **2.** FUT Chute muito forte.

Pe.te.ca *s.f.* **1.** Brinquedo feito de couro (ou de palha de milho) e penas e que é jogado ao ar com a palma das mãos. **2.** FIG Joguete. **3.** Objeto de escárnio.

Pe.te.le.co *s.m.* **1.** Bofetada com as costas das mãos. **2.** Pancada com a ponta dos dedos, na orelha.

Pe.ti.ção *s.f.* **1.** Ato ou efeito de pedir. **2.** Pedido por escrito. **3.** Requerimento. **4.** Aquilo que se pede.

Pe.tis.car *v.t.* e *int.* **1.** Comer pouco, saboreando. **2.** Provar. **3.** Ter conhecimentos superficiais. **4.** Comer com pouco apetite; lambiscar. **5.** Comer petiscos.

Pe.tis.co *s.m.* Comida saborosa; pitéu, acepipe.

Pe.tis.quei.ra *s.f.* POP Comida apetitosa; petisco.

Petit-pois (peti-puá) (fr.) *s.m.* Ervilha sem casca.

Pe.tiz *s.m.* FAM Menino.

Pe.tre.chos (ê) *s.m.pl.* **1.** Munições, instrumentos de guerra. **2.** Quaisquer objetos necessários para a execução de uma tarefa. *Petrechos de pesca.* ◆ *Var.: apetrechos.*

Pé.tre.o *adj.* **1.** De pedra. **2.** Da natureza da pedra; pedregoso. **3.** FIG Insensível, desumano.

Pe.tri.fi.car *v.t.* **1.** Transformar, converter em pedra. **2.** FIG Tornar imóvel de estupefação; embasbacar. *v.p.* **3.** Converter-se em pedra. **4.** FIG Empedernir-se. **5.** Ficar imóvel, estupefato de susto ou medo. **6.** FIG Tornar-se insensível ou desumano.

Pe.tro.dó.lar *s.m.* Dólar proveniente da venda de petróleo.

Pe.tro.gra.fi.a *s.f.* **1.** Descrição das rochas ou das pedras. **2.** Parte da geologia que se ocupa das rochas da crosta terrestre.

Pe.tro.lei.ro *adj.* **1.** Relativo a petróleo. *s.m.* **2.** Navio especialmente construído para transporte de petróleo.

Pe.tró.leo *s.m.* Óleo natural de emprego muito variável, composto quase exclusivamente de hidrocarbonetos, que se extrai do seio da terra.

Pe.tro.lí.fe.ro *adj.* Que contém ou produz petróleo.

Pe.tro.lo.gi.a *s.f.* Parte da Geologia que trata das rochas.

Pe.tro.ló.gi.co *adj.* Relativo a Petrologia.

Pe.tró.lo.go *s.m.* Especialista em Petrologia.

Pe.tro.quí.mi.ca *s.f.* Ciência, técnica ou indústria dos produtos derivados do petróleo.

Pe.tro.quí.mi.co *adj.* Relativo à petroquímica.

Pe.tu.lân.cia *s.f.* **1.** Qualidade de petulante. **2.** Ato petulante.

Pe.tu.lan.te *adj.* **1.** Atrevido, insolente, ousado. **2.** Desavergonhado. **3.** Impetuoso, vivo.

Pe.tú.nia *s.f.* Planta herbácea de flores ornamentais, da família das solanáceas.

Pez (ê) *s.m.* **1.** Secreção resinosa do pinheiro e de outras árvores coníferas. **2.** Breu, piche.

Ph *s.m.* Representação da escala na qual uma solução neutra é igual a sete, os valores menores que sete indicam uma solução ácida e os maiores que sete indicam uma solução básica.

Ph.d. (lat. *philosophiae doctor*) Doutor em filosofia. (De comum nos países de língua inglesa, generalizou-se para outras disciplinas; pode ser substituído, simplesmente, por *doutor*).

Pi¹ *s.m.* **1.** Nome da décima sexta letra do alfabeto grego. **2.** Número *pi* cujo valor aproximado é 3,14.

PI² Sigla do Estado do Piauí.

Pi.a *s.f.* **1.** Vaso de pedra etc., para líquidos. **2.** Carlinga. **3.** Lavabo. **4.** Espécie de bacia retangular, com água encanada, em que se lavam pratos e outros utensílios de cozinha. **5.** Concavidade nas pedras, onde se acumulam águas das chuvas.

Pi.á *s.m.* Índio jovem; filho de caboclo; menino.

Pi.a.ba *s.f.* **1.** Pequeno peixe de água doce. **2.** Coisa de pouca importância.

Pi.a.ça.ba *s.f.* **1.** BOT Palmeira que produz as fibras de que se fazem vassouras. **2.** Vassoura feita dessa fibra. ◆ *Var.: piaçava.*

Pi.a.ça.bal *s.m.* Terreno onde crescem piaçabas.

Pi.a.ça.va *s.f.* BOT Piaçaba.

Pi.a.ça.val *s.m.* Piaçabal.

Pi.a.da *s.f.* **1.** Dito engraçado, malicioso e picante. **2.** Pilhéria, chiste. **3.** Conversa fiada.

Pi.a.dis.ta *adj.* e *s.2g.* Que, ou pessoa que gosta de dizer piadas.

Pi.a.do *s.m.* **1.** Ato ou efeito de piar. **2.** Pio (de aves, apito etc.).

Pi.a-má.ter *s.f.* ANAT A mais interna das membranas que envolvem o cérebro e a medula espinhal. ● *Pl.: pias-máteres.*

Pi.a.nís.si.mo *adj.* MÚS Muito piano, suavemente.

Pi.a.nis.ta *s.2g.* MÚS Pessoa que toca piano.

Pi.a.nís.ti.ca *s.f.* Arte de tocar piano.

Pi.a.no *s.m.* **1.** Instrumento musical, composto de uma caixa sonora com um sistema especial de cordas e teclado. **2.** Pianista de uma orquestra. *adv.* **3.** MÚS Docemente, suavemente.

Pi.a.no.la *s.f.* MÚS Espécie de piano tocado automaticamente por meio de um aparelho.

Pi.ão *s.m.* Peça de metal ou madeira, de forma cônica, com um ferrão na extremidade, que os meninos fazem girar por meio de fieira ou barbante. ◆ *Cf. peão.*

Pi.ar *v.int.* **1.** Dar pios (a ave). **2.** POP Falar. *v.t.* **3.** Emitir, piando.

Pi.au.i.en.se *adj.* **1.** Relativo ou pertencente ao Estado do Piauí (Região Nordeste). *s.2g.* **2.** Pessoa natural ou habitante do Piauí.

Pi.a.va *s.f.* Piaba.

PIB *s.m.* Sigla de Produto Interno Bruto.

Pi.ca.da *s.f.* **1.** Ato ou efeito de picar; picadura: *Picada de inseto.* **2.** Mordedura de cobra. **3.** Ferida feita com objeto pontiagudo. **4.** Dor aguda e rápida: *Ontem senti uma picada no peito...* **5.** Caminho estreito, através do mato, geralmente aberto a golpe de facão.

Pi.ca.dei.ro *s.m.* **1.** Lugar onde se adestram cavalos. **2.** Parte central, nos circos, onde os artistas executam seus trabalhos. **3.** NÁUT Cada uma das peças sobre as quais assenta a quilha do navio em construção. **4.** Depósito de cana, nos engenhos.

Pi.ca.di.nho *s.m.* Guisado de carne cortada em pequenos pedaços.

Pi.ca.du.ra *s.f.* Picada (acep. 1).

Pi.ca.nha *s.f.* **1.** Parte posterior da região lombar dos bovinos. **2.** A carne dessa região, muito apreciada para churrasco.

Pi.can.te *adj.2g.* **1.** Que pica. **2.** Que excita o paladar. **3.** Salgado, apimentado. **4.** FIG Em que há malícia; mordaz. *s.m.* **5.** Aquilo que estimula ou provoca o apetite.

Pi.cão *s.m.* **1.** Instrumento para picar ou lavrar pedra; picareta. **2.** Sacho de picar milho. **3.** Ferrão de aguilhada. **4.** BOT Certa planta brasileira.

Pi.ca-pau *s.m.* Denominação comum a várias aves trepadoras que perfuram a madeira com o bico. ● *Pl.: pica-paus.*

Pi.ca.pe *s.f.* **1.** Pequeno caminhão, para transporte de objetos. **2.** Caminhonete.

Pi.car *v.t.* **1.** Ferir ou furar com objeto pontiagudo. **2.** Ferir (falando dos insetos). **3.** Abrir pequenos orifícios em. **4.** Reduzir a pequenos fragmentos; farpear. **5.** Crivar de pequenos orifícios com instrumento de ponta; arpoar. **6.** Golpear. **7.** Aguilhoar. **8.** Causar comichão em. **9.** FIG Causar sensação dolorosa e desagradável em. **10.** Pungir, molestar. **11.** Excitar, estimular. **12.** Irritar. **13.** Amiudar. **14.** POP Surrupiar. **15.** MÚS Articular (sons) ligeiramente, sem acentuação, mas separando-os um pouco. **16.** Impelir com o taco quase a prumo (a bola, no bilhar). *v.p.* **17.** Ferir-se com objeto pontiagudo. **18.** FIG Sentir-se ofendido. **19.** Melindrar-se.

PICARDIA — PILOTO

Pi.car.di.a *s.f.* **1.** Ato de pícaro. **2.** Maldade, patifaria. **3.** Desconsideração, pirraça.

Pi.car.di.ar *v.int.* Fazer picardias.

Pi.ca.res.co (ê) *adj.* **1.** Próprio de pícaro. **2.** Burlesco; cômico. **3.** Diz-se, na literatura espanhola clássica, das obras em que se descrevem os costumes dos pícaros. ● *Ant.*: sério.

Pi.ca.re.ta (ê) *s.f.* **1.** Instrumento de ferro, com duas pontas, para escavar terra e arrancar pedras. *adj.* e *s.2g.* **2.** Diz-se de, ou indivíduo sem mérito ou qualificação, que usa de embustes e expedientes para obter favores ou vantagens. **3.** Indivíduo dado à prática da picaretagem.

Pi.ca.re.ta.gem *s.f.* **1.** Trabalho feito por picaretas. **2.** POP Expediente ou ardil de que alguém, desprovido de méritos, se utiliza para obter favores ou alcançar vantagens.

Pí.ca.ro *adj.* **1.** Velhaco, patife. **2.** Astuto, ardiloso, malicioso, esperto. **3.** Ridículo. *s.m.* **4.** Indivíduo pícaro.

Pi.çar.ra *s.f.* **1.** Terra misturada com areia e pedra. **2.** Cascalho. **3.** Ardósia. **4.** Pedra de seixo.

Pí.ceo *adj.* **1.** Semelhante a, ao da natureza do pez. **2.** Da cor do pez. **3.** Que produz pez. **4.** Feito de piche.

Pi.cha.ção *s.f.* **1.** Ato ou efeito de pichar. **2.** Frase ou mensagem, em geral política ou humorística, escrita em muros ou paredes.

Pi.cha.dor (ô) *adj.* e *s.m.* Que ou aquele que picha.

Pi.cha.men.to *s.m.* Ato ou efeito de pichar; pichação.

Pi.char *v.t.* **1.** Pintar ou untar com piche. **2.** GÍR Criticar asperamente. **3.** Falar mal de.

Pi.che *s.m.* Substância negra, resinosa, proveniente da destilação do alcatrão ou da terebintina; pez.

Pi.co *s.m.* **1.** Ponta aguda. **2.** Bico, espinho. **3.** Ponto elevado. **4.** Cume agudo de monte. **5.** Monte alto que termina em ponta. **6.** FIG Sabor picante; acidez. *adv.* **7.** Pequena fração, pouco mais (sempre precedido de *e*): *3 horas e pico; dez reais e pico.*

Pi.co.lé *s.m.* Sorvete solidificado numa das extremidades de um pauzinho.

Pi.co.ta.do.ra (ô) *s.f.* Aparelho destinado a picotar ou fazer picotes ('pequenas perfurações'); picotadeira.

Pi.co.ta.gem *s.f.* Ato ou efeito de picotar.

Pi.co.tar *v.t.* **1.** Fazer picotes em. **2.** Cortar ou perfurar com o picador.

Pi.co.te *s.m.* **1.** Certo ponto usado em rendas finas. **2.** Recorte denteado dos selos postais e estampilhas, blocos de papel etc.

Pic.tó.ri.co *adj.* Relativo à pintura.

Pi.cu.á *s.m.* **1.** Mala de tecido grosso, na qual se conduz roupa ou comida, em viagem. **2.** Espécie de cesto ou balaio.

Pi.cu.i.nha *s.f.* **1.** Dito ou alusão picante. **2.** Pirraça, implicância.

Pi.dão *adj.* e *s.m.* Que, ou aquele que pede muito; pedinchão. ● *Fem.*: pidona.

Pi.e.da.de *s.f.* **1.** Amor, respeito e devoção às coisas religiosas. **2.** Qualidade de pio. **3.** Devoção. **4.** Compaixão, pena, dó. **5.** Misericórdia.

Pi.e.do.so (ô) *adj.* **1.** Que tem piedade. **2.** Em que há piedade; compassivo. ● *Ant.*: impiedoso. ● *Fem.* e *pl.*: piedosa e piedosos (ó).

Pi.e.gas *adj.2g.2n.* **1.** Que se embaraça com pequenas coisas. **2.** Sentimental em excesso. **3.** Atoleimado, ridículo. *s.2g.2n.* **4.** Indivíduo piegas.

Pi.e.gui.ce *s.f.* **1.** Qualidade ou modos de piegas. **2.** Sentimentalidade excessiva ou afetada.

Pi.ei.ra *s.f.* MED Som produzido pela respiração de um doente do aparelho respiratório.

Pi.e.mon.tês *adj.* **1.** Do, ou relativo ao Piemonte (região da Itália). *s.m.* **2.** O natural ou habitante do Piemonte. **3.** Dialeto falado nessa região da Itália.

Pí.er *s.m.* Construção que avança para o mar, perpendicular ou obliquamente ao cais, para atracação de embarcações por um ou ambos os lados. ● *Pl.*: píeres.

Piercing (ing.) *s.m.* Argola ou bola de metal colocada no nariz, umbigo etc. ● *Pl.*: piercings.

Pi.er.rô *s.m.* **1.** Personagem da comédia italiana, de feição ingênua e sentimental. **2.** Fantasia carnavalesca que reproduz o vestuário dessa personagem. **3.** POP Indivíduo ignorante, ingênuo. ● *Fem.*: pierrete.

Pi.far *v.int.* **1.** Enguiçar, estragar. **2.** Quebrar, deixar de funcionar (um mecanismo).

Pí.fa.ro *s.m.* MÚS Instrumento de sopro, espécie de flauta sem chaves.

Pi.fe-pa.fe *s.m.* Certo jogo de cartas; pife.

Pí.fio *s.m.* PLEB Ordinário, vil, reles, grosseiro.

Pi.gar.re.ar *v.int.* Ter pigarro; tossir com pigarro.

Pi.gar.ren.to *adj.* Que tem pigarro; que causa pigarro.

Pi.gar.ro *s.m.* Embaraço na garganta, causado pela aderência de mucosidade, pelo fumo etc.

Pig.men.ta.ção *s.f.* **1.** Ato ou efeito de pigmentar. **2.** Formação ou produção de pigmento. **3.** Coloração da pele ou do tecido, por um pigmento. **4.** Cor, coloração.

Pig.men.tar *v.t.* **1.** Dar a cor de pele a. **2.** Dar cor a.

Pig.meu *adj.* e *s.m.* Diz-se de, ou pessoa de pequena estatura. ● *Fem.*: pigmeia.

Pi.ja.ma *s.m.* Vestuário caseiro, amplo e leve, composto de casaco e calças, para dormir. ● Alguns autores aceitam a forma fem.: a pijama.

Pi.lan.tra *adj.2g.* e *s.2g.* **1.** Diz-se de ou pessoa mal trajada, mas pretensiosa. **2.** Diz-se de ou pessoa de mau caráter; desonesto, finório. *s.m.* **3.** Entre ladrões, vagabundo de baixa categoria, reles.

Pi.lan.tra.gem *s.f.* **1.** Ação ou maneira de ser do pilantra. **2.** Conjunto de pilantras.

Pi.lão *s.m.* **1.** Mão do almofariz ou gral. **2.** O próprio almofariz ou gral. **3.** Grande gral de madeira rija, em que se descasca e tritura arroz, café, milho etc.

Pi.lar *v.t.* **1.** Pisar, moer, socar no pilão. **2.** Descascar. *s.m.* **3.** Coluna simples, que sustenta uma construção. **4.** Esteio. FIG Sustentáculo moral.

Pi.las.tra *s.f.* Pilar de quatro faces, uma das quais adere à parede.

Pi.le.que *s.m.* Ligeira embriaguez; bebedeira.

Pi.lha *s.f.* **1.** Porção de coisas dispostas umas sobre outras. **2.** FÍS Aparelho destinado a transformar em corrente elétrica a energia desenvolvida por um agente químico. **3.** Pessoa nervosa e irritadiça.

Pi.lha.gem *s.f.* **1.** Ato de pilhar. **2.** Saque, roubo, depredação.

Pi.lhar *v.t.* **1.** Roubar, saquear. **2.** Apanhar, haver às mãos. **3.** FIG Alcançar, obter. **4.** Encontrar, pegar em flagrante. *v.p.* **5.** Conseguir, chegar a encontrar-se (em certo lugar, estado ou condição).

Pi.lhé.ria *s.f.* **1.** POP Dito humorístico. **2.** Graça, piada. **3.** Dito zombeteiro e picante. **4.** Zombaria, chiste.

Pi.lhe.ri.a.dor *adj.* e *s.m.* Diz-se de, ou aquele que pilheria.

Pi.lhe.ri.ar *v.t.* e *int.* Dizer pilhérias.

Pi.ló.ri.co *adj.* Relativo ao piloro.

Pi.lo.ro *s.m.* ANAT Orifício de comunicação do estômago com o intestino delgado.

Pi.lo.si.da.de *s.f.* Qualidade de piloso.

Pi.lo.so (ô) *adj.* Revestido de pelos; peludo. ● *Fem.* e *pl.*: pilosa e pilosos (ó).

Pi.lo.ta.gem *s.f.* **1.** Ato ou efeito de pilotar. **2.** Arte ou ofício de piloto.

Pi.lo.tar *v.int.* **1.** Exercer as funções de piloto. *v.t.* **2.** Dirigir ou governar como piloto.

Pi.lo.ti *s.m.* Cada uma das colunas que sustentam um edifício, deixando livre e aberto o pavimento térreo, para circulação.

Pi.lo.to (ô) *s.m.* **1.** Imediato do capitão, nos navios mercantes. **2.** Aquele que dirige um navio na entrada ou saída dos portos. **3.** Aquele que dirige um veículo (carro, moto) de corrida. **4.** Pequeno bico de gás que, nos aquecedores e fogões, acende-se antes dos outros. **5.** FIG Diretor, guia. **6.** Pequeno peixe, que geralmente acompanha os tubarões. *adj.* **7.** Que não tem um dos olhos. **8.** Que serve de modelo e como experiência.

PÍLULA — PIOGÊNESE

Pí.lu.la *s.f.* **1.** Composição farmacêutica em forma de glóbulo. **2.** Contraceptivo oral, também chamado *pílula anticoncepcional*. **3.** FIG Coisa desagradável ou difícil de suportar. **4.** POP Logro, engano.

Pi.men.ta *s.f.* **1.** BOT Nome comum a várias plantas das famílias das piperáceas e das solanáceas; pimenteira. **2.** Fruto dessas plantas, muito empregado em culinária. **3.** FIG Insinuação maliciosa; malícia. **4.** Pessoa geniosa. **5.** Pessoa viva, ardente, irrequieta.

Pi.men.ta-do-rei.no *s.f.* **1.** Planta de fruto redondo e pequeno, usado seco como condimento, geralmente após triturado. **2.** O próprio fruto. • *Pl.: pimentas-do-reino.*

Pi.men.tão *s.m.* **1.** BOT Certa planta de quintal ou horta, da família das solanáceas. **2.** Fruto dessa planta, em geral verde ou vermelho, usado na culinária.

Pi.men.tei.ra *s.f.* **1.** BOT Nome comum às plantas que produzem pimenta. **2.** Vaso no qual se serve pimenta.

Pim.pão *adj.* e *s.m.* **1.** Diz-se de, ou indivíduo janota. **2.** Diz-se de ou indivíduo que alardeia valentia; jactancioso, fanfarrão. • *Fem.: pimpona.*

Pim.po.lho (ô) *s.m.* **1.** Rebento da videira; sarmento. **2.** FIG Criança robusta, bem-desenvolvida.

Pim.po.ni.ce *s.f.* Atitude de quem conta bravatas; fanfarrice, jactância.

Pi.na.co.te.ca *s.f.* **1.** Coleção de obras de pintura. **2.** Museu de pintura.

Pi.ná.cu.lo *s.m.* **1.** A parte mais elevada de um edifício ou de um monte; cume, píncaro. **2.** FIG O mais alto grau. **3.** Fastígio, auge, apogeu.

Pin.ça *s.f.* **1.** Pequena tenaz. **2.** Utensílio usado em operações cirúrgicas. **3.** Órgão apreensor de certos animais (caranguejos, siris etc.).

Pin.ça.men.to *s.m.* Ato ou efeito de pinçar.

Pin.çar *v.t.* Prender, segurar, apertar com pinça.

Pin.ca.ro *s.m.* **1.** Cume, pináculo, pico. **2.** Apogeu.

Pin.cel *s.m.* **1.** Instrumento, feito de um molho de pelos ou de crinas, usado por pintores. **2.** Utensílio semelhante para ensaboar o rosto para o barbear. **3.** FIG Maneira de pintar própria de cada artista. **4.** O próprio pintor.

Pin.ce.la.da *s.f.* Traço ou toque de pincel.

Pin.ce.lar *v.t.* **1.** Dar pinceladas em. **2.** Pintar ou desenhar com pincel.

Pin.ce.nê *s.m.* Óculos sem haste, que se prende ao nariz por uma mola.

Pin.char *v.t.* **1.** Lançar ou jogar (alguma coisa) com força (em algo ou alguém); arremessar. **2.** Fazer saltar ou cair de; empurrar. *v.int.* e *p.* **3.** Atirar-se de um lugar para outro; saltar.

Pin.da.í.ba *s.f.* **1.** FAM Falta de dinheiro; quebradeira. **2.** BOT Planta anonácea dos lugares úmidos. **3.** BOT Planta da família das estiracáceas. **4.** Corda feita da palha de coqueiro.

Pin.ga *s.f.* **1.** Gota, pingo. **2.** POP Cachaça.

Pin.ga.ço *adj.* e *s.m.* (S) Diz-se do cavalo muito bom e bonito.

Pin.ga.do *adj.* **1.** Repleto de pingos. **2.** Que bebeu demais, que se embriagou. **3.** Diz-se do arroz a que se acrescenta um pouco de feijão ou apenas seu caldo. **4.** Café com pouco leite.

Pin.ga-pin.ga *adj.2g.* **1.** Que se completa ou realiza aos poucos. *s.m.* **2.** Algo que se completa ou realiza em etapas. • *Pl.: pingas-pingas* e *pinga-pingas.*

Pin.gar *v.t.* **1.** Verter aos pingos. **2.** Deixar cair os pingos; gotejar. **3.** Chuviscar. **4.** FIG Começar a chorar. **5.** Render pouco a pouco.

Pin.gen.te *s.m.* **1.** Pequeno objeto pendente. **2.** Brinco das orelhas; berloque. **3.** Pessoa que viaja pendurada no estribo de um veículo.

Pin.go *s.m.* **1.** Gota (especialmente de gordura). **2.** Banha de porco derretida. **3.** Pequena porção de solda. **4.** Porção mínima de qualquer coisa.

Pin.gu.ço *s.m.* POP Homem que bebe muita cachaça ou pinga.

Pin.gue.la *s.f.* **1.** Pauzinho com que se arma o laço para apanhar aves. **2.** Gancho com que se arma a ratoeira. **3.** Viga ou prancha que se atravessa sobre um rio para servir de ponte.

Pin.gue-pon.gue *s.m.* **1.** Esporte que se pratica com uma bola pequena e raquetes, sobre uma mesa dividida por uma rede. **2.** Tênis de mesa. • *Pl.: pingue-pongues.*

Pin.guim *s.m.* (epiceno) Ave palmípede de asas muito curtas, que vive em grupos no Polo Sul.

Pi.nha *s.f.* **1.** Estróbilo do pinheiro e de outras coníferas. **2.** O fruto da pinheira; ata, fruta-do-conde. **3.** Aglomeração de pessoas ou coisas.

Pi.nhal *s.m.* Mata de pinheiros; pinheiral.

Pi.nhão *s.m.* **1.** Semente do pinheiro-do-paraná, comestível. **2.** Peça do diferencial de automóveis. *adj.* **3.** De cor avermelhada, semelhante à do pinhão.

Pi.nhei.ral *s.m.* Pinhal.

Pi.nhei.ro *s.m.* **1.** Nome comum a várias árvores gimnospermas, em especial as do gênero *Pinus*. **2.** Diz-se da rês que tem os chifres direitos.

Pi.nhei.ro-do-pa.ra.ná *s.m.* **1.** BOT Árvore de pinhões comestíveis e de madeira muito útil, também chamada *pinheiro-do-brasil* e *araucária*. **2.** A própria madeira. *adj.* **3.** Diz-se da rês que tem os chifres direitos. • *Pl.: pinheiros-do-paraná.*

Pi.nho *s.m.* **1.** Madeira do pinheiro. **2.** O próprio pinheiro. **3.** POP Viola, violão.

Pi.ni.car *v.t.* POP Beliscar.

Pi.no *s.m.* **1.** O ponto mais alto a que chega o Sol ou qualquer astro; zênite. **2.** Ponto culminante; auge. **3.** Prego usado pelos sapateiros. **4.** Peça que une as asas da dobradiça. **5.** ODONT Haste metálica, destinada a suportar a coroa nas raízes das incrustações. **6.** Planta também chamada *queimadeira*.

Pi.no.te *s.m.* Salto que a cavalgadura dá, escoiceando.

Pi.no.te.ar *v.int.* Dar pinotes.

Pin.ta *s.f.* **1.** Pequena mancha. **2.** Malha, nódoa. **3.** POP Aspecto, aparência, fisionomia. *s.m.* **4.** GÍR Pessoa suspeita, mau elemento.

Pin.ta-bra.va *s.2g.* Mau elemento, pinta.

Pin.ta.da *s.f.* **1.** Galinha-d'angola. **2.** Espécie de onça mosqueada.

Pin.ta.i.nho *s.m.* Pinto ainda implume ou quase implume.

Pin.tal.gar *v.t.* Pintar de cores diversas; sarapintar.

Pin.tar *v.t.* **1.** Representar por traços em cores. **2.** Executar por meio da pintura. **3.** Dar tinta em; colorir. **4.** Cobrir de figuras. **5.** Descrever, grafar. **6.** Lograr, burlar. **7.** Imaginar, conceber. *v.int.* **8.** Tomar cor. **9.** Começar a colorir-se ou a embranquecer (o cabelo). **10.** (S) Dar mostra de que está começando a engordar (o gado invernado). **11.** Representar como; figurar. *v.p.* **12.** Aplicar tintas ou cremes no rosto. **13.** Tingir a barba ou o cabelo. **14.** Manifestar-se por sinais exteriores; revelar-se. **15.** Parecer, figurar-se.

Pin.tar.ro.xo (ô) *s.m.* Pássaro canoro originário da Europa.

Pin.tas.sil.go *s.m.* **1.** Ave canora da família dos tanagrídeos, de gaiola. **2.** Ave da família dos fringilídeos.

Pin.to *s.m.* **1.** Filhote da galinha nos primeiros dias de nascido. **2.** GÍR Criança. **3.** POP Pênis. **4.** POP Coisa fácil. **5.** Antiga moeda portuguesa de prata.

Pin.tor *s.m.* **1.** Aquele que sabe ou exerce a arte da pintura. **2.** O que exerce a profissão de pintor. • *Fem.: pintora.*

Pin.tu.ra *s.f.* **1.** Arte ou ato de pintar. **2.** Profissão de pintor. **3.** Obra executada por pintor. **4.** Quadro, painel. **5.** Cor. **6.** FIG Descrição fiel e minuciosa. **7.** Representação escrita ou verbal. **8.** Pessoa formosa. **9.** Coisa perfeita. **10.** Imagem. **11.** Revestimento de superfície por uma substância colorante.

Pi.o[1] *s.m.* **1.** Ato ou efeito de piar. **2.** Voz do mocho e de outras aves. **3.** Som imitativo da voz dessa ave.

Pi.o[2] *s.m.* Pia grande, onde se pisam uvas.

Pi.o[3] *adj.* **1.** Que cumpre os deveres da piedade. **2.** Piedoso, devoto. • *Ant.: ímpio.* • *Sup.abs.sint.: pientíssimo* ou *piíssimo.*

Pi.ó *s.f.* Armadilha, esparrela.

Pi.o.gê.ne.se *s.f.* Formação de pus; supuração.

PIOLHENTO — PIROTECNIA

Pi.o.lhen.to *adj.* **1.** Cheio de piolhos; coberto de piolhos. *s.m.* **2.** Indivíduo piolhento.

Pi.o.lho (ô) *s.m.* **1.** Denominação geral de várias espécies de insetos parasitas de animais como galinhas, também encontrados na cabeça humana e em algumas plantas. **2.** Árvore brasileira.

Pi.o.nei.ris.mo *s.m.* Caráter ou qualidade de pioneiro ou de precursor.

Pi.o.nei.ro *s.m.* **1.** O primeiro que abre ou desenvolve caminho através de região inculta. **2.** Explorador de sertões. **3.** FIG Aquele que prepara os resultados futuros, que se antecipa a outros similares. *adj.* **4.** Que abre caminho, que vem antes.

Pi.or *adv.* **1.** Comparativo de superioridade irreg. de *mal*; mais mal. *adj.2g.* **2.** Comparativo de superioridade irreg. de *mau*; mais mau. *s.m.* **3.** O que, sob determinado aspecto, é inferior a tudo mais. ● *Ant.*: *melhor*.

Pi.o.ra *s.f.* Ato ou efeito de piorar; agravamento. ● *Ant.*: *melhora*.

Pi.o.rar *v.t.* **1.** Mudar para pior. **2.** Pôr em pior estado. *v.int.* **3.** Tornar-se ou pôr-se pior. ● *Ant.*: *melhorar*.

Pi.or.rei.a *s.f.* **1.** MED Derramento de pus. **2.** Afecção crônica supurativa dos alvéolos dentários.

Pi.pa *s.f.* **1.** Grande vasilha de madeira, aproximadamente cilíndrica, bojuda, para vinho e outros líquidos. **2.** Quantidade de 21 a 25 almudes. **3.** Espécie de cachimbo. **4.** POP Pessoa gorda e baixa. **5.** POP Beberrão. **6.** Espécie de papagaio de papel. **7.** Espécie de sapo.

Pi.pa.ro.te *s.m.* Pancada com a ponta do dedo dobrado e apoiado contra a face interna do polegar e despendido com força; peteleco.

Pi.pa.ro.te.ar *v.int.* Desferir piparotes.

Pi.pe.ta (ê) *s.f.* **1.** Bomba usada nas adegas. **2.** Tubo que se introduz no bdaogue dos tonéis para retirar pequena quantidade de vinho. **3.** QUÍM Tubo de vidro, geralmente com uma dilatação na parte média, usado em trabalhos de laboratório.

Pi.pi¹ *s.m.* BOT Certa planta medicinal.

Pi.pi² *s.m.* **1.** Pênis de criança. **2.** Xixi (linguagem infantil). ◆ *Fazer pipi*: urinar.

Pi.pi³ *interj.* Voz com que se chamam as aves, especialmente galináceas, para lhes dar comida.

Pi.pi.a.do *adj.* Diz-se de um som semelhante à voz das aves.

Pi.pi.lar *v.int.* **1.** Piar (a ave); pipitar. **2.** Produzir som semelhante à voz das aves. *s.m.* **3.** O piar das aves.

Pi.pi.lo *s.m.* Ato de pipilar; chilro.

Pi.po.ca *s.f.* **1.** Grão de milho estalado sob a ação do calor, e que geralmente se come com sal. **2.** FIG Pequeno tumor da pele; verruga.

Pi.po.ca.men.to *s.m.* Ação ou efeito de pipocar.

Pi.po.car *v.int.* **1.** Estalar ou saltar como pipoca; espocar. **2.** Arrebentar, estourar, ferver em borbotões. **3.** No futebol, ter medo de entrar em jogada dividida.

Pi.po.quei.ra *s.f.* Panela própria para fazer pipocas.

Pi.po.quei.ro *s.m.* Vendedor de pipocas.

Pi.que *s.m.* **1.** Lança antiga. **2.** Sabor picante. **3.** Brinquedo infantil em que um menino tem de pegar algum dos outros antes que este chegue a certo ponto determinado. **4.** Buraquinho como que feito por instrumento pontiagudo. **5.** POP Grande disposição, ânimo, garra. **6.** A hora do *rush*; o *rush*. **7.** Pirraça. **8.** Prevenção. ◆ *A pique de*: a ponto de.

Pi.que.ni.que *s.m.* Passeio a local ao ar livre (campo ou praia) em que cada participante leva alimentos que poderão ser desfrutados por todos; seu maior prazer reside na refeição feita em meio à natureza.

Pi.que.te (ê) *s.m.* **1.** Pequeno corpo de tropa, que forma guarda avançada. **2.** Conjunto de soldados, a cavalo, encarregados de dar guarda, prestar honra ou outro serviço extraordinário. **3.** Porção de empregados, a quem compete certo serviço por turno. **4.** O próprio serviço. **5.** Cavalo ou cavalos que estão sempre prontos para qualquer necessidade nas estâncias.

Pi.ra *s.f.* Fogueira na qual os antigos reduziam os cadáveres a cinza.

Pi.ra.ce.ma *s.f.* **1.** (N) Cardume de peixes. **2.** Época em que se manifesta a arribação do peixe fluvial, em grandes cardumes. **3.** Rumor que fazem os peixes subindo a nascente, na ocasião da desova.

Pi.ra.do *adj.* POP Que pirou ou perdeu o juízo; amalucado.

Pi.ram.bei.ra *s.f.* Perambeira.

Pi.ra.mi.dal *adj.* **1.** Pertencente ou relativo à pirâmide. **2.** Em forma de pirâmide. **3.** FIG Colossal, extraordinário, importante, muito grande, notável. *s.m.* **4.** ANAT Terceiro osso da primeira fila do corpo.

Pi.râ.mi.de *s.f.* **1.** GEOM Sólido que tem por base um polígono, e por faces laterais triângulos que têm um vértice comum. **2.** Monumento em forma de pirâmide quadrangular. **3.** Construção que tem forma aguçada.

Pi.ra.nha *s.f.* **1.** Peixe fluvial, de dentes anavalhados e mordedura perigosa. **2.** PEJ Mulher, não necessariamente prostituta, que se entrega facilmente ao homem; galinha.

Pi.rão *s.m.* Papa grossa de farinha de mandioca ou de milho escaldada.

Pi.rar *v.int.* **1.** POP Safar-se, fugir, raspar-se. **2.** POP Perder o juízo; endoirar.

Pi.ra.ru.cu *s.m.* (epiceno) O maior peixe de água doce, comum no Rio Amazonas.

Pi.ra.ta *s.2g.* **1.** Salteador que cruza os mares exclusivamente para roubar. **2.** Ladrão marítimo. **3.** Ladrão. **4.** Pessoa que enriquece às custas de outrem; espertalhão. *s.m.* **5.** Malandro, namorador, conquistador barato. *adj.* **6.** Diz-se de cópia de filme, programa de computador etc., que não possui a autorização do dono dos direitos autorais. **7.** Diz-se de estação de transmissão de rádio ou TV que não tem a autorização dos órgãos competentes. **8.** Relativo a pirata.

Pi.ra.ta.ri.a *s.f.* **1.** Assalto criminoso, no alto-mar ou na costa, praticado pela tripulação ou passageiros de um navio armado, de existência clandestina, contra outro navio, para se apoderar de sua carga, equipagem ou passageiros. **2.** Extorsão, roubo.

Pi.ra.te.ar *v.int.* **1.** Exercer a pirataria. *v.t.* **2.** Roubar como os piratas.

Pi.re.nai.co *adj.* Relativo aos Pireneus, região entre Espanha e França.

Pi.re.neu *adj.* Pirenaico.

Pi.res *s.m.2n.* Pequeno prato sobre o qual se coloca a xícara.

Pi.ré.ti.co *adj.* Febril.

Pi.rex (cs) *s.m.* Designação comercial e industrial de um tipo de vidro, caracterizado por sua resistência a elevadas temperaturas.

Pi.re.xi.a (cs) *s.f.* MED Acesso febril; febre.

Pí.ri.co *adj.* Relativo ao fogo.

Pi.ri.for.me *adj.* Em forma de pera.

Pi.ri.lam.po *s.m.* Nome de alguns insetos que emitem luz fosforescente; vaga-lume.

Pi.ri.pa.que *s.m.* Chilique.

Pi.ri.ri *s.m.* **1.** Arbusto do qual se extrai uma espécie de borracha. **2.** POP Diarreia.

Pi.ro.fo.bi.a *s.f.* MED Medo mórbido de fogo.

Pi.ró.fo.bo *adj.* e *s.m.* MED Que, ou o que tem pirofobia.

Pi.ro.ga *s.f.* Embarcação comprida, estreita e veloz, feita de um tronco escavado ou de casca de árvore.

Pi.ro.gra.vu.ra *s.f.* **1.** Arte de pirogravar. **2.** Gravura obtida por esse processo.

Pi.ro.ma.ni.a *s.f.* Impulso doentio que leva certas pessoas a provocarem incêndios.

Pi.ro.ma.ní.a.co *adj.* **1.** Relativo à piromania. *adj.* e *s.m.* **2.** Que ou aquele que sofre de piromania.

Pi.ro.me.tri.a *s.f.* Medida de temperaturas elevadas.

Pi.rô.me.tro *s.m.* Instrumento com que se pratica a pirometria.

Pi.ro.se *s.f.* MED Sensação de ardor ou calor, do estômago até à garganta; azia.

Pi.ro.tec.ni.a *s.f.* **1.** Arte de empregar o fogo. **2.** Arte de fabricar fogos de artifício.

PIROTÉCNICO — PIZZA

Pi.ro.téc.ni.co *adj.* **1.** Relativo ou pertencente à pirotecnia. *s.m.* **2.** Fabricante de fogos de artifício.

Pir.ra.ça *s.f.* Acinte, coisa feita com a intenção de contrariar, aborrecer ou magoar alguém; desfeita.

Pir.ra.çar *v.t.* Fazer pirraça a.

Pir.ra.cei.ro *adj.* e *s.m.* Pirracento.

Pir.ra.cen.to *adj.* e *s.m.* Que, ou aquele que gosta de fazer pirraças.

Pir.ra.lho *s.m.* **1.** Criança, criançola. **2.** Homem de baixa estatura.

Pi.ru.e.ta (ê) *s.f.* **1.** Giro sobre um dos pés. **2.** Volta dada pelo cavalo sobre uma das patas; pulo.

Pi.ru.e.tar *v.t.* **1.** Fazer piruetas. **2.** Saltar, cabriolar.

Pi.ru.li.to *s.m.* **1.** Espécie de caramelo cônico ou em forma de disco, solidificado na extremidade de um palito, por onde se pega para o consumir. **2.** FIG Pessoa muito magra.

Pi.sa *s.f.* **1.** Ato ou efeito de pisar. **2.** Maceração, com os pés, das uvas no lagar. **3.** Porção de uvas ou azeitonas para uma lagarada. **4.** Sova, tunda.

Pi.sa.da *s.f.* **1.** Ato ou efeito de pisar. **2.** Pegada, rasto. **3.** Pisadela. **4.** Certa andadura do cavalo.

Pi.sa.de.la *s.f.* Ato de pisar rapidamente.

Pi.sa.dor *adj.* e *s.m.* Que, ou aquele que pisa.

Pi.sa.du.ra *s.f.* **1.** Vestígio de pisada. **2.** Contusão, equimose. **3.** Ferida no lombo dos animais de sela, causada pelo roçar dos arreios.

Pi.sar *v.t.* **1.** Pôr o pé ou os pés sobre. **2.** Passar ou andar por cima de. **3.** Calcar, esmagar. **4.** Contundir. **5.** Magoar, espezinhar, desprezar. **6.** Moer, triturar. **7.** Causar pisadura em (cavalgadura). **8.** Oprimir, ofender. **9.** Insistir em, repisar. **10.** Percorrer, atravessar. **11.** Entrar em. **12.** Atropelar. *v.int.* **13.** Andar, caminhar. **14.** Acelerar (veículo). *v.i.* **15.** Picar, molestar, provocar.

Pis.ca.da *s.f.* **1.** Fechamento e abertura rápidos do olho. **2.** Sinal que se dá ao piscar. **3.** Brilho intermitente.

Pis.ca-pis.ca *s.2g.* **1.** Pessoa que tem o cacoete de piscar constantemente. *s.m.* **2.** Farol que acende e apaga sem cessar na sinalização do trânsito. **3.** Farolete que indica mudança de direção de veículo em movimento. • *Pl.:* pisca-piscas ou piscas-piscas.

Pis.car *v.t.* e *int.* **1.** Fechar e abrir rapidamente (os olhos). *v.t.* **2.** Dar sinal a, piscando (os olhos ou o farol do carro). **3.** Cintilar, tremeluzir.

Pis.ci.a.no *adj.* e *s.m.* Diz-se de, ou pessoa nascida sob o signo de Peixes ou Pisces (19 de fevereiro a 20 de março).

Pis.ci.cul.tor *s.m.* Aquele que se dedica à piscicultura; criador de peixe.

Pis.ci.cul.tu.ra *s.f.* Conjunto de técnicas e procedimentos para criar e multiplicar peixes; criação de peixe.

Pis.ci.for.me *adj.2g.* Que tem forma ou aparência de peixe.

Pis.ci.na *s.f.* **1.** Reservatório de água, onde se criavam peixes. **2.** Tanque especial para natação ou banho. **3.** Pia bastimal. **4.** FIG Sacramento da penitência. **5.** Tudo que purifica.

Pis.co.si.da.de *s.f.* Qualidade das águas piscosas.

Pis.co.so (ô) *adj.* Em que há muito peixe.

Pi.so *s.m.* **1.** Modo de andar. **2.** Terreno ou lugar em que se anda. **3.** Pavimento, andar. **4.** Face superior dos degraus.

Pi.so.te.ar *v.t.* **1.** Calcar com os pés; pisar. **2.** FIG Humilhar, espezinhar.

Pi.so.tei.o *s.m.* Ato ou efeito de pisotear.

Pis.ta *s.f.* **1.** Rastro de animais no solo. **2.** Rastro, pegada; vestígio. **3.** Encalço, busca. **4.** Parte circular do hipódromo em que os cavalos correm. **5.** Faixa cimentada nos aeroportos, onde decolam e aterrisam os aviões. **6.** Leito pavimentado das estradas de rodagem. **7.** Parte do salão em que se dança. **8.** Indicação, dica.

Pis.ta.che *s.m.* **1.** Pistácia. **2.** Essência do pistácio.

Pis.tão *s.m.* Pistom.

Pis.ti.lo *s.m.* Órgão sexual feminino da flor, composto de ovário, estilete e estigma; gineceu.

Pis.to.la *s.f.* **1.** Pequena arma de fogo, que se maneja com uma só mão. **2.** Espécie de artifício em forma de canudo, que dispara glóbulos luminosos. **3.** Moeda espanhola de ouro. **4.** Antiga moeda francesa.

Pis.to.lão *s.m.* **1.** Espécie de fogo de artifício. **2.** Pessoa influente que interfere em favor de outra. **3.** Recomendação de pessoa influente; cartucho.

Pis.to.lei.ro *s.m.* **1.** Antigo cavaleiro armado de pistola, aquele que maneja hábil e rapidamente pistola ou revólver. **2.** Matador profissional; bandido.

Pis.tom *s.m.* **1.** Êmbolo. **2.** Instrumento de sopro, espécie de trompete semelhante ao cornetim. **3.** O tocador de pistão; pistonista.

Pis.to.nis.ta *s.2g.* Músico que toca pistão.

Pi.ta.da *s.f.* **1.** Porção de qualquer substância reduzida a pó que se pode pegar entre o dedo polegar e o indicador, especialmente rapé. **2.** Pequena porção de qualquer coisa. **3.** Ação de fumar, sobretudo, cigarro de palha ou cachimbo.

Pi.tan.ga *s.f.* **1.** Fruto vermelho (quando maduro) e comestível da pitangueira. **2.** Pitangueira.

Pi.tan.guei.ra *s.f.* BOT Arbusto da família das mirtáceas que dá a pitanga.

Pi.tar *v.t.* e *int.* Fumar, cachimbar.

Pi.te.can.tro.po (ó) *s.m.* Suposto ser intermediário entre homem e o macaco.

Pi.tei.ra *s.f.* **1.** Planta de fibras têxteis. **2.** Aguardente de figo. **3.** Tubo por onde se fuma cigarro ou charuto; boquilha.

Pi.téu *s.m.* **1.** FAM Iguaria delicada; prato especial. **2.** Petisco, gulodice. **3.** Coisa agradável.

Pi.to *s.m.* **1.** Cachimbo. **2.** Cigarro. **3.** Tubo de borracha, por onde se enche a bola de futebol. **4.** FAM Pequena repressão; descompostura, carão.

Pi.to.co¹ (ó) *adj.* **1.** (S) Que tem rabo. **2.** (RS) FIG Diz-se daquele a quem falta uma das falanges dos dedos. **3.** (RS) Diz-se de objetos normalmente longos a que falta um pedaço. **4.** (RS) Curto, pequeno. **5.** (RS) Diz-se do animal sem cauda ou que tem só o sabugo da cauda. **6.** (NE) Cotó.

Pi.to.co² (ô) *s.m.* (N) Pedaço de cachimbo; cachimbo quebrado.

Pi.tom.ba *s.f.* **1.** Fruto da pitombeira, amarelado, pequeno, de gosto ácido mas agradável. **2.** GÍR Bofetada, tapa. **3.** FUT Chute violento; petardo.

Pi.tom.bei.ra *s.f.* Árvore que dá a pitomba.

Pi.ton *s.m.* **1.** Adivinho, mago. **2.** Serpente.

Pi.to.ni.sa *s.f.* Adivinha de Roma e da Grécia antigas; profetisa. • *Masc.:* píton.

Pi.to.res.co (ô) *adj.* **1.** Relativo a pintura. **2.** Digno de ser pintado; pictórico. **3.** FIG Variado, acidentado. **4.** Recreativo. **5.** Vivo, imaginoso, cintilante (estilo). *s.m.* **6.** Aquilo que é pitoresco.

Pi.tu *s.m.* (epiceno) Grande camarão de água doce.

Pi.tu.í.ta *s.f.* MED Humor branco e viscoso, segregado pelas membranas do nariz e dos brônquios e por outros órgãos do corpo.

Pi.tu.i.tá.ria *s.f.* Membrana mucosa que reveste as fossas nasais.

Pi.ve.te *s.m.* **1.** Qualquer substância aromática que se queima para perfumar. **2.** Criança esperta. **3.** GÍR Menor de rua que rouba ou auxilia ladrão; trombadinha.

Pi.vô *s.m.* **1.** Haste metálica, destinada a suportar coroa nas raízes ou incrustações dos dentes. **2.** Pequeno eixo. **3.** Agente ou causa principal. **4.** Base, sustentáculo. **5.** ESP jogador (de basquete, futebol de salão etc.), que arma as jogadas para os outros concretizarem os pontos.

Pi.xa.im *s.m.* **1.** Carapinha. *adj.2g.* **2.** Diz-se do cabelo encarapinhado.

Pizza (pítça) (ital.) *s.f.* Prato da cozinha italiana, feito de massa de pão, de forma circular, com muçarela, presunto, orégano e molho de tomate etc. • **Acabar em pizza:** dar em nada.

PLACA — PLATIBANDA

Pla.ca *s.f.* **1.** Folha de metal mais ou menos espessa. **2.** Lâmina, chapa. **3.** Broche em forma de placa. **4.** Escápula fixa na parede, para sustentar vela ou candeeiro. **5.** Chapa de metal que traz o número de licença de um veículo.

Pla.ca-mãe *s.f.* Principal placa de circuito impresso de um computador, que contém a unidade central de processamento; placa lógica. ● *Pl.: placas-mãe e placas-mães.*

Pla.car¹ *s.m.* **1.** Cartaz, aviso. **2.** Tábua em que se registram os pontos nas competições esportivas e, o registo detalhes dela: *Terminado o jogo, lá estava o placar: Flamengo 2 X Bahia 2.*

Pla.car² *v.t.* Aplacar.

Pla.cê *s.m.* **1.** Colocação de um cavalo pelo menos em segundo ou terceiro lugar. **2.** Sistema de apostas em que o jogador acerta se o cavalo escolhido chegar pelo menos em segundo ou terceiro lugar. **3.** O rateio pago em tal sistema de apostas.

Pla.cen.ta *s.f.* ANAT Massa esponjosa que se forma no interior do útero na gestação, e que estabelece comunicação entre o organismo materno e o feto através do cordão umbilical. **2.** BOT Órgão vascular, a que se prendem os óvulos.

Plá.ci.do *adj.* **1.** Bonançoso, manso, calmo, sereno. **2.** Que denota sossego de ânimo ou tranquilidade de espírito. **3.** Em que há sossego, quietação.

Pla.gas *s.f.* Terras, região.

Pla.gi.a.dor *s.m.* Plagiário.

Pla.gi.ar *v.t.* **1.** Apresentar como seu trabalho literário ou científico de outrem. **2.** Imitar servilmente.

Plá.gio *s.m.* **1.** Ato ou efeito de plagiar. **2.** Cópia de obra de outrem.

Plai.na (ãi) *s.f.* Instrumento com que os carpinteiros aplainam e alisam madeira.

Pla.na *s.f.* Categoria, classe; ordem.

Pla.na.dor (ê) *adj.* **1.** Que plana. *s.m.* **2.** Espécie de aeroplano sem motor, que voa utilizando as correntes atmosféricas.

Pla.nal.to *s.m.* Região alta e mais ou menos plana; chapada.

Plânc.ton *s.m.* Conjunto de pequeninos seres orgânicos, que vivem em suspensão nas águas doces e salgadas. ◆ *Var.: plancto.* ● *Pl.: plânctons.*

Pla.ne.ja.men.to *s.m.* **1.** Ato ou efeito de planejar. **2.** Plano detalhado de trabalho.

Pla.ne.jar *v.t.* **1.** Traçar o esquema, o plano de. **2.** Projetar. **3.** Tencionar, conjeturar.

Pla.ne.ta (ê) *s.f.* **1.** Casula sacerdotal. *s.m.* **2.** ASTRON Denominação dos corpos celestes que giram em torno de uma estrela, da qual recebem luz e calor.

Pla.ne.tá.rio *adj.* **1.** Relativo a planeta. *s.m.* **2.** Maquinismo que serve para demonstrar o movimento dos planetas. **3.** Sala na qual funciona esse maquinismo.

Pla.ne.ta.ri.za.ção *s.f.* Propagação de fenômeno local pelo mundo inteiro. ● *Pl.: planetarizações.*

Pla.ne.toi.de *s.m.* Pequeno planeta.

Plan.gên.cia *s.f.* Qualidade ou estado de plangente.

Plan.gen.te *adj.2g.* **1.** Que chora. **2.** Lamentoso, lastimoso, triste. ● *Ant.: alegre.*

Plan.ger *v.int.* **1.** Soar tristemente. **2.** ANAT Chorar, lastimar-se. *v.t.* **3.** Anunciar tristemente (falando-se dos sinos).

Pla.ní.cie *s.f.* **1.** Grande extensão de terreno baixo e plano. **2.** Esplanada, campina.

Pla.ni.fi.car *v.t.* **1.** Desenhar ou traçar num plano (uma linha curva ou os acidentes de uma perspectiva). **2.** Estabelecer planos para a execução de um trabalho.

Pla.ni.lha *s.f.* **1.** Folha em que se faz qualquer cálculo. **2.** Formulário padronizado em que se registram informações. **3.** Cada uma das duas faces da carteira de identidade; espelho. **4.** Impresso em que se registram cálculos de levantamentos topográficos.

Pla.nis.fé.ri.co *adj.* Relativo ao planisfério.

Pla.nis.fé.rio *s.m.* **1.** Representação de um globo ou esfera sobre um plano. **2.** Mapa que representa em superfície plana os dois hemisférios terrestres.

Pla.no *adj.* **1.** Diz-se da superfície sobre a qual pode se assentar completamente uma reta em todas as direções. **2.** Que tem superfície plana. **3.** Liso, raso. **4.** Que não tem diferença de nível. **5.** FIG Fácil, acessível. **6.** Claro, manifesto. *s.m.* **7.** Qualquer superfície plana. **8.** Planta de um edifício, de uma cidade, de uma praça de guerra; mapa. **9.** Risco. **10.** Projeto, programa. **11.** Intriga.

Plan.ta *s.f.* **1.** BOT Qualquer vegetal. **2.** Vegetal que não dá madeira. **3.** Parte inferior do pé, que assenta sobre o chão. **4.** Pé. **5.** Desenho ou traçado que representa a projeção horizontal de um edifício ou de uma cidade. **6.** Terreno plantado; plantação.

Plan.ta.ção *s.f.* **1.** Ato ou efeito de plantar. **2.** Terreno plantado; plantio.

Plan.ta.dor *adj.* e *s.m.* Diz-se do, ou o que planta.

Plan.tão *s.m.* **1.** Serviço policial, distribuído diariamente a um soldado, dentro da respectiva caserna, companhia ou bateria. **2.** Soldado que faz esse serviço. **3.** Serviço noturno em redação de jornal, farmácias, hospital etc.

Plan.tar *v.t.* **1.** Meter na terra (um vegetal) para aí criar raízes. **2.** Semear, cultivar. **3.** Fincar na terra verticalmente. **4.** FIG Assentar, colocar. **5.** Introduzir no meio de alguém. **6.** Estabelecer, criar. **7.** Assentar, erigir. **8.** Fazer estacionar. **9.** Fixar, incutir, insinuar. **10.** Fundar. *v.p.* **11.** Conservar-se a pé firme, sem retirar-se. **12.** Estacionar.

Plan.tel *s.m.* **1.** Grupo de animais de boa raça, que o criador conserva para reprodução. **2.** Conjunto de animais de raça fina. **3.** Conjunto de profissionais de alto nível; elenco.

Plan.ti.o *s.m.* **1.** Ato ou efeito de plantar. **2.** Plantação, cultura.

Plan.to.nis.ta *s.2g.* Pessoa encarregada de um plantão.

Pla.nu.ra *s.f.* **1.** Local plano. **2.** Planície, planalto.

Pla.que.ta (ê) *s.f.* **1.** Pequena placa de metal. **2.** ANAT Um dos elementos celulares do sangue.

Plas.ma *s.m.* **1.** FISIOL Parte líquida do sangue, que contém as substâncias necessárias para nutrir, renovar e constituir os tecidos; protoplasma. **2.** Espécie de quartzo muito translúcido.

Plas.mar *v.t.* **1.** Modelar em gesso, barro ou outra substância. **2.** Preparar para a modelagem.

Plas.mó.dio *s.m.* **1.** BIOL Massa citoplasmática resultante da fusão de células primitivamente independentes. **2.** ZOOL Gênero da família dos plasmodiídeos; micróbio do impaludismo.

Plas.ti.a *s.f.* Processo cirúrgico destinado a reparar ou restaurar um órgão.

Plás.ti.ca *s.f.* **1.** Arte de plasmar. **2.** Conformação geral do corpo humano. **3.** MED Arte de reconstituir uma parte arruinada do corpo humano. **4.** MED Forma reduzida de *cirurgia plástica.*

Plás.ti.co *adj.* **1.** Que se refere a plástica. **2.** FISIOL Que tem o poder ou a virtude de formar. **3.** Que forma ou reconstrói tecido. **4.** Que serve para formar. **5.** Suscetível de ser modelado com os dedos ou com instrumentos. **6.** Diz-se de certas substâncias obtidas artificialmente por combinações químicas.

Plas.ti.fi.ca.ção *s.f.* Ato ou efeito de plastificar.

Plas.ti.fi.car *v.t.* **1.** Cobrir com película de celofane ou qualquer plástico transparente. **2.** Tornar plástico.

Pla.ta.for.ma *s.m.* **1.** Construção de terra ou de madeira, em que assenta a artilharia. **2.** Teto plano em forma de terraço. **3.** Estrado fixo ou calçada, para facilitar o embarque e desembarque de passageiros, nas estações de estrada de ferro. **4.** Estrado na parte anterior ou posterior de alguns veículos. **5.** Tabuleiro circular giratório, para deslocar vagões de estrada de ferro. **6.** POP Simulacro, aparência presunçosa. **7.** Programa de governo. **8.** Discurso solene, em que o candidato expõe esse programa.

Plá.ta.no *s.m.* Árvore frondosa e de folhas largas.

Pla.tei.a *s.f.* **1.** Pavimento de um teatro, entre o palco e os camarotes. **2.** Os espectadores que se acham nesse lugar.

Pla.ti.ban.da *s.f.* **1.** ARQUIT Moldura chata, mais larga que saliente. **2.** CONSTR Grade ou muro que contorna a plataforma de um edifício. **3.** Bordadura de canteiro de jardim.

PLATINA — POBRE

Pla.ti.na s.f. 1. QUÍM Metal branco-acinzentado, símbolo Pt, maleável, dúctil, mais pesado que o ouro e difícil de fundir. 2. Cada uma das presilhas ou pestanas que os soldados de infantaria têm no ombro do casaco. 3. Peça do microscópio, em que assenta a lâmina com o material que vai examinar. 4. Peça chata, para diversos usos ou instrumentos.

Pla.ti.na.do adj. 1. Que tem platina. 2. Da cor da platina. s.m. 3. Cor da platina. 4. Dispositivo que interrompe a corrente elétrica na bobina de ignição de certos motores de automóvel, provocando uma faísca na vela.

Pla.ti.nar v.t. 1. Cobrir com uma ligeira camada de platina. 2. Branquear com uma liga de estanho e mercúrio.

Pla.tô s.m. Planalto.

Pla.tô.ni.co adj. 1. Relativo ao sistema ou doutrina de Platão ou ao platonismo. 2. Ideal, desinteressado. 3. Alheio a gozos materiais; casto. 4. Que não envolve sexo; puramente espiritual: *Amor platônico*. 5. Inútil, vão.

Pla.to.nis.mo s.m. 1. Doutrina ou sistema filosófico de Platão (429-347 a.C.). 2. FIG Qualidade ou caráter do que é platônico.

Plau.sí.vel adj.2g. 1. Digno de aplauso ou aprovação. 2. Razoável, aceitável, provável. ● *Ant.: inadmissível*.

Play.back (pleibék) (ing.) s.m. Reprodução de um som gravado, logo após o término da gravação.

Play.boy (pleibói) (ing.) s.m. Rapaz rico e que só se preocupa em gozar a vida.

Play.ground (pleigráund) (ing.) s.m. Área ao ar livre utilizada para recreação, principalmente por crianças.

Ple.be s.f. 1. Última classe do povo, entre os romanos. 2. Populacho, gentalha, ralé.

Ple.beu adj. 1. Da plebe ou relativo a ela. 2. Vulgar, baixo. 3. Destituído de distinção. s.m. 4. Indivíduo da plebe; gente ralé. ● *Fem.: plebeia*. ● *Ant.: nobre*.

Ple.bis.ci.to s.m. 1. Resolução submetida à apreciação do povo. 2. Voto do povo, sobre proposta que lhe é apresentada. 3. Lei decretada pelo povo reunido em comício, na antiga Roma.

Plêi.a.de s.f. 1. ASTRON Cada uma das estrelas que formam a constelação das Plêiades. 2. Grupo de pessoas ilustres, célebres. 3. Conjunto de pessoas de determinada classe ou profissão.

Plei.te.an.te adj. e s.2g. Diz-se de, ou o que pleiteia.

Plei.te.ar v.t. 1. Litigiar. 2. Demandar em juízo. 3. Discutir. 4. Concorrer a. 5. Disputar. 6. Fazer por conseguir. 7. Contestar. v.t. e int. 8. Ter pleito. 9. Discutir. 10. Disputar. 11. Ombrear. 12. Rivalizar.

Plei.to adj. 1. Questão judicial. 2. Demanda, litígio, discussão. 3. Disputa eleitoral.

Ple.ná.rio adj. 1. Completo, inteiro. 2. Que abrange todas as penas merecidas pelo pecado. s.m. 3. Tribunal de assembleia em que tomam parte todos os membros com direito a voto. 4. O conjunto desses membros. 5. Tribunal de júri.

Ple.ni.lú.nio s.m. A lua cheia.

Ple.ni.po.tên.cia s.f. Poder pleno, absoluto.

Ple.ni.tu.de s.f. 1. Estado de pleno, de completo. 2. Totalidade.

Ple.no adj. 1. Cheio, repleto, completo, inteiro. 2. A que assistem todos os membros de uma corporação.

Ple.o.nas.mo s.m. 1. GRAM Vício de linguagem que consiste no emprego de palavras supérfluas; redundância. 2. ESTILÍST. Expressão, aparentemente supérflua, que serve para dar clareza ou relevo à frase.

Ple.to.ra (ó) s.f. 1. MED Superabundância de humores ou de sangue no organismo. 2. BOT Excesso de seiva que perturba a florescência e frutificação das plantas. 3. FIG Exuberância, energia. 4. Qualquer excesso que produz efeito nocivo.

Pleu.ra s.f. ANAT Cada uma das duas membranas serosas que envolvem os pulmões.

Pleu.ri.si.a¹ s.f. Inflamação pleural; pleuris.

Pleu.ri.si.a² s.f. MED Inflamação da pleura. ◆ *Var.: pleurite*.

Ple.xo (cs) s.m. 1. ANAT Entrelaçamento de muitas ramificações de nervos ou de filetes musculares, vasculares etc. 2. FIG Encadeamento.

Pli.o.ce.no (ê) adj. GEOL Diz-se do terreno que constitui a parte superior da era terciária.

Plis.sa.do adj. 1. Que tem dobras. 2. Franzido, pregueado. 3. Que se fez plissar. s.m. 4. Plissê.

Plis.sar v.t. 1. Fazer dobras em. 2. Franzir, preguear.

Plis.sê s.m. Série de pregas feitas numa peça de vestuário ou num tecido, ger. com máquina apropriada; plissado.

Plis.to.ce.no (é) adj. 1. GEOL Relativo ou pertencente à época mais antiga do período quaternário. s.m. 2. A própria época.

Plo.tar v.int. Localizar a posição (objeto, aeronave etc.), numa carta náutica.

Plu.gar v.int. Ligar (aparelho eletrodoméstico etc.) a uma tomada.

Plu.gue (plug) (ing.) s.m. Peça de um ou mais pinos, que se conecta à tomada para fazer a ligação elétrica.

Plu.ma s.f. 1. Pena de ave, especialmente destinada a adornos; penacho. 2. Pena de escrever. 3. Nome de diversos cabos náuticos.

Plu.ma.gem s.f. 1. Conjunto das penas de uma ave. 2. Penas de adorno.

Plúm.beo adj. 1. Relativo a chumbo. 2. Feito de chumbo. 3. Da cor do chumbo.

Plu.ral s.m. 1. GRAM Flexão nominal ou verbal, que indica referência a mais de uma pessoa ou coisa. 2. Palavra que apresenta essa flexão. adj.2g. 3. Que contém várias unidades. 4. Que se refere a um grande número.

Plu.ra.li.da.de s.f. 1. O maior número, a maioria, o geral. 2. Multiplicidade. 3. Qualidade atribuída a mais de uma pessoa ou coisa. 4. GRAM Caráter de uma palavra que está no plural.

Plu.ra.lis.mo s.m. 1. Multiplicidade. 2. Sistema baseado na pluralidade de partidos, entidades ou grupos diversos e independentes, tanto administrativa quanto representativamente.

Plu.ra.li.za.ção s.f. Ato ou efeito de pluralizar.

Plu.ra.li.zar v.t. 1. Usar ou pôr no plural. 2. Aumentar em número; multiplicar.

Plu.ri.a.nu.al adj.2g. 1. Relativo a vários anos. 2. Diz-se do vegetal que vive muitos anos, mas floresce apenas uma vez e morre logo depois.

Plu.ri.par.ti.da.ris.mo s.m. Sistema político que admite vários partidos.

Plu.tão s.m. 1. POÉT O fogo. 2. Planeta anão situado além de Netuno.

Plu.to.cra.ci.a s.f. 1. Governo em que o poder está na mão dos ricos. 2. Classe dos plutocratas.

Plu.tô.nio adj. 1. MITOL Relativo a Plutão, deus dos infernos. s.m. 2. QUÍM Metal de símbolo Pu, número atômico 94 e massa atômica 239.

Plu.vi.al adj.2g. 1. Relativo à chuva ou proveniente dela. s.m. 2. Capa que o sacerdote põe sobre os ombros quando vai oficiar solenemente, quando faz aspersões.

Plu.vi.ô.me.tro s.m. FÍS Instrumento para avaliar a quantidade de chuva que cai durante certo tempo em determinado lugar.

Plu.vi.o.so (ô) adj. Chuvoso.

Pneu s.m. 1. Redução de *pneumático*. 2. POP Excesso de gordura na cintura.

Pneu.má.ti.co adj. 1. Relativo ao ar ou a qualquer gás. s.m. 2. Aro de borracha que reveste as rodas de certos veículos; pneu.

Pneu.mo.ni.a s.f. MED Inflamação do tecido pulmonar.

Pó s.m. 1. Finíssima partícula de terra seca ou de qualquer outra substância, que, sobre o solo, se deposita nos aposentos ou se eleva na atmosfera. 2. Polvilho, poeira. 3. Substância sólida e seca pulverizada. 4. GÍR Cocaína em pó.

Po.bre adj.2g. 1. Que não tem o necessário à vida. 2. Cujas posses são inferiores à sua posição ou condição social. 3. Que revela pobreza. 4. Pouco produtivo. 5. Mal dotado, pouco favorecido. 6. Digno de lástima. 7. Que inspira compaixão. s.2g. 8. Pessoa

POBRE-DIABO — POLIDO

pobre. 9. Miserável, indigente, mendigo, pedinte. ● *Sup.abs.sint.: paupérrimo* (erud.). ● *Ant.: rico.*

Po.bre-di.a.bo *s.m.* Indivíduo sem importância alguma, sem personalidade. ● *Pl.: pobres-diabos.*

Po.bre.tão *s.m.* **1.** Aquele que é muito pobre. **2.** Aquele que mendiga sem necessidade. ● *Fem.: pobretona.*

Po.ça (ô) (De *poço*) *s.f.* Cova pouco funda cheia de água.

Po.ção *s.f.* **1.** Preparação farmacêutica que contém uma ou mais substâncias destinadas a uso interno. **2.** Qualquer bebida. *s.m.* **3.** O lugar mais fundo de um rio ou lago.

Po.che.te (xé) *s.f.* Espécie de pequena bolsa para dinheiro e documentos que se usa a tiracolo ou presa à cintura.

Po.cil.ga *s.f.* Curral de porcos; casa imunda.

Po.ço (ô) *s.m.* **1.** Cavidade funda, aberta na terra, que contém água; cisterna. **2.** Altura de navio, desde a aresta superior ao convés. **3.** Perfuração que se faz no solo para se descer a uma mina. **4.** Abismo. **5.** Aquilo que é profundo. **6.** POP Grande reserva. ● *Pl.: poços* (ó).

Po.da *s.f.* **1.** Ato ou efeito de podar. **2.** Corte de ramos das árvores; desbaste.

Po.da.dor (ô) *adj.* e *s.m.* **1.** Que, ou aquele que poda. *s.m.* **2.** Nome vulgar de pequeno inseto coleóptero.

Po.dão *s.m.* **1.** Instrumento recurvado para podar árvores, colher cacau etc. **2.** Tesoura própria para podar. **3.** FIG Pessoa trôpega, inábil.

Po.dar *v.t.* **1.** Cortar a rama ou os braços inúteis (de videira, árvore etc.). **2.** FIG Cortar, desbastar. **3.** Cortar as pretensões (de alguém).

Pó de ar.roz *s.m.* Pó fino que se aplica sobre a pele, como cosmético. ● *Pl.: pós de arroz.*

Po.der[1] *v.t.* **1.** Ter a faculdade de. **2.** Ter possibilidade de. **3.** Dispor de força ou autoridade para. **4.** Possuir força ou moral para. **5.** Ter o direito, a razão de. **6.** Ter calma ou paciência para. **7.** Ter influência, valimento.

Po.der[2] *s.m.* **1.** Possibilidade. **2.** Faculdade. **3.** Vigor, potência. **4.** Autoridade, soberania, domínio. **5.** Influência. **6.** Posse. **7.** Governo de Estado. **8.** Eficácia, efeito. **9.** Recurso, capacidade, meios. **10.** Grande quantidade, poder espiritual. **11.** Autoridade eclesiástica. **12.** Poder temporal. **13.** O poder do papa como soberano territorial. **14.** Autoridade civil.

Po.de.ri.o *s.m.* **1.** Grande poder, autoridade, domínio. **2.** Jurisdição.

Po.de.ro.so (ô) *adj.* **1.** Que tem poder. **2.** Que exerce poderio. **3.** Que produz grande efeito. **4.** Intenso, enérgico. **5.** Que demove; influente.

Pó.dio *s.m.* Espécie de pedestal onde ficam os vencedores de competições esportivas.

Po.dre (ô) *adj.2g.* **1.** Em decomposição; deteriorado, estragado, corrompido. **2.** Fétido, malcheiroso. **3.** FIG Contaminado, pervertido, viciado. **4.** A parte corrupta de alguma coisa. **5.** FIG O lado fraco ou condenável. ● *Ant.: são.*

Po.e.dei.ra *s.f.* Diz-se da galinha que já põe ou que põe muitos ovos.

Po.e.dou.ro *s.m.* Lugar onde as galinhas põem ovos.

Po.ei.ra *s.f.* **1.** Terra seca pulverizada. **2.** Qualquer matéria reduzida a pó.

Po.ei.ren.to *adj.* **1.** Em que há poeira. **2.** Coberto de pó.

Po.e.ma *s.m.* **1.** Obra literária em verso. **2.** Composição poética, de certa extensão e geralmente de assunto épico. **3.** Obra em prosa, em que há ficção e estilo poético. **4.** FIG Coisa digna de ser cantada em verso.

Po.e.me.to (ê) *s.m.* Pequeno poema.

Po.en.te *adj.2g.* **1.** Diz-se do Sol quando está no ocaso. **2.** Que põe. *s.m.* **3.** Pôr do sol, ocaso; ocidente. ● *Ant.: nascente, oriente.*

Po.en.to *adj.* Poeirento.

Po.e.si.a *s.f.* **1.** Obra poética em verso. **2.** Composição poética pouco extensa. **3.** Inspiração. **4.** O que desperta o sentimento do belo. **5.** Arte de expressar a beleza por meio da palavra ritmada.

Po.e.ta *s.2g.* **1.** Pessoa que faz versos; pessoa que tem faculdades poéticas e se dedica à poesia. **2.** Pessoa que tem imaginação, inspirada. **3.** Quem vive em devaneios, quem é sonhador, visionário.

Po.é.ti.ca *s.f.* Arte de fazer versos.

Po.e.ti.zar *v.t.* Tornar poético; poetar.

Po.la.co *adj.* e *s.m.* PEJ Polonês.

Po.lai.na (ãi) *s.f.* Cada uma das peças do vestuário que protege a parte inferior da perna e a superior do pé.

Po.lar *adj.2g.* **1.** Dos polos. **2.** Que fica junto aos polos ou na direção do polo.

Po.la.ri.zar *v.t.* **1.** Sujeitar à polarização. **2.** FIG Atrair ou concentrar (as atenções ou opinião de).

Pol.ca *s.f.* Espécie de dança polonesa de andamento rápido (compasso 2/4).

Pol.dro (ô) *s.m.* Cavalo novo; potro.

Po.le.ga.da *s.f.* **1.** Antiga medida de comprimento equivalente a 27,5 milímetros. **2.** Medida inglesa de comprimento equivalente a 25,4 milímetros.

Po.le.gar *adj.* e *s.m.* **1.** Designativo do, ou o dedo mais curto e grosso da mão; pólex, pólice. **2.** Diz-se de, ou pequena vara de poda, com um, dois ou três olhos.

Po.lei.ro *s.m.* **1.** Vara em que as aves pousam e dormem na gaiola ou na capoeira. **2.** POP Local mais alto em teatro, cinema, circo etc.; geral.

Po.lê.mi.ca *s.f.* **1.** Debate oral. **2.** Discussão por uma série de artigos uns contra os outros.

Po.le.mis.ta *s.2g.* Pessoa hábil em polêmicas, que gosta de questionar, que discute bem.

Po.le.mi.zar *v.t.* e *int.* Travar polêmica; discutir, debater.

Pó.len *s.m.* BOT Conjunto de grãos microscópicos formados nos estames e que se constituem nos elementos masculinos de reprodução dos vegetais com flores. ● *Pl.: polens* (sem acento).

Po.len.ta *s.f.* Iguaria italiana de massa ou pasta de farinha de milho com água e sal, outras vezes com manteiga e queijo.

Po.le po.si.tion (ing.) *s.f.* **1.** Primeiro lugar da primeira fileira na largada de uma corrida automobilística. *s.2g.* **2.** Piloto ou pilota primeiro colocado para a largada, numa corrida de carros.

Po.li.a *s.f.* Roda para a um eixo com uma ranhura, dentro da qual trabalha uma correia que transmite os movimentos.

Po.li.an.dri.a *s.f.* Estado de uma mulher casada com mais de um homem ao mesmo tempo.

Po.li.chi.ne.lo *s.m.* **1.** Boneco de engonço, corcunda e vestido como o personagem do mesmo nome das antigas farsas napolitanas; títere. **2.** FIG Homem apalhaçado, sem dignidade ou sem vontade própria; palhaço. **3.** Exercício físico no qual o ginasta pula, abre e fecha os braços batendo palmas acima da cabeça repetidas vezes.

Po.lí.cia *s.f.* **1.** Organização policial. **2.** Segurança pública. **3.** Conjunto das leis que asseguram a ordem pública. **4.** A corporação incumbida de a manter. **5.** O conjunto dos agentes dessa corporação. *s.m.* **6.** Indivíduo pertencente à corporação policial.

Po.li.ci.al *adj.2g.* **1.** Relativo à polícia. **2.** Próprio da polícia. *s.m.* **3.** Membro de corporação policial. **4.** Cão pastor alemão.

Po.li.ci.ar *v.t.* **1.** Vigiar ou guardar, segundo leis ou regulamentos policiais. **2.** Zelar. **3.** Civilizar. **4.** Conter, refrear. **5.** Fiscalizar. *v.p.* **6.** Conter-se, dominar-se.

Po.li.clí.ni.ca *s.f.* **1.** Variedade de clínica onde se trabalham vários médicos distribuídos segundo a especialidade. **2.** Departamento hospitalar dedicado ao tratamento de doentes externos.

Po.li.cro.mi.a *s.f.* **1.** Estado de um corpo em que há diferentes cores. **2.** Multiplicidade de cores.

Po.li.cul.tu.ra *s.f.* Cultivo de vários produtos agrícolas ao mesmo tempo numa determinada região. ● *Ant.: monocultura.*

Po.li.dez (ê) *s.f.* **1.** Qualidade de polido. **2.** Delicadeza, civilidade. ● *Ant.: grosseria, impolidez.*

Po.li.do *adj.* **1.** Que recebeu polimento. **2.** Liso, alisado. **3.** Lustroso. **4.** Delicado, cortês, civilizado. ● *Ant.: impolido, grosseiro.*

POLIDOR — POLVOROSA

Po.li.dor (ô) *s.m.* **1.** Aquele que pule. **2.** Aquilo que pule ou serve para polir.

Po.li.e.dro *s.m.* GEOM Sólido limitado por polígonos planos.

Po.li.és.ter *s.m.* **1.** Polímero empregado no fabrico de fibras têxteis. **2.** A própria fibra. ● *Pl.: poliésteres.*

Po.li.es.ti.re.no *s.m.* Polímero utilizado em diversos produtos.

Po.li.e.ti.le.no *s.m.* Polímero utilizado para isolamento em condutores de correntes elétricas, tubos, próteses, materiais de embalagem, tanques etc.

Po.li.fo.ni.a *s.f.* **1.** Multiplicidade de sons. **2.** Qualidade de um sinal próprio para representar vários sons diferentes. **3.** Emprego simultâneo de vários instrumentos não uníssonos.

Po.li.ga.mi.a *s.f.* **1.** Matrimônio de uma pessoa com muitas outras. **2.** Estado de polígamo. ● *Ant.: monogamia.*

Po.li.glo.ta *adj.2g.* **1.** Que está escrito em muitas línguas. *s.2g.* **2.** Pessoa que sabe ou fala muitas línguas.

Po.lí.go.no *s.m.* **1.** GEOM Figura limitada por segmentos de reta que têm, dois a dois, extremidades comuns, formando um contorno fechado. **2.** Figura que determina a forma geral de uma praça de guerra. **3.** Lugar onde os artilheiros fazem exercícios com bocas de fogo. ● **Polígono das secas:** vasta região interior do nordeste brasileiro, de chuvas escassas.

Po.li.gra.fi.a *s.f.* **1.** Coleção de obras diversas, literárias ou científicas. **2.** Conjunto de conhecimentos vários. **3.** Qualidade de quem é polígrafo.

Po.lí.gra.fo *s.m.* Aquele que escreve sobre matérias diversas.

Po.li.men.to *s.m.* **1.** Ato ou efeito de polir. **2.** Operação de acabamento que visa a reduzir ao máximo as irregularidades de uma superfície. **3.** Couro envernizado de que se fazem calçados; verniz. **4.** Educação, finura no trato.

Po.li.me.ri.za.ção *s.f.* Processo químico importante na produção de borracha sintética, plásticos, tintas e fibras artificiais. Nesse processo, moléculas chamadas *monômeros* se combinam umas com as outras formando moléculas maiores denominadas *polímeros*. Se os monômeros são idênticos, o processo é chamado *homopolimerização.* Se são diferentes, o processo é dito *copolimerização.* ● *Pl.: polimerizações.*

Po.lí.me.ro *s.m.* Molécula composta ou agregado molecular.

Po.li.mor.fo *adj.* **1.** Que se apresenta sob diversas formas; multiforme. **2.** Que pode variar de forma sem mudar de natureza.

Po.li.né.sio *adj.* **1.** Relativo ou pertencente à Polinésia (Oceania). *s.m.* **2.** O natural ou habitante da Polinésia.

Po.li.ni.zar *v.t.* BOT Transportar o pólen para o estigma da planta.

Po.li.nô.mio *s.m.* Expressão matemática composta de vários termos, separados pelos sinais + ou −.

Po.lio.mi.e.li.te ou **pó.lio** *s.f.* **1.** MED Inflamação e degeneração da substância cinzenta da medula espinhal. **2.** Paralisia infantil. ● *Abrev.: pólio.*

Po.li.ploi.de *adj.2g. e s.m.* Que ou o que possui mais de dois conjuntos completos de cromossomos.

Pó.li.po *s.m.* **1.** MED Excrescência carnosa que se desenvolve nas membranas mucosas. **2.** ZOOL Cada um dos indivíduos de uma colônia de cnidários.

Po.li.po.so (ô) *adj.* Da natureza do pólipo.

Po.li.pro.pi.le.no *s.m.* Polímero de propileno us. na fabricação de filmes, fibras, embalagens etc.

Po.lir *v.t.* **1.** Dar polimento a. **2.** Tornar lustroso, friccionando. **3.** Brunir. **4.** Alisar. **5.** FIG Civilizar. **6.** Educar, aperfeiçoar. *v.p.* **7.** Tornar-se lustroso. **8.** FIG Civilizar-se. **9.** Aperfeiçoar-se.

Po.lir.rit.mi.a *s.f.* Caráter ou qualidade do polirritmico.

Po.lis.sí.la.bo *adj. e s.m.* Diz-se de, ou vocábulo ou verso de mais de três sílabas.

Po.li.téc.ni.ca *s.f.* Forma reduzida de *escola politécnica;* escola de engenharia.

Po.li.te.ís.mo *s.m.* Sistema religioso que admite muitas divindades; paganismo.

Po.lí.ti.ca *s.f.* **1.** Ciência do governo dos povos. **2.** Arte de dirigir os negócios de uma nação ou do Estado. **3.** Aplicação dessa arte nos negócios internos (política interna) ou externos (política externa) de uma nação. **4.** Princípios políticos. **5.** Astúcia, artifício. **6.** Civilidade. **7.** Maneira hábil de agir.

Po.lí.ti.ca.gem *s.f.* **1.** Política ordinária, mesquinha e interesseira. **2.** Súcia de maus políticos.

Po.lí.ti.co *adj.* **1.** Relativo aos negócios públicos. **2.** Que se ocupa de política. **3.** FIG Cortês, polido. **4.** Astuto, esperto. *s.m.* **5.** Pessoa hábil. **6.** O que trata de política; estadista. **7.** PEJ Politiqueiro.

Po.li.ti.zar *v.t. e p.* **1.** Fazer (alguém ou a si mesmo) capaz de compreender a importância do pensamento e da ação política; dar ou adquirir consciência dos deveres e direitos do cidadão. *v.t.* **2.** Dar caráter ou sabor político a; tornar político.

Po.li.u.re.ta.no *s.m.* Grupo de polímeros usados em esponjas, resinas ou borrachas, como isolante térmico, acústico, como adesivo etc.

Po.li.va.len.te *adj.2g.* **1.** Que é eficaz em diferentes casos, áreas, funções etc. **2.** Que apresenta vários valores. **3.** QUÍM Que tem mais de uma valência. **4.** Versátil.

Po.li.vi.ní.li.co *adj.* Que deriva de polímeros de vinila (diz-se, p.ex., de resinas).

Po.lo (ó) *s.m.* **1.** GEOM Cada uma das extremidades do eixo imaginário em torno do qual parece girar a Terra. **2.** Nome que se dá às regiões vizinhas dessas extremidades de qualquer eixo ou linha. **3.** FÍS Cada um dos dois pontos opostos de um ímã ou de uma pilha. **4.** FIG Aquilo que dirige ou encaminha. **5.** Norte, guia. **6.** Esporte praticado por um grupo geralmente de quatro jogadores a cavalo, com uma bola e um macete de cabo comprido e flexível. ● **Polo aquático:** esporte praticado na água, em que os jogadores, nadando, procuram conduzir a bola à rede adversária.

Po.lo.nês *adj.* **1.** Relativo ou pertencente à Polônia (Europa). *s.m.* **2.** O natural ou habitante da Polônia. ● *Obs.: polaco* é sinônimo pejorativo. **3.** A língua polonesa.

Po.lo.ni.en.se *adj.2g.* **1.** Relativo a Poloni (SP). *s.2g.* **2.** Pessoa natural ou habitante dessa cidade ou município.

Po.lô.nio *s.m.* **1.** QUÍM Elemento químico, semimetal raro e radioativo, de símbolo Po e número atômico 84. *adj. e s.m.* **2.** Polonês.

Pol.pa (ô) *s.f.* **1.** Substância carnuda dos frutos e de algumas raízes. **2.** Extremidade carnuda dos dedos. **3.** Carne musculosa, sem ossos nem gordura. **4.** FIG Importância, autoridade, valimento pessoal. **5.** ANAT Polpa dentária.

Pol.trão *s.m.* Homem covarde, medroso. ● *Fem.: poltrona.*

Pol.tro.na *s.f.* **1.** Grande cadeira de braços, de ordinário estofada. **2.** Sela com arções baixos. **3.** Cadeira de plateia (em teatro ou cinema).

Po.lu.ção *s.f.* **1.** Poluição. **2.** Profanação, mácula. **3.** Emissão involuntária de esperma, em geral durante o sono.

Po.lu.en.te *adj.2g. e s.m.* Que, ou o que polui.

Po.lu.i.ção *s.f.* **1.** Ato de poluir ou degradar um determinado meio natural. **2.** Concentração anormal (na água, no ar etc.) de substâncias prejudiciais à saúde ou ao meio ambiente.

Po.lu.ir *v.t.* **1.** Manchar, sujar. **2.** Corromper, conspurcar. **3.** Macular, profanar. *v.p.* **4.** Cometer ação infamante.

Pol.vi.lhar *v.t.* **1.** Cobrir de pó, de polvilho. **2.** Cobrir ou salpicar de (sal, farinha etc.).

Pol.vi.lho *s.m.* **1.** Pó fino. **2.** Resíduo da lavagem da tapioca. **3.** Tapioca ou goma.

Pol.vo (ô) *s.m.* ZOOL Molusco cefalópode que tem oito tentáculos providos de ventosas.

Pól.vo.ra *s.f.* **1.** Substância explosiva, composta de salitre, carvão e enxofre. **2.** Espécie de mosquitos muito miúdos e incômodos, também conhecidos pelo nome de *birigui.*

Pol.vo.ri.nho *s.m.* Utensílio em que se leva pólvora para a caça.

Pol.vo.ro.sa *s.f.* **1.** POP Grande atividade. **2.** Azáfama, agitação, tumulto. **3.** Pânico.

POMADA — PONTUAÇÃO

Po.ma.da *s.f.* Preparado pastoso de farmácia ou perfumaria, obtido pela mistura de uma gordura animal com uma ou mais substâncias aromáticas ou medicinais, que se aplica na pele.

Po.mar *s.m.* **1.** Terreno em que crescem muitas árvores frutíferas. **2.** Arvoredo frutífero.

Pom.bal *s.m.* Lugar onde se recolhem ou se criam pombos.

Pom.ba.li.no *adj.* Que diz respeito à época, à política ou à administração do estadista português Marquês de Pombal (1699--1782), ministro de D. José I.

Pom.bo *s.m.* **1.** Ave de bico intumescido na base, asas arredondadas e torsos emplumados, de que se conhecem numerosas espécies. **2.** GÍR Marinheiro que trafica pedras preciosas para o exterior. ● *Col.: bando, revoada.* ● *Fem.: pomba.* ● *Voz.: arrulhar, gemer.*

Pom.bo-cor.rei.o *s.m.* **1.** Variedade de pombo adestrado para levar comunicações e correspondência. **2.** Pessoa intermediária nos entendimentos entre duas partes. ● *Pl.: pombos-correios ou pombos-correio.*

Po.mi.cul.tu.ra *s.f.* Cultura das árvores frutíferas.

Po.mo *s.m.* **1.** Fruto carnudo, mais ou menos esférico. **2.** Qualquer fruto comestível, como a maçã e a pera. **3.** POÉT Seio de mulher. **4.** FIG Coisa tentadora, mas proibida.

Po.mo de a.dão *s.m.* POP Nome vulgar da saliência da parte anterior do pescoço. ● *Pl.: pomos de adão.*

Pom.pa *s.f.* **1.** Aparato magnífico e suntuoso. **2.** Vaidade, ostentação. **3.** Magnificência, luxo. ● *Ant.: simplicidade.*

Pom.pe.ar *v.t.* **1.** Mostrar com orgulho; ostentar. *v.int.* **2.** Exibir pompa, suntuosidade, riqueza. **3.** FIG Ostentar viço ou beleza. **4.** Brilhar, refulgir.

Pom.pom *s.m.* Bolinha ou tufo ornamental de fios de lã, seda etc.

Pom.po.so (ô) *adj.* **1.** Em que há pompa. **2.** Luxuoso, magnificente. **3.** Solene. ● *Fem. e pl.: pomposa e pomposos (ó).*

Pô.mu.lo *s.m.* Maçã do rosto.

Pon.cã *adj.* e *s.f.* Diz-se de, ou certa variedade de tangerina.

Pon.che *s.m.* **1.** Bebida alcoólica, tipo coquetel, mistura de frutos picados, aguardente ou rum, açúcar e água. **2.** Poncho.

Pon.cho *s.m.* Capa de lã, de forma quadrada, com uma abertura central por onde se enfia a cabeça, também chamada *ponche.*

Pon.de.ra.ção *s.f.* **1.** Ato ou efeito de ponderar. **2.** Reflexão, meditação. **3.** Juízo, tino. **4.** Sensatez.

Pon.de.ra.do *adj.* **1.** Que tem ou revela ponderação. **2.** Prudente, ajuizado.

Pon.de.rar *v.t.* **1.** Pesar. **2.** Observar. **3.** Apreciar maduramente. **4.** Avaliar, examinar com atenção. **5.** Ter em consideração. *v.int.* **6.** Refletir.

Pô.nei *s.m.* Cavalo muito pequeno (altura: 1 m a 1,45 m), ágil e fino, de várias raças, originário da Bretanha.

Pon.ta *s.f.* **1.** Extremidade aguçada, estreita ou delgada. **2.** FIG O princípio ou fim de uma série. **3.** Esquina. **4.** Pequena porção. **5.** Extremidade, vértice. **6.** Resto de cigarro ou de charuto fumado, o mesmo que *bagana.* **7.** Pequena porção de animais. **8.** Lugar de um rio onde a passagem é difícil. **9.** Evidência. **10.** Papel insignificante, em peça teatral, novela ou fita cinematográfica. **11.** FUT A parte lateral do campo mais afastada do centro. *s.2g.* **12.** Jogador que atua nessa posição.

Pon.ta.da *s.f.* Dor aguda e rápida.

Pon.ta de lan.ça *s.2g.* Atleta mais avançado entre os atacantes; centroavante, centroatacante. ● *Pl.: pontas de lança.*

Pon.ta-di.rei.ta *s.m.* Jogador de futebol que ocupa a extremidade direita da linha de atacantes. ● *Pl.: pontas-direitas.*

Pon.ta-es.quer.da *s.m.* Jogador de futebol que ocupa a extremidade esquerda da linha de atacantes. ● *Pl.: pontas-esquerdas.*

Pon.tal *s.m.* Ponta de terra que entra um pouco pelo mar ou rio.

Pon.tão *s.m.* **1.** Ponta grande. **2.** Pau, esteio com que se apoia alguma coisa para que não caia; escora, espeque. **3.** Extensão de mato, alongada e estreita, que avança por um terreno. ● *Pl.: pontões.*

Pon.ta.pé *s.m.* **1.** Pancada com a ponta do pé. **2.** Ato de ingratidão. **3.** FIG Desfeita, ofensa.

Pon.ta.ri.a *s.f.* **1.** Ato de apontar. **2.** Ato de assestar (boca de fogo) na direção da linha de mira. **3.** Alvo, mira.

Pon.te *s.f.* **1.** Construção que liga dois pontos separados por um rio ou por uma depressão de terreno. **2.** Conjunto de dentes postiços que, por meio de uma placa, se prendem a dois ou mais dentes naturais.

Pon.te.ar *v.t.* **1.** Marcar com pontos. **2.** Coser, alinhavar. **3.** MÚS Tocar, executar (instrumentos de corda).

Pon.tei.ra *s.f.* **1.** Peça metálica que guarnece a extremidade inferior de bengala, guarda-sóis etc. **2.** Extremidade postiça de algumas boquinhas ou piteiras. **3.** Fio ou cordão especial na extremidade dos relhos, para que estalem ao ser brandidos.

Pon.tei.ro *s.m.* **1.** Pequena haste para apontar em livros, quadros etc.; indicador. **2.** Instrumento de canteiro para desbastar pedras. **3.** Peça ou lâmina para ferir as cordas de alguns instrumentos. **4.** Espécie de agulha que nos mostradores dos relógios indica as horas e frações. **5.** FUT Jogador de futebol que atua numa das extremidades do campo: *ponteiro direito, ponteiro esquerdo. adj.* **6.** Designativo de um vento contrário à navegação que sopra pela proa. **7.** Que se desmanda, não obedecendo ao caçador (cão). **8.** Que vem pela ponta.

Pon.ti.a.gu.do *adj.* Que termina em ponta aguçada. ● *Ant.: rombudo.*

Pon.ti.fi.ca.do *s.m.* **1.** Dignidade de pontífice. **2.** Exercício do poder pontifical. **3.** Tempo durante o qual um pontífice exerce sua dignidade; papado.

Pon.ti.fi.car *v.int.* **1.** Celebrar missa com a capa pontifical. **2.** Falar ou escrever em tom categórico. **3.** Discorrer superiormente. **4.** Sobressair.

Pon.tí.fi.ce *s.m.* **1.** Dignitário eclesiástico; prelado. **2.** FIG Chefe de seita, sistema ou escola. ● *Sumo Pontífice:* o papa.

Pon.ti.lhão *s.m.* Pequena ponte.

Pon.ti.lhar *v.t.* **1.** Marcar com pontinhos. **2.** Desenhar a pontos; apontar.

Pon.to *s.m.* **1.** Picada ou furo feito com agulha enfiada em qualquer linha. **2.** Pedaço de linha entre dois furos de agulha. **3.** Pequena mancha arredondada. **4.** Sinal semelhante ao que deixa uma picada de agulha. **5.** Bocadinho de adesivo para unir bordas de ferida ou vedar o sangue. **6.** Duodécima parte da linha no antigo sistema de medidas (2 decímetros). **7.** Limite de interseção de linhas. **8.** A extensão em abstrato, sem dimensões. **9.** Cada um dos espaços iguais em que se divide a craveira. **10.** Sítio, passagem, lugar determinado. **11.** Assunto; estado de questão. **12.** Sinal de pontuação (.) com que se encerra período. **13.** Sinal do mesmo feitio, usado em abreviaturas (ponto abreviativo) e sobre o *i* e o *j.* **14.** Cada uma das pintadas na face dos dados, nas cartas de jogar, indicativas do respectivo valor. **15.** Encerramento de aulas. **16.** Fim, termo. **17.** Cada um dos filetes de metal no braço de guitarras, violões etc. **18.** Tempo marcado, ensejo. **19.** Conjuntura. **20.** Livro em que se marcam as faltas ou a hora de chegada e saída do emprego; livro de ponto. **21.** ANTIG Pessoa que, no teatro, lia o que os atores deveriam dizer, para lhes auxiliar a memória. **22.** Grau de consistência que se dá ao açúcar em calda. ● *Ponto de honra:* questão de dignidade. ● *Ponto de vista:* modo de considerar um assunto ou uma questão. ● *Assinar o ponto:* inscrever o nome no chamado Livro de Ponto. ● *Relógio de ponto:* o que registra a hora de entrada e saída do pessoal em indústria, comércio etc. ● *Pôr os pontos sem nó:* ser interesseiro. ● *Pôr os pontos nos is:* dizer tudo de forma clara.

Pon.to e vír.gu.la *s.m.* Sinal de pontuação (;) que indica pausa mais forte que a da vírgula e menos que a do ponto. ● *Pl.: pontos e vírgulas e ponto e vírgulas.*

Pon.tu.a.ção *s.f.* **1.** Ato ou efeito de pontuar. **2.** Arte de dividir, por meio de sinais gráficos, as partes do discurso que não têm entre si ligação íntima, e de mostrar de modo mais claro as relações que existem entre essas partes.

PONTUAL — PORTA-CHAVES

Pon.tu.al adj.2g. **1.** Diz-se de quem é exato no cumprimento de seus deveres e obrigações. **2.** Feito com exatidão. **3.** Atento, cuidadoso.

Pon.tu.ar v.t. **1.** Empregar a pontuação em. **2.** Marcar com pontuação. v.int. **3.** Fazer uso da pontuação.

Pon.tu.do adj. **1.** Que termina em ponta. **2.** Aguçado, bicudo. **3.** Escabroso. **4.** Eriçado. **5.** FIG Agressivo, áspero.

Po.pa (ô) s.f. **1.** NÁUT Parte posterior do navio. **2.** Cauda do avião.

Po.pe.li.ne s.f. Tecido fino, de algodão, para vestuário de senhoras e roupa íntima de homem. ♦ Var.: popelina.

Po.pu.la.ção s.f. **1.** Conjunto dos habitantes de um país, de uma região, de uma localidade. **2.** Conjunto de indivíduos da mesma condição ou profissão. **3.** Número total de animais de uma raça, gênero etc.

Po.pu.la.cho s.m. O povo mais simples, ralé.

Po.pu.lar adj.2g. **1.** Do povo. **2.** Próprio do povo. **3.** Agradável ao povo. **4.** Democrático. s.m. **5.** Homem do povo.

Po.pu.la.ri.da.de s.f. **1.** Qualidade de popular. **2.** Estima geral. **3.** Notoriedade.

Po.pu.la.ri.zar v.t. **1.** Tornar popular. **2.** Difundir entre o povo; divulgar. v.p. **3.** Adquirir popularidade.

Po.pu.lis.mo s.m. Tendência política assentada sobre a camada mais pobre da população, cujos interesses propõe defender.

Po.pu.lo.so (ô) adj. **1.** Muito povoado. **2.** Que abunda em população.

Pô.quer s.m. Jogo de cartas de origem norte-americana, para duas ou mais pessoas. ♦ Pl.: pôqueres.

Por prep. designativa de diversas relações (meio, causa, qualidade, lugar, modo, estado, preço, tempo etc.).

Pôr v.t. **1.** Situar. **2.** Colocar, introduzir, depositar. **3.** Estabelecer. **4.** Pousar. **5.** Erigir. **6.** Infundir, incutir. **7.** Produzir. **8.** Introduzir. **9.** Impor. **10.** Vestir. **11.** Aplicar. **12.** Deitar no ninho (ovos). **13.** Fixar. **14.** Imputar, dar (nome). v.p. **15.** Colocar-se. **16.** Aplicar- -se. **17.** Desaparecer no ocaso. **18.** Começar, principiar. ♦ **Pôr a boca no mundo:** gritar. ♦ **Pôr a nu:** desvendar, descobrir. ♦ **Pôr as barbas de molho:** precaver-se contra um perigo iminente. ♦ **Pôr as cartas na mesa:** usar de franqueza. ♦ **Pôr em pratos limpos:** esclarecer bem (questão, situação).

Po.rão s.m. **1.** Parte interior do navio entre a carlinga e a ponte. **2.** Parte da habitação entre o chão e o assoalho.

Po.ra.quê s.m. (epiceno) Peixe dos rios do Brasil que emite descargas elétricas, por isso é chamado peixe-elétrico.

Por.ca s.f. **1.** Fêmea do porco. **2.** Peça de ferro, escavada em espiral, na qual se encaixa o parafuso. **3.** Certo jogo de rapazes. **4.** FIG Mulher suja, desleixada.

Por.ca.lhão adj. e s.m. Que, ou aquele que é muito porco, imundo, que trabalha mal.

Por.ção s.f. **1.** Parte de alguma coisa. **2.** Bocado, parcela. **3.** Dose. **4.** Fração, ração. **5.** Quantia, quantidade. ♦ Dim.: porciúncula.

Por.ca.ri.a s.f. **1.** Ação ou estado do que é porco ou de quem é sujo. **2.** Imundície, sujidade. **3.** Obscenidade, palavrão. **4.** Coisa mal-feita. ♦ Ant.: limpeza.

Por.ce.la.na s.f. **1.** Produto cerâmico preparado essencialmente pelo cozimento de uma pasta composta de caulim, feldspato e quartzo até à vitrificação. **2.** Louça fina. **3.** Planta, também chamada beldroega-pequena. **4.** Certo molusco de concha univalve.

Por.cen.ta.gem s.f. **1.** Relação entre o valor dado e a centena. **2.** Proporção simples em que o último elemento é cem (símbolo %). ♦ Var.: percentagem.

Por.co (ô) s.m. **1.** Mamífero quadrúpede, paquiderme, da ordem dos Artiodáctilos, muito usado na alimentação do homem. **2.** Carne desse animal. **3.** FIG Indivíduo sujo, imundo. adj. **4.** Sujo, imundo. **5.** Indecente, torpe, obsceno. ♦ Col.: vara, manada. ♦ Fem. e pl.: porca (ó) e porcos (ó).

Por.co-do-ma.to s.m. Queixada, caititu. ♦ Pl.: porcos-do-mato.

Por.co-es.pi.nho s.m. **1.** Ouriço-cacheiro. **2.** Mamífero roedor com o corpo coberto por espinhos. ♦ Pl.: porcos-espinhos e porcos- -espinho.

Po.re.jar v.t. e int. Expelir ou sair pelos poros; ressumar; suar.

Po.rém conj. **1.** Contudo, mas, todavia. s.m. **2.** Dificuldade, obstáculo. ♦ Pl.do s.: poréns.

Por.fi.a s.f. **1.** Disputa, discussão. **2.** Perseverança, pertinácia, obstinação.

Por.fi.ar v.int. **1.** Discutir. **2.** Teimar, insistir. **3.** Lutar. **4.** Disputar. **5.** Questionar obstinadamente. v.t. **6.** Competir, disputar.

Por.me.nor s.m. **1.** Circunstância minuciosa. **2.** Particularidade, minúcia. ♦ Ant.: generalidade.

Por.me.no.ri.zar v.t. **1.** Referir, narrar ou descrever com pormeno- res. **2.** Detalhar. ♦ Ant.: generalizar.

Por.nô adj.2g. **1.** Pornográfico. s.m. **2.** Pornografia. **3.** Gênero pornográfico.

Por.no.chan.cha.da s.f. Gênero menor de filmes populares que combina a chanchada com erotismo ou pornografia.

Por.no.gra.fi.a s.f. **1.** Literatura obscena. **2.** Coleção de gravuras obscenas. **3.** Caráter obsceno de uma publicação. **4.** Devassidão, libidinagem, obscenidade. ♦ Ant.: pudor, moralidade.

Po.ro (ó) s.m. **1.** ANAT Cada um dos pequeninos orifícios da pele. **2.** BOT Cada um dos pequenos orifícios de que estão crivados os vegetais. **3.** Cada um dos interstícios entre as moléculas ou átomos que compõem os corpos.

Po.ro.ro.ca¹ (ó) s.f. Grande onda impetuosa (que se produz principalmente na foz do Rio Amazonas, por ocasião das grandes marés, provocada pelo choque entre as águas do rio e as ondas marinhas), que invade rio acima, destruindo tudo o que encontra pelo caminho e formando depois de sua passagem ondas menores, conhecidas por banzeiros, que se vão quebrar violentamente nas praias.

Po.ro.ro.ca² (ó) s.f. Planta da família das gutíferas.

Po.ro.ro.ca³ s.f. (N) O mesmo que pipoca.

Po.ro.so (ô) adj. Que tem poros. ♦ Fem. e pl.: porosa e porosos (ó).

Por.quan.to conj. designativa de causa: em razão de, porque, visto que.

Por.que conj. **1.** Em razão de, porquanto, visto que. **2.** A fim de que, para que.

Por.quê s.m. Causa, razão, motivo: Brigou comigo, mas não sei o porquê.

Por.quei.ra s.f. **1.** Curral de porcos; chiqueiro, pocilga. **2.** Casa imunda. **3.** Coisa nojenta, desprezível; porcaria; lixo. **4.** Briga, rolo.

Por.qui.nho-da-ín.dia s.m. Mamífero roedor, também conhecido por cobaia. ♦ Pl.: porquinhos-da-índia.

Por.ra.da s.f. **1.** POP Pancada com porrete; porretada, cacetada. **2.** Grande quantidade de coisas ou pessoas. **3.** Pancada no rosto dada com a mão. **4.** FIG Revés.

Por.re (ê) s.m. **1.** POP Bebedeira. **2.** Aborrecimento, chateação.

Por.re.te (ê) s.m. **1.** Cacete com uma das extremidades arredon- dadas. **2.** Coisa ou remédio eficaz, decisivo.

Por.ta¹ s.f. **1.** Abertura em parede, ao nível do chão ou de um pavimento, para dar entrada ou saída. **2.** Peça de madeira ou metal que fecha essa abertura ou com que se fecham certos móveis. **3.** Peça semelhante para móveis, veículos etc. **4.** FIG Entrada, acesso. **5.** Recurso.

Por.ta² adj. ANAT Designativo de uma veia grossa que vai do intestino ao fígado.

Por.ta-a.vi.ões s.m.2n. Navio de guerra destinado ao transporte de aviões, com condições para decolagem e aterrissagem.

Por.ta-ba.ga.gem s.m. Bagageiro, porta-malas. ♦ Pl.: porta- -bagagens.

Por.ta-ban.dei.ra s.m. **1.** Oficial que conduz a bandeira do regimento ou corporação. **2.** Pessoa que leva a bandeira ou estandarte em solenidade ou desfile (cívico, de escola de samba etc.) ♦ Pl.: porta-bandeiras.

Por.ta-cha.péus s.m.2n. Móvel com cabides para chapéus; chapeleira.

Por.ta-cha.ves s.m.2n. Argola ou outro aparelho em que trazem chaves; chaveiro.

PORTA-CIGARROS — POSSE

Por.ta-ci.gar.ros *s.m.2n.* Estojo em que se guardam cigarros; cigarreira.

Por.ta.dor *adj.* e *s.m.* **1.** Diz-se de, ou aquele que porta ou conduz. **2.** O encarregado de apresentar alguma coisa a alguém. *s.m.* **3.** Mensageiro, próprio. **4.** Possuidor de títulos pagáveis a quem os apresentar; carregador.

Por.ta-es.tan.dar.te *s.2g.* porta-bandeira. • *Pl.*: *porta-estandartes*.

Por.ta-joi.as *s.m.2n.* Vaso ou caixinha em que se guardam joias.

Por.tal *s.m.* **1.** Porta principal de um edifício; portada. **2.** Armação estrutural constituída essencialmente por dois pés direitos unidos no alto por uma viga horizontal. **3.** Arco que se estende sobre uma entrada.

Por.ta-lu.vas *s.m.2n.* Compartimento no painel do automóvel onde se guardam pequenos objetos.

Por.ta-ma.las *s.m.2n.* Parte do veículo de transporte onde se acondiciona a bagagem.

Por.ta-mo.e.das *s.m.2n.* Porta-níqueis.

Por.ta-ní.queis *s.m.2n.* Bolsinha de couro ou de metal para carregar moedas.

Por.tan.to *conj.* Logo, por isso, por conseguinte.

Por.tão *s.m.* Porta grande, que dá acesso ao interior de uma casa, de um jardim, de um quintal etc.; portada. • *Pl.*: *portões*.

Por.tar *v.int.* **1.** Aportar, chegar. **2.** Ir ter a determinado lugar. *v.t.* **3.** Carregar consigo, conduzir. *v.p.* **4.** Proceder, comportar-se.

Por.ta-re.tra.tos *s.m.2n.* Moldura em que se colocam fotografias.

Por.ta.ri.a *s.f.* **1.** Porta principal de um edifício. **2.** Vestíbulo de estabelecimento onde um encarregado de prestar informações, receber correspondência etc.; portão. **3.** Diploma ou documento oficial assinado por um ministro ou secretário, em nome do chefe do Executivo, contendo demissões, nomeações, instruções etc.

Por.ta-sei.os *s.m.2n.* Peça de vestuário feminino, própria para acomodar ou sustentar os seios, o mesmo que *sutiã*.

Por.tá.til *adj.2g.* **1.** De fácil transporte. **2.** De pequeno volume ou pouco peso. • *Pl.*: *portáteis*.

Por.ta-to.a.lhas *s.m.2n.* Cabide especial para toalhas, junto aos banheiros e lavatórios.

Por.ta-voz *s.m.* **1.** Instrumento semelhante a uma trombeta para reforçar a voz. *s.2g.* **2.** Pessoa que fala autorizada em nome de outrem. • *Pl.*: *porta-vozes*.

Por.te *s.m.* **1.** Ato de conduzir, levar ou trazer. **2.** Condução, transporte. **3.** O que se paga pelo transporte ou franquia de correspondência. **4.** Procedimento, comportamento. **5.** Postura, aspecto físico. **6.** Apresentação. **7.** Ademanes. **8.** Capacidade de carga, tonelagem.

Por.tei.ra *s.f.* **1.** Mulher encarregada de portaria. **2.** Portão de entrada, em propriedades rurais; cancela.

Por.tei.ro *s.m.* Homem responsável pela guarda de porta ou portaria.

Por.te.nho *adj.* **1.** Relativo ou pertencente a Buenos Aires, capital da Argentina; buenairense. *s.m.* **2.** O natural ou habitante de Buenos Aires; buenairense.

Por.ten.to *s.m.* **1.** Coisa ou acontecimento extraordinário. **2.** Maravilha, prodígio. **3.** Pessoa de extraordinário talento ou inteligência.

Port.fó.lio *s.m.* Pasta ou álbum utilizado para guardar papéis (documentos, estampas, desenhos, fotos etc.).

Pór.ti.co *s.m.* **1.** Entrada de edifício nobre. **2.** Entrada monumental. **3.** Átrio amplo, com o teto apoiado em colunas ou pilares.

Por.ti.nho.la (ó) *s.f.* **1.** Porta pequena, especialmente de carruagem. **2.** Tira de pano, que resguarda a abertura da algibeira.

Por.to¹ (ô) *s.m.* **1.** Lugar de abrigo e ancoradouro de navios. **2.** Lugar de descanso ou refúgio; abrigo. **3.** Lugar de embarque e desembarque de passageiros e mercadorias de navio.

Por.to² *s.m.* Vinho fabricado na cidade do Porto (Portugal).

Por.to-a.le.gren.se (ê) *adj.2g.* **1.** Relativo ou pertencente a Porto Alegre, capital do Rio Grande do Sul. *s.2g.* **2.** Pessoa natural ou habitante de Porto Alegre. • *Pl.*: *porto-alegrenses*.

Por.to-se.gu.ren.se (ô) *adj.2g.* **1.** Relativo ou pertencente a Porto Seguro (BA). *s.2g.* **2.** Pessoa natural ou habitante dessa cidade ou município. • *Pl.*: *porto-segurenses*.

Por.to-ve.lhen.se (ô) *adj.2g.* **1.** Relativo ou pertencente a Porto Velho (capital de Rondônia). *s.2g.* **2.** Pessoa natural ou habitante de Porto Velho. • *Pl.*: *porto-velhenses*.

Por.tu.á.rio *adj.* **1.** Relativo a porto. *s.m.* **2.** Aquele que trabalha em um porto.

Por.tu.guês *adj.* **1.** De, pertencente ou relativo a Portugal (Europa). *s.m.* **2.** O natural ou habitante de Portugal. **3.** Língua falada por portugueses, brasileiros e outros povos.

Por.tu.gue.sis.mo *s.m.* **1.** Modo de pensar ou de sentir próprio de português; lusitanismo. **2.** Caráter distintivo do português.

Por.ven.tu.ra *adv.* Acaso, por acaso, talvez.

Por.vir *s.m.* O tempo que há de vir; futuro. • *Ant.*: *passado*.

Po.sar *v.int.* Fazer pose.

Pós-da.tar *v.t.* Pôr pós-datas em.

Pós.di.lu.vi.a.no *adj.* Posterior ao dilúvio.

Po.se (ó) *s.f.* **1.** GAL Atitude do corpo. **2.** Postura afetada, artificial. **3.** Ato de servir de modelo a um pintor ou escultor.

Pós-e.lei.to.ral *adj.2g.* Posterior a uma eleição. • *Pl.*: *pós-eleitorais*.

Pós-es.cri.to *adj.* **1.** Escrito depois. **2.** Escrito no fim. *s.m.* **3.** Aquilo que se acrescenta a uma carta depois de assinada. • *Pl.*: *pós--escritos*. • *Abrev.*: *P.S.*

Pos.fá.cio *s.m.* Advertência no fim de um livro.

Pós-gra.du.a.ção *s.f.* Grau do ensino superior destinado aos já graduados. • *Pl.*: *pós-graduações*.

Pós-gra.du.a.do *adj.* Que fez curso de pós-graduação.

Pós-guer.ra *s.m.* Período que se segue a uma guerra; após-guerra. • *Pl.*: *pós-guerras*.

Po.si.ção *s.f.* **1.** Lugar onde uma pessoa ou coisa está colocada. **2.** Postura do corpo; pose. **3.** Disposição, arranjo. **4.** Circunstância. **5.** Ponto de vista; opinião. **6.** Situação social, moral ou econômica. **7.** Classe, categoria. **8.** Terreno mais ou menos apropriado para ataque ou defesa militar.

Po.si.cio.na.men.to *s.m.* **1.** Ato, processo ou efeito de posicionar(-se). **2.** Opinião, posição quanto a algum assunto.

Po.si.cio.nar *v.t.* **1.** Colocar em posição. **2.** Localizar, situar. *v.p.* **3.** Tomar posição.

Po.si.ti.var *v.t.* e *p.* **1.** Tornar(-se) positivo. **2.** Confirmar(-se), efetivar-se.

Po.si.ti.vis.mo *s.m.* **1.** Sistema filosófico criado por Auguste Comte (1798-1857), que pretende emancipar-se da Metafísica e basear-se somente nos fatos. **2.** Tendência para encarar a vida só pelo lado prático.

Po.si.ti.vo *adj.* **1.** Real, evidente, indiscutível. **2.** Baseado nos fatos e na experiência. **3.** Objeto de caráter prático; objetivo. **4.** Decisivo, terminante. **5.** Derivado da vontade e não da natureza. **6.** Fís Designativo da eletricidade que se desenvolve no vidro. **7.** MAT Designativo do número precedido do sinal +. **8.** GRAM Grau em que o adjetivo exprime simplesmente a qualidade. • *Ant.*: *negativo*.

Pós-me.ri.di.a.no *adj.* Posterior ao meio-dia.

Pós-na.tal *adj.2g.* Relativo ao período subsequente a um nascimento. • *Pl.*: *pós-natais*.

Po.so.lo.gi.a *s.f.* MED Indicação das doses em que se devem administrar os medicamentos.

Pós-o.pe.ra.tó.rio *adj.* CIR Diz-se do período que se segue a uma operação. • *Pl.*: *pós-operatórios*.

Pós-par.to *adj.* **1.** MED Que ocorre após o parto. *s.m.* **2.** Período que se inicia no parto e vai até a completa normalização do funcionamento dos órgãos da mulher. • *Pl.*: *pós-partos*.

Pos.pon.to *s.m.* Pesponto.

Pos.por *v.t.* **1.** Pôr depois. **2.** Preterir, postergar. • *Ant.*: *antepor*.

Pos.san.te *adj.2g.* **1.** Forte, robusto, vigoroso. **2.** De aspecto majestoso; grande. **3.** Valoroso, heroico.

Pos.se *s.f.* **1.** Retenção ou fruição de uma coisa ou direito. **2.** Estado de quem frui uma coisa ou a tem em seu poder.

POSSEIRO — POUSADA

Pos.sei.ro *adj.* e *s.m.* JUR Que, ou aquele que está na posse material de um imóvel, como se fosse dono, podendo legalmente adquirir o direito de propriedade.

Pos.ses.são *s.f.* **1.** O mesmo que *posse*. **2.** Colônia, domínio. **3.** TEOL Estado de possesso.

Pos.ses.si.vo *adj.* e *s.m.* **1.** GRAM Diz-se do, ou o pronome ou substantivo que indica posse. *adj.* **2.** Relativo à possessividade.

Pos.ses.so *adj.* **1.** Possuído pelo demônio; endemoninhado. **2.** Tomado de ira, de cólera. *s.m.* **3.** Indivíduo possuído pelo demônio.

Pos.si.bi.li.tar *v.t.* Tornar possível ou apresentar como tal; facultar.

Pos.sí.vel *adj.2g.* **1.** Que pode ser, existir ou acontecer. **2.** Praticável, factível. *s.m.* **3.** Aquilo que é possível. **4.** Empenho, diligência, esforço. ● *Ant.: impossível*.

Pos.su.ir *v.t.* **1.** Ter em seu poder. **2.** Ter a posse de. **3.** Ter como propriedades. **4.** Fruir a posse de; fruir. **5.** Exercer, desempenhar. **6.** Conter, encerrar. **7.** Ser naturalmente dotado de. **8.** Gozar. **9.** Ter o domínio de (estado ou região). **10.** Tomar completamente, dominar. **11.** Empolgar. **12.** Ter cópula carnal com (uma mulher). *v.p.* **13.** Compenetrar-se, convencer-se, capacitar-se. **14.** Deixar-se dominar.

Pos.ta¹ *s.f.* **1.** Pedaço, talhada de peixe ou de carne. **2.** FAM Emprego rendoso. **3.** Indivíduo moleirão.

Pos.ta² *s.f.* **1.** Administração do correio. **2.** Antiga estação, numa estrada, onde se fazia a muda dos cavalos que conduziam diligências.

Pos.tal *adj.* **1.** Relativo ao correio. *s.m.* **2.** Espécie de cartão com uma ilustração num dos lados, ficando o outro reservado a uma curta mensagem; cartão-postal.

Pos.tar *v.t.* **1.** Pôr num lugar ou posto (alguém). **2.** Pôr carta, postal, impresso na caixa do correio. *v.p.* **3.** Colocar-se, pôr-se. **4.** Permanecer muito tempo.

Pos.ta-res.tan.te *s.f.* Indicação que se põe no sobrescrito de uma carta para significar que ela deve permanecer em local próprio nos Correios. ● *Pl.: postas-restantes*.

Pos.te *s.m.* **1.** Peça fincada verticalmente no solo; pilar. **2.** Coluna a que se prendiam os criminosos expondo-os à ignomínia pública.

Pôs.ter *s.m.* **1.** Cartaz com imagens e/ou textos. **2.** Fotografia ampliada no tamanho de um cartaz.

Pos.ter.ga.do *adj.* **1.** Que se postergou. **2.** Menosprezado, esquecido. **3.** Adiado, procrastinado.

Pos.ter.gar *v.t.* **1.** Deixar atrás; preterir. **2.** Deixar em atraso. **3.** Desdenhar, desprezar. **4.** Não fazer caso de; transgredir.

Pos.te.ri.da.de *s.f.* **1.** Descendentes de uma mesma origem. **2.** Todas as gerações futuras. **3.** Tempo futuro. **4.** Celebridade ou glorificação futura. ● *Ant.: ascendência*.

Pos.te.ri.or (ô) *adj.2g.* **1.** Que vem ou está depois; ulterior. **2.** Situado atrás ou que ficou atrás; traseiro.

Pós.te.ro *adj.* Vindouro, futuro.

Pos.ti.ço *adj.* **1.** De pôr e tirar. **2.** Acrescentado a obra já concluída. **3.** Colocado artificialmente no lugar de coisa que falta. **4.** Que não é natural. **5.** Falso, artificial, fingido.

Pos.ti.go *s.m.* **1.** Porta pequena. **2.** Abertura em porta ou janela, para olhar sem abrir; janelinha. **3.** NÁUT Tampa com que se fecham as vigias e goteiras.

Pos.to (ô) *adj.* **1.** Colocado, apresentado. **2.** Disposto, plantado. **3.** Desaparecido (o Sol no ocaso). *conj.* **4.** O mesmo que; posto que. **5.** Lugar onde uma pessoa ou coisa está colocada. **6.** Estação ou alojamento de tropas ou guardas policiais. **7.** Cargo, dignidade. **8.** Graduação militar. **9.** Lugar que cada um deve ocupar no desempenho de suas funções. ● *Pl.: postos* (ó).

Post-scriptum (póst scríptum) (lat.) *s.m.* e *adj.* Pós-escrito.

Pos.tu.la.do *s.m.* **1.** Princípio ou fato reconhecido mas não demonstrado. **2.** Princípio que se admite sem discussão, mas que não é tão evidente como o axioma. **3.** Pré-requisito. **4.** Tempo de exercícios e provações que antecede o noviciado nas comunidades religiosas.

Pos.tu.lar *v.t.* **1.** Pedir com instância. **2.** Requerer, documentando a alegação; exigir.

Pós.tu.mo *adj.* **1.** Nascido depois da morte do pai. **2.** Posterior à morte de alguém: *Homenagem póstuma*. **3.** Diz-se de obra publicada depois da morte do autor: *Livro póstumo*.

Pos.tu.ra *s.f.* **1.** Disposição ou posição do corpo. **2.** Atitude, aspecto fisionômico. **3.** Lei, ordem ou deliberação de câmara municipal. **4.** Ovos que uma galinha (ou outra ave) põe durante certo tempo.

Po.tas.sa *s.f.* **1.** QUÍM Substância composta de oxigênio e de potássio. **2.** Hidróxido de potássio.

Po.tás.sio *s.m.* Elemento químico, metal alcalino, símbolo K e número atômico 19.

Po.tá.vel *adj.2g.* Que se pode beber.

Po.te *s.m.* **1.** Cântaro. **2.** Grande vaso de barro para água e outros líquidos. **3.** Antiga medida para líquidos correspondente a seis canadas ou 8,400 l. **4.** POP Pessoa baixa e gorda.

Po.tên.cia *s.f.* **1.** Qualidade do que é potente; poder. **2.** Força, vigor. **3.** Robustez. **4.** Vigor ou capacidade sexual. **5.** Energia. **6.** Autoridade, mando, poderio. **7.** FILOS Conjunto das aptidões ou elementos próprios para produzir um ser ou um ato. **8.** Estado ou nação soberana. **9.** Pessoa de grande importância e influência. **10.** Força aplicada à realização de certo efeito. **11.** FÍS Força produzida por uma máquina na unidade de tempo. **12.** MAT Produto de fatores iguais. **13.** Faculdade (da alma).

Po.ten.ci.al *adj.2g.* **1.** Relativo a potência. **2.** Virtual, latente. **3.** Que exprime possibilidade. **4.** FÍS Quantidade de eletricidade de que um corpo está carregado. **5.** Força ou poder de que se pode dispor. **6.** FIG Capacidade de realização.

Po.ten.ta.do *s.m.* **1.** Chefe de um Estado poderoso. **2.** Pessoa de grande poder, autoridade, influência.

Po.ten.te *adj.2g.* **1.** Que pode. **2.** Que tem a faculdade de fazer ou produzir alguma coisa. **3.** Que tem poderio ou importância. **4.** Dotado de vigor sexual.

Po.ti.guar *adj.* e *s.2g.* Rio-grandense-do-norte.

Po.ti.gua.ra¹ *s.2g.* **1.** Indivíduos dos potiguares, tribo indígena tupi que habitava as margens do rio Paraíba do Norte (PB). *adj.2g.* **2.** Pertencente ou relativo a essa tribo.

Po.ti.gua.ra² *s.2g.* e *adj.2g.* Potiguar.

Po.to.ca *s.f.* Mentira, peta.

Pot-pourri (pô-purri) (fr.) *s.m.* **1.** Peça musical formada da mistura de trechos de várias canções ou outras peças musicais. **2.** Mistura de coisas diferentes; miscelânea.

Po.tran.co *s.m.* Potro de menos de dois anos.

Po.tro (ô) *s.m.* **1.** Cavalo novo, até a idade de três anos; poldro. **2.** Espécie de cavalo de madeira em que se torturavam os condenados. ● *Fem.: potra* (ô).

Pou.ca-ver.go.nha *s.f.* **1.** POP Falta de vergonha ou pundonor. **2.** Ato vergonhoso, imoral; patifaria. ● *Pl.: poucas-vergonhas*.

Pou.co *pron.* e *adj.* **1.** Em pequena quantidade; escasso. *s.m.* **2.** Pequena quantidade; bagatela. *adv.* **3.** Não muito; insuficientemente. ● *Ant.: muito*. ● *Sup.abs.sint.: pouquíssimo*.

Pou.co-ca.so *s.m.* Descaso, desdém. ● *Pl.: poucos-casos*.

Pou.pa *s.f.* **1.** Pássaro semelhante à pega. **2.** Tufo de penas que adorna a cabeça de certas aves. **3.** FIG Espécie de penteado que se caracteriza por um nó de cabelo no alto da cabeça.

Pou.pan.ça *s.f.* **1.** Ato ou efeito de poupar. **2.** Economia, parcimônia. **3.** FAM Sovinice, avareza. **4.** Certo tipo de depósito bancário que, se não for movimentado num determinado período, é acrescido de rendimentos e juros; caderneta de poupança.

Pou.par *v.t.* **1.** Despender com moderação. **2.** Gastar apenas o indispensável, economizar. **3.** Tratar com indulgência. **4.** Acatar. **5.** Evitar, esquivar. *v.int.* **6.** Viver com economia; economizar. *v.p.* **7.** Eximir-se; esquivar-se.

Pou.sa.da *s.f.* **1.** Ato ou efeito de pousar. **2.** Paragem em uma casa para descansar. **3.** Casa ou lugar em que se descansa; hospedagem, albergue.

POUSAR — PRECÁRIO

Pou.sar *v.t.* **1.** Assentar. **2.** Pôr no chão. **3.** Apoiar, colocar. **4.** Cessar o voo, descer. **5.** Aterrissar, aterrar. *v.int.* **6.** Abrigar-se, recolher-se. **7.** Empoleirar-se. **8.** Acoitar-se.

Pou.so *s.m.* **1.** Lugar onde alguém ou alguma coisa pousa, coloca--se, costuma estar ou descansar; ancoradouro. **2.** Mó de baixo, nas azenhas.

Po.vão *s.m.* O povo simples, a massa popular.

Po.va.réu *s.m.* Grande multidão; plebe, ralé.

Po.vo (ô) *s.m.* **1.** Conjunto de habitantes de um país ou de uma localidade. **2.** Multidão de gente. **3.** O público, considerado em seu conjunto. **4.** A classe inferior e mais numerosa de um país; plebe, ralé. **5.** FIG Grande número ou quantidade. **6.** POP A gente da casa, a família.

Po.vo.a.ção *s.f.* **1.** Lugar povoado. **2.** Aldeia, povoado. **3.** Os habitantes de determinado lugar. **4.** Ato ou efeito de povoar.

Po.vo.a.do *adj.* **1.** Que se povoou; habitado. *s.m.* **2.** Lugarejo ou pequeno lugar habitado; povoação.

Po.vo.ar *v.t.* **1.** Tornar habitado. **2.** Formar povoação em. **3.** Prover de árvores ou animais; encher.

Pra.ça *s.f.* **1.** Lugar público e espaçoso rodeado de casas ou edifícios; largo. **2.** Mercado. **3.** Conjunto das casas comerciais e bancárias de uma cidade. **4.** Fortaleza. **5.** Alarde, ostentação. **6.** Hasta pública, leilão. **7.** Alistamento militar. **8.** Vila ou cidade fortificada. **9.** Espaço de navio, para transporte de carga. **10.** POP Pessoa velhaca, de má índole. **11.** Lugar povoado, cidade. *s.m.* **12.** Praça de pré; militar (soldado, cabo, sargento) que não pertence ao oficialato.

Pra.ci.nha *s.m.* **1.** *Dim.* de praça (soldado). **2.** Soldado da Força Expedicionária Brasileira (FEB), na II Guerra Mundial.

Pra.da.ri.a *s.f.* Série de prados; grande planície.

Pra.do *s.m.* **1.** Campo de plantas herbáceas que servem para forragem. **2.** Campo coberto de ervas para a pastagem de animais. **3.** O mesmo que *hipódromo*.

Pra.ga *s.f.* **1.** Imprecação de males contra alguém. **2.** calamidade; grande desgraça. **3.** Abundância de coisas prejudiciais ou desagradáveis. **4.** Pessoa ou coisa importuna. **5.** Erva daninha.

Prag.má.ti.ca *s.f.* **1.** Conjunto de regras ou fórmulas para as cerimônias da corte ou da igreja. **2.** Formalidades de boa sociedade. **3.** Protocolo, etiqueta.

Prag.má.ti.co *adj.* **1.** Referente à pragmática. **2.** Conforme à pragmática. **3.** Que toma o valor prático como critério de verdade. **4.** Costumeiro, habitual; de praxe. **5.** Realista, objetivo, prático.

Prag.ma.tis.mo *s.m.* Doutrina filosófica que se baseia na verdade do valor prático.

Pra.gue.jar *v.int.* **1.** Encher-se (o terreno) de pragas ou vegetais daninhos. **2.** Dizer pragas. *v.t.* **3.** Proferir imprecações; difamar. **4.** Existir em grande quantidade; assolar, infestar. **5.** Amaldiçoar, maldizer.

Prai.a *s.f.* Orla de terra geralmente coberta de areia, que limita com o mar; litoral.

Pran.cha *s.f.* **1.** Grande tábua grossa e larga. **2.** Tábua sobre a qual se passa de uma embarcação para terra. **3.** Circular que uma loja maçônica envia às outras. **4.** Folha de espada ou de sabre. **5.** Vagão ferroviário de carga, sem paredes. **6.** Gravura, estampa impressa. **7.** GÍR Pé grande e espalmado. **8.** Tábua comprida e estreita em que os surfistas deslizam sobre as ondas. ● *Dim.: prancheta*.

Pran.che.ta (ê) *s.f.* **1.** Pequena prancha. **2.** Instrumento topográfico para levantamento de plantas. **3.** Tábua própria para desenhar. **4.** Pequena prancha para sustentar papel de escrever.

Pran.to *s.m.* **1.** Choro, lamentação; lágrimas. **2.** Ato de lastimar. **3.** Antiga poesia elegíaca em que se lamentava a morte de pessoas ilustres. **4.** Lamúrias, lamentações. ● *Ant.: riso*.

Pra.se.o.dí.mio *s.m.* Elemento de símbolo Pr, número atômico 59, massa atômica 140,9076.

Pra.ta *s.f.* **1.** Metal precioso, esbranquiçado, de símbolo Ag e número atômico 47, muito dúctil e sonoro. **2.** Moeda, baixela ou qualquer outro objeto feito desse metal; prataria. **3.** FAM Dinheiro; variedade de banana.

Pra.ta.ri.a *s.f.* **1.** Conjunto de vasos ou utensílios de prata; prata (acep. 2). **2.** Porção de pratos.

Pra.tar.raz *s.m.* **1.** Prato grande. **2.** Prato cheio de comida.

Pra.te.a.do *adj.* **1.** Coberto de folhas de prata ou de uma solução de prata. **2.** FIG Branco e brilhante como a prata. *s.m.* **3.** A cor da prata.

Pra.te.ar *v.t.* **1.** Revestir de uma camada de prata. **2.** Dar a cor, a alvura, o brilho da prata a.

Pra.te.lei.ra *s.f.* **1.** Tábua ou espécie de estante em que se colocam pratos. **2.** Cada uma das tábuas horizontais e interiores de um armário, de uma estante etc.

Prá.ti.ca *s.f.* **1.** Ato ou efeito de praticar. **2.** Maneira de proceder; uso, costume. **3.** Vivência, tirocínio, experiência. **4.** Exercício. **5.** Saber, resultante da experiência. **6.** Hábito, rotina. **7.** Aplicação da teoria. **8.** Discurso, conversação, conferência. **9.** Licença dada a navegantes para se comunicarem com um porto ou cidade. ● *Ant.: teoria*.

Pra.ti.can.te *adj.* e *s.2g.* Que, ou pessoa que pratica, que se vai exercitando em alguma profissão; aprendiz.

Pra.ti.car *v.t.* **1.** Exercitar. **2.** Procurar adquirir experiência. **3.** Realizar, executar, levar a efeito. **4.** Cumprir. **5.** Proferir. **6.** Conversar, dizer. *v.int.* **7.** Adquirir prática ou experiência.

Pra.ti.cá.vel *adj.2g.* **1.** Que se pode praticar; realizável. **2.** Em que se pode transitar; viável. *s.m.* **3.** Cada um dos elementos móveis (estrado, suporte, armação etc.) que compõem um cenário.

Prá.ti.co *adj.* **1.** Relativo à prática; exercitado. **2.** Versado; experiente. **3.** Que encara as coisas pelo lado positivo. **4.** Fácil, ao alcance de todos. *s.m.* **5.** Homem experimentado. **6.** Piloto que conhece bem certas paragens marítimas. **7.** Aquele que exerce profissão sem ser diplomado. ● *Ant.: teórico*.

Pra.to *s.m.* **1.** Vaso achatado, de louça ou metal, ordinariamente circular, em que se serve a comida. **2.** Cada uma das iguarias que entram numa refeição. **3.** O conteúdo de um prato. **4.** Concha de balança. **5.** Peça de vários maquinismos, em forma de prato. **6.** Alimentação. *adj.* **7.** Diz-se de uma variedade de queijo chato. **8.** Chato, plano. ● *Aum.: pratalhaz, prataz* e *pratázio*. ● *Dim.: pratinho* e *pratel*.

Pra.xe *s.f.* **1.** O que habitualmente se pratica. **2.** Uso, costume. **3.** Prática habitual, rotina; tradição. **4.** Estilo.

Pra.zen.tei.ro *adj.* **1.** Que denota satisfação, prazer, alegria. **2.** Jovial, festivo. **3.** Insinuante.

Pra.zer¹ *v.int.* Agradar, aprazer. ● Verbo irregular, somente conjugado nas terceiras pessoas do singular.

Pra.zer² *s.m.* **1.** Alegria, jovialidade. **2.** Satisfação. **3.** Delícia, agrado. **4.** Divertimento.

Pra.ze.ro.so (ô) *adj.* **1.** Em que há prazer; prazenteiro. **2.** Alegre, jovial. ● Fem. e pl.: *prazerosa* e *prazerosos* (ó).

Pra.zo *s.m.* **1.** Tempo fixo e determinado. **2.** Espaço de tempo para se fazer alguma coisa. **3.** Terra aforada por certo prazo.

Pré *s.m.* **1.** Vencimento diário de um soldado de fileira. **2.** *Elem. de comp.* que exprime *antecedência, antecipação, preferência*, como em *pré-carnavalesco, pré-datado, pré-história, pré-escolar, pré-primário, pré-universitário, preconcebido, preestabelecer* etc.

Pre.á *s.2g.* **1.** Nome dado a um pequeno roedor da América do Sul; de corpo robusto, patas e orelhas curtas e incisivos brancos. **2.** Roedor da América do Sul, com cerca de 25 cm de comprimento, pelagem cinzenta, orelhas curtas e sem caudá.

Pré-a.do.les.cên.cia *s.f.* Período do desenvolvimento humano imediatamente anterior à adolescência; puberdade.

Pre.a.mar *s.f.* **1.** Momento em que a maré atinge seu limite máximo. **2.** Maré alta. ● *Ant.: baixa-mar*.

Pre.âm.bu.lar *v.t.* Fazer preâmbulo a; prefaciar.

Pre.âm.bu.lo *s.m.* **1.** Introdução, prefácio. **2.** Parte preliminar de uma lei, decreto ou diploma em que o legislador anuncia a promulgação. **3.** Relatório preliminar.

Pre.cá.rio *adj.* **1.** Que existe ou se exerce por mercê revogável. **2.** Incerto, quanto à duração. **3.** Provisório, temporário. **4.** Difícil, escasso. **5.** Débil, frágil. **6.** Minguado, estreito. ● *Ant.: sólido*.

PRÉ-CARNAVALESCO — PRÉ-ELEITORAL

Pré-car.na.va.les.co *adj.* Que precede ou anuncia os festejos do carnaval. ● *Pl.: pré-carnavalescos.*

Pre.ca.tó.rio *adj.* **1.** Em que se pede alguma coisa. *s.m.* **2.** Documento precatório.

Pre.cau.ção *s.f.* **1.** Ato ou efeito de precaver-se. **2.** Cautela antecipada. **3.** Cuidado, prudência. ● *Ant.: descuido.*

Pre.ca.ver *v.t.* **1.** Acautelar antecipadamente; prevenir. *v.p.* **2.** Acautelar-se, proteger-se. ● Verbo regular, mas defectivo, somente conjugado nas formas arrizotônicas (quando o acento tônico recai sobre a terminação)

Pre.ca.vi.do *adj.* **1.** Que tem precaução. **2.** Cauteloso, prevenido.

Pre.ce *s.f.* **1.** Súplica religiosa; oração, reza. **2.** Qualquer súplica; pedido instante.

Pre.ce.dên.cia *s.f.* **1.** Qualidade ou condição de precedente. **2.** Antecedência no tempo, na ordem, no lugar. **3.** Preferência, primazia. **4.** Direito de preceder.

Pre.ce.der *v.t.* **1.** Anteceder. **2.** Estar antes de. **3.** Chegar ou ocorrer antes de. *v.int.* **4.** Ir adiante. ● *Ant.: seguir.*

Pre.cei.to *s.m.* **1.** Regra ou norma de conduta moral. **2.** Ensinamento, doutrina. **3.** Ordem, prescrição.

Pre.cei.tu.ar *v.t.* **1.** Prescrever; preconizar. **2.** Estabelecer como preceito ou regra; ordenar.

Pre.cei.tu.á.rio *s.m.* **1.** Coleção ou reunião de preceitos. **2.** Conjunto de regras.

Pre.cep.tor (ô) *s.m.* **1.** O que ministra preceitos ou instruções; mestre. **2.** Guia intelectual; mentor.

Pre.ci.o.sis.mo *s.m.* **1.** Excessiva delicadeza ou sutileza na linguagem, que predominou na França (séc. XVII). **2.** Grande afetação no falar e escrever.

Pre.ci.o.so *adj.* **1.** De grande valor ou apreço. **2.** Suntuoso, magnífico. **3.** De grande importância. **4.** FIG Presumido, afetado. **5.** Diz-se das pedras ou metais de alto valor ornamental.

Pre.ci.pí.cio *s.m.* **1.** Lugar muito íngreme, de onde se pode precipitar alguém ou alguma coisa. **2.** Abismo, despenhadeiro. **3.** Lugar profundo e escarpado. **4.** FIG Grande perigo; perdição, ruína.

Pre.ci.pi.ta.ção *s.f.* **1.** Ato ou efeito de precipitar(-se). **2.** Pressa irrefletida. **3.** Irreflexão. ● *Ant.: prudência.*

Pre.ci.pi.ta.do *adj.* **1.** Que se precipitou. **2.** Que não reflete. **3.** Imprudente, arrebatado. **4.** Apressado. *s.m.* **5.** Aquele que faz as coisas precipitadamente, sem reflexão. **6.** Pessoa leviana.

Pre.ci.pi.tar *v.t.* **1.** Desencadear. **2.** Lançar ao precipício; despenhar. **3.** Arremessar de lugar elevado. **4.** Levar à desgraça. **5.** Apressar antecipando. **6.** Lançar-se, atirar-se de cima para baixo. **7.** Arrojar-se, anunciar-se. *v.int.* **8.** QUÍM Transformar uma substância solúvel (íon ou sal) em insolúvel, por adição de reagente, evaporação, resfriamento ou eletrólise.

Pre.ci.puo *adj.* **1.** Essencial, fundamental. **2.** Específico, próprio. ● *Ant.: secundário.*

Pre.ci.são *s.f.* **1.** Falta ou carência de uma coisa útil ou necessária. **2.** Exatidão rigorosa. **3.** Concisão, rigor sóbrio de linguagem. **4.** Pontualidade.

Pre.ci.sar *v.t.* **1.** Ter precisão de; necessitar. **2.** Determinar com exatidão. **3.** Particularizar. *v.int.* **4.** Ser necessário; ter precisão. **5.** Ser pobre, carecer.

Pre.ci.so *adj.* **1.** Necessário, indispensável. **2.** De rigorosa exatidão; exato. **3.** Certo. **4.** Fixo. **5.** Nítido, claro. **6.** Terminante, resumido, lacônico.

Pre.cla.ri.da.de *s.f.* Qualidade do que é preclaro; fama, brilho, distinção.

Pre.cla.ro *adj.* Ilustre, famoso, notável, brilhante. ● *Ant.: vulgar.*

Pre.ço (ê) *s.m.* **1.** Custo de coisa vendável; valor em dinheiro de uma mercadoria ou trabalho. **2.** Compensação, prêmio. **3.** Punição, castigo. **4.** Importância moral. **5.** Merecimento, valor.

Pre.co.ce *adj.2g.* **1.** Temporão, prematuro. **2.** Desenvolvido ou formado antes do tempo normal. **3.** Antecipado, adiantado. *adv.* **4.** Prematuramente. ● *Ant.: tardio.*

Pre.cog.ni.ção *s.f.* Conhecimento antecipado de um fato ainda não ocorrido. ● *Pl.: precognições.*

Pré-co.lom.bi.a.no *adj.* Anterior ao descobrimento da América por Cristóvão Colombo.

Pre.con.ce.ber *v.t.* **1.** Conceber antecipadamente. **2.** Conceber sem exame nem reflexão. **3.** Prejulgar.

Pre.con.ce.bi.do *adj.* **1.** Idealizado ou planejado antecipadamente. **2.** Imaginado, suposto de antemão, sem base objetiva, real.

Pre.con.cei.to *s.m.* **1.** Conceito antecipado e sem fundamento razoável. **2.** Opinião formada sem reflexão. **3.** Superstição, crendice.

Pre.con.cei.tu.o.so (ô) *adj.* **1.** Baseado em ou que revela preconceito; não isento; parcial. **2.** Cheio de preconceitos, intolerante.

Pre.con.di.ção *s.f.* Condição prévia.

Pre.con.di.ci.o.nar *v.t.* Impor, para que algo seja executado, a realização prévia de (outra coisa).

Pre.co.ni.zar *v.t.* **1.** Anunciar publicamente. **2.** Instituir. **3.** Prescrever, preceituar. **4.** Recomendar ou aconselhar com louvor; elogiar. **5.** Propalar, divulgar.

Pre.cur.sor (ô) *adj.* **1.** Que vai adiante. **2.** Que anuncia com antecipação. **3.** Que precede. *s.m.* **4.** O que vai adiante; pioneiro. **5.** Pessoa que anuncia um acontecimento futuro ou a chegada de alguém. **6.** Objeto ou fato que anuncia outro.

Pre.da.dor (ô) *s.m.* **1.** Ser que destrói outro violentamente. **2.** Animal que se alimenta de outros organismos, destruindo-os.

Pré-da.ta.do *adj.* **1.** A que se apôs data futura. *s.m.* **2.** Cheque pré-datado: *O comércio aceita pré-datados para 30 dias.* ● *Pl.: -datados.*

Pré-da.tar *v.t.* Pôr data futura em; antedatar: *Pré-datar cheques*

Pre.da.tó.rio *adj.* **1.** Relativo a roubos ou a pilhagens. **2.** Próprio de predador.

Pre.de.ces.sor (ô) *s.m.* Antecessor.

Pre.des.ti.na.ção *s.f.* Ato ou efeito de predestinar.

Pre.des.ti.nar *v.t.* **1.** Destinar antecipadamente. **2.** Destinar desde toda a eternidade à glória ou à realização de grandes ações. **3.** Reservar.

Pre.de.ter.mi.nar *v.t.* **1.** Determinar com antecipação. **2.** Indicar de antemão ou previamente.

Pré.di.ca *s.f.* **1.** Ato ou efeito de pregar. **2.** Pregação, sermão. **3.** Discurso, oração.

Pre.di.ca.ção *s.f.* **1.** Prédica. **2.** GRAM Nexo existente entre o sujeito e o predicado. **3.** Qualidade de predicado.

Pre.di.ca.do *s.m.* **1.** Qualidade característica; atributo. **2.** Prenda, virtude. **3.** GRAM Aquilo que, numa oração, se diz do sujeito.

Pre.di.ção *s.f.* **1.** Ato ou efeito de predizer. **2.** Profecia, vaticínio. **3.** Coisa predita.

Pre.di.ca.ti.vo *adj.* e *s.m.* GRAM Diz-se de, ou nome ou pronome que serve de atributo ao objeto ou ao sujeito e completa a significação do verbo.

Pre.di.le.ção *s.f.* **1.** Preferência de afeição, de amizade, de gosto. **2.** Amizade maior, tida a uma pessoa entre outras amada. **3.** Afeição extremosa. **4.** Simpatia. ● *Ant.: aversão.*

Pre.di.le.to *adj.* e *s.m.* Que, ou aquele que é querido com predileção; preferido.

Pré.dio *s.m.* **1.** Propriedade imóvel. **2.** Construção para comércio, habitação etc. **3.** Casa, edifício, habitação.

Pre.dis.po.nen.te *adj.2g.* Que predispõe.

Pre.dis.por (ô) *v.t.* e *p.* **1.** Dispor(-se) com antecipação. **2.** Preparar(-se) de antemão. **3.** Inclinar(-se) para alguma coisa.

Pre.di.zer *v.t.* **1.** Dizer antecipadamente. **2.** Prognosticar, profetizar.

Pre.do.mi.nar *v.int.* **1.** Ser o primeiro em domínio ou influência. **2.** Dominar muito. **3.** Sobressair, prevalecer. **4.** Ser em maior quantidade ou intensidade. *v.t.* **5.** Exercer domínio sobre; sobrepujar.

Pre.do.mí.nio *s.m.* **1.** Domínio principal. **2.** Preponderância, superioridade, supremacia. **3.** Influência.

Pré-e.lei.to.ral *adj.2g.* Que precede a eleição. ● *Pl.: pré-eleitorais.*

PREEMINENTE — PREMEDITAÇÃO

Pre.e.mi.nen.te *adj.* **1.** Que tem preeminência. **2.** Que ocupa posição elevada entre seus pares: *Médico preeminente.* **3.** Distinto, nobre.

Pre.en.cher *v.t.* **1.** Encher completamente. **2.** Ocupar (espaço, tempo); completar. **3.** Desempenhar: *Ele preenche bem o cargo.* **4.** Observar, cumprir plenamente. **5.** Provar.

Pré-en.co.lhi.do *adj.* Tecido que já sofreu previamente processo de encolhimento. ● *Pl.: pré-encolhidos.*

Pré-es.co.la *s.f.* Escola destinada a crianças em idade pré-escolar. ● *Pl.: pré-escolas.*

Pré-es.co.lar *adj.2g.* **1.** Anterior ao período ou à idade escolar. *s.2g.* **2.** Criança em idade pré-escolar. **3.** Esse período ou essa idade. ● *Pl.: pré-escolares.*

Pre.es.ta.be.le.cer *v.t.* **1.** Estabelecer antecipadamente. **2.** Predispor. **3.** Predeterminar.

Pré-es.trei.a *s.f.* Representação de peça teatral ou exibição de filme, para convidados especiais, que precede a estreia; *avant-première.* ● *Pl.: pré-estreias.*

Pre.e.xis.tir *v.int.* **1.** Existir em tempo anterior. **2.** Existir antes de outro ou de outrem. *v.t.* **3.** Preceder, anteceder.

Pré-fa.bri.ca.do *adj.* Constituído de peças ou partes já fabricadas e prontas para armar ou montar. ● *Pl.: pré-fabricados.*

Pré-fa.bri.car *v.t.* **1.** Fabricar de antemão. **2.** Criar antecipadamente; planejar, arquitetar.

Pre.fa.ci.ar *v.t.* **1.** Fazer, escrever um prefácio para (uma obra); preambular, prologar, preludiar, proemiar. **2.** Deixar antever; servir de introdução a; preceder, iniciar, introduzir.

Pre.fá.cio *s.m.* **1.** Advertência que precede uma obra escrita. **2.** Introdução, prólogo, proêmio. ● *Ant.: posfácio.* **3.** Parte da missa que precede imediatamente o cânon.

Pre.fei.to *s.m.* **1.** Chefe do poder executivo de um município. **2.** Pessoa que tem a seu cargo a parte administrativa de um colégio, campus universitário etc. ● *Fem.: prefeita.*

Pre.fei.tu.ra *s.f.* **1.** Repartição ou prédio onde funcionam os órgãos do Poder Executivo municipal. **2.** Função ou mandato do prefeito. **3.** Duração desse mandato.

Pre.fe.rên.cia *s.f.* **1.** Ato ou efeito de preferir. **2.** Predileção. **3.** Manifestação de agrado ou distinção. **4.** Prioridade, primazia. **5.** Coisa ou pessoa preferida. **6.** JUR Direito que certas pessoas têm de, pelo mesmo preço, haver certas coisas em primeiro lugar.

Pre.fe.ren.ci.al *adj.2g.* **1.** Em que há preferência. **2.** Que tem preferência. *s.f.* **3.** Via pública em que, nos cruzamentos ou confluência com outras, os veículos têm preferência de passagem.

Pre.fe.rir *v.t.* **1.** Dar primazia a. **2.** Escolher, antepor. **3.** Querer antes. **4.** Ter predileção, por gostar mais de. *v.int.* **5.** Ter a primazia ou preferência. **6.** Ser preferido.

Pre.fi.xa.ção (cs) *s.f.* **1.** Ato ou efeito de prefixar. GRAM Ato de juntar prefixos.

Pre.fi.xar (cs) *v.t.* **1.** Fixar antecipadamente. **2.** Prescrever. **3.** GRAM Pôr prefixo(s) em.

Pre.fi.xo (cs) *adj.* **1.** Fixado de antemão, determinado antes. *s.m.* **2.** GRAM Afixo que se agrega antes da raiz ou do radical de uma palavra, para formar palavra nova.

Pre.ga¹ *s.f.* **1.** Dobra, ruga. **2.** Carquilha defeituosa ou dobra casual de um estofo. **3.** Depressão de terreno.

Pre.ga.ção *s.f.* **1.** Ato ou efeito de pregar. **2.** Prédica, sermão. **3.** FAM Discurso fastidioso. **4.** FIG Repreensão.

Pre.ga.dor¹ (ô) *adj.* e *s.m.* **1.** Que, ou o que segura com pregos. **2.** Que, ou o que abotoa ou prende.

Pre.ga.dor² *s.m.* **1.** Aquele que apregoa, anuncia, proclama (uma ideia, doutrina ou verdade). **2.** Orador sacro. **3.** Aquele que censura ou amoesta.

Pre.gão *s.f.* **1.** Ato ou efeito de apregoar. **2.** Divulgação feita em bolsa de valores ou leilão. **3.** Voz com que os vendedores ambulantes anunciam seus produtos; reclamo, divulgação. **4.** Prego grande.

Pre.gar *v.t.* **1.** Pôr pregos em. **2.** Segurar com pregos. **3.** Unir, cosendo. **4.** Aplicar, infligir. *v.int.* **5.** Interromper qualquer tarefa por cansaço. **6.** Ficar exausto. **7.** Empacar, emperrar. **8.** Mentir. **9.** Insuflar. **10.** Preconizar. **11.** Clamar. **12.** Difundir. **13.** Aconselhar, recomendar. **14.** Pronunciar sermões. **15.** Evangelizar. **16.** Fazer dobra de costura para unir. *v.p.* **17.** Conservar-se por muito tempo no mesmo lugar. **18.** Cravar-se.

Pre.go *s.m.* **1.** Haste de metal, pontiaguda de um lado, com cabeça de outro, destinada a cravar-se num ponto ou num objeto. **2.** Grande alfinete para segurar ou enfeitar chapéus de senhoras. **3.** Cravo, brocha. **4.** POP Casa de penhores. **5.** Peta, mentira. **6.** Cansaço excessivo. **7.** Prostração. **8.** Espécie de macaco da Amazônia.

Pre.go.ei.ro *s.m.* Aquele que apregoa, que lança pregão; leiloeiro.

Pre.gres.so *adj.* **1.** Decorrido anteriormente. **2.** Que aconteceu primeiro. ● *Ant.: futuro.*

Pre.gui.ça *s.f.* **1.** Aversão ao trabalho. **2.** Morosidade, negligência, moleza, lentidão ● *Ant.: atividade.* **3.** Corda dos guindastes. **4.** Nome comum a todos os mamíferos xenartros, de movimentos lentos, também chamados *bichos-preguiça.*

Pre.gui.çar *v.int.* Andar ou proceder com preguiça; mandriar.

Pre.gui.ço.so (ô) *adj.* **1.** Dominado pela preguiça. **2.** Lento, demorado. **3.** Que funciona mal. *adj.* e *s.m.* **4.** Que, ou aquele que revela ou tem preguiça; mandrião. ● *Ant.: ativo.*

Pre.gus.tar *v.int.* **1.** Provar bebida ou comida. **2.** Beber antes de outrem; prelibar.

Pré-his.tó.ria *s.f.* **1.** Período da História que vai do aparecimento do homem até a invenção da escrita. **2.** Ciência que se dedica a esse estudo.

Prei.to *s.m.* **1.** Vassalagem. **2.** Respeito. **3.** Demonstração de sentimento afetivo; homenagem. ● *Cf. pleito.*

Pre.ju.di.car *v.t.* **1.** Causar prejuízo a. **2.** Fazer dano a. **3.** Lesar. **4.** Danificar. **5.** Desservir. **6.** Embaraçar. **7.** Diminuir o valor de. **8.** Anular, tornar sem efeito. *v.p.* **9.** Sofrer prejuízo.

Pre.ju.di.ci.al *adj.2g.* **1.** Que causa prejuízo. **2.** Nocivo, danoso. ● *Ant.: útil.*

Pre.ju.í.zo *s.m.* **1.** Ato ou efeito de prejudicar. **2.** Desfalque causado em bens por avaria, estrago, dano ou perda. **3.** Juízo antecipado e irrefletido. **4.** Preconceito. **5.** Superstição.

Pre.jul.gar *v.t.* **1.** Julgar com antecipação ou antes do momento próprio. **2.** Emitir juízo sobre coisa ou pessoa sem exame prévio. **3.** Conjeturar, supor.

Pre.la.do *s.m.* **1.** Título honorífico de certos dignitários eclesiásticos. **2.** Superior de convento.

Pre-lan.ça.men.to *s.m.* Sessão de apresentação de um produto, seja ele cultural (filme, livro etc) ou projeto imobiliário (edifício, condomínio etc) para um número limitado de pessoas. Geralmente precede o lançamento comercial.

Pre.la.tu.ra *s.f.* Prelazia.

Pre.le.ção *s.f.* **1.** Ato ou efeito de prelecionar. **2.** Lição. **3.** Discurso ou conferência de assuntos didáticos.

Pre.li.mi.nar *adj.2g.* **1.** Que precede o assunto ou objeto principal; introdutório. **2.** Que serve de introdução. *s.f.* **3.** Introdução, preâmbulo. **4.** Prova ou competição esportiva que se realiza antes da principal.

Pré.lio *s.m.* **1.** Batalha, combate, peleja. **2.** Disputa esportiva.

Pre.lo *s.m.* Máquina de impressão tipográfica; impressora, prensa. ● No prelo: diz-se de livro que está sendo impresso.

Pre.lú.dio *s.m.* **1.** Ato ou exercício preliminar. **2.** Introdução de coisa futura. **3.** MÚS Trecho ligeiro que se executa antes do trecho principal. **4.** Ensaio da voz ou do instrumento antes de cantar ou tocar. **5.** Prólogo, prefácio.

Pré-ma.trí.cu.la *s.f.* Primeira matrícula, para assegurar um lugar, e que será confirmada na matrícula definitiva. ● *Pl.: pré-matrículas.*

Pre.ma.tu.ro *adj.* **1.** Que amadureceu antes do tempo; temporão. **2.** Que aparece ou se realiza antes da ocasião normal. **3.** Precoce. ● *Ant.: tardio.*

Pre.me.di.ta.ção *s.f.* Ato ou efeito de premeditar.

PREMEDITAR — PRESERVATIVO

Pre.me.di.tar *v.t.* **1.** Planejar antecipada e conscientemente; planejar. **2.** Resolver com antecedação.

Pre.mên.cia *s.f.* **1.** Qualidade de premente; pressão. **2.** Urgência.

Pre.men.te *adj.2g.* **1.** Que faz pressão. **2.** Forçoso. **3.** Urgente. ● *Ant.*: folgado.

Pre.mer *v.t.* **1.** Fazer pressão sobre. **2.** Espremer. **3.** Oprimir, apertar.

Pre.mi.er (fr.) *s.m.* Primeiro-ministro. ● *Pl.*: premiers.

Prê.mio *s.m.* **1.** Recompensa. **2.** Distinção conferida a quem sobressaiu por trabalhos ou méritos. **3.** Juros, lucro. **4.** Taxa de apólice de seguro que o segurado paga ao segurador.

Pre.mir *v.t.* Premer.

Pre.mis.sa *s.f.* **1.** LÓG Cada uma das duas proposições (a *maior* e a *menor*), de um silogismo, das quais se infere a *conclusão*. **2.** Ponto de partida; princípio.

Pre.mium (ing.) *adj.2g.2n.* De alta qualidade; extra.

Pré-mo.lar *adj.* Que diz respeito aos dentes pré-molares.

Pré-mol.da.do *adj.* **1.** Que foi vazado de antemão, para uso posterior. **2.** Pré-fabricado. *s.m.* **3.** Bloco de concreto pré-moldado.

Pre.mo.ni.ção *s.f.* **1.** Sensação do que vai acontecer; pressentimento. **2.** Sonho profético.

Pre.mu.nir *v.t.* **1.** Prevenir. **2.** Evitar com antecipação. **3.** Acautelar, precaver. *v.p.* **4.** Precaver-se, armar-se.

Pré-na.tal *adj.2g.* Que se refere ao período anterior ao nascimento da criança. ● *Pl.*: pré-natais.

Pren.da *s.f.* **1.** Objeto leiloado em quermesse. **2.** Aquilo com que se brinda alguém. **3.** Dote, predicado. **4.** Dádiva em penhor de amizade ou de amor. **5.** Habilidade, aptidão. **6.** FAM Pessoa má.

Pren.dar *v.t.* **1.** Dar prendas a. **2.** Presentear. **3.** Tornar hábil ou destro; adestrar. **4.** Dotar.

Pren.der *v.t.* **1.** Deter nas mãos. **2.** Ligar, atar. **3.** Amarrar, agarrar, abarcar. **4.** Peitar, subornar. **5.** Privar da liberdade. **6.** Atrair, cativar. *v.int.* **7.** Emperrar. **8.** Pegar, enraizar-se. *v.p.* **9.** Comprometer-se a casar.

Pre.nhe *adj.2g.* **1.** Designativo da fêmea grávida. **2.** FIG Pleno, repleto, cheio. **3.** Repassado.

Pre.no.me *s.m.* Nome que precede o de família.

Pren.sa *s.f.* **1.** Máquina manual, destinada a comprimir ou achatar algum objeto entre suas peças principais; prelo. **2.** Caixilho de impressão. **3.** Aparelho para comprimir, empregado na fabricação da farinha de mandioca.

Pren.sar *v.t.* **1.** Comprimir na prensa. **2.** Apertar muito, comprimir fortemente. **3.** Esmagar, espremer.

Pre.nun.ci.ar *v.t.* **1.** Anunciar com antecipação; vaticinar. **2.** Profetizar, predizer. **3.** Prognosticar. **4.** Ser o precursor de.

Pre.nún.cio *s.m.* **1.** Anúncio de coisa que há de acontecer. **2.** Prognóstico, vaticínio.

Pré-nup.ci.al *adj.* Anterior ao casamento. ● *Pl.*: pré-nupciais.

Pre.o.cu.pa.ção *s.f.* **1.** Ato ou efeito de preocupar. **2.** Ideia antecipada. **3.** Ideia fixa. **4.** Inquietação proveniente dessa ideia. **5.** Desassossego.

Pre.o.cu.par *v.t.* **1.** Prender a atenção de. **2.** Dar cuidado a. **3.** Tornar apreensivo, inquieto. **4.** Impressionar. *v.p.* **5.** Ter preocupação ou apreensão. **6.** Inquietar-se.

Pré.o.lím.pi.co *adj.* Jogos que antecedem ou são preparatórios às olimpíadas.

Pré-o.pe.ra.tó.rio *adj.* MED Diz-se do período que antecede uma intervenção cirúrgica. *s.m.* **2.** O preparo para essa intervenção. ● *Pl.*: pré-operatórios.

Pre.pa.ra.ção *s.f.* **1.** Ato ou modo de preparar. **2.** Preparativo. **3.** Produto de operações químicas ou farmacêuticas; preparado.

Pre.pa.ra.do *adj.* **1.** Que se preparou. **2.** Instruído, culto. **3.** Que está pronto para alguma coisa. *s.m.* **4.** Produto químico ou farmacêutico.

Pre.pa.ra.dor (ô) *adj.* e *s.m.* Que, ou aquele que prepara.

Pre.pa.ra.ti.vo *adj.* Preparatório.

Pre.pa.ra.tó.rio *adj.* **1.** Que prepara ou serve para preparar. **2.** Preliminar, prévio.

Pre.pa.ro *s.m.* **1.** Preparação, apresto. **2.** Quantia depositada para pagamento das custas de um processo. **3.** Cultura intelectual; erudição. **4.** POP Castração de animal.

Pre.por *v.t.* **1.** Pôr adiante de. **2.** Dar previamente. **3.** Colocar antes; antepor. **4.** Preferir, escolher.

Pre.po.si.ção *s.f.* **1.** Ato ou efeito de prepor. **2.** GRAM Partícula invariável, que serve para estabelecer a relação entre duas palavras.

Pre.pos.to (ô) *s.m.* **1.** Pessoa que assume a direção de um serviço ou negócio, por delegação de um superior. *adj.* **2.** Posto adiante ou antes; anteposto. ● *Fem.* e *pl.*: preposta e prepostos (ó).

Pre.po.tên.cia *s.f.* **1.** Qualidade de prepotente. **2.** Ato despótico; arbitrariedade. **3.** Opressão, tirania.

Pré-pri.má.rio *adj.* e *s.m.* Diz-se do, ou o curso anterior ao primário; pré-escola.

Pre.pú.cio *s.m.* ANAT Pele que recobre a glande do pênis.

Pré-re.qui.si.to *s.m.* Condição prévia e indispensável para a realização de algo. ● *Pl.*: pré-requisitos.

Prer.ro.ga.ti.va *s.f.* **1.** Vantagem inerente a certos cargos ou funções. **2.** Privilégio, vantagem. **3.** Direito de exclusividade. **4.** Atributo peculiar.

Pre.sa (ê) *s.f.* **1.** Ato de apresar ou apreender. **2.** Conjunto de objetos apreendidos violentamente. **3.** Aquilo de que o animal carniceiro se apodera para comer. **4.** Barragem, dique. **5.** Estado de substância coagulada. **6.** Mulher encarcerada. **7.** Dente canino (de animal). **8.** Garra de ave de rapina.

Pres.bi.te.ra.to *s.m.* Dignidade de presbítero. ● *Var.*: presbiterado.

Pres.bi.te.ri.a.no *adj.* e *s.m.* Diz-se de, ou protestante que não reconhece a autoridade episcopal nem admite hierarquia eclesiástica superior à dos presbíteros.

Pres.bi.té.rio *s.m.* **1.** Residência paroquial. **2.** Igreja da paróquia.

Pres.bí.te.ro *s.m.* **1.** Sacerdote ou ministro da Igreja Presbiteriana. **2.** Padre.

Pres.ci.ên.cia *s.f.* **1.** Qualidade de presciente. **2.** Ciência inata, anterior ao estudo. **3.** Pressentimento, intuição.

Pres.cin.dir *v.int.* **1.** Separar mentalmente. **2.** Abstrair. **3.** Dispensar. **4.** Pôr de lado. **5.** Não ter necessidade de.

Pres.cre.ver *v.t.* **1.** Determinar com antecipação. **2.** Ordenar um direito. **3.** Receitar, ministrar. *v.int.* **4.** Ficar sem efeito um direito, por ter decorrido certo prazo legal. **5.** Cair em desuso.

Pres.cri.ção *s.f.* **1.** Ato ou efeito de prescrever. **2.** Ordem terminante, expressa. **3.** Ditame, preceito. **4.** Formulário. **5.** Perda de um direito ou de uma obrigação cujo cumprimento não se exigiu num certo prazo.

Pre.sen.ça *s.f.* **1.** O fato de (pessoa ou coisa) estar presente em determinado lugar. **2.** Apresentação, comparecimento. **3.** Aspecto da fisionomia; semblante. **4.** Compleição, aspecto, porte. **5.** Opinião, voto. ● *Ant.*: ausência.

Pre.sen.ci.ar *v.t.* **1.** Estar presente a. **2.** Assistir a. **3.** Ver, verificar, observar.

Pre.sen.te *adj.2g.* **1.** Que assiste pessoalmente. **2.** Que está à vista. **3.** Evidente. **4.** Atual: *Época presente.* *s.m.* **5.** Atualidade. **6.** Pessoa que comparece em certo lugar. **7.** Dádiva, dom. **8.** Mimo, prenda, brinde. **9.** GRAM Tempo verbal que exprime atualidade. ● *Ant.*: ausente; passado.

Pre.sen.te.ar *v.t.* **1.** Dar presente a. **2.** Mimosear com presente; brindar.

Pre.se.pa.da *s.f.* **1.** Fanfarronada, gabolice. **2.** Espetáculo ridículo.

Pre.sé.pio *s.m.* **1.** Lugar onde se recolhe o gado. **2.** Curral, estábulo. **3.** Representação do local e das personagens que, segundo o Evangelho, assistiram ao nascimento de Jesus Cristo.

Pre.ser.va.ção *s.f.* **1.** Ato ou efeito de preservar. **2.** Cautela, prevenção. **3.** Proteção, conservação.

Pre.ser.var *v.t.* **1.** Livrar de algum mal ou perigo futuro provável. **2.** Manter livre de corrupção. **3.** Defender, resguardar.

Pre.ser.va.ti.vo *adj.* **1.** Que preserva ou tende a preservar. *s.m.* **2.** Aquilo que preserva. **3.** Dispositivo de borracha que envolve o pênis, usado numa relação sexual como contraceptivo e preventivo; camisinha, camisa de vênus. **4.** Dispositivo colocado

PRESIDÊNCIA — PRETORIA

no colo do útero, como o diafragma ou o capuz, usado como contraceptivo feminino.

Pre.si.dên.cia *s.f.* **1.** Ato ou efeito de presidir. **2.** Cargo ou funções de presidente. **3.** Tempo de exercício das funções de presidente. **4.** Residência presidencial. **5.** POP Lugar do presidente, lugar de honra à mesa de um banquete.

Pre.si.den.ci.al *adj.2g.* **1.** Relativo à presidência ou ao presidente. **2.** Que emana do presidente.

Pre.si.den.ci.a.lis.mo *s.m.* Regime político em que o ministério depende da confiança do presidente da República e não do Parlamento.

Pre.si.den.te *adj.2g.* **1.** Que preside. *s.2g.* **2.** Pessoa que preside. **3.** Pessoa que dirige os trabalhos de uma assembleia ou corporação deliberativa. **4.** Título do chefe de Estado e de Governo no presidencialismo.

Pre.sí.dio *s.m.* **1.** Estabelecimento público destinado a receber condenados a cumprir pena; penitenciária. **2.** Pena de prisão que deve ser cumprida numa praça de guerra.

Pre.si.dir *v.t. e int.* **1.** Exercer as funções de presidente. **2.** Dirigir como presidente. **3.** Superintender, governar. **4.** Nortear, orientar.

Pre.si.lha *s.f.* **1.** Tira ordinariamente de pano, em forma de aselha, para apertar ou prender alguma coisa. **2.** POP Lábia; intrujice.

Pre.so (ê) *adj.* **1.** Detido pela polícia. **2.** Metido em prisão. **3.** Seguro por corda, correia ou corrente. **4.** Atado, ligado, unido. **5.** Sem liberdade de ação. **6.** Ligado moralmente. **7.** FIG Casado. *s.m.* **8.** Indivíduo encarcerado; prisioneiro, presidiário. ● *Ant.: solto.*

Pres.sa *s.f.* **1.** Velocidade, ligeireza. **2.** Rapidez. **3.** Urgência, azáfama, embaraço. **4.** Aperto, aflição. ● *Ant.: lentidão, vagar.*

Pres.sa.gi.ar *v.t.* **1.** Prognosticar, profetizar, prenunciar. **2.** Pressentir, adivinhar.

Pres.sá.gio *s.m.* **1.** Prognóstico, previsão, pressentimento. **2.** Sinal que prenuncia o futuro.

Pres.sa.go *adj.* **1.** Que pressagia; agourento. **2.** Que pressente ou prevê.

Pres.são *s.f.* **1.** Ato ou efeito de premir ou comprimir. **2.** FIG Influência. **3.** Força. **4.** Coação, violência. **5.** Espécie de colchete para vestuários, no qual as peças se ligam por pressão.

Pres.sen.tir *v.t.* **1.** Ter o pressentimento de; prever. **2.** Ter suspeita de. **3.** Sentir intuitivamente.

Pres.si.o.nar *v.t.* **1.** Fazer pressão sobre (alguma coisa). **2.** Coagir (pessoa).

Press re.lea.se (ing.) *s.m.* Declaração enviada à imprensa. ● *Pl.: press realeases.*

Pres.su.por (ô) *v.t.* **1.** Supor antecipadamente. **2.** Fazer supor. **3.** Conjecturar; dar a entender.

Pres.su.ri.zar *v.t.* Manter, por meios mecânicos, a pressão aproximadamente normal, num ambiente hermeticamente fechado.

Pres.su.ro.so (ô) *adj.* **1.** Cheio de pressa. **2.** Irrequieto, impaciente. **3.** Ativo, diligente. ● *Ant.: lento.* ● *Fem. e pl.: pressurosa e pressurosos* (ó).

Pres.ta.ção *s.f.* **1.** Ato ou efeito de prestar. **2.** Cada uma das partes a pagar em certo prazo, até quitar determinada dívida ou encargo; cota. **3.** Quantia paga em cada uma dessas cotas.

Pres.ta.mis.ta *s.2g.* **1.** Pessoa que empresta dinheiro a juros. **2.** Pessoa que possui títulos de dívida pública. **3.** Pessoa que paga prestações.

Pres.tar *v.int.* **1.** Estar ao alcance de alguém para ser útil. **2.** Aproveitar. **3.** Ter préstimo ou valia. **4.** Ser bom, de boa índole. *v.t.* **5.** Dar, dispensar. **6.** Acomodar. **7.** Emprestar. *v.p.* **8.** Adaptar-se, ajeitar-se. **9.** Estar pronto ou disposto.

Pres.ta.ti.vo *adj.* Pronto para servir; prestadio.

Pres.te *adj.2g. e adv.* Prestes.

Pres.tes *adj.2g.2n.* **1.** Disposto. **2.** Preparado, pronto; rápido. **3.** Que está quase, ou a ponto de. **4.** Próximo. *adv.* **5.** Com presteza; prontamente.

Pres.te.za (ê) *s.f.* **1.** Qualidade de prestes. **2.** Ligeireza, prontidão. **3.** Obsequiosidade. ● *Ant.: morosidade.*

Pres.ti.di.gi.ta.ção *s.f.* **1.** Arte de prestidigitador. **2.** Escamoteação, ilusionismo.

Pres.ti.gi.ar *v.t.* **1.** Dar prestígio a. **2.** Tornar prestigioso.

Pres.tí.gio *s.m.* **1.** Ilusão produzida por meios naturais. **2.** Ilusão atribuída a sortilégios. **3.** FIG Fascinação, atração. **4.** Grande influência. **5.** De reconhecida importância social; preponderância.

Pres.ti.gi.o.so (ô) *adj.* **1.** Cheio de prestígio. **2.** Respeitado, influente. **3.** Que parece obra de magia.

Pres.tí.ma.no *s.m.* Prestidigitador.

Prés.ti.mo *s.m.* **1.** Qualidade do que presta, ou é proveitoso. **2.** Serventia, utilidade. **3.** Auxílio, mercê. **4.** Benefício, obséquio.

Prés.ti.mo.so (ô) *adj.* Que tem préstimo.

Prés.ti.to *s.m.* **1.** Grupo numeroso de pessoas em marcha. **2.** Cortejo, procissão.

Pre.su.mi.do *adj.* **1.** Afetado, vaidoso, presunçoso. **2.** Que se presume; suposto. *s.m.* **3.** Aquele que tem presunção ou vaidade.

Pre.su.mir *v.t.* **1.** Conjeturar, supor. **2.** Prever, pressupor. **3.** Suspeitar. *v.int.* **4.** Ter vaidade ou presunção.

Pre.sun.ção *s.f.* **1.** Ato ou efeito de presumir. **2.** Suspeita. **3.** Vaidade. **4.** Afetação, empáfia. ● *Ant.: modéstia.*

Pre.sun.ço.so (ô) *adj.* **1.** Que tem presunção. **2.** Presumido. **3.** Vaidoso, orgulhoso, afetado. ● *Ant.: modesto.* ● *Fem. e pl.: presunçosa e presunçosos* (ó).

Pre.sun.ti.vo *adj.* **1.** Presumível, pressuposto. **2.** Qualificativo do herdeiro designado de antemão pelo parentesco ou pela ordem de nascimento.

Pre.sun.to *s.m.* **1.** Perna e espádua de porco, salgada e curada no fumeiro. **2.** Porção dessa carne. **3.** POP Defunto.

Prêt-à-porter (prê-tá-portê) (fr.) *adj.2g.2n.* Diz-se da roupa pronta para usar, seja fabricada industrialmente, seja feita à mão, que se compra em loja.

Pre.te.jar *v.int.* **1.** Ficar preto; escurecer. **2.** FIG Ficar difícil, perigoso.

Pre.ten.den.te *adj.2g.* **1.** Que pretende. *s.2g.* **2.** Pessoa que pretende. **3.** Aspirante, candidato. **4.** Requerente. **5.** Príncipe ou princesa que se julga com direito a um trono ocupado por outrem. *s.m.* **6.** Aquele que pede uma mulher em casamento.

Pre.ten.der *v.t.* **1.** Reclamar como um direito. **2.** Solicitar. **3.** Desejar, aspirar a. **4.** Diligenciar, intentar. **5.** Pretextar. **6.** Julgar. **7.** Sustentar. *v.int.* **8.** Fazer diligências para conseguir alguma coisa. **9.** Esforçar-se por.

Pre.ten.são *s.f.* **1.** Ato ou efeito de pretender. **2.** Direito suposto. **3.** Aspiração, desejo. **4.** Aspiração infundada. **5.** Vaidade. **6.** DIR Faculdade garantida pela ordem jurídica de exigir determinado procedimento de outra pessoa.

Pre.ten.si.o.so (ô) *adj.* **1.** Presunçoso, presumido. **2.** Que tem pretensões ou vaidade; soberbo. **3.** Em que há pretensão. *s.m.* **4.** Indivíduo pretensioso. ● *Fem. e pl.: pretensiosa e pretensiosos* (ó).

Pre.ten.so *adj.* **1.** Pretendido, desejado. **2.** Suposto, imaginado. **3.** Que pretende ou supõe ser alguma coisa.

Pre.te.rir *v.t.* **1.** Ir além de. **2.** Passar em claro. **3.** Pôr de parte; omitir, desprezar. **4.** Abstrair, prescindir de. **5.** Ultrapassar. **6.** Não dar importância a.

Pre.té.ri.to *adj.* **1.** Que passou; passado. *s.m.* **2.** GRAM Tempo verbal que designa ação ou estado anterior. ● *Ant.: futuro.*

Pre.tex.to (ês) *s.m.* **1.** Razão aparente, falsa ou imaginária alegada como desculpa. **2.** Desculpa, evasiva. **3.** Oportunidade, motivo.

Pre.to (ê) *adj.* **1.** Da cor do ébano. **2.** Negro. **3.** FIG Sujo, encardido. **4.** Difícil, perigoso. **5.** Sombrio, escuro. *s.m.* **6.** Indivíduo de raça negra. **7.** A cor negra. ● Pôr o preto no branco: fazer por escrito; escrever. ● *Aum.: pretalhão.* ● *Dim.: pretinho.* ● *Col.: pretalhada, pretaria.*

Pre.tor *s.m.* **1.** Antigo magistrado romano, que administrava a justiça ou governava um país. **2.** Magistrado de alçada inferior à de juiz de Direito.

Pre.to.ri.a *s.f.* **1.** Jurisdição de pretor. **2.** Repartição onde o pretor exerce suas funções.

PRETUME — PRIORIZAR

Pre.tu.me *s.m.* **1.** POP Qualidade de preto. **2.** Negrume, escuridão.

Pre.va.le.cer *v.int.* **1.** Ter mais valor. **2.** Preponderar, predominar, sobressair. *v.p.* **3.** Aproveitar-se. **4.** Tirar partido de, servir-se de.

Pre.va.lên.cia *s.f.* Qualidade daquilo ou daquele que prevalece; superioridade.

Pre.va.ri.car *v.int.* **1.** Trair ou fugir ao dever. **2.** Faltar, por interesse ou má-fé, aos deveres do seu cargo, do seu ministério. **3.** Trair a justiça. **4.** Proceder mal. **5.** Perpetrar adultério. *v.t.* **6.** Corromper, perverter.

Pre.ven.ção *s.f.* **1.** Ato ou efeito de prevenir. **2.** Aviso prévio. **3.** Disposição prévia. **4.** Opinião (quase sempre negativa) antecipada. **5.** Precaução, cautela.

Pre.ve.nir *v.t.* **1.** Antecipar, acautelar. **2.** Chegar antes de. **3.** Evitar, obstar. *v.p.* **4.** Preparar-se com antecedência. **5.** Acautelar-se, precaver-se.

Pre.ver *v.t.* **1.** Ver, saber, examinar antecipadamente. **2.** Pressupor. *v.int.* **3.** Fazer suposições; calcular.

Pré-ves.ti.bu.lar *adj. e s.m.* Diz-se de, ou curso preparatório para o vestibular; pré-universitário.

Pré.vi.a *s.f.* Pesquisa junto aos eleitores, anterior às eleições, para conhecer as suas tendências.

Pre.vi.dên.cia *s.f.* **1.** Qualidade ou ato de previdente. **2.** Ato de prever; precaução. ♦ Cf. *providência.*

Pre.vi.den.ci.á.rio *s.m.* **1.** Funcionário do instituto de previdência. *adj.* **2.** Relativo à previdência social.

Pre.vi.den.te *adj.2g.* **1.** Que prevê, acautelando-se. **2.** Precavido. **3.** Prudente, sensato.

Pré.vio *adj.* **1.** Dito ou feito com antecedência. **2.** Anterior. **3.** Antecipado.

Pre.vi.são *s.f.* **1.** Ato ou efeito de prever. **2.** O que se prevê. **3.** Conjetura. **4.** Presciência.

Pre.vis.to *adj.* **1.** Visto ou conhecido previamente. **2.** Calculado com antecedência. **3.** Pressentido, pronunciado.

Pre.za.do *adj.* Estimado, querido.

Pre.zar *v.t.* **1.** Ter em grande apreço. **2.** Estimar muito; desejar. **3.** Amar, querer. **4.** Apreciar, respeitar, acatar. *v.p.* **5.** Estimar-se, respeitar-se, honrar-se. **6.** Orgulhar-se, jactar-se.

Pri.ma *s.f.* **1.** Primeira e mais delgada corda de alguns instrumentos. **2.** A primeira das horas canônicas. **3.** *Fem.* de *primo.*

Pri.ma.ci.al *adj.2g.* **1.** Em que há primazia. **2.** Prioritário, principal.

Pri.ma.do *s.m.* **1.** O primeiro lugar, preeminência, prioridade, supremacia.

Pri.ma-do.na *s.f.* Cantora principal de uma ópera. ● *Pl.: prima-donas.*

Pri.mar *v.t.* **1.** Ser o primeiro; ter a primazia. **2.** Mostrar-se ou tornar-se notável. **3.** Distinguir-se, sobressair.

Pri.má.rio *adj.* **1.** Que antecede outros; que está primeiro. **2.** Fundamental, principal, básico. **3.** Rude, grosseiro, primitivo. **4.** GEOL Diz-se dos primeiros terrenos depositados pelas águas. **5.** Acanhado, limitado. *adj. e s.m.* **6.** Diz-se daquele que cometeu um crime pela primeira vez: *Réu primário. s.m.* **7.** Nome que se dava antigamente ao curso de 1ª a 4ª série do ensino fundamental.

Pri.ma.ta *adj.2g.* **1.** Relativo ou pertencente aos primatas. *s.2g.* **2.** Espécime dos primatas, mamíferos como os macacos e o homem.

Pri.ma.ve.ra *s.f.* **1.** Estação do ano que vai de 21 de março a 21 de junho no hemisfério Norte, e de 22 de setembro a 21 de dezembro no hemisfério Sul. **2.** FIG Juventude. **3.** Arbusto ornamental e raro flor.

Pri.maz *adj.2g.* **1.** Que ocupa o primeiro lugar. **2.** Que tem primazia. *s.m.* **3.** O principal entre os bispos e arcebispos de uma região ou país: *O cardeal primaz do Brasil.*

Pri.ma.zi.a *s.f.* **1.** Dignidade de primaz. **2.** Prioridade, superioridade. **3.** O primeiro lugar.

Pri.mei.ra-da.ma *s.f.* Esposa do chefe do Poder Executivo (federal, estadual ou municipal). ● *Pl.: primeiras-damas.*

Pri.mei.ro *num.* **1.** Que precede outros, quanto ao tempo, lugar ou categoria. **2.** Que é o mais antigo numa série ou classe. **3.** Primário; primitivo. **4.** Primogênito. **5.** O mais importante ou notável. **6.** Fundamental, elementar. *s.m.* **7.** O que numa classe ou série ocupa o primeiro lugar. *adv.* **8.** Antes dos outros; primeiramente. ● *Ant.: último.*

Pri.mei.ro-mi.nis.tro *s.m.* O que preside o Conselho de Ministros de um governo parlamentarista. ● *Fem.: primeira-ministra.* ● *Pl.: primeiros-ministros.*

Pri.me.vo (ê) *adj.* **1.** Que se refere aos tempos primitivos. **2.** Antigo, primitivo.

Pri.mí.cias *s.f.pl.* **1.** Primeiros frutos. **2.** Primeiras produções. **3.** Primeiros feitos. **4.** Primeiros sentimentos. **5.** Começo, prelúdio.

Pri.mi.ti.vo *adj.* **1.** Da primeira origem, dos primeiros tempos ou eras. **2.** Inicial, inaugural, primordial. **3.** Original. **4.** Rudimentar. **5.** Diz-se dos povos ainda em estado natural, por oposição a *civilizado.* **6.** GRAM Diz-se da palavra que serve de radical a outra (que é chamada *derivada*). **7.** Diz-se dos tempos do verbo (o *infinitivo*, o *presente do indicativo* e o *pretérito perfeito*) que servem para formar outros. **8.** GEOL Diz-se dos terrenos mais antigos da Terra que se constituíram logo após a solidificação da crosta terrestre.

Pri.mo *s.m.* **1.** Indivíduo em relação aos filhos de seus tios. **2.** Qualquer parente sem outra designação especial. *adj.* **3.** Primeiro. **4.** Excelente, essencial. **5.** MAT Diz-se do número que só é divisível por si ou pela unidade.

Pri.mo.gê.ni.to *adj. e s.m.* **1.** Que, ou aquele que nasceu antes dos outros. **2.** Que, ou o primeiro filho do matrimônio, o mais velho.

Pri.mor (ô) *s.m.* **1.** Perfeição. **2.** Qualidade superior; excelência. **3.** Beleza, delicadeza.

Pri.mor.di.al *adj.* **1.** Relativo ou pertencente aos princípios, às origens; primitivo. **2.** Que existe desde o começo. **3.** Originário; primeiro, primitivo. ● *Ant.: secundário.*

Pri.mór.dios *s.m.pl.* Fonte, origem, princípio, início. ● *Ant.: fim.*

Prin.ci.pa.do *s.m.* **1.** Dignidade de príncipe ou de princesa. **2.** Estado governado por príncipe ou princesa.

Prin.ci.pal *adj.* **1.** Que está em primeiro lugar. **2.** Fundamental, essencial. **3.** Que é o mais notável. **4.** Superior de comunidade religiosa. **5.** O fundamental, o principal. **6.** O capital de uma dívida (em contraposição aos juros). ● *Ant.: secundário.*

Prín.ci.pe *s.m.* **1.** Filho ou membro de família reinante. **2.** Filho primogênito do rei. **3.** Chefe de principado. **4.** Consorte da rainha, em algumas nações. **5.** Título de nobreza, em alguns países. **6.** O primeiro, o mais notável (em talento ou em outras qualidades). **7.** FIG Homem de maneiras finas, aristocráticas. *adj.* **8.** Principal, primeiro. **9.** O mesmo que *princeps.* ● *Dim.irreg.* (PEJ) *principelho* (ê). ● *Fem.: princesa.*

Prín.ci.pe de ga.les *s.m.* Tecido que apresenta um padrão de linhas cruzadas, em diversos tons de uma mesma cor. ● *Pl.: príncipes de gales.*

Prin.ci.pi.an.te *adj.2g.* **1.** Que principia. **2.** Que está no começo. *s.2g.* **3.** Pessoa que começa a exercer ou a aprender alguma coisa. ● *Ant.: terminar.*

Prin.ci.pi.ar *v.t.* **1.** Dar princípio ou início a. **2.** Começar, iniciar.

Prin.cí.pio *s.m.* **1.** Momento em que alguma coisa tem origem. **2.** Origem, começo. **3.** Causa primária. **4.** Elemento predominante na constituição de um corpo orgânico. **5.** Verdade fundamental de uma ciência ou de uma arte. **6.** Teoria. **7.** Preceito, regra, norma.

Pri.or (ô) *s.m.* **1.** Pároco de certas freguesias. **2.** Superior de certos conventos. **3.** Dignitário de antigas ordens militares. ● *Fem.: priora* (ô) ou *prioresa* (ê).

Pri.o.ri.da.de *s.f.* **1.** Qualidade ou condição do que está em primeiro lugar ou do que aparece primeiro. **2.** Primazia. **3.** Preferência na compra. **4.** Precedência, urgência.

Pri.o.ri.tá.rio *adj.* Que requer prioridade; urgente.

Pri.o.ri.zar *v.t.* Dar prioridade ou primazia a; tornar prioritário, privilegiar.

PRISÃO — PRODUTIVO

Pri.são *s.f.* **1.** Ato ou efeito de prender. **2.** Apreensão, captura. **3.** Lugar onde se prende alguém; cadeia, cárcere. **4.** Estado de quem se acha preso. **5.** Corda com que se prende; peia. **6.** FIG Laço, vínculo (físico ou moral). **7.** Dificuldade nos movimentos. **8.** Aquilo que enleva, atrai ou cativa a alma, o coração. **9.** Compromisso.

Pris.co *adj.* De tempos passados: *Priscas eras.*

Pri.si.o.nei.ro *s.m.* **1.** Pessoa aprisionada. **2.** Preso, cativo. **3.** Indivíduo aprisionado na guerra. **4.** Espécie de parafuso com rosca em ambas as extremidades. ● *Ant.: liberto.*

Pris.ma *s.m.* **1.** GEOM Sólido limitado lateralmente por paralelogramos e superior e inferiormente por dois polígonos iguais e paralelos e um eixo cristalográfico. **2.** Cristal com duas faces planas inclinadas que decompõe a luz. **3.** FIG Modo de ver. **4.** Ponto de vista mais ou menos ilusório. **5.** Aspecto, ângulo.

Pris.ma.ti.zar *v.t.* Dispor em forma de prisma. paralelos.

Prís.ti.no *adj.* POÉT Primitivo, prisco.

Pri.va.ção *s.f.* Ato ou efeito de privar(-se); supressão. ● *Ant.: abundância.*

Pri.va.ci.da.de *s.f.* Vida íntima; intimidade.

Pri.va.da *s.f.* **1.** Latrina. **2.** Vaso sanitário.

Pri.va.do *adj.* **1.** Que não é público. **2.** Particular, pessoal. **3.** A quem falta algo, desprovido. *s.m.* **4.** Favorito, valido, confidente. ● *Ant.: público.*

Pri.var *v.t.* **1.** Despojar, desapossar (alguém de alguma coisa). **2.** Destituir, tirar a. *v.int.* **3.** Conviver intimamente. *v.p.* **4.** Tirar a si próprio do gozo (de alguma coisa). **5.** Abster-se de.

Pri.va.ti.vo *adj.* **1.** Que exprime privação. **2.** Que pertence a alguém em razão de cargo ou dignidade. **3.** Restrito, particular. **4.** Próprio, peculiar, característico. ● *Ant.: público.*

Pri.va.ti.zar *v.t.* Trazer para o setor particular ou privado.

Pri.vi.le.gi.ar *v.t.* **1.** Conceder privilégio a. **2.** Tratar com distinção.

Pri.vi.lé.gio *s.m.* **1.** Direito ou vantagem especial e exclusiva. **2.** Graça especial. **3.** Grande honra. **4.** Prerrogativa, imunidade. **5.** Concessão. **6.** Faculdade especial.

Pró *adv.* **1.** A favor. *s.m.* **2.** Vantagem; conveniência. ● *Ant.:* (acep. 1) *contra.*

Pro.a (ô) *s.f.* **1.** Parte anterior do navio ● *Ant.: popa.* **2.** Frente de qualquer coisa. FAM Presunção, orgulho, soberba.

Pro.ba.bi.li.da.de *s.f.* **1.** Qualidade de provável. **2.** Aparência de verdade. **3.** Indício de possibilidade. **4.** Verossimilhança.

Pro.ban.te *adj.2g.* Que prova (em juízo).

Pro.ba.tó.rio *adj.* **1.** Relativo a prova. **2.** Que serve de prova.

Pro.bi.da.de *s.f.* **1.** Qualidade de probo; honradez. **2.** Integridade de caráter; pundonor.

Pro.ble.ma *s.m.* **1.** Questão matemática proposta para discussão e resolução. **2.** Dúvida. **3.** Proposta duvidosa, que pode ter várias soluções. **4.** Aquilo que é difícil de explicar ou resolver.

Pro.ble.má.ti.ca *s.f.* A totalidade dos problemas relativos a um assunto.

Pro.ble.má.ti.co *adj.* **1.** Relativo ou pertencente a problema. **2.** Ambíguo. **3.** Incerto, duvidoso. **4.** Suspeito.

Pro.bo *adj.* **1.** De caráter íntegro. **2.** Honesto, honrado, reto, justo. ● *Ant.: ímprobo.*

Pro.ca.í.na *s.f.* Substância cristalina, usada como anestésico local.

Pro.ce.dên.cia *s.f.* **1.** Ato ou efeito de proceder. **2.** Proveniência, origem. **3.** Qualidade do que é procedente. **4.** Lugar de onde alguém ou alguma coisa procede. **5.** Razão, fundamento.

Pro.ce.den.te *adj.2g.* **1.** Que procede. **2.** Proveniente, oriundo. **3.** Consequente, lógico, pertinente.

Pro.ce.der *v.t.* e *int.* **1.** Originar-se, derivar, ser oriundo de. **2.** Descender, provir. **3.** Instaurar processo. **4.** Comportar-se. **5.** Dirigir os seus atos; portar-se. **6.** Prosseguir. **7.** Realizar, efetuar. **8.** Agir, atuar. *s.m.* **9.** Modo de comportar-se, de agir. **10.** Procedimento, comportamento.

Pro.ce.la *s.f.* **1.** Tempestade marítima; tormenta. **2.** FIG Grande agitação. ● *Ant.: bonança.*

Pró.cer *s.m.* Homem importante em uma nação, classe ou partido. ● *Pl.:* próceres.

Pro.ces.sa.dor (ô) *adj.* e *s.m.* Que, ou aquele que processa.

Pro.ces.sa.men.to *s.m.* Ato ou modo de processar. ● *Processamento de dados:* O conjunto das operações relativas à coleta, gravação, elaboração e edição de dados. ● *Processamento de textos:* Técnica de entrada e armazenamento de textos digitados.

Pro.ces.sar *v.t.* **1.** Instaurar processo contra. **2.** Organizar processo de. **3.** Autuar. **4.** Conferir, verificar. **5.** Realizar. *v.p.* **6.** Ter seu seguimento normal.

Pro.ces.so *s.m.* **1.** Ato de proceder ou de andar. **2.** Seguimento. **3.** Maneira de operar, resolver ou ensinar; técnica. **4.** Ação judicial. **5.** Os autos e demais documentos de uma causa cível ou criminal. **6.** Caderno que contém os documentos relativos a um negócio. **7.** Série de fenômenos sucessivos com nexo de causa e efeito. **8.** Os diversos períodos de evolução de um fenômeno.

Pro.cis.são *s.f.* **1.** Cortejo religioso, formado por clérigos, povo etc. **2.** Qualquer cortejo. **3.** Préstito, séquito.

Pro.cla.ma *s.m.* **1.** Cada um dos pregões de casamento lidos na igreja. **2.** Edital de casamento. ● Mais usado no plural.: *os proclamas.*

Pro.cla.mar *v.t.* **1.** Anunciar em público e em voz alta; aclamar com solenidade. **2.** Publicar. **3.** Promulgar, decretar. **4.** Qualificar publicamente. *v.p.* **5.** Fazer-se aclamar. **6.** Arrogar-se, intitular-se.

Pro.cli.se *s.f.* **1.** GRAM Posição do pronome oblíquo antes do verbo. **2.** Emprego ou qualidade de palavra proclítica. ● Opõe-se a *ênclise.*

PRO.CON *s.m.* Sigla de Procuradoria de Proteção e Defesa do Consumidor.

Pro.cras.ti.nar *v.t.* **1.** Adiar, delongar. **2.** Demorar; espaçar. *v.int.* **3.** Usar de delongas, de adiamentos.

Pro.cri.a.ção *s.f.* Ato ou efeito de procriar.

Pro.cri.a.dor *adj.* e *s.m.* Diz-se de, ou aquele que procria.

Pro.cri.ar *v.t.* **1.** Dar origem, nascimento, existência a. **2.** Gerar, produzir. **3.** Promover a cultura ou germinação de (planta). *v.int.* **4.** Reproduzir-se, multiplicar-se.

Pro.cu.ra *s.f.* **1.** Ato ou efeito de procurar. **2.** Busca, pesquisa, investigação. **3.** Conjunto dos produtos ou dos trabalhos pedidos no comércio ou na indústria. **4.** Venda, saída.

Pro.cu.ra.ção *s.f.* **1.** Mandado ou incumbência que alguém dá a outrem para tratar de negócios em nome daquele. **2.** Documento legal em que se consigna esse mandato.

Pro.cu.ra.dor (ô) *adj.* **1.** Que procura. *s.m.* **2.** Indivíduo que tem procuração para tratar dos negócios de outrem. **3.** Mediador, interventor. **4.** Advogado do Estado.

Pro.cu.ra.do.ri.a *s.f.* **1.** Ofício ou função de procurador. **2.** Repartição pública onde o procurador exerce sua função.

Pro.cu.rar *v.t.* **1.** Esforçar-se por encontrar. **2.** Investigar. **3.** Pretender. **4.** Dirigir-se para. **5.** Dirigir-se a alguém, para tratar de determinado assunto. *v.int.* **6.** Exercer as funções de procurador ou solicitador.

Pro.di.ga.li.zar *v.t.* **1.** Gastar como pródigo. **2.** Gastar em excesso; dissipar, esbanjar. **3.** FIG Arriscar, expor a perigo.

Pro.dí.gio *s.m.* **1.** Pessoa ou coisa maravilhosa, extraordinária por seus talentos, atos ou aptidões. **2.** Maravilha, assombro, portento. **3.** Milagre.

Pro.di.gi.o.so (ô) *adj.* **1.** Em que há prodígio. **2.** Maravilhoso, sobrenatural, admirável.

Pró.di.go *adj.* **1.** Que despende mais do que é o necessário. **2.** Que produz em abundância. **3.** Generoso, liberal. **4.** Dissipador, perdulário. *s.m.* **5.** Indivíduo pródigo. ● *Ant.: avarento.*

Pró.dro.mo *s.m.* Espécie de prefácio; preâmbulo.

Pro.du.ção *s.f.* **1.** Ato ou efeito de produzir. **2.** Coisa produzida; produto. **3.** Realização, obra.

Pro.du.cen.te *adj.2g.* **1.** Que produz. **2.** Produtivo, útil. **3.** Concludente, lógico.

Pro.du.ti.vo *adj.* **1.** Que produz ou pode produzir com abundância. **2.** Fértil. **3.** Lucrativo, rendoso.

PRODUTO — PROIBITIVO

Pro.du.to *s.m.* **1.** Coisa produzida. **2.** Obra. **3.** Resultado da produção. **4.** Lucro, proveito, rendimento. **5.** ARIT Resultado da multiplicação. **6.** Resultado ou rendimento de trabalho físico ou intelectual. **7.** FISIOL Substância que resulta de uma elaboração. **8.** ECON POLÍT Resultado útil do trabalho.

Pro.du.tor (ô) *adj.* **1.** Que produz; produtivo. *s.m.* **2.** Aquele que produz. **3.** Autor. **4.** Indivíduo que promove produções naturais ou industriais.

Pro.du.zir *v.t.* **1.** Procriar, fazer existir. **2.** Dar origem a. **3.** Gerar, criar. **4.** Causar, fabricar. **5.** Criar pela imaginação. **6.** Apresentar, exibir. **7.** Alegar. **8.** Facilitar ou permitir o aparecimento de. *v.int.* **9.** Ser fértil.

Pro.e.mi.nên.cia *s.f.* **1.** Estado ou qualidade de proeminente. **2.** Relevo, saliência. **3.** Elevação de terreno.

Pro.e.mi.nen.te *adj.2g.* **1.** Que forma relevo. **2.** Que está acima do que o circunda. **3.** Alto, saliente. **4.** Que está em posição social muito elevada. **5.** Superior, notável.

Pro.ê.mio *s.m.* **1.** Introdução, exórdio. **2.** Começo de um poema. **3.** Qualquer coisa que abre ou inicia.

Pro.e.za (ê) *s.f.* **1.** Ato de valor, de coragem. **2.** Feito marcante; façanha. **3.** FAM Ato ou procedimento censurável, escandaloso; escândalo.

Pro.fa.nar *v.t.* **1.** Tratar com irreverência (coisas sagradas). **2.** Dar aplicação profana a. **3.** Violar a santidade de. **4.** Fazer mau uso de. **5.** Macular, manchar. **6.** Aviltar, desonrar, injuriar, ofender.

Pro.fa.no *adj.* **1.** Alheio à religião. **2.** Que não é religioso. **3.** Secular, leigo. **4.** Herético. **5.** Que não tem ideia ou conhecimento acerca de determinado assunto. *s.m.* **6.** O que não é sagrado; leigo. ● *Ant.:* sagrado.

Pro.fe.ci.a *s.f.* **1.** Predição do futuro por inspiração divina. **2.** Previsão, vaticínio. **3.** FIG Presságio, hipótese, conjectura.

Pro.fe.rir *v.t.* **1.** Proclamar. **2.** Pronunciar em voz alta e clara. **3.** Dizer, lendo em voz alta. **4.** Publicar em voz alta. **5.** Prolatar (sentença).

Pro.fes.sar *v.t.* **1.** Jurar, confessar de público. **2.** Praticar, exercer. **3.** Ensinar, lecionar. **4.** Preconizar. **5.** Propagar. **6.** Seguir a regra de. **7.** Adotar (certa doutrina). **8.** Pôr em prática. *v.int.* **9.** Fazer votos em uma ordem religiosa.

Pro.fes.so *adj.* **1.** Que fez profissão de fé religiosa. **2.** Que concerne a frades e freiras. **3.** FIG Perito, hábil. *s.m.* **4.** Aquele que professou. **5.** FIG Indivíduo hábil, adestrado em alguma coisa.

Pro.fes.sor (ô) *s.m.* **1.** Aquele que professa ou ensina uma ciência, uma arte; mestre. **2.** FIG Homem perito ou adestrado. **3.** O que professa publicamente as verdades religiosas. ● *Col.:* colegiado.

Pro.fes.so.ra.do *s.m.* **1.** A classe dos professores. **2.** Cargos, funções ou instituição dos professores; magistério.

Pro.fes.so.ran.do *s.m.* **1.** Aquele que está se habilitando para professor.

Pro.fes.so.rar *v.int.* **1.** Exercer as funções de professor. *v.t.* **2.** Ser professor de; ensinar, lecionar.

Pro.fe.ta *s.m.* **1.** Aquele que anuncia os desígnios divinos. **2.** Aquele que prediz o futuro; vidente, adivinho. **3.** Título que os muçulmanos dão a Maomé. ● *Fem.:* profetisa.

Pro.fe.ti.zar *v.t.* **1.** Predizer como profeta; vaticinar. **2.** Prever; anunciar antecipadamente.

Pro.fi.ci.en.te *adj.2g.* **1.** Capaz, hábil, idôneo. **2.** Que tem cabal conhecimento. **3.** Proficuo, vantajoso.

Pro.fí.cuo *adj.* Útil, vantajoso, proveitoso. ● *Var.:* profilático.

Pro.fi.lác.ti.co *adj.* **1.** Relativo à profilaxia. **2.** Preservativo, preventivo.

Pro.fi.la.xi.a (cs) *s.f.* **1.** Parte da Medicina que tem por objeto as medidas preventivas contra as enfermidades. **2.** Uso de meios para evitar doenças ou a sua propagação. **3.** Conjunto de ações ou atitudes destinadas a impedir o aparecimento e a propagação de um problema.

Pro.fis.são *s.f.* **1.** Ato ou efeito de professar. **2.** Declaração ou confissão pública. **3.** Ato solene com que alguém se obriga a uma ordem religiosa, estado ou condição social. **4.** Modo de vida. **5.** Emprego, ofício, ocupação.

Pro.fis.sio.nal *adj.2g.* **1.** Relativo a certa profissão. *s.2g.* **2.** Pessoa que faz uma coisa por ofício.

Pro.fis.sio.na.lis.mo *s.m.* **1.** Carreira de profissional. **2.** Conjunto dos profissionais.

Pro.fis.sio.na.li.zar *v.t.* **1.** Tornar profissional. **2.** Transformar em profissão. *v.p.* **3.** Tornar-se profissional.

Pró.fu.go *adj.* Fugitivo, desertor.

Pro.fun.di.da.de *s.f.* **1.** Qualidade de profundo. **2.** Espessura. **3.** Dificuldade em ser compreendido; impenetrabilidade. **4.** Grandeza ou intensidade extraordinária.

Pro.fun.do *adj.* **1.** Muito fundo. **2.** Que vem do íntimo. **3.** Que penetra muito. **4.** FIG Perspicaz. **5.** De grande saber. **6.** Investigador; perspicaz. **7.** Enorme, excessivo. *s.m.* **8.** Caráter ou qualidade do que é complexo ou de difícil compreensão. **9.** Aquilo que é profundo. **10.** FIG O inferno; o mar. ● *Ant.:* raso, superficial.

Pro.fu.so *adj.* **1.** Que se espalha em abundância; pródigo. **2.** Copioso, exuberante. ● *Ant.:* escasso; conciso.

Pro.gê.nie *s.f.* **1.** Origem, procedência, ascendência. **2.** Prole, geração.

Pro.ge.ni.tor *s.m.* **1.** O que gera antes do pai; ascendente, avô. **2.** Pai.

Pro.ge.ni.tu.ra *s.f.* Progênie, ascendência.

Pro.ges.te.ro.na *s.m.* FISIOL Hormônio sexual essencial para a gravidez.

Prog.na.ta *adj.* e *s.2g.* Que, ou pessoa que tem as maxilas alongadas e proeminentes. ◆ *Var.:* prógnato (*adj.* e *s.m.*).

Prog.na.tis.mo *s.m.* **1.** Caráter de prognata. **2.** Projeção do queixo inferior para diante.

Próg.na.to *adj.* e *s.m.* Prognata.

Prog.nós.ti.co *s.m.* **1.** Ato ou efeito de prognosticar; presságio. **2.** Conjectura razoável. **3.** Parecer do médico acerca da evolução de uma doença. **4.** Sinal, indício.

Pro.gra.ma *s.m.* **1.** Escrito em que se publicam os pormenores de uma festa pública, de um espetáculo, das condições de um concurso etc. **2.** Prospecto. **3.** Plano, projeto ou resolução acerca do que se há de fazer. **4.** Indicação geral de um sistema ou partido político. **5.** Enumeração das matérias que devem ser estudadas num curso; esboço. **6.** O conjunto das várias fases executadas pelo computador na solução de um problema. **7.** Diversão, entretenimento. **8.** Encontro sexual.

Pro.gra.ma.dor *s.m.* **1.** Aquele que organiza programas. **2.** O que elabora ou testa programa de computador.

Pro.gra.mar *v.t.* Organizar, delinear o programa ou a programação de.

Pro.gre.dir *v.int.* **1.** Caminhar para diante; avançar. **2.** Ir aumentado. **3.** Fazer progresso. **4.** Desenvolver-se, prosperar.

Pro.gres.são *s.f.* **1.** Desenvolvimento progressivo. **2.** Continuação. **3.** MAT Série de números ou termos entre cada um dos quais e o antecedente há uma razão constante.

Pro.gres.sis.ta *adj.* e *s.2g.* Que, ou pessoa que é favorável ao progresso.

Pro.gres.si.vo *adj.* **1.** Que progride. **2.** Que muda de lugar, andando. **3.** Que vai realizando pouco a pouco.

Pro.gres.so *s.m.* **1.** Movimento ou marcha para a frente. **2.** Desenvolvimento. **3.** Aumento. **4.** Adiantamento em sentido favorável. **5.** Desenvolvimento de um país, de uma região, de estado ou município etc.

Pro.i.bi.ção *s.f.* **1.** Ato ou efeito de proibir. **2.** Vedação, interdição. ● *Ant.:* permissão.

Pro.i.bi.dor *adj.* e *s.m.* Que, ou aquele que proíbe.

Pro.i.bir *v.t.* **1.** Impedir que se faça, por decreto, lei etc. **2.** Não permitir; vedar. *v.t.* e *int.* **3.** Impedir. ● *Ant.:* permitir, autorizar.

Pro.i.bi.ti.vo *adj.* **1.** Que proíbe ou impede. **2.** Em que há proibição.

PROJEÇÃO — PRONÚNCIA

Pro.je.ção *s.f.* **1.** Ato ou efeito de projetar. **2.** Arremesso. **3.** Saliência, proeminência. **4.** Imagem refletida num plano. **5.** Exibição de um filme. **6.** Figura geométrica obtida pela incidência sobre um plano, de perpendiculares tiradas dos extremos da linha ou objeto que se pretende representar. **7.** Destaque, importância.

Pro.je.tar *v.t.* **1.** Atirar para a frente; arremessar. **2.** Fazer o projeto ou plano de; planejar. *v.p.* **3.** Atirar-se, lançar-se. **4.** Incidir, cair sobre. **5.** Delinear-se. **6.** Estender-se. **7.** FIG Salientar-se, distinguir-se.

Pro.jé.til *adj.2g.* **1.** Que pode ser arremessado. *s.m.* **2.** Corpo sólido que se move ao espaço em consequência de um impulso. **3.** Corpo arremessado por uma arma de fogo; bala. ● *Pl.:* projéteis. ◆ *Var.:* projetil (íl), de pl. projetis.

Pro.je.to *s.m.* **1.** Plano geral de um trabalho, de um ato. **2.** Intento de fazer alguma coisa. **3.** Desígnio. **4.** Empreendimento. **5.** Redação provisória de lei, estatuto etc. **6.** Plano gráfico e descritivo. **7.** Cometimento, iniciativa.

Pro.je.tor *s.m.* Aparelho destinado a projetar imagens luminosas sobre uma tela.

Prol *s.m.* Lucro, proveito. ◆ **De prol:** de relevo. ◆ **Em prol de:** em defesa de, em favor de. ● *Pl.:* próis.

Pró-la.bo.re *s.m.* Remuneração por serviço prestado. ● *Pl.:* pró-labores.

Pro.la.ção *s.f.* **1.** Ato ou efeito de proferir, de pronunciar. **2.** Delonga, adiamento. **3.** MÚS Prolongação do som.

Pro.lap.so *s.m.* MED Saída de um órgão ou de parte dele para fora do seu lugar.

Pro.le *s.f.* **1.** Geração, descendência, progênie. **2.** Todos os filhos, os descendentes. **3.** FIG Secessão. ● *Ant.:* ascendência.

Pro.le.ta.ri.a.do *s.m.* Classe que, na sociedade capitalista, com sua força de trabalho, produz mercadorias em troca de salários; operariado. ● *Ant.:* empresariado.

Pro.le.tá.rio *s.m.* **1.** Cidadão pobre, pertencente à última classe do povo, entre os romanos. **2.** Indivíduo que vive unicamente do seu salário; operário, trabalhador. ● *Ant.:* empresário.

Pro.le.ta.ri.zar *v.t.* **1.** Reduzir ao estado ou nível de proletário. *v.p.* **2.** Tornar-se proletário.

Pro.li.fe.ra.ção *s.f.* **1.** Ato ou efeito de proliferar. **2.** BIOL Multiplicação do número de células por divisão.

Pro.li.fe.rar *v.int.* **1.** Ter prole. **2.** Reproduzir-se (o micróbio). **3.** Crescer em número; multiplicar-se.

Pro.lí.fe.ro *adj.* Que se multiplica por proliferação; prolífico. ◆ **Flores prolíferas:** aquelas cujo pedicelo continua a crescer acima do pistilo.

Pro.li.fi.car *v.int.* ⇒ Proliferar.

Pro.lí.fi.co *adj.* Prolífero. ● *Sup.abs.sint.:* prolificentíssimo.

Pro.li.xo (cs) *adj.* **1.** Demasiadamente longo, demasiadamente extenso. **2.** Excessivo. **3.** Palavroso. **4.** Enfadonho, fastidioso. ● *Ant.:* conciso, curto.

Pró.lo.go *s.m.* **1.** Escrito preliminar. **2.** Prefácio, introdução, preâmbulo. ● *Ant.:* epílogo.

Pro.lon.ga.men.to *s.m.* **1.** Ato ou efeito de prolongar(-se). **2.** Continuação de uma coisa na mesma direção. **3.** Dilação, demora. ● *Ant.:* encurtamento.

Pro.lon.gar *v.t.* **1.** Alongar, encompridar. **2.** Tornar mais longo. **3.** Fazer durar mais tempo. **4.** Continuar na mesma direção. **5.** Aumentar a extensão ou a duração de; dilatar. *v.p.* **6.** Continuar-se, estender-se, alongar-se. ● *Ant.:* encurtar.

Pro.ló.quio *s.m.* Máxima, provérbio, adágio.

Pro.ma.nar *v.t.* **1.** Ser derivado ou procedente. **2.** Provir; dimanar.

Pro.mé.cio *s.m.* Símbolo químico Pm, elemento químico radiativo.

Pro.mes.sa *s.f.* **1.** Ato ou efeito de prometer. **2.** Coisa prometida. **3.** Compromisso. **4.** Oferta, voto.

Pro.me.ter *v.t.* **1.** Obrigar-se a; asseverar. **2.** Pressagiar, predizer. **3.** Dar esperanças ou probabilidades de. *v.int.* **4.** Fazer promessas. *v.p.* **5.** Dar esperanças de bom futuro. **6.** Dar sinais de boa produção. *v.p.* **7.** Esperar; ter grande esperança de obter. ● *Ant.:* recusar.

Pro.mis.cui.da.de *s.f.* **1.** Qualidade do que é promíscuo. **2.** Mistura confusa e desordenada.

Pro.mis.cu.ir *v.p.* Intrometer-se, misturar-se.

Pro.mís.cuo *adj.* **1.** Misturado de modo confuso. **2.** Sem ordem; confuso, indistinto. **3.** Diz-se de quem tem relações sexuais com vários parceiros.

Pro.mis.si.vo *adj.* Relativo a promessa; promissório.

Pro.mis.sor *adj.* e *s.m.* Que, ou o que promete. Que, ou o que oferece boas perspectivas; auspicioso.

Pro.mis.só.ria *s.f.* Título de crédito, nominativo, que encerra promessa de pagamento em lugar e tempo determinados.

Pro.mis.só.rio *adj.* **1.** Relativo a promessa. **2.** Que encerra promessa.

Pro.mo.ção *s.f.* **1.** Ato ou efeito de promover. **2.** Elevação ou acesso a cargo ou categoria superior. **3.** Atividade que visa propiciar o sucesso comercial de um produto; publicidade.

Pro.mo.cio.nal *adj.2g.* **1.** Relativo à promoção. **2.** Que tem caráter de promoção.

Pro.mon.tó.rio *s.m.* GEOGR Cabo formado de rochas elevadas; cabo sobranceiro ao mar. **2.** ANAT Pequena saliência da parede interna do tímpano.

Pro.mo.tor (ô) *adj.* e *s.m.* **1.** Que, ou aquele que promove, fomenta ou determina; promovedor. *s.m.* **2.** Funcionário que em alguns tribunais promove o andamento das causas e certos atos de justiça. **3.** Aquele que organiza festas, recepções, simpósios etc.; promoter.

Pro.mo.to.ri.a *s.f.* **1.** Cargo ou ofício de promotor. **2.** Repartição ou escritório do promotor.

Pro.mo.ve.dor (ô) *adj.* e *s.m.* Promotor.

Pro.mo.ver *v.t.* **1.** Dar impulso a. **2.** Elevar (a cargo ou posto superior). **3.** Trabalhar a favor de. **4.** Favorecer o progresso de. **5.** Fazer avançar; fomentar. **6.** Diligenciar. **7.** Causar. **8.** Originar. **9.** Requerer ou solicitar, propondo.

Prompt (ing.) *s.m.* Indicador de espera de entrada de dados em um computador. ● *Pl.:* prompts.

Pro.mul.gar *v.t.* **1.** Tornar público. **2.** Publicar oficialmente. **3.** Ordenar a publicação de (lei). **4.** Assinar (lei).

Pro.no.me *s.m.* GRAM Palavra que substitui ou acompanha um nome, determinando-lhe a extensão do significado.

Pro.no.mi.nal *adj.2g.* **1.** Relativo a pronome. **2.** Que tem a natureza, o valor ou a significação do pronome. **3.** Diz-se do verbo acompanhado de um pronome oblíquo.

Pron.ti.dão *s.f.* **1.** Qualidade de pronto. **2.** Desembaraço. **3.** Brevidade. **4.** Rapidez de compreensão. **5.** Estado de alerta das tropas preparadas para entrar em ação imediatamente. **6.** POP Falta de dinheiro. *s.m.* **7.** Soldado de serviço numa delegacia de polícia. ● *Ant.:* morosidade.

Pron.ti.fi.car *v.t.* **1.** Mostrar pronto; aprontar. **2.** Oferecer, ministrar. *v.p.* **3.** Mostrar-se pronto ou disposto. **4.** Oferecer-se, dispor-se.

Pron.to *adj.* **1.** Que não tarda; que não se demora. **2.** Breve; ligeiro. **3.** Ágil, rápido. **4.** Que se produz ou se opera em pouco tempo. **5.** Ativo, atilado, diligente. **6.** Acabado, concluído. **7.** Disposto. **8.** Desimpedido. **9.** Que compreende com rapidez. **10.** Preparado, habilitado. **11.** GÍR Sem dinheiro; quebrado, duro, liso. *adj.* e *s.m.* **12.** POP Diz-se do, ou indivíduo sem dinheiro, liso. *adv.* **13.** Prontamente; com prontidão. *s.m.* **14.** Lucro, proveito. ◆ **De pronto:** num instante.

Pron.to-so.cor.ro *s.m.* Dependência hospitalar destinada ao atendimento de casos de urgência. ● *Pl.:* prontos-socorros.

Pron.tu.á.rio *s.m.* **1.** Lugar em que se guardam objetos que podem ser necessários a qualquer hora. **2.** Manual de indicações úteis. **3.** Os antecedentes de uma pessoa. **4.** Ficha policial com esses antecedentes.

Pro.nún.cia *s.f.* **1.** Ato ou modo de pronunciar. **2.** Articulação. **3.** Fala. **4.** Despacho judicial, indiciando alguém como autor ou cúmplice de crime.

PRONUNCIAMENTO — PROSÓDIA

Pro.nun.ci.a.men.to *s.m.* **1.** Ato ou efeito de pronunciar-se coletivamente contra o governo ou contra medidas governamentais. **2.** Declaração pública. **3.** Sublevação, revolta.

Pro.nun.ci.ar *v.t.* **1.** Exprimir verbalmente. **2.** Proferir, articular. **3.** Recitar. **4.** Declarar com autoridade. **5.** Decretar, publicar. **6.** Dar relevo a; acentuar. **7.** JUR Dar despacho de pronúncia contra. *v.p.* **8.** Manifestar o que pensa ou sente. **9.** Manifestar-se. **10.** Fazer pronunciamento. **11.** Rebelar-se, insurgir-se.

Pro.pa.ga.ção *s.f.* **1.** Ato ou efeito de propagar(-se). **2.** Desenvolvimento. **3.** Difusão, divulgação. **4.** Comunicação por contágio.

Pro.pa.gan.da *s.f.* **1.** Propagação de princípios ou teorias, ideias, virtudes pessoais, excelência de gêneros de comércio etc. **2.** Atividade que visa a influenciar o homem com objetivo religioso, político ou cívico (se visar a fins comerciais deve-se usar *publicidade*). **3.** Vulgarização. **4.** Promoção.

Pro.pa.gan.de.ar *v.t.* **1.** Fazer propaganda de; anunciar, divulgar, promover. **2.** Fazer proselitismo de (uma religião, uma doutrina política etc.); doutrinar.

Pro.pa.gar *v.t.* **1.** Multiplicar, reproduzindo ou por geração. **2.** Dilatar. **3.** Aumentar. **4.** Dar a conhecer. **5.** Espalhar, difundir. **6.** Proclamar. **7.** Vulgarizar, divulgar. **8.** Tornar público. *v.p.* **9.** Multiplicar-se por meio da reprodução. **10.** Generalizar-se. **11.** Alastrar-se ou desenvolver-se por contágio.

Pro.pa.lar *v.t.* **1.** Tornar público. **2.** Divulgar, espalhar, publicar, propagar.

Pro.pa.no *s.m.* Hidrocarboneto saturado gasoso (C_3H_8), empregado como combustível.

Pro.pa.no.na *s.f.* Quím. Acetona.

Pro.pa.ro.xí.to.no *adj.* e *s.m.* GRAM Diz-se de, ou vocábulo que tem o acento tônico na antepenúltima sílaba.

Pro.pe.dêu.ti.co *adj.* **1.** Que serve de introdução. **2.** Preliminar. **3.** Que prepara para receber ensino mais completo.

Pro.pe.len.te *s.m.* Substância capaz de efetuar a propulsão de um corpo sólido (foguete, projétil). Constitui-se de uma mistura de materiais combustíveis e de agentes oxidantes.

Pro.pe.lir *v.t.* Impelir para diante; arremessar.

Pro.pen.der *v.t.* **1.** Tender. **2.** Inclinar-se, pender para um lado. **3.** FIG Ter disposição ou tendência.

Pro.pen.são *s.f.* **1.** Ato ou efeito de propender. **2.** FIG Tendência, inclinação.

Pro.pen.so *adj.* Favorável, inclinado, tendente.

Pro.pi.ci.ar *v.t.* Tornar propício; proporcionar.

Pro.pí.cio *adj.* **1.** Que se apresenta favorável, prometendo sucesso. **2.** Favorável, oportuno, adequado. ◆ *Ant.: desfavorável.*

Pro.pi.na *s.f.* Gratificação, gorjeta.

Pro.pi.nar *v.t.* Dar a beber; ministrar.

Pro.pín.quo *adj.* Próximo, vizinho.

Pró.po.lis *s.f.2n.* Substância produzida pelas abelhas.

Pro.por (ô) *v.t.* **1.** Apresentar, expor à apreciação. **2.** Lembrar, sugerir. **3.** Prometer. **4.** Determinar. *v.p.* **5.** Tencionar, dispor-se. **6.** Apresentar-se como candidato. **7.** Aventurar-se, arriscar-se. **8.** Ter em vista. **9.** Tomar sobre os ombros ou encargo.

Pro.por.ção *s.f.* **1.** Relação estabelecida entre as diferentes partes de um todo. **2.** Correspondência de relações, de tamanhos; comparação. **3.** MAT Igualdade entre duas ou mais razões. **4.** QUÍM Relação entre a quantidade de elementos. **5.** Dimensão, tamanho. **6.** Comparação, cotejo. **7.** FIG Harmonia, simetria. **8.** Disposição regular.

Pro.por.cio.nar *v.t.* **1.** Observar proporção entre. **2.** Tornar proporcional. **3.** Acomodar, harmonizar. **4.** Adaptar. **5.** Oferecer. **6.** Propiciar. **7.** Dar ensejo para. **8.** Prestar.

Pro.po.si.ção *s.f.* **1.** Ato ou efeito de propor. **2.** Aquilo que se propõe. **3.** Proposta, tese. **4.** Afirmativa. **5.** Expressão verbal de um juízo. **6.** Asserção, sentença, máxima. **7.** Oração de sentido completo. **8.** Frase, discurso.

Pro.po.si.ta.do *adj.* **1.** Que revela propósito, intenção ou resolução prévia. **2.** Intencional, proposital.

Pro.pó.si.to *s.m.* **1.** Deliberação, resolução, decisão. **2.** Mira, intento. **3.** Bom senso, prudência; compostura. **4.** Maneiras comedidas; assunto. ◆ **De propósito:** de caso pensado.

Pro.pos.ta *s.f.* **1.** Ato ou efeito de propor. **2.** Aquilo que se propõe. **3.** Indicação verbal ou escrita, com que se visa obter uma concessão, estabelecer um acordo etc. **4.** Proposição, sugestão.

Pro.pri.e.da.de *s.f.* **1.** Qualidade do que é próprio. **2.** Qualidade especial, virtude particular. **3.** Caráter. **4.** Emprego apropriado de linguagem. **5.** Bens de raiz; fazenda, herdades etc. ● *Ant.: impropriedade.*

Pro.pri.e.tá.rio *adj.* e *s.m.* Diz-se de, ou aquele que tem a propriedade de alguma coisa.

Pró.prio *adj.* **1.** Que pertence exclusivamente a um indivíduo. **2.** Privativo. **3.** Peculiar, natural. **4.** Que é exatamente o mesmo; idêntico. **5.** Autêntico, verdadeiro. **6.** Conveniente, adequado. **7.** Que exprime com exatidão a ideia. **8.** Preciso. **9.** Primitivo. **10.** Não figurado; denotativo (diz-se do sentido das palavras). ● Opõe-se a *figurado*. **11.** Natural, inerente. *s.m.* **12.** Qualidade particular. **13.** Feição especial. **14.** Portador, mensageiro.

Pro.pug.na.dor (ô) *adj.* e *s.m.* Que, ou aquele que propugna; defensor.

Pro.pug.nar *v.t.* **1.** Defender, combatendo. *v.int.* **2.** Lutar. **3.** Sustentar luta moral ou física.

Pro.pul.são *s.f.* Ato ou efeito de propulsar.

Pro.pul.sar *v.t.* **1.** Impelir para diante, para longe; propelir. **2.** Repelir, rechaçar. **3.** Dar impulso enérgico a. ◆ *Var.: propulsionar.*

Pro.pul.sor *adj.* **1.** Que propulsa. *s.m.* **2.** O que produz propulsão. **3.** Dispositivo que transmite movimento a certos maquinismos.

Pror.ro.gar *v.t.* **1.** Alongar, dilatar (um prazo estabelecido). **2.** Fazer durar além do prazo estabelecido). **3.** Fazer continuar em exercício. **4.** Adiar o encerramento.

Pror.rom.per *v.int.* **1.** Sair ou irromper impetuosamente. **2.** Manifestar-se de repente.

Pro.sa *s.f.* **1.** Modo de falar ou escrever, mais ou menos correto, segundo o uso. **2.** Aquilo que se diz ou escreve, sem a preocupação do ritmo e da musicalidade próprios da poesia: *Lia um texto em prosa*. **3.** FIG Conversa informal. **4.** FAM Lábia, palavreado, conversa. **5.** Bazófia, fanfarrice. *adj.2g.* **6.** POP Diz-se de, ou pessoa jactanciosa, vaidosa de seus dotes ou predicados.

Pro.sa.dor *s.m.* Aquele que escreve em prosa.

Pro.sai.co *adj.* **1.** Relativo à prosa. **2.** Trivial, vulgar. **3.** Material. **4.** Sem elevação ou sublimidade.

Pro.sá.pia *s.f.* **1.** Linhagem, ascendência, progênie; raça. **2.** FIG Orgulho, altivez, jactância.

Pro.sar *v.int.* Escrever em prosa. ◆ *Cf. prosear.*

Pros.cê.nio *s.m.* **1.** Frente do palco. **2.** Palco, cena.

Pros.cre.ver *v.t.* **1.** Condenar a degredo. **2.** Desterrar, exilar. **3.** Declarar excluído, cancelado, por ato público. **4.** Abolir, extinguir; proibir.

Pros.cri.to *adj.* **1.** Que sofreu proscrição. **2.** Banido, desterrado, exilado, expulso. *s.m.* **3.** Aquele que foi condenado a sair do seu país; exilado.

Pro.se.a.dor *adj.* e *s.m.* Que, ou aquele que proseia; conversador, prosa.

Pro.se.ar *v.int.* **1.** Conversar, falar muito. **2.** Conversar fiado; jactar-se. ◆ *Cf. prosar.*

Pro.se.li.tis.mo *s.m.* Diligência ou zelo em fazer prosélitos.

Pro.sé.li.to *s.m.* **1.** Pagão que abraçou o judaísmo. **2.** Indivíduo que abraçou religião diferente da sua. **3.** Indivíduo que abraçou recentemente uma causa, uma doutrina, uma ideia. **4.** Sectário, partidário, adepto.

Pro.só.dia *s.f.* GRAM Parte da gramática que trata da posição correta da sílaba tônica das palavras, como em látex (e não latex), rubrica (e não rúbrica), meteorito (e não meteórito), pudico (e não púdico) etc.

PROSOPOPEIA — PROVA

Pro.so.po.pei.a *s.f.* **1.** RET Figura que dá vida e ação a coisas inanimadas, e voz a pessoas ausentes ou mortas. **2.** Personificação. **3.** FIG Discurso empolado ou veemente. **4.** (NE) POP Entono, vaidade.

Pros.pec.ção *s.f.* Sondagem para descobrir os veios ou jazidas de uma mina, petróleo etc.; pesquisa.

Pros.pec.tar *v.t.* **1.** Proceder à prospecção de. **2.** Estudar detidamente; sondar.

Pros.pec.to *s.f.* Folheto promocional dos negócios de uma empresa ou das qualidades de um produto. ♦ *Var.:* prospeto.

Pros.pe.rar *v.int.* **1.** Tornar-se próspero. **2.** Medrar, crescer. **3.** Melhorar de condição; enriquecer. **4.** Desenvolver-se.

Pros.pe.ri.da.de *s.f.* **1.** Qualidade ou estado de próspero; progresso. **2.** Abundância, fartura. **3.** Situação próspera. ♦ *Ant.: decadência.*

Prós.pe.ro *adj.* **1.** Que vai adiante, que cresce. **2.** Que melhora, que progride. **3.** Favorável, propício. **4.** Bem-sucedido, afortunado. **5.** Que tem bom êxito. **6.** Venturoso, feliz. ♦ *Ant.: adverso.* ♦ *Sup.abs.sint.:* prospérrimo.

Pros.se.cu.ção *s.f.* Prosseguimento.

Pros.se.gui.men.to *s.m.* Ato ou efeito de prosseguir.

Pros.se.guir *v.t.* **1.** Fazer seguir; continuar. **2.** Seguir. **3.** Dar seguimento a. **4.** Continuar falando. *v.int.* **5.** Ir por diante. ♦ *Ant.:* interromper.

Pros.ta.glan.di.na *s.f.* Hormônio presente em diversos tecidos e órgãos e cujas diferentes espécies exercem ações bioquímicas diversas. (Desempenham papel especialmente na maior parte dos processos de reprodução.)

Prós.ta.ta *s.f.* ANAT Glândula do homem, que circunda o colo da bexiga e a base da uretra.

Pros.ter.nar *v.t.* **1.** Prostrar. **2.** Deitar por terra, em sinal de respeito ou admiração. **3.** Humilhar. *v.p.* **4.** Curvar-se até o chão. **5.** Mostrar humildade, respeito.

Pros.tí.bu.lo *s.m.* **1.** Lugar de prostituição. **2.** Lupanar, bordel.

Pros.ti.tu.ir *v.t.* **1.** Desmoralizar. **2.** Levar à prostituição. **3.** Aviltar-se, rebaixar-se.

Pros.ti.tu.ta *s.f.* **1.** Mulher que pratica o comércio sexual. **2.** Meretriz, rameira. **3.** Que se prostituiu. ♦ *Masc.:* Prostituto.

Pros.trar *v.t.* **1.** Lançar por terra; derrubar. **2.** Humilhar, submeter. **3.** Extenuar, enfraquecer. *v.p.* **4.** Curvar-se até o chão, em sinal de súplica ou adoração. **5.** Humilhar-se, curvar-se. ·

Pro.tac.tí.nio *s.m.* Elemento químico de número atômico 91 da família dos actinídeos [símb.: Pa].

Pro.ta.go.nis.ta *s.2g.* **1.** Personagem principal de uma representação dramática. **2.** Ator ou atriz que desempenha esse papel. **3.** FIG Pessoa imprescindível em determinada atividade.

Pro.ta.go.ni.zar *v.t.* **1.** Interpretar o papel da personagem principal. **2.** Ser o agente principal de um ato, um acontecimento.

Pro.te.ção *s.f.* **1.** Ato ou efeito de proteger(-se). **2.** Amparo, abrigo. **3.** Dedicação a uma pessoa ou coisa. **4.** Auxílio, apoio. **5.** FAM Pessoa que protege. **6.** Privilégio ou favor concedido ao exercício de certas indústrias.

Pro.te.cio.nis.mo *s.m.* **1.** Sistema de proteção ao comércio ou à indústria nacional. **2.** Favorecimento ilícito. **3.** Preservacionismo.

Pro.te.ger *v.t.* **1.** Dispensar proteção a. **2.** Tomar a defesa de. **3.** Socorrer, auxiliar. **4.** Tratar de manter ou desenvolver. **5.** Apoiar, defender. **6.** Ter a seu cuidado os interesses de. **7.** Favorecer, beneficiar. **8.** Abrigar, resguardar. *v.p.* **9.** Defender-se, resguardar-se.

Pro.te.í.na *s.f.* QUÍM Substância de elevada massa molecular, composta de carbono, hidrogênio, oxigênio e nitrogênio, e às vezes também enxofre e fósforo, elementos essenciais de todas as células dos seres vivos.

Pro.te.lar *v.t.* **1.** Deixar para depois. **2.** Adiar, procrastinar, prorrogar. ♦ *Ant.: antecipar.*

Pro.te.ro.zoi.co *adj.* e *s.m.* (como subst., inicial maiúsc.) Diz-se de ou divisão superior das duas grandes divisões do Pré-Cambriano, equivalente ao intervalo de tempo geológico compreendido entre 2.500 a 570 milhões de anos; criptozoico.

Pró.te.se *s.f.* **1.** GRAM Acréscimo de uma letra ou sílaba no começo do vocábulo sem que este sofra alteração de sentido. **2.** MED Conjunto das técnicas que visam a substituir total ou parcialmente um órgão ou partes do corpo (olho, perna, braço, dente etc.) por outro artificial. **3.** O próprio órgão ou a própria parte do corpo.

Pro.tes.tan.te *adj.2g.* **1.** Que protesta. **2.** Relativo ao protestantismo. **3.** Diz-se do partidário da Reforma (luteranos, calvinistas, anglicanos etc.). *s.2g.* **4.** Pessoa partidária do protestantismo; huguenote. **5.** Crente.

Pro.tes.tar *v.t.* **1.** Assegurar, afirmar categoricamente; testemunhar, jurar. **2.** Afirmar solenemente; prometer. *v.int.* **3.** Insurgir-se, manifestar-se contra (injustiça ou ilegalidade). **4.** Fazer o protesto de (duplicata, promissória, cheque etc.).

Pro.tes.to *s.m.* **1.** Ato ou efeito de protestar. **2.** Declaração pública, solene ou categórica, contra irregularidade ou ilegalidade que se vê, de que se ouve, de que se soube. **3.** Ato jurídico pelo qual se declara responsável por todas as despesas e prejuízos aquele que devia pagar uma letra de câmbio ou documento análogo, bem como cheque ou nota promissória, e não o pagou no vencimento.

Pro.té.ti.co *adj.* **1.** Relativo a prótese. **2.** Em que há prótese. *s.m.* **3.** Aquele que é especialista em prótese dentária.

Pro.te.tor *(ô) adj.* e *s.m.* **1.** Que, ou o que protege; defensor. *s.m.* **2.** Qualquer dispositivo ou utensílio que protege ou resguarda (contra acidentes, luz intensa etc.). **3.** AGRIC Vara ou estaca a que se ata ou em que se apoia uma planta. **4.** Revestimento de ferro na sola ou no salto do calçado.

Pro.te.to.ra.do *s.m.* Situação de um Estado sujeito à autoridade de outro.

Pro.tis.ta *adj.* e *s.m.* **1.** Relativo aos, ou espécies de protistas. **2.** *Protistas*, grupo que abrange todas as espécies vivas unicelulares de núcleo distinto. (designação que tende a ser substituída por protista em classificações mais recentes).

Pro.to- *pref.* 'Primeiro': prototipográfico.

Pro.to.co.lo *s.m.* **1.** Registro dos atos públicos, na Idade Média. **2.** Registro de uma deliberação ou conferência diplomática. **3.** Regime das audiências, nos tribunais. **4.** Livro ou caderno em que se registra a correspondência expedida e o recibo dos destinatários. **5.** Conjunto de cerimônias observadas nas recepções oficiais a chefes de Estado ou representantes diplomáticos. **6.** Convenção entre duas nações. **7.** Formalidade social. **8.** FIG Cerimonial, etiqueta.

Pro.to.fo.ni.a *s.f.* MÚS Sinfonia de abertura de uma obra lírica (o mesmo que abertura); prelúdio musical.

Pró.ton *s.m.* FÍS Partícula que, junto com o nêutron, forma o núcleo de um átomo. ♦ *Pl.:* prótons.

Pro.to.plas.ma *s.m.* BIOL Antiga denominação da substância constituinte das células dos seres vivos.

Pro.to.plás.mi.co *adj.* Relativo ao protoplasma.

Pro.tó.ti.po *s.m.* **1.** Primeiro tipo ou exemplar. **2.** Modelo, original. **3.** O exemplar mais exato, de maior perfeição. **4.** Exemplo típico; padrão.

Pro.to.vi.ta.mi.na *s.f.* Substância presente nos alimentos que o organismo transforma em vitamina.

Pro.to.zo.á.rio *s.m.* BIOL Em antigas classificações, seres heterotróficos, unicelulares, eucariontes.

Pro.tu.be.rân.cia *s.f.* **1.** Parte saliente. **2.** Eminência, saliência, bossa, excrescência.

Pro.va *s.f.* **1.** Aquilo que mostra a veracidade ou realidade. **2.** Testemunho. **3.** Sinal, indício. **4.** Documento justificativo. **5.** Porfia. **6.** Concurso. **7.** Exame ou cada uma das partes dele. **8.** Experiência, ensaio. **9.** Verificação de uma operação aritmética. **10.** Ato de ingerir ou degustar pequena porção de comida ou bebida, para experimentar-lhe o paladar. **11.** Transe doloroso; provação. **12.** Folha impressa em que se fazem as correções tipográficas. **13.** Experiências para verificar se a roupa assentará bem. **14.** Competição entre esportistas, que consiste em corrida

PROVAÇÃO — PSICOLOGIA

(a pé, de bicicleta, automóvel etc.), arremesso, salto etc., e na qual buscam classificação.

Pro.va.ção *s.f.* **1.** Ato ou efeito de provar. **2.** Situação aflitiva, penosa. **3.** Sofrimento, prova.

Pro.var *v.t.* **1.** Demonstrar, patentear. **2.** Tornar evidente; demonstrar, patentear. **3.** Testemunhar, justificar. **4.** Fazer conhecer; mostrar, revelar. **5.** Submeter a prova; experimentar. **6.** Fazer padecer. **7.** Tentar. **8.** Procurar. **9.** Ensaiar. **10.** Ser atormentado por; sofrer, padecer. **11.** Comer ou beber (pequena porção de qualquer coisa) para verificar-lhe a qualidade, o estado ou o sabor. **12.** Experimentar, vestindo. **13.** Experimentar, sofrendo; sofrer.

Pro.vá.vel *adj.2g.* **1.** Que se pode provar. **2.** Que pode acontecer. **3.** Verossímil. ● *Ant.: improvável.* ● *Pl.: prováveis.*

Pro.vec.to *adj.* **1.** Que tem progredido; adiantado. **2.** Avançado em anos. **3.** FIG Experimentado, experiente, abalizado.

Pro.ve.dor *s.m.* **1.** O que provê. **2.** Chefe de certas entidades, em especial aquelas de caridade. **3.** Fornecedor.

Pro.ve.do.ri.a *s.f.* Cargo, jurisdição ou repartição do provedor.

Pro.vei.to *s.m.* **1.** Vantagem, benefício. **2.** Utilidade, ganho, lucro.

Pro.vei.to.so (ô) *adj.* **1.** Que dá proveito. **2.** Que convém. **3.** Profícuo, útil. ● *Ant.: nocivo.*

Pro.ven.çal *adj.2g.* **1.** Pertencente à Provença (França). *s.2g.* **2.** O natural ou habitante da Provença. *s.m.* **3.** Língua falada na Provença.

Pro.ve.ni.ên.cia *s.f.* **1.** Lugar de onde alguma coisa provém. **2.** Origem, procedência.

Pro.ven.to *s.m.* Ganho, lucro, rendimento.

Pro.ver *v.t.* **1.** Tomar providência acerca de. **2.** Dispor, regular, ordenar. **3.** Despachar. **4.** Nomear (alguém) para cargo ou função vaga. *v.int.* **5.** Tomar providências. **6.** Acudir, atender, providenciar. *v.p.* **7.** Munir-se, abastecer-se. ● Conjuga-se pelo *v.* ver, exceto no pret. perf., no pret. mais-que-perf., no imperf. do subj. e no particípio, que são regulares.

Pro.ver.bi.al *adj.2g.* **1.** Relativo a provérbio. **2.** Muito conhecido; notório, sabido.

Pro.vér.bio *s.m.* **1.** Máxima breve. **2.** Anexim, rifão. **3.** Comédia curta originária de um provérbio.

Pro.ve.ta (ê) *s.f.* **1.** Vaso cilíndrico ou cônico, graduado, para medir líquidos. **2.** Tubo de ensaio. **3.** Espécie de pequena redoma para conter gases.

Pro.vi.dên.cia *s.f.* **1.** Em Teologia, a suprema sabedoria com que Deus conduz todas as coisas; Deus. **2.** Acontecimento feliz. **3.** Previdência, prevenção. **4.** Medida para regularizar certos serviços. ◆ Cf. *previdência.*

Pro.vi.den.ci.al *adj.2g.* **1.** Relativo a providência. **2.** Emanado da providência. **3.** FIG Muito oportuno; conveniente. **4.** Que chega a propósito. **5.** Feliz.

Pro.vi.den.te *adj.2g.* **1.** Que provê. **2.** Cuidadoso, acautelado. **3.** Próvido. ● *Ant.: improvidente.* ◆ Cf. *previdente.*

Pro.vi.men.to *s.m.* **1.** Ato ou efeito de prover. **2.** Provisão, abastecimento. **3.** Víveres, mantimentos. **4.** Nomeação ou promoção de funcionário. **5.** Preenchimento de cargo público. **6.** Despacho de um requerimento. **7.** Providência, cautela, cuidado.

Pro.vín.cia *s.f.* **1.** Cada uma das maiores divisões territoriais de um país unitário. **2.** Divisão territorial colocada sob a autoridade de um delegado do poder central (no Brasil Império, os atuais Estados eram chamados **províncias**). **3.** O interior do país (por oposição à capital). **4.** Seção, divisão, parte. **5.** Distrito de ordem religiosa.

Pro.vin.ci.al *adj.* **1.** Relativo a província. **2.** Provinciano. *s.m.* **3.** Superior de certo número de casas religiosas.

Pro.vi.si.o.nal *adj.2g.* Relativo a provisão; provisório.

Pro.vi.só.rio *adj.* **1.** Feito por provisão. **2.** Interino, temporário, transitório *s.m.* **3.** O que é provisório. **4.** BOT Espécie de gramínea forrageira. ● *Ant.: permanente.*

Pro.vi.ta.mi.na *s.f.* Substância inativa, presente nos alimentos, que o organismo transforma em vitamina ativa; precursor vitamínico.

Pro.vo.ca.ção *s.f.* **1.** Ato ou efeito de provocar. **2.** Acinte, desafio. **3.** Tentação, sedução. **4.** Incitação.

Pro.vo.car *v.t.* **1.** Incitar, estimular. **2.** Desafiar. **3.** Irritar. **4.** Dar causa a. **5.** Originar. **6.** Atrair, chamar sobre si. **7.** Causar desejos sexuais em. **8.** Tentar. *v.int.* **9.** Dirigir provocações.

Pro.vo.lo.ne *s.m.* Queijo de origem italiana, apresenta uma dura consistência e sabor suave, quase sempre defumado.

Pro.xe.ne.ta (cs...ê) *s.2g.* **1.** Pessoa cuja profissão é intermediar e promover encontros sexuais. **2.** Explorador do lenocínio; cáften.

Pro.xi.mi.da.de (ss) *s.f.* **1.** Estado ou condição do que é próximo. **2.** Contiguidade, pequena distância. **3.** Pequena demora.

Pró.xi.mo (ss) *adj.* **1.** Que está perto; vizinho. **2.** Que chega breve. **3.** Seguinte do atual; imediato. **4.** Semelhante, aproximado. **5.** Muito chegado: *Parente próximo.* *s.m.* **6.** Cada ser humano. **7.** O semelhante. **8.** O conjunto de todos os homens. *adv.* **9.** Muito perto. **10.** Na vizinhança. ● *Ant.: distante, longe.*

Pru.dên.cia *s.f.* **1.** Virtude que o homem a conhecer e praticar o que lhe convém. **2.** Circunspeção. **3.** Sensatez, tino, moderação, precaução. ● *Ant.: imprudência.*

Pru.den.te *adj.2g.* **1.** Dotado de prudência. **2.** Cauteloso, previdente, comedido. **3.** Cordato. **4.** Circunspecto, discreto, judicioso. ● *Ant.: imprudente.*

Pru.ma.da *s.f.* Posição vertical da linha de prumo.

Pru.mo *s.m.* **1.** Instrumento formado de uma peça de metal ou de pedra, suspensa por um fio, que serve para determinar a direção vertical. **2.** Escora. **3.** FIG Tino, prudência. **4.** AGRIC Garfo de enxerto. ● Perder o prumo: enlouquecer, perder a cabeça.

Pru.ri.do *s.m.* **1.** Comichão, coceira. **2.** MED Sensação indefinível que leva o indivíduo a coçar-se. **3.** FIG Grande desejo. **4.** Impaciência, inquietação.

Pru.ri.gi.no.so (ô) *adj.* Que tem ou em que há prurido.

Prus.si.a.no *adj.* **1.** Relativo à Prússia, antigo Estado alemão. *s.m.* **2.** O natural ou habitante da Prússia. **3.** Língua falada pelos prussianos. **4.** Espécie de capote.

Pseu.dô.ni.mo *s.m.* Nome falso ou suposto, para ocultar o verdadeiro, em geral adotado por escritor, artista etc.; criptônimo. ● *Ant.: autônimo.*

Psi.ca.na.li.sar *v.t.* e *p.* Submeter(-se) à psicanálise.

Psi.ca.ná.li.se *s.f.* **1.** MED Sistema especial de tratamento de doenças nervosas, fundamentado principalmente nas teorias do psiquiatra austríaco Sigmund Freud (1856-1939). **2.** Aplicação desse conhecimento à cura do doente. **3.** Estudo ou ciência do inconsciente.

Psi.ca.na.lis.ta *adj.2g.* Diz-se de, ou pessoa especialista em psicanálise.

Psi.ca.na.lí.ti.co *adj.* Relativo à psicanálise.

Psi.co.a.na.lép.ti.co *adj.* e *s.m.* (Substância) que tem ação estimulante ou excitante sobre as funções psíquicas.

Psi.co.ci.ne.se *s.f.* Em parapsicologia, suposta ação direta da mente sobre a matéria, que daria lugar a fenômenos tais como a levitação ou a deformação de objetos à distância.

Psi.co.dé.li.co *adj.* **1.** NEOL Diz-se das drogas que provocam alucinações. **2.** Diz-se das variadas sensações experimentas por pessoas sob o efeito dessas drogas. **3.** Diz-se de roupas muito coloridas, filmes, bares, restaurantes etc., cuja decoração ou atmosfera tendem a alucinações provocadas por essas drogas.

Psi.co.dra.ma *s.m.* PSICOL Improvisação dramática por um grupo de pacientes, para fins de diagnóstico e cura.

Psi.co.gra.far *v.t.* Escrever (o médium) o que lhe dita um espírito.

Psi.có.gra.fo *s.m.* Médium que psicografa ou escreve sob a ação de um espírito.

Psi.co.lo.gi.a *s.f.* **1.** Ciência do comportamento animal e humano em suas relações com o meio físico e social. **2.** Conjunto de estados e processos mentais de uma pessoa ou grupo de pessoas, especialmente como determinante de ação e comportamento.

PSICOLÓGICO — PUGNAZ

Psi.co.ló.gi.co *adj.* **1.** Relativo ou pertencente à Psicologia. **2.** FAM Diz-se do momento absolutamente oportuno ou próprio.

Psi.có.lo.go *s.m.* Especialista em Psicologia.

Psi.co.neu.ro.se *s.f.* Perturbação nervosa de origem mental.

Psi.co.pa.ta *adj.* e *s.m.* Diz-se de, ou pessoa que sofre de distúrbio mental.

Psi.co.pa.ti.a *s.f.* Designação genérica de qualquer doença mental; psicose.

Psi.co.se *s.f.* **1.** Qualquer doença mental grave, como a paranoia e a esquizofrenia. **2.** Inquietação mental extrema de um indivíduo ou de um grupo social.

Psi.cos.so.ci.al *adj.2g.* **1.** Que envolve conjuntamente aspectos psicológicos e sociais. **2.** Que combina serviços de Psicologia Clínica e Psicologia Social. **3.** Que estuda as relações sociais à luz da saúde mental.

Psi.cos.so.ci.o.lo.gi.a *s.f.* **1.** Estudo de matérias e problemas comuns à Psicologia e à Sociologia. **2.** Estudo da influência da sociedade, nos seus múltiplos aspectos, no psiquismo.

Psi.cos.so.ci.o.ló.gi.co *adj.* **1.** Que pertence ao mesmo tempo ao orgânico e ao psíquico (distúrbio). **2.** Relativo ou pertencente à psicossociologia.

Psi.cos.so.má.ti.co *adj.* Pertencente ou relativo às manifestações somáticas ou orgânicas de origem psíquica.

Psi.co.téc.ni.ca *s.f.* Conjunto dos testes que visam avaliar as reações psicológicas e fisiológicas de uma pessoa.

Psi.co.téc.ni.co *adj.* Relativo à psicotécnica.

Psi.co.te.ra.peu.ta *s.2g.* **1.** Profissional que aplica psicoterapia. **2.** Especialista em psicoterapia.

Psi.co.te.ra.pi.a *s.f.* MED Terapêutica que por métodos psicológicos busca restaurar o equilíbrio emocional do paciente.

Psi.có.ti.co *adj.* **1.** De, ou relativo a psicose. *s.m.* **2.** Indivíduo psicótico.

Psi.co.tró.pi.co *adj.* e *s.m.* Diz-se de, ou substância que age sobre a mente, algumas vezes provocando euforia e em seguida perturbações importantes das atividades cerebrais, alucinações etc.

Psi.que *s.f.* **1.** A alma, o espírito. **2.** Princípio da vida mental e emocional de uma pessoa. **3.** Manifestação dos centros nervosos. **4.** PSICOL Conjunto dos processos psíquicos conscientes e inconscientes.

Psi.qui.a.tra *s.2g.* Especialista em Psiquiatria.

Psi.qui.a.tri.a *s.f.* Parte da Medicina que se ocupa das doenças mentais e seu tratamento.

Psi.qui.á.tri.co *adj.* Referente à Psiquiatria.

Psí.qui.co *adj.* Relativo à psique, à alma.

Psi.quis.mo *s.m.* Conjunto dos fenômenos procedentes da alma ou relativos a ela; espiritualismo.

Psi.ta.cis.mo *s.m.* **1.** Perturbação psíquica que consiste no uso repetido de palavras vazias de sentido. **2.** Palavreado inútil; verborreia.

Psiu *interj.* Que se emprega para mandar calar ou para chamar.

Pso.rí.a.se *s.f.* MED Doença de pele caracterizada pelo aparecimento de placas vermelhas com escamas prateadas.

Pte.ro.dác.ti.lo *adj.* ZOOL Diz-se dos animais que têm os dedos ligados por membranas. *s.m.* Réptil pré-histórico voador.

Pu.a *s.f.* **1.** Haste terminada em bico. **2.** Haste de espora. **3.** Bico de verruma. **4.** Intervalo entre os dentes do pente do tear. **5.** Ponta aguda. **6.** Ferramenta destinada a fazer furos na madeira.

Pub (ing.) *s.m.* **1.** Estabelecimento comercial onde se servem bebidas alcoólicas, na Grã-Bretanha. **2.** Bar decorado à maneira dos *pubs* ingleses. ● *Pl.: pubs.*

Pu.ber.da.de *s.f.* **1.** Idade na qual o indivíduo se torna pronto para procriar. **2.** Estado ou qualidade de púbere.

Pu.bi.a.no *adj.* Relacionado ao púbis. ● *Sin.: púbico.*

Pú.bis *s.m.2n.* **1.** ANAT Arco anterior e inferior do osso ilíaco. **2.** Parte do baixo ventre que se cobre de pelos a partir da adolescência.

Pú.bli.ca-for.ma *s.f.* JUR Cópia autêntica de um documento, feita e reconhecida por tabelião e que substitui o original. ● Pl.: *públicas-formas.*

Pu.bli.car *v.t.* **1.** Tornar público ou notório; vulgarizar. **2.** Anunciar. **3.** Expor aos olhos do público, ao alcance dele. **4.** Imprimir para vender; editar.

Pu.bli.cá.vel *adj.2g.* Que se pode publicar. ● *Ant.: impublicável.* ● *Pl.: publicáveis.*

Pu.bli.ci.da.de *s.f.* **1.** Qualidade do que é público. **2.** Vulgarização. **3.** Notoriedade pública. **4.** Propaganda por cartaz, anúncio etc., com finalidade comercial. **5.** Cartaz, anúncio comercial.

Pu.bli.cis.ta *s.2g.* **1.** Especialista em direito público. **2.** Escritor político.

Pu.bli.ci.tá.rio *adj.* **1.** Que diz respeito à publicidade. *s.m.* **2.** Profissional ou técnico de propaganda.

Pú.bli.co *adj.* **1.** Relativo a um povo ou ao povo. **2.** Que é comum a todos. **3.** Que todos sabem ou conhecem; manifesto, notório. **4.** Que serve para uso de todos; comum. ● *Sup.abs.sint.:* (do adj.) *publicíssimo. s.m.* **5.** O povo em geral. **6.** Grupo de pessoas, reunidas para assistir a uma cerimônia, a um espetáculo, a um jogo etc. **7.** Auditório, assistência.

Pu.çá¹ *s.m.* **1.** Borlas de algodão, com que se enfeitam redes. **2.** Espécie de peneira de malha para apanhar peixes, camarões etc.; jereré.

Pu.çá² *s.f.* BOT Fruto do puçazeiro.

Pu.çan.ga *s.f.* **1.** Remédio caseiro; mezinha. **2.** Remédio preparado pelos pajés.

Pu.den.do *adj.* **1.** Que causa vergonha. **2.** De que se deve ter vergonha. **3.** Vergonhoso; pudico. **4.** MED Diz-se dos órgãos genitais externos.

Pu.den.te *adj.2g.* Que tem pudor; pudico.

Pu.de.ra *interj.* Pois então!, claro!, não era pra menos!

Pu.di.ci.cia *s.f.* **1.** Qualidade de pudico. **2.** Honra feminina. **3.** Pudor. **4.** Castidade, pureza. **5.** Ato ou palavras que demonstram pudor.

Pu.di.co (dí) *adj.* **1.** Que tem ou revela pudor. **2.** Envergonhado, tímido. **3.** Casto, recatado. ● *Ant.: impúdico.*

Pu.dim *s.m.* Iguaria cremosa, à base de leite, ovos, açúcar etc., assada em banho-maria.

Pu.dor *s.m.* **1.** Sentimento de pejo ou timidez, produzido pelo que pode ferir a decência, a honestidade ou a modéstia. **2.** Discrição, pundonor, recato. **3.** Pejo, vergonha. ● *Ant.: despudor.*

Pu.do.ro.so *adj.* **1.** Relativo ao poder. **2.** Em que há, ou que tem pudor.

Pu.e.rí.cia *s.f.* Idade pueril.

Pu.e.ri.cul.tor *s.m.* Indivíduo que se dedica à puericultura.

Pu.e.ri.cul.tu.ra *s.f.* Conjunto de ensinamentos e práticas médico-sociais que visam a assegurar o perfeito desenvolvimento físico, mental e moral da criança.

Pu.e.ril *adj.2g.* **1.** Próprio de criança; infantil. **2.** Ingênuo, banal, fútil.

Pu.e.ri.li.da.de *s.f.* **1.** Qualidade de pueril. **2.** Ato ou dito próprio de criança. **3.** Infantilidade. **4.** Futilidade.

Pu.er.pe.ral *adj.2g.* Relativo ao puerpério.

Pu.ér.pe.ra ou **pu.er.pe.ra** *s.f.* Mulher que deu à luz há bem pouco tempo.

Pu.er.pé.rio *s.m.* Período de aproximadamente seis semanas após o parto, em que os órgãos genitais e o estado geral da mulher voltam ao normal.

Pu.fe *s.m.* **1.** Pequena almofada para entufar saias ou vestidos. **2.** Assento almofadado.

Pu.gi.lis.mo *s.m.* Esporte do pugilato; boxe.

Pu.gi.lis.ta *s.2g.* Pessoa que briga ou luta, servindo-se dos punhos; boxeador.

Pug.na *s.f.* **1.** Ato ou efeito de pugnar. **2.** Peleja, combate.

Pug.na.ci.da.de *s.f.* Qualidade do que é pugnaz.

Pug.nar *v.t.* **1.** Tomar a defesa de. **2.** Combater, lutar.

Pug.naz *adj.2g.* **1.** Que pugna. **2.** Dado a pugnas; lutador.

PUIR — PURISMO

Pu.ir *v.t.* **1.** Desgastar, roçando ou friccionando. **2.** Polir. **3.** Alisar, roçando.

Pu.jan.ça *s.f.* **1.** Qualidade de pujante. **2.** Grande força vegetativa. **3.** Vigor, robustez. **4.** FIG Grandeza, exuberância.

Pu.jan.te *adj.2g.* **1.** Que tem pujança; vigoroso. **2.** Que tem poderio; poderoso, possante. **3.** Superior, sobranceiro, altaneiro.

Pu.lar *v.int.* **1.** Dar pulos; saltar. **2.** Andar depressa e aos pulos. **3.** Crescer depressa; desenvolver-se rapidamente. *v.t.* **4.** Transpor de um pulo.

Pul.cro *adj.* POÉT Gentil, formoso, belo. ● *Sup.abs.sint.: pulquér-rimo.*

Pu.le *s.f.* **1.** Bilhete de aposta em corridas de cavalos. **2.** Aposta, prêmio. **3.** Aquilo que se aposta no jogo.

Pul.ga *s.f.* **1.** Nome comum a várias espécies de insetos dípteros, encontrados em todas as partes do mundo, e que se nutre do sangue de aves e mamíferos. **2.** Animálculo das areias dos rios e do mar e que anda aos pulos.

Pul.gão *s.m.* Inseto que parasita vegetais.

Pul.guei.ro *s.m.* **1.** Pulguedo. **2.** POP Cinema de ínfima categoria. **3.** BURL Cobertor.

Pul.guen.to *adj.* Que tem muitas pulgas: *Aí, chegou um cachorro pulguento.*

Pu.lha *s.f.* **1.** Dito ou gracejo cavilloso. **2.** Peta, mentira. **3.** Logro. **4.** Expressão chula ou pouco decorosa. *s.m.* **5.** POP Indivíduo sem brio, sem dignidade; biltre. *adj.2g.* **6.** Relaxado, desmazelado.

Pu.lhi.ce *s.f.* **1.** Ação ou dito de pulha. **2.** Vida miserável.

Pul.mão *s.m.* **1.** ANAT Cada um dos dois órgãos principais da respiração, envolvidos pela pleura e contidos no tórax, sobre o diafragma. **2.** Bofe. **3.** FIG Boa voz; voz forte.

Pul.mo.nar *adj.2g.* **1.** Relativo ao pulmão. **2.** Que tem pulmões. **3.** Que faz parte dos pulmões.

Pu.lo *s.m.* **1.** Ação de pular. **2.** Salto para cima, em que se cai no mesmo lugar ou próximo dele. **3.** Promoção ou prosperidade rápida. **4.** Pulsação violenta, agitação.

Pu.lo do ga.to *s.m.* **1.** Detalhe fundamental que os mestres geralmente não revelam aos alunos. **2.** Recurso que possibilita a fuga em situação difícil ou impossível.

Pu.lô.ver *s.m.* Espécie de colete de lã. ● *Pl.: pulôveres.*

Púl.pi.to *s.m.* **1.** Tribuna de onde pregam, nos templos, os oradores sacros. **2.** FIG Oratória sacra.

Pul.sar *v.t.* **1.** Impelir. **2.** Pôr em movimento por meio de impulso. **3.** Agitar, abalar. **4.** Tocar, tanger. **5.** Repercutir, batendo. *v.int.* **6.** Palpitar, latejar. **7.** Agitar-se. **8.** Anelar, arquejar.

Pul.sei.ra *s.f.* Adorno circular para os pulsos ou os braços; bracelete.

Pul.so *s.m.* **1.** Parte do antebraço, junto à mão. **2.** Pulsação arterial, que se faz em várias partes do corpo, especialmente na região do pulso. **3.** FIG Força, vigor, energia.

Pu.lu.lan.te *adj.2g.* Que pulula.

Pu.lu.lar *v.int.* **1.** Lançar rebentos (a planta). **2.** Brotar, nascer. **3.** Multiplicar com rapidez; germinar (planta) rapidamente. **4.** Aparecer em abundância; abundar. **5.** Ser em grande número. **6.** Desenvolver-se. **7.** Ferver, agitar-se.

Pul.ve.ri.zar *v.t.* **1.** Reduzir a pó; polvilhar. **2.** Converter em pequenos fragmentos. **3.** FIG Desbaratar, rechaçar por completo. **4.** Borrifar, difundir (líquido) em gotas finíssimas. *v.p.* **5.** Transformar-se ou desfazer-se em pó.

Pu.ma *s.m.* Espécie de onça parda do continente americano; suçuarana.

Pun.ção *s.f.* **1.** Ato ou efeito de pungir ou puncionar. *s.m.* **2.** Instrumento pontiagudo para furar ou gravar. **3.** Estilete cirúrgico.

Punc.tu.ra *s.f.* Picada feita com punção ou instrumento análogo.

Pun.do.nor (ô) *s.m.* **1.** Sentimento de dignidade; honra. **2.** Altivez, brio, decoro; cavalheirismo.

Pun.do.no.ro.so (ô) *adj.* **1.** Que tem ou em que há pundonor. **2.** Altivo, brioso, honrado.

Pun.ga¹ *adj.2g.* **1.** Ordinário, ruim, imprestável. **2.** Último a chegar, em corridas (diz-se do cavalo). **3.** Moleirão, sem préstimo, inepto. *s.m.* **4.** Cavalo de má qualidade. **5.** Indivíduo moleirão, imprestável, inepto.

Pun.ga² *s.f.* GÍR Ação de punguear, de furtar. *s.m.* **2.** A vítima ou o produto do furto praticado pelo punguista. **3.** O próprio punguista.

Pun.gen.te *adj.2g.* **1.** Que punge ou aflige. **2.** Doloroso, aflitivo.

Pun.gir *v.t.* **1.** Ferir com objeto pontiagudo. **2.** Estimular. **3.** Causar grande dor moral a. **4.** Afligir, torturar moralmente. *v.int.* **5.** Começar a apontar (a vegetação, a barba).

Pun.guis.ta *s.m.* **1.** GÍR Aquele que pungueia. **2.** Gatuno, batedor de carteiras.

Pu.nhal *s.m.* **1.** Pequena arma branca, constituída de uma lâmina perfurante e um cabo. **2.** FIG Tudo que ofende moral e profundamente.

Pu.nho *s.m.* **1.** Parte do membro superior que corresponde à articulação do antebraço com a mão. **2.** A mão fechada; pulso. **3.** Tira em que terminam as mangas e que contorna o pulso. **4.** Corda tecida em forma de elo que segura a rede nos ganchos ou armadores.

Pu.ni.ção *s.f.* Ato ou efeito de punir. **2.** Pena, castigo.

Pú.ni.co *adj.* **1.** Relativo a Cartago ou aos cartagineses. **2.** Desleal, traidor. *s.m.* **3.** A língua dos cartagineses.

Pu.nir *v.t.* **1.** Infligir pena ou castigo a. **2.** Castigar, corrigir, reprimir.

Pu.ni.ti.vo *adj.* Que pune ou é próprio para punir.

Punk (ing.) *s.2g.* **1.** Pessoa contestadora, em geral jovem, que despreza os valores estabelecidos e adota sinais externos de rebeldia. *adj.* **2.** Diz-se desses sinais (modo de vida, roupas, penteados etc.).

Pun.tu.ra ou **punc.tu.ra** *s.f.* **1.** Picada feita com punção ou objeto análogo. *s.f.pl.* **2.** Duas chapas de ferro que têm puas nas pontas e servem para nelas se colocarem as folhas.

Pu.pi.la *s.f.* **1.** ANAT Abertura situada no centro da íris por onde passam os raios luminosos. **2.** POP Menina dos olhos. **3.** Órfã sob tutela. **4.** Discípula, protegida.

Pu.pi.lo *s.m.* **1.** Órfão sob tutela. **2.** Menor, tutelado, educando. **3.** FIG Protegido. **4.** Aquele que é tratado paternalmente por outrem.

Pu.pu.nha *s.f.* **1.** Fruto da pupunheira. **2.** O mesmo que *pupunheira.*

Pu.pu.nhei.ra *s.f.* BOT Palmeira alta e espinhosa.

Pu.rê *s.m.* Massa pastosa feita com legumes ou frutas amassadas.

Pu.re.za *s.f.* **1.** Qualidade do que é puro. **2.** Transparência, nitidez, limpidez. **3.** Virgindade, castidade. **4.** Vernaculidade (na linguagem).

Pur.ga *s.f.* **1.** Medicamento ou substância que faz purgar; purgante. **2.** Nome de diversas plantas medicinais.

Pur.gan.te *adj.* **1.** Que faz purgar; purgativo. *s.m.* **2.** Remédio que provoca evacuação intestinal; purgativo. **3.** Pessoa ou coisa enfadonha.

Pur.gar *v.t.* **1.** Tornar puro; purificar. **2.** Limpar. **3.** Desembaraçar ou limpar (os intestinos). **4.** Tratar por meio de purgante. **5.** Livrar do que é nocivo. **6.** Expiar (culpas, pecados); pagar. *v.int.* **7.** Expelir pus ou maus humores.

Pur.ga.tó.rio *s.m.* **1.** No catolicismo, lugar onde as almas dos justos devem purgar suas faltas antes de serem admitidas na bem-aventurança. **2.** FIG Lugar em que se sofre. **3.** Sofrimento, expiação.

Pu.ri.fi.ca.dor *adj.* **1.** Que purifica. *s.m.* **2.** Aquilo que purifica. **3.** Vaso em que se enxágua a boca e se lavam as pontas dos dedos no fim das refeições. **4.** Pano com que o sacerdote, na missa, limpa o cálice, depois de comungar.

Pu.ri.fi.car *v.t.* **1.** Tornar(-se) puro. **2.** Limpar(-se) física ou moralmente. **3.** Santificar(-se).

Pu.ris.mo *s.m.* Excessivo apuro da linguagem.

PURITANO — PUXA-SACO

Pu.ri.ta.no *adj.* **1.** Relativo ao puritanismo. *s.m.* **2.** Sectário do puritanismo. **3.** Homem que alardeia muita austeridade.

Pu.ro *adj.* **1.** Sem mistura, sem alteração; genuíno. **2.** Não alterado. **3.** Não viciado: *ar puro*. **4.** Imaculado, virginal, casto, inocente. **5.** Tranquilo, sereno. **6.** Verdadeiro. **7.** Sem elementos estranhos à língua; vernáculo. **8.** Natural. **9.** Sincero. **10.** Suave, mavioso. ● *Ant.: impuro*.

Pu.ro-san.gue *adj.* e *s.2g.* **1.** Diz-se de, ou cavalo (ou égua) de raça pura. **2.** Diz-se de, ou raça de cavalo de corrida. ● *Pl.: puros--sangues*.

Púr.pu.ra *s.f.* **1.** Matéria corante vermelho-escura, que se extrai da cochonilha. **2.** A cor vermelha. **3.** Antigo tecido vermelho. **4.** Vestuário dos reis. **5.** Simboliza a dignidade real; o trono. **6.** Simboliza a dignidade de cardeal. **7.** MED Afecção caracterizada pela formação de manchas vermelhas na pele.

Pur.pu.ri.na *s.f.* **1.** Metais reduzidos a pó e empregados em tipografia para as impressões a ouro e prata. **2.** Material brilhante usado em maquiagens e trabalhos manuais.

Pu.ru.len.to *adj.* **1.** Que contém ou segrega pus. **2.** Cheio de pus.

Pus *s.m.* MED Líquido mais ou menos espesso, alcalino, produto de uma inflamação aguda ou crônica.

Pu.si.lâ.ni.me *adj.* e *s.2g.* Diz-se de, ou indivíduo sem energia, covarde, tímido. ● *Ant.: corajoso*.

Pu.si.la.ni.mi.da.de *s.f.* **1.** Qualidade do que é pusilânime. **2.** Fraqueza de ânimo; timidez, covardia. ● *Ant.: coragem*.

Pús.tu.la *s.f.* **1.** MED Pequena elevação cutânea cheia de pus. **2.** FIG Corrupção, perversão, vício. **3.** Indivíduo infame, desclassificado; mau caráter. **4.** BOT Pequena elevação na haste ou nas folhas.

Pus.tu.len.to *adj.* Que tem pústulas; pustuloso.

Pu.ta.ti.vo *adj.* Que aparenta ser verdadeiro e legal, mas não o é; suposto.

Pu.tre.fa.ção *s.f.* **1.** Ato ou efeito de putrefazer; apodrecimento. **2.** Estado de putrefato. **3.** FIG Corrupção, deterioração.

Pu.tre.fa.to *adj.* Que se acha em estado de putrefação; putrefeito. ◆ *Var.: putrefacto*.

Pu.tre.fa.zer *v.t.* e *p.* **1.** Tornar(-se) podre. **2.** Corromper(-se). **3.** Apodrecer, decompor(-se).

Pu.tres.ci.bi.li.da.de *s.f.* Caráter, natureza do que é putrescível.

Pu.tres.cí.vel *adj.2g.* Que pode apodrecer ou putrefazer-se.

Pú.tri.do *adj.* **1.** Putrefato, podre. **2.** Pestilento.

Pu.xa *interj.* **1.** Exprime espanto ou impaciência. *s.2g.* **2.** POP Forma red. de *puxa-saco*.

Pu.xa.da *s.f.* **1.** Ato ou efeito de puxar. **2.** Carta que um parceiro joga, ao principiar a mão. **3.** Ação de levantar a rede nas pescarias. **4.** POP Ato de puxa-saco; adulação, bajulação. **5.** Viagem longa. **6.** Caminhada penosa.

Pu.xa.do *adj.* **1.** Que se puxou; esticado. **2.** Esmerado no modo de vestir. **3.** Apurado, concentrado (molho ou outra substância que vai ao fogo). **4.** FAM Caro, elevado no preço. **5.** Exaustivo (trabalho). *s.m.* **6.** Acréscimo ou prolongamento de uma casa, geralmente para o quintal. **7.** Asma, puxada.

Pu.xa.dor (ô) *adj.* **1.** Que puxa. *s.m.* **2.** Peça por onde se puxa para abrir gavetas, portas etc.

Pu.xão *s.f.* **1.** Ato de puxar com força: *A mulher deu um puxão de orelhas no menino.* **2.** Repelão, puxada, empuxão.

Pu.xa-pu.xa *s.f.* Melado grosso a ponto de ficar em pasta e poder ser manipulado esticando-se. ● *Pl.: puxa-puxas* e *puxas-puxas*.

Pu.xar *v.t.* **1.** Atrair a si com força. **2.** Lançar mão de. **3.** Instigar, estimular. **4.** Provocar, suscitar. **5.** Gastar, consumir. **6.** Avivar, fazer aparecer. **7.** Iniciar, começar. **8.** Herdar qualidades de. **9.** Parecer-se com. **10.** GÍR Furtar (automóvel). **11.** GÍR Bajular, adular. **12.** Ter as taras hereditárias de. *v.int.* **13.** Custar caro. **14.** Transportar. **15.** GÍR Ser puxa-saco.

Pu.xa-sa.co *s.2g.* PLEB Bajulador, adulador, vil. ● *Pl.: puxa-sacos*.

q Q

Q/q *s.m.* Décima sétima letra e décima terceira consoante do alfabeto português, de nome *quê* (*kê*).

Q.G. Sigla de *quartel-general*.

Qi *s.m.* Abrev. de *quociente de inteligência*, relação entre a idade mental de uma pessoa (determinada por testes psicológicos) e sua idade cronológica, expressa por um número multiplicado por 100.

Qua.dra *s.f.* **1.** Compartimento quadrado. **2.** Quarteirão. **3.** Divisão de um terreno com a forma aproximada de um quadrilátero. **4.** Conjunto de quatro versos. **5.** Nome comum a quatro coisas que se compõem de quatro outras. **6.** Série de quatro números marcados na mesma linha horizontal num cartão de véspera. **7.** Qualquer das quatro estações do ano. **8.** Ocasião, tempo, estação, fase, época. **9.** Campo para esportes praticados em ginásios (de esportes), escolas, clubes etc.

Qua.dra.do *adj.* **1.** GEOM Diz-se do polígono que tem quatro lados iguais, formando ângulos retos. **2.** Diz-se de qualquer objeto, área ou disposição que tenha forma igual ou semelhante ao quadrado. **3.** Espadaúdo. **4.** Completo, perfeito, acabado. **5.** POP Retrógrado, ultrapassado, conservador. **6.** Muito preso aos padrões tradicionais e que não aceita as inovações; careta. *s.m.* **7.** MAT Produto de um número multiplicado por si mesmo. **8.** MAT Segunda potência de um número. **9.** Disposição de tropas de infantaria em quatro frentes, formando um quadrado. **10.** Desenho em forma de quadrado. **11.** Indivíduo quadrado, careta. **12.** Arraia, papagaio (brinquedo infantil). ● *Dim.erud.*: *quadrículo*.

Qua.dra.ge.ná.rio *adj.* e *s.m.* **1.** Que, ou o que se compõe de 40 unidades. **2.** Quarentão.

Qua.dra.gé.si.ma *s.f.* **1.** Período de quarenta dias. **2.** ANTIG Quaresma.

Qua.dran.gu.lar *adj.2g.* Que tem quatro ângulos.

Qua.dran.te *s.m.* **1.** Quarta parte da circunferência; arco de 90 graus. **2.** Mostrador de relógio. **3.** FIG Zona, região.

Qua.drar *v.t.* **1.** Dar forma quadrada a. **2.** MAT Elevar (um número) ao quadrado. **3.** Condizer, convir. **4.** Ser coerente; acomodar-se, adaptar-se, ajustar-se. **5.** Ser próprio de.

Qua.dra.tu.ra *s.f.* **1.** Determinação de um quadrado equivalente a uma figura. **2.** Quarto crescente ou minguante. **3.** Pintura de ornatos arquitetônicos.

Qua.drí.ceps *adj.2g.* e *s.m.* Diz-se de, ou músculo da face anterior da coxa. ◆ *Var.*: *quadricípite*.

Qua.drí.cu.la *s.f.* **1.** Pequeno quadrado ou retângulo. **2.** Pequena quadra; quadrinha.

Qua.dri.cu.lar *adj.2g.* Quadriculado. *v.t.* Dividir em quadrículos ou quadrinhos.

Qua.drí.cu.lo *s.m.* **1.** Pequeno quadrado. **2.** Pequena quadra; quadrícula.

Qua.dri.ê.nio *s.m.* Período de quatro anos consecutivos.

Qua.dri.ga *s.f.* Carro dos antigos romanos, puxado por quatro cavalos emparelhados.

Qua.drí.ge.meo *adj.* **1.** Quádruplo. *s.m.* **2.** Cada um dos quatro gêmeos nascidos do mesmo parto. **3.** Diz-se de quatro tubérculos situados na parte superior do tronco principal.

Qua.dril *s.m.* **1.** Região lateral do tronco humano, entre a cintura e a parte superior da coxa. **2.** Anca ou alcatra (no gado).

Qua.dri.lá.te.ro *s.m.* Figura geométrica com quatro lados e quatro ângulos.

Qua.dri.lha *s.f.* **1.** Cavalhada. **2.** Bando de ladrões, de malfeitores. **3.** Dança de salão de origem francesa (fins do séc. XVIII), executada por vários grupos de dois pares. **4.** A música para essa dança.

Qua.dri.mes.tre *s.m.* Espaço de quatro meses.

Qua.dri.nhos *s.m.pl.* **1.** História contada por meio de uma sequência de quadrinhos, acompanhados ou não de legendas. **2.** História em quadrinhos.

Qua.dri.nô.mio *s.m.* Expressão algébrica que tem quatro termos ou monômios.

Qua.dri.ple.gi.a *s.f.* Paralisia dos membros inferiores e superiores; tetraplegia.

Qua.dri.plé.gi.co *adj.* **1.** Relativo ou pertencente à quadriplegia. Que sofre de quadriplegia. *s.m.* **2.** Indivíduo quadriplégico.

Qua.dro *s.m.* **1.** Aquilo que tem quatro lados; objeto quadrado. **2.** Obra de pintura, desenho, gravura, geralmente quadrada. **3.** Disposição coordenada onde se apresentam conglobados vários assuntos. **4.** Tabela, mapa, lista. **5.** Subdivisão dos atos de uma peça de teatro. **6.** Conjunto de funcionários de uma repartição, de uma empresa etc. **7.** Conjunto dos jogadores de um clube esportivo; equipe. **8.** Espetáculo, cena. **9.** Quadro-negro. **10.** Estado de um doente. **11.** Estrutura metálica da bicicleta. **12.** O membro de um grupo (político, social etc.) visto quanto à sua importância para os objetivos desse mesmo grupo.

Qua.dro-ne.gro *s.m.* Placa de ardósia ou de madeira, de forma retangular, usada nas escolas para escritos, desenhos, cálculos. ● *Pl.*: *quadros-negros*.

Qua.drú.ma.no *adj.* **1.** Que tem quatro mãos. *s.m.* **2.** Animal que tem quatro mãos (como os macacos).

Qua.drú.pe.de *adj.* **1.** Que tem quatro pés. *s.m.* **2.** Animal quadrúpede. **3.** FIG e PEJ Pessoa ignorante, burra, estúpida.

Qua.dru.pli.car *v.t.* Multiplicar por quatro.

Quá.dru.plo *num.* **1.** Que é quatro vezes maior. *s.m.* **2.** Porção quatro vezes maior que outra. **3.** Cada um de quatro gêmeos; quadrigêmeo.

Qual *pron.* **1.** Que coisa, que pessoa, de que espécie. **2.** Que, quem. *conj.* **3.** Como. *interj.* **4.** Designativa de espanto, negação, dúvida ou oposição.

Qua.li.da.de *s.f.* **1.** Aquilo que caracteriza uma coisa. O que constitui a maneira de ser de uma pessoa ou coisa. **3.** Superioridade, excelência. **4.** Predicado, atributo, virtude, dote. **5.** Posição elevada. **6.** Espécie. **7.** Laia, jaez, casta.

Qua.li.fi.car *v.t.* **1.** Atribuir qualidade ou qualificativo. **2.** Estabelecer a identidade. **3.** Autorizar. **4.** Considerar apto. **5.** Apreciar, avaliar. **6.** Enobrecer. *v.p.* **7.** Classificar-se (em concurso, competição, exame). **8.** Considerar-se.

Qua.li.ta.ti.vo *adj.* **1.** Relativo a qualidade. **2.** Que exprime ou determina a qualidade ou natureza dos objetos.

Qual.quer *pron.* **1.** Que determina de modo indefinido e com indiferença. *pron.indef.* **2.** Alguém; esta ou aquela pessoa. ● *Pl.*: *quaisquer*.

QUANDO — QUEBREIRA

Quan.do *adv.* **1.** Em qualquer momento. *pron.rel.* **2.** Em que, no qual, na qual, nos quais, nas quais. *conj.* **3.** Indic. de tempo: no tempo em que, no momento em que. *conj.* **4.** Indic. de concessão: ainda que, mesmo que, assim como.

Quan.ti.a *s.f.* Importância em dinheiro.

Quan.ti.da.de *s.f.* **1.** Qualidade de existir em determinado número, em determinada medida. **2.** Peso, volume ou número que determina uma porção de matéria, um conjunto de objetos. **3.** Tudo o que é capaz de aumentar ou diminuir. **4.** Uma grande porção de pessoas ou de coisas.

Quan.ti.ta.ti.vo *adj.* Relativo a, ou que indica quantidade.

Quan.to *pron.indef.* **1.** Que porção, que quantidade. *adv.* **2.** Em que número, medida, tamanho, com que intensidade; quão grande, quão considerável.

Quão *adv.* Em que grau; quanto.

Qua.ra.dou.ro *s.m.* Coradouro.

Qua.rar *v.int.* Corar; expor ao sol (a roupa ensaboada).

Qua.ren.te.na *s.f.* **1.** Período de quarenta dias. **2.** Quaresma. **3.** Medida de saúde pública que impõe isolamento provisório, em geral quarenta dias, às pessoas, aos navios ou aos gêneros provindos de uma região infectada por doenças contagiosas.

Qua.res.ma *s.f.* **1.** Os quarenta dias que decorrem desde a quarta--feira de Cinzas até o domingo de Páscoa. **2.** BOT Arbusto que dá lindas flores roxas durante a quaresma.

Qua.res.mal *adj.2g.* Relativo à quaresma.

Qua.res.mei.ra *s.f.* BOT Arbusto, também chamado de *quaresma*.

Quar.ta *s.f.* **1.** Uma das quatro partes iguais em que se divide um todo. **2.** Medida de 72 litros, para cereais e legumes. **3.** Medida inglesa de capacidade, equivalente a 1,136 l; bilha. **4.** Intervalo musical de quatro notas. **5.** Abrev. de *quarta-feira*.

Quar.ta de fi.nal *s.f.* Em campeonatos por eliminação, é a rodada na qual oito times competem entre si, em quatro jogos, a classificação em semifinal. (mais us. no. pl)

Quar.ta-fei.ra *s.f.* O quarto dia da semana começada no domingo. • *Pl.: quartas-feiras.*

Quar.tei.rão *s.m.* **1.** Quarta parte de um cento. **2.** Sucessão de casas entre duas ruas ou travessas, que formam um quadrilátero. **3.** Uma das vigas que atravessam o teto das casas. • *Pl.: quarteirões.*

Quar.tel *s.m.* **1.** Edifício destinado ao alojamento das tropas. **2.** Quarta parte. Período, época. • *Pl.: quartéis.*

Quar.tel-ge.ne.ral *s.m.* **1.** Repartição militar destinada a executar, transmitir, e fazer cumprir ordens quanto ao movimento econômico e à disciplina militar. **2.** Lugar ocupado pelos oficiais generais e seu estado maior. **3.** Ponto de reunião e sede de administração de qualquer grupo ou sociedade. • *Pl.: quartéis--generais.*

Quar.te.to *s.m.* **1.** Reunião de quatro pessoas. **2.** Peça de música para quatro vozes ou quatro instrumentos. **3.** Conjunto de quatro vozes ou quatro instrumentos. **4.** Estrofe de quatro versos.

Quar.to *num.* **1.** Que, numa série, vem depois do terceiro. *s.m.* **2.** A quarta parte. **3.** A quarta parte (de uma hora, de um quilo etc.). **4.** A fase em que a Lua cresce e a fase em que míngua, chamadas de quarto *crescente* e quarto *minguante*. **5.** Cômodo da casa que se usa para dormir; alcova. **6.** O espaço durante o qual vela uma sentinela. **7.** Parte superior da coxa e lateral dos quadris.

Quart.zo *s.m.* QUÍM Mineral que se apresenta em numerosas variedades; cristal de rocha.

Qua.sar rís Fonte de rádio cuja origem é cósmica, possui aspecto estelar e emite ondas de rádio de forma mais intensa que qualquer grande galáxia.

Qua.se *adv.* Pouco mais ou menos; próximo a; perto de.

Qua.ter.ná.rio *adj.* **1.** Composto de quatro unidades. **2.** Diz-se do compasso musical de quatro tempos. **3.** Diz-se da era geológica que atravessamos.

Qua.ti *s.m.* ZOOL Mamífero carnívoro de focinho alongado e cauda comprida.

Qua.tri.ê.nio *s.m.* Quadriênio.

Qua.tri.lhão *num.card.* Mil trilhões.

Quar.tro *num.* **1.** Três mais um. *s.m.* **2.** O algarismo (4) que representa o número quatro. **3.** Carta de jogar com quatro pintas.

Qua.tro.cen.tão *adj.* e *s.m.* Diz-se de, ou o paulista de família tradicional. • *Fem.: quatrocentona.*

Que *pron.* **1.** Qual; o qual, este, esse, aquele. *adv.* **2.** Quão, quanto. *prep.* **3.** Exceto, porque, para que. *conj.* **4.** Introduz orações coordenativas e subordinativas. ♦ **Que nem:** como.

Que.bra *s.f.* **1.** Ato ou efeito de quebrar. **2.** Separação das partes de um todo. **3.** Interrupção, rompimento. **4.** Mudança para pior. **5.** Desfalque, diminuição. **6.** Infração, transgressão, violação. **7.** Falência, quebradeira. **8.** Desconto que se faz no peso de uma mercadoria ou aquilo que se dá a mais para compensar eventuais perdas de peso.

Que.bra-ca.be.ça *s.f.* **1.** Problema difícil. **2.** Jogo de paciência ou adivinhação. **3.** Charada complicada. **4.** Inquietação. • *Pl.: quebra--cabeças.*

Que.bra.dei.ra *s.f.* POP Falta de dinheiro; falência. **2.** Moleza.

Que.bra.di.ço *s.f.* Fácil de quebrar(-se); frágil.

Que.bra.do *adj.* **1.** Feito em pedaços. **2.** Trincado, rachado, fendido, partido. **3.** Interrompido, fragmentado. **4.** Violado por transgressão. **5.** Incompleto. **6.** Que abriu falência; falido. **7.** Arruinado financeiramente. **8.** Enfraquecido por doença, idade ou sofrimento. **9.** Que perdeu o ímpeto; enfraquecido. **10.** Diz-se de olhar lânguido e triste. *s.m.* **11.** Parte de uma unidade ou de um número inteiro; fração. **12.** Dinheiro miúdo. **13.** POP Indivíduo rendido, que sofre de hérnia. • *Ant.: inteiro; são; rico.*

Que.bra-ga.lho *s.m.* **1.** Coisa ou ideia que serve para solucionar uma emergência. **2.** (sobrecomum) Pessoa que ajuda a solucionar uma dificuldade. • *Pl.: quebra-galhos.*

Que.bra-ge.lo *s.m.* Navio especialmente aparelhado para romper superfícies geladas, nas regiões frias. • *Pl.: quebra-gelos.*

Que.bra-luz *s.m.* Peça que diminui a intensidade da luz de lâmpada etc., sobre os olhos; abajur. • *Pl.: quebra-luzes.*

Que.bra-mar *s.m.* Barreira natural ou paredão destinado a resistir ao embate das ondas. • *Pl.: quebra-mares.*

Que.bra-mo.las *s.m.2n.* Saliências de metal (tartarugas) colocadas nas ruas para obrigar os motoristas a diminuírem a velocidade.

Que.bra-no.zes *s.m.2n.* Espécie de alicate para quebrar nozes.

Que.bran.tar *v.t.* **1.** Quebrar, arrasar. **2.** Destruir. **3.** Terminar. **4.** Transgredir, infringir, violar. **5.** Domar, amansar. **6.** Desanimar, abater muito. **7.** Abrandar, acalmar, suavizar. **8.** Alquebrar, enfraquecer. **9.** Tirar a energia. *v.int.* **10.** Servir de lenitivo. *v.p.* **11.** Tornar-se fraco, perder a coragem. **12.** Enfraquecer-se.

Que.bran.to *s.m.* **1.** Desfalecimento do corpo; desânimo, fraqueza. **2.** Suposto estado mórbido que se diz produzido pelo mau olhado de certas pessoas, nas crianças, nos animais e nas plantas. **3.** Feitiço, mau-olhado. **4.** POÉT Desfalecimento. **5.** Morbidez.

Que.bra-pau *s.m.* Briga, arranca-rabo. • *Pl.: quebra-paus.*

Que.bra-pe.dra *s.f.* Planta medicinal, utilizada como diurética. • *Pl.: quebra-pedras.*

Que.bra-que.bra *s.f.* Arruaça ou desordem que termina em depredações. • *Pl.: quebra-quebras.*

Que.brar *v.t.* **1.** Reduzir a pedaços. **2.** Fragmentar, destruir, pôr termo. **3.** Partir. **4.** Interromper. **5.** Enfraquecer, debilitar. **6.** Infringir, violar. **7.** Domar, amansar, subjugar. **8.** Quebrantar, anular. **9.** Torcer. **10.** Dar com ímpeto. **11.** Embater. **12.** Fazer perder em; vincar. *v.int.* **13.** Romper-se, partir-se. **14.** Rachar, estalar. **15.** Refletir-se, refratar-se (a luz, o som). **16.** Afrouxar. **17.** Dar quebra, faltar no peso ou na medida. **18.** Abrir falência; falir. **19.** Diminuir no peso. *v.p.* **20.** Romper-se, partir-se, fender-se, rachar. **21.** Desfazer-se, cessar.

Que.bra-ven.to *s.m.* Pequena janela móvel de porta de automóvel, utilizada para desviar o vento. • *Pl.: quebra-ventos.*

Que.brei.ra *s.f.* **1.** Moleza de corpo; prostração, languidez. **2.** Falta de dinheiro; quebradeira.

QUEDA — QUIETAR

Que.da¹ s.f. **1.** Ato ou efeito de cair; desabamento. **2.** Perda da influência ou do poder. **3.** Declive do terreno ou monte. **4.** Cachoeira, cascata. **5.** Propensão, jeito, inclinação. ●*Ant.: ascensão, prosperidade.*

Que.da² s.f. (MG) Forma red. de *queda de braço.*

Que.da-d'á.gua s.f. Cachoeira, salto, catarata. ● *Pl.: quedas-d'água.*

Que.da de bra.ço s.f. Jogo em que dois participantes, se esforçam para encostar o antebraço do outro na superfície em que ambos apóiam os cotovelos.

Que.dar v.int. e p. **1.** Estar quedo. **2.** Deter-se em um lugar. **3.** Estacionar. **4.** Conservar-se; parar. v.pred. **5.** Permanecer, ficar.

Que.dê adv. pop e fam Onde está, que é feito de. ◆ *Var. pop.: quede.*

Que.do (ê) adj. Tranquilo, parado, imóvel. ●*Ant.: agitado, irrequieto.*

Que.fa.ze.res s.m.pl. Ocupações, trabalhos, faina. ● *Ant.: lazer, ócio.* ◆ *Var.: quefazer (s.m.).*

Quei.ja.di.nha s.f. Dim. de *queijada.*

Quei.ja.ri.a s.f. Lugar onde se fabrica ou vende queijo.

Quei.jei.ro s.m. Fabricante ou vendedor de queijos.

Quei.jo s.m. Massa feita com leite coalhado, comprimido e seco ao ar.

Quei.jo de mi.nas s.m. Espécie de queijo menos gorduroso que os demais, feito de massa crua e homogênea.

Quei.ma s.f. **1.** Ato ou efeito de queimar(-se). **2.** Venda a baixo preço; liquidação.

Quei.ma.da s.f. **1.** Queima de mato, para depois se aproveitar a terra para sementeiras e plantações. **2.** Lugar onde se queimou mato. **3.** Aguardente servida com açúcar e gengibre.

Quei.mar v.t. e int. **1.** Consumir pelo fogo; reduzir a cinzas. **2.** Incendiar. **3.** Tostar, crestar. **4.** Sofrer ou produzir queimaduras. **5.** Estar muito quente. **6.** Secar, tirar o viço. **7.** Causar ardor. **8.** Vender a qualquer preço; liquidar (mercadoria). **9.** No voleibol, tênis ou pingue-pongue, invalidar-se o saque, por ter a bola roçado a rede antes de chegar ao campo adversário. v.p. **10.** Sofrer queimaduras. **11.** Zangar-se, melindrar-se. **12.** Bronzear-se. **13.** gír Perder o prestígio (junto a alguém).

Quei.ma-rou.pa s.f. elem. usado na loc. *à queima-roupa.* ◆ À queima-roupa: de muito perto.

Quei.xa s.f. **1.** Ato ou efeito de queixar(-se). **2.** Queixume, lamentação. **3.** Ofensa, agravo. **4.** Descontentamento, mágoa. **5.** Querela. **6.** Motivo para ressentimentos.

Quei.xa-cri.me s.f. jur Petição com que se inicia um processo por ofensa.

Quei.xa.da s.f. **1.** Maxila dos animais. **2.** Queixo grande. s.2g. **3.** zool Espécie de porco selvagem; caititu.

Quei.xal s.m. Do queixo.

Quei.xar-se v.p. **1.** Manifestar dor, soltar gemidos, lastimar-se. **2.** Fazer censura. **3.** Descrever seus sentimentos. **4.** Acusar alguém perante a autoridade.

Quei.xo s.m. Parte da face, situada abaixo do lábio inferior e que termina o rosto na parte de baixo.

Quei.xo.so (ô) adj. **1.** Que se queixa. s.m. **2.** O que se queixa. **3.** Indivíduo que apresentou queixos contra alguém. ● *Fem. e pl.: queixosa e queixosos (ô).*

Quei.xu.do adj. pop De queixo grande ou proeminente.

Quei.xu.me s.m. Queixa acompanhada de lágrimas; lamentação.

Que.lô.nio s.m. zool Espécime dos quelônios, ordem de répteis que tem por tipo a *tartaruga.*

Quem pron.inter. **1.** Que (pessoa/s). pron.rel. **2.** O qual, a qual, os quais, as quais; aquele que, a pessoa que.

Quen.dô s.m. Arte marcial de origem japonesa em que os adversários lutam com sabres de bambu.

Que.ni.a.no adj. **1.** Relativo ou pertencente ao Quênia (África). s.m. **2.** O natural ou habitante do Quênia.

Quen.tão s.m. Bebida quente e fortemente alcoolizada.

Quen.te adj. **1.** Que tem ou produz calor. **2.** Em que há calor; cálido. **3.** De temperatura elevada. **4.** Que conserva o calor. **5.** Picante, ardente. **6.** Voluptuoso, sensual. **7.** Verdadeiro, autêntico. **8.** Picante, apimentado. **9.** Meio alcoolizado. s.m. **10.** Lugar quente; a cama. **11.** Moda. ●*Ant.: frio, gélido.*

Quen.ti.nha s.f. Embalagem de isopor ou alumínio, usada geralmente em viagens, para conservar os alimentos quentes.

Quen.tu.ra s.f. **1.** Estado de quente. **2.** fig Energia, vigor. **3.** pop Febre. ● *Ant.: frieza, frio.*

Que.pe s.m. Boné usado por militares.

Quer conj.altern. Ou, ou...ou etc.

Que.ra.ti.na s.f. quím Proteína insolúvel encontrada nas unhas, pele cabelo e outros tegumentos animais.

Que.re.la s.f. **1.** Queixa levada a juízo, em que se pede reparação de agravo e imposição de pena; demanda. **2.** Discussão com troca de palavras violentas; altercação; rixa. **3.** Pequena questão.

Que.rên.cia s.f. Lugar onde o gado pasta ou foi criado.

Que.rer¹ v.t. **1.** Ter vontade. **2.** Ter intenção. **3.** Procurar adquirir. **4.** Desejar, requerer, pretender, ambicionar. **5.** Ordenar. **6.** Tencionar. **7.** Gostar, amar, estimar; ter afeição. **8.** Merecer (castigo). **9.** Admitir, consentir, permitir. v.p. **10.** Ter amor recíproco; amar-se.

Que.rer² s.m. **1.** Ato ou efeito de querer. **2.** Desejo, vontade, intenção. **3.** Afeto, amor.

Que.ri.do (ê) adj. **1.** A quem ou a que se quer em extremo. **2.** A pessoa amada. adj. **3.** Amado, caro. ●*Ant.: odiado, desprezado.*

Quer.mes.se s.f. **1.** Grupo de barracas, ao ar livre, com leilão de prendas, jogos, rifas, comes e bebes. **2.** Festival com fim beneficente, social ou religioso.

Que.ro-que.ro s.m. Ave também conhecida por *gaivota-preta, tero-tero, teréu-teréu.* ● *Pl.: quero-queros.*

Que.ro.se.ne s.m. **1.** Óleo de nafta. **2.** Petróleo purificado usado para iluminação e como base para certos inseticidas.

Que.ru.bim s.m. **1.** Anjo da primeira hierarquia, segundo a Teologia; anjo. **2.** Criança mimosa.

Que.si.to s.m. Ponto ou questão sobre que se pede a opinião ou o juízo de alguém; problema.

Ques.tão (kes) s.f. **1.** Assunto que se discute ou controverte. **2.** Discussão, controvérsia. **3.** Tema ou tese sobre qualquer assunto científico, literário, artístico, religioso, político etc. **4.** Interrogatório feito a estudante em exame ou sabatina. **5.** Interrogatório feito a alguém para conseguir-se uma confissão. **6.** Contenda, disputa, atrito. **7.** Problema difícil de resolver. **8.** Problema, quesito. **9.** Assunto, matéria. **10.** Perturbação das relações sociais ou familiares. **11.** Demanda judicial.

Ques.ti.o.na.dor (ô) adj. e s.m. Que ou o que questiona; interrogador.

Ques.ti.o.nar (kes) v.t. **1.** Fazer questão. **2.** Controverter. **3.** Discutir. **4.** Disputar, demandar.

Ques.ti.o.ná.rio (kes) s.m. Série de questões ou perguntas; interrogatório.

Ques.ti.o.ná.vel (kes) adj. Que se pode ou deve questionar.

Qui.a.bei.ro s.m. Planta que dá o quiabo.

Qui.a.bo s.m. Fruto capsular, cônico e peludo, comestível enquanto verde, produzido pelo quiabeiro.

Qui.be s.m. Iguaria de origem síria, feita de carne moída, trigo integral e condimentos, que se come cru, frito ou assado.

Qui.be.be s.m. Iguaria feita de abóbora reduzida a papas.

Qui.çá adv. Talvez, quem sabe.

Qui.car v.int. **1.** Saltar, pular (a bola). **2.** Bater, tocar (bolas de gude).

Qui.che (fr.) s.2g. Torta sem cobertura, feita com massa amanteigada e recheio cremoso, à base de ovos. ● *Pl.: quiches.*

Qui.e.ta.ção s.f. **1.** Ato ou efeito de quietar. **2.** Estado de quieto; quietude. **3.** Repouso, calma, tranquilidade. ●*Ant.: agitação, tumulto.*

Qui.e.tar v.t. **1.** Fazer estar quieto. **2.** Dar descanso. **3.** Tranquilizar, aquietar. v.p. **4.** Ficar quieto; aquietar-se. ◆ *Var.: aquietar (-se).*

QUIETO — QUITANDA

Qui.e.to *adj.* **1.** Que não se agita. **2.** Imóvel, inerte, parado. **3.** Dócil, pacífico. **4.** Sossegado, calmo, sereno, tranquilo. **5.** Que não pratica diabruras. ● *Ant.: irrequieto.*

Qui.e.tu.de *s.f.* **1.** Qualidade de quieto. **2.** Paz completa do espírito. **3.** Tranquilidade, sossego. ● *Ant.: inquietude.*

Qui.la.te *s.m.* **1.** Antigo peso, equivalente a 199 mg, usado para pesar ouro e pedras preciosas. **2.** FIG Excelência, boa qualidade, perfeição.

Qui.lha *s.f.* NÁUT Peça de madeira que vai da popa à proa dos navios, e na qual se apóiam todas as outras peças.

Qui.lo *s.m.* **1.** *Abrev.* de *quilograma.* **2.** Líquido esbranquiçado a que ficam reduzidos os alimentos na última fase da digestão nos intestinos. ● *Símb.: k.*

Qui.lo.bit *s.m.* Múltiplo do *bit*, que vale 1.000 (ou 1.024) *bits*. ● *Aport.: Quilobite.*

Qui.lo.by.te *s.m.* Múltiplo do *byte*; vale mil ou 1.024 *bytes*. ● *Símb.: KB.*

Qui.lo.gra.ma *s.m.* Unidade de massa ou peso (símb.: kg), no sistema internacional de unidades (SI), equivalente à massa do protótipo da platina iridiada, o qual, aprovado na Conferência Geral de Pesos e Medidas, realizada em Paris em 1889, está depositado no pavilhão de Breteuil, em Sèvres; quilo. É a massa do protótipo internacional do quilograma (símbolo kg). Pode-se considerar 1kg como a massa de um litro de água a 4°C.

Qui.lo.hertz (hertz = rér) *s.m.* FÍS Unidade de medida de frequência, igual a 1.000 hertz. ● *Símb.: kHz.*

Qui.lo.li.tro *s.m.* Medida de mil litros. *Símb.: kl.*

Qui.lom.bo *s.m.* Casa ou lugar onde se acoitavam os negros fugidos das senzalas.

Qui.lom.bo.la *s.m.* Negro refugiado em quilombo.

Qui.lo.me.trar *v.t.* Medir ou marcar por quilômetros.

Qui.lô.me.tro *s.m.* Comprimento de mil metros. ● *Símb.: km.*

Qui.lo.watt *s.m.* Unidade elétrica de 1.000 watts. ● *Símb.: kW.*
◆ **Quilowatt hora:** consumo de quilowatt por hora. ● *Símb.: kW/h.*

Qui.lo.watt-ho.ra *s.m.* Unidade de energia us. para indicar o consumo de instalações elétricas. ● *Pl.: quilowatts-hora e quilowatts-horas.*

Qui.me.ra *s.f.* **1.** Ideia sem fundamentos. **2.** Capricho da imaginação. **3.** Ilusão, utopia. **4.** Coisa disparatada, absurda, concebida por uma imaginação doentia.

Qui.mé.ri.co *adj.* **1.** Que não tem existência real. **2.** Fantástico, utópico, imaginário. ● *Ant.: real.*

Quí.mi.ca *s.f.* Ciência que estuda a natureza e a propriedade dos corpos e ensina a conhecer as leis das suas combinações e decomposições. ◆ **Química geral:** Ramo da química que se ocupa das leis relativas ao conjunto dos corpos químicos. ◆ **Química mineral:** trata do estudo dos metaloides, dos metais e suas combinações. ◆ **Química orgânica:** Parte da química que estuda os compostos de carbono. ◆ **Química quântica:** Ramo da química que, utilizando as teorias da mecânica sobre estrutura atômica, estuda as propriedades das substâncias em suas relações com a estrutura molecular. ◆ **Química industrial:** Ramo que trata das aplicações da química.a processos de produção industrial.

Quí.mi.co *adj.* **1.** Relativo ou pertencente à Química. **2.** Obtido por processos químicos. *s.m.* **3.** Aquele que é versado ou especializado em Química.

Qui.mi.o.te.ra.pi.a *s.f.* Uso medicamentoso de produtos químicos.

Qui.mi.o.te.rá.pi.co *adj.* Relativo a quimioterapia.

Qui.mo *s.m.* Resultado da transformação das substâncias alimentares pelo suco gástrico.

Qui.mo.no *s.m.* **1.** Roupão usado pelos japoneses. **2.** Roupão semelhante usado pelos que praticam certas lutas marciais (judô, caratê).

Qui.na *s.f.* **1.** Aresta de ângulo sólido de um móvel, de uma construção. **2.** Aresta, esquina. **3.** Carta de baralho de número. **4.** Pedra de dominó com cinco pontas. **5.** Jogo da loto no qual

ganha quem acerta cinco entre seis a dez dezenas jogadas. **6.** BOT Árvore medicinal. **7.** A casca dessa árvore.

Qui.nau *s.m.* **1.** Ato ou efeito de corrigir. **2.** Correção de um erro; emenda. **3.** Tento.

Quin.dim *s.m.* **1.** Mesura airosa. **2.** Dengue, requebro. **3.** Donaire; graça, meiguice. **4.** Doce de gema de ovo, coco ralado e calda de açúcar.

Qui.nhão *s.m.* **1.** Parte de um todo que cabe a alguém, na partilha; cota. **2.** Destino, sorte.

Qui.nho.ei.ro *adj.* e *s.m.* **1.** Que, ou o que recebe quinhão ou parcela. **2.** Coproprietário de quinhão de um prédio. **3.** Aquele que compartilha, que é solidário.

Qui.ni.na *s.f.* Alcaloide medicinal extraído da casca da quina.

Qui.ni.no *s.m.* Sulfato de quinina.

Quin.qua.ge.ná.rio *adj.* e *s.m.* Que, ou aquele que tem entre 50 e 59 anos de idade.

Quin.qua.gé.si.mo *num.* **1.** *Ord.* e *frac.* correspondente a 50. **2.** O último numa série de cinquenta.

Quin.quê.nio *s.m.* Espaço de cinco anos.

Quin.qui.lha.ri.a *s.f.pl.* **1.** Joias e outros objetos de pouco valor. **2.** Miudezas, bagatelas. **3.** Brinquedos infantis.

Quin.ta *s.f.* **1.** *Abrev.* de *quinta-feira.* **2.** MÚS Intervalo de cinco notas. **3.** Nome que em Portugal se dá à chácara.

Quin.ta-co.lu.na *s.f.* **1.** Conjunto de pessoas que age ocultamente num país preparando uma possível invasão desse país ou fazendo espionagem ou propaganda subversiva. *s.m.* **2.** Indivíduo que faz parte desse conjunto. **3.** Espião, traidor. ● *Pl.: quintas-colunas.*

Quin.ta-es.sên.cia *s.f.* **1.** A parte mais pura. **2.** O mais alto grau; requinte. **3.** O que há de mais puro. **4.** O fundamento. ● *Pl.: quinta-essências.*

Quin.ta-fei.ra *s.f.* O quinto dia da semana iniciada no domingo. ● *Pl.: quintas-feiras.*

Quin.tal *s.m.* Pequeno terreno nos fundos de uma casa.

Quin.tes.sên.cia *s.f.* ⇒ **Quinta-essência.**

Quin.te.to (ê) *s.m.* **1.** Peça musical para cinco vozes ou instrumentos. **2.** Conjunto de cinco vozes ou instrumentos. **3.** Grupo de cinco pessoas ou coisas. **4.** METRIF Quintilha.

Quin.ti.lha *s.f.* METRIF Estrofe de cinco versos.

Quin.ti.lhão *num.card.* Mil quatrilhões. ◆ *Var.: quintilião.*

Quin.to *num.ord.* e *frac.* **1.** Correspondente a 5. *s.m.* **2.** O último numa série de cinco.

Quín.tu.plos *s.m.pl.* Cinco crianças nascidas no mesmo parto.

Quin.ze.na *s.f.* **1.** Espaço de quinze dias. **2.** Pagamento correspondente ao trabalho de uma quinzena.

Quin.ze.nal *adj.* **1.** Relativo à quinzena. **2.** Que acontece, se publica ou se faz de quinze em quinze dias.

Qui.os.que *s.m.* **1.** Pequena construção. **2.** Espécie de pavilhão completamente aberto, que decora áreas e jardins. **3.** Abrigo onde se vendem flores, jornais, cigarros etc.

Qui.pro.quó (lat. *qui pro quo*, troca do nominativo pelo ablativo latino). *s.m.* **1.** Ato de tomar uma coisa por outra. **2.** Disparate, equívoco, confusão. **3.** Trocadilho.

Qui.re.ra *s.f.* Milho quebrado que se usa para alimentar pássaros e pintos. ◆ *Var.: quirela.*

Qui.ro.man.ci.a *s.f.* Pretensa arte de adivinhar o futuro pelas linhas das mãos.

Qui.ro.man.te *s.2g.* Pessoa que professa a quiromancia.

Qui.ro.prá.ti.ca *s.f.* **1.** Sistema que sustenta que as doenças se curam pela manipulação das estruturas do corpo, esp. da coluna vertebral. **2.** Tratamento das doenças pela manipulação das vértebras.

Qui.ro.pra.xi.a (c) *s.f.* Quiroprática.

Qui.róp.te.ro *adj.* Espécime dos Quirópteros.

Quis.to *s.m.* MED Tumor de conteúdo líquido ou quase líquido.

Qui.ta.ção *s.f.* **1.** Ato ou efeito de quitar(-se). **2.** Recibo de pagamento.

Qui.tan.da *s.f.* **1.** Pequena loja de negócios. **2.** Ponto onde se vendem hortaliças, frutas, ovos etc.

Qui.tan.dei.ro *s.m.* Dono de quitanda.

Qui.tar *v.t.* e *p.* Tornar(-se) quite; desobrigar(-se); livrar(-se).

Qui.te *adj.2g.* **1.** Livre de dívida, compromisso ou obrigação. **2.** Livre, desembaraçado.

Qui.ti.ne.te (ing. *kitchenette*) *s.f.* Apartamento pequeno, de uma só dependência com banheiro e cozinha muito reduzida.

Qui.tu.te *s.m.* Iguaria delicada; petisco.

Qui.tu.tei.ro *s.m.* Aquele que faz quitutes.

Qui.vi *s.m.* **1.** Ave terrestre, na Nova Zelândia. **2.** Fruta originária da Nova Zelândia, muito saborosa.

Qui.xo.te *s.m.* (sobrecomum) **1.** Pessoa que toma as dores dos outros e quase sempre se sai mal. **2.** Pessoa ingênua, romântica, sonhadora e excessivamente idealista.

Qui.zi.la *s.f.* Antipatia, repugnância, aversão, birra.

Qui.zi.len.to *adj.* **1.** Que causa quizila. **2.** Antipático. **3.** Importuno. **4.** Propenso à quizila.

Qui.zi.lia *s.f.* Quizila.

Quo.ci.en.te *s.m. art.* Número que indica as vezes ou o maior número de vezes que o dividendo contém o divisor (em 45: 9 = 5. O quociente é 5. ◆ Quociente de inteligência (QI): ⇒ Qi. ◆ *Var.: cociente.*

Quorum (ó) (lat.) *s.m.* Número mínimo de pessoas presentes necessário para que uma eleição ou votação seja válida.

r R

R/r *s.m.* Décima oitava letra e décima quarta consoante do alfabeto, de nome *erre*.

Rã *s.f.* Anfíbio anuro sem cauda que vive nos lagos e nos sítios pantanosos.

Ra.ba.da *s.f.* **1.** Rabo do boi, vitela ou porco. **2.** Prato feito com essa carne. **3.** Os últimos, numa corrida.

Ra.ba.di.lha *s.f.* A parte posterior do corpo das aves, dos peixes e dos mamíferos.

Ra.ba.na.da *s.f.* **1.** Golpe dado com a cauda. **2.** Meneio de quadris; saracoteio. **3.** GÍR Golpe com o pé para derrubar o adversário. **4.** FAM Estupidez. **5.** Resposta espontânea e agressiva.

Ra.ba.ne.te (ê) *s.m.* **1.** BOT Rábano de raiz curta e comestível. **2.** A raiz dessa planta.

Rá.ba.no *s.m.* **1.** BOT Nome de diversas plantas hortenses de raiz comestível. **2.** A raiz dessas plantas.

Ra.be.ar *v.int.* **1.** Mexer o rabo ou a cauda. **2.** FIG Mexer-se. **3.** Derrapar (as rodas traseiras do automóvel). **4.** Olhar de lado, com o rabo do olho. **5.** Saracotear-se. *v.t.* **6.** Adular servilmente.

Ra.be.ca *s.f.* **1.** ANTIG Violino. **2.** Instrumento musical de três cordas, precursor da viola. **3.** Utensílio em que o jogador de sinuca apoia o taco.

Ra.be.cão *s.m.* **1.** Contrabaixo. **2.** Carro usado para transportar cadáveres.

Ra.bei.ra *s.f.* **1.** Parte traseira de um veículo. **2.** A parte final numa lista, fila, classificação. **3.** Rasto, pegada.

Ra.bi *s.m.* Rabino.

Ra.bi.ça *s.f.* Rabo ou cabo do arado por onde é empurrado.

Ra.bi.cho *s.m.* **1.** Trança de cabelo, pendente da parte posterior da cabeça. **2.** Alça de couro que se afivela na sela, e que passa por baixo do rabo da cavalgadura; retranca. **3.** POP Amor, paixão, namoro. **4.** POP Tentação, logro.

Rá.bi.co *adj.* Relativo ou pertencente à hidrofobia.

Ra.bi.có *adj.* **1.** Diz-se de animal sem rabo ou que tem apenas o coto do rabo. **2.** Cotó, suro.

Rá.bi.do *adj.* Que tem raiva; raivoso, furioso.

Ra.bi.ni.co *adj.* Relativo aos rabinos.

Ra.bi.no *s.m.* **1.** Doutor da lei entre os judeus. **2.** Ministro do culto judaico. ◆ *Var.: rabi.*

Ra.bis.car *v.t. e int.* **1.** Fazer rabiscos. **2.** Cobrir de rabiscos. **3.** Escrever mal ou de modo ininteligível. **4.** Desenhar mal.

Ra.bis.co *s.m.* **1.** Garatuja. **2.** Risco tortuoso feito com pena ou lápis. **3.** Escrito ou desenho a que o autor liga pouca importância.

Ra.bo *s.m.* **1.** Cauda dos mamíferos e répteis. **2.** O cabo de qualquer instrumento. **3.** Parte traseira. **4.** Penas que se prolongam na parte posterior da ave. **5.** CH O traseiro, as nádegas, o ânus.

Ra.bo de ar.rai.a *s.m.* Golpe de capoeira para derrubar o adversário. ● *Pl.: rabos de arraia.*

Ra.bo de ca.va.lo *s.m.* Tipo de penteado que consiste em prender os cabelos na parte de trás da cabeça, deixando-os cair como a cauda de um cavalo. ● *Pl.: rabos de cavalo.*

Ra.bo de ga.lo *s.m.* **1.** Aperitivo com aguardente e vermute. **2.** Nome popular das nuvens chamadas cirros. **3.** Espiga que não criou grãos. ● *Pl.: rabos de galo.*

Ra.bo de pa.lha *s.m.* **1.** Nódoa na reputação. **2.** Procedimento censurável no passado. ● *Pl.: rabos de palha.*

Ra.bo de sai.a *s.m.* POP Mulher. ● *Pl.: rabos de saia.*

Ra.bo de ta.tu *s.m.* Rebenque feito de couro trançado; chicote, relho. ● *Pl.: rabos de tatu.*

Ra.bu.gem *s.f.* **1.** Espécie de sarna que ataca os cães. **2.** FIG Impertinência; mau humor.

Ra.bu.gen.to *adj.* **1.** Que tem rabugem. **2.** Impertinente, mal-humorado, azedo, ranzinza.

Ra.bu.gi.ce *s.f.* Qualidade ou ato de rabugento; mau-humor.

Rá.bu.la *s.m.* **1.** Aquele que advoga sem ser diplomado. **2.** PEJ Mau advogado.

Ra.ça *s.f.* **1.** Conjunto de indivíduos de caracteres físicos semelhantes. **2.** Conjunto dos ascendentes e descendentes de uma família, de um povo; linhagem, estirpe. **3.** Variedade de uma espécie, cujos caracteres particulares são persistentes e transmitidos hereditariamente. **4.** Origem, boa casta. **5.** Espécie, laia. **6.** Classe, tipo. **7.** FIG Garra, gana. **8.** POP Coragem, valor.

Ra.ção *s.f.* **1.** Porção de alimento necessária à refeição de uma pessoa **2.** Porção de alimento que se dá a um animal de cada vez. **3.** Alimento feito especialmente para animais. **4.** Quantidade de alimentos suficientes para um determinado período ou número de refeições.

Ra.cha *s.f.* **1.** Fenda, greta, abertura. **2.** Espaço entre duas partes que se separam de um corpo. **3.** CH Vulva. *s.m.* **4.** FUT Baba ou pelada que se caracteriza por jogadas duras. **5.** Contenda, competição. **6.** Dissensão, rompimento entre pessoas. **7.** Corrida de automóveis em via pública, criminosa por colocar em perigo a vida dos competidores e dos assistentes.

Ra.cha.du.ra *s.f.* Ato ou efeito de rachar(-se); fenda, racha, greta.

Ra.char *v.t.* **1.** Dividir em rachas. **2.** Fender, partir. **3.** Dividir pela metade; fender violentamente pelo meio. **4.** POP Dividir ou repartir lucros, prejuízos e despesas. **5.** FIG Maltratar com palavras; injuriar. *v.p.* **6.** Abrir-se por efeito de rotura; fender-se. ◆ *De rachar: muito forte, muito intenso.*

Ra.ci.al *adj.2g.* Referente a raça. **2.** Próprio da raça.

Ra.cio.cí.nio *s.m.* **1.** Ato ou modo de raciocinar. **2.** Operação do espírito pela qual, de dois ou mais juízos, se tira outro por conclusão. **3.** Argumentação, ponderação, juízo.

Ra.cio.nal *adj.* **1.** Que tem a faculdade de raciocinar. **2.** Que só se concebe pela razão. **3.** Conforme a razão. **4.** Lógico, razoável. **5.** Funcional, prático. *s.m.* **6.** Pessoa, ser que pensa. ◆ *Ant.: irracional.*

Ra.cio.na.lis.mo *s.m.* FILOS Doutrina dos que não admitem a revelação e se propõem explicar tudo pela razão.

Ra.cio.na.li.zar *v.t.* **1.** Tornar racional. **2.** Tornar reflexivo. **3.** Tornar (trabalho, operação etc.) mais eficiente. ◆ *Cf. racionar.*

Ra.cio.nar *v.t.* **1.** Distribuir em rações ou cotas (combustível, alimento etc.); limitar. **2.** Impor oficialmente a ração a. **3.** Economizar, poupar. ◆ *Cf. racionalizar.*

Ra.cis.mo *s.m.* **1.** Sistema que admite a superioridade de uma raça sobre outras. **2.** Ato ou qualidade de indivíduo racista.

Ra.cis.ta *adj.2g.* **1.** Que diz respeito ao racismo. *s.2g.* **2.** Pessoa partidária do racismo.

Ra.dar *s.m.* Detetor de som para registrar movimentos de aviões, navios, objetos metálicos etc.

Ra.di.a.ção *s.f.* **1.** Ato ou efeito de radiar; irradiação. **2.** FÍS Emissão de energia por meio de ondas ou de partículas subatômicas. **3.** Tratamento de doença por material radiativo.

RADIADOR — RAIO

Ra.di.a.dor *s.m.* **1.** Aparelho que serve para resfriar, por radiação, um motor de automóvel etc. **2.** Aparelho que aumenta a superfície da radiação.

Ra.di.al *adj.2g.* **1.** Que emite raios. *s.f.* **2.** Artéria rodoviária que vai do centro de uma cidade à sua periferia.

Ra.di.a.ma.dor *adj.* e *s.m.* Radioamador.

Ra.di.an.te *adj.2g.* **1.** Que emite raios. **2.** Que brilha muito. **3.** Brilhante, fulgurante. **4.** Que está cheio de alegria. **5.** FIG Transbordante (de sensações agradáveis).

Ra.di.a.ti.vi.da.de *s.f.* Propriedade que têm certos átomos de emitir radiação eletromagnética. ◆ *Var.: radioatividade.*

Ra.di.a.ti.vo *adj.* Diz-se do corpo que emite de forma espontânea raios ou partículas (alfa, beta e gama) de seu núcleo. ◆ *Var.: radioativo.*

Ra.di.cal *adj.2g.* **1.** Da raiz; relativo à raiz. **2.** Essencial, fundamental, completo. **3.** Que vai até a raiz. **4.** Que corta o mal pela raiz. *adj.* e *s.2g.* **5.** Diz-se de, ou indivíduo adepto do radicalismo. *s.m.* **6.** GRAM A parte invariável de uma palavra, portadora do significado e comum num grupo de palavras da mesma família. **7.** MAT Símbolo utilizado na notação das raízes quadradas.

Ra.di.ca.lis.mo *s.m.* Tendência política dos que exigem reforma profunda na organização social existente.

Ra.di.can.do *s.m.* MAT Número que figura sob o radical.

Ra.di.car *v.t.* **1.** Firmar pela raiz; enraizar, arraigar. **2.** Fixar por laços morais. **3.** Fixar residência. *v.p.* **4.** Criar raízes. **5.** Consolidar-se, firmar-se, fixar-se.

Ra.dí.cu.la *s.f.* **1.** Raiz pequena. **2.** Ramificação da raiz principal. **3.** Objeto semelhante a uma pequena raiz.

Ra.di.e.le.tri.ci.da.de *s.f.* Radioeletricidade.

Ra.di.e.lé.tri.co *adj.* Radioelétrico.

Ra.di.es.te.si.a ou **ra.di.o.es.te.si.a** *s.f.* **1.** Sensibilidade hipotética a certas radiações. **2.** Método de detecção que procura usar essa sensibilidade.

Rá.dio *s.m.* **1.** Osso do antebraço. **2.** Metal radioativo de símbolo Ra e número atômico 88. **3.** Aparelho emissor ou receptor de sinais radiofônicos. *s.f.* **4.** Emissora de rádio.

Ra.di.o.a.ma.dor *s.m.* Aquele que opera estação de recepção e transmissão, ou ondas curtas, sem fins comerciais.

Ra.di.o.a.ti.vi.da.de *s.f.* Radiatividade.

Ra.di.o.a.ti.vo *adj.* Radiativo.

Ra.di.o.di.fu.são *s.f.* Emissão e transmissão através de rádio.

Ra.di.o.di.fu.so.ra *s.f.* **1.** Estação de radiodifusão. **2.** Emissora de rádio; radioemissora.

Ra.di.o.e.le.tri.ci.da.de *s.f.* **1.** Energia elétrica que se manifesta em forma de ondas hertzianas. **2.** Estudo dessas manifestações.

Ra.di.o.e.lé.tri.co *adj.* Relativo à radioeletricidade.

Ra.di.o.e.mis.so.ra *s.f.* Estação radiofônica.

Ra.di.o.es.te.si.a *s.f.* Sensibilidade a radiações.

Ra.di.o.es.tre.la *s.f.* Fonte estelar que emite radiações em frequência de rádio.

Ra.di.o.fo.ni.a *s.f.* Transmissão dos sons por meio das ondas hertzianas.

Ra.di.o.fô.ni.co *adj.* Pertencente ou relativo à radiofonia.

Ra.di.o.fo.to.gra.fi.a *s.f.* Fotografia que se transmite à distância pelas ondas hertzianas.

Ra.di.o.fo.to.grá.fi.co *adj.* Relativo a radiofotografia.

Ra.di.o.gra.fi.a *s.f.* **1.** Obtenção de uma superfície sensível por meio dos raios. **2.** Imagem assim obtida. **3.** Aplicação dos raios X à Medicina. **4.** Análise cuidadosa de um fato.

Ra.di.o.grá.fi.co *adj.* Referente à radiografia.

Ra.di.o.gra.ma *s.m.* Comunicação feita por meio da telegrafia sem fios.

Ra.di.o.jor.na.lis.mo *s.m.* Forma de jornalismo que utiliza o rádio como veículo de transmissão.

Ra.di.o.jor.na.lis.ta *s.2g.* Pessoa que trabalha como redator, repórter, colunista ou diretor em programa jornalístico de uma estação de rádio.

Ra.di.o.la *s.f.* Aparelho que combina rádio e eletrola.

Ra.di.o.lo.gi.a *s.f.* MED Aplicação dos raios X ao diagnóstico das doenças.

Ra.di.o.ló.gi.co *adj.* Relativo à radiologia.

Ra.di.o.ló.gis.ta *s.2g.* MED Especialista em radiologia.

Ra.di.o.no.ve.la *s.f.* Novela apresentada em capítulos pelo rádio.

Ra.di.o.pa.tru.lha *s.f.* Veículo policial equipado com aparelho transmissor e receptor de rádio.

Ra.di.o.pe.ra.dor *s.m.* Operador de rádio.

Ra.di.or.re.cep.tor (ô) *s.m.* Dispositivo eletrônico destinado a captar ondas radioelétricas.

Ra.di.or.re.pór.ter *s.2g.* Radialista especializado em radiorreportagens.

Ra.di.os.co.pi.a *s.f.* Exame de um objeto ordinariamente invisível, empregando-se o raio X como fonte luminosa.

Ra.di.os.có.pi.co *adj.* Relativo à radioscopia.

Ra.di.os.son.da *s.f.* Aeróstato dotado de um aparelho radioemissor que envia, a estações instaladas em terra, informações meteorológicas.

Ra.di.o.tá.xi *s.m.* Táxi equipado com aparelho de rádio, capaz de receber e transmitir mensagens.

Ra.di.o.te.a.tro *s.m.* Representação teatral transmitida pelo rádio.

Ra.di.o.téc.ni.ca *s.f.* Sistematização da montagem e conserto de aparelho de rádio.

Ra.di.o.te.le.fo.ni.a *s.f.* Telefone sem fios.

Ra.di.o.te.le.fô.ni.co *adj.* Referente à radiotelefonia.

Ra.di.o.te.le.fo.nis.ta *s.2g.* Pessoa que trabalha em radiotelefonia.

Ra.di.o.te.le.gra.fi.a *s.f.* Telegrafia sem fios.

Ra.di.o.te.le.grá.fi.co *adj.* Relativo à radiotelegrafia.

Ra.di.o.te.le.gra.fis.ta *s.2g.* **1.** Pessoa encarregada da recepção ou transmissão de mensagens telegráficas através do rádio. **2.** Operador de radiotelegrafia.

Ra.di.o.te.ra.pêu.ti.co *adj.* Relativo à radioterapia; radioterápico.

Ra.di.o.te.ra.pi.a *s.f.* Tratamento das doenças por meio do rádio ou dos raios X.

Ra.di.o.te.rá.pi.co *adj.* Relativo à radioterapia.

Ra.di.o.trans.mis.sor (ô) *adj.* e *s.m.* Diz-se de ou aparelho radioelétrico destinado à emissão de ondas hertzianas.

Ra.di.ou.vin.te *s.2g.* Pessoa que escuta emissões radiofônicas.

Ra.di.o.vi.tro.la *s.f.* Vitrola conjugada a receptor de rádio; radiola.

Ra.dô.nio *s.m.* QUÍM Elemento de número atômico 86, gás nobre radioativo de símbolo Rn.

Ra.fei.ro *adj.* e *s.m.* **1.** Diz-se do, ou o cão treinado para guardar o gado. **2.** Diz-se de, ou indivíduo que acompanha sempre outro.

Rá.fia *s.f.* **1.** Gênero de palmeiras da África e da América, que fornecem fibra resistente e flexível. **2.** A fibra dessas palmeiras.

Ra.gu *s.m.* Qualquer ensopado ou guisado.

Rai.a *s.f.* **1.** Risca, traço, estria. **2.** Linha ou sulco da mão. **3.** Limite, fronteira, confins. **4.** Limite de região. **5.** Mancha existente na madeira. **6.** Pista de corrida de cavalos. **7.** Certo peixe de corpo achatado, também chamado *arraia*.

Rai.ar *v.t.* **1.** Cobrir de raias ou riscas; estriar. **2.** Começar a aparecer, surgir no horizonte. **3.** Tocar as raias ou limites. *v.int.* **4.** Emitir raios luminosos; brilhar, cintilar. **5.** Surgir, manifestar-se.

Rai.nha *s.f.* **1.** Esposa do rei ou soberana de um reino. **2.** A primeira entre várias; a principal. **3.** FIG Pessoa ou coisa principal. **4.** A peça principal, depois do rei, no jogo de xadrez. **5.** Abelha fêmea completamente desenvolvida e que pode ser fecundada. **6.** Variedade de maçã e de pera.

Rai.o *s.m.* **1.** GEOM Cada um dos traços que parecem partir de um foco luminoso. **2.** FÍS Descarga elétrica das nuvens ao solo, seguida de luz. **3.** Faísca elétrica. **4.** FIG Aquilo que fulmina ou destrói. **5.** FIG Desgraça, calamidade, fatalidade, catástrofe. **6.** Distância em linha reta do círculo para qualquer ponto da circunferência. **7.** Limite da eficácia ou influência de alguma coisa. **8.** Vestígios de sangue no catarro. **9.** Vislumbre, sinal.

RAIOM — RAPAPÉ

Rai.om *s.m.* Fibra fabricada a partir de polpa de madeira ou de línter de algodão. É largamente utilizado na produção de materiais industriais e para tricotar e tecer têxteis destinados a roupas, estofamentos, tecidos em geral e decorativos.

Rai.os x *s.m.pl.* Radiação eletromagnética também chamada raios Roentgen: O *médico pediu os raios X do tórax* (sempre no plural).

Rai.va *s.f.* **1.** Doença virulenta que ataca os cães e outros mamíferos e se caracteriza por fenômenos nervosos; hidrofobia. **2.** Violento acesso de ira com fúria e desespero. **3.** Furor, ira. **4.** Ódio, rancor. **5.** Grande aversão; horror.

Ra.iz *s.f.* **1.** Órgão dos vegetais que serve para a fixação ao solo e dele extrair água e sais minerais. **2.** Parte oculta, enterrada, de qualquer coisa. **3.** Parte inferior. **4.** FIG Origem, princípio, germe. **5.** FIG, prisão moral. **6.** MED Prolongamento profundo de certos tumores. **7.** GRAM Palavra primitiva de onde outras (as derivadas) se formam. **8.** MAT O número que é elevado a uma certa potência. ● *Dim.: radícula.*

Ra.iz-for.te *s.f.* Planta (Armoracia rusticana) pertencente à família das crucíferas e natural do Sudoeste asiático. ● *Pl.: raízes--fortes.*

Ra.já *s.m.* Príncipe ou potentado indiano, durante o domínio inglês.

Ra.ja.da *s.f.* **1.** Golpe de vento. **2.** Sucessão contínua e rápida. **3.** FIG Ímpeto, impulso, acesso. **4.** Clarão de luz. **5.** Sucessão de tiros de metralhadora.

Ra.ja.do *adj.* **1.** Que apresenta raias ou riscas. **2.** Diz-se do animal que tem manchas escuras.

Ra.la.dor *adj.* **1.** Que rala. *s.m.* **2.** Utensílio doméstico feito de uma lâmina metálica recurvada e crivada de orifícios de rebordos arrebitados, ou em estilo de colher com bordas dentadas; ralo. **3.** FIG Indivíduo importuno, maçador.

Ra.lar *v.t.* **1.** Friccionar contra o ralador. **2.** Fazer passar pelos orifícios do ralador. **3.** Reduzir a pequenos fragmentos ou migalhas por meio do ralador. **4.** Vexar, atormentar, afligir, apoquentar. *v.p.* **5.** Amofinar-se, consumir-se, afligir-se.

Ra.lé *s.f.* **1.** Camada inferior da sociedade; a plebe, a escória da sociedade. **2.** Presa predileta da ave de rapina.

Ra.le.ar *v.t.* **1.** Tornar ralo ou menos espesso; rarefazer. *v.int. e p.* **2.** Tornar-se ralo.

Ra.lhar *v.int.* **1.** Reprender em tom severo ou gritando; zangar-se. *v.t.* **2.** Falar ou admoestar em voz alta; reprender.

Ra.li *s.m.* Competição de motos ou carros, de percurso difícil e perigoso, onde se procura testar a habilidade do piloto e a qualidade da máquina.

Ra.lo *adj.* **1.** Pouco espesso, pouco denso; fino. **2.** Escasso, raro. *s.m.* **3.** Folha de metal cheia de pequenos orifícios que se põe nas janelas, nas portas etc., para se falar sem contato ou comunicação direta. **4.** Utensílio com pequenos orifícios para se coar certos líquidos. **5.** Peça crivada pela qual se escoa a água de pias, banheiros, tanques etc. **6.** Utensílio formado por uma lâmina crivada de orifícios com rebordo saliente, pelos quais se esfrega uma substância que se quer reduzir a migalhas; ralador.

Ra.ma *s.f.* **1.** Cada uma das partes em que se subdivide o tronco ou talo principal da planta; ramo. **2.** O conjunto desses ramos; ramagem, folhagem. **3.** Parte secundária que decorre de outra principal. **4.** POP Pinga, cachaça. ● *Pela rama:* superficialmente, por alto.

Ra.ma.gem *s.f.* **1.** Conjunto de ramos e folhas de uma planta; rama. **2.** Desenho de folhas e flores num tecido.

Ra.mal *s.m.* **1.** Conjunto de fios dos quais se compõem as cordas, tranças etc. **2.** Ramificação ou trecho secundário de uma estrada de ferro. **3.** Ramificação, enfiada.

Ra.ma.lhe.te (ê) *s.m.* **1.** Pequeno molho de flores ou ervas, dispostas esteticamente; buquê. **2.** Conjunto de coisas bem escolhidas e de valor especial.

Ra.ma.lho *s.m.* Grande ramo cortado de árvore.

Ra.mei.ra *s.f.* Meretriz.

Ra.mi.fi.car *v.t. e p.* **1.** Dividir(-se) em ramos. **2.** Espalhar(-se), dividir(-se) em partes.

Ra.mo *s.m.* **1.** BOT Cada uma das partes da planta que saem do talo ou do tronco principal; ramificação. **2.** Ramalhete. **3.** A primeira e mais importante divisão do reino animal. **4.** Cada uma das diferentes famílias provenientes de um mesmo tronco; descendência. **5.** Especialidade em uma categoria profissional ou em qualquer atividade. **6.** Cada uma das partes em que se divide a atividade artística, industrial etc.

Ra.mo.na *s.f.* Grampo de cabelo.

Ra.mo.so *adj.* **1.** Que tem abundância de ramos. **2.** FIG Espesso e longo.

Ram.pa *s.f.* **1.** Plano inclinado no sentido da subida; ladeira, aclive. **2.** Palco, ribalta (no teatro).

Ra.mu.do *adj.* **1.** Ramoso. **2.** Denso, espesso.

-ra.na *suf.* 'Semelhança': *muçurana.*

Ran.chei.ra *s.f.* **1.** Certa dança de origem argentina comum no Rio Grande do Sul. **2.** Música dessa dança.

Ran.cho *s.m.* **1.** Grupo de pessoas reunidas para o fim de marchar. **2.** Jornada, passeio etc. **3.** Ajuntamento de pessoas que comem em comum. **4.** Lugar fora do povoado onde se albergam famílias. **5.** Abrigo à beira da estrada. **6.** Casa pobre. **7.** Refeição de marujos, soldados, presos etc. **8.** Qualquer refeição, em especial para muitas pessoas. **9.** Fazenda no oeste norte-americano. **10.** Propriedade rural originalmente dedicada à criação de gado. **11.** Grupo folclórico que representa pastores e pastoras. **12.** Bloco carnavalesco.

Ran.ço *s.m.* **1.** Cheiro forte e desagradável que substâncias gordurosas adquirem em contato com o ar. **2.** FIG Velharia. **3.** O que é antiquado, ultrapassado.

Ran.cor *s.m.* **1.** Ressentimento profundo. **2.** Séria aversão não manifestada.

Ran.co.ro.so (ô) *adj.* **1.** Que tem rancor. **2.** Que demonstra rancor; odiento, raivoso.

Ran.ço.so (ô) *adj.* **1.** Que tem ranço. **2.** Antiquado, obsoleto. **3.** Enfadonho.

Ran.gen.te *adj.2g.* Rangedor.

Ran.ger *v.int.* **1.** Produzir som áspero, penetrante; chiar. *v.t.* **2.** Roçar os dentes uns contra os outros.

Ran.go *s.m.* GÍR Alimento, comida.

Ra.nhe.ta (ê) *adj. e s.2g.* Diz-se de, ou indivíduo impertinente e rabugento.

Ra.nhe.ti.ce *s.f.* **1.** Caráter ou qualidade de quem é ranheta. **2.** Mau humor característico de indivíduo ranheta.

Ra.nho *s.m.* Humor viscoso do nariz; muco.

Ra.nhu.ra *s.f.* Entalhe na espessura de uma tábua; incisura.

Ra.ni *s.f.* Esposa de um rajá.

Ra.ni.cul.tor (ô) *s.m.* Aquele que se dedica à ranicultura.

Ra.ni.cul.tu.ra *s.f.* Criação de rãs.

Ra.nún.cu.lo *s.m.* Nome comum a várias espécies de plantas da família das ranunculáceas, algumas medicinais e outras ornamentais.

Ran.zin.za *adj.* Rabugento, mal-humorado, impertinente, teimoso, birrento.

Ran.zin.zi.ce *s.f.* **1.** Caráter ou qualidade de quem é ranzinza. **2.** Mau humor característico de indivíduo ranzinza.

Rap (ing.) *s.m.* Estilo de música baseado em um canto falado, de improviso ou não, cujas palavras são escondidas sobre um ritmo fortemente marcado. ● *Pl.: raps.*

Ra.pa.ce *adj.* **1.** Que rapina, que rouba. **2.** FIG Ávido de lucro. ● *Sup.abs.sint.: rapacíssimo.*

Ra.pa.ci.da.de *s.f.* **1.** Tendência para roubar. **2.** Hábito de roubar. **3.** Qualidade de rapace. **4.** FIG Ambição, cobiça.

Ra.pa.du.ra *s.f.* **1.** Pequeno tijolo de açúcar mascavo. **2.** Rapelada.

Ra.pa.gão *s.m.* Aum. de *rapaz*; rapaz corpulento.

Ra.pa.pé *s.m.* **1.** Ato de arrastar os pés para trás, ao cumprimentar. **2.** Cumprimento exagerado; mesura. **3.** Bajulação, adulação, lisonja.

RAPAR — RATIFICAÇÃO

Ra.par *v.t.* **1.** Cortar muito rente. **2.** Cortar com navalha o cabelo ou o pelo de. **3.** POP Extorquir ardilosamente; furtar, rapinar. *v.p.* **4.** Cortar o cabelo; barbear-se.

Ra.pa.ri.ga *s.f.* **1.** Em Portugal, mulher que está entre a infância e a adolescência; menina. **2.** Moça do campo. **3.** POP Prostituta, meretriz. **4.** Amásia.

Ra.paz *s.m.* **1.** Homem na transição da infância para a adolescência; jovem, moço. **2.** Filho varão. **3.** Homem solteiro. **4.** Criado. ● *Fem.: rapariga.* ● *Dim.: rapagote, rapazinho, rapazote.* ● *Aum.: rapagão.* ● *Col.: rapaziada.*

Ra.pa.zi.a.da *s.f.* **1.** Grupo de rapazes. **2.** Ação ou dito de rapaz. **3.** Imprudência, estroinice.

Ra.pé *s.m.* Tabaco em pó, para cheirar.

Ra.pel *s.m.* No montanhismo, processo de descida de uma vertente na vertical, com a ajuda de uma corda dupla passada sob uma coxa e sobre o ombro oposto a ela ou atravessando certo dispositivo especial de fricção.

Ra.pi.dez (ê) *s.f.* Qualidade de rápido. ● *Ant.: lentidão, morosidade.*

Rá.pi.do *adj.* **1.** Que se move com muita velocidade. **2.** Que percorre grande extensão em pouco tempo. **3.** Veloz, ligeiro. **4.** De curta duração; breve. **5.** Que faz ou diz muitas coisas em pouco tempo. **6.** Que faz muito em pouco tempo. **7.** Que sucede sem delongas. **8.** Imediato. **9.** Que age com desembaraço. *s.m.* **10.** Trem de velocidade maior que a normal, que para apenas em determinadas estações. **11.** Declive no leito fluvial. **12.** Agência que se incumbe da entrega de cartas, pacotes etc., no perímetro urbano. *adv.* **13.** Rapidamente.

Ra.pi.na *s.f.* **1.** Ato ou efeito de rapinar. **2.** Roubo feito com violência. **3.** Fruto desse roubo. **4.** Extorsão, pilhagem. ● **Ave de rapina:** ave carnívora, que se caracteriza por bico e garras fortes.

Ra.pi.nan.te *adj.* e *s.2g.* Que, ou pessoa que rapina.

Ra.po.sa *s.f.* **1.** Mamífero carnívoro semelhante ao cão. **2.** Pessoa fina e astuta. ● *Masc.: raposo* (ô).

Ra.po.si.ce *s.f.* **1.** Malícia, astúcia típica da raposa. **2.** Manha, raposia.

Ra.po.si.no *adj.* **1.** Semelhante ao do raposo ou da raposa. **2.** Que denota astúcia, malícia; ardiloso, astuto, vulpino.

Rap.só.dia (ss) *s.f.* **1.** Entre os gregos, fragmentos de cantos épicos que os rapsodos cantavam. **2.** Trecho de uma composição poética. **3.** Composição musical formada com fragmentos de cantos tradicionais de um país.

Rap.só.di.co *adj.* Relativo à rapsódia.

Rap.só.do (ó ou ô) *s.m.* Cantor ambulante de rapsódias, na Grécia antiga; poeta, trovador.

Rap.to *s.m.* **1.** O roubo de uma pessoa por violência ou sedução. **2.** Ato de raptar. **3.** FIG Exaltação do espírito; êxtase.

Rap.tor (ô) *s.m.* Indivíduo que comete rapto.

Ra.que *s.f.* **1.** ANAT Coluna vertebral ou espinha dorsal. **2.** BOT Eixo central da espiga de determinadas gramíneas. **3.** Pecíolo principal de uma folha pinada. **4.** ZOOL Eixo da pena das aves.

Ra.que.te (é) *s.f.* Espécie de pá oval, cuja palma é guarnecida de uma rede de cordas, com que se joga a pela, o tênis. ● *Var.: raqueta* (ê).

Ra.qui.di.a.no *adj.* Raquiano.

Ra.quí.ti.co *adj.* e *s.m.* **1.** Que, ou o que sofre de raquitismo; magro, franzino. *adj.* **2.** Mesquinho. **3.** Limitado de inteligência. ● *Ant.: vigoroso, robusto.*

Ra.qui.tis.mo *s.f.* **1.** MED Doença da infância que consiste na suspensão do desenvolvimento do organismo, amolecimento do osso etc. **2.** FIG Fraqueza, acanhamento intelectual.

Ra.re.ar *v.t.* **1.** Tornar raro. **2.** Fazer menos denso. *v.int.* **3.** Tornar-se raro.

Ra.re.fa.zer *v.t.* **1.** Tornar menos denso. **2.** Reduzir a densidade, a pressão. **3.** Dilatar. **4.** Rarear. *v.p.* **5.** Tornar-se menos denso; dilatar-se.

Ra.ri.da.de *s.f.* **1.** Qualidade do que é raro; rareza. **2.** Objeto ou fenômeno raro. **3.** Coisa preciosa.

Ra.ro *adj.* **1.** Não vulgar ou frequente. **2.** Pouco abundante, pouco numeroso. **3.** Pouco denso; ralo. **4.** Singular, extraordinário. ● *Ant.: comum, vulgar. Adv.* **5.** Raramente.

Ra.san.te *adj.2g.* **1.** De pouca altitude ou profundidade; raso. **2.** Rente ao solo. **3.** Diz-se do voo quase rente ao solo, dado por aeronave ou ave de rapina. *s.m.* **4.** Voo rasante.

Ra.sar *v.t.* **1.** Medir com a rasa. **2.** Encher até a borda. **3.** Pôr ao nível. *v.p.* **4.** Encher-se.

Ras.can.te *adj.2g.* e *s.m.* Diz-se do, ou o vinho adstringente, que deixa travo na garganta.

Ras.cu.nho *s.m.* **1.** Delineamento de qualquer escrita. **2.** Esboço, delineamento, minuta.

Ras.gar *v.t.* **1.** Abrir fenda ou buraco em. **2.** Dilatar, espaçar. **3.** Golpear, ferir. **4.** Agravar, compungir. *v.int.* **5.** Assomar, despontar. *v.t.* e *p.* **6.** Fender(-se), romper(-se), dilacerar(-se). **7.** FIG Afligir-se.

Ra.so *adj.* **1.** Plano, liso (superfície). **2.** Rente, rasteiro, baixo. **3.** Diz-se do soldado sem graduação. **4.** Que tem pouca profundidade (rio, prato). **5.** Completo, terminante. *s.m.* **6.** Campo, planície. **7.** Local onde a água é pouco profunda.

Ra.sou.ra *s.f.* **1.** Pau roliço com que se tira o excesso nas medidas de secos. **2.** Instrumento de aço usado para retirar as rebarbas da chapa de metal.

Ras.pa.dei.ra *s.f.* **1.** Instrumento para raspar. **2.** BOT Planta da família das moráceas.

Ras.pan.ça *s.f.* Repreensão, descompostura.

Ras.pão *s.m.* **1.** Arranhadura, escoriação. **2.** Sinal ou ferida superficial feito com instrumento cortante.

Ras.par *v.t.* **1.** Alisar ou apagar ligeiramente. **2.** Ferir de raspão; arranhar. *v.p.* **3.** Fugir, escafeder-se.

Ras.tei.ra *s.f.* Golpe de capoeira, dado com o pé de encontro às pernas do adversário, para fazê-lo cair.

Ras.tei.ro *adj.* **1.** Que se arrasta. **2.** Que se eleva a pouca altura. **3.** FIG Baixo, humilde, desprezível.

Ras.te.ja.dor (ô) *adj.* e *s.m.* **1.** Que ou o que rasteja. **2.** Que ou o que anda na pista de alguém ou de algo. **3.** Que ou o que investiga algo; indagador, investigador.

Ras.te.jan.te *adj.* **1.** Que rasteja; rasteante, rastejador. **2.** Que se desenvolve paralelamente à superfície do solo, sobre o qual se apoia (diz-se de caule, rizoma ou planta); procumbente, rasteiro, repente, reptante.

Ras.te.jar *v.int.* **1.** Arrastar-se pelo chão. **2.** Ter sentimentos baixos. *v.p.* **3.** Ser subserviente, rebaixar-se, humilhar-se. *v.t.* **4.** FIG Seguir o rastro, a pista de; investigar. **5.** Beirar, orçar por.

Ras.te.lo (ê) *s.m.* **1.** Instrumento constituído de uma fileira de dentes de ferro por onde se passa o linho para se lhe tirar a estopa. **2.** Instrumento agrícola, com dentes de madeira ou ferro, com o qual se aplaina a terra lavrada.

Ras.ti.lho *s.m.* **1.** Fio de pólvora que se estende até uma bomba para fazê-la explodir.

Ras.tre.ar *v.t.* e *int.* Rastejar; fazer o rastreamento de.

Ras.tri.lho *s.m.* **1.** Ancinho ou grade, dotado de dentes que é usado para esburacar e limpar a terra ao mesmo tempo. **2.** Grade que possuía pontas de ferro e se baixava do alto de uma fortaleza para impedir o acesso a uma praça-forte.

Ras.tro ou **ras.to** *s.m.* **1.** Sinal, pista, vestígios deixados por onde o animal passou. **2.** FIG Indício: o criminoso fugiu sem deixar rasto. **3.** A rastos ou de rastos, arrastando-se. **4.** (RS) Enredar o rasto, despistar, lograr, enganar.

Ra.su.rar *v.t.* Fazer rasuras em.

Ra.ta *s.f.* **1.** Fêmea do rato. **2.** Ato inoportuno; gafe, fiasco.

Ra.ta.plã *s.m.* Onomatopeia do toque ou ruído do tambor; rufo.

Ra.ta.ri.a *s.f.* Grande quantidade de ratos.

Ra.ta.za.na *s.f.* **1.** Rato grande. **2.** Ladra, ladrão.

Ra.te.ar *v.t.* **1.** Fazer rateio de; dividir entre todos. **2.** Falhar (motor).

Ra.ti.ci.da *adj.2g.* e *s.m.* Diz-se de, ou substância que mata ratos.

Ra.ti.fi.ca.ção *s.f.* **1.** O ato que ratifica. **2.** Confirmação, aprovação.

RATIFICAR — REATIVO

Ra.ti.fi.car *v.t.* **1.** Aprovar ou confirmar algo, dando-lhe como válido. **2.** Confirmar, corroborar. ◆ Cf. *retificar*.

Ra.to *s.m.* **1.** Nome comum a várias espécies de mamíferos roedores, encontrados na sujeira, nos esgotos etc. **2.** Pessoa desprezível. **3.** FIG Larápio, ladrão. ● *Aum.: ratazana, ratão.* ● *Dim.: ratinho.*

Ra.to.ei.ra *s.f.* **1.** Armadilha para apanhar ratos. **2.** FIG Cilada, emboscada, traição.

Ra.vi.na *s.f.* **1.** Torrente de água que cai de lugar elevado. **2.** Barranco aberto por enxurrada.

Ra.vi.ó.li *s.m.* Pequeno quadradinho de macarrão com recheios variados (carne, ricota etc.), cozido.

Ra.zão *s.f.* **1.** Faculdade que distingue o homem dos animais e o torna capaz de julgar, comparar, refletir, ponderar. **2.** O direito natural, a lei moral. **3.** O entendimento e a inteligência humana. **4.** Sabedoria, bom senso, prudência. **5.** Justiça, direito. **6.** Causa, motivo. **7.** MAT Resultado da divisão entre dois números ou expressões. *s.m.* **8.** COM Livro onde se lança o resumo da escrituração de débito e crédito.

Ra.zi.a *s.f.* **1.** Invasão do território inimigo seguida de saque. **2.** Depredação, vandalismo.

Ra.zo.á.vel *adj.2g.* **1.** Conforme à razão; racional. **2.** Acima da média. **3.** Considerável, importante. **4.** Módico, não excessivo. **5.** Regular, aceitável. **6.** Digno de nota; sensato.

Re- *pref.* **1.** 'Movimento para trás': *retrógrado.* **2.** 'Repetição': *recantar.*

Ré *s.* **1.** A parte traseira de um navio ou veículo. **2.** A parte de trás. ◆ Marcha a ré: marcha para trás.

Rê *s.m.* Nome da letra *erre*.

Re.a.bas.te.cer *v.t.* e *p.* Tornar a abastecer(-se).

Re.a.bas.teci.men.to *s.m.* Ato ou efeito de reabastecer(-se).

Re.a.ber.tu.ra *s.f.* Ato ou efeito de reabrir.

Re.a.bi.li.ta.ção *s.f.* Ato ou efeito de reabilitar(-se).

Re.a.bi.li.ta.dor (ô) *adj.* e *s.m.* Que ou o que reabilita.

Re.a.bi.li.tar *v.t.* **1.** Recuperar a capacidade física ou psicológica. **2.** Restituir os direitos e prerrogativas que havia perdido. *v.p.* **3.** Recobrar a estima, a consideração pública. **4.** Adquirir ânimo novo. **5.** Recuperar a saúde. **6.** Regenerar-se.

Re.a.bi.li.ta.ti.vo *adj.* Que reabilita.

Re.a.brir *v.t., int.* e *p.* **1.** Tornar a abrir ou abrir-se. **2.** Voltar a funcionar.

Re.ab.sor.ver *v.t.* **1.** Tornar a absorver. **2.** Operar (o organismo) a reabsorção de substâncias. **3.** MED Fazer desaparecer por reabsorção. **4.** FIG Fazer desaparecer.

Re.ab.sor.vi.do *adj.* Que se reabsorveu; novamente absorvido.

Re.a.ção *s.f.* **1.** Ato ou efeito de reagir. **2.** Ação que se opõe a outra que tende a anulá-la. **3.** Resposta do organismo a um estímulo. **4.** Oposição a qualquer inovação. **5.** Resistência. **6.** QUÍM Operação em que substâncias agem sobre outras, fazendo surgir novas substâncias. **7.** FÍS Força que se opõe a outra.

Re.a.cen.der *v.t.* e *p.* **1.** Tornar a acender(-se). **2.** FIG Dar novo impulso. **3.** Desenvolver(-se), ativar(-se).

Re.a.cio.ná.rio *adj.* **1.** Relativo a, ou próprio da reação. **2.** Contrário à liberdade. *adj.* e *s.m.* **3.** Diz-se de, ou indivíduo ou movimento que se opõe a toda inovação, em especial no campo político ou social.

Re.a.dap.ta.ção *s.f.* Ato ou efeito de readaptar(-se).

Re.a.dap.tar *v.t.* Tornar a adaptar(-se).

Re.ad.mis.são *s.f.* **1.** Ato ou efeito de readmitir. **2.** Reingresso de funcionário, sem indenização, depois de verificada a inexistência das razões que motivaram sua demissão.

Re.ad.mi.tir *v.t.* Tornar a admitir.

Re.ad.qui.rir *v.t.* Tornar a adquirir; recuperar.

Re.a.fir.ma.ção *s.f.* **1.** Ato ou efeito de reafirmar; nova afirmação. **2.** Demonstração da verdade ou da exatidão de afirmação; confirmação. ● *Pl.: reafirmações.*

Re.a.fir.mar *v.t.* Tornar a afirmar(-se).

Re.a.gen.te *adj.2g.* e *s.m.* Diz-se de, ou substância que provoca uma reação química; reativo.

Re.a.gru.par *v.t.* e *p.* Voltar a reunir(-se) em grupo.

Re.a.jus.ta.men.to *s.m.* Ato ou efeito de reajustar(-se); reajuste.

Re.a.jus.tar *v.t.* **1.** Tornar a ajustar. **2.** Tornar (salário, preço etc.) proporcional ao custo de vida. *v.t.* e *p.* **3.** Tornar a ajustar(-se); readaptar-se.

Re.a.jus.te *s.m.* **1.** Reajustamento. **2.** Quantia em dinheiro ou percentagem do reajuste.

Re.al *adj.2g.* **1.** Que existe de fato; verdadeiro. **2.** MAT Diz-se de qualquer número inteiro, racional ou irracional. *s.m.* **3.** O que é real; realidade. ● *Ant.: irreal, imaginário.*

Re.al.çar *v.t.* **1.** Dar realce a. **2.** Pôr em lugar mais alto, pôr em realce. **3.** FIG Dar mais brilho, mais força ou mais valor a; salientar. *v.p.* **4.** Salientar-se, destacar-se, sobressair.

Re.al.ce *s.m.* **1.** Ato ou efeito de realçar(-se). **2.** Distinção, destaque. **3.** Maior lustre ou brilho.

Re.a.le.jo (ê) *s.m.* Instrumento musical, portátil, de fole e teclado acionado por um cilindro com pinos.

Re.a.le.za (ê) *s.f.* **1.** Dignidade de rei ou rainha. **2.** Grandeza, magnificência, esplendor.

Re.a.li.da.de *s.f.* **1.** Qualidade ou condição de real. **2.** O que existe de fato.

Re.a.lis.mo *s.m.* **1.** Qualidade ou estado de real. **2.** Atitude de quem se prende ao que é real, verdadeiro. **3.** Tendência para encarar objetivamente a realidade. **4.** Senso prático. **5.** Tendência literária da segunda metade do séc. XIX.

Re.a.li.za.ção *s.f.* Ato ou efeito de realizar(-se); execução, efetivação.

Re.a.li.za.dor *adj.* e *s.m.* Que, ou aquele que realiza.

Re.a.li.zar *v.t.* **1.** Tornar real ou verdadeiro. **2.** Pôr em prática. **3.** Efetuar, executar. **4.** Conceber de maneira nítida. **5.** Acontecer, ocorrer. *v.p.* **6.** Atingir o objetivo. **7.** Efetuar-se, verificar-se.

Re.a.ne.xa.ção (cs) *s.f.* Ato ou efeito de reanexar; nova anexação. ● *Pl.: reanexações.*

Re.a.ne.xar (cs) *v.t.* Voltar a anexar; anexar novamente.

Re.a.ni.ma.ção *s.f.* Ato ou efeito de reanimar(-se).

Re.a.ni.ma.dor *adj.* **1.** Que reanima; estimulante. *s.m.* **2.** Aquele ou aquilo que reanima.

Re.a.ni.mar *v.t.* **1.** Fazer renascer o ânimo. **2.** Fortificar, fortalecer. **3.** Recuperar os sentidos. *v.int.* e *p.* **4.** Readquirir força, energia; reforçar-se. **5.** Sair da prostração, da letargia.

Re.a.pa.re.cer *v.int.* Aparecer novamente.

Re.a.pa.re.ci.men.to *s.m.* Ato ou efeito de reaparecer; reaparição.

Re.a.pa.ri.ção *s.f.* Reaparecimento.

Re.a.pli.car *v.t.* Fazer nova aplicação de.

Re.a.pren.der *v.t.* Tornar a aprender; recuperar conhecimento ou habilidade prática.

Re.a.pre.sen.tar *v.t.* Tornar a apresentar.

Re.a.pro.vei.tar *v.t.* Voltar a aproveitar.

Re.a.pro.xi.ma.ção *s.f.* **1.** Ato de reaproximar; nova aproximação. **2.** Reconciliação. **3.** Política de um país que visa a estabelecer com outro relações políticas ou diplomáticas melhores do que as vigentes, ou a reatá-las quando interrompidas. ● *Pl.: reaproximações.*

Re.a.pro.xi.mar *v.t.* e *p.* Tornar a aproximar(-se).

Re.a.qui.si.ção *s.f.* Ato ou efeito de readquirir.

Re.as.cen.der *v.t.* **1.** Ascender novamente. **2.** Fazer subir de novo.

Re.as.sen.ta.men.to *s.m.* Ato ou efeito de reassentar(-se); novo assentamento.

Re.as.sen.tar *v.t., int.* e *p.* Voltar a assentar(-se).

Re.as.su.mir *v.t.* **1.** Assumir de novo. **2.** Tomar novamente posse de.

Re.as.sun.ção *s.f.* Ato ou efeito de reassumir.

Re.a.tar *v.t.* **1.** Atar de novo. **2.** Prosseguir. **3.** Continuar (o que se havia interrompido); restabelecer.

Re.a.ti.var *v.t.* e *p.* Tornar(-se) novamente ativo.

Re.a.ti.vo *adj.* e *s.m.* Que, ou substância que apresenta reação.

REATOR — RECAPITULAÇÃO

Re.a.tor *adj.* 1. Que reage; reacionário. *s.m.* 2. Fís Rolamento eletromagnético de indutância elevada. 3. Sistema de dispositivo em que se processa uma reação em cadeia sendo que essa reação pode ter seu andamento acelerado ou retardado conforme seja necessário.

Re.a.va.li.a.ção *s.f.* Nova avaliação. • *Pl.: reavaliações.*

Re.a.va.li.ar *v.t.* Tornar a avaliar, fazer nova avaliação.

Re.a.ver *v.t.* 1. Haver de novo. 2. Recobrar, recuperar.

Re.a.vi.sar *v.t.* Tornar a avisar.

Re.a.vi.so *s.m.* Ato ou efeito de reavisar.

Re.a.vi.var *v.t.* 1. Tornar a avivar, tornar mais vivo. 2. Estimular a memória; relembrar.

Re.bai.xar *v.t.* 1. Fazer baixar o preço ou o valor de. 2. Humilhar. 3. Abaixar de posto, de classificação. *v.p.* 4. Sofrer diminuição na altura. 5. Praticar atos indignos. 6. Abaixar-se muito; aviltar-se, humilhar-se.

Re.ba.nho *s.m.* 1. Porção de gado lanígero, geralmente sob a guarda de um pastor. 2. Porção de animais. 3. FIG Ajuntamento de homens que se deixam guiar pelo capricho de alguém. 4. Multidão indiferenciada. 5. O conjunto de fiéis sob a orientação espiritual de um sacerdote, de um pastor etc.

Re.bar.ba *s.f.* 1. Parte saliente; aresta. 2. Encaixe das pedras preciosas, em anéis, brincos etc.

Re.bar.ba.ti.vo *adj.* 1. Rude, irritante, desagradável. 2. Penoso, árduo. 3. Áspero, agreste.

Re.ba.te.dor (ô) *adj.* e *s.m.* 1. Que ou o que rebate. 2. Que ou quem desconta letras, apólices, obrigações etc. com algum ágio; agiota.

Re.ba.ter *v.t.* 1. Bater de novo. 2. Rechaçar, repelir, refutar. 3. Combater, debelar (uma doença, um mal etc.). 4. Descontar notas, recibos etc. 5. Auxiliar a digestão.

Re.bel.de *adj.2g.* 1. Diz-se de pessoa ou grupo organizado que se opõe pelas armas a um governo. 2. Que faz rebelião; insurgente. 3. Que não cede; pertinaz, obstinado, teimoso. 4. Difícil de se submeter ou debelar. 5. Indomável, escabroso. *s.2g.* 6. Pessoa rebelde.

Re.bel.di.a *s.f.* Qualidade ou ato de rebelde.

Re.be.li.ão *s.f.* 1. Ato ou efeito de rebelar(-se). 2. Sublevação contra o Estado. 3. Insurreição, revolta. 4. Oposição, resistência.

Re.ben.que *s.m.* Espécie de chicote pequeno.

Re.ben.ta.ção *s.f.* 1. Ato ou efeito de rebentar. 2. O quebrar das ondas contra os rochedos ou contra o casco dos navios; arrebentação.

Re.ben.tar *v.int.* 1. Estourar, explodir. 2. Quebrar-se com violência. 3. Fazer-se em pedaços. 4. Soar com força ou estrepitosamente. 5. Lançar rebentos; brotar. 6. Desabrochar, surgir. *v.t.* 7. Fazer morrer de fadiga.

Re.ben.to *s.m.* 1. Nova haste que sai da raiz de uma planta; renovo. 2. Gomo de vegetais. 3. FIG Produto, fruto. 4. FIG Filho, descendente.

Re.bi.te *s.m.* 1. Dobra da extremidade de um prego para que não se solte da madeira. 2. Prego de duas cabeças para unir chapas de aço.

Re.bo.an.te *adj.* Que reboa; retumbante.

Re.bo.ar *v.int.* Retumbar, ecoar, repercutir.

Re.bo.bi.nar *v.t.* Bobinar novamente (o papel, à medida que sai da máquina contínua).

Re.bo.ca.dor (ô) *s.m.* 1. Lancha apropriada para rebocar outra. 2. Veículo utilizado para remover outro; guincho, reboque. *adj.* e *s.m.* 3. Que, ou o que reveste de reboco.

Re.bo.car *v.t.* 1. Levar a reboque. 2. Cobrir de reboco. 3. Puxar (um veículo, um barco).

Re.bo.co (ô) *s.m.* Argamassa com que se revestem as paredes dando-lhes uma superfície lisa e unida, própria para receber a caiação.

Re.bo.jo (ô) *s.m.* 1. Movimento circular das águas dos rios, provocado por sorvedouros ou redemoinhos. 2. Curva formada pela queda das cachoeiras. 3. Sorvedouro que se forma nos rios.

Re.bo.la.do *s.m.* 1. Movimento de quadris, em certas danças ou ao andar. 2. Saracoteio, meneio, requebro.

Re.bo.lan.te *adj.2g.* ou **re.bo.li.ço** *adj.* 1. Que (se) rebola; saracoteante; bamboleante. 2. Em forma de rebolo.

Re.bo.lo (ô) *s.m.* Pedra redonda que gira em torno de um eixo e serve para afiar instrumentos de corte, como faca, tesoura etc.

Re.bo.o *s.m.* 1. Ato ou efeito de reboar. 2. Grande ruído; estrondo.

Re.bo.que *s.m.* 1. Ato ou efeito de rebocar. 2. Tração exercida numa embarcação, num veículo terrestre ou aéreo, por outra embarcação ou veículo da mesma natureza. 3. Bonde sem motor, rebocado por um elétrico. 4. Veículo apropriado para rebocar; guincho. 5. FIG Ato de trazer alguém à sua sombra, subordinado.

Re.bor.do (ô) *s.m.* Borda revirada ou voltada para fora.

Re.bor.do.sa *s.f.* 1. Censura, repreensão. 2. Doença grave. 3. Situação desagradável. 4. Reincidência de moléstia. 5. Pancadaria, conflito.

Re.bo.ta.lho *s.m.* 1. O que sobra, depois de selecionado o melhor; resto, refugo. 2. Ninharia, coisa ordinária.

Re.bo.te *s.m.* 1. Volta de bola rebatida. 2. Em basquete, volta da bola que bateu na cesta sem entrar.

Re.bri.lhan.te *adj.2g.* Que rebrilha; muito brilhante; esplendoroso, refulgente.

Re.bri.lhar *v.int.* 1. Tornar a brilhar. 2. Brilhar intensamente; cintilar.

Re.bu *s.m.* Confusão, desordem, briga.

Re.bu.ça.do *s.m.* 1. Açúcar queimado em ponto vítreo em forma de bala. 2. Doce caramelado, envolto em papel. *adj.* 3. Embuçado. 4. Oculto, disfarçado, dissimulado.

Re.bu.ço *s.m.* 1. Parte do capote ou capa com que se cobre a cabeça. 2. FIG Disfarce, dissimulação.

Re.bu.li.ço *s.m.* Barulho, agitação, confusão, balbúrdia, correria, alvoroço, tumulto.

Re.bus.ca.do *adj.* 1. Preparado com artifício e afetação; pretensioso. 2. Sem naturalidade; empolado.

Re.bus.car *v.t.* 1. Buscar novamente. 2. Indagar. 3. Pesquisar minuciosamente. 4. Aprimorar, aperfeiçoar em excesso. 5. Requintar.

Re.ca.do *s.m.* 1. Participação ou aviso verbal. 2. Mensagem oral. 3. FAM Repreensão.

Re.ca.í.da *s.f.* 1. Ato ou efeito de recair. 2. Reaparecimento dos sintomas de uma moléstia.

Re.ca.ir *v.int.* 1. Cair de novo. 2. Incidir, reincidir. 3. Tornar a adoecer da mesma moléstia. 4. Pesar. 5. Versar, aludir, dizer respeito.

Re.cal.car *v.t.* 1. Tornar a calcar; calcar muitas vezes. 2. Calcar com força. 3. Concentrar, reprimir. 4. Repisar, insistir. 5. PSICAN Submeter ao recalque.

Re.cal.ci.tran.te *adj.* e *s.2g.* Que, ou pessoa que recalcitra; desobediente, rebelde.

Re.cal.ci.trar *v.t.* e *int.* 1. Resistir deixando de obedecer, de ceder. 2. Revoltar-se, insurgir-se. 3. Teimar, obstinar-se.

Re.cam.bi.ar *v.t.* 1. Devolver ou mandar de volta. 2. Fazer voltar ao ponto de partida.

Re.ca.mo *s.m.* 1. Bordado em relevo, especialmente de ouro ou prata. 2. FIG Ornato, lavor, adorno.

Re.can.to *s.m.* 1. Canto escuro e recôndito. 2. Lugar aprazível. 3. Retiro, rincão. 4. Lugar retirado e oculto; esconderijo.

Re.ca.pa.ci.ta.ção *s.f.* Ato ou efeito de recapacitar(-se). • *Pl.: recapacitações.*

Re.ca.pa.ci.tar *v.t.* e *p.* 1. Tornar(-se) de novo física ou mentalmente capaz. *v.t.* 2. Conservar na memória; memorizar, gravar. *v.p.* 3. Persuadir-se, convencer-se novamente.

Re.ca.par *v.t.* Recauchutar.

Re.ca.pe.a.men.to *s.m.* Ato de recapear.

Re.ca.pe.ar *v.t.* Cobrir novamente com revestimento asfáltico (rua, estrada etc.).

Re.ca.pi.tu.la.ção *s.f.* 1. Ato ou efeito de recapitular. 2. Sinopse, sumário, síntese.

RECAPITULAR — RECOLHER

Re.ca.pi.tu.lar *v.t.* **1.** Recordar, relembrar. **2.** Repetir em resumo; resumir.

Re.cap.tu.ra *s.f.* Ato ou efeito de recapturar; nova captura.

Re.cap.tu.rar *v.t.* Tornar a capturar.

Re.car.ga *s.f.* **1.** Segunda investida ou ataque. **2.** Nova investida do touro contra o toureiro que o feriu.

Re.car.re.gar *v.t.* e *p.* **1.** Tornar a carregar(-se). *v.t.* **2.** Fazer carga contra; investir contra.

Re.ca.to *s.m.* **1.** Cuidado em evitar ocasiões de perigo ou tentação. **2.** Tudo o que ofende a decência. **3.** Cautela, precaução. **4.** Honestidade, resguardo. **5.** Recolhimento. **6.** Segredo, mistério.

Re.cau.chu.ta.do.ra *s.f.* Estabelecimento especializado em recauchutar pneus.

Re.cau.chu.tar *v.t.* Colocar nova camada de borracha na superfície externa dos pneumáticos ou quaisquer outros objetos de borracha.

Re.ce.be.do.ri.a *s.f.* **1.** Repartição em que se recebe impostos ou taxas; coletoria. **2.** Cargo de recebedor.

Re.ce.ber *v.t.* **1.** Aceitar entrar na posse de, em pagamento de dívidas. **2.** Obter como concessão ou favor. **3.** Entrar na posse de. **4.** Ter comunicação de. **5.** Sofrer, experimentar. **6.** Contrair matrimônio. **7.** Acolher, aceitar. *v.int.* **8.** Dar recepções. *v.p.* **9.** Casar-se.

Re.cei.o *s.m.* **1.** Apreensão, temor, incerteza. **2.** Dúvida, acompanhada de temor; medo.

Re.cei.ta *s.f.* **1.** O total das somas de dinheiro que uma empresa ou pessoa recebe, proveniente de vendas (à vista ou a prazo) ou recursos provenientes de aplicações financeiras e rendas num certo período. **2.** Quantia recebida. **3.** Com relação ao orçamento público, soma de impostos, taxas e multas. **4.** MED Fórmula que prescreve um medicamento ou indica a sua composição. **5.** Fórmula para a preparação de um produto industrial ou culinário. **6.** Indicação, sugestão, conselho.

Re.cei.tu.á.rio *s.m.* **1.** Conjunto de receitas. **2.** Talão de formulário de médico.

Re.cen.den.te *adj.2g.* Que recende; odorífero.

Re.cen.der *v.t.* e *int.* Exalar cheiro forte e penetrante; cheirar.

Re.cen.são *s.f.* **1.** Notícia crítica resumida, publicada em revistas técnicas, do conteúdo de um livro ou de um artigo. **2.** Confronto de um texto com o original, para assegurar-lhe a autenticidade. **3.** Lista, catálogo.

Re.cen.se.a.dor *adj.* e *s.m.* Que, ou aquele que recenseia.

Re.cen.se.a.men.to *s.m.* **1.** Arrolamento de pessoas ou animais. **2.** Determinação do número de habitantes de uma região, discriminando-se sexo, nacionalidade, profissão etc.; censo.

Re.cen.te *adj.* **1.** Que aconteceu há pouco tempo. **2.** Que tem pouco tempo de existência. **3.** Fresco, novo. **4.** Preparado há pouco tempo. ● *Ant.: antigo.*

Re.ce.o.so (ô) *adj.* **1.** Que tem receio. **2.** Temeroso, apreensivo. **3.** Medroso, tímido, acanhado.

Re.cep.ção *s.f.* **1.** Ato ou efeito de receber. **2.** Seção num estabelecimento ou empresa, encarregada de dar informações, receber as pessoas etc. **3.** O pessoal que trabalha na recepção. **4.** Ato de receber (amigos, convidados) em casa.

Re.cep.cio.nis.ta *s.2g.* Pessoa encarregada da recepção em hotéis, empresas etc.

Re.cep.tá.cu.lo *s.m.* **1.** Lugar onde se recolhem alguma ou muitas coisas. **2.** Recipiente. **3.** FIG Esconderijo, abrigo, refúgio. **4.** BOT Parte superior do pedúnculo da flor.

Re.cep.ta.dor *adj.* e *s.m.* Diz-se de, ou indivíduo que recepta.

Re.cep.tar *v.t.* Ocultar ou adquirir objetos roubados ou contrabandeados por outrem.

Re.cep.tí.vel *adj.* **1.** Que se pode receber. **2.** Aceitável, admissível, razoável.

Re.cep.tor *adj.* e *s.m.* **1.** Que, ou o que recebe; recebedor. **2.** Receptador. *s.m.* **3.** Aparelho telegráfico que recebe os sinais enviados pelo manipulador.

Re.ces.são *s.f.* **1.** Ato ou efeito de retroceder; recuo. **2.** Diminuição da atividade. **3.** Conjuntura de declínio da atividade econômica em um país etc.

Re.ces.so *s.m.* **1.** Lugar afastado, remoto. **2.** Recanto, retiro.

Re.cha.çar *v.t.* **1.** Fazer retroceder pela força. **2.** Fazer fugir (o inimigo); desbaratar. **3.** Repelir, rebater com uma palavra ou gesto repentino; recusar.

Ré.chaud (fr.) *s.m.* Utensílio que conserva quente a comida. ● *Pl.: réchauds.*

Re.chei.o *s.m.* **1.** Ato ou efeito de rechear. **2.** Aquilo que enche uma coisa. **3.** FIG Economias, pecúlio.

Re.chon.chu.do *adj.* FAM Gorducho, nédio, roliço.

Re.ci.bo *s.m.* Papel assinado em que alguém declara ter recebido alguma coisa; quitação.

Re.ci.cla.gem *s.f.* **1.** Conjunto de técnicas para o aproveitamento de detritos e sua reintrodução no ciclo de produção econômica. **2.** Atualização pedagógica, administrativa etc.

Re.ci.di.va *s.f.* **1.** Recaída (de doença). **2.** JUR Reincidência.

Re.ci.fe *s.m.* **1.** Cadeia de rochedos à flor da água, junto à costa. **2.** FIG Contrariedade, estorvo. ● *Var.: arrecife.*

Re.ci.fen.se *adj.2g.* **1.** Relativo ou pertencente à cidade do Recife, capital do Estado de Pernambuco. *s.2g.* **2.** Pessoa natural ou habitante dessa capital.

Re.cin.to *s.m.* **1.** Espaço fechado ou delimitado por paredes. **2.** Cômodo, sala.

Re.ci.pi.en.te *adj.2g.* **1.** Que recebe. *s.m.* **2.** O que recebe. **3.** Vaso ou vasilha que pode receber ou conter qualquer coisa.

Re.ci.pro.ci.da.de *s.f.* **1.** Qualidade ou caráter do que é recíproco. **2.** Correspondência mútua de atos, palavras etc.; mutualidade.

Re.cí.pro.co *adj.* **1.** Que implica em troca, permuta. **2.** Comum a duas ou mais pessoas; mútuo.

Ré.ci.ta *s.f.* **1.** Espetáculo de declamação ou música. **2.** Representação em teatro lírico; concerto.

Re.ci.ta.dor *adj.* e *s.m.* Que, ou o que recita.

Re.ci.tal *s.m.* MÚS Concerto de um só artista ou para poucos solistas.

Re.ci.tar *v.t.* Ler, dizer em voz alta e clara; declamar.

Re.ci.ta.ti.vo *s.m.* **1.** Frase musical que deve ser recitada mais do que cantada. **2.** Poesia a ser recitada com acompanhamento de música; récita. *adj.* **3.** Próprio para se recitar.

Re.cla.man.te *adj.2g.* **1.** Que reclama. *s.2g.* **2.** Pessoa que reclama, que interpõe reclamação judicial.

Re.cla.mar *v.t.* **1.** Exigir, protestar. **2.** Reivindicar direitos. **3.** Pedir com protesto, insistentemente, reiteradamente, a entrega ou devolução de. *v.int.* **4.** Queixar-se. **5.** Protestar; exigir.

Re.cla.me *s.m.* Anúncio comercial; publicidade, propaganda.

Re.clas.si.fi.ca.ção *s.f.* Ato ou efeito de reclassificar; nova classificação. ● *Pl.: reclassificações.*

Re.clas.si.fi.car *v.t.* Dar nova classificação a.

Re.cli.nar *v.t.* **1.** Inclinar, deitar. **2.** Encostar. *v.p.* **3.** Encostar-se, inclinar-se.

Re.cli.na.tó.rio *s.m.* **1.** Local próprio para reclinar. **2.** Peça do mobiliário do séc. XV, no qual a pessoa se ajoelhava durante a oração; genuflexório.

Re.clu.são *s.f.* **1.** Ato ou efeito de encerrar ou enclausurar; prisão, cárcere. **2.** Pena rigorosa para ser cumprida em penitenciária. ● *Ant.: liberdade.*

Re.co *s.m.* Recruta.

Re.co.bra.men.to *s.m.* Ato ou efeito de recobrar.

Re.co.brar *v.t.* **1.** Tornar a cobrar. **2.** Readquirir de novo, reaver.

Re.co.brir *v.t.* **1.** Cobrir de novo. **2.** Cobrir completamente.

Re.co.bro (ô) *s.m.* **1.** Ato ou efeito de recobrar(-se). **2.** Recuperação. **3.** Renascimento.

Re.co.lha *s.f.* Recolhimento.

Re.co.lher *v.t.* **1.** Arrecadar. **2.** Fazer a colheita de. **3.** Dar hospitalidade a. **4.** Apanhar. **5.** Retirar de circulação. **6.** Guardar. *v.p.* **7.** Voltar para casa. **8.** Ir para a cama. **9.** Refugiar-se, retirar-se do convívio social. **10.** Concentrar-se em meditação.

RECOLHIMENTO — RECUSAR

Re.co.lhi.men.to *s.m.* **1.** Ato ou efeito de recolher(-se). **2.** Retiro, refúgio, abrigo. **3.** Casa de indivíduos recolhidos. **4.** Meditação profunda. **5.** Vida retraída.

Re.co.lo.ca.ção *s.f.* Ato ou efeito de recolocar; nova colocação. ● *Pl.: recolocações.*

Re.co.lo.car *v.t.* Colocar de novo.

Re.co.me.çar *v.t.* Tornar a começar.

Re.co.me.ço (ê) *s.m.* Ato ou efeito de recomeçar; novo começo.

Re.co.men.da.ção *s.f.* Ato ou efeito de recomendar.

Re.co.men.dar *v.t.* **1.** Encomendar alguma coisa a. **2.** Pedir que trate com atenção. **3.** Pedir que transmita cumprimentos a alguém. *v.pr.* **4.** Tornar-se recomendável. **5.** Merecer distinção ou favor.

Re.com.pen.sa *s.f.* Compensação, prêmio, paga. ● *Ant.: punição.*

Re.com.pen.sa.dor *adj.* e *s.m.* Que, ou aquele que recompensa.

Re.com.por *v.t.* **1.** Compor de novo. **2.** Congraçar. **3.** Recuperar, restabelecer. **4.** Dar novo feitio a; reorganizar. *v.p.* **5.** Recuperar-se, reconstituir-se. **6.** Recobrar a saúde ou as forças.

Re.com.po.si.ção *s.f.* Ato ou efeito de recompor; congraçamento, reconciliação.

Re.côn.ca.vo *s.m.* **1.** Enseada que se desenvolve numa linha curva côncava. **2.** Terras vizinhas a uma cidade ou porto. **3.** Cavidade entre rochedos; gruta.

Re.con.cen.trar *v.t.* **1.** Concentrar muito. **2.** Reunir num ponto. *v.p.* **3.** Chegar-se para o centro. **4.** Concentrar-se num ponto.

Re.con.ci.li.a.dor (ô) *adj.* e *s.m.* Que ou o que reconcilia; pacificador.

Re.con.ci.li.ar *v.t.* **1.** Congraçar(-se). **2.** Pôr(-se) de acordo (pessoas que se desavieram); harmonizar(-se).

Re.con.ci.li.a.tó.rio *adj.* Que tem a faculdade de reconciliar.

Re.con.di.cio.nar *v.t.* **1.** Restituir à primitiva condição. **2.** Restaurar (máquina etc.).

Re.côn.di.to *adj.* **1.** Muito escondido. **2.** Oculto, retirado. **3.** Desconhecido, secreto. *s.m.* **4.** Lugar oculto. **5.** Íntimo, âmago.

Re.con.du.zir *v.t.* **1.** Transportar (uma coisa) para o lugar de onde veio. **2.** Restituir a posse de (um emprego); reeleger.

Re.con.for.tan.te *adj.* e *s.m.* Que, ou o que reconforta.

Re.con.for.tar *v.t.* **1.** Dar novo vigor. **2.** Incutir novo ânimo. **3.** Restaurar a força moral de.

Re.co.nhe.cer *v.t.* **1.** Conhecer uma pessoa ou coisa ao tornar a vê-la. **2.** Verificar a identidade por algum sinal. **3.** Afirmar a autenticidade. **4.** Admitir como certo. **5.** Declarar, confessar. **6.** Mostrar gratidão; agradecer. **7.** Examinar, observar. **8.** Ter como bom ou verdadeiro.

Re.co.nhe.ci.men.to *s.m.* **1.** Ato ou efeito de reconhecer. **2.** Declaração de notário, afirmando a autenticidade de uma assinatura. **3.** Gratidão.

Re.con.quis.tar *v.t.* Tornar a conquistar.

Re.con.si.de.rar *v.t.* **1.** Considerar de novo. **2.** Refletir, repensar; pensar melhor. *v.int.* **3.** Tomar nova resolução. **4.** Desdizer-se, arrepender-se (alguém) do que tinha feito. **5.** Recuar de decisão tomada.

Re.cons.ti.tu.i.ção *s.f.* Ato ou efeito de reconstituir.

Re.cons.ti.tu.in.te *s.m.* **1.** Remédio que restabelece as forças de um convalescente. *adj.2g.* **2.** Que reconstitui.

Re.cons.ti.tu.ir *v.t.* **1.** Tornar a constituir. **2.** Recompor, restabelecer. **3.** Restaurar as forças de. **4.** Dar nova estrutura; recompor.

Re.cons.tru.ção *s.f.* Ato ou efeito de reconstruir.

Re.cons.tru.ir *v.t.* **1.** Tornar a construir; reorganizar. **2.** Formar de novo. **3.** Refundir, reformar.

Re.con.ta.gem *s.f.* Ato ou efeito de recontar.

Re.con.tar *v.t.* **1.** Contar outra vez. **2.** Narrar com minúcia. **3.** Calcular, computar de novo.

Re.con.tra.tar *v.t.* Contratar outra vez.

Re.con.tro *s.m.* Peleja, combate de pouca duração.

Re.cor.dar *v.t.* **1.** Trazer à memória, fazer lembrar. **2.** Ter analogia ou semelhança com; parecer. **3.** Recapitular, lembrar. *v.p.* **4.** Lembrar-se. ● *Ant.: esquecer.*

Re.cor.da.ti.vo *adj.* Que faz recordar.

Re.cor.de *s.m.* **1.** Qualquer realização ou desempenho (em geral no campo do esporte), que supera tudo o que foi anteriormente feito no gênero, como marcas alcançadas etc. **2.** Realização que ultrapassa todas as conseguidas anteriormente.

Re.co-re.co *s.m.* Instrumento musical de percussão; ganzá. ● *Pl.: reco-recos.*

Re.cor.rên.cia *s.f.* **1.** Caráter do que é recorrente; retorno, repetição. **2.** Reaparecimento dos sintomas característicos de uma doença, após a sua completa remissão. **3.** Repetição continuada da mesma operação ou grupo de operações. **4.** Volta à memória.

Re.cor.ren.te *adj.2g.* **1.** Que recorre. *s.2g.* **2.** Pessoa que recorre de um despacho ou sentença judicial.

Re.cor.rer *v.t.* **1.** Correr de novo por. **2.** Tornar a percorrer. **3.** Evocar, repassar na memória. **4.** Esquadrinhar, investigar. **5.** Dirigir-se a alguém, pedindo-lhe auxílio, proteção, justiça.

Re.cor.tar *v.t.* **1.** Fazer recortes em. **2.** Entremear, entrecortar. **3.** Apresentar semelhança com os desenhos recortados.

Re.cos.tar *v.t.* e *p.* **1.** Deitar(-se) parcialmente. **2.** Pôr(-se) meio deitado. **3.** Encostar(-se), reclinar(-se), apoiar(-se).

Re.cos.to (ô) *s.m.* **1.** Lugar ou objeto para alguém se recostar; almofada, encosto. **2.** Parte de um assento em que se apóiam as costas.

Re.co.zer *v.t.* **1.** Tornar a cozer ou a cozinhar. **2.** Cozer muito (a comida).

Re.cre.ar *v.t.* **1.** Proporcionar recreio ou prazer a. **2.** Entreter, distrair. **3.** Divertir. *v.p.* **4.** Divertir-se. **5.** Brincar, folgar.

Re.cre.a.ti.vo *adj.* **1.** Que recreia ou é próprio para recrear. **2.** Que diverte ou dá prazer.

Re.crei.o *s.m.* **1.** Folguedo, divertimento. **2.** Sítio ameno. **3.** Tempo que, nas escolas, se concede aos alunos para brincar ou recrear. **4.** Lugar destinado ao recreio.

Re.cres.cer *v.int.* **1.** Crescer de novo; aumentar. **2.** Aumentar. **3.** Sobrar. **4.** Ocorrer, acontecer.

Re.cri.a.ção *s.f.* Ato de recriar.

Re.cri.ar *v.t.* Tornar a criar.

Re.cri.mi.na.dor *adj.* e *s.m.* Que, ou aquele que recrimina.

Re.cri.mi.nar *v.t.* **1.** Responder a uma acusação acusando também. **2.** Censurar, repreender, criticar.

Re.cri.mi.na.tó.rio *adj.* **1.** Que contém recriminação. **2.** Que tende a recriminar.

Re.cru.des.cen.te *adj.2g.* Que recrudesce.

Re.cru.des.cer *v.int.* **1.** Tornar mais intenso; aumentar. **2.** Tornar-se mais intenso. ● *Ant.: abrandar.*

Re.cru.ta *s.m.* **1.** Soldado que inicia a vida da caserna. **2.** Qualquer novo membro de uma associação, grupo etc.; novato, principiante. ● *Ant.: veterano.*

Re.cru.ta.dor *s.m.* (S) Peão que arrebanha ou recruta animais dispersos ou perdidos.

Re.cru.tar *v.t.* **1.** Alistar, arrolar para o serviço militar. **2.** Arrolar, arregimentar, arrebanhar.

Ré.cua *s.f.* **1.** Conjunto de bestas de carga presas umas às outras. **2.** Ajuntamento de pessoas vis e desprezíveis; súcia, corja.

Re.cu.ar *v.t.* e *int.* **1.** Andar para trás. **2.** Retroceder ou fazer retroceder. **3.** Perder terreno; atrasar-se. **4.** Desistir, renunciar. **5.** Procurar fugir. **6.** Reconsiderar. **7.** Ter ideias contrárias ao progresso. *v.t.* **8.** Voltar atrás. **9.** Impelir para trás. ● *Ant.: avançar.*

Re.cu.pe.ra.ção *s.f.* Ato ou efeito de recuperar(-se). ● *Ant.: perda.*

Re.cu.pe.rar *v.t.* **1.** Recobrar, reconquistar. **2.** Refazer, readquirir. *v.p.* **3.** Restaurar-se. **4.** Indenizar-se. ● *Ant.: perder.*

Re.cu.pe.ra.ti.vo *adj.* Que tem a faculdade de recuperar.

Re.cur.so *s.m.* **1.** Ato ou efeito de recorrer. **2.** Meio de vencer uma dificuldade ou embaraço. **3.** Expediente, meio. **4.** Auxílio, amparo. **5.** Remédio. **6.** Meio para se conseguir modificar uma sentença judicial.

Re.cu.sar *v.t.* **1.** Não aceitar; rejeitar (o que lhe foi oferecido). **2.** Negar, opor-se, não se prestar. **3.** Não admitir. *v.t.* **4.** Não permitir. **5.** Não conceder. **6.** Não obedecer. ● *Ant.: aceitar.*

REDAÇÃO — REFERÊNCIA

Re.da.ção *s.f.* **1.** Ato ou modo de redigir. **2.** Texto redigido. **3.** Conjunto de redatores de um jornal, editora etc. **4.** O lugar onde os redatores trabalham.

Re.dar.guir *v.t.* **1.** Replicar. **2.** Acusar, recriminar. **3.** Responder, revidar.

Re.da.tor *s.m.* **1.** O que redige. **2.** Profissional que escreve habitualmente para jornal ou revista.

Re.de (ê) *s.f.* **1.** Tecido de malhas de diversos tipos para pescaria. **2.** Tecido fino, de malha, que se põe na cabeça para segurar o cabelo. **3.** Conjunto de canos ou de fios. **4.** Entrelaçamento de arame, usado para resguardo. **5.** Cilada, armadilha. **6.** Logro, engano. **7.** Entrelaçamento de vasos sanguíneos, nervos etc. **8.** Conjunto de estradas de ferro ou de rodagem, de canais, de linhas de avião que se entroncam umas nas outras.

Ré.dea *s.f.* **1.** Correia que, ligada ao freio da cavalgadura, serve para guiar ou dirigir; brida. **2.** FIG Direção, governo, comando.

Re.de.moi.nho *s.m.* **1.** Vento forte que se move em espiral. **2.** Movimento em espiral. **3.** Voragem, sorvedouro. ◆ *Var.*: remoinho.

Re.den.ção *s.f.* **1.** Ato ou efeito de remir. **2.** Auxílio que se dava para libertar os escravos; resgate. **3.** O resgate do gênero humano por obra de Jesus Cristo.

Re.den.tor *adj.* **1.** Que redime. *s.m.* **2.** Aquele que redime.

Re.des.co.bri.dor (ó) *adj.* e *s.m.* Que ou quem redescobre.

Re.des.co.brir *v.t.* Tornar a descobrir; reencontrar.

Re.des.con.to *s.m.* Ato pelo qual um estabelecimento bancário desconta em outro um título que ele mesmo adquiriu por desconto.

Re.di.gir *v.t.* **1.** Pôr by escrito com ordem e método. *v.int.* **2.** Exprimir-se bem, por escrito.

Re.dil *s.m.* **1.** Curral para o recolhimento de carneiro e cabras. **2.** Esse rebanho. **3.** Aprisco. **4.** Grêmio. **5.** Paróquia.

Re.di.mir *v.t.* e *p.* **1.** Remir(-se). **2.** Livrar(-se) ou libertar(-se) de coisa que oprime ou inquieta.

Re.dis.tri.bu.i.ção *s.f.* Ato ou efeito de redistribuir.

Re.dis.tri.bu.ir *v.t.* Tornar a distribuir.

Ré.di.to *s.m.* **1.** Ato de voltar; retorno. **2.** Rendimento, juro. **3.** Lucro, ganho.

Re.di.vi.vo *adj.* **1.** Que voltou à vida. **2.** Que remoçou; rejuvenescido.

Re.di.zer *v.t.* **1.** Tornar a dizer. **2.** Repetir o que se disse ou o que outro disse. **3.** Dizer várias vezes.

Re.do.brar *v.t.* **1.** Tornar a dobrar. **2.** Tornar quatro vezes maior. **3.** Aumentar. **4.** Repetir. *v.int.* **5.** Aumentar consideravelmente. **6.** Soar novamente (o sino). **7.** Ampliar.

Re.do.bro (ô) *s.m.* **1.** Ato ou efeito de redobrar. **2.** Duas vezes o dobro. **3.** Reduplicação.

Re.do.ma *s.f.* Campânula para resguardar do pó imagens, objetos de valor ou de estimação.

Re.don.de.za *s.f.* **1.** Qualidade de redondo. **2.** Esfera, globo. **3.** Conjunto de localidades próximas.

Re.don.di.lha *s.f.* Verso de cinco (*redondilha menor*) ou sete (*redondilha maior*) sílabas métricas.

Re.don.do *adj.* **1.** De forma circular. **2.** Esférico, cilíndrico. **3.** Rechonchudo, gordo. **4.** GRÁF Diz-se das letras e tipos comuns. ◆ Opõe-se a *itálico* e *negrito*.

Re.dor (ó) *s.f.* Contorno, roda, volta; arrabalde, cercanias. ◆ Ao redor ou em redor: em volta.

Re.dun.dân.cia *s.f.* Qualidade de redundante; prolixidade. ◆ *Ant.*: concisão.

Re.dun.dan.te *adj.2g.* Em que há redundância; excessivo; pleonástico. ◆ *Ant.*: conciso.

Re.dun.dar *v.int.* **1.** Transbordar; ser excessivo; sobejar. *v.t.* **2.** Acontecer; resultar. **3.** Reverter em; ter como resultado. **4.** Recair, incidir.

Re.du.pli.car *v.t.* **1.** Multiplicar, aumentar em quantidade. **2.** Dobrar de novo; aumentar. *v.int.* Redobrar.

Re.du.to *s.m.* **1.** Fortificação construída no interior de outra maior. **2.** FIG Baluarte. **3.** Ponto principal de defesa. **4.** FIG Lugar isolado, que serve de abrigo; refúgio. **5.** FIG Lugar onde com frequência um grupo se concentra.

Re.du.zir *v.t.* **1.** Tornar menor; restringir. **2.** Subjugar, submeter. **3.** Fazer cair em estado penoso. **4.** Afrouxar, abrandar. **5.** Anular, dominar. **6.** Estreitar, limitar, restringir. **7.** Simplificar. **8.** Resumir, compendiar. **9.** Transformar ou converter uma coisa em outra. **10.** Obrigar, constranger a. **11.** Reconduzir, repor. **12.** Dar, fazer abatimento. **13.** Fazer voltar ao primeiro estado. **14.** QUÍM Diminuir a carga positiva ou aumentar a negativa. **15.** Desagregar de uma combinação. *v.p.* **16.** Limitar-se, resumir-se. **17.** Converter-se, transformar-se. ◆ *Ant.*: ampliar.

Re.e.di.ção *s.f.* Ato ou efeito de reeditar; nova edição, com alterações, correções ou acréscimos com relação à edição anterior.

Re.e.di.fi.ca.ção *s.f.* Ato ou efeito de reedificar; reconstrução.

Re.e.di.fi.car *v.t.* **1.** Edificar de novo; reconstruir. **2.** Restaurar, reformar.

Re.e.di.tar *v.t.* **1.** Tornar a editar. **2.** Reproduzir. **3.** Publicar outra vez.

Re.e.du.ca.ção *s.f.* **1.** Ato ou efeito de reeducar. **2.** Sistema de ensinar o doente (especialmente paralítico), a executar os movimentos.

Re.e.du.car *v.t.* **1.** Completar ou aperfeiçoar a educação de. **2.** Tornar a educar.

Re.e.le.ger *v.t.* e *p.* Tornar a eleger(-se).

Re.e.lei.ção *s.f.* Ato ou efeito de reeleger(-se).

Re.e.lei.to *adj.* e *s.m.* Que, ou aquele que foi eleito novamente.

Re.em.bol.so (ô) *s.m.* **1.** Ato ou efeito de reembolsar. **2.** Recebimento de encomendas através do correio, mediante o pagamento do respectivo preço.

Re.em.pos.sar *v.t.* Reintegrar ou confirmar na posse.

Re.en.car.nar *v.int.* **1.** Tornar a encarnar. **2.** Reassumir forma material.

Re.en.con.trar *v.t.* Tornar a encontrar(-se).

Re.en.con.tro *s.m.* Ato ou efeito de reencontrar-se.

Re.en.trân.cia *s.f.* **1.** Qualidade de reentrante. **2.** Ângulo ou curva para dentro. **3.** Cavidade, sulco. ◆ *Ant.*: saliência.

Re.en.vi.ar *v.t.* Enviar novamente; devolver; reexpedir, recambiar.

Re.er.guer *v.t.* Erguer(-se) novamente.

Re.es.ca.lo.nar *v.t.* Fixar novos prazos para o pagamento de dívidas.

Re.es.cre.ver *v.t.* Tornar a escrever.

Re.es.tru.tu.ra.ção *s.f.* **1.** Ato ou efeito de reestruturar; nova estruturação. **2.** Reforço em estrutura de construção. ◆ *Pl.*: reestruturações.

Re.es.tru.tu.rar *v.t.* **1.** Dar nova estrutura a. **2.** Reestabelecer.

Re.es.tu.dar *v.t.* Tornar a estudar; estudar muito.

Re.e.xa.me (z) *s.m.* Ato ou efeito de examinar uma outra vez e mais minuciosamente; novo exame.

Re.e.xa.mi.nar (z) *v.t.* Examinar de novo.

Re.fa.zer *v.t.* **1.** Fazer de novo. **2.** Construir outra vez. **3.** Reformar, reorganizar. **4.** Dar novas forças; recompor. *v.p.* **5.** Reestabelecer-se, descansar. **6.** Restaurar as próprias forças. **7.** Consertar, reconstruir. **8.** Indenizar. **9.** Nutrir, alimentar.

Re.fa.zi.men.to *s.m.* **1.** Ato ou efeito de refazer. **2.** Conserto, reparo.

Re.fei.ção *s.f.* **1.** Ato de refazer as forças. **2.** Porção de alimento que se toma a horas regulares, de cada vez.

Re.fei.to *adj.* **1.** Que se tornou a fazer. **2.** Emendado, corrigido. **3.** Restaurado de forças.

Re.fei.tó.rio *s.m.* Casa ou salão onde se fazem as refeições em comum, especialmente nos colégios e conventos.

Re.fém *s.2g.* Pessoa que fica em poder do inimigo como garantia da execução ou cumprimento de um acordo.

Re.fe.rên.cia *s.f.* **1.** Ato ou efeito de referir. **2.** Menção, alusão. **3.** Classificação de extranumerário no serviço público. **4.** Relação, analogia. **5.** Recomendação, apresentação.

REFERENDO — REGAÇO

Re.fe.ren.do *s.m.* Direito que têm os cidadãos de se pronunciar diretamente sobre assuntos de interesse nacional ou geral. ● Usa-se, também, *referendum* (lat.).

Re.fe.ren.te *adj.2g.* Que se refere ou diz respeito a; alusivo, relativo.

Re.fe.rir *v.t.* **1.** Narrar, contar, relatar. **2.** Citar, mencionar, aludir. **3.** Trazer à baila. **4.** Atribuir. *v.p.* **5.** Aludir, reportar-se. **6.** Ter relação com. **7.** Dizer respeito a.

Re.fer.ver *v.int.* **1.** Ferver de novo. **2.** Ferver muito. **3.** FIG Fremir, vibrar.

Re.fes.te.lar-se *v.p.* **1.** Recostar-se comodamente. **2.** Regozijar-se, alegrar-se.

Re.fil *s.m.* Conteúdo descartável de alguns produtos, que pode ser substituído: cargas de esferográfica, batons, repelentes etc.

Re.fi.na.dor (ô) *adj.* e *s.m.* **1.** Que ou o que refina. **2.** Diz-se de ou aparelho utilizado para a refinação da pasta do papel.

Re.fi.nar *v.t.* **1.** Separar duma substância as matérias que lhe alteram a pureza. **2.** Tornar mais fino ou mais puro. **3.** Aperfeiçoar--se; esmerar-se.

Re.fi.na.ri.a *s.f.* Usina onde se refinam certas substâncias (açúcar, petróleo etc.).

Re.fle.tir *v.t.* **1.** Lançar de si. **2.** Reproduzir a imagem de. **3.** Transmitir, mostrar. **4.** Repetir, ecoar. **5.** Fazer retroceder, desviando da direção primitiva. **6.** Repercutir. **7.** Incidir, recair. *v.t.* e *int.* **8.** Pensar com madureza; raciocinar. *v.p.* **9.** Repercutir-se, transmitir-se. **10.** Reproduzir-se.

Re.fle.tor (ô) *adj.* **1.** Que reflete a luz ou o som. *s.m.* **2.** Aparelho destinado a refletir a luz sobre determinado ponto.

Re.fle.xão (cs) *s.f.* **1.** Ato ou efeito de refletir(-se). **2.** Ponderação, observação. **3.** Consideração atenta. **4.** Prudência, juízo. **5.** Retorno da luz ou do som. ● *Ant.: irreflexão.*

Re.fle.xi.vo (cs) *adj.* **1.** Que reflete; que medita. **2.** Comunicativo. **3.** Ponderado, sereno. **4.** GRAM Diz-se do verbo essencialmente pronominal.

Re.fle.xo (cs) *adj.* **1.** Feito por meio da reflexão; refletido. **2.** Que se volta sobre si mesmo. **3.** Indireto. **4.** Diz-se do ato que se realiza involuntariamente, em razão de excitação nervosa exterior. *s.m.* **5.** Efeito produzido pela luz refletida sobre um corpo. **6.** Influência indireta. **7.** Repercussão. **8.** Reação natural, emocional ou orgânica. **9.** Reação, resposta.

Re.flo.res.cên.cia *s.f.* Qualidade de reflorescente.

Re.flo.res.cen.te *adj.2g.* Que refloresce; reflorente.

Re.flo.res.cer *v.t.* **1.** Tornar florido. **2.** Revigorar. *v.int.* **3.** Florescer de novo. **4.** Reviver, reanimar-se.

Re.flo.res.tar *v.t.* Replantar árvores no lugar onde foi derrubada floresta virgem.

Re.flo.rir *v.int.* Reflorescer.

Re.flu.ir *v.int.* **1.** Correr para trás (um líquido). **2.** Voltar ao ponto de partida; retroceder. *v.t.* **3.** Voltar. **4.** Acudir, vir, aparecer em grande quantidade.

Re.fo.ga.do *s.m.* Molho que se faz refogando cebola, alho, tomate e outros temperos.

Re.for.çar *v.t.* **1.** Tornar mais sólido ou mais intenso. **2.** Aumentar o número. *v.t.* e *p.* **3.** Tornar mais forte; fortificar(-se).

Re.for.ça.ti.vo *adj.* Que serve para reforçar.

Re.for.ço (ô) *s.m.* **1.** Ato ou efeito de reforçar. **2.** Tropas auxiliares. **3.** Auxílio, amparo ou ajuda suplementar. ● *Pl.: reforços* (ó).

Re.for.ma.dor *adj.* **1.** Que reforma. *s.m.* **2.** Aquele que reforma; chefe de uma reforma religiosa.

Re.for.mar *v.t.* **1.** Reorganizar. **2.** Emendar, corrigir. **3.** Dar melhor forma. **4.** Consertar, remodelar. **5.** Restaurar, reparar. **6.** Aposentar. **7.** Prover-se. **8.** Emendar-se, corrigir-se.

Re.for.ma.tó.rio *s.m.* **1.** Que reforma. **2.** Conjunto de preceitos instrutivos ou morais. **3.** Estabelecimento destinado a abrigar e recuperar menores delinquentes.

Re.for.mis.mo *s.m.* Doutrina social que pretende alcançar os seus fins não pela violência, mas por sucessivas reformas.

Re.for.mu.lar *v.t.* Dar nova formulação a; formular de modo diferente.

Re.fra.ção *s.f.* **1.** FÍS Desvio de direção de um raio luminoso ao passar obliquamente de um meio para o outro. **2.** Ato ou efeito de refratar.

Re.fran.gen.te *adj.2g.* Que refrange; refrativo.

Re.fran.ger *v.t.* e *p.* Refratar.

Re.frão *s.m.* Frase vocal ou instrumental, que se repete a intervalos regulares numa música ou num poema; estribilho; provérbio. ● *Pl.: refrãos* e *refrães.*

Re.fra.tá.rio *adj.* **1.** Desobediente às leis ou à autoridade. **2.** Rebelde, desobediente. **3.** Difícil de fundir-se. **4.** FIG Resistente. **5.** Imune a certas doenças. *s.m.* **6.** O que se subtrai ao cumprimento do serviço militar. **7.** Material refratário.

Re.fra.tor *adj.* Que serve para refratar.

Re.fre.ar *v.t.* **1.** Sujeitar com freio (o cavalo). **2.** Dominar, subjugar. *v.t.* e *p.* **3.** Moderar(-se), conter(-se), dominar(-se).

Re.fre.ga *s.f.* **1.** Combate casual, violento, que produz debandada e deixa a luta indecisa. **2.** Luta, peleja. **3.** Lida, trabalho, faina.

Re.fres.can.te *adj.2g.* Que refresca.

Re.fres.car *v.t.* **1.** Tornar mais fresco ou fazer menos quente; refrigerar. **2.** Reanimar, restaurar. **3.** Aliviar, suavizar. *v.int.* **4.** Tornar-se mais fresco; baixar a temperatura. *v.p.* **5.** Refrigerar-se; diminuir o calor do próprio corpo.

Re.fres.co (ê) *s.m.* **1.** Aquilo que refresca. **2.** Bebida refrigerante, feita de suco de fruta com água e adoçante. **3.** Alívio, refrigério. **4.** Auxílio, socorro.

Re.fri.ge.ra.dor *adj.* **1.** Que refrigera ou abaixa artificialmente a temperatura. *s.m.* **2.** Aparelho para refrigerar; geladeira. ● *Ant.: aquecedor.*

Re.fri.ge.ran.te *adj.2g.* **1.** Que refrigera, que faz baixar a temperatura. *s.m.* **2.** Bebida não alcoólica para refrescar; refresco.

Re.fri.ge.rar *v.t.* **1.** Submeter a refrigeração; refrescar. **2.** Tornar fresco. **3.** Consolar, suavizar. *v.p.* **4.** Refrescar-se. **5.** Sentir-se aliviado ou confortado. ● *Ant.: aquecer.*

Re.fri.gé.rio *s.m.* **1.** Ato ou efeito de refrigerar. **2.** Sensação agradável provocada pelo frescor. **3.** Refrigeração. **4.** FIG Consolo ou alívio de qualquer natureza.

Re.fu.ga.dor (ô) *adj.* e *s.m.* **1.** Que ou aquele que refuga (homem ou animal). **2.** Diz-se de ou lugar em que se coloca o gado para refugá-lo.

Re.fu.gar *v.t.* **1.** Rejeitar, desprezar. **2.** Pôr de parte como inútil. **3.** Separar, apartar (falando-se de gado). **4.** Esquivar-se (o animal).

Re.fú.gio *s.m.* **1.** Lugar onde alguém se refugia. **2.** Abrigo, retiro, asilo. **3.** Amparo, proteção. **4.** FIG Oásis.

Re.fu.go *s.m.* **1.** Aquilo que se refugou; rebotalho, resto. **2.** O que não presta.

Re.ful.gen.te *adj.2g.* **1.** Que refulge. **2.** Fúlgido, brilhante. **3.** FIG Distinto, glorioso.

Re.ful.gir *v.int.* **1.** Brilhar, resplandecer. **2.** Salientar, sobressair. **3.** Lançar luz brilhante.

Re.fun.dir *v.t.* **1.** Fundir de novo; derreter novamente. **2.** Reformar, restaurar. **3.** Refazer inteiramente; emendar, corrigir. *v.int.* **4.** Reunir-se, concentrar-se. *v.p.* **5.** Desaparecer, sumir. **6.** Transformar-se, converter-se.

Re.fu.ta.ção *s.f.* **1.** Ato ou efeito de refutar. **2.** Impugnação, contestação.

Re.fu.ta.dor *adj.* e *s.m.* Diz-se de, ou aquele que refuta.

Re.fu.tar *v.t.* **1.** Desmentir, contestar. **2.** Dizer em contrário. **3.** Rebater com argumento; negar. **4.** Não aceitar. **5.** Ser contrário; contestar. **6.** Desfazer (as razões ou objeções).

Re.fu.ta.tó.rio *adj.* Que refuta ou serve para refutar.

Re.ga-bo.fe *s.m.* **1.** Grande divertimento. **2.** Pândega, comezaina. **3.** Festim ruidoso e alegre. ● *Pl.: rega-bofes.*

Re.ga.ço *s.m.* **1.** Espaço entre a cintura e os joelhos da pessoa sentada. **2.** Concavidade dos vestidos de mulher nessa posição. **3.** FIG Lugar de repouso; abrigo. **4.** FIG Meio, interior.

REGADOR — REGULARIZAR

Re.ga.dor *adj.* **1.** Que rega. *s.m.* **2.** Aquele que rega. **3.** Utensílio que serve para regar.

Re.ga.lar *v.t.* **1.** Causar regalo ou prazer a; alegrar. *v.p.* **2.** Tratar-se bem. **3.** Tratar-se com regalos; alegrar-se.

Re.ga.li.a *s.f.* **1.** ANTIG Direito próprio da realeza. **2.** Prerrogativa, privilégio. **3.** Imunidade.

Re.gar *v.t.* **1.** Umedecer, molhar, aguar as plantas. **2.** Banhar, borrifar. **3.** Acompanhar. com bebidas.

Re.ga.ta *s.f.* Corrida de barcos a vela, a remo ou a motor.

Re.ga.te.a.dor (ô) *adj.* e *s.m.* Que, ou aquele que regateia.

Re.ga.te.ar *v.t.* e *int.* **1.** Discutir o preço para obter abatimento; pechinchar. **2.** Deprimir, depreciar. **3.** Dar em parcimônia. *v.int.* **4.** Questionar com modos grosseiros, com teimosia.

Re.ga.to *s.m.* Pequeno ribeiro; corrente d'água de pequeno vulto; córrego.

Re.ge.lar *v.t.* Gelar, enregelar, congelar.

Re.gên.cia *s.f.* **1.** Ato ou efeito de reger. **2.** Cargo ou funções de quem rege. **3.** Governo interino de um Estado durante a menoridade, ausência ou impedimento de soberano. **4.** Comissão, junta ou coletividade encarregada do governo provisório de um Estado. **5.** Tempo que dura esse governo. **6.** GRAM Relação de dependência entre as palavras de uma oração ou entre as orações de um período.

Re.gen.ci.al *adj.2g.* Relativo à regência.

Re.ge.ne.ra.ção *s.f.* **1.** Ato ou efeito de regenerar(-se). **2.** Reconstituição das partes lesadas do corpo de plantas e alguns invertebrados. ● *Ant.: degeneração.*

Re.ge.ne.ra.dor *adj.* e *s.m.* Que, ou aquele que regenera.

Re.ge.ne.ran.te *adj.2g.* Que regenera.

Re.ge.ne.rar *v.t.* **1.** Tornar a gerar; restaurar. **2.** Reorganizar. **3.** Melhorar ou emendar moralmente. *v.p.* **4.** Formar-se de novo. **5.** Emendar-se ou corrigir-se moralmente; reabilitar-se. ● *Ant.: degenerar.*

Re.ge.ne.ra.ti.vo *adj.* **1.** Que regenera. **2.** Que pode regenerar.

Re.gen.te *adj.2g.* **1.** Que rege. *s.2g.* **2.** Diretor, administrador. **3.** Professor interino. **4.** Dirigente. **5.** Pessoa que conduz um coral ou uma orquestra; maestro. **6.** Titular do governo durante a falta do soberano.

Re.ger *v.t.* **1.** MÚS Conduzir a execução de (uma peça musical). **2.** Administrar, dirigir, governar. **3.** Ter o supremo poder. **4.** Dirigir, guiar como regente. **5.** Lecionar uma disciplina ligada a uma cadeira, a um curso. *v.int.* **6.** Governar como rei. *v.p.* **7.** Governar os próprios atos; dirigir-se.

Re.gi.ão *s.f.* **1.** Grande extensão de terreno. **2.** Zona, país, província. **3.** Camada. **4.** Parte de um todo. **5.** Setor administrativo.

Re.gi.ci.da *s.2g.* Pessoa que mata rei ou rainha.

Re.gi.cí.dio *s.m.* Assassinato de rei ou rainha.

Re.gi.me *s.m.* **1.** Maneira ou ato de reger. **2.** Sistema político de uma nação. **3.** Maneira de viver, de proceder. **4.** Restrição alimentar; dieta. **5.** Norma para a vida de um doente. **6.** Disciplina, regra, regulamento. **7.** GRAM Palavra que completa o sentido de outra, de que depende; regência. **8.** O conjunto das regras legais e fiscais. **9.** Procedimento. **10.** Escoamento de um fluido.

Re.gi.men.tal *adj.2g.* Relativo a regulamento ou ao regimento.

Re.gi.men.to *s.m.* **1.** Ato ou modo de reger. **2.** Conjunto de normas para o bom funcionamento de uma instituição. **3.** Disciplina, regime, direção. **4.** Unidade militar dirigida por um coronel. **5.** FIG Grande número de pessoas.

Re.gio *adj.* De rei; próprio de rei; real.

Re.gi.o.nal *adj.2g.* **1.** Referente a, ou próprio de uma região; local. *s.m.* **2.** Conjunto musical que executa composições características de determinada região.

Re.gi.o.na.lis.mo *s.m.* **1.** Palavra ou expressão própria de uma região. **2.** Expressão social e política no sentido de defesa dos interesses de uma região. **3.** Caráter de uma obra literária escrita a respeito de costumes ou tradições regionais.

Re.gi.o.na.li.za.ção *s.f.* Ato ou efeito de regionalizar.

Re.gi.rar *v.t.* **1.** Fazer girar de novo. *v.int.* **2.** Mover-se em giros.

Re.gis.tra.dor *adj.* e *s.m.* Que, ou o que registra ou serve para registrar.

Re.gis.tra.do.ra *s.f.* Máquina que, nas casas comerciais, faz o registro do dinheiro recebido das vendas.

Re.gis.tro *s.m.* **1.** Ato ou efeito de registrar. **2.** Instituição ou repartição onde se faz a inscrição de fatos ou documentos. **3.** Papel, fita ou imagem com que num livro se assinala uma passagem. **4.** Repartição onde se fazem assentamentos de atos oficiais. **5.** FAM Certidão de nascimento. **6.** Seguro de correspondência postal. **7.** Parte do órgão, ou de outros instrumentos, que encaminha um fluido para diferentes partes do aparelho. **8.** Peça com que se adianta ou atrasa o andamento dos ponteiros de um relógio. **9.** Chave de torneira. **10.** MÚS Timbre de voz ou de instrumento. **11.** MÚS Parte da escala musical, especialmente em referência à extensão das vozes. **12.** Seguro de correspondência postal. **13.** Aparelho para marcar o consumo de água, gás, luz etc.

Re.go (ê) *s.m.* **1.** Sulco natural ou artificial para conduzir água. **2.** Sulco feito pelo arado. **3.** Separação reta nos cabelos deixando ver uma linha do couro cabeludo. **4.** Ruga entre as dobras de pele. **5.** CH Sulco existente entre as nádegas.

Re.gou.gar *v.int.* **1.** Gritar, na voz da raposa. **2.** Falar em tom áspero e gutural, semelhante ao gritar da raposa. **3.** Resmungar.

Re.go.zi.jar *v.t.* **1.** Causar regozijo. **2.** Alegrar muito. *v.p.* **3.** Alegrar-se, congratular-se, contentar-se. ● *Ant.: entristecer.*

Re.go.zi.jo *v.t.* **1.** Contentamento. **2.** Grande alegria; prazer. ● *Ant.: tristeza.*

Re.gra *s.f.* **1.** Aquilo que a lei ou o uso determina. **2.** Norma, preceito. **3.** Ordem, método, disciplina. **4.** Estatuto de uma ordem religiosa. **5.** Moderação, ecomomia. **6.** Prudência, cautela. **7.** Convenção própria a determinado esporte ou jogo. **8.** Aquilo que dirige. **9.** Operação aritmética.

Re.gre.dir *v.int.* **1.** Retroceder, afastar. **2.** Ir em marcha regressiva. ● *Ant.: progredir.*

Re.gres.são *s.f.* **1.** Ato ou efeito de regredir. **2.** Retrocesso, volta. ● *Ant.: progressão.*

Re.gres.sar *v.t.* **1.** Voltar, retornar (a lugar que se deixou). **2.** Retroceder. **3.** Fazer voltar.

Re.gres.si.vo *adj.* **1.** Relativo à regressão. **2.** Retrógrado, retroativo. **3.** Diz-se do imposto cuja percentagem diminui conforme o rendimento em que recai.

Re.gres.so *s.m.* **1.** Ato ou efeito de regressar. **2.** Retorno, volta; retrocesso.

Ré.gua *s.f.* **1.** Peça para traçar linhas retas. **2.** MAT Instrumento para realizar cálculos rápidos.

Re.gu.la.do *adj.* **1.** Que se regulou. **2.** Que se movimenta com regularidade.

Re.gu.la.dor (ô) *adj.* **1.** Que regula ou serve para regular. *s.m.* **2.** Qualquer dispositivo que se aplique a um aparelho para tornar uniforme o seu rendimento ou ação; estabilizador.

Re.gu.la.men.tar *adj.* **1.** Referente a regulamento. **2.** Conforme o regulamento; conferido pelo regulamento. **3.** Que consta do regulamento.

Re.gu.la.men.to *s.m.* **1.** Ato ou efeito de regular. **2.** Norma, regra. **3.** Conjunto de regras de uma instituição ou corpo coletivo. **4.** Regimento, estatuto. **5.** Disposição oficial que regula a execução de uma lei ou decreto; determinação.

Re.gu.lar¹ *adj.2g.* **1.** Referente a regra. **2.** Conforme à lei, à praxe. **3.** Legal, natural. **4.** Que está em meio termo. **5.** Exato, pontual. **6.** GEOM Que tem lado e ângulo iguais. **7.** GRAM Segundo a norma geral da conjugação. ● *Ant.: irregular.*

Re.gu.lar² *v.t.* **1.** Sujeitar a regras. **2.** Dirigir, encaminhar. **3.** Estabelecer regras; regulamentar. **4.** Acertar, ajustar. **5.** Estabelecer ordem. **6.** Trabalhar com acerto. **7.** Valer aproximadamente. **8.** Ter sanidade mental. *v.p.* **9.** Guiar-se, orientar-se, dirigir-se.

Re.gu.la.ri.za.dor *adj.* e *s.m.* Diz-se do, ou o que regulariza.

Re.gu.la.ri.zar *v.t.* **1.** Sanar as irregularidades. **2.** Tornar regular ou normal. **3.** Pôr em ordem ou em dia. **4.** Regulamentar. **5.** Corrigir. *v.p.* **6.** Entrar na forma regular. Tornar-se regular ou normal.

RÉGULO — RELEITURA

Ré.gu.lo *s.m.* **1.** Pequeno rei. **2.** Soberano de um estado bárbaro. **3.** Indivíduo tirânico.

Re.gur.gi.ta.ção *s.f.* Ato ou efeito de regurgitar.

Re.gur.gi.tan.te *adj.2g.* **1.** Que regurgita. **2.** Que causa vômito.

Re.gur.gi.tar *v.t.* **1.** Expelir, pôr fora. **2.** Fazer sair (o que a cavidade está em excesso); vomitar. *v.int.* **3.** Estar muito cheio, repleto; transbordar.

Rei *s.m.* **1.** Aquele que rege ou governa Estado monárquico; soberano de um Estado; monarca. ● *Fem.: rainha.* **2.** O que detém poder absoluto. **3.** O que se destaca entre os demais de seu grupo ou classe. **4.** Uma das figuras nas cartas de jogar. **5.** Uma das peças no jogo de xadrez.

Rei.de (Do ing. raid) *s.m.* **1.** Incursão rápida executada em território inimigo por uma tropa. **2.** Longa excursão a pé, a cavalo, de automóvel, avião etc.

Re.i.dra.tan.te *adj.2g.* **1.** Que reidrata. *s.m.* **2.** Substância que serve para reidratar.

Re.i.dra.tar *v.t.* e *p.* Tornar a hidratar(-se).

Re.im.pres.são *s.f.* **1.** Ato ou efeito de reimprimir. **2.** Nova impressão.

Re.im.pres.sor (e-im...ô) *adj.* e *s.m.* Que ou o que reimprime.

Re.im.pri.mir *v.t.* **1.** Imprimir de novo. **2.** Fazer uma nova tiragem de (livro, gravura etc.); reeditar.

Rei.na.ção *s.f.* **1.** Pândega, patuscada. **2.** Travessura, traquinagem.

Rei.na.do *s.m.* **1.** Tempo que um rei governa. **2.** Tempo em que alguém tem preponderância. **3.** Autoridade moral. **4.** Supremacia, predomínio. **5.** Reino.

Rei.na.dor *adj.* **1.** Que reina ou faz travessuras. **2.** Travesso, traquinas.

Rei.nan.te *adj.2g.* Que reina.

Rei.nar *v.int.* **1.** Governar um Estado como rei. **2.** Dominar. **3.** Ter poder, influência. **4.** Preponderar, estar em uso; grassar. **5.** Fazer travessuras.

Re.in.ci.den.te *adj.2g.* Que reincide; contumaz, renitente.

Re.in.ci.dir *v.t.* **1.** Recair. **2.** Tornar a incidir. *v.int.* **3.** Tornar a praticar (erro, delito).

Re.in.cor.po.ra.ção *s.f.* Ato ou efeito de reincorporar(-se).

Re.in.cor.po.rar *v.t.* e *p.* Tornar a incorporar(-se).

Re.in.de.xar (e-in...cs) *v.t.* Indexar novamente.

Re.in.gres.sar (e-in) *v.t.* Ingressar novamente.

Re.i.ni.ci.ar *v.t.* Tornar a iniciar; recomeçar.

Re.i.ní.cio *s.m.* Ato ou efeito de reiniciar.

Rei.no *s.m.* **1.** Estado governado por um rei; monarquia. **2.** Cada uma das três grandes divisões em que estão agrupados os seres da natureza. **3.** FIG Domínio, mundo, âmbito.

Rei.nol *adj.2g.* Natural do reino, próprio do reino de Portugal, no Brasil Colônia. ● *Pl.: reinóis.*

Re.ins.cre.ver *v.t.* Tornar a inscrever(-se).

Re.in.se.rir (e-in) *v.t.* Inserir outra vez.

Re.in.te.gra.ção *s.f.* **1.** Ato ou efeito de reintegrar(-se). **2.** Restabelecimento; recondução.

Re.in.te.grar *v.t.* **1.** Restabelecer na posse. **2.** Repor no mesmo lugar; reconduzir. *v.p.* **3.** Estabelecer-se de novo. **4.** Obter reintegração.

Re.in.tro.du.zir (e-in) *v.t.* e *p.* Introduzir novamente.

Re.in.ves.tir *v.t.* Investir de novo.

Réis *s.m.pl.* Plural de real, antiga moeda de Portugal e do Brasil.

Rei.sa.do *s.m.* Dança e canto da véspera e do dia de Reis (6 de janeiro), de caráter popular.

Rei.te.rar *v.t.* Repetir com insistência; renovar.

Rei.te.ra.ti.vo *adj.* Que reitera ou serve para reiterar.

Rei.tor *s.m.* **1.** Aquele que rege ou dirige. **2.** Regente. **3.** Principal diretor de certos estabelecimentos de ensino. **4.** Autoridade executiva mais alta nas universidades. **5.** Prior. **6.** Superior de conventos religiosos masculinos.

Rei.to.ra.do *s.m.* **1.** Cargo ou dignidade de reitor. **2.** Tempo de duração desse cargo.

Rei.to.ri.a *s.f.* **1.** Cargo de reitor; reitorado. **2.** Gabinete ou prédio onde o reitor exerce suas funções.

Rei.u.no *adj.* **1.** Fornecido pelo Estado e especialmente pelo Exército para uso dos soldados (farda, botas etc.). **2.** FIG Ruim, ordinário, de baixa qualidade ou condição. **3.** BRAS (S) O gado que pertence ao Estado ou que não tem dono.

Rei.vin.di.ca.dor *adj.* e *s.m.* Que, ou aquele que reivindica.

Rei.vin.di.can.te *adj.2g.* Reivindicador.

Rei.vin.di.car *v.t.* **1.** Intentar ação para reaver (propriedade que está na posse de outrem). **2.** Tentar recuperar. **3.** Assumir. **4.** Reclamar, exigir, requerer.

Re.jei.tar *v.t.* **1.** Lançar fora; largar. **2.** Expelir, vomitar. **3.** Recusar, não admitir. **4.** Desprezar, repelir. **5.** Negar-se, opor-se. **6.** Não aprovar. **7.** Repelir, afastar. ● *Ant.: aceitar.*

Re.ju.bi.lar *v.t.* **1.** Causar júbilo a. *v.int.* e *p.* **2.** Sentir grande júbilo.

Re.jun.tar *v.t.* Fechar as juntas de tijolos ou pedras.

Re.ju.ve.nes.cer *v.t.* **1.** Tornar mais jovem. **2.** Restituir o aspecto de jovem a; remoçar. *v.int.* e *p.* **3.** Tornar-se ou parecer mais jovem. ● *Ant.: envelhecer.*

Re.la.ção *s.f.* **1.** Ato de referir, de relatar. **2.** Descrição, notícia. **3.** Rol, lista. **4.** Semelhança, analogia. **5.** Comparação entre duas quantidades comensuráveis. **6.** Tribunal judicial de segunda instância. **7.** MÚS Espaço entre dois sons.

Re.la.ções-pú.bli.cas *s.2g.2n.* Indivíduo que trabalha em relações públicas.

Re.lâm.pa.go *s.m.* **1.** Clarão súbito e rápido, resultante da descarga elétrica entre duas nuvens. **2.** FIG Luz intensa e rápida; resplendor. **3.** O que é rápido e transitório.

Re.lam.pa.gue.ar *v.int.* **1.** Coriscar, cintilar, faiscar. **2.** Produzir-se num sucesso de relâmpagos. **3.** Brilhar repentinamente. *v.t.* **4.** Mostrar como num relâmpago. **5.** Surgir com o brilho e a rapidez do relâmpago.

Re.lam.pe.jar *v.t.* e *int.* Relampaguear.

Re.lam.pe.jo (ê) *s.m.* **1.** Ação de relampejar. **2.** Relâmpago.

Re.lan.ce *s.m.* **1.** Ato ou efeito de relancear. **2.** Visão rápida. **3.** Ato consecutivo que o toureiro executa e não é previsto pelos espectadores. ◆ *De relance:* rapidamente, num abrir e fechar de olhos.

Re.lap.so *adj.* e *s.m.* **1.** Que, ou aquele que reincide em erro ou falta; reincidente. **2.** Que, ou aquele que é displicente no cumprimento de suas obrigações. **3.** Displicente, relaxado.

Re.la.tar *v.t.* **1.** Fazer uma relação ou descrição. **2.** Contar, narrar. **3.** Fazer o relatório ou a parte preambular de (decreto, lei, processo etc.), fundamentando as suas conclusões.

Re.la.ti.vo *adj.* **1.** Que indica relação. **2.** Referente, respeitante. **3.** Acidental. **4.** Julgado por corporação. **5.** Proporcional. **6.** Diz-se do pronome que, numa oração, estabelece relação com o termo antecedente: *cujo, qual, que, quem.* **7.** Designativo da oração regida por um pronome relativo. **8.** MÚS Qualificativo dos tons maior e menor que têm o mesmo número de sustenidos ou bemóis na clave. ● *Ant.: absoluto.*

Re.la.tor (ô) *s.m.* **1.** Que relata. **2.** Aquele que redige um relatório ou parecer. **3.** Aquele que refere ou narra; narrador.

Re.la.tó.rio *s.m.* **1.** Exposição minuciosa e escrita de um fato, uma pesquisa etc. **2.** Exposição dos fatos de uma administração. **3.** Preâmbulo de uma lei.

Re.la.xa.dor (ô) *adj.* e *s.m.* Que ou o que relaxa; relaxante.

Re.la.xan.te *adj.2g.* **1.** Que relaxa. *s.m.* **2.** O (medicamento) que relaxa.

Re.la.xar *v.t.* **1.** Afrouxar. **2.** Diminuir a tensão de. **3.** Diminuir a força. **4.** Tornar sem efeito. **5.** Perdoar culpas ou pecados. **6.** Moderar, atenuar, abrandar. **7.** Perverter. *v.int.* **8.** Enfraquecer, afrouxar. *v.p.* **9.** Tornar-se negligente, vicioso. **10.** Enfraquecer-se, afrouxar-se. **11.** Desmazelar-se.

Re.lé *s.m.* Ralé.

Re.le.gar *v.t.* **1.** Pôr em segundo plano. **2.** Desprezar, rejeitar. **3.** Repelir com desprezo.

Re.lei.tu.ra *s.f.* Ato ou efeito de reler; segunda leitura.

RELEMBRANÇA — REMO

Re.lem.bran.ça *s.f.* Ato ou efeito de relembrar; recordação.

Re.lem.brar *v.t.* **1.** Tornar a lembrar. **2.** Recapitular, recordar.

Re.len.to *s.m.* Umidade da noite; sereno.

Re.ler *v.t.* Tornar a ler.

Re.les *adj.2g.2n.* **1.** Desprezível. **2.** Muito ordinário; muito fraco. **3.** Baixo, vil. **4.** Sem valor, sem importância, insignificante.

Re.le.vân.cia *s.f.* **1.** Importância. **2.** Valia de um negócio. **3.** Grande valor. **4.** Saliência, relevo. ● *Ant.: irrelevância.*

Re.le.van.te *adj.2g.* **1.** Que releva ou sobressai; saliente, importante. *s.m.* **2.** O indispensável, o essencial. **3.** Aquilo que importa. ● *Ant.: irrelevante.*

Re.le.var *v.t.* **1.** Dar relevo a. **2.** Tornar saliente. **3.** Consentir, permitir. **4.** Aliviar. **5.** Desculpar, absolver, perdoar. *v.int.* **6.** Importar, ser necessário, ser conveniente. *v.p.* **7.** Sobressair. **8.** Distinguir; tornar-se saliente.

Re.le.vo (ê) *s.m.* **1.** Ato ou efeito de revelar. **2.** Qualidade que destaca do trivial. FIG Realce, ênfase, destaque. **4.** Obra de escultura que ressai da superfície.

Re.lha (ê) *s.f.* Peça do arado ou charrua, que entra na terra.

Re.lho (ê) *s.m.* Chicote de couro cru torcido.

Re.li.cá.rio *s.m.* Lugar (como cofre etc.) onde se guardam as relíquias de um santo.

Re.li.gi.ão *s.f.* **1.** Culto prestado à divindade. **2.** Doutrina ou crença religiosa. **3.** Acatamento às coisas sagradas. **4.** Vida religiosa. **5.** Crença viva. **6.** FIG Tudo o que é considerado como um dever sagrado. **7.** Respeito, escrúpulo.

Re.li.gi.o.so *adj.* **1.** Referente à religião. **2.** Sagrado, santo. **3.** Que se refere a uma ordem monástica. *s.m.* **4.** Membro de ordem religiosa.

Re.lin.char *v.int.* Rinchar (o cavalo).

Re.lin.cho *s.m.* Voz do cavalo; rincho.

Re.lí.quia *s.f.* **1.** Parte do corpo de algum santo, ou qualquer objeto que lhe pertenceu. **2.** Coisa preciosa e de pouco valor material. **3.** Restos respeitáveis. **4.** Objeto de estimação.

Re.ló.gio *s.m.* **1.** Mecanismo que serve para marcar as horas. **2.** Instrumento destinado a assinalar o consumo de água, gás, energia elétrica etc.; registro. **3.** Taxímetro. **4.** FAM Tudo que trabalha com muita regularidade. **5.** ASTRON Uma das constelações meridionais.

Re.lo.jo.a.ri.a *s.f.* **1.** Arte de relojoeiro. **2.** Loja onde se vendem relógios. **3.** Maquinismo de relógio.

Re.lo.jo.ei.ro *s.m.* O que vende, fabrica ou conserta relógios.

Re.lu.tan.te *adj.2g.* Que reluta; obstinado.

Re.lu.tar *v.t.* **1.** Opor resistência; resistir. **2.** Ter repugnância. **3.** Hesitar.

Re.lu.zen.te *adj.2g.* Que reluz, brilhante, cintilante. ● *Ant.: apagado, fusco.*

Re.lu.zir *v.int.* **1.** Luzir muito. **2.** Refletir luz; resplandecer, brilhar. **3.** FIG Manifestar-se vivamente.

Rel.va *s.f.* **1.** Erva rasteira e delgada. **2.** Conjunto de ervas rasteiras, quase sempre gramíneas, que se desenvolvem espontaneamente nos campos e caminhos. **3.** Lugar coberto dessa erva.

Rel.va.do *s.m.* Terreno coberto de relva.

Rel.vo.so (ô) *adj.* Cheio de relva.

Re.ma.dor (ô) *adj. e s.m.* **1.** Que, ou aquele que rema. **2.** Praticante de regatas.

Re.man.char *v.int.* **1.** Tardar, demorar-se. **2.** Andar devagar. **3.** Trabalhar de forma propositadamente lenta para atrasar o serviço.

Re.ma.ne.jar *v.t.* **1.** Manejar, dispor novamente. **2.** Mudar, modificar, alterar.

Re.ma.nes.cen.te *adj.2g.* **1.** Que remanesce. *s.m.* **2.** O que resta depois de ser retirada uma parte. **3.** Resto, sobejo, sobra.

Re.man.so *s.m.* **1.** Cessação de movimento. **2.** Tranquilidade, quietação. **3.** Água estagnada. **4.** Água de rio que corre, na beirada, mais vagarosamente, parecendo estar parada, ou mover-se em sentido contrário.

Re.man.so.so (ô) *adj.* Em que há remanso.

Re.mar *v.t.* **1.** Impelir com o auxílio dos remos (uma embarcação). *v.int.* **2.** Mover os remos para dar impulso a um barco. **3.** Nadar. **4.** Voar, voejar. **5.** FIG Lidar, lutar, esforçar-se.

Re.mar.car *v.t.* **1.** Marcar novamente. **2.** Pôr novo preço nas mercadorias à venda.

Re.ma.tar *v.t.* **1.** Fazer o acabamento de. **2.** Concluir, arrematar. **3.** Dar remate. *v.int.* **4.** Morrer. **5.** Ter fim. ● *Ant.: iniciar.*

Re.ma.te *s.m.* **1.** Conclusão. **2.** Ato ou efeito de rematar ou concluir. **3.** Enfeite ou ornato que finaliza qualquer obra de arquitetura. **4.** O ponto mais elevado; o auge.

Re.me.di.a.do *adj.* Que tem recursos para viver bem mas não chega a ser rico.

Re.me.di.a.dor *adj. e s.m.* Que, ou aquele que remedeia.

Re.me.di.ar *v.t.* **1.** Dar remédio. **2.** Atenuar, minorar com remédio. **3.** Corrigir, emendar. **4.** Prover. *v.p.* **5.** Acorrer às próprias despesas; arranjar-se, arrumar-se. **6.** Servir-se de objeto impróprio ou sem condições ideais de uso, à falta de um outro melhor. **7.** Conseguir vencer dificuldades, por meios não inteiramente próprios. ● Conjuga-se por *ansiar.*

Re.mé.dio *s.m.* **1.** Substância que pode debelar uma doença ou indisposição física; medicamento. **2.** Tudo aquilo que serve para atenuar os males da vida. **3.** FIG Emenda, conserto; retificação. **4.** FIG Auxílio, amparo. **5.** FIG Recurso, solução.

Re.me.la *s.f.* Secreção viscosa, esbranquiçada ou amarelada, que se acumula nos pontos lacrimais ou nos bordos das pálpebras.

Re.me.len.to *adj.* Que tem remela; remeloso.

Re.me.le.xo (ê) *s.m.* Requebro, saracoteio, bamboleio.

Re.me.mo.rar *v.t.* **1.** Recordar alguma coisa. **2.** Trazer à memória (algo). **3.** Lembrar, recordar. ● *Ant.: esquecer.*

Re.me.mo.ra.ti.vo *adj.* Que rememora.

Re.men.dão *adj. e s.m.* **1.** Que, ou aquele que põe remendos. *s.m.* **2.** Indivíduo não habilidoso no ofício.

Re.men.do *s.m.* **1.** Pedaço de pano, couro, metal etc., com que se consertam objetos de material igual ou parecido. **2.** Conserto, emenda. **3.** FAM Desculpa.

Re.me.ten.te *adj.2g.* **1.** Que, ou pessoa que manda ou envia. **2.** Que, ou pessoa que expede correspondência, postal ou telegráfica.

Re.me.ter *v.t.* **1.** Fazer entrega. **2.** Fazer chegar às mãos. **3.** Dirigir, mandar, enviar. **4.** Confiar a, destinar. **5.** Adiar, dilatar. **6.** Investir contra; acometer, atacar. *v.int.* **7.** Referir-se. *v.p.* **8.** Anuir, aquiescer. **9.** Entregar-se, estar por. **10.** Reportar-se.

Re.me.xer *v.t.* **1.** Tornar a mexer. **2.** Mexer muitas vezes. **3.** Agitar, sacudir; misturar, mexendo. **4.** Bulir, tocar. **5.** Revolver. *v.int. e p.* **6.** Mover-se, agitar-se. **7.** Requebrar-se.

Re.mi.ção *s.f.* **1.** Ato ou efeito de remir; quitação. **2.** Libertação, resgate. ◆ Cf. *remissão.*

Re.mi.nis.cên.cia *s.f.* **1.** Memória, lembrança. **2.** Recordação vaga, imprecisa. **3.** Aquilo que se conserva na memória. **4.** Sinal ou pedaço de coisas extintas. ● *Ant.: esquecimento.*

Re.mir *v.t.* **1.** Adquirir de novo. **2.** Resgatar. **3.** Tirar do cativeiro ou do poder alheio. **4.** Alforriar, indenizar. **5.** Livrar das penas do inferno. **6.** Expiar, fazer esquecer. **7.** Libertar uma propriedade de um ônus pelo pagamento deste. **8.** Livrar, libertar. **9.** Resgatar. *v.p.* **10.** Resgatar-se, reabilitar-se.

Re.mi.rar *v.t.* Mirar de novo, com atenção.

Re.mis.são *s.f.* **1.** Ato ou efeito de remitir(-se). **2.** Clemência, expiação, perdão. **3.** Alívio, consolo. **4.** Ato de remeter. **5.** Remessa, envio. ◆ Cf. *remição.*

Re.mis.si.vo *adj.* **1.** Que remete para outro lugar. **2.** Que faz referência ou alusão.

Re.mi.tir *v.t.* **1.** Conceder perdão a; indultar. **2.** Fazer a entrega de; ceder, restituir. **3.** Dar por pago ou satisfeito. *v.t., int. e p.* **4.** Perder a intensidade; diminuir, afrouxar(e), mitigar(-se).

Re.mo *s.m.* **1.** Instrumento de madeira que consta de uma haste presa à embarcação e uma espécie de pá com que se faz manobras ou se imprime movimento em pequenas embarcações. **2.** O esporte de remar.

REMOÇANTE — REPARTIÇÃO

Re.mo.çan.te *adj.2g.* Que remoça; remoçador.

Re.mo.ção *s.f.* **1.** Ato ou efeito de remover. **2.** Transferência de um lugar para outro. **3.** Mudança. • *Ant.: permanência.*

Re.mo.çar *v.t.* **1.** Dar frescor juvenil; tornar moço; rejuvenescer. **2.** Fazer reviver. *v.int.* **3.** Tornar moço. **4.** Readquirir vigor. *v.p.* **5.** Robustecer-se; readquirir força e vigor. • *Ant.: envelhecer.*

Re.mo.de.la.dor (ô) *adj.* e *s.m.* Que, ou aquele que remodela.

Re.mo.de.lar *v.t.* **1.** Modelar de novo. **2.** FIG Dar nova forma a. **3.** Refazer com grandes modificações.

Re.mo.er *v.t.* **1.** Moer de novo; repicar. **2.** Recapitular. **3.** Ruminar. **4.** Importunar. *v.p.* **5.** Encher-se de raiva. **6.** Afligir-se, preocupar-se.

Re.mon.ta *s.f.* **1.** Aquisição de novos cavalos para o exército. **2.** Pessoal incumbido desse serviço. POP Conserto, reforma.

Re.mon.tar *v.t.* **1.** Erguer, elevar. **2.** Levantar muito. **3.** Substituir, renovar (os cavalos do regimento). **4.** Fazer remonta em. **5.** Consertar. **6.** Fazer fugir para os montes. **7.** Ir buscar a origem, a data. **8.** Volver (muito atrás, no passado). *v.p.* **9.** Elevar-se muito. **10.** Fugir-se, abrigar-se.

Re.mo.que *s.m.* **1.** Dito picante; motejo. **2.** Insinuação maliciosa ou satírica.

Re.mor.der *v.t.* **1.** Tornar a morder; morder de novo. **2.** Afligir, atazanar, torturar. **3.** Produzir remorsos; afligir. **4.** Falar em desabono de; difamar, amesquinhar. **5.** Cismar repetidamente; ruminar, remoer. **6.** Repisar; insistir. *v.p.* **7.** Irar-se, encolerizar-se.

Re.mor.so (ô) *adj.* **1.** Reprovação que o culpado recebe da própria consciência por haver cometido uma falta. **2.** Arrependimento íntimo.

Re.mo.to *adj.* **1.** Muito afastado; distante (no tempo ou no espaço). **2.** Que sucedeu há muito tempo. • *Ant.: próximo.*

Re.mo.ve.dor *s.m.* Preparado que se usa para tirar manchas, restos de tinta, verniz, esmalte etc.

Re.mo.ver *v.t.* **1.** Mover de um lugar para outro; transferir. **2.** Afastar de si. **3.** Livrar-se de. **4.** Agitar para um e outro lado. **5.** Demitir. **6.** Levar. **7.** Induzir. **8.** Afastar. • *Ant.: permanecer.*

Re.mu.ne.ra.ção *s.f.* **1.** Retribuição por serviço ou favor prestado; recompensa, prêmio. **2.** Gratificação, ger. em dinheiro, por trabalho realizado; salário, recompensa, gratificação. • *Pl.: remunerações.*

Re.mu.ne.ra.dor (ô) *adj.* e *s.m.* Que ou aquele que remunera.

Re.mu.ne.ra.ti.vo ou **re.mu.ne.ra.tó.rio** *adj.* **1.** Que remunera, que recompensa. **2.** Que é bem pago.

Re.mu.ne.ra.tó.rio *adj.* **1.** Que remunera; remunerador. **2.** Próprio para recompensar.

Re.na *s.f.* Mamífero ruminante, espécie de veado.

Re.nal *adj.2g.* Pertencente ou relativo aos rins.

Re.nas.cen.ça *s.f.* **1.** Ato ou efeito de renascer. **2.** Renascimento, renovação. **3.** Novo impulso dado às artes, às ciências, às letras. **4.** Nome por que se designa o movimento artístico (séc. XV e XVI), que se baseava, em grande parte, na imitação da antiguidade grega. *adj.2g.* **5.** Renascentista.

Re.nas.cen.tis.ta *adj.2g.* **1.** Da época da Renascença. *s.2g.* **2.** Artista da Renascença.

Re.nas.cer *v.int.* **1.** Nascer novamente. **2.** Crescer ou germinar de novo. **3.** Adquirir novo vigor. **4.** Revigorar-se, rejuvenescer. **5.** Ressurgir. **6.** Tornar a aparecer. **7.** Reabilitar-se.

Re.nas.ci.men.to *s.m.* Tudo o que caracteriza a época artística e literária da Renascença (acep. 4); renascença (acep. 3).

Ren.da¹ *s.f.* **1.** Tecido feito de algodão, seda etc., trabalhado à mão ou à máquina, cujos fios se entrelaçam formando desenhos, e que serve para guarnição de vestidos, toalhas, fronhas etc. **2.** Rendado.

Ren.da² *s.f.* **1.** Produto anual, mensal etc., proveniente de bens móveis ou imóveis, capitais em giro, pensões etc. **2.** Rendimento, produto, receita. **3.** Rendimento líquido, depois de descontadas todas as despesas. **4.** Rendimento de aluguel. **5.** Remuneração. **6.** Rendimento coletável dos cidadãos, que antigamente servia de base para o exercício de certos direitos políticos.

Ren.da.do *adj.* **1.** Guarnecido de renda. *s.m.* **2.** Peça de renda. **3.** O conjunto das rendas de uma roupa.

Ren.da.ria *s.f.* **1.** Arte de fazer rendas. **2.** Indústria das rendas.

Ren.dei.ro *s.m.* **1.** Homem que fabrica ou vende rendas. **2.** Nome comum a diversos pássaros. **3.** Aquele que arrenda propriedades rústicas.

Ren.der *v.t.* **1.** Sujeitar, submeter. **2.** Fazer ceder; vencer. **3.** Obrigar a ceder. **4.** Ficar no lugar de; substituir. **5.** Ocupar o lugar. **6.** Dar como lucro. **7.** Ser a causa de. **8.** Substituir. **9.** Produzir. **10.** Enfraquecer, alquebrar. **11.** Mover à piedade. **12.** Prestar, tributar. *v.int.* **13.** Ser útil ou produtivo. **14.** Dar resultado, dar lucro. **15.** Ceder ao peso de; rachar, quebrar-se. **16.** Adquirir hérnia. **17.** Demorar muito a acabar; durar. *v.p.* **18.** Sujeitar-se. **19.** Dar-se por vencido. **20.** Entregar-se. **21.** Abater-se, prostrar-se.

Ren.di.ção *s.f.* **1.** Ato ou efeito de render; remissão. **2.** Entrega sem ajuste prévio.

Ren.di.lha *s.f.* Renda pequena ou delicada.

Ren.di.men.to *s.m.* **1.** Ato ou efeito de render. **2.** Produto do capital posto a render. **3.** Juro de propriedades, capitais etc. **4.** Renda, lucro. **5.** Ato de render-se; rendição. **6.** Luxação ou deslocamento de osso.

Ren.do.so (ô) *adj.* Que rende muito; lucrativo.

Re.ne.gar *v.t.* **1.** Abjurar, descrer. **2.** Execrar, odiar, trair. **3.** Negar, desmentir. **4.** Repelir, desprezar, abandonar. **5.** Prescindir, não considerar.

Re.nhi.do *adj.* **1.** Disputado com ardor; encarniçado. **2.** FIG Sangrento, cruento.

Re.ni.ten.te *adj.2g.* **1.** Que não cede; que persiste. **2.** Teimoso, obstinado.

Re.no.me *s.m.* **1.** Boa reputação. **2.** Fama, celebridade, nomeada.

Re.no.me.a.ção *s.f.* Ato ou efeito de renomear. • *Pl.: renomeações.*

Re.no.me.ar *v.t.* **1.** Dar renome a. **2.** Tornar célebre, famoso.

Re.no.va.dor (ô) *adj.* e *s.m.* Que ou que renova.

Re.no.var *v.t.* **1.** Tornar novo. **2.** Dar aparência de novo a. **3.** Dar novo brilho, novas forças. **4.** Mudar ou modificar; transformar. **5.** Recompor. **6.** Restaurar, reformar. *v.int.* **7.** Deitar renovos ou rebentos. *v.p.* **8.** Rejuvenescer, revigorar-se. **9.** Aparecer de novo; repetir-se.

Ren.tá.vel *adj.2g.* Que produz boa renda.

Ren.te *adj.2g.* **1.** Próximo, muito rente. *adv.* **2.** Pela raiz. **3.** Próximo de. **4.** Ao longo de.

Re.nun.ci.an.te *adj.* e *s.2g.* Que, ou pessoa que renuncia.

Re.nun.ci.ar *v.t.* **1.** Rejeitar, recusar. **2.** Não querer. **3.** Deixar voluntariamente a posse de. **4.** Exonerar-se de cargo eletivo. **5.** Renegar, abjurar, abandonar.

Re.or.ga.ni.za.ção *s.f.* **1.** Ato ou efeito de reorganizar. **2.** Remodelação, reforma.

Re.or.ga.ni.za.dor (ô) *adj.* e *s.m.* Que, ou aquele que reorganiza.

Re.or.ga.ni.zar *v.t.* **1.** Organizar de novo. **2.** Reestruturar, reconstituir. **3.** Melhorar, reformar.

Re.os.ta.to *s.m.* FÍS Aparelho destinado a intensificar ou diminuir a resistência de uma corrente elétrica.

Re.pa.ra.ção *s.f.* **1.** Ato ou efeito de reparar. **2.** Reforma. **3.** Conserto, restauração. **4.** Indenização. **5.** Satisfação que se dá a pessoa ofendida ou injuriada. **6.** Desagravo. **7.** Restauração de forças.

Re.pa.ra.dor (ô) *adj.* e *s.m.* **1.** Que, ou aquele que repara. **2.** Restaurador, revigorante.

Re.pa.rar *v.t.* **1.** Consertar, refazer, restaurar. **2.** Restabelecer. **3.** Retocar, melhorar, remediar. **4.** Corrigir, emendar. **5.** Indenizar. **6.** Fixar a atenção, observar. **7.** Fixar a vista. **8.** Tomar cautela; olhar. *v.p.* **9.** Abrigar-se. **10.** Ressarcir-se; recuperar-se.

Re.pa.ro *s.m.* **1.** Ato ou efeito de reparar. **2.** Restauração. **3.** Reparação, conserto. **4.** Atenção que se presta a alguma coisa. **5.** Exame, observação crítica. **6.** Resguardo, trincheira. **7.** Carreta de artilharia.

Re.par.ti.ção *s.f.* **1.** Ato ou efeito de repartir. **2.** Partilha, divisão, parte. **3.** Secção de uma direção geral de secretaria de Estado. **4.** Secretaria, escritório.

REPARTIR — REPRESENTAR

Re.par.tir *v.t.* **1.** Separar em partes. **2.** Dividir por grupos; distribuir. **3.** Dar em quinhão. **4.** Aplicar, empregar. *v.p.* **5.** Dividir-se. **6.** Espalhar-se, ramificar-se. **7.** Dividir a atenção.

Re.pas.sa.dor (ô) *adj.* **1.** Que repassa. **2.** *s.m.* REG (Sul) Aquele que faz repasses, que amansa cavalos já meio domados.

Re.pas.sar *v.t.* **1.** Tornar a passar; voltar. **2.** Ensopar, embeber. **3.** Ler ou examinar novamente. **4.** Recordar, lembrar. **5.** Montar outra vez. *v.int.* **6.** Verter; ressumar. **7.** Passar novamente, voltar. *v.p.* **8.** Embeber-se, ensopar-se.

Re.pas.to *s.m.* Comida. **2.** Refeição farta; banquete.

Re.pa.tri.ar *v.t.* **1.** Fazer voltar à pátria. *v.p.* **2.** Regressar à pátria.

Re.pe.lão *s.m.* **1.** Encontro violento. **2.** Puxão, encontrão. **3.** Investida, assalto.

Re.pe.len.te *adj.2g.* **1.** Que repele, que mantém a distância. **2.** Repugnante, nojento. *s.m.* **3.** Substância usada para repelir insetos. ● *Ant.: atraente.*

Re.pe.lir *v.t.* **1.** Fazer voltar; expulsar. **2.** Rebater. **3.** Impelir para longe ou para fora. **4.** Não deixar entrar ou aproximar-se. **5.** Evitar, ter repugnância. *v.p.* **6.** Ser incompatível, antagônico. **7.** Evitar-se. ● *Ant.: atrair.*

Re.pe.ni.car *v.t.* **1.** Produzir sons agudos, percutindo substância metálica. **2.** Repicar (sinos). *v.int.* **3.** Vibrar com estridor. **4.** Produzir sons agudos.

Re.pen.sar *v.t.* e *int.* **1.** Pensar novamente. **2.** Pensar maduramente; reconsiderar.

Re.pen.te *s.m.* **1.** Ato ou dito repentino; impulso. **2.** Movimento espontâneo. **3.** Improviso ou verso improvisado. ● **De repente:** subitamente.

Re.pen.ti.no *adj.* **1.** Feito ou dito de repente. **2.** Súbito, imprevisto.

Re.pen.tis.ta *adj.* e *s.2g.* **1.** Que, ou pessoa que diz ou faz coisas de improviso; improvisador. **2.** Que, ou quem canta ou verseja de improviso.

Re.per.cus.si.vo *adj.* Próprio para fazer repercussão.

Re.per.cu.ten.te *adj.2g.* Que repercute.

Re.per.cu.tir *v.t.* **1.** Refletir, reproduzir (sons). **2.** Ecoar. **3.** Dar nova direção a. *v.t., int.* e *p.* **4.** Refletir-se (som, luz etc.). **5.** Fazer sentir indiretamente a sua ação. **6.** Causar impressão generalizada.

Re.per.tó.rio *s.m.* **1.** Conjunto de obras musicais ou peças (de um autor, de uma época etc.). **2.** Conjunto de obras interpretadas por um artista ou por uma companhia de teatro. **3.** Conjunto de notícias, de anedotas etc. **4.** Coleção, conjunto.

Re.pe.sar *v.t.* **1.** Pesar de novo. **2.** Examinar atentamente. **3.** Reconsiderar, repensar.

Re.pe.ten.te *adj.2g.* **1.** Que repete. *s.2g.* **2.** Estudante que não passou de ano e que volta a cursar a mesma série do ano anterior.

Re.pe.ti.ção *s.f.* **1.** Ato ou efeito de repetir. **2.** Reprodução ou imitação do que outrem disse ou fez. **3.** RET Figura que consiste em repetir várias vezes a mesma palavra ou frase, para dar mais energia ao discurso.

Re.pe.ti.dor *adj.* **1.** Que repete. *s.m.* **2.** Professor que repete lições dadas por outros.

Re.pe.tir *v.t.* **1.** Fazer ou dizer outra vez; repisar. **2.** Contrair novamente. **3.** Repercutir. **4.** Refletir. **5.** Cursar pela segunda vez. **6.** Dizer outra vez. *v.int.* **7.** Tornar a aparecer. *v.p.* **8.** Acontecer novamente. **9.** Tornar a suceder.

Re.pe.ti.ti.vo *adj.* **1.** Que repete ou se remete. **2.** Em que ocorrem muitas repetições.

Re.pi.car *v.t.* **1.** Picar de novo. **2.** Transplantar. **3.** Repenicar. **4.** Tocar repetidas vezes (campainha). **5.** Tanger repetidas vezes (sino). **6.** Soar festivamente (o sino). **7.** Haver repique (no jogo de bilhar).

Re.pi.que.te (ê) *s.m.* **1.** Ladeira íngreme. **2.** Repique de sinos. **3.** O rufar amiudado e apressado do tambor. **4.** Seca sem consequências danosas. **5.** Vento que corre por todos os rumos.

Re.pi.sar *v.t.* **1.** Pisar novamente. **2.** Calcar sob os pés. **3.** Tratar, dizer ou fazer de novo; repetir muito. **4.** Tornar-se enfadonho com a repetição de. **5.** Falar com insistência; insistir.

Re.plan.tar *v.t.* Tornar a plantar.

Re.play (riplei) (ing.) *s.m.* **1.** Ato de repetir uma cena durante uma transmissão ao vivo. **2.** FAM Repetição.

Re.ple.no *adj.* **1.** Repleto; muito cheio. *s.m.* **2.** Terrapleno.

Re.ple.to *adj.* **1.** Muito cheio, abarrotado. **2.** Farto, empanturrado (de comida).

Ré.pli.ca *s.f.* **1.** Ato ou efeito de replicar. **2.** O que se replica. **3.** Reprodução ou cópia de uma obra de arte. **4.** Resposta a uma crítica. **5.** Sinal para indicar que se tem de repetir certo trecho de uma peça musical. **6.** JUR Oração do promotor público em resposta ao discurso do advogado de defesa.

Re.pli.car *v.t.* **1.** Refutar, dizer como réplica. *v.int.* **2.** Responder aos argumentos de outrem. *v.t.* e *int.* **3.** Retorquir, redarguir.

Re.po.lho (ô) *s.m.* Espécie de couve, cujas folhas se enovelam formando como que uma bola. ● *Pl.: repolhos* (ô).

Re.po.lhu.do *adj.* Em forma de repolho.

Re.pon.tar *v.int.* **1.** Despontar; surgir novamente. **2.** Amanhecer; raiar. **3.** Atacar voltando-se para trás. **4.** Replicar de modo áspero; recalcitrar.

Re.por (ô) *v.t.* **1.** Pôr de novo. **2.** Restituir ao antigo estado. **3.** Devolver, restituir. *v.p.* **4.** Tornar a colocar-se; reconstituir-se. ● Conjuga-se pelo verbo *pôr.*

Re.por.tar *v.t.* **1.** Virar para trás; voltar, retrair. **2.** Transportar. **3.** Atribuir, dar como causa. **4.** Moderar. *v.p.* **5.** Moderar-se, comedir-se. **6.** Remeter-se. **7.** Referir-se, aludir.

Re.pór.ter *s.2g.* Jornalista que recolhe informações ou notícias para jornais, revistas, rádio, televisão. ● *Pl.: repórteres.*

Re.po.si.ção *s.f.* Ato ou efeito de repor.

Re.po.si.tó.rio *adj.* **1.** Em que se guardam medicamentos. *s.m.* **2.** Lugar em que se deposita ou guarda alguma coisa; depósito. **3.** Coleção, repertório.

Re.pos.tei.ro *s.m.* Cortina ou peça de estofo, das portas interiores das casas nobres.

Re.pou.san.te *adj.2g.* Que faz repousar.

Re.pou.sar *v.t.* **1.** Descansar. **2.** Pôr em sossego ou em estado de repouso. **3.** Proporcionar repouso ou alívio a. **4.** Tranquilizar. **5.** Demorar. **6.** Fitar. **7.** Estar colocado ou estabelecido. **8.** Estar sepultado. *v.int.* **9.** Estar ou ficar em repouso. **10.** Dormir. **11.** Não produzir. **12.** Demorar.

Re.po.vo.ar *v.t.* e *p.* Tornar a povoar(-se).

Re.pre.en.der *v.t.* Censurar, advertir, admoestar energicamente.

Re.pre.en.são *s.f.* **1.** Ato de repreender; admoestação, censura, reprimenda. **2.** Descompostura feita a alguém por mau procedimento. **3.** Punição imposta a oficial ou suboficial.

Re.pre.en.si.vo *adj.* Que reprende ou envolve repreensão; repressor.

Re.pre.en.sor *adj.* **1.** Repreendedor. **2.** Que envolve repreensão. *s.m.* **3.** Repreendedor.

Re.pre.gar *v.t.* Pregar de novo ou muito bem.

Re.pre.sa (ê) *s.f.* **1.** Ato ou efeito de represar. **2.** Barragem, açude; água represada.

Re.pre.sa.dor *adj.* **1.** Que represa. *s.m.* **2.** Aquele que represa.

Re.pre.sá.lia *s.f.* **1.** Desforra, retaliação. **2.** Vingança praticada por alguém que foi ofendido.

Re.pre.sar *v.t.* **1.** Deter o curso de (águas). **2.** Construir represa. **3.** Refrear, conter.

Re.pre.sen.ta.ção *s.f.* **1.** Ato ou efeito de representar. **2.** Exibição (em cena) de dramas, comédias etc. **3.** Exposição, exibição. **4.** Aparato inerente a um cargo. **5.** Reclamação ou protesto dirigido ao Governo, às autoridades oficiais etc. **6.** Protesto. **7.** Imagem que representa um objeto etc.

Re.pre.sen.tar *v.t.* **1.** Ser a imagem ou a reprodução de; significar. **2.** Tornar presente. **3.** Patentear. **4.** Mostrar, exibir em teatro. **5.** Estar no lugar de; substituir. **6.** Ser procurador. **7.** Figurar. **8.** Aparentar. **9.** Reproduzir. **10.** Descrever, retratar, pintar. **11.** Expor (queixa) verbalmente ao por escrito; protestar. *v.int.* **12.** Desempenhar funções de ator. **13.** Afetar, presumir. **14.** Dirigir uma representação. **15.** Expor uma queixa ou censura.

REPRESSÃO — RESERVA

16. Desempenhar um papel. *v.p.* **17.** Apresentar-se, oferecer-se ao espírito. **18.** Figurar como símbolo.

Re.pres.são *s.f.* Ato ou efeito de reprimir; coibição.

Re.pres.si.vo *adj.* Próprio para reprimir.

Re.pres.sor *adj.* e *s.m.* Que, ou o que reprime.

Re.pri.men.da *s.f.* Repreensão; admoestação severa.

Re.pri.mir *v.t.* **1.** Conter. **2.** Sustar a ação ou o movimento de. **3.** Reter. **4.** Moderar. **5.** Represar, coibir, proibir, refrear. **6.** Ocultar. **7.** Não manifestar. **8.** Violentar. **9.** Oprimir. **10.** Punir. **11.** Vexar. *v.p.* **12.** Conter-se. **13.** Moderar-se.

Re.pri.mí.vel *adj.2g.* Que se pode ou deve reprimir. ● *Ant.: irreprimível.*

Re.pri.sar *v.t.* **1.** Voltar a apresentar (filmes, espetáculos etc.). **2.** Repetir determinado ato. **3.** Reproduzir na mente, na imaginação (fato, acontecimento etc.).

Re.pri.se *s.f.* **1.** Ato ou efeito de reprisar. **2.** Nova apresentação de (filme, espetáculo etc.). **3.** Reexposição.

Ré.pro.bo *adj.* e *s.m.* **1.** Diz-se de, ou indivíduo condenado, mau. **2.** Diz-se de, ou aquele cuja conduta merece reprovação.

Re.pro.char *v.t.* **1.** Lançar em rosto. **2.** Repreender, censurar.

Re.pro.du.ção *s.f.* **1.** Ato ou efeito de reproduzir(-se). **2.** BIOL Produção ou procriação de seres semelhantes aos seres reprodutores. **3.** FIG Imitação fiel. **4.** Cópia. **5.** Quadro, gravura.

Re.pro.du.ti.vo *adj.* **1.** Que reproduz ou serve para reproduzir. *s.m.* **2.** Aquele que reproduz. **3.** Animal destinado à reprodução. ● *Fem.: reprodutriz.*

Re.pro.du.tor (ô) *adj.* **1.** Que reproduz ou serve para reproduzir. *s.m.* **2.** Aquele que reproduz. **3.** Animal destinado à reprodução.

Re.pro.du.zir *v.t.* **1.** Tornar a produzir, proliferar. **2.** Apresentar novamente. **3.** Multiplicar. **4.** Imitar fielmente; copiar. **5.** Repetir. *v.p.* **6.** Perpetuar-se pela geração. **7.** Renovar-se. **8.** Repetir-se. **9.** Multiplicar-se.

Re.pro.va.dor *adj.* e *s.m.* Diz-se do, ou o que reprova.

Re.pro.var *v.t.* **1.** Rejeitar, excluir. **2.** Censurar severamente; condenar. **3.** Votar contra.

Re.pro.va.ti.vo *adj.* Que exprime reprovação; recriminador.

Rep.ta.dor *adj.* e *s.m.* Diz-se do, ou o que repta.

Rep.tan.te¹ *adj.* e *s.2g.* Réptil.

Rep.tan.te² *adj.2g.* **1.** (p. us.) Que rasteja. *s.m.* **2.** Réptil.

Rep.tar *v.t.* Desafiar, provocar (alguém).

Rep.tá.rio *s.m.* Criatório de répteis.

Rép.til *adj.* **1.** Animal vertebrado que apresenta corpo revestido de pele seca e carnificada, com escamas ou placas. *s.m.* **2.** Espécime dos répteis. **3.** Pessoa desprezível. ● *Pl.: répteis.*

Re.pú.bli.ca *s.f.* **1.** Forma de governo em que o poder é exercido por tempo determinado por pessoas eleitas diretamente pelo povo. **2.** O estado (país) que adota essa forma de governo. **3.** Casa onde residem estudantes.

Re.pu.bli.car *v.t.* Tornar a publicar; reeditar.

Re.pu.di.an.te *adj.2g.* e *s.2g.* Que ou quem repudia; repudiador.

Re.pu.di.ar *v.t.* **1.** Rejeitar, repelir. **2.** Rejeitar (o cônjuge) por repúdio. ● *Ant.: aceitar.*

Re.pú.dio *s.m.* **1.** Ato ou efeito de repudiar. **2.** Rejeição, desprezo. **3.** Repulsa, repugnância. ● *Ant.: aceitação.*

Re.pug.nân.cia *s.f.* **1.** Qualidade de repugnante. **2.** Aversão, repulsa, nojo. **3.** Escrúpulo.

Re.pug.nan.te *adj.2g.* Que repugna; nauseabundo, nojento.

Re.pug.nar *v.t.* **1.** Causar repulsa, aversão. **2.** Causar náusea, asco. **3.** Não aceitar, não admitir. **4.** Repelir, reagir contra.

Re.pul.sa *s.f.* **1.** Ato ou efeito de repelir. **2.** Rejeição. **3.** Repugnância, aversão.

Re.pu.ta.ção *s.f.* **1.** Ato ou efeito de reputar(-se). **2.** Conceito de que goza uma pessoa por parte da comunidade em que vive. **3.** Bom ou mau conceito.

Re.pu.xar *v.t.* **1.** Puxar com força. **2.** Puxar para trás. **3.** Esticar. **4.** Reforçar com. **5.** Escorar. *v.int.* **6.** Sair em repuxo. **7.** Formar jato.

Re.que.bra.dor *adj.* e *s.m.* **1.** Que, ou aquele que requebra. **2.** Namorador.

Re.que.brar *v.t.* **1.** Mover o corpo com meneios lânguidos. **2.** Saracotear, gingar.

Re.que.bro (ê) *s.m.* **1.** Ato ou efeito de requebrar. **2.** Inflexão lânguida da voz. **3.** Expressão amorosa dos olhos, do corpo. **4.** Gesto amoroso.

Re.quei.jão *s.m.* Queijo artesanal formado da coagulação da nata do leite.

Re.quei.mar *v.t.* **1.** Queimar muito; crestar. **2.** Enegrecer pela ação do sol ou do calor. *v.int.* **3.** Ter sabor picante. *v.p.* **4.** Ressentir-se, magoar-se.

Re.quen.tar *v.t.* **1.** Aquecer de novo. **2.** Esquentar por muito tempo.

Re.que.ren.te *adj.* e *s.2g.* Que, ou pessoa que requer, que pede em juízo ou solicita alguma coisa a uma autoridade.

Re.que.rer *v.t.* **1.** Dirigir petição em juízo. **2.** Dirigir petição a autoridade ou pessoa em condições de despachar o que se pede. **3.** Pretender. **4.** Exigir, determinar. **5.** Pedir, solicitar.

Re.que.ri.men.to *s.m.* **1.** Ato ou efeito de requerer. **2.** Petição por escrito com as formalidades legais. **3.** Qualquer petição verbal ou escrita. **4.** Pedido, solicitação.

Re.ques.ta *s.f.* **1.** Ato de requestar. **2.** Petição. **3.** Briga, rixa, contenda.

Re.ques.ta.dor (ô) *adj.* e *s.m.* Que ou aquele que requesta.

Re.ques.tar *v.t.* **1.** Solicitar, suplicar. **2.** Empenhar-se. **3.** Pretender (o amor, as atenções de alguém). **4.** Cortejar, galantear.

Ré.quiem *s.m.* **1.** Parte do ofício dos mortos, iniciada pela palavra latina *requiem*. **2.** Música feita para essa oração.

Re.quin.tar *v.t.* **1.** Levar ao mais alto grau. **2.** Aprimorar. **3.** Dar a máxima perfeição a. *v.int.* e *p.* **4.** Aprimorar-se, apurar-se. **5.** Ter afetação ou requinte.

Re.quin.te *s.m.* **1.** Ato ou efeito de requintar. **2.** Apuro exagerado. **3.** Excesso de perfeição.

Re.qui.si.ção *s.f.* **1.** Ato ou efeito de requisitar. **2.** Pedido, exigência legal.

Re.qui.si.tan.te *adj.2g.* e *s.2g.* Que ou aquele que requisita.

Re.qui.si.tar *v.t.* **1.** Pedir legalmente para serviço público. **2.** Chamar, convocar. **3.** Requerer.

Re.qui.si.to *s.m.* **1.** Condição que se deve satisfazer para alcançar determinado fim. **2.** Exigência de ordem legal para dar andamento a um processo etc.

Re.qui.si.tó.rio *s.m.* Exposição de motivos em que o promotor público requisita ao juiz a aplicação da lei a um incriminado.

Rés *adj.2g.* **1.** Raso, rente. *adv.* **2.** Cerce, pela raiz.

Rês *s.f.* **1.** Qualquer quadrúpede que se abate para a alimentação do homem. **2.** Cabeça de gado. ● *Pl.: reses.*

Res.cal.do *s.m.* **1.** Calor refletido de fornalha ou de incêndio. **2.** Cinza que contém brasas. **3.** Ato de jogar água nas cinzas de um incêndio para que não se renove. **4.** Cinzas lançadas por vulcão.

Res.cin.dir *v.t.* **1.** Tornar sem efeito; anular. **2.** Quebrar, invalidar. **3.** Romper, dissolver.

Res.ci.são *adj.* **1.** Ato ou efeito de rescindir. **2.** Anulação de um contrato. **3.** Corte, rompimento.

Res.ci.só.rio *adj.* **1.** Que rescinde ou serve para rescindir. **2.** Que dá motivo a rescisão.

Rés do chão *s.m.* Pavimento de uma casa ou edifício que fica no nível do solo; andar térreo.

Re.se.nha *s.f.* **1.** Descrição minuciosa; notícia. **2.** Enumeração por partes.

Re.ser.va *s.f.* **1.** Ato ou efeito de reservar(-se). **2.** Ação de pôr à parte, guardar. **3.** Ação de limitar, de excluir; restrição. **4.** O que se poupa para casos imprevistos. **5.** Situação dos soldados que serviram pelo tempo legal. **6.** Classe de militares não mais em serviço ativo, mas que podem ser chamados quando necessário. **7.** Situação dos oficiais dispensados do serviço até gozarem a sua reforma. **8.** Tropas que só entram em combate para reforço. **9.** Navios de guerra prontos a entrar em serviço ou a reforçar outros etc. **10.** FIG Retraimento. **11.** Jogador de futebol e de outros esportes que fica no banco e substitui o titular em certas

RESERVADO — RESPONDER

situações; suplente, substituto. **12.** Restrição, ressalva, exceção. **13.** Dissimulação.

Re.ser.va.do *adj.* **1.** Que tem reserva. **2.** Discreto, retraído. **3.** Que conserva ódio ao ofensor. **4.** Que se reservou; particular. **5.** Confidencial, íntimo. **6.** Cauteloso, prudente. *s.m.* **7.** Toalete. **8.** Privada, mictório.

Re.ser.var *v.t.* **1.** Fazer reserva de. **2.** Pôr à parte. **3.** Guardar, poupar. **4.** Conservar. **5.** Guardar para si. **6.** Fazer segredo. **7.** Deixar, destinar. **8.** Defender, preservar, livrar. *v.p.* **9.** Guardar para si. **10.** Guardar-se, preservar-se.

Re.ser.va.tá.rio *adj.* Herdeiro.

Re.ser.va.tó.rio *s.m.* **1.** Depósito de água. **2.** Recipiente para produtos líquidos ou gasosos. **3.** Despensa, celeiro.

Re.ser.vis.ta *adj.* e *s.2g.* **1.** Diz-se de, ou pessoa que cumpriu o serviço militar ou obteve a documentação a ele referente. **2.** Militar da reserva.

Res.fo.le.gan.te *adj.2g.* Que resfolega; resfolgante.

Res.fo.le.gar *v.int.* **1.** Respirar ruidosamente, por cansaço. **2.** Ter descanso; repousar. *v.t.* **3.** Golfar, expelir.

Res.fri.a.do *s.m.* **1.** Estado gripal não acompanhado de febre, caracterizado por inflamação das mucosas do aparelho respiratório; constipação, influenza. *adj.* **2.** Que tem resfriado.

Res.fri.ar *v.t.* **1.** Esfriar novamente. **2.** Desanimar, desalentar. **3.** Diminuir o ardor de. *v.p.* **4.** Tornar-se frio. **5.** Apanhar resfriado; constipar-se. **6.** Perder o entusiasmo, o calor; desanimar-se.

Res.ga.tar *v.t.* **1.** Pagar dívida. **2.** Ficar quite. **3.** Livrar de cativeiro; remir. **4.** Conseguir com dificuldade. **5.** Expiar. **6.** Obter por dinheiro a restituição de. **7.** Cumprir, executar. **8.** Fazer esquecer. **9.** Recuperar. *v.p.* **10.** Livrar-se de dívidas ou culpas. **11.** Remir-se, libertar-se.

Res.ga.te *s.m.* **1.** Ato ou efeito de resgatar(-se). **2.** Preço pago para resgatar. **3.** Libertação. • *Ant.: insolvência.*

Res.guar.dar *v.t.* e *p.* **1.** Guardar(-se) com cuidado. **2.** Abrigar (-se), defender(-se). **3.** Pôr(-se) a salvo. **4.** Defender(-se), acautelar(-se).

Res.guar.do *s.m.* **1.** Ato ou efeito de resguardar(-se). **2.** Precaução, prudência. **3.** Decoro, pudor. **4.** Escrúpulo.

Re.si.dên.cia *s.f.* **1.** Morada habitual; domicílio. **2.** Estágio que o médico faz em hospital.

Re.si.dir *v.t.* **1.** Estabelecer residência; habitar, morar. **2.** Achar-se, estar, ter sede. **3.** FIG Manifestar-se, mostrar-se, consistir.

Re.si.du.al *adj.2g.* **1.** Referente a resíduo. **2.** Da natureza do resíduo.

Re.sí.duo *adj.* **1.** Que resta ou sobra. **2.** Remanescente, restante. *s.m.* **3.** Aquilo que resta de qualquer substância. **4.** Borra, sedimento, resto.

Re.sig.nar *v.t.* **1.** Renunciar. **2.** Exonerar-se. **3.** Demitir-se de. *v.p.* **4.** Conformar-se. **5.** Ter resignação; ceder.

Re.si.li.ên.cia *s.f.* **1.** Elasticidade. **2.** Trabalho necessário para deformar um corpo até seu limite elástico. **3.** FIG Resistência ao choque.

Re.si.li.en.te *adj.2g.* **1.** Que tem resiliência. **2.** Elástico.

Re.si.lir *v.t.* **1.** Rescindir; anular (contrato). **2.** Soltar-se, escapar.

Re.si.na *s.f.* **1.** Substância viscosa, inflamável, segregada por certas árvores.

Re.si.no.so (ô) *adj.* **1.** Que produz ou contém resina. **2.** Semelhante a resina.

Re.sis.tên.cia *s.f.* **1.** Ato ou efeito de resistir. **2.** Relutância. **3.** Oposição, reação. **4.** Obstáculo. **5.** Causa que se opõe ao movimento de um corpo. **6.** Defesa contra um ataque. **7.** Força que nos permite sofrer a fadiga, a fome etc. **8.** FÍS Força que se opõe a outra. **9.** Inércia. **10.** Dificuldade, maior ou menor, que uma substância opõe à passagem da corrente elétrica.

Re.sis.tor *s.m.* ELETR Componente de um circuito elétrico que apresenta resistência.

Res.ma (ê) *s.f.* Vinte mãos de papel (500 folhas).

Res.mun.gão *adj.* e *s.m.* Que, ou aquele que resmunga habitualmente. • *Fem.: resmungona.*

Res.mun.gar *v.int.* Falar baixo e com mau-humor.

Re.so.lu.ção *s.f.* **1.** Ato ou efeito de resolver(-se). **2.** Deliberação, decisão. **3.** Propósito. **4.** Coragem, intrepidez. **5.** MÚS Passagem ou mudança de um acorde para outro, ou de uma nota para outra.

Re.so.lu.to *adj.* **1.** Firme em seus desígnios. **2.** FIG Decidido, corajoso.

Re.sol.ver *v.t.* **1.** Dissolver. **2.** Explicar, esclarecer. **3.** Achar a solução de. **4.** Decidir, deliberar. **5.** Determinar. **6.** Reduzir. **7.** Transformar. *v.int.* **8.** Tirar proveito; adiantar. **9.** Desinflamar, desinchar. **10.** Desfazer-se. *v.p.* **11.** Dividir-se em seus elementos. **12.** Decidir-se. **13.** Mostrar-se pronto ou disposto; decidir-se. **14.** Desfazer-se insensivelmente.

Res.pal.dar *v.t.* **1.** Alisar, aplainar. **2.** Dar respaldo ou apoio.

Res.pec.ti.vo *adj.* **1.** Que diz respeito a cada um em particular ou em separado. **2.** Próprio, seu. **3.** Correspondente. • *Var.: respetivo.*

Res.pei.tan.te *adj.2g.* Relativo, concernente.

Res.pei.tar *v.t.* **1.** Tratar com reverência ou acatamento. **2.** Reverenciar, honrar. **3.** Temer, recear. **4.** Ter em consideração, ter em conta. **5.** Cumprir, observar. **6.** Poupar. **7.** Não causar dano. **8.** Suportar. **9.** Atender. **10.** Dizer respeito, tocar. *v.p.* **11.** Relacionar-se. **12.** Impor-se ao respeito dos demais. **13.** Tornar-se digno.

Res.pei.tá.vel *adj.2g.* **1.** Digno de respeito; venerável. **2.** FIG Formidável. **3.** Temeroso. **4.** Admirável, extraordinário.

Res.pei.to *s.m.* **1.** Ato de respeitar ou de reverenciar. **2.** Acatamento, cumprimento. **3.** Submissão, obediência. **4.** Reverência. **5.** Aspecto. **6.** Importância. **7.** Relação, referência.

Res.pei.to.so (ô) *adj.* **1.** Relativo a respeito. **2.** Que infunde respeito. **3.** Cheio de respeito; atencioso, cortês. • *Fem.* e *pl.*: *respeitosa* e *respeitosos* (ó).

Res.pin.ga.dor *adj.* e *s.m.* Que, ou aquele que respinga.

Res.pin.gar *v.int.* **1.** Lançar borrifos ou pingos. **2.** Deitar faíscas. **3.** Crepitar. **4.** Recalcitrar, teimar. *v.p.* **5.** Molhar-se ou sujar-se com pingos. • *Cf. respigar.*

Res.pi.ra.ção *s.f.* **1.** Ato ou efeito de respirar; respiro. **2.** Função fisiológica pela qual organismos vivos absorvem o oxigênio e expelem o gás carbônico. **3.** Bafo, hálito.

Res.pi.ra.dor *adj.* **1.** Que serve para respiração. *s.m.* **2.** Aparelho que se emprega para auxiliar e facilitar a respiração.

Res.pi.ra.dou.ro *s.m.* **1.** Abertura ou fenda por onde entra ou sai o ar, em recintos ou aparelhos fechados. **2.** Respiro.

Res.pi.rar *v.t.* **1.** Absorver e expelir o ar. **2.** Exalar. **3.** Lançar fora. **4.** Expelir. **5.** Manifestar-se, exprimir. **6.** Revelar. **7.** Mostrar desejos. **8.** Alimentar-se. **9.** Sentir alívio. *v.int.* **10.** Absorver o oxigênio e eliminar o gás carbônico resultante das queimas orgânicas. **11.** Viver. **12.** Manifestar-se. **13.** Folgar. **14.** Conseguir alguns momentos de repouso em trabalhos ou dificuldades; soprar.

Res.pi.ra.tó.rio *adj.* **1.** Relativo à respiração. **2.** Que auxilia a respiração.

Res.pi.ro *s.m.* **1.** Ato ou efeito de respirar; respiração. **2.** Momento (de respirar repousadamente); folga, trégua. **3.** Abertura por onde sai qualquer fluido (ar, fumaça, vapor, líquido); respiradouro.

Res.plan.de.cen.te *adj.2g.* **1.** Que resplandece. **2.** Que emite luz. **3.** Muito brilhante.

Res.plan.de.cer *v.int.* **1.** Brilhar muito. **2.** Rutilar. **3.** Manifestar-se brilhantemente. **4.** Luzir muito. **5.** Engrandecer-se. **6.** Notabilizar-se, distinguir-se, sobressair. *v.t.* **7.** Refletir o brilho ou esplendor.

Res.plen.dor *s.m.* Resplendor.

Res.plen.do.ro.so (ô) *adj.* Que tem grande resplendor; resplandecente.

Res.pon.dão *adj.* e *s.m.* Que, ou o que falta ao respeito, respondendo com más palavras. • *Fem.: respondona.*

Res.pon.de.dor *adj.* e *s.m.* **1.** Que, ou pessoa que responde. **2.** Respondão.

Res.pon.der *v.t.* **1.** Dizer ou descrever em resposta. **2.** Replicar. **3.** Dizer ou descrever alguma coisa em resposta; retorquir. **4.** Corresponder. **5.** Equivaler. **6.** Estar em harmonia. **7.** Defrontar. **8.** Opor-se, objetar. *v.int.* **9.** Ser respondão. • *Ant.: perguntar.*

RESPONSABILIDADE — RESTRITIVO

Res.pon.sa.bi.li.da.de *s.f.* 1. Qualidade de responsável. 2. Obrigação de responder por certos atos; dever, obrigação. ● *Ant.: irresponsabilidade.*

Res.pon.sa.bi.li.za.ção *s.f.* Ato ou efeito de responsabilizar(-se). ● *Pl.: responsabilizações.*

Res.pon.sa.bi.li.zar *v.t.* 1. Imputar responsabilidade a. 2. Comprometer. 3. Tachar. *v.p.* 4. Tornar-se responsável pelos seus atos ou pelos de outrem.

Res.pon.sa.bi.li.zá.vel *adj.2g.* Que pode ser responsabilizado (por algo).

Res.pon.sá.vel *adj.2g.* 1. Que tem responsabilidade. 2. Que deve responder pelos seus atos ou pelos de outrem. *s.2g.* 3. Pessoa responsável. 4. Fiador, avalista. 5. Autor, causador. ● *Ant.: irresponsável.*

Res.pos.ta *s.f.* 1. O que se diz ou escreve àquele que fez uma pergunta, uma carta etc. 2. Réplica, refutação. 3. Solução de um problema.

Res.quí.cio *s.m.* 1. Fragmentos miúdos. 2. Indício, vestígio. 3. Greta, fenda.

Res.sa.bi.ar *v.int.* e *p.* 1. Tomar ressaibo. 2. Melindrar-se, ressentir-se. 3. Ficar assustadiço (o animal).

Res.sa.ca *s.f.* 1. Movimento de recuo das ondas. 2. Fluxo e refluxo. 3. Porto formado pela preamar. 4. Mal-estar causado por bebedeira ou após uma noite passada em claro.

Res.sai.bo *s.m.* 1. Mau sabor; ranço. 2. Sabor proveniente de substância que aderiu à vasilha por onde se come ou bebe. 3. FIG Indício, sinal, vestígio. 4. Intenção. 5. Ressentimento, mágoa.

Res.sal.tan.te *adj.2g.* Que ressalta ou ressai; ressaliente.

Res.sal.tar *v.t.* 1. Tornar saliente. 2. Dar relevo. *v.int.* 3. Dar muitos saltos. 4. Sobressair. 5. Distinguir-se. 6. Altear.

Res.sal.var *v.t.* 1. Prevenir com ressalva. 2. Eximir, livrar. 3. Excetuar, excluir. 4. Segurar com ressalva. 5. Acautelar. 6. Pôr a salvo. 7. Corrigir. 8. Livrar de dano, erro ou perigo. 9. Eximir. *v.p.* 10. Escusar-se. 11. Desculpar-se, eximir-se.

Res.sar.cir *v.t.* e *p.* Indenizar(-se), compensar(-se), refazer(-se).

Res.se.ca.men.to *s.m.* Ato ou efeito de ressecar(-se); ressecação.

Res.se.ção *s.f.* Ação de extirpar, em uma extensão maior ou menor, um nervo, um vaso, um músculo, um tendão, um osso, sãos ou doentes; ressecção. ● *Pl.: ressecções.*

Res.se.car *v.t.* 1. Secar muito. 2. Sujeitar à evaporação. *v.p.* 3. Tornar-se muito seco. 4. Retirar cirurgicamente uma parte de um órgão.

Res.sec.ção *s.f.* CIR Operação que consiste na retirada de parte de um órgão. ◆ *Var.: ressecção.*

Res.se.gu.rar *v.t.* 1. Pôr novamente no seguro (prédio, vida, mercadoria etc.). 2. Fazer seguro.

Res.sen.tir *v.t.* 1. Sentir profundamente. 2. Magoar-se profundamente (*v.p.* 3. Mostrar-se ofendido; melindrar-se, magoar-se. 4. Ficar ressabiado. 5. Dar fé. 6. Advertir. 7. Sofrer as consequências.

Res.se.quir *v.t.* 1. Tirar a umidade a. 2. Secar muito. *v.t.* e *p.* 3. Ressecar(-se).

Res.so.an.te *adj.2g.* Que ressoa.

Res.so.ar *v.t.* 1. Soar com estrépito. 2. Repercutir. 3. Tocar. 4. Cantar. *v.int.* 5. Soar de novo. 6. Repercutir-se. 7. Ecoar. 8. Retumbar.

Res.so.nân.cia *s.f.* 1. Propriedade ou qualidade do que é ressonante. 2. Fenômeno físico pelo qual o ar de uma cavidade é suscetível de vibrar com frequência determinada, por influência de um corpo sonoro, produzindo reforço de vibrações. 3. Ruído confuso que resulta do prolongamento ou reflexão de um som. 4. FIG Reação. 5. Repercussão.

Res.so.nan.te *adj.2g.* Que ressoa ou ressona.

Res.so.nar *v.t.* 1. Ressoar, fazer soar. *v.int.* 2. Respirar com ruído durante o sono; dormir.

Res.su.dar *v.t.* e *int.* Expelir suor pelos poros.

Res.su.mar *v.t.* 1. Fazer cair gota a gota (líquido); destilar. 2. Soar de novo. 3. Transpirar. 4. Coar, filtrar. 5. Revelar, denotar. *v.t.* e *int.* 6. FIG Deixar(-se) transparecer; mostrar-se.

Res.sur.gir *v.int.* 1. Tornar a surgir. 2. Renascer. 3. Reaparecer; ressuscitar.

Res.sur.rei.ção *s.f.* 1. Ato ou efeito de ressurgir. 2. FIG Renovação. 3. Volta à vida. 4. Vida nova. 5. Festa católica em que se celebra a ressurreição de Cristo. 6. Cura surpreendente e imprevista. ● *Ant.: morte.*

Res.sus.ci.ta.dor *adj.* e *s.m.* 1. Que ou aquele que ressuscita. 2. Que, ou aquele que renova ou restaura; restaurador.

Res.sus.ci.tar *v.t.* 1. Fazer ressurgir. 2. Fazer voltar à vida. 3. Restaurar. 4. Renovar. 5. Reproduzir. *v.int.* 6. Reaparecer. 7. Restabelecer. 8. Voltar a viver. 9. Curar-se rapidamente de grave enfermidade.

Res.ta.be.le.cer *v.t.* 1. Estabelecer de novo. 2. Repor no antigo estado ou condição. 3. Restaurar. 4. Recuperar. 5. Instituir de novo. 6. Fazer que exista, que reine de novo. 7. Restituir à forma exata (um texto). 8. Pôr, colocar (no lugar, posição ou situação primitiva). *v.p.* 9. Recuperar as forças ou a saúde. 10. Restaurar-se, refazer-se.

Res.ta.be.le.ci.men.to *s.m.* Ato de restabelecer ou restaurar; recuperação.

Res.tar *v.int.* 1. Sobejar, sobrar. 2. Sobreviver, faltar para certos fins. *v.t.* 3. Existir depois da destruição de uma ou mais partes. 4. Faltar para fazer.

Res.tau.ra.ção *s.f.* 1. Ato ou efeito de restaurar. 2. Volta ao estado normal; restabelecimento. 3. Reforma, reparo, conserto. 4. Restabelecimento de uma dinastia. 5. Renovação.

Res.tau.ra.dor *adj.* 1. Que restaura; restaurante. *s.m.* 2. Aquele que restaura.

Res.tau.ran.te *adj.2g.* 1. Que restaura ou restabelece. *s.m.* 2. Estabelecimento comercial onde se preparam e servem refeições ao público. 3. Dependência de um hotel onde se servem refeições.

Res.tau.rar *v.t.* 1. Instaurar novamente. 2. Recuperar. 3. Reparar, consertar. 4. Reconquistar. 5. Reintegrar. 6. Renovar. 7. Pôr em bom estado. 8. Revigorar. 9. Recomeçar. 10. Dar novo esplendor. 11. Restabelecer, reformar. 12. Readquirir. 13. Satisfazer. 14. Pagar. *v.p.* 15. Restabelecer-se, recuperar-se.

Res.tau.ra.teur (fr.) *s.m.* Proprietário de restaurante. ● *Pl.: restaurateurs.* ● *Fem.: restauratrice.*

Res.tau.ra.ti.vo *adj.* Que restaura; restaurador, restaurante.

Res.te.lo *s.m.* ⇒ Rastelo.

Rés.tia *s.f.* 1. Corda de junco entrançado. 2. Corda de caules finos entrelaçados. 3. Designação coletiva de cebolas ou alhos entrançados. 4. Feixe de raio de luz.

Res.tin.ga *s.f.* 1. Banco de areia ou de rocha no mar alto. 2. Terra e vegetação que emergem do rio por ocasião das enchentes e inundações. 3. Faixa de mato que beira qualquer igarapé ou recife. 4. Faixa de mato à margem de um rio ou lagoa.

Res.ti.tui.ção *s.f.* 1. Ato ou efeito de restituir. 2. Ato de entregar a outrem (alguma coisa que lhe pertence). 3. A coisa restituída.

Res.ti.tu.ir *v.t.* 1. Fazer voltar ao legítimo dono. 2. Dar outra vez. 3. Restaurar. 4. Reconstituir, restabelecer. 5. Entregar, devolver o que se possuía indevidamente. 6. Pagar, indenizar.

Res.to *s.m.* 1. O que fica do que se gastou ou usou; o restante. 2. O que sobra ou sobeja. 3. Excesso do dividendo sobre o produto do quociente pelo divisor. 4. Resultado de uma subtração. 5. Remanescente, resíduo.

Res.to.lho (ô) *s.m.* 1. Parte inferior do caule das gramíneas, que ficou enraizada na terra depois da ceifa. 2. Palha que fica no campo depois da colheita. 3. Restos inúteis; refugo, rebotalho.

Res.tri.ção *s.f.* 1. Ato ou efeito de restringir. 2. Condição que restringe; limitação. 3. Ressalva. 4. Exceção. ● *Ant.: ampliação.*

Res.trin.gen.te *adj.* Restritivo.

Res.trin.gir *v.t.* 1. Estreitar muito; apertar. 2. Diminuir, encurtar. 3. Reduzir, limitar. *v.p.* 4. Limitar-se. 5. Conter-se, moderar-se.

Res.tri.ti.vo *adj.* Que restringe; limitativo.

RESULTADO — RETORNO

Re.sul.ta.do *s.m.* **1.** Consequência. **2.** Decisão, deliberação. **3.** Termo, fim. **4.** Lucro, ganho; proventos. **5.** Produto de uma operação matemática.

Re.sul.tan.te *adj.2g.* **1.** Que resulta; derivado. *s.f.* **2.** Efeito, consequência.

Re.sul.tar *v.t.* **1.** Ser consequência ou efeito. **2.** Nascer, provir; proceder. **3.** Tornar-se; redundar. **4.** Originar-se. **5.** Seguir-se. **6.** Converter-se.

Re.su.mir *v.t.* **1.** Pôr em resumo. **2.** Abreviar, sintetizar. **3.** Recopilar. **4.** Condensar. **5.** Reunir. **6.** Fazer consistir. **7.** Concentrar, condensar, reduzir. *v.p.* **8.** Reduzir-se a menores proporções. **9.** Restringir, limitar. **10.** Exprimir-se em poucas palavras. ● *Ant.: ampliar.*

Re.su.mo *s.m.* **1.** Ato ou efeito de resumir. **2.** Compêndio. **3.** Sumário, síntese, sinopse, recapitulação. ● *Ant.: ampliação.*

Res.va.la.di.ço *adj.* **1.** Escorregadio, liso, deslizante. **2.** FIG Perigoso.

Res.va.lar *v.int.* **1.** Cair por um declive; escorregar, deslizar. **2.** Fazer escorregar ou cair; fazer incidir. **3.** Passar, decorrer insensivelmente. *v.t.* **4.** Tocar de leve, de maneira superficial; roçar. *v.t. e int.* **5.** Começar a errar ou a prevaricar; incidir em erro, falta ou crime.

Re.ta *s.f.* **1.** Linha, risco ou traço que segue sempre na mesma direção. **2.** Trecho reto de uma estrada, de uma pista de corrida etc.

Re.tá.bu.lo *s.m.* **1.** Construção de madeira ou de pedra, com lavores, que se coloca na parte posterior do altar e que encerra um quadro religioso. **2.** Painel ou quadro colocado em altar.

Re.ta.guar.da *s.f.* **1.** Última fila ou o último corpo de um exército. **2.** A parte posterior de qualquer coisa ou lugar. **3.** A parte traseira em relação à parte dianteira. **4.** A parte oposta à vanguarda. ● *Ant.: vanguarda.*

Re.tal *adj.2g.* Pertencente ou relativo ao reto (intestino).

Re.ta.lhar *v.t.* **1.** Cortar em pedaços; despedaçar. **2.** Sulcar. **3.** Recortar. **4.** Golpear, ferir com instrumento cortante. **5.** Rasgar, abrir, separando as partes. **6.** Fracionar, dividir. **7.** Vender a varejo. ◆ *Cf. retaliar.*

Re.ta.li.ar *v.t.* **1.** Aplicar a pena de talião. **2.** Revidar com dano igual ao dano recebido. **3.** Desafrontar, pagando ofensa com ofensa. *v.int.* **4.** Praticar retaliações. ◆ *Cf. retalhar.*

Re.ta.li.a.ti.vo *adj.* Referente a retaliação.

Re.tân.gu.lo *adj.* **1.** Que tem ângulos retos. *s.m.* **2.** Quadrilátero com lados iguais dois a dois e com todos os ângulos retos.

Re.tar.da.do *adj.* **1.** Que se retardou. *adj. e s.m.* **2.** Diz-se de, ou indivíduo cujo índice mental está aquém do normal para a sua idade.

Re.tar.da.dor *adj.* **1.** Que retarda. *s.m.* **2.** Aquele que retarda.

Re.tar.da.men.to *s.m.* Ato de retardar; retardação.

Re.tar.dar *v.t.* **1.** Adiar. **2.** Demorar, atrasar. **3.** Fazer tardar, tornar lento. **4.** menos rápido; protelar. *v.int. e p.* **5.** Chegar mais tarde; demorar-se. ● *Ant.: apressar.*

Re.tar.da.tá.rio *adj. e s.m.* Que, ou aquele que se retarda, chega tarde ou atrasado.

Re.tem.pe.ran.te *adj.2g.* Que retempera; retemperador.

Re.tem.pe.rar *v.t.* **1.** Dar nova têmpera a. **2.** FIG Apurar, melhorar. **3.** Fortificar, revigorar. *v.p.* **4.** Adquirir novas forças físicas ou morais.

Re.ten.ti.va *s.f.* Faculdade de reter na memória as impressões recebidas; reminiscência.

Re.ten.tor *adj. e s.m.* Que, ou aquele que retém.

Re.ter *v.t.* **1.** Segurar, ter firme. **2.** Não deixar escapar. **3.** Fixar. **4.** Guardar em seu poder o que é de outrem. **5.** Deter, impedir. **6.** Ter como preso. **7.** Decorar, conservar na memória. **8.** Conter, moderar, refrear. **9.** Lançar mão de. **10.** Conservar, manter. *v.p.* **11.** Parar, deter-se. **12.** Reprimir-se, refrear-se. **13.** Conter-se; não avançar.

Re.te.sar *v.t.* **1.** Tornar tenso; esticar. *v.p.* **2.** Tornar-se teso, rijo; endurecer-se.

Re.ti.cên.cia *s.f.* **1.** Silêncio propositado ou voluntário. **2.** Omissão do que se poderia ou deveria dizer.

Re.ti.cen.te *adj.2g.* **1.** Em que há reticência; hesitante. **2.** Que cala. **3.** Retraído, discreto.

Re.tí.cu.la *s.f.* **1.** rís Pontilhado finíssimo formado por um grande número de retas finíssimas, com diversos empregos em óptica. **2.** Filme utilizado em fotomecânica para reproduzir imagens em meios-tons, imprescindível para a impressão de imagens e nas artes gráficas.

Re.ti.dão *s.f.* **1.** Qualidade de reto. **2.** Probidade, honestidade. **3.** Integridade de caráter; lisura no procedimento. **4.** Legalidade, legitimidade.

Re.ti.fi.ca *s.f.* Oficina para retificar motores de automóveis.

Re.ti.fi.ca.dor *adj.* **1.** Que retifica. *s.m.* **2.** Aquele que retifica.

Re.ti.fi.car *v.t.* **1.** Tornar reto. **2.** Dispor em linha reta. **3.** Corrigir, consertar. **4.** Purificar, destilando novamente. **5.** Determinar um segmento de reta da mesma extensão de um arco dado. **6.** Proceder à retificação de (motor). *v.p.* **7.** Corrigir-se, emendar-se. ◆ *Cf. ratificar.*

Re.ti.lí.neo *adj.* **1.** Reto, direito. **2.** Que está em linha reta. ● *Ant.: curvilíneo.*

Re.ti.na *s.f.* A membrana sensível e mais interna do olho, que recebe a impressão luminosa.

Re.tin.gir *v.t.* Tingir novamente.

Re.ti.ni.a.no *adj.* Relativo à retina.

Re.ti.nir *v.int.* **1.** Tinir muito; tornar a tinir. **2.** Soar, ecoar. **3.** Produzir grande som; ressoar. **4.** Impressionar vivamente. *v.t.* **5.** Fazer soar.

Re.tin.to *adj.* **1.** Tinto pela segunda vez. **2.** Que tem cor escura e carregada.

Re.ti.ra.da *s.f.* **1.** Ato ou efeito de retirar. **2.** Recuo de tropas. **3.** Fuga, debandada. **4.** Emigração dos sertanejos que procuram lugares mais propícios à vida. **5.** Mudança provisória de gado de regiões onde, por efeito da seca, já não há água nem pasto. **6.** Rendimento de cada sócio de empresa comercial. **7.** Saque em banco.

Re.ti.ran.te *adj.2g.* **1.** Que se retira. *adj. e s.2g.* **2.** Diz-se de, ou sertanejo que emigra fugindo da seca das regiões áridas do Nordeste.

Re.ti.rar *v.t.* **1.** Puxar para trás ou para si. **2.** Tirar de onde estava; retrair. **3.** Recolher, tomar. **4.** Desdizer-se, retratar-se. **5.** Desviar, afastar. **6.** Privar, cassar. **7.** Salvar, livrar. **8.** Ir-se, partir. *v.int. e p.* **9.** Afastar-se de algum lugar. **10.** Ausentar-se, fugir, debandar. **11.** Isolar-se.

Re.ti.ro *s.m.* **1.** Lugar solitário. **2.** Recolhimento, solidão. **3.** Lugar de afastamento. **4.** Local onde se faz um retiro. **5.** Remanso. **6.** Retirada. **7.** FIG Refúgio, abrigo.

Re.to *adj.* **1.** Direito. **2.** Que não tem curvatura nem inflexão. **3.** Que segue sempre a mesma direção. **4.** Vertical. **5.** Imparcial, íntegro. ● *Ant.: torto, curvo. s.m.* **6.** A última parte do intestino grosso, que finaliza no ânus. *adv.* **7.** De modo reto; direito.

Re.to.car *v.t.* **1.** Dar retoques. **2.** Aperfeiçoar, corrigir. **3.** Tirar a rebarba com o retocador; melhorar.

Re.to.ma.da *s.f.* Ato ou efeito de retomar.

Re.to.mar *v.t.* **1.** Tomar novamente. **2.** Readquirir, reaver, recuperar, reconquistar. **3.** Continuar (coisa interrompida).

Re.tó.ri.ca *s.f.* **1.** Arte de bem falar. **2.** Conjunto de regras relativas à eloquência; oratória. **3.** PEJ Ornato pomposo de discurso.

Re.to.ri.cis.mo ou **re.to.ris.mo** *s.m.* **1.** Domínio ou influência da retórica. **2.** Abuso da retórica.

Re.tó.ri.co *adj.* **1.** Relativo à retórica. **2.** Que tem estilo empolado. **3.** Prolixo, verboso. *s.m.* **4.** Tratadista de retórica. **5.** Orador de estilo empolado.

Re.tor.nar *v.t.* **1.** Regressar, voltar. **2.** Voltar (ao ponto de partida). *v.int.* **3.** Chegar de volta. ● *Ant.: partir.*

Re.tor.no *s.m.* **1.** Ato ou efeito de retornar. **2.** Regresso, volta. **3.** Devolução, restituição. **4.** O que se dá em troco. **5.** Via ou caminho próprio para se retornar sem cruzar a pista. ● *Ant.: partida.*

RETORQUIR — REVERENCIAR

Re.tor.quir *v.t.* **1.** Replicar, objetar; contrapor. *v.int.* **2.** Opor argumento a argumento. **3.** Retrucar, responder. ◆ *Var.* pros.: *retorquir.*

Re.tra.ir *v.t.* **1.** Puxar para si; contrair, apertar. **2.** Fazer voltar para trás. **3.** Não manifestar, ocultar, esconder, sonegar. **4.** Reprimir; impedir. **5.** Livrar, salvar. *v.p.* **6.** Retirar-se, ausentar-se. **7.** Acanhar--se. **8.** Não manifestar o que pensa. **9.** Recolher-se. **10.** Afastar-se; recuar.

Re.tra.sa.do *adj.* Diz-se de dia, semana, mês, ano etc. imediatamente anterior ao passado.

Re.tra.ta.ção *s.f.* **1.** Ato ou efeito de retratar(-se). **2.** Confissão de erro; desmentido.

Re.tra.ta.dor *adj.* e *s.m.* Que, ou aquele que retrata.

Re.tra.tar *v.t.* **1.** Tirar o retrato, fotografar. **2.** Reproduzir a imagem. **3.** Representar com exatidão. **4.** Expressar, exprimir. *v.p.* **5.** Retirar o que disse; desdizer-se; confessar que errou.

Re.trá.til *adj.2g.* Que se pode retrair.

Re.tra.tis.ta *s.2g.* **1.** Pessoa que tira retrato. **2.** Pintor especializado em retratos.

Re.tra.to *s.m.* **1.** Imagem de uma pessoa, reproduzida pela fotografia, desenho ou pintura. **2.** Pessoa parecida com outra. **3.** Caráter. **4.** Descrição exata. **5.** Modelo, exemplo.

Re.tre.te *s.f.* Latrina, privada.

Re.tri.bu.i.dor *adj.* **1.** Que retribui. **2.** Aquele que retribui.

Re.tri.bu.ir *v.t.* **1.** Dar em troca ou em paga. **2.** Recompensar, remunerar, premiar.

Re.triz *s.f.* Pena da cauda das aves, que serve para dirigir o voo.

Re.tro *s.m.* **1.** Primeira página de uma folha (oposta ao verso). *adv.* **2.** Atrás.

Re.tro.a.gir *v.int.* **1.** Ter efeito sobre o passado. **2.** Modificar o que está feito.

Re.tro.a.li.men.ta.ção *s.f.* **1.** *Eletrôn.* Processo em que parte da energia do sinal de saída de um circuito é transferida para o sinal de entrada, visando reforçar, diminuir ou controlar a saída do circuito; realimentação. **2.** *Med* Fluxo de realimentação retrógrada através dos nervos. **3.** Modificações feitas em um sistema, comportamento ou programa, causadas pelas respostas à ação desse sistema, comportamento ou programa. **4.** Informação ou dados passados de volta a um computador que, recebendo esses dados novos, pode mudar sua resposta ou atuação. ● *Pl.*: *retroalimentações.*

Re.tro.a.ti.vo *adj.* **1.** Que tem efeito sobre o passado. **2.** Relativo ao passado. **3.** Regressivo. **4.** Que retroage.

Re.tro.ce.den.te *adj.* e *s.2g.* Diz-se do, o que retrocede ou o que retroceder.

Re.tro.ce.der *v.t.* e *int.* **1.** Andar para trás; recuar. **2.** Voltar atrás. **3.** *Fig* Desviar, retirar-se. **4.** Tornar atrás; desistir. ● *Ant.*: *avançar.*

Re.tro.ces.si.vo *adj.* **1.** Que faz retroceder. **2.** Que causa retrocessão.

Re.tro.ces.so *s.m.* **1.** Ato ou efeito de retroceder. **2.** Retorno à posição do estado anterior; reversão. **3.** Retardamento. **4.** Atraso. **5.** Retirada, recuo.

Re.tro.gra.da.ção *s.f.* Ato ou efeito de retrogradar.

Re.tro.gra.dar *v.int.* **1.** Andar para trás. **2.** Retroceder, recuar. *v.t.* **3.** Fazer retroceder. **4.** Fazer marchar contra o progresso; regridir. ● *Ant.*: *avançar.*

Re.tró.gra.do *adj.* **1.** Que retrograda. **2.** Que se opõe ao progresso. **3.** Ultrapassado, obscurantista. *s.m.* **4.** Indivíduo retrógrado. ● *Ant.*: *progressista.*

Re.trós *s.m.* Linha de costura formada por vários fios de seda ou de algodão torcidos. ● *Pl.*: *retroses.*

Re.tros.pec.ti.va *s.f.* **1.** Exposição em que se apresentam as obras de um artista ou de uma escola, mostrando sua evolução. **2.** Retrospecto. ◆ *Var.*: *retrospetiva.*

Re.tros.pec.ti.vo *adj.* **1.** Que olha para trás. **2.** Que se volta para o passado. **3.** Relativo a fatos passados. ◆ *Var.*: *retrospetivo.*

Re.tros.pec.to *s.m.* **1.** Observação ou exame de tempos, fatos ou coisas passadas. **2.** Relato de acontecimentos ocorridos num tempo determinado. ◆ *Var.*: *retrospeto.*

Re.tro.tra.ir *v.t.* **1.** Dar efeito retroativo a. **2.** Fazer retroceder, recuar. **3.** Puxar para trás.

Re.tro.vi.sor *adj.* e *s.m.* Diz-se de, ou pequeno espelho que, no veículo, permite ao motorista ver o que se passa atrás dele.

Re.tru.car *v.t.* **1.** Redarguir, replicar, retorquir. **2.** Replicar argumentando.

Re.tum.ban.te *adj.2g.* **1.** Que retumba; que ressoa. **2.** Espaventoso.

Re.tum.bar *v.t.* e *int.* Soar, repercutir com estrondo.

Réu *s.m.* **1.** Aquele contra quem se intentou um processo judicial. **2.** Acusado, criminoso. **3.** *Fig* O que é responsável por alguma falta ou culpa. *adj.* **4.** Culpado. ● *Fem.*: *ré.*

Reu.má.ti.co *adj.* **1.** Relativo a reuma. **2.** Diz-se de, ou aquele que sofre de reumatismo. *adj.* **3.** Diz-se de, ou aquele que sofre de reumatismo.

Reu.ma.tis.mo *s.m.* Nome que serve para designar várias afecções acompanhadas de dores nos músculos, nas articulações e nos tendões; artrite.

Reu.ma.to.lo.gi.a *s.f.* *Med* Estudo das doenças do aparelho locomotor e outras doenças do tecido conjuntivo.

Reu.ni.ão *s.f.* **1.** Ato ou efeito de reunir(-se). **2.** Agrupamento, agregação, fusão. **3.** Grupo de pessoas reunidas para tratar de determinado assunto. **4.** Coleção, coletânea. ● *Ant.*: *dispersão.*

Re.u.nir *v.t.* **1.** Tornar a unir o que separou. **2.** Unir de novo. **3.** Aproximar, unir. **4.** Fazer comunicar uma coisa com a outra. **5.** Juntar o que estava disperso. **6.** Agrupar. **7.** Aliar. **8.** Conciliar, harmonizar. **9.** Prender. **10.** Agregar. **11.** Justapor. **12.** Coser. **13.** Anexar, ligar. **14.** Fundir. *v.int.* **15.** Agrupar-se, juntar-se. *v.p.* **16.** Ajuntar-se, unir-se. **17.** Concorrer, convir. **18.** Incorporar--se, agregar-se. **19.** Comparecer no mesmo local. **20.** Constituir-se para funcionar.

Re.van.che *s.f.* **1.** Desforra, vingança. **2.** Novo jogo, partida, prova etc., que um atleta ou uma equipe volta a disputar com a equipe ou o atleta anteriormente derrotado.

Ré.veil.lon (reveiô) (fr.) *s.m.* Festa com baile e ceia na entrada do ano-novo.

Re.vel *adj.2g.* **1.** Rebelde, insubordinado. *adj.* e *s.2g.* **2.** Diz-se de, ou indivíduo rebelde. **3.** Diz-se de, ou réu que não cumpre a citação para comparecer a juízo. ● *Pl.*: *revéis.*

Re.ve.la.ção *s.f.* **1.** Ato ou efeito de revelar(-se). **2.** Coisa revelada. **3.** Declaração, publicação. **4.** Manifestação de qualidades numa pessoa. **5.** Testemunho, denúncia. **6.** *Teol* Inspiração sobrenatural, com que Deus faz conhecer, em certas circunstâncias, seus mistérios, seus desígnios. **7.** Religião revelada. **8.** *Fig* Inspiração. **9.** Conhecimento súbito. **10.** Divulgação de coisa que estava em segredo ou era ignorada.

Re.ve.lar *v.t.* **1.** Tirar o véu, desvelar. **2.** Descobrir, patentear. **3.** Denunciar. **4.** Fazer conhecer. **5.** Indicar. **6.** Mostrar. **7.** Declarar, manifestar. **8.** Descobrir. **9.** Fazer conhecer o sobrenatural. *v.p.* **10.** Dar-se a conhecer como realmente é. **11.** Manifestar-se, declarar-se. ● *Ant.*: *ocultar.*

Re.ve.li.a *s.f.* **1.** Estado, qualidade ou condição de revel. **2.** Insubordinação. ● **À revelia**: sem audiência do réu; à toa.

Re.ver *v.t.* **1.** Tornar a ver. **2.** Ver pela segunda vez. **3.** Ver com atenção. **4.** Fazer a revisão de; emendar. **5.** *Fig* Demonstrar, revelar. *v.p.* **6.** Mirar-se, espelhar-se, contemplar-se.

Re.ver.be.ra.ção *s.f.* **1.** Ato ou efeito de reverberar. **2.** Reflexo de luz que fere os olhos. **3.** Brilho, esplendor.

Re.ver.be.rar *v.t.* **1.** Refletir (luz, calor e som). *v.int.* **2.** Brilhar, cintilar.

Re.vér.be.ro *s.m.* Reverberação.

Re.ve.rên.cia *s.f.* **1.** Respeito às coisas sagradas; veneração. **2.** Respeito, acatamento. **3.** Tratamento dado aos padres; mesura.

Re.ve.ren.ci.ar *v.t.* **1.** Tratar com reverência. **2.** Fazer reverência. **3.** Honrar, respeitar. **4.** Venerar, adorar.

452 · RET / REV

REVERENDÍSSIMO — RIBALTA

Re.ve.ren.dís.si.mo *adj.* **1.** *Sup.abs.sint.* de *reverendo. adj.* e *s.m.* **2.** Título que se dá aos dignitários eclesiásticos. ● *Abrev.: Rev.ᵐᵒ* ou *Revmo.*

Re.ve.ren.do *adj.* **1.** Digno de reverência ou respeito. *s.m.* **2.** Título dado a padre ou a pastor evangélico.

Re.ver.são *s.f.* **1.** Ato ou efeito de reverter. **2.** Volta ao primeiro estado, ao ponto de partida.

Re.ver.sí.vel *adj.2g.* **1.** Que se pode reverter ao estado anterior. **2.** Que se pode reverter o sentido, a direção. **3.** JUR Diz-se dos bens que, em determinados casos, devem voltar para o doador. **4.** Designativo da pensão que, depois da morte do titular, passa para outra pessoa. ● *Ant.: irreversível.*

Re.ver.so *adj.* **1.** Oposto à face principal; situado na face posterior; verso. **2.** Que tem má índole; mau. **3.** Revirado. *s.m.* **4.** Lado oposto ao principal; a parte posterior; o que é contrário. ● *Ant.: verso, anverso.*

Re.ver.ter *v.t.* **1.** Regressar; tornar ao ponto de partida. **2.** Retroceder. **3.** Voltar ao serviço ativo civil ou militar. **4.** Voltar ao ponto de partida. **5.** Transformar, converter; redundar.

Re.vés *s.m.* **1.** Reverso. **2.** Golpe oblíquo. **3.** Pancada com as costas da mão. **4.** Vicissitude, infortúnio, fatalidade, desgraça. **5.** Derrota.

Re.ves.so *adj.* **1.** Reverso. **2.** FIG Distorcido, tortuoso.

Re.ves.ti.men.to *s.m.* **1.** Ato ou efeito de revestir(-se). **2.** Forro, cobertura. **3.** Aquilo que reveste ou serve para revestir.

Re.ves.tir *v.t.* **1.** Vestir de novo. **2.** Vestir, cobrir. **3.** Tapar, envolver. **4.** Tomar. **5.** Atribuir a si. **6.** Solidificar. **7.** Enfeitar. **8.** Fazer revestimento numa superfície para guarnecê-la e decorá-la. **9.** Dar certa aparência a. *v.p.* **10.** Vestir traje de cerimônia. **11.** Paramentar--se; vestir (os hábitos religiosos). **12.** Aparentar, imitar. **13.** Munir--se, encher-se. **14.** Armar-se, prover-se.

Re.ve.za.men.to *s.m.* **1.** Ato ou efeito de revezar(-se). **2.** Substituição, alternativa.

Re.ve.zar *v.t.* **1.** Substituir alternadamente. **2.** Trocar de posição. *v.int.* e *p.* **3.** Alternar-se. **4.** Substituir-se alternadamente.

Re.vi.dar *v.t.* e *int.* **1.** Pagar ofensa recebida com outra maior. **2.** Responder, contradizer, retrucar, replicar.

Re.vi.de *s.m.* **1.** Ato ou efeito de revidar. **2.** Ataque mais violento do que outro recebido; objeção, réplica.

Re.vi.go.ra.men.to *s.m.* **1.** Robustecimento, fortalecimento. **2.** Estabilização, equilibração. **3.** Estímulo, ânimo.

Re.vi.go.ran.te *adj.2g.* **1.** Que revigora. *adj.2g.* e *s.m.* **2.** Que ou que revigora, fortifica (diz-se de substância, medicamento etc.); tônico.

Re.vi.go.rar *v.t.*, *int.* e *p.* **1.** Dar ou adquirir novo vigor, força, energia; tornar(-se) robusto, forte; robustecer(-se). *v.t.* e *p.* **2.** Tornar(-se) sólido, seguro, estável; fortalecer(-se). **3.** Dar ou adquirir novo ânimo, novo estímulo a; fortalecer(-se), reanimar (-se). *v.t.* **4.** Atribuir nova vigência a.

Re.vi.rar *v.t.* **1.** Tornar a virar. **2.** Virar várias vezes. **3.** Voltar ao avesso. **4.** Torcer, mudar. *v.int.* **5.** Voltar, regressar, tornar. *v.p.* **6.** Tornar a virar-se. **7.** Perseguir, revoltar-se.

Re.vi.ra.vol.ta *s.f.* **1.** Ato de voltar em sentido oposto. **2.** Giro sobre si mesmo; pirueta. **3.** FIG Alteração ou mudança repentina.

Re.vi.são *s.f.* **1.** Ato ou efeito de rever. **2.** Novo decreto no processo com o fim de reverificar ou anular ato anterior. **3.** Ato de estudar novamente, tendo em vista uma composição, um exame. **4.** Recapitulação. **5.** Correção, modificação. **6.** Feição diferente. **7.** Corpo de revisores de um jornal, revista, editora etc. **8.** Local onde trabalham os revisores. **9.** Operação em que são corrigidos os erros de uma composição gráfica.

Re.vi.sar *v.t.* **1.** Tornar a visar. **2.** Emendar (provas tipográficas). **3.** Fazer a inspeção ou a revisão de.

Re.vi.sio.nis.mo *s.m.* **1.** Movimento que visa ao reexame de uma situação ou, especialmente, que se bate pela revisão da Constituição de um país. **2.** Corrente política do comunismo que tende a rever os fundamentos do marxismo.

Re.vi.sor (ô) *adj.* **1.** Que revê. *s.m.* **2.** Aquele que, numa editora, agência de propaganda etc., faz a correção dos textos originais ou provas destinadas à impressão. **3.** JUR Juiz encarregado de examinar os relatórios do relator, para emitir parecer, concordando ou fazendo emendas retificando o relatório apresentado.

Re.vis.ta *s.f.* **1.** Ato ou efeito de revistar. **2.** Peça teatral em que se reproduzem costumes, tipos conhecidos e fatos. **3.** Espécie de publicação periódica, literária, científica etc. **4.** Inspeção de tropas.

Re.vis.tar *v.t.* **1.** Passar revista a. **2.** Rever. **3.** Examinar cuidadosamente. **4.** Dar busca a; varejar.

Re.vi.ver *v.t.* e *int.* **1.** Voltar à vida. **2.** Adquirir vida nova; ressuscitar. **3.** Revigorar-se, renovar-se. **4.** Tornar a manifestar-se. **5.** Recordar, lembrar. **6.** Recompor, reconstituir. **7.** Ressuscitar. **8.** Reaparecer.

Re.vo.a.da *s.f.* **1.** Ato ou efeito de revoar. Bando de aves em voo de volta ao ponto de partida. **3.** Multidão, bando. **4.** Ensejo, oportunidade. **5.** Voo conjunto de aviões de turismo em visita de cordialidade ou comemorativa.

Re.vo.ar *v.int.* **1.** Voar de novo. **2.** Voar (a ave) para o ponto de onde partira. **3.** Voejar, esvoaçar. **4.** Pairar.

Re.vo.gar *v.t.* Tornar nulo; tornar sem efeito.

Re.vol.ta *s.f.* **1.** Ato ou efeito de revoltar(-se). **2.** Movimento que visa a subverter a ordem estabelecida; motim, levante. **3.** Rebeldia, insubmissão. **4.** Alvoroço, tumulto. **5.** Repulsa, justa indignação. ● *Ant.: submissão.*

Re.vol.tar *v.t.* **1.** Tornar insubordinado. **2.** Perturbar moralmente. **3.** Repugnar, indignar; indispor. **4.** Levantar. *v.int.* **5.** Causar indignação. *v.p.* **6.** Sublevar-se, amotinar-se. **7.** Agitar-se, perturbar-se; indignar-se.

Re.vol.to (ô) *adj.* **1.** Muito agitado (mar). **2.** Muito desgrenhado (cabelo). **3.** Embrulhado, envolto. **4.** Conturbado, tumultuoso. **5.** Revoltado, irado. **6.** Remexido. ● *Ant.: sereno, tranquilo.*

Re.vo.lu.ção *s.f.* **1.** Ato de revolver. **2.** Mudança violenta da forma de um governo; revolta, insurreição, levante. **3.** Toda mudança radical das instituições fundamentais do Estado ou da sociedade. **4.** Sistema filosófico, político ou religioso que está à frente de seu tempo. **5.** Movimento de um astro (planeta, satélite) em torno de outro. **6.** Perturbação moral. **7.** Nojo, repulsa; indignação. ● *Ant.: paz.*

Re.vo.lu.cio.nar *v.t.* **1.** Revoltar, sublevar. **2.** Incitar à revolução. **3.** FIG Causar mudança considerável em. **4.** Reformar em profundidade; transformar. **5.** Agitar. **6.** Pôr em rebuliço. *v.p.* **7.** Revoltar-se. ● *Ant.: acalmar.*

Re.vo.lu.cio.ná.rio *adj.* **1.** Relativo a, ou que é próprio de revolução. *s.m.* **2.** O que se revolucionou. **3.** O que toma parte numa revolução. **4.** O que introduz novos processos numa arte etc. **5.** Inovador, progressista. **6.** O que defende mudanças profundas na sociedade.

Re.vo.lu.te.ar *v.int.* **1.** Agitar-se em vários sentidos. **2.** Dar voltas. **3.** Fazer evoluções etc. (aeronave). **4.** Esvoaçar, voejar.

Re.vol.ver *v.t.* **1.** Volver muito. **2.** Agitar, misturar, remexer, investigar. **3.** Revirar, cavar. **4.** Indispor. **5.** Amotinar, desordenar. *v.p.* **6.** Mover-se. **7.** Redemoinhar, girar. **8.** Agitar-se desordenadamente.

Re.vól.ver *s.m.* Arma de fogo portátil, munida de um tambor giratório onde se depositam as balas. ● *Pl.: revólveres.*

Re.zar *v.t.* **1.** Dizer orações, fazer súplicas religiosas. **2.** Ler livros de orações. **3.** Mencionar, referir, dizer. **4.** Resmungar. *v.int.* **5.** Fazer orações a Deus ou aos santos; orar.

Re.zin.gar *v.int.* **1.** Resmungar. **2.** Altercar. **3.** Recalcitrar.

Ri.a.cho *s.m.* Pequeno rio; regato.

Ri.ba *s.f.* **1.** Margem elevada de um rio; ribanceira. **2.** POP A parte mais alta.

Ri.bal.ta *s.f.* **1.** Série de luzes à frente do palco, entre o pano de boca e o lugar da orquestra, nos teatros; proscênio. **2.** FIG O palco, a arte teatral.

RIBANCEIRA — RISOTA

Ri.ban.cei.ra *s.f.* **1.** Penedia sobranceira a um rio. **2.** Riba muito íngreme; despenhadeiro.

Ri.bei.ra *s.f.* **1.** Porção de terreno banhado por um rio. **2.** Área ou terreno que fica coberto de água na época das chuvas. **3.** Pequeno rio, ribeiro.

Ri.bei.rão *s.m.* Curso de água menor que um rio.

Ri.bei.ri.nho *adj.* **1.** Que vive ou se encontra nas proximidades dos rios ou ribeiros. **2.** Pequeno ribeiro. **3.** Moço de recados.

Ri.bei.ro¹ *s.m.* Rio pequeno; regato, córrego, arroio.

Ri.bei.ro² *adj.* Diz-se de uma qualidade de trigo.

Ri.bom.bar *v.int.* **1.** Ressoar fortemente; estrondear (trovão). **2.** Retumbar.

Ri.bom.bo *s.m.* **1.** Ato ou efeito de ribombar; fragor, estampido. **2.** Barulho surdo e prolongado. **3.** Estrondo do trovão.

Ri.ca.ço *adj.* e *s.m.* POP e PEJ Diz-se de, ou indivíduo muito rico; milionário.

Rí.ci.no *s.m.* O gênero (*Ricinus*) da mamona. *Óleo de rícino:* o que se extrai da semente da mamona, usado como purgativo.

Ri.co *adj.* **1.** Que possui muitos bens; que tem riquezas. **2.** Precioso, valioso. **3.** Fértil, fecundo. **4.** Luxuoso, faustoso. **5.** FIG Bom, favorável. **6.** FIG Feliz, contente. **7.** FIG Belo, bonito. **8.** Muito querido. *s.m.* **9.** Homem que possui muitos haveres. ● *Ant.: pobre.*

Ri.co.che.te (ê) *s.m.* **1.** Pulo de um corpo ou projétil ao bater no chão ou em outro corpo. **2.** Ação reflexa; resposta. **3.** Retrocesso.

Ri.co.che.te.ar *v.int.* **1.** Fazer ricochete. *v.t.* **2.** FIG Dar; ir ter; saltar.

Ri.co.ta *s.f.* Queijo que se obtém a partir do soro do leite fervido e coalhado.

Ric.to *s.m.* Abertura da boca ou trejeito que dá um ar de riso forçado.

Ri.di.cu.la.ri.zar *v.t.* **1.** Expor ao ridículo; escarnecer. **2.** Tornar ridículo. *v.p.* **3.** Fazer-se digno de escárnio.

Ri.dí.cu.lo *adj.* **1.** Digno de zombaria, de riso. **2.** Que desperta escárnio. **3.** De pouco valor; irrisório. **4.** Insignificante. *s.m.* **5.** Indivíduo ridículo. **6.** O que existe de ridículo em alguém, em uma pessoa ou situação. **7.** Maneira de ser ou proceder digna de riso. ● *Ant.: sério.*

Ri.fa *s.f.* Sorteio de um ou mais objetos por meio de bilhetes numerados.

Ri.far *v.t.* **1.** Fazer rifa de. **2.** POP Dispensar por inútil.

Ri.fle *s.m.* Espingarda de repetição, de cano raiado. ◆ Cf. *refle.*

Ri.gi.dez *s.f.* **1.** Qualidade de rígido. **2.** Dureza, rijeza. **3.** Intransigência, inflexibilidade. **4.** Rudeza, austeridade. ● *Ant.: brandura.*

Rí.gi.do *adj.* **1.** Pouco flexível. **2.** Rijo, hirto. **3.** Austero, rigoroso. **4.** Firmemente fixado. ● *Ant.: flexível.*

Ri.gor (ô) *s.m.* **1.** Força, rigidez, dureza. **2.** FIG Severidade extrema. **3.** Rudeza, maus-tratos. **4.** Pontualidade. **5.** Preciso, exatidão. **6.** Sentido próprio (de palavra ou frase). **7.** Vigor, força. **8.** Inflexibilidade, rigidez. **9.** Insensibilidade. **10.** Precisa observação do estilo, da etiqueta. ● *Ant.: brandura.*

Ri.go.ro.so (ô) *adj.* **1.** Que age com rigor. **2.** Que revela rigor. **3.** Exato, preciso. **4.** Muito exigente; minucioso. **5.** Severo, inflexível, duro. **6.** Cruel, impiedoso.

Ri.jo *adj.* **1.** Duro, resistente. **2.** Forte, áspero. **3.** Vigoroso, robusto; que não verga. ● *Ant.: mole, brando.*

Ri.lhar *v.t.* **1.** Roer (objeto duro). **2.** Trincar, ranger (os dentes).

Rim *s.m.* ANAT Cada uma das vísceras secretoras da urina.

Ri.ma *s.f.* **1.** Uniformidade ou repetição de sons no meio ou no fim de dois ou mais versos. **2.** Consoante em que terminam os versos. **3.** Palavra que rima com outra.

Ri.mar *v.t.* **1.** Escrever em versos rimados. **2.** Estar de acordo com. **3.** Combinar, concordar, convir. *v.int.* **4.** Formar rima entre si. **5.** Fazer versos.

Ri.má.rio *s.m.* **1.** Livro de rimas. **2.** Conjunto de rimas.

Rí.mel *s.m.* Cosmético que as mulheres usam nos cílios e supercílios.

Rin.ça.gem *s.f.* Tintura leve para cabelos.

Rin.cão *s.m.* **1.** Lugar afastado; recanto. **2.** Local do nascimento.

Rin.char *v.int.* **1.** Soltar rinchos; relinchar. **2.** Ringir, ranger. *s.m.* **3.** Rincho, relinho.

Rin.cho *s.m.* Voz do cavalo; relincho.

Rin.gir *v.t.* Fazer ranger; rinchar, chiar.

Rin.gue *s.m.* Tablado cercado de cordas, onde se travam lutas de boxe, jiu-jitsu, luta-livre etc.

Ri.nha *s.f.* **1.** Briga de galos. **2.** Lugar onde se realizam essas brigas.

Ri.ni.te *s.f.* Inflamação da mucosa do nariz.

Ri.no.ce.ron.te *s.m.* Grande quadrúpede herbívoro com um ou dois chifres no focinho.

Rin.que *s.m.* **1.** Pista esp. preparada para a patinação. **2.** Estabelecimento onde se pratica a patinação.

Ri.o *s.m.* **1.** Curso de água natural, que deságua noutro, no mar ou num lago. **2.** Aquilo que corre como um rio. **3.** Grande quantidade de líquido. **4.** Grande quantidade. ● *Dim.irr.: regato, riacho, ribeiro.*

Ri.o-bran.quen.se *adj.2g.* **1.** Pertencente ou relativo a Rio Branco, capital do Estado do Acre. *s.2g.* **2.** Pessoa natural ou habitante de Rio Branco.

Ri.o-gran.den.se-do-nor.te *adj.2g.* **1.** Do, pertencente ou relativo ao Estado do Rio Grande do Norte (Região Nordeste); norte-rio-grandense, potiguar. *s.2g.* **2.** Pessoa natural ou habitante desse Estado; norte-rio-grandense, potiguar. ● *Pl.: rio-grandenses-do-norte.*

Ri.o-gran.den.se-do-sul *adj.2g.* **1.** Do, pertencente ou relativo ao Estado do Rio Grande do Sul (Região Sul); sul-rio-grandense, gaúcho. *s.2g.* **2.** Pessoa natural ou habitante desse Estado; sul-rio-grandense, gaúcho. ● *Pl.: rio-grandenses-do-sul.*

Ri.pa *s.f.* Pedaço de madeira, comprida, mais larga que o sarrafo. ◆ *Meter a ripa em:* criticar.

Ri.pa.da *s.f.* **1.** Pancada com ripa; bordoada, cacetada. **2.** FIG Descompostura. **3.** POP Gole de cachaça.

Ri.que.za (ê) *s.f.* **1.** Qualidade ou condição de rico. **2.** Abundância, fartura. **3.** A classe dos ricos. ● *Ant.: pobreza.*

Rir *v.int.* e *p.* **1.** Contrair os músculos faciais em consequência de uma impressão alegre. **2.** Mostrar-se alegre. **3.** Manifestar ou emitir o riso. **4.** Ridicularizar, zombar de; escarnecer. **5.** Tratar um assunto por brincadeira. **6.** Parecer risonho, alegre. ● *Ant.: chorar.*

Ri.sa.da *s.f.* **1.** Riso ruidoso. **2.** Riso de muitas pessoas ao mesmo tempo. ● *Ant.: choro.*

Ris.ca *s.f.* **1.** Ato ou efeito de riscar; riscadura. **2.** Risco, linha. **3.** Traço feito com lápis, caneta, prego ou qualquer objeto pontiagudo. **4.** Carreira aberta no pente por entre os cabelos. ◆ *À risca:* rigorosamente, literalmente.

Ris.ca.do *adj.* **1.** Que se riscou. **2.** Que tem riscos. **3.** Meio ébrio; bicado. *s.m.* **4.** Tecido de linho ou algodão, com riscos de cor.

Ris.car *v.t.* **1.** Fazer riscas ou traços em. **2.** Delinear, traçar. **3.** Marcar com riscas. **4.** Expulsar, eliminar de clube, grêmio, associação etc. *v.int.* **5.** FAM Perder a amizade; ser excluído das relações de alguém. **6.** Entrar em conflito; brigar. **7.** Manobrar com navalha antes do golpe.

Ris.co¹ *s.m.* **1.** Traço feito com lápis, pincel ou qualquer objeto pontiagudo. **2.** Figura através da qual se dá uma ideia muito vaga e pouco precisa de uma obra planejada.

Ris.co² *s.m.* **1.** Perigo provável e iminente. **2.** Acontecimento eventual e incerto, que independe da vontade dos interessados.

Ri.sí.vel *adj.2g.* **1.** Digno de riso ou de escárnio. **2.** Que provoca riso; ridículo. **3.** Cômico, burlesco. *s.m.* **4.** Aquilo que é ridículo.

Ri.so *s.m.* **1.** Ato ou efeito de rir. **2.** FIG Contentamento, satisfação, alegria. **3.** Coisa ridícula. **4.** Zombaria, mofa. ● *Ant.: choro.*

Ri.so.nho *adj.* **1.** Que sorri. **2.** Prazenteiro, jovial, alegre. **3.** Próspero. **4.** Esperançoso, promissor. **5.** Aprazível, agradável. ● *Ant.: tristonho.*

Ri.so.ta *s.f.* **1.** Riso de escárnio ou mofa; galhofa. **2.** Motivo de riso; escárnio, ridículo.

RISOTO — RODAR

Ri.so.to (ô) *s.m.* **1.** Prato de origem italiana, composto de uma mistura de arroz com açafrão, manteiga e queijo parmesão ralado. **2.** Prato preparado com arroz, galinha desfiada, legumes, crustáceos etc.

Ris.pi.dez *s.f.* Caráter ou qualidade de ríspido; severidade.

Rís.pi.do *adj.* **1.** Grosseiro no trato. **2.** Rude, áspero, intratável. **3.** Severo, rígido. ● *Ant.: brando.*

Ris.so.le *s.m.* Pastel feito de massa cozida.

Ris.te *s.m.* Suporte de ferro que segurava o conto da lança no momento em que o cavaleiro se dispunha a investir. ● **Em riste:** *loc.adv.* Em posição erguida.

Ri.ti.dec.to.mi.a *s.f.* Retirada cirúrgica de pele para eliminar rugas.

Ri.ti.do.plas.ti.a *s.f.* Cirurgia plástica para a eliminação de rugas da pele.

Rit.mar *v.t.* **1.** Dar ritmo a. **2.** Submeter a ritmo; cadenciar. **3.** Marcar o ritmo; acompanhar.

Rit.mis.ta *s.2g.* Pessoa que, em escola de samba, conjunto musical, bloco carnavalesco etc. toca um instrumento (em geral de percussão) que marca o ritmo.

Rit.mo *s.m.* **1.** Série de movimentos ou ruídos que se repetem a intervalos de tempos regulares, com acentos fortes e fracos. **2.** Volta periódica de tempos fortes e tempos fracos, num verso ou numa frase musical; cadência. **3.** Movimento com sucessão de elementos fortes e elementos fracos. **4.** MÚS O conjunto de instrumentos de percussão e outros, que marcam o ritmo, na música; bateria. **5.** Harmoniosa correlação das partes.

Ri.to *s.m.* **1.** Conjunto de cerimônias religiosas que consigna os ritos a observar. **2.** Culto, doutrina, seita. **3.** Cada um dos sistemas de organização maçônica.

Ri.tu.al *adj.2g.* Relativo a ritos. *s.m.* **2.** Livro que indica os ritos ou consigna as formas que se devem observar na prática de uma religião. **3.** Culto. **4.** Cerimonial, protocolo, etiqueta.

Ri.tu.a.lis.mo *s.m.* **1.** Conjunto de ritos. **2.** Respeito estrito aos rituais, com tendência ao exagero.

Ri.tu.a.lis.ta *adj.* **1.** Relativo ao ritualismo. *s.2g.* **2.** Pessoa que escreve sobre ritos ou cerimônias religiosas. **3.** Pessoa que dá valor especial e se apega a cerimônias ou formalidades.

Ri.val *adj.2g.* **1.** Que rivaliza, compete, concorre. **2.** Competidor, concorrente, êmulo. **3.** Opositor, adversário. *s.2g.* **4.** Pessoa rival. **5.** Pessoa que compete no amor.

Ri.va.li.da.de *s.f.* **1.** Qualidade de quem é rival. **2.** Competição, concorrência. **3.** Ciúme, inveja. **4.** Rixa, hostilidade.

Ri.xa *s.f.* **1.** Contenda, altercação violenta. **2.** Qualquer desavença ou discórdia. **3.** Disputa constante, em consequência de ódio ou espírito de vingança.

Ri.zi.cul.tu.ra *s.f.* Orizicultura, cultura de arroz.

Ri.zó.fa.go *adj.* Que se alimenta de raízes.

Ri.zo.ma *s.m.* **1.** Caule longo, horizontal e subterrâneo, frequentemente açucarado ou feculento, cuja face inferior produz raízes adventícias e cuja face superior emite um ou vários rebentos aéreos por ano. Desempenha a função especial de armazenar alimentos. Muitas plantas perenes que florescem na primavera como a íris e o gengibre possuem um rizoma. **2.** Tintura de arnica.

Ri.zo.tô.ni.co *adj.* GRAM Diz-se de forma verbal em que o acento tônico recai na raiz (e não na terminação), como em *eu Amo, ela VENde, eu deSEjo* etc. ● Opõe-se a *arrizotônico.*

RJ Sigla do Estado do Rio de Janeiro.

RN Sigla do Estado do Rio Grande do Norte.

Rna *s.m.* Ácido ribonucleico.

RO Sigla do Estado de Rondônia.

Ro.ba.lo *s.m.* Peixe marinho de até 1,20 m, de carne excelente.

Ro.be (ó) *s.m.* Roupão, penhoar.

Ro.bô *s.m.* **1.** Mecanismo automático, com aspecto de um boneco, capaz de executar diferentes tarefas, inclusive algumas em geral feitas antes apenas pelo homem. **2.** (*sobrecomum*) Pessoa que trabalha ou age mecanicamente, executando ordens sem pensar; títere, fantoche.

Ro.bo.rar *v.t.* **1.** Dar força a. **2.** Fortificar, corroborar, confirmar.

Ro.bó.ti.ca *s.f.* Ciência e técnica da concepção e construção de robôs.

Ro.bo.ti.zar *v.t.* Proceder à robotização.

Ro.bus.te.cer *v.t.* **1.** Tornar robusto; corroborar, confirmar. **2.** Engrandecer. *v.int.* e *p.* **3.** Tornar-se robusto; avigorar-se. **4.** Exaltar-se, engrandecer-se, glorificar-se. ● *Ant.: enfraquecer.*

Ro.bus.te.ci.men.to *s.m.* **1.** Ação ou efeito de robustecer(-se). **2.** Fortalecimento, revigoramento. **3.** Sedimentação, sustentação.

Ro.bus.tez (ê) *s.f.* **1.** Qualidade do que é robusto. **2.** Força, vigor. ● *Ant.: fraqueza.*

Ro.bus.to *adj.* **1.** Que tem força (física). **2.** Que é forte; musculoso. **3.** Muito forte, vigoroso. **4.** Sólido, grosso. **5.** Intenso. **6.** FIG Firme, rijo. **7.** FIG Inabalável, sólido, resistente. **8.** Poderoso, influente. ● *Ant.: fraco, débil.*

Ro.ca¹ *s.f.* **1.** Cana ou vara com um bojo, em que se enrola a rama do linho, da lã etc., para ser fiada. **2.** NÁUT Peça com que se reforça um mastro fendido. **3.** Armação de madeira de algumas imagens de santos.

Ro.ca² *s.f.* Penhasco, rocha, penedo.

Ro.ça *s.f.* **1.** Ato ou efeito de roçar; roçadura. **2.** Terreno onde se roçou o mato. **3.** Sementeira plantada entre o mato ou no terreno roçado. **4.** Terreno plantado (de mandioca, milho, feijão etc.); roçado. **5.** Chácara onde se cultivam hortaliças e frutas.

Ro.cam.bo.le *s.m.* Espécie de doce (ou salgado) com recheio, enrolado em forma cilíndrica.

Ro.cam.bo.les.co (ê) *adj.* Enredado, cheio de peripécias inverossímeis.

Ro.car *v.int.* Fazer roque (no jogo de xadrez).

Ro.çar *v.t.* **1.** Cortar, derribar, deitar abaixo. **2.** FIG Gastar com o atrito; roçagar. **3.** Passar muito perto ou junto de; resvalar. **4.** Coçar, tocar de leve; roçagar.

Ro.cei.ro *s.m.* **1.** Homem de roça; homem que planta roçados. **2.** Pequeno lavrador. **3.** Homem que vive na roça. **4.** Matuto, caipira. *adj.* **5.** Diz-se do animal que tem o costume de penetrar nas roças para pastar.

Ro.cha *s.f.* **1.** Grande massa compacta de pedra. **2.** Rochedo, penedo. **3.** FIG Coisa firme, inabalável.

Ro.che.do (ê) *s.m.* Rocha alta à beira do mar; rocha escarpada.

Ro.cho.so (ô) *adj.* Em que há rochas; formado de rochas.

Ro.ci.o *s.m.* Orvalho, sereno (da noite).

Rock-and-roll ou **rock-'n'-roll** (ing.) *s.m.2n.* **1.** Ritmo musical de origem americana. **1.1** Dança que acompanha esse ritmo.

Ro.co.có *adj.2g.* e *s.m.* **1.** Diz-se do, ou o estilo artístico do tempo de Luís XV, da França (séc. XVIII), cheio de contornos. *adj.2g.* **2.** Relativo ao rococó. **3.** FIG Fora de moda. **4.** FIG De mau gosto.

Ro.da *s.f.* **1.** Máquina simples de forma circular, própria para se mover em torno de um eixo. **2.** Objeto circular; círculo. **3.** Maquinismo giratório que sorteia os números da loteria. **4.** Caixa cilíndrica da portaria de conventos. **5.** Volta, giro; circunferência. **6.** Grupo de pessoas com quem se convive. **7.** Brincadeira infantil de canto e dança de mãos dadas e em círculo.

Ro.da-gi.gan.te *s.f.* Aparelho de diversão de parques, feiras etc., constituído de uma roda grande movida a motor, com cadeiras oscilantes onde as pessoas se sentam.

Ro.da.moi.nho *s.m.* Remoinho.

Ro.da.pé *s.m.* **1.** Cinta de proteção, feita de madeira, mármore ou outro material, na parte inferior das paredes, para que os móveis não estraguem o estuque. **2.** Espécie de cortina que se coloca em volta da cama até chegar ao pavimento. **3.** Faixa de madeira na parte inferointerior das grades de uma janela de sacada. **4.** A parte inferior da página de um jornal. **5.** Folhetim dos jornais, ordinariamente publicado nessa parte.

Ro.dar¹ *v.t.* **1.** Fazer andar à roda; rodear. **2.** Percorrer em volta. **3.** Castigar com o suplício da roda. **4.** Percorrer, navegando na direção da corrente. *v.int.* **5.** Andar em roda de eixo ou centro; girar. **6.** Cair, rolando. **7.** Mover sobre rodas. **8.** Fazer movimento de rotação. **9.** Fazer círculo. **10.** Andar sem destino. **11.** Andar de

RODAR — ROMANTISMO

carro. **12.** POP Ser infeliz numa pretensão. **13.** POP Ser expulso ou excluído.

Ro.dar² *v.t.* Trabalhar com rodo.

Ro.da-vi.va *s.f.* **1.** Movimento incessante. **2.** Barafunda, azáfama, inquietação. ● *Pl.: rodas-vivas.* ● *Ant.: sossego.*

Ro.de.ar *v.t.* **1.** Andar em roda de. **2.** Percorrer, girar em volta. **3.** Cingir, envolver, circundar. **4.** Formar círculos em volta. **5.** Ornar em círculo. **6.** Andar, desviando-se. **7.** Fazer companhia. **8.** Ter convivência. **9.** Passar em volta; ladear. **10.** Cingir. **11.** Cercar. *v.p.* **12.** Fazer-se acompanhar. **13.** Chamar a si. ● Conjuga-se por *atear.*

Ro.dei.o *s.m.* **1.** Ato ou efeito de rodear. **2.** Evasiva, subterfúgio. **3.** Meio indireto. **4.** Ato de reunir o gado para contar, marcar etc. **5.** Lugar onde esse gado costuma ser reunido. **6.** Competição esportiva de montaria em animais novos ou bravios.

Ro.de.la *s.f.* **1.** Pequena roda ou disco. **2.** Escudo redondo. **3.** Talhada redonda de certos frutos. **4.** POP Mentira.

Ro.di.lha *s.f.* **1.** Pano que se usa para fazer limpeza nas cozinhas. **2.** Espécie de rosca de pano em que se assenta a carga na cabeça.

Ró.dio *s.m.* Elemento químico, metálico, pouco fusível, de símbolo Rh e número atômico 45.

Ro.dí.zio *s.m.* **1.** Peça de moinho que faz andar a mó e que é movida pela água. **2.** Escala de trabalhos que devem cumprir os funcionários. **3.** Cambalaio, combinação para frustrar uma lei ou regulamento. **4.** Acordo escuso. **5.** Catraca, borboleta.

Ro.do *s.m.* **1.** Utensílio que serve para ajuntar os cereais nas eiras, e o sal nas marinhas. **2.** Utensílio doméstico, munido de uma lâmina de borracha, que facilita a remoção da água de lavagem do piso.

Ro.do.lo.gi.a *s.f.* Parte da botânica que estuda as rosas.

Ro.do.pi.ar *v.int.* **1.** Dar muitas voltas. **2.** Girar como o pião, girar muito. **3.** Andar ou correr, descrevendo círculos sobre círculos. **4.** Redemoinhar.

Ro.do.pi.o *s.m.* **1.** Ato ou efeito de rodopiar. **2.** Série contínua de voltas ou de giros.

Ro.do.vi.a *s.f.* **1.** Estrada de rodagem. **2.** Estrada asfaltada de longo percurso, destinada especialmente ao tráfego de veículos que se deslocam sobre rodas.

Ro.do.vi.á.ria *s.f.* Estação de embarque e desembarque de passageiros de linhas intermunicipais, interestaduais etc.

Ro.do.vi.á.rio *adj.* Relativo a rodovia.

Ro.e.dor (ô) *adj.* **1.** Que rói. *s.m.* **2.** Espécime dos roedores, ordem de mamíferos sem dentes caninos, a que pertencem esquilos, ratos, ouriços e preás.

Ro.e.du.ra *s.f.* Ato ou efeito de roer.

Ro.er *v.t.* **1.** Cortar aos poucos com os dentes. **2.** Triturar com os dentes. **3.** Corroer, gastar. **4.** Magoar. **5.** Ulcerar com o atrito. **6.** FIG Pungir, atormentar. **7.** Destruir. **8.** Morder. **9.** FIG Mediar. **10.** Parafusar. **11.** Falar mal; murmurar. *v.int.* **12.** FIG Falar mal de alguém. ● **Duro de roer:** difícil de suportar.

Ro.gar *v.t.* **1.** Pedir com insistência; instar. **2.** Pedir com grande empenho; suplicar, implorar; exortar.

Ro.ga.ti.va *s.f.* **1.** Ato ou efeito de rogar. **2.** Rogo, súplica.

Ro.go (ô) *s.m.* **1.** Ato ou efeito de rogar, de interceder, de pedir. **2.** Súplica, prece, pedido.

Ro.jão *s.m.* **1.** Toque da viola arrastado. **2.** Foguete que sobe veloz. **3.** Trabalho ininterrupto e exaustivo. **4.** Cantoria do Nordeste brasileiro em que se narram façanhas. **5.** Passo de um cavalo ou de outro animal, quando cavalgado. **6.** Marcha mais ou menos forçada. **7.** Artefato pirotécnico que deixa um rasto luminoso; foguete. **8.** Evolução de uma doença. **9.** Diapasão. **10.** Modo de proceder, de agir.

Ro.jar *v.t.* Trazer ou levar de rojo ou rastos; arrastar. **2.** Lançar, arremessar. *v.int.* e *p.* **3.** Arrastar-se pelo chão; andar a custo.

Rol *s.m.* **1.** Relação, lista (de pessoas, coisas, peças de roupa). **2.** Classe, categoria.

Ro.la (ô) *s.f.* **1.** Nome comum a várias aves semelhantes às pombas. **2.** CH Pênis.

Ro.la.gem *s.f.* **1.** Ato de rolar; rolamento. **2.** AGRON Ato de quebrar os torrões e aconchegar o terreno, para facilitar a germinação. **3.** Ato de renegociar o pagamento de um compromisso vencido ou a vencer, conseguindo novos prazos e condições mais favoráveis.

Ro.la.men.to *s.m.* **1.** Ato de rolar ou de ser impelido pelo rolo das águas. **2.** MEC Conjunto de dois aros metálicos com pequenas esferas interpostas para evitar o desgaste de eixos por atrito; rolimã. **3.** Fluxo de tráfego.

Ro.lar *v.t.* **1.** Fazer girar. **2.** Fazer andar em roda. **3.** Fazer avançar uma coisa dando voltas sobre si mesmo. **4.** Cortar com rolos ou toras (uma árvore). *v.int.* **5.** Soltar a voz (falando de rolas); arrulhar. **6.** Exprimir-se por arrulhos. **7.** FIG Proferir com meiguice. *v.int.* e *p.* **8.** Avançar girando sobre si mesmo; revirar-se. **9.** Continuar, desenrolar-se. **10.** Rebolar-se, redemoinhar. **11.** Encapelar-se.

Rol.da.na *s.f.* Maquinismo, geralmente empregado para elevar objetos pesados, formado por uma roda cavada por onde passa uma ou mais cordas; polia.

Rol.dão *s.m.* Confusão, desordem; precipitação. ● **De roldão:** atropeladamente, desordenadamente.

Ro.le.ta (ê) *s.f.* **1.** Espécie de jogo de azar. **2.** Aparelho que serve para esse jogo. **3.** Boato falso.

Ro.le.te (ê) *s.m.* **1.** Pequeno rolo. **2.** Instrumento com que os chapeleiros endireitam o fundo dos chapéus. **3.** Trança de cabelo enrolada em espiral no alto da cabeça. **4.** Rodela de cana descascada, para se chupar.

Ro.lha (ô) *s.f.* **1.** Peça de forma cilíndrica, para tapar a boca ou gargalo de certos vasos, garrafas, litros etc. **2.** Patife, traste. **3.** Pessoa astuta, manhosa. **4.** FIG Imposição de silêncio.

Ro.li.ço *adj.* **1.** Que tem forma de rolo; redondo. **2.** Nédio, gordo.

Ro.li.mã *s.m.* **1.** Rolamento (acep. 2). **2.** Carrinho de madeira montado sobre rolimãs, que as crianças usam para descer ladeiras.

Ro.li.nha *s.f.* Rola pequena; pomba-rola.

Ro.lo (ô) *s.m.* **1.** Cilindro. **2.** Pavio de cera, embrulhado. **3.** Cabelo enrolado. **4.** FIG Multidão. **5.** Ato de brigar corpo a corpo. **6.** Sururu, bagunça, confusão, rebu, barulho. **7.** Cilindro para partir os torrões que a grade não esboroou. **8.** Cilindro com que se aplaina o pavimento das estradas. **9.** TIP Cilindro de substância gelatinosa, grude, glicerina etc., fundido em volta de uma haste chamada sabugo. **10.** Coisa que esmaga, destrói, em movimento contínuo e vigoroso.

Ro.mã *s.f.* Fruto da romãzeira, de sabor agradável.

Ro.man.ce *s.m.* **1.** ANTIG Narração histórica, em versos simples, própria para ser cantada. **2.** Dialeto derivado do latim vulgar. **3.** História fabulosa ou fictícia, em prosa, para reproduzir paixões, costumes etc. **4.** Descrição exagerada ou fantasiosa. **5.** POP Relação amorosa, namoro. **6.** A língua românica. *adj.* **7.** O mesmo que *romântico.*

Ro.man.ce.ar *v.t.* **1.** Contar ou descrever em romance ou à maneira de romance. **2.** Dar forma agradável a. *v.int.* **3.** Escrever romances. **4.** FIG Contar fatos inverossímeis.

Ro.man.cis.ta *s.2g.* Pessoa que escreve romances; novelista.

Ro.mâ.ni.co *adj.* **1.** Diz-se das línguas que se formaram do latim vulgar; romance. **2.** ARQUIT Diz-se em especial da arquitetura religiosa, que sucedeu à latina, predominante entre os séculos VIII e XI. *s.m.* **3.** Conjunto das línguas neolatinas (ou novilatinas).

Ro.ma.ni.za.ção *s.f.* Ato ou efeito de romanizar.

Ro.ma.no *adj.* **1.** De Roma (Itália). **2.** Relativo ou pertencente a Roma. **3.** Diz-se das letras que, entre os antigos romanos, expressavam os algarismos e que são I (1), V (5), X (10), L (50), C (100), D (500), M (1.000). *s.m.* **4.** O natural de Roma ou da Roma antiga. **5.** Dialeto romano.

Ro.man.tis.mo *s.m.* **1.** Escola literária da primeira metade do século XIX, muito individualista e que, rompendo com o estilo e preceito clássicos, procurou inspirar-se nas lendas e tradições medievais e na história nacional. **2.** Caráter do que é romântico ou romanesco.

ROMANTIZAR — ROTATÓRIO

Ro.man.ti.zar *v.t.* **1.** Tornar romântico. **2.** Narrar ou contar em forma de romance; romancear, fantasiar. *v.int.* **3.** Dar ares de romântico a. **4.** Idear romances.

Ro.ma.ri.a *s.f.* **1.** Peregrinação religiosa. **2.** Reunião de pessoas devotas que concorrem a uma festa religiosa. **3.** Grande quantidade de pessoas que visitam determinado local.

Ro.mã.zei.ra *s.f.* BOT Árvore frutífera que produz a romã.

Rom.bo¹ *s.m.* **1.** Buraco de grandes proporções, feito com violência. **2.** Arrombamento. **3.** FIG Desvio ou extravio de verba; desfalque.

Rom.bo² *s.m.* **1.** Losango. *adj.* **2.** Que não é agudo ou agudo; que não tem ponta. **3.** FIG Imbecil, estúpido, obtuso.

Rom.boi.de *s.m.* **1.** Paralelogramo cujos lados contíguos são desiguais, e que tem dois de seus ângulos maiores que os outros dois. *adj.* e *s.m.* **2.** ANAT Diz-se de, ou músculo largo e fino da região dorsal, que apresenta a forma de um losango. *adj.* **3.** Romboidal.

Rom.bu.do *adj.* **1.** Muito rombo. **2.** Mal aparado ou mal agudado. **3.** Estúpido, rude, imbecil. **4.** FIG Carrancudo.

Ro.mei.ro *s.m.* Aquele que participa de romaria; peregrino.

Ro.me.no *adj.* **1.** Relativo ou pertencente à Romênia (Europa). *s.m.* **2.** O natural ou habitante da Romênia. **3.** Língua falada nesse país.

Ro.meu e ju.li.e.ta *s.m.* Doce formado de um pedaço de goiabada e um pedaço igual de queijo. ● Pl.: *romeus e julietas*.

Rom.pan.te *adj.2g.* **1.** Que mostra arrogância. **2.** Que se exalta ou fica fora de si. *s.m.* **3.** Movimento de pessoa exaltada; fúria. **4.** Orgulho, arrogância; impulso.

Rom.per *v.t.* **1.** Partir, fazer em pedaços. **2.** Estragar. **3.** Rasgar, dilacerar. **4.** Abrir, arrombar. **5.** Sulcar. **6.** Abrir caminho. **7.** Dar princípio. **8.** Interromper. **9.** Violar, infringir. **10.** Destroçar, vencer. **11.** Pôr em debandada. **12.** Penetrar. **13.** Dissipar. **14.** Revelar segredos. *v.int.* **15.** Arrojar-se contra alguém. **16.** Atacar, investir. **17.** Principiar, começar. **18.** Mostrar-se, aparecer, irromper. **19.** Divulgar-se. **20.** Sair com ímpeto; jorrar. **21.** Cortar relações. **22.** Brotar, surgir. *v.p.* **23.** Quebrar-se, partir-se. **24.** Abrir-se, despedaçar-se, estragar-se.

Rom.pi.men.to *s.m.* **1.** Ato ou efeito de romper(-se). **2.** Quebra, ruptura, interrupção. **3.** Quebra de relações pessoais ou internacionais.

Ron.car *v.int.* **1.** Respirar com ruído durante o sono. **2.** Estrondear, restrugir. *v.t.* **3.** Blasonar, bravatear, jactar-se.

Ron.cei.ri.ce *s.f.* Ronceirismo.

Ron.cei.ro *adj.* **1.** Vagaroso, lento. **2.** Indolente, preguiçoso.

Ron.co *s.m.* **1.** Som áspero e cavernoso de indivíduo que dorme respirando com barulho. **2.** Respiração cava e difícil, no agonizantes e apopléticos; estertor. **3.** Grunhir dos porcos. **4.** Som monótono da gaita de foles. **5.** Voz de certos animais. **6.** FIG Fanfarrice, bravata.

Ron.da *s.f.* **1.** Ato ou efeito de rondar. **2.** Grupo de soldados ou de policiais, que percorre as ruas ou certos lugares, para manutenção da ordem. **3.** Essa atividade policial; patrulha. **4.** Inspeção para verificar a boa ordem de alguma coisa. **5.** Espécie de jogo de azar. **6.** Dança de roda. **7.** Diligência para descobrir alguma coisa.

Ron.dar *v.t.* e *int.* **1.** Fazer ronda; vigiar, patrulhar. **2.** Andar vigiando. **3.** Andar à volta; girar.

Ron.quei.ra *s.f.* **1.** Ruído produzido pela respiração difícil. **2.** Doença no pulmão do gado; farfalheira. **3.** Asma, bronquite.

Ron.ro.nar *v.int.* Fazer ronrom.

Ro.que¹ *s.m.* **1.** Movimento rápido e excepcional do rei e da torre, no jogo de xadrez. **2.** ANTIG A torre do jogo de xadrez.

Ro.que² *s.m.* MÚS Aport. pouco usado do ing. *rock*.

Ro.que.fort (fr.) *s.m.* Queijo internamente salpicado de bolor, fabricado com leite de ovelha e afinado originalmente nas cavernas de Roquefort-sur-Soulzon, no Aveyron (França). ● Pl.: *roqueforts*.

Ro.quei.ro *s.m.* **1.** Aquele que faz roca. *adj.* **2.** Relativo a roca. **3.** Fundado sobre rochas. **4.** Que tem a constituição das rochas.

Ror (ô) *s.m.* **1.** Grande quantidade. **2.** Abundância, multidão.

Ro.ra.i.men.se *adj.2g.* **1.** Relativo ou pertencente ao Estado de Roraima (Região Norte). *s.2g.* **2.** Pessoa natural ou habitante de Roraima.

Ro.re.jar *v.t.* **1.** Destilar (orvalho). **2.** Orvalhar, borrifar. **3.** Espalhar gota a gota. *v.int.* **4.** Brotar em gotas; borbulhar. **5.** Transpirar.

Ro.sa *s.f.* **1.** Flor da roseira, odorífera, de várias cores. **2.** Parte rosada das faces. **3.** Mulher formosa. **4.** A cor da rosa comum. *adj.* **5.** Diz-se da cor-de-rosa.

Ro.sá.cea *s.f.* **1.** Vidraça de cores, em geral circular, nas igrejas. **2.** Ornato arquitetônico, com aspecto de rosa. **3.** MED Certa afecção cutânea da face.

Ro.sa-cho.que *adj.* **1.** Diz-se da tonalidade rosa muito viva. *s.m.* **2.** A própria cor.

Ro.sa-cruz *s.f.* **1.** Sociedade secreta de estilo maçônico, surgida na Alemanha no séc. XVII. **2.** O sétimo e último grau ou quarta ordem do rito maçônico francês. *s.m.* **3.** Maçom que atingiu o grau de rosa-cruz. ● Pl.: *rosa-cruzes* ou *rosas-cruzes*.

Ro.sa.do *adj.* **1.** Da cor-de-rosa; afogueado, róseo, vermelho. **2.** Em cuja composição entra essência de rosa.

Ro.sa dos ven.tos *s.f.* Mostrador náutico com os 32 raios da circunferência do horizonte, indicativo dos rumos ou ventos possíveis. ● Pl.: *rosas dos ventos*.

Ro.sal *s.m.* Roseiral.

Ro.sá.rio *s.m.* **1.** Conjunto de três terços, correspondentes a quinze dezenas de ave-marias e a quinze pai-nossos. **2.** FIG Série numerosa; fieira, enfiada.

Ros.bi.fe *s.m.* Peça de carne bovina mal assada.

Ros.ca (ô) *s.f.* **1.** Espiral num objeto qualquer. **2.** Cada uma das voltas da serpente quando se enrola. **3.** Pão com massa torcida em forma de argola. **4.** Verme que ataca as raízes de certas plantas. **5.** Bebedeira. *s.2g.* **6.** Indivíduo manhoso.

Ros.car *v.int.* **1.** Fazer rosca em. **2.** Apertar com rosca ou parafuso; parafusar.

Ro.sei.ra *s.f.* Arbusto que produz a rosa.

Ro.sei.ral *s.m.* Plantação de roseiras.

Ro.se.ta (ê) *s.f.* **1.** Pequena rosa. **2.** A rosa dentada da espora. **3.** Laço de fita que se usa na botoeira como distintivo honorífico.

Ro.si.lho *adj.* e *s.m.* Diz-se de, ou cavalo que tem o pelo avermelhado e branco.

Ros.nar *v.t.* **1.** Emitir (o cão) em voz baixa som ameaçador, arreganhando os dentes. **2.** Dizer por entre dentes e em voz baixa; murmurar. *v.int.* **3.** Resmungar. *s.m.* **4.** Ato de rosnar. **5.** Voz surda do cão, que, sem latir, ameaça e mostra os dentes.

Ros.que.ar *v.t.* **1.** Fazer roscas em. **2.** Apertar por meio de rosca ou parafuso; parafusar.

Ros.si.o *s.m.* **1.** Praça larga, espaçosa, onde em geral se vendem mercadorias. **2.** Logradouro público.

Ros.to (ô) *s.m.* **1.** Parte anterior da cabeça. **2.** Face, cara. **3.** Fisionomia, semblante. **4.** Primeira página de livro, na qual se acha o título da obra, o nome do autor, o lugar e a data da publicação; frente, frontispício. **5.** O anverso da medalha. **6.** Fachada.

Ros.tro *s.m.* **1.** Bico das aves. **2.** Prolongamento pontiagudo de certos órgãos vegetais. **3.** Esporão da proa de navios antigos, para perfurar o casco de outros, quando em batalha.

Ro.ta *s.f.* **1.** Caminho pelo mar. **2.** Itinerário que se percorre para ir de um lugar a outro. **3.** Rumo, direção, roteiro, norma, caminho.

Ro.ta.ção *s.f.* **1.** Movimento giratório. **2.** Revolução, giro. **3.** Repetição dos mesmos fatos, no correr dos tempos. **4.** MÚS Sistema de cilindros, nos instrumentos de metal.

Ro.ta.ti.va *s.f.* GRÁF Máquina impressora com formas cilíndricas e com movimento de rotação.

Ro.ta.ti.vi.da.de *s.f.* **1.** Qualidade de rotativo. **2.** Alternância de pessoas ou coisas; rodízio.

Ro.ta.ti.vo *adj.* **1.** Que roda ou faz rodar. **2.** Que atua ou funciona girando. **3.** Que se dá em rodízio (cargo, função etc.).

Ro.ta.tó.rio *adj.* Relativo à rotação, que envolve rotação.

ROTEIRISTA — RUFIÃO

Ro.tei.ris.ta *s.2g.* Profissional que escreve roteiros para cinema, televisão etc.

Ro.tei.ro *s.m.* **1.** Descrição dos pontos que é preciso conhecer, para se fazer uma viagem por mar ou por terra; itinerário. **2.** Indicação metódica da situação de caminhos, ruas, praças. **3.** Texto básico de programas de rádio, televisão e, principalmente, de filme, com indicação de cenas, diálogos, recursos de filmagem etc. **4.** Relação dos assuntos a serem tratados numa reunião. **5.** FIG Norma, regulamento.

Ro.ti.na *s.f.* **1.** Caminho já trilhado e sabido. **2.** Prática constante. **3.** Uso geral. **4.** Hábito de proceder segundo o uso, sem atender aos progressos. **5.** Costume, hábito inveterado. **6.** Norma, praxe.

Ro.ti.nei.ro *adj.* **1.** Relativo à rotina; habitual, quotidiano. **2.** Que segue uma rotina.

Ro.tis.se.ri.a *s.f.* **1.** Loja onde se vendem carnes, queijos, presuntos etc. **2.** Grelha elétrica para assar carne ou revolver espeto de carne.

Ro.to (ô) *adj.* **1.** Que se rompeu. **2.** Rasgado, esburacado. **3.** Disperso, espalhado. *s.m.* **4.** Aquele que veste roupa esfarrapada. **5.** Maltrapilho, mendigo.

Ro.tor (ô) *s.m.* **1.** Parte giratória de certas máquinas e motores, esp. dos elétricos. **2.** Maquinismo giratório dos helicópteros, com as respectivas hélices. **3.** Dispositivo para propulsão de barcos, que utiliza os efeitos das correntes de ar.

Ró.tu.la *s.f.* **1.** Grade de madeira, que se usa em algumas janelas. **2.** Peça esférica utilizada como articulação mecânica. **3.** Pequeno osso situado no joelho na articulação do fêmur com a tíbia. Atualmente se diz patela. **4.** Articulação entre dois elementos de uma estrutura e que permite deslocamentos angulares relativos.

Ró.tu.lo *s.m.* **1.** Etiqueta que se coloca em embalagens e frascos com o nome do produto e outras indicações. **2.** Letreiro, dístico, legenda. **3.** Indicação, nome. **4.** Denominação, título. **5.** Qualificação simplista.

Ro.tun.da *s.f.* **1.** Construção circular que termina em cúpula redonda. **2.** Praça ou largo circular onde desembocam várias ruas.

Ro.tun.do *adj.* **1.** Redondo, esférico, circular. **2.** FIG Gordo, obeso.

Rou.ba.lhei.ra *s.f.* **1.** Roubo vultoso e escandaloso. **2.** Subtração de valores pertencentes ao Estado. **3.** Roubo disfarçado.

Rou.bar *v.t.* **1.** Subtrair, praticando violência contra pessoa ou coisa. **2.** Despojar de dinheiro ou valores. **3.** Apropriar-se fraudulentamente; furtar. **4.** Raptar. **5.** Arrebatar, enlevar. **6.** Despojar. **7.** Tomar furtivamente ou por violência. **8.** Livrar, salvar. *v.int.* e *p.* **9.** Furtar-se, fugir, esquivar-se.

Rou.bo *s.m.* **1.** Ato ou efeito de roubar. **2.** Aquilo que se roubou. **3.** FIG Preço excessivo (por um produto, prestação de serviço etc.).

Rou.co *adj.* Que enrouqueceu; que tem rouquidão; roufenho.

Rou.fe.nho *adj.* **1.** Que parece falar pelo nariz; fanhoso. **2.** Que tem som áspero; rouco.

Round (ráund) (ing.) *s.m.* **1.** Cada um dos tempos em que se divide uma luta de boxe; assalto. **2.** Cada uma das fases de uma negociação; rodada.

Rou.pa *s.f.* **1.** Todas as peças de vestuário ou de estofo para cobertura ou agasalho. **2.** Veste, vestimenta, traje. **3.** Fazenda, tecido, pano.

Rou.pa.gem *s.f.* **1.** Conjunto ou quantidade de roupas. **2.** Veste, rouparia. **3.** FIG Coisa vistosa, mas sem valor. **4.** FIG Aspecto exterior, aparência.

Rou.pão *s.m.* Peça de vestuário comprida e larga para uso doméstico; chambre. ◆ **Roupão de banho:** vestimenta que se usa após o banho.

Rou.pa.ri.a *s.f.* **1.** Grande quantidade de roupa. **2.** Compartimento onde se guardam roupas em hospitais, hotéis, clubes etc.

Rou.pei.ro *s.m.* Homem encarregado da rouparia de uma comunidade.

Rou.pe.ta (ê) *s.f.* **1.** Hábito de sacerdote; batina. **2.** PEJ Padre.

Rou.qui.dão *s.f.* Embaraço no órgão da voz, de que resulta certa aspereza na fala e dificuldade na pronúncia.

Rou.xi.nol *s.m.* **1.** Pequeno pássaro canoro. **2.** (*sobrecomum*) FIG Pessoa que tem boa voz, que canta muito bem.

Ro.xo (ô) *adj.* **1.** Que tem cor tirante a rubro e violáceo; purpúreo. **2.** FIG Difícil. **3.** Diz-se do que torce exacerbadamente por um time, ou é adepto convicto de um partido político etc. *s.m.* **4.** A cor roxa, resultado da combinação de vermelho e azul. **5.** Vinho tinto.

Roy.al.ty (ing.) *s.m.* **1.** Renda devida a um inventor, autor ou editor pelo uso de suas patentes ou direitos. **2.** Pagamento ao seu detentor pelo uso ou exploração de concessões ou direitos, como patentes de invenção, jazidas minerais, propriedade literária e artística, marcas comerciais. (Usa-se mais frequentemente o plural *royalties* e, em linguagem editorial, prefere-se a expressão *direitos autorais*).

RR Sigla do Estado de Roraima.

RS Sigla do Estado do Rio Grande do Sul.

R.S.V.P. *s.m.* Sigla francesa us. em convites que solicitam confirmação de presença.

Ru.a *s.f.* **1.** Caminho de casas, muro ou árvores, numa povoação. **2.** Casas que ladeiam esse caminho. **3.** O conjunto dos habitantes dessas casas. **4.** A plebe. **5.** O espaço compreendido entre as filas de qualquer plantação. *interj.* **6.** Exprime despedida violenta: *fora!*

Ru.bé.o.la *s.f.* Doença contagiosa, parecida com sarampo, que se caracteriza por febre, tosse, coriza, conjuntivite, erupção cutânea etc.

Ru.bi *s.m.* **1.** Pedra preciosa, transparente, de cor vermelha. **2.** POÉT Cor muito vermelha. ● *Var.:* rubim.

Ru.bí.dio *s.m.* Elemento químico us. em semicondutores, células fotoelétricas, tubos de alto vácuo etc.

Ru.bi.gi.no.so *adj.* Enferrujado, ferrugento, oxidado.

Ru.blo *s.m.* Unidade monetária da Rússia.

Ru.bor *s.m.* **1.** Qualidade de rubro. **2.** Cor vermelha; vermelhidão. **3.** Vermelhidão no rosto, proveniente de doença, timidez, vergonha, pudor. ● *Ant.:* palidez.

Ru.bo.ri.zar *v.t.* **1.** Tornar vermelho; enrubescer. *v.p.* **2.** Corar, envergonhar-se; ter pudor. ● *Ant.:* empalidecer.

Ru.bri.ca *s.f.* **1.** Sinal, firma, assinatura abreviada. **2.** Nota, lembrete.

Ru.bri.car *v.t.* **1.** Colocar visto em; pôr a rubrica. **2.** Assinalar, firmar. **3.** Pôr marca. **4.** Rotular, autenticar.

Ru.bro *adj.* **1.** Muito vermelho. **2.** Afogueado, incandescente, corado.

Ru.çar *v.t.* **1.** Tornar ruço. *v.int.* e *p.* **2.** Tornar-se ruço. **3.** Principiar a encanecer ou envelhecer; agrisalhar.

Ru.ço *adj.* **1.** De cor tirante a pardo; pardacento. **2.** Que tem cabelos brancos e pretos; grisalho. **3.** Desbotado. **4.** De cabelo castanho muito claro. **5.** GÍR Complicado, difícil.

Rú.cu.la *s.f.* Planta hortícola da família das crucíferas, de sabor picante, muito usada em salada.

Ru.de *adj.2g.* **1.** Inculto, grosseiro, agreste. **2.** Que trata os outros de modo grosseiro ou deselegante. **3.** Ignorante, estúpido. **4.** FIG Sem cultura ou refinamento, descortês. **5.** Difícil, árduo.

Ru.de.za *s.f.* **1.** Qualidade de rude. **2.** Grosseria, incivilidade, rispidez. **3.** Indelicadeza, ignorância, maus modos. **4.** Que tem caráter elementar, primário.

Ru.di.men.tar *adj.2g.* **1.** Que diz respeito a rudimento. **2.** Que tem caráter elementar; primário. **3.** Básico, fundamental.

Ru.di.men.to *s.m.* **1.** Elemento inicial; primeiras noções. **2.** Conhecimento geral (de ciência, arte etc.). **3.** Ensaio. **4.** Primeiros lineamentos (de animal, vegetal etc.). **5.** Órgão pouco desenvolvido.

Ru.ei.ro *adj.* **1.** Relativo à rua. **2.** Que gosta de andar pelas ruas, com frequência. *s.m.* **3.** Indivíduo rueiro.

Ru.far¹ *v.t.* **1.** Tocar, dando rufos em. *v.int.* **2.** Produzir rufos.

Ru.far² *v.t.* **1.** Dar forma de rufos em. **2.** Fazer rufos ou pregas.

Ru.fi.ão *s.m.* **1.** Indivíduo que briga por causa de mulheres de ínfima categoria. **2.** Explorador de prostitutas; cáften. ● *Pl.:* rufiões ou rufiães. ● *Fem.:* rufiana.

RUFLANTE — RÚTILO

Ru.flan.te *adj.2g.* Que rufla.

Ru.flar *v.int.* **1.** Agitar-se, produzindo rumor como ave que esvoaça. **2.** Fazer ruge-ruge, como saias compridas ou tecido engomado que se dobra. *v.t.* **3.** Agitar; fazer tremular.

Ru.fo[1] *s.m.* **1.** Toque de rebate. **2.** Som parecido ao do tambor.

Ru.ga *s.f.* **1.** Prega na pele, provocada pela idade, por emagrecimento etc. **2.** Prega em tecidos; vinco.

Rúg.bi (rugby) (ing.) *s.m.* Esporte de equipe, jogado com uma bola oval que deve ser conduzida com os pés ou com as mãos ao gol adversário.

Ru.ge *s.m.* Cosmético em pó ou pasta usado para colorir as faces.

Ru.gi.do *s.m.* **1.** Voz de leão. **2.** FIG Voz troante e prolongada; bramido.

Ru.gi.dor *adj.* e *s.m.* Que, ou o que ruge.

Ru.gir *v.int.* **1.** Soltar a voz (o leão). **2.** FIG Urrar, bramir. **3.** Produzir sons semelhantes a rugidos. **4.** Produzir ruge-ruge. **5.** Sussurrar brandamente. **6.** Rumorejar. *v.t.* **7.** Roçar, arrastar pelo chão, fazendo ruído. **8.** Proferir com furor; bradar.

Ru.go.so *adj.* **1.** Que tem rugas. **2.** Enrugado, encarquilhado. **3.** Áspero, grosseiro. • *Ant.: liso.*

Ru.í.do *s.m.* **1.** Qualquer barulho que atrai a atenção. **2.** Estrondo. **3.** Bulício, fragor. **4.** FIG Boato. **5.** Ostentação. • *Ant.: quietude, silêncio.*

Ru.i.do.so (ô) *adj.* **1.** Que faz ruído. **2.** Barulhento, estrepitoso. **3.** FIG Que causa sensação. **4.** Escandaloso, rumoroso. **5.** Espetaculoso, pomposo. • *Ant.: silencioso.*

Ru.im *adj.* **1.** Mau (física ou moralmente). **2.** Destituído de mérito; pobre, precário. **3.** Que não tem valor; de má qualidade. **4.** Podre, estragado. **5.** Malvado, perverso. **6.** Nocivo, pernicioso. • *Ant.: bom.*

Ru.í.na *s.f.* **1.** Ato ou efeito de ruir. **2.** Resto (de casa ou construção que desmoronou). **3.** Desmoronamento, destroço. **4.** Destruição. **5.** Dissipação. **6.** Vestígio. **7.** Reflexo. **8.** FIG Perda da felicidade, da prosperidade. **9.** FIG Queda, decadência completa. • *Ant.: prosperidade.*

Ru.in.da.de *s.f.* **1.** Qualidade de ruim. **2.** Maldade, perversidade. • *Ant.: bondade.*

Ru.i.no.so (ô) *adj.* **1.** Que causa ou pode causar ruína. **2.** Prejudicial, nocivo.

Ru.ir *v.int.* **1.** Cair com ímpeto e rapidamente. **2.** Desmoronar, desabar. **3.** FIG Frustrar-se.

Rui.va.cen.to *adj.* Puxado para o ruivo; arruivado, avermelhado.

Rui.vo *adj.* **1.** Amarelo-avermelhado, louro-avermelhado. *s.m.* **2.** Indivíduo de cabelo avermelhado.

Rum *s.m.* Aguardente proveniente da fermentação e destilação do melaço de cana-de-açúcar.

Ru.ma *s.f.* Pilha, montão.

Ru.mar *v.t.* **1.** Pôr (embarcação) no rumo desejado. **2.** Dirigir-se, encaminhar-se. **3.** Tomar rumo ou direção.

Rum.ba *s.f.* **1.** Certa dança que se originou entre os negros de Cuba e depois se espalhou pela América Central e EUA. **2.** Música para essa dança.

Ru.mi.nan.te *adj.2g.* **1.** Que rumina. **2.** Relativo aos ruminantes. *s.m.* **3.** Mamífero ruminante.

Ru.mi.nar *v.t.* **1.** Tornar a mastigar. **2.** Remoer (os alimentos que voltam do estômago à boca). **3.** FIG Refletir ou pensar muito

em. *v.int.* **4.** Remastigar, remoer os alimentos. **5.** FIG Cogitar profundamente.

Ru.mo *s.m.* **1.** Cada um dos raios da rosa-dos-ventos. **2.** Direção de navio. **3.** Roteiro, rota. **4.** Direção, caminho. **5.** Destino, meta.

Ru.mor *s.m.* **1.** Ruído surdo. **2.** Murmúrio de vozes. **3.** Sussurro. **4.** Notícia não-confirmada.

Ru.mo.re.jan.te *adj.2g.* Que rumoreja.

Ru.mo.re.jar *v.int.* **1.** Produzir rumor. **2.** Sussurrar brandamente. **3.** Falar em segredo; cochichar. *v.t.* **4.** Fazer correr, propalar (boato, notícia).

Ru.mo.re.jo (ê) *s.m.* **1.** Ação ou efeito de rumorejar. **2.** Ruído brando e confuso; cicio, murmúrio, sussurro.

Ru.mo.ro.so (ô) *adj.* **1.** Que causa rumor. **2.** Em que há rumor. **3.** Barulhento, ruidoso, sussurrante.

Ruolz *s.m.* Liga utilizada em ourivesaria, de cor semelhante à da prata, composta de cobre, níquel e prata.

Rus.pes.tre *adj.2g.* **1.** Diz-se da planta que cresce sobre os rochedos. **2.** Diz-se da arte dos homens primitivos, que desenhavam e gravavam no interior das cavernas. **3.** Gravado em rochedo.

Ru.pi.a *s.f.* Moeda de prata, usada em várias regiões da Índia.

Ru.pí.co.la *adj.2g.* Que vive nas rochas e cavernas.

Rup.tu.ra *s.f.* **1.** Ato ou efeito de romper. **2.** Quebra violenta. **3.** Corte, interrupção. **4.** Violação de contrato. **5.** Anulação de pacto ou tratado. **6.** Rompimento, quebra de relações sociais. **7.** Quebra, fratura. **8.** Separação, desligamento. • *Ant.: junção, união.*

Ru.ral *adj.2g.* **1.** Relativo ao campo. **2.** Que é próprio do campo. **3.** Agrícola, campesino. • *Ant.: urbano.*

Ru.ra.lis.mo *s.m.* **1.** O conjunto de atividades e assuntos relativos ao meio rural. **2.** Uso de cenas rurais na arte.

Ru.ra.lis.ta *adj.* e *s.2g.* **1.** Que, ou pessoa que vive no campo. **2.** Diz-se de, ou o artista que em seus trabalhos prefere as cenas rurais. *s.2g.* **3.** Pessoa especializada no estudo das questões rurais.

Ru.ra.li.zar *v.t.* e *p.* Adaptar(-se) à vida rural e agrícola.

Ru.rí.co.la *adj.2g.* **1.** Que vive no campo. **2.** Que cultiva o campo; agricultor.

Rus.ga *s.f.* **1.** Barulho, desordem. **2.** Pequena briga ou desinteligência entre duas pessoas; contenda.

Rus.gar *v.t.* e *int.* **1.** Fazer ou promover rusga. **2.** Questionar. **3.** Brigar, litigar. **4.** Atritar.

Rus.guen.to *adj.* **1.** Que vive metido em rusgas; briguento. **2.** Que está sempre rusgando e mal satisfeito.

Rush (râch) (ing.) *s.m.* Período do dia em que, nas grandes cidades, o tráfego é muito intenso, provocando não raro congestionamento; pico, pique.

Rus.ti.ci.da.de *s.f.* Qualidade de rústico.

Rús.ti.co *adj.* **1.** Relativo ao campo; rural. **2.** Rude, grosseiro. **3.** Tosco, sem arte, mal-acabado. *s.m.* **4.** Camponês. **5.** Homem sem instrução. • *Ant.: urbano.*

Ru.tê.nio *s.m.* Mineral raro, pesado, quebradiço, branco-acinzentado, de símbolo Ru, do grupo da platina.

Ru.ti.la.ção *s.f.* **1.** Ato ou efeito de rutilar. **2.** Brilho intenso.

Ru.ti.lan.te *adj.2g.* Que rutila; resplandecente.

Ru.ti.lar *v.t.* **1.** Tornar rútilo. **2.** Fazer brilhar muito. *v.int.* **3.** Brilhar muito; chamejar.

Rú.ti.lo *adj.* POÉT Rutilante; da cor de ouro; brilhante.

S

S/s *s.m.* **1.** Décima nona letra do alfabeto português e décima quinta consoante, de nome *esse*. *adj.* **2.** Décimo nono numa série indicada pelas letras do alfabeto.

S Abrev. de *Santa, Santo, São e Sul*.

Sa.a.ri.a.no *adj.* Relativo ao deserto do Saara (N da África).

Sa.bá *s.m.* **1.** Dia de descanso religioso judaico, no sábado (7º dia da semana). **2.** Assembleia de bruxas presidida por satanás, que, segundo superstição medieval, se realizava à meia-noite do sábado.

Sá.ba.do *s.m.* O sétimo dia da semana, a começar de domingo.

Sa.bão *s.m.* **1.** Composição, resultante da ação da potassa sobre qualquer corpo gorduroso, que serve para lavagens, clarificação da roupa etc. **2.** Descompostura, pito, repreensão.

Sa.bá.ti.co *adj.* Relativo ao sábado.

Sa.ba.ti.na *s.f.* **1.** Repetição, feita aos sábados, de matérias dadas durante a semana. **2.** Exame, prova. **3.** Recapitulação. **4.** Reza própria do sábado.

Sa.ba.ti.nar *v.t.* **1.** Recapitular. **2.** Fazer resumo de. **3.** Submeter a uma sabatina. *v.int.* **4.** Discutir um assunto minuciosamente e com astúcia.

Sa.ba.ti.no *adj.* Relativo ao sábado.

Sa.be.dor *adj.* e *s.m.* **1.** Que, ou aquele que sabe, que tem conhecimento de algo. **2.** Que, ou aquele que tem sabedoria, sábio.

Sa.be.do.ri.a *s.f.* **1.** Qualidade de sábio. **2.** Grande abundância de conhecimentos. **3.** Saber, sapiência. **4.** Conhecimento da verdade; ciência. **5.** Sensatez, prudência, retidão, razão. ● *Ant.: ignorância*.

Sa.ber¹ *v.t.* **1.** Ter conhecimento ou informação; conhecer. **2.** Ser informado. **3.** Ter capacidade ou conhecimento. **4.** Prever. **5.** Ter certeza. **6.** Conseguir. **7.** Compreender. **8.** Poder explicar. **9.** Reter na memória. *v.int.* **10.** Ter erudição ou ciência. **11.** Ser erudito. **12.** Estar informado. ● *Ant.: ignorar*.

Sa.ber² *s.m.* Erudição, preparo intelectual, ilustração, sabedoria, ciência. ● *Ant.: ignorância*.

Sa.be-tu.do *s.2g.2n.* FAM Sabichão.

Sa.bi.á *s.m.* Certa ave canora. ● *Voz.: cantar, gorjear, trinar.* ● *Col.: bando*.

Sa.bi.chão *adj.* e *s.m.* FAM Que, ou aquele que se tem na conta de sábio, que alardeia sabedoria. ● *Fem.: sabichona*.

Sa.bi.do *adj.* **1.** Que sabe. **2.** Que se sabe. **3.** Conhecido. **4.** Prudente, cauteloso. **5.** Que não é inocente. **6.** Astuto, esperto, finório. ● *Ant.: ignorado; ingênuo*.

Sá.bio *adj.* **1.** Que sabe muito. **2.** Erudito, douto. **3.** Prudente. **4.** Que encerra sabedoria. **5.** Sensato. **6.** Que tem exata compreensão da vida. *s.m.* **7.** Homem de grande sabedoria; cientista, filósofo. ● *Sup.abs.sint.: sapientíssimo.* ● *Ant.: ignorante*.

Sa.bo.a.ri.a *s.f.* **1.** Fábrica de sabão. **2.** Lugar onde se vende sabão.

Sa.bo.ei.ro *s.m.* O que fabrica ou vende sabão.

Sa.bo.ne.te (ê) *s.m.* **1.** Sabão fino e geralmente perfumado, para lavar o corpo. **2.** POP Censura, repreensão. **3.** Certa planta brasileira.

Sa.bo.ne.tei.ra *s.f.* Lugar ou recipiente onde se coloca o sabonete.

Sa.bor (ô) *s.m.* **1.** Gosto. **2.** Impressão produzida por certas substâncias, ao paladar. **3.** FIG Qualidade, índole. **4.** Vontade, capricho. **5.** Jovialidade, graça, forma, natureza, caráter.

Sa.bo.re.ar *v.t.* **1.** Comer e beber devagar e com gosto. **2.** Apreciar o sabor de. **3.** Dar sabor. **4.** FIG Gozar demoradamente, voluptuosamente. **5.** Entregar-se com delícia a. **6.** Comprazer-se em. **7.** Sofrer ou experimentar lentamente. *v.p.* **8.** Deleitar-se com, tomar grande gosto por.

Sa.bo.ro.so (ô) *adj.* **1.** Que tem bom sabor; gostoso. **2.** FIG Agradável, deleitoso. ● *Ant.: insulso*.

Sa.bo.ta.dor *adj.* e *s.m.* Que, ou aquele que sabota.

Sa.bo.tar *v.t.* **1.** Danificar ou destruir propositadamente (máquina etc.), para fazer cessar serviço. **2.** Minar, dificultar por qualquer meio (um serviço ou atividade). **3.** Fingir que colabora, opondo ocultamente resistência.

Sa.bre *s.m.* **1.** Grande cutelo, um tanto recurvado, que só corta de um lado. **2.** Espada curta.

Sa.bu.go *s.m.* **1.** Miolo do sabugueiro. **2.** Parte inferior mole dos chifres. **3.** Parte do dedo sobre que assenta a unha. **4.** Espiga de milho sem grãos.

Sa.bu.guei.ro *s.m.* Arbusto florífero, medicinal.

Sa.bu.jar *v.t.* Adular, bajular.

Sa.bu.ji.ce *s.f.* **1.** Qualidade de sabujo. **2.** Servilismo, humilhação.

Sa.bu.jo *s.m.* **1.** Cão de caça graúda. **2.** FIG Indivíduo sem dignidade. ● *Ant.: digno*.

Sa.bur.ra *s.f.* Crosta esbranquiçada ou amarelada, que cobre a parte superior da língua, em razão de certas doenças.

Sa.ca *s.f.* Saco grande, geralmente para substituir o açúcar.

Sa.ca.da *s.f.* **1.** Ato de sacar. **2.** Parte de uma construção que avança além da fachada de uma casa. **3.** Balcão de janela que ressai da parede. **4.** Sacaria. **5.** Olhadela.

Sa.ca.do *adj.* **1.** Tirado para fora; extraído. **2.** Que se sacou. *s.m.* **3.** Aquele que emite um título de crédito a favor de alguém.

Sa.ca.dor (ô) *adj.* **1.** Que saca. *s.m.* **2.** Aquele que saca uma letra de câmbio.

Sa.car *v.t.* **1.** Tirar para fora, à força ou com violência. **2.** Arrancar. **3.** Colher. **4.** Auferir, lucrar. **5.** Obter com esforço. **6.** Emitir letras de câmbio. **7.** GÍR Entender, compreender. *v.int.* **8.** Fazer a jogada inicial em jogo de vôlei, pingue-pongue etc.

Sa.ca.ri.a *s.f.* Porção de sacos ou sacas.

Sa.ça.ri.car *v.int.* Saracotear.

Sa.ca.ri.na *s.f.* QUÍM Pó branco, muito doce, usado em terapêutica e em dietética para substituir o açúcar.

Sa.ca.ri.no *adj.* **1.** Referente ao açúcar. **2.** Da natureza do açúcar. **3.** Em que há açúcar ou que é doce como o açúcar. **4.** Desagradavelmente doce. **5.** FIG Desagradavelmente doce, afável, amável; melífluo.

Sa.ca-ro.lhas *s.m.2n.* Instrumento com que se tiram rolhas de cortiça de garrafas, garrafões etc.

Sa.ca.ro.se *s.f.* Açúcar comum, extraído da cana e da beterraba.

Sa.cer.dó.cio *s.m.* **1.** Ofício de sacerdote. **2.** Poder sacerdotal. **3.** FIG Profissão honrosa, venerável.

Sa.cer.do.te *s.m.* **1.** O que tinha o poder de oferecer vítima à divindade. **2.** Ministro de religião que admite sacrifício. **3.** O que preside às cerimônias do culto. **4.** Padre, presbítero. **5.** Feiticeiro de cultos ameríndios ou de origem africana. **6.** FIG Aquele que exerce profissão muito honrosa.

Sa.cha.dor *adj.* e *s.m.* Que, ou aquele que sacha.

Sa.cha.du.ra *s.f.* Ato ou efeito de sachar; sacha.

SACHAR — SAGUM

Sa.char *v.t.* Afofar ou cavar com sacho ou sachola.

Sa.ché (*sachet*) (fr.) *s.m.* Almofada ou saquinho contendo substância aromática.

Sa.cho *s.m.* Enxadinha estreita e pontuda.

Sa.ci *s.m.* FOLCL Entidade fantástica, negrinho de uma só perna, de cachimbo e de barrete vermelho, que persegue os viajantes ou lhes arma ciladas pelo caminho.

Sa.ci.ar *v.t.* **1.** Aplacar a fome, a sede. **2.** Encher, fartar, satisfazer. **3.** FIG Satisfazer plenamente: saciaram-se de leitura.

Sa.ci.á.vel *adj.2g.* Que se pode saciar.

Sa.ci.e.da.de *s.f.* **1.** Estado de quem se saciou. **2.** Repleção. **3.** Fartura. **4.** Satisfação do apetite. **5.** FIG Fastio. **6.** Aborrecimento.

Sa.co *s.m.* **1.** Receptáculo de couro ou tecido, fechado por todos os lados, menos um. **2.** O conteúdo de um saco. **3.** Pequena mala. **4.** Bolsa. **5.** Rede de forma cônica. **6.** Pano interno do tresmalho. **7.** Peça central da rede de pescar sardinha. **8.** Sujidade que se acumula no fundo das expectoração pela boca. **9.** FAM Pessoa gorda. **10.** GÍR Chateação: *Essa comédia é um saco!* **11.** Paciência: *Não tenho saco pra isso.* ◆ **Ser um saco**: ser chato, desagradável.

Sa.co.la *s.f.* **1.** Saco de dois fundos, para se trazer ao ombro. **2.** Saco de alça, para compras; alforje.

Sa.co.lei.ro *s.m.* Masc. de *sacoleira*.

Sa.co.le.jar *v.t.* e *p.* Sacudir(-se) ou agitar(-se) repetidamente; rebolar(-se).

Sa.cra.li.zar *v.t.* Dar caráter sagrado a.

Sa.cra.men.tal *adj.2g.* **1.** Relativo ou pertencente aos sacramentos. **2.** FIG Obrigatório. **3.** FIG Imposto pelo hábito.

Sa.cra.men.tar *v.t.* **1.** Ministrar os sacramentos, principalmente da confissão e comunhão. **2.** Dar a extrema-unção. **3.** Sagrar. **4.** Confessar. *v.p.* **5.** Receber os sacramentos.

Sa.cra.men.to *s.m.* Segundo o catolicismo, cada um dos sete atos (batismo, crisma ou confirmação, eucaristia, penitência ou confissão, ordem, matrimônio e extrema-unção) necessários à santificação dos homens. **2.** Consagração. **3.** A hóstia em exposição na custódia; juramento.

Sa.crá.rio *s.m.* **1.** Lugar onde se guardam coisas sagradas, especialmente as hóstias consagradas. **2.** FIG Intimidade. **3.** Lugar reservado e respeitável. **4.** O mais recôndito do coração humano.

Sa.cri.fi.ca.dor (ô) *adj.* e *s.m.* Que, ou aquele que sacrifica.

Sa.cri.fi.can.te *adj.2g.* **1.** Sacrificador. *s.m.* **2.** O padre que celebra missa.

Sa.cri.fi.car *v.t.* **1.** Oferecer em sacrifício, em holocausto; imolar. **2.** Consagrar interiormente. **3.** Renunciar voluntariamente. **4.** Pôr em risco. **5.** Vitimar. **6.** Abater o animal em experiências de laboratório. **7.** Tornar vítima. *v.t.* e *int.* **8.** Fazer sacrifícios em honra da divindade. **9.** Oferecer-se em sacrifício. **10.** Sujeitar-se, consagrar-se inteiramente a alguém ou algo.

Sa.cri.fí.cio *s.m.* **1.** Ato ou efeito de sacrificar-se. **2.** Oferta de vítimas ou donativos à divindade. **3.** Privações a que alguém se sujeita com fim religioso ou para beneficiar outrem. **4.** Abnegação. **5.** Renúncia em favor de outrem.

Sa.cri.lé.gio *s.m.* Uso profano e odioso de pessoa, lugar ou objeto sagrado; profanação.

Sa.cri.le.go *adj.* **1.** Relativo a sacrilégio. **2.** Que pratica sacrilégio. **3.** Profanador. *s.m.* **4.** O que cometeu sacrilégio.

Sa.cri.pan.ta *adj.* e *s.2g.* Que, ou pessoa vil, desprezível.

Sa.cris.tão *s.m.* **1.** Homem que tem a seu cargo a guarda e o arranjo da sacristia. **2.** Aquele que ajuda à missa e auxilia o sacerdote nos ofícios divinos. ◆ *Pl.: sacristães e sacristãos.*

Sa.cris.ti.a *s.f.* Compartimento da igreja onde se guardam os paramentos dos sacerdotes e os objetos do culto.

Sa.cro *adj.* **1.** O mesmo que *sagrado*. **2.** FIG Venerável. **3.** Relativo ao osso sacro. *s.m.* **4.** Osso que forma a parte posterior da bacia.

Sa.cro.i.lí.a.co *adj.* Relativo aos ossos sacro e ilíaco.

Sa.cros.san.to *adj.* **1.** Sagrado e santo. **2.** Muito sagrado.

Sa.cu.di.dor *adj.* e *s.m.* Que ou o que sacode; agitador.

Sa.cu.dir *v.t.* **1.** Agitar forte e repetidamente. **2.** Deitar por meio de movimentos repetidos. **3.** Limpar, agitando. **4.** Bater para limpar. **5.** Abalar, fazer tremer. **6.** Abanar, mover para um e outro lado. **7.** FIG Espertar, excitar. *v.p.* **8.** Agitar o corpo, andando. **9.** Saracotear-se, rebolar-se.

Sá.di.co *adj.* **1.** Que padece de sadismo. **2.** Em que há sadismo; cruel. **3.** Que tem prazer no sofrimento alheio. **4.** Relativo a sadismo. *s.m.* **5.** Aquele que tem prazer no sofrimento alheio.

Sa.di.o *adj.* **1.** Que dá saúde. **2.** Próprio para conservar a saúde; saudável. **3.** Que goza de boa saúde.

Sa.dis.mo *s.m.* Prazer no sofrimento alheio.

Sa.do.ma.so.quis.mo *s.m.* Perversão sexual em que se associa o sadismo e o masoquismo.

Sa.do.ma.so.quis.ta *adj.2g.* **1.** Relativo ao sadomasoquismo. *s.2g.* **2.** Pessoa que pratica o sadomasoquismo.

Sa.fa.de.za *s.f.* **1.** POP Qualidade, ação ou dito de indivíduo safado. **2.** Ato pornográfico; coisa imoral.

Sa.fa.do *adj.* **1.** Gasto pelo uso. **2.** Moralmente estragado. **3.** Descarado, imoral, pornográfico. **4.** Encolerizado, indignado. **5.** FAM Traquinas, travesso. *s.m.* **6.** POP Indivíduo safado, desavergonhado.

Sa.fa.não *s.m.* **1.** Bofetada que se dá com as costas das mãos. **2.** Empurrão; sacudidela. ● *Pl.: safanões.*

Sa.far *v.t.* **1.** Tirar, puxando. **2.** Extrair. **3.** Livrar, desembaraçar de estorvo. **4.** Fazer sair do banco de areia, de baixio (uma embarcação). **5.** Roubar, furtar. *v.p.* **6.** Esquivar-se; fugir.

Sa.far.da.na *s.m.* POP Indivíduo sem escrúpulos; safado, biltre, canalha.

Sa.fá.ri *s.m.* Expedição numerosa e bem organizada para caça graúda, na África.

Sa.fe.na *s.f.* Veia subcutânea da perna, muito utilizada nas operações cardíacas.

Sa.fi.ra *s.f.* Pedra preciosa de cor azul.

Sa.fis.mo *s.m.* Amor entre mulheres; amor lésbico.

Sa.fis.ta *adj.2g.* **1.** Relativo a safismo. *s.f.* **2.** Mulher que pratica o safismo; lésbica.

Sa.fo *adj.* Que se safou ou livrou; que escapou.

Sa.fra *s.f.* **1.** Messe, colheita. **2.** A produção agrícola de um ano.

Sa.ga *s.f.* **1.** Qualquer lenda escandinava. **2.** Canção baseada em tais lendas. **3.** História ou narrativa cheia de incidentes.

Sa.ga.ci.da.de *s.f.* **1.** Qualidade de sagaz. **2.** Perspicácia, finura, astúcia.

Sa.gaz *adj.* **1.** Perspicaz, fino. **2.** Dotado de sagacidade. **3.** Astuto, manhoso. ● *Sup.abs.sint.: sagacíssimo.* ● *Ant.: bronco, ingênuo.*

Sa.gi.ta.ri.a.no *adj.* e *s.m.* Diz-se de, ou o nascido sob o signo de Sagitário (22/11 a 21/12).

Sa.gi.tá.rio *adj.* **1.** POÉT Armado de arco e flecha. *s.m.* **2.** Arqueiro, nas tropas auxiliares do exército romano.

Sa.gra.ção *s.f.* **1.** Ato ou efeito de sagrar. **2.** Cerimônia na qual se sagra um bispo, um soberano.

Sa.gra.do *adj.* **1.** Que se sagrou; consagrado. **2.** Relativo ao culto religioso. **3.** Venerável, santo. *s.m.* **4.** Aquilo que é sagrado. ● *Sup.abs.sint.: (do adj.) sacratíssimo.* ● *Ant.: profano.*

Sa.grar *v.t.* **1.** Consagrar, dedicar ao serviço de Deus; santificar. **2.** Abençoar. **3.** Tornar venerável. **4.** Investir de alguma dignidade por meio de cerimônia religiosa. *v.p.* **5.** Consagrar-se.

Sa.gu *s.m.* **1.** Substância amilácea, comestível, extraída da haste de algumas palmeiras. **2.** Substância farinácea extraída de algumas plantas.

Sa.guão *s.m.* **1.** Pátio estreito e descoberto, no interior de um edifício. **2.** Sala de entrada ou área interior, nos edifícios ou residência, da qual parte a escadaria para o andar superior; vestíbulo.

Sa.guei.ro *s.m.* Palmeira de cujo caule se extrai o sagu.

Sa.gui *s.m.* Macaco pequeno de cauda felpuda e comprida. ◆ *Var.: saguim.*

Sa.gum *s.m.* ⇒ Sagu.

SAIA — SALOMÔNICO

Sai.a *s.f.* **1.** Vestuário de mulher, que desce da cintura sobre as pernas até uma altura variável. **2.** Suplemento às velas latinas. **3.** POP A mulher. ◆ **Rabo de saia:** POP mulher.

Sai.ão *s.m.* BOT Planta medicinal.

Sai.bo *s.m.* Gosto, sabor (em geral desagradável).

Sai.bren.to *adj.* Saibroso.

Sai.bro *s.m.* **1.** Argila misturada com areia e pedras. **2.** Operação de saibrar.

Sai.bro.so (ô) *adj.* Em que há saibro.

Sa.í.da *s.f.* **1.** Ato ou efeito de sair. **2.** Lugar por onde se sai ou se pode sair. **3.** Exportação. **4.** Comercialização, venda. **5.** FIG Recurso, expediente, para se sair de uma dificuldade. ● *Ant.: entrada.*

Sa.í.da de prai.a *s.f.* Roupão curto semelhante ao casaco de quimono de judô, usado sobre o traje de banho feminino. ● *Pl.: saídas de praia.*

Sa.i.dei.ra *s.f.* **1.** Última dose de bebida alcoólica que se toma antes de sair de uma festa ou bar. **2.** Última dança de um baile.

Sa.í.do *adj.* **1.** Que está fora. **2.** GÍR Saliente, intrometido. **3.** Atirado; assanhando.

Sa.i.men.to *s.m.* **1.** Funeral; acompanhamento fúnebre. **2.** Atrevimento, assanhamento.

Sai.o.te *s.m.* Saia curta de tecido grosso que as mulheres usavam geralmente debaixo de outra saia.

Sa.ir *v.t.* e *int.* **1.** Ir de dentro para fora, passar do interior para o exterior. **2.** Aparecer em público, ir à rua. **3.** Afastar-se, ausentar-se, empreender viagem. **4.** Nascer, surgir. **5.** Desaparecer, sumir. **6.** Parecer-se, puxar. **7.** Publicar-se. *v.t.* **8.** Fugir, desviar--se. **9.** Demitir-se. **10.** Proceder, provir. **11.** Vir a ser, tornar-se. **12.** Deixar de ser tímido.

Sal *s.m.* **1.** Cloreto de sódio cristalino que se usa na alimentação. **2.** FIG Bom gosto. **3.** Malícia espirituosa. **4.** Chiste, graça. **5.** Vivacidade.

Sa.la *s.f.* **1.** Um dos principais compartimentos de uma casa, onde ordinariamente se recebem visitas. **2.** Qualquer compartimento vasto. ● *Aum.: salão.* ● *Dim.irreg.: saleta.*

Sa.la.ci.da.de *s.f.* Qualidade de salaz; libertinagem, devassidão.

Sa.la.da *s.f.* **1.** Hortaliça ou mistura de hortaliças (principalmente alface, chicória, agrião etc.) temperadas com sal, vinagre etc. e que se come fria. **2.** Mistura de coisas diferentes. **3.** Misturada, mixórdia.

Sa.la.dei.ra *s.f.* Espécie de travessa usada para levar salada à mesa.

Sa.la e quar.to *s.m.* Apartamento que dispõe de uma sala e um quarto separados.

Sa.la.frá.rio *s.m.* POP Homem vil; patife.

Sa.la.ma.le.que *s.m.* **1.** Saudação usada pelos árabes. **2.** Mesura exagerada; rapapé.

Sa.la.man.dra *s.f.* Batráquio provido de cauda, semelhante ao lagarto.

Sa.la.me *s.m.* Tripa de porco recheada de carne tirada dos presuntos, moída e salgada, que se come fria.

Sa.la.mi.nho *s.m.* **1.** Salame pequeno. **2.** Tipo de salame preparado com tripa de diâmetro menor.

Sa.lão *s.m.* **1.** Grande sala onde se recebe, se dão bailes ou concertos etc. **2.** Companhia de pessoas da sociedade. **3.** Galeria em que se faz exposição de obras de arte. **4.** Loja de barbeiro e cabeleireiro.

Sa.lá.rio *s.m.* **1.** Retribuição de trabalho. **2.** Paga de serviço feito, principalmente por dia ou por hora. **3.** Paga em dinheiro, devida pelo empregador ao empregado. **4.** Ordenado, recompensa.

Sa.lá.rio-fa.mí.lia *s.m.* Adicional pago ao trabalhador por cada dependente menor.

Sa.lá.rio-ho.ra *s.m.* Quantia que o empregado recebe por hora trabalhada. ● *Pl.: salários-hora ou salários-horas.*

Sa.laz *adj.* Impudico, lúbrico, libertino.

Sal.dar *v.t.* **1.** Pagar o saldo de; verificar e ajustar ou liquidar (contas). **2.** Tirar satisfação por ofensas recebidas; vingar.

Sal.do *s.m.* **1.** Diferença entre o débito e o crédito. **2.** Resto de sortimento de determinada mercadoria. **3.** Resto. **4.** FIG Ajuste de contas, vingança.

Sa.lei.ro *s.m.* Vasilha onde se guarda ou que se leva sal à mesa.

Sa.le.si.a.no *adj.* **1.** Relativo à ordem salesiana, fundada por S. João Bosco, sob a invocação de S. Francisco de Sales. *s.m.* **2.** Religioso dessa ordem.

Sa.le.ta (ê) *s.f.* Pequena sala.

Sal.ga *s.f.* **1.** Ato ou efeito de salgar; salgadura. **2.** (RS) Lugar onde se salga, na charqueada.

Sal.ga.di.nhos *s.m.pl.* Iguarias miúdas (pedacinhos de presunto, salsicha etc.) espetadas em palito e comidas principalmente enquanto se bebe.

Sal.ga.do *adj.* **1.** Que tem sal ou muito sal. **2.** Malicioso, engraçado, chistoso. **3.** POP Adquirido por alto preço. **4.** Caro, custoso.

Sal.ga.dor (ô) *adj.* e *s.m.* Que ou o que salga.

Sal.ga.du.ra *s.f.* O mesmo que *salga.*

Sal.gar *v.t.* Temperar com sal; conservar em sal.

Sal.ge.ma *s.f.* **1.** Cloreto de sódio, encontrado em minérios. **2.** Sal de rocha. ● *Pl.: sais-gemas.*

Sal.guei.ro *s.m.* BOT Certo arbusto ornamental geralmente comum às margens dos rios.

Sa.li.ci.li.co *adj.* Diz-se de diversos compostos, especialmente um ácido orgânico, de grande uso em medicina como antisséptico e analgésico. (Us. também na indústria de corantes).

Sá.li.co *adj.* Relativo ou pertencente aos sálios.

Sa.li.cul.tor (ô) *adj.* e *s.m.* (o) Que(m) possui ou explora salinas.

Sa.li.cul.tu.ra *s.f.* **1.** Extração do sal em salinas ou marinhas. **2.** Produção artificial de sal.

Sa.li.ên.cia *s.f.* **1.** Qualidade de saliente. **2.** Estado de saliente. **3.** Destaque. **4.** Coisa saliente. **5.** Audácia, atrevimento. ● *Ant.: reentrância.*

Sa.li.en.tar *v.t.* e *p.* **1.** Tornar(-se) saliente ou notável. **2.** Evidenciar(-se), distinguir(-se).

Sa.li.en.te *adj.2g.* **1.** Que ressalta ou sobressai. **2.** FIG Que dá nas vistas. **3.** Evidente, notável, distinto. **4.** Atrevido, petulante. **5.** Assanhado, saído. ● *Ant.: modesto.*

Sa.li.na *s.f.* **1.** Marinha de sal. **2.** Monte de sal. **3.** Mina de sal--gema.

Sa.li.nei.ro *s.m.* **1.** Aquele que trabalha em, ou é dono de salina. **2.** Vendedor de sal. *adj.* **3.** Relativo a salina, ou a sal.

Sa.li.ni.da.de *s.f.* **1.** Percentagem ou quantidade de sal nas águas do mar. **2.** Qualidade de salino. **3.** Grau de densidade de sal num líquido.

Sa.li.no *adj.* **1.** Que contém sal, ou é da natureza dele. **2.** Nascido à beira-mar.

Sa.li.tre *s.m.* Nitrato de potássio.

Sa.li.va *s.f.* Humor transparente e insípido segregado pelas glândulas salivares, e que atua na digestão dos alimentos; cuspe.

Sa.li.var¹ *adj.2g.* **1.** Relativo à saliva. **2.** Que segrega ou produz saliva.

Sa.li.var² *v.int.* **1.** Segregar saliva. **2.** Expelir saliva; cuspir.

Sal.mão *s.m.* **1.** Peixe de carne avermelhada e muito saborosa. *adj.* **2.** Da cor do salmão.

Sal.mi.co *adj.* Relativo ou semelhante a salmo.

Sal.mis.ta *s.2g.* Pessoa que faz salmos.

Sal.mo *s.m.* **1.** Cântico sagrado. **2.** Cada um dos 150 poemas líricos da Bíblia, de louvor a Deus, atribuídos ao rei Davi.

Sal.mo.ne.la *s.f.* Certa bactéria patogênica aos seres humanos e outros animais de sangue quente.

Sal.mou.ra *s.f.* **1.** Porção de água saturada de sal e geralmente aplicada à conservação de carnes. **2.** Umidade que escorre da carne ou peixe salgado. ● *Var.: de salmoira.*

Sa.lo.bro (ô) *adj.* **1.** Que tem um gosto tirante a sal. **2.** Diz-se da água ligeiramente salgada. ◆ *Var.: salobre* (ô).

Sa.lo.mô.ni.co *adj.* Pertencente ou relativo a Salomão, filho de Davi.

SALPICÃO — SANEADOR

Sal.pi.cão *s.m.* Chouriço ou paio grosso, feito de lombo de porco ou presunto temperado, alho, sal etc.

Sal.pi.car *v.t.* **1.** Salgar ou temperar, espalhando gotas salgadas ou pedras de sal. **2.** Manchar com pingos. **3.** Espalhar manchas. **4.** Macular, infamar.

Sal.sa *s.f.* **1.** Erva cujas folhas são muito usadas em temperos culinários. **2.** Música latino-americana, com elementos do *jazz*, do *soul* e do *rock*. **3.** Dança de origem porto-riquenha para essa música.

Sal.são *s.m.* Aipo.

Sal.sa.par.ri.lha *s.f.* BOT Cipó de raiz medicinal.

Sal.sei.ro *s.m.* POP Desordem, barulho, confusão.

Sal.si.cha *s.f.* Chouriço de porco, feito de pernil e gordura, com sal e outros temperos.

Sal.si.cha.ri.a *s.f.* Estabelecimento onde se fabrica ou vende salsicha, presunto etc.

Sal.si.chei.ro *s.m.* Aquele que faz ou vende artigos de salsicharia.

Sal.si.nha *s.f.* Hortaliça usada como tempero; salsa.

Sal.su.gem *s.f.* Lodo em que há substâncias salinas; impigem.

Sal.su.gi.no.so *adj.* Que está impregnado de sal marinho.

Sal.tar *v.int.* **1.** Dar salto(s). **2.** Brotar. **3.** Espirrar. *v.t.* **4.** Galgar, dando saltos. **5.** Atravessar, pulando. **6.** Passar em claro. **7.** Passar por cima de. **8.** Desprezar. **9.** Omitir. **10.** Apear-se de um salto. **11.** Acometer, investir. **12.** Passar sem transição.

Sal.te.a.do *adj.* Não sucessivo. ● **De cor e salteado**: na ponta da língua e fora da ordem.

Sal.te.a.dor (ô) *adj.* **1.** Que salteia. *s.m.* **2.** Aquele que salteia. **3.** Ladrão de estrada; assaltante.

Sal.te.ar *v.t.* **1.** Atacar. **2.** Acometer de súbito, para roubar. **3.** Investir. **4.** Saquear, roubar. **5.** Surpreender. **6.** Tomar de assalto.

Sal.tim.ban.co *s.m.* **1.** Charlatão de feira que em geral se exibe sobre um estrado. **2.** Homem de opiniões versáteis, que não merece confiança, nem consideração. **3.** Artista circense; acrobata.

Sal.ti.tan.te *adj.2g.* Que saltita.

Sal.ti.tar *v.int.* **1.** Dar pequenos e frequentes saltos. **2.** Mostrar inconstância. **3.** Divagar de um para outro assunto.

Sal.to *s.m.* **1.** Pulo. **2.** Transição rápida. **3.** Assalto. **4.** Subida repentina da voz, fora do compasso. **5.** Parte alta do calcanhar do calçado. **6.** Lance em que se jogam três cartas contra uma. **7.** Lugar alto. **8.** Queda-d'água, catarata. **9.** Erro de composição gráfica ou de digitação, que consiste na omissão de palavra, frase ou trecho.

Sal.to-mor.tal *s.m.* **1.** Movimento por meio do qual, um atleta ou acrobata, dá uma volta completa no ar, sem o apoio das mãos. **2.** Morte ou ruína moral provocada por aventura inconsequente.

Sa.lu.bre *adj.2g.* Saudável, benéfico. ● *Sup.abs.sint.*: salubérrimo, salubríssimo.

Sa.lu.tar *adj.2g.* **1.** Bom para a saúde; saudável. **2.** FIG Que alivia ou consola. **3.** Edificante, moralizador. **4.** Vantajoso. ● *Ant.*: pernicioso.

Sal.va *s.f.* **1.** Descarga de armas de fogo em honra de alguém ou por motivo de regozijo. **2.** Ressalva. **3.** Subterfúgio. **4.** Ovação feita por meio de palmas. **5.** Espécie de bandeja.

Sal.va.dor (ô) *adj.* **1.** Que salva. *s.m.* **2.** Aquele que salva. ● **O Salvador**: Jesus Cristo.

Sal.va.do.ren.se *adj.2g.* **1.** Relativo ou pertencente a Salvador (Bahia); soteropolitano. *s.2g.* **2.** Pessoa natural ou habitante de Salvador; soteropolitano.

Sal.va.dos *s.m.pl.* Tudo o que escapou de uma catástrofe, especialmente de incêndio ou de naufrágio.

Sal.va.guar.da *s.f.* Pessoa ou tudo o que ampara, defende, salva ou protege; proteção.

Sal.va.guar.dar *v.t.* **1.** Proteger, defender. **2.** Pôr fora de perigo. **3.** Acautelar, garantir.

Sal.va.men.to *s.m.* Ato ou efeito de salvar; salvação.

Sal.var *v.t.* **1.** Tirar, livrar de ruína ou perigo. **2.** Pôr a salvo. **3.** Livrar da morte, da ruína, do perigo. **4.** Guardar, poupar, preservar. **5.** Acautelar. **6.** Cumprimentar, saudar. **7.** Pôr como condição. **8.** Dar salvação a. **9.** Desculpar. **10.** Justificar (erros, faltas). **11.** Causar desconfiança. *v.int.* **12.** Dar salvas de artilharia.

13. Obter a salvação eterna. **14.** Pôr-se a salvo de algum perigo. **15.** Livrar-se de risco iminente. **16.** Acolher-se, abrigar-se. **17.** Livrar-se a custo. **18.** Escapar por um triz.

Sal.va-vi.das *s.m.2n.* **1.** Qualquer aparelho para salvar os náufragos ou evitar que uma pessoa se afogue. **2.** Pessoa encarregada de socorrer banhistas, nas praias; guarda-vidas.

Sal.ve *interj.* Voz para cumprimentar ou saudar, equivalente a *Deus te salve!*

Sal.ve-ra.i.nha *s.f.* Oração dedicada à Virgem Maria. ● *Pl.*: salve-rainhas.

Sál.via *s.f.* Erva aromática com propriedades medicinais e culinárias.

Sal.vo *adj.* **1.** Livre de morte, perigo, doença, risco, dificuldade etc. **2.** Que se salvou. **3.** Resguardado, ressalvado. **4.** Omitido. **5.** Que obteve a bem-aventurança eterna. *prep.* **6.** Exceto, afora.

Sal.vo-con.du.to *s.m.* **1.** Licença por escrito, para alguém viajar ou transitar livremente. **2.** FIG Salvaguarda, privilégio. ● *Pl.*: salvos-condutos e salvo-condutos.

Sa.mam.bai.a *s.f.* Planta sem caule, espécie de feto ornamental. ● *Var.*: sambambaia.

Sa.mam.bai.a.çu *s.m.* BOT Xaxim.

Sa.má.rio *s.m.* Metal raro, cujo óxido se acha contido na samarsquita.

Sa.ma.ri.ta.no *adj.* **1.** De Samaria, antiga cidade da Palestina, ou relativo a ela. *s.m.* **2.** O natural dessa cidade. **3.** Língua falada pelos samaritanos. **4.** Homem bom, caridoso.

Sam.ba *s.m.* **1.** Dança brasileira de origem africana, de compasso binário e acompanhamento sincopado, muito popular em todo o país. **2.** Música própria para essa dança.

Sam.bam.bai.a *s.f.* BOT *Var.*: samambaia.

Sam.ba.qui *s.m.* Nome dado a depósitos antiquíssimos, situados ora na costa ora em lagoas ou rios do litoral, e constituídos de montões de conchas, restos de cozinha e esqueletos.

Sam.bar *v.int.* Dançar o samba.

Sam.bis.ta *s.2g.* **1.** Pessoa que compõe sambas. **2.** Aquele que dança samba.

Sam.bu.rá *s.m.* Cesto bojudo e de boca estreita, feito de cipó, vime ou taquara, usado pelos pescadores.

Sa.mo.var *s.m.* Caldeira de cobre, portátil, em que se prepara o chá, na Rússia.

Sa.mu.rai *s.m.* Guerreiro profissional, no Japão feudal.

Sa.nar *v.t.* **1.** Tornar são; curar. **2.** FIG Remediar, prevenir. **3.** Obstar (um mal, uma dificuldade).

Sa.na.ti.vo *adj.* **1.** Que sana. **2.** Que remedeia.

Sa.na.tó.rio *s.m.* Clínica própria para convalescentes ou doentes de certas enfermidades, como a tuberculose.

Sa.ná.vel *adj.* Que se pode sanar; remediável.

San.ção *s.f.* **1.** Ato pelo qual um chefe de Estado aprova e confirma uma lei, a fim de que ela possa entrar em vigor. **2.** Pena com que se procura assegurar a execução de uma lei. **3.** Anuência, confirmação. **4.** Ratificação, aprovação. ● *Ant.*: veto. ● *Cf.* sansão.

San.cio.na.dor *adj.* **1.** Que sanciona. *s.m.* **2.** Aquele que sanciona.

San.cio.nar *v.t.* **1.** Dar sanção a. **2.** Confirmar, aprovar, ratificar. ● *Ant.*: vetar.

San.dá.lia *s.f.* Espécie de calçado, formado de uma sola ligada ao pé, por correias ou cordões.

Sân.da.lo *s.m.* **1.** BOT Árvore indiana, de madeira resistente e aromática. **2.** Perfume extraído dessa árvore.

San.deu *adj. e s.m.* **1.** Burro e abobado. **2.** Idiota, tolo, mentecapto. ● *Fem.*: sandia.

San.di.ce *s.f.* Qualidade, ato ou dito de sandeu; tolice.

San.di.nis.ta *adj. e s.2g.* Relativo ao sandinismo ou indivíduo, na Nicarágua, que pertence ao partido que segue o ideário nacionalista e revolucionário de Sandino.

San.dí.che *s.m.* Conjunto de duas fatias de pão, entre as quais se põem fatias de salame, presunto, queijo etc.

Sa.ne.a.dor *adj. e s.m.* Diz-se de, ou aquele que saneia.

S

SAL / SAN

SANEAMENTO — SAPIENTE

Sa.ne.a.men.to *s.m.* **1.** Ato ou efeito de sanear. **2.** Limpeza, asseio. **3.** Conjunto das técnicas de tratamento das águas servidas (esgotos etc.).

Sa.ne.ar *v.t.* **1.** Tornar salubre, habitável ou respeitável. **2.** Curar, sarar. **3.** Remediar, reparar.

San.fo.na *s.f.* Instrumento musical, portátil, cujo som é produzido pelo fole; acordeão.

San.fo.nei.ro *s.m.* Tocador de sanfona.

San.gra.dor *adj.* **1.** Que sangra. *s.m.* **2.** Aquele que sangra. **3.** Sangradouro.

San.gra.du.ra *s.f.* Ato ou efeito de sangrar.

San.gra.men.to *s.m.* Ato ou efeito de sangrar.

San.grar *v.t.* **1.** Retirar ou extrair sangue por meio de picada em uma veia. **2.** Aplicar o formão na árvore de que se obtém o látex. **3.** Fazer sangria. *v.int.* **4.** Verter sangue. **5.** GRÁF Invadir (com texto, foto ou ilustração) o espaço externo às margens ou à coluna da página de jornal, revista ou livro). *v.p.* **6.** Fazer-se sangrar.

San.gren.to Em que há derramamento de sangue; cruento.

San.gri.a *s.f.* **1.** Operação de sangrar. **2.** Sangue extraído. **3.** FIG Extorsão ardilosa. **4.** Perda. **5.** Bebida refrigerante composta de vinho, água, açúcar e frutas.

San.gue *s.m.* **1.** Líquido espesso, de cor vermelha, que corre pelas veias e artérias. **2.** A vida, a existência humana. **3.** Prole, geração. **4.** A família. **5.** A natureza. ◆ **Subir o sangue à cabeça:** enraivecer(-se), enfurecer(-se). ◆ **Dar o sangue:** empenhar(-se) exaustivamente em uma tarefa ou trabalho.

San.guei.ra *s.f.* Grande porção de sangue derramado.

San.gues.su.ga *s.f.* **1.** Nome comum a certos animais invertebrados usados antigamente para sangrias. **2.** Parasita. **3.** Indivíduo que explora outro.

San.gui.ná.rio *adj.* **1.** Que se compraz em derramar sangue. **2.** Cruel, feroz. ◆ **Var.:** *sanguinário.*

San.guí.neo *adj.* **1.** Relativo a sangue. **2.** Que tem muito sangue. **3.** Que tem cor de sangue. *s.m.* **4.** Indivíduo em cujo temperamento predomina o sangue, portanto dado a transportes de cólera. ◆ **Var.:** *sanguíneo.*

San.gui.no.lên.cia *s.f.* Qualidade do que é sanguinolento.

San.gui.no.len.to *adj.* **1.** Coberto ou tinto de sangue. **2.** Em que há grande derramamento de sangue.

Sa.nha *s.f.* **1.** Ímpeto de raiva. **2.** Fúria, rancor, ira.

Sa.nha.ço *s.m.* Pássaro brasileiro de bela coloração azul-celeste. ◆ **Col.:** *bando.* ◆ **Voz.:** *estridular, trinar.*

Sa.ni.da.de *s.f.* **1.** Qualidade de são. **2.** Estado de boa saúde. **3.** Salubridade, higiene. ◆ **Ant.:** *insanidade.*

Sâ.nie *s.f.* Matéria purulenta produzida pela úlcera; pus.

Sa.ni.o.so *adj.* Em que há sânie.

Sa.ni.tá.rio *adj.* **1.** Relativo à conservação da saúde. **2.** Que se refere à higiene. **3.** De, ou próprio de banheiro. *s.m.* **4.** Reservado sanitário. **5.** Banheiro público.

Sa.ni.ta.ris.ta *s.2g.* Pessoa especializada em matéria de saúde pública.

Sâns.cri.to *s.m.* **1.** Antiga língua dos brâmanes. *adj.* **2.** Relativo à cultura índica clássica ou derivado dela.

San.sei *adj. s.2g.* Diz-se de, ou neto de japonês nascido em outro país. ◆ **Cf.** *nissei* e *issei.*

San.tan.tô.nio *s.m.* **1.** Barra metálica instalada em automóveis para proteger os ocupantes em caso de capotagem. **2.** Parte mais alta da sela.

San.tei.ro *adj.* **1.** Beato, devoto. *s.m.* **2.** Aquele que vende ou faz imagens de santos.

San.tel.mo *s.m.* Chama azulada que, nas ocasiões de tempestade, aparece na ponta dos mastros dos navios por efeito de eletricidade.

San.ti.da.de *s.f.* **1.** Qualidade ou estado de santo. **2.** Tratamento dado ao Papa pelos católicos.

San.ti.fi.ca.ção *s.f.* Ato ou efeito de santificar.

San.ti.fi.ca.dor *adj.* e *s.m.* Que, ou aquele que santifica.

San.ti.fi.can.te *adj.2g.* Que santifica.

San.ti.fi.car *v.t.* **1.** Tornar santo; canonizar. **2.** Tornar venerável. **3.** FIG Glorificar, confortar. **4.** Elevar-se pela prática severa dos princípios religiosos. **5.** FIG Moralizar-se. ◆ **Ant.:** *profanar.*

San.tís.si.mo *adj.* **1.** *sup.abs.sint.* de *santo. s.m.* **2.** O sacramento da eucaristia. **3.** A hóstia consagrada.

San.tis.ta *adj.2g.* **1.** De, ou relativo a Santos (SP). *s.2g.* **2.** Pessoa natural ou habitante dessa cidade.

San.to *adj.* **1.** Que vive segundo a lei divina. **2.** Essencialmente puro; inocente. **3.** Bem-aventurado. **4.** Sagrado, canonizado; santificado, consagrado a Deus. **5.** Inviolável. **6.** Que tem o caráter de santidade. **7.** FAM Profícuo, eficaz. *s.m.* **8.** Aquele que foi canonizado ou que morreu em estado de santidade. **9.** Homem de grandes virtudes ou de extraordinária bondade. **10.** Imagem de um santo. ◆ **Ant.:** *pecador; mau.*

San.to-an.tô.nio *s.m.* Santantônio. ◆ **Pl.:** *santo-antônios.*

San.tu.á.rio *s.m.* **1.** Lugar consagrado pela religião; templo. **2.** Sacrário; relicário. **3.** FIG O íntimo. **4.** Área protegida por lei, onde aves e animais podem viver sem serem objetos de caça.

São *adj.* **1.** Que tem saúde. **2.** Curado. **3.** Ileso, incólume. **4.** Reto, íntegro. **5.** Que não tem defeito; puro. *s.m.* **6.** Indivíduo que não está doente. **7.** A parte sã. **8.** Estado perfeito. ◆ **Fem.:** *sã.* ◆ **Pl.:** *sãos.*

São-ber.nar.do *s.m.* **1.** Raça de grandes cães felpudos. **2.** O próprio cão. **3.** Diz-se desse cão ou dessa raça. ◆ **Pl.:** *são-bernardos.*

São-lu.i.sen.se *adj.2g.* **1.** De, ou relativo a São Luís, capital do Maranhão. *s.2g.* **2.** Pessoa natural dessa capital. ◆ **Pl.:** *são-luisenses.*

Sa.pa *s.f.* **1.** Fem. de *sapo.* **2.** Pá com que se ergue a terra escavada. **3.** Trabalho de abrir fossos ou caminhos subterrâneos. **4.** Trincheiras e galerias subterrâneas feitas com essa pá.

Sa.pa.ta *s.f.* **1.** Sapato raso. **2.** Peça de madeira sobre um pilar, para reforçar ou equilibrar a trave que nela assenta. **3.** A parte mais larga dos alicerces que se apoia sobre a fundação. **4.** Rodela de camurça nas chaves dos instrumentos musicais.

Sa.pa.ta.ri.a *s.f.* **1.** Ofício de sapateiro. **2.** Casa onde se fabricam ou se vendem calçados.

Sa.pa.te.a.do *s.m.* Dança popular que produz um som característico batendo os saltos dos sapatos no chão.

Sa.pa.te.a.dor (ô) *adj.* **1.** Que sapateia. *s.m.* **2.** Aquele que dança o sapateado.

Sa.pa.te.ar *v.int.* **1.** Bater no chão com o salto dos sapatos. **2.** Executar sapateado. **3.** Irritar-se.

Sa.pa.tei.ra *s.f.* **1.** Móvel ou utensílio em que se guardam sapatos. **2.** BOT Nome de várias plantas melastomáceas (*Melastoma longifolia, M. malabathrica, M. parviflora, M. tococa*), de cujas folhas se faz tinta preta. **3.** ZOOL Espécie de anta do vale do São Francisco. **3.** ZOOL Nome de vários crustáceos decápodes (*Cancer bellianus, Platycarcinus pagurus* e *C. pagurus*).

Sa.pa.tei.ro *s.m.* **1.** Aquele que fabrica, vende ou conserta calçados. **2.** Artista sem talento.

Sa.pa.ti.lha *s.f.* **1.** Sapata dos instrumentos musicais. **2.** Sapato próprio de bailarinos.

Sa.pa.to *s.m.* Calçado que cobre o pé.

Sa.pé *s.m.* Nome de várias plantas gramíneas utilizadas na cobertura de choças, cabanas etc.

Sa.pe.ar *v.t.* POP **1.** Assistir a um jogo, sem participar. **2.** Observar às escondidas.

Sa.pe.ca *s.f.* **1.** Moeda de cobre chinesa, furada no meio. **2.** Ato de sapecar. **3.** Sova, tunda. **4.** Maçada. *adj.2g.* **5.** Saliente, travesso, assanhado.

Sa.pe.car *v.t.* **1.** Chamuscar ou crestar. **2.** Secar (carne), para conservar. **3.** POP Bater levemente; surrar. **4.** Atirar.

Sa.pe.qui.ce *s.f.* Ato ou procedimento de sapeca; sapequismo.

Sá.pi.do *adj.* Delicioso, saboroso. ◆ **Ant.:** *insípido.*

Sa.pi.ên.cia *s.f.* **1.** Qualidade do sábio. **2.** Sabedoria divina. **3.** Erudição. ◆ **Ant.:** *ignorância.*

Sa.pi.en.te *adj.2g.* **1.** Que conhece as coisas divinas e humanas. **2.** Sábio, erudito.

SAPINHO — SATÂNICO

Sa.pi.nho *s.m.* **1.** Nome vulgar de uma infecção, devida a fungos, que cobre de placas esbranquiçadas a mucosa da boca dos recém-nascidos. **2.** *Dim.* de sapo.

Sa.po *s.m.* **1.** Anfíbio anuro, de pele mais ou menos verrucosa. ● *Fem.: sapa.* ● *Col.: saparia.* ● *Aum.irreg.: saparrão.* **2.** *Gír* Saparrão que assiste a um jogo sem nele tomar parte, apesar de dar palpite; peru. **3.** POP Fiscal disfarçado.

Sa.po-cu.ru.ru *s.m.* Anfíbio anuro, de até 18 cm, que se alimenta de insetos e artrópodes, sendo por isso considerado útil à agricultura.

Sa.po.ná.ceo *adj.* **1.** Da natureza do sabão. **2.** Que se pode empregar como sabão. *s.m.* **3.** Preparado que tem a natureza do sabão.

Sa.po.ti *s.m.* Fruto do sapotizeiro.

Sa.po.ti.zei.ro *s.m.* BOT Árvore frutífera que dá o sapoti.

Sa.pro.fi.tis.mo *s.m.* **1.** Modo como se nutrem os saprófitos; saprofitia. **2.** Nutrição cuja base é a matéria orgânica em decomposição.

Sa.pró.fi.to *s.m.* BOT Organismo vegetal que cresce sobre matérias orgânicas em decomposição.

Sa.que *s.m.* **1.** Ato ou efeito de sacar. **2.** Letra de câmbio que se sacou. **3.** Ato ou efeito de saquear. **4.** Rapinagem que o vencedor faz depois da batalha; assalto.

Sa.quê *s.m.* Bebida alcoólica japonesa, feita da fermentação do arroz.

Sa.que.a.dor *adj.* e *s.m.* Que, ou aquele que saqueia.

Sa.que.ar *v.t.* **1.** Despojar violentamente. **2.** Tirar, furtar, roubar. **3.** Devastar, assaltar.

Sa.ra.ba.ta.na *s.f.* Tubo com que se atiram pedrinhas, milho, grãos de chumbo etc., por meio do sopro; zarabatana.

Sa.ra.bu.lhen.to *adj.* Que tem sarabulhos; sarabulhoso.

Sa.ra.bu.lho *s.m.* **1.** Asperezas na superfície da louça. **2.** POP Apostema.

Sa.ra.bu.lho.so *adj.* Sarabulhento, ulceroso.

Sa.ra.co.te.a.dor (ô) *adj.* e *s.m.* Que ou o que saracoteia, que não para.

Sa.ra.co.te.a.men.to *s.m.* Saracote.

Sa.ra.co.te.ar *v.t.* **1.** Mover com desenvoltura e graça (o corpo, os quadris). *v.int.* **2.** Parar. **3.** Estar num bulício continuado. **4.** Andar numa roda-viva. *v.p.* **5.** Fazer meneios graciosos e desenvoltos; rebolar-se, requebrar-se.

Sa.ra.co.tei.o *s.m.* Ato ou efeito de saracotear; rebolado.

Sa.ra.cu.ra *s.f.* **1.** Nome de vários frangos-d'água, que habitam brejos e rios. **2.** Certa planta.

Sa.rai.va *s.f.* Chuva congelada que cai em grãos; chuva de pedras; granizo.

Sa.rai.va.da *s.f.* **1.** Bátega de saraiva. **2.** FIG Abundância de coisas que se sucedem rapidamente.

Sa.rai.var *v.int.* **1.** Cair saraiva. *v.t.* **2.** Açoitar com saraiva ou gelo.

Sa.ram.pen.to *adj.* e *s.m.* Diz-se do, ou o indivíduo atacado de sarampo.

Sa.ram.po *s.m.* MED Doença febril, infecciosa e contagiosa, caracterizada por erupção cutânea, que ataca de preferência as crianças.

Sa.ra.pa.tel *s.m.* **1.** Iguaria da cozinha brasileira preparada com sangue e miúdos (coração, fim, bofe, fígado) de porco ou de carneiro. **2.** Mixórdia, confusão, balbúrdia. ● *Pl.: sarapatéis.*

Sa.ra.pin.tar *v.t.* **1.** Fazer pintas variadas em. **2.** Pintar de várias cores. **3.** Mosquear, pintalgar.

Sa.rar *v.t.* **1.** Dar ou restituir a saúde a; curar. *v.int.* **2.** Recobrar a saúde; ficar bom; curar-se.

Sa.ra.rá *adj.* **1.** Diz-se do mulato arruivado ou aço. *s.f.* **2.** Espécie de formiga.

Sa.rau *s.m.* **1.** Reunião festiva, sem luxo, que se faz à noite. **2.** Concerto musical, noturno.

Sa.ra.vá *interj.* Indica saudação nos cultos afro-brasileiros.

Sar.cas.mo *s.m.* Zombaria insultuosa.

Sar.cás.ti.co *adj.* **1.** Que envolve ou denota sarcasmo. **2.** Que gosta de fazer sarcasmos.

Sar.có.fa.go *s.m.* Túmulo, monumento fúnebre em forma de ataúde.

Sar.co.ma *s.m.* MED Certo tumor maligno.

Sar.co.ma.to.so (tô) *adj.* Em que há sarcoma.

Sar.da *s.f.* **1.** Designação vulgar de vários peixes. **2.** Pequena mancha que algumas pessoas de pele clara apresentam, sobretudo no rosto.

Sar.den.to *adj.* Que tem sardas.

Sar.di.nha *s.f.* Denominação comum a vários pequenos peixes do mar, que vivem em grandes cardumes, muito utilizados na alimentação.

Sar.dô.ni.co *adj.* Diz-se do riso forçado e sarcástico.

Sar.ga.ço *s.m.* Variedade de alga que, às vezes, ocupa amplas superfícies marítimas e não raro se emprega como adubo.

Sar.gen.to *s.m.* **1.** Graduação militar imediatamente superior à de cabo e inferior à de subtenente (ou suboficial). **2.** Militar que tem essa graduação. **3.** Ferramenta de carpinteiro, espécie de torno ou grampo, destinada a apertar várias tábuas que devem ser coladas lado a lado.

Sa.ri.guê *s.m.* ZOOL Mamífero marsupial, cuja fêmea tem sob o ventre uma espécie de bolsa em que conduz os filhos; gambá. ● *Var.: sariguéia.*

Sa.ri.lhar *v.t.* O mesmo que ensarilhar.

Sa.ri.lho *s.m.* **1.** Maquinismo para levantar pesos, formado por um cilindro disposto horizontalmente e no qual se enrola corda, cabo etc.; nora. **2.** Peça do maquinismo dos moinhos. **3.** Agrupamento de três espingardas encostadas umas às outras. **4.** Espécie de cabide a que se encosta as espingardas. **5.** Certo jogo popular. **6.** POP Confusão, desordem. **7.** Rolo, briga, rebu.

Sar.ja *s.f.* **1.** Incisão ou corte superficial na pele, para retirar sangue ou drenar pus. **2.** Tecido de seda ou lã, entrançado de modo que dispõe obliquamente os fios.

Sar.jar *v.t.* Fazer sarjas ou incisões.

Sar.je.ta (ê) *s.f.* **1.** Escoadouro de águas das chuvas, junto ao meio-fio dos logradouros públicos. **2.** Vala, valeta. **3.** Sarja estreita ou delgada. **4.** Degradação, lama.

Sar.na *s.f.* **1.** Afecção cutânea, contagiosa, produzida por ácaros. **2.** Doença das oliveiras, caracterizada por tubérculos irregulares nos ramos novos. *s.2g.* **3.** POP Pessoa muito chata, importuna, cacete.

Sar.nam.bi *s.m.* Molusco comestível; amêijoa.

Sar.nen.to *adj.* **1.** Atacado de sarna. *s.m.* **2.** Indivíduo sarnento. **3.** POP O diabo.

Sar.no.so *adj.* Sarnento.

Sa.ron.gue *s.m.* **1.** Pequena saia de tecido de cores vivas, para homens e mulheres da Oceania. **2.** O próprio tecido.

Sar.ra.bu.lho *s.m.* **1.** O sangue coagulado do porco; sarapatel. **2.** FIG Desordem, confusão. **3.** Espalhafato. ● Cf. *sarabulho.*

Sar.ra.ce.no *adj.* **1.** Qualificativo aplicado aos árabes. *s.m.* **2.** Árabe, mouro.

Sar.ra.fe.ar *v.t.* Cortar em sarrafos.

Sar.ra.fo *s.m.* **1.** Tira comprida e estreita de madeira, mais larga que a ripa. **2.** Cacete. **3.** Pedaço de pau.

Sar.ren.to *adj.* **1.** Que tem sarro. **2.** Coberto de sarro.

Sar.ro *s.m.* **1.** Borra que o vinho e outros líquidos deixam no fundo das vasilhas. **2.** Resíduo de nicotina, que fica no tubo dos cachimbos e piteiras. **3.** Crosta formada sobre os dentes que não se limpa. **4.** Fuligem que a pólvora queimada deixa nas armas em que ardeu. **5.** Nome comum a vários peixes. **6.** GÍR Coisa ou pessoa divertida: *Ela é um sarro, não?* **7.** CH De acariciar as partes íntimas com intenção de obter prazer; bolinagem.

Sar.tó.rio *adj.* e *s.m.* Diz-se do ou músculo sartório.

Sa.shi.mi (jap.) *s.m.* Prato típico japonês que consiste em finíssimas lâminas de peixe cru.

Sa.tã *s.m.* Satanás.

Sa.tâ.ni.co *adj.* **1.** Referente a satã. **2.** Diabólico, infernal.

SATANISMO — SECIONAL

Sa.ta.nis.mo *s.m.* **1.** Qualidade de satânico. **2.** Culto a satanás. **3.** Representação e apologia do mal.

Sa.ta.nis.ta *s.2g.* Prosélito, adepto do satanismo.

Sa.ta.ni.zar *v.t.* Dar feição satânica a; perverter; tornar diabólico.

Sa.té.li.te *s.m.* **1.** Planeta secundário, que gira em volta de outro. **2.** País ou nação sem autonomia política ou econômica completa, que vive sob a influência de uma potência maior. **3.** Indivíduo assalariado que acompanha outro em suas más ações. ◆ **Satélite artificial:** nave ou foguete espacial, tripulado ou não, que é posto em órbita ao redor da Terra, da Lua ou de outro corpo celeste por meio de foguete, com fins científicos, de comunicação etc.

Sá.ti.ra *s.f.* **1.** Composição poética, que visa a censurar ou ridicularizar certos vícios ou defeitos. **2.** Qualquer discurso ou escrito picante ou maldizente. **3.** Censura jocosa. **4.** Troça, zombaria.

Sa.tí.ri.co *adj.* **1.** Referente à sátira. **2.** Que envolve sátira. **3.** Que escreve sátira. **4.** Mordaz, picante. *s.m.* **5.** Satirista.

Sa.ti.ris.ta *s.2g.* Pessoa que faz sátira.

Sa.ti.ri.zar *v.t.* **1.** Fazer sátira contra. *v.int.* **2.** Escrever sátira.

Sá.ti.ro *s.m.* **1.** MITOL Semideus, com corpo de humano, pernas e pés de bode, orelhas alongadas e pontiagudas, chifres e cauda. **2.** FIG Indivíduo libidinoso, devasso.

Sa.tis.fa.ção *s.f.* **1.** Ato ou efeito de satisfazer. **2.** Contentamento, júbilo, prazer. **3.** Conta que se presta de uma incumbência. **4.** Explicação, desculpa. ◆ *Ant.: insatisfação.*

Sa.tis.fa.tó.rio *adj.* **1.** Que satisfaz. **2.** Bom. **3.** Sofrível, aceitável, regular. ◆ *Ant.: insatisfatório.*

Sa.tis.fa.zer *v.t.* **1.** Cumprir, desempenhar, realizar. **2.** Saciar. **3.** Mitigar. **4.** Agradar, contentar. **5.** Reparar, indenizar. **6.** Esclarecer. *v.int.* **7.** Corresponder ao que se deseja. **8.** Ser bastante ou suficiente. *v.p.* **9.** Saciar-se, fartar-se. **10.** Dar-se por satisfeito; contentar-se.

Sa.tis.fei.to *adj.* **1.** Que se satisfez. **2.** Saciado. **3.** Contente. ◆ *Ant.: insatisfeito.*

Sa.tu.ra.do *adj.* **1.** Que se saturou. **2.** Impregnado ou embebido, no mais alto grau. **3.** FIG Farto, cheio. **4.** Enfastiado, aborrecido.

Sa.tu.rar *v.t. e p.* Fartar(-se), encher(-se), saciar(-se).

Sa.tur.ni.no *adj.* **1.** Relativo ao chumbo. **2.** Diz-se de qualquer doença produzida pelo chumbo; saturnal.

Sa.tur.nis.mo *s.m.* Intoxicação crônica pelo chumbo.

Sa.tur.no *s.m.* **1.** Sexto planeta do sistema solar. **2.** ALQ Chumbo. **3.** POP Tempo quente e abafado.

Sau.da.ção *s.f.* Ato ou efeito de saudar.

Sau.da.de *s.f.* **1.** Desejo. **2.** Lembrança de um bem passado ou de que se está privado; nostalgia. **3.** Pesar pela ausência de pessoa querida.

Sau.dar *v.t.* **1.** Cumprimentar, salvar, felicitar. **2.** Cortejar. **3.** Manifestar respeito ou adesão. **4.** Dirigir cumprimentos ou saudações.

Sau.dá.vel *adj.* **1.** Conveniente à saúde; salutar. **2.** De boa saúde física; sadio. **3.** Vantajoso, útil, benfico.

Sa.ú.de *s.f.* **1.** Estado daquele em que há exercício regular das funções orgânicas. **2.** Vigor, robustez. **3.** Ato de se beber em homenagem a alguém. **4.** Brinde, saudação. ◆ *Ant.: doença.*

Sau.do.sis.mo *s.m.* Tendência a elogiar o passado, achando que o presente excessivamente ruim.

Sau.do.sis.ta *adj.2g.* **1.** Referente ao saudosismo. *s.2g.* Pessoa partidária do saudosismo.

Sau.do.so (ô) *adj.* Que sente ou causa saudades.

Sau.na *s.f.* **1.** Espécie de banho a vapor de origem finlandesa. **2.** Estabelecimento onde se toma esse tipo de banho.

Sa.ú.va *s.f.* Variedade de formiga muito nociva aos pomares e a outras plantações.

Sa.u.vei.ro *s.m.* Sauval.

Sa.va.na *s.f.* Vasta planície das regiões tropicais de longa estação seca, sem árvores.

Sa.vei.ro *s.m.* **1.** Embarcação de um ou dois mastros, semelhante ao escaler, empregada por pescadores no Nordeste brasileiro. **2.** Homem que dirige este barco.

Sax (cs) *s.m.* Saxofone. ● *Pl.: saxes.*

Sa.xão (cs) *adj.* **1.** Relativo ou pertencente aos saxões. *s.m.* **2.** Indivíduo dos saxões, povo germânico que, na antiguidade, conquistou a Inglaterra. **3.** O natural da Saxônia.

Sá.xeo (cs) *adj.* POÉT Pedregoso, penhascoso.

Sa.xo.fo.ne (cs) *s.m.* Instrumento músical de sopro, que consiste em um tubo cônico de metal, provido de chaves e com palheta na embocadura.

Sa.xo.fo.nis.ta (cs) *s.2g.* Tocador de saxofone.

Sa.xô.nio (cs) *adj.* **1.** Relativo ou pertencente à Saxônia (Alemanha). *s.m.* **2.** O habitante da Saxônia; saxão.

Sa.zão *s.f.* **1.** Cada uma das estações do ano. **2.** Tempo próprio à colheita dos frutos, quadra favorável. **3.** Ensejo, oportunidade.

Sa.zo.nal *adj.2g.* Relativo a sazão ou estação.

Sa.zo.nar *v.t.* Amadurecer, amadurar.

Sb QUÍM Símbolo do antinômio.

Sc QUÍM Símbolo do escândio.

SC Sigla do Estado de Santa Catarina.

Scan.ner (ing.) *s.m.* Equipamento que faz seleção de cores para produção de chapas de impressão.

Script (ing.) Texto escrito de filme, espetáculo teatral ou programa de rádio ou de televisão.

Se¹ *pron.* **1.** A si (indica passividade ou reciprocidade). *conj.* **2.** Dado que; no caso de; embora; visto que.

SE² Sigla do Estado de Sergipe.

Se³ Símbolo de *sudeste* (região).

Sé *s.f.* Igreja principal de um bispado ou arcebispado. ◆ **A Santa Sé:** A Igreja Católica Romana.

Se.a.ra *s.f.* **1.** Terreno semeado de cereais. **2.** Campo cultivado; messe. **3.** FIG Agremiação, associação.

Se.a.rei.ro *s.m.* **1.** Aquele que cultiva searas. **2.** Pequeno lavrador.

Se.bá.ceo *adj.* **1.** Que tem ou produz sebo. **2.** Que é da natureza do sebo. **3.** Sebento, sujo.

Se.be *s.f.* Cerca de arbustos, ramos, estacas ou troncos secos entrelaçados.

Se.ben.to *adj.* Sujo, imundo, seboso.

Se.bo (ê) *s.m.* **1.** Produto gorduroso derivado das vísceras abdominais de certos animais ruminantes. **2.** Livraria que vende livros usados.

Se.bor.rei.a *s.f.* Aumento exagerado da secreção das glândulas sebáceas da pele.

Se.bor.rei.co *adj.* Em que há seborreia.

Se.bo.so (ô) *adj.* **1.** Cheio de sebo. **2.** Sujo de sebo; sebento. **3.** FIG Pedante.

Se.ca *s.f.* **1.** Período de tempo em que não chove. **2.** Falta de chuva; estiagem.

Se.ca.dor *adj.* **1.** Que seca. *s.m.* **2.** Máquina ou dispositivo para secar grãos etc. **3.** Aparelho para secar os cabelos.

Se.ca.gem *s.f.* Ato ou efeito de secar.

Se.can.te *s.f.* **1.** A linha (reta) que corta outra. *adj. e s.2g.* **2.** Que, ou pessoa que seca outra, que é importuna, maçante.

Se.ção *s.f.* **1.** Ato ou efeito de cortar ou seccionar. **2.** Divisão de um todo; parte, parcela, porção. **3.** Ponto ou local em que algo foi cortado. **4.** Divisão administrativa (de estabelecimento, empresa ou órgão público). **5.** Parte de uma obra literária ou científica por capítulos. ◆ *Var.: secção.* ◆ *Cf. cessão e sessão.*

Se.car *v.t.* **1.** Privar de água; pôr a seco. **2.** Esgotar, estancar. **3.** Fazer murchar. **4.** GÍR Dar azar a. *v.int.* **5.** Murchar. *v.p.* **6.** Definhar-se, acabar. **7.** Perder o viço; murchar.

Sec.ção *s.f.* Seção.

Sec.cio.nar *v.t. e p.* **1.** Dividir(-se) em secções ou seções. **2.** Cortar(-se) em pedaços. ◆ *Var.: secionar.*

Se.ces.são *s.f.* **1.** Ato de separar-se do que se estava unido. **2.** Separação, dissidência, cisão.

Se.cio.nal *adj.2g.* Relativo a seção.

SECIONAR OU SECCIONAR — SEGUIR

Se.cio.nar ou **sec.cio.nar** *v.t.* Dividir em seções; cortar em pedaços ou fatias.

Se.co (ê) *adj.* **1.** Que não tem água ou outro líquido; enxuto. **2.** Murcho. **3.** Magro, descarnado. **4.** Sem chuvas ou sem umidade. **5.** Sem vegetação; árido. **6.** Severo, rude. **7.** Grosseiro, ríspido.

Se.cre.ção *s.f.* **1.** Ato ou efeito de segregar. **2.** Substância produzida por uma glândula, para outro órgão, para o exterior ou para o sangue.

Se.cre.tar *v.t.* e p. Segregar (a glândula).

Se.cre.ta.ri.a *s.f.* **1.** Sala ou repartição onde se faz o expediente burocrático. **2.** Repartição pública.

Se.cre.tá.ria *s.f.* **1.** Mulher que exerce o secretariado (acep. 1). **2.** Mesa onde se escreve, guardam papéis etc.; escrivaninha.

Se.cre.ta.ri.a.do *s.m.* **1.** Cargo, função, dignidade de secretário. **2.** O conjunto dos secretários (municipais, estaduais etc.). **3.** Curso de nível médio ou superior para formação de secretários.

Se.cre.ta.ri.ar *v.t.* **1.** Ser secretário de. **2.** Lavrar a(s) ata(s) de uma sessão.

Se.cre.tá.rio *s.m.* **1.** Aquele que escreve cartas, organiza documentos e correspondência, agenda as reuniões etc., de uma pessoa ou de uma corporação. **2.** Aquele que elabora as atas de uma entidade. **3.** Aquele que exerce funções administrativas junto ao presidente da República, governadores e prefeitos municipais.

Se.cre.to *adj.* **1.** Que está oculto ou em segredo; encoberto, confidencial. **2.** Íntimo. **3.** Que não é visível.

Se.cre.tor *adj.* Diz-se de, ou órgão que produz uma secreção.

Sec.tá.rio *adj.* Relativo a seita. *adj.* e *s.m.* **2.** Que, ou aquele que pertence a uma seita ou partido; partidário. **3.** Diz-se de, ou aquele que segue fielmente outro no modo de pensar; seguidor, sequaz. **4.** Diz-se de, ou indivíduo intolerante, intransigente.

Sec.ta.ris.mo *s.m.* Qualidade ou estado de sectário.

Se.cu.lar *adj.2g.* **1.** Relativo a século. **2.** Que tem ao menos um século. **3.** Que dura há muito tempo. **4.** Que vive no mundo; mundano. **5.** Diz-se do clérigo que não fez votos religiosos. ● Opõe-se a eclesiástico. *s.m.* **6.** Indivíduo leigo.

Se.cu.la.ri.zar *v.t.* e p. **1.** Tornar(-se) secular. **2.** Sujeitar(-se) às leis civis; laicizar(-se).

Sé.cu.lo *s.m.* **1.** Período de cem anos; centúria. **2.** Período de tempo muito longo. **3.** Época, tempo. **4.** O mundo (por oposição ao que é espiritual ou conventual). ◆ **Século das luzes:** Época correspondente ao Iluminismo (Europa, séculos XVII e XVIII); movimento cultural que tinha a razão como valor supremo.

Se.cun.dar *v.t.* **1.** Vir em seguida, trazendo auxílio; coadjuvar, ajudar, colaborar. **2.** Reforçar, aliar-se.

Se.cun.dá.rio *adj.* **1.** Que não é o principal. **2.** Que vem em segundo lugar. **3.** Que é menor em importância ou valor. **4.** De pouco valor; inferior. *adj.* e *s.m.* **5.** Dizia-se do, ou o ensino das quatro últimas séries do 1º grau e todo o segundo grau.

Se.cun.da.ris.ta *adj.2g.* e *s.2g.* Diz-se de, ou estudante de curso secundário.

Se.cun.di.nas *s.f.pl.* Placenta e membranas expulsas após o parto.

Se.cu.ra *s.f.* **1.** Qualidade de seco ou enxuto. **2.** Sede. **3.** Aspereza no trato. **4.** Desejo ardente.

Se.cu.ri.tá.rio *adj.* **1.** Referente a seguros. *s.m.* **2.** Empregado de companhia de seguros.

Se.da (ê) *s.f.* **1.** Substância filamentosa produzida pelo bicho-da-seda. **2.** Tecido feito dessa substância. **3.** FIG Pessoa muito delicada e amável.

Se.dã *s.m.* **1.** Carroçaria de automóvel de quatro ou duas portas, capota fixa em pelo menos um dos compartimentos, assentos para quatro a sete pessoas, inclusive o motorista. **2.** Automóvel com essas características.

Se.dar *v.t.* **1.** Acalmar (aquele ou aquilo que estava excitado). **2.** Moderar. **3.** Tirar a dor, por meio de sedativo.

Se.da.ti.vo *adj.* e *s.m.* Diz-se de, ou medicamento que seda ou tira dor; calmante.

Se.de¹ (é) *s.f.* **1.** Lugar onde funciona um tribunal, governo, administração, instituto, ou o principal estabelecimento de uma empresa comercial. **2.** A matriz de uma empresa. **3.** Casa grande de fazenda destinada ao dono da propriedade. **4.** Lugar onde se passa um fato.

Se.de² *s.f.* **1.** Vontade de beber, especialmente água. **2.** Apetite para bebidas. **3.** FIG Desejo ardente; ânsia. **4.** Avidez, cobiça.

Se.den.ta.ri.e.da.de *s.f.* **1.** Qualidade ou estado de sedentário. **2.** Vida de sedentário.

Se.den.tá.rio *adj.* **1.** Que anda, se movimenta ou se exercita pouco. **2.** Inativo. **3.** Que tem habitação fixa.

Se.den.to *adj.* **1.** Que tem sede. **2.** FIG Muito desejoso. **3.** Ávido, sôfrego.

Se.di.ar *v.int.* **1.** Ter por sede. **2.** Servir de sede.

Se.di.ção *s.f.* **1.** Sublevação contra a ordem pública. **2.** Motim, rebelião.

Se.di.ci.o.so (ô) *adj.* **1.** Que provoca uma sedição ou toma parte nela. **2.** Que tem o caráter de sedição.

Se.di.men.ta.ção *s.f.* Formação de sedimentos.

Se.di.men.tar *v.int.* **1.** Solidificar, formar sedimento. *adj.* **2.** Relativo a sedimento.

Se.di.men.to *s.m.* Depósito produzido por substâncias em suspensão num líquido.

Se.do.si.da.de *s.f.* Qualidade de sedoso.

Se.do.so (ô) *adj.* **1.** Que tem sedas. **2.** Peludo. **3.** Semelhante à seda.

Se.du.ção *s.f.* **1.** Ato ou efeito de seduzir. **2.** Qualidade de sedutor. **3.** Encanto, atração.

Se.du.tor (ô) *adj.* **1.** Que seduz ou atrai. *s.m.* **2.** Aquele que desonra mulher por sedução.

Se.du.zir *v.t.* **1.** Inclinar artificiosamente para o mal ou para o erro. **2.** Desencaminhar. **3.** Desonrar (mulher), valendo-se de promessas. **4.** Atrair, fascinar. **5.** Revoltar, amotinar.

Se.ga *s.f.* **1.** Ato ou efeito de segar; ceifa.

Se.ga.dei.ra *s.f.* **1.** Espécie de foice de grande porte. **2.** Ceifadeira.

Se.ga.dor (ô) *adj.* Que, ou aquele que sega; ceifeiro.

Se.ga.du.ra *s.f.* Sega.

Se.gar *v.t.* **1.** Ceifar, cortar (as searas). **2.** Pôr fim. ◆ Cf. *cegar*.

Seg.men.ta.ção *s.f.* Ato ou efeito de segmentar.

Seg.men.tar *v.t.* Dividir em segmentos; fracionar.

Seg.men.tá.rio *adj.* Formado de segmentos.

Seg.men.to *s.m.* **1.** Parte, porção de um todo; seção. **2.** Determinada porção de um objeto.

Se.gre.dar *v.t.* **1.** Dizer em segredo ou em voz baixa. *v.int.* **2.** Dizer segredo(s).

Se.gre.do (ê) *s.m.* **1.** O que é secreto ou não pode ser divulgado. **2.** Mistério. **3.** O que se diz ao ouvido de alguém. **4.** Confidência, sigilo. **5.** Assunto, negócio etc., apenas conhecido por uns poucos. **6.** A parte mais difícil de uma arte ou ciência. **7.** Sequência de giros que se dá à maçaneta para abrir cofre. **8.** Meio ou expediente que só um ou poucos conhecem; truque. **9.** Meio secreto de conseguir um fim. **10.** Lugar oculto, esconderijo.

Se.gre.gar *v.t.* **1.** Pôr de lado; separar. **2.** Produzir secreção. **3.** Expelir. **4.** Afastar. *v.p.* **5.** Afastar-se, isolar-se.

Se.gui.da *s.f.* Ato ou efeito de seguir; seguimento. ◆ **Em seguida:** imediatamente; logo após.

Se.gui.dor (ô) *adj.* e *s.m.* Que, ou aquele que segue; sectário, partidário.

Se.gui.men.to *s.m.* **1.** Ato ou efeito de seguir; continuação. **2.** Consequência. **3.** Sequência.

Se.guin.te *adj.2g.* **1.** Que segue ou vem a seguir. **2.** Que vem depois; segundo. **3.** Continuado, imediato, subsequente. *s.m.* **4.** O que se segue a outrem ou a outra coisa. **5.** Aquilo que se vai dizer ou fazer.

Se.guir *v.t.* **1.** Ir atrás de. **2.** Acompanhar. **3.** Marchar ou caminhar após. **4.** Perseguir. **5.** Observar. **6.** Percorrer. **7.** Ir depressa. **8.** Observar a evolução ou a marcha de. **9.** Vir depois de. **10.** Tomar o partido de. **11.** Aderir a. **12.** Ser dirigido. **13.** Atender.

SEGUNDA-FEIRA — SEMELHAR

14. Continuar. **15.** Acompanhar com atenção. **16.** Proceder em harmonia. **17.** Exercer. **18.** Tomar como modelo. *v.int.* **19.** Continuar. **20.** Prosseguir. *v.p.* **21.** Suceder-se. **22.** Decorrer, resultar. ● Conjuga-se por *ferir*.

Se.gun.da-fei.ra *s.f.* O segundo dia da semana, imediato ao domingo. ● *Pl.: segundas-feiras.*

Se.gun.do *adj.* **1.** Que se segue ao primeiro; imediato. **2.** Outro. **3.** FIG Rival, competidor. *s.m.* **4.** Pessoa ou coisa que ocupa o segundo lugar. **5.** A sexagésima parte do minuto. **6.** Curto espaço de tempo. *adv.* **7.** Em segundo lugar. *conj.* **8.** Como, tal qual, à medida que. *prep.* **9.** Conforme, de acordo com.

Se.gu.ra.do *adj.* e *s.m.* Que, ou quem Sem seguro.

Se.gu.ra.dor *adj.* e *s.m.* Diz-se de, ou grupo que, num contrato de seguro, se obriga a indenizar prejuízos eventuais.

Se.gu.ra.do.ra *s.f.* Companhia de seguros.

Se.gu.ran.ça *s.f.* **1.** Ato ou efeito de segurar. **2.** Estado do que se acha seguro. **3.** Garantia, caução. **4.** Certeza, convicção. **5.** Afirmação. **6.** Confiança em si mesmo. **7.** Amparo, arrimo. *s.m.* **8.** Pessoa encarregada da segurança pessoal de alguém, ou de empresa etc; guarda-costas. ● *Ant.: insegurança.*

Se.gu.rar *v.t.* **1.** Tornar seguro, firme. **2.** Sustentar. **3.** Amparar. **4.** Assegurar, garantir. **5.** Pôr no seguro. **6.** Afirmar; assegurar. **7.** Afiançar, garantir. *v.p.* **8.** Agarrar-se; apoiar-se. **9.** Prevenir-se.

Se.gu.ro *adj.* **1.** Livre de perigo. ● *Ant.: arriscado, duvidoso, inseguro.* **2.** Afoito. **3.** Garantido. **4.** Firme, inabalável. **5.** Certo, convicto. **6.** Preso, fixo. **7.** Constante. **8.** FAM Avarento. *s.m.* **9.** Garantia. **10.** Contrato em que uma das partes se obriga a indenizar a outra de certos prejuízos (incêndio, morte etc.).

Sei.o *s.m.* **1.** Cada uma das mamas da mulher; peito. **2.** Parte íntima; âmago, cerne. **3.** Intimidade, familiaridade. **4.** Meio, ambiente. **5.** Cavidade num dos ossos do crânio, em especial a que se comunica com o nariz e que, quando obstruída ou infeccionada, provoca febre e dores faciais, sintomas conhecidos por sinusite.

Seis *num.* **1.** O cardinal consecutivo a cinco; cinco mais um. *s.m.* **2.** O algarismo 6. **3.** Carta de jogar ou peça de dominó que tem seis pontos. ● *Ord. e frac.: sexto.*

Sei.ta *s.f.* **1.** Doutrina que se afasta da seguida pela maioria. **2.** Comunidade fechada, de cunho radical, unida em torno de um líder.

Sei.va *s.f.* **1.** Líquido nutritivo, que circula pelas principais partes dos vegetais, e corresponde ao sangue nos animais. **2.** Força, vigor.

Sei.xo *s.m.* **1.** Pedra branca e dura. **2.** Calhau de no máximo 3 cm de diâmetro; pedregulho.

Se.la *s.f.* Assento que se coloca sobre a cavalgadura, no qual monta o cavaleiro. ● *Dim.irreg.: selim.* ● Cf. *cela.*

Se.la.dor *adj.* e *s.m.* Que, ou aquele que sela cavalgaduras.

Se.la.gem *s.f.* Ato ou operação de selar ou carimbar.

Se.lar¹ *v.t.* **1.** Pôr sela ou selim em.

Se.lar² *v.t.* **1.** Pôr selo em. **2.** Cerrar, fechar. **3.** Pôr fim. **4.** Confirmar. **5.** Fechar hermeticamente.

Se.la.ri.a *s.f.* **1.** Arte ou ofício de seleiro. **2.** Estabelecimento de seleiro. **3.** Porção de selas ou outros arreios.

Se.le.ção *s.f.* **1.** Ato ou efeito de selecionar. **2.** Separação. **3.** Escolha fundamentada. **4.** ESP Equipe formada pelos principais atletas, para representar, numa competição ou torneio, um país, estado, cidade etc.; selecionado, escrete.

Se.le.cio.na.do *adj.* **1.** Escolhido, especial. *s.m.* **2.** ESP Seleção.

Se.le.cio.nar *v.t.* Fazer seleção de; escolher.

Se.lei.ro *s.m.* Fabricante ou vendedor de selas e selins.

Se.lê.ni.co *adj.* **1.** Referente à lua; lunar. **2.** Relativo ao selênio.

Se.lê.nio *s.m.* Elemento químico de peso atômico 78,96, número atômico 34, símbolo Se. (Trata-se de um ametal de cor cinzenta ou vermelha, com ponto de fusão a 217°C e ponto de ebulição a 688°C. Nativo em pequenas quantidades nos minerais sulfurosos, possui vários estados alotrópicos, e sua condutividade elétrica varia segundo a intensidade da luz recebida. Emprega-se industrialmente como corante para vidros, esmaltes e vernizes, nas células fotoelétricas e na vulcanização da borracha).

Se.le.ni.ta¹ *adj.2g.* **1.** Relativo à Lua; lunar; selênico. *s.2g.* **2.** Suposto habitante da Lua.

Se.le.ni.ta² *s.f.* MINER Gesso cristalizado.

Se.le.ta *s.f.* Coleção de trechos literários, extraídos de várias obras; antologia.

Se.le.ti.vo *adj.* **1.** Relativo a seleção. **2.** Que seleciona ou é próprio para selecionar: *Teste seletivo.*

Se.le.to *adj.* **1.** Escolhido; selecionado. **2.** Excelente, especial.

Se.le.tor *adj.* **1.** Que seleciona. *s.m.* **2.** Dispositivo que efetua uma operação de seleção.

Self-ser.vice (séuf-sârvis) (ing.) *adj.2g.* e *s.m.* Diz-se de, ou restaurante, loja etc. onde o próprio cliente se serve.

Se.lim *s.m.* **1.** Pequena rasa, sem arção. **2.** Assento de bicicleta ou de motocicleta.

Se.lo (ê) *s.m.* **1.** Peça, geralmente metálica, em que estão gravadas armas, divisa ou assinatura, e que serve para imprimir ou colar sobre certos papéis com o fim de os validar ou autenticar. **2.** Carimbo, sinete, chancela. **3.** Estampilha adesiva para ser colada no envelope de correspondência ou objetos a serem postados pelo serviço de correio. **4.** Distintivo.

Sel.va *s.f.* **1.** Mata densa. **2.** Bosque espesso. **3.** Grande número de coisas emaranhadas.

Sel.va.gem *adj.2g.* **1.** Das selvas ou próprio delas. **2.** Habitante das selvas. ● *Ant.: civilizado.* **3.** Inculto, agreste. **4.** Que não está domesticado. **5.** Que foge ao convívio social. **6.** Ermo, despovoado. **7.** Silvestre. **8.** Sem cultura. **9.** Bárbaro, nômade. **10.** Rude, bruto, grosseiro, ignorante. *s.2g.* **11.** Pessoa grosseira. **12.** Pessoa selvagem.

Sel.va.ge.ri.a *s.f.* Qualidade, ato ou procedimento de selvagem.

Sel.vá.ti.co *adj.* Que nasce ou se cria nas selvas.

Sel.ví.co.la *adj.2g.* e *s.2g.* ⇒ Silvícola.

Se.má.fo.ro *s.m.* **1.** Telégrafo aéreo que sinaliza a chegada e saída de navios e com eles se comunica. **2.** Poste de sinais, nas linhas férreas, com farol e hastes móveis. **3.** Sinaleira com que se orienta o tráfego de veículos automotores; sinal, farol.

Se.ma.na *s.f.* **1.** Espaço de sete dias consecutivos. **2.** Trabalho de dura uma semana. **3.** Retribuição desse trabalho.

Se.ma.na.da *s.f.* **1.** Remuneração por uma semana de trabalho. **2.** Quantia dada pelos pais aos filhos ainda menores para as despesas de uma semana. **3.** O que se faz numa semana.

Se.ma.nal *adj.2g.* **1.** Relativo a semana. **2.** Que sucede ou aparece a semana a semana.

Se.ma.ná.rio *adj.* **1.** Semanal. *s.m.* **2.** Periódico que se publica uma vez por semana; hebdomadário.

Se.mân.ti.ca *s.f.* Ling. Estudo ou ciência das mudanças que, no espaço e no tempo, sofrem os significados das palavras.

Se.mân.ti.cis.ta *s.2g.* Linguista especializado em semântica.

Se.mân.ti.co *adj.* Relativo à significação.

Sem.blan.te *s.m.* **1.** Cara, rosto, face. **2.** Aspecto, fisionomia, aparência.

Sem-ce.ri.mô.nia *s.f.* **1.** Quebra de etiqueta. **2.** Falta de cerimônia. ● *Pl.: sem-cerimônias.*

Se.me.a.dor (ô) *adj.* **1.** Que semeia. *s.m.* **2.** Aquele que semeia. **3.** AGRIC Máquina para semear cereais; semeadeira.

Se.me.a.du.ra *s.f.* **1.** Ato ou efeito de semear. **2.** Cereal suficiente para se semear um terreno.

Se.me.ar *v.t.* **1.** Deitar ou espalhar sementes de; difundir. **2.** *v.int.* Fazer a semeadura.

Se.mei.ro *s.m.* Aquele a quem se fazia a concessão de sesmaria.

Se.me.lhan.ça *s.f.* **1.** Qualidade de semelhante; analogia. **2.** Conformidade entre o modelo e a cópia.

Se.me.lhan.te *adj.2g.* **1.** Análogo, parecido, conforme. **2.** Da mesma natureza. *s.m.* **3.** Pessoa ou coisa da mesma natureza que outra ou parecida com ela.

Se.me.lhar *v.t.* e *p.* Ser semelhante; parecer(-se); assemelhar-se.

SÊMEN — SENÃO

Sê.men *s.m.* Semente, esperma. • *Pl.*: semens e sêmenes.

Se.men.te *s.f.* **1.** Grão ou fruto próprio para a reprodução. **2.** FIG Germe, origem, princípio. **3.** Esperma, sêmen.

Se.men.tei.ra *s.f.* **1.** Terreno semeado. **2.** Viveiro de planta para posterior transplante.

Se.mes.tral *adj.* **1.** Relativo a semestre. **2.** Que sucede ou ocorre a cada semestre.

Se.mes.tra.li.da.de *s.f.* **1.** Pagamento feito por semestre. **2.** Qualidade de semestral.

Se.mes.tre *s.m.* Espaço de seis meses seguidos.

Sem-fim *s.m.* **1.** Quantidade ou número indeterminado. **2.** Espaço indefinido ou ilimitado. • *Pl.*: sem-fins.

Se.mi- *pref.* que significa *metade* ou *meio*. Tem hífen antes de i e h: semianalfabeto,semicerrado, semicírculo, semideus, semiespecializado, semifinal, semi-internato, seminu, semissólido, semivogal.

Se.mi.a.nal.fa.be.to *s.m.* Pessoa que foi mal ou pouco alfabetizada. • *Pl.*: semianalfabetos.

Se.mi.á.ri.do *adj.* **1.** Não inteiramente árido (clima, região). *s.m.* **2.** Região periférica às regiões áridas. • *Pl.*: semiáridos.

Se.mi.au.to.má.ti.co *adj.* **1.** Que não é automático do todo. **2.** Diz-se da arma de fogo que, depois do disparo, efetua automaticamente as operações de extração, ejeção e realimentação, mas só permite novo tiro quando o gatilho é acionado mais uma vez. • *Pl.*: semiautomáticos.

Se.mi.bre.ve *s.f.* Figura musical que vale duas mínimas ou metade da breve.

Se.mi.cer.rar *v.t.* e *p.* Deixar(-se) entreaberto; cerrar(-se).

Se.mi.cir.cu.lar *adj.2g.* **1.** Relativo a semicírculo. **2.** Em forma de semicírculo.

Se.mi.cír.cu.lo *s.m.* Metade de um círculo.

Se.mi.cir.cun.fe.rên.cia *s.f.* Metade de uma circunferência limitada por um diâmetro.

Se.mi.col.chei.a *s.f.* Figura musical que vale metade da colcheia.

Se.mi.con.du.tor (ô) *adj.* e *s.m.* Diz-se de ou substância com resistividade entre a de um condutor e a de um isolante, e que pode variar segundo as condições físicas a que está submetida [A condução ocorre pelo movimento dos portadores de carga, elétrons, buracos ou íons. São exemplos de semicondutores o silício e o germânio.].

Se.mi.cons.ci.ên.cia *s.f.* Estado intermediário entre a consciência e a inconsciência.

Se.mi.deus *s.m.* **1.** MITOL Indivíduo superior aos homens e inferior aos deuses. **2.** Herói civilizado. **3.** FIG Homem superior.

Se.mi.es.cra.vi.dão *s.f.* Trabalho que apresenta algumas características da escravidão; meia escravidão. • *Pl.*: semiescravidões.

Se.mi.es.cu.ri.dão *s.f.* Quase escuro; mal iluminado. • *Pl.*: semiescuridões.

Se.mi.fi.nal *adj.2g.* e *s.f.* **1.** Diz-se de ou partida classificatória para a final de um campeonato. **2.** Diz-se de ou rodada em que quatro times disputam entre si, em dois jogos, a classificação para a final (mais us. no pl.).

Se.mi.fi.na.lis.ta *adj.* Diz-se de pessoa, equipe, conjunto etc., que foi classificado para disputar as provas semifinais. *s.2g.* **2.** Os próprios: pessoa, equipe ou conjunto.

Se.mi.fu.sa *s.f.* Figura musical que vale metade da fusa.

Se.mi.in.ter.na.to *s.m.* **1.** Estado de semi-interno. **2.** Estabelecimento escolar, cujos alunos são semi-internos. • *Pl.*: semi-internatos.

Se.mi.in.ter.no *adj.* **1.** Diz-se do aluno que faz refeições no colégio, mas vai dormir em casa. *s.m.* **2.** O próprio aluno. • *Pl.*: semi-internos.

Se.mi.me.tal *s.m.* Substância que possui algumas propriedades do metal.

Se.mi.mor.to *adj.* **1.** Quase morto. **2.** FIG Fatigado, esfalfado.

Se.mi.nal *adj.2g.* **1.** Relativo a sêmen. **1.1** Que produz sêmen. **2.** Que estimula novas criações, que traz novas ideias, gerador de novas obras; inspirador.

Se.mi.ná.rio *s.m.* **1.** Reunião ou centro de debates de variada natureza. **2.** Estabelecimento de ensino que prepara para o sacerdócio.

Se.mi.na.ris.ta *s.m.* Aluno interno de um seminário.

Se.mí.ni.ma *s.f.* Figura musical que vale metade da mínima.

Se.mi.nu *adj.* Meio nu; andrajoso.

Se.mio.lo.gia *s.f.* **1.** Ciência dos sinais e a arte de usá-los. **2.** Ramo da Medicina que trata dos sintomas das doenças.

Se.mi.o.ló.gi.co *adj.* Relativo ou pertencente à semiologia.

Se.mi.ó.ti.ca *s.f.* Semiologia.

Se.mi.pla.no *s.m.* GEOM Parte do plano limitado por uma reta.

Se.mi.por.tá.til *adj.2g.* Quase totalmente portátil.

Se.mi.pre.ci.o.so *adj.* Que não é totalmente precioso.

Se.mir.re.ta *s.f.* GEOM Cada uma das duas partes em que a reta fica dividida por um de seus pontos. • *Pl.*: semirretas.

Se.mi.ta *s.2g.* **1.** Qualificativo de uma raça a que pertencem os árabes e os judeus. **2.** Judeu ou judia (em sentido restrito). *s.2g.* **3.** Indivíduo dessa raça.

Se.mi.tis.mo *s.m.* **1.** Caráter do que é semítico. **2.** Simpatia pelos judeus.

Se.mi.tom *s.m.* Meio-tom.

Se.mi.trans.pa.ren.te *adj.2g.* Meio transparente.

Se.mi.vi.vo *adj.* Quase sem vida.

Se.mi.vo.gal *s.f.* GRAM Segundo elemento do ditongo decrescente (em geral o i e o u, mas também e e o).

Sem-mo.dos *adj.* e *s.2g.2n.* Diz-se de, ou pessoa que não tem boas maneiras; travesso.

Sem-nú.me.ro *s.m.* Número indeterminado.

Sê.mo.la *s.f.* Fécula de farinha de arroz.

Se.mo.ven.te *adj.* e *s.2g.* Diz-se de, ou ser que anda ou se move por si próprio.

Sem-par *adj.2g.2n.* **1.** Que não tem igual. **2.** Único, incomparável.

Sem.pi.ter.no *adj.* **1.** Que não teve princípio nem terá fim. **2.** Eterno, perpétuo.

Sem.pre *adv.* **1.** A todo momento. **2.** Todo o tempo. **3.** Para sempre; eternamente. **4.** Sem interromper, sem acabar. **5.** Com efeito, efetivamente.

Sem.pre-vi.va *s.f.* **1.** Planta ornamental de flor avermelhada. **2.** A própria flor. • *Pl.*: sempre-vivas.

Sem-sal *adj.2g.2n.* **1.** Insosso, insulso. **2.** FIG Desenxabido.

Sem-ter.ra *s.2g.2n.* Lavrador que, não tendo terra onde morar e trabalhar, às vezes acampa, em grupo, com a família, nas imediações de rodovias e de latifúndios considerados improdutivos, com o objetivo de pressionar o governo tanto nas ações de desapropriação dessas áreas quanto no assentamento das famílias acampadas.

Sem-te.to *s.2g.2n.* Relativo a ou indivíduo que, por não ter condições econômicas ou sociais, vive ao ar livre em abrigos improvisados, esp. o habitante de cidade que não dispõe de local (próprio ou alheio) para moradia fixa.

Sem-ver.go.nha *adj.* e *s.2g.2n.* Diz-se de, ou pessoa desprovida de vergonha, de pudor ou de brio.

Sem-ver.go.nhi.ce *s.f.* Ação de sem-vergonha; sem-vergonhismo. • *Pl.*: sem-vergonhices.

Sem-ver.go.nhis.mo *s.m.* **1.** Falta de vergonha. **2.** Ato ou dito de sem-vergonha; descaramento. • *Pl.*: sem-vergonhismos.

Se.na *s.f.* **1.** Carta, dado ou peça de dominó com seis pintas ou pontos. **2.** Espécie de loteria com cinquenta dezenas, das quais se sorteiam seis, ganhando o primeiro prêmio quem acertar as sorteadas. **3.** As próprias seis dezenas.

Se.na.do *s.m.* **1.** Antiga magistratura romana. **2.** Lugar onde funcionava essa magistratura. **3.** Câmara alta, nos países em que há duas assembleias legislativas. **4.** Lugar onde se reúnem os senadores.

Se.na.dor *s.m.* Membro do senado. • *Fem.*: senadora.

Se.não *conj.* **1.** De outro modo; aliás. *prep.* **2.** Exceto, a não ser. *s.m.* **3.** Defeito, mancha. • *Pl.*: senões.

SENATORIA — SÉPALA

Se.na.to.ri.a s.f. Dignidade ou mandato de senador.

Se.na.tó.rio adj. O mesmo que *senatorial*.

Sen.da s.f. **1.** Caminho estreito. **2.** Atalho, vereda. **3.** Hábito, rotina.

Se.nec.tu.de s.f. Decrepitude, velhice, idade senil. ● *Ant.: juventude*.

Se.nha s.f. **1.** Sinal, aceno, gesto ou palavra combinada entre pessoas para se reconhecerem. **2.** Pequeno bilhete que permite a seu portador entrar e sair de um espetáculo, agremiação etc.

Se.nhor s.m. **1.** Homem distinto. **2.** Título nobiliárquico. **3.** Deus. ● *Abrev.: Sr.*

Se.nho.ra s.f. **1.** Fem. de *senhor*. **2.** Mulher com autoridade sobre certas pessoas ou coisas. **3.** Dona, proprietária. **4.** Tratamento respeitoso dispensado a uma mulher distinta e que já não é jovem. **5.** Esposa, em relação ao esposo. ● *Abrev.: sr. e sra.*

Se.nho.ri.a s.f. **1.** Proprietária de prédio arrendado. **2.** Tratamento cerimonioso, comum na linguagem comercial.

Se.nho.ri.al adj.2g. **1.** Relativo a senhor, ou a senhorio. **2.** Digno de senhor; poderoso, rico.

Se.nho.ril adj.2g. **1.** Próprio de senhor ou senhora. **2.** Nobre, distinto. **3.** Imponente, majestoso. ● *Ant.: vulgar*.

Se.nho.ri.ta s.f. Tratamento que se dá a moça solteira; senhorinha. ● *Abrev.: Sr.ᵗᵃ ou Srta.*

Se.nil adj.2g. **1.** Relativo à velhice ou aos velhos. **2.** Próprio da velhice. **3.** Decrépito. **4.** Caduco. ● *Ant.: jovem*.

Se.ni.li.da.de s.f. **1.** Qualidade ou caráter de senil. **2.** Fraqueza causada pela velhice. ● *Ant.: mocidade*.

Se.ni.li.zar v.int. **1.** Envelhecer. v.t. **2.** Tornar velho artificialmente (madeira, pintura etc.).

Sê.nior adj.2g. **1.** Diz-se do mais velho (de duas pessoas do mesmo nome, da mesma família). **2.** Atleta que já ganhou pelo menos um primeiro prêmio. ● *Pl.: seniores* (ô). ● Opõe-se a *júnior*.

Se.no s.m. **1.** Para um arco tomado no círculo trigonométrico a partir da origem A (ou para o ângulo correspondente), a ordenada PM do ponto M (símb.: sen). **2.** Tábua dos senos, tábua dos valores do seno de X para todos os comprimentos do arco.

Se.noi.dal adj.2g. Referente a seno e/ou a senoide.

Sen.sa.bor (ô) adj.2g. **1.** Insípido. **2.** Que não tem sabor. **3.** FIG Monótono. **4.** Sem graça, sem espírito.

Sen.sa.bo.ri.a s.f. Qualidade de sensabor; insipidez.

Sen.sa.ção s.f. **1.** Impressão causada aos órgãos dos sentidos. **2.** Faculdade de sentir. **3.** Sensibilidade. **4.** Surpresa ou grande impressão provocada por acontecimento extraordinário. **5.** Emoção, impacto.

Sen.sa.cio.nal adj.2g. **1.** Que produz grande sensação. **2.** Extraordinário, espetacular.

Sen.sa.cio.na.lis.mo s.m. **1.** Qualidade de sensacional. **2.** Exploração de notícias ou fatos capazes de emocionar ou escandalizar.

Sen.sa.cio.na.lis.ta adj.2g. **1.** Em que há sensacionalismo ou escândalo. s.2g. **2.** Pessoa que visa a causar sensação em literatura, oratória etc.

Sen.sa.tez (ê) s.f. **1.** Qualidade de sensato. **2.** Prudência, discrição. **3.** Ponderação. ● *Ant.: insensatez*.

Sen.sa.to adj. **1.** Que tem bom senso. **2.** Prudente, ajuizado. **3.** Cordato. ● *Ant.: insensato*.

Sen.si.bi.li.da.de s.f. **1.** Qualidade de sensível. **2.** Faculdade pela qual o sistema nervoso do homem e dos animais recebe impressões físicas ou morais (notadamente de ternura e piedade).

Sen.si.bi.li.za.dor adj.2g. **1.** Que sensibiliza; sensibilizante. adj. **2.** FOT Diz-se do banho que torna as chapas fotográficas sensíveis à luz.

Sen.si.bi.li.zan.te adj.2g. Que sensibiliza; sensibilizador.

Sen.si.bi.li.zar v.t. **1.** Tornar sensível. **2.** Impressionar vivamente. **3.** Causar abalo a. **4.** Comover. **5.** Abrandar (o coração); comover-se.

Sen.si.ti.va s.f. **1.** Planta cujas pequenas folhas se retraem quando tocadas; dormideira, não-me-toques. **2.** FIG Pessoa que se melindra facilmente.

Sen.si.ti.vo adj. **1.** Relativo aos sentidos. **2.** Próprio para fazer sentir. **3.** Sensível (pessoa).

Sen.si.tô.me.tro s.m. FOT Aparelho usado para medir a penetrabilidade de um corpo pela luz.

Sen.sí.vel adj.2g. **1.** Que sente. **2.** Fácil de perceber; evidente. **3.** Dotado de extrema sensibilidade; sensitivo. **4.** Emotivo. **5.** Que indica a menor diferença ou alteração. **6.** Que facilmente se ofende ou é cheio de melindres; melindroso. **7.** De alguma importância; apreciável. **8.** Notório, evidente. ● *Ant.: insensível*.

Sen.so s.m. **1.** Habilidade para entender bem. **2.** Entendimento, juízo, siso. **3.** Noção. ● Cf. *censo*.

Sen.sor s.m. Nome dado a qualquer equipamento de detecção como radares, sonares etc., por meio do qual se localizam alvos inimigos, acidentes geográficos e outros. ● Cf. *censor*.

Sen.so.ri.al adj.2g. **1.** Relativo aos sentidos, à sensibilidade; sensitivo. **2.** Que diz respeito às sensações.

Sen.só.rio adj. **1.** Relativo à sensibilidade. **2.** Que transmite sensações. s.m. **3.** Parte do cérebro, centro das sensações.

Sen.su.al adj.2g. **1.** Relativo aos sentidos. **2.** Voluptuoso, lascivo, mundano, carnal. **3.** Que é dado aos prazeres dos sensoriais, em especial aos sexuais. s.2g. **4.** Pessoa sensual.

Sen.su.a.li.da.de s.f. **1.** Qualidade de sensual; volúpia. **2.** Amor aos prazeres materiais. **3.** Prazer sexual; luxúria. **4.** Qualidade atribuída aos estímulos (atos, imagens, gestos) que provocam o apetite sexual.

Sen.su.a.li.zar v.t. **1.** Excitar sensualmente. v.t. e p. **2.** Tornar(-se) sensual.

Sen.tar v.t. **1.** Assentar. v.int. e p. **2.** Tomar assento. **3.** Fixar-se, acomodar-se. ● *Ant.: levantar(-se)*.

Sen.ten.ça s.f. **1.** Máxima que contém um princípio ou um pensamento moral; provérbio. **2.** Decisão tomada por um tribunal e proferida por um juiz. **3.** Decisão tomada por árbitros. **4.** Qualquer decisão. **5.** Julgamento divino. **6.** GRAM Frase, período.

Sen.ten.ci.ar v.t. **1.** Julgar por sentença. **2.** Decidir (causa). **3.** Condenar por meio de sentença; julgar. v.int. **4.** Pronunciar sentença, emitir opinião.

Sen.ten.ci.o.so (ô) adj. **1.** Que encerra sentença ou provérbio. **2.** Que se exprime gravemente, por meio de sentença. **3.** Que afeta gravidade; judicioso.

Sen.ti.do adj. **1.** Que sentiu uma injúria profundamente. **2.** Plangente, triste. **3.** Contristado, pesaroso. s.m. **4.** Cada uma das formas por que recebemos a sensação. **5.** Bom senso; juízo; cautela. **6.** Razão de ser; nexo. **7.** Ideia, intento. **8.** Rumo, direção. **9.** Significado. **10.** Faculdade de sentir. **11.** Modo de considerar, de sentir. interj. **12.** Voz de comando militar: atenção! cuidado!

Sen.ti.men.tal adj.2g. **1.** Relativo ao sentimento. **2.** Que tem ou demonstra sentimento. **3.** Que afeta sensibilidade romanesca. ● *Ant.: frio, insensível*.

Sen.ti.men.ta.lis.mo s.m. **1.** Afetação do sentimento ou da sensibilidade. **2.** Exagero dos sentimentos ou dos afetos ternos.

Sen.ti.men.ta.lis.ta adj.2g. **1.** Relativo ao sentimentalismo. adj. e s.2g. **2.** Diz-se de, ou pessoa dada ao sentimentalismo.

Sen.ti.men.to s.m. **1.** Ato ou efeito de sentir-se. **2.** Tristeza, desgosto. **3.** Sensibilidade. **4.** Aptidão para sentir; compreensão. **5.** Noção, senso. **6.** Amor, afeição, afeto. **7.** Alma, coração.

Sen.ti.ne.la s.f. **1.** Soldado que está de vigia a um posto, acampamento etc.; guarda. **2.** Indivíduo que vigia ou vela por alguma coisa.

Sen.tir v.t. **1.** Perceber por meio de qualquer órgão dos sentidos. **2.** Experimentar. **3.** Ser sensível. **4.** Ouvir distintamente. **5.** Pressentir. **6.** Compreender. **7.** Entrever. **8.** Apreciar. **9.** Conhecer por certos indícios. **10.** Levar a mal. v.int. **11.** Ter sensibilidade. **12.** Ter pesar. v.p. **13.** Magoar-se, ressentir-se. **14.** Melindrar-se. ● Conjuga-se por *ferir*. s.m. **15.** Opinião, modo de ver. **16.** Sentimento.

Sen.za.la s.f. **1.** Residência de um soba. **2.** Grupo de casas destinadas aos escravos à época do Brasil colonial. **3.** FIG Barulho, vozearia. **4.** Lugar onde há barulho.

Sé.pa.la s.f. Cada uma das peças do cálice das flores.

SEPARAÇÃO — SERINGUEIRA

Se.pa.ra.ção *s.f.* **1.** Ato ou efeito de separar. **2.** Afastamento. **3.** Desquite, divórcio. ◆ *Ant.: aproximação, união.*

Se.pa.ra.dor *adj.* e *s.m.* Que, ou o que serve para separar.

Se.pa.rar *v.t.* **1.** Desunir. **2.** Apartar, dividir. **3.** Isolar. **4.** Formar obstáculo. **5.** Obstar à união. **6.** Afastar um do outro. **7.** Estabelecer discórdia. **8.** Considerar à parte. *v.p.* **9.** Desagregar-se; desunir--se. **10.** Deixar (um casal) de viver em comum. **11.** Afastar-se, distanciar-se. ● *Ant.: unir.*

Se.pa.ra.ta *s.f.* Publicação à parte, em volume ou opúsculo, de artigo publicado em jornal ou revista.

Se.pa.ra.tis.mo *s.m.* Tendência de certa parte do território de um Estado para separar-se deste e fazer-se independente; secessão.

Se.pa.ra.tis.ta *adj.2g.* **1.** Relativo ao separatismo. *s.2g.* **2.** Pessoa que professa ideias separatistas.

Se.pa.rá.vel *adj.2g.* Que se pode separar.

Sé.pia *s.f.* **1.** Pigmento escuro extraído do molusco siba. **2.** A tinta café com leite que dele se extrai. **3.** Desenho feito com essa própria tinta. **4.** A cor dessa tinta. *adj.2g.* **5.** De cor sépia.

Sep.si.a *s.f.* Putrefação de substâncias ou tecidos orgânicos.

Sep.ti.ce.mi.a *s.f.* Estado infeccioso no qual há focos, no organismo, que lançam germes no sangue.

Sep.ti.cê.mi.co *adj.* Relativo à septicemia.

Sép.ti.co *adj.* **1.** Que causa putrefação. **2.** Contaminado por micróbios.

Sep.to *s.m.* Membrana que separa duas cavidades.

Sep.tu.a.ge.ná.rio *adj.* e *s.m.* (o) Que está na casa dos 70 anos de idade.

Sep.tu.a.gé.si.mo *num.ord.*, e *s.m.* **1.** (o) Que, numa sequência, ocupa a posição do número 70. *num.frac.*, *adj.* e *s.m.* **2.** (o) Que é 70 vezes menor que a unidade.

Se.pul.cral *adj.2g.* **1.** Relativo ao sepulcro; fúnebre. **2.** FIG Sombrio. **3.** Extremamente pálido.

Se.pul.cro *s.m.* **1.** Túmulo, jazigo, sepultura. **2.** FIG Lugar que esconde como túmulo ou máscara. **3.** *Santo Sepulcro*, túmulo de Cristo, em Jerusalém.

Se.pul.ta.men.to *s.m.* Enterro; ato de sepultar.

Se.pul.tar *v.t.* **1.** Enterrar (defunto). **2.** Esconder. **3.** Pôr fim a. *v.p.* **4.** FIG Recolher-se, separar-se do mundo. **5.** Afundar-se.

Se.pul.to *adj.* Sepultado.

Se.pul.tu.ra *s.f.* **1.** Lugar onde se enterra o cadáver de uma pessoa. **2.** Sepulcro, túmulo, tumba.

Se.quaz *adj.* e *s.m.* Diz-se de, ou seguidor fanático, partidário cego.

Se.que.la *s.f.* **1.** Ato ou efeito de seguir. **2.** Seguimento, sequência. **3.** Súcia, bando. **4.** Qualquer lesão que permanece após encerrado o tratamento de um paciente.

Se.quên.cia *s.f.* **1.** Seguimento, continuação. **2.** Sucessão, série. **3.** Parte de um escrito começado em outro lugar. **4.** Série de cenas filmadas e que constituem uma unidade dramática; episódio. **5.** Trecho em verso, que se reza à missa, depois da Epístola. **6.** Série de cinco cartas no jogo do pôquer. ● *Ant.: interrupção.*

Se.quen.ci.al *adj.2g.* Em que há sequência.

Se.quen.te *adj.2g.* Que segue, seguinte.

Se.quer *adv.* Nem mesmo; ao menos; ainda.

Se.ques.tra.ção *s.f.* Ato ou efeito de sequestrar.

Se.ques.tra.dor *(ô) adj.* e *s.m.* Que, ou aquele que sequestra.

Se.ques.trar *v.t.* **1.** Praticar sequestro. **2.** Encarcerar ilegalmente. **3.** Tomar violentamente; esbulhar. **4.** Pôr à parte.

Se.ques.tro *s.m.* **1.** Depósito de coisa litigiosa em poder de terceiro, por ordem judicial, até final decisão. **2.** Arresto, penhora. **3.** A coisa sequestrada; penhor. **4.** Cárcere privado. **5.** Crime que consiste em manter ilegalmente encarcerada uma pessoa, especialmente quando para trocá-la por resgate. **6.** Ação de sequestrar.

Se.qui.dão *s.f.* Secura.

Se.qui.lho *s.m.* Espécie de biscoito ou pequena bolacha.

Se.qui.o.so *(ô) adj.* **1.** Que tem muita sede. **2.** Ávido de água. **3.** Que tem grande desejo de beber. **4.** FIG Sedento; cobiçoso, ávido.

Sé.qui.to *s.m.* Conjunto de pessoas que acompanham outra ou outras, por cortesia, dever oficial ou obrigação; acompanhamento, comitiva, cortejo. ◆ *Var.: séquito.*

Se.quoi.a *s.f.* BOT Pinheiro da Califórnia (EUA), de grande longevidade.

Ser¹ *v.pred.* **1.** Ter um atributo ou um modo de existir. **2.** Estar. **3.** Existir; ficar. **4.** Prover. **5.** Proceder. **6.** Ser de; pertencer. **7.** Ter a natureza de. **8.** Causar. **9.** Produzir. **10.** Consistir. **11.** Ser formado. **12.** Ser digno.

Ser² *s.m.* **1.** Aquele ou aquilo que é; ente. **2.** Existência. **3.** Realidade.

Se.rá.fi.co *adj.* **1.** Relativo a serafim. **2.** Que tem modos de beato; beatífico. **3.** Etéreo, angelical. ◆ *Ant.: diabólico.*

Se.ra.fim *s.m.* **1.** Anjo da primeira hierarquia. **2.** FIG Pessoa de rara formosura (diz-se especialmente de crianças).

Se.rão *s.m.* **1.** Trabalho extraordinário, em geral feito de noite. **2.** Retribuição por esse trabalho. **3.** Reunião familiar noturna.

Se.rei.a *s.f.* **1.** Ser mitológico metade mulher, metade peixe, que pela suavidade de seu canto, atraía os navegantes para os rochedos do mar da Sicília, onde pereciam. **2.** FIG Mulher sedutora pela sua beleza ou voz. **3.** Aparelho que, nos navios e em alguns automóveis, produz som estridente, para fazer sinais de alarme.

Se.re.le.pe *adj.* e *2g.* **1.** Diz-se de, ou pessoa esperta, viva, buliçosa. *s.m.* **2.** Pequeno mamífero; esquilo.

Se.re.nar *v.t.* **1.** Tornar sereno; acalmar, aquietar. **2.** Pacificar. *v.int.* **3.** Dançar suavemente. **4.** Abrandar, amainar. **5.** Cair sereno. *v.p.* **6.** Acalmar-se, tranquilizar-se.

Se.re.na.ta *s.f.* **1.** Concerto musical noturno, ao ar livre. **2.** Composição musical semelhante às trovas dos cantores ambulantes, melodiosa e simples.

Se.re.ni.da.de *s.f.* **1.** Qualidade do que é sereno. **2.** FIG Tranquilidade, sossego, suavidade, paz.

Se.re.no *adj.* **1.** Limpo de nuvens ou névoas. **2.** Calmo, tranquilo. *s.m.* **3.** Vapor atmosférico que por vezes termina em chuva miúda. **4.** O ar livre à noite. **5.** A rua à noite; a umidade noturna; relento. **12.** Ser digno.

Se.res.ta *s.f.* Serenata, acep. 1.

Ser.gi.pa.no *adj.* **1.** Do, ou relativo ao Estado de Sergipe. *s.m.* **2.** O natural ou habitante de Sergipe.

Se.ri.a.ção *s.f.* **1.** Ato ou efeito de seriar. **2.** Disposição de coisa em série. **3.** Classificação, numeração.

Se.ri.a.do *adj.* **1.** Disposto em série. **2.** Que se faz ou exibe em série(s). *adj.* e *s.m.* **3.** Diz-se de, ou filme cinematográfico que se exibe por séries de episódios.

Se.ri.al *adj.2g.* **1.** Relativo a série. **2.** Disposto em série.

Se.ri.ar *v.t.* Dispor em séries; ordenar.

Se.ri.ci.cul.tor *(ô) s.m.* O que se ocupa da sericicultura. ◆ *Var.: sericultor.*

Se.ri.ci.cul.tu.ra *s.f.* **1.** Criação do bicho-da-seda. **2.** O fabrico da seda. ◆ *Var.: sericultura.*

Sé.rie *s.f.* **1.** MAT Sucessão de grandezas que crescem ou decrescem, segundo uma lei. **2.** Grande quantidade. **3.** Sequência, sucessão. **4.** Classe, ano (escolar). **5.** Conjunto de coisas ou objetos da mesma natureza organizados em certa ordem.

Se.ri.e.da.de *s.f.* **1.** Qualidade de sério. **2.** Integridade de caráter. **3.** Sisudez, gravidade. **4.** Lealdade, probidade, retidão.

Se.ri.e.ma *s.f.* Ave pernalta dos rios. ● *Col.: bando.* ● *Voz.: cacarejar, gargalhar.*

Se.ri.fa *s.f.* Traço ou barra que remata cada haste de certas letras, de um ou de ambos os lados; cerifa, filete, rabisco, remate.

Se.ri.gra.fi.a *s.f.* **1.** Processo de impressão que usa como matriz um tela de seda ou náilon presa a um caixilho. **2.** Estampa obtida por este processo.

Se.ri.gue.la *s.f.* Umbu.

Se.rin.ga *s.f.* **1.** Bomba portátil que atrai e expele o ar e os líquidos. **2.** Leite de seringueira ainda não coagulado.

Se.rin.gal *s.f.* Mata de seringueiras.

Se.rin.ga.lis.ta *s.2g.* Proprietário de seringal; seringueiro.

Se.rin.guei.ra *s.f.* BOT Árvore de cujo látex se faz a borracha.

SERINGUEIRO — SET

Se.rin.guei.ro *s.m.* Aquele que extrai o látex da seringueira e com ele prepara a borracha.

Sé.rio *adj.* **1.** Que tem gravidade, que não ri; sisudo. **2.** Importante. **3.** Ponderado, circunspecto. **4.** Em cuja probidade se pode confiar. **5.** Que tem valor. **6.** Feito com cuidado. **7.** Verdadeiro. *adv.* **8.** Realmente, seriamente.

Ser.mão *s.m.* **1.** Discurso religioso, pronunciado no púlpito; prédica. **2.** Admoestação com o intuito de moralizar. **3.** FIG Censura enfadonha, repreensão. ● *Pl.: sermões.*

Se.ro.al.bu.mi.na *s.f.* ⇒ Soroalbumina.

Se.ró.dio *adj.* Que vem fora do tempo próprio; tardio.

Se.ro.po.si.ti.vo *adj.* e *s.m.* Soropositivo.

Se.ro.so (ô) *adj.* Relativo a, ou que tem soro.

Se.ro.to.ni.na *s.f.* Hormônio normalmente presente, em forma inativa, nas plaquetas do sangue. Atua na hipertensão arterial e nas manifestações alérgicas; estimula a musculatura lisa. Quando se lesa um tecido, as plaquetas se desintegram liberando serotonina. A serotonina estreita os vasos sanguíneos e impede maior sangramento. Também se encontra serotonina no encéfalo e no intestino. Alguns medicamentos afetam a função do encéfalo ao evitarem a liberação de serotonina. Outros fazem cessar a náusea porque bloqueiam a ação da serotonina sobre o intestino.

Ser.pe.jar *v.int.* Serpear.

Ser.pen.tá.rio *s.m.* Lugar onde se criam serpentes para estudos e retirada de veneno para fins científicos.

Ser.pen.te *s.f.* **1.** Nome genérico das cobras peçonhentas. **2.** Pessoa má ou traiçoeira. **3.** Coisa nociva.

Ser.pen.te.an.te *adj.2g.* Que serpenteia; serpejante.

Ser.pen.te.ar *v.int.* Serpear. *v.t.* **2.** Enrolar.

Ser.pen.ti.for.me *adj.2g.* Em forma de serpente.

Ser.pen.ti.na *s.f.* **1.** Castiçal de várias luzes. **2.** Castiçal de dois ou mais braços tortuosos, em cujas extremidades se fixam velas. **3.** Conduto espiralado colocado dentro de um tubo refrigerante para liquefazer o vapor. **4.** Antiga peça de artilharia. **5.** Palanquim com cortinados, cujo leito é de rede. **6.** Fita de papel colorido enrolada sobre si mesma e que se desenrola quando atirada nos folguedos de carnaval. **7.** Planta trepadeira do Amazonas.

Ser.pen.ti.no *adj.* **1.** Relativo a serpente. **2.** Em forma de serpente.

Ser.ra *s.f.* **1.** Instrumento cortante cuja peça principal é uma lâmina denteada, de aço. **2.** Conjunto ou cadeia de montanhas. ● *Col.: cordilheira.* Moeda. *s.m.* **4.** Nome de um peixe.

Ser.ra.dor (ô) *adj.* **1.** Que serra. *s.m.* **2.** Aquele que serra madeira.

Ser.ra.gem *s.f.* **1.** Ato ou efeito de serrar. **2.** Pó fino resultante da madeira serrada.

Ser.ra.lha.ri.a *s.f.* **1.** Arte de serralheiro. **2.** Oficina de serralheiro.

Ser.ra.lhei.ro *s.m.* Artífice que constrói peças, móveis e outros objetos de ferro.

Ser.ra.lhe.ri.a ou **ser.ra.lha.ri.a** *s.f.* Arte, trabalho ou oficina de serralheiro.

Ser.ra.lho *s.m.* **1.** Nos países de influência turca, o mesmo que palácio. **2.** Harém. **3.** Prostíbulo.

Ser.ra.ni.a *s.f.* **1.** Aglomeração de serras; cordilheira. **2.** FIG Ondas encapeladas.

Ser.ra.no¹ *adj.* **1.** Relativo a, ou que vive nas serras. **2.** Habitante das serras.

Ser.ra.no² *adj.* **1.** Pertencente ou relativo a Serra (ES). *s.m.* **2.** O natural ou habitante dessa cidade e município.

Ser.ra.no³ *adj.* **1.** Pertencente ou relativo a Serro (MG). *s.m.* **2.** O natural ou habitante dessa cidade e município.

Ser.ra.no⁴ *adj.* e *s.m.* Passo-fundense.

Ser.rar *v.t.* **1.** Cortar, separar ou dividir com serra ou serrote. **2.** Filar, conseguir de graça. ● *Cf. cerrar.*

Ser.ra.ri.a *s.f.* Oficina onde se serram madeiras, lavram tábuas etc.

Ser.re.ar *v.t.* Dar forma de serra a.

Ser.ri.lha *v.t.* Lavor em forma de dentes.

Ser.ri.lhar *v.t.* Fazer serrilha em.

Ser.ro.te *s.m.* Lâmina denteada, com cabo.

Ser.ta.ne.jo (ê) *adj.* **1.** Do sertão; que vive no sertão. **2.** Rústico. *s.m.* **3.** Indivíduo do sertão; caipira.

Ser.ta.nis.ta *s.2g.* **1.** Conhecedor profundo dos hábitos e costumes do sertão. **2.** Aquele que penetrava nos sertões em busca de riquezas; bandeirante. **3.** Pessoa que se aproxima dos indígenas para conhecer seus costumes e protegê-los.

Ser.tão *s.m.* **1.** Lugar inculto; distante de povoações. **2.** Região agreste, mais seca do que a caatinga.

Ser.ven.te *adj.* **1.** Que serve. *s.2g.* **2.** Pessoa que ajuda outra em trabalhos manuais. **3.** Criada ou criado. *s.m.* **4.** Operário que ajuda o pedreiro. **5.** Funcionário público que desempenha os serviços gerais da repartição.

Ser.ven.ti.a *s.f.* **1.** Qualidade do que serve. **2.** Utilidade, préstimo. **3.** Emprego, aplicação, uso.

Ser.ven.tu.á.rio *s.m.* **1.** Aquele que serve num ofício, em lugar do proprietário. **2.** Funcionário da Justiça, de cartório, de tabelionato.

Ser.vi.çal *adj.2g.* **1.** Que gosta de prestar serviços. **2.** Prestativo. **3.** Obsequiador. **4.** Diligente. **5.** Referente a criados ou servos. *s.2g.* **6.** Criado ou criada. **7.** Pessoa assalariada.

Ser.vi.ço *s.m.* **1.** Ato ou efeito de servir. **2.** Exercício de funções obrigatórias. **3.** Duração desse exercício. **4.** Desempenho de qualquer trabalho. **5.** Estado de quem serve por salário. **6.** Trabalho, ofício. **7.** Obséquio. **8.** Serventia. **9.** Celebração de atos religiosos. **10.** Feitiçaria por encomenda; despacho. **11.** Ato de repor a bola em jogo (no tênis, no vôlei etc.); saque.

Ser.vi.dão *s.f.* **1.** Condição ou estado de servo. **2.** Perda da independência ou da liberdade política. **3.** Escravidão, cativeiro, dependência. ● *Ant.: liberdade.*

Ser.vi.dor (ô) *adj.* **1.** Que serve. **2.** Servente. *s.m.* **3.** Aquele que serve. **4.** Criado, doméstico. **5.** Funcionário público.

Ser.vil *adj.* **1.** Que se refere a servo. **2.** Próprio de servo. **3.** Subserviente ao extremo, bajulador. **4.** Que segue rigorosamente um modelo, um original.

Ser.vi.lis.mo *s.m.* **1.** Qualidade de servil. **2.** Bajulação. **3.** Imitação servil.

Ser.vir *v.int.* **1.** Prestar utilidade. **2.** Exercer as funções de criado. **3.** Pôr na mesa a refeição. **4.** Auxiliar. **5.** Cuidar. *v.t.* **6.** Prestar serviço militar. **7.** Ser útil. **8.** Ser oportuno. **9.** Ser causa. **10.** Convir. **11.** Favorecer. **12.** Ter préstimos. **13.** Prestar serviços de qualquer natureza. **14.** Desempenhar. **15.** Ocupar, exercer. **16.** Ministrar, dar. **17.** Oferecer. **18.** Abastecer, munir. **19.** Encher. *v.p.* **20.** Fazer uso. **21.** Aproveitar o préstimo de alguém. **22.** Utilizar-se, dignar-se, haver por bem. **23.** Aproveitar-se. Conjuga-se por *ferir.*

Ser.vo *s.m.* **1.** O que não é livre. **2.** Criado, serviçal. **3.** Indivíduo que não dispõe de sua pessoa e bens; escravo. **4.** Criado, servente. *adj.* **5.** Que presta serviços. **6.** Que não é livre.

Ses.ma.ri.a *s.f.* Terra inculta ou abandonada, que os reis de Portugal doavam a quem se dispusesse a cultivá-la ou explorá-la.

Ses.qui.cen.te.ná.rio *s.m.* Festa comemorativa de um centenário e meio (150 anos).

Ses.são *s.f.* **1.** Tempo durante o qual está reunida uma corporação deliberativa. **2.** Tempo durante o qual funciona um congresso ou uma junta. **3.** Período de funcionamento do Parlamento em cada ano; nos teatros e cinemas, período em que se repete o programa várias vezes ao dia. ● *Cf. seção e cessão.*

Sés.sil *adj.* BOT Que não tem pecíolo ou pedúnculo (folha, flor, fruto). ● *Pl.: sésseis.*

Ses.ta (é) *s.f.* **1.** Hora de descanso, depois do almoço. **2.** O sono ou descanso gozado nessa hora.

Ses.te.ar *v.int.* **1.** Dormir a sesta *v.t.* **2.** Abrigar o gado ao sol.

Ses.tro (é) *s.m.* Manha, cacoete.

Ses.tro.so (ô) *adj.* Que tem sestro.

Set (sét) (ingl.) *s.m.* **1.** Subdivisão de uma partida em certas modalidades esportivas (tênis, vôlei etc.). **2.** CIN e TEAT Espécie de palco preparado para representação e filmagem de cenas. **3.** TV Recinto com cenário onde se faz a gravação de um programa.

SETA — SIGILO

Se.ta s.f. **1.** Espécie de flecha que se atira com arco. **2.** Objeto em forma de flecha. **3.** Ponteiro que marca as horas no relógio. **4.** Palavra ou dito pungente, mordaz.

Se.te (é) num. **1.** Número cardinal formado por sete unidades. **2.** Algarismo (7) que representa este número.

Se.tei.ra s.f. **1.** Pequena abertura, nas muralhas ou fortes por onde se atiram setas contra inimigos. **2.** Qualquer fresta na parede de uma construção.

Se.tem.bro s.m. Nono mês do ano romano, com 30 dias.

Se.tem.mês adj.2g. e s.2g. (criança) Nascida de sete meses.

Se.tem.me.si.nho adj. FAM Diz-se da criança que nasce de sete meses.

Se.te.ná.rio adj. **1.** Que vale ou contém sete unidades. s.m. **2.** Espaço de sete dias. **3.** Festa religiosa que dura sete dias.

Se.tê.nio s.m. Período de sete anos.

Se.ten.tri.ão s.m. **1.** POÉT O polo Norte. **2.** As regiões do Norte. **3.** Vento do Norte.

Se.ten.trio.nal adj.2g. **1.** Situado ao norte. **2.** Que habita do lado do norte.

Se.ti.lha s.f. METRIF Estrofe de sete versos.

Sé.ti.mo num. **1.** Denominação do ordinal e fracionário correspondente a sete. s.m. **2.** A sétima parte.

Se.tis.sí.la.bo adj. **1.** Que tem sete sílabas. s.m. **2.** Verso de sete sílabas.

Se.tor (ô) s.m. **1.** Ramo ou esfera de atividade. **2.** Campo de ação; âmbito, seção. **3.** GEOM Parte do círculo compreendido entre dois raios e o arco. **4.** FIG Circunscrição.

Se.to.ri.al adj.2g. Relativo ou pertencente a setor.

Se.tu.pli.car v.t. **1.** Multiplicar por sete. v.int. e p. **2.** Tornar-se sete vezes maior.

Sé.tu.plo adj. **1.** Que é sete vezes maior. s.m. **2.** Quantidade sete vezes maior que outra.

Seu adj. e pron. **1.** Dele, dela, deles, delas; de vossa excelência; do senhor; de vossa senhoria; de você. s.m. **2.** O que pertence à pessoa ou às pessoas de que se fala.

Seu-vi.zi.nho s.m. O dedo anular. ● Pl.: seus-vizinhos.

Se.van.di.ja s.f. **1.** Nome comum a todos os insetos parasitos e vermes imundos. s.2g. **2.** Pessoa que vive à custa alheia; parasita.

Se.ve.ri.da.de s.f. Qualidade de severo.

Se.ve.ro adj. **1.** Rígido, austero, grave. **2.** Pontual, exato. **3.** Áspero. **4.** FIG Elegante, sóbrio (estilo). **5.** De escrupulosa exatidão.

Se.ví.cia s.f. Sevícias.

Se.xa.ge.ná.rio (cs) adj. e s.m. Que, ou o que tem entre 60 e 69 anos.

Se.xa.gé.si.mo (cs) num. **1.** Ordinal e fracionário correspondente a sessenta. s.m. **2.** A sexagésima parte.

Se.xan.gu.lar (cs) adj.2g. Sexangulado.

Sex-ap.peal (secsapíl) (ing.) Atrativo físico capaz de provocar o desejo sexual.

Se.xê.nio (cs) s.m. Período de seis anos.

Se.xis.mo (cs) s.m. Atitude de discriminação fundamentada no sexo.

Se.xis.ta (cs) adj.2g. **1.** Relativo a sexismo. adj.2g. e s.2g. **2.** Que ou quem tem ideias misóginas ou misândricas e ostenta um comportamento ger. impregnado de sexismo.

Se.xo (cs) s.m. **1.** Conformação característica que distingue o macho da fêmea nos animais e nos vegetais. **2.** Os órgãos sexuais externos. **3.** Sensualidade, volúpia.

Se.xo.lo.gi.a s.f. Ciência que estuda, do ponto de vista biológico, o sexo e a sexualidade dos seres humanos.

Se.xo.lo.gis.ta s.2g. Sexólogo.

Se.xó.lo.go (cs) s.m. O que se dedica à sexologia.

Sex.ta-fei.ra s.f. O sexto dia da semana a contar do domingo. ● Pl.: sextas-feiras.

Sex.tan.te (ês) s.m. Instrumento com que se mede a altura dos astros, especialmente o Sol.

Sex.ta.var (ês) v.t. **1.** Dar seis faces a. **2.** Talhar em forma hexagonal.

Sex.te.to (ês) s.m. **1.** MÚS Composição para seis vozes ou instrumentos. **2.** Conjunto dos músicos que executam essa composição.

Sex.ti.lha (ês) s.f. POÉT Estrofe de seis versos. ● Var.: sextina.

Sex.to (ês) num. **1.** Ordinal e fracionário correspondente a seis. s.m. **2.** A sexta parte.

Sêx.tu.plo num. **1.** Que é seis vezes maior. s.m. **2.** Quantidade seis vezes maior que outra.

Se.xu.a.do (cs) adj. Que tem sexo.

Se.xu.al (cs) adj.2g. **1.** Referente ao sexo; que tem sexo. **2.** Relativo ao coito, à cópula.

Se.xua.li.da.de (cs) s.f. **1.** Qualidade de sexual. **2.** Conjunto dos caracteres especiais do que tem sexo. **3.** Instinto sexual.

Se.xua.lis.mo (cs) s.m. A vida sexual; as funções sexuais.

Se.zão s.f. Acesso de febre intermitente, acompanhada de tremores e calafrios. ● Pl.: sezões.

Shi.at.su (jap.) s.m. Método terapêutico que consiste em pressionar os dedos sobre determinados pontos do corpo.

Shim.my (ing.) s.m. Vibração ou movimento de oscilação lateral, devido a um fenômeno de ressonância, que afeta as rodas motrizes dos veículos automóveis de eixo dianteiro rígido. ● Pl.: shimmies.

Shop.ping cen.ter (xópin cênter) (ing.) s.m. Construção comercial que abriga lojas, cinemas, restaurantes, diversões etc., também chamado centro de compras.

Short (xórt) (ing.) s.m. Espécie de calção usado por homens e mulheres. ● Pl.: shorts.

Show (xou) (ingl.) s.m. Espetáculo de teatro, rádio ou televisão, com um ou vários artistas, constituído de números artísticos variados. ● Pl.: shows.

Si[1] pron. **1.** Ele, quando precedido de preposição. s.m. **2.** Sétima nota da escala musical. **3.** Sinal representativo dessa nota.

SI[2] Sigla de Sistema Internacional de Unidades.

Si.a.mês adj. **1.** Do Sião (hoje Tailândia) ou a ele relativo. **2.** Diz-se dos gêmeos que nascem ligados por uma parte do corpo. s.m. **3.** O natural ou habitante do Sião.

Si.ba.ri.ta adj. e s.2g. **1.** Que vive em prazeres e luxo imoderado. **2.** Voluptuoso, lascivo.

Si.be.ri.a.no adj. **1.** Da, ou relativo à Sibéria (Ásia). s.m. **2.** O natural ou habitante da Sibéria.

Si.bi.la[1] s.f. **1.** Profetisa, entre os antigos. **2.** FAM Bruxa, feiticeira.

Si.bi.lar v.int. **1.** Assobiar, silvar. **2.** Produzir som agudo e prolongado, assoprando. **3.** Assobiar como as cobras.

Si.bi.li.no adj. Misterioso, enigmático, difícil de compreender.

Si.cá.rio s.m. Assassino pago para cometer crimes; malfeitor, facínora.

Si.ci.li.a.no adj. **1.** Da, ou relativo à Sicília (Itália). s.m. **2.** O natural ou habitante da Sicília.

Si.cô.mo.ro s.m. Espécie de figueira das margens do Mediterrâneo.

Si.cra.no s.m. Pessoa indeterminada que se nomeia em terceiro lugar depois de fulano e beltrano.

Si.da MED Síndrome da imunodeficiência adquirida; aids.

Si.de.ral adj. Relativo aos astros.

Si.de.rar v.t. **1.** Aniquilar subitamente as forças vitais, fulminar. **2.** FIG Deixar atônito, atordoado, perplexo.

Si.dé.reo adj. POÉT Sideral.

Si.de.rur.gi.a s.f. QUÍM e MINER Metalurgia do ferro e do aço.

Si.dra s.f. Vinho feito com suco da maçã.

Si.fão s.m. **1.** Tubo recurvado em dois ramos desiguais, com o qual se faz fluir um líquido por cima de uma elevação, por meio da pressão atmosférica, pondo-se o ramo curto dentro do líquido e o outro fora. **2.** MED Tubo semelhante ao descrito acima, usado na drenagem de feridas e na lavagem do estômago. **3.** Tubo recurvado, usado em pias, esgotos etc., para impedir o mau cheiro.

Sí.fi.lis s.f.2n. Doença contagiosa, venérea, cujas lesões são transmissíveis aos descendentes.

Si.gi.lo s.m. **1.** Obrigação de não revelar um segredo; segredo. **2.** Discrição.

S

SET/SIG

SIGLA — SIN-

474

Si.gla *s.f.* **1.** Letras iniciais ou sílabas iniciais de palavras ou expressões, usadas como abreviatura, como em **ABL** (Academia Brasileira de Letras), **FAB** (Força Aérea Brasileira), **OEA** (Organização dos Estados Americanos), **SESI** (Serviço Social da Indústria), **SIDA** ou **sida** (Síndrome da ImunoDeficiência Adquirida) etc. **2.** Monograma.

Sig.moi.dos.co.pi.a *s.f.* Exame endoscópico praticado com um sigmoidoscópio para visualizar as paredes do sigmoide.

Sig.moi.dos.có.pio *s.m.* Instrumento endoscópico dotado de lentes e iluminação us. em exames.

Sig.na.tá.rio *adj.* e *s.m.* Que, ou aquele que assina um documento.

Sig.ni.fi.ca.ção *s.m.* **1.** Significação; acepção, sentido. **2.** O equivalente de uma palavra no mesmo ou em outro idioma; sinônimo. **3.** Valor, importância, alcance. **4.** LING Elemento que representa a ideia ou conteúdo semântico, e se opõe a *significante*.

Sig.ni.fi.can.te *adj.2g.* **1.** Que significa; significativo. *s.m.* **2.** LING Elemento material e visível de um signo linguístico, em oposição a *significado*.

Sig.ni.fi.car *v.t.* **1.** Ter no sentido de. **2.** Exprimir. **3.** Querer dizer. **4.** Ser sinal de. **5.** Denotar. **6.** Dar a entender. **7.** Mostrar. **8.** Ser. **9.** Constituir. **10.** Traduzir-se. **11.** Notificar. **12.** Expressar. **13.** Participar.

Sig.ni.fi.ca.ti.vo *adj.* **1.** Que significa. **2.** Que exprime com clareza. **3.** Que contém revelação interessante; relevante.

Sig.no *s.m.* **1.** Cada uma das doze divisões do Zodíaco. **2.** Constelação correspondente a cada uma dessas divisões. **3.** Sinal, símbolo.

Sig.no de sa.lo.mão *s.m.* Espécie de amuleto constituído por dois triângulos entrelaçados, formando uma estrela de seis pontas. ● *Pl.: signos de salomão.*

Sí.la.ba *s.f.* GRAM Fonema ou grupo de fonemas que se pronunciam por uma só emissão de voz.

Si.la.ba.da *s.f.* Erro de pronúncia ou de deslocação do acento tônico da palavra, como em *intuíto* (em vez de *inTUIto*), *RÉfrega* (em vez de *reFREga*).

Si.la.bar *v.int.* Ler por sílabas.

Si.la.gem *s.f.* Forragem que se tira dos silos, para alimentar os animais.

Si.len.ci.a.dor *adj.* **1.** Que silencia. *s.m.* **2.** Aparelho para silenciar o som.

Si.len.ci.ar *v.int.* **1.** Guardar silêncio. *v.t.* **2.** Calar, omitir, abafar.

Si.lên.cio *s.m.* **1.** Estado de quem se abstém de falar. **2.** Privação ou recusa de falar; mutismo. **3.** Discrição, segredo. *interj.* **4.** Voz para mandar calar. ● *Ant.: barulho.*

Si.len.ci.o.oso (ô) *adj.* **1.** Que não fala. **2.** Em que não há ruído. **3.** Que faz barulho. *s.m.* **4.** Dispositivo para reduzir o ruído de certas máquinas, automóveis etc.

Si.lep.se *s.f.* Figura gramatical em que a concordância se faz, não com a forma expressa na frase, mas com outra oculta, facilmente subentendida.

Sil.fi.de *s.f.* **1.** Feminino de silfo. **2.** POÉT Mulher graciosa e delicada.

Si.lhu.e.ta (ê) *s.f.* Desenho que representa o perfil de uma pessoa, tirado pelo contorno de sua sombra.

Si.lí.ca *s.f.* Composto químico cristalino.

Si.li.ca.to *s.m.* QUÍM Sal formado pela combinação do ácido silícico com uma base.

Si.lí.cio *s.m.* QUÍM Semimetal de símbolo Si e número atômico 14.

Si.lo.ne *s.m.* Composto orgânico do silício, de vários usos.

Si.lo *s.m.* Construção impermeável para conservar produtos da lavoura e forragens verdes.

Si.lo.gis.mo *s.m.* Argumento formado de três proposições, sendo a última delas consequência das duas primeiras.

Si.lu.ri.a.no *adj.* e *s.m.* Diz-se de, ou um período da era primária, situado entre o ordoviciano e o devoniano.

Sil.var *v.t.* e *int.* **1.** Produzir som agudo e prolongado, assoprando, com a boca ou com instrumento. *v.int.* **2.** Soprar, produzindo som agudo; sibilar, assobiar. *v.t.* **3.** Aspirar, produzindo silvo ou

som semelhante. **4.** Proferir, soltar à maneira de silvo ou assobio; emitir, lançar.

Sil.ves.tre *adj.* **1.** Selvagem. **2.** Da, ou próprio da selva. **3.** Bravio.

Sil.ví.co.la *adj.* e *s.2g.* **1.** Diz-se de, ou que nasce ou vive nas selvas. **2.** Selvagem, aborígine.

Sil.vi.cul.tu.ra *s.f.* Estudo e exploração das matas e das florestas.

Sim- *pref.* ⇒ Sin.

Sim *adv.* **1.** Designa *afirmação.* *s.m.* **2.** Resposta afirmativa. **3.** Aprovação, consentimento.

Sim.bi.o.se *s.f.* Vida em comum ou reunião de dois ou mais organismos dessemelhantes.

Sim.bo.lis.mo *s.m.* **1.** Expressão ou interpretação por meio de símbolos. **2.** Escola literária dos fins do século XIX, que sucedeu ao parnasianismo.

Sim.bo.li.zar *v.t.* **1.** Representar por meio de símbolo. **2.** Servir de símbolo a. *v.int.* **3.** Falar ou escrever simbolicamente.

Sím.bo.lo *s.m.* **1.** Qualquer coisa usada para representar outra, especialmente objeto material que serve para representar qualquer coisa imaterial. **2.** Imagem que se emprega como sinal. **3.** Divisão, marca. **4.** Emblema.

Si.me.tri.a *s.f.* **1.** Relação de grandeza e de forma entre as partes e seu todo; harmonia. **2.** Tudo o que observa um certo equilíbrio.

Si.mi.a.no *adj.* Simiesco.

Si.mi.lar *adj.* **1.** Que é da mesma natureza que outro(s). **2.** Análogo, semelhante. *s.m.* **3.** Objeto similar.

Si.mi.le *s.m.* Comparação de coisas semelhantes.

Si.mi.li.tu.de *s.f.* Semelhança, parecença.

Sí.mio *s.m.* Macaco.

Si.mo.ni.a *s.f.* Comércio de coisas sagradas, de benefícios ou dons espirituais.

Sim.pa.ti.a *s.f.* **1.** Inclinação recíproca e instintiva entre duas ou mais pessoas. **2.** Afinidade. **3.** Atração. **4.** Pessoa simpática. **5.** Tendência natural para uma coisa. ● *Ant.: antipatia.*

Sim.pá.ti.co *adj.* **1.** Que inspira simpatia; agradável. **2.** Que provém da simpatia. ● *Ant.: antipático.* ● *Sup.abs.sint.: simpaticíssimo.* *s.m.* **3.** ANAT Sistema nervoso autônomo.

Sim.pa.ti.zan.te *adj.* Que simpatiza.

Sim.pa.ti.zar *v.t.* Ter, sentir simpatia.

Sim.ples *adj.* **1.** Que não tem mistura; puro. **2.** Desataviado; singelo. **3.** FIG Natural. **4.** Que é fácil, evidente. **5.** Sem ornatos; natural. **6.** Mero, vulgar. **7.** Ordinário. **8.** Modesto, que não afeta luxo. *s.2g.* **9.** Pessoa ingênua ou simples. ● *Ant.: composto, complexo.* ● *Sup.abs.sint.: simplicíssimo, simplíssimo.*

Sim.pli.ci.da.de *s.f.* **1.** Qualidade ou natureza de simples. **2.** Singeleza, naturalidade. **3.** Ausência de afetação. **4.** Forma simples e natural de dizer ou escrever. **5.** Ingenuidade, candura. **6.** Sinceridade. **7.** Credulidade excessiva. **8.** Desapego ao luxo. ● *Ant.: complexidade, afetação.*

Sim.pli.fi.car *v.t.* **1.** Tornar elementar. **2.** Tornar fácil ou claro. **3.** Reduzir a termos menores ou mais precisos. **4.** MAT Reduzir (uma expressão) a termos mais simples. ● *Ant.: complicar.*

Sim.plis.mo *s.m.* **1.** Simplificação exagerada na avaliação de situações e na busca de solução para os problemas; superficialismo. **2.** Emprego exagerado de meios simples.

Sim.pló.rio *adj.* **1.** Muito simples. **2.** Crédulo. **3.** Papalvo, meio bobo. ● *Ant.: esperto.*

Sim.pó.sio *s.m.* Reunião, congresso em que se debatem assuntos ligados a um tema fundamental.

Si.mu.la.cro *s.m.* **1.** Imagem, ídolo. **2.** Cópia ou reprodução imperfeita. **3.** Aquilo com que se procura imitar pessoa ou coisa. **4.** Ação simulada. **5.** Disfarce. **6.** Arremedo.

Si.mu.la.do *adj.* Fingido, suposto, falso. ● *Ant.: real.*

Si.mu.lar *v.t.* **1.** Fazer parecer real (o que de si não o é). **2.** Imitar, simular.

Sin- ou **sim-** *pref.* **1.** 'Reunião, ajuntamento, companhia, afinidade': *síntese, sinagoga.* **2.** 'Concomitância': *sinfonia.*

SIMULTÂNEO — SINTECO

Si.mul.tâ.neo *adj.* **1.** Que sucede ou se dá ao mesmo tempo que outra coisa. **2.** Que se aplica a muitos ao mesmo tempo; concomitante.

Si.na *s.f.* **1.** Destino funesto que se tem de cumprir. **2.** Fado, sorte.

Si.na.go.ga *s.f.* Templo judaico.

Si.nal *s.m.* **1.** Coisa que serve de advertência. **2.** Meio de transmitir à distância, mas à vista, ordens ou notícias. **3.** Anúncio, aviso. **4.** Manifestação externa. **5.** Aceno, gesto. **6.** Presságio, indício, prenúncio. **7.** Marca, letreiro, rótulo, firma. **8.** Mancha na pele; cicatriz. **9.** Importância que o comprador dá ao vendedor para garantia de um contrato ou ajuste. **10.** Firma de tabelião ou oficial público. **11.** Toque de campainha, sineta. **12.** Ruído característico: *Este é o sinal de perigo.* **13.** Marca que se faz na orelha, para distinguir o gado de cada fazenda. **14.** Sinaleira, semáforo.

Si.nal da cruz *s.m.* O ato de persignar-se ou benzer-se. • *Pl.*: *sinais da cruz.*

Si.na.lei.ra *s.f.* Aparelho de sinalização automática no trânsito; semáforo.

Si.na.lei.ro *s.m.* **1.** Marinheiro que faz os sinais a bordo. **2.** O que faz sinais nas estações de caminho de ferro etc.; sinaleira.

Si.na.li.zar *v.int.* **1.** Exercer as funções de sinaleiro. *v.t.* **2.** Marcar com sinais. **3.** Pôr sinalização em; assinalar.

Si.na.pis.mo *s.m.* **1.** Cataplasma de farinha de mostarda; emplastro. **2.** Maçada, importunação.

Sin.ce.ri.da.de *s.f.* **1.** Qualidade de sincero. **2.** Lhaneza, franqueza. **3.** Lisura de caráter. • *Ant.*: *hipocrisia, falsidade.*

Sin.ce.ro *adj.* **1.** Que manifesta sem disfarce o que sente. **2.** Simples. **3.** Franco. **4.** Que não tem malícia. **5.** Verdadeiro, autêntico, leal. • *Ant.*: *hipócrita.*

Sín.co.pe *s.f.* **1.** MED Suspensão momentânea da ação do coração. **2.** Desmaio. **3.** GRAM Supressão de uma letra ou sílaba no meio da palavra. **4.** MÚS Ligação da última nota de um compasso com a primeira do seguinte.

Sin.cre.tis.mo *s.m.* Fusão de vários elementos culturais do que resulta um novo elemento com traços de sua origem diversificada.

Sin.cre.ti.zar *v.t.* **1.** Integrar (elementos de diferentes correntes) numa síntese. **2.** Combinar ou tentar combinar (elementos díspares); conciliar ou tentar conciliar (concepções heterogêneas).

Sin.cro.ni.a *s.f.* **1.** Arte de comparar, de conciliar as datas. **2.** Concorrência de fatos num dado tempo.

Sin.cro.ni.zar *v.t.* **1.** Expor, narrar ou descrever de modo sincrônico. **2.** Em linguagem de cinema, ajustar ou alinhar com precisão o som ao movimento.

Sin.dé.ti.co *adj.* **1.** Relativo a síndeto. **2.** Em que ocorre síndeto; em que há conjunção coordenativa.

Sin.di.ca.lis.mo *s.m.* **1.** Teoria das doutrinas acerca de sindicatos. **2.** Doutrina econômica que visa a substituir o capitalismo por uma organização baseada nos sindicatos profissionais agrupados em federações. **3.** Defesa dos sindicatos.

Sin.di.ca.li.zar *v.t.* **1.** Organizar um sindicato. *v.p.* **2.** Reunir-se em sindicato. **3.** Tornar-se membro de sindicato.

Sin.di.cân.cia *s.f.* **1.** Ato ou efeito de sindicar. **2.** Inquérito, devassa (em empresas, órgãos públicos etc.), com o objetivo de descobrir alguma irregularidade.

Sin.di.car *v.t.* **1.** Fazer sindicância em. **2.** Inquirir por ordem superior.

Sin.di.ca.to *s.m.* Associação de uma classe (operários ou patrões) para a defesa de seus interesses.

Sín.di.co *s.m.* **1.** O escolhido para zelar ou defender os interesses de uma associação, de uma classe, de um condomínio. **2.** Mandatário assalariado, do falido e dos credores, para gerir a massa falida. **3.** Aquele que sindica.

Sín.dro.me *s.f.* MED Conjunto de sintomas característicos de uma doença. **2.** Quadro sintomático.

Si.ne.cu.ra *s.f.* Emprego rendoso, de pouco ou nenhum trabalho; benesse.

Si.né.do.que *s.f.* Metonímia.

Si.né.drio *s.m.* Tribunal dos antigos judeus.

Si.nei.ro *s.m.* **1.** Indivíduo que toca os sinos. **2.** Fabricante de sinos. *adj.* **3.** Que tem sino (falando-se de torres).

Si.ner.gi.a *s.f.* FISIOL Esforço simultâneo de vários órgãos ou músculos na realização de uma função. **2.** Ação simultânea. **3.** Associação de vários fatores que contribuem para uma ação coordenada.

Si.ne.ta (ê) *s.f.* Pequeno sino.

Si.ne.te (ê) *s.m.* **1.** Instrumento com assinatura ou divisa gravada em alto ou baixo-relevo, que serve para imprimir no papel, lacre etc. **2.** Monograma, brasão etc. **3.** A gravação desse sinete.

Sin.fo.ni.a *s.f.* Composição musical para orquestra, semelhante à sonata, com vários executantes para cada tipo de instrumento e diversidade de timbres; orquestra.

Sin.ge.lo *adj.* **1.** Simples, modesto, sem luxo. **2.** Sem malícia, ingênuo, inocente, puro. **3.** Desafetado, desataviado de rodeios. • *Ant.*: *afetado.*

Sin.gle (ing.) *s.m.* Disco com uma faixa de cada lado. • *Pl.*: *singles.*

Sin.grar *v.int.* **1.** NÁUT Navegar à vela; velejar. **2.** Atravessar, cruzar. *v.t.* **3.** Percorrer navegando.

Sin.gu.lar *adj.2g.* **1.** Relativo ou pertencente a um só. **2.** Individual, único. **3.** Especial, raro. **4.** Que é original nos atos ou nas palavras. **5.** Excêntrico, esquisito. • *Ant.*: *plural.*

Sin.gu.la.ri.zar *v.t.* **1.** Tornar singular. **2.** Distinguir dos outros. *v.p.* **3.** Distinguir-se, salientar-se.

Si.nhô *s.m.* Senhor, entre os escravos.

Si.nhô-mo.ço *s.m.* Nome que os escravos davam ao filho do sinhô. • *Pl.*: *sinhôs-moços.* • *Fem.*: *sinhá-moça.*

Si.nho.zi.nho *s.m.* O mesmo que sinhô-moço.

Si.nis.tra *s.f.* A mão esquerda. • Opõe-se a *destra.*

Si.nis.trar *v.int.* Sofrer sinistro (um objeto de contrato de seguro).

Si.nis.tro *adj.* **1.** Esquerdo. **2.** Que faz temer desgraças. **3.** Que é mau presságio. **4.** Assustador, pernicioso, malvado. **5.** Ameaçador. *s.m.* **6.** Desastre, ruína. **7.** Dano. **8.** Acontecimento que acarreta grandes perdas materiais.

Si.no *s.m.* Instrumento, geralmente de bronze, em forma de cone invertido, colocado nas torres e campanários, e que emite sons quando percutido por um badalo.

Si.nó.di.co *adj.* **1.** Que emana de um sínodo; sinodal. **2.** Relativo à revolução dos planetas. **3.** *Carta sinódica*, carta escrita, em nome dos concílios, aos bispos ausentes. **4.** *Revolução sinódica*, tempo que um planeta leva para se colocar de novo em conjunção com o Sol. *s.m.* **5.** Compilação das decisões sinodais.

Sí.no.do *s.m.* Assembleia de párocos e de outros padres presidida pelo bispo local.

Si.no.ní.mia *s.f.* **1.** Emprego de sinônimos. **2.** Qualidade do que é sinônimo.

Si.no.ni.mi.zar *v.t.* **1.** Tornar sinônimo. **2.** Dar uma lista de sinônimos de (uma palavra, locução etc.). *v.t.* e *int.* **3.** Definir (uma acepção) apenas com sinônimos.

Si.nô.ni.mo *adj.* e *s.m.* GRAM Diz-se de, ou palavra que tem quase o mesmo sentido que outra.

Si.nop.se *s.f.* Sumário, síntese, resumo.

Sin.tag.ma *s.m.* Combinação de duas formas de unidades linguísticas elementares em que uma, funcionando como determinante, cria um elo de subordinação com outra, dita determinada: sintagma lexical, locucional, nominal, verbal, oracional etc.

Sin.tá.ti.co *adj.* **1.** Relativo ou pertencente à sintaxe. **2.** Conforme às regras da sintaxe.

Sin.ta.xe (cs ou s) *s.f.* Parte da Gramática em que se estudam as regras para a construção e coordenação das frases, disposição das palavras na oração e das orações no período.

Sin.tá.xi.co (cs ou s) *adj.* Sintático.

Sin.te.co *s.m.* Verniz transparente e durável para revestimento de assoalhos.

SÍNTESE — SOBERANA

Sín.te.se *s.f.* **1.** Método que reúne os elementos simples para formar o composto, que parte das causas para as consequências. **2.** Resenha literária ou científica. **3.** Resumo. **4.** Demonstração matemática das proposições pela simples dedução das que já estão provadas. **5.** Organização mental de um sistema. ● *Ant.: análise.*

Sin.té.ti.co *adj.* **1.** Relativo a síntese. **2.** Em que há síntese. **3.** Compendiado, resumido. **4.** Produzido em laboratório, artificial. ● Opõe-se a *natural.*

Sin.te.ti.za.dor *adj.* e *s.m.* Diz-se de, ou o que sintetiza.

Sin.te.ti.zar *v.t.* Tornar sintético; resumir.

Sin.to.ma *s.m.* MED Fenômeno que pode revelar a natureza ou existência de uma doença; indício.

Sin.to.ma.to.lo.gi.a *s.f.* **1.** Parte da Medicina, em que se estudam os sintomas das doenças. **2.** O conjunto desses sintomas.

Sin.to.ni.zar *v.t.* **1.** Colocar em sintonia. **2.** Harmonizar-se.

Si.nu.ca *s.f.* **1.** Espécie de bilhar com muitas bolas de várias cores. **2.** POP Impasse, situação difícil.

Si.nu.o.so (ô) *adj.* **1.** Recurvado em mais de um sentido. **2.** Cheio de curvas; tortuoso. ● *Ant.: direito, reto.*

Si.nu.si.te *s.f.* MED Inflamação das cavidades ósseas ou seios nasais.

Si.o.nis.mo *s.m.* **1.** Estudo de assuntos concernentes a Jerusalém. **2.** Movimento político-social que resultou na fundação de Israel, na Palestina, em 1948.

Si.re.ne ou **si.re.na** *s.f.* Instrumento de som agudo e estridente utilizado para dar alarme, assinalar a proximidade de embarcações marítimas, caracterizar deslocamentos de ambulâncias e viaturas policiais, indicar horários em fábricas, escolas etc.

Si.ri *s.m.* Nome comum a vários crustáceos.

Si.ri.gai.ta *s.f.* **1.** Mulher pretensiosa que se saracoteia muito. **2.** Mulher buliçosa, que encontra resposta para tudo.

Sí.rio *s.m.* **1.** Estrela de primeira grandeza da constelação da Grande Cão. *adj.* **2.** Relativo ou pertencente à Síria (Ásia). *s.m.* **3.** O natural ou habitante da Síria.

Si.ro.co (ô) *s.m.* Vento quente do sueste, que sopra do Saara para o litoral africano, podendo chegar ao Sul da Europa (principalmente Itália e Malta).

Si.sal *s.m.* Planta de que se extrai fibra têxtil; própria fibra.

Sis.mo *s.m.* Denominação científica do terremoto.

Sis.mó.gra.fo *s.m.* Instrumento que registra os sismos ou terremotos.

Si.so *s.m.* **1.** Juízo, bom senso. **2.** Circunspecção, prudência. ● Dente do siso: último dos grandes molares.

Sis.te.ma *s.m.* **1.** Conjunto de partes coordenadas entre si. **2.** Forma de organização econômica, política ou social de um Estado. **3.** Conjunto de práticas capaz de assegurar o funcionamento de alguma coisa. **4.** Modo, maneira, forma. **5.** Coordenação dos princípios ou noções de uma ciência ou arte. **6.** Conjunto de leis. **7.** Ordem, método. **8.** Uso, costume, hábito.

Sis.te.má.ti.ca *s.f.* **1.** Classificação dos seres vivos segundo um sistema (*filo, classe, ordem, família, tribo*). **2.** Taxinomia ou taxiologia.

Sis.te.má.ti.co *adj.* **1.** Que se refere ou é conforme a um sistema. **2.** Metódico, organizado, ordenado. **3.** Pouco acessível; excêntrico, esquisito.

Sis.te.ma.ti.zar *v.t.* **1.** Reduzir vários elementos a um sistema. **2.** Reunir, agrupar num corpo de doutrina.

Sis.tê.mi.co *adj.* **1.** Relativo a sistema ou à sistemática. **2.** Relativo à visão conspectiva, estrutural de um sistema. **3.** Que se refere ou segue um sistema em seu conjunto. **3.1** Disposto de modo ordenado, metódico, coerente. **4.** Que envolve o organismo como um todo ou em grande parte.

Sis.ti.na *adj.* e *s.f.* Diz-se da célebre capela do Vaticano, mandada construir por Sisto IV (1521-1590).

Sís.to.le *s.f.* **1.** Período de contração do coração. **2.** A própria contração.

Si.su.do *adj.* **1.** Que tem (muito) siso. **2.** Sério, circunspecto, austero, prudente. *s.m.* **3.** Aquele que é prudente, sensato.

Si.tar *s.m.* Instrumento hindu semelhante ao alaúde.

Si.ti.an.te *adj.* e *s.2g.* **1.** Que, ou pessoa que sitia ou cerca. **2.** Diz-se de, ou proprietário de sítio ou de pequena lavoura.

Si.ti.ar *v.t.* **1.** Pôr em estado de sítio. **2.** Cercar, assediar.

Si.tio *s.m.* **1.** Terreno descoberto; chão. **2.** Localidade, povoação. **3.** Terreno próprio para quaisquer construções. **4.** Lugar assinalado por algum acontecimento notável. **5.** Pequeno estabelecimento agrícola; pequena roça; moradia rural. **6.** Ato ou efeito de sitiar; assédio. ● Estado de sítio: supressão das leis ordinárias de um país e sua sujeição temporária a um regime militar semelhante ao exercido em praça de guerra.

Si.to *adj.* Situado.

Si.tô.me.tro *s.m.* Aparelho que mede a densidade dos cereais.

Si.tu.a.ção *s.f.* **1.** Ato ou efeito de situar(-se). **2.** Modo, posição. **3.** Disposição recíproca das diferentes partes de um todo. **4.** Estado em que uma coisa ou alguém se acha. **5.** O conjunto das forças políticas e sociais no poder. **6.** Situação financeira. **7.** Vicissitude, ocorrência.

Si.tu.a.cio.nis.mo *s.m.* Posição política dos que estão no poder, no governo.

Si.tu.a.cio.nis.ta *adj.* e *s.m.* Diz-se de, ou pessoa que pertence ao situacionismo. ● *Ant.: oposicionista.*

Si.tu.ar *v.t.* **1.** Colocar ou estabelecer. **2.** Pôr (no espaço ou no tempo). **3.** Dispor geograficamente. **4.** Construir, edificar. *v.pr.* **5.** Colocar-se; encontrar-se.

Skate (skête) (ing.) *s.m.* **1.** Prancha de madeira prensada ou fibra de carbono, montada sobre dois eixos e rodas de poliuretano, sobre a qual o *skatista* se exibe em pistas apropriadas ou nas ruas. **2.** O esporte praticado sobre essa própria prancha.

Slide (slaide) (ing.) *s.m.* Foto positiva copiada numa chapa transparente constituída por um quadro isolado de filme de 35 milímetros, em geral para projeção fixa; diapositivo.

Slo.gan (slôgan) (ing.) *s.m.* **1.** Frase curta que resume as vantagens de uma marca, de um produto etc. **2.** Frase semelhante usada em propaganda política etc.

Smok.ing (smôkin) (ing.) *s.m.* Paletó preto, com lapelas de seda, usado geralmente à noite, em certas cerimônias.

So-, sob-, su-, sub- ou **sus-** *pref.* **1.** 'Posição inferior, inferioridade': *soterrar, sobcapa, subnutrição.* **2.** 'Movimento de baixo para cima': *soerguer, subir, sustentar.*

S.O. Símbolo de *sudoeste* (região).

Só *adj.2g.* **1.** Desacompanhado. **2.** Desamparado, solitário. **3.** Isolado. *adv.* **4.** Somente. *s.m.* **5.** O que vive sem companhia, solitário. ● *Ant.: acompanhado.*

So.a.brir *v.t.* Entreabrir.

So.a.lhar *v.t.* Assoalhar.

So.a.lhei.ra *s.f.* **1.** Grande ardor de sol. **2.** Hora da calma. **3.** Exposição aos raios de sol. **4.** Calor.

So.a.lho *s.m.* Pavimento de madeira; assoalho.

So.an.te *adj.2g.* Que soa, soante.

So.ar *v.int.* **1.** Emitir ou produzir som. **2.** Retumbar, ecoar. **3.** Ser anunciado por um som. **4.** Fazer-se ouvir. **5.** Ser pronunciado. **6.** Divulgar-se, espalhar-se a. **7.** Emitir canto. **8.** Cantar. *v.t.* **9.** Agradar. **10.** Convir. **11.** Tanger, tocar. **12.** Mostrar por meio de sons ou ruídos. **13.** Indicar, dar, bater (horas). **14.** Celebrar, exaltar.

Sob- *pref.* ⇒ So-.

Sob *prep.* **1.** Debaixo de. **2.** No tempo ou no governo de.

So.ba *s.m.* Chefe de tribo africana.

So.be.jar *v.int.* e *t.* **1.** Sobrar, estar em demasia. **2.** Ser excessivo. *v.p.* **3.** Ter de sobejo; suprir-se.

So.be.jo (ê) *adj.* **1.** Que sobeja. **2.** Demasiado, excessivo. **3.** Imenso, enorme. **4.** Extraordinário. **5.** Intenso. *adv.* **6.** Em demasia. *s.m.* **7.** Resto, sobra.

So.be.ra.na *s.f.* Mulher que exerce o poder soberano numa monarquia; rainha.

SOBERANO — SOCIEDADE

So.be.ra.no *adj.* 1. Que detém poder ou autoridade. 2. Supremo, absoluto. 3. FIG Arrogante, altivo. 4. Notável. 5. Aquele que governa um Estado como chefe supremo. 6. Rei, imperador.

So.ber.ba (ê) *s.f.* 1. Manifestação ridícula e arrogante de orgulho. 2. Orgulho excessivo e ridículo; arrogância, altivez. • *Ant.: humildade.*

So.ber.bo (ê) *adj.* 1. Arrogante, orgulhoso. 2. Presunçoso, vaidoso. 3. Altivo. 4. Belo, magnífico: Era um animal soberbo. 5. Sublime. • *Sup.abs.sint.: soberbíssimo ou superbíssimo. s.m.* 6. Indivíduo soberbo, arrogante. • *Ant.: humilde.*

So.bra *s.f.* 1. Ato ou fato de sobrar. 2. Demasia, excesso. 3. Resto, sobejo. • *Ant.: falta.*

So.bra.çar *v.t.* 1. Meter sob o braço. 2. Segurar com o braço.

So.bra.do *adj.* 1. Que sobrou. 2. Demasiado, saciado, farto. *s.m.* 3. Casa de dois ou mais pavimentos.

So.bran.cei.ro *adj.* 1. Que ocupa lugar superior. 2. Que olha do alto. 3. FIG Orgulhoso, arrogante.

So.bran.ce.lha (ê) *s.f.* Pelos que se arqueiam por cima dos olhos.

So.brar *v.t.* e *int.* 1. Ter ou haver em excesso. 2. Sobejar; exceder. 3. Ser esquecido, ficar relegado. • *Ant.: faltar.*

So.bre- ou **su.per-** *pref.* 1. 'Posição superior': sobreface, supercílio. 2. 'Excesso': sobrepeso, superocupado.

So.bre (ô) *prep.* 1. Na parte superior de; em cima ou para cima; acima; próximo; atrás; além; em consequência; a respeito. 2. A troco de; com a garantia de. 3. *pref.* que significa *em cima, além, super.* • *Ant.: sob.*

So.bre.a.vi.so *s.m.* Precaução, cautela.

So.bre.ca.pa *s.f.* Cobertura de papel com que se reveste a capa de um livro.

So.bre.car.ga *s.f.* 1. Carga excessiva ou demasiada. 2. FIG Ônus; encargo excessivo.

So.bre.car.re.gar *v.t.* 1. Carregar em demasia. 2. Vexar, oprimir. 3. Aumentar encargos a.

So.bre.car.ta *s.f.* Envelope.

So.bre.ca.sa.ca *s.f.* Casaco masculino largo e comprido abotoado até a cintura.

So.bre.ce.nho *s.m.* Semblante carregado.

So.bre.céu *s.m.* Coberta suspensa sobre altar, leito ou pavilhão; dossel.

So.bre.co.xa (ô) *s.f.* POP Denominação popular do que é, anatomicamente, a coxa das aves.

So.bre-hu.ma.no *adj.* Superior às forças humanas ou à natureza do homem. • *Pl.: sobre-humanos.*

So.bre.ja.cen.te *adj.2g.* Que está ou jaz por cima.

So.bre.le.var *v.t.* 1. Exceder em altura. 2. Suplantar. 3. Dominar, vencer. 4. Elevar, levantar. 5. Sofrer, suportar. 6. Levar vantagem. *v.p.* 7. Sobressair, distinguir-se.

So.bre.lo.ja *s.f.* Pavimento de um prédio, entre a loja (térreo) e o primeiro andar.

So.bre.ma.nei.ra *adv.* 1. Além da conta ou maneira. 2. Excessivamente; muito.

So.bre.me.sa (ê) *s.f.* Iguaria delicada e leve (doce, fruta etc.), que se come após o almoço ou o jantar.

So.bre.mo.do *adv.* Sobremaneira.

So.bre.na.dar *v.int.* 1. Nadar à superfície. 2. Ficar em suspensão no meio líquido; boiar.

So.bre.na.tu.ral *adj.* 1. Superior ao que é natural. *s.m.* 2. Extraordinário. 3. O que está fora do natural ou das leis naturais.

So.bre.no.me *s.m.* Nome que segue ao primeiro, geralmente nome de família.

So.bre.pa.ga *s.f.* Aquilo que se paga além do combinado; gratificação.

So.bre.pe.liz *s.f.* Espécie de mantelete branco, com ou sem mangas, que os clérigos usam sobre a batina.

So.bre.por (ô) *v.t.* 1. Pôr em cima ou por cima. 2. Acrescentar, juntar. 3. Ter em mais alta conta. 4. Antepor. 5. Sobrevir.

So.bre.pu.jar *v.t.* 1. Exceder (em altura, qualidade etc.). 2. Superar; passar por cima. 3. Avantajar-se. 4. Vencer, dominar. 5. Levar vantagem.

So.brer.res.tar *v.int.* e *t.* Restar depois de outro; remanescente; sobreviver.

So.bres.cre.ver *v.t.* Sobrescritar.

So.bres.cri.tar *v.t.* 1. Fazer o sobrescrito; endereçar.

So.bres.sa.ir *v.int.* 1. Ser ou estar saliente. 2. Ressaltar, dar na vista. 3. Atrair a atenção. 4. Avultar. 5. Tornar-se visível. 6. Distinguir-se. 7. Sobrepor-se.

So.bres.sa.len.te *adj.2g.* 1. Que sobressai. 2. Que supre falta. *s.m.* 3. Aquilo que serve de reserva. • *Var.: sobresselente.*

So.bres.sal.tar *v.t.* 1. Tomar de assalto. 2. Surpreender. 3. Assustar, atemorizar. *v.p.* 4. Assustar-se. 5. Ficar apreensivo.

So.bres.sal.to *s.m.* 1. Ato ou efeito de sobressaltar. 2. Acontecimento imprevisto; surpresa. 3. Comoção súbita e violenta. 4. Susto. 5. Inquietação.

So.bres.se.len.te *adj.2g.* e *s.m.* Que, ou aquilo que sobressai.

So.bres.tar *v.int.* 1. Não prosseguir. 2. Não se mover. 3. Parar, deter-se.

So.bre.ta.xa *s.f.* 1. Quantia que se acresce à taxa comum. 2. Acréscimo.

So.bre.tu.do *s.m.* 1. Casaco, geralmente comprido, próprio para resguardo do frio ou chuva. *adv.* 2. Acima de tudo; principalmente.

So.bre.vi.da *s.f.* 1. Estado do que sobrevive. 2. Vida futura.

So.bre.vir *v.int.* 1. Vir sobre alguma coisa. 2. Vir ou acontecer em seguida ou depois. 3. Chegar ou suceder inesperadamente. *v.t.* 4. Acontecer, ocorrer depois de outra coisa.

So.bre.vi.ver *v.int.* 1. Continuar a existir depois de outra pessoa ou de outra coisa. *v.t.* 2. Escapar. 3. Enfrentar. 4. Atravessar.

So.bre.vo.ar *v.t.* Voar por cima de.

So.bri.nho *s.m.* Filho de irmão ou de irmã.

Só.brio *adj.* 1. Moderado no uso de bebidas alcoólicas. 2. Moderado no comer. 3. Moderado, discreto, comedido. 4. Simples, sem luxo.

So.ca *s.f.* 1. Nome vulgar do rizoma. 2. A segunda produção de cana, fumo, arroz etc.

So.çai.te *s.m.* A alta classe social, rica e de bom-gosto.

So.ca.pa *s.f.* Disfarce. • *À socapa ou socapa*: furtivamente.

So.car *v.t.* 1. Dar socos. 2. Sovar. 3. Contundir. 4. Amassar muito. 5. Pisar no pilão. 6. Esmurrar-se. 7. Colocar pólvora. 8. Calcar com o soquete.

So.ca.var *v.t.* Escavar por baixo; solapar.

So.ci.al *adj.2g.* 1. Relativo à sociedade. 2. Que vive em sociedade. 3. Urbano, cortês. • *Social Democracia*: corrente política socialista que defende mudanças na sociedade capitalista por meio de reformas graduais, respeitando a Constituição e a democracia.

So.cia.lis.mo *s.m.* Sistema econômico e político daqueles que pretendem reformar a sociedade pela incorporação dos meios de produção na comunidade, pelo retorno dos bens e propriedades particulares à coletividade, e pela repartição, entre todos, do trabalho comum e dos objetos de consumo.

So.cia.lis.ta *adj.2g.* 1. Relativo ou pertencente a socialismo. *s.2g.* 2. Pessoa sectária do socialismo.

So.cia.li.zar *v.t.* 1. Tornar social. 2. Reunir em sociedade. 3. Colocar sob regime de associação. *v.p.* 4. Tornar-se social.

So.ci.á.vel *adj.2g.* 1. Que se pode associar. 2. Próprio para viver em sociedade. 3. Tendente à vida social. 4. FIG Polido, urbano, cortês. • *Ant.: insociável.*

So.ci.e.co.nô.mi.co *adj.* ⇒ Socioeconômico

So.cie.da.de *s.f.* 1. Reunião de pessoas que têm a mesma origem, os mesmos usos e as mesmas leis. 2. Estado social. 3. Corpo social. 4. Agremiação, associação. 5. Parceria, companhia. 6. Companhia de pessoas que se juntam para viver segundo as regras de um instituto ou ordem religiosa. 7. Casa em que se reúnem os membros de qualquer agremiação. 8. União de pessoas ligadas por ideias ou interesses comuns.

SOB / SOC

SOCIETÁRIO — SOLETRAR

So.cie.tá.rio *adj.* **1.** Que é membro de uma sociedade. **2.** Diz-se de animal que vive em sociedade. *s.m.* **3.** O membro de uma sociedade.

Só.ci.o *s.m.* **1.** Membro de uma sociedade. **2.** Associado com outrem numa empresa. **3.** Parceiro, companheiro. **4.** Cúmplice. **5.** Associado.

So.ci.o.bi.o.lo.gi.a *s.f.* Biossociologia.

So.ci.o.e.co.nô.mi.co *adj.* Que envolve condições, elementos, circunstâncias, fatores sociais e econômicos.

So.ci.o.lo.gi.a *s.f.* Ciência que tem por objeto o estudo das sociedades humanas em geral e de todos os fenômenos sociais.

So.co (sô) *s.m.* **1.** Pancada com a mão fechada; murro. **2.** Mossa que um pião faz em outro.

So.có *s.m.* Nome de várias aves ciconiiformes.

So.ço.brar *v.t.* **1.** Revolver de baixo para cima e vice-versa. **2.** Subverter. **3.** Afundar, fazer naufragar. **4.** Perturbar, agitar. **5.** Perder. *v.int.* **6.** Afundar-se, naufragar-se. **7.** Aniquilar-se, reduzir-se a nada.

So.co-in.glês *s.m.* Peça de metal adaptável à mão, com cinco orifícios para receber os dedos, destinada a dar ao soco maior impacto e violência. ● *Pl.:* socos-ingleses.

So.cor.rer *v.t.* **1.** Defender, proteger. **2.** Auxiliar. **3.** Esmolar. **4.** Prestar socorro, auxílio. *v.p.* **5.** Procurar auxílio. **6.** Valer-se de.

So.cor.ris.mo *s.m.* Conjunto de meios, práticas e terapêuticas simples destinadas a levar ajuda a pessoas em perigo e ministrar-lhes os primeiros socorros.

So.cor.ro (cô) *s.m.* **1.** Ato ou efeito de socorrer. **2.** Auxílio, benefício, ajuda ou assistência a alguém que se acha em situação de perigo, desamparo, doença etc. **3.** Aquilo que se dá para auxiliar ou socorrer alguém; ajuda, esmola, auxílio. **4.** Reforço de tropas, de navios de guerra, de munições etc. **5.** Carro-guincho. *interj.* **6.** Serve para pedir auxílio ou proteção.

So.crá.ti.co *adj.* Pertencente ou relativo ao filósofo grego Sócrates ou a sua doutrina.

So.da *s.f.* **1.** Carbonato de sódio, sal branco facilmente solúvel em água. **2.** Bebida refrigerante preparada com água saturada de ácido carbônico.

Só.dio *s.m.* QUÍM Corpo metálico, de que a soda é o óxido (símbolo Na, peso atômico 22,997).

So.do.mi.a *s.f.* Coito anal; pederastia.

So.do.mi.zar *v.t.* Praticar a sodomia (com alguém).

So.er *v.int.* Costumar, ter por hábito.

So.er.guer *v.t.* **1.** Erguer um pouco; solevar. **2.** Levantar com um pouco. **3.** Erguer-se a custo.

So.ez (ê) *adj.2g.* **1.** Vil, torpe, reles. **2.** Ordinário, vulgar.

So.fá *s.m.* Móvel estofado para duas ou mais pessoas.

So.fá-ca.ma *s.m.* Sofá dobradiço que serve de sofá e de cama. ● *Pl.:* sofás-camas.

So.fis.ma *s.m.* Argumento falso ou raciocínio defeituoso, intencionalmente feito para enganar.

So.fis.mar *v.t.* **1.** Enganar através de sofismas. **2.** Encobrir com falsas razões. **3.** Dar aparência de verdade a coisas falsas. *v.int.* **4.** Raciocinar através de sofismas.

So.fis.ti.ca.ção *s.f.* **1.** Ato ou efeito de fraudar, enganar; falsificação, fraude. **2.** A coisa ou substância falsificada. **3.** Excessiva sutileza. **4.** Característica que é sofisticado. **4.1** Extremo requinte e finura. **4.2** Grande cultura, conhecimento e competência num determinado campo do saber ou do fazer; profundidade, sapiência. ● *Pl.:* sofisticações.

So.fis.ti.car *v.t.* **1.** Alterar, falsificar. **2.** Tratar com sutileza. **3.** Tornar requintado. *v.int.* **4.** Fazer sofisma.

So.fre.ar *v.t.* **1.** Puxar pelas rédeas. *v.t.* e *p.* **2.** Refrear(-se), reprimir(-se), conter(-se).

Sô.fre.go *adj.* **1.** Apressado em comer ou beber. **2.** Ávido, impaciente, ansioso.

So.fre.gui.dão *s.f.* **1.** Ato, modos ou qualidade de sôfrego. **2.** Impaciência, pressa. **3.** Ambição. **4.** Avidez, cobiça, desejo.

So.frer *v.t.* **1.** Suportar, tolerar. **2.** Admitir, permitir. *v.int.* **3.** Sentir dor física ou moral. **4.** Experimentar prejuízos. **5.** Decair. **6.** Padecer com paciência. **7.** Ter dores; padecer.

So.frí.vel *adj.2g.* **1.** Que pode sofrer. **2.** Razoável. **3.** Acima de medíocre; quase suficiente. **4.** Tolerável, admissível.

Soft.ware (softuér) (ing.) *s.m.* **1.** Conjunto de programas, procedimentos, regras, utilizados na operação de processamento de dados. **2.** Conjunto de recursos humanos e lógicos com os quais se explora um equipamento ou sistema. ● *Pl.:* softwares.

So.ga *s.f.* **1.** Corda grossa. **2.** Tira de couro pela qual o boi é puxado ou guiado.

So.gro (ô) *s.m.* Pai de um dos cônjuges em relação ao outro. ● *Pl.:* sogros (ô). ● *Fem.:* sogra (ó).

Soi.rée (suaré) (fr.) *s.f.* Reunião social, ou de outro tipo, que ocorre à noite.

So.ja *s.f.* **1.** BOT Planta leguminosa, espécie de feijão, de grande importância econômica em vários países, inclusive o Brasil, e de cuja semente se faz um óleo comestível de largo uso culinário. **2.** Essa semente.

Sol[1] *s.m.* **1.** O astro central do nosso sistema planetário (neste caso escreve-se com *S* maiúsculo). **2.** Estrela. **3.** O calor e a luz transmitidos pelo Sol. **4.** O dia. **5.** Grande resplendor. **6.** Grande talento; gênio. **7.** A quinta nota da escala musical. **8.** Certo peixe. **9.** Padrão monetário do Peru. ● *Pl.:* sóis.

Sol[2] *s.m.* **1.** MÚS Quinta nota da escala musical. **2.** Sinal representativo dessa nota.

So.la *s.f.* **1.** Couro curtido, próprio para calçado e outros artefatos. **2.** Parte do calçado que assenta no chão. **3.** Cabeçalho com que se puxa a grade ou a charrua. **4.** Espécie de beiju de tapioca. **5.** FIG A planta do pé. ● Opõe-se ao *peito* do pé.

So.la.do *adj.* **1.** Que foi ligado com solda. **2.** Ajustado, unido. *s.m.* **3.** A sola do sapato.

So.la.par *v.t.* **1.** Formar lapa. **2.** Escavar. **3.** Minar, aluir. **4.** Abalar. **5.** Ocultar, disfarçar. *v.p.* **6.** Proteger-se, ocultar-se.

So.lar[1] *s.m.* **1.** Herdade ou morada de família nobre e antiga. *adj.2g.* **2.** Relativo ao sol; do sol.

So.lar[2] *v.t.* **1.** Pôr sola em (calçados). **2.** Tornar duro como sola (bolos etc.). *v.int.* **3.** MÚS Tocar ou cantar um solo.

So.lá.rio *s.m.* **1.** Relógio de sol, usado pelos romanos. **2.** Varanda ou eirado para banhos de sol.

So.la.van.co *s.m.* Balanço violento (de um veículo).

Sol.da *s.f.* Substância metálica e fusível, própria para soldar.

Sol.da.da *s.f.* **1.** Quantia com que se paga o serviço de criado, operário etc. **2.** Salário, prêmio.

Sol.da.des.ca (ê) *s.f.* **1.** A classe militar. **2.** Grupo de soldados indisciplinados.

Sol.da.do *adj.* **1.** Que foi ligado com solda. **2.** Ligado, preso, colado. *s.m.* **3.** Homem alistado nas forças armadas, no posto mais baixo da hierarquia militar. ● *Fem.:* soldada. **4.** Partidário, defensor, adepto.

Sol.dar *v.t.* **1.** Unir ou pegar por solda. **2.** Ligar, unir. **3.** Prender. *v.int.* e *p.* **4.** Unir-se, colar-se.

Sol.do (ô) *s.m.* **1.** Vencimento de militares; salário. **2.** Pequena moeda francesa.

So.le.cis.mo *s.m.* GRAM Erro de sintaxe, concordância, regência ou colocação.

So.le.da.de *s.f.* **1.** Solidão. **2.** Tristeza de quem está só. **3.** Lugar ermo.

So.lei.ra *s.f.* Parte inferior do vão da porta.

So.le.ne *adj.2g.* **1.** Que se celebra todos os anos com cerimônias públicas. **2.** Pomposo, imponente, grave, majestoso, enfático.

So.le.ni.da.de *s.f.* **1.** Qualidade de solene. **2.** Ato solene. **3.** Conjunto de formalidades de certos atos. **4.** FAM Arrogância, ênfase.

So.le.ni.zar *v.t.* **1.** Celebrar com solenidade. **2.** Conferir pompa. **3.** Tornar solene.

So.ler.te *adj.2g.* Astuto, sagaz, manhoso.

So.le.trar *v.t.* e *iyt.* **1.** Ler, pronunciando em separado as letras e juntando estas em sílabas. **2.** Ler mal ou por partes.

SOLFEJAR — SONATA

Sol.fe.jar *v.t.* e *int.* Ler ou entoar os nomes das notas de uma peça musical.

Sol.fe.ri.no *s.m.* A cor vermelho-arroxeada.

So.li.ci.tar *v.t.* **1.** Pedir. **2.** Procurar, buscar. **3.** Pedir com instância. **4.** Requerer. **5.** Convidar, requestar. **6.** Promover como solicitador. **7.** FIG Atrair, chamar, induzir. **8.** Arrastar. *v.int.* **9.** Fazer requerimentos perante a Justiça. *v.p.* **10.** Inquietar-se; apoquentar-se.

So.lí.ci.to *adj.* **1.** Diligente, ativo. **2.** Prestimoso, zeloso.

So.li.ci.tu.de *s.f.* **1.** Qualidade de solícito. **2.** Cuidado, diligência.

So.li.dão *s.f.* **1.** Estado do que se acha só. **2.** Lugar afastado, ermo, solitário.

So.li.da.ri.e.da.de *s.f.* **1.** Qualidade de solidário. **2.** Sentimento que leva os homens a se ajudarem mutuamente. **3.** Relação mútua entre coisas interligadas.

So.li.dá.rio *adj.* **1.** Que está numa relação de auxílio mútuo. **2.** Que faz cada um de muitos devedores obrigado ao pagamento total da dívida. **3.** Que dá a qualquer de vários credores o direito de receber a totalidade da dívida.

So.li.da.ri.zar *v.t.* e *p.* **1.** Tornar(-se) solidário. **2.** Oferecer apoio; apoiar.

So.li.déu *s.m.* **1.** Pequeno barrete com que os padres cobrem a coroa ou pouco mais. **2.** Pequeno barrete usado por pessoas calvas.

So.li.dez (ê) *s.f.* **1.** Qualidade ou estado de sólido; resistência. **2.** Consistência, durabilidade. **3.** Fundamento. **4.** Segurança, firmeza. ● *Ant.: fragilidade.*

So.li.di.fi.ca.ção *s.f.* **1.** Passagem do estado líquido para o sólido. **2.** Passagem de um estado de instabilidade e insegurança a um estado estável; estabilização, consolidação.

So.li.di.fi.car *v.t.* **1.** Tornar sólido. **2.** Robustecer. **3.** Tornar estável ou firme. **4.** Congelar (a água). *v.p.* **5.** Tornar-se sólido, resistente ou estável. **6.** Congelar-se (a água). ● *Ant.: liquidificar.*

Só.li.do *adj.* **1.** Que tem consistência. **2.** Compacto, maciço. **3.** Rígido, durável, resistente. **4.** Cheio, maciço. **5.** FIG Firme, seguro. *s.m.* **6.** O que tem consistência. **7.** Corpo em que os elementos componentes aderem, tornando difícil a separação. **8.** Aquilo que tem comprimento, largura e altura. ● *Ant.: líquido; frágil.*

So.li.ló.quio *s.m.* Fala de um indivíduo consigo mesmo.

So.lis.ta *s.2g.* **1.** MÚS Pessoa que executa um solo. **2.** Músico perito em solos.

So.li.tá.ria *s.f.* **1.** Verme intestinal, também chamado *tênia*. **2.** Colar para adorno, cuja forma lembra os anéis da tênia. **3.** Célula de penitenciária onde se isola o sentenciado considerado perigoso.

So.li.tá.rio *adj.* **1.** Só. **2.** Que foge da convivência. **3.** Que vive longe ou em lugar despovoado, distante de todos. *s.m.* **4.** Aquele que vive na solidão. **5.** Monge. **6.** Joia em que é engastada uma só pedra preciosa. **7.** Pequeno vaso estreito e alto para uma só flor.

So.li.tu.de *s.m.* Solidão.

So.lo *s.m.* **1.** Porção da superfície da terra. **2.** Terreno, chão, terra. **3.** Pavimento. **4.** Trecho musical executado por uma só pessoa. **5.** Jogo de cartas.

Sols.tí.cio *s.m.* Época do ano em que o Sol se acha em um dos trópicos e parece estacionário durante dias.

Sol.ta (ô) *s.f.* **1.** Ato ou efeito de soltar(-se). **2.** Pastagem onde o gado se recupera.

Sol.tar *v.t.* **1.** Desatar, desprender. **2.** Tornar livre. **3.** Dar liberdade. **4.** Tornar bambo, afrouxar. **5.** Emitir. **6.** Deixar escapar. **7.** Explicar. **8.** Desfazer. **9.** Exalar, desprender. **10.** Desobrigar de compromisso. **11.** Arremessar, atirar, lançar. **12.** Largar da mão, deixar cair. **13.** Desmanchar. **14.** Dar. **15.** Explicar, dizer, proferir. *v.int.* **16.** Sair, pôr-se a caminho. *v.p.* **17.** Desatar-se, desligar-se. **18.** Pôr-se em liberdade; desprender-se. **19.** Correr livremente.

Sol.tei.rão *adj.* e *s.m.* Diz-se de, ou homem que, sendo de meia-idade, continua solteiro. ● *Fem.: solteirona* ● *Pl.: solteirões.*

Sol.tei.ro *adj.* e *s.m.* Diz-se de, ou homem que ainda não casou.

So.lu.bi.li.zar *v.t.* Tornar solúvel.

So.lu.ção *s.f.* **1.** Ato ou efeito de solucionar, de resolver; decisão, resolução. **2.** Desfecho, termo, fim, conclusão. **3.** Explicação. **4.** Líquido em que se dissolvem outras substâncias. **5.** Interrupção, falha.

So.lu.çar *v.int.* **1.** Dar soluços. **2.** Chorar com suspiros. *s.m.* **3.** Choro suspirado; soluço.

So.lu.cio.nar *v.t.* **1.** Dar solução a. **2.** Decidir, resolver.

So.lu.ço *s.m.* **1.** Solução espasmódica do diafragma, seguida de distensão ou relaxamento, pela qual o pouco ar que entrou no peito é expulso com ruído. **2.** O arfar do navio ou das ondas. **3.** FIG Grande ruído. **4.** Suspiro ruidoso.

So.lu.to *s.m.* **1.** Numa solução, a substância dissolvida ◆ Cf. *solvente.* **2.** Que se dissolve. *adj.* **3.** Solto, sem vínculos. **4.** Sem ritmo, rima ou harmonia poética (diz-se de texto); em prosa.

So.lú.vel *adj.2g.* Que se pode resolver ou dissolver.

Sol.vá.vel *adj.2g.* Que se pode pagar.

Sol.ven.te *adj.2g.* Que pode solver. *s.m.* Substância química que dissolve tintas, vernizes etc.

Sol.ver *v.t.* **1.** Resolver, solucionar. **2.** Pagar, quitar. **3.** Separar, desatar. **4.** Dissolver.

Som *s.m.* **1.** Efeito produzido no órgão da audição pelas vibrações dos corpos sonoros. **2.** Aquilo que impressiona ao ouvido; ruído. **3.** Emissão de voz. **4.** FÍS Resultado do movimento vibratório produzido por um corpo e transmitido por uma série contínua de meios elásticos.

So.ma *s.f.* **1.** Adição. **2.** Resultado de várias quantidades somadas. **3.** FIG Resumo, síntese. **4.** Grande porção. **5.** Certa quantidade de dinheiro.

So.mar *v.t.* **1.** Fazer a soma de. *somar as parcelas.* **2.** Importar em, ser equivalente a: *somam dez ao todo.* *v.p.* **3.** Resumir-se, cifrar-se: *soma-se em duas palavras.*

So.má.ti.co *adj.* Relativo ao corpo humano.

So.ma.ti.zar *v.t.* Manifestar-se um conflito psíquico numa afecção somática.

So.ma.tó.rio *s.m.* **1.** Soma geral; totalidade. *adj.* **2.** Indicativo de uma soma.

Som.bra *s.f.* **1.** Espaço privado de luz ou tornado menos claro, pela interposição de um corpo opaco. **2.** Noite, escuridão. **3.** Nódoa, defeito, mácula. **4.** Parte escura de um quadro ou desenho. **5.** Espectro, visão. **6.** Alma, espírito. **7.** Capanga. **8.** Noções rudimentares. **9.** Pessoa que segue outra insistentemente. **10.** Pessoa muito magra. **11.** Proteção. **12.** Disfarce, simulação. **13.** Ligeira aparência, vestígio. **14.** O que perdeu o brilho, o poder. **15.** Solidão. **16.** Mistério, segredo. **17.** Semblante.

Som.bre.ar *v.t.* **1.** Dar sombra a. **2.** Cobrir com sombra. **3.** Macular, manchar. **4.** Desgostar. *v.int.* **5.** Dar sombreado a uma tela ou desenho.

Som.brei.ro *s.m.* **1.** Aquilo que dá sombra. **2.** Chapéu de aba larga.

Som.bri.nha *s.f.* Pequeno guarda-sol de senhoras.

Som.bri.o *adj.* **1.** Em que há sombra. **2.** Que não é exposto ao sol. **3.** Escuro. **4.** FIG Triste, desagradável. **5.** Fúnebre. **6.** Severo, carregado. **7.** Que tem pouca luz. **8.** Pouco promissor. ● *Ant.: claro; alegre.* *s.m.* **9.** Lugar sombrio. **10.** Certa ave brasileira.

So.me.nos *adj.2n.* **1.** Sem importância; inferior. **2.** Ordinário, reles, irrelevante.

So.men.te *adv.* Só, apenas, unicamente.

So.mí.ti.co *adj.* Avarento, sovina. ● *Ant.: liberal.*

So.nâm.bu.lo *adj.* e *s.m.* Diz-se de, ou aquele que, dormindo, fala, anda e executa certos movimentos como se estivesse acordado.

So.nan.te *adj.2g.* Que soa; sonoro. ◆ *Var.: soante.*

So.nar *s.m.* **1.** Aparelho de detecção, escuta e comunicação submarina parecido com o radar. **2.** Equipamento que encontra objetos e calcula distâncias no fundo do mar por meio da emissão de sinais sônicos ou ultrassônicos e da recepção dos respectivos sons (ecos).

So.na.ta *s.f.* Peça musical, para instrumento, composta de partes de caráter e andamento diferentes.

SONDA — SORTEAR

Son.da *s.f.* **1.** Espécie de prumo com que se examina a fundura das águas, a natureza dos terrenos minerais ou destinados a construções. **2.** MED Instrumento que se introduz na cavidade de alguns órgãos com variados objetivos ligados a seu tratamento, ou serve para verificar o estado de feridas. **3.** FIG Meio de investigação, indagação, pesquisa. **4.** Efeito de sondagem.

Son.dar *v.t.* **1.** Examinar ou explorar com sonda. **2.** Avaliar, investigar. **3.** Inquirir cautelosamente.

So.ne.ca *s.f.* **1.** Sonolência. **2.** Sono rápido.

So.ne.ga.dor *adj.* e *s.m.* Que, ou aquele que sonega.

So.ne.gar *v.t.* **1.** Omitir, ocultar. **2.** Deixar de descrever ou mencionar (quando a lei o exige). **3.** Deixar de pagar. **4.** Ocultar fraudulentamente; furtar. **5.** Tirar às ocultas. **6.** Eximir-se ao cumprimento de uma ordem.

So.nei.ra *s.f.* Sonolência.

So.ne.tis.ta *adj.* e *s.2g.* Diz-se de, ou poeta que faz sonetos.

So.ne.to (ê) *s.m.* Composição poética de catorze versos, dispostos em dois quartetos e dois tercetos.

Son.ga.mon.ga *s.2g.* **1.** Pessoa sonsa, disfarçada. **2.** Indivíduo moleirão, molenga.

So.nha.dor *adj.* e *s.m.* **1.** Que, ou aquele que sonha. **2.** Diz-se de, ou pessoa que alimenta seu espírito de fantasias. **3.** Devaneador, utopista. *adj.* **4.** Distraído, desligado.

So.nhar *v.int.* **1.** Ter sonhos. **2.** Entregar-se a fantasias e devaneios. *v.t.* **3.** Pensar com insistência. **4.** Ver, imaginar em sonhos. **5.** Imaginar, prever. **6.** Desejar, almejar.

So.nho *s.m.* **1.** Conjunto de imagens que se apresentam ao espírito durante o sono. **2.** Visão. **3.** Devaneio, fantasia, ilusão. **4.** Ficção, utopia. **5.** Coisa fútil e transitória. **6.** Aspiração, vivo desejo. **7.** CUL Bolinho de farinha e ovos, frito em azeite ou manteiga recheado e polvilhados com açúcar.

Sô.ni.co *adj.* **1.** Do som. **2.** Relativo à velocidade do som.

So.ni.do *s.m.* Som, rumor, estrondo.

So.ní.fe.ro *adj.* e *s.m.* Que, ou substância que provoca sono.

So.no *s.m.* **1.** Completo adormecimento dos sentidos. **2.** Repouso dos órgãos dos sentidos e do movimento, durante o qual o corpo recupera suas forças. **3.** Vontade ou necessidade de dormir. **4.** Estado de quem dorme. **5.** FIG Inércia preguiça.

So.nó.gra.fo *s.m.* Aparelho que permite fazer sonogramas.

So.no.gra.ma *s.m.* Gráfico que representa os componentes acústicos (duração, frequência, intensidade) da voz.

So.no.lên.cia *s.f.* **1.** Sono imperfeito. **2.** Estado entre o sono e o despertar; modorra. **3.** FIG Inércia.

So.no.len.to *adj.* **1.** Que tem sonolência. **2.** Que causa sono. **3.** FIG Lento, vagaroso.

So.no.plas.ta *s.2g.* Pessoa encarregada da sonoplastia.

So.no.plas.ti.a *s.f.* Reconstituição artificial de sons e ruídos no teatro, rádio, cinema e televisão, a fim de dar mais realismo e vivacidade à cena.

So.no.ri.za.ção *s.f.* Ato ou efeito de sonorizar.

So.no.ri.za.dor *adj.* **1.** Que sonoriza. *s.m.* **2.** O que produz sonorização. **3.** Dispositivo colocado de um lado a outro da pista para provocar a trepidação no veículo e alertar o motorista para algum obstáculo logo à frente.

So.no.ri.zar *v.t.* **1.** Tornar sonoro. **2.** Instalar aparelhagem de som em. **3.** Soar.

So.no.ro (ó) *adj.* **1.** Que produz som. **2.** Que soa bem. **3.** Melódico, harmonioso. **4.** Que tem boa acústica.

So.no.te.ra.pia *s.f.* Tratamento médico-psiquiátrico por meio do sono artificial profundo.

Son.so *adj.* e *s.m.* Que ou aquele que finge não ter defeitos ou se faz de simplório, palerma, inocente, mas faz coisas reprováveis dissimuladamente ou pelas costas; manhoso, dissimulado, santo do pau oco.

So.pa (ô) *s.f.* **1.** Caldo com algumas substâncias sólidas, que, de ordinário, constitui o primeiro prato do jantar. **2.** Coisa muito molhada. **3.** POP Coisa fácil de fazer ou obter.

So.pa.pe.ar *v.t.* Dar sopapos em.

So.pa.po *s.m.* **1.** Murro debaixo do queixo; bofetada. ◆ **De sopapo:** de estalo, subitamente. **2.** Diz-se de habitação de taipa, cujas paredes são feitas de barro arremessado com as mãos.

So.pé *s.m.* **1.** Base, falda. **2.** Parte inferior em um monte, encosta, muro etc. ● *Ant.:* cume.

So.pei.ra *s.f.* Vasilha para sopa.

So.pe.sar *v.t.* **1.** Tomar o peso com a mão. **2.** Suspender com a mão. **3.** Distribuir parcialmente. *v.p.* **4.** Equilibrar-se.

So.pi.tar *v.t.* **1.** Fazer adormecer. **2.** Alquebrar, debilitar. **3.** Fazer nascer esperanças. **4.** Vencer, superar.

So.por (ô) *s.m.* **1.** Sono profundo. **2.** Estado de coma. **3.** Sonolência.

So.po.ri.fe.ro *adj.* **1.** Diz-se do que produz sono. **2.** Maçante, enfadonho, tedioso.

So.pra.no *s.2g.* **1.** MÚS A mais aguda das vozes humanas. **2.** Pessoa que tem essa voz.

So.prar *v.t.* **1.** Dirigir o sopro a. **2.** Avivar ou apagar com o sopro. **3.** Encher de ar. **4.** Bafejar. **5.** Excitar. **6.** Favorecer. **7.** Surgir. **8.** Estimular ocultamente. **9.** Retirar ou separar (peças no jogo de xadrez ou das damas). **10.** Insinuar, inspirar. **11.** Segredar. *v.int.* **12.** Emitir sopro. **13.** Agitar-se. **14.** Ensinar ocultamente a resposta do examinado.

So.pro *s.m.* **1.** Ato de expelir com alguma força o ar aspirado. **2.** Hálito, bafejo. **3.** Agitação do ar. **4.** Vento, brisa; aragem. **5.** FIG Inspiração.

So.que.ar *v.t.* Dar socos em.

So.que.te[1] (ê) *s.f.* Meia de cano curto.

So.que.te[2] (ê) *s.m.* **1.** Utensílio que serve para calcar a pólvora e a bala dentro do canhão. **2.** Soco dado com pouca força. **3.** Ferramenta com que se comprime a terra em torno de postes, mourões, ou para firmar as pedras nos calçamentos.

Sor (ô) *s.m.* Forma red. de *senhor*.

Sor.di.dez (ê) *s.f.* **1.** Qualidade ou estado de sórdido. **2.** Indignidade, vileza. **3.** Baixeza, torpeza. **4.** Avareza extrema.

Sór.di.do *adj.* **1.** Sujo, imundo, asqueroso. **2.** Nojento, torpe, vil. **3.** Obsceno, avarento.

So.ro (ô) *s.m.* **1.** FISIOL Porção clara de um líquido orgânico (linfa, sangue ou quilo), depois da coagulação dele. **2.** Parte aquosa que se separa do leite, quando este se coagula ou quando se forma o queijo. **3.** Líquido lacrimal.

So.ro.al.bu.mi.na ou **se.ro.al.bul.mi.na** *s.f.* Albumina que se encontra no soro sanguíneo.

So.ro.ne.ga.ti.vo *adj.* e *s.m.* Que ou aquele que não possui anticorpos para determinado antígeno no soro sanguíneo; seronegativo.

So.ro.po.si.ti.vo *adj.* e *s.m.* Que ou aquele que apresenta um sorodiagnóstico positivo, especialmente quanto ao vírus da AIDS.

Só.ror *s.f.* Tratamento dado à freira quando se menciona seu nome: Sóror *Joana Angélica.* ◆ **Var. pros.:** *soror* (ôr).

Sor.ra.tei.ro *adj.* **1.** Que faz as coisas com manha, às ocultas. **2.** Matreiro, astuto.

Sor.rel.fa *s.f.* **1.** Sonsice. **2.** Disfarce para enganar. ◆ **À sorrelfa:** às escondidas.

Sor.ri.den.te *adj.2g.* **1.** Risonho, alegre. **2.** Jovial, amável. **3.** Propício, esperançoso.

Sor.rir *v.int.* e *p.* **1.** Rir sem ruído. **2.** Rir com ligeira contração dos músculos faciais. *v.t.* **3.** Mostrar-se alegre. **4.** Dar esperanças. **5.** Ser favorável. **6.** Zombar, mofar. ● *Ant.: chorar.*

Sor.ri.so *s.m.* **1.** Ato ou efeito de sorrir; início do riso. **2.** Manifestação de sentimento de benevolência, simpatia ou ironia, que se faz sorrindo.

Sor.te *s.f.* **1.** Destino, fado, dita, acaso. **2.** Casualidade. **3.** Risco. **4.** Quinhão que tocou em partilha. **5.** Estado relativo a riqueza. **6.** Felicidade. **7.** Boa sorte. **8.** Bilhete de loteria; sorteio. **9.** Maneira, forma. **10.** Espécie, qualidade, tipo.

Sor.te.ar *v.t.* **1.** Determinar ou tirar por sorte, ao acaso. **2.** Repartir por sorte. **3.** Variar, sortir.

SORTILÉGIO — SUBALUGAR

Sor.ti.lé.gio *s.m.* **1.** Malefício de feiticeiro. **2.** Bruxaria, feitiçaria. **3.** Adivinhação por meio de sortes supersticiosas ou mágicas. **4.** Trama, maquinação. **5.** Fascinação.

Sor.tir *v.t.* e *p.* **1.** Abastecer, prover. **2.** Variar. **3.** Combinar, misturar. **4.** Abastecer-se; prover-se. ♦ Cf. *surtir*.

So.rum.bá.ti.co *adj.* **1.** Sombrio, tristonho. **2.** Jururu. ● *Ant.: alegre, expansivo.*

Sor.ve.dou.ro *s.m.* **1.** Redemoinho de água no mar ou nos rios; voragem. **2.** Abismo, precipício. ♦ *Var.: sorvedoiro.*

Sor.ver *v.t.* **1.** Beber aos sorvos, aos poucos. **2.** Absorver. **3.** Atrair para baixo; tragar, afundar. **4.** Haurir ou beber aspirando. **5.** Destruir, aniquilar, consumir.

Sor.ve.te (ê) *s.m.* Refresco congelado, que tem por base geralmente leite ou suco de frutas.

Sor.ve.tei.ra *s.f.* **1.** Mulher que vende ou fabrica sorvetes. **2.** Aparelho em que se faz sorvete.

Sor.ve.tei.ro *s.m.* Fabricante ou vendedor de sorvetes.

Sor.ve.te.ri.a *s.f.* Casa onde se fabricam e vendem sorvetes.

Sor.vo (ô) *s.m.* **1.** Ato de sorver. **2.** Gole, trago.

S.o.s. ou **sos** Sinal radiotelegráfico internacional de *socorro* (do ing. *save our soul* = salve nossas almas).

Só.sia *s.2g.* Indivíduo muito parecido com outro.

Sos.lai.o *elem.* usado na loc. adv. *de soslaio.* ♦ **de soslaio:** de lado, sorrateiramente, de esguelha.

Sos.se.gar *v.t.* **1.** Pôr em sossego, dar descanso. **2.** Tranquilizar. *v.int.* e *p.* **3.** Acalmar-se; aquietar-se.

Sos.se.go (ê) *s.m.* **1.** Ato ou efeito de sossegar. **2.** Repouso, descanso. **3.** Calma, tranquilidade, paz.

So.ta *s.f.* **1.** Dama, nas cartas do baralho. **2.** Folga, descanço.

Só.tão *s.m.* **1.** Espaço existente entre o forro e o telhado de uma casa. **2.** Espécie de água-furtada. ● *Pl.: sótãos.*

So.ta.que *s.m.* **1.** POP Remoque, dito picante. **2.** Pronúncia peculiar a uma pessoa ou região.

So.ta.ven.to *s.m.* NÁUT Borda do navio oposta ao lado de onde sopra o vento.

So.te.ro.po.li.ta.no (tè) *adj.* **1.** Relativo ou pertencente a Salvador (BA). *s.m.* **2.** O natural ou habitante de Salvador.

So.ter.rar *v.t.* **1.** Enterrar. **2.** Cobrir de terra; sepultar. **3.** Causar grande terror; assustar. *v.p.* **4.** Meter-se por baixo da terra.

So.to- *pref.* que indica *inferioridade, como em* soto-piloto, sotopor, sotoposto.

So.to.por (ô) *v.t.* **1.** Pôr em baixo; preterir.

So.tur.no *adj.* **1.** Sombrio, escuro. **2.** Funesto, lúgubre, taciturno. **3.** Tristonho. ● *Ant.: sorridente, alegre.*

Sou.ve.nir (fr.) *s.m.* Objeto que caracteriza determinado lugar e que é vendido como lembrança, principalmente a turistas. ● *Pl.: souvenirs.*

So.va *s.f.* **1.** Ato ou procedimento de sovar. **2.** Surra, Coça.

So.va.co *s.m.* Axila.

So.var *v.t.* **1.** Amassar ou amaciar batendo. **2.** Bater a massa de. **3.** Pisar uva. **4.** Tornar flexível. **5.** Espancar, Surrar.

So.ve.la *s.m.* Instrumento perfurante com o qual os sapateiros e correeiros furam o couro.

So.ver.ter *v.t.* Fazer desaparecer; sumir-se.

So.vi.e.te *s.m.* **1.** Conselho de delegados escolhidos entre operários, camponeses e soldados, na Rússia, e que constitui o órgão primário que, direta ou indiretamente, escolhe os dirigentes políticos e os membros das assembleias; e, por extensão, em qualquer país onde impera o sovietismo. **2.** Estado organizado segundo o sistema comunista; particularmente, cada uma das repúblicas associadas da antiga U.R.S.S. *s.m.pl.* **3.** O povo, os governantes e as forças armadas da antiga U.R.S.S.

So.vi.é.ti.co *adj.* **1.** Da ex-União das Repúblicas Socialistas Soviéticas (URSS). *s.m.* **2.** O natural da (ex-)União Soviética.

So.vi.na *s.f.* **1.** Instrumento perfurante, espécie de lima. **2.** Pau aguçado numa das pontas. *adj.* e *s.2g.* **3.** Diz-se de, ou pessoa avarenta, mesquinha, miserável. ● *Ant.: generoso.*

So.vi.ni.ce *s.f.* **1.** Qualidade de sovina. **2.** Avareza, mesquinharia. ● *Ant.: liberalidade.*

So.zi.nho *adj.* **1.** Só, único. **2.** Solitário, abandonado. ● *Ant.: acompanhado.*

SP Sigla do Estado de São Paulo.

S.P.C. Sigla de Serviço de Proteção ao Crédito GRAM tb. Se grafa SPC.

Speak.er (ing.) *s.2g.* **1.** Locutor ou apresentador de programa de rádio. ● *Pl.: speakers.*

Spot (ing.) *s.m.* **1.** Luz forte dirigida para uma pessoa ou objeto em particular, permitindo-lhe destaque. **2.** A lâmpada que dá essa luz.

Spray (sprei) (ing) *s.m.* **1.** Recipiente fechado com jato de aerossol. **1.1** Esse jato (de tinta, perfume etc.).

Squash *s.m.* Esporte praticado em recinto fechado, que opõe dois jogadores, os quais, lado a lado, batem de forma alternada com a raquete numa bola especial, fazendo-a ricochetear em até quatro paredes.

Ss (al.) *s.f.* **1.** Corpo militarizado que era a guarda de elite do partido nazista alemão e seu principal instrumento de controle. *s.m.2n.* **1.1** Agente desse corpo.

Staff (stáfe) (ing.) *s.m.* Grupo qualificado de pessoas que assessoram um executivo ou alto dirigente em organizações governamentais ou privadas.

Stand.ard (stândar) (ing.) *s.m.* **1.** Modelo, padrão; norma. *adj.* e *s.2g.2n.* **2.** Sem nenhuma característica especial.

Sta.tus (lat.) *s.m.* **1.** SOCIOL Posição do indivíduo no grupo (ou do grupo em outro maior de que faça parte), determinada pelo conjunto de direitos e deveres que caracterizam suas relações com as outras pessoas. **2.** Classe social. **3.** Reputação.

Sta.tus quo (státuc quó) (lat.) Locução que significa *situação sem mudanças, inalterada.*

Strip-tease (strip-tiz) (ingl.) *s.m.* Ato de se despir lentamente em público, total ou parcialmente.

Su- *pref.* ⇒ So-.

Su.a *pron.* Flexão fem. de *seu.*

Su.ã *s.f.* Espinha dorsal do porco.

Su.a.dor (ô) ou **su.a.dou.ro** *adj.* e *s.m.* **1.** Que sua. *s.m.* **2.** Algo (remédio, bebida, chá, agasalho etc.) que faz suar. **3.** Situação que exige muito esforço e trabalho; dificuldade.

Su.ar *v.int.* **1.** Verter suor pelos poros. **2.** Transpirar; gotejar. **3.** Verter umidade. **4.** Brotar, manar. **5.** Matar-se com trabalho. **6.** Afadigar-se. **7.** Ensopar de suor. **8.** Adquirir com grande sacrifício ou trabalho.

Su.a.ren.to *adj.* Que tem suor, coberto de suor.

Su.a.si.vo ou **su.a.só.rio** *adj.* Persuasivo.

Su.ás.ti.ca *s.f.* Antigo símbolo religioso, de origem ariana, em forma de cruz gamada, adotado pelo nazismo.

Su.a.ve *adj.* **1.** Aprazível, brando. **2.** Agradável aos sentidos. **3.** Doce, terno, meigo. **4.** Ameno. **5.** Melodioso. **6.** Delicado. **7.** Pouco trabalhoso.

Su.a.vi.da.de *s.f.* **1.** Qualidade de suave. **2.** Doçura, meiguice, brandura. **3.** Delicadeza, elegância. **4.** Graça divina.

Su.a.vi.zar *v.t.* e *p.* **1.** Tornar(-se) suave ou brando. **2.** Mitigar(-se), acalmar(-se). **3.** Atenuar(-se), abrandar(-se). ● *Ant.: endurecer.*

Sub- *pref.* Elemento que designa inferioridade, substituição, aproximação, como em **sub-reptício, sub-região, sub-bibliotecário, subumano, subordem, subsecretário, subdiretor, subgerente.** É seguido de hífen quando se lhe segue palavra começada por *b* ou *r.*

Sub.a.flu.en.te *s.m.* Afluente de afluente.

Su.ba.li.men.ta.ção *s.f.* **1.** Alimentação insuficiente em quantidade e em relação à falta de elementos indispensáveis (vitaminas, proteínas, sais minerais etc.). **2.** Subnutrição.

Su.ba.li.men.ta.do *adj.* e *s.m.* Subnutrido.

Su.ba.li.men.tar *v.t.* Alimentar insuficientemente; subnutrir.

Su.bal.ter.no *adj.* e *s.m.* **1.** Subordinado, inferior. **2.** Diz-se de, ou aquele que está sob ordens de outro.

Sub.a.lu.gar *v.t.* Sublocar.

SUBALUGUEL — SUBORDINAÇÃO

Sub.a.lu.guel *s.m.* Sublocação.

Sub.a.quá.ti.co *adj.* Que está debaixo da água.

Sub.ar.ren.dar *v.t.* Arrendar de um terceiro; sublocar.

Sub.con.jun.to *s.m.* **1.** Parte de um conjunto, com características próprias. **2.** Conjunto cujos elementos pertencem a outro conjunto; conjunto que está contido em outro; subclasse.

Sub.cons.ci.en.te *s.m.* **1.** Parte da alma que está fora do campo da consciência. **2.** A índole. **3.** O recalque. **4.** O complexo de superioridade ou inferioridade. **5.** Ilação com antigos acontecimentos ou frustrações.

Sub.con.ti.nen.te *s.m.* Região imensa e importante, considerada como um continente menor, principalmente quando a sua configuração se aproxima da de uma península.

Sub.cu.tâ.neo *adj.* Que fica por baixo da cútis ou da pele.

Sub.de.le.ga.do *s.m.* Funcionário imediatamente inferior a delegado ou substituto deste.

Sub.de.le.gar *v.t.* Transmitir encargo recebido por delegação.

Sub.de.sen.vol.vi.do *adj.* **1.** Que não está inteiramente desenvolvido. **2.** Diz-se de indivíduo, país ou região econômica e socialmente atrasado.

Sub.de.sen.vol.vi.men.to *s.m.* Condição ou estado de uma região, povo ou país subdesenvolvido.

Sub.de.sér.ti.co *adj.* Diz-se da região cujas condições climáticas e biológicas são muito próximas às dos desertos.

Sub.di.vi.dir *v.t.* **1.** Dividir de novo partes já divididas. *v.p.* **2.** Separar-se em várias divisões.

Sub.di.vi.são *s.f.* Ato ou efeito de subdividir.

Sub.em.pre.go (ê) *s.m.* **1.** Emprego não qualificado, de remuneração muito baixa, ou emprego informal, sem vínculo ou garantia. **2.** Situação verificável num país ou numa região em que a mão de obra só encontra trabalho em determinadas épocas ou em que o número de oportunidades não atinge o de pessoas qualificadas. **3.** Aplicação de (valores) sem garantias e com baixo rendimento.

Sub.en.ten.der *v.t.* **1.** Entender ou perceber (o que não estava expresso). **2.** Supor, admitir.

Sub.e.qua.to.ri.al *adj.2g.* Próximo do equador, do clima equatorial.

Sub.es.ta.ção *s.f.* Estação aparelhada para a conversão e transformação da eletricidade recebida da rede de distribuição.

Sub.es.ti.mar *v.t.* **1.** Não dar o devido apreço ou valor a. **2.** Não ter na devida conta; desdenhar. **3.** Menosprezar. • *Ant.: superestimar, sobre-estimar.*

Sub.fa.tu.ra.men.to *s.m.* Burla fiscal que se caracteriza pela diferença entre o preço cobrado na fatura (menor) e o efetivamente ajustado (preço real), sendo a diferença paga à parte e fora da escrita comercial tanto do vendedor como do comprador.

Sub.gru.po *s.m.* Grupo que resulta da divisão de outro.

Su.bi.da *s.f.* **1.** Ato ou efeito de subir. **2.** Aumento, alta. **3.** Elevação de terreno. **4.** Ladeira (considerada de baixo para cima); aclive. • *Ant.: descida, declive.*

Su.bir *v.int.* **1.** Elevar-se; erguer-se. **2.** Atingir preço mais alto, ou atingir situação social superior. **3.** mús Passar de grave a agudo. **4.** Transportar-se a um lugar mais alto. **5.** Ascender. **6.** Percorrer andando para cima. **7.** Entrar num veículo. **8.** Estender-se para cima. **9.** Exaltar, enaltecer. **10.** Promover. *v.p.* **11.** Levantar-se. **12.** Pôr-se sobre. **13.** Trepar, montar. • *Ant.: descer.*

Sú.bi.to *adj.* **1.** Que aparece ou se dá sem previsão, repentino, inesperado • *Ant.: demorado.* *s.m.* **2.** Acontecimento inesperado. *adv.* **3.** Subitamente.

Sub.ja.cen.te *adj.2g.* Que jaz ou está por baixo.

Sub.je.ti.var *v.t.* Tornar ou considerar subjetivo.

Sub.je.ti.vo *adj.* **1.** Referente ao sujeito. **2.** Que exprime apenas as ideias de uma pessoa. • Individual opõe-se a *objetivo*. **3.** gram Relativo ao sujeito. **4.** Que exerce as funções de sujeito.

Sub.ju.gar *v.t.* **1.** Submeter pela força; abater. **2.** Influir profundamente. **3.** Dominar, vencer, conquistar. **4.** Amansar, domesticar. **5.** Refrear, reprimir. *v.p.* **6.** Dominar-se, conter-se.

Sub.jun.ti.vo *adj.* **1.** Subordinado. *adj.* e *s.m.* **2.** gram Diz-se do, ou o modo verbal que exprime desejo, hipótese.

Sub.le.var *v.t.* **1.** Levantar (de baixo para cima). **2.** Incitar à revolta. **3.** Amotinar, revoltar. *v.p.* **4.** Rebelar-se, revoltar-se. • *Ant.: pacificar.*

Su.bli.ma.ção *s.f.* **1.** Ato ou efeito de sublimar. **2.** Purificação. **3.** quím Passagem direta do estado sólido ao gasoso. **4.** psiq Processo que permite transferir tendências ou sentimentos considerados inferiores ou socialmente reprovados para outros objetivos considerados nobres.

Su.bli.mar *v.t.* **1.** Tornar sublime. **2.** Erguer a grande altura. **3.** Exaltar; engrandecer. **4.** Elevar a honras, dignidades. **5.** quím Fazer passar (um corpo) do estado sólido ao gasoso. **6.** Purificar por sublimação. *v.p.* **7.** Tornar-se sublime. **8.** Exaltar-se. **9.** Distinguir-se.

Su.bli.me *adj.* **1.** Muito alto. **2.** Excelso. **3.** Elevado acima de todos. **4.** Quase perfeito. **5.** Grandioso, majestoso. *s.m.* **6.** O mais alto grau de perfeição. • *Ant.: vulgar, baixo.*

Sub.li.mi.nar *adj.* Que não chega a penetrar na consciência; inconsciente. Publicidade **subliminar**: diz-se da publicidade que utiliza processos que visam ao inconsciente do consumidor.

Sub.lin.gual *adj.2g.* anat Situado sob a língua.

Sub.li.nhar *v.t.* **1.** Traçar uma sublinha em. **2.** Tornar sensível. **3.** Acentuar bem. **4.** Pôr em relevo. **5.** Salientar, destacar.

Sub.lo.ca.ção *s.f.* Ato ou efeito de sublocar.

Sub.lo.car *v.t.* e *int.* **1.** Subarrendar. **2.** Transmitir a outrem, alugando o que se tinha alugado.

Sub.lo.ca.tá.rio *s.m.* Aquele que recebe por sublocação. • Opõe-se a *sublocador.*

Sub.lu.nar *adj.* **1.** Que está abaixo da lua. **2.** Situado entre a Lua e a Terra.

Sub.ma.ri.no *adj.* **1.** Imerso nas águas do mar. *s.m.* **2.** Navio de guerra, que pode navegar imerso nas águas ou à superfície.

Sub.mer.gir *v.t.* **1.** Mergulhar, afundar. **2.** Engolir, tragar. **3.** Fazer sumir na água. **4.** Envolver, absorver. *v.int.* e *p.* **5.** Ir ao fundo; afundar-se.

Sub.me.ter *v.t.* **1.** Reduzir à obediência. **2.** Dominar, vencer. **3.** Tornar objeto de. **4.** Oferecer à apreciação. **5.** Entregar-se, render-se. **6.** Obedecer às ordens e à vontade de. **7.** Sujeitar-se. • *Ant.: libertar.*

Sub.me.tra.lha.do.ra (ô) *s.f.* Arma de fogo do tipo de uma pequena metralhadora de cano curto, que utiliza munição de pistola e dispara rajadas.

Sub.mi.nis.trar *v.t.* Prover do necessário.

Sub.mis.são *s.f.* **1.** Ato ou efeito de submeter(-se). **2.** Obediência voluntária; sujeição. **3.** Docilidade. **4.** Humildade excessiva; subserviência, servilismo.

Sub.mis.so *adj.* **1.** Que demonstra submissão. **2.** Obediente, dócil. **3.** Subserviente, servil, humilde. **4.** Resignado, conformado.

Sub.múl.ti.plo *adj.* **1.** Diz-se do número inteiro pelo qual outro é divisível. *s.m.* **2.** O próprio número.

Sub.mun.do *s.m.* **1.** O conjunto dos marginais e delinquentes vistos como grupo social organizado. **2.** O espaço físico sob domínio ou controle desses marginais.

Sub.nu.tri.ção *s.f.* Nutrição má ou deficiente; subalimentação.

Sub.nu.tri.do *adj.* Que não recebe alimentação suficiente.

Sub.nu.trir *v.t.* Nutrir de maneira insuficiente.

Sub.o.fi.ci.al *s.m.* Militar que detém a graduação imediatamente inferior a do oficial.

Sub.or.bi.tal *adj.2g.* **1.** Que não perfaz a órbita completa em torno de um planeta (diz-se de uma trajetória). **1.1** Em órbita estável em torno da Terra (diz-se do movimento característico de um engenho espacial).

Sub.or.di.na.ção *s.f.* **1.** Ato ou efeito de subordinar(-se). **2.** Disposição para obedecer. **3.** Obediência. **4.** Dependência de uma pessoa em relação a outra ou outras. **5.** Dependência em que uma coisa está de outra. **6.** gram Dependência de uma palavra em relação a outra da mesma sentença, ou de uma oração a outra.

SUBORDINADO — SUBVERTER

Su.bor.di.na.do *adj.* **1.** Dependente, subalterno. **2.** Secundário, inferior. **3.** GRAM Dize-se da oração que depende da outra. *s.m.* **4.** Subalterno. *Oração subordinada:* GRAM aquela que completa o sentido de outra, da qual depende.

Su.bor.di.nar *v.t.* **1.** Pôr sob a dependência de. **2.** Sujeitar, submeter. **3.** Fazer depender de; condicionar. *v.p.* **4.** Submeter-se, sujeitar-se.

Su.bor.nar *v.t.* **1.** Atrair com promessas enganosas. **2.** Dar dinheiro ou outro valor para conseguir coisa ilícita; peitar, corromper.

Su.bor.no (ô) *s.m.* Ato ou efeito de subornar; peita.

Sub.pre.fei.to *s.m.* Substituto do prefeito.

Sub.pre.fei.tu.ra *s.f.* Cada um dos órgãos administrativos de uma prefeitura.

Sub.pro.cu.ra.dor *s.m.* Membro de uma procuradoria, subordinado ao procurador.

Sub.pro.du.to *s.m.* Produto extraído ou fabricado acessoriamente em uma indústria.

Sub-ra.ça *s.f.* Raça inferior, segundo certas teorias preconceituosas, em geral baseadas no racismo. ● *Pl.: sub-raças.*

Sub-re.gi.ão *s.f.* Subdivisão de uma região. ● *Pl.: sub-regiões.*

Sub-re.gi.o.nal *adj.2g.* Relativo ou pertencente a sub-região. ● *Pl.: sub-regionais.*

Sub-rep.tí.cio *adj.* **1.** Feito às ocultas. **2.** Dize-se de tudo o que se faz de maneira desleal e ilícita; fraudulento. ● *Pl.: sub-reptícios.*

Sub-ro.gar *v.t.* **1.** Pôr em lugar de outrem. **2.** Substituir. **3.** Transferir direito ou encargo. *v.p.* **4.** Assumir ou tomar o lugar de outrem; substabelecer.

Sub.sa.a.ri.a.no *adj.* **1.** Relativo ou pertencente ao sul do Saara, na África. **1.1** Que se origina ou se situa em região limítrofe do sul do deserto do Saara.

Subs.cre.ver *v.t.* **1.** Escrever por baixo. **2.** Firmar, assinar. **3.** Aceitar, aprovar. **4.** Obrigar-se a comprar (ações). **5.** Anuir, aceder. **6.** Obrigar-se a certa contribuição. **7.** Assinar para receber revista, jornal etc. *v.p.* **8.** Assinar-se.

Subs.cri.ção *s.f.* **1.** Ato ou efeito de subscrever. **2.** Compromisso de concorrer com uma quantia para certo fim.

Subs.cri.tar *v.t.* Apor assinatura em; assinar, subscrever.

Subs.cri.tor *adj.* e *s.m.* Que, ou aquele que subscreve; assinante.

Sub.se.quên.cia *s.f.* Qualidade do que é subsequente.

Sub.se.quen.te *adj.2g.* **1.** Que vem depois. **2.** Seguinte, imediato. ● *Ant.: antecedente.*

Sub.ser.vi.ên.cia *s.f.* **1.** Qualidade de subserviente. **2.** Servilismo, bajulação. ● *Ant.: nobreza.*

Sub.ser.vi.en.te *adj.2g.* **1.** Que se submete servilmente às ordens de outrem. **2.** Servil. **3.** Muito condescendente.

Sub.si.di.ar (si) *v.t.* **1.** Dar subsídio a. **2.** Auxiliar, ajudar. **3.** Fornecer elementos para.

Sub.si.di.á.ria (si) *s.f.* Empresa controlada por outra que detém a maioria (ou a totalidade) de suas ações.

Sub.si.di.á.rio (si) *adj.* **1.** Referente a subsídio. **2.** Que subsidia ou favorece. **3.** Que reforça o que se alegou. **4.** Acessório, auxiliar.

Sub.sí.dio (si) *s.m.* **1.** Socorro, benefício, auxílio. **2.** Quantia destinada pelo Estado para serviços ou obras de interesse público. **3.** Subvenção, abono. **4.** Provento que recebe um membro do Poder Legislativo.

Sub.sis.te.ma *s.m.* **1.** Sistema subordinado a outro. **2.** Divisão de sistema, nas classificações geográficas e geológicas.

Sub.sis.tên.cia *s.f.* **1.** Estado ou qualidade de subsistente. **2.** Estabilidade. **3.** Sustento, sobrevivência. **4.** Conjunto do que é necessário para sustentar a vida.

Sub.sis.tir (si) *v.int.* **1.** Continuar a existir. **2.** Existir na sua substância; viver. **3.** Estar em vigor. **4.** Perdurar, manter-se. **5.** Conservar a sua força ou ação.

Sub.so.lo *s.m.* **1.** Camada de solo, abaixo da camada arável. **2.** Construção subterrânea, abaixo do rés do chão.

Subs.ta.be.le.cer *v.t.* **1.** Nomear como substituto. **2.** Transferir para outrem (procuração), com ou sem reserva de poderes.

Subs.tân.cia *s.f.* **1.** Aquilo que subsiste por si. **2.** Matéria de que os corpos são formados. **3.** Natureza, essência. **4.** O que é indispensável para a nutrição. **5.** Vigor, força. **6.** FIG Resumo essencial; síntese, súmula.

Subs.tan.ci.al *adj.2g.* **1.** Relativo a substância; substancioso. **2.** Que contém substância nutritiva. **3.** Essencial, fundamental. **4.** FIG Que encerra muitos ensinamentos. *s.m.* **5.** O que é essencial; substância.

Subs.tan.ti.var *v.t.* GRAM Empregar como substantivo (palavra de outra classe gramatical).

Subs.tan.ti.vo *adj.* **1.** Que por si só designa a substância. **2.** Substancial, fundamental. *s.m.* **3.** Palavra que dá nome aos seres da natureza, ideias, lugares etc.

Subs.ti.tui.ção *s.f.* Ato ou efeito de substituir(-se).

Subs.ti.tu.in.te *adj.* e *s.2g.* Que, ou quem substitui.

Subs.ti.tu.ir *v.t.* **1.** Colocar em lugar de. **2.** Ocupar o lugar de outro; suceder-lhe. **3.** Fazer o serviço ou as vezes de. **4.** Pôr, estabelecer ou fornecer em lugar de outro. **5.** Tirar, mudar, trocar (por outro). *v.p.* **6.** Pôr ou ser posto em lugar de outra pessoa.

Subs.ti.tu.ti.vo *adj.* **1.** Que substitui. *s.m.* **2.** Novo projeto de lei que modifica outro, sobre a mesma matéria, já apresentado a um órgão legislativo. **3.** Emenda, substituição.

Subs.ti.tu.to *adj.* **1.** Que substitui. *s.m.* **2.** Indivíduo que substitui outro ou faz as vezes dele; reserva.

Subs.tra.to *s.m.* **1.** O que está debaixo; o que serve de suporte. **2.** FIG Base, essência, fundamento. **3.** Resíduo, resto.

Sub.ter.fú.gio *s.m.* Pretexto, ardil, evasiva.

Sub.ter.râ.neo *adj.* **1.** Que fica debaixo da terra. **2.** FIG Que se faz ocultamente para conseguir algum fim. *s.m.* **3.** Lugar, construção, casa ou compartimento subterrâneo.

Sub.tí.tu.lo *s.m.* **1.** Título que se segue a outro; segundo título. **2.** Subdivisão de título.

Sub.to.tal *s.m.* Total parcial.

Sub.tra.ção *s.f.* **1.** Ato ou efeito de subtrair. **2.** Furto, roubo fraudulento. **3.** Supressão, privação. **4.** ARIT Operação que tem por fim procurar o que resta quando de dado número maior se tira outro menor; diminuição.

Sub.tra.en.do *s.m.* Segundo termo de uma subtração, isto é, a quantidade que deve ser subtraída de outro (por ex.: em $8 - 3 = 5$, o subtraendo é 3).

Sub.tra.ir *v.t.* **1.** Tirar às escondidas ou fraudulentamente; furtar. **2.** Tirar (uma quantidade) de outra. **3.** Deduzir. **4.** Fazer desaparecer. *v.p.* **5.** Fugir, esquivar-se.

Sub.tro.pi.cal *adj.2g.* Que está perto dos trópicos.

Sub.u.ma.ni.da.de *s.f.* **1.** Natureza, condição ou comportamento de submano. **2.** Carência ou ausência de humanidade; desumanidade, inumanidade.

Sub.u.ma.no *adj.* **1.** Menos (física, psíquica, moralmente) do que humano; inferior ao nível considerado humano. **2.** Cujos instintos, desenvolvimento, capacidades são inferiores ao do homem; desumano, inumano.

Su.bur.ba.no *adj.* **1.** Relativo ou pertencente ao subúrbio. **2.** Que reside no subúrbio. *s.m.* **3.** Habitante de subúrbio.

Su.búr.bio *s.m.* Arrabalde de cidade ou de qualquer povoação; arrabalde.

Sub.ven.ção *s.f.* **1.** Auxílio pecuniário geralmente concedido pelos poderes públicos. **2.** Subsídio, ajuda, contribuição.

Sub.ven.ci.o.nal *adj.2g.* **1.** Relativo ou pertencente a subvenção. **2.** Que constituiu subvenção.

Sub.ven.ci.o.nar *v.t.* **1.** Dar subvenção. **2.** Auxiliar, ajudar, amparar. **3.** Suplementar.

Sub.ver.são *s.f.* **1.** Ato ou efeito de subverter. **2.** Conjunto de ações e atitudes que visam modificar os valores e instituições vigentes. **3.** Insubordinação às autoridades constituídas. **4.** Insurreição, revolta.

Sub.ver.ter *v.t.* **1.** Revolver, virar de baixo para cima. **2.** Destruir, derrubar, arruinar. **3.** Perverter, corromper. *v.p.* **4.** Submergir-se, arruinar-se. **5.** Sofrer destruição.

SUCATA — SUJEITAR

Su.ca.ta *s.f.* **1.** Qualquer artefato de ferro ou outro metal, considerado inútil, e que se refunde e se aplica novamente na indústria etc. **2.** Depósito de ferros velhos; ferro-velho. **3.** FIG Qualquer coisa sem valor ou interesse.

Su.ca.te.ar *v.t.* (sucata + ear) Transformar ou vender como sucata.

Suc.ção *s.f.* Ato ou efeito de sugar ou chupar; aspiração.

Su.ce.dâ.neo *adj.* e *s.m.* **1.** Diz-se de, ou medicamento que pode substituir outro, por produzir aproximadamente os mesmos efeitos. *s.m.* **2.** Qualquer coisa que pode substituir outra.

Su.ce.der *v.int.* **1.** Acontecer, ocorrer, realizar-se. **2.** Vir depois, seguir-se. **3.** Produzir efeito. **4.** Ser substituto. **5.** Entrar na vaga de outrem por direito de sucessão ou por nomeação. *v.t.* **6.** Herdar por sucessão. *v.p.* **7.** Vir depois; acontecer sucessivamente. ● *Ant.:* anteceder, preceder.

Su.ces.são *s.f.* **1.** Ato ou efeito de suceder. **2.** Herança, qualidade transmitida aos descendentes. **3.** Geração, prole, descendência. **4.** Substituição.

Su.ces.si.vo *adj.* **1.** Que vem depois ou em seguida. **2.** Sem interrupção; contínuo, consecutivo.

Su.ces.so *s.m.* **1.** Aquilo que sucede. **2.** Resultado favorável; bom êxito. **3.** Fato, acontecimento. ● *Ant.: fracasso*.

Su.ces.sor (ô) *adj.* **1.** Que sucede a outro. *s.m.* **2.** Aquele que sucede a outro ou o substitui em cargo ou função. **3.** Herdeiro de título e bens. ● *Ant.: predecessor*.

Sú.cia *s.f.* **1.** Ajuntamento de indivíduos de má índole ou de má fama. **2.** Corja, cambada. **3.** PEJ Sociedade, assembleia.

Su.cin.to *adj.* **1.** Expresso em poucas palavras. **2.** Resumido, breve, conciso. ● *Ant.: prolixo*.

Su.co *s.m.* **1.** Líquido substancioso, extraído de vegetais ou de substâncias animais. **2.** Sumo, seiva. **3.** O que há de mais substancial; essência. **4.** FIG Coisa ou pessoa ótima, bonita.

Su.cu.len.to *adj.* Que tem suco ou sumo.

Su.cum.bir *v.t.* **1.** Cair vencido. **2.** Vergar, dobrar-se. **3.** Não resistir. **4.** Ceder a força maior. *v.int.* **5.** Perder o ânimo. **6.** Morrer, perecer. **7.** Ser suprimido ou abolido.

Su.cu.pi.ra *s.f.* Nome comum a algumas espécies de árvores que fornecem boa madeira para construções, duas das quais produzem sementes de propriedades medicinais.

Su.cu.ri *s.f.* Espécie de serpente gigantesca (de 7 a 12 m de comprimento), não venenosa, que vive principalmente nos pântanos.

Su.cur.sal *adj.* e *s.2g.* **1.** Diz-se de, ou casa ou estabelecimento comercial, financeiro, editorial etc., dependente de matriz; filial. *s.f.* **2.** Escritório de jornal, revista etc., em cidade distinta daquela em que se localiza a sede dessa revista ou jornal, encarregado de enviar diariamente notícias para a redação.

Su.da.ção *s.f.* Ato de suar ou de fazer suar; transpiração.

Su.dá.rio *s.m.* **1.** Pano com que antigamente se limpava o suor. **2.** Espécie de lençol com que se enrolavam os mortos. ● Santo Sudário: Lençol que envolveu Jesus Cristo quando desceu à sepultura.

Su.des.te *s.m.* **1.** Ponto do horizonte, situado entre o sul e o leste. ● *Abrev.:* SE ou *S.E.*. **2.** Vento que sopra dessa direção. **3.** Parte do mundo, do país, do estado, da região etc., situados entre o Sul e o Leste. *adj.* **4.** Relativo ao Sudeste ou dele procedente. **5.** Situado a sudeste. ◆ Região Sudeste: a mais populosa e habitada região geográfica do Brasil, formada pelos Estados do Espírito Santo (ES), Minas Gerais (MG), Rio de Janeiro (RJ) e São Paulo (SP).

Sú.di.to *adj.* e *s.m.* **1.** Diz-se de, ou indivíduo submetido à autoridade de um soberano. **2.** Diz-se de, ou aquele que depende da vontade de outrem; vassalo.

Su.do.es.te *s.m.* **1.** Ponto do horizonte situado entre o sul e o oeste. ● *Abrev.:* sw ou *s.w.*, *s.o.* ou *so*. **2.** Vento que sopra desse lado. **3.** País (ou países), estado, região etc., situados nessa direção.

Su.do.re.se *s.f.* MED Transpiração.

Su.do.rí.fe.ro *adj.* e *s.m.* Que, ou o que faz suar. ● *Var.: sudorífico*.

Su.do.rí.pa.ro *adj.* **1.** Que produz suor. **2.** Relativo a suor.

Su.es.te *s.m.* Sudeste.

Su.é.ter *s.2g.* Espécie de blusa fechada de malha ou de lã. ● *Pl.: suéteres*.

Su.fi.ci.ên.cia *s.f.* **1.** Qualidade de suficiente. **2.** Aptidão, habilidade.

Su.fi.ci.en.te *adj.2g.* **1.** Que é bastante; tanto quanto necessário. **2.** Que satisfaz. **3.** Considerável. **4.** Idôneo, capaz; hábil. *s.m.* **5.** O bastante. **6.** Nota de classificação escolar, entre o *bom* e o *medíocre*.

Su.fi.xa.ção (cs) *s.f.* Processo de formação de palavras pelo acréscimo de sufixos.

Su.fi.xo (cs) *s.m.* GRAM Sílaba, letra ou letras, que se juntam às raízes das palavras para lhes determinar a ideia geral etc.; relativo a *prefixo*. ◆ Opõe-se a *prefixo*.

Su.flê *s.m.* Prato recheado, geralmente cozido ao forno, coberto com ovos, cujas claras foram batidas ao ponto de neve.

Su.fo.can.te *adj.* Que sufoca; asfixiante.

Su.fo.car *v.t.* **1.** Causar sufocação. **2.** Dificultar a respiração. **3.** Reprimir. **4.** Debelar. **5.** Abalar. **6.** Inutilizar. **7.** Impedir de manifestar-se; conter. *v.int.* **8.** Deixar de respirar. *v.p.* **9.** Perder a respiração; asfixiar-se.

Su.fra.gar *v.t.* **1.** Apoiar com sufrágio ou voto. **2.** Eleger, votar. **3.** Favorecer. **4.** Orar pela alma de alguém; suplicar.

Su.frá.gio *s.m.* **1.** Voto, votação. **2.** Adesão, apoio. **3.** Oração ou ato de piedade pelos mortos. ◆ Sufrágio universal: regime eleitoral sobre o direito de voto a todos os cidadãos não incapazes por lei, sendo facultativo aos jovens entre 16 e 18 anos e aos maiores de 70 anos.

Su.ga.dor *adj.* Que suga. *s.m.* **2.** O que suga; sugadouro.

Su.ga.dou.ro *s.m.* Órgão, espécie de tromba, que serve a alguns insetos para chupar.

Su.gar *v.t.* **1.** Chupar, sorver por sucção. **2.** Subtrair fraudulentamente; extorquir.

Su.ge.rir *v.t.* **1.** Fazer entrar sutilmente (uma ideia) ao espírito de outrem. **2.** Proporcionar, ocasionar. **3.** Inspirar. **4.** Insinuar, lembrar. **5.** Promover.

Su.ges.tão *s.f.* **1.** Ato ou efeito de sugerir. **2.** A coisa sugerida. **3.** Incentivo, insinuação. **4.** Vontade, alvitre; desejo.

Su.ges.tio.nar *v.t.* **1.** Produzir sugestão. **2.** Inspirar, estimular, sugerir. **3.** Influenciar, insinuar.

Su.ges.ti.vo *adj.* **1.** Que sugere ou atrai. **2.** Que serve de inspiração; insinuante. **3.** Que faz lembrar.

Su.í.ça *s.f.* Porção de barba que se deixa crescer nas partes laterais da face. ● Mais us. no pl.: *suíças*.

Su.i.ci.da *s.2g.* **1.** Pessoa que se suicidou. *adj.2g.* **2.** Relativo a suicídio ou a suicida. **3.** Que serviu de instrumento para o suicídio.

Su.i.ci.dar-se *v.p.* **1.** Matar-se. **2.** Arruinar-se, autodestruir-se.

Su.i.cí.dio *s.m.* Ato ou efeito de suicidar-se.

Su.i ge.ne.ris (lat.) *loc.adj.* Que caracteriza de modo particular uma coisa ou pessoa.

Su.in.gue *s.m.* **1.** Estilo de jazz. **2.** Dança para esse estilo. **3.** CH Relações sexuais entre dois ou mais casais; troca de casais.

Su.í.no *adj.* **1.** De, ou relativo a porco. **2.** O porco.

Su.i.no.cul.tu.ra *s.f.* Criação de porcos.

Su.í.te *s.f.* **1.** Espécie de composição musical de construção binária. **2.** Em hotel, hospital etc., conjunto de aposentos com banheiro independente. **3.** Em apartamento ou residência, quarto com banheiro privativo. **4.** JORN Reportagem que explora os desdobramentos de notícia publicada em edição anterior. ◆ Suíte presidencial: conjunto de aposentos destinados a hospedar uma personalidade e seus acompanhantes.

Su.jar *v.t.* **1.** Tornar(-se) sujo ou impuro. **2.** Emporcalhar(-se); manchar(-se). **3.** Perverter, conspurcar, macular(-se).

Su.jei.ra *s.f.* **1.** Estado do que está sujo. **2.** Porcaria, imundície. **3.** Matérias fecais. **4.** POP Procedimento incorreto ou desonesto; ação vil. **5.** Palavra obscena. ● *Ant.: limpeza*.

Su.jei.tar *v.t.* **1.** Tornar sujeito. **2.** Dominar, subjugar. **3.** Constranger. **4.** Tornar obediente. **5.** Tornar dependente. **6.** Submeter; subordinar. *v.p.* **7.** Render-se à lei. **8.** Submeter-se. **9.** Conformar-se.

SUJEITO — SUPEREXCITAÇÃO

Su.jei.to *adj.* **1.** Que está por baixo. **2.** Escravizado. **3.** Obediente. **4.** Submetido. **5.** Constrangido. **6.** Dependente. **7.** Exposto, arriscado. *s.m.* **8.** GRAM Pessoa ou coisa a que se atribui a ideia ou ação expressa pelo verbo. **9.** Súdito. **10.** Pessoa, tipo, indivíduo cujo nome se omite (tem, na maioria das vezes, intenção pejorativa). **11.** Assunto, tema.

Su.jo *adj.* **1.** Emporcalhado. **2.** Falta de limpeza. **3.** Sórdido, indecente. **4.** Desonesto. **5.** Maculado. **6.** Em quem não se pode confiar. **7.** Desmoralizado. ● *Ant.: limpo.*

Sul *s.m.* **1.** Ponto cardeal oposto ao norte. ● *Abrev.: S.* **2.** O que está para o lado do sul. **3.** Vento que sopra desse lado. **4.** O Polo Sul. **5.** País, Estado, região etc. situados nesse direção. *adj.* **6.** Relativo ao sul ou dele procedente. ● **Região Sul:** região geográfica do Brasil, que compreende os Estados do Paraná (PR), Santa Catarina (SC) e Rio Grande do Sul (RS).

Sul-a.me.ri.ca.no *adj.* **1.** Relativo ou pertencente à América do Sul ou aos seus habitantes. **2.** Diz-se do habitante da América do Sul. *s.m.* **3.** O natural de um país da América do Sul. ● *Pl.: sul-americanos.*

Sul.co *s.m.* **1.** Rego feito pelo arado. **2.** Vinco que a embarcação deixa nas águas, cortando-as. **3.** Prega, ruga.

Sul.fa *s.f.* QUÍM Nome comum a uma série de drogas antibacilares de largo emprego na medicina.

Sul.fa.to *s.m.* Sal ou éster do ácido sulfúrico (H_2SO_4), pela substituição dos hidrogênios, ou ânion dele derivado.

Súl.fur *s.m.* QUÍM Medicamento de enxofre, usado na homeopatia; enxofre.

Su.li.no *adj.* e *s.m.* Sulista.

Su.lis.ta *adj.2g.* **1.** Do Sul de uma região ou do país. *s.2g.* **2.** Pessoa natural da região Sul do país.

Sul-ma.to-gros.sen.se *adj.2g.* e *s.2g.* Relativo ao estado de Mato Grosso do Sul ou o que é seu natural ou habitante; mato-grossense-do-sul. ● *Pl.: sul-mato-grossenses.*

Sul-rio-gran.den.se *adj.2g.* **1.** Do, relativo ou pertencente ao Rio Grande do Sul; gaúcho. *s.2g.* **2.** Pessoa natural ou habitante desse Estado; gaúcho.

Sul.ta.na *s.f.* **1.** Concubina do sultão que dele teve um filho antes das outras concubinas. **1.1** Concubina de sultão, esp. a sua favorita.

Sul.tão *s.m.* **1.** Título que se dava ao imperador da Turquia. **2.** Título de alguns príncipes maometanos e tártaros. **3.** Homem que tem muitas amantes. ● *Pl.: sultãos, sultões.*

Su.ma *s.f.* **1.** Síntese, sumário, epítome. **2.** Resumo de um trabalho. ● **Em suma:** em resumo.

Su.ma.ré *s.m.* BOT Nome comum a várias espécies de orquídeas.

Su.ma.ren.to *adj.* Que tem muito sumo ou suco.

Su.ma.ri.ar *v.t.* Tornar sumário; sintetizar, resumir.

Su.má.rio *adj.* **1.** Resumido, breve, rápido. *s.m.* **2.** Resumo, suma. **3.** Recapitulação resumida.

Su.mé.rio *adj.* **1.** Pertencente ou relativo à Suméria (Mesopotâmia antiga). *s.m.* **2.** O habitante da Suméria. **3.** A mais antiga língua escrita, falada no Sul da Mesopotâmia (terceiro milênio a.C.).

Su.mi.da.de *s.f.* **1.** Qualidade de alto. **2.** A extremidade mais alta. **3.** Cimo, cume. **4.** FIG Pessoa de grande talento, saber ou importância. **5.** Notabilidade.

Su.mi.di.ço *adj.* Que some com facilidade.

Su.mi.dou.ro *s.m.* **1.** Abertura por onde se escoa um líquido. **2.** Lugar onde desaparecem coisas. **3.** Sarjeta, valeta. **4.** FIG Coisa que consome muito dinheiro.

Su.mir *v.t.* **1.** Ocultar, esconder. **2.** Perder. **3.** Submergir, afundar. **4.** Fazer desaparecer. **5.** Gastar, consumir. **6.** Introduzir, meter. *v.int.* e *p.* **7.** Desaparecer, perder-se. ● *Ant.: aparecer.*

Su.mo *s.m.* **1.** Suco extraído de vegetais, principalmente de frutos; caldo. *adj.* **2.** Que está no lugar mais alto. **3.** Muito elevado. **4.** Grande, extraordinário. **5.** Superior. **6.** Máximo. ● *Ant.: ínfimo.*

Sú.mu.la *s.f.* **1.** Pequena suma. **2.** Breve resumo.

Sun.dae (sândei) (ing.) *s.m.* Sorvete recoberto por calda de um determinado sabor (chocolate, morango etc.), pedaços de nozes, creme chantili etc.

Sun.ga *s.f.* Calção para banho de mar.

Sun.tu.á.rio *adj.* **1.** Referente a despesa(s), gasto(s). **2.** Referente a ou que contém luxo; magnificente.

Sun.tu.o.si.da.de *s.f.* **1.** Qualidade de suntuoso. **2.** Grande luxo; magnificência. ● *Ant.: simplicidade.*

Sun.tu.o.so *adj.* **1.** De grande luxo. **2.** Magnificente, aparatoso. **3.** Em que há grande pompa. ● *Ant.: simples.*

Su.or (ó) *s.m.* **1.** Líquido aquoso, um tanto salgado, de odor particular, expelido pelos poros da pele, e que condensa em gotas. **2.** Ato de suar. **3.** Resultado de grande trabalho. **4.** Trabalho penoso.

Su.per- *pref.* que indica *posição superior*, ou denota *excesso*, como em *super-homem*, *super-herói*, *super-realismo*, superestrela, super*campeão* etc.

Su.per.a.bun.dân.cia *s.f.* Qualidade ou caráter de superabundante; fartura. ● *Ant.: escassez.*

Su.per.a.bun.dan.te *adj.2g.* **1.** Que superabunda; exabundante, farto, exuberante. **2.** Que existe em excesso; excessivo, demasiado.

Su.per.a.bun.dar *v.int.* **1.** Existir em abundância ou em excesso. **2.** Sobejar, abundar excessivamente. *v.t.* **3.** Exceder. **4.** Ser mais do que necessário. **5.** Estar cheio; transbordar. ● *Ant.: escassear.*

Su.per.a.li.men.ta.ção *s.f.* Ato ou ou efeito de superalimentar (-se).

Su.per.a.li.men.tar *v.t.* e *p.* Alimentar(-se) em excesso.

Su.per.a.que.cer *v.t.* Submeter (uma substância) a temperaturas elevadas.

Su.per.a.que.ci.men.to *s.m.* Ato ou efeito de superaquecer; aquecimento excessivo.

Su.pe.rar *v.t.* **1.** Ultrapassar. **2.** Vencer. **3.** Domar, subjugar. **4.** Destruir. **5.** Remover. **6.** Passar por cima. **7.** Ultrapassar, exceder. **8.** Ser superior. **9.** Deixar para trás. *v.p.* **10.** Exceder-se.

Su.pe.rá.vit *s.m.* Diferença a mais entre a receita e a despesa; saldo a favor. ● *Ant.: déficit.*

Su.per.bac.té.ria *s.f.* Bactéria de cepa resistente a vários antibióticos.

Su.per.cam.pe.o.na.to *s.m.* Campeonato entre campeões.

Su.per.cí.lio *s.m.* Sobrancelha.

Su.per.ci.vi.li.za.ção *s.f.* Civilização altamente requintada, superior. ● *Pl.: supercivilizações.*

Su.per.com.pu.ta.dor (ô) *s.m.* Computador de grande potência e velocidade, us. esp. para pesquisas científicas, simulações e cálculos numéricos.

Su.per.con.du.ti.vi.da.de *s.f.* Ausência de resistividade elétrica apresentada por determinadas substâncias quando sua temperatura atinge valores inferiores a um determinado valor (*temperatura crítica*) característico da substância; supracondutividade.

Su.per.con.du.tor (ô) *adj.* e *s.m.* Diz-se ou cada um dos metais, compostos ou ligas nos quais ocorre supercondutividade; supracondutor.

Su.per.do.sa.gem *s.f.* Ato de administrar um medicamento em dose excessiva.

Su.per.do.se *s.f.* Dose excessiva; overdose.

Su.per.do.ta.do *adj.* e *s.m.* **1.** Diz-se de, ou indivíduo dotado de inteligência incomum. **2.** CH Diz-se de, ou aquele que possui um pênis muito grande.

Su.per.e.go *s.m.* PSICAN Mecanismo inibitório inconsciente e que por outro lado atua como constituinte principal da consciência.

Su.per.es.ti.mar *v.t.* **1.** Estimar muito. **2.** Dar excessivo apreço ou valor a.

Su.per.es.tru.tu.ra *s.f.* **1.** Conjunto das instituições, das ideias, da cultura de uma sociedade (por opos. a *infraestrutura*, que é a base material, econômica da sociedade). **2.** Conjunto de construções que se sobrepõem a outras.

Su.per.eu *s.m.* ⇒ **Superego**

Su.per.ex.ci.ta.ção *s.f.* Excitação fortíssima. ● *Pl.: superexcitações.*

SUPEREXCITAR — SUPOSITÓRIO

Su.per.ex.ci.tar *v.t.* e *p.* Excitar(-se) demais.

Su.per.e.xi.gên.cia (z) *s.f.* Exigência muito alta.

Su.per.e.xi.gen.te (z) *adj.2g.* Excessivamente exigente.

Su.per.fa.tu.ra.men.to *s.m.* **1.** Ato ou efeito de superfaturar. **2.** Faturamento por preço bem acima do normal ou de mercado.

Su.per.fa.tu.rar *v.t.* Faturar por preço muito acima do justo, do correto.

Su.per.fi.ci.al *adj.* **1.** Relativo ou pertencente à superfície. **2.** Que está à superfície. **3.** FIG Leviano; pouco sólido.

Su.per.fi.ci.a.li.da.de *s.f.* Qualidade de superficial.

Su.per.fí.cie *s.f.* **1.** Parte externa dos corpos. **2.** Extensão de um corpo em relação a seu comprimento e largura. **3.** FIG O que não é aprofundado, o que resulta de um estudo ligeiro. **4.** Aspecto, aparência.

Su.pér.fluo *adj.* **1.** Desnecessário, inútil. **2.** Que é demais; sobejo. *s.m.* **3.** O que é demais. **4.** Coisa supérflua. • *Ant.:* necessário.

Su.per-he.rói *s.m.* **1.** Personagem de ficção que geralmente possui poderes sobre-humanos, é personificado como bom e se opõe ao mal em todas as suas representações (pessoa, situação perigosa etc.). **2.** Pessoa comum que por sua coragem e atitude etc. lembra a figura mítica de herói.

Su.per-ho.mem *s.m.* **1.** Homem dotado de faculdades extraordinárias, acima dos humanos comuns. **2.** Homem que se considera superior aos outros. • *Pl.:* super-homens.

Su.per-hu.ma.no *adj.* Sobre-humano. • *Pl.:* super-humanos.

Su.per.in.ten.dên.cia *s.f.* **1.** Ato ou efeito de superintender. **2.** Cargo, função ou repartição de superintendente.

Su.per.in.ten.den.te *adj.* e *s.2g.* **1.** Que, ou pessoa que superintende; chefia. **2.** Que, ou pessoa que dirige um trabalho ou uma obra, com autoridade sobre todos ou deles participam.

Su.per.in.ten.der *v.t.* **1.** Dirigir (empresa etc.) como chefe. **2.** Dirigir como superintendente. **3.** Inspecionar. **4.** Chefiar, governar.

Su.pe.ri.or *adj.* **1.** Que está acima ou mais elevado que outro. **2.** Que ultrapassa outros em posição, mérito etc. **3.** Que domina. **4.** Que atinge grau mais elevado. • *Ant.:* inferior. *s.m.* **5.** Aquele que exerce autoridade sobre outro. **6.** O que dirige um convento. • *Fem.:* superiora.

Su.pe.ri.o.ra *s.f.* Freira ou monja que dirige um convento; abadessa.

Su.pe.rio.ri.da.de *s.f.* **1.** Qualidade de superior. **2.** Autoridade moral originária de hierarquia ou posição superior. • *Ant.:* inferioridade.

Su.per.la.ti.vo *adj.* **1.** Que exprime uma qualidade elevada ao mais alto grau. **2.** Muito alto. **3.** Ótimo. *s.m.* **4.** Grau superlativo; o mais alto grau. • *Ant.:* diminutivo.

Su.per.lo.ta.ção *s.f.* Lotação excessiva.

Su.per.lo.tar *v.t.* Exceder a lotação de.

Su.per.mãe *s.f.* **1.** Mãe que, nas boas qualidades, se revela superior às mães comuns. **1.1** Mãe muito protetora.

Su.per.mer.ca.do *s.m.* Estabelecimento comercial, de artigos de alimentação e domésticos, onde o comprador retira pessoalmente as mercadorias, pagando-as à saída.

Su.per.mo.de.lo (ê) *s.2g.* Manequim ou modelo de renome; top model.

Su.per.no.va *s.f.* Estrela maciça que, num estágio avançado de sua evolução, explode, passando repentinamente a brilhar de modo muito intenso, para depois ir perdendo lentamente o seu fulgor.

Su.per.po.pu.la.ção *s.f.* Excesso de população.

Su.per.po.pu.lo.so (ô) *adj.* Demasiadamente povoado; superpopulado, superpovoado.

Su.per.por (ô) *v.t.* e *p.* **1.** Pôr em cima. **2.** Sobrepor(-se).

Su.per.po.vo.a.men.to *s.m.* Excesso de população; povoamento excessivo em relação aos recursos explorados de uma região.

Su.per.po.vo.ar *v.t.* Povoar em excesso; existir (uma população) numa determinada região, em quantidade superior à que esta suporta.

Su.per.pro.du.ção *s.f.* **1.** Excesso de produção; produção além da que havia sido prevista. **2.** Filme com grande número de atores, cenários luxuosos e que absorve grande capital.

Su.per.sen.sí.vel *adj.2g.* Que escapa ou está fora da ação dos sentidos; hipersensível.

Su.per.sô.ni.co *adj.* Relativo às velocidades superiores às do som. *adj.* e *s.m.* **2.** Diz-se do, ou o avião que alcança velocidade superior à do som (acima de 1.224 km/h).

Su.per.star *s.2g.* Pessoa (atleta, cantor, ator etc.) de grande sucesso em sua atividade e muita popularidade. • *Pl.:* superstars.

Su.pers.ti.ção *s.f.* **1.** Sentimento religioso ou temor causado pela ignorância e que conduz ao cumprimento de supostos deveres. **2.** Receio de coisas inverossímeis e confiança em coisas e meios ineficazes. **3.** Apego exagerado ou infundado a certas coisas. **4.** Crendice, preconceito.

Su.pers.ti.ci.o.so *adj.* **1.** Que crê em superstição. **2.** Em que há superstição. **3.** Indivíduo supersticioso.

Su.pérs.ti.te *adj.* Que sobrevive; sobrevivente.

Su.per.ve.ni.en.te *adj.2g.* **1.** Que sobrevém. **2.** Que aparece ou vem depois.

Su.per.vi.são *s.f.* **1.** Ato de supervisar ou supervisionar. **2.** Função de supervisor.

Su.per.vi.sar *v.t.* Dirigir e orientar um trabalho; superintender, supervisionar.

Su.per.vi.sor *adj.* e *s.m.* Que, ou no que supervisa.

Su.pe.tão *s.m.* *elem.* usado na loc. adv. de supetão. • de supetão: de repente, subitamente.

Su.pim.pa *adj.2g.* FAM Muito bom; ótimo.

Su.pi.no *adj.* **1.** Alto, elevado. **2.** Excessivo, demasiado. **3.** Deitado de costas.

Su.plan.tar *v.t.* **1.** Pôr sob os pés. **2.** Calcar, pisar. **3.** Levar vantagem, vencer. **4.** Derrubar. **5.** Humilhar, dominar.

Su.ple.men.tar *adj.2g.* **1.** Relativo a suplemento. **2.** Que serve de suplemento. **3.** Que amplia. **4.** Suplente, auxiliar. **5.** Diz-se do ângulo que somado com outro dá 180°.

Su.ple.men.to *s.m.* **1.** Aquilo que serve para suprir. **2.** O que dá a mais. **3.** Parte que se junta a um todo para ampliar, esclarecer e aperfeiçoar; aditamento. **4.** JORN Caderno temático, geralmente com periodicidade semanal.

Su.plen.te *adj.2g.* **1.** Que supre. *s.2g.* **2.** Pessoa que supre; substituto. **3.** Pessoa que é ou pode ser chamada a desempenhar certas funções na falta de outrem.

Su.ple.ti.vo *adj.* **1.** Que supre, que completa. *adj.* e *s.m.* **2.** Diz-se de, ou certo currículo de nível médio.

Sú.pli.ca *s.f.* **1.** Ato de suplicar; rogo. **2.** Pedido ou oração instante e humilde.

Su.pli.can.te *adj.2g.* **1.** Que suplica. *s.2g.* **2.** Pessoa que suplica. **3.** Aquele que requer em juízo; requerente, impetrante.

Su.pli.car *v.t.* **1.** Pedir com instância e humildade. **2.** Rogar, implorar.

Sú.pli.ce *adj.2g.* Que suplica; suplicante.

Su.pli.ci.ar *v.t.* **1.** Infligir suplício. **2.** Fazer sofrer a pena de morte. **3.** Torturar. **4.** Afligir. **5.** Molestar, magoar. **6.** Martirizar.

Su.plí.cio *s.m.* **1.** Grande punição corporal, imposta por sentença. **2.** Pena de morte; execução capital. **3.** Pessoa ou coisa que aflige muito. **4.** Martírio, tortura.

Su.por (ô) *v.t.* **1.** Alegar por hipótese. **2.** Conjeturar, presumir, imaginar. **3.** Trazer à ideia. **4.** Imputar. *v.p.* **5.** Considerar-se; ter-se na conta de.

Su.por.tar *v.t.* **1.** Ter sobre si. **2.** Estar debaixo. **3.** Sofrer com paciência. **4.** Tolerar. **5.** Aguentar, resistir. *v.p.* **6.** Tolerar-se mutuamente.

Su.por.te *s.m.* **1.** Aquilo que serve de sustentáculo a alguma coisa. **2.** Aquilo em que alguma coisa assenta ou se afirma. **3.** Base de sustentação; apoio.

Su.po.si.ção *s.f.* **1.** Ato ou efeito de supor. **2.** Hipótese, conjetura.

Su.po.si.tó.rio *s.m.* MED Medicamento sólido, que se introduz no ânus, na vagina ou na uretra.

SUPOSTO — SUSPICAZ

Su.pos.to *adj.* **1.** Admitido por hipótese; hipotético, fictício, falso. *s.m.* **2.** FILOS O que subsiste por si; substância. **3.** Coisa suposta; hipótese, conjectura. • *Ant.: real.*

Su.pra *adv.* Acima.

Su.pra- *pref. Elem. de comp.*, que exprime a ideia de *acima*, *superioridade*, *excesso*, como em supra*ssumo*, supra*estrutura*, supra*citado*, supra*natural* etc. Tem hífen antes da palavra iniciada por *a* ou *h*.

Su.pra.ci.ta.do *adj.* Citado acima ou anteriormente.

Su.pra.par.ti.dá.rio *adj.* Que está acima dos partidos.

Su.prar.re.nal *adj.2g.* **1.** ANAT Situado acima dos rins. *s.f.* **2.** Glândula de secreção interna, situada acima dos rins. • *Pl.: suprar-renais.*

Su.pras.su.mo *s.m.* **1.** O ponto mais elevado. **2.** O ápice, o auge; culminância. • *Pl.: suprassumos.*

Su.pre.ma.ci.a *s.f.* **1.** Superioridade sobre todas as pessoas ou coisas. **2.** Hegemonia, preponderância. • *Ant.: inferioridade.*

Su.pre.mo *adj.* **1.** Superior a tudo. **2.** Que pertence a Deus; celeste. **3.** Superior, sumo. **4.** Último, derradeiro. • *Ant.: ínfimo.*

Su.pri.mir *v.t.* **1.** Cortar, eliminar. **2.** Fazer desaparecer. **3.** Cassar, anular, invalidar. **4.** Extinguir. **5.** Passar em silêncio. **6.** Não publicar. **7.** Não mencionar; omitir. • *Ant.: acrescentar.*

Su.prir *v.t.* **1.** Completar, inteirar (uma coisa). **2.** Substituir; fazer as vezes de. **3.** Prevenir. **4.** Substituir. **5.** Acudir. **6.** Servir de auxílio. **7.** Abastecer, prover.

Su.pu.rar *v.int.* Lançar ou expelir pus.

-su.ra *suf.* Equivale a *-ura.*

Sur.dez (ê) *s.f.* **1.** Qualidade ou afecção de surdo. **2.** Perda considerável da capacidade de ouvir.

Sur.di.na *s.f.* Peça com que se enfraquecem os sons nos instrumentos de corda e sopro. • **Em ou na surdina:** secretamente, às ocultas.

Sur.dir *v.int.* **1.** Sair, brotar, irromper. **2.** Emergir. *v.t.* **3.** Resultar, provir.

Sur.do *adj.* **1.** Que não ouve ou quase não ouve. **2.** Abafado, pouco sonoro. **3.** FIG Que se faz sem ruído, secretamente. **4.** Que se faz sem rumor. **5.** Insensível. **6.** Indiferente, inflexível. **7.** GRAM Diz-se dos fonemas produzidos sem vibração das cordas vocais. • *Opõe-se a sonoro. s.m.* **8.** Indivíduo que não ouve ou ouve mal. **9.** Tambor de som abafado.

Sur.do-mu.do *adj. e s.m.* Diz-se de, ou indivíduo que é surdo e mudo. • *Fem.: surda-muda.* • *Pl. do adj.: surdo-mudos,* pl. do subs.: *surdos-mudos.*

Sur.far *v.int.* Praticar o surfe, fazer surfe.

Sur.fe *s.m.* Esporte marítimo em que a pessoa desliza, de pé, sobre uma prancha impulsionada pelas ondas.

Sur.fis.ta *s.2g.* Pessoa que pratica o surfe.

Sur.gi.men.to *s.m.* Ato ou efeito de surgir; aparecimento.

Sur.gir *v.int.* **1.** Aparecer. **2.** Vir do fundo para a superfície. **3.** Aportar, ancorar. **4.** Erguer-se. **5.** Despontar, nascer. **6.** Aparecer elevando-se. **7.** Manifestar-se, vir, chegar. **8.** Ocorrer. **9.** Lembrar.

Su.ro *adj.* Suru.

Sur.pre.en.den.te *adj.2g.* **1.** Que surpreende. **2.** Admirável, maravilhoso, espantoso, magnífico.

Sur.pre.en.der *v.t.* **1.** Apanhar de improviso. **2.** Aparecer de repente. **3.** Causar surpresa a; espantar. **4.** Prazer inesperado. **5.** Obter furtivamente. *v.p.* **6.** Espantar-se, admirar-se.

Sur.pre.sa (ê) *s.f.* **1.** Ato de surpreender(-se). **2.** Prazer inesperado. **3.** Acontecimento imprevisto. **4.** Perturbação, espanto, sobressalto. • *Ant.: indiferença.*

Sur.pre.so (ê) *adj.* **1.** Surpreendido. **2.** Admirado, perplexo, tomado de espanto. • *Ant.: indiferente.*

Sur.ra *s.f.* **1.** POP Ato de surrar. **2.** Sova, tunda. **3.** Derrota expressiva imposta ao adversário.

Sur.rão *s.m.* **1.** Bolsa de couro, destinada a farnel de pastores. **2.** Indivíduo muito sujo. **3.** Roupa suja e gasta. **4.** PLEB Prostituta reles.

Sur.rar *v.t.* **1.** Curtir ou pisar peles. **2.** Bater, fustigar. **3.** Maltratar com pancadas; dar surra. *v.p.* **4.** Gastar-se pelo uso (uma peça de vestuário).

Sur.re.a.lis.mo *s.m.* Movimento artístico e literário que, baseado num automatismo psíquico e rejeitando as construções lógicas do espírito, procura representar as ideias, sem ordem ou sequência, como em um sonho.

Sur.re.a.lis.ta *adj.2g.* **1.** Relativo ou pertencente ao surrealismo. *s.2g.* **2.** Pessoa adepta do surrealismo.

Sur.ru.pi.ar *v.t. Var.: surripiar.*

Sur.sis (sursi) (fr.) *s.m.* JUR Suspensão condicional de pena de detenção inferior a dois anos que o magistrado pode conceder a criminoso primário, tendo em vista os bons antecedentes do réu.

Sur.tir *v.t.* **1.** Ter como resultado. **2.** Originar. **3.** Produzir efeito. **4.** Ter consequência.

Sur.to *adj.* **1.** Preso ao fundo pela âncora; fundeado. *s.m.* **2.** FIG Voo alto de ave. **3.** Tendência para aumentar. **4.** Ambição desmedida. **5.** Aparecimento repentino de doença, que abrange um número mais ou menos ilimitado de pessoas numa área restrita; irrupção.

Su.ru *adj.2g.* **1.** Que não tem cauda. **2.** Que só tem o coto da cauda. • *Var.: suro.*

Su.ru.bim *s.m.* Peixe fluvial brasileiro, também chamado *pintado.* • *Var.: surubi.*

Su.ru.cu.cu *s.f.* **1.** A maior serpente venenosa do Brasil, de até 3,60 m de comprimento; jararaçuçu. **2.** FIG e FAM Mulher muito geniosa.

Su.ru.ru *s.m.* **1.** Molusco comestível, encontradiço na lama das lagoas. **2.** Motim, conflito, rolo.

Sus! *interj.* Eia! coragem! ânimo!

Sus.ce.tí.vel *adj.2g.* **1.** Capaz de receber certas impressões, modificações ou qualidades. **2.** Que tem grande sensibilidade física. **3.** Que se ofende facilmente; melindroso. *s.2g.* **4.** Pessoa suscetível ou melindrosa.

Sus.ci.tar *v.t.* Fazer nascer ou aparecer; causar.

Su.se.ra.no *s.m.* Senhor de cujos vassalos dependiam outros vassalos no regime feudal.

Su.shi (suchí) (jap.) *s.m.* Prato japonês feito com peixe cru.

Su.shi.man (ing.) *s.m.* Quem prepara sushi.

Sus.pei.ção *s.f.* **1.** Ato ou efeito de suspeitar. **2.** Dúvida, suspeita, desconfiança.

Sus.pei.ta *s.f.* **1.** Suspeição. **2.** Desconfiança mais ou menos fundada. **3.** Suposição, ideia vaga.

Sus.pei.tar *v.t.* **1.** Ter suspeita de. **2.** Supor, julgar com certa base. **3.** Desconfiar. **4.** Levantar suspeita contra.

Sus.pei.to *adj.* **1.** Que causa suspeita; duvidoso. **2.** Que não inspira confiança ou de cuja verdade se duvida.

Sus.pei.to.so (ô) *adj.* Que tem suspeitas; receoso, desconfiado.

Sus.pen.der *v.t.* **1.** Pendurar; suster no ar. **2.** Deixar pendente. **3.** Interromper temporariamente. **4.** Privar provisoriamente de um cargo ou dos respectivos vencimentos. **5.** Impedir por algum tempo a publicação. **6.** Reter. **7.** Privar de assistir às aulas. **8.** Fazer cessar. **9.** Interromper a ação. **10.** Sustar. **11.** Demorar, retardar. **12.** Privar. *v.p.* **13.** Pendurar-se. **14.** Ficar em lugar muito alto. **15.** Ficar suspenso. **16.** Parar; interromper-se. • *Part.duplo: suspendido e suspenso.* • *Ant.: abaixar.*

Sus.pen.são *s.f.* **1.** Ato ou efeito de suspender. **2.** Estado de substâncias sólidas que flutuam num líquido. **3.** MÚS Prolongamento de uma nota ou pausa. **4.** Espécie de miragem, em que os objetos parecem suspensos, sem imagem refletida.

Sus.pen.se *s.m.* Artifício na composição literária, teatro e cinema, em que a ação se retarda com incidentes menores, a fim de intensificar, no leitor ou espectador, a emoção por um efeito inevitável, não porém definido.

Sus.pen.só.rios *s.m.pl.* Fitas ou tiras que, passando por cima dos ombros, seguram as calças pelo cós.

Sus.pi.caz *adj.2g.* **1.** Que causa suspeita; suspeito. **2.** Desconfiado; que tem suspeita, desconfiança.

SUSPIRAR — SW

Sus.pi.rar *v.int.* **1.** Soltar suspiros. **2.** Dizer por meio de suspiros. **3.** Exprimir com tristeza. **4.** Murmurar. **5.** Soprar ligeiramente. *v.t.* **6.** Desejar ardentemente. **7.** Estar enamorado.

Sus.pi.ro *s.m.* **1.** Respiração forte e prolongada, produzida por desgosto ou por incômodo físico. **2.** Lamento, gemido. **3.** FIG Som triste e suave; murmúrio. **4.** Pequeno orifício numa vasilha, para extração de um líquido em pequena quantidade. **5.** Doce feito de açúcar e clara de ovo.

Sus.sur.rar *v.int.* **1.** Causar sussurro. **2.** Dizer em voz baixa; murmurar.

Sus.sur.ro *s.m.* **1.** Som confuso. **2.** Murmúrio, cicio. **3.** Zumbido. **4.** Ato de falar em voz baixa.

Sus.tân.cia *s.f.* **1.** POP O que alimenta; sustança, substância. **2.** POP Vigor, robustez.

Sus.tar *v.t.* **1.** Fazer parar; interromper. *v.int.* e *p.* **2.** Parar, suspender(-se), interromper(-se).

Sus.te.ni.do *s.m.* Figura musical (#) que indica elevação de um semitom à nota que estiver à sua direita. • Opõe-se a *bemol*.

Sus.ten.ta.ção *s.f.* **1.** Ato ou efeito de sustentar. **2.** Apoio, sustentáculo. **3.** Alimento, manutenção. **4.** Defesa, confirmação.

Sus.ten.tá.cu.lo *s.m.* **1.** Aquilo que sustenta ou sustém. **2.** Base, alicerce. **3.** Apoio, amparo. **4.** Arrimo, defesa.

Sus.ten.tar *v.t.* **1.** Segurar por baixo. **2.** Suster, suportar. **3.** Servir de escora. **4.** Impedir que caia. **5.** Defender. **6.** Afirmar categoricamente. **7.** Resistir. **8.** Conservar. **9.** Manter, alimentar. **10.** Prover de víveres ou munições. **11.** Amparar, impedir a ruína. **12.** Dar ânimo. **13.** Proteger, favorecer. **14.** Aguentar. **15.** Sofrer com firmeza. **16.** Defender com argumentos. **17.** Confirmar. **18.** Estimular. **19.** Opor-se. *v.p.* **20.** Conservar a mesma posição. **21.** Equilibrar-se. **22.** Defender-se. **23.** Alimentar-se, nutrir-se. **24.** Manter-se, viver.

Sus.ten.to *s.m.* **1.** Aquilo que serve de alimentação. **2.** Alimento. **3.** Manutenção. **4.** Amparo, arrimo.

Sus.ter *v.t.* **1.** Segurar para que não caia. **2.** Sustentar. **3.** Fazer face. **4.** Opor-se. **5.** Refrear, reprimir, deter. **6.** Fazer para. **7.** Restringir, moderar. **8.** Conservar. **9.** Fazer que não se acabe; alimentar. *v.p.* **10.** Manter-se, conservar-se. **11.** Ter-se em pé. **12.** Firmar-se, conter-se.

Sus.to *s.m.* **1.** Medo repentino. **2.** Sobressalto. **3.** Temor causado por notícias ou fatos imprevistos.

Su.ta.che *s.f.* Trancinha de seda, lã ou algodão usado como enfeite de peças do vestuário.

Su.ti.ã *s.m.* Peça íntima feminina, usada para sustentar ou modelar os seios; porta-seios.

Su.til *adj.2g.* **1.** Muito fino, muito tênue. **2.** FIG Com habilidade. **3.** Engenhoso, perspicaz. **4.** Leve. **5.** Manso. **6.** Que anda sem fazer ruído. ♦ *Var.: subtil.* ♦ *Pl.: sutis.* ♦ *Cf. sútil.*

Sú.til *adj.* **1.** Cosido, costurado. **2.** Feito (roupa) de pedaços cosidos. ♦ *Pl.: súteis.* ♦ *Cf. sutil.*

Su.ti.le.za *s.f.* **1.** Qualidade de sutil. **2.** Delicadeza, finura. **3.** Agudeza de espírito, dito ou argumento de alguém para embaraçar outrem.

Su.tu.ra *s.f.* **1.** MED Ato de coser os lábios de uma ferida. **2.** Juntura. **3.** Costura. **4.** Articulação de dois ossos que ligam um ao outro por meio de recorte dentado.

Su.ve.nir *s.m.* Objeto característico de um lugar, adquirido como lembrança de viagem. ● *Pl.: suvenires.*

Su.xar (ch) *v.t.* Tornar frouxo; alargar.

SW ou **s.w.** *Abrev.* de *sudoeste.*

t T

T/t *s.m.* **1.** Vigésima e décima sexta consoante do alfabeto português, de nome *tê*. *adj.* **2.** Que, numa série, ocupa o vigésimo lugar.

T *Abrev.* de *tonelada(s)* (1.000 kg).

Ta.ba *s.f.* Aldeia de índios.

Ta.ba.ca.ri.a *s.f.* Casa onde se vendem cigarros, charutos e demais artigos de fumantes; charutaria.

Ta.ba.co *s.m.* BOT Gênero de plantas solanáceas de folhas amplas, das quais se extrai o fumo, utilizado na fabricação de cigarros e charutos; fumo.

Ta.ba.gis.mo *s.m.* **1.** Uso ou abuso do fumo. **2.** Intoxicação produzida pelo abuso do fumo (tabaco).

Ta.ba.ja.ra *adj.2g.* **1.** Relativo aos tabajaras. *s.2g.* **2.** Indígena da tribo dos tabajaras (CE).

Ta.ba.quei.ra *s.f.* Caixa ou bolsa pequena onde se coloca rapé ou tabaco.

Ta.ba.quei.ras *s.f.pl.* POP Nariz, ventas.

Tabaqueiro *adj.* **1.** Relativo a tabaco. *adj.* e *s.m.* **2.** Diz-se de, ou aquele que usa tabaco. *s.m.* **3.** Lenço daqueles que usam tabaco. **4.** POP Nariz de ventas largas.

Ta.ba.réu *s.m.* **1.** Homem da roça, inculto, de maneiras acanhadas; caipira, matuto, sertanejo. **2.** Indivíduo que se embaraça no falar. **3.** FIG Aquele que sabe pouco de seu ofício. **4.** Recruta mal exercitado. ● *Fem.: tabaroa.*

Ta.ba.tin.ga *s.f.* Argila mole, untuosa, branca ou esbranquiçada, que se forma no fundo da água.

Ta.be.fe *s.m.* **1.** Soro de leite coalhado. **2.** POP Bofetada, sopapo, tapa.

Ta.be.la *s.f.* **1.** Pequena tábua, quadro ou papel, onde se registram nomes de pessoas ou coisas. **2.** Escala de serviço. **3.** Relação de preços máximos de mercadorias. **4.** Registros ordenados de cálculos previamente feitos, com os respectivos resultados. **5.** Rol, índice, lista. **6.** Bordo interno da mesa de bilhar, forrada de borracha apropriada.

Ta.be.la.men.to *s.m.* **1.** Ato ou efeito de tabelar (preços). **2.** Controle oficial de preços, por meio de tabelas.

Ta.be.lar *v.t.* **1.** Fazer a tabela dos preços de. **2.** Sujeitar a uma lista oficial os preços de.

Ta.be.li.ão *s.m.* Escrivão público, que reconhece assinaturas, faz escrituras e outros documentos. ● *Fem.: tabeliã, tabelioa.* ● *Pl.: tabeliães.*

Ta.be.lio.na.to *s.m.* **1.** Cargo ou ofício de tabelião. **2.** Escritório de tabelião. **3.** O conjunto dos tabeliães.

Ta.ber.na *s.f.* Casa onde se vendem bebidas, especialmente vinhos. ● *Var.: taverna.*

Ta.ber.ná.cu.lo *s.m.* **1.** Templo portátil em que os hebreus faziam sacrifícios. **2.** Sacrário. **3.** Armário onde se guarda a hóstia consagrada. **4.** Mesa em que trabalham os ourives. **5.** FAM Morada, lar.

Ta.ber.nei.ro *s.m.* **1.** Dono de taberna. **2.** Aquele que trabalha em taberna. ● *Var.: taverneiro.*

Ta.bi.que *s.m.* **1.** Parede de tábuas ou outro material, que não chega ao teto, utilizada para dividir em compartimentos uma sala etc. **2.** ANAT Membrana que separa duas cavidades; septo.

Ta.ble.te (ê) *s.m.* Pequena barra de produto alimentício ou de remédio.

Ta.bloi.de *adj.2g.* **1.** Que tem o formato de pastilha. *s.m.* **2.** Pastilha comprimida; comprimido. **3.** Formato de jornal de tamanho aproximado à metade do jornal habitual, ou seja, 28 por 38 cm.

Ta.bu *s.m.* **1.** Crença religiosa que atribui a uma pessoa ou objeto caráter sagrado. **2.** Verdade intocável. **3.** Qualquer coisa inviolável, proibida. *adj.* **4.** Que tem esse caráter sagrado. **5.** Proibido.

Tá.bua *s.f.* **1.** Peça plana de madeira, serrada ao comprido; prancha. **2.** Mesa de jogos ou de refeições. **3.** Carta geográfica; mapa. **4.** Tabela, catálogo, índice. **5.** FAM Recusa a pedido de casamento ou a convite para dançar. ● **Tábua de salvação:** expediente ou recurso extremo. ● *Aum.: tabuão.* ● *Dim.: tabuinha.*

Ta.bu.a.da *s.f.* **1.** Livrinho que contém as primeiras noções do ensino da aritmética. **2.** Tabela com combinações de algarismos; índice.

Ta.bu.lar *v.t.* Fixar (as margens) com o tabulador.

Ta.bu.lei.ro *s.m.* **1.** Peça de madeira ou de outro material, com rebordos salientes; bandeja. **2.** Superfície dividida em 64 quadrados alternados de branco e preto, onde se joga a dama, o xadrez, o gamão etc.

Ta.bu.le.ta (ê) *s.f.* **1.** Quadro ou pedaço de tábua com letreiro, afixado à frente ou à porta de certas casas de negócio e edifícios públicos. **2.** Sinal, anúncio, aviso.

Ta.ça *s.f.* **1.** Copo largo e pouco fundo, provido de pé. **2.** O conteúdo desse copo. **3.** Troféu esportivo em forma de taça.

Ta.ca.ca.zei.ro *s.m.* Nome dado a várias plantas da família das esterculiáceas (gênero *Sterculia*), das florestas úmidas, de cujas sementes se extrai um óleo.

Ta.ca.da *s.f.* **1.** Pancada com o taco. **2.** No bilhar ou na sinuca, impulso dado à bola com o taco. **3.** Golpe imprevisto e favorável. **4.** Soma de dinheiro que se ganha de uma vez; bolada. **5.** FAM Pancada.

Ta.ca.nho *adj.* **1.** Que tem pequena estatura; pequeno. **2.** Que não tem largueza de vistas; acanhado. **3.** Estúpido. **4.** Avarento, mesquinho.

Ta.cão *s.m.* **1.** Pedaço de sola sobre o qual assenta o salto do calçado. **2.** O próprio salto.

Ta.ca.pe *s.m.* Espécie de clava, usada como arma ofensiva pelos índios.

Ta.car *v.int.* **1.** Bater com o taco (em golfe, bilhar etc.). **2.** Dar (pisadela, tapa etc.). **3.** Atirar, jogar. **4.** Bater, maltratar.

Ta.cha *s.f.* Pequeno prego de cabeça chata; brocha. ● Cf. *taxa.*

Ta.char *v.t.* **1.** Pôr tacha ou defeito em; censurar. **2.** Qualificar (no mau sentido): Tachou-*o* de vagabundo.

Ta.cho *s.m.* **1.** Vaso de metal, largo, pouco fundo, com asas, de uso caseiro ou industrial. **2.** Antiga medida portuguesa, equivalente a 25 litros. **3.** POP Piano ruim.

Tá.ci.to *adj.* **1.** Não expresso por palavras, mas subentendido. **2.** Implícito, subentendido. **3.** Que não faz rumor; silencioso. ● *Ant.:* (acep. 1 e 2) *expresso.*

Ta.ci.tur.no *adj.* **1.** Que fala pouco. **2.** Calado, silencioso. **3.** Esquivo ao trato social. **4.** Sombrio, tristonho.

Ta.co *s.m.* **1.** Pau roliço e comprido com que, no jogo de bilhar, se impelem as bolas. **2.** Bastão com que se toca a bola em certos esportes, como o golfe, o polo etc. **3.** Peça de atafona. **4.** Bucha. **5.** Torno de madeira, com que se fecha algum orifício. **6.** Bom

TACÔMETRO — TAMARAL

jogador de bilhar. **7.** (NE) Bocado, pedaço. *adj.* **8.** Diz-se do indivíduo hábil, capaz, corajoso.

Ta.cô.me.tro *s.m.* Aparelho para medir velocidades permanentemente. (O mesmo que *taquímetro.*).

Tác.til *adj.2g. Var.: tátil.*

Tac.to *s.m. Var.: tato.*

Taei.kwon-do (coreano) (loc.) *s.m.* Arte coreana de autodefesa próxima ao caratê, que usa muito as pernas.

Ta.fe.tá *s.m.* Tecido lustroso de seda.

Ta.ga.re.lar *v.int.* **1.** Mostrar-se tagarela; falar muito e indiscretamente. **2.** Não guardar segredos.

Ta.ga.re.li.ce *s.f.* **1.** Hábito de tagarelar; indiscrição. **2.** Modos de tagarela.

Tai chi chuan (chinês) (loc.) *s.m.* Prática chinesa de relaxamento e meditação.

Tai.lan.dês *adj.* **1.** Relativo ou pertencente à Tailândia (Ásia). *s.m.* **2.** O natural ou o exercícios físicos para desenvolver a meditação e a autodefesa.

Tail.leur (taiér) (fr.) *s.m.* Traje feminino constituído de casaco e saia; costume.

Ta.i.nha *s.f.* Designação comum a vários peixes marítimos, muito encontrados nas costas brasileiras, chamado *curimã* no Norte e Nordeste.

Tai.o.ba *s.f.* BOT Planta herbácea, usada na alimentação: *Naquele dia, D. Lídia fez um gostoso caruru de taioba.*

Tai.pa *s.f.* Parede de barro ou de cal e areia, com ripas de madeira.

Tai.par *v.t.* **1.** Socar ou calcar (a taipa). **2.** Dividir ou construir com taipa.

Tal *pron.* **1.** Este, esse, isso, isto, aquilo, aquele; um certo. *adj.2g.* **2.** Que tem esta ou aquela qualidade. **3.** Igual, semelhante; assim. **4.** Tão grande, tão mal. **5.** Exatamente igual. *s.2g.* **6.** Pessoa de mérito em qualquer atividade. **7.** O batuta, o notável. *adv.* **8.** Assim mesmo.

Ta.la *s.f.* **1.** Peça de madeira delgada ou outro material resistente com que se imobiliza um osso fraturado. **2.** Chicote feito com uma só tira de couro.

Ta.la.ga.da *s.f.* Dose de bebida alcoólica que se toma de uma vez.

Ta.la.gar.ça *s.f.* Pano grosso e ralo, de fios destacados, sobre o qual se borda.

Ta.lan.te *s.m.* Vontade, arbítrio, desejo.

Ta.lão *s.f.* **1.** Parte posterior do pé. **2.** Parte do calçado ou da meia correspondente ao calcanhar. **3.** Bloco de folhas, geralmente descartáveis. **4.** Parte do recibo ou documento, que fica em poder da pessoa que entregou a outra parte.

Ta.lás.si.co *adj.* **1.** Relativo ao mar. **2.** Da cor do mar.

Ta.las.so.fo.bi.a *s.f.* Medo mórbido do mar.

Ta.las.so.fó.bi.co *adj.* Relativo à talassofobia.

Ta.las.só.fo.bo *s.m.* Aquele que tem talassofobia.

Ta.las.so.te.ra.pi.a *s.f.* MED Terapêutica por meio de banhos ou ares do mar.

Ta.las.so.te.rá.pi.co *adj.* Pertencente ou relativo à talassoterapia.

Tal.co *s.m.* **1.** MINER Silicato ácido de magnésio, que, reduzido a pó, se emprega em farmácia e na indústria. **2.** FIG Falso brilho.

Ta.len.to *s.m.* **1.** Nome de um peso e de uma moeda, na Grécia antiga. **2.** FIG Capacidade natural ou adquirida; inteligência. **3.** Pessoa de grande talento ou capacidade intelectual: *Ela é um talento!*

Ta.len.to.so (ô) *adj.* **1.** Que tem ou em que há talento. **2.** Hábil, engenhoso, inteligente.

Ta.lha *s.f.* **1.** Ato ou efeito de talhar. **2.** Corte, entalhe. **3.** Porção de metal que o buril tira quando lavra. **4.** Certo número de achas de lenha. **5.** Vaso de cerâmica ou louça de boca estreita e de grande bojo; pote.

Ta.lha.dei.ra *s.f.* Instrumento de aço, de lâmina triangular afiada, com que se talha pedra, metal etc.

Ta.lha.do *adj.* **1.** Que se talhou. **2.** Cortado, retalhado. **3.** Adaptado, moldado, apropriado. **4.** Coagulado, coalhado. *s.m.* **5.** Precipício, despenhadeiro.

Ta.lha.dor (ô) *adj.* e *s.m.* Que, ou o que talha ou corta.

Ta.lha-mar *s.m.* **1.** A parte mais saliente da proa de uma embarcação e que serve para quebrar a força da água. **2.** Obra angular de pedra ou alvenaria que, nas pontes, serve para quebrar a força das águas. ● *Pl.: talha-mares.*

Ta.lha.men.to *s.m.* **1.** Ato ou efeito de talhar. **2.** A obra talhada. **3.** Remoção cirúrgica de membro; amputação, apócope.

Ta.lhar *v.t.* **1.** Cortar com instrumento provido de gume. **2.** Entalhar, esculpir, gravar. **3.** Cortar (o alfaiate) à feição do corpo, em peças que depois se ajustam para formar a roupa. **4.** Cortar (o sapateiro) a medida do pé em peças que depois se ajustam para formar o sapato. **5.** FIG Predestinar, determinar com antecipação. *v.int.* **6.** Coalhar ou coagular-se (o leite). *v.p.* **7.** Abrir-se, rachar-se. **8.** Estragar-se.

Ta.lha.rim *s.m.* Tipo de macarrão cortado em tiras delgadas.

Ta.lhe *s.m.* **1.** Feitio, conformação do corpo. **2.** Modo de cortar uma roupa. **3.** Feição, porte, estatura; talho.

Ta.lher (é) *s.m.* **1.** Conjunto de garfo, faca e colher. **2.** Lugar de cada pessoa à mesa onde se vai comer.

Ta.lho *s.m.* **1.** Corte dado com o gume de um instrumento. **2.** Corte, desbaste. **3.** Feição, feitio, forma. **4.** Modo de talhar. **5.** Cepo sobre o qual, nos açougues, se corta a carne.

Ta.li.ão *s.m.* Pena pela qual, para punir um delito, infligia-se ao culpado dano igual ou semelhante ao por ele praticado; retaliação. ● *Pl.: taliões.*

Ta.li.do.mi.da *s.f.* Medicamento tranquilizante de uso proibido pelas deformações que pode provocar ao feto, utilizado com exclusividade no tratamento dos hansenianos.

Tá.lio *s.m.* Elemento químico de número atômico 81 (símb.: Tl) [Us. em vidros de baixo ponto de fusão, células fotelétricas, pesticidas etc.].

Ta.lis.mã *s.m.* **1.** Objeto de formas e dimensões variadas, com símbolos cabalísticos ou não, a que se atribui poderes mágicos, capaz de possibilitar a realização de desejos e vontades; amuleto. **2.** Aquilo que possui um poder irresistível; encanto.

Talk.show (ing.) *s.m.* Programa de televisão que consiste numa entrevista realizada como uma conversação entre o animador e um ou diversos convidados, a respeito de determinado tema.

Tal.mu.de *s.m.* Livro sagrado dos judeus, que contém as leis e as tradições judaicas. (Usa-se com inicial maiúscula).

Tal.mú.di.co *adj.* Relativo ao Talmude.

Ta.lo *s.m.* Fibra grossa que corre pelo meio das folhas das plantas.

Ta.lo.ná.rio *s.m.* e *s.m.* Diz-se de, ou bloco etc., cujas folhas constituem talões.

Ta.lo.so (ô) *adj.* **1.** Relativo a talo. **2.** Que tem talo.

Ta.lu.de *s.m.* **1.** Declive ou inclinação que se dá à superfície de um muro, terreno ou qualquer outra obra (estrada de ferro, rodovia, barragem etc.). **2.** Terreno inclinado; escarpa, rampa.

Ta.lu.do *adj.* **1.** Que tem talo duro ou resistente. **2.** Bem desenvolvido de corpo (menino); corpulento. ● *Ant.: franzino.*

Tal.vez *adv.* Exprime possibilidade ou dúvida: acaso, porventura, quiçá.

Ta.man.co *s.m.* **1.** Calçado grosseiro com sola de madeira ou de cortiça. **2.** Peça do carro de bois que funciona como freio.

Ta.man.du.á *s.m.* Mamífero desdentado de hábitos noturnos e língua delgada e comprida, que se alimenta de preferência de formigas e cupins; papa-formigas.

Ta.man.du.á-ban.dei.ra *s.m.* Variedade de tamanduá, em extinção, com uma cauda grande provida de longos pelos. ● *Pl.: tamanduás-bandeira* ou *tamanduás-bandeiras.*

Ta.ma.nho *adj.* **1.** Tão grande. **2.** Tão distinto, tão notável. *s.m.* **3.** Volume, dimensão de um objeto (calça, camisa, sapato, mesa etc.).

Tâ.ma.ra *s.f.* Fruto alongado da tamareira, de grande valor nutritivo.

Ta.ma.ral *s.m.* Extenso aglomerado de tamareiras em determinada área.

TAC / TAM

TAMAREIRA — TAPE

Ta.ma.rei.ra *s.f.* BOT Espécie de palmeira ornamental, originária da África e do Oriente Médio, cultivada por seus frutos (tâmaras).

Ta.ma.rin.dal *s.m.* Extenso aglomerado de tamarindos em determinada área.

Ta.ma.rin.dei.ro *s.m.* BOT Tamarindo (planta).

Ta.ma.rin.do *s.m.* **1.** BOT Árvore frutífera, da família das leguminosas. **2.** O fruto dessa árvore, de polpa ácida e comestível, muito apreciado para refrescos, sorvetes etc.

Tam.bém *adv.* **1.** Do mesmo modo; igualmente. **2.** Conjuntamente. **3.** Outrossim; realmente. *interj.* **4.** Exprime descontentamento, desgosto, estranheza.

Tam.bor (ô) *s.m.* **1.** Caixa cilíndrica, com dois fundos de pele retesada, num dos quais se toca com duas baquetas. **2.** O tocador de tambor. **3.** Tímpano da orelha. **4.** Cilindro rotatório do revólver, com orifícios onde se colocam as balas. **5.** Cilindro em que se mete a mola dos relógios. **6.** Espécie de tonel, em geral metálico. **7.** Designação de certos objetos de forma cilíndrica. ● *Dim.:* tamborim.

Tam.bo.re.te (ê) *s.m.* Pequeno banco de madeira baixo e pequeno, para uma só pessoa, sem braços nem encosto.

Tam.bo.ril *s.m.* **1.** Tambor pequeno. **2.** Tamborim.

Tam.bo.ri.lar *v.t.* **1.** Bater com os dedos (numa superfície qualquer), imitando o toque do tambor. **2.** Produzir som idêntico ao rufo do tambor.

Tam.bo.rim *s.m.* Pequeno tambor tocado com uma baqueta.

Ta.mis *s.m.* **1.** Peneira fina de seda, usado em farmácia e laboratório. **2.** Tecido inglês de lã.

Ta.mi.sa.ção *s.f.* Ato ou efeito de tamisar.

Ta.mi.sar *v.t.* Passar pelo tamis; peneirar.

Ta.moi.o *adj.* **1.** Relativo aos tamoios. *s.m.* **2.** Indígena da tribo dos tamoios.

Tam.pa *s.f.* **1.** Peça móvel com que se tapa ou veda orifício ou vão de um recipiente. **2.** Espécie de prensa de madeira na qual os penteeiros apertam as pentes para lhes aperfeiçoar os bicos. **3.** GÍR Chapéu.

Tam.pão *s.m.* **1.** Tampa grande; tampo. **2.** Grande rolha ou bucha. **3.** Chumaço de gaze ou algodão que serve para absorver líquidos e secreções. **4.** Laje ou placa de ferro que fecha a abertura de um esgoto ou poço.

Tam.par *v.t.* Pôr tampa ou tampo em.

Tam.po *s.m.* **1.** Peça circular, onde se entalham as aduelas dos cubas, tinas etc. **2.** Cada uma das peças que formam a caixa ou bojo de um instrumento de cordas (cavaquinho, violão etc.).

Tam.po.nar *v.t.* Vedar, vedar com tampão; tapar.

Tam.pou.co *adv.* Também não.

Ta.na.ju.ra *s.f.* **1.** Formiga de asas; içá. **2.** POP Mulher de cintura fina e traseiro avantajado.

Ta.na.to.lo.gi.a *s.f.* **1.** Tratado sobre a morte. **2.** Parte da medicina que estuda a morte e os problemas legais dela decorrentes.

Ta.na.to.ló.gi.co *adj.* Referente a tanatologia.

Ta.na.to.lo.gis.ta *adj.2g.* **1.** Relativo à tanatologia; tanatológico. *adj.2g.* e *s.2g.* **2.** Que ou quem se especializou em tanatologia.

Ta.na.to.pra.xi.a (cs) *s.f.* Conjunto de meios técnicos utilizados para a conservação de cadáveres. (O embalsamamento é uma forma histórica.)

Tan.ga *s.f.* **1.** Espécie de avental, geralmente feito de penas, com que os índios cobrem o corpo, do ventre até à metade das coxas. **2.** Espécie de calcinha muito reduzida, usada como roupa íntima ou como traje de banho.

Tan.ga.rá *s.m.* Pássaro brasileiro da família dos piprídeos, que saltita muito no ramo das árvores; dançador.

Tan.ge.dor *adj.* e *s.m.* Diz-se de, ou aquele que tange.

Tan.gên.cia *s.f.* **1.** Qualidade de tangente. **2.** GEOM Contato de duas linhas ou duas superfícies tangentes.

Tan.gen.ci.al *adj.2g.* Relativo à tangência ou à tangente.

Tan.gen.ci.ar *v.t.* **1.** Seguir a tangente de. **2.** Tocar, roçar por.

Tan.gen.te *adj.2g.* **1.** Que tange. *s.f.* **2.** GEOM Linha que toca outra ou uma superfície num só ponto. **3.** FIG e FAM Tábua de salvação. **4.** Nas vias férreas, a reta que se segue a uma curva.

Tan.ger *v.t.* **1.** Tocar (as cordas de instrumentos musicais ou um fole de ferreiro). **2.** Dizer respeito, referir-se. **3.** Tocar (animais) para os estimular na marcha. **4.** Pôr em fuga ou em marcha, como a animais. *v.int.* **5.** Soar. **6.** Tocar qualquer instrumento musical.

Tan.ge.ri.na *s.f.* Espécie de laranja-cravo; mexerica.

Tan.ge.ri.nei.ra *s.f.* BOT Árvore rutácea, que produz a tangerina.

Tan.gi.men.to *s.m.* Ato ou efeito de tanger.

Tan.gí.vel *adj.2g.* **1.** Que se pode tanger. **2.** Que se pode tocar ou apalpar. **3.** Sensível, palpável. **4.** Real, verdadeiro.

Tan.glo.man.go *s.m.* O mesmo que *tangolomango*.

Tan.go *s.m.* **1.** Dança argentina, dolente, em compasso binário. **2.** Música para essa dança.

Tan.go.lo.man.go *s.m.* **1.** POP Malefício atribuído à feitiçaria. **2.** Caiporismo, azar, infelicidade. **3.** Doença ou mal que não cede aos medicamentos.

Ta.ni.no *s.m.* QUÍM Substância adstringente encontrada na casca de várias plantas, usada para curtir couros e outros fins.

Ta.no.a.ri.a *s.f.* Oficina, ofício ou obra de tanoeiro.

Ta.no.ei.ro *s.m.* Aquele que faz ou conserta pipas, barris, dornas, cubas etc.

Tan.que *s.m.* **1.** Reservatório para conter água ou outros líquidos. **2.** Chafariz. **3.** Reservatório pequeno para lavagem de roupas ou outros fins. **4.** NÁUT Depósito de tinas de baldeação. **5.** (N) Açude. **6.** Veículo militar blindado, provido de canhões e apropriado para percorrer terrenos acidentados.

Tan.tã *adj.* e *s.2g.* **1.** Diz-se de, ou indivíduo meio desequilibrado. **2.** Tonto, amalucado. *s.m.* **3.** Espécie de tambor africano que serve para a transmissão de mensagens ou para o acompanhamento de danças.

Tan.tá.li.co *adj.* **1.** Relativo a Tântalo, figura mitológica condenada a sofrer o suplício da fome e da sede, tendo ao alcance da mão água e frutas, sem que as pudesse tocar. **2.** QUÍM Diz-se de um ácido derivado do tântalo.

Tan.ta.li.zar *v.t.* Causar suplício semelhante ao de Tântalo; provocar desejos irrealizáveis em.

Tân.ta.lo *s.m.* QUÍM Metal da cor da prata, de grande dureza, análogo ao nióbio.

Tan.to *adj.* **1.** Tão grande, tão numeroso. *adv.* **2.** Em tão grande quantidade, em tão alto grau; de tal modo; com tal força. *s.m.* **3.** Quantia ou quantidade indeterminada ou que não se quer declarar com exatidão; tal número, tal porção; volume.

Tão *adv.* Em tal grau; tanto, em tal quantidade, de tal maneira.

Tão-só *adv.* Unicamente, exclusivamente. ● É forma reforçada de *só* e *somente*. ● *Sinôn.:* tão-somente.

Ta.pa *s.2g.* **1.** Bofetada. **2.** Argumento irrespondível, ao qual não cabe réplica.

Ta.pa-bu.ra.co *s.m.* **1.** BOT Arbusto medicinal. **2.** Indivíduo sem organização definida dentro de uma organização e que substitui eventualmente outro. **3.** Objeto usado para encher um espaço vazio. ● *Pl.:* tapa-buracos.

Ta.pa.gem *s.f.* **1.** Tapamento. **2.** Tapume feito com varas, no rio, para apanhar peixes. **3.** Sebe, cerca. **4.** Barragem de terra para represar rios e riachos, a fim de reter o peixe ou fazer reservatório de água.

Ta.pa.men.to *s.m.* **1.** Ato ou efeito de tapar. **2.** Tapume, cerca.

Ta.pa-o.lho *s.m.* POP Bofetada no olho. ● *Pl.:* tapa-olhos.

Ta.par *v.t.* **1.** Cobrir ou fechar usando tampa ou não. **2.** Entupir, encher de qualquer coisa para fazer desaparecer. **3.** Encobrir, esconder; abafar. **4.** Pôr tapume em. *v.p.* **5.** Abrigar-se, resguardar-se. **6.** Estreitar-se, fechar-se.

Ta.pa-se.xo *s.m.* Exígua peça de roupa usada para cobrir apenas a genitália. ● *Pl.:* tapa-sexos.

Tape (ing.) *s.m.* **1.** Fita magnética us. para reproduzir ou gravar sons e imagens. ● *Pl.:* tapes.

TAPEAÇÃO — TATIBITATE

Ta.pe.a.ção *s.f.* **1.** Ato ou efeito de tapear. **2.** Engano, logro. **3.** FAM Reparo malfeito.

Ta.pe.a.dor *adj.* e *s.m.* POP Diz-se de, ou aquele que tapeia, engana, ilude.

Ta.pe.ar *v.t.* e *int.* Iludir, lograr, enganar.

Ta.pe.ça.ri.a *s.f.* **1.** Estojo lavrado ou bordado, com que se forram paredes, móveis, soalhos. **2.** Profissão de tapeceiro. **3.** Casa onde se fabricam ou se vendem tapetes. **4.** Tapete. **5.** FIG Terreno coberto de verdura. **6.** Flores e relva dos prados.

Ta.pe.cei.ro *s.m.* Aquele que fabrica ou vende tapetes.

Tape deck (têip dék) (ing.) *s.m.* Toca-fitas.

Ta.pe.ra *s.f.* **1.** Casa arruinada ou abandonada. **2.** Povoação indígena abandonada. **3.** Lugar feio e desolado.

Ta.pe.re.bá *s.m.* **1.** BOT Planta da família das anacardiáceas. **2.** Cajazeira.

Ta.pe.tar *v.t.* O mesmo que *atapetar*.

Ta.pe.te (ê) *s.m.* **1.** Peça de estofo para cobrir soalhos, escadas, mesas. **2.** Alcatifa. **3.** Pequena peça de ornato, que se coloca junto de camas e sofás. **4.** FIG Relva, campo florido.

Ta.pi.o.ca *s.f.* **1.** Fécula alimentícia extraída da mandioca. **2.** Beiju que tem no interior uma camada de coco ralado.

Ta.pir *s.m.* ZOOL Anta.

Ta.po.na *s.f.* GÍR Bofetada, tapa.

Ta.pui.a *adj.2g.* **1.** Relativo aos tapuias. *s.2g.* **2.** Indígena dos tapuias.

Ta.pui.o *s.m.* **1.** Nome dado pelos tupis aos gentios inimigos. **2.** Designação genérica do selvagem brasileiro. **3.** (AM) Índio que vive entre sertanejos.

Ta.pu.me *s.m.* **1.** Vedação de um terreno com madeiras. **2.** Sebe, cerca. **3.** Estuque, tapagem.

Ta.qua.ra *s.f.* **1.** BOT Nome vulgar de diversas espécies de bambus. **2.** Vara de bambu, utilizada na feitura de cestos, balaios etc.

Ta.qua.ral *s.m.* Terreno onde abundam taquaras; bambuzal.

Ta.que.ar *v.t.* Revestir (o chão) de tacos.

Ta.qui.ar.rit.mi.a *s.f.* Ritmo cardíaco irregular e anormalmente rápido.

Ta.qui.car.di.a *s.f.* Aceleração das pulsações do coração acima de 90 batimentos por minuto.

Ta.qui.cár.di.co *adj.* Relativo à taquicardia.

Ta.ra *s.f.* **1.** Abatimento que se faz no peso de uma mercadoria, levando-se em conta o peso da vasilha ou do envoltório que a contém; quebra. **2.** FIG Defeito físico ou moral, que geralmente implica numa perversão; vício, estigma.

Ta.ra.do *adj.* **1.** Que tem marcado o peso da tara. **2.** Que tem falha ou defeito; defeituoso. **3.** FIG Atraído, fascinado por. *adj.* e *s.m.* **4.** Que, ou aquele que pratica crimes sexuais.

Ta.ra.me.la *s.f.* **1.** Peça de madeira, que gira em volta de um prego e serve para fechar precariamente porta, janela, cancela etc. **2.** FIG Língua. **3.** Pessoa tagarela.

Ta.ran.te.la *s.f.* Música e dança, de movimento rápido, muito comum entre os napolitanos.

Ta.rân.tu.la *s.f.* Aranha venenosa da Europa, cuja picada causa febre e delírio.

Ta.rar *v.t.* **1.** Pesar, para abater na tara. **2.** Marcar o peso da tara sobre. **3.** Proceder como tarado.

Tar.dan.ça *s.f.* **1.** Ato ou efeito de tardar. **2.** Demora, delonga. ◆ *Ant.:* pressa, presteza.

Tar.de *adv.* **1.** Depois de passar o tempo próprio, conveniente ou ajustado. **2.** Perto da noite. *s.f.* **3.** Parte do dia que vai do meio-dia ao anoitecer.

Tar.di.nha *s.f.* O fim da tarde. ◆ À tardinha ou ao tardinha: no fim da tarde, pelo fim da tarde.

Tar.di.o *adj.* **1.** Lento, vagaroso. **2.** Que chega tarde. **3.** Que vem fora de tempo. ◆ *Ant.:* rápido, precoce.

Tar.do *adj.* **1.** Que anda ou fala vagarosamente. **2.** Que faz tudo lentamente. **3.** Preguiçoso. **4.** Vagaroso, lento. ◆ *Ant.:* rápido.

Ta.re.fa *s.f.* **1.** Trabalho que se deve realizar em determinado tempo. **2.** Empreitada. **3.** Encargo, obrigação. **4.** Medida agrária que na Bahia equivale a 4,356 m², em Sergipe e Alagoas a 3,052 m², e no Ceará a 3,630 m².

Ta.ri.fa *s.f.* **1.** Pauta de direitos alfandegários. **2.** Pauta que traz os valores cobrados por certos serviços. **3.** Tabela que indica o valor corrente de um gênero, o preço de uma corrida num veículo de praça etc.

Ta.ri.fa.ção *s.f.* Ato ou operação de tarifar.

Ta.ri.far *v.t.* **1.** Aplicar a tarifa a. **2.** Fixar por tarifa os preços ou os direitos de.

Ta.ri.fá.rio *adj.* Relativo a tarifa.

Ta.rim.ba *s.f.* **1.** Estrado alto de madeira onde dormem os soldados nos quartéis. **2.** Qualquer cama dura e desconfortável. **3.** FIG Vida de soldado. **4.** Larga experiência. ◆ Ter tarimba: ter muita prática.

Ta.rim.ba.do *adj.* Que tem tarimba; experiente.

Ta.rim.bar *v.t.* Servir no exército; ser soldado.

Tar.ja *s.f.* **1.** Ornato de pintura, desenho ou escultura na orla ou contorno de algum objeto; guarnição. **2.** Cinta preta nas margens do papel, para indicar luto. **3.** Escudo antigo.

Tar.jar *v.t.* **1.** Guarnecer com tarja. **2.** Pôr tarja em.

Tar.je.ta *s.f.* **1.** Pequena tarja. **2.** Pequeno ferrolho de ferro.

Ta.rô *s.m.* Baralho de 78 cartas, usado em práticas divinatórias.

Tar.ra.fa *s.f.* Rede de pesca, de forma circular, com chumbos na borda, que se lança com a mão.

Tar.ra.far *v.int.* Utilizar a tarrafa para pescar.

Tar.ra.xa *s.f.* **1.** Espécie de prego com uma espiral até o meio. **2.** Ferramenta de serralheiro, com que se fazem as roscas dos parafusos. **3.** Rosca, parafuso.

Tar.so *s.m.* **1.** ANAT Parte posterior do pé. **2.** Terceiro segmento dos pés das aves. **3.** Quinta parte do pé dos insetos. **4.** Nome das duas cartilagens situadas na espessura do bordo livre das pálpebras.

Tar.ta.mu.de.ar *v.int.* **1.** Gaguejar. **2.** Falar com tremura na voz, por susto ou medo. *v.t.* **3.** Balbuciar, gaguejar.

Tar.ta.mu.dez *s.f.* **1.** Defeito ou estado de tartamudo; gaguez. **2.** Dificuldade de falar.

Tar.ta.mu.do *adj.* e *s.m.* Diz-se do, ou o que tartamudeia ou tem dificuldade em falar; gago.

Tár.ta.ro *s.m.* **1.** POÉT Inferno. **2.** Incrustação calcária que se forma nos dentes. **3.** Substância que, sob a forma de crosta, adere às paredes das vasilhas de vinho.

Tar.ta.ru.ga *s.f.* **1.** Designação genérica dos répteis quelônios aquáticos, que têm o corpo coberto por uma carapaça. **2.** Substância extraída da carapaça da tartaruga.

Tar.tu.fi.ce *s.f.* Ato ou dito de tartufo; hipocrisia.

Tar.tu.fo *s.m.* (Do personagem *Tartufo*, de Molière.) Hipócrita que se faz passar por devoto; fingido.

Ta.ru.go *s.m.* **1.** Espécie de torno ou pino que liga duas peças de madeira. **2.** Prego de madeira. **3.** POP Indivíduo forte, baixo e grosso.

Tas.ca *s.f.* **1.** Casa onde se come mal. **2.** Taberna, baiuca, bodega.

Ta.ta.me *s.m.* Esteira de palha de arroz que serve de tapete nas casas japonesas e sobre a qual se praticam algumas artes marciais do Oriente (judô, caratê etc.).

Ta.ta.ra.na *s.f.* ⇒ Taturana.

Ta.ta.ra.ne.to *s.m.* Filho de bisneto ou bisneta; tetraneto.

Ta.ta.ra.vó *s.f.* Mãe do bisavô ou da bisavó; tetravó.

Ta.ta.ra.vô *s.m.* Pai do bisavô ou da bisavó; tetravô.

Ta.te.an.te *adj.* Que tateia. ◆ *Var.:* tacteante.

Ta.te.ar *v.t.* **1.** Apalpar. **2.** Aplicar o tato a. **3.** Sondar, investigar, pesquisar, examinar. *v.int.* **4.** Tocar nas coisas (com os pés, com as mãos, com uma bengala etc.) para se guiar. ◆ *Var.:* tactear.

Ta.tei.o *s.m.* Ato ou efeito de tatear; tato.

Ta.ti.bi.ta.te *adj.* e *s.2g.* **1.** Que, ou pessoa que fala trocando as consoantes. Gago, tartamudo. *s.2g.* **2.** FIG Pessoa vacilante.

TÁTICA — TÉCNICO

Tática *s.f.* **1.** Arte de dispor e ordenar as tropas e de combinar os recursos das diferentes armas para conseguir o máximo de eficiência no combate. **2.** FIG Conjunto dos meios para atingir determinado fim.

Tá.ti.co *adj.* **1.** Relativo a tática. *s.m.* **2.** Especialista ou teórico da tática.

Tá.til *adj.2g.* **1.** Relativo ao tato. **2.** Que se pode tocar ou tatear. ◆ *Var.: táctil.* ● *Pl.: táteis.*

Ta.to *s.m.* **1.** Sentido pelo qual temos conhecimento da forma, temperatura, consistência, pressão, estado da superfície e peso dos objetos. **2.** Sensação causada pelos objetos quando os apalpamos. **3.** O ato de apalpar, de tatear. **4.** Conhecimento adquirido pelo uso ou pelo tirocínio. **5.** Tino, prudência, cautela, jeito. **6.** Habilidade. **7.** Decidida vocação por qualquer coisa. ◆ *Var.: tacto.*

Ta.to.ra.na *s.f.* ⇒ Taturana.

Ta.tu *s.m.* Mamífero desdentado cujo corpo é quase todo coberto por placas, que formam uma espécie de couraça.

Ta.tu.a.dor *s.m.* Aquele que faz tatuagens.

Ta.tu.a.gem *s.f.* **1.** Processo que consiste em introduzir, através de agulhas, sob a epiderme, substâncias corantes para fazer surgir na pele desenhos e pinturas. **2.** Qualquer marca, pintura ou desenho feito por esse processo.

Ta.tu.ar *v.t.* Fazer tatuagem em.

Ta.tu-bo.la *s.m.* Espécie de tatu que, quando em perigo, se enrola tomando o formato de uma bola. ● *Pl.: tatus-bola ou tatus-bolas.*

Ta.tu.í *s.m.* Pequeno crustáceo que se mete na areia das praias.

Ta.tu.ra.na *s.f.* **1.** Lagarta de mariposas, de corpo coberto de cerdas caniculadas, cujas pontas agudíssimas, em contato com a pele, injetam veneno. **2.** FIG Indivíduo albino.

Tau.ma.tur.gi.a *s.f.* **1.** Dom ou poder de taumaturgo. **2.** Obra de taumaturgo.

Tau.ma.túr.gi.co *adj.* Relativo à taumaturgia.

Tau.ma.tur.go *adj.* e *s.m.* Que, ou indivíduo que faz ou pretende fazer milagres.

Tau.ri.no *adj.* **1.** Relativo, pertencente ou próprio de touro ou ao signo do Touro. *adj.* e *s.m.* **2.** Diz-se de, ou pessoa nascida sob o signo do Touro (21 de abril a 20 de maio).

Tau.ro.ma.qui.a *s.f.* Arte ou técnica de tourear.

Tau.to.lo.gi.a *s.f.* Vício ou recurso retórico que consiste em dizer sempre a mesma coisa por meios diversos.

Tau.to.ló.gi.co *adj.* **1.** Relativo à tautologia. **2.** Caracterizado pela tautologia.

Ta.ver.na *s.f.* Taberna.

Ta.vo.la.gem *s.f.* **1.** O vício do jogo. **2.** Jogo, jogatina. **3.** Casa de jogo.

Ta.vo.ren.se *adj.2g.* **1.** Pertencente ou relativo a Joaquim Távora (PR). *s.2g.* **2.** Pessoa natural ou habitante dessa cidade e município.

Ta.xa *s.f.* **1.** Preço legal ou regulamentar. **2.** Imposto, tributo; percentagem. **3.** Preço fixado pelos poderes públicos para determinados gêneros ou serviços. ◆ *Cf. tacha.*

Ta.xa.ção *s.f.* Ato ou efeito de taxar; tributação.

Ta.xar *v.t.* **1.** Regular o preço de. **2.** Moderar, limitar. **3.** Lançar um imposto sobre. **4.** Fixar, determinar. ◆ *Cf. tachar.*

Ta.xa.ti.vo *adj.* **1.** Que taxa. **2.** Que limita ou restringe. **3.** Definitivo, categórico.

Tá.xi *(cs) s.m.* **1.** Automóvel de aluguel, com motorista e taxímetro. **2.** Carro de praça. ◆ **Táxi aéreo:** aeronave de aluguel.

Ta.xi.ar *(cs) v.int.* Movimentar-se em baixa velocidade (a aeronave) na pista, quando da decolagem ou do pouso.

Ta.xi.der.mi.a *(cs) s.f.* Arte ou técnica de empalhar animais.

Ta.xi.dér.mi.co *adj.* Relativo à taxidermia.

Ta.xi.der.mis.ta *(cs) adj.2g.* Profissional que pratica a taxidermia.

Ta.xí.me.tro *(cs) s.m.* Aparelho de táxi destinado a medir a distância percorrida e determinar o total a ser pago pelo passageiro.

Ta.xi.o.no.mi.a *(cs) s.f.* **1.** Ciência que se ocupa da ordenação do mundo vivo, classificando todas as espécies de plantas e animais. **2.** GRAM Classificação das palavras.

Ta.xis.ta *(cs) s.2g.* Motorista de táxi.

Ta.xo.no.mi.a *(cs) s.f.* Taxionomia.

Tchau *interj.* **1.** Até logo, até a vista. *s.m.* **2.** Aceno, sinal de despedida ou saudação; adeus, adeusinho.

Te *pron.pess.* da 2ª pess. sing., caso oblíquo, na função de objeto direto ou indireto.

Tê *s.m.* **1.** Nome da letra tê. **2.** Qualquer peça que tenha a forma da letra tê.

Te.ar *s.m.* **1.** Máquina ou aparelho para tecer. **2.** Instrumento em que o encadernador cose os livros. **3.** O conjunto das rodas de um relógio. ● *Pl.: teares.*

Te.a.ti.no *s.m.* **1.** Religioso da ordem fundada por São Caetano de Tiene (1480-1547) e Gian Pietro de Caraffa (1476-1559), depois Papa Paulo IV. *adj.* **2.** Diz-se do religioso dessa ordem. **3.** Diz-se do cavalo ou do boi ou, por extensão, de qualquer outra coisa sem dono conhecido.

Te.a.tral *adj.2g.* **1.** Que diz respeito a teatro; de teatro. **2.** FIG Que procura efeitos para impressionar. **3.** Ostentoso, exagerado, espetaculoso.

Te.a.tra.li.da.de *s.f.* Qualidade ou caráter de teatral.

Te.a.tra.lis.mo *s.m.* **1.** Adaptação de uma obra às exigências específicas do teatro. **2.** Tom teatral.

Te.a.tra.li.zar *v.t.* **1.** Tornar próprio para ser representado em teatro. **2.** Adaptar para o teatro.

Te.a.tro *s.m.* **1.** Casa onde se representam obras dramáticas, comédias, óperas etc. **2.** Espetáculo. **3.** A arte de representar. **4.** A profissão de ator. **5.** Coleção das obras dramáticas de um autor, de uma época, de um país etc. **6.** Lugar onde se passa um acontecimento memorável; palco. **7.** FIG Fita, encenação.

Te.a.tró.lo.go *s.m.* Autor de peças teatrais.

Te.ce.dor *adj.* **1.** Que tece (pano). **2.** Aquele que tece (pano); tecelão. **3.** Aquele que tece enredo, intriga; mexeriqueiro.

Te.ce.du.ra *s.f.* **1.** Ato ou efeito de tecer; tecelagem. **2.** Os fios que atravessam a urdidura. **3.** FIG Enredo, intriga.

Te.ce.la.gem *s.f.* Indústria de tecidos.

Te.ce.lão *s.m.* **1.** O que trabalha em teares. **2.** Aquele que tece panos. ● *Fem.: tecelã e teceloa.*

Te.cer *v.t.* **1.** Entrelaçar regularmente os fios de. **2.** Tramar, urdir. **3.** Compor entrelaçando. **4.** Entrecortar, mesclar. **5.** Confeitar, ornar. **6.** Tramar, engendrar. **7.** Entabular. *v.int.* **8.** Exercer o ofício de tecelão. **9.** Fazer teias. *v.p.* **10.** Enredar-se, entrelaçar-se.

Te.ci.do *adj.* **1.** Que se teceu. **2.** Feito no tear. **3.** FIG Urdido. **4.** Preparado, combinado. **5.** Convenientemente arranjado. *s.m.* **6.** Pano feito no tear. **7.** Maneira pela qual os fios se entrelaçam. **8.** FIG Disposição, conjunto. **9.** Série de coisas ligadas umas às outras; encadeamento. **10.** ANAT Parte sólida dos corpos organizados.

Te.cla *s.f.* **1.** Peça de marfim ou de outra substância que, sob pressão dos dedos, faz soar o piano ou outro instrumento. **2.** Peça de máquina (de escrever etc.) ou aparelho sobre o qual se atua por pressão dos dedos. **3.** FIG Assunto debatido. **4.** FIG Ponto fraco.

Te.cla.dis.ta *s.2g.* Instrumentista que toca teclados.

Te.cla.do *s.m.* Conjunto das teclas de um instrumento ou de uma máquina.

Te.clar *v.int.* Bater ou acionar (tecla).

Tec.né.cio *s.m.* Elemento químico sintético de número atômico 43 (símb.: Tc) [Us. em radiologia.].

Téc.ni.ca *s.f.* **1.** Conjunto dos processos de uma arte ou ciência. **2.** Experiência, prática.

Tec.ni.cis.mo *s.m.* **1.** Apego demasiado à técnica. **2.** Abuso de tecnicidade.

Tec.ni.cis.ta *adj.2g.* **1.** Relativo a tecnicismo. *s.2g.* **2.** Pessoa que tende a empregar palavras ou expressões de excessiva tecnicidade.

Téc.ni.co *adj.* **1.** Próprio de uma arte ou ciência. *s.m.* **2.** Aquele que é perito numa arte ou ciência; especialista. **3.** ESP Treinador.

TECNICOLOR — TELEPATA

Tec.ni.co.lor (lôr) *adj.* e *s.m.* **1.** Diz-se de, ou certo processo para colorir filmes. **2.** Qualquer filme colorido.

Tec.no.cra.ci.a *s.f.* Sistema de administração pública ou privada que busca apenas a produção e eficiência, sem levar em conta aspectos humanos e sociais.

Tec.no.cra.ta *s.2g.* **1.** Pessoa adepta da tecnocracia. **2.** Político ou administrador que busca soluções técnicas e racionais para os problemas, desprezando os aspectos humanos e sociais.

Tec.no.crá.ti.co *adj.* Relativo à tecnocracia ou aos tecnocratas.

Tec.no.crá.ti.zar *v.t.* Dar caráter tecnocrático a.

Tec.no.fo.bi.a *s.f.* Aversão ao uso de aparelhos de alta tecnologia.

Tec.no.fó.bi.co *adj.* **1.** Referente a ou próprio da tecnofobia. **2.** Que sofre de tecnofobia.

Tec.no.fo.bo *s.m.* Quem tem tecnofobia.

Tec.no.lo.gi.a *s.f.* **1.** Ciência ou tratado das artes e ofícios em geral. **2.** Aplicação dos conhecimentos científicos à produção em geral.

Tec.no.ló.gi.co *adj.* Pertencente ou relativo à tecnologia.

Tec.nó.lo.go *s.m.* Especialista em tecnologia.

Tec.no.po.lo *s.m.* Local esp. configurado para acolher empresas de alta tecnologia ou favorecer a sua criação.

Te.co-te.co *s.m.* POP Avião pequeno, próprio para o treino de pilotos ou para viagens de curta distância. • *Pl.: teco-tecos.*

Tec.tô.ni.ca *s.f.* **1.** Parte da Geologia que se ocupa da estrutura da crosta terrestre. **2.** Arte de construir edifícios.

Té.dio *s.m.* **1.** Desgosto profundo, que faz com que se olhe com enfado as pessoas, as coisas ou os fatos. **2.** Nojo, fastio.

Te.di.o.so (ô) *adj.* **1.** Que produz tédio. **2.** Aborrecido, maçante, enfadonho.

Teen (tín) (ing.) *adj.* e *s.2g.* Diz-se de, ou adolescente entre os 13 e os 19 anos (números que, em ingl., terminam em *teen*).

Teen.ager (ing.) *adj.2g.* e *s.2g.* Indivíduo na idade da adolescência; adolescente. • *Pl.: teenagers.*

Te.flon° *s.m.* Nome comercial do *politetrafluoretileno*, material não aderente e resistente ao calor, us. em revestimentos, isolantes térmicos etc.

Te.gu.men.tar *adj.2g.* Referente a tegumento.

Te.gu.men.tá.rio *adj.* Tegumentar.

Te.gu.men.to *s.m.* **1.** ANAT O que reveste externamente o corpo do homem e do animal (pele, penas, escamas etc.). **2.** BOT Invólucro da semente. **3.** O cálice, a corola das plantas.

Tei.a *s.f.* **1.** Tecido de linho, algodão, lã etc. **2.** FIG Trama, enredo, intriga. **3.** Rede, organização. **4.** Círculo, cerco. **5.** Sequência, série. **6.** A rede que as aranhas tecem.

Tei.ma *s.f.* **1.** Ato ou efeito de teimar. **2.** Insistência, obstinação, pertinácia. **3.** Birra, teimosia.

Tei.mar *v.t.* **1.** Insistir, obstinar-se. **2.** Pretender com insistência. *v.int.* **3.** Ser teimoso. **4.** Insistir em alguma coisa.

Tei.mo.si.a *s.f.* **1.** Qualidade do que é teimoso. **2.** Teima exagerada; birra.

Tei.mo.so (ô) *adj.* **1.** Que teima. **2.** Cabeçudo, birrento, obstinado. *s.m.* **3.** Aquele que teima. **4.** Boneco que, devido a um peso na parte inferior, é obrigado a estar sempre em pé.

Te.í.na *s.f.* Principal alcaloide do chá, semelhante à cafeína.

Te.ís.mo *s.m.* Crença na existência de Deus e em sua ação providencial no Universo.

Te.ís.ta *adj.* e *s.2g.* Diz-se de, ou pessoa partidária do teísmo.

Te.je.bu *s.m.* Espécie de lagarto.

Te.la *s.f.* **1.** Tecido sobre o qual os pintores pintam. **2.** Teia, tecido. **3.** Objeto de discussão. **4.** Vestido, traje. **5.** Painel sobre o qual são projetadas películas cinematográficas. **6.** Tecido de arame ou fios de náilon próprio para cercados.

Te.lão *s.m.* Tela grande que se usa para a transmissão de certos programas de televisão, filmes etc., do interesse de um grande público, em espaços abertos ou não.

Te.le- *pref.* 'Distância': *telefone, telégrafo.*

Te.le.ci.ne.se ou **te.le.ci.ne.si.a** *s.f.* Em parapsicologia, movimento espontâneo de objetos sem intervenção de força ou energia observável.

Te.le.co.mu.ni.ca.ção *s.f.* Denominação geral das comunicações a distância por cabo, telégrafo, telefone, rádio ou televisão.

Te.le.con.fe.rên.cia *s.f.* Conferência na qual mais de dois interlocutores estão em lugares diferentes, ligados por telecomunicações.

Te.le.cur.so *s.m.* Curso ministrado pela televisão: Telecurso *2° grau.*

Te.le.di.ag.nós.ti.co *s.m.* Diagnóstico efetuado à distância, graças à transmissão por telecomunicação de parâmetros quantificáveis.

Te.le.du.ca.ção *s.f.* Educação a distância (por correspondência, rádio, televisão etc.). • *Pl.: teleducações.*

Te.le.fé.ri.co *adj.* **1.** Que transporta ao longe. *s.m.* **2.** Sistema de transporte de passageiros ou cargas, suspenso por cabos, de um ponto alto para outro ou para um ponto baixo e vice-versa.

Te.le.fo.nar *v.t.* **1.** Transmitir pelo telefone. *v.int.* **2.** Falar ao telefone.

Te.le.fo.ne *s.m.* Aparelho que serve para comunicação verbal a distância. • *Abrev.: tel.* • Telefone celular: espécie de telefone sem fio, portátil, que faz e recebe ligações locais, urbanas e interurbanas; celular.

Te.le.fo.ne.ma *s.m.* Comunicação ou conversa pelo telefone. • Diz-se sempre *o telefonema*, ou *o telefonema.*

Te.le.fo.ni.a *s.f.* Sistema de comunicação que promove a troca de informações à distância por meio da palavra falada.

Te.le.fô.ni.co *adj.* Relativo à telefonia ou ao telefone.

Te.le.fo.nis.ta *s.2g.* **1.** Pessoa empregada em estação telefônica, para estabelecer manualmente as comunicações. **2.** Pessoa encarregada de fazer, receber e passar ligações telefônicas numa empresa ou repartição.

Te.le.fo.to *s.f.* JORN Fotografia transmitida através de linha telefônica à redação de um jornal ou revista; telefotografia.

Te.le.fo.to.gra.fi.a *s.f.* **1.** Telefoto. **2.** Arte de fotografar a grandes distâncias.

Te.le.fo.to.grá.fi.co *adj.* Que diz respeito à telefotografia.

Te.le.gra.far *v.t.* **1.** Enviar notícias pelo telégrafo. *v.int.* **2.** Mandar telegrama.

Te.le.gra.fi.a *s.f.* Sistema de comunicação por telégrafo.

Te.le.grá.fi.co *adj.* **1.** Relativo à telegrafia ou ao telégrafo. **2.** Transmitido ou recebido pelo telégrafo. **3.** Diz-se do estilo conciso ou lacônico: *Estilo telegráfico.* **4.** Muito resumido.

Te.le.gra.fis.ta *s.2g.* Pessoa que, nas agências telegráficas, transmite ou recebe telegramas.

Te.lé.gra.fo *s.m.* Aparelho próprio para transmitir a distância mensagens, textos etc., por meio de sinais.

Te.le.gra.ma *s.m.* **1.** Comunicação telegráfica. **2.** Impresso onde é escrita essa comunicação.

Te.le.gui.a.do *adj.* e *s.m.* **1.** Diz-se de, ou foguete, engenho ou projétil guiado à distância por ondas hertzianas. **2.** Diz-se de, ou pessoa que não tem orientação própria, que só age a mando por influência de outrem.

Te.le.gui.ar *v.t.* Guiar à distância (aviões, foguetes etc.) por meio de ondas hertzianas.

Te.le.in.for.má.ti.ca *s.f.* Informática que utiliza recursos da telecomunicação.

Te.le.jor.nal *s.m.* Jornal apresentado na televisão, em geral acompanhado de cenas filmadas.

Te.le.jor.na.lis.mo *s.m.* Jornalismo praticado pelo telejornal.

Tele.mar.ket.ing (ing.) *s.m.* Uso do telefone na venda de produtos e prestação de serviços. • *Pl.: telemarketings.*

Te.le.no.ve.la *s.f.* Novela apresentada em capítulos diários pela televisão.

Te.le.ob.je.ti.va *s.f.* Lente especial que permite fotografar ou filmar um objeto a grandes distâncias.

Te.le.o.lo.gi.a *s.f.* **1.** FILOS Doutrina que se ocupa das causas finais. **2.** Doutrina que considera o mundo como um sistema de relações entre meios e fins.

Te.le.pa.ta *adj.2g.* **1.** Diz-se de pessoa que possui a faculdade da telepatia. *s.2g.* **2.** A própria pessoa. **3.** Médium.

TELEPATIA — TENAZ

Te.le.pa.ti.a *s.f.* **1.** Visão do que se passa ao longe. **2.** Capacidade que possuem certas pessoas de transmitir e receber pensamentos à distância, sem que façam uso dos sentidos naturais. **3.** Essa transmissão.

Te.le.pá.ti.co *adj.* Relativo a, ou transmitido por telepatia.

Tel.e.prompt.er° *s.m.* Aparelho sobre o qual desfilam sincronizadamente, num rolo de papel ou numa tela, os textos que são lidos pelo apresentador ou ator à frente da câmera.

Te.les.co.pi.a *s.f.* Utilização do telescópio.

Te.les.có.pi.co *adj.* **1.** Referente ao telescópio. **2.** Que só é visível por meio do telescópio.

Te.les.có.pio *s.m.* Instrumento óptico em que se observam corpos distantes (astros, estrelas etc.).

Te.les.pec.ta.dor (ô) *adj.* e *s.m.* Diz-se de, ou espectador de televisão.

Te.le.tex.to *s.m.* Processo de telecomunicação que permite a exibição de textos ou de grafismos na tela de um televisor a partir de um sinal de televisão ou de uma linha telefônica.

Te.le.vi.são *s.f.* **1.** Transmissão à distância da imagem de um objeto, por meio de correntes elétricas. **2.** Emissora que faz essa transmissão. **3.** Televisora. **4.** Televisor. ● *Abrev.:* TV e *tevê*.

Te.le.vi.sar *v.t.* Televisionar, transmitir por televisão.

Te.le.vi.sor *adj.* **1.** Relativo ou pertencente à televisão. *s.m.* **2.** Aparelho receptor de televisão.

Te.le.vi.so.ra (ô) *s.f.* Estação de televisão.

Te.lex (cs) *s.m.* Aparelho telegráfico que permite a comunicação direta entre os interessados (recebendo e transmitindo mensagens) por meio de teleimpressoras.

Te.le.xo.gra.ma (cs) *s.m.* Mensagem transmitida e recebida por telex.

Te.lha (ê) *s.f.* **1.** Peça, geralmente de barro cozido em fornos, com que se cobrem as casas. **2.** FAM Mania, veneta, intenção. **3.** Mente, cabeça.

Te.lha.do *s.m.* **1.** Parte externa da cobertura de um edifício, geralmente de telhas. **2.** As telhas que cobrem uma casa. **3.** Prego de arame. **4.** FAM Grande mania.

Te.lhar *v.t.* Cobrir com telhas.

Te.lha.vã *s.f.* Telhado sem forro. ● *Pl.: telhas-vãs*.

Te.lhei.ro *s.m.* **1.** Fabricante de telhas. **2.** Alpendre com simples cobertura de telha-vã ou zinco.

Te.lú.ri.co *adj.* **1.** Relativo à Terra. **2.** Relativo ao solo. **3.** QUÍM Relativo aos compostos do telúrio.

Te.lú.rio *s.m.* QUÍM Elemento químico simples de símbolo Te e número atômico 52, sólido, da família do enxofre, brilhante, semelhante ao selênio.

Te.ma *s.m.* **1.** Proposição que se quer provar ou desenvolver. **2.** Texto em que se baseia um sermão. **3.** Exercício escolar para análise. **4.** Matéria de trabalho literário, científico ou artístico. **5.** Assunto, matéria, argumento. **6.** GRAM Radical ou elemento primitivo de uma palavra. **7.** MÚS Motivo sobre o qual se desenvolve toda a partitura. **8.** Música de filme, novela de televisão, personagem de telenovela etc., que se repete frequentemente.

Te.má.rio *s.m.* Conjunto de temas.

Te.má.ti.ca *s.f.* Conjunto de temas literários ou artísticos de um autor ou escola.

Te.má.ti.co *adj.* **1.** Relativo ao tema. **2.** GRAM Diz-se da vogal (*a, e, i*) que se junta ao radical de um verbo para determinar-lhe a conjugação.

Te.men.te *adj.2g.* Que teme, que tem temor.

Te.mer *v.t.* **1.** Ter medo de. **2.** Recear, reverenciar. *v.int.* **3.** Sentir susto ou temor.

Te.me.rá.rio *adj.* Audacioso, arrojado, imprudente, precipitado, audaz.

Te.me.ri.da.de *s.f.* **1.** Qualidade de temerário. **2.** Imprudência, ousadia. ● *Ant.: cautela*.

Te.me.ro.so (ô) *adj.* **1.** Que tem medo. **2.** Que infunde temor. **3.** Receoso, medroso, terrível.

Te.mor *s.m.* **1.** Receio bem fundado de um mal ou de um perigo. **2.** Sentimento de respeito e reverência. **3.** Medo, susto. **4.** Pontualidade, zelo. **5.** Escrúpulo. ● *Ant.: destemor*.

Têm.pe.ra *s.f.* **1.** Ato ou efeito de temperar. **2.** Temperatura. **3.** Consistência que se dá aos metais candentes, mergulhando-os em água fria. **4.** FIG Fortaleza de ânimo; caráter, índole. **5.** Inteireza de caráter; austeridade. **6.** Cunha em vários aparelhos. **7.** Aquarela em que as tintas são desfeitas com cola ou água.

Tem.pe.ra.do *adj.* **1.** Submetido à têmpera. **2.** Em que se adicionou tempero; adubado. **3.** Moderado, suavizado, agradável. **4.** Diz-se das zonas terrestres compreendidas entre os trópicos e os círculos polares.

Tem.pe.ra.men.tal *adj.2g.* **1.** Relativo a temperamento. **2.** Cujo temperamento é muito sensível e facilmente excitável. **3.** Emotivo, impulsivo.

Tem.pe.ra.men.to *s.m.* **1.** Estado fisiológico de um indivíduo e que condiciona suas reações psicológicas. **2.** Constituição do corpo; compleição. **3.** Constituição moral. **4.** Caráter, índole. **5.** Conjunto de tendências.

Tem.pe.ran.ça *s.f.* **1.** Qualidade do que é moderado nas paixões, nos apetites etc. **2.** Comedimento, moderação, sobriedade. ● *Ant.: intemperança*.

Tem.pe.rar *v.t.* **1.** Adubar. **2.** Colocar tempero em. **3.** Tornar (sabor) mais fraco ou mais brando. **4.** Suavizar, moderar. **5.** Reprimir o excesso de. **6.** Dar têmpera a. **7.** Fortalecer, enrijecer. **8.** Conciliar, harmonizar. **9.** Afinar. **10.** Concordar. *v.p.* **11.** Moderar-se. **12.** Adquirir têmpera; fortalecer-se.

Tem.pe.ra.tu.ra *s.f.* **1.** Estado atmosférico do ar, que nos dá a sensação de frio ou calor; clima. **2.** Grau de calor ou de frio de um corpo ou de um ambiente. **3.** Estado febril. **4.** FIG Situação ou estado moral.

Tem.pé.rie *s.f.* **1.** Temperamento. **2.** Temperatura.

Tem.pe.ro (ê) *s.m.* **1.** Sal e outros condimentos que, colocados na comida, lhe dão mais sabor; condimento. **2.** Meio de efetuar ou dirigir um negócio. **3.** Remédio, paliativo.

Tem.plo *s.m.* **1.** Edifício que se destina ao culto religioso; igreja. **2.** Monumento erigido em honra de uma divindade.

Tem.po *s.m.* **1.** Duração limitada. **2.** Duração das coisas. **3.** Período, época. **4.** Estado atmosférico. **5.** Os séculos. **6.** Estação. **7.** Idade. **8.** Ocasião oportuna. **9.** Sucessão dias, horas, momentos. **10.** MÚS Duração de cada parte do compasso. **11.** GRAM Flexão indicativa do momento a que se refere o estado ou ação dos verbos.

Têm.po.ra *s.f.* Têmporas.

Tem.po.ra.da *s.f.* **1.** Espaço de tempo indeterminado. **2.** Época caracterizada pela realização de uma atividade.

Tem.po.ral *adj.2g.* **1.** Relativo ao tempo. **2.** Temporário, passageiro. **3.** Secular, profano, mundano. ● Opõe-se a *espiritual*. **4.** ANAT Que se refere às têmporas. *s.m.* **5.** Tempestade, borrasca. **6.** ANAT Osso par, situado na parte lateral do crânio.

Tem.po.rão *adj.* **1.** Que vem antes do tempo próprio; prematuro. **2.** Que amadurece muito cedo (fruto). ● *Fem.: temporã*. ● *Pl.: temporãos* ou *temporões*.

Tem.po.rá.rio *adj.* **1.** Que só dura certo tempo. **2.** Transitório, provisório. ● *Ant.: efetivo*.

Tem.po.ri.za.dor *adj.* e *s.m.* Que, ou o que temporiza.

Tem.po.ri.za.men.to *s.m.* Temporização, moderação.

Tem.po.ri.zar *v.t.* **1.** Demorar, retardar, adiar. **2.** Contemporizar, condescender.

Te.naz *s.f.* **1.** Instrumento composto de duas hastes de ferro, unidas por um eixo, com que se agarra ou arranca qualquer corpo, e de que se vale o ferreiro ou serralheiro para segurar ferro em brasa, revolver carvão nas forjas etc. *adj.2g.* **2.** Que segura com firmeza. **3.** Que é muito aderente. **4.** Difícil de extrair. **5.** Que custa a debelar. **6.** Firme e vigoroso em pensar, em querer, em agir. **7.** Aferrado, pertinaz, ferrenho, obstinado. **8.** FIG Sovina.

TENÇÃO — TEQUILA

Ten.ção *s.f.* **1.** Intento leve; propósito. **2.** Devoção, veneração. **3.** Briga, contenda. **4.** Contenda poética entre dois ou mais trovadores.

Ten.cio.nar *v.t.* **1.** Projetar. **2.** Fazer tenção de; planejar ou planear. *v.int.* **3.** Escrever (o juiz) seu voto de tenção.

Ten.da *s.f.* **1.** Pequena oficina de alfaiate, sapateiro, marceneiro etc. **2.** Barraca de campanha. **3.** Botequim, venda.

Ten.dão *s.m.* ANAT Cordão fibroso, de cor branca, que serve para fixar os músculos aos ossos e a outras partes.

Ten.dão de a.qui.les *s.m.* Ponto fraco. ● *Pl.: tendões de aquiles.*

Ten.dên.cia *s.f.* **1.** Força que termina o movimento de um corpo. **2.** Propensão, pendor, inclinação. **3.** Disposição, vocação; intenção de produzir um efeito. **4.** Grupo ou facção que atua num partido, sindicato, agremiação.

Ten.den.ci.o.so (ô) *adj.* **1.** Que denuncia uma tendência secreta, uma ideia preconcebida; parcial, faccioso. **2.** Que revela propósito de desagradar ou prejudicar. **3.** Malévolo.

Ten.den.te *adj.2g.* **1.** Que tende ou se inclina. **2.** Que tem vocação.

Ten.der *v.t.* **1.** Estirar, estender. **2.** Desfraldar. **3.** Estender a massa sobre uma tábua, com um rolo de madeira, para torná-la delgada e em folhas. **4.** Ter em vista, ter por fim. **5.** Ter vocação. **6.** Inclinar-se, propender. *v.p.* **7.** Estender-se, alargar-se.

Tên.der *adj.* **1.** Macio e fresco; tenro. **2.** Veículo que, colocado imediatamente atrás da locomotiva a vapor, transporta o combustível (lenha ou carvão) e a água.

Ten.di.lha *s.f.* Pequena tenda.

Ten.di.lhão *s.m.* Tenda de campanha.

Ten.di.nha *s.f.* Venda ordinária, boteco.

Ten.di.ni.te *s.f.* Inflamação de um tendão.

Te.ne.bris.mo *s.m.* Tipo de pintura caracterizado por cenas em ambientes sombrios e por iluminação artificial.

Te.ne.bro.so (ô) *adj.* **1.** Muito escuro; negro, sombrio. **2.** Envolto em trevas. **3.** FIG Medonho, terrível, infernal. **4.** Secreto e pérfido; criminoso. **5.** Tormentoso, medonho. **6.** Difícil de entender; obscuro.

Te.nên.cia *s.f.* **1.** Firmeza, vigor. **2.** Precaução, prudência, cautela, cuidado. **3.** Jeito.

Te.nen.te *s.m.* **1.** Posto militar imediatamente inferior ao de capitão. **2.** Aquele que substitui um chefe na ausência deste. ● *Abrev.: t.ᵗᵉ* ou *ten.*

Tê.nia *s.f.* Gênero de vermes intestinais a que pertence a solitária.

Te.ní.a.se *s.f.* Doença provocada por tênia.

Tê.nis *s.m.2n.* ESP Jogo praticado por 2 ou 4 pessoas (quando em dupla) com bola e raquete, em um campo dividido ao meio por uma rede.

Te.nis.ta *s.2g.* Pessoa que joga tênis.

Te.nor (ô) *s.m.* **1.** Voz de homem mais alta que a de barítono. **2.** Cantor que tem essa voz.

Te.no.ri.no *s.m.* Tenor que canta em falsete.

Ten.ro *adj.* **1.** Brando, macio, mole (por ser novo). **2.** Delicado, sensível. **3.** Recente, jovem. **4.** Inocente. **5.** Fresco, viçoso. **6.** De pouco tempo; novo, recente.

Ten.são *s.f.* **1.** Estado ou qualidade de tenso. **2.** Excitação. **3.** Situação que pode levar a uma ruptura, a um conflito. **4.** Força elástica dos gases e dos vapores. **5.** Rigidez que se manifesta em certas partes do organismo. ● *Ant.: relaxamento.* ◆ *Cf. tenção.*

Ten.si.o.a.ti.vo *adj.* Que modifica a tensão superficial do líquido no qual está dissolvido (diz-se de substância).

Ten.si.vo *adj.* Que produz tensão.

Ten.so *adj.* **1.** Estendido com força. **2.** Retesado, estirado. **3.** FIG Extremamente concentrado. **4.** FIG Em estado de tensão (física ou moral); nervoso, angustiado.

Ten.so.a.ti.vo *adj.* ⇒ Tensioativo.

Ten.sor (ô) *adj.* **1.** Que estende. **2.** ANAT Diz-se do músculo que estende qualquer membro ou órgão. *s.m.* **3.** ANAT O próprio músculo.

Ten.ta.ção *s.f.* **1.** Ato de tentar. **2.** Atração por coisa proibida. **3.** Desejo veemente. **4.** Coisa ou pessoa que tenta, provoca o desejo, a inveja. **5.** Movimento interior que nos instiga à prática do mal. **6.** POP O diabo.

Ten.ta.cu.lar *adj.2g.* Relativo a tentáculo.

Ten.tá.cu.lo *s.m.* **1.** ZOOL Apêndice móvel, não articulado, que serve de órgão do tato a alguns animais. **2.** FIG Meio astucioso de que alguém se serve para enredar outrem. ● Mais usado no pl.: *tentáculos.*

Ten.ta.dor (ô) *adj.* **1.** Que tenta. **2.** Que instiga ao mal. **3.** Que provoca desejo, apetite. *s.m.* **4.** O que tenta. **5.** FIG O demônio.

Ten.ta.me *s.m.* Tentativa, ensaio.

Ten.tâ.men *s.m. Var.: tentame.*

Ten.tar *v.t.* **1.** Diligenciar-se por. **2.** Tratar de conseguir. **3.** Intentar, pretender, empreender. **4.** Ensaiar, exercitar. **5.** Instigar para o mal, para o pecado. **6.** Causar desejo a. *v.p.* **7.** Aventurar-se, arriscar-se. **8.** Deixar-se seduzir por alguma coisa.

Ten.ta.ti.va *s.f.* **1.** Ato que pretende pôr em execução uma ideia ou projeto ou obter determinado resultado. **2.** Experiência, ensaio, prova. **3.** Tentação.

Ten.ta.ti.vo *adj.* **1.** Que tenta ou instiga; tentador. **2.** Que se pode tentar ou experimentar; tentável.

Ten.te.ar *v.t.* **1.** Sondar com a tenta; examinar. **2.** Apalpar, tatear.

Ten.to *s.m.* **1.** Atenção no que se faz ou empreende; cautela. **2.** Peça de marfim com a qual se marcam pontos no jogo. **3.** Cada um desses pontos.

Tê.nue *adj.2g.* **1.** Que tem pouca consistência ou espessura. **2.** Delgado, frágil. **3.** Muito pequeno. **4.** Sutil. **5.** Leve, ligeiro. **6.** Débil, fraco. **7.** Que é de pouco valor. ● *Ant.: espesso, forte, resistente.*

Te.o.cen.tris.mo *s.m.* Estado de espírito relacionado com o fato de colocar Deus ou aqueles que estão investidos de autoridade religiosa no centro da história.

Te.o.cen.tris.ta *adj.2g.* **1.** Referente ao teocentrismo. *s.2g.* **2.** Defensor do teocentrismo.

Te.o.cra.ci.a *s.f.* Governo em que o poder é exercido pela classe sacerdotal.

Te.o.cra.ta *s.2g.* **1.** Partidário ou membro de uma teocracia. **2.** Pessoa que exerce poder teocrático.

Te.o.crá.ti.co *adj.* Relativo à teocracia.

Te.o.lo.gal *adj.2g.* **1.** Relativo à teologia. **2.** Que tem Deus por objeto. ● *Virtudes teologais:* a fé, a esperança e a caridade.

Te.o.lo.gi.a *s.f.* **1.** Tratado de Deus. **2.** Ciência que tem por objeto o dogma e a moral. **3.** Doutrina da religião e das coisas divinas. **4.** Curso de estudos teológicos.

Te.o.ló.gi.co *adj.* Que se refere à teologia.

Te.o.lo.gis.mo *s.m.* Abuso das discussões teológicas.

Te.ó.lo.go *s.m.* Especialista em teologia.

Te.or (ô) *s.m.* **1.** Conteúdo essencial de um texto. **2.** FIG Norma, regulamento. **3.** Maneira, modo, sistema. **4.** Proporção de uma substância contida num todo.

Te.o.re.ma *s.m.* Proposição que precisa ser demonstrada para tornar-se evidente.

Te.o.ri.a *s.f.* **1.** Parte especulativa de uma ciência. **2.** Conhecimento exclusivamente especulativo, ideal. ● Opõe-se à *prática.* **3.** Conjunto dos princípios fundamentais de uma ciência ou arte. **4.** O conhecimento desses princípios. **5.** Noções gerais. **6.** Hipótese, conjetura; utopia. ● *Ant.: prática.*

Te.ó.ri.co *adj.* **1.** Que se refere à teoria. *s.m.* **2.** Aquele que conhece cientificamente os princípios de uma arte. **3.** Quem possui pouco senso prático. **4.** FAM Utopista. ● *Ant.: prático, realista.*

Te.o.ri.zar *v.t.* **1.** Expor teorias sobre (um assunto) sem passar à prática. **2.** Reduzir a teorias.

Té.pi.do *adj.* **1.** Moderadamente quente; morno. **2.** FIG Pouco definido. **3.** FIG Frouxo, tíbio. ● *Ant.: frio.*

Te.qui.la *s.f.* Espécie de aguardente mexicana feita da destilação do agave.

TER — TERNÁRIO

Ter *v.t.* **1.** Estar na posse ou gozo de. **2.** Possuir. **3.** Desfrutar, usufruir. **4.** Haver à mão. **5.** Alcançar, obter. **6.** Poder dispor de. **7.** Agarrar, não largar. **8.** Suster, segurar. **9.** Dominar, possuir. **10.** Ser senhor de. **11.** Haver em comum. **12.** Interessar-se por. **13.** Estar determinado ou resolvido. **14.** Ser obrigado. **15.** Atribuir o valor de. *v.int.* **16.** Durar, existir. **17.** Importar, valer. **18.** Estar encarregado de. **19.** Fazer parar. **20.** Refrear, reprimir, suster. **21.** Dar origem a. **22.** Ser genitor de. **23.** Gerar, procriar. **24.** Produzir. **25.** Ser dotado de. **26.** Dar provas de. **27.** Conservar, manter. **28.** Hospedar, sustentar. **29.** Abranger, compreender. **30.** Administrar, dirigir. **31.** Apreciar, estimar. *v.p.* **32.** Aguantar-se, aguentar-se, manter-se, equilibrar-se. **33.** Ater-se, confiar. **34.** Opor-se, resistir.

Te.ra.peu.ta *s.2g.* **1.** Pessoa que se dedica à terapêutica. **2.** Médico clínico.

Te.ra.pêu.ti.ca *s.f.* Parte da Medicina que se ocupa dos meios de curar doenças e da aplicação dos medicamentos.

Te.ra.pêu.ti.co *adj.* Relativo à terapêutica ou ao tratamento das doenças.

Te.ra.pi.a *s.f.* Terapêutica; análise.

Tér.bio *s.m.* QUÍM Elemento metálico do grupo das terras raras, de símbolo Tb e número atômico 65.

Ter.ça-fei.ra *s.f.* O terceiro dia da semana, começada no domingo. ● Pl.: *terças-feiras*.

Ter.çar *v.t.* **1.** Misturar (três coisas). **2.** Atravessar, cruzar. **3.** Dividir em três partes. **4.** Servir de medianeiro. **5.** Intervir. **6.** Bater-se, combater. **7.** Cruzar (lança, espada).

Ter.cei.ri.za.ção *s.f.* **1.** Ato ou efeito de terceirizar. **2.** Técnica administrativa que consiste na transferência de uma atividade--meio ligada ao objetivo principal da empresa, para as mãos de prestadores de serviços.

Ter.cei.ri.zar *v.t.* Contratar a outras empresas (no caso, *terceiros*) certos serviços ou trabalhos que fogem ao objetivo principal da empresa contratante.

Ter.cei.ro *num.ord.*, *adj.* e *s.m.* **1.** Que ou o que ocupa, numa sequência, a posição do número três. *s.m.* **2.** Quem ou o que ocupa o terceiro lugar. **3.** Aquele que intercede a favor de alguém ou de algo; mediador, medianeiro. **3.1** Intermediário em relações amorosas; alcoviteiro. **4.** Colono que, na parceria agrícola, deve dar um terço do rendimento ao dono da terra. **5.** Pessoa empregada em uma firma mas que trabalha sem vínculo empregatício em outra empresa que, com a primeira, mantém um contrato de prestação de serviços; terceirista (subst.). *adj.* **6.** Que vem ou está em terceiro lugar. **7.** Que ocupa o terceiro lugar em uma série, dinastia etc.

Ter.ce.to (ê) *s.m.* **1.** Estrofe de três versos. **2.** Concerto de três vozes ou três instrumentos.

Ter.ci.á.rio *adj.* **1.** Que está em terceiro lugar. **2.** Diz-se do período geológico imediatamente anterior ao atual. ◆ **Setor terciário:** um dos três setores da Economia, aquele que se ocupa dos serviços (bancos, transporte, comunicações, administração pública etc.) e do comércio.

Ter.ço (ê) *adj.* **1.** Que corresponde a três. **2.** A terça parte. *num.* **3.** Terceiro. *s.m.* **4.** A terça parte de qualquer coisa. **5.** ARQUIT A terça parte do fuste da coluna, a contar da base. **6.** Antigo corpo de tropas, correspondente ao atual regimento. **7.** Terça parte do rosário. **8.** O próprio rosário. ◆ Cf. *terso*.

Ter.çol (ó) *s.m.* Pequeno abscesso no bordo das pálpebras. ● Pl.: *terçóis*.

Te.re.bin.ti.na *s.f.* Nome comum das resinas extraídas do pinheiro e de outras árvores.

Te.re.na *adj.2g.* **1.** Pertencente ou relativo aos Terenas, tribo de Mato Grosso. *s.2g.* **2.** Indígena dessa tribo.

Ter.gal *adj.2g.* **1.** Relativo ao tergo ou dorso. *s.m.* **2.** Espécie de tecido de fibra sintética que não se amassa facilmente.

Ter.gi.ver.sar *v.int.* **1.** Voltar as costas. **2.** Procurar rodeios; usar de evasivas, de subterfúgios.

-té.rio *suf.* 'Lugar': *necrotério*.

Ter.mal *adj.2g.* **1.** Relativo às termas. **2.** Relativo ao calor; quente.

Ter.mas *s.f.pl.* **1.** Estabelecimento onde se tomam banhos quentes com fins medicinais. **2.** Águas termais (cuja temperatura habitual excede os 25°).

Ter.me.le.tri.ci.da.de *s.f.* Conjunto dos fenômenos elétricos gerados por um fluxo de calor. ◆ Var.: *termoeletricidade*.

Tér.mi.co *adj.* **1.** Referente ao calor ou às termas. **2.** Que conserva o calor, a temperatura.

Ter.mi.na.ção *s.f.* **1.** Ato ou efeito de terminar. **2.** Conclusão. **3.** Extremidade, remate. **4.** Parte terminal ou final. **5.** GRAM Parte final de uma palavra, que se segue ao radical: *menino, menina, menininho, menininhos* etc. ● Ant.: *começo*.

Ter.mi.nal *adj.2g.* **1.** Relativo ao termo ou remate. **2.** Que termina, que marca o fim; final. **3.** Que está situado na extremidade. **4.** Diz--se de doente que se encontra na etapa final de uma doença, portanto próximo da morte. *s.m.* **5.** A parte que termina, que determina o fim. **6.** Estação ou edifício que serve de ponto de partida e de chegada de passageiros: **Terminal** *ferroviário*.

Ter.mi.nan.te *adj.2g.* **1.** Que termina. **2.** Decisivo, inapelável. **3.** Categórico, irrefutável, definitivo.

Ter.mi.nar *v.t.* **1.** Acabar, findar, concluir. **2.** Pôr termo a. **3.** Delimitar, demarcar. **4.** Ocupar a extremidade de. *v.int.* **5.** Findar, chegar a seu término. **6.** GRAM Possuir certa desinência (vocábulo). *v.p.* **7.** Encontrar demarcação. ● Ant.: *começar*.

Ter.mi.na.ti.vo *adj.* **1.** Que faz terminar. **2.** Irrevogável, terminante.

Tér.mi.no *s.m.* **1.** Termo, fim. **2.** Ponto extremo. **3.** Limite, marco final.

Ter.mi.no.lo.gi.a *s.f.* Vocabulário dos termos técnicos de uma ciência ou arte; nomenclatura.

Ter.mi.no.ló.gi.co *adj.* Relativo a terminologia.

Ter.mo (ê) *s.m.* **1.** Limite, baliza. **2.** Fim. **3.** Prazo, tempo fixado. **4.** Espaço. **5.** Palavra que dá ideia exata de alguma coisa. **6.** Expressão peculiar de uma ciência ou arte. **7.** Forma, teor, maneira. **8.** Declaração exarada em processos judiciais. **9.** Área, circunvizinhança. **10.** Praia, confins. **11.** MAT Cada um dos elementos que compõem uma proporção, uma fração, uma progressão etc. **12.** GRAM Elemento de uma proposição. **13.** LÓG Palavra, significado. **14.** Cada uma das ideias combinadas duas a duas, nas três proposições de um silogismo.

Ter.mo.di.nâ.mi.ca *s.f.* Parte da Física que trata das relações existentes entre temperatura e calor.

Ter.mo.di.nâ.mi.co *adj.* Que se refere à termodinâmica.

Ter.mo.e.le.tri.ci.da.de *s.f.* Eletricidade desenvolvida pelo calor. ◆ Var.: *termeletricidade*.

Ter.mo.mé.tri.co *adj.* Que se refere à termometria ou a termômetro.

Ter.mô.me.tro *s.m.* **1.** Instrumento que serve para medir a temperatura dos corpos. **2.** FIG Indicação de certos estados ou condições físicas ou morais.

Ter.mo.nu.cle.ar *adj.* FÍS Pertencente ou relativo ao núcleo atômico e às elevadíssimas temperaturas que nele podem iniciar uma reação em cadeia.

Ter.mor.re.gu.la.ção *s.f.* **1.** Estabilização da temperatura central nos animais homeotermos. **2.** Regulagem automática da temperatura de um ambiente, de um meio. ● Pl.: *termorregulações*.

Ter.mor.re.sis.ten.te *adj.* Que resiste ao calor (diz-se de substância).

Ter.mos.fe.ra *s.f.* Camada atmosférica situada acima da mesosfera, no seio da qual a temperatura aumenta regularmente com a altitude.

Ter.mos.plás.ti.co *adj.* e *s.m.* (resina) Que amolece ao ser aquecida e enrijece ao ser resfriada.

Ter.mos.ta.to *s.m.* Aparelho que serve para manter uma temperatura constante.

Ter.mo.vi.ni.fi.ca.ção *s.f.* Vinificação rápida, obtida pelo aquecimento em torno de 60-80°C das uvas esmagadas. ● Pl.: *termovinificações*.

Ter.ná.rio *adj.* **1.** Que é formado de três unidades. **2.** MÚS Diz-se do compasso dividido em três tempos iguais.

TERNEIRO — TESTAR

Ter.nei.ro *s.m.* **1.** A cria da vaca até um ano de idade; bezerro. **2.** Feto de gado vacum.

Ter.no *s.m.* **1.** Grupo de três. **2.** Trio, trindade. **3.** Carta de jogar com três pintas. **4.** Vestuário masculino que consta de três peças (paletó, calça e colete) da mesma fazenda e cor. **5.** Traje composto de paletó e calça. *adj.* **6.** Com delicadeza de sentimentos que leva a provas de comovente afeto. **7.** Meigo, carinhoso, amável, afetuoso. **8.** Suave, brando, delicado. ● *Ant.:* áspero, duro.

Ter.nu.ra *s.f.* **1.** Qualidade de terno. **2.** Carinho, meiguice, doçura. **3.** Afeto brando. ● *Ant.:* dureza.

Ter.ra *s.f.* **1.** O planeta em que habitamos. **2.** A parte sólida do globo terrestre, não ocupada pelo mar. **3.** A superfície dessa parte sólida, onde crescem os vegetais. **4.** Solo, chão. **5.** Pó, poeira. **6.** Local, região, território, pátria. **7.** Prédio rústico. **8.** Fazenda, herdade, terreno. **9.** Argila própria para escultura. **10.** Os habitantes de uma povoação. **11.** Povoação, cidade. **12.** Localidade onde se nasceu. **13.** O mundo. **14.** A vida temporal. *adj.2g.* **15.** Vulgar, comum. **16.** Sem largueza de ideias. ◆ **Terra natal:** terra onde se nasceu. ◆ **Terra Santa:** a Palestina. ◆ **Terra vegetal:** a que apresenta grande quantidade de matéria orgânica vegetal decomposta. ◆ **Terra virgem:** a que nunca foi cultivada. ◆ **Deitar por terra:** arruinar, destruir. ◆ **Descer à terra:** ser sepultado.

Ter.ra a ter.ra *adj.2n.* Trivial, rasteiro, sem elevação nem largueza de ideias.

Ter.ra.ço *s.m.* **1.** Cobertura plana de um edifício, varanda etc. **2.** Sacada descoberta e ampla. **3.** Patamar aberto numa encosta. **4.** Terreno em andares, que geralmente acompanha as curvas de nível.

Ter.ra.co.ta *s.f.* **1.** Argila em forno especial. **2.** Objeto modelado em barro e cozido no forno.

Ter.ral *adj.2g.* **1.** Relativo a terra. **2.** Na Índia, diz-se da estação em que predomina o vento que sopra da terra. *adj.* e *s.m.* **3.** Diz-se de ou vento de pouca intensidade, que sopra da terra para o mar, durante a noite.

Ter.ra.pla.nar *v.t.* Tornar plano; aplainar (um terreno). ◆ Cf. terraplenar.

Ter.ra.ple.nar *v.t.* Encher (os desníveis de um terreno) de pedra, entulho, terra etc.; aterrar. ◆ Cf. terraplanar.

Ter.rá.queo *adj.* **1.** Terrestre. **2.** Relativo ao planeta Terra. *s.m.* **3.** Habitante da Terra, por oposição a supostos habitantes de outros planetas.

Ter.rei.ro *s.m.* **1.** Espaço de terra largo e plano, em frente à casa. **2.** Praça, largo (numa povoação). **3.** Nome dado aos locais em que se realizam cerimônias de candomblé, umbanda etc. *adj.* **4.** Térreo.

Ter.re.mo.to *s.m.* Tremor de terra.

Ter.re.no *adj.* **1.** Terrestre. **2.** Mundano. *s.m.* **3.** Espaço de terra mais ou menos extenso. **4.** Porção de terra cultivável. **5.** Cada uma das camadas de terra ou rocha, consideradas quanto à extensão que ocupam e quanto ao modo e época de sua formação. **6.** Campo. **7.** Setor. **8.** Ramo de atividade. **9.** Posição, situação. **10.** Matéria, assunto.

Tér.reo *adj.* **1.** Da natureza da terra. **2.** Terreno, terrestre. **3.** Diz-se do andar ou pavimento que fica ao rés do chão.

Ter.res.tre *adj.2g.* **1.** Relativo à terra. **2.** Da terra. **3.** Por terra. **4.** Que existe ou existiu na terra. **5.** Que nasce na terra. **6.** Que provém da terra. **7.** FIG Que é temporal. ● Opõe-se a *espiritual*.

Ter.ri.fi.can.te *adj.2g.* Que terrifica.

Ter.ri.fi.car *v.t.* Amedrontar; causar terror a; apavorar.

Ter.ri.fi.co *adj.* Terrificante.

Ter.ri.na *s.f.* Vaso de louça ou metal, com tampa, em que se serve a sopa à mesa.

Ter.ri.to.ri.al *adj.2g.* Relativo a território.

Ter.ri.tó.rio *s.m.* **1.** Terreno mais ou menos extenso. **2.** Área dependente de um país, província, cidade etc. **3.** Jurisdição. **4.** Área de uma jurisdição. **5.** Área delimitada dentro de cujas fronteiras o Estado exerce sua jurisdição.

Ter.rí.vel *adj.2g.* **1.** Que causa medo ou terror. **2.** Que apavora. **3.** Cujos resultados são funestos. **4.** Horrível. **5.** Extraordinário, enorme, incomum.

Ter.ror *s.m.* **1.** Qualidade de terrível. **2.** Grande medo, pavor. **3.** Grande susto. **4.** O que aterroriza.

Ter.ro.ris.mo *s.m.* Modo de coagir, combater ou ameaçar pelo uso sistemático do terror ou atos violentos.

Ter.ro.ris.ta *adj.* e *s.2g.* Diz-se de, ou pessoa que pratica terrorismo.

Ter.ro.so *adj.* **1.** Que tem aspecto ou natureza de terra. **2.** Sem transparência; baço.

Ter.tú.lia *s.f.* **1.** Reunião familiar. **2.** Assembleia, palestra literária. **3.** Agrupamento de amigos.

Te.são *s.2g.* **1.** Estado ou qualidade de teso. **2.** Rijeza. **3.** Embate violento. **4.** Ímpeto. **5.** Excitação, desejo sexual. **6.** Pessoa que inspira esse desejo. **7.** Coisa muito boa, excitante ou interessante.

Te.se *s.f.* **1.** Proposição para discussão ou controvérsia. **2.** Proposição que, nas escolas superiores, é formulada para ser definida em público. **3.** Essa tese publicada. **4.** Conclusão de um teorema. **5.** Assunto; tema, objeto. ◆ **Em tese:** em geral teoricamente.

Te.so (ê) *s.m.* **1.** Estendido, esticado. **2.** Firme, imóvel. **3.** Inteiriçado. **4.** Intrépido. **5.** Rijo, forte. **6.** Duro, áspero. **7.** Alcantilado. **8.** Pertinaz. **9.** Inflexível. **10.** GÍR Sem dinheiro.

Te.sou.ra *s.f.* **1.** Instrumento cortante, formado de duas folhas que se movem sobre um eixo comum. **2.** Armação de madeira, em forma de tesoura, sobre a qual assentam os telhados. **3.** Certa andorinha de cauda bifurcada. **4.** FIG Pessoa maldizente, que passa a vida falando mal dos outros.

Te.sou.rar *v.t.* **1.** Cortar com tesoura. **2.** Cortar. **3.** Dilacerar, cortando. **4.** FAM Falar mal de. **5.** Censurar. ◆ *Var.:* tesoirar.

Te.sou.ra.ri.a *s.f.* **1.** Casa ou lugar onde se guarda e administra o tesouro público. **2.** Repartição ou cargo de tesoureiro. **3.** Sala em que o tesoureiro exerce suas funções; contabilidade. ◆ *Var.:* tesoiraria.

Te.sou.rei.ro *s.m.* **1.** Empregado de administração do tesouro público. **2.** Guarda de tesouro. **3.** Encarregado das operações relativas a entrada e saída de dinheiro. ◆ *Var.:* tesoireiro.

Te.sou.ro *s.m.* **1.** Grande porção de dinheiro, de ouro, prata e demais objetos preciosos, posto em reserva erário. **2.** Lugar onde se guardam ou depositam essas riquezas. **3.** Repartição pública onde se guardam ou administram os dinheiros do Estado. **4.** Objetos preciosos, que se encontravam escondidos e que foram descobertos casualmente. **5.** Objeto de grande valor. **6.** Coisa ou pessoa pela qual se nutre grande estima. ◆ *Var.:* tesoiro.

Tes.si.tu.ra *s.f.* **1.** MÚS Disposição dada às notas musicais para se acomodarem a certa voz ou instrumento. **2.** Extensão média de uma voz ou instrumento. **3.** FIG Organização; contextura.

Tes.ta *s.f.* **1.** Parte do rosto, entre os olhos e a raiz dos cabelos anteriores da cabeça. **2.** Cabeça. **3.** FIG Frente, dianteira. **4.** Invólucro exterior de algumas sementes.

Tes.ta.da *s.f.* **1.** Pancada com a testa. **2.** Asneira, tolice.

Tes.ta de fer.ro *s.2g.* Pessoa que se apresenta como responsável por atos praticados por outrem. ● *Pl.:* testas de ferro.

Tes.ta.dor *adj.* e *s.m.* Que, ou o que testa ou faz testamento.

Tes.ta.men.tal *adj.2g.* **1.** Que se refere a testamento. **2.** Da natureza de testamento.

Tes.ta.men.tá.rio *adj.* **1.** Relativo a testamento. *s.m.* **2.** Herdeiro por testamento.

Tes.ta.men.tei.ro *s.m.* Aquele que cumpre ou faz cumprir as disposições de um testamento.

Tes.ta.men.to *s.m.* **1.** Ato autêntico pelo qual alguém dispõe de seus bens ou de parte deles, em benefício de outrem, para depois de sua morte. **2.** Escrito de que constam as disposições testamentárias de alguém. **3.** FAM Carta muito extensa.

Tes.tan.te *adj.* e *s.2g.* Testador.

Tes.tar *v.t.* **1.** Deixar em testamento, por morte. **2.** Legar. *v.int.* **3.** Fazer seu testamento; dispor (de alguma coisa) em testamento. **4.** Submeter a um teste. **5.** Pôr à prova. **6.** Dar testemunho de.

TESTE — TILÁPIA

Tes.te s.m. **1.** Exercício de avaliação psicológica ou pedagógica. **2.** Prova ou medida da inteligência. **3.** Lista de questões que servem para uma prova dessa natureza.

Tes.te.mu.nha s.f. **1.** Pessoa que presta depoimento sobre o que viu ou ouviu. **2.** Padrinho de batizado, casamento etc. **3.** Prova material.

Tes.te.mu.nhal adj.2g. Relativo a testemunho ou testemunha.

Tes.te.mu.nhar v.t. **1.** Dar testemunho acerca de. **2.** Confirmar. **3.** Declarar ter visto, ouvido ou conhecido. **4.** Ver, verificar, presenciar, manifestar. **5.** Dar testemunho. **6.** Servir de testemunha.

Tes.te.mu.nho s.m. **1.** Declaração de uma testemunha em juízo. **2.** Depoimento. **3.** Prova, indício, vestígio.

Tes.ti.cu.lar adj.2g. Concernente aos testículos.

Tes.tí.cu.lo s.m. Cada uma das glândulas sexuais masculinas.

Tes.ti.fi.car v.t. Testemunhar; atestar, comprovar; afirmar, assegurar.

Tes.to (ê) s.m. **1.** Tampa de barro ou de ferro com que se cobre panela ou cântaro. **2.** A testa do boi. ◆ Cf. *texto(s)*.

Tes.tos.te.ro.na s.f. Hormônio masculino ($C_{19}H_{28}O_2$) produzido nos testículos.

Tes.tu.do adj. **1.** Que tem grande testa. **2.** FIG Teimoso, obstinado.

Te.ta (ê) s.f. **1.** Glândula mamária; úbere. **2.** FIG Manancial.

Te.tâ.ni.co adj. Da natureza do tétano.

Té.ta.no s.m. MED Doença infecciosa, comum ao homem e aos animais, que se caracteriza pela rigidez convulsiva dos músculos.

Tête-à-tête (fr.) s.m.2n. **1.** Conversa privada de dois indivíduos. **2.** Serviço de chá para duas pessoas. adv. **3.** Em particular; face a face.

Te.tei.a s.f. **1.** Berloque, enfeite, bibelô. **2.** Pessoa ou coisa muito graciosa.

Te.to s.m. **1.** Parte superior e interna de uma casa ou edifício; cobertura. **2.** Abrigo, habitação. **3.** POP Cabeça, juízo. **4.** Limite máximo.

Te.tô.ni.ca ou **tec.tô.ni.ca** s.f. **1.** Parte da geologia que estuda a morfologia da crosta terrestre. **2.** Ramo da geologia que se dedica à investigação da morfologia e da associação das estruturas de tipos similares, classificando-as ou agrupando-as em zonas e regiões, procurando obter uma visão integrada das estruturas maiores e das suas relações espaciais entre si; geologia mecânica, geotectônica, tetônica.

Te.tra.cam.pe.ão adj. **1.** Diz-se de pessoa, equipe ou clube esportivo campeão quatro vezes. s.m. **2.** A própria pessoa, equipe ou clube. ◆ Fem.: *tetracampeã*.

Te.tra.ci.cli.na s.f. Antibiótico ($C_{22}H_{24}N_2O_8$) de grande espectro, produzido por uma espécie de estreptomiceto ou obtido por síntese, us. como antibacteriano, antimalárico etc.

Te.tra.clo.re.to s.m. Composto que contém quatro átomos de cloro.

Te.tra.é.dri.co adj. **1.** Relativo a ou próprio do tetraedro. **2.** Que tem forma de tetraedro.

Te.tra.e.dro s.m. GEOM Poliedro de quatro faces.

Te.tra.go.nal adj.2g. **1.** Que tem a forma de tetrágono.

Te.tra.ne.to s.m. Filho do trineto ou trineta.

Te.tra.ple.gi.a s.f. Paralisia que atinge simultaneamente os quatro membros; quadriplegia, quadroplegia.

Te.tra.plé.gi.co adj. e s.m. Que, ou aquele que sofre de paralisia dos braços e das pernas.

Te.tras.si.lá.bi.co adj. Que tem quatro sílabas; quadrissilábico.

Te.tras.sí.la.bo adj. e s.m. Diz-se de ou palavra ou verso tetrassilábico; quadrissílabo.

Te.tra.vó s.m. O pai do trisavô ou do trisavó. ◆ Fem.: *tetravó*.

Té.tri.co adj. **1.** Muito triste. **2.** Fúnebre. **3.** Medonho, horrível. **4.** Carrancudo, mal-humorado. **5.** Rigoroso, severo, ríspido.

Teu pron.poss. **1.** De ti, pertencente ou relativo a ti. **2.** Que te compete, que se te é devido. **3.** Afeiçoado a ti, estimado ou preferido por ti. **4.** Os teus. **5.** Os teus parentes, os teus amigos. ◆ Fem.: *tua*.

Teu.tão adj. **1.** Que diz respeito aos teutões, antigo povo estabelecido às margens do mar Báltico. s.m. **2.** Indivíduo desse povo.

Teu.to Elem. de comp. Exprime a ideia de *alemão*, em palavras compostas.

Teu.tô.ni.co adj. e s.m. Alemão.

Te.vê s.f. POP Forma abreviada de *televisão*.

Têx.til (tês) adj.2g. **1.** Que se pode tecer ou é próprio para ser tecido. **2.** Relativo a tecelagem. ◆ Pl.: *têxteis*.

Tex.to (tês) s.m. **1.** As próprias palavras de um autor, livro ou escrito. **2.** Obra ou parte de obra literária. **3.** Palavras que se citam em apoio de uma opinião ou doutrina. **4.** Palavras bíblicas que o orador sacro cita como tema de sermão.

Tex.tu.al adj.2g. **1.** Relativo ao texto. **2.** Que está num texto. **3.** Que se transcreveu exata e fielmente do próprio texto.

Tex.tu.ra s.f. **1.** Ato de tecer; tecido. **2.** Trama. **3.** União íntima das partes de um corpo. **4.** Contextura. **5.** Ligação ou arranjo das partes de uma obra. **6.** GEOL Aspecto menor inerente à rocha, que depende do tamanho, forma, arranjo e distribuição dos seus componentes.

Te.xu.go s.m. **1.** Certo mamífero carnívoro. **2.** POP Pessoa muito gorda.

Tez (ê) s.f. **1.** A epiderme do rosto; cútis. **2.** A pele mais exterior, mais fina e mais sutil.

Thrill.er (ing.) s.m. Peça, filme, romance ou qualquer outro enredo de suspense, esp. na literatura policial de mistério. ◆ Pl.: *thrillers*.

Ti.a.mi.na s.f. O mesmo que vitamina B1.

Ti.a.ra s.f. **1.** Mitra com três coroas que os papas usavam nas grandes solenidades, até Paulo VI (que renunciou a seu uso). **2.** Dignidade pontifícia; o papado. **3.** Ornato que as mulheres usam na cabeça.

Tí.bia s.f. **1.** ANAT O mais grosso dos dois ossos da perna, situado na parte anterointerna. **2.** Canela da perna. **3.** Flauta de pastor; trombeta.

Ti.ção s.m. Acha de lenha acesa ou meio queimada.

Tick.et (ing.) s.m. Tíquete.

Ti.co s.m. Pedacinho ou bocado de; pequena quantidade.

Ti.co-ti.co s.m. **1.** Passarinho muito semelhante ao pardal. **2.** Espécie de velocípede. **3.** Pessoa ou coisa de pequeno tamanho.

Ti.cu.na.ga s.f. (N) Bolo feito com mandioca, coco, castanha, açúcar etc.

Tie-break (tái-brêik) (ing.) s.m. Em certos esportes (futebol, vôlei etc.), *set* disputado para desempate.

Ti.e.te (é) s.2g. POP Fã ardoroso (de cantor, ator, desportista etc.); admirador.

Tí.fi.co adj. **1.** Relativo ao tifo. **2.** Que tem a natureza do tifo.

Ti.fo s.m. **1.** MED Doença infecciosa caracterizada por dores de cabeça, diarreia, insônia, febre contínua etc. **2.** Febre tifoide.

Ti.foi.de s.f. **1.** MED Que se assemelha ao tifo. **2.** Qualificativo de uma febre que tem o caráter e a natureza do tifo.

Ti.ge.la s.f. **1.** Vaso côncavo de barro ou louça, com boca larga, para alimentos. **2.** Vaso em que se recolhe o leite da seringueira.

Ti.gre s.m. **1.** Mamífero carnívoro, caracterizado por sua extrema ferocidade. **2.** Homem sanguinário. ◆ Fem.: *tigresa* (p. usado; de preferência, deve-se usar *tigre fêmea*).

Ti.jo.lei.ro s.m. Fabricante de tijolos.

Ti.jo.lo (ô) s.m. **1.** Peça de barro cozido, em forma de paralelepípedo, destinada a construções. **2.** Instrumento de ourives, para fazer arruela. **3.** Doce sólido de forma retangular.

Ti.ju.co s.m. **1.** Atoleiro, lameiro, lodo. **2.** Lama, particularmente a de cor escura.

Til s.m. Sinal gráfico (~) que se usa sobre as vogais a e o, para indicar nasalização.

Ti.lá.pia s.f. Certo peixe de água doce, muito cultivado em represas e aguadas.

TÍLBURI — TIRANIA

Til.bu.ri s.m. Carro de dois assentos e duas rodas, sem boleia, geralmente coberto, puxado por um só animal, muito comum no séc. XIX.

Tí.lia s.f. 1. BOT Árvore de folhas e flores medicinais, aproveitada como planta de sombra e de ornamento. 2. A flor dessa árvore.

Ti.lin.tar v.int. 1. Soar metalicamente (sino, campainha, dinheiro etc.). v.t. 2. Fazer tilintar.

Ti.mão s.m. 1. Peça de madeira a que se atrelam os animais que puxam um arado ou um carro. 2. NÁUT Barra do leme. 3. Leme. 4. FIG Direção, governo.

Tim.ba.le s.m. Instrumento de percussão, espécie de tambor metálico em forma de meio globo.

Tim.bra.do adj. Marcado com timbre.

Tim.bra.gem s.f. 1. Ato ou efeito de timbrar. 2. Processo de impressão em relevo, para cartões, convites e outros trabalhos de luxo.

Tim.brar v.t. 1. Pôr timbre em. 2. Caprichar, esmerar-se em, orgulhar-se de. 3. Fazer questão.

Tim.bre s.m. 1. Insígnia apensa exteriormente ao escudo. 2. Instrumento metálico de percussão. 3. Marca, sinal; divisa. 4. Selo, carimbo. 5. FIG Ponto de honra, capricho. 6. Orgulho legítimo, remate. 7. Qualidade sonora de uma voz ou instrumento.

Ti.me s.m. 1. O conjunto dos jogadores de futebol, basquete, beisebol etc. 2. Equipe, quadro. 3. Pop. Grupo, trinca, turma de amigos ou de pessoas de atividade ou classe semelhante.

Tim.er (táimer) (ing.) s.m. Recurso de certos aparelhos (televisão, videocassete etc.) que podem ser programados para ligar (ou desligar) mesmo na ausência do usuário.

Ti.mi.dez s.f. 1. Qualidade de tímido. 2. Acanhamento excessivo. 3. Fraqueza de ânimo.

Tí.mi.do adj. 1. Que tem temor. 2. Assustado, medroso, receoso, sem coragem. 3. Que não tem desembaraço. 4. Acanhado. 5. Incerto, débil. 6. Fraco. s.m. 7. Indivíduo acanhado, fraco.

Tim.ing (táimin) (ing.) s.m. Percepção aguda capaz de identificar o momento exato para agir com vistas a alcançar um objetivo; senso de oportunidade.

Ti.mo.nei.ro s.m. 1. Aquele que governa o timão das embarcações. 2. Aquele que regula ou dirige qualquer coisa. 3. Guia.

Ti.mo.ra.to adj. 1. Medroso por escrúpulo ou pelo excessivo temor de Deus, que receia errar. 2. Acanhado, hesitante. 3. Escrupuloso.

Ti.mo.ren.se adj. e s.2g. 1. Relativo ou pertencente a Timor, Oceania. s.2g. 2. Pessoa natural do Timor.

Tim.pa.nal adj.2g. 1. ANAT Relativo ou pertencente ao tímpano. s.m. 2. O osso timpanal.

Tim.pâ.ni.co adj. Timpanal.

Tim.pa.nis.ta s.2g. Músico que toca o tímpano.

Tím.pa.no s.m. 1. ANAT Cavidade irregular no fundo do canal auditivo. 2. Espécie de tambor com, com repartimentos em espiral, para elevar água num depósito. 3. MÚS Timbale. 4. ARQUIT Espaço triangular limitado por três lados do frontão.

Ti.na s.f. 1. Vasilha de aduelas, semelhante a um barril cortado pelo meio. 2. Vaso grande, de pedra ou de metal, que serve de banheira.

Ti.ner s.m. Líquido volátil usado para diluir tintas. ● Pl.: tíneres.

Tin.gir v.t. 1. Embeber numa substância corante. 2. Comunicar certa cor a. 3. Colorir. 4. Fazer corar. 5. Enrubescer, ruborizar. v.p. 6. Tomar certa cor.

Ti.nha s.f. 1. MED Doença dos pelos e do couro cabeludo. 2. Lagarta que ataca as colmeias. 3. FIG Defeito, mácula.

Ti.nho.rão s.m. Planta herbácea ornamental.

Ti.nho.so (ô) adj. 1. MED Que tem tinha. 2. Que causa nojo. 3. Nojento, repugnante. s.m. 4. POP O diabo.

Ti.nir v.int. 1. Soar agudamente (falando do metal ou vidro). 2. Zunir (aos ouvidos). 3. Sentir grande fome ou apetite. 4. POP Estar bem preparado.

Ti.no s.m. 1. Agudez ou aptidão natural, para dar com a verdade, sentir o que convém, o que é razoável. 2. Juízo natural, instinto. 3. Inteligência, siso. 4. Cuidado, prudência. 5. Senso de direção. 6. Intuição, faro.

Tin.ta s.f. 1. Líquido de qualquer cor, para escrever, tingir ou imprimir. 2. Laivo. 3. Sinal, vestígio. 4. Pequena dose. 5. Tom, matiz. 6. Casta de uva.

Tin.tei.ro s.m. Pequeno vaso, próprio para conter tinta de escrever.

Tin.tim s.m. elem. usado na loc. tintim por tintim. ◆ tintim por tintim: minuciosamente.

Tin.tu.ra s.f. 1. Ato ou operação de tingir. 2. Tinta para tingir. 3. Líquido em que se dissolve matéria corante e que se utiliza para tingir. 4. Preparação destinada a dar cor artificial ao cabelo, à barba, ao bigode. 5. FARM Solução, geralmente colorida, de uma ou mais substância medicamentosa ou reagente em álcool, éter etc. 6. FIG Noções rudimentares, superficiais. 7. Vestígios.

Tin.tu.ra.ri.a s.f. Estabelecimento onde se tingem tecidos; lavanderia.

Ti.o s.m. 1. Irmão do pai ou da mãe; marido da tia. 2. POP Tratamento que os mais jovens dão aos adultos.

Ti.o-a.vô s.m. Irmão do avô ou da avó. ● Pl.: tios-avós. ● Pl.: tios-avós (os irmãos do avô ou da avó); tios-avós (os irmãos e irmãs do avô e da avó).

Tí.pi.co adj. 1. Que constitui tipo. 2. Que serve de modelo; característico. 3. MED Que afeta um tipo bem pronunciado. 4. Alegórico, simbólico.

Ti.pi.fi.car v.t. Tornar típico; caracterizar.

Ti.po s.m. 1. Modelo, original. 2. Coisa ou pessoa que reúne em si os caracteres que distinguem uma classe, raça ou família. 3. Nome dado aos caracteres tipográficos. 4. Exemplar, símbolo. 5. Cada uma das classes de certas mercadorias. 6. POP Qualquer indivíduo. 7. Pessoa pouco respeitável. 8. FAM Pessoa excêntrica e singular.

Ti.po.gra.fi.a s.f. Arte ou técnica de imprimir (com tipos móveis, clichês).

Ti.po.grá.fi.co adj. Referente à tipografia.

Ti.pó.gra.fo s.m. Profissional que trabalha em tipografia.

Ti.poi.a s.f. 1. Lenço ou tira de pano que se prende ao pescoço, para sustentar braço ou mão doente. 2. Palanquim de rede para transportar pessoas.

Ti.po.lo.gi.a s.f. 1. Caracterização dos tipos humanos, dos seres vivos, ou da realidade qualquer, considerados num estudo. 2. Descrição geral desses tipos em cada caso.

Ti.que s.m. 1. Contração espasmódica e inconsciente dos músculos da face. 2. Sestro, cacoete. 3. Pequeno sinal colocado num item de uma relação para indicar que foi conferido. ● Pl.: tique-taques.

Ti.que-ta.que s.m. Voz imitativa de som cadenciado, como o do relógio, do coração etc. ● Pl.: tique-taques.

Tí.que.te (ing. ticket) s.m. Pequeno cartão, bilhete ou comprovante de venda que serve de ingresso, passagem etc.; bilhete.

Ti.ra s.f. 1. Pedaço de pano, papel, couro etc., mais comprido que largo. 2. Fita, filete. 3. Trecho de história em quadrinhos. s.m. 4. GÍR Agente de polícia; investigador.

Ti.ra.co.lo s.m. Correia que cinge o corpo, passando por cima de um ombro e por baixo do braço ao lado oposto a esse ombro. ◆ A tiracolo: que vai do ombro ao lado oposto, por debaixo do braço.

Ti.ra.da s.f. 1. Ato ou efeito de tirar. 2. Caminhada. 3. Grande extensão de caminho. 4. Grande espaço de tempo. 5. Fala de grande extensão. 6. Discurso extenso. 7. Dito espirituoso. 8. Rasgo, ímpeto.

Ti.ra.gem s.f. 1. Total de exemplares tirados por livro, jornal ou revista em uma edição. 2. Impressão tipográfica.

Ti.ra-gos.to (ô) s.m. Qualquer coisa que se come ou bebe para corrigir o mau sabor de outra ou para acompanhar bebida. ● Pl.: tira-gostos.

Ti.ra-man.chas s.m.2n. Preparado químico utilizado para tirar manchas de roupas, pisos etc.

Ti.ra.ni.a s.f. 1. Governo tirano. 2. Governo injusto e cruel, que não respeita as liberdade nem o direito. 3. Opressão, violência.

TIRANICIDA — TOCAIAR

Ti.ra.ni.ci.da *s.2g.* Indivíduo que assassina um tirano.

Ti.râ.ni.co *adj.* **1.** Que se refere a tirano ou tirania. **2.** Despótico, opressivo.

Ti.ra.ni.zar *v.t.* **1.** Governar com tirania. **2.** Tratar como tirano, com severidade. **3.** Vexar, oprimir. **4.** Embaraçar, constranger. **5.** Travar. **6.** Criar obstáculos a. *v.p.* **7.** Tratar a si próprio com rigor. **8.** Mortificar-se.

Ti.ra.no *s.m.* **1.** Na antiga Grécia, aquele que usurpava o poder soberano. **2.** Indivíduo que usurpa o poder supremo e governa com injustiça e crueldade. **3.** O que abusa da autoridade para oprimir. **4.** Opressor, déspota. **5.** FIG O que escraviza e tortura moralmente. *adj.* **6.** Tirânico.

Ti.ra.nos.sau.ro *s.m.* Réptil fóssil, carnívoro, do período cretáceo americano. (Compr.: 12 m.).

Ti.ran.te *adj.2g.* **1.** Que tira. **2.** Excetuado. **3.** Que dá aparências de (cor, tonalidade). *s.m.* **4.** Correia que prende o veículo às cavalgaduras que o puxam. **5.** Qualquer peça que serve para esticar ou puxar. *prep.* **6.** Exceto, afora, salvo.

Ti.rão *s.m.* **1.** Puxão com força. **2.** Grande caminhada; estirão.

Ti.rar *v.t.* **1.** Puxar. **2.** Sacar. **3.** Fazer sair de um lugar. **4.** Despir, descalçar. **5.** Extrair, arrancar. **6.** Auferir, receber. **7.** Alcançar. **8.** Dar começo a, para que outros acompanhem. **9.** Privar de. **10.** Usurpar. **11.** Atrair. **12.** Fazer desaparecer. **13.** Cobrar, arrecadar. **14.** Atirar, arremessar. **15.** Despedir. **16.** Copiar. **17.** Excluir, excetuar. **18.** Abolir, extinguir o uso de. **19.** Estampar, imprimir. **20.** Libertar, livrar. **21.** Arrebatar. **22.** Arrancar. **23.** Subtrair, roubar. **24.** Sacar, puxar. **25.** Chamar, reclamar. **26.** Visar. **27.** FIG Deslindar, esclarecer. **28.** Publicar. *v.p.* **29.** Afastar-se, livrar-se, desviar-se.

Ti.ra-tei.mas *s.m.2n.* **1.** POP Argumento decisivo. **2.** GÍR Revólver.

Ti.re.oi.de *s.m.* Objeto com que os teimosos são castigados.

Ti.re.oi.de *adj.* **1.** ANAT Diz-se da glândula endócrina situada na região anterior do pescoço, adiante e dos lados da traqueia. *s.f.* **2.** Essa glândula. ◆ *Var.: tiroide.*

Ti.re.oí.deo *adj.* Relativo à tireoide.

Ti.ri.ri.ca *s.f.* **1.** Planta daninha às lavouras e jardins. *adj.2g.* **2.** FAM Zangado, furioso.

Ti.ri.tan.te *adj.2g.* Que tirita.

Ti.ri.tar *v.int.* Tremer de frio.

Ti.ro *s.m.* **1.** Ato de atirar. **2.** Disparo de arma de fogo. **3.** A carga que se dispara cada vez; bala. **4.** Distância que alcança a carga ou o disparo. **5.** Explosão. **6.** Lugar de exercício com armas de fogo. **7.** Parelha de animais que puxam um veículo. **8.** No futebol, chute muito forte. **9.** Forma red. de *tiro de guerra*.

Ti.ro.cí.nio *s.m.* **1.** Primeiros exercícios. **2.** Noviciado, aprendizado. **3.** Capacidade de discernimento. **4.** Prática ou exercício militar indispensável ao desempenho de um cargo ou posição.

Ti.ro.tei.o *s.m.* **1.** Fogo de fuzilaria em que os tiros são amiudados. **2.** Troca de tiros num conflito. **3.** Palavras trocadas entre duas ou mais pessoas, sem intervalo entre perguntas e réplicas.

Ti.ro.tri.ci.na *s.f.* Antibiótico obtido da cultura de *Bacillus brevis*, us. como bactericida tópico.

Ti.sa.na *s.f.* **1.** Cozimento de cevada. **2.** Infusão medicamentosa que o doente pode ingerir à vontade.

Tí.si.ca *s.f.* **1.** MED Lesão dos pulmões. **2.** Tuberculose pulmonar.

Tí.si.co *adj.* e *s.m.* **1.** Que, ou o que sofre de tísica. **2.** Que, ou o que está muito magro.

Tis.nar *v.t.* **1.** Requeimar, tostar. **2.** Enegrecer com fumo ou carvão. **3.** Manchar, macular. *v.p.* **4.** Enegrecer-se. **5.** Mascarar-se. **6.** Manchar-se, macular-se.

Tis.ne *s.m.* **1.** Cor que o fogo ou a fumaça produz na pele. **2.** Fuligem.

Ti.tâ.ni.co *adj.* **1.** Relativo aos titãs. **2.** Que revela grande força.

Ti.tâ.nio *s.m.* QUÍM Elemento metálico (símbolo Ti e número atômico 22), cinzento-escuro, pulverulento, quase tão pesado como o ferro e que facilmente se combina com o nitrogênio.

Ti.tão ou **ti.tã** *s.m.* **1.** Nome genérico dos gigantes que quiseram escalar o céu e destronar Júpiter. **2.** FIG pessoa de características físicas ou morais extraordinárias. **3.** Guindaste de grande potência.

Ti.te.re *s.m.* **1.** Boneco que se move por meio de cordéis e engonços. **2.** Fantoche, marionete. **3.** FIG Indivíduo que se deixa manejar por outros(s), ou que age a mando de outro (s).

Ti.ti.lar *v.t.* **1.** Fazer cócegas ligeiras ou prurido em. *v.int.* **2.** Experimentar, sentir titilação. **3.** Estremecer, palpitar.

Ti.tio *s.m.* FAM Tio.

Ti.tu.be.a.ção *s.f.* Ato ou o efeito de titubear.

Ti.tu.be.ar *v.int.* **1.** Cambalear, não se ter bem em pé. **2.** Perder a firmeza ou a estabilidade. *v.t.* e *int.* **3.** Ter dúvidas. **4.** Hesitar, vacilar.

Ti.tu.bei.o *s.m.* Titubeação.

Ti.tu.lar¹ *adj.2g.* **1.** Que tem título honorífico. **2.** Que tem só o título ou nome sem a posse ou domínio real. **3.** Honorário, nominal. **4.** Diz-se da pessoa que detém oficialmente uma posição, um cargo etc., por oposição a quem a substitui eventualmente; efetivo. *s.2g.* **5.** Pessoa que tem título. **6.** Pessoa que ocupa de modo efetivo um cargo ou posição. **7.** Jogador efetivo de um quadro esportivo. **8.** Cada um dos membros de um ministério ou secretaria de Governo.

Ti.tu.lar² *v.t.* **1.** Dar título a; intitular. **2.** Registrar em títulos autênticos; registrar.

Tí.tu.lo *s.m.* **1.** Inscrição no frontispício de um livro ou capítulo, indicando o assunto de que trata. **2.** Denominação de uma obra de arte. **3.** Qualificação de uma relação social, de uma fundação etc. **4.** Letreiro, rótulo. **5.** Subdivisão de orçamento, código etc. **6.** Qualidade, capacidade. **7.** Fundamento. **8.** Documento que comprova ou autoriza o uso de um direito. **9.** Denominação honorífica. **10.** Pretexto, causa, razão, motivo.

-ti.vo *suf.* Equivale a *-ivo*.

TNT *s.m.* **1.** Explosivo poderoso. **2.** Sigla de **trinitrotolueno**.

TO Sigla do Estado de Tocantins.

To.a (ô) *s.f.* Corda com que uma embarcação reboca outra; reboque. ◆ **À toa:** ao acaso; em vão; inutilmente.

To.a.da *s.f.* **1.** Ato ou efeito de toar. **2.** Tom de voz; entoação. **3.** Som de instrumentos musicais. **4.** Ruído, som. **5.** Fama, tradição. **6.** Gosto, maneira, sistema.

To.a.le.te (é) *s.f.* **1.** Ato ou maneira de se lavar, pentear, vestir etc. *s.m.* **2.** Móvel com espelho, bacia e jarro, para lavar o rosto e as mãos; toucador. **3.** Gabinete de vestir. **4.** Traje feminino requintado. **5.** Gabinete sanitário.

To.a.lha *s.f.* **1.** Peça de linho ou algodão, para cobrir mesa em que se come, ou para enxugar qualquer parte do corpo que se lave. **2.** Peça análoga, de linho, para cobrir o altar. **3.** FIG Camada extensa.

To.a.lhei.ro *s.m.* Espécie de cabide para pendurar toalhas.

To.an.te *adj.2g.* **1.** Que toa. **2.** Designativo das rimas em que só coincidem as vogais tônicas.

To.ar *v.int.* **1.** Emitir som ou trom forte. **2.** Soar, trovejar. *v.t.* **3.** Convir, aprazer. **4.** Ficar bem.

To.bo.gã *s.m.* **1.** Aparelho para divertimento infantil, miniatura de montanha-russa. **2.** Espécie de trenó baixo para deslizar nas encostas cobertas de neve.

To.ca *s.f.* **1.** Buraco onde se recolhem ou abrigam caças ou outros animais. **2.** Gruta, covil. **3.** FIG Habitação pequena e miserável, meio escondida. **4.** Refúgio, abrigo.

To.ca-dis.cos *s.m.2n.* Aparelho elétrico para reproduzir o som gravado nos discos; vitrola.

To.ca.dor (ô) *adj.* e *s.m.* Que, ou aquele que toca. ◆ Cf. *toucador*.

To.ca-fi.tas *s.m.2n.* Aparelho usado para reproduzir o som gravado em fitas magnéticas.

To.cai.a *s.f.* Emboscada onde se espreita o inimigo ou a caça; cilada.

To.cai.ar *v.t.* **1.** Emboscar-se para matar ou caçar. **2.** Ficar de tocaia.

TOCANTE — TONANTE

To.can.te *adj.2g.* **1.** Que toca. **2.** Que diz respeito. **3.** Que comove; emocionante.

To.can.ti.nen.se *adj.2g.* **1.** Relativo ou pertencente ao Estado de Tocantins (Região Norte). *s.2g.* **2.** Pessoa natural ou habitante desse Estado.

To.car *v.t.* **1.** Pôr a mão em; apalpar. **2.** Ter contato com. **3.** Atingir com um golpe. **4.** Fazer soar. **5.** Tirar sons de. **6.** Orçar. **7.** Caber em partilha. **8.** Caber por sorte. **9.** Dizer respeito. **10.** Interessar, incumbir. **11.** Competir, pertencer. **12.** Fazer escala. *v.int.* **13.** Executar instrumentos musicais. *v.p.* **14.** Ter um ponto comum de contato. **15.** Unir-se, aproximar-se. **16.** Magoar-se, ofender-se. **17.** Começar a apodrecer (falando dos frutos).

To.ca.ta *s.f.* **1.** Toque de instrumento musical. **2.** Musicata. **3.** Serenata.

To.cha *s.f.* **1.** Vela de cera, de grande tamanho. **2.** Facho. **3.** Brilho, luz. **4.** FIG Força de uma paixão.

To.co (ô) *s.m.* **1.** Parte do tronco vegetal que fica na terra depois de cortada a árvore. **2.** Pedaço de vela; coto. **3.** Ponta de cigarro. **4.** Parte de um dente quebrado que sobressai na gengiva.

To.co.fe.rol *s.m.* Substância vitamínica de origem vegetal (vitamina E).

To.co.lo.gi.a *s.f.* MED Tratado acerca dos partos; obstetrícia.

To.co.ló.gi.co *adj.* Relativo à tocologia.

To.có.lo.go *s.m.* MED Especialista em partos; obstetra.

To.da.vi.a *adj. e conj.* Ainda assim, contudo, entretanto, porém.

To.dei.ro *s.m.* Aves coraciformes, da família dos todídeos.

To.do (ô) *pron.adj. e indef.* **1.** Integral, inteiro. **2.** Cada, qualquer. *adv.* **3.** Completamente. **4.** Exclusivamente. *s.m.* **5.** Agregado de partes que formam um conjunto, um corpo completo. **6.** Aspecto geral, tomado no seu conjunto. **7.** Um corpo completo. ♦ **De todo:** inteiramente. ♦ **Todo o mundo:** a) todas as pessoas; todos. b) o mundo inteiro.

To.do-po.de.ro.so *adj.* **1.** Onipotente. *s.m.* **2.** O que tudo pode; Deus. ♦ *Pl.:* todo-poderosos. ♦ *Fem.:* todo-poderosa. ♦ *Pl.:* todo -poderosas(os).

To.fu (jap.) *s.m.* Espécie de queijo de coalho da culinária oriental, feito com leite de soja coagulado (com cloreto de magnésio ou ácidos diluídos etc.) e depois dessorado e comprimido. ♦ *Pl.:* tofus.

To.ga *s.f.* **1.** Vestuário do talar dos magistrados; beca. **2.** Espécie de capa dos romanos. **3.** A própria magistratura.

To.ga.do *adj.* **1.** Que usa toga. **2.** Que pertence à magistratura judicial. *s.m.* **3.** Juiz, magistrado judicial.

Toi.ci.nho *s.m.* Gordura do porco, entre a carne e a pele. ♦ *Var.:* Toucinho.

Tol.da *s.f.* **1.** NÁUT Parte de ré do convés. **2.** Cobertura de palha ou de madeira que abriga a carga e/ou passageiros, nas embarcações. **3.** A primeira coberta de uma embarcação.

Tol.dar *v.t.* **1.** Cobrir com toldo. **2.** Anuviar, encobrir, obscurecer. **3.** Tornar ininteligível. **4.** Obcecar. **5.** Entristecer. **6.** Turvar. *v.p.* **7.** Turvar-se, anuviar-se, obscurecer-se. **8.** Embriagar-se.

Tol.do *s.m.* Coberta de lona, madeira ou zinco, destinada a abrigar do sol e da chuva uma porta, um espaço coberto etc.

To.le.rân.cia *s.f.* **1.** Qualidade de tolerante. **2.** Complacência. **3.** Ato de tolerar. ♦ **Casa de tolerância:** prostíbulo. ♦ *Ant.:* intolerância.

To.le.ran.te *adj.2g.* **1.** Que tolera ou suporta; condescendente, indulgente. **2.** Que desculpa. **3.** Que respeita a opinião alheia. ♦ *Ant.:* intolerante.

To.le.rar *v.int.* **1.** Consentir. **2.** Permitir tacitamente (o que deveria ser censurado ou castigado). **3.** Suportar com paciência a presença de. **4.** Aceitar sem inconveniências.

To.le.te (ê) *s.m.* **1.** Cavilha à borda do barco, para servir de apoio ao remo. **2.** Pau aguçado, com que os índios americanos apanham crocodilos. **3.** Rolo de tabaco, de madeira ou de qualquer outra coisa.

Tol.her *v.t.* **1.** Embaraçar, estorvar. **2.** Paralisar. **3.** Pôr obstáculo. **4.** Não deixar manifestar-se. **5.** Proibir, impedir. *v.p.* **6.** Ficar imóvel.

To.lhi.men.to *s.m.* **1.** Ato ou efeito de tolher ou tolher-se. **2.** Estado da pessoa tolhida pela doença.

To.li.ce *s.f.* **1.** Qualidade de tolo. **2.** Dito de tolo. **3.** Asneira, disparate. **4.** Coisa insignificante, de pouco ou nenhum valor.

To.lo (ô) *adj.* **1.** Que não tem juízo ou inteligência. **2.** Néscio, pateta. **3.** Insensato, disparatado. **4.** Ridículo, simplório, idiota, ingênuo. **5.** Que não tem razão de ser. **6.** Que não tem sentido. *s.m.* **7.** Indivíduo tolo. ♦ *Aum.:* toleirão. ♦ *Ant.:* sabido; sensato; ajuizado.

Tom *s.m.* **1.** Grau de elevação ou abaixamento da voz ou do som de um instrumento. **2.** Inflexão de voz. **3.** MÚS Intervalo entre duas notas consecutivas. **4.** Escala que se adota na composição de um trecho ou que é denominada por sua nota inicial. **5.** Tensão. **6.** Som. **7.** Vigor ou elasticidade natural dos diversos tecidos orgânicos. **8.** Efeito de tonificar. **9.** Modo de dizer. **10.** Caráter, teor, sentido. **11.** Cor predominante num quadro. **12.** Maneira, semelhança, colorido, modo. ♦ **Bom tom:** maneiras elegantes de gente educada.

To.ma.da *s.f.* **1.** Ato ou efeito de tomar. **2.** Conquista (de cidade etc.) **3.** Dispositivo que serve para ligar um aparelho elétrico à rede elétrica. **4.** Filmagem de uma cena.

To.mar *v.t.* **1.** Pegar em. **2.** Agarrar, segurar. **3.** Apoderar-se de. **4.** Apreender, capturar. **5.** Tirar, furtar, roubar. **6.** Invadir (falando de tempo). **7.** Assaltar, contratar. **8.** Seguir (direção ou caminho). **9.** Pedir, exigir. **10.** Tirar, arrebatar. **11.** Encontrar, surpreender. **12.** Ingerir. **13.** Aspirar, sorver. **14.** Considerar. *v.int.* **15.** Dirigir-se, encaminhar-se. *v.p.* **16.** Deixar-se dominar ou persuadir.

To.ma.ra *Interj.* que exprime desejo e equivale a *oxalá*.

To.ma.ta.da *s.f.* Massa ou caldo de tomate, para tempero.

To.ma.tal *s.m.* Plantio de tomates.

To.ma.te *s.m.* Fruto do tomateiro, muito usado como tempero ou em salada; tomateiro.

Tom.ba.di.lho *s.m.* NÁUT A parte mais alta do navio, entre o mastro da mezena e a popa.

Tom.ba.men.to *s.m.* **1.** Ato ou efeito de tombar. **2.** Ato de declarar (um monumento, uma cidade, uma construção etc.) de interesse histórico ou artístico.

Tom.bar *v.t.* **1.** Fazer cair. **2.** Derrubar, deitar abaixo. *v.int.* **3.** Cair, desprendendo-se. **4.** Cair no chão. **5.** Ir abaixo. **6.** Despenhar-se, rolar. **7.** Entrar em declínio, desaparecer lentamente. **8.** Fazer o tombo de; inventariar. *v.p.* **9.** Virar-se, voltar-se.

Tom.bo *s.m.* **1.** Ato ou efeito de tombar. **2.** Cachoeira alta, de grande volume de água que cai em sentido vertical; salto. **3.** Inventário de terrenos com suas demarcações e confrontações. **4.** Registro de coisas ou fatos pertinentes a uma especialidade ou a uma região; arquivo. **5.** POP Capacidade, inclinação.

Tôm.bo.la *s.f.* **1.** Variedade de loto na qual ganha aquele que primeiro encher todo o cartão. **2.** Jogo de azar, praticado num tabuleiro com várias cavidades de diversas cores. **3.** Espécie de loteria para fins beneficentes; bingo.

To.mi.lho *s.m.* BOT Erva do gênero *Timo*, usada como condimento e da qual se extrai um óleo essencial rico em timol.

To.mo *s.m.* **1.** Volume de obra impressa. **2.** Parte de uma obra, brochada ou encadernada em separado. **3.** Divisão, parte. **4.** FIG Importância, vulto, alcance.

To.mo.gra.fi.a *s.f.* MED Radiografia que fixa a um tempo os vários aspectos de um órgão ou região.

To.mo.grá.fi.co *adj.* Relativo à tomografia, ou ao tomógrafo.

To.mó.gra.fo *s.m.* MED Aparelho com que se faz tomografia.

To.na.li.da.de *s.f.* **1.** MÚS Caráter de um trecho de música relativamente ao tom geral ou predominante. **2.** Propriedade característica de um tom. **3.** Matiz de uma cor.

To.na.li.za.dor (ô) *adj.* **1.** Que dá tonalidade. *s.m.* **2.** Pó preto us. em xerox, impressoras a *laser* etc. e que adere ao papel por aquecimento.

To.nan.te *adj.2g.* **1.** Que atroa; que troveja. **2.** FIG Forte, vibrante.

TONEL — TORNASSOL

To.nel *s.m.* **1.** Grande vasilha de aduelas para líquidos, cuja capacidade é igual ou superior à de duas pipas ou 840 litros. **2.** FIG Beberrão. ● Pl.: *tonéis*.

To.ne.la.da *s.f.* **1.** Conteúdo de um tonel. **2.** Medida de capacidade (1.000 kg), com que se regula o carregamento dos navios.

To.ne.la.gem *s.f.* **1.** Capacidade de um navio. **2.** Medida dessa capacidade.

Toner (ô) (ing.) *s.m.* ⇒ Tonalizador. ● Pl.: *toners*.

Tô.ni.ca *s.f.* **1.** MÚS A primeira nota de uma escala. **2.** GRAM Vogal tônica. **3.** FIG Ideia ou assunto principal. *s.f.* **4.** *Forma red.* de *água tônica*: bebida refrigerante constituída basicamente de água gaseificada.

Tô.ni.co *adj.* **1.** Relativo ao tom. **2.** Que tonifica ou dá vigor a certos tecidos. **3.** MÚS Diz-se da primeira nota de uma escala. **4.** GRAM Diz-se do vocábulo em que recai o acento prosódico ou da sílaba ou da vogal que, num vocábulo é proferida mais intensamente. *s.m.* **5.** Medicamento que tonifica.

To.ni.fi.can.te *adj.2g.* Que tonifica.

To.ni.fi.car *v.t.* **1.** Dar tom a. **2.** Avigorar; fortificar. *v.p.* **3.** Fortificar-se, revigorar-se.

To.ni.nha *s.f.* **1.** ZOOL Atum de pouca idade. **2.** Espécie de cetáceo.

To.ni.tru.an.te *adj.2g.* **1.** Que tem o barulho do trovão. **2.** Que troveja.

Ton.si.la *s.f.* ANAT Amígdala.

Ton.su.ra *s.f.* **1.** Ato ou efeito de tonsurar. **2.** Cerimônia religiosa em que o bispo dá um corte no cabelo do ordenado, chamado *prima tonsura*. **3.** Rodela ou coroa na cabeça dos clérigos.

Ton.ta *s.f.* **1.** Dança do fandango brasileiro, que anuncia o fim da festa e cujas quadras improvisadas louvam o nascer do sol. **2.** A cabeça.

Ton.tas *s.f.pl. elem.* us. na loc. adv. *às tontas*. ● **Às tontas:** sem reflexão, sem tino, à toa.

Ton.te.ar *v.int.* **1.** Dizer ou fazer tolices. **2.** Ter tonturas; cabecear. **3.** Ter vertigens.

Ton.tei.ra *s.f.* Tontura, tontice, vertigem.

Ton.ti.ce *s.f.* **1.** Ato ou dito de tonto. **2.** Falta de tino; tolice. **3.** Demência.

Ton.to *adj.* **1.** Estonteado. **2.** Que tem tonturas. **3.** Perturbado da cabeça. **4.** Atônito, perplexo. **5.** Tolo, idiota. **6.** Que não dá atenção, que não reflete. **7.** Embriagado. *s.m.* **8.** Indivíduo tonto; pateta.

Ton.tu.ra *s.f.* **1.** Perturbação da cabeça. **2.** Sensação vaga de mal-estar, em geral acompanhada de falta de equilíbrio. **3.** Tonteira, vertigem.

Top (ing.) *s.m.* **1.** Bustiê. **2.** Blusa curta colante. ● Pl.: *tops*.

To.pa.da *s.f.* Ato de bater casualmente com a ponta ou o dedão do pé em algum objeto; choque, encontrão.

To.par *v.t.* **1.** Encontrar. **2.** Aceitar (a parada). **3.** Jogar contra (todo o dinheiro que está na banca do jogo). **4.** Dar com o pé. **5.** Ir de encontro; encontrar-se. **6.** Embater, chocar, bater. **7.** Chegar, tocar. **8.** POP Aceitar proposta, enfrentar. *v.p.* **9.** Encontrar-se.

To.pa-tu.do *s.2g.* e *2n.* Pessoa que não recusa nenhum trabalho ou encargo.

To.pá.zio *s.m.* MINER Pedra semipreciosa de cor amarela, que é um silicato de alumínio.

To.pe *s.m.* **1.** Encontro de objetos; choque, embate. **2.** Parte superior de uma coisa. **3.** Topo, cume, cimo. **4.** Laço de fita em chapéu ou toucado. **5.** Obstáculo. **6.** Parte superior do mastro, onde se desfralda a bandeira. **7.** Laia, espécie. **8.** Pião que se coloca num círculo e que serve de alvo e outros piões.

To.pe.te (é ou ê) *s.m.* **1.** Cabelo levantado à frente da cabeça. **2.** Penas compridas que se levantam na cabeça de algumas aves. **3.** Parte elevada da cabeleira do palhaço. **4.** Parte da crina do cavalo que pende da testa. **5.** FIG Atrevimento, ousadia. ● **Ter o topete:** ter o atrevimento, a audácia, a coragem.

To.pe.tu.do *adj.* **1.** Que tem ou traz topete. **2.** Ousado, destemido, atrevido.

To.pi.a.ri.a *s.f.* Arte de adornar os jardins, dando às plantas diversas configurações.

Tó.pi.co *adj.* **1.** Que diz respeito a lugar; local. **2.** Diz-se dos lugares-comuns, em retórica. **3.** MED Diz-se de medicamento de uso externo. *s.m.* **4.** Medicamento tópico. **5.** Tema. **6.** Ponto principal. **7.** Breve comentário de jornal.

To.po (ô) *s.m.* **1.** A parte mais alta. **2.** Extremidade. **3.** Ponta, remate, cume. ● *Ant.*: *sopé*.

To.po.gra.fi.a *s.f.* **1.** Descrição de uma localidade com todos os seus acidentes geográficos. **2.** Descrição anatômica de qualquer parte do organismo humano.

To.po.grá.fi.co *adj.* Referente à topografia.

To.pó.gra.fo *s.m.* Aquele que se ocupa de topografia.

To.po.lo.gi.a *s.f.* **1.** Conhecimento dos lugares; topografia. **2.** GRAM Tratado da colocação das palavras na frase.

To.po.ló.gi.co *adj.* Relativo a topologia.

To.po.ní.mia *s.f.* **1.** Conjunto dos nomes próprios de lugar, região, país. **2.** Estudo desses nomes.

To.po.ní.mi.co *adj.* Que diz respeito à toponímia.

To.pô.ni.mo *s.m.* Nome próprio de lugar ou acidente geográfico: *São Paulo*, *Brasil*, *Jequié*, *São Francisco* (rio), *Itapuã* (praia), *Chapada Diamantina* etc.

To.que *s.m.* **1.** Ato ou efeito de tocar. **2.** Pancada. **3.** Contato. **4.** Aperto de mão, como sinal de cortesia. **5.** Percussão. **6.** Ato de tocar instrumentos musicais; som. **7.** Retoque em pintura. **8.** Sabor ou cheiro especial de certos vinhos. **9.** Mancha que na fruta indica princípio de putrefação. **10.** No futebol, ato de qualquer jogador, exceto o goleiro dentro de sua área, tocar intencionalmente a bola com a mão ou o braço. **11.** Inspiração. **12.** Vestígio. **13.** Esmero num trabalho de arte. **14.** Alusão.

-tor *suf.* Equivale a *-or*[1].

To.ra *s.f.* Grande tronco de madeira sem a casca.

To.rá *s.f.* A lei mosaica.

To.rá.ci.co *adj.* Relativo ao tórax.

To.ran.ja *s.f.* Variedade de laranja pouco doce; toranjeira.

To.rar *v.t.* Cortar em toros; fazer em pedaços.

Tó.rax (cs) *s.m.2n.* **1.** ANAT Parte do corpo entre o pescoço e o abdome. **2.** A cavidade do peito; peito.

Tor.çal *s.m.* **1.** Cordão de fios de retrós. **2.** Cordão de seda com fios de ouro.

Tor.ção *s.f.* **1.** Ato ou efeito de torcer; torcedura. **2.** Cólica de certos animais, principalmente do cavalo.

Tor.ce.dor (ô) *adj.* **1.** Que torce. *s.m.* **2.** Instrumento para torcer. **3.** Moenda rústica. **4.** Aquele que torce nos jogos esportivos.

Tor.ci.co.lo *s.m.* **1.** Inclinação involuntária da cabeça, causada por inflamação ou dores nos músculos do pescoço. **2.** Volta tortuosa. **3.** Rodeio, sinuosidade. **4.** FIG Ambiguidade.

Tor.ci.da *s.f.* **1.** Mecha de candeeiro ou de vela; pavio. **2.** Ato de torcer. **3.** Grupo de torcedores de uma agremiação esportiva.

-tó.rio *suf.* Equivale a *-ório*.

Tó.rio *s.m.* QUÍM Elemento químico de símbolo Th e número atômico 90, metal de cor cinzenta, empregado especialmente no fabrico de camisas de lâmpadas.

Tor.men.ta *s.f.* **1.** Temporal violento. **2.** FIG Tumulto, agitação, desordem. ● *Ant.*: *bonança*, *calma*.

Tor.men.to *s.m.* **1.** Ato ou efeito de atormentar. **2.** Cúmulo da dor e inquietação ansiosa causado por sofrimento físico ou moral. **3.** Aflição. **4.** Tortura, suplício. ● *Ant.*: *prazer*.

Tor.men.tó.rio *adj.* **1.** Relativo a tormenta. **2.** Em que há tormentes.

Tor.men.to.so (ô) *adj.* Em que há ou que causa tormento.

Tor.na.do *adj.* **1.** Que tornou. *s.m.* **2.** Aguaceiro forte, com trovoada, vento e grandes ondas.

Tor.nar *v.t.* **1.** Voltar, regressar. **2.** Responder, replicar. **3.** Traduzir, verter. **4.** Mudar. **5.** Ir ser; voltar. *v.int.* **6.** Voltar ao lugar de onde saíra. **7.** Reviver. **8.** Aparecer, manifestar de novo. *v.p.* **9.** Transformar-se, vir a ser.

Tor.nas.sol *s.m.* Matéria corante natural, extraída de certos líquens.

TORNEAR — TOUCADOR

Tor.ne.ar *v.t.* 1. Lavrar, modelar ao torno. 2. Dar forma cilíndrica, roliça, arredondada a. 3. Polir. 4. Aprimorar. 5. *v.int.* Praticar o torneio ou justa.

Tor.ne.a.ri.a *s.f.* Oficina ou ofício de torneiro.

Tor.nei.o *s.m.* 1. Torneamento. 2. Flexibilidade ou elegância de formas. 3. Elegância de frase. 4. Jogos públicos, na Idade Média, em que os competidores lutavam geralmente a cavalo; justa. 5. Concurso. 6. Polêmica, controvérsia. 7. Competição na qual tomam parte vários concorrentes, disputando entre si, dois a dois, um prêmio, título etc.

Tor.nei.ra *s.f.* Tubo com uma espécie de chave que se adapta a um encanamento, a uma pipa, a um filtro ou outra vasilha, para extração de líquidos.

Tor.nei.ro *s.m.* Aquele que trabalha no torno.

Tor.ni.que.te (ê) *s.m.* 1. Torno de tortura inquisitorial. 2. Aparelho de física, para demonstrar a reação dos fluidos. 3. CIR Instrumento para comprimir as artérias, em certas operações. 4. Trapézio fixo. 5. Torno. 6. Cruz móvel, em posição horizontal, na entrada de ruas ou estradas, para só deixar passar pedestres.

Tor.no (ô) *s.m.* 1. Aparelho em que se faz girar uma peça de madeira, ferro etc. para a lavrar ou arredondar. 2. Chave de torneira. 3. Pua. 4. Prego de madeira.

Tor.no.ze.lei.ra *s.f.* Peça de malha que serve para proteger os tornozelos dos jogadores de futebol, basquetebol etc.

Tor.no.ze.lo (ê) *s.m.* Saliência óssea na articulação do pé com a perna; artelho.

To.ro *s.m.* 1. Tronco de árvore abatido; cepo. 2. O tronco do corpo. 3. ARQUIT Moldura circular na base das colunas. 4. Pedaço de cabo náutico. 5. POÉT Leito conjugal.

To.ró *s.m.* Chuvarada; aguaceiro forte.

Tor.pe (ô) *adj.2g.* 1. Que pratica secretamente atos infames, indecorosos. 2. Repugnante, nojento. • *Ant.: puro, nobre.*

Tor.pe.de.a.men.to *s.m.* Ato de torpedear.

Tor.pe.de.ar *v.t.* 1. Atacar com torpedo. 2. Destruir por meio de torpedos. 3. FIG Fazer malograr.

Tor.pe.dei.ro *adj.* e *s.m.* Diz-se de, ou navio de guerra lançador de torpedos.

Tor.pe.do (ê) *s.m.* Míssil que explode ao atingir o alvo.

Tor.por (ô) *s.m.* 1. Falta de ação ou de energia física. 2. Afrouxamento de sensibilidade. 3. Indiferença. 4. Inação do espírito.

Tor.quês *s.f.* Instrumento de ferro, formado de duas peças, à maneira de tenaz ou alicate.

Tor.ra.ção *s.f.* 1. Ato ou efeito de torrar. 2. Liquidação por baixo preço.

Tor.ra.da *s.f.* Fatia de pão que se torrou.

Tor.ra.dei.ra *s.f.* Utensílio ger. elétrico, para fazer torradas.

Tor.rão *s.m.* 1. Pedaço de terra solidificado. 2. Gleba, solo, terreno. 3. Fragmento. 4. Pedaço de qualquer coisa.

Tor.rar *v.t.* 1. Secar muito. 2. Queimar ligeiramente; tostar. 3. Vender por baixo preço ou por qualquer preço; liquidar.

Tor.re (ô) *s.f.* 1. Edifício de tijolos ou ferro, construído principalmente como defesa em caso de guerra; fortaleza. 2. Construção estreita e alta, anexa a uma igreja, e na qual estão os sinos; campanário. 3. Peça do jogo de xadrez. 4. FIG Pessoa alta e corpulenta.

Tor.re.ão *s.m.* 1. Torre larga com ameias, sobre um castelo. 2. Espécie de torre, pavilhão ou eirado, no ângulo ou no alto de um edifício.

Tor.re.fa.ção *s.f.* 1. Ato de torrar ou torrificar. 2. Estabelecimento de torrar café.

Tor.re.fa.to *adj.* Que se torrificou; torrefeito, torrado.

Tor.re.fa.tor (ô) *adj.* 1. Que torrefaz. *s.m.* 2. Aparelho para torrefazer.

Tor.re.fa.zer *v.t.* Torrificar.

Tor.re.fei.to *adj.* Torrefato.

Tor.ren.ci.al *adj.2g.* 1. Que se refere à torrente; caudaloso. 2. Que se assemelha à torrente. 3. Abundante.

Tor.ren.se *adj.2g.* 1. Relativo ou pertencente a Torres (RS). *s.2g.* 2. Pessoa natural ou habitante dessa cidade e município.

Tor.ren.te *s.f.* 1. Impetuosa corrente de água. 2. FIG Fluência; grande quantidade; abundância. 3. Multidão em atropelo.

Tor.res.mo (ê) *s.m.* Pequeno pedaço de toicinho frito.

Tór.ri.do *adj.* 1. Ardente. 2. Excessivamente quente.

Tor.ri.fi.car *v.t.* 1. Fazer torrar; tostar. 2. Tornar tórrido.

Tor.so (ô) *s.m.* Busto de estátua sem cabeça e sem membros.

Tor.ta *s.f.* CUL Prato cozido ao forno, preparado com massa de farinha e recheada com carne, palmito, camarão ou outros ingredientes; espécie de bolo diversamente fechado com doces ou frutas.

Tor.to (ô) *adj.* 1. Torcido, curvo, oblíquo, empenado. 2. Vesgo. 3. FIG Errado, desleal. 4. Pirracento. 5. POP Que só tem um olho. *adv.* 6. De maneira errada.

Tor.tu.o.so (ô) *adj.* 1. Torto, sinuoso. 2. FIG Oposto à verdade e à justiça. 3. Ardiloso, astucioso. • *Ant.: direito, reto.*

Tor.tu.ra *s.f.* 1. Tortuosidade, curvatura. 2. Martírio, tormento, angústia. 3. Dor. 4. Transe aflitivo. 5. Suplício violento a que se submete alguém para conseguir dele certas respostas ou denúncias. 6. Apertos, lance difícil. 7. Embaraço, estorvo.

Tor.tu.ran.te *adj.2g.* 1. Que tortura ou atormenta. 2. Angustioso, aflitivo.

Tor.tu.rar *v.t.* 1. Submeter à tortura. 2. Atormentar, afligir. 3. Angustiar; forçar. *v.p.* 4. Afligir-se, angustiar-se.

Tor.ve.li.nho *s.m.* 1. Redemoinho. 2. Atividade intensa. 3. Estado de completa confusão.

Tor.vo (ô) *adj.* 1. De aspecto carregado. 2. Raivoso, iracundo. 3. Que infunde terror. 4. Terrível, pavoroso, aterrador. • Cf. *turvo.*

To.são *s.m.* 1. Pelo de carneiro. 2. Rede para pescar trutas. • *Pl.: tosões.*

To.sar *v.t.* 1. Aparar a lã ou; tosquiar. 2. Aparar a felpa de. 3. FIG Roer, comer (falando-se do gado que pasta). 4. Cortar rente (cabelo etc.); rapar.

Tos.co (ô) *adj.* 1. Tal como veio da natureza. 2. Que não foi lapidado nem polido. 3. Malfeito, informe. 4. Inculto, bronco. 5. Vulgar, ordinário. 6. Rude, grosseiro. • *Ant.: polido; perfeito.*

Tos.qui.ar *v.t.* 1. Cortar rente o pelo, lã etc. 2. Cortar muito rente (pelo ou cabelo). 3. Aparar ou cortar as extremidades de. 4. Espoliar, esbulhar. *v.p.* 5. Cortar o próprio cabelo rente ao couro.

Tos.se *s.f.* Expiração súbita pela qual o ar, atravessando os brônquios e a traqueia, produz um ruído especial.

Tos.sir *v.t.* 1. Expelir da garganta. 2. Lançar fora de si. *v.int.* 3. Ter tosse.

Tos.tão *s.m.* Antiga moeda de cem réis.

Tos.tar *v.t.* 1. Queimar levemente; torrar, crestar. 2. Dar cor escura a; tisnar. *v.p.* 3. Queimar-se, crestar-se.

To.tal *adj.2g.* 1. Que forma um todo. 2. A que nada falta; completo. 3. Número equivalente a várias somas parciais adicionadas. 4. Reunião de várias partes que formam um todo. 5. O todo, a totalidade. • *Ant.: parcial.*

To.ta.li.da.de *s.f.* 1. Conjunto das partes que formam um todo. 2. Soma total.

To.ta.li.ta.ris.mo *s.m.* Sistema de governo totalitário.

To.ta.li.za.ção *s.f.* Ato ou efeito de totalizar.

To.ta.li.zar *v.t.* 1. Calcular o total de; avaliar na totalidade. 2. Apreciar conjuntamente.

To.tem *s.m.* 1. Animal ou vegetal considerado ancestral e protetor de uma coletividade. 2. Coisa considerada sagrada. 3. Qualquer emblema ou símbolo tido por sagrado e por isso venerado.

Tou.ca *s.f.* 1. Adorno leve de tecido, que as mulheres e as crianças usam na cabeça. 2. Peça de vestuário, com que as freiras cobrem a cabeça, pescoço e ombro; turbante.

Tou.ça *s.f.* Moita. • *Var.: toiça.*

Tou.ca.do *s.m.* Conjunto de ornatos que as mulheres usam na cabeça.

Tou.ca.dor (ô) *s.m.* 1. Móvel com espelho próprio para quem se touca ou penteia. 2. Gabinete de toucador. 3. Touca em que as mulheres envolvem o cabelo ao deitar-se.

TOUCEIRA — TRAJAR

Tou.cei.ra *s.f.* Grande touça ou moita (como a da bananeira e da cana).

Tou.ci.nho *s.m. Var.: toicinho.*

Tou.pei.ra *s.f.* **1.** Pequeno mamífero insetívoro, que vive em tocas debaixo da terra e cujos olhos são pouco desenvolvidos. **2.** FIG Pessoa de visão deficiente. **3.** FIG Pessoa estúpida.

Tou.ra.da *s.f.* **1.** Corrida de touros. **2.** Espetáculo que consiste no embate entre o homem (toureiro) e o touro, numa arena.

Tou.re.ar *v.t.* **1.** Correr touros na arena ou circo. **2.** Atacar, chacotear, perseguir. **3.** Desafiar, provocar. *v.int.* **4.** Correr ou lidar com touros.

Tou.rei.ro *s.m.* O que toureia por profissão.

Tour.née (turnê) (fr.) *s.f.* Viagem ou excursão, com itinerário definido.

Tou.ro *s.m.* **1.** Boi não castrado, reprodutor. **2.** Boi bravo. **3.** FIG Homem possante e fogoso. **4.** ASTRON Signo do Zodíaco.

Tout court (tucúr) (fr.) *loc.adv.* Sem mais nada.

Tó.xi.co (cs) *adj.* **1.** Que tem a propriedade de envenenar; venenoso. *s.m.* **2.** Veneno. **3.** Qualquer droga psicoativa, portanto capaz de provocar intoxicação ou envenenamento.

To.xi.co.lo.gi.a (cs) *s.f.* Tratado dos tóxicos e de seus efeitos.

To.xi.co.ma.ni.a (cs) *s.f.* Hábito patológico para consumir drogas psicoativas (tóxicos).

To.xi.cô.ma.no (cs) *s.m.* Pessoa dada ao vício de entorpecentes (tóxicos).

To.xi.na (cs) *s.f.* Substância venenosa, segregada por seres vivos (animal ou vegetal) e capaz de produzir efeitos tóxicos.

To.xo.plas.ma (cs) *s.m.* Parasita intracelular, cuja forma *Toxoplasma gondii* provoca no homem a toxoplasmose, infectando também outros mamíferos.

To.xo.plas.mo.se (cs) *s.f.* Doença provocada pelo toxoplasma, perigosa para o feto quando contraída por mulher grávida.

Tra-, trans-, tras-, tres- *pref.* **1.** 'Além de': *transgredir.* **2.** 'Através de': *transcontinental, tresnoitar.* **3.** 'Mudança, deslocamento': *traduzir, tresandar.* **4.** 'Intensidade': *tresloucado.*

Tra.ba.lha.dor *adj.* **1.** Que trabalha muito. **2.** Que gosta do trabalho. **3.** Laborioso, ativo. ● *Fem.: trabalhadeira.* *s.m.* **4.** Aquele que trabalha muito. ● *Fem.: trabalhadeira.* **5.** Operário, empregado. ● *Fem.: trabalhadora.*

Tra.ba.lhão *s.m.* Grande trabalho; trabalheira.

Tra.ba.lhar *v.t.* **1.** Lavrar. **2.** Pôr em obra. **3.** Dar trabalho a. **4.** Fatigar com trabalho. **5.** Tratar com cuidado. **6.** Esmerar-se na feitura ou execução de. **7.** Atormentar, ralar, afligir. **8.** Empregar esforços. **9.** Fazer diligências. *v.int.* **10.** Ocupar-se em algum mister. **11.** Exercer laboriosamente uma atividade. **12.** Cogitar, matutar. **13.** Desempenhar suas funções. **14.** Funcionar. **15.** Mover-se. **16.** Esforçar-se muito no trabalho. *v.p.* **17.** Esforçar-se.

Tra.ba.lhei.ra *s.f.* FAM Azáfama, trabalhão, canseira.

Tra.ba.lhis.mo *s.m.* Denominação das teorias ou opiniões sobre a situação econômica e a vida dos operários e trabalhadores.

Tra.ba.lho *s.m.* **1.** Aplicação da atividade física ou intelectual. **2.** Esforço. **3.** Tarefa, serviço. **4.** Obra feita ou que está em via de execução. **5.** Fadiga, labutação. **6.** Ação mecânica dos agentes naturais. **7.** Luta, lida. **8.** SOCIOL A atividade humana aplicada à produção da riqueza. **9.** Exercício de uma atividade profissional. **10.** Lugar onde essa atividade é exercida. **11.** Esmero. **12.** Estudo ou escrito sobre algum assunto. **13.** FISIOL Fenômeno orgânico no interior dos tecidos. ● *Ant.: ócio.*

Tra.ba.lho.so (ô) *adj.* **1.** Que dá muito trabalho. **2.** Penoso, custoso, difícil, árduo. ● *Ant.: fácil.*

Tra.be.lho (ê) *s.m.* Peça de madeira com que se torce a corda da serra para retesá-la.

Tra.bu.co *s.m.* **1.** Antiga máquina de guerra, empregada para arremessar pedras. **2.** GÍR Arma de fogo. **3.** FIG Charuto grande.

Tra.ça *s.f.* **1.** Inseto que rói papéis, tecidos, roupa etc. **2.** FIG Tudo o que destrói lentamente.

Tra.ção *s.f.* **1.** Ação de uma força que desloca um objeto móvel. **2.** Força que age sobre um corpo na direção do seu eixo.

Tra.çar *v.t.* **1.** Descrever (traços). **2.** Representar ou fazer por meio de traços. **3.** Riscar, pautar, delinear. **4.** Fazer traçado ou desenho de. **5.** Marcar, assinalar, demarcar. **6.** Cortar, roer (falando da traça). **7.** Partir em pedaços. **8.** Partir pelo meio; espatifar. **9.** FAM Comer ou beber. *v.int.* e *p.* **10.** Cortar-se (o pano, o papel etc., roído pela traça).

Tra.ce.jar *v.t.* **1.** Formar com pequeninos traços, em segmento uns dos outros. **2.** Planejar, delinear. *v.int.* **3.** Fazer traços ou linhas.

Tra.cis.ta *adj.2g.* **1.** Que faz traços. *s.2g.* **2.** Pessoa que faz traços.

Tra.ço *s.m.* **1.** Ato ou efeito de traçar; risco. **2.** Linha descrita ou traçada por meio de lápis, pena etc. **3.** Delineamento, feição. **4.** FIG Vestígio, sinal. **5.** Trecho. **6.** Caráter.

Tra.ço de u.ni.ão *s.m.* Hífen. ● *Pl.: traços de união.*

Tra.ços *s.m.pl.* Linha do rosto, feições.

Tra.di.ção *s.f.* **1.** Transmissão oral de fatos históricos, lendas etc., de geração em geração. **2.** Usos ou hábitos inveterados, transmitidos de geração em geração. **3.** Símbolo. **4.** Memória, recordação.

Tra.di.cio.na.lis.mo *s.m.* **1.** Sistema baseado na tradição. **2.** Apego aos usos antigos, às tradições.

Tra.du.ção *s.f.* **1.** Ato ou efeito de traduzir, de verter de uma língua para outra. **2.** Obra traduzida. **3.** FIG Interpretação, explicação.

Tra.du.zir *v.t.* **1.** Verter, trasladar de uma língua para outra. **2.** Interpretar. **3.** Manifestar, revelar, explicar, explanar, representar, simbolizar. *v.p.* **4.** Manifestar-se.

Tra.fe.gar *v.int.* Andar no tráfego; transitar.

Trá.fe.go *s.m.* **1.** Transporte de mercadorias em ferrovias. **2.** Repartição ferroviária que tem a cargo esse transporte. **3.** Trânsito de veículos em vias públicas e ferrovias. **4.** Trabalho, afã, lida.

Tra.fi.car *v.t.* e *int.* **1.** Negociar, mercadejar. **2.** Fazer comércio de. **3.** POP Fazer negócios fraudulentos.

Trá.fi.co *s.m.* **1.** Comércio, negócio, trato mercantil; negociação. **2.** FAM Negócio ilegal e clandestino.

Tra.ga.da *s.f.* Ato ou efeito de tragar (fumaça de cigarro).

Tra.ga.dou.ro *s.m.* Aquilo que sorve ou traga; sorvedouro.

Tra.gar *v.t.* **1.** Devorar, beber. **2.** Engolir de um trago. **3.** Aguentar, tolerar. **4.** Absorver. **5.** Fazer desaparecer violenta e repentinamente. **6.** Aspirar e sorver. **7.** Impregnar-se de. *v.int.* **8.** Aspirar e engolir a fumaça do cigarro para depois expeli-la em parte pelo nariz.

Tra.gé.dia *s.f.* **1.** Peça teatral em prosa ou verso e que termina por acontecimento funesto. **2.** FIG Desgraça. **3.** Cena que desperta piedade ou horror.

Trá.gi.co *adj.* **1.** Que diz respeito à tragédia. **2.** Sinistro, funesto. **3.** Que representa tragédia. *s.m.* **4.** O que escreve ou representa tragédias.

Tra.gi.co.mé.dia *s.f.* **1.** Peça teatral, que participa da tragédia e da comédia. **2.** Tragédia com incidentes cômicos e cujo desenlace não é trágico.

Tra.gi.cô.mi.co *adj.* **1.** Referente à tragicomédia. **2.** Que tem incidentes funestos e lances cômicos.

Tra.go *s.m.* **1.** O que se bebe de uma vez. **2.** Sorvo, gole, hausto. **3.** FIG Adversidade, aflição.

Tra.i.ção *s.f.* **1.** Ato ou efeito de trair(-se). **2.** Perfídia, quebra de fidelidade prometida e empenhada. **3.** Infidelidade no amor. **4.** Crime do indivíduo que, num estado de guerra entre potências, atenta intencionalmente contra a segurança externa da nação. **5.** Emboscada. ● *Ant.: lealdade.*

Tra.ir *v.t.* **1.** Atraiçoar. **2.** Ser infiel a. **3.** Ofender com traição. **4.** Falta ao cumprimento de. **5.** Revelar, demonstrar. **6.** Denunciar, dar a entender. **7.** Não corresponder a. **8.** Falsear, traduzir. *v.p.* **9.** Denunciar-se por imprudência. **10.** Comprometer-se. **11.** Manifestar-se, revelar-se.

Tra.í.ra *s.f.* Peixe de água doce.

Tra.jar *v.t.* **1.** Usar como vestuário; vestir. *v.p.* **2.** Vestir-se de certo modo. **3.** FIG Cobrir-se. **4.** Revestir-se. **5.** Enfeitar-se, adornar-se.

TRAJE — TRANSEXUAL

Tra.je *s.m.* **1.** Aquilo que se veste. **2.** Vestimenta, roupa, fato. **3.** Vestuário habitual. **4.** Vestimenta própria de uma profissão. ◆ *Var.*: trajo.

Tra.je.to *s.m.* **1.** Espaço a percorrer de um lugar a outro. **2.** Ato de percorrer esse espaço. **3.** Caminho, viagem, trajetória.

Tra.je.tó.ria *s.f.* **1.** Linha descrita ou percorrida por um corpo em movimento. **2.** Órbita. **3.** Caminho, trajeto.

Tra.jo *s.m.* Traje.

Tra.lha *s.f.* **1.** Pequena rede de pescar, manejada por uma só pessoa. **2.** Malha de rede. **3.** Cacarecos, bagagem. **4.** Mobília pobre.

Tra.ma *s.f.* **1.** Fio que se conduz com a lançadeira por entre os fios da urdidura. **2.** Fios de seda grossa. **3.** Fio grosso e dobrado com que se fazem certos estofos. **4.** Fio grosso. **5.** Tecido, textura. **6.** FIG Sustentáculo. **7.** Barganha, permuta. **8.** Empresa, negócio. **9.** Roubalheira, ladroeira. **10.** FIG Ardil, maquinação. **11.** Enredo, entrecho (de romance, filme, peça de teatro etc.). **12.** Conspiração, conluio.

Tra.mar *v.t.* **1.** Passar (a trama) entre os fios da urdidura. **2.** Tecer, entrelaçar, entretecer. **3.** FIG Traçar, armar, maquinar, conspirar. **4.** Enredar.

Tram.bi.que *s.m.* **1.** GÍR Negócio fraudulento. **2.** Logro, burla.

Tram.bo.lhão *s.m.* **1.** POP Queda com estrondo; tombo. **2.** Ato de cair, rebolando. **3.** FAM Decadência, ruína. **4.** Contratempo inesperado.

Tram.bo.lho (ô) *s.m.* **1.** Qualquer corpo pesado que se prende ao pescoço ou aos pés dos animais domésticos, para que não se afastem. **2.** Aglomeração; grande molho. **3.** FIG Estorvo, embaraço, empecilho. **4.** FAM Indivíduo gordo, que anda com dificuldade.

Tra.me.la *s.f.* **1.** Taramela. **2.** Peça de madeira que se prende ao pescoço do bezerro que se pretende desmamar.

Tra.mi.tar *v.int.* Seguir os trâmites (processo etc.).

Trâ.mi.te *s.m.* **1.** Caminho ou atalho direto a determinado ponto; via. **2.** FIG Meio apropriado, via legal.

Tra.moi.a *s.f.* **1.** FAM Artimanha, embuste, artifício ardiloso. **2.** Intriga, enredo. ● *Ant.: lisura.*

Tra.mon.ta.na *s.f.* **1.** Lado ao norte. **2.** Vento que sopra do norte. **3.** Estrela polar. **4.** FIG Rumo, direção.

Tram.pa *s.f.* **1.** Engano doloso; trapaça, velhacaria. **2.** Armadilha us. na caça.

Tram.po *s.m.* POP Trabalho.

Tram.po.lim *s.m.* **1.** Prancha inclinada de onde os atletas e banhistas saltam. **2.** FIG Tudo o que permite que alguém tome impulso para atingir uma posição mais elevada.

Tram.po.li.nar *v.int.* Fazer trampolinagens.

Tran.ca *s.f.* **1.** Barra de ferro ou madeira para segurar portas do lado de dentro. **2.** Coisa que trava. **3.** Obstáculo.

Tran.ça *s.f.* **1.** Porção de cabelos entrelaçados; madeixa. **2.** Galão estreito, para guarnições ou bordados. **3.** Intriga, tramoia, enredo.

Tran.ca.fi.ar *v.t.* **1.** Prender, encarcerar. **2.** Fechar no xadrez.

Tran.car *v.t.* **1.** Segurar ou fechar com tranca. **2.** Prender, enclausurar. **3.** Obstruir, fechar. **4.** Declarar sem efeito (matrícula). *v.p.* **5.** Fechar-se, enclausurar-se.

Tran.çar *v.t.* **1.** Dispor em trança(s); entrançar. *v.int.* **2.** Andar continuamente para a diversos lados. **3.** POP Preparar o ambiente para obter vantagem. **4.** Enredar, intrigar.

Tran.co *s.m.* **1.** Salto que dão as cavalgaduras. **2.** Solavanco. **3.** Abalo, comoção. **4.** Empurrão, esbarro. **5.** No futebol, ato de empurrar com o ombro o adversário a fim de tomar-lhe a bola. **6.** Trote de cavalo. ◆ *Aos trancos e barrancos:* com muito trabalho e dificuldade.

Tran.quei.ra *s.f.* **1.** O que tranca ou dificulta. **2.** Obstáculo, empecilho. **3.** Amontoado (de galhos, folhas, roupas e coisas velhas e sem uso etc.).

Tran.qui.li.da.de *s.f.* **1.** Estado de tranquilo. **2.** Paz, quietação, sossego, serenidade. ● *Ant.: intranquilidade.*

Tran.qui.li.za.dor adj. e *s.m.* Diz-se de, ou aquele que tranquiliza.

Tran.qui.li.zan.te *adj.2g.* **1.** Que tranquiliza. *s.m.* **2.** MED Calmante ou sedativo que tranquiliza sem provocar sono.

Tran.qui.li.zar *v.t.* **1.** Tornar tranquilo. **2.** Sossegar, pacificar, acalmar-se, aquietar-se. ● *Ant.: agitar.*

Tran.qui.lo *adj.* **1.** Que não está agitado. **2.** Que está em sossego. **3.** Calmo, sereno, sossegado. ● *Ant.: intranquilo.*

Tran.qui.ta.na *s.f.* ⟹ Traquitana.

-trans *pref.* ⟹ Tra-.

Tran.sa (z) *s.f.* **1.** GÍR Trama, conluio. **2.** GÍR Acordo, ajuste, entendimento. **3.** GÍR Relação sexual. **4.** Ligação, compromisso.

Tran.sa.a.ri.a.no *adj.* **1.** Que atravessa o deserto do Saara. **1.1** Que se situa além desse deserto.

Tran.sa.ção (za) *s.f.* **1.** Operação comercial, ou de bolsa: registra-se grande aumento de transações no mercado de capitais. **2.** Acordo realizado na base de concessões e ajustes recíprocos. ● *Pl.: transações.*

Tran.sa.ci.o.nar (za) *v.t.* e *int.* **1.** Efetuar transações ou negócios (com); comerciar, transar. *v.t.* **2.** Fazer contrato relativo a. *v.int.* **3.** Acordar na terminação de litígio, mediante concessões de parte a parte; transigir.

Tran.sac.to (a) *adj.* ⟹ Transato.

Tran.sa.fri.ca.no (z) *adj.* Que atravessa a África.

Tran.sar (z) *v.t.* **1.** GÍR Tramar, urdir, pactuar. **2.** GÍR Gostar de; curtir. **3.** Transacionar. **4.** Cuidar de, arranjar. *v.t.* e *int.* **5.** GÍR Ter relação sexual.

Tran.sa.tlân.ti.co (z) *adj.* **1.** Situado além do Atlântico. *s.m.* **2.** Navio que atravessa o Atlântico.

Tran.sa.to (za) *adj.* Que já passou; passado, pretérito. ● *Ant.: vindouro, futuro.*

Trans.bor.da.men.to *s.m.* Ato ou efeito de transbordar.

Trans.bor.dan.te *adj.2g.* Que transborda.

Trans.bor.dar *v.t.* e *int.* **1.** Ultrapassar os bordos. **2.** Não se poder conter; extravasar.

Trans.bor.do (ô) *s.m.* Passagem de mercadorias ou de passageiros de uma embarcação para outra.

Trans.cen.den.tal *adj.2g.* Transcendente.

Trans.cen.den.ta.lis.mo *s.m.* **1.** Teoria que se ocupa do subjetivo, sem realidade no mundo objetivo. **2.** Estudo do subjetivo.

Trans.cen.den.te *adj.2g.* **1.** Que exerce os limites ordinários. **2.** Muito elevado. **3.** Superior, supremo. **4.** Metafísico. **5.** Que está acima das ideias e conhecimentos ordinários.

Trans.cen.der *v.t.* **1.** Ser superior, exceder, ultrapassar. **2.** Passar além. **3.** Elevar-se. **4.** Avantajar-se, distinguir-se. **5.** Ser superior aos outros ou a outra coisa.

Trans.con.ti.nen.tal *adj.2g.* Que atravessa um continente, de ponta a ponta.

Trans.cor.rer *v.int.* **1.** Passar além. **2.** Decorrer, perpassar. **3.** *pred.* Permanecer.

Trans.cre.ver *v.t.* **1.** Reproduzir; copiar textualmente; transladar; fazer transcrição. **2.** MÚS Passar um trecho musical de um instrumento para outro.

Trans.cur.so *s.m.* **1.** Ato ou efeito de transcorrer; decurso. *adj.* **2.** Decorrido.

Trans.du.ção *s.f.* **1.** Transformação de uma energia numa energia de natureza diferente. **2.** Transferência de material genético de uma célula para outra, realizada por intermédio de um vírus ou de um bacteriófago. ● *Pl.: transduções.*

Tran.se (z) *s.m.* **1.** Conjuntura aflitiva ou perigosa. **2.** Crise; perigo. **3.** Momento crítico. **4.** Inquietação, medo. **5.** Estado de subordinação do hipnotizado ao hipnotizador. **6.** Estado de médium quando se supõe que nele se manifesta um espírito.

Tran.sep.to (sé) *s.m.* Em certas igrejas, galeria transversal que forma uma cruz com a nave.

Tran.se.un.te (z) *adj.* **1.** Que passa; que é transitório. **2.** Que vai passando ou andando. **3.** Que não deixa vestígios. *s.2g.* **4.** Pessoa que vai passando por uma via pública; caminhante.

Tran.se.xu.al (cs) *adj.* e *s.2g.* **1.** Diz-se de, ou pessoa que apresenta transexualismo. *s.2g.* **2.** Pessoa que é identificada primariamente como do sexo oposto. **3.** Pessoa que faz operação para mudar de sexo.

TRANSEXUALISMO — TRANSPORTAR

Tran.se.xu.a.lis.mo (cs) *s.m.* Desejo que uma pessoa mostra de pertencer ao sexo oposto, ao ponto de fazer tudo para que sua anatomia e seu modo de vida estejam ao máximo de conformidade com essa certeza.

Trans.fe.rên.cia *s.f.* **1.** Ato ou efeito de transferir. **2.** Passagem, troca, substituição.

Trans.fe.ri.dor (ô) *adj.* e *s.m.* **1.** Que, ou aquele que transfere. *s.m.* **2.** Instrumento semicircular ou circular, graduado, para a medição dos ângulos e s de círculos.

Trans.fe.rir *v.t.* **1.** Deslocar, adiar. **2.** Ceder, passar, transmitir. **3.** Adiar. **4.** Mudar de um lugar para outro.

Trans.fi.gu.ra.ção *s.f.* **1.** Ato ou efeito de transfigurar. **2.** Episódio em que Jesus apareceu a três de seus discípulos no Monte Tabor.

Trans.fi.gu.rar *v.t.* **1.** Mudar a feição, o caráter ou a forma a. **2.** Converter, mudar, transformar. *v.p.* **3.** Mudar de figura, em geral de modo passageiro.

Trans.fi.xar (cs) *v.t.* Atravessar de lado a lado com instrumento perfurante; perfurar.

Trans.for.ma.dor (ô) *adj.* e *s.m.* **1.** Que, ou o que transforma; transformante. *s.m.* **2.** Aparelho que transforma a tensão da corrente elétrica que recebe.

Trans.for.mar *v.t.* **1.** Dar nova forma a. **2.** Tornar diferente do que era. **3.** Transfigurar. **4.** Mudar, alterar, modificar. **5.** Variar. **6.** Converter. **7.** Disfarçar-se, dissimular-se. ● *Ant.: conservar.*

Trans.for.mis.ta *adj.2g.* **1.** Relativo ao transformismo. *s.2g.* **2.** Partidário do transformismo. **3.** Pessoa que se disfarça para representar uma personagem. **4.** Pessoa que se disfarça ao ponto de mudar sua aparência sexual; travesti.

Trâns.fu.ga *s.2g.* **1.** Aquele que, em tempo de guerra, se engaja no exército inimigo; desertor. **2.** Pessoa que foge de suas fileiras. **3.** Pessoa que muda de religião, de partido, de lado etc.

Trans.fun.dir *v.t.* **1.** Fazer passar o líquido de um recipiente para outro. **2.** Fazer passar (sangue) das veias de um animal para as de outro. **3.** Espalhar, derramar, entornar. **4.** Transformar. **5.** Difundir. **6.** Inocular (sangue) de uma pessoa em outra. *v.p.* **7.** Transformar-se. **8.** Tornar-se outro; transfigurar-se.

Trans.fu.são *s.f.* Ato de transfundir. ● **Transfusão de sangue:** processo que consiste em injetar sangue de uma pessoa sã nas veias de um doente.

Trans.gê.ni.co *adj.* e *s.m.* Diz-se de ou organismo que contém um ou mais genes transferidos artificialmente de outra espécie.

Trans.gre.dir *v.t.* **1.** Atravessar. **2.** Desobedecer, infringir, violar (lei, norma). **3.** Deixar de cumprir. **4.** Postergar. **5.** Ultrapassar os limites. ● *Ant.: observar.*

Trans.gres.são *s.f.* **1.** Ato ou efeito de transgredir. **2.** Violação, infração. ● *Ant.: observância.*

Trans.gres.sor *adj.* e *s.m.* Diz-se do, ou o que transgride; infrator. ● *Ant.: observador.*

Tran.si.ção (z) *s.f.* **1.** Ato ou efeito de transitar. **2.** Estádio intermediário. **3.** Passagem de um lugar, de um assunto, de um estado de coisas a outro. **4.** Mudança. **5.** Trajetória, trajeto. ● *Ant.: permanência.*

Tran.si.do (z) *adj.* **1.** Impregnado, transpassado, penetrado (de dor, de medo, de paixão) até o âmago. **2.** Enregelado.

Tran.si.gên.cia (z) *s.f.* **1.** Ato ou efeito de transigir. **2.** Condescendência, tolerância. ● *Ant.: intransigência.*

Tran.si.gir (z) *v.int.* **1.** Condescender. **2.** Chegar a acordo. *v.t.* **3.** Ceder, contemporizar, anuir.

Tran.sis.tor (zis) *s.m.* **1.** Amplificador de cristal que substitui a válvula eletrônica. **2.** Rádio portátil que usa esse tipo de amplificador. ● *Pl.: transistores* (ô).

Tran.si.tar (z) *v.int.* **1.** Fazer caminho. **2.** Andar. **3.** Mudar de lugar ou estado. **4.** Percorrer; passar por.

Trân.si.to (z) *s.m.* **1.** Ato ou efeito de transitar; marcha. **2.** Passagem, caminho, trajeto. **3.** Movimento de veículos e de pedestres visto em seu conjunto. **4.** Tráfego. **5.** Morte.

Tran.si.tó.rio (z) *adj.* **1.** Que passa rapidamente. **2.** Que dura algum tempo, servindo de transição. **3.** Efêmero, passageiro. **4.** Mortal. ● *Ant.: definitivo.*

Trans.la.ção *s.f.* **1.** Ato ou efeito de transladar. **2.** Transferência. **3.** Transporte. **4.** Tradução. **5.** Metáfora. **6.** Movimento de um planeta em torno do Sol.

Trans.la.dar *v.t.* **1.** Transferir, adiar. **2.** Mudar de um lugar para outro. **3.** Transportar. **4.** Transcrever, copiar. **5.** traduzir. *v.p.* **6.** Passar-se, mudar-se. **7.** Retratar-se.

Trans.li.te.rar *v.t.* Representar (os caracteres de um vocábulo) por caracteres diferentes no correspondente vocábulo de outra língua.

Trans.lú.ci.do *adj.* **1.** Que deixa passar a luz. **2.** Transparente; diáfano. ● *Ant.: opaco, escuro.*

Trans.lu.zir *v.t.* **1.** Luzir através de (um campo). **2.** Transparecer. **3.** Mostrar-se através de. **4.** Deduzir-se, concluir-se. *v.int.* **5.** Transpirar. *v.p.* **6.** Manifestar-se. **7.** Refletir-se.

Trans.mi.grar *v.t.* e *int.* **1.** Passar de uma para outra região. *v.t.* **2.** Passar (a alma) de um corpo para outro. **3.** Fazer mudar de domicílio. *v.p.* **4.** Mudar-se de um lugar para outro. **5.** Sair de uma região.

Trans.mis.são *s.f.* **1.** Ato ou efeito de transmitir. **2.** Comunicação. **3.** Expedição. **4.** Propagação. **5.** Comunicação de movimento de um órgão mecânico a outro. **6.** Instrumento ou aparelho para transmitir movimento.

Trans.mis.si.vo *adj.* Que transmite ou é próprio para transmitir.

Trans.mis.sor (ô) *adj.* **1.** Que transmite. *s.m.* **2.** Aparelho que transmite sinais telegráficos, de televisão etc.

Trans.mi.tir *v.t.* **1.** Mandar de um lado para outro, de uma pessoa para outra. **2.** Fazer passar de um ponto para outro. **3.** Deixar passar além. **4.** Transportar. **5.** Exalar. **6.** Transferir. **7.** Comunicar (doença) por contágio. **8.** Propagar. **9.** Mudar de um lugar para outro. **10.** Expedir, enviar. **11.** Deferir. **12.** Participar. **13.** Referir. **14.** Contagiar. **15.** Passar por sucessão. *v.p.* **16.** Comunicar-se, propagar-se.

Trans.mu.tar *v.t.* **1.** Mudar a natureza, a substância, convertendo-a em outra. **2.** Alterar. *v.p.* **3.** Transformar-se, alterar-se.

Trans.na.ci.o.nal *adj.2g.* Diz-se de fatores, atividades ou políticas comuns a várias nações integradas na mesma união política e/ou econômica.

Trans.o.ce.â.ni.co (z) *adj.* Que está além do oceano.

Trans.pa.re.cer *v.t.* **1.** Aparecer ou avistar-se através de alguma coisa. **2.** Transluzir. **3.** Mostrar-se em parte. **4.** Manifestar-se, revelar-se.

Trans.pa.rên.cia *s.f.* Qualidade ou estado de transparente; diafaneidade. ● *Ant.: opacidade.*

Trans.pa.ren.te *adj.2g.* **1.** Que, deixando-se atravessar pela luz, através de sua espessura permite distinguir os objetos. **2.** Diáfano, translúcido. **3.** FIG Que se deixa conhecer. **4.** Evidente, claro. **5.** Franco. ● *Ant.: opaco.*

Trans.pas.sar *v.t.* e *p.* Traspassar(-se).

Trans.pi.ra.ção *s.f.* **1.** Ato ou efeito de transpirar. **2.** Exalação de suor abundante. **3.** Suor. **4.** Perda de vapor de água (plantas).

Trans.pi.rar *v.t.* **1.** Exalar, fazer sair pelos poros. **2.** Respirar. *v.int.* **3.** Sair do corpo, exalando-se pelos poros. **4.** Exalar suor. **5.** Espalhar-se, divulgar-se.

Trans.plan.te *s.m.* **1.** Transplantação. **2.** Enxerto de um órgão ou parte de um órgão ou tecido de um indivíduo em outro.

Trans.pla.ti.no *adj.* Situado para além do rio da Prata.

Trans.por (ô) *v.t.* **1.** Pôr em lugar diferente. **2.** Inverter a ordem. **3.** Passar além de. **4.** Galgar. **5.** Deixar atrás. **6.** Ultrapassar, exceder. *v.p.* **7.** Desaparecer; ocultar-se. **8.** Opor-se.

Trans.por.ta.do.ra (ô) *s.f.* **1.** Empresa que se incumbe do transporte de mercadorias. **2.** Empresa especializada no transporte de uma mudança.

Trans.por.tar *v.t.* **1.** Conduzir. **2.** Levar de um lugar para outro. **3.** Enlevar, arrebatar. **4.** Transpor. **5.** Transmitir. **6.** Pôr em comunicação. **7.** Mudar o sentido. **8.** Traduzir. **9.** Mudar de tom

T

TRA / TRA

508   **TRANSPORTE — TRASLADAR**

(trecho ou peça musical). *v.p.* **10.** Passar de um lugar para outro. **11.** Ficar entusiasmado, enlevado, extasiado.

Trans.por.te *s.m.* **1.** Ato ou efeito de transportar. **2.** Condução. **3.** Veículo que transporta provisões, munições, tropas, passageiros etc. **4.** B para transportar. **5.** Soma que de uma página passa para outra. **6.** Mudança de tom. **7.** FIG Êxtase. **8.** Exaltação súbita e violenta.

Trans.tor.nar *v.t.* **1.** Alterar a ordem. **2.** Pôr em desordem. **3.** Perturbar. **4.** Desorganizar. **5.** Alterar o viver de. **6.** Desfigurar. **7.** Alterar, adulterar. **8.** Turvar o juízo.

Trans.tor.no (ô) *s.m.* **1.** Ato ou efeito de transtornar. **2.** Aquilo que transtorna; contratempo, contrariedade. **3.** Decepção. **4.** Prejuízo. **5.** Perturbação completa da ordem. **6.** Perturbação mental.

Tran.subs.tan.ci.a.ção *s.f.* **1.** Mudança de uma substância em outra. **2.** Segundo o catolicismo, transformação do pão e do vinho no corpo de Cristo.

Tran.subs.tan.ci.al *adj.2g.* Que se transubstancia.

Tran.subs.tan.ci.a.li.da.de *s.f.* Caráter ou qualidade de transubstancial.

Tran.subs.tan.ci.ar *v.t.* **1.** Mudar (a substância). **2.** Transfigurar. *v.p.* **3.** Converter-se.

Tran.su.da.ção *s.f.* Ato ou efeito de transudar.

Tran.su.dar *v.t.* **1.** Passar (o suor) através dos poros. **2.** Transpirar, ressumar. **3.** Verter, derramar.

Tran.su.da.to *s.m.* MED Líquido que extravasa de uma membrana ou de vasos sanguíneos, mecanicamente, sem fenômenos inflamatórios.

Tran.su.ma.nar (su) *v.t.* Dar natureza a; humanizar.

Tran.su.mân.cia (zu) *s.f.* Emigração periódica dos rebanhos, durante o verão, das planícies para as montanhas.

Tran.su.man.te (zu) *adj.2g.* Diz-se dos rebanhos que estão sujeitos à transumância.

Tran.su.mar (zu) *v.t.i.* **1.** Mudar de pastagem (o rebanho). *v.int.* **2.** Realizar a transumância.

Tran.sun.to (sún) *s.m.* **1.** Cópia, traslado. **2.** Retrato fiel; imagem. **3.** Modelo, exemplo.

Tran.su.râ.ni.co (zu) *adj.* QUÍM Diz-se dos elementos que na classificação periódica, vêm após o urânio.

Tran.su.re.tral (zu) *adj.2g.* ANAT Que acontece ou se estende através da uretra.

Trans.va.li.a.na *s.f.* (AL) Espécie de bomba usada na festa de São João e que explode ao se chocar com alguma coisa.

Trans.va.sar *v.t.* Passar (um líquido) de um vaso para outro. ◆ *Var.: trasvasar.* ◆ *Cf. transvazar.*

Trans.va.zar *v.t.* **1.** Verter, entornar. **2.** Deitar, pôr fora.

Trans.ver.be.rar *v.t.* **1.** Coar ou deixar passar (luz, cor etc.). **2.** Transpassar um meio. **3.** Manifestar, mostrar, revelar. *v.p.* **4.** Espelhar-se, manifestar-se, refletir-se.

Trans.ver.sal *adj.2g.* **1.** Que corta ou atravessa. **2.** Que passa ou está de través; colateral. *s.f.* **3.** Linha, rua ou via transversal. *s.m.* **4.** ANAT Músculo transversal.

Trans.ver.so *adj.* **1.** Situado de través; oblíquo. *s.m.* **2.** ANAT Músculo transverso.

Trans.ver.ter *v.t.* **1.** Transtornar. **2.** Converter, transformar. **3.** Traduzir, verter.

Trans.ver.ti.do *adj.* **1.** Transtornado. **2.** Transladado, vertido.

Trans.ves.tir *v.t.* Disfarçar; transformar.

Trans.vi.a.do *adj.* **1.** Extraviado, desencaminhado. *s.m.* **2.** Aquele que se desviou dos padrões vigentes.

Trans.vi.a.dor (ô) *adj. e s.m.* Que, ou aquele que transvia.

Trans.vi.ar *v.t.* **1.** Extraviar, desencaminhar. **2.** Seduzir. **3.** Desviar do dever; corromper. **4.** Tornar vagabundo. **5.** Deixar à margem. *v.p.* **6.** Afastar-se, desviar-se, desencaminhar-se. **7.** Tornar-se marginal.

Trans.vi.o *s.m.* Desvio, extravio.

Trans.vo.ar *v.t.* Transpor voando.

Tra.pa *s.f.* Cova ou alçapão para apanhar feras.

Tra.pa.ça *s.f.* **1.** Contrato fraudulento. **2.** Dolo, fraude. **3.** Falcatrua, engano, logro. ◆ *Ant.: lisura.*

Tra.pa.ça.ri.a *s.f.* Trapaça.

Tra.pa.ce.a.dor *adj. e s.m.* Trapaceiro.

Tra.pa.ce.ar *v.t.* **1.** Tratar (alguma coisa) fraudulentamente. *v.int.* **2.** Fazer trapaças.

Tra.pa.cei.ro *adj. e s.m.* Diz-se do, ou indivíduo que trapaceia; velhaco.

Tra.pa.cen.to *adj. e s.m.* Trapaceiro.

Tra.pa.gem *s.f.* Montão ou porção de trapos; traparia.

Tra.pa.lha.da *s.f.* **1.** Porção de coisas em desordem. **2.** Coisa enredada. **3.** Confusão, embrulhada.

Tra.pa.lhão *s.m.* Aquele que diz ou faz tudo atrapalhadamente. ◆ *Fem.: trapalhona.*

Tra.pa.lhi.ce *s.f.* **1.** Ato de trapalhão. **2.** Trapaça.

Tra.pe.ar *v.int.* **1.** NÁUT Bater contra o mastro (a vela). **2.** Agitar-se ao vento.

Tra.pei.ra *s.f.* **1.** Armadilha para caça. **2.** Janela ou abertura sobre o telhado. **3.** (S) Desordem, estorvo, atrapalhação.

Tra.pei.ro *s.m.* Indivíduo que apanha trapos ou papéis na rua, nas latas de lixo.

Tra.pe.jar *v.int.* Bater a vela, no mastro; trapear.

Tra.pen.to *adj.* **1.** Que anda vestido de trapos. **2.** Andrajoso, roto.

Tra.pe.za.pe *s.m.* ONOMAT O tinir das espadas que se chocam. ◆ *Pl.: trape-zapes.*

Tra.pe.zi.for.me (ó) *adj.2g.* Trapezoide.

Tra.pé.zio *s.m.* **1.** GRAM Quadrilátero, que tem dois lados paralelos e desiguais. **2.** Aparelho ginástico, formado por uma barra de madeira suspensa por cordas ou firmada em peças verticais.

Tra.pe.zis.ta *s.2g.* Ginasta ou acrobata que trabalha em trapézio (acep. 2).

Tra.pe.zo.e.dro (é) *s.m.* GEOM Sólido cujas faces são os trapézios.

Tra.pe.zoi.dal *adj.2g.* Trapezoide.

Tra.pe.zoi.de *adj.2g.* **1.** GEOM Em forma de trapézio. **2.** Quadrilátero com todos os lados oblíquos entre si. **3.** Quadrilátero que não tem lados paralelos.

Tra.pi.che *s.m.* **1.** Armazém de mercadorias importadas ou para exportar, junto ao cais. **2.** Pequeno engenho de açúcar.

Tra.pis.ta *adj.2g.* **1.** Relativo à Ordem de Trapa. *s.2g.* **2.** Religioso dessa Ordem.

Tra.po *s.m.* **1.** Pedaço de pano velho. **2.** Farrapo, molambo. **3.** Roupa velha. **4.** Rodilha.

Tra.que *s.m.* **1.** Pequeno artefato pirotécnico. **2.** Flatulência.

Tra.quei.a *s.f.* ANAT Canal que dá passagem ao ar, estabelecendo comunicação entre a laringe e os brônquios.

Tra.que.jo (ê) *s.m.* Prática, habilidade ou experiência num serviço.

Tra.que.o.to.mi.a *s.f.* CIR Operação cirúrgica que consiste em abrir a traqueia para retirar um obstáculo etc. ◆ *Cf. traqueostomia.*

Tra.qui.na *adj. e s.2g.* Diz-se de, ou quem é buliçoso, travesso, inquieto, arteiro.

Tra.qui.na.gem *s.f.* Travessura, brincadeira, traquinada.

Tra.qui.nas *adj. e s.2g.2n.* Traquina.

Tra.qui.ta.na *s.f.* **1.** Carruagem de quatro rodas para duas pessoas. **2.** POP Carro desconjuntado; calhambeque.

Tras- *pref.* ⇒ Tra-.

Trás *adv.* **1.** Atrás, após. *prep.* **2.** Depois de; em seguida a.

Tra.san.te.on.tem *adv.* No dia anterior ao de anteontem.

Tras.bor.dar *v.t. e int.* ⇒ Transbordar.

Tra.sei.ra *s.f.* Parte posterior; retaguarda. ◆ *Ant.: dianteira.*

Tra.sei.ro *adj.* **1.** Situado de trás. **2.** Que fica na parte posterior. *s.m.* **3.** POP Nádegas.

Tras.la.dar *v.t. e p.* Transladar.

TRASPASSAR — TRELA

Tras.pas.sar *v.t.* **1.** Passar além, através de. **2.** Penetrar. **3.** Furar de lado a lado. **4.** Transfixar. **5.** Pungir, magoar. **6.** Causar desfalecimento. **7.** Violar, transgredir. **8.** Vender, ceder. **9.** Exceder. **10.** Copiar. **11.** Passar a outrem (contrato). **12.** Alienar. **13.** Entregar. **14.** Traduzir. **15.** Transferir. **16.** Transportar-se. *v.p.* **17.** Desmaiar. **18.** Esmorecer. **19.** Findar-se, morrer.

Tras.te *s.m.* **1.** Móvel velho ou coisa de pouco valor. **2.** FIG Velhaco, tratante. **3.** Indivíduo sem préstimo, inútil.

Tras.va.sar *v.t.* Transvasar.

Tra.ta.do *s.m.* **1.** Contrato internacional relativo a paz, comércio etc. **2.** Convênio. **3.** Estudo ou obra acerca de ciência, arte etc. *adj.* **4.** Que recebe cuidados, tratamentos etc.

Tra.ta.dor *adj. e s.m.* Que, ou aquele que trata de animais.

Tra.ta.men.to *s.m.* **1.** Modo de tratar. **2.** Trato. **3.** Acolhimento. **4.** Processo de curar. **5.** Passadio. **6.** Palavra ou expressão com que se trata alguém.

Tra.tan.te *adj. e s.2g.* Que, ou pessoa que procede com ardil, fraude ou velhacaria.

Tra.tar *v.t.* **1.** Fazer uso; manusear. **2.** Manejar. **3.** Travar relações. **4.** Frequentar. **5.** Discorrer verbalmente ou por escrito. **6.** Discutir, debater. **7.** Medicar, curar. **8.** Cuidar. **9.** Combinar, ajustar. **10.** Cultivar. **11.** Dedicar-se. **12.** Sustentar, alimentar. **13.** Dar certo título, cognome ou alcunha. **14.** Acolher, receber. **15.** Formar plano. **16.** Travar conhecimento. **17.** Entrar em relações. **18.** Ter por assunto. **19.** Fazer preparativos. *v.p.* **20.** Aplicar tratamento a si mesmo. **21.** Cuidar da própria saúde. **22.** Alimentar-se, nutrir-se. **23.** Trajar. **24.** Vestir-se.

Tra.ta.ti.va *s.f.* **1.** Conversação, entendimento preliminar. **2.** Acordo, ajuste, pacto. **3.** Conversação com vistas a um entendimento.

Tra.tá.vel *adj.* **1.** Que se pode tratar. **2.** Afável, lhano. ● *Ant.:* intratável.

Tra.to *s.m.* **1.** Ato de tratar. **2.** Ajuste, convênio, contrato. **3.** Convivência, conversação. **4.** Modo de tratar. **5.** Maneira de viver, de alimentar-se. **6.** Espaço de terra. **7.** Intervalo.

Tra.tor (ô) *adj.* **1.** Relativo a tração. *s.m.* **2.** Veículo automóvel destinado a puxar arados, carretas.

Tra.tó.rio *adj.* Referente à tração.

Tra.to.ris.ta *s.2g.* Pessoa que guia um trator.

Trau.ma *s.m.* Abalo moral, choque, traumatismo.

Trau.ma.tis.mo *s.m.* **1.** MED Estado mórbido ou lesão resultante de ferimento grave. **2.** Abalo físico, moral ou mental.

Trau.ma.ti.zan.te *adj.2g.* Que traumatiza.

Trau.ma.ti.zar *v.t.* **1.** Causar traumatismo a. *v.p.* **2.** Sofrer traumatismo.

Trau.ma.to.lo.gi.a *s.f.* Parte da Medicina que se ocupa dos traumatismos físicos (feridas, contusões etc.).

Trau.ma.to.lo.gis.ta *s.2g.* Profissional especializado em traumatologia.

Trau.te.ar *v.t. e int.* Cantar à meia voz; cantarolar.

Tra.van.ca *s.f.* Empecilho, estorvo, obstáculo.

Tra.vão *s.m.* Espécie de alavanca para sustar ou moderar o movimento de um mecanismo de um veículo.

Tra.var *v.t.* **1.** Fazer parar ou prender com trava ou travão. **2.** Encadear. **3.** Agarrar, tomar, segurar, tolher. **4.** Impedir os movimentos. **5.** Pear. **6.** Começar, encetar, entabular. **7.** Inclinar alternadamente para um e outro lado. **8.** Tramar. **9.** Entretecer. **10.** Causar desgosto ou dissabor. **11.** Lançar mão. **12.** Puxar, segurar. **13.** Agarrar. **14.** Amargar, apertar a boca. *v.p.* **15.** Unir-se, juntar-se. **16.** Empenhar-se, irromper.

Tra.ve *s.f.* **1.** Lenho grosso e comprido, empregado em construções. **2.** Viga. **3.** Trava. **4.** Arame que liga a charneira da fivela ao.

Tra.ve.ja.men.to *s.m.* **1.** Ato ou efeito de travejar. **2.** Conjunto de traves que sustentam uma construção.

Tra.ve.jar *v.t.* Assentar traves em; vigar.

Tra.ves.sa *s.f.* **1.** Viga. **2.** Dormente em que se assentam os carris das linhas férreas. **3.** Peça de madeira atravessada sobre outras. **4.** Rua estreita transversal a outra principal. **5.** Pente estreito e arqueado com que mulheres e crianças prendem o cabelo. **6.** Galeria subterrânea que liga duas outras. **7.** Prato oblongo para levar comida à mesa.

Tra.ves.são *s.m.* **1.** Travessa grande. **2.** GRAM Traço (—) maior que o hífen usado na escrita para indicar diálogo ou substituir parênteses. **3.** Braço de balança. **4.** A barra horizontal que liga as travas do gol.

Tra.ves.sei.ro *s.m.* Almofada larga que se põe na cabeceira da cama para apoio da cabeça, quando se deita.

Tra.ves.si.a *s.f.* Ato de percorrer ou atravessar uma região, um lago, um rio, de lado a lado.

Tra.ves.so (ê) *adj.* **1.** Diz-se de criança turbulenta, traquinas, inquieta. **2.** Engraçado, brincalhão. ● *Ant.:* comportado.

Tra.ves.su.ra *s.f.* **1.** Ato de pessoa travessa. **2.** Maldade infantil. **3.** Desenvoltura, malícia.

Tra.ves.ti *s.m.* **1.** Vestimenta que permite a uma pessoa disfarçar-se. *s.2g.* **2.** Pessoa que se traja com roupas do sexo oposto, geralmente em espetáculos teatrais. **3.** Homossexual que adota vestes e hábitos do sexo oposto.

Tra.ves.tir *v.t. e p.* **1.** Vestir (alguém ou a si próprio) de modo a aparentar ser do outro sexo ou de outra condição ou de outra idade. **2.** Alterar(-se) a aparência de uma coisa, modificar(-se) o seu caráter, a sua natureza. *v.t.* **3.** Tornar irreconhecível; falsificar.

Tra.ves.tis.mo *s.m.* **1.** Ato ou efeito de travestir(-se). **1.1** Prática de vestir-se ou disfarçar-se com roupas do sexo oposto.

Tra.vo *s.m.* **1.** Sabor amargo e adstringente de qualquer comida, bebida ou remédio. **2.** Impressão desagradável. ● *Ant.: dulçor*.

Tra.zer *v.t.* **1.** Conduzir ou transportar para cá. **2.** Aproximar. **3.** Fazer-se acompanhar; conduzir. **4.** Vestir, usar. **5.** Ter consigo. **6.** Transportar. **7.** Dirigir, guiar, acompanhar. **8.** Ocasionar, acarretar. **9.** Ter. **10.** Apresentar, exibir. **11.** Comandar, citar, alegar. **12.** Manter, conservar. **13.** Oferecer, ofertar. **14.** Chamar, atrair. **15.** Conduzir. **16.** Herdar, obter por transmissão. **17.** Causar, acarretar. ● *Ant.: levar*.

Tre.cen.té.si.mo ou **tri.cen.té.si.mo** *num.ord., adj. e s.m.* **1.** Que ou o que ocupa, numa sequência, a posição do número 300. *num.frac., adj. e s.m.* **2.** Que é cada um de 300 vezes menor que a unidade. *s.m.* **3.** Cada uma das 300 partes iguais em que pode ser dividido um todo.

Tre.cho (ê) *s.m.* **1.** Espaço de tempo ou lugar. **2.** Fragmento de uma obra em prosa ou verso. **3.** Pequena parte de uma composição musical. **4.** Parte de um todo. **5.** Fragmento, extrato. **6.** Intervalo.

Tre.co *s.m.* Qualquer coisa ou objeto que não se sabe ou não se quer nomear.

Trê.fe.go *adj.* **1.** Turbulento, buliçoso, muito agitado. **2.** Astuto, manhoso.

Tre.fi.lar *v.t.* Converter (uma barra de metal dúctil) em fio.

Tré.gua *s.f.* **1.** Suspensão temporária de hostilidades. **2.** Cessação temporária de trabalho, dor, incômodo ou desgraça. **3.** Descanso. ● Não dar tréguas: não dar descanso.

Trei.na.dor *s.m.* Profissional que treina pessoas ou animais para competições esportivas.

Trei.nar *v.t.* **1.** Dar ceva a (aves). **2.** Habituar, acostumar. **3.** Adestrar ou submeter a treino. **4.** Exercitar para competições esportivas. *v.p.* **5.** Exercitar-se para corridas ou competições.

Tre.jei.to *s.m.* **1.** Careta, esgar, gesto ridículo. **2.** Movimento do corpo. **3.** Ilusionismo.

Tre.ju.rar *v.t.* **1.** Afirmar, jurando muitas vezes. *v.t. e int.* **2.** Jurar repetidas vezes. **3.** Jurar três vezes.

Trek.king (ing.) *s.m.* Caminhada por altas montanhas. ● *Pl.:* trekkings.

Tre.la *s.f.* **1.** Tira de couro ou correia, com que se prende o cão. **2.** Tagarelice, cavaco. **3.** Confiança, liberdade. ◆ **Dar trela:** puxar conversa, dar confiança.

TRELIÇA — TRIÂNGULO

Tre.li.ça *s.f.* Sistema de vigas cruzadas, usadas na construção de pontes.

Trem *s.m.* **1.** Série de vagões puxados por uma locomotiva. **2.** Composição ferroviária. **3.** Conjunto de objetos que constituem a bagagem de um passageiro. **4.** Qualquer objeto ou coisa; treco, troço. **5.** Mobília, conjunto de utensílios próprios para certo serviço. **6.** Carruagem, sege. **7.** Traje. **8.** Aparelhamento que serve para a aterrissagem de avião.

Tre.ma *s.m.* Sinal ortográfico (¨) que era colocado sobre a vogal *u* quando precedida de *q* ou *g* e seguida de *e* ou *i* para indicar que o *u* deve ser pronunciado; o mesmo foi abolido da língua portuguesa com o Acordo Ortográfico de 1990; porém ainda utilizado em termos estrangeiros e seus derivados (ex: *Müller, mülleriano*).

Tre.mar *v.t.* Marcar com trema.

Trem-ba.la *s.m.* Trem de passageiros de alta velocidade. ● *Pl.: trens-balas e trens-bala.*

Tre.me.dal *s.m.* **1.** Pântano. **2.** FIG Degradação moral; torpeza.

Tre.me.dei.ra *s.f.* **1.** Tremor causado por um acesso de impaludismo; malária. **2.** Tremor. **3.** FIG Medo, pavor.

Tre.me.dor (ô) *adj. e s.m.* Que, ou aquele que treme.

Tre.me.li.car *v.int.* **1.** Tremer de susto. **2.** Tremer frequentes vezes; tiritar.

Tre.me.li.que *s.m.* **1.** Ato ou efeito de tremelicar; tremura. **2.** Tremor amiudado.

Tre.me.lu.zen.te *adj.2g.* Que tremeluz.

Tre.me.lu.zir *v.int.* **1.** Brilhar com luz trêmula. **2.** Cintilar. **3.** Bruxulear.

Tre.men.do *adj.* **1.** Que causa tremor e faz tremer. **2.** Medonho, horroroso, terrível. **3.** Espantoso, formidável. **4.** Extraordinário. **5.** Grande, excessivo.

Tre.men.te *adj.2g.* Tremedor.

Tre.mer *v.t. e int.* **1.** Sentir no corpo os arrepios causados por frio ou susto, ou por uma forte paixão. **2.** Estremecer, não estar firme. **3.** Oscilar. **4.** Cintilar, tremeluzir. **5.** Abalar-se, ser agitado ou sacudido.

Tre.me-tre.me *s.m.* Espécie de arraia (peixe). ● *Pl.: treme-tremes.*

Tre.mo.cei.ro *s.m.* Planta leguminosa, cujas vagens dão grãos comestíveis.

Tre.mo.ço (ô) *s.m.* O grão de tremoceiro.

Tre.mor *s.m.* **1.** Ato ou efeito de tremer. **2.** Movimento convulsivo. **3.** Medo.

Tre.mu.lar *v.t.* **1.** Mover com tremor. **2.** Agitar, desfraldar. **3.** Virar. *v.int.* **4.** Mover-se com tremor. **5.** Cintilar, tremeluzir. **6.** Vacilar, hesitar. **7.** Ressoar tremendo.

Trê.mu.lo *adj.* **1.** Que treme. **2.** Sem firmeza. **3.** Que treme de medo. **4.** Frouxo. **5.** Duvidoso. **6.** Hesitante. **7.** Assustado, tímido. **8.** Bruxuleante, cintilante. ● *Ant.: firme, seguro.*

Tre.mu.ra *s.f.* Tremor causado pelo medo; tremor.

Tre.na *s.f.* **1.** Fita de seda, para atar o cabelo; baraço de pião. **2.** Fita métrica de vários metros de comprimento, para se medir terrenos etc. **3.** Fita métrica usada por alfaiates e costureiras.

Trend (ing.) *s.m.* Movimento econômico (histórico, ético etc.) de longa duração; tendência. ● *Pl.: trends.*

Tre.no *s.m.* **1.** Lamento fúnebre. **2.** Canto lacrimoso; elegia, nênia.

Tre.nó *s.m.* Espécie de carro com patins, para deslizar sobre o gelo.

Tre.pa.dei.ra *s.f.* Planta que trepa em outra planta ou ao longo dos objetos ou locais vizinhos (muros, paredes etc.).

Tre.pa.dor *adj. e s.m.* Que, ou aquele que trepa.

Tre.pa.na.ção *s.f.* Ato ou efeito de trepanar.

Tre.pa.nar *v.t.* **1.** Cortar com o trépano. **2.** Furar, perfurar.

Tré.pa.no *s.m.* Instrumento de cirurgia destinado a perfurar os ossos, em especial os do crânio.

Tre.par *v.t.* **1.** Subir a lugar alto, íngreme ou de difícil acesso. **2.** Elevar-se em categoria. **3.** Alçar-se, segurando-se com as mãos e os pés. **4.** Difamar, dizer mal. **5.** Crescer subindo, agarrando-se (plantas). **6.** Copular com; transar.

Tre.pi.da.ção *s.f.* **1.** Ato ou efeito de trepidar. **2.** Ligeiro tremor de terra. **3.** Tremura de nervos. **4.** Abalo que o movimento das máquinas imprime ao navio. **5.** Tremor das imagens, no cinema.

Tre.pi.dan.te *adj.2g.* **1.** Que trepida ou treme. **2.** Saltitante de prazer ou de medo.

Tre.pi.dar *v.int.* **1.** Tremer com medo ou susto. **2.** Andar ou apoiar-se tremendo. **3.** Vacilar, hesitar. **4.** Ter ou causar trepidação. *v.t.* **5.** Agitar.

Tré.pli.ca *s.f.* **1.** Ato ou efeito de treplicar. **2.** Resposta a uma réplica.

Tré.pli.car *v.int.* **1.** Responder (a uma réplica). *v.t.* **2.** Refutar com tréplica. **3.** Responder (a um desafio).

Tres- *pref.* ⇒ Tra-.

Três *num.* **1.** Dois mais um. **2.** Terceiro. *s.m.* **3.** Algarismo representativo do número três. **4.** Peça de qualquer jogo que marca três pontos.

Tre.san.dar *v.t.* **1.** Fazer andar para trás. **2.** Desandar. **3.** Transtornar. **4.** Confundir, perturbar; desordenar. **5.** Exalar mau cheiro.

Tres.ca.lan.te *adj.2g.* Que trescala, que exala; exalante.

Tres.ca.lar *v.t.* Emitir cheiro forte.

3d *s.m.* **1.** Formato tridimensional, que inclui a ideia de profundidade. **2.** Que tem esse formato (diz-se de imagem).

Tres.ler *v.int.* **1.** Ler às avessas. **2.** Perder o juízo por ler muito. **3.** Dizer ou fazer tolices.

Tres.lou.ca.do *adj.* Muito enlouquecido; louco, desvairado.

Tres.lou.car *v.t.* **1.** Tornar louco; desvairar. *v.int.* **2.** Enlouquecer. **3.** Tornar-se imprudente.

Tres.ma.lha.do *adj.* Que se tresmalhou; desgarrado, fugido, perdido.

Tres.ma.lhar *v.t.* **1.** Trocar as malhas. **2.** Dispersar. **3.** Deixar fugir. *v.int.* **4.** Perder-se do bando. **5.** Extraviar-se. *v.p.* **6.** Escapar das malhas da rede. **7.** Desgarrar-se, perder o rumo. **8.** Dispersar-se, espalhar-se.

Tres.noi.ta.do *adj.* Que passou a noite sem dormir.

Tres.noi.tar *v.t.* **1.** Tirar o sono. **2.** Não deixar dormir. *v.int.* **3.** Passar a noite sem dormir; velar.

Tres.pas.sar *v.t.* Fazer trespasse; traspassar.

Tres.pas.se *s.m.* **1.** Ato ou efeito de trespassar. **2.** Morte, falecimento.

Tres.va.ri.ar *v.int.* **1.** Dizer ou praticar desvarios. **2.** Delirar. **3.** Perder o siso. **4.** Tornar-se insano.

Tres.va.ri.o *s.m.* **1.** Ato ou efeito de tresvariar. **2.** Alucinação, delírio.

Tre.ta (ê) *s.f.* **1.** Destreza no jogo de esgrima. **2.** Ardil, manha, treita.

Tre.tei.ro *adj. e s.m.* **1.** Diz-se de, ou indivíduo dado a tretas. **2.** Tratante, velhaco.

Tre.va *s.f.* **1.** Total ausência de luz; escuridão. *s.f.pl.* **2.** Falta de conhecimento; ignorância por falta de estudo ou esclarecimento.

Tre.vo (ê) *s.m.* **1.** Designação dada a grande número de plantas, de variadas espécies, dotadas de folha tríplice. **2.** Conjunto de vias para evitar cruzamentos em pontos de tráfego intenso.

Tre.vo.so (ê) *adj.* Tenebroso.

Trí.a.de *s.f.* Conjunto de três coisas; trindade. ● *Var.: tríada.*

Tri.a.gem *s.f.* Seleção, escolha; separação.

Tri.al (ing.) *s.m.* **1.** No motociclismo esportivo, corrida de obstáculos do tipo todo-terreno. **2.** Motocicleta concebida para este tipo de prova. ● *Pl.: trials.*

Tri.an.ci.no.lo.na *s.f.* Corticosteroide sintético, dotado de fortes propriedades anti-inflamatórias.

Tri.an.gu.lar *adj.2g.* **1.** Que tem forma de triângulo. **2.** Que tem por base um triângulo. **3.** Que tem três ângulos. *v.t.* **4.** Dividir em triângulos.

Tri.ân.gu.lo *s.m.* **1.** GEOM Figura de três lados e três ângulos. **2.** Objeto triangular. **3.** Constelação do Norte. **4.** MÚS Instrumento musical com formato de um triângulo, também chamado *ferrinhos*.

TRIÁSICO — TRINCADURA

Tri.á.si.co *s.m.* **1.** O primeiro período da era secundária, a qual durou aproximadamente 45 milhões de anos, caracterizado pela presença de sáurios gigantescos; trias. *adj.* **2.** Relativo a esse período.

Tri.a.tlo *s.m.* **1.** Competição que inclui três atividades esportivas diferentes. **2.** Triatlo que reúne provas de natação (4 km, ger. no mar), ciclismo (180 km), e corrida (42 km).

Tri.bal *adj.2g.* Relativo a tribo.

Tri.bo *s.f.* **1.** Conjunto de famílias, nômades ou não, geralmente da mesma origem, de civilização primitiva, que vivem sob a autoridade de um chefe. **2.** Divisão de famílias. **3.** Divisão da população entre certos povos. **4.** Sociedade rudimentar. **5.** Pequeno povo.

Tri.bo.lo.gi.a *s.f.* Ciência e tecnologia relacionada ao atrito de superfícies em contato, animadas de um movimento relativo.

Tri.bo.me.tri.a *s.f.* Medição das forças atritantes.

Tri.bu.fu *adj.* e *s.2g.* Diz-se de, ou pessoa maltrapilha ou malvestida.

Tri.bu.la.ção *s.f.* **1.** Trabalho aflitivo, que atormenta como um castigo. **2.** Contrariedade, adversidade, infortúnio.

Tri.bu.na *s.f.* **1.** Púlpito. **2.** Estrado elevado de onde os oradores discursam: palanque. **3.** Arte de falar em público; eloquência. **4.** Lugar reservado, com varanda, nas igrejas.

Tri.bu.nal *s.m.* **1.** Cadeira de juiz ou magistrado. **2.** Jurisdição de um ou de vários que julgam juntos. **3.** Local, recinto onde se julgam as questões judiciais. **4.** Lugar onde uma pessoa é julgada. **5.** Entidade moral que pode formar juízo e considerar-se juiz. **6.** Tudo o que se julga.

Tri.bu.ní.cio *adj.* **1.** Relativo a tribuno. **2.** Que tem caráter de sedição; faccioso, sedicioso, sublevador.

Tri.bu.no *s.m.* **1.** Antigo magistrado que defendia os interesses do povo. **2.** Orador popular ou revolucionário. ● *Fem.:* tribuna.

Tri.bu.ta.ção *s.f.* Ato ou efeito de tributar.

Tri.bu.tar *v.t.* **1.** Impor tributos. **2.** Prestar ou dedicar a alguém ou a alguma coisa. **3.** Pagar como tributo. **3.** Prestar, render, dedicar.

Tri.bu.tá.rio *adj.* e *s.m.* **1.** Que, ou aquele que paga tributo; contribuinte. **2.** Que, ou o que está sujeito a tributo.

Tri.bu.to *s.m.* **1.** Aquilo que um Estado paga a outro em sinal de dependência; contribuição. **2.** Imposto lançado ao povo pelos governos. **3.** Homenagem. **4.** Tudo o que se oferece a alguém como devido ou merecido (homenagem, sofrimento).

Tri.ca *s.f.* **1.** Chicana. **2.** Trapaça forense. **3.** Intriga, enredo. **4.** Futilidade, nica.

Tri.cen.te.ná.rio *adj.* **1.** Que tem trezentos anos. *s.m.* **2.** Comemoração de um fato que se deu há 300 anos.

Trí.ceps *adj.* e *2g.2n.* **1.** Que ou aquele tem três cabeças. *s.m.* **2.** Diz-se de, ou cada um dos músculos que têm três feixes fibrosos numa de suas extremidades.

Tri.ci.clo *s.m.* Velocípede de três rodas.

Tri.cô *s.m.* Tecido de malhas entrelaçadas.

Tri.co.lor (lô) *adj.* Que tem três cores.

Tri.cór.nio *s.m.* Chapéu de três bicos.

Tri.co.tar *v.int.* Fazer tricô. ● *Var.:* tricotear.

Tri.den.te *adj.* **1.** Tridentado. *s.m.* **2.** Arpão com três dentes pontiagudos atribuído a Netuno, deus romano do mar. **3.** Espécie de forquilha com três pontas.

Tri.di.men.sio.nal *adj.2g.* Relativo às três dimensões (altura, comprimento e largura).

Trí.duo *s.m.* **1.** Espaço de três dias seguidos. **2.** Festa que dura três dias.

Tri.e.dro *adj.* Que tem três faces ou três planos.

Tri.e.nal *adj.2g.* **1.** Que dura três anos. **2.** Que serve para três anos. **3.** Que dá fruto de três em três anos. **4.** Que ocorre a cada três anos.

Tri.ê.nio *s.m.* Espaço de três anos seguidos.

Tri.fá.si.co *adj.* Diz-se de um sistema termodinâmico que comporta três fases.

Tri.fo.li.a.do *adj.* BOT Que tem três folhas.

Tri.fó.lio *s.m.* **1.** Ornato em forma de trevo. **2.** Gênero de plantas a que pertence o trevo (família das leguminosas). **3.** Peça móvel que representa uma flor com três pétalas. **4.** Curva que tem a forma de uma rosácea de três folhas.

Tri.fur.ca.ção *s.f.* **1.** Ato ou efeito de trifurcar. **2.** Divisão em três ramos ou partes.

Tri.fur.car *v.t.* Dividir em três direções, ramos ou partes.

Tri.gal *s.m.* Campo de trigo; seara.

Tri.gê.meo *s.m.* **1.** Cada um dos três gêmeos nascidos de um só parto. *adj.* **2.** Diz-se do nervo trifacial.

Tri.ge.mi.na.da *adj.* e *s.f.* Diz-se de, ou janela dividida em seis vãos.

Tri.gé.si.mo (z) *num.* **1.** Ord. e frac. correspondente a *trinta*. *s.m.* **2.** O que ocupa o trigésimo lugar. **3.** Cada uma das trinta partes iguais em que se divide um todo.

Tri.gli.ce.rí.dio ou **tri.gli.ce.rí.deo** *s.m.* Líquido formado por esterificação do glicerol por três ácidos graxos; triacilglicerol. (Os triglicerídios encontram-se no sangue na taxa de 0,50 a 1,80 por litro em estado normal.).

Tri.go *s.m.* **1.** Planta gramínea. **2.** O grão dessa planta de que se faz o pão.

Tri.go.no.me.tri.a *s.f.* Parte da Matemática que tem por objeto o estudo das funções circulares e a resolução dos triângulos por meio do cálculo.

Tri.go.no.mé.tri.co *adj.* Que diz respeito à trigonometria.

Tri.guei.ro *adj.* **1.** Que tem a cor do trigo maduro. **2.** Tirante a escuro. **3.** Queimado na cor. *s.m.* **4.** Indivíduo moreno.

Tri.lar *v.t.* e *int.* **1.** Cantar, fazendo trilos; gorjear. **2.** Fazer soar (o apito).

Tri.lha *s.f.* **1.** Caminho estreito, aberto no meio de obstáculos. **2.** Rasto de pessoa ou animal, deixado nesse caminho. **3.** Caminho a seguir, conforme exemplo deixado por outrem. **4.** Norma, exemplo. **5.** Debulha de cereais.

Tri.lhão *s.m.* e *num.* Mil bilhões.

Tri.lhar *v.t.* **1.** Seguir trilha, caminho, exemplo, norma. **2.** Percorrer. **3.** Andar por. **4.** Abrir, sulcar. **5.** Debulhar (cereais) em eira. **6.** Bater, moer, pisar, calcar. **7.** Reduzir a pequenas partes. **8.** Magoar, contundir.

Tri.lho *s.m.* **1.** Caminho estreito por onde passam pedestres ou animais. **2.** Trilha, vereda. **3.** Norma, exemplo. **4.** Carril de ferro sobre o qual andam bondes, trens e outros veículos. **5.** Modo de viver ou de pensar. **6.** Cilindro com dentes de ferro, que serve para debulhar cereais. **7.** Utensílio para bater a coalhada no fabrico do queijo.

Tri.lín.gue *adj.* e *s.2g.* Que conhece três línguas.

Tri.lo *s.m.* **1.** Movimento alternado e rápido de duas notas musicais. **2.** Gorjeio, trinado. **3.** Som do apito.

Tri.lo.gi.a *s.f.* **1.** Na Grécia antiga, poema dramático, composto de três tragédias. **2.** Conjunto ou peça literária dividida em três partes; tríade.

Tri.ló.gi.co *adj.* Que se refere a trilogia.

Tri.men.sal *adj.2g.* Que se realiza ou aparece três vezes por mês.

Tri.mes.tral *adj.2g.* **1.** Que se realiza ou aparece de três em três meses. **2.** Relativo ou pertencente a trimestre.

Tri.mes.tre *s.m.* **1.** Espaço de três meses seguidos. **2.** Importância ou cota relativa ao período de três meses.

Tri.na.do *s.m.* **1.** Ato ou efeito de trinar. **2.** Gorjeio de algumas aves. **3.** Ornamento musical formado por duas notas consecutivas que se repetem alternadamente num movimento rápido. *adj.* **4.** Que trina.

Tri.nar *v.t.* **1.** Exprimir ou cantar com trinos. *v.int.* **2.** Soltar trinos. **3.** Ferir tremulamente as cordas de um instrumento.

Trin.ca *s.f.* **1.** Reunião de três coisas semelhantes. **2.** No baralho, três cartas do mesmo valor. **3.** NÁUT Cabo que dá três voltas. **4.** Arranhão, fresta, pequena rachadura.

Trin.ca.du.ra *s.f.* Rachadura.

TRINCAR — TROCA-TROCA

Trin.car *v.t.* **1.** Cortar, partir com os dentes. **2.** Morder, apertar com os dentes. **3.** Amarrar, ligar ou prender com trinca. *v.p.* **4.** Desesperar-se, zangar-se.

Trin.cha *s.f.* **1.** Espécime de enxó de carpinteiro. **2.** Ferramenta para arrancar pregos.

Trin.chan.te *s.m.* **1.** O que trincha. **2.** Grande faca para trinchar. **3.** Aparador ou mesa sobre que se trincha a carne.

Trin.char *v.t.* **1.** Cortar em pedaços ou fatias (as carnes que se servem à mesa). *v.int.* **2.** Cortar em pedaços e com certa técnica.

Trin.chei.ra *s.f.* **1.** Escavação feita no solo, para que a terra escavada sirva de parapeito aos combatentes. **2.** Reduto. **3.** Caminho aberto no meio de escavações.

Trin.co *s.m.* **1.** Espécie de pequena tranca com que se fecham as portas e que se levanta por meio de chave, aldrava ou cordão. **2.** Lingueta da fechadura que é movida pela maçaneta ou pela própria chave.

Trin.da.de *s.f.* **1.** TEOL União de três pessoas num só Deus: *a Santíssima Trindade.* **2.** Grupo de três.

Tri.ne.to *s.m.* **1.** Filho do bisneto.

Tri.ni.tá.rio *adj.* e *s.m.* **1.** Trino. **2.** Que se refere a trindade.

Tri.ni.tro.to.lu.e.no *s.m.* Sólido cristalizado, obtido pela nitração do tolueno, e que é um explosivo muito potente. ● *Abrev.:* T.N.T.

Tri.no *adj.* **1.** Composto por três; triplo, trinitário. **2.** Que ou aquele que pertence à Ordem Hospitalar da Santíssima Trindade (diz-se religioso); trinitário.

Tri.nô.mio *s.m.* **1.** Quantidade algébrica composta de três termos. **2.** Aquilo que compreende três termos ou partes. *adj.* **3.** Que tem três termos: *fatores trinômios.*

Trin.que *s.m.* **1.** Cabide de algibebe. **2.** FIG Elegância, esmero.

Trin.ques Elem. usado usado na expressão *nos trinques.* ● *Andar nos trinques:* (andar) com elegância, trajar-se com esmero.

Tri.o *s.m.* **1.** Trecho musical para ser executado por um trio vozes ou instrumentos. **2.** Conjunto instrumental ou vocal formado por três pessoas. **3.** Grupo de três pessoas. **4.** Conjunto de três coisas.

Tri.pa *s.f.* Nome comum do intestino, especialmente dos animais.

Tri.par.ti.ção *s.f.* Ação ou efeito de tripartir(-se). ● *Pl.: tripartições.*

Tri.par.tir *v.t.* e *p.* Partir(-se) ou dividir(-se) em três partes.

Tri.par.ti.te *adj.2g.* Dividido em três partes; tripartido.

Tri.pé *s.m.* **1.** Tripeça. **2.** Aparelho portátil, que se arma em três âncoras ou pés e sobre o qual se coloca máquina fotográfica, instrumento ótico etc.

Tri.pe.ça *s.f.* **1.** Banco de três pés. **2.** FIG Ofício de sapateiro.

Tri.plex (cs) *adj.2g.* e *s.m.2n.* **1.** Diz-se de, ou um tipo de vidro composto de duas lâminas interpostas sob uma terceira, de substância transparente e flexível. **2.** Diz-se de, ou apartamento de três andares. ● *Var.: triplex.*

Tri.pli.ca.ção *s.f.* Multiplicação por três. ● *Pl.: triplicações.*

Tri.pli.car *v.t.* Multiplicar por três. *v.int.* e *p.* **2.** Tornar-se três vezes maior.

Tri.pli.ca.ta *s.f.* **1.** Terceira cópia de um documento. **2.** Cópia de duplicata.

Tri.pli.ce *adj.2g.* Que, apesar da natureza trina, forma um todo; triplo.

Tri.plo *adj.* **1.** Que é três vezes maior. **2.** Que possui três partes. *s.m.* **3.** Quantidade três vezes maior que outra.

Tri.ploi.de *adj.2g.* e *s.m.* Que ou aquele que contém três conjuntos de cromossomos – triploidia (*s.f.*).

Tríp.ti.co *s.m.* **1.** Quadro sobre três panos que se dobram. **2.** Painel coberto por duas meias-portas, cujas faces internas, e às vezes as externas, são também pintadas como o painel.

Tri.pu.di.an.te *adj.* e *s.2g.* Que, ou pessoa que tripudia.

Tri.pu.di.ar *v.int.* **1.** Dançar, batendo com os pés; sapatear. **2.** Folgar. *v.t.* **3.** Executar, tripudiando (danças). **4.** Regozijar-se após uma vitória, humilhando o derrotado. **5.** Viver no crime.

Tri.pu.la.ção *s.f.* **1.** Conjunto dos marinheiros que tripulam um navio. **2.** Conjunto das pessoas que trabalham a bordo de um avião.

Tri.pu.lan.te *adj.2g.* **1.** Que, ou aquele que tripula. *s.2g.* **2.** Membro de uma tripulação.

Tri.pu.lar *v.t.* **1.** Equipar. **2.** Prover de tripulação. **3.** Governar, dirigir (embarcação).

Tri.sa.nu.al *adj.2g.* **1.** Que dura três anos. **2.** Que ocorre de três em três anos.

Tri.sa.vô *s.m.* Pai do bisavô ou da bisavó.

Tris.si.lá.bi.co *adj.* Que tem três sílabas.

Tris.sí.la.bo *adj.* e *s.m.* Diz-se de, ou vocábulo de três sílabas.

Tris.so.mi.a *s.f.* **1.** Anomalia causada pela presença de um cromossomo a mais num par. **1.1** *Trissomia 21*, mongolismo.

Tris.te *adj.* **1.** Que tem mágoa ou tristeza. **2.** Que exprime pesar. **3.** Pesaroso, chateado. *s.2g.* **4.** Pessoa infeliz. ● *Ant.: alegre.*

Tris.te.za (ê) *s.f.* **1.** Estado ou caráter de triste. **2.** Tédio, melancolia, aborrecimento. **3.** Pesar, mágoa, angústia. ● *Ant.: alegria.*

Tris.to.nho *adj.* **1.** Que revela tristeza. **2.** Melancólico, angustiado. **3.** Tétrico, lúgubre. ● *Ant.: alegre.*

Tri.ton.go *s.m.* GRAM Grupo de três vogais pronunciadas numa só emissão de voz, como o *uai* de *Paraguai*, de *quais* etc.

Tri.tu.ra.dor *adj.* e *s.m.* **1.** Que ou o que tritura. **2.** Aparelho que, em indústrias de papel, transforma em pasta a matéria-prima.

Tri.tu.rar *v.t.* **1.** Moer, pulverizar a pó. **2.** Espancar. **3.** Reduzir a nada, desfazer. **4.** FIG Afligir, atormentar.

Tri.un.fa.dor (ô) *adj.* e *s.m.* Que ou aquele que triunfa.

Tri.un.fal *adj.* **1.** Relativo a triunfo. **2.** Realizado com pompa.

Tri.un.fa.lis.mo *s.m.* Atitude de confiança absoluta ou excessiva no sucesso.

Tri.un.fa.lis.ta *adj.2g.* e *s.2g.* **1.** Relativo a triunfalismo. **2.** Que exibe confiança absoluta ou excessiva no sucesso.

Tri.un.fan.te *adj.2g.* **1.** Que triunfa; glorioso. **2.** Radiante de alegria. **3.** Vitorioso. **4.** Decisivo, categórico.

Tri.un.far *v.t.* **1.** Conseguir triunfo. **2.** Alcançar vitória. **3.** Levar vantagem. **4.** Vencer qualquer resistência; exultar.

Tri.un.fo *s.m.* **1.** Ato ou efeito de triunfar; êxito. **2.** Grande vitória. **3.** Aclamação, êxito feliz ou glorioso. **4.** Grande alegria, grande festejo. **5.** Esplendor.

Tri.un.vi.ral *adj.2g.* Relativo a triúnviro.

Tri.un.vi.ra.to *s.m.* Governo de três pessoas.

Tri.un.vi.ro *s.m.* **1.** Magistrado que, com dois outros, exercia certos cargos administrativos. **2.** Membro de um triunvirato.

Tri.va.lên.cia *s.f.* Propriedade das substâncias químicas trivalentes.

Tri.va.len.te *adj.2g.* Que possui a valência 3.

Tri.vi.al *adj.2g.* **1.** Que é sabido de todos. **2.** Comum, vulgar, banal. *s.m.* **3.** Os pratos simples das refeições caseiras de todos os dias. ● *Ant.: raro, incomum.*

Tri.vi.a.li.zar *v.t.* e *p.* Tornar(-se) trivial, corriqueiro; banalizar.

Triz *s.m.* Um quase nada. ● *Por um triz:* por pouco.

Tro.a.da *s.f.* **1.** Ato ou efeito de troar. **2.** Som de muitos tiros; tiroteio.

Tro.an.te *adj.* **1.** Que troa, que ressoa. **2.** Vibrante, sonoro retumbante, estrondoso.

Tro.ar *v.int.* Soar fortemente; trovejar.

Tro.ca *s.f.* **1.** Ato ou efeito de trocar. **2.** Permuta, barganha. **3.** Compensação, recompensa; substituição.

Tro.ça *s.f.* **1.** Ato ou efeito de troçar. **2.** Zombaria, caçoada, escárnio. **3.** Pândega, farra. **4.** Vida despreocupada e cheia de prazeres.

Tro.ca.di.lho *s.m.* **1.** Jogo de palavras, por ornato ou graceijo. **2.** Emprego de expressões ambíguas.

Tro.ca.dor *adj.* e *s.m.* **1.** Que, ou o que troca.

Tro.car *v.t.* **1.** Permutar, dar em troca. **2.** Substituir (uma coisa) por outra. **3.** Substituir, mudar. **4.** Preferir. **5.** Converter, transformar. **6.** Confundir. **7.** Alternar.

Tro.çar *v.t.* **1.** Fazer troça ou zombaria. **2.** Escarnecer, zombar de; ridicularizar.

Tro.ca-tro.ca *s.m.* Negociação que não envolve dinheiro, e sim troca entre duas coisas ou pessoas, como discos, livros, jogadores (entre clubes) etc. ● *Pl.: trocas-trocas* ou *troca-trocas.*

TROCISTA — TROTISTA

Tro.cis.ta *adj.* e *s.2g.* Diz-se de, ou pessoa que gosta de troça.

Tro.co (ô) *s.m.* **1.** Conjunto de pequenas moedas que constituem valor semelhante ao de uma só moeda ou nota. **2.** Dinheiro que se recebe de troco. **3.** Réplica. **4.** Resposta oportuna.

Tro.ço¹ (ó) *s.m.* **1.** Objeto mais ou menos inútil. **2.** Coisa imprestável; traste. **3.** POP Figurão. ◆ *Pl.: troços* (ó).

Tro.ço² (ó) *s.m.* **1.** Pedaço de madeira. **2.** Aduela (do molde do canhão). **3.** Corpo de tropas. **4.** Grupo, rancho, magote. **5.** Porção de pessoas. **6.** CH Fezes. ◆ *Pl.: troços* (ó).

Tro.féu *s.m.* **1.** Despojos de inimigo vencido. **2.** Objeto exposto em público para comemorar vitória. **3.** Representação dos atributos peculiares a uma ciência ou arte. **4.** FIG Sinal, insígnia de vitória ou triunfo. **5.** Vitória, triunfo.

Tro.glo.di.ta *adj.* **1.** Que vive em cavernas. *s.2g.* **2.** Pessoa que vive nas cavernas ou sob a terra. **3.** Membro de qualquer tribo pré-histórica que vivia em cavernas ou construía moradas subterrâneas. *s.m.* **4.** Gênero de quadrúmanos que compreende o chimpanzé.

Tro.le *s.m.* **1.** Pequeno carro descoberto, montado nos trilhos das estradas de ferro e conduzido por operários por meio de varas ou paus ferrados. **2.** Carruagem rústica usada nas fazendas e nas cidades do interior antes da introdução do automóvel.

Tró.le.bus *s.m.2n.* **1.** Carro de transporte elétrico, alimentado por uma linha aérea de fio duplo, usado principalmente nas cidades grandes. **2.** Ônibus elétrico. ◆ *Var.: tróleibus.*

Tro.lha *s.f.* **1.** Pá ou colher de pedreiro. *s.m.* **2.** Aprendiz ou ajudante de pedreiro. **3.** PEJ Pedreiro inábil. **4.** FAM Tapa, bofetada.

Tro.lo.ló *s.m.* **1.** Música de caráter ligeiro e fácil. **2.** Lero-lero. **3.** Inana.

Trom *s.m.* Som de canhão ou de trovão.

Trom.ba *s.f.* **1.** Órgão do olfato e aparelho de preensão do elefante e do tapir. **2.** Trompa, trombeta. **3.** Focinho sugador de vários insetos. **4.** POP Cara amarrada; cara, rosto. **5.** Forma red. de *tromba-d'água.*

Trom.ba.da *s.f.* **1.** Pancada ou choque com a tromba, com o focinho. **2.** Choque ou colisão de veículos. **3.** Encontrão, esbarrão (em pessoa).

Trom.ba-d'á.gua *s.f.* Chuva muito forte; temporal. ◆ *Pl.: trombas--d'água.*

Trom.ba.di.nha *s.2g.* POP Menor delinquente, que rouba transeuntes após uma trombada.

Trom.bar *v.t.* e *int.* **1.** Colidir com; chocar-se. **2.** Ficar de tromba ('semblante fechado'), fazer cara feia para. **3.** Atrombar.

Trom.be.ta (ê) *s.f.* **1.** Instrumento de sopro, feito de metal afunilado. **2.** Pessoa que se apressa em vir contar segredos ou novidades. **3.** Certa planta ornamental cuja flor lembra uma trombeta. **4.** Nariz grande. *s.m.* **5.** Aquele que toca trombetas.

Trom.be.te.ar *v.int.* **1.** Tocar trombeta. **2.** Imitar o som da trombeta. **3.** Apregoar, alardear.

Trom.be.tei.ro *s.m.* **1.** Tocador ou fabricante de trombetas. **2.** Soldado encarregado de tocar a trombeta.

Trom.bi.car *v.int.* **1.** Ter coito. *v.p.* **2.** POP Dar-se mal, estrepar-se.

Trom.bo.ne *s.m.* **1.** Instrumento músico de sopro, cujo timbre é semelhante ao da trombeta. **2.** Tocador de trombone.

Trom.bo.nis.ta *s.2g.* Pessoa que toca trombone.

Trom.bo.se *s.f.* MED Coagulação do sangue, no sistema circulatório de um corpo vivo.

Trom.bó.ti.co *adj.* Relativo a trombose.

Trom.bu.do *adj.* **1.** Que tem tromba. **2.** FAM Carrancudo, mal--encarado, amuado.

Trom.pa *s.f.* **1.** Instrumento de sopro, mais sonoro e maior que a trombeta, geralmente usado nas orquestras. **2.** ANAT Designação de alguns órgãos de forma tubular. **3.** Instrumento de vidro usado nos laboratórios.

Trom.pe.te *s.m.* **1.** MÚS Espécie de trombeta moderna, com pistões. *s.2g.* **2.** Trompetista.

Trom.pe.tis.ta *s.2g.* Tocador de trompete.

Trom.pis.ta *adj.* e *s.2g.* Que ou aquele que toca trompa; trombino, trompeiro.

Tron.char *v.t.* Mutilar, cortar rente (a haste, as orelhas).

Tron.cho *adj.* **1.** A que se cortou um membro; mutilado. *s.m.* **2.** Talo grosso de couve.

Tron.chu.do *adj.* **1.** Que tem talos grossos (diz-se de uma raridade de couve). **2.** POP Que tem membros fortes (falando-se de pessoas).

Tron.co¹ *s.m.* **1.** Caule. **2.** Parte da árvore entre a rama e a raiz. **3.** ANAT corpo humano excetuando-se a cabeça e os membros. **4.** Pessoa que por um principia uma geração; estirpe. **5.** O gado. **6.** Mastro de navio. **7.** GEOM Parte de um sólido separado por um corte perpendicular ou oblíquo, em relação ao eixo do mesmo sólido. **8.** ANTIG Cárcere. **9.** Espaço separado por tapumes, em trabalhos de mineração.

Tron.co² *adj.* **1.** Truncado; mutilado. **2.** Troncho.

Tron.cu.do *adj.* **1.** Que tem o tronco desenvolvido. **2.** Forte, corpulento.

Tro.no *s.m.* **1.** Sólido elevado onde soberanos se assentam nas ocasiões solenes do exercício de suas funções. **2.** A soberania. **3.** O poder. **4.** A monarquia.

Tro.pa *s.f.* **1.** Grande número de soldados de qualquer arma. **2.** O exército. **3.** Multidão de pessoas. **4.** Caravana de animais de carga.

Tro.pe.ção *s.m.* Ato ou efeito de tropeçar.

Tro.pe.çar *v.int.* **1.** Dar topada (com o pé; tropicar. **2.** Esbarrar. **3.** FIG Encontrar dificuldades. **4.** Hesitar. **5.** Errar.

Tro.pe.ço (ê) *s.m.* **1.** Aquilo em que se tropeça. **2.** Obstáculo, embaraço, dificuldade.

Trò.pe.go *adj.* **1.** Que anda com dificuldade. **2.** Que move a custo os membros.

Tro.pei.ro *s.m.* Condutor de tropa (caravana de animais de carga).

Tro.pel *s.m.* **1.** Ruído de muita gente andando. **2.** Barulho feito com os pés. **3.** Ruído de animais que se movem desordenadamente. **4.** Grande confusão; balbúrdia. ◆ *Pl.: tropéis.*

Tro.pe.li.a *s.f.* **1.** Tumulto de gente em tropel; bulício. **2.** FIG Ardil, artimanha, astúcia. **3.** Prejuízo. **4.** Maus-tratos.

Tro.pi.cal *adj.2g.* **1.** Que pertence ou se refere aos trópicos. **2.** Situado nos trópicos. **3.** Que vive nos trópicos. **4.** Próprio das regiões que ficam nos trópicos. **5.** Relativo ao clima dessas regiões. *s.m.* **6.** Tecido de lã ou fibras sintéticas para ternos de verão.

Tro.pi.ção *s.m.* Ato ou efeito de tropicar.

Tro.pi.car *v.int.* Tropeçar uma ou várias vezes.

Tró.pi.co *adj.* **1.** Relativo aos trópicos. **2.** Diz-se do ano que compreende o tempo decorrido entre duas passagens sucessivas do centro do Sol pelo equinócio da primavera. **3.** Cada um dos dois círculos menores da esfera celeste, em cada lado do equador e a ele paralelos a uma distância de 23° 27'. **4.** Cada um dos dois paralelos de altitude terrestre, que correspondem aos trópicos celestes.

Tro.pis.mo *s.m.* Orientação de vegetais em relação à luz, calor etc.

Tro.po *s.m.* GRAM Emprego de uma palavra ou expressão em sentido figurado; metáfora.

Tro.pos.fe.ra *s.f.* Camada atmosférica mais próxima da Terra, cuja espessura aumenta do polo (5 km) ao equador (18 km).

Tro.pos.fé.ri.co *adj.* Relativo à troposfera.

Tro.ta.dor (ô) *adj.* e *s.m.* Que ou o que trota (diz-se de cavalo); trotão, troteiro.

Tro.tar *v.int.* **1.** Andar a trote (o cavalo). **2.** Andar no cavalo a trote. *v.t.* **3.** Passar trote. **4.** Zombar, troçar.

Tro.te *s.m.* **1.** Andamento natural dos cavalos, mais rápido que o passo ordinário e menos rápido que o galope. **2.** Intriga, indiscrição ou zombaria feita pelo telefone, por quem que oculta a sua identidade. **3.** Troça ou brincadeira, por vezes muito desagradável, que estudantes veteranos impõem aos calouros.

Tro.te.ar *v.int.* ⇒ **Trotar.**

Tro.tis.ta *s.2g.* Pessoa que gosta de passar trote(s).

TROUXA — TULIPÁCEO

Trou.xa *s.f.* **1.** Roupa enrolada ou enfardada. **2.** Pacote grande. *adj.* e *s.2g.* **3.** Diz-se de, ou pessoa tola, que se deixa enganar facilmente. **4.** POP Palerma, parvo.

Tro.va *s.f.* **1.** Composição lírica, de caráter mais ou menos popular. **2.** Cantiga ou quadra popular.

Tro.va.dor *s.m.* **1.** Poeta provençal da Idade Média. **2.** Poeta lírico e romântico; poeta, menestrel.

Tro.va.do.res.co *adj.* Relativo aos trovadores da Idade Média.

Tro.vão *s.m.* **1.** Ruído causado por descarga de eletricidade atmosférica. **2.** Grande estrondo. **3.** Coisa ruidosa ou espantosa.

Tro.var *v.int.* **1.** Fazer ou cantar trovas; versejar. *v.t.* **2.** Exprimir em cantigas.

Tro.ve.jar *v.int.* **1.** Retumbar. **2.** Ribombar como o trovão. **3.** Soar fortemente (voz).

Tro.vo.a.da *s.f.* **1.** Quantidade de trovões sucessivos. **2.** Tempestade acompanhada de trovões. **3.** FIG Grande estrondo; algazarra. **4.** Discussão violenta e calorosa. **5.** Motim.

Tro.vo.ar *v.t.* e *int.* ⇒ Trovejar.

Tru.a.nes.co (ê) *adj.* **1.** Relativo ao truão. **2.** Que imita o truão. **3.** Semelhante a truão.

Tru.ão *s.m.* **1.** Indivíduo que por dinheiro divertia os outros em praça pública, com chalaças, saltos, cantorias etc. **2.** Bobo, saltimbanco, palhaço.

Tru.ca.gem *s.f.* Cin. Efeito cinematográfico (artifício obtido por meio de fotomontagem, distorções etc.) realizado por meio da truca, equipamento próprio para este fim.

Tru.car *v.int.* Propor a primeira parada no jogo do truco.

Tru.ci.dar *v.int.* Matar cruelmente; chacinar.

Tru.co *s.m.* BRAS Nome de um jogo de cartas, em geral de quatro pessoas (duas duplas). ♦ *Var.:* truque.

Tru.cu.lên.cia *s.f.* Qualidade de truculento; crueldade, ferocidade.

Tru.cu.len.to *adj.* **1.** Brutalmente cruel. **2.** Feroz, bárbaro. **3.** Violento.

Tru.fa *s.f.* Cogumelo comestível usado na arte culinária em recheios.

Tru.fei.ra *s.f.* Terreno onde se acham trufas.

Tru.fei.ro *adj.* e *s.m.* **1.** Que ou quem apanha trufas. **2.** Diz-se de ou animal (cachorro, porco) treinado para procurar trufas. *adj.* **3.** Relativo à trufa.

Tru.ís.mo *s.m.* Verdade que, de tão evidente, nem merece ser enunciada.

Trum.bi.car-se *v.p.* Sair-se mal; trombicar-se.

Trun.car *v.t.* **1.** Separar do tronco; mutilar. **2.** Omitir parte importante de (um texto, uma obra literária etc.). **3.** Interromper (conversa).

Trun.fo *s.m.* **1.** Naipe que, em certos jogos de cartas, prevalece sobre os outros. **2.** Carta desse naipe. **3.** Espécie de jogo de cartas, com dois, quatro ou seis parceiros. **4.** Pessoa importante, influente.

Tru.que *s.m.* **1.** Jogo de cartas, o mesmo que *truco*. **2.** Meio hábil ou sutil utilizado para enganar. **3.** Meio de que se serve o prestidigitador para fazer aparecerem ou desaparecerem objetos.

Trus.te *s.m.* Sindicato de especuladores, com o intuito de suprimir a concorrência e elevar o preço das mercadorias; empresa poderosa que exerce influência sobre toda a economia.

Tru.ta *s.f.* Peixe carnívoro, marinho ou de água doce.

Tsé-tsé *s.2g.* Mosca africana que transmite a doença do sono. ♦ *Pl.:* tsé-tsés.

T-shirt (ing.) *s.f.* ⇒ Camiseta. ♦ *Pl.:* T-shirts.

Tu *pron.* Segunda pessoa do singular, indicativa da pessoa com quem se fala.

Tu.ba *s.f.* Instrumento músico de metal, de timbre baixo e solene, o mesmo que *bombardão*.

Tu.bá.ceo *adj.* Em forma de tuba.

Tu.ba.gem *s.f.* **1.** Conjunto de tubos. **2.** Disposição ou sistema de tubos. **3.** MED Introdução de um tubo numa cavidade do corpo.

Tu.ba.rão *s.m.* **1.** Nome genérico de grandes peixes marinhos, predadores, vorazes (conhecem-se cerca de 300 espécies, das quais 107 atacam o homem). **2.** FIG Comerciante ou industrial ganancioso, que se utiliza de todos os meios para aumentar seus lucros.

Tu.bér.cu.lo *s.m.* **1.** BOT Massa feculenta e celular na parte subterrânea de certas plantas, como a *batateira*. **2.** ANAT Pequena eminência ou excrescência natural em um osso ou órgão. **3.** MED Lesão específica de tuberculose, que consiste em uma massa de pequenos nódulos arredondados.

Tu.ber.cu.lo.se (ó) *s.f.* MED Moléstia infectocontagiosa provocada pelo bacilo de Koch e caracterizada pela reunião de bacilos em tubérculos em vários tecidos do corpo, mais especialmente nos pulmões.

Tu.ber.cu.lo.so (ô) *adj.* **1.** Que tem tubérculos. **2.** Relativo à tuberculose. *s.m.* **3.** O doente de tuberculose.

Tu.be.ri.for.me *adj.2g.* Em forma de túbera ou tubérculo; tuberoso.

Tu.bi.for.me *adj.2g.* Em forma de tubo; tubulado, tubular, tubuloso.

Tu.bis.ta *s.2g.* Quem toca tuba.

Tu.bo *s.m.* **1.** Canal mais ou menos cilíndrico, reto ou curvo, por onde passam ou de onde saem líquidos ou gases. **2.** ANAT Canal ou conduto natural do corpo.

Tu.bu.la.ção *s.f.* **1.** Conjunto de tubos; encanamento, tubagem. **2.** Instalação de um ou mais tubos; tubagem. **3.** Sistema de disposição de tubos para passagem de gás, água, eletricidade etc.; canalização. ● *Pl.:* tubulações.

Tu.bu.lar *adj.2g.* Em forma de tubo.

Tu.ca.no *s.m.* Nome comum a certas aves multicoloridas, caracterizadas por grande bico oco e denteado.

Tu.cu.na.ré *s.m.* Nome comum a diversas espécies de peixes de água doce, semelhantes à parca; certa planta trepadeira.

Tu.cu.pi *s.m.* Tempero e molho do sumo da mandioca com pimenta.

-tu.de *suf.* 'Dimensão': *altitude*.

Tu.do *pron.* **1.** A totalidade das coisas, pessoas ou animais. **2.** Todas as coisas. **3.** Qualquer coisa considerada em sua totalidade. **4.** Coisa essencial, fundamental. ● *Ant.: nada.*

Tu.do-na.da *s.m.* Porção insignificante, quase nada, pequeníssima porção.

Tu.fão *s.m.* Vento tempestuoso; vendaval.

Tu.far *v.t.* e *p.* **1.** Inchar(-se), tornando-se mais grosso. **2.** Entufar (-se). **3.** Dispor em tufo.

Tu.fo *s.m.* **1.** Porção de plantas, de flores, de penas, muito juntas que formam uma espécie de ramalhete. **2.** Árvore, arbusto ou ervas, apertados uns contra os outros. **3.** Elevação do tecido de um vestido, à moda de um tufo. **4.** Porção de lã aberta. **5.** Proeminência. **6.** Refolho. **7.** Utensílio de espingardeiro. **8.** Utensílio de ferreiro para aperfeiçoar os olhos dos machados. **9.** Peça de metal que se introduz na fêmea do leme.

Tu.gir *v.t.* Falar muito baixo. ♦ *Sem tugir nem mugir:* sem nada dizer; calado.

Tu.gú.rio *s.m.* Habitação rústica e pobre; choupana, casebre.

Tu.im *s.m.* Nome comum de várias aves trepadoras, o menor dos periquitos brasileiros. ♦ *Var.:* tuí.

Tu.i.ui.ú *s.m.* Grande ave sul-americana, de plumagem branca.

Tu.le *s.m.* Tecido transparente de seda ou algodão; filó.

Tu.lha *s.f.* **1.** Depósito de azeitonas destinadas ao lagar. **2.** Porção de azeitona desse depósito. **3.** Casa onde se guardam cereais. **4.** Montão de frutas secas.

Tú.lio *s.m.* QUÍM Metal raro, de símbolo Tm e número atômico 69.

Tu.li.pa *s.f.* **1.** Gênero de plantas de raízes bulbosas e flores ornamentais. **2.** A flor dessas plantas.

Tu.li.pá.ceo *adj.* Relativo à tulipa.

TUMBA — TZAR

Tum.ba s.f. **1.** Lápide sepulcral; sepultura. **2.** Maca em que se conduzem cadáveres às sepulturas; esquife. **3.** Espécie de almofada sobre que se douram livros.

Tu.me.fa.ção s.f. Ato ou efeito de tumefazer; inchaço.

Tu.me.fac.to adj. Inchado, intumescido. ◆ Var.: tumefato.

Tu.me.fa.zer v.t. **1.** Causar inchação a. **2.** Produzir tumefação em. v.p. **3.** Inchar, intumescer-se.

Tú.mi.do adj. **1.** Inchado, tumefacto. **2.** Volumoso. **3.** Dilatado. **4.** FIG Arrogante, vaidoso, soberbo.

Tu.mor (ô) s.m. **1.** Saliência, inchação mórbida circunscrita, desenvolvida em qualquer parte do corpo. **2.** Formação de pus numa cavidade de tecido ou órgão. ◆ Tumor benigno: o que não aparece após a extirpação. ◆ Tumor maligno: o que, através dos vasos linfáticos, tende a generalizar-se a todo o organismo.

Tu.mo.ral adj.2g. Relativo ou pertencente a tumor.

Tu.mu.lar[1] adj.2g. Relativo a túmulo. **2.** Fúnebre, lúgubre.

Tú.mu.lo s.m. **1.** Sepulcro levantado da terra, em memória de um morto; sepultura. **2.** FIG Lugar sombrio, triste.

Tu.mul.to s.m. **1.** Grande movimento acompanhado de barulho e desordem. **2.** Motim, confusão.

Tu.mul.tu.an.te adj.2g. Que tumultua; que serve para tumultuar.

Tu.mul.tu.ar v.t. **1.** Amotinar, agitar, exaltar. **2.** Excitar à desordem. v.int. **3.** Amotinar-se. **4.** Agitar-se. **5.** Fazer grande barulho ou estrondo. **6.** Espalhar-se confusamente.

Tu.mul.tu.o.so (ô) adj. Em que há tumulto.

Tun.dra s.f. Vegetação das regiões subpolares, em geral formada de musgos e liquens.

Tú.nel s.m. Passagem subterrânea, aberta numa montanha, por baixo de um rio, de um braço de mar, de um caminho etc.

Tun.gar v.int. **1.** Teimar. v.t. **2.** Bater. **3.** Enganar, iludir.

Tungs.tê.nio s.m. QUÍM Metal branco (símbolo W e número atômico 74), muito resistente, de largo emprego na indústria.

Tú.ni.ca s.f. **1.** Vestuário antigo, comprido e ajustado ao corpo. **2.** Vestuário leve, curto ou tronco, usado por militares. **3.** ANAT Membrana ou camada externa de um órgão. **4.** Qualquer membrana ou parte que reveste ou cobre um órgão ou o corpo. **5.** BOT Invólucro de certas partes das plantas.

Tu.pã s.m. Nome que os índios do Brasil davam ao trovão, e que passou, mais tarde, a designar Deus.

Tu.pi adj.2g. **1.** Relativo aos índios tupis. s.2g. **2.** Indivíduo dos Tupis, importante família indígena do litoral do Brasil. **3.** A língua falada por esses indígenas.

Tu.pi-gua.ra.ni adj.2g. **1.** Relativo aos índios tupis e guaranis. s.m. **2.** Família linguística que compreendia a língua dos tupis, guaranis e de outras tribos. s.2g. **3.** Indígena que falava o tupi-guarani. ◆ Pl. do adj.: tupi-guaranis. ◆ Pl. do subs.: tupis-guaranis.

Tu.pi.nam.bá adj.2g. **1.** Relativo aos índios tupinambás. s.2g. **2.** Indígena da tribo dos Tupinambás, designação genérica de várias tribos tupis que habitavam o litoral brasileiro no século XVI. **3.** Chefe, mandachuva.

Tu.pi.ni.quim adj.2g. **1.** Relativo aos tupiniquins. **2.** Próprio do Brasil; brasileiro. s.2g. **3.** Indígena dos tupiniquins, tribo tupi que habitava o litoral da Bahia e de Sergipe.

-tu.ra suf. Equivale a -ura[(1)].

Tur.ba s.f. **1.** Multidão desordenada. **2.** O povo. **3.** União de vozes; coro de vozes.

Tur.ban.te s.m. **1.** Cobertura para a cabeça usada pelos povos orientais. **2.** Toucado semelhante a essa cobertura.

Tur.bar v.t. e p. **1.** Turvar, escurecer, toldar. **2.** Perturbar, agitar. ◆ Ant.: aclarar.

Túr.bi.do adj. **1.** Que perturba; perturbado. **2.** Escuro, nublado, turvo.

Tur.bi.lhão s.m. **1.** Massa de ar que gira impetuosamente em torno de um eixo. **2.** Redemoinho de vento. **3.** Movimento forte e giratório de águas. **4.** Tropel.

Tur.bi.na s.f. **1.** Máquina ou motor em que uma roda provida de palhetas é posta em movimento pela reação ou impulso de um fluido, como água, vapor ou gás. **2.** Centrífuga industrial usada principalmente nas usinas de açúcar.

Tur.bo adj. **1.** Superalimentado por um turbocompressor (diz-se de motor). **2.** Equipado com tal motor (diz-se de veículo). s.m. **3.** Veículo equipado com motor turbo.

Tur.bo.com.pres.sor (ô) s.m. Compressor rotativo centrífugo de alta pressão, constituído por uma ou várias rodas com pás, montadas em série em um mesmo eixo, e destinado à alimentação de uma rede ou de uma máquina.

Tur.bu.lên.cia s.f. **1.** Qualidade ou caráter de turbulento. **2.** Inquietação. **3.** Desordem, motim.

Tur.bu.len.to adj. **1.** Que provoca ou adere a turbulências ou motins. **2.** Amotinado, sedicioso: homem turbulento. **3.** Inquieto, irrequieto, buliçoso: criança turbulenta. s.m. **4.** Indivíduo desordeiro ou inquieto.

Tur.fe s.m. **1.** Prado de corridas de cavalos; hipódromo. **2.** O esporte das corridas de cavalos; hipismo.

Tur.fis.ta s.m. Pessoa que se interessa pelo turfe, especialmente o apostador.

Túr.gi.do adj. Dilatado, por conter grande porção de tumores. **2.** Inchado, túmido.

Tu.rí.bu.lo s.m. Vaso em que se queima o incenso, nas igrejas.

Tu.ris.mo s.m. **1.** Gosto por viagem; excursão ou viagem com objetivos recreativos, culturais etc. **2.** O movimento dos turistas.

Tur.ma s.f. **1.** Cada um dos grupos de pessoas que se revezam; turno. **2.** Cada um dos grupos em que se divide uma classe de estudantes. **3.** Cada uma das divisões de um grupo muito numeroso. **4.** Pessoal, gente, grupo de amigos.

Tur.ma.li.na s.f. MINER Pedra semipreciosa, dura, de várias cores.

Tur.no s.m. **1.** Cada um dos grupos de pessoas que se revezam em certos atos. **2.** Vez. **3.** Cada um dos períodos de campeonatos esportivos. **4.** Cada uma das divisões do horário diário de trabalho.

Tur.que.sa (ê) s.f. **1.** Pedra preciosa, de cor azul-celeste ou azul-esverdeada. **2.** A cor da turquesa.

Tur.ra s.f. **1.** Pancada com a testa. **2.** Teima, caturrice.

Tur.rão adj. e s.m. Que, ou aquele que é teimoso, caturra. ◆ Fem.: turrona. ◆ Pl.: turrões.

Tur.va.ção s.f. Ato ou efeito de turvar; perturbação.

Tur.var v.t. **1.** Tornar turvo ou opaco. **2.** Perturbar, transtornar. v.int. **3.** Tornar-se turvo, embaciar. **4.** Tornar-se carrancudo.

Tur.vo adj. **1.** Que perdeu a transparência pela mistura de coisas, às vezes impuras; opaco. **2.** Sombrio, toldado. **3.** Que não é límpido. **4.** Confuso.

Tu.ta e mei.a s.f. Insignificância, ninharia. ◆ Pl.: tutas e meias.

Tu.ta.no s.m. **1.** Substância gordurosa e mole que existe nos ossos. **2.** Medula óssea.

Tu.te.la s.f. **1.** Autoridade legal sobre a pessoa e bens de um menor ou de um interdito. **2.** FIG Proteção, amparo, defesa.

Tu.tu s.m. **1.** Ente imaginário com que se mete medo às crianças. **2.** Indivíduo poderoso; chefe, maioral. **3.** CUL Iguaria feita com feijão, carne de porco, toucinho e farinha de mandioca. **4.** GÍR Dinheiro.

Tu.xau.a s.m. **1.** Chefe de tribo indígena. **2.** Chefe político.

Tv s.f. Abrev. de televisão.

Tweed (ing.) s.m. Tecido de lã cardada, armado de tela ou sarjado, geralmente tramado com fios de duas cores e usado na confecção de roupas esporte. **2.** Tecido que imita esse, feito de material natural ou sintético.

Twist (ing.) s.m. Dança e música norte-americanas, surgidas em 1961-1962, no estilo de rock-and-roll.

Txu.car.ra.mãe adj.2g. e s.2g. **1.** (indivíduo) Dos txucarramães, povo indígena do sul do PA. s.m. **1.1** Sua língua.

Tzar s.m. Czar.

u U

U/u *s.m.* **1.** Vigésima primeira letra do alfabeto português, quinta das vogais. *adj.* **2.** Vigésimo primeiro numa série indicada pelas letras do alfabeto.

Ua.can.ga *s.f.* bot Árvore palmácea (gên. *Geonoma*), do interior da floresta densa e úmida.

U.ai *interj.* que exprime espanto, admiração, surpresa.

U.bá *s.f.* **1.** Canoa feita de um tronco só, usada pelos índios da Amazônia. *s.m.* **2.** bot Planta herbácea de que se fazem cestos e balaios.

Ú.be.re *adj.2g.* **1.** Fértil, fecundo, abundante. **2.** Farto. *s.m.* **3.** Teta, glândula mamária das fêmeas de animais mamíferos.

U.bí.quo *adj.* **1.** Que se locomove rapidamente, parecendo estar em diferentes lugares ao mesmo tempo. **2.** filos Que realmente está presente em todos os lugares ao mesmo tempo; onipresente.

-u.ça *suf.* 'Aumento': *neguça.*

-cho *suf.* 'Diminuição': *pequerrucho.*

-u.do *suf.* 'Posse, abundância': *abelhudo.*

U.é *interj.* Que exprime surpresa, espanto.

UE Sigla da União Europeia.

U.fa.nis.mo *s.m.* Espécie de otimismo nacionalista.

U.fa.nis.ta *adj.2g.* e *s.2g.* **1.** Indivíduo que se ufana de seu país. *adj.2g.* **2.** Relativo a ou que envolve ufanismo.

U.fa.no *adj.* **1.** Que se ufana ou vangloria de alguma coisa. **2.** Orgulhoso, envaidecido. **3.** Que se arroga qualidades ou méritos extraordinários. **4.** Satisfeito, alegre. ● *Ant.: humilde.*

UFIR Sigla da Unidade Fiscal de Referência.

Ufo *s.m.* Disco voador.

U.fo.lo.gi.a *s.f.* Conjunto de conhecimentos e de hipóteses sobre os chamados *ufos*; ovniologia.

U.fo.lo.gis.ta *adj.2g.* e *s.2g.* Especialista em ufologia; ovniologista.

-u.gem *suf.* 'Semelhança': *pelugem.*

Uh *interj.* Exprime desdém, repulsa ou assombro, também usada para assustar ou como interrogação.

Uhf *Símb.* de frequência ultraelevada.

Ui *interj.* indicativa de dor, surpresa, admiração ou repugnância.

Ui.a.ra *s.f.* Iara, mãe-d'água.

Ui.ra.pu.ru *s.m.* Nome comum que diversas aves da Amazônia recebem devido a seu canto notável.

U.ís.que *s.m.* Bebida alcoólica, espécie de aguardente que se obtém mediante a destilação da aveia e da cevada.

U.is.que.ria *s.f.* Estabelecimento onde se fabrica, se vende ou se consume uísque.

Ui.var *v.int.* **1.** Dar uivos. **2.** Ulular. **3.** Produzir um ruído semelhante ao uivo. *v.t.* **4.** fig Vociferar, berrar, gritar.

Ui.vo *s.m.* **1.** Voz do lobo e de outras feras; uivar. **2.** Grito desagudo do cão; uivar. **3.** Grito agudo, plangente e prolongado do homem. **4.** Barulho do vento ou da tempestade; uivar.

-u.lar *suf.* 'Repetição, pouca intensidade': *pulular.*

Úl.ce.ra *s.f.* med Perda de substância da pele e da mucosa. **2.** Ferida, pústula, chaga. **3.** fig Corrupção moral progressiva. **4.** Vício. **5.** bot Alteração do tecido lenhoso das árvores.

Ul.ce.ro.so (ô) *adj.* **1.** Que tem úlcera. **2.** Chagado. **3.** Da natureza da úlcera. *s.m.* **4.** Aquele que tem úlcera.

-u.lho *suf.* 'Aumento': *marulho.*

'-u.lo *suf.* 'Diminuição': *opúsculo.*

Ul.te.ri.or (ô) *adj.2g.* **1.** Que fica além. **2.** Que se sucede ou executa depois de outra coisa. ● *Ant.: citerior.*

Ul.ti.mar *v.t.* **1.** Pôr fim ou termo a. **2.** Acabar, terminar, rematar, concluir, fechar. *v.p.* **3.** Completar-se, terminar-se. ● *Ant.: começar.*

Úl.ti.mas *s.f.pl.* **1.** Ponto extremo. **2.** A extrema miséria. **3.** Hora final da vida. **4.** Lance decisivo.

Ul.ti.ma.to *s.m.* **1.** Últimas condições que um Estado apresenta a outro, e de cuja aceitação depende a continuação das negociações diplomáticas sobre o assunto que lhes interessa. **2.** Resolução final e irrevogável.

Ultimatum (lat.) *s.m.* Ultimato.

Úl.ti.mo *adj.* **1.** Que está ou vem no fim de todos. **2.** O mais moderno; recente. **3.** Derradeiro, extremo. **4.** Decisivo, terminante. **5.** Final, total. *s.m.* **6.** O que está ou vem depois de todos. **7.** O que ocupa a posição mais humilde. **8.** Que é pior que todos. **9.** Sobrevivente.

Ul.tra- *pref.* **1.** 'Além de': *ultrapassar.* **2.** 'Excesso': *ultracorreção.*

Ul.tra *s.2g.* Partidário de ideias muito avançadas ou radicais; extremista.

Ul.tra.cor.re.ção *s.f.* Preocupação de falar bem que redunda em erro.

Ul.tra.jar *v.t.* **1.** Fazer ultraje a. **2.** Ofender a dignidade de. **3.** Injuriar, difamar, insultar.

Ul.tra.je *s.m.* **1.** Injúria ou ofensa grave. **2.** Insulto, desacato. **3.** Afronta, difamação. ● *Ant.: elogio.*

Ul.tra.le.ve *adj.2g.* **1.** Extremamente leve. **2.** Aeronave leve e pequena, apenas com o indispensável para voar.

Ul.tra.mar *s.m.* **1.** Região que fica além-mar. **2.** Designação de uma tinta muito azul.

Ul.tra.pas.sar *v.t.* **1.** Passar além de. **2.** Transpor. **3.** Exceder os limites de.

Ul.tras.som *s.m.* Fenômeno vibratório da mesma natureza física do som, mas com frequência acima do limite máximo da audibilidade. ● *Pl.: ultrassons.*

Ul.tras.sô.ni.co *adj.* Relativo aos ultrassons. ● *Pl.: ultrassônicos.*

Ul.tras.so.no.gra.fi.a *s.f.* med Exame que se faz pela análise da reflexão dos ultrassons sobre os órgãos. ● *Pl.: ultrassonografias.*

Ul.tra.vi.o.le.ta *adj.2g.* **1.** fís Diz-se da radiação eletromagnética que se estende para além da cor violeta, e cuja existência se revela principalmente por sua ação química. *s.m.* **2.** A própria radiação. ● No pl. não varia: *Raios ultravioleta.*

U.lu.lar *v.int.* **1.** Soltar voz triste e lamentosa (o cão). **2.** Uivar, ganir. **3.** fig Gritar aflitivamente. **4.** Produzir um som plangente. *v.t.* **5.** Soltar (brados, gritos). **6.** Vociferar, bradar. **7.** Exprimir, gritando lamentosamente.

Um *art.indef.* **1.** Certo, qualquer, algum. *adj.* **2.** Uno, único, só. *num.* **3.** Que exprime uma só unidade. **4.** Que é o primeiro dos números. *pron.indef.* **5.** Algum (colocado no lugar do substantivo). *s.m.* **6.** Algarismo que representa o número um. **7.** Pessoa ou coisa denominada pelo número *um* (1). ● **O número um**: o melhor, o máximo.

Um.ban.da *s.f.* **1.** Culto religioso e mágico, de origem africana, sincretizado com o catolicismo e com o espiritismo. **2.** A prática desse culto.

UMBANDISMO — UNÍSSONO

Um.ban.dis.mo *s.m.* **1.** Estudo das práticas e doutrinas da umbanda. **2.** Movimento dos seguidores da umbanda com vistas à sua defesa e à difusão de suas atividades.

Um.ban.dis.ta *adj.2g.* **1.** Relativo ou pertencente à umbanda. *s.2g.* **2.** Pessoa adepta ou praticante da umbanda.

Um.ba.ú.ba *s.f.* BOT Certa árvore das matas úmidas; embaúba.

Um.be.la *s.f.* **1.** Guarda-sol, sombrinha. **2.** Pálio rosado e pequeno que cobre o sacerdote ao transportar a hóstia consagrada. **3.** Inflorescência de forma semelhante à um guarda-sol.

Um.bi.go *s.m.* Cicatriz que fica no meio do ventre, depois de secar e cair o cordão umbilical.

Um.bral *s.m.* **1.** Ombreira de porta. **2.** Limiar, entrada.

Um.bre.la *s.f.* ⇒ Umbela.

Um.bri.fe.ro *adj.* **1.** Que faz sombra; umbroso. **2.** Que tem sombra; sombrio, umbroso.

Um.bro.so (ô) *adj.* **1.** Que tem ou produz sombras; copado. **2.** FIG Escuro, sombrio.

Um.bu *s.m.* Fruto do umbuzeiro, levemente acre, de que se fazem doces e sucos.

Um.bu.zei.ro *s.m.* BOT Árvore da caatinga que produz o umbu.

-u.me *suf.* **1.** ⇒ -Ama. **2.** 'Ação ou seu resultado': *tapume*.

U.me *adj.* Diz-se de certa pedra que é um sulfato de alumina e potassa.

U.mec.tar *v.t.* Umedecer, molhar.

U.me.de.cer *v.t.*, *int.* e *p.* Tornar(-se) úmido; molhar(-se) ligeiramente. ● *Ant.: secar.*

Ú.me.ro *s.m.* ANAT Osso do braço, que vai do ombro ao cotovelo.

Ú.mi.do *adj.* **1.** Aquoso. **2.** Que tem a natureza da água. **3.** Levemente impregnado de algum líquido.

U.nâ.ni.me *adj.2g.* **1.** Que é da mesma opinião que outrem. **2.** Proveniente de acordo comum; geral. **3.** Sem exceção. **4.** De consenso; concorde.

Un.ção *s.f.* **1.** Ato ou efeito de ungir. **2.** Cerimônia que consiste em aplicar óleo a uma pessoa a fim de sagrá-la. **3.** Sentimento de piedade. **4.** Sentimento interior da graça divina, que consola e leva à prática do bem. **5.** Doçura comovente de expressão. **6.** Modo insinuante de dizer.

Un.dé.ci.mo *num.* **1.** Que, na ordem, se segue imediatamente ao décimo; décimo primeiro. *s.m.* **2.** Cada uma das onze partes iguais em que se divide um todo.

Un.dé.cu.plo *num.* **1.** Que é onze vezes maior. *s.m.* **2.** Quantidade onze vezes mais igual.

Un.der.ground (ing.) *s.m.* **1.** Diz-se de, ou movimento surgido nos EUA nas décadas de 1950 e 1960, geralmente envolvendo o cinema, o teatro ou a imprensa, logo exportado para outros países, inclusive o Brasil. **2.** Diz-se de, ou obra literária etc., pertencente a esse movimento. **3.** Diz-se de, ou qualquer movimento clandestino (quase sempre subversivo).

Un.do.so (ô) *adj.* **1.** Que forma ondas. **2.** Que tem ondas. **3.** Que apresenta ondulações; tremulante, undante.

Un.gir *v.t.* **1.** Untar com unguento ou com óleo. **2.** Umedecer. **3.** Untar com óleo para crismar, para sagrar, para administrar o sacramento da extrema-unção. **4.** FIG Purificar, corrigir.

Un.gue.al *adj.2g.* ANAT Relativo à unha.

Un.guen.to *s.m.* **1.** Tudo aquilo que serve para ungir ou untar. **2.** Medicamento de uso externo composto de diversas substâncias. **3.** Qualquer coisa que abrande o ânimo.

Un.guí.fe.ro *adj.* Que tem unha.

Un.gu.la.do *adj.* **1.** ZOOL Diz-se dos animais que tem unhas ou cascos. **2.** Pertencente ou relativos a eles. *s.m.* **3.** Antiga ordem de mamíferos.

U.nha *s.f.* **1.** Lâmina córnea, semitransparente, que protege a extremidade dos dedos. **2.** O casco de certos animais. **3.** Calo, pisadura dos arreios (nas cavalgaduras). **4.** Espinho curvo de algumas plantas. **5.** Pedaço de ramo que fica unido ao tronco na poda. **6.** Garra do gato e de outros felinos. **7.** Garfo ou ponta curva de alguns instrumentos de metal.

U.nha.da *s.f.* Arranhadura ou ferimento feito com a unha.

U.nha de fo.me *s.2g.* Pessoa muito avarenta; sovina. ● *Pl.: unhas de fome.*

U.nha-de-ga.to *s.2g.* Nome de certa planta espinhosa. ● *Pl.: unhas-de-gato.*

U.nhar *v.t.* **1.** Ferir com as unhas. **2.** Arranhar, agatanhar. **3.** NÁUT Aferrar (âncoras). **4.** Apossar violentamente. **5.** Furtar, surrupiar.

U.nhei.ro *s.m.* Inflamação entre o dedo e a unha ou na raiz da unha.

Uni- *pref.* 'Um': *universidade.*

U.ni.ão *s.f.* **1.** Ato ou efeito de unir. **2.** Contato. **3.** Estado de coisas unidas. **4.** Concórdia, harmonia. **5.** Aliança, laço, vínculo. **6.** Casamento. **7.** Associação, sociedade. **8.** Conjunto de Estados sob a mesma autoridade central. **9.** Fusão.

U.ni.ce.lu.lar *adj.2g.* BOT Que é formado de uma só célula.

Ú.ni.co *adj.* **1.** Que é só um. **2.** Que não tem companheiro. **3.** Ao qual nenhum se compara; inigualável. **4.** Único, ímpar. **5.** Que não tem competidor; excepcional, superior. **6.** Excêntrico. **7.** Excelente no seu gênero.

U.ni.co.lor *adj.2g.* Que tem uma só cor; monocromático.

U.ni.cor.ne *adj.2g.* Que tem um só chifre ou ponta; anhuma.

U.ni.cór.nio *s.m.* **1.** MITOL Animal fabuloso, espécie de cavalo com um chifre no meio da testa. **2.** O rinoceronte de um só corno; a anhuma.

U.ni.da.de *s.f.* **1.** Grandeza tomada como termo de comparação de outras grandezas da mesma espécie. **2.** O número um. **3.** Ação uniforme. **4.** Qualidade do que é único. **5.** Corpo de soldados que manobram juntos. **6.** Cada dos navios de uma esquadra.

U.ni.di.men.si.o.nal *adj.2g.* Que possui, ou que envolve uma só dimensão.

U.ni.di.re.ci.o.nal *adj.2g.* **1.** Que se desloca em um sentido único: corrente unidirecional. **2.** Diz-se de uma antena de emissão ou de recepção que só irradia ou capta ondas em uma direção bem determinada.

U.ni.fi.ca.ção *s.f.* Ato ou efeito de unificar.

U.ni.fi.ca.dor (ô) *adj.* e *s.m.* Que, ou aquele que unifica.

U.ni.fi.car *v.t.* **1.** Reunir em um só corpo ou em um só todo. **2.** Tornar unido ao único. **3.** Fazer convergir para um só fim. *v.p.* **4.** Tornar-se um. **5.** Reunir-se em um só todo. **6.** Unir-se, conglobar-se.

U.ni.for.me *adj.2g.* **1.** Que tem uma só forma. **2.** Que não varia, que é sempre o mesmo. **3.** Constante, idêntico. **4.** Regular, igual, compassado. *s.m.* **5.** Farda ou vestuário igual, para uma corporação ou classe. ● *Ant.: variado.*

U.ni.for.mi.zar *v.t.* e *p.* **1.** Tornar(-se) uniforme. **2.** Vestir(-se) de uniforme.

U.ni.gê.ni.to *adj.* **1.** Diz-se de filho único. **2.** Diz-se de Jesus Cristo. *s.m.* **3.** Filho único. ◆ O Unigênito: Jesus Cristo.

U.ni.la.te.ral *adj.2g.* **1.** Situado de um só lado. *s.2g.* que se inclina só para um lado. **3.** JUR Diz-se de um contrato em que só uma das partes tem obrigações para com a outra; parcial.

U.ni.pa.ro *adj.* Que pare somente uma cria de cada vez.

U.nir *v.t.* **1.** Unificar, tornar um. **2.** Ligar, amarrar. **3.** Anexar, agregar. **4.** Confundir, misturar. **5.** Aproximar, conciliar. **6.** Associar. **7.** Aconchegar. **8.** Ligar por matrimônio; casar. **9.** Colar, fazer aderir. **10.** Reunir. **11.** Estabelecer comunicação entre; comunicar. *v.int.* **12.** Aderir, juntar. *v.p.* **13.** Ligar-se, juntar-se a. **14.** Confundir-se com. **15.** Reconciliar-se com. **16.** Casar-se.

U.nir.re.me *adj.2g.* **1.** ZOOL Diz-se das patas não bifurcadas dos crustáceos. **2.** Que tem um só remo.

U.nis.sex (cs) *adj.* e *s.2g.2n.* Diz-se de, ou tudo (roupa, cabeleireiro etc.) o que serve ou se destina, indiferentemente, aos dois sexos.

U.nis.se.xu.al (cs) *adj.2g.* **1.** Que tem um só sexo. **2.** BOT Diz-se da flor que tem só estames ou só pistilos.

U.nís.so.no *adj.* **1.** Que tem o mesmo som que outro. **2.** Que tem o mesmo número de vibrações. **3.** Que produz um som único. *s.m.* **4.** Conjunto de sons cuja entonação é absolutamente a mesma.

UNITÁRIO — URUBU

U.ni.tá.rio *adj.* **1.** Relativo a unidade. **2.** Que tem o caráter de unidade. *s.m.* **3.** Sectário do unitarismo.

U.ni.ver.sal *adj.2g.* **1.** Que se estende a todos. **2.** Que abrange tudo. **3.** Total, geral. **4.** Que provém de todos. **5.** Ecumênico, mundial. **6.** Que não tem exceção. **7.** Aplicável a tudo. **8.** Que tem habilidade ou capacidade para tudo. **9.** Que abrange todo o mundo. **10.** Que herda todos os bens. **11.** Que pode ser adaptado ou ajustado a diversos fins. *s.m.* **12.** O que é universal. **13.** FILOS Nome com o qual os escolásticos classificavam as ideias e os seres.

U.ni.ver.sa.lis.mo *s.m.* Teoria dos que não consideram outra autoridade senão a do consenso universal.

U.ni.ver.sa.lis.ta *adj.* e *s.2g.* **1.** Que se refere ao universalismo. **2.** Cosmopolita. **3.** Sequaz do universalismo. *s.2g.* **4.** Pessoa cosmopolita. **5.** Pessoa partidária do universalismo.

U.ni.ver.sa.li.zar *v.t.* e *p.* **1.** Tornar(-se) universal. **2.** Generalizar(-se). **3.** Difundir(-se), espalhar(-se).

U.ni.ver.si.da.de *s.f.* **1.** Universalidade. **2.** Conjunto de faculdades ou escolas de curso superior. **3.** Conjunto de matérias ou disciplinas, corpo docente, discente e administrativo dessas escolas. **4.** Conjunto de edifícios onde funcionam essas escolas.

U.ni.ver.si.tá.rio *adj.* **1.** Que se refere a universidade. *s.m.* **2.** Aluno de universidade.

U.ni.ver.so *s.m.* **1.** Conjunto de todas as coisas existentes. **2.** O globo terrestre; o mundo. **3.** Toda a sociedade. **4.** Todo o gênero humano. **5.** Um todo composto de partes harmonicamente dispostas.

U.ni.vi.te.li.no *adj.* Diz-se de cada um dos gêmeos que nascem de um mesmo óvulo, também chamado *monozigoto*.

U.ní.vo.co *adj.* **1.** Que se aplica a várias coisas distintas, porém do mesmo gênero e com o mesmo sentido. **2.** Que é da mesma natureza. **3.** Que só admite uma interpretação. **4.** Homogêneo. **5.** Próprio, característico. **6.** Uníssono.

Un.nil.pen.tium *s.m.* Denominação substituída por *dúbnio*.

U.no *adj.* **1.** Que não está dividido em si mesmo. **2.** Que é único em seu gênero ou espécie. **3.** Singular.

Un.tar *v.t.* **1.** Aplicar unto, óleo ou outra substância gordurosa, esfregando. **2.** Besuntar, lambuzar.

Un.tu.o.so (ô) *adj.* **1.** Em que há unto ou gordura; oleoso. **2.** Escorregadio. **3.** FIG Bajulador, melífluo.

-u.o.so *suf.* Equivale a *-oso*.

U.pa *s.f.* **1.** Salto do cavalo para tentar se livrar do cavaleiro; corcovo. *interj.* **2.** com que se incita um animal a saltar ou se anima uma pessoa a levantar-se. *interj.* **3.** que designa espanto, admiração.

Up.gra.de (ápgréid) (ing.) *s.m.* Atualização de computador pela troca de peças e componentes por outros mais avançados.

Up.link (âp-línk) (ing.) *s.m.* Canal de transmissão entre uma estação terrestre e um satélite.

Up-to-date (âptu-dêit) (ing.) *adj.* De acordo com a moda; atualizado.

-u.ra *suf.* **1.** 'Ação ou resultado de ação': *cozedura*. **2.** 'Qualidade': *doçura*.

U.râ.nio *s.m.* Elemento químico radioativo, de símbolo U e número atômico 92, muito utilizado na produção de energia nuclear.

U.ra.nis.mo *s.m.* **1.** Inversão sexual. **2.** Homossexualidade masculina, pederastia.

U.ra.no.gra.fi.a *s.f.* Descrição do céu; astronomia.

Ur.ba.ni.da.de *s.f.* **1.** Qualidade de urbano. **2.** Civilidade, polidez, cortesia. ● *Ant.: grosseria.*

Ur.ba.nis.mo *s.m.* **1.** Ciência e arte da construção, reforma, melhoramento e embelezamento das cidades. **2.** Arquitetura urbana. **3.** Fenômeno social e político da atração urbana sobre as populações rurais.

Ur.ba.nis.ta *adj.* e *s.2g.* Que, ou pessoa que é especialista em urbanismo.

Ur.ba.ni.zar *v.t.* **1.** Tornar urbano, cortês, educado. **2.** Civilizar, polir. *v.p.* **3.** Tornar-se urbano, polido.

Ur.ba.no *adj.* **1.** Relativo a cidade. **2.** Habitante da cidade, em oposição a *rural*. **3.** FIG Cortês, polido.

Ur.be *s.f.* Cidade (especialmente a muito populosa).

Ur.di.dei.ra *adj.* e *s.f.* **1.** Diz-se de, ou mulher que urde; tecelã. *s.f.* **2.** Máquina em que se prepara a urdidura para o tear.

Ur.di.dor (ô) *adj.* e *s.m.* Que, ou aquele que tece, que urde; tecelão.

Ur.di.du.ra *s.f.* **1.** Ato ou efeito de urdir. **2.** Conjunto dos fios por entre os quais se há de lançar a trama. **3.** FIG Enredo.

Ur.dir *v.t.* **1.** Preparar os fios na urdidura, para passá-los no tear. **2.** Maquinar com cautela uma coisa contra alguém, ou para a consecução de algum desígnio.

Ur.du.me *s.m.* ⇒ Urdidura.

U.rei.a *s.f.* Substância nitrogenada que representa o último termo do metabolismo das proteínas e que é eliminada principalmente pela urina.

U.re.mi.a *s.f.* MED Intoxicação do sangue pela ureia, em virtude do mau funcionamento dos rins.

U.ren.te *adj.2g.* Que queima; ardente.

U.re.ter (tér) *s.m.* ANAT Cada um dos canais que conduzem a urina dos rins para a bexiga.

U.ré.ti.co *adj.* **1.** Referente à urina. **2.** Diurético. **3.** Diz-se de qualquer enfermidade do canal da uretra.

U.re.tra *s.f.* ANAT Conduto que liga a bexiga ao exterior, que serve para eliminar a urina e, nos mamíferos masculinos, também o sêmen.

Ur.gên.cia *s.f.* **1.** Qualidade de urgente; pressa. **2.** Necessidade de fazer alguma coisa imediatamente. **3.** Serviço hospitalar que atende pacientes cujo estado necessita de tratamento imediato.

Ur.gen.te *adj.2g.* **1.** Que urge; iminente. **2.** Indispensável. **3.** Que se deve fazer já.

Ur.gir *v.t.* e *int.* **1.** Ter urgência. **2.** Requerer pressa. **3.** Instar, apertar.

Ú.ri.co *adj.* Designação de um ácido.

U.ri.na *s.f.* Líquido segregado pelos rins, e que, através dos ureteres, bexiga e meato urinário, é expelido do organismo.

U.ri.nol *s.m.* Vaso para recolher a urina.

Ur.na *s.f.* **1.** Caixão mortuário; esquife. **2.** Recipiente de pedra, metal, madeira etc., geralmente provido de tampa, onde se guardam coisas preciosas. **3.** Espécie de bolsa ou caixa, lacrada e com uma fenda, onde se depositam as cédulas dos votantes.

-ur.no *suf.* 'Duração': *noturno*.

Ur.ná.rio *adj.* **1.** Relativo ou semelhante a urna. *s.m.* **2.** BOT Receptáculo da semente de certos vegetais. **3.** Mesa em que os romanos colocavam as urnas de água.

U.ro.lo.gi.a *s.f.* MED Estudo e tratamento das doenças dos rins e das vias urinárias.

U.ro.lo.gis.ta *s.2g.* Especialista em enfermidades do sistema urinário.

U.ró.pi.go *s.m.* **1.** Apêndice triangular sobre as últimas vértebras das aves, do qual nascem as penas da cauda.

Ur.rar *v.int.* **1.** Dar urros. *v.t.* **2.** Dizer à maneira de urro.

Ur.ro *s.m.* **1.** Rugido ou bramido de algumas feras. **2.** Berro, mugido.

Ur.sa.da *s.f.* **1.** Mau procedimento da parte de um amigo. **2.** Deslealdade, traição.

Ur.so *s.m.* **1.** ZOOL Gênero de mamíferos carnívoros. **2.** FIG Homem feio. **3.** Pessoa pouco sociável. **4.** Aquele que é objeto de zombaria. **5.** Estudante distinto ou premiado. ◆ *Amigo urso*: falso amigo.

Ur.ti.cá.ria *s.f.* MED Enfermidade eruptiva da pele, cujo sintoma mais comum é uma comichão parecida com a que produzem as picadas da urtiga.

Ur.ti.ga *s.f.* BOT Gênero de plantas que se caracterizam pela presença de pelos nas folhas e no caule, as quais, em contato com a pele, produzem irritação e comichão.

U.ru.bu *s.m.* **1.** Ave de rapina que se nutre de carniça e imundícies. **2.** POP Indivíduo que pressagia má sorte.

URUBU-CAAPOR — UXORICÍDIO

U.ru.bu-ca.a.por *adj.2g.* e *s.2g.* **1.** (indivíduo) Dos urubus--caapores, povo indígena do MA. *s.m.* **2** Idioma desse povo. ● *Pl.: urubus-caapores.*

U.ru.bu-rei *s.m.* Ave de rapina, maior que os urubus comuns. ● *Pl.: urubus-reis.*

U.ru.cu *s.m.* **1.** Fruto do urucuzeiro. **2.** Substância tintorial que se extrai da polpa desse fruto. ● *Var.: urucum.*

U.ru.cu.ba.ca *s.f.* **1.** Caiporismo, azar, má sorte. **2.** Tecido de quadrados pretos e brancos.

U.ru.cun.go *s.m.* Berimbau.

U.ru.cu.zei.ro *s.m.* Árvore do urucu.

U.ru.pê *s.m.* Fungo poliporáceo, também chamado *orelha-de-pau.*

U.sar *v.t.* e *int.* **1.** Fazer uso de. **2.** Usar, consumir. **3.** Trajar, vestir. **4.** Ter por hábito ou costume; costumar. **5.** Pôr em execução. **6.** Exercer, praticar. **7.** Proceder, portar-se.

-us.co *suf.* **1.** 'Diminuição': *galhusco.* **2.** 'Depreciação': *vermelhusco.*

U.sei.ro *adj.* Que costuma fazer alguma coisa. ● Useiro e vezeiro: que usa fazer repetidamente a mesma coisa.

U.si.na *s.f.* **1.** Estabelecimento industrial, fábrica, oficina, principalmente para a produção em grande escala. **2.** Estabelecimento que substitui o antigo engenho no fabrico do açúcar. **3.** Conjunto de instalações destinadas ao aproveitamento de energia, o mesmo que *central.*

U.si.nar *v.t.* Talhar, dar forma a (peça em bruto, matéria-prima) utilizando máquina-ferramenta.

U.si.nei.ro *s.m.* Dono de usina de açúcar.

U.so *s.m.* **1.** Ato ou efeito de usar. **2.** Exercício ou prática geral de uma coisa. **3.** Hábito, costume. **4.** Aplicação de uma coisa no serviço particular. **5.** Modo determinado de trabalhar. **6.** Aplicação ou emprego continuado e habitual; utilidade. **7.** Prática consagrada, regra estabelecida. **8.** Exercício.

U.su.al *adj.2g.* **1.** Que frequentemente se usa ou se pratica. **2.** Habitual, costumeiro. **3.** Que está em uso. **4.** Aplica-se ao sujeito tratável, sociável e de bom gênio. **5.** Diz-se de coisas que se podem usar com facilidade. ● *Ant.: raro.*

U.su.á.rio *adj.* e *s.m.* **1.** Que, ou aquele que tem direito de uso ou usufruto. **2.** Que, ou aquele que faz uso de um bem no serviço público.

U.su.ca.pi.ão *s.m.* JUR Modo de aquisição de propriedade, pela posse pacífica durante certo tempo.

U.su.fru.ir *v.t.* **1.** Ter a posse ou o gozo de (alguma coisa que não se pode alienar nem destruir). **2.** Gozar de bens pertencentes a outra pessoa.

U.su.fru.to *s.m.* **1.** Ato ou efeito de usufruir. **2.** O que se usufrui. **3.** Direito real, que permite a alguém o gozo de coisa alheia, durante um certo espaço de tempo, sem lhe alterar a substância e o destino.

U.su.fru.tu.á.rio *adj.* **1.** Que diz respeito ao usufruto. *s.m.* **2.** Aquele que goza de usufruto.

U.su.ra *s.f.* **1.** Juro de capital emprestado. **2.** Juro mais alto que o estabelecido por lei. **3.** Mesquinhez, sovinice, avareza. **4.** Ambição.

U.su.rá.rio *adj.* e *s.m.* **1.** Que, ou o que empresta com juros excessivos; agiota. **2.** Que, ou o que empresta com usura. **3.** Sovina, avarento.

U.sur.pa.dor (ô) *adj.* e *s.m.* **1.** Que, ou aquele que usurpa. **2.** Que, ou aquele que, por meios injustos ou artificiosos, se apodera de uma coisa. **3.** Que, ou o que, por meios violentos, se apodera do poder.

U.sur.par *v.t.* **1.** Apoderar-se violentamente de. **2.** Conseguir de maneira astuciosa ou fraudulenta. **3.** Assumir o exercício de, por fraude ou artifício. **4.** Tomar à força. **5.** Obter por fraude.

U.ten.sí.lio *s.m.* **1.** O que serve para o uso manual e frequente. **2.** Ferramenta ou instrumento de um ofício ou arte.

Ú.te.ro *s.m.* Órgão feminino, musculoso, oco e elástico, que recebe o óvulo fecundado, conserva e nutre o embrião.

UTI Sigla de Unidade de Terapia Intensiva.

Ú.til *adj.2g.* **1.** Que se presta a um uso, que serve para alguma coisa. **2.** Que tem utilidade. **3.** Que convém no momento. **4.** De trabalho; em que se trabalha. **5.** Prescrito pela lei. *s.m.* **6.** Aquilo que é útil. ● *Ant.: inútil.* ● *Pl.: úteis.*

U.ti.li.da.de *s.f.* **1.** Qualidade de útil. **2.** Préstimo, serventia. **3.** Aplicação útil. **4.** Vantagem. **5.** Pessoa ou objeto útil. ● **Utilidade pública:** modo de ser daquilo cuja finalidade o governo reconhece como de interesse ou benefício da coletividade, e lhe concede certas regalias.

U.ti.li.tá.rio *adj.* **1.** Que tem a utilidade como o fim de seus atos. **2.** Diz-se de veículo (jipe, camionete etc.) que se usa, em geral, no transporte de mercadoria. **3.** Que professa o utilitarismo.

U.ti.li.ta.ris.mo *s.m.* Sistema ou doutrina que valoriza apenas aquilo que tem utilidade.

U.ti.li.ta.ris.ta *adj.2g.* **1.** Referente ao utilitarismo. *s.2g.* **2.** Pessoa partidária do utilitarismo.

U.ti.li.za.ção *s.f.* Ato ou efeito de utilizar.

U.ti.li.zar *v.t.* **1.** Tornar útil; aproveitar. **2.** Empregar ou fazer uso de. **3.** Tirar utilidade de. **4.** Ganhar, lucrar. **5.** Empregar utilmente. **6.** Ser útil. **7.** Aproveitar. *v.p.* **8.** Servir-se, tirar vantagem. **9.** Auferir proveito.

U.to.pi.a *s.f.* **1.** O que está fora da realidade. **2.** Que nunca foi realizado no passado nem poderá vir a sê-lo no futuro. **3.** Ideal, plano ou sonho irrealizável ou de realização muito imprevisível. **4.** Quimera, fantasia. ● *Ant.: realidade.*

U.va *s.f.* **1.** Baga da videira. **2.** Fruto das vinhas em geral. **3.** POP Mulher muito bonita. **4.** POP Coisa bonita, agradável à vista.

Ú.vu.la *s.f.* ANAT Parte média do véu palatino, de forma cônica e textura membranosa e muscular, que divide o bordo do véu em duas metades como arcos.

U.vu.li.te *s.f.* Inflamação da úvula.

U.xo.ri.cí.dio (cs) *s.m.* Assassínio de uma mulher pelo próprio marido.

V

V/v *s.m.* 1. Vigésima segunda letra do alfabeto português e décima sétima consoante, de nome *vê*. 2. Maiúscula (V) vale 5, na numeração romana.

Va.ca *s.f.* 1. Fêmea do boi. 2. Carne bovina vendida nos açougues. 3. POP Mulher devassa. 4. POP Dinheiro coletado entre pessoas para pagar certas despesas, como bebidas, condução etc.

Va.cân.cia *s.f.* 1. Estado de vacante. 2. Estado do que se apresenta ou ficou vago. 3. Tempo em que fica vago cargo, emprego, ofício.

Va.ca-pre.ta *s.f.* Refresco feito de sorvete batido com coca. ● Pl.: *vacas-pretas.*

Va.ca.ri.a *s.f.* 1. Col. de *vaca.* 2. Porção de vacas; vacada.

Va.ci.la.ção *s.f.* 1. Ato ou efeito de vacilar. 2. Estado daquilo que vacila. 3. Pouca firmeza do corpo. 4. Dúvida, hesitação, perplexidade, irresolução. ● *Ant.: firmeza.*

Va.ci.lan.te *adj.* 1. Que vacila. 2. Que tem pouca firmeza. 3. Instável, indeciso, irresoluto. ● *Ant.: firme.*

Va.ci.lar *v.int.* 1. Não estar firme; cambalear. 2. Enfraquecer. 3. Afrouxar. 4. Perder o vigor. 5. Oscilar, tremer. 6. FIG Estar ou ficar em dúvida; hesitar. *v.t.* 7. Não estar bem seguro. 8. Ter dúvidas; hesitar. 9. Abalar, sacudir. 10. Tornar hesitante ou irresoluto.

Va.ci.na *s.f.* 1. Qualquer espécie de micro-organismo alternado que, introduzido no organismo, determina certas reações e a formação de anticorpos capazes de tornar imune esse organismo contra o germe utilizado. 2. Vacinação.

Va.ci.nar *v.t.* 1. Inocular vacina em. *v.p.* 2. Receber vacina.

Va.cum *adj.* 1. Relativo ao gado bovino (bois, vacas, novilhos). *s.m.* 2. O gado vacum.

Vá.cuo *adj.* 1. Que não se acha ocupado ou preenchido. 2. Que nada contém; vazio, oco. 3. Despejado. *s.m.* 4. Espaço circunscrito que não contém ar. 5. Espaço vazio entre os corpos celestes. 6. Espaço imaginário não ocupado por coisa alguma. 7. FIG Privação, falta, ausência. 8. Enfado de espírito, resultante de uma fastidiosa ociosidade.

Va.de-mé.cum *s.m.* Livro prático, de formato cômodo, que se consulta com frequência. ● Pl.: *vade-mécuns.*

Va.di.ar *v.int.* 1. Andar ociosamente de uma para outra parte. 2. Levar vida de vadio. 3. Não ter ofício nem emprego. 4. Vagabundear, mandriar. ◆ Cf. *vadear.*

Va.di.o *adj.* 1. Que vive vagueando, sem ter meio de vida conhecido ou decente, por não querer trabalhar; vagabundo. 2. Que não tem domicílio certo: cão vadio. 3. Próprio de gente ociosa. 4. Preguiçoso, malandro. 5. Que não se aplica ao estudo. *s.m.* 6. Indivíduo vadio. ● *Ant.: ocupado.*

Va.ga¹ *s.f.* 1. Onda grande, em mar agitado. 2. FIG Multidão tumultuosa. 3. Grande agitação.

Va.ga² *s.f.* 1. Ato ou efeito de vagar; vacância. 2. Lugar vazio. 3. Lugar disponível em hotel, pensão etc. 4. Lugar vazio onde se pode estacionar um veículo. 5. Função ou cargo que está desocupado ou não preenchido.

Va.ga.bun.de.ar *v.int.* Vagabundear.

Va.ga.bun.do *adj.* 1. Que vagabundeia. 2. Que vagueia sem serviço. 3. Que vagueia provocando desordens, vivendo de astúcias e furtos. 4. Errante, nômade. 5. Que vagueia sem domicílio certo. 6. De qualidade inferior; reles, ordinário. 7. Inconstante; leviano. *s.m.* 8. Pessoa reles, ordinária.

Va.ga.lhão *s.m.* Grande vaga de mar agitado.

Va.ga-lu.me *s.m.* 1. Inseto que voa à noite e emite uma luz fosforescente; pirilampo. 2. ANTIG Empregado que, no cinema, munido de uma pequena lanterna, acompanhava o espectador para lhe indicar um lugar. ● Pl.: *vaga-lumes.*

Va.ga.lu.me.ar *v.int.* Brilhar como vaga-lume.

Va.ga.mun.do *adj.* e *s.m.* Vagabundo.

Va.gão *s.m.* Veículo de trem, utilizado para transportar passageiros ou cargas.

Va.gar¹ *v.int.* 1. Andar errante ou sem destino certo. 2. Errar, vaguear. 3. FIG Espalhar-se, repercutir. 4. Boiar sem direção, ao sabor das vagas. 5. Mover-se de uma para outra parte.

Va.gar² *v.int.* 1. Estar ou ficar vago. 2. Achar-se desocupado. 3. Sobrar, sobejar. *v.t.* 4. Percorrer ao acaso. 5. Sobrar, restar (o tempo). 6. Faltar, deixar de ter. 7. Deixar vago. *s.m.* 8. Tempo desocupado; descanso, ócio. 9. Falta de pressa; lentidão, morosidade. 10. Ensejo, oportunidade.

Va.ga.ro.so (ô) *adj.* 1. Em que há vagar. 2. Lento, pausado. 3. Tardo. 4. Que não tem pressa. 5. Indeciso, frouxo. ● *Ant.: apressado.*

Va.gem *s.f.* 1. Invólucro das sementes ou grãos de leguminosas. 2. Invólucro de feijão verde.

Va.gi.do *s.m.* 1. Choro de recém-nascido. 2. FIG Gemido, lamento.

Va.gi.na *s.f.* 1. ANAT Canal que vem depois da vulva e que se estende até o colo do útero. 2. BOT Corpo membranoso que cerca a base peduncular dos musgos.

Va.go¹ *adj.* 1. Que vagueia. 2. Incerto, indeterminado. 3. Indeciso, volúvel. 4. Que ora se sente numa parte, ora noutra. 5. Dúbil, impreciso. 6. PINT Indeciso e nebuloso. *s.m.* 7. Aquilo que é vago, impreciso. 8. Incerteza. 9. Confusão.

Va.go² *adj.* 1. Que não está preenchido. 2. Vazio, desocupado. 3. Que está sem moradores; desabitado. 4. Que não pertence a alguém. *s.m.* 5. ANAT Cada um dos nervos que formam o décimo par de nervos cranianos.

Va.go.ne.te (ê) *s.m.* Vagão pequeno (em geral com capacidade inferior a 10 toneladas).

Va.guear¹ *v.int.* 1. Percorrer sem rumo certo, ao acaso. *v.int.* 2. Andar sem destino. 3. Vagar, vagabundear. 4. Passear ociosamente. 5. Ter vida ociosa. 6. Entregar-se a devaneios. 7. Ser volúvel, inconstante.

Va.guear² *v.int.* 1. Andar sobre as vagas. 2. Boiar, flutuar.

Vai.a *s.f.* 1. Manifestação de desagrado feita por meio de gritos, assovios, pateadas etc. 2. Apupo, motejo, zombaria. ● *Ant.: aplauso.*

Va.i.da.de *s.f.* 1. Desejo incontido de chamar a atenção ou receber elogios. 2. Vanglória, ostentação. 3. Presunção mal fundada de si. 4. Coisa vã; inutilidade. ● *Ant.: modéstia.*

Va.i.do.so (ô) *adj.* 1. Que tem vaidade. 2. Presunçoso, jactancioso. ● *Ant.: modesto.*

Vai-não-vai *s.m.2n.* Indecisão.

Vai.vém *s.m.* 1. Movimento de pessoa ou objeto que vai e vem alternadamente. 2. Movimento oscilatório. 3. Balanço. 4. FIG Capricho (da fortuna). 5. Vicissitude, alternativa. ● Pl.: *vaivéns.*

Va.la *s.f.* 1. Escavação comprida e de largura limitada, a maior ou menor profundidade, para defesa de fortificação, escoamento de águas etc. 2. Escavação extensa, mais ou menos larga, para diversos fins. 3. No futebol, arco, meta, gol. ◆ **Vala comum:** sepultura para vários cadáveres.

VALÊNCIA — VARAL

Va.lên.cia *s.f.* **1.** QUÍM Valor de combinação de um elemento ou radical químico. **2.** POP Valia, valimento.

Va.len.tão *s.m.* **1.** Indivíduo valente, amigo de ameaçar e desafiar toda a gente. **2.** Fanfarrão, gabarola. ● *Fem.: valentona.* ● *Ant.: poltrão.*

Va.len.te *adj.2g.* **1.** Que tem valor. **2.** Intrépido, forte, corajoso. **3.** Bravo. **4.** Rijo, sólido. **5.** Eficaz, enérgico. **6.** Aplicado com forças. *s.m.* **7.** Homem corajoso. **8.** Campeão. ● *Ant.: covarde.*

Va.ler *v.t.* **1.** Ter o mesmo valor de. **2.** Causar. **3.** Ser de (certo preço). **4.** Ser digno de; merecer. **5.** Ser equivalente a. **6.** Proteger. **7.** Acudir, auxiliar, socorrer. **8.** Significar. **9.** Granjear, obter. **10.** Servir. **11.** Aproveitar. **12.** Fazer as vezes de. *v.int.* **13.** Ter merecimento, valor. **14.** Ter aplicação. **15.** Ter crédito, influência, poder. **16.** Ter forças. **17.** Ter vitalidade. *v.p.* **18.** Recorrer a. **19.** Servir-se, utilizar--se. **20.** Ter valor ou coragem.

Va.le.ta (ê) *s.f.* Pequena vala para escoamento de águas, à margem de rua ou estrada.

Va.le.te *s.m.* Uma das cartas de jogar, com a figura de um jovem escudeiro, de valor intermediário entre a dama e o rei.

Va.le-tu.do *s.m.2n.* **1.** Luta corporal em que o atleta pode lançar mão de todos os recursos que julgar necessários para vencer o adversário. **2.** Situação em que se usa de qualquer expediente.

Va.li.a *s.f.* **1.** Valor intrínseco. **2.** Valor estimativo. **3.** Valor fundado na opinião alheia. **4.** Merecimento, mérito, valor. **5.** Preço. **6.** Valimento. **7.** FIG Proteção, poder, influência.

Va.li.da.ção *s.f.* Ato ou efeito de validar.

Va.li.da.de *s.f.* **1.** Qualidade de válido. **2.** Legitimidade. **3.** Valimento.

Va.li.dar *v.t.* **1.** Tornar ou declarar válido; legitimar, legalizar. *v.p.* **2.** Fazer-se válido.

Vá.li.do *adj.* **1.** Que tem valor; valioso. **2.** Que tem validade, que é legal. ● *Ant.: ilegal.* **3.** Que surge efeito. **4.** Eficaz, enérgico. **5.** Que tem saúde; são, vigoroso. ● *Ant.: inválido.*

Va.li.o.so (ô) *adj.* **1.** De grande valor. **2.** Custoso, precioso. **3.** Válido. **4.** Que tem importância. **5.** Que tem muito merecimento.

Va.li.se *s.f.* Pequena mala de mão. ◆ *Var.: valisa.*

Va.lo *s.m.* Rede de emalhar em cerco.

Va.lor (ô) *s.m.* **1.** Merecimento de uma coisa pela sua substância, pelo fim a que se presta, pela utilidade que se possa tirar dela. **2.** Virtude guerreira de afrontar os perigos. **3.** Preço, valia. **4.** Papel que representa dinheiro. **5.** Coragem, valentia. **6.** Préstimo, mérito. **7.** Significado rigoroso de um termo. **8.** Duração de uma nota musical.

Va.lo.rar *v.t.* Emitir juízo de valor acerca de; ponderar.

Va.lo.ri.zar *v.t.* **1.** Dar valor a. **2.** Aumentar o préstimo ou valor de. **3.** Aumentar de valor.

Va.lo.ro.so (ô) *adj.* **1.** Dotado de valor. **2.** Enérgico, forte. **3.** Esforçado, valioso; enérgico, ativo. **4.** Corajoso, destemido, valente.

Val.sa *s.f.* **1.** Dança em compasso ternário, de andamento vivo ou lento. **2.** Música própria para essa dança.

Val.sar *v.int.* **1.** Dançar valsa. *v.t.* **2.** Dançar em andamento de valsa.

Val.sis.ta *adj.2g.* **1.** Diz-se de, ou pessoa que valsa. *s.2g.* **2.** Que, ou pessoa que valsa bem.

Val.va *s.f.* **1.** BOT Cada uma das partes de um fruto seco que se abre para possibilitar a saída dos grãos. **2.** ZOOL Cada uma das peças que formam as conchas dos moluscos; concha.

Vál.vu.la *s.f.* **1.** Pequena valva. **2.** ANAT Membrana ou dobra membranosa que, num vaso ou conduto, impede o refluxo dos líquidos. **3.** Espécie de tampa na extremidade de certos tubos, que abre para dentro e fecha por si, hermeticamente. **4.** Placa metálica que, nas máquinas a vapor, evita a explosão, cedendo ao impulso do vapor superabundante. **5.** Chapeleta das bombas dos navios. **6.** Dispositivo utilizado em aparelhos eletrônicos.

Vam.pi.ro *s.m.* **1.** Entidade fantástica que, segundo a superstição popular, sai das sepulturas, à meia-noite, para sugar o sangue das pessoas ou animais adormecidos. **2.** ZOOL Espécie de morcego que suga o sangue de pessoas ou animais adormecidos. **3.** FIG Indivíduo que enriquece à custa alheia ou por meios ilícitos. ● *Fem.: vampira.*

Van (ing.) *s.f.* Tipo de perua de duas ou mais portas no lado do passageiro, para seis ou mais passageiros.

Va.ná.dio *s.m.* QUÍM Elemento químico, de símbolo V e número atômico 23, esbranquiçado, dúctil, muito empregado em siderurgia.

Vân.da.lo *s.m.* **1.** Indivíduo de uma tribo germânica que, na Antiguidade, devastou o sul da Europa. **2.** Aquele que, por ignorância, pratica atos de vandalismo; destruidor. **3.** Inimigo das artes e seus monumentos; bárbaro.

Van.gló.ria *s.f.* **1.** Vaidade, jactância. **2.** Presunção infundada das próprias qualidades; ostentação, bazófia. ● *Ant.: modéstia.*

Van.glo.ri.ar *v.t.* **1.** Inspirar vanglória, causar desvanecimento a. **2.** Desvanecer. **3.** Tornar vaidoso. *v.p.* **4.** Orgulhar-se, envaidecer--se, jactar-se. **5.** Ufanar-se sem motivo.

Van.guar.da *s.f.* **1.** Frente, dianteira. **2.** Primeira linha de um exército, de uma esquadra etc. **3.** Atitude ou movimento artístico inovador, geralmente acompanhada da livre experimentação de novas formas de expressão, marcando uma ruptura com aquele que o precedeu. **4.** Grupo de pessoas que participam desse movimento. **5.** Dianteira, frente. ● *Ant.: retaguarda.*

Van.guar.dis.mo *s.m.* Atitude ou ação de vanguarda.

Van.guar.dis.ta *adj.2g.* **1.** Relativo a vanguarda. **2.** Próprio da vanguarda. **3.** Defensor da vanguarda. *adj. e s.2g.* **4.** Vanguardeiro.

Van.ta.gem *s.f.* **1.** Qualidade do que está superior ou adiante. **2.** Superioridade, primazia. **3.** Triunfo. **4.** Serventia de uma coisa. **5.** Lucro, interesse. **6.** Maior conveniência, proveito. ● *Ant.: desvantagem, prejuízo.*

Van.ta.gens *s.f.pl.* Triunfos, vitórias.

Van.ta.jo.so (ô) *adj.* **1.** Que dá vantagem ou proveito. **2.** Em que há vantagem ou proveito. **3.** Lucrativo, útil.

Vão *adj.* **1.** Vazio, oco. **2.** Que é impossível de todo; sem efeito, sem esperança. **3.** Que só existe na fantasia; quimérico, fantástico. **4.** Sem significação. **5.** FIG Fútil, frívolo. **6.** Aparente, falso. *s.m.* **7.** Espaço desocupado. **8.** Lacuna, vácuo. **9.** Abertura formada em parede, janela etc. **10.** Distância entre os encontros de uma ponte; intervalo. ● **Em vão:** inutilmente. ● *Fem. do adj.: vã.* ● *Sup.abs.sint.: vaníssimo.* ● *Pl.: vãos.*

Va.por (ô) *s.m.* **1.** Nome genérico da matéria em estado gasoso, quando proveniente da transformação ou exalação de um líquido ou de um sólido. **2.** A força expansiva da água vaporizada pela ação do calor. **3.** Denominação abreviada de *navio movido a vapor.* **4.** Efluvio, exalação, emanação.

Va.po.rar *v.t.* **1.** Lançar ou exalar (vapores); pulverizar. *v.t.*, *int.* e *p.* **2.** Converter(-se) em vapor; evaporar-se.

Va.po.ri.zar *v.t.* **1.** Transformar (um líquido ou um sólido) em gás ou vapor. *v.p.* **2.** Converter-se em vapor. **3.** Encher-se, impregnar--se (de vapores).

Va.po.ro.so (ô) *adj.* **1.** Em que há vapor. **2.** Aeriforme, transparente. **3.** Tênue, sutil. **4.** FIG Fantástico. **5.** FIG Nebuloso, obscuro.

Va.quei.ro *adj.* **1.** Relativo a gado vacum. *s.m.* **2.** Guardador ou condutor de gado vacum. **3.** Inseto coleóptero da família dos cerambicídeos.

Va.que.ja.da *s.f.* **1.** (NE) Busca do gado espalhado pelos matos, para reuni-los. **2.** Ato de separar o gado para apartar, marcar, ferrar etc. **3.** Rodeio de gado.

Va.qui.nha *s.f.* **1.** Dim. de *vaca.* **2.** Certo besouro de cor acinzentada. **3.** Coleta de dinheiro entre várias pessoas para comprar alguma coisa, pagar uma despesa etc.

Va.ra *s.f.* **1.** Ramo delgado de arbusto ou árvore. **2.** Cajado; tranca. **3.** FIG Báculo. **4.** Insígnia de magistrado. **5.** Cargo ou funções de juiz. **6.** Jurisdição. **7.** FIG Poder, autoridade. **8.** Antiga medida de comprimento, equivalente a 1,10 m. **9.** Manada de porcos.

Va.ral *s.m.* **1.** Cada uma das varas entre as quais se atrela o animal que puxa um veículo. **2.** Vara dos esquifes, andores etc. **3.** Vara ou fio, preso pelas extremidades, em que se estende roupa para secar. **4.** Estendal onde se põe a carne para secar ao sol.

VARANDA — VATAPÁ

Va.ran.da s.f. **1.** Sacada, balcão. **2.** Parapeito de grade que resguarda uma sacada. **3.** Terraço coberto em frente à casa. **4.** Eirado. **5.** O lugar mais alto, no teatro, por cima dos camarotes da frente. **6.** Roda dentada do lagar de azeite. **7.** Sala comprida e estreita. **8.** Guarnição lateral das redes de dormir ou de transporte. **9.** Balcão corrido ao longo de um edifício ou de parte dele. **10.** Sala de frente, nas casas rústicas. **11.** Sala de jantar.

Va.rão s.m. **1.** Indivíduo do sexo masculino. **2.** Homem adulto. • *Fem.: varoa*. **3.** Homem respeitável. **4.** Indivíduo esforçado, corajoso, valente. **5.** Grande vara de ferro ou de outro metal. **6.** Tranca de ferro. adj. **7.** Do sexo masculino.

Va.ra.pau s.m. **1.** Pau comprido e forte; bordão. **2.** Pessoa alta e magra.

Va.rar v.t. **1.** Açoitar com vara. **2.** Meter no varadouro. **3.** Atravessar, transpassar. **4.** Passar além de. **5.** Transpor com ímpeto. **6.** Expulsar. **7.** Espantar. **8.** Aterrar. **9.** Despontar. **10.** Embaraçar. **11.** Transportar por terra (a embarcação) nos trechos encachoeirados dos rios. **12.** Sair, passar impetuosamente. v.int. **13.** Embrenhar-se, meter-se.

Va.re.jar v.t. **1.** Agitar ou sacudir com vara. **2.** Fazer cair, batendo com vara. **3.** Acometer. **4.** Atacar. **5.** Medir às varas. **6.** FIG Fustigar, açoitar, incomodar. **7.** Revestir. **8.** Dar varejo a. **9.** Lançar para longe. **10.** Atravessar em disparada. **11.** Disparar tiros. v.int. **12.** Soprar rijo, com violência.

Va.re.jei.ra adj. e s.f. Diz-se de, ou mosca maior que a comum, que em especial se alimenta de carne em decomposição; mosca-varejeira.

Va.re.jis.ta adj.2g. **1.** Relativo ou pertencente ao varejo. s.2g. **2.** Negociante que normalmente só vende a varejo. • Opõe-se a *atacadista*.

Va.re.jo (ê) s.m. **1.** Transação de mercadorias a retalho ou por miúdo. **2.** Loja onde se vende a varejo. ◆ *A varejo* (loc.adv.): a retalho.

Va.re.ta (ê) s.f. **1.** Pequena vara; varela. **2.** Vara delgada, de madeira ou de ferro, para limpar o interior do cano das espingardas. **3.** Perna de compasso.

Var.gem s.f. Várzea.

Va.ri.an.te adj.2g. **1.** Que varia; inconstante, diferente. **2.** Que difere em pouco do tipo padrão. s.f. **3.** Qualquer coisa que difere um pouco da outra. **4.** Modificação na direção de uma estrada. **5.** Cada uma das lições diversas de um texto; alteração.

Va.ri.ar v.t. **1.** Diversificar. **2.** Tornar vário. **3.** Alterar, mudar. **4.** Alternar, revezar. **5.** Dar várias cores a. **6.** Dispor ou colorir diversamente. **7.** Adicionar ornatos musicais a. v.int. **8.** Sofrer mudança; mudar. **9.** Apresentar aspectos diferentes. **10.** Não ser conforme; discordar. **11.** Ser inconstante, volúvel. **12.** Mudar de direção. **13.** Discrepar, desvairar, delirar, endoidecer. v.p. **14.** Sofrer mudança. **15.** Alterar-se, transformar-se.

Va.ri.á.vel adj.2g. **1.** Que pode variar. **2.** Inconstante, mutável. **3.** GRAM Que sofre modificações na sua desinência. • *Ant.: invariável*.

Va.ri.ce.la s.f. MED Doença infecciosa e contagiosa, também chamada catapora.

Va.ri.co.so (ô) adj. **1.** Que tem varizes. **2.** Produzido por varizes.

Va.ri.e.da.de s.f. **1.** Qualidade do que é vário. **2.** Multiplicidade, diversidade. **3.** Caráter de coisas que não se assemelham. **4.** Mudança ou alteração na substância das coisas ou em seu uso. **5.** Alternativa. **6.** Inconstância, instabilidade. **7.** Subdivisão de uma espécie que se distingue de outra por diferenças mínimas.

Va.ri.e.gar v.t. **1.** Dar cores diversas a; matizar. **2.** Variar, alternar, diversificar.

Vá.rio adj. **1.** Que apresenta diversos estados, feitios, cores etc. **2.** Matizado. **3.** Muito numeroso. **4.** Diverso, diferente. **5.** Hesitante, perplexo. **6.** Incerto. **7.** Oscilante. **8.** FIG Contraditório. **9.** Inconstante, volúvel.

Va.rí.o.la s.f. MED Doença infecciosa, contagiosa e já erradicada, caracterizada por febre alta, com erupção de pústulas na pele; bexiga.

Va.riz s.f. **1.** MED Dilatação permanente de uma veia, por acumulação de sangue em seu interior. **2.** ZOOL Proeminência no bordo de certas conchas univalves.

Va.ro.ni.a s.f. **1.** Caráter ou qualidade de varão. **2.** Descendência ou sucessão por linha masculina.

Va.ro.nil adj.2g. **1.** Que se refere a varão. **2.** Próprio de varão. **3.** Másculo, viril, forte, corajoso, enérgico. **4.** Nobre, heroico. • *Ant.: feminil*.

Var.rão s.m. Porco inteiro, não castrado; barrão.

Var.re.du.ra s.f. **1.** Ato ou efeito de varrer. **2.** O que se junta, varrendo; lixo. **3.** O que a vassoura arrasta em qualquer parte.

Var.rer v.t. **1.** Limpar com vassoura (o solo, o assoalho). **2.** Expurgar, limpar. **3.** FIG Pôr em fuga; dispersar. **4.** Impelir diante de si. **5.** Exaurir. **6.** Despejar. **7.** Comer totalmente. **8.** Esgotar. **9.** Apagar. **10.** Desvanecer. **11.** Tornar límpido, claro, livrar. v.int. **12.** Limpar o lixo com a vassoura. **13.** POP Perder o crédito, o conceito. **14.** Tornar-se completamente esquecido.

Vár.zea s.f. **1.** Campina cultivada. **2.** Planície chã. **3.** Terreno baixo e plano, nas margens de rios e riachos. **4.** ESP (SP) Diz-se do futebol amador, que antes era praticado nas várzeas.

Va.sa s.f. **1.** Fundo lodoso de mar, rio ou lago; lodo, lodaçal. **2.** Terra atoladiça. **3.** FIG Degradação moral; torpeza.

Vas.co adj. e s.m. Basco.

Vas.con.ço s.m. **1.** Dialeto da Biscaia (Espanha); basco, vasco. **2.** FIG Linguagem ininteligível.

Vas.co.so adj. Que tem vascas; nauseado.

Vas.cu.lar adj.2g. **1.** Relativo aos vasos, em especial aos sanguíneos. **2.** Diz-se de distúrbio ou doença que resulta de má irrigação dos tecidos. **3.** BOT Que é formado de vasos.

Vas.cu.lhar v.t. **1.** Varrer com vasculho. **2.** FIG Esquadrinhar, escarafunchar. **3.** Investigar, pesquisar.

Vas.cu.lho s.m. Vassoura grande utilizada para a limpeza de tetos, paredes altas etc.

Va.sec.to.mi.a s.f. MED Remoção dos canais deferentes após a excisão da próstata, para evitar infecções do testículo, ou como meio de esterilização do homem.

Va.se.li.na s.f. Substância graxa, branca, translúcida, extraída da destilação do petróleo e aplicada na indústria e em farmácia.

Va.si.lha s.f. Qualquer vaso de grandes ou pequenas dimensões, para guardar líquidos; barril, pipa, tonel.

Va.si.lha.me s.m. Porção ou quantidade de vasilhas.

Va.si.ni.bi.dor adj. FISIOL e MED Que inibe a ação dos nervos vasomotores.

Va.so s.m. **1.** Objeto côncavo para conter sólidos ou líquidos. **2.** Peça análoga, com terra, em que se cultivam plantas. **3.** Invólucro, receptáculo. **4.** Urinol, penico. **5.** Nome de vários canais no organismo para a circulação dos líquidos nutritivos (veia, artéria etc.). **6.** Constelação austral. **7.** Bócio. **8.** Navio.

Va.so.mo.tor adj. FISIOL Designativo dos nervos que produzem a dilatação dos vasos orgânicos.

Vas.sa.lo s.m. **1.** Indivíduo que antigamente se submetia à autoridade de um senhor feudal. adj. **2.** Que depende de outrem. **3.** Que paga tributo a outro (país).

Vas.sou.ra s.f. **1.** Utensílio feito de ramos de piaçaba, palha, pelo etc., para limpar o pó ou o lixo dos pavimentos. **2.** BOT Nome de várias plantas.

Vas.ti.dão s.f. **1.** Qualidade de vasto. **2.** Extensão enorme. **3.** Grandes dimensões; amplidão. **4.** Desenvolvimento muito pronunciado. **5.** Grande importância. **6.** Considerável magnitude.

Vas.to adj. **1.** Que tem grande extensão; amplo. **2.** Que tem dimensões extraordinárias. **3.** Muito diversificado; profundo (conhecimento). **4.** FIG Importante. • *Ant.: acanhado*.

Va.ta.pá s.m. CUL Iguaria da culinária baiana feito com uma papa rala de farinha de mandioca, azeite de dendê, pimenta e temperos habituais (cebola, pimentão, coentro etc.), a que se adiciona peixe e galinha, camarões secos e frescos etc.

VATE — VELOCÍMETRO

Va.te *s.m.* **1.** Antigo poeta que quase sempre se expressava em verso. **2.** Poeta ao qual eram atribuídos dons proféticos. **3.** Aquele que vaticina; profeta. **4.** FIG Poeta.

Va.ti.ca.no *s.m.* **1.** Palácio em Roma, habitado pelo papa. **2.** Governo do papa. **3.** Cúria romana. *adj.* **4.** Relativo ou pertencente ao Vaticano.

Va.ti.ci.nar *v.t.* **1.** Predizer o futuro. **2.** Adivinhar, predizer, prognosticar, profetizar.

Va.ti.cí.nio *s.m.* **1.** Ato ou efeito de vaticinar. **2.** Profecia, predição. **3.** Conjetura.

Vau *s.m.* **1.** Trecho raso de um rio onde se pode passar a pé ou a cavalo; baixio. **2.** FIG Ensejo, oportunidade. **3.** Comodidade.

Vau.de.vi.lle (vôdvil) (fr.) *s.m.* Gênero de comédia ligeira, ordinariamente de caráter cômico e baseada na intriga.

Va.za *s.f.* Conjunto das cartas que os parceiros jogam de cada vez ou de cada lance, e que são recolhidas pelo ganhador.

Va.za.dou.ro *s.m.* Lugar onde se despejam líquidos, despejos, imundícies. ◆ *Var.*: vazadoiro.

Va.zan.te *adj.2g.* **1.** Que vaza. *s.f.* **2.** Movimento descendente da maré ou maré baixa; refluxo. **3.** Período em que um rio apresenta menor volume de água.

Vazão *s.f.* **1.** Ato ou efeito de vazar; vazamento. **2.** Escoamento, saída. **3.** Saída (de líquido, pessoas etc.). **4.** Vazante. **5.** Venda, saída (de produto). ◆ **Dar vazão a:** a) solucionar, resolver a (negócios etc.); b) externar (sentimentos).

Va.zar *v.t.* **1.** Tornar vazio. **2.** Despejar, entornar. **3.** Furar. **4.** Arrancar. **5.** Fazer sair de órbita. **6.** Cavar. **7.** Tornar oco. **8.** Fundir (obra de ourives). **9.** Vencer, transpor. **10.** Fazer correr. **11.** Lançar. **12.** Verter. **13.** Desaguar. **14.** Meter, enterrar. **15.** Arrancar. *v.int.* **16.** Esgotar-se aos poucos. **17.** Refluir, baixar. **18.** Deixar sair o líquido; entornar-se. **19.** Sair. **20.** Ser transparente. *v.p.* **21.** Despejar--se. **22.** Ficar vazio; entornar-se.

Va.zi.o *adj.* **1.** Que não contém nada ou só contém ar; desprovido. **2.** Desocupado, despejado. **3.** Despovoado, desabitado. **4.** Falta de inteligência, de qualidade de espírito. **5.** Sem ter o que oferecer. **6.** Sem significação. **7.** PEJ Fútil, frívolo, vão. *s.m.* **8.** O vácuo, o espaço vazio. **9.** Sentimento indefinível e profundo provocado por saudade, ausência, privação. **10.** FIG Ausência de valor ou sentido. **11.** A parte da barriga, abaixo das últimas costelas. ● *Ant.*: cheio.

Vê *s.m.* Nome da letra V.

Ve.a.do *s.m.* **1.** Designação comum aos quadrúpedes ruminantes da família dos cervídeos, de cornos ramificados e porte altivo, muito ligeiro e tímido. **2.** CH Homossexual; bicha.

Ve.dar *v.t.* **1.** Não permitir; impedir. **2.** Proibir por lei, estatuto ou regulamento; interditar. **3.** Estancar. **4.** Impedir que corra (líquido). **5.** Tapar, fechar.

Ve.de.te (é) *s.f.* **1.** Artista colocada em destaque no elenco de uma companhia de teatro ou revista; vedeta. **2.** Ator ou atriz principal de uma peça ou filme. **3.** Cantor, artista ou desportista muito famoso. **4.** Pessoa que se destaca, que sobressai.

Ve.e.men.te *adj.* **1.** Que mostra veemência. **2.** Apaixonado, fervoroso, caloroso, eloquente, entusiástico. **3.** Forte, significativo. ● *Ant.*: sereno.

Ve.ge.ta.ção *s.f.* **1.** Ato ou efeito de vegetar. **2.** Desenvolvimento progressivo do vegetal. **3.** Conjunto de vegetais de um certo lugar; flora. **4.** Força vegetativa.

Ve.ge.tal *adj.2g.* **1.** Relativo ou pertencente às plantas. **2.** Proveniente de plantas. **3.** Diz-se da terra própria para a vegetação. **4.** Que abrange todos os vegetais. *s.m.* **5.** Planta, árvore. **6.** Corpo orgânico que vegeta.

Ve.ge.tar *v.int.* **1.** Crescer, desenvolver-se, viver (a planta). **2.** FIG Viver na inércia, na inatividade, na obscuridade. **3.** Viver sem emoções. *v.t.* **4.** Nutrir, desenvolver.

Ve.ge.ta.ri.a.no *adj.* **1.** Que consta apenas de alimentos vegetais. *s.m.* **2.** Aquele que se alimenta apenas de vegetais.

Vei.a *s.f.* ANAT **1.** Vaso que transporta o sangue, da periferia para o centro do aparelho circulatório. **2.** Qualquer vaso sanguíneo. **3.** Grande tronco que recebe a linfa. **4.** Jato de líquido ou de gás que se escapa através de uma pequena abertura. **5.** FIG Queda, vocação, tendência. **6.** Caráter, qualidade. **7.** BOT Nervura secundária das folhas. **8.** GEOL Veio muito pequeno.

Vei.cu.la.ção *s.f.* **1.** Ato ou efeito de veicular. **2.** Transmissão, difusão.

Vei.cu.lar¹ *v.t.* **1.** Transportar em veículo. **2.** Transportar. **3.** Importar, introduzir. **4.** Difundir, propagar.

Vei.cu.lar² *adj.2g.* Que se refere a veículo; próprio de veículo.

Ve.í.cu.lo *s.m.* **1.** Qualquer meio de transporte. **2.** Carro condutor. **3.** Tudo o que serve de condutor. **4.** Viatura. **5.** Qualquer meio utilizado para a difusão de uma mensagem publicitária.

Vei.o *s.m.* **1.** Faixa comprida e estreita de terra ou de rocha, que por sua qualidade ou sua cor se distingue da massa em que se acha interposta. **2.** Parte de uma mina onde se encontra o mineral; filão. **3.** Filete de água corrente; regato. **4.** Marca fina; estria, risco. **5.** Fundamento, base. **6.** Ponto capital ou principal. **7.** Essência, âmago.

'-vel ou **'-bil** *suf.* 'Passividade': amável, possível, ignóbil.

Ve.la¹ *s.f.* **1.** Ato ou efeito de velar; veladura. **2.** Pessoa que está de vigia; sentinela. **3.** Peça cilíndrica de substância gordurosa e combustível, com pavio no centro a todo o comprimento e que serve para alumiar; círio. **4.** Peça que produz a ignição nos motores de explosão. **5.** FAM Produto farmacêutico, de substância gordurosa e forma cilíndrica. **6.** CIR Aparelho em forma de cilindro, empregado como sonda.

Ve.la² *s.f.* **1.** Pano forte que se prende e desfralda ao longo dos mastros, para fazer andar a embarcação. **2.** Embarcação movida a vela. **3.** FIG Navio, barco.

Ve.lar¹ *v.t.* **1.** Passar sem dormir, em vigília; vigiar. **2.** FIG Dispensar cuidados a. **3.** Interessar-se muito por. **4.** Proteger, patrocinar; interessar-se. **5.** Exercer vigilância. **6.** Passar a noite sem dormir. **7.** Conservar-se aceso (candeeiro, lâmpada). *v.p.* **8.** Vigiar-se; acautelar-se.

Ve.lar² *v.t.* **1.** Cobrir com véu; encobrir, tapar, esconder. **2.** Tornar escuro. *v.int.* **3.** Pôr veladura em. **4.** Ocultar; tornar secreto. **5.** FIG Empanar. **6.** Tornar sombrio; anuviar.

Ve.lar³ *adj.* **1.** Relativo ao véu palatino. *adj.* e *s.m.* **2.** GRAM Diz-se de, ou fonema cujo ponto de articulação se situa no véu palatino.

Vel.cro* *s.m.* Espécie de fecho aderente, usado em roupas, sapatos, malas, bolsas etc.

Ve.lei.da.de *s.f.* **1.** Desejo efêmero. **2.** Intenção fugaz. **3.** Capricho, leviandade. **4.** Utopia, volubilidade.

Ve.lei.ro¹ *s.m.* **1.** Navio provido de velas. **2.** Pessoa que faz velas de navio. *adj.* **3.** Que anda bem à vela. **4.** Ligeiro, rápido.

Ve.lei.ro² *s.m.* Criado de frades, para serviços fora do convento.

Ve.le.jar *v.int.* **1.** Navegar à vela; navegar. **2.** Largar as velas para navegar.

Ve.lha.co *adj.* e *s.m.* **1.** Que, ou aquele que engana de propósito. **2.** Traiçoeiro, patife. *adj.* **3.** Que usa de fraude para fugir a um compromisso. **4.** Fraudulento, falso. **5.** Esperto, finório.

Ve.lha.ri.a *s.f.* **1.** Ato, dito ou hábito de pessoa idosa. **2.** Tudo aquilo que é próprio de velhos. **3.** Traste ou objeto antigo e de pouco valor. **4.** Costume antiquado. **5.** Palavra ou locução fora de uso. **6.** Os velhos.

Ve.lho *adj.* **1.** Que não é novo. **2.** Que existe há muito tempo; antigo. **3.** Gasto pelo uso. **4.** Avançado em idade. **5.** Que tem aparência de velhice. **6.** Que exerce há longo tempo uma profissão. **7.** Diz-se de qualquer homem célebre da antiguidade. **8.** Desusado, obsoleto. **9.** POP Forte. **10.** Bom, perito. *s.m.* **11.** Homem idoso. **12.** FAM Pai ou marido (quando idoso ou carinhosamente). ● *Dim.*: velhinho, velhote, velhusco. ● *Ant.*: jovem.

Ve.lo *s.m.* **1.** Lã de carneiro, ovelha ou cordeiro. **2.** Lã cardada e empastada. **3.** Pele de uma rês, com a respectiva lã.

Ve.lo.ci.da.de *s.f.* **1.** Qualidade de veloz; rapidez, pressa. **2.** Movimento rápido. **3.** Presteza na execução de uma ação. **4.** Relação entre um espaço percorrido e a unidade de tempo.

Ve.lo.cí.me.tro *s.m.* Instrumento que serve para medir a velocidade desenvolvida por um veículo.

VELOCÍPEDE — VENTANA

Ve.lo.cí.pe.de *adj.2g.* **1.** Que anda com rapidez. *s.m.* **2.** Veículo de três rodas, que a criança monta e impele com os pés.

Ve.lo.cis.ta *s.2g.* Desportista especialista em corrida de curta distância.

Ve.ló.dro.mo *s.m.* Pista para corridas de bicicletas.

Ve.ló.rio *s.m.* **1.** O ato de velar (com outros) um defunto, isto é, de passar a noite em claro na sala em que ele está exposto. **2.** Local onde o morto é velado.

Ve.loz *adj.2g.* **1.** Que corre com rapidez. **2.** Ligeiro, rápido. • *Sup.abs.sint.: velocíssimo.*

Ve.lu.do *s.m.* **1.** Tecido de algodão, lã ou seda, com um lado veloso e macio. **2.** Superfície macia semelhante a esse tecido.

Ve.nal *adj.2g.* **1.** Que se pode vender. **2.** Relativo a venda. **3.** Exposto à venda. **4.** FIG Que se deixa corromper por dinheiro; corrupto.

Ve.na.li.da.de *s.f.* Caráter ou qualidade de venal.

Ven.cer *v.t.* **1.** Conseguir vitória sobre; derrotar. **2.** Dominar, subjugar. **3.** Refrear, ter bom êxito acerca de. **4.** Obter vantagem sobre. **5.** Perceber, auferir, receber como ordenado. **6.** Ganhar, ter direito a (juro). **7.** Ter primazia sobre. **8.** Desfazer, destruir. **9.** Remover. **10.** Percorrer, andar. **11.** Aguentar, resistir a. **12.** Persuadir, convencer. **13.** Exceder, sobrelevar. *v.int.* **14.** Alcançar vitória; sair vencedor. **15.** Conseguir seu fim. *v.p.* **16.** Conter-se, reprimir-se. **17.** Refrear suas próprias paixões. **18.** Ter chegado ou terminado um prazo.

Ven.ci.men.to *s.m.* **1.** Ato ou efeito de vencer; triunfo. **2.** Fim do prazo em que uma letra se vence. **3.** Expiração do prazo para o pagamento de uma dívida. **4.** Salário de funcionário.

Ven.da *s.f.* **1.** Ato ou efeito de vender; vendagem. **2.** Loja de secos e molhados, armazém. **3.** Armazém, botequim. **4.** Faixa para cobrir os olhos. **5.** FIG Obcecação, cegueira. • *Ant.: compra.*

Ven.dar *v.t.* **1.** Cobrir com venda. **2.** Tapar os olhos de. **3.** FIG Cegar. **4.** Obscurecer, turvar.

Ven.da.val *s.m.* Vento forte e tempestuoso; temporal.

Ven.dá.vel *adj.2g.* **1.** Fácil de vender. **2.** Que tem boa procura. • *Ant.: invendável.*

Ven.de.dor (ô) *adj.* **1.** Que vende. *s.m.* **2.** Homem que tem por profissão oferecer mercadorias à venda. **3.** Indivíduo que vende na praça.

Ven.dei.ro *s.m.* Dono de venda.

Ven.der *v.t.* **1.** Alienar, ceder por certo preço. **2.** Trocar por dinheiro. **3.** Negociar em. **4.** FIG Não conceder gratuitamente. **5.** Sacrificar por dinheiro ou por interesse; trair. **6.** Denunciar por interesse. **7.** Alienar, ceder por certo. **8.** FIG Entregar mediante remuneração. *v.int.* **9.** Dispor do que possui, a troco de dinheiro. **10.** Negociar. *v.p.* **11.** Ceder sua própria liberdade por certo preço. **12.** Praticar por interesse atos indignos. **13.** Prostituir-se. **14.** Deixar-se peitar ou corromper. • *Ant.: comprar.*

Ven.de.ta (ê) *s.f.* Espírito de vingança entre famílias, provocado por um assassínio ou uma ofensa, e que passa de geração em geração.

Ven.deu.se (vândêz) (fr.) *s.f.* Empregada encarregada das vendas ao público, em especial em butiques e lojas de artigos finos.

Ven.di.ção *s.f.* Ato de vender; venda.

Ven.di.do *adj.* **1.** Que se vendeu. **2.** Cedido por certo preço. **3.** FIG Peitado, subornado. **4.** FIG Contrariado, constrangido. **5.** Espantado, admirado. *s.m.* **6.** Indivíduo que se vendeu.

Ven.di.lhão *s.m.* **1.** Vendedor ambulante; mascate. **2.** FIG O que trafica publicamente com coisas de ordem moral.

Ven.di.men.to *s.m.* Venda.

Ven.di.nha *s.f.* Pequena venda ou pequena mercearia.

Ven.dí.vel *adj.2g.* Que pode ser vendido. • *Ant.: invendível.*

Ven.do.la (ó) *s.f.* Venda reles; tosca.

Ve.ne.ci.a.no[1] *adj.* **1.** Relativo a Nova Venécia (ES). *s.m.* **2.** Pessoa natural ou habitante dessa cidade e município.

Ve.ne.ci.a.no[2] *s.m.* Dialeto falado no Vêneto (N. da Itália).

Ve.ne.fi.ci.ar *v.t.* Proceder a venefício; envenenar.

Ve.ne.fi.cio *s.m.* **1.** Preparação de veneno para fins criminosos. **2.** Envenenamento com acompanhamento de sortilégios.

Ve.né.fi.co *adj.* **1.** Relativo a venefício. **2.** Que tem veneno; venenoso.

Ve.ne.nar *v.t.* e *p.* Envenenar.

Ve.ne.ní.fe.ro *adj.* Que produz veneno; venenoso.

Ve.ne.ní.pa.ro *adj.* Que segrega veneno.

Ve.ne.no *s.m.* **1.** Substância que perturba ou destrói as funções vitais. **2.** Peçonha, vírus. **3.** FIG Coisa que corrompe. **4.** Pessoa de má índole. **5.** Maldade, perversidade. **6.** Malícia.

Ve.ne.no.si.da.de *s.f.* Qualidade do que é venenoso.

Ve.ne.no.so (ô) *adj.* **1.** Que contém veneno. **2.** Que opera como veneno. **3.** Que elabora venenos em seu organismo. **4.** POP Amargo. **5.** FIG Nocivo, malévolo.

Ve.ne.ra *s.f.* **1.** Insígnia dos condecorados com qualquer grau de ordem militar. **2.** Condecoração.

Ve.ne.ra.bi.li.da.de *s.f.* Qualidade do que é venerável.

Ve.ne.ra.bun.do *adj.* Que inspira veneração.

Ve.ne.ra.ção *s.f.* **1.** Ato ou efeito de venerar. **2.** Respeito profundo. **3.** Acatamento. **4.** Culto religioso, reverência.

Ve.ne.ra.do *adj.* Que é objeto de veneração.

Ve.ne.ra.dor (ô) *adj.* e *s.m.* Diz-se do, ou o que venera.

Ve.ne.ran.do *adj.* **1.** Digno de veneração, de respeito. **2.** Respeitável.

Ve.ne.rar *v.t.* **1.** Demonstrar veneração por. **2.** Render culto a; reverenciar. **3.** Ter em grande consideração. **4.** Respeitar, acatar, honrar.

Ve.ne.rá.vel *adj.2g.* **1.** Digno de veneração. **2.** Muito respeitável; venerado. • *Sup.abs.sint.: venerabilíssimo.*

Ve.né.reo *adj.* **1.** Relativo a relações sexuais. **2.** Diz-se de doença contagiosa (sífilis, blenorreia etc.) adquirida em relações sexuais.

Ve.ne.re.o.fo.bi.a *s.f.* Medo mórbido de doenças venéreas.

Ve.ne.re.o.lo.gi.a *s.f.* Parte da Medicina que se ocupa das doenças venéreas.

Ve.ne.re.o.ló.gi.co *adj.* Relativo à venereologia.

Ve.ne.re.o.lo.gis.ta *s.2g.* Médico especializado em doenças venéreas.

Ve.ne.ro.pa.ti.a *s.f.* Med Qualquer doença venérea.

Ve.ne.rí.i.deos *s.m.pl.* ZOOL Família de moluscos bivalves, representada pelo gênero *Venus.*

Ve.ne.ri.ta *s.f.* MINER Silicato hidratado natural de cobre, alumínio, magnésio e ferro.

Vê.ne.ro *adj.* POÉT Relativo a Vênus; venéreo.

Ve.ne.ta (ê) *s.f.* **1.** Impulso repentino; capricho, telha. **2.** Acesso de raiva ou de loucura.

Vê.ne.tos *s.m.pl.* Antigo povo da Gália romana.

Ve.ne.zi.a.na *s.f.* **1.** Complemento das janelas, em fasquias de madeira, que deixa passar o ar mas veda a claridade.

Ve.ne.zi.a.no *adj.* **1.** Relativo ou pertencente à cidade de Veneza (Itália). *s.m.* **2.** O natural ou habitante de Veneza.

Ve.ne.zo.la.no *adj.* e *s.m.* Venezuelano.

Ve.ne.zu.e.la.no *adj.* **1.** Relativo ou pertencente à Venezuela (América do Sul). *s.m.* **2.** O natural ou habitante desse país.

Vê.nia *s.f.* **1.** Licença, permissão. **2.** Cortesia, mesura. **3.** Absolvição de culpa. **4.** Perdão, desculpa, indulgência.

Ve.ni.a.ga *s.f.* **1.** Das veias ou relativo a elas. **2.** Tráfico, comércio.

Ve.ni.a.gar *v.int.* Traficar.

Ve.ni.al *adj.2g.* **1.** Digno de vênia. **2.** Perdoável, desculpável. **3.** Qualificativo de pecado leve que não faz perder a graça nem incorrer nas penas eternas. • *Ant.: mortal.*

Ve.ni.a.li.da.de *s.f.* Qualidade do que é venial.

Ve.ni.da *s.f.* **1.** Ataque súbito do inimigo. **2.** Golpe de esgrima dado para ferir o adversário. **3.** Zelo, diligência.

Ve.ni.fluo *adj.* POÉT Que corre pelas veias.

Ve.no.si.da.de *s.f.* Pequena veia superficial visível sob a pele.

Ve.no.so (ô) *adj.* **1.** Das veias ou relativo a elas. **2.** Que tem veias. **3.** Abundante em veias. **4.** Que corre pelas veias. • *Sangue venoso:* O que as veias transportam para o coração.

Ven.ta *s.f.* Cada uma das cavidades nasais; narina.

Ven.ta.na *s.f.* **1.** GÍR O mesmo que *janela.* **2.** Ventanilha.

VENTANEAR — VERBALISMO

Ven.ta.ne.ar *v.t.* **1.** Agitar, abanar. **2.** Ventar com ímpeto.

Ven.ta.nei.ra *s.f.* Vento forte e prolongado; ventania.

Ven.ta.ne.jar *v.int.* **1.** Soprar o vento com impetuosidade. **2.** PLEB Soltar ventosidades.

Ven.ta.ni.a *s.f.* Vento forte e prolongado.

Ven.ta.ni.lha *s.f.* Cada uma das aberturas do bilhar, por onde entra a bola na caçapa.

Ven.ta.nis.ta *s.2g.* GÍR Ladrão que entra nas casas pulando a janela.

Ven.tar *v.int.* **1.** Haver vento. **2.** Soprar com força (o vento). **3.** PLEB Soltar ventosidade. *v.t.* **4.** Ser propício, favorável. **5.** Manifestar-se subitamente. **6.** Trazer inesperadamente.

Ven.ta.ro.la *s.f.* Leque ou abano sem varetas, de configuração circular.

Ven.tas *s.f.pl.* **1.** Nariz. **2.** POP Cara. ◆ **Nas ventas:** na cara.

Ven.te.na *s.f.* (S) Meretriz.

Ven.tí.ge.no *adj.* POÉT Que produz vento.

Ven.ti.la.bro *s.m.* Joeira usada para limpar trigo.

Ven.ti.la.ção *s.f.* Ato ou efeito de ventilar.

Ven.ti.la.do *adj.* Diz-se do lugar por onde facilmente entra o vento ou o ar; arejado.

Ven.ti.la.dor *adj.* e *s.m.* **1.** Que, ou o que ventila. *s.m.* **2.** Aparelho próprio para renovar o ar, para ventilar etc.

Ven.ti.lan.te *adj.2g.* **1.** Que ventila. **2.** Que esvoaça ao sabor do vento.

Ven.ti.lar *v.t.* **1.** Introduzir vento em. **2.** Renovar o ar de. **3.** Arejar. **4.** Limpar com joeira ou pá (cereais). **5.** FIG Agitar. **6.** Discutir, debater.

Ven.to *s.m.* **1.** METEOR Corrente de ar mais ou menos rápida; ar. **2.** Ar agitado por qualquer meio mecânico. **3.** FIG Influência benéfica ou maléfica. **4.** FIG Fado, sorte. **5.** FIG Coisa vã, sem fundamento. **6.** PLEB Flatulência, ventosidade.

Ven.to.i.nha *s.f.* **1.** Placa leve, de várias formas, girante em torno de um eixo vertical, colocada em lugar alto para seu movimento indicar a direção do vento; cata-vento. **2.** FIG Pessoa inconstante, leviana.

Ven.tor (ô) *s.m.* Cão que tem bom faro.

Ven.to.sa *s.f.* **1.** Espécie de vaso que, aplicado à pele, opera como revulsivo. **2.** Órgão com que certos animais rarefazem o ar, sugando os corpos a que aderem ou fixando-se ao hospedeiro. **3.** BOT Árvore da família das lauráceas.

Ven.to.sar *v.t.* Aplicar ventosa em.

Ven.to.si.da.de *s.f.* Acúmulo de gases nos intestinos; flatulência.

Ven.to.so (ô) *adj.* **1.** Cheio de vento. **2.** Exposto ao vento. **3.** Em que faz muito vento. **4.** Produzido por ventosidade. **5.** FIG Vão, frívolo, fútil. **6.** Enfatuado, arrogante.

Ven.tral *adj.2g.* **1.** Relativo a ventre. **2.** Que está sob o abdome.

Ven.tre *s.m.* **1.** Cavidade abdominal. **2.** Região do corpo onde está situada essa cavidade; barriga. **3.** Proeminência exterior do abdome; útero. **4.** Parte média e mais volumosa de certos músculos. **5.** ACÚST A maior amplitude da vibração de uma corda. **6.** FIG Parte interior; âmago.

Ven.tri.cu.lar *adj.2g.* Relativo a ventrículo.

Ven.tri.cu.li.te *s.f.* MED Meningite localizada nos ventrículos cerebrais.

Ven.trí.cu.lo *s.m.* **1.** ANAT Cavidade de certos órgãos. **2.** ANAT Cada uma das duas cavidades inferiores do coração. **3.** ANAT Cada uma das cinco cavidades do âmago do cérebro. **4.** ZOOL A cavidade única do coração de certos animais.

Ven.tri.cu.lo.gra.fi.a *s.f.* Radiografia dos ventrículos do coração ou dos ventrículos cerebrais.

Ven.tri.cu.lo.grá.fi.co *adj.* Relativo à ventriculografia.

Ven.tri.la.va.do *adj.* e *s.m.* Diz-se, ou o cavalo de ventre esbranquiçado.

Ven.trí.lo.quia *s.f.* A arte do ventríloquo.

Ven.trí.lo.quis.mo *s.m.* Ventriloquia.

Ven.trí.lo.quis.ta *s.2g.* Pessoa que pratica a ventriloquia; ventríloquo.

Ven.trí.lo.quo (co) *adj.* e *s.m.* Diz-se do, ou o indivíduo que tem a faculdade de falar sem fazer movimentos perceptíveis com os lábios, por tal forma que dá a impressão de ser outra pessoa que fala.

Ven.tri.po.tên.cia *s.f.* Qualidade de ventripotente.

Ven.tri.po.ten.te *adj.* Que tem ventre grande; que come em grande quantidade.

Ven.tru.do *adj.* **1.** Que tem ventre grande. **2.** Barrigudo, pançudo.

Ven.tu.ra *s.f.* **1.** Fortuna próspera. **2.** Sorte (boa ou má). **3.** Acaso, destino. **4.** Risco. **5.** Bens materiais. **6.** Dita, felicidade. ◆ **À ventura:** ao acaso.

Ven.tu.rei.ro *adj.* POP Casual, incerto, arriscado.

Ven.tu.ro.so (ô) *adj.* **1.** Que tem ventura. **2.** Feliz, ditoso. **3.** Em que há ventura. **4.** Aventuroso, arriscado.

Vê.nu.la *s.f.* **1.** Pequena veia. **2.** GEOL Veia muito fina entremeada nas rochas.

Ve.nu.la.do *adj.* Que tem vênulas.

Vê.nus *s.f.2n.* **1.** Planeta que gira entre a Terra e Mercúrio. **2.** Mulher de grande beleza (por alusão a Vênus, deusa da formosura).

Ve.nu.si.a.no *adj.* **1.** Relativo ou pertencente ao planeta Vênus. *s.m.* **2.** Suposto habitante desse planeta.

Ve.nu.si.no *adj.* **1.** Relativo a Venúsia (Itália), terra natal do poeta Horácio. **2.** Relativo a Horácio. *s.m.* **3.** O poeta Horácio.

Ve.nus.ti.da.de *s.f.* Qualidade de venusto.

Ve.nus.to *adj.* Muito belo, muito gracioso.

Ver *v.t.* **1.** Perceber pelo sentido da vista. **2.** Enxergar, avistar. **3.** Sentir a impressão que um objeto faz nos olhos. **4.** Contemplar, observar. **5.** Distinguir, divisar. **6.** Ser testemunha. **7.** Examinar. **8.** Advertir. **9.** Idear, imaginar, conceber, projetar. **10.** Calcular. **11.** Recordar. **12.** Ponderar, deduzir. **13.** Antever. **14.** Apreciar. **15.** Visitar. **16.** Imaginar, fantasiar. *v.p.* **17.** Contemplar-se, reconhecer-se, achar-se num determinado estado, condição ou situação. **18.** Achar-se num lugar.

Ve.ra.ci.da.de *s.f.* **1.** Qualidade do que é veraz ou verdadeiro. **2.** Amor à verdade.

Ve.ra.cís.si.mo *adj.* *Sup.abs.sint.:* veraz.

Ve.ra-cru.za.no *adj.* **1.** Relativo à cidade mexicana de Vera Cruz. *s.m.* **2.** O natural ou habitante de Vera Cruz.

Ve.ra-cru.zen.se *adj.2g.* **1.** Relativo a Vera Cruz (SP). *s.2g.* **2.** Pessoa natural ou habitante dessa cidade e município.

Ve.ra-e.fí.gie *s.f.* Retrato fiel; cópia perfeita. ● *Pl.:* vera-efígies.

Ve.ra.ne.ar *v.int.* Passar o verão em lugar aprazível.

Ve.ra.nei.o *s.m.* Ato ou efeito de veranear.

Ve.ra.nen.se *adj.2g.* **1.** Relativo a Veranópolis (RS). *s.2g.* **2.** Pessoa natural ou habitante dessa cidade e município.

Ve.ra.ni.co *s.m.* **1.** Período de estiagem durante o tempo das chuvas. **2.** Verão ameno, com temperaturas não muito elevadas.

Ve.ra.nis.ta *s.2g.* Pessoa que está veraneando ou costuma veranear.

Ve.rão *s.m.* **1.** Estação do ano, que se segue à primavera (vai de 21 de dezembro a 21 de março, no hemisfério sul, e de 21 de junho a 21 de setembro no hemisfério norte). **2.** Estio; tempo quente. ● *Pl.:* verãos e verões. ● *Dim.:* veranito e veranico.

Ve.raz *adj.* **1.** Que diz a verdade. **2.** Verídico; verdadeiro, sincero. ● *Sup.abs.sint.:* veracíssimo.

Ver.ba *s.f.* **1.** Cada uma das cláusulas ou artigos de uma escritura ou de outro documento. **2.** Nota, apontamento. **3.** Comentário. **4.** Parcela da receita orçamentária, destinada a uma despesa. **5.** Quantia, dinheiro.

Ver.bal *adj.2g.* **1.** Relativo a verbo; oral. **2.** Que é de viva voz e não escrito.

Ver.ba.lis.mo *s.m.* **1.** Excesso de rigor verbal, em que as palavras têm primazia sobre as ideias. **2.** Ensino feito exclusivamente pela palavra, de forma meramente verbal. **3.** Tendência literária em que predomina o gosto da eloquência em detrimento da substância e sentido.

VERBALISTA — VEREDITO

Ver.ba.lis.ta *adj.2g.* **1.** Relativo ao verbalismo. *s.2g.* **2.** Pessoa que faz uso do verbalismo. **3.** Escritor ou escritora dada ao verbalismo.

Ver.ba.li.za.ção *s.f.* Ato ou efeito de verbalizar.

Ver.ba.li.za.dor *adj.* Que verbaliza.

Ver.ba.li.zar *v.t.* **1.** Tornar verbal. **2.** Expor por meio da palavra falada.

Ver.ba.li.zá.vel *adj.2g.* Que se pode verbalizar.

Ver.bas.co *s.m.* Nome dado a várias plantas, algumas das quais de propriedades medicinais.

Ver.be.na *s.f.* BOT Planta da qual se extrai um perfume muito agradável, ou se faz um licor ou uma infusão do mesmo nome.

Ver.be.ná.cea *s.f.* BOT Espécime das verbenáceas.

Ver.be.ná.ceas *s.f.pl.* BOT Família de plantas dicotiledôneas, que tem por tipo a verbena.

Ver.be.ná.ceo *adj.* Relativo à família das verbenáceas.

Ver.be.ra.ção *s.f.* Ato ou efeito de verberar.

Ver.be.ra.dor *adj.* Verberante.

Ver.be.ran.te *adj.2g.* Que verbera.

Ver.be.rar *v.t.* **1.** Flagelar, fustigar, açoitar. **2.** FIG Censurar, reprovar energicamente. *v.int.* **3.** Reverberar.

Ver.be.ra.ti.vo *adj.* Próprio para verberar ou flagelar.

Ver.be.tar *v.t.* **1.** Pôr em verbete(s). **2.** Fazer verbete(s) de.

Ver.be.te (ê) *s.m.* **1.** Nota, apontamento. **2.** Pequeno papel em que se escreve ou aponta. **3.** Num dicionário, o conjunto dos vários significados, explicações e exemplos concernentes a um vocábulo.

Ver.be.tis.ta *s.2g.* Pessoa que redige verbetes.

Ver.bi.a.gem *s.f.* Abundância de palavras supérfluas; palavreado, verborragia.

Ver.bo *s.m.* **1.** Palavra, principalmente a que traduz ideia de grande importância. **2.** GRAM Palavra que exprime ação, estado ou fenômeno, indicando o predicado que se atribui ao sujeito. **3.** Eloquência, elocução. ◆ *O Verbo Divino*, ou simplesmente o *Verbo: o filho de Deus*, a segunda pessoa da Santíssima Trindade. ◆ Deitar o verbo: falar.

Ver.bor.ra.gi.a *s.f.* **1.** PEJ Qualidade de quem fala ou discute com grande fluência ou abundância de palavras, mas com poucas ideias. **2.** Palavreado, palavrório.

Ver.bor.rá.gi.co *adj.* **1.** Afetado de verborreia. **2.** Em que há verborragia.

Ver.bor.rei.a *s.f.* Abundância e fluência de palavras, mas falta de ideias; verborragia.

Ver.bor.rei.co *adj.* Verborrágico.

Ver.bo.si.da.de *s.f.* Qualidade de fluxo das palavras.

Ver.bo.so (ô) *adj.* **1.** Abundante de palavras que pouco exprimem. **2.** Palavroso, loquaz; falador. **3.** Difuso, prolixo.

Ver.çu.do *adj.* **1.** Que tem muitas folhas. **2.** Peludo, cabeludo. **3.** Mal-encarado, carrancudo.

Ver.da.cho *adj.* **1.** Esverdeado. *s.m.* **2.** Tinta esverdeada.

Ver.da.de *s.f.* **1.** Qualidade pela qual as coisas se apresentam como realmente são. **2.** Conformidade com a realidade. **3.** Veracidade, autenticidade, exatidão. **4.** Representação fiel. **5.** Sinceridade; boa-fé. **6.** Axioma. **7.** Coisa verdadeira. **8.** Princípio certo. ● *Ant.:* mentira.

Ver.da.dei.ro *adj.* **1.** Em que há verdade. **2.** Conforme à verdade. **3.** Que realmente parece o que é. **4.** Exato, real. **5.** Genuíno, sincero. *s.m.* **6.** A verdade. **7.** O dever. ● *Ant.: falso.*

Ver.das.co *adj.* e *s.m.* Diz-se de, ou certa espécie de vinho verde muito ácido. **2.** Vinho entre maduro e verde.

Ver.de *adj.2g.* **1.** Que é da cor das ervas que ainda têm seiva. **2.** Que ainda não está maduro. **3.** Que não secá seco. **4.** Tenro, delicado. **5.** Fraco, débil. **6.** Novo, recente. **7.** Inexperiente, imaturo. **8.** Que luta pela ecologia. **9.** Diz-se do vinho feito de uvas pouco maduras. *s.m.* **10.** A cor verde. *s.2g.* **11.** Ecologista. **12.** Membro do Partido Verde (PV).

Ver.de.al *adj.2g.* De cor tirante a verde.

Ver.de.ar *v.int.* **1.** O mesmo que *verdejar*. **2.** FIG Tomar mate.

Ver.de.cer *v.int.* **1.** Tornar-se verde. **2.** Tomar cor verde.

Ver.de-cla.ro *adj.* e *s.m.* Verde-mar.

Ver.de-cré *s.m.* Verde sobre ouro. ● *Pl.: verdes-crés* ou *verdes-cré*.

Ver.de-gai.o *adj.* e *s.m.* Diz-se de, ou certa tonalidade verde-clara. ● *Pl.do s.: verdes-gaios*.

Ver.dei.a *s.f.* Vinho branco levemente esverdeado.

Ver.dei.o *s.m.* **1.** (S) Forragem verde para o cavalo. **2.** Ato de dar forragem ao cavalo. **3.** Ato de verdejar.

Ver.de.jan.te *adj.2g.* Que verdeja.

Ver.de.jar *v.int.* **1.** Tornar-se verde. **2.** Apresentar a cor verde. *v.t.* **3.** Dar cor verde a.

Ver.de.jo (ê) *s.m.* (S) Ato de verdejar; verdeio.

Ver.de.lha *s.f.* Nome comum a várias aves passeriformes da família dos emberezídeos, das regiões frias e temperadas.

Ver.de.lhão *s.m.* Ave passeriforme da família dos fringilídeos, de pequeno porte, cor verde e amarela, boa cantora.

Ver.de-mar *adj.* **1.** Que tem a cor entre o verde e o branco; verde-claro. *s.m.* **2.** A própria cor. ● *Pl.do s.: verdes-mares* e *verdes-mar*.

Ver.den.to *adj.* Esverdeado.

Ver.de-o.li.va *adj.* **1.** Que se assemelha à cor verde da azeitona. *s.m.* **2.** Essa cor. ● *Pl.do s.: verdes-olivas*.

Ver.de.te (ê) *s.m.* **1.** POP Nome dado ao acetato de cobre, por sua cor verde. **2.** Pigmento verde obtido do acetato de cobre. **3.** Certa casta de uva.

Ver.di.nho-co.ro.a.do *s.m.* Ave passeriforme da família dos vireonídeos. ● *Pl.: verdinhos-coroados*.

Ver.di.nho-da-vár.zea *s.m.* Ave passeriforme das Guianas, Venezuela e Amazônia, da família dos vireonídeos. ● *Pl.: verdinhos-da-várzea*.

Ver.do.en.go *adj.* Que ainda não está bem maduro; esverdeado.

Ver.do.len.go *adj.* Verdoengo.

Ver.dor (ô) *s.m.* **1.** Propriedade, estado ou estado do que é verde. **2.** Cor verde de vegetais. **3.** FIG Viço, vigor, força. **4.** Inexperiência.

Ver.do.so *adj.* **1.** Esverdeado. **2.** Um tanto verde.

Ver.du.go *s.m.* **1.** Aquele que aplica maus tratos. **2.** Carrasco, algoz. **3.** Indivíduo cruel, desumano. **4.** Espada sem gume, delgada e comprida. **5.** Pequena navalha pontiaguda. **6.** Parte saliente da chapa de trilho nas rodas dos vagões para impedir descarrilhamentos. **7.** NÁUT Friso ou cinta saliente ao longo da borda do navio.

Ver.du.ra *s.f.* **1.** Verdor. **2.** Cor verde das plantas. **3.** FIG Os vegetais, hortaliças. **4.** Viço, vigor. **5.** Mocidade. **6.** FIG Inexperiência, imperfeição.

Ver.du.ras *s.f.pl.* Atos ou sentimentos próprios da juventude.

Ver.du.rei.ro *s.m.* Vendedor de verduras.

Ve.re.a.ção *s.f.* **1.** Ato ou efeito de verear; vereamento. **2.** Cargo de vereador; vereança.

Ve.re.a.dor (ô) *s.m.* Membro de câmara municipal; edil.

Ve.re.a.men.to *s.m.* **1.** Vereação (acep. 1). **2.** Jurisdição dos vereadores.

Ve.re.an.ça *s.f.* **1.** Cargo de vereador; edilidade. **2.** A duração desse cargo.

Ve.re.ar *v.t.* **1.** Legislar como vereador. **2.** Exercer as funções de vereador.

Ve.re.cún.dia *s.f.* Vergonha.

Ve.re.cun.do *adj.* Vergonhoso.

Ve.re.da (ê) *s.f.* **1.** Caminho estreito. **2.** Atalho, senda. **3.** FIG Rumo, direção. **4.** Carreira. **5.** Ordem de vida. **6.** Grupo de matas cercadas de campo. **7.** Região fértil, abundante em vegetação. **8.** Várzea ao longo da margem de um rio. **9.** Planície. **10.** Clareira, nos lugares em que há vegetação rasteira.

Ve.re.dei.ro *s.m.* (N) Aquele que vive do cultivo da terra.

Ve.re.dic.to *s.m.* **1.** Resolução de júri, em causa criminal. **2.** Decisão de qualquer tribunal judiciário. **3.** Juízo pronunciado sobre qualquer matéria.

Ve.re.di.to *s.m.* Veredicto.

VERGA — VERMINOSE

Ver.ga (ê) *s.f.* **1.** Vara flexível e delgada. **2.** Fasquia. **3.** Barra delgada de metal. **4.** NÁUT Pau, no mastro a que se prende a vela do navio. **5.** Peça transversal na ombreira da porta, da janela etc. **6.** Sulco do arado na terra. **7.** Parte ântero-superior da entrada da chaminé. **8.** POP Fato, fatiota. **9.** CH O pênis.

Ver.ga.do *adj.* Dobrado, curvado.

Ver.ga.dor *adj.* Que verga ou faz vergar.

Ver.ga.du.ra *s.f.* Ato ou efeito de vergar.

Ver.gal *s.m.* Correia que prende as cavalgaduras ao carro.

Ver.ga.lha.da *s.f.* **1.** Golpe com vergalho; chicotada. **2.** POP Patifaria, velhacaria.

Ver.ga.lha.men.to *s.m.* Ato de vergalhar.

Ver.ga.lhão *s.m.* **1.** Grande vergalho. **2.** Barra de ferro comprida um tanto grossa, utilizada na construção civil.

Ver.ga.lhar *v.t.* Bater com vergalho ou azorrague; chicotear.

Ver.ga.lho *s.m.* **1.** Membro genital dos bois ou dos cavalos depois de cortado e seco. **2.** Chicote feito desse órgão. **3.** Chibata, azorrague. **4.** POP Velhaco, patife.

Ver.ga.me *s.m.* MARINH O conjunto de vergas de uma embarcação.

Ver.ga.mo.ta *s.f.* BOT Bergamota.

Ver.gão *s.m.* **1.** Grande verga. **2.** Vinco ou marca na pele, em particular se produzido por chibatada.

Ver.gar *v.t.* **1.** Dobrar em arco; curvar. **2.** FIG Comover, apiedar. **3.** Submeter, sujeitar. **4.** Abater, humilhar. **5.** Acostumar, habituar. *v.int.* **6.** Curvar-se, dobrar-se; torcer-se; inclinar-se. **7.** Ceder ao peso de alguma coisa. **8.** FIG Desfalecer, fraquejar. **9.** Ceder à influência de outrem. **10.** Submeter-se.

Ver.gas.ta *s.f.* **1.** Pequena verga. **2.** Vara delgada. **3.** Verdasca, chibata. **4.** POP Açoite, flagelo, castigo.

Ver.gas.ta.da *s.f.* **1.** Pancada com vergasta. **2.** FIG Açoite, chibatada.

Ver.gas.tar *v.t.* **1.** Açoitar com vergasta. **2.** Condenar com violência. **3.** Açoitar, fustigar.

Ver.gá.vel *adj.2g.* Que se pode vergar.

Ver.gel *s.m.* Jardim, pomar. ● *Pl.: vergéis.*

Ver.go.a.da *s.f.* Vinco produzido por vergão; vergão.

Ver.go.nha *s.f.* **1.** Pejo honesto. **2.** Sentimento de desgosto causado pela desonra. **3.** Rubor que o pejo produz nas faces. **4.** Insegurança, timidez, acanhamento. **5.** Dignidade, honra. **6.** Medo do ridículo. **7.** Ato indecoroso. **8.** Constrangimento resultante de desonra.

Ver.go.nhas *s.f.pl.* Os órgãos genitais externos do homem ou da mulher.

Ver.go.nhei.ra *s.f.* **1.** Grande vergonha. **2.** Série de vergonhas.

Ver.go.nho.sa *s.f.* BOT O mesmo que *sensitiva.*

Ver.go.nho.so (ô) *adj.* **1.** Que tem vergonha ou pejo. **2.** Pudico, tímido, acanhado. **3.** Que produz vergonha. **4.** Indecoroso, indigno, desonroso, infame. **5.** Obsceno, imoral.

Ver.gôn.tea *s.f.* **1.** Ramo tenro de árvores. **2.** Haste, rebento, broto, renovo.

Ver.gon.te.a.do *adj.* **1.** Semelhante a vergôntea. **2.** Que apresenta vergônteas.

Ver.gon.te.ar *v.t.* Lançar vergônteas.

Ver.guei.ro *s.m.* **1.** Cabo grosso ou cadeia de ferro que prende o leme de um navio. **2.** Cabo de madeira em alguns utensílios de ferro.

Ver.gue.ta (ê) *s.f.* HERÁLD. Pala estreita nos escudos.

Ver.gue.te.a.do *adj.* Que tem vergueta.

Ve.rí.di.ci.da.de *s.f.* Qualidade do que é verídico.

Ve.rí.di.co *adj.* **1.** Que diz a verdade. **2.** Veraz, exato, verdadeiro. **3.** Autêntico. ● *Ant.: inverídico.*

Ve.ri.fi.ca.bi.li.da.de *s.f.* Qualidade do que é verificável.

Ve.ri.fi.ca.ção *s.f.* **1.** Ato ou efeito de verificar; averiguação. **2.** Prova, demonstração. **3.** Cumprimento, realização.

Ve.ri.fi.ca.dor (ô) *adj.* **1.** Que verifica. *s. m.* **2.** Aquele que verifica. **3.** Funcionário aduaneiro que verifica a aplicação dos respectivos impostos às fazendas apresentadas a despacho.

Ve.ri.fi.car *v.t.* **1.** Examinar ou indagar a verdade de. **2.** Averiguar. **3.** Provar a verdade de. **4.** Confirmar, corroborar. *v.p.* **5.** Cumprir--se, efetivar-se, realizar-se.

Ve.ri.fi.ca.ti.vo *adj.* Próprio para verificar.

Ve.ri.fi.cá.vel *adj.2g.* Que se pode verificar.

Ve.ris.mo *s.m.* Escola artística e literária italiana (fins do séc. XIX), oriunda do realismo e do naturalismo; realismo artístico.

Ve.rís.si.mo *adj.* Muito verdadeiro; exato.

Ve.ris.ta *adj.* e *s.2g.* Diz-se de, ou artista ou escritor adepto do verismo.

Ver.lai.ni.a.no *adj.* Relativo ao poeta francês Paul Verlaine (1844-1896), ou à sua obra.

Ver.lân.cia *s.f.* Gênero (*Verlantia*) de plantas sapotáceas, de madeira resistente, originária do Marrocos.

Ver.me *s.m.* **1.** Designação genérica dos animais que se assemelham à minhoca. **2.** Nome dado aos parasitos que se desenvolvem nos corpos vivos. **3.** Animálculo intestinal; lombriga. **4.** Na crença popular, pequeno bicho que rói os cadáveres na sepultura. **5.** FIG Aquilo que mina ou corrói lentamente. **6.** FIG Pessoa vil, desprezível. ● *Dim.: vermículo.*

Ver.me-bran.co *s.m.* Larva do besouro. ● *Pl.: vermes-brancos.*

Ver.me-das-ma.çãs *s.m.* Certa lagarta. ● *Pl.: vermes-das-maçãs.*

Ver.me.lha.ço *adj.* Um tanto vermelho; avermelhado.

Ver.me.lhão *s.m.* **1.** Certa tinta vermelha. **2.** Ingrediente para avermelhar o rosto.

Ver.me.lhar *v.t.* **1.** Tornar vermelho; avermelhar. *v.int.* **2.** Ter cor vermelha. **3.** Apresentar cor vermelha.

Ver.me.lhe.cer *v.int.* Tornar-se vermelho.

Ver.me.lhi.dão *s.f.* **1.** Qualidade do que é vermelho. **2.** Cor vermelha. **3.** Afogueamento, rubor de face. ● *Ant.: palidez.*

Ver.me.lho (ê) *adj.* **1.** Encarnado muito vivo. **2.** Escarlate, rubro, muito corado. **3.** FIG Envergonhado. **4.** POP Revolucionário de esquerda.

Ver.me.lho-ce.re.ja *adj.* e *s.m.* Diz-se de, ou cor vermelha muito viva, como a da cereja. ● *Pl.* do *s.: vermelhos-cerejas* e *vermelhos--cereja.*

Ver.me.lhus.co *adj.* Um tanto vermelho; avermelhado.

Ver.mi.ci.da *adj.2g.* e *s.m.* Diz-se de, ou substância que mata ou destrói vermes.

Ver.mi.cu.la.do *adj.* **1.** Que tem ornamentos vermiformes. **2.** BOT Diz-se do órgão vegetal que apresenta saliência vermiforme.

Ver.mi.cu.lar *adj.2g.* **1.** Relativo a verme. **2.** Semelhante a verme, na forma ou no movimento.

Ver.mi.cu.lá.ria *s.f.* BOT Planta crassulácea, também chamada *sanguinária.*

Ver.mi.cu.la.ri.da.de *s.f.* Qualidade do que se apresenta como verme.

Ver.mi.cu.li.ta *s.f.* MINER Nome dado a vários minerais micáceos, incombustíveis e inalteráveis pela água, por isso usados como material isolante em paredes, assoalhos, tetos etc.

Ver.mí.cu.lo *s.m.* Verme pequeno.

Ver.mi.cu.lo.so *adj.* Vermiculado.

Ver.mi.cu.lu.ra *s.f.* Ornamento arquitetônico que imita os sulcos deixados pelos vermes na madeira.

Ver.mi.for.me *adj.2g.* Que tem forma ou aparência de verme.

Ver.mi.fu.go *adj.* e *s.m.* Diz-se de, ou produto que afugenta ou destrói os vermes; vermicida.

Ver.mi.lín.gue *adj.2g.* ZOOL Que tem língua estreita e viscosa como um verme.

Ver.mi.lín.gues *s.m.pl.* ZOOL Nome que também se dá ao grupo de mamíferos desdentados, a que pertence o tamanduá.

Ver.mi.na.ção *s.f.* Produção de vermes nos intestinos.

Ver.mi.na.do *adj.* **1.** Atacado de vermes. **2.** FIG Corroído, consumido.

Ver.mi.nal *adj.2g.* **1.** Relativo a vermes. **2.** Produzido por vermes.

Ver.mi.nar *v.int.* **1.** Criar vermes. **2.** FIG Corromper-se.

Ver.mi.nei.ra *s.f.* Lugar onde, por meio de fermentação de compostos orgânicos, se criam vermes para a alimentação de galinhas e de outras aves.

Ver.mi.no.se (ó) *s.f.* MED Doença provocada pelo acúmulo de vermes nos intestinos.

VERMINOSO — VERTEBRADOS

Ver.mi.no.so (ô) *adj.* 1. Cheio de vermes. 2. Causado, produzido por vermes.

Ver.mi.tar *v.int.* Rastejar como verme.

Ver.mí.vo.ro *adj.* Diz-se do animal que se alimenta de vermes.

Ver.mi.ze.la *s.f.* Verme da terra, nocivo às raízes das plantas.

Ver.mon.ti.ta *s.f.* Variedade de mispíquel.

Ver.mu.te *s.m.* Vinho com absinto e outras substâncias amargas que se toma como aperitivo.

Ver.na *s.2g.* Escravo(a) que nasceu em casa de seu senhor.

Ver.na.cu.li.da.de *s.f.* 1. Qualidade do que é vernáculo. 2. Pureza de linguagem.

Ver.na.cu.lis.mo *s.m.* Vernaculidade.

Ver.na.cu.lis.ta *adj. e s.2g.* Que, ou pessoa que escreve ou fala em língua vernácula.

Ver.na.cu.li.za.ção *s.f.* Ato ou efeito de vernaculizar.

Ver.na.cu.li.zar *v.t.* 1. Tornar vernáculo. 2. Exprimir em língua vernácula.

Ver.ná.cu.lo *adj.* 1. Próprio de um país ou de uma nação. 2. Nacional, pátrio. 3. FIG Genuíno, correto e puro. 4. Que mantém correção e pureza no falar e no escrever. *s.m.* 5. Idioma próprio de um país, sem mistura de palavras ou construções de outras línguas.

Ver.nal¹ *adj.2g.* 1. Relativo à primavera; primaveril. 2. Diz-se da planta que desabrocha na primavera.

Ver.nal² *adj.2g.* 1. Relativo a verna. 2. Próprio de escravo.

Ver.nis.sa.ge (fr.) *s.m.* 1. Dia que precede a abertura oficial de um salão de pintura, em que o artista ou os artistas dão a seus quadros a última demão de tinta. 2. Recepção dada por pintor, para marcar a abertura da mostra ao público.

Ver.nis.sa.gem *s.f.* Aport. do fr. *vernissage.*

Ver.niz *s.m.* 1. Solução de resina ou goma resinosa em álcool, destinada a polir a superfície de certos objetos. 2. Cabedal lustroso de que se faz calçado. 3. FIG Delicadeza, elegância. 4. Leves conhecimentos, ligeiras noções; tintura. 5. Embriaguez.

Ver.nô.nia *s.f.* Gênero (*Vernonia*) de plantas sinantéreas, herbáceas ou arbustivas.

Ve.ro *adj.* Verdadeiro, real. ● *Ant.: falso.*

Ve.ro.nen.se *adj. e s.2g.* Veronês.

Ve.ro.nês *adj.* 1. Relativo a Verona, cidade da Itália, no Vêneto. *s.m.* 2. O natural ou habitante dessa cidade e município.

Ve.rô.ni.ca *s.f.* 1. Pano em que, segundo a tradição, uma mulher de Jerusalém, chamada Verônica, enxugou o rosto de Jesus, cuja fisionomia ficou ali estampada. 2. Imagem do rosto de Cristo pintada ou estampada em pano.

Ver-o-pe.so *s.m.* Antiga casa onde se fiscalizava o peso dos gêneros submetidos à venda.

Ve.ros.sí.mil *adj.2g.* 1. Conforme à verdade. 2. Provável. 3. Que pode ser verdadeiro. 4. Provável, possível. ● *Ant.: inverossímil.* ● *Sup.abs.sint.: verossimílimo.*

Ve.ros.si.mi.lhan.ça *s.f.* Qualidade de verossímil.

Ve.ros.si.mi.lhan.te *adj.2g.* Verossímil.

Ve.ros.si.mí.li.mo *adj. Sup.abs.sint.: verossímil.*

Ve.ros.si.mi.li.tu.de *s.f.* ⇒ Verossimilhança.

Ver.ri.na *s.f.* 1. Cada um dos discursos pronunciados por Cícero, o maior dos oradores romanos (106-43 a.C.) contra o procônsul Verres (séc. II-I a. C.). 2. FIG Crítica apaixonada e violenta.

Ver.ri.nar *v.t. e int.* Pronunciar verrina contra.

Ver.ri.ná.rio *adj.* Relativo a verrina.

Ver.ri.nei.ro *adj. e s.m.* Que, ou aquele que faz verrinas.

Ver.ri.nis.ta *adj. e s.2g.* Verrineiro.

Ver.ri.no.so (ô) *adj.* Que tem caráter de verrina.

Ver.ru.cal *adj.2g.* Relativo a verruga.

Ver.ru.cá.ria *s.f.* BOT Gênero (*Verrrucaria*) de líquens da família das verrucariáceas, cosmopolita, que crescem sobre as pedras.

Ver.ru.ca.ri.á.ceas *s.f.pl.* BOT Família de líquens, cujo gênero típico é o *Verrucaria.*

Ver.ru.cí.fe.ro *adj.* Que apresenta verrugas.

Ver.ru.ci.for.me *adj.2g.* Que tem forma ou aspecto de verruga.

Ver.ru.ci.ta *s.f.* Silicato de alumínio, cálcio e sódio.

Ver.ru.co.si.da.de *s.f.* 1. Caráter ou qualidade de verrucoso. 2. Doença de plantas, que determina a formação de saliências verruciformes.

Ver.ru.co.so *adj.* 1. Verrucal. 2. Da natureza da verruga.

Ver.rú.cu.la *s.f.* Excrescência semelhante a uma verruga.

Ver.ru.ga *s.f.* Pequena excrescência na pele de aspecto e consistência calosa, provocada por um vírus com DNA.

Ver.ru.ga do pe.ru *s.f.* MED Erupção verrucosa, acompanhada de febre.

Ver.ru.go.so (ô) *adj.* 1. Que tem verrugas. 2. Cheio de verrugas; verruguento.

Ver.ru.guen.to *adj.* Verrugoso.

Ver.ru.ma *s.f.* Instrumento especialmente lavrado na ponta, próprio para fazer furos na madeira; broca.

Ver.ru.mão *s.m.* Verruma grande.

Ver.ru.mar *v.t.* 1. Furar com verruma. 2. Afligir, torturar. *v.int.* 3. Abrir furos com verruma.

Ver.sa.do *adj.* 1. Hábil pelo conhecimento especial, pela pratica que tem ou pela experiência. 2. Experimentado, perito, entendido.

Ver.sal *s.f.* TIP Letra maiúscula de cada um dos tipos do mesmo corpo.

Ver.sa.le.te (ê) *s.m.* TIP Versal de tipo miúdo.

Ver.sa.lha.da *s.f.* 1. PEJ Conjunto de maus versos. 2. Versos malfeitos ou insípidos.

Ver.sa.lhês *adj.* 1. De, ou relativo a Versalhes (fr. Versailles), na França. *s.m.* 2. O natural ou habitante de Versalhes.

Ver.são *s.f.* 1. Ato ou efeito de verter, de voltar. 2. Tradução literal. 3. Ato de passar de uma língua para outra. 4. Cada uma das diferentes explicações ou interpretações sobre um mesmo fato; interpretação. 5. Variante. 6. Boato. 7. Revolução de um astro.

Ver.sar¹ *v.t.* 1. Volver. 2. Manejar, praticar, exercitar, estudar, tratar. 3. Examinar, considerar. 4. Compulsar. 5. Passar de um vaso para outro. 6. Exercitar. 7. Adestrar. *v.int.* 8. Incidir. 9. Consistir, constar, ter por objeto. 10. Conviver.

Ver.sar² *v.t. e int.* Pôr em versos; versejar.

Ver.sa.ri.a *s.f.* PEJ Versalhada.

Ver.sá.til *adj.2g.* 1. Volúvel, inconstante. 2. Vário. 3. Diz-se de quem possui qualidades múltiplas e variadas num determinado gênero de atividades.

Ver.sa.ti.li.da.de *s.f.* Caráter ou qualidade do que é versátil.

Ver.se.ja.dor *adj.* 1. Que verseja. *s.m.* 2. Pessoa que faz versos, mas não possui inspiração de poeta.

Ver.se.ja.du.ra *s.f.* Ato ou efeito de versejar.

Ver.se.jar *v.t.* 1. Pôr em verso; rimar. *v.int.* 2. Fazer versos. 3. PEJ Fazer maus versos.

Ver.si.co.lor (ô) *adj.2g.* Que tem várias cores; matizado.

Ver.sí.cu.lo *s.m.* 1. Divisão de artigo ou parágrafo. 2. Cada um dos pequenos parágrafos numerados da Bíblia.

Ver.si.fi.ca.ção *s.f.* 1. Ato ou efeito de versificar ou versejar. 2. Maneira de fazer versos; metrificação.

Ver.si.fi.car *v.t. e int.* 1. Pôr em versos. 2. Compor versos; versejar.

Ver.sis.ta *adj.2g.* Que faz versos sem ter talento poético.

Ver.so *s.m.* 1. Conjunto de palavras cadenciadas sob certas regras de metrificação. 2. Gênero poético; versificação. 3. Qualquer composição poética. 4. Poema. 5. POP Quadra, estrofe. 6. Sutileza, indireta. 7. Página oposta à frente, reverso. ● *Opõe-se a anverso.* 8. Lado posterior.

Ver.sú.cia *s.f.* Qualidade de versuto.

Ver.sus (lat.) *prep.* Contra.

Ver.su.to *adj.* Sagaz, astuto.

Vér.te.bra *s.f.* ANAT Cada um dos ossos que constituem a espinha dorsal do homem e dos animais vertebrados.

Ver.te.bra.do *adj.* Provido de vértebras.

Ver.te.bra.dos *s.m.pl.* ZOOL Grande divisão do reino animal, que compreende os animais providos de vértebras.

VERTEBRAL — VESTIDURA

Ver.te.bral *adj.2g.* **1.** Relativo ou pertencente às vértebras. **2.** Composto de vértebras.

Ver.te.bra.li.da.de *s.f.* Qualidade do que é vertebral.

Ver.te.dor *adj.* **1.** Que verte; vertente. **2.** Vaso utilizado para despejar água. **3.** Em Portugal, o mesmo que *tradutor*.

Ver.te.du.ra *s.f.* **1.** Ato de verter. **2.** Líquido que transborda do vaso que o contém.

Ver.ten.te *adj.2g.* **1.** Que verte. **2.** De que se trata ou se discute. *s.f.* **3.** Declive de monte ou de montanha, por onde desce a água da chuva. **4.** Nascente de rio. **5.** Encosta. **6.** FIG Lado, tendência.

Ver.ter *v.t.* **1.** Fazer transbordar. **2.** Fazer correr (um líquido). **3.** Entornar, derramar; jorrar. **4.** Espalhar, difundir, esparzir. **5.** Traduzir literalmente. **6.** Traduzir da língua vernácula para outra. *v.int.* **7.** Derivar, brotar. **8.** Desaguar. **9.** Transbordar. **10.** Ressumar, rever. ◆ **Verter águas:** urinar. ◆ **Verter lágrimas:** chorar. ◆ **Verter sangue:** sofrer muito.

Ver.ti.cal *adj.2g.* **1.** Perpendicular ao plano do horizonte. **2.** Aprumado. **3.** Posto a pino. *s.f.* **4.** Linha reta ou vertical. ● *Ant.: horizontal.*

Ver.ti.ca.li.da.de *s.f.* Qualidade ou estado de vertical; aprumo.

Ver.ti.ca.li.za.ção *s.f.* Ato de verticalizar.

Ver.ti.ca.li.zar *v.t.* Tornar vertical; dar posição vertical a.

Vér.ti.ce *s.m.* **1.** O ponto culminante. **2.** Cume, pináculo. **3.** Cimo da cabeça (nos vertebrados). **4.** Ponto onde se juntam as duas linhas que formam ângulo. **5.** Ponto em que se reúnem os lados de uma pirâmide. ● *Ant.: base, sopé.*

Ver.ti.ci.da.de *s.f.* Tendência ou propriedade de um corpo para se dirigir mais para um lado que para outro.

Ver.ti.ci.flo.ro *adj.* BOT Diz-se das espigas que têm flores em verticilos.

Ver.ti.ci.la.do *adj.* BOT Diz-se dos órgãos dispostos em verticilo.

Ver.ti.ci.lo *s.m.* BOT Conjunto de folhas, flores ou peças florais, colocadas no mesmo nível.

Ver.ti.do *adj.* Que se verteu; entornado.

Ver.ti.gem *s.f.* **1.** Perturbação da mente repentina e em geral passageira, na qual temos a impressão de que todos os objetos giram em torno de nós. **2.** Tontura, desmaio, delíquio. **3.** FIG Tentação momentânea. **4.** Desejo irresistível. **5.** Ato impetuoso, irrefletido. **6.** Desvario.

Ver.ti.gi.nar *v.t.* Causar vertigem; perturbar.

Ver.ti.gi.no.si.da.de *s.f.* Qualidade de vertiginoso.

Ver.ti.gi.no.so (ô) *adj.* **1.** Que tem ou produz vertigens. **2.** Muito rápido. **3.** Que perturba a mente e a reflexão; perturbador.

Ve.ru.to *s.m.* Espécie de dardo usado pelos antigos romanos.

Ver.ve *s.f.* **1.** Calor da imaginação que anima o poeta, o orador, o artista, o escritor. **2.** Vivacidade de espírito. **3.** Graça, chiste.

Ve.sâ.nia *s.f.* Qualquer das formas de alienação mental; loucura.

Ve.sâ.ni.co *adj.* Relativo a vesânia.

Ve.sa.no *adj.* **1.** Que tem vesânia, que delira. **2.** Louco, demente, insensato.

Ves.co *adj.* Bom para se comer; comestível.

Ves.go (ê) *adj.* **1.** Que apresenta desvio involuntário do eixo visual, em um dos olhos ou em ambos. **2.** Estrábico, zarolho. **3.** FIG Oblíquo, torto. *s.m.* **4.** Indivíduo que tem estrabismo.

Vesguear *v.int.* Ser vesgo. **2.** Olhar de esguelha. **3.** FIG Ver mal.

Ves.gui.ce *s.f.* Estado de vesgo; estrabismo.

Ve.si.ca.ção *s.f.* MED Ato ou efeito de vesicar.

Ve.si.cal *adj.2g.* ANAT Relativo à bexiga; da bexiga.

Ve.si.can.te *adj.2g.* **1.** MED Que produz vesículas ou bolhas na pele; vesicatório. *s.m.* **2.** Substância vesicante.

Ve.si.car *v.t.* Produzir vesículas artificialmente em.

Ve.si.cá.ria *s.f.* Gênero (*Vesicaria*) de plantas crucíferas, constituído de ervas anuais perenes.

Ve.si.ca.tó.rio *adj.* Vesicante.

Ve.si.có.cli.se *s.f.* MED Lavagem da bexiga.

Ve.si.co.pros.tá.ti.co *adj.* Relativo à bexiga e à próstata.

Ve.si.cor.re.tal *adj.2g.* Relativo à vesícula e ao reto.

Ve.sí.cu.la *s.f.* **1.** ANAT Saco membranoso semelhante a pequena bexiga. **2.** MED Bolha, empola. **3.** Bexiga da bílis. ◆ **Vesícula biliar:** a que serve de reservatório da bílis. ◆ **Vesícula seminal:** a que serve de reservatório do esperma.

Ve.si.cu.lar *adj.* **1.** Semelhante a uma vesícula. **2.** Formado por vesícula.

Ve.si.cu.li.te *s.f.* MED Inflamação da vesícula seminal.

Ve.si.cu.lo.so (ô) *adj.* Que tem vesículas; vesicular.

Ve.si.cu.te.ri.no *adj.* Relativo à bexiga e ao útero.

Ves.pa *s.f.* **1.** Gênero de insetos semelhantes às abelhas, cujas fêmeas possuem ferrão venenoso. **2.** FIG Pessoa intratável.

Ves.pão *s.m.* Espécie de vespa grande da família dos himenópteros, que caçam aranhas e insetos.

Ves.pa.si.a.nen.se *adj.2g.* **1.** Relativo a Vespasiano (MG). *s.2g.* **2.** Pessoa natural ou habitante dessa cidade e município.

Ves.pei.ro *s.m.* **1.** Grande número de vespas. **2.** Ponto onde elas se ajuntam. **3.** FIG Lugar cheio de perigo ou incômodos.

Vés.per *s.m.* **1.** O planeta Vênus, quando é visto à tarde. **2.** Estrela vespertina (usa-se com maiúsc.: *Vésper*). **3.** FIG O ocidente, o ocaso, o poente.

Vés.pe.ra *s.f.* **1.** Dia que precede aquele de que se trata. **2.** Época, tempo que precede certos acontecimentos.

Ves.pe.ral *adj.2g.* **1.** Da tarde; relativo à tarde. *s.m.* **2.** Livro que contém as rezas denominadas *vésperas*. *s.f.* **3.** Espetáculo ou concerto que se realiza de tarde.

Vés.pe.ras *s.f.pl.* **1.** Orações que se rezam à tarde. **2.** Dias mais próximos de um acontecimento.

Ves.per.tí.lio *s.m.* MED Variedade de lupo eritematoso da face.

Ves.per.ti.li.o.ní.deo *adj.* **1.** ZOOL Relativo à família dos vespertilionídeos. *s.m.* **2.** Espécime dos vespertilionídeos.

Ves.per.ti.li.o.ní.deos *s.m.pl.* ZOOL Família de pequenos morcegos insetívoros.

Ves.per.ti.no *adj.* **1.** Relativo à tarde; da tarde. **2.** Que sucede à tarde. **3.** Que se publica à tarde. *s.m.* **4.** Jornal que se publica à tarde.

Ves.pí.deo *adj.* **1.** Relativo aos vespídeos. *s.m.* **2.** Inseto da família dos vespídeos.

Ves.pí.deos *s.m.pl.* Família de insetos himenópteros, a que pertencem vespas típicas negras e amarelas.

Ves.tal *s.f.* **1.** Sacerdotisa de Vesta, deusa do fogo. **2.** Mulher casta. **3.** Virgem, donzela.

Ves.ta.li.da.de *s.f.* Qualidade de vestal.

Ves.ta.li.no *adj.* Puro como uma vestal; imaculado.

Ves.te *s.f.* Vestuário, fato, traje.

Vés.tia *s.f.* **1.** Casaco curto e solto. **2.** Casaco de couro, usado pelos vaqueiros nordestinos; jaleco.

Ves.ti.a.ri.a *s.f.* Lugar onde se guardam as roupas de uma corporação ou de qualquer corpo coletivo: roupania.

Ves.ti.á.rio *s.m.* **1.** Lugar onde se guardam as vestes dos membros de um corpo coletivo e onde eles as trocam. **2.** Lugar onde se guardam chapéus e abrigos.

Ves.ti.bu.lan.do *adj. e s.m.* Diz-se de, ou estudante que se prepara para prestar exame vestibular.

Ves.ti.bu.lar *adj.2g.* **1.** Relativo a vestíbulo. **2.** Diz-se de exame necessário à matrícula nos cursos superiores. **3.** Diz-se do curso preparatório para esse exame, também chamado *pré-universitário*. *s.m.* **4.** Esse curso ou exame.

Ves.tí.bu.lo *s.m.* **1.** Entrada de edifício; pátio. **2.** Espaço entre a porta de entrada e a escadaria interna do edifício. **3.** Saguão. **4.** ANAT Cavidade da orelha interna.

Ves.ti.ção *s.f.* Ato ou efeito de vestir(-se).

Ves.ti.do *s.f.* **1.** Revestido, impregnado. **2.** Coberto com vestes ou roupas. *s.m.* **3.** Veste, vestuário. **4.** Vestimenta exterior feminina, em uma só peça.

Ves.ti.du.ra *s.f.* **1.** Tudo o que serve para vestir. **2.** Traje. **3.** Ato de tomar o hábito religioso.

V

VER / VES

VESTÍGIO — VIBRATÓRIO

Ves.tí.gio *s.m.* **1.** Marca ou sinal feito com os pés. **2.** Rasto, pegada. **3.** Mostra ou indício do que passou, do que sucedeu. **4.** Resquícios, restos, ruínas.

Ves.ti.men.ta *s.f.* **1.** O mesmo que *vestidura*. **2.** Os paramentos ou vestes sacerdotais em atos solenes.

Ves.tir *v.t.* **1.** Cobrir com vestes ou roupa. **2.** Pôr sobre si; usar (qualquer peça de vestuário). **3.** Dar ou fornecer vestuário a. **4.** Ajudar (alguém) a vestir-se. **5.** Usar como vestuário. **6.** Usar roupa de (certo tecido). **7.** Calçar (luvas). **8.** Fazer ou talhar fato para. **9.** FIG Cobrir, revestir, forrar. **10.** Adornar, enfeitar. **11.** Servir de adorno a. **12.** Tomar, adotar. **13.** Encobrir, disfarçar. **14.** Defender, resguardar. **15.** Trajar. *v.p.* **16.** Cobrir-se com roupa. **17.** Comprar roupas para seu uso. **18.** Pôr traje de sair. **19.** Aprontar--se, preparar-se. **20.** FIG Revestir-se, cobrir-se. **21.** Imbuir-se, impregnar-se, mascarar-se, disfarçar-se.

Ves.tu.á.rio *s.m.* **1.** Conjunto de peças de roupa. **2.** Fato, traje.

Ve.tar *v.t.* Opor veto a.

Ve.te.ra.no *adj.* **1.** Que envelheceu no serviço militar. **2.** Antigo. *s.m.* **3.** Soldado ou oficial reformado. **4.** Estudante mais antigo. **5.** Indivíduo traquejado numa atividade. ● *Ant.: calouro, novato.*

Ve.te.ri.ná.ria *s.f.* **1.** Conhecimento da anatomia e das doenças dos animais, especialmente dos domésticos. **2.** Medicina aplicada a esses animais.

Ve.te.ri.ná.rio *adj.* **1.** Relativo à Veterinária. *s.m.* **2.** Indivíduo que estudou a arte e técnica de curar os animais.

Ve.to *s.m.* **1.** Proibição. **2.** Direito do Executivo de recusar uma lei votada pelo Legislativo. ● *Ant.: sanção.*

Ve.tor (ô) *s.m.* **1.** Inseto (mosquito, carrapato etc.) que transmite doenças de um hospedeiro a outro. **2.** O que leva ou conduz; portador, condutor. **2.** Segmento de reta orientado para indicar direção e sentido de uma força.

Ve.tus.tez *s.f.* Qualidade do que é vetusto.

Ve.tus.to *adj.* **1.** Muito velho. **2.** Antigo. **3.** Respeitável pela idade; venerável. **4.** PEJ Ultrapassado, obsoleto.

Véu *s.m.* **1.** Tecido fino e transparente, usado pelas mulheres para cobrir o rosto ou como adorno. **2.** Tecido fino com que se cobre pessoa ou coisa. **3.** Mantilha de freira. **4.** Amargura. ◆ **Véu palatino:** membrana que separa a boca das cavidades nasais.

Ve.vui.a *s.f.* Espécie de juriti.

Ve.xa.ção *s.f.* Ato ou efeito de vexar; vexame.

Ve.xa.do *adj.* **1.** Envergonhado, ruborizado. **2.** (NE) Apressado.

Ve.xa.me *s.m.* **1.** Aquilo que vexa; vexação. **2.** Grande vergonha; pudor, pejo.

Ve.xan.te *adj.2g.* Que vexa; vexatório.

Ve.xar *v.t.* **1.** Causar tormento a. **2.** Afligir, maltratar. **3.** Oprimir, molestar. **4.** Envergonhar, humilhar. **5.** (NE) Apressar. *v.p.* **6.** Envergonhar-se. **7.** (NE) Apressar-se.

Ve.xa.ti.vo *adj.* Próprio para vexar.

Ve.xa.tó.rio *adj.* Que causa vexame.

Ve.xi.lo (cs) *s.m.* Bandeira, estandarte.

Vez (ê) *s.f.* **1.** Cada um dos momentos em que um fato se dá. **2.** Cada uma das ocasiões em que se faz ou pode fazer uma coisa. **3.** Turno. **4.** Oportunidade, ensejo, hora, época. ◆ **Uma vez que:** já que, visto que.

Ve.zei.ro *adj.* Que tem vezo ou costume (de fazer uma coisa); reincidente. ◆ Cf. *useiro*.

Ve.zo (ê) *s.m.* **1.** Costume vicioso. **2.** Hábito censurável. **3.** Qualquer hábito ou costume.

VHF 1. Sigla do ing. *very high frequency*, frequência muito elevada.

Vi.a *s.f.* **1.** Caminho ou estrada que conduz de um lugar a outro. **2.** Direção. **3.** Meio de comunicação. **4.** Canal (no organismo humano). **5.** Espaço entre carris. **6.** Modo, meio, sistema. **7.** Exemplar de uma letra ou documento comercial. ◆ **Via férrea:** estrada de ferro. ◆ **Vias de fato:** agressões, ferimentos. ◆ **Em vias de:** prestes a.

Vi.a.bi.li.da.de *s.f.* Qualidade do que é viável.

Vi.a.bi.li.za.ção *s.f.* Ato ou efeito de viabilizar.

Vi.a.bi.li.zar *v.t.* Tornar viável, realizável, exequível.

Vi.a.ção *s.f.* **1.** Modo de andar ou de comunicar de um lugar para outro. **2.** Conjunto de estradas ou caminhos. **3.** Serviço de veículos para uso público.

Vi.a-crú.cis *s.f.* **1.** Via-sacra. **2.** Grave provação; conjunto de terríveis experiências. ● *Pl.: vias-crúcis.*

Vi.a.dor (ô) *s.m.* Aquele que viaja; passageiro.

Vi.a.du.to *s.m.* **1.** Ponte que liga as duas vertentes que formam um vale etc. **2.** Ponte sobre rua, avenida, estrada etc.

Vi.a.gei.ro *adj.* **1.** Relativo a viagem. **2.** Que está sempre a viajar. *s.m.* **3.** Aquele que viaja; viajor.

Vi.a.gem *s.f.* Ato de ir de um lugar mais ou menos afastado a outro. **2.** Percurso extenso.

Vi.a.ja.do *adj.* Que faz longas viagens.

Vi.a.jan.te (ô) *adj.* e *s.m.* Que, ou aquele que viaja habitualmente. **Vi.a.jan.te** *adj.2g.* **1.** Que viaja. *s.2g.* **2.** Pessoa que viaja. **3.** Vendedor que viaja em nome de uma casa comercial ou indústria.

Vi.a.jar *v.int.* **1.** Fazer viagem. *v.t.* **2.** Percorrer em viagem; visitar.

Vi.a.jor *s.m.* Viajante, viageiro.

Vi.an.da *s.f.* **1.** Qualquer tipo de alimento. **2.** (RS) Marmita.

Vi.an.dan.te *adj.2g.* Diz-se de, ou pessoa que viaja, em especial a pé; andarilho..

Vi.an.dar *v.int.* Viajar, peregrinar.

Vi.an.das *s.f.pl.* Guisados, assados; iguarias.

Vi.an.dei.ro[1] *s.m.* Aquele que vianda; viandante.

Vi.an.dei.ro[2] *adj.* e *s.m.* **1.** Que ou aquele que gosta de vianda. **2.** Comilão, glutão.

Vi.a.nês *adj.* Relativo a Viana do Castelo, Portugal. *s.2g.* **2.** Pessoa natural ou habitante de Viana do Castelo.

Vi.a.no.po.li.ta.no *adj.* **1.** Relativo a Vianópolis (GO). *s.m.* **2.** O natural ou habitante dessa cidade e município.

Vi.á.rio *adj.* Relativo a viação.

Vi.a-sa.cra *s.f.* **1.** Série de cruzes e quadros, em número de catorze, colocados de espaço a espaço, nas igrejas, representando cenas da Paixão de Cristo. **2.** FIG Sacrifício, padecimento. ● *Pl.: vias-sacras.*

Vi.á.ti.co *s.m.* Sacramento da comunhão administrado ao enfermo em sua casa.

Vi.a.tu.ra *s.f.* **1.** Qualquer veículo. **2.** Meio de transporte; veículo para um dado serviço.

Vi.á.vel *adj.* **1.** Que pode ser percorrido (caminho). **2.** Que não oferece obstáculos. **3.** Que tem condições para viver. **4.** Exequível. ● *Ant.: inviável.*

Ví.bi.ce *s.m.* MED Efusão sanguínea linear subcutânea.

Ví.bo.ra *s.f.* **1.** Nome comum a répteis ofídios peçonhentos. **2.** Pessoa ruim, de mau gênio ou de língua maligna, traiçoeira, perigosa como esses répteis.

Vi.bra.ção *s.f.* **1.** Ato ou efeito de vibrar. **2.** FÍS Movimento alternativo e rápido das moléculas de um corpo. **3.** Movimento vibratório, oscilação. **4.** Animação, entusiasmo, agitação. **5.** Clima emocional.

Vi.bra.dor *adj.* e *s.m.* Diz-se de, ou o que vibra.

Vi.bra.fo.ne *s.m.* Tipo de marimba ('teclado') com placas de metal, cujos ressoadores são colocados em vibração por um motor elétrico.

Vi.bran.te *adj.2g.* **1.** Que vibra. **2.** FIG Bem timbrado; sonoro. **3.** FIG Que excita ou comove; tocante.

Vi.brar *v.int.* **1.** Estremecer, palpitar. **2.** Produzir sons. **3.** Tanger, tocar, ecoar, soar. **4.** Comover-se. **5.** Sentir forte emoção. *v.t.* **6.** Fazer oscilar; agitar, mover. **7.** Brandir. **8.** Ferir, tanger, dedilhar. **9.** Fazer soar. **10.** Arremessar.

Vi.brá.til *adj.2g.* Fácil de vibrar. ● *Pl.: vibráteis.*

Vi.bra.ti.li.da.de *s.f.* Qualidade do que é vibrátil.

Vi.bra.to *s.m.* Efeito em execução vocal, em instrumentos de arco ou flauta, que consiste numa oscilação de altura (frequência) em torno da nota principal.

Vi.bra.tó.rio *adj.* **1.** Vibrante. **2.** Que tem ou produz vibração. **3.** Acompanhado de vibração.

VIBRIÃO — VIDEOCOMUNICAÇÃO

Vi.bri.ão *s.m.* Gênero de bactérias móveis, curtas e rígidas, em forma de bastonete recurvo.

Vi.bris.sas *s.f.pl.* ANAT Pelos que crescem nas cavidades nasais.

Vi.bris.si.for.me *adj.* Diz-se dos pelos sensoriais, especialmente das vibrissas.

Vi.brô.me.tro *s.m.* Instrumento destinado a medir as vibrações mecânicas.

Vi.bur.no *s.m.* Nome comum de dois arbustos da família das caprifoliáceas, cultivados no Brasil como ornamentais.

Vi.ça.do *adj.* BOT Que tem muito viço.

Vi.çar *v.int.* 1. Vicejar. 2. FIG Desenvolver-se; alastrar-se, aumentar. 3. Medrar.

Vi.ca.ri.al *adj.2g.* Relativo a vigário ou a vicariato.

Vi.ca.ri.a.to *s.m.* 1. Cargo de vigário. 2. Tempo de duração desse cargo.

Vi.cá.rio *adj.* 1. Que substitui ou faz as vezes de. 2. Diz-se do verbo que se usa para evitar a repetição de outro.

Vi.ce- ou **vis-** *pref.* 'Cargo baixo de': *vice-prefeito, visconde.*

Vi.ce *s.2g.* 1. Suplente oficial, esp. em cargos de direção. 2. O segundo colocado.

Vi.ce-al.mi.ran.te *s.m.* 1. Posto da hierarquia da Marinha, entre o de contra-almirante e o de almirante de esquadra. 2. Numa esquadra, navio que arvora o pavilhão do vice-almirante. ● *Pl.: vice-almirantes.*

Vi.ce-cam.pe.ão *adj.* 1. Diz-se do atleta ou clube esportivo que se classifica logo após o campeão. *s.m.* 2. Esse atleta ou esse clube esportivo. ● *Fem.: vice-campeã.* ● *Pl.: vice-campeões.*

Vi.ce-chan.ce.ler *s.m.* 1. Substituto do chanceler. 2. Cardeal--presidente da Cúria Romana para o despacho de bulas ou breves apostólicos. ● *Pl.: vice-chanceleres.*

Vi.ce-côn.sul *s.m.* Aquele que exerce as funções de cônsul na falta ou impedimento deste. ● *Pl.: vice-cônsules.*

Vi.ce-di.re.tor *s.m.* Substituto do diretor. ● *Pl.: vice-diretores.*

Vi.ce-go.ver.na.dor *s.m.* O que substitui o governador, em suas ausências ou impedimentos. ● *Pl.: vice-governadores.*

Vi.ce.jan.te *adj.2g.* Que viceja.

Vi.ce.jar *v.int.* 1. Vegetar exuberantemente. 2. Ter viço ou frescor. 3. FIG Brilhar. *v.t.* 4. Dar viço a. 5. Fazer brotar com exuberância. ● *Ant.: murchar.*

Vi.ce.jo (ê) *s.m.* Ato ou efeito de vicejar.

Vi.ce.nal *adj.2g.* Que ocorre de 20 em 20 anos.

Vi.cen.ci.a.no *adj.* 1. Relativo a São Vicente de Minas (MG). *s.m.* 2. O natural ou habitante dessa cidade e município.

Vi.cê.nio *s.m.* Período de vinte anos.

Vi.ce-pre.fei.to *s.m.* Aquele que exerce as funções de prefeito, na falta ou impedimento deste; subprefeito. ● *Pl.: vice-prefeitos.*

Vi.ce-pre.si.dên.cia *s.f.* Cargo de vice-presidente. ● *Pl.: vice--presidências.*

Vi.ce-pre.si.den.te *s.m.* Substituto do presidente. ● *Pl.: vice--presidentes.*

Vi.ce-rei *s.m.* Aquele que governa um Estado dependente de um reino. ● *Pl.: vice-reis.*

Vi.ce-rei.na.do *s.m.* 1. Cargo de vice-rei. 2. Território governado por um vice-rei. ● *Pl.: vice-reinados.*

Vi.ce-rei.no *s.m.* Reino governado por um vice-rei. ● *Pl.: vice--reinos.*

Vi.ce-rei.tor *s.m.* Substituto do reitor. ● *Pl.: vice-reitores.*

Vi.ce-rei.to.ri.a *s.f.* 1. Cargo de vice-reitor. 2. Tempo de duração desse cargo. 3. Lugar onde o vice-reitor exerce suas funções. ● *Pl.: vice-reitorias.*

Vi.ce-ver.sa *adv.* Reciprocamente; em sentido inverso.

Vi.ci.a.ção *s.f.* Ato ou efeito de viciar(-se).

Vi.ci.a.do *adj.* 1. Que tem vício ou defeito. 2. Adulterado, impuro, estragado. 3. Diz-se de dado, roleta etc. adulterados para dar determinado resultado. *s.m.* 4. Indivíduo viciado.

Vi.ci.ar *v.t.* 1. Corromper, depravar (física ou moralmente). 2. JUR Tornar nulo. 3. Falsificar, adulterar (um documento, um texto, bebida etc.). 4. Seduzir. 5. Perverter. *v.p.* 6. Corromper-se, perverter-se, depravar-se. 7. Adquirir vício.

Vi.ci.nal *adj.2g.* 1. Vizinho, adjacente. 2. Próximo (falando de caminhos, estradas etc.). 3. Diz-se da estrada que faz a ligação de pequenos povoados.

Ví.cio *s.m.* 1. Defeito. 2. Imperfeição moral, costume censurável. 3. Ação indecorosa que se pratica por hábito. 4. Prática de hábitos prejudiciais à saúde. 5. Desmoralização. 6. Imperfeição grave; erro, defeito. 7. Costume censurável. 8. Deformidade física. 9. Constituição orgânica defeituosa.

Vi.ci.o.so (ô) *adj.* 1. Que tem vícios; corrompido. 2. Falseado, adulterado. 3. Que é contrário a certos preceitos ou regras. 4. Que tem vícios graves. 5. Desmoralizado.

Vi.cis.si.tu.de *s.f.* 1. Alternância, mudança de coisas sucessivas. 2. Diversidade de coisas que se sucedem. 3. Variação, alteração. 4. Revés, contratempo. 5. Eventualidade, acaso.

Vi.cis.si.tu.di.ná.rio *adj.* Sujeito a vicissitudes.

Vi.ço *s.m.* 1. Força vegetativa das plantas. 2. Verdor, vigor. 3. Força. 4. Exuberância de vida. 5. Frescor. 6. Florescência. 7. FIG Carinho excessivo; mimo. 8. Bravura ou ardor de certos animais, resultante de descanso e bom tratamento.

Vi.ço.sen.se¹ *adj.2g.* 1. Relativo a Viçosa (AL). *s.2g.* 2. Pessoa natural ou habitante dessa cidade e município.

Vi.ço.sen.se² *adj.2g.* 1. Relativo a Viçosa (MG). *s.2g.* 2. Pessoa natural ou habitante dessa cidade e município.

Vi.ço.sen.se³ *adj.2g.* 1. Relativo a Viçosa do Ceará (CE). *s.2g.* 2. Pessoa natural ou habitante dessa cidade e município.

Vi.ço.so (ô) *adj.* 1. Que tem viço. 2. Mimoso, tenro.

Vi.cu.nha *s.f.* 1. Quadrúpede ruminante dos Andes que produz lã muito fina. 2. Tecido dessa lã.

Vi.da *s.f.* 1. O fato de viver. 2. Estado de atividade dos animais e das plantas. 3. Existência humana. 4. Atividade interna substancial, por meio da qual atua o ser onde ela existe. 5. Duração das coisas. 6. Existência. 7. União da alma com o corpo. 8. Tempo que decorre entre o nascimento e a morte. 9. Ocupação, emprego, profissão. 10. Alimentação, subsistência. 11. Vitalidade. 12. Animação em composições literárias ou artísticas. 13. Animação, entusiasmo, expressão viva e animada. 14. Fundamento, essência. 15. Causa, origem.

Vi.dal-ra.men.se *adj.2g.* 1. Relativo a Vidal Ramos (SC). *s.2g.* 2. Pessoa natural ou habitante dessa cidade e município.

Vi.de *s.f.* Vara ou braço de videira; bacelo.

Vi.dei.ra *s.f.* BOT Arbusto sarmentoso que produz a uva.

Vi.dei.ren.se *adj.2g.* 1. Relativo à Videira (SC). *s.2g.* 2. Pessoa natural ou habitante dessa cidade e município.

Vi.dên.cia *s.f.* Qualidade de vidente.

Vi.den.te *adj.2g.* 1. Que não é cego. 2. Que vê ou pretende ver aquilo que não existe ou que está para existir. 3. Profeta. 4. FIG Sagaz, perspicaz. *s.2g.* 5. Pessoa vidente. 6. Pessoa que supostamente é capaz de predizer o futuro.

Ví.deo *s.m.* 1. Parte visual de uma transmissão por televisão. 2. Num roteiro, indicação da parte que descreve a imagem. ● Opõe--se a *áudio.* 3. Tela de aparelho de televisão onde aparecem as imagens. 4. Televisor. 5. *Abrev.* de *vídeo.*

Vi.de.o.ar.te *s.f.* Forma de expressão artística que se utiliza do vídeo.

Vi.de.o.cas.sete *s.m.* 1. Cassete virgem ou gravado. 2. Cassete cuja fita foi gravada pelo processo de videoteipe. 3. Aparelho utilizado para reproduzir esse tipo de gravação.

Vi.de.o.cli.pe *s.m.* Vídeo feito especialmente para a promoção de uma música ou de seu(s) intérprete(s). ● Também se usa apenas *clipe.*

Vi.de.o.clu.be *s.m.* Clube que empresta aos associados filmes em vídeo.

Vi.de.o.co.mu.ni.ca.ção *s.f.* Forma de comunicação que ocorre pela transmissão e visualização de imagens.

VIDEOCONFERÊNCIA — VIL

Vi.de.o.con.fe.rên.cia *s.f.* Integração de sinais de vídeo, áudio e computador de diferentes locais, de forma que pessoas geograficamente dispersas possam falar e ver umas as outras, como se estivessem numa sala de conferência.

Vi.de.o.dis.co *s.m.* Disco em que se registram programas audiovisuais e cujo visionamento pode ser feito, através de um leitor de discos, numa tela de televisão.

Vi.de.o.fi.ta *s.f.* Fita de vídeo.

Vi.de.o.fo.to *s.f.* Processo de vídeo para a realização de imagens fixa em cores.

Video game (guei) (ing.) *s.m.* Aparelho e fita quer de jogo ou diversão, cuja ação se desenvolve numa tela de televisão. ● *Aport.*: *videogueime*.

Vi.de.o.la.pa.ros.co.pi.a *s.f.* Procedimento de endoscopia no qual se visualiza a cavidade abdominal por meio de uma videocâmera, sendo possível por meio dela realizar intervenção cirúrgica.

Vi.de.o.lo.ca.do.ra *s.f.* Loja onde se alugam filmes em DVD ou vídeo, mediante o pagamento de uma taxa diária.

Video maker (videoméiquer) (ing.) *s.m.* Profissional que se dedica à criação artística em vídeo.

Vi.de.o.te.ca *s.f.* **1.** Arquivo semelhante a uma biblioteca, onde se encontra vasto material de vídeo organizado e catalogado para consulta. **2.** Casa onde funciona uma videoteca.

Vi.de.o.tei.pe *s.m.* **1.** Gravação simultânea de som e imagem em fita magnética, para transmissão em televisão. **2.** Esse sistema de transmissão. ● *Abrev.*: VT, pl. VTs.

Vi.de.o.tex.to *s.m.* ou **vi.de.o.tex** *s.m.* Sistema eletrônico interativo em que os dados são transmitidos, de uma rede de computadores, por telefone ou televisão por cabo, ao televisor do assinante do serviço.

Vi.dra.ça *s.f.* **1.** Lâmina de vidro polido, para porta e janela. **2.** Caixilho com vidro.

Vi.dra.ça.ri.a *s.f.* Conjunto de vidraças de um edifício.

Vi.dra.cei.ro *s.m.* **1.** Aquele que corta, vende etc. vidros, espelhos e similares. **2.** Operário que coloca vidros em caixilhos. **3.** Fabricante ou vendedor de vidros.

Vi.dra.cen.to *adj.* **1.** Que tem aspecto de vidraça. **2.** Embaciado, vidrado.

Vi.dra.do *adj.* **1.** Coberto de substância vitrificável. **2.** Desprovido de brilho; embaciado. **3.** GÍR Fascinado, apaixonado.

Vi.dra.gem *s.f.* Ação ou operação de vidrar.

Vi.dra.lha.da *s.f.* Grande quantidade de vidros.

Vi.drar *v.t.* **1.** Revestir de substância vitrificável. **2.** Fazer perder o brilho; embaciar. *v.p.* **3.** Embaciar-se, perder o brilho (diz-se principalmente dos olhos). **4.** GÍR Fascinar-se, apaixonar-se.

Vi.dra.ri.a *s.f.* **1.** Fábrica de vidros. **2.** Estabelecimento onde se vendem vidros. **3.** Arte de fabricar vidros. **4.** Porção de vidros.

Vi.drei.ro *adj.* Relativo à fabricação e comércio de vidro.

Vi.dren.to *adj.* **1.** Que tem forma ou aparência de vidro. **2.** Quebradiço como vidro. **3.** Irascível.

Vi.dri.lhei.ro *s.m.* O que faz ou vende vidrilhos.

Vi.dri.lho *s.m.* Cada um dos pequenos tubos de vidro, que servem para bordados, ornatos etc.

Vi.dro *s.m.* **1.** Corpo sólido, duro e frágil, obtido pela fusão de areia com potassa ou soda. **2.** Lâmina de vidro para resguardar estampas, em que se preenche um caixilho. **3.** A lâmina de vidro de um espelho, de um relógio, de óculos. **4.** Coisa quebradiça. **5.** FAM Pessoa muito susceptível. ● Ser de vidro: ser frágil.

Vi.dro.so *adj.* Vidrento.

Vi.du.al *adj.2g.* Relativo à viuvez ou à pessoa viúva.

Vi.ei.ren.se¹ *adj.2g.* Relativo ao Padre Antônio Vieira (Lisboa, 1608 – Salvador, BA, 1697), orador sacro, missionário e diplomata português.

Vi.ei.ren.se² *adj.2g.* **1.** Relativo a Vieiras (MG). *s.2g.* **2.** Pessoa natural ou habitante dessa cidade e município.

Vi.e.la *s.f.* Rua estreita, beco.

Vi.e.nen.se *adj.2g.* **1.** De, ou relativo a Viena (capital da Áustria, na Europa). *s.2g.* **2.** Pessoa natural ou habitante de Viena.

Vi.e.nês *adj.* e *s.m.* Vienense.

Vi.és *s.m.* **1.** Direção oblíqua. **2.** Tira estreita de pano, cortada obliquamente. ● De viés: em diagonal, de esguelha.

Vi.et.con.gue *adj.* e *s.2g.* Nome dado ao sul-vietnamita, membro da Frente de Libertação Nacional (FLN), ligado ao governo do Vietnã do Norte.

Vi.et.na.mês *adj.* e *s.m.* Vietnamita.

Vi.et.na.mi.ta *adj.2g.* **1.** Relativo ou pertencente ao Vietnã, na Indochina (Ásia). *s.2g.* **2.** Pessoa natural ou habitante desse país. *s.m.* **3.** Língua falada no Vietnã.

Vi.ga *s.f.* Peça de ferro, concreto armado ou madeira, grossa e longa, para construções.

Vi.ga.men.to *s.m.* Conjunto das vigas de uma construção.

Vi.gar *v.t.* **1.** Assentar as vigas em. **2.** Pôr sobre vigas.

Vi.ga.ri.ce *s.f.* **1.** Ação própria de vigarista. **2.** Conto do vigário. **3.** Intrujice, logro, burla.

Vi.gá.rio *s.m.* **1.** Padre que substitui o pároco numa paróquia. **2.** Pároco. **3.** POP Indivíduo sabido, velhaco.

Vi.ga.ris.ta *s.m.* **1.** Aquele que, por meio do conto do vigário, tira dinheiro dos incautos. **2.** Espertalhão, trapaceiro, velhaco.

Vi.gên.cia *s.f.* **1.** Qualidade ou caráter do que está em vigor. **2.** Tempo durante o qual uma coisa vigora.

Vi.gen.te *adj.2g.* Que está em vigor; que vige. ● *Ant.: caduco.*

Vi.ger *v.int.* **1.** Valer. **2.** Estar em vigor; vigorar. ● *Ant.: caducar.*

Vi.gé.si.mo *num.* **1.** Num. ord. equivalente a vinte. **2.** Que, numa série de vinte, ocupa o último lugar. *s.m.* **3.** Cada uma das vinte partes iguais em que se divide um todo.

Vi.gi.a *s.f.* **1.** Ato ou efeito de vigiar. **2.** Estado de quem vigia. **3.** Vigília, insônia. **4.** Guarita. **5.** Atalaia. **6.** Orifício por onde se espreita. **7.** NÁUT Espia ou cabo com que se prende um barco a outro. **8.** Abertura pela qual entra luz nos camarotes dos navios. *s.m.* **9.** Aquele que vigia. **10.** Sentinela, guarda.

Vi.gi.a.do *adj.* Que está sendo sujeito à vigia; observado.

Vi.gi.ar *v.t.* **1.** Observar atentamente; espreitar. **2.** Estar atento a. **3.** Valer por. **4.** Preparar, aprontar. *v.int.* **5.** Estar acordado; velar. **6.** Estar atento, estar de sentinela. **7.** Cuidar. *v.p.* **8.** Precaver-se, acautelar-se.

Vi.gi.as *s.f.pl.* Parcéis, cachopos.

Vi.gi.en.se *adj.2g.* **1.** Relativo a Vigia (PA). *s.2g.* **2.** Pessoa natural ou habitante dessa cidade e município.

Ví.gil *adj.2g.* **1.** Que está acordado. **2.** Que está em vigília. **3.** Que vigia.

Vi.gi.lân.cia *s.f.* **1.** Ato ou efeito de vigiar(-se). **2.** Precaução, zelo.

Vi.gi.lan.te *adj.2g.* **1.** Que vigia. **2.** Cuidadoso, cauteloso, diligente. *s.2g.* **3.** Pessoa encarregada de vigiar.

Vi.gi.lar *v.t.* e *int.* Vigiar.

Vi.gí.lia *s.f.* **1.** Estado de quem fica desperto durante a noite, embora tenha sono. **2.** Falta de sono durante a noite. **3.** Vela, lucubração. **4.** Véspera de uma festa religiosa importante.

Vi.gor (ô) *s.m.* **1.** Força física ou moral. **2.** Vitalidade enérgica; intensidade. **3.** Poder de espírito. **4.** Eficácia, valor. **5.** Atuação. **6.** Força, robustez, energia. **7.** Atividade. **8.** Firmeza, determinação. ● *Ant.: fraqueza.*

Vi.go.ra.do *adj.* Robustecido, fortalecido.

Vi.go.ran.te *adj.2g.* Que vigora; fortificante.

Vi.go.rar *v.t.* **1.** Dar vigor a; fortalecer. **2.** Tornar mais enérgico. *v.int.* **3.** Adquirir vigor, força. **4.** Tornar-se robusto. **5.** Estar em vigor ou em vigência; viger.

Vi.go.ri.zar *v.t.* **1.** Dar vigor a; fortalecer. *v.p.* **2.** Tornar-se forte. **3.** Robustecer-se.

Vi.go.ro.so (ô) *adj.* **1.** Que tem vigor. **2.** Forte, robusto. **3.** Enérgico. ● *Ant.: fraco.*

V.I.H. *s.m.* (sigla) Vírus da Imunodeficiência Humana (denominação port. do vírus responsável pela AIDS).

Vil *adj.2g.* **1.** Obtido por baixo preço. **2.** Que tem pouco valor. **3.** Baixo, reles, desprezível, infame. *s.2g.* **4.** Pessoa desprezível. ● *Ant.: nobre.*

VID/VIL

VILA — VINÍCOLA

Vi.la *s.f.* **1.** Povoado de categoria imediatamente inferior à da cidade. **2.** Os habitantes dessa povoação. **3.** Casa de campo, de construção mais ou menos elegante. **4.** Rua, com uma série de casinhas iguais, de um lado só ou de ambos. **5.** Conjunto residencial popular.

Vi.la.be.len.se *adj.2g.* **1.** Relativo a Vila Bela da Santíssima Trindade (MT). *s.2g.* **2.** Pessoa natural ou habitante dessa cidade e município.

Vi.la.ne.la *s.f.* Canto pastoril, originária de Nápoles ou Veneza, em moda nos séculos XV e XVI.

Vi.la.ni.a *s.f.* **1.** Qualidade de vilão; vileza. **2.** Ação baixa, grosseira. **3.** Mesquinhez, avareza. ● *Ant.: nobreza.*

Vi.lão *adj.* **1.** Habitante de vila. **2.** FIG Rústico, grosseiro, rude. **3.** Plebeu. **4.** Mesquinho, avaro. **5.** Baixo, vil, abjeto, desprezível, sórdido. *s.m.* **6.** Aquele que nasceu ou mora numa vila. **7.** Camponês, rústico. **8.** FIG Indivíduo desprezível, vil. ● *Fem.: vilã, viloa.* ● *Pl.: vilões, vilãs e vilãos.* ● *Aum.: vilanzço e vilanaz.* ● *Ant.: nobre.*

Vi.la.re.jo (ê) *s.m.* **1.** Pequeno povoado ou vila; vilarelho, vilarinho. *adj.* Relativo a ou próprio de aldeia, pequeno povoado ou vila.

Vi.le.gi.a.tu.ra *s.f.* Temporada que as pessoas da cidade passam no campo, em estações de águas, praias etc., durante o verão; veraneio.

Vi.le.za (ê) *s.f.* **1.** Qualidade de vil. **2.** Ato vil. **3.** Baixeza, vilania, mesquinhez. ● *Ant.: nobreza.*

Vi.li.fi.car *v.t.* Tornar vil; aviltar.

Vi.li.for.me *adj.2g.* ZOOL Diz-se dos pelos mais curtos, em uma pelagem de três camadas.

Vi.li.pen.di.ar *v.t.* **1.** Tratar com vilipêndio. **2.** Considerar vil; desprezar.

Vi.li.pên.dio *s.m.* **1.** Ato ou efeito de aviltar. **2.** Grande humilhação.

Vi.li.pen.di.o.so *adj.* Desprezo por damos ao que julgamos vil. **4.** Desdouro, menoscabo. ● *Ant.: elogio, apreço.*

Vi.li.pen.di.o.so *adj.* Que encerra o vilipêndio.

Vi.lo.si.da.de *s.f.* **1.** Qualidade de viloso. **2.** Conjunto de pelos que cobrem uma superfície. **3.** BOT Saliência epidérmica, longa e fraca, dos vegetais.

Vi.lo.so *adj.* **1.** Coberto de pelos. **2.** Pubescente.

Vi.ma.ra.nen.se *adj.2g.* **1.** Relativo a Guimarães (MA). *s.2g.* **2.** Pessoa natural ou habitante dessa cidade e município.

Vi.me *s.m.* Vara flexível do vimeiro, de que se fazem cestos, móveis etc.

Vi.mei.ro *s.m.* Nome dado a certas plantas de varas flexíveis.

Vi.ná.ceo *adj.* **1.** Preparado ou misturado com vinho; víneo. **2.** Que tem o aspecto, a natureza ou a coloração do vinho.

Vi.na.grar *v.t.* e *p.* Avinagrar(-se).

Vi.na.gre *s.m.* **1.** Líquido resultante da fermentação ácida do vinho e que se emprega como condimento. **2.** Bebida azeda, desagradável. **3.** FIG Coisa áspera, azeda. **4.** Pessoa de índole áspera, de mau gênio. **5.** Avarento.

Vi.na.grei.ra *s.f.* Vasilha em que se prepara ou se guarda o vinagre.

Vi.na.grei.ro *s.m.* Fabricante ou vendedor de vinagre.

Vi.na.gre.ta (ê) *s.f.* FAM Vinho ordinário e um tanto azedo.

Vi.na.gre.te (é) *s.m.* Molho feito de vinagre, azeite de oliva, sal, cebola picada e pimenta-do-reino.

Vi.ná.rio *adj.* **1.** Relativo ao vinho. **2.** Que serve para conter vinho.

Vin.ca.do *adj.* **1.** Que tem vinco; que se vincou. **2.** FIG Bem pronunciado; bem marcado.

Vin.car *v.t.* **1.** Fazer vincos ou dobras em. **2.** Dobrar, enrugar.

Vin.cen.do *adj.* Que está para vencer (dívida).

Vin.ci.tu.ro *adj.* Que há de vencer.

Vin.co *s.m.* **1.** Marca ou sinal que fica em coisa que se dobrou. **2.** Aresta. **3.** Vestígio deixado por pancada, aperto de cordão, unhada etc. **4.** Sulco, vergão, arganel. **5.** Brinco.

Vin.cu.la.ção *s.f.* Ato ou efeito de vincular(-se); relação, vínculo.

Vin.cu.la.do *adj.* **1.** Que tem a natureza de vínculo. **2.** Que se vinculou.

Vin.cu.la.dor *adj.* e *s.m.* Que, ou o que vincula.

Vin.cu.lar¹ *adj.2g.* Relativo a vínculo.

Vin.cu.lar² *v.t.* **1.** Ligar, prender com vínculos. **2.** Prender. **3.** Firmar a posse de. **4.** Sujeitar, obrigar. **5.** Ligar, prender moralmente. **6.** Anexar. *v.p.* **7.** Ligar-se, unir-se. **8.** Prender-se moralmente.

Vín.cu.lo *s.m.* **1.** Laço, atilho. **2.** Tudo que ata, une ou aperta. **3.** FIG Ligação ou laço moral. **4.** Gravame, ônus. **5.** Nexo. subordinação; relação.

Vin.da *s.f.* **1.** Ato ou efeito de vir. **2.** Chegada, aparecimento. **3.** Regresso. ● *Ant.: ida.*

Vin.di.ca.ção *s.f.* **1.** Ato ou fato de vindicar. **2.** Reclamação. **3.** ANTIG Vingança, castigo.

Vin.di.car *v.t.* **1.** Reclamar em nome da lei. **2.** Exigir a restituição de. **3.** Reivindicar. **4.** Reaver, recuperar.

Vin.di.ca.ti.vo *adj.* Que se pode vindicar.

Vin.di.ce *adj.* e *s.2g.* Diz-se de, ou indivíduo vingador, defensor.

Vin.di.ma *s.f.* **1.** Colheita de uvas. **2.** Tempo em que se realiza a colheita da uva. **3.** FIG Colheita.

Vin.di.mar *v.t.* **1.** Fazer a vindima de. **2.** Colher as uvas de. **3.** FIG Colher, ceifar. **4.** Destruir, dizimar. **5.** POP Matar.

Vin.di.ta *s.f.* **1.** Punição legal. **2.** Vingança, retaliação.

Vin.do *adj.* **1.** Que veio ou chegou. **2.** Originário, proveniente.

Vin.dou.ro *adj.* Que há de vir; futuro.

Vin.dou.ros *s.m.pl.* As gerações futuras; a posteridade.

Vin.ga.dor *adj.* **1.** Que vinga. *s.m.* **2.** O que vinga. **3.** Aquilo que serve para vingar.

Vin.gan.ça *s.f.* **1.** Ato ou efeito de vingar. **2.** Desforra, represália. **3.** Castigo, punição.

Vin.gar *v.t.* **1.** Tirar desforra. **2.** Desapontar, dar satisfação. **3.** Punir, castigar. **4.** Conseguir seu fim. **5.** Ter bom êxito. **6.** Crescer, medrar. **7.** Prosperar, desenvolver-se (vencendo obstáculos). *v.int.* **8.** Ter bom êxito; dar certo. **9.** Criar-se, sobreviver. **10.** Crescer, desenvolver-se. *v.p.* **11.** Desapontar-se. **12.** Corresponder a uma ofensa ou injúria com outra. **13.** Declarar-se satisfeito, dar-se por contente com o mal acontecido ao inimigo.

Vin.ga.ti.vo *adj.* **1.** Que se vinga. **2.** Que se compraz em vingar-se. **3.** Em que há vingança.

Vi.nha *s.f.* Plantação de videiras.

Vi.nha.ça *s.f.* **1.** Vinho ordinário. **2.** Bebedeira, embriaguez.

Vi.nha-d'a.lhos *s.f.2n.* Molho de vinho ou vinagre com alho, louro e pimenta.

Vi.nhal *s.m.* **1.** Lavoura cultivada com videiras. **2.** Área com plantação de uvas.

Vi.nha.ta.ri.a *s.f.* **1.** Cultura de vinhas. **2.** Fabricação de vinho.

Vi.nha.tei.ro *s.m.* **1.** Relativo à cultura da vinha. *s.m.* **2.** Cultivador de vinhas. **3.** Fabricante de vinhos.

Vi.nhá.ti.co *s.m.* **1.** BOT Árvore da família das leguminosas--mimosáceas de propriedades medicamentosas. **2.** Madeira dessa árvore, de cor amarela, de várias aplicações.

Vi.nhe.den.se *adj.2g.* **1.** Relativo a Vinhedo (SP). *s.2g.* **2.** Pessoa natural ou habitante dessa cidade e município.

Vi.nhe.do *s.m.* **1.** Grande terreno plantado de videiras. **2.** Vinha grande.

Vi.nhe.ta (ê) *s.f.* **1.** ANT Pequenos elementos decorativos desenhados por miniaturistas medievais nas margens dos manuscritos (cujos motivos provinham de plantas como a *videira* = *vignette*, em francês, dim. de *vigne*, *videira* ou *vinho*). **2.** Pequena estampa ou figura que se coloca no princípio ou fim de um livro, intercalada no texto, no princípio ou fim de qualquer divisão ou subdivisão dele, geralmente como ornato. **3.** Forma gráfica usada para caracterizar uma seção na página de jornal ou revista. **4.** Em televisão, imagens que são colocadas entre um programa e outro. **5.** Logotipo de emissora de televisão. **6.** Curta peça musical que, no rádio, serve para introduzir um programa ou marcar seu retorno após um intervalo.

Vi.nho *s.m.* **1.** Bebida feita com suco fermentado de uvas. **2.** Bebida feita com o suco de outras frutas. **3.** FIG Bebedeira, embriaguez.

Vi.ni.co *adj.* **1.** Relativo ao vinho. **2.** Proveniente do vinho.

Vi.ní.co.la *adj.2g.* Referente à vinicultura.

VINICULTOR — VIRGILIANO

Vi.ni.cul.tor (ô) *s.m.* Aquele que se dedica à vinicultura.

Vi.ni.cul.tu.ra *s.f.* Fabrico de vinhos.

Vi.ní.fe.ro *adj.* Que produz vinho.

Vi.ni.fi.ca.ção *s.f.* Arte de fabricar vinhos.

Vi.ni.fi.car *v.t.* Converter ou transformar uvas em vinho.

Vi.nil *s.m.* **1.** Plástico flexível, de que se faziam discos fonográficos. **2.** Esse disco.

Vi.no.lên.cia *s.f.* Estado ou qualidade de vinolento; embriaguez.

Vi.no.len.to *adj.* Que bebe muito vinho; ébrio.

Vi.no.so *adj.* **1.** Que produz vinho. **2.** Semelhante ao vinho.

Vin.te *num.* **1.** Duas vezes dez. **2.** Vigésimo. **3.** O número vinte. ♦ *Ord. e frac.:* vigésimo.

Vin.te e um *num.2n.* Certo jogo de baralho, em que ganha o jogador que fizer 21 pontos ou chegar mais próximo desse número.

Vin.tém *s.m.* **1.** Antiga moeda portuguesa e brasileira de cobre, equivalente a 20 réis. **2.** Dinheiro, tostão.

Vin.te.na *s.f.* **1.** Grupo de vinte (coisas ou pessoas). **2.** A vigésima parte.

Vi.o.la *s.f.* **1.** Instrumento musical análogo à guitarra, porém de som mais grave, cuja caixa tem forma de 8. **2.** Instrumento semelhante ao violino, de som mais grave. ♦ *Meter a viola no saco:* não ter o que contestar; calar-se.

Vi.o.la.bi.li.da.de *s.f.* Qualidade do que é violável.

Vi.o.la.ção *s.f.* **1.** Ato ou efeito de violar. **2.** Profanação, desonra.

Vi.o.lá.ceas *s.f.pl.* BOT Família de plantas dicotiledôneas que pertence à violeta.

Vi.o.lá.ceo *adj.* **1.** Relativo à família das Violáceas. **2.** Semelhante à, ou da cor da violeta. **3.** Roxo, arroxeado.

Vi.o.la.do *adj.* **1.** Infringido, transgredido. **2.** Forçado, violentado, profanado.

Vi.o.la.dor (ô) *adj. e s.m.* **1.** Que, ou aquele que viola. **2.** Transgressor, profanador.

Vi.o.lão *s.m.* Instrumento musical com a caixa de ressonância em forma de 8, como a viola, com seis cordas, que se ferem com os dedos.

Vi.o.lar *v.t.* **1.** Infringir, transgredir. **2.** Violentar. **3.** Estuprar, violentar. **4.** Conspurcar, profanar. **5.** Poluir. **6.** Divulgar (segredo). ♦ *Ant.:* respeitar.

Vi.o.la.tó.rio *adj.* Que encerra a ideia de violação.

Vi.o.lá.vel *adj.2g.* Que se pode violar. ♦ *Ant.:* inviolável.

Vi.o.lei.ro *s.m.* **1.** Tocador de viola e outros instrumentos de corda. **2.** Fabricante ou vendedor de viola.

Vi.o.lên.cia *s.f.* **1.** Qualidade ou caráter do que é violento; **2.** Abuso da força. **3.** Tirania, opressão. **4.** Veemência. **5.** Ação violenta. **6.** Constrangimento físico ou moral. **7.** Qualquer força empregada contra a vontade, liberdade ou resistência de pessoa ou coisa; coação. ♦ *Ant.:* brandura.

Vi.o.len.ta.do *adj.* **1.** Que sofreu violência. **2.** Constrangido.

Vi.o.len.tar *v.t.* **1.** Exercer violência contra. **2.** Coagir, constranger. **3.** Violar. **4.** Arrombar, forçar. **5.** Estuprar, deflorar. **6.** Torcer o sentido de. **7.** Alterar. **8.** Forçar a própria vontade. *v.p.* **9.** Constranger-se.

Vi.o.len.to *adj.* **1.** Que se exerce com ímpeto; impetuoso. **2.** Que abusa da força. **3.** Agitado, tumultuoso. **4.** Contrário à razão, à justiça. **5.** Resultante do emprego da força ou de algum brusco acidente. **6.** Que exige muita força. ♦ *Ant.:* manso.

Vi.o.le.ta (ê) *s.f.* **1.** BOT Planta muito cultivada em jardins. **2.** A flor dessa planta, apreciada por seu perfume suavíssimo. *adj.2g.2n.* **3.** Da cor da violeta; roxo. *s.m.* **4.** A cor violeta.

Vi.o.le.tei.ra *s.f.* **1.** Vendedora de violetas. **2.** BOT Planta da família das Violetáceas.

Vi.o.li.nis.ta *s.2g.* Pessoa que toca violino; violino.

Vi.o.li.no *s.m.* **1.** Instrumento musical de quatro cordas afinadas por quintas (*sol, ré, lá* e *mi*), tocadas com um arco. **2.** O tocador desse instrumento; violinista.

Vi.o.lis.ta *s.2g.* Pessoa que toca viola.

Vi.o.lon.ce.lis.ta *s.2g.* Pessoa que toca violoncelo.

Vi.o.lon.ce.lo *s.m.* **1.** Instrumento musical em forma de violino, porém de grandes dimensões, de quatro cordas (*dó, sol, ré, lá*), e que equivale ao barítono entre os instrumentos de sua classe. **2.** Pessoa que toca esse instrumento. **3.** Registro de órgãos e harmônios.

Vi.o.lo.nis.ta *s.2g.* Pessoa que toca violão.

Vip *s.2g.* **1.** (Do ing. *very important people*) Pessoa importante ou de grande prestígio. *adj.* **2.** Diz-se dessa pessoa ou de local reservado para ela: *sala vip.*

Vi.pe.ri.no *adj.* **1.** Relativo ou semelhante à víbora. **2.** FIG Venenoso, peçonhento. **3.** Mordaz, satírico. **4.** FIG Maldizente, perverso.

Vir *v.int.* **1.** Transportar-se (alguém), de um lugar para aquele em que se está. **2.** Andar para cá, chegar. **3.** Regressar. **4.** Descer. **5.** Transmitir através dos tempos. **6.** Intervir. **7.** Provir, voltar, proceder. **8.** Surgir, acontecer. **9.** Nascer, crescer, brotar.

Vi.ra *s.f.* **1.** Tira estreita de couro que se usa entre as solas do calçado. *s.m.* **2.** Dança e música popular portuguesa.

Vi.ra-bos.ta *s.m.* **1.** Pássaro canoro, também chamado *chopim* e *vira.* **2.** Espécie de besouro grande (vira-bosta). ♦ *Pl.:* vira-bostas.

Vi.ra.bre.quim *s.m.* Peça do motor que, com as bielas, transforma o movimento alternado do pistão em movimento de rotação.

Vi.ra.ção *s.f.* **1.** Vento brando e fresco. **2.** Brisa, aragem. **3.** Ato de imobilizar a tartaruga, virando-a de costas.

Vi.ra-ca.sa.ca *s.2g.* Pessoa que muda de partido, de ideias ou de opinião, segundo sua conveniência do momento. ♦ *Pl.:* vira-casacas.

Vi.ra.da *s.f.* **1.** Ato ou efeito de virar(-se). **2.** POP A última fase de uma competição, na qual o perdedor reage e passa a vencedor. **3.** Mudança radical em situação, atitude etc. **4.** Reviravolta.

Vi.ra.de.la (ê) *s.f.* Ato de virar.

Vi.ra.di.nho *s.m.* Iguaria feita de feijão, torresmo, farinha e ovos; virado.

Vi.ra.do *adj.* **1.** Posto às avessas. **2.** Que manifesta opinião diversa da que tinha. *s.m.* **3.** CUL Prato preparado com feijão, torresmo, costela de porco, ovo frito, couve etc.

Vi.ra.dou.ren.se *adj.2g.* **1.** Relativo a Viradouro (SP). *s.2g.* **2.** Pessoa natural ou habitante dessa cidade e município.

Vi.ra-fo.lha *s.2g.* Pessoa volúvel, que vive mudando de lado, de partido, de opinião. ♦ *Pl.:* vira-folhas.

Vi.ra.gem *s.f.* **1.** Ato ou efeito de virar. **2.** Primeiro banho nas provas fotográficas.

Vi.ra.go *s.f.* Mulher robusta ou de modos próprios de homem.

Vi.ral *adj.2g.* **1.** MED Relativo a vírus. **2.** Causado por vírus.

Vi.ra-la.ta *s.m.* **1.** Cão de rua, que se alimenta nas latas de lixo. **2.** Cão sem raça definida. ♦ *Pl.:* vira-latas.

Vi.rar *v.t.* **1.** Volver, voltar. **2.** Mudar de lado a direção ou a posição de. **3.** Voltar para trás ou para o lado. **4.** Pôr do avesso. **5.** Voltar para frente (o lado posterior). **6.** Despejar, bebendo. **7.** Dobrar. **8.** Rodear. **9.** Fazer mudar de opinião, de ideia, de partido. **10.** Mudar a direção de. **11.** Voltar (a um lado). **12.** Dirigir. **13.** Mudar de direção ou rumo; mudar. **14.** Tornar-se, transformar-se em. *v.p.* **15.** Voltar-se. rebelar-se. **16.** Dar voltas; agitar-se. **17.** Procurar, por seus próprios meios, superar dificuldades e complicações: *Estou desempregado, agora tenho que me virar pra continuar os estudos.* ♦ *Virar a casaca:* mudar de opinião.

Vi.ra.vol.ta *s.f.* **1.** Volta completa. **2.** Reviravolta. **3.** FIG Rodeio.

Vi.ra.vo.te.ar *v.int.* Dar voltas; girar.

Vi.re.mi.a *s.f.* MED Presença de vírus no sangue.

Vi.ren.te *adj.2g.* **1.** Verde. **2.** Que verdeja. **3.** FIG Próspero. **4.** Vigoroso, viçoso.

Vir.gem *adj.2g.* **1.** Que ainda não teve relações sexuais. **2.** Casto, puro. **3.** Inocente, ingênuo. **4.** Que nunca entrou em funcionamento. **5.** Diz-se da mata ainda não explorada. **6.** Diz-se da terra ainda não cultivada. **7.** Isento. *s.f.* **8.** Mulher que ainda não teve relações sexuais; donzela. **9.** Imagem da mãe de Cristo; madona. **10.** Signo do zodíaco.

Vir.gi.li.a.no *adj.* Relativo ao poeta épico latino Virgílio (70–19 a.C.) ou à sua obra; vergiliano.

VIRGILISTA — VISITAS

Vir.gi.lis.ta *adj.* e *s.2g.* Diz-se de, ou pessoa versada na obra do poeta latino Virgílio.
Vir.gi.nal *adj.2g.* **1.** Que se refere a virgem. **2.** Próprio de virgem. **3.** Puro, casto.
Vir.gin.da.de *s.f.* **1.** Qualidade ou estado de pessoa virgem. **2.** Pureza, castidade, candura.
Vir.gí.neo *adj.* Virginal.
Vir.gi.ni.a.no *adj.* e *s.m.* Diz-se de, ou o que nasceu sob o signo de Virgem (de 21 de agosto a 22 de setembro).
Vir.gi.ni.en.se *adj.2g.* **1.** Relativo a Virgínia (MG). *s.2g.* **2.** Pessoa natural ou habitante dessa cidade e município.
Vir.gi.nis.mo *s.m.* O preceito da virgindade.
Vir.gi.ni.zar *v.t.* Dar caráter de virgem a; purificar.
Vir.gi.no.po.li.ta.no *adj.* **1.** Relativo a Virginópolis (MG). *s.m.* **2.** O natural ou habitante dessa cidade e município.
Vir.go.lan.den.se *adj.2g.* **1.** Relativo a Virgolândia (MG). *s.2g.* **2.** Pessoa natural ou habitante dessa cidade e município.
Vir.go.la.pen.se *adj.2g.* **1.** Relativo a Virgem da Lapa (MG). *s.2g.* **2.** Pessoa natural ou habitante dessa cidade e município.
Vír.gu.la *s.f.* Sinal de pontuação (,) que indica a menor pausa que se faz na leitura.
Vir.gu.la.ção *s.f.* Ato de virgular.
Vir.gu.lar *v.t.* **1.** Pôr vírgula em. *v.int.* **2.** Usar vírgulas.
Vi.ri.ci.da *adj.2g.* Que extermina vírus.
Vi.ril *adj.2g.* **1.** Relativo ao homem. **2.** Próprio do homem. **3.** Varonil, másculo. **4.** Forte. **5.** Esforçado. **6.** Enérgico. ● *Ant.*: *feminil*.
Vi.ri.lha *s.f.* Ponto de junção da coxa com o ventre.
Vi.ri.li.da.de *s.f.* **1.** Qualidade de quem é viril. **2.** Idade do homem entre a adolescência e a velhice. **3.** Esforço, vigor, energia. **4.** Coragem.
Vi.ri.li.zar *v.t.* Tornar viril ou vigoroso.
Vi.ro.la *s.f.* Arco de metal ou de outra substância rija, para reforçar ou enfeitar um objeto etc.
Vi.ro.lo.gi.a *s.f.* Ramo da biologia que estuda os vírus.
Vi.ro.lo.gis.ta *s.2g.* Especialista em vírus e doenças provocadas por eles.
Vi.ro.se *s.f.* Doença causada por vírus.
Vi.ro.so *adj.* **1.** Que tem vírus. **2.** Prejudicial. **3.** Repugnante.
Vi.ró.ti.co *adj.* Relativo a vírus.
Vir.tu.al *adj.2g.* **1.** Que existe como potência ou faculdade, mas não como realização ou ato. **2.** Que tem existência aparente, não objetiva. **3.** Suscetível de se realizar. **4.** Potencial, possível. **5.** rís Diz-se do foco de uma lente ou espelho, determinado pelo encontro dos prolongamentos dos raios luminosos.
Vir.tu.a.li.da.de *s.f.* Qualidade ou caráter do que é virtual.
Vir.tu.a.lis.mo *s.m.* Força ou poder que alguém ou algo encerra em si, embora não o exerça.
Vir.tu.de *s.f.* **1.** Disposição habitual para o bem. **2.** Ato virtuoso. **3.** Retidão, probidade. **4.** Castidade, pudicícia. **5.** Boa qualidade moral. **6.** Eficácia. **7.** Capacidade para a produção de certos efeitos. **8.** Ânimo, valor, coragem. ◆ **Em virtude de**: em razão de, em consequência de.
Vir.tu.des *s.f.pl.* TEOL Um dos coros dos anjos.
Vir.tu.o.se (ô) *s.2g.* **1.** MÚS Músico de raro talento. **2.** Pessoa que alcança alto grau de perfeição técnica em uma arte ou atividade.
Vir.tu.o.sis.mo *s.m.* ou **vir.tu.o.si.da.de** *s.f.* **1.** A técnica e o talento do virtuose; virtuosismo. **2.** Grande habilidade técnica (em arte ou em geral).
Vir.tu.o.so (ô) *adj.* **1.** Que tem virtudes. **2.** Inspirado pela virtude; eficaz. **3.** Reto, íntegro. **4.** Puro, honesto. **5.** Excelente, belo.
Vi.ru.çu *s.m.* Certa variedade de ave.
Vi.ru.lên.cia *s.f.* **1.** Caráter ou qualidade de virulento. **2.** FIG Acrimônia, rancor.
Vi.ru.len.to *adj.* **1.** Que tem vírus ou é da natureza dele. **2.** Causado por um vírus. **3.** Peçonhento. **4.** Maligno. **5.** FIG Acrimonioso, violento, rancoroso.

Ví.rus *s.m.2n.* **1.** Agente infeccioso microscópico, responsável por várias doenças contagiosas (aids, gripe etc.). **2.** Programa oculto de computador, que, ativado num determinado dia, pode provocar danos em arquivos, outros programas etc.
Vis- *pref.* ⇒ Vice-.
Vi.sa.da *s.f.* Ato ou efeito de visar.
Vi.sa.do *adj.* Que foi submetido a visto (cheque, documento etc.).
Vi.sa.gem *s.f.* **1.** Fantasma, assombração. **2.** Aparição sobrenatural. **3.** Careta, esgar.
Vi.san.te *adj.2g.* Que visa.
Vi.são *s.f.* **1.** Ato ou efeito de ver. **2.** Percepção pelo órgão da vista. **3.** Aspecto. **4.** Aparição. **5.** Imagem vã que em sonhos ou por medo etc., as pessoas julgam ver. **6.** Aquilo que só tem existência no espírito de um alucinado. **7.** Penetração espiritual. **8.** Fantasia, quimera. **9.** Modo de ver ou entender uma coisa.
Vi.sar *v.t.* **1.** Dirigir o olhar para. **2.** Apontar arma de fogo contra. **3.** Pôr o sinal de visto em. *v.int.* **4.** Mirar. **5.** Propender, dispor-se, propor-se.
Vis-à-vis (fr.) *adv.* Em face, defronte.
Vís.ce.ra *s.f.* Qualquer grande órgão alojado na cavidade craniana, torácica ou abdominal.
Vis.ce.ral *adj.2g.* **1.** Relativo ou pertencente às vísceras. **2.** Emaranhado, profundo.
Vís.ce.ras *s.f.pl.* **1.** Os intestinos, as entranhas. **2.** FIG A parte interior de uma coisa; âmago.
Vis.co *s.m.* **1.** Planta parasita de árvores. **2.** Suco vegetal pegajoso, o mesmo que *visgo*. **3.** FIG Isca, engodo.
Vis.con.da.do *s.m.* Título ou dignidade de visconde ou viscondessa.
Vis.con.de *s.m.* **1.** Título nobiliárquico de categoria superior à de barão e inferior à de conde. **2.** Pessoa que tem esse título. ● *Fem.*: *viscondessa*.
Vis.con.des.sa (ê) *s.f.* **1.** Mulher de visconde. **2.** Mulher a quem se tenha sido conferido o título de viscondado.
Vis.co.si.da.de *s.f.* **1.** Qualidade de viscoso. **2.** Coisa viscosa ou pegajosa.
Vis.co.so (ô) *adj.* **1.** Que tem visco ou visgo; grudento. **2.** Pegajoso como visgo; gelatinoso.
Vi.sei.ra *s.f.* **1.** Parte do capacete da armadura que resguarda o rosto. **2.** Pala de boné. **3.** Pala que se põe na testa para proteger os olhos da luz. **4.** FIG Disfarce. **5.** POP Aspecto, cara.
Vi.seu.en.se *adj.2g.* **1.** Relativo a Viseu (PA). *s.2g.* **2.** Pessoa natural ou habitante dessa cidade e município.
Vis.ga.do *adj.* (BA) Preso com visgo.
Vis.go *s.m.* **1.** Suco vegetal pegajoso. **2.** Coisa que prende, que não sai. **3.** Coisa que seduz. **4.** FIG Engodo, isca, chamariz.
Vis.guen.to *adj.* Viscoso, pegajoso.
Vi.si.bi.li.da.de *s.f.* Qualidade ou estado de visível.
Vi.si.bi.li.zar *v.t.* Tornar visível.
Vi.si.go.do (ô) *adj.* **1.** Pertencente ou relativo aos visigodos, godos ocidentais; godos do oeste. *s.m.* **2.** Indivíduo dos visigodos.
Vi.sio.nar *v.t.* Entrever como em visão. *v.int.* **2.** Ter visões; fantasiar.
Vi.sio.ná.rio *adj.* **1.** Relativo a visões. **2.** Que tem ideias quiméricas. *s.m.* **3.** O que julga ver fantasmas. **4.** O que tem visões. **5.** Devaneador, sonhador. ● *Ant.*: *realista*.
Vi.si.ta *s.f.* **1.** Ato ou efeito de visitar. **2.** Pessoa que visita outra; visitante. **3.** Fiscalização, inspeção. **4.** FAM Mênstruo.
Vi.si.ta.ção *s.f.* **1.** Ato ou efeito de visitar(-se); visita. **2.** Informação feita pelo visitador eclesiástico.
Vi.si.ta.dor *adj.* e *s.m.* Diz-se do, ou o que visita.
Vi.si.tan.te *adj.* e *s.2g.* Que, ou pessoa que visita uma residência, uma exposição, que percorre um país etc.
Vi.si.tar *v.t.* **1.** Ir ver (alguém) em casa, por cortesia, dever ou caridade. **2.** Ir ver por interesse ou curiosidade. **3.** Inspecionar (casa etc.). **4.** Revelar (Deus) sua cólera ou sua graça a. **5.** Surgir, aparecer ou mostrar-se em. *v.p.* **6.** Conviver, privar.
Vi.si.tas *s.f.pl.* Cumprimentos, lembranças.

VISIVA — VITRINA

Vi.si.va s.f. Órgão da vista; vista.

Vi.sí.vel adj.2g. **1.** Que se pode ver. **2.** Perceptível, aparente; nítido. **3.** Evidente, claro, manifesto. **4.** Que não admite dúvida. **5.** Acessível. **6.** Que está disposto a receber visita. ● Ant.: invisível. ● Sup.abs.sint.: visibilíssimo.

Vis.lum.brar v.t. **1.** Ver indistintamente; entrever. **2.** Conhecer ou entender imperfeitamente. **3.** Conjeturar. **4.** Alumiar frouxamente. **5.** Assemelhar-se levemente a. **6.** Lembrar. v.int. **7.** Lançar luz frouxa. **8.** FIG Começar a aparecer, a surgir. **9.** Entrever-se. **10.** Apontar.

Vis.lum.bre s.m. **1.** Luz frouxa. **2.** Aparência vaga. **3.** Parecença. **4.** Sinal, indício, vestígio. **5.** Ideia confusa ou indistinta.

Vi.so s.m. **1.** Aspecto, fisionomia. **2.** Indício. **3.** Vislumbre, aparência, semelhança. **4.** Cimo de outeiro. **5.** Colina, cume.

Vi.som s.m. **1.** Mamífero carnívoro cuja pele, macia e lustrosa, é muito utilizada na fabricação de casacos finos. **2.** Essa pele.

Vi.sor s.m. **1.** Apêndice de máquina fotográfica, com uma lente de curto foco, que mostra em ponto pequeno o que vai ser fotografado. **2.** Orifício por onde o operador cinematográfico vê a plateia e por onde passam os feixes luminosos da projeção.

Vis.po.ra s.f. Jogo que se faz com vinte e quatro cartões divididos em três ordens, cada uma com nove casas, quatro brancas e cinco numeradas, com combinações de números de 1 a 90; tômbola.

Vis.ta s.f. **1.** Ato ou efeito de ver. **2.** Sentido da visão. **3.** Órgão visual. **4.** Os olhos; o olhar. **5.** O que se vê. **6.** Panorama. **7.** Quadro, estampa. **8.** Cenário teatral. **9.** Alcance da faculdade visual. **10.** Modo de julgar ou aprender. **11.** POP Olho. **12.** Designio, propósito, mira. **13.** Tira de fazenda, geralmente de cor viva, para guarnecer certas partes de alguns vestuários. **14.** Parte do elmo ou capacete, em que há duas fendas correspondentes aos olhos. ◆ À vista de: na presença de, diante de. ◆ À primeira vista: na primeira impressão. ◆ Dar na vista ou nas vistas: ser notado, tornar-se evidente.

Vis.tar v.t. ANTIG Passar revista a.

Vis.to adj. **1.** Que se viu. **2.** Acolhido, recebido. **3.** Aceito. **4.** Sabido. **5.** Sabedor. s.m. **6.** Assinatura ou declaração feita num documento, por funcionário competente para o autenticar. ◆ Visto que: uma vez que, já que.

Vis.tor s.m. Aquele que fazia vistorias.

Vis.to.ri.a s.f. **1.** Exame que um juiz manda fazer por peritos. **2.** Inspeção feita por uma autoridade para determinado fim. **3.** Exame, revista.

Vis.to.ri.ar v.t. Fazer vistoria em; inspecionar.

Vis.to.so (ô) adj. **1.** Que dá na vista; aparatoso. **2.** Agradável à vista; bonito. **3.** Notável, admirável.

Vi.su.al adj.2g. **1.** Referente à visão ou à vista. **2.** Feito apenas com a vista. s.m. **3.** POP Aparência física.

Vi.su.a.li.za.ção s.f. Ato ou efeito de visualizar(-se).

Vi.su.a.li.zar v.t. **1.** Conceber uma imagem mental de algo que não se tem à vista no momento. v.int. e p. **2.** Tornar(-se) visual.

Vi.tal adj.2g. **1.** Relativo à vida. **2.** Próprio para conservar a vida. **3.** Que dá força e vigor. **4.** Essencial, fundamental.

Vi.ta.li.ci.ar v.t. Tornar vitalício (o que era temporário).

Vi.ta.li.ci.e.da.de s.f. Qualidade de vitalício.

Vi.ta.lí.cio adj. **1.** Vital. **2.** Que dura ou é destinado a durar toda a vida. **3.** Diz-se do cargo do qual não se pode ser afastado. ● Ant.: passageiro.

Vi.ta.li.da.de s.f. **1.** Qualidade de vital. **2.** Exuberância. **3.** Capacidade para viver. **4.** Viabilidade. **5.** Energia, vigor.

Vi.ta.li.na s.f. (NE) Moça idosa; solteirona.

Vi.ta.li.za.ção s.f. Ato ou efeito de vitalizar.

Vi.ta.li.za.dor adj. Que vitaliza.

Vi.ta.li.zan.te adj.2g. Que vitaliza; revigorante.

Vi.ta.li.zar v.t. **1.** Restituir à vida. **2.** Dar nova vida a; revigorar.

Vi.ta.mi.na s.f. **1.** Substância química mais ou menos ativa, que se encontra na maioria dos alimentos em mínimas quantidades e que se consideram indispensáveis para regular as principais funções vitais. **2.** Suco de frutas batido com leite em liquidificador.

Vi.ta.mi.na.do adj. Que contém uma ou várias vitaminas.

Vi.ta.mi.nar v.t. Acrescentar vitamina a (algum alimento), para enriquecê-lo.

Vi.ta.mí.ni.co adj. De vitamina, relativo a vitamina.

Vi.ta.mi.no.se s.f. Doença produzida pelo abuso de vitaminas.

Vi.te.la s.f. **1.** Novilha até um ano. **2.** A carne de novilha ou de novilho.

Vi.te.li.no adj. **1.** Relativo à gema do ovo. **2.** Da cor amarela da gema do ovo.

Vi.te.lo s.m. Novilho com menos de um ano; bezerro.

Vi.ti.cul.tor adj. e s.m. Que, ou aquele que cultiva vinhas.

Vi.ti.cul.tu.ra s.f. Cultura das vinhas; vinicultura.

Vi.tí.fe.ro adj. **1.** Coberto de videiras. **2.** Que produz vinhas videiras.

Vi.ti.li.gem s.f. Vitiligo. ● Pl.: vitiligens.

Vi.ti.li.go s.m. Doença caracterizada pelo aparecimento de manchas esbranquiçadas na pele.

Ví.ti.ma s.f. **1.** Criatura viva, imolada em holocausto a uma divindade, ou ainda a uma personagem de respeito. **2.** Pessoa assassinada casualmente ou com intuitos criminosos. **3.** Pessoa que sofre os efeitos funestos das próprias paixões ou de seus bons sentimentos.

Vi.ti.mar v.t. **1.** Reduzir à condição de vítima. **2.** Imolar, sacrificar. **3.** Matar. **4.** Prejudicar, danificar. v.p. **5.** Tornar-se vítima; sacrificar-se. **6.** Sofrer acidente.

Vi.ti.vi.ni.cul.tor s.m. Pessoa que se dedica à cultura da vinha e ao fabrico do vinho.

Vi.ti.vi.ni.cul.tu.ra s.f. Cultivo de vinhas e fabrico do vinho.

Vi.tó.ria s.f. **1.** Ato de vencer o inimigo numa batalha. **2.** Vantagem alcançada sobre competidores. **3.** Triunfo. **4.** Espécie de carruagem descoberta, de quatro rodas e dois lugares. **5.** FIG Resultado feliz obtido com certo esforço. **6.** Vantagem. **7.** Bom êxito. interj. **8.** Exclamação de triunfo. ● Ant.: derrota.

Vi.to.ri.a.dor adj. e s.m. Que, ou aquele que vitoria.

Vi.to.ri.a.no adj. Relativo à Rainha Vitória, da Inglaterra, ou ao período de seu reinado (1837-1901).

Vi.to.ri.ar v.t. Aplaudir com grande entusiasmo; ovacionar.

Vi.tó.ria-ré.gia s.f. BOT Planta aquática amazônica, de grandes folhas e belas flores. ● Pl.: vitórias-régias.

Vi.to.ri.en.se¹ adj.2g. **1.** Relativo à Vitória, capital do Espírito Santo. s.2g. **2.** Pessoa natural ou habitante de Vitória.

Vi.to.ri.en.se² adj.2g. **1.** Relativo à Vitória de Santo Antão (PE). s.2g. **2.** Pessoa natural ou habitante dessa cidade e município.

Vi.to.ri.en.se³ adj.2g. **1.** Relativo a Vitória do Mearim (MA). s.2g. **2.** Pessoa natural ou habitante dessa cidade e município.

Vi.to.ri.nen.se adj.2g. **1.** Relativo a Vitorino Freire (MA). s.2g. **2.** Pessoa natural ou habitante dessa cidade e município.

Vi.to.ri.o.so (ô) adj. **1.** Que alcançou vitória. **2.** Que triunfou. ● Ant.: derrotado.

Vi.tral s.m. Vidraça colorida ou com pinturas sobre o vidro, usada principalmente em igrejas e capelas. ◆ Cf. vitró.

Vi.tra.lis.ta s.2g. Artista que faz vitrais.

Ví.treo adj. **1.** Que se refere ao vidro. **2.** Que tem a natureza ou o aspecto de vidro. **3.** Feito de vidro. **4.** Claro, límpido, transparente. **5.** ANAT Diz-se do humor que ocupa o fundo de globo ocular por detrás do cristalino.

Vi.tres.cí.vel adj.2g. Que se pode transformar em vidro; vitrificável.

Vi.tri.fi.ca.ção s.f. Ato ou efeito de vitrificar(-se).

Vi.tri.fi.ca.do adj. **1.** Transformado em vidro. **2.** Que, pela infusão, tomou a aparência de vidro.

Vi.tri.fi.car v.t. **1.** Converter em vidro. **2.** Dar o aspecto de vidro a. v.int. e p. **3.** Converter-se em vidro. **4.** Tomar aparência de vidro.

Vi.tri.fi.cá.vel adj.2g. Que pode ser vitrificado.

Vi.tri.na s.f. **1.** Vitrine.

VITRINE — VOCABULARIZAÇÃO

Vi.tri.ne *s.f.* **1.** Armário com portas envidraçadas no qual se colocam objetos destinados à exposição ou à venda. **2.** Compartimento cuja face principal é envidraçada, no qual se expõem mercadorias; vitrina. ◆ *Pl.: vitrines.*

Vi.tri.nis.ta *s.2g.* Pessoa que decora vitrinas.

Vi.trí.o.lo *s.m.* Nome antigo do ácido sulfúrico.

Vi.trô *s.m.* Janela envidraçada, em geral com basculantes. ◆ Cf. *vitral.*

Vi.tro.la *s.f.* Aparelho elétrico que reproduz sons por meio de discos; eletrola, toca-discos.

Vi.tu *s.m.* O macho da saúva; bitu.

Vi.tu.a.lhas *s.f.pl.* Víveres, mantimentos.

Vi.tu.pe.ra.ção *s.f.* **1.** Ato ou efeito de vituperar. **2.** Ofensa, vitupério.

Vi.tu.pe.rar *v.t.* **1.** Injuriar, afrontar. **2.** Repreender asperamente. **3.** Menoscabar, aviltar. **4.** Desaprovar, censurar. ◆ *Ant.: louvar.*

Vi.tu.pé.rio *s.m.* **1.** Ato ou efeito de vituperar. **2.** Acusação infamante. **3.** Insulto, afronta. **4.** Ato vergonhoso, infame ou criminoso. ◆ *Ant.: louvor.*

Vi.tu.pe.ri.o.so (ô) *adj.* Em que há vitupério; vergonhoso.

Vi.ú.va *s.f.* **1.** Mulher a quem morreu o marido, enquanto não tornar a casar. **2.** POP Corda. **3.** Bolsa ou saco em que se guardavam as varas com que eram chibatados os soldados. **4.** GRÁF Palavra ou sílaba que sobra na última linha de um parágrafo. *adj.* **5.** Diz-se de mulher viúva.

Vi.ú.va-ne.gra *s.f.* Aranha peçonhenta, cuja fêmea come o macho após a cópula. ◆ *Pl.: viúvas-negras.*

Vi.u.var *v.int.* Enviuvar.

Vi.u.vez *s.f.* **1.** Estado de viúvo ou viúva. **2.** Privação, desamparo, solidão.

Vi.u.vi.nha *s.f.* **1.** *Dim.* de *viúva.* **2.** Espécie de jogo popular. **3.** Certo pássaro de plumagem branca e preta. **4.** BOT Planta trepadeira que dá um pendão de flores roxas.

Vi.ú.vo *s.m.* **1.** Homem a quem morreu a esposa, enquanto não tornar a casar. **2.** Indivíduo privado de um bem, de um gozo. *adj.* **3.** Diz-se de indivíduo viúvo. **4.** FIG Privado, carente. **5.** Só, desamparado.

Vi.va *interj.* **1.** Exprime aplauso ou alegria. *s.m.* **2.** Aplauso, felicitação.

Vi.va.ci.da.de *s.f.* **1.** Qualidade de esperteza. **2.** Atividade, viveza. **3.** Finura, sagacidade. **4.** Animação no falar. **5.** Mobilidade na gesticulação. **6.** Ardor, brilho, expressividade.

Vi.val.di.no *adj.* e *s.m.* GÍR Diz-se de, ou indivíduo muito vivo; espertalhão.

Vi.van.dei.ra *s.f.* Mulher que vende ou leva mantimentos, acompanhando tropas em marcha.

Vi.var *v.t.* **1.** Dar vivas a; aplaudir. *v.int.* **2.** Dar vivas.

Vi.vaz *adj.2g.* **1.** Que promete longa vida. **2.** Que dura muito tempo. **3.** Duradouro. **4.** Vivo, ardente, ativo. **5.** Colorido. **6.** Pronto. **7.** Forte, vigoroso. **8.** Muito vivo. **9.** Que penetra rapidamente os assuntos. **10.** FIG Fácil de destruir. **11.** Diz-se da planta que pode viver muito tempo. ◆ *Sup.abs.sint.: vivacíssimo* (erud.).

Vi.ve.dou.ro *adj.* **1.** Que pode viver muito; dotado de longevidade natural. **2.** Que ainda vive; que pode viver. **3.** Que dura ou pode durar muito; duradouro. **4.** Que tem condição de perpetuar-se.

Vi.vei.ro *s.m.* **1.** Lugar em que se conservam e reproduzem peixes e aves. **2.** Canteiro para vegetais que serão replantados. **3.** Espécie de caixa com água, para transporte de peixes vivos; aquário. **4.** Primeiro tanque ou o maior dos reservatórios das marinhas de sal. **5.** FIG Grande porção; enxame.

Vi.vên.cia *s.f.* **1.** Estado de ser vivente; vida. **2.** Condições, estilo, experiência de vida.

Vi.ven.ci.ar *v.t.* Viver (uma dada situação) deixando-se afetar profundamente por ela.

Vi.ven.da *s.f.* **1.** Habitação, casa, morada, residência (em geral suntuosa). **2.** Lugar onde se vive. **3.** Substância. **4.** Passadio.

Vi.ven.te *adj.* e *s.m.* **1.** Que, ou aquele que vive. **2.** Ente vivo, em especial o ser humano.

Vi.ver *v.int.* **1.** Ter vida. **2.** Estar em condições de vida. **3.** Consagrar a vida. **4.** Aproveitar a vida. **5.** Conviver, coabitar. **6.** Residir, morar. **7.** Nutrir-se, alimentar-se. **8.** Comportar-se. **9.** Ter contato habitual. **10.** Durar. *s.m.* **11.** Vida, procedimento.

Ví.ve.res *s.m.pl.* Mantimentos, gêneros alimentícios.

Vi.ve.za (ê) *s.f.* **1.** Qualidade de vivo, esperto, vivaz. **2.** FIG Calor, animação, vigor. **3.** Rapidez.

Vi.vi.da.men.te *adv.* De modo vívido; com vivacidade.

Vi.vi.dez (ê) *s.f.* Qualidade de vívido.

Vi.vi.do *adj.* **1.** Que se viveu. **2.** Que viveu muito: *Hoje, aos 70 anos, sou um homem vivido.* **3.** Experiente.

Ví.vi.do *adj.* **1.** Que tem muita vivacidade ou viveza. **2.** Ardente, fulgurante. **3.** Animado. **4.** Luzente. **5.** Que tem cores vivas. **6.** Expressivo.

Vi.vi.fi.ca.dor *adj.* e *s.m.* Que, ou o que vivifica.

Vi.vi.fi.can.te *adj.2g.* Que vivifica.

Vi.vi.fi.car *v.t.* **1.** Dar vida a. **2.** Reanimar. **3.** Conservar a existência de. **4.** Animar. **5.** Fecundar. **6.** Tornar vívido. **7.** Reviver. **8.** Alentar, reanimar. **9.** Dar movimento, atividade. *v.int.* **10.** Produzir vivificação. **11.** Ser vivificante.

Vi.vi.pa.ri.da.de *s.f.* Modo de reprodução dos animais vivíparos.

Vi.ví.pa.ro *adj.* **1.** Diz-se do animal que pare filhos completamente desenvolvidos, e capazes de viver vida independente. *s.m.* **2.** Animal vivíparo. ◆ Opõe-se a *ovíparo.*

Vi.vis.sec.ção *s.f.* Dissecção operada em animais vivos, para estudo. ◆ *Var.: vivissecção.*

Vi.ví.vel *adj.2g.* Que se pode viver.

Vi.vo *adj.* **1.** Que vive. **2.** Que tem vida. **3.** Penetrante. **4.** Rápido, pronto. **5.** Fogoso, animado. **6.** Inteligente. **7.** Ladino, astuto, matreiro. **8.** Intenso, forte. **9.** Dinâmico. **10.** Não desbotado. **11.** Sem a epiderme. *s.m.* **12.** Os seres vivos, especialmente o homem. **13.** Parte viva ou muito sensível do organismo animal. **14.** FIG Debrum de cor clara. ◆ *Ao vivo:* no momento em que o fato acontece.

Vi.vó.rio *s.m.* Entusiasmo ruidoso.

Vi.zi.nhan.ça *s.f.* **1.** As pessoas ou as famílias vizinhas. **2.** Relações entre vizinhos. **3.** Proximidade, arredores, cercania. **4.** FIG Semelhança, afinidade.

Vi.zi.nho *adj.* **1.** Que está perto. **2.** Que mora próximo; confinante. **3.** FIG Parecido. **4.** Não afastado. *s.m.* **5.** Para um indivíduo, qualquer outro que more perto dele.

Vi.zir *s.m.* Ministro de um príncipe muçulmano. ◆ *Pl.: vizires.*

Vó *s.f.* Forma aferética de *avó.*

Vô *s.f.* Forma aferética de *avô.*

Vo.a.dor *adj.* **1.** Muito rápido, veloz. *adj.* e *s.m.* **2.** Que, ou aquele que voa. **3.** Diz-se do, ou acrobata que salta de um trapézio a outro, a certa distância. *s.m.* **4.** Moeda falsa, de cobre.

Vo.a.du.ra *s.f.* Ato ou efeito de voar.

Vo.an.te *adj.2g.* **1.** Que voa; voador. **2.** Rápido, transitório.

Vo.ar *v.int.* **1.** Mover-se no ar com auxílio de asas. **2.** Ir pelos ares. **3.** Correr com muita velocidade. **4.** Espalhar-se, divulgar-se, propagar-se. **5.** Desaparecer subitamente; sumir-se. **6.** Dispersar-se, dissipar-se, passar, decorrer rapidamente (tempo). **7.** Mudar continuamente, não estar fixo. **8.** Ser impelido, ser atraído com força e viveza. **9.** Rebentar, estalar.

Vo.az *adj.2g.* Semelhante a voo.

Vo.bor.de *s.m.* NÁUT Amurada do navio.

Vo.ca.bu.lar *adj.2g.* GRAM Relativo a vocábulo.

Vo.ca.bu.lá.rio *s.m.* **1.** Lista de vocábulos de uma língua, acompanhados ou não de definições sucintas, dispostos por ordem alfabética; dicionário. **2.** Conjunto de termos relativos a uma ciência, arte ou atividade. **3.** Conjunto dos termos empregados num discurso ou dominados por uma pessoa.

Vo.ca.bu.la.ris.ta *s.2g.* Pessoa que escreve ou compila vocabulários.

Vo.ca.bu.la.ri.za.ção *s.f.* **1.** Ato ou efeito de vocabularizar. **2.** Ato ou efeito de registrar palavra ou outro tipo de unidade léxica em vocabulário ou obra de referência afim.

VOCABULISTA — VOLUMÉTRICO

Vo.ca.bu.lis.ta *s.2g.* Vocabularista.

Vo.cá.bu.lo *s.m.* Palavra que faz parte de uma língua; termo.

Vo.ca.ção *s.f.* **1.** Disposição, inclinação natural do espírito para uma arte ou profissão. **2.** Propensão, tendência, pendor, inclinação. **3.** TEOL Chamamento, escolha, predestinação.

Vo.ca.cio.nal *adj.2g.* Referente a vocação.

Vo.cal *adj.2g.* **1.** Relativo a voz. **2.** Que serve para a emissão da voz. **3.** Que se diz por palavras.

Vo.cá.li.co *adj.* Relativo a vogais; de vogais.

Vo.ca.lis.ta *s.2g.* Cantor(a) de um conjunto musical.

Vo.ca.li.za.ção *s.f.* **1.** Ato ou efeito de vocalizar. **2.** Emissão de sons da voz, falados ou cantados. **3.** Em certos animais, produção de som, através de órgão fonador especializado [Tais manifestações podem ser inatas ou desenvolvidas por aprendizagem.]. **4.** Passagem de um elemento consonântico a uma vogal. **5.** Conjunto de exercícios e métodos para trabalhar e disciplinar a voz. ◆ *Pl.:* vocalizações.

Vo.ca.li.zar *v.int.* Cantar sem pronunciar as palavras nem o nome das notas, modulando a voz sobre uma vogal de cada vez.

Vo.ca.ti.vo *s.m.* **1.** Termo acessório da oração que serve para invocar ou chamar. **2.** Certo caso da declinação latina.

Vo.cê *pron.pess.* de tratamento conjuga-se como na 3ª pessoa mas é usado no Brasil no lugar de 2ª pessoa (tu).

Vo.ci.fe.ra.ção *s.f.* Ato ou efeito de vociferar.

Vo.ci.fe.ra.ções *s.f.pl.* Palavras ditas de forma gritante e em cólera.

Vo.ci.fe.ra.do *adj.* Proferido em voz alta.

Vo.ci.fe.rar *v.t.* **1.** Pronunciar, gritando. **2.** Bradar, exclamar. *v.int.* **3.** Falar irado e aos gritos. **4.** Clamar. **5.** Berrar.

Vod.ca *s.m.* Aguardente destilada do centeio, muito consumido na Rússia.

Vo.du *s.m.* **1.** Culto de origem africana, que se pratica nas Antilhas, e em especial no Haiti, com base em bruxarias, fetiches etc. **2.** Qualquer trabalho desse culto.

Vo.e.jan.te *adj.* Esvoaçante; que bate asas com força.

Vo.e.jar *v.int.* **1.** Dar voos curtos e repetidos. **2.** Esvoaçar, adejar.

Vo.ga *s.f.* **1.** Ato ou efeito de vogar. **2.** Movimento dos remos. **3.** Divulgação, fama. **4.** Popularidade. **5.** Moda, uso atual. ◆ *Estar em voga:* estar na moda. ◆ *Pôr em voga:* propagar, vulgarizar.

Vo.gal *adj.2g.* **1.** GRAM Diz-se da letra que representa um som simples, independente de articulação. **2.** Letra vogal. *s.m.* **3.** Pessoa que tem voto numa assembleia. **4.** Membro de júri, corporação etc.

Vo.gan.te *adj.2g.* Que voga.

Vo.gar *v.int.* **1.** Mover-se sobre as águas (embarcação), impelida por remos. **2.** Deslizar. **3.** Derivar, escorregar suavemente. **4.** Navegar. **5.** Correr, propalar-se, ter curso, circular. **6.** Estar em vigor. **7.** Importar, valer. **8.** Prevalecer.

Vo.lan.te *adj.2g.* **1.** Que voa ou tem a faculdade de voar. **2.** Flutuante. **3.** Movediço. **4.** Móvel. **5.** Que se pode facilmente mudar. **6.** Errante, volúvel, transitório. **7.** Diz-se da folha escrita ou impressa que não está ligada a nenhuma outra. *s.m.* **8.** Tecido leve e transparente, para véus e outros enfeites. **9.** Dardo, seta. **10.** Peça que regula o movimento de um maquinismo. **11.** Roda presa à extremidade superior da coluna de direção, e que serve para se dirigir o movimento de um veículo motorizado. **12.** Peça de relógio, que resiste ao impulso da mola. **13.** Pela de cortiça ou de outra substância leve, guarnecida de penas, que se atira ao ar com a raqueta. **14.** Jogo com essa pela. **15.** Correia contínua na roda das máquinas. **16.** Rede de um só pano, para emalhar peixes. **17.** Servo, criado, lacaio. **18.** Hábil condutor de automóveis, que disputa corridas de velocidade e resistência. *s.f.* **19.** Tropa ligeira, sem artilharia.

Vo.lá.til *adj.2g.* **1.** Que pode voar. **2.** Referente a aves. **3.** FIG Volúvel, inconstante. **4.** QUÍM Que se pode reduzir a gás ou a vapor. **5.** Que se evapora. ◆ *Pl.:* volátis.

Vo.la.ti.li.da.de *s.f.* Qualidade de volátil.

Vo.la.ti.za.ção *s.f.* Ato ou efeito de volatizar(-se).

Vo.la.ti.zan.te *adj.* Que volatiza.

Vo.la.ti.zar *v.t.* **1.** Reduzir(-se) a gás ou a vapor. *v.int.* e p. **2.** Tornar(-se) volátil. **3.** Vaporizar(-se).

Vô.lei *s.m.* Voleibol.

Vo.lei.bol *s.m.* Jogo disputado por duas equipes de seis jogadores cada, os quais devem rebater a bola sobre uma rede alta que separa as equipes, usando a mão ou o punho (marca ponto a equipe que consegue fazer a bola tocar o chão da equipe contrária).

Vo.lei.o *s.m.* ESP No futebol e no tênis, chute ou golpe dado na bola antes de tocar o chão.

Vo.li.bol *s.m.* Voleibol.

Vo.li.ção *s.f.* Ato pelo qual a vontade se determina.

Vo.li.tan.te *adj.2g.* Que volita.

Vo.li.tar *v.int.* Esvoaçar.

Vo.li.ti.vo *adj.* Relativo à volição ou à vontade.

Vo.lí.vel *adj.* **1.** Que se pode querer. **2.** Que pode depender da vontade.

Volt *s.m.* FÍS Quantidade de força eletromotriz que, aplicada a um condutor cuja resistência seja um ohm, produz uma corrente de um ampère (símb. V).

Vol.ta *s.f.* **1.** Ato ou efeito de voltar. **2.** Regresso, retorno. **3.** Passeio rápido; giro. **4.** Movimento de percorrer um espaço e retornar ao ponto de partida. **5.** Mudança, revés. **6.** Solução de dificuldade. **7.** Cada uma das curvas da espiral. **8.** Curva de estrada, rua, rio etc. **9.** Glosa em que as palavras do mote são escolhidas e distribuídas a vontade do glosador.

Vol.ta.gem *s.f.* Conjunto de volts que funcionam num aparelho elétrico.

Vol.ta-gran.den.se *adj.2g.* **1.** Relativo a Volta Grande (MG). *s.2g.* **2.** Pessoa natural ou habitante dessa cidade e município.

Vol.tar *v.t.* **1.** Dirigir para outro lado fazendo trajetória curva. **2.** Vir de um lugar para outro de onde partiu. **3.** Mostrar pelo lado oposto, pôr ao avesso. **4.** Mexer, revolver, remexer. **5.** Passar além torneando ou costeando. **6.** Mudar, converter, transformar. **7.** Devolver, restituir, dar em troca. **8.** Dar em saldo de contas, em recompensa. *v.int.* **9.** Regressar, tornar ao lugar de onde partiu. **10.** Ir ou vir pela segunda vez. **11.** Reaparecer, manifestar-se de novo. **12.** Replicar, retrucar, responder. **13.** Repetir um ato (em expressões verbais). **14.** Tratar outra vez de um assunto. *v.p.* **15.** Virar-se, mover-se para o lado ou em torno. **16.** Apresentar a frente, apresentar-se de frente. **17.** Dirigir-se, recorrer, apelar. **18.** Revolver-se. **19.** Agitar-se, mexer-se expondo ora um lado ora outro. ◆ *Ant.:* ir.

Vol.ta-re.don.den.se *adj.2g.* **1.** Relativo a Volta Redonda (RJ). *s.2g.* **2.** Pessoa natural ou habitante dessa cidade e município.

Vol.ta.re.te (ê) *s.m.* Certo jogo de cartas.

Vol.te.an.te *adj.2g.* Que volteia.

Vol.te.ar *v.t.* **1.** Andar em volta de. **2.** Contornar. **3.** Fazer girar. **4.** Dar voltas a. **5.** Remexer. *v.int.* **6.** Dar voltas; rodopiar; girar. **7.** Mover-se. **8.** Agitar-se em roda. **9.** Passar. **10.** Adejar, esvoaçar. **11.** Fazer equilíbrios.

Vol.tei.o *s.m.* **1.** Ato ou efeito de voltear. **2.** Exercício circense em que o acrobata salta várias vezes sobre um cavalo parado ou a galope. **3.** Movimento de corda bamba ou do trapézio.

Vol.te.jar *v.t.* e *v.int.* Voltear.

Vol.ti.jar *v.int.* Volteio.

Vol.tí.me.tro *s.m.* Aparelho com que se mede a voltagem de um circuito.

Vo.lu.bi.li.da.de *s.f.* **1.** Qualidade de que é volúvel. **2.** Facilidade de movimentos. **3.** Propensão para mudar. **4.** Versatilidade, instabilidade, variabilidade, inconstância.

Vo.lu.mar[1] *v.t.*, *int.* e *p.* Avolumar.

Vo.lu.mar[2] *adj.2g.* GEOM Relativo ao volume.

Vo.lu.me *s.m.* **1.** Livro encadernado ou brochado; tomo. **2.** Pacote, rolo. **3.** Grandeza indistinta de um corpo, sem tomar nem a forma nem as proporções. **4.** Massa d'água de uma fonte. **5.** Intensidade da voz ou do som. **6.** GEOM Espaço ocupado por um corpo.

Vo.lu.mé.tri.co (ó) *adj.* Relativo a volumetria e a determinação dos volumes.

VOLUMOSO — VULCANICIDADE

Vo.lu.mo.so (ô) *adj.* **1.** Que tem grande volume. **2.** Que ocupa muito espaço. **3.** Que consta de muitos volumes. **4.** Intenso, forte (som ou voz).

Vo.lun.ta.ri.a.do *s.m.* **1.** Qualidade de voluntário no exército. **2.** Classe dos voluntários do Exército.

Vo.lun.ta.ri.e.da.de *s.f.* **1.** Qualidade de voluntário. **2.** Capricho, arbítrio.

Vo.lun.tá.rio *adj.* **1.** Que procede espontaneamente. **2.** Condicionado à vontade. **3.** Derivado da vontade própria. **4.** Em que não há coação. **5.** Espontâneo, instintivo. **6.** Caprichoso, voluntarioso. *s.m.* **7.** Aquele que se alista espontaneamente no Exército. **8.** Indivíduo que se oferece voluntariamente para uma tarefa ou serviço.

Vo.lun.ta.ri.o.so (ô) *adj.* **1.** Que se determina só por sua vontade. **2.** Teimoso, caprichoso.

Vo.lú.pia *s.f.* **1.** Intenso desejo de prazer, especialmente do prazer sexual. **2.** Voluptuosidade.

Vo.lup.tu.o.si.da.de *s.f.* **1.** Qualidade de voluptuoso. **2.** Prazer sexual. **3.** Grande prazer, em geral.

Vo.lup.tu.o.so (ô) *adj.* **1.** Que encerra volúpia, prazer. **2.** Que procura divertimentos ou deleites. **3.** Lascivo, sensual, libidinoso. **4.** Dado à libertinagem.

Vo.lu.ta *s.f.* **1.** ARQUIT Ornato de um capitel de coluna, em forma de espiral. **2.** Concha univalve.

Vo.lu.te.ar *v.int.* Andar em roda; girar, rodopiar, voltear.

Vo.lú.vel *adj.2g.* **1.** Que gira facilmente. **2.** Que se volve. **3.** FIG Que varia de objeto a cada momento, não se fixando em nenhum. **4.** Diz-se de pessoa inconstante, instável, que muda facilmente de opinião.

Vol.ven.te *adj.2g.* Que volve.

Vol.ver *v.t.* **1.** Voltar, revolver. **2.** Girar. **3.** Transportar, rolando. **4.** Fazer girar sobre si. **5.** Replicar, retrucar. **6.** Transportar. **7.** Voltar. **8.** Remexer, revirar. *v.int.* **9.** Voltar, regressar. **10.** Voltar-se. **11.** Dedicar-se. **12.** Decorrer, passar. *v.p.* **13.** Voltar-se. **14.** Dar voltas. **15.** Agitar-se, revirar-se. **16.** Transformar-se. *s.m.* **17.** Ato de volver. **18.** Decurso; evolução.

Vol.vi.do *adj.* **1.** Que volveu ou se volveu. **2.** Decorrido, passado.

Vol.vo (ô) *s.m.* **1.** MED Cólica violenta dos intestinos, com prisão de ventre. **2.** POP Nó nas tripas.

Vô.mer *s.m.* ANAT Pequeno osso, que forma a parte posterior do tabique das cavidades nasais. ● *Pl.: vômeres.*

Vo.mi.ção *s.f.* Vômito.

Vô.mi.co *adj.* Que faz vomitar; emético, vomífico, vomitório.

Vo.mi.ta.do *adj.* **1.** Que se vomitou. **2.** Sujo de vômito. *s.m.* **3.** Aquilo que se vomitou; vômito.

Vo.mi.tar *v.t.* **1.** Expelir com esforço pela boca (substâncias contidas no estômago). **2.** Lançar pela boca. **3.** Sujar, manchar com vômito. **4.** FIG Lançar de si com violência. **5.** Verter, jorrar. **6.** Proferir violentamente. **7.** POP Contar, desembuchar. **8.** Atirar violentamente.

Vo.mi.ti.vo *adj. e s.m.* Vomitório.

Vô.mi.to *s.m.* **1.** Ato ou efeito de vomitar. **2.** Aquilo que se vomita ou vomitou.

Vo.mi.tó.rio *adj.* **1.** Que faz vomitar. *s.m.* **2.** Substância ou medicamento destinado a provocar vômito. **3.** FIG Interrogatório longo.

Von.ta.de *s.f.* **1.** Faculdade para fazer ou deixar de fazer uma coisa. **2.** Disposição favorável de agir. **3.** Firmeza de querer. **4.** Livre arbítrio. **5.** Veleidade, capricho. **6.** Espontaneidade. **7.** Prazer. **8.** Apetite. **9.** Tendência. **10.** Disposição de espírito. **11.** Determinação. **12.** Disposição boa ou má em relação a uma pessoa.

Vo.o *s.m.* **1.** Modo de locomoção próprio dos insetos e das aves. **2.** Movimento rápido de um objeto impelido pelo ar. **3.** Percurso coberto por uma aeronave no ar. **4.** FIG Elevação do pensamento, da fantasia. **5.** Inspiração, arroubamento, êxtase.

Vo.ra.ci.da.de *s.f.* Qualidade do que é voraz; avidez. ● *Ant.: moderação.*

Vo.ra.dor *adj.* **1.** Devorador. **2.** Voraz.

Vo.ra.gem *s.f.* **1.** Aquilo que devora ou sorve. **2.** Sorvedouro. **3.** Redemoinho do ar ou da água; turbilhão. **4.** Tudo que atrai irresistivelmente para a ruína; abismo.

Vo.raz *adj.2g.* **1.** Que devora. **2.** Que come com avidez. **3.** Glutão. **4.** Sôfrego. **5.** Muito ávido. **6.** Que arruína, destrói, consome. ● *Sup.abs.sint.: voracíssimo.*

Vór.ti.ce *s.m.* **1.** Furacão, turbilhão, voragem, redemoinho (no ar ou na água). **2.** Subversão.

Vos *pron.* Variação átona do pronome *vós* (2ª pessoa), caso oblíquo, empregada como objeto direto ou indireto.

Vós *pron.pess.*, 2ª pessoa do plural, caso reto, empregado como vocativo e como sujeito.

Vos.me.cê *pron.* Contração de *vossemecê*.

Vos.se.me.cê *pron.* Contração do antigo pronome de tratamento *Vossa mercê.*

Vos.so *adj. e pron.* **1.** Relativo a vós. **2.** Que vos pertence, que diz respeito a vós.

Vo.ta.ção *s.f.* **1.** Ato ou efeito de votar. **2.** Conjunto dos votos de uma assembleia eleitoral, parlamentar etc.

Vo.ta.do *adj.2g.* Aquele que recebeu votos.

Vo.tan.te *adj. e s.2g.* Que, ou pessoa que vota.

Vo.tar *v.int.* **1.** Dar ou emitir voto. *v.t.* **2.** Escolher em escrutínio. **3.** Declarar a preferência por alguém ou alguma coisa, numa reunião ou assembleia. **4.** Oferecer ou prometer em voto. **5.** Oferecer (coisa apreciada, valiosa). *v.p.* **6.** Consagrar-se, entregar-se, render-se. **7.** Sacrificar-se.

Vo.te (ô) *interj.* POP Voz designativa de repugnância ou repulsa.

Vo.ti.vo *adj.* **1.** Relativo a voto. **2.** Prometido em voto.

Vo.to *s.m.* **1.** Promessa solene; juramento. **2.** Oferenda em cumprimento de promessa anterior. **3.** Desejo ardente. **4.** Súplica. **5.** Modo de manifestar uma opinião numa assembleia consultiva ou deliberativa. **6.** Ato ou modo de votar; sufrágio. **7.** Lista com o nome da pessoa que se pretende eleger para certo cargo. ● **Voto de louvor:** declaração, em geral por escrito, para afirmar que alguém é digno de elogio. ● **Voto de Minerva:** voto que o presidente de um tribunal dá favoravelmente ao réu, em caso de empate. ● **Fazer votos por (uma coisa):** desejar que aconteça.

Vo.tu.po.ran.guen.se *adj.2g.* **1.** Relativo a Votuporanga (SP). *s.2g.* **2.** Pessoa natural ou habitante dessa cidade e município.

Vo.vô *s.m.* Designação carinhosa dada ao avô.

Vo.vó *s.f.* Designação carinhosa dada à avó.

Voy.eur (fr.) *s.m.* O que pratica o voyeurismo. ● *Fem.: voyeuse.*

Voy.eu.ris.mo (do francês *voyeur* + ismo) *s.m.* Desvio sexual que consiste em sentir prazer em observar outras pessoas em suas práticas íntimas (banho, relações sexuais etc.).

Voz *s.f.* **1.** Som produzido na laringe do homem ou dos animais. **2.** Faculdade de falar. **3.** Grito, queixa. **4.** Parte vocal de uma composição musical. **5.** Ordem em voz alta. **6.** Conselho, advertência. **7.** Direito de falar numa reunião. **8.** Palavra, frase. **9.** Boato generalizado. **10.** GRAM Modo de encarar a ação verbal em relação ao sujeito quando pratica ou sofre essa ação.

Vo.ze.a.da *s.f.* Vozearia.

Vo.ze.ar *v.int.* **1.** Falar muito alto. **2.** Gritar, clamar. *v.t.* **3.** Dar, soltar (gritos). **4.** Proferir aos gritos.

Vo.ze.a.ri.a *s.f.* Som muitas vozes; gritaria, vozerio.

Vo.zei.o *s.m.* Ato ou efeito de vozear.

Vo.zei.rão *s.m.* Voz grossa e forte.

Vo.zei.rar *v.int.* Ter ou soltar voz forte.

Vo.ze.ri.a *s.f.* Vozearia.

Vo.ze.ri.o *s.m.* Vozearia.

Vu.ba *s.f.* BOT Nome de duas plantas gramíneas do Brasil.

Vu.e.rô.me.tro *s.m.* Instrumento com que se mede a distância de um olho a outro.

Vul.câ.neo *adj.* Relativo a Vulcano, deus romano do fogo e do metal.

Vul.ca.ni.ci.da.de *s.f.* **1.** GEOL Incandescência do centro da Terra. **2.** Ação dos vulcões.

VULCÂNICO — VUVU

Vul.câ.ni.co *adj.* **1.** Relativo a vulcão. **2.** Constituído por lavas. **3.** Ardente, impetuoso.

Vul.ca.ni.te *s.f.* Borracha vulcanizada muito dura, capaz de ser polida (empregada no fabrico de pentes, ornamentos etc.); ebonite.

Vul.ca.ni.za.ção *s.f.* **1.** Combinação da borracha com o enxofre, a fim de torná-la insensível à ação do calor e ao frio. **2.** Ato de vulcanizar.

Vul.ca.ni.za.do *adj.* **1.** Que se vulcanizou. **2.** FIG Exaltado, inflamado, ardente.

Vul.ca.ni.zar *v.t.* **1.** Calcinar. **2.** Incorporar pequena quantidade de enxofre à borracha, para torná-la mais resistente e durável.

Vul.ca.no.lo.gi.a *s.f.* Parte da Geologia que trata dos vulcões.

Vul.ca.no.lo.gis.ta *s.2g.* Pessoa especialista em vulcanologia.

Vul.cão *s.m.* **1.** Abertura numa montanha, de onde saem turbilhões de fogo e substâncias incandescentes. **2.** A montanha com essa abertura. **3.** FIG Grande incêndio ou abrasamento. **4.** Exacerbação dos espíritos. **5.** Imaginação ardente. **6.** Pessoa ou coisa de natureza explosiva, impetuosa. **7.** Perigo, iminente contra a ordem social. ● *Pl.: vulcões e vulcãos.*

Vul.ga.cho *s.m.* O comum do povo, a plebe, a ralé.

Vul.gar¹ *adj.* **1.** Relativo a vulgo; próprio do vulgo. **2.** Que anda na boca do povo; popular. **3.** Que não se distingue dos demais. **4.** Trivial, ínfimo, ordinário; reles. *s.m.* **5.** O que é vulgar.

Vul.gar² *v.t.* **1.** Tornar conhecido do vulgo. **2.** Tornar público. **3.** Divulgar, vulgarizar. ● *Ant.: invulgar.*

Vul.ga.ri.da.de *s.f.* **1.** Qualidade de vulgar. **2.** Coisa vulgar e sabida. **3.** Dito repetido por todos. **4.** Trivialidade, banalidade. **5.** Pessoa vulgar.

Vul.ga.ris.mo *s.m.* **1.** Palavra, dito ou procedimento vulgar; vulgaridade. **2.** Atributo do que é vulgar; vulgaridade.

Vul.ga.ri.za.ção *s.f.* Ato ou efeito de vulgarizar(-se).

Vul.ga.ri.za.do *adj.* **1.** Tornado vulgar, comum ou trivial. **2.** Que está ao alcance de todos; generalizado.

Vul.ga.ri.za.dor *adj.* Que vulgariza.

Vul.ga.ri.zar *v.t.* **1.** Tornar vulgar ou notório. **2.** Divulgar, propagar. **3.** Fazer comum. **4.** Pôr ao alcance de todos; popularizar. *v.p.* **5.** Tornar-se muito conhecido. **6.** Popularizar-se. **7.** Abandalhar-se.

Vul.ga.ta *s.f.* Versão latina da Bíblia atribuída a S. Jerônimo.

Vul.gi.va.go *adj.* **1.** Que se vulgariza. **2.** Que se prostitui.

Vul.go *s.m.* **1.** A parte mais baixa de um povo; a ralé, a plebe. **2.** O comum dos homens. *adv.* **3.** Segundo o uso comum; popularmente.

Vul.go.cra.ci.a *s.f.* PEJ Predomínio da classe popular.

Vul.ne.ra.bi.li.da.de *s.f.* Caráter ou qualidade de vulnerável.

Vul.ne.ra.ção *s.f.* Ato ou efeito de vulnerar.

Vul.ne.ran.te *adj.2g.* Que vulnera.

Vul.ne.rar *v.t.* **1.** Ferir. **2.** FIG Melindrar, ofender.

Vul.ne.ra.ti.vo *adj.* Vulnerante.

Vulne.rá.vel *adj.2g.* **1.** Que se pode vulnerar. **2.** Susceptível de ser ferido. **3.** Diz-se do ponto fraco de uma questão.

Vul.ní.fi.co *adj.* Que fere ou pode ferir.

Vul.pi.nis.mo *s.m.* Procedimento vulpino.

Vul.pi.no *adj.* **1.** Relativo a raposa. **2.** Próprio de raposa. **3.** FIG Astuto, manhoso.

Vul.tar *v.t.* e *int.* Avultar.

Vul.to *s.m.* **1.** Fisionomia, semblante. **2.** Constituição física. **3.** Figura que não se pode ver com clareza. **4.** Volume, grandeza. **5.** Interesse, importância, notabilidade. **6.** Pessoa importante, notável.

Vul.to.so (ô) *adj.* **1.** Que faz vulto. **2.** Volumoso. **3.** FIG Importante, grande. ● *Ant.: pequeno.* ● Cf. *vultuoso.*

Vul.tu.o.si.da.de *s.f.* Qualidade de voltuoso.

Vul.tu.o.so (ô) *adj.* Diz-se do rosto, quando a face e os lábios estão vermelhos e inchados, e os olhos salientes. ● *Ant.: desinchado.* ● Cf. *vultoso.*

Vul.tu.rí.deo *adj.* Relativo à família dos vulturídeos.

Vul.tu.rí.deos *s.m.pl.* Família de aves de rapina a que pertencem os urubus.

Vul.tu.ri.no *adj.* Relativo a, ou próprio de abutre.

Vul.va *s.f.* ANAT Parte externa do sistema genital da mulher, que compreende o clítóris, os grandes e pequenos lábios etc.

Vul.var *adj.2g.* Relativo à vulva.

Vul.vá.ria *s.f.* BOT Espécie de anserina fétida.

Vul.vá.rio *adj.* Vulvar.

Vul.vi.te *s.f.* MED Inflamação da vulva.

Vul.ví.ti.co *adj.* Relativo a vulvite.

Vul.vo.va.gi.nal *adj.2g.* ANAT e MED Relativo à vulva e à vagina.

Vul.vo.va.gi.ni.te *s.f.* MED Inflamação simultânea da vulva e da vagina.

Vul.vu.te.ri.no *adj.* MED Relativo ou pertencente à vulva e ao útero.

Vun.vum *s.m.* **1.** ONOMAT Árvore medicinal da Ilha de São Tomé. **2.** Variedade de abelha da Amazônia.

Vu.ri.na *s.f.* Seda muito fina, da antiga Pérsia.

Vur.mo *s.m.* **1.** O pus das feridas. **2.** Sangue purulento das feridas.

Vur.mo.si.da.de *s.f.* Qualidade de vurmoso.

Vur.mo.so (ô) *adj.* Que tem vurmo; purulento.

Vu.ru.ba.na *s.f.* Peixe da América meridional, espécie de truta.

Vu.vu *s.m.* POP Confusão, briga.

W

W/w *s.m.* Vigésima terceira letra do alfabeto português, de nome *dábliu*, empregada em palavras de origem estrangeira ou em símbolos internacionais.

Waf.fle (ing.) *s.m.* Espécie de panqueca fluida de massa grossa feita com leite, farinha de trigo, fermento e ovos, que é assada em torradeira especial. ● *Pl.: waffles.*

Wag.ne.ri.a.no *adj.* **1.** Relativo ou pertencente ao compositor alemão Richard Wagner (1813-1883) ou à sua obra. **2.** Próprio de Wagner. *s.m.* **3.** Adepto do wagnerismo.

Walk.ie-talk.ie (uók-tók) (ing.) *s.m.* Aparelho portátil para emitir e receber comunicação interna de curta distância.

Walk.man (ing.) *s.m.* Radiocassete portátil provido de fones de ouvido. ● *Pl.: walkmens.*

Wa.ter-clos.et (ing.) *s.m.* Banheiro, privada. ● *Abrev.: w.c.*

Watt (uót) *s.m.* FÍS Unidade de energia, correspondente à potência de um motor que produz um joule por segundo. ● *Símb.: W.* ● *Pl.: watts.*

W.c. (ing.) *s.m. Abrev.* de *water-closet.* Tb. us. W.C ou WC.

Wind.sur.fe (uind) *s.m.* Prática de surfe sobre uma prancha a vela; windsurf.

Worka.hol.ic (ing.) *adj.2g.* Pessoa que se dedica exclusivamente ao trabalho. ● *Pl.: workaholics.*

X/x s.m. **1.** Vigésima quarta letra e décima oitava consoante do alfabeto, de nome *xis*. **2.** Maiúscula (**X**) designa 10, na numeração romana. **3.** Em álgebra, designação uma incógnita. **4.** Aquilo que se desconhece. **5.** *Abrev.* com que se oculta um nome. **6.** Quantia mínima, tostão.

Xá s.m. **1.** O mesmo que *soberano*, na língua persa. **2.** Título do soberano do Irã (Oriente Médio), do início do século XVI até 1979. ◆ Cf. *chá*.

Xá.ca.ra s.f. **1.** Antiga canção popular. **2.** Narrativa popular, em verso; seguidilha. ◆ Cf. *chácara*.

Xa.drez (ê) s.m. **1.** Jogo em que duas pessoas fazem mover num tabuleiro duas séries de 16 peças de figuras, de cor diferente e valor diverso. **2.** Tabuleiro de 64 casas, para esse jogo. **3.** Tecido, cujas cores são dispostas em quadrados alternados; mosaico. **4.** NÁUT Engradamento de madeira, que serve de piso, a bordo. **5.** POP Cadeia, prisão.

Xai.le s.m. ⇒ Xale.

Xa.le s.m. Cobertura que as mulheres usam como agasalho e adorno dos ombros e do tronco.

Xa.mã s.m. Mago xamanista.

Xa.ma.nis.mo s.m. Sistema de magia usado por povos primitivos do norte da Ásia e da Europa.

Xam.pu s.m. Loção saponácea líquida, perfumada, usada para a limpeza dos cabelos e da cabeça.

Xan.gô s.m. Um dos orixás de cultos afro-brasileiros, distribuidor de justiça.

Xan.tun.gue s.m. **1.** Tecido de seda, de superfície um tanto áspera, originário da China. **2.** Tecido nacional, de seda ou de algodão, semelhante ao xantungue chinês.

Xa.rá s.2g. **1.** Pessoa que tem o mesmo nome que outra; homônimo. s.m. **2.** (RS) Espécie de bailado campestre.

Xar.da s.f. Dança húngara, mais conhecida por *czarda*.

Xa.re.le.te s.m. Peixe da família dos carangídeos, do Atlântico, também chamado *xaréu-pequeno*, *xaréu-dourado*, *solteira* e *cavaco*.

Xa.réu s.m. Nome de várias espécies de peixes carangídeos marinhos, migradores, de carne muito saborosa, que ocorrem no oceano Atlântico.

Xa.ro.pa.da s.f. **1.** Porção de xarope. **2.** POP Qualquer porção contra a tosse. **3.** POP Qualquer coisa maçante, fastidiosa. **4.** POP Discurso prolixo e enfadonho. **5.** Chatice.

Xa.ro.pe s.m. **1.** Preparado medicamentoso, viscoso, que é uma mistura de certas substâncias minerais ou vegetais com açúcar. **2.** POP Coisa maçante, enfadonha. *adj.2g.* **3.** Tolo, bobo. **4.** Maçante.

Xa.van.te *adj.2g.* **1.** Relativo ou pertencente aos xavantes. s.m. **2.** Indígena dos xavantes.

Xa.ve.co s.m. **1.** Barco pequeno e mal construído ou velho. **2.** POP Parada ganha, no jogo de azar, e esquecida pelo ganhador, da qual outro se apropria. **3.** Pessoa ou coisa de pouca ou nenhuma importância.

Xa.xa.do s.m. Gênero musical e coreográfico nordestino, derivado do baião.

Xa.xim s.m. **1.** Nome dado ao tronco de certas samambaias, muito usado em floricultura, principalmente como suporte de plantas ornamentais. **2.** Qualquer uma dessas plantas.

Xe.no.fi.li.a s.f. Simpatia por coisas ou pessoas estrangeiras.

Xe.nó.fi.lo *adj.* e s.m. Diz-se de, ou aquele que tem xenofilia.

Xe.no.fo.bi.a s.f. Aversão a coisas ou pessoas estrangeiras.

Xe.nó.fo.bo *adj.* e s.m. Diz-se de, ou aquele que tem xenofobia.

Xe.nô.nio s.m. QUÍM Elemento gasoso existente no ar, símbolo Xe, número atômico 54, do grupo dos gases nobres.

Xe.pa (ê) s.f. **1.** POP Comida de quartel. **2.** POP Comida ruim; grude. **3.** Restos de verduras e alimentos perecíveis que as pessoas recolhem nas feiras e mercados. **4.** GÍR Entre jornaleiros, jornal amarfanhado e já lido que se torna a vender.

Xe.que[1] s.m. Líder muçulmano.

Xe.que[2] s.m. **1.** Incidente, no jogo de xadrez, em que o rei fica numa casa ameaçado por uma peça adversária. **2.** FIG Acontecimento que envolve perigo. **3.** Risco, perigo.

Xe.que[3] s.m. Ganzá. ◆ *Var.*: xeque-xeque.

Xe.que-ma.te s.m. No xadrez, jogada em que o rei, atacado, não pode escapar, o que determina o fim da partida.

Xe.re.ta s.2g. **1.** POP Pessoa metediça, bisbilhoteira, abelhuda. **2.** Adulador, bajulador.

Xe.re.tar v.t. e int. **1.** POP Bisbilhotar, intrometer-se. **2.** Adular, bajular.

Xe.rez (ê) s.m. **1.** Espécie de uva preta. **2.** Certo vinho da Andaluzia (Espanha).

Xe.ri.fe s.m. Magistrado que nos condados ingleses e nos Estados Unidos tem a seu cargo fazer cumprir a lei, manter a paz e promover o andamento dos processos.

Xe.ro.car v.t. Tirar xerocópia; xeroxar.

Xe.ro.có.pia s.f. Cópia por xerox; xerografia.

Xe.ro.co.pi.ar v.t. ⇒ Xerocar.

Xe.ro.gra.far v.t. Fazer uma xerografia; xerocar.

Xe.ro.gra.fi.a s.f. **1.** Processo de reprodução gráfica a seco; xerocópia. **2.** Ramo da Geografia que se ocupa das regiões secas da Terra.

Xé.rox (chéroks) s.m. e f. **1.** Processo de cópia pela xerografia. **2.** Cópia assim obtida. **3.** Máquina utilizada nesse processo. ● Existe também *xerox* (pronuncia-se *xeróks*).

Xe.xéu s.m. **1.** Bodum, mau cheiro, catinga de suor. **2.** Ave também conhecida por *japim*.

Xi (chi) *interj.* Exprime surpresa, espanto, admiração, preocupação.

Xí.ca.ra s.f. **1.** Pequeno vaso, de louça ou de metal, usado para nele se beber café, chá, chocolate, leite ou outras bebidas quentes ou frias. **2.** O conteúdo de uma xícara.

Xi.foi.de *adj.2g.* ANAT Designativo do apêndice alongado que termina inferiormente o esterno.

Xi.foi.de.o *adj.* Xifoide (acep.1).

Xi.fo.pa.gi.a s.f. Anormalidade de xifópagos.

Xi.fó.pa.go *adj.* e s.m. **1.** Diz-se de, ou cada um de dois gêmeos que nascem ligados desde o apêndice xifoide até o umbigo. **2.** FIG Diz-se de, ou pessoa estreitamente unida moral ou afetivamente.

Xi.i.ta s.2g. **1.** Membro da seita religiosa maometana que adaptou ao islamismo as antigas crenças da Pérsia (hoje, Irã). *adj.* **2.** Relativo ao xiismo; adepto do xiismo. *adj.* e s.2g. **3.** Diz-se de, ou indivíduo ou grupo radical (num partido, num grupo maior etc.).

Xi.lin.dró s.m. POP Cadeia, prisão, xadrez.

XILOFONE — XUCRO

Xi.lo.fo.ne *s.m.* MÚS Instrumento de teclas de madeira, espécie de marimba.

Xi.lo.gra.vu.ra *s.f.* Gravura em madeira.

Xim.bé *adj.* e *s.2g.* **1.** Diz-se de, ou animal de focinho curto e achatado. **2.** Diz-se de, ou pessoa de nariz achatado.

Xim.bi.ca *s.f.* **1.** Certo jogo de cartas muito popular. **2.** Casa de apostas de corrida de cavalos.

Xin.ga.men.to *s.m.* **1.** Xingação. **2.** As palavras usadas para xingar.

Xin.gar *v.t.* **1.** Dizer insultos, dirigir palavras ofensivas a. **2.** Censurar; descompor.

Xin.to.ís.mo *s.m.* Religião do Japão anterior ao budismo, caracterizada pela reverência dos espíritos deificados da natureza e dos espíritos dos antepassados.

Xin.xim *s.m.* Prato da culinária baiana, espécie de guisado de galinha, preparado com camarões secos e azeite de dendê, a que se juntam sementes de abóbora ou de melancia torradas e raladas e outros temperos.

Xi.que.xi.que *s.m.* **1.** Planta cactácea, que vegeta nas regiões áridas do NE. **2.** Nome de várias plantas leguminosas.

Xis *s.m.* **1.** Nome da letra **X**. *s.m.2n.* **2.** ANTIG POP Moeda de dez réis.

Xis.to *s.m.* MINER Denominação geral das rochas de textura laminar, como a ardósia.

Xi.xi *s.m.* FAM Urina (na linguagem infantil).

Xô *interj.* usada para enxotar aves ou fazer parar cavalgaduras.

Xo.dó *s.m.* **1.** Namoro, paixão; chamego. **2.** Namorado ou namorada. **3.** Estima, apreço especial.

Xu.cro *adj.* **1.** Diz-se de animal bravo, ainda não domesticado; trotão. **2.** Diz-se de pessoa ignorante em determinado assunto. **3.** Diz-se de coisa muito imperfeita. **4.** Grosseiro, estúpido, bronco.

y Y

Y/y *s.m.* **1.** Vigésima quinta letra do alfabeto português, utilizada em palavras estrangeiras ou em símbolos internacionais. **2.** MAT Segunda quantidade incógnita.

Ya.ki.so.ba (jap.) *s.m.* Prato japonês (macarrão com verduras).

Ya.ku.za (jap.) *s.f.* **1.** Organização criminosa japonesa.

Yang (iâng) (chin.) *s.m.* No taoísmo, força ou princípio que complementa o *yin* num ser, de natureza celeste, penetrante, luminosa, quente, correspondente ao lado masculino do ser. ● Opõe-se a *yin*.

Yen *s.m.* Moeda japonesa, o mesmo que *iene*.

Yin (in) (chin.) *s.m.* No taoísmo, força ou princípio que complementa o *yan* num ser, de natureza terrestre, passiva, fria, escura, relacionado com o lado feminino. ● Opõe-se a *yang*.

Yin-yang (in-iâng) (chin.) *s.m.* No taoísmo, as duas forças ou princípios complementares, responsáveis por todos os fenômenos e aspectos da vida no universo.

Yup.pie (iúpi) (ing.) *s.m.* **1.** Designação pejorativa aplicada, em geral, a executivo de classe média alta e em ascensão, consumista, que não possui qualquer preocupação social. **2.** Relativo ou próprio desse tipo de pessoa.

Z

Z/z *s.m.* **1.** Vigésima sexta e última letra e consoante do alfabeto português, de nome *Zê*. **2.** Em *Álgebra*, indica a terceira incógnita.

Za.bum.ba *s.m.* Tambor grande, fechado em ambas as extremidades; bumbo.

Za.ga *s.f.* No futebol, posição ocupada pelos jogadores de defesa que se posicionam entre o meio de campo e o gol; defesa.

Za.gai.a *s.f.* Azagaia.

Za.gal *s.m.* Pastor. ● *Fem.:* zagala.

Za.guei.ro *s.m.* Jogador de futebol que joga na zaga; beque.

Zai.no *adj.* **1.** Diz-se do cavalo castanho-escuro, sem manchas ou malhas. **2.** FIG Velhaco. **3.** Dissimulado, sonso. *s.m.* **4.** Cavalo zaino.

Zam.bi *s.m.* **1.** Principal divindade do culto banto. **2.** Chefe de quilombo de negros fugidos; zumbi.

Zam.bo *adj.* **1.** Desnorteado, desorientado. *adj.* e *s.m.* **2.** Diz-se de, ou o filho de homem negro e mulher indígena.

Zan.ga *s.f.* **1.** Ato ou efeito de zangar(-se). **2.** Aborrecimento, birra, irritação, ira. **3.** Espécie de voltarete entre dois parceiros no qual não entra naipe de copas e o de ouros tem a preferência.

Zan.gão *s.m.* **1.** O macho da abelha. **2.** Certa abelha que não fabrica mel e se alimenta do mel fabricado por outras abelhas. **3.** FIG Parasita, explorador. ● *Pl.:* zangões. ● *Var.:* zângão.

Zan.gar *v.t.* **1.** Causar zanga ou mau humor a; molestar, incomodar. *v.p.* **2.** Enfadar-se, irritar-se, aborrecer-se.

Zan.zar *v.int.* Vaguear; andar à toa, perambular.

-zão *suf.* Equivale a ÃO (1).

Za.ra.ba.ta.na *s.f.* Arma indígena, espécie de tubo comprido, pelo qual se impelem setas e bolinhas, soprando; sarabatana.

Za.ra.ga.ta *s.f.* POP Confusão, desordem.

Zar.cão *s.m.* Tinta vermelho-alaranjada feita de dois óxidos de chumbo, utilizada contra a ferrugem.

Za.ro.lho (ô) *adj.* e *s.m.* **1.** POP Diz-se de, ou indivíduo cego de um olho. **2.** Vesgo, estrábico.

Zar.par *v.t.* e *int.* **1.** Levantar âncora, partir (o navio). **2.** Fugir, partir. ● *Ant.: aportar.*

-zar.rão *suf.* Equivale a -arrão (1).

Zar.zu.e.la (é) *s.f.* **1.** Espécie de drama lírico espanhol. **2.** Variedade de ópera cômica, que são alternadamente se canta e se declama.

Zás! *interj.* usada para indicar movimento ou pancada rápida.

Zás-trás! *interj.* que dá ideia de decisão rápida em dois tempos.

Zê *s.m.* Nome da letra z.

Ze.bra (ê) *s.f.* **1.** Variedade de equídeo africano, semelhante a um burro, com listras transversais em todo o corpo. **2.** Pessoa sem inteligência, burra. **3.** Resultado inesperado em qualquer jogo ou esporte. ● **Dar zebra:** dar um resultado que ninguém esperava.

Ze.brar *v.t.* Listrar, dando a aparência de pelo de zebra; rajar.

Ze.bri.no *adj.* Relativo a zebra.

Ze.broi.de *adj.2g.* **1.** Semelhante à zebra. *s.m.* **2.** FIG Pessoa estúpida.

Ze.bru.no *adj.* Diz-se de cavalo meio escuro.

Ze.bu *s.m.* Espécie de boi da Índia com corcunda e pequenos chifres.

Ze.bu.ei.ro *adj.* e *s.m.* Diz-se do, ou o criador ou negociante de gado zebu. ● *Var.: zebuzeiro.*

Zé.fi.ro *s.m.* **1.** Vento fresco e agradável. **2.** Brisa, aragem.

Ze.la.dor *adj.* e *s.m.* **1.** Que, ou aquele que zela. *s.m.* **2.** Homem encarregado de tomar conta de um prédio.

Ze.lar *v.t.* **1.** Ter zelo por. **2.** Vigiar com o máximo cuidado e interesse. **3.** Olhar por. **4.** Administrar bem. **5.** Ter ciúmes de. *v.int.* **6.** Cuidar, velar, interessar-se. ● *Ant.: descuidar, relaxar.*

Ze.lo (ê) *s.m.* **1.** Afeição íntima. **2.** Desvelo, solicitude. **3.** Cuidado. **4.** Diligência e pontualidade em qualquer serviço. ● *Ant.: descuido, relaxamento.*

Ze.lo.so (ô) *adj.* **1.** Que tem zelo. **2.** Cuidadoso. **3.** Escrupuloso, diligente. **4.** Pontual. **5.** Ciumento. ● *Ant.: relaxado.*

Zen *adj.2g.* **1.** Zen-budista. *s.m.* **2.** Zen-budismo.

Zen-bu.dis.mo *s.m.* Variedade de budismo que se caracteriza pela contemplação intuitiva e pela busca do autoconhecimento e iluminação. ● *Pl.: zen-budismos.*

Zen-bu.dis.ta *adj.2g.* **1.** Relativo ao zen-budismo. *s.2g.* **2.** Pessoa partidária do zen-budismo. ● *Pl.: zen-budistas.*

Zé-nin.guém *s.m.* Pessoa sem importância social e destituída de qualquer poder econômico, o mesmo que joão-ninguém. ● *Pl.: zés-ninguém.*

Zê.ni.te *s.m.* **1.** Ponto em que a vertical de um lugar vai encontrar a esfera celeste, acima do horizonte. **2.** FIG Cúmulo, auge. **3.** Fastio.

Ze.pe.lim *s.m.* Grande aeronave dirigível, mais leve que o ar, do tipo inventado pelo conde Zeppelin (1838-1917).

Zé-pe.rei.ra *s.m.* **1.** Ritmo carnavalesco executado no bombo. **2.** Grupo carnavalesco que executa esse ritmo. ● *Pl.: zé-pereiras.*

Zé-po.vi.nho *s.m.* POP As classes inferiores da sociedade; ralé, gentalha. ● *Pl.: zé-povinhos.*

Ze.rar *v.t.* **1.** Reduzir a zero; tornar nulo. **2.** Saldar, liquidar.

Ze.ro *s.m.* **1.** ARIT Cifra; algarismo (0) sem valor, mas que à direita de qualquer número lhe decuplica o valor. **2.** FIG Nada. **3.** Ponto que, nos termômetros, corresponde à temperatura do gelo que se derrete. **4.** Pessoa ou coisa inútil, sem valor. ● **Ficar reduzido a zero:** ficar reduzido à miséria extrema (pessoa). ● **Ser um zero à esquerda:** não valer ou significar nada.

Ze.ro-qui.lô.me.tro *adj.2g.* e *2n.* Diz-se do automóvel novo, que ainda não foi rodado.

Zi.go.ma *s.m.* ANAT Osso da maçã do rosto.

Zi.go.to (ó) *s.m.* Óvulo fecundado; ovo.

Zi.gue.za.gue *s.m.* **1.** Série de linhas que formam ângulos salientes e reentrantes. **2.** Modo de andar, descrevendo essa linha. **3.** Sinuosidade.

Zi.gue.za.gue.an.te *adj.2g.* Que ziguezagueia.

-zim *suf.* Equivale a -im (*valzim*).

Zim.bó.rio *s.m.* ARQUIT Parte mais alta da cúpula de um edifício; cúpula.

Zi.na.bre *s.m.* Azinhavre.

Zin.co *s.m.* **1.** QUÍM Elemento químico de símbolo Zn e número atômico 30, metal branco-azulado. **2.** Folha desse metal.

Zín.ga.ro *s.m.* Cigano.

-zi.nho *suf.* Equivale a -inho.

Zi.nho *s.m.* GÍR Indivíduo, sujeito.

Zin.zi.lu.lar *v.int.* **1.** Cantar (ave, esp. andorinha). *s.m.* **1.1** Seu canto.

Zi.par *v.t.* Compactar (arquivo) para armazenamento de dados ou transmissão via *internet*.

ZÍPER — ZURZIR

Zí.per s.m. Dispositivo composto de duas tiras dentadas que se engatam, usado para fechar bolsas, malas, roupas etc.; fecho-ecler. ● *Pl.: zíperes.*

Zir.cô.nio s.m. QUÍM Elemento de símbolo Zr e número atômico 40, que é um metal cinza-prateado, leve e resistente.

Zi.to suf. Equivale a -*ito*.

Zi.zi.ar v.int. **1.** Cantar (a cigarra). **2.** Zunir, sibilar.

Zo.a.da s.f. **1.** Ato ou efeito de zoar. **2.** Zumbido, zunido. **3.** Som forte e confuso; zoeira.

Zo.ar v.int. Emitir zumbido forte; zunir.

Zo.dí.a.co s.m. ASTRON Zona da esfera celeste, dividida em doze signos, que o Sol parece percorrer no espaço de um ano.

Zo.ei.ra s.f. Barulho, confusão, desordem. ● *Ant.: calma, silêncio.*

Zom.ba.dor (ô) adj. e s.m. Que, ou aquele que zomba.

Zom.bar v.t. **1.** Fazer zombaria de. v.int. **2.** Caçoar, gracejar.

Zom.ba.ri.a s.f. **1.** Ato ou efeito de zombar. **2.** Mofa, chacota, escárnio.

Zom.be.te.ar v.t. e int. Zombar.

Zom.be.tei.ro adj. **1.** Em que há zombaria. adj. e s.m. **2.** Que, ou aquele que zomba.

Zo.na s.f. **1.** Faixa, cinta. **2.** Espaço delimitado. **3.** Cada uma das grandes divisões da esfera celeste. **4.** Qualquer região terrestre. **5.** Espaço do terreno caracterizado por circunstância particular. **6.** Malha que cerca uma parte de um órgão de um animal. **7.** Inflamação cutânea que rodeia o peito ou o abdome. **8.** A parte de uma cidade onde funciona o meretrício. **9.** POP Desordem, confusão. ● **Zona franca:** área delimitada de um país ou região, onde entram mercadorias importadas sem as taxas de importação.

Zon.zei.ra s.f. Tonteira, atordoamento.

Zon.zo adj. Tonto, aturdido, atordoado.

Zo.o s.m. Forma reduzida de *jardim zoológico*.

Zo.ó.fa.go adj. e s.m. Diz-se de, ou animal que se alimenta de outros.

Zo.o.fi.li.a s.f. Qualidade de zoófilo.

Zo.o.fo.bi.a s.f. Medo mórbido de qualquer animal.

Zo.o.la.tra adj. e s.2g. Diz-se de, ou quem pratica a zoolatria.

Zo.o.la.tri.a s.f. Culto de adoração dos animais.

Zo.ó.li.te s.m. Animal (fóssil) ou parte de adj. **2.** zoolítico.

Zo.o.lo.gi.a s.f. **1.** Parte da História Natural que tem por objeto o estudo dos animais. **2.** Estudo ou tratado acerca dos animais.

Zo.o.ló.gi.co adj. **1.** Relativo a animais, que contém animais. s.m. **2.** *Abrev.* de *jardim zoológico*.

Zo.ó.lo.go s.m. Especialista em Zoologia.

Zo.o.mor.fis.mo s.m. **1.** Culto em que se atribui forma animal à divindade. **2.** Crença de que o homem pode transformar-se em animal.

Zo.o.planc.to s.m. Plancto animal.

Zo.o.tec.ni.a s.f. Arte de criar animais domésticos e adaptá-los a determinadas condições.

Zor.ra (ô) s.f. **1.** Carro forte e muito baixo, com rodas, para transporte de coisas pesadas. **2.** Aparelho, sem rodas, para transporte de grandes pedras etc. **3.** Espécie de trenó para levar madeiras. **4.** Pequena rede de arrastão, para apanhar caranguejos. **5.** Raposa velha e matreira. **6.** FIG Pessoa astuta, manhosa. **7.** GÍR Confusão, bagunça, balbúrdia.

Zor.ri.lho s.m. Mamífero carnívoro semelhante ao gambá.

Zu.ar.te s.m. Tecido de algodão azul ou preto de que se fazem saias, calças etc.

Zum.bai.a s.f. Cortesia exagerada; salamaleque.

Zum.bi s.m. **1.** Chefe do Quilombo dos Palmares, também chamado *Zambi* (nesse sentido grafa-se com Z maiúsc.). **2.** Ente fantástico que, segundo a lenda, vagueia pela casa à noite. **3.** FIG Indivíduo que só sai à noite.

Zum.bi.do s.m. **1.** Ato ou efeito de zumbir. **2.** Ruído que se sente nos ouvidos; zoeira. **3.** Murmúrio surdo. **4.** Ruído (de moscas, insetos etc.).

Zum.bir v.int. **1.** Fazer ruído. **2.** Produzir ruído surdo, como o de inseto nos ouvidos; zunir. v.t. **3.** Dizer em voz baixa, semelhante a zumbido; sussurrar.

Zu.ni.do s.m. Zumbido.

Zu.nir v.int. **1.** Produzir som agudo e sibilante; zumbir. **2.** Soar asperamente.

Zun.zum s.m. **1.** Ruído contínuo. **2.** FIG Boato, mexerico.

Zu.ra adj. (S) Usurário.

Zu.re.ta (ê) adj. e s.2g. **1.** Diz-se de, ou pessoa amalucada. **2.** Diz-se de, ou pessoa geniosa, estouvada.

Zu.rra.pa s.f. Vinho estragado ou ordinário.

Zur.ra.dor adj. Que zurra.

Zur.rar v.int. **1.** Emitir zurro (o burro). **2.** Dizer tolices, disparates.

Zur.ro s.m. A voz do burro, do jumento; ornejo.

Zur.zir v.t. **1.** Castigar com varas. **2.** Açoitar, fustigar. **3.** Bater, espancar. **4.** Criticar duramente.